ABC-Griffleiste

Die ABC-Griffleiste am Rand dieser Seite hilft dir, den gesuchten Buchstaben im englisch-deutschen oder deutsch-englischen Teil schnell aufzufinden.

Du „greifst" den gesuchten Buchstaben hier am Rand und blätterst mit dem Daumen, bis der gesuchte Buchstabe auf dem Rand der betreffenden Seite auftaucht. Er kommt zweimal vor – einmal im englisch-deutschen und einmal im deutsch-englischen Teil.

Wenn du Linkshänder bist, benutze bitte in gleicher Weise die ABC-Griffleiste am Ende des Buches.

Langenscheidts Schulwörterbuch Englisch

Englisch-Deutsch
Deutsch-Englisch

Herausgegeben von der
Langenscheidt-Redaktion

ÖKO-AUSGABE

LANGENSCHEIDT
BERLIN · MÜNCHEN · WIEN
ZÜRICH · NEW YORK

*Bearbeitet von Holger Freese, Helga Krüger und Brigitte Wolters
in der neuen deutschen Rechtschreibung*

*Die Nennung von Waren erfolgt in diesem Werk,
wie in Nachschlagewerken üblich, häufig ohne Erwähnung etwa
bestehender Patente, Gebrauchsmuster oder Marken.
Das Fehlen eines solchen Hinweises begründet nicht
die Annahme, eine Ware sei frei.*

*Ergänzende Hinweise, für die wir jederzeit dankbar sind,
bitten wir zu richten an:
Langenscheidt-Verlag, Postfach 40 11 20, 80711 München*

Umwelthinweis: gedruckt auf Recyclingpapier

Auflage:	6.	5.	4.	3.	2.	Letzte Zahlen
Jahr:	2003	2002	2001	2000	1999	maßgeblich

© 1996, 1997 Langenscheidt KG, Berlin und München
Druck: Graph. Betriebe Langenscheidt, Berchtesgaden/Obb.
Printed in Germany · ISBN 3-468-13128-3

Vorwort

Mit der vorliegenden Neubearbeitung von Langenscheidts Schulwörterbuch Englisch wurde den schulischen Wünschen und Bedürfnissen noch besser Rechnung getragen.

Die **neuen Regeln der Rechtschreibung** sind in dieser Ausgabe eingearbeitet. Der Langenscheidt-Verlag hofft, Schülern und Lehrern hiermit die Umstellung auf die neue Rechtschreibung zu erleichtern.

Der Wortschatz des Schulwörterbuchs wurde grundlegend aktualisiert. Das Hauptaugenmerk galt der lebendigen Alltagssprache. Zahlreiche neue Wörter und Wendungen wurden aufgenommen. Den Schüler besonders interessierende Gebiete wie Sport, Spiel, Computer, Elektronik, Umwelt usw. wurden ebenso berücksichtigt wie der österreichische und schweizerische Sprachgebrauch.

Viele Artikel wurden neu gegliedert oder völlig neu geschrieben. Die wichtigsten Ländernamen und Abkürzungen wurden in den Hauptteil aufgenommen. Neu ist auch die Einführung von Betonungsakzenten in englischen Stichwörtern.

Bewährte Features wie die schülerfreundlichen Benutzerhinweise, die Symbole zur Warnung vor falscher Anwendung und die Angaben zur Grammatik beim englischen Stichwort wurden beibehalten. Um zu vereinheitlichen, wurden dagegen die bildlichen Zeichen zur Bezeichnung der Sachgebiete in Abkürzungen umgewandelt.

Eine neue Typographie, die strikte alphabetische Anordnung der Stichwörter und weniger Tilden sorgen für eine bessere Lesbarkeit und ein schnelleres Auffinden von Wörtern und Wendungen und machen das Wörterbuch noch schülergerechter.

Das Schulwörterbuch bietet rund 55 000 Stichwörter und Wendungen. Wir hoffen, dass es auch weiterhin das beliebte und handliche Nachschlagewerk in der Schule bleiben wird.

LANGENSCHEIDT

Inhaltsverzeichnis

Wie benutzt du das Schulwörterbuch 5
  Wie und wo findest du ein Wort? 5
  Wie schreibst du das Wort? – Mit Hinweisen auf die
    amerikanische Schreibung 6
  Wie trennst du das Wort? 7
  Die Tilde 8
  Was bedeuten die verschiedenen Schriftarten? 8
  Wie sprichst du das Wort aus? – Mit Hinweisen auf
    die amerikanische Aussprache 9
  Was sagen dir die Symbole und Abkürzungen? 12
  Einige Worte zu den Übersetzungen 13
  Grammatik auch im Wörterbuch? 14

Englisch-Deutsches Wörterverzeichnis 19
Deutsch-Englisches Wörterverzeichnis 349

Unregelmäßige Verben 620
Zahlwörter 622
Maße und Gewichte 623
Temperaturumrechnung 624

Wie benutzt du das Schulwörterbuch?

Keine Angst vor unbekannten Wörtern!

Das Schulwörterbuch tut alles, um dir das Nachschlagen und das Kennenlernen eines Wortes so leicht wie möglich zu machen.

Damit du von deinem Wörterbuch den besten Gebrauch machen kannst, solltest du wissen, wie und wo du all die Informationen finden kannst, die du für deine Übersetzungen in der Schule, deinen Brief an einen englischen Freund oder eine englische Freundin oder zum Sprechen brauchst. Die folgenden Seiten sollen dir dabei helfen.

1. Wie und wo findest du ein Wort?

1.1 Englische und deutsche Stichwörter. Das Wörterverzeichnis ist alphabetisch geordnet und verzeichnet auch die unregelmäßigen Formen an ihrer alphabetischen Stelle.

Im deutsch-englischen Teil haben wir die Umlaute *ä ö ü* wie *a o u* und *ß* wie *ss* behandelt.

1.2 Im deutsch-englischen Teil werden Stichwörter, die auf **-in** enden, folgendermaßen gegeben:

Ärztin *f* – **Erbin** *f*

1.2.1 Wo dies möglich ist, wird bei einigen Stichwörtern die weibliche Endung **-in** in Klammern an die männliche Form angehängt, z. B. **Eiskunstläufer(in)**
(Siehe auch Seite 15/9.1 b.)

1.3 Leitwörter

Wenn du ein englisches oder deutsches Wort suchst, kannst du dich an den fett gedruckten **Leitwörtern** oder **Kolumnentiteln** in der oberen Ecke jeder Seite orientieren. Angegeben werden dir in diesen Leitwörtern jeweils (links) das *erste* fett gedruckte Wort auf der linken Seite bzw. (rechts) das *letzte* fett gedruckte Wort auf der rechten Seite, z. B. auf den Seiten 90 u. 91:

determined – direct

1.3.1 Du wirst aber auch einmal einen Begriff nachschlagen wollen, der aus zwei einzelnen Wörtern besteht, wie z. B. **falling star**, oder bei dem die Wörter mit einem Bindestrich (hyphen) miteinander verbunden sind, wie in **absent-minded**. Diese Wörter werden wie ein einziges Wort behandelt und dementsprechend alphabetisch eingeordnet.

1.3.2 Aus Gründen der Platzersparnis wirst du häufig einige zusammengesetzte Wörter nicht an ihrer alphabetischen Stelle finden. In solchen Fällen solltest du unter den Einzelbestandteilen an ihrer alphabetischen Stelle nachsehen. Du kannst dir dann meist die Übersetzung des zusammengesetzten Wortes aus seinen Einzelbestandteilen selbst bilden.

1.4 Du wirst beim Nachschlagen auch merken, dass eine Menge sogenannter „Wortfamilien" entstanden sind. Das sind Stichwortartikel, die von einem gemeinsamen Stamm oder Grundwort ausgehen und deshalb in einem „Nest" zusammenstehen:

depen|dable – ~dant – ~dence - ~dent
left – ~-hand – ~-handed

2. Wie schreibst du das Wort?

2.1 Du kannst in deinem Wörterbuch genau wie in einem Rechtschreibwörterbuch nachschlagen, wie ein Wort richtig geschrieben wird. Die Unterschiede in der **amerikanischen Schreibung** haben wir dir in den betreffenden Stichwörtern und Übersetzungen gegeben und mit *Am.* gekennzeichnet. Fällt bei der amerikanischen Schreibweise nur ein Buchstabe weg, so steht dieser in runden Klammern:

colo(u)r – hono(u)r – travel(l)er

2.2 Die amerikanische Rechtschreibung

weicht von der britischen hauptsächlich in folgenden Punkten ab:

1. Für **...our** tritt **...or** ein, z. B. hon*or* = honour, lab*or* = labour.
2. **...re** wird zu **...er**, z. B. cent*er* = centre, theat*er* = theatre, meag*er* = meagre; ausgenommen sind ogre und die Wörter auf ...cre, z. B. massa*cre*, na*cre*.
3. Statt **...ce** steht **...se**, z. B. defen*se* = defence, licen*se* = licence.
4. Bei sämtlichen Ableitungen der Verben auf **...l** und **...p** unterbleibt die Verdoppelung des Endkonsonanten, also travel – trave*l*ed – trave*l*ing – trave*l*er, worship – worshi*p*ed – worshi*p*ing – worshi*p*er. Auch in einigen anderen Wörtern wird der Doppelkonsonant durch einen einfachen ersetzt, z. B. wago*n* = waggon, woo*l*en = woollen.
5. Ein stummes **e** wird in gewissen Fällen weggelassen, z. B. abridgment = abridgement, acknowledgment = acknowledgement, judgment = judgement, ax = axe, good-by = good-bye.
6. Bei einigen Wörtern mit der Vorsilbe **en...** gibt es auch noch die Schreibung **in...**, z. B. *in*close = enclose, *in*snare = ensnare.
7. Der Schreibung **ae** und **oe** wird oft diejenige mit **e** vorgezogen, z. B. an*e*mia = anaemia, diarrh*e*a = diarrhoea.
8. Aus dem Französischen stammende stumme Endsilben werden gern weggelassen, z. B. catalog = catalogue, program = programme, prolog = prologue.
9. Einzelfälle sind: st*a*nch = staunch, m*o*ld = mould, m*o*lt = moult, gr*a*y = grey, p*l*ow = plough, ski*l*ful = skilful, t*i*re = tyre.

3. Wie trennst du das Wort?

3.1 Die Silbentrennung im Englischen ist für einen Deutschen ein heikles Kapitel. Im Schulwörterbuch musst du nur darauf achten, wo zwischen den Silben ein halbhoher Punkt steht.

Die Silbentrennungspunkte zeigen dir, an welcher Stelle im Wort du am Zeilenende trennen kannst. Du solltest es aber vermeiden, nur einen Buchstaben abzutrennen, wie z. B. in **a‧mend** oder **thirst‧y**. Hier nimmst du besser das ganze Wort auf die neue Zeile.

3.2 Fällt bei einem englischen Wort, das mit einem Bindestrich geschrieben wird, der Bindestrich im Wörterbuch auf das Zeilenende, so wird er am Anfang der folgenden Zeile wiederholt.

4. Die Tilde

4.1 Ein Symbol, das dir ständig in den Stichwortartikeln begegnet, ist ein Wiederholungszeichen: die Tilde (~ ⁀). Die fette Tilde (**~**) vertritt dabei entweder das ganze Stichwort oder den vor dem senkrechten Strich (|) stehenden Teil des Stichwortes. Die weniger fette Tilde (~) vertritt das unmittelbar vorausgehende Stichwort, das selbst schon mit Hilfe der fetten Tilde gebildet sein kann:

football ... **~ player** (= *football player*)
happi|ly ... **~ness** (= *happiness*)
ab|blasen ... **~bringen: j-n von** ... ~ (= *abbringen*)

4.2 Wechselt die Schreibung von klein zu groß oder von groß zu klein, steht statt der einfachen Tilde (~) die Kreistilde (⁀):

representative ... *House of* ⁀**s** (= *House of Representatives*)
Geschicht|e ... ⁀**lich** (= *geschichtlich*)
dick ... ⁀**kopf** (= *Dickkopf*)

5. Was bedeuten die verschiedenen Schriftarten?

5.1 Du findest **fett gedruckt** alle englischen und deutschen Stichwörter, außerdem die arabischen Ziffern zur Unterscheidung der Wortarten:

feed ... **1.** Futter *n*; ... **2.** (*fed*) *v/t.* füttern; **~back**
klopfen 1. *v/i. Herz, Puls:* beat*; ... **2.** *v/t.* beat*

5.2 Du findest *kursiv* a) die Grammatik- und Sachgebietsabkürzungen: *adj., adv., v/i., v/t., econ., pol.* usw., b) die Genusangaben (Angaben des Geschlechtswortes): *m, f, n,* c) alle Zusätze, die eine nähere Angabe oder Sinnverdeutlichung bewirken sollen, wie z. B.

file¹ ... *Computer:* Datei *f*
pad ... *Sport:* (*Bein-, Knie*)Schützer *m*
scan ... *Zeitung etc.* überfliegen
matt ... *Glas, Glühbirne:* frosted

5.3 Du findest in *halbfetter Auszeichnungsschrift* alle Wendungen:

line ... **hold the** ~ *tel.* bleiben Sie am Apparat
depend ... **that** ~**s** das kommt (ganz) darauf an
gut ... **ganz** ~ not bad

5.4 Du findest in normaler Schrift alle Übersetzungen.

6. Wie sprichst du das Wort aus?

6.1 Die Lautschrift beschreibt, wie du ein Wort aussprechen sollst. So ist das „ch" in „ich" ein ganz anderer Laut als das „ch" in „ach". Da die normale Schrift für solche Unterschiede keine Hilfe bietet, ist es nötig, diese Laute mit anderen Zeichen zu beschreiben. Damit *jeder* genau weiß, welches Zeichen welchem Laut entspricht, hat man sich international auf eine Lautschrift geeinigt. Wenn du diese Zeichen lernst, kannst du jedes Wort in jeder Sprache aussprechen. Da die Zeichen von der **I**nternational **P**honetic **A**ssociation als verbindlich angesehen werden, nennt man sie auch **IPA-Lautschrift**.

Im Wörterbuch wird in den eckigen Klammern – [ ] – beschrieben, wie du das entsprechende englische Stichwort aussprechen musst, z. B.:

coat [kəʊt] – **message** ['mesɪdʒ]

6.2 Für das Englische solltest du dir daher die folgenden Lautschriftzeichen einprägen:

[ʌ]	much [mʌtʃ], come [kʌm]	kurzes *a* wie in *Matsch, Kamm*, aber dunkler
[ɑː]	after ['ɑːftə], park [pɑːk]	langes *a*, etwa wie in *Bahn*
[æ]	flat [flæt], madam ['mædəm]	mehr zum *a* hin als *ä* in *Wäsche*
[ə]	after ['ɑːftə], arrival [ə'raɪvl]	wie das End-*e* in *Berge, mache, bitte*
[e]	let [let], men [men]	*ä* wie in *hätte, Mäntel*
[ɜː]	first [fɜːst], learn [lɜːn]	etwa wie *ir* in *flirten*, aber offener
[ɪ]	in [ɪn], city ['sɪtɪ]	kurzes *i* wie in *Mitte, billig*
[iː]	see [siː], evening ['iːvnɪŋ]	langes *i* wie in *nie, lieben*
[ɒ]	shop [ʃɒp], job [dʒɒb]	wie *o* in *Gott*, aber offener
[ɔː]	morning ['mɔːnɪŋ], course [kɔːs]	wie in *Lord*, aber ohne *r*
[ʊ]	good [gʊd], look [lʊk]	kurzes *u* wie in *Mutter*
[uː]	too [tuː], shoot [ʃuːt]	langes *u* wie in *Schuh*, aber offener

[aɪ]	my [maɪ], night [naɪt]	etwa wie in *Mai, Neid*
[aʊ]	now [naʊ], about [əˈbaʊt]	etwa wie in *blau, Couch*
[əʊ]	home [həʊm], know [nəʊ]	von [ə] zu [ʊ] gleiten
[eə]	air [eə], square [skweə]	wie *är* in *Bär*, aber kein *r* sprechen
[eɪ]	eight [eɪt], stay [steɪ]	klingt wie *äi*
[ɪə]	near [nɪə], here [hɪə]	von [ɪ] zu [ə] gleiten
[ɔɪ]	join [dʒɔɪn], choice [tʃɔɪs]	etwa wie *eu* in *neu*
[ʊə]	you're [jʊə], tour [tʊə]	wie *ur* in *Kur*, aber kein *r* sprechen
[j]	yes [jes], tube [tjuːb]	wie *j* in *jetzt*
[w]	way [weɪ], one [wʌn], quick [kwɪk]	mit gerundeten Lippen ähnlich wie [uː] gebildet. Kein deutsches *w*!
[ŋ]	thing [θɪŋ], English [ˈɪŋglɪʃ]	wie *ng* in *Ding*
[r]	room [ruːm], hurry [ˈhʌrɪ]	Zunge liegt, zurückgebogen, am Gaumen auf. Nicht gerollt und nicht im Rachen gebildet!
[s]	see [siː], famous [ˈfeɪməs]	stimmloses *s* wie in *lassen, Liste*
[z]	zero [ˈzɪərəʊ], is [ɪz], runs [rʌnz]	stimmhaftes *s* wie in *lesen, Linsen*
[ʃ]	shop [ʃɒp], fish [fɪʃ]	wie *sch* in *Scholle, Fisch*
[tʃ]	cheap [tʃiːp], much [mʌtʃ]	wie *tsch* in *tschüs, Matsch*
[ʒ]	television [ˈtelɪvɪʒn]	stimmhaftes *sch* wie in *Genie, Etage*
[dʒ]	just [dʒʌst], bridge [brɪdʒ]	wie in *Job, Gin*
[θ]	thanks [θæŋks], both [bəʊθ]	wie *ss* in *Fass*, aber gelispelt
[ð]	that [ðæt], with [wɪð]	wie *s* in *Sense*, aber gelispelt
[v]	very [ˈverɪ], over [ˈəʊvə]	etwa wie deutsches *w*, Oberzähne auf Oberkante der Unterlippe
[x]	loch [lɒx], ugh [ʌx]	wie *ch* in *ach*
[ː]	bedeutet, dass der vorhergehende Vokal lang zu sprechen ist.	

6.2.1 Endsilben ohne Lautschrift

Um Raum zu sparen, werden die häufigsten Endungen der englischen Stichwörter hier einmal mit Lautschrift aufgelistet. Sie erscheinen im Wörterverzeichnis in der Regel ohne Umschrift.

-ability [-əˈbɪlətɪ]
-able [-əbl]
-age [-ɪdʒ]
-al [-əl]
-ally [-əlɪ]
-an [-ən]
-ance [-əns]
-ancy [-ənsɪ]
-ant [-ənt]
-ar [-ə]
-ary [-ərɪ]
-ation [-eɪʃn]
-cious [-ʃəs]

-cy [-sɪ]
-dom [-dəm]
-ed [-d; -t; -ɪd]*
-edness [-dnɪs;
 -tnɪs; -ɪdnɪs]*
-ee [-iː]
-en [-n]
-ence [-əns]
-ency [-ənsɪ]
-ent [-ənt]
-er [-ə]
-ery [-ərɪ]
-ess [-ɪs]

-fication [-fɪˈkeɪʃn]
-ful [-fl]
-hood [-hʊd]
-ial [-jəl; -ɪəl]
-ian [-jən; -ɪən]
-ible [-əbl]
-ic(s) [-ɪk(s)]
-ical [-ɪkl]
-ily [-ɪlɪ; -əlɪ]
-iness [-ɪnɪs]
-ing [-ɪŋ]
-ish [-ɪʃ]
-ism [-ɪzəm]

-ist [-ɪst]	-ly [-lɪ]	-sive [-sɪv]
-istic [-ɪstɪk]	-ment(s) [-mənt(s)]	-some [-səm]
-ite [-aɪt]	-ness [-nɪs]	-ties [-tɪz]
-ity [-ətɪ; -ɪtɪ]	-oid [-ɔɪd]	-tion [-ʃn]
-ive [-ɪv]	-o(u)r [-ə]	-tional [-ʃənl]
-ization [-aɪˈzeɪʃn]	-ous [-əs]	-tious [-ʃəs]
-ize [-aɪz]	-ry [-rɪ]	-trous [-trəs]
-izing [-aɪzɪŋ]	-ship [-ʃɪp]	-try [-trɪ]
-less [-lɪs]	-ssion [-ʃn]	-y [-ɪ]

* [-d] nach Vokalen und stimmhaften Konsonanten
  [-t] nach stimmlosen Konsonanten
  [-id] nach auslautendem d und t
  [-z] nach Vokalen und stimmhaften Konsonanten
  [-s] nach stimmlosen Konsonanten

6.2.2 Die Aussprache des englischen Alphabets

a [eɪ], b [biː], c [siː], d [diː], e [iː], f [ef], g [dʒiː], h [eɪtʃ], i [aɪ], j [dʒeɪ], k [keɪ], l [el], m [em], n [en], o [əʊ], p [piː], q [kjuː], r [ɑː], s [es], t [tiː], u [juː], v [viː], w [ˈdʌbljuː], x [eks], y [waɪ], z [zed, *Am.* ziː]

6.3 Betonungsakzente

Die **Betonung** der englischen Wörter wird dir durch das Zeichen ' für den Hauptakzent vor der zu betonenden Silbe angegeben:

on·ion [ˈʌnjən]
rec·ord [ˈrekɔːd] – **re·cord** [rɪˈkɔːd]

Bei vielen zusammengesetzten Stichwörtern, deren Bestandteile als selbstständige Stichwörter mit Ausspracheangabe im Wörterbuch erscheinen, und bei Stichwörtern, die eine der in der Liste der „Endsilben ohne Lautschrift" auf Seite 10 und 11 verzeichneten Endungen aufweisen, werden die Betonungsakzente im Stichwort selbst gegeben.

6.3.1 In einigen Fällen findest du in Stichwörtern, die aus einer Tilde und einem ausgeschriebenen Wort oder Wortteil bestehen, keinen Betonungsakzent. In diesen Fällen gilt der Akzent des tildierten Wortes, z. B.

alarm [əˈlɑːm] – ~ **clock** = aˈlarm clock
distrust [dɪsˈtrʌst] – ~**ful** = disˈtrustful

6.3.2 Und hier noch ein wichtiger Hinweis: Das im Wörterbuch angegebene Betonungsmuster der einzeln stehenden Stichwörter kann selbstverständlich ganz erheblich von dem Betonungsmuster in einem bestimmten Satzzusammenhang abweichen. Ein ganz einfaches Beispiel: [ɪndɪˈpendənt] in "he's very independent for his age", aber [ˈɪndɪpendənt] in "an independent judgment".

6.4 Amerikaner sprechen viele Wörter anders aus als die Briten. Im Schulwörterbuch geben wir dir aber meistens nur die britische Aussprache, wie du sie auch in deinen Lehrbüchern findest. Ein paar Regeln für die Abweichungen in der amerikanischen Aussprache wollen wir dir hier aber doch geben.

Die amerikanische Aussprache

weicht hauptsächlich in folgenden Punkten von der britischen ab:

1. ɑ: wird zu (gedehntem) æ(:) in Wörtern wie *ask* [æ(:)sk = ɑ:sk], *castle* [ˈkæ(:)sl = ˈkɑ:sl], *grass* [græ(:)s = grɑ:s], *past* [pæ(:)st = pɑ:st] etc.; ebenso in *branch* [bræ(:)ntʃ = brɑ:ntʃ], *can't* [kæ(:)nt = kɑ:nt], *dance* [dæ(:)ns = dɑ:ns] etc.

2. ɒ wird zu ɑ in Wörtern wie *common* [ˈkɑmən = ˈkɒmən], *not* [nɑt = nɒt], *on* [ɑn = ɒn], *rock* [rɑk = rɒk], *bond* [bɑnd = bɒnd] und vielen anderen.

3. ju: wird zu u:, z. B. *due* [du: = dju:], *duke* [du:k = dju:k], *new* [nu: = nju:]

4. r zwischen vorhergehendem Vokal und folgendem Konsonanten wird stimmhaft gesprochen, indem die Zungenspitze gegen den harten Gaumen zurückgezogen wird, z. B. *clerk* [klɜ:rk = klɑ:k], *hard* [hɑ:rd = hɑ:d]; ebenso im Auslaut, z. B. *far* [fɑ:r = fɑ:], *her* [hɜ:r = hɜ:].

5. Anlautendes p, t, k in unbetonter Silbe (nach betonter Silbe) wird zu b, d, g abgeschwächt, z. B. in *property*, *water*, *second*.

6. Der Unterschied zwischen stark und schwach betonten Silben ist viel weniger ausgeprägt; längere Wörter haben einen deutlichen Nebenton, z. B. *dictionary* [ˈdɪkʃəˌnerɪ = ˈdɪkʃənrɪ], *inventory* [ˈɪnvənˌtɔ:rɪ = ˈɪnvəntrɪ], *secretary* [ˈsekrəˌterɪ = ˈsekrətrɪ].

7. Vor, oft auch nach nasalen Konsonanten (m, n, ŋ) sind Vokale und Diphthonge nasal gefärbt, z. B. *stand*, *time*, *small*.

7. Was sagen dir die Symbole und Abkürzungen?

7.1 Das Schulwörterbuch verwendet zwei Symbole:

a) das Symbol △, das vor beliebten Fehlerquellen warnt, z. B.

actual ... △ *nicht aktuell*   **sensibel** ... △ *nicht sensible*

b) den Stern (*), mit dem im deutsch-englischen Teil alle unregelmäßigen Verben in den englischen Übersetzungen gekennzeichnet werden, um dich vor der Bildung falscher Formen zu bewahren, z. B.

beweisen ... prove*; *Interesse etc.*: show*

(Siehe auch Seite 15/9.3.)

7.2 Die Abkürzung F weist dich darauf hin, dass du das Wort oder die Wendung in der Umgangssprache gebrauchen sollst. Die Abkürzung V warnt vor einem Tabuwort, dass du möglichst nicht anwenden solltest.

7.2.1 Im deutsch-englischen Teil zeigt dir ein F vor dem deutschen oder englischen Teil eines Beispielsatzes, dass nur dieser betreffende Teil umgangssprachlich gebraucht wird. Ein F: vor dem deutschen Teil hingegen zeigt, dass Beispiel und Übersetzung derselben sprachlichen Ebene angehören.

7.3 Die Abkürzungen in *kursiver* Schrift zeigen dir, in welchem Lebens-, Arbeits- und Fachbereich ein Wort am häufigsten benutzt wird. **Die Liste der Abkürzungen findest du ganz am Ende des Buches.**

8. Einige Worte zu den Übersetzungen

8.1 Du wirst bereits gemerkt haben, dass ein Stichwort meist mehrere sinnverwandte Übersetzungen hat, die durch Komma voneinander getrennt werden. Das Stichwort kann aber auch mehrere Bedeutungen haben, je nachdem, in welchem Zusammenhang es gebraucht wird.

8.2 Mehrere Bedeutungen eines Wortes erkennst du daran, dass sie durch ein Semikolon voneinander getrennt sind. Häufig sind die Bedeutungen eines Wortes aber so umfangreich oder so unabhängig voneinander, dass die Trennung durch das Semikolon nicht genügt. Hier benutzen wir verschiedene Unterteilungsmöglichkeiten.

a) Das Wort wird wiederholt und mit einer hochgestellten Zahl (einem Exponenten) geschrieben:

    chap¹ ... Riss *m*   **Bank¹** *f* bench
    chap² ... Bursche *m*   **Bank²** *econ. f* bank

b) Wenn die Wortart wechselt, werden die Übersetzungen mit fett gedruckten arabischen Ziffern unterteilt:

    work ... **1.** Arbeit *f* (*Substantiv*)
              2. *v/i.* arbeiten (*Verb*)
    green ... **1.** grün (*Adjektiv*)
             2. Grün *n* (*Substantiv*)

c) Im deutsch-englischen Teil stehen die fett gedruckten arabischen Ziffern auch zur Unterscheidung von transitiven, intransitiven und reflexiven Verben:

    stutzen **1.** *v/t.* trim ...
             2. *v/i.* stop short ...

8.3 Sicher weißt du bereits, dass ein Engländer z. B. **pavement** sagt, wenn er den „Bürgersteig" meint, der Amerikaner spricht dagegen von **sidewalk** – und **fall** hat im amerikanischen Englisch auch noch die Bedeutung „Herbst".

Im Wörterbuch sind solche Wörter mit *Brt.* für britisches Englisch und *Am.* für amerikanisches Englisch gekennzeichnet.

9. Grammatik auch im Wörterbuch?

Auf die Kennzeichnung der verschiedenen Wortarten haben wir bereits hingewiesen (siehe Seite 8/5).

9.1 Substantive (Hauptwörter) sind durch die Genusangabe (Angabe des Geschlechtswortes) zu erkennen:

    wall Wand *f* – **Wand** *f* wall

Dazu noch einige Besonderheiten des Schulwörterbuchs:

a) im englisch-deutschen Teil:

    dependant ... Angehörige(r *m*) *f* = Angehöriger *m*, Angehörige *f*
    accomplice ... Komplize, -zin *f* = Komplize *m*, Komplizin *f*

b) im deutsch-englischen Teil:

Angestellte(r) = **Angestellter** *m*

Schauspieler(in) act|or (-ress) = **Schauspieler** *m* actor,
Schauspielerin *f* actress

9.2 Häufig kannst du den grammatisch richtigen Gebrauch eines Wortes aus den dazugehörigen „Zusätzen" entnehmen:

dissent ... anderer Meinung sein (*from* als) ...
dissimilar ... (*to*) unähnlich (*dat.*); verschieden (von) ...
fish (*pl. fish, fishes*) Fisch *m*
sheep (*pl. sheep*) Schaf *n*
see (*saw, seen*) sehen
angry ... (*-ier, -iest*) zornig, verärgert ...
(Siehe auch 9.4)
abrücken 1. *v/t.* move away (*von* from) ...
befestigen *v/t.* fasten (*an* to), fix (to), attach (to) ...

9.3 Im deutsch-englischen Teil haben wir dir in der englischen Übersetzung die *unregelmäßigen englischen Verben* mit einem * gekennzeichnet.

Siehe auch im Anhang die Liste der unregelmäßigen englischen Verben auf Seite 620–621.

9.4 Im englisch-deutschen Teil zeigt dir die runde Klammer nach der eckigen Klammer für die Aussprache, dass hier eine grammatische Besonderheit vorliegt.

a) **unregelmäßiger Plural**

> **child** ... (*pl.* **children**)
> **knife** ... (*pl.* **knives**)
> **a·nal·y·sis** ... (*pl.* *-ses* [-siːz])
> = **analyses**
> **to·ma·to** ... (*pl.* *-toes*)
> = **tomatoes**, im Vergleich zur regelmäßigen Pluralbildung:
> **ra·di·o** ... (*pl.* *-os*) = **radios**

b) unregelmäßige Verben (siehe auch Liste der unregelmäßigen englischen Verben auf den Seiten 620–621)

> **go** ... (*went, gone*) = *pret.* **went**, *p.p.* **gone**
> **shut** ... (*shut*) = *pret. u. p.p.* **shut**
> **learn** ... (*learned od. learnt*) = *pret. u. p.p.* **learned** *od.* **learnt**
> **out·grow** ... (*-grew, -grown*) = *pret.* **outgrew**, *p.p.* **outgrown**

c) Verdoppelung der Endkonsonanten nach kurzen, betonten Vokalen – im britischen Englisch bei -l auch in unbetonten Silben

> **hit** ... (*-tt-*) = **hitting**
> **jot** ... (*-tt-*) = **jotting; jotted**
> **trav·el** ... (*bsd. Brt. -ll-, Am. -l-*) = *bsd. Brt.* **travelling**, *Am.* **traveling**

c und b)

> **shut** ... (*-tt-*; **shut**)
> **hit** ... (*-tt-*; **hit**)
> **out·bid** ... (*-dd-*; **-bid**)

d) Auslautendes -c wird zu -ck vor *-ed*, *-er*, *-ing* und *-y*

> **frol·ic** ... (*-ck-*) = **frolicking**
> **pan·ic** ... (*-ck-*) = **panicked**

e) Steigerungsformen

-y wird zu -i
-e entfällt bei der regelmäßigen Steigerung mit -er und -est

> **good** ... (*better, best*) = Komparativ **better**, Superlativ **best**
> **an·gry** ... (*-ier, -iest*) = **angrier, angriest**
> **sore** ... (∼*r*, ∼*st*) = **sorer, sorest**

f) **Adverbbildung**

> **authentic ... (~ally) =
> *authentically***

Die vorausgegangenen Seiten sind Beispiele dafür, dass dir das Wörterbuch mehr bietet als nur einfache Wort-für-Wort-Gleichungen, wie du sie in den Vokabelteilen von Lehrbüchern findest.

Und nun viel Erfolg bei der Suche nach den richtigen Wörtern!

Englisch-Deutsches Wörterverzeichnis

A

A, a [eɪ] A, a *n*; *from A to Z* von A bis Z
A [eɪ] *Note* Eins
a [ə, *betont*: eɪ, *vor Vokal*: **an** [ən, *betont*: æn] *unbestimmter Artikel*: ein(e); per, pro, je; *not a(n)* kein(e); *all of a size* alle gleich groß; *£10 a year* zehn Pfund im Jahr; *twice a week* zweimal die *od.* in der Woche
a·back [ə'bæk]: *taken ~* überrascht, verblüfft; bestürzt
a·ban·don [ə'bændən] auf-, preisgeben; verlassen; überlassen; **~ed:** *be found ~* verlassen aufgefunden werden (*Fahrzeug etc.*)
a·base [ə'beɪs] erniedrigen, demütigen; **~ment** Erniedrigung *f*, Demütigung *f*
a·bashed [ə'bæʃt] verlegen
ab·at·toir ['æbətwɑː] Schlachthof *m*
ab·bess ['æbɪs] Äbtissin *f*
ab·bey ['æbɪ] Kloster *n*; Abtei *f*
ab·bot ['æbət] Abt *m*
ab·bre·vi·ate [ə'briːvɪeɪt] (ab)kürzen; **~a·tion** [əbriːvɪ'eɪʃn] Abkürzung *f*, Kurzform *f*
ABC¹ [eɪ biː 'siː] Alphabet *n*
ABC² [eɪ biː 'siː] *Abk. für* **American Broadcasting Company** (*amer. Rundfunkgesellschaft*)
ab·di·cate ['æbdɪkeɪt] *Amt, Recht etc.* aufgeben, verzichten auf (*acc.*); *~ (from) the throne* abdanken; **~ca·tion** [æbdɪ'keɪʃn] Verzicht *m*; Abdankung *f*
ab·do·men *anat.* ['æbdəmən] Unterleib *m*; **ab·dom·i·nal** *anat.* [æb'dɒmɪnl] Unterleibs...
ab·duct *jur.* [əb'dʌkt] *j-n* entführen
a·bet [ə'bet] (*-tt-*) → **aid** 1
ab·hor [əb'hɔː] (*-rr-*) verabscheuen; **~rence** [əb'hɒrəns] Abscheu *m* (*of* vor *dat.*); **~rent** [əb'hɒrənt] zuwider (*to* *dat.*); abstoßend
a·bide [ə'baɪd] *v/i. ~ by the law, etc.* sich an das Gesetz *etc.* halten; *v/t. I can't ~ him* ich kann ihn nicht ausstehen
a·bil·i·ty [ə'bɪlətɪ] Fähigkeit *f*
ab·ject ['æbdʒekt] verächtlich, erbärmlich; *in ~ poverty* in äußerster Armut
ab·jure [əb'dʒʊə] abschwören; entsagen (*dat.*)
a·blaze [ə'bleɪz] in Flammen; *fig.* glänzend, funkelnd (*with* vor *dat.*)
a·ble ['eɪbl] fähig; geschickt; *be ~ to* imstande *od.* in der Lage sein zu, können; **~'bod·ied** kräftig
ab·nor·mal [æb'nɔːml] abnorm, ungewöhnlich; anomal
a·board [ə'bɔːd] an Bord; *all ~! naut.* alle Mann *od.* Reisenden an Bord!; *rail.* alles einsteigen!; *~ a bus* in e-m Bus; *go ~ a train* in e-n Zug einsteigen
a·bode [ə'bəʊd] *a. place of ~* Aufenthaltsort *m*, Wohnsitz *m*; *of od. with no fixed ~* ohne festen Wohnsitz
a·bol·ish [ə'bɒlɪʃ] abschaffen, aufheben; **ab·o·li·tion** [æbə'lɪʃn] Abschaffung *f*, Aufhebung *f*
A-bomb ['eɪbɒm] → **atom(ic) bomb**
a·bom·i·na·ble [ə'bɒmɪnəbl] abscheulich, scheußlich; **~nate** [ə'bɒmɪneɪt] verabscheuen; **~na·tion** [əbɒmɪ'neɪʃn] Abscheu *m*
ab·o·rig·i·nal [æbə'rɪdʒənl] **1.** eingeboren, Ur...; **2.** Ureinwohner *m*
ab·o·rig·i·ne [æbə'rɪdʒəniː] Ureinwohner *m* (*bsd. Australiens*)
a·bort [ə'bɔːt] *v/t. med. Schwangerschaft* abbrechen, *Kind* abtreiben; *Raumflug etc.* abbrechen; *v/i.* e-e Fehlgeburt haben; *fig.* fehlschlagen, scheitern; **a·bor·tion** *med.* [ə'bɔːʃn] Fehlgeburt *f*; Schwangerschaftsabbruch *m*, Abtreibung *f*; *have an ~* abtreiben (lassen); **a·bor·tive** [ə'bɔːtɪv] misslungen, erfolglos
a·bound [ə'baʊnd] reichlich vorhanden sein; Überfluss haben, reich sein (*in* *dat.*); voll sein (*with* von)
a·bout [ə'baʊt] **1.** *prp.* um (... herum); bei (*dat.*); (irgendwo) herum in (*dat.*); um, gegen, etwa; im Begriff, dabei; über (*acc.*); *I had no money ~ me* ich hatte kein Geld bei mir; *what are you ~?* was macht ihr da?; **2.** *adv.* herum,

above

umher; in der Nähe; etwa, ungefähr

a·bove [əˈbʌv] **1.** *prp.* über, oberhalb; *fig.* über, erhaben über; **~ all** vor allem; **2.** *adv.* oben; darüber; **3.** *adj.* obig, oben erwähnt

a·breast [əˈbrest] nebeneinander; **keep ~ of, be ~ of** *fig.* Schritt halten mit

a·bridge [əˈbrɪdʒ] (ab-, ver)kürzen; **a·bridg(e)·ment** Kürzung *f*; Kurzfassung *f*

a·broad [əˈbrɔːd] im *od.* ins Ausland; überall(hin); **the news soon spread ~** die Nachricht verbreitete sich rasch

a·brupt [əˈbrʌpt] abrupt; jäh; schroff

ab·scess *med.* [ˈæbsɪs] Abszess *m*

ab·sence [ˈæbsəns] Abwesenheit *f*; Mangel *m*

ab·sent 1. [ˈæbsənt] abwesend; fehlend; nicht vorhanden; **be ~** fehlen (*from school* in der Schule; *from work* am Arbeitsplatz); **2.** [æbˈsent]: **~ o.s. from** fernbleiben (*dat.*) *od.* von; **~-mind·ed** [æbsəntˈmaɪndɪd] zerstreut, geistesabwesend

ab·so·lute [ˈæbsəluːt] absolut; unumschränkt; vollkommen; *chem.* rein, unvermischt; unbedingt

ab·so·lu·tion *rel.* [æbsəˈluːʃn] Absolution *f*

ab·solve [əbˈzɒlv] frei-, lossprechen; △ *nicht* **absolvieren**

ab·sorb [əbˈsɔːb] absorbieren, auf-, einsaugen; *fig.* ganz in Anspruch nehmen; **~·ing** *fig.* fesselnd, packend

ab·stain [əbˈsteɪn] sich enthalten (*from gen.*)

ab·ste·mi·ous [æbˈstiːmɪəs] enthaltsam; mäßig

ab·sten·tion [əbˈstenʃn] Enthaltung *f*; *pol.* Stimmenthaltung *f*

ab·sti|·nence [ˈæbstɪnəns] Abstinenz *f*, Enthaltsamkeit *f*; **'~·nent** abstinent, enthaltsam

ab·stract 1. [ˈæbstrækt] abstrakt; **2.** [ˈæbstrækt] *das* Abstrakte; Auszug *m*; **3.** [æbˈstrækt] abstrahieren, entwenden; *e·n wichtigen Punkt aus e·m Buch etc.* herausziehen; **ab·stract·ed** *fig.* [əbˈstræktɪd] zerstreut; **ab·strac·tion** [əbˈstrækʃn] Abstraktion *f*; abstrakter Begriff

ab·surd [əbˈsɜːd] absurd; lächerlich

a·bun·dance [əˈbʌndəns] Überfluss *m*; Fülle *f*; Überschwang *m*; **~·dant** reich(lich)

a·buse 1. [əˈbjuːs] Missbrauch *m*; Beschimpfung(en *pl.*) *f*; **~ of drugs** Drogenmissbrauch *m*; **~ of power** Machtmissbrauch *m*; **2.** [əˈbjuːz] missbrauchen; beschimpfen; **a·bu·sive** [əˈbjuːsɪv] beleidigend, Schimpf...

a·but [əˈbʌt] (**-tt-**) (an)grenzen (**on** an)

a·byss [əˈbɪs] Abgrund *m* (*a. fig.*)

a/c, A/C [eɪ ˈsiː] *Abk. für* **account** (Bank)Konto *n*

AC [eɪ ˈsiː] *Abk. für* **alternating current** Wechselstrom *m*

ac·a·dem·ic [ækəˈdemɪk] **1.** Hochschullehrer *m*; △ *nicht* **Akademiker; 2.** (**~·ally**) akademisch; **a·cad·e·mi·cian** [əkædəˈmɪʃn] Akademiemitglied *n*; △ *nicht* **Akademiker**

a·cad·e·my [əˈkædəmɪ] Akademie *f*; **~ of music** Musikhochschule

ac·cede [ækˈsiːd]: **~ to** zustimmen (*dat.*); Amt antreten; Thron besteigen

ac·cel·e|·rate [əkˈseləreɪt] *v/t.* beschleunigen; *v/i.* schneller werden, *mot. a.* beschleunigen, Gas geben; **~·ra·tion** [əkseləˈreɪʃn] Beschleunigung *f*; **~·ra·tor** [əkˈseləreɪtə] Gaspedal *n*

ac·cent 1. [ˈæksənt] Akzent *m* (*a. gr.*); **2.** [ækˈsent] → **ac·cen·tu·ate** [ækˈsentjʊeɪt] akzentuieren, betonen

ac·cept [əkˈsept] annehmen; akzeptieren; hinnehmen; **ac·cep·ta·ble** annehmbar; **ac·cept·ance** Annahme *f*; Aufnahme *f*

ac·cess [ˈækses] Zugang *m* (**to** zu); *fig.* Zutritt *m* (**to** bei, zu); *Computer:* Zugriff *m* (**to** *auf acc.*); **easy of ~** zugänglich (*Person*)

ac·ces·sa·ry *jur.* [əkˈsesərɪ] → **accessory**

'ac·cess code *Computer:* Zugriffscode *m*

ac·ces|·si·ble [əkˈsesəbl] (leicht) zugänglich; **~·sion** [əkˈseʃn] (Neu)Anschaffung *f* (**to** für); Zustimmung *f* (**to** zu); Antritt *m* (*e-s Amtes*); **~ to power** Machtübernahme *f*; **~ to the throne** Thronbesteigung *f*

ac·ces·so·ry [əkˈsesərɪ] *jur.* Komplize *m*, -zin *f*, Mitschuldige(r *m*) *f*; *mst* **ac·ces·so·ries** *pl.* Zubehör *n*, Effekten *pl.*, *Mode: a.* Accessoires *pl.*; *tech.* Zubehör(teile *pl.*) *n*

'ac·cess road Zufahrts- *od.* Zubringerstraße *f*; **~ time** *Computer, CD-Player etc.:* Zugriffszeit *f*

ac·ci·dent ['æksɪdənt] Unfall *m*, Unglück(sfall *m*) *n*, Störfall *m* (*Kernkraftwerk*); **by ~** zufällig; **~'den·tal** [æksɪ'dentl] zufällig; versehentlich
ac·claim [ə'kleɪm] feiern (**as** als)
ac·cla·ma·tion [æklə'meɪʃn] lauter Beifall; Lob *n*
ac·cli·ma·tize [ə'klaɪmətaɪz] (sich) akklimatisieren *od.* eingewöhnen
ac·com·mo·date [ə'kɒmədeɪt] unterbringen; Platz haben für, fassen; anpassen (**to** *dat. od.* an *acc.*); **~'da·tion** [əkɒmə'deɪʃn] (*Am. mst pl.*) Unterkunft *f*, -bringung *f*
ac·com·pa·ni·ment *mus.* [ə'kʌmpənɪmənt] Begleitung *f*; **~·ny** [ə'kʌmpənɪ] begleiten (*a. mus.*)
ac·com·plice [ə'kʌmplɪs] Komplize *m*, -zin *f*
ac·com·plish [ə'kʌmplɪʃ] erreichen; leisten; **~ed** fähig, tüchtig; **~·ment** Fähigkeit *f*, Talent *n*
ac·cord [ə'kɔːd] 1. Übereinstimmung *f*; △ *nicht* Akkord; **of one's own ~** von selbst; **with one ~** einstimmig; 2. übereinstimmen; **~·ance:** **in ~ with** entsprechend (*dat.*); **~·ing:** **~ to** laut; nach; **~·ing·ly** (dem)entsprechend; folglich, also
ac·cost [ə'kɒst] *j-n bsd. auf der Straße* ansprechen
ac·count [ə'kaʊnt] 1. *econ.* Rechnung *f*, Berechnung *f*; *econ.* Konto *n*; Rechenschaft *f*; Bericht *m*; **by all ~s** nach allem, was man so hört; **of no ~** ohne Bedeutung; **on no ~** auf keinen Fall; **on ~ of** wegen; **take into ~**, **take ~ of** in Betracht *od.* Erwägung ziehen, berücksichtigen; **turn s.th. to (good) ~** et. (gut) ausnutzen; **keep ~s** die Bücher führen; **call to ~** zur Rechenschaft ziehen; **give (an) ~ of** Rechenschaft ablegen über (*acc.*); **give an ~ of** Bericht erstatten über (*acc.*); 2. *v/i*. **~ for** Rechenschaft über et. ablegen; (sich) erklären; **ac'count·a·ble** verantwortlich; erklärlich; **ac'count·ant** Buchhalter *m*; **ac'count·ing** Buchführung *f*
acct *nur geschrieb. Abk. für* **account** Konto *n*
ac·cu·mu·late [ə'kjuːmjʊleɪt] (sich) (an)häufen *od.* ansammeln; **~·la·tion** [əkjuːmjʊ'leɪʃn] Ansammlung *f*; **~·la·tor** *electr.* [ə'kjuːmjʊleɪtə] Akkumulator *m*

ac·cu·ra·cy ['ækjʊrəsɪ] Genauigkeit *f*; **~·rate** ['ækjʊrət] genau
ac·cu·sa·tion [ækjuː'zeɪʃn] Anklage *f*, An-, Beschuldigung *f*
ac·cu·sa·tive *gr.* [ə'kjuːzətɪv] *a.* **~ case** Akkusativ *m*
ac·cuse [ə'kjuːz] anklagen; beschuldigen; **the ~d** der *od.* die Angeklagte, die Angeklagten *pl.*; **ac'cus·er** Ankläger(in); **ac'cus·ing** anklagend, vorwurfsvoll
ac·cus·tom [ə'kʌstəm] gewöhnen (**to** an *acc.*); **~ed** gewohnt, üblich; gewöhnt (**to** an *acc.*, zu *inf.*)
AC/DC *sl.* [eɪ siː 'diː siː] → **bisexual**
ace [eɪs] Ass *n* (*a. fig.*); **have an ~ up one's sleeve**, *Am.* **have an ~ in the hole** *fig.* (noch) e-n Trumpf in der Hand haben; **within an ~** um ein Haar
ache [eɪk] 1. schmerzen, weh tun; 2. *anhaltender* Schmerz
a·chieve [ə'tʃiːv] zu Stande bringen; *Ziel* erreichen; **~·ment** Zustandebringen *n*, Ausführung *f*; Leistung *f*
ac·id ['æsɪd] 1. sauer; *fig.* beißend, bissig; 2. *chem.* Säure *f*; **a·cid·i·ty** [ə'sɪdətɪ] Säure *f*; **ac·id 'rain** saurer Regen
ac·knowl·edge [ək'nɒlɪdʒ] anerkennen; zugeben; *Empfang* bestätigen; **ac'knowl·edg(e)·ment** Anerkennung *f*; (Empfangs)Bestätigung *f*; Eingeständnis *n*
a·corn *bot.* ['eɪkɔːn] Eichel *f*
a·cous·tics [ə'kuːstɪks] *pl.* Akustik *f* (*e-s Raumes*)
ac·quaint [ə'kweɪnt] bekannt machen; **~ s.o. with s.th.** j-m et. mitteilen; **be ~ed with** kennen; **~·ance** Bekanntschaft *f*; Bekannte(r *m*) *f*
ac·quire [ə'kwaɪə] erwerben; sich aneignen (*Kenntnisse*)
ac·qui·si·tion [ækwɪ'zɪʃn] Erwerb *m*; Anschaffung *f*; Errungenschaft *f*
ac·quit [ə'kwɪt] (**-tt-**) *jur.* freisprechen (**of** von); **~ o.s. well** s-e Sache gut machen; **~·tal** *jur.* [ə'kwɪtl] Freispruch *m*
a·cre ['eɪkə] Acre *m* (*4047 qm*)
ac·rid ['ækrɪd] scharf, beißend
ac·ro·bat ['ækrəbæt] Akrobat(in); **~·ic** [ækrə'bætɪk] akrobatisch
a·cross [ə'krɒs] 1. *adv.* (quer) hin- *od.* herüber; quer durch; drüben, auf der anderen Seite; über Kreuz; 2. *prp.*

(quer) über (*acc.*); (quer) durch; auf der anderen Seite von (*od. gen.*), jenseits (*gen.*); über (*dat.*); **come** ~, **run** ~ stoßen auf (*acc.*)

act [ækt] **1.** *v/i.* handeln; sich verhalten *od.* benehmen; (ein)wirken; funktionieren; (Theater) spielen; *v/t. thea.* spielen (*a. fig.*), Stück aufführen; ~ **as** fungieren als; **2.** Handlung *f*, Tat *f*; *jur.* Gesetz *n*; *thea.* Akt *m*; '**~·ing** *thea.* Spiel(en) *n*

ac·tion [ˈækʃn] Handlung *f* (*a. thea.*), Tat *f*; Film *etc.*: Action *f*; Funktionieren *n*; (Ein)Wirkung *f*; *jur.* Klage *f*, Prozess *m*; *mil.* Gefecht *n*, Einsatz *m*; *take* ~ handeln

ac·tive [ˈæktɪv] aktiv; tätig, rührig; lebhaft, rege; wirksam; *econ.* lebhaft

ac·tiv·ist *bsd. pol.* [ˈæktɪvɪst] Aktivist(in)

ac·tiv·i·ty [ækˈtɪvətɪ] Tätigkeit *f*; Aktivität *f*; Betriebsamkeit *f*; *bsd. econ.* Lebhaftigkeit *f*; ~ **hol·i·day** Aktivurlaub *m*

ac·tor [ˈæktə] Schauspieler *m*; **ac·tress** [ˈæktrɪs] Schauspielerin *f*

ac·tu·al [ˈæktʃʊəl] wirklich, tatsächlich, eigentlich; △ *nicht aktuell*

ac·u·punc·ture [ˈækjʊpʌŋktʃə] Akupunktur *f*

a·cute [əˈkjuːt] (**~r, ~st**) spitz; scharf(sinnig); brennend (*Frage*); *med.* akut

ad F [æd] → **advertisement**

ad·a·mant *fig.* [ˈædəmənt] unerbittlich

a·dapt [əˈdæpt] anpassen (**to** *dat. od.* an *acc.*); Text bearbeiten (**from** nach); *tech.* umstellen (**to** auf *acc.*); umbauen (**to** für); **a·dap·ta·ble** [əˈdæptəbl] anpassungsfähig; **ad·ap·ta·tion** [ædæpˈteɪʃn] Anpassung *f*; Bearbeitung *f*; **a·dapt·er, a·dapt·or** *electr.* [əˈdæptə] Adapter *m*

add [æd] *v/t.* hinzufügen; ~ **up** zusammenzählen, addieren; *v/i.* ~ **to** vermehren, beitragen zu, hinzukommen zu; ~ **up** *fig.* F e-n Sinn ergeben

ad·der *zo.* [ˈædə] Natter *f*

ad·dict [ˈædɪkt] Süchtige(r *m*) *f*; **alcohol** (**drug**) ~ Alkohol- (Drogen- *od.* Rauschgift)Süchtige(r *m*) *f*; Fußballetc. Fanatiker(in), Film- *etc.* Narr *m*; **ad·dict·ed** [əˈdɪktɪd] süchtig, abhängig (**to** von); **be** ~ **to alcohol** *od.* **drugs** alkohol- *od.* drogenabhängig *od.* -süchtig sein; **ad·dic·tion** [əˈdɪkʃn] Sucht *f*, Zustand: *a.* Süchtigkeit *f*

ad·di·tion [əˈdɪʃn] Hinzufügen *n*; Zusatz *m*; Zuwachs *m*; Anbau *m*; *math.* Addition *f*; **in** ~ außerdem; **in** ~ **to** außer (*dat.*); ~**·al** [əˈdɪʃənl] zusätzlich

ad·dress [əˈdres] **1.** Worte richten (**to** an *acc.*), j-n anreden *od.* ansprechen; **2.** Adresse *f*, Anschrift *f*; Rede *f*; Ansprache *f*; ~**·ee** [ædreˈsiː] Empfänger(in)

ad·ept [ˈædept] erfahren, geschickt (**at**, **in** in *dat.*)

ad·e·qua·cy [ˈædɪkwəsɪ] Angemessenheit *f*; ~**·quate** [ˈædɪkwət] angemessen

ad·here [ədˈhɪə] (*to*) kleben, haften (an *dat.*); *fig.* festhalten (an *dat.*); **ad·her·ence** [ədˈhɪərəns] Anhaften *n*; *fig.* Festhalten *n*; **ad·her·ent** [ədˈhɪərənt] Anhänger(in)

ad·he·sive [ədˈhiːsɪv] **1.** klebend; **2.** Klebstoff *m*; ~ **ˈplas·ter** Heftpflaster *n*; ~ **ˈtape** Klebeband *n*, Klebstreifen *m*; *Am.* Heftpflaster *n*

ad·ja·cent [əˈdʒeɪsnt] angrenzend, anstoßend (**to** an *acc.*); benachbart

ad·jec·tive *gr.* [ˈædʒɪktɪv] Adjektiv *n*, Eigenschaftswort *n*

ad·join [əˈdʒɔɪn] (an)grenzen an (*acc.*)

ad·journ [əˈdʒɜːn] verschieben, (*v/i.* sich) vertagen; ~**·ment** Vertagung *f*, -schiebung *f*

ad·just [əˈdʒʌst] anpassen; *tech.* einstellen, regulieren; ~**·a·ble** [əˈdʒʌstəbl] *tech.* verstellbar, regulierbar; ~**·ment** Anpassung *f*; *tech.* Einstellung *f*

ad·min·is·ter [ədˈmɪnɪstə] verwalten; *Arznei* geben, verabreichen; ~ **justice** Recht sprechen; **ad·min·i·stra·tion** [ədmɪnɪˈstreɪʃn] Verwaltung *f*; *bsd. Am. pol.* Regierung *f*; *bsd. Am.* Amtsperiode *f* (*e-s Präsidenten*); **ad·min·is·tra·tive** [ədˈmɪnɪstrətɪv] Verwaltungs-...; **ad·min·is·tra·tor** [ədˈmɪnɪstreɪtə] Verwaltungsbeamte(r) *m*

ad·mi·ra·ble [ˈædmərəbl] bewundernswert; großartig

ad·mi·ral [ˈædmərəl] Admiral *m*

ad·mi·ra·tion [ædməˈreɪʃn] Bewunderung *f*

ad·mire [ədˈmaɪə] bewundern; verehren; **ad·mir·er** [ədˈmaɪərə] Verehrer *m*

ad·mis·si·ble [ədˈmɪsəbl] zulässig; ~**·sion** [ədˈmɪʃn] Ein-, Zutritt *m*; Aufnahme *f*; Eintritt(sgeld *n*) *m*; Eingeständnis *n*; ~ **free** Eintritt frei

ad·mit [əd'mɪt] (**-tt-**) v/t. zugeben; (her)einlassen (**to**, **into** in acc.), eintreten lassen; zulassen (**to** zu); **~tance** [əd'mɪtəns] Einlass m, Ein-, Zutritt m; **no ~** Zutritt verboten

ad·mon·ish [əd'mɒnɪʃ] ermahnen; warnen (**of**, **against** vor dat.)

a·do [ə'du:] (pl. **-dos**) Getue n, Lärm m; **without more** od. **further ~** ohne weitere Umstände

ad·o·les·cence [ædə'lesns] jugendliches Alter; **~cent** [ædə'lesnt] **1.** jugendlich, heranwachsend; **2.** Jugendliche(r m) f

a·dopt [ə'dɒpt] adoptieren; übernehmen; **~ed child** Adoptivkind n; **a·dop·tion** [ə'dɒpʃn] Adoption f; **a'dop·tive child** Adoptivkind n; **a'dop·tive par·ents** pl. Adoptiveltern pl.

a·dor·a·ble F [ə'dɔ:rəbl] bezaubernd, entzückend; **ad·o·ra·tion** [ædə'reɪʃn] Anbetung f, Verehrung f; **a·dore** [ə'dɔ:] anbeten, verehren

a·dorn [ə'dɔ:n] schmücken, zieren; **~ment** Schmuck m

a·droit [ə'drɔɪt] geschickt

ad·ult ['ædʌlt] **1.** erwachsen; **2.** Erwachsene(r m) f; **~s only** nur für Erwachsene!; **~ ed·u·ca·tion** Erwachsenenbildung f

a·dul·ter|·ate [ə'dʌltəreɪt] verfälschen, Wein panschen; **~er** [ə'dʌltərə] Ehebrecher m; **~ess** [ə'dʌltərɪs] Ehebrecherin f, **~ous** [ə'dʌltərəs] ehebrecherisch; **~y** [ə'dʌltərɪ] Ehebruch m

ad·vance [əd'vɑ:ns] **1.** v/i. vordringen, -rücken (a. Zeit); Fortschritte machen; v/t. vorrücken; Argument etc. vorbringen; Geld vorauszahlen, vorschießen; (be)fördern; Preis erhöhen; Wachstum etc. beschleunigen; **2.** Vorrücken n, Vorstoß m (a. fig.); Fortschritt m; Vorschuss m; Erhöhung f; **in ~** im Voraus; **~d** fortgeschritten; **~ for one's years** weit od. reif für sein Alter; **~ment** Fortschritt m, Verbess(e)rung f

ad·van|·tage [əd'vɑ:ntɪdʒ] Vorteil m (a. Sport); **~ rule** Vorteilsregel f; **take ~ of** ausnutzen; **~·ta·geous** [ædvən'teɪdʒəs] vorteilhaft

ad·ven|·ture [əd'ventʃə] Abenteuer n, Wagnis n; Spekulation f; **~·tur·er** [əd'ventʃərə] Abenteurer m; Spekulant m; **~·tur·ess** [əd'ventʃərɪs] Abenteu(r)erin f; **~·tur·ous** [əd'ventʃərəs] abenteuerlich; verwegen, kühn

ad·verb gr. ['ædvɜ:b] Adverb n, Umstandswort n

ad·ver·sa·ry ['ædvəsərɪ] Gegner(in)

ad·ver|·tise ['ædvətaɪz] ankündigen, bekannt machen; inserieren; Reklame machen (für); **~·tise·ment** [əd'vɜ:tɪsmənt] Anzeige f, Inserat n; **~·tis·ing** ['ædvətaɪzɪŋ] **1.** Reklame f, Werbung f; **2.** Reklame..., Werbe...; **~ agency** Werbeagentur f

ad·vice [əd'vaɪs] Rat(schlag) m; econ. Benachrichtigung f; **take medical ~** e-n Arzt zu Rate ziehen; **take my ~** hör auf mich; **~ cen·tre** Brt. Beratungsstelle f

ad·vi·sa·ble [əd'vaɪzəbl] ratsam; **ad·vise** [əd'vaɪz] v/t. j-n beraten; j-m raten; bsd. econ. benachrichtigen, avisieren; v/i. sich beraten; **ad·vis·er** bsd. Brt., **ad·vis·or** Am. [əd'vaɪzə] Berater m; **ad·vi·so·ry** [əd'vaɪzərɪ] beratend

aer·i·al [ˈeərɪəl] **1.** luftig; Luft...; **2.** Antenne f; **~ 'pho·to·graph**, **~ 'view** Luftaufnahme f, -bild n

ae·ro... [ˈeərəʊ] Aero..., Luft...

aer·o|·bics [eəˈrəʊbɪks] sg. Sport: Aerobic n; **~·drome** bsd. Brt. [ˈeərədrəʊm] Flugplatz m; **~·dy·nam·ic** [eərəʊdaɪˈnæmɪk] (**~ally**) aerodynamisch; **~·dy·nam·ics** sg. Aerodynamik f; **~·nau·tics** [eərəˈnɔ:tɪks] sg. Luftfahrt f; **~·plane** Brt. [ˈeərəpleɪn] Flugzeug n; **~·sol** [ˈeərəsɒl] Sprühdose f

aes·thet·ic [i:sˈθetɪk] ästhetisch; **~s** sg. Ästhetik f

a·far [əˈfɑ:]: **from ~** von weit her

af·fair [əˈfeə] Angelegenheit f, Sache f; F Ding n, Sache f; Affäre f

af·fect [əˈfekt] beeinflussen; med. angreifen, befallen; bewegen, rühren; e-e Vorliebe haben für; vortäuschen

af·fec·tion [əˈfekʃn] Liebe f, Zuneigung f; **~ate** [əˈfekʃnət] liebevoll, herzlich

af·fil·i·ate [əˈfɪlɪeɪt] als Mitglied aufnehmen; angliedern

af·fin·i·ty [əˈfɪnətɪ] Affinität f; (geistige) Verwandtschaft; Neigung f (**for**, **to** zu)

af·firm [əˈfɜːm] versichern; beteuern; bestätigen; **af·fir·ma·tion** [æfəˈmeɪʃn] Versicherung f; Beteuerung f; Bestätigung f; **af·fir·ma·tive** [əˈfɜːmətɪv] **1.**

affix

af·fix [ə'fɪks] (**to**) anheften, -kleben (an *acc.*), befestigen (an *dat.*); bei-, hinzufügen (*dat.*).

af·flict [ə'flɪkt] heimsuchen, plagen; **~ed with** geplagt von, leidend an (*dat.*); **'~·less** zeitlos, ewig jung

af·flic·tion [ə'flɪkʃn] Gebrechen *n*; Elend *n*, Not *f*

af·flu·ence ['æfluəns] Überfluss *m*; Wohlstand *m*; **'~·ent** reich(lich); **'~·ent so·ci·e·ty** Wohlstandsgesellschaft *f*

af·ford [ə'fɔːd] sich leisten; gewähren, bieten; **I can ~ it** ich kann es mir leisten

af·front [ə'frʌnt] 1. beleidigen; 2. Beleidigung *f*

a·float [ə'fləʊt] flott, schwimmend; **set ~** *naut.* flottmachen; in Umlauf bringen (Gerücht *etc.*).

AFN [eɪ ef 'en] *Abk. für* **American Forces Network** (Rundfunkanstalt der amer. Streitkräfte)

a·fraid [ə'freɪd] **be ~ of** sich fürchten *od.* Angst haben vor (*dat.*); **I'm ~ she won't come** ich fürchte, sie wird nicht kommen; **I'm ~ I must go now** leider muss ich jetzt gehen

a·fresh [ə'freʃ] von neuem

Af·ri·ca ['æfrɪkə] Afrika *n*; **Af·ri·can** ['æfrɪkən] 1. afrikanisch; 2. Afrikaner(in)

af·ter ['ɑːftə] 1. *adv.* hinterher, nachher, danach; 2. *prp.* nach; hinter (*dat.*) (... her); **~ all** schließlich (doch); 3. *cj.* nachdem; 4. *adj.* später; Nach...; **'~·ef·fect** Nachwirkung *f* (*a. fig.*); *fig.* Folge *f*; **'~·glow** Abendrot *n*; **'~·math** ['ɑːftəmæθ] Nachwirkungen *pl.*, Folgen *pl.*; **~·noon** Nachmittag *m*; **this ~** heute Nachmittag; **good ~!** guten Tag!; **'~·taste** Nachgeschmack *m*; **'~·thought** nachträglicher Einfall; **~·wards, ~·ward** *Am.* ['ɑːftəwəd(z)] nachher, später

a·gain [ə'gen] wieder(um); ferner; **~ and ~, time and ~** immer wieder; **as much ~** noch einmal so viel

a·gainst [ə'genst] gegen; an (*dat. od. acc.*), gegen; **as ~** verglichen mit; **he was ~ it** er war dagegen

age [eɪdʒ] 1. (Lebens)Alter *n*; Zeit(alter *n*) *f*; Menschenalter *n*; (**old**) **~** (hohes) Alter; **at the ~ of** im Alter von; **s.o. your ~** in deinem/Ihrem Alter; (**come**) **of ~** mündig *od.* volljährig (werden); **be**

over ~ die Altersgrenze überschritten haben; **under ~** minderjährig; unmündig; **wait for ~s** F e-e Ewigkeit warten; 2. alt werden *od.* machen; **~d** ['eɪdʒɪd] alt, betagt; [eɪdʒd]: **~ twenty** 20 Jahre alt; **'~·less** zeitlos, ewig jung

a·gen·cy ['eɪdʒənsɪ] Agentur *f*; Geschäftsstelle *f*, Büro *n*

a·gen·da [ə'dʒendə] Tagesordnung *f*

a·gent ['eɪdʒənt] Agent *m* (*a. pol.*), Vertreter *m*; (Grundstücks- *etc.*)Makler *m*; Wirkstoff *m*, Mittel *n*

ag·glom·er·ate [ə'glɒməreɪt] (sich) zusammenballen; (sich) (an)häufen

ag·gra·vate ['ægrəveɪt] erschweren, verschlimmern; F ärgern

ag·gre·gate 1. ['ægrɪgeɪt] (sich) anhäufen; vereinigen (**to** mit); sich belaufen auf (*acc.*); 2. ['ægrɪgət] (an)gehäuft; gesamt; 3. ['ægrɪgət] Anhäufung *f*; Gesamtmenge *f*, Summe *f*; Aggregat *n*

ag·gres·sion [ə'greʃn] Angriff *m*; **~·sive** [ə'gresɪv] aggressiv, Angriffs...; *fig.* energisch; **~·sor** [ə'gresə] Angreifer *m*

ag·grieved [ə'griːvd] verletzt, gekränkt

a·ghast [ə'gɑːst] entgeistert, entsetzt

ag·ile ['ædʒaɪl] flink, behend; **a·gil·i·ty** [ə'dʒɪlətɪ] Behendigkeit *f*

ag·i·tate ['ædʒɪteɪt] *v/t. fig.* aufregen, -wühlen; *Flüssigkeit* schütteln; *v/i.* agitieren, hetzen (**against** gegen); **~·ta·tion** [ædʒɪ'teɪʃn] Aufregung *f*; Agitation *f*; **'~·ta·tor** ['ædʒɪteɪtə] Agitator *m*

a·glow [ə'gləʊ] **be ~** strahlen (**with** vor)

a·go [ə'gəʊ]: **a year ~** vor e-m Jahr

ag·o·ny ['ægənɪ] Qual *f*; Todeskampf *m*

a·gree [ə'griː] *v/i.* übereinstimmen; sich vertragen; einig werden, sich einigen (**on** über *acc.*); übereinkommen; **~ to** zustimmen (*dat.*), einverstanden sein mit; **~·a·ble** [ə'grɪəbl] (**to**) angenehm (für); übereinstimmend (mit); **~·ment** [ə'griːmənt] Übereinstimmung *f*; Vereinbarung *f*; Abkommen *n*

ag·ri·cul·tur·al [ægrɪ'kʌltʃərəl] landwirtschaftlich; **~·e** ['ægrɪkʌltʃə] Landwirtschaft *f*

a·ground *naut.* [ə'graʊnd] gestrandet; **run ~** stranden, auf Grund laufen

a·head [ə'hed] vorwärts, voraus; vorn; **go ~!** nur zu!, mach nur!; **straight ~** geradeaus

ai [eɪ 'aɪ] *Abk. für* **amnesty international** (*e-e Menschenrechtsorganisation*)
aid [eɪd] **1.** unterstützen, *j-m* helfen (*in* bei); fördern; *he was accused of ~ing and abetting* er wurde wegen Beihilfe angeklagt; **2.** Hilfe *f*, Unterstützung *f*
AIDS, Aids *med.* [eɪdz] Aids *n*; *person with ~* Aids-Kranke(r *m*) *f*
ail [eɪl] kränklich sein; **'~·ment** Leiden *n*
aim [eɪm] **1.** *v*/*i*. zielen (*at* auf *acc.*, nach); ~ *at fig.* beabsichtigen; *be on the ~ to do s.th.* vorhaben, et. zu tun; *v*/*t*. ~ *at Waffe etc.* richten auf *od.* gegen (*acc.*); **2.** Ziel *n* (*a. fig.*); Absicht *f*; *take ~ at* zielen auf (*acc.*) *od.* nach; **'~·less** ziellos
air[1] [eə] **1.** Luft *f*; Luftzug *m*; Miene *f*, Aussehen *n*; *by ~* auf dem Luftwege; *in the open ~* im Freien; *on the ~* im Rundfunk *od.* Fernsehen; *be on the ~* senden (*Sender*); in Betrieb sein (*Sender*); *go off the ~* die Sendung beenden (*Person*); sein Programm beenden (*Sender*); *give o.s. ~s, put on ~s* vornehm tun; **2.** (aus)lüften; *fig.* an die Öffentlichkeit bringen; erörtern
air[2] *mus.* [eə] Arie *f*, Weise *f*, Melodie *f*
'air·bag *mot.* Airbag *m*; **'~·base** *mil.* Luftstützpunkt *m*; **'~·bed** Luftmatratze *f*; **'~·borne** in der Luft (*Flugzeug*); *mil.* Luftlande...; **'~·brake** *tech.* Druckluftbremse *f*; **'~·bus** *aviat.* Airbus *m*, Großraumflugzeug *n*; **'~·con·di·tioned** mit Klimaanlage; **'~·con·di·tion·ing** Klimaanlage *f*; **'~·craft car·ri·er** Flugzeugträger *m*; **'~·field** Flugplatz *m*; **'~ force** *mil.* Luftwaffe *f*; **'~·host·ess** *aviat.* Stewardess *f*; **'~ jack·et** Schwimmweste *f*; **'~·lift** *aviat.* Luftbrücke *f*; **'~·line** *aviat.* Fluggesellschaft *f*; **'~·lin·er** *aviat.* Verkehrsflugzeug *n*; **'~·mail** Luftpost *f*; *by ~* mit Luftpost; **'~·man** (*pl. -men*) Flieger *m* (*Luftwaffe*); **'~·plane** *Am.* Flugzeug *n*; **'~·pock·et** *aviat.* Luftloch *n*; **'~·pol·lu·tion** Luftverschmutzung *f*; **'~·port** Flughafen *m*; **'~ raid** Luftangriff *m*; **~·raid pre'cau·tions** *pl.* Luftschutz *m*; **~·raid 'shel·ter** Luftschutzraum *m* (*-bau*); **'~ route** *aviat.* Flugroute *f*; **'~·sick** luftkrank; **'~·space** Luftraum *m*; **'~·strip** (behelfsmäßige) Start- u. Landebahn; **'~ ter·mi·nal** Flughafenabfertigungsgebäude *n*; **'~·tight** luftdicht; **'~ traf·fic** Flugverkehr *m*; **~·'traf·fic con·trol** *aviat.* Flugsicherung *f*; **~·'traf·fic con·trol·ler** *aviat.* Fluglotse *m*; **'~·way** *aviat.* Fluggesellschaft *f*; **'~·wor·thy** flugtüchtig
air·y ['eərɪ] (*-ier, -iest*) luftig
aisle *arch.* [aɪl] Seitenschiff *n*; Gang *m*
a·jar [ə'dʒɑː] halb offen, angelehnt
a·kin [ə'kɪn] verwandt (*to* mit)
a·lac·ri·ty [ə'lækrətɪ] Bereitwilligkeit *f*
a·larm [ə'lɑːm] **1.** Alarm(zeichen *n*) *m*; Wecker *m*; Angst *f*; **2.** alarmieren; beunruhigen; **~ clock** Wecker *m*
al·bum ['ælbəm] Album *n* (*a. Langspielplatte*)
al·bu·mi·nous [æl'bjuːmɪnəs] eiweißhaltig
al·co·hol ['ælkəhɒl] Alkohol *m*; **~·ic** [ælkə'hɒlɪk] **1.** alkoholisch; **2.** Alkoholiker(in)
ale [eɪl] Ale *n* (*helles, obergäriges Bier*)
a·lert [ə'lɜːt] **1.** wachsam; munter; **2.** Alarm(bereitschaft *f*) *m*; *on the ~* auf der Hut; in Alarmbereitschaft; **3.** warnen (*to* vor *dat.*), alarmieren
al·ga *bot.* ['ælgə] (*pl. -gae* [ældʒiː]) Alge *f*
al·ge·bra *math.* ['ældʒɪbrə] Algebra *f*
al·i·bi ['ælɪbaɪ] Alibi *n*
a·li·en ['eɪljən] **1.** ausländisch; fremd; **2.** Ausländer(in); Außerirdische(r *m*) *f*; **~·ate** ['eɪljəneɪt] veräußern; entfremden
a·light [ə'laɪt] **1.** in Flammen; **2.** (*alighted od. alit*) ab-, aussteigen, absitzen; sich niederlassen (*Vogel*); *aviat.* landen
a·lign [ə'laɪn] (sich) ausrichten (*with* nach)
a·like [ə'laɪk] **1.** *adj.* gleich; **2.** *adv.* gleich, ebenso
al·i·men·ta·ry [ælɪ'mentərɪ] nahrhaft; **~ ca·nal** Verdauungskanal *m*
al·i·mo·ny *jur.* ['ælɪmənɪ] Unterhalt *m*
a·live [ə'laɪv] lebendig; (noch) am Leben; munter; *~ and kicking* gesund u. munter; *be ~ with* wimmeln von
all [ɔːl] **1.** *adj.* all; ganz; jede(r, -s); **2.** *pron.* alles; alle *pl.*; **3.** *adv.* ganz, völlig; *Wendungen: ~ at once* auf einmal; *~ the better* desto besser; *~ but* beinahe, fast; *~ in Am.* F fertig, ganz erledigt; *~ right* in Ordnung; *for ~ that* dessen ungeachtet, trotzdem; *for ~ I know* soviel

all-American 26

ich weiß; *at ~* überhaupt; *not at ~* überhaupt nicht; *the score was two ~* das Spiel stand zwei zu zwei

all-A·mer·i·can [ɔːləˈmerɪkən] typisch amerikanisch; die ganzen USA vertretend

al·lay [əˈleɪ] beruhigen; lindern

al·le·ga·tion [ælɪˈgeɪʃn] *unerwiesene* Behauptung

al·lege [əˈledʒ] behaupten; **~d** angeblich

al·le·giance [əˈliːdʒəns] (Untertanen)Treue *f*

al·ler·gic [əˈlɜːdʒɪk] allergisch (*to* gegen); **~gy** [ˈælədʒɪ] Allergie *f*

al·le·vi·ate [əˈliːvɪeɪt] mildern, lindern

al·ley [ˈælɪ] (enge *od.* schmale) Gasse; Garten-, Parkweg *m*; *Bowling, Kegeln*: Bahn *f*; △ *nicht* Allee

al·li·ance [əˈlaɪəns] Bündnis *n*

al·li·ga·tor *zo.* [ˈælɪgeɪtə] Alligator *m*

al·lo·cate [ˈæləkeɪt] zuteilen, anweisen; **~ca·tion** [æləˈkeɪʃn] Zuteilung *f*

al·lot [əˈlɒt] (-*tt*-) zuteilen, an-, zuweisen; **~ment** Zuteilung *f*; Parzelle *f*

al·low [əˈlaʊ] erlauben, bewilligen, gewähren; zugeben; ab-, anrechnen, vergüten; **~ for** einplanen, berücksichtigen (*acc.*); **~a·ble** erlaubt, zulässig; **~ance** Erlaubnis *f*; Bewilligung *f*; Taschengeld *n*, Zuschuss *m*; Vergütung *f*; *fig.* Nachsicht *f*; *make ~(s) for s.th.* et. in Betracht ziehen

al·loy 1. [ˈælɔɪ] Legierung *f*; **2.** [əˈlɔɪ] legieren

all-round [ˈɔːlraʊnd] vielseitig; **~er** [ɔːlˈraʊndə] Alleskönner *m*; *Sport*: Allroundsportler *m*, -spieler *m*

al·lude [əˈluːd] anspielen (*to* auf *acc.*)

al·lure [əˈljʊə] (an-, ver)locken; **~ment** Verlockung *f*

al·lu·sion [əˈluːʒn] Anspielung *f*

all-wheel drive *mot.* Allradantrieb *m*

al·ly 1. [əˈlaɪ] (sich) vereinigen, verbünden (*to, with* mit); **2.** [ˈælaɪ] Verbündete(r *m*) *f*, Bundesgenosse *m*, -in *f*; *the Allies pl.* die Alliierten *pl.*

al·might·y [ɔːlˈmaɪtɪ] allmächtig; *the 2* der Allmächtige

al·mond *bot.* [ˈɑːmənd] Mandel *f*

al·most [ˈɔːlməʊst] fast, beinah(e)

alms [ɑːmz] *pl.* Almosen *n*

a·loft [əˈlɒft] (hoch) (dr)oben

a·lone [əˈləʊn] allein; *let ~, leave ~* in Ruhe *od.* bleiben lassen; *let ~* ... abgesehen von ...

a·long [əˈlɒŋ] **1.** *adv.* weiter, vorwärts; da; dahin; *all ~* die ganze Zeit; *~ with* (zusammen) mit; *come ~* mitkommen, -gehen; *get ~* vorwärts kommen, weiterkommen; auskommen, sich vertragen (*with s.o.* mit j-m); *take ~* mitnehmen; **2.** *prp.* entlang, längs; **~'side** Seite an Seite; neben

a·loof [əˈluːf] abseits; reserviert, zurückhaltend

a·loud [əˈlaʊd] laut

al·pha·bet [ˈælfəbet] Alphabet *n*

al·pine [ˈælpaɪn] alpin, (Hoch)Gebirgs...

al·read·y [ɔːlˈredɪ] bereits, schon

al·right [ɔːlˈraɪt] → *all right*

Al·sa·tian *bsd. Brt.* [ælˈseɪʃən] deutscher Schäferhund

al·so [ˈɔːlsəʊ] auch, ferner; △ *nicht* also

al·tar [ˈɔːltə] Altar *m*

al·ter [ˈɔːltə] (sich) (ver)ändern; ab-, umändern; **~a·tion** [ɔːltəˈreɪʃn] Änderung *f* (*to* an *dat.*), Veränderung *f*

al·ter·nate 1. [ˈɔːltəneɪt] abwechseln (lassen); **2.** [ɔːlˈtɜːnət] abwechselnd; **~ nat·ing cur·rent** *electr.* [ˈɔːltəneɪtɪŋ -] Wechselstrom *m*; **~na·tion** [ɔːltəˈneɪʃn] Abwechslung *f*, Wechsel *m*; **~na·tive** [ɔːlˈtɜːnətɪv] **1.** alternativ, wahlweise; **2.** Alternative *f*, Wahl *f*, Möglichkeit *f*

al·though [ɔːlˈðəʊ] obwohl, obgleich

al·ti·tude [ˈæltɪtjuːd] Höhe *f*; *at an ~ of* in e-r Höhe von

al·to·geth·er [ɔːltəˈgeðə] im Ganzen, insgesamt; ganz (u. gar), völlig

al·u·min·i·um *Brt.* [æljʊˈmɪnjəm], **a·lu·mi·num** *Am.* [əˈluːmɪnəm] Aluminium *n*

al·ways [ˈɔːlweɪz] immer, stets

am [æm; *im Satz je* m] *1. sg. pres. von* be

am, AM [eɪ ˈem] *Abk. für before noon* (*lateinisch ante meridiem*) morgens, vorm., vormittags

a·mal·gam·ate [əˈmælgəmeɪt] (sich) zusammenschließen, *econ. a.* fusionieren

a·mass [əˈmæs] an-, aufhäufen

am·a·teur [ˈæmətə] Amateur(in); Dilettant(in); Hobby...

a·maze [əˈmeɪz] in Erstaunen setzen, verblüffen; **a'maze·ment** Staunen *n*,

Verblüffung *f*; **a·maz·ing** erstaunlich
am·bas·sa·dor *pol.* [æm'bæsədə] Botschafter *m* (**to** in e-m *Land*); Gesandte(r) *m*; **~·dress** *pol.* [æm'bæsədrıs] Botschafterin *f* (**to** in e-m *Land*)
am·ber [ə'æmbə] Bernstein *m*
am·bi·gu·i·ty [æmbı'gju:ıtı] Zwei-, Mehrdeutigkeit *f*; **am·big·u·ous** [æm'bıgjʊəs] zwei-, mehr-, vieldeutig
am·bi·tion [æm'bıʃn] Ehrgeiz *m*; **~·tious** [æm'bıʃəs] ehrgeizig
am·ble ['æmbl] **1.** Passgang *m*; **2.** im Passgang gehen *od.* reiten; schlendern
am·bu·lance ['æmbjʊləns] Krankenwagen *m*
am·bush ['æmbʊʃ] **1.** Hinterhalt *m*; **be** *od.* **lie in ~ for s.o.** j-m auflauern; **2.** auflauern (*dat.*); überfallen
a·men *int.* [ɑ:'men] amen
a·mend [ə'mend] verbessern, berichtigen; *Gesetz* abändern, ergänzen; **~·ment** Bess(e)rung *f*; Verbess(e)rung *f*; *parl.* Abänderungs-, Ergänzungsantrag *m* (*zu e-m Gesetz*); *Am.* Zusatzartikel *m* zur Verfassung; **~s** *pl.* (Schaden)Ersatz *m*; **make ~** Schadenersatz leisten, es wieder gutmachen; **make ~ to s.o. for s.th.** j-n für et. entschädigen
a·men·i·ty [ə'mi:nətı] *oft* **amenities** *pl.* Annehmlichkeiten *pl.*
A·mer·i·ca [ə'merıkə] Amerika *n*; **A·mer·i·can** [ə'merıkən] **1.** amerikanisch; **2.** Amerikaner(in)
A·mer·i·can·is·m [ə'merıkənızəm] Amerikanismus *m*; **~·ize** [ə'merıkənaız] (sich) amerikanisieren
A·mer·i·can 'plan Vollpension *f*
a·mi·a·ble ['eımjəbl] liebenswürdig, freundlich
am·i·ca·ble ['æmıkəbl] freundschaftlich, *a. jur.* gütlich
a·mid(st) [ə'mıd(st)] inmitten (*gen.*), (mitten) in *od.* unter
a·miss [ə'mıs] verkehrt, falsch, übel; **take ~** übel nehmen
am·mo·ni·a [ə'məʊnjə] Ammoniak *n*
am·mu·ni·tion [æmjʊ'nıʃn] Munition *f*
am·nes·ty ['æmnıstı] **1.** Amnestie *f* (*Straferlass*); **2.** begnadigen
a·mok [ə'mɒk]: **run ~** Amok laufen
a·mong(st) [ə'mʌŋ(st)] (mitten) unter, zwischen
am·o·rous ['æmərəs] verliebt (**of** in *acc.*)
a·mount [ə'maʊnt] **1.** (**to**) sich belaufen (auf *acc.*); hinauslaufen (auf *acc.*); **2.** Betrag *m*, (Gesamt)Summe *f*; Menge *f*
am·ple ['æmpl] (**~r, ~st**) weit, groß, geräumig; reich(lich), beträchtlich
am·pli·fi·ca·tion [æmplıfı'keıʃn] Erweiterung *f*; Verstärkung *f*; **~·fi·er** *electr.* ['æmplıfaıə] Verstärker *m*; **~·fy** ['æmplıfaı] erweitern; *electr.* verstärken; **~·tude** ['æmplıtju:d] Umfang *m*, Weite *f*, Fülle *f*
am·pu·tate ['æmpjʊteıt] amputieren
a·muck [ə'mʌk] → **amok**
a·muse [ə'mju:z] (**o.s.** sich) amüsieren, unterhalten, belustigen; **~·ment** Unterhaltung *f*, Vergnügen *n*, Zeitvertreib *m*; **~·ment park** Vergnügungs-, Freizeitpark *m*; **a·mus·ing** amüsant, unterhaltend
an [æn, ən] → **a**
an·a·bol·ic ster·oid *pharm.* [ænəbɒlık 'stıərɔıd] Anabolikum *n*
a·nae·mi·a *med.* [ə'ni:mjə] Blutarmut *f*, Anämie *f*
an·aes·thet·ic [ænıs'θetık] **1.** (**~ally**) betäubend, Narkose...; **2.** Betäubungsmittel *n*
a·nal *anat.* ['eınl] anal, Anal...
a·nal·o·gous [ə'næləgəs] analog, entsprechend; **~·gy** [ə'nælədʒı] Analogie *f*, Entsprechung *f*
an·a·lyse *bsd.* Brt., **an·a·lyze** *Am.* ['ænəlaız] analysieren; zerlegen; **a·nal·y·sis** [ə'næləsıs] (*pl.* **-ses** [-si:z]) Analyse *f*
an·ar·chy ['ænəkı] Anarchie *f*, Gesetzlosigkeit *f*; Chaos *n*
a·nat·o·mize [ə'nætəmaız] *med.* zerlegen; zergliedern; **~·my** [ə'nætəmı] Anatomie *f*; Zergliederung *f*, Analyse *f*
an·ces·tor ['ænsestə] Vorfahr *m*, Ahn *m*; **~·tress** ['ænsestrıs] Ahnfrau *f*
an·chor ['æŋkə] **1.** Anker *m*; **at ~** vor Anker; **2.** verankern
an·chor·man *Am.* TV ['æŋkəmæn] (*pl.* **-men**) Moderator *m* (*e-r Nachrichtensendung*); **'~·wom·an** (*pl.* **-women**) *Am.* TV Moderatorin *f* (*e-r Nachrichtensendung*)
an·cho·vy *zo.* ['æntʃəvı] Anschovis *f*, Sardelle *f*
an·cient ['eınʃənt] **1.** alt, antik; uralt; **2. the ~s** *pl. hist.* die Alten, die antiken Klassiker
and [ænd, ənd] und

an·ec·dote ['ænɪkdəʊt] Anekdote *f*
a·ne·mi·a *Am.* [ə'niːmjə] → **anaemia**
an·es·thet·ic *Am.* [ænɪs'θetɪk] → **anaesthetic**
an·gel ['eɪndʒəl] Engel *m*; △ *nicht* **Angel**
an·ger ['æŋɡə] 1. Zorn *m*, Ärger *m* (*at* über *acc.*); 2. erzürnen, (ver)ärgern
an·gi·na (**pec·to·ris**) *med.* [æn'dʒaɪnə ('pektərɪs)] Angina pectoris *f*
an·gle[1] ['æŋɡl] Winkel *m*
an·gle[2] ['æŋɡl] angeln (*for* nach); '~**r** Angler(in)
An·gli·can *rel.* ['æŋɡlɪkən] 1. anglikanisch; 2. Anglikaner(in)
An·glo-Sax·on [æŋɡləʊ'sæksən] 1. angelsächsisch; 2. Angelsachse *m*
an·gry ['æŋɡrɪ] (**-ier, -iest**) zornig, verärgert, böse (*at, with* über *acc.*, mit *dat.*)
an·guish ['æŋɡwɪʃ] Qual *f*, Schmerz *m*
an·gu·lar ['æŋɡjʊlə] winkelig; knochig
an·i·mal ['ænɪml] 1. Tier *n*; 2. tierisch; '~ **shel·ter** Tierheim *n*
an·i·mate ['ænɪmeɪt] beleben; aufmuntern, anregen; △ *nicht* **animieren**; '~**mated** lebendig, lebhaft, angeregt; ~**mated car'toon** Zeichentrickfilm *m*; ~**mation** [ænɪ'meɪʃn] Lebhaftigkeit *f*; Animation *f*, Herstellung *f* von (Zeichen)Trickfilmen; *Computer*: bewegtes Bild
an·i·mos·i·ty [ænɪ'mɒsətɪ] Animosität *f*, Feindseligkeit *f*
an·kle *anat.* ['æŋkl] (Fuß)Knöchel *m*
an·nals ['ænlz] *pl.* Jahrbücher *pl.*
an·nex 1. [ə'neks] anhängen; annektieren; **2.** ['æneks] Anhang *m*; Anbau *m*
an·ni·ver·sa·ry [ænɪ'vɜːsərɪ] Jahrestag *m*; Jahresfeier *f*
an·no·tate ['ænəʊteɪt] mit Anmerkungen versehen; kommentieren
an·nounce [ə'naʊns] ankündigen; bekannt geben; *Rundfunk, TV*: ansagen; durchsagen; △ *nicht* **annoncieren**; ~**ment** Ankündigung *f*; Bekanntgabe *f*; *Rundfunk, TV*: Ansage *f*; Durchsage *f*; **an'nounc·er** *Rundfunk, TV*: Ansager(in), Sprecher(in)
an·noy [ə'nɔɪ] ärgern; belästigen; ~**ance** Störung *f*, Belästigung *f*; Ärgernis *n*; ~**ing** ärgerlich, lästig
an·nu·al ['ænjʊəl] 1. jährlich, Jahres...; 2. *bot.* einjährige Pflanze; Jahrbuch *n*

anecdote 28

an·nu·i·ty [ə'njuːɪtɪ] (Jahres)Rente *f*
an·nul [ə'nʌl] (**-ll-**) für ungültig erklären, annullieren; ~**ment** Annullierung *f*, Aufhebung *f*
an·o·dyne *med.* ['ænəʊdaɪn] 1. schmerzstillend; 2. schmerzstillendes Mittel
a·noint [ə'nɔɪnt] salben
a·nom·a·lous [ə'nɒmələs] anomal
a·non·y·mous [ə'nɒnɪməs] anonym
an·o·rak ['ænəræk] Anorak *m*
an·oth·er [ə'nʌðə] ein anderer; ein Zweiter; noch eine(r, -s)
ANSI ['ænsɪ] *Abk. für* **American National Standards Institute** *Computer*: Amerikanische Normengesellschaft
an·swer ['ɑːnsə] 1. *v/t. et.* beantworten; *j-m* antworten; entsprechen (*dat.*); *Zweck* erfüllen; *tech. dem Steuer* gehorchen; *e-r Vorladung* Folge leisten; *e-r Beschreibung* entsprechen; ~ *the bell od. door* (die Haustür) aufmachen; ~ *the telephone* ans Telefon gehen; *v/i.* antworten (*to* auf *acc.*); entsprechen (*to dat.*); ~ *back* freche Antworten geben; widersprechen; ~ *for* einstehen für; 2. Antwort *f* (*to* auf *acc.*); ~**a·ble** ['ɑːnsərəbl] verantwortlich; ~**ing ma·chine** *teleph.* ['ɑːnsərɪŋ -] Anrufbeantworter *m*
ant *zo.* [ænt] Ameise *f*
an·tag·o·nis·m [æn'tæɡənɪzəm] Feindschaft *f*; ~**nist** [æn'tæɡənɪst] Gegner(in); ~**nize** [æn'tæɡənaɪz] bekämpfen; sich *j-n* zum Feind machen
Ant·arc·tic [æn'tɑːktɪk] antarktisch
an·te·ced·ent [æntɪ'siːdənt] vorhergehend, früher (*to* als)
an·te·lope *zo.* ['æntɪləʊp] (*pl.* **-lopes, -lope**) Antilope *f*
an·ten·na[1] *zo.* [æn'tenə] (*pl.* **-nae** [-niː]) Fühler *m*
an·ten·na[2] *Am.* [æn'tenə] Antenne *f*
an·te·ri·or [æn'tɪərɪə] vorhergehend, früher (*to* als); vorder
an·them *mus.* ['ænθəm] Hymne *f*
an·ti... ['æntɪ] Gegen..., gegen ... eingestellt, Anti..., anti...; ~'**air·craft** *mil.* Flieger-, Flugabwehr...; ~**bi·ot·ic** *med.* [æntɪbaɪ'ɒtɪk] Antibiotikum *n*; ~'**bod·y** *biol.* Antikörper *m*, Abwehrstoff *m*
an·tic·i·pate ['æntɪsɪpeɪt] voraussehen, ahnen; erwarten; zuvorkommen; vor-

appendicitis

wegnehmen; **~·pa·tion** [æntɪsɪˈpeɪʃn] (Vor)Ahnung *f*; Erwartung *f*; Vorwegnahme *f*; *in* ~ im Voraus

an·ti·clock·wise *Brt.* [ˌæntɪˈklɒkwaɪz] entgegen dem Uhrzeigersinn

an·tics [ˈæntɪks] *pl.* Mätzchen *pl.*; △ *nicht* antik, Antike

an·ti·dote [ˈæntɪdəʊt] Gegengift *n*, -mittel *n*; **~ʹfor·eign·er vi·o·lence** Gewalt *f* gegen Ausländer; **ʹ~freeze** Frostschutzmittel *n*; **~ʹlock brak·ing sys·tem** *mot.* Antiblockiersystem *n* (*Abk.* ABS); **~ʹmis·sile** *mil.* Raketenabwehr...; **~ʹnu·cle·ar ac·tiv·ist** Kernkraftgegner(in)

an·tip·a·thy [ænˈtɪpəθɪ] Abneigung *f*

an·ti·quat·ed [ˈæntɪkweɪtɪd] veraltet

an·tique [ænˈtiːk] **1.** antik, alt; **2.** Antiquität *f*; △ *nicht* Antike; **~ deal·er** Antiquitätenhändler(in); **~ shop** *bsd. Brt.*, **~ store** *Am.* Antiquitätenladen *m*

an·tiq·ui·ty [ænˈtɪkwətɪ] Altertum *n*, Vorzeit *f*

an·ti·sep·tic [æntɪˈseptɪk] **1.** antiseptisch; **2.** antiseptisches Mittel

ant·lers [ˈæntləz] *pl.* Geweih *n*

a·nus *anat.* [ˈeɪnəs] After *m*

an·vil [ˈænvɪl] Amboss *m*

anx·i·e·ty [æŋˈzaɪətɪ] Angst *f*, Sorge *f*

anx·ious [ˈæŋkʃəs] besorgt, beunruhigt (*about* wegen); begierig, gespannt (*for* auf *acc.*); bestrebt (*to do* zu tun)

an·y [ˈenɪ] **1.** *adj. u. pron.* (irgend)eine(r, -s), (irgend)welche(r, -s) (irgend)etwas; jede(r, -s) (beliebige); einige *pl.*, welche *pl.*; *not* ~ keiner; **2.** *adv.* irgend(wie), ein wenig, etwas, (noch) etwas; **ʹ~·bod·y** (irgend)jemand; jeder; **ʹ~·how** irgendwie; trotzdem, jedenfalls; wie dem auch sei; **ʹ~·one** → **any·body**; **ʹ~·thing** (irgend) etwas; alles; ~ *but* alles andere als; ~ *else?* sonst noch etwas?; *not* ~ nichts; **ʹ~·way** → **any·how**; **ʹ~·where** irgendwo(hin); überall

AP [eɪ ˈpiː] *Abk. für* Associated Press (*amer. Nachrichtenbüro*)

a·part [əˈpɑːt] einzeln, für sich; beiseite; △ *nicht* apart; ~ *from* abgesehen von

a·part·heid [əˈpɑːtheɪt] Apartheid *f*, Politik *f* der Rassentrennung

a·part·ment *Am.* [əˈpɑːtmənt] Wohnung *f*; ~ **build·ing** *Am.*, ~ **house** *Am.* Mietshaus *n*

ap·a|·thet·ic [æpəˈθetɪk] (**~ally**) apa-thisch, teilnahmslos, gleichgültig; **~·thy** [ˈæpəθɪ] Apathie *f*, Teilnahmslosigkeit *f*

ape *zo.* [eɪp] (Menschen)Affe *m*

ap·er·ture [ˈæpətjʊə] Öffnung *f*

a·pi·a·ry [ˈeɪpjərɪ] Bienenhaus *n*

a·piece [əˈpiːs] für jedes *od.* pro Stück, je

a·pol·o|·gize [əˈpɒlədʒaɪz] sich entschuldigen (*for* für; *to* bei); **~·gy** [əˈpɒlədʒɪ] Entschuldigung *f*; Rechtfertigung *f*; *make an* ~ (*for s.th.*) sich (für et.) entschuldigen

ap·o·plex·y [ˈæpəpleksɪ] Schlag(anfall) *m*

a·pos·tle [əˈpɒsl] Apostel *m*

a·pos·tro·phe *ling.* [əˈpɒstrəfɪ] Apostroph *m*

ap·pal(l) [əˈpɔːl] (**-ll-**) erschrecken, entsetzen; **apʹpal·ling** erschreckend, entsetzlich

ap·pa·ra·tus [æpəˈreɪtəs] Apparat *m*, Vorrichtung *f*, Gerät *n*

ap·par·ent [əˈpærənt] offenbar; anscheinend; scheinbar

ap·pa·ri·tion [æpəˈrɪʃn] Erscheinung *f*, Gespenst *n*

ap·peal [əˈpiːl] **1.** *jur.* Berufung *od.* Revision einlegen, Einspruch erheben, Beschwerde einlegen; appellieren, sich wenden (*to an acc.*); ~ *to* gefallen (*dat.*), zusagen (*dat.*), wirken auf (*acc.*); j-n dringend bitten (*for* um); **2.** *jur.* Revision *f*, Berufung *f*; Beschwerde *f*; Einspruch *m*; Appell *m* (*to an acc.*), Aufruf *m*; △ *nicht mil.* Appell; Wirkung *f*, Reiz *m*; Bitte *f* (*to an acc.*; *for* um); ~ *for mercy jur.* Gnadengesuch *n*; **~·ing** flehend; ansprechend

ap·pear [əˈpɪə] (er)scheinen; sich zeigen; *öffentlich* auftreten; sich ergeben *od.* herausstellen; **~·ance** [əˈpɪərəns] Erscheinen *n*; Auftreten *n*; Äußere(s) *n*, Erscheinung *f*, Aussehen *n*; Anschein *m*, äußerer Schein; *keep up* ~*s* den Schein wahren; *to od. by all* ~*s* allem Anschein nach

ap·pease [əˈpiːz] besänftigen, beschwichtigen; *Durst etc.* stillen; *Neugier* befriedigen

ap·pend [əˈpend] an-, hinzu-, beifügen; **~·age** [əˈpendɪdʒ] Anhang *m*, Anhängsel *n*, Zubehör *n*

ap·pen|·di·ci·tis *med.* [əpendɪˈsaɪtɪs]

appendix

Blinddarmentzündung *f*; **~dix** ['əpendɪks] (*pl.* **-dixes, -dices** [-dɪsi:z]) Anhang *m*; *a.* **vermiform ~** *med.* Wurmfortsatz *m*, Blinddarm *m*

ap·pe·tite ['æpɪtaɪt] (**for**) Appetit *m* (auf *acc.*); *fig.* Verlangen *n* (nach); **~tiz·er** ['æpɪtaɪzə] Appetithappen *m*, appetitanregendes Gericht *od.* Getränk; **~tiz·ing** ['æpɪtaɪzɪŋ] appetitanregend

ap·plaud [ə'plɔ:d] applaudieren, Beifall spenden; loben; **ap·plause** [ə'plɔ:z] Applaus *m*, Beifall *m*

ap·ple *bot.* ['æpl] Apfel *m*; **'~ cart: upset s.o.'s ~** F j-s Pläne über den Haufen werfen; **~ pie** (*warmer*) gedeckter Apfelkuchen; *in ~ pie order* F in schönster Ordnung; **~ 'sauce** Apfelmus *n*; *Am. sl.* Schmus *m*, Quatsch *m*

ap·pli·ance [ə'plaɪəns] Vorrichtung *f*; Gerät *n*; Mittel *n*

ap·pli·ca·ble ['æplɪkəbl] anwendbar (*to* auf *acc.*)

ap·pli|·cant ['æplɪkənt] Antragsteller(in), Bewerber(in) (*for* um); **~ca·tion** [æplɪ'keɪʃn] (*to*) Anwendung *f* (auf *acc.*); Bedeutung *f* (für); Gesuch *n* (*for* um); Bewerbung *f* (*for* um)

ap·ply [ə'plaɪ] *v/t.* (*to*) (auf)legen, auftragen (auf *acc.*); anwenden (auf *acc.*); verwenden (für); **~ o.s. to** sich widmen (*dat.*); *v/i.* (*to*) passen, zutreffen, sich anwenden lassen (auf *acc.*); gelten (für); sich wenden (an *acc.*); sich bewerben (*for* um), beantragen (*for acc.*)

ap·point [ə'pɔɪnt] bestimmen, festsetzen; verabreden; ernennen (**s.o. governor** j-n zum ...); berufen (**to** auf *e-n Posten*); **~ment** Bestimmung *f*; Verabredung *f*; Termin *m* (*geschäftlich, beim Arzt etc.*); Ernennung *f*, Berufung *f*; Stelle *f*; **~ment book** Terminkalender *m*

ap·por·tion [ə'pɔ:ʃn] ver-, zuteilen

ap·prais|·al [ə'preɪzl] (Ab)Schätzung *f*; **~e** [ə'preɪz] (ab)schätzen, taxieren

ap·pre·ci·a·ble [ə'pri:ʃəbl] nennenswert, spürbar; **~ci·ate** [ə'pri:ʃɪeɪt] *v/t.* schätzen, würdigen; dankbar sein für; *v/i.* im Wert steigen; **~ci·a·tion** [əpri:ʃɪ'eɪʃn] Würdigung *f*; Dankbarkeit *f*; (richtige) Beurteilung *f*; *econ.* Wertsteigerung *f*

ap·pre·hend [æprɪ'hend] ergreifen, fassen; begreifen; befürchten; **~hen·sion** [æprɪ'henʃn] Ergreifung *f*, Festnahme *f*; Besorgnis *f*; **~hen·sive** [æprɪ'hensɪv] ängstlich, besorgt (*for* um; *that* dass)

ap·pren·tice [ə'prentɪs] **1.** Auszubildende(r *m*) *f*, Lehrling *m*, *Schweiz:* Lehrtochter *f*; **2.** in die Lehre geben; **~ship** Lehrzeit *f*, Lehre *f*, Ausbildung *f*

ap·proach [ə'prəʊtʃ] **1.** *v/i.* näher kommen, sich nähern; *v/t.* sich nähern (*dat.*); herangehen *od.* herantreten an (*acc.*); **2.** (Heran)Nahen *n*; Ein-, Zu-, Auffahrt *f*; Annäherung *f*; Methode *f*

ap·pro·ba·tion [æprə'beɪʃn] Billigung *f*, Beifall *m*

ap·pro·pri·ate 1. [ə'prəʊprɪeɪt] sich aneignen; verwenden; *parl.* bewilligen; **2.** [ə'prəʊprɪət] (**for, to**) angemessen (*dat.*), passend (für, zu)

ap·prov|·al [ə'pru:vl] Billigung *f*; Anerkennung *f*, Beifall *m*; **~e** [ə'pru:v] billigen, anerkennen; **~ed** bewährt

ap·prox·i·mate [ə'prɒksɪmət] annähernd, ungefähr

Apr *nur geschr. Abk. für* **April** Apr., April *m*

a·pri·cot *bot.* ['eɪprɪkɒt] Aprikose *f*.

A·pril ['eɪprəl] (*Abk.* **Apr**) April *m*

a·pron ['eɪprən] Schürze *f*; **~ strings** *pl.* Schürzenbänder *pl.*; **be tied to one's mother's ~** an Mutters Schürzenzipfel hängen

apt [æpt] geeignet, passend; treffend (*Bemerkung etc.*); begabt; **~ to** geneigt zu; **ap·ti·tude** ['æptɪtju:d] (**for**) Begabung *f* (für), Befähigung *f* (für), Talent *n* (zu); **'ap·ti·tude test** Eignungsprüfung *f*

aq·ua·plan·ing *Brt. mot.* ['ækwəpleɪnɪŋ] Aquaplaning *n*

a·quar·i·um [ə'kweərɪəm] (*pl.* **-iums, -ia** [-ɪə]) Aquarium *n*

A·quar·i·us *astr.* [ə'kweərɪəs] Wassermann *m*; **he/she is (an) ~** er/sie ist (ein) Wassermann

a·quat·ic [ə'kwætɪk] Wasser...; **~ plant** *bot.* Wasserpflanze *f*; **~s** *sg.*, **~ sports** *pl.* Wassersport *m*

aq·ue·duct ['ækwɪdʌkt] Aquädukt *m*

aq·ui·line ['ækwɪlaɪn] Adler...; gebogen; **'~ nose** Adlernase *f*

Ar·ab ['ærəb] Araber(in); **A·ra·bi·a**

[ə'reɪbjə] Arabien *n*; **Ar·a·bic** ['ærəbɪk] **1.** arabisch; **2.** *ling.* Arabisch *n*
ar·a·ble ['ærəbl] anbaufähig; Acker...
ar·bi|·tra·ry ['ɑ:bɪtrərɪ] willkürlich, eigenmächtig; **~trate** ['ɑ:bɪtreɪt] entscheiden, schlichten; **~tra·tion** [ɑ:bɪ'treɪʃn] Schlichtung *f*; **~tra·tor** *jur.* ['ɑ:bɪtreɪtə] Schiedsrichter *m*; Schlichter *m*
ar·bo(u)r ['ɑ:bə] Laube *f*
arc [ɑ:k] (*electr.* Licht)Bogen *m*; **ar·cade** [ɑ:'keɪd] Arkade *f*; Bogen-, Laubengang *m*; Durchgang *m*, Passage *f*
ARC [eɪ ɑ: 'si:] *Abk. für* **American Red Cross** *das* Amerikanische Rote Kreuz
arch[1] [ɑ:tʃ] **1.** Bogen *m*; Gewölbe *n*; **2.** (sich) wölben; krümmen
arch[2] [ɑ:tʃ] erste(r, -s), oberste(r, -s), Haupt..., Erz...
arch[3] [ɑ:tʃ] schelmisch
ar·cha·ic [ɑ:'keɪɪk] (**~ally**) veraltet
arch|·an·gel ['ɑ:keɪndʒəl] Erzengel *m*; **~bish·op** [ɑ:tʃ'bɪʃəp] Erzbischof *m*
ar·cher ['ɑ:tʃə] Bogenschütze *m*; **~·y** ['ɑ:tʃərɪ] Bogenschießen *n*
ar·chi·tect ['ɑ:kɪtekt] Architekt(in); **~·tec·ture** ['ɑ:kɪtektʃə] Architektur *f*
ar·chives ['ɑ:kaɪvz] *pl.* Archiv *n*
'arch·way (Bogen)Gang *m*
arc·tic ['ɑ:ktɪk] arktisch, nördlich, Polar...
ar·dent ['ɑ:dənt] feurig, glühend; *fig.* leidenschaftlich, heftig; eifrig
ar·do(u)r *fig.* ['ɑ:də] Leidenschaft *f*, Glut *f*, Feuer *n*; Eifer *m*
are [ɑ:] *du* bist, *wir od. sie od. Sie sind, ihr seid*
ar·e·a ['eərɪə] (Boden)Fläche *f*; Gegend *f*, Gebiet *n*; Bereich *m*; **'~ code** *Am. tel.* Vorwahl(nummer) *f*
Ar·gen|·ti·na [ɑ:dʒən'ti:nə] Argentinien *n*; **~·tine** ['ɑ:dʒəntaɪn] **1.** argentinisch; **2.** Argentinier(in)
a·re·na [ə'ri:nə] Arena *f*
ar·gue ['ɑ:gju:] argumentieren; streiten; diskutieren
ar·gu·ment ['ɑ:gjʊmənt] Argument *n*; Wortwechsel *m*, Auseinandersetzung *f*
ar·id ['ærɪd] dürr, trocken (*a. fig.*)
Ar·ies *astr.* ['eərɪz] Widder *m*; **he**/**she is (an) ~** er/sie ist (ein) Widder
a·rise [ə'raɪz] (**arose, arisen**) entstehen, auftauchen, -treten, -kommen;

a·ris·en [ə'rɪzn] *p.p von* **arise**
ar·is|·toc·ra·cy [ærɪ'stɒkrəsɪ] Aristokratie *f*, Adel *m*; **~·to·crat** ['ærɪstəkræt] Aristokrat(in)
a·rith·me·tic[1] [ə'rɪθmətɪk] Rechnen *n*
ar·ith·met·ic[2] [ærɪθ'metɪk] arithmetisch, Rechen...; **~ 'u·nit** *Computer*: Rechenwerk *n*
ark [ɑ:k] Arche *f*
arm[1] [ɑ:m] Arm *m*; Armlehne *f*; **keep s.o. at ~'s length** sich j-n vom Leibe halten
arm[2] [ɑ:m] (sich) bewaffnen; (auf)rüsten
ar·ma·ment ['ɑ:məmənt] (Kriegsaus)Rüstung *f*; Aufrüstung *f*
'arm·chair Lehnstuhl *m*, Sessel *m*
ar·mi·stice ['ɑ:mɪstɪs] Waffenstillstand *m*
ar·mo(u)r ['ɑ:mə] **1.** *mil.* Rüstung *f*, Panzer *m* (*a. fig.*, zo.); **2.** panzern; **~ed 'car** gepanzertes Fahrzeug (*für Geldtransporte etc.*)
'arm·pit Achselhöhle *f*
arms [ɑ:mz] *pl.* Waffen *pl.*; Waffengattung *f*; **'~s con·trol** Rüstungskontrolle *f*; **'~s race** Wettrüsten *n*, Rüstungswettlauf *m*
ar·my ['ɑ:mɪ] Armee *f*, Heer *n*
a·ro·ma [ə'rəʊmə] Aroma *n*, Duft *m*; **ar·o·mat·ic** [ærə'mætɪk] (**~ally**) aromatisch, würzig
a·rose [ə'rəʊz] *pret. von* **arise**
a·round [ə'raʊnd] **1.** *adv.* (rings)herum, (rund)herum, ringsumher, überall, umher, herum; in der Nähe; da; **2.** *prp.* um, um... herum, rund um; in (*dat.*) ... herum; ungefähr, etwa
a·rouse [ə'raʊz] (auf)wecken; *fig.* aufrütteln, erregen
ar·range [ə'reɪndʒ] (an)ordnen; festlegen, -setzen; arrangieren; vereinbaren; *mus.* arrangieren, bearbeiten (*a. thea.*); **~·ment** Anordnung *f*; Vereinbarung *f*; Vorkehrung *f*, *mus.* Arrangement *n*, Bearbeitung *f* (*a. thea.*)
ar·rears [ə'rɪəz] *pl.* Rückstand *m*, -stände *pl.*
ar·rest [ə'rest] **1.** *jur.* Verhaftung *f*, Festnahme *f*; △ *nicht* **Arrest** (*Schule etc.*); **2.** *jur.* verhaften, festnehmen
ar·ri·val [ə'raɪvl] Ankunft *f*; Erscheinen *n*; Ankömmling *m*; **~s** *pl.* "Ankunft" (*Fahrplan etc.*); **ar·rive** [ə'raɪv]

arrogance

(an)kommen, eintreffen, erscheinen; ~ **at** *fig.* erreichen (*acc.*), kommen zu

ar·ro·gance ['ærəgəns] Arroganz *f*, Überheblichkeit *f*; '~**gant** arrogant, überheblich

ar·row ['ærəʊ] Pfeil *m*; '~**head** Pfeilspitze *f*

ar·se·nic ['ɑ:snɪk] Arsen *n*

ar·son *jur.* ['ɑ:sn] Brandstiftung *f*

art [ɑ:t] Kunst *f*, Kunst...; △ *nicht* **Art**

ar·te·ri·al [ɑ:'tɪərɪəl] *anat.* Schlagader...; ~ **road** Hauptverkehrsstraße *f*;

ar·te·ry ['ɑ:tərɪ] *anat.* Arterie *f*, Schlagader *f*; (Haupt)Verkehrsader *f*

ar·te·ri·o·scle·ro·sis *med.* [ɑ:tɪərɪəʊsklɪə'rəʊsɪs] Arteriosklerose *f*, Arterienverkalkung *f*

'**art·ful** schlau, verschmitzt

'**art gal·le·ry** Gemäldegalerie *f*

ar·thri·tis *med.* [ɑ:'θraɪtɪs] Arthritis *f*, Gelenkentzündung *f*

ar·ti·choke *bot.* ['ɑ:tɪtʃəʊk] Artischocke *f*

ar·ti·cle ['ɑ:tɪkl] Artikel *m* (*a. gr.*)

ar·tic·u·late 1. [ɑ:'tɪkjʊleɪt] deutlich (aus)sprechen; **2.** [ɑ:'tɪkjʊlət] deutlich ausgesprochen; gegliedert; ~**lat·ed** [ɑ:'tɪkjʊleɪtɪd] Gelenk...; ~ **lorry** *Brt. mot.* Sattelschlepper *m*; ~**la·tion** [ɑ:tɪkjʊ'leɪʃn] (deutliche) Aussprache; Gelenk *n*

ar·ti·fi·cial [ɑ:tɪ'fɪʃl] künstlich, Kunst...; ~ **person** juristische Person

ar·til·le·ry [ɑ:'tɪlərɪ] Artillerie *f*

ar·ti·san [ɑ:tɪ'zæn] Handwerker *m*

art·ist ['ɑ:tɪst] Künstler(in); **ar·tis·tic** [ɑ:'tɪstɪk] (~*ally*) künstlerisch, Kunst...

'**art·less** schlicht; naiv

arts [ɑ:ts] *pl.* Geisteswissenschaften *pl.*; **Faculty of ♀,** *Am.* ♀ **Department** philosophische Fakultät *f*

as [æz] **1.** *adv.* so, ebenso; wie; (in der Eigenschaft) als; **2.** *cj.* (gerade) wie, so wie; ebenso wie; als, während; obwohl, obgleich; da, weil; *besondere Wendungen:* ~ ... ~ (eben)so ... wie; ~ **for,** ~ **to** was ... (an)betrifft; ~ **from** von *von e-m Zeitpunkt an, ab*; ~ **it were** sozusagen; ~ *Hamlet* als Hamlet

as·bes·tos [æs'bestəs] Asbest *m*

as·cend [ə'send] (auf)steigen; ansteigen; besteigen

as·cen·dan·cy, ~**den·cy** [ə'sendənsɪ] Überlegenheit *f*, Einfluss *m*; ~**sion**

[ə'senʃn] Aufsteigen *n* (*bsd. astr.*); Aufstieg *m* (*e-s Ballons etc.*); ♀**·sion (Day)** Himmelfahrt(stag *m*) *f*; ~**t** [ə'sent] Aufstieg *m*; Besteigung *f*; Steigung *f*

as·cet·ic [ə'setɪk] (~*ally*) asketisch

ASCII ['æskɪ] *Abk. für* **American Standard Code for Information Interchange** (*standardisierter Code zur Darstellung alphanumerischer Zeichen*)

a·sep·tic *med.* [æ'septɪk] **1.** aseptisch, keimfrei; **2.** aseptisches Mittel

ash¹ [æʃ] *bot.* Esche *f*; Eschenholz *n*

ash² [æʃ] *a.* ~**es** *pl.* Asche *f*

a·shamed [ə'ʃeɪmd] beschämt; **be** ~ **of** sich schämen für (*od. gen.*)

'**ash can** *Am.* → **dustbin**

ash·en ['æʃn] Eschen...; aschfahl, -grau

a·shore [ə'ʃɔ:] *am od.* ans Ufer *od.* Land

'**ash·tray** Asch(en)becher *m*; ♀ '**Wednes·day** Aschermittwoch *m*

A·sia ['eɪʃə] Asien *n*; **A·sian** ['eɪʃn, 'eɪʒn], **A·si·at·ic** [eɪʃɪ'ætɪk] **1.** asiatisch; **2.** Asiat(in)

a·side [ə'saɪd] beiseite (*a. thea.*), seitwärts; ~ **from** *Am.* abgesehen von

ask [ɑ:sk] *v/t.* fragen (**s.th.** nach et.); verlangen (**of, from s.o.** von j-m); bitten (**s.o.** [**for**] **s.th.** j. um et.; *that* darum, dass); erbitten; ~ **s.o. a question** (j-m) e-e Frage stellen; *v/i.* ~ **for** bitten um; fragen nach; **he** ~**ed for it** *od.* **for trouble** er wollte es ja so haben; **be to be had for the** ~**ing** umsonst zu haben

a·skance [ə'skæns]: **look** ~ **at s.o.** j-n schief *od.* misstrauisch ansehen

a·skew [ə'skju:] schief

a·sleep [ə'sli:p] schlafend; **be (fast, sound)** ~ (fest) schlafen; **fall** ~ einschlafen

as·par·a·gus *bot.* [ə'spærəgəs] Spargel *m*

as·pect ['æspekt] Lage *f*, Aspekt *m*, Seite *f*, Gesichtspunkt *m*

as·phalt ['æsfælt] **1.** Asphalt *m*; **2.** asphaltieren

as·pic ['æspɪk] Aspik *m*, Gelee *n*

as·pi·rant [ə'spaɪərənt] Bewerber(in); ~**ra·tion** [æspə'reɪʃn] Ambition *f*, Bestrebung *f*

a·spire [ə'spaɪə] streben, trachten (**to, after** nach)

ass *zo.* [æs] Esel *m*; △ *nicht* **Ass**

as·sail [ə'seɪl] angreifen; **be** ~**ed with doubts** von Zweifeln befallen werden;

as·sai·lant [əˈseɪlənt] Angreifer(in)
as·sas·sin [əˈsæsɪn] (bsd. politische[r]) Mörder(in), Attentäter(in); **~·ate** bsd. pol. [əˈsæsɪneɪt] ermorden; **be ~d** e-m Attentat od. Mordanschlag zum Opfer fallen; **~·a·tion** [əsæsɪˈneɪʃn] (of) (bsd. politischer) Mord (an dat.), Ermordung f (gen.), Attentat n (auf acc.)
as·sault [əˈsɔːlt] **1.** Angriff m; **2.** angreifen, überfallen
as·sem·blage [əˈsemblɪdʒ] (An-)Sammlung f; tech. Montage f; **~·ble** [əˈsembl] (sich) versammeln; tech. montieren; **~·bler** [əˈsemblə] Assembler m (e-e Programmiersprache; Übersetzungsprogramm); **~·bly** [əˈsemblɪ] Versammlung f, Gesellschaft f; tech. Montage f; **~·bly line** tech. Fließband n
as·sent [əˈsent] **1.** Zustimmung f; **2.** (to) zustimmen (dat.); billigen (acc.)
as·sert [əˈsɜːt] behaupten; geltend machen; **~ o.s.** sich behaupten od. durchsetzen; **as·ser·tion** [əˈsɜːʃn] Behauptung f; Erklärung f; Geltendmachung f
as·sess [əˈses] Kosten etc. festsetzen; Einkommen etc. (zur Steuer) veranlagen (**at** mit); fig. abschätzen, beurteilen; **~·ment** Festsetzung f; (Steuer)Veranlagung f; fig. Einschätzung f
as·set [ˈæset] econ. Aktivposten m; fig. Plus n, Gewinn m; **~s** pl. jur. Vermögen(smasse f) n; jur. Konkursmasse f; econ. Aktiva pl.
as·sid·u·ous [əˈsɪdjʊəs] emsig, fleißig
as·sign [əˈsaɪn] an-, zuweisen; bestimmen; zuschreiben; **~·ment** An-, Anweisung f; Aufgabe f; Auftrag m; jur. Abtretung f, Übertragung f
as·sim·i·late [əˈsɪmɪleɪt] (sich) angleichen od. anpassen (**to, with** dat.); **~·la·tion** [əsɪmɪˈleɪʃn] Assimilation f, Angleichung f, Anpassung f
as·sist [əˈsɪst] j-m beistehen, helfen; unterstützen; **~·ance** Beistand m, Hilfe f;
as·sis·tant 1. stellvertretend, Hilfs...; **2.** Assistent(in), Mitarbeiter(in) (**shop**) ~ Brt. Verkäufer(in).
as·so·ci·ate 1. [əˈsəʊʃɪeɪt] vereinigen, -binden, zusammenschließen; assoziieren; **~ with** verkehren mit; **2.** [əˈsəʊʃɪət] Teilhaber(in); **~·a·tion** [əsəʊsɪˈeɪʃn] Vereinigung f, Verbindung f; Verein m
as·sort [əˈsɔːt] sortieren, aussuchen, zusammenstellen; **~·ment** econ. (of) Sortiment n (von), Auswahl f (an dat.)
as·sume [əˈsjuːm] annehmen, voraussetzen; übernehmen; **as·sump·tion** [əˈsʌmpʃn] Annahme f, Voraussetzung f; Übernahme f; **the 2** rel. Mariä Himmelfahrt f
as·sur·ance [əˈʃʊərəns] Zu-, Versicherung f; bsd. Brt. (Lebens)Versicherung f; Sicherheit f, Gewissheit f; Selbstsicherheit f; **~·e** [əˈʃɔː] j-m versichern; bsd. Brt. j-s Leben versichern; **~ed 1.** sicher; **2.** bsd. Brt. Versicherte(r m) f; **~·ed·ly** [əˈʃɔːrɪdlɪ] ganz gewiss
as·te·risk print. [ˈæstərɪsk] Sternchen n
asth·ma med. [ˈæsmə] Asthma n
as·ton·ish [əˈstɒnɪʃ] in Erstaunen setzen; **be ~ed** erstaunt sein (**at** über acc.); **~·ing** erstaunlich; **~·ment** (Er)Staunen n, Verwunderung f
as·tound [əˈstaʊnd] verblüffen
a·stray [əˈstreɪ]: **go ~** vom Weg abkommen; fig. auf Abwege geraten; irregehen; **lead ~** fig. irreführen, verleiten; vom rechten Weg abbringen
a·stride [əˈstraɪd] rittlings (**of** auf dat.)
as·trin·gent med. [əˈstrɪndʒənt] **1.** adstringierend; **2.** Adstringens n
as·trol·o·gy [əˈstrɒlədʒɪ] Astrologie f
as·tro·naut [ˈæstrənɔːt] Astronaut m, (Welt)Raumfahrer m
as·tron·o·my [əˈstrɒnəmɪ] Astronomie f
as·tute [əˈstjuːt] scharfsinnig; schlau
a·sun·der [əˈsʌndə] auseinander, entzwei
a·sy·lum [əˈsaɪləm] Asyl n; **right of ~** Asylrecht n; **~ seek·er** Asylant(in), Asylbewerber(in)
at [æt] prp. Ort: in, an, bei, auf; Richtung: auf, nach, gegen, zu; Beschäftigung: bei, beschäftigt mit, in; Art u. Weise, Zustand: in, bei, zu, unter; Preis etc.: für, um; Zeit, Alter: um, bei; **~ the baker's** beim Bäcker; **~ the door** an der Tür; **~ school** in der Schule; **~ 10 pounds** für 10 Pfund; **~ 18** mit 18 (Jahren); **~ the age of** im Alter von; **~ 8 o'clock** um 8 Uhr
ate [et] pret. von **eat 1**
a·the·is·m [ˈeɪθɪɪzəm] Atheismus m
ath·lete [ˈæθliːt] (bsd. Leicht)Athlet m; **~·let·ic** [æθˈletɪk] (**~ally**) athletisch; **~·let·ics** sg. od. pl. (bsd. Leicht)Athletik f

Atlantic

At·lan·tic [ət'læntɪk] **1.** *a.* ~ *Ocean* der Atlantik; **2.** atlantisch

ATM *Am.* [eɪ tiː 'em] *Abk. für* **automatic teller machine** → **cash dispenser**

at·mo|·sphere ['ætməsfɪə] Atmosphäre *f* (*a. fig.*); **~·spher·ic** [ætməs'ferɪk] (**~ally**) atmosphärisch

at·oll ['ætɒl] Atoll *n*

at·om ['ætəm] Atom *n* (*a. fig.*); '~ **bomb** Atombombe *f*

a·tom·ic [ə'tɒmɪk] (**~ally**) atomar, Atom...; ~ **'age** Atomzeitalter *n*; ~ **'bomb** Atombombe *f*; ~ **'en·er·gy** Atomenergie *f*; ~ **'pile** Atomreaktor *m*; ~ **'pow·er** Atomkraft *f*; ~'**pow·ered** atomgetrieben; ~ **'waste** Atommüll *m*

at·om|·ize ['ætəmaɪz] atomisieren; *Flüssigkeit* zerstäuben; '~·iz·er Zerstäuber *m*

a·tone [ə'təʊn]: ~ *for et.* wieder gutmachen; **~·ment** Buße *f*, Sühne *f*

a·tro|·cious [ə'trəʊʃəs] scheußlich, grässlich; grausam; **~·ci·ty** [ə'trɒsətɪ] Scheußlichkeit *f*; Greueltat *f*

at·tach [ə'tætʃ] *v/t.* (**to**) anheften, ankleben (an *acc.*), befestigen, anbringen (an *dat.*); *Wert, Wichtigkeit etc.* beimessen (*dat.*); *be ~ed to fig.* hängen an; **~·ment** Befestigung *f*; Bindung *f* (**to** an *acc.*); Anhänglichkeit *f* (**to** an *acc.*)

at·tack [ə'tæk] **1.** angreifen; **2.** Angriff *m*; *med.* Anfall *m*

at·tempt [ə'tempt] **1.** versuchen; **2.** Versuch *m*; *an ~ on s.o.'s life* ein Mordanschlag *od.* Attentat auf j-n

at·tend [ə'tend] *v/t.* (ärztlich) behandeln; *Kranke* pflegen; teilnehmen an, *Schule, Vorlesung etc.* besuchen; *fig.* begleiten; *v/i.* anwesend sein; erscheinen; ~ *to* j-n (*im Laden*) bedienen; *are you being ~ed to?* werden Sie schon bedient?; ~ *to* erledigen (*acc.*); **~·ance** Dienst *m*, Bereitschaft *f*; Pflege *f*; Anwesenheit *f*, Erscheinen *n*; Besucher *pl.*, Teilnehmer *pl.*; Besuch(erzahl *f*) *m*, Beteiligung *f*; **~·ant** Begleiter(in); Aufseher(in); (*Tank*)Wart *m*

at·ten|·tion [ə'tenʃn] Aufmerksamkeit *f* (*a. fig.*); **~·tive** [ə'tentɪv] aufmerksam

at·tic ['ætɪk] Dachboden *m*; Dachkammer *f*

at·ti·tude ['ætɪtjuːd] (Ein)Stellung *f*, Haltung *f*

at·tor·ney [ə'tɜːnɪ] Bevollmächtigte(r *m*) *f*; *Am. jur.* (Rechts)Anwalt *m*, (-)Anwältin *f*; *power of ~* Vollmacht *f*; ♀ **'Gen·er·al** *Brt. jur.* erster Kronanwalt; *Am. jur.* Justizminister *m*

at·tract [ə'trækt] anziehen; *Aufmerksamkeit* erregen; *fig.* reizen; **at·trac·tion** [ə'trækʃn] Anziehung(skraft) *f*, Reiz *m*; Attraktion *f*, *thea. etc.* Zugnummer *f*, -stück *n*; **at·trac·tive** [ə'træktɪv] anziehend; attraktiv; reizvoll

at·trib·ute¹ [ə'trɪbjuːt] zuschreiben (*to dat.*); zurückführen (*to auf acc.*)

at·tri·bute² ['ætrɪbjuːt] Attribut *n* (*a. gr.*), Eigenschaft *f*, Merkmal *n*

at·tune [ə'tjuːn]: ~ *to fig.* einstellen auf (*acc.*)

au·ber·gine *bot.* ['əʊbəʒiːn] Aubergine *f*

au·burn ['ɔːbən] kastanienbraun (*Haar*)

auc|·tion ['ɔːkʃn] **1.** Auktion *f*, Versteigerung *f*; **2.** *mst ~ off* versteigern; **~·tio·neer** [ɔːkʃə'nɪə] Auktionator *m*

au·da|·cious [ɔː'deɪʃəs] unverfroren, dreist; **~·ci·ty** [ɔː'dæsətɪ] Unverfrorenheit *f*, Dreistigkeit *f*

au·di·ble ['ɔːdəbl] hörbar

au·di·ence ['ɔːdjəns] Publikum *n*, Zuhörer(schaft *f*) *pl.*, Zuschauer *pl.*, Besucher *pl.*, Leser(kreis *m*) *pl.*; Audienz *f*

au·di·o... ['ɔːdɪəʊ] audio...; '~ **cas·sette** Text-, Tonkassette *f*; **~·vis·u·al 'aids** *pl.* audiovisuelle Unterrichtsmittel *pl.*

au·dit *econ.* ['ɔːdɪt] **1.** Buchprüfung *f*; **2.** prüfen

au·di·tion *mus., thea.* [ɔː'dɪʃn] Vorsingen *n*, Vorsprechen *n*

au·di·tor *econ.* ['ɔːdɪtə] Buchprüfer *m*; *univ.* Gasthörer(in)

au·di·to·ri·um [ɔːdɪ'tɔːrɪəm] Zuhörer-, Zuschauerraum *m*; *Am.* Vortrags-, Konzertsaal *m*

Aug *nur geschr. Abk. für* **August** Aug., August *m*

au·ger *tech.* ['ɔːgə] *großer* Bohrer

Au·gust ['ɔːgəst] (*Abk. Aug*) August *m*

aunt [ɑːnt] Tante *f*; **~·ie**, **~·y** ['ɑːntɪ] Tantchen *n*

au pair (girl) [əʊ 'peə gɜːl] Au-pair-Mädchen *n*

aus·pic·es ['ɔːspɪsɪz] *pl. under the ~ of* unter der Schirmherrschaft (*gen.*)

aus·tere [ɒˈstɪə] streng; enthaltsam; dürftig; einfach, schmucklos

Aus·tra·li·a [ɒˈstreɪljə] Australien *n*; **Aus·tra·li·an** [ɒˈstreɪljən] **1.** australisch; **2.** Australier(in)

Aus·tri·a [ˈɒstrɪə] Österreich *n*; **Aus·tri·an** [ˈɒstrɪən] **1.** österreichisch; **2.** Österreicher(in)

au·then·tic [ɔːˈθentɪk] (*~ally*) authentisch; zuverlässig; echt

au·thor [ˈɔːθə] Urheber(in); Autor(in), Verfasser(in), *a. allg.* Schriftsteller(in); **~ess** [ˈɔːθərɪs] Autorin, Verfasserin *f*, *a. allg.* Schriftstellerin *f*

au·thor·i·ta·tive [ɔːˈθɒrɪtətɪv] gebieterisch, herrisch; maßgebend; **~ty** [ɔːˈθɒrətɪ] Autorität *f*; Nachdruck *m*, Gewicht *n*; Vollmacht *f*; Einfluss *m* (**over** auf *acc.*); Ansehen *n*; Quelle *f*; Autorität *f*, Kapazität *f*; *mst* **authorities** *pl.* Behörde *f*

au·thor·ize [ˈɔːθəraɪz] *j-n* autorisieren, ermächtigen, bevollmächtigen

ˈau·thor·ship Urheberschaft *f*

au·to *Am.* [ˈɔːtəʊ] (*pl.* **-tos**) Auto *n*

au·to… [ˈɔːtəʊ] auto…, selbst…, Auto…, Selbst…

au·to·bi·og·ra·phy [ɔːtəbaɪˈɒɡrəfɪ] Autobiografie *f*

au·to·graph [ˈɔːtəɡrɑːf] Autogramm *n*

au·to·mat® [ˈɔːtəmæt] Automatenrestaurant *n* (*in den USA*)

au·to·mate [ˈɔːtəmeɪt] automatisieren

au·to·mat·ic [ɔːtəˈmætɪk] (*~ally*) **1.** automatisch; **2.** Selbstladepistole *f*, -gewehr *n*; Auto *n* mit Automatik; **~ tel·ler ma·chine** *Am.* (*Abk.* **ATM**) → **cash dispenser**

au·to·ma·tion [ɔːtəˈmeɪʃn] Automation *f*

au·tom·a·ton *fig.* [ɔːˈtɒmətən] (*pl.* **-ta** [-tə], **-tons**) Roboter *m*

au·to·mo·bile *bsd. Am.* [ˈɔːtəməbiːl] Auto *n*, Automobil *n*

au·ton·o·my [ɔːˈtɒnəmɪ] Autonomie *f*

ˈau·to·tel·ler *Am.* → **cash dispenser**

au·tumn [ˈɔːtəm] Herbst *m*; **au·tum·nal** [ɔːˈtʌmnəl] herbstlich, Herbst…

aux·il·i·a·ry [ɔːɡˈzɪljərɪ] helfend, Hilfs…

a·vail [əˈveɪl]: **to no ~** vergeblich; **a·vai·la·ble** verfügbar, vorhanden; erreichbar; *econ.* lieferbar, vorrätig, erhältlich

av·a·lanche [ˈævəlɑːnʃ] Lawine *f*

av·a|·rice [ˈævərɪs] Habsucht *f*; **~ri·cious** [ævəˈrɪʃəs] habgierig

Ave *nur geschr. Abk. für* **Avenue**

a·venge [əˈvendʒ] rächen; **a'veng·er** Rächer(in)

av·e·nue [ˈævənjuː] Allee *f*; Boulevard *m*, Prachtstraße *f*

av·e·rage [ˈævərɪdʒ] **1.** Durchschnitt *m*; **2.** durchschnittlich, Durchschnitts…

a·verse [əˈvɜːs] abgeneigt (**to** *dat.*); **a·ver·sion** [əˈvɜːʃn] Widerwille *m*, Abneigung *f*

a·vert [əˈvɜːt] abwenden (*a. fig.*)

a·vi·a·ry [ˈeɪvɪərɪ] Vogelhaus *n*, Voliere *f*

a·vi·a|·tion *aviat.* [eɪvɪˈeɪʃn] Luftfahrt *f*; **~tor** [ˈeɪvɪeɪtə] Flieger *m*

av·id [ˈævɪd] gierig (**for** nach); begeistert

av·o·ca·do *bot.* [ævəˈkɑːdəʊ] Avocado *f*

a·void [əˈvɔɪd] (ver)meiden; ausweichen; **~ance** Vermeidung *f*

a·vow·al [əˈvaʊəl] Bekenntnis *n*, (Ein)Geständnis *n*

AWACS [ˈeɪwæks] *Abk. für* **Airborne Warning and Control system** (*luftgestütztes Frühwarnsystem*)

a·wait [əˈweɪt] erwarten

a·wake [əˈweɪk] **1.** wach, munter; **2.** *a.* **a·wak·en** [əˈweɪkən] (**awoke** *od.* **awaked, awoken** *od.* **awaked**) *v/t.* (auf)wecken; *v/i.* auf-, erwachen; **a·wak·en·ing** [əˈweɪkənɪŋ] Erwachen *n*

a·ward [əˈwɔːd] **1.** Belohnung *f*; Preis *m*, Auszeichnung *f*; **2.** zuerkennen, *Preis etc.* verleihen

a·ware [əˈweə]: **be ~ of s.th.** von et. wissen, sich e-r Sache bewusst sein; **become ~ of s.th.** et. merken

a·way [əˈweɪ] weg, fort; (weit) entfernt; immer weiter, d(a)rauflos; *Sport:* Auswärts…; **~ match** Auswärtsspiel *n*

awe [ɔː] **1.** (Ehr)Furcht *f*, Scheu *f*; **2.** *j-m* (Ehr)Furcht *od.* großen Respekt einflößen

aw·ful [ˈɔːfl] furchtbar, schrecklich

awk·ward [ˈɔːkwəd] ungeschickt, linkisch; unangenehm; unhandlich, sperrig; ungünstig (*Zeitpunkt etc.*)

awl [ɔːl] Ahle *f*, Pfriem *m*

aw·ning [ˈɔːnɪŋ] Plane *f*; Markise *f*

a·woke [əˈwəʊk] *pret. von* **awake** 2; *a.* **a·wok·en** [əˈwəʊkən] *p.p. von* **awake** 2

A.W.O.L.

A.W.O.L. F [eɪ dʌblju: əʊ 'el, 'eɪwɒl] *Abk. für* **absent without leave** unerlaubt abwesend
a·wry [ə'raɪ] schief
ax(e) [æks] Axt *f*, Beil *n*
ax·is ['æksɪs] (*pl.* **-es** [-si:z]) Achse *f*
ax·le *tech.* ['æksl] (Rad)Achse *f*, Welle *f*
ay(e) *parl.* [aɪ] Jastimme *f*
A-Z *Brt.* [eɪ tə 'zed] *etwa* Stadtplan *m*
az·ure ['æʒə] azur-, himmelblau

B

B, b [bi:] B, b *n*
b *nur geschr. Abk. für* **born** geb., geboren
BA [bi: 'eɪ] *Abk. für:* **Bachelor of Arts** Bakkalaureus *m* der Philosophie; **British Airways** (*brit. Luftverkehrsgesellschaft*)
bab·ble ['bæbl] **1.** stammeln; plappern, schwatzen; plätschern (*Bach*); **2.** Geplapper *n*, Geschwätz *n*
babe [beɪb] kleines Kind, Baby *n*; *Am.* F Puppe *f* (*Mädchen*)
ba·boon *zo.* [bə'bu:n] Pavian *m*
ba·by ['beɪbɪ] **1.** Baby *n*, Säugling *m*, kleines Kind; *Am.* F Puppe *f* (*Mädchen*); **2.** Baby..., Kinder...; klein; '~ **boom** Babyboom *m* (*geburtenstarke Jahrgänge*); '~ **bug·gy** *Am.*, '~ **car·riage** *Am.* Kinderwagen *m*; ~**hood** *Brt.* ['beɪbɪhʊd] Säuglingsalter *n*; ~**ish** *contp.* ['beɪbɪʃ] kindisch; '~**mind·er** *Brt.* ['beɪbɪmaɪndə] Tagesmutter *f*; '~**sit** (*-tt-; -sat*) babysitten; '~**sit·ter** Babysitter(in)
bach·e·lor ['bætʃələ] Junggeselle *m*; *univ.* Bakkalaureus *m* (*Grad*)
back [bæk] **1.** Rücken *m*; Rückseite *f*; (Rück)Lehne *f*; hinterer *od.* rückwärtiger Teil; *Sport:* Verteidiger *m*; **2.** *adj.* Hinter..., Rück..., hintere(r, -s), rückwärtig; rückständig (*Zahlung*); alt, zurückliegend (*Zeitung etc.*); **3.** *adv.* zurück, rückwärts; **4.** *v/t.* mit e-m Rücken versehen; wetten *od.* setzen auf (*acc.*); *a.* ~ **up** unterstützen; zurückbewegen, zurückstoßen mit (*Auto*); ~ **up** *Computer:* e-e Sicherungskopie machen von; *v/i.* oft ~ **up** sich rückwärts bewegen, zurückgehen *od.* -fahren, *mot. a.* zurückstoßen; ~ **in(to a parking space)** *mot.* rückwärts einparken; ~ **up** *Computer:* e-e Sicherungskopie machen; '~**ache** Rückenschmerzen *pl.*; '~**bite** (*-bit, -bitten*) verleumden; '~**bone** Rückgrat *n*; '~**break·ing** erschöpfend, mörderisch (*Arbeit*); '~**chat** *Brt.* freche Antwort(en *pl.*); '~**comb** Haar toupieren; ~ '**door** Hintertür *f*; *fig.* Hintertürchen *n*; '~**er** Unterstützer(in), Geldgeber(in); ~'**fire** *mot.* Früh-, Fehlzündung *f*; '~**ground** Hintergrund *m*; '~**hand** *Sport:* Rückhand(schlag *m*) *f*; '~**heel·er** *Fußball:* Hackentrick *m*; '~**ing** Unterstützung *f*; ~ '**num·ber** alte Nummer (*e-r Zeitung*); '~**pack** großer Rucksack; '~**pack·er** Rucksacktourist(in); '~**pack·ing** Rucksacktourismus *m*; ~ '**seat** Rücksitz *m*; '~**side** Gesäß *n*, Hintern *m*, Po *m*; '~**space (key)** *Computer etc.:* Rück(stell)taste *f*; '~ **stairs** Hintertreppe *f*; '~ **street** Seitenstraße *f*; '~**stroke** *Sport:* Rückenschwimmen *n*; '~ **talk** *Am.* freche Antwort(en *pl.*); '~**track** *fig.* e-n Rückzieher machen; '~**up** Unterstützung *f*; *tech.* Ersatzgerät *n*; *Computer:* Backup *n*, Sicherungskopie *f*; *Am. mot.* Rückstau *m*; ~**ward** ['bækwəd] **1.** *adj.* Rück(wärts)...; zurückgeblieben (*Entwicklung*); rückständig; **2.** *adv.* (*a.* '~**wards**) rückwärts, zurück; '~**yard** *Brt.* Hinterhof *m*; *Am.* Garten *m* hinter dem Haus
ba·con ['beɪkən] Speck *m*
bac·te·ri·a *biol.* [bæk'tɪərɪə] *pl.* Bakterien *pl.*
bad [bæd] (*worse, worst*) schlecht, böse, schlimm; **go** ~ schlecht werden, verderben; **he is in a** ~ **way** es geht ihm schlecht, er ist übel dran; **he is** ~**ly off** es

geht ihm sehr schlecht; **~ly wounded** schwer verwundet; **want ~ly** F dringend brauchen

bade [beɪd] *pret. von* bid 1

badge [bædʒ] Abzeichen *n*; Dienstmarke *f*

bad·ger ['bædʒə] **1.** *zo.* Dachs *m*; **2.** plagen, *j-m* zusetzen

bad·min·ton ['bædmɪntən] Federball(spiel *n*) *m*, *Sport*: Badminton *n*

bad-'tempered schlecht gelaunt

baf·fle ['bæfl] *j-n* verwirren; *Plan etc.* vereiteln, durchkreuzen

bag [bæg] **1.** Beutel *m*, Sack *m*; Tüte *f*; Tasche *f*; **~ and baggage** (mit) Sack u. Pack; **2.** (**-gg-**) in e-n Beutel *etc.* tun; in Beutel verpacken *od.* abfüllen; *hunt.* zur Strecke bringen; *a.* **~ out** sich bauschen

bag·gage *bsd. Am.* ['bægɪdʒ] (Reise-) Gepäck *n*; '**~ car** *Am. rail.* Gepäckwagen *m*; '**~ check** *Am.* Gepäckschein *m*; '**~ claim** *aviat.* Gepäckausgabe *f*; '**~ room** *Am.* Gepäckaufbewahrung *f*

bag·gy F ['bægɪ] (**-ier, -iest**) bauschig; ausgebeult (*Hose*)

'**bag·pipes** *pl.* Dudelsack *m*

bail [beɪl] **1.** Bürge *m*; Kaution *f*; *be out on ~* gegen Kaution auf freiem Fuß sein; *go od. stand ~ for s.o.* für *j-n* Kaution stellen; **2. ~ out** *j-n* gegen Kaution freibekommen; *Am. aviat.* → **bale²**

bai·liff *Brt.* ['beɪlɪf] *jur. bsd.* Gerichtsvollzieher *m*; (Guts)Verwalter *m*

bait [beɪt] Köder *m* (*a. fig.*); **2.** mit e-m Köder versehen; *fig.* ködern

bake [beɪk] backen, im (Back)Ofen braten; *Ziegel* brennen; dörren; **~d 'beans** *pl.* Bohnen *pl.* in Tomatensoße; **~d po'ta·toes** *pl.* ungeschälte, im Ofen gebackene Kartoffeln; '**bak·er** Bäcker *m*; **bak·er·y** ['beɪkərɪ] Bäckerei *f*; '**bak·ing-pow·der** Backpulver *n*

bal·ance ['bæləns] **1.** Waage *f*; Gleichgewicht *n* (*a. fig.*); *econ.* Bilanz *f*; *econ.* Saldo *m*, Kontostand *m*, Guthaben *n*; *econ.* Restbetrag *m*; *keep one's ~* das Gleichgewicht halten; *lose one's ~* das Gleichgewicht verlieren; *fig.* die Fassung verlieren; **~ of payments** *econ.* Zahlungsbilanz *f*; **~ of power** *pol.* Kräftegleichgewicht *n*; **~ of trade** *econ.* Handelsbilanz *f*; **2.** *v/t.* (ab-, er)wägen; im Gleichgewicht halten, balancieren; *Konten etc.* ausgleichen; *v/i.* balancieren, sich ausgleichen; '**~ sheet** *econ.* Bilanz *f* (*Aufstellung*)

bal·co·ny ['bælkənɪ] Balkon *m* (*a. thea.*)

bald [bɔːld] kahl △ *nicht* **bald**

bale¹ *econ.* [beɪl] Ballen *m*

bale² *Brt. aviat.* [beɪl]: **~ out** (mit dem Fallschirm) abspringen

bale·ful ['beɪlfl] hasserfüllt (*Blick*)

balk [bɔːk] **1.** Balken *m*; **2.** stutzen; scheuen

ball¹ [bɔːl] **1.** Ball *m*; Kugel *f*; *anat.* (Hand-, Fuß)Ballen *m*; Knäuel *m, n*; Kloß *m*; **keep the ~ rolling** das Gespräch *od.* die Sache in Gang halten; *play ~* F mitmachen; *long ~ Sport*: langer Pass; **2.** (sich) (zusammen)ballen

ball² [bɔːl] Ball *m*, Tanzveranstaltung *f*

bal·lad ['bæləd] Ballade *f*

bal·last ['bæləst] **1.** Ballast *m*; **2.** mit Ballast beladen

ball 'bear·ing *tech.* Kugellager *n*

bal·let ['bæleɪ] Ballett *n*

bal·lis·tics *mil., phys.* [bə'lɪstɪks] *sg.* Ballistik *f*

bal·loon [bə'luːn] **1.** Ballon *m*; Sprech-, Denkblase *f*; **2.** sich (auf)blähen

bal·lot ['bælət] **1.** Stimmzettel *m*; (*bsd.* geheime) Wahl; **2.** (*for*) stimmen (für), (*bsd.* in geheimer Wahl) wählen (*acc.*); '**~ box** Wahlurne *f*; '**~ pa·per** Stimmzettel *m*

'**ball·point, ~ 'pen** Kugelschreiber *m*, F Kuli *m*

'**ball·room** Ball-, Tanzsaal *m*

balls V [bɔːlz] *pl.* Eier *pl.* (*Hoden*)

balm [bɑːm] Balsam *m* (*a. fig.*)

balm·y ['bɑːmɪ] (**-ier, -iest**) lind, mild

ba·lo·ney *Am. sl.* [bə'ləʊnɪ] Quatsch *m*

bal·us·trade [bæləˈstreɪd] Balustrade *f*, Brüstung *f*, Geländer *n*

bam·boo *bot.* [bæm'buː] (*pl.* **-boos**) Bambus(rohr *n*) *m*

bam·boo·zle F [bæm'buːzl] betrügen, übers Ohr hauen

ban [bæn] **1.** (amtliches) Verbot, Sperre *f*; *rel.* Bann *m*; **2.** (**-nn-**) verbieten

ba·nal [bə'nɑːl] banal, abgedroschen

ba·na·na *bot.* [bə'nɑːnə] Banane *f*

band [bænd] **1.** Band *n*; Streifen *m*; Schar *f*, Gruppe *f*; (*bsd. Räuber*)Bande *f*; (Musik)Kapelle *f*, (Tanz-, Unterhaltungs)Orchester *n*, (*Jazz-, Rock*)Band

bandage 38

f; △ *nicht* Buch-**Band**, Tonband; 2. ~ **together** sich zusammentun *od.* zusammenrotten

ban·dage ['bændɪdʒ] 1. Bandage *f*; Binde *f*; Verband *m*; *Am.* (Heft)Pflaster *n*; 2. bandagieren; verbinden

'Band-Aid® *Am.* (Heft)Pflaster *n*

b & b, B & B [biː ənd 'biː] *Abk. für* **bed and breakfast** Übernachtung *f* mit Frühstück

ban·dit ['bændɪt] Bandit *m*

'band|·lead·er *mus.* Bandleader *m*; '~**mas·ter** *mus.* Kapellmeister *m*

ban·dy ['bændɪ] (-*ier*, -*iest*) krumm; ~**'legged** säbelbeinig, o-beinig

bang¹ [bæŋ] 1. heftiger Schlag; Knall *m*; *mst* ~s *pl.* Pony *m* (*Frisur*); 2. dröhnend (zu)schlagen; V bumsen

ban·gle ['bæŋɡl] Arm-, Fußreif *m*

ban·ish ['bænɪʃ] verbannen; '~**ment** Verbannung *f*

ban·is·ter ['bænɪstə] *a.* ~s *pl.* Treppengeländer *n*

ban·jo ['bændʒəʊ] (*pl.* -*jos*, -*joes*) Banjo *n*

bank¹ [bæŋk] 1. *econ.* Bank *f*; (*Blut-, Daten-* etc.)Bank *f*; 2. *v/t.* Geld bei e-r Bank einzahlen; *v/i.* ein Bankkonto haben (**with** bei); △ *nicht Sitz-***Bank**

bank² [bæŋk] (Erd)Wall *m*; Böschung *f*; (*Fluss-* etc.)Ufer *n*; (Sand-, Wolken-)Bank *f*; △ *nicht Sitz-***Bank**

'bank| ac·count Bankkonto *n*; '~ **bill** *Am.* → **bank note**; '~**book** Sparbuch *n*; '~ **code** *a.* ~ **sorting code** *econ.* Bankleitzahl *f*; '~**er** Bankier *m*, Banker *m*; '~**er's card** Scheckkarte *f*; ~ **hol·i·day** *Brt.* Bankfeiertag *m*; '~**ing** Bankgeschäft *n*, Bankwesen *n*; Bank...; '~ **note** Banknote *f*, Geldschein *m*; '~ **rate** Diskontsatz *m*

bank·rupt *jur.* ['bæŋkrʌpt] 1. Konkursschuldner *m*; 2. bankrott; **go** ~ in Konkurs gehen, Bankrott machen; 3. *j-n*, *Unternehmen* Bankrott machen; ~**·cy** ['bæŋkrʌptsɪ] Bankrott *m*, Konkurs *m*

ban·ner ['bænə] Transparent *n*

banns [bænz] *pl.* Aufgebot *n*

ban·quet ['bæŋkwɪt] Bankett *n*

ban·ter ['bæntə] necken

bap·tis·m ['bæptɪzəm] Taufe *f*; ~**tize** [bæp'taɪz] taufen

bar [baː] 1. Stange *f*, Stab *m*; (Tor-, Quer-, Sprung)Latte *f*; Riegel *m*; Schranke *f*, Sperre *f*; *fig.* Hindernis *n*; (Gold- etc.)Barren *m*; Riegel *m*; *mus.* Taktstrich *m*; *mus. ein* Takt *m*; dicker Strich; *jur.* (Gerichts)Schranke *f*; *jur.* Anwaltschaft *f*; Bar *f*; Lokal *n*, Imbissstube *f*; **a** ~ **of chocolate** ein Riegel *od.* e-e Tafel Schokolade; **a** ~ **of soap** ein Riegel *od.* Stück Seife; ~s *pl.* Gitter *n*; 2. (-*rr*-) zu-, verriegeln; versperren; einsperren; (ver)hindern; ausschließen

barb [baːb] Widerhaken *m*

bar·bar·i·an [baː'beərɪən] 1. barbarisch; 2. Barbar(in)

bar·be·cue ['baːbɪkjuː] 1. Bratrost *m*, Grill *m*; Barbecue *n*; 2. auf dem Rost *od.* am Spieß braten, grillen

barbed wire [baːbd 'waɪə] Stacheldraht *m*

bar·ber ['baːbə] (Herren)Friseur *m*, (-)Frisör *m*

'bar code Strichcode *m*

bare [beə] 1. (~**r**, ~**st**) nackt, bloß; kahl; leer; 2. entblößen; '~**faced** unverschämt, schamlos; '~**foot**, '**foot·ed** barfuß; '~**head·ed** barhäuptig; '~**ly** kaum

bar·gain ['baːɡɪn] 1. Geschäft *n*, Handel *m*; vorteilhaftes Geschäft, Gelegenheitskauf *m*; **a (dead)** ~ spottbillig; **it's a** ~**!** abgemacht!; **into the** ~ obendrein; 2. (ver)handeln; '~ **sale** Verkauf *m* zu herabgesetzten Preisen; Ausverkauf *m*

barge [baːdʒ] 1. Lastkahn *m*; 2. ~ **in** hereinplatzen (**in** *acc.*)

bark¹ *bot.* [baːk] Borke *f*, Rinde *f*

bark² [baːk] 1. bellen; ~ **up the wrong tree** F auf dem Holzweg sein; an der falschen Adresse sein; 2. Bellen *n*

bar·ley *bot.* ['baːlɪ] Gerste *f*; Graupe *f*

barn [baːn] Scheune *f*; (Vieh)Stall *m*

ba·rom·e·ter [bə'rɒmɪtə] Barometer *n*

bar·on ['bærən] Baron *m*; Freiherr *m*; ~**·ess** ['bærənɪs] Baronin *f*; Freifrau *f*

'bar·racks ['bærəks] *sg. mil.* Kaserne *f*; *contp.* Mietskaserne *f*; △ *nicht* **Baracke**

bar·rage ['bæraːʒ] Staudamm *m*; *mil.* Sperrfeuer *n*; (Wort- etc.)Schwall *m*

bar·rel ['bærəl] Fass *n*, Tonne *f*; (Gewehr)Lauf *m*; *tech.* Trommel *f*, Walze *f*; '~ **or·gan** *mus.* Drehorgel *f*

bar·ren ['bærən] unfruchtbar; trocken

bar·ri·cade [bærɪ'keɪd] 1. Barrikade *f*; 2. verbarrikadieren; sperren

bar·ri·er ['bærɪə] Schranke *f* (*a. fig.*), Barriere *f*, Sperre *f*; Hindernis *n*
bar·ris·ter *Brt. jur.* ['bærɪstə] Barrister *m* (*vor höheren Gerichten plädierender Anwalt*)
bar·row ['bærəʊ] Karre *f*
bar·ter ['bɑːtə] **1.** Tausch(handel) *m*; **2.** tauschen (**for** gegen)
base¹ [beɪs] (*~r, ~st*) gemein
base² [beɪs] **1.** Basis *f*; Grundlage *f*; Fundament *n*; Fuß *m*; *mil.* Standort *m*; *mil.* Stützpunkt *m*; **2.** gründen, stützen (**on** auf *acc.*)
base³ *chem.* [beɪs] Base *f*
'base·ball [beɪs] Baseball(spiel *n*) *m*; '**~·board** *Am.* Scheuerleiste *f*; '**~·less** grundlos; '**~·line** *Tennis etc.*: Grundlinie *f*; '**~·ment** Fundament *n*; Kellergeschoss *n*, *östr.* -geschoß *n*
bash·ful ['bæʃfl] scheu, schüchtern
ba·sic¹ ['beɪsɪk] **1.** grundlegend, Grund...; **2.** *~s pl.* Grundlagen *pl.*
ba·sic² *chem.* ['beɪsɪk] basisch
BA·SIC ['beɪsɪk] BASIC *n* (*e-e einfache Programmiersprache*)
ba·sic·al·ly ['beɪsɪkəlɪ] im Grunde
ba·sin ['beɪsn] Becken *n*, Schale *f*, Schüssel *f*; Tal-, Wasser-, Hafenbecken *n*
ba·sis ['beɪsɪs] (*pl.* **-ses** [-siːz]) Basis *f*; Grundlage *f*
bask [bɑːsk] sich sonnen (*a. fig.*)
bas·ket ['bɑːskɪt] Korb *m*; '**~·ball** Basketball(spiel *n*) *m*
bass¹ *mus.* [beɪs] Bass *m*
bass² *zo.* [bæs] (*pl.* **bass, basses**) (Fluss-, See)Barsch *m*
bas·tard ['bɑːstəd] Bastard *m*
baste¹ [beɪst] *Braten* mit Fett begießen
baste² [beɪst] (an)heften
bat¹ [bæt] *zo.* Fledermaus *f*; **as blind as a ~** stockblind; **be** *od.* **have ~s in the belfry** F e-n Vogel haben
bat² [bæt] *Baseball, Kricket*: **1.** Schlagholz *n*, Schläger *m*; **2.** (**-tt-**) am Schlagen sein
batch [bætʃ] Stapel *m*, Stoß *m*; **~ 'file** *Computer*: Batch-Datei *f*, Stapeldatei *f*
bate [beɪt]: **with ~d breath** mit angehaltenem Atem
bath [bɑːθ] **1.** (*pl.* **baths** [bɑːðz]) (Wannen)Bad *n*; **have a ~** *Brt.*, **take a ~** *Am.* baden, ein Bad nehmen; **~s** *pl.* Bad *n*; Badeanstalt *f*; Badeort *m*; **2.** *Brt. v/t.*

Kind etc. baden; *v/i.* baden, ein Bad nehmen
bathe [beɪð] *v/t. Wunde etc.*, *bsd. Am. Kind etc.* baden; *v/i.* baden, schwimmen; *bsd. Am.* baden, ein Bad nehmen
bath·ing ['beɪðɪŋ] Baden *n*; *attr.* Bade...; '**~ cos·tume**, '**~ suit** → **swimsuit**
'**bath|·robe** Bademantel *m*; *Am.* Morgen-, Schlafrock *m*; '**~·room** Badezimmer *n*; '**~·tub** Badewanne *f*
bat·on ['bætən] Stab *m*; *mus.* Taktstock *m*; Schlagstock *m*, Gummiknüppel *m*
bat·tal·i·on *mil.* [bə'tæljən] Bataillon *n*
bat·ten ['bætn] Latte *f*
bat·ter¹ ['bætə] heftig schlagen; *Frau, Kind etc.* misshandeln; verbeulen; **~ down, ~ in** Tür einschlagen
bat·ter² *gastr.* ['bætə] Rührteig *m*
bat·ter³ ['bætə] *Baseball, Kricket*: Schläger *m*, Schlagmann *m*
bat·ter·y ['bætərɪ] Batterie *f*; *jur.* Tätlichkeit *f*, Körperverletzung *f*; **assault and ~** *jur.* tätliche Beleidigung; '**~ charg·er** *electr.* Ladegerät *n*; '**~-op·er·at·ed** batteriebetrieben
bat·tle ['bætl] **1.** *mil.* Schlacht *f* (**of** bei); *fig.* Kampf *m* (**for** um); **2.** kämpfen; '**~·field**, '**~·ground** Schlachtfeld *n*; '**~·ments** ['bætlmənts] Zinnen *pl.*; '**~·ship** *mil.* Schlachtschiff *n*
baulk [bɔːk] → **balk**
Ba·va·ri·a [bə'veərɪə] Bayern *n*; **Ba·var·i·an** [bə'veərɪən] **1.** bay(e)risch; **2.** Bayer(in)
bawd·y ['bɔːdɪ] (**-ier, -iest**) obszön
bawl [bɔːl] brüllen, schreien
bay¹ [beɪ] Bai *f*, Bucht *f*; *arch.* Erker *m*
bay² *bot.* [beɪ] *a.* **~ tree** Lorbeer(baum) *m*
bay³ [beɪ] **1.** bellen, Laut geben (*Hund*). **2. hold** *od.* **keep at ~** *j-n* in Schach halten; *et.* von sich fern halten
bay⁴ [beɪ] **1.** rotbraun; **2.** Braune(r) *m* (*Pferd*)
bay·o·net *mil.* ['beɪənɪt] Bajonett *n*
bay·ou *Am.* ['baɪuː] sumpfiger Flussarm
bay 'win·dow Erkerfenster *n*
ba·zaar [bə'zɑː] Basar *m*
BBC [biː biː 'siː] *Abk. für* **British Broadcasting Corporation** BBC *f* (*brit. Rundfunkgesellschaft*)
BC [biː 'siː] *Abk. für* **before Christ** v. Chr., vor Christus
be [biː] (**was** *od.* **were, been**) sein; zur

Bildung des Passivs: werden; stattfinden; werden (*beruflich*); **he wants to ~** ... er möchte ... werden; **how much are the shoes?** was kosten die Schuhe?; **that's five pounds** das macht *od.* kostet fünf Pfund; **she is reading** sie liest gerade; **there is, there are** es gibt

B/E nur geschr. Abk. für **bill of exchange** econ. Wechsel *m*

beach [biːtʃ] Strand *m*; **'~·ball** Wasserball *m*; **'~·bug·gy** *mot.* Strandbuggy *m*; **'~wear** Strandkleidung *f*

bea·con ['biːkən] Leucht-, Signalfeuer *n*

bead [biːd] (*Glas-, Schweiß- etc.*)Perle *f*; **~s** *pl. rel.* Rosenkranz *m*; **'~·y** (*-ier, -iest*) klein, rund u. glänzend (*Augen*)

beak [biːk] Schnabel *m*; *tech.* Tülle *f*

bea·ker ['biːkə] Becher *m*

beam [biːm] **1.** Balken *m*; Strahl *m*; Peil-, Leit-, Richtstrahl *m*; **2.** ausstrahlen; strahlen (*a. fig.* **with** vor *dat.*)

bean [biːn] *bot.* Bohne *f*; **be full of ~s** F voller Leben(skraft) stecken

bear[1] *zo.* [beə] Bär *m*

bear[2] [beə] (**bore, borne** *od. pass. geboren* [*werden*]; **born**) tragen; zur Welt bringen, gebären; ertragen, aushalten; *mst negativ:* ausstehen, leiden; **~ out** bestätigen; **~·a·ble** ['beərəbl] erträglich

beard [bɪəd] Bart *m*; *bot.* Grannen *pl.*; **'~ed** bärtig

bear·er ['beərə] Träger(in); *econ.* Überbringer(in), (*Wertpapier*)Inhaber(in)

bear·ing ['beərɪŋ] Ertragen *n*; Betragen *n*; (*Körper*)Haltung *f*; *fig.* Beziehung *f*; Lage *f*, Richtung *f*, Orientierung *f*; **take one's ~s** sich orientieren; **lose one's ~s** die Orientierung verlieren

beast [biːst] (*a. wildes*) Tier; Bestie *f*; **'~·ly** (*-ier, -iest*) scheußlich; **~ of 'prey** Raubtier *n*

beat [biːt] **1.** (**beat, beaten** *od.* **beat**) schlagen; (ver)prügeln; besiegen; übertreffen; **~ it!** F hau ab!; **that ~s all!** das ist doch der Gipfel *od.* die Höhe!; **that ~s me** das ist mir zu hoch; **~ about the bush** wie die Katze um den heißen Brei herumschleichen; **~ down** *econ.* Preis drücken, herunterhandeln; **~ up** *j-n* zusammenschlagen; **2.** Schlag *m*; *mus.* Takt(schlag) *m*; *Jazz:* Beat *m*; Pulsschlag *m*; Runde *f*, Revier *n* (*e-s Polizisten*); **3.** (*dead*) ~ F wie erschlagen, fix u. fertig; **~·en** ['biːtn] *p.p. von* **beat** 1; **off the ~ track** ungewohn, ungewöhnlich

beau·ti·cian [bjuːˈtɪʃn] Kosmetikerin *f*

beau·ti·ful ['bjuːtəfl] schön; **the ~ people** *pl.* die Schickeria

beau·ty ['bjuːtɪ] Schönheit *f*; **Sleeping ♀ Beauty** Dornröschen *n*; **~ 'par·lo(u)r, ~ sal·on** Schönheitssalon *m*

bea·ver ['biːvə] *zo.* Biber *m*; Biberpelz *m*

be·came [bɪˈkeɪm] *pret. von* **become**

be·cause [bɪˈkɒz] weil; **~ of** wegen

beck·on ['bekən] (zu)winken

be·come [bɪˈkʌm] (**-came, -come**) *v/i.* werden (**of** aus); *v/t.* sich schicken für; *j-m* stehen, *j-n* kleiden; △ *nicht* **bekommen**; **be'com·ing** passend; schicklich; kleidsam

bed [bed] **1.** Bett *n*; Lager *n* (*e-s Tieres*); *agr.* Beet *n*; Unterlage *f*; **~ and breakfast** Zimmer *n* mit Frühstück; **2.** (**-dd-**): **~ down** sein Nachtlager aufschlagen; **'~·clothes** *pl.* Bettwäsche *f*; **'~·ding** Bettzeug *n*; Streu *f*

bed·lam ['bedləm] Tollhaus *n*

'bed|·rid·den bettlägerig; **'~·room** Schlafzimmer *n*; **'~·side**: **at the ~** am (*a. Kranken*)Bett; **'~·side 'lamp** Nachttischlampe *f*; **'~·sit** F, **'~·sit·ter**, **~·'sit·ting room** *Brt.* möbliertes Zimmer; Einzimmerappartement *n*; **'~·spread** Tagesdecke *f*; **'~·stead** Bettgestell *n*; **'~·time** Schlafenszeit *f*

bee [biː] *zo.* Biene *f*; **have a ~ in one's bonnet** F e-n Fimmel *od.* Tick haben

beech *bot.* [biːtʃ] Buche *f*; **'~·nut** Bucheckern *f*

beef [biːf] Rindfleisch *n*; **'~·bur·ger** *gastr. bsd. Brt.* Hamburger *m*; **~ 'tea** (Rind)Fleischbrühe *f*; **'~·y** (*-ier, -iest*) F bullig

'bee|·hive Bienenkorb *m*, -stock *m*; **'~·keep·er** Imker *m*; **'~·line**: **make a ~ for** F schnurstracks losgehen auf (*acc.*)

been [biːn, bɪn] *p.p. von* **be**

beep·er *Am.* ['biːpə] → **bleeper**

beer [bɪə] Bier *n*

beet *bot.* [biːt] Runkelrübe *f*, *Am. a.* Rote Bete, rote Rübe

bee·tle *zo.* ['biːtl] Käfer *m*

'beet·root *bot. Brt.* Rote Bete, Rote Rübe

be·fore [bɪˈfɔː] **1.** *adv.* räumlich: vorn,

voran; *zeitlich:* vorher, früher, schon (früher); **2.** *cj.* bevor, ehe, bis; **3.** *prp.* vor; **~·hand** zuvor, im Voraus

be·friend [bɪˈfrend] sich *j-s* annehmen; △ *nicht* **befreunden**

beg [beg] (**-gg-**) *v/t. et.* erbitten (*of s.o.* von j-m); betteln um; *j-n* bitten; *v/i.* betteln; (dringend) bitten

be·gan [bɪˈgæn] *pret. von* **begin**

be·get [bɪˈget] (**-tt-; -got, -gotten**) (er)zeugen

beg·gar [ˈbegə] **1.** Bettler(in); F Kerl *m*; **2.** *it ~s all description* es spottet jeder Beschreibung

be·gin [bɪˈgɪn] (**-nn-; began, begun**) beginnen, anfangen; **~·ner** Anfänger(in); **~·ning** Beginn *m*, Anfang *m*

be·got [bɪˈgɒt] *pret. von* **beget**; **~·ten** [bɪˈgɒtn] *p.p. von* **beget**

be·grudge [bɪˈgrʌdʒ] missgönnen

be·guile [bɪˈgaɪl] täuschen; betrügen (*of, out of* um); sich *die Zeit* vertreiben

be·gun [bɪˈgʌn] *p.p. von* **begin**

be·half [bɪˈhɑːf]: *on* (*Am. a.* **in**) *~ of* im Namen von (*od. gen.*)

be·have [bɪˈheɪv] sich (gut) benehmen

be·hav·io(u)r [bɪˈheɪvjə] Benehmen *n*, Betragen *n*, Verhalten *n*; **~·al** *psych.* [bɪˈheɪvjərəl] Verhaltens...

be·head [bɪˈhed] enthaupten

be·hind [bɪˈhaɪnd] **1.** *adv.* hinten, dahinter; zurück; **2.** *prp.* hinter; **3.** F Hinterteil *n*, Hintern *m*

beige [beɪʒ] beige

be·ing [ˈbiːɪŋ] (Da)Sein *n*, Existenz *f*; (Lebe)Wesen *n*, Geschöpf *n*; *j-s* Wesen *n*, Natur *f*

be·lat·ed [bɪˈleɪtɪd] verspätet

belch [beltʃ] **1.** aufstoßen, rülpsen; *a.* *~ out* Rauch *etc.* speien, ausstoßen; **2.** Rülpser *m*

bel·fry [ˈbelfrɪ] Glockenturm *m*, -stuhl *m*

Bel·gium [ˈbeldʒəm] Belgien *n*; **Bel·gian** [ˈbeldʒən] **1.** belgisch; **2.** Belgier(in)

be·lief [bɪˈliːf] Glaube *m* (*in* an *acc.*)

be·lie·va·ble [bɪˈliːvəbl] glaubhaft

be·lieve [bɪˈliːv] glauben (*in* an *acc.*); *I couldn't ~ my ears* (*eyes*) ich traute m-n Ohren (Augen) nicht; **be·liev·er** *rel.* Gläubige(r *m*) *f*

be·lit·tle *fig.* [bɪˈlɪtl] herabsetzen

bell [bel] Glocke *f*; Klingel *f*; **'~·boy**, **'~·hop** *Am.* (Hotel)Page *m*

-bel·lied [belɪd] ...bäuchig

bel·lig·er·ent [bɪˈlɪdʒərənt] kriegerisch; streitlustig, aggressiv; Krieg führend

bel·low [ˈbeləʊ] **1.** brüllen; **2.** Gebrüll *n*

bel·lows [ˈbeləʊz] *pl., sg.* Blasebalg *m*

bel·ly [ˈbelɪ] **1.** Bauch *m*; Magen *m*; **2.** *~ out* (an)schwellen lassen; bauschen; **'~·ache** F Bauchweh *n*

be·long [bɪˈlɒŋ] gehören; *~ to* gehören *dat. od.* zu; **~·ings** *pl.* Habseligkeiten *pl.*

be·loved [bɪˈlʌvɪd] **1.** (innig) geliebt; **2.** Geliebte(r *m*) *f*

be·low [bɪˈləʊ] **1.** *adv.* unten; **2.** *prp.* unter

belt [belt] **1.** Gürtel *m*; Gurt *m*; Zone *f*, Gebiet *n*; *tech.* (Treib)Riemen *m*; **2.** *a.* *~ up* den Gürtel (*gen.*) zumachen; *~ up* *mot.* sich anschnallen; **'~·ed** mit e-m Gürtel; **'~·way** *Am.* Umgehungsstraße *f*; Ringstraße *f*

be·moan [bɪˈməʊn] betrauern, beklagen

bench [bentʃ] (Sitz)Bank *f*; Werkbank *f*; Richterbank *f*; Richter *m od. pl.*

bend [bend] **1.** Biegung *f*, Kurve *f*; *drive s.o. round the ~* F j-n noch wahnsinnig machen; **2.** (**bent**) (sich) biegen *od.* krümmen; neigen; beugen; *Gedanken etc.* richten (*to, on* auf *acc.*)

be·neath [bɪˈniːθ] → *below*

ben·e·dic·tion [benɪˈdɪkʃn] Segen *m*

ben·e·fac·tor [ˈbenɪfæktə] Wohltäter *m*

be·nef·i·cent [bɪˈnefɪsnt] wohltätig

ben·e·fi·cial [benɪˈfɪʃl] wohltuend, zuträglich, nützlich

ben·e·fit [ˈbenɪfɪt] **1.** Nutzen *m*, Vorteil *m*; Wohltätigkeitsveranstaltung *f*; (*Sozial-, Versicherungs- etc.*)Leistung *f*; (*Arbeitslosen- etc.*)Unterstützung *f*; (*Kranken- etc.*)Geld *n*; **2.** nützen; *~ by*, *~ from* Vorteil haben von *od.* durch, Nutzen ziehen aus

be·nev·o·lence [bɪˈnevələns] Wohlwollen *n*; **~·lent** wohltätig; wohlwollend

be·nign *med.* [bɪˈnaɪn] gutartig

bent [bent] **1.** *pret. u. p.p. von* **bend** 2; *~ on doing* entschlossen zu tun; **2.** *fig.* Hang *m*, Neigung *f*; Veranlagung *f*

ben·zene *chem.* [ˈbenziːn] Benzol *n*

ben·zine *chem.* [ˈbenziːn] Leichtbenzin *n*; △ *nicht* **Benzin**

be·queath *jur.* [bɪˈkwiːð] vermachen

be·quest *jur.* [bɪˈkwest] Vermächtnis *n*
be·reave [bɪˈriːv] (*bereaved od. bereft*) berauben
be·reft [bɪˈreft] *pret. u. p.p. von* **bereave**
be·ret [ˈbereɪ] Baskenmütze *f*
ber·ry *bot.* [ˈberɪ] Beere *f*
berth [bɜːθ] **1.** *naut.* Liege-, Ankerplatz *m*; *naut.* Koje *f*; *rail.* (Schlafwagen)Bett *n*; **2.** festmachen, anlegen
be·seech [bɪˈsiːtʃ] (*besought od. beseeched*) (inständig) bitten (um); anflehen
be·set [bɪˈset] (*-tt-*; *beset*) heimsuchen; ~ **with difficulties** mit vielen Schwierigkeiten verbunden; △ *nicht* **besetzen**
be·side *prp.* [bɪˈsaɪd] neben; ~ **o.s.** außer sich (**with** vor); ~ **the point,** ~ **the question** nicht zur Sache gehörig; ~**s** [bɪˈsaɪdz] **1.** *adv.* außerdem; **2.** *prp.* abgesehen von, außer
be·siege [bɪˈsiːdʒ] belagern; △ *nicht* **besiegen**
be·smear [bɪˈsmɪə] beschmieren
be·sought [bɪˈsɔːt] *pret. u. p.p. von* **beseech**
be·spat·ter [bɪˈspætə] bespritzen
best [best] **1.** *adj.* (*sup. von* **good** 1) beste(r, -s) höchste(r, -s), größte(r, -s), meiste; ~ **before** haltbar bis (*für Lebensmittel*); **2.** *adv.* (*sup. von* **well** 1) am besten; **3.** *der, die, das* Beste; **all the** ~**!** alles Gute!, viel Glück!; **to the** ~ **of ...** nach bestem ...; **make the** ~ **of** das Beste machen aus; **at** ~ bestenfalls; **be at one's** ~ in Hoch- *od.* Höchstform sein; ~ **be'fore date,** ~ **'by date** Mindesthaltbarkeitsdatum *n* (*für Lebensmittel*)
bes·ti·al [ˈbestjəl] tierisch; bestialisch
best 'man (*pl.* **-men**) engster Freund des Bräutigams bei dessen Hochzeit
be·stow [bɪˈstəʊ] geben, verleihen (**on** *dat.*)
best-'sell·er Bestseller *m*
bet [bet] **1.** Wette *f*; **2.** (*-tt-*; **bet** *od.* **betted**) wetten; **you** ~ F es geht ihm besser; **2.** *das* Bessere; **get the** ~ **of** die Oberhand gewinnen über (*acc.*); *et.* überwinden; **3.** *adv.* (*comp. von* **well** 1) besser; mehr;

so much the ~ desto besser; **you had** ~ (*Am.* F **you** ~) **go** es wäre besser, wenn du gingest; **4.** *v/t.* verbessern; *v/i.* sich bessern
be·tween [bɪˈtwiːn] **1.** *adv.* dazwischen; **few and far** ~ F (ganz) vereinzelt; **2.** *prp.* zwischen; unter; ~ **you and me** unter uns *od.* im Vertrauen (gesagt)
bev·el [ˈbevl] (*bsd. Brt.* **-ll-,** *Am.* **-l-**) abkanten, abschrägen
bev·er·age [ˈbevərɪdʒ] Getränk *n*
bev·y *zo.* [ˈbevɪ] Schwarm *m*, Schar *f*
be·ware [bɪˈweə] (**of**) sich in Acht nehmen (vor *dat.*), sich hüten (vor *dat.*); △ *nicht* **bewahren**; ~ **of the dog!** Vorsicht, bissiger Hund!
be·wil·der [bɪˈwɪldə] verwirren; ~**ment** Verwirrung *f*
be·witch [bɪˈwɪtʃ] bezaubern, behexen
be·yond [bɪˈjɒnd] **1.** *adv.* darüber hinaus; **2.** *prp.* jenseits; über ... (*acc.*) hinaus
bi... [baɪ] zwei(fach, -mal)
bi·as [ˈbaɪəs] Neigung *f*; Vorurteil *n*; ~(**s**)**ed** voreingenommen; *jur.* befangen
bi·ath|·lete [baɪˈæθliːt] Sport: Biathlet *m*; ~**lon** [baɪˈæθlən] Sport: Biathlon *n*
bib [bɪb] (Sabber)Lätzchen *n*
Bi·ble [ˈbaɪbl] Bibel *f*
bib·li·cal [ˈbɪblɪkl] biblisch, Bibel...
bib·li·og·ra·phy [bɪblɪˈɒɡrəfɪ] Bibliografie *f*
bi·car·bon·ate - [baɪˈkɑːbənɪt] *a.* ~ **of soda** doppelkohlensaures Natron
bi·cen|·te·na·ry [baɪsenˈtiːnərɪ], *Am.* ~**ten·ni·al** [baɪsenˈtenɪəl] Zweihundertjahrfeier *f*
bi·ceps *anat.* [ˈbaɪseps] Bizeps *m*
bick·er [ˈbɪkə] sich zanken *od.* streiten
bi·cy·cle [ˈbaɪsɪkl] Fahrrad *n*
bid [bɪd] **1.** (*-dd-*; **bid** *od.* **bade, bid** *od.* **bidden**) bei Versteigerungen bieten; **2.** *econ.* Gebot *n*, Angebot *n*; ~**den** [ˈbɪdn] *p.p. von* **bid** 1
bi·en·ni·al [baɪˈenɪəl] zweijährlich; zweijährig (*Pflanzen*); ~**ly** alle zwei Jahre
bier [bɪə] (Toten)Bahre *f*; △ *nicht* **Bier**
big [bɪɡ] (*-gg-*) groß; dick, stark; **talk** ~ den Mund voll nehmen
big·a·my [ˈbɪɡəmɪ] Bigamie *f*
big| 'busi·ness Großunternehmertum *n*; '~**head** F Angeber *m*, eingebildeter

blackboard

Fatzke; ~ **'shot** hohes Tier (*Person*)
bike F [baɪk] (Fahr)Rad *n*; **'bik·er** Motorradfahrer(in) (*bsd. in Gruppen wie ‚Hell's Angels'*); Radfahrer(in), Radler(in)
bi·lat·er·al [baɪ'lætərəl] bilateral
bile [baɪl] Galle *f* (*a. fig.*)
bi·lin·gual [baɪ'lɪŋgwəl] zweisprachig; **'~sec·re·ta·ry** Fremdsprachensekretärin *f*
bill¹ [bɪl] Schnabel *m*
bill² *econ.* [bɪl] Rechnung *f*; *pol.* (Gesetzes)Vorlage *f*; *jur.* (An)Klageschrift *f*; Plakat *n*; *Am.* Banknote *f*, (Geld)Schein *m*; **'~board** *Am.* Reklametafel *f*; **'~fold** *Am.* Brieftasche *f*
bil·liards ['bɪljədz] *sg.* Billard(spiel) *n*
bil·li·on ['bɪljən] Milliarde *f*
bill | **of de'liv·er·y** *econ.* Lieferschein *m*; **~ of ex'change** *econ.* Wechsel *m*; **~ of 'sale** *jur.* Verkaufsurkunde *f*
bil·low ['bɪləʊ] **1.** Woge *f*; (*Rauch- etc.*) Schwaden *m*; **2.** *a.* **~ out** sich bauschen *od.* blähen
bil·ly goat *zo.* ['bɪlɪgəʊt] Ziegenbock *m*
bin [bɪn] (großer) Behälter
bi·na·ry ['baɪnərɪ] *math., phys. etc.* binär, Binär...; **~ 'code** *Computer:* Binärcode *m*; **~ 'num·ber** Binärzahl *f*
bind [baɪnd] (*bound*) *v/t.* (an-, ein-, um-, auf-, fest-, ver)binden; *a.* vertraglich binden, verpflichten; Saum einfassen; *v/i.* binden; **'~er** (*bsd. Buch*)Binder(in); Einband *m*, (Akten- *etc.*)Deckel *m*; **'~ing 1.** bindend, verbindlich; **2.** Einband *m*; Einfassung *f*, Borte *f*
bin·go ['bɪŋgəʊ] Bingo *n* (*ein Glücksspiel*)
bi·noc·u·lars [bɪ'nɒkjʊləz] *pl.* Feldstecher *m*, Fern-, Opernglas *n*
bi·o·chem·is·try [baɪəʊ'kemɪstrɪ] Biochemie *f*
bi·o·de·gra·da·ble [baɪəʊdɪ'greɪdəbl] biologisch abbaubar, umweltfreundlich
bi·og·ra | **·pher** [baɪ'ɒgrəfə] Biograf *m*; **~·phy** Biografie *f*
bi·o·log·i·cal [baɪəʊ'lɒdʒɪkl] biologisch; **bi·ol·o·gist** [baɪ'ɒlədʒɪst] Biolog|e *m*, -in *f*; **bi·ol·o·gy** [baɪ'ɒlədʒɪ] Biologie *f*
bi·o·rhythms ['baɪəʊrɪðəmz] *pl.* Biorhythmus *m*
bi·o·tope ['baɪəʊtəʊp] Biotop *n*

bi·ped *zo.* ['baɪped] Zweifüßer *m*
birch *bot.* [bɜːtʃ] Birke *f*
bird [bɜːd] Vogel *m*; **'~cage** Vogelkäfig *m*; **~ of 'pas·sage** Zugvogel *m*; **~ of 'prey** Raubvogel *m*; **~ 'sanc·tu·a·ry** Vogelschutzgebiet *n*; **'~seed** Vogelfutter *n*
bird's-eye 'view Vogelperspektive *f*
bi·ro® ['baɪrəʊ] (*pl. -ros*) Kugelschreiber *m*
birth [bɜːθ] Geburt *f*; Herkunft *f*; **give ~ to** gebären, zur Welt bringen; **~ cer·tif·i·cate** Geburtsurkunde *f*; **'~ con·trol** Geburtenregelung *f*; **~ con·trol 'pill** Antibabypille *f*; **'~day** Geburtstag *m*; **happy ~!** alles Gute *od.* herzlichen Glückwunsch zum Geburtstag!; **'~mark** Muttermal *n*; **'~place** Geburtsort *m*; **'~rate** Geburtenziffer *f*
bis·cuit *Brt.* ['bɪskɪt] Keks *m*, *n*, Plätzchen *n*; △ *nicht* **Biskuit**
bi·sex·u·al [baɪ'sekʃʊəl] bisexuell
bish·op ['bɪʃəp] Bischof *m*; *Schach:* Läufer *m*; **~·ric** ['bɪʃəprɪk] Bistum *n*
bi·son *zo.* ['baɪsn] Bison *m*; Wisent *m*
bit [bɪt] **1.** Bisschen *n*, Stück(chen) *n*; Gebiss *n* (*am Zaum*); (Schlüssel)Bart *m*; *Computer:* Bit *n*; **a (little) ~** ein (kleines) bisschen; **2.** *pret. von* **bite 2**
bitch [bɪtʃ] *zo.* Hündin *f*; *contp.* Miststück *n*, Schlampe *f*
'bit·den·si·ty *Computer:* Speicherdichte *f*
bite [baɪt] **1.** Beißen *n*; Biss *m*; Bissen *m*, Happen *m*; *tech.* Fassen *n*, Greifen *n* (*von Schrauben etc.*); **2.** (*bit, bitten*) (an)beißen; stechen (*Insekt*); brennen (*Pfeffer*); schneiden (*Kälte*); beißen (*Rauch*); *tech.* fassen, greifen (*Schrauben etc.*)
bit·ten ['bɪtn] *p.p. von* **bite 2**
bit·ter ['bɪtə] bitter; *fig.* verbittert
bit·ters ['bɪtəz] *pl.* Magenbitter *m*
biz F [bɪz] → **business**
black [blæk] **1.** schwarz; dunkel; finster; **have s.th. in ~ and white** et. schwarz auf weiß haben *od.* besitzen; **be ~ and blue** blaue Flecken haben; **be s.o. ~ and blue** j-n grün u. blau schlagen; **2.** schwärzen; **~ out** verdunkeln; **3.** Schwarz *n*; Schwärze *f*; Schwarze(r *m*) *f* (*Person*); **'~·ber·ry** *bot.* Brombeere *f*; **'~bird** *zo.* Amsel *f*; **'~board** (Schul-, Wand)Tafel *f*; △ *nicht* **Schwarzes**

black box

Brett; ~ **'box** *aviat.* Flugschreiber *m*; **~'cur·rant** *bot.* Schwarze Johannisbeere; **'~en** *v/t.* schwärzen; *fig.* anschwärzen; *v/i.* schwarz werden; ~ **'eye** blaues Auge, Veilchen *n*; ~ **'head** *med.* Mitesser *m*; **~'ice** Glatteis *n*; **'~ing** schwarze Schuhwichse; **'~leg** *Brt.* Streikbrecher *m*; **'~mail 1.** Erpressung *f*; **2.** *j-n* erpressen; **'~mail·er** Erpresser(in); ~ **'mar·ket** schwarzer Markt; **'~ness** Schwärze *f*; ~ **'out** Verdunkelung *f*; Black-out *n*, *m*; Ohnmacht *f*; ~ **'pud·ding** Blutwurst *f*; ~ **'sheep** (*pl.* - **sheep**) *fig.* schwarzes Schaf; **'~smith** Schmied *m*
blad·der *anat.* ['blædə] Blase *f*
blade [bleɪd] *bot.* Blatt *n*, Halm *m*; (Säge-, Schulter- *etc.*)Blatt *n*; (Propeller)Flügel *m*; Klinge *f*
blame [bleɪm] **1.** Tadel *m*; Schuld *f*; **2.** tadeln; **be to ~ for** schuld sein an (*dat.*); △ *nicht blamieren;* **'~less** untadelig
blanch [blɑːntʃ] bleichen; *gastr.* blanchieren; erbleichen; bleich werden
blanc·mange [bləˈmɒnʒ] Pudding *m*
blank [blæŋk] **1.** leer; unausgefüllt, unbeschrieben; *econ.* Blanko...; verdutzt; △ *nicht blank (glänzend);* **2.** Leere *f*, leerer Raum, Lücke *f*; unbeschriebenes Blatt, Formular *n*; Lotterie: Niete *f*; ~ **'car·tridge** Platzpatrone *f*; ~ **'cheque** (*Am.* **'check**) *econ.* Blankoscheck *m*
blan·ket ['blæŋkɪt] **1.** (Woll)Decke *f*; **2.** zudecken
blare [bleə] brüllen, plärren (*Radio etc.*), schmettern (*Trompete*)
blas·|pheme [blæsˈfiːm] lästern; **~phe·my** ['blæsfəmɪ] Gotteslästerung *f*
blast [blɑːst] **1.** Windstoß *m*; Ton *m* (*e-s Blasinstruments*); Explosion *f*; Druckwelle *f*; Sprengung *f*; **2.** sprengen; *fig.* zunichte machen; ~ **off** (*into space*) in den Weltraum schießen; ~ **off** abheben, starten (*Rakete*); ~*!* verdammt!; ~ **you!** der Teufel soll dich holen!; **~ed** verdammt, verflucht; **'~ fur·nace** *tech.* Hochofen *m*; **'~off** Start *m* (*Rakete*)
bla·tant ['bleɪtənt] offenkundig, eklatant
blaze [bleɪz] **1.** Flamme(n *pl.*) *f*, Feuer *n*; heller Schein; *fig.* Ausbruch *m*; **2.** brennen, lodern, leuchten; △ *nicht blasen*

blaz·er ['bleɪzə] Blazer *m*
bla·zon ['bleɪzn] Wappen *n*
bleach [bliːtʃ] bleichen
bleak [bliːk] öde, kahl; rau; *fig.* trüb, freudlos, finster
blear·y ['blɪərɪ] (**-ier, -iest**) trübe, verschwommen
bleat [bliːt] **1.** Blöken *n*; **2.** blöken
bled [bled] *pret. u. p.p. von* **bleed**
bleed [bliːd] (**bled**) *v/i.* bluten; *v/t. med.* zur Ader lassen; *fig.* schröpfen; **'~ing 1.** *med.* Bluten *n*, Blutung *f*; *med.* Aderlass *m*; **2.** *sl.* verdammt, verflucht
bleep [bliːp] **1.** Piepton *m*; **2.** *j-n* anpiepsen (*über Funkrufempfänger*); **'~er** *Brt.* F Piepser *m* (*Funkrufempfänger*)
blem·ish ['blemɪʃ] **1.** (*a.* Schönheits-) Fehler *m*; Makel *m*; **2.** entstellen
blend [blend] **1.** (sich) (ver)mischen; Wein *etc.* verschneiden; △ *nicht blenden;* **2.** Mischung *f*; *econ.* Verschnitt *m*; **'~er** Mixer *m*, Mixgerät *n*
bless [bles] (**blessed** *od.* **blest**) segnen; preisen; **be ~ed with** gesegnet sein mit; **(God) ~ you!** alles Gute!; Gesundheit!; ~ **me!**, ~ **my heart!**, ~ **my soul!** F du meine Güte!; **'~ed** *adj.* selig, gesegnet; F heillos!; **'~ing** Segen *m*
blest [blest] *pret. u. p.p. von* **bless**
blew [bluː] *pret. von* **blow**²
blight [blaɪt] *bot.* Mehltau *m*
blind [blaɪnd] **1.** blind (*fig.* **to** gegen[über]); unübersichtlich (*Kurve etc.*); **2.** Rouleau *n*, Rollo *n*; **the ~** *pl.* die Blinden *pl.*; **3.** blenden; *fig.* blind machen (**to** für, gegen); ~ **'al·ley** Sackgasse *f*; **'~ers** *pl. Am.* Scheuklappen *pl.*; **'~fold 1.** blindlings; **2.** *j-m* die Augen verbinden; **3.** Augenbinde *f*; **'~ly** *fig.* blindlings; **'~worm** *zo.* Blindschleiche *f*
blink [blɪŋk] **1.** Blinzeln *n*; **2.** blinzeln, zwinkern; blinken; **'~ers** *pl.* Scheuklappen *pl.*
bliss [blɪs] Seligkeit *f*, Wonne *f*
blis·ter ['blɪstə] **1.** *med., tech.* Blase *f*; **2.** Blasen hervorrufen auf (*dat.*); Blasen ziehen *od. tech.* werfen
blitz [blɪts] **1.** heftiger Luftangriff; **2.** schwer bombardieren; △ *nicht Blitz;*
bliz·zard ['blɪzəd] Blizzard *m*, Schneesturm *m*

boarding card

bloat·ed ['bləʊtɪd] (an)geschwollen, (auf)gedunsen; *fig.* aufgeblasen; '**~·er** Bücking *m*

blob [blɒb] Klecks *m*

block [blɒk] **1.** Block *m*, Klotz *m*; Baustein *m*, (Bau)Klötzchen *n*; (*Schreib-, Notiz*)Block *m*; *bsd. Am.* (Häuser)Block *m*; *tech.* Verstopfung *f*; *geistige etc.* Sperre; ~ (**of flats**) *Brt.* Wohn-, Mietshaus *n*; **2.** *a.* ~ **up** (ab-, ver)sperren, blockieren, verstopfen

block·ade [blɒˈkeɪd] **1.** Blockade *f*; **2.** blockieren

block|·bust·er F ['blɒkbʌstə] Kassenmagnet *m*, -schlager *m*; '**~·head** F Dummkopf *m*; ~ '**let·ters** *pl.* Blockschrift *f*

bloke *Brt.* F [bləʊk] Kerl *m*

blond [blɒnd] **1.** Blonde(r) *m*; **2.** blond; hell (*Haut*); **~e** [blɒnd] **1.** blond; **2.** Blondine *f*

blood [blʌd] Blut *n*; *attr.* Blut...; **in cold** ~ kaltblütig; '**~·bank** *med.* Blutbank *f*; '**~·cur·dling** ['blʌdkɜːdlɪŋ] grauenhaft; '~ **do·nor** *med.* Blutspender(in); ~ **group** *med.* Blutgruppe *f*; '**~·hound** *zo.* Bluthund *m*; ~ **pres·sure** *med.* Blutdruck *m*; '**~·shed** Blutvergießen *n*; '**~·shot** blutunterlaufen; '**~·thirst·y** blutdürstig; ~ **ves·sel** *anat.* Blutgefäß *n*; '**~·y** (*-ier, -iest*) blutig; *Brt.* F verdammt, verflucht

bloom [bluːm] **1.** *poet.* Blume *f*, Blüte *f*; *fig.* Blüte(zeit) *f*; △ *nicht allg.* **Blume**; **2.** blühen; *fig.* (er)strahlen

blos·som ['blɒsəm] **1.** Blüte *f*; **2.** blühen

blot [blɒt] **1.** Klecks *m*; *fig.* Makel *m*; **2.** (*-tt-*) beklecksen

blotch [blɒtʃ] Klecks *m*; Hautfleck *m*; '**~·y** (*-ier, -iest*) fleckig (*Haut*)

blot·ter ['blɒtə] (Tinten)Löscher *m*; '**~·ting pa·per** Löschpapier *n*

blouse [blaʊz] Bluse *f*

blow¹ [bləʊ] Schlag *m*, Stoß *m*

blow² [bləʊ] (**blew, blown**) *v/i.* blasen, wehen; keuchen, schnaufen; explodieren; platzen (*Reifen*); *electr.* durchbrennen (*Sicherung*); ~ **up** in die Luft fliegen; explodieren; *v/t.* ~ **one's nose** sich die Nase putzen; ~ **one's top** F an die Decke gehen (*vor Wut*); ~ **out** ausblasen; ~ **up** sprengen; *Foto* vergrößern; '**~·dry** fönen; '**~·fly** *zo.* Schmeißfliege *f*; **~n** [bləʊn] *p.p.* von **blow²**; '**~·pipe** Blasrohr *n*; '**~·up** *phot.* Vergrößerung *f*

blud·geon ['blʌdʒən] Knüppel *m*

blue [bluː] **1.** blau; F melancholisch, traurig, schwermütig; **2.** Blau *n*; *out of the* ~ *fig.* aus heiterem Himmel; '**~·ber·ry** *bot.* Blau-, Heidelbeere *f*; '**~·bot·tle** *zo.* Schmeißfliege *f*; ~·**'col·lar work·er** (Fabrik)Arbeiter(in)

blues [bluːz] *pl. od. sing. mus.* Blues *m*; *f* Melancholie *f*; *have the* ~ F den Moralischen haben

bluff¹ [blʌf] Steilufer *n*

bluff² [blʌf] **1.** Bluff *m*; **2.** bluffen

blu·ish ['bluːɪʃ] bläulich

blun·der ['blʌndə] **1.** Fehler *m*, Schnitzer *m*; **2.** e-n (groben) Fehler machen; verpfuschen, -patzen; △ *nicht* **plündern**

blunt [blʌnt] stumpf; *fig.* offen; '**~·ly** frei heraus

blur [blɜː] (*-rr-*) **1.** *v/t.* verwischen; verschmieren; *phot., TV* verwackeln, verzerren; *Sinne etc.* trüben; **2.** *v/i.* verschwimmen (*a. Eindruck etc.*)

blurt [blɜːt]: ~ **out** herausplatzen mit

blush [blʌʃ] **1.** Erröten *n*, Schamröte *f*; **2.** erröten, rot werden

blus·ter ['blʌstə] brausen (*Wind*); *fig.* poltern, toben

Blvd *nur geschr. Abk. für* **Boulevard** Boulevard *m*

BMI [biː em 'waɪ] *Abk. für* **Body Mass Index** *etwa*: Körpermasse u. -gewichtsindex *m*

BMX [biː em 'eks] *Abk. für* **bicycle motocross** Querfeldeinrennen *n* (*auf Fahrrädern*); ~ **bike** BMX-Rad *n* (*geländegängiges Fahrrad*)

BO *Abk.* [biː 'əʊ] → **body odo(u)r**

boar *zo.* [bɔː] Eber *m*; Keiler *m*

board [bɔːd] **1.** Brett *n*; (Anschlag)Brett *n*; Konferenztisch *m*; Ausschuss *m*, Kommission *f*; Behörde *f*; Verpflegung *f*; Pappe *f*, Karton *m*; *Sport*: (Surf)Board *n*; △ *nicht* **Bücher-Bord**; **on** ~ **a train** in e-m Zug; **2.** *v/t.* dielen, verschalen, beköstigen; an Bord gehen; *naut.* entern; einsteigen in (*einen Zug od. Bus*); *v/i.* in Kost sein, wohnen; '**~·er** Kostgänger(in); Pensionsgast *m*; Internatsschüler(in); ~ **game** Brettspiel *n*; '**~·ing card** *aviat.* Bordkarte *f*;

boarding house 46

'**~·ing house** Pension f, Fremdenheim n; '**~·ing school** Internat n; **~ of 'di·rec·tors** econ. Aufsichtsrat m; **⁂ of 'Trade** Brt. Handelsministerium n, Am. Handelskammer f; '**~·walk** bsd. Am. Strandpromenade f

boast [bəʊst] **1.** Prahlerei f; **2.** (of, about) sich rühmen (gen.), prahlen (mit)

boat [bəʊt] Boot n; Schiff n

bob [bɒb] **1.** Knicks m; kurzer Haarschnitt; F hist. Schilling m; **2.** (-bb-) v/t. Haar kurz schneiden; v/i. sich auf u. ab bewegen; knicksen

bob·bin ['bɒbɪn] Spule f (a. electr.)

bob·by Brt. F ['bɒbɪ] Bobby m (Polizist)

bob·sleigh ['bɒbsleɪ] Sport: Bob m

bode [bəʊd] pret. von bide

bod·ice ['bɒdɪs] Mieder n; Oberteil n (e-s Kleides)

bod·i·ly ['bɒdɪlɪ] körperlich

bod·y ['bɒdɪ] Körper m, Leib m; Leiche f; Körperschaft f; Hauptteil m; mot. Karosserie f; '**~·guard** Leibwache f; Leibwächter m; '**~·o·do(u)r** (Abk. **BO**) Körpergeruch m; '**~ stock·ing** Body m; '**~·work** Karosserie f

Boer ['bɔː] Bure m; attr. Buren...

bog [bɒɡ] Sumpf m, Morast m

bo·gus ['bəʊɡəs] falsch; Schwindel...

boil¹ med. [bɔɪl] Geschwür n, Furunkel m, n

boil² [bɔɪl] **1.** kochen, sieden; **2.** Kochen n, Sieden n; '**~·er** (Dampf)Kessel m; Boiler m; '**~·er suit** Overall m (a. fig.); '**~·ing point** Siedepunkt m (a. fig.)

bois·ter·ous ['bɔɪstərəs] ungestüm; heftig, laut; lärmend

bold [bəʊld] kühn; keck, dreist, unverschämt; steil; print. fett; **as ~ as brass** F frech wie Oskar; **words in ~ print** fett gedruckt

bol·ster ['bəʊlstə] **1.** Keilkissen n; **2.** **~ up** fig. (unter)stützen, j-m Mut machen

bolt [bəʊlt] **1.** Bolzen m; Riegel m; Blitz(strahl) m; plötzlicher Satz, Fluchtversuch m; **~ upright** kerzengerade; **3.** v/t. verriegeln; F hinunterschlingen; v/i. davonlaufen, ausreißen; scheuen, durchgehen (Pferd)

bomb [bɒm] **1.** Bombe f; **the ~** die Atombombe; **2.** bombardieren

bom·bard [bɒm'bɑːd] bombardieren

'**bomb·er** m aviat. Bomber m; Bombenleger m

'**bomb·proof** ['bɒmpruːf] bombensicher; '**~·shell** Bombe f (a. fig.)

bond [bɒnd] econ. Schuldverschreibung f, Obligation f; Bund m, Verbindung f; **in ~** econ. unter Zollverschluss; **~·age** ['bɒndɪdʒ] Hörigkeit f

bonds [bɒndz] pl. Bande pl. (der Freundschaft etc.)

bone [bəʊn] **1.** Knochen m; Gräte f; **~s** pl. a. Gebeine pl.; **~ of contention** Zankapfel m; **have a ~ to pick with s.o.** mit j-m ein Hühnchen zu rupfen haben; **make no ~s about** nicht lange fackeln mit; keine Skrupel haben hinsichtlich (gen.); **2.** die Knochen auslösen (aus); entgräten

bon·fire ['bɒnfaɪə] Feuer n im Freien; Freudenfeuer n

bonk Brt. sl. [bɒŋk] bumsen

bon·net ['bɒnɪt] Haube f; Brt. Motorhaube f

bon·ny bsd. schott. ['bɒnɪ] (**-ier, -iest**) hübsch; rosig (Baby); gesund

bo·nus econ. ['bəʊnəs] Bonus m, Prämie f; Gratifikation f

bon·y ['bəʊnɪ] (**-ier, -iest**) knöchern; knochig

boo [buː] int. buh!; thea. **~ off the stage**, Fußball: **~ off the park** auspfeifen

boobs F [buːbz] pl. Titten pl. (Busen)

boo·by F ['buːbɪ] Trottel m

book [bʊk] **1.** Buch n; Heft n; Liste f; Block m; **2.** buchen; eintragen; Sport: verwarnen; Fahrkarte etc. lösen; Platz etc. (vor)bestellen, reservieren lassen; Gepäck aufgeben; **~ in** bsd. Brt. sich (im Hotel) eintragen; **~ in at** absteigen in (dat.); **~ed up** ausgebucht, -verkauft, belegt (Hotel); '**~·case** Bücherschrank m; '**~·ing** Buchen n, (Vor)Bestellung f; Sport: Verwarnung f; '**~·ing clerk** Schalterbeamt|e(r) m, -in f; '**~·ing of·fice** Fahrkartenausgabe f, -schalter m; thea. Kasse f; '**~·keep·er** Buchhalter(in); '**~·keep·ing** Buchhaltung f, -führung f; '**~·let** ['bʊklɪt] Büchlein n, Broschüre f; '**~·mark(·er)** Lesezeichen n; '**~·sell·er** Buchhändler(in); '**~·shelf** (pl. **-shelves**) Bücherregal n; '**~·shop** bsd. Brt., '**~·store** Am. Buchhandlung f

boom¹ [buːm] **1.** econ. Boom m, Aufschwung m, Hochkonjunktur f, Hausse f; **2.** e-n Boom erleben

boom² [bu:m] *naut.* Baum *m*, Spiere *f*; (*Kran*)Ausleger *m*; *Film, TV:* (*Mikrofon*)Galgen *m*

boom³ [bu:m] dröhnen, donnern

boor [buə] ungehobelter Kerl; **~·ish** ['buərɪʃ] ungehobelt

boost [bu:st] **1.** hochschieben; *Preise* in die Höhe treiben; *Produktion etc.* ankurbeln; *electr. Spannung* verstärken; *tech. Druck* erhöhen; *fig.* stärken, Auftrieb geben; **2.** Auftrieb *m*, (Ver)Stärkung *f*

boot¹ [bu:t] Stiefel *m*; *Brt. mot.* Kofferraum *m*; △ *nicht* **Boot**

boot² [bu:t]: **~ (up)** *Computer:* laden

boot³ [bu:t]: **to ~** obendrein

boot·ee [bu:'ti:] (*Damen*)Halbstiefel *m*

booth [bu:ð] (*Markt- etc.*)Bude *f*; (*Messe*)Stand *m*; (*Wahl- etc.*) Kabine *f*; (*Telefon*)Zelle *f*

'boot·lace Schnürsenkel *m*

boot·y ['bu:tɪ] Beute *f*

booze [bu:z] **1.** saufen; **2.** Zeug *n* (*alkoholisches Getränk*); Sauferei *f*

bor·der ['bɔ:də] **1.** Rand *m*, Saum *m*, Einfassung *f*; Rabatte *f*; Grenze *f*; **2.** einfassen; (um)säumen; grenzen (**on** *an acc.*)

bore¹ [bɔ:] **1.** Bohrloch *n*; *tech.* Kaliber *n*; **2.** bohren

bore² [bɔ:] **1.** Langweiler *m*; *bsd. Brt.* F langweilige *od.* lästige Sache; **2.** *j-n* langweilen; **be ~d** sich langweilen

bore³ [bɔ:] *pret. u. p.p.* **von bear²**

bore·dom ['bɔ:dəm] Lang(e)weile *f*

bor·ing ['bɔ:rɪŋ] langweilig

born [bɔ:n] *p.p.* **von bear²** (*gebären*)

borne [bɔ:n] *p.p.* **von bear²** (*tragen*)

bo·rough ['bʌrə] Stadtteil *m*; Stadtgemeinde *f*; Stadtbezirk *m*

bor·row ['bɒrəʊ] (sich) *et.* borgen *od.* (aus)leihen; △ *nicht* **j-m et. borgen**

bos·om ['bʊzəm] Busen *m*; *fig.* Schoß *m*

boss F [bɒs] **1.** Boss *m*, Chef *m*; **2.** *a.* **~ about**, **~ around** herumkommandieren; (*Zucker*)Dose *f* (**-ier, -iest**) herrisch

bo·tan·i·cal [bə'tænɪkl] botanisch;

bot·a·ny ['bɒtənɪ] Botanik *f*

botch [bɒtʃ] **1.** Pfusch(arbeit *f*) *m*; **2.** verpfuschen

both [bəʊθ] beide(s); **~ ... and** sowohl ... als (auch)

both·er ['bɒðə] **1.** Belästigung *f*, Störung *f*, Plage *f*, Mühe *f*; **2.** belästigen,

stören, plagen; **don't ~!** bemühen Sie sich nicht!

bot·tle ['bɒtl] **1.** Flasche *f*; **2.** in Flaschen abfüllen; '**~ bank** *Brt.* Altglascontainer *m*; '**~·neck** *fig.* Engpass *m*

bot·tom ['bɒtəm] unterster Teil, Boden *m*, Fuß *m*, Unterseite *f*; Grund *m*; F Hintern *m*, Popo *m*; **be at the ~ of** hinter *e-r Sache* stecken; **get to the ~ of s.th.** e-r Sache auf den Grund gehen

bough [baʊ] Ast *m*, Zweig *m*

bought [bɔ:t] *pret. u. p.p.* **von buy**

boul·der ['bəʊldə] Geröllblock *m*, Findling *m*

bounce [baʊns] **1.** aufprallen *od.* aufspringen (lassen) (*Ball etc.*); springen, hüpfen, stürmen; F platzen (*Scheck*); **2.** Sprung *m*, Satz *m*; F Schwung *m*; '**bounc·ing** stramm (*Baby*)

bound¹ [baʊnd] **1.** *pret. u. p.p.* **von bind**; **2.** *adj.* unterwegs (**for** nach)

bound² [baʊnd] *mst* **~s** *pl.* Grenze *f*, *fig. a.* Schranke *f*

bound³ [baʊnd] **1.** Sprung *m*, Satz *m*; **2.** springen, hüpfen; auf-, abprallen

bound·a·ry ['baʊndərɪ] Grenze *f*

'bound·less grenzenlos

boun·te·ous ['baʊntɪəs], **~·ti·ful** ['baʊntɪfʊl] freigebig, reichlich

boun·ty ['baʊntɪ] Freigebigkeit *f*; großzügige Spende *f*; Prämie *f*

bou·quet [bʊ'keɪ] Bukett *n*, Strauß *m*; Bukett *n*, Blume *f* (*von Wein*)

bout [baʊt] (*Box-, Ring*)Kampf *m*; *med.* Anfall *m*

bou·tique [bu:'ti:k] Boutique *f*

bow¹ [baʊ] **1.** Verbeugung *f*; **2.** *v/i.* sich verbeugen *od.* -neigen (**to** vor *dat.*); *fig.* sich beugen *od.* unterwerfen (**to** *dat.*); *v/t.* beugen; beugen, neigen

bow² *naut.* [baʊ] Bug *m*

bow³ [bəʊ] Bogen *m*; Schleife *f*

bow·els *anat.* ['baʊəlz] *pl.* Darm *m*; Eingeweide *pl.*

bowl¹ [bəʊl] Schale *f*, Schüssel *f*, Napf *m*; (*Zucker*)Dose *f*; Becken *n*; (*Pfeifen*)Kopf *m*; △ *nicht* **Bowle** (*Getränk*)

bowl² [bəʊl] **1.** (*Bowling-, Kegel- etc.*) Kugel *f*; **2.** Bowlingkugel rollen; *Kricketball* werfen

bow-leg·ged ['bəʊlegd] o-beinig

'bowl·er Bowlingspieler(in); Kegler(in); '**~, ~ hat** Bowler *m*, Melone *f*

'bowl·ing Bowling *n*; Kegeln *n*

box

box¹ [bɒks] Kasten m, Kiste f; Büchse f, Dose f, Kästchen n; Schachtel f; Behälter m; tech. Gehäuse n; Postfach n; Brt. (Telefon)Zelle f; jur. Zeugenstand m; thea. Loge f; Box f (für Pferde, Autos)

box² bot. [bɒks] Buchsbaum m

box³ [bɒks] 1. Sport: boxen; F ~ s.o.'s ears j-n ohrfeigen; 2. F a ~ on the ear e-e Ohrfeige; '~er Boxer m; '~ing Boxen n, Boxsport m; '2-ing Day Brt. der zweite Weihnachtsfeiertag

'**box**|**num·ber** Chiffre(nummer) f; '~**of·fice** Theaterkasse f

boy [bɔɪ] Junge m, Knabe m, Bursche m

boy·cott ['bɔɪkɒt] 1. boykottieren; 2. Boykott m

'**boy**|**friend** Freund m; ~**hood** ['bɔɪhʊd] Knabenjahre pl., Jugend(zeit) f; '~**ish** jungenhaft; '~**scout** Pfadfinder m

BPhil [biː 'fɪl] Abk. für **Bachelor of Philosophy** Bakkalaureus m der Philosophie

BR [biː 'ɑː] Abk. für **British Rail** (Eisenbahn in Großbritannien)

bra [brɑː] BH m (Büstenhalter)

brace [breɪs] 1. tech. Strebe f, Stützbalken m; (Zahn)Klammer f, (-)Spange f; 2. tech. verstreben, -steifen, stützen

brace·let ['breɪslɪt] Armband n

brac·es ['breɪsɪz] pl. Brt. Hosenträger pl.

brack·et ['brækɪt] tech. Träger m, Halter m, Stütze f; print. Klammer f; (bsd. Alters-, Steuer)Klasse f; **lower income** ~ niedrige Einkommensgruppe

brack·ish ['brækɪʃ] brackig, salzig

brag [bræg] (-**gg**-) prahlen (**about** mit); '~**gart** ['brægət] Prahler m

braid [breɪd] 1. bsd. Am. Zopf m; Borte f, Tresse f; 2. bsd. Am. flechten; mit Borte besetzen

brain [breɪn] anat. Gehirn n; oft ~**s** pl. fig. Gehirn n, Verstand m, Intelligenz f, Kopf m; '~**s trust** Brt., '~ **trust** Am. Gehirntrust m (bsd. politische od. wirtschaftliche Beratergruppe); '~**wash** j-n e-r Gehirnwäsche unterziehen; '~**wash·ing** Gehirnwäsche f; '~**wave** F Geistesblitz m, tolle Idee; '~**y** (-**ier**, -**iest**) F gescheit

brake [breɪk] 1. tech. Bremse f; bremsen; '~**light** mot. Bremslicht n

bram·ble bot. ['bræmbl] Brombeerstrauch m

bran [bræn] Kleie f

branch [brɑːntʃ] 1. Ast m, Zweig m; Fach n; Linie f (des Stammbaumes); Zweigstelle f; 2. sich verzweigen; abzweigen

brand [brænd] 1. econ. (Handels-, Schutz)Marke f, Warenzeichen n; Markenname m; Sorte f, Klasse f (e-r Ware); Brandmal n; △ nicht **Brand**; 2. einbrennen; brandmarken

bran·dish ['brændɪʃ] schwingen

'**brand name** econ. Markenbezeichnung f, -name m; ~'**new** nagelneu

bran·dy ['brændɪ] Kognak m, Weinbrand m

brass [brɑːs] Messing n; F Unverschämtheit f; ~ '**band** Blaskapelle f

bras·sière ['bræsɪə] Büstenhalter m

brat contp. [bræt] Balg m, n, Gör n (Kind)

brave [breɪv] 1. (~**r**, ~**st**) tapfer, mutig, unerschrocken; △ nicht **brav**; 2. trotzen; mutig begegnen (dat.); **brav·er·y** ['breɪvərɪ] Tapferkeit f

brawl [brɔːl] 1. Krawall m; Rauferei f; 2. Krawall machen; raufen

brawn·y ['brɔːnɪ] (-**ier**, -**iest**) muskulös

bray [breɪ] 1. Eselsschrei m; 2. wiehern(d lachen); schreien

bra·zen ['breɪzn] unverschämt, unverfroren, frech

Bra·zil [brə'zɪl] Brasilien n; **Bra·zil·ian** [brə'zɪljən] 1. brasilianisch; 2. Brasilianer(in)

breach [briːtʃ] 1. Bruch m; fig. Verletzung f; mil. Bresche f; 2. e-e Bresche schlagen in (acc.)

bread [bred] Brot n; **brown** ~ Schwarzbrot n; **know which side one's** ~ **is buttered** F s-n Vorteil (er)kennen

breadth [bredθ] Breite f

break [breɪk] 1. Bruch m; Lücke f; Pause f (Brt. in der Schule), Unterbrechung f; (plötzlicher) Wechsel m, Umschwung m; (Tages)Anbruch m; **bad** ~ F Pech m; **lucky** ~ F Dusel m, Schwein n; **give s.o. a** ~ F j-m e-e Chance geben; **take a** ~ e-e Pause machen; **without a** ~ ununterbrochen; 2. (**broke**, **broken**) v/t. (ab-, auf-, durch-, zer)brechen; zerschlagen, kaputt machen; *Tiere* zähmen, abrichten, *Pferd* zureiten (alle a. ~ **in**); *Gesetz*, *Vertrag etc.* brechen; *Code etc.* knacken; *schlechte Nachricht* (schonend) beibringen; *v/i.* brechen (*a. fig.*); (zer)brechen, (-)reißen, kaputtgehen; umschlagen (*Wetter*); anbrechen (*Tag*); *fig.* ausbrechen (*into* in Tränen *etc.*); ~ *away* ab-, losbrechen; sich losmachen *od.* losreißen; ~ *down* ein-, niederreißen, *Haus* abbrechen; zusammenbrechen (*a. fig.*); versagen; *mot.* e-e Panne haben; scheitern; ~ *in* einbrechen, -dringen; ~ *into* einbrechen in (*ein Haus etc.*); ~ *off* abbrechen; *fig. a.* Schluß machen mit; ~ *out* ausbrechen; ~ *through* durchbrechen; *fig.* den Durchbruch schaffen; ~ *up* abbrechen, beenden, (sich) auflösen; zerbrechen, auseinander gehen (*Ehe etc.*); '~·a·ble zerbrechlich; ~·age ['breikɪdʒ] Bruch; '~·a·way Trennung *f*; *Brt.* Splitter...

'**break·down** Zusammenbruch *m* (*a. fig.*); *tech.* Maschinenschaden *m*; *mot.* Panne *f*; *nervous* ~ Nervenzusammenbruch *m*; '~ **lor·ry** *Brt. mot.* Abschleppwagen *m*; '~ **ser·vice** *mot.* Pannendienst *m*, -hilfe *f*; '~ **truck** *Brt. mot.* Abschleppwagen *m*

'**break·fast** ['brekfəst] **1.** Frühstück *n*; *have* ~ **2.** frühstücken

'**break**|·**through** *fig.* Durchbruch *m*; '~·**up** Aufhebung *f*; Auflösung *f*

breast [brest] Brust *f*; Busen *m*; *fig.* Herz *n*; *make a clean* ~ *of s.th.* et. eingestehen); '~·**stroke** *Sport:* Brustschwimmen *n*

breath [breθ] Atem(zug) *m*; Hauch *m*; *be out of* ~ außer Atem sein; *waste one's* ~ in den Wind reden

breath·a·lyse *Brt.*, '~·**lyze** *Am.* ['breθəlaɪz] F *Verkehrsteilnehmer* (ins Röhrchen) blasen *od.* pusten lassen; '~·**lys·er** *Brt.*, 'Ձ·**lyz·er**® *Am.* Alkoholtestgerät *n*, F Röhrchen *n*

breathe [bri:ð] atmen

'**breath·less** atemlos; '~·**tak·ing** atemberaubend

bred [bred] *pret. u. p.p. von breed* 2

breech·es ['brɪtʃɪz] *pl.* Kniebund-, Reithosen *pl.*

breed [bri:d] **1.** Rasse *f*, Zucht *f*; **2.** (*bred*) *v/t.* Tiere, *Pflanzen* züchten; *v/i.* sich fortpflanzen; '~·**er** Züchter(in); Zuchttier *n*; *phys.* Brüter *m*; '~·**ing** Fortpflanzung *f*; (Tier)Zucht *f*; Erziehung *f*; (gutes) Benehmen

breeze [bri:z] Brise *f*

breth·ren *bsd. rel.* ['breðrən] *pl.* Brüder *pl.*

brew [bru:] brauen; *Tee* zubereiten, aufbrühen; '~·**er** (Bier)Brauer *m*; ~·**er·y** ['broʊərɪ] Brauerei *f*

bri·ar ['braɪə] → **brier**

bribe [braɪb] **1.** Bestechung(sgeld *n*, -geschenk *n*) *f*; **2.** bestechen; **brib·er·y** ['braɪbərɪ] Bestechung *f*

brick [brɪk] **1.** Ziegel(stein) *m*, Backstein *m*; *Brt.* Baustein *m*, (Bau)Klötzchen *n*; '~·**lay·er** Maurer *m*; '~·**yard** Ziegelei *f*

brid·al ['braɪdl] Braut...

bride [braɪd] Braut *f*; ~·**groom** ['braɪdgrʊm] Bräutigam *m*; ~**s·maid** ['braɪdzmeɪd] Brautjungfer *f*

bridge [brɪdʒ] **1.** Brücke *f*; **2.** e-e Brücke schlagen über (*acc.*); *fig.* überbrücken

bri·dle ['braɪdl] **1.** Zaum *m*; Zügel *m*; **2.** (auf)zäumen; zügeln; '~ *path* Reitweg *m*

brief [bri:f] **1.** kurz, bündig; **2.** instruieren, genaue Anweisungen geben; '~·**case** Aktenmappe *f*

briefs [bri:fs] *pl.* Slip *m*

bri·er *bot.* ['braɪə] Dornstrauch *m*; Wilde Rose

bri·gade *mil.* [brɪ'geɪd] Brigade *f*

bright [braɪt] hell, glänzend; klar; heiter; lebhaft; gescheit; △ *nicht breit*; ~·**en** ['braɪtn] *v/t. a.* ~ *up* heller machen, auf-, erhellen; aufheitern; *v/i. a.* ~ *up* sich aufhellen; '~·**ness** Helligkeit *f*; Glanz *m*; Heiterkeit *f*; Gescheitheit *f*

bril·liance, ~·**lian·cy** ['brɪljəns, -jənsɪ] Glanz *m*; *fig.* Brillanz *f*; '~·**liant 1.** glänzend; hervorragend, brillant; **2.** Brillant *m*

brim [brɪm] Rand *m*; Krempe *f*; **2.** (-*mm*-) bis zum Rande füllen *od.* voll sein; ~·**ful(l)** ['brɪmfʊl] randvoll

brine [braɪn] Sole *f*; Lake *f*

bring [brɪŋ] (*brought*) (mit-, her)bringen; △ *nicht fort-, wegbringen*; *j-n* dazu bringen (*to do* zu tun); ~ *about* zu Stande bringen; bewirken; ~ *forth* hervorbringen; ~ *off* et. fertig bringen, schaffen; ~ *on* verursachen; ~ *out* herausbringen; ~ *round* Ohnmächtigen wieder zu sich bringen; *Kranken* wieder auf die Beine bringen; ~ *up* auf-, großziehen; erziehen; zur Sprache bringen; *bsd. Brt. et.* (er)brechen

2 SW Engl. I

brink [brɪŋk] Rand *m* (*a. fig.*)
brisk [brɪsk] flott; lebhaft; frisch (*Luft*)
bris·tle ['brɪsl] **1.** Borste *f*; (Bart)Stoppel *f*; **2.** a. ~ **up** sich sträuben; zornig werden; strotzen, wimmeln (**with** von); **'~·tly** (**-ier, -iest**) Stoppel...
Brit F [brɪt] Brit|e *m*, -in *f*
Brit·ain ['brɪtn] Britannien *n*
Brit·ish ['brɪtɪʃ] britisch; **the** ~ *pl.* die Briten *pl.*
Brit·on ['brɪtn] Brit|e *m*, -in *f*
brit·tle ['brɪtl] spröde, zerbrechlich
broach [brəʊtʃ] Thema anschneiden
broad [brɔːd] breit; weit; hell (*Tag*); deutlich (*Wink etc.*); derb (*Witz*); breit, stark (*Akzent*); allgemein; weitherzig; liberal; **'~·cast 1.** (**-cast**) im Rundfunk *od.* Fernsehen bringen, ausstrahlen, übertragen; senden; **2.** *Rundfunk*, *TV*: Sendung *f*; **'~·cast·er** Rundfunk-, Fernsehsprecher(in); **~en** ['brɔːdn] verbreitern, erweitern; **'~ jump** *Am. Sport*: Weitsprung *m*; **~'mind·ed** liberal
bro·cade [brə'keɪd] Brokat *m*
bro·chure ['brəʊʃə] Broschüre *f*, Prospekt *m*
brogue [brəʊg] derber Straßenschuh
broil *bsd. Am.* [brɔɪl] → **grill 1**
broke [brəʊk] **1.** *pret. von* **break 2**; **2.** F pleite, abgebrannt; **bro·ken** ['brəʊkən] **1.** *p.p. von* **break 2**; **2.** zerbrochen, kaputt; gebrochen (*a. fig.*); zerrüttet; **brok·en-'heart·ed** verzweifelt, untröstlich
bro·ker *econ.* ['brəʊkə] Makler *m*
bron·chi·tis *med.* [brɒŋ'kaɪtɪs] Bronchitis *f*
bronze [brɒnz] **1.** Bronze *f*; **2.** bronzefarben; Bronze...
brooch [brəʊtʃ] Brosche *f*
brood [bruːd] **1.** Brut *f*; Brut...; **2.** brüten (*a. fig.*)
brook [brʊk] Bach *m*
broom [bruːm, brʊm] Besen *m*; **'~·stick** Besenstiel *m*
Bros. [brɒs] *Abk. für* **brothers** Gebr., Gebrüder *pl.* (*in Firmenbezeichnungen*)
broth [brɒθ] Fleischbrühe *f*
broth·el ['brɒθl] Bordell *n*
broth·er ['brʌðə] Bruder *m*; **~(s) and sister(s)** Geschwister *pl.*; **~·hood** *rel.* ['brʌðəhʊd] Bruderschaft *f*; **~·in-law** ['brʌðərɪnlɔː] (*pl.* **brothers-in-law**) Schwager *m*; **'~·ly** brüderlich
brought [brɔːt] *pret. u. p.p. von* **bring**
brow [braʊ] (Augen)Braue *f*; Stirn *f*; Rand *m* (*e-s Steilhanges*); **'~·beat** (**-beat, -beaten**) einschüchtern
brown [braʊn] **1.** braun; **2.** Braun *n*; **3.** bräunen; braun werden
browse [braʊz] grasen, weiden; *fig.* schmökern
bruise [bruːz] **1.** Quetschung *f*, blauer Fleck; **2.** quetschen; *Früchte* anstoßen; e-e Quetschung *od.* e-n blauen Fleck bekommen
brunch F [brʌntʃ] Brunch *m* (*spätes reichliches Frühstück*)
brush [brʌʃ] **1.** Bürste *f*; Pinsel *m*; (*Fuchs*)Rute *f*; Scharmützel *n*; Unterholz *n*; **2.** bürsten; fegen; streifen; ~ **against** *s.o.* jn streifen; **~ away, ~ off** wegbürsten, abwischen; **~ aside, ~ away** *fig. et.* abtun; **~ up** Kenntnisse aufpolieren, -frischen; **~ up: give one's English a ~** s-e Englischkenntnisse aufpolieren; **'~·wood** Gestrüpp *n*, Unterholz *n*
brusque [bruːsk] brüsk, barsch
Brus·sels sprouts *bot.* [brʌsl'spraʊts] *pl.* Rosenkohl *m*
bru·tal ['bruːtl] brutal, roh; **~·i·ty** [bruː'tælətɪ] Brutalität *f*
brute [bruːt] **1.** brutal; **2.** Vieh *n*; F Untier *n*, Scheusal *n*
BS [biː 'es] *Abk. für* **British Standard** Britische Norm; *Am.* → **BSc**
BSc [biː es 'siː] *Brt. Abk. für* **Bachelor of Science** Bakkalaureus *m* der Naturwissenschaften
BST [biː es 'tiː] *Abk. für* **British Summer Time** Britische Sommerzeit
BT [biː 'tiː] *Abk. für* **British Telecom** Britisches Fernmeldewesen
BTA [biː tiː 'eɪ] *Abk. für* **British Tourist Authority** Britische Fremdenverkehrsbehörde
bub·ble ['bʌbl] **1.** Blase *f*; **2.** sprudeln
buck¹ [bʌk] *zo.* (*pl.* **bucks, buck**) Bock *m*; **2.** *v/i.* bocken
buck² *Am.* F [bʌk] Dollar *m*
buck·et ['bʌkɪt] Eimer *m*, Kübel *m*
buck·le ['bʌkl] **1.** Schnalle *f*, Spange *f*; △ *nicht* **Buckel**; **2.** a. ~ **up** zu-, festschnallen; **~ on** anschnallen
'buck·skin Wildleder *n*

bud [bʌd] **1.** *bot.* Knospe *f*; *fig.* Keim *m*; **2.** (*-dd-*) knospen, keimen
bud·dy *Am.* F ['bʌdɪ] Kamerad *m*
budge [bʌdʒ] *v/i.* sich (von der Stelle) rühren; *v/t.* (vom Fleck) bewegen
bud·ger·i·gar *zo.* ['bʌdʒərɪgɑː] Wellensittich *m*
bud·get ['bʌdʒɪt] Budget *n*, Etat *m*; *parl.* Haushaltsplan *m*
bud·gie *zo.* F ['bʌdʒɪ] → **budgerigar**
buff F [bʌf] *in Zssgn* ...fan *m*; ...experte *m*
buf·fa·lo *zo.* ['bʌfələʊ] (*pl.* **-loes, -los**) Büffel *m*
buff·er ['bʌfə] *tech.* Puffer *m*
buf·fet¹ ['bʌfɪt] schlagen; **~ about** durchrütteln, -schütteln
buf·fet² ['bʌfɪt] Büfett *n*, Anrichte *f*
buf·fet³ ['bʊfeɪ] (*Frühstücks- etc.*)Büfett *n*, Theke *f*
bug [bʌg] **1.** *zo.* Wanze *f*; *Am. zo.* Insekt *n*; F Wanze *f* (*Abhörgerät*); *Computer*: Programmfehler *m*; **2.** (*-gg-*) F Wanzen anbringen in (*dat.*); F ärgern; '**~·ging de·vice** Abhörgerät *n*; '**~·ging op·er·a·tion** Lauschangriff *m*
bug·gy ['bʌgɪ] *mot.* Buggy *m* (*geländegängiges Freizeitauto*); *Am.* Kinderwagen *m*
bu·gle ['bjuːgl] Wald-, Signalhorn *n*
build [bɪld] **1.** (**built**) (er)bauen, errichten; ⚠ *nicht* **bilden**; **2.** Körperbau *m*, Figur *f*; '**~·er** Erbauer *m*; Bauunternehmer *m*
build·ing ['bɪldɪŋ] (Er)Bauen *n*; Bau *m*, Gebäude *n*; Bau...; **~ site** Baustelle *f*
built [bɪlt] *pret. u. p.p. von* **build 1**; **~-'in** eingebaut, Einbau...; **~-'up**: **~ area** bebautes Gelände *od.* Gebiet; geschlossene Ortschaft (*Verkehr*)
bulb [bʌlb] *bot.* Zwiebel *f*, Knolle *f*; *electr.* (Glüh)Birne *f*
bulge [bʌldʒ] **1.** (Aus)Bauchung *f*, Ausbuchtung *f*; **2.** sich (aus)bauchen; hervorquellen
bulk [bʌlk] Umfang *m*, Größe *f*, Masse *f*; Großteil *m*; **in ~** *econ.* lose, unverpackt; en gros; '**~·y** (**-ier, -iest**) sperrig
bull *zo.* [bʊl] Bulle *m*, Stier *m*; '**~·dog** *zo.* Bulldogge *f*
bull·doze ['bʊldəʊz] planieren; F einschüchtern; '**~·doz·er** *tech.* Bulldozer *m*, Planierraupe *f*
bul·let ['bʊlɪt] Kugel *f*

bul·le·tin ['bʊlɪtɪn] Bulletin *n*, Tagesbericht *m*; **~ board** *Am.* schwarzes Brett
'**bul·let-proof** kugelsicher
bul·lion ['bʊljən] Gold-, Silberbarren *m*
bul·lock *zo.* ['bʊlək] Ochse *m*
'**bull's-eye**: **hit the ~** ins Schwarze treffen (*a. fig.*)
bul·ly ['bʊlɪ] **1.** tyrannische Person; **2.** einschüchtern, tyrannisieren
bul·wark ['bʊlwək] Bollwerk *n* (*a. fig.*)
bum *Am.* F [bʌm] **1.** Gammler *m*; Tippelbruder *m*; Nichtstuer *m*; **2.** *v/i.* (*-mm-*) schnorren; **~ around** herumgammeln
bum·ble·bee *zo.* Hummel *f*
bump [bʌmp] **1.** heftiger Schlag *od.* Stoß; Beule *f*; Unebenheit *f*; **2.** stoßen; rammen, auf *ein Auto* auffahren; zusammenstoßen; holpern; **~ into** *fig.* j-n zufällig treffen
'**bump·er** *mot.* Stoßstange *f*; **~-to-'~** Stoßstange an Stoßstange
'**bump·y** (**-ier, -iest**) holp(e)rig
bun [bʌn] süßes Brötchen; (Haar)Knoten *m*
bunch [bʌntʃ] Bund *n*, Bündel *n*; F Verein *m*, Haufen *m*; **~ of flowers** Blumenstrauß *m*; **~ of grapes** Weintraube *f*; **~ of keys** Schlüsselbund *m*
bun·dle ['bʌndl] **1.** Bündel *n* (*a. fig.*), Bund *n*; **2.** *v/t. a.* **~ up** bündeln
bun·ga·low ['bʌŋgələʊ] Bungalow *m*
bun·gee [bən'dʒiː] elastisches Seil; **~ jumping** Bungeespringen *n*
bun·gle ['bʌŋgl] **1.** Pfusch(arbeit *f*) *m*; **2.** (ver)pfuschen
bunk [bʌŋk] Koje *f*; → '**~ bed** Etagenbett *n*
bun·ny ['bʌnɪ] Häschen *n*
buoy *naut.* [bɔɪ] **1.** Boje *f*; **2. ~ up** *fig.* Auftrieb geben (*dat.*)
bur·den ['bɜːdn] **1.** Last *f*; Bürde *f*; **2.** belasten
bu·reau ['bjʊərəʊ] (*pl.* **-reaux** [-rəʊz], **-reaus**) *Brt.* Schreibtisch *m*; *Am.* (*bsd.* Spiegel)Kommode *f*; Büro *n*
bu·reauc·ra·cy [bjʊə'rɒkrəsɪ] Bürokratie *f*
burg·er *gastr.* ['bɜːgə] Hamburger *m*
bur|·glar ['bɜːglə] Einbrecher *m*; **~·glar·ize** *Am.* ['bɜːglərɑɪz] → **burgle**; **~·glar·y** ['bɜːglərɪ] Einbruch *m*; **~·gle** ['bɜːgl] einbrechen in (*Haus etc.*)
bur·i·al ['berɪəl] Begräbnis *n*

bur·ly ['bɜːlɪ] (*-ier, -iest*) stämmig, kräftig

burn [bɜːn] **1.** *med.* Verbrennung *f*, Brandwunde *f*; verbrannte Stelle; **2.** (*burnt od. burned*) (ver-, an)brennen; ~ *down* ab-, niederbrennen; ~ *up* auflodern; verbrennen; verglühen (*Rakete etc.*); '~**ing** brennend (*a. fig.*)

burnt [bɜːnt] *pret. u. p.p. von burn 2*

burp F [bɜːp] rülpsen, aufstoßen; ein Bäuerchen machen (lassen) (*Baby*)

bur·row ['bʌrəʊ] **1.** (Kaninchen)Bau *m*; **2.** (sich ein-, ver)graben

burst [bɜːst] **1.** Bersten *n*; Riss *m*; *fig.* Ausbruch *m*; **2.** (*burst*) *v/i.* bersten, (zer)platzen; zerspringen; explodieren; ~ *in* losstoßen von; ~ *in on od. upon* hereinplatzen bei *j-m*; ~ *into tears* in Tränen ausbrechen; ~ *out fig.* herausplatzen; *v/t.* (auf)sprengen

bur·y ['berɪ] be-, vergraben; beerdigen

bus [bʌs] (*pl. -es, -ses*) (Omni)Bus *m*; '~ *driv·er* Busfahrer(in)

bush [bʊʃ] Busch *m*; Gebüsch *n*

bush·el ['bʊʃl] Bushel *m*, Scheffel *m* (*Brt.* 36,37 *l*, *Am.* 35,24 *l*)

'**bush·y** (*-ier, -iest*) buschig

busi·ness ['bɪznɪs] Geschäft *n*; Arbeit *f*, Beschäftigung *f*, Beruf *m*; Tätigkeit *f*; Angelegenheit *f*; Sache *f*, Aufgabe *f*; ~ *of the day* Tagesordnung *f*; *on* ~ geschäftlich, beruflich; *you have no* ~ *doing* (*od. to do*) *that* Sie haben kein Recht, das zu tun; *that's none of your* → *mind 2*; '~ *hours pl.* Geschäftszeit *f*; '~**like** geschäftsmäßig, sachlich; '~**man** (*pl. -men*) Geschäftsmann *m*; '~ *trip* Geschäftsreise *f*; '~**wom·an** (*pl. -women*) Geschäftsfrau *f*

'**bus stop** Bushaltestelle *f*

bust¹ [bʌst] Büste *f*

bust² F [bʌst]: *go* ~ pleite gehen

bus·tle ['bʌsl] **1.** geschäftiges Treiben; **2.** ~ *about* geschäftig hin u. her eilen

bus·y ['bɪzɪ] **1.** (*-ier, -iest*) beschäftigt; geschäftig; fleißig (*at* bei, *dat.*); belebt (*Straße*); arbeitsreich (*Tag*); *Am. tel.* besetzt; **2.** (*mst* ~ *o.s.*) sich beschäftigen (*with* mit); '~**bod·y** aufdringlicher Mensch, Gschaftlhuber *m*; '~ *sig·nal Am. tel.* Besetztzeichen *n*

but [bʌt, bət] **1.** *cj.* aber, jedoch; sondern; außer, als; ohne dass; dennoch; ~ *then* and(e)rerseits; *he could not* ~ *laugh* er musste einfach lachen; **2.** *prp.* außer; *all* ~ *him* alle außer ihm; *the last* ~ *one* der Vorletzte; *the next* ~ *one* der Übernächste; *nothing* ~ nichts als; ~ *for* wenn nicht ... gewesen wäre, ohne; **3.** *nach Verneinung:* der (die *od.* das) nicht; *there is no one* ~ *knows* es gibt niemand, der es nicht weiß; **4.** *adv.* nur; erst, gerade; *all* ~ fast, beinahe

butch·er ['bʊtʃə] **1.** Fleischer *m*, Metzger *m*; **2.** (*fig.* ab-, hin)schlachten

but·ler ['bʌtlə] Butler *m*

butt¹ [bʌt] **1.** (Gewehr)Kolben *m*; (Zigarren- *etc.*)Stummel *m*, (Zigaretten)Kippe *f*; (Kopf)Stoß *m*; **2.** (mit dem Kopf) stoßen; ~ *in* F sich einmischen (*on* in *acc.*)

butt² [bʌt] Wein-, Bierfaß *n*; Regentonne *f*

but·ter ['bʌtə] **1.** Butter *f*; **2.** mit Butter bestreichen; '~**cup** *bot.* Butterblume *f*; '~**fly** *zo.* Schmetterling *m*, Falter *m*

but·tocks ['bʌtəks] *pl.* Gesäß *n*, F *od. zo.* Hinterteil *n*

but·ton ['bʌtn] **1.** Knopf *m*; Button *m*, (Ansteck)Plakette *f*, Abzeichen *n*; **2.** *mst* ~ *up* zuknöpfen; '~**hole** Knopfloch *n*

but·tress ['bʌtrɪs] Strebepfeiler *m*

bux·om ['bʌksəm] drall, stramm

buy [baɪ] **1.** F Kauf *m*; **2.** (*bought*) *v/t.* (an-, ein)kaufen (*of, from* von; *at* bei); Fahrkarte lösen; ~ *up* abfinden, auszahlen; Firma aufkaufen; ~ *up* aufkaufen; '~**er** (Ein)Käufer(in)

buzz [bʌz] **1.** Summen *n*, Surren *n*; Stimmengewirr *n*; **2.** *v/i.* summen, surren; ~ *off! Brt.* F schwirr ab!, hau ab!

buz·zard *zo.* ['bʌzəd] Bussard *m*

buzz·er *electr.* ['bʌzə] Summer *m*

by [baɪ] **1.** *prp. räumlich:* (nahe *od.* dicht) bei *od.* an, neben (*side* ~ *side* Seite an Seite); vorbei *od.* vorüber an; *zeitlich:* bis um, bis spätestens (*be back* ~ *9.30* sei um 9 Uhr 30 zurück); *Tageszeit:* während, bei (~ *day* bei Tage); *Verkehrsmittel:* per, mit (~ *bus* mit dem Bus; ~ *rail* per Bahn); nach, ... weise (~ *the dozen* dutzendweise); nach, gemäß (~ *my watch* nach *od.* auf m-r Uhr); von (~ *nature* von Natur aus); *Urheber, Ursache:* von, durch (*a play* ~ ... ein Stück von ...; ~ *o.s.* allein); Größenverhältnisse: um (~ **an inch** um e-n Zoll); *math.* mal (**2** ~ **4**); *math.* geteilt durch (**6** ~ **3**); **2.** *adv.* vorbei, vorüber (**go** ~ vorbeigehen, -fahren; *Zeit*: vergehen); beiseite (**put** ~ beiseite-, zurücklegen); ~ **and large** im Großen u. Ganzen

by... [baɪ] Neben...; Seiten...

bye *int.* F [baɪ], ~'**bye** Wiedersehen!, tschüs(s)!

'**by|·e·lec·tion** Nachwahl *f*; '~·**gone 1.** vergangen; **2. let** ~**s be** ~**s** lass(t) das Vergangene ruhen; '~·**pass 1.** Umgehungsstraße *f*; *med.* Bypass *m*; **2.** umgehen; vermeiden; '~·**prod·uct** Nebenprodukt *n*; '~·**road** Nebenstraße *f*; '~·**stand·er** Umstehende(r *m*) *f*, Zuschauer(in)

byte [baɪt] *Computer:* Byte *n*

'**by|·way** Nebenstraße *f*; '~·**word** Inbegriff *m*; **be a** ~ **for** stehen für

C

C, c [siː] C, c *n*

C *nur geschr. Abk. für* **Celsius** C, Celsius; *centigrade* hundertgradig (*Thermometereinteilung*)

c *nur geschr. Abk. für:* **cent(s)** Cent *m od. pl.* (*amer. Münze*); **century** Jh., Jahrhundert *n*; **circa** ca., zirca, ungefähr; **cubic** Kubik...

cab [kæb] Droschke *f*, Taxi *n*; Führerhaus *n* (*Lokomotive*); Führerhaus *n* (*Lastwagen*), Führerhaus *n* (*a.* Kran)

cab·a·ret ['kæbəreɪ] Varieteedarbietung(en *pl.*) *f*

cab·bage *bot.* ['kæbɪdʒ] Kohl *m*

cab·in ['kæbɪn] Hütte *f*; *naut.* Kabine *f* (*a.* Seilbahn), Kajüte *f*; *aviat.* Kanzel *f*

cab·i·net ['kæbɪnɪt] Schrank *m*, Vitrine *f*; *pol.* Kabinett *n*; '~·**mak·er** Kunsttischler *m*; '~ **meet·ing** Kabinettssitzung *f*

ca·ble ['keɪbl] **1.** Kabel *n*; (Draht)Seil *n*; **2.** telegrafieren; *j-m Geld* telegrafisch anweisen; *TV* verkabeln; '~ **car** Seilbahn: Kabine *f*; Wagen *m*; '~·**gram** (Übersee)Telegramm *n*; '~ **rail·way** Drahtseilbahn *f*; '~ **tel·e·vi·sion,** ~ **TV** [- tiː 'viː]: Kabelfernsehen *n*

'**cab| rank,** ~·**stand** Taxi-, Droschkenstand *m*

cack·le ['kækl] **1.** Gegacker *n*, Geschnatter *n*; **2.** gackern, schnattern

cac·tus *bot.* ['kæktəs] (*pl.* **-tuses, -ti** ['kæktaɪ]) Kaktus *m*

CAD [siː eɪ 'diː, kæd] *Abk. für* **computer-aided design** (*computergestütztes Entwurfszeichnen*)

ca·dence ['keɪdəns] *mus.* Kadenz *f*; (Sprech)Rhythmus *m*

ca·det *mil.* [kə'det] Kadett *m*

caf·é, ca·fe ['kæfeɪ] Café *n*

caf·e·te·ri·a [kæfɪ'tɪərɪə] Cafeteria *f*, Selbstbedienungsrestaurant *n*, *a.* Kantine *f*, *univ.* Mensa *f*

cage [keɪdʒ] **1.** Käfig *m*; *Bergbau:* Förderkorb *m*; **2.** einsperren

cake [keɪk] **1.** Kuchen *m*, Torte *f*; Tafel *f* Schokolade, Riegel *m* Seife; **2.** ~**d with mud** schmutzverkrustet

CAL [kæl] *Abk. für* **computer-aided** *od.* **-assisted learning** (*computergestütztes Lernen*)

ca·lam·i·ty [kə'læmɪtɪ] großes Unglück, Katastrophe *f*

cal·cu·late ['kælkjʊleɪt] *v/t.* kalkulieren; be-, aus-, errechnen; *Am.* F vermuten; *v/i.* ~ **on** rechnen mit *od.* auf (*acc.*), zählen auf (*acc.*); ~·**la·tion** [kælkjʊ'leɪʃn] Berechnung *f* (*a. fig.*); *econ.* Kalkulation *f*; Überlegung *f*; ~·**la·tor** ['kælkjʊleɪtə] Rechner *m* (*Gerät*)

cal·en·dar ['kælɪndə] Kalender *m*

calf[1] [kɑːf] (*pl.* **calves** [kɑːvz]) Wade *f*

calf[2] [kɑːf] (*pl.* **calves** [kɑːvz]) Kalb *n*; '~·**skin** Kalb(s)fell *n*

cal·i·bre *bsd. Brt.,* **cal·i·ber** *Am.* ['kælɪbə] Kaliber *n*

call [kɔːl] **1.** Ruf *m*; *tel.* Anruf *m*, Gespräch *n*; Ruf *m*, Berufung *f* (**to** in ein Amt; auf e-n Lehrstuhl); Aufruf *m*, Aufforderung *f*; Signal *n*; (kurzer) Besuch: **on** ~ auf Abruf; **be on** ~ Bereit-

call box   54

schaftsdienst haben (*Arzt*); **make a ~** telefonieren; **2.** *v/t.* (herbei)rufen; (ein)berufen; *tel.* j-n anrufen; berufen, ernennen (**to** zu); nennen; *Aufmerksamkeit* lenken (**to** auf *acc.*); **be ~ed** heißen; **~ s.o. names** j-n beschimpfen, beleidigen; *v/i.* rufen; *tel.* anrufen; e-n (kurzen) Besuch machen (**on** *s.o.*, **at** *s.o.'s* [**house**] bei j-m); **~ at** a port e-n Hafen anlaufen; **~ for** rufen nach; *et.* anfordern; *et.* abholen; **to be ~ed for** postlagernd; **~ on** sich an j-n wenden (**for** wegen); appellieren an (*acc.*) (**to do** zu tun); **~ on s.o.** j-n besuchen; '**~ box** *Brt.* Telefonzelle *f*; '**~er** Anrufer(in); Besucher(in); '**~ girl** Callgirl *n*; '**~-in** *Am.* → **phone-in**; '**~ing** Berufung *f*; Beruf *m*
cal·lous ['kæləs] schwielig; *fig.* gefühllos
calm [kɑ:m] **1.** still, ruhig; **2.** (Wind)Stille *f*, Ruhe *f*; **3.** *oft* **~ down** besänftigen, (sich) beruhigen
cal·o·rie ['kælərɪ] Kalorie *f*; **high calorie**, **rich in ~s** *pred.* kalorienreich; **low in ~s** *pred.* kalorienarm, -reduziert; → **high-calorie, low-calorie**; '**~-con·scious** kalorienbewusst
calve [kɑ:v] kalben
calves [kɑ:vz] *pl. von* **calf**[1],[2]
CAM [si: eɪ 'em, kæm] *Abk. für* ***computer-aided manufacture*** (*computergestützte Fertigung*)
cam·cor·der ['kæmkɔ:də] Camcorder *m*, Kamerarekorder *m*
came [keɪm] *pret. von* **come**
cam·el *zo.* ['kæməl] Kamel *n*
cam·e·o ['kæmɪəʊ] (*pl.* **-os**) Kamee *f* (*Schmuckstein*); *thea.*, *Film*: kleine Nebenrolle, kurze Szene (*für bekannte Schauspieler*)
cam·e·ra ['kæmərə] Kamera *f*, Fotoapparat *m*
cam·o·mile *bot.* ['kæməmaɪl] Kamille *f*
cam·ou·flage ['kæmʊflɑ:ʒ] **1.** Tarnung *f*; **2.** tarnen
camp [kæmp] **1.** (Zelt- *etc.*)Lager *n*; lagern; **~ out** zelten, campen
cam·paign [kæm'peɪn] **1.** *mil.* Feldzug *m*; *fig.* Kampagne *f*, Feldzug *m*, Aktion *f*; *pol.* Wahlkampf *m*; **2.** *fig.* kämpfen (**for** für; **against** gegen)
camp| bed *Brt.*, **~ cot** *Am.* Feldbett *n*; '**~er (van)** Campingbus *m*, Wohnmobil *n*; '**~·ground**, '**~·site** Lagerplatz *m*; Zelt-, Campingplatz *m*
cam·pus ['kæmpəs] Campus *m*, Universitätsgelände *n*
can¹ [kæn, kən] *v/aux.* (*pret.* **could**; *verneint:* **cannot**, **can't**) ich, du *etc.* kann(st) *etc.*; dürfen, können
can² [kæn, kən] **1.** Kanne *f*; (Blech-, Konserven)Dose *f*, (-)Büchse *f*; **2.** (**-nn-**) einmachen, -dosen
Can·a·da ['kænədə] Kanada *n*; **Ca·na·di·an** [kə'neɪdjən] **1.** kanadisch; **2.** Kanadier(in)
ca·nal [kə'næl] Kanal *m* (*a. anat.*)
ca·nar·y *zo.* [kə'neərɪ] Kanarienvogel *m*
can·cel ['kænsl] (*bsd. Brt.* **-ll-**, *Am.* **-l-**) (durch-, aus)streichen, entwerten; rückgängig machen; absagen; **be ~(l)ed** ausfallen
can·cer ['kænsə] *med.* Krebs *m*; ♋ *astr.* Krebs *m*; **he/she is (a)** ♋ er/sie ist (ein) Krebs; **~ous** ['kænsərəs] krebsbefallen, Krebs...
can·did ['kændɪd] aufrichtig, offen
can·di·date ['kændɪdət] Kandidat(in) (**for** für), Bewerber(in) (**for** um)
can·died ['kændɪd] kandiert
can·dle ['kændl] Kerze *f*; Licht *n*; **burn the ~ at both ends** mit s-r Gesundheit Raubbau treiben; '**~·stick** Kerzenleuchter *m*, -ständer *m*
can·do(u)r ['kændə] Aufrichtigkeit *f*, Offenheit *f*
C&W [si: ənd 'dʌblju:] *Abk. für* ***country and western*** (*Musik*)
can·dy ['kændɪ] **1.** Kandis(zucker) *m*; *Am.* Süßigkeiten *pl.*; **2.** kandieren; '**~ store** *Am.* Süßwarengeschäft *n*
cane [keɪn] *bot.* Rohr *n*; (Rohr)Stock *m*
ca·nine ['keɪnaɪn] Hunde...
canned [kænd] Dosen..., Büchsen...; '**~ fruit** Obstkonserven *pl.*
can·ne·ry *bsd. Am.* ['kænərɪ] Konservenfabrik *f*
can·ni·bal ['kænɪbl] Kannibale *m*
can·non ['kænən] Kanone *f*
can·not ['kænɒt] → **can¹**
can·ny ['kænɪ] (**-ier**, **-iest**) schlau
ca·noe [kə'nu:] **1.** Kanu *n*, Paddelboot *n*; **2.** Kanu fahren, paddeln
can·on ['kænən] Kanon *m*; Regel *f*
'**can o·pen·er** *bsd. Am.* Dosen-, Büchsenöffner *m*
can·o·py ['kænəpɪ] Baldachin *m*

cant [kænt] Jargon *m*; Phrase(n *pl.*) *f*
can't [kɑːnt] → *can¹*
can·tan·ker·ous F [kæn'tæŋkərəs] zänkisch, mürrisch
can·teen [kæn'tiːn] *bsd. Brt.* Kantine *f*; *mil.* Feldflasche *f*; Besteck(kasten *m*) *n*
can·ter ['kæntə] **1.** Kanter *m* (*kurzer, leichter Galopp*); **2.** kantern
can·vas ['kænvəs] Segeltuch *n*; Zelt-, Packleinwand *f*; Segel *pl.*; *paint.* Leinwand *f*; Gemälde *n*
can·vass ['kænvəs] **1.** *pol.* Wahlfeldzug *m*; *econ.* Werbefeldzug *m*; **2.** *v/t.* eingehend untersuchen *od.* erörtern *od.* prüfen; *pol.* werben um (*Stimmen*); *v/i. pol.* e-n Wahlfeldzug veranstalten
can·yon ['kænjən] Cañon *m*
cap [kæp] **1.** Kappe *f*; Mütze *f*; Haube *f*; Zündkapsel *f*; **2.** (**-pp-**) (mit e-r Kappe *etc.*) bedecken; *fig.* krönen; übertreffen
ca·pa·bil·i·ty [keɪpə'bɪlətɪ] Fähigkeit *f*; **~·ble** ['keɪpəbl] fähig (**of** zu)
ca·pac·i·ty [kə'pæsətɪ] (Raum)Inhalt *m*; Fassungsvermögen *n*; Kapazität *f*; Aufnahmefähigkeit *f*; *geistige* (*od. tech.* Leistungs)Fähigkeit *f* (**for** *ger.* zu *inf.*); *in my ~ as* in meiner Eigenschaft als
cape¹ [keɪp] Kap *n*, Vorgebirge *n*
cape² [keɪp] Cape *n*, Umhang *m*
ca·per ['keɪpə] **1.** Kapriole *f*, Luftsprung *m*; *cut ~s* → **2.** Freuden- *od.* Luftsprünge machen
ca·pil·la·ry *anat.* [kə'pɪlərɪ] Haar-, Kapillargefäß *n*
cap·i·tal ['kæpɪtl] **1.** Kapital *n*; Hauptstadt *f*; Großbuchstabe *m*; **2.** Kapital...; Tod(es)...; Haupt...; großartig, prima; **~ crime** Kapitalverbrechen *n*
cap·i·tal·ism ['kæpɪtəlɪzəm] Kapitalismus *m*; **~·ist** ['kæpɪtəlɪst] Kapitalist *m*; **~·ize** ['kæpɪtəlaɪz] *econ.* kapitalisieren; groß schreiben
cap·i·tal| 'let·ter Großbuchstabe *m*; **~ 'pun·ish·ment** Todesstrafe *f*
ca·pit·u·late [kə'pɪtjʊleɪt] kapitulieren (**to** vor *dat.*)
ca·pri·cious [kə'prɪʃəs] launisch
Cap·ri·corn *astr.* ['kæprɪkɔːn] Steinbock *m*; *he/she is* (*a*) ~ er/sie ist (ein) Steinbock
cap·size [kæp'saɪz] *v/i.* kentern; *v/t.* zum Kentern bringen
cap·sule ['kæpsjuːl] Kapsel *f*
cap·tain ['kæptɪn] (An)Führer *m*; *naut.*, *econ.* (*aviat.* Flug)Kapitän *m*; *mil.* Hauptmann *m*; *Sport:* (Mannschafts-)Kapitän *m*, Spielführer *m*
cap·tion ['kæpʃn] Überschrift *f*, Titel *m*; Bildunterschrift *f*; *Film:* Untertitel *m*
cap·ti·vate *fig.* ['kæptɪveɪt] gefangen nehmen, fesseln; **~·tive** ['kæptɪv] **1.** gefangen; gefesselt; *hold ~* gefangen halten; **2.** Gefangene(r *m*) *f*; **~·tiv·i·ty** [kæp'tɪvətɪ] Gefangenschaft *f*
cap·ture ['kæptʃə] **1.** Eroberung *f*; Gefangennahme *f*; **2.** fangen, gefangen nehmen; erobern; erbeuten; *naut.* kapern
car [kɑː] Auto *n*, Wagen *m*; (Eisenbahn-, Straßenbahn)Wagen *m*; Gondel *f* (*e-s Ballons etc.*); Kabine *f* (*e-s Aufzugs*); *by ~* mit dem Auto, im Auto
car·a·mel ['kærəmel] Karamell *m*; Karamelle *f*
car·a·van ['kærəvæn] Karawane *f*; *Brt.* Wohnwagen *m*, -anhänger *m*; *'~ site* Campingplatz *m* für Wohnwagen
car·a·way *bot.* ['kærəweɪ] Kümmel *m*
car·bine *mil.* ['kɑːbaɪn] Karabiner *m*
car·bo·hy·drate [kɑːbəʊ'haɪdreɪt] Kohle(n)hydrat *n*
'car bomb Autobombe *f*
car·bon ['kɑːbən] Kohlenstoff *m*; → **~ 'cop·y** Durchschlag *m*; **'~ (pa·per)** Kohlepapier *n*
car·bu·ret(·t)or *tech.* [kɑːbə'retə] Vergaser *m*
car·case *Brt.*, **car·cass** ['kɑːkəs] Kadaver *m*, Aas *n*; *Fleischerei:* Rumpf *m*
car·cin·o·gen·ic *med.* [kɑːsɪnə'dʒenɪk] karzinogen, Krebs erregend
card [kɑːd] Karte *f*; *play ~s* Karten spielen; *have a ~ up one's sleeve fig.* (noch) e-n Trumpf in der Hand haben; **'~·board** Pappe *f*; **'~·board box** Pappschachtel *f*, -karton *m*
car·di·ac *med.* ['kɑːdɪæk] Herz...; **'pace·mak·er** *med.* Herzschrittmacher *m*
car·di·gan ['kɑːdɪgən] Strickjacke *f*
car·di·nal ['kɑːdɪnl] **1.** Grund..., Haupt..., Kardinal...; scharlachrot; **2.** *rel.* Kardinal *m*; **~ 'num·ber** Grundzahl *f*
'card| in·dex Kartei *f*; **~ phone** Kartentelefon *n*; **'~·sharp·er** Falschspieler *m*
'car dump Autofriedhof *m*

care [keə] **1.** Sorge *f*; Sorgfalt *f*; Vorsicht *f*; Obhut *f*, Pflege *f*; medical ~ ärztliche Behandlung; *take* ~ *of* aufpassen auf (*acc.*); *with* ~! Vorsicht!; **2.** Lust haben (*to inf.* zu); ~ *about* sich kümmern um; ~ *for* sorgen für, sich kümmern um; sich etwas machen aus; *I don't* ~*!* F meinetwegen!; *I couldn't* ~ *less* F es ist mir völlig egal

ca·reer [kə'rɪə] **1.** Karriere *f*, Laufbahn *f*; **2.** Berufs...; Karriere...; **3.** rasen

ca'reers| **ad·vice** Berufsberatung *f*; ~ **ad·vi·sor** Berufsberater *m*; ~ **guid·ance** Berufsberatung *f*; ~ **of·fice** Berufsberatungsstelle *f*; ~ **of·fi·cer** Berufsberater *m*

'**care**|**free** sorgenfrei, sorglos; '~**ful** vorsichtig; sorgsam bedacht (*of* auf *acc.*), sorgfältig; *be* ~*l* pass auf!; '~**less** nachlässig; unachtsam; leichtsinnig

ca·ress [kə'res] **1.** Liebkosung *f*; **2.** liebkosen, streicheln

'**care**|**tak·er** Hausmeister *m*; (Haus*etc.*)Verwalter *m*; '~**worn** abgehärmt

'**car**|**fare** *Am.* Fahrgeld *n* (*für Bus etc.*); '~ **fer·ry** Autofähre *f*

car·go ['kɑːɡəʊ] (*pl.* **-goes**, *Am. a.* **-gos**) Ladung *f*

'**car hire** Autovermietung *f*

car·i·ca·ture ['kærɪkətjʊə] **1.** Karikatur *f*; **2.** karikieren; ~**tur·ist** ['kærɪkətjʊərɪst] Karikaturist *m*

car·ies *med.* ['keəriːz], *a.* **dental** ~ Karies *f*

'**car me·chan·ic** Automechaniker *m*

car·mine [kɑːmaɪn] Karmin(rot) *n*

car·na·tion *bot.* [kɑː'neɪʃn] Nelke *f*

car·nap·per F ['kɑːnæpə] Autoentführer *m*

car·ni·val ['kɑːnɪvl] Karneval *m*

car·niv·o·rous [kɑː'nɪvərəs] Fleisch fressend

car·ol ['kærəl] Weihnachtslied *n*

carp *zo.* [kɑːp] Karpfen *m*

'**car park** *bsd. Brt.* Parkplatz *m*; Parkhaus *n*

car·pen·ter ['kɑːpɪntə] Zimmermann *m*

car·pet [kɑːpɪt] **1.** Teppich *m*; *sweep s.th. under the* ~ et. unter den Teppich kehren; **2.** mit e-m Teppich auslegen

'**car**| **phone** Autotelefon *n*; '~ **pool** Fahrgemeinschaft *f*; '~ **pool(·ing) ser·vice** Mitfahrzentrale *f*; '~**port** überdachter Abstellplatz (*für Autos*); '~ **rent·al** *Am.* Autovermietung *f*; '~ **re·pair shop** Autoreparaturwerkstatt *f*

car·riage ['kærɪdʒ] Beförderung *f*, Transport *m*; Transportkosten *pl.*; Kutsche *f*; *Brt. rail.* (Personen)Wagen *m*; (Körper)Haltung *f*; '~**way** Fahrbahn *f*

car·ri·er ['kærɪə] Spediteur *m*; Gepäckträger *m* (*am Fahrrad*); Flugzeugträger *m*; '~ **bag** *Brt.* Trag(e)tasche *f*, -tüte *f*

car·ri·on ['kærɪən] Aas *n*; Aas...

car·rot *bot.* ['kærət] Karotte *f*, Mohrrübe *f*

car·ry ['kærɪ] *v/t.* wohin bringen, führen, tragen (*a. v/i.*), fahren, befördern; (bei sich) haben *od.* tragen; Ansicht durchsetzen; Gewinn, Preis davontragen; Ernte, Zinsen tragen; (weiter)führen; Mauer ziehen; Antrag durchbringen; *be carried* angenommen werden (*Antrag*); ~ *the day* den Sieg davontragen; ~ *s.th. too far* et. übertreiben, et. zu weit treiben; *get carried away* *fig.* die Kontrolle über sich verlieren; ~ *for·ward*, ~ *over econ.* übertragen; ~ *on* fortsetzen, weiterführen; *Geschäft etc.* betreiben; ~ *out*, ~ *through* durch-, ausführen; '~**cot** *Brt.* (Baby)Trag(e)tasche *f*

cart [kɑːt] **1.** Karren *m*; Wagen *m*; *Am.* Einkaufswagen *m*; *put the* ~ *before the horse* *fig.* das Pferd beim Schwanz aufzäumen; **2.** karren

car·ti·lage *anat.* ['kɑːtɪlɪdʒ] Knorpel *m*

car·ton ['kɑːtən] Karton *m*; *a* ~ *of cigarettes* e-e Stange Zigaretten

car·toon [kɑː'tuːn] Cartoon *m*, *n*; Karikatur *f*; Zeichentrickfilm *m*; ~**ist** [kɑː'tuːnɪst] Karikaturist *m*

car·tridge ['kɑːtrɪdʒ] Patrone *f*; *phot.* (Film)Patrone *f*, (-)Kassette *f*; Tonabnehmer *m*; Patrone *f* (*e-s Füllhalters*)

'**cart·wheel**: *turn* ~*s* Rad schlagen

carve [kɑːv] *Fleisch* vorschneiden, zerlegen; schnitzen; meißeln; '**carv·er** (Holz)Schnitzer *m*; Bildhauer *m*; Tranchierer *m*; Tranchiermesser *n*; '**carv·ing** Schnitzerei *f*

'**car wash** Autowäsche *f*; (Auto)Waschanlage *f*, Waschstraße *f*

cas·cade [kæ'skeɪd] Wasserfall *m*

case¹ [keɪs] **1.** Behälter *m*; Kiste *f*, Kasten *m*; Etui *n*; Gehäuse *n*; Schachtel *f*;

catchy

(*Glas*)Schrank *m*; (*Kissen*)Bezug *m*; *tech.* Verkleidung *f*; **2.** in ein Gehäuse *od.* Etui stecken; *tech.* verkleiden

case² [keɪs] Fall *m* (*a. jur.*); *gr.* Kasus *m*, Fall *m*; *med.* (Krankheits)Fall *m*, Patient(in); Sache *f*, Angelegenheit *f*

case·ment ['keɪsmənt] Fensterflügel *m*; → ~ **'win·dow** Flügelfenster *n*

cash [kæʃ] **1.** Bargeld *n*; Barzahlung *f*; ~ **down** gegen bar; ~ **on delivery** Lieferung *f* gegen bar; (per) Nachnahme *f*; **2.** *Scheck etc.* einlösen; '~**book** Kassenbuch *n*; '~**desk** Kasse *f* (*im Warenhaus etc.*); '~ **di·spens·er** *bsd. Brt.* Geld-, Bankautomat *m*; ~**'ier** [~'fɪə] Kassierer(in); '~**less** bargeldlos; '~ **ma·chine**, '~**point** *Brt.* → ~ *dispenser*; '~ **re·gis·ter** Registrierkasse *f*

cas·ing ['keɪsɪŋ] (Schutz)Hülle *f*; Verschalung *f*, -kleidung *f*, Gehäuse *n*

cask [kɑːsk] Fass *n*

cas·ket ['kɑːskɪt] Kästchen *n*; *Am.* Sarg *m*

cas·se·role ['kæsərəʊl] Kasserolle *f*

cas·sette [kə'set] (*Film-, Band-, Musik*)Kassette *f*; △ *nicht Geld- etc.* **Kassette**; ~ **deck** Kassettendeck *n*; ~ **play·er** Kassettenrekorder *m*; ~ **ra·di·o** Radiorekorder *m*; ~ **re·cord·er** Kassettenrekorder *m*

cas·sock *relig.* ['kæsək] Soutane *f*

cast [kɑːst] **1.** Wurf *m*; *tech.* Guss(form *f*) *m*; Abguss *m*, Abdruck *m*; Schattierung *f*, Anflug *m*; Form *f*, Art *f*; Auswerfen *n* (*der Angel etc.*); *thea.* Besetzung *f*; **2.** (*cast*) *v/t.* (ab-, aus-, hinum-, weg)werfen; *zo. Haut etc.* abwerfen; *Zähne etc.* verlieren; verwerfen; gestalten; *tech.* gießen; *a.* ~ **up** ausrechnen, zusammenzählen; *thea.* Stück besetzen; *Rollen* verteilen (**to** an *acc.*); ~ **lots** losen (**for** um); ~ **away** wegwerfen; **be** ~ **down** niedergeschlagen sein; ~ **off** *Kleidung* ausrangieren; *Freund etc.* fallen lassen; *Maschen* abnehmen (*Stricken*); *v/t.* sich werfen (*Holz*); ~ **about for**, ~ **around for** suchen (nach), *fig. a.* sich umsehen nach

cas·ta·net [kæstə'net] Kastagnette *f*

cast·a·way *naut.* ['kɑːstəweɪ] Schiffbrüchige(r *m*) *f*

caste [kɑːst] Kaste *f* (*a. fig.*)

cast·er ['kɑːstə] Laufrolle *f* (*unter Möbeln*); *Brt.* (*Salz-, Zucker- etc.*)Streuer *m*

cas·ti·gate ['kæstɪgeɪt] züchtigen; *fig.* geißeln

cast| 'i·ron Gusseisen *n*; ~-**'i·ron** gusseisern

cas·tle ['kɑːsl] Burg *f*, Schloss *n*; *Schach:* Turm *m*

cast·or ['kɑːstə] → *caster*

cast·or oil [kɑːstə 'ɔɪl] Rizinusöl *n*

cas·trate [kæ'streɪt] kastrieren

cas·u·al ['kæʒʊəl] zufällig; gelegentlich; flüchtig; lässig

cas·u·al·ty ['kæʒʊəltɪ] Unfall *m*; Verunglückte(r *m*) *f*, Opfer *n*; *mil.* Verwundete(r) *m*; *mil.* Gefallene(r) *m*; **casualties** *pl.* Opfer *pl.*, *mil. mst* Verluste *pl.*; '~ **(de·part·ment)** Notaufnahme *f* (*im Krankenhaus*); '~ **ward** Unfallstation *f* (*im Krankenhaus*)

cas·u·al 'wear Freizeitkleidung *f*

cat *zo.* [kæt] Katze *f*

cat·a·logue *bsd. Brt.*, **cat·a·log** *Am.* ['kætəlɒg] **1.** Katalog *m*; Verzeichnis *n*, Liste *f*; **2.** katalogisieren

cat·a·lyt·ic con·vert·er *mot.* [kætəlɪtɪk kən'vɜːtə] Katalysator *m*

cat·a·pult ['kætəpʌlt] *Brt.* Schleuder *f*; Katapult *n*, *m*

cat·a·ract ['kætərækt] Wasserfall *m*; Stromschnelle *f*; *med.* grauer Star

ca·tarrh *med.* [kə'tɑː] Katarr *m*

ca·tas·tro·phe [kə'tæstrəfɪ] Katastrophe *f*

catch [kætʃ] **1.** Fangen *n*; Fang *m*, Beute *f*; Stocken *n* (*des Atems*); Halt *m*, Griff *m*; *tech.* Haken *m*; (Tür)Klinke *f*; Verschluss *m*; *fig.* Haken *m*; **2.** (*caught*) *v/t.* (auf-, ein)fangen; packen, fassen, ergreifen; überraschen, ertappen; *Blick etc.* auffangen; *Zug etc.* (noch) kriegen, erwischen; erfassen, verstehen; einfangen (*Atmosphäre*); sich e-e Krankheit holen; ~ (**a**) **cold** sich erkälten; ~ **the eye** ins Auge fallen; ~ **s.o.'s eye** j-s Aufmerksamkeit auf sich lenken; ~ **s.o. up** j-n einholen; **be caught up in** verwickelt sein in (*acc.*); ~ **up with** einholen; '~**er** Fänger *m*; '~**ing** packend; *med.* ansteckend (*a. fig.*); '~**word** Schlagwort *n*; Stichwort *n*; '~**y** (*-ier, -iest*) eingängig (*Melodie*)

cat·e·chism ['kætɪkɪzəm] Katechismus *m*

cat·e·go·ry ['kætɪgərɪ] Kategorie *f*

ca·ter ['keɪtə] *~ for* Speisen u. Getränke liefern für; *fig.* sorgen für

cat·er·pil·lar ['kætəpɪlə] *zo.* Raupe *f*; ♀® Raupenfahrzeug *n*; ♀ **'trac·tor**® Raupenschlepper *m*

cat·gut ['kætgʌt] Darmsaite *f*

ca·the·dral [kə'θi:drəl] Dom *m*, Kathedrale *f*

Cath·o·lic ['kæθəlɪk] **1.** katholisch; **2.** Katholik(in)

cat·kin *bot.* ['kætkɪn] Kätzchen *n*

cat·tle ['kætl] Vieh *n*

caught [kɔːt] *pret. u. p.p. von* **catch** 2

ca(u)l·dron ['kɔːldrən] großer Kessel

cau·li·flow·er *bot.* ['kɒlɪflaʊə] Blumenkohl *m*

cause [kɔːz] **1.** Ursache *f*; Grund *m*; Sache *f*; **2.** verursachen; veranlassen; **~less** grundlos

cau·tion ['kɔːʃn] **1.** Vorsicht *f*; Warnung *f*; Verwarnung *f*; △ *nicht* **Kaution**; *jur.* belehren **2.** warnen; verwarnen;

cau·tious ['kɔːʃəs] behutsam, vorsichtig

cav·al·ry *hist. mil.* ['kævlrɪ] Kavallerie *f*

cave [keɪv] **1.** Höhle *f*; **2.** *v/i. ~ in* einstürzen

cav·ern ['kævən] (große) Höhle *f*

cav·i·ty ['kævətɪ] Höhle *f*; Loch *n*

caw [kɔː] **1.** krächzen; **2.** Krächzen *n*

CB [siː 'biː] *Abk. für* **Citizens' Band** CB-Funk *m* (*Wellenbereich für privaten Funkverkehr*)

CBS [siː biː 'es] *Abk. für* **Columbia Broadcasting System** (*amer. Rundfunkgesellschaft*)

CD [siː 'diː] *Abk. für* **compact disc** CD(-Platte) *f*; **CD 'play·er** CD-Spieler *m*; **CD-ROM** [siː diː 'rɒm] *Abk. für* **compact disc read-only memory** CD-ROM *f*; **CD 'vid·e·o** (*pl. -os*) CD-Video *n*

cease [siːs] aufhören; beenden; **'~fire** *mil.* Feuereinstellung *f*; Waffenruhe *f*; **'~less** unaufhörlich

ceil·ing ['siːlɪŋ] (Zimmer)Decke *f*; *econ.* Höchstgrenze *f*, oberste Preisgrenze

cel·e|·brate ['selɪbreɪt] feiern; **'~brat·ed** gefeiert, berühmt (*for* für, wegen); **~·bra·tion** [selɪ'breɪʃn] Feier *f*

ce·leb·ri·ty [sɪ'lebrətɪ] Berühmtheit *f*

cel·e·ry *bot.* ['selərɪ] Sellerie *m, f*

ce·les·ti·al [sɪ'lestjəl] himmlisch

cel·i·ba·cy ['selɪbəsɪ] Ehelosigkeit *f*

cell [sel] Zelle *f*; *electr. a.* Element *n*

cel·lar ['selə] Keller *m*

'cel·list *mus.* ['tʃelɪst] Cellist(in); **~·lo** *mus.* ['tʃeləʊ] (*pl. -los*) (Violon)Cello *n*

cel·lo·phane® ['seləʊfeɪn] Cellophan® *n*

cel·lu·lar ['seljʊlə] Zell(en)...; **~ 'phone** Funktelefon *n*

Cel·tic ['keltɪk] keltisch

ce·ment [sɪ'ment] **1.** Zement *m*; Kitt *m*; **2.** zementieren; (ver)kitten

cem·e·tery ['semɪtrɪ] Friedhof *m*

cen·sor ['sensə] **1.** Zensor *m*; **2.** zensieren; **'~ship** Zensur *f*

cen·sure ['senʃə] **1.** Tadel *m*, Verweis *m*; △ *nicht* **Zensur**; **2.** tadeln

cen·sus ['sensəs] Volkszählung *f*

cent [sent] Hundert *n*; *Am.* Cent *m* (*1/100 Dollar*); **per ~** Prozent *n*

cen·te·na·ry [sen'tiːnərɪ] Hundertjahrfeier *f*, hundertjähriges Jubiläum

cen·ten·ni·al [sen'tenjəl] **1.** hundertjährig; **2.** *Am.* → **centenary**

cen·ti|·grade ['sentɪgreɪd]: *10 degrees ~* 10 Grad Celsius; **'~·me·tre** *Brt.*, **'~·me·ter** *Am.* Zentimeter *m, n*; **~·pede** *zo.* ['sentɪpiːd] Tausendfüß(l)er *m*

cen·tral ['sentrəl] zentral; Haupt..., Zentral...; Mittel...; **~ 'heat·ing** Zentralheizung *f*; **~·ize** ['sentrəlaɪz] zentralisieren; **~ 'lock·ing** *mot.* Zentralriegelung *f*; **~ res·er'va·tion** *Brt.* Mittelstreifen *m* (*Autobahn*)

cen·tre *Brt.*, **cen·ter** *Am.* ['sentə] **1.** Zentrum *n*, Mittelpunkt *m*; *Fußball*: Flanke *f*; **2.** (sich) konzentrieren; zentrieren; **~ 'back** *Fußball*: Vorstopper *m*; **~ 'for·ward** *Sport*: Mittelstürmer(in); **~ of 'grav·i·ty** *phys.* Schwerpunkt *m*

cen·tu·ry ['sentʃʊrɪ] Jahrhundert *n*

ce·ram·ics [sɪ'ræmɪks] *pl.* Keramik *f*, keramische Erzeugnisse *n*

ce·re·al ['sɪərɪəl] **1.** Getreide...; **2.** Getreide(pflanze) *f*; Getreideflocken *pl.*, Frühstückskost *f* (*aus Getreide*)

ce·re·bral *anat.* ['serɪbrəl] Gehirn...

cer·e·mo|·ni·al [serɪ'məʊnjəl] **1.** zeremoniell; **2.** Zeremoniell *n*; **~·ni·ous** [serɪ'məʊnjəs] zeremoniell; förmlich; **~·ny** ['serɪmənɪ] Zeremonie *f*; Feier(lichkeit) *f*; Förmlichkeit(en *pl.*) *f*

cer·tain ['sɜːtn] sicher, gewiss; zuverlässig; bestimmt; gewisse(r, -s); '~·ly sicher, gewiss; in Antworten: sicherlich, bestimmt, natürlich; '~·ty Sicherheit f, Bestimmtheit f, Gewissheit f

cer·tif·i·cate [sə'tɪfɪkət] Zeugnis n; Bescheinigung f; ~ **of** (**good**) **conduct** Führungszeugnis n; *General* ⚨ *of Education advanced level* (*A level*) Brt. Schule: etwa Abitur(zeugnis) n; *General* ⚨ *of Education ordinary level* (*O level*) Brt. Schule: etwa mittlere Reife; **medical** ~ ärztliches Attest; ~**·ti·fy** ['sɜːtɪfaɪ] et. bescheinigen; beglaubigen

cer·ti·tude ['sɜːtɪtjuːd] Sicherheit f, Bestimmtheit f, Gewissheit f

CET [siː iː 'tiː] *Abk. für Central European Time* MEZ, mitteleuropäische Zeit

cf (*Lateinisch confer*) *nur geschr. Abk. für compare* vgl., vergleiche

CFC [siː eːf 'siː] *Abk. für chlorofluorocarbon* FCKW, Fluorchlorkohlenwasserstoff m

chafe [tʃeɪf] *v/t.* warm reiben; aufreiben, wund reiben; *v/i.* (sich durch)reiben, scheuern

chaff [tʃɑːf] Spreu f; Häcksel n

chaf·finch *zo.* ['tʃæfɪntʃ] Buchfink m

cha·grin ['ʃægrɪn] **1.** Ärger m; **2.** ärgern

chain [tʃeɪn] **1.** Kette f; *fig.* Fessel f; **2.** (an)ketten; fesseln ~ **re'ac·tion** Kettenreaktion f; '~**·smok·er** Kettenraucher(in); '~**·smok·ing** Kettenrauchen n; '~ **store** Kettenladen m

chair [tʃeə] Stuhl m; Lehrstuhl m; Vorsitz m; **be in the** ~ den Vorsitz führen; '~ **lift** Sessellift m; '~**·man** (*pl. -men*) Vorsitzende(r) m, Präsident m; Diskussionsleiter m; '~**·man·ship** Vorsitz m; Präsidentin f; Diskussionsleiterin f; '~**·wom·an** (*pl. -women*) Vorsitzende f, Diskussionsleiterin f

chal·ice ['tʃælɪs] Kelch m

chalk [tʃɔːk] **1.** Kreide f; **2.** mit Kreide schreiben *od.* zeichnen

chal·lenge ['tʃælɪndʒ] **1.** Herausforderung f; **2.** herausfordern; '~**·len·ger** Herausforderer m

cham·ber ['tʃeɪmbə] *tech., parl. etc.* Kammer f; '~**·maid** Zimmermädchen n; ~ **of 'com·merce** Handelskammer f

cham·ois *zo.* ['ʃæmwɑː] Gämse f

cham·ois (**leath·er**) ['ʃæmɪ (leðə)] Wildleder n

champ F [tʃæmp] → *champion* (*Sport*)

cham·pagne [ʃæm'peɪn] Champagner m

cham·pi·on ['tʃæmpjən] **1.** Verfechter(in), Fürsprecher(in); *Sport:* Meister(in); **2.** verfechten, eintreten für; '~**·ship** *Sport:* Meisterschaft f

chance [tʃɑːns] **1.** Zufall m; Chance f, (günstige) Gelegenheit f; Aussicht f (*of* auf *acc.*); Möglichkeit f; Risiko n; **by** ~ zufällig; **take a** ~ es darauf ankommen lassen; **take no** ~**s** nichts riskieren (wollen); **2.** zufällig; **3.** F riskieren

chan·cel·lor ['tʃɑːnsələ] Kanzler m

chan·de·lier [ʃændə'lɪə] Kronleuchter m

change [tʃeɪndʒ] **1.** Veränderung f, Wechsel m; Abwechslung f; Wechselgeld n; Kleingeld n; **for a** ~ zur Abwechslung; ~ **for the better** (**worse**) Bess(er)ung f (Verschlechterung f); **2.** *v/t.* (ver)ändern, umändern, (aus)wechseln; (aus-, ver)tauschen (*for* gegen); *mot., tech.* schalten; ~ **over** umschalten; umstellen; ~ **trains** umsteigen; *v/i.* sich (ver)ändern, wechseln; sich umziehen; '~**·a·ble** veränderlich; '~ **ma·chine** Münzwechsler m; '~**·o·ver** Umstellung f (**to** auf *acc.*)

'**chang·ing room** *bsd. Sport:* Umkleidekabine f, -raum m

chan·nel ['tʃænl] **1.** Kanal m (*a. fig.*); (*Fernseh- etc.*)Kanal m, (-)Programm n; *fig.* Kanal m, Weg m; **2.** (*bsd. Brt. -ll-, Am. -l-*) *fig.* lenken; ⚨ **'Tun·nel** Kanaltunnel m, Eurotunnel m (*Ärmelkanaltunnel zwischen England u. Frankreich*)

chant [tʃɑːnt] **1.** (Kirchen)Gesang m; Singsang m; **2.** in Sprechchören rufen

cha·os ['keɪɒs] Chaos n

chap¹ [tʃæp] **1.** Riss m; **2.** (*-pp-*) rissig machen *od.* werden; aufspringen (*Haut, Lippen*)

chap² [tʃæp] Bursche m, Kerl m

chap·el ['tʃæpl] Kapelle f; Gottesdienst m

chap·lain ['tʃæplɪn] Kaplan m

chap·ter ['tʃæptə] Kapitel n

char [tʃɑː] (*-rr-*) verkohlen

char·ac·ter ['kærəktə] Charakter m; Ruf m; Leumund m; Schriftzeichen n, Buchstabe m; *Roman etc.:* Figur f, Gestalt f; *thea.* Rolle f; ~**·is·tic**

[kærəktəˈrɪstɪk] **1.** (~*ally*) charakteristisch (*of* für); **2.** Kennzeichen *n*; '~**ize** [ˈkærəktəraɪz] charakterisieren

char·coal [ˈtʃɑːkəʊl] Holzkohle *f*

charge [tʃɑːdʒ] **1.** *v/t. Batterie etc.* (auf)laden, *Gewehr etc.* laden; beauftragen (*with* mit); j-n beschuldigen, anklagen (*with* e-r Sache) (*a. jur.*); berechnen, verlangen, fordern (*for* für); *mil.* angreifen, stürmen; ~ *s.o. with s.th. econ.* j-m et. in Rechnung stellen; *v/i.* ~ *at s.o.* auf j-n losgehen; **2.** Ladung *f* (*e-r Batterie, e-s Gewehrs etc.*); (Spreng)Ladung *f*; Beschuldigung *f*, *a. jur.* Anklage(punkt *m*) *f*; Preis *m*; Forderung *f*; Gebühr *f*; *a.* ~*s pl.* Unkosten *pl.*, Spesen *pl.*; Verantwortung *f*; Schützling *m*, Mündel *n*, *m*; *free of* ~ kostenlos; *be in* ~ *of* verantwortlich sein für; *take* ~ *of* die Leitung *etc.* übernehmen, die Sache in die Hand nehmen

char·i·ot *poet. od. hist.* [ˈtʃærɪət] Streit-, Triumphwagen *m*

cha·ris·ma [kəˈrɪzmə] Charisma *n*, Ausstrahlung(skraft) *f*

char·i·ta·ble [ˈtʃærɪtəbl] wohltätig

char·i·ty [ˈtʃærətɪ] Nächstenliebe *f*; Wohltätigkeit *f*; Güte *f*, Nachsicht *f*; milde Gabe

char·la·tan [ˈʃɑːlətən] Scharlatan *m*; Quacksalber *m*, Kurpfuscher *m*

charm [tʃɑːm] **1.** Zauber *m*; Charme *m*, Reiz *m*; Talisman *m*, Amulett *n*; **2.** bezaubern, entzücken; '~**ing** charmant, bezaubernd

chart [tʃɑːt] (See-, Himmels-, Wetter)Karte *f*; Diagramm *n*, Schaubild *n*; ~*s pl.* Charts *pl.*, Hitliste(n *pl.*) *f*)

char·ter [ˈtʃɑːtə] **1.** Urkunde *f*, Charta *f*; Chartern *n*; **2.** chartern, mieten; '~ **flight** Charterflug *m*

char·wom·an [ˈtʃɑːwʊmən] (*pl.* -*women*) Putzfrau *f*, Raumpflegerin *f*

chase [tʃeɪs] **1.** Jagd *f*; Verfolgung *f*; **2.** jagen, hetzen; Jagd machen auf (*acc.*); rasen, rennen

chasm [ˈkæzəm] Kluft *f*, Abgrund *m*

chaste [tʃeɪst] keusch; schlicht

chas·tise [tʃæˈstaɪz] züchtigen

chas·ti·ty [ˈtʃæstətɪ] Keuschheit *f*

chat [tʃæt] **1.** Geplauder *n*, Schwätzchen *n*, Plauderei *f*; **2.** plaudern; '~ **show** *Brt. TV* Talkshow *f*; ~**show ˈhost** *Brt. TV* Talkmaster *m*

chat·tels [ˈtʃætlz] *pl. mst* **goods and** ~ bewegliches Eigentum

chat·ter [ˈtʃætə] **1.** plappern; schnattern; klappern; **2.** Geplapper *n*; Klappern *n*; '~**box** F Plappermaul *n*

chat·ty [ˈtʃætɪ] (-*ier*, -*iest*) gesprächig

chauf·feur [ˈʃəʊfə] Chauffeur *m*

chau·vi F [ˈʃəʊvɪ] Chauvi *m*; ~**vin·ist** [ˈʃəʊvɪnɪst] Chauvinist *m*; F *male* ~ **pig** Chauvi *m*, *contp.* Chauvischwein *n*

cheap [tʃiːp] billig; *fig.* schäbig, gemein; '~**en** (sich) verbilligen; *fig.* herabsetzen

cheat [tʃiːt] **1.** Betrug *m*, Schwindel *m*; Betrüger(in); **2.** betrügen; F schummeln

check [tʃek] **1.** Schach(stellung *f*) *n*; Hemmnis *n*, Hindernis *n* (*on* für); Einhalt *m*; Kontrolle *f* (*on gen.*); Kontrollabschnitt *m*, -schein *m*; *Am.* Gepäckschein *m*; *Am. econ.* Scheck *m* (*for* über); *Am.* Garderobenmarke *f*; *Am.* Häkchen *n* (*Vermerkzeichen auf Liste etc.*); *Am.* Kassenzettel *m*, Rechnung *f*; karierter Stoff; **2.** *v/i.* (plötzlich) innehalten; ~ **in** sich (*in e-m Hotel*) anmelden; einstempeln; *aviat.* einchecken; ~ **out** (*aus e-m Hotel*) abreisen; ausstempeln; ~ **up** (**on**) F (*e-e Sache*) nachprüfen, (*e-e Sache, j-n*) überprüfen; *v/t.* hemmen, hindern, aufhalten; zurückhalten; checken, kontrollieren, überprüfen; *Am.* auf *e-r* Liste abhaken; *Am. Kleider* in der Garderobe abgeben; *Am. Gepäck* aufgeben; '~ **card** *Am. econ.* Scheckkarte *f*; ~**ed** [tʃekt] kariert; ~**ers** *Am.* [ˈtʃekəz] *sg.* Damespiel *n*; '~**in** Anmeldung *f* (*in e-m Hotel*); Einstempeln *n*; *aviat.* Einchecken *n*; '~**in coun·ter** *aviat.*, '~**in desk** *aviat.* Abfertigungsschalter *m*; '~**ing ac·count** *Am. econ.* Girokonto *n*; '~**list** Check-, Kontroll-, Vergleichsliste *f*; '~**mate 1.** (Schach)Matt *n*; **2.** (schach)matt setzen; '~**out** Abreise *f* (*aus e-m Hotel*); Ausstempeln *n*; '~**out coun·ter** Kasse *f* (*bsd. im Supermarkt*); '~**point** Kontrollpunkt *m*; '~**room** *Am.* Garderobe *f*; Gepäckaufbewahrung *f*; '~**up** Überprüfung *f*; *med.* Check-up *m*, Vorsorgeuntersuchung *f*

cheek [tʃiːk] Backe *f*, Wange *f*; F Unverschämtheit *f*; '~**y** F (-*ier*, -*iest*) frech

cheer [tʃɪə] **1.** Stimmung *f*, Fröhlichkeit

f; Hoch(ruf *m*) *n,* Beifall(sruf) *m;* **~s** *Sport:* Anfeuerung(srufe *pl.*) *f;* **three ~s!** dreimal hoch!; **~s!** prost!; **2.** *v/t.* mit Beifall begrüßen; *a.* **~ on** anspornen; *a.* **~ up** aufheitern; *v/i.* hoch rufen, jubeln; *a.* **~ up** Mut fassen; **~ up!** Kopf hoch!; '**~ful** vergnügt

cheer·i·o *int. Brt.* F [tʃɪərɪ'əʊ] mach's gut!, tschüs(s)!

'**cheer·lead·er** *Sport:* Einpeitscher *m,* Cheerleader *m;* '**~less** freudlos; **~y** ['tʃɪərɪ] (**-ier, -iest**) vergnügt

cheese [tʃiːz] Käse *m*

chee·tah *zo.* ['tʃiːtə] Gepard *m*

chef [ʃef] Küchenchef *m;* Koch *m;* △ *nicht* Chef

chem·i·cal ['kemɪkl] **1.** chemisch; **2.** Chemikalie *f*

chem·ist ['kemɪst] Chemiker(in); Apotheker(in); Drogist(in); **~·is·try** ['kemɪstrɪ] Chemie *f;* '**~ist's shop** Apotheke *f;* Drogerie *f*

chem·o·ther·a·py *med.* [kiːməʊ-'θerəpɪ] Chemotherapie *f*

cheque *Brt. econ.* [tʃek] (*Am.* **check**) Scheck *m;* **crossed ~** Verrechnungsscheck *m;* '**~ ac·count** *Brt.* Girokonto *n;* '**~ card** *Brt.* Scheckkarte *f*

cher·ry *bot.* ['tʃerɪ] Kirsche *f*

chess [tʃes] Schach(spiel) *n;* **a game of ~** e-e Partie Schach; '**~·board** Schachbrett *n;* '**~·man** (*pl.* **-men**), '**~ piece** Schachfigur *f*

chest [tʃest] Kiste *f;* Truhe *f; anat.* Brust (-kasten *m*) *f;* **get sth. off one's ~** F sich et. von der Seele reden

chest·nut ['tʃesnʌt] **1.** *bot.* Kastanie *f;* **2.** kastanienbraun

chest of drawers [tʃest əv 'drɔːz] Kommode *f*

chew [tʃuː] (zer)kauen; '**~·ing gum** Kaugummi *m*

chick [tʃɪk] Küken *n,* junger Vogel; F Biene *f,* Puppe *f (Mädchen)*

chick·en ['tʃɪkɪn] Huhn *n;* Küken *n;* (Brat)Hähnchen *n,* (-)Hühnchen *n;* '**~·heart·ed** furchtsam, feige; **~ pox** *med.* ['tʃɪkɪnpɒks] Windpocken *pl.*

chic·o·ry *bot.* ['tʃɪkərɪ] Schikoree *m, f*

chief [tʃiːf] **1.** oberste(r, -s), Ober..., Haupt..., Chef...; wichtigste(r, -s) **2.** Chef *m;* Häuptling *m;* '**~·ly** hauptsächlich

chil·blain ['tʃɪlbleɪn] Frostbeule *f*

child [tʃaɪld] (*pl.* **children**) Kind *n;* **from a ~** von Kindheit an; **with ~** schwanger; '**~ a·buse** *jur.* Kindesmisshandlung *f;* **~ 'ben·e·fit** *Brt.* Kindergeld *n;* '**~·birth** Geburt *f,* Niederkunft *f;* **~·hood** ['tʃaɪldhʊd] Kindheit *f;* '**~·ish** kindlich; kindisch; '**~·like** kindlich; '**~·mind·er** Tagesmutter *f*

chil·dren ['tʃɪldrən] *pl. von* **child**

chill [tʃɪl] **1.** kalt, frostig, kühl (*a. fig.*); **2.** Frösteln *n;* Kälte *f,* Kühle *f (a. fig.);* Erkältung *f;* **3.** abkühlen; *j-n* frösteln lassen; kühlen; '**~·y** (**-ier, -iest**) kalt, frostig, kühl (*a. fig*)

chime [tʃaɪm] **1.** Glockenspiel *n;* Geläut *n;* **2.** läuten; schlagen (*Uhr*)

chim·ney ['tʃɪmnɪ] Schornstein *m;* '**~·sweep** Schornsteinfeger *m*

chimp *zo.* [tʃɪmp], **chim·pan·zee** *zo.* [tʃɪmpən'ziː] Schimpanse *m*

chin [tʃɪn] Kinn *n;* **~ up!** Kopf hoch!, halt die Ohren steif!

chi·na ['tʃaɪnə] Porzellan *n*

Chi·na ['tʃaɪnə] China *n;* **Chi·nese** [tʃaɪ'niːz] **1.** chinesisch; **2.** Chines|e *m,* -in *f; ling.* Chinesisch *n;* **the ~** *pl.* die Chinesen *pl.*

chink [tʃɪŋk] Ritz *m,* Spalt *m*

chip [tʃɪp] **1.** Splitter *m,* Span *m,* Schnitzel *n, m;* dünne Scheibe; Spielmarke *f; Computer:* Chip *m;* **2.** (**-pp-**) *v/t.* schnitzeln; an-, abschlagen; *v/i.* abbröckeln

chips [tʃɪps] *pl. Brt.* Pommes frites *pl.,* F Fritten *pl.; Am.* (Kartoffel)Chips *pl.*

chi·rop·o·dist [kɪ'rɒpədɪst] Fußpfleger(in), Pediküre *f*

chirp [tʃɜːp] zirpen, zwitschern, piepsen

chis·el ['tʃɪzl] **1.** Meißel *m;* **2.** (*bsd. Brt.* **-ll-,** *Am.* **-l-**) meißeln

chit-chat ['tʃɪttʃæt] Plauderei *f*

chiv·al·rous ['ʃɪvlrəs] ritterlich

chive(s) [tʃaɪv(z)] *bot.* Schnittlauch *m*

chlo·ri·nate ['klɔːrɪneɪt] *Wasser etc.* chloren; **chlo·rine** ['klɔːriːn] Chlor *n*

chlo·ro·fluo·ro·car·bon [klɔːrəʊ-flʊərəʊ'kaːbən] (*Abk.* **CFC**) Fluorchlorkohlenwasserstoff *m* (*Abk.* **FCKW**)

chlo·ro·form ['klɒrəfɔːm] **1.** Chloroform *n;* **2.** chloroformieren

choc·o·late ['tʃɒkələt] Schokolade *f;* Praline *f;* '**~s** *pl.* Pralinen *pl.,* Konfekt *n*

choice [tʃɔɪs] **1.** Wahl *f;* Auswahl *f;* **2.** auserlesen, ausgesucht, vorzüglich

choir ['kwaɪə] Chor *m*

choke [tʃəʊk] **1.** *v/t.* (er)würgen, (*a. v/i.*) ersticken; **~ back** Ärger *etc.* unterdrücken, Tränen zurückhalten; **~ down** hinunterwürgen; *a.* **~ up** verstopfen; **2.** *mot.* Luftklappe *f*

cho·les·te·rol [kəˈlestərɒl] Cholesterin *n*

choose [tʃuːz] (*chose, chosen*) (aus-)wählen, aussuchen

chop [tʃɒp] **1.** Hieb *m*, Schlag *m*; *gastr.* Kotelett *n*; **2.** (*-pp-*) *v/t.* hauen, hacken, zerhacken; **~ down** fällen; *v/i.* hacken; **'~·per** Hackmesser *n*, -beil *n*; F Hubschrauber *m*; **'~·stick** Essstäbchen *n* (*See*);

cho·ral [ˈkɔːrəl] Chor...

cho·rale [kɒˈrɑːl] Choral *m*

chord *mus.* [kɔːd] Saite *f*; Akkord *m*

chore *Am.* [tʃɔː] schwierige *od.* unangenehme Aufgabe; **~s** *pl.* Hausarbeit *f*

cho·rus [ˈkɔːrəs] Chor *m*; Kehrreim *m*, Refrain *m*; Tanzgruppe *f* (*e-r Revue*)

chose [tʃəʊz] *pret. von* **choose**; **cho·sen** [ˈtʃəʊzn] *p.p. von* **choose**

Christ [kraɪst] Christus *m*; △ *nicht der* **Christ**

chris·ten [ˈkrɪsn] taufen; **'~·ing** Taufe *f*; Tauf...

Chris·tian [ˈkrɪstʃən] **1.** christlich; **2.** Christ(in); **Chris·ti·an·i·ty** [krɪstɪˈænətɪ] Christentum *n*

'Christian name Vorname *m*

Christ·mas [ˈkrɪsməs] Weihnachten *n u. pl.*; **at ~** zu Weihnachten; **~ 'Day** erster Weihnachtsfeiertag; **~ 'Eve** Heiliger Abend

chrome [krəʊm] Chrom *n*; **chro·mi·um** [ˈkrəʊmjəm] Chrom *n* (*Metall*)

chron·ic [ˈkrɒnɪk] (**~ally**) chronisch; ständig, (an)dauernd

chron·i·cle [ˈkrɒnɪkl] Chronik *f*

chron·o·log·i·cal [krɒnəˈlɒdʒɪkəl] chronologisch; **chro·nol·o·gy** [krəˈnɒlədʒɪ] Zeitrechnung *f*; Zeitfolge *f*

chub·by F [ˈtʃʌbɪ] (*-ier, -iest*) rundlich; pausbäckig

chuck F [tʃʌk] werfen, schmeißen; **~ out** *j-n* rausschmeißen; *et.* wegschmeißen; **~ up** Job *etc.* hinschmeißen

chuck·le [ˈtʃʌkl] **1. ~ (to o.s.)** (stillvergnügt) in sich hineinlachen; **2.** leises Lachen, Glucksen *n*

chum [tʃʌm] Kamerad *m*, Kumpel *m*; **'~·my** F (*-ier, -iest*) dick befreundet

chump [tʃʌmp] Holzklotz *m*; F Trottel *m*

chunk [tʃʌŋk] Klotz *m*, Klumpen *m*

Chun·nel F [ˈtʃʌnl] → **Channel Tunnel**

church [tʃɜːtʃ] Kirche *f*; Kirch(en)...; **~ ser·vice** Gottesdienst *m*; **'~·yard** Kirchhof *m*

churl·ish [ˈtʃɜːlɪʃ] grob, flegelhaft

churn [tʃɜːn] **1.** Butterfass *n*; **2.** buttern; Wellen aufwühlen, peitschen

chute [ʃuːt] Stromschnelle *f*; Rutsche *f*, Rutschbahn *f*; F Fallschirm *m*

CIA [siː aɪ ˈeɪ] *Abk. für* **Central Intelligence Agency** (*amer. Geheimdienst*)

CID [siː aɪ ˈdiː] *Abk. für* **Criminal Investigation Department** (*brit. Kriminalpolizei*)

ci·der [ˈsaɪdə] (*Am.* **hard ~**) Apfelwein *m*; (**sweet**) **~** *Am.* Apfelmost *m*, -saft *m*

cif [siː aɪ ˈef] *Abk. für* **cost, insurance, freight** Kosten, Versicherung und Fracht einbegriffen

ci·gar [sɪˈɡɑː] Zigarre *f*

cig·a·rette, cig·a·ret *Am.* [sɪɡəˈret] Zigarette *f*

cinch F [sɪntʃ] todsichere Sache

cin·der [ˈsɪndə] Schlacke *f*; **~s** *pl.* Asche *f*

Cin·de·rel·la [sɪndəˈrelə] Aschenbrödel *n*, -puttel *n*

'cinder track *Sport:* Aschenbahn *f*

cin·e·|cam·e·ra [ˈsɪnɪkæmərə] (Schmal)Filmkamera *f*; **'~·film** Schmalfilm *m*

cin·e·ma *Brt.* [ˈsɪnəmə] Kino *n*; Film *m*

cin·na·mon [ˈsɪnəmən] Zimt *m*

ci·pher [ˈsaɪfə] Geheimschrift *f*, Chiffre *f*; Null *f* (*a. fig.*)

cir·cle [ˈsɜːkl] **1.** Kreis *m*; *thea.* Rang *m*; *fig.* Kreislauf *m*; **2.** (um)kreisen

cir·cuit [ˈsɜːkɪt] Kreislauf *m*; *electr.* Stromkreis *m*; Rundreise *f*; *Sport:* Zirkus *m*; **short ~** *electr.* Kurzschluss *m*

cir·cu·i·tous [səˈkjuːɪtəs] gewunden (*Flusslauf etc.*); weitschweifig

cir·cu·lar [ˈsɜːkjʊlə] **1.** kreisförmig; Kreis...; **2.** Rundschreiben *n*; Umlauf *m*; (Post)Wurfsendung *f*

cir·cu·|late [ˈsɜːkjʊleɪt] *v/i.* zirkulieren, im Umlauf sein; *v/t.* in Umlauf setzen; **'~·lating li·bra·ry** Leihbücherei *f*; **~·la·tion** [sɜːkjʊˈleɪʃn] (*a.* Blut)Kreislauf *m*, Zirkulation *f*; *econ.* Umlauf *m*;

Auflage(nhöhe) f (e-r Zeitung, Zeitschrift etc.)
cir·cum·fer·ence [səˈkʌmfərəns] (Kreis)Umfang m
cir·cum·nav·i·gate [sɜːkəmˈnævɪgeɪt] umschiffen
cir·cum·scribe [ˈsɜːkəmskraɪb] math. umschreiben; fig. begrenzen
cir·cum·spect [ˈsɜːkəmspekt] um-, vorsichtig
cir·cum·stance [ˈsɜːkəmstəns] Umstand m; **~s** pl. (Sach)Lage f, Umstände pl.; Verhältnisse pl.; in od. under no **~s** unter keinen Umständen, auf keinen Fall; in od. under the **~s** unter diesen Umständen
cir·cum·stan·tial [sɜːkəmˈstænʃl] ausführlich; umständlich; **~ ev·i·dence** jur. Indizien(beweis m) pl.
cir·cus [ˈsɜːkəs] Zirkus m; Brt. runder, von Häusern umschlossener Platz, in den mehrere Straßen münden
CIS [siː aɪ ˈes] Abk. für **Commonwealth of Independent States** die GUS, die Gemeinschaft unabhängiger Staaten
cis·tern [ˈsɪstən] Wasserbehälter m; Spülkasten m (in der Toilette)
ci·ta·tion [saɪˈteɪʃn] jur. Vorladung f; Zitat n; **cite** [saɪt] jur. vorladen; zitieren
cit·i·zen [ˈsɪtɪzn] Bürger(in); Städter(in); Staatsangehörige(r m f); **ˈ~ship** Staatsangehörigkeit f
cit·y [ˈsɪti] 1. (Groß)Stadt f; the 2 die (Londoner) City; 2. städtisch, Stadt...; **~ ˈcen·tre** Brt. Innenstadt f, City f; **ˈ~ coun·cil·(l)or** Am. Stadtrat m, -rätin f; **~ ˈhall** Rathaus m; bsd. Am. Stadtverwaltung f; **ˈ~ ˈslick·er** oft contp. Stadtmensch m; **~ ˈva·grant** Stadtstreicher(in), Nichtsesshafte(r m f)
civ·ic [ˈsɪvɪk] städtisch, Stadt...; **ˈ~s** sg. Staatsbürgerkunde f
civ·il [ˈsɪvl] staatlich, Staats...; (staats)bürgerlich, Bürger...; zivil, Zivil...; jur. zivilrechtlich; höflich; **ci·vil·ian** [sɪˈvɪljən] Zivilist m
ci·vil·i·ty [sɪˈvɪlətɪ] Höflichkeit f
civ·i·li·za·tion [sɪvɪlaɪˈzeɪʃn] Zivilisation f, Kultur f; **~ze** [ˈsɪvɪlaɪz] zivilisieren
civ·il ˈrights pl. (Staats)Bürgerrechte pl.; **~ ˈac·tiv·ist** Bürgerrechtler(in); **~ ˈmove·ment** Bürgerrechtsbewegung f

classified

civ·il| ˈser·vant Staatsbeamt|e(r m), -in f; **~ ˈser·vice** Staatsdienst m; **~ ˈwar** Bürgerkrieg m
clad [klæd] 1. pret. u. p.p. von **clothe**; 2. adj. gekleidet
claim [kleɪm] 1. Anspruch m; Anrecht n (to auf acc.); Forderung f; Behauptung f; Am. Claim m; 2. beanspruchen; fordern; behaupten
clair·voy·ant [kleəˈvɔɪənt] Hellseher(in)
clam·ber [ˈklæmbə] (mühsam) klettern
clam·my [ˈklæmɪ] (-ier, -iest) feuchtkalt, klamm
clam·o(u)r [ˈklæmə] 1. Geschrei n, Lärm m; 2. lautstark verlangen (for nach)
clamp tech. [klæmp] Zwinge f
clan [klæn] Clan m, Sippe f
clan·des·tine [klænˈdestɪn] heimlich
clang [klæŋ] klingen, klirren; erklingen lassen
clank [klæŋk] 1. Gerassel n, Geklirr n; 2. rasseln od. klirren (mit)
clap [klæp] 1. Klatschen n; Schlag m, Klaps m; 2. (-pp-) schlagen od. klatschen (mit)
clar·et [ˈklærət] roter Bordeaux(wein); Rotwein m
clar·i·fy [ˈklærɪfaɪ] v/t. (auf)klären, klarstellen; v/i. sich (auf)klären, klar werden
clar·i·net mus. [klærɪˈnet] Klarinette f
clar·i·ty [ˈklærətɪ] Klarheit f
clash [klæʃ] 1. Zusammenstoß m; Konflikt m; 2. zusammenstoßen; nicht zusammenpassen od. harmonieren
clasp [klɑːsp] 1. Haken m, Schnalle f; Schloss n, (Schnapp)Verschluss m; Umklammerung f; 2. ein-, zuhaken; ergreifen, umklammern; **ˈ~ knife** (pl. -knives) Taschenmesser n
class [klɑːs] 1. Klasse f; (Bevölkerungs)Schicht f; (Schul)Klasse f; (Unterrichts)Stunde f; Kurs m; Am. Jahrgang m (von Schulabgängern etc.); 2. (in Klassen) einteilen, -ordnen, -stufen
clas·sic [ˈklæsɪk] 1. Klassiker m; 2. (**~ally**) klassisch; **ˈ~si·cal** klassisch (a. mus., Kunst etc.)
clas·sic ˈcar Klassiker m (älteres Auto mit e-r Besonderheit etc.)
clas·si·fi·ca·tion [klæsɪfɪˈkeɪʃn] Klassifizierung f, Einteilung f; **~fied**

classified ad

classified ad ['klæsɪfaɪd] klassifiziert; *mil.*, *pol.* geheim; **~fied 'ad** Kleinanzeige *f*; **~fy** ['klæsɪfaɪ] klassifizieren, einstufen
'**class**|**·mate** Mitschüler(in); '**~room** Klassenzimmer *n*
clat·ter ['klætə] **1.** Geklapper *n*; **2.** klappern (mit)
clause [klɔːz] *jur.* Klausel *f*, Bestimmung *f*; *gr.* Satz(teil *n*) *m*
claw [klɔː] **1.** Klaue *f*, Kralle *f*; (*Krebs*)Schere *f*; **2.** (zer)kratzen; umkrallen, packen
clay [kleɪ] Ton *m*, Lehm *m*
clean [kliːn] **1.** *adj.* rein; sauber, glatt, eben; *sl.* clean (*nicht mehr drogenabhängig*); **2.** *adv.* völlig, ganz u. gar; **3.** reinigen, säubern, putzen; **~ out** ausfegen; **~ up** gründlich reinigen; aufräumen; '**~er** Rein(e)machefrau *f*, (*Fenster-* etc.)Putzer *m*; Reiniger *m*; **~s** *pl.* Reinigung *f* (*Geschäft*); **take to the ~s** zur Reinigung bringen; F *j-n* ausnehmen; '**~ing**: **do the ~** sauber machen, putzen; → **spring-clean(ing)**; **~·li·ness** ['klenlɪnɪs] Reinlichkeit *f*; **~·ly 1.** ['kliːnlɪ] *adv.* sauber; **2.** ['klenlɪ] *adj.* (**-ier, -iest**) reinlich
cleanse [klenz] reinigen, säubern; '**cleans·er** Reinigungsmittel *n*
clear [klɪə] **1.** klar; hell; rein; deutlich; frei (**of** von); *econ.* Netto..., Rein...; **2.** *v/t.* reinigen, säubern; *Wald* lichten, roden; wegräumen (*a.* **~ away**); *Tisch* abräumen; räumen, leeren; *Hindernis* nehmen; *Sport:* klären; *econ.* verzollen; *jur.* freisprechen; *Computer:* löschen; *v/i.* klar *od.* hell werden; aufklaren (*Wetter*); sich verziehen (*Nebel*); **~ off** auf-, ausräumen, entfernen; F abhauen; **~ up** aufräumen; *Verbrechen etc.* aufklären; aufklaren (*Wetter*); '**~ance** ['klɪərəns] Räumung *f*; *tech.* lichter Abstand; Freigabe *f*; '**~ance sale** Räumungs-, Ausverkauf *m*; '**~ing** ['klɪərɪŋ] Lichtung *f*
cleave [kliːv] (**cleaved** *od.* **cleft** *od.* **clove, cleaved** *od.* **cleft** *od.* **cloven**) spalten; '**cleav·er** Hackmesser *n*
clef *mus.* [klef] Schlüssel *m*
cleft [kleft] **1.** Spalt *m*, Spalte *f*; **2.** *pret. u. p.p.* von **cleave**
clem|**·en·cy** ['klemənsɪ] Milde *f*, Nachsicht *f*; '**~ent** mild (*a. Wetter*)
clench [klentʃ] *Lippen etc.* (fest) zusammenpressen; *Zähne* zusammenbeißen; *Faust* ballen
cler·gy ['klɜːdʒɪ] Klerus *m*, *die* Geistlichen *pl.*; '**~man** (*pl.* **-men**) Geistliche(r) *m*
clerk [klɑːk] (*Büro- etc.*) Angestellte(r *m*) *f*, (Bank-, Post)Beamt|e(r) *m*, -in *f*; *Am.* Verkäufer(in)
clev·er ['klevə] klug, gescheit; geschickt
click [klɪk] **1.** Klicken *n*; **2.** *v/i.* klicken; zu-, einschnappen; *mit der Zunge* schnalzen; *v/t.* klicken *od.* einschnappen lassen; *mit der Zunge* schnalzen; **~ on** *Computer:* anklicken
cli·ent ['klaɪənt] *jur.* Klient(in), Mandant(in); Kund|e *m*, -in *f*, Auftraggeber(in)
cliff [klɪf] Klippe *f*, Felsen *m*
cli·mate ['klaɪmɪt] Klima *n*
cli·max ['klaɪmæks] Höhepunkt *m*; Orgasmus *m*
climb [klaɪm] klettern; (er-, be)steigen; '**~er** Kletterer *m*, Bergsteiger(in); *bot.* Kletterpflanze *f*
clinch [klɪntʃ] **1.** *tech.* sicher befestigen; (ver)nieten; *Boxen:* umklammern (*v/i.* clinchen); entscheiden; **that ~ed it** damit war die Sache entschieden; **2.** *Boxen:* Clinch *m*
cling [klɪŋ] (**clung**) (**to**) festhalten (an *dat.*), sich klammern (an *acc.*); sich (an)schmiegen (an *acc.*); '**~film** *bsd. Brt.* Frischhaltefolie *f*
clin|**·ic** ['klɪnɪk] Klinik *f*; '**~·i·cal** klinisch
clink [klɪŋk] **1.** Klirren *n*, Klingen *n*; **2.** klingen *od.* klirren (lassen); klimpern mit
clip¹ [klɪp] **1.** (**-pp-**) ausschneiden; *Schafe etc.* scheren; **2.** Schnitt *m*; Schur *f*; (*Film- etc.*)Ausschnitt *m*; (*Video*)Clip *m*
clip² [klɪp] **1.** (Heft-, Büro- *etc.*)Klammer *f*; (*Ohr*)Clip *m*; **2.** (**-pp-**) *a.* **~ on** anklammern
clip·per ['klɪpə]: (**a pair of**) **~s** *pl.* (e-e) (*Nagel- etc.*)Schere *f*; Haarschneidemaschine *f*; '**~pings** *pl.* Abfälle *pl.*, Schnitzel *pl.*; *bsd. Am.* (*Zeitungs- etc.*)Ausschnitte *pl.*
cli·to·ris *anat.* ['klɪtərɪs] Klitoris *f*
cloak [kləʊk] **1.** Umhang *m*; **2.** *fig.* verhüllen; '**~room** Garderobe *f*; *Brt.* Toilette *f*

clock [klɒk] **1.** (*Wand-*, *Stand-*, *Turm*)Uhr *f*; *9 o'~* 9 Uhr; **2.** *Sport*: Zeit stoppen; *~ in*, *~ on* einstempeln; *~ out*, *~ off* ausstempeln; '*~wise* [ˈklɒkwaɪz] im Uhrzeigersinn; '*~work* Uhrwerk *n*; *like ~* wie am Schnürchen

clod [klɒd] (Erd)Klumpen *m*

clog [klɒg] **1.** (Holz)Klotz *m*; Holzschuh *m*; **2.** (*-gg-*) *a. ~ up* verstopfen

clois·ter [ˈklɔɪstə] Kreuzgang *m*; Kloster *n*

close 1. [kləʊs] *adj.* geschlossen; knapp (*Ergebnis etc.*); genau, gründlich (*Übersetzung, Untersuchung etc.*); eng (*anliegend*); stickig, schwül; eng (*Freund*), nah (*Verwandte*); *keep a ~ watch on* scharf im Auge behalten (*acc.*); **2.** [kləʊs] *adv.* eng, nahe, dicht; *~ by* ganz in der Nähe, nahe *od.* dicht bei; **3.** [kləʊz] Ende *n*, (Ab)Schluss *m*; *come od. draw to a ~* sich dem Ende nähern; [kləʊs] Einfriedung *f*; *Brt.* in Straßennamen: *kleine Sackgasse*, *wie ein Hof*; **4.** [kləʊz] *v/t.* (ab-, ver-, zu)schließen, zumachen; *Betrieb etc.* schließen; *Straße* (ab)sperren; *v/i.* sich schließen, zumachen; enden, zu Ende gehen; *~ down Geschäft etc.* schließen, *Betrieb* stilllegen; *Rundfunk, TV*: das Programm beenden, Sendeschluss haben; *~ in* bedrohlich nahe kommen; hereinbrechen (*Nacht*); *~ up* (ab-, ver-, zu)schließen; aufschließen, -rücken; *~d* geschlossen, *pred.* zu

clos·et [ˈklɒzɪt] (Wand)Schrank *m*; △ *nicht Klosett*

close-up [ˈkləʊsʌp] *phot.*, *Film*: Großaufnahme *f*

clos·ing date [ˈkləʊzɪŋdeɪt] Einsendeschluss *m*; '*~ time* Laden-, Geschäftsschluss *m*; Polizeistunde *f* (*e-s Pubs*)

clot [klɒt] **1.** Klumpen *m*, Klümpchen *n*; *~ of blood med.* Blutgerinnsel *n*; **2.** (*-tt-*) gerinnen; Klumpen bilden

cloth [klɒθ] (*pl.* **cloths** [klɒθs, klɒðz]) Stoff *m*, Tuch *n*; Lappen *m*, Tuch *n*; '*~bound* in Leinen gebunden

clothe [kləʊð] (**clothed** *od.* **clad**) (an-, be)kleiden; einkleiden

clothes [kləʊðz] *pl.* Kleider *pl.*, Kleidung *f*; Wäsche *f*; '*~ bas·ket* Wäschekorb *m*; '*~horse* Wäscheständer *m*; '*~line* Wäscheleine *f*; '*~ peg Brt.*, '*~pin Am.* Wäscheklammer *f*

cloth·ing [ˈkləʊðɪŋ] (Be)Kleidung *f*

cloud [klaʊd] **1.** Wolke *f*; *fig.* Schatten *m*; **2.** sich bewölken; (sich) trüben; '*~burst* Wolkenbruch *m*; '*~less* wolkenlos; '*~y* (*-ier*, *-iest*) bewölkt; trüb; unklar

clout F [klaʊt] Schlag *m*; *pol.* Einfluss *m*

clove¹ [kləʊv] (Gewürz)Nelke *f*; *~ of garlic* Knoblauchzehe *f*

clove² [kləʊv] *pret. von* **cleave¹**;

clo·ven [ˈkləʊvn] *p.p. von* **cleave¹**;

clo·ven 'hoof (*pl.* **- hoofs**, **- hooves**) *zo.* Huf *m* der Paarzeher

clo·ver *bot.* [ˈkləʊvə] Klee *m*

clown [klaʊn] Clown *m*, Hanswurst *m*

club [klʌb] **1.** Keule *f*; Knüppel *m*; *Sport*: Schlagholz *n*; (*Golf*)Schläger *m*; Klub *m*; *~s pl. Kartenspiel*: Kreuz *n*; **2.** (*-bb-*) einknüppeln auf (*acc.*), (nieder)knüppeln; '*~foot* (*pl.* **-feet**) Klumpfuß *m*

cluck [klʌk] **1.** gackern; glucken; **2.** Gackern *n*; Glucken *n*

clue [kluː] Anhaltspunkt *m*, Fingerzeig *m*, Spur *f*

clump [klʌmp] **1.** Klumpen *m*; (*Baum etc.*)Gruppe *f*; **2.** trampeln

clum·sy [ˈklʌmzɪ] (*-ier*, *-iest*) unbeholfen, ungeschickt, plump

clung [klʌŋ] *pret. u. p.p. von* **cling**

clus·ter [ˈklʌstə] **1.** *bot.* Traube *f*, Büschel *n*; Haufen *m*; **2.** sich drängen

clutch [klʌtʃ] **1.** Griff *m*; *tech.* Kupplung *f*; *fig.* Klaue *f*; **2.** (er)greifen; umklammern

CNN [siː en ˈen] *Abk. für* **Cable News Network** (*amer. Kabelfernsehgesellschaft für Nachrichten aus aller Welt*)

c/o [siː ˈəʊ] *Abk. für* **care of** (*wohnhaft*) bei

Co¹ [kəʊ] *Abk. für* **company** *econ.* Gesellschaft *f*

Co² *nur geschr. Abk. für* **County** *Brt.* Grafschaft *f*; *Am.* Kreis *m* (*Verwaltungsbezirk*)

coach [kəʊtʃ] **1.** Reisebus *m*; *Brt. rail.* (Personen)Wagen *m*; Kutsche *f*; *Sport*: Trainer(in); Nachhilfelehrer(in); **2.** *Sport*: trainieren; *j-m* Nachhilfeunterricht geben; '*~man* (*pl.* **-men**) Kutscher *m*

co·ag·u·late [kəʊˈægjʊleɪt] gerinnen (lassen)

coal [kəʊl] (Stein)Kohle *f*; *carry ~s to Newcastle* Eulen nach Athen tragen

co·a·li·tion [kəʊə'lɪʃn] *pol.* Koalition *f*; Bündnis *n*, Zusammenschluss *m*
'coal|,mine, **'~pit** Kohlengrube *f*
coarse [kɔːs] (*~r*, *~st*) grob; ungeschliffen
coast [kəʊst] 1. Küste *f*; 2. *naut.* die Küste entlangfahren; im Leerlauf (*Auto*) *od.* im Freilauf (*Fahrrad*) fahren; *Am.* rodeln; '**~guard** (Angehörige[r] *m* der) Küstenwache *f*; '**~line** Küstenlinie *f*, -strich *m*
coat [kəʊt] 1. Mantel *m*; *zo.* Pelz *m*, Fell *n*; (*Farb- etc.*)Überzug *m*, Anstrich *m*, Schicht *f*; 2. (an)streichen, überziehen, beschichten; **~ hang·er** → *hanger*; '**~ing** (*Farb- etc.*)Überzug *m*, Anstrich *m*; Mantelstoff *m*
coat of 'arms Wappen(schild *m*, *n*) *n*
coax [kəʊks] überreden, beschwatzen
cob [kɒb] Maiskolben *m*
cob·bled ['kɒbld]: **~ street** Straße *f* mit Kopfsteinpflaster
cob·bler ['kɒblə] (Flick)Schuster *m*
cob·web ['kɒbweb] Spinn(en)gewebe *n*
co·caine [kəʊ'keɪn] Kokain *n*
cock [kɒk] 1. *zo.* Hahn *m*; V Schwanz *m* (*Penis*); 2. aufrichten, spitzen; **~ one's ears** die Ohren spitzen
cock·a·too *zo.* ['kɒkətuː] Kakadu *m*
cock·chaf·er ['kɒktʃeɪfə] Maikäfer *m*
cock·eyed F schielend; (krumm u.) schief
Cock·ney ['kɒknɪ] Cockney *m*, waschechter Londoner
'cock·pit Cockpit *n*
cock·roach *zo.* ['kɒkrəʊtʃ] Schabe *f*
cock'sure F übertrieben selbstsicher
'cock·tail Cocktail *m*
cock·y F ['kɒkɪ] (*-ier*, *-iest*) großspurig, anmaßend
co·co *bot.* ['kəʊkəʊ] (*pl. -cos*) Kokospalme *f*
co·coa ['kəʊkəʊ] Kakao *m*
co·co·nut ['kəʊkənʌt] Kokosnuss *f*
co·coon [kə'kuːn] (Seiden)Kokon *m*
cod *zo.* [kɒd] Kabeljau *m*, Dorsch *m*
COD [siː əʊ 'diː] *Abk. für cash on delivery* per Nachnahme
cod·dle ['kɒdl] verhätscheln, -zärteln
code [kəʊd] 1. Code *m*; 2. verschlüsseln, chiffrieren; kodieren
'cod·fish *zo.* → *cod*
cod·ing ['kəʊdɪŋ] Kodierung *f*
cod-liv·er 'oil Lebertran *m*

co·ed·u·ca·tion *ped.* [kəʊedjuː'keɪʃn] Gemeinschaftserziehung *f*
co·ex·ist [kəʊɪg'zɪst] gleichzeitig *od.* nebeneinander bestehen *od.* leben; **~ence** Koexistenz *f*
C of E [siː əv 'iː] *Abk. für Church of England* (englische Staatskirche)
cof·fee ['kɒfɪ] Kaffee *m*; '**~ bar** *Brt.* Café *n*; Imbissstube *f*; '**~bean** Kaffeebohne *f*; '**~pot** Kaffeekanne *f*; '**~ set** Kaffeeservice *n*; '**~ shop** *bsd. Am.* → *coffee bar*; '**~ ta·ble** Couchtisch *m*
cof·fin ['kɒfɪn] Sarg *m*
cog *tech.* [kɒg] (Rad)Zahn *m*; → '**~wheel** *tech.* Zahnrad *n*
co·her|·ence, **~·en·cy** [kəʊ'hɪərəns, -rənsɪ] Zusammenhang *m*; **~ent** zusammenhängend
co·he·sion [kəʊ'hiːʒn] Zusammenhalt *m*; **~sive** [kəʊ'hiːsɪv] (fest) zusammenhaltend
coif·fure [kwɑː'fjʊə] Frisur *f*
coil [kɔɪl] 1. *a.* **~ up** aufrollen, (auf)wickeln; sich zusammenrollen; 2. Spirale *f* (*a. tech.*, *med.*); Rolle *f*, Spule *f*
coin [kɔɪn] 1. Münze *f*; 2. prägen
co·in|·cide [kəʊɪn'saɪd] zusammentreffen; übereinstimmen; **~·ci·dence** [kəʊ'ɪnsɪdəns] (zufälliges) Zusammentreffen; Zufall *m*
'coin-op·er·at·ed: **~** (*petrol, Am. gas*) *pump* Münztank(automat) *m*
coke [kəʊk] Koks *m* (*a. sl. Kokain*)
Coke® F [kəʊk] Coke *n*, Cola *n*, *f*, Coca *n*, *f*
cold [kəʊld] 1. kalt; 2. Kälte *f*; Erkältung *f*; *catch* (*a*) **~** sich erkälten; *have a* **~** erkältet sein; **~'blood·ed** kaltblütig; **~'heart·ed** kalt, hartherzig; '**~ness** Kälte *f*; **~ war** *pol.* kalter Krieg
cole·slaw ['kəʊlslɔː] Krautsalat *m*
col·ic *med.* ['kɒlɪk] Kolik *f*
col·lab·o|·rate [kə'læbəreɪt] zusammenarbeiten; **~·ra·tion** [kəlæbə'reɪʃn] Zusammenarbeit *f*; *in* **~** *with* gemeinsam mit
col·lapse [kə'læps] 1. zusammenbrechen, einfallen, einstürzen; *fig.* zusammenbrechen, scheitern; 2. Zusammenbruch *m*; **~'lap·si·ble** zusammenklappbar, Klapp...
col·lar ['kɒlə] 1. Kragen *m*; (*Hundeetc.*)Halsband *n*; 2. beim Kragen pa-

cken; *j-n festnehmen,* F schnappen; '~**bone** *anat.* Schlüsselbein *n*
col·league ['kɒli:g] Kolleg|e *m*, -in *f*, Mitarbeiter(in)
col·lect [kə'lekt] *v/t.* (ein)sammeln; *Daten* erfassen; *Geld* kassieren; *j-n od. et.* abholen; *Gedanken etc.* sammeln; *v/i.* sich (ver)sammeln; ~**'lect·ed** *fig.* gefasst; ~**'lec·tion** Sammlung *f*; *econ.* Eintreibung *f*; *rel.* Kollekte *f*; Abholung *f*; ~**'lec·tive** gesammelt; Sammel...; ~ **bargaining** Tarifverhandlungen *pl.*; ~**'lec·tive·ly** insgesamt; zusammen; ~**'lec·tor** Sammler(in); Steuereinnehmer *m*; *rail.* Fahrkartenabnehmer *m*; *electr.* Stromabnehmer *m*
col·lege ['kɒlɪdʒ] College *n*; Hochschule *f*; höhere Lehranstalt
col·lide [kə'laɪd] zusammenstoßen
col·lie·ry ['kɒljərɪ] Kohlengrube *f*
col·li·sion [kə'lɪʒn] Zusammenstoß *m*, -prall *m*, Kollision *f*; → **head-on** ~, **rear-end** ~
col·lo·qui·al [kə'ləʊkwɪəl] umgangssprachlich
co·lon ['kəʊlən] Doppelpunkt *m*
colo·nel *mil.* ['kɜːnl] Oberst *m*
co·lo·ni·al·is·m [kə'ləʊnjəlɪzəm] *pol.* Kolonialismus *m*
col·o|·nize ['kɒlənaɪz] kolonisieren, besiedeln; ~**ny** ['kɒlənɪ] Kolonie *f*
co·los·sal [kə'lɒsl] kolossal, riesig
col·o(u)r ['kʌlə] **1.** Farbe *f*; ~**s** *pl. mil.* Fahne *f*; *naut.* Flagge *f*; **what ~ is ...?** welche Farbe hat ...?; **2.** *v/t.* färben; an-, bemalen, anstreichen; *fig.* beschönigen; *v/i.* sich (ver)färben; erröten; '~**bar** Rassenschranke *f*; '~**blind** farbenblind; '~**ed** bunt; farbig; '~**fast** farbecht; '~ **film** *phot.* Farbfilm *m*; '~**ful** farbenprächtig; *fig.* farbig, bunt; ~**ing** ['kʌlərɪŋ] Färbung *f*; Farbstoff *m*; Gesichtsfarbe *f*; '~**less** farblos; '~ **line** Rassenschranke *f*; '~ **set** Farbfernseher *m*; '~ **tel·e·vi·sion** Farbfernsehen *n*
colt [kəʊlt] (Hengst)Fohlen *n*
col·umn ['kɒləm] Säule *f*; *print.* Spalte *f*; *mil.* Kolonne *f*; ~**ist** ['kɒləmnɪst] Kolumnist(in)
comb [kəʊm] **1.** Kamm *m*; **2.** *v/t.* kämmen; striegeln
com|·bat ['kɒmbæt] **1.** Kampf *m*; **sin-**gle ~ Zweikampf *m*; **2.** (*-tt-*, *Am. a.* **-t-**) kämpfen gegen, bekämpfen; ~**'ba·tant** ['kɒmbətənt] Kämpfer *m*
com|·bi·na·tion [kɒmbɪ'neɪʃn] Verbindung *f*, Kombination *f*; ~**'bine** [kəm'baɪn] **1.** (sich) verbinden; **2.** *econ.* Konzern *m*; *a.* ~ **harvester** Mähdrescher *m*
com·bus|·ti·ble [kəm'bʌstəbl] **1.** brennbar; **2.** Brennstoff *m*, -material *n*; ~**tion** [kəm'bʌstʃən] Verbrennung *f*
come [kʌm] (*came*, *come*) kommen; **to ~** künftig, kommend; ~ **and go** kommen u. gehen; ~ **to see** besuchen; ~ **about** geschehen, passieren; ~ **across** auf *j-n od. et.* stoßen; ~ **along** mitkommen, -gehen; ~ **apart** auseinander fallen; ~ **away** sich lösen, ab-, losgehen (*Knopf etc.*); ~ **back** zurückkommen; ~ **by** zu et. kommen; ~ **down** herunterkommen (*a. fig.*); einstürzen; sinken (*Preis*); überliefert werden; ~ **down with** F erkranken an (*dat.*); ~ **for** abholen kommen, kommen wegen; ~ **forward** sich melden; ~ **from** kommen aus; kommen von; ~ **home** nach Hause (*östr., Schweiz: a.* nachhause) kommen; ~ **in** hereinkommen; eintreffen (*Nachricht*); einlaufen (*Zug*); ~ **in!** herein!; ~ **loose** sich ablösen, abgehen; ~ **off** ab-, losgehen (*Knopf etc.*); ~ **on!** los!, vorwärts!, komm!; ~ **out** herauskommen; ~ **over** vorbeikommen (*Besucher*); ~ **round** vorbeikommen (*Besucher*); wieder zu sich kommen; ~ **through** durchkommen; *Krankheit etc.* überstehen, -leben; ~ **to** sich belaufen auf; wieder zu sich kommen; ~ **up to** entsprechen (*dat.*), heranreichen an (*acc.*); '~**back** Come-back *n*
co·me·di·an [kə'miːdjən] Komiker *m*
com·e·dy ['kɒmədɪ] Komödie *f*, Lustspiel *n*
come·ly ['kʌmlɪ] (*-ier*, *-iest*) attraktiv, gut aussehen
com·fort ['kʌmfət] **1.** Komfort *m*, Bequemlichkeit *f*; Trost *m*; **2.** trösten; '**com·for·ta·ble** komfortabel, behaglich, bequem; tröstlich; '~**er** Tröster *m*; Wollschal *m*; *bsd. Brt.* Schnuller *m*; *Am.* Steppdecke *f*; '~**less** unbequem, trostlos; '~ **sta·tion** *Am.* Bedürfnisanstalt *f*

com·ic ['kɒmɪk] (~**ally**) komisch; Komödien..., Lustspiel...
com·i·cal ['kɒmɪkl] komisch, spaßig
com·ics ['kɒmɪks] *pl.* Comics *pl.*, Comic-Hefte *pl.*
com·ma ['kɒmə] Komma *n*
com·mand [kə'mɑːnd] **1.** Befehl *m*; Beherrschung *f*, *mil.* Kommando *n*; **2.** befehlen; *mil.* kommandieren; verfügen über (*acc.*); beherrschen; ~**er** Kommandeur *m*, Befehlshaber *m*; ~**er in chief** *mil.* [kəmɑːndərɪn'tʃiːf] (*pl.* **commanders in chief**) Oberbefehlshaber *m*; ~**ment** Gebot *n*; ~ **mod·ule** *Raumfahrt:* Kommandokapsel *f*
com·man·do *mil.* [kə'mɑːndəʊ] (*pl.* **-dos, -does**) Kommando *n*
com·mem·o·rate [kə'meməreɪt] gedenken (*gen.*); ~**ra·tion** [kəmemə'reɪʃn]: *in* ~ *of* zum Gedenken *od.* Gedächtnis an (*acc.*); ~**ra·tive** [kə'memərətɪv] Gedenk..., Erinnerungs...
com·ment ['kɒment] **1.** (*on*) Kommentar *m* (zu); Bemerkung *f* (zu); Anmerkung *f* (zu); *no* ~*!* kein Kommentar!; *v/i.* ~ *on* e-n Kommentar abgeben zu, sich äußern über; *v/t.* bemerken (*that* dass); ~**men·ta·ry** ['kɒməntərɪ] Kommentar *m* (*on* zu); ~**men·ta·tor** ['kɒməntetə] Kommentator *m*, *Rundfunk, TV: a.* Reporter *m*
com·merce ['kɒmɜːs] Handel *m*
com·mer·cial [kə'mɜːʃl] **1.** Handels..., Geschäfts...; kommerziell, finanziell; **2.** *Rundfunk, TV:* Werbespot *m*, -sendung *f*; ~ '**art** Gebrauchsgrafik *f*; ~ '**art·ist** Gebrauchsgrafiker(in); ~**ize** [kə'mɜːʃəlaɪz] kommerzialisieren, vermarkten; ~ '**tel·e·vi·sion** Werbefernsehen *n*; kommerzielles Fernsehen; ~ '**trav·el·ler** → **sales representative**
com·mis·e·rate [kə'mɪzəreɪt]: ~ *with* Mitleid empfinden mit; ~**ra·tion** [kəmɪzə'reɪʃn] Mitleid *n* (*for* mit)
com·mis·sion [kə'mɪʃn] **1.** Auftrag *m*; Kommission *f*, Ausschuss *m*; *econ.* Kommission *f*; Provision *f*; Begehung *f* (*e-s Verbrechens*); **2.** beauftragen; *et.* in Auftrag geben; ~**er** Beauftragte(r *m*) *f*; Kommissar(in)
com·mit [kə'mɪt] (**-tt-**) anvertrauen, übergeben; *jur.* j-n einweisen (*to* in *acc.*); *Verbrechen* begehen; verpflichten (*to* zu), festlegen (*to* auf *acc.*); ~**ment** Verpflichtung *f*; Engagement *n*; ~**tal** *jur.* [kə'mɪtl] Einweisung *f*; ~**tee** [kə'mɪtɪ] Komitee *n*, Ausschuss *m*
com·mod·i·ty *econ.* [kə'mɒdətɪ] Ware *f*, Artikel *m*
com·mon ['kɒmən] **1.** gemeinsam, gemeinschaftlich; allgemein; alltäglich; gewöhnlich, einfach; **2.** Gemeindeland *n*; *in* ~ gemeinsam (*with* mit); '~**er** Bürgerliche(r *m*) *f*; ~ '**law** (ungeschriebenes englisches) Gewohnheitsrecht; ℅ '**Mar·ket** *econ. pol.* Gemeinsamer Markt; '~**place 1.** Gemeinplatz *m*; **2.** alltäglich; abgedroschen; ~**s** *pl.*: *the* ℅, *the House of* ℅ *Brt. parl.* das Unterhaus; ~ '**sense** gesunder Menschenverstand; '~**wealth:** *the* ℅ (*of Nations*) das Commonwealth
com·mo·tion [kə'məʊʃn] Aufregung *f*; Aufruhr *m*, Tumult *m*
com·mu·nal ['kɒmjʊnl] Gemeinde...; Gemeinschafts...
com·mune [kə'mjuːn] Kommune *f*
com·mu·ni·cate [kə'mjuːnɪkeɪt] *v/t.* mitteilen; *v/i.* sich besprechen; sich in Verbindung setzen (*with s.o.* mit j-m); (durch e-e Tür) verbunden sein; ~**ca·tion** [kəmjuːnɪ'keɪʃn] Mitteilung *f*; Verständigung *f*, Kommunikation *f*; Verbindung *f*
com·mu·ni·ca·tions [kəmjuːnɪ'keɪʃnz] *pl.* Verbindung *f*, Verkehrswege *pl.*; ~ **sat·el·lite** Nachrichtensatellit *m*
com·mu·ni·ca·tive [kə'mjuːnɪkətɪv] mitteilsam, gesprächig
Com·mun·ion *rel.* [kə'mjuːnjən] *a. Holy* ~ (heilige) Kommunion, Abendmahl *n*
com·mu·nis·m ['kɒmjʊnɪzəm] Kommunismus *m*; ~**nist 1.** Kommunist(in); **2.** kommunistisch
com·mu·ni·ty [kə'mjuːnətɪ] Gemeinschaft *f*; Gemeinde *f*
com·mute [kə'mjuːt] *jur.* Strafe *mildernd* umwandeln; *rail. etc.* pendeln; '~**mut·er** Pendler(in); ~'**mut·er train** Pendler-, Nahverkehrszug *m*
com·pact 1. ['kɒmpækt] Puderdose *f*; *Am.* Kleinwagen *m*; **2.** [kəm'pækt] *adj.* kompakt; eng, klein; knapp (*Stil*); ~ **car** *Am.* [kɒmpækt 'kɑː] Kleinwagen *m*; ~ **disc,** ~ **disk** [kɒmpækt 'dɪsk] (*Abk.* **CD**) Compact Disc *f*, CD *f*; ~

'disc play·er, ~ **'disk play·er** CD-Player m, CD-Spieler m

com·pan·ion [kəmˈpænjən] Begleiter(in); Gefährt|e m, -in f; Gesellschafter(in); Handbuch n, Leitfaden m; **~ship** Gesellschaft f

com·pa·ny [ˈkʌmpəni] Gesellschaft f; *econ.* Gesellschaft f, Firma f; *mil.* Kompanie f; *thea.* Truppe f; *keep s.o.* ~ j-m Gesellschaft leisten

com|·pa·ra·ble [ˈkɒmpərəbl] vergleichbar; **~·par·a·tive** [kəmˈpærətɪv] 1. vergleichend; verhältnismäßig; 2. *a.* ~ *degree gr.* Komparativ m; **~·pare** [kəmˈpeə] 1. *v/t.* vergleichen; **~d with** im Vergleich zu; *v/i.* sich vergleichen (lassen); 2. *beyond* ~, *without* ~ unvergleichlich; **~·pa·ri·son** [kəmˈpærɪsn] Vergleich m

com·part·ment [kəmˈpɑːtmənt] Fach n; *rail.* Abteil n

com·pass [ˈkʌmpəs] Kompass m; *pair of* ~*es pl.* Zirkel m

com·pas·sion [kəmˈpæʃn] Mitleid n; **~·ate** [kəmˈpæʃənət] mitleidig

com·pat·i·ble [kəmˈpætəbl] vereinbar; *be* ~ (*with*) passen zu), zusammenpassen, *Computer etc.*: kompatibel (mit)

com·pat·ri·ot [kəmˈpætrɪət] Landsmann m, -männin f

com·pel [kəmˈpel] (-*ll*-) (er)zwingen; **~·ling** zwingend

com·pen|·sate [ˈkɒmpenseɪt] j-n entschädigen; *et.* ersetzen; ausgleichen; **~·sa·tion** [kɒmpenˈseɪʃn] Ersatz m; Ausgleich m; (Schaden)Ersatz m, Entschädigung f; *Am.* Bezahlung f, Gehalt n

com·pere *Brt.* [ˈkɒmpeə] Conférencier m

com·pete [kəmˈpiːt] sich (mit)bewerben (*for* um); konkurrieren; *Sport*: (am Wettkampf) teilnehmen

com·pe|·tence [ˈkɒmpɪtəns] Können n, Fähigkeit f; '**~·tent** fähig, tüchtig; fach-, sachkundig

com·pe·ti·tion [kɒmpɪˈtɪʃn] Wettbewerb m; Konkurrenz f

com·pet·i|·tive [kəmˈpetɪtɪv] konkurrierend; **~·tor** [kəmˈpetɪtə] Mitbewerber(in); Konkurrent(in); *Sport*: (Wettbewerbs)Teilnehmer(in)

com·pile [kəmˈpaɪl] kompilieren, zusammentragen, zusammenstellen

com·pla|·cence, **~·cen·cy** [kəmˈpleɪsns, -snsɪ] Selbstzufriedenheit f, -gefälligkeit f; **~·cent** [kəmˈpleɪsnt] selbstzufrieden, -gefällig

com·plain [kəmˈpleɪn] sich beklagen *od.* beschweren (*about* über; *to* bei); klagen (*of* über *acc.*); **~t** Klage f, Beschwerde f; *med.* Leiden n; **~s** *pl. med. a.* Beschwerden *pl*

com·ple|·ment 1. [ˈkɒmplɪmənt] Ergänzung f; 2. [ˈkɒmplɪment] ergänzen; **~·men·ta·ry** [kɒmplɪˈmentərɪ] (sich) ergänzend

com|·plete [kəmˈpliːt] 1. vollständig; vollzählig; 2. vervollständigen; beenden, abschließen; **~·ple·tion** [kəmˈpliːʃn] Vervollständigung f; Abschluss m

com·plex [ˈkɒmpleks] 1. zusammengesetzt; komplex, vielschichtig; 2. Komplex m (*a. psych.*)

com·plex·ion [kəmˈplekʃn] Gesichtsfarbe f, Teint m

com·plex·i·ty [kəmˈpleksətɪ] Komplexität f, Vielschichtigkeit f

com·pli|·ance [kəmˈplaɪəns] Einwilligung f; Befolgung f; *in* ~ *with* gemäß; **~·ant** willfährig

com·pli|·cate [ˈkɒmplɪkeɪt] komplizieren; '**~·cat·ed** kompliziert; **~·ca·tion** [kɒmplɪˈkeɪʃn] Komplikation f (*a. med.*)

com·plic·i·ty [kəmˈplɪsətɪ] Mitschuld f, Mittäterschaft f (*in* an *dat.*)

com·pli|·ment 1. [ˈkɒmplɪmənt] Kompliment n; Empfehlung f; Gruß m; 2. [ˈkɒmplɪment] *v/t.* j-m ein Kompliment *od.* Komplimente machen (*on* wegen)

com·ply [kəmˈplaɪ] (*with*) einwilligen (in *acc.*); (*e-e Abmachung etc.*) befolgen

com·po·nent [kəmˈpəʊnənt] Bestandteil m; *tech.*, *electr.* Bauelement n

com|·pose [kəmˈpəʊz] zusammensetzen *od.* -stellen; *mus.* komponieren; verfassen; *be* ~*d of* bestehen *od.* sich zusammensetzen aus; ~ *o.s.* sich beruhigen; **~'posed** ruhig, gelassen; **~·pos·er** *mus.* Komponist(in); **~·po·si·tion** [kɒmpəˈzɪʃn] Zusammensetzung f; Komposition f; *ped.* Aufsatz m; **~·po·sure** [kəmˈpəʊʒə] Fassung f, (Gemüts)Ruhe f

com·pound¹ [ˈkɒmpaʊnd] Lager n; Gefängnishof m; (Tier)Gehege n

com·pound² 1. ['kɒmpaʊnd] Zusammensetzung *f*; Verbindung *f*; *gr.* zusammengesetztes Wort; **2.** ['kɒmpaʊnd] zusammengesetzt; **~ interest** *econ.* Zinseszinsen *pl.*; **3.** [kəm'paʊnd] *v/t.* zusammensetzen; steigern, *bsd.* verschlimmern

com·pre·hend [kɒmprɪ'hend] begreifen, verstehen

com·pre·hen|·si·ble [kɒmprɪ'hensəbl] verständlich; **~·sion** [kɒmprɪ'henʃn] Verständnis *n*; Begriffsvermögen *n*, Verstand *m*; **past ~** unfassbar, unfasslich; **~·sive** [kɒmprɪ'hensɪv] **1.** umfassend; **2.** *a.* **~ school** *Brt.* Gesamtschule *f*

com|·press [kəm'pres] zusammendrücken, -pressen; **~ed air** Druckluft *f*; **~·pres·sion** [kəm'preʃn] *phys.* Verdichtung *f*; *tech.* Druck *m*

com·prise [kəm'praɪz] einschließen, umfassen; bestehen aus

com·pro·mise ['kɒmprəmaɪz] **1.** Kompromiss *m*; **2.** *v/t.* bloßstellen, kompromittieren; *v/i.* e-n Kompromiss schließen

com·pul|·sion [kəm'pʌlʃn] Zwang *m*; **~·sive** [kəm'pʌlsɪv] zwingend, Zwangs...; *psych.* zwanghaft; **~·so·ry** [kəm'pʌlsərɪ] obligatorisch; Zwangs...; Pflicht...

com·punc·tion [kəm'pʌŋkʃn] Gewissensbisse *pl.*; Reue *f*; Bedenken *pl.*

com·pute [kəm'pjuːt] berechnen; schätzen

com·put·er [kəm'pjuːtə] Computer *m*, Rechner *m*; **~·'aid·ed** computergestützt; **~·con'trolled** computergesteuert; **~ game** Computerspiel *n*; **~'graph·ics** *pl.* Computergrafik *f*; **~·ize** [kəm'pjuːtəraɪz] (sich) auf Computer umstellen; computerisieren; mit Hilfe e-s Computers errechnen *od.* zusammenstellen; **~ pre'dic·tion** Hochrechnung *f* (*bei Wahlen*); **~ sci·ence** Informatik *f*; **~ 'sci·en·tist** Informatiker *m*; **~ 'vi·rus** Computervirus *m*

com·rade ['kɒmreɪd] Kamerad *m*; (Partei)Genosse *m*

con¹ *Abk.* [kɒn] → **contra**

con² F [kɒn] (**-nn-**) reinlegen, betrügen

con·ceal [kən'siːl] verbergen; verheimlichen

con·cede [kən'siːd] zugestehen, einräumen

con·ceit [kən'siːt] Einbildung *f*, Dünkel *m*; **~ed** eingebildet (**of** auf *acc.*)

con·ceiv·a·ble [kən'siːvəbl] denkbar, begreiflich; **~ve** [kən'siːv] *v/i.* schwanger werden; *v/t. Kind* empfangen; sich *et.* vorstellen *od.* denken

con·cen·trate ['kɒnsəntreɪt] (sich) konzentrieren

con·cept ['kɒnsept] Begriff *m*; Gedanke *m*; △ *nicht* **Konzept**

con·cep·tion [kən'sepʃn] Vorstellung *f*, Begriff *m*; *biol.* Empfängnis *f*

con|·cern [kən'sɜːn] **1.** Angelegenheit *f*; Sorge *f*; *econ.* Geschäft *n*, Unternehmen *n*; △ *nicht* **Konzern**; **2.** betreffen, angehen; beunruhigen; **~ed** besorgt; beteiligt (**in** an *dat.*); **~ing** *prp.* betreffend, hinsichtlich, was ... an(be)trifft

con·cert *mus.* ['kɒnsət] Konzert *n*; **~ hall** Konzerthalle *f*, -saal *m*

con·ces·sion [kən'seʃn] Zugeständnis *n*; Konzession *f*

con·cil·i·a·to·ry [kən'sɪlɪətərɪ] versöhnlich, -mittelnd

con·cise [kən'saɪs] kurz, knapp; **~·ness** Kürze *f*

con·clude [kən'kluːd] schließen, beenden; *Vertrag etc.* abschließen; *et.* folgern, schließen (**from** aus); **to be ~d** Schluss folgt

con·clu|·sion [kən'kluːʒn] (Ab)Schluss *m*, Ende *n*; Abschluss *m* (*e-s Vertrages etc.*); (Schluss)Folgerung *f*; → **jump**; **~·sive** [kən'kluːsɪv] schlüssig (*Beweis*)

con|·coct [kən'kɒkt] (zusammen)brauen; *fig.* aushecken, -brüten; **~·coc·tion** [kən'kɒkʃn] Gebräu *n*; *fig.* Erfindung *f*

con·crete¹ ['kɒŋkriːt] konkret

con·crete² ['kɒŋkriːt] **1.** Beton *m*; Beton...; **2.** betonieren

con·cur [kən'kɜː] (**-rr-**) übereinstimmen; **~·rence** [kən'kʌrəns] Zusammentreffen *n*; Übereinstimmung *f*; △ *nicht* **Konkurrenz**

con·cus·sion *med.* [kən'kʌʃn] Gehirnerschütterung *f*

con|·demn [kən'dem] verurteilen (*a. jur.*: **to death** zum Tode); für unbrauchbar *od.* unbewohnbar *etc.* erklären; **~·dem·na·tion** [kɒndem'neɪʃn] Verurteilung *f* (*a. jur.*)

con|·den·sa·tion [kɒnden'seɪʃn] Kondensation *f*; Zusammenfassung *f*; **~·dense** [kən'dens] kondensieren, zu-

sammenfassen; **~densed 'milk** Kondensmilch f; **~'dens·er** tech. Kondensator m
con·de·scend [kɒndɪ'send] sich herablassen; **~ing** herablassend, gönnerhaft
con·di·ment ['kɒndɪmənt] Gewürz n, Würze f
con·di·tion [kən'dɪʃn] **1.** Zustand m; (körperlicher od. Gesundheits)Zustand m; Sport: Kondition f, Form f; Bedingung f; **~s** pl. Verhältnisse pl., Umstände pl.; **on ~ that** unter der Bedingung, dass; **out of ~** in schlechter Verfassung, in schlechtem Zustand; **2.** bedingen; in Form bringen; **~al** [kən'dɪʃnl] **1.** (**on**) bedingt (durch), abhängig (von); **2.** a. **~ clause** gr. Bedingungs-, Konditionalsatz m; a. **~ mood** gr. Konditional m
con·do Am. ['kɒndəʊ] → **condominium**
con|·dole [kən'dəʊl] kondolieren (**with** dat.); **~'do·lence** Beileid n
con·dom ['kɒndəm] Kondom n, m
con·do·min·i·um Am. [kɒndə'mɪnɪəm] Eigentumswohnanlage f; Eigentumswohnung f
con·done [kən'dəʊn] verzeihen, -geben
con·du·cive [kən'djuːsɪv] dienlich, förderlich (**to** dat.)
con|·duct 1. ['kɒndʌkt] Führung f; Verhalten n, Betragen n; **2.** [kən'dʌkt] führen; phys. leiten; mus. dirigieren; **~ed tour** Führung f (**of** durch); **~'duc·tor** [kən'dʌktə] Führer m, Leiter m; (Bus-, Straßenbahn)Schaffner m; Am. rail. Zugbegleiter m, veraltet: Schaffner m; mus. Dirigent m; phys. Leiter m; electr. Blitzableiter m
cone [kəʊn] Kegel m; Eistüte f; bot. Zapfen m
con·fec·tion [kən'fekʃn] Konfekt n; △ nicht **Konfektion;** **~·er** [kən'fekʃnə] Konditor m; **~·e·ry** [kən'fekʃnərɪ] Süßigkeiten pl., Süß-, Konditoreiwaren pl.; Konfekt n; Konditorei f; Süßwarengeschäft n
con·fed·e|·ra·cy [kən'fedərəsɪ] (Staaten)Bund m; **the ~** Am. hist. die Konföderation; **~·rate 1.** [kən'fedərət] verbündet; **2.** [kən'fedərət] Verbündete m, Bundesgenosse m; **3.** [kən'fedəreɪt] (sich) verbünden; **~·ra·tion** [kənfedə'reɪʃn] Bund m, Bündnis n; (Staaten-)Bund m
con·fer [kən'fɜː] (**-rr-**) v/t. Titel etc. verleihen (**on** dat.); v/i. sich beraten
con·fe·rence ['kɒnfərəns] Konferenz f
con|·fess [kən'fes] gestehen; beichten; **~·fes·sion** [kən'feʃn] Geständnis n; Beichte f; **~·fes·sion·al** [kən'feʃənl] Beichtstuhl m; **~·fes·sor** rel. [kən'fesə] Beichtvater m
con·fide [kən'faɪd]: **~ s.th. to s.o.** j-m et. anvertrauen; **~ in s.o.** sich j-m anvertrauen
con·fi·dence ['kɒnfɪdəns] Vertrauen n; Selbstvertrauen n; **'~ man** (pl. **-men**) → **conman;** **'~ trick** aufgelegter Schwindel; Hochstapelei f
con·fi·dent ['kɒnfɪdənt] überzeugt, zuversichtlich; **~·den·tial** [kɒnfɪ'denʃl] vertraulich
con·fine [kən'faɪn] begrenzen, beschränken; einsperren; **be ~d of** entbunden werden von; **~·ment** Haft f; Beschränkung f; Entbindung f
con|·firm [kən'fɜːm] bestätigen; bekräftigen; rel. konfirmieren; rel. firmen; **~·fir·ma·tion** [kɒnfə'meɪʃn] Bestätigung f; rel. Konfirmation f; rel. Firmung f
con·fis·cate ['kɒnfɪskeɪt] beschlagnahmen; **~·ca·tion** [kɒnfɪ'skeɪʃn] Beschlagnahme f
con·flict 1. ['kɒnflɪkt] Konflikt m; **2.** [kən'flɪkt] im Widerspruch stehen (**with** zu); **~ing** [kən'flɪktɪŋ] widersprüchlich
con·form [kən'fɔːm] (sich) anpassen (**to** dat., an acc.)
con·found [kən'faʊnd] verwirren, durcheinander bringen
con·front [kən'frʌnt] gegenübertreten, -stehen (dat.); sich stellen (dat.); konfrontieren; **~·fron·ta·tion** [kɒnfrʌn'teɪʃn] Konfrontation f
con|·fuse [kən'fjuːz] verwechseln; verwirren; **~·fused** verwirrt; verlegen; verworren; **~·fu·sion** [kən'fjuːʒn] Verwirrung f; Verlegenheit f; Verwechslung f
con·geal [kən'dʒiːl] erstarren (lassen); gerinnen (lassen)
con|·gest·ed [kən'dʒestɪd] überfüllt; verstopft; **~·ges·tion** [kən'dʒestʃən] Blutandrang m; a. **traffic ~** Verkehrsstockung f, -stauung f, -stau m
con·grat·u·late [kən'grætjʊleɪt] beglückwünschen, j-m gratulieren; **~·la·tion** [kəngrætjʊ'leɪʃn] Glück-

congregate 72

wunsch *m*; **~s!** ich gratuliere!, herzlichen Glückwunsch!
con·gre·gate ['kɒŋgrɪgeɪt] (sich) versammeln; **~·ga·tion** *rel.* [kɒŋgrɪ'geɪʃn] Gemeinde *f*
con·gress ['kɒŋgres] Kongress *m*; ⁂ *Am. parl.* der Kongress; '⁂·**man** (*pl. -men*) *Am. parl.* Kongressabgeordnete(r) *m*; '⁂·**wom·an** (*pl. -women*) *Am. parl.* Kongressabgeordnete *f*
con·ic *bsd. tech.* ['kɒnɪk], '**~·i·cal** konisch, kegelförmig
co·ni·fer *bot.* ['kɒnɪfə] Nadelbaum *m*
con·jec·ture [kən'dʒektʃə] **1.** Vermutung *f*; **2.** vermuten
con·ju·gal ['kɒndʒʊgl] ehelich
con·ju·gate *gr.* ['kɒndʒʊgeɪt] konjugieren, beugen; **~·ga·tion** *gr.* [kɒndʒʊ'geɪʃn] Konjugation *f*, Beugung *f*
con·junc·tion [kən'dʒʌŋkʃn] Verbindung *f*; *gr.* Konjunktion *f*, Bindewort *n*
con·junc·ti·vi·tis *med.* [kəndʒʌŋktɪ'vaɪtɪs] Bindehautentzündung *f*
con·jure ['kʌndʒə] zaubern; *Teufel etc.* beschwören; **~ up** heraufbeschwören (*a. fig.*); [kən'dʒʊə] *veraltet* beschwören (**to do** zu tun); **~·jur·er** *bsd. Brt.* ['kʌndʒərə] Zauberer *m*, -in *f*, Zauberkünstler(in); **~·jur·ing trick** ['kʌndʒərɪŋ -] Zauberkunststück *n*; **~·jur·or** ['kʌndʒərə] → *conjurer*
con·man ['kɒnmæn] (*pl. -men*) Betrüger *m*; Hochstapler *m*
con·nect [kə'nekt] verbinden; *electr.* anschließen, zuschalten; *rail., aviat. etc.* Anschluss haben (**with** an *acc.*); **~'nect·ed** verbunden; (logisch) zusammenhängend (*Rede etc.*); **be well ~** gute Beziehungen haben; **~·nec·tion**, **~·nex·ion** *Brt.* [kə'nekʃn] Verbindung *f*, Anschluss *m* (*a. electr., rail., aviat., tel.*); Zusammenhang *m*; *mst* **~s** *pl.* Beziehungen *pl.*, Verbindungen *pl.*; Verwandte *pl.*
con·quer ['kɒŋkə] erobern; (be)siegen; **~·or** ['kɒŋkərə] Eroberer *m*
con·quest ['kɒŋkwest] Eroberung *f* (*a. fig.*); erobertes Gebiet
con·science ['kɒnʃəns] Gewissen *n*
con·sci·en·tious [kɒnʃɪ'enʃəs] gewissenhaft; Gewissens...; **~·ness** Gewissenhaftigkeit *f*; **~ ob'jec·tor** Wehrdienstverweigerer *m* (*aus Gewissensgründen*)

con·scious ['kɒnʃəs] bei Bewusstsein; bewusst; **be ~ of** sich bewusst sein (*gen.*); '**~·ness** Bewusstsein *n*
con|·script *mil.* **1.** [kən'skrɪpt] einberufen; **2.** ['kɒnskrɪpt] Wehrpflichtige(r) *m*; **~·'scrip·tion** *mil.* [kən'skrɪpʃn] Einberufung *f*; Wehrpflicht *f*
con·se·crate ['kɒnsɪkreɪt] *rel.* weihen; widmen; **~·cra·tion** *rel.* [kɒnsɪ'kreɪʃn] Weihe *f*
con·sec·u·tive [kən'sekjʊtɪv] aufeinander folgend; fortlaufend
con·sent [kən'sent] **1.** Zustimmung *f*; **2.** einwilligen, zustimmen
con·se·quence ['kɒnsɪkwəns] Folge *f*, Konsequenz *f*; Bedeutung *f*; '**~·quent·ly** folglich, daher
con·ser·va·tion [kɒnsə'veɪʃn] Erhaltung *f*; Naturschutz *m*; Umweltschutz *m*; **~ area** (Natur)Schutzgebiet *n*; **~·tion·ist** [kɒnsə'veɪʃnɪst] Naturschützer(in); Umweltschützer(in); **~·tive** [kən'sɜːvətɪv] **1.** erhaltend; konservativ; vorsichtig; **2.** ⁂ *pol.* Konservative(r) *m f*; **~·to·ry** [kən'sɜːvətrɪ] Treib-, Gewächshaus *n*; Wintergarten *m*; **con·serve** [kən'sɜːv] erhalten
con·sid·er [kən'sɪdə] *v/t.* nachdenken über (*acc.*); betrachten als, halten für; sich überlegen, erwägen, in Betracht ziehen, berücksichtigen; *v/i.* nachdenken, überlegen; **~·e·ra·ble** [kən'sɪdərəbl] ansehnlich, beträchtlich; **~·e·ra·bly** [kən'sɪdərəblɪ] bedeutend, ziemlich, (sehr) viel; **~·e·rate** [kən'sɪdərət] rücksichtsvoll; **~·e·ra·tion** [kənsɪdə'reɪʃn] Erwägung *f*, Überlegung *f*; Berücksichtigung *f*; Rücksicht(nahme) *f*; **take into ~** in Erwägung *od.* in Betracht ziehen; **~·er·ing** [kən'sɪdərɪŋ] in Anbetracht (der Tatsache, dass)
con·sign *econ.* [kən'saɪn] *Waren* zusenden; **~·ment** *econ.* (Waren)Sendung *f*
con·sist [kən'sɪst]: **~ in** bestehen in (*dat.*); **~ of** bestehen aus
con·sis|·tence, ·ten·cy [kən'sɪstəns, -tənsɪ] Konsistenz *f*, Beschaffenheit *f*; Übereinstimmung *f*, Konsequenz *f*; **~·tent** [kən'sɪstənt] übereinstimmend, vereinbar (**with** mit); konsequent; *Sport etc.*: beständig (*Leistung*)
con·so·la·tion [kɒnsə'leɪʃn] Trost *m*; **~·sole** [kən'səʊl] trösten

con·sol·i·date [kənˈsɒlɪdeɪt] festigen; *fig.* zusammenschließen, -legen

con·so·nant *gr.* [ˈkɒnsənənt] Konsonant *m*, Mitlaut *m*

con·spic·u·ous [kənˈspɪkjuəs] deutlich sichtbar; auffallend

con|·spir·a·cy [kənˈspɪrəsɪ] Verschwörung *f*; **~·spir·a·tor** [kənˈspɪrətə] Verschwörer *m*; **~·spire** [kənˈspaɪə] sich verschwören

con·sta·ble *Brt.* [ˈkʌnstəbl] Polizist *m*

con·stant [ˈkɒnstənt] konstant, gleichbleibend; (be)ständig, (an)dauernd

con·ster·na·tion [kɒnstəˈneɪʃn] Bestürzung *f*

con·sti|·pat·ed *med.* [ˈkɒnstɪpeɪtɪd] verstopft; **~·pa·tion** *med.* [kɒnstɪˈpeɪʃn] Verstopfung *f*

con·sti·tu|·en·cy [kənˈstɪtjuənsɪ] Wahlkreis *m*; **~·ent** (wesentlicher) Bestandteil; *pol.* Wähler(in)

con·sti·tute [ˈkɒnstɪtjuːt] ernennen, einsetzen; bilden, ausmachen

con·sti·tu·tion [kɒnstɪˈtjuːʃn] *pol.* Verfassung *f*; Konstitution *f*, körperliche Verfassung; **~·al** [kɒnstɪˈtjuːʃənl] konstitutionell; *pol.* verfassungsmäßig

con·strained [kənˈstreɪnd] gezwungen, unnatürlich

con|·strict [kənˈstrɪkt] zusammenziehen; **~·stric·tion** [kənˈstrɪkʃn] Zusammenziehung *f*

con|·struct [kənˈstrʌkt] bauen, errichten, konstruieren; **~·struc·tion** [kənˈstrʌkʃn] Konstruktion *f*; Bau (-werk *n*) *m*; **under** ~ im Bau (befindlich); **~·struc·tion site** Baustelle *f*; **~·struc·tive** [kənˈstrʌktɪv] konstruktiv; **~·struc·tor** [kənˈstrʌktə] Erbauer *m*, Konstrukteur *m*

con·sul [ˈkɒnsəl] Konsul *m*; **con·su·late** [ˈkɒnsjʊlət] Konsulat *n* (*a. Gebäude*); **con·su·late ˈgen·e·ral** Generalkonsulat *n*; **con·sul ˈgen·e·ral** Generalkonsul *m*

con·sult [kənˈsʌlt] *v/t.* konsultieren, um Rat fragen; in *e-m Buch* nachschlagen; *v/i.* (sich) beraten

con·sul·tant [kənˈsʌltənt] (fachmännische[r]) Berater(in); *Brt.* Facharzt *m* (*an e-m Krankenhaus*); **~·ta·tion** [kɒnslˈteɪʃn] Konsultation *f*, Beratung *f*, Rücksprache *f*

con·sult·ing [kənˈsʌltɪŋ] beratend; **~ hours** *pl.* Sprechstunde *f* (*des Arztes*); **~ room** Sprechzimmer *n*

con|·sume [kənˈsjuːm] *v/t.* Essen *etc.* zu sich nehmen, verzehren; verbrauchen, konsumieren; zerstören, vernichten (*durch Feuer*); *fig.* verzehren (*durch Hass etc.*); **~·sum·er** *econ.* Verbraucher(in); **~·sum·er so·ci·e·ty** Konsumgesellschaft *f*

con·sum·mate 1. [kənˈsʌmɪt] vollendet; **2.** [ˈkɒnsəmeɪt] vollenden; *Ehe* vollziehen

con·sump·tion [kənˈsʌmpʃn] Verbrauch *m*; *veraltet med.* Schwindsucht *f*

cont *nur geschr. Abk. für* **continued** Forts., Fortsetzung *f*; fortgesetzt

con·tact [ˈkɒntækt] **1.** Berührung *f*, Kontakt *m*; Ansprechpartner(in), Kontaktperson *f* (*a. med.*); **make** ~**s** Verbindungen anknüpfen *od.* herstellen; **2.** sich in Verbindung setzen mit, Kontakt aufnehmen mit; **ˈ~ lens** Kontaktlinse *f*, -schale *f*, Haftschale *f*

con·ta·gious *med.* [kənˈteɪdʒəs] ansteckend (*a. fig.*)

con·tain [kənˈteɪn] enthalten; *fig.* zügeln, zurückhalten; **~·er** Behälter *m*; *econ.* Container *m*; **~·er·ize** *econ.* [kənˈteɪnəraɪz] auf Containerbetrieb umstellen; in Containern transportieren

con·tam·i·nate [kənˈtæmɪneɪt] verunreinigen; infizieren, vergiften; (*a. radioaktiv*) verseuchen; **radioactively** ~**d** verstrahlt; ~**d soil** Altlasten *pl.*; **~·na·tion** [kəntæmɪˈneɪʃn] Verunreinigung *f*; Vergiftung *f*; (*a. radioaktive*) Verseuchung

contd *nur geschr. Abk. für* **continued** (→ **cont**)

con·tem|·plate [ˈkɒntəmpleɪt] (nachdenklich) betrachten; nachdenken über (*acc.*); erwägen, beabsichtigen; **~·pla·tion** [kɒntəmˈpleɪʃn] (nachdenkliche) Betrachtung *f*; Nachdenken *n*; **~·pla·tive** [kənˈtemplətɪv, ˈkɒntəmpleɪtɪv] nachdenklich

con·tem·po·ra·ry [kənˈtempərərɪ] **1.** zeitgenössisch; **2.** Zeitgenoss|e *m*, -in *f*

con|·tempt [kənˈtempt] Verachtung *f*; **~·temp·ti·ble** [kənˈtemptəbl] verachtenswert; **~·temp·tu·ous** [kənˈtemptʃuəs] geringschätzig, verächtlich

con·tend [kənˈtend] kämpfen, ringen

contender

(*for* um; *with* mit); **~er** *bsd. Sport*: Wettkämpfer(in)

con·tent² ['kɒntent] **1.** Gehalt *m*, Aussage *f* (*e-s Buches etc.*); **~s** *pl.* Inhalt *m*; (*table of*) **~s** *pl.* Inhaltsverzeichnis *n*

con·tent³ 1. [kən'tent] zufrieden; **2.** befriedigen; **~ o.s.** sich begnügen; **~ed** zufrieden; **~ment** Zufriedenheit *f*

con·test 1. ['kɒntest] (Wett)Kampf *m*; Wettbewerb *m*; **2.** [kən'test] sich bewerben um; bestreiten, *a. jur.* anfechten; **~tes·tant** [kən'testənt] Wettkämpfer(in), (Wettkampf)Teilnehmer(in)

con·text ['kɒntekst] Zusammenhang *m*

con·ti·nent ['kɒntɪnənt] Kontinent *m*, Erdteil *m*; the ℘ *Brt.* das (europäische) Festland; **~nen·tal** [kɒntɪ'nentl] kontinental, Kontinental...

con·tin·gen·cy [kən'tɪndʒənsɪ] Möglichkeit *f*, Eventualität *f*; **~t 1. be ~ on** abhängen von; **2.** Kontingent *n*

con·tin·u·al [kən'tɪnjʊəl] fortwährend, unaufhörlich; **~·u·a·tion** [kəntɪnjʊ'eɪʃn] Fortsetzung *f*; Fortbestand *m*, -dauer *f*; **~ue** [kən'tɪnjuː] *v/t.* fortsetzen, -fahren mit; beibehalten; **to be ~d** Fortsetzung folgt; *v/i.* fortdauern; andauern, anhalten; fortfahren, weitermachen; **con·ti·nu·i·ty** [kɒntɪ'njuːətɪ] Kontinuität *f*; **~·u·ous** [kən'tɪnjʊəs] ununterbrochen; **~·u·ous 'form** *gr.* Verlaufsform *f*

con|·tort [kən'tɔːt] verdrehen; verzerren; **~tor·tion** [kən'tɔːʃn] Verdrehung *f*; Verzerrung *f*

con·tour ['kɒntʊə] Umriss *m*

con·tra ['kɒntrə] wider, gegen

con·tra·band *econ.* ['kɒntrəbænd] Schmuggelware *f*

con·tra·cep|·tion *med.* [kɒntrə'sepʃn] Empfängnisverhütung *f*; **~·tive** *med.* [kɒntrə'septɪv] empfängnisverhütend(es Mittel)

con|·tract 1. ['kɒntrækt] Vertrag *m*; **2.** [kən'trækt] (sich) zusammenziehen; sich *e-e Krankheit* zuziehen; e-n Vertrag abschließen; sich vertraglich verpflichten; **~·trac·tion** [kən'trækʃn] Zusammenziehung *f*; **~·trac·tor** [kən'træktə]: *a. building ~* Bauunternehmer *m*

con·tra|·dict [kɒntrə'dɪkt] widersprechen (*dat.*); **~·dic·tion** [kɒntrə'dɪkʃn] Widerspruch *m*; **~·dic·to·ry** [kɒntrə-

74

'dɪktərɪ] (sich) widersprechend

con·tra·ry ['kɒntrərɪ] **1.** entgegengesetzt (*to dat.*); gegensätzlich; **~ to expectations** wider Erwarten; **2.** Gegenteil *n*; **on the ~** im Gegenteil

con·trast 1. ['kɒntrɑːst] Gegensatz *m*; Kontrast *m*; **2.** [kən'trɑːst] *v/t.* gegenüberstellen, vergleichen; *v/i.* sich abheben (*with* von, gegen); im Gegensatz stehen (*with* zu)

con|·trib·ute [kən'trɪbjuːt] beitragen, -steuern; spenden (*to* für); **~·tri·bu·tion** [kɒntrɪ'bjuːʃn] Beitrag *m*, Spende *f*; **~·trib·u·tor** [kən'trɪbjʊtə] Beitragende(r *m*) *f*; Mitarbeiter(in) (*an e-r Zeitung*); **~·trib·u·to·ry** [kən-'trɪbjʊtərɪ] beitragend

con·trite ['kɒntraɪt] zerknirscht

con·trive [kən'traɪv] zu Stande bringen; es fertigbringen

con·trol [kən'trəʊl] **1.** Kontrolle *f*, Herrschaft *f*, Macht *f*, Gewalt *f*, Beherrschung *f*; Aufsicht *f*; *tech.* Steuerung *f*, *mst* **~s** *pl. tech.* Steuervorrichtung *f*; △ *nicht* **Kontrolle** (*Überprüfung*); **get** (**have, keep**) **under ~** unter Kontrolle bringen (haben, halten); **get out of ~** außer Kontrolle geraten; **lose ~ of** die Herrschaft *od.* Gewalt *od.* Kontrolle verlieren über; **2.** (-*ll*-) beherrschen, die Kontrolle haben über (*acc.*); e-r Sache Herr werden, (erfolgreich) bekämpfen; kontrollieren, überwachen; *econ.* (staatlich) lenken, *Preise* binden; *electr., tech.* steuern, regeln, regulieren; △ *nicht* **kontrollieren** (*überprüfen*); **~ desk** *electr.* Schalt-, Steuerpult *n*; **~ pan·el** *electr.* Schalttafel *f*; **~ tow·er** *aviat.* Kontrollturm *m*, Tower *m*

con·tro·ver|·sial [kɒntrə'vɜːʃl] umstritten; **~·sy** ['kɒntrəvɜːsɪ] Kontroverse *f*, Streit *m*

con·tuse *med.* [kən'tjuːz] sich *et.* quetschen

con·va|·lesce [kɒnvə'les] gesund werden, genesen; **~·les·cence** [kɒnvə-'lesns] Rekonvaleszenz *f*, Genesung *f*; **~·les·cent 1.** genesend; **2.** Rekonvaleszent(in), Genesende(r *m*) *f*

con·vene [kən'viːn] versammeln; zusammenkommen; *Versammlung* einberufen

con·ve·ni|·ence [kən'viːnjəns] Annehmlichkeit *f*, Bequemlichkeit *f*; *Brt.*

Toilette *f*; **all (modern) ~s** *pl.* aller Komfort; **at your earliest ~** möglichst bald; **~ent** bequem; günstig, passend
con·vent ['kɒnvənt] (Nonnen)Kloster *n*
con·ven·tion [kən'venʃn] Zusammenkunft *f*, Tagung *f*, Versammlung *f*; Abkommen *n*, Konvention *f*, Sitte *f*; **~al** [kən'venʃənl] herkömmlich, konventionell
con·verge [kən'vɜːdʒ] konvergieren; zusammenlaufen, -strömen
con·ver·sa·tion [kɒnvə'seɪʃn] Gespräch *n*, Unterhaltung *f*; **~al** [kɒnvə'seɪʃənl] Unterhaltungs...; **~ English** Umgangsenglisch *n*
con·verse [kən'vɜːs] sich unterhalten
con·ver·sion [kən'vɜːʃn] Um-, Verwandlung *f*; Umbau *m*; Umstellung *f* (**to** auf *acc.*); *rel.* Bekehrung *f*, Übertritt *m*; *math.* Umrechnung *f*; **~ ta·ble** Umrechnungstabelle *f*
con·|vert [kən'vɜːt] (sich) um- *od.* verwandeln; umbauen (**into** zu); umstellen (**to** auf *acc.*); *rel. etc.* (sich) bekehren; *math.* umrechnen; **~'vert·er** *electr.* Umformer *m*; **~'vert·i·ble 1.** um-, verwandelbar; *econ.* konvertierbar; **2.** *mot.* Kabrio(lett) *n*
con·vey [kən'veɪ] befördern, transportieren, bringen; überbringen, -mitteln; *Ideen etc.* mitteilen; **~ance** Beförderung *f*, Transport *m*; Übermittlung *f*; Verkehrsmittel *n*; **~er, ~or** → **~er belt** Förderband *n*
con·|vict 1. ['kɒnvɪkt] Verurteilte(r *m*) *f*; Strafgefangene(r *m*) *f*; **2.** *jur.* [kən'vɪkt] (**of**) überführen (*gen.*); verurteilen (wegen); **~'vic·tion** [kən'vɪkʃn] *jur.* Verurteilung *f*; Überzeugung *f*
con·vince [kən'vɪns] überzeugen
con·voy ['kɒnvɔɪ] **1.** *naut.* Geleitzug *m*, Konvoi *m*; (Wagen)Kolonne *f*; (Geleit)Schutz *m*; **2.** Geleitschutz geben (*dat.*), eskortieren
con·vul·sion *med.* [kən'vʌlʃn] Zuckung *f*, Krampf *m*; **~·sive** [kən'vʌlsɪv] krampfhaft, -artig, konvulsiv
coo [kuː] gurren
cook [kʊk] **1.** Koch *m*, Köchin *f*; **2.** kochen; F *Bericht etc.* frisieren; **~ up** F sich ausdenken, erfinden; **'~·book** *Am.* Kochbuch *n*; **'~·er** *Brt.* Ofen *m*, Herd *m*; **~·e·ry** ['kʊkərɪ] Kochen *n*; Kochkunst *f*; **'~·e·ry book** *Brt.* Kochbuch

n; **~·ie** *Am.* ['kʊkɪ] (süßer) Keks, Plätzchen *n*; **'~·ing** Küche *f* (*Kochweise*); **~·y** *Am.* ['kʊkɪ] → **cookie**
cool [kuːl] **1.** kühl; *fig.* kalt(blütig), gelassen; abweisend; gleichgültig; F klasse, prima, cool; **2.** Kühle *f*; F (Selbst)Beherrschung *f*; **3.** (sich) abkühlen; **~ down, ~ off** sich beruhigen
coon *zo.* F [kuːn] Waschbär *m*
coop [kuːp] **1.** Hühnerstall *m*; **2. ~ up, ~ in** einsperren, -pferchen
co-op F ['kəʊɒp] Co-op *m* (*Genossenschaft u. Laden*)
co·op·e·|rate [kəʊ'ɒpəreɪt] zusammenarbeiten; mitwirken, helfen; **~'ra·tion** [kəʊɒpə'reɪʃn] Zusammenarbeit *f*; Mitwirkung *f*, Hilfe *f*; **~'ra·tive** [kəʊ'ɒpərətɪv] **1.** zusammenarbeitend; kooperativ, hilfsbereit; *econ.* Gemeinschafts..., Genossenschafts...; **2. a. ~ society** Genossenschaft *f*; Co-op *m*, Konsumverein *m*; *a.* **~ store** Co-op *m*, Konsumladen *m*
co·or·di·|nate 1. [kəʊ'ɔːdɪneɪt] koordinieren, aufeinander abstimmen; **2.** [kəʊ'ɔːdɪnət] koordiniert, gleichgeordnet; **~'na·tion** [kəʊɔːdɪ'neɪʃn] Koordinierung *f*, Koordination *f*; harmonisches Zusammenspiel
cop F [kɒp] Bulle *m* (*Polizist*)
cope [kəʊp]: **~ with** gewachsen sein (*dat.*), fertig werden mit
cop·i·er ['kɒpɪə] Kopiergerät *n*, Kopierer *m*
co·pi·ous ['kəʊpjəs] reich(lich); weitschweifig
cop·per¹ ['kɒpə] **1.** *min.* Kupfer *n*; Kupfermünze *f*; **2.** kupfern, Kupfer...
cop·per² F ['kɒpə] Bulle *m* (*Polizist*)
cop·pice ['kɒpɪs], **copse** [kɒps] Gehölz *n*
cop·y ['kɒpɪ] **1.** Kopie *f*; Abschrift *f*; Nachbildung *f*; Durchschlag *m*; Exemplar *n* (*e-s Buches*); (Zeitungs)Nummer *f*; *print.* Satzvorlage *f*; **fair ~** Reinschrift *f*; **2.** kopieren; abschreiben, e-e Kopie anfertigen von; *Computer: Daten* übertragen; nachbilden; nachahmen; **'~·book** Schreibheft *n*; **'~·ing** Kopier...; **'~·right** Urheberrecht *n*, Copyright *n*
cor·al *zo.* ['kɒrəl] Koralle *f*
cord [kɔːd] Schnur *f* (*a. electr.*), Strick *m*; Kordsamt *m*; **2.** ver-, zuschnüren

cor·di·al[1] ['kɔːdjəl] Fruchtsaftkonzentrat *n*; *med.* Stärkungsmittel *n*
cor·di·al[2] ['kɔːdjəl] herzlich; **~·i·ty** [kɔːdɪ'ælətɪ] Herzlichkeit *f*
'**cord·less** schnurlos; **~ phone** schnurloses Telefon
cor·don ['kɔːdn] 1. Kordon *m*, Postenkette *f*; 2. **~ off** abriegeln, absperren
cor·du·roy ['kɔːdərɔɪ] Kordsamt *m*; (**a pair of**) **~s** *pl.* (e-e) Kordhose
core [kɔː] 1. Kerngehäuse *n*; Kern *m*, *fig. a. das* Innerste; 2. entkernen; '**~time** *Brt.* Kernzeit *f*
cork [kɔːk] 1. Kork(en) *m*; 2. *a.* **~ up** zu-, verkorken; '**~screw** Korkenzieher *m*
corn[1] [kɔːn] 1. Korn *n*, Getreide *n*; **a. Indian ~** *Am.* Mais *m*; 2. pökeln
corn[2] *med.* [kɔːn] Hühnerauge *n*
cor·ner ['kɔːnə] 1. Ecke *f*, Winkel *m*; *bsd. Am.* Kurve *f*; Fußball: Eckball *m*, Ecke *f*; *fig.* schwierige Lage, Klemme *f*; 2. Eck...; 3. in die Ecke (*fig.* Enge) treiben; '**~ed** ...eckig; '**~ kick** Fußball: Eckball *m*, -stoß *m*; '**~ shop** *Brt.* Tante-Emma-Laden *m*
cor·net ['kɔːnɪt] *mus.* Kornett *n*; *Brt.* Eistüte *f*
'**corn·flakes** *pl.* Cornflakes *pl.*
cor·nice *arch.* ['kɔːnɪs] Gesims *n*, Sims *m*
cor·o·na·ry ['kɒrənərɪ] 1. *anat.* Koronar...; 2. *med.* F Herzinfarkt *m*
cor·o·na·tion [kɒrə'neɪʃn] Krönung *f*
cor·o·ner *jur.* ['kɒrənə] Coroner *m* (*richterlicher Beamter zur Untersuchung der Todesursache in Fällen gewaltsamen od. unnatürlichen Todes*); **~'s 'in·quest** gerichtliches Verfahren zur Untersuchung der Todesursache
cor·o·net ['kɒrənɪt] Adelskrone *f*
cor·po·ral *mil.* ['kɔːpərəl] Unteroffizier *m*
cor·po·ral 'pun·ish·ment körperliche Züchtigung
cor·po·rate ['kɔːpərət] gemeinsam; Firmen...; **~·ra·tion** [kɔːpə'reɪʃn] *jur.* Körperschaft *f*; Stadtverwaltung *f*; Gesellschaft *f*, *Am. a.* Aktiengesellschaft *f*
corpse [kɔːps] Leichnam *m*, Leiche *f*
cor·pu·lent ['kɔːpjʊlənt] beleibt
cor·ral [kə'rɑːl, *Am.* kə'ræl] 1. Korral *m*, Hürde *f*, Pferch *m*; 2. (-**ll**-) Vieh in e-n Pferch treiben
cor·rect [kə'rekt] 1. korrekt, richtig, *a.*

genau (*Zeit*); 2. korrigieren, verbessern, berichtigen; **~·rec·tion** [kə'rekʃn] Korrektur *f*, Verbess(e)rung *f*; Bestrafung *f*
cor·re·spond [kɒrɪ'spɒnd] (**with, to**) entsprechen (*dat.*), übereinstimmen (*mit*); korrespondieren (**with** mit); **~·'spon·dence** Übereinstimmung *f*; Korrespondenz *f*, Briefwechsel *m*; **~·'spon·dence course** Fernkurs *m*; **~·'spon·dent** 1. entsprechend; 2. Briefpartner(in); Korrespondent(in); **~·'spon·ding** entsprechend
cor·ri·dor ['kɒrɪdɔː] Korridor *m*, Gang *m*
cor·rob·o·rate [kə'rɒbəreɪt] bekräftigen, bestätigen
cor|·rode [kə'rəʊd] zerfressen; *chem.*, *tech.* korrodieren, rosten; **~·ro·sion** *chem.*, *tech.* [kə'rəʊʒn] Korrosion *f*; Rost *m*; **~·ro·sive** [kə'rəʊsɪv] ätzend; *fig.* nagend, zersetzend
cor·ru·gat·ed ['kɒrʊgeɪtɪd] gewellt; **~ i·ron** Wellblech *n*
cor|·rupt [kə'rʌpt] 1. korrupt, bestechlich, käuflich; *moralisch* verdorben; 2. bestechen; *moralisch* verderben; **~·'rupt·i·ble** korrupt, bestechlich, käuflich; **~·rup·tion** [kə'rʌpʃn] Verdorbenheit *f*; Unredlichkeit *f*; Korruption *f*; Bestechlichkeit *f*; Bestechung *f*
cor·set ['kɔːsɪt] Korsett *n*
cos·met·ic [kɒz'metɪk] 1. (**~ally**) kosmetisch, Schönheits...; 2. kosmetisches Mittel, Schönheitsmittel *n*; **~·me·ti·cian** [kɒzmə'tɪʃn] Kosmetiker(in)
cos·mo·naut ['kɒzmənɔːt] Kosmonaut *m*, (Welt)Raumfahrer *m*
cos·mo·pol·i·tan [kɒzmə'pɒlɪtən] 1. kosmopolitisch; 2. Weltbürger(in)
cost [kɒst] 1. Preis *m*; Kosten *pl.*; Schaden *m*; △ *nicht* Kost (*Essen*); 2. (**cost**) kosten; '**~·ly** (*-ier*, *-iest*) kostspielig; teuer erkauft; **~ of 'liv·ing** Lebenshaltungskosten *pl.*
cos·tume ['kɒstjuːm] Kostüm *n*, Kleidung *f*, Tracht *f*; '**~ jew·el·(le)ry** Modeschmuck *m*
co·sy ['kəʊzɪ] 1. (*-ier*, *-iest*) behaglich, gemütlich; 2. → **egg cosy, tea cosy**
cot [kɒt] Feldbett *n*; *Brt.* Kinderbett *n*
cot·tage ['kɒtɪdʒ] Cottage *n*, (kleines) Landhaus; *Am.* Ferienhaus *n*, -häus-

chen n; ~ **'cheese** Hüttenkäse m
cot·ton ['kɒtn] **1.** Baumwolle f; Baumwollstoff m; (Baumwoll)Garn n, (-)Zwirn m; Am. (Verband)Watte f; **2.** baumwollen, Baumwoll...; '**~·wood** bot. e-e amer. Pappel; ~ **'wool** Brt. (Verband)Watte f
couch [kaʊtʃ] Couch f, Sofa n; Liege f
cou·chette rail. [kuːˈʃet] Liegewagenplatz m; a. ~ **coach** Liegewagen m
cou·gar zo. ['kuːɡə] (pl. **-gars, -gar**) Puma m
cough [kɒf] **1.** Husten m; **2.** husten
could [kʊd] pret. von **can¹**
coun·cil ['kaʊnsl] Rat(sversammlung f) m; '~ **house** Brt. gemeindeeigenes Wohnhaus (mit niedrigen Mieten)
coun·cil·(l)or ['kaʊnsələ] Ratsmitglied n, Stadtrat m, Stadträtin f
coun·sel ['kaʊnsl] **1.** Beratung f; Rat(schlag) m; Brt. jur. (Rechts)Anwalt m; ~ **for the defence** (Am. **defense**) Verteidiger m; ~ **for the prosecution** Anklagevertreter m; **2.** (bsd. Brt. **-ll-**, Am. **-l-**) j-m raten; zu et. raten; ~(*l*)*ing centre* (Am. *center*) Beratungsstelle f; **~·sel·(l)or** ['kaʊnsələ] (Berufsetc.)Berater(in); bsd. Am. jur. (Rechts)Anwalt m
count¹ [kaʊnt] Graf m (nicht britisch)
count² [kaʊnt] **1.** Zählung f; jur. Anklagepunkt m; **2.** v/t. (ab-, auf-, aus-, nach-, zusammen)zählen; aus-, berechnen; zählen bis (~ **ten**) fig. halten für, betrachten als; v/i. zählen; gelten; ~ **down** Geld hinzählen; den Count-down durchführen für; letzte (Start)Vorbereitungen treffen für; ~ **on** zählen auf (acc.), sich verlassen auf (acc.), sicher rechnen mit; '**~·down** Count-down m, n, letzte (Start)Vorbereitungen pl.
coun·te·nance ['kaʊntɪnəns] Gesichtsausdruck m; Fassung f, Haltung f
count·er¹ ['kaʊntə] tech. Zähler m; Brt. Spielmarke f
count·er² ['kaʊntə] Ladentisch m; Theke f; (Bank-, Post)Schalter m
count·er³ ['kaʊntə] **1.** (ent)gegen, Gegen...; **2.** entgegentreten (dat.), entgegnen (dat.); bekämpfen; abwehren
coun·ter·act [kaʊntərˈækt] entgegenwirken (dat.); neutralisieren
coun·ter·bal·ance 1. ['kaʊntəbæləns] Gegengewicht n; **2.** [kaʊntəˈbæləns] ein Gegengewicht bilden zu, ausgleichen
coun·ter·clock·wise Am. [kaʊntəˈklɒkwaɪz] → **anticlockwise**
coun·ter·es·pi·o·nage ['kaʊntərˈespɪənɑːʒ] Spionageabwehr f
coun·ter·feit ['kaʊntəfɪt] **1.** falsch, gefälscht; **2.** Fälschung f; **3.** Geld, Unterschrift etc. fälschen; ~ **'mon·ey** Falschgeld n
coun·ter·foil ['kaʊntəfɔɪl] Kontrollabschnitt m
coun·ter·mand [kaʊntəˈmɑːnd] Befehl etc. widerrufen; Ware abbestellen
coun·ter·pane ['kaʊntəpeɪn] Tagesdecke f; → **bedspread**
coun·ter·part ['kaʊntəpɑːt] Gegenstück n; genaue Entsprechung
coun·ter·sign ['kaʊntəsaɪn] gegenzeichnen
coun·tess ['kaʊntɪs] Gräfin f
'**count·less** zahllos
coun·try ['kʌntrɪ] **1.** Land n, Staat m; Gegend f, Landschaft f; **in the** ~ auf dem Lande; **2.** Land..., ländlich; '**~·man** (pl. **-men**) Landbewohner m; Bauer m; a. **fellow** ~ Landsmann m; '**~·road** Landstraße f; '**~·side** (ländliche) Gegend; Landschaft f; '**~·wom·an** (pl. **-women**) Landbewohnerin f; Bäuerin f; a. **fellow** ~ Landsmännin f
coun·ty ['kaʊntɪ] Brt. Grafschaft f; Am. (Land)Kreis m; ~ **'seat** Am. Kreis(haupt)stadt f; ~ **'town** Brt. Grafschaftshauptstadt f
coup [kuː] Coup m; Putsch m
cou·ple ['kʌpl] **1.** Paar n; **a** ~ **of** F ein paar; **2.** (zusammen)koppeln; tech. kuppeln; zo. (sich) paaren
cou·pling tech. ['kʌplɪŋ] Kupplung f
cou·pon ['kuːpɒn] Gutschein m; Kupon m, Bestellzettel m
cour·age ['kʌrɪdʒ] Mut m; **cou·ra·geous** [kəˈreɪdʒəs] mutig, beherzt
cou·ri·er ['kʊrɪə] Kurier m, Eilbote m; Reiseleiter m
course [kɔːs] naut., aviat., fig. Kurs m; Sport: (Renn)Bahn f, (-)Strecke f, (Golf)Platz m; (Ver)Lauf m; Gang m (Speisen); Reihe f, Zyklus m; Kurs m, Lehrgang m; **of** ~ natürlich, selbstverständlich; **the** ~ **of events** der Gang der Ereignisse, der Lauf der Dinge
court [kɔːt] **1.** Hof m (a. e-s Fürsten);

courteous 78

kleiner Platz; *Sport*: Platz *m*, (Spiel-)Feld *n*; *jur.* Gericht(shof *m*) *n*; **2.** *j-m* den Hof machen; werben um

cour·te·ous ['kɜːtjəs] höflich; **~sy** ['kɜːtɪsɪ] Höflichkeit *f*; *by ~ of* mit freundlicher Genehmigung von (*od. gen.*)

'**court**|·**ier** Gerichtsgebäude *n*; **~ier** ['kɔːtjə] Höfling *m*; '**~ly** höfisch, höflich; **~ 'mar·tial** (*pl.* **courts martial, court martials**) Kriegsgericht *n*; **~·'mar·tial** (*bsd. Brt. -ll-, Am. -l-*) vor ein Kriegsgericht stellen; '**~·room** Gerichtssaal *m*; '**~·ship** Werben *n*; '**~·yard** Hof *m*

cous·in ['kʌzn] Cousin *m*, Vetter *m*; Cousine *f*, Kusine *f*

cove [kəʊv] kleine Bucht

cov·er ['kʌvə] **1.** Decke *f*; Deckel *m*; (Buch)Deckel *m*, Einband *m*; Umschlag *m*; Titelseite *f*; Hülle *f*; Überzug *m*, Bezug *m*; Schutzhaube *f*, -platte *f*; Abdeckhaube *f*; Briefumschlag *m*; Gedeck *n* (*bei Tisch*); Deckung *f*; Schutz *m*; *fig.* Tarnung *f*; *take ~ in* Deckung gehen; *under plain ~* in neutralem Umschlag; *under separate ~* mit getrennter Post; **2.** (be-, zu)decken; einschlagen, -wickeln; verbergen, decken, schützen; *econ.* (ab)decken; *econ.* versichern; *Thema* erschöpfend behandeln; *Presse, Rundfunk, TV:* berichten über (*acc.*); sich über *e-e Fläche etc.* erstrecken; *Strecke* zurücklegen; *Sport:* Gegenspieler decken; *j-n* beschatten; *~ up* ab-, zudecken; *fig.* verheimlichen, vertuschen; *~ up for s.o.* j-n decken; **~·age** ['kʌvərɪdʒ] Berichterstattung *f* (*of* über *acc.*); '**~ girl** Covergirl *n*, Titelblattmädchen *n*; **~·ing** ['kʌvərɪŋ] Decke *f*; Überzug *m*; Hülle *f*, (Fußboden)Belag *m*; '**~ sto·ry** Titelgeschichte *f*

cow¹ *zo.* [kaʊ] Kuh *f*

cow² [kaʊ] einschüchtern

cow·ard ['kaʊəd] **1.** feig(e); **2.** Feigling *m*; **~·ice** ['kaʊədɪs] Feigheit *f*; '**~·ly** feig(e)

'**cow·boy** ['kaʊbɔɪ] Cowboy *m*

cow·er ['kaʊə] kauern; sich ducken

'**cow**|**·herd** Kuhhirt *m*; '**~·hide** Rind(s)leder *n*; '**~·house** Kuhstall *m*

cowl [kaʊl] Mönchskutte *f* (*mit Kapuze*); Kapuze *f*; Schornsteinkappe *f*

'**cow**|**·shed** Kuhstall *m*; '**~·slip** *bot.*

Schlüsselblume *f*; *Am.* Sumpfdotterblume *f*

cox [kɒks], **~·swain** ['kɒksn, 'kɒkˌsweɪn] Bootsführer *m*; *Rudern:* Steuermann *m*

coy [kɔɪ] schüchtern, scheu

coy·o·te *zo.* ['kɔɪəʊt] Kojote *m*, Präriewolf *m*

co·zy *Am.* ['kəʊzɪ] (*-ier, -iest*) → *cosy*

CPU [siː piː 'juː] *Abk. für central processing unit Computer:* Zentraleinheit *f*

crab [kræb] Krabbe *f*, Taschenkrebs *m*

crack [kræk] **1.** Knall *m*; Sprung *m*, Riss *m*; Spalt(e *f*) *m*, Ritze *f*; (heftiger) Schlag *m*; **2.** erstklassig; **3.** *v/i.* krachen, knallen, knacken; (zer)springen; überschnappen (*Stimme*); *~ up* auf. zusammenbrechen; *get ~ing* F loslegen; *v/t.* knallen mit (*Peitsche*), knacken mit (*Fingern*); zerbrechen; *Nuss*, F *Code, Safe etc.* knacken; *~ a joke* e-n Witz reißen; '**~·er** Cracker, Kräcker *m* (*ungesüßter Keks*); Schwärmer *m*, Knallfrosch *m*, Knallbonbon *m*, *n*; **~·le** ['krækl] knattern, knistern, prasseln

cra·dle ['kreɪdl] **1.** Wiege *f*; **2.** wiegen; betten

craft¹ [krɑːft] *naut.* Boot (*pl.*) *n*, Schiff(e *pl.*) *n*; *aviat.* Flugzeug(e *pl.*) *n*; (Welt)Raumfahrzeug(e *pl.*) *n*

craft² [krɑːft] Handwerk *n*, Gewerbe *n*; Schlauheit *f*, List *f*; △ *nicht* **Kraft**; '**~·s·man** (*pl. -men*) (Kunst)Handwerker *m*; '**~·y** (*-ier, -iest*) gerissen, listig, schlau

crag [kræg] Klippe *f*, Felsenspitze *f*

cram [kræm] (*-mm-*) *v/t.* (voll) stopfen; nudeln, mästen; mit *j-m* pauken; *v/i.* pauken, büffeln (**for** für)

cramp [kræmp] **1.** *med.* Krampf *m*; *tech.* Klammer *f*; *fig.* Fessel *f*; **2.** einengen, hemmen

cran·ber·ry *bot.* ['krænbərɪ] Preiselbeere *f*

crane¹ *tech.* [kreɪn] Kran *m*

crane² [kreɪn] **1.** *zo.* Kranich *m*; **2.** den Hals recken; *~ one's neck* sich den Hals verrenken (**for** nach)

crank [kræŋk] **1.** *tech.* Kurbel *f*; *tech.* Schwengel *m*; F Spinner *m*, komischer Kauz; **2.** (an)kurbeln; '**~·shaft** *tech.* Kurbelwelle *f*; '**~·y** (*-ier, -iest*) wack(e)lig; verschroben; *Am.* schlecht gelaunt

cran·ny ['krænɪ] Riss *m*, Ritze *f*
crape [kreɪp] Krepp *m*, Flor *m*
crap·py *sl.* ['kræpɪ] ätzend (*fürchterlich*)
craps *Am.* [kræps] *sg. ein Würfelspiel*
crash [kræʃ] **1.** Krach(en *n*) *m*; *mot.* Unfall *m*, Zusammenstoß *m*; *aviat.* Absturz *m*; *econ.* Zusammenbruch *m*, (Börsen)Krach *m*; **2.** *v/t.* zertrümmern; e-n Unfall haben mit; *aviat.* abstürzen mit; *v/i.* krachend einstürzen, zusammenkrachen; *bsd. econ.* zusammenbrechen; krachen (**against**, **into** gegen); *mot.* zusammenstoßen, verunglücken; *aviat.* abstürzen; **3.** Schnell..., Sofort...; **'~ bar·ri·er** Leitplanke *f*; **'~ course** Schnell-, Intensivkurs *m*; **'~ di·et** radikale Schlankheitskur; **'~ hel·met** Sturzhelm *m*; **'~·land** *aviat.* e-e Bruchlandung machen (mit); **~ 'land·ing** *aviat.* Bruchlandung *f*
crate [kreɪt] (Latten)Kiste *f*
cra·ter ['kreɪtə] Krater *m*; Trichter *m*
crave [kreɪv] sich sehnen (**for**, **after** nach); **'crav·ing** heftiges Verlangen
craw·fish *zo.* ['krɔːfɪʃ] (*pl.* **-fish**, **-fishes**) → **crayfish**
crawl [krɔːl] **1.** Kriechen *n*; **2.** kriechen; krabbeln; kribbeln; wimmeln (**with** von); *Schwimmen:* kraulen; **it makes one's flesh ~** man bekommt e-e Gänsehaut davon
cray·fish *zo.* ['kreɪfɪʃ] (*pl.* **-fish**, **-fishes**) Flusskrebs *m*
cray·on ['kreɪən] Zeichen-, Buntstift *m*
craze [kreɪz] Verrücktheit *f*, F Fimmel *m*; **be the ~** Mode sein; **'cra·zy** (**-ier**, **-iest**) verrückt (**about** nach)
creak [kriːk] knarren, quietschen
cream [kriːm] Rahm *m*, Sahne *f*; Creme *f*; Auslese *f*, Elite *f*; **2.** creme(farben); **~·e·ry** ['kriːmərɪ] Molkerei *f*; Milchgeschäft *n*; **'~·y** (**-ier**, **-iest**) sahnig; weich
crease [kriːs] **1.** (Bügel)Falte *f*; **2.** (zer)knittern
cre|·ate [kriːˈeɪt] (er)schaffen; hervorrufen; verursachen; **~·a·tion** *f*, **~·a·tive** schöpferisch; **~·a·tor** Schöpfer *m*
crea·ture ['kriːtʃə] Geschöpf *n*; Kreatur *f*
crèche [kreɪʃ] (Kinder)Krippe *f*; *Am.* (Weihnachts)Krippe *f*
cre·dence ['kriːdns]: **give ~ to** Glauben schenken (*dat.*)

cre·den·tials [krɪˈdenʃlz] *pl.* Beglaubigungsschreiben *n*; Referenzen *pl.*; Zeugnis *n*; Ausweis(papiere *pl.*) *m*
cred·i·ble ['kredəbl] glaubwürdig
cred|·it ['kredɪt] **1.** Glaube(n) *m*; Ruf *m*, Ansehen *n*; Verdienst *n*; *econ.* Kredit *m*; *econ.* Guthaben *n*; **~ (side)** *econ.* Kredit(seite *f*) *n*, Haben *n*; **on ~** *econ.* auf Kredit; **2.** *j/m* glauben; *j/m* trauen; *econ.* gutschreiben; **~ s.o. with s.th.** j-m et. zutrauen; j-m et. zuschreiben; **'~·i·ta·ble** achtbar, ehrenvoll (**to** für); **'~ card** *econ.* Kreditkarte *f*; **'~·i·tor** Gläubiger *m*; **~·u·lous** ['kredjʊləs] leichtgläubig
creed [kriːd] Glaubensbekenntnis *n*
creek [kriːk] *Brt.* kleine Bucht; *Am.* Bach *m*
creep [kriːp] (**crept**) kriechen; schleichen (*a. fig.*); **~ in** (sich) hinein- *od.* hereinschleichen; sich einschleichen (*Fehler etc.*); **it makes my flesh ~** ich bekomme e-e Gänsehaut davon; **'~·er** *bot.* Kriech-, Kletterpflanze *f*; **~s** *pl.* F **the sight gave me the ~s** bei dem Anblick bekam ich e-e Gänsehaut
cre·mate [krɪˈmeɪt] verbrennen, einäschern
crept [krept] *pret. u. p.p. von* **creep**
cres·cent ['kresnt] Halbmond *m*
cress *bot.* [kres] Kresse *f*
crest [krest] *zo.* Haube *f*, Büschel *n*; (*Hahnen*)Kamm *m*; Bergrücken *m*, Kamm *m*; (*Wellen*)Kamm *m*; Federbusch *m*; *family ~* Heraldik: Familienwappen *n*; **'~·fal·len** niedergeschlagen
cre·vasse [krɪˈvæs] (Gletscher)Spalte *f*
crev·ice ['krevɪs] Riss *m*, Spalte *f*
crew¹ [kruː] Besatzung *f*, Mannschaft *f*
crew² [kruː] *pret. von* **crow** 2
crib [krɪb] **1.** (Futter)Krippe *f*; *Am.* Kinderbettchen *n*; *bsd. Brt.* (Weihnachts)Krippe *f*; F *Schule:* Spickzettel *m*; **2.** (**-bb-**) F abschreiben, spicken
crick [krɪk]: **a ~ in one's back (neck)** ein steifer Rücken (Hals)
crick·et¹ *zo.* ['krɪkɪt] Grille *f*
crick·et² ['krɪkɪt] *Sport:* Kricket *n*
crime [kraɪm] *jur.* Verbrechen *n*; *coll.* Verbrechen *pl.*; **'~ nov·el** Kriminalroman *m*
crim·i·nal ['krɪmɪnl] **1.** kriminell; Kriminal..., Straf...; **2.** Verbrecher(in), Kriminelle(r *m*) *f*

crimp [krɪmp] *bsd. Haare* kräuseln
crim·son ['krɪmzn] karmesinrot; puterrot
cringe [krɪndʒ] sich ducken
crin·kle ['krɪŋkl] **1.** Falte *f*, *im Gesicht*: Fältchen *n*; **2.** (sich) kräuseln; knittern
crip·ple ['krɪpl] **1.** Krüppel *m*; **2.** zum Krüppel machen; *fig.* lähmen
cri·sis ['kraɪsɪs] (*pl.* **-ses** [-siːz]) Krise *f*
crisp [krɪsp] knusp(e)rig, mürbe (*Gebäck*); frisch, knackig (*Gemüse*); scharf, frisch (*Luft*); kraus (*Haar*); '**~·bread** Knäckebrot *n*
crisps [krɪsps] *pl.*, *a.* **potato ~** *Brt.* (Kartoffel)Chips *pl.*
criss-cross ['krɪskrɒs] **1.** Netz *n* sich schneidender Linien; **2.** kreuz u. quer ziehen durch; kreuz u. quer (ver)laufen
cri·te·ri·on [kraɪ'tɪərɪən] (*pl.* **-ria** [-rɪə], **-rions**) Kriterium *n*
crit|·ic ['krɪtɪk] Kritiker(in); △ *nicht* **Kritik**; **~·i·cal** ['krɪtɪkl] kritisch; bedenklich; **~·i·cism** ['krɪtɪsɪzəm] Kritik *f* (**of** *an dat.*); **~·i·cize** ['krɪtɪsaɪz] kritisieren; kritisch beurteilen; tadeln
cri·tique [krɪ'tiːk] Kritik *f*, Besprechung *f*, Rezension *f*
croak [krəʊk] krächzen; quaken
cro·chet ['krəʊʃeɪ] **1.** Häkelei *f*; Häkelarbeit *f*; **2.** häkeln
crock·e·ry ['krɒkərɪ] Geschirr *n*
croc·o·dile *zo.* ['krɒkədaɪl] Krokodil *n*
cro·ny F ['krəʊnɪ] alter Freund
crook [krʊk] **1.** Krümmung *f*; Hirtenstab *m*; F Gauner *m*; **2.** (sich) krümmen *od.* biegen; **~·ed** ['krʊkɪd] gekrümmt, krumm; F unehrlich, betrügerisch
croon [kruːn] schmalzig singen; summen; '**~·er** Schnulzensänger(in)
crop [krɒp] **1.** (Feld)Frucht *f*; Ernte *f*; *zo.* Kropf *m*; kurzer Haarschnitt; kurz geschnittenes Haar; **2.** (**-pp-**) abfressen, abweiden; *Haar* kurz schneiden; **~ up** *fig.* plötzlich auftauchen
cross [krɒs] **1.** Kreuz *n* (*a. fig. Leiden*); *biol.* Kreuzung *f*; *Fußball*: Flanke *f* (*Ball*); **2.** böse, ärgerlich; **3.** (sich) kreuzen; *Straße* überqueren; *Plan etc.* durchkreuzen; *biol.* kreuzen; **~ off**, **~ out** aus-, durchstreichen; **~ o.s.** sich bekreuzigen; **~ one's arms** die Arme kreuzen *od.* verschränken; **~ one's legs** die Beine kreuzen *od.* über(einan-der)schlagen; **keep one's fingers ~ed**

den Daumen drücken; '**~·bar** *Sport* Tor-, Querlatte *f*; '**~·breed** Mischling *m*, Kreuzung *f*; '**~·coun·try** Querfeldein..., Gelände...; **~ skiing** Skilanglauf *m*; **~·ex·am·i·na·tion** Kreuzverhör *n*; **~·ex'am·ine** ins Kreuzverhör nehmen; '**~·eyed**: *be* **~** schielen; '**~·ing** (*Straßen- etc.*)Kreuzung *f*; Straßenübergang *m*; *Brt.* Fußgängerübergang *m*; *naut.* Überfahrt *f*; '**~·road** *Am.* Querstraße *f*; '**~·roads** *pl. od. sg.* (Straßen)Kreuzung *f*; *fig.* Scheideweg *m*; '**~·sec·tion** Querschnitt *m*; '**~·walk** *Am.* Fußgängerüberweg *m*; '**~·wise** kreuzweise; '**~·word** (**puz·zle**) Kreuzworträtsel *n*
crotch [krɒtʃ] *anat.* Schritt *m* (*a. der Hose*)
crouch [kraʊtʃ] **1.** sich ducken; **2.** Hockstellung *f*
crow [krəʊ] **1.** *zo.* Krähe *f*; Krähen *n*; **2.** (**crowed** *od.* **crew**, **crowed**) krähen
'**crow·bar** Brecheisen *n*
crowd [kraʊd] **1.** (Menschen)Menge *f*, Masse *f*; Haufen *m*; **2.** sich drängen; *Straßen etc.* bevölkern; vollstopfen; '**~·ed** überfüllt, voll
crown [kraʊn] **1.** Krone *f*; **2.** krönen; *Zahn* überkronen; **to ~ it all** zu allem Überfluss
cru·cial ['kruːʃl] entscheidend, kritisch
cru·ci|·fix ['kruːsɪfɪks] Kruzifix *n*; **~·fix·ion** [kruːsɪ'fɪkʃn] Kreuzigung *f*; **~·fy** ['kruːsɪfaɪ] kreuzigen
crude [kruːd] roh, unbearbeitet; *fig.* roh, grob; **~ (oil)** Rohöl *n*
cru·el [krʊəl] (**-ll-**) grausam, roh, gefühllos; '**~·ty** Grausamkeit *f*; **~ to animals** Tierquälerei *f*; **society for the prevention of ~ to animals** Tierschutzverein *m*; **~ to children** Kindesmisshandlung *f*
cru·et ['kruːɪt] Essig-, Ölfläschchen *n*
cruise [kruːz] **1.** Kreuzfahrt *f*, Seereise *f*; **2.** kreuzen, e-e Kreuzfahrt *od.* Seereise machen; *aviat.*, *mot.* mit Reisegeschwindigkeit fliegen *od.* fahren; **~ 'mis·sile** *mil.* Marschflugkörper *m*; '**cruis·er** *mil. naut.* Kreuzer *m*; Kreuzfahrtschiff *n*; *Am.* (Funk)Streifenwagen *m*
crumb [krʌm] Krume *f*, Krümel *m*
crum·ble ['krʌmbl] zerkrümeln, -bröckeln

crum·ple ['krʌmpl] v/t. zerknittern; v/i. knittern; zusammengedrückt werden; '~ **zone** mot. Knautschzone f

crunch [krʌntʃ] geräuschvoll (zer)kauen; knirschen

cru·sade [kru:'seɪd] Kreuzzug m

crush [krʌʃ] **1.** Gedränge n; bsd. Brt. Getränk aus ausgepressten Früchten (**orange** ~); **have a** ~ **on s.o.** in j-n verknallt sein; **2.** v/t. zerquetschen, -malmen, -drücken; tech. zerkleinern, -mahlen; auspressen; fig. nieder-, zerschmettern, vernichten; v/i. sich drängen; '~ **bar·ri·er** Barriere f, Absperrung f

crust [krʌst] (Brot)Kruste f, (-)Rinde f

crus·ta·cean [krʌ'steɪʃn] Krebs-, Krusten-, Schalentier n

crust·y ['krʌstɪ] (**-ier, -iest**) krustig

crutch [krʌtʃ] Krücke f

cry [kraɪ] **1.** Schrei m, Ruf m; Geschrei n; Weinen n; **2.** schreien, rufen (**for** nach); weinen; heulen, jammern

crypt [krɪpt] Gruft f, Krypta f

crys·tal ['krɪstl] Kristall m; Am. Uhrglas n; ~**line** ['krɪstəlaɪn] kristallen; ~**lize** ['krɪstəlaɪz] kristallisieren

CST [si: es 'ti:] Abk. für **Central Standard Time** (amer. Normalzeit)

ct(s) nur geschr. Abk. für **cent(s** pl.) Cent m (od. pl.) (amer. Münze)

cu nur geschr. Abk. für **cubic** Kubik...

cub [kʌb] (Raubtier)Junge(s) n; Wölfling m (Pfadfinder)

cube [kju:b] Würfel m (a. math.); phot. Blitzwürfel m; math. Kubikzahl f; '~ **root** math. Kubikwurzel f; '**cu·bic** (**~ally**), '**cu·bi·cal** würfelförmig, kubisch; Kubik...

cu·bi·cle ['kju:bɪkl] Kabine f

cuck·oo zo. ['kʊku:] (pl. **-oos**) Kuckuck m

cu·cum·ber ['kju:kʌmbə] Gurke f; (**as**) **cool as a** ~ F eiskalt, kühl u. gelassen

cud [kʌd] wiedergekäutes Futter; **chew the** ~ wiederkäuen; fig. überlegen

cud·dle ['kʌdl] v/t. an sich drücken; schmusen mit; v/i. ~ **up** sich kuscheln od. schmiegen (**to** an acc.)

cud·gel ['kʌdʒəl] **1.** Knüppel m; **2.** (bsd. Brt. **-ll-,** Am. **-l-**) prügeln

cue¹ [kju:] thea. etc., a. fig. Stichwort n; Wink m

cue² [kju:] Billard: Queue n

cuff¹ [kʌf] Manschette f; (Ärmel-, Am. a. Hosen)Aufschlag m

cuff² [kʌf] **1.** Klaps m; **2.** j-m e-n Klaps geben

'**cuff link** Manschettenknopf m

cui·sine [kwɪ'zi:n] Küche f (Kochkunst)

cul·mi·nate ['kʌlmɪneɪt] gipfeln (**in** in dat.)

cu·lottes [kju:'lɒts] pl. (**a pair of** ein) Hosenrock

cul·prit ['kʌlprɪt] Schuldige(r m) f, Täter(in)

cul·ti·vate ['kʌltɪveɪt] agr. an-, bebauen; kultivieren; Freundschaft etc. pflegen; '~**vat·ed** agr. bebaut; fig. gebildet, kultiviert; ~**va·tion** [kʌltɪ'veɪʃn] agr. Kultivierung f, Anbau m; fig. Pflege f

cul·tu·ral ['kʌltʃərəl] kulturell; Kultur...

cul·ture ['kʌltʃə] Kultur f; (Pflanzen)Kultur f; '~**d** kultiviert; gezüchtet, Zucht...

cum·ber·some ['kʌmbəsəm] lästig, hinderlich; klobig

cu·mu·la·tive ['kju:mjʊlətɪv] sich (an-)häufend, anwachsend; Zusatz...

cun·ning ['kʌnɪŋ] **1.** schlau, listig; **2.** List f, Schlauheit f

cup [kʌp] **1.** Tasse f; Becher m; Schale f; Kelch m; Sport: Cup m, Pokal m; **2.** (**-pp-**) die Hand hohl machen; **she** ~**ped her chin in her hand** sie stützte das Kinn in die Hand; ~**board** ['kʌbəd] (Geschirr-, Speise-, Brt. a. Wäsche-, Kleider)Schrank m; '~**board bed** Schrankbett n; '~ **fi·nal** Sport: Pokalendspiel n

cu·po·la ['kju:pələ] Kuppel f

'**cup**| **tie** Sport: Pokalspiel n; '~ **win·ner** Sport: Pokalsieger m

cur [kɜ:] Köter m; Schurke m

cu·ra·ble ['kjʊərəbl] heilbar

cu·rate ['kjʊərət] Hilfsgeistliche(r) m

curb [kɜ:b] **1.** Kandare f (a. fig.); bsd. Am. → **kerb(stone)**; **2.** an die Kandare legen (a. fig.); fig. zügeln

curd [kɜ:d] a. ~**s** pl. Dickmilch f, Quark m

cur·dle ['kɜ:dl] v/t. Milch gerinnen lassen; v/i. gerinnen, dick werden (Milch); **the sight made my blood** ~ bei dem Anblick erstarrte mir das Blut in den Adern

cure [kjʊə] **1.** med. Kur f; med.

curfew

(Heil)Mittel *n*; *med.* Heilung *f*; **2.** *med.* heilen; pökeln; räuchern; trocknen

cur·few *mil.* ['kɜːfjuː] Ausgangsverbot *n*, -sperre *f*

cu·ri·o ['kjʊərɪəʊ] (*pl.* **-os**) Rarität *f*

cu·ri·os·i·ty [kjʊərɪ'ɒsətɪ] Neugier *f*; Rarität *f*; **~ous** ['kjʊərɪəs] neugierig; wissbegierig; seltsam, merkwürdig

curl [kɜːl] **1.** Locke *f*; **2.** (sich) kräuseln *od.* locken; '**~er** Lockenwickler *m*; '**~y** (**-ier, -iest**) gekräuselt; gelockt, lockig

cur·rant ['kʌrənt] *bot.* Johannisbeere *f*; Korinthe *f*

cur·ren·cy *econ.* ['kʌrənsɪ] Währung *f*; **foreign ~** Devisen *pl.*; '**~t 1.** laufend (*Monat, Ausgaben etc.*); gegenwärtig, aktuell; üblich, gebräuchlich; **~ events** *pl.* Tagesereignisse *pl.*; **2.** Strömung *f*, Strom *m* (*beide a. fig.*); *electr.* Strom *m*; '**~t ac·count** *Brt. econ.* Girokonto *n*

cur·ric·u·lum [kə'rɪkjʊləm] (*pl.* **-la** [-lə], **-lums**) Lehr-, Stundenplan *m*; **~ vi·tae** [- 'viːtaɪ] Lebenslauf *m*

cur·ry¹ ['kʌrɪ] Curry *m, n*

cur·ry² ['kʌrɪ] *Pferd* striegeln

curse [kɜːs] **1.** Fluch *m*; △ *nicht* **Kurs**; **2.** (ver)fluchen; **curs·ed** ['kɜːsɪd] verflucht

cur·sor ['kɜːsə] *Computer:* Cursor *m*

cur·so·ry ['kɜːsərɪ] flüchtig, oberflächlich

curt [kɜːt] knapp; barsch, schroff

cur·tail [kɜː'teɪl] *Ausgaben etc.* kürzen; *Rechte* beschneiden

cur·tain ['kɜːtn] **1.** Vorhang *m*, Gardine *f*; **draw the ~s** die Vorhänge auf- *od.* zuziehen; **2. ~ off** mit Vorhängen abteilen

curt·s(e)y ['kɜːtsɪ] **1.** Knicks *m*; **2.** knicksen (**to** *vor dat.*)

cur·va·ture ['kɜːvətʃə] Krümmung *f*

curve [kɜːv] **1.** Kurve *f*, Krümmung *f*, Biegung *f*; **2.** (sich) krümmen *od.* biegen

cush·ion ['kʊʃn] **1.** Kissen *n*, Polster *n*; **2.** polstern; *Stoß etc.* dämpfen

cuss *sl.* [kʌs] **1.** Fluch *m*; **2.** (ver)fluchen

cus·tard *bsd. Brt.* ['kʌstəd] Eiercreme *f*, Vanillesoße *f*

cus·to·dy *jur.* ['kʌstədɪ] Haft *f*; Sorgerecht *n*

cus·tom ['kʌstəm] Brauch *m*, Gewohnheit *f*; *econ.* Kundschaft *f*; '**~·a·ry** üblich; '**~-built** nach Kundenangaben gefertigt; '**~·er** Kunde *m*, -in *f*, Auftraggeber(in); '**~ house** Zollamt *n*; '**~-made** maßgefertigt, Maß...

cus·toms ['kʌstəmz] *pl.* Zoll *m*; '**~ clear·ance** Zollabfertigung *f*; '**~ of·fi·cer**, '**~ of·fi·cial** Zollbeamte(r) *m*

cut [kʌt] **1.** Schnitt *m*; Schnittwunde *f*; Schnitte *f*, Stück *n* (*Fleisch*); (Zu)Schnitt *m* (*von Kleidung*); Schnitt *m*, Schliff *m* (*von Edelsteinen*); Haarschnitt *m*; Kürzung *f*, Senkung *f*; *Karten:* Abheben *n*; **cold ~s** *pl. bsd. Am. gastr.* Aufschnitt *m*; **2.** (**-tt-**; **cut**) schneiden; ab-, an-, auf-, aus-, be-, durch-, zer-, zuschneiden; *Edelstein etc.* schleifen; *Gras* mähen, *Bäume* fällen, *Holz* hacken; *mot. Kurve* schneiden; *Löhne etc.* kürzen; *Preise* herabsetzen, senken; *Karten* abheben; *j-n beim Begegnen* schneiden; **~ one's teeth** Zähne bekommen, zahnen; **~** *s.o.* (**dead**) *fig.* F j-n schneiden; **~** *s.o.* *od.* ***s.th.*** **short** *j-n od. et.* unterbrechen; **~ across** quer durch... gehen (*um abzukürzen*); **~ back** *Pflanze* beschneiden, stutzen; einschränken; **~ down** *Bäume* fällen; verringern, einschränken, reduzieren; **~ in** F sich einmischen, unterbrechen; **~ in on** *s.o. mot.* j-n schneiden; **~ off** abschneiden; unterbrechen, trennen; *Strom etc.* sperren; **~ out** (her)ausschneiden; *Kleid etc.* zuschneiden; **be ~ out for** wie geschaffen sein für; **~ up** zerschneiden; '**~·back** Kürzung *f*, Zusammenstreichung *f*

cute F [kjuːt] (**~r, ~st**) schlau; *Am.* niedlich, süß

cu·ti·cle ['kjuːtɪkl] Nagelhaut *f*

cut·le·ry ['kʌtlərɪ] (Tisch-, Ess)Besteck *n*

cut·let *gastr.* ['kʌtlɪt] Kotelett *n*; (*Kalbs-, Schweine*)Schnitzel *n*; Hacksteak *n*

cut-'**price**, **~**'**rate** *econ.* ermäßigt, herabgesetzt; Billig...; '**~·ter** Zuschneider *m*; (*Glas-, Diamant*)Schleifer *m*; *tech.* Schneidemaschine *f*, -werkzeug *n*; *Film:* Cutter(in); *naut.* Kutter *m*; '**~·throat** Mörder *m*; Killer *m*; '**~·ting 1.** schneidend; scharf; *tech.* Schneid(e)..., Fräs...; **2.** Schneiden *n*; *bot.* Steckling *m*; *bsd. Brt.* (*Zeitungs*)Ausschnitt *m*; '**~·tings** *pl.* Schnipsel *pl.*; Späne *pl.*

Cy·ber·space ['saɪbəspeɪs] → *virtual reality*
cy·cle[1] ['saɪkl] Zyklus *m*; Kreis(lauf) *m*
cy·cle[2] ['saɪkl] **1.** Fahrrad *n*; **2.** Rad fahren; '~ **path** (Fahr)Radweg *m*; '**cy·cling** Radfahren *n*; '**cy·clist** Radfahrer(in); Motorradfahrer(in)
cy·clone ['saɪkləʊn] Wirbelsturm *m*
cyl·in·der ['sɪlɪndə] Zylinder *m*, *tech. a.*
Walze *f*, Trommel *f*
cyn·ic ['sɪnɪk] Zyniker(in); '~·**i·cal** zynisch
cy·press *bot.* ['saɪprɪs] Zypresse *f*
cyst *med.* [sɪst] Zyste *f*
czar *hist.* [zɑː] → *tsar*
Czech [tʃek] **1.** tschechisch; ~ *Republic* Tschechien *n*, Tschechische Republik; **2.** Tschech|e *m*, -in *f*; *ling.* Tschechisch *n*

D

D, d [diː] D, d *n*
d *nur geschr. Abk. für died* gest., gestorben
DA [diː 'eɪ] *Abk. für District Attorney Am.* Staatsanwalt *m*
dab [dæb] **1.** Klecks *m*, Spritzer *m*; **2.** (*-bb-*) be-, abtupfen
dab·ble ['dæbl] bespritzen; ~ *at*, ~ *in* sich oberflächlich *od.* (*contp.*) in dilettantischer Weise beschäftigen mit
dachs·hund *zo.* ['dækshʊnd] Dackel *m*
dad F [dæd], ~·**dy** F ['dædɪ] Papa *m*, Vati *m*
dad·dy long·legs *zo.* [ˌdædɪ 'lɒŋlegz] (*pl. daddy longlegs*) Schnake *f*; *Am.* Weberknecht *m*
daf·fo·dil *bot.* ['dæfədɪl] gelbe Narzisse
daft F [dɑːft] blöde, doof
dag·ger ['dægə] Dolch *m*; *be at* ~*s drawn fig.* auf Kriegsfuß stehen
dai·ly ['deɪlɪ] **1.** täglich; *the* ~ *grind od. rut* das tägliche Einerlei; **2.** Tageszeitung *f*; Putzfrau *f*
dain·ty ['deɪntɪ] **1.** (*-ier, -iest*) zierlich; reizend; wählerisch; **2.** Leckerbissen *m*
dair·y ['deərɪ] Molkerei *f*; Milchwirtschaft *f*; Milchgeschäft *n*
dai·sy *bot.* ['deɪzɪ] Gänseblümchen *n*
dale *dial. od. poet.* [deɪl] Tal *n*
dal·ly ['dælɪ]: ~ *about* herumtrödeln
Dal·ma·tian *zo.* [dæl'meɪʃn] Dalmatiner *m* (*Hund*)
dam [dæm] **1.** (Stau)Damm *m*; **2.** (*-mm-*) *a.* ~ *up* stauen, eindämmen
dam·age ['dæmɪdʒ] **1.** Schaden *m*, (Be)Schädigung *f*; ~*s pl. jur.* Schaden-
ersatz *m*; **2.** (be)schädigen
dam·ask ['dæməsk] Damast *m*
damn [dæm] **1.** verdammen; verurteilen; ~ (*it*)*!* F verflucht!, verdammt!; **2.** *adj. u. adv.* F → *damned*; **3.** *I don't care a* ~ F das ist mir völlig gleich(gültig) *od.* egal; **dam·na·tion** [dæm'neɪʃn] Verdammung *f*; *rel.* Verdammnis *f*; ~**ed** F [dæmd] verdammt; '~·**ing** vernichtend, belastend
damp [dæmp] **1.** feucht, klamm; **2.** Feuchtigkeit *f*; **3.** *a.* '~·**en** an-, befeuchten; dämpfen; '~·**ness** Feuchtigkeit *f*
dance [dɑːns] **1.** Tanz *m*; Tanz(veranstaltung *f*) *m*; **2.** tanzen; '**danc·er** Tänzer(in); '**danc·ing** Tanzen *n*; Tanz...
dan·de·li·on *bot.* ['dændɪlaɪən] Löwenzahn *m*
dan·druff ['dændrʌf] (Kopf)Schuppen *pl.*
Dane [deɪn] Dän|e *m*, -in *f*
dan·ger ['deɪndʒə] Gefahr *f*; *be out of* ~ außer Lebensgefahr sein; '~ **ar·e·a** Gefahrenzone *f*, -bereich *m*; ~·**ous** ['deɪndʒərəs] gefährlich; '~ **zone** Gefahrenzone *f*, -bereich *m*
dan·gle ['dæŋgl] baumeln (lassen)
Da·nish ['deɪnɪʃ] **1.** dänisch; **2.** *ling.* Dänisch *n*
dank [dæŋk] feucht, nass(kalt)
dare [deə] *v/i.* es wagen, sich (ge)trauen; *I* ~ *say* ich glaube wohl; allerdings; *how* ~ *you!* was fällt dir ein!; unterstehe dich!; *v/t. et.* wagen; '~·**dev·il** Draufgänger *m*; **dar·ing** ['deərɪŋ] **1.** kühn; waghalsig; **2.** Mut *m*, Kühnheit *f*

dark [dɑːk] **1.** dunkel; finster; *fig.* düster, trüb(e); geheim(nisvoll); **2.** Dunkel(heit *f*) *n*; *before (at, after)* ~ vor (bei, nach) Einbruch der Dunkelheit; *keep s.o. in the* ~ *about s.th.* j-n über et. im Ungewissen lassen; '**2 Ag·es** *pl. das frühe Mittelalter;* '~**en** (sich) verdunkeln *od.* verfinstern; '~**ness** Dunkelheit *f*, Finsternis *f*; '~**room** *phot.* Dunkelkammer *f*

dar·ling ['dɑːlɪŋ] **1.** Liebling *m*; **2.** lieb; F goldig

darn [dɑːn] stopfen, ausbessern

dart [dɑːt] **1.** Wurfpfeil *m*; Sprung *m*, Satz *m*; ~**s** *sg.* Darts *n* (*Wurfspiel*); **2.** *v/t.* werfen, schleudern; *v/i.* schießen, stürzen; '~**board** Dartsscheibe *f*

dash [dæʃ] **1.** Schlag *m*, Klatschen *n* (*von Wellen etc.*), Prise *f* (*Salz etc.*), Schuss *m* (*Rum etc.*), Spritzer *m* (*Zitrone*); Gedankenstrich *m*; Anflug *m*; *a* ~ *of blue* ein Stich ins Blaue; *make a* ~ *for* losstürzen auf (*acc.*); **2.** *v/t.* schleudern, schmettern; *Hoffnung etc.* zerstören, zunichte machen; *v/i.* stürmen; ~ *off* davonstürzen; '~**board** *mot.* Armaturenbrett *n*; '~**ing** schneidig, forsch

da·ta ['deɪtə] *pl., sg.* Daten *pl.*, Angaben *pl.; Computer:* Daten *pl.*; '~ **bank,** ~ **base** Datenbank *f*; ~ '**cap·ture** Datenerfassung *f*; ~ '**car·ri·er** Datenträger *m*; ~ '**in·put** Dateneingabe *f*; ~ '**me·di·um** Datenträger *m*; ~ '**mem·o·ry** Datenspeicher *m*; ~ '**out·put** Datenausgabe *f*; ~ '**pro·cess·ing** Datenverarbeitung *f*; ~ **pro·tec·tion** Datenschutz *m*; ~ '**stor·age** Datenspeicher *m*; ~ '**trans·fer** Datenübertragung *f*; ~ '**typ·ist** Datentypist(in)

date[1] *bot.* [deɪt] Dattel *f*

date[2] [deɪt] Datum *n*; Zeit(punkt *m*) *f*; Termin *m*; Verabredung *f*; *Am.* F (Verabredungs)Partner(in); *out of* ~ veraltet, unmodern; *up to* ~ zeitgemäß, modern, auf dem Laufenden; **2.** datieren; *Am.* F sich verabreden mit, ausgehen mit, (*regelmäßig*) gehen mit; '**dat·ed** veraltet, überholt

da·tive *gr.* ['deɪtɪv] *a.* ~ *case* Dativ *m*, dritter Fall

daub [dɔːb] (be)schmieren

daugh·ter ['dɔːtə] Tochter *f*; ~**·in-law** ['dɔːtərɪnlɔː] (*pl. daughters-in-law*) Schwiegertochter *f*

daunt [dɔːnt] entmutigen

daw *zo.* [dɔː] Dohle *f*

daw·dle F ['dɔːdl] (herum)trödeln

dawn [dɔːn] **1.** (Morgen)Dämmerung *f*; *at* ~ bei Tagesanbruch; **2.** dämmern; ~ *on fig.* j-m dämmern

day [deɪ] Tag *m*; *oft* ~**s** *pl.* (Lebens)Zeit *f*; *any* ~ jederzeit; *these* ~**s** heutzutage; *the other* ~ neulich; *the* ~ *after tomorrow* übermorgen; *the* ~ *before yesterday* vorgestern; *open all* ~ durchgehend geöffnet; *let's call it a* ~*!* machen wir Schluss für heute!, Feierabend!; '~**break** Tagesanbruch *m*; ~ **care cen·tre** (*Am.* **cen·ter**) → *day nursery*; '~**dream 1.** Tag-, Wachtraum *m*; **2.** (*dreamed od.* dreamt) (mit offenen Augen) träumen; '~**dream·er** Träumer(in); '~**light** Tageslicht *n*; *in broad* ~ am helllichten Tag; '~ **nur·se·ry** Tagesheim *n*, -stätte *f*; ~ **off** (*pl.* **days off**) freier Tag; ~ **re'turn** *Brt.* Tagesrückfahrkarte *f*; '~**time:** *in the* ~ am Tag, bei Tage

daze [deɪz] **1.** blenden; betäuben; **2.** *in a* ~ benommen, betäubt

DC [diː 'siː] *Abk. für:* **direct current** Gleichstrom *m*; **District of Columbia** Bundesdistrikt der USA (= *Gebiet der amer. Hauptstadt Washington*)

DD [diː 'diː] *Abk. für* **double density** doppelte Speicherdichte e-r Diskette

dead [ded] **1.** tot; unempfindlich (**to** für); matt (*Farbe etc.*); blind (*Fenster etc.*); erloschen; *econ.* flau; *econ.* tot (*Kapital etc.*); völlig, total; ~ *stop* völliger Stillstand; **2.** *adv.* völlig, total; plötzlich, abrupt; genau, direkt; ~ *slow mot.* Schritt fahren!; ~ *tired* todmüde; **3.** *the* ~ die Toten *pl.*; *in the* ~ *of winter* im tiefsten Winter; *in the* ~ *of night* mitten in der Nacht; '~**bar·gain** Spottpreis *m*; ~ '**cen·tre** (*Am.* **cen·ter**) genaue Mitte; '~**en** abstumpfen; dämpfen; (ab)schwächen; ~ '**end** Sackgasse *f* (*a. fig.*); ~ '**heat** *Sport:* totes Rennen; '~**line** letzter (Ablieferungs)Termin; Stichtag *m*; '~**lock** *fig.* toter Punkt; '~**locked** *fig.* festgefahren; ~ '**loss** Totalverlust *m*; '~**ly** (*-ier, -iest*) tödlich

deaf [def] **1.** taub; ~ *and dumb* taubstumm; **2.** *the* ~ *pl.* die Tauben *pl.*; '~**en** taub machen; betäuben

deal [di:l] **1.** F Geschäft *n*, Handel *m*; Menge *f*; *it's a* ~*!* abgemacht!; *a good* ~ ziemlich viel; *a great* ~ sehr viel; **2.** (*dealt*) *v/t.* (aus-, ver-, zu)teilen; Karten geben; *e-n Schlag* versetzen; *v/i.* handeln (*in* mit e-r Ware); *sl.* dealen (*mit Drogen handeln*); Karten: geben; ~ *with* sich befassen mit, behandeln; *econ.* Handel treiben mit, Geschäfte machen mit; '~**er** *econ.* Händler(in); Karten: Geber(in); *sl.* Dealer *m* (*Drogenhändler*); '~**ing** Verhalten(sweise *f*) *n*; '~**ings** *pl.* Umgang *m*, Beziehungen *pl.*; ~**t** [delt] *pret. u. p.p. von* deal 2

dean [di:n] Dekan *m*

dear [dɪə] **1.** teuer; lieb; *2 Sir*, *in Briefen*: Sehr geehrter Herr (*Name*); **2.** Liebste(r *m*) *f*, Schatz *m*; *my* ~ m-e Liebe, mein Lieber; **3.** *int.* (*oh*) ~*!*, ~ ~*!*, ~ *me!* F du liebe Zeit!, ach herrje!; '~**·ly** innig, von ganzem Herzen; teuer (*im Preis*)

death [deθ] Tod *m*; Todesfall *m*; '~**bed** Sterbebett *n*; '~ **cer·tif·i·cate** Totenschein *m*; '~**ly** (*-ier, -iest*) tödlich; '**war·rant** *jur.* Hinrichtungsbefehl *m*; *fig.* Todesurteil *n*

de·bar [dɪˈbɑː] (*-rr-*): ~ *from doing s.th.* j-n hindern et. zu tun

de·base [dɪˈbeɪs] erniedrigen; mindern

de·ba·ta·ble [dɪˈbeɪtəbl] umstritten;

de·bate [dɪˈbeɪt] **1.** Debatte *f*, Diskussion *f*; **2.** debattieren, diskutieren

deb·it *econ.* [ˈdebɪt] **1.** Soll *n*; (Konto)Belastung *f*; ~ *and credit* Soll u. Haben *n*; **2.** j-n, *ein Konto* belasten

de·bris [ˈdebriː] Trümmer *pl.*

debt [det] Schuld *f*; *be in* ~ verschuldet sein; *be out of* ~ schuldenfrei sein; '~**or** Schuldner(in)

de·bug *tech.* [diːˈbʌɡ] (*-gg-*) Fehler beseitigen (*a. Computer*)

de·but [ˈdeɪbjuː] Debüt *n*

Dec *nur geschr. Abk. für December* Dez., Dezember *m*

dec·ade [ˈdekeɪd] Jahrzehnt *n*

dec·a·dent [ˈdekədənt] dekadent

de·caf·fein·at·ed [diːˈkæfɪneɪtɪd] koffeinfrei

de·camp F [dɪˈkæmp] verschwinden

de·cant [dɪˈkænt] abgießen; umfüllen; ~**er** Karaffe *f*

de·cath·lete [dɪˈkæθliːt] Sport: Zehnkämpfer *m*; ~**·lon** [dɪˈkæθlɒn] Sport: Zehnkampf *m*

de·cay [dɪˈkeɪ] **1.** zerfallen; verfaulen; kariös *od.* schlecht werden (*Zahn*); **2.** Zerfall *m*; Verfaulen *n*

de·cease *bsd. jur.* [dɪˈsiːs] Tod *m*, Ableben *n*; ~**d** *bsd. jur.* **1.** *the* ~ der *od.* die Verstorbene; die Verstorbenen *pl.*; **2.** verstorben

de·ceit [dɪˈsiːt] Betrug *m*; Täuschung *f*; ~**ful** betrügerisch

de·ceive [dɪˈsiːv] betrügen; täuschen; **de·ceiv·er** Betrüger(in)

De·cem·ber [dɪˈsembə] (*Abk. Dec*) Dezember *m*

de·cen·cy [ˈdiːsnsɪ] Anstand *m*; '~**t** anständig; F annehmbar, (ganz) anständig; F nett; △ *nicht dezent*

de·cep·tion [dɪˈsepʃn] Täuschung *f*; ~**tive**: *be* ~ täuschen, trügen (*Sache*)

de·cide [dɪˈsaɪd] (sich) entscheiden; bestimmen; beschließen, sich entschließen; **de·cid·ed** entschieden; bestimmt; entschlossen

dec·i·mal [ˈdesɪml] *a.* ~ *fraction* Dezimalbruch *m*; Dezimal...

de·ci·pher [dɪˈsaɪfə] entziffern

de·ci·sion [dɪˈsɪʒn] Entscheidung *f*; Entschluss *m*; Entschlossenheit *f*; *make a* ~ e-e Entscheidung treffen; *reach od. come to a* ~ zu e-m Entschluss kommen; ~**sive** [dɪˈsaɪsɪv] entscheidend; ausschlaggebend; entschieden

deck [dek] **1.** *naut.* Deck *n* (*a. e-s Busses*); *Am.* Spiel *n*, Pack *m* (Spiel)Karten; **2.** ~ *out* schmücken; '~**chair** Liegestuhl *m*

dec·la·ra·tion [dekləˈreɪʃn] Erklärung *f*; Zollerklärung *f*

de·clare [dɪˈkleə] erklären; deklarieren, verzollen

de·clen·sion *gr.* [dɪˈklenʃn] Deklination *f*

de·cline [dɪˈklaɪn] **1.** abnehmen, zurückgehen; fallen (*Preise*); verfallen; (höflich) ablehnen; *gr.* deklinieren; **2.** Abnahme *f*, Rückgang *m*, Verfall *m*

de·cliv·i·ty [dɪˈklɪvətɪ] (Ab)Hang *m*

de·clutch *mot.* [diːˈklʌtʃ] auskuppeln

de·code [diːˈkəʊd] entschlüsseln

de·com·pose [diːkəmˈpəʊz] zerlegen; (sich) zersetzen; verwesen

de·con·tam·i·nate [diːkənˈtæmɪneɪt] entgasen, -giften, -seuchen, -strahlen;

decontamination 86

~·'na·tion Entseuchung *f* (*bei Radioaktivität*)
dec·o·rate ['dekəreɪt] verzieren, schmücken; tapezieren; (an)streichen; dekorieren; ~·ra·tion [dekə'reɪʃn] Verzierung *f*; Schmuck *m*, Dekoration *f*; Orden *m*; ~·ra·tive ['dekərətɪv] dekorativ; Zier...; ~·ra·tor ['dekəreɪtə] Dekorateur *m*; Maler *m* u. Tapezierer *m*
dec·o·rous ['dekərəs] anständig; de·co·rum [dɪ'kɔ:rəm] Anstand *m*
de·coy **1.** ['di:kɔɪ] Lockvogel *m* (*a. fig.*); Köder *m* (*a. fig.*); **2.** [dɪ'kɔɪ] ködern; locken (**into** in *acc.*)
de·crease **1.** ['di:kri:s] Abnahme *f*; **2.** [di:'kri:s] abnehmen, (sich) vermindern
de·cree [dɪ'kri:] **1.** Dekret *n*, Erlass *m*, Verfügung *f*; *bsd. Am. jur.* Entscheid *m*, Urteil *n*; **2.** verfügen
ded·i·cate ['dedɪkeɪt] widmen; '~·cat·ed engagiert; ~·ca·tion [dedɪ'keɪʃn] Widmung *f*; Hingabe *f*
de·duce [dɪ'dju:s] ableiten; folgern
de·duct [dɪ'dʌkt] *Betrag* abziehen (**from** von); ~·i·ble: *tax* ~ steuerlich absetzbar; de·duc·tion [dɪ'dʌkʃn] Abzug *m* (*e-s Betrages*); (Schluss)Folgerung *f*, Schluss *m*
deed [di:d] Tat *f*; Heldentat *f*; *jur.* (Übertragungs)Urkunde *f*
deep [di:p] **1.** tief (*a. fig.*); **2.** Tiefe *f*; '~·en (sich) vertiefen, *fig. a.* (sich) verstärken; ~·'freeze **1.** (*-froze, -frozen*) tiefkühlen, einfrieren; **2.** Tiefkühl-, Gefriergerät *n*; ~·'fro·zen tiefgefroren; '~·fry frittieren; '~·ness Tiefe *f*
deer *zo.* [dɪə] (*pl.* deer) Hirsch *m*; Reh *n*
de·face [dɪ'feɪs] entstellen; unleserlich machen; ausstreichen
def·a·ma·tion [defə'meɪʃn] Verleumdung *f*
de·fault [dɪ'fɔ:lt] **1.** *jur.* Nichterscheinen *n* vor Gericht; *Sport*: Nichtantreten *n*; *econ.* Verzug *m*; **2.** s-n Verpflichtungen nicht nachkommen, *econ.* a. im Verzug sein; *jur.* nicht vor Gericht erscheinen; *Sport*: nicht antreten
de·feat [dɪ'fi:t] **1.** Niederlage *f*; **2.** besiegen, schlagen; vereiteln, zunichte machen
de·fect [dɪ'fekt] Defekt *m*, Fehler *m*; Mangel *m*; de·fec·tive mangelhaft; schadhaft, defekt
de·fence *Brt.*, de·fense *Am.* [dɪ'fens] Verteidigung *f* (*a. mil., jur., Sport*), Schutz *m*; *Sport*: Abwehr *f*; **witness for the ~** Entlastungszeuge *m*; ~·less schutz-, wehrlos
de·fend [dɪ'fend] (**from, against**) verteidigen (gegen), schützen (vor *dat.*, gegen); de·'fen·dant Angeklagte(r *m*) *f*; Beklagte(r *m*) *f*; de·'fend·er Verteidiger(in); *Sport*: Abwehrspieler(in)
de·fen·sive [dɪ'fensɪv] **1.** Defensive *f*, Verteidigung *f*, Abwehr *f*; **2.** defensiv; Verteidigungs..., Abwehr...
de·fer [dɪ'fɜ:] (*-rr-*) auf-, verschieben
de·fi·ance [dɪ'faɪəns] Herausforderung *f*; Trotz *m*; ~·ant herausfordernd; trotzig
de·fi·cien·cy [dɪ'fɪʃnsɪ] Unzulänglichkeit *f*; Mangel *m*; ~·t mangelhaft, unzureichend
def·i·cit *econ.* ['defɪsɪt] Defizit *n*, Fehlbetrag *m*
de·file[1] ['di:faɪl] enger (Gebirgs)Pass
de·file[2] [dɪ'faɪl] beschmutzen
de·fine [dɪ'faɪn] definieren; erklären, bestimmen; def·i·nite ['defɪnɪt] bestimmt; endgültig, definitiv; def·i·ni·tion [defɪ'nɪʃn] Definition *f*, Bestimmung *f*, Erklärung *f*; de·fin·i·tive [dɪ'fɪnɪtɪv] endgültig, definitiv
de·flect [dɪ'flekt] *v/t.* ablenken; *Ball* abfälschen; *v/i.* abweichen
de·form [dɪ'fɔ:m] entstellen, verunstalten; ~ed deformiert, verunstaltet; verwachsen; de·for·mi·ty [dɪ'fɔ:mətɪ] Missbildung *f*
de·fraud [dɪ'frɔ:d] betrügen (**of** um)
de·frost [di:'frɒst] *v/t. Windschutzscheibe etc.* entfrosten; *Kühlschrank etc.* abtauen, *Tiefkühlkost etc.* auftauen; *v/i.* ab-, auftauen
deft [deft] geschickt, gewandt
de·fy [dɪ'faɪ] herausfordern; trotzen (*dat.*)
de·gen·e·rate **1.** [dɪ'dʒenəreɪt] entarten; **2.** [dɪ'dʒenərət] entartet
deg·ra·da·tion [degrə'deɪʃn] Erniedrigung *f*; de·grade [dɪ'greɪd] *v/t.* erniedrigen, demütigen
de·gree [dɪ'gri:] Grad *m*; Stufe *f*; (akademischer) Grad; **by ~s** allmählich; **take one's ~** e-n akademischen Grad erwerben, promovieren
de·hy·drat·ed [di:'haɪdreɪtɪd] Trocken...

de·i·fy ['di:ɪfaɪ] vergöttern; vergöttlichen

deign [deɪn] sich herablassen

de·i·ty ['di:ɪtɪ] Gottheit *f*

de·jec·ted [dɪ'dʒektɪd] niedergeschlagen, mutlos, deprimiert; **~tion** [dɪ'dʒekʃn] Niedergeschlagenheit *f*

de·lay [dɪ'leɪ] **1.** Aufschub *m*; Verzögerung *f*; *rail. etc.* Verspätung *f*; **2.** ver-, aufschieben; verzögern; aufhalten; **be ~ed** sich verzögern; *rail. etc.* Verspätung haben

del·e·gate 1. ['delɪgeɪt] abordnen, delegieren; *Vollmachten etc.* übertragen; **2.** ['delɪgət] Delegierte *m*, bevollmächtigter Vertreter; **~ga·tion** [delɪ'geɪʃn] Übertragung *f*; Abordnung *f*, Delegation *f*

de·lete [dɪ'li:t] (aus)streichen; *Computer*: löschen

de·lib·e·rate [dɪ'lɪbərət] absichtlich, vorsätzlich; bedächtig, besonnen; **~ra·tion** [dɪlɪbə'reɪʃn] Überlegung *f*; Beratung *f*; Bedächtigkeit *f*

del·i·ca·cy ['delɪkəsɪ] Delikatesse *f*, Leckerbissen *m*; Zartheit *f*; Feingefühl *n*, Takt *m*; **~cate** ['delɪkət] delikat, schmackhaft; zart; fein; zierlich; zerbrechlich; delikat, heikel; empfindlich; **~ca·tes·sen** [delɪkə'tesn] Delikatessen *pl.*, Feinkost *f*; Feinkostgeschäft *n*

de·li·cious [dɪ'lɪʃəs] köstlich

de·light [dɪ'laɪt] **1.** Vergnügen *n*, Entzücken *n*; **2.** entzücken, erfreuen; **~ in** (große) Freude haben an (*dat.*); **~ful** entzückend

de·lin·quen·cy [dɪ'lɪŋkwənsɪ] Kriminalität *f*; **~t 1.** straffällig; **2.** Straffällige(r *m*) *f*; → **juvenile** 1

de·lir·i·ous *med.* [dɪ'lɪrɪəs] im Delirium, fantasierend; **~um** [dɪ'lɪrɪəm] Delirium *n*

de·liv·er [dɪ'lɪvə] aus-, (ab)liefern; *Briefe* zustellen; *Rede etc.* halten; befreien, erlösen; **be ~ed of med.** entbunden werden von; **~ance** [dɪ'lɪvərəns] Befreiung *f*; **~er** [dɪ'lɪvərə] Befreier(in); **~y** [dɪ'lɪvərɪ] (Ab-, Aus)Lieferung *f*; *post* Zustellung *f*; Halten *n* (*e-r Rede*); Vortrag(sweise *f*) *m*; *med.* Entbindung *f*; **~y van** *Brt.* Lieferwagen *m*

dell [del] kleines Tal

de·lude [dɪ'lu:d] täuschen

del·uge ['deljuːdʒ] Überschwemmung *f*; *fig.* Flut *f*

de·lu·sion [dɪ'lu:ʒn] Täuschung *f*; Wahn(vorstellung *f*) *m*

de·mand [dɪ'mɑ:nd] **1.** Forderung *f* (*for* nach); Anforderung *f* (**on** an *acc.*); Nachfrage *f* (*for* nach), Bedarf *m* (*for* an *dat.*); **on ~** auf Verlangen; **2.** verlangen, fordern; (*fordernd*) fragen nach; erfordern; **~ing** anspruchsvoll

de·ment·ed [dɪ'mentɪd] wahnsinnig

dem·i... ['demɪ] Halb..., halb...

de·mil·i·ta·rize [di:'mɪlɪtəraɪz] entmilitarisieren

dem·o F ['deməʊ] (*pl.* **-os**) Demo *f* (*Demonstration*)

de·mo·bi·lize [di:'məʊbɪlaɪz] demobilisieren

de·moc·ra·cy [dɪ'mɒkrəsɪ] Demokratie *f*

dem·o·crat ['deməkræt] Demokrat(in); **~ic** [demə'krætɪk] (**~ally**) demokratisch

de·mol·ish [dɪ'mɒlɪʃ] demolieren; ab-, ein-, niederreißen; zerstören;
dem·o·li·tion [demə'lɪʃn] Demolierung *f*; Niederreißen *n*, Abbruch *m*

de·mon ['di:mən] Dämon *m*; Teufel *m*

dem·on·strate ['demənstreɪt] demonstrieren; beweisen; zeigen; vorführen; **~stra·tion** [demən'streɪʃn] Demonstration *f*, Kundgebung *f*; Demonstration *f*, Vorführung *f*; **de·mon·stra·tive** [dɪ'mɒnstrətɪv]: **be ~** s-e Gefühle (offen) zeigen; **~stra·tor** ['demənstreɪtə] Demonstrant(in); Vorführer(in)

de·mor·al·ize [dɪ'mɒrəlaɪz] demoralisieren

de·mote [di:'məʊt] degradieren

de·mure [dɪ'mjʊə] ernst, zurückhaltend

den [den] Höhle *f* (*a. fig.*); F Bude *f*

de·ni·al [dɪ'naɪəl] Ablehnung *f*; Leugnen *n*; **official ~** Dementi *n*

den·ims ['denɪmz] *pl.* Jeans *pl.*

Den·mark ['denmɑːk] Dänemark *n*

de·nom·i·na·tion [dɪnɒmɪ'neɪʃn] *rel.* Konfession *f*; *econ.* Nennwert *m*

de·note [dɪ'nəʊt] bezeichnen; bedeuten

de·nounce [dɪ'naʊns] (öffentlich) anprangern

dense [dens] (**~r**, **~st**) dicht; *fig.* beschränkt, begriffsstutzig; **den·si·ty** ['densətɪ] Dichte *f*

dent [dent] **1.** Beule *f*, Delle *f*; **2.** ver-, einbeulen

den·tal ['dentl] Zahn...; ~ **'plaque** Zahnbelag m; ~ **'plate** (Zahn)Prothese f; ~ **'sur·geon** Zahnarzt m, -ärztin f
den·tist ['dentɪst] Zahnarzt m, -ärztin f
den·tures ['dentʃəz] pl. (künstliches) Gebiss, (Zahn)Prothese f
de·nun·ci·a·tion [dɪnʌnsɪ'eɪʃn] Denunziation f; **~tor** [dɪ'nʌnsɪeɪtə] Denunziant(in)
de·ny [dɪ'naɪ] ab-, bestreiten, dementieren, (ab)leugnen; j-m et. verweigern, abschlagen
de·o·do·rant [di:'əʊdərənt] De(s)odorant n, Deo n
dep nur geschr. Abk. für: **depart** abfahren; **departure** Abf., Abfahrt f
de·part [dɪ'pɑ:t] abreisen, abfahren, abfliegen; abweichen (**from** von)
de·part·ment [dɪ'pɑ:tmənt] Abteilung f, univ. a. Fachbereich m; pol. Ministerium n; 2 **of De'fense** Am. Verteidigungsministerium n; 2 **of the En'vi·ron·ment** Brt. Umweltministerium n; 2 **of the In'te·ri·or** Am. Innenministerium n; 2 **of 'State** Am. a. **State** 2 Außenministerium n; ~ **store** Kauf-, Warenhaus n
de·par·ture [dɪ'pɑ:tʃə] Abreise f; rail. etc. Abfahrt f, aviat. Abflug m; Abweichung f; **~s** pl. „Abfahrt" (Fahrplan etc.); ~ **gate** aviat. Flugsteig m; ~ **lounge** aviat. Abflughalle f
de·pend [dɪ'pend]: ~ **on** sich verlassen auf (acc.); abhängen von; angewiesen sein auf (acc.); **that ~s** das kommt (ganz) darauf an
de·pen·da·ble [dɪ'pendəbl] zuverlässig; **~dant** (Familien)Angehörige(r m) f; **~dence** Abhängigkeit f; Vertrauen n; **~dent 1.** (**on**) abhängig (von); angewiesen (auf acc.); **2.** → **dependant**
de·plor·a·ble [dɪ'plɔ:rəbl] bedauerlich, beklagenswert; **~e** [dɪ'plɔ:] beklagen, bedauern
de·pop·u·late [di:'pɒpjʊleɪt] entvölkern
de·port [dɪ'pɔ:t] ausweisen, Ausländer a. abschieben; deportieren
de·pose [dɪ'pəʊz] j-n absetzen; jur. unter Eid erklären
de·pos·it [dɪ'pɒzɪt] **1.** absetzen, abstellen; chem., geol. (sich) ablagern od. absetzen; deponieren, hinterlegen; econ. Betrag anzahlen; **2.** chem. Ablagerung f, geol. a. (Erz- etc.)Lager n; Deponierung f, Hinterlegung f; econ. Anzahlung f; **make a** ~ e-e Anzahlung leisten (**on** für); ~ **ac·count** bsd. Brt. Termineinlagekonto n; **~·i·tor** Einzahler(in)
de·pot ['depəʊ] Depot n; Am. ['di:pəʊ] Bahnhof m
de·prave [dɪ'preɪv] moralisch verderben
de·pre·ci·ate [dɪ'pri:ʃɪeɪt] an Wert verlieren
de·press [dɪ'pres] (nieder)drücken; deprimieren, bedrücken; **~ed** deprimiert, niedergeschlagen; econ. flau (Markt etc.), Not leidend (Industrie); **~ed ar·e·a** econ. Notstandsgebiet n; **~ing** deprimierend, bedrückend; **de·pres·sion** [dɪ'preʃn] Depression f, Niedergeschlagenheit f; econ. Depression f, Flaute f, Senke f, Vertiefung f, meteor. Tief(druckgebiet) n
de·prive [dɪ'praɪv]: ~ **s.o. of s.th.** j-m et. entziehen od. nehmen; **~d** benachteiligt
dept, Dept nur geschr. Abk. für **department** Abt., Abteilung f
depth [depθ] Tiefe f; Tiefen...
dep·u|·ta·tion [depjʊ'teɪʃn] Abordnung f; **~tize** ['depjʊtaɪz]: ~ **for s.o.** j-n vertreten; **~ty** ['depjʊtɪ] (Stell)Vertreter(in); parl. Abgeordnete(r m) f; a. ~ **sheriff** Am. Hilfssheriff m
de·rail rail. [dɪ'reɪl]: **be ~ed** entgleisen
de·ranged [dɪ'reɪndʒd] geistesgestört
der·e·lict ['derəlɪkt] heruntergekommen, baufällig
de·ride [dɪ'raɪd] verhöhnen, -spotten; **de·ri·sion** [dɪ'rɪʒn] Hohn m, Spott m; **de·ri·sive** [dɪ'raɪsɪv] höhnisch, spöttisch
de·rive [dɪ'raɪv] herleiten (**from** von); (sich) ableiten (**from** von); abstammen (**from** von); ~ **pleasure from** Freude finden od. haben an (dat.)
der·ma·tol·o·gist [dɜ:mə'tɒlədʒɪst] Dermatologe m, Hautarzt m
de·rog·a·to·ry [dɪ'rɒgətərɪ] abfällig, geringschätzig
der·rick ['derɪk] tech. Derrickkran m; naut. Ladebaum m; Bohrturm m
de·scend [dɪ'send] (her-, hin)absteigen, herunter-, hinuntersteigen, -gehen, -kommen; aviat. niedergehen; abstammen, herkommen (**from** von); ~ **on** herfallen über (acc.); überfallen (acc.) (Besuch etc.); **de·'scen·dant** Nachkomme m

de·scent [dɪ'sent] Herab-, Hinuntersteigen *n*, -gehen *n*; *aviat.* Niedergehen *n*; Gefälle *n*; Abstammung *f*, Herkunft *f*

de·scribe [dɪ'skraɪb] beschreiben

de·scrip·tion [dɪ'skrɪpʃn] Beschreibung *f*, Schilderung *f*; Art *f*, Sorte *f*; **~tive** [dɪ'skrɪptɪv] beschreibend; anschaulich

des·e·crate ['desɪkreɪt] entweihen

de·seg·re·gate [diː'segrɪgeɪt] die Rassentrennung aufheben in (*dat.*); **~ga·tion** [diːsegrɪ'geɪʃn] Aufhebung *f* der Rassentrennung

des·ert[1] ['dezət] Wüste *f*; Wüsten...

de·sert[2] [dɪ'zɜːt] *v/t.* verlassen, im Stich lassen; *v/i. mil.* desertieren; **~er** *mil.* Deserteur *m*; **de·ser·tion** [dɪ'zɜːʃn] (*jur. a.* böswilliges) Verlassen; *mil.* Fahnenflucht *f*

de·serve [dɪ'zɜːv] verdienen; **de·serv·ed·ly** [dɪ'zɜːvɪdlɪ] verdientermaßen; **de·serv·ing** verdienstvoll

de·sign [dɪ'zaɪn] **1.** Design *n*, Entwurf *m*, (*tech.* Konstruktions)Zeichnung *f*; Design *n*, Muster *n*; (a. böse)Absicht *f*; **2.** entwerfen, *tech.* konstruieren; gestalten; ausdenken; bestimmen, vorsehen (*for* für)

des·ig·nate ['dezɪgneɪt] *et. od.* j-n bestimmen

de·sign·er [dɪ'zaɪnə] Designer(in); *tech.* Konstrukteur *m*; (*Mode*)Schöpfer(in)

de·sir·a·ble [dɪ'zaɪərəbl] wünschenswert, erwünscht; begehrenswert; **~e** [dɪ'zaɪə] **1.** Wunsch *m*, Verlangen *n*, Begierde *f* (*for* nach); **2.** wünschen, begehren

de·sist [dɪ'zɪst] Abstand nehmen (*from* von)

desk [desk] Schreibtisch *m*; Pult *n*; Empfang *m*, Rezeption *f* (*im Hotel*); (*Informations*)Schalter *m*; **~ com·'put·er** Desktop-Computer *m*, Tischcomputer *m*, -rechner *m*; **~top 'pub·lish·ing** (*Abk.* **DTP**) *Computer*: Desktop-Publishing *n*

des·o·late ['desələt] einsam, verlassen; trostlos

de·spair [dɪ'speə] **1.** Verzweiflung *f*; **2.** verzweifeln (*of an dat.*); **~ing** [dɪ'speərɪŋ] verzweifelt

de·spatch [dɪ'spætʃ] → **dispatch**

des·per·ate ['despərət] verzweifelt; F hoffnungslos, schrecklich; **~a·tion** [despə'reɪʃn] Verzweiflung *f*

des·pic·a·ble [dɪ'spɪkəbl] verachtenswert, verabscheuungswürdig

de·spise [dɪ'spaɪz] verachten

de·spite [dɪ'spaɪt] trotz (*gen.*)

de·spon·dent [dɪ'spɒndənt] mutlos, verzagt

des·pot ['despɒt] Despot *m*, Tyrann *m*

des·sert [dɪ'zɜːt] Nachtisch *m*, Dessert *n*; Dessert...

des·ti·na·tion [destɪ'neɪʃn] Bestimmung(sort *m*) *f*; **~tined** ['destɪnd] bestimmt; unterwegs (*for* nach) (*Schiff etc.*); **~ti·ny** ['destɪnɪ] Schicksal *n*

des·ti·tute ['destɪtjuːt] mittellos

de·stroy [dɪ'strɔɪ] zerstören, vernichten; *Tier* töten, einschläfern; **~er** Zerstörer(in); *naut., mil.* Zerstörer *m*

de·struc·tion [dɪ'strʌkʃn] Zerstörung *f*, Vernichtung *f*; **~tive** [dɪ'strʌktɪv] zerstörend, vernichtend; zerstörerisch

de·tach [dɪ'tætʃ] (ab-, los)trennen, (los)lösen; **~ed** einzeln, frei *od.* allein stehend; unvoreingenommen; distanziert; **~ house** Einzelhaus *n*; **~ment** (Los)Lösung *f*, (Ab)Trennung *f*; *mil.* (Sonder)Kommando *n*

de·tail ['diːteɪl] **1.** Detail *n*, Einzelheit *f*; *mil.* (Sonder)Kommando *n*; **in ~** ausführlich; **2.** genau schildern; *mil.* abkommandieren; **~ed** detailliert, ausführlich

de·tain [dɪ'teɪn] aufhalten; *jur.* in (Untersuchungs)Haft behalten

de·tect [dɪ'tekt] entdecken, (heraus)finden; **de·tec·tion** [dɪ'tekʃn] Entdeckung *f*; **de·tec·tive** [dɪ'tektɪv] Kriminalbeamte(r) *m*, Detektiv *m*; **de·'tec·tive nov·el, de·'tec·tive sto·ry** Kriminalroman *m*

de·ten·tion [dɪ'tenʃn] *jur.* Haft *f*; Nachsitzen *n* (*Schule*)

de·ter [dɪ'tɜː] (*-rr-*) abschrecken (*from* von)

de·ter·gent [dɪ'tɜːdʒənt] Reinigungs-, Wasch-, Geschirrspülmittel *n*

de·te·ri·o·rate [dɪ'tɪərɪəreɪt] (sich) verschlechtern; verderben

de·ter·mi·na·tion [dɪtɜːmɪ'neɪʃn] Entschlossenheit *f*, Bestimmtheit *f*; Entschluss *m*; Ermittlung *f*, Ermittlung *f*; **~mine** [dɪ'tɜːmɪn] *et.* beschließen, bestimmen; feststellen, ermitteln; (sich)

de·ter·mined entscheiden; sich entschließen; **~mined** entschlossen

de·ter·rence [dɪ'terəns] Abschreckung *f*; **~rent 1.** abschreckend; **2.** Abschreckungsmittel *n*

de·test [dɪ'test] verabscheuen

de·throne [dɪ'θrəʊn] entthronen

det·o·nate ['detəneɪt] *v/t.* zünden; *v/i.* detonieren, explodieren

de·tour ['diːtʊə] Umweg *m*; Umleitung *f*

de·tract [dɪ'trækt]: **~ from** ablenken von; schmälern (*acc.*)

det·ri·ment ['detrɪmənt] Nachteil *m*, Schaden *m*

deuce [djuːs] *Kartenspiel, Würfeln:* Zwei *f*; *Tennis:* Einstand *m*

de·val·u·a·tion [diːvæljʊ'eɪʃn] Abwertung *f*; **~e** [diː'væljuː] abwerten

dev·a·state ['devəsteɪt] verwüsten; **'~stat·ing** verheerend, -nichtend; F umwerfend, toll

de·vel·op [dɪ'veləp] (sich) entwickeln; *Naturschätze, Bauland* erschließen; *Altstadt etc.* sanieren; **~er** *phot.* Entwickler *m*; (Stadt)Planer *m*; **~ing** Entwicklungs...; **~ing 'coun·try**, **~ing 'na·tion** Entwicklungsland *n*; **~ment** Entwicklung *f*; Erschließung *f*, Sanierung *f*

de·vi·ate ['diːvɪeɪt] abweichen (**from** von); **~·a·tion** [diːvɪ'eɪʃn] Abweichung *f*

de·vice [dɪ'vaɪs] Vorrichtung *f*, Gerät *n*; Plan *m*, Trick *m*; *leave s.o. to his own* **~s** j-n sich selbst überlassen

dev·il ['devl] Teufel *m* (*a. fig.*); **'~·ish** teuflisch

de·vi·ous ['diːvjəs] abwegig; gewunden; unaufrichtig; **~ route** Umweg *m*

de·vise [dɪ'vaɪz] (sich) ausdenken

de·void [dɪ'vɔɪd]: **~ of** ohne (*acc.*)

de·vote [dɪ'vəʊt] widmen (**to** *dat.*); △ *nicht* devot; **de'vot·ed** ergeben; hingebungsvoll; eifrig, begeistert; **dev·o·tee** [devəʊ'tiː] begeisterter Anhänger; **de·vo·tion** [dɪ'vəʊʃn] Ergebenheit *f*; Hingabe *f*; Frömmigkeit *f*, Andacht *f*

de·vour [dɪ'vaʊə] verschlingen

de·vout [dɪ'vaʊt] fromm; sehnlichst, innig

dew [djuː] Tau *m*; **'~·drop** Tautropfen *m*; **'~·y** (*-ier, -iest*) taufeucht, -frisch

dex·ter·i·ty [dek'sterətɪ] Gewandtheit *f*; **~ter·ous**, **~trous** ['dekstrəs] gewandt

di·ag·nose ['daɪəgnəʊz] diagnostizieren; **~·no·sis** [daɪəg'nəʊsɪs] (*pl.* **-ses** [-siːz]) Diagnose *f*

di·ag·o·nal [daɪ'ægənl] **1.** diagonal; **2.** Diagonale *f*

di·a·gram ['daɪəgræm] Diagramm *n*, grafische Darstellung

di·al [daɪəl] **1.** Zifferblatt *n*; *tel.* Wählscheibe *f*; *tech.* Skala *f*; **2.** (*bsd. Brt.* **-ll-**, *Am.* **-l-**) *tel.* wählen; **~ direct** durchwählen (**to** nach); **direct ~(l)ing** Durchwahl *f*

di·a·lect ['daɪəlekt] Dialekt *m*, Mundart *f*

'di·al·ling code *Brt. tel.* Vorwahl(nummer) *f*

di·a·logue *Brt.*, **di·a·log** *Am.* ['daɪəlɒg] Dialog *m*, Gespräch *n*

di·am·e·ter [daɪ'æmɪtə] Durchmesser *m*; *in* **~** im Durchmesser

di·a·mond ['daɪəmənd] Diamant *m*; Raute *f*, Rhombus *m*; *Kartenspiel:* Karo *n*

di·a·per *Am.* ['daɪəpə] Windel *f*

di·a·phragm ['daɪəfræm] *anat.* Zwerchfell *n*; *opt.* Blende *f*; *tel.* Membran(e) *f*

di·ar·rh(o)e·a *med.* [daɪə'rɪə] Durchfall *m*

di·a·ry ['daɪərɪ] Tagebuch *n*

dice [daɪs] **1.** *pl. von* **die²**; (*pl.* **dice**) Würfel *m*; **2.** *gastr.* in Würfel schneiden; würfeln

dick *Am. sl.* [dɪk] Schnüffler *m* (*Detektiv*)

'dick·y·bird ['dɪkɪbɜːd] Piepvögelchen *n*

dic·tate [dɪk'teɪt] diktieren; *fig.* vorschreiben; **~·ta·tion** [dɪk'teɪʃn] Diktat *n*

dic·ta·tor [dɪk'teɪtə] Diktator *m*; **~·ship** Diktatur *f*

dic·tion ['dɪkʃn] Ausdrucksweise *f*, Stil *m*

dic·tion·a·ry ['dɪkʃnrɪ] Wörterbuch *n*

did [dɪd] *pret. von* **do**

die¹ [daɪ] sterben; eingehen, verenden; **~ of hunger** verhungern; **~ of thirst** verdursten; **~ away** sich legen (*Wind*); verklingen (*Ton*); **~ down** nachlassen; herunterbrennen; schwächer werden; **~ out** aussterben (*a. fig.*)

die² *Am.* [daɪ] (*pl.* **dice**) Würfel *m*

di·et [daɪət] **1.** Diät *f*; Nahrung *f*, Kost

dif; *be on a* ~ Diät leben; **2.** Diät leben
dif·fer ['dɪfə] sich unterscheiden; anderer Meinung sein (**with**, *from* als); abweichen
dif·fe|·rence ['dɪfrəns] Unterschied *m*; Differenz *f*; Meinungsverschiedenheit *f*; '~**rent** verschieden; andere(r, -s); anders (*from* als); ~**ren·ti·ate** [dɪfə-'renʃɪeɪt] (sich) unterscheiden
dif·fi|·cult ['dɪfɪkəlt] schwierig; '~**cul·ty** Schwierigkeit *f*
dif·fi|·dence ['dɪfɪdəns] Schüchternheit *f*; '~**dent** schüchtern
dif|·fuse [*adj.* [dɪ'djuːs] verbreiten; **2.** [dɪ'fjuːz] diffus; zerstreut (*bsd. Licht*); weitschweifig; ~**fu·sion** *chem., phys.* [dɪ'fjuːʒn] (Zer)Streuung *f*
dig [dɪg] **1.** (**-gg-**; *dug*) graben; ~ (*up*) umgraben; ~ (*up od. out*) ausgraben (*a. fig.*); ~ **s.o. in the ribs** j-m e-n Rippenstoß geben; **2.** F Puff *m*, Stoß *m*; ~**s** *pl.* Brt. F Bude *f*
di·gest 1. [dɪ'dʒest] verdauen; ~ *well* leicht verdaulich sein; **2.** ['daɪdʒest] Abriss *m*; Auslese *f*, Auswahl *f*; ~**i·ble** [dɪ'dʒestəbl] verdaulich; **di·ges·tion** [dɪ'dʒestʃən] Verdauung *f*; **di·ges·tive** [dɪ'dʒestɪv] verdauungsfördernd; Verdauungs...
dig·ger ['dɪgə] (*bsd. Gold*)Gräber *m*
di·git ['dɪdʒɪt] Ziffer *f*; **three-**~ *number* dreistellige Zahl
di·gi·tal ['dɪdʒɪtl] digital, Digital...; ~ '**clock,** ~ '**watch** Digitaluhr *f*
dig·ni|·fied ['dɪgnɪfaɪd] würdevoll, würdig; ~**ta·ry** ['dɪgnɪtəri] Würdenträger(in); ~**ty** ['dɪgnɪti] Würde *f*
di·gress [daɪ'gres] abschweifen
dike[1] [daɪk] **1.** Deich *m*, Damm *m*; Graben *m*; **2.** eindeichen, -dämmen
dike[2] *sl.* [daɪk] Lesbe *f* (*Lesbierin*)
di·lap·i·dat·ed [dɪ'læpɪdeɪtɪd] verfallen, baufällig, klapp(e)rig
di·late [daɪ'leɪt] (sich) ausdehnen *od.* (aus)weiten; *Augen* weit öffnen; **dil·a·to·ry** ['dɪlətəri] verzögernd, hinhaltend; langsam
dil·i|·gence ['dɪlɪdʒəns] Fleiß *m*; ~**gent** fleißig, emsig
di·lute [daɪ'ljuːt] **1.** verdünnen; verwässern; **2.** verdünnt
dim [dɪm] **1.** (**-mm-**) (halb)dunkel, düster; undeutlich, verschwommen; schwach, trüb(e) (*Licht*); **2.** (sich) verdunkeln *od.* verdüstern; (sich) trüben; undeutlich werden; ~ *one's headlights Am. mot.* abblenden
dime *Am.* [daɪm] Zehncentstück *n*
di·men·sion [dɪ'menʃn] Dimension *f*, Maß *n*, Abmessung *f*; ~**s** *pl. a.* Ausmaß *n*; ~**al** [dɪ'menʃənl] *in Zssgn* ...dimensional
di·min·ish [dɪ'mɪnɪʃ] (sich) vermindern *od.* verringern
di·min·u·tive [dɪ'mɪnjʊtɪv] klein, winzig
dim·ple ['dɪmpl] Grübchen *n*
din [dɪn] Getöse *n*, Lärm *m*
dine [daɪn] essen, speisen; ~ *in* zu Hause (*östr., Schweiz: a.* zuhause) essen; ~ *out* auswärts essen; '**din·er** Speisende(r *m*) *f*; Gast *m* (*im Restaurant*); *Am. rail.* Speisewagen *m*; *Am.* Speiselokal *n*
din·ghy ['dɪŋgɪ] *naut.* Ding(h)i *n*; Beiboot *n*; Schlauchboot *n*
din·gy ['dɪndʒɪ] (**-ier, -iest**) schmutzig, schmudd(e)lig
'**din·ing** *car rail.* Speisewagen *m*; '~ **room** Ess-, Speisezimmer *n*
din·ner ['dɪnə] (Mittag-, Abend)Essen *n*; Diner *n*, Festessen *n*; '~ **jack·et** Smoking *m*; '~ **par·ty** Dinnerparty *f*, Abendgesellschaft *f*; '~ **ser·vice,** '~ **set** Speiseservice *n*, Tafelgeschirr *n*; '~**time** Essens-, Tischzeit *f*
di·no *zo.* ['daɪnəʊ] *Abk. für* **di·no·saur** *zo.* ['daɪnəʊsɔː] Dinosaurier *m*
dip [dɪp] **1.** (**-pp-**) *v/t.* (ein)tauchen; senken; schöpfen; ~ *one's headlights Brt. mot.* abblenden; *v/i.* (unter)tauchen; sinken; sich neigen, sich senken; **2.** (Ein-, Unter)Tauchen *n*; F kurzes Bad; Senkung *f*, Neigung *f*, Gefälle *n*; Dip *m* (*Soße*)
diph·ther·i·a *med.* [dɪf'θɪərɪə] Diphtherie *f*
di·plo·ma [dɪ'pləʊmə] Diplom *n*
di·plo·ma·cy [dɪ'pləʊməsɪ] Diplomatie *f*
dip·lo·mat ['dɪpləmæt] Diplomat *m*; ~**ic** [dɪplə'mætɪk] (**~ally**) diplomatisch
dip·per ['dɪpə] Schöpfkelle *f*
dire [daɪə] (~**r,** ~**st**) schrecklich; äußerste(r, -s), höchste(r, -s)
di·rect [dɪ'rekt] **1.** *adj.* direkt; gerade; unmittelbar; offen, aufrichtig; **2.** *adv.* direkt, unmittelbar; **3.** richten; lenken, steuern; leiten; anordnen; *j-n* anwei-

direct current

sen; *j-m* den Weg zeigen; *Brief* adressieren; Regie führen bei; **~ 'cur·rent** *electr.* Gleichstrom *m*; **~ 'train** durchgehender Zug

di·rec·tion [dɪˈrekʃn] Richtung *f*; Leitung *f*, Führung *f*; *Film etc.*: Regie *f*; *mst* **~s** *pl.* Anweisung *f*, Anleitung *f*; **~s for use** Gebrauchsanweisung *f*; △ *nicht Direktion*; **~·find·er** (Funk)Peiler *m*, Peilempfänger *m*; **~ in·di·ca·tor** *mot.* Fahrtrichtungsanzeiger *m*, Blinker *m*

di·rec·tive [dɪˈrektɪv] Anweisung *f*

di·rect·ly [dɪˈrektlɪ] **1.** *adv.* sofort; **2.** *cj.* F sobald, sowie

di·rec·tor [dɪˈrektə] Direktor *m*; *Film etc.*: Regisseur(in)

di·rec·to·ry [dɪˈrektərɪ] Adressbuch *n*; *telephone* **~** Telefonbuch *n*

dirt [dɜːt] Schmutz *m*; (lockere) Erde; **~ 'cheap** F spottbillig; **'~·y 1.** (*-ier, -iest*) schmutzig (*a. fig.*); **2.** beschmutzen; schmutzig werden, schmutzen

dis·a·bil·i·ty [dɪsəˈbɪlətɪ] Unfähigkeit *f*

dis·a·bled [dɪsˈeɪbld] **1.** arbeits-, erwerbsunfähig, invalid(e); *mil.* kriegsversehrt; körperlich *od.* geistig behindert; **2. the ~** *pl.* die Behinderten *pl.*

dis·ad·van·tage [dɪsədˈvɑːntɪdʒ] Nachteil *m*; Schaden *m*; **~·ta·geous** [dɪsædvɑːnˈteɪdʒəs] nachteilig, ungünstig

dis·a·gree [dɪsəˈɡriː] nicht übereinstimmen; uneinig sein; nicht bekommen (*with s.o.* j-m) (*Essen*), j-m unangenehm; **~·ment** Verschiedenheit *f*, Unstimmigkeit *f*, Meinungsverschiedenheit *f*

dis·ap·pear [dɪsəˈpɪə] verschwinden; **~·ance** [dɪsəˈpɪərəns] Verschwinden *n*

dis·ap·point [dɪsəˈpɔɪnt] j-n enttäuschen; *Hoffnungen etc.* zunichte machen; **~·ing** enttäuschend; **~·ment** Enttäuschung *f*

dis·ap·prov·al [dɪsəˈpruːvl] Missbilligung *f*; **~e** [dɪsəˈpruːv] missbilligen; dagegen sein

dis·arm [dɪsˈɑːm] *v/t.* entwaffnen (*a. fig.*); *v/i. mil., pol.* abrüsten; **~·ar·ma·ment** [dɪsˈɑːməmənt] Entwaffnung *f*; *mil., pol.* Abrüstung *f*

dis·ar·range [dɪsəˈreɪndʒ] in Unordnung bringen

dis·ar·ray [dɪsəˈreɪ] Unordnung *f*

dis·as·ter [dɪˈzɑːstə] Unglück(sfall *m*) *n*, Katastrophe *f*; **~ ar·e·a** Notstandsgebiet *n* (*Katastrophengebiet*)

di·sas·trous [dɪˈzɑːstrəs] katastrophal, verheerend

dis·be·lief [dɪsbɪˈliːf] Unglaube *m*; Zweifel *m* (*in* an *dat.*); **~·lieve** [dɪsbɪˈliːv] *et.* bezweifeln, nicht glauben

disc *Brt.* [dɪsk] Scheibe *f*; (Schall)Platte *f*; Parkscheibe *f*; *anat.* Bandscheibe *f*; *Computer* → *disk*; △ *nicht Diskus*; *slipped* **~** *med.* Bandscheibenvorfall *m*

dis·card [dɪˈskɑːd] *Karten* ablegen, *Kleidung etc. a.* ausrangieren; *Freund etc.* fallen lassen

dis·cern [dɪˈsɜːn] wahrnehmen, erkennen; **~·ing** kritisch, scharfsichtig; **~·ment** Scharfblick *m*

dis·charge [dɪsˈtʃɑːdʒ] **1.** *v/t.* ent-, ausladen; *j-n* befreien, entbinden; *j-n* entlassen; *Gewehr etc.* abfeuern; von sich geben, ausströmen, -senden, -stoßen; *med.* absondern; *Pflicht etc.* erfüllen; *Zorn etc.* auslassen (*on* an *dat.*); *v/i. electr.* sich entladen; sich ergießen, münden (*Fluss*); *med.* eitern; **2.** Entladung *f* (*e-s Schiffes etc.*); Abfeuern *n* (*e-s Gewehrs etc.*); Ausströmen *n*; *med.* Absonderung *f*; *med.* Ausfluss *m*; Ausstoßen *n*; *electr.* Entladung *f*; Entlassung *f*; Erfüllung *f* (*e-r Pflicht*)

di·sci·ple [dɪˈsaɪpl] Schüler *m*; Jünger *m*

dis·ci·pline [ˈdɪsɪplɪn] **1.** Disziplin *f*; **2.** disziplinieren; *well* **~d** diszipliniert; *badly* **~d** disziplinlos, undiszipliniert

'disc jock·ey Disk-, Discjockey *m*

dis·claim [dɪsˈkleɪm] ab-, bestreiten; Verantwortung ablehnen; *jur.* verzichten auf (*acc.*)

dis·close [dɪsˈkləʊz] bekannt geben *od.* machen; enthüllen, aufdecken; **~·clo·sure** [dɪsˈkləʊʒə] Enthüllung *f*

dis·co F [ˈdɪskəʊ] (*pl.* **-cos**) Disko *f* (*Diskothek*)

dis·col·o(u)r [dɪsˈkʌlə] (sich) verfärben

dis·com·fort [dɪsˈkʌmfət] **1.** Unbehagen *n*; Unannehmlichkeit *f*; **2.** j-m Unbehagen verursachen

dis·con·cert [dɪskənˈsɜːt] aus der Fassung bringen

dis·con·nect [dɪskəˈnekt] trennen (*a. electr.*); *tech.* auskuppeln; *electr. Gerät* abschalten; *Gas, Strom, Telefon* abstellen; *tel. Gespräch* unterbrechen; **~·ed** zusammenhang(s)los

dis·con·so·late [dɪsˈkɒnsələt] untröstlich

dis·con·tent [dɪskənˈtent] Unzufriedenheit f; **~ed** unzufrieden

dis·con·tin·ue [dɪskənˈtɪnju:] aufgeben, aufhören mit; unterbrechen

dis·cord [ˈdɪskɔ:d] Uneinigkeit f; mus. Missklang m; **~ant** [dɪˈskɔ:dənt] nicht übereinstimmend; mus. unharmonisch, misstönend

dis·co·theque [ˈdɪskətek] Diskothek f

dis·count [ˈdɪskaʊnt] econ. Diskont m; econ. Preisnachlass m, Rabatt m, Skonto m, n

dis·cour·age [dɪˈskʌrɪdʒ] entmutigen; abschrecken, abhalten, j-m abraten (*from* von); **~ment** Entmutigung f; Abschreckung f

dis·course 1. [ˈdɪskɔ:s] Unterhaltung f, Gespräch n; Vortrag m; **2.** [dɪˈskɔ:s] e-n Vortrag halten (*on* über acc.)

dis·cour·te·ous [dɪsˈkɜ:tjəs] unhöflich; **~sy** [dɪsˈkɜ:təsɪ] Unhöflichkeit f

dis·cov·er [dɪˈskʌvə] entdecken; ausfindig machen, (heraus)finden; **~e·ry** [dɪˈskʌvərɪ] Entdeckung f

'disc park·ing mot. Parken n mit Parkscheibe

dis·cred·it [dɪsˈkredɪt] **1.** Zweifel m; Misskredit m, schlechter Ruf; **2.** nicht glauben; in Misskredit bringen

dis·creet [dɪˈskri:t] besonnen, vorsichtig; diskret, verschwiegen

dis·crep·an·cy [dɪˈskrepənsɪ] Diskrepanz f, Widerspruch m

dis·cre·tion [dɪˈskreʃn] Ermessen n, Gutdünken n; Diskretion f, Verschwiegenheit f

dis·crim·i·nate [dɪˈskrɪmɪneɪt] unterscheiden; **~ against** benachteiligen, diskriminieren; **~nat·ing** kritisch, urteilsfähig (*bsd.* nachteilig) Behandlung; Diskriminierung f, Benachteiligung f; Urteilsfähigkeit f

dis·cus [ˈdɪskəs] Sport: Diskus m

dis·cuss [dɪˈskʌs] diskutieren, erörtern, besprechen; **dis·cus·sion** [dɪˈskʌʃn] Diskussion f, Besprechung f

'dis·cus| throw Sport: Diskuswerfen n; **'~ throw·er** Sport: Diskuswerfer(in)

dis·ease [dɪˈzi:z] Krankheit f; **~d** krank

dis·em·bark [dɪsɪmˈbɑ:k] von Bord gehen (lassen); naut. Waren ausladen

dis·en·chant·ed [dɪsɪnˈtʃɑ:ntɪd]: *be ~ with* sich keine Illusionen mehr machen über (acc.)

dis·en·gage [dɪsɪnˈgeɪdʒ] (sich) freimachen; losmachen; tech. aus-, loskuppeln

dis·en·tan·gle [dɪsɪnˈtæŋgl] entwirren; (sich) befreien

dis·fa·vo(u)r [dɪsˈfeɪvə] Missfallen n; Ungnade f

dis·fig·ure [dɪsˈfɪgə] entstellen

dis·grace [dɪsˈgreɪs] **1.** Schande f; Ungnade f; **2.** Schande bringen über (acc.), j-m Schande bereiten; **~ful** schändlich; skandalös

dis·guise [dɪsˈgaɪz] **1.** verkleiden (*as* als); Stimme etc. verstellen; et. verbergen, -schleiern; **2.** Verkleidung f; Verstellung f; Verschleierung f; *in ~* maskiert, verkleidet; fig. verkappt; *in the ~ of* verkleidet als

dis·gust [dɪsˈgʌst] **1.** Ekel m, Abscheu m; **2.** (an)ekeln; empören, entrüsten; **~ing** ekelhaft

dish [dɪʃ] **1.** flache Schüssel; (Servier)Platte f; Gericht n, Speise f; *the ~es pl.* das Geschirr; *wash* od. *do the ~es* abspülen; **2.** ~ *out* F austeilen; *oft ~ up* Speisen anrichten, auftragen; F *Geschichte etc.* auftischen; **'~·cloth** Geschirrspültuch n

dis·heart·en [dɪsˈhɑ:tn] entmutigen

di·shev·el(l)ed [dɪˈʃevld] zerzaust

dis·hon·est [dɪsˈɒnɪst] unehrlich, unredlich; **~y** Unehrlichkeit f; Unredlichkeit f

dis·hon·o(u)r [dɪsˈɒnə] **1.** Schande f; **2.** Schande bringen über (acc.); econ. Wechsel nicht honorieren od. einlösen; **~o(u)r·a·ble** [dɪsˈɒnərəbl] schändlich, unehrenhaft

'dish| wash·er Spüler(in); Geschirrspülmaschine f, -spüler m; **'~ wa·ter** Spülwasser n

dis·il·lu·sion [dɪsɪˈlu:ʒn] **1.** Ernüchterung f, Desillusion f; **2.** ernüchtern, desillusionieren; *be ~ed with* sich keine Illusionen mehr machen über (acc.)

dis·in·clined [dɪsɪnˈklaɪnd] abgeneigt

dis·in·her·it [dɪsɪnˈherɪt] enterben

dis·in·fect [dɪsɪnˈfekt] desinfizieren; **~fec·tant** Desinfektionsmittel n

dis·in·te·grate [dɪsˈɪntɪgreɪt] (sich) auflösen; ver-, zerfallen

dis·in·ter·est·ed [dɪs'ɪntrəstɪd] uneigennützig, selbstlos; objektiv, unvoreingenommen; △ *mst nicht* **desinteressiert**

disk *bsd. Am.* [dɪsk] → *Brt.* **disc**; *Computer*: Diskette *f*; **~ drive** *Computer*: Diskettenlaufwerk *n*

disk·ette [dɪsk, 'dɪsket] *Computer*: Floppy *f*, Diskette *f*

dis·like [dɪs'laɪk] **1.** Abneigung *f*, Widerwille *m* (**of, for** gegen); **take a ~ to s.o.** gegen j-n e-e Abneigung fassen; **2.** nicht leiden können, nicht mögen

dis·lo·cate [,dɪsləʊ'keɪt] *med.* ['dɪsləkeɪt] sich *den Arm etc.* ver- *od.* ausrenken

dis·loy·al [dɪs'lɔɪəl] treulos, untreu

dis·mal ['dɪzməl] trüb(e), trostlos, elend

dis·man·tle [dɪs'mæntl] *tech.* demontieren

dis·may [dɪs'meɪ] **1.** Schreck(en) *m*, Bestürzung *f*; **in~, with ~** bestürzt; **to my ~** zu m-r Bestürzung; **2.** *v/t.* erschrecken, bestürzen

dis·miss [dɪs'mɪs] *v/t.* entlassen; wegschicken; ablehnen; *Thema etc.* fallen lassen; *jur.* abweisen; **~·al** [dɪs'mɪsl] Entlassung *f*; Aufgabe *f*; *jur.* Abweisung *f*

dis·mount [dɪs'maʊnt] *v/i.* absteigen, absitzen (**from** von *Fahrrad, Pferd etc.*); *v/t.* demontieren; *tech.* auseinander nehmen

dis·o·be·di|·ence [dɪsə'biːdjəns] Ungehorsam *m*; **~·ent** ungehorsam

dis·o·bey [dɪsə'beɪ] nicht gehorchen, ungehorsam sein (gegen)

dis·or·der [dɪs'ɔːdə] Unordnung *f*; Aufruhr *m*; *med.* Störung *f*; **~·ly** unordentlich; ordnungswidrig; unruhig; aufrührerisch

dis·or·gan·ize [dɪs'ɔːgənaɪz] durcheinander bringen; desorganisieren

dis·own [dɪs'əʊn] nicht anerkennen; *Kind* verstoßen; ablehnen

dis·par·age [dɪ'spærɪdʒ] verächtlich machen, herabsetzen; gering schätzen

dis·par·i·ty [dɪ'spærəti] Ungleichheit *f*; **~ of** *od.* **in age** Altersunterschied *m*

dis·pas·sion·ate [dɪ'spæʃnət] leidenschaftslos; objektiv

dis·patch [dɪ'spætʃ] **1.** schnelle Erledigung; (Ab)Sendung *f*; Abfertigung *f*; Eile *f*; (Eil)Botschaft *f*; Bericht *m* (*e-s Korrespondenten*); **2.** schnell erledigen; absenden, abschicken, *Telegramm* aufgeben, abfertigen

di·spel [dɪ'spel] (**-ll-**) *Menge etc.* zerstreuen (*a. fig.*), *Nebel* zerteilen

di·spen·sa|·ble [dɪ'spensəbl] entbehrlich; **~·ry** [dɪ'spensəri] Werks-, Krankenhaus-, Schul-, *mil.* Lazarettapotheke *f*

dis·pen·sa·tion [dɪspen'seɪʃn] Austeilung *f*; Befreiung *f*; Dispens *m*; *göttliche* Fügung

di·spense [dɪ'spens] austeilen; *Recht* sprechen; *Arzneien* zubereiten u. abgeben; **~ with** auskommen ohne; überflüssig machen; **di·spens·er** Spender *m*, *für Klebestreifen a.* Abroller *m*, (*Briefmarken- etc.*)Automat *m*

di·sperse [dɪ'spɜːs] verstreuen; (sich) zerstreuen

di·spir·it·ed [dɪ'spɪrɪtɪd] entmutigt

dis·place [dɪs'pleɪs] verschieben; ablösen, entlassen; j-n verschleppen; ersetzen; verdrängen

di·splay [dɪ'spleɪ] **1.** Entfaltung *f*; (Her)Zeigen *n*; (protzige) Zurschaustellung; *Computer*: Display *n*, Bildschirm *m*, Datenanzeige *f*; *econ.* Display *n*, Auslage *f*; **be on ~** ausgestellt sein; **2.** entfalten; zur Schau stellen; zeigen

dis|·please [dɪs'pliːz] j-m missfallen; **~·'pleased** ungehalten; **~·'plea·sure** [dɪs'pleʒə] Missfallen *n*

dis·po·sa|·ble [dɪ'spəʊzəbl] Einweg-, Wegwerf...; **~··pos·al** [dɪ'spəʊzl] Beseitigung *f* (*von Müll etc.*), Entsorgung *f*; Endlagerung *f*; Verfügung(srecht *n*) *f*; **be** (**put**) **at s.o.'s ~** j-m zur Verfügung stehen (stellen); **~··pose** [dɪ'spəʊz] *v/t.* (an)ordnen, einrichten; geneigt machen, bewegen; *v/i.* **~ of** verfügen über (*acc.*); erledigen; loswerden; wegschaffen, beseitigen; *Abfall, a.* Atommüll etc. entsorgen; **~··posed** geneigt; ...gesinnt; **~··po·si·tion** [dɪspə'zɪʃn] Veranlagung *f*

dis·pos·sess [dɪspə'zes] enteignen; vertreiben; berauben (**of** *gen.*)

dis·pro·por·tion·ate [dɪsprə'pɔːʃnət] unverhältnismäßig

dis·prove [dɪs'pruːv] widerlegen

di·spute [dɪ'spjuːt] **1.** Disput *m*, Kontroverse *f*; Streit *m*; Auseinandersetzung *f*; **2.** streiten (über *acc.*); bezweifeln

dis·qual·i·fy [dɪsˈkwɒlɪfaɪ] unfähig *od.* untauglich machen; für untauglich erklären; *Sport:* disqualifizieren

dis·re·gard [dɪsrɪˈgɑːd] **1.** Nichtbeachtung *f*; Missachtung *f*; **2.** nicht beachten

dis·rep·u·ta·ble [dɪsˈrepjʊtəbl] übel; verrufen; **~re·pute** [dɪsrɪˈpjuːt] schlechter Ruf

dis·re·spect [dɪsrɪˈspekt] Respektlosigkeit *f*; Unhöflichkeit *f*; **~ful** respektlos; unhöflich

dis·rupt [dɪsˈrʌpt] unterbrechen

dis·sat·is·fac·tion [dɪsˌsætɪsˈfækʃn] Unzufriedenheit *f*; **~fied** [dɪsˈsætɪsfaɪd] unzufrieden (**with** mit)

dis·sect [dɪˈsekt] zerlegen, -gliedern

dis·sen·sion [dɪˈsenʃn] Meinungsverschiedenheit(en *pl.*) *f*, Differenz(en *pl.*) *f*; Uneinigkeit *f*; **~t** [dɪˈsent] **1.** abweichende Meinung; **2.** anderer Meinung sein (**from** als); **~er** Andersdenkende(r *m*) *f*

dis·si·dent [ˈdɪsɪdənt] Andersdenkende(r *m*) *f*; *pol.* Dissident(in), Regime-, Systemkritiker(in)

dis·sim·i·lar [dɪˈsɪmɪlə] (**to**) unähnlich (*dat.*); verschieden (von)

dis·sim·u·la·tion [dɪsɪmjʊˈleɪʃn] Verstellung *f*

dis·si·pate [ˈdɪsɪpeɪt] (sich) zerstreuen; verschwenden; **~pat·ed** ausschweifend, zügellos

dis·so·ci·ate [dɪˈsəʊʃɪeɪt] trennen; **~ o.s.** sich distanzieren (**from** von)

dis·so·lute [ˈdɪsəluːt] → *dissipated*; **~lu·tion** [dɪsəˈluːʃn] Auflösung *f*

dis·solve [dɪˈzɒlv] (sich) auflösen

dis·suade [dɪˈsweɪd] *j-m* abraten (**from** von)

dis|·tance [ˈdɪstəns] **1.** Abstand *m*; Entfernung *f*; Ferne *f*; Strecke *f*; *fig.* Distanz *f*, Zurückhaltung *f*; **at a ~** von weitem; in einiger Entfernung; **keep s.o. at a ~** j-m gegenüber reserviert sein; **2.** hinter sich lassen; **'~ race** *Sport:* Langstreckenlauf *m*; **'~ run·ner** *Sport:* Langstreckenläufer(in), Langstreckler(in); **'~tant** entfernt, fern, Fern...; distanziert

dis·taste [dɪsˈteɪst] Widerwille *m*, Abneigung *f*; **~ful** Ekel erregend; unangenehm; **be ~ to s.o.** j-m zuwider sein

dis·tem·per *zo.* [dɪˈstempə] Staupe *f*

dis·tend [dɪˈstend] (sich) (aus)dehnen; (auf)blähen; sich weiten

dis·til(l) [dɪˈstɪl] (-*ll*-) destillieren

dis|·tinct [dɪˈstɪŋkt] verschieden; deutlich, klar; **~tinc·tion** [dɪˈstɪŋkʃn] Unterscheidung *f*; Unterschied *m*; Auszeichnung *f*; Rang *m*; **~tinc·tive** [dɪˈstɪŋktɪv] unterscheidend; kennzeichnend, bezeichnend

dis·tin·guish [dɪˈstɪŋgwɪʃ] unterscheiden; auszeichnen; **~ o.s.** sich auszeichnen; **~ed** berühmt; ausgezeichnet; vornehm

dis·tort [dɪˈstɔːt] verdrehen; verzerren

dis·tract [dɪˈstrækt] ablenken; **~ed** beunruhigt, besorgt; (**by, with**) außer sich (vor *dat.*); wahnsinnig (vor *Schmerzen etc.*); **dis·trac·tion** [dɪˈstrækʃn] Ablenkung *f*; Zerstreuung *f*; Wahnsinn *m*

dis·traught [dɪˈstrɔːt] → *distracted*

dis·tress [dɪˈstres] **1.** Leid *n*, Kummer *m*, Sorge *f*; Not(lage) *f*; **2.** beunruhigen, mit Sorge erfüllen; **~ed** Not leidend; **~ed ar·e·a** *Am.* Notstandsgebiet *n* (*Katastrophengebiet*); **~ing** Besorgnis erregend

dis|·trib·ute [dɪˈstrɪbjuːt] ver-, aus-, zuteilen; *econ. Waren* vertreiben, absetzen; *Filme* verleihen; **~tri·bu·tion** [dɪstrɪˈbjuːʃn] Ver-, Aus-, Zuteilung *f*; *econ.* Vertrieb *m*; Absatz *m*; Verleih *m* (*von Filmen*)

dis·trict [ˈdɪstrɪkt] Bezirk *m*; Gegend *f*

dis·trust [dɪsˈtrʌst] **1.** Misstrauen *n*; **2.** misstrauen (*dat.*); **~ful** misstrauisch

dis·turb [dɪˈstɜːb] stören; beunruhigen; **~ance** [dɪˈstɜːbəns] Störung *f*; Unruhe *f*; **~ of the peace** *jur.* Störung *f* der öffentlichen Sicherheit u. Ordnung; **cause a ~** für Unruhe sorgen; ruhestörenden Lärm machen; **~ed** [dɪˈstɜːbd] geistig gestört; verhaltensgestört

dis·used [dɪsˈjuːzd] nicht mehr benutzt (*Maschine etc.*), stillgelegt (*Bergwerk etc.*)

ditch [dɪtʃ] Graben *m*

Div *nur geschr. Abk. für* **division** *Sport:* Liga *f*

di·van [dɪˈvæn, ˈdaɪvæn] Diwan *m*; **~ bed** Bettcouch *f*

dive [daɪv] **1.** (**dived** *od. Am. a.* **dove**, **dived**) (unter)tauchen; *von Sprungbrett* springen; e-n Hecht- *od.* Kopfsprung machen; hechten (**for** nach); e-n

Sturzflug machen; **2.** *Schwimmen:* Springen *n;* Kopf-, Hechtsprung *m;* *Fußball:* Schwalbe *f;* Sturzflug *m;* F Spelunke *f;* **'div·er** Taucher(in); *Sport:* Wasserspringer(in)

di·verge [daɪˈvɜːdʒ] auseinander laufen; abweichen; **di·ver·gence** [daɪˈvɜːdʒəns] Abweichung *f;* **di·ver·gent** abweichend

di·verse [daɪˈvɜːs] verschieden, mannigfaltig; **di·ver·si·fy** [daɪˈvɜːsɪfaɪ] verschieden(artig) *od.* abwechslungsreich gestalten; **di·ver·sion** [daɪˈvɜːʃn] Ablenkung *f;* Zeitvertreib *m;* **di·ver·si·ty** [daɪˈvɜːsətɪ] Verschiedenheit *f;* Mannigfaltigkeit *f*

di·vert [daɪˈvɜːt] ablenken; *j-n* zerstreuen, unterhalten; *Verkehr* umleiten

di·vide [dɪˈvaɪd] **1.** *v/t.* teilen; ver-, aus-, aufteilen, trennen; *math.* dividieren, teilen (*by* durch); *v/i.* sich teilen, sich aufteilen; *math.* sich dividieren *od.* teilen lassen (*by* durch); **2.** *geogr.* Wasserscheide *f;* **di·vid·ed** geteilt; **~ highway** *Am.* Schnellstraße *f*

div·i·dend *econ.* [ˈdɪvɪdend] Dividende *f*

di·vid·ers [dɪˈvaɪdəz] *pl.* (**a pair of ~** ein) Stechzirkel *m*

di·vine [dɪˈvaɪn] (**~r, ~st**) göttlich; **~ 'ser·vice** Gottesdienst *m*

div·ing [ˈdaɪvɪŋ] Tauchen *n; Sport:* Wasserspringen *n;* Taucher...; **'~board** Sprungbrett *n;* **'~suit** Taucheranzug *m*

di·vin·i·ty [dɪˈvɪnətɪ] Gottheit *f;* Göttlichkeit *f;* Theologie *f*

di·vis·i·ble [dɪˈvɪzəbl] teilbar; **di·vi·sion** [dɪˈvɪʒn] Teilung *f;* Trennung *f;* Abteilung *f; mil., math.* Division *f*

di·vorce [dɪˈvɔːs] **1.** (Ehe)Scheidung *f;* **get a ~** sich scheiden lassen (*from* von); **2.** *jur. j-n, Ehe* scheiden; **get ~d** sich scheiden lassen; **di·vor·cee** [dɪvɔːˈsiː] Geschiedene(r *m) f*

DIY *bsd. Brt.* [diː aɪ waɪ] *Abk. für →* **do-it-yourself;** **~ store** Baumarkt *m*

diz·zy [ˈdɪzɪ] (**-ier, -iest**) schwind(e)lig

DJ [diː dʒeɪ] *Abk. für* **disc jockey** Discjockey *m*

do [duː] (**did, done**) *v/t.* tun, machen; (zu)bereiten; *Zimmer* aufräumen; *Geschirr* abwaschen; *Wegstrecke* zurücklegen, schaffen; **~ you know him? no, I don't** kennst du ihn? nein; **what can I ~ for you?** was kann ich für Sie tun?, womit kann ich (Ihnen) dienen?; **~ London** F London besichtigen; **have one's hair done** sich die Haare machen *od.* frisieren lassen; **have done reading** fertig sein mit Lesen; *v/i.* tun, handeln; sich befinden; genügen; **that will ~** das genügt; **how ~ you ~?** guten Tag! (*bei der Vorstellung*); **~ be quick** beeil dich doch; **~ you like London? I ~** gefällt Ihnen London? ja; **she works hard, doesn't she?** sie arbeitet viel, nicht wahr?; **~ well** s-e Sache gut machen; gute Geschäfte machen; **~ away with** beseitigen, weg-, abschaffen; **I'm done in** F ich bin geschafft; **~ up** *Kleid etc.* zumachen; *Haus etc.* in Stand setzen; *Päckchen* zurechtmachen; **~ o.s. up** sich zurechtmachen; **I could ~ with ...** ich könnte ... brauchen *od.* vertragen; **~ without** auskommen *od.* sich behelfen ohne

doc¹ F [dɒk] → **doctor** 1 (*Arzt*)

doc² [dɒk] *Abk. für* **document** Dokument *n,* Urkunde *f*

do·cile [ˈdəʊsaɪl] gelehrig; fügsam

dock¹ [dɒk] stutzen, kupieren

dock² [dɒk] *naut.* **1.** Dock *n;* Kai *m,* Pier *m; jur.* Anklagebank *f;* **2.** *v/t. Schiff* (ein)docken; *Raumschiff* koppeln; *v/i.* *naut.* anlegen; andocken, ankoppeln (*Raumschiff*); **'~er** Dock-, Hafenarbeiter *m;* **'~ing** Docking *n,* Ankopp(e)lung *f* (*an ein Raumschiff*); **'~yard** *naut.* Werft *f*

doc·tor [ˈdɒktə] Doktor *m,* Arzt *m,* Ärztin *f; univ.* Doktor *m;* **~al** [ˈdɒktərəl]: **~ thesis** Doktorarbeit *f*

doc·trine [ˈdɒktrɪn] Doktrin *f,* Lehre *f*

doc·u·ment 1. [ˈdɒkjʊmənt] Urkunde *f;* **2.** [ˈdɒkjʊment] (urkundlich) belegen

doc·u·men·ta·ry 1. urkundlich; *Film etc.:* Dokumentar...; **2.** Dokumentarfilm *m*

dodge [dɒdʒ] (rasch) zur Seite springen, ausweichen; F sich drücken (vor *dat.*); **'dodg·er** Drückeberger *m;* → **fare dodger**

doe *zo.* [dəʊ] (Reh)Geiß *f,* Ricke *f*

dog [dɒg] **1.** *zo.* Hund *m;* **2.** (**-gg-**) *j-n* beharrlich verfolgen; **'~-eared** mit Eselsohren (*Buch*); **~ged** [ˈdɒgɪd] verbissen, hartnäckig

dog|·ma ['dɒgmə] Dogma *n*; Glaubenssatz *m*; **~·mat·ic** [dɒg'mætɪk] (**~ally**) dogmatisch

dog-'tired F hundemüde

do-it-your·self [du:ɪtjɔː'self] **1.** Heimwerken *n*; **2.** Heimwerker...; **~er** Heimwerker *m*

dole [dəʊl] **1.** milde Gabe; F Stempelgeld *n*; *Brt.*: *go od.* be on the *~* Brt. F stempeln gehen; **2.** *~* out sparsam verod. austeilen

dole·ful ['dəʊlfl] traurig, trübselig

doll [dɒl] Puppe *f*

dol·lar ['dɒlə] Dollar *m*

dol·phin *zo.* ['dɒlfɪn] Delfin *m*

dome [dəʊm] Kuppel *f*; △ *nicht* Dom

do·mes·tic [də'mestɪk] **1.** (**~ally**) häuslich; inländisch, einheimisch; zahm; Hausangestellte(r *m*) *f*; *~* **'an·i·mal** Haustier *n*; **do·mes·ti·cate** [də'mestɪkeɪt] *Tier* zähmen; *~* **'flight** *aviat.* Inlandsflug *m*; *~* **'mar·ket** Binnenmarkt *m*; *~* **'trade** Binnenhandel *m*; *~* **'vi·o·lence** häusliche Gewalt (*gegen Frauen u. Kinder*)

dom·i·cile ['dɒmɪsaɪl] Wohnsitz *m*

dom·i·nant ['dɒmɪnənt] dominierend, (vor)herrschend; **~nate** ['dɒmɪneɪt] beherrschen; dominieren; **~na·tion** [dɒmɪ'neɪʃn] (Vor)Herrschaft *f*; **~neer·ing** [dɒmɪ'nɪərɪŋ] herrisch, tyrannisch

do·nate [dəʊ'neɪt] schenken, stiften; **do·na·tion** [dəʊ'neɪʃn] Schenkung *f*

done [dʌn] **1.** *p.p. von* do; **2.** *adj.* getan; erledigt; fertig; *gastr.* gar → *well-done*

don·key *zo.* ['dɒŋkɪ] Esel *m*

do·nor ['dəʊnə] (*med. bsd.* Blut-, *Organ*)Spender(in)

don't [dəʊnt] *für:* do not → do; *für: Am.* F *does not* (*she don't ...*) → do

doom [du:m] **1.** Schicksal *n*, Verhängnis *n*; **2.** verurteilen, -dammen; **~s·day** ['du:mzdeɪ]: *till* *~* F bis zum Jüngsten Tag

door [dɔː] Tür *f*; Tor *n*; *next* *~* nebenan; **'~·bell** Türklingel *f*; '*~* **han·dle** Türklinke *f*; '*~·keep·er** Pförtner *m*; '*~·knob** Türknauf *m*; '*~·mat** (Fuß)Abtreter *m*; '*~·step** Türstufe *f*; '*~·way** Türöffnung *f*

dope [dəʊp] **1.** F Stoff *m* (*Rauschgift*); F Betäubungsmittel *n*; *Sport:* Dopingmittel *n*; *sl.* Trottel *m*; **2.** F *j-m* Stoff geben; *Sport:* dopen; '*~* **test** Dopingkontrolle *f*

dor·mant *mst fig.* ['dɔːmənt] schlafend, ruhend; untätig

dor·mer (win·dow) ['dɔːmə (-)] stehendes Dachfenster

dor·mi·to·ry ['dɔːmɪtrɪ] Schlafsaal *m*; *bsd. Am.* Studentenwohnheim *n*

dor·mo·bile® ['dɔːməbiːl] Campingbus *m*, Wohnmobil *n*

dor·mouse *zo.* ['dɔːmaʊs] (*pl.* **-mice**) Haselmaus *f*

DOS [dɒs] *Abk. für* **disk operating system** DOS *n*, (Platten)Betriebssystem *n*

dose [dəʊs] **1.** Dosis *f*; △ *nicht* **Dose**; **2.** *j-m* e-e Medizin geben

dot [dɒt] **1.** Punkt *m*; Fleck *m*; *on the* *~* F auf die Sekunde pünktlich; **2.** (-*tt*-) punktieren; tüpfeln; *fig.* sprenkeln; **~ted line** punktierte Linie

dote [dəʊt]: *~* *on* vernarrt sein in (*acc.*); **dot·ing** ['dəʊtɪŋ] vernarrt

dou·ble ['dʌbl] **1.** doppelt; Doppel...; zweifach; **2.** Doppelte(s) *n*; Doppelgänger(in); *Film, TV:* Double *n*; **3.** (sich) verdoppeln; *Film, TV: j-n* doubeln; *a.* *~* *up* falten; *Decke* zusammenlegen; *~* *back* kehrtmachen; *~* *up with* sich krümmen vor (*dat.*); **~'breast·ed** zweireihig (*Jackett*); **~'check** genau nachprüfen; *~* **'chin** Doppelkinn *n*; **~'cross** ein doppeltes *od.* falsches Spiel treiben mit; **~'deal·ing 1.** betrügerisch; **2.** Betrug *m*; **~'deck·er** Doppeldecker *m*; **~'edged** zweischneidig; zweideutig; **~'en·try** *econ.* doppelte Buchführung; *~* **'fea·ture** *Film:* Doppelprogramm *n*; **~'park** *mot.* in zweiter Reihe parken; **~'quick** F im Eiltempo, fix; **'~s** *sg. bsd. Tennis:* Doppel *n*; *men's* *~* Herrendoppel *n*; *women's* *~* Damendoppel *n*; **~'sid·ed** zweiseitig *beschreibbare Diskette etc.*

doubt [daʊt] **1.** *v/i.* zweifeln; *v/t.* bezweifeln; misstrauen (*dat.*); **2.** Zweifel *m*; *be in* *~* *about* Zweifel haben an (*dat.*); *no* *~* ohne Zweifel; **'~·ful** zweifelhaft; **'~·less** ohne Zweifel

douche [du:ʃ] **1.** Spülung *f* (*a. med.*); Spülapparat *m*; △ *nicht* **Dusche**; **2.** spülen (*a. med.*); △ *nicht* **duschen**

dough [dəʊ] Teig *m*; '**~·nut** *etwa* Krapfen *m*, Berliner Pfannkuchen, Schmalzkringel *m*

dove¹ zo. [dʌv] Taube f
dove² Am. [dəʊv] pret. von **dive** 1
dow·dy ['daʊdɪ] unelegant; unmodern
dow·el tech. ['daʊəl] Dübel m
down¹ [daʊn] Daunen pl.; Flaum m
down² [daʊn] **1.** adv. nach unten, herunter, hinunter, herab, hinab, abwärts; unten; **2.** prp. nach unten, herab, herunter, hinunter; ~ **the river** flussabwärts; **3.** adj. nach unten gerichtet; deprimiert, niedergeschlagen; ~ **platform** Abfahrtsbahnsteig m (in London); ~ **train** Zug m (von London fort); **4.** v/t. niederschlagen; Flugzeug abschießen; F Getränk runterkippen; ~ **tools** die Arbeit niederlegen, in den Streik treten; **'~cast** niedergeschlagen; **'~fall** Platzregen m; fig. Sturz m; **~'heart·ed** niedergeschlagen; **~'hill 1.** adv. bergab; **2.** adj. abschüssig; Skisport: Abfahrts...; **3.** Abhang m; Skisport: Abfahrt f; ~ **'pay·ment** econ. Anzahlung f; **'~pour** Regenguss m, Platzregen m; **'~right 1.** adv. völlig, ganz u. gar, ausgesprochen; **2.** adj. glatt (Lüge etc.); ausgesprochen
downs [daʊnz] pl. Hügelland n
down|'stairs die Treppe her- od. hinunter; (nach) unten; **~'stream** stromabwärts; **~to-'earth** realistisch; **'~town** Am. **1.** adv. im od. ins Geschäftsviertel; **2.** adj. im Geschäftsviertel (gelegen od. tätig); **'~town** Am. Geschäftsviertel n, Innenstadt f, City f; **~'ward(s)** ['daʊnwəd(z)] abwärts, nach unten
down·y ['daʊnɪ] (-ier, -iest) flaumig
dow·ry ['daʊərɪ] Mitgift f
doz. nur geschr. Abk. für **dozen** Dtzd., Dutzend(e pl.)
doze [dəʊz] **1.** dösen, ein Nickerchen machen; **2.** Nickerchen n
doz·en ['dʌzn] Dutzend n
Dr nur geschr. Abk. für **Doctor** Dr., Doktor m
drab [dræb] trist; düster; eintönig
draft [drɑːft] **1.** Entwurf m; Tratte f, Wechsel m; Am. mil. Einberufung f; Am. für **draught**; **2.** entwerfen; Brief etc. aufsetzen; Am. mil. einberufen; **~ee** Am. mil. [drɑːfˈtiː] Wehr(dienst)pflichtige(r) m; **'~s·man** Am. (pl. -men), **'~s·wom·an** Am. (pl. -women) → **draughtsman**, **draughtswoman**; **'~y** Am. (-ier, -iest) → **draughty**

drag [dræg] **1.** Schleppen n, Zerren n; fig. Hemmschuh m; F et. Langweiliges; **2.** (-gg-) schleppen, zerren, ziehen, schleifen; a. ~ **behind** zurückbleiben, nachhinken; ~ **on** weiterschleppen; fig. sich dahinschleppen; fig. sich in die Länge ziehen; **'~ lift** Schlepplift m
drag·on ['drægən] Drache m; **'~fly** zo. Libelle f
drain [dreɪn] **1.** Abflusskanal m, -rohr n) m; Entwässerungsgraben m; **2.** v/t. abfließen lassen; entwässern; austrinken, leeren; v/i. ~ **off**, ~ **away** abfließen, ablaufen; **~age** ['dreɪnɪdʒ] Abfließen n, Ablaufen n; Entwässerung(sanlage f, -ssystem n) f; **'~pipe** Abflussrohr n
drake zo. [dreɪk] Enterich m, Erpel m; △ nicht Drache
dram F [dræm] Schluck m
dra·ma ['drɑːmə] Drama n; **dra·mat·ic** [drəˈmætɪk] (~ally) dramatisch; **dram·a·tist** ['dræmətɪst] Dramatiker m; **dram·a·tize** ['dræmətaɪz] dramatisieren
drank [dræŋk] pret. von **drink** 2
drape [dreɪp] **1.** drapieren; in Falten legen; **2.** mst ~**s** pl. Am. Vorhänge pl.; **drap·er·y** Brt. ['dreɪpərɪ] Textilien pl.
dras·tic ['dræstɪk] (~ally) drastisch, durchgreifend
draught [drɑːft] (Am. draft) (Luft)Zug m; Zugluft f; Zug m, Schluck m; Tiefgang m (e-s Schiffes); **beer on** ~, ~ **beer** Bier n vom Fass, Fassbier n; **~s** sg. Brt. Damespiel n; **'~s·man** (pl. -men) Brt. tech. (Konstruktions)Zeichner m; **'~s·wom·an** (pl. -women) Brt. tech. (Konstruktions)Zeichnerin f; **'~y** (-ier, -iest) Brt. zugig
draw [drɔː] **1.** (drew, drawn) v/t. ziehen; Vorhänge auf-, zuziehen; Atem holen; Tee ziehen lassen; fig. Menge anziehen; Interesse auf sich ziehen; zeichnen; Geld abheben; Scheck ausstellen; v/i. Kamin, Tee etc.: ziehen; Sport: unentschieden spielen; ~ **back** zurückweichen; ~ **near** sich nähern; ~ **out** Geld abheben; fig. in die Länge ziehen; ~ **up** Schriftstück aufsetzen; (an)halten (Wagen etc.), vorfahren; **2.** Ziehen n; Lotterie: Ziehung f; Sport: Unentschieden n; Attraktion f, Zugnummer f; **'~back** Nachteil m, Hindernis n; **'~bridge** Zugbrücke f

draw·er¹ [drɔː] Schublade *f*, -fach *n*

draw·er² ['drɔːə] Zeichner(in); *econ.* Aussteller(in) (*e-s Schecks etc.*)

'draw·ing Zeichnen *n*; Zeichnung *f*; '**~ board** Reißbrett *n*; '**~ pin** *Brt.* Reißzwecke *f*, -nagel *m*, Heftzwecke *f*; '**~ room** → *living room*; Salon *m*

drawl [drɔːl] **1.** gedehnt sprechen; **2.** gedehntes Sprechen

drawn [drɔːn] **1.** *p.p. von* draw 1; **2.** *adj. Sport:* unentschieden; abgespannt

dread [dred] **1.** (große) Angst, Furcht *f*; **2.** (sich) fürchten; '**~ful** schrecklich, furchtbar

dream [driːm] **1.** Traum *m*; **2.** (**dreamed** *od.* **dreamt**) träumen; '**~er** Träumer(in); **~t** [dremt] *pret. u. p.p. von* dream 2; '**~y** (*-ier, -iest*) träumerisch, verträumt

drear·y ['drɪərɪ] (*-ier, -iest*) trübselig, trüb(e); langweilig

dredge [dredʒ] **1.** (Schwimm)Bagger *m*; **2.** (aus)baggern (*nass*); '**dredg·er** (Schwimm)Bagger *m*

dregs [dregz] *pl.* Bodensatz *m*; *fig.* Abschaum *m*

drench [drentʃ] durchnässen

dress [dres] **1.** Kleidung *f*; Kleid *n*; **2.** (sich) ankleiden *od.* anziehen; schmücken, dekorieren; zurechtmachen; *Speisen* zubereiten; *Salat* anmachen; *Wunde* verbinden; *Haare* frisieren; **~ed** sich anziehen; **~ down** j-m e-e Standpauke halten; **~ up** (sich) fein machen; sich kostümieren *od.* verkleiden (*bsd. Kinder*); '**~ cir·cle** *thea.* erster Rang; '**~ de·sign·er** Modezeichner(in); '**~er** Anrichte *f*; Toilettentisch *m*

'dress·ing An-, Zurichten *n*; Ankleiden *n*; *med.* Verband *m*; Dressing *n* (*Salatsoße*); Füllung *f*; **~ down** Standpauke *f*; '**~ gown** Morgenrock *m*, -mantel *m*; *Sport:* Bademantel *m*; '**~ room** (Künstler)Garderobe *f*; *Sport:* (Umkleide)Kabine *f*; '**~ ta·ble** Toilettentisch *m*

'dress·mak·er (Damen)Schneider(in)

drew [druː] *pret. von* draw 1

drib·ble ['drɪbl] tröpfeln (lassen); sabbern, geifern; *Fußball:* dribbeln

dried [draɪd] getrocknet, Dörr...

dri·er ['draɪə] → *dryer*

drift [drɪft] **1.** (Dahin)Treiben *n*; (Schnee)Verwehung *f*; Schnee-, Sandwehe *f*; *fig.* Tendenz *f*; **2.** (dahin)treiben; wehen; sich häufen (*Sand, Schnee*)

drill [drɪl] **1.** *tech.* Bohrer *m*; *mil.* Drill *m* (*a. fig.*); *mil.* Exerzieren *n*; **2.** bohren; *mil., fig.* drillen; '**~ing site** *tech.* Bohrgelände *n* (*für Öl*), Bohrstelle *f*

drink [drɪŋk] **1.** Getränk *n*; **2.** (**drank**, **drunk**) trinken; **~ to s.o.** j-m zuprosten *od.* zutrinken; **~'driv·ing** *Brt.* Trunkenheit *f* am Steuer; '**~er** Trinker(in); '**~s ma·chine** Getränkeautomat *m*

drip [drɪp] **1.** Tröpfeln *n*; *med.* Tropf *m*; **2.** (*-pp-*) tropfen *od.* tröpfeln (lassen); triefen; **~'dry** bügelfrei; '**~ping** Bratenfett *n*

drive [draɪv] **1.** Fahrt *f*; Aus-, Spazierfahrt *f*; Zufahrt(sstraße) *f*; (*private*) Auffahrt *f*; *tech.* Antrieb *m*; *Computer:* Laufwerk *n*; *mot.* (*Links- etc.*)Steuerung *f*; *psych.* Trieb *m*; *fig.* Kampagne *f*; *fig.* Schwung *m*, Elan *m*, Dynamik *f*; **2.** (**drove, driven**) *v/t.* treiben; *Auto etc.* fahren, lenken, steuern; (im Auto *etc.*) fahren; *tech.* (an)treiben; *a.* **~ off** vertreiben; *v/i.* treiben; (Auto) fahren; **~ off** wegfahren; **what are you driving at?** F worauf wollen Sie hinaus?

'drive-in 1. Auto...; **~ cinema**, *Am.* **~ motion-picture theater** Autokino *n*; Autokino *n*; Drive-in-Restaurant *n*; Autoschalter *m*, Drive-in-Schalter *m* (*e-r Bank*)

driv·el ['drɪvl] **1.** (*bsd. Brt.* **-ll-**, *Am.* **-l-**) faseln; Geschwätz *n*, Gefasel *n*

driv·en ['drɪvn] *p.p. von* drive 2

driv·er ['draɪvə] *mot.* Fahrer(in); (*Lokomotiv*)Führer *m*; '**~'s li·cense** *Am.* Führerschein *m*

driv·ing ['draɪvɪŋ] (an)treibend; *tech.* Antriebs..., Treib..., Trieb...; *mot.* Fahr...; '**~ li·cence** *Brt.* Führerschein *m*; '**~ test** Fahrprüfung *f*

driz·zle ['drɪzl] **1.** Sprühregen *m*; **2.** sprühen, nieseln

drone [drəʊn] **1.** *zo.* Drohne *f* (*a. fig.*); **2.** summen; dröhnen

droop [druːp] (schlaff) herabhängen

drop [drɒp] **1.** Tropfen *m*; Fallen *n*, Fall *m*; *fig.* Fall *m*, Sturz *m*; Bonbon *m, n*; **fruit ~s** *pl.* Drops *pl.*; **2.** (*-pp-*) *v/t.* tropfen (lassen); fallen lassen; *Bemerkung, Thema etc.* fallen lassen; *Brief* einwerfen; *Fahrgast* absetzen; senken;

drop-out

~ *s.o. a few lines pl.* j-m ein paar Zeilen schreiben; *v/i.* tropfen; (herab-, herunter)fallen; umsinken, fallen; ~ *in* (kurz) hereinschauen; ~ *off* abfallen; zurückgehen, nachlassen; F einnicken; ~ *out* herausfallen; aussteigen (*of* aus); *a.* ~ **out of school** (**university**) die Schule (das Studium) abbrechen; '~-**out** Drop-out *m*, Aussteiger *m*; (Schul-, Studien)Abbrecher *m*

drought [draʊt] Trockenheit *f*, Dürre *f*

drove [drəʊv] *pret. von* **drive** 2

drown [draʊn] *v/t.* ertränken; überschwemmen; *fig.* übertönen; *v/i.* ertrinken

drow·sy ['draʊzɪ] (**-ier, -iest**) schläfrig; einschläfernd

drudge [drʌdʒ] sich (ab)placken, schuften; **drudg·er·y** ['drʌdʒərɪ] (stumpfsinnige) Plackerei *od.* Schinderei

drug [drʌg] **1.** Arzneimittel *n*, Medikament *n*; Droge *f*, Rauschgift *n*; **be on** (**off**) ~ drogenabhängig *od.* -süchtig (clean) sein; **2.** (**-gg-**) j-m Medikamente geben; j-n unter Drogen setzen; ein Betäubungsmittel beimischen (*dat.*); betäuben (*a. fig.*); '~ **a·buse** Drogenmissbrauch *m*; Medikamentenmissbrauch *m*; ~ **ad·dict** Drogenabhängige(*r m*) *f*, -süchtige(*r m*) *f*; **be a** ~ drogenabhängig *od.* -süchtig sein; ~**·gist** *Am.* ['drʌgɪst] Apotheker(in); Inhaber(in) e-s Drugstores; '~**·store** *Am.* Apotheke *f*; Drugstore *m*; '~ **vic·tim** Drogenopfer(*r m*) *f*

drum [drʌm] **1.** *mus.* Trommel *f*; *anat.* Trommelfell *n*; ~**s** *pl. mus.* Schlagzeug *n*; **2.** (**-mm-**) trommeln; '~**·mer** *mus.* Trommler *m*; Schlagzeuger *m*

drunk [drʌŋk] **1.** *p.p. von* **drink** 2; **2.** *adj.* betrunken; **get** ~ sich betrinken; **3.** Betrunkene(*r m*) *f*; ~ → ~**·ard** ['drʌŋkəd] Trinker(in), Säufer(in); ~**·en** *adj.* betrunken; ~**·en 'driv·ing** (*Am. a.* **drunk driving**) Trunkenheit *f* am Steuer

dry [draɪ] **1.** (**-ier, -iest**) trocken; trocken, herb (*Wein*); F durstig; F trocken (*ohne Alkohol*); **2.** trocknen; dörren; ~ **up** austrocknen; versiegen; ~ **'clean** chemisch reinigen; ~ **'clean·er·s** chemische Reinigung (*Unternehmen*); '~**·er** (*a.* **dri·er**) Trockner *m*; ~ **goods** *pl.* Textilien *pl.*

DTP [diː tiː 'piː] *Abk. für* **desktop publishing** *Computer*: Desktop-Publishing *n*

du·al ['djuːəl] doppelt, Doppel...; ~ **'car·riage·way** *Brt.* Schnellstraße *f* (*mit Mittelstreifen*)

dub [dʌb] (**-bb-**) *Film* synchronisieren

du·bi·ous ['djuːbjəs] zweifelhaft

duch·ess ['dʌtʃɪs] Herzogin *f*

duck [dʌk] **1.** *zo.* Ente *f*; Ducken *n*; F Schatz *m* (*Anrede, oft unübersetzt*); **2.** (unter)tauchen; (sich) ducken; '~**·ling** *zo.* Entchen *n*

due [djuː] **1.** zustehend; gebührend; angemessen; *econ.* fällig; *zeitlich* fällig; ~ **to** wegen (*gen.*); **be** ~ **to** zurückzuführen sein auf; **2.** *adv.* direkt, genau (*nach Osten etc.*)

du·el ['djuːəl] Duell *n*

dues [djuːz] *pl.* Gebühren *pl.*; Beitrag *m*

du·et *mus.* [djuː'et] Duett *n*

dug [dʌg] *pret. u. p.p. von* **dig** 1

duke [djuːk] Herzog *m*

dull [dʌl] **1.** dumm; träge, schwerfällig; stumpf; matt (*Auge etc.*); schwach (*Gehör*); langweilig; abgestumpft, teilnahmslos; dumpf; trüb(e); *econ.* flau; **2.** stumpf machen *od.* werden; (sich) trüben; mildern, dämpfen; *Schmerz* betäuben; *fig.* abstumpfen

du·ly *adv.* ['djuːlɪ] ordnungsgemäß; gebührend; rechtzeitig

dumb [dʌm] stumm; sprachlos; *bsd. Am.* F doof, dumm, blöd; **dum(b)-**'**found·ed** verblüfft, sprachlos

dum·my ['dʌmɪ] Attrappe *f*; Kleider-, Schaufensterpuppe *f*; Dummy *m*, Puppe *f* (*für Unfalltests etc.*); *Brt.* Schnuller *m*

dump [dʌmp] **1.** *v/t.* (hin)plumpsen *od.* (hin)fallen lassen; auskippen; *Schutt etc.* abladen; *Schadstoffe in Fluss etc.* einleiten, *im Meer* verklappen (*into* in); *econ.* Waren zu Dumpingpreisen verkaufen; **2.** Plumps *m*; Schuttabladeplatz *m*, Müllkippe *f*, -halde *f*, (Müll)Deponie *f*; '~**·ing** *econ.* Dumping *n*, Ausfuhr *f* zu Schleuderpreisen

dune [djuːn] Düne *f*

dung [dʌŋ] **1.** Dung *m*; **2.** düngen

dun·ga·rees [dʌŋgə'riːz] *pl. Brt.* (**a pair of** ~) e-e Arbeitshose

dun·geon ['dʌndʒən] (Burg)Verlies *n*

dupe [djuːp] betrügen, täuschen

du·plex ['djuːpleks] doppelt, Doppel...;

'~ (a·part·ment) *Am.* Maisonette(wohnung) *f*; '~ (house) *Am.* Doppel-, Zweifamilienhaus *n*
du·pli·cate 1. ['dju:plɪkət] doppelt; ~ key Zweit-, Nachschlüssel *m*; 2. ['dju:plɪkət] Duplikat *n*; Zweit-, Nachschlüssel *m*; 3. ['dju:plɪkeɪt] doppelt ausfertigen; kopieren, vervielfältigen
du·plic·i·ty [dju:'plɪsətɪ] Doppelzüngigkeit *f*
dur·a·ble ['djʊərəbl] haltbar; dauerhaft; du·ra·tion [djʊə'reɪʃn] Dauer *f*
du·ress [djʊə'res] Zwang *m*
dur·ing *prp.* ['djʊərɪŋ] während
dusk [dʌsk] (Abend)Dämmerung *f*; '~·y (*-ier, -iest*) dämmerig, düster (*a. fig.*); schwärzlich
dust [dʌst] 1. Staub *m*; 2. *v/t.* abstauben; (be)streuen; *v/i.* Staub wischen, abstauben; '~·bin *Brt.* Abfall-, Mülleimer *m*; Abfall-, Mülltonne *f*; '~·bin lin·er *Brt.* Müllbeutel *m*; '~·cart *Brt.* Müllwagen *m*; '~·er Staublappen *m*, -wedel *m*; *Schule:* Tafelschwamm *m*, -tuch *n*; '~ cov·er, '~ jack·et Schutzumschlag *m* (*e-s Buches*); '~·man (*pl. -men*) *Brt.* Müllmann *m*; '~·pan Kehrichtschaufel *f*; '~·y (*-ier, -iest*) staubig
Dutch [dʌtʃ] 1. *adj.* holländisch, niederländisch; 2. *adv.* go ~ getrennte Kasse machen; 3. *ling.* Holländisch *n*, Niederländisch *n*; the ~ die Holländer *pl.*, die Niederländer *pl.*; '~·man (*pl. -men*) Holländer *m*, Niederländer *m*; '~·wom·an (*pl. -women*) Holländerin *f*, Niederländerin *f*
du·ty ['dju:tɪ] Pflicht *f*; Ehrerbietung *f*; *econ.* Abgabe *f*; Zoll *m*; Dienst *m*; on ~ Dienst habend; be on ~ Dienst haben; be off ~ dienstfrei haben; ~'free zollfrei
dwarf [dwɔːf] 1. (*pl.* dwarfs [dwɔːfs], dwarves [dwɔːvz]) Zwerg(in) *f*; 2. verkleinern, klein erscheinen lassen
dwell [dwel] (dwelt *od.* dwelled) wohnen; *fig.* verweilen (on bei); '~·ing Wohnung *f*
dwelt [dwelt] *pret. u. p.p. von* dwell
dwin·dle ['dwɪndl] (dahin)schwinden, abnehmen
dye [daɪ] 1. Farbe *f*; of the deepest ~ *fig.* von der übelsten Sorte; 2. färben
dy·ing ['daɪɪŋ] 1. sterbend; Sterbe...; 2. Sterben *n*
dyke [daɪk] → dike¹,²
dy·nam·ic [daɪ'næmɪk] dynamisch, kraftgeladen; ~s *mst sg.* Dynamik *f*
dy·na·mite ['daɪnəmaɪt] 1. Dynamit *n*; 2. (mit Dynamit) sprengen
dys·en·te·ry *med.* ['dɪsntrɪ] Ruhr *f*
dys·pep·si·a *med.* [dɪs'pepsɪə] Verdauungsstörung *f*

E

E, e [iː] E, e *n*
E *nur geschr. Abk. für:* **east** O, Ost(en *m*); **east(ern)** östlich
each [iːtʃ] jede(r, -s); ~ **other** einander, sich; je, pro Person, pro Stück
ea·ger ['iːgə] begierig; eifrig; '~·ness Begierde *f*; Eifer *m*
ea·gle ['iːgl] *zo.* Adler *m*; *Am. hist.* Zehndollarstück *n*; ~'**eyed** scharfsichtig
ear [ɪə] Ähre *f*; *anat.* Ohr *n*; Öhr *n*; Henkel *m*; keep an ~ to the ground die Ohren offen halten; '~·ache Ohrenschmerzen *pl.*; '~·drum *anat.* Trommelfell *n*; ~ed *in Zssgn* mit (...) Ohren, ...ohrig
earl [ɜːl] *englischer* Graf
'**ear·lobe** Ohrläppchen *n*
ear·ly ['ɜːlɪ] früh; Früh...; Anfangs...; erste(r, -s); bald(ig); as ~ as May schon im Mai; as ~ as possible so bald wie möglich; ~ **bird** Frühaufsteher(in); ~ '**warn·ing sys·tem** *mil.* Frühwarnsystem *n*
'**ear·mark** 1. Kennzeichen *n*; Merkmal *n*; 2. kennzeichnen; zurücklegen (for für)
earn [ɜːn] verdienen; einbringen

ear·nest ['ɜːnɪst] **1.** ernst(lich, -haft); ernst gemeint; **2.** Ernst *m*; *in* ~ im Ernst; ernsthaft

earn·ings ['ɜːnɪŋz] *pl.* Einkommen *n*

'ear|·phones *pl.* Ohrhörer *pl.*; Kopfhörer *pl.*; **~·piece** *tel.* Hörmuschel *f*; **'~·ring** Ohrring *m*; **'~·shot**: *within (out of)* ~ in (außer) Hörweite

earth [ɜːθ] **1.** Erde *f*; Land *n*; **2.** *v/t. electr.* erden; **~·en** ['ɜːθn] irden; **'~·en·ware** Steingut(geschirr) *n*; **'~·ly** irdisch, weltlich; F denkbar; **~·quake** Erdbeben *n*; **'~·worm** *zo.* Regenwurm *m*

ease [iːz] **1.** Bequemlichkeit *f*; (Gemüts)Ruhe *f*; Sorglosigkeit *f*; Leichtigkeit *f*; *at (one's)* ~ ruhig, entspannt; unbefangen; *be od. feel ill at* ~ sich (in s-r Haut) nicht wohl fühlen; **2.** *v/t.* erleichtern; beruhigen; Schmerzen lindern; *v/i. mst* ~ *off,* ~ *up* nachlassen; sich entspannen (*Lage*)

ea·sel ['iːzl] Staffelei *f*

east [iːst] **1.** Ost(en *m*); **2.** *adj.* östlich, Ost...; **3.** *adv.* nach Osten, ostwärts

Eas·ter ['iːstə] Ostern *n*; Oster...; ~ **'bun·ny** Osterhase *m*; ~**'egg** Osterei *n*

eas·ter·ly ['iːstəlɪ] östlich, Ost...; **east·ern** ['iːstən] östlich, Ost...; **east·ward(s)** ['iːstwəd(z)] östlich, nach Osten

eas·y ['iːzɪ] (*-ier, -iest*) leicht; einfach; bequem; gemächlich, gemütlich; ungezwungen; *go* ~, *take it* ~ sich leicht lassen; *take it* ~*!* immer mit der Ruhe!; ~ **'chair** Sessel *m*; **'~·go·ing** gelassen

eat [iːt] (*ate, eaten*) essen; (zer)fressen; ~ *out* auswärts essen, essen gehen; ~ *up* aufessen; **'~·a·ble** *adj.* genießbar; **~·en** ['iːtn] *p.p. von eat* 1; **'~·er** Esser(in)

eaves [iːvz] *pl.* Dachrinne *f*, Traufe *f*; **'~·drop** (*-pp-*) (heimlich) lauschen *od.* horchen; ~ *on* belauschen

ebb [eb] **1.** Ebbe *f*; **2.** zurückgehen; ~ *away* abnehmen; ~ **'tide** Ebbe *f*

eb·o·ny ['ebənɪ] Ebenholz *n*

ec *nur geschr. Abk. für* **Eurocheque** *Brt.* Euroscheck *m*

EC [iː 'siː] *Abk. für* **European Community**, EG, Europäische Gemeinschaft

ec·cen·tric [ɪk'sentrɪk] **1.** (*~ally*) exzentrisch; **2.** Exzentriker *m*, Sonderling *m*

ec·cle·si·as|·tic [ɪkliːzɪ'æstɪk] (*~ally*), **~·ti·cal** geistlich, kirchlich

ech·o ['ekəʊ] **1.** (*pl. -oes*) Echo *n*; **2.** widerhallen; *fig.* echoen, nachsprechen

e·clipse [ɪ'klɪps] (Sonnen-, Mond-)Finsternis *f*

e·co·cide ['iːkəsaɪd] Umweltzerstörung *f*

e·co·log·i·cal [iːkə'lɒdʒɪkl] ökologisch, Umwelt...

e·col·o·gist [iː'kɒlədʒɪst] Ökologe *m*; **~·gy** [iː'kɒlədʒɪ] Ökologie *f*

ec·o·nom|·ic [iːkə'nɒmɪk] (*~ally*) wirtschaftlich, Wirtschafts...; ~ *growth* Wirtschaftswachstum *n*; **~·i·cal** wirtschaftlich, sparsam; **~·ics** *sg.* Volkswirtschaft(slehre) *f*

e·con·o|·mist [ɪ'kɒnəmɪst] Volkswirt *m*; **~·mize** [ɪ'kɒnəmaɪz] sparsam wirtschaften (mit); **~·my** [ɪ'kɒnəmɪ] **1.** Wirtschaft *f*; Wirtschaftlichkeit *f*, Sparsamkeit *f*; Einsparung *f*; **2.** Spar...

e·co·sys·tem ['iːkəʊsɪstəm] Ökosystem *n*

ec·sta|·sy ['ekstəsɪ] Ekstase *f*, Verzückung *f*; **~·t·ic** [ɪk'stætɪk] (*~ally*) verzückt

ECU ['ekjuː, eɪ'kuː] *Abk. für* **European Currency Unit** Europäische Währungseinheit

ed. [ed] *Abk. für:* **edited** h(rs)g., herausgegeben; **edition** Aufl., Auflage *f*; **editor** H(rs)g., Herausgeber *m*

ed·dy ['edɪ] **1.** Wirbel *m*; **2.** wirbeln

edge [edʒ] **1.** Schneide *f*; Rand *m*; Kante *f*; Schärfe *f*; △ *nicht* (Straßen-, Haus)*Ecke*; *be on* ~ nervös *od.* gereizt sein; **2.** schärfen; (um)säumen; (sich) drängen; **'~·ways** ['edʒweɪz], **~·wise** ['edʒwaɪz] seitlich, von der Seite

edg·ing ['edʒɪŋ] Einfassung *f*; Rand *m*

edg·y ['edʒɪ] (*-ier, -iest*) scharf(kantig); F nervös; F gereizt

ed·i·ble ['edɪbl] essbar

e·dict ['iːdɪkt] Edikt *n*

ed·i·fice ['edɪfɪs] Gebäude *n*

ed·it ['edɪt] *Text* herausgeben, redigieren; *Computer:* editieren; *Zeitung* als Herausgeber leiten; **e·di·tion** [ɪ'dɪʃn] (*Buch*)Ausgabe *f*; Auflage *f*; **ed·i·tor** ['edɪtə] Herausgeber(in); Redakteur(in); **ed·i·to·ri·al** [edɪ'tɔːrɪəl] **1.** Leitartikel *m*; **2.** Redaktions...

EDP [iː diː 'piː] *Abk. für* **electronic data processing** EDV, elektronische Datenverarbeitung

ed·u·cate ['edʒʊkeɪt] erziehen; unterrichten; **'~·cat·ed** gebildet; **~·ca·tion** [edʒʊ'keɪʃn] Erziehung f; (Aus)Bildung f; Bildungs-, Schulwesen n; **Ministry of ♀ ~·ca·tion·al** Unterrichtsministerium n; **~·ca·tion·al** [edʒʊ'keɪʃənl] erzieherisch, Erziehungs...; Bildungs...

eel zo. [iːl] Aal m

ef·fect [ɪ'fekt] (Aus)Wirkung f; Effekt m, Eindruck m; **~s** pl. econ. Effekten pl.; **be in ~** in Kraft sein; **in ~** in Wirklichkeit; **take ~** in Kraft treten; **ef'fec·tive** wirksam; eindrucksvoll; tatsächlich

ef·fem·i·nate [ɪ'femɪnət] verweichlicht; weibisch

ef·fer·ves·ce [efə'ves] brausen, sprudeln; **~·ves·cent** [efə'vesnt] sprudelnd, schäumend

ef·fi·cien·cy [ɪ'fɪʃənsɪ] Leistung(sfähigkeit) f; **~ measure** econ. Rationalisierungsmaßnahme f; **~t** wirksam; leistungsfähig, tüchtig

ef·flu·ent ['efluənt] Abwasser n, Abwässer pl.

ef·fort ['efət] Anstrengung f, Bemühung f (**at** um); Mühe f; **without ~** ~ **'~·less** mühelos, ohne Anstrengung

ef·fron·te·ry [ɪ'frʌntərɪ] Frechheit f

ef·fu·sive [ɪ'fjuːsɪv] überschwänglich

EFTA ['eftə] Abk. für **European Free Trade Association** EFTA, Europäische Freihandelsgemeinschaft

e.g. [iː 'dʒiː] Abk. für **for example** (lateinisch **exempli gratia**) z.B., zum Beispiel

egg[1] [eg] Ei n; **put all one's ~s in one basket** alles auf eine Karte setzen

egg[2] [eg]: **~ on** anstacheln

'egg| co·sy Eierwärmer m; **'~·cup** Eierbecher m; **'~·head** F Eierkopf m (Intellektueller); **'~·plant** bot. bsd. Am. Aubergine f; **'~·shell** Eierschale f; **~ tim·er** Eieruhr f

e·go·is·m ['egəʊɪzəm] Egoismus m, Selbstsucht f; **~t** ['egəʊɪst] Egoist(in)

E·gypt ['iːdʒɪpt] Ägypten n; **E·gyp·tian** [ɪ'dʒɪpʃn] 1. ägyptisch; 2. Ägypter(in)

ei·der·down ['aɪdədaʊn] Eiderdaunen pl.; Daunendecke f

eight [eɪt] 1. acht; 2. Acht f; **eigh·teen** [eɪ'tiːn] 1. achtzehn; 2. Achtzehn f; **eigh·teenth** [eɪ'tiːnθ] achtzehnte(r, -s); **'~·fold** achtfach; **eighth** [eɪtθ] 1. achte(r, -s); 2. Achtel n; **'eighth·ly** achtens; **eigh·ti·eth** ['eɪtɪɪθ] achtzigste(r, -s); **'eigh·ty** 1. achtzig; 2. Achtzig f

Ei·re ['eərə] irischer Name der Republik Irland

ei·ther ['aɪðə, 'iːðə] jede(r, -s) (von zweien); eine(r, -s) (von zweien); beides; **~ ... or** entweder ... oder; **not ~** auch nicht

e·jac·u·late physiol. [ɪ'dʒækjʊleɪt] v/t. Samen ausstoßen; v/i. ejakulieren, e-n Samenerguss haben

e·ject [ɪ'dʒekt] j-n hinauswerfen; tech. ausstoßen, -werfen

eke [iːk]: **~ out** Vorräte etc. strecken; Einkommen aufbessern; **~ out a living** sich (mühsam) durchschlagen

e·lab·o·rate 1. [ɪ'læbərət] sorgfältig (aus)gearbeitet; kompliziert; 2. [ɪ'læbəreɪt] sorgfältig ausarbeiten

e·lapse [ɪ'læps] verfließen, -streichen

e·las|·tic [ɪ'læstɪk] 1. (**~ally**) elastisch, dehnbar; **~ band** Brt. ~ 2. Gummiring m, -band n; **~·ti·ci·ty** [elæ'stɪsətɪ] Elastizität f

e·lat·ed [ɪ'leɪtɪd] begeistert (**at, by** von)

el·bow ['elbəʊ] 1. Ellbogen m; (scharfe) Biegung; tech. Knie n; **at one's ~** bei der Hand; 2. mit dem Ellbogen (weg)stoßen; **~ one's way through** sich (mit den Ellbogen) e-n Weg bahnen durch

el·der[1] bot. ['eldə] Holunder m

el·der[2] ['eldə] 1. ältere(r, -s); 2. der, die Ältere; (Kirchen)Älteste(r) m; **'~·ly** ältlich, ältere(r, -s)

el·dest ['eldɪst] älteste(r, -s)

e·lect [ɪ'lekt] 1. gewählt; 2. (aus-, er)wählen

e·lec|·tion [ɪ'lekʃn] 1. Wahl f; 2. pol. Wahl...; **~·tor** [ɪ'lektə] Wähler(in); Am. pol. Wahlmann m; hist. Kurfürst m; **~ col·lege** Am. coll. Wahlmänner pl.; **~·to·ral** [ɪ'lektərəl] Wahl..., Wähler...; **~·to·rate** pol. [ɪ'lektərət] Wähler (-schaft f) pl.

e·lec·tric [ɪ'lektrɪk] (**~ally**) elektrisch, Elektro...

e·lec·tri·cal [ɪ'lektrɪkl] elektrisch; Elektro...; **~ en·gi'neer** Elektroingenieur m, -techniker m; **~ en·gi'neer·ing** Elektrotechnik f

e·lec·tric 'chair elektrischer Stuhl

el·ec·tri·cian [ɪlek'trɪʃn] Elektriker m

e·lec·tri·ci·ty [ɪlek'trɪsətɪ] Elektrizität *f*
e·lec·tric 'ra·zor Elektrorasierer *m*
e·lec·tri·fy [ɪ'lektrɪfaɪ] elektrifizieren; elektrisieren (*a. fig.*)
e·lec·tro·cute [ɪ'lektrəkjuːt] auf dem elektrischen Stuhl hinrichten; durch elektrischen Strom töten
e·lec·tron [ɪ'lektrɒn] Elektron *n*
e·lec·tron·ic [ɪlek'trɒnɪk] (~*ally*) elektronisch, Elektronen...; ~ **'da·ta pro·ces·sing** elektronische Datenverarbeitung
e·lec·tron·ics [ɪlek'trɒnɪks] *sg.* Elektronik *f*
el·e·gance ['elɪɡəns] Eleganz *f*; '~**gant** elegant; geschmackvoll; erstklassig
el·e·ment ['elɪmənt] Element *n*; Urstoff *m*; (Grund)Bestandteil *m*; ~s *pl.* Anfangsgründe *pl.*, Grundlage(n *pl.*) *f*; Elemente *pl.*, Naturkräfte *pl.*; ~**men·tal** [elɪ'mentl] elementar; wesentlich
el·e·men·ta·ry [elɪ'mentərɪ] elementar; Anfangs...; ~ **school** *Am.* Grundschule *f*
el·e·phant *zo.* ['elɪfənt] Elefant *m*
el·e·vate ['elɪveɪt] erhöhen; *fig.* erheben; '~**vat·ed** erhöht; *fig.* gehoben, erhaben; ~**va·tion** [elɪ'veɪʃn] Erhebung *f*; Erhöhung *f*; Höhe *f*; Erhabenheit *f*; ~**va·tor** *tech.* ['elɪveɪtə] *Am.* Lift *m*, Fahrstuhl *m*, Aufzug *m*
e·lev·en [ɪ'levn] **1.** elf; **2.** Elf *f*; ~**th** [ɪ'levnθ] **1.** elfte(r, -s); **2.** Elftel *n*
elf [elf] (*pl.* **elves**) Elf(e *f*) *m*; Kobold *m*
e·li·cit [ɪ'lɪsɪt] *et.* entlocken (*from dat.*); ans (Tages)Licht bringen
el·i·gi·ble ['elɪdʒəbl] in Frage kommend, geeignet, annehmbar, akzeptabel
e·lim·i·nate [ɪ'lɪmɪneɪt] entfernen, beseitigen; ausscheiden; ~**na·tion** [ɪlɪmɪ'neɪʃn] Entfernung *f*, Beseitigung *f*; Ausscheidung *f*
é·lite [eɪ'liːt] Elite *f*; Auslese *f*
elk *zo.* [elk] Elch *m*; *Am.* Wapitihirsch *m*
el·lipse *math.* [ɪ'lɪps] Ellipse *f*
elm *bot.* [elm] Ulme *f*
e·lon·gate ['iːlɒŋɡeɪt] verlängern
e·lope [ɪ'ləʊp] (mit s-m *od.* s-r Geliebten) ausreißen *od.* durchbrennen
el·o·quence ['eləkwəns] Beredsamkeit *f*; '~**quent** beredt

else [els] sonst, weiter; andere(r, -s); ~**'where** anderswo(hin)
e·lude [ɪ'luːd] geschickt entgehen, ausweichen, sich entziehen (*alle dat.*); *fig.* nicht einfallen (*dat.*)
e·lu·sive [ɪ'luːsɪv] schwer fassbar
elves [elvz] *pl. von* **elf**
e·ma·ci·at·ed [ɪ'meɪʃɪeɪtɪd] abgezehrt, ausgemergelt
em·a·nate ['eməneɪt] ausströmen; ausgehen (*from von*); ~**na·tion** [emə'neɪʃn] Ausströmen *n*; *fig.* Ausstrahlung *f*
e·man·ci·pate [ɪ'mænsɪpeɪt] emanzipieren; ~**pa·tion** [ɪmænsɪ'peɪʃn] Emanzipation *f*
em·balm [ɪm'bɑːm] (ein)balsamieren
em·bank·ment [ɪm'bæŋkmənt] (Erd-)Damm *m*; (Bahn-, Straßen)Damm *m*; Uferstraße *f*
em·bar·go [em'bɑːɡəʊ] (*pl. -goes*) Embargo *n*, (Hafen-, Handels)Sperre *f*
em·bark [ɪm'bɑːk] *naut., aviat.* an Bord nehmen *od.* gehen, *naut. a.* (sich) einschiffen; *Waren* verladen; ~ **on** *et.* anfangen *od.* beginnen
em·bar·rass [ɪm'bærəs] in Verlegenheit bringen, verlegen machen, in e-e peinliche Lage versetzen; ~**ing** unangenehm, peinlich; ~**ment** Verlegenheit *f*
em·bas·sy *pol.* ['embəsɪ] Botschaft *f*
em·bed [ɪm'bed] (*-dd-*) (ein)betten, (ein)lagern
em·bel·lish [ɪm'belɪʃ] verschönern; *fig.* ausschmücken, beschönigen
em·bers ['embəz] Glut *f*
em·bez·zle [ɪm'bezl] unterschlagen; ~**ment** Unterschlagung *f*
em·bit·ter [ɪm'bɪtə] verbittern
em·blem ['embləm] Sinnbild *n*; Wahrzeichen *n*
em·bod·y [ɪm'bɒdɪ] verkörpern; enthalten
em·bo·lism *med.* ['embəlɪzəm] Embolie *f*
em·brace [ɪm'breɪs] **1.** (sich) umarmen; einschließen; **2.** Umarmung *f*
em·broi·der [ɪm'brɔɪdə] (be)sticken; *fig.* ausschmücken; ~**y** [ɪm'brɔɪdərɪ] Stickerei *f*; *fig.* Ausschmückung *f*
em·broil [ɪm'brɔɪl] (in Streit) verwickeln
e·mend [ɪ'mend] *Texte* verbessern, korrigieren

em·e·rald ['emərəld] **1.** Smaragd *m*; **2.** smaragdgrün

e·merge [ɪ'mɜːdʒ] auftauchen; sich herausstellen *od.* ergeben (*Wahrheit etc.*)

e·mer·gen·cy [ɪ'mɜːdʒənsɪ] Not(lage) *f*, -fall *m*, -stand *m*; Not...; *state of* ~ *pol.* Ausnahmezustand *m*; ~ **brake** Notbremse *f*; ~ **call** Notruf *m*; ~ **ex·it** Notausgang *m*; ~ **land·ing** *aviat.* Notlandung *f*; ~ **num·ber** Notruf(nummer *f*) *m*; ~ **room** *Am.* Notaufnahme *f* (*im Krankenhaus*)

em·i·grant ['emɪɡrənt] Auswanderer *m*, *bsd. pol.* Emigrant(in); ~**grate** ['emɪɡreɪt] auswandern, *bsd. pol.* emigrieren; ~**gra·tion** [emɪ'ɡreɪʃn] Auswanderung *f*, *bsd. pol.* Emigration *f*

em·i|·nence ['emɪnəns] Berühmtheit *f*, Bedeutung *f*; *rel.* Eminenz *f*; '~**nent** hervorragend, berühmt; bedeutend; überragend; '~**nent·ly** ganz besonders, äußerst

e·mis·sion [ɪ'mɪʃn] Ausstoß *m*, -strahlung *f*, -strömen *n*; ~'**free** abgasfrei

e·mit [ɪ'mɪt] (-*tt*-) aussenden, -stoßen, -strahlen, -strömen; von sich geben

e·mo·tion [ɪ'məʊʃn] (Gemüts)Bewegung *f*, Gefühl(sregung *f*) *n*; Rührung *f*; ~**al** [ɪ'məʊʃənl] emotional, gefühlsmäßig; gefühlsbetont; ~**al·ly** [ɪ'məʊʃnəlɪ] emotional, gefühlsmäßig; ~ *disturbed* seelisch gestört; ~**less** gefühllos

em·per·or ['empərə] Kaiser *m*

em·pha|·sis ['emfəsɪs] (*pl.* -**ses** [-siːz]) Gewicht *n*; Nachdruck *m*; ~**size** ['emfəsaɪz] nachdrücklich betonen; ~**t·ic** [ɪm'fætɪk] (~**ally**) nachdrücklich; deutlich; bestimmt

em·pire ['empaɪə] Reich *n*, Imperium *n*; Kaiserreich *n*

em·pir·i·cal [em'pɪrɪkl] erfahrungsgemäß

em·ploy [ɪm'plɔɪ] **1.** beschäftigen, anstellen; an-, verwenden, gebrauchen; **2.** Beschäftigung *f*; *in the* ~ *of* angestellt bei; ~**ee** [emplɔɪ'iː] Angestellte(r *m*) *f*, Arbeitnehmer(in); ~**er** [ɪm'plɔɪə] Arbeitgeber(in); ~**ment** [ɪm'plɔɪmənt] Beschäftigung *f*, Arbeit *f*; ~**ment ad** Stellenanzeige *f*; ~**ment of·fice** Arbeitsamt *n*

em·pow·er [ɪm'paʊə] ermächtigen; befähigen

em·press ['emprɪs] Kaiserin *f*

emp·ti|·ness ['emptɪnɪs] Leere *f* (*a. fig.*); '~**ty 1.** (-*ier*, -*iest*) leer (*a. fig.*); **2.** (aus-, ent)leeren; sich leeren

em·u·late ['emjʊleɪt] wetteifern mit; nacheifern (*dat.*); es gleichtun (*dat.*)

e·mul·sion [ɪ'mʌlʃn] Emulsion *f*

en·a·ble [ɪ'neɪbl] befähigen, es *j*-m ermöglichen; ermächtigen

en·act [ɪ'nækt] *Gesetz* erlassen; verfügen

e·nam·el [ɪ'næml] **1.** Email(le *f*) *n*; *anat.* (Zahn)Schmelz *m*; Glasur *f*, Lack *m*; Nagellack *m*; **2.** (*bsd. Brt.* -**ll**-, *Am.* -**l**-) emaillieren; glasieren; lackieren

en·am·o(u)red [ɪ'næməd]: ~ *of* verliebt in (*acc.*)

en·camp·ment *bsd. mil.* [ɪn'kæmpmənt] (Feld)Lager *n*

en·cased [ɪn'keɪst]: ~ *in* gehüllt in (*acc.*)

en·chant [ɪn'tʃɑːnt] bezaubern; ~**ing** bezaubernd; ~**ment** Bezauberung *f*; Zauber *m*

en·cir·cle [ɪn'sɜːkl] einkreisen, umzingeln; umfassen; umschlingen

encl *nur geschr. Abk. für* **en·closed, en·clo·sure(s)** Anl., Anlage(n *pl.*) *f*

en·close [ɪn'kləʊz] einschließen, umgeben; beilegen, -fügen (*e-m Brief*)

en·clo·sure [ɪn'kləʊʒə] Einzäunung *f*; Anlage *f* (*zu e-m Brief*)

en·code [en'kəʊd] verschlüsseln, chiffrieren, kodieren

en·com·pass [ɪn'kʌmpəs] umgeben

en·coun·ter [ɪn'kaʊntə] **1.** Begegnung *f*; Gefecht *n*; **2.** begegnen (*dat.*); auf *Schwierigkeiten etc.* stoßen; mit *j-m* feindlich zusammentreffen

en·cour·age [ɪn'kʌrɪdʒ] ermutigen; fördern; ~**ment** Ermutigung *f*; Anfeuerung *f*; Unterstützung *f*

en·cour·ag·ing [ɪn'kʌrɪdʒɪŋ] ermutigend

en·croach [ɪn'krəʊtʃ] (*on*) eingreifen (in *j-s Recht etc.*), eindringen (in *acc.*); über Gebühr in Anspruch nehmen (*acc.*); ~**ment** Ein-, Übergriff *m*

en·cum·ber [ɪn'kʌmbə] belasten; (be)hindern; ~**brance** [ɪn'kʌmbrəns] Belastung *f*

en·cy·clo·p(a)e·di·a [ensaɪklə'piːdjə] Enzyklopädie *f*

end [end] **1.** Ende *n*; Ziel *n*, Zweck *m*; *no* ~ *of* unendlich viel(e), unzählige; *at the*

~ **of May** Ende Mai; **in the** ~ am Ende, schließlich; **on** ~ aufrecht; **stand on** ~ zu Berge stehen (*Haare*); **to no** ~ vergebens; **go off the deep** ~ *fig.* in die Luft gehen; **make** (**both**) ~**s meet** durchkommen, finanziell über die Runden kommen; **2.** enden; beend(ig)en

en·dan·ger [ɪnˈdeɪndʒə] gefährden

en·dear [ɪnˈdɪə] beliebt machen (**to** s.o. bei j-m); ~**ing** [ɪnˈdɪərɪŋ] gewinnend; liebenswert; ~**ment**: **words** *pl.* **of** ~, ~**s** *pl.* zärtliche Worte *pl.*

en·deav·o(u)r [ɪnˈdevə] **1.** Bestreben *n*, Bemühung *f*; **2.** sich bemühen

end·ing [ˈendɪŋ] Ende *n*; Schluss *m*; *gr.* Endung *f*

en·dive *bot.* [ˈendɪv, ˈendaɪv] Endivie *f*

'end·less endlos, unendlich; *tech.* ohne Ende

en·dorse [ɪnˈdɔːs] *econ. Scheck etc.* indossieren; *et.* vermerken (**on** auf der Rückseite e-r *Urkunde*); billigen, gutheißen; ~**ment** Vermerk *m*; *econ.* Indossament *n*, Giro *n*

en·dow [ɪnˈdaʊ] *fig.* ausstatten; ~ **s.o. with s.th.** j-m et. verleihen; ~**ment** Stiftung *f*; *mst* ~**s** *pl.* Begabung *f*, Talent *n*

en·dur|ance [ɪnˈdjʊərəns] Ausdauer *f*; **beyond** ~, **past** ~ unerträglich; ~**e** [ɪnˈdjʊə] ertragen

'end us·er Endverbraucher *m*

en·e·my [ˈenəmɪ] **1.** Feind *m*; **2.** feindlich

en·er·get·ic [enəˈdʒetɪk] (~**ally**) energisch; tatkräftig

en·er·gy [ˈenədʒɪ] Energie *f*; '~ **cri·sis** Energiekrise *f*; '~**sav·ing** energiesparend; '~ **sup·ply** Energieversorgung *f*

en·fold [ɪnˈfəʊld] einhüllen; umfassen

en·force [ɪnˈfɔːs] (mit Nachdruck, *a.* gerichtlich) geltend machen; *Gesetz etc.* durchführen; durchsetzen; erzwingen; ~**ment** *econ., jur.* Geltendmachung *f*; Durchsetzung *f*, Erzwingung *f*

en·fran·chise [ɪnˈfræntʃaɪz] j-m das Wahlrecht verleihen

en·gage [ɪnˈgeɪdʒ] *v/t.* j-s *Aufmerksamkeit* auf sich ziehen; *tech.* einrasten lassen, *mot. Gang* einlegen; j-n ein-, anstellen, *Künstler* engagieren; *v/i. tech.* einrasten, greifen; ~ **in** sich einlassen auf (*acc.*) *od.* in (*acc.*); sich beschäftigen mit; ~**d** verlobt (**to** mit); beschäftigt (**in**, **on** mit); besetzt (*Toilette, Brt. tel.*); ~ **tone** *od.* **signal** *Brt. tel.* Besetztzeichen *n*; ~**ment** Verlobung *f*; Verabredung *f*; *mil.* Gefecht *n*

en·gag·ing [ɪnˈgeɪdʒɪŋ] einnehmend; gewinnend (*Lächeln etc.*)

en·gine [ˈendʒɪn] Maschine *f*; Motor *m*; *rail.* Lokomotive *f*; '~ **driv·er** *Brt. rail.* Lokomotivführer *m*

en·gi·neer [endʒɪˈnɪə] **1.** Ingenieur(in), Techniker(in), Mechaniker(in); *Am. rail.* Lokomotivführer *m*; *mil.* Pionier *m*; **2.** bauen; *fig.* (geschickt) in die Wege leiten; ~**ing** [endʒɪˈnɪərɪŋ] Technik *f*, Ingenieurwesen *n*, Maschinen- u. Gerätebau *m*

Eng·land [ˈɪŋglənd] England *n*

Eng·lish [ˈɪŋglɪʃ] **1.** englisch; **2.** *ling.* Englisch *n*; **the** ~ *pl.* die Engländer *pl.*; **in plain** ~ *fig.* unverblümt; '~**man** (*pl.* -**men**) Engländer *m*; '~**wom·an** (*pl.* -**women**) Engländerin *f*

en·grave [ɪnˈgreɪv] (ein)gravieren, (-)meißeln, (-)schnitzen; *fig.* einprägen; **en·grav·er** Graveur *m*; **en·grav·ing** (Kupfer-, Stahl)Stich *m*; Holzschnitt *m*

en·grossed [ɪnˈgrəʊst]: ~ **in** (voll) in Anspruch genommen von, vertieft *od.* versunken in (*acc.*)

en·hance [ɪnˈhɑːns] erhöhen

e·nig·ma [ɪˈnɪgmə] Rätsel *n*; **en·ig·mat·ic** [enɪgˈmætɪk] (~**ally**) rätselhaft

en·joy [ɪnˈdʒɔɪ] sich erfreuen an (*dat.*); genießen; **did you** ~ **it?** hat es Ihnen gefallen?; ~ **o.s.** sich amüsieren, sich gut unterhalten; ~ **yourself!** viel Spaß!; **I** ~ **my dinner** es schmeckt mir; ~**a·ble** angenehm, erfreulich; ~**ment** Vergnügen *n*, Freude *f*; Genuss *m*

en·large [ɪnˈlɑːdʒ] (sich) vergrößern *od.* erweitern, ausdehnen; *phot.* vergrößern; sich verbreiten *od.* auslassen (**on** über *acc.*); ~**ment** Erweiterung *f*; Vergrößerung *f* (*a. phot.*)

en·light·en [ɪnˈlaɪtn] aufklären, belehren; ~**ment** Aufklärung *f*

en·list *mil.* [ɪnˈlɪst] *v/t.* anwerben; *v/i.* sich freiwillig melden; ~**ed men** *Am.* Unteroffiziere *pl.* u. Mannschaften *pl.*

en·liv·en [ɪnˈlaɪvn] beleben

en·mi·ty [ˈenmətɪ] Feindschaft *f*

en·no·ble [ɪˈnəʊbl] adeln; veredeln

e·nor|mi·ty [ɪˈnɔːmətɪ] Ungeheuerlichkeit *f*; ~**mous** [ɪˈnɔːməs] ungeheuer

e·nough [ɪˈnʌf] genug

en·quire [ɪnˈkwaɪə], **en·qui·ry** [ɪnˈkwaɪərɪ] → **inquire, inquiry**

en·rage [ɪnˈreɪdʒ] wütend machen; **~d** wütend (*at* über *acc.*)

en·rap·ture [ɪnˈræptʃə] entzücken, hinreißen; **~d** entzückt, hingerissen

en·rich [ɪnˈrɪtʃ] be-, anreichern

en·rol(l) [ɪnˈrəʊl] (**-ll-**) (sich) einschreiben *od.* -tragen; *univ.* (sich) immatrikulieren

en·sign *naut.* [ˈensaɪn] *bsd.* (National-) Flagge *f*; *Am.* [ˈensn] Leutnant *m* zur See

en·sue [ɪnˈsjuː] (darauf-, nach)folgen

en·sure [ɪnˈʃʊə] sichern

en·tail [ɪnˈteɪl] mit sich bringen, zur Folge haben

en·tan·gle [ɪnˈtæŋgl] verwickeln

en·ter [ˈentə] *v/t.* (hinein-, herein)gehen, (-)kommen, (-)treten in (*acc.*), eintreten, -steigen in (*acc.*), betreten; einreisen in (*acc.*); *naut., rail.* einlaufen, -fahren in (*acc.*); eindringen in (*acc.*); *Namen etc.* eintragen, -schreiben; *Sport*: melden, nennen (*for* für); *fig.* eintreten in (*acc.*), beitreten (*dat.*); *Computer*: eingeben; *v/i.* eintreten, herein-, hineinkommen, -gehen; *thea.* auftreten; sich eintragen *od.* -schreiben *od.* anmelden (*for* für); *Sport*: melden, nennen (*for* für); **'~ key** *Computer*: Eingabetaste *f*

en·ter·prise [ˈentəpraɪz] Unternehmen *n* (*a. econ.*); *econ.* Unternehmertum *n*; Unternehmungsgeist *m*; **'~·pris·ing** unternehmungslustig; wagemutig; kühn

en·ter·tain [entəˈteɪn] unterhalten, bewirten; **~·er** Entertainer(in), Unterhaltungskünstler(in); **~·ment** Unterhaltung *f*; Entertainment *n*; Bewirtung *f*

en·thral(l) *fig.* [ɪnˈθrɔːl] (**-ll-**) fesseln, bezaubern

en·throne [ɪnˈθrəʊn] inthronisieren

en·thu·si·as|**·m** [ɪnˈθjuːzɪæzəm] Begeisterung *f*; **~t** [ɪnˈθjuːzɪæst] Enthusiast(in); **~·tic** [ɪnθjuːzɪˈæstɪk] (**~ally**) begeistert

en·tice [ɪnˈtaɪs] (ver)locken; **~·ment** Verlockung *f*, Reiz *m*

en·tire [ɪnˈtaɪə] ganz, vollständig; ungeteilt; **~·ly** völlig; ausschließlich

en·ti·tle [ɪnˈtaɪtl] betiteln; berechtigen (*to* zu)

en·ti·ty [ˈentətɪ] Einheit *f*

en·trails *anat.* [ˈentreɪlz] *pl.* Eingeweide *pl.*

en·trance [ˈentrəns] Eintreten *n*, -tritt *m*; Ein-, Zugang *m*; Zufahrt *f*; Einlass *m*, Ein-, Zutritt *m*; **'~ ex·am·(i·na·tion)** Aufnahmeprüfung *f*; **'~ fee** Eintritt(sgeld *n*) *m*; Aufnahmegebühr *f*

en·treat [ɪnˈtriːt] inständig bitten, anflehen; **en·trea·ty** dringende *od.* inständige Bitte

en·trench *mil.* [ɪnˈtrentʃ] verschanzen (*a. fig.*)

en·trust [ɪnˈtrʌst] anvertrauen (*s.th. to s.o.* j-m et.); betrauen

en·try [ˈentrɪ] Eintreten *n*, -tritt *m*; Einreise *f*; Beitritt *m* (*into* zu); Einlass *m*, Zutritt *m*; Zu-, Eingang *m*, Einfahrt *f*; Eintrag(ung *f*) *m*; Stichwort *n* (*in Lexikon etc.*); *Sport*: Nennung *f*, Meldung *f*; **bookkeeping by double** (**single**) **~** *econ.* doppelte (einfache) Buchführung; **no ~!** Zutritt verboten!, *mot.* keine Einfahrt!; **'~ per·mit** Einreiseerlaubnis *f*, -genehmigung *f*; **'~·phone** Türsprechanlage *f*; **'~ vi·sa** Einreisevisum *n*

en·twine [ɪnˈtwaɪn] ineinander schlingen

e·nu·me·rate [ɪˈnjuːməreɪt] aufzählen

en·vel·op [ɪnˈveləp] (ein)hüllen, einwickeln

en·ve·lope [ˈenvələʊp] Briefumschlag *m*

en·vi|**·a·ble** [ˈenvɪəbl] beneidenswert; **'~·ous** neidisch

en·vi·ron·ment [ɪnˈvaɪərənmənt] Umgebung *f*, *a.* Milieu *n*; Umwelt *f*

en·vi·ron·men·tal [ɪnvaɪərənˈmentl] Milieu...; Umwelt...; **~·ist** [ɪnvaɪərənˈmentəlɪst] Umweltschützer(in); **~ law** Umweltschutzgesetz *n*; **~ pol·lu·tion** Umweltverschmutzung *f*

en·vi·ron·ment 'friend·ly umweltfreundlich

en·vi·rons [ˈenvɪrənz] *pl.* Umgebung *f* (*e-r Stadt*)

en·vis·age [ɪnˈvɪzɪdʒ] sich *et.* vorstellen

en·voy [ˈenvɔɪ] Gesandte(r) *m*

en·vy [ˈenvɪ] **1.** Neid *m*; **2.** beneiden

ep·ic [ˈepɪk] **1.** episch; **2.** Epos *n*

ep·i·dem·ic [epɪˈdemɪk] **1.** (**~ally**) seuchenartig; **~ disease** → **2.** Epidemie *f*, Seuche *f*

ep·i·der·mis [epɪˈdɜːmɪs] Oberhaut *f*

ep·i·lep·sy *med.* ['epɪlepsɪ] Epilepsie *f*
ep·i·logue *bsd. Brt.*, **ep·i·log** *Am.* ['epɪlɒg] Nachwort *n*
e·pis·co·pal *rel.* [ɪˈpɪskəpl] bischöflich
ep·i·sode ['epɪsəʊd] Episode *f*
ep·i·taph ['epɪtɑːf] Grabinschrift *f*
e·poch ['iːpɒk] Epoche *f*, Zeitalter *n*
eq·ua·ble ['ekwəbl] ausgeglichen (*a. Klima*)
e·qual ['iːkwəl] **1.** gleich; gleichmäßig; ~ **to** *fig.* gewachsen (*dat.*); ~ **opportunities** *pl.* Chancengleichheit *f*; ~ **rights** *pl.* **for women** Gleichberechtigung *f* der Frau; **2.** Gleiche(r *m*) *f*; **3.** (*bsd. Brt.* **-ll-**, *Am.* **-l-**) gleichen (*dat.*); **~·i·ty** [iːˈkwɒlətɪ] Gleichheit *f*; **~·i·za·tion** [iːkwəlaɪˈzeɪʃn] Gleichstellung *f*; Ausgleich *m*; **~·ize** ['iːkwəlaɪz] gleichmachen, -stellen, angleichen; *Sport:* ausgleichen; **'~·iz·er** *Sport:* Ausgleich(stor *n*, -streffer) *m*
eq·ua·nim·i·ty [iːkwəˈnɪmətɪ] Gleichmut *m*
e·qua·tion *math.* [ɪˈkweɪʒn] Gleichung *f*
e·qua·tor [ɪˈkweɪtə] Äquator *m*
e·qui·lib·ri·um [iːkwɪˈlɪbrɪəm] Gleichgewicht *n*
e·quip [ɪˈkwɪp] (**-pp-**) ausrüsten; **~·ment** Ausrüstung *f*, -stattung *f*; *tech.* Einrichtung *f*.
e·quiv·a·lent [ɪˈkwɪvələnt] **1.** gleichwertig, äquivalent; gleichbedeutend (**to** mit); **2.** Äquivalent *n*, Gegenwert *m*
e·ra ['ɪərə] Zeitrechnung *f*; Zeitalter *n*
e·rad·i·cate [ɪˈrædɪkeɪt] ausrotten
e·rase [ɪˈreɪz] ausradieren, -streichen, löschen (*a. Computer, Tonband*); *fig.* auslöschen; **e·ˈras·er** Radiergummi *m*
e·rect [ɪˈrekt] **1.** aufrecht; **2.** aufrichten; *Denkmal etc.* errichten, aufstellen; **e·ˈrec·tion** [ɪˈrekʃn] Errichtung *f*; *physiol.* Erektion *f*
er·mine *zo.* ['ɜːmɪn] Hermelin *m*
e·rode *geol.* [ɪˈrəʊd] erodieren; **e·ro·sion** *geol.* [ɪˈrəʊʒn] Erosion *f*
e·rot·ic [ɪˈrɒtɪk] (**~ally**) erotisch
err [ɜː] (sich) irren
er·rand ['erənd] Botengang *m*, Besorgung *f*; **go on an ~, run an ~** e-e Besorgung machen; **'~ boy** Laufbursche *m*
er·rat·ic [ɪˈrætɪk] (**~ally**) sprunghaft, unstet, unberechenbar
er·ro·ne·ous [ɪˈrəʊnjəs] irrig
er·ror ['erə] Irrtum *m*, Fehler *m* (*a. Computer*); **~s excepted** Irrtümer vorbehalten; **'~ mes·sage** *Computer:* Fehlermeldung *f*
e·rupt [ɪˈrʌpt] ausbrechen (*Vulkan etc.*); durchbrechen (*Zähne*); **e·rup·tion** [ɪˈrʌpʃn] (*Vulkan*)Ausbruch *m*; *med.* Ausschlag *m*
ESA [iː es 'eɪ] *Abk. für* **European Space Agency** Europäische Weltraumbehörde
es·ca·late ['eskəleɪt] eskalieren (*Krieg etc.*); steigen, in die Höhe gehen (*Preise*); **~·la·tion** [eskəˈleɪʃn] Eskalation *f*
es·ca·la·tor ['eskəleɪtə] Rolltreppe *f*
es·ca·lope *gastr.* ['eskələʊp] (*bsd. Wiener*) Schnitzel *n*
es·cape [ɪˈskeɪp] **1.** entgehen; entkommen, -rinnen; entweichen; *j-m* entfallen; **2.** Entrinnen *n*; Entweichen *n*; Flucht *f*; **have a narrow ~** mit knapper Not davonkommen; **~ chute** *aviat.* Notrutsche *f*; **~ key** *Computer:* Escape-Taste *f*
es·cort 1. ['eskɔːt] *mil.* Eskorte *f*; Geleit(schutz *m*) *n*; **2.** [ɪˈskɔːt] *mil.* eskortieren; *aviat., naut.* Geleit(schutz) geben; geleiten
es·cutch·eon [ɪˈskʌtʃən] Wappenschild *m, n*
esp. *nur geschr. Abk. für* **especially** bes., bsd., besonders
es·pe·cial [ɪˈspeʃl] besondere(r, -s); **~·ly** besonders
es·pi·o·nage [espɪəˈnɑːʒ] Spionage *f*
es·pla·nade [espləˈneɪd] (*bsd. Strand*-) Promenade *f*
es·say ['eseɪ] Aufsatz *m*, kurze Abhandlung, Essay *m*
es·sence ['esns] Wesen *n* (*e-r Sache*); Essenz *f*; Extrakt *m*
es·sen·tial [ɪˈsenʃl] **1.** wesentlich, unentbehrlich; **2.** *mst* **~s** *pl.* das Wesentliche; **~·ly** im Wesentlichen, in der Hauptsache
es·tab·lish [ɪˈstæblɪʃ] ein-, errichten; ~ **o.s.** sich etablieren od. niederlassen; be-, nachweisen; **~·ment** Ein-, Errichtung *f*; *econ.* Unternehmen *n*, Firma *f*; **the 2** das Establishment, die etablierte Macht, die herrschende Schicht
es·tate [ɪˈsteɪt] (großes) Grundstück, Landsitz *m*, Gut *n*; *jur.* Besitz *m*, (Erb)Masse *f*, Nachlass *m*; **housing ~**

(Wohn)Siedlung *f*; **industrial ~** Industriegebiet *n*; **real ~** Liegenschaften *pl.*; **~ a·gent** *Brt.* Grundstücks-, Immobilienmakler *m*; **~ car** *Brt. mot.* Kombiwagen *m*

es·teem [ɪ'stiːm] **1.** Achtung *f*, Ansehen *n* (**with** bei); **2.** achten, (hoch)schätzen

es·thet·ic(s) *Am.* [es'θetɪk(-)] → **aesthetic(s)**

es·ti|·mate 1. ['estɪmeɪt] (ab-, ein)schätzen; veranschlagen; **2.** ['estɪmɪt] Schätzung *f*; (Kosten)Voranschlag *m*; **~·ma·tion** [estɪ'meɪʃn] Meinung *f*; Achtung *f*, Wertschätzung *f*

es·trange [ɪ'streɪndʒ] entfremden

es·tu·a·ry ['estjʊərɪ] *den Gezeiten ausgesetzte* weite Flussmündung

etch [etʃ] ätzen; radieren; **'~·ing** Radierung *f*; Kupferstich *m*

e·ter|·nal [ɪ'tɜːnl] ewig; **~·ni·ty** [ɪ'tɜːnətɪ] Ewigkeit *f*

e·ther ['iːθə] Äther *m*; **e·the·re·al** [iː'θɪərɪəl] ätherisch (*a. fig.*)

eth|·i·cal ['eθɪkl] sittlich, ethisch; **~·ics** ['eθɪks] *sg.* Sittenlehre *f*, Ethik *f*

EU [iː 'juː] *Abk. für* **European Union** Europäische Union

eu·ro ['jʊərəʊ] Euro *m*, Euromark *f*; **'⚹·cheque** *Brt.* Euroscheck *m*

Eu·rope ['jʊərəp] Europa *n*; **Eu·ro·pe·an** [jʊərə'piːən] **1.** europäisch; **2. Eu·ro·pe·an Com'mu·ni·ty** (*Abk.* **EC**) Europäische Gemeinschaft (*Abk.* EG)

e·vac·u·ate [ɪ'vækjʊeɪt] entleeren; evakuieren; *Haus etc.* räumen

e·vade [ɪ'veɪd] (geschickt) ausweichen (*dat.*); umgehen

e·val·u·ate [ɪ'væljʊeɪt] schätzen; ab-, einschätzen, bewerten, beurteilen

e·vap·o|·rate [ɪ'væpəreɪt] verdunsten, -dampfen (lassen); **~d milk** Kondensmilch *f*; **~·ra·tion** [ɪvæpə'reɪʃn] Verdunstung *f*, -dampfung *f*

e·va·sion [ɪ'veɪʒn] Umgehung *f*, Vermeidung *f*; (*Steuer*)Hinterziehung *f*; Ausflucht *f*; **e·va·sive** [ɪ'veɪsɪv] ausweichend; **be ~** ausweichen

eve [iːv] Vorabend *m*; Vortag *m*; **on the ~ of** unmittelbar vor (*dat.*), am Vorabend (*gen.*)

e·ven ['iːvn] **1.** *adj.* eben, gleich; gleichmäßig; ausgeglichen; glatt; gerade (*Zahl*); **get ~ with s.o.** es j-m heimzahlen; **2.** *adv.* selbst, sogar, auch; **not ~** nicht einmal; **~ though, ~ if** wenn auch; **3. ~ out** sich einpendeln; sich ausgleichen

eve·ning ['iːvnɪŋ] Abend *m*; **in the ~** am Abend, abends; **'~ class·es** *pl.* Abendkurs *m*, -unterricht *m*; **'~ dress** Gesellschaftsanzug *m*; Frack *m*, Smoking *m*; Abendkleid *n*

e·ven·song ['iːvnsɒŋ] Abendgottesdienst *m*

e·vent [ɪ'vent] Ereignis *n*; Fall *m*; *Sport*: Disziplin *f*; *Sport*: Wettbewerb *m*; **at all ~s** auf alle Fälle; **in the ~ of** im Falle (*gen.*); **~·ful** ereignisreich

e·ven·tu·al [ɪ'ventʃʊəl] schließlich; △ *nicht eventuell*; **~·ly** schließlich

ev·er ['evə] immer (wieder); je(mals); **~ after, ~ since** seitdem; **~ so** F sehr, noch so; **for ~** für immer, auf ewig; *Yours ~, ..., ⚹ yours, ...* Viele Grüße, dein(e) *od.* Ihr(e), ... (*Briefschluss*); **have you ~ been to London?** bist du schon einmal in London gewesen?; **'~·green 1.** immergrün; unverwüstlich, *bsd.* immer wieder gern gehört; **2.** immergrüne Pflanze; **~'last·ing** ewig; **~'more: (for) ~** für immer

ev·ery ['evrɪ] jede(r, -s); alle(r, -s); **~ now and then** von Zeit zu Zeit, dann u. wann; **~ one of them** jeder von ihnen; **~ other day** jeden zweiten Tag, alle zwei Tage; **'~·bod·y** jeder(mann); **'~·day** Alltags...; **'~·one** jeder(mann); **'~·thing** alles; **'~·where** überall(hin)

e·vict [ɪ'vɪkt] *jur.* zur Räumung zwingen; *j-n* gewaltsam vertreiben

ev·i|·dence ['evɪdəns] Beweis(material *n*) *m*, Beweise *pl.*; (Zeugen)Aussage *f*; **give ~** (als Zeuge) aussagen; **'~·dent** augenscheinlich, offensichtlich

e·vil ['iːvl] **1.** (*bsd.* Brt. **-ll-**, *Am.* **-l-**) übel, schlimm, böse; **2.** Übel *n*; *das* Böse; **~'mind·ed** bösartig

e·voke [ɪ'vəʊk] (herauf)beschwören; *Erinnerungen* wachrufen

ev·o·lu·tion [iːvə'luːʃn] Evolution *f*, Entwicklung *f*

e·volve [ɪ'vɒlv] (sich) entwickeln

ewe *zo.* [juː] Mutterschaf *n*

ex [eks] *prp. econ.* ab; **~ works** ab Werk

ex... [eks] Ex..., ehemalig

ex·act [ɪɡ'zækt] **1.** exakt, genau; **2.** fordern, verlangen; **~·ing** streng, genau;

ex·act·ly exakt, genau; *als Antwort:* ganz recht, genau; **~ness** Genauigkeit *f*

ex·ag·ge·rate [ɪgˈzædʒəreɪt] übertreiben; **~ra·tion** [ɪgzædʒəˈreɪʃn] Übertreibung *f*

ex·am F [ɪgˈzæm] Examen *n*

ex·am·i·na·tion [ɪgzæmɪˈneɪʃn] Examen *n*, Prüfung *f*; Untersuchung *f*; *jur.* Vernehmung *f*, Verhör *n*; **~ine** [ɪgˈzæmɪn] untersuchen; *jur.* vernehmen, -hören; *Schule etc.:* prüfen (**in** in *dat.*; **on** über *acc.*)

ex·am·ple [ɪgˈzɑːmpl] Beispiel *n*; Vorbild *n*, Muster *n*; **for ~** zum Beispiel

ex·as·pe·rate [ɪgˈzæspəreɪt] wütend machen; **~rat·ing** ärgerlich

ex·ca·vate [ˈekskəveɪt] ausgraben, -heben, -schachten

ex·ceed [ɪkˈsiːd] überschreiten; übertreffen; **~ing** übermäßig; **~ing·ly** außerordentlich, überaus

ex·cel [ɪkˈsel] (-ll-) *v/t.* übertreffen; *v/i.* sich auszeichnen; **~lence** [ˈeksələns] ausgezeichnete Qualität; **Ex·cel·len·cy** [ˈeksələnsɪ] Exzellenz *f*; **~lent** [ˈeksələnt] ausgezeichnet, hervorragend

ex·cept [ɪkˈsept] **1.** ausnehmen, -schließen; **2.** *prp.* ausgenommen, außer; **~ for** abgesehen von, bis auf (*acc.*); **~ing** *prp.* ausgenommen

ex·cep·tion [ɪkˈsepʃn] Ausnahme *f*; Einwand *m* (**to** gegen); **make an ~** e-e Ausnahme machen; **take ~ to** Anstoß nehmen an (*dat.*); **without ~** ohne Ausnahme, ausnahmslos; **~al** [ɪkˈsepʃənl] außergewöhnlich; **~al·ly** [ɪkˈsepʃnəlɪ] un-, außergewöhnlich

ex·cerpt [ˈeksɜːpt] Auszug *m*

ex·cess [ɪkˈses] Übermaß *n*; Überschuss *m*; Ausschweifung *f*; Mehr...; **~ 'bag·gage** *aviat.* Übergepäck *n*; **~ 'fare** (Fahrpreis)Zuschlag *m*; **ex·ces·sive** übermäßig, übertrieben; **~ 'lug·gage → excess baggage**; **~ 'post·age** Nachgebühr *f*

ex·change [ɪksˈtʃeɪndʒ] **1.** (aus-, ein-, um)tauschen (**for** gegen); wechseln; **2.** (Aus-, Um)Tausch *m*; (*bsd.* Geld)Wechsel *m*; *a.* **bill of ~** Wechsel *m*; Börse *f*; Wechselstube *f*; Fernsprechamt *n*; **foreign ~(s** *pl.*) Devisen *pl.*; **rate of ~ → exchange rate**; **~ of·fice** Wechselstu-

be *f*; **~ pu·pil** Austauschschüler(in); **~ rate** Wechselkurs *m*; **~ stu·dent** Austauschstudent(in); *Am.* Austauschschüler(in)

Ex·cheq·uer [ɪksˈtʃekə]: *Chancellor of the ~ Brt.* Finanzminister *m*

ex·cise [ekˈsaɪz] Verbrauchssteuer *f*

ex·ci·ta·ble [ɪkˈsaɪtəbl] reizbar, (leicht) erregbar

ex·cite [ɪkˈsaɪt] er-, anregen; reizen; **ex·cit·ed** erregt, aufgeregt; **ex·cite·ment** Auf-, Erregung *f*; **ex·cit·ing** erregend, aufregend, spannend

ex·claim [ɪkˈskleɪm] (aus)rufen

ex·cla·ma·tion [ekskləˈmeɪʃn] Ausruf *m*, (Auf)Schrei *m*; **~ mark** *Brt.*, **~ point** *Am.* Ausrufe-, Ausrufungszeichen *n*

ex·clude [ɪkˈskluːd] ausschließen

ex·clu·sion [ɪkˈskluːʒn] Ausschließung *f*, Ausschluss *m*; **~sive** [ɪkˈskluːsɪv] ausschließlich; exklusiv; Exklusiv...; **~ of** abgesehen von, ohne

ex·com·mu·ni·cate [ekskəˈmjuːnɪkeɪt] exkommunizieren; **~ca·tion** [ekskəmjuːnɪˈkeɪʃn] Exkommunikation *f*

ex·cre·ment [ˈekskrɪmənt] Kot *m*

ex·crete *physiol.* [ekˈskriːt] ausscheiden

ex·cur·sion [ɪkˈskɜːʃn] Ausflug *m*

ex·cu·sa·ble [ɪkˈskjuːzəbl] entschuldbar; **ex·cuse 1.** [ɪkˈskjuːz] entschuldigen; **~ me** entschuldige(n Sie); **2.** [ɪkˈskjuːs] Entschuldigung *f*

ex·di·rec·to·ry num·ber *Brt. tel.* [eksdɪˈrektərɪ -] Geheimnummer *f*; *Am.* → **unlisted (number)**

ex·e·cute [ˈeksɪkjuːt] ausführen; vollziehen; *mus.* vortragen; hinrichten; *Testament* vollstrecken; **~cu·tion** [eksɪˈkjuːʃn] Ausführung *f*; Vollziehung *f*; (Zwangs)Vollstreckung *f*; Hinrichtung *f*; *mus.* Vortrag *m*; **put** *od.* **carry a plan into ~** e-n Plan ausführen *od.* verwirklichen; **~cu·tion·er** [eksɪˈkjuːʃnə] Henker *m*, Scharfrichter *m*

ex·ec·u·tive [ɪgˈzekjʊtɪv] **1.** ausführend, ausübend, *pol.* Exekutiv...; *econ.* leitend; **2.** *pol.* Exekutive *f*, vollziehende Gewalt *f*; *econ.* leitende(r) Angestellte(r)

ex·em·pla·ry [ɪgˈzemplərɪ] vorbildlich
ex·em·pli·fy [ɪgˈzemplɪfaɪ] veranschaulichen

ex·empt [ɪgˈzempt] **1.** befreit, frei; **2.** ausnehmen, befreien

ex·er·cise [ˈeksəsaɪz] **1.** Übung *f*; Ausübung *f*; *Schule:* Übung(sarbeit) *f*, Schulaufgabe *f*; *mil.* Manöver *n*; (körperliche) Bewegung; **do one's ~s** Gymnastik machen; **take ~** sich Bewegung machen; **2.** üben; ausüben; (sich) bewegen; sich Bewegung machen; *mil.* exerzieren; **'~book** Schul-, Schreibheft *n*

ex·ert [ɪgˈzɜːt] *Einfluss etc.* ausüben; **~ o.s.** sich anstrengen od. bemühen; **ex·er·tion** [ɪgˈzɜːʃn] Ausübung *f*; Anstrengung *f*, Strapaze *f*

ex·hale [eksˈheɪl] ausatmen; *Gas, Geruch etc.* verströmen; *Rauch* ausstoßen

ex·haust [ɪgˈzɔːst] **1.** erschöpfen; *Vorräte* ver-, aufbrauchen; **2.** *tech.* Auspuff *m*; *a.* **~ fumes** *pl. tech.* Auspuff-, Abgase *f*; **~ed** erschöpft; aufgebraucht (*Vorräte*), vergriffen (*Auflage*); **ex·haus·tion** [ɪgˈzɔːstʃən] Erschöpfung *f*; **ex·haus·tive** erschöpfend; **~ pipe** *tech.* Auspuffrohr *n*

ex·hib·it [ɪgˈzɪbɪt] **1.** ausstellen; vorzeigen; *fig.* zeigen, zur Schau stellen; **2.** Ausstellungsstück *n*; *jur.* Beweisstück *n*; **ex·hi·bi·tion** [eksɪˈbɪʃn] Ausstellung *f*; Zurschaustellung *f*

ex·hil·a·rat·ing [ɪgˈzɪləreɪtɪŋ] erregend, berauschend; erfrischend (*Wind etc.*)

ex·hort [ɪgˈzɔːt] ermahnen

ex·ile [ˈeksaɪl] **1.** Exil *n*; im Exil Lebende(r *m*) *f*; **2.** ins Exil schicken

ex·ist [ɪgˈzɪst] existieren; vorhanden sein; leben; bestehen; **~ence** Existenz *f*; Vorhandensein *n*, Vorkommen *n*; Leben *n*, Dasein *n*; △ *nicht* **Existenz** (*Lebensunterhalt*); **~ent** vorhanden

ex·it [ˈeksɪt] **1.** Abgang *m*; Ausgang *m*; (Autobahn)Ausfahrt *f*; Ausreise *f*; **2.** *thea.* (geht) ab

ex·o·dus [ˈeksədəs] Auszug *m*; Abwanderung *f*; **general ~** allgemeiner Aufbruch

ex·on·e·rate [ɪgˈzɒnəreɪt] entlasten, entbinden, befreien

ex·or·bi·tant [ɪgˈzɔːbɪtənt] übertrieben, maßlos; unverschämt (*Preis etc.*)

ex·or·cize [ˈeksɔːsaɪz] böse Geister beschwören, austreiben (*from* aus); befreien (*of* von)

ex·ot·ic [ɪgˈzɒtɪk] (**~ally**) exotisch; fremd(artig)

ex·pand [ɪkˈspænd] ausbreiten; (sich) ausdehnen od. erweitern; *econ. a.* expandieren; **ex·panse** [ɪkˈspæns] weite Fläche, Weite *f*; **ex·pan·sion** [ɪkˈspænʃn] Ausbreitung *f*; Ausdehnung *f*, Erweiterung *f*; **ex·pan·sive** [ɪkˈspænsɪv] mitteilsam

ex·pa·tri·ate [eksˈpætrɪeɪt] *j-n* ausbürgern, *j-m* die Staatsangehörigkeit aberkennen

ex·pect [ɪkˈspekt] erwarten; F annehmen; **be ~ing** in anderen Umständen sein; **ex·pec·tant** erwartungsvoll; **~ mother** werdende Mutter; **ex·pec·ta·tion** [ekspekˈteɪʃn] Erwartung *f*; Hoffnung *f*, Aussicht *f*

ex·pe·di·ent [ɪkˈspiːdjənt] **1.** zweckdienlich, -mäßig; ratsam; **2.** (Hilfs)Mittel *n*, (Not)Behelf *m*

ex·pe·di·tion [ekspɪˈdɪʃn] Expedition *f*, (Forschungs)Reise *f*; **~tious** [ekspɪˈdɪʃəs] schnell

ex·pel [ɪkˈspel] (**-ll-**) (**from**) vertreiben (aus); ausweisen (aus); ausschließen (von, aus)

ex·pen·di·ture [ɪkˈspendɪtʃə] Ausgaben *pl.*, (Kosten)Aufwand *m*

ex·pense [ɪkˈspens] Ausgaben *pl.*; **at the ~ of** auf Kosten (*gen.*); **ex·pens·es** *pl.* Unkosten *pl.*, Spesen *pl.*, Auslagen *pl.*; **ex·pen·sive** kostspielig, teuer

ex·pe·ri·ence [ɪkˈspɪərɪəns] **1.** Erfahrung *f*, (Lebens)Praxis *f*; Erlebnis *n*; **2.** erfahren, erleben; **~d** erfahren

ex·per·i·ment 1. [ɪkˈsperɪmənt] Versuch *m*; **2.** [ɪkˈsperɪment] experimentieren; **~men·tal** [eksperɪˈmentl] Versuchs...

ex·pert [ˈekspɜːt] **1.** erfahren, geschickt; fachmännisch; **2.** Fachmann *m*; Sachverständige(r *m*) *f*

ex·pi·ra·tion [ekspɪˈreɪʃn] Ablauf *m*, Ende *n*; Verfall *m*; **ex·pire** [ɪkˈspaɪə] ablaufen, erlöschen; verfallen

ex·plain [ɪkˈspleɪn] erklären; **ex·pla·na·tion** [ekspləˈneɪʃn] Erklärung *f*

ex·pli·cit [ɪkˈsplɪsɪt] ausdrücklich; ausführlich; offen, deutlich; (**sexually**) **~** freizügig (*Film etc.*)

ex·plode [ɪkˈspləʊd] zur Explosion bringen; explodieren; *fig.* ausbrechen (**with** in *acc.*), platzen (**with** vor); *fig.* sprunghaft ansteigen

ex·ploit 1. ['eksplɔɪt] (Helden)Tat *f*; **2.** [ɪk'splɔɪt] ausbeuten; *fig.* ausnutzen; **ex·ploi·ta·tion** [eksplɔɪ'teɪʃn] Ausbeutung *f*, Auswertung *f*, Verwertung *f*, Abbau *m*
ex·plo·ra·tion [eksplə'reɪʃn] Erforschung *f*; **ex·plore** [ɪk'splɔː] erforschen; **ex·plor·er** [ɪk'splɔːrə] Forscher(in); Forschungsreisende(r *m*) *f*
ex·plo·sion [ɪk'spləʊʒn] Explosion *f*; *fig.* Ausbruch *m*; *fig.* sprunghafter Anstieg; **~·sive** [ɪk'spləʊsɪv] **1.** explosiv; *fig.* aufbrausend; *fig.* sprunghaft ansteigend; **2.** Sprengstoff *m*
ex·po·nent [ek'spəʊnənt] *math.* Exponent *m*, Hochzahl *f*; Vertreter(in), Verfechter(in)
ex·port 1. [ɪk'spɔːt] exportieren, ausführen; **2.** ['ekspɔːt] Export(artikel) *m*, Ausfuhr(artikel *m*) *f*; **ex·por·ta·tion** [ekspɔː'teɪʃn] Ausfuhr *f*; **ex·port·er** [ɪk'spɔːtə] Exporteur *m*
ex·pose [ɪk'spəʊz] aussetzen; *phot.* belichten; *Waren* ausstellen; *j-n* entlarven, bloßstellen, *et.* aufdecken; **ex·po·si·tion** [ekspə'zɪʃn] Ausstellung *f*
ex·po·sure [ɪk'spəʊʒə] Aussetzen *n*, Ausgesetztsein *n* (*to dat.*); *fig.* Bloßstellung *f*, Aufdeckung *f*, Enthüllung *f*, Entlarvung *f*; *phot.* Belichtung *f*; *phot.* Aufnahme *f*; **die of ~** an Unterkühlung sterben; **~ me·ter** *f* Belichtungsmesser *m*
ex·press [ɪk'spres] **1.** ausdrücklich, deutlich; Express..., Eil...; **2.** Eilbote *m*; Schnellzug *m*; **by ~** → **3.** *adv.* durch Eilboten; als Eilgut; **4.** äußern, ausdrücken; **ex·pres·sion** [ɪk'spreʃn] Ausdruck *m*; **ex·pres·sion·less** ausdruckslos; **ex·pres·sive** [ɪk'spresɪv] ausdrucksvoll; **be ~ of** *et.* ausdrücken; **~ 'let·ter** *Brt.* Eilbrief *m*; **~·ly** ausdrücklich, eigens; **~ train** schnellzug *m*; **~·way** *bsd. Am.* Schnellstraße *f*
ex·pro·pri·ate [eks'prəʊprɪeɪt] *jur.* enteignen
ex·pul·sion [ɪk'spʌlʃn] (*from*) Vertreibung *f* (aus); Ausweisung *f* (aus)
ex·pur·gate ['ekspɜːgeɪt] reinigen
ex·qui·site ['ekskwɪzɪt] erlesen; fein
ex·tant [ek'stænt] noch vorhanden
ex·tend [ɪk'stend] (aus)dehnen, (-)weiten; *Hand etc.* ausstrecken; *Betrieb etc.* vergrößern, ausbauen; *Frist, Pass etc.* verlängern; sich ausdehnen *od.* erstrecken; **~·ed 'fam·i·ly** Großfamilie *f*
ex·ten·sion [ɪk'stenʃn] Ausdehnung *f*; Vergrößerung *f*, Erweiterung *f*; (Frist)Verlängerung *f*, Anbau *m*; *tel.* Nebenanschluss *m*, Apparat *m*; **a. ~ lead** (*Am.* **cord**) *electr.* Verlängerungskabel *n*, -schnur *f*; **~·sive** ausgedehnt, umfassend
ex·tent [ɪk'stent] Ausdehnung *f*; Umfang *m*, (Aus)Maß *n*, Grad *m*; **to some ~, to a certain ~** bis zu e-m gewissen Grade; **to such an ~ that** so sehr, dass
ex·ten·u·ate [ek'stenjʊeɪt] abschwächen, mildern; beschönigen; *extenuating circumstances pl. jur.* mildernde Umstände *pl.*
ex·te·ri·or [ek'stɪərɪə] **1.** äußerlich, äußere(r, -s), Außen...; **2.** das Äußere; Außenseite *f*; äußere Erscheinung
ex·ter·mi·nate [ek'stɜːmɪneɪt] ausrotten (*a. fig.*), vernichten, *Ungeziefer, Unkraut a.* vertilgen
ex·ter·nal [ek'stɜːnl] äußere(r, -s), äußerlich, Außen...
ex·tinct [ɪk'stɪŋkt] erloschen; ausgestorben; **ex·tinc·tion** [ɪk'stɪŋkʃn] Erlöschen *n*; Aussterben *n*, Untergang *m*; Vernichtung *f*, Zerstörung *f*
ex·tin·guish [ɪk'stɪŋgwɪʃ] (aus)löschen; vernichten; **~·er** (*Feuer*)Löscher *m*
ex·tort [ɪk'stɔːt] erpressen (*from* von)
ex·tra ['ekstrə] **1.** *adj.* zusätzlich, Extra..., Sonder...; **be ~** gesondert berechnet werden; **2.** *adv.* extra, besonders; **charge ~ for** *et.* gesondert berechnen; **3.** Sonderleistung *f*; *bsd. mot.* Extra *n*; Zuschlag *m*; Extrablatt *n*; *thea., Film:* Statist(in)
ex·tract 1. ['ekstrækt] Auszug *m*; **2.** [ɪk'strækt] (heraus)ziehen; herauslocken; ab-, herleiten; **ex·trac·tion** [ɪk'strækʃn] (Heraus)Ziehen *n*; Herkunft *f*
ex·tra·dite ['ekstrədaɪt] ausliefern; *j-s* Auslieferung erwirken; **~·di·tion** [ekstrə'dɪʃn] Auslieferung *f*
ex·tra·or·di·na·ry [ɪk'strɔːdnrɪ] außerordentlich; ungewöhnlich; außerordentlich, Sonder...
ex·tra 'pay Zulage *f*
ex·tra·ter·res·tri·al [ekstrətə'restrɪəl] außerirdisch

ex·tra 'time *Sport:* (Spiel)Verlängerung *f*
ex·trav·a|·gance [ɪkˈstrævəgəns] Übertriebenheit *f*; Verschwendung *f*; Extravaganz *f*; **~gant** übertrieben, überspannt; verschwenderisch; extravagant
ex·treme [ɪkˈstriːm] **1.** äußerste(r, -s), größte(r, -s), höchste(r, -s); außergewöhnlich; **~ right** rechtsextrem(istisch); **~ right wing** rechtsradikal; **2.** *das* Äußerste; Extrem *n*; höchster Grad; **~ly** äußerst, höchst
ex·trem|·ism *bsd. pol.* [ɪkˈstriːmɪzm] Extremismus *m*; **~ist** [ɪkˈstriːmɪst] Extremist(in)
ex·trem·i·ties [ɪkˈstremətɪz] *pl.* Gliedmaßen *pl.*, Extremitäten *pl.*
ex·trem·i·ty [ɪkˈstremətɪ] *das* Äußerste; höchste Not; äußerste Maßnahme
ex·tri·cate [ˈekstrɪkeɪt] herauswinden, -ziehen, befreien
ex·tro·vert [ˈekstrəʊvɜːt] Extrovertierte(r *m*) *f*

ex·u·be|·rance [ɪgˈzjuːbərəns] Fülle *f*; Überschwang *m*; **~rant** reichlich, üppig; überschwänglich; ausgelassen
ex·ult [ɪgˈzʌlt] frohlocken, jubeln
eye [aɪ] **1.** Auge *n*; Blick *m*; Öhr *n*; Öse *f*; **see ~ to ~ with s.o.** mit j-m völlig übereinstimmen; **be up to the ~s in work** bis über die Ohren in Arbeit stecken; **with an ~ to s.th.** im Hinblick auf et.; **2.** ansehen; mustern; **'~ball** Augapfel *m*; **'~brow** Augenbraue *f*; **'~catch·ing** ins Auge fallend, auffallend; **~d** ...äugig; **'~ doc·tor** F Augenarzt *m*, -ärztin *f*; **'~glass·es** *pl.*, *a.* **pair of ~** Brille *f*; **'~lash** Augenwimper *f*; **'~lid** Augenlid *n*; **'~lin·er** Eyeliner *m*; **'~o·pen·er: that was an ~ to me** das hat mir die Augen geöffnet; **'~ shad·ow** Lidschatten *m*; **'~sight** Augen(licht *n*) *pl.*, Sehkraft *f*; **'~sore** F *et.* Unschönes, Schandfleck *m*; **'~ spe·cial·ist** Augenarzt *m*, -ärztin *f*; **'~strain** Ermüdung *f od.* Überanstrengung *f* der Augen; **'~wit·ness** Augenzeug|e *m*, -in *f*

F

F, f [ef] F, f *n*
F *nur geschr. Abk. für* **Fahrenheit** F, Fahrenheit (*Thermometereinteilung*)
FA *Brt.* [ef 'eɪ] *Abk. für* **Football Association** Fußballverband *m*
fa·ble [ˈfeɪbl] Fabel *f*; Sage *f*
fab|·ric [ˈfæbrɪk] Gewebe *n*, Stoff *m*; Struktur *f*; △ *nicht* **Fabrik**; **~ri·cate** [ˈfæbrɪkeɪt] fabrizieren (*mst fig. erdichten, fälschen*)
fab·u·lous [ˈfæbjʊləs] sagenhaft, der Sage angehörend; sagen-, fabelhaft
fa·cade, fa·çade *arch.* [fəˈsɑːd] Fassade *f*
face [feɪs] **1.** Gesicht *n*; Gesicht(sausdruck *m*) *n*, Miene *f*; (Ober)Fläche *f*; Vorderseite *f*; Zifferblatt *n*; **~ to ~ with** Auge in Auge mit; **save** *od.* **lose one's ~** das Gesicht wahren *od.* verlieren; **on the ~ of it** auf den ersten Blick; **pull a long ~** ein langes Gesicht machen;

have the ~ to do s.th. die Stirn haben, et. zu tun; **2.** *v/t.* ansehen; gegenüberstehen (*dat.*); (hinaus)gehen auf (*acc.*); die Stirn bieten (*dat.*); einfassen; *arch.* bekleiden; *v/i.* **~ about** sich umdrehen; **'~cloth** Waschlappen *m*; **~d** *in Zssgn* mit (e-m) ... Gesicht; **'~ flan·nel** *Brt.* → **facecloth**; **'~lift** Facelifting *n*, Gesichtsstraffung *f*; *fig.* Renovierung *f*, Verschönerung *f*
fa·ce·tious [fəˈsiːʃəs] witzig
fa·cial [ˈfeɪʃl] **1.** Gesichts...; **2.** *Kosmetik:* Gesichtsbehandlung *f*
fa·cile [ˈfæsaɪl] leicht; oberflächlich
fa·cil·i·tate [fəˈsɪlɪteɪt] erleichtern
fa·cil·i·ty [fəˈsɪlətɪ] Leichtigkeit *f*; Oberflächlichkeit *f*, meist **facilities** *pl.* Erleichterung(en *pl.*) *f*; Einrichtung(en *pl.*) *f*, Anlage(n *pl.*) *f*
fac·ing [ˈfeɪsɪŋ] *tech.* Verkleidung *f*; **~s** *pl. Schneiderei:* Besatz *m*

fact [fækt] Tatsache *f*, Wirklichkeit *f*, Wahrheit *f*; Tat *f*; *in* ~ in der Tat, tatsächlich; ~*s pl.* Daten *pl.*

fac·tion *bsd. pol.* ['fækʃn] Splittergruppe *f*; Zwietracht *f*

fac·ti·tious [fæk'tɪʃəs] künstlich

fac·tor ['fæktə] Faktor *m*

fac·to·ry ['fæktrɪ] Fabrik *f*

fac·ul·ty ['fækəltɪ] Fähigkeit *f*; Kraft *f*; *fig.* Gabe *f*; *univ.* Fakultät *f*; *Am.* Lehrkörper *m*

fad [fæd] Mode(erscheinung, -torheit) *f*; (vorübergehende) Laune

fade [feɪd] (ver)welken (lassen); verschießen, -blassen (*Farbe*); schwinden; immer schwächer werden (*Person*); △ *nicht* fade; *Film, Rundfunk, TV:* ~ **in** auf- *od.* eingeblendet werden; auf- *od.* einblenden; ~ **out** aus- *od.* abgeblendet werden; aus- *od.* abblenden; ~**d jeans** *pl.* ausgewaschene Jeans *pl.*

fag¹ [fæg] F Plackerei *f*, Schinderei *f*; *Brt. Schule:* Schüler, der für e-n älteren Dienste verrichtet

fag² *sl.* [fæg] *Brt.* Glimmstängel *m* (*Zigarette*); *Am.* Schwule(r) *m*; '~ **end** *Brt.* F Kippe *f* (*Zigarettenstummel*)

fail [feɪl] **1.** *v/i.* versagen; misslingen, fehlschlagen; versiegen; nachlassen; durchfallen (*Kandidat*); *v/t.* im Stich lassen; j-n in e-r Prüfung durchfallen lassen; **2.** *without* ~ mit Sicherheit, ganz bestimmt; ~**ure** ['feɪljə] Versagen *n*; Fehlschlag *m*, Misserfolg *m*; Versäumnis *n*; Versager *m*

faint [feɪnt] **1.** schwach, matt; **2.** ohnmächtig werden, in Ohnmacht fallen (**with** vor); **3.** Ohnmacht *f*; ~'**heart·ed** verzagt

fair¹ [feə] gerecht, ehrlich, anständig, fair; recht gut, ansehnlich; schön (*Wetter*); klar (*Himmel*); blond (*Haar*); hell (*Haut*); **play** ~ fair spielen; *fig.* sich an die Spielregeln halten

fair² [feə] (Jahr)Markt *m*; Volksfest *n*; Ausstellung *f*, Messe *f*

fair 'game *fig.* Freiwild *n*

'**fair·ground** Rummelplatz *m*

'**fair·ly** gerecht; ziemlich; '~**ness** Gerechtigkeit *f*, Fairness *f*; ~ '**play** *Sport u. fig.* Fair Play *n*

fai·ry ['feərɪ] Fee *f*; Zauberin *f*; Elf(e *f*) *m*; '~**·land** Feen-, Märchenland *n*; ~ **sto·ry**, '~ **tale** Märchen *n* (*a. fig.*)

faith [feɪθ] Glaube *m*; Vertrauen *n*; '~**·ful** treu (**to** *dat.*); *Yours* ~*ly* Hochachtungsvoll (*Briefschluss*); '~**·less** treulos

fake [feɪk] **1.** Schwindel *m*; Fälschung *f*; Schwindler *m*; **2.** fälschen; imitieren, nachmachen; vortäuschen, simulieren; **3.** gefälscht

fal·con *zo.* ['fɔːlkən] Falke *m*

fall [fɔːl] **1.** Fall(en *n*) *m*; Sturz *m*; Verfall *m*; Einsturz *m*; *Am.* Herbst *m*; Sinken *n* (*der Preise etc.*); Gefälle *n*; *mst* ~*s pl.* Wasserfall *m*; △ *nicht gr.., med., jur. Fall*; **2.** (*fell, fallen*) fallen, stürzen; ab-, einfallen; sinken; sich legen (*Wind*); *in e-n Zustand* verfallen; ~ **ill**, ~ **sick** krank werden; ~ **in love with** sich verlieben in (*acc.*); ~ **short of** den Erwartungen etc. nicht entsprechen; ~ **back** zurückweichen; ~ **back on** *fig.* zurückgreifen auf (*acc.*); ~ **for** hereinfallen auf (*j-n, etc.*); F sich in *j-n* verknallen; ~ **off** zurückgehen (*Geschäfte, Zuschauerzahlen etc.*), nachlassen; ~ **on** herfallen über (*acc.*); ~ **out** sich streiten (**with** mit); ~ **through** durchfallen (*a. fig.*); ~ **to** reinhauen, tüchtig zugreifen (*beim Essen*)

fal·la·cious [fə'leɪʃəs] trügerisch

fal·la·cy ['fæləsɪ] Trugschluss *m*

fall·en ['fɔːlən] *p.p. von* fall 2

'**fall guy** *Am.* F der Lackierte, *der* Dumme

fal·li·ble ['fæləbl] fehlbar

fall·ing 'star Sternschnuppe *f*

'**fall·out** Fall-out *m*, radioaktiver Niederschlag

fal·low ['fæləʊ] *zo.* falb; *agr.* brach(liegend)

false [fɔːls] falsch; ~**hood** ['fɔːlshʊd], '~**ness** Falschheit *f*; Unwahrheit *f*; ~ '**start** Fehlstart *m*

fal·si·fi·ca·tion [fɔːlsɪfɪ'keɪʃn] (Ver-)Fälschung *f*; ~**fy** ['fɔːlsɪfaɪ] (ver)fälschen; ~**ty** ['fɔːlsɪtɪ] Falschheit *f*, Unwahrheit *f*

fal·ter ['fɔːltə] schwanken; stocken (*Stimme*); stammeln; *fig.* zaudern

fame [feɪm] Ruf *m*, Ruhm *m*; ~**d** berühmt (**for** wegen)

fa·mil·i·ar [fə'mɪljə] **1.** vertraut; gewohnt; familiär; **2.** Vertraute(r *m*) *f*; ~**·i·ty** [fəmɪlɪ'ærətɪ] Vertrautheit *f*; (plumpe) Vertraulichkeit; ~**ize** [fə'mɪljəraɪz] vertraut machen

fam·i·ly ['fæməlɪ] 1. Familie *f*; 2. Familien..., Haus...; *be in the* ~ *way* F in anderen Umständen sein; ~ **al'lowance** → *child benefit*; ~ **name** Familien-, Nachname *m*; ~ **'plan·ning** Familienplanung *f*; ~ **'tree** Stammbaum *m*

fam|·ine ['fæmɪn] Hungersnot *f*; Knappheit *f* (*of an dat.*); ~**ished** verhungert; *be* ~ F am Verhungern sein

fa·mous ['feɪməs] berühmt; △ *nicht famos*

fan[1] [fæn] 1. Fächer *m*; Ventilator *m*; 2. (*-nn-*) (zu)fächeln; an-, *fig.* entfachen

fan[2] [fæn] Fan *m* (*Sport- etc.*)

fa·nat·ic [fə'nætɪk] Fanatiker(in); ~**i·cal** [fə'nætɪkl] fanatisch

'fan belt *tech.* Keilriemen *m*

fan·ci·er ['fænsɪə] (*Tier-, Pflanzen-*) Liebhaber(in), (-)Züchter(in)

fan·ci·ful ['fænsɪfl] fantastisch

'fan club Fanklub *m*

fan·cy ['fænsɪ] 1. Fantasie *f*; Einbildung *f*; plötzlicher Einfall, Idee *f*; Laune *f*; Vorliebe *f*, Neigung *f*; 2. ausgefallen, Fantasie...; 3. sich vorstellen; sich einbilden; ~ *that!* stell dir vor!, denk nur!; *sieh mal einer an!*; ~ **'ball** Kostümfest *n*, Maskenball *m*; ~ **'dress** (Masken)Kostüm *n*; ~**'free** frei u. ungebunden; ~ **'goods** *pl.* Modeartikel *pl.*, -waren *pl.*; ~**'work** feine Handarbeit, Stickerei *f*

fang [fæŋ] Reiß-, Fangzahn *m*; Hauer *m*; Giftzahn *m*

'fan mail Fan-, Verehrerpost *f*

fan·tas·tic [fæn'tæstɪk] (~*ally*) fantastisch; ~**ta·sy** ['fæntəsɪ] Fantasie *f*

far [fɑː] (*farther, further; farthest, furthest*) 1. *adj.* fern, entfernt, weit; 2. *adv.* fern; weit; (sehr) viel; *as* ~ *as* bis; *in so* ~ *as* insofern als; ~**a·way** ['fɑːrəweɪ] weit entfernt

fare [feə] 1. Fahrgeld *n*; Fahrgast *m*; Verpflegung *f*, Kost *f*; 2. *gut leben*; *he* ~*d well* es (er)ging ihm gut; '~ **dodg·er** Schwarzfahrer(in); ~**'well** 1. *int.* lebe(n Sie) wohl!; 2. Abschied *m*, Lebewohl *n*

far'fetched *fig.* weit hergeholt, gesucht

farm [fɑːm] 1. Bauernhof *m*, Gut *n*, Gehöft *n*, Farm *f*; *chicken* ~ Hühnerfarm *f*; 2. *Land, Hof* bewirtschaften; '~**er** Bauer *m*, Landwirt *m*, Farmer *m*; '~**hand** Landarbeiter(in); '~**house** Bauernhaus *n*; '~**ing** 1. Acker..., landwirtschaftlich; 2. Landwirtschaft *f*; '~**stead** Bauernhof *m*, Gehöft *n*; '~**yard** Wirtschaftshof *m* (*e-s Bauernhofs*)

far-off [fɑː'rɒf] entfernt, fern; ~ **'right** *pol.* rechtsgerichtet; ~**'sight·ed** *bsd. Am.* weitsichtig, *fig. a.* weitblickend

far|·ther ['fɑːðə] *comp. von far;* ~**thest** ['fɑːðɪst] *sup. von far*

fas·ci·nate ['fæsɪneɪt] faszinieren; '~**nat·ing** faszinierend; ~**na·tion** [fæsɪ'neɪʃn] Zauber *m*, Reiz *m*, Faszination *f*

fas·cis·m *pol.* ['fæʃɪzəm] Faschismus *m*; ~**t** *pol.* ['fæʃɪst] 1. Faschist *m*; 2. faschistisch

fash·ion ['fæʃn] Mode *f*; Art *f* u. Weise *f*; *be in* ~ in Mode sein; *out of* ~ unmodern; 2. formen, gestalten; ~**a·ble** ['fæʃnəbl] modisch, elegant; in Mode; '~ **pa·rade**, '~ **show** Mode(n)schau *f*

fast[1] [fɑːst] 1. Fasten *n*; 2. fasten

fast[2] [fɑːst] schnell; fest; treu; echt, beständig (*Farbe*); flott; △ *nicht fast*; *be* ~ vorgehen (*Uhr*); ~**'back** *mot.* (Wagen *m* mit) Fließheck *n*; ~ **'breed·er**, ~ **breed·er re'ac·tor** *phys.* schneller Brüter

fas·ten ['fɑːsn] befestigen, festmachen, anheften, anschnallen, anbinden, zuknöpfen, zu-, verschnüren; *Blick etc.* richten (*on* auf); sich festmachen *od.* schließen lassen; △ *nicht fasten*; '~**er** Verschluss *m*

'fast food Schnellgericht(e *pl.*) *n*; ~**food res·tau·rant** Schnellimbiss *m*, -gaststätte *f*

fas·tid·i·ous [fə'stɪdɪəs] anspruchsvoll, heikel, wählerisch, verwöhnt

'fast lane *mot.* Überholspur *f*

fat [fæt] 1. (*-tt-*) fett; dick; fett(ig), fetthaltig; 2. Fett *n*; *low in* ~ *pred.* fettarm

fa·tal ['feɪtl] tödlich; verhängnisvoll, fatal (*to* für); ~**i·ty** [fə'tælətɪ] Verhängnis *n*; tödlicher Unfall; (Todes)Opfer *n*

fate [feɪt] Schicksal *n*; Verhängnis *n*

fa·ther ['fɑːðə] Vater *m*; 2 **'Christ·mas** *bsd. Brt.* der Weihnachtsmann, der Nikolaus; '~**hood** Vaterschaft *f*; ~**in-law** ['fɑːðərɪnlɔː] (*pl.* **fathers-in-law**) Schwiegervater *m*; '~**less** vaterlos; '~**ly** väterlich

fath·om ['fæðəm] **1.** *naut.* Faden *m* (*Tiefenmaß*); **2.** *naut.* loten; *fig.* ergründen; '~**less** unergründlich

fa·tigue [fə'tiːɡ] **1.** Ermüdung *f*; Strapaze *f*; **2.** ermüden

fat|·ten ['fætn] dick *od. contp.* fett machen *od.* werden; mästen; '~**ty** (*-ier, -iest*) fett(ig)

fau·cet *Am.* ['fɔːsɪt] (Wasser)Hahn *m*

fault [fɔːlt] Fehler *m*; Defekt *m*; Schuld *f*; *find* ~ *with* et. auszusetzen haben an (*dat.*); *be at* ~ Schuld haben; '~**less** fehlerfrei, -los; '~**y** (*-ier, -iest*) fehlerhaft, *tech. a.* defekt

fa·vo(u)r [ˈfeɪvə] **1.** Gunst *f*; Gefallen *m*; Begünstigung *f*; *in* ~ *of* zu Gunsten von *od. gen.*; *do s.o. a* ~ j-m e-n Gefallen tun; **2.** begünstigen; bevorzugen, vorziehen; wohlwollend gegenüberstehen; *Sport*: favorisieren; **fa·vo(u)·ra·ble** [ˈfeɪvərəbl] günstig; **fa·vo(u)·rite** [ˈfeɪvərɪt] **1.** Liebling *m*; *Sport*: Favorit *m*; **2.** Lieblings...

fawn[1] [fɔːn] **1.** *zo.* (Reh)Kitz *n*; Rehbraun *n*; **2.** rehbraun

fawn[2] [fɔːn]: ~ *on* (*dat.*) (vor Freude) an j-m hochspringen *etc.* (*Hund*); *fig.* katzbuckeln vor (*dat.*)

fax [fæks] **1.** Fax *n*; **2.** faxen; ~ *s.th.* (*through*) *to s.o.* j-m et. faxen; '~ (**ma·chine**) Faxgerät *n*

FBI [ef biː 'aɪ] *Abk. für Federal Bureau of Investigation* FBI *m*, *n* (*Bundeskriminalpolizei der USA*)

fear [fɪə] **1.** Furcht *f* (*of* vor *dat.*); Befürchtung *f*; Angst *f*; **2.** (be)fürchten; sich fürchten vor (*dat.*); '~**ful** furchtsam; furchtbar; '~**less** furchtlos

fea·si·ble ['fiːzəbl] durchführbar

feast [fiːst] **1.** *rel.* Fest *n*, Feiertag *m*; Festessen *n*; *fig.* Fest *n*, (Hoch)Genuss *m*; **2.** *v/t.* festlich bewirten; *v/i.* sich gütlich tun (*on* an *dat.*)

feat [fiːt] große Leistung; (Helden)Tat *f*

fea·ther ['feðə] Feder *f*; *a.* ~**s** Gefieder *n*; *birds of a* ~ Leute vom gleichen Schlag; *birds of a* ~ *flock together* gleich u. gleich gesellt sich gern; *that is a* ~ *in his cap* darauf kann er stolz sein; **2.** mit Federn polstern *od.* schmücken, *Pfeil* fiedern; ~ *bed* Matratze *f* mit Feder- *od.* Daunenfüllung; △ *nicht Federbett*; '~**bed** (*-dd-*) verhätscheln; '~**brained** F hohlköpfig; '~**ed** gefiedert; '~**weight** *Sport*: Federgewicht(ler *m*) *n*; Leichtgewicht *n* (*Person*); ~**y** ['feðərɪ] gefiedert; feder(art)ig, leicht

fea·ture ['fiːtʃə] **1.** (Gesichts)Zug *m*; (charakteristisches) Merkmal; *Zeitung, Rundfunk, TV*: Feature *n*; Haupt-, Spielfilm *m*; **2.** groß herausbringen *od.* -stellen; *Film*: in der Hauptrolle zeigen; '~ **film** Haupt-, Spielfilm *m*; '~**s** *pl.* Gesichtszüge *pl.*

Feb *nur geschr. Abk. für February* Febr., Februar *m*

Feb·ru·a·ry ['febroərɪ] (*Abk.* **Feb**) Februar *m*

fed [fed] *pret. u. p.p. von feed* 2

fed·e·ral *pol.* ['fedərəl] Bundes...; ⚿ **Bu·reau of In·ves·ti'ga·tion** (*Abk.* **FBI**) Bundeskriminalpolizei *f* (*der USA*); ⚿ **Re·pub·lic of 'Ger·man·y** *die* Bundesrepublik Deutschland (*Abk.* **BRD**)

fed·e·ra·tion [fedə'reɪʃn] *pol.* Bundesstaat *m*; Föderation *f*, Staatenbund *m*; *econ.*, *Sport etc.*: (Dach)Verband *m*

fee [fiː] Gebühr *f*; Honorar *n*; (Mitglieds)Beitrag *m*; Eintrittsgeld *n*

fee·ble ['fiːbl] (~*r*, ~*st*) schwach

feed [fiːd] **1.** Futter *n*; Nahrung *f*; Fütterung *f*; *tech.* Zuführung *f*, Speisung *f*; **2.** (*fed*) *v/t.* füttern; ernähren; *tech. Maschine* speisen, *Computer*: eingeben; weiden lassen; *be fed up with* et. *od.* j-n satt haben; *well fed* wohlgenährt; *v/i.* (fr)essen; sich ernähren; weiden; '~**back** *electr.*, *Kybernetik*: Feed-back *n*, Rückkoppelung *f*; *Rundfunk, TV*: Feed-back *n* (*mögliche Einflussnahme des Publikums auf den Verlauf e-r Sendung*); Zurückleitung *f* (*von Informationen*) (*to* an *acc.*); '~**er** Esser *m*; '~**er road** Zubringer(straße *f*) *m*; '~**ing bot·tle** Säuglings-, Saugflasche *f*

feel [fiːl] **1.** (*felt*) (sich) fühlen; befühlen; empfinden; sich anfühlen; ~ *sorry for s.o.* j-n bedauern *od.* bemitleiden; **2.** Gefühl *n*; Empfindung *f*; '~**er** *zo.* Fühler *m*; '~**ing** Gefühl *n*

feet [fiːt] *pl. von foot* 1

feign [feɪn] *Interesse etc.* vortäuschen, *Krankheit a.* simulieren

feint [feɪnt] Finte *f*

fell [fel] **1.** *pret. von fall* 2; **2.** niederschlagen; fällen

fel·low ['feləʊ] **1.** Gefährt|e *m*, -in *f*,

Kamerad(in); Gegenstück n; F Kerl m; *old* ~ F alter Knabe; *the* ~ *of a glove* der andere Handschuh; **2.** Mit...; ~**'be·ing** Mitmensch m; ~ **'cit·i·zen** Mitbürger m; ~ **'coun·try·man** (*pl. -men*) Landsmann m; **'**~**ship** Gemeinschaft f; Kameradschaft f; ~ **'trav·el·(l)er** Mitreisende(r) m, Reisegefährte m

fel·o·ny *jur.* ['felənɪ] (schweres) Verbrechen, Kapitalverbrechen n

felt¹ [felt] *pret. u. p. p. von* **feel** **1**

felt² [felt] Filz m; **'**~ **pen, '**~ **tip, '**~ **-tip(ped) 'pen** Filzstift m, -schreiber m

fe·male ['fi:meɪl] **1.** weiblich; **2.** *contp.* Weib(sbild) n; *zo.* Weibchen n

fem·i·nine ['femɪnɪn] weiblich, Frauen...; feminin; ~**nism** ['femɪnɪzəm] Feminismus m; ~**nist** ['femɪnɪst] **1.** Feminist(in); **2.** feministisch

fen [fen] Fenn n, Sumpf-, Marschland n

fence [fens] **1.** Zaun m; *sl.* Hehler m; **2.** *v/t.* ~ *in* ein-, umzäunen; einsperren; ~ *off* abzäunen; *v/i.* Sport: fechten; **'fenc·er** Sport: Fechter m; **'fenc·ing** Einfriedung f; Sport: Fechten n; *attr.* Fecht...

fend [fend]: ~ *off* abwehren; ~ *for o.s.* für sich selbst sorgen; **'**~**er** Schutzvorrichtung f; Schutzblech n; *Am. mot.* Kotflügel m; Kamingitter n, -vorsetzer m

fen·nel *bot.* ['fenl] Fenchel m

fer·ment 1. ['fɜ:ment] Ferment n; Gärung f; **2.** [fə'ment] gären (lassen); ~**men·ta·tion** [fɑ:men'teɪʃn] Gärung f

fern *bot.* [fɜ:n] Farn(kraut n) m

fe·ro·cious [fə'rəʊʃəs] wild; grausam; ~**ci·ty** [fə'rɒsətɪ] Wildheit f

fer·ret ['ferɪt] **1.** *zo.* Frettchen n; *fig.* Spürhund m; **2.** herumstöbern; ~ *out* aufspüren, -stöbern

fer·ry ['ferɪ] **1.** Fähre f; **2.** übersetzen; **'**~**boat** Fährboot n, Fähre f; **'**~**man** (*pl. -men*) Fährmann m

fer·tile ['fɜ:taɪl] fruchtbar; reich (*of, in* an *dat.*); ~**til·i·ty** [fə'tɪlətɪ] Fruchtbarkeit f (*a. fig.*); ~**ti·lize** ['fɜ:tɪlaɪz] fruchtbar machen; befruchten; düngen; ~**ti·liz·er** (*bsd.* Kunst)Dünger m, Düngemittel n

fer·vent ['fɜ:vənt] glühend, leidenschaftlich

fer·vo(u)r ['fɜ:və] Glut f; Inbrunst f

fes·ter ['festə] eitern

fes·ti·val ['festəvl] Fest n; Festival n, Festspiele *pl.*; ~**tive** ['festɪv] festlich; ~**tiv·i·ty** [fe'stɪvətɪ] Festlichkeit f

fes·toon [fe'stu:n] Girlande f

fetch [fetʃ] holen; *Preis* erzielen; *Seufzer* ausstoßen; **'**~**ing** F reizend

fete, fête [feɪt] Fest n; *village* ~ Dorffest n

fet·id ['fetɪd] stinkend

fet·ter ['fetə] **1.** Fessel f; **2.** fesseln

feud [fju:d] Fehde f; ~**al** ['fju:dl] Feudal..., Lehns...; **feu·dal·is·m** ['fju:dəlɪzəm] Feudalismus m, Feudal-, Lehnssystem n

fe·ver ['fi:və] Fieber n; ~**ish** ['fi:vərɪʃ] fieb(e)rig; *fig.* fieberhaft

few [fju:] wenige; *a* ~ ein paar, einige; *no* ~*er than* nicht weniger als; *quite a* ~, *a good* ~ e-e ganze Menge

fi·an·cé [fɪ'ɑ:ŋseɪ] Verlobte(r) m; ~**e** [fɪ'ɑ:ŋseɪ] Verlobte f

fib F [fɪb] **1.** Flunkerei f, Schwindelei f; **2.** (*-bb-*) schwindeln, flunkern

fi·bre *Brt.*, **fi·ber** *Am.* ['faɪbə] Faser f; ~**glass** *tech.* Fiberglas n, Glasfaser f; **fi·brous** ['faɪbrəs] faserig

fick·le ['fɪkl] wankelmütig; unbeständig; **'**~**ness** Wankelmut m

fic·tion ['fɪkʃn] Erfindung f; Prosaliteratur f, Belletristik f; Romane *pl.*; ~**al** ['fɪkʃnl] erdichtet; Roman...

fic·ti·tious [fɪk'tɪʃəs] erfunden

fid·dle ['fɪdl] **1.** Fiedel f, Geige f; *play first* (*second*) ~ *bsd. fig.* die erste (zweite) Geige spielen; (*as*) *fit as a* ~ kerngesund; **2.** *mus.* fiedeln; *a.* ~ *about od. around* (*with*) herumfingern (an *dat.*), spielen (mit); **'**~**r** Geiger(in); **'**~**sticks** *int.* dummes Zeug!

fi·del·i·ty [fɪ'delətɪ] Treue f; Genauigkeit f

fid·get F ['fɪdʒɪt] nervös machen; (herum)zappeln; **'**~**y** zapp(e)lig, nervös

field [fi:ld] Feld n; Sport: Spielfeld n; Arbeitsfeld n; Gebiet n; Bereich m; **'**~ **e·vents** *pl. Sport:* Sprung- u. Wurfdisziplinen *pl.*; **'**~ **glass·es** *pl.*, *a. pair of* ~ Feldstecher m, Fernglas n; **'**~ **mar·shal** *mil.* Feldmarschall m; **'**~ **sports** *pl.* Sport m im Freien (*Jagen, Schießen, Fischen*); **'**~**work** praktische (wissenschaftliche) Arbeit, *Archäologie* *etc.*: *a.* Arbeit *f* im Gelände; *Markt-, Meinungsforschung*: Feldarbeit *f*

fiend [fiːnd] Satan *m*, Teufel *m*; F (*Frischluft- etc.*)Fanatiker(in); △ *nicht* **Feind**; '~**ish** teuflisch, boshaft

fierce [fɪəs] (~*r*, ~*st*) wild; scharf; heftig; '~**ness** Wildheit *f*, Schärfe *f*; Heftigkeit *f*

fi·er·y ['faɪərɪ] (*-ier, -iest*) feurig; hitzig

fif|teen [fɪf'tiːn] **1.** fünfzehn; **2.** Fünfzehn *f*; ~**teenth** [fɪf'tiːnθ] fünfzehnte(r, -s); ~**th** [fɪfθ] **1.** fünfte(r, -s); **2.** Fünftel *n*; '~**th·ly** fünftens; ~**ti·eth** ['fɪftɪɪθ] fünfzigste(r, -s); ~**ty** ['fɪftɪ] **1.** fünfzig; **2.** Fünfzig *f*; ~**ty-'fif·ty** F halbe-halbe

fig *bot.* [fɪg] Feige *f*

fight [faɪt] **1.** Kampf *m*; *mil.* Gefecht *n*; Schlägerei *f*; *Boxen*: Kampf *m*, Fight *m*; **2.** (*fought*) *v/t.* bekämpfen; kämpfen gegen *od.* mit, *Sport*: *a.* boxen gegen; *v/i.* kämpfen, sich schlagen; *Sport*: boxen; '~**er** Kämpfer *m*; *Sport*: Boxer *m*, Fighter *m*; *a.* ~ *plane mil.* Jagdflugzeug *n*; '~**ing** Kampf *m*

fig·u·ra·tive ['fɪgjʊrətɪv] bildlich

fig·ure ['fɪgə] **1.** Figur *f*; Gestalt *f*; Zahl *f*, Ziffer *f*; Preis *m*; *be good at* ~*s* ein guter Rechner sein; **2.** *v/t.* abbilden, darstellen; *Am.* F meinen, glauben; sich *et.* vorstellen; ~ *out* rauskriegen, *Problem* lösen; verstehen; ~ *up* zusammenzählen; *v/i.* erscheinen, vorkommen; ~ *on bsd. Am.* rechnen mit; '~ **skat·er** *Sport*: Eiskunstläufer(in); '~ **skat·ing** *Sport*: Eiskunstlauf *m*

fil·a·ment *electr.* ['fɪləmənt] Glühfaden *m*

filch F [fɪltʃ] klauen, stibitzen

file[1] [faɪl] **1.** Ordner *m*, Karteikasten *m*; Akte *f*; Akten *pl.*, Ablage *f*; *Computer*: Datei *f*; Reihe *f*; *mil.* Rotte *f*; *on* ~ bei den Akten; **2.** *v/t.* Briefe *etc.* einordnen, ablegen, zu den Akten nehmen; *Antrag* einreichen, *Berufung* einlegen; *v/i.* hintereinander marschieren

file[2] [faɪl] **1.** Feile *f*; **2.** feilen

'**file|man·age·ment** *Computer*: Dateiverwaltung *f*; '~ **pro·tec·tion** *Computer*: Schreibschutz *m*

fi·li·al ['fɪljəl] kindlich, Kindes...

fil·ing ['faɪlɪŋ] Ablegen *n* (*von Briefen etc.*); '~ **cab·i·net** Aktenschrank *m*

fill [fɪl] **1.** (sich) füllen; an-, aus-, erfüllen,

voll füllen; *Pfeife* stopfen; *Zahn* füllen, plombieren; ~ *in* einsetzen; *Formular* ausfüllen (*Am. a.* ~ *out*); ~ *up* voll füllen; sich füllen; ~ *her up!* F *mot.* voll tanken, bitte!; **2.** Füllung *f*; *eat one's* ~ sich satt essen

fil·let *Brt.*, **fil·et** *Am.* ['fɪlɪt] Filet *n*

fill·ing ['fɪlɪŋ] Füllung *f*; *med.* (*Zahn-*) Füllung *f*, (-)Plombe *f*; '~ **sta·tion** Tankstelle *f*

fil·ly *zo.* ['fɪlɪ] Stutenfohlen *n*

film [fɪlm] **1.** Häutchen *n*; Membran(e) *f*; Film *m* (*a. phot. u. bsd. Brt.* Kinofilm); Trübung *f* (*des Auges*); Nebelschleier *m*; *take od.* **shoot a** ~ e-n Film drehen; **2.** (ver)filmen; sich verfilmen lassen; '~ **star** *bsd. Brt.* Filmstar *m*

fil·ter ['fɪltə] **1.** Filter *m*; **2.** filtern; '~ **tipped**: ~ *cigarette* Filterzigarette *f*

filth [fɪlθ] Schmutz *m*; '~**y** (*-ier, -iest*) schmutzig; *fig.* unflätig

fin [fɪn] *zo.* Flosse *f*; *Am.* Schwimmflosse *f*

fi·nal ['faɪnl] **1.** letzte(r, -s); End..., Schluss...; endgültig; **2.** *Sport*: Finale *n*; *mst* ~*s pl.* Schlussexamen, -prüfung *f*; ~ **dis·pos·al** Endlagerung *f* (*von Atommüll etc.*); ~**ist** ['faɪnlɪst] *Sport*: Finalist(in); '~**ly** endlich, schließlich; endgültig; ~ '**whis·tle** *Sport*: Schluss-, Abpfiff *m*

fi·nance [faɪ'næns] **1.** Finanzwesen *n*; ~*s pl.* Finanzen *pl.*; **2.** finanzieren; **fi·nan·cial** [faɪ'nænʃl] finanziell; **fi·nan·cier** [faɪ'nænsɪə] Finanzier *m*

finch *zo.* [fɪntʃ] Fink *m*

find [faɪnd] **1.** (*found*) finden; (an)treffen; auf-, herausfinden; *jur. z.io.* für (nicht) schuldig erklären; beschaffen, besorgen; ~ *out v/t. et.* herausfinden; *v/i.* es herausfinden; **2.** Fund *m*, Entdeckung *f*; '~**ings** *pl.* Befund *m*; *jur.* Feststellung *f*, Spruch *m*

fine[1] [faɪn] **1.** *adj.* (~*r*, ~*st*) fein; schön; ausgezeichnet, großartig; *I'm* ~ es geht es mir gut; **2.** *adv.* F fein *od.* gut

fine[2] [faɪn] **1.** Geldstrafe *f*, Bußgeld *n*; **2.** zu e-r Geldstrafe verurteilen

fin·ger ['fɪŋgə] **1.** Finger *m*; → *cross* 2; **2.** betasten, (herum)fingern an (*dat.*); '~**nail** Fingernagel *m*; '~**print** Fingerabdruck *m*; '~**tip** Fingerspitze *f*

fin·i·cky ['fɪnɪkɪ] pedantisch; wählerisch

fin·ish ['fɪnɪʃ] **1.** (be)enden, aufhören (mit); ~ *a.* ~ **off** vollenden, zu Ende führen, erledigen; *Buch etc.* auslesen; *a.* ~ **off,** ~ **up** aufessen, austrinken; **2.** Ende *n*, Schluss *m*; *Sport:* Endspurt *m*, Finish *n*; Ziel *n*; Vollendung *f*, letzter Schliff; '~**ing line** *Sport:* Ziellinie *f*
Fin·land ['fɪnlənd] Finnland *n*; **Finn** [fɪn] Finne *m*, -in *f*; '**Finn·ish 1.** finnisch; **2.** *ling.* Finnisch *n*
fir *bot.* [fɜː] *a.* ~ **tree** Tanne *f*; '~ **cone** Tannenzapfen *m*
fire ['faɪə] **1.** Feuer *n*; **be on** ~ in Flammen stehen, brennen; **catch** ~ Feuer fangen, in Brand geraten; **set on** ~**, set** ~ **to** anzünden; **2.** *v/t.* an-, entzünden; *fig.* anfeuern; abfeuern; *Ziegel etc.* brennen; F rausschmeißen (*entlassen*); heizen; *v/i.* Feuer fangen (*a. fig.*); feuern; ~ **a·larm** ['faɪərəlɑːm] Feueralarm *m*; Feuermelder *m*; ~**arms** ['faɪərɑːmz] *pl.* Feuer-, Schusswaffen *pl.*; '~ **bri·gade** *Brit.* Feuerwehr *f*; '~**bug** F Feuerteufel *m*; '~**crack·er** Frosch *m* (*Feuerwerkskörper*); '~**de·part·ment** *Am.* Feuerwehr *f*; '~ **en·gine** ['faɪəredʒɪn] Löschfahrzeug *n*; ~ **es·cape** ['faɪərɪskeɪp] Feuerleiter *f*, -treppe *f*; ~ **ex·tin·guish·er** ['faɪərɪkstɪŋgwɪʃə] Feuerlöscher *m*; '~**fight·er** Feuerwehrmann *m*; '~**guard** Kamingitter *n*; '~ **hy·drant** *Brit.* Hydrant *m*; '~**man** (*pl.* -**men**) Feuerwehrmann *m*; Heizer *m*; '~**place** (offener) Kamin; '~**plug** *Am.* Hydrant *m*; '~**proof** feuerfest; '~**rais·ing** *Brit.* Brandstiftung *f*; '~**screen** *Am.* Kamingitter *n*; '~**side** (offener) Kamin; '~ **sta·tion** Feuerwache *f*; '~ **truck** *Am.* Löschfahrzeug *n*; '~**wood** Brennholz *n*; '~**works** *pl.* Feuerwerk *n*

fir·ing squad *mil.* ['faɪərɪŋskwɒd] Exekutionskommando *n*
firm¹ [fɜːm] fest; hart; standhaft; △ *nicht* **firm**
firm² [fɜːm] Firma *f*
first [fɜːst] **1.** *adj.* erste(r, -s); beste(r, -s); **2.** *adv.* erstens; zuerst; ~ **of all** an erster Stelle; zu allererst; **3.** Erste(r, -s); **at** ~ zuerst, anfangs; **from the** ~ von Anfang an; ~ '**aid** erste Hilfe; ~ '**aid box,** ~ '**aid kit** Verband(s)kasten *m*; '~**born** erstgeborene(r, -s), älteste(r, -s); ~

'**class 1.** Klasse (*e-s Verkehrsmittels*); ~'**class** erstklassig; ~ '**floor** *Brit.* erster Stock, *Am.* Erdgeschoss *n*, *östr.* Erdgeschoß *n*; → **second floor;** ~'**hand** aus erster Hand; ~ '**leg** *Sport:* Hinspiel *n*; '~**ly** erstens; '~ **name** Vorname *m*; ~'**rate** erstklassig
firth [fɜːθ] Förde *f*, Meeresarm *m*
fish [fɪʃ] **1.** (*pl.* **fish, fishes**) Fisch *m*; **2.** fischen, angeln; '~**bone** Gräte *f*
fish·er·man ['fɪʃəmən] (*pl.* -**men**) Fischer *m*; ~**·y** ['fɪʃəri] Fischerei *f*
fish| 'fin·ger *bsd. Brit.* Fischstäbchen *n*; '~**hook** Angelhaken *m*
'**fish·ing** Fischen *n*, Angeln *n*; '~ **line** Angelschnur *f*; '~ **rod** Angelrute *f*; '~ **tack·le** Angelgerät *n*
'**fish|·mon·ger** *bsd. Brit.* Fischhändler *m*; ~ '**stick** *bsd. Am.* Fischstäbchen *n*; '~**·y** (-**ier,** -**iest**) Fisch...; F verdächtig
fis·sion ['fɪʃn] Spaltung *f*
fis·sure ['fɪʃə] Spalt *m*, Riss *m*
fist [fɪst] Faust *f*
fit¹ [fɪt] **1.** (-**tt**-) geeignet, passend; tauglich; *Sport:* fit, (gut) in Form; **keep** ~ sich fit halten; **2.** (-**tt**-; **fitted,** *Am. a.* **fit**) *v/t.* passend machen (**for** für), anpassen; *tech.* einpassen, -bauen; anbringen; ~ **in** *j-m* e-n Termin geben, *j-n, et.* einschieben; *a.* ~ **on** anprobieren; *a.* ~ **out** ausrüsten, -statten, einrichten (**with** mit); *a.* ~ **up** einrichten (**with** mit); montieren, installieren; *v/i.* passen, sitzen (*Kleid*); **3.** Sitz *m* (*Kleid*)
fit² [fɪt] *med.* Anfall *m*; **give s.o. a** ~ F j-n auf die Palme bringen; j-m e-n Schock versetzen
'**fit|·ful** unruhig (*Schlaf etc.*); '~**ness** Tauglichkeit *f*; *bsd. Sport:* Fitness *f*, (gute) Form; '~**ness cen·tre** (*Am.* **cen·ter**) Fitnesscenter *n*; '~**ted** zugeschnitten; ~ **carpet** Spannteppich *m*, Teppichboden *m*; ~ **kitchen** Einbauküche *f*; '~**ter** Monteur *m*; Installateur *m*; '~**ting 1.** passend; schicklich; **2.** Montage *f*, Installation *f*; ~**s** *pl.* Ausstattung *f*; Armaturen *pl.* (*Bad etc.*)
five [faɪv] **1.** fünf; **2.** Fünf *f*
fix [fɪks] **1.** befestigen, anbringen (**to** an); *Preis* festsetzen; fixieren; *Blick etc.* richten (**on** auf); *Aufmerksamkeit etc.* fesseln; reparieren; *bsd. Am.* Essen zubereiten; △ *nicht* **fix; 2.** F Klemme *f*; *sl.* Fix *m* (*Schuss Heroin etc.*); ~**ed** fest;

fixings

starr; '~·ings *pl. Am. gastr.* Beilagen *pl.*; ~·ture ['fɪkstʃə] Inventarstück *n*; lighting ~ Beleuchtungskörper *m*

fizz [fɪz] zischen, sprudeln

fl *nur geschr. Abk. für* **floor** Stock(werk *n*) *m*

flab·ber·gast F ['flæbəgɑːst] verblüffen; *be* ~ed platt sein

flab·by ['flæbɪ] (*-ier, -iest*) schlaff

flac·cid ['flæksɪd] schlaff, schlapp

flag¹ [flæg] 1. Fahne *f*, Flagge *f*; 2. (*-gg-*) beflaggen

flag² [flæg] 1. (Stein)Platte *f*, Fliese *f*; 2. mit (Stein)Platten *od.* Fliesen belegen, fliesen

flag³ [flæg] nachlassen, erlahmen

'**flag**|·**pole**, '~·**staff** Fahnenstange *f*; '~·**stone** (Stein)Platte *f*, Fliese *f*

flake [fleɪk] 1. Flocke *f*; Schuppe *f*; 2. *mst* ~ *off* abblättern; **flak·y** (*-ier, -iest*) flockig; blätt(e)rig; ~**·y 'pas·try** Blätterteig *m*

flame [fleɪm] 1. Flamme *f* (*a. fig.*); *be in* ~*s* in Flammen stehen; 2. flammen, lodern

flam·ma·ble *Am. u. tech.* ['flæməbl] → *inflammable*

flan [flæn] Obst-, Käsekuchen *m*

flank [flæŋk] 1. Flanke *f*; 2. flankieren

flan·nel ['flænl] Flanell *m*; Waschlappen *m*; ~*s pl.* Flanellhose *f*

flap [flæp] 1. Flattern *n*, (Flügel)Schlag *m*; Klappe *f*; 2. (*-pp-*) mit *den* Flügeln *etc.* schlagen; flattern

flare [fleə] 1. flackern; sich weiten (*Nasenflügel*); ~ *up* aufflammen; *fig.* aufbrausen; 2. Lichtsignal *n*

flash [flæʃ] 1. Aufblitzen *n*, -leuchten *n*, Blitz *m*; *Rundfunk etc.*: Kurzmeldung *f*; *phot.* F Blitz *m* (*Blitzlicht*); *bsd. Am.* F Taschenlampe *f*; *like a* ~ wie der Blitz; *in a* ~ im Nu; *a* ~ *of lightning* ein Blitz; 2. (auf)blitzen *od.* aufleuchten (lassen); zucken (*Blitz*); rasen, flitzen; '~·**back** *Film:* Rückblende *f*; ~ **'freeze** *Am.* (*-froze, -frozen*) → *quick-freeze*; '~·**light** *phot.* Blitzlicht *n*; *bsd. Am.* Taschenlampe *f*; '~·**y** (*-ier, -iest*) protzig, auffallend

flask [flɑːsk] Taschenflasche *f*; Thermosflasche® *f*

flat¹ [flæt] 1. (*-tt-*) flach, eben, platt; schal; *econ.* flau; *mot.* platt (*Reifen*); 2. *adv. fall* ~ danebengehen; *sing* ~ zu tief

singen; 3. Fläche *f*, Ebene *f*; flache Seite; Flachland *n*, Niederung *f*; *bsd. Am. mot.* Reifenpanne *f*

flat² *bsd. Brt.* [flæt] Wohnung *f*

'**flat**|·'**foot·ed** plattfüßig; '~·**mate** *Brt.* Mitbewohner(in) (*e-r Wohnung*); ~·**ten** ['flætn] (ein)ebnen; abflachen; *a.* ~ *out* flach(er) werden

flat·ter ['flætə] schmeicheln (*dat.*); △ *nicht flattern*; ~·**er** ['flætərə] Schmeichler(in); ~·**y** ['flætərɪ] Schmeichelei *f*

fla·vo(u)r ['fleɪvə] 1. Geschmack *m*; Aroma *n*; Blume *f* (*Wein*); *fig.* Beigeschmack *m*; Würze *f*; 2. würzen; ~·**ing** ['fleɪvərɪŋ] Würze *f*, Aroma *n*

flaw [flɔː] Fehler *m*, *tech.* a. Defekt *m*; '~·**less** einwandfrei, tadellos

flax *bot.* [flæks] Flachs *m*

flea *zo.* [fliː] Floh *m*; ~ '**mar·ket** Flohmarkt *m*

fleck [flek] Fleck(en) *m*; Tupfen *m*

fled [fled] *pret. u. p.p. von* **flee**

fledged [fledʒd] flügge; **fledg(e)·ling** ['fledʒlɪŋ] Jungvogel *m*; *fig.* Grünschnabel *m*

flee [fliː] (*fled*) fliehen; meiden

fleece [fliːs] Vlies *n*, *bsd.* Schafsfell *n*

fleet *naut.* [fliːt] Flotte *f*

'**Fleet Street** *das Londoner Presseviertel*; *fig.* die (Londoner) Presse

flesh [fleʃ] *lebendiges* Fleisch *n*; '~·**y** (*-ier, -iest*) fleischig; dick

flew [fluː] *pret. von* **fly³**

flex¹ *bsd. anat.* [fleks] biegen

flex² *bsd. Brt. electr.* [fleks] (Anschluss-, Verlängerungs)Kabel *n*, (-)Schnur *f*

flex·i·ble ['fleksəbl] flexibel, biegsam; *fig.* anpassungsfähig; ~ *working hours pl.* Gleitzeit *f*

flex·i·time *Brt.* ['fleksɪtaɪm], **flex·time** *Am.* ['flekstaɪm] Gleitzeit *f*

flick [flɪk] schnippen; schnellen

flick·er ['flɪkə] 1. flackern; *TV* flimmern; 2. Flackern *n*; *TV* Flimmern *n*

fli·er ['flaɪə] *aviat.* Flieger *m*; Reklamezettel *m*

flight [flaɪt] Flucht *f*; Flug *m* (*a. fig.*); Schwarm *m* (*Vögel*); *a.* ~ *of stairs* Treppe *f*; *put to* ~ in die Flucht schlagen; *take* (*to*) ~ die Flucht ergreifen; '~ **at·tend·ant** *aviat.* Flugbegleiter(in); '~·**less** *zo.* flugunfähig; '~ **re·cord·er** *aviat.* Flugschreiber *m*; '~·**y** (*-ier, -iest*) flatterhaft

flim·sy ['flɪmzɪ] (*-ier, -iest*) dünn; zart; *fig.* fadenscheinig

flinch [flɪntʃ] (zurück)zucken, zusammenfahren; zurückschrecken (*from* vor *dat.*)

fling [flɪŋ] **1.** (*flung*) werfen, schleudern; ~ *o.s.* sich stürzen; ~ *open od. to* Tür *etc.* aufreißen *od.* zuschlagen; **2.** *have a* ~ sich austoben; *have a* ~ *at* es versuchen *od.* probieren mit

flint [flɪnt] Feuerstein *m*

flip [flɪp] (*-pp-*) schnippen, schnipsen; Münze hochwerfen

flip·pant ['flɪpənt] respektlos, schnodd(e)rig

flip·per ['flɪpə] *zo.* Flosse *f*; Schwimmflosse *f*

flirt [flɜːt] **1.** flirten; **2.** *be a* ~ gern flirten; **flir·ta·tion** [flɜː'teɪʃn] Flirt *m*

flit [flɪt] (*-tt-*) flitzen, huschen

float [fləʊt] **1.** *v/i.* (auf dem Wasser) schwimmen, (im Wasser) treiben, schweben; *a. econ.* in Umlauf sein; *v/t.* schwimmen *od.* treiben lassen; *naut.* flottmachen; *econ.* Wertpapiere *etc.* in Umlauf bringen; *econ.* Währung floaten, den Wechselkurs (*gen.*) freigeben; **2.** Festwagen *m*; '~·**ing 1.** schwimmend, treibend; *econ.* umlaufend (*Geld etc.*); flexibel (*Wechselkurs*); frei konvertierbar (*Währung*); **2.** *econ.* Floating *n*; ~·**ing 'vot·er** *pol.* Wechselwähler(in)

flock [flɒk] **1.** Herde *f* (*bsd. Schafe od. Ziegen*) (*a. rel.*); Menge *f*, Schar *f*; △ *nicht* **Flocke**; **2.** *fig.* strömen

floe [fləʊ] (treibende) Eisscholle

flog [flɒg] (*-gg-*) prügeln, schlagen; '~·**ging** Tracht *f* Prügel

flood [flʌd] **1.** *a.* ~·*tide* Flut *f*; Überschwemmung *f*; **2.** überfluten, überschwemmen; '~·**gate** Schleusentor *n*; '~·**lights** *pl. electr.* Flutlicht *n*

floor [flɔː] **1.** (Fuß)Boden *m*; Stock (-werk *n*) *m*, Etage *f*; Tanzfläche *f*; → *first floor, second floor; take the* ~ das Wort ergreifen; **2.** e-n (Fuß)Boden legen in; zu Boden schlagen; *fig.* F *j-n* umhauen; '~·**board** (Fußboden)Diele *f*; '~·**cloth** Putzlappen *m*; '~·**ing** ['flɔːrɪŋ] (Fuß)Bodenbelag *m*; '~ **lamp** *Am.* Stehlampe *f*; '~ **lead·er** *Am. parl.* Fraktionsführer *m*; '~ **show** Nachtklubvorstellung *f*; '~·**walk·er** *bsd. Am.* → *shopwalker*

flop [flɒp] **1.** (*-pp-*) sich (hin)plumpsen lassen; F durchfallen, danebengehen, ein Reinfall sein; **2.** Plumps *m*; F Flop *m*, Misserfolg *m*, Reinfall *m*, Pleite *f*; Versager *m*; '~·**py**, ~·**py 'disk** *Computer*: Floppy Disk *f*, Diskette *f*

flor·id ['flɒrɪd] rot, gerötet

flor·ist ['flɒrɪst] Blumenhändler(in)

floun·der[1] *zo.* ['flaʊndə] Flunder *f*

floun·der[2] ['flaʊndə] zappeln; strampeln; *fig.* sich verhaspeln

flour ['flaʊə] (feines) Mehl

flour·ish ['flʌrɪʃ] **1.** Schnörkel *m*; *mus.* Tusch *m*; **2.** *v/i.* blühen, gedeihen; *v/t.* schwenken

flow [fləʊ] **1.** fließen, strömen; **2.** Fluss *m*, Strom *m* (*beide a. fig.*)

flow·er ['flaʊə] **1.** Blume *f*; Blüte *f* (*a. fig.*); **2.** blühen; '~·**bed** Blumenbeet *n*; '~·**pot** Blumentopf *m*

flown [fləʊn] *p.p.* von *fly*[3]

fl. oz. *nur geschr. Abk. für fluid ounce* (*Hohlmaß: Brt.* 28,4 *ccm, Am.* 29,57 *ccm*)

fluc·tu·ate ['flʌktʃʊeɪt] schwanken; ~·**a·tion** [flʌktʃʊ'eɪʃn] Schwankung *f*

flue F [fluː] Grippe *f*

flue [fluː] Rauchfang *m*, Esse *f*

flu·en·cy ['fluːənsɪ] Flüssigkeit *f* (*des Stils etc.*); (Rede)Gewandtheit *f*; '~·**t** fließend (*Sprache*); flüssig (*Stil etc.*); gewandt (*Redner*)

fluff [flʌf] **1.** Flaum *m*; Staubflocke *f*; **2.** Federn aufplustern (*Vogel*); '~·**y** (*-ier, -iest*) flaumig

flu·id ['fluːɪd] **1.** flüssig; **2.** Flüssigkeit *f*

flung [flʌŋ] *pret. u. p.p. von* **fling** 1

flunk *Am.* F [flʌŋk] durchfallen (lassen)

flu·o·res·cent [flʊə'resnt] fluoreszierend

flu·o·ride ['flɔːraɪd] Fluor *n* (*als Trinkwasserzusatz*)

flu·o·rine *chem.* ['flɔːriːn] Fluor *n*

flur·ry ['flʌrɪ] Windstoß *m*; (*Regen-, Schnee*)Schauer *m*; *fig.* Aufregung *f*, Unruhe *f*

flush [flʌʃ] **1.** (Wasser)Spülung *f*; Erröten *n*; Röte *f*; **2.** *v/t. a.* ~ *out* (aus)spülen; ~ *down* hinunterspülen; ~ *the toilet* spülen; *v/i.* erröten, rot werden; spülen (*Toilette od. Toilettenbenutzer*)

flus·ter ['flʌstə] **1.** nervös machen *od.* werden; **2.** Nervosität *f*

flute

flute *mus.* [fluːt] 1. Flöte *f*; 2. (auf der) Flöte spielen

flut·ter ['flʌtə] 1. flattern; 2. Flattern *n*; *fig.* Erregung *f*

flux *fig.* [flʌks] Fluss *m*

fly¹ *zo.* [flaɪ] Fliege *f*

fly² [flaɪ] Hosenschlitz *m*; Zeltklappe *f*

fly³ [flaɪ] (*flew, flown*) fliegen (lassen); stürmen, stürzen; flattern, wehen; (ver)fliegen (*Zeit*); *Drachen steigen lassen*; ~ **at s.o.** auf j-n losgehen; ~ **into a passion** *od.* **rage** in Wut geraten; '~**er** → **flier**

'**fly·ing** fliegend; Flug...; '~ **sau·cer** fliegende Untertasse; '~ **squad** Überfallkommando *n* (*der Polizei*)

'**fly**|·**o·ver** *Brt.* (Straßen-, Eisenbahn)Überführung *f*; '~**screen** Fliegenfenster *n*; '~**weight** *Boxen*: Fliegengewicht(ler *m*) *n*; '~**wheel** Schwungrad *n*

FM [ef 'em] *Abk. für frequency modulation* UKW, Ultrakurzwelle *f*

foal *zo.* [fəʊl] Fohlen *n*

foam [fəʊm] 1. Schaum *m*; 2. schäumen; ~ **rub·ber** Schaumgummi *m*; '~**y** (*-ier, -iest*) schaumig

fo·cus ['fəʊkəs] 1. (*pl.* **-cuses, -ci** [-saɪ]) Brenn-, *fig. a.* Mittelpunkt *m*; *opt., phot.* Scharfeinstellung *f*; 2. *opt., phot.* scharf einstellen; *fig.* konzentrieren (**on** *acc.*)

tod·der ['fɒdə] (Trocken)Futter *n*

foe *poet.* [fəʊ] Feind *m*, Gegner *m*

fog [fɒg] (dichter) Nebel; '~**gy** (*-ier, -iest*) neblig; *fig.* nebelhaft

foi·ble *fig.* ['fɔɪbl] (kleine) Schwäche

foil¹ [fɔɪl] Folie *f*; *fig.* Hintergrund *m*

foil² [fɔɪl] vereiteln

foil³ [fɔɪl] *Fechten*: Florett *n*

fold¹ [fəʊld] 1. Falte *f*; Falz *m*; 2. ...fach, ...fältig; 3. (sich) falten; falzen; *Arme* verschränken; einwickeln; *oft* ~ **up** zusammenfalten, -legen, -klappen

fold² [fəʊld] Schafhürde *f*, Pferch *m*; *rel.* Herde *f*

'**fold·er** Aktendeckel *m*; Schnellhefter *m*; Faltprospekt *m*, -blatt *n*, Broschüre *f*

'**fold·ing** zusammenlegbar; Klapp...; '~ **bed** Klappbett *n*; '~ **bi·cy·cle** Klapprad *n*; '~ **boat** Faltboot *n*; '~ **chair** Klappstuhl *m*; '~ **door(s** *pl.*) Falttür *f*

fo·li·age ['fəʊlɪɪdʒ] Laub(werk) *n*

folk [fəʊk] *pl.* Leute *pl.*; Volks...; ~**s** *pl.* F *m-e etc.* Leute *pl.* (*Angehörige*); △ *nicht Volk*; '~**lore** Volkskunde *f*; Volkssagen *pl.*; '~ **mu·sic** Volksmusik *f*; '~**song** Volkslied *n*; Folksong *m*

fol·low ['fɒləʊ] folgen (*dat.*); folgen auf (*acc.*); be-, verfolgen; *s-m Beruf etc.* nachgehen; ~ **through** *Plan etc.* bis zum Ende durchführen; ~ **up** *e-r Sache* weiterverfolgen; *e-e Sache* nachgehen; **as** ~**s** wie folgt; '~**er** Nachfolger(in); Verfolger(in); Anhänger(in); '~**ing 1**. Anhängerschaft *f*, Anhänger *pl.*; Gefolge *n*; **the** ~ das Folgende; die Folgenden *pl.*; 2. folgende(r, -s); 3. im Anschluss an (*acc.*)

fol·ly ['fɒlɪ] Torheit *f*

fond [fɒnd] zärtlich; vernarrt (**of** in *acc.*); **be** ~ **of** gern haben, lieben

fon·dle ['fɒndl] liebkosen; streicheln; (ver)hätscheln

'**fond·ness** Zärtlichkeit *f*; Vorliebe *f*

font [fɒnt] Taufstein *m*, -becken *n*

food [fuːd] Nahrung *f*, Essen *n*; Nahrungs-, Lebensmittel *pl.*; Futter *n*

fool [fuːl] 1. Narr *m*, Närrin *f*, Dummkopf *m*; **make a** ~ **of s.o.** zum Narren halten; **make a** ~ **of o.s.** sich lächerlich machen; 2. zum Narren halten; betrügen (**out of** um); ~ **about,** ~ **around** herumtrödeln; Unsinn machen, herumalbern; '~**har·dy** tollkühn; '~**ish** dumm, töricht, unklug; '~**ish·ness** Dummheit *f*; '~**proof** kinderleicht; todsicher

foot [fʊt] 1. (*pl.* **feet**) Fuß *m*; (*pl.* F a. **foot,** *Abk.* **ft**) Fuß *m* (*30,48 cm*); Fußende *n*; **on** ~ zu Fuß; 2. F *Rechnung* bezahlen; ~ **it** zu Fuß gehen

'**foot**|·**ball** *Brt.* Fußball(spiel *n*) *m*; *Am.* Football(spiel *n*) *m*; *Brt.* Fußball *m*; *Am.* Football-Ball *m*; '**foot·bal·ler** Fußballer *m*; '~ **hoo·li·gan** Fußballrowdy *m*; '~ **play·er** Fußballspieler *m*

'**foot**|·**bridge** Fußgängerbrücke *f*; '~**fall** Tritt *m*, Schritt *m* (*Geräusch*); '~**hold** fester Stand, Halt *m*

'**foot·ing** Halt *m*, Stand *m*; *fig.* Grundlage *f*, Basis *f*; **be on a friendly** ~ **with s.o.** ein gutes Verhältnis zu j-m haben; **lose one's** ~ den Halt verlieren

'**foot**|·**lights** *pl. thea.* Rampenlicht(er *pl.*) *n*; '~**loose** frei, unbeschwert; ~ **and fancy-free** frei u. ungebunden; '~

note Fußnote f; **~·path** (Fuß)Pfad m; **'~·print** Fußabdruck m; **~s** pl. a. Fußspur(en pl.) f; **~·sore** wund an den Füßen; **'~·step** Tritt m, Schritt m; Fußstapfe f; **'~·wear** Schuhwerk n, Schuhe pl.

fop [fɒp] Geck m, Fatzke m

for [fɔː, fə] **1.** prp. mst für; Zweck, Ziel, Richtung: zu; nach; warten, hoffen etc. auf (acc.); sich sehnen etc. nach; Grund, Anlass: aus, vor (dat.), wegen; Zeitdauer: **~ three days** drei Tage (lang); seit drei Tagen; Entfernung: **I walked a mile** ich ging eine Meile (weit); Austausch: (an)statt; in der Eigenschaft als; **I ~ one** ich zum Beispiel; **~ sure** sicher!, gewiss!; **2.** cj. denn, weil

for·age ['fɒrɪdʒ] a. **~ about** (herum)stöbern, (-)wühlen (**in** in dat.; **for** nach)

for·ay ['fɒreɪ] mil. Ein-, Überfall m; fig. Ausflug m (**into** politics in die Politik)

for·bad(e) [fə'bæd] pret. von forbid

for·bear ['fɔːbeə] → forebear

for·bid [fə'bɪd] (**-dd-**; **-bade** od. **-bad** [-bæd], **-bidden** od. **-bid**) verbieten; hindern; **~·ding** abstoßend

force [fɔːs] **1.** Stärke f, Kraft f, Gewalt f; **the (police) ~** die Polizei; **(armed) ~s** pl. mil. Streitkräfte pl.; **by ~** mit Gewalt; **come od. put into ~** in Kraft treten od. setzen; **2.** j-n zwingen; et. erzwingen; zwängen, drängen; Tempo beschleunigen; **~ s.th. on s.o.** j-m et. aufzwingen od. -drängen; **~ o.s. on s.o.** sich j-m aufdrängen; **~ open** aufbrechen; **~d** erzwungen; gezwungen, gequält; **~d land·ing** aviat. Notlandung f; **~·ful** energisch, kraftvoll (Person); eindrucksvoll, überzeugend

for·ceps med. ['fɔːseps] Zange f

for·ci·ble ['fɔːsəbl] gewaltsam; eindringlich

ford [fɔːd] **1.** Furt f; **2.** durchwaten

fore [fɔː] **1.** vorder, Vorder-...; vorn; **2.** Vorderteil n, -seite f, Front f; **~·arm** ['fɔːrɑːm] Unterarm m; **'~·bear**: mst **~s** pl. Vorfahren pl., Ahnen pl.; **~·bod·ing** [fɔː'bəʊdɪŋ] (böses) Vorzeichen; (böse) (Vor)Ahnung f; **'~·cast 1.** (-**cast** od. -**casted**) voraussagen, vorhersehen; Wetter vorhersagen; **2.** Voraussage f; (Wetter)Vorhersage f; **'~·fa·ther** Vorfahr m; **'~·fin·ger** Zeigefinger m; **'~·foot** (pl. -**feet**) zo. Vorderfuß m; **~·gone con'clu·sion** ausgemachte Sache; **be a ~ a.** von vornherein feststehen; **'~·ground** Vordergrund m; **'~·hand 1.** Sport: Vorhand(schlag m) f; **2.** Sport: Vorhand-...; **~·head** ['fɒrɪd] Stirn f

for·eign ['fɒrən] fremd, ausländisch, Auslands-..., Außen-...; **~ af'fairs** Außenpolitik f; **~ 'aid** Auslandshilfe f; **'~·er** Ausländer(in); **~ 'lan·guage** Fremdsprache f; **~ 'min·is·ter** pol. Außenminister m; **⁓ Office** Brt. pol. Außenministerium n; **~ 'pol·i·cy** Außenpolitik f; **⁓ 'Sec·re·ta·ry** Brt. pol. Außenminister m; **~ 'trade** econ. Außenhandel m; **~ 'work·er** Gastarbeiter m

fore|'knowl·edge vorherige Kenntnis; **'~·leg** zo. Vorderbein n; **'~·man** (pl. -**men**) Vorarbeiter m, (am Bau) Polier m; jur. Sprecher m (der Geschworenen); **'~·most** vorderste(r, -s), erste(r, -s); **'~·name** Vorname m

fo·ren·sic [fə'rensɪk] Gerichts-...; **~ 'medi·cine** Gerichtsmedizin f

'fore|·run·ner Vorläufer(in); **~'see** (-**saw**, -**seen**) vorhersehen; **~'shad·ow** ahnen lassen, andeuten; **'~·sight** fig. Weitblick m; (weise) Voraussicht

for·est ['fɒrɪst] Wald m (a. fig.); Forst m

fore·stall [fɔː'stɔːl] et. vereiteln; j-m zuvorkommen

for·est|·er ['fɒrɪstə] Förster m; **~·ry** ['fɒrɪstrɪ] Forstwirtschaft f

'fore|·taste Vorgeschmack m; **~'tell** (-**told**) vorhersagen; **'~·thought** Vorsorge f, -bedacht m

for·ev·er, **for·ev·er** [fə'revə] für immer

'fore|·wom·an (pl. -**women**) Vorarbeiterin f; **'~·word** Vorwort n

for·feit ['fɔːfɪt] verwirken; einbüßen

forge [fɔːdʒ] **1.** Schmiede f; **2.** fälschen; **'forg·er** Fälscher m; **for·ge·ry** ['fɔːdʒərɪ] Fälschen n; Fälschung f; **'for·ge·ry-proof** fälschungssicher

for·get [fə'get] (-**got**, -**gotten**) vergessen; **~·ful** vergesslich; **~·me-not** bot. Vergissmeinnicht n

for·give [fə'gɪv] (-**gave**, -**given**) vergeben, -zeihen; **~·ness** Verzeihung f; **for'giv·ing** versöhnlich; nachsichtig

fork [fɔːk] **1.** Gabel f; **2.** (sich) gabeln; **~ed** gegabelt, gespalten (Zunge); **~·lift 'truck** Gabelstapler m

form [fɔːm] **1.** Form *f*; Gestalt *f*; Formular *n*, Vordruck *m*; *bsd. Brt.* (Schul)Klasse *f*; Formalität *f*, Kondition *f*, Verfassung *f*; *in great ~* gut in Form; **2.** (sich) formen, (sich) bilden, gestalten

form·al ['fɔːml] förmlich; formell; **for·mal·i·ty** [fɔːˈmæləti] Förmlichkeit *f*; Formalität *f*

for·mat ['fɔːmæt] **1.** Aufmachung *f*; Format *n*; **2.** (*-tt-*) Computer: formatieren

for·ma·tion [fɔːˈmeɪʃn] Bildung *f*; **~tive** ['fɔːmətɪv] bildend; gestaltend; *~ years* ['fɔːmətɪv] Entwicklungsjahre *pl*.

'**for·mat·ting** Computer: Formatierung *f*

for·mer ['fɔːmə] **1.** früher; ehemalig; **2.** *the ~* Ersterer; '*~·ly* früher

for·mi·da·ble ['fɔːmɪdəbl] Furcht erregend; gewaltig, riesig, gefährlich (*Gegner etc.*), schwierig (*Frage etc.*)

'**form**| **mas·ter** Klassenlehrer *m*, -leiter *m*; '*~ mis·tress* Klassenlehrerin *f*, -leiterin *f*; '*~ teach·er* Klassenlehrer(in), Klassenleiter(in)

for·mu·la ['fɔːmjʊlə] (*pl. -las*, *-lae* [-liː]) Formel *f*; Rezept *n* (*zur Zubereitung*); △ *nicht* **Formular**; **~·late** ['fɔːmjʊleɪt] formulieren

for·**sake** [fəˈseɪk] (*-sook*, *-saken*) aufgeben; verlassen; **~·sak·en** [fəˈseɪkən] *p.p.* von **forsake**; **~·sook** [fəˈsʊk] *pret.* von **forsake**; **~·swear** [fɔːˈsweə] (*-swore*, *-sworn*) abschwören, entsagen

fort *mil.* [fɔːt] Fort *n*, Festung *f*

forth [fɔːθ] weiter, fort; (her)vor; *and so ~* und so weiter; '*~·com·ing* bevorstehend, kommend; in Kürze erscheinend (*Buch*) *od.* anlaufend (*Film*)

for·ti·eth ['fɔːtɪəθ] vierzigste(r, -s)

for·ti|**·fi·ca·tion** [fɔːtɪfɪˈkeɪʃn] Befestigung *f*; **~·fy** ['fɔːtɪfaɪ] *mil.* befestigen; *fig.* (ver)stärken; **~·tude** ['fɔːtɪtjuːd] (innere) Kraft *od.* Stärke

fort·night ['fɔːtnaɪt] vierzehn Tage

for·tress *mil.* ['fɔːtrɪs] Festung *f*

for·tu·i·tous [fɔːˈtjuːɪtəs] zufällig

for·tu·nate ['fɔːtʃnət] glücklich; *be ~* Glück haben; '*~·ly* glücklicherweise

for·tune ['fɔːtʃn] Vermögen *n*; (glücklicher) Zufall, Glück *n*; Schicksal *n*; '*~·tell·er* Wahrsager(in)

for·ty ['fɔːtɪ] **1.** vierzig; *have ~ winks* F ein Nickerchen machen; **2.** Vierzig *f*

for·ward ['fɔːwəd] **1.** *adv.* nach vorn, vorwärts; **2.** *adj.* Vorwärts...; fortschrittlich; vorlaut, dreist; **3.** Fußball: Stürmer *m*; **4.** befördern, (ver)senden, schicken; *Brief etc.* nachsenden; '*~·ing a·gent* Spediteur *m*

fos·sil ['fɒsl] *geol.* Fossil *n* (*a. fig.* F), Versteinerung *f*

fos·ter|**-child** ['fɒstətʃaɪld] (*pl. -children*) Pflegekind *n*; '*~·par·ents* *pl.* Pflegeeltern *pl.*

fought [fɔːt] *pret. u. p.p.* von **fight** 2

foul [faʊl] **1.** stinkend, widerlich; verpestet, schlecht (*Luft*); verdorben, faul (*Lebensmittel*); schmutzig, verschmutzt; schlecht, stürmisch (*Wetter*); *Sport:* regelwidrig; △ *nicht* **faul**; **2.** *Sport:* Foul *n*, Regelverstoß *m*; *vicious ~* böses *od.* übles Foul; **3.** *Sport:* foulen; be-, verschmutzen

found[1] [faʊnd] *pret. u. p.p.* von **find** 1

found[2] [faʊnd] gründen; stiften

found[3] *tech.* [faʊnd] gießen

foun·da·tion [faʊnˈdeɪʃn] *arch.* Grundmauer *f*, Fundament *n*; *fig.* Gründung *f*, Errichtung *f*; (gemeinnützige) Stiftung; *fig.* Grundlage *f*, Basis *f*

found·er[1] ['faʊndə] Gründer(in); Stifter(in)

found·er[2] ['faʊndə] *naut.* sinken; *fig.* scheitern

found·ling ['faʊndlɪŋ] Findling *m*

foun·dry *tech.* ['faʊndrɪ] Gießerei *f*

foun·tain ['faʊntɪn] Springbrunnen *m*; (*Wasser*)Strahl *m*; '*~ pen* Füllfederhalter *m*

four [fɔː] **1.** vier; **2.** Vier *f*; *Rudern:* Vierer *m*; *on all ~s* auf allen Vieren

'**four**| **star** *Brt.* F Super *n* (*Benzin*); *~**-star 'pet·rol** Brt.* Superbenzin *n*; *~**-stroke 'en·gine** Viertaktmotor *m*

four·teen [fɔːˈtiːn] **1.** vierzehn; **2.** Vierzehn *f*; **~·teenth** [fɔːˈtiːnθ] vierzehnte(r, -s); **~th** [fɔːθ] **1.** vierte(r, -s); **2.** Viertel *n*; '*~th·ly* viertens

four-wheel 'drive *mot.* Vierradantrieb *m*

fowl [faʊl] Geflügel *n*

fox *zo.* [fɒks] Fuchs *m*; '*~·glove* *bot.* Fingerhut *m*; '*~·y* (*-ier*, *-iest*) schlau, gerissen

frac·tion ['frækʃn] Bruch(teil) *m*; △ *nicht parl.* **Fraktion**

frac·ture ['fræktʃə] **1.** (*bsd.* Knochen)Bruch *m*; **2.** brechen
fra·gile ['frædʒaɪl] zerbrechlich
frag·ment ['frægmənt] Bruchstück *n*
fra|·grance ['freɪgrəns] Wohlgeruch *m*, Duft *m*; '**~·grant** wohlriechend, duftend
frail [freɪl] ge-, zerbrechlich; zart, schwach; '**~·ty** Zartheit *f*; Gebrechlichkeit *f*; Schwäche *f*
frame [freɪm] **1.** Rahmen *m*; (*Brillenetc.*)Gestell *n*; Körper(bau) *m*; **~ of mind** (Gemüts)Verfassung *f*, (-)Zustand *m*; **2.** (ein)rahmen; bilden, formen, bauen; *a.* **~ up** F *j-m* et. anhängen; '**~·up** F abgekartetes Spiel; Intrige *f*; '**~·work** *tech.* Gerüst *n*; *fig.* Struktur *f*, System *n*
franc [fræŋk] Franc *m*; Franken *m*
France [frɑːns] Frankreich *n*
fran·chise ['fræntʃaɪz] *pol.* Wahlrecht *n*; Konzession *f*
frank [fræŋk] **1.** frei(mütig), offen; **2.** Brief (maschinell) freistempeln
frank·fur·ter ['fræŋkfɜːtə] Frankfurter (Würstchen *n*) *f*
'**frank·ness** Offenheit *f*
fran·tic ['fræntɪk] (**~ally**) außer sich; hektisch
fra·ter|·nal [frə'tɜːnl] brüderlich; **~·ni·ty** [frə'tɜːnətɪ] Brüderlichkeit *f*; Vereinigung *f*, Zunft *f*; *Am. univ.* Verbindung *f*
fraud [frɔːd] Betrug *m*; F Schwindel *m*; **~·u·lent** ['frɔːdjʊlənt] betrügerisch
fray [freɪ] ausfransen, (sich) durchscheuern
freak [friːk] Missgeburt *f*; Laune *f*; *in Zssgn*: F ...freak *m*, ...fanatiker *m*; Freak *m*, irrer Typ; **~ of nature** Laune *f* der Natur; *film* **~** Kinonarr *m*, -fan *m*
freck·le ['frekl] Sommersprosse *f*; '**~d** sommersprossig
free [friː] **1.** (**~r**, **~st**) frei; ungehindert; ungebunden; kostenlos, zum Nulltarif; freigebig; **~ and easy** zwanglos; sorglos; **set ~** freilassen; **2.** (*freed*) befreien; freilassen; '**~·dom** ['friːdəm] Freiheit *f*; **~ fares** *pl.* Nulltarif *m* (*bei Bus- etc. Beförderung*); **~·lance** ['friːlɑːns] frei (-beruflich) tätig; freischaffend; '**2·ma·son** Freimaurer *m*; '**~·skat·ing** Eiskunstlauf: Kür *f*; '**~·style** *Sport:* Freistil *m*; **~·time** Freizeit *f*; **~ trade** Freihandel *m*; **~ trade 'ar·e·a** Freihandelszone *f*; '**~·way** *Am.* autobahnähnliche Schnellstraße; **~·wheel** im Freilauf fahren
freeze [friːz] **1.** (*froze, frozen*) *v/i.* (ge)frieren; erstarren; *v/t.* gefrieren lassen; *Fleisch etc.* einfrieren, tiefkühlen; *econ. Preise etc.* einfrieren; **2.** Frost *m*, Kälte *f*; *econ. pol.* Einfrieren *n*; **wage ~**, **~ on wages** Lohnstopp *m*; **~·dried** gefriergetrocknet; **~·dry** gefriertrocknen
'**freez·er** Gefriertruhe *f*, Tiefkühl-, Gefriergerät *n* (*a.* **deep freeze**); Gefrierfach *n*
'**freez·ing** eisig; Gefrier...; **~ compart·ment** Gefrierfach *n*; **~ point** Gefrierpunkt *m*
freight [freɪt] **1.** Fracht(gebühr) *f*; *Am.* Güter...; **2.** beladen; verfrachten; '**~ car** *Am. rail.* Güterwagen *m*; '**~·er** Frachter *m*, Frachtschiff *n*; Transportflugzeug *n*; '**~ train** *Am.* Güterzug *m*
French [frentʃ] **1.** französisch; **2.** *ling.* Französisch *n*; **the ~** *pl.* die Franzosen *pl.*; **~ 'doors** *pl. Am.* → **French window(s)**; '**~ fries** *bsd. Am.* Pommes frites *pl.*; '**~·man** (*pl. -men*) Franzose *m*; **~ 'win·dow(s** *pl.*) Terrassen-, Balkontür *f*; '**~·wom·an** (*pl. -women*) Französin *f*
fren|·zied ['frenzɪd] außer sich, rasend (**with** vor *dat.*); hektisch; **~·zy** ['frenzɪ] helle Aufregung; Ekstase *f*; Raserei *f*
fre·quen|·cy ['friːkwənsɪ] Häufigkeit *f*; *electr.* Frequenz *f*; **~t 1.** ['friːkwənt] häufig; **2.** [frɪ'kwent] (oft) besuchen
fresh [freʃ] frisch; neu; unerfahren; F frech; **~·en** ['freʃn] auffrischen (*Wind*); **~ (o.s.) up** sich frisch machen; '**~·man** (*pl. -men*) *univ.* Student(in) im ersten Jahr; '**~·ness** Frische *f*; '**~·wa·ter** Süßwasser *n*; '**~·wa·ter** Süßwasser...
fret [fret] sich Sorgen machen; '**~·ful** verärgert, gereizt; quengelig
FRG [ef ɑː 'dʒiː] *Abk. für* **Federal Republic of Germany** Bundesrepublik *f* Deutschland
Fri *nur geschr. Abk. für* **Friday** Fr., Freitag *m*
fri·ar ['fraɪə] Mönch *m*
fric·tion ['frɪkʃn] Reibung *f* (*a. fig.*)
Fri·day ['fraɪdɪ] (*Abk.* **Fri**) Freitag *m*; **on ~** (am) Freitag; **on ~s** freitags

fridge F [frɪdʒ] Kühlschrank m
friend [frend] Freund(in); Bekannte(r m) f; **make ~s with** sich anfreunden mit, Freundschaft schließen mit; '**~·ly 1.** freund(schaft)lich; **2.** bsd. Brt. Sport: Freundschaftsspiel n; '**~·ship** Freundschaft f
fries bsd. Am. [fraɪz] pl. F Fritten pl.
frig·ate naut. ['frɪɡɪt] Fregatte f
fright [fraɪt] Schreck(en) m; **look a ~** verboten aussehen; **~·en** ['fraɪtn] erschrecken; **be ~ed** erschrecken (**at, by, of** vor dat.); Angst haben (**of** vor dat.); '**~·ful** schrecklich, fürchterlich
frig·id ['frɪdʒɪd] psych. frigid(e); kalt, frostig
frill [frɪl] Krause f, Rüsche f
fringe [frɪndʒ] **1.** Franse f; Rand m; Pony m (Frisur); **2.** mit Fransen besetzen; '**~ ben·e·fits** pl. econ. Gehalts-, Lohnnebenleistungen pl.; '**~ e·vent** Randveranstaltung f; '**~ group** soziale Randgruppe
frisk [frɪsk] herumtollen; F j-n filzen, durchsuchen; '**~·y** (**-ier, -iest**) lebhaft, munter
frit·ter ['frɪtə] **~ away** Geld etc. vertun, Zeit vertrödeln, Geld, Kräfte vergeuden
fri·vol·i·ty [frɪ'vɒlətɪ] Frivolität f, Leichtfertigkeit f; **friv·o·lous** ['frɪvələs] frivol, leichtfertig
friz·zle gastr. F ['frɪzl] verbrutzeln
frizz·y ['frɪzɪ] (**-ier, -iest**) gekräuselt, kraus (Haar)
fro [frəʊ]: **to and ~** hin und her
frock [frɒk] Kutte f; Kleid n; Kittel m
frog zo. [frɒɡ] Frosch m; '**~·man** (pl. **-men**) Froschmann m, mil. a. Kampfschwimmer m
frol·ic ['frɒlɪk] **1.** Herumtoben n, -tollen n; **2.** (**-ck-**) herumtoben, -tollen; '**~·some** ausgelassen, übermütig
from [frɒm, frəm] von; aus; von ... aus od. her; von ... (an), seit; aus, vor (dat); **~ 9 to 5** (**o'clock**) von 9 bis 5 (Uhr)
front [frʌnt] **1.** Vorderseite f; Front f (a. mil.); **at the ~, in ~** vorn; **in ~ of** räumlich: vor; **be in ~** in Führung sein; **2.** Vorder-, Front...; **3.** a. **~ on, ~ to(wards)** gegenüberstehen, gegenüberliegen; '**~·age** ['frʌntɪdʒ] (Vorder)Front f (e-s Hauses); '**~ cov·er** Titelseite f (e-r Zeitschrift); '**~ door** Haus-, Vordertür f; ~

'**en·trance** Vordereingang m
fron·tier ['frʌntɪə] (Landes)Grenze f; Grenz...; Am. hist. Grenzland n, Grenze f (zum Wilden Westen)
'**front|-page** F wichtig, aktuell (Nachrichten etc.); '**~·wheel 'drive** mot. Vorderradantrieb m
frost [frɒst] **1.** Frost m; a. **hoar ~, white ~** Reif m; **2.** mit Reif überziehen; Glas mattieren; gastr. bsd. Am. glasieren, mit Zuckerguss überziehen; mit (Puder)Zucker bestreuen; '**~ed glass** Matt-, Milchglas n; '**~·bite** Erfrierung f; '**~·bit·ten** erfroren; '**~·y** (**-ier, -iest**) eisig, frostig (a. fig.)
froth [frɒθ] **1.** Schaum m; **2.** schäumen; zu Schaum schlagen; '**~·y** (**-ier, -iest**) schäumend, schaumig
frown [fraʊn] **1.** Stirnrunzeln n; **with a ~** stirnrunzelnd; **2.** v/i. die Stirn runzeln
froze [frəʊz] pret. von **freeze** 1; **fro·zen** ['frəʊzn] **1.** p.p. von **freeze** 1; **2.** adj. (eis)kalt, (ein-, zu)gefroren; Gefrier...; **fro·zen 'foods** pl. Tiefkühlkost f
fru·gal ['fruːɡl] sparsam; bescheiden; einfach
fruit [fruːt] Frucht f; Früchte pl.; Obst n; **~·er·er** ['fruːtərə] Obsthändler m; '**~·ful** fruchtbar; '**~·less** unfruchtbar; erfolglos; '**~ juice** Fruchtsaft m; '**~·y** (**-ier, -iest**) fruchtartig, fruchtig (Wein)
frus|·trate [frʌ'streɪt] vereiteln, frustrieren; **~·tra·tion** [frʌ'streɪʃn] Vereitelung f; Frustration f
fry [fraɪ] braten; **fried eggs** pl. Spiegeleier pl.; **fried potatoes** pl. Bratkartoffeln pl.; '**~·ing pan** ['fraɪɪŋ-] Bratpfanne f
ft nur geschr. Abk. für **foot** Fuß m od. pl. (30,48 cm)
fuch·sia bot. ['fjuːʃə] Fuchsie f
fuck V [fʌk] ficken, vögeln; **~ off!** verpiss dich!; **get ~ed!** der Teufel soll dich holen!; '**~·ing** V Scheiß..., verfluchte (oft nur verstärkend); **~ hell!** verdammte Scheiße!
fudge [fʌdʒ] Art Fondant m
fu·el ['fjʊəl] **1.** Brennstoff m; mot. Treib-, Kraftstoff m; **2.** (bsd. Brt. **-ll-**, Am. **-l-**) mot., aviat. (auf)tanken; '**~ in·jec·tion** mot. in Zssgn Einspritz...
fu·gi·tive ['fjuːdʒɪtɪv] **1.** flüchtig (a. fig.); **2.** Flüchtling m
ful·fil Brt., **ful·fill** Am. [fʊl'fɪl] (**-ll-**) er-

fuzzy

füllen; vollziehen; **ful'fil(l)·ment** Erfüllung *f*, Ausführung *f*
full [fʊl] **1.** voll; ganz; Voll...; ~ *of* voll von, voller; ~ *(up)* (voll) besetzt (*Bus etc.*); F voll, satt; *house* ~*l thea.* ausverkauft!; ~ *of o.s.* (ganz) von sich eingenommen; **2.** *adv.* völlig, ganz; **3.** *in* ~ vollständig, ganz; *write out in* ~ *Wort etc.* ausschreiben; ~ **'board** Vollpension *f*; ~ **'dress** Gesellschaftskleidung *f*; ~**'fledged** *Am.* → *fully-fledged*; ~**'grown** ausgewachsen; ~**'length** in voller Größe; bodenlang; abendfüllend (*Film etc.*); ~ **'moon** Vollmond *m*; ~ **'stop** *ling.* Punkt *m*; ~ **'time** *Sport*: Spielende *n*; ~**'time** ganztägig, Ganztags...; ~**'time ' job** Ganztagsbeschäftigung *f*
ful·ly ['fʊlɪ] voll, völlig, ganz; ~ **-'fledged** flügge; *fig.* richtig; ~ **-'grown** *Brt.* → *full-grown*
fum·ble ['fʌmbl] tasten; fummeln
fume [fju:m] wütend sein
fumes [fju:mz] *pl.* Dämpfe *pl.*, Rauch *m*; Abgase *pl.*
fun [fʌn] Scherz *m*, Spaß *m*; *for* ~ aus od. zum Spaß; *make* ~ *of* sich lustig machen über (*acc.*)
func·tion ['fʌŋkʃn] **1.** Funktion *f*; Aufgabe *f*; Veranstaltung *f*; **2.** funktionieren; ~·**a·ry** ['fʌŋkʃnərɪ] Funktionär *m*; '~ **key** Funktionstaste *f*
fund [fʌnd] Fonds *m*; Geld(mittel *pl.*) *n*
fun·da·men·tal [fʌndə'mentl] **1.** grundlegend; Grund...; **2.** ~**s** *pl.* Grundlage *f*, -begriffe *pl.*; ~**·ist** [fʌndə'mentəlɪst] Fundamentalist *m*
fu·ne·ral ['fju:nərəl] Begräbnis *n*, Beerdigung *f*; Trauer..., Begräbnis...
'fun·fair ['fʌnfeə] Rummelplatz *m*
fun·gus *bot.* ['fʌŋgəs] (*pl.* **-gi** [-gaɪ], **-gus·es**) Pilz *m*, Schwamm *m*
fu·nic·u·lar [fju:'nɪkjʊlə] *a.* ~ *railway* (Draht)Seilbahn *f*
funk·y *bsd. Am.* F ['fʌŋkɪ] irre, schräg, schrill (*ältere Autos, Kleidung etc.*)
fun·nel ['fʌnl] Trichter *m*; *naut., rail.* Schornstein *m*
fun·nies *Am.* F ['fʌnɪz] *pl.* Comics *pl.*
fun·ny ['fʌnɪ] (**-ier**, **-iest**) komisch, lustig, spaßig; sonderbar
fur [fɜː] Pelz *m*, Fell *n*; Belag *m* (*auf der Zunge*); Kesselstein *m*
fu·ri·ous ['fjʊərɪəs] wütend
furl [fɜːl] Fahne, Segel auf-, einrollen; *Schirm* zusammenrollen
fur·nace ['fɜːnɪs] Schmelz-, Hochofen *m*; (Heiz)Kessel *m*
fur·nish ['fɜːnɪʃ] einrichten, möblieren; liefern; versorgen, ausrüsten, -statten
fur·ni·ture ['fɜːnɪtʃə] Möbel *pl.*; *sectional* ~ Anbaumöbel *pl.*
furred [fɜːd] belegt, pelzig (*Zunge*)
fur·ri·er ['fʌrɪə] Kürschner *m*
fur·row ['fʌrəʊ] **1.** Furche *f*; **2.** furchen
fur·ry ['fɜːrɪ] pelzig
fur·ther ['fɜːðə] **1.** *comp. von far*; **2.** *fig.* weiter; **3.** fördern, unterstützen; ~ **ed·u·ca·tion** *Brt.* Fort-, Weiterbildung *f*; ~**'more** *fig.* weiter, überdies; '~**most** entfernteste(r, -s), äußerste(r, -s)
fur·thest ['fɜːðɪst] *sup. von far*
fur·tive ['fɜːtɪv] heimlich, verstohlen
fu·ry ['fjʊərɪ] Wut *f*, Zorn *m*
fuse [fju:z] **1.** Zünder *m*; *electr.* Sicherung *f*; Zündschnur *f*; **2.** schmelzen; *electr.* durchbrennen; '~**box** *electr.* Sicherungskasten *m*
fu·se·lage *aviat.* ['fju:zɪlɑ:ʒ] (Flugzeug)Rumpf *m*
fu·sion ['fju:ʒn] Verschmelzung *f*, Fusion *f*; *nuclear* ~ Kernfusion *f*
fuss F [fʌs] **1.** (unnötige) Aufregung; Wirbel *m*, Theater *n*; **2.** sich (unnötig) aufregen; viel Aufhebens machen (*about* um, von); '~**·y** (**-ier**, **-iest**) aufgeregt, hektisch; kleinlich, pedantisch; heikel, wählerisch
fus·ty ['fʌstɪ] (**-ier**, **-iest**) muffig; *fig.* verstaubt
fu·tile ['fju:taɪl] nutz-, zwecklos
fu·ture ['fju:tʃə] **1.** (zu)künftig; **2.** Zukunft *f*; *gr.* Futur *n*, Zukunft *f*; *in* ~ in Zukunft, künftig
fuzz¹ [fʌz] feiner Flaum
fuzz² *sl.* [fʌz]: *the* ~ *sg.*, *pl.* die Bullen *pl.* (*Polizei*)
fuzz·y F ['fʌzɪ] (**-ier**, **-iest**) kraus, wuschelig; unscharf, verschwommen; flaumig, flauschig

G

G, g [dʒi:] G, g *n*

gab F [gæb] Geschwätz *n*; **have the gift of the ~** ein gutes Mundwerk haben

gab·ar·dine ['gæbədi:n] Gabardine *m* (*Wollstoff*)

gab·ble ['gæbl] 1. Geschnatter *n*, Geschwätz *n*; 2. schnattern, schwatzen

gab·er·dine ['gæbədi:n] *hist.* Kaftan *m* (*der Juden*); → **gabardine**

ga·ble *arch.* ['geɪbl] Giebel *m*

gad F [gæd] (**-dd-**): **~ about** (viel) unterwegs sein (*in dat.*)

gad·fly *zo.* ['gædflaɪ] Bremse *f*

gad·get *tech.* ['gædʒɪt] Apparat *m*, Gerät *n*, Vorrichtung *f*; *oft contp.* technische Spielerei

gag [gæg] 1. Knebel *m* (*a. fig.*); F Gag *m*; 2. (**-gg-**) knebeln; *fig.* mundtot machen

gage *Am.* [geɪdʒ] → **gauge**; △ *nicht* **Gage**

gai·e·ty ['geɪətɪ] Fröhlichkeit *f*

gai·ly ['geɪlɪ] *adv. von* **gay** 1

gain [geɪn] 1. gewinnen; erreichen, bekommen; zunehmen an (*dat.*); vorgehen (*um*) (*Uhr*); **~ speed** schneller werden; **~ 5 pounds** 5 Pfund zunehmen; **~ in** zunehmen an (*dat.*); 2. Gewinn *m*; Zunahme *f*

gait [geɪt] Gang(art *f*) *m*; Schritt *m*

gai·ter ['geɪtə] Gamasche *f*

gal F [gæl] Mädchen *n*

ga·la ['gɑ:lə] Festlichkeit *f*; Gala(veranstaltung) *f*; Gala...

gal·ax·y *astr.* ['gæləksɪ] Milchstraße *f*, Galaxis *f*

gale [geɪl] Sturm *m*

gall[1] [gɔ:l] Frechheit *f*

gall[2] [gɔ:l] wundgeriebene Stelle

gall[3] [gɔ:l] (ver)ärgern

gal·lant ['gælənt] tapfer, galant, höflich; **~·lan·try** ['gæləntrɪ] Tapferkeit *f*; Galanterie *f*

'gall blad·der *anat.* Gallenblase *f*

gal·le·ry ['gælərɪ] Galerie *f*; Empore *f*

gal·ley ['gælɪ] *naut.* Galeere *f* (*u. hist.*); Kombüse *f*; *a.* **~ proof** *print.* Fahne(nabzug *m*) *f*

gal·lon ['gælən] Gallone *f* (*Brt.* 4,55 l, *Am.* 3,79 l)

gal·lop ['gæləp] 1. Galopp *m*; 2. galoppieren (lassen)

gal·lows ['gæləʊz] *sg.* Galgen *m*; **'~ hu·mo(u)r** Galgenhumor *m*

ga·lore [gə'lɔ:] in rauen Mengen

gam·ble ['gæmbl] 1. (um Geld) spielen; 2. Glücksspiel *n*; **~r** (Glücks)Spieler(in)

gam·bol ['gæmbl] 1. Luftsprung *m*; 2. (*bsd. Brt.* **-ll-**, *Am.* **-l-**) (herum)tanzen, (-)hüpfen

game [geɪm] (Karten-, Ball- *etc.*)Spiel *n*; (einzelnes) Spiel (*a. fig.*); *hunt.* Wild *n*; Wildbret *n*; **~s** *pl.* Spiele *pl.*; *Schule:* Sport *m*; **'~·keep·er** Wildhüter *m*; **'~ park** Wildpark *m*; Wildreservat *n*; **'~ re·serve** Wildreservat *n*

gam·mon *bsd. Brt.* ['gæmən] schwachgepökelter *od.* -geräucherter Schinken

gan·der *zo.* ['gændə] Gänserich *m*

gang [gæŋ] 1. (Arbeiter)Trupp *m*; Gang *f*, Bande *f*; Clique *f*; Horde *f*; △ *nicht der Gang*; 2. **~ up** sich zusammentun, *contp.* sich zusammenrotten

gang·ster ['gæŋstə] Gangster *m*

'gang war, **~ war·fare** [gæŋ'wɔ:feə] Bandenkrieg *m*

gang·way ['gæŋweɪ] *naut., aviat.* Gangway *f*; (Zwischen)Gang *m*

gaol [dʒeɪl], **'~·bird**, **'~·er** → **jail** *etc.*

gap [gæp] Lücke *f*; Kluft *f*; Spalte *f*

gape [geɪp] gähnen; klaffen; gaffen

ga·rage ['gærɑ:ʒ] 1. Garage *f*; (Reparatur)Werkstatt *f* (*u.* Tankstelle *f*); 2. Auto in e-r Garage ab- *od.* unterstellen; Auto in die Garage fahren

gar·bage *bsd. Am.* ['gɑ:bɪdʒ] Abfall *m*, Müll *m*; **'~ bag** *Am.* Müllbeutel *m*; **'~ can** *Am.* Abfall-, Mülleimer *m*; Abfall-, Mülltonne *f*; **'~ truck** *Am.* Müllwagen *m*

gar·den ['gɑ:dn] Garten *m*; **'~·er** Gärtner(in); **'~·ing** Gartenarbeit *f*

gar·gle ['gɑ:gl] gurgeln

gar·ish ['geərɪʃ] grell, auffallend

gar·land ['gɑ:lənd] Girlande *f*

gar·lic *bot.* ['gɑ:lɪk] Knoblauch *m*

gar·ment ['gɑ:mənt] Gewand *n*

gar·nish *gastr.* ['gɑ:nɪʃ] garnieren

gar·ret ['gærət] Dachkammer *f*

gar·ri·son *mil.* ['gærɪsn] Garnison *f*
gar·ter ['gɑːtə] Strumpfband *n*; Sockenhalter *m*; *Am.* Strumpfhalter *m*, Straps *m*
gas [gæs] Gas *n*; *Am.* F Benzin *n*, Sprit *m*; **~e·ous** ['gæsjəs] gasförmig
gash [gæʃ] klaffende Wunde
gas·ket *tech.* ['gæskɪt] Dichtung(sring *m*) *f*
'gas me·ter Gasuhr *f*, -zähler *m*
gas·o·lene, gas·o·line *Am.* ['gæsəliːn] Benzin *n*; **~ pump** Zapfsäule *f*
gasp [gɑːsp] 1. Keuchen *n*; 2. keuchen; **~ for breath** nach Luft schnappen
'gas| sta·tion *Am.* Tankstelle *f*; '**~ stove** Gasofen *m*, -herd *m*; '**~·works** *sg.* Gaswerk *n*
gate [geɪt] Tor *n*; Pforte *f*; Schranke *f*, Sperre *f*; *aviat.* Flugsteig *m*; '**~·crash** uneingeladen kommen (zu); sich ohne zu bezahlen hineinschmuggeln (in *acc.*); '**~·post** Tor-, Türpfosten *m*; '**~·way** (weg *m*) *n*, Einfahrt *f*; '**~·way drug** Einstiegsdroge *f*
gath·er ['gæðə] *v/t.* sammeln, *Informationen* einholen, -ziehen; *Personen* versammeln, ernten, pflücken; zusammenziehen, kräuseln, *fig.* folgern, schließen (*from* aus); **~ speed** schneller werden; *v/i.* sich (ver)sammeln; sich (an)sammeln; **~ing** ['gæðərɪŋ] Versammlung *f*, Zusammenkunft *f*
GATT [gæt] *Abk. für* **General Agreement on Tariffs and Trade** Allgemeines Zoll- und Handelsabkommen
gau·dy ['gɔːdɪ] (*-ier, -iest*) auffällig, bunt, grell (*Farbe*); protzig
gauge [geɪdʒ] 1. Eichmaß *n*; *tech.* Messgerät *n*, Lehre *f*; *tech.* Stärke *f*, Dicke *f* (*von Blech od. Draht etc.*); *rail.* Spur(weite) *f*; 2. *tech.* eichen; (ab-, aus)messen
gaunt [gɔːnt] hager; ausgemergelt
gaunt·let ['gɔːntlɪt] Schutzhandschuh *m*
gauze [gɔːz] Gaze *f*; *Am.* Bandage *f*, Binde *f*
gave [geɪv] *pret. von* **give**
gav·el ['gævl] Hammer *m* (*e-s Vorsitzenden od. Auktionators*)
gaw·ky ['gɔːkɪ] (*-ier, -iest*) linkisch
gay [geɪ] 1. lustig, fröhlich; bunt, (farben)prächtig; F schwul (*homosexuell*); 2. F Schwule(r) *m* (*Homosexueller*)
gaze [geɪz] 1. (starrer) Blick; △ *nicht* Gaze; 2. starren; **~ at** starren auf (*acc.*), anstarren
ga·zette [gə'zet] Amtsblatt *n*
ga·zelle *zo.* [gə'zel] (*pl. -zelles, -zelle*) Gazelle *f*
GB [dʒiː'biː] *Abk. für* **Great Britain** Großbritannien *n*
gear [gɪə] *tech.* Getriebe *n*; *mot.* Gang *m*; *mst in Zssgn* Vorrichtung *f*, Gerät *n*; F Kleidung *f*, Aufzug *m*; **change** (*bsd. Am.* **shift**) **~(s)** *mot.* schalten; **change** (*bsd. Am.* **shift**) **into second** **~** in den zweiten Gang schalten; '**~·box** *mot.* Getriebe *n*; '**~ le·ver** *Brt.*, '**~ shift** *Am.*, '**~ stick** *Brt. mot.* Schalthebel *m*
geese [giːs] *pl. von* **goose**
Gei·ger count·er *phys.* ['gaɪɡə -] Geigerzähler *m*
geld·ing *zo.* ['ɡeldɪŋ] Wallach *m*
gem [dʒem] Edelstein *m*
Gem·i·ni *astr.* ['dʒemɪnaɪ] *pl.* Zwillinge *pl.*; **he/she is (a) ~** er/sie ist (ein) Zwilling
gen·der ['dʒendə] *gr.* Genus *n*, Geschlecht *n*
gene *biol.* [dʒiːn] Gen *n*, Erbfaktor *m*
gen·e·ral ['dʒenərəl] 1. allgemein; Haupt..., General...; 2. *mil.* General *m*; **in ~** im allgemeinen; **~ de'liv·er·y**: (**in care of**) **~** *Am.* postlagernd; **~ e'lec·tion** *Brt. pol.* Parlamentswahlen *pl.*; **gen·e·ral·ize** ['dʒenərəlaɪz] verallgemeinern; '**gen·e·ral·ly** im Allgemeinen, allgemein; **~ prac'ti·tion·er** (*Abk.* **GP**) etwa Arzt *m od.* Ärztin *f* für Allgemeinmedizin
gen·e·rate ['dʒenəreɪt] erzeugen; **~·ra·tion** [dʒenə'reɪʃn] Erzeugung *f*; Generation *f*; **~·ra·tor** ['dʒenəreɪtə] *electr.* Generator *m*; *Am. mot.* Lichtmaschine *f*
gen·e·ros·i·ty [dʒenə'rɒsətɪ] Großzügigkeit *f*; **~·rous** ['dʒenərəs] großzügig; reichlich
ge·net·ic [dʒɪ'netɪk] (**~ally**) genetisch; **~ 'code** Erbanlage *f*; **~ en·gin'eer·ing** Gentechnologie *f*; **~ 'fin·ger·print** genetischer Fingerabdruck *m*; **~s** *sg.* Genetik *f*, Vererbungslehre *f*
ge·ni·al ['dʒiːnjəl] freundlich; △ *nicht* **genial**
gen·i·tive *gr.* ['dʒenɪtɪv] *a.* **~ case** Genitiv *m*, zweiter Fall
ge·ni·us ['dʒiːnjəs] Genie *n*

gent

gent F [dʒent] Herr *m*; **~s** *sg. Brt.* F Herrenklo *n*

gen·tle ['dʒentl] (**~r**, **~st**) sanft, zart, sacht; mild; '**~·man** (*pl.* -men) Gentleman *m*; Herr *m*; '**~·man·ly** gentlemanlike, vornehm; '**~·ness** Sanftheit *f*, Zartheit *f*; Milde *f*

gen·try ['dʒentrɪ] *Brt.* niederer Adel; Oberschicht *f*

gen·u·ine ['dʒenjʊɪn] echt; aufrichtig

ge·og·ra·phy [dʒɪ'ɒgrəfɪ] Geografie *f*

ge·ol·o·gy [dʒɪ'ɒlədʒɪ] Geologie *f*

ge·om·e·try [dʒɪ'ɒmɪtrɪ] Geometrie *f*

germ [dʒɜːm] *biol., bot.* Keim *m*; *med.* Bazillus *m*, Bakterie *f*, (Krankheits)Erreger *m*

Ger·man ['dʒɜːmən] **1.** deutsch; **2.** Deutsche(r *m*) *f*; *ling.* Deutsch *n*; ~ '**shep·herd** *bsd. Am.* deutscher Schäferhund; '**Ger·man·y** Deutschland *n*

ger·mi·nate ['dʒɜːmɪneɪt] keimen (lassen)

ger·und *gr.* ['dʒerənd] Gerundium *n*

ges·tic·u·late [dʒe'stɪkjʊleɪt] gestikulieren

ges·ture ['dʒestʃə] Geste *f*, Gebärde *f*

get [get] (**-tt-**; **got**, **got** *od. Am.* **gotten**) *v/t.* bekommen, erhalten; sich *et.* verschaffen *od.* besorgen; erwerben, sich aneignen; holen; bringen; F erwischen; F kapieren, verstehen; *j-n* dazu bringen (**to do** zu tun); lassen; s.p.p.: **one's hair cut** sich die Haare schneiden lassen; **~ going** in Gang bringen; **~ s.th. by heart** *et.* auswendig lernen; **~ s.th. ready** *et.* fertigmachen; **have got to** haben; **have got to** müssen; *v/i.* kommen, gelangen; *mit p.p. od. adj.:* werden; **~ tired** müde werden, ermüden; **~ going** in Gang kommen; *fig.* in Schwung kommen; **~ home** nach Hause (*östr., Schweiz:* a. nachhause) kommen; **~ ready** sich fertigmachen; **~ about** herumkommen; sich herumsprechen *od.* verbreiten (*Gerücht etc.*); **~ ahead of** übertreffen (*acc.*); **~ along** vorwärts-, weiterkommen; auskommen (**with** mit *j-m*); zurechtkommen (**with** mit *et.*); **~ at** herankommen an (*acc.*); **what is he getting at?** worauf will er hinaus?; **~ away** loskommen; entkommen; **~ away with** *et.* davonkommen mit; **~ back** zurückkommen; *et.* zurückbekommen; **~ in** hinein-, hereinkommen; einsteigen (in); **~ off** aussteigen (aus); davonkommen (**with** mit); **~ on** einsteigen (in); → **get along**; **~ out** heraus-, hinausgehen; aussteigen (**of** aus); *et.* herausbekommen; **~ over** *s.th.* über *et.* hinwegkommen; **~ to** kommen nach; **~ together** zusammenkommen; **~ up** aufstehen; '**~·a·way** Flucht *f*; **~ car** Fluchtauto *n*; '**~·up** Aufmachung *f*

gey·ser ['gaɪzə] Geysir *m*; ['giːzə] *Brt.* Durchlauferhitzer *m*

ghast·ly ['gɑːstlɪ] (**-ier**, **-iest**) grässlich; schrecklich; (toten)bleich

gher·kin ['gɜːkɪn] Gewürzgurke *f*

ghost [gəʊst] Geist *m*, Gespenst *n*; *fig.* Spur *f*; '**~·ly** (**-ier**, **-iest**) geisterhaft

GI [dʒiː 'aɪ] GI *m* (*amer. Soldat*)

gi·ant ['dʒaɪənt] **1.** Riese *m*; **2.** riesig

gib·ber·ish ['dʒɪbərɪʃ] Kauderwelsch *n*

gib·bet ['dʒɪbɪt] Galgen *m*

gibe [dʒaɪb] **1.** spotten (*at* über *acc.*); **2.** höhnische Bemerkung

gib·lets ['dʒɪblɪts] *pl.* Hühner-, Gänseklein *n*

gid·di·ness ['gɪdɪnɪs] *med.* Schwindel(gefühl *n*) *m*; '**~·dy** ['gɪdɪ] (**-ier**, **-iest**) Schwindel erregend (*Höhe etc.*); **I feel ~** mir ist schwind(e)lig

gift [gɪft] Geschenk *n*; Talent *n*; △ *nicht* **Gift**; '**~·ed** begabt

gig *mus.* F [gɪg] Gig *m*, Auftritt *m*, Konzert *n*

gi·gan·tic [dʒaɪ'gæntɪk] (**~ally**) gigantisch, riesenhaft, riesig, gewaltig

gig·gle ['gɪgl] **1.** kichern; **2.** Gekicher *n*

gild [gɪld] vergolden

gill [gɪl] *zo.* Kieme *f*; *bot.* Lamelle *f*

gim·mick F ['gɪmɪk] Trick *m*; Spielerei *f*

gin [dʒɪn] Gin *m* (*Wacholderschnaps*)

gin·ger ['dʒɪndʒə] **1.** Ingwer *m*; **2.** rötlich *od.* gelblich braun; **~ bread** Pfefferkuchen *m* (*mit Ingwergeschmack*); '**~·ly** behutsam, vorsichtig

gip·sy ['dʒɪpsɪ] Zigeuner(in)

gi·raffe [dʒɪ'rɑːf] (*pl.* -**raffes**, -**raffe**) Giraffe *f*

gir·der *tech.* ['gɜːdə] Tragbalken *m*

gir·dle ['gɜːdl] Hüfthalter *m*, -gürtel *m*

girl [gɜːl] Mädchen *n*; '**~·friend** Freundin *f*; ~ '**guide** Pfadfinderin *f*; '**~·hood** Mädchenjahre *pl.*, Jugend (-zeit) *f*; '**~·ish** mädchenhaft; Mädchen...; ~ '**scout** *Am.* Pfadfinderin *f*

gi·ro *Brt.* ['dʒaɪrəʊ] Postgirodienst *m*; '**~**

ac·count *Brt.* Postgirokonto *n*; **'~ cheque** *Brt.* Postscheck *m*
girth [gɜːθ] (Sattel)Gurt *m*; (*a.* Körper)Umfang *m*
gist [dʒɪst] *das* Wesentliche, Kern *m*
give [gɪv] (*gave*, *given*) geben; schenken; spenden; *Leben* hingeben, opfern; *Befehl etc.* geben, erteilen; *Hilfe* leisten; *Schutz* bieten; *Grund etc.* (an)geben; *Konzert* geben; *Theaterstück* geben, aufführen; *Vortrag* halten; *Schmerzen* bereiten, verursachen; *Grüße etc.* übermitteln; **~ her my love** bestelle ihr herzliche Grüße von mir; **~ birth to** zur Welt bringen; **~ s.o. to understand that** j-m zu verstehen geben, dass; **~ way** nachgeben; *Brt. mot.* die Vorfahrt lassen; **~ away** her-, weggeben, verschenken; *j-n, et.* verraten; **~ back** zurückgeben; **~ in** *Gesuch etc.* einreichen; *Prüfungsarbeit etc.* abgeben; nachgeben; aufgeben; **~ off** *Geruch* verbreiten, ausströmen, -strömen, verströmen; **~ on(to)** führen auf *od.* nach, gehen nach; **~ out** aus-, verteilen; *bsd. Brt.* bekannt geben; zu Ende gehen (*Kräfte, Vorräte*); F versagen (*Motor etc.*); **~ up** aufgeben; aufhören mit; *j-n* ausliefern; **~ o.s. up** sich (freiwillig) stellen (**to the police** der Polizei); **'~-and-take** [gɪvən'teɪk] beiderseitiges Entgegenkommen, Kompromiss(bereitschaft *f*) *m*; **giv·en** ['gɪvn] *b1*. *p.p.* von *give*; **2. be ~ to** neigen zu; **'giv·en name** *bsd. Am.* Vorname *m*
gla·cial ['gleɪsjəl] eisig; Eis...
gla·ci·er ['glæsjə] Gletscher *m*
glad [glæd] (*-dd-*) froh, erfreut; **be ~ of** sich freuen über; **'~·ly** gern(e)
glam·o(u)r ['glæmə] Zauber *m*, Glanz *m*; **'~·ous** ['glæmərəs] bezaubernd, reizvoll
glance [glɑːns] **1.** (schneller *od.* flüchtiger) Blick (*at* auf *acc.*); △ *nicht* **Glanz**; **at a ~** auf e-n Blick; **2.** (schnell *od.* flüchtig) blicken (*at* auf *acc.*)
gland *anat.* [glænd] Drüse *f*
glare [gleə] **1.** grell leuchten *od.* leuchten; wütend starren; **~ at s.o.** j-n wütend anstarren; **2.** greller Schein, grelles Leuchten; wütender Blick
glass [glɑːs] **1.** Glas *n*; (Trink)Glas *n*; Glas(gefäß) *n*; (Fern-, Opern)Glas *n*; *Brt.* F Spiegel *m*; *Brt.* Barometer *n*; (*a* **pair of**) **~es** *pl.* (e-e) Brille; **2.** gläsern, Glas...; **3. ~ in** *od.* **up** verglasen; **'~ case** Vitrine *f*; Schaukasten *m*; **'~·ful** ein Glas(voll); **'~·house** Gewächs-, Treibhaus *n*; **'~·ware** Glaswaren *pl.*; **'~·y** (*-ier*, *-iest*) gläsern; glasig
glaze [gleɪz] **1.** *v/t.* verglasen, glasieren; *v/i. a.* **~ over** glasig werden (*Augen*); **2.** Glasur *f*; **gla·zi·er** ['gleɪzjə] Glaser *m*
gleam [gliːm] **1.** schwacher Schein, Schimmer *m*; **2.** leuchten, schimmern
glean [gliːn] *v/t.* sammeln; *v/i.* Ähren lesen
glee [gliː] Fröhlichkeit *f*; **'~·ful** ausgelassen, fröhlich
glen [glen] enges Bergtal *n*
glib [glɪb] (*-bb-*) gewandt; schlagfertig
glide [glaɪd] **1.** gleiten; segeln; **2.** Gleiten *n*; *aviat.* Gleitflug *m*; **'glid·er** *aviat.* Segelflugzeug *n*; **'glid·ing** *aviat.* Segelfliegen *n*
glim·mer ['glɪmə] **1.** schimmern; **2.** Schimmer *m*
glimpse [glɪmps] **1.** (nur) flüchtig zu sehen bekommen; **2.** flüchtiger Blick
glint [glɪnt] **1.** glitzern, glänzen; **2.** Glitzern *n*, Glanz *m*
glis·ten ['glɪsn] glitzern, glänzen
glit·ter ['glɪtə] **1.** glitzern, funkeln, glänzen; **2.** Glitzern *n*, Funkeln *n*, Glanz *m*
gloat [gləʊt]: **~ over** sich hämisch *od.* diebisch freuen über (*acc.*); **'~·ing** hämisch, schadenfroh
glo·bal ['gləʊbl] global, weltumspannend, Welt...; umfassend; **~ 'warm·ing** Erwärmung *f* der Erdatmosphäre
globe [gləʊb] (Erd)Kugel *f*; Globus *m*
gloom [gluːm] Düsterkeit *f*; Dunkelheit *f*; düstere *od.* gedrückte Stimmung; **'~·y** (*-ier*, *-iest*) düster; hoffnungslos; niedergeschlagen
glo·ri·fy ['glɔːrɪfaɪ] verherrlichen; **~·ri·ous** ['glɔːrɪəs] ruhm-, glorreich; herrlich, prächtig; **~·ry** ['glɔːrɪ] Ruhm *m*; Herrlichkeit *f*, Pracht *f*
gloss [glɒs] **1.** Glanz *m*; *ling.* Glosse *f*; **~ over** beschönigen, vertuschen
glos·sa·ry ['glɒsərɪ] Glossar *n*
gloss·y ['glɒsɪ] (*-ier*, *-iest*) glänzend
glove [glʌv] Handschuh *m*; **'~ com·part·ment** *mot.* Handschuhfach *n*
glow [gləʊ] **1.** glühen; **2.** Glühen *n*; Glut *f*
glow·er ['glaʊə] finster blicken
'glow-worm *zo.* Glühwürmchen *n*

glu·cose ['glu:kəus] Traubenzucker *m*
glue [glu:] **1.** Leim *m*; **2.** kleben
glum [glʌm] (*-mm-*) bedrückt
glut·ton ['glʌtn] *fig.* Vielfraß *m*; '**~·ous** gefräßig, unersättlich
GMT [dʒi: em 'ti:] *Abk. für Greenwich Mean Time* ['grenɪdʒ -] WEZ, westeuropäische Zeit
gnarled [nɑ:ld] knorrig; knotig (*Hände*)
gnash [næʃ] knirschen (mit)
gnat *zo.* [næt] (Stech)Mücke *f*
gnaw [nɔ:] (zer)nagen; (zer)fressen
gnome [nəum] Gnom *m*; Gartenzwerg *m*
go [gəu] **1.** (**went, gone**) gehen, fahren, reisen (**to** nach); (fort)gehen, gehen, führen (**to** nach) (*Straße etc.*); sich erstrecken, gehen (**to** bis zu); verkehren, fahren (*Bus etc.*); *tech.* gehen, laufen, funktionieren; vergehen (*Zeit*); harmonieren (**with** mit), passen (**with** zu); ausgehen, ablaufen, ausfallen; werden (**~ mad;** **~ blind**); **be ~ing to** *inf.* im Begriff sein zu *inf.*, *tun* wollen *od.* werden; **~ shares** teilen; **~ swimming** schwimmen gehen; **it is ~ing to rain** es gibt Regen; **I must be ~ing** ich muss gehen; **~ for a walk** e-n Spaziergang machen, spazieren gehen; **~ to bed** ins Bett gehen; **~ to school** zur Schule gehen; **~ to see** besuchen; *let* **~** loslassen; **~ after** nachlaufen (*dat.*); sich bemühen um; **~ ahead** vorangehen; vorausgehen, vorausfahren; **~ ahead with** beginnen mit; fortmachen; **~ at** losgehen auf (*acc.*); **~ away** weggehen; **~ between** vermitteln zwischen (*dat.*); **~ by** vorbeigehen, -fahren; vergehen (*Zeit*); *fig.* sich halten nach; **~ down** untergehen (*Sonne*); **~ for** holen; **~ in** hineingehen; **~ in for an examination** e-e Prüfung machen; **~ off** fort-, weggehen; losgehen (*Gewehr etc.*); **~ on** weitergehen, -fahren; *fig.* fortfahren (**doing** *zu tun*); *fig.* vor sich gehen, vorgehen; **~ out** hinausgehen; ausgehen (*Licht etc.*); ausgehen (**with** mit); **~ through** durchgehen; ausgehen; durchmachen; **~ up** steigen; hinaufgehen, -steigen; **~ without** sich behelfen ohne, auskommen ohne; **2.** (*pl.* **goes**) F Schwung *m*, Schmiss *m*; *bsd. Brt.* F Versuch *m*; **it's my ~** *bsd. Brt.* F ich bin dran *od.* an der Reihe; **it's a ~!** F abgemacht!; **have a ~** **at s.th.** *Brt.* F et. probieren; **be all the ~** *Brt.* F große Mode sein

goad [gəud] *fig.* anstacheln
'go-a·head¹: get the ~ grünes Licht bekommen; **give s.o. the ~** j-m grünes Licht geben
'go-a·head² F zielstrebig; unternehmungslustig
goal [gəul] Ziel *n* (*a. fig.*); *Sport*: Tor *n*; **score a ~** ein Tor schießen *od.* erzielen; **consolation ~** Ehrentreffer *m*; **own ~** Eigentor *n*, -treffer *m*; **goal·ie** F ['gəulɪ], **'~·keep·er** Torwart *m*, -hüter *m*; **~ kick** Fußball: Abstoß *m*; **~ line** *Sport*: Torlinie *f*; **~ mouth** *Sport*: Torraum *m*; **~·post** *Sport*: Torpfosten *m*
goat *zo.* [gəut] Ziege *f*, Geiß *f*
gob·ble ['gɒbl] *mst* **~ up** verschlingen
'go-be·tween Vermittler(in), Mittelsmann *m*
gob·lin ['gɒblɪn] Kobold *m*
god [gɒd] *rel.* 2 Gott *m*; *fig.* Abgott *m*; **'~·child** (*pl.* **-children**) Patenkind *n*; **~·dess** ['gɒdɪs] Göttin *f*; **'~·fa·ther** Pate *m* (*a. fig.*), Taufpate *m*; **'~·for·sak·en** *contp.* gottverlassen; **'~·head** Gottheit *f*; **'~·less** gottlos; **'~·like** gottähnlich; göttlich; **'~·moth·er** (Tauf)Patin *f*; **'~·pa·rent** (Tauf)Pate, (-)Patin *f*; **'~·send** Geschenk *n* des Himmels
gog·gle ['gɒgl] glotzen; '**~ box** *Brt.* F TV Glotze *f*; '**~s** *pl.* Schutzbrille *f*
go·ings-on [gəuɪŋz'ɒn] *pl.* Treiben *n*, Vorgänge *pl.*
gold [gəuld] **1.** Gold *n*; **2.** golden; **~·en** *mst* fig. ['gəuldən] golden, goldgelb; '**~·finch** *zo.* Stieglitz *m*; '**~·fish** *zo.* (*pl.* **-fish**) Goldfisch *m*; '**~·smith** Goldschmied *m*
golf [gɒlf] **1.** Golf(spiel) *n*; **2.** Golf spielen; '**~ club** Golfschläger *m*; Golfklub *m*; '**~ course**, '**~ links** *pl. od. sg.* Golfplatz *m*
gon·do·la ['gɒndələ] Gondel *f*
gone [gɒn] **1.** *p.p. von* **go** 1; **2.** *adj.* fort; futsch; vergangen; tot; F hoffnungslos
good [gud] **1.** (**better, best**) gut; artig; gütig; gründlich; **~ at** geschickt *od.* gut in (*dat.*); *real* **~** F echt gut; **2.** Nutzen *m*, Wert *m*; *das* Gute, Gutes *n*; **for ~** für immer; **~·by(e)** [gud'baɪ] **1.** *wish s.o.*

grammatical

~, *say* ~ *to s.o.* j-m auf Wiedersehen sagen; **2.** *int.* (auf) Wiedersehen!; 2 **'Fri·day** Karfreitag *m*; ~**'hu·mo(u)red** gut gelaunt; gutmütig; ~**'look·ing** gut aussehend; ~**'na·tured** gutmütig; '~**·ness** Güte *f*; *thank* ~*!* Gott sei Dank!; (*my*) ~*!*, ~ *gracious!* du meine Güte!, du lieber Himmel!; *for* ~' *sake* um Himmels willen!; ~ *knows* weiß der Himmel
goods *econ.* [gʊdz] *pl.* Waren *pl.*, Güter *pl.*
good·will gute Absicht, guter Wille; *econ.* Firmenwert *m*
good·y F ['gʊdɪ] Bonbon *m, n*
goose *zo.* [guːs] (*pl.* **geese**) Gans *f*
goose·ber·ry *bot.* ['gʊzbərɪ] Stachelbeere *f*
goose|flesh ['guːsfleʃ], '~ **pim·ples** *pl.* Gänsehaut *f*
GOP [dʒiː əʊ 'piː] *Abk. für* **Grand Old Party** *die* Republikanische Partei (*USA*)
go·pher *zo.* ['gəʊfə] Taschenratte *f*; *Am.* Ziesel *m*
gore [gɔː] durchbohren, aufspießen (*mit den Hörnern*)
gorge [gɔːdʒ] **1.** Kehle *f*, Schlund *m*; enge (Fels)Schlucht; **2.** (ver)schlingen; (sich) vollstopfen
gor·geous ['gɔːdʒəs] prächtig
go·ril·la *zo.* [gə'rɪlə] Gorilla *m*
gor·y F ['gɔːrɪ] (*-ier, -iest*) blutrünstig
gosh *int.* F [gɒʃ]: *by* ~ Mensch!
gos·ling *zo.* ['gɒzlɪŋ] junge Gans
go-slow *Brt. econ.* [gəʊ'sləʊ] Bummelstreik *m*
Gos·pel *rel.* ['gɒspəl] Evangelium *n*
gos·sa·mer ['gɒsəmə] Altweibersommer *m*
gos·sip ['gɒsɪp] **1.** Klatsch *m*, Tratsch *m*; Klatschbase *f*; **2.** klatschen, tratschen; '~·**y** geschwätzig; voller Klatsch u.Tratsch (*Brief etc.*)
got [gɒt] *pret. u. p.p. von* **get**
Goth·ic ['gɒθɪk] gotisch; Schauer...; ~ *novel* Schauerroman *m*
got·ten *Am.* ['gɒtn] *p.p. von* **get**
gourd *bot.* [gʊəd] Kürbis *m*
gout *med.* [gaʊt] Gicht *f*
gov·ern ['gʌvn] *v/t.* regieren; lenken, leiten; *v/i.* herrschen; '~·**ess** Erzieherin *f*; '~·**ment** Regierung *f*; Staat *m*; **gov·er·nor** ['gʌvənə] Gouverneur *m*,

Direktor *m*, Leiter *m*; F Alte(r) *m* (*Vater, Chef*)
gown [gaʊn] Kleid *n*; Robe *f*, Talar *m*
GP [dʒiː 'piː] *Abk. für* **general practitioner** *etwa* Arzt *m* (Ärztin *f*) für Allgemeinmedizin
GPO *Brt.* [dʒiː piː 'əʊ] *Abk. für* **General Post Office** Hauptpostamt *n*
grab [græb] **1.** (*-bb-*) (hastig *od.* gierig) ergreifen, packen, fassen; **2.** (hastiger *od.* gieriger) Griff; *tech.* Greifer *m*
grace [greɪs] **1.** Anmut *f*, Grazie *f*; Anstand *m*; Frist *f*, Aufschub *f*; Gnade *f*; Tischgebet *n*; **2.** zieren, schmücken; '~·**ful** anmutig; '~·**less** ungraziös
gra·cious ['greɪʃəs] gnädig
gra·da·tion [grə'deɪʃn] Abstufung *f*
grade [greɪd] **1.** Grad *m*, Rang *m*; Stufe *f*; Qualität *f*; *bsd. Am.* Note *f*, Zensur *f*; **2.** sortieren, einteilen; abstufen; '~ **cross·ing** *Am.* schienengleicher Bahnübergang; '~ **school** *Am.* Grundschule *f*
gra·di·ent *rail. etc.* ['greɪdjənt] Steigung *f*, Gefälle *n*
grad·u|al ['grædʒʊəl] stufenweise, allmählich; '~·**al·ly** nach u. nach; allmählich; ~·**ate** **1.** ['grædʒʊət] *univ.* Hochschulabsolvent(in), Akademiker(in); Graduierte(r *m*) *f*; *Am.* Schulabgänger(in); **2.** ['grædʒʊeɪt] abstufen, staffeln; *univ.* graduieren; *Am.* die Abschlussprüfung bestehen; ~·**a·tion** [grædʒʊ'eɪʃn] Abstufung *f*, Staffelung *f*; *univ.* Graduierung *f*; *Am.* Absolvieren *n* (*from e-r Schule*)
graf·fi·ti [grə'fiːtɪ] *pl.* Graffiti *pl.*, Wandschmierereien *pl.*
graft [grɑːft] **1.** *med.* Transplantat *n*; *agr.* Pfropfreis *n*; **2.** *med.* Gewebe verpflanzen, transplantieren; *agr.* pfropfen
grain [greɪn] (Samen-, *bsd.* Getreide)Korn *n*; Getreide *n*; (Sand- *etc.*-) Körnchen *n*, (-)Korn *n*; Maserung *f*; *go against the* ~ *fig.* gegen den Strich gehen
gram [græm] Gramm *n*
gram·mar ['græmə] Grammatik *f*; '~ **school** *Brt. etwa* (humanistisches) Gymnasium; *Am. etwa* Grundschule *f*
gram·mat·i·cal [grə'mætɪkl] grammatisch, Grammatik...

gram·me ['græm] → *gram*

gra·na·ry ['grænərɪ] Kornspeicher *m*

grand [grænd] **1.** *fig.* großartig; erhaben; groß; Groß-..., Haupt...; ⚔ *Old Party* die Republikanische Partei (*USA*); **2.** (*pl. grand*) F Riese *m* (*1000 Dollar od. Pfund*)

grand·child ['græntʃaɪld] (*pl. -children*) Enkel(in); **~·daugh·ter** ['grændɔːtə] Enkelin *f*

gran·deur ['grændʒə] Größe *f*, Erhabenheit *f*; Größe *f*, Wichtigkeit *f*

grand·fa·ther ['grændfɑːðə] Großvater *m*

gran·di·ose ['grændɪəʊs] großartig

grand·moth·er ['grænmʌðə] Großmutter *f*; **~·par·ents** ['grænpeərənts] *pl.* Großeltern *pl.*; **~·son** ['grænsʌn] Enkel *m*

grand·stand ['grændstænd] *Sport:* Haupttribüne *f*

gran·ny F ['grænɪ] Oma *f*

grant [grɑːnt] **1.** bewilligen, gewähren; *Erlaubnis etc.* geben; *Bitte etc.* erfüllen; zugeben; *take s.th. for ~ed et.* als selbstverständlich betrachten *od.* hinnehmen; **2.** Stipendium *n*; Bewilligung *f*, Unterstützung *f*

gran·u·lat·ed ['grænjʊleɪtɪd] körnig, granuliert; **~ sugar** Kristallzucker *m*; **~·ule** ['grænjuːl] Körnchen *n*

grape [greɪp] Weinbeere *f*, -traube *f*; **'~·fruit** *bot.* Grapefruit *f*, Pampelmuse *f*; **'~·vine** *bot.* Weinstock *m*

graph [græf] graphische Darstellung; **~·ic** ['græfɪk] (**~ally**) graphisch; anschaulich; **~ arts** *pl.* Grafik *f*; **'~·ics** *pl.* Computer: Grafik *f*

grap·ple ['græpl]: **~ with** kämpfen mit, *fig. a.* sich herumschlagen mit

grasp [grɑːsp] **1.** (er)greifen, packen; *fig.* verstehen, begreifen; **2.** Griff *m*; Reichweite *f* (*a. fig.*); *fig.* Verständnis *n*

grass [grɑːs] Gras *n*; Rasen *m*; Weide(land) *n*; *sl.* Gras *n* (*Marihuana*); **~·hop·per** *zo.* ['grɑːshɒpə] Heuschrecke *f*; **~ 'wid·ow** Strohwitwe *f*; **'~ 'wid·ow·er** Strohwitwer *m*; **'gras·sy** (**-ier, -iest**) grasbedeckt, Gras...

grate [greɪt] **1.** (Kamin)Gitter *n*; (Feuer)Rost *m*; **2.** reiben, raspeln; knirschen (mit); **~ on s.o.'s nerves** an j-s Nerven zerren

grate·ful ['greɪtfʊl] dankbar

grat·er ['greɪtə] Reibe *f*

grat·i·fi·ca·tion [grætɪfɪ'keɪʃn] Befriedigung *f*; Freude *f*; △ *nicht* **Gratifikation**; **~·fy** ['grætɪfaɪ] erfreuen; befriedigen

grat·ing¹ ['greɪtɪŋ] kratzend, knirschend, quietschend, schrill; unangenehm

grat·ing² ['greɪtɪŋ] Gitter(werk) *n*

grat·i·tude ['grætɪtjuːd] Dankbarkeit *f*

gra·tu·i·tous [grə'tjuːɪtəs] unentgeltlich; freiwillig; **~·ty** [grə'tjuːətɪ] Abfindung *f*; Gratifikation *f*; Trinkgeld *n*

grave¹ [greɪv] (**~r, ~st**) ernst; (ge)wichtig; gemessen

grave² [greɪv] Grab *n*; **'~·dig·ger** Totengräber *m*

grav·el ['grævl] **1.** Kies *m*; **2.** (*bsd. Brt. -ll-, Am. -l-*) mit Kies bestreuen

'grave·stone Grabstein *m*; **'~·yard** Friedhof *m*

grav·i·ta·tion *phys.* [grævɪ'teɪʃn] Gravitation *f*, Schwerkraft *f*

grav·i·ty ['grævətɪ] *phys.* Schwerkraft *f*; Ernst *m*

gra·vy ['greɪvɪ] Bratensaft *m*; Bratensoße *f*

gray *bsd. Am.* [greɪ] → *grey*

graze¹ [greɪz] Vieh weiden (lassen); (ab)weiden; (ab)grasen

graze² [greɪz] **1.** streifen; schrammen; *Haut* (ab-, auf)schürfen, (auf)schrammen; **2.** Abschürfung *f*, Schramme *f*

grease 1. [griːs] Fett *n*; *tech.* Schmierfett *n*, Schmiere *f*; **2.** [griːz] (ein)fetten, *tech.* (ab)schmieren

greas·y ['griːzɪ] (**-ier, -iest**) fett(ig), ölig; schmierig

great [greɪt] groß; F großartig, super; Ur(groß)...

Great Brit·ain [greɪt'brɪtn] Großbritannien *n*

Great 'Dane *zo.* Dogge *f*

great|·'grand·child Urenkel(in); **~·'grand·par·ents** *pl.* Urgroßeltern *pl. etc.*

'great·|ly sehr; **~·ness** Größe *f*

Greece [griːs] Griechenland *n*

greed [griːd] Gier *f*; **'~·y** (**-ier, -iest**) gierig (**for** auf *acc.*, nach); habgierig; gefräßig

Greek [griːk] **1.** griechisch; **2.** Griech|e *m*, -in *f*; *ling.* Griechisch *n*

green [griːn] **1.** grün; *fig.* grün, unerfah-

ren; **2.** Grün *n*; Grünfläche *f*, Rasen *m*; ~s *pl.* grünes Gemüse, Blattgemüse *n*; **~ belt** *bsd. Brt.* Grüngürtel *m* (*um e-e Stadt*); **~ˈcard** *Am.* Arbeitserlaubnis *f*; **ˈ~ˈgroˑcer** *bsd. Brt.* Obst- u. Gemüsehändler(in); **ˈ~horn** Greenhorn *n*, Grünschnabel *m*; **ˈ~house** Gewächs-, Treibhaus *n*; **ˈ~house efˑfect** Treibhauseffekt *m*; **ˈ~ish** grünlich
greet [griːt] grüßen; **ˈ~ing** Begrüßung *f*, Gruß *m*; ~s *pl.* Grüße *pl.*
greˑnade *mil.* [grɪˈneɪd] Granate *f*
grew [gruː] *pret. von* grow
grey [greɪ] **1.** grau; **2.** Grau *n*; **3.** grau machen (od. werden); **ˈ~hound** *zo.* Windhund *m*
grid [grɪd] Gitter *n*; *electr. etc.* Versorgungsnetz *n*; Gitter(netz) *n* (*auf Landkarten etc.*) **ˈ~ˑiˑron** Bratrost *m*
grief [griːf] Kummer *m*
grievˑance [ˈgriːvns] (Grund *m* zur) Beschwerde *f*; Missstand *m*; **~e** [griːv] *v/t.* betrüben, bekümmern; *v/i.* bekümmert sein; **~ for** trauern um; **~ous** [ˈgriːvəs] schwer, schlimm
grill [grɪl] **1.** grillen; **2.** Grill *m*; Bratrost *m*; Gegrillte(s) *n*
grim [grɪm] (**-mm-**) grimmig; schrecklich; erbittert; F schlimm
griˑmace [grɪˈmeɪs] **1.** Fratze *f*, Grimasse *f*; **2.** Grimassen schneiden
grime [graɪm] Schmutz *m*; Ruß *m*; **ˈgrimˑy** (**-ier, -iest**) schmutzig; rußig
grin [grɪn] **1.** Grinsen *n*; **2.** (**-nn-**) grinsen
grind [graɪnd] **1.** (**ground**) *v/t.* (zer)mahlen, zerreiben, -kleinern; *Messer etc.* schleifen; *Fleisch* durchdrehen; **~ one's teeth** mit den Zähnen knirschen; *v/i.* schuften; pauken, büffeln; **2.** Schinderei *f*, Schufterei *f*; **the daily ~** das tägliche Einerlei; △ *nicht* **Grind**; **ˈ~er** (*Messer- etc.*)Schleifer *m*; *tech.* Schleifmaschine *f*; *tech.* Mühle *f*; **ˈ~stone** Schleifstein *m*
grip [grɪp] **1.** (**-pp-**) packen (*a. fig.*); **2.** Griff *m*; *fig.* Gewalt *f*, Herrschaft *f*; Reisetasche *f*
gripes [graɪps] *pl.* Bauchschmerzen *pl.*, Kolik *f*
grisˑly [ˈgrɪzlɪ] (**-ier, -iest**) gräßlich, schrecklich
grisˑtle [ˈgrɪsl] Knorpel *m* (*im Fleisch*)
grit [grɪt] **1.** Kies *m*, (grober) Sand; *fig.* Mut *m*; **2.** (**-tt-**): **~ one's teeth** die Zähne zusammenbeißen
grizˑzly (bear) [ˈgrɪzlɪ (-)] Grizzly(bär) *m*, Graubär *m*
groan [grəʊn] **1.** stöhnen, ächzen; **2.** Stöhnen *n*, Ächzen *n*
groˑcer [ˈgrəʊsə] Lebensmittelhändler *m*; **~ies** [ˈgrəʊsərɪz] *pl.* Lebensmittel *pl.*; **~y** [ˈgrəʊsərɪ] Lebensmittelgeschäft *n*
grogˑgy F [ˈgrɒgɪ] (**-ier, -iest**) groggy, schwach *od.* wackelig (auf den Beinen)
groin *anat.* [grɔɪn] Leiste(ngegend) *f*
groom [grʊm] **1.** Pferdepfleger *m*, Stallbursche *m*; Bräutigam *m*; **2.** *Pferde* versorgen, pflegen, striegeln; **well-ˑgroomed** gepflegt
groove [gruːv] Rinne *f*, Furche *f*; Rille *f*, Nut *f*; **ˈgroovˑy** *sl.* (**-ier, -iest**) *veraltet:* klasse, toll
grope [grəʊp] tasten; *sl. Mädchen* befummeln
gross [grəʊs] **1.** dick, feist; grob, derb; *econ.* Brutto...; **2.** Gros *n* (*12 Dutzend*)
groˑtesque [grəʊˈtesk] grotesk
ground¹ [graʊnd] **1.** *pret. u. p.p. von* **grind 1**; **2.** gemahlen (*Kaffee etc.*); **~ meat** Hackfleisch *n*
ground² [graʊnd] **1.** (Erd)Boden *m*, Erde *f*; Boden *m*, Gebiet *n*; *Sport:* (Spiel)Platz *m*, -feld *n*; Erdung *f*; (Boden)Satz *m*; *fig.* Beweggrund *m*; **~s** *pl.* Grundstück *n*, Park *m*, Gartenanlage *f*; **on the ~(s) of** auf Grund (*gen.*); **hold** *od.* **stand one's ~** sich behaupten; **2.** *naut.* auflaufen; *Am. electr.* erden; *fig.* gründen, stützen; **~ crew** *aviat.* Bodenpersonal *n*; **~ ˈfloor** *bsd. Brt.* Erdgeschoss *n*, *östr.* -geschoß *n*; **~ ˈforcˑes** *pl. mil.* Bodentruppen *pl.*, Landstreitkräfte *pl.*; **ˈ~hog** *zo.* Amer. Waldmurmeltier *n*; **ˈ~ing** *Am. electr.* Erdung *f*; Grundlagen *pl.*, -kenntnisse *pl.*; **ˈ~less** grundlos; **ˈ~nut** *Brt. bot.* Erdnuss *f*; **ˈ~sˑman** (*pl. -men*) *Sport:* Platzwart *m*; **~ ˈstaff** *Brt. aviat.* Bodenpersonal *n*; **~ staˑtion** *Raumfahrt:* Bodenstation *f*; **ˈ~work** *fig.* Grundlage *f*, Fundament *n*
group [gruːp] **1.** Gruppe *f*; **2.** (sich) gruppieren
groupˑie F [ˈgruːpɪ] Groupie *n* (*aufdringlicher weiblicher Fan*)
groupˑing [ˈgruːpɪŋ] Gruppierung *f*
grove [grəʊv] Wäldchen *n*, Gehölz *n*

grov·el ['grɒvl] (*bsd. Brt.* **-ll-**, *Am.* **-l-**) (am Boden) kriechen

grow [grəʊ] (**grew, grown**) *v/i.* wachsen; (allmählich) werden; **~ up** aufwachsen, heranwachsen; *v/t. bot.* anpflanzen, anbauen, züchten; **~ a beard** sich e-n Bart wachsen lassen; '**~·er** Züchter *m*, Erzeuger *m*, *in Zssgn* ...bauer *m*

growl [graʊl] knurren, brummen

grown [grəʊn] **1.** *p.p. von* **grow**; **2.** *adj.* erwachsen; **~·up 1.** [grəʊn'ʌp] erwachsen; **2.** ['grəʊnʌp] F Erwachsene(r *m*) *f*

growth [grəʊθ] Wachsen *n*, Wachstum *n*; Wuchs *m*, Größe *f*; *fig.* Zunahme *f*, Anwachsen *n*; *med.* Gewächs *n*, Wucherung *f*

grub [grʌb] **1.** *zo.* Larve *f*, Made *f*; F Futter *n* (*Essen*); **2.** (**-bb-**) graben; '**~·by** (**-ier, -iest**) schmudd(e)lig

grudge [grʌdʒ] **1.** missgönnen (**s.o. s.th.** j-m et.); **2.** Groll *m*; '**grudg·ing·ly** widerwillig

gru·el [grʊəl] Haferschleim *m*

gruff [grʌf] grob, schroff, barsch

grum·ble ['grʌmbl] **1.** murren; **2.** Murren *n*; '**~r** *fig.* Brummbär *m*

grump·y F ['grʌmpɪ] (**-ier, -iest**) schlecht gelaunt, mürrisch, missmutig

grun·gy *Am. sl.* ['grʌndʒɪ] (**-ier, -iest**) schmudd(e)lig-schlampig (*in der Kleidung, als Protest*); schlecht u. laut (*in der Musik, als Protest*)

grunt [grʌnt] **1.** grunzen; brummen; stöhnen; **2.** Grunzen *n*; Stöhnen *n*

Gt *nur geschr. Abk. für* **Great** (*Gt Britain*)

guar·an|·tee [gærən'tiː] **1.** Garantie *f*, Kaution *f*, Sicherheit *f*; **2.** (sich ver)bürgen für; garantieren; **~·tor** [gærən'tɔː] Bürge *m*, -in *f*; **~·ty** *jur.* ['gærəntɪ] Garantie *f*, Sicherheit *f*

guard [ɡɑːd] **1.** Wache *f*, (Wacht)Posten *m*, Wächter *m*; Wärter *m*, Aufseher *m*; Wache *f*, Bewachung *f*; *Brt. rail.* Zugbegleiter *m*, *veraltet:* Schaffner *m*; Schutz(vorrichtung *f*) *m*; Garde *f*; **be on ~** Wache stehen; **be on (off) one's ~** (nicht) auf der Hut sein; **2.** *v/t.* bewachen, (be)schützen (*from vor dat.*); *v/i.* sich hüten *od.* in Acht nehmen *od.* schützen (*against vor dat.*); '**~·ed** vorsichtig, zurückhaltend; **~·i·an** ['ɡɑːdjən] *jur.* Vormund *m*; Schutz...; '**~·i·an·ship** *jur.* Vormundschaft *f*

gue(r)·ril·la *mil.* [ɡə'rɪlə] Guerilla *m*; **~ 'war·fare** Guerillakrieg *m*

guess [ɡes] **1.** (er)raten; vermuten; schätzen; *Am.* glauben, meinen; **2.** Vermutung *f*; '**~·work** (reine) Vermutung(en *pl.*)

guest [ɡest] Gast *m*; '**~·house** (Hotel)Pension *f*, Fremdenheim *n*; '**~·room** Gäste-, Fremdenzimmer *n*

guf·faw [ɡʌ'fɔː] **1.** schallendes Gelächter; **2.** schallend lachen

guid·ance ['ɡaɪdns] Führung *f*; (An-)Leitung *f*

guide [ɡaɪd] **1.** (Reise-, Fremden)Führer(in); (Reise- *etc.*)Führer *m* (*Buch*); Handbuch (**to** *gen.*); **a ~ to London** ein London-Führer; → **girl guide**; **2.** leiten; führen; lenken; '**~·book** (Reise-*etc.*)Führer *m* (*Buch*); **guid·ed 'tour** Führung *f*; '**~·lines** *pl.* Richtlinien *pl.* (**on** *gen.*)

guild *hist.* [ɡɪld] Gilde *f*, Zunft *f*

guile·less ['ɡaɪlɪs] arglos

guilt [ɡɪlt] Schuld *f*; '**~·less** schuldlos, unschuldig (**of** an *dat.*); '**~·y** (**-ier, -iest**) schuldig (**of** *gen.*); schuldbewusst

guin·ea pig *zo.* ['ɡɪnɪ -] Meerschweinchen *n*

guise *fig.* [ɡaɪz] Gestalt *f*, Maske *f*

gui·tar *mus.* [ɡɪ'tɑː] Gitarre *f*

gulch *bsd. Am.* [ɡʌltʃ] tiefe Schlucht

gulf [ɡʌlf] Golf *m*; *fig.* Kluft *f*

gull *zo.* [ɡʌl] Möwe *f*

gul·let ['ɡʌlɪt] *anat.* Speiseröhre *f*; Gurgel *f*, Kehle *f*

gulp [ɡʌlp] **1.** (großer) Schluck; **2.** *oft* **~ down** *Getränk* hinunterstürzen, *Speise* hinunterschlingen

gum¹ *anat.* [ɡʌm] *mst* **~s** *pl.* Zahnfleisch *n*

gum² [ɡʌm] **1.** Gummi *m, n*; Klebstoff *m*; Kaugummi *m*; *Frucht*-Gummi *m* (*Bonbon*); **2.** (**-mm-**) kleben

gun [ɡʌn] **1.** Gewehr *n*; Pistole *f*, Revolver *m*; Geschütz *n*, Kanone *f*; **2.** (**-nn-**): **~ down** niederschießen; '**~·fight** *Am.* Feuergefecht *n*, Schießerei *f*; '**~·fire** Schüsse *pl.*; *mil.* Geschützfeuer *n*; '**~·li·cence** *Am.* **li·cense** Waffenschein *m*; '**~·man** (*pl.* **-men**) Bewaffnete(r) *m*; Revolverheld *m*; '**~·point**: **at ~** mit vorgehaltener Waffe, mit Waffengewalt; '**~·pow·der** Schießpulver *n*;

'~·run·ner Waffenschmuggler *m*; '~·run·ning Waffenschmuggel *m*; '~·shot Schuss *m*; **within** (**out of**) ~ in (außer) Schussweite
gur·gle ['gɜːgl] **1.** gurgeln, gluckern, glucksen; **2.** Gurgeln *n*, Gluckern *n*, Glucksen *n*
gush [gʌʃ] **1.** strömen, schießen (**from** aus); **2.** Schwall *m*, Strom *m* (*a. fig.*)
gust [gʌst] Windstoß *m*, Bö *f*
guts [gʌts] *pl.* Eingeweide *pl.*; *fig.* Schneid *m*, Mumm *m*
gut·ter ['gʌtə] Gosse *f* (*a. fig.*), Rinnstein *m*; Dachrinne *f*
guy F [gaɪ] Kerl *m*, Typ *m*

guz·zle ['gʌzl] saufen; fressen
gym F [dʒɪm] Fitnesscenter *n*; → *gymnasium*; → *gymnastics*; ~·**na·si·um** [dʒɪm'neɪzjəm] Turn-, Sporthalle *f*; △ *nicht* **Gymnasium**; ~·**nast** ['dʒɪmnæst] Turner(in); ~·**tics** [dʒɪm'næstɪks] *sg.* Turnen *n*, Gymnastik *f*
gy·n(a)e·col·o·gist [gaɪnɪ'kɒlədʒɪst] Gynäkolog|e *m*, -in *f*, Frauenarzt *m*, -ärztin *f*; ~·**gy** [gaɪnɪ'kɒlədʒɪ] Gynäkologie *f*, Frauenheilkunde *f*
gyp·sy *bsd. Am.* ['dʒɪpsɪ] → *gipsy*
gy·rate [dʒaɪə'reɪt] kreisen, sich (im Kreis) drehen, (herum)wirbeln

H

H, h [eɪtʃ] H, h *n*
hab·er·dash·er ['hæbədæʃə] *Brt.* Kurzwarenhändler *m*; *Am.* Herrenausstatter *m*; ~·**y** ['hæbədæʃərɪ] *Brt.* Kurzwaren(geschäft *n*) *pl.*; *Am.* Herrenbekleidung *f*; *Am.* Herrenmodengeschäft *n*
hab·it ['hæbɪt] (An)Gewohnheit *f*; *bsd.* (Ordens)Tracht *f*; **drink has become a** ~ **with him** er kommt vom Alkohol nicht mehr los
ha·bit·u·al [hə'bɪtjʊəl] gewohnheitsmäßig, Gewohnheits...
hack¹ [hæk] hacken
hack² [hæk] Schreiberling *m*
hack³ [hæk] Klepper *m*
hack·er ['hækə] *Computer*: Hacker *m*
hack·neyed ['hæknɪd] abgedroschen
had [hæd] *pret. u. p.p. von* **have**
had·dock *zo.* ['hædək] (*pl.* **-dock**) Schellfisch *m*
h(a)e·mor·rhage *med.* ['hemərɪdʒ] Blutung *f*
hag *fig.* [hæg] hässliches altes Weib, Hexe *f*
hag·gard ['hægəd] abgespannt; abgehärmt; hager
hag·gle ['hægl] feilschen, handeln
hail [heɪl] **1.** Hagel *m*; **2.** hageln; '~·**stone** Hagelkorn *n*; '~·**storm** Hagelschauer *m*

hair [heə] *einzelnes* Haar; *coll.* Haar *n*, Haare *pl.*; '**~'s breadth**; '~·**brush** Haarbürste *f*; '~·**cut** Haarschnitt *m*; '~·**do** (*pl.* **-dos**) F Frisur *f*; '~·**dress·er** Friseur(in), Frisör(in); '~·**dri·er**, '~·**dry·er** Trockenhaube *f*; Haartrockner *m*, Föhn *m*; '~ **grip** *Brt.* Haarklammer *f*, -klemme *f*; '~·**less** ohne Haare, kahl; '~·**pin** Haarnadel *f*; ~·**pin** '**bend** Haarnadelkurve *f*; ~·**rais·ing** ['heəreɪzɪŋ] haarsträubend; '~'**s breadth**: **by a** ~ um Haaresbreite; '~ **slide** *Brt.* Haarspange *f*; '~·**split·ting** Haarspalterei *f*; '~·**spray** Haarspray *m*, *n*; '~·**style** Frisur *f*; '~ **styl·ist** Hair-Stylist *m*, Damenfriseur *m*, -frisör *m*; '~·**y** (**-ier**, **-iest**) behaart, haarig
half [hɑːf] **1.** (*pl.* **halves** [hɑːvz]) Hälfte *f*; **go halves** halbe-halbe machen, teilen; **2.** halb; ~ **an hour** e-e halbe Stunde; ~ **a pound** ein halbes Pfund; ~ **past ten** halb elf (Uhr); ~ **way up** auf halber Höhe; '~·**breed** Halbblut *n*; '~·**broth·er** Halbbruder *m*; '~·**caste** Halbblut *n*; ~·**'heart·ed** halbherzig; ~ **time** *Sport*: Halbzeit *f*; ~ **time** '**score** *Sport*: Halbzeitstand *m*; ~·'**way** halb; auf halbem Weg, in der Mitte; ~·**way** '**line** Mittellinie *f*; ~·'**wit·ted** schwachsinnig

hal·i·but zo. ['hælɪbət] (pl. **-buts, -but**) Heilbutt m

hall [hɔːl] Halle f, Saal m; Flur m, Diele f; Herrenhaus n; univ. Speisesaal m; **~ of residence** Studentenheim n

Hal·low·e'en [hæləʊ'iːn] Abend m vor Allerheiligen

hal·lu·ci·na·tion [həluːsɪ'neɪʃn] Halluzination f

'**hall·way** bsd. Am. Halle f, Diele f; Korridor m

ha·lo ['heɪləʊ] (pl. **-loes, -los**) astr. Hof m; Heiligenschein m

halt [hɔːlt] **1.** Halt m; **2.** (an)halten

hal·ter ['hɔːltə] Halfter m, n

halve [hɑːv] halbieren; **~s** [hɑːvz] pl. von **half** 1

ham [hæm] Schinken m; **~ and eggs** Schinken mit (Spiegel)Ei

ham·burg·er ['hæmbɜːgə] gastr. Hamburger m; Am. Rinderhack n

ham·let ['hæmlɪt] Weiler m

ham·mer ['hæmə] **1.** Hammer m; **2.** hämmern

ham·mock ['hæmək] Hängematte f

ham·per¹ ['hæmpə] (Deckel)Korb m; Geschenk-, Fresskorb m; Am. Wäschekorb m

ham·per² ['hæmpə] (be)hindern

ham·ster zo. ['hæmstə] Hamster m

hand [hænd] Hand f (a. fig.); Handschrift f; (Uhr)Zeiger m; oft in Zssgn Arbeiter m; Fachmann m; Kartenspiel: Blatt n, Karten pl.; **in glove** (**with** b/s) in Herz und eine Seele; **change ~s** den Besitzer wechseln; **give** od. **lend a ~** mit zugreifen, j-m helfen (**with** by); **shake ~s with** j-m die Hand schütteln od. geben; **at ~** in Reichweite; nahe; bei der od. zur Hand; **at first ~** aus erster Hand; **by ~** mit der Hand; **on the one ~** einerseits; **on the other ~** andererseits; **on the right ~** rechts; **~s off!** Hände weg!; **~s up!** Hände hoch!; **2.** aushändigen, (über)geben, (-)reichen; **~ around** herumreichen; **~ down** weitergeben, überliefern; **~ in** Prüfungsarbeit etc. abgeben; Bericht, Gesuch etc. einreichen; **~ on** überreichen, -geben; überliefern; **~ out** aus-, verteilen; **~ over** übergeben, aushändigen (**to** dat.); **~ up** hinauf-, heraufreichen; '**~·ball** Handtasche f; '**~·bill** Handzettel m, Flugblatt n; '**~·brake** tech. Handbremse f; '**~·cuffs** pl. Handschellen pl.; '**~·ful** Handvoll f; F Plage f

hand·i·cap ['hændɪkæp] **1.** Handikap n, med. a. Behinderung f, Sport: Vorgabe f; **→ mental; → physical; 2.** (-**pp**-) behindern, benachteiligen; '**~·ped 1.** gehandikapt, behindert, benachteiligt; **→ mental; → physical; 2. the ~** pl. med. die Behinderten pl.

hand·ker·chief ['hæŋkətʃɪf] (pl. **-chiefs**) Taschentuch n

han·dle ['hændl] **1.** Griff m; Stiel m; Henkel m; Klinke f; **fly off the ~** F wütend werden; **2.** anfassen, berühren; hantieren od. umgehen mit; behandeln; △ nicht **handeln**; '**~·bar**(**s** pl.) Lenkstange f

'**hand**| **lug·gage** Handgepäck n; '**~·made** handgearbeitet; '**~·out** Almosen n, milde Gabe; Handzettel m; Hand-out n, Informationsunterlage(n pl.) f (für die Presse etc.); '**~·rail** Geländer n; '**~·shake** Händedruck m

hand·some ['hænsəm] (**~r, ~st**) gut aussehend (bsd. Mann); ansehnlich, beträchtlich (Summe etc.)

'**hand**| **writ·ing** Handschrift f; **~·writ·ten** handgeschrieben; '**~·y** (**-ier, -iest**) zur Hand; geschickt; handlich, praktisch; nützlich; **come in ~** sich als nützlich erweisen; (sehr) gelegen kommen

hang [hæŋ] (**hung**) (auf-, be-, ein)hängen; Tapete ankleben; (pret. u. p.p. **hanged**) j-n (auf)hängen; **~ o.s.** sich erhängen; **~ about, ~ around** herumlungern; **~ on** sich klammern (**to** an acc.) (a. fig.), festhalten (**to** acc.); teleph. am Apparat bleiben; **~ up** teleph. einhängen, auflegen; **she hung up on me** sie legte einfach auf

han·gar ['hæŋə] Hangar m, Flugzeughalle f

hang·er ['hæŋə] Kleiderbügel m

hang| **glid·er** ['hæŋglaɪdə] (Flug)Drachen m; Drachenflieger(in); '**~ glid·ing** Drachenfliegen n

hang·ing ['hæŋɪŋ] **1.** Hänge...; **2.** (Er)Hängen n; **~s** pl. Tapete f, Wandbehang m, Vorhang m

'**hang·man** (pl. **-men**) Henker m

'**hang·nail** med. Niednagel m

'**hang·o·ver** Katzenjammer m, Kater m

han·ker F ['hæŋkə] sich sehnen (*after, for* nach)

han|·kie, ~·ky F ['hæŋkɪ] Taschentuch *n*

hap·haz·ard [hæp'hæzəd] willkürlich, plan-, wahllos

hap·pen ['hæpən] (zufällig) geschehen; sich ereignen, passieren, vorkommen; **~·ing** ['hæpnɪŋ] Ereignis *n*, Vorkommnis *n*; Happening *n*

hap·pi|·ly ['hæpɪlɪ] glücklich(erweise); **'~·ness** Glück *n*

hap·py ['hæpɪ] (*-ier, -iest*) glücklich; erfreut; **~·go-'luck·y** unbekümmert, sorglos

ha·rangue [həˈræŋ] **1.** (Straf)Predigt *f*; **2.** *v/t. j-m* e-e Strafpredigt halten

har·ass ['hærəs] ständig belästigen; schikanieren; aufreiben, zermürben; **'~·ment** ständige Belästigung; Schikane(n *pl.*) *f*; → **sexual harassment**

har·bo(u)r ['ha:bə] **1.** Hafen *m*; Zufluchtsort *m*; **2.** *j-m* Zuflucht *od.* Unterschlupf gewähren; *Groll etc.* hegen

hard [ha:d] hart; fest; schwer, schwierig; heftig, stark; hart, streng (*a. Winter*); hart, nüchtern (*Tatsachen etc.*); *Drogen:* hart, *Getränk: a.* stark; **~ of hearing** schwerhörig; **~ up** F in (Geld)Schwierigkeiten, in Verlegenheit (*for* um); **'~·back** gebundene Ausgabe (*Buch*); **~·'boiled** hart (gekocht); *fig.* hart, unsentimental, nüchtern; **'cash** Bargeld *n*; klingende Münze; **~ 'core** harter Kern (*e-r Bande etc.*); **~·'core** zum harten Kern gehörend; hart (*Pornografie*); **'~·cov·er** *print.* **1.** gebunden; **2.** Hard Cover *n*, gebundene Ausgabe; **~ 'disk** *Computer:* Festplatte *f*; **~·en** ['ha:dn] härten; hart machen *od.* werden; (sich) abhärten; **'~ hat** Schutzhelm *m* (*für Bauarbeiter etc.*); **~·'head·ed** nüchtern, praktisch; *bsd. Am.* starr, dickköpfig; **~·'heart·ed** hartherzig; **~ 'la·bo(u)r** *jur.* Zwangsarbeit *f*; **~ 'line** *bsd. pol.* harter Kurs; **~·'line** *bsd. pol.* hart, kompromisslos; **'~·ly** kaum; **'~·ness** Härte *f*; Schwierigkeit *f*; **'~·ship** Not *f*; Härte *f*; **~·'shoul·der** *Brt. mot.* Standspur *f*; **'~ top** Hardtop *n, m* (*abnehmbares Wagendach; a. Wagen*); **'~·ware** Eisenwaren *pl.*; Haushaltswaren *pl.*; *Computer:* Hardware *f*

har·dy ['ha:dɪ] (*-ier, -iest*) zäh, robust, abgehärtet; winterfest (*Pflanze*)

hare *zo.* [heə] Hase *m*; **'~·bell** *bot.* Glockenblume *f*; **'~·brained** verrückt (*Person, Plan*); **'~·lip** *anat.* Hasenscharte *f*

harm [ha:m] **1.** Schaden *m*; **2.** verletzen; schaden (*dat.*); **'~·ful** schädlich; **'~·less** harmlos

har·mo|·ni·ous [ha:ˈməʊnjəs] harmonisch; **~·nize** ['ha:mənaɪz] harmonieren; in Einklang sein *od.* bringen; **~·ny** ['ha:mənɪ] Harmonie *f*

har·ness ['ha:nɪs] **1.** (Pferde- *etc.*)Geschirr *n*; **die in ~** *fig.* in den Sielen sterben; **2.** anschirren; anspannen (*to* an *acc.*)

harp [ha:p] **1.** *mus.* Harfe *f*; **2.** *mus.* Harfe spielen; **~ on** (*about*) *fig.* herumreiten auf (*dat.*)

har·poon [ha:ˈpu:n] **1.** Harpune *f*; **2.** harpunieren

har·row *agr.* ['hærəʊ] **1.** Egge *f*; **2.** eggen

har·row·ing ['hærəʊɪŋ] quälend, qualvoll, erschütternd

harsh [ha:ʃ] rau; grell; streng; schroff, barsch

hart *zo.* [ha:t] (*pl.* **harts, hart**) Hirsch *m*

har·vest ['ha:vɪst] **1.** Ernte(zeit) *f*; (Ernte)Ertrag *m*; **2.** ernten; **'~·er** *bsd.* Mähdrescher *m*

has [hæz] er, sie, es hat

hash¹ [hæʃ] *gastr.* Haschee *n*; **make a ~ of** *fig.* verpfuschen

hash² F [hæʃ] Hasch *n* (*Haschisch*)

hash 'browns *pl. Am.* Brat-, Röstkartoffeln *pl.*

hash·ish ['hæʃi:ʃ] Haschisch *n*

hasp [ha:sp] (Verschluss)Spange *f*

haste [heɪst] Eile *f*, Hast *f*; **has·ten** ['heɪsn] *j-n* antreiben; (sich) be)eilen; *et.* beschleunigen; **'hast·y** (*-ier, -iest*) eilig, hastig, überstürzt; voreilig

hat [hæt] Hut *m*

hatch¹ [hætʃ] *a.* **~ out** ausbrüten; ausschlüpfen

hatch² [hætʃ] Luke *f*; Durchreiche *f* (*für Speisen*); **'~·back** *mot.* (Wagen *m* mit) Hecktür *f*

hatch·et ['hætʃɪt] Beil *n*; **bury the ~** das Kriegsbeil begraben

'hatch·way Luke *f*

hate [heɪt] **1.** Hass *m*; **2.** hassen; **'~·ful** verhasst; abscheulich; **ha·tred** ['heɪtrɪd] Hass *m*

haugh·ty ['hɔːtɪ] hochmütig, überheblich

haul [hɔːl] **1.** ziehen, zerren; schleppen; befördern, transportieren; **2.** Ziehen *n*; Fischzug *m*, *fig.* F *a.* Fang *m*; Beförderung *f*, Transport *m*; Transportweg *m*; **~·age** ['hɔːlɪdʒ] Beförderung *f*, Transport *m*; **~·er** *Am.* ['hɔːlə], **~·i·er** *Brt.* ['hɔːljə] Transportunternehmer *m*

haunch [hɔːntʃ] Hüfte *f*, Hüftpartie *f*, Hinterbacke *f*, Keule *f*

haunt [hɔːnt] **1.** spuken in (*dat.*); häufig besuchen; *fig.* verfolgen, quälen; **2.** häufig besuchter Ort; Schlupfwinkel *m*; **~·ing** quälend; unvergesslich, eindringlich

have [hæv] (*had*) *v/t.* haben; erhalten, bekommen; essen, trinken (**~ breakfast** frühstücken; **~ a cup of tea** e-n Tee trinken); *vor inf.:* müssen (*I ~ to go now* ich muss jetzt gehen); *mit Objekt u. p.p.:* lassen (*I had my hair cut* ich ließ mir die Haare schneiden); **~ back** zurückbekommen; **~ on** *Kleidungsstück* anhaben, *Hut* aufhaben; *v/aux.* haben; *bei v/i.* oft sein; *I ~ come* ich bin gekommen

ha·ven ['heɪvn] Hafen *m* (*mst fig.*)

hav·oc ['hævək] Verwüstung *f*, Zerstörung *f*; **play ~ with** verwüsten, zerstören; *fig.* verheerend wirken auf (*acc.*)

Ha·wai·i [həˈwaɪiː] Hawaii *n*; **Ha·wai·i·an** [həˈwaɪən] **1.** hawaiisch; **2.** Hawaiianer(in); *ling.* Hawaiisch *n*

hawk¹ *zo.* [hɔːk] Habicht *m*, Falke *m*

hawk² [hɔːk] hausieren mit; auf der Straße verkaufen; **~·er** Hausierer(in); Straßenhändler(in); Drücker(in) (*Abonnementverkäufer für Zeitschriften etc.*)

haw·thorn *bot.* ['hɔːθɔːn] Weißdorn *m*

hay [heɪ] Heu *n*; **~ fe·ver** Heuschnupfen *m*; **~·loft** Heuboden *m*; **~·rick**, **~·stack** Heuschober *m*, -haufen *m*

haz·ard ['hæzəd] Gefahr *f*, Risiko *n*; **~·ous** gewagt, gefährlich, riskant; **~·ous waste** *Schw.-öst.* Giftmüll *m*

haze [heɪz] Dunst(schleier) *m*

ha·zel ['heɪzl] **1.** *bot.* Hasel(nuss)strauch *m*; **2.** (hasel)nussbraun; **~·nut** Haselnuss *f*

haz·y ['heɪzɪ] (*-ier, -iest*) dunstig, diesig; *fig.* unklar, verschwommen

H-bomb ['eɪtʃbɒm] H-Bombe *f*, Wasserstoffbombe *f*

he [hiː] **1.** er; **2.** Er *m*; *zo.* Männchen *n*; **~-goat** Ziegenbock *m*

head [hed] **1.** Kopf *m*; (Ober)Haupt *n*; Chef *m*; (An)Führer(in), Leiter(in); Spitze *f*; Kopf(ende *n*) *m* (*e-s Bettes etc.*); Kopf *m* (*e-s Briefbogens, Nagels etc.*); Vorderseite *f* (*e-r Münze*); Überschrift *f*; *20 pounds a ~ od. per ~* zwanzig Pfund pro Kopf *od.* Person; *40 ~ pl.* (*of cattle*) 40 Stück *pl.* (Vieh); **~s or tails?** *Münze:* Kopf oder Zahl?; *at the ~ of* an der Spitze (*gen.*); *over heels* kopfüber; bis über beide Ohren (*verliebt sein*); *bury one's ~ in the sand* den Kopf in den Sand stecken; *get it into one's ~ that ...* es sich in den Kopf setzen, dass; *lose one's ~* den Kopf *od.* die Nerven verlieren; **2.** Ober..., Haupt..., Chef..., oberste(r, -s), erste(r, -s); **3.** *v/t.* anführen, an der Spitze stehen von (*od. gen.*); voran-, vorausgehen (*dat.*); (an)führen, leiten; *Fußball:* köpfen; *v/i.* (*for*) gehen, fahren (nach); lossteuern, -gehen (auf *acc.*); *naut.* Kurs halten (auf *acc.*); **~·ache** Kopfweh *n*; **~·band** Stirnband *n*; **~·dress** Kopfschmuck *m*; **~·er** Kopfsprung *m*; *Fußball:* Kopfball *m*; **~·first** kopfüber, mit dem Kopf voran; *fig.* ungestüm, stürmisch; **~·gear** Kopfbedeckung *f*; **~·ing** Überschrift *f*, Titel(zeile *f*) *m*; **~·land** ['hedlənd] Landspitze *f*, -zunge *f*; **~·light** *mot.* Scheinwerfer *m*; **~·line** Schlagzeile *f*; *news ~s pl.* Rundfunk, TV: *das* Wichtigste in Schlagzeilen; **~·long** kopfüber; ungestüm; **~·'mas·ter** *Schule:* Direktor *m*, Rektor *m*; **~·'mis·tress** *Schule:* Direktorin *f*, Rektorin *f*; **~·on** frontal, Frontal...; **~ col·li·sion** Frontalzusammenstoß *m*; **~·phones** *pl.* Kopfhörer *pl.*; **~·quar·ters** *pl.* (*Abk.* HQ) *mil.* Hauptquartier *n*, Zentrale *f*; **~·rest**, **~·re·straint** *Brt. mot.* Kopfstütze *f*; **~·set** Kopfhörer *pl.*; **~·start** *Sport:* Vorgabe *f*, -sprung *m* (*a. fig.*); **~·'strong** halsstarrig; **~·'teach·er** → **headmaster**; → **headmistress**; → *Am. principal*; **~·wa·ters** *pl.* Quellgebiet *n*; **~·way** *fig.* Fortschritt(e *pl.*) *m*; *make ~* (gut) vorankommen; **~·word** Stichwort *n* (*in e-m Wörterbuch*); **~·y** (*-ier, -iest*) zu Kopfe steigend, berauschend

heal [hi:l] heilen; ~ **over**, ~ **up** (zu)heilen
health [helθ] Gesundheit *f*; '~ **cer·tif·i·cate** Gesundheitszeugnis *n*; '~ **club** Fitnessclub *m*, -center *n*; '~ **food** Reform-, Biokost *f*; '~**ful** gesund; heilsam; '~ **food shop** *Brt.*, '~ **food store** *Am.* Reformhaus *n*, Bioladen *m*; '~**ful** gesund; heilsam; ~ **in·su·rance** Krankenversicherung *f*; '~ **re·sort** Kurort *m*; '~ **ser·vice** Gesundheitsdienst *m*; '~**y** (*-ier*, *-iest*) gesund
heap [hi:p] **1.** Haufe(n) *m*; **2.** *a.* ~ **up** aufhäufen, *fig. a.* anhäufen
hear [hɪə] hören; anhören; *j-m* zuhören; *Zeugen* vernehmen; *Lektion* abhören; **~d** [hɜ:d] *pret. u. p.p. von* **hear**; **~er** ['hɪərə] (Zu)Hörer(in); **~ing** ['hɪərɪŋ] Gehör *n*; Hören *n*; *jur.* Verhandlung *f*; *jur.* Vernehmung *f*; *bsd. pol.* Hearing *n*, Anhörung *f*; *within* (*out of*) ~ in (außer) Hörweite; '~**ing aid** Hörgerät *n*; '~**say** Gerede *n*; *by* ~ vom Hörensagen *n*
hearse [hɜ:s] Leichenwagen *m*
heart [hɑ:t] *anat.* Herz *n* (*a. fig.*); Kern *m*; Kartenspiel: Herz(karte *f*) *n*, *pl.* Herz *n* (*Farbe*); *lose* ~ den Mut verlieren; *take* ~ sich ein Herz fassen; *take s.th. to* ~ sich et. zu Herzen nehmen; *with a heavy* ~ schweren Herzens (*traurig*), '~**ache** Kummer *m*; '~ **at·tack** *med.* Herzanfall *m*; *med.* Herzinfarkt *m*; '~**beat** Herzschlag *m*; '~**break** Leid *n*, großer Kummer; '~**break·ing** herzzerreißend; '~**bro·ken** gebrochen, verzweifelt; '~**burn** *med.* Sodbrennen *n*; ~**en** ['hɑ:tn] ermutigen; '~ **fail·ure** *med.* Herzversagen *n*; '~**felt** innig, tief empfunden
hearth [hɑ:θ] Kamin *m*
'heart|·less herzlos; '~**rend·ing** herzzerreißend; '~ **trans·plant** *med.* Herzverpflanzung *f*, -transplantation *f*; '~**y** (*-ier*, *-iest*) herzlich; gesund; herzhaft
heat [hi:t] **1.** Hitze *f*; *phys.* Wärme *f*; Eifer *m*; *zo.* Läufigkeit *f*; *Sport:* (Einzel)Lauf *m*; *preliminary* ~ Vorlauf *m*; **2.** *v/t.* heizen; *a.* ~ **up** erhitzen, aufwärmen; *v/i.* sich erhitzen (*a. fig.*); '~**ed** geheizt; heizbar (*Heckscheibe, Pool etc.*); erhitzt, *fig. a.* erregt; '~**er** Heizgerät *n*, -körper *m*
heath [hi:θ] Heide(land *n*) *f*

hea·then ['hi:ðn] **1.** Heid|e *m*, -in *f*; **2.** heidnisch
heath·er *bot.* ['heðə] Heidekraut *n*; Erika *f*
'**heat|·ing** Heizung *f*; Heiz...; '~**proof**, '~**re·sis·tant**, '~**re·sist·ing** hitzebeständig; '~ **shield** Raumfahrt: Hitzeschild *m*; '~**stroke** *med.* Hitzschlag *m*; '~ **wave** Hitzewelle *f*
heave [hi:v] (*heaved*, *bsd. naut. hove*) *v/t.* (hoch)stemmen, (-)hieven; *Anker* lichten; *Seufzer* ausstoßen; *v/i.* sich heben u. senken, wogen
heav·en ['hevn] Himmel *m*; '~**ly** himmlisch
heav·y ['hevɪ] (*-ier*, *-iest*) schwer; stark (*Regen, Raucher, Trinker, Verkehr etc.*); hoch (*Geldstrafe, Steuern etc.*); schwer (verdaulich) (*Nahrung etc.*); drückend, lastend; Schwer...; '~ **cur·rent** *electr.* Starkstrom *m*; ~'**du·ty** *tech.* Hochleistungs...; strapazierfähig; ~'**hand·ed** ungeschickt; '~**weight** *Boxen:* Schwergewicht(ler *m*) *n*
He·brew ['hi:bru:] **1.** hebräisch; **2.** Hebräer(in); *ling.* Hebräisch *n*
heck·le ['hekl] *Redner durch Zwischenrufe od.* -fragen stören
hec·tic ['hektɪk] (~*ally*) hektisch
hedge [hedʒ] **1.** Hecke *f*; **2.** *v/t. a.* ~ **in** mit e-r Hecke einfassen; *v/i. fig.* ausweichen; '~**hog** *zo.* Igel *m*; *Am.* Stachelschwein *n*; '~**row** Hecke *f*
heed [hi:d] **1.** beachten, Beachtung schenken (*dat.*); **2.** *give od. pay* ~ *to*, *take* ~ *of* → **1**; '~**less**: *be* ~ *of* nicht beachten, *Warnung etc.* in den Wind schlagen
heel [hi:l] **1.** *anat.* Ferse *f*; Absatz *m*; *down at* ~ mit schiefen Absätzen; *fig.* abgerissen; schlampig; **2.** Absätze machen auf (*acc.*)
hef·ty ['heftɪ] (*-ier*, *-iest*) kräftig, stämmig; mächtig (*Schlag etc.*), gewaltig; saftig (*Preise, Geldstrafe etc.*)
heif·er *zo.* ['hefə] Färse *f*, junge Kuh
height [haɪt] Höhe *f*; (*Körper*)Größe *f*; Anhöhe *f*; Höhe(punkt *m*) *f*; ~**en** ['haɪtn] erhöhen; vergrößern
heir [eə] Erbe *m*; ~ *to the throne* Thronerbe *m*, -folger *m*; ~**ess** ['eərɪs] Erbin *f*; ~**loom** ['eəlu:m] Erbstück *n*
held [held] *pret. u. p.p. von* **hold** 1
hel·i·cop·ter *aviat.* ['helɪkɒptə] Hub-

heliport

schrauber *m*, Helikopter *m*; '~·**port** *aviat.* Hubschrauberlandeplatz *m*
hell [hel] **1.** Hölle *f*; Höllen...; *what the ~ ...?* F was zum Teufel ...?; *raise ~* F e-n Mordskrach schlagen; **2.** *int.* F verdammt!, verflucht!; ~·**bent** ganz versessen, wie wild (*for, on* auf *acc.*); '~·**ish** höllisch
hel·lo *int.* [hə'ləʊ] hallo!
helm *naut.* [helm] Ruder *n*, Steuer *n*; △ nicht **Helm**
hel·met ['helmɪt] Helm *m*
helms·man *naut.* ['helmzmən] (*pl. -men*) Steuermann *m*
help [help] **1.** Hilfe *f*; Hausangestellte *f*; *a call od. cry for ~* ein Hilferuf, ein Hilfeschrei; **2.** helfen; ~ *o.s.* sich bedienen, zulangen; *I cannot ~ it* ich kann es nicht ändern; *I could not ~ laughing* ich musste einfach lachen; '~·**er** Helfer(in); '~·**ful** hilfreich; nützlich; '~·**ing** Portion *f* (*Essen*); '~·**less** hilflos; '~·**less·ness** Hilflosigkeit *f*; '~ **men·u** Computer: Hilfemenü *n*
hel·ter-skel·ter [heltə'skeltə] **1.** *adv.* holterdiepolter, Hals über Kopf; **2.** *adj.* hastig, überstürzt; **3.** *Brt.* Rutschbahn *f*
helve [helv] Stiel *m*, Griff *m* (e-r Axt *etc.*)
Hel·ve·tian [hel'viːʃjən] Schweizer...
hem [hem] **1.** Saum *m*; **2.** (-*mm*-) säumen; *~ in* einschließen
hem·i·sphere *geogr.* ['hemɪsfɪə] Halbkugel *f*, Hemisphäre *f*
'**hem·line** Saum *m*
hem·lock *bot.* ['hemlɒk] Schierling *m*
hemp *bot.* [hemp] Hanf *m*
'**hem·stitch** Hohlsaum *m*
hen [hen] *zo.* Henne *f*, Huhn *n*; Weibchen *n* (*von Vögeln*)
hence [hens] daher; *a week ~* in e-r Woche; ~·**forth**, ~'**for·ward** von nun an
'**hen| house** Hühnerstall *m*; '~-**pecked hus·band** Pantoffelheld *m*
her [hɜː, hə] sie; ihr; ihr(e); sich
her·ald ['herəld] **1.** *hist.* Herold *m*; **2.** ankündigen; ~·**ry** ['herəldrɪ] Wappenkunde *f*, Heraldik *f*
herb [hɜːb] *bot.* Kraut *n*; Heilkraut *n*; **her·ba·ceous** *bot.* [hɜː'beɪʃəs] krautartig; ~ *plant* Staudengewächs *n*; **herb·al** ['hɜːbəl] Kräuter..., Pflanzen...

her·bi·vore *zo.* ['hɜːbɪvɔː] Pflanzenfresser *m*
herd [hɜːd] **1.** Herde *f* (*a. fig.*), (*wild lebender Tiere a.*) Rudel *n*; **2.** *v/t.* Vieh hüten; *v/i. a. ~ together* in e-r Herde leben; sich zusammendrängen; ~s·**man** ['hɜːdzmən] (*pl. -men*) Hirt *m*
here [hɪə] hier; hierher; *~ you are* hier(, bitte) (*da hast du es*); ~'*s to you!* auf dein Wohl!
here|·**a·bout(s)** ['hɪərəbaʊt(s)] hier herum, in dieser Gegend; ~·**af·ter** [hɪər'ɑːftə] **1.** künftig; **2.** *das* Jenseits; ~'**by** hiermit
he·red·i·tar·y [hɪ'redɪtərɪ] erblich, Erb...; ~·**ty** [hɪ'redɪtɪ] Erblichkeit *f*; ererbte Anlagen *pl.*, Erbmasse *f*
here·**in** [hɪər'ɪn] hierin; ~·**of** [hɪər'ɒv] hiervon
her·e·sy ['herəsɪ] Ketzerei *f*; ~·**tic** ['herətɪk] Ketzer(in)
here·**up·on** [hɪərə'pɒn] hierauf, darauf(hin); ~'**with** hiermit
her·i·tage ['herɪtɪdʒ] Erbe *n*
her·mit ['hɜːmɪt] Einsiedler *m*
he·ro ['hɪərəʊ] (*pl. -roes*) Held *m*; ~·**ic** [hɪ'rəʊɪk] (~*ally*) heroisch, heldenhaft, Helden...
her·o·in ['herəʊɪn] Heroin *n*
her·o|·**ine** ['herəʊɪn] Heldin *f*; ~·**is·m** ['herəʊɪzəm] Heldentum *n*
her·on *zo.* ['herən] (*pl. -ons, -on*) Reiher *m*
her·ring *zo.* ['herɪŋ] (-*rings, -ring*) Hering *m*
hers [hɜːz] ihrs, ihre(r, -s)
her·self [hɜː'self] sie selbst, ihr selbst; sich (selbst); *by ~* von selbst, allein, ohne Hilfe
hes·i|·**tant** ['hezɪtənt] zögernd, zaudernd, unschlüssig; ~·**tate** ['hezɪteɪt] zögern, zaudern, unschlüssig sein, Bedenken haben; ~·**ta·tion** [hezɪ'teɪʃn] Zögern *n*, Zaudern *n*, Unschlüssigkeit *f*; *without ~* ohne zu zögern, bedenkenlos
hew [hjuː] (*hewed, hewed od. hewn*) hauen, hacken; ~ *down* fällen, umhauen; ~**n** [hjuːn] *p.p.* von **hew**
hey *int.* F [heɪ] he!, heda!
'**hey·day** ['heɪdeɪ] Höhepunkt *m*, Gipfel *m*; Blüte(zeit) *f*
hi *int.* F [haɪ] hallo!
hi·ber·nate *zo.* ['haɪbəneɪt] Winterschlaf halten

hic·cup, **~·cough** ['hɪkʌp] **1.** Schluckauf *m*; **2.** den Schluckauf haben
hid [hɪd] *pret. von* **hide²**; **~·den** ['hɪdn] *p.p. von* **hide²**
hide¹ [haɪd] (**hid**, **hidden**) (sich) verbergen, -stecken; verheimlichen
hide² [haɪd] Haut *f*, Fell *n*
hide·-and-seek [haɪdn'siːk] Versteckspiel *n*; **~·a·way** F Versteck *n*
hid·e·ous ['hɪdɪəs] abscheulich
'hide·out Versteck *n*
hid·ing¹ F ['haɪdɪŋ] Tracht *f* Prügel
hid·ing² ['haɪdɪŋ]: *be in* ~ sich versteckt halten; *go into* ~ untertauchen; '~ **place** Versteck *n*
hi-fi ['haɪfaɪ] Hi-Fi(-Gerät *n*, -Anlage *f*) *n*
high [haɪ] **1.** hoch; groß (*Hoffnungen etc.*); angegangen (*Fleisch*); F blau (*betrunken*); F *high* (*durch Drogen*); *be in* ~ **spirits** in Hochstimmung sein; ausgelassen *od.* übermütig sein; **2.** *meteor.* Hoch *n*; Höchststand *m*; *Am.* F **High School** *f*; '**~·brow** F **1.** Intellektuelle(r *m*) *f*; **2.** (betont) intellektuell; **~·cal·o·rie** kalorienreich; **~·class** erstklassig; **~·er ed·u·ca·tion** Hochschulausbildung *f*; **~ fi·del·i·ty** High Fidelity *f*; **~·grade** hochwertig; erstklassig; **~·hand·ed** anmaßend, eigenmächtig; **~·heeled** hochhackig (*Schuhe*); '**~ jump** *Sport*: Hochsprung *m*; '**~ jump·er** *Sport*: Hochspringer(in); '**~·land** [haɪlənd] Hochland *n*; '**~·light 1.** Höhe-, Glanzpunkt *m*; **2.** hervorheben; '**~·ly** *fig.* hoch; *think* ~ *of* viel halten von; '**~·ly-strung** reizbar, nervös; '**~·ness** *mst fig.* Höhe *f*; Ձ Hoheit *f* (*Titel*); **~·pitched** schrill (*Ton*); steil (*Dach*); **~·pow·ered** *tech.* Hochleistungs-...; *fig.* dynamisch; **~·pres·sure** *meteor., tech.* Hochdruck-...; '**~ rise** Hochhaus *n*; '**~ road** *bsd.* Am. Hauptstraße *f*; '**~ school** *Am.* High School *f*; **~ sea·son** Hochsaison *f*; '**~ so·ci·e·ty** High Society *f*; '**~ street** *Brt.* Hauptstraße *f*; **~·strung** → **highly-strung**; '**~ tea** *Brt.* frühes Abendessen; **~ tech** [haɪ 'tek] *a.* **hi-tech** → **tech·nol·o·gy** Hochtechnologie *f*; **~·ten·sion** *electr.* Hochspannungs-...; **~ tide** Flut *f*; **~ time**: *it is* ~ es ist höchste Zeit; **~ wa·ter** Hochwasser *n*; '**~·way** *bsd. Am.* Highway *m*, Haupt(verkehrs)straße *f*; Ձ **way 'Code** *Brt.* Straßenverkehrsordnung *f*

hi·jack ['haɪdʒæk] **1.** *Flugzeug* entführen; *j-n*, *Geldtransport etc.* überfallen; **2.** (Flugzeug)Entführung *f*; Überfall *m*; '**~·er** (Flugzeug)Entführer(in); Räuber *m*
hike [haɪk] **1.** wandern; **2.** Wanderung *f*; '**hik·er** Wanderer *m*, Wanderin *f*; '**hik·ing** Wandern *n*
hi·lar·i·ous [hɪ'leərɪəs] ausgelassen; **~·ty** [hɪ'lærətɪ] Ausgelassenheit *f*
hill [hɪl] Hügel *m*, Anhöhe *f*; '**~·bil·ly** *Am.* ['hɪlbɪlɪ] Hinterwäldler *m*; **~ music** Hillbilly-Musik *f*; '**~·ock** ['hɪlək] kleiner Hügel; '**~·side** (Ab)Hang *m*; '**~·top** Hügelspitze *f*; '**~·y** (**-ier**, **-iest**) hügelig
hilt [hɪlt] Heft *n*, Griff *m*
him [hɪm] ihn; ihm; F er; sich; **~·self** *od.* ihm *od.* ihn selbst; sich; sich (selbst); *by* ~ von selbst, allein, ohne Hilfe
hind¹ *zo.* [haɪnd] (*pl.* **hinds**, **hind**) Hirschkuh *f*
hind² [haɪnd] Hinter-...
hin·der ['hɪndə] hindern (*from an dat.*); hemmen
hind·most ['haɪndməʊst] hinterste(r, -s), letzte(r, -s)
hin·drance ['hɪndrəns] Hindernis *n*
Hin·du [hɪn'duː] Hindu *m*; **~·is·m** ['hɪnduːɪzəm] Hinduismus *m*
hinge [hɪndʒ] **1.** (Tür)Angel *f*, Scharnier *n*; **2.** ~ *on fig.* abhängen von
hint [hɪnt] **1.** Wink *m*, Andeutung *f*; Tipp *m*; Anspielung *f*; *take a* ~ e-n Wink verstehen; **2.** andeuten; anspielen (*at auf acc.*)
hip¹ *anat.* [hɪp] Hüfte *f*
hip² *bot.* [hɪp] Hagebutte *f*
hip·po *zo.* F ['hɪpəʊ] (*pl.* -**pos**) → **~·pot·a·mus** *zo.* [hɪpə'pɒtəməs] (*pl.* -**muses**, -**mi** [-maɪ]) Fluss-, Nilpferd *n*
hire [haɪə] **1.** *Brt.* Auto *etc.* mieten, *Flugzeug etc.* chartern; *j-n* anstellen; *j-n* engagieren, anheuern; ~ *out Brt.* vermieten; **2.** Miete *f*; Lohn *m*; **for** ~ zu vermieten; frei (*Taxi*), '**~ 'car** Leih-, Mietwagen *m*; **~ 'pur·chase**: *on* ~ *Brt. econ.* auf Abzahlung *od.* Raten
his [hɪz] sein(e); seins, seine(r, -s)
hiss [hɪs] **1.** zischen; fauchen (*Katze*); auszischen; **2.** Zischen *n*; Fauchen *n*
his·to·ri·an [hɪ'stɔːrɪən] Historiker(in); **~·tor·ic** [hɪ'stɒrɪk] (**~ally**) historisch,

historical geschichtlich (bedeutsam); **~·tor·i·cal** historisch, geschichtlich (belegt *od.* überliefert); Geschichts...; **~ *novel*** historischer Roman; **~·to·ry** ['hɪstərɪ] Geschichte *f*; **~ *of civilization*** Kulturgeschichte *f*; **~ *contemporary* ~** Zeitgeschichte *f*

hit [hɪt] **1.** (*-tt-*; *hit*) schlagen; treffen (*a. fig.*); *mot. etc.* j-n, *et.* anfahren, *et.* rammen; **~ *it off with*** sich gut vertragen mit *j-m;* **~ *on*** (zufällig) auf *et.* stoßen, *et.* finden; **2.** Schlag *m; fig.* (Seiten)Hieb *m;* (Glücks)Treffer *m;* Hit *m* (*Buch, Schlager etc.*); **~·and-run**: **~ *driver*** (unfall)flüchtiger Fahrer; **~ *offence*** (*Am.* **offense**) Fahrerflucht *f*

hitch [hɪtʃ] **1.** befestigen, festmachen, -haken, anbinden, ankoppeln (*to* an *acc.*); **~ *up*** hochziehen; **~ *a ride od. lift*** im Auto mitgenommen werden; F → **hitchhike; 2.** Ruck *m*, Zug *m*; Schwierigkeit *f*, Haken *m*; **without a ~** glatt, reibungslos; '**~·hike** per Anhalter fahren, trampen; '**~·hik·er** Anhalter(in), Tramper(in)

hi-tech [haɪ'tek] → **high tech**

HIV [eɪtʃ aɪ 'vi:]: **~ *carrier*** HIV-Positive(r *m*) *f;* **~ *negative* (*positive*)** HIV-negativ (-positiv)

hive [haɪv] Bienenstock *m;* Bienenschwarm *m*

HM [eɪtʃ 'em] *Abk. für* **His/Her Majesty** Seine/Ihre Majestät

HMS ['eɪtʃ em es] *Abk. für* **His/Her Majesty's Ship** Seiner/Ihrer Majestät Schiff

hoard [hɔːd] **1.** Vorrat *m*, Schatz *m*; **2.** *a.* **~ *up*** horten, hamstern

hoard·ing ['hɔːdɪŋ] Bauzaun *m; Brt.* Reklametafel *f*

hoar·frost ['hɔːfrɒst] (Rau)Reif *m*

hoarse [hɔːs] (**~r, ~st**) heiser, rau

hoax [həʊks] **1.** Falschmeldung *f;* (übler) Scherz; **2.** *j-n* hereinlegen

hob·ble ['hɒbl] humpeln, hinken

hob·by ['hɒbɪ] Hobby *n*, Steckenpferd *n;* '**~·horse** Steckenpferd *n* (*a. fig.*)

hob·gob·lin ['hɒbgɒblɪn] Kobold *m*

ho·bo *Am.* F ['həʊbəʊ] (*pl.* **-boes, -bos**) Landstreicher *m*, Tippelbruder *m*

hock¹ [hɒk] weißer Rheinwein

hock² [hɒk] Sprunggelenk *n* (*Pferd etc.*)

hock·ey ['hɒkɪ] Sport: *bsd. Brt.* Hockey *n; bsd. Am.* Eishockey *n*

hoe *agr.* [həʊ] **1.** Hacke *f;* **2.** hacken

hog [hɒg] (Haus-, Schlacht)Schwein *n*

hoist [hɔɪst] **1.** hochziehen; hissen; **2.** (Lasten)Aufzug *m*, Winde *f*

hold [həʊld] **1.** (*held*) halten; (fest)halten; *Gewicht etc.* tragen, (aus)halten; zurück-, abhalten (*from* von); *Wahlen, Versammlung etc.* abhalten; *Stellung* halten; *Sport: Meisterschaft etc.* austragen; *Aktien, Rechte etc.* besitzen; *Amt* bekleiden; *Platz* einnehmen; *Rekord* halten; fassen, enthalten; Platz bieten für; der Ansicht sein (**that** dass); halten für; fesseln, in Spannung halten; (aus)halten; (sich) festhalten; anhalten, andauern (*Wetter, Glück etc.*); **~ *one's ground*, ~ *one's own*** sich behaupten; **~ *the line*** *tel.* am Apparat bleiben; **~ *responsible*** verantwortlich machen; **~ *still*** stillhalten; **~ *s.th. against s.o.*** j-m *et.* vorhalten *od.* vorwerfen; j-m *et.* übel nehmen *od.* nachtragen; **~ *back*** (sich) zurückhalten; *fig.* zurückhalten mit; **~ *on*** (sich) festhalten (**to** an *dat.*); aus-, durchhalten; andauern; *tel.* am Apparat bleiben; **~ *out*** aus-, durchhalten; reichen (*Vorräte etc.*); **~ *up*** hochheben; hochhalten; hinstellen (**as** als *Beispiel etc.*); aufhalten, verzögern; *j-n, Bank etc.* überfallen; **2.** Griff *m*, Halt *m*; Stütze *f;* Gewalt *f,* Macht *f,* Einfluss *m; naut.* Lade-, Frachtraum *m*; **catch** (**get, take**) **~ *of s.th.*** *et.* ergreifen *od.* zu fassen bekommen; '**~·er** Halter *m* (*Gerät*); Inhaber(in) (*bsd. econ.*); '**~·ing** Besitz *m* (*an Effekten etc.*); **~ *company*** *econ.* Holding-, Dachgesellschaft *f;* '**~·up** (Verkehrs)Stockung *f;* (bewaffneter) (Raub)Überfall

hole [həʊl] **1.** Loch *n;* Höhle *f,* Bau *m; fig.* F Klemme *f;* **2.** durchlöchern

hol·i·day ['hɒlədɪ] Feiertag *m;* freier Tag; *bsd. Brt. mst* **~s** *pl.* Ferien *pl.,* Urlaub *m;* **be on ~** im Urlaub sein, Urlaub machen; '**~ *home*** Ferienhaus *n,* -wohnung *f;* '**~·mak·er** Urlauber(in)

ho·li·ness ['həʊlɪnɪs] Heiligkeit *f;* **His *2*** Seine Heiligkeit (*der Papst*)

hol·ler *Am.* F ['hɒlə] schreien

hol·low ['hɒləʊ] **1.** hohl; **2.** Hohlraum *m,* (Aus)Höhlung *f*; Mulde *f*, Vertiefung *f;* **3. ~ *out*** aushöhlen

hol·ly *bot.* ['hɒlɪ] Stechpalme *f*

hol·o·caust ['hɒləkɔːst] Massenvernichtung *f*, -sterben *n*, (*bsd.* Brand)Katastrophe *f*; **the** ⁁ *hist.* der Holocaust

hol·ster ['həʊlstə] (Pistolen)Halfter *m, n*

ho·ly ['həʊlɪ] (*-ier, -iest*) heilig; ~ '**wa·ter** Weihwasser *n*; ⁁ **Week** Karwoche *f*

home [həʊm] **1.** Heim *n*; Haus *n*; Wohnung *f*; Zuhause *n*; Heimat *f*; **at** ~ zu Hause, östr., Schweiz: a. zuhause; *make oneself at* ~ es sich bequem machen; **at** ~ **and abroad** im In- u. Ausland; **2.** *adj.* häuslich, Heim...; inländisch, Inlands...; Heimat...; Sport: Heim...; **3.** *adv.* heim, nach Hause, östr., Schweiz: a. nachhause; zu Hause, östr., Schweiz: a. zuhause, daheim; *fig.* ins Ziel *od.* Schwarze; *strike* ~ sitzen, treffen; ~ '**com·put·er** Heimcomputer *m*; '~**less** heimatlos; obdachlos; '~**ly** (*-ier, -iest*) einfach; *Am.* unscheinbar, reizlos; ~**made** selbst gemacht, Hausmacher...; ~'**mar·ket** Binnenmarkt *m*; ⁁ **Of·fice** *Brt. pol.* Innenministerium *n*; ⁁ **Sec·re·ta·ry** *Brt. pol.* Innenminister *m*; '~**sick: be** ~ Heimweh haben; '~**sick·ness** Heimweh *n*; ~ '**team** Sport: Gastgeber *pl.*; ~**ward** ['həʊmwəd] *adj.* Heim..., Rück...; '~**ward(s)** *adv.* heimwärts, nach Hause, östr., Schweiz: a. nachhause; '~**work** Hausaufgaben (*pl.*) *f*; *do one's* ~ s-e Hausaufgaben machen (*a. fig.*)

hom·i·cide *jur.* ['hɒmɪsaɪd] Mord *m*; Totschlag *m*; Mörder(in) *f*; ~ **squad** Mordkommission *f*

ho·mo·ge·ne·ous [hɒməˈdʒiːnjəs] homogen, gleichartig

ho·mo·sex·u·al [hɒməʊˈseksjʊəl] **1.** homosexuell; **2.** Homosexuelle(r *m*) *f*

hone *tech.* [həʊn] fein schleifen

hon|·est ['ɒnɪst] ehrlich, rechtschaffen, aufrichtig; '~**es·ty** Ehrlichkeit *f*; Rechtschaffenheit *f*; Aufrichtigkeit *f*

hon·ey ['hʌnɪ] Honig *m*; *Am.* Liebling *m*, Schatz *m*; ~**comb** ['hʌnɪkəʊm] (Honig)Wabe *f*; ~**ed** ['hʌnɪd] honigsüß; '~**moon 1.** Flitterwochen *pl.*, Hochzeitsreise *f*; **2. be** ~**ing** auf Hochzeitsreise sein

honk *mot.* [hɒŋk] hupen

hon·ky-tonk *Am.* ['hɒŋkɪtɒŋk] Spelunke *f*

hon·or·a·ry ['ɒnərərɪ] Ehren...; ehrenamtlich

hon·o(u)r ['ɒnə] **1.** Ehre *f*; Ehrung *f*; Ehre(n *pl.*) *f*; ~**s** *pl.* besondere Auszeichnung(en *pl.*); *Your* ⁁ Euer Ehren; **2.** ehren; auszeichnen; *econ.* Scheck *etc.* honorieren, einlösen; ~'**a·ble** ['ɒnərəbl] ehrenvoll, -haft; ehrenwert

hood [hʊd] Kapuze *f*; *mot.* Verdeck *n*; *Am.* (Motor)Haube *f*; *tech.* (Schutz-)Haube *f*

hood·lum *sl.* ['huːdləm] Rowdy *m*; Ganove *m*

hood·wink ['hʊdwɪŋk] hinters Licht führen

hoof [huːf] (*pl.* **hoofs** [huːfs], **hooves** [huːvz]) Huf *m*

hook [hʊk] **1.** Haken *m*; Angelhaken *m*; *by* ~ *or by crook* F mit allen Mitteln; **2.** an-, ein-, fest-, zuhaken; angeln (*a. fig.*); ~**ed** [hʊkt] krumm, Haken...; F süchtig (**on** nach) (*a. fig.*); ~ **on heroin** (*television*) heroin- (fernseh)süchtig; '~**y: play** ~ *bsd. Am.* F (die Schule) schwänzen

hoo·li|·gan ['huːlɪɡən] Rowdy *m*; ~**is·m** ['huːlɪɡənɪzəm] Rowdytum *n*

hoop [huːp] Reif(en) *m*

hoot [huːt] **1.** Schrei *m* (*der Eule*); *mot.* Hupen *n*; höhnisches, johlender Schrei; **2.** *v/i.* heulen; johlen; *mot.* hupen; *v/t.* auspfeifen, -zischen

Hoo·ver® ['huːvə] **1.** Staubsauger *m*; *mst* ⁁ (staub)saugen

hooves [huːvz] *pl. von* **hoof**

hop¹ [hɒp] **1.** (*-pp-*) hüpfen, hopsen; hüpfen über (*acc.*); *be* ~**ping mad** F e-e Stinkwut haben; **2.** Sprung *m*

hop² *bot.* [hɒp] Hopfen *m*

hope [həʊp] **1.** Hoffnung *f* (*of auf acc.*); **2.** hoffen (*for auf acc.*); ~ *for the best* das Beste hoffen; *I* ~ **so, let's** ~ **so** *in Antworten:* hoffentlich; '~**ful: be** ~ *that* hoffen, dass; '~**ful·ly** hoffnungsvoll; hoffentlich; '~**less** hoffnungslos; verzweifelt

hop·scotch ['hɒpskɒtʃ] Himmel u. Hölle (*Kinderspiel*)

ho·ri·zon [həˈraɪzn] Horizont *m*

hor·i·zon·tal [hɒrɪˈzɒntl] horizontal, waag(e)recht

hor·mone *biol.* ['hɔːməʊn] Hormon *n*

horn

horn [hɔːn] Horn *n*; *mot.* Hupe *f*; **~s** *pl.* Geweih *n*
hor·net *zo.* ['hɔːnɪt] Hornisse *f*
horn·y ['hɔːnɪ] (*-ier, -iest*) schwielig; V geil (*Mann*)
hor·o·scope ['hɒrəskəʊp] Horoskop *n*
hor·ri·ble ['hɒrəbl] schrecklich, furchtbar, scheußlich; **~·rid** *bsd. Brt.* ['hɒrɪd] grässlich, abscheulich; schrecklich; **~·rif·ic** [hɒ'rɪfɪk] (**~ally**) schrecklich, entsetzlich; **~·ri·fy** ['hɒrɪfaɪ] entsetzen; **~·ror** ['hɒrə] Entsetzen *n*; Abscheu *m*, Horror *m*; F Greuel *m*
horse [hɔːs] *zo.* Pferd *n*; Bock *m*, Gestell *n*; *wild ~s couldn't drag me there* keine zehn Pferde bringen mich dort hin; '**~·back**: *on ~* zu Pferde, beritten; '**~·chest·nut** *bot.* Rosskastanie *f*; '**~·hair** Rosshaar *n*; '**~·man** (*pl. -men*) (geübter) Reiter; '**~·pow·er** *phys.* Pferdestärke *f*; '**~ race** Pferderennen *n* (*einzelnes Rennen*); '**~ rac·ing** Pferderennen *n od. pl.*; '**~·rad·ish** Meerrettich *m*; '**~·shoe** Hufeisen *n*; '**~·wom·an** (*pl. -women*) (geübte) Reiterin
hor·ti·cul·ture ['hɔːtɪkʌltʃə] Gartenbau *m*
hose¹ [həʊz] Schlauch *m*
hose² [həʊz] *pl.* Strümpfe *pl.*, Strumpfwaren *pl.*; △ *nicht* Hose
ho·sier·y ['həʊʒərɪ] Strumpfwaren *pl.*
hos·pice ['hɒspɪs] Sterbeklinik *f*
hos·pi·ta·ble ['hɒspɪtəbl] gastfreundlich
hos·pi·tal ['hɒspɪtl] Krankenhaus *n*, Klinik *f*; *in* (*Am. in the*) *~* im Krankenhaus
hos·pi·tal·i·ty [hɒspɪ'tælətɪ] Gastfreundschaft *f*
hos·pi·tal·ize ['hɒspɪtəlaɪz] ins Krankenhaus einliefern *od.* einweisen
host¹ [həʊst] 1. Gastgeber *m*; *biol.* Wirt *m* (*Tier od. Pflanze*); Rundfunk, TV: Talkmaster *m*, Showmaster *m*, Moderator(in); *your ~ was ...* durch die Sendung führte Sie ...; 2. *Rundfunk, TV*: *Sendung* moderieren
host² [həʊst] Menge *f*, Masse *f*
host³ *rel.* [həʊst] *oft* 2 Hostie *f*
hos·tage ['hɒstɪdʒ] Geisel *m*, *f*; *take s.o. ~* j-n als Geisel nehmen
hos·tel ['hɒstl] *bsd. Brt.* (Studenten *etc.*)(Wohn)Heim *n*; *mst* **youth ~** Jugendherberge *f*
host·ess ['həʊstɪs] Gastgeberin *f*; Hostess *f* (*Betreuerin*; *a. aviat.*); *aviat.* Stewardess *f*
hos·tile ['hɒstaɪl] feindlich; feindselig (**to** gegen); **~ to foreigners** ausländerfeindlich; **~·til·i·ty** [hɒ'stɪlətɪ] Feindseligkeit *f* (**to** gegen); **~ to foreigners** Ausländerfeindlichkeit *f*
hot [hɒt] (-*tt*-) heiß; scharf (*Gewürze*); beißend; warm, heiß (*Speisen*); hitzig, heftig; ganz neu *od.* frisch (*Nachrichten etc.*); F heiß (*gestohlen*); '**~·bed** Mistbeet *n*; *fig.* Brutstätte *f*
hotch·potch ['hɒtʃpɒtʃ] Mischmasch *m*
hot 'dog Hot Dog *n*, *m*
ho·tel [həʊ'tel] Hotel *n*
'**hot·head** Hitzkopf *m*; '**~·house** Treib-, Gewächshaus *n*; '**~ line** *pol.* heißer Draht; *tel.* Hotline *f*; '**~ spot** *bsd. pol.* Unruhe-, Krisenherd *m*; **~·water bot·tle** Wärmflasche *f*
hound *zo.* [haʊnd] Jagdhund *m*
hour ['aʊə] Stunde *f*; **~s** *pl.* (*Arbeits*)Zeit *f*, (*Geschäfts*)Stunden *pl.*; '**~·ly** stündlich
house 1. [haʊs] Haus *n*; **2.** [haʊz] unterbringen; '**~·bound** *fig.* ans Haus gefesselt; '**~·break·ing** Einbruch *m*; '**~·hold** Haushalt *m*; Haushalts...; '**hus·band** Hausmann *m*; '**~·keep·er** Haushälterin *f*; '**~·keep·ing** Haushaltung *f*, Haushaltsführung *f*; '**~·maid** Hausangestellte *f*, -mädchen *n*; '**~·man** (*pl. -men*) *Brt.* Assistenzarzt *m*, -ärztin *f*; △ *nicht* Hausmann; '**~ warm·ing (par·ty)** Einzugsparty *f*; '**~·wife** (*pl. -wives*) Hausfrau *f*; '**~·work** Hausarbeit *f*; △ *nicht* Hausaufgabe(n)
hous·ing ['haʊzɪŋ] Wohnung *f*; '**~ de·vel·op·ment** *Am.*, '**~ es·tate** *Brt.* Wohnsiedlung *f*
hove [həʊv] *pret. u. p.p. von* **heave** 2
hov·er ['hɒvə] schweben; herumlungern; *fig.* schwanken; '**~·craft** (*pl. -craft*[s]) Hovercraft *n*, Luftkissenfahrzeug *n*
how [haʊ] wie; *~ are you?* wie geht es dir?; *~ about ...?* wie steht's mit ...?, wie wäre es mit ...?; *~ do you do?* *bei der Vorstellung*: guten Tag!; *~ much?* wie viel?; *~ many* wie viele
how·dy *Am. int.* F ['haʊdɪ] Tag!
how·ev·er [haʊ'evə] **1.** *adv.* wie auch (immer); **2.** *cj.* jedoch

howl [haʊl] **1.** heulen; brüllen, schreien; **2.** Heulen *n*; '~**er** F grober Schnitzer

HP [eɪtʃ 'piː] *Abk. für* **horsepower** PS, Pferdestärke *f*; *Abk. für* **hire purchase** *Brt.* Ratenkauf *m*

HQ [eɪtʃ 'kjuː] *Abk. für* **headquarters** Hauptquartier *n*

hr (*pl.* **hrs**) *nur geschr. Abk. für* **hour** Std., Stunde *f*

HRH [eɪtʃ ɑː(r) 'eɪtʃ] *Abk. für* **His/Her Royal Highness** Seine/Ihre Königliche Hoheit

hub [hʌb] (Rad)Nabe *f*; *fig.* Mittel-, Angelpunkt *m*

hub·bub ['hʌbʌb] Stimmengewirr *n*; Tumult *m*

hub·by F ['hʌbɪ] (Ehe)Mann *m*

huck·le·ber·ry *bot.* ['hʌklberɪ] amerikanische Heidelbeere

huck·ster ['hʌkstə] Hausierer(in)

hud·dle ['hʌdl]: ~ **together** (sich) zusammendrängen; ~**d up** zusammengekauert

hue[1] [hjuː] Farbe *f*; (Farb)Ton *m*

hue[2] [hjuː]: ~ **and cry** *fig.* großes Geschrei, heftiger Protest

huff [hʌf]: **in a** ~ verärgert, -stimmt

hug [hʌɡ] **1.** (*-gg-*) (sich) umarmen; an sich drücken; **2.** Umarmung *f*

huge [hjuːdʒ] riesig, riesengroß

hulk [hʌlk] Koloss *m*; ungeschlachter Kerl *m. Riese*; sperriges Ding

hull [hʌl] **1.** *bot.* Schale *f*, Hülse *f*; *naut.* Rumpf *m*; **2.** enthülsen, schälen

hul·la·ba·loo ['hʌləbəluː] (*pl.* **-loos**) Lärm *m*, Getöse *n*

hul·lo *int.* [həˈləʊ] hallo!

hum [hʌm] (*-mm-*) summen; brummen

hu·man ['hjuːmən] **1.** menschlich, Menschen...; ⚠ *nicht* **human**; **2.** *a.* ~ **being** Mensch *m*; ~**e** [hjuːˈmeɪn] human, menschlich; ~**i·tar·i·an** [hjuːmænɪˈteərɪən] humanitär, menschenfreundlich; ~**i·ty** [hjuːˈmænətɪ] die Menschheit, die Menschen *pl.*; Humanität *f*, Menschlichkeit *f*; **humanities** *pl.* Geisteswissenschaften *pl.*; Altphilologie *f*; '~**ly**: ~ **possible** menschenmöglich; ~ **rights** *pl.* Menschenrechte *pl.*

hum·ble ['hʌmbl] **1.** (~*r*, ~*st*) demütig; bescheiden; **2.** demütigen; '~**ness** Demut *f*

hum·drum ['hʌmdrʌm] eintönig, langweilig

hu·mid ['hjuːmɪd] feucht, nass; ~**i·ty** [hjuːˈmɪdətɪ] Feuchtigkeit *f*

hu·mil·i·ate [hjuːˈmɪlɪeɪt] demütigen, erniedrigen; ~**a·tion** [hjuːmɪlɪˈeɪʃn] Demütigung *f*, Erniedrigung *f*; ~**ty** [hjuːˈmɪlətɪ] Demut *f*

hum·ming·bird *zo.* ['hʌmɪŋbɜːd] Kolibri *m*

hu·mor·ous ['hjuːmərəs] humorvoll, komisch

hu·mo(u)r ['hjuːmə] **1.** Humor *m*; Komik *f*; **2.** *j-m* s-n Willen lassen; eingehen auf (*acc.*)

hump [hʌmp] Höcker *m* (*e-s Kamels*), Buckel *m*; '~**back(ed)** → **hunchback(ed)**

hunch [hʌntʃ] **1.** → **hump**; dickes Stück; (Vor)Ahnung *f*; **2.** *a.* ~ **up** krümmen; ~ **one's shoulders** die Schultern hochziehen; '~**back** Buckel *m*; Bucklige(r *m*) *f*; '~**backed** buck(e)lig

hun·dred ['hʌndrəd] **1.** hundert; **2.** Hundert *f*; ~**th** ['hʌndrəθ] **1.** hundertste(r, -s); **2.** Hundertstel *n*; '~**weight** *etwa* Zentner *m* (= *50,8 kg*)

hung [hʌŋ] *pret. u. p.p. von* **hang**[1]

Hun·ga·ri·an [hʌŋˈɡeərɪən] **1.** ungarisch; **2.** Ungar(in); *ling.* Ungarisch *n*;

Hun·ga·ry ['hʌŋɡərɪ] Ungarn *n*

hun·ger ['hʌŋɡə] **1.** Hunger *m* (*a. fig.* **for** nach); **2.** *fig.* hungern (**for**, **after** nach); '~ **strike** Hungerstreik *m*

hun·gry ['hʌŋɡrɪ] (*-ier*, *-iest*) hungrig

hunk [hʌŋk] dickes *od.* großes Stück

hunt [hʌnt] **1.** jagen; Jagd machen auf (*acc.*); verfolgen; suchen (**for**, **after** nach); ~ **for** Jagd machen auf (*acc.*); ~ **out**, ~ **up** aufspüren; **2.** Jagd *f* (*a. fig.*), Jagen *n*; Verfolgung *f*; Suche *f* (**for**, **after** nach); '~**er** Jäger *m*; Jagdpferd *n*; '~**ing** Jagen *n*; Jagd...; '~**ing ground** Jagdrevier *n*

hur·dle ['hɜːdl] *Sport:* Hürde *f* (*a. fig.*); '~**r** *Sport:* Hürdenläufer(in); '~ **race** *Sport:* Hürdenrennen *n*

hurl [hɜːl] schleudern; ~ **abuse at s.o.** j-m Beleidigungen ins Gesicht schleudern

hur|rah *int.* [hʊˈrɑː], ~**ray** *int.* [hʊˈreɪ] hurra!

hur·ri·cane ['hʌrɪkən] Hurrikan *m*, Wirbelsturm *m*; Orkan *m*

hur·ried ['hʌrɪd] eilig, hastig, übereilt

hur·ry ['hʌrɪ] **1.** *v/t.* schnell *od.* eilig be-

hurt

fördern *od.* bringen; *oft* ~ **up** *j-n* antreiben, hetzen; *et.* beschleunigen; *v/i.* eilen, hasten; ~ (**up**) sich beeilen; ~ **up!** (mach) schnell!; **2.** (große) Eile, Hast *f*; *be in a* ~ es eilig haben

hurt [hɜːt] (*hurt*) verletzen, -wunden (*a. fig.*); schmerzen, weh tun; schaden (*dat.*); '~**ful** verletzend

hus·band ['hʌzbənd] (Ehe)Mann *m*

hush [hʌʃ] **1.** *int.* still!; **2.** Stille *f*; **3.** zum Schweigen bringen; △ *nicht huschen;* ~ **up** vertuschen; '~ **mon·ey** Schweigegeld *n*

husk [hʌsk] *bot.* **1.** Hülse *f*, Schote *f*, Schale *f*; **2.** enthülsen, schälen

'hus·ky (*-ier*, *-iest*) heiser, rau (*Stimme*); F stämmig, kräftig

hus·sy ['hʌsɪ] Fratz *m*, Göre *f*; Flittchen *n*

hus·tle ['hʌsl] **1.** (*in aller Eile*) wohin bringen *od.* schicken; hasten, hetzen; sich beeilen; **2.** ~ *and bustle* Gedränge *n*; Gehetze *n*; Betrieb *m*, Wirbel *m*

hut [hʌt] Hütte *f*

hutch [hʌtʃ] (*bsd. Kaninchen*)Stall *m*

hy·a·cinth *bot.* ['haɪəsɪnθ] Hyazinthe *f*

hy·ae·na *zo.* [haɪ'iːnə] Hyäne *f*

hy·brid *biol.* ['haɪbrɪd] Mischling *m*, Kreuzung *f*

hy·drant ['haɪdrənt] Hydrant *m*

hy·drau·lic [haɪ'drɔːlɪk] (*~ally*) hydraulisch; ~**s** *sg.* Hydraulik *f*

hy·dro... ['haɪdrə] Wasser...; ~'**car·bon** Kohlenwasserstoff *m*; ~'**chlor·ic**

148

ac·id [haɪdrə'klɒrɪk 'æsɪd] Salzsäure *f*; '~**foil** *naut.* Tragflächen-, Tragflügelboot *n*; ~**gen** ['haɪdrədʒən] Wasserstoff *m*; '~**gen bomb** Wasserstoffbombe *f*; '~**plane** *aviat.* Wasserflugzeug *n*; *naut.* Gleitboot *n*; ~**'plan·ing** *Am. mot.* Aquaplaning *n*

hy·e·na *zo.* [haɪ'iːnə] Hyäne *f*

hy·giene ['haɪdʒiːn] Hygiene *f*

hy·gien·ic [haɪ'dʒiːnɪk] (*~ally*) hygienisch

hymn [hɪm] Kirchenlied *n*, Choral *m*

hype F [haɪp] **1.** *a.* ~ **up** (übersteigerte) Publicity machen für; **2.** (übersteigerte) Publicity; *media* ~ Medienrummel *m*

hy·per... ['haɪpə] hyper..., übermäßig; '~**mar·ket** *Brt.* Groß-, Verbrauchermarkt *m*; ~'**sen·si·tive** überempfindlich (*to* gegen)

hy·phen ['haɪfn] Bindestrich *m*; ~**ate** ['haɪfəneɪt] mit Bindestrich schreiben

hyp·no·tize ['hɪpnətaɪz] hypnotisieren

hy·po·chon·dri·ac [haɪpə'kɒndrɪæk] Hypochonder *m*

hy·poc·ri·sy [hɪ'pɒkrəsɪ] Heuchelei *f*; **hyp·o·crite** ['hɪpəkrɪt] Heuchler(in); **hyp·o·crit·i·cal** [hɪpə'krɪtɪkl] heuchlerisch, scheinheilig

hy·poth·e·sis [haɪ'pɒθɪsɪs] (*pl.* -ses [-siːz]) Hypothese *f*

hys·te·ri·a *med.* [hɪ'stɪərɪə] Hysterie *f*; ~**ter·i·cal** [hɪ'sterɪkl] hysterisch; ~**ter·ics** [hɪ'sterɪks] *pl.* hysterischer Anfall; *go into* ~ hysterisch werden

---

I

I, i [aɪ] I, i *n*

I [aɪ] ich; *it is* ~ ich bin es

IC [aɪ 'siː] *Abk. für integrated circuit* integrierter Schaltkreis

ice [aɪs] **1.** Eis *n*; **2.** *Getränke etc.* mit *od.* in Eis kühlen; *gastr.* glasieren, mit Zuckerguss überziehen; ~**d over** zugefroren (*See etc.*); ~**d up** vereist (*Straße*); '~ **age** Eiszeit *f*; ~'**berg** ['aɪsbɜːg] Eisberg *m* (*a. fig.*); '~**bound** eingefroren (*Hafen, Schiff*); ~ '**cream** (Speise)Eis

n; ~**cream 'par·lo(u)r** Eisdiele *f*; '~ **cube** Eiswürfel *m*; '~ **floe** Eisscholle *f*; ~**d** eisgekühlt; '~ **hock·ey** *Sport:* Eishockey *n*; '~ **lol·ly** *Brt.* Eis *n* am Stiel; '~ **rink** (Kunst)Eisbahn *f*; '~ **skate** Schlittschuh *m*; '~**skate** Schlittschuh laufen; '~ **show** Eisrevue *f*

i·ci·cle ['aɪsɪkl] Eiszapfen *m*

ic·ing ['aɪsɪŋ] Glasur *f*, Zuckerguss *m*

i·con ['aɪkɒn] Ikone *f*; *Computer:* Ikone *f*, (Bild)Symbol *n*

i·cy ['aɪsɪ] (*-ier, -iest*) eisig; vereist
ID [aɪ 'diː] *Abk. für* **identity** Identität *f*; **ID card** (Personal)Ausweis *m*
i·dea [aɪ'dɪə] Idee *f*, Vorstellung *f*, Begriff *m*; Gedanke *m*, Idee *f*; **have no ~** keine Ahnung haben
i·deal [aɪ'dɪəl] **1.** ideal; **2.** Ideal *n*; **~·ism** [aɪ'dɪəlɪzəm] Idealismus *m*; **~·ize** [aɪ'dɪəlaɪz] idealisieren
i·den·ti·cal [aɪ'dentɪkl] identisch (**to, with** mit); **~ 'twins** *pl.* eineiige Zwillinge *pl.*
i·den·ti·fi·ca·tion [aɪdentɪfɪ'keɪʃn] Identifizierung *f*; **~ (pa·pers** *pl.*) Ausweis(papiere *pl.*) *m*
i·den·ti·fy [aɪ'dentɪfaɪ] identifizieren; **~ o.s.** sich ausweisen
i·den·ti·kit® pic·ture *Brt. jur.* [aɪ'dentɪkɪt -] Phantombild *n*
i·den·ti·ty [aɪ'dentətɪ] Identität *f*; **~ card** (Personal)Ausweis *m*
i·de|·o·log·i·cal [aɪdɪə'lɒdʒɪkl] ideologisch; **~·ol·o·gy** [aɪdɪ'ɒlədʒɪ] Ideologie *f*
id·i·om ['ɪdɪəm] Idiom *n*, idiomatischer Ausdruck, Redewendung *f*; **~·o·mat·ic** [ɪdɪə'mætɪk] (**~ally**) idiomatisch
id·i·ot ['ɪdɪət] *med.* Idiot(in), *contp. a.* Trottel *m*; **~·ic** [ɪdɪ'ɒtɪk] (**~ally**) idiotisch
i·dle ['aɪdl] **1.** (**~r, ~st**) untätig; faul, träge; nutzlos; leer, hohl (*Geschwätz*); *tech.* stillstehend, außer Betrieb; *tech.* leer laufend, im Leerlauf; **2.** faulenzen; leer laufen; *mst* **~ away** *Zeit* vertrödeln
i·dol ['aɪdl] Idol *n* (*a. fig.*); Götzenbild *n*; **~·ize** ['aɪdəlaɪz] abgöttisch verehren, vergöttern
i·dyl·lic [aɪ'dɪlɪk] (**~ally**) idyllisch
i.e. [aɪ 'iː] *Abk. für* **that is to say** (*lateinisch id est*) d.h., das heißt
if [ɪf] wenn, falls; ob; **~ I were you** wenn ich du wäre
ig·loo ['ɪgluː] (*pl.* **-loos**) Iglu *m, n*
ig·nite [ɪg'naɪt] anzünden, (sich) entzünden; *mot., tech.* zünden
ig·ni·tion [ɪg'nɪʃn] Zündung *f*; **~ key** Zündschlüssel *m*
ig·no·min·i·ous [ɪgnə'mɪnɪəs] schändlich, schmachvoll
ig·no·rance ['ɪgnərəns] Unkenntnis *f*, Unwissenheit *f*; **'ig·no·rant: be ~ of s.th.** et. nicht wissen *od.* kennen, nichts wissen von et.; **ig·nore** [ɪg'nɔː] ignorieren, nicht beachten

ill [ɪl] **1.** (**worse, worst**) krank; schlecht; **fall ~, be taken ~** krank werden, erkranken; **2. ~s** *pl.* Übel *n*; **~·ad'vised** schlecht beraten; unklug; **~'bred** schlecht erzogen; ungezogen
il·le·gal [ɪ'liːgl] verboten; *jur.* illegal, ungesetzlich; **~ parking** Falschparken *n*
il·le·gi·ble [ɪ'ledʒəbl] unleserlich
il·le·git·i·mate [ɪlɪ'dʒɪtɪmət] unehelich; unrechtmäßig
ill·'fat·ed unglücklich, Unglücks...; **~'hu·mo(u)red** schlecht gelaunt
il·lic·it [ɪ'lɪsɪt] unerlaubt, verboten
il·lit·e·rate [ɪ'lɪtərət] ungebildet
ill|·'man·nered ungehobelt, ungezogen; **~'na·tured** boshaft, bösartig
'ill·ness Krankheit *f*
ill|·'tem·pered schlecht gelaunt, übellaunig; **~'timed** ungelegen, unpassend; **~'treat** misshandeln
il·lu·mi|·nate [ɪ'ljuːmɪneɪt] beleuchten; **~·nat·ing** aufschlussreich; **~·na·tion** [ɪljuːmɪ'neɪʃn] Beleuchtung *f*; **~s** *pl.* Illumination *f*, Festbeleuchtung *f*
il·lu·sion [ɪ'luːʒn] Illusion *f*, Täuschung *f*; **~·sive** [ɪ'luːsɪv], **~·so·ry** [ɪ'luːsərɪ] illusorisch, trügerisch
il·lus|·trate ['ɪləstreɪt] illustrieren; bebildern; erläutern, veranschaulichen; **~·tra·tion** [ɪlə'streɪʃn] Erläuterung *f*; Illustration *f*, Bild *n*, Abbildung *f*; **~·tra·tive** ['ɪləstrətɪv] erläuternd
il·lus·tri·ous [ɪ'lʌstrɪəs] berühmt
ill 'will Feindschaft *f*
im·age ['ɪmɪdʒ] Bild *n*; Ebenbild *n*; Image *n*; bildlicher Ausdruck, Metapher *f*; **im·ag·e·ry** ['ɪmɪdʒərɪ] Bildersprache *f*, Metaphorik *f*
i·ma·gi·na·ble [ɪ'mædʒɪnəbl] vorstellbar, denkbar; **~·ry** [ɪ'mædʒɪnərɪ] eingebildet, imaginär; **~·tion** [ɪmædʒɪ'neɪʃn] Einbildung(skraft) *f*; **~·tive** [ɪ'mædʒɪnətɪv] ideen-, einfallsreich; fantasievoll; **i·ma·gine** [ɪ'mædʒɪn] sich *j-n od.* et. vorstellen; sich et. einbilden
im·bal·ance [ɪm'bæləns] Unausgewogenheit *f*, *pol. etc.* Ungleichgewicht *n*
im·be·cile ['ɪmbɪsiːl] Idiot *m*, Trottel *m*
IMF [aɪ em 'ef] *Abk. für* **International Monetary Fund** Internationaler Währungsfonds
im·i·tate ['ɪmɪteɪt] nachahmen, nach-

imitation

machen, imitieren; **~·ta·tion** [ɪmɪˈteɪʃn] **1.** Nachahmung *f*, Imitation *f*; **2.** nachgemacht, unecht, künstlich, Kunst...
im·mac·u·late [ɪˈmækjʊlət] unbefleckt, makellos; tadel-, fehlerlos
im·ma·te·ri·al [ɪməˈtɪərɪəl] unwesentlich, unerheblich (**to** für)
im·ma·ture [ɪməˈtjʊə] unreif
im·meas·u·ra·ble [ɪˈmeʒərəbl] unermesslich
im·me·di·ate [ɪˈmiːdjət] unmittelbar; sofortig, umgehend; nächste(r, -s) (*Verwandtschaft*); **~·ly** unmittelbar; sofort
im·mense [ɪˈmens] riesig, *fig. a.* enorm, immens
im·merse [ɪˈmɜːs] (ein)tauchen; **~ o.s. in** sich vertiefen in (*acc.*); **im·mer·sion** [ɪˈmɜːʃn] Eintauchen *n*; **im·mer·sion heat·er** Tauchsieder *m*
im·mi·grant [ˈɪmɪgrənt] Einwander|er *m*, -in *f*, Immigrant(in); **~·grate** [ˈɪmɪgreɪt] einwandern, immigrieren (**into** in *acc.*); **~·gra·tion** [ɪmɪˈgreɪʃn] Einwanderung *f*, Immigration *f*
im·mi·nent [ˈɪmɪnənt] nahe bevorstehend, drohend; **~ danger** drohende Gefahr
im·mo·bile [ɪˈməʊbaɪl] unbeweglich
im·mod·e·rate [ɪˈmɒdərət] maßlos
im·mod·est [ɪˈmɒdɪst] unbescheiden; schamlos, unanständig
im·mor·al [ɪˈmɒrəl] unmoralisch
im·mor·tal [ɪˈmɔːtl] **1.** unsterblich; **2.** Unsterbliche(r *m*) *f*; **~·i·ty** [ɪmɔːˈtælətɪ] Unsterblichkeit *f*
im·mo·va·ble [ɪˈmuːvəbl] unbeweglich; *fig.* unerschütterlich; hart, unnachgiebig
im·mune [ɪˈmjuːn] immun (**to** gegen); geschützt (**from** vor, gegen); **im·mu·ni·ty** [ɪˈmjuːnətɪ] Immunität *f*; **im·mu·nize** [ˈɪmjʊnaɪz] immunisieren, immun machen (**against** gegen)
imp [ɪmp] Teufelchen *n*; *fig.* F Kobold *m*; Racker *m*
im·pact [ˈɪmpækt] Zusammen-, Anprall *m*; Aufprall *m*; *fig.* (Ein)Wirkung *f*, (starker) Einfluss (**on** auf *acc.*)
im·pair [ɪmˈpeə] beeinträchtigen
im·part [ɪmˈpɑːt] (**to** *dat.*) mitteilen; vermitteln
im·par·tial [ɪmˈpɑːʃl] unparteiisch, unvoreingenommen; **~·ti·al·i·ty** [ɪmpɑːʃɪˈælətɪ] Unparteilichkeit *f*, Objektivität *f*

im·pass·a·ble [ɪmˈpɑːsəbl] unpassierbar
im·passe *fig.* [æmˈpɑːs] Sackgasse *f*
im·pas·sioned [ɪmˈpæʃnd] leidenschaftlich
im·pas·sive [ɪmˈpæsɪv] teilnahmslos; ungerührt; gelassen
im·pa·tience [ɪmˈpeɪʃns] Ungeduld *f*; **~·tient** ungeduldig
im·peach [ɪmˈpiːtʃ] *jur.* anklagen (**for**, **of**, **with** *gen.*); *jur.* anfechten; in Frage stellen, in Zweifel ziehen
im·pec·ca·ble [ɪmˈpekəbl] untadelig, einwandfrei
im·pede [ɪmˈpiːd] (be)hindern
im·ped·i·ment [ɪmˈpedɪmənt] Hindernis *n* (**to** für); Behinderung *f*
im·pel [ɪmˈpel] (-**ll**-) antreiben; zwingen
im·pend·ing [ɪmˈpendɪŋ] nahe bevorstehend, drohend
im·pen·e·tra·ble [ɪmˈpenɪtrəbl] undurchdringlich; *fig.* unergründlich
im·per·a·tive [ɪmˈperətɪv] **1.** unumgänglich, unbedingt erforderlich; gebieterisch; *gr.* Imperativ...; **2.** *a.* **~ mood** *gr.* Imperativ *m*, Befehlsform *f*
im·per·cep·ti·ble [ɪmpəˈseptəbl] nicht wahrnehmbar, unmerklich
im·per·fect [ɪmˈpɜːfɪkt] **1.** unvollkommen; mangelhaft; **2.** *a.* **~ tense** *gr.* Imperfekt *n*, unvollendete Vergangenheit
im·pe·ri·al·is|·m *pol.* [ɪmˈpɪərɪəlɪzəm] Imperialismus *m*; **~t** *pol.* [ɪmˈpɪərɪəlɪst] Imperialist *m*
im·per·il [ɪmˈperəl] (*bsd. Brt.* **-ll-**, *Am.* **-l-**) gefährden
im·pe·ri·ous [ɪmˈpɪərɪəs] herrisch, gebieterisch
im·per·me·a·ble [ɪmˈpɜːmjəbl] undurchlässig
im·per·son·al [ɪmˈpɜːsnl] unpersönlich
im·per·so·nate [ɪmˈpɜːsəneɪt] *j-n* imitieren, nachahmen; *thea. etc.* darstellen
im·per·ti|·nence [ɪmˈpɜːtɪnəns] Unverschämtheit *f*, Frechheit *f*; **~·nent** unverschämt, frech
im·per·tur·ba·ble [ɪmpəˈtɜːbəbl] unerschütterlich, gelassen
im·per·vi·ous [ɪmˈpɜːvjəs] undurchlässig; *fig.* unzugänglich (**to** für)
im·pet·u·ous [ɪmˈpetjʊəs] ungestüm, heftig; impulsiv
im·pe·tus [ˈɪmpɪtəs] Antrieb *m*, Schwung *m*; Impuls *m*

im·pi·e·ty [ɪmˈpaɪətɪ] Gottlosigkeit *f*; Pietätlosigkeit *f*, Respektlosigkeit *f* (**to** gegenüber)

im·pinge [ɪmˈpɪndʒ]: ~ **on** sich auswirken auf (*acc.*), beeinflussen (*acc.*)

im·pi·ous [ˈɪmpɪəs] gottlos; pietätlos, respektlos (**to** gegenüber)

im·plac·a·ble [ɪmˈplækəbl] unversöhnlich, unnachgiebig

im·plant [ɪmˈplɑːnt] *med.* implantieren, einpflanzen; *fig.* einprägen

im·ple·ment 1. [ˈɪmplɪmənt] Werkzeug *n*, Gerät *n*; **2.** [ˈɪmplɪment] ausführen

im·pli·cate [ˈɪmplɪkeɪt] *j-n* verwickeln, hineinziehen (*in* in *acc.*); **~·ca·tion** [ɪmplɪˈkeɪʃn] Verwicklung *f*; Folge *f*, Auswirkung *f*; Andeutung *f*

im·plic·it [ɪmˈplɪsɪt] vorbehalt-, bedingungslos; impliziert, (stillschweigend *od.* mit) inbegriffen

im·plore [ɪmˈplɔː] *j-n* anflehen; erflehen

im·ply [ɪmˈplaɪ] implizieren, (sinngemäß *od.* stillschweigend) beinhalten; andeuten; mit sich bringen

im·po·lite [ɪmpəˈlaɪt] unhöflich

im·pol·i·tic [ɪmˈpɒlɪtɪk] unklug

im·port 1. [ɪmˈpɔːt] importieren, einführen; **2.** [ˈɪmpɔːt] Import *m*, Einfuhr *f*; **~s** *pl.* (Gesamt)Import *m*, (-)Einfuhr *f*; Importgüter *pl.*, Einfuhrware *f*

im·por·tance [ɪmˈpɔːtəns] Wichtigkeit *f*, Bedeutung *f*; **~·tant** wichtig, bedeutend

im·por·ta·tion [ɪmpɔːˈteɪʃn] → **import** 2; **~·ter** [ɪmˈpɔːtə] Importeur *m*

im·pose [ɪmˈpəʊz] auferlegen, aufbürden (*on dat.*); *Strafe* verhängen (**on** gegen); *et.* aufdrängen, -zwingen (*on dat.*); ~ *o.s.* **on** *s.o.* sich *j-m* aufdrängen; **im·pos·ing** imponierend, eindrucksvoll, imposant

im·pos·si·bil·i·ty [ɪmpɒsəˈbɪlətɪ] Unmöglichkeit *f*; **~·ble** [ɪmˈpɒsəbl] unmöglich

im·pos·tor *Brt.*, **im·pos·ter** *Am.* [ɪmˈpɒstə] Betrüger(in), *bsd.* Hochstapler(in)

im·po·tence [ˈɪmpətəns] Unvermögen *n*, Unfähigkeit *f*; Hilflosigkeit *f*; *med.* Impotenz *f*; **~·tent** unfähig; hilflos; *med.* impotent

im·pov·er·ish [ɪmˈpɒvərɪʃ] arm machen; **be ~ed** verarmen, verarmt sein

im·prac·ti·ca·ble [ɪmˈpræktɪkəbl] undurchführbar; unpassierbar (*Straße etc.*)

im·prac·ti·cal [ɪmˈpræktɪkl] unpraktisch; undurchführbar

im·preg·na·ble [ɪmˈpregnəbl] uneinnehmbar

im·preg·nate [ˈɪmpregneɪt] imprägnieren, tränken; *biol.* schwängern

im·press [ɪmˈpres] *j-n* beeindrucken; (deutlich) klarmachen; (auf)drücken, (ein)drucken; **im·pres·sion** [ɪmˈpreʃn] Eindruck *m*; Abdruck *m*; *under the ~ that* in der Annahme, dass; **im·pres·sive** [ɪmˈpresɪv] eindrucksvoll

im·print 1. [ɪmˈprɪnt] (auf)drücken (*on* auf *acc.*); ~ *s.th.* **on** *s.o.'s memory* j-m et. ins Gedächtnis einprägen; **2.** [ˈɪmprɪnt] Ab-, Eindruck *m*; *print.* Impressum *n*

im·pris·on *jur.* [ɪmˈprɪzn] inhaftieren; **~·ment** Freiheitsstrafe *f*, Gefängnis(strafe *f*) *n*, Haft *f*

im·prob·a·ble [ɪmˈprɒbəbl] unwahrscheinlich

im·prop·er [ɪmˈprɒpə] ungeeignet, unpassend; unanständig, unschicklich (*Benehmen etc.*); unrichtig

im·pro·pri·e·ty [ɪmprəˈpraɪətɪ] Unschicklichkeit *f*

im·prove [ɪmˈpruːv] *v/t.* verbessern; *Wert etc.* erhöhen, steigern; ~ **on** übertreffen; *v/i.* sich (ver)bessern, besser werden, sich erholen; **~·ment** (Ver)Bess(e)rung *f*; Steigerung *f*; Fortschritt *m* (**on** gegenüber *dat.*)

im·pro·vise [ˈɪmprəvaɪz] improvisieren

im·pru·dent [ɪmˈpruːdənt] unklug

im·pu|**·dence** [ˈɪmpjʊdəns] Unverschämtheit *f*; **~·dent** unverschämt

im·pulse [ˈɪmpʌls] Impuls *m* (*a. fig.*) Anstoß *m*, Anreiz *m*; **im·pul·sive** [ɪmˈpʌlsɪv] impulsiv

im·pu·ni·ty [ɪmˈpjuːnətɪ]: *with* ~ straflos, ungestraft

im·pure [ɪmˈpjʊə] unrein (*a. rel.*); schmutzig; *fig.* schlecht, unmoralisch

im·pute [ɪmˈpjuːt]: ~ *s.th.* **to** *s.o.* j-n e-r Sache beschuldigen; j-m et. unterstellen

in¹ [ɪn] *prp. räumlich:* (*wo?*) in (*dat.*), an (*dat.*), auf (*dat.*): ~ *London* in London; ~ *the street* auf der Straße; - (*wohin?*) in (*acc.*); *put it* ~ *your pocket* steck es in deine Tasche; - *zeitlich:* in (*dat.*), an (dat.): ~ **1999** 1999; ~ **two hours** in zwei Stunden; ~ **the morning** am Morgen; ~ *Zustand, Art u. Weise*: in (dat.), auf (acc.), mit; ~ **English** auf Englisch; *Tätigkeit, Beschäftigung*: in (dat.), bei, auf (dat.): ~ **crossing the road** beim Überqueren der Straße; bei (*Autoren*): ~ **Shakespeare** bei Shakespeare; *Richtung*: in (acc., dat.), auf (acc.), zu: **have confidence** ~ Vertrauen haben zu; *Zweck*: in (dat.), zu, als: ~ **defence of** zur Verteidigung *od.* zum Schutz von; *Material*: in (dat.), aus, mit: **dressed** ~ **blue** in Blau (gekleidet); *Zahl, Betrag*: in, von, aus, auf: **three** ~ **all** insgesamt *od.* im Ganzen drei; **one** ~ **ten** eine(r, -s) von zehn; nach, gemäß: ~ **my opinion** m-r Meinung nach; **2.** *adv.* (dr)innen; hinein, herein; da, (an)gekommen; da, zu Hause, *östr., Schweiz: a.* zuhause; **3.** *adj.* F in (Mode)

in² *nur geschr. Abk. für* **inch**(*es*) Zoll *m od. pl.* (2,54 cm)

in·a·bil·i·ty [ɪnə'bɪlətɪ] Unfähigkeit *f*
in·ac·ces·si·ble [ɪnæk'sesəbl] unzugänglich, unerreichbar (**to** für *od. dat.*)
in·ac·cu·rate [ɪn'ækjʊrət] ungenau
in·ac·tive [ɪn'æktɪv] untätig; **~·tiv·i·ty** [ɪnæk'tɪvətɪ] Untätigkeit *f*
in·ad·e·quate [ɪn'ædɪkwət] unangemessen; unzulänglich, ungenügend
in·ad·mis·si·ble [ɪnəd'mɪsəbl] unzulässig, unstatthaft
in·ad·ver·tent [ɪnəd'vɜːtənt] unbeabsichtigt, versehentlich; **~·ly** *a.* aus Versehen
in·an·i·mate [ɪn'ænɪmət] leblos, unbelebt; langweilig
in·ap·pro·pri·ate [ɪnə'prəʊprɪət] unpassend, ungeeignet (**for, to** für)
in·apt [ɪn'æpt] ungeeignet, unpassend
in·ar·tic·u·late [ɪnɑː'tɪkjʊlət] unartikuliert, undeutlich (ausgesprochen); unfähig (, deutlich) zu sprechen
in·at·ten·tive [ɪnə'tentɪv] unaufmerksam
in·au·di·ble [ɪn'ɔːdəbl] unhörbar
in·au·gu·ral [ɪ'nɔːgjʊrəl] Antrittsrede *f*; Antritts...; **~·rate** [ɪ'nɔːgjʊreɪt] *j*-n (feierlich) (in sein Amt) einführen; einweihen, eröffnen; einleiten; **~·ra·tion** [ɪnɔːgjʊ'reɪʃn] Amtseinführung *f*; Einweihung *f*, Eröffnung *f*; Beginn *m*; 2 **Day** *Am.* Tag *m* der Amtseinführung des neu gewählten Präsidenten der USA (*20. Januar*)

in·born [ɪn'bɔːn] angeboren
Inc [ɪŋk] *Abk. für* **Incorporated** (amtlich) eingetragen
in·cal·cu·la·ble [ɪn'kælkjʊləbl] unberechenbar; unermesslich
in·can·des·cent [ɪnkæn'desnt] (weiß-) glühend
in·ca·pa·ble [ɪn'keɪpəbl] unfähig (**of** zu *od. gen.*), nicht im Stande (**of doing** zu tun)
in·ca·pac·i·tate [ɪnkə'pæsɪteɪt] unfähig *od.* untauglich machen; **~·ty** [ɪnkə'pæsətɪ] Unfähigkeit *f*, Untauglichkeit *f*
in·car·nate [ɪn'kɑːnət] leibhaftig; personifiziert
in·cau·tious [ɪn'kɔːʃəs] unvorsichtig
in·cen·di·a·ry [ɪn'sendjərɪ] Brand...; *fig.* aufwiegelnd, -hetzend
in·cense¹ ['ɪnsens] Weihrauch *m*
in·cense² [ɪn'sens] in Wut bringen, erbosen
in·cen·tive [ɪn'sentɪv] Ansporn *m*, Anreiz *m*
in·ces·sant [ɪn'sesnt] ständig, unaufhörlich
in·cest ['ɪnsest] Inzest *m*, Blutschande *f*
inch [ɪntʃ] **1.** Inch *m* (2,54 cm), Zoll *m* (*a. fig.*); **by ~es, ~ by ~** allmählich; **every ~** durch u. durch; **2.** (sich) zentimeterweise *od.* sehr langsam bewegen
in·ci·dence ['ɪnsɪdəns] Vorkommen *n*; **~·dent** Vorfall *m*, Ereignis *n*; *pol.* Zwischenfall *m*; **~·den·tal** [ɪnsɪ'dentl] nebensächlich, Neben...; beiläufig; **~·'den·tal·ly** nebenbei bemerkt, übrigens
in·cin·er·ate [ɪn'sɪnəreɪt] verbrennen; **~·ra·tor** Verbrennungsofen *m*; Verbrennungsanlage *f*
in·cise [ɪn'saɪz] ein-, aufschneiden; einritzen, -schnitzen; **in·ci·sion** [ɪn'sɪʒn] (Ein)Schnitt *m*; **in·ci·sive** [ɪn'saɪsɪv] schneidend, scharf; *fig.* treffend; **in·ci·sor** [ɪn'saɪzə] *anat.* Schneidezahn *m*
in·cite [ɪn'saɪt] anstiften; aufwiegeln, -hetzen; **~·ment** Anstiftung *f*; Aufwieg(e)lung *f*, -hetzung *f*
incl *nur geschr. Abk. für* **including, inclusive** einschl., einschließlich
in·clem·ent [ɪn'klemənt] rau (*Klima*)
in·cli·na·tion [ɪnklɪ'neɪʃn] Neigung *f* (*a.*

in·cline [ınˈklaın] 1. *v/i.* sich neigen (**to**, **towards** nach); *fig.* neigen (**to**, **towards** zu); *v/t.* neigen; *fig.* veranlassen; 2. Gefälle *n*; (Ab)Hang *m*
in·close [ınˈkləuz], **in·clos·ure** [ınˈkləuʒə] → **enclose**, **enclosure**
in·clude [ınˈklu:d] einschließen; aufnehmen (*in* Liste *etc.*); **tax ~d** inklusive Steuer; **in·clud·ing** einschließlich; **in·clu·sion** [ınˈklu:ʒn] Einschluss *m*, Einbeziehung *f*; **in·clu·sive** [ınˈklu:sıv] einschließlich, inklusive (**of** *gen.*); **be ~ of** einschließen (*acc.*); Pauschal...
in·co·her·ent [ınkəuˈhıərənt] (logisch) unzusammenhängend, unklar, unverständlich
in·come *econ.* [ˈınkʌm] Einkommen *n*, Einkünfte *pl.*; **'~ tax** *econ.* Einkommensteuer *f*
in·com·ing [ˈınkʌmıŋ] hereinkommend; ankommend; nachfolgend, neu; **~ mail** Posteingang *m*
in·com·mu·ni·ca·tive [ınkəˈmju:nıkətıv] nicht mitteilsam, verschlossen
in·com·pa·ra·ble [ınˈkɒmpərəbl] unvergleichlich; unvergleichbar
in·com·pat·i·ble [ınkəmˈpætəbl] unvereinbar; unverträglich; inkompatibel
in·com·pe·tence [ınˈkɒmpıtəns] Unfähigkeit *f*, Inkompetenz *f*; **~tent** unfähig; nicht fach- *od.* sachkundig; unzuständig, inkompetent
in·com·plete [ınkəmˈpli:t] unvollständig; unvollendet
in·com·pre·hen|·si·ble [ınkɒmprıˈhensəbl] unbegreiflich, unfassbar; **~·sion** [ınkɒmprıˈhenʃn] Unverständnis *n*
in·con·ceiv·a·ble [ınkənˈsi:vəbl] unbegreiflich, unfassbar; undenkbar
in·con·clu·sive [ınkənˈklu:sıv] nicht überzeugend; ergebnis-, erfolglos
in·con·gru·ous [ınˈkɒŋgruəs] nicht übereinstimmend; unvereinbar
in·con·se·quen·tial [ınkɒnsıˈkwenʃl] unbedeutend
in·con·sid·er·a·ble [ınkənˈsıdərəbl] unbedeutend; **in·con·sid·er·ate** [ınkənˈsıdərət] unüberlegt; rücksichtslos
in·con·sis·tent [ınkənˈsıstənt] unvereinbar; widersprüchlich; inkonsequent
in·con·so·la·ble [ınkənˈsəuləbl] untröstlich

in·con·spic·u·ous [ınkənˈspıkjuəs] unauffällig
in·con·stant [ınˈkɒnstənt] unbeständig, wankelmütig
in·con·ti·nent *med.* [ınˈkɒntınənt] inkontinent
in·con·ve·ni|·ence [ınkənˈvi:njəns] 1. Unbequemlichkeit *f*; Unannehmlichkeit *f*, Ungelegenheit *f*; 2. *j-m* lästig sein; *j-m* Umstände machen; **~·ent** unbequem; ungelegen, lästig
in·cor·po|·rate [ınˈkɔ:pəreıt] (sich) vereinigen *od.* zusammenschließen; (mit) einbeziehen; enthalten; eingliedern; *Ort* eingemeinden; *econ., jur.* als (*Am.* Aktien)Gesellschaft eintragen (lassen); **~·rat·ed 'com·pa·ny** *Am.* Aktiengesellschaft *f*; **~·ra·tion** [ınkɔ:pəˈreıʃn] Vereinigung *f*, Zusammenschluss *m*; Eingliederung *f*; Eingemeindung *f*; *econ., jur.* Eintragung *f* als (*Am.* Aktien)Gesellschaft
in·cor·rect [ınkəˈrekt] unrichtig, falsch; inkorrekt
in·cor·ri·gi·ble [ınˈkɒrıdʒəbl] unverbesserlich
in·cor·rup·ti·ble [ınkəˈrʌptəbl] unbestechlich
in·crease 1. [ınˈkri:s] zunehmen, (an-)wachsen, steigen (*Preise*); vergrößern, -mehren, erhöhen; 2. [ˈınkri:s] Vergrößerung *f*, Erhöhung *f*, Zunahme *f*, Zuwachs *m*, (An)Wachsen *n*, Steigerung *f*; **in·creas·ing·ly** [ınˈkri:sıŋlı] immer mehr; **~ difficult** immer schwieriger
in·cred·i·ble [ınˈkredəbl] unglaublich
in·cre·du·li·ty [ınkrıˈdju:lətı] Ungläubigkeit *f*; **in·cred·u·lous** [ınˈkredjuləs] ungläubig, skeptisch
in·crim·i·nate [ınˈkrımıneıt] *j-n* belasten
in·cu|·bate [ˈınkjubeıt] ausbrüten; **'~·ba·tor** Brutapparat *m*; *med.* Brutkasten *m*
in·cur [ınˈkɜ:] (**-rr-**) sich *et.* zuziehen, auf sich laden; *Schulden* machen; *Verluste* erleiden
in·cur·a·ble [ınˈkjuərəbl] unheilbar
in·cu·ri·ous [ınˈkjuərıəs] nicht neugierig, gleichgültig, uninteressiert
in·cur·sion [ınˈkɜ:ʃn] (feindlicher) Einfall; Eindringen *n*
in·debt·ed [ınˈdetıd] verschuldet; (zu Dank) verpflichtet

in·de·cent [ɪn'diːsnt] unanständig, anstößig; *jur.* unsittlich, unzüchtig; **~ as·sault** *jur.* Sittlichkeitsverbrechen *n*

in·de·ci|·sion [ɪndɪ'sɪʒn] Unentschlossenheit *f*; **~·sive** [ɪndɪ'saɪsɪv] unentschlossen, unschlüssig; unentschieden, unbestimmt, ungewiss

in·deed [ɪn'diːd] **1.** *adv.* in der Tat, tatsächlich, wirklich; allerdings; *thank you very much ~!* vielen herzlichen Dank!; **2.** *int.* ach wirklich?

in·de·fat·i·ga·ble [ɪndɪ'fætɪɡəbl] unermüdlich

in·de·fen·si·ble [ɪndɪ'fensəbl] unhaltbar

in·de·fin·a·ble [ɪndɪ'faɪnəbl] undefinierbar, unbestimmbar

in·def·i·nite [ɪn'defɪnət] unbegrenzt; **~·ly** auf unbestimmte Zeit

in·del·i·ble [ɪn'delɪbl] unauslöschlich (*a. fig.*); **~ pen·cil** Tintenstift *m*

in·del·i·cate [ɪn'delɪkət] taktlos; unfein, anstößig

in·dem·ni|·fy [ɪn'demnɪfaɪ] *j-n* entschädigen, *j-m* Schadenersatz leisten (*for* für); **~·ty** [ɪn'demnətɪ] Entschädigung *f*

in·dent [ɪn'dent] (ein)kerben, auszacken; *print.* Zeile einrücken

in·de·pen|·dence [ɪndɪ'pendəns] Unabhängigkeit *f*; Selbstständigkeit *f*; **2 Day** *Am.* Unabhängigkeitstag *m* (*4. Juli*); **~·dent** unabhängig; selbstständig

in·de·scrib·a·ble [ɪndɪ'skraɪbəbl] unbeschreiblich

in·de·struc·ti·ble [ɪndɪ'strʌktəbl] unzerstörbar; unverwüstlich

in·de·ter·mi·nate [ɪndɪ'tɜːmɪnət] unbestimmt; unklar, vage

in·dex ['ɪndeks] (*pl.* **-dex·es**, **-di·ces** [-dɪsiːz]) Index *m*, (Inhalts-, Namens-, Stichwort)Verzeichnis *n*, (Sach)Register *n*; (An)Zeichen *n*; *cost of living ~* Lebenshaltungskosten-Index *m*; **'~ card** Karteikarte *f*; **'~ fin·ger** Zeigefinger *m*

In·di·a ['ɪndjə] Indien *n*; **In·di·an** ['ɪndjən] **1.** indisch; indianisch, Indianer...; **2.** Inder(in); *a.* **American ~** Indianer(in)

In·di·an| 'corn *bot.* Mais *m*; **'~ file:** *in ~* im Gänsemarsch; **'~ sum·mer** Altweiber-, Nachsommer *m*

in·di·a 'rub·ber Gummi *n*, *m*; Radiergummi *m*

in·di·cate ['ɪndɪkeɪt] deuten *od.* zeigen auf (*acc.*); *tech.* anzeigen; *mot.* blinken; *fig.* hinweisen *od.* -deuten auf (*acc.*); andeuten; **~·ca·tion** [ɪndɪ'keɪʃn] (An-)Zeichen *n*, Hinweis *m*, Andeutung *f*, Indiz *n*; **in·dic·a·tive** [ɪn'dɪkətɪv] *a.* **~ mood** *gr.* Indikativ *m*; **~·ca·tor** ['ɪndɪkeɪtə] *tech.* Anzeiger *m*; *mot.* Richtungsanzeiger *m*, Blinker *m*

in·di·ces ['ɪndɪsiːz] *pl. von* **index**

in·dict *jur.* [ɪn'daɪt] anklagen (*for* wegen); **~·ment** Anklage *f*

in·dif·fer|·ence [ɪn'dɪfrəns] Gleichgültigkeit *f*; **~·ent** gleichgültig (*to* gegen); mittelmäßig

in·di·gent ['ɪndɪdʒənt] arm

in·di·ges·ti|·ble [ɪndɪ'dʒestəbl] unverdaulich; **~·tion** [ɪndɪ'dʒestʃən] Verdauungsstörung *f*, Magenverstimmung *f*

in·dig|·nant [ɪn'dɪɡnənt] entrüstet, empört, ungehalten (*about, at, over* über *acc.*); **~·na·tion** [ɪndɪɡ'neɪʃn] Entrüstung *f*, Empörung *f* (*about, at, over* über *acc.*); **~·ni·ty** [ɪn'dɪɡnətɪ] Demütigung *f*, unwürdige Behandlung

in·di·rect [ɪndɪ'rekt] indirekt; *by ~ means* *fig.* auf Umwegen

in·dis|·creet [ɪndɪ'skriːt] unbesonnen, unbedacht; indiskret; **~·cre·tion** [ɪndɪ'skreʃn] Unbesonnenheit *f*; Indiskretion *f*

in·dis·crim·i·nate [ɪndɪ'skrɪmɪnət] kritiklos; wahllos

in·di·spen·sa·ble [ɪndɪ'spensəbl] unentbehrlich, unerlässlich

in·dis|·posed [ɪndɪ'spəʊzd] indisponiert, unpässlich; abgeneigt; **~·po·si·tion** [ɪndɪspə'zɪʃn] Unpässlichkeit *f*; Abneigung *f* (*to do* zu tun)

in·dis·pu·ta·ble [ɪndɪ'spjuːtəbl] unbestreitbar, unstreitig

in·dis·tinct [ɪndɪ'stɪŋkt] undeutlich; unklar, verschwommen

in·dis·tin·guish·a·ble [ɪndɪ'stɪŋɡwɪʃəbl] nicht zu unterscheiden(d) (*from* von)

in·di·vid·u·al [ɪndɪ'vɪdʒʊəl] **1.** individuell, einzeln, Einzel...; individuell, persönlich; **2.** Individuum *n*, Einzelne(r *m*) *f*; **~·is·m** [ɪndɪ'vɪdʒʊəlɪzəm] Individualismus *m*; **~·ist** [ɪndɪ'vɪdʒʊəlɪst] Individualist(in); **~·i·ty** [ɪndɪvɪdʒʊ'ælətɪ] Individualität *f*, (persönliche) Note; **~·ly** [ɪndɪ'vɪdʒʊəlɪ] einzeln, jede(r, -s) für sich; individuell

in·di·vis·i·ble [ɪndɪ'vɪzəbl] unteilbar
in·dom·i·ta·ble [ɪn'dɒmɪtəbl] unbezähmbar, nicht unterzukriegen(d)
in·door ['ɪndɔː] Haus..., Zimmer..., Innen..., *Sport:* Hallen...; **~s** [ɪn'dɔːz] im Haus, drinnen; ins Haus (hinein); *Sport:* in der Halle
in·dorse [ɪn'dɔːs] → *endorse etc.*
in·duce [ɪn'djuːs] *j-n* veranlassen; verursachen, bewirken; **~ment** Anreiz *m*
in·duct [ɪn'dʌkt] einführen, -setzen; **in·duc·tion** [ɪn'dʌkʃn] Herbeiführung *f*; Einführung *f*, Einsetzung *f (in ein Amt etc.); electr.* Induktion *f*
in·dulge [ɪn'dʌldʒ] nachsichtig sein gegen; *e-r* Neigung *etc.* nachgeben; **~ in s.th.** sich et. gönnen *od.* leisten; **in·dul·gence** [ɪn'dʌldʒəns] Nachsicht *f*; Schwäche *f*, Leidenschaft *f*, Luxus *m*; **in·dul·gent** nachsichtig, -giebig
in·dus·tri·al [ɪn'dʌstrɪəl] industriell, Industrie..., Gewerbe..., Betriebs...; **~ 'ar·e·a** Industriegebiet *n*; **~ist** *econ.* [ɪn'dʌstrɪəlɪst] Industrielle(r *m*) *f*; **~ize** *econ.* [ɪn'dʌstrɪəlaɪz] industrialisieren
in·dus·tri·ous [ɪn'dʌstrɪəs] fleißig; △ nicht *Industrie...*
in·dus·try ['ɪndəstrɪ] *econ.* Industrie (-zweig *m*) *f*; Gewerbe(zweig *m*) *n*; Fleiß *m*
in·ed·i·ble [ɪn'edɪbl] ungenießbar, nicht essbar
in·ef·fec·tive [ɪnɪ'fektɪv], **~·tu·al** [ɪnɪ'fektʃʊəl] unwirksam, wirkungslos; unfähig, untauglich
in·ef·fi·cient [ɪnɪ'fɪʃnt] ineffizient; unfähig, untauglich; unrationell, unwirtschaftlich
in·el·e·gant [ɪn'elɪɡənt] unelegant
in·el·i·gi·ble [ɪn'elɪdʒəbl] nicht berechtigt
in·ept [ɪ'nept] unpassend; ungeschickt; albern, töricht
in·e·qual·i·ty [ɪnɪ'kwɒlətɪ] Ungleichheit *f*
in·ert [ɪ'nɜːt] *phys.* träge (*a. fig.*); - inaktiv; **in·er·tia** [ɪ'nɜːʃə] Trägheit *f* (*a. fig.*)
in·es·ca·pa·ble [ɪnɪ'skeɪpəbl] unvermeidlich
in·es·sen·tial [ɪnɪ'senʃl] unwesentlich, unwichtig (*to* für)
in·es·ti·ma·ble [ɪn'estɪməbl] unschätzbar

in·ev·i·ta·ble [ɪn'evɪtəbl] unvermeidlich; zwangsläufig
in·ex·act [ɪnɪɡ'zækt] ungenau
in·ex·cu·sa·ble [ɪnɪk'skjuːzəbl] unverzeihlich, unentschuldbar
in·ex·haus·ti·ble [ɪnɪɡ'zɔːstəbl] unerschöpflich; unermüdlich
in·ex·o·ra·ble [ɪn'eksərəbl] unerbittlich
in·ex·pe·di·ent [ɪnɪk'spiːdjənt] unzweckmäßig; nicht ratsam
in·ex·pen·sive [ɪnɪk'spensɪv] nicht teuer, billig, preiswert
in·ex·pe·ri·ence [ɪnɪk'spɪərəns] Unerfahrenheit *f*; **~d** unerfahren
in·ex·pert [ɪn'ekspɜːt] unerfahren; ungeschickt
in·ex·pli·ca·ble [ɪnɪk'splɪkəbl] unerklärlich
in·ex·pres·si·ble [ɪnɪk'spresəbl] unaussprechlich, unbeschreiblich; **~sive** [ɪnɪk'spresɪv] ausdruckslos
in·ex·tri·ca·ble [ɪn'ekstrɪkəbl] unentwirrbar
in·fal·li·ble [ɪn'fæləbl] unfehlbar
in·fa·mous ['ɪnfəməs] berüchtigt; schändlich, niederträchtig; **'~·my** Ehrlosigkeit *f*; Schande *f*; Niedertracht *f*
in·fan·cy ['ɪnfənsɪ] frühe Kindheit; *in its* ~ *fig.* in den Anfängen *od.* Kinderschuhen steckend; **'~t** Säugling *m*; kleines Kind, Kleinkind *n*
in·fan·tile ['ɪnfəntaɪl] kindlich; Kindes..., Kinder...; infantil, kindisch
in·fan·try *mil.* ['ɪnfəntrɪ] Infanterie *f*
in·fat·u·at·ed [ɪn'fætjʊeɪtɪd] vernarrt (*with* in *acc.*)
in·fect [ɪn'fekt] *med. j-n, et.* infizieren, *j-n* anstecken (*a. fig.*); verseuchen, -unreinigen; **in·fec·tion** [ɪn'fekʃn] *med.* Infektion *f*, Ansteckung *f* (*a. fig.*); **in·fec·tious** [ɪn'fekʃəs] *med.* infektiös, ansteckend (*a. fig.*)
in·fer [ɪn'fɜː] (-*rr*-) folgern, schließen (*from* aus); **~·ence** ['ɪnfərəns] (Schluss)Folgerung *f*, (Rück)Schluss *m*
in·fe·ri·or [ɪn'fɪərɪə] **1.** untergeordnet (*to dat.*), niedriger (*to* als); weniger wert (*to* als); minderwertig; *be* **~** *to s.o.* j-m untergeordnet sein; *j-m* unterlegen sein; **2.** Untergebene(r *m*) *f*; **~·i·ty** [ɪnfɪərɪ'ɒrətɪ] Unterlegenheit *f*; Minderwertigkeit *f*; **~·i·ty com·plex** *psych.* Minderwertigkeitskomplex *m*
in·fer·nal [ɪn'fɜːnl] höllisch, Höllen...;

inferno

~no [ɪnˈfɜːnəʊ] (*pl.* **-nos**) Inferno *n*, Hölle *f*

in·fer·tile [ɪnˈfɜːtaɪl] unfruchtbar

in·fest [ɪnˈfest] verseuchen, befallen; *fig.* überschwemmen (**with** mit)

in·fi·del·i·ty [ɪnfɪˈdelətɪ] (*bsd.* eheliche) Untreue

in·fil·trate [ˈɪnfɪltreɪt] einsickern in (*acc.*); einschleusen (*into* in *acc.*); *pol.* unterwandern

in·fi·nite [ˈɪnfɪnət] unendlich

in·fin·i·tive [ɪnˈfɪnɪtɪv] *a.* **~ mood** *gr.* Infinitiv *m*, Nennform *f*

in·fin·i·ty [ɪnˈfɪnətɪ] Unendlichkeit *f*

in·firm [ɪnˈfɜːm] schwach, gebrechlich; **in·fir·ma·ry** [ɪnˈfɜːmərɪ] Krankenhaus *n*; *Schule etc.*: Krankenzimmer *n*; **in·fir·mi·ty** [ɪnˈfɜːmətɪ] Schwäche *f*, Gebrechlichkeit *f*

in·flame [ɪnˈfleɪm] entflammen (*mst fig.*); erregen; *become* **~d** *med.* sich entzünden

in·flam·ma·ble [ɪnˈflæməbl] brennbar, leicht entzündlich; feuergefährlich; **~tion** *med.* [ɪnfləˈmeɪʃn] Entzündung *f*; **~to·ry** [ɪnˈflæmətərɪ] *med.* entzündlich; *fig.* aufrührerisch, Hetz...

in·flate [ɪnˈfleɪt] aufpumpen, -blasen, -blähen (*a. fig.*); *econ. Preise etc.* in die Höhe treiben; **in·fla·tion** *econ.* [ɪnˈfleɪʃn] Inflation *f*

in·flect *gr.* [ɪnˈflekt] flektieren, beugen; **in·flec·tion** *gr.* [ɪnˈflekʃn] Flexion *f*, Beugung *f*

in·flex·i·ble [ɪnˈfleksəbl] unbiegsam, starr (*a. fig.*); *fig.* inflexibel, unbeweglich; **~ion** *Brt. gr.* [ɪnˈflekʃn] → *inflection*

in·flict [ɪnˈflɪkt] (*on*) *Leid, Schaden etc.* zufügen (*dat.*); *Wunde etc.* beibringen (*dat.*); *Strafe* auferlegen (*dat.*), verhängen (über *acc.*); aufbürden, -drängen (*dat.*); **in·flic·tion** [ɪnˈflɪkʃn] Zufügung *f*; Verhängung *f* (*e-r Strafe*); Plage *f*

in·flu·ence [ˈɪnfloəns] **1.** Einfluss *m*; **2.** beeinflussen; **~en·tial** [ɪnflʊˈenʃl] einflussreich

in·flux [ˈɪnflʌks] Zustrom *m*, Zufluss *m*, (*Waren*)Zufuhr *f*

in·form [ɪnˈfɔːm] benachrichtigen, unterrichten (*of* von), informieren (*of* über *acc.*); **~ against** *od.* **on s.o.** j-n anzeigen; j-n denunzieren

in·for·mal [ɪnˈfɔːml] formlos, zwanglos; **~i·ty** [ɪnfɔːˈmælətɪ] Formlosigkeit *f*; Ungezwungenheit *f*

in·for·ma·tion [ɪnfəˈmeɪʃn] Auskunft *f*; Information *f*; Nachricht *f*; **~tion (su·per·)ˈhigh·way** *Computer*: Datenautobahn *f*; **~tive** [ɪnˈfɔːmətɪv] informativ; lehrreich; mitteilsam

in·form·er [ɪnˈfɔːmə] Denunziant(in); Spitzel *m*

in·fra·struc·ture [ˈɪnfrəstrʌktʃə] Infrastruktur *f*

in·fre·quent [ɪnˈfriːkwənt] selten

in·fringe [ɪnˈfrɪndʒ]: **~ on** *Rechte, Vertrag etc.* verletzen, verstoßen gegen

in·fu·ri·ate [ɪnˈfjʊərɪeɪt] wütend machen

in·fuse [ɪnˈfjuːz] *Tee* aufgießen; **in·fu·sion** [ɪnˈfjuːʒn] Aufguss *m*; *med.* Infusion *f*

in·ge·ni·ous [ɪnˈdʒiːnjəs] genial; einfallsreich; raffiniert; **~nu·i·ty** [ɪndʒɪˈnjuːətɪ] Genialität *f*; Einfallsreichtum *m*

in·gen·u·ous [ɪnˈdʒenjʊəs] offen, aufrichtig; naiv

in·got [ˈɪŋɡət] (*Gold- etc.*)Barren *m*

in·gra·ti·ate [ɪnˈɡreɪʃɪeɪt]: **~ o.s. with s.o.** sich bei j-m beliebt machen

in·grat·i·tude [ɪnˈɡrætɪtjuːd] Undankbarkeit *f*

in·gre·di·ent [ɪnˈɡriːdjənt] Bestandteil *m*; *gastr.* Zutat *f*

in·grow·ing [ˈɪnɡrəʊɪŋ] nach innen wachsend; eingewachsen

in·hab·it [ɪnˈhæbɪt] bewohnen, leben in (*dat.*); **~it·a·ble** bewohnbar; **~i·tant** Bewohner(in); Einwohner(in)

in·hale [ɪnˈheɪl] einatmen, *med. a.* inhalieren

in·her·ent [ɪnˈhɪərənt] innewohnend, eigen (*in dat.*)

in·her·it [ɪnˈherɪt] erben; **~i·tance** Erbe *n*

in·hib·it [ɪnˈhɪbɪt] hemmen (*a. psych.*), (ver)hindern; **~ed** *psych.* gehemmt; **in·hi·bi·tion** *psych.* [ɪnhɪˈbɪʃn] Hemmung *f*

in·hos·pi·ta·ble [ɪnˈhɒspɪtəbl] ungastlich; unwirtlich (*Gegend etc.*)

in·hu·man [ɪnˈhjuːmən] unmenschlich; **~e** [ɪnhjuːˈmeɪn] inhuman, menschenunwürdig

in·im·i·cal [ɪˈnɪmɪkl] feindselig (*to* gegen); nachteilig (*to* für)

in·im·i·ta·ble [ɪˈnɪmɪtəbl] unnachahmlich

insecticide

i·ni·tial [ɪ'nɪʃl] 1. anfänglich, Anfangs...; 2. Initiale f, (großer) Anfangsbuchstabe; **~tial·ly** [ɪ'nɪʃəlɪ] am od. zu Anfang, anfänglich; **~ti·ate** [ɪ'nɪʃɪeɪt] in die Wege leiten, ins Leben rufen; einführen; **~ti·a·tion** [ɪnɪʃɪ'eɪʃn] Einführung f; **~tia·tive** [ɪ'nɪʃɪətɪv] Initiative f, erster Schritt; **take the ~** die Initiative ergreifen; **on one's own ~** aus eigenem Antrieb
in·ject med. [ɪn'dʒekt] injizieren, einspritzen; **in·jec·tion** med. [ɪn'dʒekʃn] Injektion f, Spritze f
in·ju·di·cious [ɪndʒuː'dɪʃəs] unklug, unüberlegt
in·junc·tion jur. [ɪn'dʒʌŋkʃn] gerichtliche Verfügung
in·jure ['ɪndʒə] verletzen, -wunden, schaden (dat.); kränken; **'~d 1.** verletzt; **2. the ~** pl. die Verletzten pl.; **in·ju·ri·ous** [ɪn'dʒʊərɪəs] schädlich; **be ~ to** schaden (dat.); **~ to health** gesundheitsschädlich; **in·ju·ry** ['ɪndʒərɪ] med. Verletzung f; Kränkung f; **'in·ju·ry time** Brt. bsd. Fußball: Nachspielzeit f
in·jus·tice [ɪn'dʒʌstɪs] Ungerechtigkeit f; Unrecht n; **do s.o. an ~** j-m unrecht tun
ink [ɪŋk] Tinte f
ink·ling ['ɪŋklɪŋ] Andeutung f; dunkle od. leise Ahnung
'ink·pad Stempelkissen n; **'~·y (-ier, -iest)** voller Tinte, Tinten-; tintenpechschwarz
in·laid ['ɪnleɪd] eingelegt, Einlege...; **~ work** Einlegearbeit f
in·land 1. adj. ['ɪnlənd] inländisch, einheimisch; Binnen...; **2.** adv. [ɪn'lænd] landeinwärts; **2 'Rev·e·nue** Brt. Finanzamt n
in·lay ['ɪnleɪ] Einlegearbeit f; (Zahn-) Füllung f, Plombe f
in·let ['ɪnlet] schmale Bucht; tech. Eingang m, -lass m
in-line skate ['ɪnlaɪn skeɪt] Inliner m, Inline Skate m (Rollschuh)
in·mate ['ɪnmeɪt] Insass|e m, -in f; Mitbewohner(in)
in·most ['ɪnməʊst] innerste(r, -s) (a. fig.)
inn [ɪn] Gasthaus n, Wirtshaus n
in·nate [ɪ'neɪt] angeboren
in·ner ['ɪnə] innere(r, -s); Innen...; verborgen; **'~·most** = **inmost**
in·nings ['ɪnɪŋz] (pl. **innings**) Kricket,

Baseball: Spielzeit f (e-s Spielers od. e-r Mannschaft)
'inn·keep·er Gastwirt(in)
in·no·cence ['ɪnəsns] Unschuld f; Harmlosigkeit f; Naivität f; **'~·cent** unschuldig; harmlos; arglos, naiv
in·noc·u·ous [ɪ'nɒkjʊəs] harmlos
in·no·va·tion [ɪnəʊ'veɪʃn] Neuerung f
in·nu·en·do [ɪnjʊ'endəʊ] (pl. **-does, -dos**) (versteckte) Andeutung
in·nu·mer·a·ble [ɪ'njuːmərəbl] unzählig, zahllos
in·oc·u·late med. [ɪ'nɒkjʊleɪt] impfen; **~·la·tion** [ɪnɒkjʊ'leɪʃn] Impfung f
in·of·fen·sive [ɪnə'fensɪv] harmlos
in·op·e·ra·ble [ɪn'ɒpərəbl] med. inoperabel, nicht operierbar; undurchführbar (Plan etc.)
in·op·por·tune [ɪn'ɒpətjuːn] inopportun, unangebracht, ungelegen
in·or·di·nate [ɪ'nɔːdɪnət] unmäßig
in·pa·tient med. stationärer Patient, stationäre Patientin
in·put ['ɪnpʊt] Input m, n; Computer: a. (Daten)Eingabe f; a. Energiezufuhr f; a. (Arbeits)Aufwand m
in·quest jur. ['ɪnkwest] gerichtliche Untersuchung; → **coroner's inquest**
in·quire [ɪn'kwaɪə] fragen od. sich erkundigen (nach); **~ into** et. untersuchen, prüfen; **in·quir·ing** [ɪn'kwaɪrɪŋ] forschend; wissbegierig; **in·quir·y** [ɪn'kwaɪrɪ] Erkundigung f, Nachfrage f; Untersuchung f; Ermittlung f; **make inquiries** Erkundigungen einziehen
in·qui·si·tion [ɪnkwɪ'zɪʃn] (amtliche) Untersuchung; 2 rel. hist. Inquisition f; **in·quis·i·tive** [ɪn'kwɪzətɪv] neugierig, wissbegierig
in·roads fig. ['ɪnrəʊdz] (**in**[**to**], **on**) Eingriff m (in acc.), Übergriff m (auf acc.)
in·sane [ɪn'seɪn] geisteskrank, wahnsinnig
in·san·i·ta·ry [ɪn'sænɪtərɪ] unhygienisch
in·san·i·ty [ɪn'sænətɪ] Geisteskrankheit f, Wahnsinn m
in·sa·tia·ble [ɪn'seɪʃjəbl] unersättlich
in·scrip·tion [ɪn'skrɪpʃn] In-, Aufschrift f; Widmung f
in·scru·ta·ble [ɪn'skruːtəbl] unerforschlich, unergründlich
in·sect zo. ['ɪnsekt] Insekt n;
in·sec·ti·cide [ɪn'sektɪsaɪd] Insektenvertilgungsmittel n, Insektizid n

in·se·cure [ɪnsɪˈkjʊə] unsicher; nicht sicher *od.* fest

in·sen·si·ble [ɪnˈsensəbl] unempfindlich (**to** gegen); bewusstlos; unempfänglich (**of, to** für), gleichgültig (**of, to** gegen); unmerklich

in·sen·si·tive [ɪnˈsensətɪv] unempfindlich (**to** gegen); unempfänglich (**of, to** für), gleichgültig (**of, to** gegen)

in·sep·a·ra·ble [ɪnˈsepərəbl] untrennbar; unzertrennlich

in·sert 1. [ɪnˈsɜːt] einfügen, -setzen, -führen, (hinein)stecken, *Münze* einwerfen; inserieren; **2.** [ˈɪnsɜːt] (Zeitungs)Beilage *f*, (Buch)Einlage *f*; **in·ser·tion** [ɪnˈsɜːʃn] Einfügen *n*, -setzen *n*, -führen *n*, Hineinstecken *n*, Einfügung *f*; Einwurf *m* (*e-r Münze*); Anzeige *f*, Inserat *n*; **~ key** *Computer*: Einfügetaste *f*

in·shore [ɪnˈʃɔː] an *od.* nahe der Küste; Küsten...

in·side 1. [ɪnˈsaɪd] Innenseite *f*; *das* Innere *n*; **turn ~ out** umkrempeln; auf den Kopf stellen; **2.** *adj.* [ˈɪnsaɪd] innere(r, -s), Innen...; Insider...; **3.** *adv.* [ɪnˈsaɪd] im Inner(e)n, (dr)innen; **~ of** *F zeitlich*: innerhalb (*gen.*); **4.** *prp.* [ɪnˈsaɪd] innerhalb, im Inner(e)n; **in·sid·er** [ɪnˈsaɪdə] Insider(in), Eingeweihte(r *m*) *f*

in·sid·i·ous [ɪnˈsɪdɪəs] heimtückisch

in·sight [ˈɪnsaɪt] Einsicht *f*, Einblick *m*; Verständnis *n*

in·sig·ni·a [ɪnˈsɪgnɪə] *pl.* Insignien *pl.*; Abzeichen *pl.*

in·sig·nif·i·cant [ɪnsɪgˈnɪfɪkənt] bedeutungslos; unbedeutend

in·sin·cere [ɪnsɪnˈsɪə] unaufrichtig

in·sin·u·ate [ɪnˈsɪnjʊeɪt] andeuten, anspielen auf (*acc.*); **~·a·tion** [ɪnsɪnjʊˈeɪʃn] Anspielung *f*, Andeutung *f*

in·sip·id [ɪnˈsɪpɪd] geschmacklos, fad

in·sist [ɪnˈsɪst] bestehen, beharren (**on** auf *dat.*); **in·sis·tence** [ɪnˈsɪstəns] Bestehen *n*, Beharren *n*; Beharrlichkeit *f*; **in·sis·tent** beharrlich, hartnäckig

in·sole [ˈɪnsəʊl] Einlegesohle *f*; Brandsohle *f*

in·so·lent [ˈɪnsələnt] unverschämt

in·sol·u·ble [ɪnˈsɒljʊbl] unlöslich; unlösbar (*Problem etc.*)

in·sol·vent [ɪnˈsɒlvənt] zahlungsunfähig, insolvent

in·som·ni·a [ɪnˈsɒmnɪə] Schlaflosigkeit *f*

in·spect [ɪnˈspekt] untersuchen, prüfen, nachsehen; besichtigen, inspizieren; **in·spec·tion** [ɪnˈspekʃn] Prüfung *f*, Untersuchung *f*, Kontrolle *f*; Inspektion *f*; **in·spec·tor** Aufsichtsbeamte(r) *m*, Inspektor *m*; (Polizei)Inspektor *m*, (-)Kommissar *m*

in·spi·ra·tion [ɪnspəˈreɪʃn] Inspiration *f*, (plötzlicher) Einfall *m*; **in·spire** [ɪnˈspaɪə] inspirieren, anregen; *Gefühl etc.* auslösen

in·stall [ɪnˈstɔːl] *tech.* installieren, einrichten, aufstellen, einbauen, *Leitung* legen; **in ein Amt** etc. einsetzen; **in·stal·la·tion** [ɪnstəˈleɪʃn] *tech.* Installation *f*, Einrichtung *f*, -bau *m*; *tech.* fertige Anlage; Einsetzung *f*, -führung *f* (*in ein Amt*)

in·stal·ment *Brt.*, **in·stall·ment** *Am.* [ɪnˈstɔːlmənt] *econ.* Rate *f*; (Teil)Lieferung *f* (*e-s Buches etc.*); Fortsetzung *f* (*e-s Romans etc.*); *Rundfunk, TV*: Folge *f*

in·stall·ment plan *Am.*: **buy on the ~** auf Abzahlung *od.* Raten kaufen

in·stance [ˈɪnstəns] Beispiel *n*; (besonderer) Fall *m*; *jur.* Instanz *f*; **for ~** zum Beispiel

in·stant [ˈɪnstənt] **1.** Moment *m*, Augenblick *m*; **2.** sofortig, augenblicklich; **in·stan·ta·ne·ous** [ɪnstənˈteɪnjəs] sofortig, augenblicklich; **~ 'cam·e·ra** *phot.* Sofortbildkamera *f*; **'cof·fee** Pulver-, Instantkaffee *m*; **'~·ly** sofort, unverzüglich

in·stead [ɪnˈsted] statt dessen, dafür; **~ of** an Stelle von, (an)statt

'in·step *anat.* Spann *m*, Rist *m*

in·sti·gate [ˈɪnstɪɡeɪt] anstiften; aufhetzen; veranlassen; **'~·ga·tor** Anstifter(in); (Auf)Hetzer(in)

in·stil *Brt.*, **in·still** *Am.* [ɪnˈstɪl] (**-ll-**) beibringen, einflößen (**into** *dat.*)

in·stinct [ˈɪnstɪŋkt] Instinkt *m*; **in·stinc·tive** [ɪnˈstɪŋktɪv] instinktiv

in·sti·tute [ˈɪnstɪtjuːt] Institut *n*; **~·tu·tion** [ɪnstɪˈtjuːʃn] Institution *f*, Einrichtung *f*; Institut *n*; Anstalt *f*

in·struct [ɪnˈstrʌkt] unterrichten, ausbilden, schulen; informieren, anweisen; **in·struc·tion** [ɪnˈstrʌkʃn] Unterricht *m*; Ausbildung *f*, Schulung *f*; Anweisung *f*, Instruktion *f*, *Computer*: Befehl *m*; **~s** *pl.* **for use** Gebrauchsanwei-

in·struc·tive [ɪnˈstrʌktɪv] lehrreich; **in·struc·tor** Lehrer *m*; Ausbilder *m*; **in·struc·tress** Lehrerin *f*; Ausbilderin *f*

in·stru|·ment [ˈɪnstrʊmənt] Instrument *n*; Werkzeug *n* (*a. fig.*); **~·men·tal** [ɪnstrʊˈmentl] *mus.* Instrumental...; behilflich; **be ~ in** beitragen zu

in·sub·or·di·nate [ɪnsəˈbɔːdənət] aufsässig; **~·na·tion** [ɪnsəbɔːdəˈneɪʃn] Auflehnung *f*, Aufsässigkeit *f*

in·suf·fe·ra·ble [ɪnˈsʌfərəbl] unerträglich, unausstehlich

in·suf·fi·cient [ɪnsəˈfɪʃnt] unzulänglich, ungenügend

in·su·lar [ˈɪnsjʊlə] Insel...; *fig.* engstirnig

in·su·late [ˈɪnsjʊleɪt] isolieren; **~·la·tion** [ɪnsjʊˈleɪʃn] Isolierung *f*; Isoliermaterial *n*

in·sult 1. [ˈɪnsʌlt] Beleidigung *f*; **2.** [ɪnˈsʌlt] beleidigen

in·sur|·ance [ɪnˈʃɔːrəns] Versicherung *f*; Versicherungssumme *f*; (Ab)Sicherung *f* (**against** gegen); **~ com·pa·ny** Versicherungsgesellschaft *f*; **~ pol·i·cy** Versicherungspolice *f*; **~e** [ɪnˈʃɔː] versichern (**against** gegen); **~ed: the ~ of** *od.* die Versicherte

in·sur·gent [ɪnˈsɜːdʒənt] **1.** aufständisch; **2.** Aufständische(r *m*) *f*

in·sur·moun·ta·ble *fig.* [ɪnsəˈmaʊntəbl] unüberwindlich

in·sur·rec·tion [ɪnsəˈrekʃn] Aufstand *m*

in·tact [ɪnˈtækt] intakt, unversehrt, unbeschädigt, ganz

'in·take *tech.* Einlass(öffnung *f*) *m*; (*Nahrungs-* etc.)Aufnahme *f*; (Neu-)Aufnahme(n *pl.*) *f*, (Neu)Zugänge *pl.*

in·te·gral [ˈɪntɪɡrəl] ganz, vollständig; wesentlich

in·te·grate [ˈɪntɪɡreɪt] (sich) integrieren; zusammenschließen; eingliedern, -beziehen; **~d circuit** *electr.* integrierter Schaltkreis; **~·gra·tion** [ɪntɪˈɡreɪʃn] Integration *f*

in·teg·ri·ty [ɪnˈteɡrətɪ] Integrität *f*; Vollständigkeit *f*; Einheit *f*

in·tel·lect [ˈɪntəlekt] Intellekt *m*, Verstand *m*; **~·lec·tu·al** [ɪntəˈlektjʊəl] **1.** intellektuell, Verstandes..., geistig; **2.** Intellektuelle(r *m*) *f*

in·tel·li|·gence [ɪnˈtelɪdʒəns] Intelligenz *f*; nachrichtendienstliche Informationen *pl.*; **~gent** intelligent, klug

in·tel·li·gi·ble [ɪnˈtelɪdʒəbl] verständlich (**to** für)

in·tem·per·ate [ɪnˈtempərət] unmäßig

in·tend [ɪnˈtend] beabsichtigen, vorhaben, planen; **~ed for** bestimmt für *od.* zu

in·tense [ɪnˈtens] intensiv, stark, heftig

in·ten·si|·fy [ɪnˈtensɪfaɪ] intensivieren; (sich) verstärken; **~·ty** [ɪnˈtensətɪ] Intensität *f*

in·ten·sive [ɪnˈtensɪv] intensiv, gründlich; **~ care u·nit** *med.* Intensivstation *f*

in·tent [ɪnˈtent] **1.** gespannt, aufmerksam; **~ on** fest entschlossen zu (*dat.*); konzentriert auf (*acc.*); **2.** Absicht *f*, Vorhaben *n*; **in·ten·tion** [ɪnˈtenʃn] Absicht *f*; *jur.* Vorsatz *m*; **in·ten·tion·al** [ɪnˈtenʃənl] absichtlich, vorsätzlich

in·ter [ɪnˈtɜː] (*-rr-*) bestatten

in·ter... [ˈɪntə] zwischen, Zwischen...; gegenseitig, einander

in·ter·act [ɪntərˈækt] aufeinander (ein)wirken, sich gegenseitig beeinflussen

in·ter·cede [ɪntəˈsiːd] vermitteln, sich einsetzen (**with** bei; **for** für)

in·ter|·cept [ɪntəˈsept] abfangen; **~·cep·tion** [ɪntəˈsepʃn] Abfangen *n*

in·ter·ces·sion [ɪntəˈseʃn] Fürsprache *f*

in·ter·change 1. [ɪntəˈtʃeɪndʒ] austauschen, **2.** [ˈɪntətʃeɪndʒ] Austausch *m*; *mot.* Autobahnkreuz *n*

in·ter·com [ˈɪntəkɒm] Sprechanlage *f*

in·ter·course [ˈɪntəkɔːs] Verkehr *m*; *a.* **sexual ~** (Geschlechts)Verkehr *m*

in·terest [ˈɪntrɪst] **1.** Interesse *n* (**in** *dat.*, für); Wichtigkeit *f*, Bedeutung *f*; Vorteil *m*, Nutzen *m*; *econ.* Anteil *m*, Beteiligung *f*; *econ.* Zins(en *pl.*) *m*; **take an ~ in** sich interessieren für; **2.** interessieren (**in** für *et.*); **'~ed** interessiert (**in** an); **be ~ in** sich interessieren für; **'~ing** interessant; **'~ rate** *econ.* Zinssatz *m*

in·ter·face [ˈɪntəfeɪs] *Computer*: Schnittstelle *f*

in·ter|·fere [ɪntəˈfɪə] sich einmischen (**with** in *acc.*); stören; **~·fer·ence** [ɪntəˈfɪərəns] Einmischung *f*; Störung *f*

in·te·ri·or [ɪnˈtɪərɪə] **1.** innere(r, -s), Innen...; Binnen...; Inlands...; **2.** *das* In-

interior decorator

nere; Interieur n; pol. innere Angelegenheiten pl.; → **Department of the** 2; **~ 'dec·o·ra·tor** Innenarchitekt(in)

in·ter|·ject [ɪntəˈdʒekt] Bemerkung einwerfen; **~ˈjec·tion** [ɪntəˈdʒekʃn] Einwurf m; Ausruf m; ling. Interjektion f

in·ter·lace [ɪntəˈleɪs] (sich) (ineinander) verflechten

in·ter·lock [ɪntəˈlɒk] ineinandergreifen; (miteinander) verzahnen

in·ter·lop·er [ˈɪntələʊpə] Eindringling m

in·ter·lude [ˈɪntəluːd] Zwischenspiel n; Pause f; **~s of bright weather** zeitweilig schön

in·ter·me·di|·a·ry [ɪntəˈmiːdjərɪ] Vermittler(in), Mittelsmann m; **~ate** [ɪntəˈmiːdjət] in der Mitte liegend, Mittel...; Zwischen...; ped. für fortgeschrittene Anfänger

in·ter·ment [ɪnˈtɜːmənt] Beerdigung f, Bestattung f

in·ter·mi·na·ble [ɪnˈtɜːmɪnəbl] endlos

in·ter·mis·sion [ɪntəˈmɪʃn] Unterbrechung f; bsd. Am. thea. etc.: Pause f

in·ter·mit·tent [ɪntəˈmɪtənt] mit Unterbrechungen, periodisch (auftretend); **~ fever** med. Wechselfieber n

in·tern[1] [ɪnˈtɜːn] internieren

in·tern[2] Am. [ˈɪntɜːn] Assistenzarzt m, -ärztin f

in·ter·nal [ɪnˈtɜːnl] innere(r, -s); einheimisch, Inlands...; **~ com'bus·tion en·gine** Verbrennungsmotor m

in·ter·na·tion·al [ɪntəˈnæʃənl] 1. international; Auslands...; 2. Sport: Internationale m, f, Nationalspieler(in); internationaler Wettkampf; Länderspiel n; **~ 'call** tel. Auslandsgespräch n; **~ 'law** jur. Völkerrecht n

in·ter|·pret [ɪnˈtɜːprɪt] interpretieren, auslegen, erklären; dolmetschen; **~pre·ta·tion** [ɪntəprɪˈteɪʃn] Interpretation f, Auslegung f; **~ˈpret·er** [ɪnˈtɜːprɪtə] Dolmetscher(in)

in·ter·ro|·gate [ɪnˈterəgeɪt] verhören, -nehmen; (be)fragen; **~ˈga·tion** [ɪntərəˈgeɪʃn] Verhör n, -nehmung f, Frage f; **~ˈga·tion mark** → **question mark**

in·ter·rog·a·tive gr. [ɪntəˈrɒgətɪv] Interrogativ..., Frage...

in·ter|·rupt [ɪntəˈrʌpt] unterbrechen; **~ˈrup·tion** [ɪntəˈrʌpʃn] Unterbrechung f

in·ter|·sect [ɪntəˈsekt] (durch)schneiden; sich schneiden od. kreuzen; **~ˈsec·tion** [ɪntəˈsekʃn] Schnittpunkt m; (Straßen)Kreuzung f

in·ter·sperse [ɪntəˈspɜːs] einstreuen, hier u. da einfügen

in·ter·state Am. [ɪntəˈsteɪt] zwischenstaatlich; **~** (**highway**) (mehrere Bundesstaaten verbindende) Autobahn

in·ter·twine [ɪntəˈtwaɪn] (sich ineinander) verschlingen

in·ter·val [ˈɪntəvl] Intervall n (a. mus.), Abstand m; Brt. Pause f (a. thea. etc.); **at regular ~s** in regelmäßigen Abständen

in·ter|·vene [ɪntəˈviːn] eingreifen, -schreiten, intervenieren; dazwischenkommen; **~ˈven·tion** [ɪntəˈvenʃn] Eingreifen n, -schreiten n, Intervention f

in·ter·view [ˈɪntəvjuː] 1. Interview n; Einstellungsgespräch n; 2. interviewen; ein Einstellungsgespräch führen mit; **~ee** [ɪntəvjuːˈiː] Interviewte(r m) f; **~er** [ˈɪntəvjuːə] Interviewer(in)

in·ter·weave [ɪntəˈwiːv] (**-wove, -woven**) (miteinander) verweben od. -flechten

in·tes·tate jur. [ɪnˈtesteɪt]: **die ~** ohne Hinterlassung e-s Testaments sterben

in·tes·tine anat. [ɪnˈtestɪn] Darm m; **~s** pl. Eingeweide pl.; **large ~** Dickdarm m; **small ~** Dünndarm m

in·ti·ma·cy [ˈɪntɪməsɪ] Intimität f, Vertrautheit f; (a. plumpe) Vertraulichkeit f; intime (sexuelle) Beziehungen pl.

in·ti·mate [ˈɪntɪmət] 1. intim (a. sexuell); vertraut, eng (Freunde etc.); (a. plump-)vertraulich; innerste(r, -s) (Wünsche etc.); gründlich, genau (Kenntnisse etc.); 2. Vertraute(r m) f

in·tim·i|·date [ɪnˈtɪmɪdeɪt] einschüchtern; **~ˈda·tion** [ɪntɪmɪˈdeɪʃn] Einschüchterung f

in·to [ˈɪntʊ, ˈɪntə] in (acc.), in (acc.) ... hinein; gegen (acc.); math. in (acc.); **4 ~ 20 goes five times** 4 geht fünfmal in 20

in·tol·e·ra·ble [ɪnˈtɒlərəbl] unerträglich

in·tol·e|·rance [ɪnˈtɒlərəns] Intoleranz f, Unduldsamkeit (of gegen); **~rant** intolerant, unduldsam (of gegen)

in·to·na·tion [ɪntəʊˈneɪʃn] gr. Intonation f, Tonfall m; mus. Intonation f

in·tox·i·cat·ed [ɪnˈtɒksɪkeɪtɪd] be-

rauscht; betrunken; **~·ca·tion** [ɪntɒksɪ'keɪʃn] Rausch m (a. fig.)
in·trac·ta·ble [ɪn'træktəbl] eigensinnig; schwer zu handhaben(d)
in·tran·si·tive gr. [ɪn'trænsətɪv] intransitiv
in·tra·ve·nous med. [ɪntrə'viːnəs] intravenös
'in tray: *in the ~* im Post- *etc.* Eingang
in·trep·id [ɪn'trepɪd] unerschrocken
in·tri·cate ['ɪntrɪkət] verwickelt, kompliziert
in·trigue [ɪn'triːg] 1. Intrige f; 2. faszinieren, interessieren; intrigieren
in·tro·duce [ɪntrə'djuːs] vorstellen (*to dat.*), j-n bekannt machen (*to* mit); einführen; **~·duc·tion** [ɪntrə'dʌkʃn] Vorstellung f; Einführung f; Einleitung f, Vorwort n; *letter of ~* Empfehlungsschreiben n; **~·duc·to·ry** [ɪntrə'dʌktəri] Einführungs...; einleitend, Einleitungs...
in·tro·spec·tion [ɪntrəʊ'spekʃn] Selbstbeobachtung f; **~·tive** [ɪntrəʊ'spektɪv] selbstbeobachtend, introspektiv
in·tro·vert *psych.* ['ɪntrəʊvɜːt] introvertierter Mensch; **'~·ed** *psych.* introvertiert, in sich gekehrt
in·trude [ɪn'truːd] (sich) aufdrängen; stören; *am I intruding?* störe ich?; **in'trud·er** Eindringling m; Störenfried m; **in'tru·sion** [ɪn'truːʒn] Störung f; **in'tru·sive** [ɪn'truːsɪv] aufdringlich
in·tu·i·tion [ɪntjuː'ɪʃn] Intuition f; **~·tive** [ɪn'tjuːɪtɪv] intuitiv
In·u·it ['ɪnjʊɪt] a. **Innuit** Inuit m, Eskimo m
in·un·date ['ɪnʌndeɪt] überschwemmen, -fluten (*a. fig.*)
in·vade [ɪn'veɪd] eindringen in, einfallen in, *mil. a.* einmarschieren in (*acc.*); *fig.* überlaufen, -schwemmen; **~r** Eindringling m
in·va·lid¹ ['ɪnvəlɪd] 1. krank; invalid(e); 2. Kranke(r m) f, Invalide(r m) f
in·val·id² [ɪn'vælɪd] (rechts)ungültig
in·val·u·a·ble [ɪn'væljʊəbl] unschätzbar
in·var·i·a·ble [ɪn'veərɪəbl] unveränderlich; **~·bly** ausnahmslos
in·va·sion [ɪn'veɪʒn] Invasion f (*a. mil.*), Einfall m, *mil. a.* Einmarsch m; *fig.* Eingriff m, Verletzung f
in·vec·tive [ɪn'vektɪv] Schmähung(en *pl.*) f, Beschimpfung(en *pl.*) f
in·vent [ɪn'vent] erfinden; **in·ven·tion** [ɪn'venʃn] Erfindung f; **in·ven·tive** [ɪn'ventɪv] erfinderisch; einfallsreich; **in·ven·tor** [ɪn'ventə] Erfinder(in); **in·ven·to·ry** ['ɪnvəntri] Inventar n; Bestand(sliste f) m; Inventur f
in·verse [ɪn'vɜːs] 1. umgekehrt; 2. Umkehrung f, Gegenteil n; **in·ver·sion** [ɪn'vɜːʃn] Umkehrung f; *gr.* Inversion f
in·vert [ɪn'vɜːt] umkehren
in·ver·te·brate *zo.* [ɪn'vɜːtɪbrət] 1. wirbellos; 2. wirbelloses Tier
in·vert·ed com·mas *pl.* Anführungszeichen *pl.*
in·vest [ɪn'vest] investieren, anlegen
in·ves·ti·gate [ɪn'vestɪgeɪt] untersuchen; überprüfen; Untersuchungen *od.* Ermittlungen anstellen (*into* über *acc.*), nachforschen; **~·ga·tion** [ɪnvestɪ'geɪʃn] Untersuchung f, Ermittlung f, Nachforschung f; **~·ga·tor** [ɪn'vestɪgeɪtə]: *private ~* Privatdetektiv m
in·vest·ment [ɪn'vestmənt] *econ.* Investition f, (Kapital)Anlage f; **in'ves·tor** *econ.* Anleger m
in·vet·e·rate [ɪn'vetərət] unverbesserlich; hartnäckig
in·vid·i·ous [ɪn'vɪdɪəs] gehässig, boshaft, gemein
in·vig·o·rate [ɪn'vɪgəreɪt] kräftigen, stärken, beleben
in·vin·ci·ble [ɪn'vɪnsəbl] unbesiegbar; unüberwindlich
in·vis·i·ble [ɪn'vɪzəbl] unsichtbar
in·vi·ta·tion [ɪnvɪ'teɪʃn] Einladung f; Aufforderung f; **in·vite** [ɪn'vaɪt] einladen; auffordern; *Gefahr etc.* herausfordern; *~ s.o. in* j-n hereinbitten; **in'vit·ing** einladend, verlockend
in·voice *econ.* ['ɪnvɔɪs] 1. (Waren-) Rechnung f; 2. in Rechnung stellen, berechnen
in·voke [ɪn'vəʊk] flehen um; *Gott etc.* anrufen; beschwören (*a. Geister*)
in·vol·un·ta·ry [ɪn'vɒləntəri] unfreiwillig; unabsichtlich; unwillkürlich
in·volve [ɪn'vɒlv] verwickeln, hineinziehen (*in acc.*); j-n, *et.* angehen, betreffen; zur Folge haben, mit sich bringen; **~d** kompliziert, verworren; **~·ment** Verwicklung f; Beteiligung f
in·vul·ne·ra·ble [ɪn'vʌlnərəbl] unverwundbar; *fig.* unanfechtbar

inward

in·ward ['ɪnwəd] **1.** *adj.* innere(r, -s), innerlich; **2.** *adv. mst* ~s einwärts, nach innen

I/O [aɪ 'əʊ] *Abk. für* **input/output** *Computer:* (Daten)Eingabe/(Daten)Ausgabe *f*

IOC [aɪ əʊ 'siː] *Abk. für* **International Olympic Committee** Internationales Olympisches Komitee

i·o·dine - ['aɪədiːn] Jod *n*

i·on *phys.* ['aɪən] Ion *n*

IOU [aɪ əʊ 'juː] (= *I owe you*) Schuldschein *m*

IQ [aɪ 'kjuː] *Abk. für* **intelligence quotient** IQ, Intelligenzquotient *m*

IRA [aɪ ɑːr 'eɪ] *Abk. für* **Irish Republican Army** IRA, Irisch-Republikanische Armee

I·ran [ɪ'rɑːn] Iran *m*; **I·ra·ni·an** [ɪ'reɪnjən] **1.** iranisch; **2.** Iraner(in); *ling.* Iranisch *n*

I·raq [ɪ'rɑːk] Irak *m*; **I·ra·qi** [ɪ'rɑːkɪ] **1.** irakisch; **2.** Iraker(in); *ling.* Irakisch *n*

i·ras·ci·ble [ɪ'ræsəbl] jähzornig

i·rate [aɪ'reɪt] zornig, wütend

Ire·land ['aɪələnd] Irland *n*

ir·i·des·cent [ɪrɪ'desnt] schillernd

i·ris ['aɪərɪs] *anat.* Regenbogenhaut *f*, Iris *f*; *bot.* Schwertlilie *f*, Iris *f*

I·rish ['aɪərɪʃ] **1.** irisch; **2.** *ling.* Irisch *n*; *the* ~ *pl.* die Iren *pl.*; '~·**man** (*pl. -men*) Ire *m*; '~·**wom·an** (*pl. -women*) Irin *f*

irk·some ['ɜːksəm] lästig, ärgerlich

i·ron ['aɪən] **1.** Eisen *n*; Bügeleisen *n*; **strike while the** ~ **is hot** *fig.* das Eisen schmieden, solange es heiß ist; **2.** eisern (*a. fig.*), Eisen..., aus Eisen; **3.** bügeln; ~ **out** ausbügeln; ♀ '**Cur·tain** *pol. hist.* Eiserner Vorhang

i·ron·ic [aɪ'rɒnɪk] (~*ally*), **i·ron·i·cal** [aɪ'rɒnɪkl] ironisch, spöttisch

'**i·ron·ing board** Bügelbrett *n*

i·ron| '**lung** *med.* eiserne Lunge; ~**·mon·ger** *Brt.* ['aɪənmʌŋgə] Eisenwarenhändler *m*; '~·**works** *sg.* Eisenhütte *f*

i·ro·ny ['aɪərənɪ] Ironie *f*

ir·ra·tion·al [ɪ'ræʃənl] irrational, unvernünftig

ir·rec·on·cil·a·ble [ɪ'rekənsaɪləbl] unversöhnlich; unvereinbar

ir·re·cov·er·a·ble [ɪrɪ'kʌvərəbl] unersetzlich; unwiederbringlich

ir·reg·u·lar [ɪ'regjʊlə] unregelmäßig;

ungleichmäßig; regel- *od.* vorschriftswidrig

ir·rel·e·vant [ɪ'reləvənt] irrelevant, unerheblich, belanglos (**to** für)

ir·rep·a·ra·ble [ɪ'repərəbl] irreparabel, nicht wieder gutzumachen(d)

ir·re·place·a·ble [ɪrɪ'pleɪsəbl] unersetzlich

ir·re·pres·si·ble [ɪrɪ'presəbl] nicht zu unterdrücken(d); unbezähmbar

ir·re·proa·cha·ble [ɪrɪ'prəʊtʃəbl] einwandfrei, untadelig

ir·re·sis·ti·ble [ɪrɪ'zɪstəbl] unwiderstehlich

ir·res·o·lute [ɪ'rezəluːt] unentschlossen

ir·re·spec·tive [ɪrɪ'spektɪv]: ~ **of** ohne Rücksicht auf (*acc.*); unabhängig von

ir·re·spon·si·ble [ɪrɪ'spɒnsəbl] unverantwortlich; verantwortungslos

ir·re·trie·va·ble [ɪrɪ'triːvəbl] unwiederbringlich, unersetzlich

ir·rev·e·rent [ɪ'revərənt] respektlos

ir·re·vo·ca·ble [ɪ'revəkəbl] unwiderruflich, unabänderlich, endgültig

ir·ri·gate ['ɪrɪgeɪt] bewässern; ~·**ga·tion** [ɪrɪ'geɪʃn] Bewässerung *f*

ir·ri|·**ta·ble** ['ɪrɪtəbl] reizbar; ~·**tant** ['ɪrɪtənt] Reizmittel *n*; ~·**tate** ['ɪrɪteɪt] reizen; (ver)ärgern; '~·**tat·ing** ärgerlich (*Sache*); ~·**ta·tion** [ɪrɪ'teɪʃn] Reizung *f*; Verärgerung *f*; Ärger *m* (**at** über *acc.*)

is [ɪz] *er, sie, es* ist

ISBN [aɪ es biː 'en] *Abk. für* **International Standard Book Number** ISBN-Nummer *f*

Is·lam ['ɪzlɑːm] der Islam

is·land ['aɪlənd] Insel *f*; *a. traffic* ~ Verkehrsinsel *f*; '~·**er** Inselbewohner(in)

isle *poet.* [aɪl] Insel *f*

i·so|·**late** ['aɪsəleɪt] absondern; isolieren; '~·**lat·ed** isoliert, abgeschieden; einzeln; △ *nicht electr.* **isoliert**; ~·**la·tion** [aɪsə'leɪʃn] Isolierung *f*, Absonderung *f*; ~·**la·tion ward** *med.* Isolierstation *f*

Is·rael ['ɪzreɪəl] Israel *n*; **Is·rae·li** [ɪz'reɪlɪ] **1.** israelisch; **2.** Israeli *m, f*

is·sue ['ɪʃuː] **1.** Streitfrage *f*, -punkt *m*; Ausgabe *f* (*e-r Zeitung etc.*); Erscheinen *n* (*e-r Zeitung etc.*); *jur.* Nachkommen(schaft *f*) *pl.*; Ausgang *m*, Ergebnis *n*; **be at** ~ zur Debatte stehen; **point at** ~ strittiger Punkt; **die without** ~ kinderlos sterben; **2.** *v/t. Zeitung etc.* herausgeben; *Banknoten etc.* ausgeben; *Dokument etc.* ausstellen; *v/i.* heraus-, hervorkommen; herausfließen, -strömen

it [ɪt] es; *bezogen auf bereits Genanntes*: es, er, ihn, sie

I·tal·ian [ɪ'tæljən] **1.** italienisch; **2.** Italiener(in); *ling.* Italienisch *n*

i·tal·ics *print.* [ɪ'tælɪks] Kursivschrift *f*

It·a·ly ['ɪtəlɪ] Italien *n*

itch [ɪtʃ] **1.** Jucken *n*, Juckreiz *m*; **2.** jucken, kratzen; *I ~ all over* es juckt mich überall; *be ~ing for s.th.* F et. unbedingt (haben) wollen; *be ~ing to inf.* F darauf brennen, zu *inf.*; **~·y** juckend; kratzend

i·tem ['aɪtəm] Punkt *m* (*der Tagesordnung etc.*), Posten *m* (*auf e-r Liste*); Artikel *m*, Gegenstand *m*; (*Presse-, Zeitungs*)Notiz *f*, (*a. Rundfunk, TV*) Nachricht *f*, Meldung *f*; **~·ize** ['aɪtəmaɪz] einzeln angeben *od.* aufführen

i·tin·e·ra·ry [aɪ'tɪnərərɪ] Reiseweg *m*, -route *f*; Reiseplan *m*

its [ɪts] sein(e), ihr(e)

it's [ɪts] *für it is; it has*

it·self [ɪt'self] sich; sich selbst; *verstärkend*: selbst; *by ~* (für sich) allein; von selbst; *in ~* an sich

ITV [aɪ tiː 'viː] *Abk. für* **Independent Television** (*unabhängige brit. kommerzielle Fernsehanstalten*)

I've [aɪv] *für* **I have**

i·vo·ry ['aɪvərɪ] Elfenbein *n*

i·vy *bot.* ['aɪvɪ] Efeu *m*

J

J, j [dʒeɪ] J, j *n*

J *nur geschr. Abk. für* **joule(s)** J, Joule *n od. pl.*

jab [dʒæb] **1.** (*-bb-*) (hinein)stechen, (-)stoßen; **2.** Stich *m*, Stoß *m*

jab·ber ['dʒæbə] (daher)plappern

jack [dʒæk] **1.** *tech.* Hebevorrichtung *f*; *tech.* Wagenheber *m*; *Kartenspiel*: Bube *m*; **2.** **~ up** *Auto* aufbocken

jack·al *zo.* ['dʒækɔːl] Schakal *m*

jack·|ass ['dʒækæs] Esel *m* (*a. fig.*); **'~·boots** Stulp(en)stiefel *pl.*; **'~·daw** *zo.* Dohle *f*

jack·et ['dʒækɪt] Jacke *f*, Jackett *n*; *tech.* Mantel *m*; (Schutz)Umschlag *m*; *Am.* (Platten)Hülle *f*; **~ potatoes** *pl.*, **potatoes** (**boiled**) **in their ~s** *pl.* Pellkartoffeln *pl.*

jack·|knife ['dʒæknaɪf] **1.** (*pl. - knives*) Klappmesser *n*; **2.** zusammenklappen, -knicken; **~·of-'all-trades** Hansdampf *m* in allen Gassen; **'~·pot** Jackpot *m*, Haupttreffer *m*; *hit the ~* F den Jackpot gewinnen; *fig.* das große Los ziehen

jade [dʒeɪd] Jade *m, f*; Jadegrün *n*

jag [dʒæg] Zacken *m*; **~·ged** ['dʒægɪd] gezackt, zackig

jag·u·ar *zo.* ['dʒægjʊə] Jaguar *m*

jail [dʒeɪl] **1.** Gefängnis *n*; **2.** einsperren; **'~·bird** F Knastbruder *m*; **'~·er** Gefängnisaufseher *m*; **'~·house** *Am.* Gefängnis *n*

jam¹ [dʒæm] Konfitüre *f*, Marmelade *f*

jam² [dʒæm] **1.** (*-mm-*) *v/t.* (hinein-)pressen, (-)quetschen, (-)zwängen, *Menschen a.* (-)pferchen; (ein)klemmen, (-)quetschen; *a.* **~ up** blockieren, verstopfen; *Funkempfang* stören; **~ on the brakes** *mot.* voll auf die Bremse treten; *v/i.* sich (hinein)drängen *od.* (-)quetschen; *tech.* sich verklemmen, *Bremsen*: blockieren; **2.** Gedränge *n*; *tech.* Blockierung *f*; Stauung *f*, Stockung *f*; *traffic* **~** Verkehrsstau *m*; *be in a* **~** F in der Klemme stecken

jamb [dʒæm] (Tür-, Fenster)Pfosten *m*

jam·bo·ree [dʒæmbə'riː] Jamboree *n*, Pfadfindertreffen *n*

Jan *nur geschr. Abk. für* **January** Jan., Januar *m*

jan·gle ['dʒæŋgl] klimpern *od.* klirren (mit)

jan·i·tor *Am.* ['dʒænɪtə] Hausmeister *m*

Jan·u·ar·y ['dʒænjʊərɪ] (*Abk. Jan*) Januar *m*

Ja·pan [dʒə'pæn] Japan *n*; **Jap·a·nese** [dʒæpə'niːz] **1.** japanisch; **2.** Japaner(in); *ling.* Japanisch *n*; **the ~** *pl.* die Japaner *pl.*

jar[1] [dʒɑː] **1.** Gefäß *n*, Krug *m*; (Marmelade- *etc.*)Glas *n*

jar[2] [dʒɑː] (*-rr-*): **~ on** wek tun (*dat.*) (*Farbe, Geräusch etc.*)

jar·gon ['dʒɑːgən] Jargon *m*, Fachsprache *f*

jaun·dice *med.* ['dʒɔːndɪs] Gelbsucht *f*

jaunt [dʒɔːnt] **1.** Ausflug *m*, *mot.* Spritztour *f*; **2.** e-n Ausflug *od.* e-e Spritztour machen

jaun·ty ['dʒɔːntɪ] (*-ier, -iest*) unbeschwert, unbekümmert; flott (*Hut etc.*)

jav·e·lin ['dʒævlɪn] *Sport:* Speer *m*; **~ (throw), throwing the ~** Speerwerfen *n*; **~ thrower** Speerwerfer(in)

jaw [dʒɔː] *anat.* Kiefer *m*; **lower ~** Unterkiefer *m*; **upper ~** Oberkiefer *m*; **~s** *pl. zo.* Rachen *m*, Maul *n*; *tech.* Backen *pl.*; **'~bone** *anat.* Kieferknochen *m*

jay *zo.* [dʒeɪ] Eichelhäher *m*; **'~walk** unachtsam über die Straße gehen; **'~walk·er** unachtsamer Fußgänger

jazz *mus.* [dʒæz] Jazz *m*

jeal·ous ['dʒeləs] eifersüchtig (*of* auf *acc.*); neidisch; **'~y** Eifersucht *f*; Neid *m*; △ *nicht* Jalousie

jeans [dʒiːnz] *pl.* Jeans *pl.*

jeep® [dʒiːp] Jeep® *m*

jeer [dʒɪə] **1. (at)** höhnische Bemerkung(en) machen (über *acc.*); höhnisch lachen (über *acc.*); **~ (at)** verhöhnen; **2.** höhnische Bemerkung; Hohngelächter *n*

jel·lied ['dʒelɪd] in Aspik *od.* Sülze

jel·ly ['dʒelɪ] Gallert(e *f*) *n*; Gelee *n*; Aspik *m, n*, Sülze *f*; Götterspeise *f*; **'~ba·by** *Brt.* Gummibärchen *n*; **'~bean** Gummi-, Geleebonbon *m, n*; **'~fish** *zo.* (*pl. -fish, -fishes*) Qualle *f*

jeop·ar·dize ['dʒepədaɪz] gefährden; **'~dy** Gefahr *f*

jerk [dʒɜːk] **1.** ruckartig ziehen an (*dat.*); sich ruckartig bewegen; (zusammen)zucken; **2.** (plötzlicher) Ruck, Sprung *m*, Satz *m*; *med.* Zuckung *f*; **'~y** (*-ier, -iest*) ruckartig; holprig; rüttelnd, schüttelnd (*Fahrt*)

jer·sey ['dʒɜːzɪ] Pullover *m*

jest [dʒest] **1.** Scherz *m*, Spaß *m*; **2.** scherzen, spaßen; **'~er** *hist.* (Hof)Narr *m*

jet [dʒet] **1.** (Wasser-, Gas- *etc.*)Strahl *m*; *tech.* Düse *f*; *aviat.* Jet *m*; **2.** (*-tt-*) (heraus-, hervor)schießen (*from* aus); *aviat.* F jetten; **~ 'en·gine** *tech.* Düsen-, Strahltriebwerk *n*; **~ lag** körperliche Anpassungsschwierigkeiten durch die Zeitverschiebung bei weiten Flugreisen; **'~ plane** Düsenflugzeug *n*, Jet *m*; **~pro'pelled** mit Düsenantrieb, Düsen...; **~ pro'pul·sion** Düsen-, Strahlantrieb *m*; **~ set** Jet-set *m*; **'~set·ter** Angehörige(r *m*) *f* des Jet-set

jet·ty *naut.* ['dʒetɪ] (Hafen)Mole *f*

Jew [dʒuː] Jude *m*, Jüdin *f*

jew·el ['dʒuːəl] Juwel *n, m*, Edelstein *m*; **'jew·el·er** *Am.*, **'jew·el·ler** *Brt.* Juwelier *m*; **jew·el·ler·y** *Brt.*, **jew·el·ry** *Am.* ['dʒuːəlrɪ] Juwelen *pl.*; Schmuck *m*

Jew·ess ['dʒuːɪs] Jüdin *f*; **'~ish** jüdisch

jif·fy F ['dʒɪfɪ]: **in a ~** im Nu, sofort

jig·saw ['dʒɪgsɔː] Laubsäge *f*; → **'~puz·zle** Puzzle(spiel) *n*

jilt [dʒɪlt] Mädchen sitzen lassen; e-m Liebhaber den Laufpass geben

jin·gle ['dʒɪŋgl] **1.** klimpern (mit), bimmeln (lassen); **2.** Klimpern *n*, Bimmeln *n*; Werbesong *m*, -spruch *m*

jit·ters F ['dʒɪtəz] *pl.*: **the ~** Bammel *m*, e-e Heidenangst

Jnr *nur geschr. Abk. für Junior* jr., jun., junior, der Jüngere

job [dʒɒb] **1.** (*einzelne*) Arbeit; Beruf *m*, Beschäftigung *f*, Stellung *f*, Stelle *f*, Arbeit *f*, Job *m*, Arbeitsplatz *m*; Aufgabe *f*, Sache *f*, Angelegenheit *f*; *Computer:* Job *m*; *a.* **~ work** Akkordarbeit *f*; **by the ~** im Akkord; **out of ~** arbeitslos; **2. ~ around** jobben; **'~ ad**, **~ ad'ver·tise·ment** Stellenanzeige *f*; **'~ber** *Brt.* Börsenspekulant *m*; **'~ cen·tre** *Brt.* Arbeitsamt *n*; **'~ hop·ping** *Am.* häufiger Arbeitsplatzwechsel; **'~hunt·ing** Arbeitssuche *f*; **be ~** auf Arbeitssuche sein; **'~·less** arbeitslos; **'~shar·ing** Job-sharing *n*

jock·ey ['dʒɒkɪ] Jockei *m*

jog [dʒɒg] **1.** stoßen an (*acc.*) *od.* gegen, *j-n* anstoßen; *mst* **~ along, ~ on** dahintrotten, -zuckeln; *Sport:* joggen; **2.** (leichter) Stoß, Stups *m*; Trott *m*;

juncture

Sport: Trimmtrab *m*; '**~ger** *Sport*: Jogger(in); '**~ging** *Sport*: Joggen *n*, Jogging *n*

join [dʒɔɪn] **1.** *v/t.* verbinden, -einigen, zusammenfügen; sich anschließen (*dat. od.* an *acc.*), sich gesellen zu; eintreten in (*acc.*), beitreten; teilnehmen *od.* sich beteiligen an (*dat.*), mitmachen bei; **~ in** einstimmen in; *v/i.* sich vereinigen *od.* verbinden; **~ in** teilnehmen *od.* sich beteiligen (an *dat.*), mitmachen (bei); **2.** Verbindungsstelle *f*, Naht *f*; '**~er** Tischler *m*, Schreiner *m*

joint [dʒɔɪnt] **1.** Verbindungs-, Nahtstelle *f*; *anat.*, *tech.* Gelenk *n*; ~ Knoten *m*; *Brt. gastr.* Braten *m*; *sl.* Laden *m*, Bude *f*, Spelunke *f*; *sl.* Joint *m* (*Haschisch- od. Marihuanazigarette*); **out of ~** ausgerenkt; *fig.* aus den Fugen; **2.** gemeinsam, gemeinschaftlich; Mit-...; '**~ed** gegliedert; Glieder-...; **~·stock com·pa·ny** *Brt. econ.* Kapital- *od.* Aktiengesellschaft *f*; **~ 'ven·ture** *econ.* Gemeinschaftsunternehmen *n*

joke [dʒəʊk] **1.** Witz *m*; Scherz *m*, Spaß *m*; **practical ~** Streich *m*; **play a ~ on s.o.** j-m e-n Streich spielen; **2.** scherzen, Witze machen; '**jok·er** Spaßvogel *m*, Witzbold *m*; *Kartenspiel*: Joker *m*

jol·ly ['dʒɒlɪ] **1.** *adj.* (*-ier, -iest*) lustig, fröhlich, vergnügt; **2.** *adv. Brt.* F ganz schön; **~ good** prima

jolt [dʒəʊlt] **1.** e-n Ruck *od.* Stoß geben; durchrütteln, -schütteln; rütteln, holpern (*Fahrzeug*); *fig.* aufrütteln; **2.** Ruck *m*, Stoß *m*; *fig.* Schock *m*

jos·tle ['dʒɒsl] (an)rempeln; dränge(l)n

jot [dʒɒt] **1.** *not a ~* keine Spur; **2.** (*-tt-*): **~ down** sich schnell *et.* notieren

joule *phys.* [dʒuːl] Joule *n*

jour·nal ['dʒɜːnl] Journal *n*; (Fach)Zeitschrift *f*; Tagebuch *n*; **~·is·m** ['dʒɜːnəlɪzəm] Journalismus *m*; **~·ist** ['dʒɜːnəlɪst] Journalist(in)

jour·ney ['dʒɜːnɪ] **1.** Reise *f*; **2.** reisen; '**~·man** (*pl. -men*) Geselle *m*

joy [dʒɔɪ] Freude *f*; **for ~** vor Freude; '**~·ful** freudig; erfreut; '**~·less** freudlos, traurig; '**~·stick** *aviat.* Steuerknüppel *m*; *Computer*: Joystick *m*

Jr → **Jnr**

ju·bi·lant ['dʒuːbɪlənt] jubelnd, überglücklich

ju·bi·lee ['dʒuːbɪliː] Jubiläum *n*

judge [dʒʌdʒ] **1.** *jur.* Richter(in); Schieds-, Preisrichter(in); Kenner(in); **2.** *jur.* Fall verhandeln; (be)urteilen, beurteilen, einschätzen

judg(e)·ment ['dʒʌdʒmənt] *jur.* Urteil *n*; Urteilsvermögen *n*; Meinung *f*, Ansicht *f*; göttliches (Straf)Gericht; **the Last 2** das Jüngste Gericht; '**2 Day,** *a.* **Day of 2** Jüngster Tag

ju·di·cial *jur.* [dʒuːˈdɪʃl] gerichtlich, Justiz-...; richterlich

ju·di·cia·ry *jur.* [dʒuːˈdɪʃɪərɪ] Richter *pl.*

ju·di·cious [dʒuːˈdɪʃəs] klug, weise

ju·do [ˈdʒuːdəʊ] *Sport*: Judo *n*

jug [dʒʌɡ] Krug *m*; Kanne *f*, Kännchen *n*

jug·gle ['dʒʌɡl] jonglieren (mit); *Bücher etc.* frisieren; '**~r** Jongleur *m*

juice [dʒuːs] Saft *m*; *sl. mot.* Sprit *m*; **juic·y** ['dʒuːsɪ] (*-ier, -iest*) saftig, F pikant, gepfeffert

juke·box ['dʒuːkbɒks] Musikbox *f*, Musikautomat *m*

Jul *nur geschr. Abk. für* **July** Juli *m*

Ju·ly [dʒuːˈlaɪ] (*Abk.* **Jul**) Juli *m*

jum·ble ['dʒʌmbl] **1.** *a.* **~ together, ~ up** durcheinander bringen *od.* werfen; **2.** Durcheinander *n*; '**~ sale** *Brt.* Wohltätigkeitsbasar *m*

jum·bo ['dʒʌmbəʊ] **1.** riesig, Riesen-...; **2.** (*pl. -bos*) *aviat.* F Jumbo *m*; '**~ jet** *aviat.* Jumbo-Jet *m*; '**~·sized** riesig

jump [dʒʌmp] **1.** *v/i.* springen; hüpfen; zusammenzucken, -fahren, hochfahren (**at** bei); **~ at the chance** mit beiden Händen zugreifen; **~ to conclusions** übereilte Schlüsse ziehen; *v/t.* (hin-weg)springen über (*acc.*); überspringen; **~ the queue** *Brt.* sich vordränge(l)n; **~ the lights** bei Rot über die Kreuzung fahren, F bei Rot drüberfahren; **2.** Sprung *m*; **high (long) ~** *Sport*: Hoch-(Weit)sprung *m*

'**jump·er**[1] (*Hoch- etc.*)Springer(in)

'**jump·er**[2] *Brt.* Pullover *m*; *Am.* Trägerrock *m*, -kleid *n*

'**jump·ing jack** Hampelmann *m*; '**~·y** (*-ier, -iest*) nervös

Jun *nur geschr. Abk. für:* **June** Juni *m*; → **Jnr**

junc·tion ['dʒʌŋkʃn] (Straßen)Kreuzung *f*; *rail.* Knotenpunkt *m*; **~·ture** ['dʒʌŋktʃə]: **at this ~** zu diesem Zeitpunkt

June 166

June [dʒu:n] (*Abk. **Jun**) Juni m
jun·gle ['dʒʌŋgl] Dschungel m
ju·ni·or ['dʒu:njə] **1.** junior; jüngere(r, -s); untergeordnet; *Sport:* Junioren..., Jugend...; **2.** Jüngere(r m) f; **~ 'high (school)** *Am.* die unteren Klassen der Highschool; **'~ school** *Brt.* Grundschule f (*für Kinder von 7-11*)
junk[1] *naut.* [dʒʌŋk] Dschunke f
junk[2] F [dʒʌŋk] Trödel m; Schrott m; Abfall m; *sl.* Heroin; **~ food** Junk-Food n (*kalorienreiche Nahrung von geringem Nährwert*); **~·ie**, **~·y** *sl.* ['dʒʌŋkɪ] Junkie m, Fixer(in); **'~·yard** *Am.* Schuttabladeplatz m; Schrottplatz m; *auto* **~** *Am.* Autofriedhof m
ju·ris·dic·tion ['dʒʊərɪs'dɪkʃn] Gerichtsbarkeit f; Zuständigkeit(sbereich) f
ju·ris·pru·dence [dʒʊərɪs'pru:dəns] Rechtswissenschaft f
ju·ror *jur.* ['dʒʊərə] Geschworene(r m) f
ju·ry ['dʒʊərɪ] *jur.* Geschworenen *pl.*; Jury f, Preisrichter *pl.*; **'~·man** (*pl. -men*) *jur.* Geschworene(r) m; **'~·wom·an** (*pl. -women*) *jur.* Geschworene f
just [dʒʌst] **1.** *adj.* gerecht; berechtigt; angemessen; **2.** *adv.* gerade, (so)eben; gerade, genau, eben; gerade (noch), ganz knapp; nur, bloß; **~ about** ungefähr, etwa; **~ like that** einfach so; **~ now** gerade (jetzt), (so)eben
jus·tice ['dʒʌstɪs] Gerechtigkeit f; *jur.* Richter m; ♀ **of the Peace** Friedensrichter m; **court of ~** Gericht(shof m) n
jus·ti·fi·ca·tion [dʒʌstɪfɪ'keɪʃn] Rechtfertigung f; **~·fy** ['dʒʌstɪfaɪ] rechtfertigen
just·ly ['dʒʌstlɪ] mit *od.* zu Recht
jut [dʒʌt] (*-tt-*): **~ out** vorspringen, herausragen
ju·ve·nile ['dʒu:vənaɪl] **1.** jugendlich; Jugend...; **2.** Jugendliche(r m) f; **'~ court** Jugendgericht n; **~ de·lin·quen·cy** Jugendkriminalität f; **~ de·lin·quent** straffälliger Jugendlicher, jugendlicher Straftäter

K

K, k [keɪ] K, k n
kan·ga·roo *zo.* [kæŋgə'ru:] (*pl. -roos*) Känguru n
ka·ra·te [kə'rɑ:tɪ] Karate n
KB [keɪ 'bi:] *Abk. für kilobyte* KB, Kilobyte n
keel *naut.* [ki:l] **1.** Kiel m; **2. ~ over** umschlagen, kentern
keen [ki:n] scharf (*a. fig.*); schneidend (*Kälte*); heftig, stark (*Gefühl*); stark, lebhaft (*Interesse etc.*); groß (*Appetit etc.*); begeistert, leidenschaftlich; **~ on** versessen *od.* scharf auf (*acc.*)
keep [ki:p] **1.** (**kept**) *v/t.* (auf-, [bei]be-, er-, fest-, zurück)halten; *Gesetze etc.* einhalten, befolgen; *Ware* führen; *Geheimnis* für sich behalten; *Versprechen, Wort* halten; *Buch* führen; aufheben, aufbewahren; abhalten, hindern (**from** von); *Tiere* halten; *Bett* hüten; ernähren, er-, unterhalten; **~ early hours** früh zu Bett gehen; **~ one's head** die Ruhe bewahren; **~ one's temper** sich beherrschen; **~ s.o. company** j-m Gesellschaft leisten; **~ s.th. from s.o.** j-m et. vorenthalten *od.* verheimlichen; **~ time** richtig gehen (*Uhr*); Takt *od.* Schritt halten; *v/i.* bleiben; sich halten; *mit ger.:* weiter...: **~ going** weitergehen; **~ smiling** immer nur lächeln!; **~ (on) talking** weitersprechen; **~ (on) trying** es weiterversuchen, es immer wieder versuchen; **~ s.o. waiting** j-n warten lassen; **~ away** (sich) fern halten (**from** von); **~ back** zurückhalten (*a. fig.*); **~ from doing s.th.** et. nicht tun; **~ in** *Schüler(in)* nachsitzen lassen; **~ off** (sich) fern halten; **~ off!** Betreten verboten!; **~ on** *Kleidungsstück* anbehalten, anlassen, *Hut* aufbehalten; *Licht* brennen lassen; fortfahren (**doing** zu tun); **~ out** nicht hinein-

kiosk

od. hereinlassen; ~ *out!* Zutritt verboten!; ~ *to* sich halten an (*acc.*); ~ *up* Fig. aufrechterhalten; *Mut* nicht sinken lassen; fortfahren mit, weitermachen; nicht schlafen lassen; ~ *it up* so weitermachen; ~ *up with* Schritt halten mit; ~ *up with the Joneses* nicht hinter den Nachbarn zurückstehen (wollen); **2.** (Lebens)Unterhalt *m*; *for* ~*s* F für immer

'**keep|·er** Wärter(in), Wächter(in), Aufseher(in); *mst in Zssgn:* Inhaber(in), Besitzer(in); '~·**ing** Verwahrung *f*; *be in* (*out of*) ~ *with* ... (nicht) übereinstimmen mit ...; ~·**sake** ['kiːpseɪk] Andenken *n* (*Geschenk*)

keg [keg] Fässchen *n*, kleines Fass

ken·nel ['kenl] Hundehütte *f*; ~*s sg.* Hundezwinger *m*; Hundepension *f*

kept [kept] *pret. u. p.p. von keep* 1

kerb [kɜːb], '~·**stone** Bordstein *m*

ker·chief ['kɜːtʃɪf] (Hals-, Kopf)Tuch *n*

ker·nel ['kɜːnl] Kern *m* (*a. fig.*)

ket·tle ['ketl] Kessel *m*; '~·**drum** *mus.* (Kessel)Pauke *f*

key [kiː] **1.** Schlüssel *m* (*a. fig.*); (Schreibmaschinen-, Klavier- *etc.*)Taste *f*; *mus.* Tonart *f*; Schlüssel...; **2.** anpassen (*to an acc.*); ~ *in Computer:* Daten eingeben; ~*ed up* nervös, aufgeregt, überdreht; '~·**board** Tastatur *f*; '~·**hole** Schlüsselloch *n*; '~·**man** (*pl. -men*) Schlüsselfigur *f*; '~·**note** *mus.* Grundton *m*; *fig.* Grundgedanke *m*, Tenor *m*; '~ **ring** Schlüsselring *m*; '~·**stone** *arch.* Schlussstein *m*; *fig.* Grundpfeiler *m*; '~ **word** Schlüssel-, Stichwort *n*

kick [kɪk] **1.** (mit dem Fuß) stoßen, treten, e-n Tritt geben *od.* versetzen; *Fußball:* schießen, treten, kicken; strampeln; ausschlagen (*Pferd*); ~ *off* von sich schleudern; *Fußball:* anstoßen; ~ *out* F rausschmeißen; ~ *up* hochschleudern; ~ *up a fuss od.* **row** F Krach schlagen; **2.** (Fuß)Tritt *m*; Stoß *m*; *Fußball:* Schuss *m*; *free* ~ Freistoß *m*; *for* ~*s* F zum Spaß; *they get a* ~ *out of it* es macht ihnen e-n Riesenspaß; '~·**off** *Fußball:* Anstoß *m*; '~·**out** *Fußball:* Abschlag *m*

kid[1] [kɪd] Zicklein *n*, Kitz *n*; Ziegenleder *n*; F Kind *n*; ~ *brother* F kleiner Bruder

kid[2] [kɪd](-*dd*-) *v/t.* j-n auf den Arm nehmen; ~ *s.o.* j-m *et.* vormachen; *v/i.*

Spaß machen; *he is only* ~*ding* er macht ja nur Spaß; *no* ~*ding!* im Ernst!

kid 'gloves *pl.* Glacéhandschuhe *m/pl.* (*a. fig.*)

kid·nap ['kɪdnæp] (-*pp*-, *Am. a.* -*p*-) entführen, kidnappen; '**kid·nap·(p)er** Entführer(in), Kidnapper(in); '**kid·nap·(p)ing** Entführung *f*, Kidnapping *n*

kid·ney *anat.* ['kɪdnɪ] Niere *f*; '~ **bean** *bot.* rote Bohne; '~ **ma·chine** künstliche Niere

kill [kɪl] töten (*a. fig.*), umbringen, ermorden; vernichten; *Tiere* schlachten; *hunt.* erlegen, schießen; *be* ~*ed in an accident* tödlich verunglücken; ~ *time* die Zeit totschlagen; '~·**er** Mörder(in), Killer(in); '~·**ing** mörderisch, tödlich

kiln [kɪln] Brennofen *m*

ki·lo ['kiːləʊ] (*pl. -los*) Kilo *n*

kil·o|·gram(me) ['kɪləgræm] Kilogramm *n*; '~·**me·tre** *Brt.*, '~·**me·ter** *Am.* Kilometer *m*

kilt [kɪlt] Kilt *m*, Schottenrock *m*

kin [kɪn] Verwandtschaft *f*, Verwandte *pl.*

kind[1] [kaɪnd] freundlich, liebenswürdig, nett; herzlich

kind[2] [kaɪnd] Art *f*, Sorte *f*; Wesen *n*; △ *nicht Kind*; *all* ~*s of* alle möglichen, allerlei; *nothing of the* ~ nichts dergleichen; ~ *of* F ein bisschen

kin·der·gar·ten ['kɪndəgɑːtn] Kindergarten *m*

kind-'heart·ed gütig

kin·dle ['kɪndl] anzünden, (sich) entzünden; *fig. Interesse etc.* wecken

kind|·ly ['kaɪndlɪ] **1.** *adj.* (-*ier*, -*iest*) freundlich, liebenswürdig, nett; **2.** *adv.* → 1; freundlicher-, liebenswürdiger-, netterweise; '~·**ness** Freundlichkeit *f*, Liebenswürdigkeit *f*; Gefälligkeit *f*

kin·dred ['kɪndrəd] verwandt; ~ *spirits pl.* Gleichgesinnte *pl.*

king [kɪŋ] König *m* (*a. fig. u. Schach, Kartenspiel*); ~·**dom** ['kɪŋdəm] Königreich *n*; *rel.* Reich *n* Gottes; *animal* (*mineral, vegetable*) ~ Tier- (Mineral-, Pflanzen)reich *n*; '~·**ly** (-*ier*, -*iest*) königlich; '~·**size**(**d**) Riesen...

kink [kɪŋk] Knick *m*; *fig.* Tick *m*, Spleen *m*; '~·**y** (-*ier*, -*iest*) spleenig; pervers

ki·osk ['kiːɒsk] Kiosk *m*; *Brt.* Telefonzelle *f*

kip·per ['kɪpə] Räucherhering *m*

kiss [kɪs] **1.** Kuss *m*; **2.** (sich) küssen

kit [kɪt] Ausrüstung *f*; Arbeitsgerät *n*, Werkzeug(e *pl.*) *n*; Werkzeugtasche *f*, -kasten *m*; Bastelsatz *m*; → **first aid kit**; '~ **bag** Seesack *m*

kitch·en ['kɪtʃɪn] Küche *f*; Küchen...; ~**ette** [kɪtʃɪ'net] Kleinküche *f*, Kochnische *f*; ~'**gar·den** Küchen-, Gemüsegarten *m*

kite [kaɪt] Drachen *m*; *zo.* Milan *m*; *fly a* ~ e-n Drachen steigen lassen

kit·ten ['kɪtn] Kätzchen *n*

knack [næk] Kniff *m*, Trick *m*, Dreh *m*; Geschick *n*, Talent *n*

knave [neɪv] Schurke *m*, Spitzbube *m*; *Kartenspiel:* Bube *m*, Unter *m*

knead [niːd] kneten; massieren

knee [niː] Knie *n*; *tech.* Knie(stück) *n*; '~**cap** *anat.* Kniescheibe *f*; ~'**deep** knietief, bis an die Knie (reichend); ~ **joint** *anat.* Kniegelenk *n* (*a. tech.*)

kneel [niːl] (**knelt**, *Am. a.* **kneeled**) knien (**to** vor *dat.*)

'**knee-length** knielang (*Rock etc.*)

knell [nel] Totenglocke *f*

knelt [nelt] *pret. u. p.p. von* **kneel**

knew [njuː] *pret. von* **know**

knick·er·bock·ers ['nɪkəbɒkəz] *pl.* Knickerbocker *pl.*, Kniehosen *pl.*

knick·ers *Brt.* F ['nɪkəz] *pl.* (Damen-) Schlüpfer *m*

knick-knack ['nɪknæk] Nippsache *f*

knife [naɪf] **1.** (*pl.* **knives** [naɪvz]) Messer *n*; **2.** mit e-m Messer stechen *od.* verletzen; erstechen

knight [naɪt] Ritter *m*; *Schach:* Springer *m*; **2.** zum Ritter schlagen; ~**hood** ['naɪthʊd] Ritterwürde *f*, -stand *m*

knit [nɪt] (**-tt-**; **knit** *od.* **knitted**) *v/t.* stricken; *a.* ~ **together** zusammenfügen, verbinden; ~ **one's brows** die Stirn runzeln; *v/i.* stricken; zusammenwachsen (*Knochen*); '~**ting** Stricken *n*; Strickzeug *n*; Strick...; '~**ting nee·dle** Stricknadel *f*; '~**wear** Strickwaren *pl.*

knives [naɪvz] *pl. von* **knife** 1

knob [nɒb] Knopf *m*, Knauf *m*, runder Griff; Stück(chen) *n* (*Butter, Zucker etc.*)

knock [nɒk] **1.** schlagen, stoßen; pochen, klopfen; ~ *at the door* an die Tür klopfen; ~ *about*, ~ *around* herumstoßen, F sich herumtreiben; F herumliegen; ~ *down Gebäude etc.* abreißen; umstoßen, -werfen; niederschlagen; an-, umfahren; überfahren; mit *dem Preis* heruntergehen; *Auktion:* et. zuschlagen (*to s.o.* j-m); *be* ~*ed down* überfahren werden; ~ *off* herunter-, abschlagen; F hinhauen (*schnell erledigen*); F aufhören (mit); F Feierabend *od.* Schluss machen; ~ *out* herausschlagen, -klopfen, *Pfeife* ausklopfen; bewusstlos schlagen; *Boxen:* k.o. schlagen; betäuben (*Drogen etc.*); *fig.* F umhauen, schocken; ~ *over* umwerfen, -stoßen; überfahren; *be* ~*ed over* überfahren werden; **2.** Schlag *m*, Stoß *m*; Klopfen *n*; *there is a* ~ (*at* [*Am. on*] *the door*) es klopft; '~**er** Türklopfer *m*; ~'**kneed** x-beinig; '~**out** *Boxen:* Knock-out *m*, K.o. *m*

knoll [nəʊl] Hügel *m*; △ *nicht* Knolle

knot [nɒt] **1.** Knoten *m*; Astknoten *m*; *naut.* Knoten *m*, Seemeile *f*; **2.** (**-tt-**) (ver)knoten, (-)knüpfen; '~**ty** (**-ier, -iest**) knotig; knorrig; *fig.* verwickelt, kompliziert

know [nəʊ] (**knew, known**) wissen; können; kennen; erfahren; erleben; (wieder)erkennen; verstehen; ~ *French* Französisch können; ~ *one's way around* sich auskennen in (*örtlich*); ~ *all about it* genau Bescheid wissen; *get to* ~ kennen lernen; ~ *one's business*, ~ *the ropes*, ~ *a thing or two*, ~ *what's what* F sich auskennen, Erfahrung haben; *you* ~ wissen Sie; '~**-how** Knowhow *n*, praktische (Sach-, Spezial)Kenntnis(se *pl.*) *f*; '~**ing** klug, gescheit; schlau; verständnisvoll, wissend; '~**ing·ly** wissend; wissentlich, absichtlich, bewusst

knowl·edge ['nɒlɪdʒ] Kenntnis(se *pl.*) *f*; Wissen *n*; *to my* ~ meines Wissens; *have a good* ~ *of* viel verstehen von, sich gut auskennen in (*dat.*); ~**a·ble**: *be very* ~ *about* viel verstehen von

known [nəʊn] *p.p. von* **know**; bekannt

knuck·le ['nʌkl] **1.** (Finger)Knöchel *m*; **2.** ~ *down to work* sich an die Arbeit machen

KO [keɪ 'əʊ] *Abk. für* **knockout** F K.o., Knock-out *m*

Krem·lin ['kremlɪn]: *the* ~ der Kreml

L

L, l [el] L, l *n*

L [el] *Abk. für* **learner (driver)** *Brt. mot.* Fahrschüler(in); *large* (*size*) groß

l *nur geschr. Abk. für* **left** l., links; **line** Z., Zeile *f*; **litre(s)** l, Liter *m, n (od. pl.)*

£ *nur geschr. Abk. für* **pound(s) sterling** Pfund *n (od. pl.)* Sterling

lab F [læb] Labor *n*

la·bel ['leɪbl] **1.** Etikett *n*, (Klebe*etc.*)Zettel *m*, (-)Schild(chen) *n*; (Schall)Plattenfirma *f*; **2.** (*bsd. Brt.* **-ll-**, *Am.* **-l-**) etikettieren, beschriften; *fig.* abstempeln als

la·bor·a·to·ry [ləˈbɒrətərɪ] Labor(atorium) *n*; **~ as·sis·tant** Laborant(in)

la·bo·ri·ous [ləˈbɔːrɪəs] mühsam; schwerfällig (*Stil*)

la·bor un·ion *Am.* ['leɪbə -] Gewerkschaft *f*

la·bo(u)r ['leɪbə] **1.** (schwere) Arbeit; Mühe *f*; Arbeiter *pl.*, Arbeitskräfte *pl.*; *med.* Wehen *pl.*; **Labour** *pol.* die Labour Party *f*; **2.** (schwer) arbeiten; sich be- *od.* abmühen, sich anstrengen; **~ed** schwerfällig (*Stil*); mühsam (*Atem etc.*); **~er** ['leɪbərə] (*bsd. Brt.* Hilfs-)Arbeiter *m*; '**labour ex·change** *Brt. veraltet* → **job centre**; '**La·bour Par·ty** *pol.* Labour Party *f*

lace [leɪs] **1.** Spitze *f*; Borte *f*; Schnürsenkel *m*; **2.** ~ **up** (zu-, zusammen-) schnüren; Schuh zubinden; **~d with brandy** mit e-m Schuss Weinbrand

la·ce·rate ['læsəreɪt] zerschneiden, -kratzen, aufreißen; *j-s Gefühle* verletzen

lack [læk] **1.** (**of**) Fehlen *n* (von), Mangel *m* (an *dat.*); *v/i.* **be ~ing** fehlen; **he ~ing in courage** ihm fehlt der Mut; ~**lus·tre** *Brt.*, ~**lus·ter** *Am.* ['læklʌstə] glanzlos, matt

la·con·ic [ləˈkɒnɪk] (~*ally*) lakonisch, wortkarg

lac·quer ['lækə] **1.** Lack *m*; Haarspray *m, n*; **2.** lackieren

lad [læd] Bursche *m*, Junge *m*

lad·der ['lædə] Leiter *f*; *Brt.* Laufmasche *f*; '~**proof** (lauf)maschenfest (*Strumpf*)

la·den ['leɪdn] (schwer) beladen

la·dle ['leɪdl] **1.** (Schöpf-, Suppen)Kelle *f*, Schöpflöffel *m*; **2.** ~ **out** Suppe austeilen

la·dy ['leɪdɪ] Dame *f*; 2 **Lady** *f* (*Titel*); ~ **doctor** Ärztin *f*; **Ladies**(**'**), *Am.* **Ladies' room** Damentoilette *f*; '~**bird** *zo.* Marienkäfer *m*; '~**like** damenhaft

lag [læg] **1.** (**-gg-**) *mst* ~ **behind** zurückbleiben; **2.** → **time lag**

la·ger ['lɑːgə] Lagerbier *n*; △ *nicht* **Lager**

la·goon [ləˈguːn] Lagune *f*

laid [leɪd] *pret. u. p.p. von* **lay³**

lain [leɪn] *p.p. von* **lie¹** 1

lair [leə] Lager *n*, Höhle *f*, Bau *m* (*e-s wilden Tieres*)

la·i·ty ['leɪətɪ] Laien *pl.*

lake [leɪk] See *m*

lamb [læm] **1.** Lamm *n*; **2.** lammen

lame [leɪm] **1.** lahm (*a. fig.*); **2.** lähmen

la·ment [ləˈment] **1.** jammern, (weh)klagen, trauern; **2.** Jammer *m*, (Weh)Klage *f*; Klagelied *n*; **lam·en·ta·ble** ['læməntəbl] beklagenswert; kläglich; **lam·en·ta·tion** [læmənˈteɪʃn] (Weh)Klage *f*

lam·i·nat·ed ['læmɪneɪtɪd] laminiert, ge-, beschichtet; '~ **glass** Verbundglas *n*

lamp [læmp] Lampe *f*; Laterne *f*; '~ **post** Laternenpfahl *m*; '~**shade** Lampenschirm *m*

lance [lɑːns] Lanze *f*

land [lænd] **1.** Land *n*; *agr.* Land *n*, Boden *m*; Land *n*, Staat *m*; **by ~** auf dem Landweg; **2.** landen, *naut. a.* anlegen; *Güter* ausladen, *naut.* löschen; '~ **a·gent** *bsd. Brt.* Gutsverwalter *m*; '~**ed** Land..., Grund...

land·ing ['lændɪŋ] Landung *f*, Landen *n*, *naut. a.* Anlegen *n*; Treppenabsatz *m*; '~ **field** *aviat.* Landeplatz *m*; '~ **gear** *aviat.* Fahrgestell *n*; '~ **stage** Landungsbrücke *f*, -steg *m*; '~ **strip** *aviat.* Landeplatz *m*

land|·la·dy ['lænleɪdɪ] Vermieterin *f*; Wirtin *f*; ~**lord** ['lænlɔːd] Vermieter *m*; Wirt *m*; Grundbesitzer *m*; ~**lub·ber** *naut. contp.* ['lændlʌbə] Landratte *f*;

~·mark ['lændmɑːk] Wahrzeichen *n*; *fig.* Meilenstein *m*; **~·own·er** ['lændəʊnə] Grundbesitzer(in); **~·scape** ['lænskeɪp] Landschaft *f (a. paint.)*; **~·slide** ['lændslaɪd] Erdrutsch *m (a. pol.)*; *a* **victory** *pol.* ein überwältigender Wahlsieg; **~·slip** ['lændslɪp] (kleiner) Erdrutsch
lane [leɪn] (Feld)Weg *m*; Gasse *f*, Sträßchen *n*; *naut.* Fahrrinne *f*; *aviat.* Flugschneise *f*; *Sport:* (einzelne) Bahn; *mot.* (Fahr)Spur *f*; **change ~s** *mot.* die Spur wechseln; **get in ~** *mot.* sich einordnen
lan·guage ['læŋwɪdʒ] Sprache *f*; **'~ lab·or·a·to·ry** Sprachlabor *n*
lan·guid ['læŋgwɪd] matt; träg(e)
lank [læŋk] glatt (*Haar*); **'~·y** (*-ier, -iest*) schlaksig
lan·tern ['læntən] Laterne *f*
lap¹ [læp] Schoß *m*
lap² [læp] 1. *Sport:* Runde *f*; **~ of hon·o(u)r** Ehrenrunde *f*; 2. (-pp-) *Sport:* Gegner überrunden; *Sport:* e-e Runde zurücklegen
lap³ [læp] (-pp-) *v/t.*: **~ up** auflecken, -schlecken; *v/i.* plätschern
la·pel [lə'pel] Revers *n*, Aufschlag *m*
lapse [læps] 1. Versehen *n*, (kleiner) Fehler *od.* Irrtum; Vergehen *n*; Zeitspanne *f*; *jur.* Verfall *m*; **~ of memory, memory ~** Gedächtnislücke *f*; 2. verfallen; *jur.* verfallen, erlöschen
lar·ce·ny *jur.* ['lɑːsənɪ] Diebstahl *m*
larch [lɑːtʃ] Lärche *f*
lard [lɑːd] 1. Schweinefett *n*, -schmalz *n*; 2. *Fleisch* spicken; **lar·der** ['lɑːdə] Speisekammer *f*; Speiseschrank *m*
large [lɑːdʒ] (*~r, ~st*) groß; beträchtlich, reichlich; umfassend, weitgehend; **at ~** in Freiheit, auf freiem Fuß; (sehr) ausführlich; in der Gesamtheit; **'~·ly** großen-, größtenteils; **~·'mind·ed** aufgeschlossen, tolerant; **'~·ness** Größe *f*
lar·i·at *bsd. Am.* ['lærɪət] Lasso *n*, *m*
lark¹ *zo.* [lɑːk] Lerche *f*
lark² [lɑːk] Jux *m*, Spaß *m*
'lark·spur *bot.* ['lɑːkspɜː] Rittersporn *m*
lar·va *zo.* ['lɑːvə] (*pl. -vae* [-viː]) Larve *f*
lar·yn·gi·tis *med.* [lærɪn'dʒaɪtɪs] Kehlkopfentzündung *f*
lar·ynx *anat.* ['lærɪŋks] (*pl.* **-ynges** [ləˈrɪndʒiːz], **-ynxes**) Kehlkopf *m*
las·civ·i·ous [lə'sɪvɪəs] geil, lüstern
la·ser *phys.* ['leɪzə] Laser *m*; **'~ beam** Laserstrahl *m*; **'~ print·er** *Computer:* Laserdrucker *m*; **'~ tech·nol·o·gy** Lasertechnik *f*
lash [læʃ] 1. Peitschenschnur *f*; (Peitschen)Hieb *m*; Wimper *f*; 2. peitschen (mit); (fest)binden; schlagen; **~ out** (wild) um sich schlagen
lass [læs], **~·ie** ['læsɪ] Mädchen *n*
las·so [læ'suː] (*pl.* **-sos, -soes**) Lasso *n*, *m*
last¹ [lɑːst] 1. *adj.* letzte(r, -s), vorige(r, -s); **~ but one** vorletzte(r, -s); **~ night** gestern Abend; letzte Nacht; **2.** *adv.* zuletzt, an letzter Stelle; **~ but not least** nicht zuletzt, nicht zu vergessen; 3. *der, die, das* Letzte; △ *nicht* Last; **at ~** endlich; **to the ~** bis zum Letzten
last² [lɑːst] (an-, fort)dauern; (sich) halten (*Farbe etc.*); (aus)reichen
last³ [lɑːst] (Schuhmacher)Leisten *m*
'last·ing dauerhaft; beständig
'last·ly zuletzt, zum Schluss
latch [lætʃ] 1. Schnappriegel *m*; Schnappschloss *n*; 2. ein-, zuklinken; **'~·key** Haus-, Wohnungsschlüssel *m*
late [leɪt] (*~r, ~st*) spät; jüngste(r, -s), letzte(r, -s), frühere(r, -s), ehemalig; verstorben; **be ~** zu spät kommen; sich verspäten, Verspätung haben (*Zug etc.*); **as ~ as** noch, erst; **of ~** kürzlich; **~r on** später; **'~·ly** kürzlich
lath [lɑːθ] Latte *f*, Leiste *f*
lathe *tech.* [leɪð] Drehbank *f*
la·ther ['lɑːðə] 1. (Seifen)Schaum *m*; *v/t.* einseifen; *v/i.* schäumen
Lat·in ['lætɪn] 1. *ling.* lateinisch; südländisch; 2. *ling.* Latein(isch) *n*; **~ A·mer·i·ca** Lateinamerika *n*; **~ A·mer·i·can** 1. lateinamerikanisch; 2. Lateinamerikaner(in)
lat·i·tude *geogr.* ['lætɪtjuːd] Breite *f*
lat·ter ['lætə] Letztere(r, -s) (*von zweien*)
lat·tice ['lætɪs] Gitter(werk) *n*
lau·da·ble ['lɔːdəbl] lobenswert
laugh [lɑːf] 1. lachen (*at* über *acc.*); **~ at s.o.** *a.* j-n auslachen; 2. Lachen *n*, Gelächter *n*; **'~·a·ble** lächerlich, lachhaft; **'~·ter** ['lɑːftə] Lachen *n*, Gelächter *n*
launch¹ [lɔːntʃ] 1. *Schiff* vom Stapel lassen; *Geschoss, östr. Geschoß* abschießen, *Rakete etc. a.* starten; *Projekt etc.* in Gang setzen, starten; 2. *naut.* Stapellauf *m*; Abschuss *m*, Start *m*
launch² *naut.* [lɔːntʃ] Barkasse *f*

'launch·ing → **launch¹** 2; '~ **pad** → **launch pad** Abschussrampe f; '~ **site** Abschussbasis f

laun·der ['lɔːndə] Wäsche waschen (u. bügeln); F bsd. Geld waschen

laun·d(e)rette [lɔːn'dret] bsd. Brt., **~·dro·mat®** bsd. Am. ['lɔːndrəmæt] Waschsalon m; **~·dry** ['lɔːndrɪ] Wäscherei f; Wäsche f

lau·rel bot. ['lɒrəl] Lorbeer m (a. fig.)

la·va ['lɑːvə] Lava f

lav·a·to·ry ['lævətərɪ] Toilette f, Klosett n; **public ~** Bedürfnisanstalt f

lav·en·der bot. ['lævəndə] Lavendel m

lav·ish ['lævɪʃ] **1.** sehr freigebig, verschwenderisch; **2. ~ s.th. on s.o.** j-n mit et. überhäufen od. überschütten

law [lɔː] Gesetz(e pl.) n; Recht(ssystem) n; Rechtswissenschaft f, Jura; F Bullen pl. (Polizei); F Bulle m (Polizist); Gesetz n, Vorschrift f; **~ and order** Recht od. Ruhe u. Ordnung; **~·a·bid·ing** ['lɔːəbaɪdɪŋ] gesetzestreu; '**~·court** Gericht(shof m) n; '**~·ful** gesetzlich; rechtmäßig, legitim; rechtsgültig; '**~·less** gesetzlos; gesetzwidrig; zügellos

lawn [lɔːn] Rasen m; '**~·mow·er** Rasenmäher m

'**law·suit** Prozess m

law·yer jur. ['lɔːjə] (Rechts)Anwalt m, (-)Anwältin f

lax [læks] locker, schlaff, lax, lasch

lax·a·tive med. ['læksətɪv] **1.** abführend; **2.** Abführmittel n

lay¹ [leɪ] pret. von **lie²** 1

lay² [leɪ] rel. weltlich; Laien...

lay³ [leɪ] (laid) v/t. legen; Teppich verlegen; be-, auslegen (with mit); Tisch decken; Eier legen; vorlegen (before dat.), bringen (before vor dat.); Schuld etc. zuschreiben, zur Last legen; v/i. (Eier) legen; **~ aside** beiseite legen, zurücklegen; **~ off** econ. Arbeiter (bsd. vorübergehend) entlassen; Arbeit einstellen; **~ open** darlegen; **~ out** ausbreiten, -legen; Garten etc. anlegen; entwerfen, planen; print. das Layout (gen.) machen; **~ up** anhäufen, (an)sammeln; **be laid up** das Bett hüten müssen; '**~·by** (pl. -bys) Brt. mot. Parkbucht f, -streifen m; Park-, Rastplatz m (Autobahn); '**~·er** Lage f, Schicht f; bot. Ableger m

'**lay·man** (pl. -men) Laie m

'**lay|·off** econ. (bsd. vorübergehende) Entlassung; '**~·out** Grundriß m, Lageplan m; print. Layout n, Gestaltung f

la·zy ['leɪzɪ] (-ier, -iest) faul, träg(e)

lb nur geschr. Abk. für **pound** (lateinisch **libra**) Pfund n (453,59 g)

LCD [el siː 'diː] Abk. für **liquid crystal display** Flüssigkristallanzeige f

lead¹ [liːd] **1.** (led) v/t. führen; (an)führen, leiten; dazu bringen, veranlassen (**to do** zu tun); v/i. führen; a. Sport: an der Spitze od. in Führung liegen; **~ off** anfangen, beginnen; **~** j-m et. vor- od. weismachen; **~ to** fig. führen zu; **~ up** fig. (allmählich) führen zu; **2.** Führung f; Leitung f; Spitzenposition f; Vorbild n, Beispiel n; thea. Hauptrolle f; thea. Hauptdarsteller(in); (Hunde)Leine f; Hinweis m, Tipp m, Anhaltspunkt m; Sport u. fig. Führung f, Vorsprung m; **be in the ~** in Führung sein; **take the ~** in Führung gehen, die Führung übernehmen

lead² [led] chem. Blei n; naut. Lot n; **~ed** ['ledɪd] verbleit, (Benzin a.) bleihaltig; **~en** ['ledn] bleiern (a. fig.), Blei...

lead·er ['liːdə] (An)Führer(in), Leiter(in); Erste(r m) f; Brt. Leitartikel m; '**~·ship** Führung f, Leitung f

lead-free ['ledfriː] bleifrei (Benzin)

lead·ing ['liːdɪŋ] leitend; führend; Haupt...

leaf [liːf] **1.** (pl. **leaves** [liːvz]) Blatt n; (Tür- etc.)Flügel m; (Tisch)Klappe f, Ausziehplatte f; **2. ~ through** durchblättern; **~·let** ['liːflɪt] Hand-, Reklamezettel m; Prospekt m

league [liːg] Liga f; Bund m

leak [liːk] **1.** lecken, leck sein; tropfen; **~ out** auslaufen, fig. durchsickern; **2.** Leck n, undichte Stelle (a. fig.); **~·age** ['liːkɪdʒ] Auslaufen n; '**~·y** (-ier, -iest) leck, undicht

lean¹ [liːn] (leant od. leaned) (sich) lehnen; (sich) neigen; **~ on** sich verlassen auf (acc.)

lean² [liːn] **1.** mager (a. fig.); **2.** das Magere (vom Fleisch); '**man·age·ment** schlanke Unternehmensstruktur

leant [lent] pret. u. p.p. von **lean¹**

leap [liːp] **1.** (leapt od. leaped) springen; **~ at** fig. sich stürzen auf; **2.** Sprung

leapfrog

m; '~**frog** Bocksprigen n; ~**t** [lept] pret. u. p.p. von leap 1; '~ **year** Schaltjahr n

learn [lɜːn] (**learned** od. **learnt**) (er)lernen; erfahren, hören; ~**ed** ['lɜːnɪd] gelehrt; '~**er** Anfänger(in); Lernende(r m) f; ~ **driver** mot. Fahrschüler(in); '~**ing** Gelehrsamkeit f; ~**t** [lɜːnt] pret. u. p.p. von learn

lease [liːs] **1.** Pacht f, Miete f; Pacht-, Mietvertrag m; **2.** pachten, mieten; leasen; ~ **out** verpachten, -mieten

leash [liːʃ] (Hunde)Leine f

least [liːst] **1.** adj. (sup. von little 1) geringste(r, -s), mindeste(r, -s), wenigste(r, -s); **2.** adv. (sup. von little 2) am wenigsten; ~ **of all** am allerwenigsten; **3.** das Mindeste, das wenigste; **at** ~ wenigstens; **to say the** ~ gelinde gesagt

leath·er ['leðə] **1.** Leder n; **2.** ledern; Leder...

leave [liːv] **1.** (**left**) v/t. (hinter-, über-, ver-, zurück)lassen; übrig lassen; liegen od. stehen lassen, vergessen; vermachen, -erben; **be left** übrig bleiben, übrig sein; v/i. (fort-, weg)gehen, abreisen, abfahren, abfliegen; ~ **alone** allein lassen; j-n, et. in Ruhe lassen; ~ **behind** zurücklassen; ~ **on** anlassen; ~ **out** draußen lassen; aus-, weglassen; **2.** Erlaubnis f; Urlaub m; Abschied m; **on** ~ auf Urlaub

leav·en ['levn] Sauerteig m

leaves [liːvz] pl. von leaf 1; Laub n

leav·ings ['liːvɪŋz] pl. Überreste pl.

lech·er·ous ['letʃərəs] geil, lüstern

lec|·ture ['lektʃə] **1.** univ. Vorlesung f; Vortrag m; Strafpredigt f; △ nicht **Lektüre**; **2.** v/i. univ. e-e Vorlesung od. Vorlesungen halten; e-n Vortrag od. Vorträge halten; v/t. j-m e-e Strafpredigt halten; ~**tur·er** ['lektʃərə] univ. Dozent(in); Redner(in)

led [led] pret. u. p.p. von lead¹

ledge [ledʒ] Leiste f, Sims m, n

leech zo. [liːtʃ] Blutegel m

leek bot. [liːk] Lauch m, Porree m

leer [lɪə] **1.** anzüglicher od. lüsterner Seitenblick; **2.** anzüglich od. lüstern blicken od. schielen (**at** nach)

left¹ [left] pret. u. p.p. von leave 1

left² [left] **1.** adj. linke(r, -s), Links...; **2.** adv. links; **turn** ~ nach links wenden; mot. links abbiegen; **3.** die Linke (a. pol., Boxen), linke Seite; **on the** ~ links, auf der linken Seite; **to the** ~ (nach) links; **keep to the** ~ sich links halten; links fahren; ~'**hand** linke(r, -s); ~**hand 'drive** mot. Linkssteuerung f; ~'**hand·ed** linkshändig; für Linkshänder; **be** ~ Linkshänder(in) sein

left| **'lug·gage of·fice** Brt. rail. Gepäckaufbewahrung(sstelle) f; '~**o·vers** pl. (Speise)Reste pl.

left-'wing pol. dem linken Flügel angehörend, links..., Links...

leg [leg] Bein n; (Hammel etc.)Keule f; math. Schenkel m; **pull s.o.'s** ~ F j-n auf den Arm nehmen; **stretch one's** ~**s** sich die Beine vertreten

leg·a·cy ['legəsɪ] Vermächtnis n

le·gal ['liːgl] legal, gesetzmäßig; gesetz-, rechtlich; juristisch, Rechts...

le·ga·tion [lɪ'geɪʃn] Gesandtschaft f

leg·end ['ledʒənd] Legende f, Sage f; **leg·en·da·ry** ['ledʒəndərɪ] legendär

le·gi·ble ['ledʒəbl] leserlich

le·gis·la·tion [ledʒɪs'leɪʃn] Gesetzgebung f; ~**tive** pol. ['ledʒɪslətɪv] **1.** gesetzgebend, legislativ; **2.** Legislative f, gesetzgebende Gewalt; ~**tor** ['ledʒɪsleɪtə] Gesetzgeber m

le·git·i·mate [lɪ'dʒɪtɪmət] legitim; gesetz-, rechtmäßig; ehelich

lei·sure ['leʒə] freie Zeit; Muße f; **at** ~ ohne Hast; '~ **cen·tre** Brt. Freizeitzentrum n; '~**ly** gemächlich; '~ **time** Freizeit f; ~**time ac'tiv·i·ties** pl. Freizeitbeschäftigung f, -gestaltung f; '~**wear** Freizeitkleidung f

lem·on bot. ['lemən] Zitrone f; Zitronen...; ~**ade** [lemə'neɪd] Zitronenlimonade f

lend [lend] (**lent**) j-m et. (ver-, aus)leihen

length [leŋθ] Länge f; Strecke f, (Zeit)Dauer f; **at** ~ ausführlich; ~**en** ['leŋθən] verlängern, länger machen; länger werden; '~**ways**, '~**wise** der Länge nach; '~**y** (**-ier**, **-iest**) sehr lang

le·ni·ent ['liːnjənt] mild(e), nachsichtig

lens [lenz] anat., phot., phys. Linse f; phot. Objektiv n

lent [lent] pret. u. p.p. von lend

Lent [lent] Fastenzeit f

len·til bot. ['lentɪl] Linse f

Le·o astr. ['liːəʊ] Löwe m; **he/she is (a)** ~ er/sie ist (ein) Löwe

leop·ard *zo.* ['lepəd] Leopard *m*; **~·ess** *zo.* ['lepədes] Leopardin *f*
le·o·tard ['li:əʊtɑ:d] (Tänzer)Trikot *n*
lep·ro·sy *med.* ['leprəsɪ] Lepra *f*
les·bi·an ['lezbɪən] **1.** lesbisch; **2.** Lesbierin *f*, F Lesbe *f*
less [les] **1.** *adj. u. adv. (comp. von little 1, 2)* kleiner, geringer, weniger; **2.** *prp.* weniger, minus, abzüglich
less·en ['lesn] (sich) vermindern *od.* -ringern; abnehmen; herabsetzen
less·er ['lesə] kleiner, geringer
les·son ['lesn] Lektion *f*; (Unterrichts)Stunde *f*; *fig.* Lehre *f*; **~s** *pl.* Unterricht *m*
let [let] (*let*) lassen; *bsd. Brt.* vermieten, -pachten; **~ alone** j-n in Ruhe lassen; geschweige denn; **~ down** hinunter-, herunterlassen; *Am. Kleider* verlängern; *j-n* im Stich lassen; enttäuschen; **~ go** loslassen; **~ o.s. go** sich gehen lassen; **~'s go** gehen wir!; **~ in** (her)einlassen; **~ o.s. in for s.th.** sich et. einbrocken, sich auf et. einlassen
le·thal ['li:θl] tödlich; Todes...
leth·ar·gy ['leθədʒɪ] Lethargie *f*
let·ter ['letə] Buchstabe *m*; *print.* Type *f*; Brief *m*; '**~·box** *bsd. Brt.* Briefkasten *m*; **~ car·ri·er** *Am.* Briefträger *m*
let·tuce *bot.* ['letɪs] *(bsd. Kopf)*Salat *m*
leu·k(a)e·mia *med.* [lu:'ki:mɪə] Leukämie *f*
lev·el ['levl] **1.** *adj.* eben *(Straße etc.)*; gleich *(a. fig.)*; ausgeglichen; **be ~ with** auf gleicher Höhe sein mit; **my ~ best** F mein Möglichstes; **2.** Ebene *f (a. fig.)*, ebene Fläche; Höhe *f (a. geogr.)*, *(Wasser- etc.)*Spiegel *m*, (-)Pegel *m*; *bsd. Am.* Wasserwaage *f*; *fig.* Niveau *n*, Stufe *f*; **sea ~** Meeresspiegel *m*; **on the ~** F ehrlich, aufrichtig; **3.** *(bsd. Brt. -ll-, Am. -l-)* (ein)ebnen, planieren; dem Erdboden gleichmachen; **~ at** *Waffe* richten auf *(acc.)*; *Beschuldigung* erheben gegen *(acc.)*; **4.** *adv.:* **~ with** in Höhe *(gen.)*; **~ 'cross·ing** *Brt.* schienengleicher Bahnübergang; **~ -'head·ed** vernünftig, nüchtern
le·ver ['li:və] Hebel *m*
lev·y ['levɪ] **1.** Steuer *f*, Abgabe *f*; **2.** *Steuern* erheben
lewd [lju:d] geil, lüstern; unanständig, obszön
li·a·bil·i·ty [laɪə'bɪlətɪ] *econ., jur.* Verpflichtung *f*, Verbindlichkeit *f*; *econ., jur.* Haftung *f*, Haftpflicht *f*; Neigung *f (to zu)*, Anfälligkeit *f (to für)*
li·a·ble ['laɪəbl] *econ., jur.* haftbar, -pflichtig; **be ~ for** haften für; **be ~ to** neigen zu, anfällig sein für
li·ar ['laɪə] Lügner(in)
li·bel *jur.* ['laɪbl] **1.** *(schriftliche)* Verleumdung *od.* Beleidigung; **2.** *(bsd. Brt. -ll-, Am. -l-) (schriftlich)* verleumden *od.* beleidigen
lib·e·ral ['lɪbərəl] **1.** liberal *(a. pol.)*, aufgeschlossen; großzügig; reichlich; **2.** Liberale(r *m*) *f (a. pol.)*
lib·e|**·rate** ['lɪbəreɪt] befreien; **~·ra·tion** [lɪbə'reɪʃn] Befreiung *f*; **~·ra·tor** ['lɪbəreɪtə] Befreier *m*
lib·er·ty ['lɪbətɪ] Freiheit *f*; **take liberties with** sich Freiheiten gegen *j-n* herausnehmen; willkürlich mit *et.* umgehen; **be at ~** frei sein
Li·bra *astr.* ['laɪbrə] Waage *f*; **he/she is (a ~)** er/sie ist *(eine)* Waage
li·brar·i·an [laɪ'breərɪən] Bibliothekar(in); **li·bra·ry** ['laɪbrərɪ] Bibliothek *f*; Bücherei *f*
lice [laɪs] *pl. von louse*
li·cence *Brt.*, **li·cense** *Am.* ['laɪsəns] Lizenz *f*, Konzession *f*; *(Führer-, Jagd-, Waffen- etc.)*Schein *m*; '**li·cense plate** *Am. mot.* Nummernschild *n*
li·cense, *Brt.* **li·cence** *Am.* ['laɪsəns] Lizenz *od.* Konzession erteilen; *behördlich* genehmigen
li·chen *bot.* ['laɪkən] Flechte *f*
lick [lɪk] **1.** Lecken *n*; Salzlecke *f*; **2.** *v/t.* (ab-, auf-, be)lecken; F verdreschen, -prügeln; F schlagen, besiegen; *v/i.* lecken; züngeln *(Flammen)*
lic·o·rice ['lɪkərɪs] → **liquorice**
lid [lɪd] Deckel *m*; *(Augen)*Lid *n*
lie[1] [laɪ] **1.** lügen; **~ to s.o.** *j-n* be- *od.* anlügen; **2.** Lüge *f*; **tell ~s, tell a ~** lügen; **give the ~ to** *j-n*, *et.* Lügen strafen
lie[2] [laɪ] **1.** *(lay, lain)* liegen; **let sleeping dogs ~** schlafende Hunde soll man nicht wecken; **~ behind** *fig.* dahinter stecken; **~ down** sich hinlegen; **2.** Lage *f (a. fig.)*; '**~·down** *Brt.* F Nickerchen *n*; '**~·in** *bsd. Brt.* F: **have a ~** sich gründlich ausschlafen
lieu [lju:]: **in ~ of** an Stelle von *(od. gen.)*
lieu·ten·ant [lef'tenənt, *Am.* lu:'tenənt] Leutnant *m*

life

life [laɪf] (pl. **lives** [laɪvz]) Leben n; jur. lebenslängliche Freiheitsstrafe; **all her ~** ihr ganzes Leben lang; **for ~** fürs (ganze) Leben; bsd. jur. lebenslänglich; '**~-as·sur·ance** Lebensversicherung f; '**~belt** Rettungsgürtel m; '**~boat** Rettungsboot n; '**~guard** Bademeister m; Rettungsschwimmer m; **~ im'pris·on·ment** jur. lebenslängliche Freiheitsstrafe; '**~ in·sur·ance** Lebensversicherung f; '**~jack·et** Schwimmweste f; '**~less** leblos; matt, schwung-, lustlos; '**~like** lebensecht; '**~long** lebenslang; '**~ pre·serv·er** bsd. Am. Schwimmweste f; Rettungsgürtel m; **~ 'sen·tence** jur. lebenslängliche Freiheitsstrafe; '**~time** Lebenszeit f

lift [lɪft] **1.** v/t. (hoch-, auf)heben; erheben; Verbot etc. aufheben; Gesicht etc. liften, straffen; F klauen; v/i. sich heben, steigen (a. Nebel); **~ off** starten (Rakete), abheben (Flugzeug); **2.** (Hoch-, Auf)Heben n; phys., aviat. Auftrieb m; Brt. Lift m, Aufzug m, Fahrstuhl m; **give s.o. a ~** j-n (im Auto) mitnehmen; j-n aufmuntern, j-m Auftrieb geben; '**~off** Start m, Abheben n (Rakete, Flugzeug)

lig·a·ment anat. ['lɪgəmənt] Band n

light¹ [laɪt] **1.** Licht n (a. fig.); Beleuchtung f; Schein m (e-r Kerze etc.); Feuer n (zum Anzünden); fig. Aspekt m; Brt. mst **~s** pl. (Verkehrs)Ampel f; **have you got a ~, can you give me a ~, please?** haben Sie Feuer?; **2.** (**lit** od. **lighted**) v/t. be-, erleuchten; a. **~ up** anzünden; v/i. sich entzünden; **~ up** aufleuchten (Augen etc.); **3.** hell, licht

light² [laɪt] leicht (a. fig.); **make ~ of** et. leicht nehmen, bagatellisieren

'**light bulb** Glühbirne f

light·en¹ ['laɪtn] v/t. erhellen; aufhellen; v/i. hell(er) werden, sich aufhellen

light·en² ['laɪtn] (sich) leichter machen od. werden; erleichtern

'**light·er** Anzünder m; Feuerzeug n

light-'head·ed (leicht) benommen; leichtfertig, töricht; '**~-'heart·ed** fröhlich, unbeschwert; '**~house** Leuchtturm m; '**~ing** Beleuchtung f; '**~ness** Leichtheit f; Leichtigkeit f

light·ning ['laɪtnɪŋ] Blitz m; **like ~** wie der Blitz; **(as) quick as ~** blitzschnell; '**~ con·duc·tor** Brt., '**~ rod** Am. electr. Blitzableiter m

'**light·weight** Sport: Leichtgewicht(ler m) n

like¹ [laɪk] **1.** v/t. gern haben, mögen; **I ~ it** es gefällt mir; **I ~ her** ich kann sie gut leiden; **how do you ~ it?** wie gefällt es dir?, wie findest du es?; **I ~ that!** iro. das hab ich gern!; **I should** od. **would ~ to know** ich möchte gern wissen; v/i. wollen; **(just) as you ~** (ganz) wie du willst; **if you ~** wenn du willst; **2. ~s** pl. **and dislikes** pl. Neigungen pl. u. Abneigungen pl.

like² [laɪk] **1.** gleich; wie; ähnlich; **~ that** so; **feel ~** Lust haben auf zu; **what is he ~?** wie ist er?; **that is just ~ him!** das sieht ihm ähnlich!; **2.** der, die, das Gleiche; **his ~** seinesgleichen; **the ~** dergleichen; **the ~s of you** Leute wie du

like·li·hood ['laɪklɪhʊd] Wahrscheinlichkeit f; '**~·ly 1.** adj. (**-ier, -iest**) wahrscheinlich; geeignet; **2.** adv. wahrscheinlich; **not ~!** F bestimmt nicht!

'**like·ness** ['laɪknɪs] Ähnlichkeit f; Abbild n; '**~wise** ebenso

lik·ing ['laɪkɪŋ] Vorliebe f

li·lac ['laɪlək] **1.** lila; **2.** bot. Flieder m

lil·y bot. ['lɪlɪ] Lilie f; **~ of the valley** Maiglöckchen n

limb [lɪm] (Körper)Glied n; Ast m

lime¹ [laɪm] Kalk m; △ *nicht* **Leim**

lime² [laɪm] bot. Linde f; Limone f

'**lime·light** fig. Rampenlicht n

lim·it ['lɪmɪt] **1.** Limit n, Grenze f; **within ~s** inGrenzen; **off ~s** Am. Zutritt verboten (**to** für); **that is the ~!** F das ist der Gipfel!, das ist (doch) die Höhe!; **go to the ~** bis zum Äußersten gehen; **2.** beschränken (**to** auf acc.)

lim·i·ta·tion [lɪmɪ'teɪʃn] Beschränkung f; fig. Grenze f

'**lim·it·ed** beschränkt, begrenzt; **~ (lia·bility) company** Brt. Gesellschaft f mit beschränkter Haftung; '**~less** grenzenlos

limp¹ [lɪmp] **1.** hinken, humpeln; **2.** Hinken n, Humpeln n

limp² [lɪmp] schlaff, schlapp

line [laɪn] **1.** Linie f, Strich m; Zeile f; Falte f, Runzel f; Reihe f; bsd. Am. (Menschen-, a. Auto)Schlange f; (Abstammungs)Linie f; (Verkehrs-, Eisenbahn- etc.)Linie f, Strecke f (Flug- etc.)Gesellschaft f; bsd. tel. Leitung f;

mil. Linie *f;* Fach *n,* Gebiet *n,* Branche *f; Sport:* (Ziel- *etc.*)Linie *f;* Leine *f;* Schnur *f;* Linie *f,* Richtung *f; fig.* Grenze *f;* **~s** *pl. thea.* Rolle *f,* Text *m;* **the ~** der Äquator; ***draw the ~*** Halt machen, die Grenze ziehen (**at** bei); ***the ~ is busy*** *od.* ***engaged*** *tel.* die Leitung ist besetzt; ***hold the ~*** *tel.* bleiben Sie am Apparat; ***stand in ~*** *Am.* anstehen, Schlange stehen (**for** um, nach); **2.** lin(i)ieren; *Gesicht* zeichnen, (zer)furchen; *Straße etc.* säumen; **~ up** (sich) in e-r Reihe *od.* Linie aufstellen, *Sport:* sich aufstellen, *bsd. Am.* sich anstellen (**for** um, nach)

line² [laɪn] *Kleid etc.* füttern; auskleiden, -schlagen, *Bremsen etc.* belegen

lin·e·ar ['lɪnɪə] linear; Längen...

lin·en ['lɪnɪn] **1.** Leinen *n;* (*Bett-, Tisch- etc.*)Wäsche *f;* **2.** leinen, Leinen...; '**~ clos·et** *Am.,* '**~ cup·board** Wäscheschrank *m*

lin·er ['laɪnə] Linienschiff *n;* Verkehrsflugzeug *n;* → **eyeliner**

lines|·man ['laɪnzmən] (*pl.* -men) *Sport:* Linienrichter *m;* '**~·wom·an** (*pl.* -women) *Sport:* Linienrichterin *f*

'**line-up** *Sport:* Aufstellung *f; bsd. Am.* (Menschen)Schlange *f*

lin·ger ['lɪŋgə] verweilen, sich aufhalten; dahinsiechen; **~ on** noch dableiben; *fig.* fortleben

lin·ge·rie ['læ̃ːnʒəri] Damenunterwäsche *f*

lin·i·ment *pharm.* ['lɪnɪmənt] Liniment *n,* Einreibemittel *n*

lin·ing ['laɪnɪŋ] Futter(stoff *m*) *n;* Auskleidung *f,* (*Brems- etc.*)Belag *m*

link [lɪŋk] **1.** (Ketten)Glied *n;* Manschettenknopf *m; fig.* (Binde)Glied *n,* Verbindung *f;* **2.** *a.* **~ up** (sich) verbinden

links [lɪŋks] → **golf links**

'**link-up** Verbindung *f*

lin·seed ['lɪnsiːd] *bot.* Leinsamen *m;* **~ 'oil** Leinöl *n*

li·on *zo.* ['laɪən] Löwe *m;* **~·ess** *zo.* ['laɪənes] Löwin *f*

lip [lɪp] *anat.* Lippe *f;* (*Tassen- etc.*)Rand *m; fig.* Unverschämtheit *f;* '**~·stick** Lippenstift *m*

liq·ue·fy ['lɪkwɪfaɪ] (sich) verflüssigen

liq·uid ['lɪkwɪd] **1.** Flüssigkeit *f;* **2.** flüssig

liq·ui·date ['lɪkwɪdeɪt] liquidieren (*a. econ.*); *Schulden* tilgen

liq·uid|·ize ['lɪkwɪdaɪz] zerkleinern, pürieren (*im Mixer*); '**~·iz·er** Mixgerät *n,* Mixer *m*

liq·uor ['lɪkə] *Brt.* alkoholische Getränke *pl.,* Alkohol *m; Am.* Schnaps *m,* Spirituosen *pl.;* △ *nicht* **Likör**

liq·uo·rice ['lɪkərɪs] Lakritze *f*

lisp [lɪsp] **1.** lispeln; **2.** Lispeln *n*

list [lɪst] **1.** Liste *f,* Verzeichnis *n;* **2.** (in e-e Liste) eintragen, erfassen

lis·ten ['lɪsn] hören; **~ in** Radio hören; **~ in to** *et.* im Radio (an)hören; **~ in on** *Telefongespräch etc.* ab- *od.* mithören; **~ to** anhören (*acc.*), zuhören (*dat.*); hören auf (*acc.*); '**~·er** Zuhörer(in); (Rundfunk)Hörer(in)

'**list·less** teilnahms-, lustlos

lit [lɪt] *pret. u. p.p. von* **light¹** 2

lit·e·ral ['lɪtərəl] (wort)wörtlich; genau; prosaisch

lit·e·ra|·ry ['lɪtərəri] literarisch, Literatur...; **~·ture** ['lɪtərətʃə] Literatur *f*

lithe [laɪð] geschmeidig, gelenkig

li·tre *Brt.,* **li·ter** *Am.* ['liːtə] Liter *m, n*

lit·ter ['lɪtə] **1.** (*bsd. Papier*)Abfall *m;* Streu *f; zo.* Wurf *m;* Trage *f,* Sänfte *f;* **2.** *et.* herumliegen lassen in (*dat.*) *od.* auf (*dat.*); **be ~ed with** übersät sein mit; '**~ bas·ket**, '**~ bin** Abfallkorb *m*

lit·tle ['lɪtl] **1.** *adj.* (**less, least**) klein; wenig; **the ~ ones** *pl.* die Kleinen *pl.;* **2.** *adv.* (**less, least**) wenig, kaum; **3.** Kleinigkeit *f;* **a ~** ein wenig, ein bisschen; **~ by ~** (ganz) allmählich, nach und nach; **not a ~** nicht wenig

live¹ [lɪv] leben; wohnen (**with** bei); **~ to see** erleben; **~ on** leben von; weiterleben; **~ up to** s-n *Grundsätzen etc.* gemäß leben; *Erwartungen etc.* entsprechen; **~ with** *j-m* zusammenleben; mit *et.* leben

live² [laɪv] **1.** *adj.* lebend, lebendig; richtig, echt; *electr.* Strom führend; *Rundfunk, TV:* Direkt..., Live-...; **2.** *adv.* direkt, original, live

live·li·hood ['laɪvlɪhʊd] (Lebens)Unterhalt *m;* '**~·li·ness** Lebhaftigkeit *f;* '**~·ly** (-**ier**, -**iest**) lebhaft, lebendig; aufregend; schnell, flott

liv·er *anat.* ['lɪvə] Leber *f* (*a. gastr.*)

liv·e·ry ['lɪvəri] Livree *f*

lives [laɪvz] *pl. von* **life**

live·stock Vieh(bestand *m*) *n*
liv·id ['lɪvɪd] bläulich; F fuchsteufelswild
liv·ing ['lɪvɪŋ] **1.** lebend; *the ~ image of* das genaue Ebenbild (*gen.*); **2.** Leben(sweise *f*) *n*; Lebensunterhalt *m*; *the ~ pl.* die Lebenden *pl.*; *standard of ~* Lebensstandard *m*; *earn od. make a ~* (sich) s-n Lebensunterhalt verdienen; '**~ room** Wohnzimmer *n*
liz·ard *zo.* ['lɪzəd] Eidechse *f*
load [ləʊd] **1.** Last *f* (*a. fig.*); Ladung *f*; Belastung *f*; **2.** j-n überhäufen (*with* mit); *Schusswaffe* laden; *~ a camera* e-n Film einlegen; *a. ~ up* (auf-, be-, ein)laden
loaf[1] [ləʊf] (*pl.* **loaves** [ləʊvz]) Laib *m* (*Brot*); Brot *n*
loaf[2] [ləʊf] *a. ~ about, ~ around* F herumlungern; '**~·er** Müßiggänger(in)
loam [ləʊm] Lehm *m*; '**~·y** (*-ier, -iest*) lehmig
loan [ləʊn] **1.** (Ver)Leihen *n*; Anleihe *f*; Darlehen *n*; Leihgabe *f*; *on ~* leihweise; **2.** *bsd. Am.* j-m (aus)leihen; ver-, ausleihen (*to* an *acc.*); '**~ shark** *econ.* Kredithai *m*
loath [ləʊθ] *be ~ to do s.th.* et. nur (sehr) ungern tun
loathe [ləʊð] verabscheuen, hassen; '**~·ing** Abscheu *m*
loaves [ləʊvz] *pl. von loaf*[1]
lob [lɒb] *bsd. Tennis:* Lob *m*
lob·by ['lɒbi] **1.** Vorhalle *f*, *thea., Film:* Foyer *n*; Wandelhalle *f*; *pol.* Lobby *f*, Interessengruppe *f*; **2.** *pol.* Abgeordnete *etc.* beeinflussen
lobe *anat., bot.* [ləʊb] Lappen *m*; → *earlobe*
lob·ster *zo.* ['lɒbstə] Hummer *m*
lo·cal ['ləʊkl] **1.** örtlich, Orts..., lokal, Lokal...; **2.** Ortsansässige(r *m*) *f*, Einheimische(r *m*) *f*; *Brt.* F Stammkneipe *f*; *~* **'call** *tel.* Ortsgespräch *n*; *~* **'elec·tions** *pl.* Kommunalwahlen *pl.*; '**gov·ern·ment** Gemeindeverwaltung *f*; '**~ time** Ortszeit *f*; *~* **'traf·fic** Orts-, Nahverkehr *m*
lo·cate [ləʊ'keɪt] ausfindig machen; orten; *be ~d* gelegen sein, liegen, sich befinden; **lo·ca·tion** [ləʊ'keɪʃn] Lage *f*; Standort *m*; Platz *m* (*for* für); *Film, TV:* Gelände *n* für Außenaufnahmen; *on ~* auf Außenaufnahme
loch *schott.* [lɒk] See *m*

lock[1] [lɒk] **1.** (Tür-, Gewehr- *etc.*)Schloss *n*; Schleuse(nkammer) *f*; Verschluss *m*; Sperrvorrichtung *f*; **2.** *v/t.* zu-, verschließen, zu-, versperren (*a. ~ up*); umschlingen, -fassen; *tech.* sperren; *v/i.* schließen; ab- *od.* verschließbar sein; *mot. etc.* blockieren (*Räder*); *~* **away** wegschließen; *~* **in** einschließen, -sperren; *~* **out** aussperren; *~* **up** abschließen; wegschließen; einsperren
lock[2] [lɒk] (Haar)Locke *f*
lock·er ['lɒkə] Spind *m*, Schrank *m*; Schließfach *n*; '**~ room** *bsd. Sport:* Umkleidekabine *f*, -raum *m*
lock·et ['lɒkɪt] Medaillon *n*
'**lock·out** *econ.* Aussperrung *f*; '**~·smith** Schlosser *m*; '**~·up** Arrestzelle *f*
lo·co·mo|·tion [ləʊkəˈməʊʃn] Fortbewegung(sfähigkeit) *f*; **~·tive** ['ləʊkəməʊtɪv] Fortbewegungs...
lo·cust *zo.* ['ləʊkəst] Heuschrecke *f*
lodge [lɒdʒ] **1.** Portier-, Pförtnerloge *f* (*Jagd-, Ski- etc.*)Hütte *f*; Sommer-, Gartenhaus *n*; (*Freimaurer*)Loge *f*; **2.** *v/i.* logieren, (*bsd.* vorübergehend *od.* in Untermiete) wohnen, stecken (bleiben) (*Kugel, Bissen etc.*); *v/t.* aufnehmen, beherbergen, (für die Nacht) unterbringen; *Beschwerde etc.* einreichen; *Berufung, Protest* einlegen; '**lodg·er** Untermieter(in); '**lodg·ing** Unterkunft *f*; *~s pl. bsd.* möbliertes Zimmer
loft [lɒft] (Dach)Boden *m*; Heuboden *m*, Empore *f*; (**converted**) *~ Am.* Loft *m*, Fabriketage *f* (*als Wohnung*); '**~·y** (*-ier, -iest*) hoch; erhaben; stolz, hochmütig
log [lɒg] (Holz)Klotz *m*; (*gefällter*) Baumstamm; (Holz)Scheit *n*; → '**~·book** *naut.* Logbuch *n*; *aviat.* Bordbuch *n*; *mot.* Fahrtenbuch *n*; '**cab·in** Blockhaus *n*, -hütte *f*
log·ger·heads ['lɒgəhedz]: *be at ~* sich in den Haaren liegen
log·ic ['lɒdʒɪk] Logik *f*; '**~·al** logisch
loin [lɔɪn] *gastr.* Lende(nstück *n*) *f*; *~s pl. anat.* Lende *f*
loi·ter ['lɔɪtə] trödeln, schlendern, bummeln; herumlungern
loll [lɒl] sich rekeln *od.* lümmeln; *~ out* heraushängen (*Zunge*)
lol·li·pop ['lɒlɪpɒp] Lutscher *m*; *bsd. Brt.* Eis *n* am Stiel; '**~ man** *Brt.* Schülerlotse *m*; *~* **woman**, *~* **lady** *Brt.* Schülerlotsin

f; **~ly** F ['lɪlɪ] Lutscher *m*; **ice ~** Eis *n* am Stiel

lone|li·ness ['ləʊnlɪnɪs] Einsamkeit *f*; '**~ly** (*-ier, -iest*), '**~some** einsam

long¹ [lɒŋ] **1.** *adj.* lang; weit, lang (*Weg*), weit (*Entfernung*); langfristig; **2.** *adv.* lang(e); **as of so ~** so lange wie; vorausgesetzt, dass; **~ ago** vor langer Zeit; **so ~!** F bis dann!, tschüs(s)!; **3.** (e-e) lange Zeit; **for ~** lange; **take ~** lange brauchen *od.* dauern

long² [lɒŋ] sich sehnen (**for** nach)

long-'dis·tance Fern...; Langstrecken...; **~ call** *tel.* Ferngespräch *n*; **~ 'run·ner** *Sport*: Langstreckenläufer(in)

lon·gev·i·ty [lɒnˈdʒevətɪ] Langlebigkeit *f*

'**long·hand** Schreibschrift *f*

long·ing ['lɒŋɪŋ] **1.** sehnsüchtig; **2.** Sehnsucht *f*, Verlangen *n*

lon·gi·tude *geogr.* ['lɒndʒɪtjuːd] Länge *f*

'**long| jump** *Sport*: Weitsprung *m*; **~ life 'milk** *bsd.* Brt. H-Milch *f*; '**~·play·er, ~-play·ing 'rec·ord** Langspielplatte *f*; '**~·range** *mil., aviat.* Fern..., Langstrecken...; langfristig; '**~·shore·man** *bsd. Am.* ['lɒŋʃɔːmən] (*pl. -men*) Dock-, Hafenarbeiter *m*; '**~·sight·ed** *bsd. Brt.* weitsichtig, *fig. a.* weitblickend; '**~·stand·ing** seit langer Zeit bestehend; '**~·term** langfristig, auf lange Sicht; '**~·wave** *electr.* Langwelle *f*; '**~·wind·ed** langatmig

loo [luː] F (*pl. loos*) Klo *n*

look [lʊk] **1.** sehen, blicken, schauen (**at, on** auf *acc.*, nach); nachschauen, -sehen; krank *od.* aussehen; *der e-r Richtung liegen, gehen (Fenster etc.)*; **~ here!** schau mal (her); hör mal (zu)!; **~ like** aussehen wie; **it ~s as if** es sieht (so) aus, als ob; **~ after** aufpassen auf (*acc.*), sich kümmern um, sorgen für; **~ ahead** nach vorne sehen; *fig.* vorausschauen; **~ around** sich umsehen; **~ at** ansehen; **~ back** sich umsehen; *fig.* zurückblicken; **~ down** herab-, heruntersehen (*a. fig.* **on s.o.** auf j-n); **~ for** suchen (nach); **~ forward to** sich freuen auf (*acc.*); **~ in** F hereinschauen (**on** bei) (*als Besucher*); **~ into** untersuchen, prüfen; **~ on** zusehen, -schauen (*dat.*); betrachten, ansehen (**as** als); **~ onto** liegen zu, (hinaus)gehen auf (*acc.*) (*Fenster, etc.*); **~ out** hinaussehen; aufpassen, sich vorsehen; Ausschau halten (**for** nach); **~ over** *et.* durchsehen; *j-n* mustern; **~ round** sich umsehen; **~ through** *et.* durchsehen; **~ up** aufblicken, -sehen; *et.* nachschlagen; *j-n* aufsuchen; **2.** Blick *m*; Miene *f*, (Gesichts)Ausdruck *m*; (**good**) **~s** *pl.* gutes Aussehen; **have a ~ at s.th.** *et.* ansehen; **I don't like the ~ of it** es gefällt mir nicht; '**~·ing glass** Spiegel *m*; '**~·out** Ausguck *m*; Ausschau *f*; *fig.* F Aussicht (*ein pl.*) *f*; **be on the ~ for** Ausschau halten nach; **that's his own ~** F das ist allein seine Sache

loom¹ [luːm] Webstuhl *m*

loom² [luːm] *a.* **~ up** undeutlich sichtbar werden *od.* auftauchen

loop [luːp] **1.** Schlinge *f*, Schleife *f*; Schlaufe *f*, Öse *f*; *aviat.* Looping *m, n*; *Computer*: Schleife *f*; **2.** (sich) schlingen; '**~·hole** *mil.* Schießscharte *f*; *fig.* Hintertürchen *n*; **a ~ in the law** e-e Gesetzeslücke

loose [luːs] **1.** (**~r, ~st**) los(e); locker; weit; frei; **let ~** loslassen; freilassen; **2. be on the ~** frei herumlaufen; **loos·en** ['luːsn] (sich) lösen *od.* lockern; **~ up** *Sport*: Lockerungsübungen machen

loot [luːt] **1.** (Kriegs-, Diebes)Beute *f*; **2.** plündern

lop [lɒp] (**-pp-**) Baum beschneiden, stutzen; **~ off** abhauen, abhacken; **~-'sid·ed** schief; *fig.* einseitig

lo·qua·cious [ləʊˈkweɪʃəs] redselig, geschwätzig

lord [lɔːd] Herr *m*, Gebieter *m*; Brt. Lord *m*; **the 2** Gott *m* (der Herr); **the 2's Prayer** das Vaterunser; **the 2's Supper** das (heilige) Abendmahl; **House of 2s** *Brt. pol.* Oberhaus *n*; **2 'May·or** *Brt.* Oberbürgermeister *m*

lor·ry *Brt.* ['lɒrɪ] Last(kraft)wagen *m*, Lastauto *n*, Laster *m*

lose [luːz] (**lost**) verlieren; verpassen, -säumen; nachgehen (*Uhr*); **~ o.s.** sich verirren; sich verlieren; '**los·er** Verlierer(in)

loss [lɒs] Verlust *m*; Schaden *m*; **at a ~** *econ.* mit Verlust; **be at a ~** in Verlegenheit sein (**for** um)

lost [lɒst] **1.** *pret. u. p.p. von* **lose**; **2.** *adj.* verloren; **be ~** sich verirrt haben, sich nicht mehr zurechtfinden (*a. fig.*); **be ~ in thought** in Gedanken versunken

lost-and-found

sein; *get* ~ sich verirren; *get* ~! *sl.* hau ab!; **~-and-'found (of·fice)** *Am.*, **'prop·er·ty of·fice** *Brt.* Fundbüro *n*

lot [lɒt] Los *n*; Parzelle *f*; Grundstück *n*; *econ.* Partie *f*, Posten (*Ware*); Gruppe *f*, Gesellschaft *f*; Menge *f*, Haufen *m*; Los *n*, Schicksal *n*; △ *nicht* **Lot;** *the* ~ alles, das Ganze; *a* ~ *of* F, ~*s of* F viel, e-e Menge; *a bad* ~ F ein übler Kerl; *cast od. draw* ~*s* losen

loth [ləʊθ] → **loath**

lo·tion ['ləʊʃn] Lotion *f*

lot·te·ry ['lɒtəri] Lotterie *f*

loud [laʊd] laut (*a. adv.*); *fig.* schreiend, grell (*Farben etc.*); **~'speak·er** Lautsprecher *m*

lounge [laʊndʒ] **1.** Wohnzimmer *n*; Aufenthaltsraum *m*, Lounge *f* (*e-s Hotels, Schiffs*), Wartehalle *f*, Lounge *f* (*e-s Flughafens*); **2.** ~ *about*, ~ *around* herumlungern; '~ *suit Brt.* Straßenanzug *m*

louse *zo.* [laʊs] (*pl.* **lice** [laɪs]) Laus *f*

lou·sy ['laʊzi] (*-ier, -iest*) verlaust; F miserabel, saumäßig

lout [laʊt] Flegel *m*, Lümmel *m*

lov·a·ble ['lʌvəbl] liebenswert; reizend

love [lʌv] **1.** Liebe *f* (*of, for, to,* manchmal *zu*); Liebling *m*, Schatz *m* (*Anrede, oft unübersetzt*); *Tennis:* null; *be in* ~ *with s.o.* in j-n verliebt sein; *fall in* ~ *with s.o.* sich in j-n verlieben; *make* ~ sich lieben, miteinander schlafen; *give my* ~ *to her* grüße sie herzlich von mir; *send one's* ~ *to* j-n grüßen lassen; ~ *from* herzliche Grüße von (*Briefschluss*); **2.** lieben, gern mögen; '~ af·fair Liebesaffäre *f*; '~·ly (*-ier, -iest*) (wunder)schön; nett, reizend; F prima; **'lov·er** Liebhaber *m*, Geliebte(r) *m*; Geliebte *f*; (*Musik- etc.*)Liebhaber(in), (*Musik- etc.*)Freund(in); ~*s pl.* Liebende *pl.*, Liebespaar *n*

lov·ing ['lʌvɪŋ] liebevoll, liebend

low [ləʊ] **1.** *adj.* niedrig (*a. fig.*); tief (*a. fig.*); knapp (*Vorräte etc.*); gedämpft, schwach (*Licht*); tief (*Ton*); leise (*Ton, Stimme*); gering(schätzig); ordinär; niedergeschlagen, deprimiert; **2.** *adv.* niedrig; tief (*a. fig.*); leise; **3.** *meteor.* Tief(druckgebiet) *n*; *fig.* Tief(punkt *m*, -stand *m*) *n*; '~·brow F **1.** geistig anspruchslose(r *m*) *f*, Unbedarfte(r *m*) *f*; **2.** geistig anspruchslos, unbedarft; ~-'cal·o·rie kalorienarm, -reduziert; ~·e'mis·sion schadstoffarm

low·er ['ləʊə] **1.** niedriger; tiefer; untere(r, -s), Unter...; **2.** niedriger machen; herab-, herunterlassen; *Augen, Stimme, Preis etc.* senken; *Standard* herabsetzen; *fig.* erniedrigen

low|-'fat fettarm; **~·land** ['ləʊlənd] Tief-, Flachland *n*; '~·ly (*-ier, -iest*) niedrig; tief; **~'necked** tief ausgeschnitten (*Kleid*); **~'pitched** *mus.* tief; **~'pres·sure** *meteor.* Tiefdruck...; *tech.* Niederdruck...; '~·rise *bsd. Am.* niedrig (gebaut); **~'spir·it·ed** niedergeschlagen

loy·al ['lɔɪəl] loyal, treu; '~·ty Loyalität *f*, Treue *f*

loz·enge ['lɒzɪndʒ] Raute *f*, Rhombus *m*; Pastille *f*

LP [el 'piː] *Abk. für* **long-player, long-playing record** LP, Langspielplatte *f*

Ltd *nur geschr. Abk. für* **limited** mit beschränkter Haftung

lu·bri|·cant ['luːbrɪkənt] Schmiermittel *n*; **~·cate** ['luːbrɪkeɪt] schmieren, ölen; **~·ca·tion** [luːbrɪ'keɪʃn] Schmieren *n*, Ölen *n*

lu·cid ['luːsɪd] klar

luck [lʌk] Schicksal *n*; Glück *n*; *bad* ~, *hard* ~, *ill* ~ Unglück *n*, Pech *n*; *good* ~ Glück *n*; *good* ~! viel Glück!; *be in* (*out of*) ~ (kein) Glück haben; '~·i·ly ['lʌkɪli] glücklicherweise, zum Glück; '~·y (*-ier, -iest*) glücklich, Glücks...; *be* ~ Glück haben; ~ *day* Glückstag *m*; ~ *fel·low* Glückspilz *m*

lu·cra·tive ['luːkrətɪv] einträglich, lukrativ

lu·di·crous ['luːdɪkrəs] lächerlich

lug [lʌɡ] (*-gg-*) zerren, schleppen

luge [luːʒ] *Sport:* Rennrodeln *n*; Rennrodel *m*, -schlitten *m*

lug·gage *bsd. Brt.* ['lʌɡɪdʒ] (Reise)Gepäck *n*; '~ **car·ri·er** Gepäckträger *m* (*am Fahrrad*); '~ **rack** *bsd. Brt.* Gepäcknetz *n*, -ablage *f*; '~ **van** *Brt.* Gepäckwagen *m*

luke·warm ['luːkwɔːm] lau(warm); *fig.* lau, mäßig, halbherzig

lull [lʌl] **1.** beruhigen; sich legen (*Sturm*); *mst* ~ *to sleep* einlullen; **2.** Pause *f*, Flaute *f* (*a. econ.*)

lul·la·by ['lʌləbaɪ] Wiegenlied *n*

lum·ba·go *med.* [lʌmˈbeɪgəʊ] Hexenschuss *m*
lum·ber[1] [ˈlʌmbə] schwerfällig gehen; (dahin)rumpeln (*Wagen*)
lum·ber[2] [ˈlʌmbə] **1.** *bsd. Am.* Bau-, Nutzholz *n*; *bsd. Brt.* Gerümpel *n*; **2.** *v/t.* ~ *s.o.* with *s.th. Brt.* F j-m et. aufhalsen; **'~·jack** *Am.* Holzfäller *m*, -arbeiter *m*; **'~ mill** *Am.* Sägewerk *n*; **'~-room** *bsd. Brt.* Rumpelkammer *f*; **'~·yard** *Am.* Holzplatz *m*, -lager *n*
lu·mi·na·ry [ˈluːmɪnərɪ] *fig.* Leuchte *f*, Koryphäe *f*
lu·mi·nous [ˈluːmɪnəs] leuchtend, Leucht...; **~ diˈsplay** Leuchtanzeige *f*; **~ ˈpaint** Leuchtfarbe *f*
lump [lʌmp] **1.** Klumpen *m*; Schwellung *f*, Beule *f*; *med.* Geschwulst *f*, Knoten *m*; Stück *n* (*Zucker etc.*); △ *nicht* **Lump**; *in the* ~ in Bausch u. Bogen, pauschal; **2.** *v/t.* ~ *together fig.* zusammenwerfen; in e-n Topf werfen; *v/i.* Klumpen bilden, klumpen; **~ ˈsug·ar** Würfelzucker *m*; **~ ˈsum** Pauschalsumme *f*; **'~·y** (*-ier, -iest*) klumpig
lu·na·cy [ˈluːnəsɪ] Wahnsinn *m*
lu·nar [ˈluːnə] Mond...; **~ ˈmod·ule** *Raumfahrt:* Mond(lande)fähre *f*
lu·na·tic [ˈluːnətɪk] **1.** wahnsinnig, geistesgestört; *fig.* verrückt; **2.** Wahnsinnige(r *m*) *f*, Geistesgestörte(r *m*) *f*; *fig.* Verrückte(r *m*) *f*
lunch [lʌntʃ], *formell* **lun·cheon** [ˈlʌntʃən] **1.** Lunch *m*, Mittagessen *n*; **2.** zu Mittag essen; **ˈlunch hour, ˈlunch time** Mittagszeit *f*, -pause *f*
lung *anat.* [lʌŋ] Lungenflügel *m*; *the* ~*s pl.* die Lunge
lunge [lʌndʒ] sich stürzen (*at* auf *acc.*)
lurch [lɜːtʃ] **1.** taumeln, torkeln; **2.** *leave in the* ~ im Stich lassen
lure [lʊə] **1.** Köder *m*; *fig.* Lockung *f*; **2.** ködern, (an)locken
lu·rid [ˈlʊərɪd] grell, schreiend (*Farben etc.*); grässlich, schauerlich
lurk [lɜːk] lauern; ~ *about*, ~ *around* herumschleichen
lus·cious [ˈlʌʃəs] köstlich, lecker; üppig; knackig (*Mädchen*)
lush [lʌʃ] saftig, üppig
lust [lʌst] **1.** sinnliche Begierde, Lust *f*; Gier *f*; △ *nicht* **Lust** (*Freude etc.*); **2.** ~ *after*, ~ *for* begehren; gierig sein nach
lus·tre *Brt.*, **lus·ter** *Am.* [ˈlʌstə] Glanz *m*, Schimmer *m*; **~·trous** [ˈlʌstrəs] glänzend, schimmernd
lust·y [ˈlʌstɪ] (*-ier, -iest*) kräftig, robust, vital
lute *mus.* [luːt] Laute *f*
Lu·ther·an [ˈluːθərən] lutherisch
lux·u·ri·ant [lʌgˈzjʊərɪənt] üppig; **~·ri·ate** [lʌgˈzjʊərɪeɪt] schwelgen (*in dat.*); **~·ri·ous** [lʌgˈzjʊərɪəs] luxuriös, Luxus...; **~·ry** [ˈlʌkʃərɪ] Luxus *m*; Komfort *m*; Luxusartikel *m*; Luxus...
LV *Brt.* [el ˈviː] *Abk. für* **lunch(eon) voucher** Essensmarke *f*
lye [laɪ] Lauge *f*
ly·ing [ˈlaɪɪŋ] **1.** *p.pr. von* **lie**[1] 1 *u.* **lie**[2] 1; **2.** *adj.* lügnerisch, verlogen
lymph *med.* [lɪmf] Lymphe *f*
lynch [lɪntʃ] lynchen; **'~ law** Lynchjustiz *f*
lynx *zo.* [lɪŋks] Luchs *m*
lyr·ic [ˈlɪrɪk] **1.** lyrisch; **2.** lyrisches Gedicht; ~*s pl.* Lyrik *f*; (Lied)Text *m*; **'~·i·cal** lyrisch, gefühlvoll; schwärmerisch

M

M, m [em] M, m *n*
M [em] *Abk. für:* **motorway** *Brt.* Autobahn *f*; **medium** (*size*) mittelgroß
m *nur geschr. Abk. für* **metre** m, Meter *m*, *n*; **mile** Meile *f* (*1,6 km*); **married** verh., verheiratet; **male, masculine** männlich
ma F [mɑː] Mama *f*, Mutti *f*
MA [em ˈeɪ] *Abk. für* **Master of Arts** Magister *m* der Philosophie
ma'am [mæm] → **madam**
mac *Brt.* F [mæk] → **mackintosh**

mac·ad·am *Am.* [məˈkædəm] → *tarmac*

mac·a·ro·ni [mækəˈrəʊnɪ] *sg.* Makkaroni *pl.*

ma·chine [məˈʃiːn] **1.** Maschine *f*; **2.** maschinell herstellen; **~·gun** Maschinengewehr *n*; **~·made** maschinell hergestellt; **~ˈread·a·ble** *Computer*: maschinenlesbar

ma·chin|·e·ry [məˈʃiːnərɪ] Maschinen *pl.*; Maschinerie *f*; **~ist** [məˈʃiːnɪst] Maschinenschlosser *m*; Maschinist *m*

mach·o *contp.* [ˈmætʃəʊ] (*pl.* **-os**) Macho *m*

mack *Brt.* F [mæk] → *mackintosh*

mack·e·rel *zo.* [ˈmækrəl] Makrele *f*

mack·in·tosh *bsd. Brt.* [ˈmækɪntɒʃ] Regenmantel *m*

mac·ro... [ˈmækrəʊ] Makro..., (sehr) groß

mad [mæd] wahnsinnig, verrückt; *vet.* tollwütig; *bsd. Am.* F wütend; *fig.* wild, versessen (*about* auf *acc.*); **drive s.o. ~** j-n verrückt machen; **go ~** verrückt werden; **like ~** wie verrückt

mad·am [ˈmædəm] gnädige Frau (*Anrede, oft unübersetzt*)

ˈmad|·cap [ˈmædkæp] Made *f*; **~ˈcow dis·ease** *vet.* Rinderwahn(sinn) *m*; **~·den** [ˈmædn] verrückt *od.* rasend machen; **~·den·ing** [ˈmædnɪŋ] unerträglich; verrückt *od.* rasend machend

made [meɪd] *pret. u. p.p. von make* 1; **~ of gold** aus Gold

ˈmad|·house *fig.* F Irrenhaus *n*; **~·ly** wie verrückt; F wahnsinnig, schrecklich; **~·man** (*pl.* **-men**) Verrückte(r) *m*; **~·ness** Wahnsinn *m*; **~·wom·an** (*pl.* **-women**) Verrückte *f*

mag·a·zine [mægəˈziːn] Magazin *n*, Zeitschrift *f*; Magazin *n* (*e-r Feuerwaffe, e-s Fotoapparats*); Lagerhaus *n*

mag·got *zo.* [ˈmægət] Made *f*

Ma·gi [ˈmeɪdʒaɪ] *pl.*: **the (three) ~** die (drei) Weisen aus dem Morgenland, die Heiligen Drei Könige

ma·gic [ˈmædʒɪk] **1.** Magie *f*, Zauberei *f*; Zauber *m*; *fig.* Wunder *n*; **2.** (**~·ally**) *a.* **~·al** magisch, Zauber...; **ma·gi·cian** [məˈdʒɪʃn] Magier *m*, Zauberer *m*; Zauberkünstler *m*

ma·gis·trate [ˈmædʒɪstreɪt] (Friedens)Richter(in); △ *nicht Magistrat*

mag|·na·nim·i·ty [mægnəˈnɪmətɪ] Großmut *m*; **~·nan·i·mous** [mægˈnænɪməs] großmütig, hochherzig

mag·net [ˈmægnɪt] Magnet *m*; **~·ic** [mægˈnetɪk] (**~·ally**) magnetisch, Magnet...

mag·nif·i·cent [mægˈnɪfɪsnt] großartig, prächtig

mag·ni·fy [ˈmægnɪfaɪ] vergrößern; **~·ing glass** Vergrößerungsglas *n*, Lupe *f*

mag·ni·tude [ˈmægnɪtjuːd] Größe *f*; Wichtigkeit *f*

mag·pie *zo.* [ˈmægpaɪ] Elster *f*

ma·hog·a·ny [məˈhɒɡənɪ] Mahagoni (-holz) *n*

maid [meɪd] (Dienst)Mädchen *n*, Hausangestellte *f*; *old* ~ *veraltet*: alte Jungfer; **~ of all work** *bsd. fig.* Mädchen *n* für alles; **~ of hono(u)r** Hofdame *f*; *bsd. Am.* (erste) Brautjungfer

maid·en [ˈmeɪdn] Jungfern..., Erstlings...; **~·name** Mädchenname *m* (*e-r Frau*)

mail [meɪl] **1.** Post(sendung) *f*; **by ~** *bsd. Am.* mit der Post; **2.** *bsd. Am.* mit der Post (zu)schicken, aufgeben, *Brief* einwerfen; **~·bag** Postsack *m*; *Am.* Posttasche *f* (*e-s Briefträgers*); **~·box** *Am.* Briefkasten *m*; **~ˈcar·ri·er** *Am.*, **~·man** (*pl.* **-men**) *Am.* Briefträger *m*, Postbote *m*; **~ˈor·der** Bestellung *f* (*von Waren*) bei e-m Versandhaus; **~·or·der ˈfirm**, **~·or·der ˈhouse** Versandhaus *n*

maim [meɪm] verstümmeln

main [meɪn] **1.** Haupt..., wichtigste(r, -s); hauptsächlich; **by ~ force** mit äußerster Kraft; **2.** *mst* **~s** *pl.* Haupt(gas-, -wasser-, -strom)leitung *f*; (Strom)Netz *n*; **in the ~** in der Hauptsache, im Wesentlichen; **~·frame** *Computer*: Großrechner *m*; **~·land** [ˈmeɪnlənd] Festland *n*; **~·ly** hauptsächlich; **~ˈmem·o·ry** *Computer*: Hauptspeicher *m*; Arbeitsspeicher *m*; **~ˈmen·u** *Computer*: Hauptmenü *n*; **~ˈroad** Haupt(verkehrs)straße *f*; **~·spring** Haupt(gas-, -wasser-, -strom)triebfeder *f* (*e-r Uhr*); *fig.* (Haupt)Triebfeder *f*; **~·stay** *fig.* Hauptstütze *f*; **~·street** *Am.* Hauptstraße *f*

main·tain [meɪnˈteɪn] (aufrecht)erhalten, beibehalten; in Stand halten, pflegen, *tech. a.* warten; *Familie etc.* unterhalten, versorgen; behaupten

main·te·nance ['meɪntənəns] (Aufrecht)Erhaltung *f*; Instandhaltung *f*, Pflege *f*, *tech. a.* Wartung *f*; Unterhalt *m*

maize *bsd. Brt. bot.* [meɪz] Mais *m*

ma·jes·tic [mə'dʒestɪk] (**~ally**) majestätisch; **~ty** ['mædʒəstɪ] Majestät *f*

ma·jor ['meɪdʒə] **1.** größere(r, -s); *fig. a.* bedeutend, wichtig; *jur.* volljährig; **C ~** *mus.* C-Dur *n*; **2.** *mil.* Major *m*; *jur.* Volljährige(r *m*) *f*; *Am. univ.* Hauptfach *n*; *mus.* Dur *n*; **~ 'gen·er·al** *mil.* Generalmajor *m*; **~·i·ty** [mə'dʒɒrətɪ] Mehrheit *f*, Mehrzahl *f*; *jur.* Volljährigkeit *f*; **~ 'league** *Am. Baseball:* oberste Spielklasse; **~ road** Haupt(verkehrs)straße *f*

make [meɪk] **1.** (**made**) machen; anfertigen, herstellen, erzeugen; (zu)bereiten; (er)schaffen, ergeben, bilden; machen zu; ernennen zu; *Geld* verdienen; sich erweisen als, abgeben (*Person*); schätzen auf (*acc.*); *Geschwindigkeit* erreichen; *Fehler* machen; *Frieden etc.* schließen; *e-e Rede* halten; F *Strecke* zurücklegen; *mit inf.:* j-n lassen, veranlassen zu, bringen zu, zwingen zu; **~ it** es schaffen; **~ do with s.th.** mit et. auskommen, sich mit et. behelfen; **do you ~ one of us?** machen Sie mit?; **what do you ~ of it?** was halten Sie davon?; **~ believe** vorgeben; **~ friends with** sich anfreunden mit; **~ good** wieder gutmachen; *Versprechen etc.* halten; **~ haste** sich beeilen; **~ way** Platz machen; **~ for** zugehen auf (*acc.*); sich aufmachen nach; **~ into** verarbeiten zu; **~ off** sich davonmachen, sich aus dem Staub machen; **~ out** *Rechnung, Scheck etc.* ausstellen; *Urkunde etc.* ausstellen; ausmachen, erkennen; aus *j-m, e-r Sache* klug werden; **~ over** *Eigentum* übertragen; **~ up** *et.* zusammenstellen; sich *et.* ausdenken, *et.* erfinden; sich zurechtmachen *od.* schminken; **~ it up** sich versöhnen *od.* wieder vertragen (**with** mit); **~ up one's mind** sich entschließen; **be made up of** bestehen aus, sich zusammensetzen aus; **~ up for** nach-, aufholen; für *et.* entschädigen; **2.** Mach-, Bauart *f*; Fabrikat *n*, Marke *f*; **'~·be·lieve** Schein *m*, Fantasie *f*; **'~r** Hersteller *m*; 2 Schöpfer *m* (*Gott*); **'~·shift 1.** Notbehelf *m*; **2.** behelfsmäßig, Behelfs...; **'~-up** Make-up *n*, Schminke *f*; Aufmachung *f*; Zusammensetzung *f*

mak·ing ['meɪkɪŋ] Erzeugung *f*, Herstellung *f*, Fabrikation *f*; **be in the ~** noch in Arbeit sein; **have the ~s of** das Zeug haben zu

mal·ad·just·ed [mælə'dʒʌstɪd] nicht angepasst, verhaltens-, milieugestört

mal·ad·min·is·tra·tion [mælədmɪnɪ'streɪʃn] schlechte Verwaltung; *pol.* Misswirtschaft *f*

mal·con·tent ['mælkəntent] **1.** unzufrieden; **2.** Unzufriedene(r *m*) *f*

male [meɪl] **1.** männlich; **2.** Mann *m*; *zo.* Männchen *n*; **~ nurse** (Kranken)Pfleger *m*

mal·for·ma·tion [mælfɔː'meɪʃn] Missbildung *f*

mal·ice ['mælɪs] Bosheit *f*; Groll *m*; *jur.* böse Absicht, Vorsatz *m*

ma·li·cious [mə'lɪʃəs] boshaft; böswillig

ma·lign [mə'laɪn] verleumden; **ma·lignant** [mə'lɪgnənt] bösartig (*a. med.*); boshaft

mall *Am.* [mɔːl, mæl] Einkaufszentrum *n*

mal·le·a·ble ['mælɪəbl] *tech.* verformbar; *fig.* formbar

mal·let ['mælɪt] Holzhammer *m*; (Kro-cket-, Polo)Schläger *m*

mal·nu·tri·tion [mælnjuː'trɪʃn] Unterernährung *f*; Fehlernährung *f*

mal·o·dor·ous [mæl'əʊdərəs] übel riechend

mal·prac·tice [mæl'præktɪs] Vernachlässigung *f* der beruflichen Sorgfalt; *med.* falsche Behandlung, (ärztlicher) Kunstfehler

malt [mɔːlt] Malz *n*

mal·treat [mæl'triːt] schlecht behandeln; misshandeln

mam·mal *zo.* ['mæml] Säugetier *n*

mam·moth ['mæməθ] **1.** *zo.* Mammut *n*; **2.** Mammut..., Riesen..., riesig

mam·my F ['mæmɪ] Mami *f*

man [mæn, *in Zssgn nachgestellt* -mən] (*pl.* **men**) Mann *m*; Mensch(en *pl.*) *m*; Menschheit *f*; F (Ehe)Mann *m*; F Geliebte(r *m*) *m*; (*Schach*)Figur *f*; (*Dame*)Stein *m*; **the ~ in** (*Am. a.* **on**) **the street** der Mann auf der Straße; **2.** [mæn] (**-nn-**) (*Raum*)*Schiff etc.* bemannen

man·age ['mænɪdʒ] *v/t. Betrieb etc.* leiten, führen; *Künstler, Sportler etc.* managen; *et.* zu Stande bringen; es fertig bringen (**to do** zu tun); umgehen (können) mit; mit *j-m, et.* fertig werden; F *Arbeit, Essen etc.* bewältigen, schaffen; *v/i.* auskommen (**with** mit; **without** ohne); F es schaffen, zurechtkommen; F es einrichten, es ermöglichen; '**~·a·ble** handlich; lenksam; '**~·ment** Verwaltung *f*; *econ.* Management *n*, Unternehmensführung *f*; *econ.* Geschäftsleitung *f*, Direktion *f*

man·ag·er ['mænɪdʒə] Verwalter *m*; *econ.* Manager *m*; *econ.* Geschäftsführer *m*, Leiter *m*, Direktor *m*; Manager *m* (*e-s Schauspielers etc.*); *Sport:* (Chef)Trainer *m*; **be a good ~** gut od. sparsam wirtschaften können; **~·ess** [mænɪdʒə'res] Verwalterin *f*; *econ.* Managerin *f*; *econ.* Geschäftsführerin *f*, Leiterin *f*, Direktorin *f*; Managerin *f* (*e-s Schauspielers etc.*)

man·a·ge·ri·al *econ.* [mænə'dʒɪərɪəl] geschäftsführend, leitend; **~ position** leitende Stellung; **~ staff** leitende Angestellte *pl.*

man·ag·ing *econ.* ['mænɪdʒɪŋ] geschäftsführend, leitend; **~ di·rec·tor** Generaldirektor *m*, leitender Direktor

man|**·date** ['mændeɪt] Mandat *n*; Auftrag *m*; Vollmacht *f*; **~·da·to·ry** ['mændətərɪ] obligatorisch, zwingend

mane [meɪn] Mähne *f*

ma·neu·ver *Am.* [mə'nu:və] → **ma·noeuvre**

man·ful ['mænful] beherzt

mange *vet.* [meɪndʒ] Räude *f*

man·ger ['meɪndʒə] Krippe *f*

man·gle ['mæŋgl] **1.** (Wäsche)Mangel *f*; **2.** mangeln; übel zurichten, zerfleischen; *fig. Text* verstümmeln

mang·y ['meɪndʒɪ] (*-ier, -iest*) *vet.* räudig; *fig.* schäbig

'**man·hood** Mannesalter *n*; *euphem.* Manneskraft *f*

ma·ni·a ['meɪnjə] Wahn(sinn) *m*; *fig.* (**for**) Sucht *f* (nach), Leidenschaft (für), Manie *f*, Fimmel *m*; **~c** [meɪnɪæk] Wahnsinnige(r *m*) *f*, Verrückte(r *m*) *f*; *fig.* Fanatiker(in)

man·i·cure ['mænɪkjʊə] Maniküre *f*, Handpflege *f*

man·i·fest ['mænɪfest] **1.** offenkundig;

2. *v/t.* offenbaren, manifestieren

man·i·fold ['mænɪfəʊld] mannigfaltig, vielfältig

ma·nip·u·late [mə'nɪpjʊleɪt] manipulieren; (geschickt) handhaben; **~·la·tion** [mənɪpjʊ'leɪʃn] Manipulation *f*

man|**'jack** F: **every ~** jeder Einzelne; **~'kind** die Menschheit, die Menschen *pl.*; '**~·ly** (*-ier, -iest*) männlich; **~-'made** vom Menschen geschaffen, künstlich; **~ fibre** (*Am.* **fiber**) Kunstfaser *f*

man·ner ['mænə] Art *f* (u. Weise *f*); Betragen *n*, Auftreten *n*; **~s** *pl.* Benehmen *n*, Umgangsformen *pl.*, Manieren *pl.*; Sitten *pl.*

ma·noeu·vre *Brt.*, **ma·neu·ver** *Am.* [mə'nu:və] **1.** Manöver *n* (*a. fig.*); **2.** manövrieren (*a. fig.*)

man·or *Brt.* ['mænə] (Land)Gut *n*; → '**~ house** Herrenhaus *n*

'**man·pow·er** menschliche Arbeitskraft; Arbeitskräfte *pl.*

man·sion ['mænʃn] (herrschaftliches) Wohnhaus

'**man·slaugh·ter** *jur.* Totschlag *m*, fahrlässige Tötung

man·tel|·piece ['mæntlpi:s], '**~·shelf** (*pl.* **-shelves**) Kaminsims *m*

man·u·al ['mænjʊəl] **1.** Hand...; mit der Hand (gemacht); **2.** Handbuch *n*

man·u·fac·ture [mænjʊ'fæktʃə] **1.** erzeugen, herstellen; **2.** Herstellung *f*, Fertigung *f*; Erzeugnis *n*, Fabrikat *n*; **~·tur·er** [mænjʊ'fæktʃərə] Hersteller *m*, Erzeuger *m*; **~·tur·ing** [mænjʊ'fæktʃərɪŋ] Herstellungs...

ma·nure [mə'njʊə] **1.** Dünger *m*, Mist *m*, Dung *m*; **2.** düngen

man·u·script ['mænjʊskrɪpt] Manuskript *n*

man·y ['menɪ] **1.** (**more, most**) viel(e); **~ a** manche(r, -s), manch eine(r, -s); **~ times** oft; **as ~** ebenso viel(e); **2.** viele; **a good ~** ziemlich viel(e); **a great ~** sehr viele

map [mæp] **1.** (Land- *etc.*)Karte *f*; (Stadt- *etc.*)Plan *m*; △ *nicht* **Mappe**; **2.** (**-pp-**) e-e Karte machen von; auf e-r Karte eintragen; **~ out** *fig.* (bis in die Einzelheiten) (voraus)planen

ma·ple *bot.* ['meɪpl] Ahorn *m*

mar [mɑː] (**-rr-**) beeinträchtigen; verderben

Mar *nur geschr. Abk. für* **March** März *m*
mar·a·thon ['mærəθən] **1.** *a.* **~ race** Marathonlauf *m*; **2.** Marathon..., *fig. a.* Dauer...
ma·raud [mə'rɔːd] plündern
mar·ble ['mɑːbl] **1.** Marmor *m*; Murmel *f*; **2.** marmorn
march [mɑːtʃ] **1.** marschieren; *fig.* fortschreiten; **2.** Marsch *m*; *fig.* (Fort-) Gang *m*; **the ~ of events** der Lauf der Dinge
March [mɑːtʃ] (*Abk.* **Mar**) März *m*
'march·ing or·ders *pl.*: **get one's ~** *Brt.* F den Laufpass bekommen
mare [meə] *zo.* Stute *f*; △ *nicht* **Mähre**; **~'s nest** *fig.* Schwindel *m*; (Zeitungs)Ente *f*
mar·ga·rine [mɑːdʒə'riːn], **marge** *Brt.* F [mɑːdʒ] Margarine *f*
mar·gin ['mɑːdʒɪn] Rand *m* (*a. fig.*); Grenze *f* (*a. fig.*); *fig.* Spielraum *m*; (Gewinn-, Verdienst)Spanne *f*; **by a wide ~** mit großem Vorsprung; **'~al** Rand...; **~ note** Randbemerkung *f*
mar·i·hua·na, mar·i·jua·na [mærjuː'ɑːnə] Marihuana *n*
ma·ri·na [mə'riːnə] Boots-, Jachthafen *m*
ma·rine [mə'riːn] Marine *f*; △ *nicht* (**Kriegs)Marine**; *mil.* Marineinfanterist *m*
mar·i·ner ['mærɪnə] Seemann *m*
mar·i·tal ['mærɪtl] ehelich, Ehe...; **'sta·tus** Familienstand *m*
mar·i·time ['mærɪtaɪm] See..., Küsten...; Schifffahrts...
mark¹ [mɑːk] (deutsche) Mark; △ *nicht* **das Mark**
mark² [mɑːk] **1.** Marke *f*, Markierung *f*; (Kenn)Zeichen *n*, Merkmal *n*; (Körper)Mal *n*; Ziel *n* (*a. fig.*); (Fuß-, Brems*etc.*)Spur *f* (*a. fig.*); (Fabrik-, Waren)Zeichen *n* (*Schutz-, Handels*)Marke *f*; *econ.* Preisangabe *f*; *Schule*: Note *f*, Zensur *f*, Punkt *m*; *Laufsport*: Startlinie *f*; *fig.* Zeichen *n*; *fig.* Norm *f*; **be up to the ~** den Anforderungen gewachsen sein (*Person*) *od.* genügen (*Leistungen etc.*); gesundheitlich auf der Höhe sein; **be wide of the ~** weit danebenschießen; *fig.* sich gewaltig irren; weit danebenliegen (*Schätzung etc.*); **hit the ~** (das Ziel) treffen; *fig.* ins Schwarze treffen; **miss the ~** danebenschießen, das Ziel verfehlen (*a. fig.*); **2.** markieren, anzeichnen; anzeigen; kennzeichnen; *Waren* auszeichnen; *Preis* festsetzen; Spuren hinterlassen auf (*dat.*); Flecken machen auf (*dat.*); *Schule*: benoten, zensieren; *Sport*: Gegenspieler markieren, markieren; **~ my words** denk an m-e Worte; **to ~ the occasion** zur Feier des Tages; **~ time** auf der Stelle treten (*a. fig.*); **~ down** notieren, vermerken; *im Preis* herabsetzen; **~ off** abgrenzen; *bsd. auf e-r Liste* abhaken; **~ out** durch Striche etc. markieren; bestimmen (**for** für); **~ up** *im Preis* heraufsetzen; **~ed** deutlich, ausgeprägt; **'~er** Markierstift *m*; Lesezeichen *n*; *Sport*: Bewacher(in)
mar·ket ['mɑːkɪt] **1.** Markt *m*; Markt(platz) *m*; *Am.* (Lebensmittel-) Geschäft *n*, Laden *m*; *econ.* Absatz *m*; *econ.* (**for**) Nachfrage *f* (nach), Bedarf *m* (an); **on the ~** auf dem Markt *od.* im Handel; **put on the ~** auf den Markt *od.* in den Handel bringen; (zum Verkauf) anbieten; **2.** *v/t.* auf den Markt *od.* in den Handel bringen; verkaufen, -treiben; **~·a·ble** *econ.* marktgängig; **'gar·den** *Brt. econ.* Gemüse- u. Obstgärtnerei *f*; **'~·ing** *econ.* Marketing *n*
'mark·ing Markierung *f*; *zo.* Zeichnung *f*; *Sport*: Deckung *f*; **man-to-man ~** Manndeckung *f*
'marks·man (*pl.* **-men**) guter Schütze *m*; **'~·wom·an** (*pl.* **-women**) gute Schützin
mar·ma·lade ['mɑːməleɪd] *bsd.* Orangenmarmelade *f*
mar·mot *zo.* ['mɑːmət] Murmeltier *n*
ma·roon [mə'ruːn] **1.** kastanienbraun; **2.** *auf e-r einsamen Insel* aussetzen; **3.** Leuchtrakete *f*
mar·quee [mɑː'kiː] Festzelt *n*
mar·quis ['mɑːkwɪs] Marquis *m*
mar·riage ['mærɪdʒ] Heirat *f*, Hochzeit *f* (**to** mit); Ehe *f*; *civil* ~ standesamtliche Trauung; **'mar·ria·ge·a·ble** heiratsfähig; **'~ cer·tif·i·cate** Trauschein *m*, Heiratsurkunde *f*
mar·ried ['mærɪd] verheiratet; ehelich, Ehe...; **~ couple** Ehepaar *n*; **~ life** Ehe(leben *n*) *f*
mar·row ['mærəʊ] *anat.* (Knochen-) Mark *n*; *fig.* Kern *m*, das Wesentliche, das Innerste; *a.* **vegetable ~** *Brt. bot.* Markkürbis *m*

mar·ry ['mærɪ] *v/t.* heiraten; *Paar* trauen; *be married* verheiratet sein (*to* mit); *get married* heiraten; sich verheiraten (*to* mit); *v/i.* heiraten

marsh [mɑːʃ] Sumpf(land *n*) *m*, Marsch *f*

mar·shal ['mɑːʃl] **1.** *mil.* Marschall *m*; *Am.* Bezirkspolizeichef *m*; **2.** (*bsd. Brt.* **-ll-**, *Am.* **-l-**) (an)ordnen, arrangieren; führen

marsh·y ['mɑːʃɪ] (**-ier**, **-iest**) sumpfig

mar·ten *zo.* ['mɑːtɪn] Marder *m*

mar·tial ['mɑːʃl] kriegerisch; Kriegs..., Militär...; ~ **'arts** *pl.* asiatische Kampfsportarten *pl.*; ~ **'law** Kriegsrecht *n*

mar·tyr ['mɑːtə] Märtyrer(in)

mar·vel ['mɑːvl] **1.** Wunder *n*; **2.** (*bsd. Brt.* **-ll-**, *Am.* **-l-**) sich wundern, staunen; ~**(l)ous** ['mɑːvələs] wunderbar; fabelhaft, fantastisch

mar·zi·pan [mɑːzɪ'pæn] Marzipan *n, m*

mas·ca·ra [mæ'skɑːrə] Wimperntusche *f*

mas·cot ['mæskət] Maskottchen *n*

mas·cu·line ['mæskjʊlɪn] männlich; Männer...; maskulin

mash [mæʃ] **1.** zerdrücken, -quetschen; **2.** *Brt.* F Kartoffelbrei *m*; Maische *f*; Mengfutter *n*; ~**ed po'ta·toes** *pl.* Kartoffelbrei *m*

mask [mɑːsk] **1.** Maske *f* (*a.* Computer); **2.** maskieren; *fig.* verbergen, -schleiern; ~**ed** maskiert; ~ *ball* Maskenball *m*

ma·son ['meɪsn] Steinmetz *m*; *mst* ♀ Freimaurer *m*; ~**ry** ['meɪsnrɪ] Mauerwerk *n*

masque *rel.* [mɑːsk] Maskenspiel *n*; △ *nicht* Maske

mas·que·rade [mæskə'reɪd] **1.** Maskerade *f* (*a. fig.*); Verkleidung *f*; **2.** *fig.* sich ausgeben (*as* als, für)

mass [mæs] **1.** Masse *f*; Menge *f*; Mehrzahl *f*; *the* ~*es pl.* die (breite) Masse; **2.** (sich) (an)sammeln, (an)häufen; **3.** Massen...

Mass *rel.* [mæs] Messe *f*

mas·sa·cre ['mæsəkə] **1.** Massaker *n*; **2.** niedermetzeln

mas·sage ['mæsɑːʒ] **1.** Massage *f*; **2.** massieren

mas·|seur [mæ'sɜː] Masseur *m*; ~**seuse** [mæ'sɜːz] Masseurin *f*, Masseuse *f*

mas·sif ['mæsiːf] (Gebirgs)Massiv *n*

mas·sive ['mæsɪv] massiv; groß, gewaltig

mass| 'me·di·a *pl.* Massenmedien *pl.*; ~**pro'duce** serienmäßig herstellen; ~ **pro'duc·tion** Massen-, Serienproduktion *f*

mast [mɑːst] *naut.* (*a.* Antennen- *etc.*-) Mast *m*

mas·ter ['mɑːstə] **1.** Meister *m*; Herr *m*; *bsd. Brt.* Lehrer *m*; *paint. etc.* Meister *m*; Original(kopie *f*) *n*; *univ.* Magister *m*; ♀ *of Arts* (*Abk.* **MA**) Magister *m* Artium; ~ *of ceremonies bsd. Am.* Conférencier *m*; **2.** Meister...; Haupt...; ~ *copy* Originalkopie *f*; ~ *tape tech.* Masterape *n*, Originalband *n*; **3.** Herr sein über (*acc.*); *Sprache etc.* beherrschen; *Aufgabe etc.* meistern; '~ **key** Hauptschlüssel *m*; '~**·ly** meisterhaft, virtuos; '~**·piece** Meisterstück *n*; ~**y** ['mɑːstərɪ] Herrschaft *f*; Oberhand *f*; Beherrschung *f* (*e-r Sprache etc.*)

mas·tur·bate ['mæstəbeɪt] masturbieren, onanieren

mat¹ [mæt] **1.** Matte *f*; Untersetzer *m*; **2.** (**-tt-**) sich verfilzen

mat² [mæt] mattiert, matt

match¹ [mætʃ] Streich-, Zündholz *n*

match² [mætʃ] **1.** *der, die, das* Gleiche (dazu) passende Sache od. Person, Gegenstück *n*; (*Fußball- etc.*)Spiel *n*, (*Boxetc.*)Kampf *m*, (*Tennis- etc.*)Match *n, m*; Heirat *f*; *gute etc.* Partie (*Person*); *be a* (*no*) ~ *for s.o.* j-m (nicht) gewachsen sein; *find od. meet one's* ~ s-n Meister finden; **2.** *v/t.* j-m, e-r Sache ebenbürtig *od.* gewachsen sein, gleichkommen; j-m, e-r Sache entsprechen, passen zu; *v/i.* zusammenpassen, übereinstimmen, entsprechen; *gloves to* ~ dazu passende Handschuhe

'**match·box** Streich-, Zündholzschachtel *f*

'**match·less** unvergleichlich, einzigartig; '~**·mak·er** Ehestifter(in); ~ '**point** *Tennis etc.:* Matchball *m*

mate¹ [meɪt] → *checkmate*

mate² [meɪt] **1.** (Arbeits)Kamerad *m*, (-)Kollege *m*; Männchen *n od.* Weibchen *n* (*von Tieren*); *naut.* Maat *m*; **2.** *v/t.* Tiere paaren; *v/i. zo.* sich paaren

ma·te·ri·al [mə'tɪərɪəl] **1.** Material *n*,

Stoff *m*; *writing* ~s *pl.* Schreibmaterial(ien *pl.*) *n*; **2.** materiell; leiblich; wesentlich

ma·ter·nal [mə'tɜːnl] mütterlich, Mutter...; mütterlicherseits

ma·ter·ni·ty [mə'tɜːnətɪ] **1.** Mutterschaft *f*; **2.** Schwangerschafts..., Umstands...; ~ **leave** Mutterschaftsurlaub *m*; ~ **ward** Entbindungsstation *f*

math *Am.* F [mæθ] Mathe *f*

math·e|·ma·ti·cian [mæθəmə'tɪʃn] Mathematiker *m*; ~**mat·ics** [mæθə'mætɪks] *mst sg.* Mathematik *f*

maths *Brt.* [mæθs] *mst sg.* Mathe *f*

mat·i·née *thea. etc.* ['mætɪneɪ] Nachmittagsvorstellung *f*; △ *nicht* **Matinee**

ma·tric·u·late [mə'trɪkjʊleɪt] (sich) immatrikulieren

mat·ri·mo|·ni·al [mætrɪ'məʊnjəl] ehelich, Ehe...; ~**ny** ['mætrɪmənɪ] Ehe (-stand *m*) *f*

ma·trix *tech.* ['meɪtrɪks] (*pl.* **-trices** [-trɪsiːz], **-trixes**) Matrize *f*

ma·tron ['meɪtrən] *Brt.* Oberschwester *f*; Hausmutter *f*; Matrone *f*

mat·ter ['mætə] **1.** Materie *f*, Material *n*, Substanz *f*, Stoff *m*; *med.* Eiter *m*; Sache *f*, Angelegenheit *f*; *printed* = *post* Drucksache *f*; *what's the* ~ (*with you*) ? was ist los (mit dir)?; *no* ~ *who* gleichgültig, wer; *for that* ~ was das betrifft; *a* ~ *of course* e-e Selbstverständlichkeit; *a* ~ *of fact* e-e Tatsache; *as a* ~ *of fact* tatsächlich, eigentlich; *a* ~ *of form* e-e Formsache; *a* ~ *of time* e-e Frage der Zeit; **2.** von Bedeutung sein (*to* für); *it doesn't* ~ es macht nichts; ~**of-'fact** sachlich, nüchtern

mat·tress ['mætrɪs] Matratze *f*

ma·ture [mə'tjʊə] **1.** (~*r*, ~*st*) reif (*a. fig.*); **2.** (heran)reifen, reif werden;

ma·tu·ri·ty [mə'tjʊərətɪ] Reife *f* (*a. fig.*)

maud·lin ['mɔːdlɪn] rührselig

maul [mɔːl] übel zurichten; *fig.* verreißen

Maun·dy Thurs·day ['mɔːndɪ -] Gründonnerstag *m*

mauve [məʊv] malvenfarbig, mauve

mawk·ish ['mɔːkɪʃ] rührselig

max·i... ['mæksɪ] Maxi..., riesig, Riesen...

max·im ['mæksɪm] Grundsatz *m*

max·i·mum ['mæksɪməm] **1.** (*pl.* **-ma** [-mə], **-mums**) Maximum *n*; **2.** maximal, Maximal..., Höchst...

May [meɪ] Mai *m*

may *v/aux.* [meɪ] (*pret.* **might**) ich kann/mag/darf *etc.*, du kannst/magst/darfst *etc.*

may·be ['meɪbiː] vielleicht

'**May|·bee·tle** *zo.*, '~**bug** *zo.* Maikäfer *m*

'**May Day** der 1. Mai

may·on·naise [meɪə'neɪz] Mayonnaise *f*

may·or [meə] Bürgermeister *m*; △ *nicht* **Major**

'**may·pole** Maibaum *m*

maze [meɪz] Irrgarten *m*, Labyrinth *n* (*a. fig.*)

MB [em 'biː] *Abk. für* **megabyte** MB, Megabyte *n*

MCA [em siː 'eɪ] *Abk. für* **maximum credible accident** GAU *m*, größter anzunehmender Unfall

MD [em 'diː] *Abk. für* **Doctor of Medicine** (*lateinisch* **medicinae doctor**) Dr. med., Doktor *m* der Medizin

me [miː] mich; mir; F ich

mead·ow ['medəʊ] Wiese *f*, Weide *f*

mea·gre, **mea·ger** *Am.* ['miːgə] mager (*a. fig.*), dürr; dürftig

meal¹ [miːl] Mahl(zeit *f*) *n*; Essen *n*

meal² [miːl] Schrotmehl *n*

mean¹ [miːn] gemein, niederträchtig; geizig, knauserig; schäbig

mean² [miːn] (**meant**) meinen; sagen wollen; bedeuten; beabsichtigen, vorhaben; *be* ~*t for* bestimmt sein für; ~ *well* (*ill*) es gut (schlecht) meinen

mean³ [miːn] **1.** Mitte *f*, Mittel *n*, Durchschnitt *m*; **2.** mittlere(r, -s), Mittel..., durchschnittlich, Durchschnitts...

'**mean·ing 1.** Sinn *m*, Bedeutung *f*; △ *nicht* **Meinung**; **2.** bedeutungsvoll, bedeutsam; '~**ful** bedeutungsvoll; sinnvoll; '~**less** sinnlos

means [miːnz] *pl.* (*a. sg.* konstruiert) Mittel *n od. pl.*, Weg *m*; Mittel *pl.*, Vermögen *n*; *by all* ~*s* auf alle Fälle, unbedingt; *by no* ~*s* keineswegs, auf keinen Fall; *by* ~*s of* durch, mit

meant [ment] *pret. u. p.p. von* **mean**²

'**mean|·time 1.** inzwischen; **2.** *in the* ~ inzwischen; '~**while** inzwischen

mea·sles *med.* ['miːzlz] *sg.* Masern *pl.*

mea·su·ra·ble ['meʒərəbl] messbar
mea·sure ['meʒə] **1.** Maß *n* (*a. fig.*); Maß *n*, Messgerät *n*; *mus.* Takt *m*; Maßnahme *f*; **beyond ~** über alle Maßen; **in a great ~** großenteils; **take ~s** Maßnahmen treffen *od.* ergreifen; **2.** (ab-, aus-, ver)messen; *j-m* Maß nehmen; **~ up to** den Ansprüchen (*gen.*) genügen; **~d** gemessen; wohl überlegt; maßvoll; **'~·ment** (Ver)Messung *f*; Maß *n*; **~ of ca'pac·i·ty** Hohlmaß *n*

mea·sur·ing ['meʒərɪŋ] Mess...; '**~ tape** → *tape measure*

meat [miːt] Fleisch *n*; **cold ~** kalter Braten; '**~·ball** Fleischklößchen *n*

me·chan·ic [mɪ'kænɪk] Mechaniker *m*; **~·i·cal** mechanisch; Maschinen...; **~·ics** *phys. mst sg.* Mechanik *f*

mech·a|·nism ['mekənɪzəm] Mechanismus *m*; **~·nize** ['mekənaɪz] mechanisieren

med·al ['medl] Medaille *f*; Orden *m*; **~·(l)ist** ['medlɪst] *Sport*: Medaillengewinner(in)

med·dle ['medl] sich einmischen (**with**, **in** in *acc.*); '**~·some** aufdringlich

me·di·a ['miːdjə] *pl.*, *pl.* Medien *pl.*

med·i·ae·val [medɪ'iːvl] → *medieval*

me·di·an ['miːdjən] *a.* **~ strip** *Am.* Mittelstreifen *m* (*Autobahn etc.*)

me·di|·ate ['miːdɪeɪt] vermitteln; **~·a·tion** [miːdɪ'eɪʃn] Vermittlung *f*; **~·a·tor** ['miːdɪeɪtə] Vermittler *m*

med·i·cal ['medɪkl] **1.** medizinisch, ärztlich; **2.** ärztliche Untersuchung; **~ cer'tif·i·cate** ärztliches Attest

med·i·cated ['medɪkeɪtɪd] medizinisch; **~ bath** medizinisches Bad

me·dic·i·nal [me'dɪsɪnl] medizinisch, heilkräftig, Heil...

med·i·cine ['medsɪn] Medizin *f*, Arznei *f*; Medizin *f*, Heilkunde *f*

me·di·e·val [medɪ'iːvl] mittelalterlich

me·di·o·cre [miːdɪ'əʊkə] mittelmäßig

med·i|·tate ['medɪteɪt] *v/i.* (**on**) nachdenken (über *acc.*); meditieren (über *acc.*); *v/t.* erwägen; **~·ta·tion** [medɪ'teɪʃn] Nachdenken *n*; Meditation *f*; **~·ta·tive** ['medɪtətɪv] nachdenklich

Med·i·ter·ra·ne·an [medɪtə'reɪnjən] Mittelmeer...

me·di·um ['miːdjəm] **1.** (*pl.* **-dia** [-djə], **-diums**) Mitte *f*; Mittel *n*; Medium *n*; **2.** mittlere(r, -s), Mittel..., *a.* mittelmäßig; *gastr.* medium, halb gar (*Steak*)

med·ley ['medlɪ] Gemisch *n*; *mus.* Medley *n*, Potpourri *n*

meek [miːk] sanft(mütig), bescheiden; '**~·ness** Sanftmut *f*, Bescheidenheit *f*

meet [miːt] (**met**) *v/t.* treffen, sich treffen mit; begegnen (*dat.*); *j-n* kennen lernen; *j-n* abholen; zusammentreffen mit, stoßen *od.* treffen auf (*acc.*); *Wünschen* entgegenkommen, entsprechen; *e-r Forderung*, *Verpflichtung* nachkommen; *v/i.* zusammenkommen, -treten; sich begegnen *od.* treffen; (*feindlich*) zusammenstoßen, *Sport*: aufeinander treffen; sich kennenlernen; **~ with** zusammentreffen mit; sich treffen mit; stoßen auf (*Schwierigkeiten etc.*); erleben, -leiden; '**~·ing** Begegnung *f*, (Zusammen)Treffen *n*; Versammlung *f*, Konferenz *f*, Tagung *f*; '**~·ing place** Tagungs-, Versammlungsort *m*; Treffpunkt *m*

mel·an·chol·y ['melənkəlɪ] **1.** Melancholie *f*, Schwermut *f*; **2.** melancholisch, traurig

mel·low ['meləʊ] **1.** reif, weich; sanft, mild (*Licht*), zart (*Farben*); *fig.* gereift (*Person*); **2.** reifen (lassen) (*a. fig.*); weich *od.* sanft werden

me·lo·di·ous [mɪ'ləʊdjəs] melodisch

mel·o·dra·mat·ic [meləʊdrə'mætɪk] melodramatisch

mel·o·dy ['melədɪ] Melodie *f*

mel·on *bot.* ['melən] Melone *f*

melt [melt] (zer)schmelzen; **~ down** einschmelzen

mem·ber ['membə] Mitglied *n*, Angehörige(r *m*) *f*; *anat.* Glied(maße *f*) *n*; (männliches) Glied; ♀ **of Parliament** *Brt. parl.* Mitglied *n* des Unterhauses, Unterhausabgeordnete(r *m*) *f*; '**~·ship** Mitgliedschaft *f*; Mitgliederzahl *f*

mem·brane ['membreɪn] Membran(e) *f*

mem·o ['meməʊ] (*pl.* **-os**) Memo *n*

mem·oirs ['memwɑːz] *pl.* Memoiren *pl.*

mem·o·ra·ble ['memərəbl] denkwürdig

me·mo·ri·al [mɪ'mɔːrɪəl] Denkmal *n*, Ehrenmal, *n* Gedenkstätte *f* (**to** für); Gedenkfeier *f* (**to** für)

mem·o·rize ['meməraɪz] auswendig lernen, sich *et.* einprägen

mem·o·ry ['memərɪ] Gedächtnis n; Erinnerung f; Andenken n; Computer: Speicher m; **in ~ of** zum Andenken an (acc.); **~ ca'pac·i·ty** Computer: Speicherkapazität f

men [men] pl. von **man** 1

men·ace ['menəs] **1.** (be)drohen; **2.** (Be)Drohung f

mend [mend] **1.** v/t. (ver)bessern; ausbessern, reparieren, flicken; **~ one's ways** sich bessern; v/i. sich bessern; **2.** ausgebesserte Stelle; **on the ~** auf dem Wege der Bess(e)rung

men·di·cant ['mendɪkənt] **1.** bettelnd, Bettel...; **2.** Bettelmönch m

me·ni·al ['miːnjəl] niedrig, untergeordnet (Arbeit)

men·in·gi·tis med. [menɪn'dʒaɪtɪs] Meningitis f, Hirnhautentzündung f

men·o·pause ['menəʊpɔːz] Wechseljahre pl.

men·stru·ate ['menstrʊeɪt] menstruieren; **~a·tion** [menstrʊ'eɪʃn] Menstruation f

men·tal ['mentl] geistig, Geistes...; seelisch, psychisch; **~ a'rith·me·tic** Kopfrechnen n; **~ 'hand·i·cap** geistige Behinderung; **~ 'hos·pi·tal** psychiatrische Klinik, "Nervenheilanstalt f; **~·i·ty** [men'tælətɪ] Mentalität f; **~·ly** ['mentəlɪ] **~ handicapped** geistig behindert; **~ ill** geisteskrank

men·tion ['menʃn] **1.** erwähnen; **don't ~ it!** bitte (sehr)!, gern geschehen!; **2.** Erwähnung f

men·u ['menjuː] Speise(n)karte f; △ nicht gastr. **Menü**; Computer: Menü n

MEP [em iː 'piː] Abk. für **Member of the European Parliament** Abgeordnete(r m) f des Europäischen Parlaments, F Europa-Abgeordnete(r m) f

mer·can·tile ['mɜːkəntaɪl] Handels...

mer·ce·na·ry ['mɜːsɪnərɪ] **1.** geldgierig; **2.** mil. Söldner m

mer·chan·dise ['mɜːtʃəndaɪz] Ware(n pl.) f

mer·chant ['mɜːtʃənt] **1.** (Groß)Händler m, (Groß)Kaufmann m; **2.** Handels...

mer·ci·ful ['mɜːsɪfl] barmherzig, gnädig; **'~·less** unbarmherzig, erbarmungslos

mer·cu·ry chem. ['mɜːkjʊrɪ] Quecksilber n

mer·cy ['mɜːsɪ] Barmherzigkeit f, Erbarmen n, Gnade f

mere [mɪə] (**~r, ~st**), '**~·ly** bloß, nur

merge [mɜːdʒ] verschmelzen (**into, with** mit); econ. fusionieren; '**merg·er** econ. Fusion f

me·rid·i·an [məˈrɪdɪən] geogr. Meridian m; fig. Gipfel m, Höhepunkt m

mer·it ['merɪt] **1.** Verdienst n; Wert m; Vorzug m; **2.** verdienen

mer·maid ['mɜːmeɪd] Meerjungfrau f, Nixe f

mer·ri·ment ['merɪmənt] Fröhlichkeit f; Gelächter n, Heiterkeit f

mer·ry ['merɪ] (**-ier, -iest**) lustig, fröhlich, ausgelassen; 2 **Christmas!** fröhliche od. frohe Weihnachten; '**~-go-round** Karussell n

mesh [meʃ] **1.** Masche f; fig. oft **~es** pl. Netz n, Schlingen pl.; **be in ~** tech. (ineinander)greifen; **2.** (ineinander)greifen (Zahnräder); fig. passen (**with** zu), zusammenpassen

mess [mes] **1.** Unordnung f, Durcheinander n; Schmutz m, F Schweinerei f; F Patsche f, Klemme f; mil. Messe f, Kasino n; △ nicht rel. **Messe; make a ~ of** F verpfuschen, ruinieren, Pläne etc. über den Haufen werfen; **2. ~ about, ~ around** F herumspielen, -basteln (**with** an); herumgammeln; **~ up** in Unordnung bringen, durcheinander bringen; fig. F verpfuschen, ruinieren, Pläne etc. über den Haufen werfen

mes·sage ['mesɪdʒ] Mitteilung f, Nachricht f; Anliegen n, Aussage f; **can I take a ~?** kann ich etwas ausrichten?; **get the ~** F kapieren

mes·sen·ger ['mesɪndʒə] Bote m

mess·y ['mesɪ] (**-ier, -iest**) unordentlich; unsauber, schmutzig

met [met] pret. u. p.p. von **meet**

me·tab·o·lis·m physiol. [me'tæbəlɪzəm] Stoffwechsel m

met·al ['metl] Metall n; **me·tal·lic** [mɪ'tælɪk] (**~ally**) metallisch; Metall...

met·a·mor·pho·sis [metə'mɔːfəsɪs] Metamorphose f, Verwandlung f

met·a·phor ['metəfə] Metapher f

me·tas·ta·sis med. [me'tæstəsɪs] (pl. **-ses** [-siːz]) Metastase f

me·te·or [ˈmiːtɪɔː] Meteor m

me·te·or·o·log·i·cal [miːtjərə'lɒdʒɪkl] meteorologisch, Wetter..., Witte-

meteorological office 188

rungs...; ~ **'of·fice** a. F **met office** Wetteramt n
me·te·o·rol·o·gy [miːtjəˈrɒlədʒɪ] Meteorologie f, Wetterkunde f
me·ter ['miːtə] Messgerät n, Zähler m; △ Brt. **nicht** Meter
meth·od ['meθəd] Methode f, Verfahren n; System n; **me·thod·i·cal** [mɪˈθɒdɪkl] methodisch, systematisch, planmäßig
me·tic·u·lous [mɪˈtɪkjʊləs] peinlich genau, übergenau
me·tre Brt., **me·ter** Am. ['miːtə] Meter m, n; Versmaß n
met·ric ['metrɪk] (~ally) metrisch; '~ **sys·tem** metrisches (Maß- u. Gewichts)System
met·ro·pol·i·tan [metrəˈpɒlɪtən] ... der Hauptstadt
met·tle ['metl] Eifer m, Mut m, Feuer n
Mex·i·can ['meksɪkən] 1. mexikanisch; 2. Mexikaner(in)
Mex·i·co ['meksɪkəʊ] Mexiko n
mi·aow [miːˈaʊ] miauen
mice [maɪs] pl. von **mouse**
mi·cro... ['maɪkrəʊ] Mikro..., (sehr) klein
mi·cro|·chip ['maɪkrəʊtʃɪp] Mikrochip m; **~·com'put·er** Mikrocomputer m
mi·cro·phone ['maɪkrəfəʊn] Mikrofon n
mi·cro·pro·ces·sor [maɪkrəʊˈprəʊsesə] Mikroprozessor m
mi·cro·scope ['maɪkrəskəʊp] Mikroskop n
mi·cro·wave ['maɪkrəweɪv] Mikrowelle f; ~ **'ov·en** Mikrowellenherd m
mid [mɪd] **1.** mittlere(r, -s), Mitt(el)...; **~'air: in ~** in der Luft; **'~·day 1.** Mittag m; **2.** mittägig, Mittag(s)...
mid·dle ['mɪdl] **1.** mittlere(r, -s), Mittel...; **2.** Mitte f; △ **nicht** Mittel; **~'aged** mittleren Alters; **'Ag·es** pl. Mittelalter n; ~ **'class(·es** pl.) Mittelstand m; '**~·man** (pl. **-men**) econ. Zwischenhändler m; Mittelsmann m; **~ 'name** zweiter Vorname m; **~'sized** mittelgroß; '**~·weight** Boxen: Mittelgewicht(ler m) n
mid·dling F ['mɪdlɪŋ] mittelmäßig, Mittel...; leidlich
'mid·field bsd. Fußball: Mittelfeld n; '**~·er,** '**~·play·er** bsd. Fußball: Mittelfeldspieler m

midge zo. [mɪdʒ] Mücke f
midg·et ['mɪdʒɪt] Zwerg m, Knirps m
'mid|·night Mitternacht f; **at ~** um Mitternacht; **~st** [mɪdst]: **in the ~ of** mitten in (dat.); '**~·sum·mer** Hochsommer m; astr. Sommersonnenwende f; **~'way** auf halbem Wege; '**~·wife** (pl. **-wives**) Hebamme f; **~'win·ter** Mitte f des Winters; astr. Wintersonnenwende f; **in ~** mitten im Winter
might [maɪt] **1.** pret. von **may; 2.** Macht f, Gewalt f; Kraft f; '**~·y** (**-ier, -iest**) mächtig, gewaltig
mi·grate [maɪˈgreɪt] (aus)wandern, (fort)ziehen (a. zo.); **mi·gra·tion** [maɪˈgreɪʃn] Wanderung f; **mi·gra·to·ry** ['maɪgrətərɪ] Wander...; zo. Zug...; ~ **bird** Zugvogel m
mike F [maɪk] Mikro n (Mikrofon)
mild [maɪld] mild, sanft, leicht
mil·dew bot. ['mɪldjuː] Mehltau m
'mild·ness Milde f
mile [maɪl] Meile f (1,6 km)
mile·age ['maɪlɪdʒ] zurückgelegte Meilenzahl od. Fahrtstrecke, Meilenstand m; **~ al·low·ance** Meilengeld n, etwa Kilometergeld n
'mile·stone Meilenstein m (a. fig.)
mil·i·tant ['mɪlɪtənt] militant; streitbar, kriegerisch
mil·i·ta·ry ['mɪlɪtərɪ] **1.** militärisch, Militär...; **2. the ~** pl. das Militär; **~ 'gov·ern·ment** Militärregierung f; **~ po'lice** (Abk. **MP**) Militärpolizei f
mi·li·tia [mɪˈlɪʃə] Miliz f, Bürgerwehr f
milk [mɪlk] **1.** Milch f; **it's no use crying over spilt ~** geschehen ist geschehen; **2.** v/t. melken; v/i. Milch geben; '**~·man** (pl. **-men**) Milchmann m; **~ 'pow·der** Milchpulver n, Trockenmilch f; '**~·shake** Milchmixgetränk n, -shake m; '**~·sop** Weichling m, Muttersöhnchen n; '**~ tooth** (pl. **- teeth**) Milchzahn m; '**~·y** (**-ier, -iest**) milchig; Milch...; **·y 'Way** astr. Milchstraße f
mill [mɪl] **1.** Mühle f; Fabrik f; **2.** Korn etc. mahlen; tech. Metall verarbeiten; Münze rändeln
mil·le·pede zo. ['mɪlɪpiːd] → **millipede**
mill·er Müller m
mil·let bot. ['mɪlɪt] Hirse f
mil·li·ner ['mɪlɪnə] Hut-, Putzmacherin f, Modistin f
mil·lion ['mɪljən] Million f; **~·aire**

minute

[miljə'neə] Millionär(in); **~th** ['miljənθ] **1.** millionste(r, -s); **2.** Millionstel *n*
mil·li·pede *zo.* ['milipi:d] Tausendfüß(l)er *m*
'**mill·pond** Mühlteich *m*; '**~stone** Mühlstein *m*
milt [milt] Milch *f* (*der Fische*)
mime [maim] **1.** Pantomime *f*; Pantomime *m*; **2.** (panto)mimisch darstellen; nachahmen, mimen
mim·ic ['mimik] **1.** mimisch; Schein...; **2.** Imitator *m*; **3.** (*-ck-*) nachahmen, nachäffen; **~ry** ['mimikri] Nachahmung *f*; *zo.* Mimikry *f*
mince [mins] **1.** *v/t.* zerhacken, (zer)schneiden; *he does not ~ matters od. his words* er nimmt kein Blatt vor den Mund; *v/i.* tänzeln, trippeln; **2.** *a.* **~d meat** Hackfleisch *n*; '**~meat** *e-e* süße Pastetenfüllung; **~ 'pie** *mit mincemeat gefüllte Pastete*; '**minc·er** Fleischwolf *m*
mind [maind] **1.** Sinn *m*, Gemüt *n*, Herz *n*; Verstand *m*, Geist *m*; Ansicht *f*, Meinung *f*; Absicht *f*, Neigung *f*, Lust *f*; Erinnerung *f*, Gedächtnis *n*; *be out of one's ~* nicht (recht) bei Sinnen sein; *bear od. keep in ~* (immer) denken an (*acc.*), *et.* nicht vergessen; *change one's ~* es sich anders überlegen, s-e Meinung ändern; *enter s.o.'s ~* j-m in den Sinn kommen; *give s.o. a piece of one's ~* j-m gründlich die Meinung sagen; *have* (*half*) *a ~ to* (nicht übel) Lust haben zu; *lose one's ~* den Verstand verlieren; *make up one's ~* sich entschließen, e-n Entschluss fassen; *to my ~* meiner Ansicht nach; **2.** *v/t.* Acht geben auf (*acc.*); sehen nach, aufpassen auf (*acc.*); *et.* haben gegen; *~ the step!* Vorsicht, Stufe!; *~ your own business!* kümmere dich um deine eigenen Angelegenheiten!; *do you ~ if I smoke?, do you ~ my smoking?* haben Sie et. dagegen *od.* stört es Sie, wenn ich rauche?; *would you ~ opening the window?* würden Sie bitte das Fenster öffnen?; *would you ~ coming* würden Sie bitte kommen?; *v/i.* aufpassen; et. dagegen haben; *~ (you)* wohlgemerkt, allerdings; *never ~!* macht nichts!, ist schon gut!; *I don't ~* meinetwegen, von mir aus; '**~·less** gedankenlos, blind; unbekümmert (*of* um), ohne Rücksicht (*of* auf *acc.*)

mine[1] [main] der, die, das Meine, meins; *that's ~* das gehört mir
mine[2] [main] **1.** Bergwerk *n*, Mine *f*, Zeche *f*, Grube *f*; *mil.* Mine *f*; *fig.* Fundgrube *f*; △ *nicht* (*Kugelschreiber etc.*)*Mine*; **2.** *v/i.* schürfen, graben (*for* nach); *v/t.* Erz, Kohle abbauen; *mil.* verminen; '**min·er** Bergmann *m*, Kumpel *m*
min·er·al ['minərəl] Mineral *n*; Mineral...; *~s pl. Brt.* Mineralwasser *n*; **~ 'oil** Mineralöl *n*; **~ 'wa·ter** Mineralwasser *n*
min·gle ['miŋgl] *v/t.* (ver)mischen; *v/i.* sich mischen *od.* mengen (*with* unter)
min·i... ['mini] Mini..., Klein(st)...; → *miniskirt*
min·i·a·ture ['minətʃə] **1.** Miniaturgemälde *n*) *f*; **2.** Miniatur...; Klein...; **~ 'cam·e·ra** Kleinbildkamera *f*
min·i·mize ['minimaiz] auf ein Mindestmaß herabsetzen; herunterspielen, bagatellisieren; **~·mum** ['miniməm] **1.** (*pl.* *-ma* [-mə], *-mums*) Minimum *n*, Mindestmaß *n*; **2.** minimal, Mindest...
min·ing ['mainiŋ] Bergbau *m*; Berg(bau)..., Bergwerks..., Gruben...
min·i·on *contp.* ['minjən] Lakai *m*, Kriecher *m*
'**min·i·skirt** Minirock *m*
min·is·ter ['ministə] Minister(in); *rel.* Geistliche(r) *m*; Gesandte(r) *m*
min·is·try ['ministri] Ministerium *n*; *rel.* geistliches Amt
mink *zo.* [miŋk] (*pl.* **mink**) Nerz *m*
mi·nor ['mainə] **1.** kleinere(r, -s), *fig. a.* unbedeutend, geringfügig; *jur.* minderjährig; *A ~ mus.* a-Moll *n*; **~ key** *mus.* Moll(tonart *f*) *n*; **2.** *jur.* Minderjährige(r *m*) *f*; *Am. univ.* Nebenfach *n*; *mus.* Moll *n*; **~·i·ty** [mai'nɒrəti] Minderheit *f*; *jur.* Minderjährigkeit *f*
min·ster ['minstə] Münster *n*
mint[1] [mint] Münze *f*, Münzanstalt *f*; **2.** prägen
mint[2] *bot.* [mint] Minze *f*
min·u·et *mus.* [minju'et] Menuett *n*
mi·nus ['mainəs] **1.** *prp.* minus, weniger; F ohne; **2.** *adj.* Minus...; **3.** Minus *n*, *fig. a.* Nachteil *m*
min·ute[1] ['minit] Minute *f*; Augenblick *m*; *in a ~* sofort; *just a ~!* Moment mal!; *~s pl.* Protokoll *n*
mi·nute[2] [mai'nju:t] winzig; sehr genau

mir·a·cle ['mɪrəkl] Wunder *n*
mi·rac·u·lous [mɪ'rækjʊləs] wunderbar; **~ly** wie durch ein Wunder
mi·rage ['mɪrɑːʒ] Luftspiegelung *f*, Fata Morgana *f*
mire ['maɪə] Schlamm *m*; *drag through the ~ fig.* in den Schmutz ziehen
mir·ror ['mɪrə] **1.** Spiegel *m*; **2.** (wider)spiegeln (*a. fig.*)
mirth [mɜːθ] Fröhlichkeit *f*, Heiterkeit *f*
mis... [mɪs] miss..., falsch, schlecht
mis·ad·ven·ture Missgeschick *n*; Unglück(sfall *m*) *n*
mis·an·thrope ['mɪzənθrəʊp], **~thro·pist** [mɪ'zænθrəpɪst] Menschenfeind(in)
mis·ap·ply falsch an- *od.* verwenden
mis·ap·pre·hend missverstehen
mis·ap·pro·pri·ate unterschlagen, veruntreuen
mis·be·have sich schlecht benehmen
mis·cal·cu·late falsch berechnen; sich verrechnen (in *dat.*)
mis·car·riage *med.* Fehlgeburt *f*; Misslingen *n*, Fehlschlag(en *n*) *m*; *~ of justice jur.* Fehlurteil *n*; **~·ry** *med.* e-e Fehlgeburt haben; misslingen, scheitern
mis·cel·la·ne·ous [mɪsɪ'leɪnjəs] ge-, vermischt; verschiedenartig; **~·ny** [mɪ'selənɪ] Gemisch *n*; Sammelband *m*
mis·chief ['mɪstʃɪf] Schaden *m*; Unfug *m*; Übermut *m*; **~-mak·er** Unruhestifter(in)
mis·chie·vous ['mɪstʃɪvəs] boshaft, mutwillig; schelmisch
mis·con·ceive falsch auffassen, missverstehen
mis·con·duct 1. [mɪs'kɒndʌkt] schlechtes Benehmen; schlechte Führung; Verfehlung *f*; **2.** [mɪskən'dʌkt] schlecht führen; *~ o.s.* sich schlecht benehmen
mis·con·strue [mɪskən'struː] falsch auslegen, missdeuten
mis·deed Missetat *f*
mis·de·mea·no(u)r *jur.* [mɪsdɪ'miːnə] Vergehen *n*
mis·di·rect fehl-, irreleiten; *Brief etc.* falsch adressieren
mise-en-scène *thea.* [miːzɑːn'seɪn] Inszenierung *f*
mi·ser ['maɪzə] Geizhals *m*
mis·er·a·ble ['mɪzərəbl] erbärmlich, kläglich, elend; unglücklich

'mis·er·ly geizig, F knick(e)rig
mis·e·ry ['mɪzərɪ] Elend *n*, Not *f*
mis·fire versagen (*Schusswaffe*); *mot.* fehlzünden, aussetzen; *fig.* danebengehen
'mis·fit Außenseiter(in)
mis·for·tune Unglück(sfall *m*) *n*; Missgeschick *n*
mis·giv·ing Befürchtung *f*, Zweifel *m*
mis·guid·ed irregeleitet, irrig, unangebracht
mis·hap ['mɪshæp] Unglück *n*; Missgeschick *n*; *without ~* ohne Zwischenfälle
mis·in·form falsch unterrichten
mis·in·ter·pret missdeuten, falsch auffassen *od.* auslegen
mis·lay (*-laid*) *et.* verlegen
mis·lead (*-led*) irreführen, täuschen; verleiten
mis·man·age schlecht verwalten *od.* führen *od.* handhaben
mis·place *et.* an e-e falsche Stelle legen *od.* setzen; *et.* verlegen; **~d** *fig.* unangebracht, deplatziert
mis·print 1. [mɪs'prɪnt] verdrucken; **2.** ['mɪsprɪnt] Druckfehler *m*
mis·read (*-read*) [-red] falsch lesen; falsch deuten, missdeuten
mis·re·pre·sent falsch darstellen; entstellen, verdrehen
miss¹ [mɪs] **1.** *v/t.* verpassen, -säumen, -fehlen; übersehen, nicht bemerken; überhören; nicht verstehen *od.* begreifen; vermissen; *a. ~ out* auslassen, übergehen, -springen; *v/i.* nicht treffen; missglücken; *~ out on et.* verpassen; **2.** Fehlschuss *m*, -stoß *m*, -wurf *m etc.*; Verpassen *n*, Verfehlen *n*
miss² [mɪs] (*mit nachfolgendem Namen* 2) Fräulein *n*
mis·shap·en missgebildet
mis·sile ['mɪsaɪl, *Am.* 'mɪsəl] Geschoss *n*, *östr.* Geschoß *n*; Rakete *f*; Raketen...
'miss·ing fehlend; *be ~* fehlen, verschwunden *od.* weg sein; (*mil. a. ~ in action*) vermisst; *be ~ mil.* vermisst sein *od.* werden
mis·sion ['mɪʃn] (*Militär- etc.*)Mission *f*; *bsd. pol.* Auftrag *m*, Mission *f*; *rel.* Mission *f*; (innere) Berufung; *aviat.*, *mil.* Einsatz *m*; **~·a·ry** ['mɪʃənrɪ] Missionar *m*
mis·spell (*-spelt od. -spelled*) falsch buchstabieren *od.* schreiben

mis'spend (*-spent*) falsch verwenden; vergeuden

mist [mɪst] **1.** (feiner *od.* leichter) Nebel, △ *nicht* Mist; **2.** ~ **over** sich trüben; ~ **up** (sich) beschlagen (*Glas*)

mis'take 1. (*-took, -taken*) verwechseln (*for* mit); verkennen, sich irren in (*dat.*); falsch verstehen, missverstehen; **2.** Irrtum *m*, Versehen *n*, Fehler *m*; *by* ~ aus Versehen, irrtümlich; **~'tak·en** irrig, falsch (verstanden); *be* ~ sich irren

mis·ter ['mɪstə] *nur gebräuchlich mit dem Eigennamen in der Abk.* → **Mr**

mis·tle·toe *bot.* ['mɪsltəʊ] Mistel *f*

mis·tress ['mɪstrɪs] Herrin *f*; *bsd. Brt.* Lehrerin *f*; Geliebte *f*

mis'trust 1. misstrauen (*dat.*); **2.** Misstrauen *n* (*of* gegen); **~ful** misstrauisch

mist·y ['mɪstɪ] (*-ier, -iest*) neb(e)lig; *fig.* unklar, verschwommen

mis·un·der'stand (*-stood*) missverstehen; *j-n* nicht verstehen; **~ing** Missverständnis *n*

mis·use 1. [mɪs'juːz] missbrauchen; falsch gebrauchen; **2.** [mɪs'juːs] Missbrauch *m*

mite [maɪt] *zo.* Milbe *f*; kleines Ding, Würmchen *n* (*Kind*); **a** ~ F ein bisschen

mi·tre *Brt.*, **mi·ter** *Am.* ['maɪtə] Mitra *f*; Bischofsmütze *f*

mitt [mɪt] *Baseball:* Fanghandschuh *m*; *sl.* Boxhandschuh *m*; → **mitten**

mit·ten ['mɪtn] Fausthandschuh *m*; Halbhandschuh *m* (*ohne Finger*)

mix [mɪks] **1.** (ver)mischen, vermengen; *Getränke* mixen; sich (ver)mischen; sich mischen lassen; verkehren (*with* mit); ~ **well** kontaktfreudig sein; ~ **up** zusammen-, durcheinander mischen; (völlig) durcheinander bringen; verwechseln (*with* mit); *be* ~**ed up** verwickelt sein *od.* werden (*in* in *acc.*); (*geistig*) ganz durcheinander sein; **2.** Mischung *f*; **~ed** gemischt (*a. Gefühle etc.*); vermischt, Misch...; **~er** Mixer *m*; *tech.* Mischmaschine *f*; *Rundfunk, TV etc.* Mischpult *n*; **~ture** ['mɪkstʃə] Mischung *f*; Gemisch *n*

MO [em 'əʊ] *Abk. für money order* Postod. Zahlungsanweisung *f*

moan [məʊn] **1.** Stöhnen *n*; **2.** stöhnen

moat [məʊt] (Burg-, Stadt)Graben *m*

mob [mɒb] **1.** Mob *m*, Pöbel *m*; **2.** (*-bb-*) herfallen über (*acc.*); *j-n* bedrängen, belagern

mo·bile ['məʊbaɪl] **1.** beweglich; *mil.* mobil, motorisiert; lebhaft (*Gesichtszüge*); **2.** → **mobile phone** *od.* **telephone**; **~'home** Wohnwagen *m*; **~'phone**, **~'tel·e·phone** Mobiltelefon *n*, Handy *n*

mo·bil·ize ['məʊbɪlaɪz] mobilisieren, *mil. a.* mobil machen

moc·ca·sin ['mɒkəsɪn] Mokassin *m*

mock [mɒk] **1.** *v/t.* verspotten; nachäffen; *v/i.* sich lustig machen, spotten (*at* über *acc.*); **2.** nachgemacht, Schein...; **~·e·ry** ['mɒkərɪ] Spott *m*, Hohn *m*; Gespött *n*; **'~·ing·bird** *zo.* Spottdrossel *f*

mod cons [mɒd 'kɒnz] *Abk. für modern conveniences pl.*: *with all* ~ mit allem Komfort (*in Anzeigen*)

mode [məʊd] (*Art f u.*) Weise *f*; *Computer:* Modus *m*, Betriebsart *f*, △ *nicht* **Mode**

mod·el ['mɒdl] **1.** Modell *n*; Muster *n*; Vorbild *n*; Mannequin *n*, Model *n*, (Foto)Modell *n*; *tech.* Modell *n*, Typ *m*; *male* ~ Dressman *m*; **2.** Modell..., Muster...; **3.** *v/t.* *bsd. Brt.* (*-ll-, Am. -l-*) modellieren, *a. fig.* formen; *Kleider etc.* vorführen; *v/i.* Modell stehen *od.* sitzen; als Mannequin *od.* (Foto)Modell *od.* Dressman arbeiten

mo·dem ['məʊdem] *Computer:* Modem *m, n*

mod·e·rate 1. ['mɒdərət] (mittel)mäßig; gemäßigt; vernünftig, angemessen; **2.** ['mɒdəreɪt] (sich) mäßigen; **~·ra·tion** [mɒdə'reɪʃn] Mäßigung *f*

mod·ern ['mɒdən] modern, neu; **~ize** ['mɒdənaɪz] modernisieren

mod·est ['mɒdɪst] bescheiden; **'~·es·ty** Bescheidenheit *f*

mod·i·fi·ca·tion [mɒdɪfɪ'keɪʃn] (Ab-, Ver)Änderung *f*; **~fy** ['mɒdɪfaɪ] (ab-, ver)ändern

mod·u·late ['mɒdjʊleɪt] modulieren

mod·ule ['mɒdjuːl] *tech.* Modul *n*, *electr. a.* Baustein *m*; *Raumfahrt:* (*Kommando- etc.*)Kapsel *f*

moist [mɔɪst] feucht; **~·en** ['mɔɪsn] *v/t.* an-, befeuchten; *v/i.* feucht werden; **mois·ture** ['mɔɪstʃə] Feuchtigkeit *f*

mo·lar ['məʊlə] Backenzahn *m*

mo·las·ses *Am.* [mə'læsɪz] *sg.* Sirup *m*

mole[1] *zo.* [məʊl] Maulwurf *m*

mole² [məʊl] Muttermal n, Leberfleck m
mole³ [məʊl] Mole f, Hafendamm m
mol·e·cule ['mɒlɪkju:l] Molekül n
'**mole·hill** Maulwurfshügel m; *make a mountain out of a* ~ aus e-r Mücke e-n Elefanten machen
mo·lest [məʊ'lest] belästigen (*a. unsittlich*)
mol·li·fy ['mɒlɪfaɪ] besänftigen, beschwichtigen
mol·ly·cod·dle F ['mɒlɪkɒdl] verhätscheln, -zärteln
mol·ten ['məʊltən] geschmolzen
mom *Am*. F [mɒm] Mami F, Mutti f
mo·ment ['məʊmənt] Moment m, Augenblick m; Bedeutung f; *phys*. Moment n; **mo·men·ta·ry** ['məʊməntərɪ] momentan, augenblicklich; **mo·men·tous** [məʊ'mentəs] bedeutsam, folgenschwer; **mo·men·tum** [məʊ'mentəm] (*pl*. **-ta** [-tə], **-tums**) *phys*. Moment n; Schwung m
Mon *nur geschr. Abk. für* **Monday** Mo., Montag m
mon|·arch ['mɒnək] Monarch(in), Herrscher(in); '~·**ar·chy** Monarchie f
mon·as·tery ['mɒnəstrɪ] (Mönchs-) Kloster n
Mon·day ['mʌndɪ] (*Abk*. **Mon**) Montag m; *on* ~ (am) Montag; *on* ~**s** montags
mon·e·ta·ry *econ*. ['mʌnɪtərɪ] Währungs..., Geld...
mon·ey ['mʌnɪ] Geld n; '~·**box** *Brt*. Sparbüchse f; '~·**chang·er** (Geld-) Wechsler m (*Person*); *Am*. Wechselautomat m; '~ **or·der** Post- *od*. Zahlungsanweisung f
mon·ger ['mʌŋgə] *in Zssgn* ...händler m
mon·grel ['mʌŋgrəl] Bastard m, *bsd*. Promenadenmischung f (*Hund*)
mon·i·tor ['mɒnɪtə] 1. Monitor m; Kontrollgerät n, -schirm m; 2. abhören; überwachen
monk [mʌŋk] Mönch m
mon·key ['mʌŋkɪ] 1. *zo*. Affe m; F (kleiner) Schlingel; *make a* ~ (*out*) *of s.o.* F j-n zum Deppen machen; 2. ~ *about*, ~ *around* F (herum)albern; ~ *about od. around with* F herumspielen mit od. an (*dat.*), herummurksen an (*dat.*); '~ **wrench** *tech*. Engländer m, Franzose m; *throw a* ~ *into s.th. Am*. et. behindern; '~ **busi·ness** krumme Tour, Blödsinn m, Unfug m

192

mon·o ['mɒnəʊ] 1. (*pl*. **-os**) Mono n; F Monogerät n; F Monoschallplatte f; 2. Mono...
mon·o... ['mɒnəʊ] ein..., mono...
mon·o·logue *bsd*. Brt., **mon·o·log** *Am*. ['mɒnəlɒg] Monolog m
mo·nop·o|·lize [mə'nɒpəlaɪz] monopolisieren; *fig*. an sich reißen; ~·**ly** Monopol n (*of* auf *acc*.)
mo·not·o|·nous [mə'nɒtənəs] monoton, eintönig; ~·**ny** Monotonie f
mon·soon [mɒn'su:n] Monsun m
mon·ster ['mɒnstə] Monster n, Ungeheuer n (*a. fig.*); Monstrum n; Riesen...
mon|·stros·i·ty [mɒn'strɒsətɪ] Ungeheuerlichkeit f; Monstrum n; ~·**strous** ['mɒnstrəs] ungeheuer(lich); scheußlich
month [mʌnθ] Monat m; '~·**ly** 1. monatlich; Monats...; 2. Monatsschrift f
mon·u·ment ['mɒnjʊmənt] Monument n, Denkmal n; ~·**al** [mɒnjʊ'mentl] monumental; F kolossal, Riesen...; Gedenk...
moo [mu:] muhen
mood [mu:d] Stimmung f, Laune f; *be in a good* (*bad*) ~ gute (schlechte) Laune haben, gut (schlecht) aufgelegt sein; '~·**y** (*-ier*, *-iest*) launisch; schlecht gelaunt
moon [mu:n] 1. Mond m; *once in a blue* ~ F alle Jubeljahre (einmal); 2. ~ *about*, ~ *around* F herumtrödeln; F ziellos herumstreichen; '~·**light** Mondlicht n, -schein m; '~·**lit** mondhell; '~·**struck** mondsüchtig; '~ **walk** Mondspaziergang m
moor¹ [mʊə] (Hoch)Moor n
moor² *naut*. [mʊə] vertäuen, festmachen; ~·**ings** *naut*. ['mʊərɪŋz] *pl*. Vertäuung f; Liegeplatz m
moose *zo*. [mu:s] (*pl*. **moose**) Nordamer. Elch m; ~ **test** *mot*. Elchtest m
mop [mɒp] 1. Mop m; (Haar)Wust m; 2. (-*pp*-) wischen; ~ *up* aufwischen
mope [məʊp] den Kopf hängen lassen
mo·ped *Brt*. ['məʊped] Moped n
mor·al ['mɒrəl] 1. moralisch; Moral..., Sitten...; 2. Moral f (*e-r Geschichte*), Lehre f; ~**s** *pl*. Moral f, Sitten *pl*.; **mo·rale** [mɒ'rɑ:l] Moral f, Stimmung f; **mor·al·ize** ['mɒrəlaɪz] moralisieren (*about*, *on* über *acc*.)
mor·bid ['mɔ:bɪd] morbid, krankhaft

more [mɔː] **1.** *adj.* mehr; noch (mehr); *some ~ tea* noch etwas Tee; **2.** *adv.* mehr; *~ and ~* immer mehr; *~ or less* mehr oder weniger; *once ~* noch einmal; *the ~ so because* umso mehr, da; *zur Bildung des comp.:* *~ important* wichtiger; *~ often* öfter; **3.** Mehr *n* (*of* an *dat.*); *a little ~* etwas mehr

mo·rel [mɒˈrel] *bot.* Morchel *f*

more·o·ver [mɔːˈrəʊvə] außerdem, überdies, weiter, ferner

morgue [mɔːg] Leichenschauhaus *n*; F (Zeitungs)Archiv *n*

morn·ing [ˈmɔːnɪŋ] Morgen *m*; Vormittag *m*; *good ~!* guten Morgen!; *in the ~* morgens, am Morgen; vormittags, am Vormittag; *tomorrow ~* morgen früh *od.* Vormittag

mo·rose [məˈrəʊs] mürrisch

mor·phi·a [ˈmɔːfjə], **~phine** [ˈmɔːfiːn] Morphium *n*

mor·sel [ˈmɔːsl] Bissen *m*, Happen *m*; *a ~ of* ein bisschen

mor·tal [ˈmɔːtl] **1.** sterblich; tödlich; Tod(es)...; **2.** Sterbliche(r *m*) *f*; **~i·ty** [mɔːˈtælɪtɪ] Sterblichkeit *f*

mor·tar¹ [ˈmɔːtə] Mörtel *m*

mor·tar² [ˈmɔːtə] Mörser *m*

mort·gage [ˈmɔːgɪdʒ] **1.** Hypothek *f*; **2.** mit e-r Hypothek belasten, e-e Hypothek aufnehmen auf (*acc.*)

mor·ti·cian *Am.* [mɔːˈtɪʃn] Leichenbestatter *m*

mor·ti·fi·ca·tion [mɔːtɪfɪˈkeɪʃn] Kränkung *f*; Ärger *m*, Verdruss *m*; **~fy** [ˈmɔːtɪfaɪ] kränken; ärgern, verdrießen

mor·tu·a·ry [ˈmɔːtjʊərɪ] Leichenhalle *f*

mo·sa·ic [məˈzeɪɪk] Mosaik *n*

Mos·lem [ˈmɒzləm] → *Muslim*

mosque [mɒsk] Moschee *f*

mos·qui·to *zo.* [məˈskiːtəʊ] (*pl. -to*[*e*]*s*) Moskito *m*; Stechmücke *f*

moss *bot.* [mɒs] Moos *n*; **~·y** *bot.* (*-ier, -iest*) moosig, bemoost

most [məʊst] **1.** *adj.* meiste(r, -s), größte(r, -s); die meiste(n, -s); *~ people pl.* die meisten Leute *pl.*; **2.** *adv.* am meisten; *~ of all* am allermeisten; *vor adj.:* höchst, äußerst; *zur Bildung des sup.: the ~ important point* der wichtigste Punkt; **3.** *das meiste, das Höchste; die meiste, der größte Teil; die meisten pl.*; *at* (*the*) *~* höchstens; *make the ~ of et.* nach Kräften ausnutzen, das Beste herausholen aus; **~·ly** hauptsächlich, meist(ens)

MOT *Brt.* F [em əʊ ˈtiː] *a. ~ test* etwa TÜV(-Prüfung *f*) *m*

mo·tel [məʊˈtel] Motel *n*

moth *zo.* [mɒθ] Motte *f*; **~-eat·en** mottenzerfressen

moth·er [ˈmʌðə] **1.** Mutter *f*; **2.** bemuttern; **~ coun·try** Vater-, Heimatland *n*; Mutterland *n*; **~·hood** Mutterschaft *f*; **~-in-law** [ˈmʌðərɪnlɔː] (*pl. mothers-in-law*) Schwiegermutter *f*; **~·ly** mütterlich; **~-of-pearl** [mʌðərəvˈpɜːl] Perlmutter *f, n*, Perlmutt *n*; **~ 'tongue** Muttersprache *f*

mo·tif [məʊˈtiːf] *Kunst:* Motiv *n*

mo·tion [ˈməʊʃn] **1.** Bewegung *f*; *parl.* Antrag *m*; *put od. set in ~* in Gang bringen (*a. fig.*), in Bewegung setzen; **2.** *v/t. j-n* durch e-n Wink auffordern; *j-m* ein Zeichen geben; *v/i.* winken; **~·less** bewegungslos; **~ 'pic·ture** *Am.* Film *m*

mo·ti·vate [ˈməʊtɪveɪt] motivieren, anspornen; **~va·tion** [məʊtɪˈveɪʃn] Motivation *f*, Ansporn *m*

mo·tive [ˈməʊtɪv] **1.** Motiv *n*, Beweggrund *m*; **2.** treibend (*a. fig.*)

mot·ley [ˈmɒtlɪ] bunt

mo·to·cross [ˈməʊtəʊkrɒs] *Sport:* Motocross *n*

mo·tor [ˈməʊtə] Motor *m*, *fig. a.* treibende Kraft; Motor...; **~·bike** *Brt.* F Motorrad *n*; *Am.* Moped *n*; **~·boat** Motorboot *n*; **~·cade** [ˈməʊtəkeɪd] Auto-, Wagenkolonne *f*; **~·car** *Brt.* Kraftfahrzeug *n*; **~ car·a·van** *Am.* Wohnmobil *n*; **~·cy·cle** Motorrad *n*; **~·cy·clist** Motorradfahrer(in); **~ home** *Am.* Wohnmobil *n*; **~·ing** [ˈməʊtərɪŋ] Autofahren *n*; *school of ~* Fahrschule *f*; **~·ist** [ˈməʊtərɪst] Autofahrer(in); **~·ize** [ˈməʊtəraɪz] motorisieren; **~ launch** Motorbarkasse *f*; **~·way** *Brt.* Autobahn *f*

mot·tled [ˈmɒtld] gefleckt, gesprenkelt

mo(u)ld¹ [məʊld] Schimmel *m*; Moder *m*; Humus(boden) *m*

mo(u)ld² [məʊld] **1.** *tech.* (Gieß-, Guss-, Press)Form *f*; **2.** *tech.* gießen; formen

mo(u)l·der [ˈməʊldə] *a. ~ away* vermodern; zerfallen

mo(u)l·dy [ˈməʊldɪ] (*-ier, -iest*) verschimmelt, schimm(e)lig; mod(e)rig

mo(u)lt [məʊlt] (sich) mausern; *Haare* verlieren

mound [maʊnd] Erdhügel *m*, -wall *m*

mount [maʊnt] **1.** *v/t. Pferd etc.* besteigen, steigen auf (*acc.*); montieren; anbringen, befestigen; *Bild etc.* aufziehen, -kleben; *Edelstein* fassen; **~ed police** berittene Polizei; *v/i.* aufsitzen (*Reiter*); steigen, *fig. a.* (an)wachsen; **~ up to** sich belaufen auf (*acc.*); **2.** Gestell *n*; Fassung *f*; Reittier *n*

moun·tain ['maʊntɪn] **1.** Berg *m*; **~s** *pl. a.* Gebirge *n*; **2.** Berg..., Gebirgs...; '**~·bike** Mountainbike *n*

moun·tain·eer [maʊntɪˈnɪə] Bergsteiger(in); **~·eer·ing** [maʊntɪˈnɪərɪŋ] Bergsteigen *n*

moun·tain·ous ['maʊntɪnəs] bergig, gebirgig

mourn [mɔːn] trauern (**for, over** um); betrauern, trauern um; '**~·er** Trauernde(r *m*) *f*; '**~·ful** traurig; '**~·ing** Trauer *f*; Trauer(kleidung) *f*

mouse [maʊs] (*pl.* **mice** [maɪs]) *zo.* Maus *f*; (*pl.* **mouses**) *Computer:* Maus *f*

mous·tache [məˈstɑːʃ] *Am. a.* **mustache** Schnurrbart *m*

mouth [maʊθ] (*pl.* **mouths** [maʊðz]) Mund *m*; Maul *n*, Schnauze *f*; Mündung *f* (*e-s Flusses etc.*); Öffnung *f* (*e-r Flasche etc.*); '**~·ful** ein Mundvoll; Bissen *m*; '**~·or·gan** F Mundharmonika *f*; '**~·piece** Mundstück *n*; *fig.* Sprachrohr *n*; '**~·wash** Mundwasser *n*

mo·va·ble ['muːvəbl] beweglich

move [muːv] **1.** *v/t.* bewegen; (weg)rücken; transportieren; *Arm etc.* bewegen, rühren; *Schach etc.:* e-n Zug machen mit; *parl.* beantragen; *fig.* bewegen, rühren; **~ house** umziehen; **~ heaven and earth** Himmel und Hölle in Bewegung setzen; *v/i.* sich (fort)bewegen; sich rühren; umziehen (**to** nach); *Schach etc.:* e-n Zug machen; **~ away** weg-, fortziehen; **~ in** einziehen; **~ off** sich in Bewegung setzen; **~ on** weitergehen; **~ out** ausziehen; **2.** Bewegung *f*; Umzug *m*; *Schach etc.:* Zug *m*; *fig.* Schritt *m*; **on the ~** in Bewegung; auf den Beinen; **get a ~ on!** F Tempo!, mach(t) schon!, los!; '**~·a·ble** *a.* **movable**; '**~·ment** Bewegung *f* (*a. fig.*); *mus.* Satz *m*; *tech.* (Geh)Werk *n*

mov·ie *bsd. Am.* ['muːvɪ] Film *m*; Kino *n*; Film..., Kino...; '**~ cam·e·ra** Filmkamera *f*; '**~ star** *Am.* Filmstar *m*; '**~ thea·ter** *Am.* Kino *n*

mov·ing ['muːvɪŋ] sich bewegend, beweglich; *fig.* rührend; **~ 'stair·case** Rolltreppe *f*; '**~ van** *Am.* Möbelwagen *m*

mow [məʊ] (**mowed, mowed** *od.* **mown**) mähen; '**~·er** Mähmaschine *f*, *bsd.* Rasenmäher *m*; '**~n** [məʊn] *p.p. von* **mow**

MP [em 'piː] *Abk. für* **Member of Parliament** *Brt.* Unterhausabgeordnete(r *m*) *f*; **military police** *m* Militärpolizei *f*

mph *nur geschr. Abk. für* **miles per hour** Meilen *pl.* pro Stunde

Mr ['mɪstə] *Abk. für* **Mister** Herr *m*

Mrs ['mɪsɪz] *ursprünglich Abk. für* **Mistress** Frau *f*

MS *pl.* **Mss** *nur geschr. Abk. für* **manuscript** Ms., Mskr., Manuskript *n*

Ms [mɪz, məz] Frau *f* (*neutrale Anrede*)

Mt *nur geschr. Abk. für* **Mount** Berg *m*

much [mʌtʃ] **1.** *adj.* (**more, most**) viel; **2.** *adv.* sehr; *in Zssgn:* viel...; *vor comp.:* viel; **very ~** sehr; **I thought as ~** das habe ich mir gedacht; **3.** große Sache; **nothing ~** nichts Besonderes; **make ~ of** viel Wesens machen von; **think ~ of** viel halten von; **I am not ~ of a dancer** F ich bin kein großer Tänzer

muck F [mʌk] Mist *m*, Dung *m*; Dreck *m*, Schmutz *m*

mu·cus ['mjuːkəs] (Nasen)Schleim *m*

mud [mʌd] Schlamm *m*, Matsch *m*; Schmutz *m* (*a. fig.*)

mud·dle ['mʌdl] **1.** Durcheinander *n*; **be in a ~** durcheinander sein; **2.** *a.* **~ up** durcheinander bringen; **~ through** F sich durchwursteln

mud·dy ['mʌdɪ] (**-ier, -iest**) schlammig, trüb; schmutzig; *fig.* wirr; '**~·guard** Kotflügel *m*; Schutzblech *n*

mues·li ['mjuːzlɪ] Müsli *n*

muff [mʌf] Muff *m*

muf·fin ['mʌfɪn] Muffin *n* (*rundes heißes Teegebäck, mst mit Butter gegessen*)

muf·fle ['mʌfl] *Ton etc.* dämpfen; *oft* **~ up** einhüllen, -wickeln; '**~·r** (dicker) Schal; *Am. mot.* Auspufftopf *m*

mug¹ [mʌg] Krug *m*; Becher *m*; große Tasse; *sl.* Visage *f* (Gesicht); *sl.* Fresse *f* (*Mund*)

mug² F [mʌg] (**-gg-**) (*bsd. auf der Straße*)

muster

überfallen u. ausrauben; '~**ger** F (Straßen)Räuber m; '~**ging** F Raubüberfall m, bsd. Straßenraub m
mug·gy ['mʌgɪ] schwül
mul·ber·ry bot. ['mʌlbərɪ] Maulbeerbaum m; Maulbeere f
mule zo. [mju:l] Maultier n; Maulesel m
mulled [mʌld]: ~ **wine** Glühwein m
mul·li·on arch. ['mʌljən] Mittelpfosten m (am Fenster)
mul·ti... ['mʌltɪ] viel..., mehr..., Mehrfach..., Multi...
mul·ti·far·i·ous [mʌltɪ'feərɪəs] mannigfaltig, vielfältig; ~**lat·er·al** [mʌltɪ'lætərəl] vielseitig; pol. multilateral, mehrseitig
mul·ti·ple ['mʌltɪpl] **1.** viel-, mehrfach; **2.** math. Vielfache(s) n; ~ **store** a. ~ **multiple** bsd. Brt. Kettenladen m
mul·ti·pli·ca·tion [mʌltɪplɪ'keɪʃn] Vermehrung f; math. Multiplikation f; ~ **table** Einmaleins n
mul·ti·plic·i·ty [mʌltɪ'plɪsətɪ] Vielfalt f; Vielzahl f
mul·ti·ply ['mʌltɪplaɪ] (sich) vermehren, (sich) vervielfachen; multiplizieren, malnehmen (**by** mit)
mul·ti|**'pur·pose** Mehrzweck...; ~**'sto·rey** Brt. vielstöckig; ~**-sto·rey 'car park** Brt. Park(hoch)haus n
mul·ti·tude ['mʌltɪtju:d] Vielzahl f; ~**tu·di·nous** [mʌltɪ'tju:dɪnəs] zahlreich
mum[1] Brt. F [mʌm] Mami f, Mutti f
mum[2] [mʌm] **1.** int. ~**'s the word** Mund halten!, kein Wort darüber!; **2.** adj. **keep** ~ nichts verraten, den Mund halten
mum·ble ['mʌmbl] murmeln, nuscheln; mümmeln (mühsam essen)
mum·mi·fy ['mʌmɪfaɪ] mumifizieren
mum·my[1] ['mʌmɪ] Mumie f
mum·my[2] Brt. F ['mʌmɪ] Mami f, Mutti f
mumps med. [mʌmps] sg. Ziegenpeter m, Mumps m
munch [mʌntʃ] mampfen
mun·dane [mʌn'deɪn] alltäglich; weltlich
mu·nic·i·pal [mju:'nɪsɪpl] städtisch, Stadt..., kommunal, Gemeinde...; ~ **council** Stadt-, Gemeinderat m; ~**i·ty** [mju:nɪsɪ'pælətɪ] Kommunalbehörde f; Stadtverwaltung f

mu·ral ['mjʊərəl] **1.** Wandgemälde n; **2.** Mauer..., Wand...
mur·der ['mɜ:də] **1.** Mord m, Ermordung f; Mord...; **2.** ermorden; fig. verschandeln; ~**er** ['mɜ:dərə] Mörder m; ~**ess** ['mɜ:dərɪs] Mörderin f; ~**ous** ['mɜ:dərəs] mörderisch
murk·y ['mɜ:kɪ] (**-ier, -iest**) dunkel, finster
mur·mur ['mɜ:mə] **1.** Murmeln n; Gemurmel n; Murren n; **2.** murmeln; murren
mus|**·cle** ['mʌsl] Muskel m; ~**·cle-bound: be** ~ bei Gewichthebern etc.: e-e starke, unter erstarrte Muskulatur haben; ~**·cu·lar** ['mʌskjʊlə] Muskel...; muskulös
muse[1] [mju:z] (nach)sinnen, (-)grübeln (**on, over** über acc.)
muse[2] [mju:z] a. 2 Muse f
mu·se·um [mju:'zɪəm] Museum n
mush [mʌʃ] Brei m, Mus n; Am. Maisbrei m
mush·room ['mʌʃrʊm] **1.** bot. Pilz m, bsd. Champignon m; **2.** rasch wachsen; ~ **up** fig. (wie Pilze) aus dem Boden schießen
mu·sic ['mju:zɪk] Musik f; Noten pl.: **put** acc. **set to** ~ vertonen
'**mu·sic·al 1.** musikalisch; Musik...; **2.** Musical n; ~ **box** bsd. Brt. Spieldose f; ~ **in·stru·ment** Musikinstrument n
'**mu·sic| box** bsd. Am. Spieldose f; ~ **cen·tre** (Am. **cen·ter**) Kompaktanlage f; ~ **hall** Brt. Varietee(theater) n
mu·si·cian [mju:'zɪʃn] Musiker(in)
'**mu·sic stand** Notenständer m
musk [mʌsk] Moschus m, Bisam m; '~ **ox** (pl. - **oxen**) zo. Moschusochse m; '~**rat** zo. Bisamratte f, Bisampelz m
Mus·lim ['mʊslɪm] **1.** Muslim m, Moslem m; **2.** muslimisch, moslemisch
mus·quash ['mʌskwɒʃ] zo. Bisamratte f; Bisampelz m
mus·sel ['mʌsl] (Mies)Muschel f
must[1] [mʌst] **1.** v/aux. ich muss, du musst etc.; **you** ~ **not** (F **mustn't**) du darfst nicht; **2.** Muss n
must[2] [mʌst] a. 2 Most m
mus·tache Am. [mə'stɑ:ʃ] Schnurrbart m
mus·tard ['mʌstəd] Senf m
mus·ter ['mʌstə] **1.** ~ **up** s-e Kraft etc. aufbieten; s-n Mut zusammennehmen;

musty 196

2. *pass* ~ *fig.* Zustimmung finden (*with* bei); den Anforderungen genügen
must·y ['mʌstɪ] (*-ier, -iest*) mod(e)rig, muffig
mu·ta·tion [mjuː'teɪʃn] Veränderung *f*; *biol.* Mutation *f*
mute [mjuːt] 1. stumm; 2. Stumme(r *m*) *f*; *mus.* Dämpfer *m*
mu·ti·late ['mjuːtɪleɪt] verstümmeln
mu·ti|·neer [mjuːtɪ'nɪə] Meuterer *m*; **~·nous** ['mjuːtɪnəs] meuternd; rebellisch; **~·ny** ['mjuːtɪnɪ] 1. Meuterei *f*; 2. meutern
mut·ter ['mʌtə] 1. murmeln; murren; 2. Murmeln *n*; Murren *n*
mut·ton ['mʌtn] Hammel-, Schaffleisch *n*; *leg of* ~ Hammelkeule *f*; ~ **'chop** Hammelkotelett *n*
mu·tu·al ['mjuːtʃʊəl] gegenseitig; gemeinsam

muz·zle ['mʌzl] 1. *zo.* Maul *n*, Schnauze *f*; Mündung *f* (*e-r Feuerwaffe*); Maulkorb *m*; 2. e-n Maulkorb anlegen (*dat.*), *fig. a.* mundtot machen
my [maɪ] mein(e)
myrrh *bot.* [mɜː] Myrre *f*
myr·tle *bot.* ['mɜːtl] Myrte *f*
my·self [maɪ'self] ich, mich *od.* mir selbst; mich; mich (selbst); *by* ~ allein
mys·te|·ri·ous [mɪ'stɪərɪəs] rätselhaft, unerklärlich; geheimnisvoll, mysteriös; **~·ry** ['mɪstərɪ] Geheimnis *n*, Rätsel *n*; *rel.* Mysterium *n*; ~ *tour* Fahrt *f* ins Blaue
mys·tic ['mɪstɪk] 1. Mystiker(in); 2. → '**~·tic·al** mystisch; '**~·ti·fy** ['mɪstɪfaɪ] verwirren, vor ein Rätsel stellen; *be mystified* vor e-m Rätsel stehen
myth [mɪθ] Mythos *m*, Sage *f*
my·thol·o·gy [mɪ'θɒlədʒɪ] Mythologie *f*

N

N, n [en] N, n *n*
N *nur geschr. Abk. für north* N, Nord(en *m*); *north*(*ern*) nördlich
nab F [næb] (*-bb-*) schnappen, erwischen
na·dir ['neɪdɪə] *astr.* Nadir *m* (*Fußpunkt*); *fig.* Tiefpunkt *m*
nag¹ [næg] 1. (*-gg-*) nörgeln; ~ (*at*) herumnörgeln an (*dat.*); △ *nicht nagen*; 2. F Nörgler(in)
nag² F [næg] Gaul *m*, Klepper *m*
nail [neɪl] 1. *tech.* Nagel *m*; (*Finger-, Zehen-*)Nagel *m*; 2. (an)nageln (*to* an *acc.*); '**~·pol·ish** Nagellack *m*; '**~ scis·sors** *pl.* Nagelschere *f*; '**~ var·nish** *Brt.* Nagellack *m*
na·ive, na·ïve [naɪ'iːv] naiv (*a. Kunst*)
na·ked ['neɪkɪd] nackt, bloß; kahl; *fig.* ungeschminkt; '**~·ness** Nacktheit *f*
name [neɪm] 1. Name *m*; Ruf *m*; *by* ~ mit Namen, namentlich; *by the* ~ *of* ... namens ...; *what's your* ~? wie heißen Sie?; *call s.o.* ~*s* j-n beschimpfen; 2. (be)nennen; erwähnen; ernennen zu; '**~·less** namenlos; unbekannt; '**~·ly** nämlich; '**~·plate** Namens-, Tür-, Fir-

menschild *n*; '**~·sake** Namensvetter *m*, -schwester *f*; '**~·tag** Namensschild *n* (*am Kleidungsstück*)
nan·ny ['nænɪ] Kindermädchen *n*; '**~ goat** *zo.* Geiß *f*, Ziege *f*
nap [næp] 1. Schläfchen *n*; *have od. take a* ~ → 2. (*-pp-*) ein Nickerchen machen
nape [neɪp] *mst* ~ *of the neck* Genick *n*, Nacken *m*
nap·kin ['næpkɪn] Serviette *f*; *Brt.* → '**~·py** *Brt.* F Windel *f*
nar·co·sis [naː'kəʊsɪs] *med.* (*pl.* *-ses* [-siːz]) Narkose *f*
nar·cot·ic [naː'kɒtɪk] 1. (~*ally*) narkotisch, betäubend, einschläfernd; Rauschgift...; ~ *addiction* Rauschgiftsucht *f*; 2. Narkotikum *n*, Betäubungsmittel *n*; *oft* ~*s pl.* Rauschgift *n*; ~*s squad* Rauschgiftdezernat *n*
nar|·rate [nə'reɪt] erzählen; berichten; schildern; **~·ra·tion** [nə'reɪʃn] Erzählung *f*; Bericht *m*, Schilderung *f*; **~·ra·tive** ['nærətɪv] 1. Erzählung *f*; Bericht *m*, Schilderung *f*; 2. erzählend; **~·ra·tor** [nə'reɪtə] Erzähler(in)

nar·row ['nærəʊ] **1.** eng, schmal; beschränkt; *fig.* knapp; **2.** enger *od.* schmäler werden *od.* machen, (sich) verengen; be-, einschränken; **'~·ly** mit knapper Not; **~'mind·ed** engstirnig, beschränkt; **'~·ness** Enge *f*; Beschränktheit *f* (*a. fig.*)

NASA ['næsə] *Abk. für* **National Aeronautics and Space Administration** *Am.* NASA *f*, Nationale Luft- u. Raumfahrtbehörde

na·sal [neɪzl] nasal; Nasen...

nas·ty ['nɑːstɪ] (**-ier, -iest**) ekelhaft, eklig, widerlich; abscheulich (*Wetter etc.*); böse, schlimm (*Unfall etc.*); hässlich (*Charakter, Benehmen etc.*); gemein, fies; schmutzig, zotig

na·tal ['neɪtl] Geburts...

na·tion ['neɪʃn] Nation *f*, Volk *n*

na·tion·al ['næʃənl] **1.** national, National..., Landes..., Volks...; **2.** Staatsangehörige(r *m*) *f*; **~ 'an·them** Nationalhymne *f*

na·tion·al·i·ty [næʃə'nælətɪ] Nationalität *f*, Staatsangehörigkeit *f*; **~·ize** *econ.* ['næʃnəlaɪz] verstaatlichen

na·tion·al 'park Nationalpark *m*; **~ 'team** *Sport:* Nationalmannschaft *f*

'na·tion-wide landesweit

na·tive ['neɪtɪv] **1.** einheimisch, Landes...; heimatlich, Heimat...; eingeboren, Eingeborenen...; angeboren; **2.** Eingeborene(r *m*) *f*; Einheimische(r *m*) *f*; **~ 'lan·guage** Muttersprache *f*; **~ 'speak·er** Muttersprachler(in)

Na·tiv·i·ty *rel.* [nə'tɪvətɪ] *die* Geburt Christi

NATO ['neɪtəʊ] *Abk. für* **North Atlantic Treaty Organization** NATO *f*, Nato *f*

nat·u·ral ['nætʃrəl] natürlich; angeboren; **~ 'gas** Erdgas *n*; **~·ize** ['nætʃrəlaɪz] naturalisieren, einbürgern; **'~·ly** natürlich (*a. int.*); von Natur (aus); **~ re'sourc·es** *pl.* Naturschätze *pl.*; **~ 'sci·ence** Naturwissenschaft *f*

na·ture ['neɪtʃə] Natur *f*; **'~ con·ser·va·tion** Naturschutz *m*; **'~ re·serve** Naturschutzgebiet *n*; **'~ trail** Naturlehrpfad *m*

naugh·ty ['nɔːtɪ] (**-ier, -iest**) ungezogen, unartig; unanständig (*Witz etc.*)

nau·se·a ['nɔːsɪə] Übelkeit *f*, Brechreiz *m*; **~·ate** ['nɔːsɪeɪt] *v.o.* j-m Übelkeit verursachen; *fig.* j-n anwidern; **'~·at·ing** Ekel erregend, widerlich

nau·ti·cal ['nɔːtɪkl] nautisch, See...

na·val [neɪvl] Flotten..., Marine..., See...; **~ base** Flottenstützpunkt *m*; **~ of·fi·cer** Marineoffizier *m*; **~ pow·er** Seemacht *f*

nave *arch.* [neɪv] Mittel-, Hauptschiff *n*

na·vel *anat.* ['neɪvl] Nabel *m* (*a. fig.*)

nav·i·ga·ble ['nævɪgəbl] schiffbar; **~·gate** ['nævɪgeɪt] befahren; *naut., aviat.* steuern, lenken; **~·ga·tion** [nævɪ'geɪʃən] Schifffahrt *f*; *naut., aviat.* Navigation *f*; **~·ga·tor** *naut., aviat.* ['nævɪgeɪtə] Navigator *m*

na·vy ['neɪvɪ] (Kriegs)Marine *f*; Kriegsflotte *f*; **~ 'blue** Marineblau *n*

nay *parl.* [neɪ] Gegen-, Neinstimme *f*

NBC [en biː 'siː] *Abk. für* **National Broadcasting Company** (*amer. Rundfunkgesellschaft*)

NE *nur geschr. Abk. für:* **northeast** NO, Nordost(en *m*); **northeast(ern)** nö, nordöstlich

near [nɪə] **1.** *adj.* nahe; kurz, nahe (*Weg*); nahe (*Zukunft etc.*); nahe (verwandt); **be a ~ miss** knapp scheitern; **by a ~ hand** nahe, in der Nähe (*a.* **at hand**); nahe (bevorstehend) (*a.* **at hand**); beinahe, fast; **2.** *adv.* nahe, in der Nähe (*a.* **at hand**); nahe (bevorstehend) (*a.* **at hand**); beinahe, fast; **3.** *prp.* nahe (*dat.*), in der Nähe von (*od. gen.*); **3.** sich nähern, nahe kommen (*dat.*); **~·by 1.** *adj.* ['nɪəbaɪ] nahe (gelegen); **2.** *adv.* [nɪə'baɪ] in der Nähe; **'~·ly** beinahe, fast; annähernd; **~·sight·ed** *bsd. Am.* kurzsichtig

neat [niːt] ordentlich; sauber; gepflegt; pur (*Whisky etc.*)

neb·u·lous ['nebjʊləs] verschwommen

ne·ces·sar·i·ly [nesəsərəlɪ] notwendigerweise; **not ~** nicht unbedingt; **~·sa·ry** ['nesəsərɪ] notwendig, nötig; unvermeidlich

ne·ces·si·tate [nɪ'sesɪteɪt] *et.* erfordern, verlangen; **~·ty** [nɪ'sesətɪ] Notwendigkeit *f*; (dringendes) Bedürfnis; Not *f*

neck [nek] **1.** Hals *m* (*a. e-r Flasche etc.*); Genick *n*, Nacken *m*; → **neckline**; **be ~ and ~** F Kopf an Kopf liegen (*a. fig.*); **be up to one's ~ in debt** F bis zum Hals in Schulden stecken; **2.** F knutschen, schmusen

neck·er·chief ['nekətʃɪf] (*pl.* **-chiefs, -chieves**) Halstuch *n*

neck·lace ['neklɪs] Halskette *f*; **~let** ['neklɪt] Halskettchen *n*; **~line** Ausschnitt *m* (*e-s Kleides etc.*); **~tie** *bsd. Am.* Krawatte *f*, Schlips *m*

née [neɪ]: **~ Smith** geborene Smith

need [niːd] **1.** (**of, for**) (dringendes) Bedürfnis (nach), Bedarf *m* (an *dat.*); Notwendigkeit *f*; Mangel *m* (**of, for** an *dat.*); Not *f*; **be in ~ of s.th.** et. dringend brauchen; **in ~** in Not; **in ~ of help** hilfs-, hilfebedürftig; **2.** *v/t.* benötigen, brauchen; *v/aux.* brauchen, müssen

nee·dle ['niːdl] **1.** Nadel *f*; Zeiger *m*; **2.** F *j-n* aufziehen, hänseln

'need·less unnötig, überflüssig

'nee·dle·wom·an (*pl. -women*) Näherin *f*; **~work** Handarbeit *f*

'need·y (**-ier, -iest**) bedürftig, arm

ne·ga·tion [nɪˈgeɪʃn] Verneinung *f*; **neg·a·tive** ['negətɪv] **1.** negativ; verneinend; **2.** Verneinung *f*; *phot.* Negativ *n*; **answer in the ~** verneinen

ne·glect [nɪˈglekt] **1.** vernachlässigen; es versäumen (**doing, to do** zu tun); **2.** Vernachlässigung *f*, Nachlässigkeit *f*

neg·li·gent ['neglɪdʒənt] nachlässig, unachtsam; lässig, salopp

neg·li·gi·ble ['neglɪdʒəbl] unbedeutend

ne·go·ti·ate [nɪˈgəʊʃɪeɪt] verhandeln (über *acc.*); **~a·tion** [nɪgəʊʃɪ'eɪʃn] Verhandlung *f*; **~a·tor** [nɪˈgəʊʃɪeɪtə] Unterhändler(in)

neigh [neɪ] **1.** wiehern; **2.** Wiehern *n*

neigh·bo(u)r ['neɪbə] Nachbar(in); **~hood** Nachbarschaft *f*, Umgebung *f*; **~ing** ['neɪbərɪŋ] benachbart, angrenzend; **~ly** (nachbarlich, freundlich

nei·ther ['naɪðə, 'niːðə] **1.** *adj. u. pron.* keine(r, -s) (von beiden); **2.** *cj.* **~ ... nor** weder ... noch

ne·on *chem.* ['niːɒn] Neon *n*; **~ lamp** Neonlampe *f*; **~ sign** Neon-, Leuchtreklame *f*

neph·ew ['nevjuː] Neffe *m*

nerd F [nɜːd] Döskopp *m*

nerve [nɜːv] Nerv *m*; Mut *m*, Stärke *f*, Selbstbeherrschung *f*; F Frechheit *f*; **get on s.o.'s ~s** j-m auf die Nerven gehen od. fallen; **lose one's ~** den Mut od. die Nerven verlieren; **you've got a ~!** F Sie haben Nerven!; **~less** kraftlos; mutlos; ohne Nerven, kaltblütig

ner·vous ['nɜːvəs] nervös; Nerven...; **~ness** Nervosität *f*

nest [nest] **1.** Nest *n*; **2.** nisten

nes·tle ['nesl] (sich) schmiegen *od.* kuscheln (**against, on** an *acc.*); *a.* **~ down** sich behaglich niederlassen, es sich bequem machen (**in** in *dat.*)

net[1] [net] **1.** Netz *n*; **~ curtain** Store *m*; **2.** (-*tt*-) mit e-m Netz fangen *od.* abdecken

net[2] **1.** netto, Netto..., Rein...; **2.** (-*tt*-) netto einbringen

Neth·er·lands ['neðələndz] *pl.* die Niederlande *pl.*

net·tle ['netl] **1.** *bot.* Nessel *f*; **2.** ärgern

'net·work Netz(werk) *n*; (*Straßen- etc.*)Netz *n*; *Rundfunk, TV*: Sendernetz *n*; *Computer*: Netz *n*; **be in the ~** *Computer*: am Netz sein

neu·ro·sis *med.* [njʊəˈrəʊsɪs] (*pl.* -**ses** [-siːz]) Neurose *f*; **~rot·ic** [njʊəˈrɒtɪk] **1.** neurotisch; **2.** Neurotiker(in)

neu·ter ['njuːtə] **1.** *gr.* sächlich; geschlechtslos; **2.** *gr.* Neutrum *n*

neu·tral ['njuːtrəl] **1.** neutral; **2.** Neutrale(r *m*) *f*; *a.* **~ gear** *mot.* Leerlauf(stellung *f*) *m*; **~i·ty** [njuːˈtrælətɪ] Neutralität *f*; **~ize** ['njuːtrəlaɪz] neutralisieren

neu·tron *phys.* ['njuːtrɒn] Neutron *n*

nev·er ['nevə] nie(mals); **~'end·ing** endlos, nicht enden wollend; **~the'less** nichtsdestoweniger, dennoch, trotzdem

new [njuː] neu; frisch; unerfahren; **nothing ~** nichts Neues; **'~born** neugeboren; **'~com·er** Neuankömmling *m*; Neuling *m*; **'~ly** kürzlich; neu

news [njuːz] *mst sg.* Neuigkeit(en *pl.*) *f*, Nachricht(en *pl.*) *f*; **'~a·gent** Zeitungshändler(in); **'~boy** Zeitungsjunge *m*, -austräger *m*; **~ bul·le·tin** Kurznachricht(en *pl.*) *f*; **'~cast** *Rundfunk, TV*: Nachrichtensendung *f*; **'~cast·er** *Rundfunk, TV*: Nachrichtensprecher(in); **'~ deal·er** *Am.* Zeitungshändler(in); **'~flash** *Rundfunk, TV*: Kurzmeldung *f*; **'~let·ter** Rundschreiben *n*, Mitteilungsblatt *n*; **~mon·ger** ['njuːzmʌŋgə] Klatschmaul *m*; **~ pa·per** ['njuːspeɪpə] Zeitung *f*; Zeitungs...; **'~print** Zeitungspapier *n*; **'~read·er** *bsd. Brt.* → **newscaster**; **'~reel** *Film*: Wochenschau *f*; **'~room** Nachrichtenredaktion *f*; **'~stand** Zeitungskiosk *m*, -stand *m*; **'~ven·dor** *bsd. Brt.* Zeitungsverkäufer(in)

new 'year Neujahr n, das neue Jahr; *New Year's Day* Neujahrstag m; *New Year's Eve* Silvester(abend m) m, n

next [nekst] **1.** *adj.* nächste(r, -s); *(the)* ~ *day* am nächsten Tag; ~ *door* nebenan; ~ *but one* übernächste(r, -s); ~ *to* gleich neben *od.* nach; beinahe, fast *unmöglich etc.*; **2.** *adv.* als Nächstes (-s); demnächst, das nächste Mal; **3.** *der, die, das* Nächste; ~'**door** (von) nebenan; ~ **of** '**kin** *der, die* nächste Verwandte, *die* nächsten Angehörigen *pl.*

NHS *Brt.* [en eɪtʃ 'es] *Abk. für* **National Health Service** Staatlicher Gesundheitsdienst; **NHS pa·tient** *Brt. etwa* Kassenpatient(in)

nib·ble ['nɪbl] *v/i.* knabbern (*at* an *dat.*); *v/t.* Loch *etc.* nagen, knabbern (*in* in *acc.*)

nice [naɪs] (~*r*, ~*st*) nett, freundlich; nett, hübsch, schön; fein (*Unterschied etc.*); ~'**ly** gut, fein; genau, sorgfältig; **ni·ce·ty** ['naɪsətɪ] Feinheit f; Genauigkeit f

niche [nɪtʃ] Nische f

nick [nɪk] **1.** Kerbe f; *in the* ~ *of time* gerade noch rechtzeitig, im letzten Moment; **2.** (ein)kerben; *j-n* streifen (*Kugel*); *Brt. F* klauen; *Brt. sl. j-n* schnappen

nick·el ['nɪkl] **1.** *min.* Nickel n; *Am.* Fünfcentstück n; **2.** (*bsd. Brt.* -**ll**-, *Am.* -**l**-) vernickeln; ~'**plate** vernickeln

nick·nack ['nɪknæk] → **knick-knack**

nick·name ['nɪkneɪm] **1.** Spitzname m; **2.** *j-m* den Spitznamen ... geben

niece [niːs] Nichte f

nig·gard ['nɪgəd] Geizhals m; ~'**ly** geizig, knaus(e)rig; schäbig, kümmerlich

night [naɪt] Nacht f; Abend m; *at* ~, *by* ~, *in the* ~ in der Nacht; nachts; ~'**cap** Schlummertrunk m; ~'**club** Nachtklub m, -lokal n; ~'**dress** (Damen-, Kinder)Nachthemd n; ~'**fall**: *at* ~ bei Einbruch der Dunkelheit; ~'**gown** *bsd. Am.*, ~**ie** F ['naɪtɪ] → **nightdress**

night·in·gale *zo.* ['naɪtɪŋgeɪl] Nachtigall f

'**night·ly** (all)nächtlich; (all)abendlich; jede Nacht; jeden Abend; ~**mare** ['naɪtmeə] Albtraum m (*a. fig.*); '~ **school** Abendschule f; '~ **shift** Nachtschicht f; '~**shirt** (Herren)Nachthemd n; '~**time**: *in the* ~, *at* ~ nachts; ~ '**watch·man** (*pl.* **-men**) Nachtwächter m; '~**y** F → **nightdress**

nil [nɪl] Nichts n, Null f; *our team won two to* ~ *od. by two goals to* ~ (2-0) unsere Mannschaft gewann zwei zu null (2:0)

nim·ble ['nɪmbl] (~*r*, ~*st*) flink, gewandt; geistig beweglich

nine [naɪn] **1.** neun; ~ *to five* normale Dienststunden (von 9-5); *a* ~-*to-five job* e-e (An)Stellung mit geregelter Arbeitszeit; **2.** Neun f; '~**pins** *sg.* Kegeln n; ~**teen** [naɪn'tiːn] **1.** neunzehn; **2.** Neunzehn f; ~**teenth** [naɪn'tiːnθ] neunzehnte(r, -s); ~**ti·eth** ['naɪntɪɪθ] neunzigste(r, -s); ~**ty** ['naɪntɪ] **1.** neunzig; **2.** Neunzig f

nin·ny F ['nɪnɪ] Dummkopf m

ninth [naɪnθ] **1.** neunte(r, -s); **2.** Neuntel n; '~**ly** neuntens

nip¹ [nɪp] **1.** (-*pp*-) kneifen, zwicken; *Pflanzen* schädigen (*Frost, Wind etc.*); F flitzen, sausen; ~ *in the bud fig.* im Keim ersticken; **2.** Kneifen n, Zwicken n; *there's a* ~ *in the air today* heute ist es ganz schön kalt

nip² [nɪp] Schlückchen n (*Whisky etc.*)

nip·per ['nɪpə]: (*a pair of*) ~**s** *pl.* (e-e) (Kneif)Zange

nip·ple ['nɪpl] *anat.* Brustwarze f; *Am.* (Gummi)Sauger m (*e-r Saugflasche*)

ni·tre *Brt.*, **ni·ter** *Am. chem.* ['naɪtə] Salpeter m

ni·tro·gen *chem.* ['naɪtrədʒən] Stickstoff m

no [nəʊ] **1.** *adv.* nein; nicht; **2.** *adj.* kein(e); ~ *one* keiner, niemand; *in* ~ *time* im Nu, im Handumdrehen; **3.** (*pl.* **noes**) Nein n

No., no. *nur geschr. Abk. für number* (*lateinisch numero*) Nr., Nummer f

no·bil·i·ty [nəʊ'bɪlətɪ] (Hoch)Adel m; *fig.* Adel m

no·ble ['nəʊbl] (~*r*, ~*st*) adlig; edel, nobel; prächtig (*Gebäude etc.*); '~**man** (*pl.* **-men**) Adlige(r) m; '~**wom·an** (*pl.* **-women**) Adlige f

no·bod·y ['nəʊbədɪ] **1.** niemand, keiner; **2.** *fig.* Niemand m, Null f

no-cal·o·rie di·et Nulldiät f

noc·tur·nal [nɒk'tɜːnl] Nacht...

nod [nɒd] **1.** (-*dd*-) nicken (mit); ~ *off* einnicken; *have a* ~*ing acquaintance with s.o.* j-n flüchtig kennen; **2.** Nicken n

node [nəʊd] Knoten m (a. med.)
noise [nɔɪz] **1.** Krach m, Lärm m; Geräusch n; **2.** ~ **about** (**abroad**, **around**) Gerücht etc. verbreiten; '~·less geräuschlos
nois·y ['nɔɪzɪ] (**-ier**, **-iest**) laut
no·mad ['nəʊmæd] Nomad|e m, -in f
nom·i|·nal ['nɒmɪnl] nominell; ~ **value** econ. Nennwert m; ~·**nate** ['nɒmɪneɪt] ernennen; nominieren, (zur Wahl) vorschlagen; ~·**na·tion** [nɒmɪ'neɪʃn] Ernennung f; Nominierung f
nom·i·na·tive gr. ['nɒmɪnətɪv] a. ~ **case** Nominativ m, erster Fall
nom·i·nee [nɒmɪ'niː] Kandidat(in)
non... [nɒn] nicht..., Nicht..., un...
non·al·co·hol·ic alkoholfrei
non·a'ligned pol. blockfrei
non·com·mis·sioned 'of·fi·cer mil. Unteroffizier m
non·com·mit·tal [nɒnkə'mɪtl] unverbindlich
non·con'duc·tor electr. Nichtleiter m
non·de·script ['nɒndɪskrɪpt] nichts sagend; unauffällig
none [nʌn] **1.** pron. (mst pl. konstruiert) keine(r, -s), niemand; **2.** adv. in keiner Weise, keineswegs
non·en·ti·ty [nɒ'nentətɪ] Null f (Person)
none·the·less nichtsdestoweniger, dennoch, trotzdem
non·ex'ist·ence Nichtvorhandensein n, Fehlen n; ~·**ent** nicht existierend
non'fic·tion Sachbücher pl.
non'flam·ma·ble, **non·in'flam·ma·ble** nicht brennbar
non·in·ter'fer·ence, **non·in·ter'ven·tion** pol. Nichteinmischung f
non·'i·ron bügelfrei
no-'non·sense nüchtern, sachlich
non·par·ti·san [nɒnpɑːtɪ'zæn] pol. überparteilich; unparteiisch
non'pay·ment econ. Nicht(be)zahlung f
non'plus (**-ss-**) verblüffen
non'pol·lut·ing umweltfreundlich
non'prof·it Am., **non·'prof·it-mak·ing** Brt. gemeinnützig
non·res·i·dent 1. nicht (orts)ansässig; nicht zu Hause wohnend; **2.** Nichtansässige(r m) f; nicht im Hause Wohnende(r m) f
non·re'turn·a·ble Einweg...; ~ **bot·tle** Einwegflasche f

non·sense ['nɒnsəns] Unsinn m, dummes Zeug
non·'skid rutschfest, -sicher
non·'smok|·er Nichtraucher(in); Brt. rail. Nichtraucherwagen m; ~·**ing** Nichtraucher...
non·'stick mit Antihaftbeschichtung
non·'stop nonstop, ohne Unterbrechung; durchgehend (Zug etc.), ohne Zwischenlandung (Flug); ~ **flight** a. Non-Stop-Flug m
non·'u·nion nicht (gewerkschaftlich) organisiert
non·vi·o|·lence (Politik f der) Gewaltlosigkeit f; ~·**lent** gewaltlos
noo·dle ['nuːdl] Nudel f
nook [nʊk] Ecke f, Winkel m
noon [nuːn] Mittag(szeit f) m; **at** ~ um 12 Uhr (mittags)
noose [nuːs] Schlinge f
nope F [nəʊp] ne(e), nein
nor [nɔː] → **neither** 2; auch nicht
norm [nɔːm] Norm f; **nor·mal** ['nɔːml] normal; **nor·mal·ize** ['nɔːməlaɪz] (sich) normalisieren
north [nɔːθ] **1.** Nord(en m) m; **2.** adj. nördlich, Nord...; **3.** adv. nach Norden, nordwärts; ~·**east** 1. Nordost(en m); **2.** a. ~·**east·ern** nordöstlich
nor·ther·ly ['nɔːðəlɪ], **nor·thern** ['nɔːðn] nördlich, Nord...
North 'Pole Nordpol m
north·ward(s) ['nɔːθwəd(z)] adv. nördlich, nach Norden; ~·**west** 1. Nordwest(en m); **2.** a. ~·**west·ern** nordwestlich
Nor·way ['nɔːweɪ] Norwegen n
Nor·we·gian [nɔː'wiːdʒən] **1.** norwegisch; **2.** Norweger(in); ling. Norwegisch n
nos. nur geschr. Abk. für **numbers** Nummern pl. (→ **No.**, **no.**)
nose [nəʊz] **1.** Nase f; Schnauze f (beim Hund); **2.** Auto etc. vorsichtig fahren; a. ~ **about**, ~ **around** fig. F herumschnüffeln (in dat.) (for nach); '~·**bleed** Nasenbluten n; **have a** ~ Nasenbluten haben; '~·**cone** Raketenspitze f; '~·**dive** aviat. Sturzflug m
nose·gay ['nəʊzgeɪ] Sträußchen n
nos·ey ['nəʊzɪ] → **nosy**
nos·tal·gia [nɒ'stældʒɪə] Nostalgie f
nos·tril ['nɒstrəl] Nasenloch n, bsd. zo. Nüster f

nuisance

nos·y F ['nəʊzɪ] (**-ier, -iest**) neugierig; **~'park·er** Brt. F neugierige Person, Gaffer(in)

not [nɒt] nicht; **~ a** kein(e)

no·ta·ble ['nəʊtəbl] bemerkenswert; beachtlich

no·ta·ry ['nəʊtərɪ] mst **~ public** Notar m

notch [nɒtʃ] **1.** Kerbe f; Am. geol. Engpass m; **2.** (ein)kerben

note [nəʊt] (mst **~s** pl.) Notiz f, Aufzeichnung f; Anmerkung f; Vermerk m; Briefchen n, Zettel m; (diplomatische) Note; Banknote f, Geldschein m; mus. Note f; fig. Ton m; △ nicht (Schul)Note; **take ~s (of)** sich Notizen machen (über acc.); **'~·book** Notizbuch n; Computer: Notebook n

not·ed ['nəʊtɪd] bekannt, berühmt (**for** wegen)

'note|·pa·per Briefpapier n; **'~·wor·thy** bemerkenswert

noth·ing ['nʌθɪŋ] nichts; **~ but** nichts als, nur; **~ much** F nicht viel; **for ~** umsonst; **to say ~ of** ganz zu schweigen von; **there is ~ like** es geht nichts über (acc.)

no·tice ['nəʊtɪs] **1.** Ankündigung f, Bekanntgabe f, Mitteilung f, Anzeige f; Kündigung(sfrist) f; Beachtung f; △ nicht Notiz (Aufzeichnung etc.); **give** od. **hand in one's ~** kündigen (**to** bei e-r Firma); **give s.o. ~** j-m kündigen (e-m Arbeitnehmer); **give s.o. (his** etc.) **~** j-m kündigen (e-m Mieter); **at six months' ~** mit halbjährlicher Kündigungsfrist; **take (no) ~ of** (keine) Notiz nehmen von, (nicht) beachten; **at short ~** kurzfristig; **until further ~** bis auf Weiteres; **without ~** fristlos; **2.** (es) bemerken; (besonders) beachten od. achten auf (acc.); △ nicht **notieren**; **'~·a·ble** erkennbar, wahrnehmbar; bemerkenswert; **'~ board** Brt. schwarzes Brett

no·ti·fy ['nəʊtɪfaɪ] et. anzeigen, melden, mitteilen; j-n benachrichtigen

no·tion ['nəʊʃn] Begriff m, Vorstellung f; Idee f

no·tions ['nəʊʃnz] pl. bsd. Am. Kurzwaren pl.

no·to·ri·ous [nəʊ'tɔːrɪəs] berüchtigt (**for** für)

not·with·stand·ing [ˌnɒtwɪθ'stændɪŋ] ungeachtet, trotz (gen.)

nought Brt. [nɔːt]: **0.4** (**~ point four**) 0,4

noun gr. [naʊn] Substantiv n, Hauptwort n

nour·ish ['nʌrɪʃ] (er)nähren; fig. hegen; **'~·ing** nahrhaft; **'~·ment** Ernährung f; Nahrung f

Nov nur geschr. Abk. für **November** Nov., November m

nov·el ['nɒvl] **1.** Roman m; △ nicht **Novelle**; **2.** (ganz) neu(artig); **~·ist** ['nɒvəlɪst] Romanschriftsteller(in); **no·vel·la** [nəʊ'velə] (pl. **-las, -le** [-liː]) Novelle f; **~·ty** ['nɒvltɪ] Neuheit f

No·vem·ber [nəʊ'vembə] (Abk. **Nov**) November m

nov·ice ['nɒvɪs] Anfänger(in), Neuling m; rel. Noviz|e m, -in f

now [naʊ] **1.** adv. nun, jetzt; **~ and again, (every) ~ and then** von Zeit zu Zeit, dann u. wann; **by ~** inzwischen; **from ~ (on)** von jetzt an; **just ~** gerade eben; **2.** cj. a. **~ that** nun da

now·a·days ['naʊədeɪz] heutzutage

no·where ['nəʊweə] nirgends

nox·ious ['nɒkʃəs] schädlich

noz·zle tech. ['nɒzl] Schnauze f; Stutzen m; Düse f; Zapfpistole f

NSPCC Brt. [en es piː siː 'siː] Abk. für **National Society for the Prevention of Cruelty to Children** (Kinderschutzverein)

nu·ance ['njuːɑːns] Nuance f

nub [nʌb] springender Punkt

nu·cle·ar ['njuːklɪə] Kern..., Atom..., atomar, nuklear, Nuklear...; **~ 'en·er·gy** Atom-, Kernenergie f; **~ 'fam·i·ly** Kleinfamilie f; **~ 'fis·sion** Kernspaltung f; **~'free** atomwaffenfrei; **~ fu·sion** Kernfusion f; **~ 'phys·ics** sg. Kernphysik f; **~ 'pow·er** Atom-, Kernkraft f; **~'pow·ered** atomgetrieben; **~ 'pow·er plant** Atom-, Kernkraftwerk n; **~ re'ac·tor** Atom-, Kernreaktor m; **~ war** Atomkrieg m; **~ 'war·head** Atomsprengkopf m; **~ waste** Atommüll m; **~ 'weap·ons** pl. Atom-, Kernwaffen pl.

nu·cle·us ['njuːklɪəs] (pl. **-clei** [-klɪaɪ]) (Atom-, Zell)Kern m; fig. Kern m

nude [njuːd] **1.** nackt; **2.** Kunst: Akt m

nudge [nʌdʒ] **1.** j-n anstoßen, (an)stupsen; **2.** Stups(er) m

nug·get ['nʌgɪt] (bsd. Gold)Klumpen m

nui·sance ['njuːsns] Plage f, Ärgernis n; Nervensäge f, Quälgeist m; **what a ~!**

nukes

wie ärgerlich!; *be a ~ to s.o.* j-m lästig fallen, j-n nerven; *make a ~ of o.s.* den Leuten auf die Nerven gehen *od.* fallen
nukes F [nju:ks] *pl.* Atom-, Kernwaffen *pl.*
null *bsd. jur.* [nʌl]: *~ and void* null u. nichtig
numb [nʌm] **1.** starr (*with* vor Kälte *etc.*), taub; *fig.* wie betäubt (*with* vor *Schmerz etc.*); **2.** starr *od.* taub machen
num·ber ['nʌmbə] **1.** Zahl *f*, Ziffer *f*; Nummer *f*; (An)Zahl *f*; Ausgabe *f*, Nummer *f* (*e-r Zeitung etc.*); (*Bus-etc.*)Linie *f*; *sorry, wrong ~ tel.* falsch verbunden!; **2.** nummerieren; zählen; sich belaufen auf (*acc.*); '~·**less** zahllos; '~·**plate** *bsd. Brt. mot.* Nummernschild *n*
nu·mer·al ['nju:mərəl] Ziffer *f*; *ling.* Zahlwort *n*
nu·me·rous ['nju:mərəs] zahlreich
nun [nʌn] Nonne *f*; ~·**ne·ry** ['nʌnəri] Nonnenkloster *n*
nurse [nɜːs] **1.** (Kranken-, Säuglings)Schwester *f*; Kindermädchen *n*; (Kranken)Pflegerin *f*; → *male nurse*; *a. wet ~* Amme *f*; **2.** stillen; pflegen; hegen; als Krankenschwester *od.* -pfleger arbeiten; *~ s.o. back to health* j-n gesund pflegen
nur·se·ry ['nɜːsəri] Tagesheim *n*, -stätte *f*; *veraltet* Kinderzimmer *n*; *agr.*: Baum-, Pflanzschule *f*; '~ **rhyme** Kinderlied *n*, -reim *m*; '~ **school** Kindergarten *m*; '~ **slope** *Ski*: Idiotenhügel *m*
nurs·ing ['nɜːsɪŋ] Stillen *n*; (Kranken)Pflege *f*; '~ **bot·tle** (Säuglings-, Saug)Flasche *f*; '~ **home** Pflegeheim *n*; *Brt.* Privatklinik *f*
nut [nʌt] *bot.* Nuss *f*; *tech.* (Schrauben-) Mutter *f*; F verrückter Kerl; F Birne *f* (*Kopf*); *be off one's ~* F spinnen; '~·**crack·er(s**, *pl.*) Nussknacker *m*; ~·**meg** *bot.* ['nʌtmeg] Muskatnuss *f*
nu·tri·ent ['nju:trɪənt] **1.** Nährstoff *m*; **2.** nahrhaft
nu·tri·tion [nju:'trɪʃn] Ernährung *f*; ~**tious** [nju:'trɪʃəs] nahrhaft; ~**tive** ['nju:trɪtɪv] nahrhaft
'**nut·shell** Nussschale *f*; (*to put it*) *in a ~* F kurz gesagt, mit e-m Wort; ~·**ty** ['nʌtɪ] (*-ier, -iest*) voller Nüsse; Nuss...; *sl.* verrückt
NW *nur geschr. Abk. für:* **northwest** NW, Nordwest(en *m*); **northwest(ern)** nw, nordwestlich
NY *nur geschr. Abk. für* **New York** (*Stadt od. Staat*)
NYC *nur geschr. Abk. für* **New York City** (die Stadt) New York
ny·lon ['naɪlɒn] Nylon *n*; ~**s** *pl.* Nylonstrümpfe *pl.*
nymph [nɪmf] Nymphe *f*

O

O, o [əʊ] O, o *n*
o [əʊ] Null *f* (*Ziffer, a. in Telefonnummern*)
oaf [əʊf] Lümmel *m*, Flegel *m*
oak *bot.* [əʊk] Eiche *f*
oar [ɔː] Ruder *n*; ~·**s·man** ['ɔːzmən] (*pl. -men*) *Sport*: Ruderer *m*; ~·**s·wom·an** (*pl. -women*) *Sport*: Ruderin *f*
OAS [əʊ eɪ 'es] *Abk. für* **Organization of American States** Organisation *f* amerikanischer Staaten
o·a·sis [əʊ'eɪsɪs] (*pl. -ses* [-siːz]) Oase *f* (*a. fig.*)

oath [əʊθ] (*pl.* **oaths** [əʊðz]) Eid *m*, Schwur *m*; Fluch *m*; *be on od. under ~* unter Eid stehen; *take an ~* Eid leisten *od.* schwören; *take the ~* schwören
oat·meal ['əʊtmiːl] Hafermehl *n*, -grütze *f*
oats [əʊts] *pl. bot.* Hafer *m*; *sow one's wild ~* sich die Hörner abstoßen
o·be·di·ence [ə'biːdjəns] Gehorsam *m*; ~**ent** gehorsam
o·bese [əʊ'biːs] fett(leibig); **o·bes·i·ty** [əʊ'biːsətɪ] Fettleibigkeit *f*

o·bey [ə'beɪ] gehorchen (*dat.*), folgen; *Befehl etc.* befolgen

o·bit·u·a·ry [ə'bɪtjʊərɪ] Nachruf *m*; *a.* ~ ***notice*** Todesanzeige *f*

ob·ject 1. ['ɒbdʒɪkt] Objekt *n* (*a. gr.*); Gegenstand *m*; Ziel *n*, Zweck *m*, Absicht *f*; **2.** [əb'dʒekt] einwenden; *et.* dagegen haben

ob·jec·tion [əb'dʒekʃn] Einwand *m*, -spruch *m* (*a. jur.*); ~**tio·na·ble** nicht einwandfrei; unangenehm; anstößig

ob·jec·tive [əb'dʒektɪv] **1.** objektiv, sachlich; **2.** Ziel *n*; Objektiv *n* (*Mikroskop*)

ob·li·ga·tion [ɒblɪ'geɪʃn] Verpflichtung *f*; ***be under an*** ~ ***to s.o.*** j-m (zu Dank) verpflichtet sein; ***be under an*** ~ ***to do s.th.*** verpflichtet sein, *et.* zu tun; **ob·lig·a·to·ry** [ə'blɪɡətərɪ] verpflichtend, verbindlich

o·blige [ə'blaɪdʒ] nötigen, zwingen; (zu Dank) verpflichten; ~ ***s.o.*** j-m e-n Gefallen tun; ***much*** ~***d*** besten Dank; **o·blig·ing** entgegenkommend; gefällig

o·blique [ə'bliːk] schief, schräg; *fig.* indirekt

o·blit·er·ate [ə'blɪtəreɪt] auslöschen, vernichten, völlig zerstören; *Sonne etc.* verdecken

o·bliv·i·on [ə'blɪvɪən] Vergessen(heit) *f* *n*; ~**ous** [ə'blɪvɪəs]: ***be*** ~ ***of od. to s.th.*** sich e-r Sache nicht bewusst sein; *et.* nicht bemerken *od.* wahrnehmen

ob·long ['ɒblɒŋ] rechteckig; länglich

ob·nox·ious [əb'nɒkʃəs] widerlich

ob·scene [əb'siːn] obszön, unanständig

ob·scure [əb'skjʊə] **1.** dunkel; *fig.* dunkel, unklar; unbekannt; **2.** verdunkeln, -decken; **ob·scu·ri·ty** [əb'skjʊərətɪ] Unbekanntheit *f*; Unklarheit *f*

ob·se·quies ['ɒbsɪkwɪz] *pl.* Trauerfeier(lichkeiten *pl.*) *f*

ob·serv·a·ble [əb'zɜːvəbl] wahrnehmbar, merklich; ~**vance** [əb'zɜːvns] Beachtung *f*, Befolgung *f*; ~**vant** [əb'zɜːvnt] aufmerksam; ~**va·tion** [ɒbzə'veɪʃn] Beobachtung *f*, Überwachung *f*; Bemerkung *f* (***on*** über *acc.*); ~**va·to·ry** [əb'zɜːvətrɪ] Observatorium *n*, Sternwarte *f*

ob·serve [əb'zɜːv] beobachten; überwachen; *Vorschrift etc.* beachten, befolgen, einhalten; bemerken, äußern; **ob'serv·er** Beobachter(in)

ob·sess [əb'ses]: ***be*** ~***ed by od. with*** besessen sein von; **ob·ses·sion** [əb'seʃn] Besessenheit *f*; fixe Idee; **ob·ses·sive** *psych.* [əb'sesɪv] zwanghaft

ob·so·lete ['ɒbsəliːt] veraltet

ob·sta·cle ['ɒbstəkl] Hindernis *n*

ob·sti·nate ['ɒbstɪnət] hartnäckig, halsstarrig; eigensinnig

ob·struct [əb'strʌkt] verstopfen, -sperren; blockieren; behindern; **ob·struc·tion** [əb'strʌkʃn] Verstopfung *f*; Blockierung *f*; Behinderung *f*; **ob·struc·tive** [əb'strʌktɪv] blockierend; hinderlich

ob·tain [əb'teɪn] erhalten, bekommen, sich *et.* beschaffen; ~**a·ble** erhältlich

ob·tru·sive [əb'truːsɪv] aufdringlich

ob·tuse [əb'tjuːs] stumpf (*Winkel*)

ob·vi·ous ['ɒbvɪəs] offensichtlich, klar, einleuchtend

oc·ca·sion [ə'keɪʒn] Gelegenheit *f*; Anlass *m*; Veranlassung *f*; (festliches) Ereignis *n*; ***on the*** ~ ***of*** anlässlich (*gen.*); ~**al** [ə'keɪʒənl] gelegentlich; vereinzelt

Oc·ci·dent ['ɒksɪdənt] *der* Westen, *der* Okzident, *das* Abendland; 2**·den·tal** [ɒksɪ'dentl] abendländisch, westlich

oc·cu·pant ['ɒkjʊpənt] Bewohner(in); Insass|e *m*, -in *f*; ~**pa·tion** [ɒkjʊ'peɪʃn] Beruf *m*; Beschäftigung *f*; *mil.*, *pol.* Besetzung *f*, Besatzung *f*, Okkupation *f*; ~**py** ['ɒkjʊpaɪ] in Besitz nehmen, *mil.*, *pol.* besetzen; *Raum* einnehmen; in Anspruch nehmen; beschäftigen; ***be occupied*** bewohnt sein; besetzt sein (*Platz*)

oc·cur [ə'kɜː] (**-rr-**) sich ereignen; vorkommen; ***it*** ~***red to me that*** es fiel mir ein *od.* mir kam der Gedanke, dass; ~**rence** [ə'kʌrəns] Vorkommen *n*; Ereignis *n*; Vorfall *m*

o·cean ['əʊʃn] Ozean *m*, Meer *n*

o'clock [ə'klɒk] Uhr (*bei Zeitangaben*); (***at***) ***five*** ~ (um) fünf Uhr

Oct *nur geschr. Abk. für* **October** Okt., Oktober *m*

Oc·to·ber [ɒk'təʊbə] (*Abk.* **Oct**) Oktober *m*

oc·u·lar ['ɒkjʊlə] Augen...; ~**list** ['ɒkjʊlɪst] Augen|arzt *m*, -ärztin *f*

OD F [əʊ 'diː] *v/i.* ~ ***on heroin*** an e-r Überdosis Heroin sterben

odd [ɒd] sonderbar, seltsam, merkwür-

odds

dig; einzeln, Einzel... (*Schuh etc.*); ungerade (*Zahl*); F *nach Zahlen*: **30** ~ (et.) über 30, einige 30; gelegentlich, Gelegenheits...; ~ **jobs** *pl.* Gelegenheitsarbeiten *pl.*

odds [ɒdz] (Gewinn)Chancen *pl.*; *the* ~ *are 10 to 1* die Chancen stehen 10 zu 1; *the* ~ *are that* es ist sehr wahrscheinlich, dass; *against all* ~ wider Erwarten, entgegen allen Erwartungen; *be at* ~ uneins sein (*with* mit); ~ *and ends* Krimskrams *m*; ~'*on* hoch, klar (*Favorit*), aussichtsreichst (*Kandidat etc.*)

ode [əʊd] Ode *f* (*Gedicht*)

o‧do(u)r [ˈəʊdə] Geruch *m* (*bsd. unangenehmer*)

of *prp.* [ɒv, əv] *von*; *Herkunft*: von, aus; *Material*: aus; um (*cheat s.o.* ~ *s.th.*); an (*dat.*) (*die* ~); aus (~ *charity*); vor (*dat.*) (*afraid* ~); auf (*acc.*) (*proud* ~); über (*acc.*) (*glad* ~); nach (*smell* ~); von, über (*acc.*) (*speak* ~ *s.th.*); an (*acc.*) (*think* ~ *s.th.*); *the city* ~ *London* die Stadt London; *the works* ~ *Dickens* Dickens' Werke; *your letter* ~ ... Ihr Schreiben vom ...; *five minutes* ~ *twelve Am.* fünf Minuten vor zwölf

off [ɒf] **1.** *adv.* fort(...), weg(...); ab(...), ab(gegangen) (*3 miles* ~); aus(...), aus-, abgeschaltet (*Licht etc.*), zu (*Hahn etc.*); aus(gegangen), alle; aus, vorbei; verdorben (*Nahrungsmittel*); frei (*von Arbeit*); *I must be* ~ ich muss gehen *od.* weg; ~ *with you!* fort mit dir!; *be* ~ ausfallen, nicht stattfinden; *10 %* ~ *econ.* 10% Nachlass; ~ *and on* ab u. zu, hin u. wieder; *take a day* ~ sich e-n Tag frei nehmen; *be well (badly)* ~ gut (schlecht) d(a)ran *od.* gestellt *od.* situiert sein; **2.** *prp.* fort von, weg von, von (... ab, weg, herunter); abseits von (*od. gen.*), von ... weg; *naut.* vor *der Küste etc.*; *be* ~ *duty* nicht im Dienst sein, dienstfrei haben; *be* ~ *smoking* nicht mehr rauchen; **3.** *adj.* (arbeits-, dienst)frei; schlecht (*Tag etc.*)

of‧fal *Brt. gastr.* [ˈɒfl] Innereien *pl.*

of‧fence *Brt.*, **of‧fense** *Am.* [əˈfens] Vergehen *n*, Verstoß *m*; *jur.* Beleidigung *f*, Kränkung *f*; *take* ~ Anstoß nehmen (*at an dat.*)

of‧fend [əˈfend] beleidigen, kränken; verstoßen (*against* gegen); ~*er* (Übel-

204

Misse)Täter(in); *first* ~ *jur.* nicht Vorbestrafte(r *m*) *f*, Ersttäter(in)

of‧fen‧sive [əˈfensɪv] **1.** beleidigend, anstößig; widerlich (*Geruch etc.*); Offensiv..., Angriffs...; **2.** Offensive *f*

of‧fer [ˈɒfə] **1.** *v/t.* anbieten (*a. econ.*); Preis, Möglichkeit *etc.* bieten; Preis, Belohnung aussetzen; sich bereit erklären (*to do* zu tun); *Widerstand* leisten; *v/i.* sich od. sich anbieten; **2.** Angebot *n*

off‧hand [ɒfˈhænd] lässig (*Art etc.*); auf Anhieb, so ohne Weiteres; Stegreif...

of‧fice [ˈɒfɪs] Büro *n*, Geschäftsstelle *f*, (Anwalts)Kanzlei *f*; *bsd.* öffentliches Amt, Posten *m*; *mst* 2 *bsd. Brt.* Ministerium *n*; ~ **hours** *pl.* Dienstzeit *f*; Geschäfts-, Öffnungszeiten *pl.*

of‧fi‧cer [ˈɒfɪsə] *mil.* Offizier *m*; (Polizei- *etc.*)Beamt|e(r) *m*, -in *f*

of‧fi‧cial [əˈfɪʃl] **1.** Beamt|e(r) *m*, -in *f*; **2.** offiziell, amtlich, dienstlich

of‧fi‧ci‧ate [əˈfɪʃieɪt] amtieren

of‧fi‧cious [əˈfɪʃəs] übereifrig

'**off-licence** *Brt.* Wein- u. Spirituosenhandlung *f*; '~**line** *Computer*: rechnerunabhängig, Off-line-...; ~'**peak**: ~ *electricity* Nachtstrom *m*; ~ *hours pl.* verkehrsschwache Stunden *pl.*; ~ **season** Nebensaison *f*; '~**set** ausgleichen; '~**shoot** *bot.* Ableger *m*, Spross *m*; '~**shore** vor der Küste; ~'**side** *Sport*: abseits; ~ *position* Abseitsposition *f*, -stellung *f*; ~ *trap* Abseitsfalle *f*; '~**spring** Nachkomme(nschaft *f*) *m*; ~**the-'rec‧ord** inoffiziell

of‧ten [ˈɒfn] oft(mals), häufig

oh *int.* [əʊ] oh!

oil [ɔɪl] **1.** Öl *n*; (Erd)Öl *n*; **2.** (ein)ölen, schmieren (*a. fig.*); '~ **change** *mot.* Ölwechsel *m*; '~**cloth** Wachstuch *n*; '~**field** Ölfeld *n*; '~ **paint‧ing** Ölmalerei *f*; Ölgemälde *n*; '~ **plat‧form** → *oilrig*; '~ **pol‧lu‧tion** Ölpest *f*; '~**pro‧duc‧ing coun‧try** Ölförderland *n*; '~ **re‧fin‧er‧y** Erdölraffinerie *f*; '~**rig** (Öl)Bohrinsel *f*; '~**skins** *pl.* Ölzeug *n*; '~ **slick** Ölteppich *m*; '~ **well** Ölquelle *f*; '~**y** (*-ier, -iest*) ölig; *fig.* schmierig, schleimig

oint‧ment [ˈɔɪntmənt] Salbe *f*

OK, o‧kay F [əʊˈkeɪ] **1.** *adj. u. int.* okay(!), o.k.(!), in Ordnung(!); **2.** genehmigen, e-r Sache zustimmen; **3.**

Okay *n*, **O.K.** *n*, Genehmigung *f*, Zustimmung *f*

old [əʊld] **1.** alt; **2.** the ~ *pl.* die Alten *pl.*; ~ **age** (hohes) Alter; ~ **age 'pension** Rente *f*, Pension *f*; ~ **age 'pension·er** Rentner(in), Pensionär(in); ~**'fash·ioned** altmodisch; '~**ish** ältlich; ~ **'peo·ple's home** Alters-, Altenheim *n*

ol·ive ['ɒlɪv] *bot.* Olive *f*; Olivgrün *n*

O·lym·pic Games [əlɪmpɪk 'geɪmz] *pl.* Olympische Spiele *pl.*

om·i·nous ['ɒmɪnəs] unheilvoll

o·mis·sion [əʊ'mɪʃn] Auslassung *f*; Unterlassung *f*

o·mit [ə'mɪt] (-tt-) aus-, weglassen; unterlassen

om·nip·o·tent [ɒm'nɪpətənt] allmächtig

om·nis·ci·ent [ɒm'nɪsɪənt] allwissend

on [ɒn] **1.** *prp.* auf (*acc. od. dat.*) (~ *the table*), an (*dat.*) (~ *the wall*); in (~ *TV*); *Richtung, Ziel:* auf (*acc.*) ... (hin), an (*acc.*), nach (*dat.*) ... (hin) (*march* ~ *London*); zu (*dat.*) ... (hin) (~ *demand*); *Zeitpunkt:* an (*dat.*) (~ *Sunday*, ~ *the 1st of April*); (gleich) nach, bei (~ *his arrival*); gehörig zu, beschäftigt bei (~ *a committee*, ~ *the "Daily Mail"*); *Zustand:* in (*dat.*), auf (*dat.*) (~ *duty*, ~ *fire*); *Thema:* über (*acc.*) (*talk* ~ *a subject*); nach (*dat.*) (~ *this model*); von (*dat.*) (*live* ~ *s.th.*); ~ *the street Am.* auf der Straße; ~ *a train bsd. Am.* in e-m Zug; ~ *hearing it* als ich *etc.* es hörte; *have you any money* ~ *you?* hast du Geld bei dir?; **2.** *adj. u. adv.* an(geschaltet) (*Licht etc.*), eingeschaltet (*Radio etc.*), auf (*Hahn etc.*); (dar)auf(*legen*, *-schrauben etc.*); an(*haben*, *-ziehen*) (*Kleidung*) (*have a coat* ~); auf(*behalten*) (*keep one's hat* ~); auf(*gehen*, *-sprechen etc.*); *and so* ~ und so weiter; ~ *and* ~ immer weiter; *from this day* ~ von dem Tage an; *be* ~ *thea.* gegeben werden (*Stück*); laufen (*Film*); *Rundfunk, TV:* gesendet werden; *what's* ~? was ist los?

once [wʌns] **1.** einmal; einst; ~ *again*, ~ *more* noch einmal; ~ *in a while* ab u. zu, hin u. wieder; ~ *and for all* ein für alle Mal; *not* ~ kein einziges Mal; *at* ~ sofort; auf einmal, gleichzeitig; *all at* ~ plötzlich; *for* ~ diesmal, ausnahmsweise; *this* ~ dieses eine Mal; **2.** sobald

one [wʌn] ein(e); einzig; man; Eins *f*, eins; ~**'s** sein(e); ~ *day* eines Tages; ~ *Smith* ein gewisser Smith; ~ *another* sich (gegenseitig), einander; ~ *by* ~, ~ *after another,* ~ *after the other* e-r nach dem andern; *I for* ~ ich zum Beispiel; *the little* ~*s pl.* die Kleinen *pl.*; ~**'self** sich (selbst); sich selbst; (*all*) *by* ~ ganz allein; *to* ~ ganz für sich (allein); ~**'sid·ed** einseitig; '~**time** ehemalig, früher; ~**track 'mind:** *have a* ~ immer nur dasselbe im Kopf haben; ~**-'two** Fußball: Doppelpass *m*; ~**'way** Einbahn...; ~**way 'street** Einbahnstraße *f*; ~**way 'tick·et** *Am.* einfache Fahrkarte, *aviat.* einfaches Ticket; ~**way 'traf·fic** Verkehr *m* nur in e-r Richtung

on·ion *bot.* ['ʌnjən] Zwiebel *f*

'on·line *Computer*: rechnerabhängig, On-line...; '~**look·er** Zuschauer(in)

on·ly ['əʊnlɪ] **1.** *adj.* einzige(r, -s); **2.** *adv.* nur, bloß; erst; ~ *yesterday* erst gestern; **3.** *cj.* F nur, bloß

'on·rush Ansturm *m*; '~**set** Beginn *m* (*des Winters*); Ausbruch *m* (*e-r Krankheit*); '~**slaught** ['ɒnslɔːt] (heftiger) Angriff (*a. fig.*)

on·to ['ɒntʊ, 'ɒntə] auf (*acc.*)

on·ward(s) ['ɒnwəd(z)] *adv.* vorwärts, weiter; *from now* ~ von nun an

ooze [uːz] *v/i.* sickern; ~ *away fig.* schwinden; *v/t.* absondern; *fig.* ausstrahlen, verströmen

o·paque [əʊ'peɪk] (~*r*, ~*st*) undurchsichtig; *fig.* unverständlich

OPEC ['əʊpek] *Abk. für* **Organization of Petroleum Exporting Countries** Organisation *f* der Erdöl exportierenden Länder

o·pen ['əʊpən] **1.** offen, geöffnet, offen, offen, frei (*Feld*); öffentlich; *fig.* offen, unentschieden; *fig.* offen, freimütig; *fig.* zugänglich, aufgeschlossen (*to* für *od. dat.*); ~ *all day* durchgehend geöffnet; *in the* ~ *air* im Freien; **2.** *Golf, Tennis:* offenes Turnier; *in the* ~ im Freien; *come out into the* ~ *fig.* an die Öffentlichkeit treten; **3.** *v/t.* öffnen, aufmachen, *Buch etc. a.* aufschlagen; eröffnen; *v/i.* sich öffnen, aufgehen; öffnen, aufmachen (*Laden*); anfangen, beginnen; ~ *into* führen nach *od.* in (*Tür etc.*); ~ *onto* hinausgehen auf

open-air

(*acc.*) (*Fenster, Tür*); ~'**air** im Freien; ~'**end·ed** zeitlich unbegrenzt; ~**er** ['əʊpnɪŋ] (*Dosen- etc.*)Öffner *m*; ~-'**eyed** mit großen Augen, staunend; ~'**hand·ed** freigebig, großzügig; ~'**ing** ['əʊpnɪŋ] Öffnung *f*; *econ.* freie Stelle; Eröffnung *f*, Erschließung *f*, Einstieg *m*; Eröffnungs...; Öffnungs...; ~'**mind·ed** aufgeschlossen

op·e·ra ['ɒpərə] Oper *f*; '~ **glass·es** *pl.* Opernglas *n*; '~ **house** Opernhaus *n*, Oper *f*

op·e·rate ['ɒpəreɪt] *v/i. tech.* arbeiten, in Betrieb sein, laufen (*Maschine etc.*); wirksam sein *od.* werden; *med.* operieren (**on** *s.o.* j-n); *v/t. tech.* Maschine bedienen, *Schalter etc.* betätigen; Unternehmen, *Geschäft* betreiben, führen

'**op·e·rat·ing**| **room** *Am.* Operationssaal *m*; '~ **sys·tem** *Computer*: Betriebssystem *n*; '~ **thea·tre** *Brt.* Operationssaal *m*

op·e·ra·tion [ɒpə'reɪʃn] *tech.* Betrieb *m*, Lauf *m* (e-r *Maschine*); *tech.* Bedienung *f*, Tätigkeit *f*, Unternehmen *n*; *med., mil.* Operation *f*; *in* ~ in Betrieb; ~**tive** ['ɒpərətɪv] wirksam; *med.* operativ; ~**tor** ['ɒpəreɪtə] *tech.* Bedienungsperson *f*; *Computer*: Operator *m*; *tel.* Vermittlung *f*

o·pin·ion [ə'pɪnjən] Meinung *f*, Ansicht *f*; Gutachten *n* (**on** über *acc.*); *in my* ~ meines Erachtens

op·po·nent [ə'pəʊnənt] Gegner(in)

op·por|**tune** ['ɒpətju:n] günstig, passend; rechtzeitig; ~**tu·ni·ty** [ɒpə-'tju:nətɪ] (günstige) Gelegenheit

op·pose [ə'pəʊz] sich widersetzen (*dat.*); **op·posed** entgegengesetzt; *be* ~ *to* gegen ... sein; **op·po·site** ['ɒpəzɪt] 1. Gegenteil *n*, -satz *m*; 2. *adj.* gegenüberliegend; entgegengesetzt; 3. *adv.* gegenüber (*to dat.*); 4. *prp.* gegenüber (*dat.*); **op·po·si·tion** [ɒpə'zɪʃn] Widerstand *m*, Opposition *f* (*a. parl.*); Gegensatz *m*

op·press [ə'pres] unterdrücken; **op·pres·sion** [ə'preʃn] Unterdrückung *f*; **op·pres·sive** [ə'presɪv] (be)drückend; hart, grausam; schwül (*Wetter*)

op·tic ['ɒptɪk] Augen..., Seh...; → '**op·ti·cal** optisch; **op·ti·cian** [ɒp'tɪʃn] Optiker(in)

op·ti|**mis·m** ['ɒptɪmɪzəm] Optimismus *m*; ~**mist** ['ɒptɪmɪst] Optimist(in); ~'**mis·tic** (~*ally*) optimistisch

op·tion ['ɒpʃn] Wahl *f*; *econ.* Option *f*, Vorkaufsrecht *n*; *mot.* Extra *n*; ~**al** ['ɒpʃnl] freiwillig; Wahl...; *be an* ~ *ex·tra mot.* gegen Aufpreis erhältlich sein

or [ɔ:] oder; ~ *else* sonst

o·ral ['ɔ:rəl] mündlich; Mund...

or·ange ['ɒrɪndʒ] 1. *bot.* Orange *f*, Apfelsine *f*; 2. orange(farben); ~'**ade** [ɒrɪndʒ'eɪd] Orangenlimonade *f*

o·ra·tion [ɔ:'reɪʃn] Rede *f*, Ansprache *f*; **or·a·tor** ['ɒrətə] Redner(in)

or·bit ['ɔ:bɪt] 1. Kreis-, Umlaufbahn *f*; *get od. put into* ~ in e-e Umlaufbahn gelangen *od.* bringen; 2. *v/t.* die Erde *etc.* umkreisen; *v/i.* die Erde *etc.* umkreisen, sich auf e-r Umlaufbahn bewegen

or·chard ['ɔ:tʃəd] Obstgarten *m*

or·ches·tra ['ɔ:kɪstrə] *mus.* Orchester *n*; *Am. thea.* Parkett *n*

or·chid *bot.* ['ɔ:kɪd] Orchidee *f*

or·dain [ɔ:'deɪn]: ~ *s.o.* (*priest*) j-n zum Priester weihen

or·deal [ɔ:'di:l] Qual *f*, Tortur *f*

or·der ['ɔ:də] 1. Ordnung *f*; Anordnung *f*, Reihenfolge *f*; Befehl *m*, Anordnung *f*; *econ.* Bestellung *f*, Auftrag *m*; *parl. etc.* (Geschäfts)Ordnung *f*; *rel. etc.* Orden *m*; ~ *to pay econ.* Zahlungsanweisung *f*; *in* ~ *to* um zu; *out of* ~ nicht in Ordnung, defekt; außer Betrieb; *make to* ~ auf Bestellung *od.* nach Maß anfertigen; 2. *v/t.* j-m befehlen (*to do* zu tun), *et.* befehlen, anordnen; j-n schicken, beordern; *med.* j-m *et.* verordnen; *econ.* bestellen (*a. im Restaurant*); *fig.* ordnen, in Ordnung bringen; *v/i.* bestellen (*im Restaurant*); ~'**ly** 1. ordentlich; *fig.* gesittet, friedlich (*Menge etc.*); 2. *med.* Hilfspfleger *m*

or·di·nal *math.* ['ɔ:dɪnl] *a.* ~ *number math.* Ordnungszahl *f*

or·di·nary ['ɔ:dnrɪ] üblich, gewöhnlich, normal; △ *nicht ordinär*

ore *min.* [ɔ:] Erz *n*

or·gan ['ɔ:gən] *anat.* Organ *n* (*a. fig.*); *mus.* Orgel *f*; '~ **grind·er** Leierkastenmann *m*; ~**ic** [ɔ:'gænɪk] (~*ally*) organisch; ~**is·m** [ɔ:'gænɪzəm] Organismus *m*; ~**i·za·tion** [ɔ:gənaɪ'zeɪʃn] Organisation *f*; ~**ize** ['ɔ:gənaɪz] organisieren;

bsd. Am. sich (gewerkschaftlich) organisieren; '**~·iz·er** Organisator(in)

or·gas·m ['ɔ:gæzəm] Orgasmus *m*

o·ri·ent ['ɔ:rɪənt] **1.** ♀ *der Osten, der Orient, das Morgenland;* **2.** orientieren; **~·en·tal** [ɔ:rɪ'entl] orientalisch, östlich; **2.** ♀ Oriental|e *m*, -in *f*; **~·en·tate** ['ɔ:rɪənteɪt] orientieren

or·i·gin ['ɒrɪdʒɪn] Ursprung *m*, Abstammung *f*, Herkunft *f*

o·rig·i·nal [ə'rɪdʒənl] **1.** ursprünglich, Original...; originell; **2.** Original *n*; **~·i·ty** [ərɪdʒə'nælətɪ] Originalität *f*; **~·ly** [ə'rɪdʒənəlɪ] ursprünglich; originell

o·rig·i·nate [ə'rɪdʒəneɪt] *v/t.* schaffen, ins Leben rufen; *v/i.* zurückgehen (**from** *auf acc.*), (her)stammen (**from** von, aus)

or·na·ment 1. ['ɔ:nəmənt] Ornament(e *pl.*) *n*, Verzierung(en *pl.*) *f*, Schmuck *m*; *fig.* Zier(de) *f* (**to** für *od. gen.*); **2.** ['ɔ:nəment] verzieren, schmücken (**with** mit); **~·men·tal** [ɔ:nə'mentl] dekorativ, schmückend, Zier...

or·nate *fig.* [ɔ:'neɪt] überladen (*Stil etc.*)

or·phan ['ɔ:fn] **1.** Waise(nkind *n*) *f*; **be ~ed** Waise werden; **~·age** ['ɔ:fənɪdʒ] Waisenhaus *n*

or·tho·dox ['ɔ:θədɒks] orthodox

os·cil·late ['ɒsɪleɪt] *phys.* schwingen; *fig.* schwanken (**between** zwischen *dat.*)

os·prey *zo.* ['ɒsprɪ] Fischadler *m*

os·ten·si·ble [ɒ'stensəbl] an-, vorgeblich

os·ten·ta|·tion [ɒsten'teɪʃn] (protzige) Zurschaustellung; Protzerei *f*, Prahlerei *f*; **~·tious** [ɒsten'teɪʃəs] protzend, prahlerisch

os·tra·cize ['ɒstrəsaɪz] ächten

os·trich *zo.* ['ɒstrɪtʃ] Strauß *m*

oth·er ['ʌðə] andere(r, -s); *the ~ day* neulich; *the ~ morning* neulich morgens; *every ~ day* jeden zweiten Tag, alle zwei Tage; '**~·wise** anders; sonst

ot·ter *zo.* ['ɒtə] Otter *m*

ought [ɔ:t] *v/aux.* ich sollte, *du* solltest *etc.*; *you ~ to have done it* Sie hätten es tun sollen

ounce [aʊns] Unze *f* (28,35 *g*)

our ['aʊə] unser; **~s** ['aʊəz] der, die, das Uns(e)re; unsere(r, -s); **~·selves** [aʊə-'selvz] wir *od.* uns selbst; uns (selbst)

oust [aʊst] verdrängen, hinauswerfen

(**from** aus); *j-n s-s Amtes* entheben

out [aʊt] **1.** *adv., adj.* aus; hinaus(*gehen, -werfen etc.*), heraus(*kommen etc.*); aus(*brechen etc.*); draußen, im Freien; nicht zu Hause, *östr., Schweiz:* a. nicht zuhause; *Sport:* aus, draußen; aus, vorbei; aus, erloschen; aus(verkauft); F out, aus der Mode; **~ of** aus (... heraus); zu ... hinaus; außerhalb von (*od. gen.*); außer *Reichweite etc.*; außer *Atem, Übung etc.*; (hergestellt) aus; außer *Furcht etc.*; **be ~ of** kein ... mehr haben; *in nine ~ of ten cases* in neun von zehn Fällen; **2.** *prp.* F aus (... heraus); zu ... hinaus; **3.** F outen (*intime Informationen an die Öffentlichkeit geben*)

out|'bal·ance überwiegen; **~'bid** (*-dd-; -bid*) überbieten; **~·board 'mo·tor** Außenbordmotor *m*; '**~·break** Ausbruch *m* (*e-r Krankheit, e-s Krieges etc.*); '**~·build·ing** Nebengebäude *n*; '**~·burst** Ausbruch *m* (*von Gefühlen*); '**~·cast 1.** ausgestoßen; **2.** Ausgestoßene(r *m*) *f*, Verstoßene(r *m*) *f*; '**~·come** Ergebnis *n*; △ *nicht das Auskommen*; '**~·cry** Aufschrei *m*, Schrei *m* der Entrüstung; **~'dat·ed** überholt, veraltet; **~'dis·tance** hinter sich lassen; **~'do** (*-did, -done*) übertreffen; '**~·door** *adj.* im Freien, draußen; '**~·doors** *adv.* draußen, im Freien

out·er ['aʊtə] äußere(r, -s); '**~·most** äußerste(r, -s); **~ 'space** Weltraum *m*

'**out|·fit** Ausrüstung *f*, Ausstattung *f*; Kleidung *f*; F (Arbeits)Gruppe *f*; '**~·fit·ter** Ausstatter *m*; *men's ~* Herrenausstatter *m*; **~'go·ing** (aus dem Amt) scheidend; '**~·go·ings** *pl. bsd. Brt.* (Geld)Ausgaben *pl.*; **~'grow** (*-grew, -grown*) herauswachsen aus (*Kleidern*); *Angewohnheit etc.* ablegen; größer werden als; '**~·house** Nebengebäude *n*

out·ing ['aʊtɪŋ] Ausflug *m*; Outing *n* (*Preisgabe intimer Informationen an die Öffentlichkeit*)

out|·land·ish befremdlich, sonderbar; **~'last** überdauern, -leben; '**~·law** *hist.* Geächtete(r *m*) *f*; '**~·lay** (Geld)Ausgaben *pl.*, Ausgaben *pl.*; '**~·let** Abfluss *m*, Abzug *m*; *fig.* Ventil *n*; '**~·line 1.** Umriss *m*; Überblick *m*; **2.** umreißen, skizzieren; **~'live** überleben; '**~·look** (Aus)Blick *m*, (Aus)Sicht *f*; Einstel-

outlying

lung *f*, Auffassung *f*; **~·ly·ing** abgelegen, entlegen; **~·num·ber** *be ~ed by s.o.* j-m zahlenmäßig unterlegen sein; **~-of-'date** veraltet, überholt; **~-of-the-'way** abgelegen, entlegen; *fig.* ungewöhnlich; **'~·pa·tient** ambulanter Patient, ambulante Patientin; **'~·post** Vorposten *m*; **'~·pour·ing** (Gefühls)Erguss *m*; **'~·put** *econ.* Output *m*, Produktion *f*, Ausstoß *m*, Ertrag *m*; *Computer:* (Daten)Ausgabe *f*; **'~·rage 1.** Gewalttat *f*, Verbrechen *n*; Empörung *f*; **2.** grob verletzen; *j-n* empören; **~·ra·geous** [aʊtˈreɪdʒəs] abscheulich, empörend, unerhört; **~·right 1.** *adj.* [ˈaʊtraɪt] völlig, gänzlich, glatt (*Lüge etc.*); **2.** *adv.* [aʊtˈraɪt] auf der Stelle, sofort; ohne Umschweife; **~·run** (*-nn-; -ran, -run*) schneller laufen als; *fig.* übersteigen, -treffen; **'~·set** Anfang *m*, Beginn *m*; **'~·shine** (*-shone*) überstrahlen, *fig. a.* in den Schatten stellen; **'~·side 1.** Außenseite *f*; *Sport:* Außenstürmer(in); *at the* (*very*) *~* (aller-)höchstens; *~ left* (*right*) *Sport:* Links-(Rechts-)Außen *m*; *Le ~* äußere(r, -s), Außen...; **3.** *adv.* draußen; heraus, hinaus; **4.** *prp.* außerhalb; **~·sid·er** Außenseiter(in); **'~·size 1.** Übergröße *f*; **2.** übergroß; **'~·skirts** *pl.* Stadtrand *m*, Außenbezirke *pl.*; **~·smart → outwit**; **~·spo·ken** offen, freimütig; △ *nicht* **ausgesprochen**; **'~·spread** ausgestreckt, -breitet; **~·stand·ing** hervorragend; ausstehend (*Schuld*); ungeklärt (*Frage*); unerledigt (*Arbeit*); **'~·stay** länger bleiben als; **→ welcome 1**; **~·stretched** ausgestreckt; **'~·strip** (*-pp-*) überholen; *fig.* übertreffen; **'~·tray:** *in the ~* im Post- *etc.* Ausgang (*von Briefen etc.*); **~·vote** überstimmen

out·ward [ˈaʊtwəd] **1.** äußere(r, -s); äußerlich; **2.** *adv. mst ~s* auswärts, nach außen; **'~·ly** äußerlich

out'weigh *fig.* überwiegen; **~·wit** (*-tt-*) überlisten, reinlegen; **~·worn** veraltet, überholt

o·val [ˈəʊvl] **1.** oval; **2.** Oval *n*

o·va·tion [əʊˈveɪʃn] Ovation *f*; *give s.o. a standing ~* j-m stehende Ovationen bereiten, j-m stehend Beifall klatschen

ov·en [ˈʌvn] Back-, Bratofen *m*; **~-'read·y** bratfertig

o·ver [ˈəʊvə] **1.** *prp.* über; über (*acc.*),

über (*acc.*) ... (hin)weg; über (*dat.*), auf der anderen Seite von (*od. gen.*); über (*acc.*), mehr als; **2.** *adv.* hinüber, herüber (*to* zu); drüben; darüber, mehr; zu Ende, vorüber, vorbei; *allg.* über..., um...: *et.* über(*geben etc.*); über(*kochen etc.*); um(*fallen, -werfen etc.*); herum(*drehen etc.*); von Anfang bis Ende, durch(*lesen etc.*); (*gründlich*) über(*legen etc.*); (*all*) *~ again* noch einmal; *all ~* ganz vorbei; *~ and ~* (*again*) immer wieder; *~ and above* obendrein, überdies

o·ver|·act [əʊvərˈækt] *e-e Rolle* übertreiben; **~·age** [əʊvərˈeɪdʒ] zu alt; **~·all 1.** [əʊvərˈɔːl] gesamt, Gesamt...; allgemein; insgesamt; **2.** [ˈəʊvərɔːl] *Brt.* Arbeitsmantel *m*, Kittel *m*; *Am.* Overall *m*, Arbeitsanzug *m*; **~s** *pl. Brt.* Overall *m*, Arbeitsanzug *m*; *Am.* Arbeitshose *f*; **~·awe** [əʊvərˈɔː] einschüchtern; **~·bal·ance** umstoßen, umkippen; das Gleichgewicht verlieren, umkippen; **~·bear·ing** anmaßend; **~·board** *naut.* über Bord; **~·cast** bewölkt, bedeckt; **~·charge** überlasten, *electr. a.* überladen; *j-m* zu viel berechnen; *Betrag* zu viel verlangen; **'~·coat** Mantel *m*; **~·come** (*-came, -come*) überwinden, -wältigen; *be ~ with emotion* von s-n Gefühlen übermannt werden; **~·crowd·ed** überfüllt; überlaufen; **~·do** (*-did, -done*) übertreiben; zu lange kochen *od.* braten; *overdone a.* übergar; **'~·dose** Überdosis *f*; **~·draft** *econ.* (Konto)Überziehung *f*; **~·draw** (*-drew, -drawn*) *econ. Konto* überziehen (*by* um); **~·dress** (sich) zu vornehm anziehen; **~ed** overdressed; **'~·drive** *mot.* Overdrive *m*, Schongang *m*; **~·due** überfällig; **~·eat** [əʊvərˈiːt] (*-ate, -eaten*) sich überessen; **~·es·ti·mate** [əʊvərˈestɪmeɪt] zu hoch schätzen *od.* veranschlagen; *fig.* überschätzen; **~·ex·pose** *phot.* [əʊvərɪkˈspəʊz] überbelichten; **~·flow 1.** [əʊvəˈfləʊ] *v/t.* überfluten, -schwemmen; *v/i.* überlaufen, -fließen, überquellen (*with* von); **2.** [ˈəʊvəfləʊ] *tech.* Überlauf *m*; **~·grown** überwachsen, -wuchert; übergroß; **~·hang** (*-hung*) *v/t.* sehr *od.* drohend über (*dat.*) hängen; *v/i.* überhängen; **~·haul** *Maschine* überholen; **~·head 1.** *adv.* (dr)oben; **2.** *adj.*

Hoch..., Ober...; *econ.* allgemein (*Unkosten*); *Sport:* Überkopf...; ~**kick** Fußball: Fallrückzieher *m*; '~**head(s** *pl. Brt.*) *Am. econ.* laufende (Geschäfts)Kosten *pl.*; ~'**hear** (*-heard*) (zufällig) hören; △ *nicht* **überhören**; ~**heat·ed** überhitzt, -heizt; *tech.* heißgelaufen; ~**joyed** überglücklich; '~**kill** *mil.* Overkill *m*; *fig.* Übermaß *n*, Zuviel *n* (*of an dat.*); ~**lap** (*-pp-*) (sich) überlappen; sich überschneiden; ~**leaf** umseitig, umstehend; ~'**load** überlasten (*a. electr.*), -laden; ~'**look** übersehen; ~ **the sea** mit Blick aufs Meer; ~'**night 1.** über Nacht; **stay** ~ über Nacht bleiben, übernachten; **2.** Nacht...; ~ **bag** Reisetasche *f*; '~**pass** *bsd. Am.* (Straßen-, Eisenbahn)Überführung *f*; ~'**pay** (*-paid*) zu viel (be)zahlen; ~**pop·u·lat·ed** übervölkert; ~'**pow·er** überwältigen; ~**ing** *fig.* überwältigend; ~'**rate** überbewerten, -schätzen; ~ **o.s.** sich übernehmen; ~**re'act** überreagieren, überzogen reagieren (*to auf acc.*); ~**re'ac·tion** Überreaktion *f*, überzogene Reaktion (*to auf acc.*); ~'**ride** (*-rode, -ridden*) sich hinwegsetzen über (*acc.*); ~'**rule** *Entscheidung etc.* aufheben, *Einspruch etc.* abweisen; ~'**run** (*-nn-, -ran, -run*) länger dauern als vorgesehen; *Land* überschwemmen; **be** ~ **with** wimmeln von; ~'**seas 1.** *adj.* überseeisch, Übersee...; **2.** *adv.* in *od.* nach Übersee; ~'**see** (*-saw, -seen*) beaufsichtigen, überwachen; '~**seer** Aufseher(in); ~'**shad·ow** *fig.* überschatten; *fig.* in den Schatten stellen; '~**sight** Versehen *n*; ~'**size(d)** übergroß, mit Übergröße; ~'**sleep** (*-slept*) verschlafen; ~'**staffed** (*personell*) übersetzt; ~'**state** übertreiben; ~'**state·ment** Übertreibung *f*; ~'**stay** länger bleiben als; → **welcome 4**; ~'**step** *fig.* überschreiten; ~'**take** (*-took, -taken*) überholen; *j-n* überraschen; ~'**tax** zu hoch besteuern; *fig.* überbeanspruchen, -fordern; ~'**throw** (*-threw, -thrown*) *Regierung etc.* stürzen; **2.** ['əʊvəθrəʊ] (Um)Sturz *m*; '~**time** *econ.* Überstunden *pl.*; *Am. Sport:* (Spiel)Verlängerung *f*; **be on** ~, **do** ~, **work** ~ Überstunden machen

o·ver·ture *mus.* ['əʊvətjʊə] Ouvertüre *f*; Vorspiel *n*

o·ver|**'turn** umwerfen, umstoßen; *Regierung etc.* stürzen; umkippen, *naut.* kentern; '~**view** *fig.* Überblick *m* (*of* über *acc.*); ~'**weight 1.** ['əʊvəweɪt] Übergewicht *n*; **2.** [əʊvə'weɪt] übergewichtig (*Person*), zu schwer (*by* um) (*Sache*); **be five pounds** ~ fünf Pfund Übergewicht haben; ~'**whelm** überwältigen (*a. fig.*); ~'**whelm·ing** überwältigend; ~'**work** sich überarbeiten; überanstrengen; ~'**wrought** überreizt

owe [əʊ] *j-m et.* schulden, schuldig sein; *et.* verdanken

ow·ing ['əʊɪŋ]: ~ **to** infolge, wegen

owl *zo.* [aʊl] Eule *f*

own [əʊn] **1.** eigen; **my** ~ mein Eigentum; (**all**) **on one's** ~ allein; **2.** besitzen; zugeben, (ein)gestehen

own·er ['əʊnə] Eigentümer(in), Besitzer(in); ~'**oc·cu·pied** *bsd. Brt.* eigengenutzt; ~ **flat** Eigentumswohnung *f*; '~**ship** Besitz *m*; Eigentum(srecht) *n*

ox *zo.* [ɒks] (*pl.* **oxen** ['ɒksn]) Ochse *m*

ox·ide *chem.* ['ɒksaɪd] Oxid *n*;

ox·i·dize *chem.* ['ɒksɪdaɪz] oxidieren

ox·y·gen *chem.* ['ɒksɪdʒən] Sauerstoff *m*

oy·ster *zo.* ['ɔɪstə] Auster *f*

oz *nur geschr. Abk. für* **ounce(s** *pl.*) Unze(n *pl.*) *f* (*28,35 g*)

o·zone *chem.* ['əʊzəʊn] Ozon *n*; '~**-friend·ly** ozonfreundlich, ohne Treibgas; '~ **hole** Ozonloch *n*; '~ **lay·er** Ozonschicht *f*; '~ **lev·els** *pl.* Ozonwerte *pl.*; '~ **shield** Ozonschild *m*

P

P, p [piː]: P, p *n*
p¹ *Brt.* F [piː] *Abk. für* **penny, pence** (*Währungseinheit*)
p² (*pl.* **pp**) *nur geschr. Abk. für* **page** S., Seite *f*
pace [peɪs] **1.** Tempo *n*, Geschwindigkeit *f*; Schritt *m*; Gangart *f* (*e-s Pferdes*); **2.** *v/t.* Zimmer etc. durchschreiten; *a.* **~ out** abschreiten; *v/i.* (einher)schreiten; **~ up and down** auf u. ab gehen; **'~·mak·er** *Sport*: Schrittmacher(in); *med.* Herzschrittmacher *m*; **'~·set·ter** *Am. Sport*: Schrittmacher(in)
Pa·cif·ic [pəˈsɪfɪk] *a.* **~ Ocean** der Pazifik, der Pazifische *od.* Stille Ozean
pac·i·fi·er *Am.* [ˈpæsɪfaɪə] Schnuller *m*; **~fist** [ˈpæsɪfɪst] Pazifist(in); **~fy** [ˈpæsɪfaɪ] beruhigen, besänftigen
pack [pæk] **1.** Pack(en) *m*, Paket *n* (*Packung*), Bündel *n*; *Am.* Packung *f*, Schachtel *f* (*Zigaretten*); Meute *f* (*Hunde*); Rudel *n* (*Wölfe*); Pack *n*, Bande *f*; *med., Kosmetik*: Packung *f*; (Karten)Spiel *n*; *a*. ~ **of lies** ein Haufen Lügen; **2.** *v/t.* ein-, zusammen-, ab-, verpacken (*a.* **~ up**); zusammenpferchen; vollstopfen; *Koffer etc.* packen; **~ off** fort-, wegschicken; *v/i.* packen; (sich) drängen (**into** *in acc.*); **~ up** zusammenpacken; **send s.o. ~ing** j-n fort- *od.* wegjagen
pack·age [ˈpækɪdʒ] Paket *n*; Packung *f*; **~ software** ≈ *Computer*: Software-, Programmpaket *n*; **'~ deal** F Pauschalangebot *n*, -arrangement *n*; **'~ hol·i·day** Pauschalurlaub *m*; **'~ tour** Pauschalreise *f*
'pack·er Packer(in); *Am.* Konservenhersteller *m*
pack·et [ˈpækɪt] Päckchen *n*; Packung *f*, Schachtel *f* (*Zigaretten*); △ *nicht* **Paket**
'pack·ing Packen *n*; Verpackung *f*
pact [pækt] Pakt *m*, *pol.* Vertrag *m*
pad [pæd] **1.** Polster *n*; *Sport*: (Bein-, Knie)Schützer *m*; (Schreib- etc.)Block *m*; (Stempel)Kissen *n*; *zo.* Ballen *m*; (Abschuß)Rampe *f*; **2.** (**-dd-**) (aus)polstern, wattieren; **'~·ding** Polsterung *f*, Wattierung *f*

pad·dle [ˈpædl] **1.** Paddel *n*; *naut.* (Rad)Schaufel *f*; **2.** paddeln; plan(t)schen; **'~ wheel** *naut.* Schaufelrad *n*
pad·dock [ˈpædək] (Pferde)Koppel *f*
pad·lock [ˈpædlɒk] Vorhängeschloss *n*
pa·gan [ˈpeɪɡən] **1.** Heide *m*, -in *f*; **2.** heidnisch
page¹ [peɪdʒ] **1.** Seite *f*; **2.** paginieren
page² [peɪdʒ] **1.** (Hotel)Page *m*; **2.** j-n ausrufen (lassen)
pag·eant [ˈpædʒənt] (*a.* historischer) Festzug
pag·i·nate [ˈpædʒɪneɪt] paginieren
paid [peɪd] *pret. u. p.p. von* **pay** 1
pail [peɪl] Eimer *m*, Kübel *m*
pain [peɪn] **1.** Schmerz(en *pl.*) *m*; Kummer *m*; **~s** *pl.* Mühe *f*, Bemühungen *pl.*; **be in (great) ~** (große) Schmerzen haben; **be a ~ (in the neck)** F e-m auf den Wecker gehen; **take ~s** sich Mühe geben; **2.** *bsd. fig.* schmerzen; **'~·ful** schmerzend, schmerzhaft; *fig.* schmerzlich; peinlich; **'~·kill·er** Schmerzmittel *n*; **'~·less** schmerzlos; **~·stak·ing** [ˈpeɪnzteɪkɪŋ] sorgfältig, gewissenhaft
paint [peɪnt] **1.** Farbe *f*, Anstrich *m*; **2.** (an-, be)malen; (an)streichen; *Auto etc.* lackieren; **'~·box** Malkasten *m*; **'~·brush** (Maler)Pinsel *m*; **'~·er** (*a.* Kunst)Maler(in), Anstreicher(in); **'~·ing** Malerei *f*; Gemälde *n*, Bild *n*
pair [peə] **1.** Paar *n*; **a ~ of ...** ein Paar ..., ein(e) ...; **a ~ of scissors** e-e Schere; **2.** *v/i. zo.* sich paaren; *a.* **~ off**, **~ up** Paare bilden; *v/t. a.* **~ off**, **~ up** paarweise anordnen; **~ off** zwei Leute zusammenbringen, verkuppeln
pa·ja·ma(s) *Am.* [pəˈdʒɑːmə(z)] → **pyjama(s)**
pal [pæl] Kumpel *m*, Kamerad *m*
pal·ace [ˈpælɪs] Palast *m*, Schloss *n*
pal·a·ta·ble [ˈpælətəbl] schmackhaft (*a. fig.*)
pal·ate [ˈpælɪt] *anat.* Gaumen *m*; *fig.* Geschmack *m*
pale¹ [peɪl] **1.** (**~r**, **~st**) blass, bleich, hell, blass (*Farbe*); **2.** blass *od.* bleich werden
pale² [peɪl] Pfahl *m*; *fig.* Grenzen *pl.*
'pale·ness Blässe *f*

Pal·e·stin·i·an [pæləˈstɪnɪən] **1.** palästinensisch; **2.** Palästinenser(in)
pal·ings [ˈpeɪlɪŋz] pl. Pfahl- od. Lattenzaun m
pal·i·sade [pælɪˈseɪd] Palisade f; **~s** pl. Am. Steilufer n
pal·let tech. [ˈpælɪt] Palette f
pal·lid [ˈpælɪd] blass; '**~·lor** Blässe f
palm¹ bot. [pɑːm] a. **~ tree** Palme f
palm² [pɑːm] **1.** Handfläche f; **2.** et. in der Hand verschwinden lassen od. verbergen (*Zauberkünstler*); **~ s.th. off on s.o.** j-m et. andrehen
pal·pa·ble [ˈpælpəbl] fühl-, greifbar
pal·pi|·tate med. [ˈpælpɪteɪt] klopfen, pochen (*Herz*); **~·ta·tions** pl. med. [pælpɪˈteɪʃnz] Herzklopfen n
pal·sy med. [ˈpɔːlzɪ] Lähmung f
pal·try [ˈpɔːltrɪ] (*-ier, -iest*) armselig
pam·per [ˈpæmpə] verwöhnen, *Kind a.* verhätscheln
pam·phlet [ˈpæmflɪt] Broschüre f
pan [pæn] Pfanne f; Topf m
pan·a·ce·a [pænəˈsɪə] Allheilmittel n
pan·cake [ˈpænkeɪk] Pfannkuchen m
pan·da zo. [ˈpændə] Panda m; **~ car** Brt. (Funk)Streifenwagen m
pan·de·mo·ni·um [pændɪˈməʊnjəm] Hölle(nlärm m) f, Tumult m, Chaos n
pan·der [ˈpændə] Vorschub leisten (*to dat.*)
pane [peɪn] (*Fenster*)Scheibe f
pan·el [ˈpænl] **1.** (*Tür*)Füllung f, (*Wand*)Täfelung f; *electr., tech.* Instrumentenbrett n, (*Schalt-, Kontroll- etc.-*)Tafel f; *jur.* Liste f der Geschworenen; Diskussionsteilnehmer pl., -runde f; Rateteam n; **2.** (*bsd. Brt.* **-ll-**, *Am.* **-l-**) täfeln
pang [pæŋ] stechender Schmerz; **~s of hunger** nagender Hunger; **~s of conscience** Gewissensbisse pl.
'**pan·han·dle 1.** Pfannenstiel m; Am. schmaler Fortsatz m (*e-s Staatsgebietes*); **2.** Am. F betteln
pan·ic [ˈpænɪk] **1.** panisch; **2.** Panik f; **3.** (*-ck-*) in Panik versetzen od. geraten
pan·sy bot. [ˈpænzɪ] Stiefmütterchen n
pant [pænt] keuchen, nach Luft schnappen
pan·ther zo. [ˈpænθə] (*pl.* **-thers, -ther**) Panter m; Am. Puma m; Am. Jaguar m
pan·ties [ˈpæntɪz] pl. (*Damen*)Schlüpfer m, Slip m; Höschen n (*für Kinder*)

pan·to·mime [ˈpæntəmaɪm] Brt. F Weihnachtsspiel n (*für Kinder*); thea. Pantomime f
pan·try [ˈpæntrɪ] Speisekammer f
pants [pænts] pl. Brt. Unterhose f; Brt. Schlüpfer m; *bsd. Am.* Hose f
'**pant·suit** Am. Hosenanzug m
'**pan·ty | hose** *bsd. Am.* [ˈpæntɪhəʊz] Strumpfhose f; '**~·lin·er** Slipeinlage f
pap [pæp] Brei m; △ *nicht* Pappe
pa·pal [ˈpeɪpl] päpstlich
pa·per [ˈpeɪpə] **1.** Papier n; Zeitung f; (*Prüfungs*)Arbeit f; *univ.* Klausur(arbeit) f; Aufsatz m; Referat n; Tapete f; **~s** pl. (Ausweis)Papiere pl.; **2.** tapezieren; '**~·back** Taschenbuch n, Paperback n; '**~ bag** (Papier)Tüte f; '**~·boy** Zeitungsjunge m; '**~ clip** Büro-, Heftklammer f; '**~ cup** Pappbecher m; '**~ girl** Zeitungsausträgerin f; '**~ hang·er** Tapezierer m; '**~ knife** (*pl.* **-knives**) Brt. Brieföffner m; '**~ mon·ey** Papiergeld n; '**~·weight** Briefbeschwerer m
par [pɑː] *econ.* Nennwert m, Pari n; **at ~** zum Nennwert; **be on a ~ with** gleich od. ebenbürtig sein (*dat.*)
par·a·ble [ˈpærəbl] Parabel f, Gleichnis n
par·a|·chute [ˈpærəʃuːt] Fallschirm m; '**~·chut·ist** Fallschirmspringer(in)
pa·rade [pəˈreɪd] **1.** Umzug m, *bsd. mil.* Parade f; *fig.* Zurschaustellung f; **make a ~ of** *fig.* zur Schau stellen; **2.** ziehen (**through** durch); *mil.* antreten (lassen); *mil.* vorbeimarschieren (lassen); zur Schau stellen; **~** (**through**) stolzieren durch
par·a·dise [ˈpærədaɪs] Paradies n
par·a·glid·er [ˈpærəɡlaɪdə] Gleitschirm m; Gleitschirmflieger(in) f; '**~·ing** Gleitschirmfliegen n
par·a·gon [ˈpærəɡən] Muster n (**of** an *dat.*)
par·a·graph [ˈpærəɡrɑːf] Absatz m, Abschnitt m; (Zeitungs)Notiz f; △ *nicht* Paragraf
par·al·lel [ˈpærəlel] **1.** parallel (**to, with** zu); **2.** *math.* Parallele f (*a. fig.*); **without ~** ohne Parallele, ohnegleichen; **3.** (**-l-**, *Brt. a.* **-ll-**) entsprechen (*dat.*), gleichkommen (*dat.*)
par·a·lyse Brt., **par·a·lyze** Am. [ˈpærəlaɪz] *med.* lähmen, *fig. a.* lahm le-

paralysis 212

gen, zum Erliegen bringen; **~d with** *fig.* starr *od.* wie gelähmt vor (*dat.*);
pa·ral·y·sis [pəˈrælɪsɪs] (*pl.* **-ses** [-siːz]) *med.* Lähmung *f*, *fig. a.* Lahmlegung *f*
par·a·mount [ˈpærəmaʊnt] größte(r, -s), übergeordnet; *of ~ importance* von (aller)größter Bedeutung *od.* Wichtigkeit
par·a·pet [ˈpærəpɪt] Brüstung *f*
par·a·pher·na·lia [pærəfəˈneɪlɪə] *pl.* (persönliche) Sachen *pl.*; Ausrüstung *f*; *bsd. Brt.* F Schereien *pl.*
par·a·site [ˈpærəsaɪt] Parasit *m*, Schmarotzer *m*
par·a·troop·er *mil.* [ˈpærətruːpə] Fallschirmjäger *m*; **~s** *pl. mil.* Fallschirmjägertruppe *f*
par·boil [ˈpɑːbɔɪl] halb gar kochen, ankochen
par·cel [ˈpɑːsl] **1.** Paket *n*; Parzelle *f*; **2.** (*bsd. Brt.* **-ll-**, *Am.* **-l-**): *~ out* aufteilen; *~ up* (als Paket) verpacken
parch [pɑːtʃ] ausdörren, -trocknen; vertrocknen
parch·ment [ˈpɑːtʃmənt] Pergament *n*
par·don [ˈpɑːdn] **1.** *jur.* Begnadigung *f*; *I beg your ~* Entschuldigung!, Verzeihung!; erlauben Sie mal!, ich muss doch sehr bitten!; *a. ~?* F (wie) bitte?; **2.** verzeihen; vergeben; *jur.* begnadigen; *~ me → I beg your pardon*; *Am.* F (wie) bitte?; **~·a·ble** verzeihlich
pare [peə] sich *die Nägel* schneiden; *Apfel etc.* schälen
par·ent [ˈpeərənt] Elternteil *m*, Vater *m*, Mutter *f*; **~s** *pl.* Eltern *pl.*; **~·age** [ˈpeərəntɪdʒ] Abstammung *f*, Herkunft *f*; **pa·ren·tal** [pəˈrentl] elterlich
pa·ren·the·ses [pəˈrenθɪsiːz] *pl.* (runde) Klammer
ˈpar·ents-in-law *pl.* Schwiegereltern *pl.*
ˈpar·ent-ˈteach·er meet·ing *Schule*: Elternabend *m*
par·ings [ˈpeərɪŋz] *pl.* Schalen *pl.*
par·ish [ˈpærɪʃ] Gemeinde *f*; **pa·rish·io·ner** *rel.* [pəˈrɪʃənə] Gemeindemitglied *n*
park [pɑːk] **1.** Park *m*, (Grün)Anlage(n *pl.*) *f*; **2.** *mot.* parken
par·ka [ˈpɑːkə] Parka *m*, *f*
ˈpark·ing *mot.* Parken *n*; *no ~* Parkverbot, Parken verboten; **~ disc** Park-

scheibe *f*; **ˈ~ fee** Parkgebühr *f*; **ˈ~ ga·rage** *Am.* Park(hoch)haus *n*; **ˈ~ lot** *Am.* Parkplatz *m*; **ˈ~·me·ter** Parkuhr *f*; **ˈ~ space** Parkplatz *m*, -lücke *f*; **ˈ~ tick·et** Strafzettel *m* (*wegen Falschparkens*)
par·ley *bsd. mil.* [ˈpɑːlɪ] Verhandlung *f*
par·lia·ment [ˈpɑːləmənt] Parlament *n*; **~·men·tar·i·an** [pɑːləmenˈteərɪən] Parlamentarier(in); **~·men·ta·ry** [pɑːləˈmentərɪ] parlamentarisch, Parlaments...
par·lo(u)r [ˈpɑːlə] *mst in Zssgn:* *beauty ~* Schönheitssalon *m*
pa·ro·chi·al [pəˈrəʊkjəl] Pfarr..., Gemeinde...; *fig.* engstirnig, beschränkt
pa·role *jur.* [pəˈrəʊl] **1.** Hafturlaub *m*; bedingte Haftentlassung; *he is out on ~* er hat Hafturlaub; er wurde bedingt entlassen; **2.** *s.o.* j-m Hafturlaub gewähren; j-n bedingt entlassen
par·quet [ˈpɑːkeɪ] Parkett *n*; *Am. thea.* Parkett *n*; **ˈ~ floor** Parkett(fuß)boden *m*
par·rot [ˈpærət] **1.** *zo.* Papagei *m* (*a. fig.*); **2.** *et.* (wie ein Papagei) nachplappern
par·ry [ˈpærɪ] abwehren, parieren
par·si·mo·ni·ous [pɑːsɪˈməʊnjəs] geizig
pars·ley *bot.* [ˈpɑːslɪ] Petersilie *f*
par·son [ˈpɑːsn] Pfarrer *m*; **~·age** [ˈpɑːsnɪdʒ] Pfarrhaus *n*
part [pɑːt] **1.** Teil *m*; *tech.* (Bau-, Ersatz)Teil *n*; Anteil *m*; Seite *f*, Partei *f*; *thea.*, *fig.* Rolle *f*; *mus.* Stimme *f*, Partie *f*; Gegend *f*, Teil *m* (*e-s Landes etc.*); *Am.* (Haar)Scheitel *m*; *for my ~* was mich betrifft; *for the most ~* größtenteils; meistens; *in ~* teilweise, zum Teil; *on the ~ of* von Seiten, seitens (*gen.*); *on my ~* von m-r Seite; *take ~ in s.th.* an e-r Sache teilnehmen; *take s.th. in good ~* et. nicht übel nehmen; **2.** *v/t.* trennen; (ab-, ein-, zer)teilen; *Haar* scheiteln; *~ company* sich trennen (*with* von); *v/i.* sich trennen (*with* von); **3.** *adj.* Teil...; **4.** *adv.:* *~ ..., ~ ...* teils ..., teils
par|·tial [ˈpɑːʃl] Teil..., teilweise; parteiisch, voreingenommen (*to* für); **~·ti·al·i·ty** [pɑːʃɪˈælətɪ] Parteilichkeit *f*, Voreingenommenheit *f*; Schwäche *f*, besondere Vorliebe (*for* für); **~·tial·ly** [ˈpɑːʃəlɪ] teilweise, zum Teil

par·tic·i·pant [pɑːˈtɪsɪpənt] Teilnehmer(in); **~pate** [pɑːˈtɪsɪpeɪt] teilnehmen, sich beteiligen (*in* an *dat.*); **~pa·tion** [pɑːtɪsɪˈpeɪʃn] Teilnahme *f*, Beteiligung *f*

par·ti·ci·ple *gr.* [ˈpɑːtɪsɪpl] Partizip *n*, Mittelwort *n*

par·ti·cle [ˈpɑːtɪkl] Teilchen *n*

par·tic·u·lar [pəˈtɪkjʊlə] **1.** besondere(r, -s), speziell; genau, eigen, wählerisch; **2.** Einzelheit *f*; **~s** *pl.* nähere Umstände *pl. od.* Angaben *pl.*; Personalien *pl.*; *in* **~** insbesondere; **~ly** besonders

'part·ing 1. Trennung *f*, Abschied *m*; *bsd. Brt.* (Haar)Scheitel *m*; **2.** Abschieds...

par·ti·san [pɑːtɪˈzæn] **1.** *mil.* Partisan(in), Parteigänger(in); **2.** parteiisch

par·ti·tion [pɑːˈtɪʃn] **1.** Teilung *f*, Trennwand *f*; **2. ~ off** abteilen, abtrennen

'part·ly teilweise, zum Teil

part·ner [ˈpɑːtnə] Partner(in), *econ. a.* Teilhaber(in); **~ship** Partner-, Teilhaberschaft *f*

part-'own·er Miteigentümer(in)

par·tridge *zo.* [ˈpɑːtrɪdʒ] Rebhuhn *n*

part-'time 1. *adj.* Teilzeit..., Halbtags...; **~ worker** *pr.* **part-'tim·er**; **2.** *adv.* halbtags; **~ 'tim·er** Teilzeitbeschäftigte(r *m*) *f*, Halbtagskraft *f*

par·ty [ˈpɑːtɪ] Partei *f* (*a. pol.*); (*Arbeits-, Reise-*)Gruppe *f*; (*Rettungs- etc.*)Mannschaft *f*; *mil.* Kommando *n*, Trupp *m*; Party *f*, Gesellschaft *f*; Teilnehmer(in), Beteiligte(r *m*) *f*; △ *nicht* **Partie**; **'~ line** *pol.* Parteilinie *f*; **~ 'pol·i·tics** *sg. od. pl.* Parteipolitik *f*

pass [pɑːs] **1.** *v/i.* vorbeigehen, -fahren, -kommen, -ziehen *etc.* (*by* an *dat.*); übergehen (*to* auf *acc.*), fallen (*to* an *acc.*); vergehen (*Schmerz etc., Zeit*); durchkommen, (die Prüfung) bestehen; gelten (*as, for* als), gehalten *od.* angesehen werden (*as, for* für); *parl.* Rechtskraft erlangen (*Gesetz*); durchgehen, unbeanstandet bleiben; *Sport:* (den Ball) abspielen *od.* passen (*to* zu); *Karten:* passen (*a. fig.*); *let s.o.* **~** j-n vorbeilassen; *let s.th.* **~** et. durchgehen lassen; △ *nicht* **passen** (*Kleidung etc.*); *v/t.* vorbeigehen, -fahren, -fließen, -kommen, -ziehen *etc.* an (*dat.*); überholen; *Prüfung* bestehen; *Prüfling* durchkommen lassen; (*mit der Hand*) streichen (*over* über *acc.*); j-m et. reichen, geben, et. weitergeben; *Sport:* Ball abspielen, passen (*to* zu); *Zeit* verzubringen; *parl. Gesetz* verabschieden; *Urteil* abgeben, fällen, *jur. a.* sprechen (*on* über *acc.*), *fig.* hinausgehen über (*acc.*), übersteigen, -treffen; **~ away** sterben; **~ off** j-n, et. ausgeben (*as* als); *gut etc.* verlaufen; **~ out** ohnmächtig werden; **2.** Passierschein *m*; △ *nicht* (**Reise**)**Pass**; Bestehen *n* (*e-r Prüfung*); *Sport:* Pass *m*, Zuspiel *n*; (*Gebirgs*)Pass *m*; *free* **~** Frei(fahr)karte *f*; *things have come to such a* **~** *that* F die Dinge haben sich derart zugespitzt, dass; *make a* **~** *at* F Annäherungsversuche machen bei; **'~·a·ble** passierbar, befahrbar; passabel, leidlich

pas·sage [ˈpæsɪdʒ] Passage *f*, Korridor *m*, Gang *m*; Durchgang *m*; (See-, Flug)Reise *f*; Durchfahrt *f*, -reise *f*; Passage *f* (*a. mus.*), Stelle *f* (*e-s Textes*); *bird of* **~** Zugvogel *m*

'pass·book *bsd. Am.* Sparbuch *n*

pas·sen·ger [ˈpæsɪndʒə] Passagier *m*, Fahr-, Fluggast *m*, Reisende(r *m*) *f*, (*Auto- etc.*)Insasse *m*, -in *f*

pass·er-by [pɑːsəˈbaɪ] (*pl.* **passersby**) Passant(in)

pas·sion [ˈpæʃn] Leidenschaft *f*; Wut *f*, Zorn *m*; 2 *eccl.* Passion *f*; **~s ran high** die Erregung schlug hohe Wellen; **~·ate** [ˈpæʃənət] leidenschaftlich

pas·sive [ˈpæsɪv] passiv; *gr.* passivisch

pass·port [ˈpɑːspɔːt] (Reise)Pass *m*

pass·word [ˈpɑːswɜːd] Kennwort *n*, Parole *f*

past [pɑːst] **1.** *adj.* vergangen, *pred.* vorüber; frühere(r, -s); *for some time* **~** seit einiger Zeit; **~ tense** *gr.* Vergangenheit *f*, Präteritum *n*; **2.** *adv.* vorbei, vorüber; *go* **~** vorbeigehen; **3.** *prp. Zeit:* nach, über (*acc.*); über ... (*acc.*) hinaus; an ... (*dat.*) vorbei; *half* **~** *two* halb drei; **~ hope** hoffnungslos; **4.** Vergangenheit *f* (*a. gr.*)

pas·ta [ˈpæstə] Teigwaren *pl.*

paste [peɪst] **1.** Paste *f*; Kleister *m*; Teig *m*; **2.** kleben (*to, on* an *acc.*); **~ up** ankleben; **'~·board** Karton *m*, Pappe *f*

pas·tel [pæˈstel] Pastell(zeichnung *f*) *n*

pas·teur·ize [ˈpɑːstʃəraɪz] pasteurisieren, keimfrei machen

pas·time ['pɑːstaɪm] Zeitvertreib *m*, Freizeitbeschäftigung *f*

pas·tor ['pɑːstə] Pastor *m*, Pfarrer *m*; **~·al** *rel.* ['pɑːstərəl] seelsorgerisch, pastoral

pas·try ['peɪstrɪ] (*Blätter-, Mürbe*)Teig *m*; Feingebäck *n*; '**~ cook** Konditor *m*

pas·ture ['pɑːstʃə] **1.** Weide(land *n*) *f*; **2.** *v/t.* weiden (lassen); *v/i.* grasen, weiden

pas·ty[1] *bsd. Brt.* ['pæstɪ] (Fleisch)Pastete *f*

past·y[2] ['peɪstɪ] blass, käsig (*Gesicht*)

pat [pæt] **1.** Klaps *m*; Portion *f* (*bsd. Butter*); **2.** (*-tt-*) tätscheln; klopfen

patch [pætʃ] **1.** Fleck *m*; Flicken *m*; kleines Stück Land; *in* ~*es* stellenweise; **2.** flicken; '**~·work** Patchwork *n*

pa·tent ['peɪtənt] **1.** offenkundig; patentiert; Patent...; **2.** Patent *n*; **3.** *et.* patentieren lassen; **~·ee** [peɪtən'tiː] Patentinhaber(in); **~ leath·er** Lackleder *n*

pa·ter|·nal [pə'tɜːnl] väterlich(erseits); **~·ni·ty** [pə'tɜːnətɪ] Vaterschaft *f*

path [pɑːθ] (*pl.* **paths** [pɑːðz]) Pfad *m*; Weg *m*

pa·thet·ic [pə'θetɪk] (*~ally*) Mitleid erregend; kläglich (*Versuch etc.*), miserabel; △ *nicht* pathetisch

pa·thos ['peɪθɒs] *das* Mitleid Erregende; △ *nicht* Pathos

pa·tience ['peɪʃns] Geduld *f*; *bsd. Brt.* Kartenspiel: Patience *f*

pa·tient[1] ['peɪʃnt] geduldig

pa·tient[2] ['peɪʃnt] Patient(in)

pat·i·o ['pætɪəʊ] (*pl. -os*) Terrasse *f*; Innenhof *m*, Patio *m*

pat·ri·ot ['pætrɪət] Patriot(in); **~·ic** [pætrɪ'ɒtɪk] (*~ally*) patriotisch

pa·trol [pə'trəʊl] **1.** Patrouille *f*, Streife *f*, Runde *f*, *mil.* Patrouille *f*, (*Polizei*)Streife *f*; *on* ~ auf Patrouille, auf Streife; **2.** (*-ll-*) abpatrouillieren, auf Streife sein *in* (*dat.*), s-e Runde machen *in* (*dat.*); **~ car** (Funk)Streifenwagen *m*; **~·man** (*pl. -men*) *bsd. Am.* Streifenpolizist *m*; *Brt.* motorisierter Pannenhelfer

pa·tron ['peɪtrən] Schirmherr *m*; Gönner *m*, Förderer *m*; (Stamm)Kunde *m*; Stammgast *m*; △ *nicht* **Patrone**; **pat·ron·age** ['pætrənɪdʒ] Schirmherrschaft *f*; Förderung *f*; **pat·ron·ess** ['peɪtrənɪs] Schirmherrin *f*; Gönnerin *f*, Förderin *f*; **pat·ron·ize** ['pætrənaɪz] fördern; (Stamm)Kunde *od.* Stammgast sein bei *od.* in (*dat.*); gönnerhaft *od.* herablassend behandeln; **~ saint** *rel.* [peɪtrən 'seɪnt] Schutzheilige(r *m*) *f*

pat·ter ['pætə] prasseln (*Regen*); trappeln (*Füße*)

pat·tern ['pætən] **1.** Muster *n* (*a. fig.*); **2.** bilden, formen (*after, on* nach)

paunch [pɔːntʃ] (dicker) Bauch

pau·per ['pɔːpə] Arme(r *m*) *f*

pause [pɔːz] **1.** Pause *f*; △ *nicht thea., Schule:* **Pause**; **2.** innehalten, e-e Pause machen

pave [peɪv] pflastern; **~ the way for** *fig.* den Weg ebnen für; '**~·ment** Bürger-, Gehsteig *m*; *Am.* Fahrbahn *f*

paw [pɔː] **1.** Pfote *f*, Tatze *f*; **2.** *v/t.* Boden scharren, scharren an (*der Tür etc.*); F betatschen; *v/i.* scharren (*at* an *dat.*)

pawn[1] [pɔːn] *Schach:* Bauer *m*; *fig.* Schachfigur *f*

pawn[2] [pɔːn] **1.** verpfänden, -setzen; **2.** *be in* ~ verpfändet *od.* versetzt sein; '**~·bro·ker** Pfandleiher *m*; '**~ shop** Leih-, Pfandhaus *n*

pay [peɪ] **1.** (**paid**) *v/t. et.* (be)zahlen; *j-n* bezahlen; *Aufmerksamkeit* schenken; *Besuch* abstatten; *Kompliment* machen; **~ attention** Acht geben auf (*acc.*); **~ cash** bar bezahlen; *v/i.* zahlen; sich lohnen; **~ for** (*fig.* für) *et.* bezahlen; **~ in** einzahlen; **~ into** einzahlen auf (*ein Konto*); **~ off** ab(be)zahlen; *j-n* auszahlen; **2.** Bezahlung *f*, Gehalt *n*, Lohn *m*; '**~·a·ble** zahlbar, fällig; '**~-day** Zahltag *m*; '**~·ee** [peɪ'iː] Zahlungsempfänger(in); '**~ en·ve·lope** *Am.* Lohntüte *f*; '**~·ing** lohnend; '**~·ing guest** zahlender Gast; '**~·ment** (Be)Zahlung *f*; '**~ pack·et** *Brt.* Lohntüte *f*; '**~ phone** *Brt.* Münzfernsprecher *m*; '**~·roll** Lohnliste *f*; '**~·slip** Lohn-, Gehaltsstreifen *m*

PC [piː 'siː] *Abk. für* **personal computer** PC *m*, Personalcomputer *m*; **~ user** PC-Benutzer *m*

P.C., *PC Brt.* [piː 'siː] *Abk. für* **police constable** Polizist *m*, Wachtmeister *m*

pd *nur geschr. Abk. für* **paid** bez., bezahlt

pea *bot.* [piː] Erbse *f*

peace [piːs] Friede(n) *m*; *jur.* öffentliche Ruhe u. Ordnung; Ruhe *f*; *at* ~ in Frieden; '**~·a·ble** friedlich, *Person a.* friedfertig; '**~·ful** friedlich; '**~·lov·ing**

peach *bot.* [pi:tʃ] Pfirsich(baum) *m*

pea·cock zo. ['pi:kɒk] Pfau(hahn) *m*; '~**hen** zo. Pfauhenne *f*

peak [pi:k] Spitze *f*, (*-es Berges a.*) Gipfel *m*; Schirm *m* (*e-r Mütze*); *fig.* Höhepunkt *m*, Höchststand *m*; ~ **ed cap** [pi:kt 'kæp] Schirmmütze *f*; ~ **hours** *pl.* Hauptverkehrs-, Stoßzeit *f*; *electr.* Hauptbelastungszeit *f*; ~ **time** *a.* **peak viewing hours** *pl. Brt. TV* Haupteinschaltzeit *f.* -sendezeit *f*, beste Sendezeit

peal [pi:l] **1.** (*Glocken*)Läuten *n*; (*Donner*)Schlag *m*; ~**s of laughter** schallendes Gelächter; **2.** *a.* ~ **out** läuten; krachen (*Donner*)

pea·nut ['pi:nʌt] *bot.* Erdnuss *f*; ~**s** *pl.* F lächerliche Summe

pear *bot.* [peə] Birne *f*; Birnbaum *m*

pearl [pɜːl] Perle *f*; Perlmutter *f*, Perlmutt *n*; Perlen...; '~**y** (*-ier, -iest*) perlenartig, Perlen...

peas·ant ['peznt] Kleinbauer *m*

peat [pi:t] Torf *m*

peb·ble ['pebl] Kiesel(stein) *m*

peck [pek] picken, hacken; ~ **at one's food** im Essen herumstochern

pe·cu·li·ar [pɪˈkjuːljə] eigen(tümlich), typisch; eigenartig, seltsam; ~**i·ty** [pɪkjuːlɪˈærətɪ] Eigenheit *f*; Eigentümlichkeit *f*

pe·cu·ni·a·ry [pɪˈkjuːnjərɪ] Geld...

ped·a·gog·ic [pedəˈɡɒdʒɪk] pädagogisch

ped·al ['pedl] **1.** Pedal *n*; **2.** (*bsd. Brt.* **-ll-,** *Am.* **-l-**) das Pedal treten; (mit dem Rad) fahren, strampeln

pe·dan·tic [pɪˈdæntɪk] (~*ally*) pedantisch

ped·dle ['pedl] hausieren (gehen) mit; ~ **drugs** mit Drogen handeln; ~**r** *Am.* → **pedlar**

ped·es·tal ['pedɪstl] Sockel *m* (*a. fig.*)

pe·des·tri·an [pɪˈdestrɪən] **1.** Fußgänger(in); **2.** Fußgänger...; '~ **cross·ing** Fußgängerübergang *m*; '~ **mall** *Am...*; '~ **pre·cinct** *bsd. Brt.* Fußgängerzone *f*

ped·i·cure ['pedɪkjʊə] Pediküre *f*

ped·i·gree ['pedɪɡriː] Stammbaum *m*

ped·lar ['pedlə] Hausierer(in)

pee F [pi:] **1.** pinkeln; **2. have** (*od.* **go for**) **a** ~ pinkeln (gehen)

peek [pi:k] **1.** kurz *od.* verstohlen gucken (**at** *acc.*); **2. have** *od.* **take a** ~ **at** e-n kurzen *od.* verstohlenen Blick werfen auf (*acc.*)

peel [pi:l] **1.** *v/t.* schälen; *a.* ~ **off** abschälen, Folie, Tapete *etc.* abziehen, ablösen; *Kleid* abstreifen; *v/i. a.* ~ **off** sich lösen (*Tapete etc.*), abblättern (*Farbe etc.*), sich schälen (*Haut*); **2.** Schale *f*

peep¹ [pi:p] **1.** kurz *od.* verstohlen gucken (**at** *acc.*); *mst* ~ **out** (her)vorschauen; **2. take a** ~ **at** e-n kurzen *od.* verstohlenen Blick werfen auf (*acc.*)

peep² [pi:p] **1.** Piep(sen) *n*; F Piepser *m* (*Ton*); **2.** piep(s)en

'**peep·hole** Guckloch *n*; (*Tür*)Spion *m*

peer [pɪə] angestrengt schauen, spähen; ~ **at s.o.** j-n anstarren; '~**less** unvergleichlich, einzigartig

pee·vish ['piːvɪʃ] verdrießlich, gereizt

peg [peɡ] **1.** (Holz)Stift *m*, Zapfen *m*, Pflock *m*, (Kleider)Haken *m*; *Brt.* (*Wäsche*)Klammer *f*; (Zelt)Hering *m*; **take s.o. down a** ~ (**or two**) F j-m e-n Dämpfer aufsetzen; **2.** (**-gg-**): ~ **in,** ~ **up** Tiere einpferchen, Personen zusammenpferchen

pel·i·can *zo.* ['pelɪkən] (*pl.* **-cans, -can**) Pelikan *m*; ~ **'cross·ing** *Brt.* Ampelübergang *m*

pel·let ['pelɪt] Kügelchen *n*; Schrotkorn *n*

pelt¹ [pelt] *v/t.* bewerfen; *v/i.* **it's** ~**ing** (**down**), *bsd. Brt.* **it's** ~**ing with rain** es gießt in Strömen

pelt² [pelt] Fell *n*, Pelz *m*

pel·vis *anat.* ['pelvɪs] (*pl.* **-vises, -ves** [-viːz]) Becken *n*

pen¹ [pen] (*Schreib*)Feder *f*; Füller *m*; Kugelschreiber *m*

pen² [pen] **1.** Pferch *m*, (*Schaf*)Hürde *f*; **2.** (**-nn-**): ~ **in,** ~ **up** Tiere einpferchen, Personen zusammenpferchen

pe·nal ['piːnl] Straf...; strafbar; ~ **code** Strafgesetzbuch *n*; ~**ize** ['piːnəlaɪz] bestrafen

pen·al·ty ['penltɪ] Strafe *f*; *Sport: a.* Strafpunkt *m*; *Fußball:* Elfmeter *m*; '~ **ar·e·a, '~ box** F *Fußball:* Strafraum *m*; '~ **goal** *Fußball:* Elfmetertor *n*; '~ **kick** *Fußball:* Elfmeter *m*, Strafstoß *m*; ~ **'shoot-out** *Fußball:* Elfmeterschießen *n*; '~ **spot** *Fußball:* Elfmeterpunkt *m*

pen·ance *rel.* ['penəns] Buße *f*
pence [pens] (*Abk.* **p**) *pl.* von **penny**
pen·cil ['pensl] **1.** Bleistift *m*; **2.** (*bsd. Brt.* **-ll-**, *Am.* **-l-**) (mit Bleistift) markieren *od.* schreiben *od.* zeichnen; *Augenbrauen* nachziehen; '~ **case** Federmäppchen *n*; '~ **sharp·en·er** (Bleistift)Spitzer *m*
pen·dant, pen·dent ['pendənt] (Schmuck)Anhänger *m*
pend·ing ['pendɪŋ] **1.** *prp.* bis zu; **2.** *adj. bsd. jur.* schwebend
pen·du·lum ['pendjʊləm] Pendel *n*
pen·e·trate ['penɪtreɪt] eindringen in (*acc.*) *od.* (**into** in *acc.*); dringen durch; durchdringen; '~**trat·ing** durchdringend; scharf (*Verstand*); scharfsinnig; '~**tra·tion** [penɪ'treɪʃn] Durch-, Eindringen *n*; Scharfsinn *m*
'pen friend Brieffreund(in)
pen·guin *zo.* ['peŋgwɪn] Pinguin *m*
pe·nin·su·la [pə'nɪnsjʊlə] Halbinsel *f*
pe·nis *anat.* ['pi:nɪs] Penis *m*
pen·i·tence ['penɪtəns] Buße *f*, Reue *f*; '~**tent 1.** reuig, bußfertig; **2.** *rel.* Büßer(in); ~**ten·tia·ry** *Am.* [penɪ'tenʃərɪ] (Staats)Gefängnis *n*
'pen·knife (*pl.* **-knives**) Taschenmesser *n*; '~ **name** Schriftstellername *m*, Pseudonym *n*
pen·nant ['penənt] Wimpel *m*
pen·ni·less ['penɪlɪs] (völlig) mittellos
pen·ny ['penɪ] (*Abk.* **p**) (*pl.* **-nies,** *coll.* **pence**) *a.* **new ~** *Brt.* Penny *m*
'pen pal *bsd. Am.* Brieffreund(in)
pen·sion ['penʃn] **1.** Rente *f*, Pension *f*; △ *nicht* **Pension** (*Fremdenheim*); **2.** ~ **off** pensionieren, in den Ruhestand versetzen; ~**er** ['penʃənə] Rentner(in), Pensionär(in)
pen·sive ['pensɪv] nachdenklich
pen·tath·lete [pen'tæθli:t] *Sport:* Fünfkämpfer(in); ~**lon** [pen'tæθlən] *Sport:* Fünfkampf *m*
Pen·te·cost ['pentɪkɒst] Pfingsten *n*
pent·house ['penthaʊs] Penthouse *n*, -haus *n*
pent-up [pent'ʌp] an-, aufgestaut (*Gefühle*)
pe·o·ny *bot.* ['pɪənɪ] Pfingstrose *f*
peo·ple ['pi:pl] **1.** *pl. konstruiert:* die Menschen *pl.*, die Leute *pl.*; Leute *pl.*, Personen *pl.*; man; **the ~** das (*gemeine*) Volk; (*pl.* **peoples**) Volk *n*, Nation *f*; **2.** besiedeln, bevölkern (**with** mit); ~'**s re'pub·lic** Volksrepublik *f*

pep F [pep] **1.** Pep *m*, Schwung *m*; **2.** (**-pp-**) *mst* ~ **up** j-n *od.* et. in Schwung bringen, aufmöbeln
pep·per ['pepə] **1.** Pfeffer *m*; Paprikaschote *f*; **2.** pfeffern; '~**mint** *bot.* Pfefferminze *f*, Pfefferminz *n* (*Bonbon*); ~**y** ['pepərɪ] pfeff(e)rig; *fig.* hitzig (*Person*)
'pep pill F Aufputschpille *f*
per [pɜː] per, durch; pro, für, je
per·am·bu·la·tor *bsd. Brt.* [pə'ræmbjʊleɪtə] Kinderwagen *m*
per·ceive [pə'siːv] (be)merken, wahrnehmen; erkennen
per cent, per·cent [pə'sent] Prozent *n*
per·cen·tage [pə'sentɪdʒ] Prozentsatz *m*; F Prozente *pl.*, (An)Teil *m*
per·cep·ti·ble [pə'septəbl] wahrnehmbar, merklich; ~**tion** [pə'sepʃn] Wahrnehmung *f*; Auffassung(sgabe) *f*
perch¹ [pɜːtʃ] **1.** (Sitz)Stange *f* (*für Vögel*); **2.** (**on**) sich setzen (auf *acc.*); sich niederlassen (auf *acc.*, *dat.*) (*Vogel*); F hocken (**on** *auf dat.*); ~ **o.s.** F sich hocken (**on** *auf acc.*)
perch² *zo.* [pɜːtʃ] (*pl.* **perch, perches**) Barsch *m*
per·co·late ['pɜːkəleɪt] *Kaffee etc.* filtern; '~**la·tor** Kaffeemaschine *f*
per·cus·sion [pə'kʌʃn] Schlag *m*; Erschütterung *f*; *mus.* Schlagzeug *n*; ~ **in·stru·ment** *mus.* Schlaginstrument *n*
pe·remp·to·ry [pə'remptərɪ] herrisch
pe·ren·ni·al [pə'renjəl] ewig, immerwährend; *bot.* mehrjährig
per|·fect 1. ['pɜːfɪkt] perfekt, vollkommen, vollendet; gänzlich, völlig; **2.** [pə'fekt] vervollkommnen; **3.** ['pɜːfɪkt] *a.* ~ **tense** *gr.* Perfekt *n*; ~**fec·tion** [pə'fekʃn] Vollendung *f*; Vollkommenheit *f*, Perfektion *f*
per·fo·rate ['pɜːfəreɪt] durchbohren, -löchern
per·form [pə'fɔːm] *v/t.* verrichten, durchführen, tun; *Pflicht etc.* erfüllen; *thea., mus.* aufführen, spielen, vortragen; *v/i. thea. etc.* e-e Vorstellung geben, auftreten, spielen; ~**ance** Verrichtung *f*, Durchführung *f*; Leistung *f*; *thea., mus.* Aufführung *f*, Vorstellung *f*, Vortrag *m*; ~**er** Darsteller(in), Künstler(in)

per·fume 1. ['pɜːfjuːm] Duft m; Parfüm n; 2. [pə'fjuːm] parfümieren

per·haps [pə'hæps, præps] vielleicht

per·il ['perəl] Gefahr f; **~ous** gefährlich

pe·ri·od ['pɪərɪəd] Periode f, Zeit(dauer f, -raum m, -spanne f) f; (Unterrichts)Stunde f; physiol. Periode f (der Frau); gr. bsd. Am. Punkt m; **~ic** [pɪərɪ'ɒdɪk] periodisch; **~i·cal** [pɪərɪ'ɒdɪkl] 1. periodisch; 2. Zeitschrift f

pe·riph·e·ral [pə'rɪfərəl] Computer: Peripheriegerät n; **~ e·quip·ment** sg. Computer: Peripheriegeräte pl.

pe·riph·e·ry [pə'rɪfərɪ] Peripherie f, Rand m

per·ish ['perɪʃ] umkommen; schlecht werden, verderben; **~a·ble** leicht verderblich; **~ing** bsd. Brt. F saukalt (Wetter)

per·jure ['pɜːdʒə]: **~ o.s.** e-n Meineid leisten; **~ju·ry** ['pɜːdʒərɪ] Meineid m; **commit ~** e-n Meineid leisten

perk [pɜːk]: **~ up** v/i. aufleben, munter werden (Person); v/t. j-n aufmöbeln, munter machen

perk·y F ['pɜːkɪ] (-ier, -iest) munter, lebhaft; keck, selbstbewusst

perm [pɜːm] 1. Dauerwelle f; **get a ~** 2. **get one's hair ~ed** sich e-e Dauerwelle machen lassen

per·ma·nent ['pɜːmənənt] 1. (be)ständig, dauerhaft, Dauer...; 2. Am. → **'wave** Dauerwelle f

per·me·a·ble ['pɜːmjəbl] durchlässig (to für); **~ate** ['pɜːmɪeɪt] durchdringen (into in acc.; through durch)

per·mis·si·ble [pə'mɪsəbl] zulässig, erlaubt; **~sion** [pə'mɪʃn] Erlaubnis f; **~sive** [pə'mɪsɪv] liberal; (sexuell) freizügig; **~sive so·ci·e·ty** tabufreie Gesellschaft

per·mit 1. [pə'mɪt] (-tt-) erlauben, gestatten; 2. ['pɜːmɪt] Genehmigung f

per·pen·dic·u·lar [pɜːpən'dɪkjʊlə] senkrecht; rechtwink(e)lig (to zu)

per·pet·u·al [pə'petʃʊəl] fortwährend, ständig, ewig

per·plex [pə'pleks] verwirren; **~i·ty** [pə'pleksətɪ] Verwirrung f

per·se·cute ['pɜːsɪkjuːt] verfolgen; **~cu·tion** [pɜːsɪ'kjuːʃn] Verfolgung f; **~cu·tor** ['pɜːsɪkjuːtə] Verfolger(in)

per·se·ver·ance [pɜːsɪ'vɪərəns] Ausdauer f, Beharrlichkeit f; **~vere** [pɜːsɪ'vɪə] beharrlich weitermachen

per·sist [pə'sɪst] beharren, bestehen (in auf dat.); fortdauern, anhalten; **~is·tence** [pə'sɪstəns] Hartnäckigkeit f, Ausdauer f; **~is·tent** beharrlich, ausdauernd; anhaltend

per·son ['pɜːsn] Person f (a. gr.)

per·son·al ['pɜːsnl] persönlich (a. gr.); Personal...; Privat...; **~ col·umn** Zeitung: Persönliches n; **~ com·pu·ter** (Abk. PC) Personalcomputer m; **~ 'da·ta** pl. Personalien pl.

per·son·al·i·ty [pɜːsə'nælətɪ] Persönlichkeit f; **personalities** pl. anzügliche od. persönliche Bemerkungen pl.

per·son·al 'or·ga·niz·er Notizbuch n, Adressbuch n u. Taschenkalender m etc. (in einem); **~ 'ster·e·o** Walkman® m

per·son·i·fy [pɜː'sɒnɪfaɪ] personifizieren, verkörpern

per·son·nel [pɜːsə'nel] Personal n, Belegschaft f; die Personalabteilung; **~ de·part·ment** Personalabteilung f; **~ man·ag·er** Personalchef m

per·spec·tive [pə'spektɪv] Perspektive f; Fernsicht f

per·spi·ra·tion [pɜːspə'reɪʃn] Transpirieren n, Schwitzen n; Schweiß m; **~spire** [pə'spaɪə] transpirieren, schwitzen

per·suade [pə'sweɪd] überreden; überzeugen; **~sua·sion** [pə'sweɪʒn] Überredung(skunst) f; Überzeugung f; **~sua·sive** [pə'sweɪsɪv] überzeugend

pert [pɜːt] keck (a. Hut etc.), kess

per·tain [pɜː'teɪn]: **~ to s.th.** et. betreffen

per·ti·nent ['pɜːtɪnənt] sachdienlich, relevant, zur Sache gehörig

per·turb [pə'tɜːb] beunruhigen

pe·ruse [pə'ruːz] (sorgfältig) durchlesen

per·vade [pə'veɪd] durchdringen, erfüllen

per·verse [pə'vɜːs] pervers; eigensinnig; **~ver·sion** [pə'vɜːʃn] Verdrehung f; Perversion f; **~ver·si·ty** [pə'vɜːsətɪ] Perversität f; Eigensinn m

per·vert 1. [pə'vɜːt] pervertieren; verdrehen; 2. ['pɜːvɜːt] perverser Mensch

pes·sa·ry med. ['pesərɪ] Pessar n

pes·si·mis·m ['pesɪmɪzəm] Pessimis-

pessimist 218

mus *m*; **~·mist** ['pesɪmɪst] Pessimist(in); **~'mist·ic** (**~ally**) pessimistisch
pest [pest] Schädling *m*; F Nervensäge *f*; F Plage *f*; △ *nicht* **Pest** (*Seuche*)
pes·ter F ['pestə] *j-n* belästigen, *j-m* keine Ruhe lassen
pes·ti·cide ['pestɪsaɪd] Pestizid *n*, Schädlingsbekämpfungsmittel *n*
pet [pet] **1.** (zahmes) (Haus)Tier; *oft contp.* Liebling *m*; **2.** Lieblings...; Tier...; **3.** (**-tt-**) streicheln; F Petting machen
pet·al *bot.* ['petl] Blütenblatt *n*
'pet food Tiernahrung *f*
pe·ti·tion [pɪ'tɪʃn] **1.** Eingabe *f*, Gesuch *n*, (schriftlicher) Antrag; **2.** ersuchen; ein Gesuch einreichen (**for** um), e-n Antrag stellen (**for** auf *acc.*)
'pet name Kosename *m*
pet·ri·fy ['petrɪfaɪ] versteinern
pet·rol ['petrəl] Benzin *n*; △ *nicht* **Petroleum**
pe·tro·le·um [pə'trəʊljəm] Erd-, Mineralöl *n*
'pet·rol pump Zapfsäule *f*; **'~ sta·tion** Tankstelle *f*
'pet shop Tierhandlung *f*, Zoogeschäft *n*; **~ 'sub·ject** Lieblingsthema *n*
pet·ti·coat ['petɪkəʊt] Unterrock *m*
pet·ting F ['petɪŋ] Petting *n*
pet·tish ['petɪʃ] launisch, gereizt
pet·ty ['petɪ] (**-ier, -iest**) belanglos, unbedeutend, (*Vergehen a.*) geringfügig; engstirnig; **~ 'cash** Portokasse *f*; **~ 'lar·ce·ny** *jur.* einfacher Diebstahl
pet·u·lant ['petjʊlənt] launisch, gereizt
pew [pju:] (Kirchen)Bank *f*
pew·ter ['pju:tə] Zinn *n*; *a.* **~ ware** Zinn(-geschirr) *n*
phan·tom ['fæntəm] Phantom *n*; Geist *m* (*e-s Verstorbenen*)
phar·ma·cist ['fɑ:məsɪst] Apotheker(in); **~·cy** ['fɑ:məsɪ] Apotheke *f*
phase [feɪz] Phase *f*
PhD [pi: eɪtʃ 'di:] *Abk. für* **Doctor of Philosophy** (*lateinisch* **philosophiae doctor**) Dr. phil., Doktor *m* der Philosophie; **~ 'the·sis** Doktorarbeit *f*
pheas·ant *zo.* ['feznt] Fasan *m*
phe·nom·e·non [fɪ'nɒmɪnən] (*pl.* **-na** [-nə]) Phänomen *n*, Erscheinung *f*
phi·lan·thro·pist [fɪ'lænθrəpɪst] Philanthrop(in), Menschenfreund(in)

phi·lol·o·gist [fɪ'lɒlədʒɪst] Philologe *m*, -in *f*; **~·gy** [fɪ'lɒlədʒɪ] Philologie *f*
phi·los·o·pher [fɪ'lɒsəfə] Philosoph(in); **~·phy** [fɪ'lɒsəfɪ] Philosophie *f*
phlegm *med.* [flem] Schleim *m*
phone [fəʊn] **1.** Telefon *n*; **answer the ~** ans Telefon gehen; **by ~** telefonisch; **on the ~** am Telefon; **be on the ~** Telefon haben; am Telefon sein; **2.** telefonieren, anrufen; **'~ book** Telefonbuch *n*; **'~ booth** *Am.*, **'~ box** *Brt.* Telefonzelle *f*; **'~ call** Anruf *m*, Gespräch *n*; **'~ card** Telefonkarte *f*; **'~-in** *Brt.* Rundfunk, *TV*: Sendung *f* mit telefonischer Zuhörer- *od.* Zuschauerbeteiligung; **'~ num·ber** Telefonnummer *f*
pho·net·ics [fə'netɪks] *sg.* Phonetik *f*
pho·n(e)y F ['fəʊnɪ] **1.** Fälschung *f*; Schwindler(in); **2.** (**-ier, -iest**) falsch, gefälscht, unecht; Schein...
phos·pho·rus *chem.* ['fɒsfərəs] Phosphor *m*
pho·to F ['fəʊtəʊ] (*pl.* **-tos**) Foto *n*, Bild *n*; **in the ~** auf dem Foto; **take a ~** ein Foto machen (**of** von); **'~·cop·i·er** Fotokopiergerät *n*; **'~·cop·y 1.** Fotokopie *f*; **2.** fotokopieren
pho|·to·graph ['fəʊtəgrɑ:f] **1.** Fotografie *f* (*Bild*); △ *nicht* **Fotograf**; **2.** fotografieren; **~·tog·ra·pher** [fə'tɒgrəfə] Fotograf(in); **~·tog·ra·phy** [fə'tɒgrəfɪ] Fotografie *f*; △ *nicht* **Fotografie** (*Bild*)
phras·al verb *gr.* [freɪzl 'vɜ:b] Verb *n* mit Adverb (und Präposition)
phrase [freɪz] **1.** (Rede)Wendung *f*, Redensart *f*, idiomatischer Ausdruck; △ *nicht* **Phrase** (*leere Redensart*); **2.** ausdrücken; **'~·book** Sprachführer *m*
phys·i·cal ['fɪzɪkl] **1.** physisch, körperlich; physikalisch; **~·ly handicapped** körperbehindert; **2.** ärztliche Untersuchung; **~ edu·ca·tion** Leibeserziehung *f*, Sport *m*; **~ ex·am·i·na·tion** ärztliche Untersuchung; **'hand·i·cap** Körperbehinderung *f*; **~ 'train·ing** Leibeserziehung *f*, Sport *m*
phy·si·cian [fɪ'zɪʃn] Arzt *m*, Ärztin *f*; △ *nicht* **Physiker**
phys·i·cist ['fɪzɪsɪst] Physiker(in); **~·ics** ['fɪzɪks] *sg.* Physik *f*
phy·sique [fɪ'zi:k] Körper(bau) *m*, Statur *f*; △ *nicht* **Physik**
pi·a·nist ['pɪənɪst] Pianist(in)
pi·an·o [pɪ'ænəʊ] (*pl.* **-os**) Klavier *n*

pick [pɪk] **1.** (auf)hacken; (auf)picken; auflesen, -nehmen; pflücken; *Knochen* abnagen; bohren *od.* stochern in (*dat.*); F *Schloss* knacken; aussuchen, -wählen; *one's nose* in der Nase bohren; *one's teeth* in den Zähnen (herum)stochern; *~ s.o.'s pocket* j-n bestehlen; *have a bone to ~ with s.o.* mit j-m ein Hühnchen zu rupfen haben; *~ out* (sich) *et.* auswählen; ausmachen, erkennen; *~ up* aufheben, -lesen, -nehmen; aufpicken; *Spur* aufnehmen; j-n abholen; *Anhalter* mitnehmen; F *Mädchen* aufreißen; *Kenntnisse, Informationen etc.* aufschnappen; sich e-e *Krankheit etc.* holen; *a. ~ up speed mot.* schneller werden; **2.** (Spitz)Hacke *f*, Pickel *m*; (Aus)Wahl *f*; *take your ~* suchen Sie sich etwas aus; '**~-a-back** ['pɪkəbæk] huckepack; '**~axe** *Brt.*, '**~ax** *Am.* (Spitz)Hacke *f*, Pickel *m*

pick·et ['pɪkɪt] **1.** Pfahl *m*; Streikposten *m*; **2.** Streikposten aufstellen vor (*dat.*), mit Streikposten besetzen; Streikposten stehen; '**~ fence** Lattenzaun *m*; '**~ line** Streikpostenkette *f*

pick·le ['pɪkl] **1.** Salzlake *f*; Essigsoße *f*; *Am.* Essig-, Gewürzgurke *f*; mst *~s pl. bsd. Brt.* Pickles *pl.*; *be in a* (*pretty*) *~* F (ganz schön) in der Patsche sein. stecken; △ *nicht* **Pickel** (→ **pimple**; **pickaxe**); **2.** *gastr.* einlegen

'**pick·lock** Einbrecher *m*; Dietrich *m*; '**~·pock·et** Taschendieb(in); '**~·up** Tonabnehmer *m*; Kleintransporter *m*; F (Zufalls)Bekanntschaft *f*

pic·nic ['pɪknɪk] **1.** Picknick *n*; **2.** (*-ck-*) ein Picknick machen, picknicken

pic·ture ['pɪktʃə] *1.* Bild *n*; Gemälde *n*; *phot.* Aufnahme *f*; Film *m*; *~s pl. bsd. Brt.* Kino *n*; **2.** darstellen, malen; *fig.* sich j-n, *et.* vorstellen; '**~ book** Bilderbuch *n*; *~* '**post·card** Ansichtskarte *f*

pic·tur·esque [pɪktʃə'resk] malerisch

pie [paɪ] (*Fleisch- etc.*)Pastete *f*; (mst gedeckter) (*Apfel- etc.*)Kuchen

piece [piːs] Stück *n*; Teil *n* (e-r *Maschine etc.*); Teil *m* (e-s *Services etc.*); *Schach:* Figur *f*; Brettspiel: Stein *m*; (*Zeitungs*)Artikel *m*, (-)Notiz *f*; *by the ~* stückweise; *a ~ of advice* ein Rat; *a ~ of news* e-e Neuigkeit; *give s.o. a ~ of one's mind* j-m gründlich die Meinung sagen; *go to ~s* F zusammenbrechen (*Person*); *take to ~s* auseinander nehmen; **2.** *~ together* zusammensetzen, -stücke(l)n; *fig.* zusammenfügen; '**~·meal** schrittweise; '**~·work** Akkordarbeit *f*; *do ~* im Akkord arbeiten

pier [pɪə] Pier *m*, Landungsbrücke *f*; Pfeiler *m*

pierce [pɪəs] durchbohren, -stechen, -stoßen; durchdringen

pierc·ing ['pɪəsɪŋ] durchdringend, (*Kälte etc. a.*) schneidend, (*Schrei a.*) gellend, (*Blick, Schmerz etc. a.*) stechend

pi·e·ty ['paɪətɪ] Frömmigkeit *f*

pig [pɪg] *zo.* Schwein *n* (*a. fig.* F); *sl. contp.* Bulle *m* (*Polizist*)

pi·geon *zo.* ['pɪdʒɪn] (*pl.* **-geons**, **-pigeon**) Taube *f*; '**~·hole 1.** (Ablege)Fach *n*; **2.** ablegen

pig·gy F ['pɪgɪ] *Kindersprache:* Schweinchen *n*; '**~·back** huckepack

pig|'**head·ed** dickköpfig, stur; '**~·let** *zo.* ['pɪglɪt] Ferkel *n*; '**~·sty** Schweinestall *m*, *fig. a.* Saustall *m*; '**~·tail** Zopf *m*

pike[1] *zo.* [paɪk] (*pl.* **pikes**, **pike**) Hecht *m*

pike[2] [paɪk] → **turnpike**

pile[1] [paɪl] **1.** Stapel *m*, Stoß *m*; F Haufen *m*, Menge *f*; (*atomic*) *~* Atommeiler *m*; **2.** *~ up* (an-, auf)häufen, (auf)stapeln, aufschichten; sich anhäufen; *mot.* F aufeinander auffahren

pile[2] [paɪl] Flor *m* (*Stoff, Teppich*)

pile[3] [paɪl] Pfahl *m*

piles *med.* F [paɪlz] *pl.* Hämorrhoiden *pl.*

'**pile-up** *mot.* F Massenkarambolage *f*

pil·fer ['pɪlfə] stehlen, klauen

pil·grim ['pɪlgrɪm] Pilger(in); '**~·age** ['pɪlgrɪmɪdʒ] Pilger-, Wallfahrt *f*

pill [pɪl] Pille *f*; *the ~* F die (*Antibaby*)Pille; *be on the ~* die Pille nehmen

pil·lar ['pɪlə] Pfeiler *m*, Säule *f*; '**~ box** *Brt.* Briefkasten *m*

pil·li·on *mot.* ['pɪljən] Soziussitz *m*

pil·lo·ry ['pɪlərɪ] **1.** *hist.* Pranger *m*; **2.** *fig.* anprangern

pil·low ['pɪləʊ] (Kopf)Kissen *n*; '**~·case**, '**~·slip** (Kopf)Kissenbezug *m*

pi·lot ['paɪlət] **1.** *aviat.* Pilot(in); *naut.* Lotse *m*, -in *f*; Versuchs..., Pilot...; **2.** lotsen, steuern; '**~ film** *TV* Pilotfilm *m*; '**~ scheme** Versuchs-, Pilotprojekt *n*

pimp [pɪmp] Zuhälter *m*

pim·ple ['pɪmpl] Pickel *m*, Pustel *f*

pin [pɪn] **1.** (Steck)Nadel f; (Haar-, Krawatten- etc.)Nadel f; Am. Brosche f; tech. Bolzen m, Stift m; Kegel m; Bowling: Pin m; Am. (Wäsche)Klammer f; Brt. (Reiß)Nagel m, (-)Zwecke f; **2.** (-nn-) (an)heften, anstecken (**to** an acc.), befestigen (**to** an dat.); pressen, drücken (**against, to** gegen, an acc.)

PIN [pɪn] a. ~ **number** Abk. für **personal identification number** PIN, persönliche Geheimzahl (für Geldautomaten etc.)

pin·a·fore ['pɪnəfɔː] Schürze f

'**pin·ball** Flippern n; **play** ~ flippern; '~ **ma·chine** Flipper(automat) m

pin·cers ['pɪnsəz] pl. (**a pair of** ~ e-e) (Kneif)Zange

pinch [pɪntʃ] **1.** v/t. kneifen, zwicken; F klauen; v/i. drücken (Schuh, Not etc.); **2.** Kneifen n, Zwicken n; Prise f (Salz, Tabak etc.); fig. Not(lage) f

'**pin·cush·ion** Nadelkissen n

pine¹ [paɪn] bot. a. ~**tree** Kiefer f, Föhre f

pine² [paɪn] sich sehnen (**for** nach)

'**pine**|·**ap·ple** bot. Ananas f; '~ **cone** bot. Kiefernzapfen m

pin·ion [pɪnjən] zo. Schwungfeder f

pink [pɪŋk] **1.** rosa(farben); **2.** Rosa n; bot. Nelke f

pint [paɪnt] Pint n (Brt. 0,57 l, Am. 0,47 l); Brt. F Halbe f (Bier)

pi·o·neer [paɪə'nɪə] **1.** Pionier m; **2.** den Weg bahnen (für)

pi·ous ['paɪəs] fromm, religiös

pip¹ [pɪp] (Apfel-, Orangen- etc.)Kern m

pip² [pɪp] Ton m (e-s Zeitzeichens etc.)

pip³ [pɪp] Auge n (bei Spielkarten), Punkt m (auf Würfeln etc.); bsd. Brt. mil. Stern m (Rangabzeichen)

pipe [paɪp] **1.** tech. Rohr n, Röhre f; (Tabaks)Pfeife f; (Orgel)Pfeife f; △ nicht (Triller)**Pfeife**; ~**s** pl. Brt. F Dudelsack m; **2.** (durch Rohre) leiten; '~**line** Rohrleitung f; Pipeline f (für Erdöl, Erdgas etc.); '~**r** Dudelsackpfeifer m

pip·ing ['paɪpɪŋ] **1.** Rohrleitung f, -netz n; **2.** ~ **hot** kochend heiß, siedend heiß

pi·quant ['piːkənt] pikant

pique [piːk] **1. in a fit of** ~ gekränkt, verletzt, pikiert; **2.** kränken, verletzen; **be** ~**d** a. pikiert sein

pi·rate ['paɪərət] **1.** Pirat m, Seeräuber m; **2.** unerlaubt kopieren od. nachdrucken od. nachpressen; ~ '**ra·di·o** Piratensender m od. pl.

Pis·ces astr. ['paɪsiːz] sg. Fische pl.; **he/ she is** (a) ~ er/sie ist (ein) Fisch

piss V [pɪs] pissen; ~ **off!** verpiss dich!

pis·tol ['pɪstl] Pistole f

pis·ton tech. ['pɪstən] Kolben m; '~ **rod** Kolbenstange f; '~ **stroke** Kolbenhub m

pit¹ [pɪt] **1.** Grube f (a. anat.); Grube f, Zeche f; bsd. Brt. thea. Parkett n; a. **orchestra** ~ thea. Orchestergraben m; (bsd. Pocken)Narbe f; **2.** (**-tt-**) mit Narben bedecken

pit² Am. [pɪt] **1.** bot. Kern m, Stein m; **2.** (**-tt-**) entkernen, -steinen

pitch¹ [pɪtʃ] **1.** v/t. Zelt, Lager aufschlagen; werfen, schleudern; mus. (an)stimmen; v/i. stürzen, fallen; naut. stampfen (Schiff); sich neigen (Dach etc.); ~ **in** F sich ins Zeug legen; kräftig zulangen (beim Essen); **2.** bsd. Brt. (Spiel)Feld n; mus. Tonhöhe f; fig. Grad m, Stufe f; bsd. Brt. Stand(platz) m (e-s Straßenhändlers etc.); naut. Stampfen n; Neigung f (e-s Dachs etc.)

pitch² [pɪtʃ] Pech n; ~'**black**, ~'**dark** pechschwarz; stockdunkel

pitch·er¹ ['pɪtʃə] Krug m

pitch·er² ['pɪtʃə] Baseball: Werfer m

'**pitch·fork** Heu-, Mistgabel f

pit·e·ous ['pɪtɪəs] kläglich

'**pit·fall** Fallgrube f; fig. Falle f

pith [pɪθ] bot. Mark n; weiße innere Haut (e-r Orange etc.); fig. Kern m; '~**·y** (**-ier, -iest**) markig, prägnant

pit·i·a·ble ['pɪtɪəbl] → '~**ful** Mitleid erregend (Anblick etc.), bemitleidenswert (Person, Zustand etc.); erbärmlich, jämmerlich; '~**less** unbarmherzig

pits [pɪts] pl. Motorsport: Boxen pl.; **it's the** ~ F (das ist) echt ätzend

'**pit stop** Motorsport: Boxenstopp m

pit·y ['pɪtɪ] **1.** Mitleid n (**on** mit); **it is a** (**great**) ~ es ist (sehr) schade; **what a** ~**!** wie schade!; **2.** bemitleiden, bedauern

piv·ot ['pɪvət] **1.** tech. Drehzapfen m; fig. Dreh- u. Angelpunkt m; **2.** sich drehen; ~ **on** fig. abhängen von

pix·el ['pɪksəl] Computer: Pixel m (einzelner Bildpunkt)

piz·za ['pi:tsə] Pizza *f*
plac·ard ['plækɑ:d] **1.** Plakat *n*; Transparent *n*; **2.** mit Plakaten bekleben
place [pleɪs] **1.** Platz *m*, Ort *m*, Stelle *f*; Ort *m*, Stätte *f*; Haus *n*, Wohnung *f*; Wohnort *m*; (Arbeits-, Lehr)Stelle *f*; **in the first ~** erstens; **in third ~** Sport etc.: auf den dritten Platz; **in ~ of** an Stelle von (*od. gen.*); **out of ~** fehl am Platz; **take ~** stattfinden; △ *nicht* **Platz nehmen; take s.o.'s ~** j-s Stelle einnehmen; **2.** stellen, legen, setzen; *Auftrag* erteilen (**with** *dat.*), *Bestellung* aufgeben (**with** bei); **be ~d** Sport: sich platzieren (**second** an zweiter Stelle)
pla·ce·bo *med.* [pləˈsi:bəʊ] (*pl.* **-bos, -boes**) Placebo *n*
'**place·mat** Platzdeckchen *n*, Set *n*, *m*; '**~·ment test** Einstufungsprüfung *f*; '**~·name** Ortsname *m*
plac·id ['plæsɪd] ruhig; gelassen
pla·gia·rize ['pleɪdʒjəraɪz] plagiieren
plague [pleɪg] **1.** Seuche *f*; Pest *f*; Plage *f*; **2.** plagen
plaice *zo.* [pleɪs] (*pl.* **plaice**) Scholle *f*
plaid [plæd] Plaid *n*
plain [pleɪn] **1.** *adj.* einfach, schlicht; klar (u. deutlich); offen (u. ehrlich); unscheinbar, wenig anziehend; rein, völlig (*Unsinn etc.*); **2.** *adv.* F (ganz) einfach; **3.** Ebene *f*, Flachland *n*; **~ choc·o·late** (zart)bittere Schokolade; **~·clothes** in Zivil
plain·|tiff *jur.* ['pleɪntɪf] Kläger(in); **~·tive** ['pleɪntɪv] traurig, klagend
plait *bsd. Brt.* [plæt] **1.** Zopf *m*; **2.** flechten
plan [plæn] **1.** Plan *m*; **2.** (**-nn-**) planen; beabsichtigen
plane[1] [pleɪn] Flugzeug *n*; **by ~** mit dem Flugzeug; **go by ~** fliegen
plane[2] [pleɪn] **1.** flach, eben; **2.** *math.* Ebene *f*; *fig.* Stufe *f*, Niveau *n*
plane[3] [pleɪn] **1.** Hobel *m*; **2.** hobeln; **~ down** abhobeln
plan·et *astr.* ['plænɪt] Planet *m*
plank [plæŋk] Planke *f*, Bohle *f*; '**~·ing** Planken *pl.*
plant [plɑ:nt] **1.** *bot.* Pflanze *f*; Werk *n*, Betrieb *m*, Fabrik *f*; **2.** (an-, ein)pflanzen; bepflanzen; *Garten etc.* anlegen; aufstellen, postieren; **~ s.th. on s.o.** F j-m et. (*Belastendes*) unterschieben

plan·ta·tion [plænˈteɪʃn] Plantage *f*, Pflanzung *f*; Schonung *f*
plant·er ['plɑ:ntə] Plantagenbesitzer(in), Pflanzer(in); Pflanzmaschine *f*; Übertopf *m*
plaque [plɑ:k] Gedenktafel *f*; *med.* Zahnbelag *m*
plas·ter ['plɑ:stə] **1.** *med.* Pflaster *n*; (Ver)Putz *m*; *a.* **~ of Paris** Gips *m*; **have one's leg in ~** *med.* das Bein in Gips haben; **2.** verputzen; bekleben; '**~ cast** Gipsabguss *m*, -modell *n*; *med.* Gipsverband *m*
plas·tic ['plæstɪk] **1.** (**~·ally**) plastisch; Plastik...; **2.** Plastik *n*, Kunststoff *m*; → **~ 'mon·ey** F Plastikgeld *n*, Kreditkarten *pl.*; '**~ wrap** *Am.* Frischhaltefolie *f*
plate [pleɪt] **1.** Teller *m*; Platte *f*; (*Namens-, Nummern- etc.*)Schild *n*; (Bild-)Tafel *f* (*in e-m Buch*); (Druck)Platte *f*; Gegenstände *pl.* aus Edelmetall; Doublé *n*, Dublee *f*; **2. ~d with gold, gold-plated** vergoldet
plat·form ['plætfɔ:m] Plattform *f*, *rail.* Bahnsteig *m*; (Redner)Tribüne *f*, Podium *n*; *pol.* Plattform *f*; **par·ty ~** *pol.* Parteiprogramm *n*; **~ e·lec·tion ~** *pol.* Wahlprogramm *n*
plat·i·num ['plætɪnəm] Platin *n*
pla·toon *mil.* [pləˈtu:n] Zug *m*
plat·ter *Am. od. veraltet* ['plætə] (Servier)Platte *f*
plau·si·ble ['plɔ:zəbl] plausibel, glaubhaft
play [pleɪ] **1.** Spiel *n*; Schauspiel *n*, (Theater)Stück *n*; *tech.* Spiel *n*; *fig.* Spielraum *m*; **at ~** beim Spiel(en); **in ~** im Spiel (*Ball*); **out of ~** im Aus (*Ball*); **2.** *v/i.* spielen (*a. Sport, thea. etc.*); *v/t.* Karten, Rolle, Stück etc. spielen, Sport: Spiel austragen; **~ s.o.** Sport: gegen j-n spielen; **~ the guitar** Gitarre spielen; **~ a trick on s.o.** j-m e-n Streich spielen; **~ back** Ball zurückspielen (**to** zu); *Tonband* abspielen; **~ off** *fig.* ausspielen (**against** gegen); **~ on** *fig.* j-s Schwächen ausnutzen; '**~·back** Play-back *n*, Wiedergabe *f*, Abspielen *n*; '**~·boy** Playboy *m*; '**~·er** *mus., Sport:* Spieler(in); Plattenspieler *m*; '**~·ful** verspielt; scherzhaft; '**~·go·er** (*bsd.* häufige[r]) Theaterbesucher(in); '**~·ground** Spielplatz *m*; Schulhof *m*; '**~·group** *bsd. Brt.* Spiel-

playhouse

'play|house *thea.* Schauspielhaus *n*; Spielhaus *n* (*für Kinder*)

'play|·ing **card** Spielkarte *f*; **~ field** Sportplatz *m*, Spielfeld *n*

'play|·mate Spielkamerad(in); **'~pen** Laufgitter *n*, -stall *m*; **'~thing** Spielzeug *n*; **'~wright** Dramatiker(in)

plc, PLC *Brt.* [piː el 'siː] *Abk. für* **public limited company** AG, Aktiengesellschaft *f*

plea *jur.* [pliː]: *enter a ~ of (not) guilty* sich schuldig bekennen (s-e Unschuld erklären)

plead [pliːd] (*~ed, bsd. schott., Am. pled*) *v/i.* (dringend) bitten (*for* um); **~ (not) guilty** *jur.* sich schuldig bekennen (s-e Unschuld erklären); *v/t. jur. u. allg.* zu s-r Verteidigung *od.* Entschuldigung anführen, geltend machen; **~ s.o.'s case** sich für j-n einsetzen; *jur.* j-n vertreten

pleas·ant ['pleznt] angenehm, erfreulich; freundlich; sympathisch

please [pliːz] **1.** (*j-m*) gefallen; *j-m* zusagen, *j-n* erfreuen; zufrieden stellen; **only to ~ you** nur dir zuliebe; ~ *yourself!* mach, was du willst!; **2.** *int.* bitte; (*yes,*) **~** (ja), bitte; (oh ja,) gerne; **~ come in!** bitte, treten Sie ein!; **~d** erfreut, zufrieden; **be ~ about** sich freuen über (*acc.*); **be ~ with** zufrieden sein mit; **I am ~ with it** es gefällt mir; **be ~ to do s.th.** et. gern tun; **~ to meet you!** angenehm!

pleas·ing ['pliːzɪŋ] angenehm

plea·sure ['pleʒə] Vergnügen *n*; *at (one's) ~* nach Belieben

pleat [pliːt] (Plissee)Falte *f*; **'~ed skirt** Faltenrock *m*

pled [pled] *pret. u. p.p. von* **plead**

pledge [pledʒ] **1.** Pfand *n*; *fig.* Unterpfand *n*; Versprechen *n*; **2.** versprechen, zusichern

plen·ti·ful ['plentɪfl] reichlich

plen·ty ['plentɪ] **1.** Überfluss *m*; *in ~* im Überfluss, in Hülle u. Fülle; *~ of* e-e Menge, viel(e), reichlich; **2.** F reichlich

pleu·ri·sy *med.* ['pluərəsɪ] Brustfell-, Rippenfellentzündung *f*

pli·a·ble ['plaɪəbl], **~ant** ['plaɪənt] biegsam; *fig.* flexibel; *fig.* leicht beeinflussbar

pli·ers ['plaɪəz] *pl.* (*a pair of ~*) e-e Beißzange

plight [plaɪt] Not(lage) *f*

plim·soll *Brt.* ['plɪmsəl] Turnschuh *m*

plod [plɒd] (*-dd-*) *a.* **~ along** sich dahinschleppen; **~ away** sich abplagen (*at* mit), schuften

plop F [plɒp] **1.** Plumps *m*, Platsch *m*; **2.** (*-pp-*) plumpsen, (*ins Wasser*) platschen

plot [plɒt] **1.** Stück *n* Land, Parzelle *f*, Grundstück *n*; Handlung *f* (*e-s Dramas, Films etc.*); Komplott *n*, Verschwörung *f*; *Computer*: grafische Darstellung; **2.** (*-tt-*) *v/i.* sich verschwören (*against* gegen); *v/t.* planen; einzeichnen (*in e-e Karte etc.*); **'~ter** *Computer*: Plotter *m*

plough *Brt.*, **plow** *Am.* [plaʊ] **1.** Pflug *m*; **2.** (um)pflügen; **'~share** Pflugschar *f*

pluck [plʌk] **1.** *v/t. Geflügel* rupfen; *mst* **~ out** ausreißen, -rupfen, -zupfen; *mus. Saiten* zupfen; **~ up** *(one's) courage* Mut *od.* sich ein Herz fassen; *v/i.* zupfen (*at* an *dat.*); **2.** F Mut *m*, Schneid *m*; **'~y** F (*-ier, -iest*) mutig

plug [plʌɡ] **1.** Stöpsel *m*; *electr.* Stecker *m*; F *electr.* Steckdose *f*; F *mot.* (Zünd)Kerze *f*; **2.** *v/t.* (*-gg-*) *a.* **~ up** zustöpseln; zu-, verstopfen; **~ in** *electr.* anschließen, einstecken

plum *bot.* [plʌm] Pflaume *f*; Zwetsch(g)e *f*

plum·age ['pluːmɪdʒ] Gefieder *n*

plumb [plʌm] **1.** (Blei)Lot *n*; **2.** ausloten, *fig. a.* ergründen; ~ *in bsd. Brt. Waschmaschine etc.* anschließen; **3.** *adj.* lot-, senkrecht; **4.** *adv.* F (haar)genau; **'~er** Klempner *m*, Installateur *m*; **'~ing** Klempner-, Installateurarbeit *f*; Rohre *pl.*, Rohrleitungen *pl.*

plume [pluːm] (Schmuck)Feder *f*, Federbusch *m*; (Rauch)Fahne *f*

plump [plʌmp] **1.** *adj.* drall, mollig, rund(lich); △ *nicht* **plump**; **2.** ~ **down** fallen *od.* plumpsen (lassen)

plum 'pud·ding Plumpudding *m*

plun·der ['plʌndə] **1.** plündern; **2.** Plünderung *f*; Beute *f*; △ *nicht* **Plunder**

plunge [plʌndʒ] **1.** (ein-, unter)tauchen; (sich) stürzen (*into* in *acc.*); *naut.* stampfen (*Schiff*); **2.** (Kopf)Sprung *m*; *take the ~ fig.* den entscheidenden Schritt wagen

plu·per·fect *gr.* [pluː'pɜːfɪkt] *a.* **~ tense**

Plusquamperfekt *n*, Vorvergangenheit *f*
plu·ral *gr.* ['pluərəl] Plural *m*, Mehrzahl *f*
plus [plʌs] **1.** *prp.* plus, und, *bsd. econ.* zuzüglich; **2.** *adj.* Plus...; ~ **sign** Plus(zeichen) *n*; **3.** Plus(zeichen) *n*; *fig.* F Plus *n*, Vorteil *m*
plush [plʌʃ] Plüsch *m*
ply¹ [plaɪ] *regelmäßig* verkehren, fahren (**between** zwischen *dat.*)
ply² [plaɪ] **1.** *mst in Zssgn* Lage *f*, Schicht *f* (*Stoff, Sperrholz etc.*); **three-**~ dreifach (*Garn etc.*); dreifach gewebt (*Teppich*); '~**wood** Sperrholz *n*
pm, PM [piː 'em] *Abk. für* **after noon** (*lateinisch* **post meridiem**) nachm., nachmittags, abends
PM *bsd. Brt.* F [piː 'em] *Abk. für* **Prime Minister** Premierminister(in)
pneu·mat·ic [njuːˈmætɪk] (~**ally**) Luft..., pneumatisch; *tech.* Druck..., Pressluft...; ~ **drill** Pressluftbohrer *m*
pneu·mo·ni·a *med.* [njuːˈməʊnjə] Lungenentzündung *f*
PO [piː 'əʊ] *Abk. für:* **post office** Postamt *n*; **postal order** Postanweisung *f*
poach¹ [pəʊtʃ] pochieren; ~**ed eggs** *pl.* verlorene Eier *pl.*
poach² [pəʊtʃ] wildern; '~**er** Wilddieb *m*, Wilderer *m*
POB [piː əʊ 'biː] *Abk. für* **post office box** (**number**) Postfach *n*
PO Box [piː əʊ 'bɒks] Postfach *n*; **write to** ~ **225** schreiben Sie an Postfach 225
pock *med.* [pɒk] Pocke *f*, Blatter *f*
pock·et ['pɒkɪt] **1.** (Hosen- *etc.*)Tasche *f*; *aviat.* → **air pocket**; **2.** *adj.* Taschen...; **3.** einstecken, in die Tasche stecken; *fig.* in die eigene Tasche stecken; '~**book** Notizbuch *n*; *Am.* Brieftasche *f*; ~ **'cal·cu·la·tor** Taschenrechner *m*; '~**knife** (*pl.* **-knives**) Taschenmesser *n*; '~ **mon·ey** Taschengeld *n*
pod *bot.* [pɒd] Hülse *f*, Schote *f*
po·em ['pəʊɪm] Gedicht *n*
po·et ['pəʊɪt] Dichter(in); ~**ic** [pəʊˈetɪk] (~**ally**) dichterisch; ~**i·cal** dichterisch; ~**ic jus·tice** *fig.* ausgleichende Gerechtigkeit *f*; ~**ry** ['pəʊɪtrɪ] Gedichte *pl.*; Dichtkunst *f*, Dichtung *f*
poi·gnant ['pɔɪnjənt] schmerzlich (*Erinnerungen*); ergreifend

point [pɔɪnt] **1.** Spitze *f*; *geogr.* Landspitze *f*; *gr., math., phys. etc.* Punkt *m*; *math.* (Dezimal)Punkt *m*; *geogr.* Grad *m* (*e-r Skala*); *naut.* (*Kompass*)Strich *m*; *Sport:* Punkt *m*; Punkt *m*, Stelle *f*, Ort *m*; Zweck *m*; Ziel *n*, Absicht *f*; springender Punkt; Pointe *f*; **two** ~ **five (2.5)** 2,5; ~ **of view** Stand-, Gesichtspunkt *m*; **be on the** ~ **of doing s.th.** im Begriff sein, et. zu tun; **to the** ~ zur Sache gehörig; **off** *od.* **beside the** ~ nicht zur Sache gehörig; **come to the** ~ zur Sache kommen; **that's not the** ~ darum geht es nicht; **what's the** ~**?** wozu?; **win on** ~**s** nach Punkten gewinnen; **winner on** ~**s** Punktsieger *m*; **2.** *v/t.* (zu)spitzen; *Waffe etc.* richten (**at** auf *acc.*); ~ **one's finger at s.o.** mit (dem Finger) auf j-n zeigen; ~ **out** zeigen; *fig.* hinweisen *od.* aufmerksam machen auf (*acc.*); *v/i.* (mit dem Finger) zeigen (**at, to** auf *acc.*); ~ **to** nach e-r Richtung weisen *od.* liegen; *fig.* hinweisen auf (*acc.*); '~**ed** spitz; Spitz...; *fig.* scharf (*Bemerkung etc.*); *fig.* ostentativ; '~**er** Zeiger *m*; Zeigestock *m*; *zo.* Pointer *m*, Vorstehhund *m*; '~**less** sinn-, zwecklos
points *Brt. rail.* [pɔɪnts] *pl.* Weiche *f*
poise [pɔɪz] **1.** (Körper)Haltung *f*; *fig.* Gelassenheit *f*; **2.** balancieren; **be** ~**d** schweben
poi·son ['pɔɪzn] **1.** Gift *n*; **2.** vergiften; '~**ous** giftig (*a. fig.*)
poke [pəʊk] **1.** *v/t.* stoßen; *Feuer* schüren; stecken; ~ **about, around** F (herum)stöbern, (-)wühlen (**in** in *dat.*); **2.** Stoß *m*; '**pok·er** Schürhaken *m*
pok·y F ['pəʊkɪ] (-**ier**, -**iest**) eng; schäbig
Po·land ['pəʊlənd] Polen *n*
po·lar ['pəʊlə] polar; ~ **bear** *zo.* Eisbär *m*
pole¹ [pəʊl] Pol *m*
pole² [pəʊl] Stange *f*; Mast *m*; Deichsel *f*; *Sport:* (Sprung)Stab *m*
Pole [pəʊl] Polle *m*, -in *f*
'**pole·cat** *zo.* Iltis *m*; *Am.* Skunk *m*, Stinktier *n*
po·lem·ic [pəˈlemɪk], ~**i·cal** polemisch
'**pole star** *astr.* Polarstern *m*
'**pole vault** Stabhochsprung *m*; Stabhochspringen *n*
'**pole-vault** stabhochspringen; '~**er** Stabhochspringer(in)

po·lice [pəˈliːs] **1.** Polizei *f*; △ *nicht* **Police**; **2.** überwachen; **~ car** Polizeiauto *n*; **~·man** (*pl.* **-men**) Polizist *m*; **~ of·fi·cer** Polizeibeamte(r) *m*, -in *f*, Polizist(in); **~ sta·tion** Polizeiwache *f*, -revier *n*; **~·wom·an** (*pl.* **-women**) Polizistin *f*

pol·i·cy [ˈpɒləsɪ] Politik *f*; Taktik *f*; Klugheit *f*; (Versicherungs)Police *f*

po·li·o *med.* [ˈpəʊlɪəʊ] Polio *f*, Kinderlähmung *f*

pol·ish [ˈpɒlɪʃ] **1.** polieren; *Schuhe* putzen; **~ up** aufpolieren (*a. fig.*); **2.** Politur *f*; (*Schuh*)Creme *f*; *fig.* Schliff *m*

Pol·ish [ˈpəʊlɪʃ] **1.** polnisch; **2.** *ling.* Polnisch *n*

po·lite [pəˈlaɪt] (**~r**, **~st**) höflich; **~·ness** Höflichkeit *f*

po·lit·i·cal [pəˈlɪtɪkl] politisch; **pol·i·ti·cian** [pɒlɪˈtɪʃn] Politiker(in); **pol·i·tics** [ˈpɒlɪtɪks] *mst sg.* Politik *f*

pol·ka *mus.* [ˈpɒlkə] Polka *f*; **'~·dot** gepunktet, getupft (*Kleid etc.*)

poll [pəʊl] **1.** (*Meinungs*)Umfrage *f*; Wahlbeteiligung *f*; *a.* **~s** *pl.* Stimmabgabe *f*, Wahl *f*; **2.** befragen; *Stimmen* erhalten

pol·len *bot.* [ˈpɒlən] Pollen *m*, Blütenstaub *m*

poll·ing [ˈpəʊlɪŋ] Stimmabgabe *f*; Wahlbeteiligung *f*; **'~ booth** *bsd. Brt.* Wahlkabine *f*; **'~ day** Wahltag *m*; **'~ place** *Am.*, **'~ sta·tion** *bsd. Brt.* Wahllokal *n*

polls [pəʊlz] *pl.* Wahl *f*; *Am.* Wahllokal *n*

poll·ster [ˈpəʊlstə] Demoskop(in), Meinungsforscher(in)

pol·lut·ant [pəˈluːtənt] Schadstoff *m*; **~·lute** [pəˈluːt] be-, verschmutzen; verunreinigen; **~·lut·er** [pəˈluːtə] *a.* **en·vi·ron·men·tal ~** Umweltsünder(in); **~·lu·tion** [pəˈluːʃn] (*Luft-*, *Wasser-*, *Umwelt*)Verschmutzung *f*; Verunreinigung *f*

po·lo [ˈpəʊləʊ] *Sport*: Polo *n*; **'~ neck** *bsd. Brt.* Rollkragen(pullover) *m*

pol·yp *zo.*, *med.* [ˈpɒlɪp] Polyp *m*

pol·y·sty·rene [pɒlɪˈstaɪriːn] Styropor® *n*

pom·mel [ˈpʌml] (*Sattel- etc.*)Knopf *m*

pomp [pɒmp] Pomp *m*, Prunk *m*

pom·pous [ˈpɒmpəs] aufgeblasen, wichtigtuerisch; schwülstig (*Sprache*)

pond [pɒnd] Teich *m*, Weiher *m*

pon·der [ˈpɒndə] *v/i.* nachdenken (**on**, **over** über *acc.*); *v/t.* überlegen, nachdenken über (*acc.*). **~·ous** [ˈpɒndərəs] schwer(fällig)

pon·toon [pɒnˈtuːn] Ponton *m*; **~ bridge** Pontonbrücke *f*

po·ny *zo.* [ˈpəʊnɪ] Pony *n*; △ *nicht* **Pony** (*Frisur*); **'~·tail** Pferdeschwanz *m* (*Frisur*)

poo·dle *zo.* [ˈpuːdl] Pudel *m*

pool[1] [puːl] Teich *m*, Tümpel *m*; Pfütze *f*, (*Blut- etc.*)Lache *f*; (*Schwimm*)Becken *n*, (*Swimming*)Pool *m*

pool[2] [puːl] **1.** (*Arbeits-*, *Fahr*)Gemeinschaft *f*; (*Mitarbeiter- etc.*)Stab *m*; (*Fuhr*)Park *m*; (*Schreib*)Pool *m*; *bsd. Am. econ.* Pool *m*, Kartell *n*; *Karten*: Gesamteinsatz *m*; *Am.* Poolbillard *n*; **2.** *Geld*, *Unternehmen etc.* zusammenlegen; *Kräfte etc.* vereinen; **'~ hall** *Am.*, **'~ room** Billardspielhalle *f*; **~s** *pl. Brt. a.* **football ~** (Fußball)Toto *n*, *m*

poor [pʊə] **1.** arm; dürftig, mangelhaft, schwach; **2. the ~** *pl.* die Armen *pl.*; **'~·ly 1.** *adj. bsd. Brt.* F kränklich, unpässlich; **2.** *adv.* ärmlich, dürftig, schlecht, schwach

pop[1] [pɒp] **1.** (**-pp-**) *v/t.* zerknallen; F schnell *wohin* tun *od.* stecken; *v/i.* knallen; (zer)platzen; **~ in** auf e-n Sprung vorbeikommen; **~ off** (plötzlich) den Löffel weglegen (*sterben*); **~ up** (plötzlich) auftauchen; **2.** Knall *m*; F Limo *f*

pop[2] [pɒp] Pop *m*; Schlager...; Pop...

pop[3] [pɒp] *bsd. Am.* F [pɒp] Paps *m*, Papa *m*

pop[4] *nur geschr. Abk. für* **population** Einw., Einwohner(zahl *f*) *pl.*

'pop con·cert *mus.* Popkonzert *n*

'pop·corn Popcorn *n*, Puffmais *m*

pope *rel.* [pəʊp] *mst* 2 Papst *m*

pop-eyed F glotzäugig

'pop group *mus.* Popgruppe *f*

pop·lar *bot.* [ˈpɒplə] Pappel *f*

pop·py *bot.* [ˈpɒpɪ] Mohn *m*

pop·u·lar [ˈpɒpjʊlə] populär, beliebt; volkstümlich; allgemein; **~·i·ty** [pɒpjʊˈlærətɪ] Popularität *f*, Beliebtheit *f*; Volkstümlichkeit *f*

pop·u·late [ˈpɒpjʊleɪt] bevölkern, besiedeln; *mst pass.* bewohnen; **~·la·tion** [pɒpjʊˈleɪʃn] Bevölkerung *f*; **~·lous** [ˈpɒpjʊləs] dicht besiedelt, dicht bevölkert

porce·lain ['pɔːslɪn] Porzellan *n*
porch [pɔːtʃ] überdachter Vorbau; Portal *n* (*e-r Kirche*); *Am.* Veranda *f*
por·cu·pine *zo.* ['pɔːkjupaɪn] Stachelschwein *n*
pore[1] [pɔː] Pore *f*
pore[2] [pɔː]: ~ *over* vertieft sein in (*acc.*), *et.* eifrig studieren
pork [pɔːk] Schweinefleisch *n*
porn F [pɔːn] → **por·no**[3] F ['pɔːnəʊ] (*pl. -nos*) Porno *m*; Porno...; **por·nog·ra·phy** [pɔː'nɒɡrəfɪ] Pornografie *f*
po·rous ['pɔːrəs] porös
por·poise *zo.* ['pɔːpəs] Tümmler *m*
por·ridge ['pɒrɪdʒ] Porridge *m*, *n*, Haferbrei *m*
port[1] [pɔːt] Hafen(stadt *f*) *m*
port[2] *naut., aviat.* [pɔːt] Backbord *n*
port[3] [pɔːt] *Computer:* Port *m*, Anschluss *m*
port[4] [pɔːt] Portwein *m*
por·ta·ble ['pɔːtəbl] tragbar
por·ter ['pɔːtə] (Gepäck)Träger *m*; *bsd. Brt.* Pförtner *m*, Portier *m*; *Am. rail.* Schlafwagenschaffner *m*
'port·hole *naut.* Bullauge *n*
por·tion ['pɔːʃn] **1.** (An)Teil *m*; Portion *f* (*Essen*); **2.** ~ *out* auf-, verteilen (**among**, **between** unter *acc.*)
port·ly ['pɔːtlɪ] (*-ier, -iest*) korpulent
por·trait ['pɔːtrɪt] Porträt *n*, Bild(nis) *n*
por·tray [pɔː'treɪ] porträtieren; darstellen; schildern; ~**al** *thea.* [pɔː'treɪəl] Verkörperung *f*, Darstellung *f*
Por·tu·gal ['pɔːtʃʊɡl] Portugal *n*; **Por·tu·guese** [pɔːtʃʊ'ɡiːz] **1.** portugiesisch; **2.** Portugiese|*m*, *-in f*; *ling.* Portugiesisch *n*; *the* ~ *pl.* die Portugiesen *pl.*
pose [pəʊz] **1.** aufstellen; *Problem, Frage* aufwerfen, *Bedrohung, Gefahr etc.* darstellen; Modell sitzen *od.* stehen; ~ *as* sich ausgeben als *od.* für; **2.** Pose *f*
posh *Brt.* F [pɒʃ] schick, piekfein
po·si·tion [pə'zɪʃn] **1.** Position *f*, Lage *f*, Stellung *f* (*a. fig.*); Stand *m*; *fig.* Standpunkt *m*; **2.** (auf)stellen
pos·i·tive ['pɒzətɪv] **1.** positiv; bestimmt, sicher, eindeutig; greifbar, konkret, konstruktiv; **2.** *phot.* Positiv *n*
pos·sess [pə'zes] besitzen; *fig.* beherrschen (*Gedanke, Gefühl etc.*); ~**sessed** [pə'zest] besessen; ~**ses·sion** [pə'zeʃn] Besitz *m*; *fig.* Besessenheit *f*; ~**ses·sive** [pə'zesɪv] besitzergreifend; *gr.* possessiv, besitzanzeigend
pos·si·bil·i·ty [pɒsə'bɪlətɪ] Möglichkeit *f*; ~**ble** ['pɒsəbl] möglich; ~**bly** ['pɒsəblɪ] möglicherweise, vielleicht; *if I* ~ *can* wenn ich irgend kann; *I can't* ~ *do this* ich kann das unmöglich tun
post[1] [pəʊst] (*Tür-, Tor-, Ziel- etc.-*) Pfosten *m*, Pfahl *m*; **2.** *a.* ~ *up Plakat etc.* anschlagen, ankleben; *be* ~*ed missing naut., aviat.* als vermisst gemeldet werden
post[2] *bsd. Brt.* [pəʊst] **1.** Post(sendung) *f*; *by* ~ mit der Post; **2.** mit der Post (zu)schicken, aufgeben, *Brief* einwerfen
post[3] [pəʊst] **1.** Stelle *f*, Job *m*; Posten *m*; **2.** aufstellen, postieren; *bsd. Brt.* versetzen, *mil.* abkommandieren (**to** nach)
post... [pəʊst] nach..., Nach...
post·age ['pəʊstɪdʒ] Porto *n*; '~ **stamp** Postwertzeichen *n*, Briefmarke *f*
post·al ['pəʊstl] postalisch, Post...; '~ **or·der** *Brt.* Postanweisung *f*; '~ **vote** *pol.* Briefwahl *f*
'post·bag *bsd. Brt.* Postsack *m*; '~**box** *bsd. Brt.* Briefkasten *m*; '~**card** Postkarte *f*; *a. picture* ~ Ansichtskarte *f*; '~**code** *Brt.* Postleitzahl *f*
post·er ['pəʊstə] Plakat *n*, Poster *n*, *m*
poste res·tante *Brt.* [pəʊst'restɑːnt] **1.** Abteilung *f* für postlagernde Sendungen; **2.** postlagernd
pos·te·ri·or *humor.* [pɒ'stɪərɪə] Allerwerteste(r) *m*, Hinterteil *n*
pos·te·ri·ty [pɒ'sterətɪ] die Nachwelt
post-'free *Brt.* portofrei
post·grad·u·ate [pəʊst'ɡrædjʊət] **1.** nach dem ersten akademischen Grad; **2.** *j.*, der nach dem ersten akademischen Grad weiterstudiert
post·hu·mous ['pɒstjʊməs] post(h)um
'post·man (*pl. -men*) *bsd. Brt.* Briefträger *m*, Postbote *m*; '~**mark 1.** Poststempel *m*; **2.** (ab)stempeln; '~**mas·ter** Postamtsvorsteher *m*; '~ **of·fice** Post(amt *n*, -filiale) *f*; '~ **of·fice box** → *PO Box*; ~'**paid** *bsd. Am.* portofrei
post·pone [pəʊst'pəʊn] ver-, aufschieben; ~**ment** Verschiebung *f*, Aufschub *m*

post·script ['pəʊsskrɪpt] Postskript(um) *n*, Nachschrift *f*

pos·ture ['pɒstʃə] **1.** (Körper)Haltung *f*; Stellung *f*; **2.** *fig.* sich aufspielen

post'war Nachkriegs...

'post·wom·an (*pl.* **-women**) *bsd. Brt.* Briefträgerin *f*, Postbotin *f*

po·sy ['pəʊzɪ] Sträußchen *n*

pot [pɒt] **1.** Topf *m*; Kanne *f*; Kännchen *n* (*Tee etc.*); *Sport*: F Pokal *m*; *sl.* Pot *n* (*Marihuana*); **2.** (**-tt-**) *Pflanze* eintopfen

po·ta·to [pə'teɪtəʊ] (*pl.* **-toes**) Kartoffel *f*; → **chips, crisps**

'pot·bel·ly Schmerbauch *m*

po·ten·cy ['pəʊtənsɪ] Stärke *f*; Wirksamkeit *f*, Wirkung *f*; *physiol.* Potenz *f*; **~t** ['pəʊtənt] stark (*Medikament etc.*); *physiol.* potent; **~tial** [pə'tenʃl] **1.** potenziell, möglich; **2.** Potenzial *n*, Leistungsfähigkeit *f*

'pot·hole *mot.* Schlagloch *n*

po·tion ['pəʊʃn] Trank *m*

pot·ter¹ ['pɒtə]: ~ **about** herumwerkeln

pot·ter² ['pɒtə] Töpfer(in); **~·y** ['pɒtərɪ] Töpferei *f*; Töpferware(n *pl.*) *f*

pouch [paʊtʃ] Beutel *m* (*a. zo.*); *zo.* (*Backen*)Tasche *f*

poul·tice *med.* ['pəʊltɪs] (*warmer*) (*Senf- etc.*)Umschlag *od.* (-)Wickel

poul·try ['pəʊltrɪ] Geflügel *n*

pounce [paʊns] **1.** sich stürzen (**on** auf *acc.*); **2.** Satz *m*, Sprung *m*

pound¹ [paʊnd] Pfund *n* (453,59 *g*); ~ (**sterling**) (*Abk.* **£**) Pfund *n*

pound² [paʊnd] Tierheim *n*; Abstellplatz *m* für (polizeilich) abgeschleppte Fahrzeuge

pound³ [paʊnd] *v/t.* zerstoßen, -stampfen; trommeln *od.* hämmern auf (*acc.*) *od.* an (*acc.*) *od.* gegen; *v/i.* hämmern (**with** *od.* dat.) (*Herz*)

pour [pɔː] *v/t.* gießen, schütten; ~ **out** ausgießen, -schütten; *Getränk* eingießen; *v/i.* strömen (*a. fig.*)

pout [paʊt] **1.** *v/t. Lippen* schürzen; *v/i.* schmollen; e-n Schmollmund machen; **2.** Schmollen *n*; Schmollmund *m*

pov·er·ty ['pɒvətɪ] Armut *f*

POW [piː əʊ 'dʌbljuː] *Abk. für* **prisoner of war** Kriegsgefangene(r) *m*

pow·der ['paʊdə] **1.** Pulver *n*; Puder *m*; **2.** pulverisieren; (sich) pudern; '~ **puff** Puderquaste *f*; '~ **room** Damentoilette *f*

pow·er ['paʊə] **1.** Kraft *f*; Macht *f*; Fähigkeit *f*, Vermögen *n*; Gewalt *f*; *jur.* Befugnis *f*, Vollmacht *f*; *math.* Potenz *f*; *electr.* Strom *m*; **in** ~ an der Macht; **2.** *tech.* antreiben; *cut electr.* Stromsperre *f*; '~ **fail·ure** *electr.* Strom-, Netzausfall *m*; '~·**ful** stark, kräftig; mächtig; '~·**less** kraftlos; machtlos; '~ **plant** *bsd. Am.* → **power station**; '~ **pol·i·tics** *oft sg.* Machtpolitik *f*; '~ **sta·tion** Elektrizitäts-, Kraftwerk *n*

pp *nur geschr. Abk. für* **pages** Seiten *pl.*

PR [piː 'aː] *Abk. für* **public relations** PR, Öffentlichkeitsarbeit *f*

prac·ti·ca·ble ['præktɪkəbl] durchführbar; **~·cal** ['præktɪkl] praktisch; ~ **cal 'joke** Streich *m*; '~·**cal·ly** so gut wie

prac·tice ['præktɪs] **1.** Praxis *f*; Übung *f*; Gewohnheit *f*, Brauch *m*; **it is common** ~ es ist allgemein üblich; **put into** ~ in die Praxis umsetzen; **2.** *Am.* → **practise**

prac·tise *Brt.*, **prac·tice** *Am.* ['præktɪs] *v/t.* (ein)üben; *als Beruf* ausüben; ~ **law** (**medicine**) als Anwalt (Arzt) praktizieren; *v/i.* üben; '~**d** geübt (**in** *in dat.*)

prac·ti·tion·er [præk'tɪʃnə]: *general* ~ praktischer Arzt

prai·rie ['preərɪ] Prärie *f*; ~ '**schoo·ner** *Am. hist.* Planwagen *m*

praise [preɪz] **1.** loben, preisen; **2.** Lob *n*; '~·**wor·thy** lobenswert

pram *bsd. Brt.* F [præm] Kinderwagen *m*

prance [prɑːns] sich aufbäumen, steigen (*Pferd*); tänzeln (*Pferd*); stolzieren

prank [præŋk] Streich *m*

prat·tle F ['prætl]: ~ **on** plappern (*about* von)

prawn *zo.* [prɔːn] Garnele *f*

pray [preɪ] beten (**to** zu; **for** um, für)

prayer [preə] Gebet *n*; *oft* **~s** *pl.* Andacht *f*; *the Lord's* **~** das Vaterunser; '~ **book** Gebetbuch *n*

preach [priːtʃ] predigen (**to** zu, vor *dat.*); '~·**er** Prediger(in)

pre·am·ble [priː'æmbl] Einleitung *f*

pre·ar·range [priːə'reɪndʒ] vorher vereinbaren

pre·car·i·ous [prɪ'keərɪəs] prekär, unsicher; gefährlich

pre·cau·tion [prɪ'kɔːʃn] Vorkehrung *f*,

Vorsichtsmaßnahme f; **~a·ry** [prɪˈkɔːʃnərɪ] vorbeugend
pre·cede [priːˈsiːd] voraus-, vorangehen (dat.)
pre·ce·dence [ˈpresɪdəns] Vorrang m; **~dent** Präzedenzfall m
pre·cept [ˈpriːsept] Regel f, Richtlinie f
pre·cinct [ˈpriːsɪŋkt] bsd. Brt. (Einkaufs)Viertel n; bsd. Brt. (Fußgänger)Zone f; Am. (Wahl)Bezirk m; Am. (Polizei)Revier n; **~s** pl. Gelände n
pre·cious [ˈpreʃəs] **1.** adj. kostbar, wertvoll; Edel... (Steine etc.); **2.** adv. **~ little** F herzlich wenig
pre·ci·pice [ˈpresɪpɪs] Abgrund m
pre·cip·i·tate 1. [prɪˈsɪpɪteɪt] v/t. (hinunter-, herunter)schleudern; chem. ausfällen; fig. beschleunigen; fig. stürzen (into in acc.); v/i. chem. ausfallen; **2.** [prɪˈsɪpɪtət] adj. übersturzt; **3.** chem. [prɪˈsɪpɪteɪt] Niederschlag m; **~ta·tion** [prɪsɪpɪˈteɪʃn] Ausfällung f; meteor. Niederschlag m; fig. Übersturzung f, Hast f; **~tous** [prɪˈsɪpɪtəs] steil (abfallend); fig. übersturzt
pré·cis [ˈpreɪsiː] (pl. **-cis** [-siːz]) Zusammenfassung f
pre·cise [prɪˈsaɪs] genau, präzis; **~ci·sion** [prɪˈsɪʒn] Genauigkeit f; Präzision f
pre·clude [prɪˈkluːd] ausschließen
pre·co·cious [prɪˈkəʊʃəs] frühreif; altklug
pre·con·ceived [priːkənˈsiːvd] vorgefasst (Meinung etc.); **~cep·tion** [priːkənˈsepʃn] vorgefasste Meinung
pre·cur·sor [priːˈkɜːsə] Vorläufer(in)
pred·a·to·ry [ˈpredətərɪ] Raub...
pred·e·ces·sor [ˈpriːdɪsesə] Vorgänger(in)
pre·des·ti·na·tion [priːdestɪˈneɪʃn] Vorherbestimmung f; **~tined** [priːˈdestɪnd] prädestiniert, vorherbestimmt (to für, zu)
pre·de·ter·mine [priːdɪˈtɜːmɪn] vorherbestimmen; vorher vereinbaren
pre·dic·a·ment [prɪˈdɪkəmənt] missliche Lage, Zwangslage f
pred·i·cate gr. [ˈpredɪkət] Prädikat n, Satzaussage f; **pre·dic·a·tive** gr. [prɪˈdɪkətɪv] prädikativ
pre·dict [prɪˈdɪkt] vorher-, voraussagen; **~dic·tion** [prɪˈdɪkʃn] Vorher-, Voraussage f; **computer** **~** Hochrechnung f (bei Wahlen)
pre·dis·pose [priːdɪˈspəʊz] geneigt machen, einnehmen (in favo[u]r of für); bsd. med. anfällig machen (to für); **~po·si·tion** [priːdɪspəˈzɪʃn]: **~ to** Neigung f zu, bsd. med. a. Anfälligkeit f für
pre·dom·i·nant [prɪˈdɒmɪnənt] (vor-) herrschend, überwiegend; **~nate** [prɪˈdɒmɪneɪt] vorherrschen, überwiegen; die Oberhand haben
pre·em·i·nent [priːˈemɪnənt] hervorragend, überragend
pre·emp·tive [priːˈemptɪv] Vorkaufs...; mil. Präventiv...
preen [priːn] sich od. das Gefieder putzen (Vogel)
pre·fab F [ˈpriːfæb] Fertighaus n; **~ri·cate** [priːˈfæbrɪkeɪt] vorfabrizieren, -fertigen; **~d house** Fertighaus n
pref·ace [ˈprefɪs] **1.** Vorwort n (to zu); **2.** Buch, Rede etc. einleiten (with mit)
pre·fect [ˈpriːfekt] Schule: Brt. Aufsichts-, Vertrauensschüler(in)
pre·fer [prɪˈfɜː] (-rr-) vorziehen (to dat.), lieber mögen (to als), bevorzugen
pref·e·ra·ble [ˈprefərəbl]: **be ~ (to)** vorzuziehen sein (dat.), besser sein (als); **~ra·bly** vorzugsweise, lieber, am liebsten; **~rence** [ˈprefərəns] Vorliebe f (for für); Vorzug m
pre·fix gr. [ˈpriːfɪks] Präfix n, Vorsilbe f
preg·nan·cy [ˈpregnənsɪ] Schwangerschaft f; zo. Trächtigkeit f; **~t** [ˈpregnənt] schwanger; zo. trächtig; △ nicht prägnant
pre·heat [priːˈhiːt] Bratröhre vorheizen
pre·judge [priːˈdʒʌdʒ] j-n vorverurteilen; vorschnell beurteilen
prej·u·dice [ˈpredʒʊdɪs] **1.** Vorurteil n, Voreingenommenheit f, Befangenheit f; **to the ~ of** zum Nachteil od. Schaden (gen.); **2.** einnehmen (in favo[u]r of für; against gegen); schaden (dat.), beeinträchtigen; **~d** (vor)eingenommen, befangen
pre·lim·i·na·ry [prɪˈlɪmɪnərɪ] **1.** vorläufig, einleitend, Vor...; **2.** preliminaries pl. Vorbereitungen pl.
prel·ude [ˈpreljuːd] Vorspiel n (a. mus.)
pre·mar·i·tal [priːˈmærɪtl] vorehelich
pre·ma·ture [ˈpremətjʊə] vorzeitig, verfrüht; fig. voreilig
pre·med·i·tat·ed [priːˈmedɪteɪtɪd] vor-

pre·med·i·ta·tion [pri:medɪ'teɪʃn]: **with ~** vorsätzlich

prem·i·er ['premjə] Premier(minister) *m*

pre·miere, pre·mi·ère ['premɪeə] Premiere *f*, Ur-, Erstaufführung *f*

prem·is·es ['premɪsɪz] *pl.* Gelände *n*, Grundstück *n*, (*Geschäfts*)Räume *pl.*; **on the ~** an Ort u. Stelle, im Haus *od.* Lokal

pre·mi·um ['pri:mjəm] Prämie *f*, Bonus *m*; **'~ (gas·o·line)** *Am. mot.* Super(benzin) *n*

pre·mo·ni·tion [pri:mə'nɪʃn] (böse) Vorahnung *f*

pre·oc·cu·pa·tion [pri:ɒkjʊ'peɪʃn] Beschäftigung *f* (**with** mit); **~·pied** [pri:'ɒkjʊpaɪd] gedankenverloren, geistesabwesend; **~·py** [pri:'ɒkjʊpaɪ] (stark) beschäftigen

prep *Brt.* F [prep] Hausaufgabe(n *pl.*) *f*

pre-packed [pri:'pækt], **pre-pack·aged** [pri:'pækɪdʒd] abgepackt (*Nahrung*)

pre·paid *post* [pri:'peɪd] frankiert, freigemacht; **~ envelope** Freiumschlag *m*

prep·a·ra·tion [prepə'reɪʃn] Vorbereitung *f* (**for** auf *acc.*, für *acc.*); Zubereitung *f*; *chem., med.* Präparat *n*

pre·par·a·to·ry [prɪ'pærətərɪ] vorbereitend; **~ school** *private Vorbereitungsschule*

pre·pare [prɪ'peə] *v/t.* vorbereiten; *Speise etc.* zubereiten; *v/i.* **~ for** sich vorbereiten auf (*acc.*); Vorbereitungen treffen für; sich gefasst machen auf (*acc.*); **~d** vorbereitet; bereit

prep·o·si·tion *gr.* [prepə'zɪʃn] Präposition *f*, Verhältniswort *n*

pre·pos·sess·ing [pri:pə'zesɪŋ] einnehmend, anziehend

pre·pos·ter·ous [prɪ'pɒstərəs] absurd; lächerlich, grotesk

'pre·pro·gram(me) [pri:'prəʊgræm] vorprogrammieren

'prep school F → **preparatory school**

pre·req·ui·site [pri:'rekwɪzɪt] Vorbedingung *f*, (Grund)Voraussetzung *f*

pre·rog·a·tive [prɪ'rɒgətɪv] Vorrecht *n*

pre·scribe [prɪ'skraɪb] *v/t.* vorschreiben; *med.* j-m et. verschreiben

pre·scrip·tion [prɪ'skrɪpʃn] Vorschrift *f*, Verordnung *f*; *med.* Rezept *n*

pres·ence ['prezns] Gegenwart *f*, Anwesenheit *f*; **~ of 'mind** Geistesgegenwart *f*

pres·ent[1] ['preznt] Geschenk *n*

pre·sent[2] [prɪ'zent] präsentieren; (über)reichen, (-)bringen, (-)geben; schenken; vorbringen, -legen; zeigen, vorführen, *thea. etc.* aufführen; schildern, darstellen; *j-n*, *Produkt etc.* vorstellen; *Programm etc.* moderieren

pres·ent[3] ['preznt] **1.** anwesend; vorhanden; gegenwärtig, jetzig; laufend (*Jahr etc.*); vorliegend (*Fall etc.*); **~ tense** *gr.* Präsens *n*, Gegenwart *f*; **2.** Gegenwart *f*, *gr. a.* Präsens *n*; **at ~** gegenwärtig, zur Zeit; **for the ~** vorerst, -läufig

pre·sen·ta·tion [prezən'teɪʃn] Präsentation *f*; Überreichung *f*; Vorlage *f*; Vorführung *f*, *thea. etc.* Aufführung *f*; Schilderung *f*, Darstellung *f*, Vorstellung *f*; *Rundfunk*, *TV*: Moderation *f*

pres·ent-'day heutig, gegenwärtig, modern

pre·sent·er *bsd. Brt.* [prɪ'zentə] *Rundfunk*, *TV*: Moderator(in)

pre·sen·ti·ment [prɪ'zentɪmənt] (böse) Vorahnung *f*

pres·ent·ly ['prezntlɪ] bald; *bsd. Am.* zur Zeit, jetzt

pres·er·va·tion [prezə'veɪʃn] Bewahrung *f*; Erhaltung *f*; Konservierung *f*

pre·ser·va·tive [prɪ'zɜ:vətɪv] Konservierungsmittel *n*

pre·serve [prɪ'zɜ:v] **1.** bewahren, (be)schützen; erhalten; konservieren, *Obst etc.* einmachen, -kochen; **2.** (*Jagd*)Revier *n*; *fig.* Ressort *n*, Reich *n*; *mst* **~s** *pl.* das Eingemachte

pre·side [prɪ'zaɪd] den Vorsitz führen (**at**, **over** bei)

pres·i·den·cy *pol.* ['prezɪdənsɪ] Präsidentschaft *f*; Amtszeit *f* (*e-s Präsidenten*); **~·dent** [prezɪdənt] Präsident(in)

press [pres] **1.** *v/t.* drücken, pressen; *Frucht* (aus)pressen; drücken auf (*acc.*); bügeln; drängen; *j-n* (be)drängen; bestehen auf (*dat.*); *v/i.* drücken; drängen (*Zeit etc.*); (sich) drängen; **~ for** dringen *od.* drängen auf (*acc.*); **~ on** (zügig) weitermachen; **2.** Druck *m* (*a. fig.*); (*Wein- etc.*)Presse *f*; Bügeln *n*; Presse (*Zeitungswesen*); *a.* **printing ~** Druckerpresse *f*; **'~ a·gen·cy** Presseagentur *f*; **~ box** Pressetribüne *f*; **'~ing** dringend; **~ stud** *Brt.* Druckknopf *m*; **'~-up** *bsd. Brt.* Liegestütz *m*; **do ten ~s** *pl.* zehn Liegestütze machen

pres·sure *phys., tech. etc.* ['preʃə] Druck *m* (*a. fig.*); **~ cook·er** Dampf-, Schnellkochtopf *m*

pres·tige [pre'stiːʒ] Prestige *n*, Ansehen *n*

pre|·su·ma·bly [prɪ'zjuːməblɪ] vermutlich; **~sume** [prɪ'zjuːm] *v/t.* annehmen, vermuten; sich erdreisten *od.* anmaßen (**to do** zu tun); *v/i.* annehmen, vermuten; anmaßend sein; **~ on et.** ausnützen *od.* missbrauchen

pre·sump|·tion [prɪ'zʌmpʃn] Annahme *f*, Vermutung *f*; Anmaßung *f*; **~·tu·ous** [prɪ'zʌmptʃʊəs] anmaßend

pre·sup|·pose [priːsə'pəʊz] voraussetzen; **~·po·si·tion** [priːsʌprə'zɪʃn] Voraussetzung *f*

pre·tence *Brt.*, **pre·tense** *Am.* [prɪ'tens] Verstellung *f*, Vortäuschung *f*; Anspruch *m* (**to** auf *acc.*)

pre·tend [prɪ'tend] vorgeben, -täuschen; sich verstellen; Anspruch erheben (**to** auf *acc.*); **she is only ~ing** sie tut nur so; **~ed** vorgetäuscht, gespielt

pre·ten·sion [prɪ'tenʃn] Anspruch *m* (**to** auf *acc.*); Anmaßung *f*

pre·ter·it(e) *gr.* ['pretərɪt] Präteritum *n*, (erste) Vergangenheit

pre·text ['priːtekst] Vorwand *m*

pret·ty ['prɪtɪ] **1.** *adj.* (*-ier, -iest*) hübsch; **2.** *adv.* ziemlich, ganz schön

pret·zel ['pretsl] Brezel *f*

pre·vail [prɪ'veɪl] vorherrschen, weit verbreitet sein; siegen (**over, against** über *acc.*); **~·ing** (vor)herrschend

pre|·vent [prɪ'vent] verhindern, -hüten, e-r *Sache* vorbeugen; *j-n* hindern (**from** an *dat.*); **~·ven·tion** [prɪ'venʃn] Verhinderung *f*, -hütung *f*, Vorbeugung *f*; **~·ven·tive** [prɪ'ventɪv] vorbeugend

pre·view ['priːvjuː] *Film, TV:* Voraufführung *f*; Vorbesichtigung *f*; *Film, TV etc.*: Vorschau *f* (**of** auf *acc.*)

pre·vi·ous ['priːvjəs] vorher-, vorausgehend, Vor-...; **~ to** bevor, vor (*dat.*); **~ knowledge** Vorkenntnisse *pl.*; **'~·ly** vorher, früher

pre·war [priː'wɔː] Vorkriegs-...

prey [preɪ] Beute *f*, Opfer *n* (*e-s Raubtiers; a. fig.*); **be easy ~ for od. to** e-e leichte Beute sein für; **2. ~ on** *zo.* Jagd machen auf (*acc.*); *fig.* nagen an (*dat.*)

price [praɪs] **1.** Preis *m*; **2.** den Preis festsetzen für; auszeichnen (**at** mit); **'~·less** unbezahlbar; **~ tag** Preisschild *n*

prick [prɪk] **1.** Stich *m*; V Schwanz *m* (*Penis*); **~s** *pl.* **of conscience** Gewissensbisse *pl.*; **2.** *v/t.* (auf-, durch)stechen, stechen in (*acc.*); **her conscience ~ed her** sie hatte Gewissensbisse; **~ up one's ears** die Ohren spitzen; *v/i.* stechen

prick|·le ['prɪkl] Stachel *m*, Dorn *m*; **'~·ly** (*-ier, -iest*) stach(e)lig; prickelnd, kribbelnd

pride [praɪd] **1.** Stolz *m*; Hochmut *m*; **take (a) ~ in** stolz sein auf (*acc.*); **2. ~ o.s. on** stolz sein auf (*acc.*)

priest [priːst] Priester *m*

prig [prɪg] Tugendbold *m*; **'~·gish** tugendhaft

prim [prɪm] (*-mm-*) steif; prüde

pri·mae·val *bsd. Brt.* [praɪ'miːvl] → **primeval**

pri·ma·ri·ly ['praɪmərəlɪ] in erster Linie, vor allem

pri·ma·ry ['praɪmərɪ] **1.** wichtigste(r, -s), Haupt-...; grundlegend, elementar, Grund-...; Anfangs-..., Ur-...; **2.** *Am. pol.* Vorwahl *f*; **'~ school** *Brt.* Grundschule *f*

prime [praɪm] **1.** *math.* Primzahl *f*; *fig.* Blüte(zeit) *f*; **in the ~ of life** in der Blüte s-r Jahre; **be past one's ~** s-e besten Jahre hinter sich haben; **2.** *adj.* erste(r, -s), wichtigste(r, -s), Haupt-...; erstklassig; **3.** *v/t.* grundieren; *j-n* instruieren, vorbereiten; **~ 'min·is·ter** (*Abk. F PM*) Premierminister(in), Ministerpräsident(in); **~ 'num·ber** *math.* Primzahl *f*

prim·er ['praɪmə] Fibel *f*, Elementarbuch *n*

'prime time *bsd. Am. TV* Haupteinschaltzeit *f*, -sendezeit *f*, beste Sendezeit

pri·me·val [praɪ'miːvl] urzeitlich, Ur-...

prim·i·tive ['prɪmɪtɪv] erste(r, -s), ursprünglich, Ur-...; primitiv

prim·rose *bot.* ['prɪmrəʊz] Primel *f*, *bsd.* Schlüsselblume *f*

prince [prɪns] Fürst *m*; Prinz *m*; **prin·cess** [prɪn'ses, *vor Eigennamen* 'prɪnses] Fürstin *f*; Prinzessin *f*

prin·ci·pal ['prɪnsəpl] **1.** wichtigste(r, -s), hauptsächlich, Haupt...; △ *nicht* **prinzipiell**; **2.** *Am. Schule:* Direktor(in), Rektor(in); *thea.* Hauptdarsteller(in); *mus.* Solist(in)

prin·ci·pal·i·ty [prɪnsɪ'pælətɪ] Fürstentum *n*

prin·ci·ple ['prɪnsəpl] Prinzip *n*, Grundsatz *m*; **on** ~ grundsätzlich, aus Prinzip

print [prɪnt] **1.** *print.* Druck *m*; Gedruckte *n*; (*Finger-* etc.)Abdruck *m*; *Kunst:* Druck *m*; *phot.* Abzug *m*; bedruckter Stoff; **in** ~ gedruckt; **out of** ~ vergriffen; **2.** *v/i. print.* drucken; *v/t.* (ab-, auf-, be)drucken; (in Druckbuchstaben schreiben; *fig.* einprägen (**on** *dat.*); *a.* ~ **off** *phot.* abziehen; ~ **out** *Computer:* ausdrucken; **'~ed matter** *post* Drucksache *f*

'print·er Drucker *m* (*a. Gerät*); **~'s error** Druckfehler *m*; **~'s ink** Druckerschwärze *f*; **'~s** *pl.* Druckerei *f*

print·ing *print.* ['prɪntɪŋ] Drucken *n*; Auflage *f*; **~ ink** Druckerschwärze *f*; **'~ press** Druck(er)presse *f*

'print-out *Computer:* Ausdruck *m*

pri·or ['praɪə] frühere(r, -s); vorrangig; **~·i·ty** [praɪ'ɒrɪtɪ] Priorität *f*, Vorrang *m*; *mot.* Vorfahrt *f*

prise *bsd. Brt.* [praɪz] → **prize²**

pris·m ['prɪzəm] Prisma *n*

pris·on [prɪzn] Gefängnis *n*; **'~·er** Gefangene(r *m*) *f*, Häftling *m*; **hold** ~, **keep** ~ gefangen halten; **take** ~ gefangen nehmen

priv·a·cy ['prɪvəsɪ] Intim-, Privatsphäre *f*; Geheimhaltung *f*

pri·vate ['praɪvɪt] **1.** privat, Privat...; vertraulich; geheim; ~ **parts** *pl.* Geschlechtsteile *pl.*; **2.** *mil.* gemeiner Soldat; **in** ~ privat; unter vier Augen

pri·va·tion [praɪ'veɪʃn] Entbehrung *f*

priv·i·lege ['prɪvɪlɪdʒ] Privileg *n*; Vorrecht *n*; **'~d** privilegiert

priv·y ['prɪvɪ] (*-ier, -iest*): **be** ~ **to** eingeweiht sein in (*acc.*)

prize¹ [praɪz] **1.** (Sieger-, Sieges)Preis *m*, Prämie *f*, Auszeichnung *f*; (*Lotterie*)Gewinn *m*; **2.** preisgekrönt, Preis...; **3.** (hoch) schätzen

prize² [praɪz]: ~ **open** aufbrechen, -stemmen

'prize-win·ner Preisträger(in)

pro¹ F [prəʊ] (*pl. -s*) Profi *m*

pro² [prəʊ] (*pl. -s*) **the ~s and cons** *pl.* das Pro u. Kontra, das Für u. Wider

prob·a·bil·i·ty [prɒbə'bɪlətɪ] Wahrscheinlichkeit *f*; **in all** ~ höchstwahrscheinlich; **~·a·ble** ['prɒbəbl] *adj.* wahrscheinlich; **'~·a·bly** *adv.* wahrscheinlich

pro·ba·tion [prə'beɪʃn] Probe *f*, Probezeit *f*; *jur.* Bewährung(sfrist) *f*; ~ **of·fi·cer** Bewährungshelfer(in)

probe [prəʊb] **1.** *med., tech.* Sonde *f*; *fig.* Untersuchung *f* (**into** *gen.*); △ *nicht* **Probe**; **2.** sondieren; (gründlich) untersuchen; △ *nicht* **proben, probieren**

prob·lem ['prɒbləm] Problem *n*; *math. etc.* Aufgabe *f*; **~·at·ic** [prɒblə'mætɪk] (*~ally*), **~·at·i·cal** problematisch

pro·ce·dure [prə'siːdʒə] Verfahren(sweise *f*) *n*, Vorgehen *n*

pro·ceed [prə'siːd] (weiter)gehen, (-)fahren; sich begeben (**to** nach, zu); *fig.* weitergehen (*Handlung etc.*); *fig.* fortfahren; *fig.* vorgehen; ~ **from** kommen *od.* herrühren von; ~ **to do s.th.** sich anschicken *od.* daranmachen, et. zu tun; **~·ing** Verfahren *n*, Vorgehen *n*; **~·ings** *pl.* Vorgänge *pl.*, Geschehnisse *pl.*; **start** *od.* **take** (*legal*) ~ **against** *jur.* (gerichtlich) vorgehen gegen

pro·ceeds ['prəʊsiːdz] *pl.* Erlös *m*, Ertrag *m*, Einnahmen *pl.*

pro·cess ['prəʊses] **1.** Prozess *m*, Verfahren *n*, Vorgang *m*; △ *nicht jur.* **Prozess**; **in the** ~ dabei; **be in** ~ im Gange sein; **in** ~ **of construction** im Bau befindlich; **2.** *tech. etc.* bearbeiten, behandeln; *Daten* verarbeiten; *Film* entwickeln; △ *nicht* **prozessieren**

pro·ces·sion [prə'seʃn] Prozession *f*

pro·ces·sor ['prəʊsesə] *Computer:* Prozessor *m*; (*Wort-, Text*)Verarbeitungsgerät *n*

pro·claim [prə'kleɪm] proklamieren, ausrufen

proc·la·ma·tion [prɒklə'meɪʃn] Proklamation *f*, Bekanntmachung *f*

pro·cure [prə'kjʊə] (*sich*) *et.* beschaffen *od.* besorgen; verkuppeln

prod [prɒd] **1.** (*-dd-*) stoßen; *fig.* anstacheln, anspornen **2.** Stoß *m*

prod·i·gal ['prɒdɪgl] **1.** verschwenderisch; **2.** F Verschwender(in)

pro·di·gious [prə'dɪdʒəs] erstaunlich, großartig, ungeheuer

prod·i·gy ['prɒdɪdʒɪ] Wunder n; **child ~** Wunderkind n

pro·duce[1] [prə'djuːs] produzieren; *econ.* Waren produzieren, herstellen, erzeugen; hervorziehen, -holen (*from* aus); vorzeigen, -legen; *Beweise etc.* beibringen; *econ. Gewinn etc.* bringen; *Film* produzieren; *Theaterstück etc.* inszenieren; *fig.* erzeugen, hervorrufen, *Wirkung* erzielen

prod·uce[2] ['prɒdjuːs] *bsd.* (*Agrar*)Produkt(e *pl.*) *n*, (-)Erzeugnis(se *pl.*) *n*

pro·duc·er [prə'djuːsə] Produzent(in), Hersteller(in); *Film*, *TV*: Produzent(in); *thea.* Regisseur(in)

prod·uct ['prɒdʌkt] Produkt n, Erzeugnis n

pro·duc·tion [prə'dʌkʃn] Erzeugung *f*; Produkt *n*, Erzeugnis *n*; *econ.* Produktion *f*, Herstellung *f*, Erzeugung *f*; Hervorziehen *n*, -holen *n*; Vorzeigen *n*, -legen *n*; Beibringung *f* (*von Beweisen etc.*); *Film*: Produktion *f*; *thea.* Inszenierung *f*; **~tive** [prə'dʌktɪv] produktiv (*a. fig.*), ergiebig, rentabel; *fig.* schöpferisch; **~tiv·i·ty** [prɒdʌk'tɪvətɪ] Produktivität *f*

prof F [prɒf] Prof *m* (*Professor*)

pro|·fa·na·tion [prɒfə'neɪʃn] Entweihung *f*; **~·fane** [prə'feɪn] **1.** (gottes)lästerlich, profan, weltlich; **2.** entweihen; **~·fan·i·ty** [prə'fænətɪ]: *profanities pl.* Flüche *pl.*, Lästerungen *pl.*

pro·fess [prə'fes] vorgeben, -täuschen; behaupten (*to be* zu sein); erklären; **~ed** [prə'fest] erklärt (*Gegner etc.*); angeblich

pro·fes·sion [prə'feʃn] (*bsd. akademischer*) Beruf; Berufsstand *m*; **~·sion·al** [prə'feʃənl] **1.** Berufs..., beruflich; Fach..., fachlich; fachmännisch; professionell; **2.** Fachmann *m*, Profi *m*; Berufsspieler(in), -sportler(in), Profi *m*; **~·sor** [prə'fesə] Professor(in); *Am.* Dozent(in)

pro·fi·cien|·cy [prə'fɪʃnsɪ] Können *n*, Tüchtigkeit *f*; **~t** [prə'fɪʃnt] tüchtig (*at, in* in *dat.*)

pro·file ['prəʊfaɪl] Profil *n*

prof|·it ['prɒfɪt] Gewinn *m*, Profit *m*; Vorteil *m*, Nutzen *m*; **2. ~ by, ~ from** Nutzen ziehen aus, profitieren von; **~·i·ta·ble** Gewinn bringend, einträglich, nützlich, vorteilhaft; **~·i·teer** *contp.* [prɒfɪ'tɪə] Profitmacher(in); **'~·it shar·ing** Gewinnbeteiligung *f*

prof·li·gate ['prɒflɪgət] verschwenderisch

pro·found [prə'faʊnd] tief (*Eindruck, Schweigen etc.*); tiefgründig; profund (*Wissen etc.*)

pro|·fuse [prə'fjuːs] (über)reich; verschwenderisch; **~·fu·sion** [prə'fjuːʒn] Überfülle *f*; *in* **~** in Hülle u. Fülle

prog·e·ny ['prɒdʒənɪ] Nachkommen(schaft *f*) *pl.*

prog·no·sis *med.* [prɒg'nəʊsɪs] (*pl. -ses* [-siːz]) Prognose *f*

pro·gram ['prəʊgræm] **1.** *Computer*: Programm *n*; *Am.* → *programme* 1; **2.** (*-mm-*) *Computer*: programmieren; *Am.* → *programme* 2; **'~·er** → *programmer*

pro·gramme *Brt.*, **pro·gram** *Am.* ['prəʊgræm] **1.** Programm *n*; *Rundfunk*, *TV*: *a.* Sendung *f*; **2.** (vor)programmieren; planen; **'pro·gram·mer** *Computer*: Programmierer(in)

pro|·gress 1. ['prəʊgres] Fortschritt(e *pl.*) *m*; *make slow* **~** (nur) langsam vorankommen; *be in* **~** im Gange sein; **2.** [prəʊ'gres] fortschreiten; Fortschritte machen; **~·gres·sive** [prəʊ'gresɪv] progressiv, fortschreitend; fortschrittlich

pro|·hib·it [prə'hɪbɪt] verbieten; verhindern; **~·hi·bi·tion** [prəʊɪ'bɪʃn] Verbot *n*; **~·hib·i·tive** [prə'hɪbətɪv] unerschwinglich (*Preis*); Schutz... (*Zoll etc.*)

proj·ect[1] ['prɒdʒekt] Projekt *n*, Vorhaben *n*

pro·ject[2] [prə'dʒekt] *v/i.* vorspringen, -ragen, -stehen; *v/t.* werfen, schleudern; planen; projizieren

pro·jec·tile [prə'dʒektaɪl] Projektil *n*, Geschoss *n*, *östr.* Geschoß *n*

pro·jec|·tion [prə'dʒekʃn] Vorsprung *m*, vorspringender Teil; Werfen *n*, Schleudern *n*; Planung *f*; Projektion *f*; **~·tor** [prə'dʒektə] Projektor *m*

pro·le·tar·i·an [prəʊlɪ'teərɪən] **1.** proletarisch; **2.** Proletarier(in)

pro·lif·ic [prə'lɪfɪk] (**~ally**) fruchtbar

pro·logue *bsd. Brt.*, **pro·log** *Am.* ['prəʊlɒg] Prolog *m*

pro·long [prəʊ'lɒŋ] verlängern

prom·e·nade [prɒmə'nɑːd] **1.**

(Strand)Promenade *f*; **2.** promenieren
prom·i·nent ['prɒmɪnənt] vorspringend, -stehend; *fig.* prominent
pro·mis·cu·ous [prə'mɪskjʊəs] sexuell freizügig
prom·ise ['prɒmɪs] **1.** Versprechen *n*; *fig.* Aussicht *f*; **2.** versprechen; '~·**is·ing** viel versprechend
prom·on·to·ry ['prɒməntrɪ] Vorgebirge *n*
pro·mote [prə'məʊt] *j-n* befördern; *Schule:* versetzen; *econ.* werben für: *Boxkampf, Konzert etc.* veranstalten; *et.* förden; *be* ~*d Sport: bsd. Brt.* aufsteigen (**to** in *acc.*); ~·**mot·er** [prə'məʊtə] Promoter(in), Veranstalter(in); Verkaufsförderer *m*; ~·**mo·tion** [prə'məʊʃn] Beförderung *f*; *Schule:* Versetzung *f*; *Sport:* Aufstieg *m*; *econ.* Verkaufsförderung *f*, Werbung *f*; △ *nicht* **Promotion**
prompt [prɒmpt] **1.** führen zu, *Gefühle etc.* wecken; veranlassen (**to do** zu tun); *j-m* ein-, vorsagen; *thea. j-m* soufflieren; **2.** prompt, umgehend, unverzüglich; pünktlich; '~·**er** *thea.* Souffleu|r *m*, -se *f*
prone [prəʊn] (~*r*, ~*st*) auf dem Bauch *od.* mit dem Gesicht nach unten liegend; *be* ~ *to fig.* neigen zu, anfällig sein für
prong [prɒŋ] Zinke *f*; (*Geweih*)Sprosse *f*
pro·noun *gr.* ['prəʊnaʊn] Pronomen *n*, Fürwort *n*
pro·nounce [prə'naʊns] aussprechen; erklären für; *jur. Urteil* verkünden
pron·to F ['prɒntəʊ] fix, schnell
pro·nun·ci·a·tion [prənʌnsɪ'eɪʃn] Aussprache *f*
proof [pru:f] **1.** Beweis(e *pl.*) *m*, Nachweis *m*; Probe *f*; *print.* Korrekturfahne *f*; *print., phot.* Probeabzug *m*; **2.** *adj. in Zssgn* ...fest, ...beständig, ...dicht, ...sicher; → **heatproof, soundproof, waterproof**; *be* ~ *against* geschützt sein vor (*dat.*); **3.** imprägnieren; ~**read** ['pru:fri:d] (-*read*) Korrektur lesen; '~·**read·er** Korrektor(in)
prop [prɒp] **1.** Stütze *f* (*a. fig.*); **2.** (-*pp*-) *a.* ~ **up** stützen; *sich od. et.* lehnen (**against**) gegen)
prop·a·gate ['prɒpəgeɪt] *biol.* sich fortpflanzen *od.* vermehren; verbreiten; ~·**ga·tion** [prɒpə'geɪʃn] Fortpflanzung *f*, Vermehrung *f*; Verbreitung *f*

pro·pel [prə'pel] (-*ll*-) (vorwärts-, an)treiben; ~·**lant**, ~·**lent** Treibstoff *m*; Treibgas *n*; ~·**ler** *aviat.* Propeller *m*, *naut. a.* Schraube *f*; ~·**ling 'pen·cil** Drehbleistift *m*
pro·pen·si·ty *fig.* [prə'pensətɪ] Neigung *f*
prop·er ['prɒpə] richtig, passend, geeignet; anständig, schicklich; echt, wirklich, richtig; eigentlich; eigen(tümlich); *bsd. Brt.* F ordentlich, tüchtig, gehörig; ~ '**name**, ~ '**noun** Eigenname *m*
prop·er·ty ['prɒpətɪ] Eigentum *n*, Besitz *m*; Land-, Grundbesitz *m*; Grundstück *n*; Eigenschaft *f*
proph·e·cy ['prɒfɪsɪ] Prophezeiung *f*; ~·**e·sy** ['prɒfɪsaɪ] prophezeien; ~·**et** ['prɒfɪt] Prophet *m*
pro·por·tion [prə'pɔ:ʃn] **1.** Verhältnis *n*; (An)Teil *m*; ~*s pl.* Größenverhältnisse *pl.*, Proportionen *pl.*; *in* ~ *to* im Verhältnis zu; **2.** (**to**) in das richtige Verhältnis bringen (mit, zu); anpassen (*dat.*); ~·**al** [prə'pɔ:ʃənl] proportional; → ~·**ate** [prə'pɔ:ʃnət] (**to**) im richtigen Verhältnis (zu), entsprechend (*dat.*)
pro·pos·al [prə'pəʊzl] Vorschlag *m*; (Heirats)Antrag *m*; ~·**e** [prə'pəʊz] *v/t.* vorschlagen; beabsichtigen, vorhaben; *Toast* ausbringen (**to** auf *acc.*); ~ *s.o.'s health* auf j-s Gesundheit trinken; *v/i.* ~ *to* j-m e-n (Heirats)Antrag machen; **prop·o·si·tion** [prɒpə'zɪʃn] Behauptung *f*; Vorschlag *m*, *econ. a.* Angebot *n*
pro·pri·e·ta·ry [prə'praɪətərɪ] *econ.* gesetzlich *od.* patentrechtlich geschützt; *fig.* besitzergreifend; ~·**tor** [prə'praɪətə] Eigentümer *m*, Besitzer *m*, Geschäftsinhaber *m*; ~·**tress** [prə'praɪətrɪs] Eigentümerin *f*, Besitzerin *f*, Geschäftsinhaberin *f*
pro·pri·e·ty [prə'praɪətɪ] Anstand *m*; Richtigkeit *f*
pro·pul·sion *tech.* [prə'pʌlʃn] Antrieb *m*
pro·sa·ic [prəʊ'zeɪɪk] (~*ally*) prosaisch, nüchtern, sachlich
prose [prəʊz] Prosa *f*
pros·e·cute *jur.* ['prɒsɪkju:t] strafrechtlich verfolgen, (gerichtlich) belangen (**for** wegen); ~·**cu·tion** *jur.* [prɒsɪ'kju:ʃn] strafrechtliche Verfolgung, Strafverfolgung *f*; *the* ~ die Staatsan-

waltschaft, die Anklage(behörde); **~cu·tor** *jur.* ['prɒsɪkjuːtə] *a.* **public ~** Staatsanwalt *m*, -anwältin *f*
pros·pect 1. ['prɒspekt] Aussicht *f* (*a. fig.*); Interessent *m*, *econ.* möglicher Kunde, potenzieller Käufer; △ *nicht* **Prospekt**; **2.** [prə'spekt]: **~ for** Bergbau: schürfen nach; bohren nach (Öl)
pro·spec·tive [prə'spektɪv] voraussichtlich
pro·spec·tus [prə'spektəs] (*pl.* **-tuses**) (Werbe)Prospekt *m*
pros·per ['prɒspə] gedeihen; *econ.* blühen, florieren; **~·i·ty** [prɒs'perətɪ] Wohlstand *m*; **~·ous** ['prɒspərəs] *econ.* erfolgreich, blühend, florierend; wohlhabend
pros·ti·tute ['prɒstɪtjuːt] Prostituierte *f*, Dirne *f*; **male ~** Strichjunge *m*
pros|**·trate 1.** ['prɒstreɪt] hingestreckt; *fig.* am Boden liegend; erschöpft; **~ with grief** gramgebeugt; **2.** [prɒ'streɪt] niederwerfen; *fig.* erschöpfen; tief niederschmettern; **~·tra·tion** [prɒ'streɪʃn] Fußfall *m*; *fig.* Erschöpfung *f*
pros·y ['prəʊzɪ] (**-ier, -iest**) langweilig; weitschweifig
pro·tag·o·nist [prəʊ'tægənɪst] Vorkämpfer(in); *thea.* Hauptfigur *f*, Held(in)
pro·tect [prə'tekt] (be)schützen (**from** vor *dat.*; **against** gegen)
pro·tec·tion [prə'tekʃn] Schutz *m*; F Schutzgeld *n*; △ *nicht* **Protektion**; **~ of endangered species** Artenschutz *m*; **~ mon·ey** F Schutzgeld *n*; **~ rack·et** F Schutzgelderpressung *f*
pro·tec·tive [prə'tektɪv] (be)schützend; Schutz...; **~ 'cloth·ing** Schutzkleidung *f*; **~ 'cus·to·dy** *jur.* Schutzhaft *f*; **~ 'tar·iff** *econ.* Schutzzoll *m*
pro·tec·tor [prə'tektə] Beschützer *m*; (Brust- *etc.*)Schutz *m*; **~·ate** [prə'tektərət] Protektorat *n*
pro·test 1. ['prəʊtest] Protest *m*; Einspruch *m*; **2.** [prə'test] protestieren (**against** gegen); *v/t. Am.* protestieren gegen; beteuern
Prot·es·tant ['prɒtɪstənt] **1.** protestantisch; **2.** Protestant(in)
prot·es·ta·tion [prɒte'steɪʃn] Beteuerung *f*; Protest *m* (**against** gegen)
pro·to·col ['prəʊtəkɒl] Protokoll *n*
pro·to·type ['prəʊtətaɪp] Prototyp *m*

pro·tract [prə'trækt] in die Länge ziehen, hinziehen
pro|**·trude** [prə'truːd] herausragen, vorstehen (**from** aus); **~·trud·ing** vorstehend (*a.* Zähne), vorspringend (Kinn)
proud [praʊd] stolz (**of** auf *acc.*)
prove [pruːv] (**proved, proved** *od. bsd. Am.* **proven**) *v/t.* be-, er-, nachweisen; *v/i.* **~ (to be)** sich herausstellen *od.* erweisen als; **prov·en** ['pruːvən] **1.** *bsd. Am. p.p. von* **prove**; **2.** bewährt
prov·erb ['prɒvɜːb] Sprichwort *n*
pro·vide [prə'vaɪd] *v/t.* versehen, -sorgen, beliefern (**with** mit); zur Verfügung stellen, bereitstellen; vorsehen, -schreiben (**that** dass) (Gesetz *etc.*); *v/i.* **~ against** Vorkehrungen *od.* Vorsorge treffen gegen; verbieten (Gesetz *etc.*); **~ for** sorgen für; vorsorgen für; *et.* vorsehen (Gesetz *etc.*); **pro'vid·ed: ~ (that)** vorausgesetzt(, dass)
prov·i·dent ['prɒvɪdənt] vorausblickend, vorsorglich
pro·vid·er [prə'vaɪdə] Ernährer(in)
prov·ince ['prɒvɪns] Provinz *f*; *fig.* Gebiet *n*, (Aufgaben-, Wissens)Bereich *m*; **pro·vin·cial** [prə'vɪnʃl] **1.** Provinz..., provinziell, provinzlerisch; **2.** *contp.* Provinzler(in)
pro·vi·sion [prə'vɪʒn] Bereitstellung *f*, Beschaffung *f*; Vorkehrung *f*, Vorsorge *f*; Bestimmung *f*, Vorschrift *f*; **with the ~ that** unter der Bedingung, dass; **~s** *pl.* Proviant *m*, Verpflegung *f*; △ *nicht* **Provision**; **~·al** [prə'vɪʒənl] provisorisch, vorläufig
pro·vi·so [prə'vaɪzəʊ] (*pl.* **-sos**) Bedingung *f*, Vorbehalt *m*; **with the ~ that** unter der Bedingung, dass
prov·o·ca·tion [prɒvə'keɪʃn] Provokation *f*; **pro·voc·a·tive** [prə'vɒkətɪv] provozierend, (*a. sexuell*) aufreizend
pro·voke [prə'vəʊk] provozieren, reizen
prov·ost ['prɒvəst] Rektor *m* (gewisser Colleges); *schott.* Bürgermeister(in)
prowl [praʊl] **1.** *v/i. a.* **~ about**, **~ around** herumschleichen, -streifen; *v/t.* durchstreifen; **2.** Herumstreifen *n*; **'~ car** *Am.* (Funk)Streifenwagen *m*
prox·im·i·ty [prɒk'sɪmətɪ] Nähe *f*
prox·y ['prɒksɪ] (Handlungs)Vollmacht *f*; (Stell)Vertreter(in), Bevollmächtigte(r *m*) *f*; **by ~** durch e-n Bevollmächtigten

prude [pru:d]: *be a* ~ prüde sein (*bsd. ältere Frau*)
pru·dence ['pru:dns] Klugheit *f*, Vernunft *f*; Besonnenheit *f*; '**~·dent** klug, vernünftig; besonnen
'prud·ish prüde
prune¹ [pru:n] (be)schneiden (*Bäume etc.*)
prune² [pru:n] Backpflaume *f*
pry¹ [praɪ] neugierig sein; ~ *about* herumschnüffeln; ~ *into* s-e Nase stecken in (*acc.*)
pry² [praɪ] Am. [praɪ] → *prize*²
PS [pi:'es] *Abk. für* **postscript** PS, Postskript(um) *n*, Nachschrift *f*
psalm [sɑ:m] Psalm *m*
pseu·do·nym ['sju:dənɪm] Pseudonym *n*, Deckname *m*
psy·chi·a·trist [saɪ'kaɪətrɪst] Psychiater(in); **~·try** [saɪ'kaɪətrɪ] Psychiatrie *f*
psy·cho·log·i·cal [saɪkə'lɒdʒɪkl] psychologisch; **~·chol·o·gist** [saɪ'kɒlədʒɪst] Psycholog|e *m*, -in *f*; **~·chol·o·gy** [saɪ'kɒlədʒɪ] Psychologie *f*; **~·cho·so·mat·ic** [saɪkəʊsəʊ'mætɪk] (**~ally**) psychosomatisch
pt *nur geschr. Abk. für*: *part* T., Teil *m*; *pint* Pint *n* (*etwa 1/2 l*); *mst* **Pt** *für* **port** Hafen *m*
PT *bsd. Brt.* [pi:'ti:] *Abk. für* **physical training** Leibeserziehung *f*, Sport *m*
PTO, pto [pi: ti: 'əʊ] *Abk. für* **please turn over** b.w., bitte wenden
pub *Brt.* Pub *n*, Kneipe *f*
pu·ber·ty ['pju:bətɪ] Pubertät *f*
pu·bic *anat.* ['pju:bɪk] Scham...; ~ **'bone** Schambein *n*; ~ **'hair** Schamhaare *pl.*
pub·lic ['pʌblɪk] **1.** öffentlich; allgemein bekannt; **2.** Öffentlichkeit *f*; *die* Öffentlichkeit, *das* Publikum (△ *nicht* **Publikum** → **audience**)
pub·li·ca·tion [pʌblɪ'keɪʃn] Bekanntgabe *f*, -machung *f*; Publikation *f*, Veröffentlichung *f*
pub·lic| con·ve·ni·ence *Brt.* öffentliche Bedürfnisanstalt; ~ **'health** öffentliches Gesundheitswesen; ~ **'hol·i·day** gesetzlicher Feiertag; ~ **'house** *Brt.* → *pub*
pub·lic·i·ty [pʌb'lɪsətɪ] Publicity *f*, Bekanntheit *f*; Publicity *f*, Reklame *f*, Werbung *f*
pub·lic| 'li·bra·ry Leihbücherei *f*; ~ **re'la·tions** *pl.* (*Abk.* **PR**) Public Relations *pl.*, Öffentlichkeitsarbeit *f*; ~ **'school** *Brt.* Public School (*exklusives Internat*); *Am.* staatliche Schule; ~ **'trans·port** *bsd. Brt. sg.*, ~ **trans·por'ta·tion** *Am. sg.* öffentliche Verkehrsmittel *pl.*
pub·lish ['pʌblɪʃ] bekannt geben *od.* machen; publizieren, veröffentlichen; *Buch etc.* herausgeben, verlegen; '**~·er** Verleger(in), Herausgeber(in); Verlag(shaus *n*) *m*; '**~·er's**, '**~·ers** *pl.*, '**~·ing house** Verlag(shaus *n*) *m*
puck·er ['pʌkə] *a.* ~ *up* (sich) verziehen (*Gesicht, Mund*), (sich) runzeln (*Stirn*)
pud·ding ['pʊdɪŋ] *Brt.* Nachspeise *f*, -tisch *m*; (*Reis- etc.*)Auflauf *m* (*Art*) Fleischpastete *f*; Pudding *m* (*Mehlspeise*); *black* ~ Blutwurst *f*
pud·dle ['pʌdl] Pfütze *f*
pu·e·rile ['pjʊəraɪl] infantil, kindisch
puff [pʌf] **1.** *v/i.* schnaufen, keuchen; *a.* ~ *away* paffen (*at* an e-r Zigarette *etc.*); ~ *up* (an)schwellen; *v/t.* Rauch blasen; ~ *out* Kerze *etc.* ausblasen; Rauch *etc.* ausstoßen; Brust herausdrücken; **2.** Zug *m* (*beim Rauchen*); (*Luft-, Wind-*)Hauch *m*, (-)Stoß *m*; (*Puder*)Quaste *f*; F Puste *f*; **~ed 'sleeve** Puffärmel *m*; '**~·pas·try** Blätterteig *m*; '**~ sleeve** Puffärmel *m*; '**~·y** (*-ier, -iest*) (an)geschwollen, verschwollen; aufgedunsen (*Gesicht*)
pug *zo.* [pʌg] *a.* **~·dog** Mops *m*
pug·na·cious [pʌg'neɪʃəs] kampflustig; streitsüchtig
puke *sl.* [pju:k] (aus)kotzen
pull [pʊl] **1.** Ziehen *n*; Zug *m*, Ruck *m*; Anstieg *m*, Steigung *f*; Zuggriff *m*, Zugleine *f*; F Beziehungen *pl.*; **2.** ziehen; ziehen an (*dat.*); zerren; reißen; *Zahn* ziehen; *Pflanze* ausreißen; *Messer etc.* ziehen; *bsd. Brt.* Bier zapfen; *fig.* anziehen; ~ *ahead of* vorbeiziehen an (*dat.*), überholen (*acc.*) (*Auto etc.*); ~ *away* anfahren (*Bus etc.*); ~ *down* Gebäude abreißen; ~ *in* einfahren (*Zug*); anhalten; ~ *off* F *et.* zu Stande bringen, schaffen; ~ *out* herausziehen (*of aus*); *Tisch* ausziehen; abfahren (*Zug etc.*); ausscheren (*Fahrzeug*); *fig.* sich zurückziehen, aussteigen (*of aus*); ~ *over* (s-n Wagen) an die *od.* zur Seite fahren; ~ *round* Kranken durchbringen; durch-

pursue

kommen (*Kranker*); ~ **through** j-n durchbringen; ~ **o.s. together** sich zusammennehmen, sich zusammenreißen; ~ **up** Fahrzeug anhalten; (an)halten; ~ **up to,** ~ **up with** Sport: j-n einholen
'**pull date** Am. Mindesthaltbarkeitsdatum n (*für Lebensmittel*)
pul·ley tech. ['puli] Flaschenzug m
'**pull|-in** Brt. F Raststätte f, -haus n; '~**o·ver** Pullover m; '~**up** Brt. Klimmzug m; *do a* ~ e-n Klimmzug machen
pul·pa zo. ['pjuːmə] Puma m
pulp [pʌlp] Fruchtfleisch n; Brei m; Schund...; ~ *novel* Schundroman m
pul·pit ['pulpit] Kanzel f
pulp·y ['pʌlpɪ] (*-ier, -iest*) breiig
pul·sate [pʌl'seɪt] pulsieren, vibrieren
pulse [pʌls] Puls(schlag) m
pul·ver·ize ['pʌlvəraɪz] pulverisieren
pu·ma zo. ['pjuːmə] Puma m
pum·mel ['pʌml] (*bsd. Brt. -ll-, Am. -l-*) mit den Fäusten bearbeiten
pump [pʌmp] **1.** Pumpe f; (*Zapf*)Säule f; **2.** pumpen; F j-n aushorchen; ~ *up* aufpumpen; '~ **at·tend·ant** Tankwart m
pump·kin bot. ['pʌmpkɪn] Kürbis m
pun [pʌn] **1.** Wortspiel n; **2.** (*-nn-*) Wortspiele od. ein Wortspiel machen
punch[1] [pʌntʃ] **1.** (mit der Faust) schlagen, boxen; **2.** (Faust)Schlag m
punch[2] [pʌntʃ] **1.** lochen; *Loch* stanzen (*in* in acc.); ~ *in* bsd. Am. einstempeln; ~ *out* bsd. Am. ausstempeln; **2.** Locher m; Lochzange f; Locheisen n
punch[3] [pʌntʃ] Punsch m
Punch [pʌntʃ] etwa Kasper m, Kasperle n, m; *be as pleased od. proud as* ~ sich freuen wie ein Schneekönig; ~ *and Judy show* [pʌntʃ ən 'dʒuːdɪ ʃəʊ] Kasperletheater n
'**punch card, punched 'card** Lochkarte f
punc·tu·al ['pʌŋktʃʊəl] pünktlich
punc·tu|·ate ['pʌŋktʃʊeɪt] interpunktieren; ~**a·tion** [pʌŋktʃʊ'eɪʃn] Interpunktion f; ~**a·tion mark** Satzzeichen n
punc·ture ['pʌŋktʃə] **1.** (Ein)Stich m, Loch n; *mot.* Reifenpanne f; **2.** durchstechen, -bohren; ein Loch bekommen, platzen; *mot.* e-n Platten haben
pun·gent ['pʌndʒənt] scharf, stechend, beißend (*Geschmack, Geruch*); scharf, bissig (*Bemerkung etc.*)

pun·ish ['pʌnɪʃ] j-n (be)strafen; '~**a·ble** strafbar; '~**ment** Strafe f; Bestrafung f
punk [pʌŋk] Punk m (*Bewegung*); Punk(er) m; *mus.* Punk m; ~ '**rock** *mus.* Punkrock m
pu·ny ['pjuːnɪ] (*-ier, -iest*) schwächlich
pup [pʌp] Welpe m, junger Hund
pu·pa ['pjuːpə] (*pl. -pae* [-piː], *-pas*) Puppe f
pu·pil[1] ['pjuːpl] Schüler(in)
pu·pil[2] anat. ['pjuːpl] Pupille f
pup·pet ['pʌpɪt] Handpuppe f; Marionette f (*a. fig.*); △ *nicht Puppe* (→ *doll*); ~ *show* Marionettentheater n, Puppenspiel n; **pup·pe·teer** [pʌpɪ'tɪə] Puppenspieler(in)
pup·py zo. ['pʌpɪ] Welpe m, junger Hund
pur|·chase ['pɜːtʃəs] **1.** kaufen; *fig.* erkaufen; **2.** Kauf m; *make* ~*s* Einkäufe machen; '~**chas·er** Käufer(in)
pure [pjʊə] (~*r*, ~*st*) rein; pur; '~**bred** reinrassig
pur·ga·tive med. ['pɜːgətɪv] **1.** abführend; **2.** Abführmittel n
pur·ga·to·ry ['pɜːgətərɪ] Fegefeuer n
purge [pɜːdʒ] **1.** *Partei etc.* säubern (*of* von); **2.** Säuberung(saktion) f
pu·ri·fy ['pjʊərɪfaɪ] reinigen
pu·ri·tan ['pjʊərɪtən] (*hist.* 2) **1.** Puritaner(in); **2.** puritanisch
pu·ri·ty ['pjʊərətɪ] Reinheit f
purl [pɜːl] **1.** linke Masche; **2.** links stricken
pur·loin [pɜː'lɔɪn] entwenden
pur·ple ['pɜːpl] purpurn, purpurrot
pur·pose ['pɜːpəs] **1.** Absicht f, Vorsatz m; Zweck m, Ziel n; Entschlossenheit f; *on* ~ absichtlich; *to no* ~ vergeblich; **2.** beabsichtigen, vorhaben; '~**ful** entschlossen, zielstrebig; '~**less** zwecklos; ziellos; '~**ly** absichtlich
purr [pɜː] schnurren (*Katze*); summen, surren (*Motor*)
purse[1] [pɜːs] Geldbeutel m, -börse f, Portmonee n; Am. Handtasche f; Sport: Siegprämie f; Boxen: Börse f
purse[2] [pɜːs]: ~ (*up*) *one's lips* die Lippen schürzen
pur·su·ance [pə'sjuːəns]: *in* (*the*) ~ *of his duty* in Ausübung s-r Pflicht
pur|·sue [pə'sjuː] verfolgen; *s-m Studium etc.* nachgehen, *Absicht, Politik*

pursuer

etc. verfolgen; *Angelegenheit etc.* weiterführen; ~**su·er** Verfolger(in); ~**suit** [pə'sjuːt] Verfolgung *f*; Weiterführung *f*
pur·vey [pə'veɪ] *Lebensmittel etc.* liefern; ~**or** Lieferant *m*
pus *med.* [pʌs] Eiter *m*
push [pʊʃ] **1.** stoßen, schubsen; schieben; *Taste etc.* drücken; drängen; (an)treiben; F *Rauschgift* pushen; *fig. j-n* drängen (**to do** zu tun); *fig.* Reklame machen für; ~ **one's way** sich drängen (**through** durch); ~ **ahead with** *Plan etc.* vorantreiben; ~ **along** F sich auf die Socken machen; ~ **around** F herumschubsen; ~ **for** drängen auf (*acc.*); ~ **forward with** → **push ahead with**; ~ **o.s. forward** *fig.* sich in den Vordergrund drängen *od.* schieben; ~ **in** F sich vordrängen; ~ **off!** F hau ab!; ~ **on with** → **push ahead with**; ~ **out** *fig. j-n* hinausdrängen; ~ **through** *et.* durchsetzen; ~ **up** *Preise etc.* hochtreiben; **2.** Stoß *m*, Schubs *m*; (*Werbe*)Kampagne *f*; F Durchsetzungsvermögen *n*, Energie *f*, Tatkraft *f*; ~**but·ton** *tech.* Druckknopf *m*, -taste *f*; '~**but·ton** *tech.* (Druck)Knopf..., (-)Tasten...; ~ **(tele)phone** Tastentelefon *n*; '~**chair** *Brt.* Sportwagen *m* (*für Kinder*); '~**er** *contp.* Pusher *m* (*Rauschgifthändler*); '~**o·ver** F Kinderspiel *n*, Kleinigkeit *f*; '~**up** *Am.* → **press-up**
puss F [pʊs] Mieze *f*
'**pus·sy** *a.* ~**cat** Miezekatze *f*; '~**foot** F: ~ **about**, ~ **around** leisetreten, sich nicht festlegen wollen
put [pʊt] (-*tt-*; *put*) legen, setzen, stecken, stellen, tun; *j-n in e-e Lage etc.*, *et. auf den Markt*, *in Ordnung etc.* bringen; *et. in Kraft*, *in Umlauf etc.* setzen; *Sport: Kugel* stoßen; unterwerfen, -ziehen (**to** *dat.*); *et.* ausdrücken, in Worte fassen; übersetzen (**into German** ins Deutsche); *Schuld* geben (**on** *dat.*); ~ **right** in Ordnung bringen; ~ **s.th. before s.o.** *fig.* j-m *et.* vorlegen; ~ **to bed** ins Bett bringen; ~ **to school** zur Schule schicken; ~ **about** Gerüchte verbreiten, in Umlauf setzen; ~ **across** *et.* verständlich machen; ~ **ahead** *Sport:* in Führung bringen; ~ **aside** zurücklegen; *fig.* beiseite schieben; ~ **away** weglegen, -tun; auf-, wegräumen; ~ **back** zurücklegen, -stellen, -tun; *Uhr* zurückstellen (**by** um); ~ **by** *Geld* zurücklegen; ~ **down** *v/t.* hin-, niederlegen, -setzen, -stellen; *j-n* absetzen, aussteigen lassen; (auf-, nieder)schreiben, eintragen; zuschreiben (**to** *dat.*); *Aufstand* niederschlagen; (*a. v/i.*) *aviat.* landen; ~ **forward** *Plan etc.* vorlegen; *Uhr* vorstellen (**by** um); *fig.* vorverlegen (**two days** um zwei Tage; **to** *acc.*); ~ **in** *v/t.* herein-, hineinlegen, -stecken, -stellen; *Kassette etc.* einlegen; installieren; *Gesuch etc.* einreichen; *Forderung etc. a.* geltend machen; *Antrag* stellen; *Arbeit, Zeit* verbringen (**on** mit); *Bemerkung* einwerfen; *v/i. naut.* einlaufen (**at in** *acc.*); ~ **off** *et.* verschieben (**until** auf *acc.*); *j-m* absagen; *j-n* hinhalten (**with** mit); *j-n* aus dem Konzept bringen; ~ **on** *Kleider etc.* anziehen, *Hut, Brille* aufsetzen; *Licht, Radio etc.* anmachen, einschalten; *Sonderzug* einsetzen; *thea.* Stück *etc.* herausbringen; vortäuschen; F *j-n* auf den Arm nehmen; ~ **on airs** sich aufspielen; ~ **on weight** zunehmen; ~ **out** *v/t.* heraus-, hinauslegen, -setzen, -stellen; *Hand etc.* ausstrecken; *Feuer* löschen; *Licht, Radio etc.* ausmachen (*a. Zigarette*), abschalten; veröffentlichen, herausgeben; *Rundfunk, TV:* bringen, senden; aus der Fassung bringen; verärgern; *j-m* Ungelegenheiten bereiten; sich den Arm *etc.* ver- *od.* ausrenken; *v/i. naut.* auslaufen; ~ **over** → **put across**; ~ **through** *tel. j-n* verbinden (**to** mit); durch-, ausführen; ~ **together** zusammenbauen, -setzen, -stellen; ~ **up** *v/t.* herauf-, hinauflegen, -stellen; *Hand* (hoch)heben; *Zelt etc.* aufstellen; *Gebäude* errichten; *Bild etc.* aufhängen; *Plakat, Bekanntmachung etc.* anschlagen; *Schirm* aufspannen; zum Verkauf anbieten; *Preis* erhöhen; *Widerstand* leisten; *Kampf* liefern; *j-n* unterbringen, (bei sich) aufnehmen; *v/i.* ~ **up at** absteigen in (*dat.*); ~ **up with** sich gefallen lassen; sich abfinden mit
pu·tre·fy ['pjuːtrɪfaɪ] (ver)faulen, verwesen
pu·trid ['pjuːtrɪd] faul, verfault, -west; F scheußlich, saumäßig
put·ty ['pʌtɪ] **1.** Kitt *m*; **2.** kitten
'**put-up job** F abgekartetes Spiel

puz·zle ['pʌzl] **1.** Rätsel *n*; Geduld(s)-spiel *n*; → **jigsaw (puzzle); 2.** *v/t.* vor ein Rätsel stellen; verwirren; *be* ~*d* vor e-m Rätsel stehen; ~ *out* herausfinden, -bringen, austüfteln; *v/i.* sich den Kopf zerbrechen (*about, over* über *dat.*)

PX® [pi: 'eks] (*pl.* **-s** [- 'eksɪz]) *Abk. für* **post exchange** (*Verkaufsladen für Angehörige der US-Streitkräfte*)

pyg·my ['pɪgmɪ] Pygmä|e *m*, -in *f*;

Zwerg(in); *bsd. zo.* Zwerg...

py·ja·mas *Brt.* [pə'dʒɑ:məz] *pl.* (*a pair of*) ~ (ein) Schlafanzug, (ein) Pyjama

py·lon ['paɪlən] Hochspannungsmast *m*

pyr·a·mid ['pɪrəmɪd] Pyramide *f*

pyre [paɪə] Scheiterhaufen *m*

py·thon *zo.* ['paɪθn] (*pl.* **-thons, -thon**) Python(schlange) *f*

pyx *rel.* [pɪks] Hostienbehälter *m*

Q

Q, q [kju:] Q, q *n*

qt *nur geschr. Abk. für* **quart** Quart *n* (*etwa 1 l*)

quack¹ [kwæk] **1.** quaken; **2.** Quaken *n*

quack² [kwæk] *a.* ~ **doctor** Quacksalber *m*, Kurpfuscher *m*; ~**er·y** ['kwækərɪ] Quacksalberei *f*, Kurpfuscherei *f*

quad·ran·gle ['kwɒdræŋgl] Viereck *n*; ~**gu·lar** [kwɒ'dræŋgjʊlə] viereckig

quad·ra·phon·ic [kwɒdrə'fɒnɪk] (~*ally*) quadrophon(isch)

quad·ri·lat·er·al [kwɒdrɪ'lætərəl] **1.** vierseitig; **2.** Viereck *n*

quad·ro·phon·ic [kwɒdrə'fɒnɪk] → **quadraphonic**

quad·ru·ped *zo.* ['kwɒdrʊped] Vierfüß(l)er *m*

quad·ru·ple ['kwɒdrʊpl] **1.** vierfach; **2.** (sich) vervierfachen; ~**plets** ['kwɒdrʊplɪts] *pl.* Vierlinge *pl.*

quads F [kwɒdz] Vierlinge *pl.*

quag·mire ['kwægmaɪə] Morast *m*, Sumpf *m*

quail *zo.* [kweɪl] (*pl.* **quail, quails**) Wachtel *f*

quaint [kweɪnt] idyllisch, malerisch

quake [kweɪk] **1.** zittern, beben (*with, for* vor *dat.*; *at* bei); **2.** F Erdbeben *n*

Quak·er *rel.* ['kweɪkə] Quäker(in)

qual·i|·fi·ca·tion [kwɒlɪfɪ'keɪʃn] Qualifikation *f*, Befähigung *f*, Eignung *f* (*for* für, zu); Voraussetzung *f*; Einschränkung *f*; ~**fied** ['kwɒlɪfaɪd] qualifiziert, geeignet, befähigt (*for* für); berechtigt; bedingt, eingeschränkt; ~**fy** ['kwɒlɪfaɪ] *v/t.* qualifizieren, befähigen (*for* für, zu); berechtigen (*to do* zu tun); einschränken, abschwächen, mildern; *v/i.* sich qualifizieren *od.* eignen (*for* für; *as* als); *Sport:* sich qualifizieren (*for* für); ~**ty** ['kwɒlətɪ] Qualität *f*; Eigenschaft *f*

qualms [kwɑ:mz] *pl.* Bedenken *pl.*, Skrupel *pl.*

quan·da·ry ['kwɒndərɪ]: *be in a* ~ *about what to do* nicht wissen, was man tun soll

quan·ti·ty ['kwɒntətɪ] Quantität *f*, Menge *f*

quan·tum *phys.* ['kwɒntəm] (*pl.* **-ta** [-tə]) Quant *n*; Quanten...

quar·an·tine ['kwɒrənti:n] **1.** Quarantäne *f*; **2.** unter Quarantäne stellen

quar·rel ['kwɒrəl] **1.** Streit *m*, Auseinandersetzung *f*; **2.** (*bsd. Brt.* **-ll-**, *Am.* **-l-**) (sich) streiten; '**~some** streitsüchtig

quar·ry¹ ['kwɒrɪ] Steinbruch *m*

quar·ry² ['kwɒrɪ] *hunt.* Beute *f*, *a. fig.* Opfer *n*

quart [kwɔ:t] Quart *n* (*Abk.* **qt**) (*Brt. 1,14 l, Am. 0,95 l*)

quar·ter ['kwɔ:tə] **1.** Viertel *n*, vierter Teil *m*; Quartal *n*; Vierteljahr *n*; Viertelpfund *n*; *Am.* Vierteldollar *m*; *Sport:* (Spiel)Viertel *n*; (Himmels)Richtung *f*; Gegend *f*, Teil *m* (*e-s Landes etc.*); (Stadt)Viertel *n*; (*bsd.* Hinter)Viertel *n* (*e-s Schlachttiers*); Gnade *f*, Pardon *m*; ~**s** *pl.* Quartier *n*, Unterkunft *f* (*a. mil.*); *a* ~ *of an hour* e-e Viertelstunde; *a* ~ *to*

quarterdeck

(*Am. of*) *five Uhrzeit*: (ein) Viertel vor fünf (*4.45*); **a ~ past** (*Am. **after**) five Uhrzeit*: (ein) Viertel nach fünf (*5.15*); **at close ~s** in *od.* aus nächster Nähe; **from official ~s** von amtlicher Seite; **2.** vierteln; *bsd. mil.* einquartieren (*on* bei); '**~·deck** *naut.* Achterdeck *n*; '**~·fi·nals** *pl. Sport*: Viertelfinale *n*; '**~·ly 1.** vierteljährlich; **2.** Vierteljahresschrift *f*

quar·tet(te) [kwɔːˈtet] *mus.* Quartett *n*

quartz *min.* [kwɔːts] Quarz *m*; **~ clock** Quarzuhr *f*; **~ watch** Quarz(armband)uhr *f*

qua·ver ['kweɪvə] **1.** zittern (*Stimme*); *et.* mit zitternder Stimme sagen; **2.** Zittern *n*

quay *naut.* [kiː] Kai *m*

quea·sy ['kwiːzɪ] (*-ier, -iest*) empfindlich (*Magen*); *I feel ~* mir ist übel

queen [kwiːn] Königin *f*; *Karten, Schach*: Dame *f*; *sl.* Schwule(r) *m*, Homo *m*; **~ 'bee** *zo.* Bienenkönigin *f*; '**~·ly** wie e-e Königin, königlich

queer [kwɪə] komisch, seltsam; F wunderlich; F schwul

quench [kwentʃ] Durst löschen, stillen

quer·u·lous ['kwerʊləs] nörglerisch

que·ry ['kwɪərɪ] **1.** Frage *f*; Zweifel *m*; **2.** in Frage stellen, in Zweifel ziehen

quest [kwest] **1.** Suche *f* (*for* nach); *in ~ of* auf der Suche nach; **2.** suchen (*after, for* nach)

ques·tion ['kwestʃən] **1.** Frage *f*; Frage *f*, Problem *n*; Frage *f*, Sache *f*; Frage *f*, Zweifel *m*; *only a ~ of time* nur e-e Frage der Zeit; *this is not the point in ~* darum geht es nicht; *there is no ~ that, it is beyond ~ that* es steht außer Frage, dass; *there is no ~ about this* daran besteht kein Zweifel; *be out of the ~* nicht in Frage kommen; **2.** befragen (*about* über *acc.*); *jur.* vernehmen, -hören (*about* zu); bezweifeln, in Zweifel ziehen, in Frage stellen; '**~·a·ble** fraglich, zweifelhaft; fragwürdig; **'~·er** Fragesteller(in); '**~ mark** Fragezeichen *n*; '**~ mas·ter** *bsd. Brt.* Quizmaster *m*

ques·tion·naire [kwestʃəˈneə] Fragebogen *n*

queue *bsd. Brt.* [kjuː] **1.** Schlange *f*; **2.** *mst ~ up* Schlange stehen, anstehen, sich anstellen

238

quib·ble ['kwɪbl] sich herumstreiten (*with* mit; *about, over* wegen)

quick [kwɪk] **1.** *adj.* schnell, rasch; aufbrausend, hitzig (*Temperament*); *be ~!* mach schnell!, beeil dich!; **2.** *adv.* schnell, rasch; **3.** *cut s.o. to the ~ fig.* j-n tief verletzen; '**~·en** (sich) beschleunigen; '**~·freeze** (*-froze, -frozen*) Lebensmittel schnell einfrieren; '**~·ie** F ['kwɪkɪ] *et.* Schnelles *od.* Kurzes, z.B. kurze Frage, Tasse *f* Tee auf die Schnelle *etc.*; '**~·ly** schnell, rasch; '**~·sand** Treibsand *m*; **~·'tem·pered** aufbrausend, hitzig; **~·'wit·ted** geistesgegenwärtig; schlagfertig

quid *Brt. sl.* [kwɪd] (*pl. ~*) Pfund *n* (*Währung*)

qui·et ['kwaɪət] **1.** ruhig, still; *~, please* Ruhe, bitte; *be ~!* sei still!; **2.** Ruhe *f*, Stille *f*; *on the ~* F heimlich; **3.** *bsd. Am.* **→ ~·en** *bsd. Brt.* ['kwaɪətn] *v/t. a.* **~ down** j-n beruhigen; *v/i. a.* **~ down** sich beruhigen; '**~·ness** Ruhe *f*, Stille *f*

quill [kwɪl] *zo.* (Schwung-, Schwanz)Feder *f*; *zo.* Stachel *m*; **~ ('pen)** Federkiel *m*

quilt [kwɪlt] Steppdecke *f*; '**~·ed** Stepp...

quince *bot.* [kwɪns] Quitte *f*

qui·nine *pharm.* [kwɪˈniːn] Chinin *n*

quins *Brt.* F [kwɪnz] Fünflinge *pl.*

quin·tes·sence [kwɪnˈtesns] Quintessenz *f*; Inbegriff *n*

quin·tet(te) *mus.* [kwɪnˈtet] Quintett *n*

quints *Am.* F [kwɪnts] Fünflinge *pl.*

quin·tu·ple ['kwɪntjʊpl] **1.** fünffach; **2.** (sich) verfünffachen; **~·plets** ['kwɪntjʊplɪts] *pl.* Fünflinge *pl.*

quip [kwɪp] **1.** geistreiche *od.* witzige Bemerkung; **2.** (*-pp-*) witzeln, spötteln

quirk [kwɜːk] Eigenart *f*, Schrulle *f*; *by some ~ of fate* durch e-e Laune des Schicksals, durch e-n verrückten Zufall

quit F [kwɪt] (*-tt-*; *Brt. ~ od. ~ted, Am. mst ~*) *v/t.* aufhören mit; **~ one's job** kündigen; *v/i.* aufhören; kündigen

quite [kwaɪt] ganz, völlig, ziemlich; *~ a few* ziemlich viele; *~ nice* ganz nett, recht nett; *~ (so)!* *bsd. Brt.* genau, ganz recht; *be ~ right* völlig recht haben; *she's ~ a beauty* sie ist e-e wirkliche Schönheit

quits F [kwɪts] quitt (*with* mit); *call it ~* es gut sein lassen

quit·ter F ['kwɪtə]: *be a ~* schnell aufgeben

quiv·er¹ ['kwɪvə] zittern (**with** vor *dat.*: *at* bei)
quiv·er² ['kwɪvə] Köcher *m*
quiz [kwɪz] **1.** (*pl.* **quizzes**) Quiz *n*; *bsd. Am.* Prüfung *f*, Test *m*; **2.** (**-zz-**) ausfragen (**about** über *acc.*); '~·**mas·ter** *bsd. Am.* Quizmaster *m*; ~·**zi·cal** ['kwɪzɪkl] spöttisch-fragend (*Blick etc.*)

quo·ta ['kwəʊtə] Quote *f*, Kontingent *n*
quo·ta·tion [kwəʊ'teɪʃn] Zitat *n*; *econ.* Notierung *f*; *econ.* Kostenvoranschlag *m*; ~ **marks** *pl.* Anführungszeichen *pl.*
quote [kwəʊt] zitieren; *Beispiel etc.* anführen; *econ.* Preis nennen; **be ~d at** *econ.* notieren mit; → **unquote**
quo·tient *math.* ['kwəʊʃnt] Quotient *m*

R

R, r [ɑː] R, r *n*
rab·bi *rel.* ['ræbaɪ] Rabbiner *m*
rab·bit [ˈræbɪt] *zo.* Kaninchen *n*
rab·ble ['ræbl] Pöbel *m*, Mob *m*; ~**rous·ing** ['ræblraʊzɪŋ] aufwieglerisch, Hetz...
rab·id ['ræbɪd] *vet.* tollwütig; *fig.* fanatisch
ra·bies *vet.* ['reɪbiːz] Tollwut *f*
rac·coon *zo.* [rə'kuːn] Waschbär *m*
race¹ [reɪs] Rasse(nzugehörigkeit) *f*; (*Menschen*)Geschlecht *n*
race² [reɪs] **1.** (Wett)Rennen *n*, (Wett)Lauf *m*; **2.** *v/i.* an (e-m) Rennen teilnehmen; um die Wette laufen *od.* fahren *etc.*; rasen, rennen; durchdrehen (*Motor*); *v/t.* um die Wette laufen *od.* fahren *etc.* mit; rasen mit; '~ **car** *bsd. Am. mot.* Rennwagen *m*; '~·**course** Pferdesport: Rennbahn *f*; '~·**horse** Rennpferd *n*; '**rac·er** Rennpferd *n*; Rennrad *n*, -wagen *m*; '~·**track** Automobilsport etc.: Rennstrecke *f*; *bsd. Am.* → **racecourse**
ra·cial ['reɪʃl] rassisch, Rassen...
rac·ing ['reɪsɪŋ] Renn...; '~ **car** *bsd. Brt. mot.* Rennwagen *m*
ra·cis·m ['reɪsɪzəm] Rassismus *m*; ~**cist** ['reɪsɪst] **1.** Rassist(in); **2.** rassistisch
rack [ræk] **1.** Gestell *n*, (*Geschirr-, Zeitungs- etc.*)Ständer *m*, rail. (*Gepäck*)Netz *n*, *mot.* (*Dach*)Gepäckträger *m*; *hist.* Folter(bank) *f*; **2. be ~ed by** *od.* **with** geplagt *od.* gequält werden von; ~ **one's brains** sich das Hirn zermartern, sich den Kopf zerbrechen

rack·et¹ ['rækɪt] *Tennis etc.*: Schläger *m*
rack·et² ['rækɪt] Krach *m*, Lärm *m*; Schwindel *m*, Gaunerei *f*; (*Drogen- etc.*)Geschäft *n*; organisierte Erpressung; ~·**e·teer** [rækə'tɪə] Gauner *m*; Erpresser *m*
ra·coon *zo.* [rə'kuːn] → **raccoon**
rac·y ['reɪsɪ] (*-ier, -iest*) spritzig, lebendig (*Geschichte etc.*); gewagt
ra·dar ['reɪdə] Radar *m*, *n*; '~ **screen** Radarschirm *m*; ~ **'speed check** Radarkontrolle *f*; ~ **sta·tion** Radarstation *f*; ~ **trap** *mot.* Radarkontrolle *f*
ra·di·al ['reɪdjəl] **1.** radial, Radial..., strahlenförmig; *mot.* Gürtelreifen *m*; ~ **'tire** *Am.*, ~ **'tyre** *Brt.* → **radial** 2
ra·di·ant ['reɪdjənt] strahlend, leuchtend (*a. fig.* **with** vor *dat.*)
ra·di·ate ['reɪdɪeɪt] ausstrahlen; strahlenförmig ausgehen (**from** von); ~·**a·tion** [reɪdɪ'eɪʃn] Ausstrahlung *f*; ~·**a·tor** ['reɪdɪeɪtə] Heizkörper *m*; *mot.* Kühler *m*
rad·i·cal ['rædɪkl] **1.** radikal (*a. pol.*); *math.* Wurzel...; **2.** *pol.* Radikale(r *m*) *f*
ra·di·o ['reɪdɪəʊ] **1.** (*pl.* **-os**) Radio(apparat *n*) *n*; Funk(gerät *n*) *m*; **by** ~ über Funk; **on the** ~ im Radio; **2.** funken; ~·**ac·tive** radioaktiv; ~·**ac·tive 'waste** Atommüll *m*, radioaktiver Abfall; ~·**ac·tiv·i·ty** Radioaktivität *f*; '~ **ham** Funkamateur *m*; '~ **play** Hörspiel *n*; '~ **set** Radioapparat *m*; '~ **sta·tion** Funkstation *f*; Rundfunksender *m*, -station *f*; ~·**ther·a·py** *med.* Strahlen-, Röntgentherapie *f*; ~ **'tow·er** Funkturm *m*

rad·ish *bot.* ['rædɪʃ] Rettich *m*; Radieschen *n*

ra·di·us ['reɪdjəs] (*pl.* **-dii** [-dɪaɪ]) Radius *m*

RAF [ɑːr eɪ ef, F ræf] *Abk. für* **Royal Air Force** *die* Königlich-Britische Luftwaffe

raf·fle ['ræfl] **1.** Tombola *f*; **2.** *a.* ~ **off** verlosen

raft [rɑːft] Floß *n*

raf·ter ['rɑːftə] (Dach)Sparren *m*

rag [ræɡ] Lumpen *m*, Fetzen *m*; Lappen *m*; *in* ~**s** zerlumpt; ~**-and-'bone man** (*pl.* **-men**) *bsd. Brit.* Lumpensammler *m*

rage [reɪdʒ] **1.** Wut *f*, Zorn *m*; *fly into a* ~ wütend werden; *the latest* ~ F der letzte Schrei; *be all the* ~ F große Mode sein; **2.** wettern (*against*, *at* gegen); wüten, toben

rag·ged ['ræɡɪd] zerlumpt; struppig (*Bart etc.*); *fig.* stümperhaft

raid [reɪd] **1.** (*on*) Überfall *m* (auf *acc.*), *mil. a.* Angriff *m* (gegen); Razzia *f* (in *dat.*); **2.** überfallen, *mil. a.* angreifen; e-e Razzia machen in (*dat.*)

rail [reɪl] **1.** Geländer *n*; Stange *f*; (Handtuch)Halter *m*; (Eisen)Bahn *f*; rail. Schiene *f*; *pl. a.* Gleis *n*; *by* ~ mit der Bahn; **2.** ~ *in* einzäunen; ~ *off* abzäunen; '~**ing**, *oft* ~**s** *pl.* (Gitter)Zaun *m*

'**rail·road** *Am.* → **railway**

'**rail·way** *bsd. Brit.* Eisenbahn *f*; ~ **line** *Brit.* Bahnlinie *f*; ~**man** (*pl.* **-men**) Eisenbahner *m*; ~ **sta·tion** *Brit.* Bahnhof *m*

rain [reɪn] **1.** Regen *m*; ~**s** *pl.* Regenfälle *pl.*; *the* ~**s** *pl.* die Regenzeit (*in den Tropen*); (**come**) ~ **or shine** *fig.* was immer auch geschieht; **2.** regnen; *it is* ~*ing cats and dogs* F es gießt in Strömen; *it never* ~**s but it pours** es kommt immer gleich knüppeldick, ein Unglück kommt selten allein; '~**bow** Regenbogen *m*; '~**coat** Regenmantel *m*; '~**fall** Niederschlag(smenge *f*) *m*; '~ **for·est** *bot.* Regenwald *m*; '~**proof** regen-, wasserdicht; '~**y** (**-ier**, **-iest**) regnerisch, verregnet, Regen...; *save s.th. for a* ~ *day et.* für schlechte Zeiten zurücklegen

raise [reɪz] **1.** heben, hochziehen; erheben; *Denkmal etc.* errichten; *Staub etc.* aufwirbeln; *Gehalt, Miete etc.* erhöhen; *Geld* zusammenbringen, beschaffen; *Kinder* auf-, großziehen; *Tiere* züchten; *Getreide etc.* anbauen; *Frage* aufwerfen, *et.* zur Sprache bringen; *Blockade etc., a. Verbot* aufheben; **2.** *Am.* Lohn- *od.* Gehaltserhöhung *f*

rai·sin ['reɪzn] Rosine *f*

rake [reɪk] **1.** Rechen *m*, Harke *f*; **2.** *v/t.* ~ (*up*) (zusammen)rechen, (-)harken; *v/i.* ~ *about*, ~ *around* herumstöbern

rak·ish ['reɪkɪʃ] flott, keck, verwegen

ral·ly ['rælɪ] **1.** (sich) (wieder) sammeln; sich erholen (*from* von) (*a. econ.*); ~ *round* sich scharen um; **2.** Kundgebung *f*, (Massen)Versammlung *f*; *mot.* Rallye *f*; *Tennis etc.*: Ballwechsel *m*

ram [ræm] **1.** *zo.* Widder *m*, Schafbock *m*; *tech.* Ramme *f*; **2.** rammen; ~ *s.th. down s.o.'s throat fig.* j-m et. aufzwingen

RAM [ræm] *Abk. für* **random access memory** *Computer*: RAM, Speicher *m* mit wahlfreiem *od.* direktem Zugriff

ram·ble ['ræmbl] **1.** wandern, umherstreifen; abschweifen; **2.** Wanderung *f*; '~**bler** Wanderer *m*; *bot.* Kletterrose *f*; '~**bling** weitschweifend; weitläufig (*Gebäude*); *bot.* Kletter...; ~ **rose** Kletterrose *f*

ram·i·fy ['ræmɪfaɪ] (sich) verzweigen

ramp [ræmp] Rampe *f*; *Am.* → **slip road**

ram·page [ræm'peɪdʒ] **1.** ~ *through* (wild *od.* aufgeregt) trampeln durch (*Elefant etc.*); → **2.** *go on the* ~ *through* randalierend ziehen durch

ram·pant ['ræmpənt] *be* ~ wuchern (*Pflanze*); grassieren (*in* in *dat.*)

ram·shack·le ['ræmʃækl] baufällig; klapp(e)rig (*Fahrzeug*)

ran [ræn] *pret. von* **run** 1

ranch [rɑːntʃ, *Am.* ræntʃ] Ranch *f*; *Am.* (*Geflügel- etc.*)Farm *f*; '~**er** Rancher *m*; (*Geflügel- etc.*) Züchter *m*

ran·cid ['rænsɪd] ranzig

ran·co(u)r ['ræŋkə] Groll *m*, Erbitterung *f*, Hass *m*

ran·dom ['rændəm] **1.** *adj.* ziel-, wahllos; zufällig, Zufalls...; ~ *sample* Stichprobe *f*; **2.** *at* ~ aufs Geratewohl

rang [ræŋ] *pret. von* **ring**²

range [reɪndʒ] **1.** Reich-, Schuss-, Tragweite *f*; Entfernung *f*; *fig.* Bereich *m*, Spielraum *m*; Gebiet *n*, (*Schieß*)Stand *m*, (-)Platz *m*; (*Berg*-)Kette *f*; *Am.* offenes Weidegebiet;

econ. Kollektion *f*, Sortiment *n*; (altmodischer) Küchenherd; **at close ~** aus nächster Nähe; **within ~ of vision** in Sichtweite; **a wide ~ of ...** eine große Auswahl an ...; **2.** *v/i.* **~ from ... to ...**, **between ... and ...** sich zwischen ... und ... bewegen (*von Preisen etc.*); *v/t.* aufstellen, anordnen; '**~‑find·er** *phot.* Entfernungsmesser *m*; '**rang·er** Förster *m*; *Am.* Ranger *m*

rank¹ [ræŋk] **1.** Rang *m* (*a. mil.*), (soziale) Stellung; Reihe *f*; (Taxi)Stand *m*; **of the first ~** *fig.* erstklassig; **the ~ and file** der Mannschaftsstand; *fig.* die Basis (*e-r Partei etc.*); **the ~s** *pl. fig.* das Heer, die Masse; **2.** *v/t.* rechnen, zählen (**among** zu); stellen (**above** über *acc.*); *v/i.* zählen, gehören (**among** zu); gelten (**as** als)

rank² [ræŋk] (üppig) wuchernd; übel riechend, übel schmeckend; *fig.* krass (*Außenseiter*), blutig (*Anfänger*)

ran·kle *fig.* ['ræŋkl] nagen, weh tun

ran·sack ['rænsæk] durchwühlen, -suchen; plündern

ran·som ['rænsəm] **1.** Lösegeld *n*; **2.** freikaufen, auslösen

rant [rænt]: **~ (on) about**, **~ and rave about** eifern gegen, sich in Tiraden ergehen über (*acc.*)

rap [ræp] **1.** Klopfen *n*; Klaps *m*; **2.** (**-pp-**) klopfen (**an** *acc.*, **auf** *acc.*)

ra·pa·cious [rə'peɪʃəs] habgierig

rape¹ [reɪp] **1.** vergewaltigen; **2.** Vergewaltigung *f*

rape² *bot.* [reɪp] Raps *m*

rap·id ['ræpɪd] schnell, rasch; **ra·pid·i·ty** [rə'pɪdətɪ] Schnelligkeit *f*

rap·ids ['ræpɪdz] *pl.* Stromschnellen *pl.*

rapt [ræpt]: **with ~ attention** mit gespannter Aufmerksamkeit; **rap·ture** ['ræptʃə] Entzücken *n*, Verzückung *f*; **go into ~s** in Verzückung geraten

rare¹ [reə] (**~r**, **~st**) selten, rar; dünn (*Luft*); F Mords-

rare² *gastr.* [reə] (**~r**, **~st**) blutig (*Steak*)

rare·bit *gastr.* ['reəbɪt] → **Welsh rarebit**

rar·e·fied ['reərɪfaɪd] dünn (*Luft*)

rar·i·ty ['reərətɪ] Seltenheit *f*; Rarität *f*

ras·cal ['rɑːskəl] Gauner *m*; *humor.* Schlingel *m*

rash¹ [ræʃ] voreilig, -schnell, unbesonnen; △ *nicht* **rasch**

rash² *med.* [ræʃ] (Haut)Ausschlag *m*

rash·er ['ræʃə] dünne Speckscheibe

rasp [rɑːsp] **1.** raspeln; kratzen; **2.** Raspel *f*; Kratzen *n*

rasp·ber·ry *bot.* ['rɑːzbərɪ] Himbeere *f*

rat [ræt] *zo.* Ratte *f* (*a. contp.*); **smell a ~** Lunte *od.* den Braten riechen; **~s!** F Mist!

rate [reɪt] **1.** Quote *f*, Rate *f*, (Geburten-, Sterbe)Ziffer *f*; (Steuer-, Zins- *etc.*)Satz *m*; (Wechsel)Kurs *m*; Geschwindigkeit *f*, Tempo *n*; △ *nicht* **Rate** (→ **instal[l]ment**); **at any ~** auf jeden Fall; **2.** einschätzen, halten (**as** für); Lob *etc.* verdienen; **be ~d as** gelten als; **~ of ex'change** (Umrechnungs-, Wechsel)Kurs *m*; **~ of 'in·ter·est** Zinssatz *m*, -fuß *m*

ra·ther ['rɑːðə] ziemlich; eher, vielmehr, besser gesagt; **~!** *bsd. Brt.* F und ob!; **I would** *od.* **had ~ go** ich möchte lieber gehen

rat·i·fy ['rætɪfaɪ] *pol.* ratifizieren

rat·ing ['reɪtɪŋ] Einschätzung *f*; *Rundfunk, TV* Einschaltquote *f*

ra·ti·o ['reɪʃɪəʊ] (*pl.* **-os**) Verhältnis *n*

ra·tion ['ræʃn] **1.** Ration *f*; **2.** *et.* rationieren; **~** zuteilen (**to** *dat.*)

ra·tion·al ['ræʃənl] rational; vernunftbegabt; vernünftig; △ *nicht* **rationell**; **~·i·ty** [ræʃə'nælətɪ] Vernunft *f*; **~·ize** ['ræʃnəlaɪz] rational erklären; *econ.* rationalisieren

'**rat race** F endloser Konkurrenzkampf

rat·tle ['rætl] **1.** klappern (*Fenster etc.*); rasseln *od.* klimpern (**mit**); prasseln (**on** auf *acc.*) (*Regen etc.*); rattern, knattern (*Fahrzeug*); rütteln an (*dat.*); F *j-n* verunsichern; **~ at** rütteln an (*dat.*); **~ off** F Gedicht *etc.* herunterrasseln; **~ on** F quasseln (**about** über *acc.*); **~ through** F Rede *etc.* herunterrasseln; **2.** Klappern *n* (*etc.* → 1); Rassel *f*, Klapper *f*; '**~·snake** *zo.* Klapperschlange *f*; '**~·trap** F Klapperkasten *m* (*Auto*)

rau·cous ['rɔːkəs] heiser, rau

rav·age ['rævɪdʒ] verwüsten; '**~s** *pl.* Verwüstungen *pl.*, *a. fig.* verheerende Auswirkungen *pl.*

rave [reɪv] fantasieren, irrereden; toben; wettern (**against**, **at** gegen); schwärmen (**about** von)

rav·el ['rævl] (*bsd. Brt.* **-ll-**, *Am.* **-l-**)

raven 242

(sich) verwickeln *od*. -wirren; → **unravel**

ra·ven *zo*. ['reɪvn] Rabe *m*

rav·e·nous ['rævənəs] ausgehungert, heißhungrig

ra·vine [rə'viːn] Schlucht *f*, Klamm *f*

rav·ings ['reɪvɪŋz] *pl*. irres Gerede, Delirien *pl*.

rav·ish ['rævɪʃ] hinreißen; **'~·ing** hinreißend

raw [rɔː] roh (*Gemüse etc*.); *econ*., *tech*. roh, Roh...; wund (*Haut*); nasskalt (*Wetter*); unerfahren; **~ vegetables and fruit** *pl*. Rohkost *f*; **~'boned** knochig, hager; **'~hide** Rohleder *n*

ray [reɪ] Strahl *m*; *fig*. Schimmer *m*

ray·on ['reɪɒn] Kunstseide *f*

ra·zor ['reɪzə] Rasiermesser *n*, Rasierapparat *m*; **electric ~** Elektrorasierer *m*; **'~ blade** Rasierklinge *f*; **~('s) 'edge** *fig*. kritische Lage; **be on a ~** (auf) des Messers Schneide stehen

RC [ɑː 'siː] *Abk. für Roman Catholic* r.-k., röm.-kath., römisch-katholisch

Rd *nur geschr. Abk. für Road* Str., Straße *f*

re [riː]: **~ your letter of ...** Betr.: Ihr Schreiben vom ...

re... [riː] wieder, noch einmal, neu

reach [riːtʃ] **1**. *v/t*. erreichen; reichen *od*. gehen bis an (*acc*.) *od*. zu; **~ down** herunter-, hinunterreichen (**from** von); **~ out** Arm *etc*. ausstrecken; *v/i*. reichen, gehen, sich erstrecken; *a*. **~ out** greifen, langen (**for** nach); **~ out** die Hand ausstrecken; △ *nicht* (**aus**)**reichen**; **2**. Reichweite *f*; **within/out of ~** in/außer Reichweite; **within easy ~** leicht erreichbar

re·act [rɪ'ækt] reagieren (**to** auf *acc*.; *chem*. **with** mit); **re·ac·tion** [rɪ'ækʃn] Reaktion *f* (*a. chem*., *pol*.)

re·ac·tor *phys*. [rɪ'æktə] Reaktor *m*

read 1. [riːd] (*read* [red]) lesen; (an)zeigen (*Thermometer etc*.); Zähler *etc*. ablesen; *univ*. studieren; deuten, verstehen (**as** als); sich *gut etc*. lesen (lassen); lauten; **~ (s.th.) to s.o.** j-m (*et*.) vorlesen; **~ medicine** Medizin studieren; **2**. [red] *pret. u. p.p. von* **read 1**; **'rea·da·ble** lesbar; leserlich; lesenswert; **'read·er** Leser(in); Lektor(in); Lesebuch *n*

read·i·ly ['redɪlɪ] bereitwillig, gern;

leicht, ohne weiteres; **'~ness** Bereitschaft *f*

read·ing ['riːdɪŋ] Lesen *n*; Lesung *f* (*a. parl*.); *tech*. Anzeige *f*, (*Thermometeretc*.)Stand *m*; Auslegung *f*; Lese...

re·ad·just [riːə'dʒʌst] *tech*. nachstellen, korrigieren; **~ (o.s.)** to sich wieder anpassen (*dat*.) *od*. an (*acc*.), sich wieder einstellen auf (*acc*.)

read·y ['redɪ] (**-ier, -iest**) bereit, fertig; bereitwillig; im Begriff (**to do** zu tun); schnell, schlagfertig; **~ for use** gebrauchsfertig; **get ~** (sich) fertig machen; **~ 'cash → ready money**; **~'made** Konfektions...; **'~ 'meal** Fertiggericht *n*; **~ 'mon·ey** F Bargeld *n*

real [rɪəl] echt; wirklich, real; **for ~** *bsd*. *Am*. F echt, im Ernst; △ *nicht* **reell**; **'~ es·tate** Grundbesitz *m*, Immobilien *pl*.; **'~ es·tate a·gent** *Am*. Grundstücks-, Immobilienmakler *m*

re·al·is·m ['rɪəlɪzəm] Realismus *m*; **~t** ['rɪəlɪst] Realist(in); **~tic** [rɪə'lɪstɪk] (**~ally**) realistisch

re·al·i·ty [rɪ'ælətɪ] Realität *f*, Wirklichkeit *f*; **~ show**, **~ TV** F Gaffer-Sendung *f* (*Fernsehsendung mit zum Teil nachgestelltem authentischen Material*)

re·a·li·za·tion [rɪəlaɪ'zeɪʃn] Erkenntnis *f*; Realisierung *f* (*a. econ*.), Verwirklichung *f*; **~lize** ['rɪəlaɪz] sich klarmachen, erkennen, begreifen, einsehen; realisieren (*a. econ*.), verwirklichen

re·al·ly ['rɪəlɪ] wirklich, tatsächlich; **well, ~!** ich muss schon sagen!; **~?** im Ernst?

realm [relm] Königreich *n*; *fig*. Reich *n*

real·tor *Am*. ['rɪəltə] Grundstücks-, Immobilienmakler *m*

reap [riːp] Getreide *etc*. schneiden; Feld abernten; *fig*. ernten

re·ap·pear [riːə'pɪə] wieder erscheinen

rear [rɪə] **1**. *v/t*. Kind, Tier auf-, großziehen; Kopf heben; *v/i*. sich aufbäumen (*Pferd*); **2**. Rück-, Hinterseite *f*, *mot*. Heck *n*; **at** (*Am*. **in**) **the ~ of** hinter (*dat*.); **bring up the ~** die Nachhut bilden; **3**. hinter, Hinter..., Rück..., *mot*. *a*. Heck...; **~-end col'li·sion** *mot*. Auffahrunfall *m*; **'~ guard** *mil*. Nachhut *f*; **'~ light** *mot*. Rücklicht *n*

re·arm *mil*. [riː'ɑːm] (wieder) aufrüsten; **re·ar·ma·ment** [riː'ɑːməmənt] (Wieder)Aufrüstung *f*

'rear·|most hinterste(r, -s); **~view 'mir·ror** *mot.* Rückspiegel *m*; **['riəwəd] 1.** *adj.* hintere(r, -s), rückwärtig; **2.** *adv. a.* **~s** rückwärts; **~wheel 'drive** *mot.* Hinterradantrieb *m*; **'win·dow** *mot.* Heckscheibe *f*
rea·son ['ri:zn] **1.** Grund *m*; Verstand *m*; Vernunft *f*; **by ~ of** wegen; **for this ~** aus diesem Grund; **listen to ~** Vernunft annehmen; **it stands to ~ that** es leuchtet ein, dass; **2.** *v/i.* vernünftig *od.* logisch denken; vernünftig reden (**with** mit); *v/t.* folgern, schließen (**that** dass); **~ s.o. into/out of s.th.** j-m et. ein-/ausreden; **'rea·so·na·ble** vernünftig, günstig (*Preis*); ganz gut, nicht schlecht
re·as·sure [ri:ə'ʃɔ:] beruhigen
re·bate ['ri:beɪt] *econ.* Rabatt *m*, (Preis)Nachlass *m*; Rückzahlung *f*
reb·el¹ ['rebl] **1.** Rebell(in); Aufständische(r *m*) *f*; **2.** aufständisch
re·bel² [rɪ'bel] (**-ll-**) rebellieren, sich auflehnen (**against** gegen); **~lion** [rɪ'beljən] Rebellion *f*, Aufstand *m*; **~lious** [rɪ'beljəs] rebellisch (*a. Jugendlicher etc.*), aufständisch
re·birth [ri:'bɜ:θ] Wiedergeburt *f*
re·bound 1. [rɪ'baʊnd] ab-, zurückprallen (**from** von); *fig.* zurückfallen (**on** auf *acc.*); **2.** ['ri:baʊnd] *Sport:* Abpraller *m*
re·buff [rɪ'bʌf] **1.** schroffe Abweisung, Abfuhr *f*; **2.** schroff abweisen
re·build [ri:'bɪld] (**-built**) wieder aufbauen (*a. fig.*)
re·buke [rɪ'bju:k] **1.** rügen, tadeln; **2.** Rüge *f*, Tadel *m*
re·call [rɪ'kɔ:l] **1.** zurückrufen, abberufen; *mot.* (in die Werkstatt) zurückrufen; sich erinnern an (*acc.*); erinnern an (*acc.*); **2.** Zurückrufung *f*, Abberufung *f*; Rückrufaktion *f*; **have total ~** das absolute Gedächtnis haben; **beyond ~**, **past ~** unwiederbringlich *od.* unwiderruflich vorbei
re·ca·pit·u·late [ri:kə'pɪtjʊleɪt] rekapitulieren, (kurz) zusammenfassen
re·cap·ture [ri:'kæptʃə] wieder einfangen (*a. fig.*); *Häftling* wieder fassen; *mil.* zurückerobern
re·cast [ri:'kɑ:st] (**-cast**) *tech.* umgießen; umformen, neu gestalten; *thea. etc.* umbesetzen, neu besetzen
re·cede [rɪ'si:d] schwinden; **receding** fliehend (*Kinn, Stirn*)
re·ceipt *bsd. econ.* [rɪ'si:t] Empfang *m*, Eingang *m* (*von Waren*); Quittung *f*; △ *nicht* **Rezept**; **~s** *pl.* Einnahmen *pl.*
re·ceive [rɪ'si:v] bekommen, erhalten; empfangen; *j-n* aufnehmen (**into** *acc.*); *Funk, Rundfunk, TV:* empfangen; **re·ceiv·er** [rɪ'si:və] Empfänger(in); *tel.* Hörer *m*; Hehler(in); *a.* **official ~** *Brt. jur.* Konkursverwalter *m*
re·cent ['ri:snt] neuere(r, -s); jüngste(r, -s) (*Ereignisse etc.*); **'~ly** kürzlich, vor kurzem
re·cep·tion [rɪ'sepʃn] Empfang *m*; Aufnahme *f* (**into** *acc.*); *Funk, Rundfunk, TV:* Empfang *m*; *a.* **~ desk** *Hotel:* Rezeption *f*, Empfang *m*; **~ist** [rɪ'sepʃənɪst] Empfangsdame *f*, -chef *m*; *med.* Sprechstundenhilfe *f*
re·cep·tive [rɪ'septɪv] aufnahmefähig; empfänglich (**to** für)
re·cess [rɪ'ses] Unterbrechung *f*, (*Am. a.* Schul)Pause *f*; *parl.* Ferien *pl.*; Nische *f*
re·ces·sion *econ.* [rɪ'seʃn] Rezession *f*
re·ci·pe ['resɪpɪ] (*Koch*)Rezept *n*
re·cip·i·ent [rɪ'sɪpɪənt] Empfänger(in)
re·cip·ro·|cal [rɪ'sɪprəkl] wechsel-, gegenseitig; **~cate** [rɪ'sɪprəkeɪt] *v/i.* sich hin- und herbewegen; sich revanchieren; *v/t.* *Einladung etc.* erwidern
re·cit·al [rɪ'saɪtl] Vortrag *m*, (*Klavieretc.*)Konzert *n*, (*Lieder*)Abend *m*; Schilderung *f*; **rec·i·ta·tion** [resɪ'teɪʃn] Auf-, Hersagen *n*; Vortrag *m*; **re·cite** [rɪ'saɪt] auf-, hersagen; vortragen; aufzählen
reck·less ['reklɪs] rücksichtslos
reck·on ['rekən] *v/t.* (aus-, be)rechnen; glauben, schätzen; **~ up** zusammenrechnen; *v/i.* **~ on** rechnen mit; **~ with** rechnen mit; **~ without** nicht rechnen mit; **'~ing** Be/Rechnung *f*; **be out in one's ~** sich verrechnet haben
re·claim [rɪ'kleɪm] zurückfordern, -verlangen; *Gepäck etc.* abholen; *dem Meer etc. Land* abgewinnen; *tech.* wiedergewinnen; △ *nicht* **reklamieren**
re·cline [rɪ'klaɪn] sich zurücklehnen
re·cluse [rɪ'klu:s] Einsiedler(in)
rec·og·ni·tion [rekəg'nɪʃn] (Wieder)Erkennen *n*; Anerkennung *f*; **~nize** ['rekəgnaɪz] (wieder) erkennen; anerkennen; zugeben, eingestehen

re·coil 1. [rɪˈkɔɪl] zurückschrecken (*from* vor *dat.*); 2. [ˈriːkɔɪl] Rückstoß *m*

rec·ol|·lect [rekəˈlekt] sich erinnern an (*acc.*); **~·lec·tion** [rekəˈlekʃn] Erinnerung *f* (*of* an *acc.*)

rec·om·mend [rekəˈmend] empfehlen (*as* als; *for* für); **~·men·da·tion** [rekəmenˈdeɪʃn] Empfehlung *f*

rec·om·pense [ˈrekəmpens] 1. entschädigen (*for* für); 2. Entschädigung *f*

rec·on|·cile [ˈrekənsaɪl] ver-, aussöhnen; in Einklang bringen (*with* mit); **~·cil·i·a·tion** [rekənsɪlɪˈeɪʃn] Ver-, Aussöhnung *f* (*between* zwischen *dat.*; *with* mit)

re·con·di·tion *tech.* [riːkənˈdɪʃn] (general)überholen

re·con·nais·sance *mil.* [rɪˈkɒnɪsəns] Aufklärung *f*, Erkundung *f*; **~·noi·tre** *Brt.*, **~·noi·ter** *Am.* [rekəˈnɔɪtə] *mil.* erkunden, auskundschaften

re·con·sid·er [riːkənˈsɪdə] noch einmal überdenken

re·con·struct [riːkənˈstrʌkt] wieder aufbauen (*a. fig.*); *Verbrechen etc.* rekonstruieren; **~·struc·tion** [riːkənˈstrʌkʃn] Wiederaufbau *m*; Rekonstruktion *f*

rec·ord¹ [ˈrekɔːd] Aufzeichnung *f*; *jur.* Protokoll *n*; Akte *f*; (Schall)Platte *f*; *Sport:* Rekord *m*; *off the* **~** F inoffiziell; *have a criminal* **~** vorbestraft sein

re·cord² [rɪˈkɔːd] aufzeichnen, -schreiben, schriftlich niederlegen; *jur.* protokollieren, zu Protokoll nehmen; *auf Schallplatte, Tonband etc.* aufnehmen; *Sendung a.* aufzeichnen, mitschneiden; **~·er** (*Kassetten*)Rekorder *m*; (*Tonband*)Gerät *n*; *mus.* Blockflöte *f*; **~·ing** Aufnahme *f*, -zeichnung *f*, Mitschnitt *m*

rec·ord play·er [ˈrekɔːd-] Plattenspieler *m*

re·count [rɪˈkaʊnt] erzählen

re·cov·er [rɪˈkʌvə] *v/t.* wiedererlangen, -bekommen, wieder finden; *Kosten etc.* wieder einbringen; *Fahrzeug, Verunglückten etc.* bergen; **~ consciousness** wieder zu sich kommen, das Bewusstsein wiedererlangen; *v/i.* sich erholen (*from* von); **~·y** [rɪˈkʌvərɪ] Wiedererlangen *n*; Wiederfinden *n*; Bergung *f*; Genesung *f*, Erholung *f*

rec·re·a·tion [rekrɪˈeɪʃn] Entspannung *f*, Erholung *f*; Unterhaltung *f*, Freizeitbeschäftigung *f*

re·cruit [rɪˈkruːt] 1. *mil.* Rekrut *m*; Neue(r *m*) *f*, neues Mitglied; 2. *mil.* rekrutieren; *Personal* einstellen; *Mitglieder* werben

rec·tan·gle *math.* [ˈrektæŋgl] Rechteck *n*; **~·gu·lar** [rekˈtæŋgjʊlə] rechteckig

rec·ti·fy *electr.* [ˈrektɪfaɪ] gleichrichten

rec·tor [ˈrektə] Pfarrer *m*; **~·to·ry** [ˈrektərɪ] Pfarrhaus *n*

re·cu·per·ate [rɪˈkjuːpəreɪt] sich erholen (*from* von) (*a. fig.*)

re·cur [rɪˈkɜː] (*-rr-*) wiederkehren, wieder auftreten, *Schmerz a.* wieder einsetzen; **~·rence** [rɪˈkʌrəns] Wiederkehr *f*, Wiederauftreten *n*, Wiedereinsetzen *n*; **~·rent** [rɪˈkʌrənt] wiederkehrend, wieder auftretend, wieder einsetzend

re·cy·cla·ble [riːˈsaɪkləbl] recycelbar, wieder verwertbar; **~·cle** [riːˈsaɪkl] *Abfälle* recyceln, wieder verwerten; **~d paper** Recyclingpapier *n*, Umwelt(schutz)papier *n*; **~·cling** [riːˈsaɪklɪŋ] Recycling *n*, Wiederverwertung *f*

red [red] 1. rot; 2. Rot *n*; *be in the* **~** *econ.* in den roten Zahlen sein; **'~·breast** *zo.* → *robin*; **♀ 'Cres·cent** Roter Halbmond; **♀ 'Cross** Rotes Kreuz; **'~·cur·rant** *bot.* Rote Johannisbeere; **~·den** [ˈredn] röten, rot färben; rot werden; **~·dish** [ˈredɪʃ] rötlich

re·dec·o·rate [riːˈdekəreɪt] *Zimmer etc.* neu streichen *od.* tapezieren

re·deem [rɪˈdiːm] *Pfand, Versprechen etc.* einlösen; *rel.* erlösen; **♀·er** *rel.* Erlöser *m*, Heiland *m*

re·demp·tion [rɪˈdempʃn] Einlösung *f*; *rel.* Erlösung *f*

re·de·vel·op [riːdɪˈveləp] *Gebäude, Stadtteil* sanieren

red|·'faced mit rotem Kopf; **~·'hand·ed:** *catch s.o.* **~** j-n auf frischer Tat ertappen; **~·'head** F Rotschopf *m*, Rothaarige *f*; **~·'head·ed** rothaarig; **~ 'her·ring** *fig.* falsche Fährte *od.* Spur; **~·'hot** rot glühend; *fig.* glühend (*Begeisterung etc.*); *fig.* F brandaktuell (*Nachricht etc.*); **♀ 'In·di·an** V Indianer(in); **~·'let·ter day** Freuden-, Glückstag *m*; **'~·ness** Röte *f*

re·dou·ble [riːˈdʌbl] *bsd.* Anstrengungen verdoppeln

red 'tape Bürokratismus *m*, Papierkrieg *m*

re·duce [rɪ'dju:s] verkleinern; *Geschwindigkeit, Risiko etc.* verringern, *Steuern etc.* senken, *Preis, Waren etc.* herabsetzen, reduzieren (*from ... to* von ... auf *acc.*), *Gehalt etc.* kürzen; verwandeln (*to* in *acc.*), machen (*to* zu); reduzieren, zurückführen (*to* auf *acc.*); **re·duc·tion** [rɪ'dʌkʃn] Verkleinerung *f*; Verringerung *f*, Senkung *f*, Herabsetzung *f*, Reduzierung *f*, Kürzung *f*

re·dun·dant [rɪ'dʌndənt] überflüssig

reed *bot.* [ri:d] Schilf(rohr) *n*

re·ed·u|·cate [ri:'edʒʊkeɪt] umerziehen; **~·ca·tion** ['ri:edʒʊ'keɪʃn] Umerziehung *f*

reef [ri:f] (Felsen)Riff *n*

reek [ri:k] **1.** Gestank *m*; **2.** stinken (*of* nach)

reel¹ [ri:l] **1.** Rolle *f*, Spule *f*; **2. ~ off** abrollen, abspulen; *fig.* herunterrasseln

reel² [ri:l] sich drehen; (sch)wanken, taumeln, torkeln; *my head ~ed* mir drehte sich alles

re·e·lect [ri:ɪ'lekt] wieder wählen

re·en|·ter [ri:'entə] wieder eintreten in (*acc.*) (*a. Raumfahrt*), wieder betreten; **~·try** [ri:'entrɪ] Wiedereintreten *n*, Wiedereintritt *m*

ref¹ F [ref] *Sport:* Schiri *m*; → *referee*

ref.² *nur geschr. Abk. für reference* Verweis *m*, Hinweis *m*

re·fer [rɪ'fɜ:]: **~ to** ver- *od.* hinweisen auf (*acc.*); *j-n* verweisen an (*acc.*); sich beziehen auf (*acc.*); anspielen auf (*acc.*); erwähnen (*acc.*); nachschlagen in (*dat.*)

ref·er·ee [refə'ri:] Schiedsrichter *m*, Unparteiische(r) *m*; *Boxen:* Ringrichter *m*

ref·er·ence ['refrəns] Verweis *m*, Hinweis *m* (*to* auf *acc.*); Verweisstelle *f*; Referenz *f*, Empfehlung *f*, Zeugnis *n*; Bezugnahme *f* (*to* auf *acc.*); Anspielung *f* (*to* auf *acc.*); Erwähnung *f* (*to* gen.); Nachschlagen *n* (*to* in *dat.*); *list of* **~** Quellenangabe *f*; '**~ book** Nachschlagewerk *n*; '**~ li·bra·ry** Handbibliothek *f*; '**~ num·ber** Aktenzeichen *n*

ref·er·en·dum [refə'rendəm] (*pl.* **-da** [-də], **-dums**) Referendum *n*, Volksentscheid *m*

re·fill 1. [ri:'fɪl] wieder füllen, nach-, auffüllen; **2.** ['ri:fɪl] (*Ersatz*)Mine *f* (*für Kugelschreiber etc.*); (*Ersatz*)Patrone *f* (*für Füller*)

re·fine [rɪ'faɪn] *tech.* raffinieren; *fig.* verfeinern, kultivieren; **~ on** verbessern, -feinern; **~d** raffiniert; *fig.* kultiviert, vornehm; **~·ment** Raffinierung *f*; Verbess(e)rung *f*, -feinerung *f*; Kultiviertheit *f*, Vornehmheit *f*; **re·fin·e·ry** *tech.* [rɪ'faɪnərɪ] Raffinerie *f*

re·flect [rɪ'flekt] *v/t.* reflektieren, zurückwerfen, -strahlen, (wider)spiegeln; *be ~ed in* sich (wider)spiegeln in (*dat.*) (*a. fig.*); *v/i.* nachdenken (*on* über *acc.*); **~ (badly) on** sich nachteilig auswirken auf (*acc.*); ein schlechtes Licht werfen auf (*acc.*); **re·flec·tion** [rɪ'flekʃn] Reflexion *f*, Zurückwerfung *f*, -strahlung *f*, (Wider)Spiegelung *f* (*a. fig.*); Spiegelbild *n*; Überlegung *f*; Betrachtung *f*; **on ~** nach einigem Nachdenken; **re·flec·tive** [rɪ'flektɪv] reflektierend; nachdenklich

re·flex ['ri:fleks] Reflex *m*; '**~ ac·tion** Reflexhandlung *f*; '**~ cam·e·ra** *phot.* Spiegelreflexkamera *f*

re·flex·ive *gr.* [rɪ'fleksɪv] reflexiv, rückbezüglich

re·form [rɪ'fɔ:m] **1.** reformieren, verbessern; sich bessern; **2.** Reform *f* (*a. pol.*), (Ver)Bess(e)rung *f*; **ref·or·ma·tion** [refə'meɪʃn] Reformierung *f*; (Ver)Bess(e)rung *f*; *the 2 rel.* die Reformation; **~·er** [rɪ'fɔ:mə] *bsd. pol.* Reformer *m*; *rel.* Reformator *m*

re·fract [rɪ'frækt] *Strahlen etc.* brechen; **re·frac·tion** [rɪ'frækʃn] (*Strahlen-etc.*)Brechung *f*

re·frain¹ [rɪ'freɪn]: **~ from** sich enthalten (*gen.*), unterlassen (*acc.*)

re·frain² [rɪ'freɪn] Kehrreim *m*, Refrain *m*

re·fresh [rɪ'freʃ] (*o.s.* sich) erfrischen, stärken; *Gedächtnis* auffrischen; **~·ing** erfrischend (*a. fig.*); **~·ment** Erfrischung *f* (*a. Getränk etc.*)

re·frig·e|·rate *tech.* [rɪ'frɪdʒəreɪt] kühlen; **~·ra·tor** Kühlschrank *m*

re·fu·el [ri:'fjʊəl] (*Brt.* **-ll-**, *Am.* **-l-**) auftanken

ref·uge ['refju:dʒ] Zuflucht(sstätte) *f*; *Brt.* Verkehrsinsel *f*

ref·u·gee [refjʊ'dʒi:] Flüchtling *m*; **~ camp** Flüchtlingslager *n*

re·fund 1. ['riːfʌnd] Rückzahlung f, -erstattung f; 2. [riːˈfʌnd] Geld zurückzahlen, -erstatten; *Auslagen* ersetzen

re·fur·bish [riːˈfɜːbɪʃ] aufpolieren (*a. fig.*); renovieren

re·fus·al [rɪˈfjuːzl] Ablehnung f; Weigerung f

re·fuse¹ [rɪˈfjuːz] v/t. ablehnen; verweigern; sich weigern, es ablehnen (**to do** zu tun); v/i. ablehnen; sich weigern

ref·use² ['refjuːs] Abfall m, Abfälle pl., Müll m; **~ dump** Müllabladeplatz m

re·fute [rɪˈfjuːt] widerlegen

re·gain [rɪˈɡeɪn] wieder-, zurückgewinnen

re·gale [rɪˈɡeɪl]: **~ s.o. with s.th.** j-n mit et. erfreuen *od.* ergötzen

re·gard [rɪˈɡɑːd] 1. Achtung f; Rücksicht f; **in this ~** in dieser Hinsicht; **with ~ to** im Hinblick auf (*acc.*); hinsichtlich (*gen.*); **~s** pl. Grüße pl. (*bsd. in Briefen*); **with kind ~s** mit freundlichen Grüßen; 2. betrachten (*a. fig.*), ansehen; **~ as** betrachten als, halten für; **as ~s** was ... betrifft; **~ing** bezüglich, hinsichtlich (*gen.*); **~·less**: **~ of** ohne Rücksicht auf (*acc.*), ungeachtet (*gen.*)

regd *nur geschr. Abk. für*: **registered** *econ.* eingetragen; *post* eingeschrieben

re·gen·e·rate [rɪˈdʒenəreɪt] (sich) erneuern *od.* regenerieren

re·gent ['riːdʒənt] Regent(in)

reg·i·ment 1. ['redʒɪmənt] *mil.* Regiment n, *fig. a.* Schar f; 2. ['redʒɪment] reglementieren, bevormunden

re·gion ['riːdʒən] Gegend f, Gebiet n, Region f; **~·al** regional, örtlich, Orts-...

reg·is·ter ['redʒɪstə] 1. Register n, Verzeichnis n, (*Wähler- etc.*)Liste f; 2. v/t. registrieren, eintragen(lassen); *Messwerte* anzeigen; *Brief etc.* einschreiben lassen; v/i. sich eintragen (lassen); **~ed 'let·ter** Einschreib(e)brief m, Einschreiben n

reg·is·tra·tion [redʒɪˈstreɪʃn] Registrierung f, Eintragung f; *mot.* Zulassung f; **~ fee** Anmeldegebühr f; **~ num·ber** *mot.* (polizeiliches) Kennzeichen

reg·is·try ['redʒɪstrɪ] Registratur f; **'~ of·fice** *bsd. Brit.* Standesamt n

re·gret [rɪˈɡret] 1. (*-tt-*) bedauern; bereuen; 2. Bedauern n; Reue f; **~·ful** bedauernd; **~·ta·ble** bedauerlich

reg·u·lar ['reɡjʊlə] 1. regelmäßig; geregelt, geordnet; richtig; *bsd. Am.* normal; *mil.* Berufs...; **~ petrol** (*Am.* **gas**) *mot.* Normalbenzin n; 2. F Stammkund|e m, -in f; F Stammgast m; *Sport*: Stammspieler(in); *mil.* Berufssoldat m; *Am. mot.* Normal(benzin) n; **~·i·ty** [reɡjʊˈlærətɪ] Regelmäßigkeit f

reg·u·late ['reɡjʊleɪt] regeln, regulieren; *tech.* einstellen, einregulieren; **~·la·tion** [reɡjʊˈleɪʃn] Reg(e)lung f, Regulierung f; *tech.* Einstellung f; Vorschrift f; **~·la·tor** *tech.* ['reɡjʊleɪtə] Regler m

re·hears·al *mus., thea.* [rɪˈhɜːsl] Probe f; **~e** *mus., thea.* [rɪˈhɜːs] proben

reign [reɪn] 1. Regierung f (*e-s Königs*), *a. fig.* Herrschaft f; 2. herrschen, regieren

re·im·burse [riːɪmˈbɜːs] *Auslagen* erstatten, vergüten

rein [reɪn] 1. Zügel m; 2. **~ in** *Pferd* zügeln; *fig.* bremsen

rein·deer *zo.* ['reɪndɪə] (*pl.* **reindeer**) Ren(tier) n

re·in·force [riːɪnˈfɔːs] verstärken; **~·ment** Verstärkung f

re·in·state [riːɪnˈsteɪt] j-n wieder einstellen (**as** als; **in** *dat.*)

re·in·sure [riːɪnˈʃɔː] rückversichern

re·it·e·rate [riːˈɪtəreɪt] (ständig) wiederholen

re·ject [rɪˈdʒekt] j-n, et. ablehnen, *Bitte* abschlagen, *Plan etc.* verwerfen; j-n ab-, zurückweisen; *med. Organ etc.* abstoßen; **re·jec·tion** [rɪˈdʒekʃn] Ablehnung f; Verwerfung f; Zurückweisung f; *med.* Abstoßung f

re·joice [rɪˈdʒɔɪs] sich freuen, jubeln (**at, over** über *acc.*); **re'joic·ing(s** *pl.*) Jubel m

re·join¹ [riːˈdʒɔɪn] wieder zusammenfügen; wieder zurückkehren zu

re·join² [rɪˈdʒɔɪn] erwidern

re·ju·ve·nate [rɪˈdʒuːvɪneɪt] verjüngen

re·kin·dle [riːˈkɪndl] *Feuer* wieder anzünden; *fig.* wieder entfachen

re·lapse [rɪˈlæps] 1. zurückfallen, wieder verfallen (**into** in *acc.*); rückfällig werden; *med.* e-n Rückfall bekommen; 2. Rückfall m

re·late [rɪˈleɪt] v/t. erzählen, berichten; in Verbindung *od.* Zusammenhang bringen (**to** mit); v/i. sich beziehen (**to** auf *acc.*); zusammenhängen (**to** mit)

re·lat·ed verwandt (**to** mit)

re·la·tion [rɪ'leɪʃn] Verwandte(r *m*) *f*; Beziehung *f* (*between* zwischen *dat.*; *to* zu); *in od.* **with ~ to** in Bezug auf (*acc.*); **~s** *pl.* diplomatische, geschäftliche Beziehungen *pl.*; **~ship** Verwandtschaft *f*; Beziehung *f*, Verhältnis *n*

rel·a·tive¹ ['relətɪv] Verwandte(r *m*) *f*

rel·a·tive² ['relətɪv] relativ, verhältnismäßig; bezüglich (*to* gen.); gr. Relativ..., bezüglich; **~ 'pro·noun** gr. Relativpronomen *n*, bezügliches Fürwort

re·lax [rɪ'læks] *v/t.* Muskeln *etc.* entspannen; *Griff etc.* lockern; *fig.* nachlassen in (*dat.*); *v/i.* sich entspannen, sich lockern; *fig. a.* ausspannen; sich lockern; **~·a·tion** [riːlæk'seɪʃn] Entspannung *f*; Erholung *f*; Lockerung *f*; **~ed** entspannt, *Atmosphäre a.* zwanglos

re·lay¹ 1. ['riːleɪ] Ablösung *f*; Sport: Staffel(lauf *m*) *f*; *Rundfunk, TV*: Übertragung *f*; [*a.* riː'leɪ] *electr.* Relais *n*; **2.** [riː'leɪ] (*-layed*) *Rundfunk, TV*: übertragen

re·lay² [riː'leɪ] (*-laid*) *Kabel, Teppich* neu verlegen

re·lay race ['riːleɪreɪs] *Sport*: Staffel(lauf *m*) *f*

re·lease [rɪ'liːs] **1.** ent-, freilassen; loslassen; freigeben, herausbringen, veröffentlichen; *mot. Handbremse* lösen; *fig.* befreien, erlösen; **2.** Ent-, Freilassung *f*; Befreiung *f*; Freigabe *f*; Veröffentlichung *f*; *tech., phot.* Auslöser *m*; *Film*: *oft* **first ~** Uraufführung *f*

rel·e·gate ['relɪgeɪt] verbannen; *be* **~d** *Sport*: absteigen (*to* in *acc.*)

re·lent [rɪ'lent] nachgeben (*Person*); nachlassen (*Wind etc.*); **~·less** unbarmherzig; anhaltend (*Wind etc.*)

rel·e·vant ['relɪvənt] relevant, erheblich, wichtig; sachdienlich, zutreffend

re·li·a·bil·i·ty [rɪlaɪə'bɪlɪtɪ] Zuverlässigkeit *f*; **~·a·ble** [rɪ'laɪəbl] zuverlässig; **~·ance** [rɪ'laɪəns] Vertrauen *n*; Abhängigkeit *f* (*on* von)

rel·ic ['relɪk] Relikt *n*, Überbleibsel *n*; *rel.* Reliquie *f*

re·lief [rɪ'liːf] Erleichterung *f*; Unterstützung *f*, Hilfe *f*; *Am.* Sozialhilfe *f*; Ablösung *f* (*von Personen*); Relief *n*

re·lieve [rɪ'liːv] *Schmerz, Not* lindern, *j-n*, *Gewissen* erleichtern; *j-n* ablösen

re·li·gion [rɪ'lɪdʒən] Religion *f*; **~·gious** Religions...; religiös; gewissenhaft

rel·ish ['relɪʃ] **1.** *fig.* Gefallen *n*, Geschmack *m* (*for* an *dat.*); *gastr.* Würze *f*; *gastr.* Soße *f*; **with ~** mit Genuss; **2.** genießen, sich *et.* schmecken lassen; Geschmack *od.* Gefallen finden an (*dat.*)

re·luc·tance [rɪ'lʌktəns] Widerstreben *n*; **with ~** widerwillig, ungern; **~·tant** widerstrebend, widerwillig

re·ly [rɪ'laɪ]: **~ on** sich verlassen auf (*acc.*)

re·main [rɪ'meɪn] **1.** (ver)bleiben; übrig bleiben; **2. ~s** *pl.* (Über)Reste *pl.*; **~·der** [rɪ'meɪndə] Rest *m*

re·make 1. [riː'meɪk] (*-made*) wieder *od.* neu machen; **2.** ['riːmeɪk] Remake *n*, Neuverfilmung *f*

re·mand [rɪ'mɑːnd] *jur.* **1. be ~ed in custody** in Untersuchungshaft bleiben; **2. be on ~** in Untersuchungshaft sein; **prisoner on ~** Untersuchungsgefangene(r *m*) *f*

re·mark [rɪ'mɑːk] **1.** *v/t.* bemerken, äußern; *v/i.* sich äußern (*on* über *acc.*, zu); **2.** Bemerkung *f*; **re'mar·ka·ble** bemerkenswert; außergewöhnlich

rem·e·dy ['remədɪ] **1.** (Heil-, Hilfs-, Gegen)Mittel *n*; (Ab)Hilfe *f*; **2.** *Schaden etc.* beheben; *Missstand* abstellen, *Situation* bereinigen

re·mem·ber [rɪ'membə] sich erinnern an (*acc.*); denken an (*acc.*); *please* **~ me to her** grüße sie bitte von mir; **~·brance** [rɪ'membrəns] Erinnerung *f*; *in ~ of* zur Erinnerung an (*acc.*)

re·mind [rɪ'maɪnd] erinnern (*of* an *acc.*); **~·er** Mahnung *f*

rem·i·nis·cences [remɪ'nɪsnsɪz] *pl.* Erinnerungen *pl.* (*of* an *acc.*); **~·cent**: *be* **~ of** erinnern an (*acc.*)

re·mit [rɪ'mɪt] (*-tt-*) *Schulden, Strafe* erlassen; *Sünden* vergeben; *Geld* überweisen (*to dat. od.* an *acc.*); **~·tance** (*Geld*)Überweisung *f* (*to* an *acc.*)

rem·nant ['remnənt] (Über)Rest *m*

re·mod·el [riː'mɒdl] (*Brt.* -ll-, *Am.* -l-) umformen, -gestalten

re·mon·strance [rɪ'mɒnstrəns] Protest *m*, Beschwerde *f*; **rem·on·strate** ['remənstreɪt] protestieren (*with* bei; *against* gegen), sich beschweren (*with* bei; *about* über *acc.*)

re·morse [rɪˈmɔːs] Gewissensbisse *pl.*, Reue *f*; **~less** unbarmherzig
re·mote [rɪˈməʊt] (**~r**, **~st**) fern, entfernt; abgelegen, entlegen; **~ con'trol** *tech.* Fernlenkung *f*, -steuerung *f*; Fernbedienung *f*
re·mov·al [rɪˈmuːvl] Entfernung *f*; Umzug *m*; **~ van** Möbelwagen *m*
re·move [rɪˈmuːv] *v/t.* entfernen (**from** von); *Deckel, Hut etc.* abnehmen; *Kleidung* ablegen; beseitigen, aus dem Weg räumen; *v/i.* (um)ziehen (**from** von; **to** nach); **re'mov·er** (*Flecken- etc.*)Entferner *m*
Re·nais·sance [rəˈneɪsəns] die Renaissance
ren·der [ˈrendə] berühmt, schwierig, möglich *etc.* machen; *Dienst* erweisen; *Gedicht, mus.* vortragen; übersetzen, -tragen (**into** in *acc.*); *mst* **~ down** *Fett* auslassen; **~ing** *bsd. Brt.* [ˈrendərɪŋ] → **rendition**
ren·di·tion [renˈdɪʃn] Vortrag *m*; Übersetzung *f*, -tragung *f*
re·new [rɪˈnjuː] erneuern; *Gespräch etc.* wieder aufnehmen; *Kraft etc.* wiedererlangen; *Vertrag, Pass* verlängern (lassen); **~al** Erneuerung *f*; Verlängerung *f*
re·nounce [rɪˈnaʊns] verzichten auf (*acc.*); *s-m Glauben etc.* abschwören
ren·o·vate [ˈrenəʊveɪt] renovieren
re·nown [rɪˈnaʊn] Ruhm *m*; **~ed** berühmt (**as** als; **for** wegen, für)
rent¹ [rent] **1.** Miete *f*; Pacht *f*; *bsd. Am.* Leihgebühr *f*; △ *nicht* **Rente**; **for ~** *bsd. Am.* zu vermieten *od.* zu verleihen; **2.** mieten, pachten (**from** von); *bsd. Am. Auto etc.* mieten; *a.* **~ out** *bsd. Am.* vermieten, -pachten (**to an** *acc.*)
rent² [rent] Riss *m*
'Rent-a-... verleih *m*, ...vermietung *f*
rent·al [ˈrentl] Miete *f*; Pacht *f*; *bsd. Am.* Leihgebühr *f*; *bsd. Am.* → **~ed 'car** Leih-, Mietwagen *m*
re·nun·ci·a·tion [rɪnʌnsɪˈeɪʃn] Verzicht *m* (**of** auf *acc.*); Abschwören *n*
re·pair [rɪˈpeə] **1.** reparieren, ausbessern; *fig.* wieder gutmachen; **2.** Reparatur *f*; Ausbesserung *f*; **~s** *pl.* Instandsetzungsarbeiten *pl.*; **beyond ~** nicht mehr zu reparieren; **in good /bad ~** in gutem/schlechtem Zustand; **be under ~** in Reparatur sein; **the road is under ~** an der Straße wird gerade gearbeitet

rep·a·ra·tion [repəˈreɪʃn] Wiedergutmachung *f*; Entschädigung *f*; **~s** *pl. pol.* Reparationen *pl.*
rep·ar·tee [repɑːˈtiː] Schlagfertigkeit *f*; schlagfertige Antwort(en *pl.*)
re·pay [riːˈpeɪ] (**-paid**) *et.* zurückzahlen; *Besuch* erwidern; *et.* vergelten; *j-n* entschädigen; **~ment** Rückzahlung *f*
re·peal [rɪˈpiːl] *Gesetz etc.* aufheben
re·peat [rɪˈpiːt] **1.** *v/t.* wiederholen; nachsprechen; **~ o.s.** sich wiederholen; *v/i.* aufstoßen (**on** *s.o.* j-m) (*Speise*); **2.** *Rundfunk, TV:* Wiederholung *f*; **~ed** wiederholt
re·pel [rɪˈpel] (**-ll-**) *Angriff, Feind* zurückschlagen; *Wasser etc., fig. j-n* abstoßen; **~lent** [rɪˈpelənt] abstoßend
re·pent [rɪˈpent] bereuen; **re'pent·ance** Reue *f*; **re'pent·ant** reuig, reumütig
re·per·cus·sion [riːpəˈkʌʃn] *mst* **~s** *pl.* Auswirkungen *pl.* (**on** auf *acc.*)
rep·er·toire [ˈrepətwɑː] *thea. etc.* Repertoire *n*
rep·er·to·ry thea·tre (*Am.* **thea·ter**) [ˈrepətərɪ] -Repertoiretheater *n*
rep·e·ti·tion [repɪˈtɪʃn] Wiederholung *f*
re·place [rɪˈpleɪs] an *j-s* Stelle treten, *j-n, et.* ersetzen; *tech.* austauschen, ersetzen; **~ment** *tech.* Austausch *m*; Ersatz *m*
re·plant [riːˈplɑːnt] umpflanzen
re·play 1. [riːˈpleɪ] *Sport:* Spiel wiederholen; *Tonband-, Videoaufname etc.* abspielen *od.* wiederholen; **2.** [ˈriːpleɪ] Wiederholung *f*
re·plen·ish [rɪˈplenɪʃ] (wieder) auffüllen
re·plete [rɪˈpliːt] satt; angefüllt, ausgestattet (**with** mit)
rep·li·ca [ˈreplɪkə] *Kunst:* Originalkopie *f*; Kopie *f*, Nachbildung *f*
re·ply [rɪˈplaɪ] **1.** antworten, erwidern (**to** auf *acc.*); **2.** Antwort *f*, Erwiderung *f* (**to** auf *acc.*); **in ~ to** (als Antwort) auf; **~ 'cou·pon** Rückantwortschein *m*; **~ -paid 'en·ve·lope** Freiumschlag *m*
re·port [rɪˈpɔːt] **1.** Bericht *m*; Meldung *f*, Nachricht *f*; Gerücht *n*; Knall *m*; *Brt.*, **~ card** *Am. Schule:* Zeugnis *n*; **2.** berichten (über *acc.*); (sich) melden; anzeigen; **it is ~ed that** es heißt, dass; **~ed speech** *gr.* indirekte Rede; **~er** Reporter(in), Berichterstatter(in)

re·pose [rɪ'pəʊz] Ruhe *f*; Gelassenheit *f*
re·pos·i·to·ry [rɪ'pɒzɪtərɪ] (Waren)Lager *n*; *fig.* Fundgrube *f*, Quelle *f*
rep·re|·sent [reprɪ'zent] *j-n*, *Wahlbezirk* vertreten; darstellen; dar-, hinstellen (**as**, **to be** als); **~·sen·ta·tion** [reprɪzen'teɪʃn] Vertretung *f*; Darstellung *f*; **~·sen·ta·tive** [reprɪ'zentətɪv] **1.** repräsentativ (*a. pol.*), typisch (**of** für); **2.** (Stell)Vertreter(in); (Handels)Vertreter(in); *parl.* Abgeordnete(r *m*) *f*; **House of ~s** *Am. parl.* Repräsentantenhaus *n*
re·press [rɪ'pres] unterdrücken; *psych.* verdrängen; **re·pres·sion** [rɪ'preʃn] Unterdrückung *f*; *psych.* Verdrängung *f*
re·prieve *jur.* [rɪ'priːv] **1. he was ~d** er wurde begnadigt; s-e Urteilsvollstreckung wurde ausgesetzt; **2.** Begnadigung *f*, Vollstreckungsaufschub *m*
rep·ri·mand ['reprɪmɑːnd] **1.** rügen, tadeln (**for** wegen); **2.** Rüge *f*, Tadel *m*, Verweis *m*
re·print 1. [riː'prɪnt] neu auflegen *od.* drucken, nachdrucken; **2.** ['riːprɪnt] Neuauflage *f*, Nachdruck *m*
re·pri·sal [rɪ'praɪzl] Repressalie *f*, Vergeltungsmaßnahme *f*
re·proach [rɪ'prəʊtʃ] **1.** Vorwurf *m*; **2.** vorwerfen (**s.o. with s.th.** j-m et.); Vorwürfe machen; **~·ful** vorwurfsvoll
rep·ro·bate ['reprəbeɪt] verkommenes Subjekt
re·pro·cess [riː'prəʊses] *Kernbrennstoffe* wieder aufbereiten; **~·ing plant** Wiederaufbereitungsanlage *f*
re·pro|·duce [riːprə'djuːs] *v/t. Ton etc.* wiedergeben; *Bild etc.* reproduzieren; **~ o.s.** → *v/i. biol.* sich fortpflanzen *od.* vermehren; **~·duc·tion** [riːprə'dʌkʃn] *biol.* Fortpflanzung *f*; Reproduktion *f*; Wiedergabe *f*; **~·duc·tive** [riːprə'dʌktɪv] *biol.* Fortpflanzungs...
re·proof [rɪ'pruːf] Rüge *f*, Tadel *m*
re·prove [rɪ'pruːv] rügen, tadeln (**for** wegen)
rep·tile *zo.* ['reptaɪl] Reptil *n*
re·pub|·lic [rɪ'pʌblɪk] Republik *f*; **~·li·can** [rɪ'pʌblɪkən] **1.** republikanisch; **2.** Republikaner(in)
re·pu·di·ate [rɪ'pjuːdɪeɪt] zurückweisen
re·pug|·nance [rɪ'pʌgnəns]: **in ~, with ~** angewidert; **~·nant** widerlich, widerwärtig, abstoßend

re·pulse [rɪ'pʌls] **1.** *j-n*, *Angebot etc.* ab-, zurückweisen; *mil. Angriff* zurückschlagen; **2.** Zurückschlagen *n*; Ab-, Zurückweisung *f*
re·pul|·sion [rɪ'pʌlʃn] Abscheu *m*, Widerwille *m*; *phys.* Abstoßung *f*; **~·sive** [rɪ'pʌlsɪv] abstoßend, widerlich, widerwärtig; *phys.* abstoßend
rep·u·ta·ble ['repjʊtəbl] angesehen; **~·tion** [repjʊ'teɪʃn] (guter) Ruf, Ansehen *n*
re·pute [rɪ'pjuːt] (guter) Ruf; **re'put·ed** angeblich
re·quest [rɪ'kwest] **1.** (**for**) Bitte *f* (um), Wunsch *m* (nach); **at the ~ of s.o., at s.o.'s ~** auf j-s Bitte hin; **on ~** auf Wunsch; **2.** um et. bitten *od.* ersuchen; *j-n* bitten, ersuchen (**to do** zu tun); **~ stop** *Brt.* Bedarfshaltestelle *f*
re·quire [rɪ'kwaɪə] erfordern; benötigen, brauchen; verlangen; **if ~d** wenn nötig; **~·ment** Erfordernis *n*, Bedürfnis *n*; Anforderung *f*
req·ui·site ['rekwɪzɪt] **1.** erforderlich; **2.** *mst* **~s** *pl.* Artikel *pl.*; **toilet ~s** *pl.* Toilettenartikel *pl.*; △ *nicht* (*Bühnen*)*Requisit*
req·ui·si·tion [rekwɪ'zɪʃn] **1.** Anforderung *f*; *mil.* Requisition *f*, Beschlagnahme *f*; **make a ~ for** *et.* anfordern; **2.** anfordern; *mil.* requirieren, beschlagnahmen
re·sale ['riːseɪl] Wieder-, Weiterverkauf *m*
re·scind *jur.* [rɪ'sɪnd] *Gesetz, Urteil etc.* aufheben
res·cue ['reskjuː] **1.** retten (**from** aus, vor *dat.*); **2.** Rettung *f*; Hilfe *f*; Rettungs...
re·search [rɪ'sɜːtʃ] **1.** Forschung *f*; **2.** forschen; *et.* erforschen; **~·er** Forscher(in)
re·sem|·blance [rɪ'zembləns] Ähnlichkeit *f* (**to** mit; **between** zwischen *dat.*); **~·ble** [rɪ'zembl] ähnlich sein, ähneln (*dat.*)
re·sent [rɪ'zent] übel nehmen, sich ärgern über (*acc.*); **~·ful** ärgerlich; **~·ment** Ärger *m* (**against, at** über *acc.*)
res·er·va·tion [rezə'veɪʃn] Reservierung *f*, Vorbestellung *f* (**of** *von Zimmern etc.*); Vorbehalt *m*; *Am.* (*Indianer*)Reservat(ion *f*) *n*; *bsd. Am.* (*Wild*)Reservat *n*; → **central reservation**

re·serve [rɪ'zɜːv] **1.** (sich) *et.* aufsparen (*for* für); sich vorbehalten; reservieren (lassen), vorbestellen; **2.** Reserve *f* (*a. mil.*); Vorrat *m*; (*Naturschutz-, Wild-*)Reservat *n*; *Sport*: Reservespieler(in); Reserviertheit *f*, Zurückhaltung *f*; **~d** zurückhaltend, reserviert

res·er·voir ['rezəvwɑː] Reservoir *n* (*a. fig.* of an *dat.*)

re·set [riː'set] (*-tt-, -set*) Uhr umstellen; Zeiger *etc.* zurückstellen (**to** auf *acc.*)

re·set·tle [riː'setl] umsiedeln

re·side [rɪ'zaɪd] wohnen, ansässig sein, s-n Wohnsitz haben

res·i·dence ['rezɪdəns] Wohnsitz *m*, -ort *m*; Aufenthalt *m*; Residenz *f*; *official* **~** Amtssitz *m*; '**~ per·mit** Aufenthaltsgenehmigung *f*, -erlaubnis *f*

res·i·dent ['rezɪdənt] **1.** wohnhaft, ansässig; **2.** Bewohner(in) (*e-s Hauses*), (*e-r Stadt a.*) Einwohner(in); (Hotel-)Gast *m*; *mot.* Anlieger *m*

res·i·den·tial [rezɪ'denʃl] Wohn...; **~ 'ar·e·a** Wohngebiet *n*, -gegend *f*

re·sid·u·al [rɪ'zɪdjʊəl] übrig (geblieben), restlich, Rest...; **~ pol'lu·tion** Altlasten *pl.*; **~** ['rezɪdjuː] Rest(betrag) *m*; *chem.* Rest *m*, Rückstand *m*

re·sign [rɪ'zaɪn] *v/i.* zurücktreten (*from* von); *v/t.* Amt *etc.* niederlegen; aufgeben; verzichten auf (*acc.*); **~ o.s.** to sich fügen in (*acc.*), sich abfinden mit; **res·ig·na·tion** [rezɪg'neɪʃn] Rücktritt *m*; Resignation *f*; **~ed** [rɪ'zaɪnd] ergeben, resigniert

re·sil·i·ence [rɪ'zɪlɪəns] Elastizität *f*; *fig.* Zähigkeit *f*; **~ent** elastisch; *fig.* zäh

res·in ['rezɪn] Harz *n*

re·sist [rɪ'zɪst] widerstehen (*dat.*); Widerstand leisten, sich widersetzen (*dat.*); **~ance** Widerstand *m* (*a. electr.*); *med.* Widerstandskraft *f*; (*Hitze- etc.*)Beständigkeit *f*, (*Stoß- etc.*)Festigkeit *f*; *line of least* **~** Weg *m* des geringsten Widerstands; **re·sis·tant** widerstandsfähig; (*hitze- etc.*)beständig, (*stoß- etc.*)fest

res·o·lute ['rezəluːt] resolut, entschlossen; **~lu·tion** [rezə'luːʃn] Beschluss *m*, *parl. etc. a.* Resolution *f*; Vorsatz *m*; Entschlossenheit *f*; Lösung *f*

re·solve [rɪ'zɒlv] **1.** beschließen; *Problem etc.* lösen; (sich) auflösen; **~** on sich entschließen zu; **2.** Vorsatz *m*; Entschlossenheit *f*

res·o·nance ['rezənəns] Resonanz *f*; voller Klang; '**~nant** voll(tönend); widerhallend

re·sort [rɪ'zɔːt] **1.** Erholungs-, Urlaubsort *m*; → *health* (*seaside, summer*) *resort*; *have* **~** *to* → **2. ~** *to* Zuflucht nehmen zu

re·sound [rɪ'zaʊnd] widerhallen (*with* von)

re·source [rɪ'sɔːs] Mittel *n*, Zuflucht *f*; Ausweg *m*; Einfallsreichtum *m*; **~s** *pl.* Mittel *pl.*; (*natürliche*) Reichtümer *pl.*, (*Boden-, Natur*)Schätze *pl.*; **~ful** reich an Hilfsmitteln, einfallsreich, findig

re·spect [rɪ'spekt] **1.** Achtung *f*, Respekt *m* (*for* vor *dat.*); Rücksicht *f* (*for* auf *acc.*); Beziehung *f*, Hinsicht *f*; *with* **~** *to* was ... anbelangt *od.* betrifft; *in this* **~** in dieser Hinsicht; *give my* **~s** *to* ... e-e Empfehlung an ...; **2.** *v/t.* respektieren, achten; respektieren, berücksichtigen, beachten; **re'spec·ta·ble** ehrbar, anständig, geachtet; ansehnlich, beachtlich; *it is not* **~** es gehört sich nicht; **~ful** respektvoll, ehrerbietig

re·spec·tive [rɪ'spektɪv] jeweilig; *we went to our* **~** *places* jeder ging zu seinem Platz; **~ly** beziehungsweise

res·pi·ra·tion [respə'reɪʃn] Atmung *f*; **~tor** ['respəreɪtə] Atemschutzgerät *n*

re·spite ['respaɪt] Pause *f*; Aufschub *m*, Frist *f*; *without* **~** ohne Unterbrechung

re·splen·dent [rɪ'splendənt] glänzend, strahlend

re·spond [rɪ'spɒnd] antworten, erwidern (*to* auf *acc.*; *that* dass); reagieren, *med. a.* ansprechen (*to* auf *acc.*)

re·sponse [rɪ'spɒns] Antwort *f*, Erwiderung *f* (*to* auf *acc.*); *fig.* Reaktion *f* (*to* auf *acc.*)

re·spon·si·bil·i·ty [rɪspɒnsə'bɪlətɪ] Verantwortung *f*; *on one's own* **~** auf eigene Verantwortung; *sense of* **~** Verantwortungsgefühl *n*; *take* (*full*) **~** *for* die (volle) Verantwortung übernehmen für; **~si·ble** [rɪ'spɒnsəbl] verantwortlich; verantwortungsbewusst; verantwortungsvoll (*Position*)

rest¹ [rest] **1.** Ruhe(pause) *f*; Erholung *f*; *tech.* Stütze *f*; (*Telefon*)Gabel *f*; *have od. take a* **~** sich ausruhen; *set s.o.'s mind at* **~** j-n beruhigen; **2.** *v/i.* ruhen, sich ausruhen; lehnen (**against, on** an *dat.*); *let s.th.* ~ et. auf sich beruhen lassen; ~ **on** ruhen auf (*dat.*) (*a. fig. Blick*); *fig.* beruhen auf (*dat.*); *v/t.* (aus)ruhen (lassen); lehnen (**against** gegen; **on** an *acc.*)

rest² [rest] Rest *m*; *all the* ~ *of them* alle übrigen; *for the* ~ im Übrigen

res·tau·rant ['restərɒnt, 'restərənt, 'restərɔ̃:ŋ] Restaurant *n*, Gaststätte *f*

'rest|·ful ruhig, erholsam; **'~ home** Altenpflegeheim *n*; Erholungsheim *n*

res·ti·tu·tion [restɪ'tju:ʃn] Rückgabe *f*, -erstattung *f*

res·tive ['restɪv] unruhig, nervös

'rest·less ruhelos, rastlos; unruhig

res·to·ra·tion [restə'reɪʃn] Wiederherstellung *f*; Restaurierung *f*; Rückgabe *f*, -erstattung *f*

re·store [rɪ'stɔ:] wiederherstellen; restaurieren; zurückgeben, zurückerstatten; *be* ~*d* (*to health*) wiederhergestellt *od.* wieder gesund sein

re·strain [rɪ'streɪn] (**from**) zurückhalten (von), hindern an (*dat.*); *I had to* ~ *myself* ich musste mich beherrschen (*from doing s.th.* um nicht et. zu tun); ~*ed* [rɪ'streɪnd] beherrscht; dezent (*Farbe etc.*); ~*t* [rɪ'streɪnt] Beherrschung *f*; Be-, Einschränkung *f*

re·strict [rɪ'strɪkt] beschränken (**to** auf *acc.*), einschränken; **re·stric·tion** [rɪ'strɪkʃn] Be-, Einschränkung *f*; *without* ~*s* uneingeschränkt

'rest room *Am.* Toilette *f* (*e-s Hotels, Restaurants etc.*)

re·sult [rɪ'zʌlt] **1.** Ergebnis *n*, Resultat *n*; Folge *f*; *as a* ~ *of* als Folge von (*od. gen.*); *without* ~ ergebnislos; **2.** folgen, sich ergeben (**from** aus); ~ *in* zur Folge haben (*acc.*), führen zu

re·sume [rɪ'zju:m] wieder aufnehmen; fortsetzen; *Platz* wieder einnehmen; **re·sump·tion** [rɪ'zʌmpʃn] Wiederaufnahme *f*; Fortsetzung *f*

Res·ur·rec·tion *rel.* [rezə'rekʃn] Auferstehung *f*

re·sus·ci·tate *med.* [rɪ'sʌsɪteɪt] wieder beleben; ~**·ta·tion** *med.* [rɪsʌsɪ'teɪʃn] Wiederbelebung *f*

re·tail 1. ['ri:teɪl] Einzelhandel *m*; Einzelhandels...; *by* ~ im Einzelhandel; **2.** ['ri:teɪl] *adv.* im Einzelhandel; **3.** ['ri:teɪl] *v/t.* im Einzelhandel verkaufen (**at, for** für); *v/i.* im Einzelhandel verkauft werden (**at, for** für); ~**·er** [ri:'teɪlə] Einzelhändler(in)

re·tain [rɪ'teɪn] (be)halten, bewahren; *Wasser* speichern (*Boden*); *Wärme* speichern

re·tal·i|·ate [rɪ'tælɪeɪt] Vergeltung üben, sich revanchieren; ~**·a·tion** [rɪtælɪ'eɪʃn] Vergeltung *f* (*smaßnahmen pl.*)

re·tard [rɪ'tɑ:d] verzögern, aufhalten, hemmen; (*mentally*) ~*ed* (geistig) zurückgeblieben

retch [retʃ] würgen (*beim Erbrechen*)

re·tell [ri:'tel] (-*told*) nacherzählen

re·think [ri:'θɪŋk] (-*thought*) *et.* noch einmal überdenken

ret·i·cent ['retɪsənt] schweigsam

ret·i·nue ['retɪnju:] Gefolge *n*

re·tire [rɪ'taɪə] *v/i.* in Rente *od.* Pension gehen, sich pensionieren lassen; sich zurückziehen; ~ *from business* sich zur Ruhe setzen; *v/t.* in den Ruhestand versetzen, pensionieren; ~*d* pensioniert, im Ruhestand (lebend); *be* ~ *a.* in Rente *od.* Pension sein; ~**·ment** Pensionierung *f*, Ruhestand *m*; **re·tir·ing** [rɪ'taɪərɪŋ] zurückhaltend

re·tort [rɪ'tɔ:t] **1.** (scharf) entgegnen *od.* erwidern; **2.** (scharfe) Entgegnung *od.* Erwiderung

re·touch *phot.* [ri:'tʌtʃ] retuschieren

re·trace [rɪ'treɪs] *Tathergang etc.* rekonstruieren; ~ *one's steps* denselben Weg zurückgehen

re·tract [rɪ'trækt] *v/t. Angebot* zurückziehen; *Behauptung* zurücknehmen; *Geständnis* widerrufen; *Krallen, aviat. Fahrgestell* einziehen; *v/i.* eingezogen werden (*Krallen, aviat. Fahrgestell*)

re·train [ri:'treɪn] umschulen

re·tread 1. [ri:'tred] *Reifen* runderneuern; **2.** ['ri:tred] runderneuerter Reifen

re·treat [rɪ'tri:t] **1.** Rückzug *m*; Zufluchtsort *m*; *beat a* (*hasty*) ~ abhauen; **2.** sich zurückziehen; zurückweichen (**from** vor *dat.*)

ret·ri·bu·tion [retrɪ'bju:ʃn] Vergeltung *f*

re·trieve [rɪ'tri:v] zurückholen, zurückbekommen; *Fehler, Verlust etc.* wieder gutmachen; *hunt.* apportieren

ret·ro|·ac·tive *jur.* [retrəʊ'æktɪv] rückwirkend; ~**·grade** ['retrəʊgreɪd] rückschrittlich; ~**·spect** ['retrəʊspekt]: *in* ~ rückschauend, im Rückblick; ~**·spec-**

re·try jur. [ri:'traɪ] *Fall* erneut verhandeln; neu verhandeln gegen *j-n*

re·turn [rɪ'tɜːn] **1.** v/i. zurückkehren, -kommen, -gehen; in *e-e Thema etc.* zurückkommen; in *e-e Gewohnheit etc.* zurückfallen; in *e-n Zustand etc.* zurückkehren; v/t. zurückgeben (**to** *dat.*); zurückbringen (**to** *dat.*); zurückschicken, -senden (**to** *dat. od. an acc.*); zurücklegen, -stellen; erwidern; *Gewinn etc.* abwerfen; → **verdict**; **2.** Rückkehr *f*, *fig.* Wiederauftreten *n*; Rückgabe *f*; Zurückbringen *n*; Zurückschicken *n*, -senden *n*; Zurücklegen *n*, -stellen *n*; Erwiderung *f*; (*Steuer*)Erklärung *f*; *Tennis etc.*: Return *m*, Rückschlag *m*; *a.* ~**s** *pl.* Gewinn *m*; **many happy ~s (of the day)** herzlichen Glückwunsch zum Geburtstag; **by ~ (of post)** umgehend; **in ~ for** (als Gegenleistung) für; **3.** *adj.* Rück...; **re'turn·a·ble** *in Zssgn* Mehrweg...; **~ bottle** Pfandflasche *f*

re'turn|·key *Computer*: Eingabetaste *f*; **~ game**, **~ match** *Sport*: Rückspiel *n*; **~ tick·et** *Brt.* Rückfahrkarte *f*; *aviat.* Rückflugticket *n*

re·u·ni·fi·ca·tion *pol.* [riːjuːnɪfɪ'keɪʃn] Wiedervereinigung *f*

re·un·ion [riːˈjuːnjən] Treffen *n*, Wiedersehensfeier *f*; Wiedervereinigung *f*

re·us·a·ble [riːˈjuːzəbl] wieder verwendbar

rev F *mot.* [rev] **1.** Umdrehung *f*; **~ coun·ter** Drehzahlmesser *m*; **2.** (**-vv-**) *a.* **~ up** aufheulen (lassen) (*Motor*)

Rev *nur geschr. Abk. für* **Reverend** *rel.* Hochwürden (*Titel u. Anrede*)

re·val·ue *econ.* [riːˈvæljuː] *Währung* aufwerten

re·veal [rɪ'viːl] den Blick freigeben auf (*acc.*), zeigen; *Geheimnis etc.* enthüllen, aufdecken; **~·ing** offenherzig (*Kleid etc.*); *fig.* aufschlussreich

rev·el ['revl] (*bsd. Brt. -ll-, Am. -l-*): **~ in** schwelgen in (*dat.*); sich weiden an (*dat.*)

rev·e·la·tion [revə'leɪʃn] Enthüllung *f*, Aufdeckung *f*; *rel.* Offenbarung *f*

re·venge [rɪ'vendʒ] **1.** Rache *f*; *bsd. Sport*, *Spiel*: Revanche *f*; **in ~ for** aus Rache für; **2.** rächen; **~·ful** rachsüchtig

rev·e·nue ['revənjuː] Staatseinkünfte *pl.*, -einnahmen *pl.*

re·ver·be·rate [rɪ'vɜːbəreɪt] nach-, widerhallen

re·vere [rɪ'vɪə] (ver)ehren

rev·e·rence ['revərəns] Verehrung *f*; Ehrfurcht *f* (**for** vor *dat.*); **2·rend** *rel.* ['revərənd] Hochwürden *m*; **~·rent** ['revərənt] ehrfürchtig, ehrfurchtsvoll

rev·er·ie ['revəri] (Tag)Träumerei *f*

re·ver·sal [rɪ'vɜːsl] Umkehrung *f*; Rückschlag *m*

re·verse [rɪ'vɜːs] **1.** *adj.* umgekehrt; **in ~ or·der** in umgekehrter Reihenfolge; **2.** *Wagen etc.* im Rückwärtsgang *od.* rückwärts fahren; *Reihenfolge etc.* umkehren; *Urteil etc.* aufheben; *Entscheidung etc.* umstoßen; **3.** Gegenteil *n*; *mot.* Rückwärtsgang *m*; Rück-, Kehrseite *f* (*e-r Münze*); Rückschlag *m*; **~ 'gear** *mot.* Rückwärtsgang *m*; **~ 'side** linke (*Stoff*)Seite

re·vers·i·ble [rɪ'vɜːsəbl] doppelseitig (tragbar)

re·vert [rɪ'vɜːt]: **~ to** in *e-n Zustand* zurückkehren; in *e-e Gewohnheit etc.* zurückfallen; auf *ein Thema* zurückkommen

re·view [rɪ'vjuː] **1.** Überprüfung *f*; Besprechung *f*, Kritik *f*, Rezension *f*; *mil.* Parade *f*; *Am. ped.* (Stoff)Wiederholung *f* (**for** für *e-e Prüfung*); **2.** überprüfen; besprechen, rezensieren; *mil.* besichtigen, inspizieren; *Am. ped. Stoff* wiederholen (**for** für *e-e Prüfung*); **~·er** Kritiker(in), Rezensent(in)

re·vise [rɪ'vaɪz] revidieren, *Ansicht* ändern, *Buch etc.* überarbeiten; *Brt. ped. Stoff* wiederholen (**for** für *e-e Prüfung*); **re·vi·sion** [rɪ'vɪʒn] Revision *f*, Überarbeitung *f*; überarbeitete Ausgabe; *Brt. ped.* (Stoff)Wiederholung *f* (**for** für *e-e Prüfung*)

re·viv·al [rɪ'vaɪvl] Wiederbelebung *f*; Wiederaufleben *n*; **re·vive** [rɪ'vaɪv] wieder beleben; wieder aufleben (lassen); *Erinnerungen* wachrufen; wieder zu sich kommen; sich erholen

re·voke [rɪ'vəʊk] widerrufen, zurücknehmen, rückgängig machen

re·volt [rɪ'vəʊlt] **1.** v/i. sich auflehnen, revoltieren (**against** gegen); Abscheu empfinden, empört sein (**against**, **at**, **from** über *acc.*); v/t. mit Abscheu erfül-

len, abstoßen; **2.** Revolte f, Aufstand m; **~ing** abscheulich, abstoßend
rev·o·lu·tion [revə'luːʃn] Revolution f (a. pol.), Umwälzung f; astr. Umlauf m (**round** um); tech. Umdrehung f; **number of ~s** pl. tech. Drehzahl f; **~ counter** mot. Drehzahlmesser m; **~·ar·y** [revə'luːʃnərɪ] **1.** revolutionär; Revolutions...; **2.** pol. Revolutionär(in); **~·ize** fig. [revə'luːʃnaɪz] revolutionieren
re·volve [rɪ'vɒlv] sich drehen (**on**, **round** um); fig. sich drehen um; **re'volv·er** Revolver m; **re'volv·ing** Dreh...; **~ door(s** pl.) Drehtür f
re·vue thea. [rɪ'vjuː] Revue f; Kabarett n
re·vi·sion [rɪ'viʒn] Abscheu m
re·ward [rɪ'wɔːd] **1.** Belohnung f; **2.** belohnen; **~ing** lohnend, Aufgabe etc. a. dankbar
re·write [riː'raɪt] (**-wrote, -written**) neu schreiben, umschreiben
rhap·so·dy mus. ['ræpsədɪ] Rhapsodie f
rhet·o·ric ['retərɪk] Rhetorik f
rheu·ma·tism med. ['ruːmətɪzəm] Rheuma(tismus n) m
rhi·no zo. F ['raɪnəʊ] (pl. **-nos**), **rhi·noc·e·ros** zo. [raɪ'nɒsərəs] (pl. **-ros, -roses** [-sɪz]) Rhinozeros n, Nashorn n
rhu·barb bot. ['ruːbɑːb] Rhabarber m
rhyme [raɪm] **1.** Reim m; Vers m; **without ~ or reason** ohne Sinn u. Verstand; **2.** (sich) reimen
rhythm ['rɪðəm] Rhythmus m; **~·mic** ['rɪðmɪk] (**~ally**), **~·mi·cal** rhythmisch
rib anat. [rɪb] Rippe f
rib·bon ['rɪbən] (a. Farb-, Ordens)Band n; Streifen m; Fetzen m
'rib cage anat. Brustkorb m
rice bot. [raɪs] Reis m; **~ 'pud·ding** Milchreis m
rich [rɪtʃ] **1.** reich (**in** an dat.); prächtig, kostbar; schwer (Speise); fruchtbar, fett (Erde); voll (Ton); satt (Farbe); (**in calories**) kalorienreich; **2. the ~** pl. die Reichen pl.
rick [rɪk] (Stroh-, Heu)Schober m
rick·ets med. ['rɪkɪts] sg. Rachitis f
rick·et·y F ['rɪkətɪ] gebrechlich; wack(e)lig (Möbelstück etc.)
rid [rɪd] (**-dd-; rid**) befreien (**of** von); **get ~ of** loswerden
rid·dance F ['rɪdəns]: **good ~!** den (die, das) sind wir froh Gott sei Dank los!
rid·den ['rɪdn] **1.** p.p. von **ride 1**; **2.** in Zssgn geplagt od. heimgesucht von
rid·dle¹ ['rɪdl] Rätsel n
rid·dle² ['rɪdl] **1.** grobes Sieb, Schüttelsieb n; **2.** sieben; durchlöchern, -sieben
ride [raɪd] **1.** (**rode, ridden**) v/i. reiten; fahren (**on** auf e-m Fahrrad etc.; **in** od. Am. **on** in e-m Bus etc.); v/t. reiten (auf dat.); Fahr-, Motorrad fahren, fahren auf (dat.); **2.** Ritt m; Fahrt f; **'rid·er** Reiter(in); (Motorrad-, Rad)Fahrer(in)
ridge [rɪdʒ] (Gebirgs)Kamm m, Grat m; (Dach)First m
rid·i·cule ['rɪdɪkjuːl] **1.** Spott m; **2.** lächerlich machen, spotten über (acc.)
ri·dic·u·lous [rɪ'dɪkjʊləs] lächerlich
rid·ing ['raɪdɪŋ] Reit...
riff-raff contp. ['rɪfræf] Gesindel n
ri·fle¹ ['raɪfl] Gewehr n
ri·fle² ['raɪfl] durchwühlen
rift [rɪft] Spalt(e f) m; fig. Riss m
rig [rɪg] **1.** (**-gg-**) Schiff auftakeln; **~ out** j-n ausstaffieren; **~ up** f (behelfsmäßig) zusammenbauen (**from** aus); **2.** naut. Takelage f; tech. Bohrinsel f; F Aufmachung f; **~·ging** naut. Takelage f
right [raɪt] **1.** adj. recht; richtig; rechte(r, -s), Rechts...; **all ~!** in Ordnung!, gut!; **that's all ~!** das macht nichts!, schon gut!, bitte!; **that's ~!** richtig!, ganz recht!, stimmt!; **be ~** Recht haben; **put ~, set ~** in Ordnung bringen; berichtigen, korrigieren; **2.** adv. (nach) rechts; richtig, recht; genau; gerade(wegs); direkt; ganz, völlig; **~ away** sofort; **~ now** im Moment; sofort; **~ on** geradeaus; **turn ~** (sich) nach rechts wenden; mot. rechts abbiegen; **3.** Recht n; die Rechte (a. pol., Boxen), rechte Seite; **on the ~** rechts, auf der rechten Seite; **to the ~** (nach) rechts; **keep to the ~** sich rechts halten; rechts fahren; **4.** aufrichten; et. wiedergutmachen; in Ordnung bringen; **'~ an·gle** math. rechtwink(e)lig; **'~·eous** ['raɪtʃəs] gerecht (Zorn etc.); **'~·ful** rechtmäßig; **~·'hand** rechte(r, -s); **~-hand 'drive** Rechtssteuerung f; **~·'hand·ed** rechtshändig; für Rechtshänder; **be ~** Rechtshänder(in) sein; **'~·ly** richtig; mit Recht; **~ of 'way** mot. Vorfahrt(srecht n) f; Durchgangsrecht n; **~·'wing** pol. dem rechten Flügel angehörend, Rechts...

rig·id ['rɪdʒɪd] starr, steif; *fig.* streng, strikt

rig·ma·role F ['rɪgmərəʊl] Geschwätz *n*; *fig.* Theater *n*, Zirkus *m*

rig·or·ous ['rɪgərəs] streng; genau

rig·o(u)r ['rɪgə] Strenge *f*, Härte *f*

rile F [raɪl] ärgern, reizen

rim [rɪm] Rand *m* (*e-r Tasse etc.*); Krempe *f* (*e-s Huts*); *tech.* Felge *f*; '**~·less** randlos (*Brille*); '**~med** mit (e-m) Rand

rind [raɪnd] (*Zitronen- etc.*)Schale *f*; (*Käse*)Rinde *f*; (*Speck*)Schwarte *f*

ring¹ [rɪŋ] 1. Ring *m*; Kreis *m*; Manege *f*; (Box)Ring *m*; (Spionage- *etc.*)Ring *m*; 2. umringen, umstellen; *Vogel* beringen

ring² [rɪŋ] 1. (*rang, rung*) läuten; klingeln; klingen (*a. fig.*); *bsd. Brt. tel.* anrufen; *the bell is ~ing* es läutet *od.* klingelt; *~ the bell* läuten, klingeln; *~ back bsd. Brt. tel.* zurückrufen; *~ for* nach *j-m*, *et.* läuten; *Arzt etc.* rufen; *~ off bsd. Brt. tel.* (den Hörer) auflegen, Schluss machen; *~ s.o.* (*up*) *j*-n *od.* bei *j*-m anrufen; 2. Läuten *n*, Klingeln *n*; *fig.* Klang *m*; *bsd. Brt. tel.* Anruf *m*; *give s.o. a ~ j*-n anrufen

'**ring|·bind·er** Ringbuch *m*; '**~·lead·er** Rädelsführer(in); '**~·mas·ter** Zirkusdirektor *m*; '**~ road** *Brt.* Umgehungsstraße *f*; Ringstraße *f*; '**~·side**: *at the ~ Boxen*: am Ring

rink [rɪŋk] (Kunst)Eisbahn *f*; Rollschuhbahn *f*

rinse [rɪns] *a.* **~ *out*** (aus)spülen

ri·ot ['raɪət] 1. Aufruhr *m*; Krawall *m*; *run ~* randalieren, randalierend ziehen (*through* durch); Krawall machen, randalieren; '**~·er** Aufrührer(in); Randalierer(in); '**~·ous** aufrührerisch; randalierend; ausgelassen, wild

rip [rɪp] 1. (*-pp-*) *a.* **~ *up*** zerreißen; *~ open* aufreißen; 2. Riss *m*, Riss *m*

ripe [raɪp] reif; **rip·en** ['raɪpən] reifen (lassen)

rip·ple ['rɪpl] 1. (sich) kräuseln; plätschern, rieseln; 2. kleine Welle; Kräuselung *f*; Plätschern *n*, Rieseln *n*

rise [raɪz] 1. (*rose, risen*) aufstehen (*a. am Morgen*); sich erheben; *rel.* auferstehen; aufsteigen (*Rauch etc.*); sich heben (*Vorhang, Stimmung etc.*); ansteigen (*Straße, Wasser etc.*), anschwellen (*Fluss etc.*); (an)steigen (*Temperatur etc.*), *Preise etc. a.* anziehen; stärker werden (*Wind etc.*); aufgehen (*Sonne, Teig etc.*); entspringen (*Fluss etc.*); aufsteigen (*beruflich etc.*); *fig.* entstehen (*from, out of* aus); *a.* **~ *up*** sich erheben (*against* gegen); **~ *to the occasion*** sich der Lage gewachsen zeigen; 2. (An)Steigen *n*; Steigung *f*; Anhöhe *f*; *astr.* Aufgang *m*; *bsd. Brt.* Lohn- *od.* Gehaltserhöhung *f*; *fig.* Anstieg *m*; *fig.* Aufstieg *m*; *give ~ to* verursachen, führen zu; **ris·en** ['rɪzn] *p.p. von* **rise** 1; **ris·er** ['raɪzə]: *early ~* Frühaufsteher(in); **ris·ing** ['raɪzɪŋ] 1. Aufstand *m*; 2. aufstrebend (*Politiker etc.*)

risk [rɪsk] 1. Gefahr *f*, Risiko *n*; *at one's own ~* auf eigene Gefahr; *at the ~ of* (*ger.*) auf die Gefahr hin zu (*inf.*); *be at ~* gefährdet sein; *run the ~ of doing s.th.* Gefahr laufen, *et.* zu tun; *run a ~*, *take a ~* ein Risiko eingehen; 2. wagen, riskieren; '**~·y** (*-ier, -iest*) riskant

rite [raɪt] Ritus *m*; Zeremonie *f*; **rit·u·al** ['rɪtʃʊəl] 1. rituell; Ritual...; 2. Ritual *n*

ri·val ['raɪvl] 1. Rival|e *m*, -in *f*, Konkurrent(in); 2. rivalisierend, Konkurrenz...; 3. (*bsd. Brt.* -*ll*-, *Am.* -*l*-) rivalisieren *od.* konkurrieren mit; '**~·ry** ['raɪvlrɪ] Rivalität *f*; Konkurrenz(kampf *m*) *f*

riv·er ['rɪvə] Fluss *m*; Strom *m*; '**~·side** Flussufer *n*; *by the ~* am Fluss

riv·et ['rɪvɪt] 1. *tech.* Niet(e *f*) *m*, *n*; 2. *tech.* (ver)nieten; *Aufmerksamkeit, Blick* richten (*on* auf *acc.*)

RN [ɑːr 'en] *Abk. für **Royal Navy*** die Königlich-Britische Marine

road [rəʊd] (Auto-, Land)Straße *f*; *fig.* Weg *m*; *on the ~* auf der Straße; unterwegs; *thea.* auf Tournee; '**~ ac·ci·dent** Verkehrsunfall *m*; '**~·block** Straßensperre *f*; '**~ map** Straßenkarte *f*; *~* '**safe·ty** Verkehrssicherheit *f*; '**~·side** Straßenrand *m*; *at the ~, by the ~* am Straßenrand; '**~ toll** Straßenbenutzungsgebühr *f*; '**~·way** Fahrbahn *f*; '**~ works** *pl.* Straßenbauarbeiten *pl.*; '**~·wor·thy** verkehrssicher

roam [rəʊm] *v/i.* (umher)streifen, (-)wandern; *v/t.* streifen *od.* wandern durch

roar [rɔː] 1. Brüllen *n*, Gebrüll *n*; Brausen *n*, Krachen *n*, Donnern *n*; **~s** *pl. of*

laughter brüllendes Gelächter; **2.** brüllen; brausen; donnern *(Fahrzeug etc.)*
roast [rəʊst] **1.** *v/t.* Fleisch braten *(a. v/i.)*; Kaffee *etc.* rösten; **2.** Braten *m*; **3.** *adj.* gebraten; ~ **'beef** Rinderbraten *m*
rob [rɒb] *(-bb-)* Bank *etc.* überfallen; *j-n* berauben; **~·ber** ['rɒbə] Räuber *m*; **~·ber·y** ['rɒbərɪ] Raub(überfall) *m*, (Bank)Raub *m*, (-)Überfall *m*
robe [rəʊb] *a.* ~**s** *pl.* Robe *f*, Talar *m*
rob·in ['rɒbɪn] Rotkehlchen *n*
ro·bot ['rəʊbɒt] Roboter *m*
ro·bust [rəʊ'bʌst] robust, kräftig
rock[1] [rɒk] schaukeln, wiegen; erschüttern *(a. fig.)*
rock[2] [rɒk] Fels(en) *m*; Felsen *pl.*; *geol.* Gestein *n*; Felsbrocken *m*; *Am.* Stein *m*; *Brt.* Zuckerstange *f*; △ *nicht* **Rock**; ~**s** *pl.* Klippen *pl.*; **on the** ~**s** in ernsten Schwierigkeiten *(Firma etc.)*; kaputt, in die Brüche gehend *(Ehe)*; mit Eis *(bsd. Whisky)*
rock[3] [rɒk] *a.* ~ **music** Rock(musik *f*) *m*; → **rock 'n' roll**
'rock·er Kufe *f (e-s Schaukelstuhls etc.)*; Schaukelstuhl *m*; *Brt.* Rocker *m*; **off one's** ~ **f** übergeschnappt
rock·et ['rɒkɪt] **1.** Rakete *f*; **2.** rasen, schießen; *a.* ~ **up** hochschnellen, in die Höhe schießen *(Preise)*
'rock·ing| chair Schaukelstuhl *m*; '~ **horse** Schaukelpferd *n*
rock 'n' roll [rɒkən'rəʊl] Rock 'n' Roll *m*
'rock·y *(-ier, -iest)* felsig; steinhart
rod [rɒd] Rute *f*; *tech.* Stab *m*, Stange *f*
rode [rəʊd] *pret. von* **ride** 1
ro·dent ['rəʊdənt] Nagetier *n*
ro·de·o [rəʊ'deɪəʊ, 'rəʊdɪəʊ] *(pl. -os)* Rodeo *m, n*
roe [rəʊ] *a.* **hard** ~ Rogen *m*; *a.* **soft** ~ Milch *f*
roe|·buck *zo.* ['rəʊbʌk] *(pl. -bucks, -buck)* Rehbock *m*; '~ **deer** *zo. (pl. -deer)* Reh *n*
rogue [rəʊg] Schurke *m*, Gauner *m*; Schlingel *m*, Spitzbube *m*; **ro·guish** ['rəʊgɪʃ] schelmisch, spitzbübisch
role *thea. etc.* [rəʊl] Rolle *f (a. fig.)*
roll [rəʊl] **1.** *v/i.* rollen; sich wälzen; rollen, fahren; *naut.* schlingern; (g)rollen *(Donner)*; *v/t.* rollen, wickeln; auf-, zusammenrollen; Zigarette drehen; ~ **down** Ärmel herunterkrempeln; *mot.* Fenster herunterkurbeln; ~ **out** ausrollen; ~ **up** aufrollen; (sich) zusammenrollen; Ärmel hochkrempeln; *mot.* Fenster hochkurbeln; **2.** Rolle *f*; Brötchen *n*, Semmel *f*; Namens-, Anwesenheitsliste *f*; (G)Rollen *n (des Donners)*; (Trommel-)Wirbel *m*; *naut.* Schlingern *n*; '~ **call** Namensaufruf *m*
'roll·er *tech.* Rolle *f*, Walze *f*; (Locken)Wickler *m*; △ *nicht* **Roller**
'Roll·er·blade® **1.** → **in-line skate**
'roll·er| blind Rollladen *m*; '~ **coast·er** Achterbahn *f*; '~ **skate** Rollschuh *m*; '~**skate** Rollschuh laufen; '~**skat·ing** Rollschuhlaufen *n*; '~ **tow·el** Rollhandtuch *n*
'roll·ing pin Nudelholz *n*
'roll-on Deoroller *m*
ROM [rɒm] *Abk. für* **read only memory** *Computer:* Nur-Lese-Speicher *m*, Fest(wert)speicher *m*
Ro·man ['rəʊmən] **1.** römisch; **2.** Römer(in)
ro·mance [rəʊ'mæns] Abenteuer-, Liebesroman *m*; Romanze *f*; Romantik *f*
Ro·mance [rəʊ'mæns] romanisch *(Sprache)*
Ro·ma·ni·a [ru:'meɪnjə] Rumänien *n*; **Ro·ma·ni·an** [ru:'meɪnjən] **1.** rumänisch; **2.** Rumäne *m*, -in *f*; *ling.* Rumänisch *n*
ro·man|·tic [rəʊ'mæntɪk] **1.** *(~ally)* romantisch; **2.** Romantiker(in); **~·ti·cis·m** [rəʊ'mæntɪsɪzəm] Romantik *f*
romp [rɒmp] *a.* ~ **about**, ~ **around** herumtollen, -toben; '~**ers** *pl.* Spielanzug *m*
roof [ru:f] **1.** Dach *n*; *mot.* Verdeck *n*; ~ **in**, ~ **over** überdachen; '~**ing felt** Dachpappe *f*; '~ **rack** *mot.* Dachgepäckträger *m*
rook[1] *zo.* [rʊk] Saatkrähe *f*
rook[2] [rʊk] *Schach:* Turm *m*
rook[3] F [rʊk] *j-n* betrügen *(of* um*)*
room [ruːm, *in Zssgn nachgestellt* rʊm] **1.** Raum *m*, Zimmer *n*; Raum *m*, Platz *m*; *fig.* Spielraum *m*; **2.** *Am.* wohnen; '~**er** *bsd. Am.* Untermieter(in); '~**·ing-house** *Am.* Fremdenheim *n*, Pension *f*; '~**·mate** Zimmergenoss|e *m*, -in *f*; ~ **ser·vice** Zimmerservice *m*; '~**·y** *(-ier, -iest)* geräumig
roost [ruːst] **1.** (Hühner)Stange *f*; Schlafplatz *m (von Vögeln)*; **2.** auf der

rooster

Stange *etc.* sitzen *od.* schlafen; '**~er** *bsd. Am. zo.* (Haus)Hahn *m*

root [ruːt] **1.** Wurzel *f;* **2.** *v/i.* Wurzeln schlagen (**for** nach); wühlen (**about** herumwühlen (**among** in *dat.*)) *v/t.* **~ out** *fig.* ausrotten; **~ up** mit der Wurzel ausreißen; '**~ed: deeply ~** *fig.* tief verwurzelt; **stand ~ to the spot** wie angewurzelt dastehen

rope [rəʊp] **1.** Seil *n; naut.* Tau *n;* Strick *m;* (Perlen- *etc.*)Schnur *f;* **give s.o. plenty of ~** j-m viel Freiheit *od.* Spielraum lassen; **know the ~s** F sich auskennen; **show s.o. the ~s** F j-n einarbeiten; **2.** festbinden (**to** an *dat., acc.*); **~ off** (durch ein Seil) absperren *od.* abgrenzen; '**~ lad·der** Strickleiter *f*

ro·sa·ry *rel.* ['rəʊzəri] Rosenkranz *m*

rose¹ [rəʊz] *pret. von* **rise** 1

rose² [rəʊz] **1.** *bot.* Rose *f;* Brause *f* (*e-r* Gießkanne); **2.** rosa-, rosenrot

ros·trum ['rɒstrəm] (*pl.* **-tra** [-trə], **-trums**) Redner-, Dirigentenpult *n*

ros·y ['rəʊzɪ] (**-ier, -iest**) rosig (*a. fig.*)

rot [rɒt] **1.** (**-tt-**) *v/t.* (ver)faulen *od.* verrotten lassen; *v/i. a.* **~ away** (ver)faulen, verrotten, morsch werden; **2.** Fäulnis *f*

ro·ta·ry ['rəʊtərɪ] rotierend, sich drehend; Rotations..., Dreh-

ro·tate [rəʊ'teɪt] rotieren (lassen), (sich) drehen; turnusmäßig (aus)wechseln;

ro·ta·tion [rəʊ'teɪʃn] Rotation *f,* Drehung *f;* Wechsel *m*

ro·tor *tech., aviat.* ['rəʊtə] Rotor *m*

rot·ten ['rɒtn] verfault, faul; verrottet, morsch; miserabel; gemein; **feel ~** sich mies fühlen

ro·tund [rəʊ'tʌnd] rund u. dick

rough [rʌf] **1.** *adj.* rau; uneben (*Straße etc.*); stürmisch (*Meer, Überfahrt, Wetter*); grob (*barsch*); hart, ungefähr (*Schätzung etc.*); roh, Roh-...; **2.** *adv.* **sleep ~** im Freien übernachten; **play ~** *Sport:* hart spielen; **3.** *Golf:* Rough *n;* **write it out in ~ first** zuerst ins Unreine schreiben; **4. ~ it** F primitiv *od.* anspruchslos leben; **~ out** entwerfen, skizzieren; **~ up** F j-n zusammenschlagen; '**~age** *biol.* ['rʌfɪdʒ] Ballaststoffe *pl.;* '**~·cast** *arch.* Rauputz *m;* '**~ 'cop·y** Rohentwurf *m,* Konzept *n;* '**~ 'draft** Rohfassung *f;* **~·en** ['rʌfn] rau machen, an-, aufrauen; '**~·ly** grob; *fig.* grob, ungefähr; '**~·neck** Ölbohrarbeiter *m; Am.* F Grobian *m;* '**~·shod: ride ~ over** j-n rücksichtslos behandeln; sich rücksichtslos über *et.* hinwegsetzen

round [raʊnd] **1.** *adj.* rund; **a ~ dozen** ein rundes Dutzend; **in ~ figures** auf- *od.* abgerundet (*Zahlen*), rund(e) ...; **2.** *adv.* rund-, rings(her)um; überall, auf *od.* von *od.* nach allen Seiten; **turn ~** sich umdrehen; **invite s.o. ~** j-n zu sich einladen; **~ about** F ungefähr; **all (the) year ~** das ganze Jahr hindurch *od.* über; **the other way ~** umgekehrt; **3.** *prp.* (rund) um, um (... herum) *in od.* auf (*dat.*) ... herum; **trip ~ the world** Weltreise *f;* **4.** Runde *f;* Runde *f,* Rundgang *m; med.* Visite *f* (*in e-r Klinik*); Lage *f,* Runde *f* (*Bier etc.*); Schuss *m* (*Munition*); *bsd. Brt.* Scheibe *f* (*Brot etc.*); *mus.* Kanon *m;* **5.** rund machen, (ab)runden, *Lippen* spitzen; umfahren, fahren um, *Kurve* nehmen; **~ down** *Zahl etc.* abrunden (**to** auf *acc.*); **~ off** *Essen etc.* abrunden, beschließen (**with** mit); *Zahl etc.* auf- *od.* abrunden (**to** auf *acc.*); **~ up** *Vieh* zusammentreiben; *Leute etc.* zusammentrommeln; *Zahl etc.* aufrunden (**to** auf *acc.*); '**~·a·bout 1.** *Brt.* Kreisverkehr *m; Brt.* Karussell *n;* **2. take a ~ route** e-n Umweg machen; **in a ~ way** *fig.* auf Umwegen; **~ 'trip** Hin- u. Rückfahrt *f;* Hin- u. Rückflug *m;* **~·trip 'tick·et** *Am.* Rückfahrkarte *f;* Rückflugticket *n*

rouse [raʊz] *j-n* wecken; *fig.* j-n aufrütteln; j-n erzürnen, reizen

route [ruːt] Route *f,* Strecke *f,* Weg *m,* (*Bus- etc.*)Linie *f*

rou·tine [ruːˈtiːn] **1.** Routine *f;* **the same old (daily) ~** das tägliche ewige Einerlei; **2.** üblich, routinemäßig, Routine...

rove [rəʊv] (umher)streifen, (-)wandern

row¹ [rəʊ] Reihe *f*

row² [rəʊ] **1.** rudern; **2.** Kahnfahrt *f*

row³ F [raʊ] *Brt.* **1.** Krach *m;* (lauter) Streit, Krach *m;* **2.** (sich) streiten

row·boat *Am.* ['rəʊbəʊt] Ruderboot *n;* '**~·er** Ruder|er *m,* -in *f*

row house *Am.* ['rəʊhaʊs] Reihenhaus *n*

row·ing boat *bsd. Brt.* ['rəʊɪŋ bəʊt] Ruderboot *n*

roy·al ['rɔɪəl] königlich, Königs-...; **~·ty**

['rɔɪəltɪ] die königliche Familie; Tantieme f (**on** auf acc.)
RSPCA [ɑːr es piː siː 'eɪ] *Abk. für* ***Royal Society for the Prevention of Cruelty to Animals*** (*brit. Tierschutzverein*)
RSVP [ɑːr es viː 'piː] *Abk. für* ***please reply*** (*französisch* ***répondez s'il vous plaît***) u. A.w.g., um Antwort wird gebeten
rub [rʌb] **1.** (**-bb-**) *v/t.* reiben; abreiben; polieren; **~ dry** trockenreiben; **~ it in** *fig.* F darauf herumreiten; **~ shoulders with** F verkehren mit (*Prominenten etc.*); *v/i.* reiben, scheuern (**against, on** an *dat.*); **~ down** ab-, trockenreiben; abschmirgeln, abschleifen; **~ off** abreiben; abgehen (*Farbe etc.*); **~ off on(to)** *fig.* abfärben auf (*acc.*); **~ out** *Brt.* ausradieren; **2. give s.th. a ~** et. abreiben *od.* polieren
rub·ber ['rʌbə] Gummi *n, m; bsd. Brt.* Radiergummi *m*; Wischtuch *n*; F Gummi *m* (*Kondom*); **~ 'band** Gummiband *n*; **~ 'din·ghy** Schlauchboot *n*; **'~neck** *Am.* F **1.** neugierig gaffen; **2.** *a.* **rubbernecker** Gaffer(in *f*), Schaulustige(r *m*) *f*; **~·y** ['rʌbərɪ] gummiartig; zäh (*Fleisch*)
rub·bish ['rʌbɪʃ] Abfall *m*, Abfälle *pl.*, Müll *m; fig.* Schund *m*; Quatsch *m*, Blödsinn *m*; **'~ bin** *Brt.* Mülleimer *m*; **'~ chute** Müllschlucker *m*
rub·ble ['rʌbl] Schutt *m*, Trümmer *pl.*
ru·by ['ruːbɪ] Rubin *m*; Rubinrot *n*
ruck·sack ['rʌksæk] Rucksack *m*
rud·der ['rʌdə] *naut., aviat.* Ruder *n*
rud·dy ['rʌdɪ] (**-ier, -iest**) frisch, gesund
rude [ruːd] (**~r, ~st**) unhöflich, grob; unanständig (*Witz etc.*); bös (*Schock etc.*)
ru·di|·men·ta·ry [ruːdɪ'mentərɪ] elementar, Anfangs..., primitiv; **~·ments** ['ruːdɪmənts] *pl.* Anfangsgründe *pl.*
rue·ful ['ruːfʊl] reuevoll, reumütig
ruff [rʌf] Halskrause *f* (*a. zo.*)
ruf·fle ['rʌfl] **1.** kräuseln; *Haar* zerzausen; *Federn* sträuben; **~ s.o.'s composure** j-n aus der Fassung bringen; **2.** Rüsche *f*
rug [rʌg] Vorleger *m*, Brücke *f; bsd. Brt.* dicke Wolldecke
rug·by ['rʌgbɪ] *a.* **~ football** *Sport*: Rugby *n*
rug·ged ['rʌgɪd] zerklüftet, schroff; robust, stabil; zerfurcht (*Gesicht*)

ru·in ['rʊɪn] **1.** Ruin *m; mst* **~s** *pl.* Ruine(n *pl.*) *f*, Trümmer *pl.*; **2.** ruinieren, zerstören; **'~·ous** ruinös
rule [ruːl] **1.** Regel *f*; Spielregel *f*; Vorschrift *f*; Herrschaft *f*; Lineal *n*; **against the ~** regelwidrig; verboten; **as a ~** in der Regel; **as a ~ of thumb** als Faustregel; **work to ~** Dienst nach Vorschrift tun; **2.** *v/t.* herrschen über (*acc.*); *bsd. jur.* entscheiden; *Papier* lin(i)ieren; *Linie* ziehen; **be ~d by** *fig.* sich leiten lassen von; beherrscht werden von; **~ out** *et.* ausschließen; *v/i.* herrschen (**over** über *acc.*); *bsd. jur.* entscheiden; **'rul·er** Herrscher(in *f*); Lineal *n*
rum [rʌm] Rum *m*
rum·ble ['rʌmbl] rumpeln (*Fahrzeug*); (g)rollen (*Donner*); knurren (*Magen*)
ru·mi|·nant *zo.* ['ruːmɪnənt] Wiederkäuer *m*; **~·nate** *zo.* ['ruːmɪneɪt] wiederkäuen
rum·mage ['rʌmɪdʒ] **1.** *a.* **~ about** herumstöbern, -wühlen (**among, in, through** in *dat.*); **2.** *bsd. Am.* Ramsch *m*; **'~ sale** *Am.* Wohltätigkeitsbasar *m*
ru·mo(u)r ['ruːmə] **1.** Gerücht *n*; **~ has it that** es geht das Gerücht, dass; **2. it is ~ed** es geht das Gerücht, dass; **he is ~ed to be** man munkelt, er sei
rump [rʌmp] Hinterteil *n; fig.* (kümmerlicher) Rest
rum·ple ['rʌmpl] zerknittern, -knüllen, -wühlen; *Haar* zerzausen; △ *nicht* **rumpeln**
run [rʌn] **1.** (**-nn-**; **ran, run**) *v/i.* laufen (*a. Sport*), rennen; fahren (*Fahrzeug*); fahren, verkehren, gehen (*Zug, Bus etc.*); laufen, fließen; zerfließen, -laufen (*Butter, Farbe etc.*); *tech.* laufen (*Motor*), in Betrieb *od.* Gang sein; verlaufen (*Straße etc.*); *bsd. jur.* gelten, laufen (**for one year** ein Jahr); *thea. etc.* laufen (**for three months** drei Monate lang); lauten (*Text*); gehen (*Melodie*); *bsd. Am. pol.* kandidieren (**for** für); **~ dry** austrocknen; **~ low** knapp werden; **~ short** knapp werden; **~ short of petrol** *Am.* **gas** kein Benzin mehr haben; *v/t.* Strecke, Rennen laufen; *Zug, Bus* fahren *od.* verkehren lassen; *tech.* Maschine *etc.* laufen lassen; *Wasser etc.* laufen lassen; *Geschäft, Hotel etc.* führen; abdrucken, bringen (*Zeitungsarti-*

runabout

kel *etc.*); ~ **s.o. home** F j-n nach Hause (*östr., Schweiz: a.* nachhause) bringen *od.* fahren; **be** ~**ning a temperature** erhöhte Temperatur *od.* Fieber haben; → **errands**; ~ **across** j-n zufällig treffen; stoßen auf (*acc.*); ~ **after** hinterher-, nachlaufen (*dat.*); ~ **along!** F mit dir!; ~ **away** davonlaufen (**from** vor *dat.*); ~ **away with** etw davonlaufen (**from** vor *dat.*); durchgehen mit (*Temperament etc.*); ~ **down** *mot.* an-, umfahren; *fig.* schlechtmachen; ablaufen (*Uhr*); leer werden (*Batterie*); ~ **in** Wagen *etc.* einfahren; F *Verbrecher* schnappen; ~ **into** laufen *od.* fahren gegen; j-n zufällig treffen; *fig.* geraten in (*acc.*); *fig.* sich belaufen auf (*acc.*); ~ **off with** → **run away with**; ~ **on** weitergehen, sich hinziehen (**until** bis); F unaufhörlich reden (**about** über *acc.*, von); ~ **out** ablaufen (*Zeit etc.*); ausgehen, zu Ende gehen (*Vorräte etc.*); ~ **out of petrol** *od. Am.* **gas** kein Benzin mehr haben; ~ **over** *mot.* überfahren; überlaufen, -fließen; ~ **through** überfliegen, durchgehen, -lesen; ~ **up** Flagge hissen; *hohe Rechnung, Schulden* machen; ~ **up against** stoßen auf (*Widerstand etc.*); **2. Lauf** *m* (*a.* Fahrt *f*; Spazierfahrt *f*; Ansturm F, *econ. a.* Run *m* (**on** auf *acc.*); *thea. etc.* Laufzeit *f*; *Am.* Laufmasche *f*; Gehege *n*; Auslauf *m*, (*Hühner*)Hof *m*; *Sport:* (Bob-, Rodel-)Bahn *f*; (*Ski*)Hang *m*; ~ **of good** (**bad**) **luck** Glückssträhne *f* (Pechsträhne *f*); **in the long** ~ auf die Dauer; **in the short** ~ zunächst; **on the** ~ auf der Flucht

'**run|·a·bout** F *mot.* Stadt-, Kleinwagen *m*; '~**·a·way** Ausreißer(in)

rung[1] [rʌŋ] *p.p.* von **ring**[2] 1

rung[2] [rʌŋ] Sprosse *f* (*e-r* Leiter)

run·ner ['rʌnə] *Sport:* Läufer(in); Rennpferd *n*; *mst in Zssgn* Schmuggler(in); (*Schlitten-, Schlittschuh*)Kufe *f*; Tischläufer *m*; (Gleit)Schiene *f* (*bei Schubläden etc.*); *bot.* Ausläufer *m*, Seitentrieb *m*; ~ '**bean** *Brt. bot.* grüne Bohne; ~**up** [rʌnər'ʌp] (*pl.* **runners-up**) *Sport:* Zweite(r *m*) *f*, Vizemeister(in)

run·ning ['rʌnɪŋ] **1.** Laufen *n*, Rennen *n*; Führung *f*, Leitung *f*; **2.** fließend (*Wasser*); *Sport:* Lauf...; **two days** ~ zwei Tage hinter- *od.* nacheinander; '~ **costs** *pl.* Betriebskosten *pl.*, laufende Kosten *pl.*

run·ny ['rʌnɪ] flüssig; laufend (*Nase*), tränend (*Augen*)

'**run·way** *aviat.* Start- u. Landebahn *f*, Rollbahn *f*, Piste *f*

rup·ture ['rʌptʃə] **1.** Bruch *m* (*a. med. u. fig.*), Riss *m*; **2.** bersten, platzen; (zer)reißen, *fig. a.* sich *e-n* Bruch heben *od.* zuziehen

ru·ral ['rʊərəl] ländlich

ruse [ru:z] List *f*, Trick *m*

rush[1] [rʌʃ] **1.** *v/i.* hasten, hetzen, stürmen, rasen; ~ **at** losstürzen *od.* sich stürzen auf (*acc.*); ~ **in** hereinstürzen, -stürmen; ~ **into** *fig.* sich stürzen in (*acc.*); *et.* übersürzen; *v/t.* antreiben, drängen, hetzen; schnell *wohin* bringen; *Essen* hinunterschlingen; losstürmen auf (*acc.*); **don't** ~ **it** lass dir Zeit dabei; **2.** Ansturm *m*; Hast *f*, Hetze *f*; Hochbetrieb *m*; *econ.* stürmische Nachfrage; **what's all the** ~**?** wozu diese Eile *od.* Hetze?

rush[2] *bot.* [rʌʃ] Binse *f*

'**rush** **hour** Rushhour *f*, Hauptverkehrs-, Stoßzeit *f*; ~**·hour** '**traf·fic** Stoßverkehr *m*

rusk *bsd. Brt.* [rʌsk] Zwieback *m*

Rus·sia ['rʌʃə] Russland *n*; **Rus·sian** ['rʌʃn] **1.** russisch; **2.** Russ|e *m*, -in *f*; *ling.* Russisch *n*

rust [rʌst] **1.** Rost *m*; **2.** (ein-, ver)rosten (lassen)

rus·tic ['rʌstɪk] (~**ally**) ländlich, bäuerlich, rustikal

rus·tle ['rʌsl] **1.** rascheln (mit), knistern; *Am. Vieh* stehlen; **2.** Rascheln *n*

'**rust|·proof** rostfrei, nicht rostend; '~**·y** (*-ier, -iest*) rostig; *fig.* eingerostet

rut[1] [rʌt] (Rad)Spur *f*, Furche *f*; *fig.* (alter) Trott; **the daily** ~ das tägliche Einerlei; **2.** furchen; ~**ted** ausgefahren

rut[2] *zo.* [rʌt] Brunft *f*, Brunst *f*

ruth·less ['ruːθlɪs] umbarmherzig; rücksichts-, skrupellos

rye *bot.* [raɪ] Roggen *m*

S

S, s [es] S, s *n*

S *nur geschr. Abk. für:* **south** S, Süd(en *m*); **south**(**ern**) südlich; **small** (**size**) klein

$ *nur geschr. Abk. für* **dollar**(**s** *pl.*) Dollar *m od. pl.*

sa·ble ['seɪbl] *zo.* Zobel *m*; Zobelpelz *m*; △ *nicht* Säbel

sab·o·tage ['sæbətɑːʒ] **1.** Sabotage *f*; **2.** sabotieren

sa·bre *Brt.*, **sa·ber** *Am.* ['seɪbə] Säbel *m*

sack [sæk] **1.** Sack *m*; **get the ~** F rausgeschmissen (*entlassen*) werden; **give s.o. the ~** F j-n rausschmeißen (*entlassen*); **hit the ~** F sich in die Falle *od.* Klappe hauen; **2.** einsacken, in Säcke füllen; F j-n rausschmeißen (*entlassen*); '**~·cloth**, '**~·ing** Sackleinen *n*

sac·ra·ment *rel.* ['sækrəmənt] Sakrament *n*

sa·cred ['seɪkrɪd] geistlich (*Musik etc.*); heilig

sac·ri·fice ['sækrɪfaɪs] **1.** Opfer *n*; **2.** opfern

sac·ri·lege ['sækrɪlɪdʒ] Sakrileg *n*; Frevel *m*

sad [sæd] traurig; schmerzlich; schlimm

sad·dle ['sædl] **1.** Sattel *m*; **2.** satteln

sa·dis·m ['seɪdɪzəm] Sadismus *m*; **~·t** ['seɪdɪst] Sadist(in); **~·tic** (sə'dɪstɪk (~*ally*) sadistisch

'**sad·ness** Traurigkeit *f*

sa·fa·ri [sə'fɑːrɪ] Safari *f*; **~ park** Safaripark *m*

safe [seɪf] **1.** (~*r*, ~*st*) sicher; **2.** Safe *m, n*, Tresor *m*, Geldschrank *m*; **~ con·duct** freies Geleit; '**~·guard** F **1.** Schutz **m** (**against** gegen, vor *dat.*); **2.** schützen (**against, from** gegen, vor *dat.*); '**~·keep·ing** sichere Verwahrung

'**safe·ty** ['seɪftɪ] Sicherheit *f*; Sicherheits...; '**~ belt** → **seat belt**; '**~ is·land** *Am.* Verkehrsinsel *f*; '**~ lock** Sicherheitsschloss *n*; '**~ mea·sure** Sicherheitsmaßnahme *f*; '**~ pin** Sicherheitsnadel *f*; '**~ ra·zor** Rasierapparat *m*

sag [sæg] (-**gg**-) sich senken, absacken; durchhängen (*Leitung etc.*); (her-ab)hängen; sinken, nachlassen (*Interesse etc.*); abfallen (*Roman etc.*)

sa·ga·cious [sə'geɪʃəs] scharfsinnig; **~·ci·ty** [sə'gæsətɪ] Scharfsinn *m*

sage *bot.* [seɪdʒ] Salbei *m, f*

Sa·git·tar·i·us *astr.* [sædʒɪ'teərɪəs] Schütze *m*; *he/she is* (**a**) **~** er/sie ist (ein) Schütze

said [sed] *pret. u. p.p. von* **say** 1

sail [seɪl] **1.** Segel *n*; Segelfahrt *f*; (*Windmühlen*)Flügel *m*; **set ~** auslaufen (**for** nach); **go for a ~** segeln gehen; **2.** *v/i. naut.* segeln, fahren; *naut.* auslaufen (**for** nach); gleiten, schweben; **go ~ing** segeln gehen; *v/t. naut.* befahren; *Schiff* steuern, *Boot* segeln; '**~·board** Surfbrett *n*; '**~·boat** *Am.* Segelboot *n*

'**sail·ing** Segeln *n*; Segelsport *m*; **when is the next ~ to ...?** wann fährt das nächste Schiff nach ...?; '**~ boat** *bsd. Brt.* Segelboot *n*; '**~ ship** Segelschiff *n*

'**sail·or** Seemann *m*, Matrose *m*; **be a good** (**bad**) **~** (nicht) seefest sein

'**sail·plane** Segelflugzeug *n*

saint [seɪnt] Heilige(r *m*) *f*; *vor Eigennamen* 2 [snt] (*Abk.* **St**): **St George** der heilige Georg; '**~·ly** heilig, fromm

sake [seɪk]: **for the ~ of** um ... willen; **for my ~** meinetwegen; **for God's ~** F um Gottes willen

sa·la·ble ['seɪləbl] verkäuflich

sal·ad ['sæləd] Salat *m*; △ *nicht* Feldsalat *etc.*; '**~ dress·ing** Dressing *n*, Salatsoße *f*

sal·a·ried ['sælərɪd]: **~ employee** Angestellte(r *m*) *f*, Gehaltsempfänger(in)

sal·a·ry ['sælərɪ] Gehalt *n*

sale [seɪl] Verkauf *m*; Ab-, Umsatz *m*; (Saison)Schlussverkauf *m*; Auktion *f*, Versteigerung *f*; **for ~** zu verkaufen; **not for ~** unverkäuflich; **be on ~** verkauft werden, erhältlich sein

sale·a·ble ['seɪləbl] → **salable**

'**sales·clerk** *Am.* (Laden)Verkäufer(in); '**~·girl** (Laden-)Verkäuferin *f*; '**~·man** (*pl.* -**men**) Verkäufer *m*; (Handels)Vertreter *m*; '**~ rep·re·sen·ta·tive** Handlungsreisende(r *m*) *f*; (Handels)Vertreter(in); '**~·wom·an** (*pl.* -**women**) Verkäuferin *f*; (Handels)Vertreterin *f*

sa·line ['seɪlaɪn] salzig, Salz...
sa·li·va [sə'laɪvə] Speichel *m*
sal·low ['sæloʊ] gelblich (*Gesichtsfarbe*)
salm·on *zo.* ['sæmən] (*pl.* **-on, -ons**) Lachs *m*
sal·on ['sælɔːn, 'sælɒn] (*Friseur- od. Frisör-, Schönheits- etc.*)Salon *m*
sa·loon [sə'luːn] *Brt. mot.* Limousine *f*; *Am. hist.* Saloon *m*; *naut.* Salon *m*; → **~ bar** *Brt.* vornehmerer Teil e-s Pubs; **~ car** *Brt. mot.* Limousine *f*
salt [sɔːlt] **1.** Salz *n*; **2.** salzen; (ein)pökeln, einsalzen (*a*. **~ down**); *Straße etc.* (mit Salz) streuen; **3.** Salz...; gepökelt; salzig, gesalzen; **'~cel·lar** Salzstreuer *m*; **~·pe·tre** *bsd. Brt.*, **~·pe·ter** *Am.* [sɔːlt'piːtə] *chem.* Salpeter *m*; **'~·wa·ter** Salzwasser...; **'~·y** (*-ier, -iest*) salzig
sal·u·ta·tion [sælju'teɪʃn] Gruß *m*, Begrüßung *f*; Anrede *f* (*im Brief*)
sa·lute [sə'luːt] **1.** *mil.* salutieren; (be)grüßen; **2.** *mil.* Ehrenbezeigung *f*; *mil.* Salut *m*; Gruß *m*
sal·vage ['sælvɪdʒ] **1.** Bergung *f*; Bergungsgut *n*; **2.** bergen (*from* aus)
sal·va·tion [sæl'veɪʃn] Rettung *f*; *rel.* Erlösung *f*; *rel.* (Seelen)Heil *n*; **⁓ Army** Heilsarmee *f*
salve [sælv] (Heil)Salbe *f*; △ *nicht* **Salve**
same [seɪm]: **the ~** der-, die-, dasselbe; **all the ~** trotzdem; **it is all the ~ to me** es ist mir ganz egal
sam·ple ['sɑːmpl] **1.** Muster *n*, Probe *f*; **2.** kosten, probieren
san·a·to·ri·um [sænə'tɔːrɪəm] (*pl.* **-riums, -ria** [-rɪə]) Sanatorium *n*
sanc·ti·fy ['sæŋktɪfaɪ] heiligen
sanc·tion ['sæŋkʃn] **1.** Billigung *f*, Zustimmung *f*; *mst* **~s** *pl.* Sanktionen *pl.*; **2.** billigen, sanktionieren
sanc·ti·ty ['sæŋktətɪ] Heiligkeit *f*
sanc·tu·a·ry ['sæŋktʃʊərɪ] Schutzgebiet *n* (*für Tiere*); Zuflucht *f*, Asyl *n*
sand [sænd] **1.** Sand *m*; **~s** *pl.* Sand(fläche *f*) *m*; **2.** schmirgeln; mit Sand (be)streuen
san·dal ['sændl] Sandale *f*
'sand·bag Sandsack *m*; **'~·bank** Sandbank *f*; **'~·box** *Am.* Sandkasten *m*; **'~·cas·tle** Sandburg *f*; **'~·man** (*pl. -men*) Sandmännchen *n*; **'~·pa·per** Sand-, Schmirgelpapier *n*; **'~·pip·er** *zo.* Strandläufer *m*; **'~·pit** *bsd. Brt.* Sandkasten *m*; **'~·stone**

geol. Sandstein *m*; **'~·storm** Sandsturm *m*
sand·wich ['sænwɪdʒ] **1.** Sandwich *n*; **2. be ~ed between** eingekeilt sein zwischen (*dat.*); **~ s.th. in between** *fig.* et. einschieben zwischen (*acc.*, *dat.*)
sand·y ['sændɪ] (*-ier, -iest*) sandig; rotblond (*Haar*)
sane [seɪn] (**~r, ~st**) geistig gesund; *jur.* zurechnungsfähig; vernünftig
sang [sæŋ] *pret. von* **sing**
san·i·tar·i·um *Am.* [sænɪ'teərɪəm] (*pl.* **-riums, -ria** [-rɪə]) → **sanatorium**
san·i·ta·ry ['sænɪtərɪ] hygienisch; Gesundheits...; **'~ nap·kin** *Am.*, **'~ tow·el** *Brt.* (Damen)Binde *f*
san·i·ta·tion [sænɪ'teɪʃn] sanitäre Einrichtungen *pl.*; Kanalisation *f*
san·i·ty ['sænətɪ] geistige Gesundheit; *jur.* Zurechnungsfähigkeit *f*
sank [sæŋk] *pret. von* **sink** 1
San·ta Claus ['sæntəklɔːz] der Weihnachtsmann, der Nikolaus
sap[1] *bot.* [sæp] Saft *m*
sap[2] [sæp] (**-pp-**) schwächen
sap·phire ['sæfaɪə] Saphir *m*
sar·cas·m ['sɑːkæzəm] Sarkasmus *m*; **~·tic** [sɑː'kæstɪk] (**~ally**) sarkastisch
sar·dine [sɑː'diːn] Sardine *f*
SASE *Am.* [es eɪ es 'iː] *Abk. für* **self-addressed, stamped envelope** Freiumschlag *m*
sash[1] [sæʃ] Schärpe *f*
sash[2] [sæʃ] Fensterrahmen *m* (*e-s Schiebefensters*); **'~ win·dow** Schiebefenster *n*
sat [sæt] *pret. u. p.p. von* **sit**
Sat *nur geschr. Abk. für* **Saturday** Sa., Samstag *m*, Sonnabend *m*
Sa·tan ['seɪtən] der Satan
satch·el ['sætʃəl] (Schul)Ranzen *m*; Schultasche *f* (*Schultertasche*)
sat·el·lite ['sætəlaɪt] Satellit *m*
sat·in ['sætɪn] Satin *m*
sat·ire ['sætaɪə] Satire *f*; **~·i·rist** ['sætərɪst] Satiriker(in); **~·i·rize** ['sætəraɪz] verspotten
sat·is·fac·tion [sætɪs'fækʃn] Befriedigung *f*; Genugtuung *f*, Zufriedenheit *f*; **~·to·ry** [sætɪs'fæktərɪ] befriedigend, zufrieden stellend
sat·is·fy ['sætɪsfaɪ] befriedigen, zufrieden stellen; überzeugen; **be satisfied that** davon überzeugt sein, dass

sat·u·rate ['sætʃəreɪt] (durch)tränken (**with** mit); *chem.* sättigen (*a. fig.*)

Sat·ur·day ['sætədɪ] Sonnabend *m*, Samstag *m*; **on** ~ (am) Sonnabend *od.* Samstag; **on** ~**s** sonnabends, samstags

sauce [sɔːs] Soße *f*; △ *nicht* **Bratensoße**; F Frechheit *f*; **none of your** ~! werd bloß nicht frech!; '~**pan** Kochtopf *m*

sau·cer ['sɔːsə] Untertasse *f*

sauc·y F ['sɔːsɪ] (**-ier, -iest**) frech

saun·ter ['sɔːntə] bummeln, schlendern

saus·age ['sɒsɪdʒ] Wurst *f*; *a.* **small** ~ Würstchen *n*

sav·age ['sævɪdʒ] **1.** wild; unzivilisiert; **2.** Wilde(r *m*) *f*; ~**age·ry** ['sævɪdʒərɪ] Wildheit *f*; Rohheit *f*, Grausamkeit *f*

save [seɪv] **1.** retten (**from** vor *dat.*); *Geld, Zeit etc.* (ein)sparen; *a.* aufheben, -sparen (**for** für); *j-m et.* ersparen; *Computer*: (ab)speichern, sichern; *Sport: Schuss* halten, parieren, *Tor* verhindern; **2.** *Sport:* Parade *f*

sav·er ['seɪvə] Retter(in) *m*; Sparer(in); *it is a time-*~ es spart Zeit

sav·ings ['seɪvɪŋz] *pl.* Ersparnisse *pl.*; '~ **ac·count** Sparkonto *n*; '~ **bank** Sparkasse *f*; '~ **de·pos·it** Spareinlage *f*

sa·vio(u)r ['seɪvjə] Retter(in) *m*; die 2 *rel.* der Erlöser, der Heiland

sa·vo(u)r ['seɪvə] mit Genuss essen *od.* trinken; ~ **of** *fig.* e-n Beigeschmack haben von; '~**y** ['seɪvərɪ] schmackhaft

saw[1] [sɔː] *pret. von* **see**[1]

saw[2] [sɔː] **1.** Säge *f*; **2.** (~**ed**, ~**n** *od. bsd. Am.* ~**ed**) sägen; '~**dust** Sägemehl *n*, -späne *pl.*; '~**mill** Sägewerk *n*; ~**n** [sɔːn] *p.p. von* **saw**[2]

Sax·on ['sæksn] **1.** (Angel)Sachse *m*, (-)Sächsin *f*; **2.** (angel)sächsisch

say [seɪ] **1.** (**said**) sagen; aufsagen; *Gebet* sprechen, *Vaterunser* beten; ~ **grace** das Tischgebet sprechen; **what does your watch** ~? wie spät ist es auf deiner Uhr?; **he is said to be ...** er soll ... sein; **it** ~**s** es lautet (*Schreiben etc.*); **it** ~**s here** hier heißt es; **it goes without** ~**ing** es versteht sich von selbst; **no sooner said than done** gesagt, getan; **that is to** ~ das heißt; (**and**) **that's** ~**ing s.th.** (und) das will was heißen; **you can** ~ **it again!** das kannst du laut sagen!; **you don't** ~ (**so**)**!** was du nicht sagst!; **I** ~ sag(en Sie) mal!; ich muss schon sagen!; **I can't** ~ sehen

kann ich nicht sagen; **2.** Mitspracherecht *n* (**in** bei); **have one's** ~ s-e Meinung äußern, zu Wort kommen; **he always has to have his** ~ er muss immer mitreden; '~**ing** Sprichwort *n*, Redensart *f*; **as the** ~ **goes** wie man so (schön) sagt

scab [skæb] *med., bot.* Schorf *m*; *vet.* Räude *f*; *sl.* Streikbrecher(in)

scaf·fold ['skæfəld] (Bau)Gerüst *n*; Schafott *n*; '~**ing** (Bau)Gerüst *n*

scald [skɔːld] **1.** sich *die Zunge etc.* verbrühen; *Milch* abkochen; ~**ing hot** kochend heiß; **2.** Verbrühung *f*

scale[1] [skeɪl] Skala *f* (*a. fig.*), Gradod. Maßeinteilung *f*; *math., tech.* Maßstab *m*; *bsd. Am.* Waage *f*; *mus.* Skala *f*, Tonleiter *f*; *fig.* Ausmaß *n*, Maßstab *m*, Umfang *m*; **2.** erklettern; ~ **down** *fig.* verringern; ~ **up** *fig.* erhöhen

scale[2] [skeɪl] Waagschale *f*; (**a pair of**) ~**s** *pl.* (e-e) Waage

scale[3] [skeɪl] **1.** Schuppe *f*; Kesselstein *m*; **the** ~**s fell from my eyes** es fiel mir wie Schuppen von den Augen; **2.** *Fisch* (ab)schuppen

scal·lop *zo.* ['skɒləp] Kammmuschel *f*

scalp [skælp] **1.** Kopfhaut *f*; Skalp *m*; **2.** skalpieren

scal·y ['skeɪlɪ] (**-ier, -iest**) schuppig

scamp F [skæmp] Schlingel *m*, (kleiner) Strolch

scam·per ['skæmpə] trippeln (*Kind etc.*); huschen (*Maus etc.*)

scan [skæn] **1.** (**-nn-**) *et.* absuchen (**for** nach); *Zeitung etc.* überfliegen; *Computer, Radar, TV:* abtasten, scannen; **2.** *med. etc.* Scanning *n*

scan·dal ['skændl] Skandal *m*; Klatsch *m*; ~**ize** ['skændəlaɪz]: **be** ~**d at s.th.** über *et.* empört *od.* entrüstet sein; ~**ous** ['skændələs] skandalös; **be** ~ *a.* ein Skandal sein (**that** dass)

Scan·di·na·vi·a [skændɪ'neɪvjə] Skandinavien *n*; **Scan·di·na·vi·an** [skændɪ'neɪvjən] **1.** skandinavisch; **2.** Skandinavier(in)

scan·ner *tech.* ['skænə] Scanner *m*

scant [skænt] dürftig, gering; '~**y** (**-ier, -iest**) dürftig, kärglich, knapp

scape·goat ['skeɪpɡəʊt] Sündenbock *m*

scar [skɑː] **1.** Narbe *f*; **2.** (**-rr-**) e-e Narbe *od.* Narben hinterlassen auf (*dat.*); ~ **over** vernarben

scarce

scarce [skeəs] (*~r*, *~st*) knapp (*Ware*); selten; '**~·ly** kaum; **scar·ci·ty** ['skeəsətɪ] Mangel *m*, Knappheit *f* (*of* an *dat.*)

scare [skeə] **1.** erschrecken; *be ~d* Angst haben (*of* vor *dat.*); *~ away*, *~ off* verjagen, -scheuchen; **2.** Schreck(en *m*; Panik *f*; **~·crow** Vogelscheuche *f* (*a. fig.*)

scarf [skɑːf] (*pl.* **scarfs** [skɑːfs], **scarves** [skɑːvz]) Schal *m*; Hals-, Kopf-, Schultertuch *n*

scar·let ['skɑːlət] scharlachrot; **~ 'fe·ver** *med.* Scharlach *m*; **~ 'run·ner** *bot.* Feuerbohne *f*

scarred [skɑːd] narbig

scarves [skɑːvz] *pl.* von **scarf**

scath·ing ['skeɪðɪŋ] vernichtend (*Kritik*)

scat·ter ['skætə] (sich) zerstreuen (*Menge*); aus-, verstreuen; auseinanderstieben (*Vögel etc.*); '**~brained** F schusselig, schusslig; **~ed** verstreut; vereinzelt

scav·enge ['skævɪndʒ]: *~ on* zo. leben von (*Abfällen*, *Aas*); *~ for* suchen (nach) (*Nahrung etc.*)

sce·na·ri·o [sɪ'nɑːrɪəʊ] (*pl.* **-os**) Film, *thea.*, *TV*: Szenario *n*, Szenarium *n*

scene [siːn] Szene *f*; Schauplatz *m*; *~s pl.* Kulissen *pl.*; **sce·ne·ry** ['siːnərɪ] Landschaft *f*, Gegend *f*; Bühnenbild *n*, Kulissen *pl.*

scent [sent] **1.** Duft *m*, Geruch *m*; *bsd.* Brt. Parfüm *n*; *hunt.* Witterung *f*; Fährte *f*, Spur *f* (*a. fig.*); **2.** wittern; *bsd.* Brt. parfümieren; '**~less** geruchlos

scep·tic Brt. ['skeptɪk] Skeptiker(in); '**~ti·cal** Brt. skeptisch

scep·tre Brt., **scep·ter** Am. ['septə] Zepter *n*

sched·ule ['ʃedjuːl, Am. 'skedʒʊl] **1.** Aufstellung *f*, Verzeichnis *n*; (*Arbeits-, Stunden-, Zeit- etc.*)Plan *m*; *bsd. Am.* Fahr-, Flugplan *m*; *ahead of ~* dem Zeitplan voraus, früher als vorgesehen; *be behind ~* Verspätung haben; im Verzug *od.* Rückstand sein; *on ~* (fahr)planmäßig, pünktlich; **2.** *the meeting is ~d for Monday* die Sitzung ist für Montag angesetzt; *it is ~d to take place tomorrow* es soll morgen stattfinden; *~d* de'par·ture (fahr)planmäßige Abfahrt; *~d* 'flight Linienflug *m*

scheme [skiːm] **1.** *bsd.* Brt. Programm *n*, Projekt *n*; Schema *n*, System *n*; Intrige *f*, Machenschaft *f*; **2.** intrigieren

schnit·zel *gastr.* ['ʃnɪtsl] Wiener Schnitzel *n*

schol·ar ['skɒlə] Gelehrte(r *m*) *f*; *univ.* Stipendiat(in); '**~·ly** gelehrt; '**~·ship** Gelehrsamkeit *f*; *univ.* Stipendium *n*

school¹ [skuːl] **1.** Schule *f* (*a. fig.*); *univ.* Fakultät *f*; *Am.* Hochschule *f*; *at ~* auf *od.* in der Schule; *go to ~* in die *od.* zur Schule gehen; **2.** *j-n* schulen, unterrichten; *Tier* dressieren

school² *zo.* [skuːl] Schule *f*, Schwarm *m* (*Fische*, *Wale etc.*)

'**school·bag** Schultasche *f*; '**~boy** Schüler *m*; '**~child** (*pl.* **-children**) Schulkind *n*; '**~fel·low** → *schoolmate*; '**~girl** Schülerin *f*; '**~ing** (Schul)Ausbildung *f*; '**~mate** Schulkamerad(in); '**~teach·er** (Schul)Lehrer(in); '**~yard** Schulhof *m*

schoo·ner *naut.* ['skuːnə] Schoner *m*

sci·ence ['saɪəns] Wissenschaft *f*; *a. natural ~* Naturwissenschaft (*en pl.*) *f*; **~ 'fic·tion** (*Abk.* **SF**) Science-fiction *f*

sci·en·tif·ic [saɪən'tɪfɪk] (*~ally*) (natur)wissenschaftlich, exakt, systematisch

sci·en·tist ['saɪəntɪst] (Natur)Wissenschaftler(in)

sci-fi F ['saɪfaɪ] Sciencefiction *f*

scin·til·lat·ing ['sɪntɪleɪtɪŋ] (geist)sprühend

scis·sors ['sɪzəz] *pl.* (*a pair of ~* e-e) Schere

scoff [skɒf] **1.** spotten (*at* über *acc.*); **2.** spöttische Bemerkung

scold [skəʊld] schimpfen (mit)

scol·lop *zo.* ['skɒləp] → **scallop**

scone [skɒn] *kleines rundes Teegebäck, mit Butter serviert*

scoop [skuːp] **1.** Schöpfkelle *f*; (*Mehletc.*)Schaufel *f*; (*Eis- etc.*)Portionierer *m*; Kugel *f* (*Eis*); *Presse*, *Rundfunk*, *TV*: Exklusivmeldung *f*, F Knüller *m*; **2.** schöpfen, schaufeln; *~ up* auf-, hochheben

scoot·er ['skuːtə] (Kinder)Roller *m*; (*Motor*)Roller *m*

scope [skəʊp] Bereich *m*; Spielraum *m*

scorch [skɔːtʃ] *v/t.* an-, versengen, verbrennen; ausdörren; *v/i. mot.* F rasen

score [skɔː] **1.** (Spiel)Stand *m*; (Spiel-)Ergebnis *n*; *mus.* Partitur *f* (*zu e-m Film etc.*); 20 (Stück); *a.* **~ mark** Kerbe *f*, Rille *f*; *what is the ~?* wie steht es *od.* das Spiel?; *the* **~ stood at** *od.* **was 3-2** das Spiel stand 3:2; *keep* **(the)** **~** anschreiben; **~s** *pl.* of e-e Menge; *four* **~ and ten** neunzig; *on that* **~** deshalb, in dieser Hinsicht; *have a* **~ to settle with s.o.** e-e alte Rechnung mit j-m zu begleichen haben; **2.** *v/t. Sport:* Punkte, Treffer erzielen, Tor *a.* schießen; *Erfolg, Sieg* erringen; *mus.* instrumentieren; die Musik schreiben zu *od.* für; einkerben; *v/i. Sport:* e-n Treffer *etc.* erzielen, ein Tor schießen; erfolgreich sein; **'~board** *Sport:* Anzeigetafel *f*
scor·er ['skɔːrə] *Sport:* Torschütz|e *m*, -in *f*; *Sport:* Anschreiber(in)
scorn [skɔːn] Verachtung *f*; **'~ful** verächtlich
Scor·pi·o *astr.* ['skɔːpɪəʊ] Skorpion *m*; *he/she is* **(a)** **~** er/sie ist (ein) Skorpion
Scot [skɒt] Schott|e *m*, -in *f*
Scotch [skɒtʃ] **1.** schottisch (*Whisky etc.*); **2.** Scotch *m* (*schottischer Whisky*)
scot-free F [skɒt'friː]: *get off* **~** ungeschoren davonkommen
Scot·land ['skɒtlənd] Schottland *n*
Scots [skɒts] schottisch (*bei Personen*); **'~·man** (*pl.* **-men**) Schotte *m*; **'~·wom·an** (*pl.* **-women**) Schottin *f*
Scot·tish ['skɒtɪʃ] schottisch
scoun·drel ['skaʊndrəl] Schurke *m*
scour[1] ['skaʊə] scheuern, schrubben
scour[2] ['skaʊə] *Gegend* absuchen, durchkämmen (*for* nach)
scourge [skɜːdʒ] **1.** Geißel *f* (*a. fig.*); **2.** geißeln, *fig. a.* heimsuchen
scout [skaʊt] **1.** *bsd. mil.* Kundschafter *m*; *Brt.* motorisierter Pannenhelfer; *boy* **~** Pfadfinder *m*; *a.* **girl ~** *Am.* Pfadfinderin *f*; *a.* **talent ~** Talentsucher(in); **2.** **~ about**, **~ around** sich umsehen (*for* nach); *a.* **~ out** *mil.* auskundschaften
scowl [skaʊl] **1.** finsteres Gesicht; **2.** finster blicken; **~ at** j-n böse *od.* finster anschauen
scram·ble ['skræmbl] **1.** klettern; sich drängeln (*for* zu); **2.** Kletterei *f*; Drängelei *f*; **~d eggs** *pl.* Rührei(er *pl.*) *n*
scrap[1] [skræp] **1.** Stückchen *n*, Fetzen *m*; Altmaterial *n*; Schrott *m*; **~s** *pl.* Abfall *m*, (*bsd.* Speise)Reste *pl.*; **2.** (**-pp-**) *Plan etc.* aufgeben, fallen lassen; ausrangieren; verschrotten
scrap[2] F [skræp] **1.** Streiterei *f*; Balgerei *f*; **2.** sich streiten; sich balgen
'scrap·book Sammelalbum *n*
scrape [skreɪp] **1.** (ab)kratzen, (ab)schaben; sich *die Knie etc.* aufschürfen; *Wagen etc.* ankratzen; scheuern (*against* an *dat.*), (entlang)streifen; **2.** Kratzen *n*; Kratzer *m*, Schramme *f*; *fig.* Klemme *f*
'scrap| heap Schrotthaufen *m*; **'~ met·al** Altmetall *n*, Schrott *m*; **'~ pa·per** *bsd. Brt.* Schmierpapier *n*; **'~ val·ue** Schrottwert *m*; **'~·yard** Schrottplatz *m*
scratch [skrætʃ] **1.** (zer)kratzen; (ab)kratzen; *s-n Namen etc.* einkratzen; (sich) kratzen; **2.** Kratzer *m*, Schramme *f*; Gekratze *n*; Kratzen *n*; *from* **~** F ganz von vorn; **3.** (bunt) zusammengewürfelt; **'~pad** *bsd. Am.* Notiz-, Schmierblock *m*; **'~ pa·per** *Am.* Schmierpapier *n*
scrawl [skrɔːl] **1.** kritzeln; **2.** Gekritzel *n*
scraw·ny ['skrɔːnɪ] (**-ier, -iest**) dürr
scream [skriːm] **1.** schreien (*with* vor *dat.*); *a.* **~ out** schreien; **~ with laughter** vor Lachen brüllen; **2.** Schrei *m*; **~s** *pl.* **of laughter** brüllendes Gelächter; *be a* **~** F zum Schreien (komisch) sein
screech [skriːtʃ] **1.** kreischen (*a. Bremsen etc.*), (gellend) schreien; **2.** Kreischen *n*; (gellender) Schrei
screen [skriːn] **1.** Wand-, Ofen-, Schutzschirm *m*; *Film:* Leinwand *f*; *Radar, TV, Computer:* Bildschirm *m*; Fliegenfenster *n*, -gitter *n*; *fig.* Tarnung *f*; **2.** abschirmen; *Film* zeigen, *Fernsehprogramm a.* senden; *fig. j-n* decken; *fig. j-n* überprüfen; **~ off** abtrennen; **'~·play** Drehbuch *n*; **'~ sav·er** *Computer:* Bildschirmschoner *m*
screw [skruː] **1.** *tech.* Schraube *f*; *he has a* **~ loose** F bei ihm ist e-e Schraube locker; **2.** (an)schrauben (**to** an *acc.*); V bumsen, vögeln; **~ up** Gesicht verziehen; *Augen* zusammenkneifen; **~ up one's courage** sich ein Herz fassen; **'~·ball** *bsd. Am.* F Spinner(in); **'~·driv·er** Schraubenzieher *m*; **~ top** Schraubverschluss *m*
scrib·ble ['skrɪbl] **1.** (hin)kritzeln; **2.** Gekritzel *n*

scrimp [skrɪmp]: ~ *and save* jeden Pfennig zweimal umdrehen (*sparen*)
script [skrɪpt] Manuskript *n* (*e-r Rede etc.*); Film, TV: Drehbuch *n*, Skript *n*; thea. Text(buch *n*) *m*; Schrift(zeichen *pl.*) *f*; Brt. univ. (schriftliche) Prüfungsarbeit
Scrip·ture ['skrɪptʃə] *a*. the ~*s pl.* die Heilige Schrift
scroll [skrəʊl] **1.** Schriftrolle *f*; **2.** ~ *down/up* Bildschirminhalt zurück-/vorrollen
scro·tum *anat.* ['skrəʊtəm] (*pl.* **-ta** [-tə], **-tums**) Hodensack *m*
scrub[1] [skrʌb] **1.** (**-bb-**) schrubben, scheuern; **2.** Schrubben *n*, Scheuern *n*
scrub[2] [skrʌb] Gebüsch *n*, Gestrüpp *n*
scru·ple ['skru:pl] **1.** Skrupel *m*, Zweifel *m*, Bedenken *pl*; **2.** Bedenken haben; ~**pu·lous** ['skru:pjʊləs] gewissenhaft; △ *nicht* **skrupellos**
scru·ti·nize ['skru:tɪnaɪz] genau prüfen; mustern; ~**ny** ['skru:tɪnɪ] genaue Prüfung; prüfender Blick
scu·ba ['sku:bə] Tauchgerät *n*; ~ *div·ing* (Sport)Tauchen *n* (*mit Atemgerät*)
scud [skʌd] (**-dd-**) eilen, jagen (*bsd. Wolken, Schiffe*)
scuf·fle ['skʌfl] **1.** Handgemenge *n*, Rauferei *f*; **2.** sich raufen
scull [skʌl] **1.** Skull *n* (*kurzes Ruder*); Skullboot *n*; **2.** rudern, skullen
scul·le·ry ['skʌlərɪ] Spülküche *f*
sculp·tor ['skʌlptə] Bildhauer *m*; ~**ture** ['skʌlptʃə] **1.** Bildhauerei *f*; Skulptur *f*, Plastik *f*; **2.** hauen, meißeln, formen
scum [skʌm] Schaum *m*; *fig.* Abschaum *m*; *the ~ of the earth fig.* der Abschaum der Menschheit
scurf [skɜ:f] (Kopf)Schuppen *pl.*
scur·ri·lous ['skʌrɪləs] beleidigend; verleumderisch; △ *nicht* **skurril**
scur·ry ['skʌrɪ] huschen; trippeln
scur·vy *med.* ['skɜ:vɪ] Skorbut *m*
scut·tle ['skʌtl]: ~ *away*, ~ *off* sich schnell davonmachen
scythe [saɪð] Sense *f*
SE *nur geschr. Abk. für:* **southeast** SO, Südost(en *m*); **southeast(ern)** sö, südöstlich
sea [si:] Meer *n* (*a. fig.*), See *f*; △ *nicht* **See** *m*; *at* ~ auf See; *be all od.* **completely at** ~ *fig.* F völlig ratlos sein; *by* ~

264

auf dem Seeweg; *by the* ~ am Meer; '~·food Meeresfrüchte *pl.*; '~·gull *zo.* Seemöwe *f*
seal[1] *zo.* [si:l] (*pl.* **seals, seal**) Robbe *f*, Seehund *m*
seal[2] [si:l] **1.** Siegel *n*; *tech.* Plombe *f*; *tech.* Dichtung *f*; **2.** (ver)siegeln; *tech.* plombieren; *tech.* abdichten; *fig.* besiegeln; ~*ed envelope* verschlossener Briefumschlag; ~ *off Gegend etc.* abriegeln
'**sea lev·el**: *above/below* ~ über/unter dem Meeresspiegel
'**seal·ing wax** Siegellack *m*
seam [si:m] Naht *f*; Fuge *f*; *geol.* Flöz *n*
'**sea·man** (*pl.* **-men**) Seemann *m*
seam·stress ['semstrɪs] Näherin *f*
'**sea**|**·plane** Wasserflugzeug *n*; '~·port Seehafen *m*; Hafenstadt *f*; ~ *pow·er* Seemacht *f*
sear [sɪə] Fleisch rasch anbraten; *Pflanzen* vertrocknen lassen
search [sɜ:tʃ] **1.** *v/i.* suchen (*for* nach); ~ *through* durchsuchen; *v/t.* j-n, *et.* durchsuchen (*for* nach); ~ *me!* F keine Ahnung!; **2.** Suche *f* (*for* nach); Fahndung *f* (*for* nach); Durchsuchung *f*; *in* ~ *of* auf der Suche nach; '~·ing forschend, prüfend (*Blick*); eingehend (*Prüfung etc.*); '~·light (Such)Scheinwerfer *m*; ~ *par·ty* Suchmannschaft *f*; ~ *war·rant* jur. Haussuchungs-, Durchsuchungsbefehl *m*
'**sea**|**·shore** Meeresküste *f*; '~·sick seekrank; '~·side: *at od. by the* ~ am Meer; *go to the* ~ ans Meer fahren; ~·side re·sort Seebad *n*
sea·son[1] ['si:zn] Jahreszeit *f*; Saison *f*, *thea. etc. a.* Spielzeit *f*, (*Jagd-, Urlaubs- etc.*)Zeit *f*; *in/out of* ~ in/außerhalb der (Hoch)Saison; *cherries are now in* ~ jetzt ist Kirschenzeit; 2*'s Greetings!* Frohe Weihnachten!; *with the compliments of the* ~ mit den besten Wünschen zum Fest
sea·son[2] ['si:zn] Speise würzen (*with* mit); Holz ablagern
sea·son·al ['si:zənl] saisonbedingt, Saison...
sea·son·ing ['si:znɪŋ] Gewürz *n* (*Zutat*)
'**sea·son tick·et** *rail. etc.* Dauer-, Zeitkarte *f*; *thea.* Abonnement *n*
seat [si:t] **1.** Sitz(gelegenheit *f*) *m*; (Sitz)Platz *m*; Sitz(fläche *f*) *m*; Hosen-

boden m; Hinterteil n; (Geschäfts-, Regierungs- etc.)Sitz m; Sitz m (im Parlament etc.); **take a ~** Platz nehmen; **take one's ~** s-n Platz einnehmen; **2.** j-n setzen; Sitzplätze bieten für; **be ~ed** sitzen; **please be ~ed** bitte nehmen Sie Platz; **remain ~ed** sitzen bleiben; '**~ belt** aviat., mot. Sicherheitsgurt m; **fasten one's ~** sich anschnallen; '**...-seat·er** ...sitzer m.

sea| ur·chin zo. ['siːɜːtʃɪn] Seeigel m; **~·ward**(**s**) ['siːwəd(z)] seewärts; '**~weed** bot. (See)Tang m; '**~·wor·thy** seetüchtig

sec bsd. Brt. F fig. [sek] Augenblick m, Sekunde f; **just a ~** Augenblick(, bitte)!
se·cede [sɪˈsiːd] sich abspalten **(from** von); **se·ces·sion** [sɪˈseʃn] Abspaltung f, Sezession f **(from** von)
se·clud·ed [sɪˈkluːdɪd] abgelegen, abgeschieden (Haus etc.); zurückgezogen (Leben); **se·clu·sion** [sɪˈkluːʒn] Abgeschiedenheit f; Zurückgezogenheit f
sec·ond[1] ['sekənd] **1.** adj. zweite(r, -s); **every ~ day** jeden zweiten Tag, alle zwei Tage; **~ to none** unerreicht, unübertroffen; **but on ~ thoughts** (Am. **thought**) aber wenn ich es mir so überlege; **2.** adv. als Zweite(r, -s); **3.** der, die, das Zweite; mot. zweiter Gang; Sekundant m; **~s** pl. F econ. Waren pl. zweiter Wahl; **~·ly** zweitens; **~·s** pl. F nachschlag etc. unterstützen
sec·ond[2] ['sekənd] Sekunde f; fig. Augenblick m, Sekunde f; **just a ~** Augenblick(, bitte)!
sec·ond·a·ry ['sekəndərɪ] sekundär, zweitrangig; ped. höher (Schule etc.)
sec·ond-|**best** zweitbeste(r, -s); '**~ class** rail. etc. zweiter Klasse; **~-ˈclass** zweitklassig; **~ ˈfloor** Brt. zweiter Stock, Am. erster Stock; **~·hand** aus zweiter Hand; gebraucht; antiquarisch; '**~ hand** Sekundenzeiger m; '**~·ly** zweitens; '**~ rate** zweitklassig
se·cre·cy ['siːkrəsɪ] Verschwiegenheit f; Geheimhaltung f
se·cret ['siːkrɪt] **1.** geheim, Geheim...; heimlich (Verehrer etc.); verschwiegen; **2.** Geheimnis n; **in ~** heimlich, im Geheimen; **keep s.th. a ~** et. geheim halten **(from** vor dat.); **can you keep a ~?** kannst du schweigen?; **~ ˈa·gent** Geheimagent(in)
sec·re·ta·ry ['sekrətrɪ] Sekretär(in);

pol. Minister(in); **♀ of ˈState** Brt. Minister(in); Am. Außenminister(in)
se·crete physiol. [sɪˈkriːt] absondern; **se·cre·tion** physiol. [sɪˈkriːʃn] Sekret n; Absonderung f
se·cre·tive [sɪˈkriːtɪv] verschlossen
se·cret·ly [ˈsiːkrɪtlɪ] heimlich
se·cret ˈser·vice Geheimdienst m
sec·tion ['sekʃn] Teil m; Abschnitt m; jur. Paragraph m; Abteilung f; math. tech. Schnitt m
sec·u·lar ['sekjʊlə] weltlich
se·cure [sɪˈkjʊə] **1.** sicher **(against, from** vor dat.); **2.** Tür etc. fest verschließen; sichern **(against, from** vor dat.)
se·cu·ri·ty [sɪˈkjʊərətɪ] Sicherheit f; **se·curities** pl. Wertpapiere pl.; **~ check** Sicherheitskontrolle f; **~ mea·sure** Sicherheitsmaßnahme f; **~ risk** Sicherheitsrisiko n
se·dan Am. mot. [sɪˈdæn] Limousine f
se·date [sɪˈdeɪt] ruhig, gelassen
sed·a·tive mst med. [ˈsedətɪv] **1.** beruhigend; **2.** Beruhigungsmittel n
sed·i·ment ['sedɪmənt] (Boden)Satz m
se·duce [sɪˈdjuːs] verführen; **se·duc·er** [sɪˈdjuːsə] Verführer(in); **se·duc·tion** [sɪˈdʌkʃn] Verführung f; **se·duc·tive** [sɪˈdʌktɪv] verführerisch
see[1] [siː] (**saw, seen**) v/i. sehen; nachsehen; **I ~!** (ich) verstehe!, ach so!; **you ~** weißt du; **let me ~** warte mal, lass mich überlegen; **we'll ~** mal sehen; v/t. sehen; besuchen; j-n aufsuchen od. konsultieren; **~ s.o. home** j-n nach Hause (östr., Schweiz: a. nachhause) bringen od. begleiten; **~ you!** bis dann!, auf bald!; **~ about** sehen nach, sich kümmern um; **~ off** j-n verabschieden **(at** am Bahnhof etc.); **~ out** j-n hinausbringen, -begleiten; **~ through** j-n, et. durchschauen; j-m hinweghelfen über (acc.); **~ to it that** dafür sorgen, dass
see[2] [siː] Bistum n, Diözese f; **Holy ♀** der Heilige Stuhl
seed [siːd] **1.** bot. Same(n) m; Saat(gut n) f; Am. (Apfel-, Orangen- etc.)Kern m; Sport: gesetzter Spieler, gesetzte Spielerin; **go** od. **run to ~** schießen (Salat etc.); f F herunterkommen (Person); **2.** v/t. besäen; entkernen; Sport: Spieler setzen; v/i. bot. in Samen schießen; '**~·less** kernlos (Orangen etc.); '**~·y** F (**-ier, -iest**) heruntergekommen

seek

seek [siːk] (**sought**) *Schutz, Wahrheit etc.* suchen
seem [siːm] scheinen; **'~ing** scheinbar
seen [siːn] *p.p. von* **see¹**
seep [siːp] sickern
see-saw ['siːsɔː] Wippe *f*, Wippschaukel *f*
seethe [siːð] schäumen (*a. fig.*); *fig.* kochen
'see-through durchsichtig (*Bluse etc.*)
seg·ment ['segmənt] Teil *m, n*; Stück *n*; Abschnitt *m*; Segment *n*
seg·re|·gate ['segrɪgeɪt] (*bsd. nach Rassen, Geschlechtern*) trennen; **~·ga·tion** [segrɪ'geɪʃn] Rassentrennung *f*
seize [siːz] *j-n, et.* packen, ergreifen; *Macht etc.* an sich reißen; *et.* beschlagnahmen; **sei·zure** ['siːʒə] Beschlagnahme *f*; *med.* Anfall *m*
sel·dom ['seldəm] *adv.* selten
se·lect [sɪ'lekt] **1.** (aus)wählen; **2.** ausgewählt; exklusiv; **se·lec·tion** [sɪ'lekʃn] (Aus)Wahl *f*; *econ.* Auswahl *f* (*of an dat.*)
self [self] (*pl.* **selves** [selvz]) Ich *n*, Selbst *n*; **~as'sured** selbstbewusst, -sicher; **~'cen·tred** *Brt.*, **~'cen·tered** *Am.* egozentrisch; **~'col·o(u)red** einfarbig; **~'con·fi·dence** Selbstbewusstsein *n*, -vertrauen *n*; **~'con·fi·dent** selbstbewusst; **~'con·scious** befangen, gehemmt, unsicher; ⚠ *nicht* **selbstbewusst**; **~con'tained** (in sich) abgeschlossen; *fig.* verschlossen; **~ flat** *Brt.* abgeschlossene Wohnung; **~con'trol** Selbstbeherrschung *f*; **~de'fence** *Brt.*, **~de'fense** *Am.* Selbstverteidigung *f*; **in ~** *od.* aus Notwehr; **~de·ter·mi·na·tion** *pol.* Selbstbestimmung *f*; **~em'ployed** beruflich selbstständig; **~es'teem** Selbstachtung *f*; **~'ev·i·dent** selbstverständlich; offensichtlich; **~'gov·ern·ment** *pol.* Selbstverwaltung *f*; **~'help** Selbsthilfe *f*; **~im'por·tant** überheblich; **~in'dul·gent** nachgiebig gegen sich selbst; zügellos; **~'in·terest** Eigennutz *m*; **~ish** selbstsüchtig, egoistisch; **~made 'man** Selfmademan *m*; **~'pit·y** Selbstmitleid *n*; **~pos·'sessed** selbstbeherrscht; **~pos'ses·sion** Selbstbeherrschung *f*; **~re·li·ant** [selfrɪ'laɪənt] selbstständig; **~re'spect** Selbstachtung *f*; **~'right·eous** selbst-

266

gerecht; **~'sat·is·fied** selbstzufrieden; **~'ser·vice 1.** mit Selbstbedienung, Selbstbedienungs...; **2.** Selbstbedienung *f*; **~'stud·y** Selbststudium *n*; **~suf·fi·cient** *econ.* autark; **~-'sup·port·ing** finanziell unabhängig; **~-'willed** eigensinnig, -willig

sell [sel] (**sold**) verkaufen; verkauft werden (*at, for* für); sich *gut etc.* verkaufen (lassen), gehen (*Ware*); **~ by ...** mindestens haltbar bis ...; **~ off** (*bsd.* billig) abstoßen; **~ out** ausverkaufen; **be sold out** ausverkauft sein; **~ up** *bsd. Brt.* v/t. sein Geschäft *etc.* verkaufen; v/i. sein Geschäft *etc.* verkaufen; **'~by date** Mindesthaltbarkeitsdatum *n*; **'~er** Verkäufer(in); **good ~** gut gehender Artikel

selves [selvz] *pl. von* **self**
sem·blance ['sembləns] Anschein *m* (*of* von)
se·men *physiol.* ['siːmen] Samen(flüssigkeit *f*) *m*, Sperma *n*
se·mes·ter *univ.* [sɪ'mestə] Semester *n*
sem·i... ['semɪ] halb..., Halb...
'sem·i|·cir·cle Halbkreis *m*; **~'co·lon** Semikolon *n*, Strichpunkt *m*; **~de'tached (house)** Doppelhaushälfte *f*; **~'fi·nals** *pl. Sport:* Semi-, Halbfinale *n*
sem·i·nar·y ['semɪnərɪ] Priesterseminar *n*
Sen → **Snr**
sen|·ate ['senɪt] Senat *m*; **~·a·tor** ['senətə] Senator *m*
send [send] (**sent**) *et., a.* Grüße, Hilfe *etc.* senden, schicken (**to** *dat. od.* an *acc.*); *Ware etc.* versenden, -schicken (**to** an *acc.*); *j-n* schicken (**to ins** Bett *etc.*); *mit adj. od. p.pr.:* machen: **~ s.o. mad** *j-n* wahnsinnig machen; **~ word to s.o.** *j-m* Nachricht geben; **~ away** fort-, wegschicken; *Brief etc.* absenden, abschicken; **~ down** *fig.* Preise *etc.* fallen lassen; **~ for** nach *j-m* schicken, *j-n* kommen lassen; *et.* kommen lassen, *et.* anfordern; **~ in** einsenden, -schicken, -reichen; **~ off** fort-, wegschicken; *Brief etc.* absenden, abschicken; *Sport:* vom Platz stellen; **~ on** *Brief etc.* nachsenden, -schicken (**to** an *Adresse*); *Gepäck etc.* vorausschicken; **~ out** hinausschicken; *Einladungs-*

serve

etc. verschicken; **~ up** *fig.* Preise *etc.* steigen lassen; **'~er** Absender(in)
se·nile ['si:naɪl] senil; **se·nil·i·ty** [sɪ'nɪlətɪ] Senilität *f*
se·ni·or ['si:njə] **1.** *nachgestellt:* senior; älter (**to** als); dienstälter; rangälter; Ober...; **2.** Ältere(r *m*) *f*; *Am.* Student(in) im letzten Jahr; *he is my ~ by a year* er ist ein Jahr älter als ich; **~ 'cit·i·zens** *pl.* ältere Mitbürger *pl.*, Senioren *pl.*; **~·i·ty** [si:nɪ'ɒrətɪ] (höheres) Alter; (höheres) Dienstalter; (höherer) Rang; **~ 'part·ner** *econ.* Seniorpartner *m*
sen·sa·tion [sen'seɪʃn] Empfindung *f*; Gefühl *n*; Sensation *f*; **~·al** [sen'seɪʃənl] F großartig, fantastisch; sensationell; Sensations...
sense [sens] **1.** Sinn *m*; Verstand *m*; Vernunft *f*; Gefühl *n*; Bedeutung *f*; *bring s.o. to his ~s* j-n zur Besinnung *od.* Vernunft bringen; *come to one's ~s* zur Besinnung *od.* Vernunft kommen; *in a ~* in gewisser Hinsicht; *make ~* e-n Sinn ergeben; vernünftig sein; *~ of duty* Pflichtgefühl *n*; *~ of security* Gefühl *n* der Sicherheit; **2.** fühlen, spüren; **'~·less** bewusstlos; sinnlos
sen·si·bil·i·ty [sensɪ'bɪlətɪ] Empfindlichkeit *f*; *a.* **sensibilities** *pl.* Empfindsamkeit *f*, Zartgefühl *n*
sen·si·ble ['sensəbl] vernünftig; spürbar, merklich; praktisch (*Kleidung*); △ *nicht sensibel*
sen·si·tive ['sensɪtɪv] empfindlich; sensibel, empfindsam, feinfühlig
sen·sor *tech.* ['sensə] Sensor *m*
sen·su·al ['sensjʊəl] sinnlich
sen·su·ous ['sensjʊəs] sinnlich
sent [sent] *pret. u. p.p. von* **send**
sen·tence ['sentəns] **1.** *gr.* Satz *m*; *jur.* Strafe *f*, Urteil *n*; *pass od.* **pronounce ~** das Urteil fällen (**on** über *acc.*); **2.** *jur.* verurteilen (**to** zu)
sen·ti·ment ['sentɪmənt] Gefühl *n*; Sentimentalität *f*; *a.* **~s** *pl.* Ansicht *f*, Meinung *f*; **~·men·tal** [sentɪ'mentl] sentimental; gefühlvoll; **~·men·tal·i·ty** [sentɪmen'tælətɪ] Sentimentalität *f*
sen·try *mil.* ['sentrɪ] Wache *f*, (Wach[t])Posten *m*
sep·a·ra·ble ['sepərəbl] trennbar; **~·rate 1.** ['sepəreɪt] (sich) trennen; (auf-, ein-, zer)teilen (**into** *acc.*); **2.**

['seprət] getrennt, separat; einzeln; **~·ra·tion** [sepə'reɪʃn] Trennung *f*; (Auf-, Ein-, Zer)Teilung *f*
Sept *nur geschr. Abk. für* **September** Sept., September *m*
Sep·tem·ber [sep'tembə] September *m*
sep·tic *med.* ['septɪk] (**~ally**) vereitert, septisch
se·quel ['si:kwəl] Nachfolgeroman *m*, -film *m*, Fortsetzung *f*; *fig.* Folge *f*; Nachspiel *n*
se·quence ['si:kwəns] (Aufeinander-, Reihen)Folge *f*; *Film, TV:* Sequenz *f*, Szene *f*; **~ of tenses** *gr.* Zeitenfolge *f*
ser·e·nade *mus.* [serə'neɪd] **1.** Serenade *f*, Ständchen *n*; **2.** j-m ein Ständchen bringen
se·rene [sɪ'ri:n] klar; heiter; gelassen
ser·geant ['sɑ:dʒənt] *mil.* Feldwebel *m*; (Polizei)Wachtmeister *m*
se·ri·al ['sɪərɪəl] **1.** Fortsetzungsroman *m*; (Rundfunk-, Fernseh)Serie *f*; **2.** serienmäßig, Serien..., Fortsetzungs...
se·ries ['sɪəri:z] (*pl.* **-ries**) Serie *f*, Reihe *f*, Folge *f*; (Buch)Reihe *f*; (Rundfunk-, Fernseh)Serie *f*, Sendereihe *f*
se·ri·ous ['sɪərɪəs] ernst; ernsthaft, ernstlich; schwer (*Krankheit, Schaden, Verbrechen etc.*); △ *nicht seriös*; *be ~* es ernst meinen (**about** mit); **'~·ness** Ernst(haftigkeit *f*) *m*; Schwere *f*
ser·mon ['sɜ:mən] *rel.* Predigt *f*; (Moral-, Straf)Predigt *f*
ser·pen·tine ['sɜ:pəntaɪn] gewunden, kurvenreich (*Fluss, Straße*)
se·rum ['sɪərəm] (*pl.* **-rums, -ra** [-rə]) Serum *n*
ser·vant ['sɜ:vənt] Diener(in) (*a. fig.*); Dienstbote *m*, -mädchen *n*; → **civil servant**
serve [sɜ:v] **1.** *v/t.* j-m, s-m Land *etc.* dienen; Dienstzeit (*a. mil.*) ableisten; Amtszeit *etc.* durchlaufen; j-n, *et.* versorgen (**with** mit); *Essen* servieren; *Alkohol* ausschenken; j-n (*im Laden*) bedienen; *jur. Strafe* verbüßen; *Zweck* dienen; *Zweck* erfüllen; *jur. Vorladung etc.* zustellen (**on s.o.** j-m); *Tennis etc.:* aufschlagen; *are you being ~d?* werden Sie schon bedient?; (*it*) *~s him right* F (das) geschieht ihm ganz recht; *v/i. bsd. mil.* dienen; servieren; dienen (**as**, **for** als); *Tennis etc.:* aufschlagen; *XY to ~ Tennis etc.:* Aufschlag XY; *~ on a*

committee e-m Ausschuss angehören; **2.** *Tennis etc.*: Aufschlag *m*; **'serv·er** *Tennis etc.*: Aufschläger(in); Servierlöffel *m*; **salad ~s** *pl.* Salatbesteck *n*
ser·vice ['sɜːvɪs] **1.** Dienst *m* (**to** an *dat.*); Dienstleistung *f*; (*Post-, Staats-, Telefon-* etc.)Dienst *m*; (*Zug-* etc.)Verkehr *m*; Service *m*, Kundendienst *m*; Bedienung *f*; Betrieb *m*; *rel.* Gottesdienst *m*; *tech.* Wartung *f*, *mot. a.* Inspektion *f*; (*Tee-* etc.)Service *n*; *jur.* Zustellung *f* (**e-r Vorladung**); *Tennis etc.*: Aufschlag *m*; **~s** *pl. mil.* Streitkräfte *pl.*; **2.** *tech.* warten; **~·a·ble** ['sɜːvɪsəbl] brauchbar; strapazierfähig; **~ ar·e·a** *Brt.* (Autobahn)Raststätte *f*; **'~ charge** Bedienung(szuschlag *m*) *f*; **'~ sta·tion** Tankstelle *f*; (Reparatur)Werkstatt *f*
ser·vi·ette *bsd. Brt.* [sɜːvɪ'et] Serviette *f*
ser·vile ['sɜːvaɪl] sklavisch (*a. fig.*); servil, unterwürfig
serv·ing ['sɜːvɪŋ] Portion *f*
ser·vi·tude ['sɜːvɪtjuːd] Knechtschaft *f*; Sklaverei *f*
ses·sion ['seʃn] Sitzung(speriode) *f*; **be in ~** *jur.*, *parl.* tagen
set [set] **1.** (*-tt-; set*) *v/t.* setzen, stellen, legen; *in e-n Zustand* versetzen; veranlassen (**doing** zu tun); *tech.* einstellen; *Uhr* stellen (**by** nach); *Wecker* stellen (**for** *acc.*); *Tisch* decken; *Preis, Termin etc.* festsetzen, -legen; *Rekord* aufstellen; *Edelstein* fassen (**in** *dat.*); *Ring etc.* besetzen (**with** mit); *Flüssigkeit* erstarren lassen; *Haar* legen; *med. Knochen* einrenken, -richten; *mus.* vertonen; *print.* absetzen; *Aufgabe, Frage* stellen; **~ at ease** beruhigen; **~ an example** ein Beispiel geben; **~ s.o. free** j-n freilassen; **~ going** in Gang setzen; **~ s.o. thinking** j-m zu denken geben; **~ one's hopes on** s-e Hoffnung setzen auf (*acc.*); **~ s.o.'s mind at rest** j-n beruhigen; **~ great (little) store by** großen (geringen) Wert legen auf (*acc.*); **the novel is ~ in** der Roman spielt in (*dat.*); *v/i.* untergehen (*Sonne etc.*); fest werden (*Flüssiges*), erstarren; *hunt.* vorstehen (*Hund*); **~ about s.th.** sich daranmachen, et. zu tun; **~ about s.o.** F über j-n herfallen; **~ aside** beiseite legen; *jur.* Urteil etc. aufheben; **~ back** verzögern; j-n, et. zurückwerfen (**by two months** um zwei Monate); **~ in** einsetzen (*Winter etc.*); **~ off** aufbrechen, sich aufmachen; hervorheben, betonen; *et.* auslösen; **~ out** arrangieren, herrichten; aufbrechen, sich aufmachen; **~ out to do s.th.** sich daranmachen, et. zu tun; **~ up** errichten; *Gerät etc.* aufbauen; *Firma etc.* gründen; *et.* auslösen, verursachen; j-n versorgen (**with** mit); sich niederlassen; **~ o.s. up as** sich ausgeben für; **2.** *adj.* festgesetzt, -gelegt; F bereit, fertig; starr (*Ansichten, Lächeln* etc.); **~ lunch** *od.* **meal** *Brt.* Menü *n*; **~ phrase** feststehende Ausdruck; **be ~ on doing s.th.** (fest) entschlossen sein, et. zu tun; **be all ~** F startklar sein; **3.** Satz *m* (*Werkzeug etc.*), Garnitur *f*; (*Möbel-* etc.)Service *n*; (*Fernseh-, Rundfunk*)Apparat *m*, (-)Gerät *m*; *thea.* Bühnenbild *n*; *Film, TV*: Set *n*, *m* (*Szenenaufbau*); *Tennis etc.*: Satz *m*; (Personen)Kreis *m*, Clique *f*; (*Kopf-* etc.)Haltung *f*; *poet.* Untergang *m* (*der Sonne*); △ *nicht* **Set**, *Platzdeckchen;* **have a shampoo and ~** sich die Haare waschen und legen lassen; **'~·back** Rückschlag *m* (**to** für); **'~·square** *Brt.* Winkel *m*, Zeichendreieck *n*
set·tee [se'tiː] Sofa *n*
'set the·o·ry *math.* Mengenlehre *f*
set·ting ['setɪŋ] Untergang *m* (*der Sonne etc.*); *tech.* Einstellung *f*; Umgebung *f*; Schauplatz *m* (*e-s Films etc.*); (*Gold-* etc.)Fassung *f*; **'~ lo·tion** Haarfestiger *m*
set·tle ['setl] *v/i.* sich niederlassen (**on** auf *acc., dat.*), sich setzen (**on** auf *acc.*) (*a.* **~ down**); sich niederlassen (in in e-r Stadt etc.); sich legen (*Staub*); sich setzen (*Kaffee etc.*); sich senken (*Boden etc.*); sich beruhigen (*Person, Magen etc.*), sich legen (*Aufregung etc.*) (*a.* **~ down**); sich einigen; *v/t. u.s.o.*, *Nerven etc.* beruhigen; vereinbaren; *Frage etc.* klären, entscheiden; *Streit etc.* beilegen; *Land* besiedeln; *Leute* ansiedeln; *Rechnung* begleichen, bezahlen; *Konto* ausgleichen; *Schaden* regulieren; *s-e Angelegenheiten* in Ordnung bringen; **~ o.s.** sich niederlassen (**on** auf *acc., dat.*), sich setzen (**on** auf *acc.*); **that ~s it** damit ist der Fall erledigt; **that's ~d then** das ist also klar; **~ back** sich (gemüt-

lich) zurücklehnen; ~ **down** → *v/i.*; sesshaft werden; ~ **down to** sich widmen (*dat.*); ~ **for** sich zufrieden geben *od.* begnügen mit; ~ **in** sich einleben *od.* eingewöhnen; ~ **on** sich einigen auf (*acc.*); ~ **up** (be)zahlen; abrechnen (**with** mit); '~**d** fest (*Ansichten*); geregelt (*Leben*); beständig (*Wetter*); '~**ment** Vereinbarung *f*; Klärung *f*; Beilegung *f*; Einigung *f*; Siedlung *f*; Besiedlung *f*; Begleichung *f*; Bezahlung *f*; **reach a** ~ sich einigen; '~**r** Siedler(in)

sev·en ['sevn] 1. sieben; 2. Sieben *f*; ~**teen** [sevn'ti:n] 1. siebzehn; 2. Siebzehn *f*; ~**teenth** [sevn'ti:nθ] siebzehnte(r, -s); ~**th** ['sevnθ] 1. sieb(en)te(r, -s); 2. Sieb(en)tel *n*; '~**th·ly** sieb(en)tens; ~**ti·eth** ['sevntiɪθ] siebzigste(r, -s); ~**ty** ['sevnti] 1. siebzig; 2. Siebzig *f*

sev·er ['sevə] durchtrennen; abtrennen; *Beziehungen* abbrechen; (zer)reißen

sev·er·al ['sevrəl] mehrere; '~**ly** einzeln, getrennt

se·vere [sɪ'vɪə] (~**r**, ~**st**) schwer (*Krankheit, Rückschlag etc.*); stark (*Schmerzen*); hart, streng (*Winter*); streng (*Person, Disziplin etc.*); scharf (*Kritik*); **se·ver·i·ty** [sɪ'verətɪ] Schwere *f*; Stärke *f*; Härte *f*; Strenge *f*; Schärfe *f*

sew [səʊ] (*sewed, sewn od. sewed*) nähen

sew·age ['su:ɪdʒ] Abwasser *n*; '~ **works** *sg.* Kläranlage *f*

sew·er [suə] Abwasserkanal *m*; ~**age** ['suərɪdʒ] Kanalisation *f*

sew·ing ['səʊɪŋ] Nähen *n*; Näharbeit *f*; Näh...; '~ **ma·chine** Nähmaschine *f*

sewn [səʊn] *p.p. von* sew

sex [seks] Geschlecht *n*; Sexualität *f*; Sex *m*; Geschlechtsverkehr *m*

sex·is·m ['seksɪzəm] Sexismus *m*; '~**ist** 1. sexistisch; 2. Sexist(in)

sex·ton ['sekstən] Küster *m* (u. Totengräber *m*)

sex·u·al ['seksjʊəl] sexuell, Sexual..., geschlechtlich, Geschlechts...; ~ **'ha·rass·ment** sexuelle Belästigung (*bsd. am Arbeitsplatz*); ~ **'in·ter·course** Geschlechtsverkehr *m*; ~**i·ty** [seksjʊ'ælətɪ] Sexualität *f*

sex·y F ['seksɪ] (*-ier, -iest*) sexy, aufreizend

SF [es 'ef] *Abk. für* **science fiction** Science-Fiction *f*

shab·by ['ʃæbɪ] (*-ier, -iest*) schäbig

shack [ʃæk] Hütte *f*, Bude *f*

shack·les ['ʃæklz] *pl.* Fesseln *pl.*, Ketten *pl.* (*beide a. fig.*)

shade [ʃeɪd] 1. Schatten *m* (*a. fig.*); (*Lampen*)Schirm *m*; Schattierung *f*; *Am.* Rouleau *n*; *fig.* Nuance *f*; **a** ~ *fig.* ein kleines bisschen, e-e Spur; 2. abschirmen (**from** gegen *Licht etc.*); schattieren; ~ **off** allmählich übergehen (**into** *in acc.*)

shad·ow ['ʃædəʊ] 1. Schatten *m* (*a. fig.*); **there's not a** *od.* **the** ~ **of a doubt about it** daran besteht nicht der geringste Zweifel; 2. *j-n* beschatten; '~**y** (*-ier, -iest*) schattig, dunkel; verschwommen, vage

shad·y ['ʃeɪdɪ] (*-ier, -iest*) schattig; Schatten spendend; F zwielichtig (*Person*); F zweifelhaft (*Geschäft etc.*)

shaft [ʃɑːft] (*Pfeil- etc.*)Schaft *m*; (*Hammer- etc.*)Stiel *m*; *tech.* Welle *f*; (*Aufzugs-, Bergwerks- etc.*)Schacht *m*; (*Sonnen- etc.*)Strahl *m*

shag·gy ['ʃægɪ] (*-ier, -iest*) zottig

shake [ʃeɪk] 1. (*shook, shaken*) *v/t.* schütteln; rütteln an (*dat.*); erschüttern; ~ **hands** sich die Hand geben *od.* schütteln; *v/i.* zittern, beben, wackeln (**with** vor *dat.*); ~ **down** herunterschütteln; kampieren; ~ **off** abschütteln; *Erkältung etc.* loswerden; ~ **up** *Kissen etc.* aufschütteln; *Flasche, Flüssigkeit* (durch)schütteln; *fig.* erschüttern; 2. Schütteln *n*; Beben *n*; F Milchshake *m*; ~ **of the head** Kopfschütteln *n*; '~**down** F 1. *Am.* Erpressung *f*; *Am.* Filzung *f*, Durchsuchung *f*; (Not)Lager *n*; 2. *adj.*: ~ **flight** *aviat.* Testflug *m*; ~ **voyage** *naut.* Testfahrt *f*; **shak·en** ['ʃeɪkən] 1. *p.p. von* shake 1; 2. *adj. a.* ~ **up** erschüttert

shak·y ['ʃeɪkɪ] (*-ier, -iest*) wack(e)lig; zitt(e)rig

shall *v/aux.* [ʃæl] (*pret.* **should**) Futur: *ich* werde, *wir* werden; *in Fragen:* soll *ich* ...?, sollen *wir* ...?; ~ **we go?** gehen wir?

shal·low ['ʃæləʊ] seicht, flach, *fig. a.* oberflächlich; '~**s** *pl.* seichte *od.* flache Stelle, Untiefe *f*

sham [ʃæm] 1. Farce *f*; Heuchelei *f*; △ nicht **Scham**; 2. unecht, falsch (*Schmuck etc.*); vorgetäuscht, geheu-

shambles

chelt (*Mitgefühl etc.*); **3.** (*-mm-*) *v/t.* *Mitgefühl etc.* vortäuschen, heucheln; *Krankheit etc.* simulieren; *v/i.* sich verstellen, heucheln; *he's only ~ming* er tut nur so

sham·bles ['ʃæmblz] *sg.* F Schlachtfeld *n*, wüstes Durcheinander, Chaos *n*

shame [ʃeɪm] **1.** Scham(gefühl *n*) *f*; Schande *f*; *~!* pfui!; *~ on you!* pfui!; schäm dich!; *put to ~* → **2.** beschämen; Schande machen (*dat.*); *~·ful* beschämend; schändlich; *~·less* schamlos

sham·poo [ʃæm'puː] **1.** (*pl. -poos*) Shampoo *n*, Schampon *n*, Schampun *n*; Haarwäsche *f*; → *set §*; **2.** Haare waschen; *j-m* die Haare waschen; *Teppich etc.* schamponieren

sham·rock ['ʃæmrɒk] Kleeblatt *n* (*irisches Nationalzeichen*)

shank [ʃæŋk] *tech.* Schaft *m* (*e-s Bohrers etc.*); Hachse *f* (*beim Schlachttier*)

shan't [ʃɑːnt] = *shall not*

shan·ty¹ ['ʃæntɪ] Hütte *f*, Bude *f*

shan·ty² ['ʃæntɪ] Shanty *n*, Seemannslied *n*

shape [ʃeɪp] **1.** Form *f*; Gestalt *f*; Verfassung *f* (*körperlich, geistig*); Zustand *m* (*Gebäude etc.*); **2.** *v/t.* formen; gestalten; *v/i. a. ~ up* sich *gut etc.* machen (*Person*); *~d* ...förmig; *~·less* formlos; ausgebeult; *~·ly* (*-ier, -iest*) wohlgeformt

share [ʃeə] **1.** Anteil *m* (**in**, **of** an *dat.*); *bsd. Brt. econ.* Aktie *f*; *go ~s* teilen; *have a (no) ~ in* (nicht) beteiligt sein an (*dat.*); **2.** *v/t.* (sich) *et.* teilen (**with** mit); *a. ~ out* verteilen (**among**, **between** an *acc.*, unter *acc.*); *v/i.* teilen; *~ in* sich teilen in (*acc.*); *'~·hold·er* *bsd. Brt. econ.* Aktionär(in)

shark [ʃɑːk] (*pl.* **shark**, **sharks**) *zo.* Hai(fisch) *m*; F (*Kredit- etc.*)Hai *m*

sharp [ʃɑːp] **1.** *adj.* scharf (*a. fig.*); spitz (*Nadel, Nase etc.*); scharf, abrupt; scharf, schneidend (*Wind, Frost, Kälte*; *Befehl, Stimme*); beißend (*Kälte, Frost*); scharf, beißend (*Geschmack*); stechend, heftig (*Schmerz*); scharf (*Verstand, Auge*), gescheit; *mus.* (um e-n Halbton) erhöht; *C ~ mus.* Cis *n*; **2.** *adv.* scharf, abrupt; *mus.* zu hoch; pünktlich, genau; *at eight o'clock ~* Punkt 8 (Uhr); *look ~* F sich beeilen;

look ~! F mach schnell!, Tempo!; F pass auf!, gib Acht!; **~·en** ['ʃɑːpən] *Messer etc.* schärfen, schleifen; *Bleistift etc.* spitzen; **~·en·er** ['ʃɑːpnə] (*Messer- etc.*)Schärfer *m*; (*Bleistift*)Spitzer *m*; **'~·ness** Schärfe *f* (*a. fig.*); **'~·shoot·er** Scharfschütze *m*; **~·'sight·ed** scharfsichtig

shat·ter ['ʃætə] *v/t.* zerschmettern, -schlagen; *Hoffnungen etc.* zerstören; *v/i.* zerspringen, -splittern

shave [ʃeɪv] **1.** (sich) rasieren; (glatt) hobeln; *j-n, et.* streifen; **2.** Rasur *f*; *have a ~* sich rasieren; *that was a close ~* das war knapp, das ist gerade noch einmal gutgegangen!; **shav·en** ['ʃeɪvn] kahl geschoren; **shav·er** ['ʃeɪvə] (*bsd.* elektrischer) Rasierapparat; **shav·ing** ['ʃeɪvɪŋ] **1.** Rasieren *n*; *~s pl.* Späne *pl.*; **2.** Rasier...

shawl [ʃɔːl] Umhängetuch *n*; Kopftuch *n*

she [ʃiː] **1.** *pron.* sie; **2.** Sie *f*; *zo.* Weibchen *n*; **3.** *adj. in Zssgn zo.:* ...weibchen *n*; *~·bear* Bärin *f*

sheaf [ʃiːf] (*pl.* **sheaves**) *agr.* Garbe *f*; Bündel *n* (*Papiere etc.*)

shear [ʃɪə] **1.** (**sheared**, **sheared** *od.* **shorn**) scheren; **2.** (*a pair of*) *~s pl.* (e-e) große Schere

sheath [ʃiːθ] (*pl.* **sheaths** [ʃiːðz]) (*Schwert- etc.*)Scheide *f*; Hülle *f*; *Brt.* Kondom *n* *m*; **~e** [ʃiːð] *Schwert etc.* in die Scheide stecken; *tech.* umhüllen, verkleiden, ummanteln

sheaves [ʃiːvz] *pl.* von *sheaf*

shed¹ [ʃed] Schuppen *m*; Stall *m*

shed² [ʃed] (*-dd-; shed*) *Tränen etc.* vergießen; *Blätter etc.* verlieren; *fig. Hemmungen etc.* ablegen; *~ its skin* sich häuten; *~ a few pounds* ein paar Pfund abnehmen

sheen [ʃiːn] Glanz *m*

sheep [ʃiːp] (*pl.* **sheep**) Schaf *n*; **'~·dog** *pl.* Schäferhund *m*; **'~·farm·ing** Schafzucht *f*; **'~·fold** Schafhürde *f*; **'~·ish** verlegen; **'~·skin** Schaffell *n*

sheer [ʃɪə] rein, bloß, steil, (fast) senkrecht; hauchdünn (*Stoff*)

sheet [ʃiːt] Bettuch *n*, Bettlaken *n*, Leintuch *n*; (*Glas-, Metall- etc.*)Platte *f*; Blatt *n*, Bogen *m* (*Papier*); weite (*Eisetc.*) Fläche; *the rain was coming down in ~s* es regnete in Strömen; **'~·light·ning** Wetterleuchten *n*

shelf [ʃelf] (*pl.* **shelves**) (Bücher-, Wand- *etc.*)Brett *n*, (-)Bord *n*; Riff *n*; **shelves** *pl.* Regal *n*; **off the ~** gleich zum Mitnehmen (*Ware*)

shell [ʃel] **1.** (Austern-, Eier-, Nuss- *etc.*)Schale *f*; (Erbsen- *etc.*)Hülse *f*; Muschel *f*; (Schnecken-)Haus *n*; *zo.* Panzer *m*; *mil.* Granate *f*; (Geschoss-, östr. Geschoß-, Patronen)Hülse *f*; *Am.* Patrone *f*; Rumpf *m*, Gerippe *n*, *arch. a.* Rohbau *m*; **2.** schälen, enthülsen; *mil.* mit Granaten beschießen; '**~fire** Granatfeuer *n*; '**~fish** *zo.* (*pl.* **-fish**) Schal(en)tier *n*; △ *nicht* **Schellfisch**

shel·ter ['ʃeltə] **1.** Unterstand *m*, Bunker *m*; (Obdachlosen- *etc.*)Unterkunft *f*; Schutz *m*; Unterkunft *f*; **run for ~** Schutz suchen; **take ~** sich unterstellen (**under** unter *dat.*); **bus ~** Wartehäuschen *n*; **2.** *v/t.* schützen (**from** vor *dat.*); *v/i.* sich unterstellen

shelve [ʃelv] *v/t.* Bücher in ein Regal stellen; *fig.* Plan *etc.* aufschieben, zurückstellen; *v/i.* sanft abfallen (*Land*)

shelves [ʃelvz] *pl. von* **shelf**

she·nan·i·gans F [ʃɪ'nænɪɡənz] *pl.* Blödsinn *m*, Mumpitz *m*; übler Trick

shep·herd ['ʃepəd] **1.** Schäfer *m*, Hirt *m*; **2.** *j-n* führen

sher·iff ['ʃerɪf] Sheriff *m*

shield [ʃiːld] **1.** Schild *m*; **2.** *j-n* (be)schützen (**from** vor *dat.*); *j-n* decken

shift [ʃɪft] **1.** *v/t. et.* bewegen, schieben, *Möbelstück a.* (ab)rücken; Schuld *etc.* (ab)schieben (**onto** auf *acc.*); **~ gears** *bsd. Am. mot.* schalten; *v/i.* sich bewegen; umspringen (*Wind*); *fig.* sich verlagern *od.* -schieben *od.* wandeln; *bsd. Am. mot.* schalten (**into, to** in *acc.*); **~ from one foot to the other** von e-m Fuß auf den anderen treten; **~ on one's chair** auf s-m Stuhl *ungeduldig etc.* hin u. her rutschen; **2.** *fig.* Verlagerung *f*, Verschiebung *f*, Wandel *m*; *econ.* Schicht *f* (*Arbeiter u. Zeit*); '**~ key** Umschalttaste *f* (*e-r Schreibmaschine etc.*); '**~ work·er** Schichtarbeiter(in); '**~y** (**-ier, -iest**) F verschlagen (*Blick etc.*)

shil·ling *Brt. hist.* ['ʃɪlɪŋ] Schilling *m*

shim·mer ['ʃɪmə] schimmern; flimmern (*Luft*)

shin [ʃɪn] **1.** *a.* **~bone** *anat.* Schienbein *n*; **2.** (**-nn-**): **~ up** (**down**) Baum *etc.* hinauf-(herunter)klettern

shine [ʃaɪn] **1.** *v/i.* (**shone**) scheinen; leuchten; glänzen (*a. fig.*); *v/t.* (**shined**) Schuhe *etc.* polieren; **2.** Glanz *m*

shin·gle¹ ['ʃɪŋɡl] grober Strandkies

shin·gle² ['ʃɪŋɡl] (Dach)Schindel *f*

shin·gles ['ʃɪŋɡlz] *med.* F ['ɪŋɡlz] *sg.* Gürtelrose *f*

shin·y ['ʃaɪnɪ] (**-ier, -iest**) blank, glänzend

ship [ʃɪp] **1.** Schiff *n*; **2.** (**-pp-**) verschiffen; *econ.* verfrachten, senden; '**~board: on ~** an Bord; '**~ment** Ladung *f*; Verschiffung *f*; Verfrachtung *f*, -sand *m*; '**~own·er** Reeder *m*; Schiffseigner *m*; '**~ping** Schifffahrt *f*; *coll.* Schiffsbestand *m*; Verschiffung *f*; Verfrachtung *f*, Versand *m*; '**~wreck** Schiffbruch *m*; **1. be ~** Schiffbruch erleiden; **2.** schiffbrüchig; '**~yard** (Schiffs)Werft *f*

shire ['ʃaɪə, *in Zssgn* ...ʃə] *veraltet:* Grafschaft *f*

shirk [ʃɜːk] sich drücken (**vor** *dat.*); '**~er** Drückeberger(in)

shirt [ʃɜːt] Hemd *n*; '**~sleeve 1.** Hemdsärmel *m*; **in** (**one's**) **~s** in Hemdsärmeln, hemdsärmelig; **2.** hemdsärmelig

shit V [ʃɪt] **1.** Scheiße *f* (*a. fig.*); *fig.* Scheiß *m*; **2.** (**-tt-; shit**) (voll)scheißen

shiv·er ['ʃɪvə] **1.** zittern (**with** vor *dat.*); **2.** Schauer *m*, **~s** *pl.* F Schüttelfrost *m*; **the sight send ~s** (**up and**) **down my spine** bei dem Anblick überlief es mich eiskalt

shoal¹ [ʃəʊl] Untiefe *f*; Sandbank *f*

shoal² [ʃəʊl] Schwarm *m* (*Fische*)

shock¹ [ʃɒk] **1.** Schock *m* (*a. med.*); Wucht *f* (*e-r Explosion, e-s Schlags etc.*); *electr.* Schlag *m*, (*a. med.* Elektro)Schock *m*; **2.** schockieren, empören; *j-m* e-n Schock versetzen

shock² [ʃɒk] (**~ of hair**) Schopf *m*

'**shock**| **ab·sorb·er** *tech.* Stoßdämpfer *m*; '**~ing** schockierend, empörend, anstößig; F scheußlich

shod [ʃɒd] *pret. u. p.p. von* **shoe** 2

shod·dy ['ʃɒdɪ] (**-ier, -iest**) minderwertig (*Ware*); gemein, schäbig (*Trick etc.*)

shoe [ʃuː] **1.** Schuh *m*; Hufeisen *n*; **2.** (**shod**) *Pferd* beschlagen; '**~horn** Schuhanzieher *m*, -löffel *m*; '**~lace** Schnürsenkel *m*; '**~mak·er** Schuhmacher *m*, Schuster *m*; '**~shine** Schuhputzen *n*; '**~shine boy** Schuhputzer *m*; '**~string** Schnürsenkel *m*

shone [ʃɒn, *Am.* ʃəʊn] *pret. u. p.p. von* **shine** 1

shook [ʃʊk] *pret. von* **shake** 1

shoot [ʃuːt] **1.** (**shot**) *v/t.* schießen; abfeuern, abschießen; erschießen; *hunt.* schießen, erlegen; *Riegel* vorschieben; *j-n* fotografieren, aufnehmen; *Film* drehen; *Heroin etc.* spritzen; **~ the lights** *mot.* bei Rotlicht fahren; *v/i.* jagen; schießen, rasen; drehen, filmen; *bot.* sprießen, treiben; **2.** *bot.* Trieb *m*; Jagd *f*; Jagd(revier *n*) *f*; '**~er** Schütze *m*, -in *f*; *bsd. Brt. sl.* Schießeisen *n*

shoot·ing 1. Schießen *n*; Schießerei *f*; Erschießen *n*; Anschlag *m*; Jagd *f*; *Film, TV*: Dreharbeiten *pl.*, Aufnahmen *pl.*; **2.** stechend (*Schmerz*); **~ gal·le·ry** Schießstand *m*, -bude *f*; **~ range** Schießstand *m*; **~ star** Sternschnuppe *f*

shop [ʃɒp] **1.** Laden *m*, Geschäft *n*; Werkstatt *f*; Betrieb *m*; *talk* ~ fachsimpeln; **2.** (**-pp-**) *mst* **go ~ping** einkaufen gehen; **~ as·sis·tant** *Brt.* Verkäufer(in); '**~keep·er** Ladenbesitzer(in), -inhaber(in); '**~lift·er** Ladendieb(in); '**~lift·ing** Ladendiebstahl *m*; '**~per** Käufer(in)

shop·ping [ˈʃɒpɪŋ] **1.** Einkauf *m*, Einkaufen *n*; Einkäufe *pl.* (*Ware*); **do one's ~** (s-e) Einkäufe machen; **~ bag** Einkaufsbeutel *m*, -tasche *f*; **~ cart** *Am.* Einkaufswagen *m*; **~ cen·tre** (*Am.* **cen·ter**) Einkaufszentrum *n*; **~ list** Einkaufsliste *f*, -zettel *m*; **~ mall** *Am.* Einkaufszentrum *n*; **~ street** Einkaufsstraße *f*, Ladenstraße *f*

shop| 'stew·ard gewerkschaftlicher Vertrauensmann; '**~walk·er** *Brt.* Aufsicht(sperson) *f* (*im Kaufhaus*); '**~win·dow** Schaufenster *n*

shore[1] [ʃɔː] Küste *f*; (*See*)Ufer *n*; **on ~** an Land

shore[2] [ʃɔː]: **~ up** (ab)stützen

shorn [ʃɔːn] *p.p. von* **shear** 1

short [ʃɔːt] **1.** *adj.* kurz; klein (*Person*); kurz angebunden, barsch, schroff (**with** *zu*); mürbe (*Gebäck*); **be ~ for** die Kurzform sein von; **be ~ of ...** nicht genug ... haben; **2.** *adv.* plötzlich, abrupt; **~ of** außer; **cut ~** plötzlich unterbrechen; **fall ~ of** *et.* nicht erreichen; **stop ~** plötzlich innehalten, stutzen;

stop ~ of *od.* **at** zurückschrecken vor (*dat.*); → **run** 1; **3.** F Kurzfilm *m*; *electr.* F Kurze *m*; *called* ~ **for** ~ kurz ... genannt; *in* ~ kurz(um); '**~age** [ˈʃɔːtɪdʒ] Knappheit *f*, Mangel *m* (**of** *an dat.*); '**~com·ings** *pl.* Unzulänglichkeiten *pl.*, Mängel *pl.*, Fehler *pl.*; '**~cut** Abkürzung(sweg *m*) *f*; **take a ~** (den Weg) abkürzen; '**~en** [ˈʃɔːtn] *v/t.* (ab-, ver)kürzen; *v/i.* kürzer werden

short·hand Kurzschrift *f*, Stenografie *f*; **~ 'typ·ist** Stenotypistin *f*; '**~ly** bald; barsch, schroff; mit wenigen Worten; '**~ness** Kürze *f*; Schroffheit *f*; → **shortage**; **~s** *pl. a.* **pair of ~** Shorts *pl.*; *bsd. Am.* (Herren)Unterhose *f*; '**~sight·ed** *bsd. Brt.* kurzsichtig (*a. fig.*); '**~sto·ry** Shortstory *f*, Kurzgeschichte *f*; '**~tem·pered** aufbrausend, hitzig; '**~term** *econ.* kurzfristig; **~ 'time** *econ.* Kurzarbeit *f*; '**~wave** *electr.* Kurzwelle *f*; '**~wind·ed** kurzatmig

shot [ʃɒt] **1.** *pret. u. p.p. von* **shoot** 1; **2.** Schuss *m*; Schrot(kugeln *pl.*) *m*, *n*; Kugelstoßen *n*; Kugel *f*; guter *etc.* Schütze *m*; *Fußball etc.*: Schuss *m*; *Basketball etc.*: Wurf *m*; *Tennis, Golf*: Schlag *m*; *phot.* F Schnappschuss *m*, Aufnahme *f*; *Film, TV*: Aufnahme *f*, Einstellung *f*; *med.* F Spritze *f*; F Schuss *m* (*Drogen*); *fig.* F Versuch *m*; **~ in the dark** *fig.* Schuss ins Blaue; **I'll have a ~ at** ich probier's mal; **not by a long ~** *bsd. Am.* F noch lange nicht; → **big shot**; '**~gun** Schrotflinte *f*; **~gun 'wed·ding** F Mussheirat *f*; '**~ put** *Sport*: Kugelstoßen *n*; '**~ put·ter** *Sport*: Kugelstoßer(in)

should [ʃʊd] *pret. von* **shall**

shoul·der [ˈʃəʊldə] **1.** Schulter *f*; *Am. mot.* Standspur *f*; **2.** schultern; *Kosten, Verantwortung etc.* übernehmen; (mit der Schulter) stoßen; '**~ bag** Schulter-, Umhängetasche *f*; '**~ blade** *anat.* Schulterblatt *n*; '**~ strap** Träger *m* (*e-s Kleids etc.*); Tragriemen *m*

shout [ʃaʊt] **1.** *v/i.* rufen, schreien (**for** nach; **for help** um Hilfe); **~ at s.o.** j-n anschreien; *v/t.* rufen, schreien; **2.** Ruf *m*, Schrei *m*

shove [ʃʌv] **1.** stoßen, schubsen; *et.* schieben, stopfen; **2.** Stoß *m*, Schubs *m*

shov·el [ˈʃʌvl] **1.** Schaufel *f*; **2.** (*bsd. Brt.* **-ll-**, *Am.* **-l-**) schaufeln

show [ʃəʊ] **1.** (**showed, shown** od. **showed**) v/t. zeigen, vorzeigen, anzeigen; j-n bringen, führen (**to** zu); ausstellen, zeigen; Film etc. zeigen, vorführen; TV zeigen, bringen; v/i. zu sehen sein; **be ~ing** gezeigt werden, laufen; **~ around** herumführen; **~ in** herein-, hineinführen, -bringen; **~ off** angeben od. protzen (mit); vorteilhaft zur Geltung bringen; **~ out** heraus-, hinausführen, -bringen; **~ round** herumführen, -bringen; **~ up** v/t. herauf-, hinaufführen, -bringen; sichtbar machen; j-n entlarven, bloßstellen; et. aufdecken; j-n in Verlegenheit bringen; v/i. zu sehen sein; F kommen; F aufkreuzen, -tauchen; **2.** thea. etc. Vorstellung f; Show f; Rundfunk, TV: Sendung f; Ausstellung f; Zurschaustellung f, Demonstration f; leerer Schein; **be on ~** ausgestellt od. zu besichtigen sein; **steal the ~ from s.o.** fig. j-m die Schau stehlen; **make a ~ of** Anteilnahme, Interesse etc. heucheln; **put up a poor ~** F e-e schwache Leistung zeigen; **be in charge of the whole ~** F den ganzen Laden schmeißen; **3.** Muster...; **'~·flat** Musterwohnung f; **'~·biz** F, **'~ busi·ness** Showbusiness n, Showgeschäft n; **'~·case** Schaukasten m, Vitrine f; **'~·down** Kraft-, Machtprobe f

show·er [ʃaʊə] **1.** (Regen- etc.)Schauer m; (Funken)Regen m; (Wasser-, Wort-etc.)Schwall m; Dusche f; **have** od. **take a ~** duschen; **2.** v/t. j-n mit et. überschütten od. -häufen; v/i. duschen; **~ down** niederprasseln

'show| jump·er Sport: Springreiter(in) f; **~ jump·ing** Sport: Springreiten n; **~n** [ʃəʊn] p.p. von **show** 1; **'~-off** F Angeber(in); **'~·room** Ausstellungsraum m; **'~·y** (**-ier, -iest**) auffallend

shrank [ʃræŋk] pret. von **shrink** 1

shred [ʃred] **1.** Fetzen m; **2.** (**-dd-**) zerfetzen; in (schmale) Streifen schneiden, schnitzeln, schnetzeln; in den Papier- od. Reißwolf geben; **'~·der** Schnitzelmaschine f; Papier-, Reißwolf m

shrew lit. [ʃruː] zänkisches Weib
shrewd [ʃruːd] scharfsinnig; schlau
shriek [ʃriːk] **1.** (gellend) aufschreien; **~ with laughter** vor Lachen kreischen; **2.** (schriller) Schrei

shrill [ʃrɪl] schrill; heftig, scharf (Kritik etc.)

shrimp [ʃrɪmp] zo. Garnele f; fig. contp. Knirps m

shrine [ʃraɪn] Schrein m

shrink [ʃrɪŋk] **1.** (**shrank, shrunk**) (ein-, zusammen)schrumpfen (lassen); einlaufen; fig. abnehmen. **2.** F Klapsdoktor m; **'~·age** [ʃrɪŋkɪdʒ] Schrumpfung f; Einlaufen n; fig. Abnahme f; '**~-wrap** (**-pp-**) einschweißen

shriv·el [ʃrɪvl] (bsd. Brt. **-ll-**, Am. **-l-**) schrumpfen (lassen); runz(e)lig werden (lassen)

shroud [ʃraʊd] **1.** Leichentuch n; **2.** fig. hüllen

Shrove Tues·day [ʃrəʊv ˈtjuːzdɪ] Fastnachts-, Faschingsdienstag m

shrub [ʃrʌb] Strauch m, Busch m; **~·ber·y** [ˈʃrʌbərɪ] Strauch-, Buschwerk n

shrug [ʃrʌɡ] **1.** (**-gg-**) a. **~ one's shoulders** mit den Achseln od. Schultern zucken; **2.** Achsel-, Schulterzucken n

shrunk [ʃrʌŋk] p.p. von **shrink** 1
shuck [ʃʌk] bsd. Am. **1.** Hülse f, Schote f; Schale f. **2.** enthülsen; schälen

shud·der [ˈʃʌdə] **1.** schaudern; **2.** Schauder m

shuf·fle [ˈʃʌfl] **1.** v/t. Karten mischen; Papiere etc. umordnen, hierhin od. dorthin legen; **~ one's feet** schlurfen; v/i. Kartenspiel: mischen; schlurfen; **2.** Mischen n (von Karten); Schlurfen n, schlurfender Gang

shun [ʃʌn] (**-nn-**) j-n, et. meiden
shunt [ʃʌnt] Zug etc. rangieren, verschieben; a. **~ off** F j-n abschieben (**to** zu, acc., nach)

shut [ʃʌt] (**-tt-; shut**) (sich) schließen, zumachen; **~ down** Fabrik etc. stilllegen; **~ off** Wasser, Gas, Maschine etc. abstellen; **~ up** einschließen; einsperren; Geschäft schließen; **~ up!** F halt die Klappe!; **'~·ter** Fensterladen m; phot. Verschluss m; **'~·ter speed** phot. Belichtung(szeit) f

shut·tle [ˈʃʌtl] **1.** Pendelverkehr m; (Raum)Fähre f, (-)Transporter m; tech. Schiffchen n. **2.** hin- u. herbefördern; **'~·cock** Sport: Federball m; **'~ di·plo·ma·cy** pol. Pendeldiplomatie f; **'~ ser·vice** Pendelverkehr m

shy [ʃaɪ] **1.** scheu; schüchtern; **2.** scheu-

shyness 274

en (**at** vor *dat*.) (*bsd. Pferd*); ~ *away from fig.* zurückschrecken vor (*dat.*); '~**ness** *f*; Schüchternheit *f*

sick [sɪk] **1.** krank; **be** ~ *bsd. Brt.* sich übergeben; *she was od. felt* ~ ihr war schlecht; **fall** ~ krank werden; **be off** ~ krank (geschrieben) sein; **report** ~ sich krank melden; **be** ~ **of s.th.** F et. satt haben; **it makes me** ~ F mir wird schlecht davon, *a. fig.* es ekelt *od.* widert mich an; **2. the** ~ *pl.* die Kranken *pl.*; '~**en** *v/t.* j-n anekeln, anwidern; *v/i.* krank werden

sick·le ['sɪkl] Sichel *f*

'**sick| leave: be on** ~ krank (geschrieben) sein, wegen Krankheit fehlen; '~**·ly** (*-ier, -iest*) kränklich; ungesund; matt (*Lächeln*); widerlich (*Geruch etc.*); '~**ness** Krankheit *f*; Übelkeit *f*; '~ **ness benˑeˑfit** *Brt.* Krankengeld *n*

side [saɪd] **1.** Seite *f*; *bsd. Brt. Sport*: Mannschaft *f*; ~ *by* ~ nebeneinander; *take* ~**s** Partei ergreifen (*with* für; *against* gegen); **2.** Seiten...; Neben...; **3.** Partei ergreifen (*with* für; *against* gegen); '~·**board** Anrichte *f*, Sideboard *n*; '~**·car** *mot.* Bei-, Seitenwagen *m*; '~ **dish** *gastr.* Beilage *f*; '~**·long** seitlich; Seiten...; '~ **street** Nebenstraße *f*; '~**·stroke** *Sport:* Seitenschwimmen *n*; '~**·track** *j-n* ablenken; *et.* abbiegen; *Am. Zoo etc.* rangieren, verschieben; '~**·walk** *bsd. Am.* Bürger-, Gehsteig *m*; '~**·ways** seitlich; seitwärts, nach der *od.* zur Seite

sid·ing *rail.* ['saɪdɪŋ] Nebengleis *n*

si·dle ['saɪdl]: ~ *up to s.o.* sich an j-n heranschleichen

siege *mil.* [si:dʒ] Belagerung *f*; *lay* ~ *to* belagern

sieve [sɪv] **1.** Sieb *n*; **2.** (durch)sieben

sift [sɪft] (durch)sieben; *a.* ~ *through fig.* sichten, durchsehen, prüfen

sigh [saɪ] **1.** seufzen; **2.** Seufzer *m*

sight [saɪt] **1.** Sehvermögen *n*, Sehkraft *f*, Auge(nlicht) *n*; Anblick *m*; Sicht(weite) *f*; ~**s** *pl.* Visier *n*; Sehenswürdigkeiten *pl.*; *at* ~, *on* ~ sofort; *at the* ~ *of* beim Anblick von (*od. gen.*); *at first* ~ auf den ersten Blick; *catch* ~ *of* erblicken; *know by* ~ vom Sehen kennen; *lose* ~ *of* aus den Augen verlieren; *be* (*with*)*in* ~ in Sicht sein (*a. fig.*); **2.** sichten; '~**ed** sehend; ...sichtig; '~-**read** (*-read* [-red]) *mus.* vom Blatt singen *od.* spielen; '~**·see·ing** Sightseeing *n*, Besichtigung *f* von Sehenswürdigkeiten; *go* ~ sich die Sehenswürdigkeiten anschauen; '~**·see·ing tour** Sightseeingtour *f*, Besichtigungstour *f*; (Stadt)Rundfahrt *f*; '~**·se·er** Tourist(in)

sign [saɪn] **1.** Zeichen *n*; (*Hinweis-, Warn- etc.*)Schild *n*; *fig.* Zeichen *n*, Anzeichen *n*; **2.** unterschreiben, -zeichnen; *Scheck* ausstellen; ~ *in* sich eintragen; ~ *out* sich austragen

sig·nal ['sɪɡnl] **1.** Signal *n* (*a. fig.*); Zeichen *n* (*a. fig.*); **2.** (*bsd. Brt. -II-, Am. -I-*) (ein) Zeichen geben; signalisieren

sig·na·to·ry ['sɪɡnətərɪ] Unterzeichner(in) (*e-s Vertrags*)

sig·na·ture ['sɪɡnətʃə] Unterschrift *f*; Signatur *f*; ~ *tune Rundfunk, TV:* Erkennungs-, Kennmelodie *f*

'**sign·board** (Aushänge)Schild *n*; '~**·er** Unterzeichnete(r *m*) *f*

sig·net ['sɪɡnɪt] Siegel *n*

sig·nif·i·cance [sɪɡ'nɪfɪkəns] Bedeutung *f*, Wichtigkeit *f*; ~**·cant** bedeutend, bedeutsam, wichtig; bezeichnend

sig·ni·fy ['sɪɡnɪfaɪ] bedeuten; andeuten

'**sign·post** Wegweiser *m*

si·lence ['saɪləns] **1.** Stille *f*; Schweigen *n*; ~! Ruhe!; *in* ~ schweigend; *reduce to* ~ zum Schweigen bringen; **2.** zum Schweigen bringen; '**si·lenc·er** *tech.* Schalldämpfer *m*; *Brt. mot.* Auspufftopf *m*

si·lent ['saɪlənt] still; schweigend; schweigsam; stumm; ~ '**part·ner** *Am. econ.* stiller Teilhaber

sil·i·con *chem.* ['sɪlɪkən] Silizium *n*; ~**·cone** *chem.* ['sɪlɪkəʊn] Silikon *n*

silk [sɪlk] Seide *f*; Seiden...; '~**·worm** *zo.* Seidenraupe *f*; '~**·y** (*-ier, -iest*) seidig; samtig (*Stimme*)

sill [sɪl] (*Fenster*)Brett *n*

sil·ly ['sɪlɪ] **1.** (*-ier, -iest*) albern, töricht, dumm; **2.** F Dummerchen *n*

sil·ver ['sɪlvə] **1.** Silber *n*; **2.** silbern, Silber...; **3.** versilbern; ~**·'plat·ed** versilbert; '~**·ware** Tafelsilber *n*; ~**·y** ['sɪlvərɪ] silberglänzend; *fig.* silberhell

sim·i·lar ['sɪmɪlə] ähnlich (*to dat.*); ~**·iˑty** [sɪmɪ'lærətɪ] Ähnlichkeit *f*

sim·i·le ['sɪmɪlɪ] Simile *n*, Gleichnis *n*, Vergleich *m*

sim·mer ['sɪmə] leicht kochen, köcheln;

~ with *fig.* kochen vor (*Zorn etc.*), fiebern vor (*Aufregung etc.*); **~ down** F sich beruhigen *od.* abregen

sim·per ['sɪmpə] albern *od.* affektiert lächeln

sim·ple ['sɪmpl] (**~r, ~st**) einfach, simpel, leicht, schlicht; einfältig; naiv; **~'mind·ed** einfältig; naiv

sim·pli·ci·ty [sɪm'plɪsətɪ] Einfachheit *f*, Schlichtheit *f*; Einfältigkeit *f*; Naivität *f*; **~·fi·ca·tion** [sɪmplɪfɪ'keɪʃn] Vereinfachung *f*; **~·fy** ['sɪmplɪfaɪ] vereinfachen

sim·ply ['sɪmplɪ] einfach; bloß

sim·u·late ['sɪmjʊleɪt] vortäuschen; *mil.*, *tech.* simulieren

sim·ul·ta·ne·ous [sɪməl'teɪnjəs] simultan, gleichzeitig

sin [sɪn] **1.** Sünde *f*; **2.** (**-nn-**) sündigen

since [sɪns] **1.** *adv. a.* **ever ~** seitdem, -her; **2.** *prp.* seit; **3.** *cj.* seit(dem); da

sin·cere [sɪn'sɪə] aufrichtig, ehrlich, offen; **Yours ~ly, ≳ly yours** Mit freundlichen Grüßen (*Briefschluss*); **sin·cer·i·ty** [sɪn'serətɪ] Aufrichtigkeit *f*; Offenheit *f*

sin·ew *anat.* ['sɪnjuː] Sehne *f*; *fig.* kraftvoll

'sin·ful sündig, sündhaft

sing [sɪŋ] (**sang, sung**) singen; **~ s.th. to s.o.** j-m etw. vorsingen

singe [sɪndʒ] (sich *et.*) an- *od.* versengen

sing·er ['sɪŋə] Sänger(in); **~·ing** ['sɪŋɪŋ] Singen *n*, Gesang *m*

sin·gle ['sɪŋgl] **1.** einzig; einzeln, Einzel...; einfach; ledig, unverheiratet; **bookkeeping by ~ entry** einfache Buchführung; **in ~ file** im Gänsemarsch; **2.** *Brt.* einfache Fahrkarte, *aviat.* einfaches Ticket (*beide a.* **~ ticket**); Single *f* (*Schallplatte*); Single *m*, Unverheiratete(r *m*) *f*; **3. ~ out** sich herausgreifen; **~'breast·ed** einreihig (*Jacke etc.*); **~'en·gined** *aviat.* einmotorig; **~ fam·i·ly 'home** Einfamilienhaus *n*; **~'fa·ther** allein erziehender Vater; **~'hand·ed** eigenhändig, allein; **~'lane** *mot.* einspurig; **~ -'mind·ed** zielstrebig, -bewusst; **~ 'moth·er** allein erziehende Mutter; **~ 'pa·rent** Alleinerziehende(r *m*) *f*; **~ 'room** Einzelzimmer *n*; **~s** *sg. bsd. Tennis:* Einzel *n*; **a ~ match** ein Einzel; **men's ~** Herreneinzel *n*; **women's ~** Dameneinzel *n*

sin·glet *Brt.* ['sɪŋglɪt] ärmelloses Unterhemd *od.* Trikot

'sin·gle-track eingleisig, -spurig

sin·gu·lar ['sɪŋgjʊlə] **1.** einzigartig, einmalig; **2.** *gr.* Singular *m*, Einzahl *f*

sin·is·ter ['sɪnɪstə] finster, unheimlich

sink [sɪŋk] **1.** (**sank, sunk**) *v/i.* sinken; sinken, untergehen; sich senken; **~ in** eindringen (*Flüssigkeit; Nachricht*); *v/t.* versenken; *Brunnen etc.* bohren; *Zähne etc.* vergraben (**into** in *acc.*); **2.** Spülbecken *n*, Spüle *f*; *bsd. Am.* Waschbecken *n*

'sin·ner ['sɪnə] Sünder(in)

Sioux [suː] (*pl.* **Sioux** [suːz]) Sioux *m*, *f*

sip [sɪp] **1.** Schlückchen *n*; **2.** *v/t.* nippen (*dat.*) *od.* von; schlückchenweise trinken; *v/i.* nippen (**at** *dat. od.* von)

sir [sɜː] mein Herr (*Anrede, oft unübersetzt*); **Dear ≳s** Sehr geehrte Herren (*Anrede in Briefen*); **≳** *Brt.* Sir *m* (*Adelstitel*)

sire ['saɪə] Vater(tier *n*) *m* (*bsd. Pferd*)

si·ren ['saɪərən] Sirene *f*

sir·loin *gastr.* ['sɜːlɔɪn], **~ 'steak** Lendensteak *n*

sis·sy F ['sɪsɪ] Weichling *m*

sis·ter ['sɪstə] Schwester *f*; *Brt. med.* Oberschwester *f*; *rel.* (Ordens)Schwester *f*; **~'hood** Schwesternschaft *f*; **~-in-law** ['sɪstərɪnlɔː] (*pl.* **sisters-in-law**) Schwägerin *f*; **~·ly** schwesterlich

sit [sɪt] (**-tt-; sat**) *v/i.* sitzen; sich setzen; tagen; *v/t.* j-n setzen; *bsd. Brt.* Prüfung ablegen, machen; **~ down** sich setzen; **~ for** *Brt.* Prüfung ablegen, machen; **~ in** ein Sit-in veranstalten; an e-m Sit-in teilnehmen; **~ in for** j-n vertreten; **~ in on** als Zuhörer teilnehmen an (*dat.*); **~ on** sitzen auf (*dat.*) (*a. fig.*); **~ on a committee** in e-m Ausschuss angehören; **~ out** Tanz auslassen; das Ende (*gen.*) abwarten; Krise etc. aussitzen; **~ up** sich *od.* j-n aufrichten *od.* -setzen; aufrecht sitzen; aufbleiben

sit·com ['sɪtkɒm] → **situation comedy**

'sit-down *a.* **~ strike** Sitzstreik *m*; *a.* **~ demonstration** F demo Sitzblockade *f*

site [saɪt] Platz *m*, Ort *m*, Stelle *f*; (*Ausgrabungs*)Stätte *f*; Baustelle *f*

'sit-in Sit-in *n*, Sitzstreik *m*

sit·ting ['sɪtɪŋ] Sitzung *f*; **~ room** *bsd. Brt.* Wohnzimmer *n*

sit·u·at·ed ['sɪtjʊeɪtɪd]: *be* ~ liegen, gelegen sein

sit·u·a·tion *fig.* [sɪtjʊ'eɪʃn] Lage *f*, Situation *f*; ~ '**com·e·dy** *Rundfunk, TV*: Situationskomödie *f* (humorvolle Serie)

six [sɪks] **1.** sechs; **2.** Sechs *f*; ~**teen** [sɪks'tiːn] **1.** sechzehn; **2.** Sechzehn *f*; ~**teenth** [sɪks'tiːnθ] sechzehnte(r, -s); ~**th** [sɪksθ] **1.** sechste(r, -s); **2.** Sechstel *n*; ~**th·ly** sechstens; ~**ti·eth** ['sɪkstɪʊθ] sechzigste(r, -s); ~**ty** ['sɪkstɪ] **1.** sechzig; **2.** Sechzig *f*

size [saɪz] **1.** Größe *f*, *fig. a.* Ausmaß *n*, Umfang *m*; **2.** ~ *up* F abschätzen

siz(e)·a·ble ['saɪzəbl] beträchtlich

siz·zle ['sɪzl] brutzeln

skate [skeɪt] **1.** Schlittschuh *m*; Rollschuh *m*; **2.** Schlittschuh laufen; Eis laufen; Rollschuh laufen; ~**board** Skateboard *n*; '**skat·er** Eis-, Schlittschuhläufer(in); Rollschuhläufer(in)

skat·ing ['skeɪtɪŋ] Eis-, Schlittschuhlaufen *n*; Rollschuhlaufen *n*; *free* ~ Kür(lauf *m*) *f*; ~ **rink** (Kunst)Eisbahn *f*; Rollschuhbahn *f*

skel·e·ton ['skelɪtn] Skelett *n*, Gerippe *n*; ~ **key** Hauptschlüssel *m*

skep·tic ['skeptɪk] *etc. bsd. Am.* → **sceptic** *etc.*

sketch [sketʃ] **1.** Skizze *f*; *thea. etc.* Sketch *m*; **2.** skizzieren

ski [skiː] **1.** Ski *m*; Ski...; **2.** Ski fahren *od.* laufen

skid [skɪd] **1.** (*-dd-*) *mot.* rutschen, schleudern; **2.** *mot.* Rutschen *n*, Schleudern *n*; *aviat.* (Gleit)Kufe *f*; '~ **mark(s** *pl.*) *mot.* Bremsspur *f*

ski·er ['skiːə] Skifahrer(in), -läufer(in); '~**ing** Skifahren *n*, -laufen *n*, -sport *m*; '~ **jump** (Sprung)Schanze *f*; '~ **jump·er** Skispringer *m*; '~ **jump·ing** Skispringen *n*

skil·ful ['skɪlfl] geschickt

'ski lift Skilift *m*

skill [skɪl] Geschicklichkeit *f*, Fertigkeit *f*; ~**ed** geschickt (**at, in** in *dat.*); ~**ed 'work·er** Facharbeiter(in)

'skill·ful *Am.* → **skilful**

skim [skɪm] (*-mm-*) Fett *etc.* abschöpfen (*a.* ~ *off*); *Milch* entrahmen; (hin)gleiten über (*acc.*); ~ *over, ~ through* *Bericht etc.* überfliegen; ~(**med**) '**milk** Magermilch *f*

skimp [skɪmp] *a.* ~ *on* sparen an (*dat.*); '~**y** (*-ier, -iest*) dürftig; knapp

skin [skɪn] **1.** Haut *f*; Fell *n*; (*Bananen-, Zwiebel- etc.*)Schale *f*; **2.** (*-nn-*) *Tier* abhäuten; *Zwiebel etc.* schälen; *sich das Knie etc.* aufschürfen; ~'**deep** (nur) oberflächlich; '~**dive** tauchen (*ohne Atemgerät u. Schutzanzug*); '~ **div·ing** Sporttauchen *n*; '~**flint** Geizhals *m*; '~**ny** (*-ier, -iest*) dürr, mager; '~**ny-dip** F nackt baden

skip [skɪp] **1.** (*-pp-*) *v/i.* hüpfen, springen; seilhüpfen, -springen; *v/t. a.* ~ überspringen, auslassen; **2.** Hüpfer *m*

skip·per ['skɪpə] *naut., Sport:* Kapitän *m*

skir·mish ['skɜːmɪʃ] Geplänkel *n*

skirt [skɜːt] **1.** Rock *m*; **2.** *a.* ~ (**a**)**round** umgeben; *fig. Problem etc.* umgehen; '~**ing board** *Brt.* Scheuerleiste *f*

'ski run Skipiste *f*; '~ **tow** Schlepplift *m*

skit·tle ['skɪtl] Kegel *m*

skulk [skʌlk] sich herumdrücken, herumschleichen

skull *anat.* [skʌl] Schädel *m*

skul(l)·dug·ge·ry F [skʌl'dʌgərɪ] Gaunerei *f*, fauler Zauber

skunk *zo.* [skʌŋk] Skunk *m*, Stinktier *n*

sky [skaɪ] *a.* **skies** *pl.* Himmel *m*; '~**jack** *Flugzeug* entführen; '~**jack·er** Flugzeugentführer(in); '~**lark** *zo.* Feldlerche *f*; '~**light** Dachfenster *n*; '~**line** Skyline *f*, Silhouette *f* (*e-r Stadt*); '~ **rock·et** F hochschnellen, in die Höhe schießen (*Preise*); '~**scrap·er** Wolkenkratzer *m*

slab [slæb] (*Stein- etc.*)Platte *f*; dickes Stück (*Kuchen etc.*)

slack [slæk] **1.** locker (*Seil etc.*); lax (*Disziplin etc.*); *econ.* flau; lasch, nachlässig; **2.** bummeln; ~ *off, ~ up fig.* nachlassen, (*Person a.*) abbauen; '~**en** *v/t.* lockern; verringern; ~ **speed** langsamer werden; *v/i.* locker werden; *a.* ~ *off* nachlassen; ~**s** *pl. bsd. Am.* F Hose *f*

slag [slæg] Schlacke *f*

slain [sleɪn] *p.p. von* **slay**

sla·lom ['slɑːləm] *Sport:* Slalom *m*

slam [slæm] **1.** (*-mm-*) *a.* ~ **shut** zuknallen, zuschlagen; *a.* ~ **down** F *et.* knallen (**on** auf *acc.*); ~ *on the brakes mot.* auf die Bremse steigen; **2.** Zuschlagen *n*; Knall *m*

slan·der ['slɑːndə] **1.** Verleumdung *f*; **2.** verleumden; '~**ous** ['slɑːndərəs] verleumderisch

slang [slæŋ] **1.** Slang *m*; Jargon *m*; **2.** *bsd. Brt.* F j-n wüst beschimpfen

slant [slɑːnt] **1.** schräg legen *od.* liegen; sich neigen; **2.** schräge Fläche; Abhang *m*; *fig.* Einstellung *f*; **at** *od.* **on a ~** schräg; **'~·ing** schräg

slap [slæp] **1.** Klaps *m*, Schlag *m*; **2.** (**-pp-**) e-n Klaps geben (*dat.*); schlagen; klatschen (**down on** auf *acc.*; **against** gegen); **'~stick** *thea.* Slapstick *m*, Klamauk *m*; **'~stick com·e·dy** *thea.* Slapstickkomödie *f*

slash [slæʃ] **1.** auf-, zerschlitzen; *Preise* drastisch herabsetzen; *Ausgaben etc.* drastisch kürzen; **~ at** schlagen nach (*dat.*); **2.** Hieb *m*; Schlitz *m* (*im Kleid etc.*)

slate [sleɪt] **1.** Schiefer *m*; Schiefertafel *f*; *Am. pol.* Kandidatenliste *f*; **2.** mit Schiefer decken; *Am.* j-n vorschlagen (**for, to be** als); *Am. et.* planen (**for** für)

slaugh·ter ['slɔːtə] **1.** Schlachten *n*; Blutbad *n*, Gemetzel *n*; **2.** schlachten; niedermetzeln; **'~house** Schlachthaus *n*, -hof *m*

Slav [slɑːv] **1.** Slaw|e *m*, -in *f*; **2.** slawisch

slave [sleɪv] **1.** Sklav|e *m*, -in *f* (*a. fig.*); **2.** *a.* **~ away** sich abplagen, schuften

slav·er ['slævə] geifern, sabbern

sla·ve·ry ['sleɪvərɪ] Sklaverei *f*

slav·ish ['sleɪvɪʃ] sklavisch

slay *Am.* [sleɪ] (**slew, slain**) ermorden, umbringen

sleaze [sliːz] unsaubere Machenschaften (*bsd. in der Politik*); Kumpanei *f*; **slea·zy** ['sliːzɪ] (**-ier, -iest**) schäbig, heruntergekommen; anrüchig

sled *Am.* [sled] → **sledge**

sledge [sledʒ] **1.** (*a.* Rodel)Schlitten *m*; **2.** Schlitten fahren, rodeln

'sledge·ham·mer Vorschlaghammer *m*

sleek [sliːk] **1.** glatt, glänzend, geschmeidig (*Haar, Fell*); schnittig (*Auto*); **2.** glätten

sleep [sliːp] **1.** Schlaf *m*; **I couldn't get to ~** ich konnte nicht einschlafen; **go to ~** einschlafen (F *a. Bein etc.*); **put to ~** *Tier* einschläfern; **2.** (**slept**) *v/i.* schlafen; **~ late** lang *od.* länger schlafen; **~ on** *Problem etc.* überschlafen; **~ with s.o.** mit j-m schlafen; *v/t.* Schlafgelegenheit bieten für; **'~·er** Schlafende(r *m*) *f*; *Brt. rail.* Schwelle *f*; *rail.* Schlafwagen *m*

'sleep·ing bag Schlafsack *m*; **2 'Beau·ty** Dornröschen *n*; **'~ car** *rail.* Schlafwagen *m*; **~ 'part·ner** *Brt. econ.* stiller Teilhaber

'sleep·less schlaflos; **'~walk·er** Schlafwandler(in); **'~·y** (**-ier, -iest**) schläfrig, müde; verschlafen

sleet [sliːt] **1.** Schneeregen *m*, Graupelschauer *m*; **2. it's ~ing** es gibt Schneeregen; es graupelt

sleeve [sliːv] Ärmel *m*; *tech.* Manschette *f*, Muffe *f*; *bsd. Brt.* (*Platten*)Hülle *f*

sleigh [sleɪ] (*bsd.* Pferde)Schlitten *m*

sleight of hand [slaɪt əv 'hænd] Fingerfertigkeit *f*; *fig.* (Taschenspieler)Trick *m*

slen·der ['slendə] schlank; *fig.* mager, dürftig, schwach

slept [slept] *pret. u. p.p. von* **sleep** 2

sleuth F [sluːθ] Spürhund *m*, Detektiv *m*

slew [sluː] *pret. von* **slay**

slice [slaɪs] **1.** Scheibe *f* (*Brot etc.*), Stück *n* (*Kuchen etc.*); *fig.* Anteil *m* (**of** an *dat.*); **2.** *a.* **~ up** in Scheiben *od.* Stücke schneiden; **~ off** Stück abschneiden (**from** von)

slick [slɪk] **1.** gekonnt (*Vorstellung etc.*); geschickt, raffiniert; glatt (*Straße etc.*); **2.** F (*Öl*)Teppich *m*; **3. ~ down** *Haar* glätten, F anklatschen; **'~·er** *Am.* Regenmantel *m*; F Gauner *m*

slid [slɪd] *pret. u. p.p. von* **slide** 1

slide [slaɪd] **1.** (**slid**) gleiten (lassen); rutschen; schlüpfen; schieben; **let things ~** *fig.* die Dinge schleifen lassen; **2.** Gleiten *n*, Rutschen *n*; Rutsche *f*, Rutschbahn *f*; *tech.* Schieber *m*; *phot.* Dia(positiv) *n*; Objektträger *m*; *Brt.* (*Haar*)Spange *f*; (*Erd- etc.*)Rutsch *m*; **'~ rule** Rechenschieber *m*; **'~ tack·le** *Fußball:* Grätsche *f*

'slid·ing door [slaɪdɪŋ 'dɔː] Schiebetür *f*

slight [slaɪt] **1.** leicht, gering(fügig), unbedeutend; **2.** beleidigen, kränken; **3.** Beleidigung *f*, Kränkung *f*

slim [slɪm] (**-mm-**) **1.** schlank; *fig.* gering; **2.** *a.* **be ~ming, be on a ~ming diet** e-e Schlankheitskur machen, abnehmen

slime [slaɪm] Schleim *m*

slim·y ['slaɪmɪ] (**-ier, -iest**) schleimig (*a. fig.*)

sling [slɪŋ] **1.** (**slung**) aufhängen; F schleudern; △ *nicht* **schlingen**; **2.**

slink

Schlinge *f*; Tragriemen *m* (*für Gewehr*); Tragetuch *n* (*für Baby*); Schleuder *f*

slink [slɪŋk] (**slunk**) (sich) schleichen

slip¹ [slɪp] **1.** (**-pp-**) *v/i.* rutschen, schlittern; ausgleiten, -rutschen; schlüpfen; *v/t.* sich losreißen von; ~ **s.th. into s.o.'s hand** j-m et. in die Hand schieben; ~ **s.o. s.th.** j-m et. zuschieben; ~ **s.o.'s attention** j-s Aufmerksamkeit entgehen; ~ **s.o.'s mind** j-m entfallen; **she has ~ped a disc** sie hat e-n Bandscheibenvorfall; ~ **by,** ~ **past** verstreichen (*Zeit*); ~ **off** schlüpfen aus (*Kleidungsstück*); ~ **on** *Kleidungsstück* überstreifen, schlüpfen in (*acc.*); ~ **s.th. off** ausziehen; **2.** Ausgleiten *n*, (Aus)Rutschen *n*; Versehen *n*; Unterrock *m*; (*Kissen*)Bezug *m*; △ *nicht* **Slip**; ~ **of the tongue** Versprecher *m*; **give s.o. the ~** F j-m entwischen

slip² [slɪp] *a.* ~ **of paper** Zettel *m*

'slip|·case Schuber *m*; **'~-on 1.** *adj.* ~ **shoe** → **2.** Slipper *m*; **~ped 'disc** *med.* Bandscheibenvorfall *m*; **'~·per** Hausschuh *m*, Pantoffel *m*; △ *nicht* **Slipper**; **~·per·y** ['slɪpərɪ] (**-ier, -iest**) glatt, rutschig, glitschig; **'~ road** *Brt.* (Autobahn)Auffahrt *f*; (Autobahn)Ausfahrt *f*; **'~·shod** schlampig

slit [slɪt] **1.** Schlitz *m*; **2.** (**-tt-**; **slit**) schlitzen; ~ **open** aufschlitzen

slith·er ['slɪðə] gleiten, rutschen

sliv·er ['slɪvə] (*Glas- etc.*)Splitter *m*

slob·ber ['slɒbə] sabbern

slo·gan ['sləʊɡən] Slogan *m*

sloop *naut.* [sluːp] Schaluppe *f*

slop [slɒp] **1.** (**-pp-**) *v/t.* verschütten; *v/i.* überschwappen; schwappen (**over** über *acc.*); **2.** *a.* **~s** *pl.* schlabb(e)riges Zeug; (*Tee-, Kaffee*)Rest *pl.*) *m*; *bsd. Brt.* Schmutzwasser *n*

slope [sləʊp] **1.** (Ab)Hang *m*; Neigung *f*, Gefälle *n*; **2.** sich neigen, abfallen

slop·py ['slɒpɪ] (**-ier, -iest**) schlampig; F gammelig (*Kleidungsstück*); F rührselig

slot [slɒt] Schlitz *m*; (Münz)Einwurf *m*; *Computer*: Steckplatz *m*

sloth *zo.* [sləʊθ] Faultier *n*

'slot ma·chine (Waren-, Spiel)Automat *m*

slouch [slaʊtʃ] **1.** krumme Haltung; latschiger Gang; **2.** krumm dasitzen *od.* dastehen; latschen

slough¹ [slʌf]: ~ **off** *Haut* abstreifen, sich häuten (*Schlange*)

slough² [slaʊ] Sumpf(loch *n*) *m*

Slo·vak ['sləʊvæk] **1.** slowakisch; **2.** Slowake *m*, -in *f*; *ling.* Slowakisch *n*

Slo·va·ki·a [sləʊˈvækɪə] Slowakei *f*

slov·en·ly ['slʌvnlɪ] schlampig

slow [sləʊ] **1.** *adj.* langsam; begriffsstutzig; *econ.* schleppend; **be** (**ten minutes**) ~ (zehn Minuten) nachgehen (*Uhr*); **2.** *adv.* langsam; **3.** *v/t.* oft ~ **down,** ~ **up** *Geschwindigkeit* verringern; *v/i.* oft ~ **down,** ~ **up** langsamer fahren *od.* gehen *od.* werden; **'~·coach** *Brt.* Langweiler(in); **'~·down** *Am. econ.* Bummelstreik *m*; **'~ lane** *mot.* Kriechspur *f*; **'mo·tion** *phot.* Zeitlupe *f*; **'~-mov·ing** kriechend (*Verkehr*); **'~·poke** *Am.* → **slowcoach**; **'~·worm** *zo.* Blindschleiche *f*

sludge [slʌdʒ] Schlamm *m* (*schleimiger*)

slug¹ *zo.* [slʌɡ] Nacktschnecke *f*

slug² *bsd. Am.* F [slʌɡ] (*Gewehretc.*)Kugel *f*; Schluck *m* (*Whisky etc.*)

slug³ *bsd. Am.* F [slʌɡ] (**-gg-**) j-m e-n Faustschlag versetzen

slug·gish ['slʌɡɪʃ] träge; *econ.* schleppend

sluice *tech.* [sluːs] Schleuse *f*

slum [slʌm] *a.* **~s** *pl.* Slums *pl.*, Elendsviertel *n od. pl.*

slum·ber *lit.* ['slʌmbə] **1.** schlummern; **2.** *a.* **~s** *pl.* Schlummer *m*

slump [slʌmp] **1.** stürzen (*Preise*), stark zurückgehen (*Umsätze etc.*); **sit ~ed over** zusammengesunken sitzen über (*dat.*); ~ **into a chair** sich in e-n Sessel plumpsen lassen; **2.** *econ.* starker Konjunkturrückgang; ~ **in prices** Preissturz *m*

slung [slʌŋ] *pret. u. p.p.* von **sling**

slunk [slʌŋk] *pret. u. p.p.* von **slink**

slur¹ [slɜː] **1.** *mus.* Töne binden; ~ **one's speech** undeutlich sprechen; lallen; **2.** undeutliche Aussprache

slur² [slɜː] **1.** (**-rr-**) verleumden; **2.** ~ **on s.o.'s reputation** Rufschädigung *f*

slurp F [slɜːp] schlürfen

slush [slʌʃ] Schneematsch *m*

slut [slʌt] Schlampe *f*; Nutte *f*

sly [slaɪ] (**~er, ~est**) gerissen, schlau, listig; **on the ~** heimlich

smack¹ [smæk]: j-m e-n Klaps geben; ~ **one's lips** sich (geräuschvoll) die Lippen lecken; ~ **down** *vt.* hinklatschen; **2.** klatschendes Geräusch, Knall *m*; F

Schmatz m (Kuss); F Klaps m, kräftiger Schlag
smack² [smæk]: ~ *of* fig. schmecken od. riechen nach
small [smɔːl] **1.** adj. u. adv. klein; △ *nicht* **schmal**; ~ *wonder (that)* kein Wunder, dass; *feel* ~ sich klein (u. hässlich) vorkommen; **2.** ~ *of the back* anat. Kreuz n; '~ *ad* Kleinanzeige f; '~ *arms* pl. Handfeuerwaffen pl.; ~'**change** Kleingeld n; '~ *hours* pl.: *in the* ~ in den frühen Morgenstunden; ~'**mind·ed** engstirnig; kleinlich; '~·**pox** med. ['smɔːlpɒks] Pocken pl.; '~ *print* das Kleingedruckte (e-s Vertrags etc.); '~ *talk* Small Talk m, oberflächliche Konversation; *make* ~ plaudern; ~'**time** F klein, unbedeutend; ~ *town* Kleinstadt f
smart [smɑːt] **1.** schick, fesch; smart, schlau, clever; **2.** weh tun; brennen; **3.** (brennender) Schmerz; ~ *al·eck* F ['smɑːt ælɪk] Besserwisser(in), Klugscheißer(in) F; '~·**ness** Schick m; Schlauheit f, Cleverness f
smash [smæʃ] **1.** v/t. zerschlagen (a. ~ *up*), schmettern (a. Tennis etc.); Aufstand etc. niederschlagen, Drogenring etc. zerschlagen; ~ *up one's car* s-n Wagen zu Schrott fahren; v/i. zerspringen; ~ *into* prallen an (acc.) od. gegen, krachen gegen **2.** Schlag m; Tennis etc.: Schmetterball m; → ~ *hit*, ~ *up*; '*hit* Hit m (Buch, Film etc.); '~·**ing** bsd. Brt. F toll, sagenhaft; '~·**up** mot., rail. schwerer Unfall
smat·ter·ing ['smætərɪŋ]: *a* ~ *of English* ein paar Brocken Englisch
smear [smɪə] **1.** Fleck m; med. Abstrich m; Verleumdung f; **2.** (ein-, ver)schmieren; (sich) verwischen (Schrift); verleumden
smell [smel] **1.** (**smelt** od. **smelled**) v/i. riechen (*at* an dat.); duften; riechen, bsd. stinken; v/t. riechen (an dat.); **2.** Geruch m; Gestank m; Duft m; '~·**y** (-*ier*, -*iest*) übel riechend, stinkend
smelt¹ [smelt] pret. u. p.p. von **smell** 1
smelt² [smelt] Erz schmelzen
smile [smaɪl] **1.** Lächeln n; **2.** lächeln; ~ *at* j-n anlächeln; j-m zulächeln; j-n, et. belächeln, lächeln über (acc.)
smirk [smɜːk] (selbstgefällig od. schadenfroh) grinsen

smith [smɪθ] Schmied m
smith·e·reens F [smɪðə'riːnz] pl.: *smash (in)to* ~ in tausend Stücke schlagen od. zerspringen
smith·y ['smɪðɪ] Schmiede f
smit·ten ['smɪtn] bsd. humor. verliebt, -knallt (*with* in acc.); *be* ~ *by* od. *with* fig. gepackt werden von
smock [smɒk] Kittel m
smog [smɒg] Smog m
smoke [sməʊk] **1.** Rauch m; *have a* ~ eine rauchen; **2.** rauchen; räuchern; '**smok·er** Raucher(in); rail. Raucher (-wagen) m; '~·**stack** Schornstein m
smok·ing ['sməʊkɪŋ] Rauchen n; △ *nicht* **Smoking**; *no* ~ Rauchen verboten; ~ *com·part·ment* rail. Raucher(abteil n) m
smok·y ['sməʊkɪ] (-*ier*, -*iest*) rauchig; verräuchert
smooth [smuːð] **1.** glatt (a. fig.); ruhig (tech.; Flug, Reise); mild (Wein); fig. (aal)glatt; **2.** a. ~ *out* glätten, glatt streichen; ~ *away* Falten etc. glätten; Schwierigkeiten etc. aus dem Weg räumen; ~ *down* glatt streichen (Haar)
smoth·er ['smʌðə] ersticken
smo(u)l·der ['sməʊldə] glimmen, schwelen
smudge [smʌdʒ] **1.** Fleck m; **2.** (be-, ver)schmieren; (sich) verwischen (Schrift)
smug [smʌg] (-*gg*-) selbstgefällig
smug·gle ['smʌgl] schmuggeln (*into* nach; in acc.); '~·**r** Schmuggler(in)
smut [smʌt] Rußflocke f; Schmutz m (a. fig.); '~·**ty** (-*ier*, -*iest*) fig. schmutzig
snack [snæk] Snack m, Imbiss m; *have a* ~ e-e Kleinigkeit essen; '~ *bar* Snackbar f, Imbissstube f
snag [snæg] **1.** fig. Haken m; **2.** (-*gg*-) mit et. hängen bleiben (*on* an dat.)
snail zo. [sneɪl] Schnecke f
snake zo. [sneɪk] Schlange f
snap [snæp] **1.** (-*pp*-) v/i. (zer)brechen, (-)reißen; a. ~ *shut* zuschnappen; ~ *at* schnappen nach; j-n anschnauzen; ~ *out of it!* F Kopf hoch!, komm, komm!; ~ *to it!* mach fix!; v/t. zerbrechen; phot. F knipsen; ~ *one's fingers* mit den Fingern schnalzen; ~ *one's fingers at* fig. keinen Respekt haben vor (dat.), sich hinwegsetzen über (acc.); ~ *off* abbrechen; ~ *up* et. schnell entschlossen kau-

snap fastener

fen; ~ **it up!** *Am.* mach fix!; **2.** Krachen *n*, Knacken *n*, Knall *m*; *phot.* F Schnappschuss *m*; *Am.* Druckknopf *m*; *fig.* F Schwung *m*; **cold** ~ Kälteeinbruch *m*; '~ **fas·ten·er** *Am.* Druckknopf *m*; '**~pish** *fig.* bissig; '**~py** (-ier, -iest) modisch, schick; **make it** ~!, *Brt. a.* **look** ~! F mach fix!; '**~shot** *phot.* Schnappschuss *m*

snare [sneə] **1.** Schlinge *f*, Falle *f* (*a. fig.*); **2.** in der Schlinge fangen; F *et.* ergattern

snarl [snɑːl] **1.** knurren; ~ **at s.o.** j-n anknurren; **2.** Knurren *n*

snatch [snætʃ] **1.** *v/t. et.* packen; *Gelegenheit ergreifen; ein paar Stunden Schlaf etc.* ergattern; ~ **s.o.'s handbag** j-m die Handtasche entreißen; *v/i.* ~ **at** (schnell) greifen nach; *Gelegenheit ergreifen*: **make a** ~ **at** (schnell) greifen nach; ~ **of conversation** Gesprächsfetzen *m*

sneak [sniːk] **1.** *v/i.* (sich) schleichen; *Brt.* F petzen; *v/t.* F stibitzen; **2.** *Brt.* F Petze *f*; '**~er** *Am.* Turnschuh *m*

sneer [snɪə] **1.** höhnisch *od.* spöttisch grinsen (*at* über *acc.*); spotten (*at* über *acc.*); **2.** höhnisches *od.* spöttisches Grinsen; höhnische *od.* spöttische Bemerkung

sneeze [sniːz] **1.** niesen; **2.** Niesen *n*

snick·er *bsd. Am.* ['snɪkə] → **snigger**

sniff [snɪf] *v/i.* schniefen, schnüffeln (*at* an *dat.*); ~ **at** *fig.* die Nase rümpfen über (*acc.*); *v/t. Klebstoff etc.* schnüffeln, *Kokain etc.* schnupfen; Schnüffeln *n*

snif·fle ['snɪfl] **1.** schniefen; **2.** Schniefen *n*; **she's got the** ~**s** F ihr läuft dauernd die Nase

snig·ger ['snɪgə] kichern (*at* über *acc.*)

snip [snɪp] **1.** Schnitt *m*; **2.** (-pp-) durchschnippeln; ~ **off** abschnippeln

snipe¹ *zo.* [snaɪp] Schnepfe *f*

snipe² [snaɪp] aus dem Hinterhalt schießen (*at* auf *acc.*); '**snip·er** Heckenschütze *m*

sniv·el ['snɪvl] (*bsd. Brt.* -ll-, *Am.* -l-) greinen, jammern

snob [snɒb] Snob *m*; '**~bish** versnobt

snoop [snuːp]: ~ **about**, ~ **around** F herumschnüffeln; '**~er** F Schnüffler(in)

snooze F [snuːz] **1.** ein Nickerchen machen; **2.** Nickerchen *n*

snore [snɔː] **1.** schnarchen; **2.** Schnarchen *n*

snor·kel ['snɔːkl] **1.** Schnorchel *m*; **2.** schnorcheln

snort [snɔːt] **1.** schnauben; **2.** Schnauben *n*

snout *zo.* [snaʊt] Schnauze *f*, Rüssel *m*

snow [snəʊ] **1.** Schnee *m* (*a. sl.* Kokain); **2.** schneien; **be** ~**ed in** *od.* **up** eingeschneit sein; '**~ball** Schneeball *m*; ~**ball 'fight** Schneeballschlacht *f*; '**~bound** eingeschneit; '**~drift** Schneewehe *f*; '**~drop** *bot.* Schneeglöckchen *n*; '**~fall** Schneefall *m*; '**~flake** Schneeflocke *f*; '**~man** (*pl.* -men) Schneemann *m*; '**~plough** *Brt.*, '**~plow** *Am.* Schneepflug *m*; '**~storm** Schneesturm *m*; '**₂ White** Schneewittchen *n*; '**~y** (-ier, -iest) schneereich; verschneit

Snr *nur geschr. Abk. für* **Senior** sen., senior, der Ältere

snub [snʌb] **1.** (-bb-) j-n brüskieren, j-n vor den Kopf stoßen; *fig.* F j-n schneiden; **2.** Brüskierung *f*; '**~ nose** Stupsnase *f*; '**~'nosed** stupsnasig

snuff¹ [snʌf] Schnupftabak *m*

snuff² [snʌf] *Kerze* ausdrücken, auslöschen; ~ **out** *Leben* auslöschen

snuf·fle ['snʌfl] schnüffeln, schniefen

snug [snʌg] (-gg-) gemütlich, behaglich; *Kleidungsstück*: gut sitzend; eng (anliegend)

snug·gle ['snʌgl]: ~ **up to s.o.** sich an j-n kuscheln; ~ **down in bed** sich ins Bett kuscheln

so [səʊ] so; deshalb; → **hope 2**, **think**; **is that** ~**?** wirklich?; **an hour or** ~ etwa e-e Stunde; **she is tired** - ~ **am I** sie ist müde - ich auch; ~ **far** bisher

soak [səʊk] *v/t.* einweichen (**in** in *dat.*); durchnässen; ~ **up** aufsaugen; *v/i.* sickern; **leave the dirty clothes to** ~ weichen Sie die Schmutzwäsche ein

soap [səʊp] **1.** Seife *f*; F → **soap opera**; **2.** (sich) *et.* einseifen; '**~op·e·ra** *Rundfunk, TV*: Seifenoper *f*; '**~y** (-ier, -iest) Seifen...; seifig; *fig.* F schmeichlerisch

soar [sɔː] (hoch) aufsteigen; hochragen; *Vogel, aviat.* segeln, gleiten; *fig.* in die Höhe schnellen (*Preise etc.*)

sob [sɒb] 1. (-bb-) schluchzen; 2. Schluchzen n
so·ber ['səʊbə] 1. nüchtern (a. fig.); 2. ernüchtern; ~ **up** nüchtern machen od. werden
so-'called so genannt
soc·cer ['sɒkə] Fußball m (Spiel); '~**hoo·li·gan** Fußballrowdy m
so·cia·ble ['səʊʃəbl] gesellig
so·cial ['səʊʃl] sozial, Sozial...; gesellschaftlich, Gesellschafts...; gesellig (Lebewesen); F gesellig (Person); '~**dem·o·crat** Sozialdemokrat(in); ~ **in'sur·ance** Sozialversicherung f
so·cial·is·m ['səʊʃəlɪzəm] Sozialismus m; '~**ist** 1. Sozialist(in); 2. sozialistisch
so·cial·ize ['səʊʃəlaɪz] gesellschaftlich verkehren (**with** mit); sozialisieren
so·cial| '**sci·ence** Sozialwissenschaft f; ~ **se'cu·ri·ty** Brt. Sozialhilfe f; **be on** ~ Sozialhilfe beziehen; ~ '**serv·ic·es** pl. Brt. Sozialeinrichtungen pl.; '~**work** Sozialarbeit f; '~**work·er** Sozialarbeiter(in)
so·ci·e·ty [sə'saɪətɪ] Gesellschaft f; Verein m
so·ci·ol·o·gy [səʊsɪ'ɒlədʒɪ] Soziologie f
sock [sɒk] Socke f
sock·et ['sɒkɪt] electr. Steckdose f; electr. Fassung f (e-r Glühbirne); electr. (Anschluss)Buchse f; anat. (Augen-) Höhle f
sod Brt. V [sɒd] blöder Hund
so·da ['səʊdə] Soda(wasser) n; bsd. Am. (Orangen- etc.)Limonade f
sod·den ['sɒdn] aufgeweicht (Boden)
so·fa ['səʊfə] Sofa n
soft [sɒft] weich; sanft; leise; gedämpft (Licht etc.); F leicht, angenehm, ruhig (Job etc.); alkoholfrei (Getränk); weich (Drogen); verweichlicht; a. ~ **in the head** F einfältig, doof; '~ **drink** Soft Drink m, alkoholfreies Getränk
soft·en ['sɒfn] v/t. weich machen; Wasser enthärten; Ton, Licht, Stimme etc. dämpfen; ~ **up** F j-n weich machen; v/i. weich(er) od. sanft(er) od. mild(er) werden
soft|-'**head·ed** doof; ~'**heart·ed** weichherzig; '~**land·ing** Raumfahrt: weiche Landung; '~**ware** Computer: Software f; ~**ware 'pack·age** Computer: Softwarepaket n; '~**y** F Softie m, Softy m, Weichling m
sog·gy ['sɒgɪ] (-ier, -iest) aufgeweicht, matschig
soil¹ [sɔɪl] Boden m, Erde f
soil² [sɔɪl] beschmutzen, schmutzig machen
sol·ace ['sɒləs] Trost m
so·lar ['səʊlə] Sonnen...; ~ '**en·er·gy** Solar-, Sonnenenergie f; ~ '**pan·el** Sonnenkollektor m; '~ **sys·tem** Sonnensystem n
sold [səʊld] pret. u. p.p. von **sell**
sol·der ['sɒldə] (ver)löten
sol·dier ['səʊldʒə] Soldat m
sole¹ [səʊl] 1. (Fuß-, Schuh)Sohle f; 2. besohlen
sole² zo. [səʊl] (pl. **sole, soles**) Seezunge f
sole³ [səʊl] einzig; alleinig, Allein...; '~**ly** (einzig u.) allein, ausschließlich
sol·emn ['sɒləm] feierlich; ernst
so·li·cit [sə'lɪsɪt] bitten um
so·lic·i·tor Brt. jur. [sə'lɪsɪtə] Solicitor m (hauptsächlich bei niederen Gerichten zugelassener Anwalt)
so·lic·i·tous [sə'lɪsɪtəs] besorgt (**about, for** um)
sol·id ['sɒlɪd] 1. fest; stabil; massiv; math. körperlich; gewichtig, triftig (Grund etc.), stichhaltig (Argument etc.); solid(e), gründlich (Arbeit etc.); einmütig, geschlossen; **a** ~ **hour** F e-e geschlagene Stunde; 2. math. Körper m; ~**s** pl. feste Nahrung
sol·i·dar·i·ty [sɒlɪ'dærətɪ] Solidarität f
so·lid·i·fy [sə'lɪdɪfaɪ] fest werden (lassen); fig. (sich) festigen
sol·i·lo·quy [sə'lɪləkwɪ] Selbstgespräch n; bsd. thea. Monolog m
sol·i·taire [sɒlɪ'teə] Solitär m (Edelstein etc. u. Brettspiel); Am. Kartenspiel: Patience f
sol·i·ta·ry ['sɒlɪtərɪ] einsam, (Leben a.) zurückgezogen, (Ort etc. a.) abgelegen; einzig; ~ **con'fine·ment** Einzelhaft f
so·lo ['səʊləʊ] (pl. **-los**) mus. Solo n; aviat. Alleinflug m; '~**ist** mus. Solist(in)
sol·u·ble ['sɒljʊbl] löslich; fig. lösbar
so·lu·tion [sə'lu:ʃn] (Auf)Lösung f
solve [sɒlv] Fall etc. lösen; **sol·vent** ['sɒlvənt] 1. econ. zahlungsfähig; 2. chem. Lösungsmittel n

som·bre *Brt.*, **som·ber** *Am.* ['sɒmbə] düster, trüb(e); *fig.* trübsinnig

some [sʌm] (irgend)ein; *vor pl.:* einige, ein paar; manche; etwas, ein wenig, ein bisschen; ungefähr; ~ **20 miles** etwa 20 Meilen; ~ **more cake** noch ein Stück Kuchen; **to** ~ **extent** bis zu e-m gewissen Grade; '~**bod·y** ['sʌmbədɪ] jemand; '~**day** eines Tages; '~**how** irgendwie; '~**one** jemand; '~**place** *bsd. Am.* → **somewhere**

som·er·sault ['sʌməsɔːlt] **1.** Salto *m*; Purzelbaum *m*; **turn a** ~ → **2.** e-n Salto machen; e-n Purzelbaum schlagen

'some|·thing etwas; ~ **like** ungefähr; '~**time** irgendwann; '~**times** manchmal; '~**what** ein bisschen, ein wenig; '~**where** irgendwo(hin)

son [sʌn] Sohn *m*; ~ **of a bitch** *bsd. Am.* V Scheißkerl *m*

sonde *bsd. meteor.* [sɒnd] Sonde *f*

song [sɒŋ] Lied *n*; Gesang *m*; **for a** ~ F für ein Butterbrot; '~**bird** Singvogel *m*

son·ic ['sɒnɪk] Schall...; ~ **bang** *Brt.*, ~ **boom** Überschallknall *m*

son-in-law ['sʌnɪnlɔː] (*pl.* **sons-in-law**) Schwiegersohn *m*

son·net ['sɒnɪt] Sonett *n*

so·no·rous [sə'nɔːrəs] sonor, volltönend

soon [suːn] bald; **as** ~ **as** sobald; **as** ~ **as possible** so bald wie möglich; '~**er** eher, früher; ~ **or later** früher od. später; **the** ~ **the better** je eher, desto besser; **no** ~ ... **than** kaum ... als; **no** ~ **said than done** gesagt, getan

soot [sʊt] Ruß *m*

soothe [suːð] beruhigen, beschwichtigen (*a.* ~ **down**); *Schmerzen* lindern, mildern; **sooth·ing** ['suːðɪŋ] beruhigend; lindernd

soot·y ['sʊtɪ] (**-ier**, **-iest**) rußig

sop¹ [sɒp] Beschwichtigungsmittel *n* (**to** für)

sop² [sɒp] (-**pp**-): ~ **up** aufsaugen

so·phis·ti·cat·ed [sə'fɪstɪkeɪtɪd] anspruchsvoll, kultiviert; intellektuell; *tech.* hoch entwickelt

soph·o·more *Am.* ['sɒfəmɔː] Student(in) im zweiten Jahr

sop·o·rif·ic [sɒpə'rɪfɪk] (~**ally**) einschläfernd

sop·ping ['sɒpɪŋ]: ~ (**wet**) F klatschnass

sor·cer·er ['sɔːsərə] Zauberer *m*, Hexenmeister *m*, Hexer *m*; ~**ess** ['sɔːsərɪs] Zauberin *f*, Hexe *f*; ~**y** ['sɔːsərɪ] Zauberei *f*, Hexerei *f*

sor·did ['sɔːdɪd] schmutzig; schäbig

sore [sɔː] **1.** (~**r**, ~**st**) weh, wund; entzündet; *fig.* wund (*Punkt*); *bsd. Am.* F *fig.* sauer; **I'm** ~ **all over** mir tut alles weh; ~ **throat** Halsentzündung *f*; **have a** ~ **throat** *a.* Halsschmerzen haben; **2.** wunde Stelle, Wunde *f*

sor·rel¹ *bot.* ['sɒrəl] Sauerampfer *m*

sor·rel² ['sɒrəl] **1.** *zo.* Fuchs *m* (*Pferd*); **2.** rotbraun

sor·row ['sɒrəʊ] Kummer *m*, Leid *n*, Schmerz *m*, Trauer *f*; '~**ful** traurig, betrübt

sor·ry ['sɒrɪ] **1.** *adj.* (**-ier**, **-iest**) traurig, jämmerlich; **be** *od.* **feel** ~ **for s.o.** j-n bedauern *od.* bemitleiden; **I'm** ~ **for her** sie tut mir leid; **I am** ~ **to say** ich muss leider sagen; **I'm** ~ → **2.** *int.* (es) tut mir leid!; Entschuldigung!, Verzeihung!; ~? *bsd. Brt.* wie bitte?

sort [sɔːt] **1.** Sorte *f*, Art *f*; ~ **of** F irgendwie; **of a** ~, **of** ~**s** F so et. Ähnliches wie; **all** ~**s of things** alles Mögliche; **nothing of the** ~ nichts dergleichen; **what** ~ **of (a) man is he?** wie ist er?; **be out of** ~**s** F nicht auf der Höhe *od.* auf dem Damm sein; **be completely out of** ~**s** *Sport:* F völlig außer Form sein; **2.** sortieren; ~ **out** aussortieren; *Problem etc.* lösen, *Frage etc.* klären; '~**er** Sortierer *m*

SOS [es əʊ 'es] SOS *n*; **send an** ~ ein SOS funken; ~ **call** *od.* **message** SOS-Ruf *m*

sought [sɔːt] *pret. u. p.p. von* **seek**

soul [səʊl] Seele *f* (*a. fig.*); *mus.* Soul *m*

sound¹ [saʊnd] **1.** Geräusch *n*; Laut *m*; *phys.* Schall *m*; *Radio*, *TV etc.* Ton *m*; *mus.* Klang *m*; *mus.* Sound *m*; **2.** *v/i.* (er)klingen, (-)tönen; sich *gut etc.* anhören; *v/t. ling.* (aus)sprechen; *naut.* (aus)loten; *med.* abhorchen; ~ **one's horn** *mot.* hupen

sound² [saʊnd] gesund; intakt, in Ordnung; solid(e), stabil, sicher; klug, vernünftig (*Person, Rat etc.*); gründlich (*Ausbildung etc.*); gehörig (*Tracht Prügel*); vernichtend (*Niederlage*); fest, tief (*Schlaf*)

'sound| bar·ri·er Schallgrenze *f*, -mauer *f*; '~ **film** Tonfilm *m*; '~**less** lautlos; '~**proof** schalldicht; '~**track**

Filmmusik *f*; Tonspur *f*; **'~ wave** Schallwelle *f*
soup [suːp] 1. Suppe *f*; 2. ~ *up* F Motor frisieren
sour [saʊə] 1. sauer (*a. fig.*); mürrisch; 2. sauer werden (lassen)
source [sɔːs] Quelle *f*, *fig. a.* Ursache *f*, Ursprung *m*
south [saʊθ] 1. Süd (*in m*); 2. *adj.* südlich, Süd...; 3. *adv.* nach Süden, südwärts; **~'east** 1. Südost(en *m*); 2. *a.* **~'east·ern** südöstlich
south|·er·ly ['sʌðəlɪ], **~·ern** ['sʌðən] südlich, Süd...; **~'ern·most** südlichste(r, -s)
South 'Pole Südpol *m*
south|·ward(s) ['saʊθwəd(z)] südlich, nach Süden; **~'west** 1. Südwest(en *m*); 2. *a.* **~'west·ern** südwestlich
sou·ve·nir [suːvə'nɪə] Souvenir *n*, Andenken *n* (*of an acc.*)
sov·e·reign ['sɒvrɪn] 1. Landesherr(in), Monarch(in); 2. souverän (*Staat*); **~·ty** ['sɒvrəntɪ] Souveränität *f*
So·vi·et ['səʊvɪət] sowjetisch, Sowjet...
sow[1] [səʊ] (*sowed, sown od. sowed*) (aus)säen
sow[2] *zo.* [saʊ] Sau *f*
sown [səʊn] *p.p. von sow*[1]
spa [spɑː] (Heil)Bad *n*
space [speɪs] 1. Raum *m*, Platz *m*; (Welt)Raum *m*; Zwischenraum *m*; Zeitraum *m*; 2. *a.* ~ *out* in Abständen anordnen; *print.* sperren; **'~ age** Weltraumzeitalter *n*; **'~ bar** Leertaste *f*; **'~ cap·sule** Raumkapsel *f*; **'~ cen·tre** (*Am.* **·ter**) Raumfahrtzentrum *n*; **'~·craft** (*pl.* **·craft**) (Welt)Raumfahrzeug *n*; **'~ flight** (Welt)Raumflug *m*; **'~·lab** F Raumlabor *n*; **'~·man** (*pl.* **·men**) F Raumfahrer *m*; Außerirdische(r) *m*; **'~·probe** (Welt)Raumsonde *f*; **'~ re·search** (Welt)Raumforschung *f*; **'~·ship** Raumschiff *n*; **'~ shut·tle** Raumfähre *f*, -transporter *m*; **'~ sta·tion** (Welt)Raumstation *f*; **'~ suit** Raumanzug *m*; **'~ walk** Weltraumspaziergang *m*; **'~·wom·an** (*pl.* **·women**) F (Welt)Raumfahrerin *f*; Außerirdische *f*
spa·cious ['speɪʃəs] geräumig
spade [speɪd] Spaten *m*; *Kartenspiel:* Pik *n*, Grün *n*; **king of ~s** *pl.* Pik-König *m*; **call a ~ a ~** das Kind beim (rechten) Namen nennen

Spain [speɪn] Spanien *n*
span [spæn] 1. Spanne *f*; Spannweite *f*; △ *nicht* **Span**; 2. (**-nn-**) *Fluss etc.* überspannen; *fig.* sich erstrecken über (*acc.*)
span·gle ['spæŋgl] 1. Flitter *m*, Paillette *f*; 2. mit Flitter *od.* Pailletten besetzen; *fig.* übersäen (*with* mit)
Span·iard ['spænjəd] Spanier(in)
span·iel *zo.* ['spænjəl] Spaniel *m*
Span·ish ['spænɪʃ] 1. spanisch; 2. *ling.* Spanisch *n*; **the ~** *pl.* die Spanier *pl.*
spank [spæŋk] *j-m* den Hintern versohlen, verhauen; **'~·ing** 1. *adj.* schnell, flott (*Tempo*); 2. *adv.* **~ clean** blitzsauber; **~ new** funkelnagelneu; 3. Haue *f*, Tracht *f* Prügel
span·ner *bsd. Brt.* ['spænə] Schraubenschlüssel *m*; **put** *od.* **throw a ~ in the works** F j-m in die Quere kommen
spar [spɑː] (**-rr-**) *Boxen:* sparren (*with* mit); sich ein Wortgefecht liefern (*with* mit)
spare [speə] 1. *j-n*, *et.* entbehren; *Geld, Zeit etc.* übrig haben; *keine Kosten, Mühen etc.* scheuen; △ *nicht Geld etc. sparen;* **~ s.o. s.th.** j-m et. ersparen; 2. Ersatz..., Reserve...; überschüssig; 3. *mot.* Ersatz-, Reservereifen *m*; *bsd. Brt.* → **~ 'part** Ersatzteil *n*, *m*; **~ 'room** Gästezimmer *n*; **~ 'time** Freizeit *f*
spar·ing ['speərɪŋ] sparsam
spark [spɑːk] Funke(n) *m* (*a. fig.*); Funken sprühen; **'~·ing plug** *Brt. mot.* → **spark plug**
spar·kle ['spɑːkl] 1. funkeln, blitzen (*with* vor *dat.*); perlen (*Getränk*); 2. Funkeln *n*, Blitzen *n*; **spark·ling** ['spɑːklɪŋ] funkelnd, blitzend; *fig.* (geist)sprühend, spritzig; **~ wine** Schaumwein *m*; Sekt *m*
'spark plug *mot.* Zündkerze *f*
spar·row *zo.* ['spærəʊ] Spatz *m*, Sperling *m*; **'~·hawk** *zo.* Sperber *m*
sparse [spɑːs] spärlich, dünn
spasm ['spæzəm] *med.* Krampf *m*; Anfall *m*; **spas·mod·ic** [spæz'mɒdɪk] (**~ally**) *med.* krampfartig; *fig.* sporadisch, unregelmäßig
spas·tic *med.* ['spæstɪk] 1. (**~ally**) spastisch; 2. Spastiker(in)
spat [spæt] *pret. u. p.p. von spit*[1]
spa·tial ['speɪʃl] räumlich
spat·ter ['spætə] (be)spritzen

spawn

spawn [spɔːn] **1.** *zo.* laichen; *fig.* hervorbringen; **2.** *zo.* Laich *m*

speak [spiːk] (**spoke, spoken**) *v/i.* sprechen, reden (**to, with** mit; **about** über *acc.*); sprechen (**to** vor *dat.*; **about, on** über *acc.*); **so to ~** sozusagen; **~ing!** *tel.* am Apparat!; **~ up** lauter sprechen; *v/t.* sprechen, sagen; *Sprache* sprechen; '**~er** Sprecher(in), Redner(in); 2 *parl.* Speaker *m*, Präsident *m*

spear [spɪə] **1.** Speer *m*; **2.** aufspießen; durchbohren; '**~head** Speerspitze *f*; *mil.* Angriffsspitze *f*; *Sport:* (Sturm-, Angriffs)Spitze *f*; '**~mint** *bot.* Grüne Minze

spe·cial ['speʃl] **1.** besondere(r, -s); speziell; Sonder...; Spezial...; **2.** Sonderbus *m od.* -zug *m*; *Rundfunk, TV:* Sondersendung *f*; *Am. econ.* F Sonderangebot *n*; **be on ~** *Am. econ.* F im Angebot sein; **spe·cial·ist** ['speʃəlɪst] Spezialist(in), *med. a.* Facharzt *m*, -ärztin *f* (**in** für); **spe·ci·al·i·ty** [speʃɪˈælətɪ] Spezialgebiet *n*; Spezialität *f*; **spe·cial·ize** ['speʃəlaɪz] sich spezialisieren (**in** auf *acc.*); **spe·cial·ty** *Am.* ['speʃltɪ] → *speciality*

spe·cies ['spiːʃiːz] (*pl.* **-cies**) Art *f*, Spezies *f*

spe|cif·ic [sprˈsɪfɪk] (**~ally**) konkret, präzis; spezifisch, speziell, besondere(r, -s); eigen (**to** *dat.*); **~·ci·fy** ['spesɪfaɪ] genau beschreiben *od.* angeben *od.* festlegen

spec·i·men ['spesɪmən] Exemplar *n*; Probe *f*, Muster *n*

speck [spek] kleiner Fleck, (*Staub*)Korn *n*; Punkt *m* (**on the horizon** am Horizont); △ *nicht* **Speck**

speck·led ['spekld] gefleckt, gesprenkelt

spec·ta·cle ['spektəkl] Schauspiel *n*; Anblick *m*; △ *nicht der* **Spektakel**; (**a pair of**) **~s** *pl.* (e-e) Brille

spec·tac·u·lar [spekˈtækjʊlə] **1.** spektakulär; **2.** große (*Fernseh- etc.*)Show

spec·ta·tor [spekˈteɪtə] Zuschauer(in)

spec|·tral [spektrəl] geisterhaft, gespenstisch; **~·tre** *Brt.*, **~·ter** *Am.* ['spektə] (*fig. a. Schreck*)Gespenst *n*

spec·u|·late ['spekjʊleɪt] spekulieren, Vermutungen anstellen (**about, on** über *acc.*); *econ.* spekulieren (**in** mit); **~·la·tion** [spekjʊˈleɪʃn] Spekulation *f* (*a. econ.*), Vermutung *f*; **~·la·tive** ['spekjʊlətɪv] spekulativ, *econ. a.* Spekulations...; **~·la·tor** ['spekjʊleɪtə] *econ.* Spekulant(in)

sped [sped] *pret. u. p.p. von* **speed** 2

speech [spiːtʃ] Sprache *f* (*Sprechvermögen, Ausdrucksweise*); Rede *f*, Ansprache *f*; **make a ~** e-e Rede halten; '**~·day** *Brt. Schule:* (Jahres)Schlussfeier *f*; '**~·less** sprachlos (**with** vor *dat.*)

speed [spiːd] **1.** Geschwindigkeit *f*, Tempo *n*, Schnelligkeit *f*; Drehzahl *f*; *phot.* Lichtempfindlichkeit *f*; *sl.* Speed *n* (*Aufputschmittel*); *mot. etc.* Gang *m*; **five-~ gearbox** Fünfganggetriebe *n*; **at a ~ of** mit e-r Geschwindigkeit von; **at full** *od.* **top ~** mit Höchstgeschwindigkeit; **2.** (**sped**) *v/i.* rasen; **be ~ing** *mot.* zu schnell fahren; **~ up** (*pret. u. p.p.* **speeded**) beschleunigen, schneller werden; *v/t.* rasch bringen *od.* befördern; **~ up** (*pret. u. p.p.* **speeded**) beschleunigen; '**~·boat** Rennboot *n*; '**~·ing** *mot.* zu schnelles Fahren, Geschwindigkeitsüberschreitung *f*; '**~ lim·it** *mot.* Geschwindigkeitsbegrenzung *f*, Tempolimit *n*

spee·do *Brt. mot.* F ['spiːdəʊ] (*pl.* **-dos**) Tacho *m*

speed·om·e·ter *mot.* [sprˈdɒmɪtə] Tachometer *m, n*

'**speed trap** *mot.* Radarfalle *f*

'**speed·y** (**-ier, -iest**) schnell, (*Antwort etc. a.*) prompt

spell[1] [spel] (**spelt** *od. bsd. Am.* **spelled**) *a.* **~ out** buchstabieren; (*orthographisch richtig*) schreiben

spell[2] [spel] Weile *f*; (*Husten- etc.*)Anfall *m*; **for a ~** e-e Zeitlang; **a ~ of fine weather** e-e Schönwetterperiode; **hot ~** Hitzewelle *f*

spell[3] [spel] Zauber(spruch) *m*; *fig.* Zauber *m*; '**~·bound** wie gebannt

'**spell·er** *Computer:* Speller *m*, Rechtschreibsystem *n*; **be a good** (**bad**) **~** in Rechtschreibung gut (schlecht) sein; '**~·ing** Buchstabieren *n*, Rechtschreibung *f*; Schreibung *f*, Schreibweise *f*; '**~·ing mis·take** (*Recht*)Schreibfehler *m*

spelt [spelt] *pret. u. p.p. von* **spell**[1]

spend [spend] (**spent**) *Geld* ausgeben (**on** für); *Urlaub, Zeit* verbringen; △ *nicht* **spenden**; '**~·ing** Ausgaben *pl.*; '**~·thrift** Verschwender(in)

spent [spent] **1.** *pret. u. p.p. von* **spend**; **2.** *adj.* verbraucht

sperm [spɜːm] Sperma *n*, Samen *m*

SPF [es piː 'ef] *Abk. für* **Sun Protection Factor** Sonnenschutzfaktor *m*

sphere [sfɪə] Kugel *f*; *fig.* (*Einfluss- etc.*)Sphäre *f*, (-)Bereich *m*, Gebiet *n*;

spher·i·cal ['sferɪkl] kugelförmig

spice [spaɪs] **1.** Gewürz *n*; *fig.* Würze *f*; **2.** würzen

spick-and-span [spɪkən'spæn] blitzsauber

spic·y ['spaɪsɪ] (**-ier, -iest**) gut gewürzt, würzig; *fig.* pikant

spi·der *zo.* ['spaɪdə] Spinne *f*

spike [spaɪk] **1.** Spitze *f*; Dorn *m*; Stachel *m*; *Sport*: Spike *m*, Dorn *m*; **~s** *pl.* Spikes *pl.*, Rennschuhe *pl.*; **2.** aufspießen

spill [spɪl] **1.** (**spilt** *od. bsd. Am.* **spilled**) *v/t.* aus-, verschütten; **~ the beans** F alles ausplaudern, singen; → **milk** 1; *v/i.* strömen (**out of** aus) (*Menschen*); **~ over** überlaufen (*into* auf *acc.*); **2.** F Sturz *m* (*vom Pferd, Rad etc.*)

spilt [spɪlt] *pret. u. p.p. von* **spill** 1

spin [spɪn] **1.** (**-nn-**; **spun**) *v/t.* drehen; *Wäsche* schleudern; *Münze* hochwerfen; *Fäden, Wolle etc.* spinnen; **~ out** *Arbeit etc.* in die Länge ziehen; *Geld etc.* strecken; *v/i.* sich drehen; spinnen; **my head was ~ning** mir drehte sich alles; **~ along** *mot.* F dahinrasen; **~ round** herumwirbeln; **2.** (schnelle) Drehung; *Sport*: Effet *m*; Schleudern *n* (*Wäsche*); *aviat.* Trudeln *n*; **be in a** (**flat**) **~** *bsd. Brt.* F am Rotieren sein; **go for a ~** *mot.* F e-e Spritztour machen

spin·ach *bot.* ['spɪnɪdʒ] Spinat *m*

spin·al *anat.* ['spaɪnl] Rückgrat...; **~ 'col·umn** Wirbelsäule *f*, Rückgrat *n*; **~ 'cord, ~ 'mar·row** Rückenmark *n*

spin·dle ['spɪndl] Spindel *f*

spin-'dri·er (*Wäsche*)Schleuder *f*; **~'dry** *Wäsche* schleudern; **~'dry·er** → *spin-drier*

spine [spaɪn] *anat.* Wirbelsäule *f*, Rückgrat *n*; *zo.* Stachel *m*, *bot. a.* Dorn *m*; (*Buch*)Rücken *m*

'spin·ning mill Spinnerei *f*; **'~ top** Kreisel *m*; **'~ wheel** Spinnrad *n*

spin·ster ['spɪnstə] ältere unverheiratete Frau, *contp.* alte Jungfer, spätes Mädchen

spin·y ['spaɪnɪ] (**-ier, -iest**) *zo.* stach(e)lig, *bot. a.* dornig

spi·ral ['spaɪərəl] **1.** spiralenförmig, spiralig, Spiral...; **2.** (*a. econ. Preis- etc.*)Spirale *f*; **'~ 'stair·case** Wendeltreppe *f*

spire ['spaɪə] (*Kirch*)Turmspitze *f*

spir·it ['spɪrɪt] Geist *m*; Stimmung *f*, Einstellung *f*; Schwung *m*, Elan *m*; *chem.* Spiritus *m*; *mst* **~s** *pl.* Spirituosen *pl.*; **'~ed** energisch, beherzt; erregt (*Auseinandersetzung*); feurig (*Pferd etc.*); **'~·less** temperamentlos; mutlos

spir·its ['spɪrɪts] *pl.* Laune *f*, Stimmung *f*; **be in high ~** in Hochstimmung sein; ausgelassen *od.* übermütig sein; **be in low ~** niedergeschlagen sein

spir·it·u·al ['spɪrɪtʃuəl] **1.** geistig; geistlich; **2.** *mus.* Spiritual *n*

spit¹ [spɪt] **1.** (**-tt-**; **spat** *od. bsd. Am.* **spit**) spucken; knistern (*Feuer*), brutzeln (*Fleisch etc.*); *a.* **~ out** ausspucken; **~ at s.o.**, **~ on s.o.** j-n anspucken; **it is ~ting** (**with rain**) es sprüht; **2.** Spucke *f*

spit² [spɪt] (*Brat*)Spieß *m*; *geogr.* Landzunge *f*

spite [spaɪt] **1.** Bosheit *f*, Gehässigkeit *f*; **out of ~ from pure ~** aus reiner Bosheit; **in ~ of** trotz; **2.** j-n ärgern; **'~·ful** boshaft, gehässig

spit·ting 'im·age Ebenbild *n*; **she is the ~ of her mother** sie ist ganz die Mutter, sie ist ihrer Mutter wie aus dem Gesicht geschnitten

spit·tle ['spɪtl] Speichel *m*, Spucke *f*

splash [splæʃ] **1.** (be)spritzen; klatschen (*Regen*); plan(t)schen; platschen; **~ down** wassern (*Raumkapsel*); **2.** Klatschen *n*, Platschen *n*; Spritzer *m*, Spritzfleck *m*; *bsd. Brt.* Spritzer *m*, Schuss *m* (*Soda etc.*); **'~·down** Wasserung *f* (*e-r Raumkapsel*)

splay [spleɪ] *a.* **~ out** *Finger, Zehen* spreizen

spleen *anat.* [spliːn] Milz *f*

splen·did ['splendɪd] großartig, herrlich, prächtig; **'~·do(u)r** Pracht *f*

splice [splaɪs] miteinander verbinden, *Film etc.* (zusammen)kleben

splint *med.* [splɪnt] Schiene *f*; **put in a ~**, **put in ~s** schienen

splin·ter ['splɪntə] **1.** Splitter *m*; **2.** (zer)splittern; **~ off** absplittern; *fig.* sich abspalten (**from** von)

split

split [splɪt] **1.** (-tt-; **split**) v/t. (zer)spalten; zerreißen; a. ~ **up** aufteilen (**between** unter acc.; **into** in acc.); sich et. teilen; ~ **hairs** Haarspalterei treiben; ~ **one's sides** F sich vor Lachen biegen; v/i. sich spalten; zerreißen; sich teilen (**into** in acc.); a. ~ **up** (**with**) Schluss machen (mit), sich trennen (von); **2.** Riss m; Spalt m; Aufteilung f; fig. Bruch m; fig. Spaltung f; '~**ting** heftig, rasend (*Kopfschmerzen*)

splut·ter ['splʌtə] stottern (a. mot.); zischen (*Feuer etc.*)

spoil [spɔɪl] **1.** (**spoilt** od. **spoiled**) v/t. verderben; ruinieren; j-n verwöhnen, *Kind* a. verziehen; v/i. verderben, schlecht werden; **2.** mst ~s pl. Beute f

'spoil·er mot. Spoiler m
'spoil·sport F Spielverderber(in)
spoilt [spɔɪlt] pret. u. p.p. von **spoil** 1
spoke¹ [spəʊk] pret. von **speak**
spoke² [spəʊk] Speiche f
spok·en ['spəʊkən] p.p. von **speak**
spokes|**·man** ['spəʊksmən] (pl. **-men**) Sprecher m; '~**wom·an** (pl. **-women**) Sprecherin f

sponge [spʌndʒ] **1.** Schwamm m; fig. Schmarotzer(in), Schnorrer(in); Brt. → **sponge cake**; **2.** v/t. a. ~ **down** (mit e-m Schwamm) abwaschen; ~ **off** weg-, abwischen; ~ (**up**) aufsaugen, -wischen (**from** von); fig. F schnorren (**from, off, on** von, bei); v/i. fig. F schnorren (**from, off, on** bei); '~ **cake** Biskuitkuchen m; '**spong·er** fig. Schmarotzer(in), Schnorrer(in); '**spong·y** (**-ier, -iest**) schwammig; weich

spon·sor ['spɒnsə] **1.** Bürg|e m, -in f; Sponsor(in) f. *Rundfunk*, TV); Geldgeber(in); Spender(in); **2.** bürgen für; sponsern

spon·ta·ne·ous [spɒn'teɪnjəs] spontan
spook F [spu:k] Geist m; '~**y** (**-ier, -iest**) F unheimlich
spool [spu:l] Spule f; ~ **of thread** Am. Garnrolle f
spoon [spu:n] **1.** Löffel m; **2.** löffeln; '~**feed** (**-fed**) *Kind etc.* füttern; '~**ful** (*ein*) Löffel (voll)
spo·rad·ic [spə'rædɪk] (**~ally**) sporadisch, gelegentlich
spore bot. [spɔ:] Spore f
sport [spɔ:t] **1.** Sport(art f) m; F feiner Kerl; ~**s** pl. Sport m; **2.** protzen mit; herumlaufen mit

sports [spɔ:ts] Sport...; '~ **car** Sportwagen m; '~ **cen·tre** (*Am.* **cen·ter**) Sportzentrum n; '~**man** (pl. **-men**) Sportler m; '~**wear** Sportkleidung f; '~**wom·an** (pl. **-women**) Sportlerin f

spot [spɒt] **1.** Punkt m, Tupfen m, Fleck m; med. Pickel m; Ort m, Platz m, Stelle f; *Rundfunk*, TV: (Werbe)Spot m; F Spot m (*Spotlight*); **a** ~ **of** Brt. F ein bisschen; **on the** ~ auf der Stelle, sofort; zur Stelle; an Ort u. Stelle, vor Ort; auf der Stelle (*laufen*); **be in a** ~ F in Schwulitäten sein; **soft** ~ fig. Schwäche f (**for** für); **tender** ~ empfindliche Stelle; **weak** ~ schwacher Punkt; Schwäche f; **2.** (-tt-) entdecken, sehen; ~ **check** Stichprobe f; '~**less** tadellos sauber; fig. untad(e)lig; '~**light** Spotlight n, Scheinwerfer(licht n) m; '~**ted** getüpfelt; fleckig; '~**ter** Beobachter m; '~**ty** (**-ier, -iest**) pick(e)lig

spouse [spaʊz] Gatt|e m, -in f, Gemahl(in)
spout [spaʊt] **1.** v/t. Wasser etc. (her-aus)spritzen; v/i. spritzen (**from** aus); **2.** Schnauze f, Tülle f; (*Wasser- etc.*) Strahl m
sprain med. [spreɪn] **1.** sich et. verstauchen; **2.** Verstauchung f.
sprang [spræŋ] pret. von **spring** 1
sprat zo. [spræt] Sprotte f
sprawl [sprɔ:l] ausgestreckt liegen od. sitzen (a. ~ **out**); sich ausbreiten
spray [spreɪ] **1.** (be)sprühen; spritzen; sich *die Haare* sprayen; *Parfüm etc.* versprühen, zerstäuben; **2.** Sprühnebel m; Gischt m, F Spray m, n; '~ **can** ≈ '~**er** Sprüh-, Spraydose f, Zerstäuber m

spread [spred] **1.** (**spread**) v/t. ausbreiten, *Arme* a. ausstrecken, *Finger etc.* spreizen (*alle* a. ~ **out**); *Furcht, Krankheit, Nachricht etc.* verbreiten, *Gerücht* a. ausstreuen; *Butter etc.* streichen (**on** auf acc.); *Brot etc.* (be)streichen (**with** mit); v/i. sich ausbreiten (a. ~ **out**); sich erstrecken (**over** über acc.); sich verbreiten, übergreifen (**to** auf acc.); sich streichen lassen (*Butter etc.*); **2.** Aus-, Verbreitung f; Ausdehnung f; Spannweite f; (*Brot*)Aufstrich m; '~**sheet**

Computer: Tabellenkalkulation(sprogramm *n*) *f*

spree F [spri:]: *go (out) on a* ~ e-e Sauftour machen; *go on a buying (od. shopping, spending)* ~ wie verrückt einkaufen

sprig *bot.* [sprɪg] kleiner Zweig

spright·ly ['spraɪtlɪ] (*-ier, -iest*) lebhaft; rüstig (*ältere Person*)

spring [sprɪŋ] 1. (**sprang** *od. Am.* **sprung, sprung**) *v/i.* springen; ~ *from* herrühren von; ~ *up* aufkommen (*Wind*); aus dem Boden schießen (*Gebäude etc.*); *v/t.* ~ *a leak* ein Leck bekommen; ~ *a surprise on s.o.* j-n überraschen; 2. Frühling *m*, Frühjahr *n*; Quelle *f*; *tech.* Feder *f*; Elastizität *f*, Federung *f*; Sprung *m*, Satz *m*; *in (the)* ~ im Frühling; '~·**board** Sprungbrett *n*; ~·**clean** gründlich putzen, Frühjahrsputz machen (in *dat.*); '~·**clean** *Brt.*, '~·**clean·ing** *Am.* gründlicher Hausputz, Frühjahrsputz *m*; ~ **'tide** Springflut *f*; '~·**time** Frühling(szeit *f*) *m*, Frühjahr *n*; ~·**y** ['sprɪŋɪ] (*-ier, -iest*) elastisch, federnd

sprin·kle ['sprɪŋkl] 1. *Wasser etc.* sprengen (*on* auf *acc.*); *Salz etc.* streuen (*on* auf *acc.*); *et.* (be)sprengen *od.* bestreuen (*with* mit); *it is sprinkling* es sprüht (*regnet fein*); 2. Sprühregen *m*; (Be)Sprengen *n*; (Be)Streuen *n*; '~·**kler** (*Rasen*)Sprenger *m*; Sprinkler *m*, Berieselungsanlage *f*; '~·**kling**: *a* ~ *of* ein bisschen, ein paar

sprint [sprɪnt] *Sport* 1. sprinten; spurten; 2. Sprint *m*; Spurt *m*; '~·**er** *Sport*: Sprinter(in)

sprite [spraɪt] Kobold *m*

sprout [spraʊt] 1. sprießen, keimen, wachsen lassen; 2. *bot.* Spross *m*; (*Brussels*) ~*s pl. bot.* Rosenkohl *m*

spruce¹ [spru:s] Fichte *f*; Rottanne *f*

spruce² [spru:s] adrett

sprung [sprʌŋ] *pret. u. p.p. von* **spring** 1

spry [spraɪ] rüstig, lebhaft (*ältere Person*)

spun [spʌn] *pret. u. p.p. von* **spin** 1

spur [spɜː] 1. Sporn (*a. zo.*); *fig.* Ansporn *m* (*to* zu); △ *nicht* Spur; *on the* ~ *of the moment* spontan; 2. (*-rr-*) *e-m Pferd* die Sporen geben; *oft* ~ *on fig.* anspornen (*to* zu)

spurt¹ [spɜːt] 1. spurten, sprinten; 2. plötzliche Aktivität, (*Arbeits*)Anfall *m*; Spurt *m*, Sprint *m*

spurt² [spɜːt] 1. spritzen (*from* aus); 2. (*Wasser- etc.*)Strahl *m*.

sput·ter ['spʌtə] stottern (*a. mot.*); zischen (*Feuer etc.*)

spy [spaɪ] 1. Spion(in); 2. spionieren, Spionage treiben (*for* für); ~ *into fig.* herumspionieren in (*dat.*); ~ *on* j-m nachspionieren; '~·**hole** (Tür)Spion *m*

Sq *nur geschr. Abk. für* **Square** Pl., Platz *m*

sq *nur geschr. Abk. für* **square** Quadrat...

squab·ble ['skwɒbl] (sich) streiten (*about, over* um, wegen)

squad [skwɒd] Mannschaft *f*, Trupp *m*; (*Überfall- etc.*)Kommando *n* (*der Polizei*); Dezernat *n*; '~ **car** *bsd. Am.* (Funk)Streifenwagen *m*

squad·ron ['skwɒdrən] *mil., aviat.* Staffel *f*; *naut.* Geschwader *n*

squal·id ['skwɒlɪd] schmutzig, verwahrlost, -kommen, armselig

squall [skwɔːl] Bö *f*

squan·der ['skwɒndə] *Geld, Zeit etc.* verschwenden, *Chance* vertun

square [skweə] 1. Quadrat *n*; Viereck *n*; öffentlicher Platz; *math.* Quadrat(zahl *f*) *n*; Feld *n* (*e-s Brettspiels*); *tech.* Winkel(maß *n*) *m*; 2. quadratisch, Quadrat...; viereckig; rechtwink(e)lig, eckig (*Schultern etc.*); fair, gerecht; *be (all)* ~ quitt sein; 3. quadratisch *od.* rechtwink(e)lig machen (*a.* ~ *off, a.* ~ *up*); in Quadrate einteilen (*a.* ~ *off*); *math.* Zahl ins Quadrat erheben; *Schultern* straffen; *Konto* ausgleichen; *Schulden* begleichen; *fig.* in Einklang bringen *od.* stehen (*with* mit); ~ *up v/i.* abrechnen; ~ *up to* sich *j-m*, *e-m Problem etc.* stellen; ~**d 'pa·per** kariertes Papier; ~ **'root** *math.* Quadratwurzel *f*

squash¹ [skwɒʃ] 1. zerdrücken, -quetschen; quetschen, zwängen (*into* in *acc.*); ~ *flat* flach drücken, F platt walzen; 2. Gedränge *n*; *Sport*: Squash *n*; *lemon od. orange* ~ *Brt.* Getränk aus Zitronen- *od.* Orangenkonzentrat u. Wasser

squash² *bsd. Am. bot.* [skwɒʃ] Kürbis *m*

squat [skwɒt] 1. (*-tt-*) hocken, kauern; *leer stehendes Haus* besetzen; ~ *down* sich (hin)hocken *od.* (-)kauern; 2. ge-

squatter

drungen, untersetzt; '**~ter** Hausbesetzer(in)

squaw [skwɔː] Squaw f (*Indianerfrau*)

squawk [skwɔːk] kreischen, schreien; F lautstark protestieren (**about** gegen)

squeak [skwiːk] **1.** piep(s)en (*Maus etc.*); quietschen (*Tür etc.*); **2.** Piep(s)en n; Piep(s) m, Piepser m; Quietschen n; '**~y** (**-ier**, **-iest**) piepsig (*Stimme etc.*); quietschend (*Tür etc.*)

squeal [skwiːl] **1.** kreischen (**with** vor *dat.*); ~ **on** s.o. *fig. sl.* j-n verpfeifen; **2.** Kreischen n; Schrei m

squeam·ish ['skwiːmɪʃ] empfindlich, zart besaitet

squeeze [skwiːz] **1.** drücken; auspressen, -quetschen; (sich) quetschen *od.* zwängen (**into** in *acc.*); **2.** Druck m; Spritzer m (*Zitrone etc.*); Gedränge n; '**squeez·er** (*Frucht*)Presse f

squid *zo.* [skwɪd] (*pl.* **squid**, **squids**) Tintenfisch m

squint [skwɪnt] schielen; blinzeln

squirm [skwɜːm] sich winden

squir·rel *zo.* ['skwɪrəl] Eichhörnchen n

squirt [skwɜːt] **1.** (be)spritzen; **2.** Strahl m

Sr → **Snr**

SS ['es es] *Abk. für* **steamship** Dampfer m, Dampfschiff n

St *nur geschr. Abk. für*: **Saint** St. ..., Sankt ...; **Street** St., Straße f

st *nur geschr. Abk. für* **stone** *Brt.* (*Gewichtseinheit* = 6,35 kg)

Sta *nur geschr. Abk. für* **Station** B(h)f., Bahnhof m (*bsd. auf Karten*)

stab [stæb] **1.** (**-bb-**) v/t. niederstechen; **be ~bed in the arm** e-n Stich in den Arm bekommen; v/i. stechen (**at** nach); **2.** Stich m; △ *nicht* **Stab**

sta·bil·i·ty [stə'bɪlətɪ] Stabilität f; *fig.* Dauerhaftigkeit f; *fig.* Ausgeglichenheit f; **~ize** ['steɪbəlaɪz] (sich) stabilisieren

sta·ble[1] ['steɪbl] stabil; *fig.* dauerhaft; *fig.* ausgeglichen (*Person*)

sta·ble[2] ['steɪbl] Stall m

stack [stæk] **1.** Stapel m, Stoß m; **~s of**, **a ~ of** F jede Menge *Arbeit etc.*; → **haystack**; **2.** stapeln; vollstapeln (**with** mit); ~ **up** aufstapeln

sta·di·um ['steɪdjəm] (*pl.* **-diums**, **-dia** [-djə]) *Sport*: Stadion n

staff [stɑːf] **1.** Stab m; Mitarbeiter(stab m) *pl.*; Personal n, Belegschaft f; Lehrkörper m; *mil.* Stab m; **2.** besetzen (**with** mit); '**~ room** Lehrerzimmer n

stag *zo.* [stæg] (*pl.* **stags**, **stag**) Hirsch m

stage [steɪdʒ] **1.** *thea.* Bühne f (*a. fig.*); Etappe f (*a. fig.*), (*Reise*)Abschnitt m; Teilstrecke f, Fahrzone f (*Bus etc.*); Stufe f, Stadium n, Phase f; *tech.* Stufe f (*e-r Rakete*); **2.** *thea.* inszenieren; veranstalten; '**~coach** *hist.* Postkutsche f; '**~ di·rec·tion** Regieanweisung f; '**~ fright** Lampenfieber n; '**~ man·ag·er** Inspizient m

stag·ger ['stægə] **1.** v/i. (sch)wanken, taumeln, torkeln; v/t. j-n sprachlos machen, umwerfen; *Arbeitszeit etc.* staffeln; **2.** (Sch)Wanken n, Taumeln n

stag·nant ['stægnənt] stehend (*Gewässer*); *bsd. econ.* stagnierend; **~nate** *bsd. econ.* [stæg'neɪt] stagnieren

stain [steɪn] **1.** v/t. beflecken; (ein)färben; *Holz* beizen; *Glas* bemalen; v/i. Flecken bekommen, schmutzen; **2.** Fleck m; Färbemittel n; (*Holz*)Beize f; *fig.* Makel m; **~ed 'glass** Bunt-, Farbglas n; '**~less** nicht rostend, rostfrei (*Stahl*)

stair [steə] (*Treppen*)Stufe f; **~s** *pl.* Treppe f; '**~case**, '**~way** Treppe f; Treppenhaus n

stake[1] [steɪk] **1.** Pfahl m, Pfosten m; *hist.* Marterpfahl m; **2. ~ off**, **~ out** abstecken

stake[2] [steɪk] **1.** Anteil m, Beteiligung f (**in** an *dat.*) (*a. econ.*); (*Wett- etc.*)Einsatz m; **be at ~** *fig.* auf dem Spiel stehen; **2.** *Geld etc.* setzen (**on** auf *acc.*); *Ruf etc.* riskieren, aufs Spiel setzen

stale [steɪl] (**~r**, **~st**) alt(backen) (*Brot etc.*); schal, abgestanden (*Bier etc.*); abgestanden, verbraucht (*Luft etc.*)

stalk[1] *bot.* [stɔːk] Stängel m, Stiel m, Halm m

stalk[2] [stɔːk] v/t. sich heranpirschen an (*acc.*); verfolgen, hinter *j-m*, *et.* herschleichen; v/i. stolzieren, staksen, steif(beinig) gehen

stall[1] [stɔːl] **1.** (*Obst- etc.*)Stand m, (*Markt*)Bude f; Box f (*im Stall*); △ *nicht* **Stall**; **~s** *pl. rel.* Chorgestühl n; *Brt. thea.* Parkett n; **2.** v/t. *Motor* abwürgen; v/i. absterben (*Motor*)

stall[2] [stɔːl] v/i. Ausflüchte machen; Zeit schinden; v/t. j-n hinhalten; et. hinauszögern

stal·li·on zo. ['stæljən] (Zucht)Hengst m
stal·wart ['stɔːlwət] kräftig, robust; *bsd. pol.* treu (*Anhänger*)
stam·i·na ['stæminə] Ausdauer f; Durchhaltevermögen n, Kondition f
stam·mer ['stæmə] **1.** stottern, stammeln; **2.** Stottern n
stamp [stæmp] **1.** v/i. sta(m)pfen, trampeln; v/t. Pass etc. (ab)stempeln; *Datum etc.* aufstempeln (**on** auf acc.); *Brief etc.* frankieren; *fig. j-n* abstempeln (**as** als, **to** zu); ~ *one's foot* aufstampfen; ~ *out* Feuer austreten; *tech.* ausstanzen; **2.** (Brief)Marke f; (Steuer- etc.)Marke f; Stempel m; ~*ed* (*addressed*) *envelope* Freiumschlag m
stam·pede [stæm'piːd] **1.** wilde Flucht (*von Tieren*); wilder Ansturm, Massenansturm m (*for* auf acc.); **2.** v/i. durchgehen; v/t. in Panik versetzen
stanch *Am.* [stɑːntʃ] → **staunch**²
stand [stænd] **1.** (*stood*) v/i. stehen; aufstehen; *fig. fest.-etc.* bleiben; ~ *still* stillstehen; v/t. stellen (**on** auf acc.); aushalten, ertragen; *e-r Prüfung etc.* standhalten; *Probe* bestehen; *Chance* haben; *Drink etc.* spendieren; *I can't ~ him* (*od. it*) ich kann ihn (*od.* das) nicht ausstehen *od.* leiden; ~ *around* herumstehen; ~ *back* zurücktreten; ~ *by* danebenstehen; *fig. zu j-m* halten; zu et. stehen; ~ *idly by* tatenlos zusehen; ~ *down* jur. den Zeugenstand verlassen; verzichten; zurücktreten; ~ *for* stehen für, bedeuten; sich et. gefallen lassen, dulden; *bsd. Brt.* kandidieren für; ~ *in* einspringen (**for** für), ~ *in for s.o.* a. j-n vertreten; ~ *on* (*fig.* be)stehen auf (*dat.*); ~ *out* hervorstechen; sich abheben (**against** gegen, **von**); ~ *over* überwachen, aufpassen auf (*acc.*); ~ *together* zusammenhalten, -stehen; ~ *up* aufstehen, sich erheben; ~ *up for* eintreten *od.* sich einsetzen für; ~ *up to* j-m mutig gegenübertreten, j-m die Stirn bieten; **2.** (*Obst-, Messe- etc.*)Stand m; (*Schirm-, Noten- etc.*)Ständer m; *Sport etc.*: Tribüne f; (*Taxi*)Stand(platz) m; *Am. jur.* Zeugenstand m; *take a ~ fig.* Position beziehen (**on** zu)
stan·dard¹ ['stændəd] **1.** Norm f, Maßstab m; Standard m, Niveau n; ~ *of living, living* ~ Lebensstandard m; **2.** normal, Normal...; durchschnittlich, Durchschnitts...; Standard...
stan·dard² ['stændəd] Standarte f, (*an Wagen*) Stander m; *hist.* Banner n
stan·dard·ize ['stændədaɪz] vereinheitlichen, *bsd. tech.* standardisieren, normen
'**stan·dard lamp** *Brt.* Stehlampe f
'**stand·by** **1.** (*pl. -bys*) *aviat.* Stand-by n; *be on* ~ in Bereitschaft stehen; **2.** Reserve..., Not...; *aviat.* Stand-by...; '~*in Film, TV*: Double n; Ersatzmann m; Vertreter(in)
stand·ing ['stændɪŋ] **1.** stehend; *fig.* ständig; → *ovation*; **2.** Rang m, Stellung f; Ansehen n, Ruf m; Dauer f; *of long* ~ alt, seit langem bestehend; ~ '*or·der econ.* Dauerauftrag m; '~ *room*: ~ *only* nur noch Stehplätze
stand|·off·ish F [stænd'ɒfɪʃ] (sehr) ablehnend, hochnäsig; '~*point* fig. Standpunkt m; '~*still* Stillstand m; *be at a* ~ stehen (*Auto etc.*); ruhen (*Produktion etc.*); *bring to a* ~ *Auto etc.* zum Stehen bringen; *Produktion etc.* zum Erliegen bringen; '~*up* Steh...; im Stehen (eingenommen) (*Mahlzeit*)
stank [stæŋk] *pret. von* **stink 1**
stan·za ['stænzə] Strophe f
sta·ple¹ ['steɪpl] **1.** Hauptnahrungsmittel n; Haupterzeugnis n (*e-s Landes*); **2.** Haupt..., üblich
sta·ple² ['steɪpl] **1.** Heftklammer f; Krampe f; **2.** heften; △ *nicht stapeln*; '~*r* (Draht)Hefter m
star [stɑː] **1.** Stern m; *print.* Sternchen n; *thea., Film, Sport*: Star m; △ *nicht zo. Star*; **2.** (*-rr-*) v/t. mit e-m Sternchen kennzeichnen; ~*ring* ... in der Hauptrolle *od.* den Hauptrollen ...; *a film* ~*ring* ... ein Film mit ... in der Hauptrolle *od.* den Hauptrollen ...; v/i. die *od.* e-e Hauptrolle spielen (*in* in dat.)
star·board ['stɑːbəd] Steuerbord n
starch [stɑːtʃ] **1.** (*Kartoffel- etc.*)Stärke f; stärkereiches Nahrungsmittel n; (*Wäsche*)Stärke f; **2.** *Wäsche* stärken
stare [steə] **1.** starren; ~ *at* j-n anstarren; **2.** (starrer) Blick, Starren n
stark [stɑːk] **1.** *adj.* nackt (*Tatsachen etc.*); △ *nicht stark*; *be in* ~ *contrast to* in krassem Gegensatz stehen zu; **2.** *adv.* F: ~ *naked* splitternackt; ~ *raving mad*, ~ *staring mad* total verrückt
'**star·light** Sternenlicht n

star·ling zo. ['stɑːlɪŋ] Star *m*
star·lit ['stɑːlɪt] stern(en)klar
star·ry ['stɑːrɪ] (*-ier, -iest*) Stern(en)...; **~'eyed** F blauäugig, naiv
Stars and 'Stripes *das* Sternenbanner (*Staatsflagge der USA*)
Star-Span·gled Ban·ner [stɑːspæŋgld 'bænə] *die* Nationalhymne (*der USA*)
start [stɑːt] **1.** *v/i.* anfangen, beginnen (*a.* **~ off**); aufbrechen (**for** nach) (*a.* **~ off, out**); abfahren (*Bus, Zug*), ablegen (*Boot*), *aviat.* abfliegen, starten; anspringen (*Motor*), anlaufen (*Maschine*), *Sport:* starten; zusammenfahren, -zucken (**at** bei); **to ~ with** anfangs, zunächst; erstens; **~ from scratch** ganz von vorn anfangen; *v/t.* anfangen, beginnen (*a.* **~ off**); in Gang setzen *od.* bringen, *Motor etc. a.* anlassen, starten; **2.** Anfang *m*, Beginn *m*, (*bsd. Sport*) Start *m*; Aufbruch *m*; Auffahren *n*, -schrecken *n*; **at the ~** am Anfang; *Sport:* am Start; **for a ~** erstens; **from ~ to finish** von Anfang bis Ende; '**~er** *Sport:* Starter(in); Anlasser *m*, Starter *m*; *bsd. Brt.* F Vorspeise *f*; **for ~s** F zunächst einmal
start·le ['stɑːtl] erschrecken; überraschen, bestürzen
starv|·a·tion [stɑːˈveɪʃn] Hungern *n*; *die of* **~** verhungern; **~ diet** Fasten-, Hungerkur *f*, Nulldiät *f*; **~e** [stɑːv] hungern (lassen); **~ (to death)** verhungern (lassen); *I'm starving! Brt.*, *I'm* **~d!** *Am.* F ich komme um vor Hunger!
state [steɪt] **1.** Zustand *m*; Stand *m*, Lage *f*; *pol.* (Bundes-, Einzel)Staat *m*; *oft* ♀ *pol.* Staat *m*; **2.** staatlich, Staats...; **3.** angeben, nennen; erklären, *jur.* aussagen (*that* dass); festlegen, -setzen; '♀ **De·part·ment** *Am. pol.* Außenministerium *n*; '**~·ly** (*-ier, -iest*) gemessen, würdevoll; prächtig; '**~·ment** Statement *n*, Erklärung *f*; Angabe *f*; *jur.* Aussage *f*; *econ.* (Bank-, Konto)Auszug *m*; *make a* **~** e-e Erklärung abgeben; '**~·room** *naut.* luxuriöse (Einzel)Kabine; '**~·side** *Am.* in die Staaten; *in den od. in die Staaten (zurück)*; **~s·man** *pol.* ['steɪtsmən] (*pl. -men*) Staatsmann *m*
stat·ic ['stætɪk] (**~ally**) statisch
sta·tion ['steɪʃn] **1.** (*a. Bus-, U-*)Bahnhof *m*, Station *f*; (*Forschungs-, Rettungs- etc.*)Station *f*; Tankstelle *f*; (*Feuer*)Wache *f*; (*Polizei*)Revier *n*; (*Wahl*)Lokal *n*; *Rundfunk, TV:* Sender *m*, Station *f*; **2.** aufstellen, postieren; *mil.* stationieren
sta·tion·a·ry ['steɪʃnərɪ] stehend
sta·tion·er ['steɪʃnə] Schreibwarenhändler(in); '**~'s (shop)** Schreibwarenhandlung *f*; '**~·y** ['steɪʃnərɪ] Schreibwaren *pl.*; Briefpapier *n*
'**sta·tion·mas·ter** *rail.* Bahnhofsvorsteher *m*; **~ wag·on** *Am. mot.* Kombiwagen *m*
sta·tis·tics [stəˈtɪstɪks] *pl.* Statistik(en *pl.*) *f*
stat·ue ['stætʃuː] Statue *f*, Standbild *n*
sta·tus ['steɪtəs] Status *m*, Rechtsstellung *f*; (*Familien*)Stand *m*; Stellung *f*, Rang *m*, Status *m*; '**~ line** *Computer:* Statuszeile *f*
stat·ute ['stætjuːt] Gesetz *n*; Statut *n*, Satzung *f*
staunch[1] [stɔːntʃ] treu, zuverlässig
staunch[2] [stɔːntʃ] *Blutung* stillen
stay [steɪ] **1.** bleiben (*with s.o.* bei j-m); wohnen (**at** in *dat.*; **with s.o.** bei j-m); △ *nicht stehen*; **~ put** F sich nicht (vom Fleck) rühren; **~ away** wegbleiben, sich fern halten (**from** von); **~ up** aufbleiben; **2.** Aufenthalt *m*; *jur.* Aussetzung *f*, Aufschub *m*
stead·fast ['stedfɑːst] treu, zuverlässig, fest, unverwandt (*Blick*)
stead·y ['stedɪ] **1.** *adj.* (*-ier, -iest*) fest, stabil; ruhig (*Hand*), gut (*Nerven*); gleichmäßig; **2.** (sich) beruhigen; **3.** *int. a.* **~ on!** *Brt.* F Vorsicht!; **4.** *adv. Am.:* **go ~ with s.o.** (fest) mit j-m gehen; **5.** *Am.* feste Freundin, fester Freund
steak [steɪk] Steak *n*; (*Fisch*)Filet *n*
steal [stiːl] (*stole, stolen*) stehlen (*a. fig.*); sich stehlen, (sich) schleichen (*out of* aus)
stealth [stelθ]: *by* **~** → '**~·y** (*-ier, -iest*) heimlich, verstohlen
steam [stiːm] **1.** Dampf *m*; Dunst *m*; Dampf...; *let off* **~** Dampf ablassen, *fig. a.* sich Luft machen; **2.** *v/i.* dampfen; **~ up** beschlagen (*Glas*); *v/t. gastr.* dünsten, dämpfen; '**~·boat** Dampfboot *n*, Dampfer *m*; '**~·er** Dampfer *m*, Dampfschiff *n*; Dampf-, Schnellkochtopf *m*; '**~·ship** Dampfer *m*, Dampfschiff *n*

steel [stiːl] **1.** Stahl *m*; **2.** ~ **o.s. for** sich wappnen gegen, sich gefasst machen auf (*acc.*); '~·work·er Stahlarbeiter *m*; '~·works *sg.* Stahlwerk *n*
steep¹ [stiːp] steil; stark (*Preisanstieg etc.*); F happig
steep² [stiːp] eintauchen (**in** in *acc.*); *Wäsche*: einweichen
stee·ple ['stiːpl] Kirchturm *m*; '~·chase *Pferdesport*: Hindernisrennen *n*; *Leichtathletik*: Hindernislauf *m*
steer¹ *zo.* [stɪə] (junger) Ochse; △ *nicht Stier*
steer² [stɪə] steuern, lenken; **~·ing col·umn** *mot.* ['stɪərɪŋkɒləm] Lenksäule *f*; **~·ing wheel** ['stɪərɪŋwiːl] *mot.* Lenk-, *a. naut.* Steuerrad *n*
stein [staɪn] Maßkrug *m*
stem [stem] **1.** *bot.* Stiel *m* (*a. e-s Glases*), Stängel *m*; *ling.* Stamm *m*; **2.** (**-mm-**): ~ **from** stammen *od.* herrühren von
stench [stentʃ] Gestank *m*
sten·cil ['stensl] Schablone *f*; *print.* Matrize *f*
ste·nog·ra·pher *Am.* [ste'nɒɡrəfə] Stenotypistin *f*
step [step] **1.** Schritt *m* (*a. fig.*); Stufe *f*; Sprosse *f*; (**a pair of**) ~**s** *pl.* (e-e) Trittod. Stufenleiter; **mind the ~!** Vorsicht, Stufe!; ~ **by** ~ Schritt für Schritt; **take ~s** Schritte *od.* et. unternehmen; **2.** (**-pp-**) gehen; treten (**in** in *acc.*; **on** auf *acc.*); ~ **on it**, ~ **on the gas** *mot.* F Gas geben, auf die Tube drücken; ~ **aside** zur Seite treten; *fig.* Platz machen; ~ **down** *fig.* Platz machen; ~ **up** Produktion *etc.* steigern
step... [step] Stief...
step-by-'step *fig.* schrittweise
'**step·fa·ther** Stiefvater *m*
'**step·lad·der** Tritt-, Stufenleiter *f*
'**step·moth·er** Stiefmutter *f*
steppes [steps] *pl.* Steppe *f*
step·ping·stone *fig.* ['stepɪŋstəʊn] Sprungbrett *n* (**to** für)
ster·e·o ['sterɪəʊ] (*pl.* **-os**) Stereo *n*; Stereogerät *n*, -anlage *f*; Stereo...; '~ **sys·tem** *Am. mus.* Kompaktanlage *f*
ster·ile ['steraɪl] steril, unfruchtbar; steril, keimfrei; *fig.* steril; **ste·ril·i·ty** [ste'rɪlətɪ] Sterilität *f* (*a. fig.*); Unfruchtbarkeit *f*; **ster·il·ize** ['sterəlaɪz] sterilisieren
ster·ling ['stɜːlɪŋ] das Pfund Sterling

stern¹ [stɜːn] streng (*Person, Disziplin, Blick etc.*)
stern² *naut.* [stɜːn] Heck *n*
stew [stjuː] **1.** *Fleisch, Gemüse*: schmoren, *Obst*: dünsten; ~**ed apples** Apfelkompott *n*; **2.** Eintopf *m*; **be in a** ~ in heller Aufregung sein
stew·ard [stjʊəd] *naut., aviat., rail.* Steward *m*; Ordner *m*; ~**ess** *naut., aviat., rail.* ['stjʊədɪs] Stewardess *f*
stick¹ [stɪk] trockener Zweig; Stock *m*; ([*Eis*]*Hockey*)Schläger *m*; (*Besen- etc.*)Stiel *m*; *aviat.* (*Steuer*)Knüppel *m*; Stück *n*, Stange *f* (*Sellerie etc.*), (*Lippen- etc.*)Stift *m*, Stäbchen *n*
stick² [stɪk] (**stuck**) *v/t.* mit e-r Nadel *etc.* stechen (**into** in *acc.*); et. kleben (**on** auf, an *acc.*); an-, festkleben (**with** mit); stecken; F tun, stellen, setzen, legen; **I can't** ~ **him** (*od.* **it**) *bsd. Brt.* F ich kann ihn (*od.* das) nicht ausstehen *od.* leiden; *v/i.* kleben; kleben bleiben (**to** an *dat.*); stecken bleiben; ~ **at nothing** vor nichts zurückschrecken; ~ **by** F bleiben bei; F zu j-m halten; ~ **out** vorstehen; abstehen (*Ohren etc.*); *et.* aus- *od.* vorstrecken; ~ **to** bleiben bei; '~·er Aufkleber *m*; '~·ing plas·ter *Brt.* Heftpflaster *n*; '~·y (**-ier, -iest**) klebrig (**with** von); F heikel, unangenehm (*Lage*)
stiff [stɪf] **1.** *adj.* steif; F stark (*alkoholisches Getränk, Medizin*); schwer, hart (*Aufgabe, Strafe etc.*); hartnäckig (*Widerstand*); F happig, gepfeffert, gesalzen (*Preis*); **keep a** ~ **upper lip** *fig.* Haltung bewahren; **2.** *adv.* äußerst; höchst; **be bored** ~ F sich zu Tode langweilen; **1.** *sl.* Leiche *f*; ~**en** ['stɪfn] *Wäsche* stärken; (sich) versteifen; verstärken; steif werden; sich verhärten
sti·fle ['staɪfl] ersticken; *fig.* unterdrücken
stile [staɪl] Zauntritt *m*
sti·let·to [stɪ'letəʊ] (*pl.* **-tos**) Stilett *n*; ~ **heel** Bleistift-, Pfennigabsatz *m*
still¹ [stɪl] **1.** *adj.* (immer) noch, noch immer; *beim Komparativ*: noch; **2.** *cj.* dennoch, trotzdem
still² [stɪl] **1.** *adj.* still; ruhig; ohne Kohlensäure (*Getränk*); **2.** *Film, TV*: Standfoto *n*; '~·born tot geboren; ~ **life** (*pl. - lifes*) *paint.* Stillleben *n*
stilt [stɪlt] Stelze *f*; '~·ed gestelzt (*Stil*)
stim·u·lant ['stɪmjʊlənt] *med.* Stimu-

stimulate

lans *n*, Anregungs-, Aufputschmittel *n*; *fig.* Anreiz *m*, Ansporn *m* (**to** für); **~·late** ['stɪmjʊleɪt] *med.* stimulieren (*a. fig.*), anregen, *fig. a.* anspornen; **~·lus** ['stɪmjʊləs] (*pl.* **-li** [-laɪ]) Reiz *m*; *fig.* Anreiz *m*, Ansporn *m* (**to** für)
sting [stɪŋ] **1.** (**stung**) stechen (*Biene etc.*); brennen (auf *acc.* in *dat.*); **2.** Stachel *m*; Stich *m*; Brennen *n*, brennender Schmerz
stin·gy F ['stɪndʒɪ] (**-ier**, **-iest**) knaus(e)rig, knick(e)rig (*Person*); mick(e)rig (*Mahlzeit etc.*)
stink [stɪŋk] **1.** (**stank** *od.* **stunk**, **stunk**) stinken (**of** nach); **2.** Gestank *m*
stint [stɪnt]: ~ **o.s.** (**of** *s.th.*) sich einschränken (mit *et.*); ~ (**on**) *s.th.* sparen *od.* knausern mit *et.*
stip·u|·late ['stɪpjʊleɪt] zur Bedingung machen; festsetzen, vereinbaren; **~·la·tion** [stɪpjʊ'leɪʃn] Bedingung *f*; Festsetzung *f*, Vereinbarung *f*
stir [stɜː] **1.** (**-rr-**) (um)rühren; (sich) rühren *od.* bewegen; *fig. j-n* aufwühlen; ~ **up** Unruhe stiften; Streit entfachen; Erinnerungen wachrufen; **2.** *give s.th. a* ~ *et.* (um)rühren; *cause a* ~, *create a* ~ für Aufsehen sorgen
stir·rup ['stɪrəp] Steigbügel *m*
stitch [stɪtʃ] **1.** Nähen: Stich *m*; Stricken *etc.*: Masche *f*; Seitenstechen *n*; **2.** zunähen; Wunde nähen (*a.* ~ **up**); heften
stock [stɒk] **1.** Vorrat *m* (**of** an *dat.*); *gastr.* Brühe *f*; *a.* **live~** Viehbestand *m*; (*Gewehr*)Schaft *m*; △ *nicht* **Stock**; *fig.* Abstammung *f*, Herkunft *f*; *bsd. Am. econ.* Aktie(n *pl.*) *f*; **~s** *pl. econ.* Aktien *pl.*; Wertpapiere *pl.*; *have s.th.* **in** ~ *econ.* et. vorrätig *od.* auf Lager haben; *take* ~ *econ.* Inventur machen; *take* ~ **of** *fig.* sich klar werden über (*acc.*); **2.** *econ.* Ware vorrätig haben, führen; ~ **up** sich eindecken (*od.* versorgen (**on**, **with** mit); **3.** Serien...; Standard...; Standard-, stereotyp (*Ausrede etc.*); '**~·breed·er** Viehzüchter *m*; '**~·brok·er** *econ.* Börsenmakler *m*; '**~ ex·change** *econ.* Börse *f*; '**~·hold·er** *bsd. Am. econ.* Aktionär(in)
stock·ing ['stɒkɪŋ] Strumpf *m*
'**stock**| **mar·ket** *econ.* Börse *f*; '**~·pile 1.** Vorrat *m* (**of** an *dat.*); **2.** e-n Vorrat anlegen an (*dat.*); **~'still** regungslos; '**~·tak·ing** *econ.* Inventur *f*; *fig.* Bestandsaufnahme *f*
stock·y ['stɒkɪ] (**-ier**, **-iest**) stämmig, untersetzt
stole [stəʊl] *pret. von* **steal**; **sto·len** ['stəʊlən] *p.p. von* **steal**
stol·id ['stɒlɪd] gleichmütig
stom·ach ['stʌmək] **1.** Magen *m*; Bauch *m*; Appetit *m* (**for** auf *acc.*); **2.** vertragen (*a. fig.*); '**~·ache** Magenschmerzen *pl.*; Bauchschmerzen *pl.*, -weh *n*; ~ **up·set** Magenverstimmung *f*
stone [stəʊn] **1.** Stein *m*; *bot.* Kern *m*, Stein *m*; (*Hagel*)Korn *n*; (*pl.* **stone**[**s**]; *Abk.* **st**) *Brt.* Gewichtseinheit (= 6,35 *kg*); **2.** mit Steinen bewerfen; steinigen; entkernen, -steinen; **~'dead** mausetot; **~'deaf** stocktaub; '**~·ma·son** Steinmetz *m*; '**~·ware** Steingut *n*
ston·y ['stəʊnɪ] (**-ier**, **-iest**) steinig; *fig.* steinern (*Gesicht*, *Herz etc.*), eisig (*Schweigen*)
stood [stʊd] *pret. u. p.p. von* **stand** 1
stool [stuːl] Hocker *m*, Schemel *m*; △ *nicht* **Stuhl**; *med.* Stuhl(gang) *m*; '**~·pi·geon** F (*Polizei*)Spitzel *m*
stoop [stuːp] **1.** *v/i.* sich bücken (*a.* ~ **down**); gebeugt gehen; ~ **to** *fig.* sich herablassen *od.* hergeben zu; **2.** gebeugte Haltung
stop [stɒp] **1.** (**-pp-**) *v/t.* (an)halten, stehen bleiben (*a. Uhr etc.*), stoppen; aufhören; *bsd. Brt.* bleiben; ~ **dead** plötzlich *od.* abrupt stehen bleiben; ~ **at nothing** vor nichts zurückschrecken; ~ **short of doing**, ~ **short at** *s.th.* zurückschrecken vor (*dat.*); *v/t.* anhalten, stoppen; aufhören mit; ein Ende machen *od.* setzen (*dat.*); *Blutung* stillen; *Arbeiten*, *Verkehr etc.* zum Erliegen bringen; *et.* verhindern; *j-n* abhalten (**from** von), hindern (**from** an *dat.*); *Rohr etc.* verstopfen (*a.* ~ **up**); *Zahn* füllen, plombieren; *Scheck* sperren (lassen); ~ **by** vorbeischauen; ~ **in** vorbeischauen (**at** bei); ~ **off** F kurz Halt machen; ~ **over** kurz Halt machen; Zwischenstation machen; **2.** Halt *m*; (*Bus*)Haltestelle *f*; *phot.* Blende *f*; *mst* **full** ~ *gr.* Punkt *m*; '**~·gap** Notbehelf *m*; '**~·light** *mot.* Bremslicht *n*; *bsd. Am.* rotes Licht (*an e-r Ampel*); '**~·o·ver** Zwischenstation *f*; *aviat.* Zwischenlandung *f*; **~·page** ['stɒpɪdʒ] Unterbre-

stor·age ['stɔːrɪdʒ] Lagerung *f*; *Computer*: Speicher *m*; Lagergeld *n*

store [stɔː] **1.** (ein)lagern; *Energie* speichern; *Computer*: (ab)speichern, sichern; *a.* ~ **up** sich e-n Vorrat anlegen an (*dat.*); **2.** Vorrat *m*; Lager(halle *f*, -haus *n*) *n*; *bsd. Brt.* Kauf-, Warenhaus *n*; *bsd. Am.* Laden *m*, Geschäft *n*; △ *nicht* **Store**; '**~·house** Lagerhaus *n*; *fig.* Fundgrube *f*; '**~·keep·er** *bsd. Am.* Ladenbesitzer(in), -inhaber(in); '**~·room** Lagerraum *m*

sto·rey [stɔʊv], **sto·ry** *Am.* ['stɔːrɪ] Stock (-werk *n*) *m*, Etage *f*

...sto·reyed *Brt.*, **...sto·ried** *Am.* ['stɔːrɪd] mit ... Stockwerken, ...stöckig

stork *zo.* [stɔːk] Storch *m*

storm [stɔːm] **1.** Unwetter *n*; Gewitter *n*; Sturm *m*; **2.** *v/t. mil. etc.* stürmen; *v/i.* stürmen, stürzen; '**~·y** (**-ier, -iest**) stürmisch

sto·ry[1] ['stɔːrɪ] Geschichte *f*; Märchen *n* (*a. fig.*); Story *f*, Handlung *f*; *Zeitung etc.*: Story *f*, Bericht *m* (**on** über *acc.*)

sto·ry[2] *Am.* ['stɔːrɪ] → **storey**

stout [staʊt] korpulent, vollschlank; *fig.* unerschrocken; entschieden

stove [stəʊv] Ofen *m*, Herd *m*

stow [stəʊ] *a.* ~ **away** verstauen; '**~·a·way** *naut., aviat.* blinder Passagier

strad·dle ['strædl] rittlings sitzen auf (*dat.*)

strag|·gle ['strægl] verstreut liegen *od.* stehen; *bot. etc.* wuchern; ~ **in** einzeln eintrudeln; '**~·gler** Nachzügler(in); '**~·gly** (**-ier, -iest**) verstreut (liegend); *bot. etc.* wuchernd; struppig (*Haar*)

straight [streɪt] **1.** *adj.* gerade; glatt (*Haar*); pur (*Whisky etc.*); aufrichtig, offen, ehrlich; *sl.* hetero(*sexuell*); clean, sauber (*nicht drogenabhängig*); **put** ~ in Ordnung bringen; **2.** *adv.* gerade; genau, direkt; klar (*sehen, denken*); ehrlich, anständig; ~ **ahead** geradeaus; ~ **off** F sofort; ~ **on** geradeaus; ~ **out** F offen, rundheraus; **3.** *Sport*: (*Gegen-, Ziel*)Gerade *f*; '**~·en** *v/t.* gerade machen, (gerade) richten; ~ **out** in Ordnung bringen; *v/i. a.* ~ **out** gerade werden (*Straße etc.*); ~ **up** sich aufrichten; '**~·for·ward** aufrichtig; einfach

strain [streɪn] **1.** *v/t.* Seil *etc.* (an)spannen; *sich, Augen etc.* überanstrengen; sich *e-n Muskel etc.* zerren; *Gemüse, Tee etc.* abgießen; *v/i.* sich anstrengen; ~ **at** zerren *od.* ziehen an (*dat.*); **2.** Spannung *f*; Anspannung *f*; *fig.* Belastung *f*; *med.* Zerrung *f*; ~**ed** gezerrt; gezwungen (*Lächeln etc.*); gespannt (*Beziehungen*); **look** ~ abgespannt aussehen; '**~·er** Sieb *n*

strait [streɪt] (*in Eigennamen* ~**s** *pl.*) Meerenge *f*, Straße *f*; ~**s** *pl.* Notlage *f*; ~**ened** ['streɪtnd]: **live in** ~ **circumstances** in beschränkten Verhältnissen leben; '**~·jack·et** Zwangsjacke *f*

strand [strænd] Strang *m*; Faden *m*; (*Kabel*)Draht *m*; (*Haar*)Strähne *f*; △ *nicht* **Strand**

strand·ed ['strændɪd]: **be** ~ *naut.* gestrandet sein; **be (left)** ~ *fig.* festsitzen (**in** in *dat.*) (*Person*)

strange [streɪndʒ] (~**r, ~st**) merkwürdig, seltsam, sonderbar; fremd; '**strang·er** Fremde(r *m*) *f*

stran·gle ['stræŋgl] erwürgen

strap [stræp] **1.** Riemen *m*, Gurt *m*; (*Uhr*)Armband *n*; Träger *m* (*am Kleid etc.*); **2.** (**-pp-**) festschnallen; anschnallen

stra·te·gic [strə'tiːdʒɪk] (~**ally**) strategisch; **strat·e·gy** ['strætɪdʒɪ] Strategie *f*

stra·tum *geol.* ['strɑːtəm] (*pl.* **-ta** [-tə]) Schicht *f* (*a. fig.*)

straw [strɔː] Stroh *n*; Strohhalm *m*; ~**·ber·ry** *bot.* ['strɔːbərɪ] Erdbeere *f*

stray [streɪ] **1.** (herum)streunen; sich verirren; *fig.* abschweifen (*from* von); **2.** verirrtes *od.* streunendes Tier; **3.** verirrt (*Kugel, Tier*); streunend (*Tier*); vereinzelt

streak [striːk] Streifen *m*; Strähne *f* (*im Haar*); (Charakter)Zug *m*; **a** ~ **of lightning** ein Blitz; **lucky** ~ Glückssträhne *f*; **2.** flitzen; streifen; '**~·y** (**-ier, -iest**) streifig; durchwachsen (*Speck*)

stream [striːm] **1.** Bach *m*; Strömung *f*; *fig.* Strom *m*; **2.** strömen; flattern, wehen; '**~·er** Luft-, Papierschlange *f*; Wimpel *m*; *Computer*: Streamer *m*

street [striːt] Straße *f*; Straßen...; **in** (*bsd. Am.* **on**) **the** ~ auf der Straße; '**~·car** *Am.* Straßenbahn(wagen *m*) *f*

strength [streŋθ] Stärke *f (a. fig.)*, Kraft *f*, Kräfte *pl.*; '**~en** *v/t.* (ver)stärken; *v/i.* stärker werden

stren·u·ous ['strenjʊəs] anstrengend; unermüdlich

stress [stres] **1.** *fig.* Stress *m*; *phys., tech.* Beanspruchung *f*, Belastung *f*, Druck *m*; *ling.* Betonung *f*; *fig.* Nachdruck *m*; **2.** betonen; '**~ful** stressig, aufreibend

stretch [stretʃ] **1.** *v/t.* strecken; dehnen; (aus)weiten; spannen; *fig.* es nicht allzu genau nehmen mit; **~ out** ausstrecken; **be fully ~ed** *fig.* richtig gefordert werden; voll ausgelastet sein; *v/i.* sich dehnen, *a.* länger *od.* weiter werden; sich dehnen *od.* strecken; sich erstrecken; **~ out** sich dehnen *od.* strecken; **2.** Dehnbarkeit *f*, Elastizität *f*; Strecke *f (e-r Straße etc.)*; *Sport*: (Gegen-, Ziel)Gerade *f*; Zeit(-raum *m*, -spanne) *f*; **~ a** sich dehnen *od.* strecken; '**~er** Trage *f*

strick·en ['strɪkən] schwer betroffen; **~ with** befallen *od.* ergriffen von

strict [strɪkt] streng, strikt; genau; **~ly (speaking)** genau genommen

strid·den ['strɪdn] *p.p. von* **stride** 1

stride [straɪd] **1.** (**strode, stridden**) schreiten, mit großen Schritten gehen; **2.** großer Schritt

strife [straɪf] Streit *m*

strike [straɪk] **1.** (**struck**) *v/t.* schlagen; treffen; einschlagen in *(acc.)*; *Streichholz* anzünden; *naut.* auflaufen auf *(acc.)*; streichen (**from, off** aus e-m Verzeichnis etc., von e-r Liste *etc.*); stoßen auf *(Öl, e-e Straße, Schwierigkeiten etc.)*; j-n beeindrucken; j-m einfallen, in den Sinn kommen; *Münze* prägen; *Saite etc.* anschlagen; *Lager, Zelt* abbrechen; *Flagge, Segel* streichen; **~ out** (aus)streichen; **~ up** *Lied etc.* anstimmen; *Freundschaft etc.* schließen; *Blitz:* einschlagen; *v/i.* schlagen (*Uhr*); einschlagen (*Blitz*); *econ.* streiken; **~ (out) at** s.o. auf j-n einschlagen; **2.** *econ.* Streik *m*; (*Öl- etc.*)Fund *m*; *mil.* Angriff *m*; *Fußball:* Schuss *m*; **be on ~** streiken; **go on ~** streiken, in den Streik treten; **a lucky ~** ein Glückstreffer; '**strik·er** *econ.* Streikende(r *m*) *f*; *Fußball:* Stürmer(in); '**strik·ing** apart; auffallend

string [strɪŋ] **1.** Schnur *f*, Bindfaden *m*; (Schürzen-, Schuh- *etc.*)Band *n*; (Puppenspiel)Faden *m*, Draht *m*; (Perlen- *etc.*)Schnur *f*; Saite *f* (e-r *Gitarre, e-s Tennisschlägers etc.*); (Bogen)Sehne *f*; Faser *f (von Gemüse)*; *Computer*: Zeichenfolge *f*, *fig.* Reihe *f*, Serie *f*; **the ~s** *pl. mus.* die Streichinstrumente *pl.*; die Streicher *pl.*; **pull a few ~s** *fig.* ein paar Beziehungen spielen lassen; **with no ~s attached** *fig.* ohne Bedingungen; **2.** (**strung**) *Perlen etc.* aufreihen; *Gitarre etc.* besaiten, *Tennisschläger etc.* bespannen; *Bohnen* abziehen; **3.** *mus.* Streich...; **~·'bean** *bsd. Am. bot.* grüne Bohne

strin·gent ['strɪndʒənt] streng

string·y ['strɪŋɪ] (**-ier, -iest**) fas(e)rig

strip [strɪp] **1.** (**-pp-**) *v/i. a.* **~ off** sich ausziehen (**to** bis auf *acc.*); *v/t.* ausziehen; *Farbe etc.* abkratzen, *Tapete etc.* abreißen (**from, off** von); *a.* **~ down** *tech.* zerlegen, auseinander nehmen; **~ s.o. of s.th.** j-m et. rauben *od.* wegnehmen; **2.** (*Land-, Papier- etc.*)Streifen *m*; Strip *m*

stripe [straɪp] Streifen *m*; **~d** gestreift

strode [strəʊd] *pret. von* **stride** 1

stroke [strəʊk] **1.** streicheln; streichen über *(acc.)*; **2.** Schlag *m* (*a. Uhr, Tennis etc.*); *med.* Schlag(anfall) *m*; (Pinsel)Strich *m*; *Schwimmen*: Zug *m*; *tech.* Hub *m*; **four-~ engine** Viertaktmotor *m*; **~ of luck** *fig.* ein glücklicher Zufall

stroll [strəʊl] **1.** bummeln, spazieren; **2.** Bummel *m*, Spaziergang *m*; '**~·er** ['strəʊlə] Bummler(in), Spaziergänger(in); *Am.* Sportwagen *m (für Kinder)*

strong [strɒŋ] stark; kräftig; mächtig *(Land etc.)*; stabil *(Möbel etc.)*; fest *(Schuhe etc.)*; robust *(Person, Gesundheit etc.)*; stark *(Getränk, Medikament etc.)*; '**~·box** (Geld-, Stahl)Kassette *f*; '**~·hold** Festung *f*; Stützpunkt *m*; *fig.* Hochburg *f*; **~·'mind·ed** willensstark; '**~ room** Tresor(raum) *m*

struck [strʌk] *pret. u. p.p. von* **strike** 1

struc·ture ['strʌktʃə] Struktur *f*; (Auf)Bau *m*, Gliederung *f*; Bau *m*, Konstruktion *f*

strug·gle ['strʌgl] **1.** kämpfen, ringen (**with** mit; **for** um); sich abmühen (**to** zu); sich winden, zappeln; **2.** Kampf *m*

strum [strʌm] (**-mm-**) klimpern auf *(dat.)* (*od.* **on** auf *dat.*)

strung [strʌŋ] *pret. u. p.p. von* **string** 2

strut[1] [strʌt] (**-tt-**) stolzieren

strut² *tech.* [strʌt] Strebe *f*; Stütze *f*
stub [stʌb] **1.** (*Bleistift-, Zigaretten- etc.*) Stummel *m*; Kontrollabschnitt *m*; **2.** (*-bb-*) sich *die Zehe* anstoßen; ~ *out Zigarette* ausdrücken
stub·ble ['stʌbl] Stoppeln *pl.*
stub·born ['stʌbən] eigensinnig, stur; hartnäckig (*Fleck, Widerstand etc.*)
stuck [stʌk] *pret. u. p.p. von* **stick** 2; ~·**up** F hochnäsig
stud¹ [stʌd] **1.** (*Kragen-, Manschetten-*)Knopf *m*; Stollen *m* (*e-s Fußballschuhs*); Beschlagnagel *m*; Ziernagel *m*; ~**s** *pl. mot.* Spikes *pl.*; **2.** (*-dd-*): *be ~ded with* besetzt sein mit; übersät sein mit; ~**ded tyres** (*Am.* **tires**) Spikesreifen *pl.*
stud² [stʌd] Gestüt *n*
stu·dent ['stjuːdnt] Student(in); *bsd. Am. u. allg.* Schüler(in)
'**stud**|**farm** Gestüt *n*; Arbeitszimmer *n*; △ ~ **horse** Zuchthengst *m*
stud·ied ['stʌdɪd] wohl überlegt
stu·di·o ['stjuːdɪəʊ] (*pl. -os*) Studio *n*; Atelier *n*; *a.* ~ *flat Brt.*, ~ *apartment bsd. Am.* Studio *n*, Einzimmerappartement *n*; '~ **couch** Schlafcouch *f*
stu·di·ous ['stjuːdjəs] fleißig
stud·y ['stʌdɪ] **1.** Studium *n*; Studie *f*, Untersuchung *f*; Arbeitszimmer *n*; *bsd. paint.* Studie *f*; **studies** *pl.* Studium *n*; *be in a brown* ~ in Gedanken versunken *od.* geistesabwesend sein; **2.** studieren; lernen (*for* für)
stuff [stʌf] **1.** Zeug *n*; **2.** (aus)stopfen, (voll) stopfen; füllen (*a. gastr.*); △ *nicht stopfen* (*ausbessern*); ~ *o.s.* F sich voll stopfen; '~·**ing** Füllung *f*; '~·**y** (*-ier, -iest*) stickig; spießig; prüde
stum·ble ['stʌmbl] stolpern (*on, over, fig. at, over* über *acc.*); ~ *across, ~ on* stoßen auf (*acc.*); **2.** Stolpern *n*
stump [stʌmp] **1.** Stumpf *m*; Stummel *m*; **2.** stampfen, stapfen; '~·**y** (*-ier, -iest*) F kurz u. dick
stun [stʌn] (*-nn-*) betäuben; *fig.* sprachlos machen
stung [stʌŋ] *pret. u. p.p. von* **sting** 1
stunk [stʌŋk] *pret. u. p.p. von* **stink** 1
stun·ning ['stʌnɪŋ] fantastisch; unglaublich (*Nachricht etc.*)
stunt¹ [stʌnt] (*das Wachstum gen.*) hemmen; ~**ed** verkümmert
stunt² [stʌnt] (*Film*)Stunt *m*; (*gefährliches*) Kunststück; (*Reklame*)Gag *m*; '~·**man** (*pl. -men*) Film, TV: Stuntman *m*, Double *n*; '~ **wom·an** (*pl. -women*) Film, TV: Stuntwoman *f*, Double *n*
stu·pid ['stjuːpɪd] dumm; *fig.* F blöd; ~·**i·ty** [stjuː'pɪdətɪ] Dummheit *f*
stu·por ['stjuːpə] Betäubung *f*; *in a drunken* ~ im Vollrausch
stur·dy ['stɜːdɪ] (*-ier, -iest*) kräftig, stämmig; *fig.* entschlossen, hartnäckig
stut·ter ['stʌtə] **1.** stottern (*a. mot.*); stammeln; **2.** Stottern *n*
sty¹ [staɪ] → **pigsty**
sty², stye *med.* [staɪ] Gerstenkorn *n*
style [staɪl] **1.** Stil *m*; Ausführung *f*; Mode *f*; **2.** entwerfen; gestalten
styl·ish ['staɪlɪʃ] stilvoll; modisch, elegant; '~·**ist** Stilist(in)
sty·lus ['staɪləs] Nadel *f* (*e-s Plattenspielers*)
Sty·ro·foam® *bsd. Am.* ['staɪərəfəʊm] Styropor® *n*
suave [swɑːv] verbindlich
sub·di·vi·sion ['sʌbdɪvɪʒn] Unterteilung *f*; Unterabteilung *f*
sub·due [səb'djuː] unterwerfen; *Ärger etc.* unterdrücken; ~**d** gedämpft (*Licht, Stimme etc.*); ruhig, still (*Person*)
sub|**ject 1.** ['sʌbdʒɪkt] Thema *n*; *ped., univ.* Fach *n*; *gr.* Subjekt *n*, Satzgegenstand *m*; Untertan(in); Staatsangehörige(r *m*) *f*, -bürger(in); **2.** ['sʌbdʒɪkt] *adj.* ~ *to* anfällig für *bzw. a.* neigen zu; *be* ~ *to* unterliegen (*dat.*); abhängen von; *prices* ~ *to change* Preisänderungen vorbehalten; **3.** [səb'dʒekt] unterwerfen; ~ *to* e-m *Test etc.* unterziehen; *der Kritik etc.* aussetzen; ~·**jec·tion** [səb'dʒekʃn] Unterwerfung *f*; Abhängigkeit *f* (*to* von)
sub·ju·gate ['sʌbdʒʊgeɪt] unterjochen, -werfen
sub·junc·tive *gr.* [səb'dʒʌŋktɪv] *a.* ~ *mood* Konjunktiv *m*
sub|**lease** [sʌb'liːs], ~·**let** (*-tt-; -let*) unter-, weitervermieten
sub·lime [sə'blaɪm] großartig; *fig.* total
sub·ma·chine gun [sʌbmə'ʃiːn -] Maschinenpistole *f*
sub·ma·rine [sʌbmə'riːn] **1.** unterseeisch; **2.** Unterseeboot *n*, U-Boot *n*
sub·merge [səb'mɜːdʒ] tauchen (*U-Boot*); (ein)tauchen (*in* in *acc.*)
sub·mis|**sion** [səb'mɪʃn] Einreichung

sub·mis·sive f; Boxen etc.: Aufgabe f; **~·sive** [səb-'mısıv] unterwürfig

sub·mit [səb'mɪt] (-tt-) Gesuch etc. einreichen (**to** dat. od. bei); sich fügen (**to** dat. od. in acc.); Boxen etc.: aufgeben

sub·or·di·nate 1. [sə'bɔːdnət] untergeordnet (**to** dat.); **2.** [sə'bɔːdnət] Untergebene(r m) f; **3.** [sə'bɔːdɪneɪt] ~ to unterordnen (dat.), zurückstellen (hinter acc.); **~ 'clause** gr. Nebensatz m

sub·scribe [səb'skraɪb] v/t. Geld geben, spenden (**to** für); v/i. ~ **to** Zeitung etc. abonnieren; **~'scrib·er** Abonnent(in); (Fernsprech)Teilnehmer(in)

sub·scrip·tion [səb'skrɪpʃn] (Mitglieds)Beitrag m; Abonnement n

sub·se·quent [ˈsʌbsɪkwənt] später

sub·side [səb'saɪd] sich senken (Gebäude, Straße etc.); zurückgehen (Überschwemmung, Nachfrage etc.), sich legen (Sturm, Zorn etc.)

sub·sid·i·a·ry [səb'sɪdjərɪ] **1.** Neben...; ~ **question** Zusatzfrage f; **2.** econ. Tochtergesellschaft f

sub·si·dize ['sʌbsɪdaɪz] subventionieren; **~·dy** ['sʌbsɪdɪ] Subvention f

sub·sist [səb'sɪst] leben, existieren (**on** von); **~'sis·tence** Existenz f

sub·stance ['sʌbstəns] Substanz f (a. fig.), Stoff m; das Wesentliche, Kern m

sub·stan·dard [sʌb'stændəd] minderwertig

sub·stan·tial [səb'stænʃl] solid (Möbelstück etc.); beträchtlich (Gehalt etc., Änderungen etc. a.) wesentlich; reichlich, kräftig (Mahlzeit)

sub·stan·ti·ate [səb'stænʃɪeɪt] beweisen

sub·stan·tive gr. ['sʌbstəntɪv] Substantiv n, Hauptwort n

sub·sti·tute ['sʌbstɪtjuːt] **1.** Ersatz m; Ersatz(mann) m, Stellvertreter(in), Vertretung f; Sport: Auswechselspieler(in), Ersatzspieler(in); **2.** ~ **s.th. for s.th.** et. durch et. ersetzen, et. gegen et. austauschen od. -wechseln; ~ **for** einspringen für, j-n vertreten; **~·tu·tion** [sʌbstɪ'tjuːʃn] Ersatz m; Sport: Austausch m, Auswechslung f

sub·ter·fuge ['sʌbtəfjuːdʒ] List f

sub·ter·ra·ne·an [sʌbtə'reɪnjən] unterirdisch

sub·ti·tle ['sʌbtaɪtl] Untertitel m

sub·tle ['sʌtl] (**~r, ~st**) fein (Unterschied etc.); raffiniert (Plan etc.); scharf (Verstand); scharfsinnig (Person)

sub·tract math. [səb'trækt] abziehen, subtrahieren (**from** von); **~·trac·tion** math. [səb'trækʃn] Abziehen n, Subtraktion f

sub·trop·i·cal [sʌb'trɒpɪkl] subtropisch

sub·urb ['sʌbɜːb] Vorort m, -stadt f; **~·ur·ban** [sə'bɜːbən] Vorort..., vorstädtisch, Vorstadt...

sub·ver·sive [səb'vɜːsɪv] umstürzlerisch, subversiv

sub·way ['sʌbweɪ] Unterführung f; Am. U-Bahn f

suc·ceed [sək'siːd] v/i. Erfolg haben, erfolgreich sein (Person), (Plan etc. a.) gelingen; ~ **to** in e-m Amt nachfolgen; ~ **to the throne** auf den Thron folgen; v/t. **s.o. as** j-s Nachfolger werden als

suc·cess [sək'ses] Erfolg m; **~·ful** erfolgreich

suc·ces·sion [sək'seʃn] (Erb-, Nach-, Thron)Folge f; **five times in** ~ fünfmal nach- od. hintereinander; **in quick** ~ in rascher Folge; **~·sive** [sək'sesɪv] aufeinander folgend; **~·sor** [sək'sesə] Nachfolger(in); Thronfolger(in)

suc·cu·lent ['sʌkjulənt] saftig (Steak etc.)

such [sʌtʃ] solche(r, -s); derartige(r, -s); so; derart; ~ **a** so ein(e)

suck [sʌk] **1.** v/t. saugen; lutschen (an dat.); v/i. saugen (**at** an dat.); **2. have** od. **take a** ~ **at** saugen od. lutschen an (dat.); **'~·er** zo. Saugnapf m, -organ n; tech. Saugfuß m; bot. Wurzelschößling m, -spross m; F Trottel m, Simpel m; Am. Lutscher m; **~·le** ['sʌkl] säugen, stillen

suc·tion ['sʌkʃn] (An)Saugen n; Saugwirkung f; **'~ pump** tech. Saugpumpe f

sud·den ['sʌdn] plötzlich; **all of a** ~ F ganz plötzlich; **'~·ly** plötzlich

suds [sʌdz] pl. Seifenschaum m

sue jur. [sjuː] j-n verklagen (**for** auf acc., wegen); klagen (**for** auf acc.)

suede, suède [sweɪd] Wildleder n; Veloursleder n

su·et ['sjuɪt] Nierenfett n, Talg m

suf·fer ['sʌfə] v/i. leiden (**from** an, unter dat.); darunter leiden; v/t. erleiden; Folgen tragen; **~·er** ['sʌfərə] Leidende(r m) f; **~·ing** ['sʌfərɪŋ] Leiden n; Leid n

suf·fice [sə'faɪs] genügen, (aus)reichen

suf·fi·cient [səˈfɪʃnt] genügend, genug, ausreichend; *be* ~ genügen, (aus)reichen

suf·fix *gr.* [ˈsʌfɪks] Suffix *n*, Nachsilbe *f*

suf·fo·cate [ˈsʌfəkeɪt] ersticken

suf·frage *pol.* [ˈsʌfrɪdʒ] Wahl-, Stimmrecht *n*

suf·fuse [səˈfjuːz] durchfluten (*Licht*); überziehen (*Röte etc.*)

sug·ar [ˈʃʊɡə] 1. Zucker *m*; 2. zuckern; '~ **bowl** Zuckerdose *f*; '~**cane** *bot.* Zuckerrohr *n*; ~·**y** [ˈʃʊɡərɪ] zuck(e)rig; *fig.* zuckersüß

sug·gest [səˈdʒest] vorschlagen, anregen; hindeuten *od.* -weisen auf (*acc.*), schließen lassen auf (*acc.*); andeuten; ~·**ges·tion** [səˈdʒestʃən] Vorschlag *m*, Anregung *f*; Anflug *m*, Spur *f*; Andeutung *f*; *psych.* Suggestion *f*; ~·**ges·tive** [səˈdʒestɪv] zweideutig (*Bemerkung etc.*), vielsagend (*Blick etc.*)

su·i·cide [ˈsjʊɪsaɪd] Selbstmord *m*; Selbstmörder(in); *commit* ~ Selbstmord begehen

suit [suːt] 1. Anzug *m*; Kostüm *n*; Kartenspiel: Farbe *f*; *jur.* Prozess *m*; *follow* ~ *fig.* dem Beispiel folgen, dasselbe tun; 2. *v/t.* j-m passen (*Termin etc.*); j-n kleiden, j-m stehen; *et.* anpassen (*to dat.*); ~ *yourself!* mach, was du willst!; **'suit·a·ble** *adj.* passend, geeignet (*for, to* für); '~**case** Koffer *m*

suite [swiːt] (Möbel-, Sitz)Garnitur *f*; Suite *f*; Zimmerflucht *f*; *mus.* Suite *f*; Gefolge *n*

sul·fur *Am.* [ˈsʌlfə] → **sulphur**

sulk [sʌlk] schmollen, eingeschnappt sein; ~**s** *pl.*: *have the* ~ schmollen

sulk·y¹ [ˈsʌlkɪ] (*-ier, -iest*) schmollend

sulk·y² [ˈsʌlkɪ] Trabrennen: Sulky *n*

sul·len [ˈsʌlən] mürrisch, verdrossen

sul|·phur *chem.* [ˈsʌlfə] Schwefel *m*; ~·**phu·ric ac·id** *chem.* [sʌlfjʊərɪkˈæsɪd] Schwefelsäure *f*

sul·try [ˈsʌltrɪ] (*-ier, -iest*) schwül; aufreizend (*Blick etc.*)

sum [sʌm] 1. Summe *f*; Betrag *m*; (einfache) Rechenaufgabe; *do* ~**s** rechnen; 2. (*-mm-*): ~ *up* zusammenfassen; j-n, *et.* abschätzen

sum|·ma·rize [ˈsʌməraɪz] zusammenfassen; ~·**ma·ry** [ˈsʌmərɪ] Inhaltsangabe *f*, (kurze) Inhaltsangabe

sum·mer [ˈsʌmə] Sommer *m*; *in* (*the*) ~ im Sommer; '~ **camp** Ferienlager *n* (*für Kinder im Sommer*); ~ '**hol·i·days** *pl.* Sommerferien *pl.*; ~ **re·sort** Sommerfrische *f* (*Ort*); '~ **school** Ferienkurs *m*; '~**time** Sommer(szeit *f*) *m*; *in* (*the*) ~ im Sommer; '~ **time** *bsd. Brt.* Sommerzeit *f* (*Uhrzeit*); ~ **va·ca·tion** *bsd. Am.* Sommerferien *pl.*; ~·**y** [ˈsʌmərɪ] sommerlich, Sommer...

sum·mit [ˈsʌmɪt] Gipfel *m* (*a. econ., pol., fig.*); ~ (**con·fe·rence**) *pol.* Gipfelkonferenz *f*; '~ (**meet·ing**) *pol.* Gipfeltreffen *n*

sum·mon [ˈsʌmən] auffordern; *Versammlung etc.* einberufen; *jur.* vorladen; ~ *up* Kraft, Mut etc. zusammennehmen; ~**s** *jur.* [ˈsʌmənz] Vorladung *f*

sump·tu·ous [ˈsʌmptʃʊəs] luxuriös, aufwändig

sun [sʌn] 1. Sonne *f*; Sonnen...; 2. (*-nn-*) ~ *o.s.* sich sonnen

Sun *nur geschr. Abk. für Sunday* So., Sonntag *m*

'**sun·bathe** sonnenbaden, sich sonnen, ein Sonnenbad nehmen; '~**beam** Sonnenstrahl *m*; '~**bed** Sonnenbank *f*; '~**burn** Sonnenbrand *m*

sun·dae [ˈsʌndeɪ] Eisbecher *m*

Sun·day [ˈsʌndɪ] (*Abk.* **Sun**) Sonntag *m*; *on* ~ (am) Sonntag; *on* ~**s** sonntags

'**sun|·dial** [ˈsʌndaɪəl] Sonnenuhr *f*; '~**down** → **sunset**

sun|·dries [ˈsʌndrɪz] *pl.* Diverse(s) *n*, Verschiedene(s) *n*; ~·**dry** [ˈsʌndrɪ] diverse, verschiedene

sung [sʌŋ] *p.p.* von **sing**

'**sun·glass·es** *pl.* (*a pair of* ~ e-e) Sonnenbrille

sunk [sʌŋk] *pret. u. p.p.* von **sink** 1

sunk·en [ˈsʌŋkən] ge-, versunken; versenkt; tief liegend; eingefallen (*Wangen*), (*a. Augen*) eingesunken

'**sun|·light** Sonnenlicht *n*; '~**lit** sonnenbeschienen

sun·ny [ˈsʌnɪ] (*-ier, -iest*) sonnig

'**sun|·rise** Sonnenaufgang *m*; *at* ~ bei Sonnenaufgang; '~**roof** Dachterrasse *f*; *mot.* Schiebedach *n*; '~**set** Sonnenuntergang *m*; *at* ~ bei Sonnenuntergang; '~**shade** Sonnenschirm *m*; '~**shine** Sonnenschein *m*; '~**stroke** *med.* Sonnenstich *m*; '~**tan** (Sonnen)Bräune *f*

su·per F ['suːpə] super, spitze, klasse
su·per... ['suːpə] Über..., über...
su·per|·a·bun·dant [suːpərə'bʌndənt] überreichlich; **~·an·nu·at·ed** [suːpəˈrænjʊeɪtɪd] pensioniert, im Ruhestand
su·perb [suːˈpəːb] ausgezeichnet
'su·per|·charg·er mot. Kompressor m; **~·cil·i·ous** [suːpəˈsɪlɪəs] hochmütig, -näsig; **~·fi·cial** [suːpəˈfɪʃl] oberflächlich; **~·flu·ous** [suːˈpəːfluəs] überflüssig; **~·hu·man** übermenschlich; **~·im·pose** [suːpərɪmˈpəʊz] überlagern; *Bild etc.* einblenden (**on** in *acc.*); **~·in·tend** [suːpərɪnˈtend] die (Ober-)Aufsicht haben über (*acc.*), überwachen; leiten; **~·in·tend·ent** [suːpərɪnˈtendənt] Aufsicht *f*, Aufsichtsbeamt|er *m*, -in *f*; *Brt.* Kriminalrat *m*
su·pe·ri·or [suːˈpɪərɪə] **1.** ranghöher (**to** als); überlegen (**to** *dat.*), besser (**to** als); ausgezeichnet; hervorragend; überheblich, -legen; ***Father 2*** *rel.* Superior *m*; ***Mother 2*** *rel.* Oberin *f*; **2.** Vorgesetzte(r *m*) *f*; **~·i·ty** [suːpɪərɪˈɒrəti] Überlegenheit *f* (**over** gegenüber)
su·per·la·tive [suːˈpəːlətɪv] **1.** höchste(r, -s), überragend; **2.** *a.* **~ degree** *gr.* Superlativ *m*
'su·per|·mar·ket Supermarkt *m*; **~·nat·u·ral** übernatürlich; **~·nu·me·ra·ry** [suːpəˈnjuːmərərɪ] zusätzlich; **~·sede** [suːpəˈsiːd] ablösen, ersetzen; **~·son·ic** *aviat., phys.* Überschall...; **~·sti·tion** [suːpəˈstɪʃn] Aberglaube *m*; **~·sti·tious** [suːpəˈstɪʃəs] abergläubisch; **'~·store** Großmarkt *m*; **~·vene** [suːpəˈviːn] dazwischenkommen; **~·vise** [suːpəvaɪz] beaufsichtigen; **~·vi·sion** [suːpəˈvɪʒn] Beaufsichtigung *f*; *under s.o.'s* **~** unter j-s Aufsicht; **~·vi·sor** ['suːpəvaɪzə] Aufseher(in), Aufsicht *f*
sup·per ['sʌpə] Abendessen *n*; *have* **~** zu Abend essen; → **lord**
sup·plant [səˈplɑːnt] verdrängen
sup·ple ['sʌpl] (**~r, ~st**) gelenkig, geschmeidig, biegsam
sup·ple·ment 1. ['sʌplɪmənt] Ergänzung *f*; Nachtrag *m*, Anhang *m*; Ergänzungsband *m*; (*Zeitungs- etc.*)Beilage *f*; **2.** ['sʌplɪment] ergänzen; **~·men·ta·ry** [sʌplɪˈmentərɪ] ergänzend, zusätzlich
sup·pli·er [səˈplaɪə] Lieferant(in); *a.* **~s** *pl.* Lieferfirma *f*

sup·ply [səˈplaɪ] **1.** liefern; stellen, sorgen für; *j-n, et.* versorgen, *econ.* beliefern (**with** mit); **2.** Lieferung *f* (**to** an *acc.*); Versorgung *f*; *econ.* Angebot *n*; *mst* **supplies** *pl.* Vorrat *m* (**of** an *dat.*), *a.* Proviant *m*, *mil.* Nachschub *m*; **~ and demand** *econ.* Angebot u. Nachfrage
sup·port [səˈpɔːt] **1.** (ab)stützen, *Gewicht etc.* tragen; *Währung* stützen; unterstützen; unterhalten, sorgen für (*Familie etc.*); **2.** Stütze *f*; *tech.* Träger *m*; *fig.* Unterstützung *f*; **~·er** Anhänger(in) (*a. Sport*), Befürworter(in)
sup·pose [səˈpəʊz] **1.** annehmen, vermuten; *be ~d to ...* sollen; *what is that ~d to mean?* was soll denn das?; *I ~ so* ich nehme es an, vermutlich; **2.** *cj.* angenommen; wie wäre es, wenn; **~'posed** angeblich; **~'pos·ing** → **suppose** 2; **~·po·si·tion** [sʌpəˈzɪʃn] Annahme *f*, Vermutung *f*
sup·press [səˈpres] unterdrücken; **~·pres·sion** [səˈpreʃn] Unterdrückung *f*
sup·pu·rate *med.* ['sʌpjʊəreɪt] eitern
su·prem·a·cy [suːˈpreməsɪ] Vormachtstellung *f*
su·preme [suːˈpriːm] höchste(r, -s), oberste(r, -s), Ober...; größte(r, -s)
sur·charge 1. [səːˈtʃɑːdʒ] Nachporto *od.* e-n Zuschlag erheben (**on** auf *acc.*). **2.** ['səːtʃɑːdʒ] Auf-, Zuschlag *m* (**on** auf *acc.*); Nach-, Strafporto *n* (**on** auf *acc.*)
sure [ʃɔː] **1.** *adj.* (**~r, ~st**) sicher; **~ of o.s.** selbstsicher; **~ of winning** siegessicher; **~ thing!** *bsd. Am.* F (aber) klar!; *be od. feel* **~** sicher sein; *be ~ to ...* vergiss nicht zu ...; *for* **~** ganz sicher *od.* bestimmt; *make* **~** *that* sich (davon) überzeugen, dass; *to be* **~** sicher(lich); **2.** *adv.* F sicher, klar; **~ enough** tatsächlich; **'~·ly** sicher(lich); **sure·ty** ['ʃɔːrətɪ] Bürg|e *m*, -in *f*; Bürgschaft *f*; *stand* **~ for s.o.** für j-n bürgen
surf [səːf] **1.** Brandung *f*; **2.** *Sport:* surfen
sur·face ['səːfɪs] **1.** Oberfläche *f*; (*Straßen*)Belag *m*; **2.** auftauchen; *Straße* mit e-m Belag versehen; **3.** Oberflächen...; *fig.* oberflächlich; **'~ mail** gewöhnliche Post (*Gegensatz Luftpost*)
'surf·board Surfboard *n*, -brett *n*; **~**

er Surfer(in), Wellenreiter(in); '**~ing** Surfen *n*, Wellenreiten *n*

surge [sɜ:dʒ] **1.** *fig.* Welle *f*, Woge *f*, (*Gefühls*)Aufwallung *f*; **2.** (vorwärts-)drängen; **~** (**up**) aufwallen (*Zorn etc.*)

sur·geon ['sɜ:dʒən] Chirurg *m*

sur·ge·ry ['sɜ:dʒərɪ] Chirurgie *f*; operativer Eingriff, Operation *f*; *Brt.* Sprechzimmer *n*; *Brt.* Sprechstunde *f*; *a.* **doctor's ~** Arztpraxis *f*; '**~ hours** *pl. Brt.* Sprechstunde(n *pl.*) *f*

sur·gi·cal ['sɜ:dʒɪkl] chirurgisch

sur·ly ['sɜ:lɪ] (**-ier, -iest**) mürrisch

sur·name ['sɜ:neɪm] Familien-, Nach-, Zuname *m*

sur·pass [sə'pɑ:s] Erwartungen *etc.* übertreffen

sur·plus ['sɜ:pləs] **1.** Überschuss *m* (**of** an *dat.*); **2.** überschüssig

sur·prise [sə'praɪz] **1.** Überraschung *f*; **take s.o. by ~** j-n überraschen; **2.** überraschen; **be ~d at** *od.* **by** überrascht sein über (*acc.*)

sur·ren·der [sə'rendə] **1.** *v/i.* **~ to** *mil.*, *a. fig.* sich ergeben (*dat.*), kapitulieren vor (*dat.*); **~ to the police** sich der Polizei stellen; *v/t. et.* übergeben, ausliefern (**to** *dat.*); aufgeben, verzichten auf (*acc.*); **~ o.s. to the police** sich der Polizei stellen; **2.** *mil.* Kapitulation *f*; Aufgabe *f*, Verzicht *m*

sur·ro·gate ['sʌrəgeɪt] Ersatz *m*; **~ 'moth·er** Leihmutter *f*

sur·round [sə'raund] umgeben; *Haus etc.* umstellen; **~ing** umliegend; **~ings** *pl.* Umgebung *f*

sur·vey 1. [sə'veɪ] (sich) *et.* betrachten (*a. fig.*); *Haus etc.* begutachten; *Land* vermessen; **2.** ['sɜ:veɪ] Umfrage *f*; Überblick *m* (**of** über *acc.*); Begutachtung *f*; Vermessung *f*; [sə'veɪə] Gutachter(in); Land(ver)messer(in)

sur·vi·val [sə'vaɪvl] Überleben *n* (*a. fig.*); Überbleibsel *n*; **~ train·ing** Überlebenstraining *n*

sur'vive [sə'vaɪv] überleben; *Feuer etc.* überstehen (*Gebäude etc.*); erhalten bleiben *od.* sein; **~'vi·vor** Überlebende(r *m*) *f* (**from, of** *gen.*)

sus·cep·ti·ble [sə'septəbl] empfänglich *od.* anfällig (**to** für)

sus·pect 1. [sə'spekt] *j-n* verdächtigen (**of** *gen.*); *et.* vermuten; *et.* an-, bezweifeln; **2.** ['sʌspekt] Verdächtige(r *m*) *f*; **3.** ['sʌspekt] verdächtig, suspekt

sus·pend [sə'spend] *Verkauf, Zahlungen etc.* (vorübergehend) einstellen; *jur. Verfahren, Urteil* aussetzen, *Strafe* zur Bewährung aussetzen; *j-n* suspendieren; vorübergehend ausschließen (**from** aus); *Sport:* *j-n* sperren; (auf)hängen; **be ~ed** schweben; **~er** *Brt.* Strumpfhalter *m*, Straps *m*; Sockenhalter *m*; (*a.* **a pair of**) **~s** *pl. Am.* Hosenträger *m*

sus·pense [sə'spens] Spannung *f*; **in ~** gespannt, voller Spannung

sus·pen·sion [sə'spenʃn] (vorübergehende) Einstellung *f*, Suspendierung *f*; vorübergehender Ausschluss *m*; *Sport:* Sperre *f*; *mot. etc.* Aufhängung *f*; **~ bridge** Hängebrücke *f*; **~ rail·way** *bsd. Brt.* Schwebebahn *f*

sus·pi·cion [sə'spɪʃn] Verdacht *m*; Argwohn *m*, Misstrauen *n*; *fig.* Hauch *m*, Spur *f*; **~·cious** verdächtig; argwöhnisch, misstrauisch

sus·tain [sə'steɪn] *j-n* stärken; *Interesse etc.* aufrechterhalten; *Schaden, Verlust* erleiden; *jur.* e-m *Einspruch etc.* stattgeben

SW *nur geschr. Abk. für:* **southwest** SW, Südwest(en *m*); **southwest(ern)** sw, südwestlich

swab *med.* [swɒb] **1.** Tupfer *m*; Abstrich *m*; **2.** (**-bb-**) *Wunde* abtupfen

swad·dle ['swɒdl] *Baby* wickeln

swag·ger ['swægə] stolzieren

swal·low[1] ['swɒləu] **1.** (hinunter-)schlucken (*a. fig.*); *Beleidigung* einstecken, schlucken; F für bare Münze nehmen; **2.** Schluck *m*

swal·low[2] *zo.* ['swɒləu] Schwalbe *f*

swam [swæm] *pret. von* **swim** 1

swamp [swɒmp] **1.** Sumpf *m*; **2.** überschwemmen; **be ~ed with** *fig.* überschwemmt werden mit; '**~·y** (**-ier, -iest**) sumpfig

swan *zo.* [swɒn] Schwan *m*

swank F [swæŋk] **1.** angeben; **2.** Angabe *f*, Angeber(in); '**~·y** (**-ier, -iest**) F schick, piekfein; angeberisch

swap F [swɒp] **1.** (**-pp-**) (ein)tauschen; **2.** Tausch *m*

swarm [swɔ:m] **1.** Schwarm *m* (*Bienen, Touristen etc.*); **2.** schwärmen (*Bienen*), (*Menschen a.*) strömen; wimmeln (**with** von)

swarthy

swar·thy ['swɔːðɪ] (*-ier, -iest*) dunkel (*Haut*), dunkelhäutig (*Person*)
swat [swɒt] (*-tt-*) *Fliege etc.* totschlagen
sway [sweɪ] **1.** *v/i.* sich wiegen, schaukeln; **~ between** *fig.* schwanken zwischen (*dat.*); *v/t.* hin- u. herbewegen, schwenken, *s-n* Körper wiegen; beeinflussen; **2.** Schwanken *n*, Schaukeln *n*
swear [sweə] (*swore, sworn*) fluchen; schwören; **~ at s.o.** j-n wüst beschimpfen; **~ by** *fig.* F schwören auf (*acc.*); **~ s.o. in** j-n vereidigen
sweat [swet] **1.** (*sweated, Am. a. sweat*) *v/i.* schwitzen (**with** *mit dat.*); *v/t.* **~ out** *Krankheit* ausschwitzen; **~ blood** F sich abrackern (**over** mit); **2.** Schweiß *m*; F Schufterei *f*; **get in(to) a ~** *fig.* F ins Schwitzen geraten *od.* kommen; **'~·er** Pullover *m*; **'~·shirt** Sweatshirt *n*; **'~·y** (*-ier, -iest*) schweißig, verschwitzt; nach Schweiß riechend, Schweiß...; schweißtreibend
Swede [swiːd] Schwed|e *m*, -in *f*; **Swe·den** ['swiːdn] Schweden *n*; **Swe·dish** ['swiːdɪʃ] **1.** schwedisch; **2.** *ling.* Schwedisch *n*
sweep [swiːp] **1.** (*swept*) *v/t.* kehren, fegen; fegen über (*acc.*) (*Sturm etc.*); *Horizont etc.* absuchen (**for** nach); *Land etc.* überschwemmen; **~ along** mitreißen; *v/i.* kehren, fegen; rauschen (*Person*); **2.** Kehren *n*, Fegen *n*; Hieb *m*, Schlag *m*; F Schornsteinfeger(in), Kaminkehrer(in); **give the floor a good ~** den Boden gründlich kehren *od.* fegen; **make a clean ~** gründlich aufräumen; *Sport:* gründlich abräumen; **'~·er** (*Straßen*)Kehrer(in); Kehrmaschine *f*; *Fußball:* Libero *m*; **'~·ing** durchgreifend (*Änderung etc.*); pauschal, zu allgemein; **'~·ings** *pl.* Kehricht *m*
sweet [swiːt] **1.** süß (*a. fig.*); lieblich; lieb; **~ nothings** *pl.* Zärtlichkeiten *pl.*; **have a ~ tooth** gern naschen; **2.** *Brt.* Süßigkeit *f*, Bonbon *m, n*; *Brt.* Nachtisch *m*; **'~ corn** *bsd. Brt. bot.* Zuckermais *m*; **'~·en** süßen; **'~·heart** Schatz *m*, Liebste(r *m*) *f*; **~ pea** *bot.* Gartenwicke *f*; **'~ shop** *bsd. Brt.* Süßwarengeschäft *n*
swell [swel] **1.** (*swelled, swollen* od. *swelled*) *v/i. a.* **~ up** *med.* (an)schwellen; *a.* **~ out** sich blähen (*Segel*); *v/t. fig.*

300

Zahl etc. anwachsen lassen; *a.* **~ out** *Segel* blähen; **2.** *naut.* Dünung *f*; **3.** *Am.* F klasse; **'~·ing** *med.* Schwellung *f*
swel·ter ['sweltə] vor Hitze fast umkommen
swept [swept] *pret. u. p.p. von sweep 1*
swerve [swɜːv] **1.** schwenken (**to the left** nach links), e-n Schwenk machen; *fig.* abweichen (**from** von); **2.** Schwenk(ung *f*) *m, mot. etc. a.* Schlenker *m*
swift [swɪft] schnell
swim [swɪm] **1.** (*-mm-; swam, swum*) *v/i.* schwimmen; *fig.* verschwimmen; **my head was ~ming** mir drehte sich alles; *v/t. Strecke* schwimmen; *Fluss etc.* durchschwimmen; **2.** Schwimmen *n*; **go for a ~** schwimmen gehen; **'~·mer** Schwimmer(in)
'swim·ming Schwimmen *n*; **~ bath(s** *pl.*) *Brt.* Schwimm-, *bsd.* Hallenbad *n*; **'~ cap** Badekappe *f*, -mütze *f*; **~ cos·tume** Badeanzug *m*; **~ pool** Swimmingpool *m*, Schwimmbecken *n*; **~ trunks** *pl.* Badehose *f*
'swim·suit Badeanzug *m*
swin·dle ['swɪndl] **1.** j-n beschwindeln (**out of** um); △ *nicht* **schwindeln** (*lügen*); **2.** Schwindel *m*
swine [swaɪn] (*pl. zo.* **swine**, *sl. contp. a.* **swines**) Schwein *n*
swing [swɪŋ] **1.** (*swung*) *v/i.* (hin- u. her)schwingen; sich schwingen; einbiegen, -schwenken (**into** in *acc.*); *mus.* schwungvoll spielen (*Band etc.*); Schwung haben (*Musik*); **~ round** sich ruckartig umdrehen; **~ shut** zuschlagen (*Tor etc.*); *v/t. et.*, *die Arme etc.* schwingen; **2.** Schwingen *n*; Schaukel *f*; Schwung *m*; *fig.* Umschwung *m*; **in full ~** in vollem Gang; **~ 'door** Pendeltür *f*
swin·ish ['swaɪnɪʃ] ekelhaft
swipe [swaɪp] **1.** Schlag *m*; **2.** schlagen (**at** nach)
swirl [swɜːl] **1.** wirbeln; **2.** Wirbel *m*
swish¹ [swɪʃ] **1.** *v/i.* sausen, zischen; rascheln (*Seide etc.*); *v/t.* mit *dem Schwanz* schlagen; **2.** Sausen *n*, Zischen *n*; Rascheln *n*; Schlagen *n* (*mit dem Schwanz*)
swish² F [swɪʃ] feudal, schick
Swiss [swɪs] **1.** schweizerisch, eidgenössisch, Schweizer...; **2.** Schweizer(in); **the ~** *pl.* die Schweizer *pl.*
switch [swɪtʃ] **1.** *electr., tech.* Schalter

m; *Am. rail.* Weiche *f*; Gerte *f*, Rute *f*; *fig.* Umstellung *f*; **2.** *electr., tech.* (um)schalten (*a.* ~ **over**) (**to** auf *acc.*); *Am. rail.* rangieren; wechseln (**to** zu); ~ **off** ab-, ausschalten; ~ **on** an-, einschalten; '~**board** *electr.* Schalttafel *f*; (Telefon)Zentrale *f*

Swit·zer·land ['swɪtsələnd] die Schweiz
swiv·el ['swɪvl] (*bsd. Brt.* **-ll-,** *Am.* **-l-**) (sich) drehen; '~ **chair** Drehstuhl *m*
swol·len ['swəʊlən] *p.p.* von **swell** 1
swoon [swuːn] in Ohnmacht fallen
swoop [swuːp] **1.** *fig.* F zuschlagen (*Polizei etc.*); *a.* ~ **down** herabstoßen (**on** auf *acc.*) (*Raubvogel*); ~ **on** F herfallen über (*acc.*); **2.** Razzia *f*
swop F [swɒp] → **swap**
sword [sɔːd] Schwert *n*
swore [swɔː] *pret.* von **swear**
sworn [swɔːn] *p.p.* von **swear**
swum [swʌm] *p.p.* von **swim** 1
swung [swʌŋ] *pret. u. p.p.* von **swing** 1
syc·a·more *bot.* ['sɪkəmɔː] Bergahorn *m*; *Am.* Platane *f*
syl·la·ble ['sɪləbl] Silbe *f*
syl·la·bus *ped., univ.* ['sɪləbəs] (*pl.* **-buses, -bi** [-baɪ]) Lehrplan *m*
sym·bol ['sɪmbl] Symbol *n*; ~**ic** [sɪm'bɒlɪk] (~*ally*) symbolisch; ~**is·m** ['sɪmbəlɪzəm] Symbolik *f*; ~**ize** ['sɪmbəlaɪz] symbolisieren
sym·met·ri·cal [sɪ'metrɪkl] symmetrisch; ~**me·try** ['sɪmɪtrɪ] Symmetrie *f*
sym·pa·thet·ic [sɪmpə'θetɪk] (~*ally*) mitfühlend; verständnisvoll; wohlwollend; △ *nicht* **sympathisch**; ~**thize** ['sɪmpəθaɪz] mitfühlen; sympathisieren; ~**thy** ['sɪmpəθɪ] Mitgefühl *n*; Verständnis *n*; △ *nicht* **Sympathie**
sym·pho·ny ['sɪmfənɪ] Sinfonie *f*
symp·tom ['sɪmptəm] Symptom *n*
syn·chro·nize ['sɪŋkrənaɪz] *v/t.* aufeinander abstimmen; *Uhren, Film* synchronisieren; *v/i.* synchron gehen (*Uhren*) *od.* sein (*Film*)
syn·o·nym ['sɪnənɪm] Synonym *n*; **sy·non·y·mous** [sɪ'nɒnɪməs] synonym; gleichbedeutend
syn·tax *gr.* ['sɪntæks] Syntax *f*, Satzlehre *f*
syn·the·sis ['sɪnθəsɪs] (*pl.* **-ses** [-siːz]) Synthese *f*
syn·thet·ic *chem.* [sɪn'θetɪk] (~*ally*) synthetisch; ~ **'fi·bre** (*Am.* **fi·ber**) Kunstfaser *f*
Syr·i·a ['sɪrɪə] Syrien *n*
sy·ringe ['sɪrɪndʒ] Spritze *f*
syr·up ['sɪrəp] Sirup *m*
sys·tem ['sɪstəm] System *n*; (*Straßen-etc.*)Netz *n*; Organismus *m*
sys·te·mat·ic [sɪstə'mætɪk] (~*ally*) systematisch
'sys·tem er·ror *Computer:* Systemfehler *m*

T

T, t [tiː] T, t *n*
t *nur geschr. Abk. für* **ton(s)** Tonne(n *pl.*) *f* (*Brt.* 1016 kg, *Am.* 907,18 kg)
ta *Brt. int.* F [tɑː] danke
tab [tæb] Aufhänger *m*, Schlaufe *f*, Lasche *f*; Etikett *n*, Schildchen *n*; Reiter *m* (*Karteikartenzeichen*); F Rechnung *f*
ta·ble ['teɪbl] **1.** Tisch *m*; Tisch *m*, (Tisch)Runde *f*; Tabelle *f*, Verzeichnis *n*; *math.* Einmaleins *n*; **at** ~ bei Tisch; **at the** ~ am Tisch; **turn the** ~**s** (**on** *s.o.*) *fig.* den Spieß umdrehen; **2.** *fig.* auf den Tisch legen; *bsd. Am. fig.* zurückstellen; '~**cloth** Tischdecke *f*, -tuch *n*; '~**land** Tafelland *n*, Plateau *n*, Hochebene *f*; '~ **lin·en** Tischwäsche *f*; '~ **mat** Untersetzer *m* (*für heiße Gefäße*); '~**spoon** Eßlöffel *m*
tab·let ['tæblɪt] Tablette *f*; Stück *n* (*Seife*); (*Stein- etc.*)Tafel *f*; △ *nicht* **Tablett**
'ta·ble| ten·nis *Sport:* Tischtennis *n*; '~**top** Tischplatte *f*; '~**ware** Geschirr *n* u. Besteck *n*
tab·loid ['tæblɔɪd] Boulevardblatt *n*, -zeitung *f*; '~ **press** Boulevardpresse *f*

ta·boo [tə'buː] 1. tabu; 2. (*pl.* **-boos**) Tabu *n*
tab·u·lar ['tæbjʊlə] tabellarisch; **~late** ['tæbjʊleɪt] tabellarisch (an)ordnen; '**~la·tor** Tabulator *m*
tach·o·graph *mot.* ['tækəʊgrɑːf] Fahrt(en)schreiber *m*
ta·chom·e·ter *mot.* [tæ'kɒmɪtə] Drehzahlmesser *m*
tac·it ['tæsɪt] stillschweigend; **tac·i·turn** ['tæsɪtɜːn] schweigsam, wortkarg
tack [tæk] 1. Stift *m*, (Reiß)Zwecke *f*; Heftstich *m*; 2. heften (**to** *an acc.*); **~ on** anfügen (**to** *dat.*)
tack·le ['tækl] 1. *Problem etc.* angehen; *Fußball etc.*: ballführenden Gegner angreifen; *j-n* zur Rede stellen (**about** *wegen*); 2. *tech.* Flaschenzug *m*; (Angel)Gerät(e *pl.*) *n*; *Fußball etc.*: Angriff *m* (*auf e-n ballführenden Gegner*)
tack·y ['tækɪ] (**-ier, -iest**) klebrig; *bsd. Am.* F schäbig
tact [tækt] Takt *m*, Feingefühl *n*; '**~ful** taktvoll
tac·tics ['tæktɪks] *pl. u. sg.* Taktik *f*
'**tact·less** taktlos
tad·pole *zo.* ['tædpəʊl] Kaulquappe *f*
taf·fe·ta ['tæfɪtə] Taft *m*
taf·fy *Am.* ['tæfɪ] = **toffee**
tag [tæg] 1. Etikett *n*; (Namens-, Preis)Schild *n*; (Schnürsenkel)Stift *m*; stehende Redensart *f*; *a.* **question** *~ gr.* Frageanhängsel *n*; 2. (**-gg-**) etikettieren; *Waren* auszeichnen; anhängen; **~ along** F mitgehen, -kommen; **~ along behind s.o.** hinter j-m hertrotten
tail [teɪl] 1. Schwanz *m*; Schweif *m*; hinterer Teil; F Schatten *m*, Beschatter(in) *f*; **put a ~ on** j-n beschatten lassen; **turn ~** *fig.* sich auf dem Absatz umdrehen; **with one's ~ between one's legs** *fig.* mit eingezogenem Schwanz; **~s** *pl.* Rück-, Kehrseite *f* (*e-r Münze*); Frack *m*; 2. F j-n beschatten; **~ back** *bsd. Brt. mot.* sich stauen (**to** *bis zu*); **~ off** schwächer werden, abnehmen, nachlassen; '**~back** *bsd. Brt. mot.* Rückstau *m*; **~coat** Frack *m*; '**~end** Ende *n*, Schluss *m*; '**~light** *mot.* Rücklicht *n*
tai·lor ['teɪlə] 1. Schneider *m*; 2. schneidern; **~made** Maß...; maßgeschneidert (*a. fig.*)
'**tail| pipe** *Am. tech.* Auspuffrohr *n*; '**~wind** Rückenwind *m*

taint·ed ['teɪntɪd] verdorben (*Fleisch etc.*); *fig.* befleckt, belastet
take [teɪk] 1. (**took, taken**) *v/t.* nehmen; (weg)nehmen; mitnehmen; bringen; *mil. Stadt etc.* einnehmen; *Schach etc.*: *Figur, Stein* schlagen; *Gefangene* machen; *Prüfung etc.* machen; *univ. Fachgebiet* studieren; *Preis etc.* erringen; *Scheck etc.* (an)nehmen; *Rat* annehmen; *Medizin etc.* einnehmen; *et.* hinnehmen; fassen; Platz bieten für; *et.* aushalten, ertragen; *phot. et.* aufnehmen, *Aufnahme* machen; *Temperatur* messen; *Notiz* machen, niederschreiben; *ein Bad* nehmen; *Zug, Bus, Weg etc.* nehmen; *Gelegenheit, Maßnahmen* ergreifen; *Mut* fassen; *Anstoß* nehmen; *Zeit, Geduld etc.* erfordern, brauchen; *Zeit* dauern; **it took her four hours** sie brauchte vier Stunden; **I ~ it that** ich nehme an, dass; **~ it or leave it** F mach, was du willst; **~n all in all** im Großen (u.) Ganzen; **be ~n besetzt sein** (*Platz*); **be ~n by od. with** angetan sein von; **be ~n ill** *od.* **sick** erkranken, krank werden; **~ to bits** *od.* **pieces** auseinander nehmen, zerlegen; **~ the blame** die Schuld auf sich nehmen; **~ care** vorsichtig sein, aufpassen; **~ care!** F mach's gut!; **~ care 1**; **~ hold of** ergreifen; **~ part** teilnehmen (**in** *an dat.*); → **part** 1; **~ pity on** Mitleid haben mit; **~ a walk** e-n Spaziergang machen; **~ my word for it** verlass dich drauf; → **advice, bath** 1, **break** 1, **lead**¹ 2, **message, oath, place** 1, **prisoner, risk** 1, **seat** 1, **step** 1, **trouble** 1, **turn** 2, *etc.*; *v/i. med.* wirken, anschlagen; **~ after** j-m nachschlagen, ähneln; **~ along** mitnehmen; **~ apart** auseinander nehmen (*a. fig.* F), zerlegen; **~ away** wegnehmen (**from** *s.o.* j-m); **... to ~ away** *Brt.* ... zum Mitnehmen (*Essen*); **~ back** zurückbringen; zurücknehmen; bei j-m Erinnerungen wachrufen; j-n zurückversetzen (**to** *in acc.*); **~ down** herunter-, abnehmen; *Hose* herunterlassen; auseinander nehmen, zerlegen; (sich) *et.* aufschreiben *od.* notieren; sich *Notizen* machen; **~ for:** **what do you ~ me for?** wofür hältst du mich eigentlich?; **~ from** j-m *et.* wegnehmen; *math.* abziehen; **~ in** j-n (bei sich) aufnehmen; *fig. et.* einschließen; *Kleidungsstück* en-

tap

ger machen; *et.* begreifen; *j-n* hereinlegen; *be ~in by* hereinfallen auf (*acc.*); *~ off Kleidungsstück* ablegen, ausziehen, *Hut etc.* abnehmen; *et.* ab-, wegnehmen, abziehen; *aviat., Raumfahrt*: abheben; *Sport*: abspringen; F sich aufmachen; *~ a day off* sich e-n Tag frei nehmen; *~ on j-n* einstellen; *Arbeit etc.* an-, übernehmen; *Farbe, Ausdruck etc.* annehmen; sich anlegen mit; *~ out* herausnehmen, *Zahn* ziehen; *j-n* ausführen, ausgehen mit; *Versicherung* abschließen; *s-n Frust etc.* auslassen (*on* an *dat.*); *~ over Amt, Macht, Verantwortung etc.* übernehmen; die Macht übernehmen; *~ to* Gefallen finden an (*dat.*); *~ to doing s.th.* anfangen, et. zu tun; *~ up Vorschlag etc.* aufgreifen; *Zeit etc.* in Anspruch nehmen, *Platz* einnehmen; *Erzählung etc.* aufnehmen; *~ up doing s.th.* anfangen, sich mit et. zu beschäftigen; *~ up with* sich einlassen mit; **2.** *Film, TV*: Einstellung f; F Einnahmen pl.

'take·a·way *Brt.* **1.** Essen n zum Mitnehmen; **2.** Restaurant n mit Straßenverkauf

tak·en ['teɪkən] *p.p. von* take 1

'take-off *aviat., Raumfahrt*: Abheben n, Start m; *Sport*: Absprung m

tak·ings ['teɪkɪŋz] *pl.* Einnahmen pl.

tale [teɪl] Erzählung f; Geschichte f; Lüge(ngeschichte) f, Märchen n; *tell ~s* petzen

tal·ent ['tælənt] Talent n (*a. Person*), Begabung f; *'~ed* talentiert, begabt

tal·is·man ['tælɪzmən] Talisman m

talk [tɔːk] **1.** *v/i.* reden, sprechen, sich unterhalten (*to, with* mit; *about* über *acc.*; *of* von); *~ about s.th.* a. et. besprechen; *s.o. to ~ to* Ansprechpartner(in); *v/t.* Unsinn etc. reden; reden od. sprechen od. sich unterhalten über (*acc.*); *~ s.o. into s.th.* j-n zu et. überreden; *~ s.o. out of s.th.* j-m et. ausreden; *~ s.th. over Problem etc.* besprechen (*with* mit); *~ round j-n* herumkriegen (*to* zu); **2.** Gespräch n, Unterhaltung f (*with* mit; *about* über *acc.*); Vortrag m; Sprache f (*Art zu reden*); Gerede n, Geschwätz n; *give a ~* e-n Vortrag halten (*to* vor *dat.*; *about, on* über *acc.*); *be the ~ of the town* Stadtgespräch sein; *baby ~* Babysprache f, kindliches Gebabbel; → *small talk*

talk·a·tive ['tɔːkətɪv] gesprächig, geschwätzig, redselig; *'~er: be a good ~* gut reden können; *'~ing-to* F (pl. *-tos*) F Standpauke f; *give s.o. a ~* j-m e-e Standpauke halten; *'~ show bsd. Am. TV* Talkshow f; *~show 'host bsd. Am. TV* Talkmaster m

tall [tɔːl] groß (*Person*), hoch (*Gebäude etc.*)

tal·low ['tæləʊ] Talg m

tal·ly[1] ['tælɪ] *Sport etc.*: Stand m; *keep a ~ of* Buch führen über (*acc.*)

tal·ly[2] ['tælɪ] übereinstimmen (*with* mit); *a. ~ up* zusammenrechnen, -zählen

tal·on ['tælən] Kralle f, Klaue f

tame [teɪm] (*~r, ~st*) *zo.* zahm; fad(e), lahm; *Tier* zähmen (*a. fig.*)

tam·per ['tæmpə]: *~ with* sich zu schaffen machen an (*dat.*)

tam·pon ['tæmpən] *med.* Tampon m

tan [tæn] **1.** (-*nn*-) *Fell* gerben; bräunen; braun werden; **2.** Gelbbraun n; Bräune f; **3.** gelbbraun

tang [tæŋ] (scharfer) Geruch *od.* Geschmack

tan·gent ['tændʒənt] *math.* Tangente f; *fly od. go off at a ~* plötzlich (vom Thema) abschweifen

tan·ge·rine *bot.* [tændʒə'riːn] Mandarine f

tan·gi·ble ['tændʒəbl] greifbar, *fig. a.* handfest, klar

tan·gle ['tæŋgl] **1.** (sich) verwirren *od.* verheddern, durcheinander bringen; durcheinander kommen; **2.** Gewirr n, *fig. a.* Wirrwarr m, Durcheinander n

tank [tæŋk] *mot. etc.* Tank m; *mil.* Panzer m

tank·ard ['tæŋkəd] (Bier)Humpen m

tank·er ['tæŋkə] *naut.* Tanker m, Tankschiff n; *aviat.* Tankflugzeug n; *mot.* Tankwagen m

tan|·ner ['tænə] Gerber m; *~·ne·ry* ['tænərɪ] Gerberei f

tan·ta·lize ['tæntəlaɪz] *j-n* aufreizen; *'~·liz·ing* verlockend

tan·ta·mount ['tæntəmaʊnt]: *be ~ to* gleichbedeutend sein mit, hinauslaufen auf (*acc.*)

tan·trum ['tæntrəm] Wutanfall m

tap[1] [tæp] **1.** *tech.* Hahn m; *beer on ~* Bier n vom Fass; **2.** (-*pp*-) *Naturschätze etc.* erschließen; *Vorräte etc.* angreifen;

tap

Telefon(leitung) anzapfen, abhören; *Fass* anzapfen, anstechen

tap² [tæp] **1.** (**-pp-**) mit *den Fingern, Füßen* klopfen, mit *den Fingern* trommeln (*on* auf *acc.*); antippen; ~ *s.o. on the shoulder* j-m auf die Schulter klopfen; ~ *on* (leicht) klopfen an (*acc.*) *od.* auf *acc. od.* gegen; **2.** (leichtes) Klopfen, Klaps *m*; '~ **dance** Stepptanz *m*

tape [teɪp] **1.** (schmales) Band; Kleb(e)streifen *m*; (Magnet-, Video-, Ton)Band *n*; (Video- *etc.*)Kassette *f*; (Band)Aufnahme *f*; *TV* Aufzeichnung *f*; *Sport:* Zielband *n*; → *red tape*; **2.** (auf Band) aufnehmen; *TV* aufzeichnen; *a.* ~ *up* (mit Klebeband) zukleben; '~ **deck** Tapedeck *n*; '~ **meas·ure** Bandmaß *n*, Maß-, Messband *n*

ta·per ['teɪpə] *a.* ~ *off* spitz zulaufen, sich verjüngen; *fig.* langsam nachlassen

'**tape**| **re·cord·er** Tonbandgerät *n*; '~ **re·cord·ing** Tonbandaufnahme *f*

ta·pes·try ['tæpɪstrɪ] Gobelin *m*, Wandteppich *m*

'**tape·worm** *zo.* Bandwurm *m*

taps [tæps] *pl.* Zapfenstreich *m*

'**tap wa·ter** Leitungswasser *n*

tar [tɑː] **1.** Teer *m*; **2.** (**-rr-**) teeren

tare *econ.* [teə] Tara *f*

tar·get ['tɑːgɪt] (Schieß-, Ziel)Scheibe *f*; *mil.* Ziel *n*; *fig.* Ziel *n*, *econ. a.* Soll *n*; *fig.* Zielscheibe *f* (*des Spottes etc.*); '~ **ar·e·a** *mil.* Zielbereich *m*; '~ **group** *Werbung:* Zielgruppe *f*; '~ **lan·guage** Zielsprache *f*; '~ **prac·tice** Scheiben-, Übungsschießen *n*

tar·iff ['tærɪf] Zoll(tarif) *m*; *bsd. Brt.* Preisverzeichnis *n* (*in Hotel etc.*)

tar·mac ['tɑːmæk] Asphalt *m*; *aviat.* Rollfeld *n*, -bahn *f*

tar·nish ['tɑːnɪʃ] anlaufen (*Metall*); *Ansehen etc.* beflecken

tart¹ [tɑːt] *bsd. Brt.* Obstkuchen *m*; Obsttörtchen *n*; *F* Flittchen *n*, Nutte *f*

tart² [tɑːt] herb, sauer; scharf (*a. fig.*)

tar·tan [ˈtɑːtn] Tartan *m*: Schottenstoff *m*; Schottenmuster *n*

tar·tar [ˈtɑːtə] Zahnstein *m*; *chem.* Weinstein *m*

task [tɑːsk] Aufgabe *f*; *take s.o. to* ~ *fig.* j-n zurechtweisen (*for* wegen); '~ **force** *mil.*, *Polizei:* Sonder-, Spezialeinheit *f*

tas·sel ['tæsl] Troddel *f*, Quaste *f*

taste [teɪst] **1.** Geschmack(ssinn) *m*; Geschmack *m* (*a. fig.*); Kostprobe *f*; Vorliebe *f* (*for* für); **2.** *v/t.* kosten, probieren; schmecken; *v/i.* schmecken (*of* nach); '~**ful** *fig.* geschmackvoll; '~**less** geschmacklos (*a. fig.*)

tast·y ['teɪstɪ] (**-ier, -iest**) schmackhaft

ta-ta *int. Brt. F* [tæˈtɑː] tschüs(s)!

tat·tered ['tætəd] zerlumpt

tat·tle ['tætl] klatschen, tratschen

tat·too¹ [təˈtuː] **1.** (*pl.* **-toos**) Tätowierung *f*; **2.** (ein)tätowieren

tat·too² *mil.* [təˈtuː] (*pl.* **-toos**) Zapfenstreich *m*; (abendliche) Musikparade *f*

taught [tɔːt] *pret. u. pp. von* **teach**

taunt [tɔːnt] **1.** verhöhnen, -spotten; **2.** Stichelei *f*, höhnische *od.* spöttische Bemerkung

Tau·rus *astr.* ['tɔːrəs] Stier *m*; *he/she is* (*a*) ~ er/sie ist (ein) Stier

taut [tɔːt] straff; tätowieren

taw·dry ['tɔːdrɪ] (**-ier, -iest**) (billig u.) geschmacklos

taw·ny ['tɔːnɪ] (**-ier, -iest**) gelbbraun

tax [tæks] **1.** Steuer *f* (*on* auf *acc.*); **2.** besteuern; *j-s Geduld etc.* strapazieren; ~**·a·tion** [tækˈseɪʃn] Besteuerung *f*

tax·i ['tæksɪ] **1.** Taxi *n*, Taxe *f*; **2.** *aviat.* rollen; '~ **driv·er** Taxifahrer(in); '~ **rank**, '~ **stand** Taxistand *m*

'**tax**|**·pay·er** Steuerzahler(in); '~ **re·turn** Steuererklärung *f*

T-bar ['tiːbɑː] Bügel *m*; *a.* ~ *lift* Schlepplift *m*

tea [tiː] Tee *m*; *have a cup of* ~ e-n Tee trinken; *make some* ~ e-n Tee machen *od.* kochen; → *high tea*; '~**bag** Tee-, Aufgussbeutel *m*

teach [tiːtʃ] (**taught**) lehren, unterrichten (*in dat.*); j-m *et.* beibringen; unterrichten (*at* an e-r *Schule*); '~**er** Lehrer(in)

'**tea**| **co·sy** Teewärmer *m*; '~**cup** Teetasse *f*; *a storm in a* ~ *fig.* ein Sturm im Wasserglas

team [tiːm] *Sport:* Mannschaft *f*, Team *n*, *Fußball a.* Elf *f*; Team *n*, Arbeitsgruppe *f*; ~**ster** *Am.* ['tiːmstə] LKW-Fahrer *m*; '~**work** Zusammenarbeit *f*, Teamwork *n*; Zusammenspiel *n*

'**tea·pot** Teekanne *f*

tear¹ [tɪə] Träne *f*; *in* ~**s** weinend, in Tränen (aufgelöst)

tear² [teə] **1.** (**tore, torn**) *v/t.* zerreißen; sich *et.* zerreißen (*on* an *dat.*); weg-, losreißen (**from** von); v/i. (zer)reißen; F rasen, sausen; **~ down** Plakat etc. herunterreißen; Haus etc. abreißen; **~ off** abreißen; sich Kleidung vom Leib reißen; **~ out** (her)ausreißen; **~ up** aufreißen; zerreißen; **2.** Riss m

'**tear·drop** Träne f; '**~·ful** weinend; tränenreich (Abschied etc.)

'**tea·room** Teestube f

tease [tiːz] necken, hänseln; ärgern

'**tea·spoon** Teelöffel m

teat [tiːt] zo. Zitze f; Brt. (Gummi)Sauger m (e-r Saugflasche)

tech·ni·cal ['teknɪkl] technisch; fachlich, Fach...; **~·i·ty** [teknɪ'kælətɪ] technische Einzelheit; reine Formsache

tech·ni·cian [tek'nɪʃn] Techniker(in)

tech·nique [tek'niːk] Technik f, Verfahren n; △ nicht **Technik** (Technologie)

tech·nol·o·gy [tek'nɒlədʒɪ] Technologie f; Technik f

ted·dy bear ['tedɪ -] Teddybär m

te·di·ous ['tiːdjəs] langweilig, ermüdend

teem [tiːm]: **~ with** wimmeln von, strotzen von od. vor (dat.)

teen|-age(d) ['tiːneɪdʒ(d)] im Teenageralter; für Teenager; '**~·ag·er** Teenager m

teens [tiːnz] pl.: **be in one's ~** im Teenageralter sein

tee·ny F ['tiːnɪ], **~·wee·ny** F [tiːnɪ'wiːnɪ] (**-ier, -iest**) klitzeklein, winzig

tee shirt ['tiːʃɜːt] → **T-shirt**

teeth [tiːθ] pl. von **tooth**

teethe [tiːð] zahnen

tee·to·tal·(l)er [tiː'təʊtlə] Abstinenzler(in)

tel·e·cast ['telɪkɑːst] Fernsehsendung f

tel·e·com·mu·ni·ca·tions [telɪkəmjuːnɪ'keɪʃnz] pl. Telekommunikation f, Fernmeldewesen n

tel·e·gram ['telɪɡræm] Telegramm n

tel·e·graph ['telɪɡrɑːf] **1. by ~** telegrafisch; **2.** telegrafieren; **~·ic** [telɪ'ɡræfɪk] (**~ally**) telegrafisch

te·leg·ra·phy [tɪ'leɡrəfɪ] Telegrafie f

tel·e·phone ['telɪfəʊn] (→ a. **phone** 1, 2 u. Zssgn) **1.** Telefon n; **2.** telefonieren, anrufen; '**~ booth** bsd. Am., '**~ box** Brt. Telefon-, Fernsprechzelle f; '**~ call** Telefonanruf n, -gespräch n; '**~ di·rec·to·ry** → **phone book**; '**~ ex·change**
Fernsprechamt n; '**~ num·ber** Telefonnummer f

te·leph·o·nist bsd. Brt. [tɪ'lefənɪst] Telefonist(in)

tel·e·pho·to lens phot. [telɪfəʊtəʊ 'lenz] Teleobjektiv n

tel·e·print·er ['telɪprɪntə] Fernschreiber m

tel·e·scope ['telɪskəʊp] Teleskop n, Fernrohr n

tel·e·text ['telɪtekst] Tele-, Videotext m

tel·e·type·writ·er bsd. Am. [telɪ'taɪpraɪtə] Fernschreiber m

tel·e·vise ['telɪvaɪz] im Fernsehen übertragen od. bringen

tel·e·vi·sion ['telɪvɪʒn] Fernsehen n; Fernseh...; **on ~** im Fernsehen; **watch ~** fernsehen; a. **~ set** Fernsehapparat m, -gerät n

tel·ex ['teleks] **1.** Telex n, Fernschreiben n; **2.** telexen (**to** an), j-m et. per Fernschreiber mitteilen

tell [tel] (**told**) v/t. sagen; erzählen; erkennen (**by** an dat.); Namen etc. nennen; et. anzeigen; j-m sagen, befehlen (**to do** zu tun); **I can't ~ one from the other, I can't ~ them apart** ich kann sie nicht auseinanderhalten; v/i. sich auswirken (**on** bei, auf acc.), sich bemerkbar machen; **who can ~?** wer weiß?; **you can never ~, you never can ~** man kann nie wissen; **~ against** sprechen gegen; von Nachteil sein für; **~ off** F j-m Bescheid stoßen (**for** wegen); **~ on s.o.** j-n verpetzen od. verraten; '**~·er** bsd. Am. Kassierer(in) (e-r Bank); '**~·ing** aufschlussreich; '**~·tale 1.** verräterisch; **2.** F Petze f

tel·ly Brt. F ['telɪ] Fernseher m (Gerät)

te·mer·i·ty [tɪ'merətɪ] Frechheit f, Kühnheit f

tem·per ['tempə] **1.** tech. Härte(grad m) f; Temperament n, Wesen(sart f) n; Laune f, Stimmung f; **keep one's ~** sich beherrschen, ruhig bleiben; **lose one's ~** die Beherrschung verlieren; **2.** tech. Stahl härten

tem·pe·ra·ment ['tempərəmənt] Temperament n, Naturell n, Wesen(sart f) n; **~·ra·men·tal** [tempərə'mentl] launisch; von Natur aus

tem·pe·rate ['tempərət] gemäßigt (Klima, Zone)

tem·pe·ra·ture ['tempr ətʃə] Tempera-

tempest

tur f; *have* od. *be running a* ~ erhöhte Temperatur od. Fieber haben

tem·pest poet. ['tempɪst] (heftiger) Sturm

tem·ple¹ ['templ] Tempel m

tem·ple² anat. ['templ] Schläfe f

tem·po·ral ['tempərəl] weltlich; gr. temporal, der Zeit; **~·ra·ry** ['tempərərɪ] vorübergehend, zeitweilig

tempt [tempt] j-n in Versuchung führen; j-n verführen (**to** zu); **temp·ta·tion** [temp'teɪʃn] Versuchung f, Verführung f; **'~·ing** verführerisch

ten [ten] 1. zehn; 2. Zehn f

ten·a·ble ['tenəbl] haltbar (Argument etc.)

te·na·cious [tɪ'neɪʃəs] hartnäckig, zäh

ten·ant ['tenənt] Pächter(in), Mieter(in)

tend [tend] neigen, tendieren (**to** zu); **~ upwards** e-e steigende Tendenz haben; **ten·den·cy** ['tendənsɪ] Tendenz f; Neigung f

ten·der¹ ['tendə] empfindlich, fig. a. heikel; zart, weich (Fleisch etc.); sanft, zart, zärtlich

ten·der² rail., naut. ['tendə] Tender m

ten·der³ econ. ['tendə] 1. Angebot n; legal ~ gesetzliches Zahlungsmittel; 2. ein Angebot machen (**for** für)

'ten·der·foot (pl. **-foots**, **-feet**) Am. F Neuling m, Anfänger m; **'~·loin** zartes Lendenstück; **'~·ness** Zartheit f; Zärtlichkeit f

ten·don anat. ['tendən] Sehne f

ten·dril bot. ['tendrɪl] Ranke f

ten·e·ment ['tenɪmənt] Miethaus n, contp. Mietskaserne f

ten·nis ['tenɪs] Tennis n; **~ court** Tennisplatz m; **'~ play·er** Tennisspieler(in)

ten·or ['tenə] mus. Tenor m; Verlauf m; Tenor m, Sinn m

tense¹ gr. [tens] Zeit(form) f, Tempus n

tense² [tens] (**~r**, **~st**) gespannt, straff (Seil etc.), (an)gespannt (Muskeln); (über)nervös, verkrampft (Person); fig. (an)gespannt (Lage etc.); **ten·sion** ['tenʃn] Spannung f (a. electr.)

tent [tent] Zelt n

ten·ta·cle zo. ['tentəkl] Tentakel m, n: Fühler m; Fangarm m (e-s Polypen)

ten·ta·tive ['tentətɪv] vorläufig; vorsichtig, zögernd, zaghaft

ten·ter·hooks ['tentəhʊks]: *be on* ~ wie

306

auf (glühenden) Kohlen sitzen

tenth [tenθ] 1. zehnte(r, -s); 2. Zehntel n; **'~·ly** zehntens

ten·u·ous fig. ['tenjʊəs] lose (Verbindung etc.)

ten·ure ['tenjʊə] Besitz(dauer f) m; **~ of office** Amtsdauer f, Dienstzeit f

tep·id ['tepɪd] lau(warm)

term [tɜːm] 1. Zeit(raum m) f, Dauer f; Laufzeit f (e-s Vertrages); bsd. Brt. ped., univ. Trimester n, Am. Semester n; Ausdruck m, Bezeichnung f; **~ of office** Amtsdauer f, -periode f, -zeit f; **~s** pl. Bedingungen pl.; *be on good* (*bad*) **~s** *with* gut (schlecht) auskommen mit; *they are not on speaking* **~s** sie sprechen nicht (mehr) miteinander; *come to* **~s** sich einigen (**with** mit); 2. nennen, bezeichnen als

ter·mi·nal ['tɜːmɪnl] 1. End...; letzte(r, -s); med. unheilbar; med. im Endstadium; **~·ly ill** unheilbar krank; 2. rail. etc. Endstation f; Terminal m, n; → **air terminal**; electr. Pol m (e-r Batterie etc.); Computer: Terminal n, Datenendstation; **~·nate** [tɜːmɪneɪt] v/t. beenden; Vertrag kündigen, lösen; med. Schwangerschaft unterbrechen; v/i. enden; ablaufen (Vertrag); **~·na·tion** [tɜːmɪ'neɪʃn] Beendigung f; Kündigung f, Lösung f; Ende n; Ablauf m

ter·mi·nus ['tɜːmɪnəs] (pl. **-ni** [-naɪ], **-nuses**) rail. etc. Endstation f

ter·race ['terəs] Terrasse f; Häuserreihe f; *mst* **~s** pl. bsd. Brt. Sport: Ränge pl.; **~d 'house** Brt. Reihenhaus n

ter·res·tri·al [tə'restrɪəl] irdisch; Erd...; bsd. zo., bot. Land...

ter·ri·ble ['terəbl] schrecklich

ter·ri·fic F [tə'rɪfɪk] (**~ally**) toll, fantastisch; irre (Geschwindigkeit, Hitze etc.)

ter·ri·fy ['terɪfaɪ] j-m schreckliche Angst einjagen

ter·ri·to·ri·al [terə'tɔːrɪəl] territorial, Gebiets...; **~·ry** ['terətərɪ] Territorium n, (a. Hoheits-, Staats)Gebiet n

ter·ror ['terə] Entsetzen n; Terror m; Schrecken m; **~·is·m** ['terərɪzm] Terrorismus m; **~·ist** ['terərɪst] Terrorist(in); **~·ize** ['terəraɪz] terrorisieren

terse [tɜːs] (**~r**, **~st**) knapp (Antwort)

test [test] 1. Test m, Prüfung f; Probe f; 2. testen, prüfen, probieren; *j-s Geduld etc.* auf e-e harte Probe stellen

tes·ta·ment ['testəmənt] Testament *n*; *last will and* ~ Letzter Wille, Testament *n*

'test| card *TV* Testbild *n*; **'~ drive** *mot.* Probefahrt *f*

tes·ti·cle *anat.* ['testikl] Hoden *m*

tes·ti·fy *jur.* ['testifai] aussagen

tes·ti·mo·ni·al [testɪ'məʊnjəl] Referenz *f*; **~ny** ['testɪmənɪ] *jur.* Aussage *f*; Beweis *m*

'test| pi·lot *aviat.* Testpilot *m*; **'~ tube** *chem.* Reagenzglas *n*; **'~tube ba·by** *med.* Retortenbaby *n*

tes·ty ['testɪ] (*-ier, -iest*) gereizt

tet·a·nus ['tetənəs] Tetanus *m*, Wundstarrkrampf *m*

teth·er ['teðə] **1.** Strick *m*; Kette *f*; *at the end of one's* ~ *fig.* mit s-n Kräften *od.* Nerven am Ende sein; **2.** *Tier* anbinden; anketten

text [tekst] Text *m*; **'~book** Lehrbuch *n*; △ *nicht* **Textbuch** (= *script*)

tex·tile ['tekstaɪl] Stoff *m*; Textil...; **~s** *pl.* Textilien *pl.*

tex·ture ['tekstʃə] Textur *f*, Gewebe *n*; Beschaffenheit *f*; Struktur *f*

than [ðæn, ðən] als; △ *nicht* **dann**

thank [θæŋk] **1.** *j-m* danken, sich bei *j-m* bedanken (*for* für); ~ *you* danke; ~ *you very much* vielen Dank; *no,* ~ *you* nein, danke; (*yes,*) ~ *you* ja, bitte; **2.** ~*s* *pl.* Dank *m*; ~*s* danke (schön); *no,* ~*s* nein, danke; ~*s to* dank (*gen.*), wegen (*gen.*); **'~ful** dankbar; **~less** undankbar

'Thanks·giv·ing (Day) *Am.* Thanksgiving Day *m* (*Erntedankfest*)

that [ðæt, ðət] **1.** *pron. u. adj.* (*pl.* **those** [ðəʊz]) das (*ohne pl.*); jene(r, -s), der, die, das, der-, die-, dasjenige; **2.** *relative pron.* (*pl.* **that**) der, die, das, welche(r, -s); **3.** *cj.* dass; **4.** *adv.* F so, dermaßen *it's* ~ *simple* so einfach ist das

thatch [θætʃ] **1.** mit Stroh *od.* Reet decken; **2.** (Dach)Stroh *n*, Reet *m*; Strohreetdach *n*

thaw [θɔː] **1.** (auf)tauen; **2.** Tauwetter *n*; (Auf)Tauen *n*

the [ðə, *vor Vokalen* ðɪ, *betont* ðiː] **1.** *bestimmter Artikel* der, die, das; **2.** *adv.:* ~ ... ~ je ... desto; ~ *sooner* ~ *better* je eher, desto besser

the·a·tre *Brt.*, **the·a·ter** *Am.* ['θɪətə] Theater *n*; (Hör)Saal *m*; *Brt. med.* Operationssaal *m*; (Kriegs)Schauplatz *m*; **'~go·er** Theaterbesucher(in); **the·at·ri·cal** [θɪ'ætrɪkl] Theater...; *fig.* theatralisch

theft [θeft] Diebstahl *m*

their [ðeə] *pl.* ihr(e); **~s** [ðeəz] der (die, das) ihrige *od.* ihre

them [ðem, ðəm] sie (*acc. pl.*); ihnen (*dat.*)

theme [θiːm] Thema *n*

them·selves [ðəm'selvz] sie (*acc. pl.*) selbst; sich (selbst)

then [ðen] **1.** *adv.* dann; da; damals; *by* ~ bis dahin; *from* ~ *on* von da an; → *every, now* 1, *there*; **2.** *adj.* damalig

the·o·lo·gian [θɪə'ləʊdʒən] Theologe *m*, -in *f*; **the·ol·o·gy** [θɪ'ɒlədʒɪ] Theologie *f*

the·o·ret·i·cal [θɪə'retɪkl] theoretisch; **~ry** ['θɪərɪ] Theorie *f*

ther·a·peu·tic [θerə'pjuːtɪk] (**~ally**) therapeutisch; F wohltuend; gesund; **~pist** ['θerəpɪst] Therapeut(in); **~py** ['θerəpɪ] Therapie *f*

there [ðeə] **1.** da, dort; (da-, dort)hin; ~ *is, pl.* ~ *are* es gibt, es ist, *pl.* es sind; ~ *and then* auf der Stelle; ~ *you are* bitte; da hast du's!, na also!; **2.** *int.* so; da hast du!, na also!; ~ ~ *ist ja gut!;* **~·a·bout(s)** ['ðeərəbaʊt(s)] so ungefähr; **~·af·ter** [ðeər'ɑːftə] danach; **~·by** [ðeə'baɪ] dadurch; **'~·fore** ['ðeəfɔː] deshalb, daher; folglich; **~·up·on** [ðeərə'pɒn] darauf(hin)

ther·mal ['θɜːml] **1.** thermisch, Thermo..., Wärme...; **2.** Thermik *f*

ther·mom·e·ter [θə'mɒmɪtə] Thermometer *n*

ther·mos® ['θɜːmɒs] Thermosflasche® *f*

these [ðiːz] *pl. von* **this**

the·sis ['θiːsɪs] (*pl.* **-ses** [-siːz]) These *f*; *univ.* Dissertation *f*, Doktorarbeit *f*

they [ðeɪ] sie *pl.*; man

thick [θɪk] **1.** *adj.* dick; dick, dicht (*Nebel etc.*); F dumm; F dick befreundet; *be* ~ *with* wimmeln von; ~ *with smoke* verräuchert; *that's a bit* ~*! bsd. Brt.* F das ist ein starkes Stück!; **2.** *adv.* dick, dicht; *lay it on* ~ F dick auftragen; **3.** *in the* ~ *of* mitten in (*dat.*); *through* ~ *and thin* durch dick u. dünn; **'~·en** Soße *etc.* eindicken, binden; dicker werden, (*Nebel etc. a.*) dichter werden; **~·et** ['θɪkɪt] Dickicht *n*; **~·'head·ed** F stroh-

thickness

dumm; '~**ness** Dicke *f*; Lage *f*, Schicht *f*; ~**set** gedrungen, untersetzt; ~**skinned** *fig.* dickfellig

thief [θiːf] (*pl.* **thieves** [θiːvz]) Dieb(in)

thigh *anat.* [θaɪ] (Ober)Schenkel *m*

thim·ble ['θɪmbl] Fingerhut *m*

thin [θɪn] 1. *adj.* (**-nn-**) dünn; dürr; spärlich; dürftig; schwach (*Rede etc.*), (*Ausrede etc. a.*) fadenscheinig; 2. *adv.* dünn; 3. (**-nn-**) verdünnen; dünner werden; *H., Haar a.*) sich lichten

thing [θɪŋ] Ding *n*; Sache *f*; *I couldn't see a* ~ ich konnte überhaupt nichts sehen; *another* ~ et. anderes; *the right* ~ das Richtige; ~*s pl.* Sachen *pl.*, Zeug *n*; Dinge *pl.*, Lage *f*, Umstände *pl.*

thing·a·ma·jig F ['θɪŋəmɪdʒɪg] Dings (-bums, -da) *n*

think [θɪŋk] (**thought**) *v/i.* denken (*of an acc.*); nachdenken (**about** über *acc.*); *I* ~ *so* ich glaube *od.* denke schon; *I'll* ~ *about it* ich überlege es mir; ~ *of* sich erinnern an (*acc.*); ~ *of doing s.th.* beabsichtigen *od.* daran denken, et. zu tun; *what do you* ~ *of ... od. about?* was halten Sie von ...?; *v/t.* denken, glauben, meinen; *j-n, et.* halten für; ~ *over* nachdenken über (*acc.*), sich *et.* überlegen; ~ *up* sich et. ausdenken; ~ *tank* Sachverständigenstab *m*, Denkfabrik *f*

third [θɜːd] 1. dritte(r, -s); 2. Drittel *n*; '~·**ly** drittens; ~'**rate** drittklassig; '**World** Dritte Welt; ~ **world 'shop** Dritte-Welt-Laden *m*

thirst [θɜːst] Durst *m*; '~·**y** (**-ier, -iest**) durstig; *be* ~ Durst haben, durstig sein

thir|**·teen** [θɜː'tiːn] 1. dreizehn; 2. Dreizehn *f*; ~**teenth** [θɜː'tiːnθ] dreizehnte(r, -s); ~**ti·eth** ['θɜːtɪɪθ] dreißigste(r, -s); ~**ty** ['θɜːtɪ] 1. dreißig; 2. Dreißig *f*

this [ðɪs] (*pl.* **these** [ðiːz]) diese(r, -s); ~ *morning* heute Morgen; ~ *is John speaking tel.* hier (spricht) John

this·tle *bot.* ['θɪsl] Distel *f*

thong [θɒŋ] (Leder)Riemen *m*

thorn [θɔːn] Dorn *m*; '~·**y** (**-ier, -iest**) dornig; *fig.* schwierig, heikel

thor·ough ['θʌrə] gründlich, genau; fürchterlich (*Durcheinander, Zeitverschwendung etc.*); '~·**bred** *zo.* Vollblüter *m*; '~·**fare** Hauptverkehrsstraße *f*; *no* ~! Durchfahrt verboten!

those [ðəʊz] *pl. von* **that** 1

though [ðəʊ] 1. *cj.* obwohl; (je)doch; *as*

~ als ob; 2. *adv.* dennoch, trotzdem

thought [θɔːt] 1. *pret. u. p.p. von* **think**; 2. Denken *n*; Gedanke *m* (*of an acc.*); *on second* ~**s** wenn ich es mir überlege; '~·**ful** nachdenklich; rücksichtsvoll, aufmerksam; '~·**less** gedankenlos; rücksichtslos

thou·sand ['θaʊznd] 1. tausend; 2. Tausend *n*; ~**th** ['θaʊznθ] 1. tausendste(r, -s); 2. Tausendstel *n*

thrash [θræʃ] verdreschen, -prügeln; *Sport*: F *j-m* e-e Abfuhr erteilen; ~ *about*, ~ *around* sich *im Bett etc.* hin u. her werfen; um sich schlagen; zappeln (*Fisch*); ~ *out* Problem *etc.* ausdiskutieren; '~·**ing** Dresche *f*, Tracht *f* Prügel

thread [θred] 1. Faden *m* (*a. fig.*); Garn *n*; *tech.* Gewinde *n*; 2. Nadel einfädeln; *Perlen etc.* auffädeln, -reihen; '~·**bare** abgewetzt, abgetragen; *fig.* abgedroschen

threat [θret] Drohung *f*; Bedrohung *f*, Gefahr *f* (*to gen. od. für*); ~·**en** ['θretn] (be)drohen; '~·**en·ing** drohend

three [θriː] 1. drei; 2. Drei *f*; '~·**fold** dreifach; '~·**ply** ~ *ply*² 1; '~·**score** sechzig; '~·**stage** dreistufig

thresh *agr.* [θreʃ] dreschen; '~·**ing ma·chine** Dreschmaschine *f*

thresh·old ['θreʃhəʊld] Schwelle *f*

threw [θruː] *pret. von* **throw** 1

thrift [θrɪft] Sparsamkeit *f*; '~·**y** (**-ier, -iest**) sparsam

thrill [θrɪl] 1. prickelndes Gefühl; Nervenkitzel *m*; aufregendes Erlebnis; 2. *v/t. be* ~**ed** (ganz) hingerissen sein (*at, about* von); '~·**er** Thriller *m*, Reißer *m*; '~·**ing** spannend, fesselnd, packend

thrive [θraɪv] (**thrived** *od.* **throve**, **thrived**) gedeihen; *fig.* blühen, florieren (*Geschäft etc.*)

throat [θrəʊt] Kehle *f*, Gurgel *f*; Rachen *m*; Hals *m*; *clear one's* ~ sich räuspern; → *sore* 1

throb [θrɒb] 1. (**-bb-**) hämmern (*Maschine*), (*Herz etc. a.*) pochen, schlagen; pulsieren (*Schmerz*); 2. Hämmern *n*, Pochen *n*, Schlagen *n*

throm·bo·sis *med.* ['θrɒmˈbəʊsɪs] (*pl.* **-ses** [-siːz]) Thrombose *f*

throne [θrəʊn] Thron *m*

throng [θrɒŋ] 1. Schar *f*, Menschenmenge *f*; 2. sich drängen (*in dat.*)

throt·tle ['θrɒtl] 1. erdrosseln; ~ *down*

tidy

through [θru:] **1.** *prp.* durch; *Am.* bis (einschließlich); *Monday ~ Friday Am.* von Montag bis Freitag; **2.** *adv.* durch; *~ and ~* durch u. durch; *put s.o. ~ to tel.* j-n verbinden mit; *wet ~* völlig durchnässt; **3.** *adj.* durchgehend (*Zug etc.*); Durchgangs...; *'~'out* **1.** *prp.* ~ *the night* die ganze Nacht hindurch; *~ the country* im ganzen Land; **2.** *adv.* ganz, überall; die ganze Zeit (hindurch); *'~*-**traf·fic** Durchgangsverkehr *m*; *'~*-**way** *Am.* → **thruway**

throve [θrəʊv] *pret. von* **thrive**

throw [θrəʊ] **1.** (**threw, thrown**) werfen; *Hebel etc.* betätigen; *Reiter* abwerfen; F *Party* schmeißen, geben; *~ a four* eine Vier würfeln; *~ off Kleidungsstück etc.* abwerfen; *Verfolger* abschütteln; *Krankheit* loswerden; *~ on* sich *ein Kleidungsstück* (hastig) überwerfen; *~ out* hinauswerfen; wegwerfen; *~ up v/t.* hochwerfen; *Job etc.* hinschmeißen; F (er)brechen; *v/i.* F (sich er)brechen; **2.** Wurf *m*; *'~*-**a·way** Wegwerf..., Einweg...; *'~*-**a·way pack** Einwegpackung *f*; *'~*-**in** *Fußball:* Einwurf *m*; **~n** [θrəʊn] *p.p. von* **throw** 1

thru *Am.* [θru:] → **through**

thrum [θrʌm] (-mm-) → **strum**

thrush [θrʌʃ] Drossel *f*

thrust [θrʌst] **1.** (**thrust**) j-n, *et.* stoßen (**into** in *acc.*); *et.* stecken, schieben (**into** in *acc.*); *~ at* stoßen nach; *~ upon s.o.* j-m aufdrängen; **2.** Stoß *m*; *mil.* Vorstoß *m*; *phys.* Schub(kraft *f*) *m*

'thru·way *Am.* Schnellstraße *f*

thud [θʌd] **1.** dumpfes Geräusch, Plumps *m*; **2.** (-dd-) plumpsen

thug [θʌɡ] Verbrecher *m*, Schläger *m*

thumb [θʌm] **1.** *anat.* Daumen *m*; **2.** *a ~ lift od. ride* per Anhalter fahren, trampen (**to** nach); *~ through a book* ein Buch durchblättern; *well-~ed* Buch *etc.*: abgegriffen; *'~*-**tack** *Am.* Reißzwecke *f*, -nagel *m*, Heftzwecke *f*

thump [θʌmp] **1.** *v/t.* j-m e-n Schlag versetzen; *~ out Melodie* herunterhämmern (**on the piano** auf dem Klavier); *v/i.* (heftig) schlagen *od.* hämmern *od.* pochen (*a. Herz*); plumpsen; trampeln; **2.** dumpfes Geräusch, Plumps *m*; Schlag *m*

thun·der [ˈθʌndə] **1.** Donner *m*, Donnern *n*; **2.** donnern; *'~*-**bolt** Blitz *m* u. Donner *m*; *'~*-**clap** Donnerschlag *m*; *'~*-**cloud** Gewitterwolke *f*; *~***ous** [ˈθʌndərəs] donnernd (*Applaus*); *'~*-**storm** Gewitter *n*, Unwetter *n*; *'~*-**struck** wie vom Donner gerührt

Thur(s) *nur geschr. Abk. für* **Thursday** Do., Donnerstag *m*

Thurs·day [ˈθɜːzdɪ] (*Abk.* **Thur, Thurs**) Donnerstag *m*; *on ~* (am) Donnerstag; *on ~s* donnerstags

thus [ðʌs] so, auf diese Weise; folglich, somit; *~ far* bisher

thwart [θwɔːt] durchkreuzen, vereiteln

thyme *bot.* [taɪm] Thymian *m*

thy·roid (**gland**) *anat.* [ˈθaɪrɔɪd (-)] Schilddrüse *f*

tick¹ [tɪk] **1.** Ticken *n*; Haken *m*, Häkchen *n* (*Vermerkzeichen*); **2.** *v/i.* ticken; *v/t. mst ~ off* ab-, anhaken

tick² *zo.* [tɪk] Zecke *f*

tick³ [tɪk]: *on ~ Brt.* F auf Pump

tick·er-tape [ˈtɪkəteɪp] Lochstreifen *m*; *~ pa'rade* Konfettiparade *f*

tick·et [ˈtɪkɪt] **1.** Fahrkarte *f*, -schein *m*; Flugkarte *f*, -schein *f*, Ticket *n*; (*Eintritts-, Theater- etc.*)Karte *f*; (*Gepäck*)Schein *m*; Etikett *n*, (*Preis-etc.*)Schild *n*; *bsd. Am. pol.* Wahl-, Kandidatenliste *f*; (*a. parking ~*) *mot.* Strafzettel *m*; **2.** etikettieren; bestimmen, vorsehen (**for** für); *'~*-**can·cel·(l)ing ma·chine** (Fahrschein)Entwerter *m*; *'~* **col·lec·tor** (Bahnsteig)Schaffner(in); *'~* **ma·chine** Fahrkartenautomat *m*; *'~* **of·fice** *rail.* Fahrkartenschalter *m*

tick·ing [ˈtɪkɪŋ] Inlett *n*; Matratzenbezug *m*

tick·le [ˈtɪkl] kitzeln; *~*-**lish** [ˈtɪklɪʃ] kitz(e)lig, (*fig. a.*) heikel

tid·al [ˈtaɪdl]: *~ wave* Flutwelle *f*

tid·bit *Am.* [ˈtɪdbɪt] → **titbit**

tide [taɪd] **1.** Gezeiten *pl.*; Flut *f*; *fig.* Strömung *f*, Trend *m*; *high ~* Flut *f*; *low ~* Ebbe *f*; **2.** *~ over fig.* j-m hinweghelfen über (*acc.*); j-n über Wasser halten

ti·dy [ˈtaɪdɪ] **1.** (**-ier, -iest**) sauber, ordentlich, aufgeräumt; F ganz schön, beträchtlich (*Summe etc.*); **2.** *a. ~ up* in Ordnung bringen, (*Zimmer a.*) aufräumen; *~ away* weg-, aufräumen

tie [taɪ] **1.** Krawatte *f*, Schlips *m*; Band *n*; Schnur *f*; Stimmengleichheit *f*; *Sport*: Unentschieden *n*; *Sport*: (*Pokal*)Spiel *n*; *Am. rail.* Schwelle *f*; *mst* ~s *pl. fig.* Bande *f*; **2.** *v/t.* (an-, fest-, *fig.* ver)binden; (sich) *Krawatte etc.* binden; **the game was ~d** *Sport*: das Spiel ging unentschieden aus; *v/i.* **they ~d for second place** *Sport etc.*: sie belegten gemeinsam den zweiten Platz; **~ down** *fig.* (an)binden; *j-n* festlegen (**to** auf *acc.*); **~ in with** übereinstimmen mit, passen zu; verbinden *od.* koppeln mit; **~ up** Paket *etc.* verschnüren; *et.* in Verbindung bringen (**with** mit); *Verkehr etc.* lahm legen; **be ~d up** *econ.* fest angelegt sein (**in** in *dat.*); '**~·break**(**·er**) *Tennis*: Tie-Break *m*, *n*; '**~-in** (enge) Verbindung, (enger) Zusammenhang *m*, *econ.* Kopplungsgeschäft *n*; **a book movie ~** *etwa*: das Buch zum Film; '**~-on** Anhänge...; '**~·pin** Krawattennadel *f*

tier [tɪə] (Sitz)Reihe *f*; Lage *f*, Schicht *f*; *fig.* Stufe *f*

'**tie-up** (enge) Verbindung, (enger) Zusammenhang *m*; *econ.* Fusion *f*

ti·ger *zo.* ['taɪɡə] Tiger *m*

tight [taɪt] **1.** *adj.* fest (sitzend, angezogen); straff (*Seil etc.*); eng (*a. Kleidungsstück*); knapp (*Rennen etc.*, *econ. Geld*); F knick(e)rig; F blau (*betrunken*); in Zssgn ...dicht; **be in a ~ corner** in der Klemme sein *od.* sitzen *od.* stecken; **2.** *adv.* fest; F gut; **hold ~** festhalten; **sleep ~!** F schlaf gut!; **~·en** ['taɪtn] fest-, anziehen; *Seil etc.* straffen; **~ one's belt** *fig.* den Gürtel enger schnallen; **~ up** (**on**) *Gesetz etc.* verschärfen; **~'fist·ed** F knick(e)rig; **~s** *pl.* (*Tänzer-, Artisten*)Trikot *n*; *bsd. Brt.* Strumpfhose *f*

ti·gress *zo.* ['taɪɡrɪs] Tigerin *f*

tile [taɪl] **1.** (Dach)Ziegel *m*; Fliese *f*, Kachel *f*; **2.** (mit Ziegeln) decken; fliesen, kacheln; '**til·er** Dachdecker *m*; Fliesenleger *m*

till¹ [tɪl] → **until**

till² [tɪl] (Laden)Kasse *f*

tilt [tɪlt] **1.** kippen; sich neigen; **2.** Kippen *n*; **at a ~** schief, schräg; (**at**) *full ~* F mit Karacho *fahren etc.*; mit Volldampf *arbeiten*

tim·ber ['tɪmbə] *Brt.* Bau-, Nutzholz *n*; Baumbestand *m*, Bäume *pl.*; Balken *m*

time [taɪm] **1.** Zeit *f*; Uhrzeit *f*; *mus.* Takt *m*; Mal *n*; **~ after ~**, **~ and again** immer wieder; **every ~ I ...** jedesmal, wenn ich ...; **how many ~s?** wie oft?; **next ~** nächstes Mal; **this ~** diesmal; **three ~s** dreimal; **three ~s four equals** *od.* **is twelve** drei mal vier ist zwölf; **what's the ~?** wie spät ist es?; **what ~?** um wieviel Uhr?; **all the ~** die ganze Zeit; **at all ~s**, **at any ~** jederzeit; **at the ~** damals; **at the same ~** gleichzeitig; **at ~s** manchmal; **by the ~** wenn; als; **for a ~** e-e Zeitlang; **for the ~ being** vorläufig, fürs Erste; **from ~ to ~** von Zeit zu Zeit; **have a good ~** sich gut unterhalten *od.* amüsieren; **in ~** rechtzeitig; **in no ~** (**at all**) im Nu; **on ~** pünktlich; **some ~ ago** vor einiger Zeit; **take one's ~** sich Zeit lassen; **2.** *et.* timen (*a. Sport*); (ab)stoppen; zeitlich abstimmen, den richtigen Zeitpunkt wählen *od.* bestimmen für; '**~ card** *Am.* Stechkarte *f*; '**~ clock** Stechuhr *f*; '**~ lag** Zeitdifferenz *f*; '**~·lapse** *Film*: Zeitraffer...; '**~·less** immerwährend, ewig; zeitlos; '**~ lim·it** Frist *f*; '**~·ly** (*-ier, -iest*) (recht)zeitig; '**~ sheet** Stechkarte *f*; **~ sig·nal** *Rundfunk*: Zeitzeichen *n*; '**~·ta·ble** Fahr-, Flugplan *m*; Stundenplan *m*; Zeitplan *m*

tim·id ['tɪmɪd] ängstlich, furchtsam

tim·ing ['taɪmɪŋ] Timing *n* (*Wahl des günstigsten Zeitpunkts*)

tin [tɪn] **1.** Zinn *n*; *Brt.* (Blech-, Konserven)Dose *f*, (-)Büchse *f*; **2.** (**-nn-**) verzinnen; *Brt.* einmachen, -dosen

tinc·ture ['tɪŋktʃə] Tinktur *f*

'**tin·foil** Stanniol(papier) *n*; Alufolie *f*

tinge [tɪndʒ] **1.** tönen; **be ~d with** *fig.* e-n Anflug haben von; **2.** Tönung *f*; *fig.* Anflug *m*, Spur *f* (**of** von)

tin·gle ['tɪŋɡl] prickeln, kribbeln

tink·er ['tɪŋkə] herumpfuschen, -basteln (**at** an *dat.*)

tin·kle ['tɪŋkl] bimmeln; klirren

tinned *Brt.* [tɪnd] Dosen..., Büchsen...; **~ fruit** *Brt.* Obstkonserven *pl.*

'**tin o·pen·er** *Brt.* Dosen-, Büchsenöffner *m*

tin·sel ['tɪnsl] Lametta *n*; Flitter *m*

tint [tɪnt] **1.** (Farb)Ton *m*, Tönung *f*; **2.** tönen

ti·ny ['taɪnɪ] (*-ier, -iest*) winzig

tip¹ [tɪp] **1.** Spitze *f*; Filter *m* (*e-r Zigaret-*

tip² [tɪp] **1.** (**-pp-**) *bsd. Brt.* (aus)kippen, schütten; kippen; ~ *over* umkippen; **2.** *bsd. Brt.* (Schutt- *etc.*)Abladeplatz *m*, (-)Halde *f*; *Brt. fig.* F Saustall *m*

tip³ [tɪp] **1.** Trinkgeld *n*; **2.** (**-pp-**) *j-m* ein Trinkgeld geben

tip⁴ [tɪp] **1.** Tipp *m*, Rat(schlag) *m*; **2.** (**-pp-**) tippen auf (*acc.*) (*as* als); ~ *off j-m* e-n Tipp *od.* Wink geben

tip·sy ['tɪpsɪ] (**-ier, -iest**) angeheitert

'**tip·toe 1. on** ~ auf Zehenspitzen; **2.** auf Zehenspitzen gehen

tire¹ *Am.* ['taɪə] → *tyre*

tire² [taɪə] ermüden, müde machen *od.* werden; '**~d** müde; *be* ~ *of j-n, et.* satt haben; '**~·less** unermüdlich; '**~·some** ermüdend; lästig

Ti·rol [tɪ'rəʊl, 'tɪrəl] Tirol *n*

tis·sue ['tɪʃuː] *biol.* Gewebe *n*; Papier(taschen)tuch *n*; → '**~ pa·per** Seidenpapier *n*

tit¹ *sl.* [tɪt] Titte *f*

tit² *zo.* [tɪt] Meise *f*

tit·bit *bsd. Brt.* ['tɪtbɪt] Leckerbissen *m*

tit·il·late ['tɪtɪleɪt] *j-n* (*sexuell*) anregen

ti·tle ['taɪtl] Titel *m*; *jur.* (Rechts)Anspruch *m* (*to* auf *acc.*); '**~·hold·er** *Sport:* Titelhalter(in), -träger(in); '**~ page** Titelseite *f*; '**~ role** *thea. etc.* Titelrolle *f*

tit·mouse *zo.* ['tɪtmaʊs] (*pl.* **-mice**) Meise *f*

tit·ter ['tɪtə] **1.** kichern; **2.** Kichern *n*

tn *Am.* → *t*

to [tuː, tʊ, tə] **1.** *prp.* zu; an (*acc.*), auf (*acc.*), für, in (*acc.*), in (*dat.*), nach; (im Verhältnis *od.* Vergleich) zu, gegen(über); *Ausmaß, Grenze, Grad:* bis, (bis) zu, (bis) an (*acc.*); *zeitliche Ausdehnung od. Grenze:* bis, bis zu, bis gegen, vor (*dat.*); *from Monday* ~ *Friday* von Montag bis Freitag; *a quarter* ~ *one* (ein) Viertel vor eins, drei Viertel eins; *go* ~ *England* nach England fahren; *go* ~ *school* in die *od.* zur Schule gehen; *have you ever been* ~ *London?* bist du schon einmal in London gewesen?; ~ *me etc.* mir *etc.*; *here's* ~ *you!* auf Ihr Wohl!, prosit!; **2.** *adv.* zu (*geschlossen*); *pull* ~ Tür *etc.* zuziehen; *come* ~ (wieder) zu sich kommen; ~ *and fro* hin u. her, auf u. ab; **3.** *zur Bezeichnung des Infinitivs:* zu; *Absicht, Zweck:* um zu; ~ *go* gehen; *easy* ~ *learn* leicht zu lernen; *...* ~ *earn money* ... um Geld zu verdienen

toad *zo.* [təʊd] Kröte *f*; '**~·stool** *bot.* ['təʊdstuːl] ungenießbarer Pilz; Giftpilz *m*

toad·y ['təʊdɪ] **1.** Kriecher(in); **2.** ~ *to s.o. fig.* vor *j-m* kriechen

toast¹ [təʊst] **1.** Toast *m*; **2.** toasten; rösten

toast² [təʊst] **1.** Toast *m*, Trinkspruch *m*; **2.** auf *j-n od. j-s* Wohl trinken

toast·er *tech.* ['təʊstə] Toaster *m*

to·bac·co [tə'bækəʊ] (*pl.* **-cos**) Tabak *m*; **~·nist** [tə'bækənɪst] Tabak(waren)händler(in)

to·bog·gan [tə'bɒgən] **1.** (Rodel)Schlitten *m*; **2.** Schlitten fahren, rodeln

to·day [tə'deɪ] **1.** *adv.* heute; heutzutage; *a week* ~, ~ *week* heute in e-r Woche, heute in acht Tagen; **2.** ~ *'s paper* die heutige Zeitung, die Zeitung von heute; *of* ~, ~ *'s* von heute, heutig

tod·dle ['tɒdl] auf wack(e)ligen *od.* unsicheren Beinen gehen (*bsd. Kleinkind*)

tod·dy ['tɒdɪ] Toddy *m* (*Art Grog*)

to-do F *fig.* [tə'duː] (*pl.* **-dos**) Theater *n*

toe [təʊ] *anat.* Zehe *f*; Spitze *f* (*von Schuhen etc.*); '**~·nail** Zehennagel *m*

tof·fee, -fy ['tɒfɪ] Sahnebonbon *m, n*, Toffee *n*

to·geth·er [tə'geðə] zusammen; gleichzeitig

toi·let ['tɔɪlɪt] Toilette *f*; '**~ pa·per** Toilettenpapier *n*; '**~ roll** *bsd. Brt.* Rolle *f* Toilettenpapier

to·ken ['təʊkən] Zeichen *n*; *as a* ~, *in* ~ *of* als *od.* zum Zeichen (*gen.*); zum Andenken an (*acc.*)

told [təʊld] *pret. u. p.p. von tell*

tol·e·ra·ble ['tɒlərəbl] erträglich; **~·rance** ['tɒlərəns] Toleranz *f*; Nachsicht *f*; **~·rant** ['tɒlərənt] tolerant (*of, towards* gegenüber); **~·rate** ['tɒləreɪt] tolerieren, dulden; ertragen

toll¹ [təʊl] Benutzungsgebühr *f*, Maut *f*; *heavy death* ~ große Zahl an Todesopfern; *take its* ~ (*on*) *fig.* s-n Tribut fordern (von); s-e Spuren hinterlassen (bei)

toll² [təʊl] läuten (*Glocke*)

toll|-'free *Am. tel.* gebührenfrei; '**~-**

toll road gebührenpflichtige Straße, Mautstraße *f*

to·ma·to *bot.* [təˈmɑːtəʊ, təˈmeɪtəʊ] (*pl. -toes*) Tomate *f*

tomb [tuːm] Grab(mal) *n*; Gruft *f*

tom·boy [ˈtɒmbɔɪ] Wildfang *m*

ˈtomb·stone Grabstein *m*

tom·cat *zo.* [ˈtɒmkæt] *a.* F **tom** Kater *m*

tom·fool·er·y [tɒmˈfuːlərɪ] Unsinn *m*

to·mor·row [təˈmɒrəʊ] **1.** *adv.* morgen; *a week ~, ~ week* morgen in e-r Woche, morgen in acht Tagen; *~ morning* morgen früh; *~ night* morgen Abend; **2.** *the day after ~* übermorgen; *of ~, ~'s* von morgen

ton [tʌn] (*Abk. t, tn*) Tonne *f* (*Gewicht*); △ *nicht* **Ton**

tone [təʊn] **1.** Ton *m*; Klang *m*; (Farb)Ton *m*; *Am. mus.* Note *f*; *med.* Tonus *m*; *fig.* Niveau *n*; **2.** *~ down* abschwächen; *~ up* Muskeln *etc.* kräftigen

tongs [tɒŋz] *pl.* (**a pair of ~**) e-e Zange

tongue [tʌŋ] *anat.* Zunge *f*; (*Mutter*)Sprache *f*; Zunge *f* (*e-s Schuhs etc.*); Klöppel *m* (*e-r Glocke*); **hold one's ~** den Mund halten

ton·ic [ˈtɒnɪk] Tonikum *n*, Stärkungsmittel *n*; Tonic *n*; *mus.* Grundton *m*

to·night [təˈnaɪt] heute Abend *od.* Nacht

ton·sil *anat.* [ˈtɒnsl] Mandel *f*; **~·li·tis** *med.* [tɒnsɪˈlaɪtɪs] Mandelentzündung *f*; Angina *f*

too [tuː] zu; zu, sehr; auch (noch)

took [tʊk] *pret. von* **take** 1

tool [tuːl] Werkzeug *n*, Gerät *n*; **ˈ~ bag** Werkzeugtasche *f*; **ˈ~ box** Werkzeugkasten *m*; **ˈ~ kit** Werkzeug *n*; **ˈ~·shed** Geräteschuppen *m*

toot [tuːt] hupen

tooth [tuːθ] (*pl.* **teeth**) Zahn *m*; **ˈ~·ache** Zahnschmerzen *pl.*, -weh *n*; **ˈ~·brush** Zahnbürste *f*; **ˈ~·less** zahnlos; **ˈ~·paste** Zahncreme *f*, -pasta *f*; **ˈ~·pick** Zahnstocher *m*

top[1] [tɒp] **1.** oberer Teil; Gipfel *m*, Spitze *f* (*e-s Bergs etc.*); Krone *f*, Wipfel *m* (*e-s Baums*); Kopfende *n*, oberes Ende; Oberteil *n*; Oberfläche *f* (*e-s Tischs etc.*); Deckel *m* (*e-s Glases*); Verschluss *m* (*e-r Tube*); *mot.* Verdeck *n*; *mot.* höchster Gang; *at the ~ of the page* oben auf der Seite; *at the ~ of one's voice* aus vollem Hals; *on ~* oben(auf); d(a)rauf; *on ~ of* (oben) auf (*dat. od. acc.*), über (*dat. od. acc.*); **2.** oberste(r, -s); Höchst..., Spitzen..., Top...; **3.** (*-pp-*) bedecken (**with** mit); *fig.* übersteigen, übertreffen; *~ up* Tank *etc.* auffüllen; *F j-m* nachschenken

top[2] [tɒp] Kreisel *m* (*Spielzeug*)

top| ˈhat Zylinder *m*; **~·ˈheav·y** kopflastig (*a. fig.*)

top·ic [ˈtɒpɪk] Thema *n*; **ˈ~·al** aktuell

top·ple [ˈtɒpl] *mst* **~ over** umkippen; *~ the government* die Regierung stürzen

top·sy-tur·vy [tɒpsɪˈtɜːvɪ] in e-r heillosen Unordnung

torch [tɔːtʃ] *Brt.* Taschenlampe *f*; Fackel *f*; **ˈ~·light** Fackelschein *m*; **~ pro·ces·sion** Fackelzug *m*

tore [tɔː] *pret. von* **tear**[2] 1

tor·ment 1. [ˈtɔːment] Qual *f*; **2.** [tɔːˈment] quälen, peinigen, plagen

torn [tɔːn] *p.p. von* **tear**[2] 1

tor·na·do [tɔːˈneɪdəʊ] (*pl.* **-does, -dos**) Tornado *m*, Wirbelsturm *m*

tor·pe·do [tɔːˈpiːdəʊ] (*pl.* **-does**) **1.** Torpedo *m*; **2.** torpedieren (*a. fig*)

tor·rent [ˈtɒrənt] reißender Strom; *fig.* Schwall *m*; **~·ren·tial** [təˈrenʃl]: *~ rain* sintflutartige Regenfälle

tor·toise *zo.* [ˈtɔːtəs] Schildkröte *f*

tor·tu·ous [ˈtɔːtjʊəs] gewunden

tor·ture [ˈtɔːtʃə] **1.** Folter(ung) *f*; *fig.* Qual *f*, Tortur *f*; **2.** foltern; *fig.* quälen

toss [tɒs] **1.** *v/t.* werfen; Münze hochwerfen; *~ off* Getränk hinunterstürzen; Arbeit hinhauen; *v/i. a. ~ about, ~ and turn* sich (*im Schlaf*) hin u. her werfen; *a. ~ up* e-e Münze hochwerfen; *~ for s.th.* um et. losen; **2.** Wurf *m*; Zurückwerfen *n* (*des Kopfes*); Hochwerfen *n* (*e-r Münze*)

tot F [tɒt] Knirps *m* (*kleines Kind*)

to·tal [ˈtəʊtl] **1.** völlig, total; ganz, gesamt, Gesamt...; **2.** Gesamtbetrag *m*, -menge *f* (*bsd. Brt., -ll-, Am. -l-*) sich belaufen auf (*acc.*); *~ up* zusammenrechnen, -zählen

tot·ter [ˈtɒtə] (sch)wanken

touch [tʌtʃ] **1.** (sich) berühren; anfassen; *Essen etc.* anrühren; *fig.* herankommen an (*acc.*); *fig.* rühren; *~ wood!* toi, toi, toi!; *~ down aviat.* aufsetzen; *~ up* ausbessern; *phot.* retuschieren; **2.** Tastempfindung *f*; Berührung *f*, *mus. etc.* Anschlag *m*; (*Pinsel- etc.*)Strich *m*;

Spur f (*Salz etc.*); Verbindung f, Kontakt m; *fig.* Note f; *fig.* Anflug m; **a ~ of flu** e-e leichte Grippe; **get in ~ with s.o.** sich mit j-m in Verbindung setzen; **~and-go** [ˌtætʃənˈgəʊ] kritisch (*Situation etc.*); **it was ~ whether** es stand auf des Messers Schneide, ob; '**~down** *aviat.* n, Landung f; F leicht verrückt; '**~ing** rührend; '**~line** Fußball: Seitenlinie f; '**~stone** Prüfstein m (**of** für); '**~y** (*-ier, -iest*) empfindlich; heikel (*Thema*)

tough [tʌf] zäh; widerstandsfähig; *fig.* hart; schwierig, hart (*Problem, Verhandlungen etc.*); **~en** ['tʌfn] *a.* **~ up** hart *od.* zäh machen *od.* werden

tour [tʊə] **1.** Tour f (**of** durch), (Rund)Reise f, (-)Fahrt f; Ausflug m; Rundgang m (**of** durch); *thea.* Tournee f (*a. Sport*); → **conduct** 2; **2.** bereisen, reisen durch

tour·is·m ['tʊərɪzəm] Tourismus m, Fremdenverkehr m

tour·ist ['tʊərɪst] Tourist(in); Touristen...; '**~ class** *aviat., naut.* Touristenklasse f; '**~ in·dus·try** Fremdenverkehrsgewerbe n; '**~ in·for·ma·tion of·fice**, '**~ of·fice** Verkehrsverein m; '**~ sea·son** Reisesaison f, -zeit f

tour·na·ment ['tʊənəmənt] Turnier n

tou·sled ['taʊzld] zerzaust (*Haar*)

tow [təʊ] **1.** Boot *etc.* schleppen, Auto *etc. a.* abschleppen; **2.** **give s.o. a ~** j-n abschleppen; **take in ~** Auto *etc.* abschleppen

to·ward *bsd. Am.*, **to·wards** *bsd. Brt.* [təˈwɔːd(z)] auf (*acc.*) ... zu, (in) Richtung, zu; *zeitlich:* gegen; *fig.* gegenüber

tow·el ['taʊəl] **1.** Handtuch n, (*Bade-etc.*)Tuch n; **2.** (*bsd. Brt.* **-ll-**, *Am.* **-l-**) (mit e-m Handtuch) abtrocknen *od.* abreiben

tow·er ['taʊə] **1.** Turm m; **2. ~ a·bove**, **~ o·ver** überragen; '**~ block** *Brt.* Hochhaus n; '**~ing** ['taʊərɪŋ] turmhoch; *fig.* überragend; rasend (*Wut*)

town [taʊn] (Klein)Stadt f; **~ 'cen·tre** *Brt.* Innenstadt f, City f; **~ 'coun·cil** *Brt.* Stadtrat m (*Amt*); **~ 'coun·cil(·l)or** *Brt.* Stadtrat m, -rätin f; **~ 'hall** Rathaus n; '**~s·peo·ple** ['taʊnzpiːpl] *pl.* Städter *pl.*, Stadtbevölkerung f

'**tow·rope** *mot.* Abschleppseil n

tox·ic ['tɒksɪk] (**~ally**) toxisch, giftig; Gift...; '**~ waste** Giftmüll m; '**~ waste 'dump** Giftmülldeponie f

tox·in *biol.* ['tɒksɪn] Toxin n

toy [tɔɪ] **1.** Spielzeug n; **~s** *pl.* Spielsachen *pl.*, -zeug n, *econ.* -waren *pl.*; **2.** Spielzeug...; Miniatur...; Zwerg...; **3. ~ with** spielen mit (*a. fig.*)

trace [treɪs] **1.** j-n, *et.* ausfindig machen, aufspüren, *et.* finden; *a.* **~ back** *et.* zurückverfolgen (**to** bis zu); **~ s.th. to** *et.* zurückführen auf (*acc.*); (durch)pausen; **2.** Spur f (*a. fig.*)

track [træk] **1.** Spur f (*a. fig.*), Fährte f; Pfad m, Weg m; *rail.* Gleis n, Geleise n; *tech.* Raupe(nkette) f; *Sport:* (Renn-, Aschen)Bahn f, (*Renn*)Strecke f; *Tonband etc.:* Spur f; Nummer f (*auf e-r Langspielplatte etc.*); **2.** verfolgen; **~ down** aufspüren; auftreiben; **~ and 'field** *bsd. Am.* Leichtathletik f; '**~ e·vent** *Sport:* Laufdisziplin f; '**~ing sta·tion** *Raumfahrt:* Bodenstation f; '**~suit** Trainingsanzug m

tract [trækt] Fläche f, Gebiet n; *anat.* (Verdauungs)Trakt m, (Atem)Wege *pl.*

trac·tion ['trækʃn] Ziehen n, Zug m; '**~ en·gine** Zugmaschine f

trac·tor ['træktə] Traktor m, Trecker m

trade [treɪd] **1.** Handel m; Branche f, Gewerbe n; (*bsd. Handwerks*)Beruf m; **2.** Handel treiben, handeln; **~ on** ausnutzen; '**~mark** Warenzeichen n; '**~ name** Markenname m, Handelsbezeichnung f; '**~ price** Großhandelspreis m; '**trad·er** Händler(in); **~s·man** ['treɪdzmən] (*pl.* **-men**) (Einzel)Händler m; Ladeninhaber m; Lieferant m; **~(s) 'un·ion** Gewerkschaft f; **~(s) 'un·ion·ist** Gewerkschafter(in)

tra·di·tion [trəˈdɪʃn] Tradition f; Überlieferung f; **~al** [trəˈdɪʃnl] traditionell

traf·fic ['træfɪk] **1.** Verkehr m; (*bsd. illegaler*) Handel (**in** mit); **2.** (**-ck-**) (*bsd. illegal*) handeln (**in** mit); '**~ cir·cle** *Am.* Kreisverkehr m; '**~ is·land** Verkehrsinsel f; '**~ jam** (Verkehrs)Stau m, Verkehrsstockung f; '**~ light(s** *pl.*) (Verkehrs)Ampel f; '**~ of·fence** (*Am.* **of·fense**) Verkehrsdelikt n; '**~ of·fend·er** Verkehrssünder(in); '**~ reg·u·la·tions** *pl.* Straßenverkehrsordnung f; '**~ sign** Verkehrszeichen n, -schild n; '**~ sig·nal** → **traffic light(s**); '**~ war·den** *Brt.* Parküberwacher m, Politesse f

tra|ge|dy ['trædʒɪdɪ] Tragödie f; **~gic** ['trædʒɪk] (**~ally**) tragisch

trail [treɪl] **1.** v/t. et. nachschleifen lassen; verfolgen; *Sport*: zurückliegen hinter (*dat.*) (**by** um); v/i. sich schleppen; *bot.* kriechen; *Sport*: zurückliegen (**by 3-0** 0:3); **~** (**along**) **behind s.o.** hinter j-m herschleifen; **2.** Spur f (*a. fig.*), Fährte f; Pfad m, Weg m; **~ of blood** Blutspur f; **~ of dust** Staubwolke f; '**~er** *mot.* Anhänger m; *Am. mot.* Wohnwagen m, Caravan m; *Film, TV*: Trailer m, Vorschau f; '**~er park** *Am.* Standplatz m für Wohnwagen

train [treɪn] **1.** *rail.* Zug m, Kolonne f, Schlange f; Schleppe f; *fig.* Folge f, Kette f; **by ~** mit der Bahn, mit dem Zug; **~ of thought** Gedankengang m; **2.** v/t. j-n ausbilden (**as** als, zum), schulen; *Sport*: trainieren; *Tier* abrichten, dressieren; *Kamera etc.* richten (**on** auf *acc.*); v/i. ausgebildet werden (**as** als, zum); *Sport*: trainieren (**for** für); **~ee** [treɪ'niː] Auszubildende(r *m*) f; '**~er** Ausbilder(in), Abrichter(in), Dompteur *m*, Dompteuse f; *Sport*: Trainer(in); *Brt.* Turnschuh m; '**~ing** Ausbildung f, Schulung f; Abrichten n, Dressur f; *Sport*: Training n

trait [treɪ, treɪt] (Charakter)Zug m

trai·tor ['treɪtə] Verräter m

tram *Brt.* ['træm] Straßenbahn(wagen m) f; '**~car** *Brt.* Straßenbahnwagen m

tramp [træmp] **1.** sta(m)pfen *od.* trampeln (durch); **2.** Tramp m, Landstreicher(in); Wanderung f; *bsd. Am.* Flittchen n

tram·ple ['træmpl] (zer)trampeln

trance [trɑːns] Trance f

tran·quil ['træŋkwɪl] ruhig, friedlich; **~(l)i·ty** [træŋ'kwɪlətɪ] Ruhe f, Frieden m; **~(l)ize** ['træŋkwɪlaɪz] beruhigen; **~(l)iz·er** ['træŋkwɪlaɪzə] Beruhigungsmittel n

trans|·act [træn'zækt] *Geschäft* abwickeln, *Handel* abschließen; **~·ac·tion** [træn'zækʃn] Abwicklung f, Abschluss m; Geschäft n, Transaktion f

trans·at·lan·tic [trænzət'læntɪk] transatlantisch, Transatlantik..., Übersee...

tran·scribe [træn'skraɪb] abschreiben, kopieren; *Stenogramm etc.* übertragen

tran|·script ['trænskrɪpt] Abschrift f, Kopie f; **~·scrip·tion** [træn'skrɪpʃn] Umschreibung f, Umschrift f; Abschrift f, Kopie f

trans·fer 1. [træns'fɜː] (**-rr-**) v/t. (**to**) *Betrieb etc.* verlegen (nach); j-n versetzen (nach); *Sport*: *Spieler* transferieren (zu), abgeben (an *acc.*); *Geld* überweisen (an *j-n, auf ein Konto*); *jur. Eigentum, Recht* übertragen (auf *acc.*); v/i. *Sport*: wechseln (**to** zu) (*Spieler*); *Reise*: umsteigen (**from ... to** von ... auf *acc.*); **2.** ['trænsfɜː] Verlegung f, Versetzung f; *Sport*: Transfer m, Wechsel m; *econ.* Überweisung f; *jur.* Übertragung f; *bsd. Am. etc.* Umsteige(fahr)karte f; **~·a·ble** [træns'fɜːrəbl] übertragbar

trans·fixed *fig.* [træns'fɪkst] versteinert, starr

trans|·form [træns'fɔːm] um-, verwandeln; **~·for·ma·tion** [trænsfə'meɪʃn] Um-, Verwandlung f

trans·fu·sion *med.* [træns'fjuːʒn] Bluttransfusion f, -übertragung f

trans·gress [træns'gres] verletzen, verstoßen gegen

tran·sient ['trænzɪənt] flüchtig, vergänglich

tran·sis·tor [træn'sɪstə] Transistor m

tran·sit ['trænsɪt] Transit-, Durchgangsverkehr m; *econ.* Transport m; **in ~** unterwegs, auf dem Transport

tran·si·tion [træn'sɪʒn] Übergang m

tran·si·tive *gr.* ['trænsɪtɪv] transitiv

tran·si·to·ry ['trænsɪtərɪ] → *transient*

trans|·late [træns'leɪt] übersetzen (**from English into German** aus dem Englischen ins Deutsche); **~·la·tion** [træns'leɪʃn] Übersetzung f; **~·la·tor** [træns'leɪtə] Übersetzer(in)

trans·lu·cent [trænz'luːsnt] lichtdurchlässig

trans·mis·sion [trænz'mɪʃn] Übertragung f (*e-r Krankheit*); Rundfunk, TV: Sendung f; *mot.* Getriebe n

trans·mit [trænz'mɪt] (**-tt-**) *Signale* (aus)senden; Rundfunk, TV: senden; *phys. Wärme etc.* leiten, *Licht etc.* durchlassen; *Krankheit* übertragen; **~·ter** Sender m

trans·par·en·cy [træns'pærənsɪ] Durchsichtigkeit f (*a. fig.*); *fig.* Durchschaubarkeit f; Dia(positiv) n; Folie f (*Lehrmaterial*); **~ent** durchsichtig (*a. fig.*); *fig.* durchschaubar

tran·spire [træn'spaɪə] transpirieren,

trans·plant 1. ['trænsplɑ:nt] um-, verpflanzen; *med.* transplantieren, verpflanzen; **2.** *med.* ['trænsplɑ:nt] Transplantation *f*, Verpflanzung *f*; Transplantat *n*

trans|·port 1. ['trænspɔ:t] Transport *m*, Beförderung *f*; Beförderungs-, Verkehrsmittel *n od. pl.*; *mil.* Transportschiff *n*, -flugzeug *n*, (*Truppen*)Transporter *m*; **2.** [træn'spɔ:t] transportieren, befördern; **~·por·ta·tion** *bsd. Am.* [trænspɔ:'teɪʃn] Transport *m*, Beförderung *f*

trap [træp] **1.** Falle *f* (*a. fig.*); **set a ~ for s.o.** j-m e-e Falle stellen; **shut one's ~, keep one's ~ shut** *sl.* die Schnauze halten; **2.** (*-pp-*) (in *od.* mit e-r Falle) fangen; *fig.* in e-e Falle locken; **be ~ped** eingeschlossen sein (*Bergleute etc.*); '**~·door** Falltür *f*; *thea.* Versenkung *f*

tra·peze [trə'pi:z] Trapez *n*

trap·per ['træpə] Trapper *m*, Fallensteller *m*, Pelztierjäger *m*

trap·pings ['træpɪŋz] *pl.* Rangabzeichen *pl.*; *fig.* Drum u. Dran *n*

trash [træʃ] Schund *m*; Quatsch *m*, Unsinn *m*; *Am.* Abfall *m*, Abfälle *pl.*, Müll *m*; *bsd. Am.* Gesindel *n*; '**~·can** *Am.* Abfall-, Mülleimer *m*; *Am.* Abfall-, Mülltonne *f*; '**~·y** (*-ier, -iest*) Schund...

trav·el ['trævl] **1.** (*bsd. Brt.* **-ll-**, *Am.* **-l-**) *v/i.* reisen; fahren; *tech. etc.* sich bewegen; sich verbreiten (*Neuigkeit etc.*); *fig.* schweifen, wandern; *v/t.* bereisen; *Strecke* zurücklegen, fahren; **2.** Reisen *n*; **~s** *pl.* (*bsd. Auslands*)Reisen *pl.*; '**~ a·gen·cy** Reisebüro *n*; '**~ a·gent** Reisebüroinhaber(in); Angestellte(r *m*) *f* in e-m Reisebüro; '**~ a·gent's, ~ bu·reau** (*pl.* **-reaux** [-rəʊz], **-reaus**) Reisebüro *n*; '**~·(l)er** Reisende(r *m*) *f*; '**~·(l)er's cheque** (*Am. check*) Reise-, Travellerscheck *m*; '**~·sick** reisekrank; '**~·sick·ness** Reisekrankheit *f*

trav·es·ty ['trævɪstɪ] Zerrbild *n*

trawl [trɔ:l] **1.** Schleppnetz *n*; **2.** mit dem Schleppnetz fischen; '**~·er** *naut.* Trawler *m*

tray [treɪ] Tablett *n*; Ablagekorb *m*

treach·er|·ous ['tretʃərəs] verräterisch; tückisch; **~·y** ['tretʃərɪ] Verrat *m*

trea·cle *bsd. Brt.* ['tri:kl] Sirup *m*

tread [tred] **1.** (*trod, trodden od. trod*) treten (*on* auf *acc.*; in *acc.*); Pfad *etc.* treten; Gang *m*; Schritt(e *pl.*) *m*; (*Reifen*)Profil *n*; '**~·mill** Tretmühle *f* (*a. fig.*)

trea·son ['tri:zn] Landesverrat *m*

trea·sure ['treʒə] **1.** Schatz *m*; **2.** sehr schätzen; in Ehren halten; **~·sur·er** ['treʒərə] Schatzmeister(in)

trea·sure trove [treʒə 'trəʊv] Schatzfund *m*

Trea·su·ry ['treʒərɪ] *Brt.*, '**~ De·part·ment** *Am.* Finanzministerium *n*

treat [tri:t] **1.** j-n, *et.* behandeln; umgehen mit; *et.* ansehen, betrachten (**as** als); *med.* j-n behandeln (**for** gegen); j-n einladen (**to** zu); sich *et.* leisten *od.* gönnen; **be ~ed for** *med.* in ärztlicher Behandlung sein wegen; **2.** (besondere) Freude *od.* Überraschung; **this is my ~** das geht auf meine Rechnung

trea·tise ['tri:tɪz] Abhandlung *f*

treat·ment ['tri:tmənt] Behandlung *f*

treat·y ['tri:tɪ] Vertrag *m*

tre·ble¹ ['trebl] **1.** dreifach; **2.** (sich) verdreifachen

tre·ble² *mus.* ['trebl] Knabensopran *m*; *Radio*: (Ton)Höhe *f*

tree [tri:] Baum *m*

tre·foil ['trefɔɪl] Klee *m*

trel·lis ['trelɪs] Spalier *n* (*für Pflanzen etc.*)

trem·ble ['trembl] zittern (**with** vor *dat.*)

tre·men·dous [trɪ'mendəs] gewaltig, enorm; F klasse, toll

trem·or ['tremə] Zittern *n*; Beben *n*

trench [trentʃ] Graben *m*; *mil.* Schützengraben *m*

trend [trend] Trend *m*, Entwicklung *f*, Tendenz *f*, Mode *f*; '**~·y** F **1.** (*-ier, -iest*) modern, modisch; **be ~** als schick gelten, in sein; **2.** *bsd. Brt. contp.* Schickimicki *m*

tres·pass ['trespəs] **1. ~ on** *Grundstück etc.* unbefugt betreten; *j-s Zeit etc.* über Gebühr in Anspruch nehmen; **no ~ing** Betreten verboten!; **2.** unbefugtes Betreten; '**~·er: ~s will be prosecuted** Betreten bei Strafe verboten!

tres·tle ['tresl] Bock *m*, Gestell *n*

tri·al ['traɪəl] *jur.* Prozess *m*, (Gerichts)Verhandlung *f*, (-)Verfahren *n*;

triangle 316

Erprobung *f*, Probe *f*, Prüfung *f*, Test *m*; *fig.* Plage *f*; Versuchs..., Probe...; **on** ~ auf *acc.* zur Probe; **be on** ~ erprobt *od.* getestet werden; **be on** ~, **stand** ~ *jur.* vor Gericht stehen (**for** wegen)

tri·an·gle ['traɪæŋgl] Dreieck *n*; *Am.* Winkel *m*, Zeichendreieck *n*; **'~gu·lar** [traɪ'æŋgjʊlə] dreieckig

tri·ath·lon [traɪ'æθlɒn] *Sport*: Dreikampf *m*

trib|·al ['traɪbl] Stammes...; **~e** [traɪb] (Volks)Stamm *m*

tri·bu·nal *jur.* [traɪ'bju:nl] Gericht(shof *m*) *n*

trib·u·ta·ry ['trɪbjʊtərɪ] Nebenfluss *m*

trib·ute ['trɪbju:t]: **be a** ~ **to** *j-m* Ehre machen; **pay** ~ **to** *j-m* Anerkennung zollen

trice *bsd. Brt.* F [traɪs]: **in a** ~ im Nu

trick [trɪk] **1.** Trick *m*; (*Karten- etc.*)Kunststück *n*; Streich *m*; *Kartenspiel:* Stich *m*; (merkwürdige) Angewohnheit, Eigenart *f*; **play a** ~ **on s.o.** *j-m* einen Streich spielen; **2.** Trick...; ~ **question** Fangfrage *f*; **3.** überlisten, reinlegen; **'~e·ry** ['trɪkərɪ] Tricks *pl.*

trick·le ['trɪkl] **1.** tröpfeln; rieseln; **2.** Tröpfeln *n*; Rinnsal *n*

trick|·ster ['trɪkstə] Betrüger(in), Schwindler(in); **~y** ['trɪkɪ] (*-ier, -iest*) heikel, schwierig; durchtrieben, raffiniert

tri·cy·cle ['traɪsɪkl] Dreirad *n*

tri·dent ['traɪdənt] Dreizack *m*

tri|·fle ['traɪfl] **1.** Kleinigkeit *f*, Lappalie *f*; **a** ~ ein bisschen, etwas; **2.** ~ **with** *fig.* spielen mit; **he is not to be** ~**d with** *er* lässt nicht mit sich spaßen; **~fling** ['traɪflɪŋ] geringfügig, unbedeutend

trig·ger ['trɪgə] Abzug *m* (*am Gewehr*); **pull the** ~ abdrücken; **'~·hap·py** schießwütig

trill [trɪl] **1.** Triller *m*; **2.** trillern

trim [trɪm] **1.** (*-mm-*) Hecke *etc.* stutzen, beschneiden, *sich im Bart etc.* stutzen; *Kleidungsstück* besetzen (**with** mit); ~**med with fur** pelzbesetzt, mit Pelzbesatz; ~ **off** abschneiden; **2.** *give s.th. a* ~ *et.* stutzen, *et.* (be)schneiden; **be in good** ~ F gut in Form sein; **3.** (*-mm-*) gepflegt; **'~·ming**: ~**s** *pl.* Besatz *m*; *gastr.* Beilagen *pl.*

Trin·i·ty *rel.* ['trɪnɪtɪ] Dreieinigkeit *f*

trin·ket ['trɪŋkɪt] (*bsd.* billiges) Schmuckstück

trip [trɪp] **1.** (*-pp-*) *v/i.* stolpern (**over** über *acc.*); (e-n) Fehler machen; *v/t. a.* ~ **up** *j-m* ein Bein stellen (*a. fig.*); **2.** (kurze) Reise; Ausflug *m*, Trip *m*; Stolpern *n*, Fallen *n*; *sl.* Trip *m* (Drogenrausch)

tripe *gastr.* [traɪp] Kaldaunen *pl.*, Kutteln *pl.*

trip·le ['trɪpl] dreifach; **'~ jump** *Sport*: Dreisprung *m*

trip·lets ['trɪplɪts] *pl.* Drillinge *pl.*

trip·li·cate ['trɪplɪkɪt] **1.** dreifach; **2. in** ~ in dreifacher Ausfertigung

tri·pod *phot.* ['traɪpɒd] Stativ *n*

trip·per *bsd. Brt.* ['trɪpə] (*bsd.* Tages)Ausflügler(in)

trite [traɪt] abgedroschen, banal

tri|·umph ['traɪʌmf] **1.** Triumph *m*, *fig.* Sieg *m* (**over** über *acc.*); **2.** triumphieren (**over** über *acc.*); ~**um·phal**... [traɪ'ʌmfl] Triumph...; ~**um·phant** [traɪ'ʌmfənt] triumphierend

triv·i·al ['trɪvɪəl] unbedeutend, bedeutungslos, trivial, alltäglich

trod [trɒd] *pret. u. p.p. von* **tread** 1; **'~·den** ['trɒdn] *p.p. von* **tread** 1

trol·ley *bsd. Brt.* ['trɒlɪ] Einkaufs-, Gepäckwagen *m*; Kofferkuli *m*; (*Tee- etc.*)Wagen *m*; (**supermarket**) ~ Einkaufswagen *m*; **shopping** ~ Einkaufsroller *m*; **'~·bus** O(berleitungs)bus *m*

trom·bone *mus.* [trɒm'bəʊn] Posaune *f*

troop [tru:p] **1.** Schar *f*; ~**s** *pl. mil.* Truppen *pl.*; **2.** (*herein- etc.*)strömen; ~ **the colour** *Brt. mil.* e-e Fahnenparade abhalten; **'~·er** *mil.* Kavallerist *m*; Panzerjäger *m*; *Am.* Polizist *m* (*e-s Bundesstaats*)

tro·phy ['trəʊfɪ] Trophäe *f*

trop·ic *astr., geogr.* ['trɒpɪk] Wendekreis *m*; **the** ~ **of Cancer** der Wendekreis des Krebses; **the** ~ **of Capricorn** der Wendekreis des Steinbocks

trop·i·cal ['trɒpɪkl] tropisch, Tropen...

trop·ics ['trɒpɪks] *pl.* Tropen *pl.*

trot [trɒt] **1.** Trab *m*; Trott *m*; **2.** (*-tt-*) traben (lassen); ~ **along** F loszischen

trou·ble ['trʌbl] **1.** Schwierigkeit *f*, Problem *n*, Ärger *m*; Mühe *f*; *med.* Beschwerden *pl.*; *a. ~s pl.* Unruhen *pl.*; **be in** ~ in Schwierigkeiten sein; **get into** ~ Schwierigkeiten *od.* Ärger bekommen; *j-n* in Schwierigkeiten bringen; **get out**, **run into** ~ in Schwierig-

tuck

ten geraten; ***have ~ with*** Schwierigkeiten *od.* Ärger haben mit; ***put s.o. to ~*** j-m Mühe *od.* Umstände machen; ***take the ~ to do s.th.*** sich die Mühe machen, et. zu tun; **2.** *v/t.* j-n beunruhigen; j-m Mühe *od.* Umstände machen; j-n bemühen (**for** um), bitten (**for** um); ***to do*** zu tun); ***be ~d by*** geplagt werden von, leiden an (*dat.*); *v/i.* sich bemühen (***to do*** zu tun), sich Umstände machen (***about*** wegen); **'~‑mak·er** Unruhestifter(in); **'~some** lästig
trough [trɒf] Trog *m*; Wellental *n*
trounce [traʊns] *Sport:* haushoch besiegen
troupe *thea.* [truːp] Truppe *f*
trou·ser ['traʊzə]: (***a pair of***) **~s** *pl.* (e-e) Hose; **'~ suit** *Brt.* Hosenanzug *m*
trous·seau ['truːsəʊ] (*pl.* **-seaux** [-səʊz], **-seaus**) Aussteuer *f*
trout *zo.* [traʊt] (*pl.* **trout, trouts**) Forelle *f*
trow·el ['traʊəl] (Maurer)Kelle *f*
tru·ant ['truːənt] Schulschwänzer(in); ***play ~*** (die Schule) schwänzen
truce [truːs] Waffenstillstand *m* (*a. fig.*)
truck[1] [trʌk] **1.** *mot.* Lastwagen *m*; *mot.* Fernlaster *m*; *Brt. rail.* (offener) Güterwagen; Transportkarren *m*; **2.** *Am.* auf *od.* mit Lastwagen transportieren
truck[2] *Am.* [trʌk] Gemüse *n od.* Obst *n* (für den Verkauf)
'truck| driv·er, **'~·er** *bsd. Am.* Lastwagenfahrer *m*; Fernfahrer *m*
'truck farm *Am. econ.* Gemüse‑ u. Obstgärtnerei *f*
trudge [trʌdʒ] (mühsam) stapfen
true [truː]: (**~r**, **~st**) wahr; echt, wirklich; treu (**to** *dat.*); ***be ~*** wahr sein, stimmen; ***come ~*** in Erfüllung gehen; wahr werden; **~ to life** lebensecht
tru·ly ['truːlɪ] wahrheitsgemäß, wirklich, wahrhaft; aufrichtig; ***Yours ~*** *bsd. Am.* Hochachtungsvoll (*Briefschluss*)
trump [trʌmp] **1.** Trumpf(karte *f*) *m*; **~s** *pl.* Trumpf *m* (*Farbe*); **2.** mit e-m Trumpf stechen; **~ up** erfinden
trum·pet ['trʌmpɪt] **1.** *mus.* Trompete *f*; **2.** trompeten; *fig.* ausposaunen
trun·cheon ['trʌntʃən] (Gummi)Knüppel *m*, Schlagstock *m*
trun·dle ['trʌndl] *Karren etc.* ziehen
trunk [trʌŋk] (Baum)Stamm *m*; Schrankkoffer *m*; *zo.* Rüssel *m* (*des Elefanten*); *anat.* Rumpf *m*; *Am. mot.* Kofferraum *m*; **'~ road** *Brt.* Fernstraße *f*
trunks [trʌŋks] *pl.* (***a. a pair of ~***) (Bade)Hose; *Sport:* Shorts *pl.*
truss [trʌs] **1.** ***a. ~ up*** *j-n* fesseln; *gastr. Geflügel etc.* dressieren; **2.** *med.* Bruchband *n*
trust [trʌst] **1.** Vertrauen *n* (**in** zu); *jur.* Treuhand *f*; *econ.* Trust *m*; *econ.* Großkonzern *m*; **hold s.th. in ~** et. treuhänderisch verwalten (**for** für); **place s.th. in s.o.'s ~** j-m et. anvertrauen; **2.** *v/t.* (ver)trauen (*dat.*); sich verlassen auf (*acc.*); (zuversichtlich) hoffen; **~ him!** das sieht ihm ähnlich!; *v/i.* **~ in** vertrauen auf (*acc.*); **~ee** *jur.* [trʌs'tiː] Treuhänder(in); Sachverwalter(in); **'~·ful**, **'~·ing** vertrauensvoll; **'~·wor·thy** vertrauenswürdig, zuverlässig
truth [truːθ] (*pl.* **~s** [truːðz, truːθs]) Wahrheit *f*; **'~·ful** wahr(heitsliebend)
try [traɪ] **1.** *v/t.* versuchen; *et.* (aus)probieren; *jur.* (über) e-e Sache verhandeln; *jur.* j-m den Prozess machen (**for** wegen); j-n, j-s Geduld, Nerven *etc.* auf e-e harte Probe stellen; **~ s.th. on** *Kleidungsstück* anprobieren; **~ s.th. out** et. ausprobieren; *v/i.* es versuchen; **~ for** *Brt.*, **~ out for** *Am.* sich bemühen um; **2.** Versuch *m*; **'~·ing** anstrengend
tsar *hist.* [zɑː] Zar *m*
T‑shirt ['tiːʃɜːt] T‑Shirt *n*
TU [tiː 'juː] *Abk. für* **trade(s) union** Gewerkschaft *f*
tub [tʌb] Bottich *m*, Zuber *m*, Tonne *f*; Becher *m* (*für Eis, Margarine etc.*); F (Bade)Wanne *f*
tube [tjuːb] Röhre *f* (*a. anat.*), Rohr *n*; Schlauch *m*; Tube *f*; *Brt.* F U‑Bahn *f* (*in London*); *Am.* F Röhre *f*, Glotze *f* (*Fernseher*); **'~·less** schlauchlos
tu·ber *bot.* ['tjuːbə] Knolle *f*
tu·ber·cu·lo·sis *med.* [tjuːbɜːkjʊ'ləʊsɪs] Tuberkulose *f*
tu·bu·lar ['tjuːbjʊlə] röhrenförmig
TUC *Brt.* [tiː juː 'siː] *Abk. für* **Trades Union Congress** Gewerkschaftsverband *m*
tuck [tʌk] **1.** stecken; **~ away** F wegstecken; **~ in** *bsd. Brt.* F reinhauen, zulangen; **~ up** (**in bed**) *Kind* ins Bett packen; **2.** Biese *f*; Saum *m*; Abnäher *m*

Tue(s) *nur geschr. Abk. für* **Tuesday** Di., Dienstag *m*

Tues·day ['tju:zdɪ] (*Abk.* **Tue, Tues**) Dienstag *m*; **on** ~ (am) Dienstag; **on** ~**s** dienstags

tuft [tʌft] (*Gras-, Haar- etc.*)Büschel *m*

tug [tʌg] **1.** (*-gg-*) zerren *od.* ziehen (**an** *dat. od.* **at an** *dat.*); **2. give** *s.th.* **a** ~ zerren *od.* ziehen **an** (*dat.*); ~**-of-**'**war** *Sport:* Tauziehen *n* (*a. fig.*)

tu·i·tion [tjuː'ɪʃn] Unterricht *m*; *bsd. Am.* Unterrichtsgebühr (*en pl.*) *f*

tu·lip *bot.* ['tju:lɪp] Tulpe *f*

tum·ble ['tʌmbl] **1.** fallen, stürzen; purzeln (*a. Preise*); **2.** Fall *m*, Sturz *m*; '~**-down** baufällig

tum·bler ['tʌmblə] (Trink)Glas *n*

tu·mid *med.* ['tju:mɪd] geschwollen

tum·my F ['tʌmɪ] Bauch *m*, Bäuchlein *n*

tu·mo(u)r *med.* ['tju:mə] Tumor *m*

tu·mult ['tju:mʌlt] Tumult *m*; **tu·mul·tu·ous** [tjuː'mʌltjʊəs] tumultartig, (*Applaus, Empfang*) stürmisch

tu·na *zo.* ['tuːnə] (*pl.* **-na, -nas**) Tunfisch *m*

tune [tjuːn] **1.** Melodie *f*; **be out of** ~ *mus.* verstimmt sein; **2.** *v/t. mst* ~ **in** Radio *etc.* einstellen (**to** auf *acc.*); *a.* ~ **up** *mus.* stimmen; *a.* ~ **up** Motor tunen; *v/i.* ~ **in** (das Radio *etc.*) einschalten; ~ **up** (die Instrumente) stimmen (*Orchester*); '~**·ful** melodisch; '~**·less** unmelodisch

tun·er ['tjuːnə] *Radio, TV:* Tuner *m*

tun·nel ['tʌnl] **1.** Tunnel *m*; **2.** (*bsd. Brt.* **-ll-**, *Am.* **-l-**) Berg durchtunneln; Fluss *etc.* untertunneln

tun·ny *zo.* ['tʌnɪ] (*pl.* **-ny, -nies**) Tunfisch *m*

tur·ban ['tɜːbən] Turban *m*

tur·bid ['tɜːbɪd] trüb (*Flüssigkeit*); dick (*Rauch etc.*); *fig.* verworren, wirr

tur·bine *tech.* ['tɜːbaɪn] Turbine *f*

tur·bo F *mot.* ['tɜːbəʊ] (*pl.* **-bos**), ~ **charg·er** *mot.* ['tɜːbəʊtʃɑːdʒə] Turbolader *m*

tur·bot *zo.* ['tɜːbət] (*pl.* **-bot, -bots**) Steinbutt *m*

tur·bu·lent ['tɜːbjʊlənt] turbulent

tu·reen [təˈriːn] (Suppen)Terrine *f*

turf [tɜːf] **1.** (*pl.* **turfs, turves** [tɜːvz]) Rasen *m*; Sode *f*, Rasenstück *n*; **the** ~ die (Pferde)Rennbahn; der Pferderennsport; **2.** mit Rasen bedecken

tur·gid *med.* ['tɜːdʒɪd] geschwollen

Turk [tɜːk] Türk|e *m*, -in *f*

Tur·key ['tɜːkɪ] die Türkei

tur·key ['tɜːkɪ] *zo.* Truthahn *m*, -henne *f*, Pute(r *m*) *f*; **talk** ~ *bsd. Am.* F offen *od.* sachlich reden

Turk·ish ['tɜːkɪʃ] **1.** türkisch; **2.** *ling.* Türkisch *n*

tur·moil ['tɜːmɔɪl] Aufruhr *m*

turn [tɜːn] **1.** *v/t.* (herum-, um)drehen; (um)wenden; Seite umblättern; Schlauch *etc.* richten (**on** auf *acc.*); Antenne ausrichten (**toward**[**s**] auf *acc.*); Aufmerksamkeit zuwenden (**to** *dat.*); verwandeln (**into** in *acc.*); Laub *etc.* färben; Milch sauer werden lassen; *tech.* formen, drechseln; ~ **the corner** um die Ecke biegen; ~ **loose** los-, freilassen; ~ *s.o.*'*s stomach* j-m den Magen umdrehen; → **inside** 1, **upside down**, **somersault** 1; *v/i.* sich (um)drehen; abbiegen; einbiegen (**onto** auf *acc.*; **into** in *acc.*); *mot.* wenden; blass, sauer *etc.* werden; sich verwandeln, *fig. a.* umschlagen (*Wetter etc.*) (**into**, **to** in *acc.*); → **left**² 2, **right** 2; ~ **against** j-n aufbringen *od.* -hetzen gegen; fig. sich wenden gegen; ~ **away** (sich) abwenden (**from** von); j-n abweisen, wegschicken; ~ **back** umkehren; j-n zurückschicken; Uhr zurückstellen; ~ **down** Radio *etc.* leiser stellen; Gas *etc.* klein(er) stellen; Heizung *etc.* runterschalten; j-n, Angebot *etc.* ablehnen; Kragen umschlagen; Bettdecke zurückschlagen; ~ **in** *v/t.* zurückgeben; Gewinn *etc.* erzielen, machen; *bsd. Am.* Arbeit einreichen, abgeben; ~ *o.s.* **in** sich stellen; *v/i.* F sich aufs Ohr legen; ~ **off** *v/t.* Gas, Wasser *etc.* abdrehen; Licht, Radio *etc.* ausmachen, -schalten; Motor abstellen; F j-n anwidern; F j-m die Lust nehmen; *v/i.* abbiegen; ~ **on** Gas, Wasser *etc.* aufdrehen; Gerät anstellen; Licht, Radio *etc.* anmachen, an-, einschalten; F j-n antörnen, anmachen; ~ **out** *v/t.* Licht ausmachen, -schalten; j-n hinauswerfen; *econ.* F Waren ausstoßen; Tasche *etc.* (aus)leeren; *v/i.* kommen (**for** zu); sich erweisen *od.* herausstellen als; ~ **over** (sich) umdrehen; Seite umblättern; wenden; *et.* umkippen; sich *et.* überlegen; j-n, *et.* übergeben (**to** *dat.*); *econ.* Waren umsetzen; ~ **round** sich umdrehen; wenden; ~ **one**'**s car round** wenden; ~ **to**

twist

sich an *j-n* wenden; sich zuwenden (*dat.*); ~ **up** Kragen hochschlagen; Ärmel, Saum *etc.* umschlagen; *Radio etc.* lauter stellen; *Gas etc.* aufdrehen; *fig.* auftauchen; **2.** (Um)Drehung *f*; Biegung *f*, Kurve *f*, Kehre *f*; *Am.* Abzweigung *f*; *fig.* Wende *f*, Wendung *f*; *at every* ~ auf Schritt und Tritt; *by* ~*s* abwechselnd; *in* ~ der Reihe nach; abwechselnd; *it is my* ~ ich bin dran *od.* an der Reihe; *make a left* ~ nach links abbiegen; *take* ~*s* sich abwechseln (*at* bei); *take a* ~ *for the better/worse* sich bessern/sich verschlimmern; *do s.o. a good/bad* ~ j-m e-n guten/schlechten Dienst erweisen; '~**·coat** Abtrünnige(r) *m*, Überläufer(in); (*political*) ~ F *pol.* Wendehals *m*; '~**·er** Drechsler *m*; Dreher *m*

'**turn·ing** *bsd. Brt.* Abzweigung *f*; '~ **cir·cle** *mot.* Wendekreis *m*; '~ **point** *fig.* Wendepunkt *m*

tur·nip *bot.* ['tɜːnɪp] Rübe *f*

'**turn-off** Abzweigung *f*; '~**·out** Besucher(zahl *f*) *pl.*, Beteiligung *f*; Wahlbeteiligung *f*; F Aufmachung *f* (*e-r Person*); '~**·o·ver** *econ.* Umsatz *m*; Personalwechsel *m*, Fluktuation *f*; '~**·pike** *Am.*, ~**·pike 'road** *Am.* gebührenpflichtige Schnellstraße; '~**·stile** Drehkreuz *n*; '~**·ta·ble** Plattenteller *m*; '~**·up** *Brt.* (Hosen)Aufschlag *m*

tur·pen·tine *chem.* ['tɜːpəntaɪn] Terpentin *n*

tur·quoise *min.* ['tɜːkwɔɪz] Türkis *m*

tur·ret ['tʌrɪt] *arch.* Eckürmchen *n*; *mil.* (Panzer)Turm *m*; *naut.* Gefechts-, Geschützturm *m*

tur·tle *zo.* ['tɜːtl] (*pl.* **-tles, -tle**) (See)Schildkröte *f*; '~**·dove** *zo.* Turteltaube *f*; '~**·neck** *bsd. Am.* Rollkragen(pullover) *m*

tusk [tʌsk] Stoßzahn *m* (*von Elefant u. Walross*); Hauer *m* (*e-s Keilers*)

tus·sle F ['tʌsl] Gerangel *n*

tus·sock ['tʌsək] Grasbüschel *n*

tu·te·lage ['tjuːtɪlɪdʒ] (An)Leitung *f*; *jur.* Vormundschaft *f*

tu·tor ['tjuːtə] Privat-, Hauslehrer(in); *Brt. univ.* Tutor(in), Studienleiter(in)

tu·to·ri·al *Brt. univ.* [tjuːˈtɔːrɪəl] Tutorenkurs *m*

tux·e·do *Am.* [tʌkˈsiːdəʊ] (*pl.* **-dos**) Smoking *m*

TV [tiːˈviː] TV *n*, Fernsehen *n*; Fernseher *m*, Fernsehapparat *m*; Fernseh...; *on* ~ im Fernsehen; *watch* ~ fernsehen

twang [twæŋ] **1.** Schwirren *n*; *mst nasal* ~ näselnde Aussprache; **2.** schwirren (lassen)

tweak F [twiːk] zwicken, kneifen

tweet [twiːt] piep(s)en (*Vogel*)

twee·zers ['twiːzəz] *pl.* (*a pair of* ~ e-e) Pinzette

twelfth [twelfθ] **1.** zwölfte(r, -s); **2.** Zwölftel *n*

twelve [twelv] **1.** zwölf; **2.** Zwölf *f*

twen|·ti·eth ['twentɪɪθ] zwanzigste(r, -s); ~**·ty** ['twentɪ] **1.** zwanzig; **2.** Zwanzig *f*

twice [twaɪs] zweimal

twid·dle ['twɪdl] (herum)spielen mit (*od. with* mit); ~ *one's thumbs* Däumchen drehen

twig [twɪɡ] dünner Zweig, Ästchen *n*

twi·light ['twaɪlaɪt] (*bsd. Abend*)Dämmerung *f*; Zwie-, Dämmerlicht *n*

twin [twɪn] **1.** Zwilling *m*; ~*s pl.* Zwillinge *pl.*; **2.** Zwillings...; doppelt; **3.** (*-nn-*): *be* ~*ned with* die Partnerstadt sein von; ~**·bed·ded 'room** Zweibettzimmer *n*; ~ **'beds** *pl.* zwei Einzelbetten; ~ **'broth·er** Zwillingsbruder *m*

twine [twaɪn] **1.** Bindfaden *m*, Schnur *f*; **2.** (sich) schlingen *od.* winden (*round* um); *a.* ~ *together* zusammendrehen

twin-en·gined *aviat.* zweimotorig

twinge [twɪndʒ] stechender Schmerz, Stechen *n*; *a* ~ *of conscience* Gewissensbisse *pl.*

twin·kle ['twɪŋkl] **1.** glitzern (*Sterne*), (*a. Augen*) funkeln (*with* vor *dat.*); **2.** Glitzern, Funkeln *n*; *with a* ~ *in one's eye* augenzwinkernd

twin| 'sis·ter Zwillingsschwester *f*; ~ **'town** Partnerstadt *f*

twirl [twɜːl] **1.** (herum)wirbeln; wirbeln (*round* über *acc.*); **2.** Wirbel *m*

twist [twɪst] **1.** *v/t.* drehen; wickeln (*round* um); *fig.* entstellen, verdrehen; ~ *off* abdrehen, Deckel abschrauben; ~ *one's ankle* (mit dem Fuß) umknicken, sich den Fuß vertreten; *her face was* ~*ed with pain* ihr Gesicht war schmerzverzerrt; *v/i.* sich winden (*Person*), (*Fluss etc. a.*) sich schlängeln; **2.** Drehung *f*; Biegung *f*, *fig.* (*überraschende*) Wendung *f*; *mus.* Twist *m*

twitch [twɪtʃ] 1. zucken (mit); zucken (*with* vor); zupfen (*an dat.*); 2. Zucken *n*; Zuckung *f*

twit·ter ['twɪtə] 1. zwitschern; 2. Zwitschern *n*, Gezwitscher *n*; *be all of a ~* F ganz aufgeregt sein

two [tuː] 1. zwei; *the ~ cars* die beiden Autos; *the ~ of us* wir beide; *in ~s* zu zweit, paarweise; *cut in ~* in zwei Teile schneiden; *put ~ and ~ together* zwei u. zwei zusammenzählen; 2. Zwei *f*; **~-'edged** zweischneidig; **~'faced** falsch, heuchlerisch; '**~fold** zweifach; **~pence** *Brt.* ['tʌpəns] zwei Pence *pl.*; **~pen·ny** *Brt.* F ['tʌpnɪ] für zwei Pence; **~piece** zweiteilig; *~ dress* Jackenkleid u. **~'seat·er** *aviat., mot.* Zweisitzer *m*; '**~stroke** *tech.* 1. Zweitakt...; 2. *a. ~ engine* Zweitakter *m*; '**~way** Doppel...; **~way 'traf·fic** Gegenverkehr *m*

ty·coon [taɪˈkuːn] (*Industrie- etc.*)Magnat *m*

type [taɪp] 1. Art *f*, Sorte *f*; Typ *m*; *print.* Type *f*, Buchstabe *m*; 2. *v/t. et.* mit der Maschine schreiben, tippen; *v/i.* Maschine schreiben, tippen; '**~writ·er** Schreibmaschine *f*; '**~writ·ten** maschine(n)geschrieben

ty·phoid *med.* ['taɪfɔɪd], **~ 'fe·ver** *med.* Typhus *m*

ty·phoon [taɪˈfuːn] Taifun *m*

ty·phus *med.* ['taɪfəs] Flecktyphus *m*, -fieber *n*; △ *nicht* **Typhus**

typ·i|·cal ['tɪpɪkl] typisch, bezeichnend (*of* für); **~fy** ['tɪpɪfaɪ] typisch sein für, kennzeichnen; verkörpern

typ·ing| er·ror ['taɪpɪŋ -] Tippfehler *m*; **~ pool** Schreibzentrale *f* (*in e-r Firma*)

typ·ist ['taɪpɪst] Schreibkraft *f*; Maschinenschreiber(in)

ty·ran·ni·cal [tɪˈrænɪkl] tyrannisch

tyr·an|·nize ['tɪrənaɪz] tyrannisieren; **~ny** ['tɪrənɪ] Tyrannei *f*

ty·rant ['taɪərənt] Tyrann(in)

tyre *Brt.* ['taɪə] Reifen *m*

Ty·rol [tɪˈrəʊl, 'tɪrəl] → **Tirol**

tzar *hist.* [zɑː] → **tsar**

U

U, u [juː] U, u *n*

ud·der *zo.* ['ʌdə] Euter *n*

UEFA [juːˈiːfə] *Abk. für Union of European Football Associations* UEFA *f*

UFO ['juːfəʊ, juː ef 'əʊ] (*pl. -os*) *Abk. für unidentified flying object* UFO *n*, Ufo *n*

ug·ly ['ʌglɪ] (*-ier, -iest*) hässlich (*a. fig.*); bös(e), schlimm (*Wunde etc.*)

UHF [juː eɪtʃ 'ef] *Abk. für ultrahigh frequency* UHF, Ultrahochfrequenz(bereich *m*) *f*

UK [juː 'keɪ] *Abk. für United Kingdom* das Vereinigte Königreich (*England, Schottland, Wales u. Nordirland*)

ul·cer *med.* ['ʌlsə] Geschwür *n*

ul·te·ri·or [ʌlˈtɪərɪə]: *~ motive* Hintergedanke *m*

ul·ti·mate ['ʌltɪmət] letzte(r, -s), End...; höchste(r, -s); '**~ly** letztlich; schließlich

ul·ti·ma·tum [ʌltɪˈmeɪtəm] (*pl. -tums, -ta* [-tə]) Ultimatum *n*

ul·tra|·high fre·quen·cy *electr.* [ʌltrəhaɪ ˈfriːkwənsɪ] Ultrakurzwelle *f*; **~ma'rine** ultramarin; '**~son·ic** Ultraschall...; '**~sound** *phys.* Ultraschall *m*; **~vi·o·let** ultraviolett

um·bil·i·cal cord *anat.* [ʌmbɪlɪkl 'kɔːd] Nabelschnur *f*

um·brel·la [ʌmˈbrelə] (Regen)Schirm *m*; *fig.* Schutz *m*

um·pire ['ʌmpaɪə] *Sport* 1. Schiedsrichter(in); 2. als Schiedsrichter fungieren (bei)

UN [juː 'en] *Abk. für United Nations pl.* UN *f*, Vereinte Nationen *pl.*

un·a·bashed [ʌnəˈbæʃt] unverfroren

un·a·bat·ed [ʌnəˈbeɪtɪd] unvermindert

un·a·ble [ʌnˈeɪbl] unfähig, außer Stande, nicht in der Lage

un·ac·count·a·ble [ʌnəˈkaʊntəbl] unerklärlich

un·ac·cus·tomed [ʌnəˈkʌstəmd] ungewohnt

un·ac·quaint·ed [ʌnəˈkweɪntɪd]: *be ~ with s.th.* et. nicht kennen, mit e-r Sache nicht vertraut sein

un·ad·vised [ʌnədˈvaɪzd] unbesonnen, unüberlegt

un·af·fect·ed [ʌnəˈfektɪd] natürlich, ungekünstelt; *be ~ by* nicht betroffen werden von

un·aid·ed [ʌnˈeɪdɪd] ohne Unterstützung, (ganz) allein

un·al·ter·a·ble [ʌnˈɔːltərəbl] unabänderlich (*Entschluss etc.*)

u·nan·i·mous [juːˈnænɪməs] einmütig; einstimmig

un·an·nounced [ʌnəˈnaʊnst] unangemeldet

un·an·swer·a·ble [ʌnˈɑːnsərəbl] unwiderlegbar; nicht zu beantworten(d)

un·ap·proach·a·ble [ʌnəˈprəʊtʃəbl] unnahbar

un·armed [ʌnˈɑːmd] unbewaffnet

un·asked [ʌnˈɑːskt] ungestellt (*Frage*); unaufgefordert, ungebeten

un·as·sist·ed [ʌnəˈsɪstɪd] ohne (fremde) Hilfe, (ganz) allein

un·as·sum·ing [ʌnəˈsjuːmɪŋ] bescheiden

un·at·tached [ʌnəˈtætʃt] ungebunden, frei (*Person*)

un·at·tend·ed [ʌnəˈtendɪd] unbeaufsichtigt

un·at·trac·tive [ʌnəˈtræktɪv] unattraktiv, wenig anziehend, reizlos

un·au·thor·ized [ʌnˈɔːθəraɪzd] unberechtigt, unbefugt

un·a·void·a·ble [ʌnəˈvɔɪdəbl] unvermeidlich

un·a·ware [ʌnəˈweə]: *be ~ of s.th.* sich e-r Sache nicht bewusst sein, et. nicht bemerken; **~s** [ʌnəˈweəz]: *catch od. take s.o. ~* j-n überraschen

un·bal·ance [ʌnˈbæləns] *j-n* aus dem (seelischen) Gleichgewicht bringen; **~d** unausgeglichen, labil

un·bar [ʌnˈbɑː] auf-, entriegeln

un·bear·a·ble [ʌnˈbeərəbl] unerträglich

un·beat·a·ble [ʌnˈbiːtəbl] unschlagbar; **un·beat·en** [ʌnˈbiːtn] ungeschlagen, unbesiegt

un·be·known(st) [ʌnbɪˈnəʊn(st)]: *~ to s.o.* ohne j-s Wissen

un·be·lie·va·ble [ʌnbɪˈliːvəbl] unglaublich

un·bend [ʌnˈbend] (*-bent*) gerade biegen; sich aufrichten; *fig.* aus sich herausgehen, auftauen; **~ing** unbeugsam

un·bi·as(s)ed [ʌnˈbaɪəst] unvoreingenommen, *jur.* unbefangen

un·bind [ʌnˈbaɪnd] (*-bound*) losbinden

un·blem·ished [ʌnˈblemɪʃt] makellos (*Ruf etc.*)

un·born [ʌnˈbɔːn] ungeboren

un·break·a·ble [ʌnˈbreɪkəbl] unzerbrechlich

un·bri·dled [ʌnˈbraɪdld] *fig.* ungezügelt, zügellos; **~ tongue** lose Zunge

un·bro·ken [ʌnˈbrəʊkən] ununterbrochen; heil, unversehrt; nicht zugeritten (*Pferd*)

un·buck·le [ʌnˈbʌkl] auf-, losschnallen

un·bur·den [ʌnˈbɜːdn]: *~ o.s. to s.o.* j-m sein Herz ausschütten

un·but·ton [ʌnˈbʌtn] aufknöpfen

un·called-for [ʌnˈkɔːldfɔː] ungerechtfertigt; unnötig; unpassend

un·can·ny [ʌnˈkænɪ] (*-ier, -iest*) unheimlich

un·cared-for [ʌnˈkeədfɔː] vernachlässigt

un·ceas·ing [ʌnˈsiːsɪŋ] unaufhörlich

un·cer·e·mo·ni·ous [ʌnserɪˈməʊnjəs] brüsk, unhöflich; überstürzt

un·cer·tain [ʌnˈsɜːtn] unsicher, ungewiss, unbestimmt; vage; unbeständig (*Wetter*); **~ty** [ʌnˈsɜːtntɪ] Unsicherheit *f*, Ungewissheit *f*

un·chain [ʌnˈtʃeɪn] losketten

un·changed [ʌnˈtʃeɪndʒd] unverändert; **un·chang·ing** [ʌnˈtʃeɪndʒɪŋ] unveränderlich

un·char·i·ta·ble [ʌnˈtʃærɪtəbl] unfair, unfreundlich

un·checked [ʌnˈtʃekt] ungehindert; unkontrolliert

un·chris·tian [ʌnˈkrɪstʃən] unchristlich

un·civ·il [ʌnˈsɪvl] unhöflich; **un·civ·i·lized** [ʌnˈsɪvɪlaɪzd] unzivilisiert

un·cle [ˈʌŋkl] Onkel *m*

un·com·for·ta·ble [ʌnˈkʌmfətəbl] unbequem; *feel ~* sich unbehaglich fühlen

un·com·mon [ʌnˈkɒmən] ungewöhnlich

un·com·mu·ni·ca·tive [ʌnkəˈmjuːnɪkətɪv] wortkarg, verschlossen

un·com·pro·mis·ing [ʌnˈkɒmprəmaɪzɪŋ] kompromisslos

un·con·cerned [ʌnkən'sɜːnd]: *be ~ about* sich keine Gedanken *od.* Sorgen machen über (*acc.*); *be ~ with* uninteressiert sein an (*dat.*)

un·con·di·tion·al [ʌnkən'dɪʃənl] bedingungslos

un·con·firmed [ʌnkən'fɜːmd] unbestätigt

un·con·scious [ʌn'kɒnʃəs] *med.* bewusstlos; unbewusst; unbeabsichtigt; *be ~ of s.th.* sich e-r Sache nicht bewusst sein, et. nicht bemerken; **~ness** *med.* Bewusstlosigkeit *f*

un·con·sti·tu·tion·al [ʌnkɒnstɪ'tjuːʃənl] verfassungswidrig

un·con·trol·la·ble [ʌnkən'trəʊləbl] unkontrollierbar; nicht zu bändigen(d) (*Kind*); unbändig (*Wut etc.*); **un·con·trolled** [ʌnkən'trəʊld] unkontrolliert, ungehindert

un·con·ven·tion·al [ʌnkən'venʃənl] unkonventionell

un·con·vinced [ʌnkən'vɪnst]: *be ~* nicht überzeugt sein (*about* von); **un·con·vinc·ing** nicht überzeugend

un·cooked [ʌn'kʊkt] ungekocht, roh

un·cork [ʌn'kɔːk] entkorken

un·count·a·ble [ʌn'kaʊntəbl] unzählbar

un·cou·ple [ʌn'kʌpl] *Wag(g)on etc.* abkoppeln

un·couth [ʌn'kuːθ] ungehobelt (*Person, Benehmen*)

un·cov·er [ʌn'kʌvə] aufdecken, *fig. a.* enthüllen

un·crit·i·cal [ʌn'krɪtɪkl] unkritisch; *be ~ of s.th.* e-r Sache unkritisch gegenüberstehen

unc·tion *rel.* ['ʌŋkʃn] Salbung *f*; **~tu·ous** ['ʌŋktjʊəs] salbungsvoll

un·cut [ʌn'kʌt] ungekürzt (*Film, Roman etc.*); ungeschliffen (*Diamant etc.*)

un·dam·aged [ʌn'dæmɪdʒd] unbeschädigt, unversehrt, heil

un·dat·ed [ʌn'deɪtɪd] undatiert, ohne Datum

un·daunt·ed [ʌn'dɔːntɪd] unerschrocken, furchtlos

un·de·cid·ed [ʌndɪ'saɪdɪd] unentschieden, offen; unentschlossen

un·de·mon·stra·tive [ʌndɪ'mɒnstrətɪv] zurückhaltend, reserviert

un·de·ni·a·ble [ʌndɪ'naɪəbl] unbestreitbar

un·der ['ʌndə] **1.** *prp.* unter; **2.** *adv.* unten; darunter; **~age** [ʌndər'eɪdʒ] minderjährig; **~'bid** (*-dd-; -bid*) unterbieten; '**~brush** *bsd. Am.* → **undergrowth**; '**~car·riage** *aviat.* Fahrwerk *n*, -gestell *n*; **~'charge** zu wenig berechnen; zu wenig verlangen; **~clothes** ['ʌndəkləʊðz] *pl.*, **~cloth·ing** ['ʌndəkləʊðɪŋ] → *underwear*; '**~coat** Grundierung *f*; **~'cov·er**: **~** *agent* verdeckter Ermittler; **~'cut** (*-tt-; -cut*) j-n (im Preis) unterbieten; **~de'vel·oped** unterentwickelt; **~** *country* Entwicklungsland *n*; '**~dog** Benachteiligte(r *m*) *f*, Unterdrückte(r *m*) *f*; **~'done** nicht gar, nicht durchgebraten; **~'es·ti·mate** [ʌndər'estɪmeɪt] zu niedrig schätzen *od.* veranschlagen; *fig.* unterschätzen, -bewerten; '**~ex·pose** *phot.* [ʌndərɪk'spəʊz] unterbelichten; **~'fed** unterernährt; **~'go** (*-went, -gone*) erleben, durchmachen; sich e-r Operation etc. unterziehen; **~'grad** F ['ʌndəgræd], **~grad·u·ate** [ʌndə'grædʒʊət] Student(in); **~ground 1.** *adv.* [ʌndə'graʊnd] unterirdisch; unter der Erde; **2.** *adj.* ['ʌndəgraʊnd] unterirdisch; *fig.* Untergrund...; **3.** ['ʌndəgraʊnd] *bsd. Brt.* Untergrundbahn *f*, U-Bahn *f*; *by* **~** mit der U-Bahn; '**~growth** Unterholz *n*, Gestrüpp *n*; **~'hand, ~'hand·ed** hinterhältig (*Methoden etc.*); **~'lie** (*-lay, -lain*) zu Grunde liegen (*dat.*); **~'line** unterstreichen (*a. fig.*); '**~ling** *contp.* Untergebene(r *m*) *f*; **~'ly·ing** zu Grunde liegend; **~'mine** unterspülen; *fig.* untergraben, -minieren; **~neath** [ʌndə'niːθ] **1.** *prp.* unter; **2.** *adv.* darunter; **~'nour·ished** unterernährt; '**~pants** *pl.* Unterhose *f*; '**~pass** Unterführung *f*; **~'pay** (*-paid*) j-m zuwenig bezahlen, j-n unterbezahlen; **~'priv·i·leged** unterprivilegiert, benachteiligt; **~'rate** unterbewerten, -schätzen; **~'sec·re·ta·ry** *pol.* Staatssekretär *m*; **~'sell** (*-sold*) *econ.* Ware verschleudern, unter Wert verkaufen; **~** *o.s. fig.* sich schlecht verkaufen; '**~shirt** *Am.* Unterhemd *n*; '**~side** Unterseite *f*; **~'signed 1.** unterzeichnet; **2.** *the* **~** der *od.* die Unterzeichnete, die Unterzeichneten *pl.*; **~'size(d)** zu klein; **~'staffed** (personell) unterbesetzt; **~'stand** (*-stood*)

unfailing

verstehen; erfahren *od.* gehört haben (***that*** dass); ***make o.s. understood*** sich verständlich machen; ***am I to ~ that*** soll das heißen, dass; ***give s.o. to ~ that*** j-m zu verstehen geben, dass; **~·stand·a·ble** verständlich; **~·stand·ing 1.** Verstand *m*; Verständnis *n*; Abmachung *f*; Verständigung *f*; ***come to an ~*** e-e Abmachung treffen (***with*** mit); ***on the ~ that*** unter der Voraussetzung, dass; **2.** verständnisvoll; **~·state** untertreiben, untertrieben darstellen; **~'state·ment** Understatement *n*, Untertreibung *f*; **~'take** (*-took*, *-taken*) *et.* übernehmen; sich verpflichten (**to do** zu tun); **~·tak·er** Leichenbestatter *m*; Beerdigungs-, Bestattungsinstitut *n*; △ *nicht* **Unternehmer**; **~'tak·ing** Unternehmen *n*; Zusicherung *f*; **'~·tone** *fig.* Unterton *m*; ***in an ~*** mit gedämpfter Stimme; **~'val·ue** unterbewerten, -schätzen; **~'wa·ter 1.** *adj.* Unterwasser...; **2.** *adv.* unter Wasser; **'~·wear** Unterwäsche *f*; **'~·weight 1.** ['ʌndəweɪt] Untergewicht *n*; **2.** [ʌndə'weɪt] untergewichtig (*Person*), zu leicht (***by*** um) (*Sache*); ***be five pounds ~*** fünf Pfund Untergewicht haben; **'~·world** Unterwelt *f*

un·de·served [ʌndɪ'zɜːvd] unverdient
un·de·sir·a·ble [ʌndɪ'zaɪərəbl] unerwünscht
un·de·vel·oped [ʌndɪ'veləpt] unerschlossen (*Gelände*); unentwickelt
un·dies F ['ʌndɪz] *pl.* (Damen)Unterwäsche *f*
un·dig·ni·fied [ʌn'dɪɡnɪfaɪd] würdelos
un·dis·ci·plined [ʌn'dɪsɪplɪnd] undiszipliniert, disziplinlos
un·dis·cov·ered [ʌndɪ'skʌvəd] unentdeckt
un·dis·put·ed [ʌndɪ'spjuːtɪd] unbestritten
un·dis·turbed [ʌndɪ'stɜːbd] ungestört
un·di·vid·ed [ʌndɪ'vaɪdɪd] ungeteilt
un·do [ʌn'duː] (*-did*, *-done*) aufmachen, öffnen; *fig.* zunichte machen; **un'do·ing**: ***be s.o.'s ~*** j-s Ruin *od.* Verderben sein; **un'done** unerledigt; offen; ***come ~*** aufgehen
un·doubt·ed [ʌn'daʊtɪd] unbestritten; **~·ly** zweifellos, ohne (jeden) Zweifel
un·dreamed-of [ʌn'driːmdɒv], **un·dreamt-of** [ʌn'dremtɒv] ungeahnt

un·dress [ʌn'dres] sich ausziehen; *j-n* ausziehen
un·due [ʌn'djuː] übermäßig
un·du·lat·ing ['ʌndjʊleɪtɪŋ] sanft (*Hügel*)
un·dy·ing [ʌn'daɪɪŋ] ewig
un·earned *fig.* [ʌn'ɜːnd] unverdient
un·earth [ʌn'ɜːθ] ausgraben, *fig. a.* ausfindig machen, aufstöbern; **~·ly** überirdisch; unheimlich; ***at an ~ hour*** F zu e-r unchristlichen Zeit
un·eas|·i·ness [ʌn'iːzɪnɪs] Unbehagen *n*; **~·y** [ʌn'iːzɪ] (*-ier*, *-iest*) unruhig (*Schlaf*); unsicher (*Friede*); ***feel ~*** sich unbehaglich fühlen; ***I'm ~ about*** mir ist nicht wohl bei
un·e·co·nom·ic ['ʌnˌiːkə'nɒmɪk] (**~·ally**) unwirtschaftlich
un·ed·u·cat·ed [ʌn'edjʊkeɪtɪd] ungebildet
un·e·mo·tion·al [ʌnɪ'məʊʃənl] leidenschaftslos, kühl, beherrscht
un·em·ployed [ʌnɪm'plɔɪd] **1.** arbeitslos; **2. the ~** *pl.* die Arbeitslosen *pl.*
un·em·ploy·ment [ʌnɪm'plɔɪmənt] Arbeitslosigkeit *f*; **~ ben·e·fit** *Brt.*, **~ com·pen·sa·tion** *Am.* Arbeitslosengeld *n*
un·end·ing [ʌn'endɪŋ] endlos
un·en·dur·a·ble [ʌnɪn'djʊərəbl] unerträglich
un·en·vi·a·ble [ʌn'envɪəbl] wenig beneidenswert
un·e·qual [ʌn'iːkwəl] ungleich, unterschiedlich; ungleich, einseitig; ***be ~ to*** e-r *Aufgabe etc.* nicht gewachsen sein; **~(l)ed** unerreicht, unübertroffen
un·er·ring [ʌn'ɜːrɪŋ] unfehlbar
UNESCO [juː'neskəʊ] *Abk. für* **United Nations Educational, Scientific, and Cultural Organization** UNESCO *f*, Organisation *f* der Vereinten Nationen für Erziehung, Wissenschaft und Kultur
un·e·ven [ʌn'iːvn] uneben; ungleich(mäßig); ungerade (*Zahl*)
un·e·vent·ful [ʌnɪ'ventfl] ereignislos
un·ex·am·pled [ʌnɪɡ'zɑːmpld] beispiellos
un·ex·pec·ted [ʌnɪk'spektɪd] unerwartet
un·ex·posed *phot.* [ʌnɪk'spəʊzd] unbelichtet
un·fail·ing [ʌn'feɪlɪŋ] unerschöpflich; nie versagend

un·fair [ʌnˈfeə] unfair, ungerecht
un·faith·ful [ʌnˈfeɪθfl] untreu (**to** dat.)
un·fa·mil·i·ar [ʌnfəˈmɪljə] ungewohnt; unbekannt; nicht vertraut (**with** mit)
un·fas·ten [ʌnˈfɑːsn] aufmachen, öffnen; losbinden
un·fa·vo(u)·ra·ble [ʌnˈfeɪvərəbl] ungünstig, unvorteilhaft (**for, to** für); negativ, ablehnend
un·feel·ing [ʌnˈfiːlɪŋ] gefühl-, herzlos
un·fin·ished [ʌnˈfɪnɪʃt] vollendet; unfertig; unerledigt
un·fit [ʌnˈfɪt] nicht fit, nicht in Form; ungeeignet, untauglich; unfähig
un·flag·ging [ʌnˈflægɪŋ] unermüdlich, unentwegt
un·flap·pa·ble F [ʌnˈflæpəbl] nicht aus der Ruhe zu bringen(d)
un·fold [ʌnˈfəʊld] auf-, auseinanderfalten; darlegen, enthüllen; sich entfalten
un·fore·seen [ʌnfɔːˈsiːn] unvorhergesehen, unerwartet
un·for·get·ta·ble [ʌnfəˈgetəbl] unvergesslich
un·for·got·ten [ʌnfəˈgɒtn] unvergessen
un·for·tu·nate [ʌnˈfɔːtʃnət] unglücklich; unglückselig; bedauerlich; **~·ly** leider
un·found·ed [ʌnˈfaʊndɪd] unbegründet
un·friend·ly [ʌnˈfrendlɪ] (**-ier, -iest**) unfreundlich (**to, towards** zu)
un·furl [ʌnˈfɜːl] *Fahne* auf-, entrollen; *Segel* losmachen
un·fur·nished [ʌnˈfɜːnɪʃt] unmöbliert
un·gain·ly [ʌnˈgeɪnlɪ] linkisch, unbeholfen
un·god·ly [ʌnˈgɒdlɪ] gottlos; **at an ~ hour** zu e-r unchristlichen Zeit
un·gra·cious [ʌnˈgreɪʃəs] ungnädig, unfreundlich
un·grate·ful [ʌnˈgreɪtfl] undankbar
un·guard·ed [ʌnˈgɑːdɪd] unbewacht; unbedacht, unüberlegt
un·hap·pi·ly F [ʌnˈhæpɪlɪ] unglücklicherweise, leider; **un·hap·py** [ʌnˈhæpɪ] (**-ier, -iest**) unglücklich
un·harmed [ʌnˈhɑːmd] unversehrt
un·health·y [ʌnˈhelθɪ] (**-ier, -iest**) kränklich, nicht gesund; ungesund; *contp.* krankhaft, unnatürlich
un·heard [ʌnˈhɜːd]: **go ~** keine Beachtung finden, unbeachtet bleiben; **~·of** [ʌnˈhɜːdɒv] noch nie dagewesen, beispiellos

un·hinge [ʌnˈhɪndʒ]: **~ s.o.('s mind)** *fig.* j-n völlig aus dem Gleichgewicht bringen
un·ho·ly F [ʌnˈhəʊlɪ] (**-ier, -iest**) furchtbar, schrecklich
un·hoped-for [ʌnˈhəʊptfɔː] unverhofft, unerwartet
un·hurt [ʌnˈhɜːt] unverletzt
UNICEF [ˈjuːnɪsef] *Abk. für United Nations International Children's Fund* UNICEF *f*, Kinderhilfswerk *n* der Vereinten Nationen
u·ni·corn [ˈjuːnɪkɔːn] Einhorn *n*
un·i·den·ti·fied [ʌnaɪˈdentɪfaɪd] unbekannt, nicht identifiziert
u·ni·fi·ca·tion [juːnɪfɪˈkeɪʃn] Vereinigung *f*
u·ni·form [ˈjuːnɪfɔːm] 1. Uniform *f*; 2. gleichmäßig; einheitlich; **~·i·ty** [juːnɪˈfɔːmətɪ] Einheitlichkeit *f*
u·ni·fy [ˈjuːnɪfaɪ] verein(ig)en; vereinheitlichen
u·ni·lat·er·al *fig.* [juːnɪˈlætərəl] einseitig
un·i·ma·gi·na·ble [ʌnɪˈmædʒɪnəbl] unvorstellbar; **un·i·ma·gi·na·tive** [ʌnɪˈmædʒɪnətɪv] fantasie-, einfallslos
un·im·por·tant [ʌnɪmˈpɔːtənt] unwichtig
un·im·pressed [ʌnɪmˈprest]: **remain ~** unbeeindruckt bleiben (**by** von)
un·in·formed [ʌnɪnˈfɔːmd] nicht unterrichtet *od.* eingeweiht
un·in·hab·i·ta·ble [ʌnɪnˈhæbɪtəbl] unbewohnbar; **un·in·hab·it·ed** [ʌnɪnˈhæbɪtɪd] unbewohnt
un·in·jured [ʌnˈɪndʒəd] unverletzt
un·in·tel·li·gi·ble [ʌnɪnˈtelɪdʒəbl] unverständlich
un·in·ten·tion·al [ʌnɪnˈtenʃənl] unabsichtlich, unbeabsichtigt
un·in·terest·ed [ʌnˈɪntrɪstɪd] uninteressiert (**in** an *dat.*); **be ~ in** a. sich nicht interessieren für; **un·in·te·rest·ing** [ʌnˈɪntrɪstɪŋ] uninteressant
un·in·ter·rupt·ed [ˈʌnɪntəˈrʌptɪd] ununterbrochen
u·nion [ˈjuːnjən] Vereinigung *f*; Union *f*; Gewerkschaft *f*; **~·ist** [ˈjuːnjənɪst] Gewerkschaftler(in); **~·ize** [ˈjuːnjənaɪz] (sich) gewerkschaftlich organisieren; **2 Jack** *a.* **2 Flag** Union Jack *m* (*brit. Nationalflagge*)
u·nique [juːˈniːk] einzigartig; einmalig
u·ni·son [ˈjuːnɪzn]: **in ~** gemeinsam

u·nit ['ju:nɪt] Einheit *f*; *ped.* Unit *f*, Lehreinheit *f*; *math.* Einer *m*; *tech.* (Anbau)Element *n*, Teil *n*; ~ **furniture** Anbaumöbel *pl*.

u·nite [ju:'naɪt] verbinden, -einigen; sich vereinigen *od.* zusammentun; **u'nit·ed** vereinigt, vereint

U·nit·ed 'King·dom *das* Vereinigte Königreich (*England, Schottland, Wales u. Nordirland*)

U·nit·ed 'Na·tions *pl.* Vereinte Nationen *pl.*

U·nit·ed States of A'mer·i·ca *pl.* die Vereinigten Staaten *pl.* von Amerika

u·ni·ty ['ju:nətɪ] Einheit *f*; *math.* Eins *f*

u·ni·ver·sal [ju:nɪ'vɜ:sl] allgemein; universal, universell; Welt...

u·ni·verse ['ju:nɪvɜ:s] Universum *n*, Weltall *n*

u·ni·ver·si·ty [ju:nɪ'vɜ:sətɪ] Universität *f*, Hochschule *f*; ~ **'grad·u·ate** Akademiker(in)

un·just [ʌn'dʒʌst] ungerecht

un·kempt [ʌn'kempt] ungekämmt (*Haar*); ungepflegt (*Kleidung etc.*)

un·kind [ʌn'kaɪnd] unfreundlich

un·known [ʌn'nəʊn] **1.** unbekannt (**to** *dat.*); **2.** der, die, das Unbekannte; ~ **'quan·ti·ty** *math.* unbekannte Größe (*a. fig.*), Unbekannte *f*

un·law·ful [ʌn'lɔ:fl] ungesetzlich, gesetzwidrig

un·lead·ed [ʌn'ledɪd] bleifrei (*Benzin*)

un·learn [ʌn'lɜ:n] (**-ed** *od.* **-learnt**) Ansichten *etc.* ablegen, aufgeben

un·less [ən'les] wenn ... nicht, außer wenn ..., es sei denn

un·like *prp.* [ʌn'laɪk] im Gegensatz zu; *he is very ~ his father* er ist ganz anders als sein Vater; *that is very ~ him* das sieht ihm gar nicht ähnlich; ~·**ly** unwahrscheinlich

un·lim·it·ed [ʌn'lɪmɪtɪd] unbegrenzt

un·list·ed [ʌn'lɪstɪd] *Am. tel.* ~ nicht im Telefonbuch stehen; ~ **'num·ber** *Am. tel.* Geheimnummer *f*

un·load [ʌn'ləʊd] ent-, ab-, ausladen; *naut.* Ladung löschen

un·lock [ʌn'lɒk] aufschließen

un·loos·en [ʌn'lu:sn] losmachen; lockern; lösen

un·loved [ʌn'lʌvd] ungeliebt

un·luck·y [ʌn'lʌkɪ] (**-ier, -iest**) unglücklich; *be ~* Pech haben

un·made [ʌn'meɪd] ungemacht (*Bett*)

un·manned [ʌn'mænd] unbemannt

un·marked [ʌn'mɑ:kt] nicht gekennzeichnet; *Sport:* ungedeckt, frei

un·mar·ried [ʌn'mærɪd] unverheiratet, ledig

un·mask *fig.* [ʌn'mɑ:sk] entlarven

un·matched [ʌn'mætʃt] unübertroffen, unvergleichlich

un·men·tio·na·ble [ʌn'menʃnəbl] Tabu...; *be ~* tabu sein

un·mis·ta·ka·ble [ʌnmɪ'steɪkəbl] unverkennbar, unverwechselbar

un·moved [ʌn'mu:vd] ungerührt; *she remained ~ by it* es ließ sie kalt

un·mu·si·cal [ʌn'mju:zɪkl] unmusikalisch

un·named [ʌn'neɪmd] ungenannt

un·nat·u·ral [ʌn'nætʃrəl] unnatürlich; widernatürlich

un·nec·es·sa·ry [ʌn'nesəsərɪ] unnötig

un·nerve [ʌn'nɜ:v] entnerven

un·no·ticed [ʌn'nəʊtɪst] unbemerkt

un·num·bered [ʌn'nʌmbəd] unnummeriert

UNO ['ju:nəʊ] *Abk. für* **United Nations Organization** UNO *f*

un·ob·tru·sive [ʌnəb'tru:sɪv] unauffällig

un·oc·cu·pied [ʌn'ɒkjʊpaɪd] leer (stehend), unbewohnt; unbeschäftigt

un·of·fi·cial [ʌnə'fɪʃl] inoffiziell

un·pack [ʌn'pæk] auspacken

un·paid [ʌn'peɪd] unbezahlt

un·par·al·leled [ʌn'pærəleld] einmalig, beispiellos

un·par·don·a·ble [ʌn'pɑ:dnəbl] unverzeihlich

un·per·turbed [ʌnpə'tɜ:bd] gelassen, ruhig

un·pick [ʌn'pɪk] *Naht etc.* auftrennen

un·placed [ʌn'pleɪst] *be ~ Sport:* sich nicht platzieren können

un·play·a·ble [ʌn'pleɪəbl] *Sport:* unbespielbar (*Platz*)

un·pleas·ant [ʌn'pleznt] unangenehm, unerfreulich; unfreundlich

un·plug [ʌn'plʌɡ] den Stecker (*gen.*) herausziehen

un·pol·ished [ʌn'pɒlɪʃt] unpoliert; *fig.* ungehobelt

un·pol·lut·ed [ʌnpə'lu:tɪd] sauber, unverschmutzt (*Umwelt etc.*)

un·pop·u·lar [ʌn'pɒpjʊlə] unpopulär,

un·be·liebt; ~**i·ty** [ˌʌnpɒpjʊˈlærətɪ] Unbeliebtheit *f*
un·prac·ti·cal [ʌnˈpræktɪkl] unpraktisch
un·prac·tised *Brt.*, **un·prac·ticed** *Am.* [ʌnˈpræktɪst] ungeübt
un·prec·e·dent·ed [ʌnˈpresɪdentɪd] beispiellos, noch nie dagewesen
un·pre·dict·a·ble [ʌnprɪˈdɪktəbl] unvorhersehbar; unberechenbar (*Person*)
un·prej·u·diced [ʌnˈpredʒʊdɪst] unvoreingenommen; *jur.* unbefangen
un·pre·med·i·tat·ed [ʌnpriːˈmedɪteɪtɪd] nicht vorsätzlich; unüberlegt
un·pre·pared [ʌnprɪˈpeəd] unvorbereitet
un·pre·ten·tious [ʌnprɪˈtenʃəs] bescheiden, einfach, schlicht
un·prin·ci·pled [ʌnˈprɪnsəpld] skrupellos, gewissenlos
un·prin·ta·ble [ʌnˈprɪntəbl] nicht druckfähig *od.* druckreif
un·pro·duc·tive [ʌnprəˈdʌktɪv] unproduktiv, unergiebig
un·pro·fes·sion·al [ʌnprəˈfeʃənl] unprofessionell; unfachmännisch
un·prof·it·a·ble [ʌnˈprɒfɪtəbl] unrentabel
un·pro·nounce·a·ble [ʌnprəˈnaʊnsəbl] unaussprechbar
un·pro·tect·ed [ʌnprəˈtektɪd] ungeschützt
un·proved [ʌnˈpruːvd], **un·prov·en** [ʌnˈpruːvn] unbewiesen
un·pro·voked [ʌnprəˈvəʊkt] grundlos
un·pun·ished [ʌnˈpʌnɪʃt] unbestraft, ungestraft; *go* ~ straflos bleiben
un·qual·i·fied [ʌnˈkwɒlɪfaɪd] unqualifiziert, ungeeignet (*for* für); uneingeschränkt
un·ques·tio·na·ble [ʌnˈkwestʃənəbl] unbestritten; **un·ques·tion·ing** [ʌnˈkwestʃənɪŋ] bedingungslos
un·quote [ʌnˈkwəʊt]: *quote ...* ~ Zitat ... Zitat Ende
un·rav·el [ʌnˈrævl] (*bsd. Brt.* -**ll**-, *Am.* -**l**-) (sich) auftrennen (*Pullover etc.*); entwirren
un·read·a·ble [ʌnˈriːdəbl] nicht lesenswert, unlesbar, *a.* unleserlich
un·re·al [ʌnˈrɪəl] unwirklich; **un·re·a·lis·tic** [ʌnrɪəˈlɪstɪk] (~*ally*) unrealistisch
un·rea·so·na·ble [ʌnˈriːznəbl] unvernünftig; übertrieben, unzumutbar (*a. Preise etc.*)
un·rec·og·niz·a·ble [ʌnˈrekəgnaɪzəbl] nicht wiederzuerkennen(d)
un·re·lat·ed [ʌnrɪˈleɪtɪd]: *be* ~ in keinem Zusammenhang stehen (*to* mit)
un·re·lent·ing [ʌnrɪˈlentɪŋ] unvermindert
un·re·li·a·ble [ʌnrɪˈlaɪəbl] unzuverlässig
un·re·lieved [ʌnrɪˈliːvd] ununterbrochen, ständig
un·re·mit·ting [ʌnrɪˈmɪtɪŋ] unablässig, unaufhörlich
un·re·quit·ed [ʌnrɪˈkwaɪtɪd]: ~ *love* unerwiderte Liebe
un·re·served [ʌnrɪˈzɜːvd] uneingeschränkt; nicht reserviert (*Sitzplatz*)
un·rest *pol. etc.* [ʌnˈrest] Unruhen *pl.*
un·re·strained [ʌnrɪˈstreɪnd] hemmungslos, ungezügelt
un·re·strict·ed [ʌnrɪˈstrɪktɪd] uneingeschränkt
un·ripe [ʌnˈraɪp] unreif
un·ri·val(l)ed [ʌnˈraɪvld] unerreicht, unübertroffen, einzigartig
un·roll [ʌnˈrəʊl] (sich) auf- *od.* entrollen; sich entfalten
un·ruf·fled [ʌnˈrʌfld] gelassen, ruhig
un·ru·ly [ʌnˈruːlɪ] (-*ier*, -*iest*) ungebärdig, wild; widerspenstig (*Haare*)
un·sad·dle [ʌnˈsædl] *Pferd* absatteln; *Reiter* abwerfen
un·safe [ʌnˈseɪf] unsicher, nicht sicher
un·said [ʌnˈsed] unausgesprochen
un·sal(e)·a·ble [ʌnˈseɪləbl] unverkäuflich
un·salt·ed [ʌnˈsɔːltɪd] ungesalzen
un·san·i·tar·y [ʌnˈsænɪtərɪ] unhygienisch
un·sat·is·fac·to·ry [ˌʌnsætɪsˈfæktərɪ] unbefriedigend
un·sat·u·rat·ed *chem.* [ʌnˈsætʃəreɪtɪd] ungesättigt
un·sa·vou(u)r·y [ʌnˈseɪvərɪ] anrüchig, unerfreulich
un·scathed [ʌnˈskeɪðd] unversehrt, unverletzt
un·screw [ʌnˈskruː] ab-, losschrauben
un·scru·pu·lous [ʌnˈskruːpjʊləs] skrupel-, gewissenlos
un·seat [ʌnˈsiːt] *Reiter* abwerfen; *j-n* s-s Amtes entheben
un·seem·ly [ʌnˈsiːmlɪ] ungebührlich

un·self·ish [ʌnˈselfɪʃ] selbstlos, uneigennützig; **~ness** Selbstlosigkeit *f*
un·set·tle [ʌnˈsetl] durcheinanderbringen; beunruhigen; aufregen; **~d** ungeklärt, offen (*Frage etc.*); unsicher (*Lage etc.*); unbeständig (*Wetter*)
un·sha·k(e)a·ble [ʌnˈʃeɪkəbl] unerschütterlich
un·shav·en [ʌnˈʃeɪvn] unrasiert
un·shrink·a·ble [ʌnˈʃrɪŋkəbl] nicht eingehend *od.* einlaufend (*Stoff*)
un·sight·ly [ʌnˈsaɪtlɪ] unansehnlich; hässlich
un·skilled [ʌnˈskɪld]: **~ worker** ungelernter Arbeiter
un·so·cia·ble [ʌnˈsəʊʃəbl] ungesellig
un·so·cial [ʌnˈsəʊʃl]: **work ~ hours** außerhalb der normalen Arbeitszeit arbeiten
un·so·lic·it·ed [ʌnsəˈlɪsɪtɪd] unaufgefordert ein- *od.* zugesandt, *Ware a.* unbestellt
un·solved [ʌnˈsɒlvd] ungelöst (*Fall etc.*)
un·so·phis·ti·cat·ed [ʌnsəˈfɪstɪkeɪtɪd] einfach, schlicht; *tech.* unkompliziert
un·sound [ʌnˈsaʊnd] nicht gesund; nicht in Ordnung, morsch; unsicher, schwach; nicht stichhaltig (*Argument etc.*); **of ~ mind** *jur.* unzurechnungsfähig
un·spar·ing [ʌnˈspeərɪŋ] großzügig, freigebig, verschwenderisch; schonungslos, unbarmherzig
un·spea·ka·ble [ʌnˈspiːkəbl] unbeschreiblich, entsetzlich
un·spoiled [ʌnˈspɔɪld], **un·spoilt** [ʌnˈspɔɪlt] unverdorben; nicht verwöhnt *od.* verzogen
un·sta·ble [ʌnˈsteɪbl] instabil; unsicher, schwankend; labil (*Person*)
un·stead·y [ʌnˈstedɪ] (*-ier, -iest*) wack(e)lig, unsicher, schwankend; unbeständig; ungleichmäßig, unregelmäßig
un·stop [ʌnˈstɒp] (*-pp-*) *Abfluss etc.* frei machen; *Flasche* entstöpseln
un·stressed *ling.* [ʌnˈstrest] unbetont
un·stuck [ʌnˈstʌk]: **come ~** abgehen, sich lösen; *fig.* scheitern (*Person, Plan*)
un·stud·ied [ʌnˈstʌdɪd] ungekünstelt, natürlich
un·suc·cess·ful [ʌnsəkˈsesfl] erfolglos, ohne Erfolg; vergeblich

un·suit·a·ble [ʌnˈsjuːtəbl] unpassend, ungeeignet; unangemessen
un·sure [ʌnˈʃɔː] (*~r, ~st*) unsicher; **~ of o.s.** unsicher
un·sur·passed [ʌnsəˈpɑːst] unübertroffen
un·sus·pect·ed [ʌnsəˈspektɪd] unverdächtig; unvermutet; **~ing** nichts ahnend, ahnungslos
un·sus·pi·cious [ʌnsəˈspɪʃəs] arglos; unverdächtig, harmlos
un·sweet·ened [ʌnˈswiːtnd] ungesüßt
un·swerv·ing [ʌnˈswɜːvɪŋ] unbeirrbar, unerschütterlich
un·tan·gle [ʌnˈtæŋgl] entwirren (*a. fig.*)
un·tapped [ʌnˈtæpt] unerschlossen (*Bodenschätze etc.*)
un·teach·a·ble [ʌnˈtiːtʃəbl] unbelehrbar (*Person*); nicht lehrbar (*Sache*)
un·ten·a·ble [ʌnˈtenəbl] unhaltbar (*Theorie etc.*)
un·think·a·ble [ʌnˈθɪŋkəbl] undenkbar, unvorstellbar; **~ing** gedankenlos
un·ti·dy [ʌnˈtaɪdɪ] (*-ier, -iest*) unordentlich
un·tie [ʌnˈtaɪ] aufknoten, *Knoten etc.* lösen; losbinden
un·til [ənˈtɪl] *prp., cj.* bis; *not ~* erst; erst wenn, nicht bevor
un·time·ly [ʌnˈtaɪmlɪ] vorzeitig, verfrüht; unpassend, ungelegen
un·tir·ing [ʌnˈtaɪərɪŋ] unermüdlich
un·told [ʌnˈtəʊld] unermesslich (*Reichtum, Schaden*); nicht erzählt *od.* berichtet
un·touched [ʌnˈtʌtʃt] unberührt, unangetastet
un·true [ʌnˈtruː] unwahr, falsch
un·trust·wor·thy [ʌnˈtrʌstwɜːðɪ] unzuverlässig, nicht vertrauenswürdig
un·used[1] [ʌnˈjuːzd] unbenutzt, ungebraucht
un·used[2] [ʌnˈjuːst]: **be ~ to s.th.** an et. nicht gewöhnt sein, et. nicht gewohnt sein; **be ~ to doing s.th.** es nicht gewohnt sein, et. zu tun
un·u·su·al [ʌnˈjuːʒʊəl] ungewöhnlich
un·var·nished [ʌnˈvɑːnɪʃt] ungeschminkt (*Wahrheit*)
un·var·y·ing [ʌnˈveərɪɪŋ] unveränderlich, gleichbleibend
un·veil [ʌnˈveɪl] *Denkmal etc.* enthüllen
un·versed [ʌnˈvɜːst] unbewandert, unerfahren (**in** *in dat.*)

un·voiced [ʌnˈvɔɪst] unausgesprochen
un·want·ed [ʌnˈwɒntɪd] unerwünscht, ungewollt
un·war·rant·ed [ʌnˈwɒrəntɪd] ungerechtfertigt
un·washed [ʌnˈwɒʃt] ungewaschen
un·wel·come [ʌnˈwelkəm] unwillkommen
un·well [ʌnˈwel]: *be od. feel ~* sich unwohl *od.* nicht wohl fühlen
un·whole·some [ʌnˈhəʊlsəm] ungesund (*a. fig.*)
un·wield·y [ʌnˈwiːldɪ] unhandlich, sperrig
un·will·ing [ʌnˈwɪlɪŋ] widerwillig; ungern; *be ~ to do s.th.* et. nicht tun wollen
un·wind [ʌnˈwaɪnd] (*-wound*) (sich) abwickeln, F abschalten, sich entspannen
un·wise [ʌnˈwaɪz] unklug
un·wit·ting [ʌnˈwɪtɪŋ] unwissentlich; unbeabsichtigt
un·wor·thy [ʌnˈwɜːðɪ] unwürdig; *hel she is ~ of it* er/sie verdient es nicht, er/sie ist es nicht wert
un·wrap [ʌnˈræp] auswickeln, -packen
un·writ·ten [ʌnˈrɪtn] ungeschrieben
un·yield·ing [ʌnˈjiːldɪŋ] unnachgiebig
un·zip [ʌnˈzɪp] (*-pp-*) den Reißverschluss (*e-s Kleidungsstücks*) aufmachen
up [ʌp] **1.** *adv.* (her-, hin)auf, aufwärts, nach oben, hoch, in die Höhe; oben; *~ there* dort oben; *jump ~ and down* hüpfen; *walk ~ and down* auf u. ab gehen, hin u. her gehen; *~ to* bis zu; *be ~ to s.th.* F et. vorhaben, et. im Schilde führen; *not to be ~ to s.th.* e-r Sache nicht gewachsen sein; *it's ~ to you* das liegt bei dir; **2.** *prp.* herauf, hinauf; oben auf (*dat.*); *~ the river* flussaufwärts; **3.** *adj.* nach oben (gerichtet), Aufwärts...; aufgegangen (*Sonne*); gestiegen (*Preise*); abgelaufen, um (*Zeit*); auf(gestanden); *the ~ train* der Zug nach London; *be ~ and about* F wieder auf den Beinen sein; *what's ~?* F was ist los?; **4.** (*-pp-*) F *v/t. Angebot, Preis etc.* erhöhen; **5.** *the ~s and downs pl.* F die Höhen u. Tiefen *pl.* (*of life* des Lebens)
up-and-com·ing [ʌpənˈkʌmɪŋ] aufstrebend, viel versprechend
up·bring·ing [ˈʌpbrɪŋɪŋ] Erziehung *f*
up·com·ing [ˈʌpkʌmɪŋ] bevorstehend

up·coun·try [ʌpˈkʌntrɪ] landeinwärts; im Landesinneren
up·date [ʌpˈdeɪt] auf den neuesten Stand bringen; aktualisieren
up·end [ʌpˈend] hochkant stellen
up·grade [ʌpˈɡreɪd] j-n befördern
up·heav·al *fig.* [ʌpˈhiːvl] Umwälzung *f*
up·hill [ˈʌpˈhɪl] aufwärts, bergan; bergauf führend; *fig.* mühsam
up·hold [ʌpˈhəʊld] (*-held*) *Rechte etc.* schützen, wahren; *jur. Urteil* bestätigen
up|·hol·ster [ʌpˈhəʊlstə] *Möbel* polstern; *~·hol·ster·er* [ʌpˈhəʊlstərə] Polsterer *m*; *~·hol·ster·y* [ʌpˈhəʊlstərɪ] Polsterung *f*; Bezug *m*; Polsterei *f*
UPI [juː piː ˈaɪ] *Abk. für* **United Press International** (*e-e Nachrichtenagentur*)
up·keep [ˈʌpkiːp] Instandhaltung(skosten *pl.*) *f*; Unterhalt(ungskosten *pl.*) *m*
up·land [ˈʌplənd] *mst ~s pl.* Hochland *n*
up·lift 1. [ʌpˈlɪft] *j-n* aufrichten, *j-m* Auftrieb geben; **2.** [ˈʌplɪft] Auftrieb *m*
up·on [əˈpɒn] → *on*; *once ~ a time there was* es war einmal
up·per [ˈʌpə] obere(r, -s), Ober...; *~·most* [ˈʌpəməʊst] **1.** *adj.* oberste(r, -s), größte(r, -s), höchste(r, -s); *be ~* oben sein; an erster Stelle stehen; **2.** *adv.* nach oben
up·right [ˈʌpraɪt] aufrecht, gerade; *fig.* aufrecht, rechtschaffen
up·ris·ing [ˈʌpraɪzɪŋ] Aufstand *m*
up·roar [ˈʌprɔː] Aufruhr *m*; *~·i·ous* [ʌpˈrɔːrɪəs] schallend (*Gelächter*)
up·root [ʌpˈruːt] ausreißen, entwurzeln; *fig. j-n* herausreißen (*from* aus)
UPS *Am.* [juː piː ˈes] *Abk. für* **United Parcel Service** (*Transport- u. Auslieferfirma für Waren u. Pakete*)
up·set [ʌpˈset] (*-set*) umkippen, umstoßen, umwerfen; *fig. Pläne etc.* durcheinanderbringen, stören; *fig. j-n* aus der Fassung bringen; *the fish has ~ me od. my stomach* ich habe mir durch den Fisch den Magen verdorben; *be ~* aufgeregt sein; aus der Fassung *od.* durcheinander sein; gekränkt *od.* verletzt sein
up·shot [ˈʌpʃɒt] Ergebnis *n*
up·side down [ʌpsaɪdˈdaʊn] verkehrt herum; *fig.* drunter u. drüber; *turn ~* umdrehen, *a. fig.* auf den Kopf stellen
up·stairs [ʌpˈsteəz] **1.** die Treppe herauf *od.* hinauf, nach oben; oben; **2.** im oberen Stockwerk (gelegen), obere(r, -s)

up·start ['ʌpstɑːt] Emporkömmling *m*
up·state *Am.* [ʌp'steɪt] im Norden (e-s Bundesstaats)
up·stream [ʌp'striːm] fluss-, stromaufwärts
up·take F ['ʌpteɪk]: *be quick/slow on the* ~ schnell begreifen/schwer von Begriff sein
up-to-date [ʌptə'deɪt] modern; aktuell, auf dem neuesten Stand
up·town *Am.* [ʌp'taʊn] in den Wohnvierteln; in die Wohnviertel
up·turn ['ʌptɜːn] Aufschwung *m*
up·ward(s) ['ʌpwəd(z)] aufwärts, nach oben
u·ra·ni·um *chem.* [jʊ'reɪnɪəm] Uran *n*
ur·ban ['ɜːbən] städtisch, Stadt...
ur·chin ['ɜːtʃɪn] Bengel *m*
urge [ɜːdʒ] **1.** *j-n* drängen (*to do* zu tun); drängen auf (*acc.*); *a.* ~ *on j-n* drängen, antreiben; **2.** Drang *m*, Verlangen *n*;
ur·gen·cy ['ɜːdʒənsɪ] Dringlichkeit *f*;
ur·gent ['ɜːdʒənt] dringend; *be* ~ *a.* eilen
u·ri|nal ['jʊərɪnl] Urinal *n*; Pissoir *n*; **~nate** ['jʊərɪneɪt] urinieren; **u·rine** ['jʊərɪn] Urin *m*
urn [ɜːn] Urne *f*; Großtee-, Großkaffeemaschine *f*
us [ʌs, əs] uns; *all of* ~ wir alle; *both of* ~ wir beide
US [juː 'es] *Abk. für United States* Vereinigte Staaten *pl.*
USA [juː es 'eɪ] *Abk. für United States of America die* USA *pl.*, Vereinigte Staaten *pl.* von Amerika
USAF [juː es eɪ 'ef] *Abk. für United States Air Force* Luftwaffe *f* der Vereinigten Staaten
us·age ['juːzɪdʒ] Sprachgebrauch *m*; Behandlung *f*; Verwendung *f*, Gebrauch *m*
use 1. *v/t.* [juːz] benutzen, gebrauchen, an-, verwenden; (ver)brauchen; ~ *up* auf-, verbrauchen; *v/i.* [juːs]: *I ~d to live here* ich habe früher hier gewohnt; **2.** [juːs] Benutzung *f*, Gebrauch *m*, Verwendung *f*; Nutzen *m*; *be of* ~ nützlich *od.* von Nutzen sein (*to* für); *it's no* ~ ...

es ist nutz- *od.* zwecklos *zu* ...; → *milk* 1
used¹ [juːst]: *be* ~ *to s.th.* an et. gewöhnt sein, et. gewohnt sein; *be* ~ *to doing s.th.* es gewohnt sein, et. zu tun
used² [juːzd] gebraucht; ~ '**car** Gebrauchtwagen *m*; ~ **car 'deal·er** Gebrauchtwagenhändler(in)
use|ful ['juːsfl] nützlich; '**~·less** nutz-, zwecklos
us·er ['juːzə] Benutzer(in); Verbraucher(in); ~'**friend·ly** benutzer- *od.* verbraucherfreundlich; ~ '**in·ter·face** *Computer:* Benutzeroberfläche *f*
ush·er ['ʌʃə] **1.** Platzanweiser *m*; Gerichtsdiener *m*; **2.** *j-n* führen, geleiten (*into* in *acc.*); *to* zu *s-m* Platz *etc.*); ~**ette** [ʌʃə'ret] Platzanweiserin *f*
USN [juː es 'en] *Abk. für United States Navy* Marine *f* der Vereinigten Staaten
USS [juː es 'es] *Abk. für United States Ship* Schiff *n* der Vereinigten Staaten
USSR *hist.* [juː es es 'ɑː] *Abk. für Union of Socialist Soviet Republics die* UdSSR, Union *f* der Sozialistischen Sowjetrepubliken
u·su·al ['juːʒl] gewöhnlich, üblich; **~·ly** ['juːʒəlɪ] (für) gewöhnlich, normalerweise
u·su·rer ['juːʒərə] Wucherer *m*
u·su·ry ['juːʒʊrɪ] Wucher *m*
u·ten·sil [juː'tensl] Gerät *n*
u·te·rus *anat.* ['juːtərəs] (*pl.* *-ri* [-raɪ], *-ruses*) Gebärmutter *f*
u·til·i·ty [juː'tɪlətɪ] Nutzen *m*; *utilities pl.* Leistungen *pl.* der öffentlichen Versorgungsbetriebe
u·til·ize ['juːtɪlaɪz] nutzen
ut·most ['ʌtməʊst] äußerste(r, -s), größte(r, -s), höchste(r, -s)
U·to·pi·an [juː'təʊpɪən] utopisch
ut·ter¹ ['ʌtə] total, völlig
ut·ter² ['ʌtə] äußern, *Seufzer etc.* ausstoßen, *Wort* sagen
U-turn ['juːtɜːn] *mot.* Wende *f*; *fig.* Kehrtwendung *f*
UV [juː 'viː] *Abk. für ultraviolet* ultraviolett
u·vu·la *anat.* ['juːvjʊlə] (*pl.* *-las*, *-lae* [-liː]) (Gaumen)Zäpfchen *n*

V

V, v [vi:] V, v *n*

v. *Brt. nur geschr. Abk. für* **against** (*lateinisch* **versus**) *bsd. Sport, jur.*: gegen

va·can·cy ['veɪkənsɪ] freie *od.* offene Stelle; **vacancies** Zimmer frei; **no vacancies** belegt; **'~·cant** leer stehend, unbewohnt; frei ([*Sitz*]*Platz*); frei, offen (*Stelle*); *fig.* leer (*Blick, Gesichtsausdruck*); ~ frei (*Toilette*)

va·cate [və'keɪt] *Hotelzimmer* räumen; *Stelle etc.* aufgeben

va·ca·tion [və'keɪʃn] **1.** *bsd. Am.* Ferien *pl.*, Urlaub *m*; *bsd. Brt. univ.* Semesterferien *pl.*; *jur.* Gerichtsferien *pl.*; **be on ~** *bsd. Am.* im Urlaub sein, Urlaub machen; **2.** *bsd. Am.* Urlaub machen, die Ferien verbringen; **~·er** [və'keɪʃnə], **~·ist** [və'keɪʃənɪst] *bsd. Am.* Urlauber(in)

vac·ci·nate ['væksɪneɪt] impfen; **~·ci·na·tion** [væksɪ'neɪʃn] (Schutz)Impfung *f*; **~·cine** ['væksi:n] *m* Impfstoff *m*

vac·il·late *fig.* ['væsɪleɪt] schwanken

vac·u·um ['vækjʊəm] **1.** (*pl. -ums, -ua* [-jʊə]) *phys.* Vakuum *n*; **2.** F Teppich, *Zimmer etc.* saugen; **~ bot·tle** *Am.* Thermosflasche® *f*; **'~ clean·er** Staubsauger *m*; **'~ flask** *Brt.* Thermosflasche® *f*; **'~-packed** vakuumverpackt

vag·a·bond ['vægəbɒnd] Vagabund *m*, Landstreicher(in)

va·ga·ry ['veɪɡərɪ] *mst* **vagaries** *pl.* Laune *f*; wunderlicher Einfall

va·gi·na *anat.* [və'dʒaɪnə] Vagina *f*, Scheide *f*; **~·nal** *anat.* [və'dʒaɪnl] vaginal, Scheiden...

va·grant ['veɪɡrənt] Nichtsesshafte(r *m*) *f*, Landstreicher(in)

vague [veɪɡ] (*~r, ~st*) verschwommen; vage; unklar

vain [veɪn] eingebildet, eitel; vergeblich; **in ~** vergebens, vergeblich

vale [veɪl] *poet. od. in Namen*: Tal *n*

val·en·tine ['væləntaɪn] Valentinskarte *f*; *Person, der man am Valentinstag, 14. Februar, e-n Gruß schickt*

va·le·ri·an *bot., pharm.* [və'lɪərɪən] Baldrian *m*

val·et ['vælɪt] (Kammer)Diener *m*; **~ ser·vice** (Kleider)Reinigungsdienst *m* (*im Hotel*)

val·id ['vælɪd] stichhaltig, triftig; gültig (**for two weeks** zwei Wochen); *jur.* rechtsgültig, -kräftig; **be ~ a.** gelten; **va·lid·i·ty** [və'lɪdətɪ] (*jur.* Rechts)Gültigkeit *f*; Stichhaltigkeit *f*, Triftigkeit *f*

va·lise [və'li:z] Reisetasche *f*

val·ley ['vælɪ] Tal *n*

val·u·a·ble ['væljʊəbl] **1.** wertvoll; **2. ~s** *pl.* Wertgegenstände *pl.*, -sachen *pl.*

val·u·a·tion [vælju'eɪʃn] Schätzung *f*; Schätzwert *m* (*on gen.*)

val·ue ['vælju:] **1.** Wert *m*; **be of ~** wertvoll sein (**to** für); **get ~ for money** reell bedient werden; **2.** *Haus etc.* schätzen (**at** auf *acc.*); *j-n, j-s Rat etc.* schätzen; **~ad·ded 'tax** *Brt. econ.* (*Abk.* **VAT**) Mehrwertsteuer *f*; **'~·less** wertlos

valve [vælv] *tech., mus.* Ventil *n*; (*Herz-etc.*) Klappe *f*; *Brt. bsd. hist.* (Radio-, Fernseh)Röhre *f*

vam·pire ['væmpaɪə] Vampir *m*

van [væn] Lieferwagen *m*, Transporter *m*; *Brt. rail.* (geschlossener) Güterwagen

van·dal ['vændl] Wandale, Vandale *m*; **~·ism** ['vændəlɪzəm] Wandalismus *m*, Vandalismus *m*; **~·ize** ['vændəlaɪz] mutwillig beschädigen *od.* zerstören

vane [veɪn] (*Propeller- etc.*)Flügel *m*; (*Wetter*)Fahne *f*

van·guard *mil.* ['vænɡɑːd] Vorhut *f*

va·nil·la [və'nɪlə] Vanille *f*

van·ish ['vænɪʃ] verschwinden

van·i·ty ['vænətɪ] Eitelkeit *f*; **~ bag** Kosmetiktäschchen *n*; **'~ case** Kosmetikkoffer *m*

van·tage·point ['vɑ:ntɪdʒpɔɪnt] Aussichtspunkt *m*; **from my ~** *fig.* aus m-r Sicht

va·por·ize ['veɪpəraɪz] verdampfen; verdunsten (lassen)

va·po(u)r ['veɪpə] Dampf *m*, Dunst *m*; **'~ trail** *aviat.* Kondensstreifen *m*

var·i·a·ble ['veərɪəbl] **1.** variabel, veränderlich; unbeständig, wechselhaft; *tech.* einstell-, regulierbar; **2.** *math., phys.* Variable *f*, veränderliche Größe (*beide a. fig.*); **~·ance** ['veərɪəns]: **be at**

~ with im Gegensatz *od.* Widerspruch stehen zu; **~ant** ['veərɪənt] **1.** abweichend, verschieden; **2.** Variante *f*; **~a·tion** [veərɪ'eɪʃn] Abweichung *f*; Schwankung *f*; *mus.* Variation *f*

var·i·cose veins *med.* ['værɪkəʊs 'veɪnz] *pl.* Krampfadern *pl.*

var·ied ['veərɪd] unterschiedlich; abwechslungsreich

va·ri·e·ty [və'raɪətɪ] Abwechslung *f*; Vielfalt *f*; *econ.* Auswahl *f*, Sortiment *n* (**of** an *dat.*); *bot.*, *zo.* Art *f*, Varietee *f*; **for a ~ of reasons** aus den verschiedensten Gründen; **~ show** Varieteevorstellung *f*; **~ thea·tre** (*Am.* **thea·ter**) Varietee(theater) *n*

var·i·ous ['veərɪəs] verschieden; mehrere, verschiedene

var·nish ['vɑːnɪʃ] **1.** Lack *m*; **2.** lackieren

var·si·ty team *Am.* ['vɑːsətɪ -] *Sport*: Universitäts-, College-, Schulmannschaft *f*

var·y ['veərɪ] *v/i.* sich (ver)ändern; variieren, auseinandergehen (*Meinungen*) (**on** über *acc.*); **~ in size** verschieden groß sein; *v/t.* (ver)ändern, variieren

vase [vɑːz, *Am.* veɪs, veɪz] Vase *f*

vast [vɑːst] gewaltig, riesig, (*Fläche a.*) ausgedehnt, weit; **'~·ly** gewaltig, weitaus

vat [væt] (großes) Fass, Bottich *m*

VAT [viː eɪ 'tiː, væt] *Abk. für* **value-added tax** Mehrwertsteuer *f*

vau·de·ville *Am.* ['vɔːdəvɪl] Varietee (-theater) *n*

vault[1] [vɔːlt] *arch.* Gewölbe *n*; *a.* **~s** *pl.* Stahlkammer *f*, Tresorraum *m*; (Keller)Gewölbe *n*; Gruft *f*

vault[2] [vɔːlt] **1. ~** (**over**) springen über (*acc.*); **2.** *bsd. Sport*: Sprung *m*; **'~·ing horse** *Turnen*: Pferd *n*; **'~·ing pole** *Stabhochsprung*: Sprungstab *m*

VCR [viː siː 'ɑː] *Abk. für* **video cassette recorder** Videorekorder *m*, -gerät *n*

VDU [viː diː 'juː] *Abk. für* **visual display unit** *Computer*: Bildschirmgerät *n*, Datensichtgerät *n*

veal [viːl] Kalbfleisch *n*; **~ chop** Kalbskotelett *n*; **~ cutlet** Kalbsschnitzel *n*; **roast ~** Kalbsbraten *m*

veer [vɪə] (sich) drehen; ausscheren (*Auto*); **~ to the right** *mot.* das Steuer nach rechts reißen

veg·e·ta·ble ['vedʒtəbl] **1.** *mst* **~s** *pl.* Gemüse *n*; **2.** Gemüse...; Pflanzen...

veg·e·tar·i·an [vedʒɪ'teərɪən] **1.** Vegetarier(in); **2.** vegetarisch

veg·e|·tate ['vedʒɪteɪt] (dahin)vegetieren; **~·ta·tion** [vedʒɪ'teɪʃn] Vegetation *f*

ve·he|·mence ['viːɪməns] Vehemenz *f*, Heftigkeit *f*; **'~·ment** vehement, heftig

ve·hi·cle ['viːɪkl] Fahrzeug *n*; *fig.* Medium *n*

veil [veɪl] **1.** Schleier *m*; **2.** verschleiern (*a. fig.*)

vein [veɪn] *anat.* Vene *f*, Ader *f* (*a. bot.*, *geol.*, *fig.*); *fig.* (*Charakter*)Zug *m*; *fig.* Stimmung *f*

ve·loc·i·ty *tech.* [vɪ'lɒsətɪ] Geschwindigkeit *f*

ve·lour(s) [və'lʊə] Velours *m*

vel·vet ['velvɪt] Samt *m*; **'~·y** samtig

vend|·er ['vendə] → **vendor**; **'~·ing ma·chine** (Verkaufs-, Waren)Automat *m*; **'~·or** (*Straßen*)Händler(in), (*Zeitungs- etc.*)Verkäufer(in)

ve·neer [və'nɪə] **1.** Furnier *n*; *fig.* Fassade *f*; **2.** furnieren

ven·e|·ra·ble ['venərəbl] ehrwürdig; **'~·rate** ['venəreɪt] verehren; **~·ra·tion** [venə'reɪʃn] Verehrung *f*

ve·ne·re·al dis·ease *med.* [vənɪərɪəl dɪ'ziːz] Geschlechtskrankheit *f*

Ve·ne·tian [vɪ'niːʃn] **1.** Venezianer(in); **2.** venezianisch; **2 blind** (Stab)Jalousie *f*

ven·geance ['vendʒəns] Rache *f*; **take ~ on** sich rächen an (*dat.*); **with a ~** F wie verrückt, ganz gehörig

ve·ni·al ['viːnjəl] entschuldbar, verzeihlich; *rel.* lässlich (*Sünde*)

ven·i·son ['venɪzn] Wildbret *n*

ven·om ['venəm] *zo.* Gift *n*; *fig.* Gift *n*, Gehässigkeit *f*; **'~·ous** giftig; *fig.* giftig, gehässig

ve·nous *med.* ['viːnəs] venös

vent [vent] **1.** *v/t. fig. s-m Zorn etc.* Luft machen, *s-e Wut etc.* auslassen, abreagieren (**on** an *dat.*); **2.** (Abzugs)Öffnung *f*; Schlitz *m* (*im Kleid etc.*); **give ~ to** *s-m Ärger etc.* Luft machen

ven·ti|·late ['ventɪleɪt] (be)lüften; **~·la·tion** [ventɪ'leɪʃn] Ventilation *f*, (Be-) Lüftung *f*; **'~·la·tor** ['ventɪleɪtə] Ventilator *m*

ven·tri·cle *anat.* ['ventrɪkl] Herzkammer *f*

ven·tril·o·quist [ven'trɪləkwɪst] Bauchredner(in)

ven·ture ['ventʃə] **1.** *bsd. econ.* Wagnis *n*, Risiko *n*; *econ.* Unternehmen *n*; → **joint venture**; **2.** sich wagen; riskieren

verb *gr.* [vɜːb] Verb *n*, Zeitwort *n*; **~·al** ['vɜːbl] mündlich; wörtlich, Wort...

ver·dict ['vɜːdɪkt] *jur.* (Urteils)Spruch *m* (*der Geschworenen*); *fig.* Urteil *n*; **bring in** *od.* **return a ~ of (not) guilty** auf (nicht) schuldig erkennen

ver·di·gris ['vɜːdɪɡrɪs] Grünspan *m*

verge [vɜːdʒ] **1.** Rand *m* (*a. fig.*); **be on the ~ of** kurz vor (*dat.*) stehen; **be on the ~ of despair** (*tears*) der Verzweiflung (den Tränen) nahe sein; **2. ~ on** *fig.* grenzen an (*acc.*)

ver·i·fy ['verɪfaɪ] bestätigen; nachweisen; (über)prüfen

ver·i·ta·ble ['verɪtəbl] wahr (*Fest, Triumph etc.*)

ver·mi·cel·li [vɜːmɪˈselɪ] Fadennudeln *pl.*

ver·mi·form ap·pen·dix *anat.* [vɜːmɪfɔːm əˈpendɪks] Wurmfortsatz *m*

ver·mil·i·on [vəˈmɪljən] **1.** zinnoberrot; **2.** Zinnoberrot *n*

ver·min ['vɜːmɪn] Ungeziefer *n*; Schädlinge *pl.*; *fig.* Gesindel *n*, Pack *n*; **'~·ous** voller Ungeziefer

ver·nac·u·lar [vəˈnækjʊlə] Dialekt *m*, Mundart *f*

ver·sa·tile ['vɜːsətaɪl] vielseitig, vielseitig verwendbar

verse [vɜːs] Versdichtung *f*; Vers *m*; Strophe *f*

versed [vɜːst]: **be (well) ~ in** beschlagen *od.* bewandert sein in (*dat.*)

ver·sion ['vɜːʃn] Version *f*; Ausführung *f* (*e-s Artikels, Geräts etc.*); Darstellung *f* (*e-s Ereignisses*); Fassung *f* (*e-s Textes*); Übersetzung *f*

ver·sus ['vɜːsəs] (*Abk.* **v.**, **vs.**) *Sport, jur.*: gegen

ver·te·bra *anat.* ['vɜːtɪbrə] (*pl.* **-brae** [-riː]) Wirbel *m*; **~·brate** *zo.* ['vɜːtɪbreɪt] Wirbeltier *n*

ver·ti·cal ['vɜːtɪkl] vertikal, senkrecht

ver·ti·go *med.* ['vɜːtɪɡəʊ] Schwindel *m*; **suffer from ~** an *od.* unter Schwindel leiden

verve [vɜːv] Elan *m*, Schwung *m*

ver·y [ˈverɪ] **1.** *adv.* sehr; aller...; *I ~ much hope that* ich hoffe sehr, dass; **the ~ best** das Allerbeste; **for the ~ last time** zum allerletzten Mal; **2.** *adj.* **the ~** genau der *od.* die *od.* das; **the ~ opposite** genau das Gegenteil; **the ~ thing** genau das Richtige; **the ~ thought of** schon der *od.* der bloße Gedanke an (*acc.*)

ves·i·cle *med.* ['vesɪkl] Bläschen *n*

ves·sel [vesl] *anat., bot.* Gefäß *n*; Schiff *n*

vest [vest] *Brt.* Unterhemd *n*; *kugelsichere* Weste; *Am.* Weste *f*

ves·ti·bule ['vestɪbjuːl] (Vor)Halle *f*

ves·tige *fig.* ['vestɪdʒ] Spur *f*

vest·ment ['vestmənt] Ornat *n*, Gewand *n*, Robe *f*

ves·try *rel.* ['vestrɪ] Sakristei *f*

vet¹ *F* [vet] Tierarzt *m*, -ärztin *f*

vet² *bsd. Brt.* F [vet] (**-tt-**) überprüfen

vet³ *Am. mil.* F [vet] Veteran *m*

vet·e·ran ['vetərən] **1.** *mil.* Veteran *m* (*a. fig.*); **2.** altgedient; erfahren; **'~ car** *Brt. mot.* Oldtimer *m* (*Baujahr bis 1905*)

vet·e·ri·nar·i·an *Am.* [vetərɪˈneərɪən] Tierarzt *m*, -ärztin *f*

vet·e·ri·na·ry ['vetərɪnərɪ] tierärztlich; **~ 'sur·geon** *Brt.* Tierarzt *m*, -ärztin *f*

ve·to ['viːtəʊ] **1.** (*pl.* **-toes**) Veto *n*; **2.** sein Veto einlegen gegen

vexed ques·tion [vekst ˈkwestʃən] leidige Frage

VHF [viː eɪtʃ ˈef] *Abk. für* **very high frequency** VHF, UKW, Ultrakurzwelle(nbereich *m*) *f*

vi·a [vaɪə] über (*acc.*), via

vi·a·duct ['vaɪədʌkt] Viadukt *m, n*

vi·al ['vaɪəl] (*bsd.* Arznei)Fläschchen *n*

vibes F [vaɪbz] *pl.* Atmosphäre *f* (*e-s Orts etc.*)

vi·brant ['vaɪbrənt] kräftig (*Farben, Stimme etc.*); pulsierend (*Leben*)

vi·brate [vaɪˈbreɪt] *v/i.* vibrieren, zittern, flimmern (*Luft*); *fig.* pulsieren; *v/t.* in Schwingungen versetzen; **vi·bra·tion** [vaɪˈbreɪʃn] Vibrieren *n*, Zittern *n*; **~s** *pl.* F Atmosphäre *f* (*e-s Orts etc.*)

vic·ar *rel.* ['vɪkə] Pfarrer *m*; **'~·age** ['vɪkərɪdʒ] Pfarrhaus *n*

vice¹ [vaɪs] Laster *n*

vice² *bsd. Brt.* [vaɪs] Schraubstock *m*

vice... [vaɪs] Vize..., stellvertretend

'vice squad Sittendezernat *n*, -polizei *f*; Rauschgiftdezernat *n*

vi·ce ver·sa [vaɪs(ɪ) ˈvɜːsə]: **and ~** u. umgekehrt

vi·cin·i·ty [vɪˈsɪnətɪ] Nähe f; Nachbarschaft f
vi·cious [ˈvɪʃəs] brutal; bösartig
vi·cis·si·tudes [vɪˈsɪsɪtjuːdz] pl. das Auf u. Ab, die Wechselfälle pl.
vic·tim [ˈvɪktɪm] Opfer n; **~ize** [ˈvɪktɪmaɪz] (ungerechterweise) bestrafen, ungerecht behandeln; schikanieren
vic·to·ri·ous [vɪkˈtɔːrɪəs] siegreich; **~ry** [ˈvɪktərɪ] Sieg m
vid·e·o [ˈvɪdɪəʊ] **1.** (pl. **-os**) Video n; Videokassette f; F Videoband n; bsd. Brt. Videorekorder m, -gerät n; Video...; **on ~** auf Video; **2.** Video aufnehmen, aufzeichnen; '**~ cam·e·ra** Videokamera f; '**~ cas·sette** Videokassette f; '**~ cas·sette re·cord·er** → video recorder; '**~ clip** Videoclip m; '**~·disc** Bildplatte f; '**~ game** Videospiel n; '**~ li·bra·ry** Videothek f; '**~ re·cord·er** Videorekorder m, -gerät n; '**~ re·cord·ing** Videoaufnahme f, -aufzeichnung f; '**~ shop** Brt., '**~ store** Am. Videothek f; '**~·tape 1.** Videokassette f; Videoband n; **2.** auf Video aufnehmen, aufzeichnen; '**~·text** Am. Bildschirmtext m
vie [vaɪ] wetteifern (**with** mit; **for** um)
Vi·en·nese [vɪəˈniːz] **1.** Wiener(in); **2.** wienerisch, Wiener...
view [vjuː] **1.** Sicht f (**of** auf acc.); Aussicht f, (Aus)Blick m (**of** auf acc.); phot. etc. Ansicht f; Ansicht f, Meinung f (**about, on** über acc.); fig. Überblick m (**of** über acc.); **a room with a ~** ein Zimmer mit schöner Aussicht; **be on ~** ausgestellt od. zu besichtigen sein; **be hidden from ~** nicht zu sehen sein; **come into ~** in Sicht kommen; **in full ~ of** direkt vor j-s Augen; **in ~ of** fig. angesichts (gen.); **in my ~** m-r Ansicht nach; **keep in ~** et. im Auge behalten; **with a ~ to** fig. mit Blick auf (acc.); **2.** v/t Haus etc. besichtigen; fig. betrachten (**as** als); v/i. fernsehen; '**~·da·ta** pl. Bildschirmtext m; '**~·er** Fernsehzuschauer(in), Fernseher(in); (Dia)Betrachter m; '**~·find·er** phot. Sucher m; '**~·point** Gesichts-, Standpunkt m
vig·il [ˈvɪdʒɪl] (Nacht)Wache f; **~i·lance** [ˈvɪdʒɪləns] Wachsamkeit f; '**~i·lant** wachsam
vig·or·ous [ˈvɪɡərəs] energisch; kräftig; **~o(u)r** [ˈvɪɡə] Energie f

Vi·king [ˈvaɪkɪŋ] **1.** Wikinger m; **2.** Wikinger...
vile [vaɪl] gemein, niederträchtig; F scheußlich
vil·lage [ˈvɪlɪdʒ] Dorf n; **~ 'green** Dorfanger m, -wiese f; '**~·lag·er** Dorfbewohner(in)
vil·lain [ˈvɪlən] Bösewicht m, Schurke m (im Film etc.); Brt. F Ganove m
vin·di·cate [ˈvɪndɪkeɪt] j-n rehabilitieren; et. rechtfertigen; bestätigen
vin·dic·tive [vɪnˈdɪktɪv] rachsüchtig, nachtragend
vine bot. [vaɪn] (Wein)Rebe f; △ nicht **Wein** (Getränk); Kletterpflanze f
vin·e·gar [ˈvɪnɪɡə] Essig m
'vine·grow·er Winzer m; **~·yard** [ˈvɪnjəd] Weinberg m
vin·tage [ˈvɪntɪdʒ] **1.** Jahrgang m (e-s Weins); Weinernte f, -lese f; **2.** Jahrgangs...; hervorragend, glänzend; **a 1994 ~** ein 1994er Jahrgang od. Wein; '**~ car** bsd. Brt. mot. Oldtimer m (Baujahr 1919-1930)
vi·o·la mus. [vɪˈəʊlə] Bratsche f
vi·o·late [ˈvaɪəleɪt] Vertrag etc. verletzen, a. Versprechen brechen, Gesetz etc. übertreten; Ruhe etc. stören; Grab etc. schänden; **~·la·tion** [vaɪəˈleɪʃn] Verletzung f, Bruch m, Übertretung f
vi·o·lence [ˈvaɪələns] Gewalt f; Gewalttätigkeit f; Ausschreitungen pl.; Heftigkeit f; '**~·lent** gewalttätig; gewaltsam; heftig (Auseinandersetzung, Sturm)
vi·o·let [ˈvaɪələt] **1.** bot. Veilchen n; **2.** violett
vi·o·lin mus. [vaɪəˈlɪn] Geige f, Violine f; **~·ist** [vaɪəˈlɪnɪst] Geiger(in), Violinist(in)
VIP [viː aɪ ˈpiː] Abk. für **very important person** VIP f (prominente Persönlichkeit); **~ lounge** VIP-Lounge f (am Flughafen etc.); Ehrentribüne f
vi·per zo. [ˈvaɪpə] Viper f, Natter f
vir·gin [ˈvɜːdʒɪn] **1.** Jungfrau f; **2.** jungfräulich, unberührt; **~·i·ty** [vəˈdʒɪnətɪ] Jungfräulichkeit f
Vir·go astr. [ˈvɜːɡəʊ] (pl. **-gos**) Jungfrau f; **he/she is (a) ~** er/sie ist Jungfrau
vir·ile [ˈvɪraɪl] männlich; potent; **vi·ril·i·ty** [vɪˈrɪlətɪ] Männlichkeit f; Potenz f
vir·tu·al [ˈvɜːtʃʊəl] eigentlich, praktisch;

virtually

'~·ly praktisch, so gut wie; ~ re'al·i·ty virtuelle Realität (*mit dem Computer erzeugte künstliche Welt etc.*)

vir·tue ['vɜːtjuː] Tugend *f*; Vorzug *m*, Vorteil *m*; **by** *od.* **in** ~ **of** kraft (*gen.*), vermöge (*gen.*); **make a** ~ **of necessity** aus der Not e-e Tugend machen; **~·tu·ous** [tʃʊəs] tugendhaft

vir·u·lent ['vɪrʊlənt] *med.* (akut u.) bösartig (*Krankheit*); schnellwirkend (*Gift*); *fig.* bösartig, gehässig

vi·rus *med.* ['vaɪərəs] Virus *n, m*

vi·sa ['viːzə] Visum *n*, Sichtvermerk *m*; **~ed** ['viːzəd] mit e-m Visum (versehen)

vis·cose ['vɪskəʊz, 'vɪskəʊs] Viskose *f*

vis·cous ['vɪskəs] dick-, zähflüssig

vise *Am. tech.* [vaɪs] Schraubstock *m*

vis·i·bil·i·ty [vɪzə'bɪlətɪ] Sicht(verhältnisse *pl.*, -weite *f*) *f*; **~·ble** ['vɪzəbl] sichtbar; *fig.* (er)sichtlich

vi·sion ['vɪʒn] Sehkraft *f*; *fig.* Weitblick *m*; Vision *f*; **~·a·ry** ['vɪʒnrɪ] **1.** weitblickend; eingebildet, unwirklich; **2.** Fantast(in), Träumer(in); Seher(in)

vis·it ['vɪzɪt] **1.** *v/t.* j-n besuchen, *Schloss etc. a.* besichtigen; *et.* inspizieren; *v/i.* **be** ~**ing** auf Besuch sein (*Am.:* **with** bei); ~ **with** *Am.* plaudern mit; **2.** Besuch *m*, Besichtigung *f* (**to** *gen.*); *Am.* Plauderei *f*; **for** *od.* **on a** ~ auf Besuch; **have a** ~ **from** Besuch haben von; **pay a** ~ **to** j-m e-n Besuch abstatten; *Arzt* aufsuchen; △ *nicht* **Visite** (*im Krankenhaus*)

vis·i·ta·tion [vɪzɪ'teɪʃn] Inspektion *f*; *fig.* Heimsuchung *f*

'**vis·it·ing hours** *pl.* Besuchszeit *f* (*im Krankenhaus*)

'**vis·it·or** Besucher(in), Gast *m*

vi·sor ['vaɪzə] Visier *n*; Schirm *m* (*e-r Mütze*); *mot.* (Sonnen)Blende *f*

vis·u·al ['vɪʒʊəl] Seh...; visuell; ~ **aids** *pl. Schule:* Anschauungsmaterial *n*, Lehrmittel *pl.*; ~ **dis·play u·nit** *Computer:* Bildschirmgerät *n*, Datensichtgerät *n*; ~ **in·struc·tion** *Schule:* Anschauungsunterricht *m*; **~·ize** ['vɪʒʊəlaɪz] sich *et.* vorstellen

vi·tal ['vaɪtl] Lebens...; lebenswichtig (*Organ etc.*); unbedingt notwendig; vital; **of** ~ **importance** von größter Wichtigkeit; **~·i·ty** [vaɪ'tælətɪ] Vitalität *f*

vit·a·min ['vɪtəmɪn] Vitamin *n*; ~ **de'fi·cien·cy** Vitaminmangel *m*

vit·re·ous ['vɪtrɪəs] Glas...

vi·va·cious [vɪ'veɪʃəs] lebhaft, temperamentvoll

viv·id ['vɪvɪd] hell (*Licht*); kräftig, leuchtend (*Farben*); anschaulich (*Schilderung*); lebhaft (*Fantasie*)

vix·en *zo.* ['vɪksn] Füchsin *f*

viz. [vɪz] *Abk. für* **namely** (*lateinisch* **videlicet**) nämlich

V-neck ['viːnek] V-Ausschnitt *m*; '**V-necked** mit V-Ausschnitt

vo·cab·u·la·ry [və'kæbjʊlərɪ] Vokabular *n*, Wortschatz *m*; Wörterverzeichnis *n*

vo·cal ['vəʊkl] Stimm...; *mus.* Vokal..., Gesang...; ~ **cords** *pl. anat.* Stimmbänder *pl.*; **~·ist** ['vəʊkəlɪst] Sänger(in) (*bsd. in e-r Band*); '**~s** *pl.*: **~**: **XY** Gesang: XY

vo·ca·tion [vəʊ'keɪʃn] Begabung *f* (**for** für); Berufung *f*

vo·ca·tion·al [vəʊ'keɪʃənl] Berufs...; ~ **edu·ca·tion** Berufsausbildung *f*; ~ **'guid·ance** Berufsberatung *f*; ~ **'train·ing** Berufsausbildung *f*

vogue [vəʊg] Mode *f*; **be in** ~ Mode sein

voice [vɔɪs] **1.** Stimme *f*; *ling.* **active** ~ *gr.* Aktiv *n*, **passive** ~ *gr.* Passiv *n*; **2.** zum Ausdruck bringen; *ling.* (stimmhaft) aussprechen; **~d** *ling.* stimmhaft; '**~·less** *ling.* stimmlos

void [vɔɪd] **1.** leer; *jur.* ungültig; ~ **of** ohne; **2.** (Gefühl *n* der) Leere

vol [vɒl] (*pl.* **vols**) *Abk. für* **volume** Bd., Band *m*

vol·a·tile ['vɒlətaɪl] cholerisch; explosiv (*Lage*); *chem.* flüchtig

vol·ca·no [vɒl'keɪnəʊ] (*pl.* **-noes, -nos**) Vulkan *m*

vol·ley ['vɒlɪ] **1.** Salve *f*; (Geschoß-, östr. Geschoß- *etc.*)Hagel *m* (*a. fig.*); *Tennis:* Volley *m*, Flugball *m*; *Fußball:* Volleyschuss *m*; **2.** *Ball* volley schießen; '**~·ball** *Sport:* Volleyball *m*

volt *electr.* ['vəʊlt] Volt *n*; **~·age** *electr.* ['vəʊltɪdʒ] Spannung *f*

vol·u·ble ['vɒljʊbl] redselig; wortreich

vol·ume ['vɒljuːm] Band *m* (*Buch*); Volumen *n*, Rauminhalt *m*; Umfang *m*, große Menge; Lautstärke *f*; **vo·lu·mi·nous** [və'luːmɪnəs] bauschig (*Kleidungsstück*); geräumig; umfangreich (*Bericht etc.*)

vol·un·ta·ry ['vɒləntərɪ] freiwillig; unbezahlt

vol·un·teer [vɒlən'tɪə] **1.** v/i. sich freiwillig melden (**for** zu) (a. mil.); v/t. Hilfe etc. anbieten; et. von sich aus sagen, herausrücken mit; **2.** Freiwillige(r m) f; freiwilliger Helfer

vo·lup·tu·ous [və'lʌptʃʊəs] sinnlich (*Lippen, Mund*); aufreizend (*Bewegungen*); üppig (*Formen*); kurvenreich (*Frau*)

vom·it ['vɒmɪt] **1.** v/t. erbrechen; v/i. (sich er)brechen, sich übergeben; **2.** Erbrochene(s) n

vo·ra·cious [və'reɪʃəs] unersättlich (*Appetit etc.*)

vote [vəʊt] **1.** Abstimmung f (**about, on** über acc.); (Wahl)Stimme f; Stimmzettel m; a. ~s pl. Wahlrecht n; ~ **of no confidence** Misstrauensvotum n; **take a ~ on s.th.** über et. abstimmen; **2.** v/i. wählen; ~ **for/against** stimmen für/gegen; ~ **on** abstimmen über (acc.); v/t.

wählen; et. bewilligen; ~ **out of office** abwählen; **'vot·er** Wähler(in); **'vot·ing booth** Wahlkabine f

vouch [vaʊtʃ]: ~ **for** (sich ver)bürgen für; **'~·er** Gutschein m, Kupon m

vow [vaʊ] **1.** Gelöbnis n; Gelübde n; **take a ~, make a ~** ein Gelöbnis od. Gelübde ablegen; **2.** geloben, schwören (**to do** zu tun)

vow·el gr. ['vaʊəl] Vokal m, Selbstlaut m

voy·age ['vɔɪɪdʒ] (See)Reise f

vs. Am. nur geschr. Abk. für **against** (lateinisch versus) bsd. Sport, jur.: gegen

vul·gar ['vʌlgə] vulgär, ordinär; geschmacklos

vul·ne·ra·ble ['vʌlnərəbl] fig. verletz-, verwundbar; verletzlich; anfällig (**to** für)

vul·ture zo. ['vʌltʃə] Geier m

vy·ing ['vaɪɪŋ] pres. p. von **vie**

W

W, w ['dʌblju:] W, w n

W nur geschr. Abk. für: **west** W, West(en m); **west(ern)** westlich; **watt(s** pl.) W, Watt n od. pl.

wad [wɒd] (*Watte- etc.*)Bausch m; Bündel n (*Banknoten etc.*); (*Papier- etc.*)Knäuel n, m; **~·ding** ['wɒdɪŋ] Einlage f, Füllmaterial n (*zum Verpacken*)

wad·dle ['wɒdl] watscheln

wade [weɪd] v/i. waten; ~ **through** waten durch; fig. sich durchkämpfen durch, et. durchackern; v/t. durchwaten

wa·fer ['weɪfə] (bsd. Eis)Waffel f; Oblate f; rel. Hostie f

waf·fle¹ ['wɒfl] Waffel f

waf·fle² ['wɒfl] Brt. F schwafeln

waft [wɑːft] v/i. ziehen (*Duft etc.*); v/t. wehen

wag [wæg] **1.** (**-gg-**) wedeln (mit); **2. with a ~ of its tail** schwanzwedelnd

wage¹ [weɪdʒ] mst ~s pl. (Arbeits)Lohn m

wage² [weɪdʒ]: **(a) war against** od. **on** mil. Krieg führen gegen; fig. e-n Feldzug führen gegen

'wage| earn·er Lohnempfänger(in); Verdiener(in); **'~ freeze** Lohnstopp m; **'~ ne·go·ti·a·tions** pl. Tarifverhandlungen pl.; **'~ pack·et** Lohntüte f; **'~ rise** Lohnerhöhung f

wa·ger ['weɪdʒə] Wette f

wag·gle F ['wægl] wackeln (mit)

wag·gon Brt. → **wag·on** ['wægən] Fuhrwerk n, Wagen m; Brt. rail. (offener) Güterwagen; Am. (*Tee- etc.*)Wagen m

wag·tail zo. ['wægteɪl] Bachstelze f

wail [weɪl] **1.** jammern; heulen (*Sirene, Wind*); **2.** Jammern n; Heulen n

wain·scot ['weɪnskət] (Wand)Täfelung f

waist [weɪst] Taille f; **~·coat** bsd. Brt. ['weɪskəʊt] Weste f; **'~·line** Taille f

wait [weɪt] **1.** v/i. warten (**for, on** auf acc.); ~ **for s.o.** a. j-n erwarten; **keep s.o. ~ing** j-n warten lassen; ~ **and see!** warte es ab!; ~ **at** (Am. **on**) **table** bedienen, servieren; ~ **on s.o.** j-n (bsd. im Restaurant) bedienen; ~ **up** F aufblei-

waiter

ben (**for** wegen); v/t. ~ **one's chance** auf e-e günstige Gelegenheit warten (**to do** zu tun); ~ **one's turn** warten, bis man an der Reihe ist; **2.** Wartezeit f; **have a long** ~ lange warten müssen; **lie in** ~ **for s.o.** j-m auflauern; '~**er** Kellner m, Ober m; ~**, the bill** (*Am. check*), **please!** (Herr) Ober, bitte zahlen!

'**wait·ing** Warten n; **no** ~ auf Schild: Halt(e)verbot n; '~ **list** Warteliste f; '~**room** *med. etc.* Wartezimmer n; *rail.* Wartesaal m

wait·ress ['weɪtrɪs] Kellnerin f, Bedienung f; ~**, the bill** (*Am. check*), **please!** Fräulein, bitte zahlen!

wake¹ [weɪk] (**woke, woken**) v/i. a. ~ **up** aufwachen, wach werden; v/t. a. ~ **up** (auf)wecken; *fig.* wecken, wachrufen

wake² [weɪk] *naut.* Kielwasser n; **follow in the** ~ **of** *fig.* folgen auf (*acc.*)

wake·ful ['weɪkfl] schlaflos

wak·en ['weɪkən] v/i. a. ~ **up** aufwachen, wach werden; v/t. a. ~ **up** (auf)wecken

walk [wɔːk] **1.** v/i. (zu Fuß) gehen, laufen; spazieren gehen; wandern; v/t. Strecke gehen, laufen; j-n bringen zu; **home** nach Hause, *östr., Schweiz: a.* nachhause); Hund ausführen; Pferd im Schritt gehen lassen; ~ **away** → **walk off;** ~ **in** hineingehen, hereinkommen; ~ **off** fort-, weggehen; ~ **off with** F abhauen mit; F Preis etc. locker gewinnen; ~ **out** hinausgehen; (unter Protest) den Saal verlassen; *econ.* streiken, in (den) Streik treten; ~ **out on s.o.** F j-n verlassen, j-n im Stich lassen; ~ **up** hinaufgehen, heraufkommen; ~ **up to s.o.** auf j-n zugehen; ~ **up!** treten Sie näher!; **2.** Spaziergang m; Wanderung f; Spazier-, Wanderweg m; **go for a** ~**, take a** ~ e-n Spaziergang machen, spazieren gehen; **an hour's** ~ e-e Stunde Fußweg *od.* zu Fuß; **from all** ~**s** (*od.* **every** ~) **of life** Leute aus allen Berufen *od.* Schichten; '~**er** Spaziergänger(in); Wanderer m, Wanderin f; *Sport:* Geher(in); **be a good** ~ gut zu Fuß sein

walk·ie-talk·ie [wɔːkɪˈtɔːkɪ] Walkie-Talkie n, tragbares Funksprechgerät

'**walk·ing** Gehen n, Laufen n; Spazierengehen n; Wandern n; '~ **pa·pers** pl.: **get one's** ~ *Am.* F den Laufpass bekommen; '~**shoes** pl. Wanderschuhe pl.; '~**stick** Spazierstock m; '~**tour** Wanderung f

'**Walk·man**® (pl. **-mans**) Walkman® m

'**walk·out** Auszug m (**by, of** e-r Delegation etc.); Ausstand m, Streik m; '~**over** F Spaziergang m, leichter Sieg; '~**up** *Am.* F Wohnung f *od.* Büro n etc. in e-m Haus ohne Fahrstuhl; (Miets)Haus n ohne Fahrstuhl

wall [wɔːl] **1.** Wand f; Mauer f; **2.** *a.* ~ **in** mit e-r Mauer umgeben; ~ **up** zumauern; '~**chart** Wandkarte f

wal·let ['wɒlɪt] Brieftasche f

'**wall·flow·er** *fig.* F Mauerblümchen n

wal·lop F ['wɒləp] j-m ein Ding (*Schlag*) verpassen; *Sport:* j-n erledigen, vernichten (**at** *in dat.*)

wal·low ['wɒləʊ] sich wälzen; *fig.* schwelgen, sich baden (**in** *in dat.*)

'**wall·pa·per 1.** Tapete f; **2.** tapezieren; ~**-to·**~: ~ **carpet(ing)** Spannteppich m, Teppichboden m

wal·nut *bot.* ['wɔːlnʌt] Walnuss(baum m) f

wal·rus *zo.* ['wɔːlrəs] (pl. **-ruses, -rus**) Walross n

waltz [wɔːls] **1.** Walzer m; **2.** Walzer tanzen

wand [wɒnd] (Zauber)Stab m

wan·der ['wɒndə] (herum)wandern, herumlaufen, umherstreifen; ⚠ *nicht in e-m Gebiet* **wandern** (→ **hike**); *fig.* abschweifen; fantasieren

wane [weɪn] **1.** abnehmen (*Mond*); fig. schwinden (*Einfluss, Macht etc.*); **2. be on the** ~ im Schwinden begriffen sein

wan·gle F ['wæŋgl] deichseln, hinkriegen; ~ **s.th. out of s.o.** j-m et. abluchsen; ~ **one's way out of** sich herauswinden aus

want [wɒnt] **1.** v/t. et. wollen; j-n brauchen; j-n sprechen wollen; F et. brauchen, nötig haben; **be** ~**ed** (polizeilich) gesucht werden (**for** wegen); v/i. wollen; **I don't** ~ **to** ich will nicht; **he does not** ~ **for anything** es fehlt ihm an nichts; **2.** Mangel m (**of** *an dat.*); Bedürfnis n, Wunsch m; Not f; '~ **ad** *bsd. Am.* Kleinanzeige f; '~**ed** (polizeilich) gesucht (*Person*); viel gefragt (*Person*)

wan·ton ['wɒntən] mutwillig

war [wɔː] Krieg m (*a. fig.*). *fig.* Kampf m (**against** gegen)

war·ble ['wɔːbl] trillern (*Vogel*)

ward [wɔːd] **1.** Station *f* (*e-s Krankenhauses*); *Brt. pol.* Stadtbezirk *m*; *jur.* Mündel *n*; **2.** *~ off* Schlag *etc.* abwehren, *Gefahr etc.* abwenden; **war·den** ['wɔːdn] Aufseher(in); Heimleiter(in); *Am.* (Gefängnis)Direktor(in); **~er** *Brt.* ['wɔːdə] Aufsichtsbeamte(r) *m*, -in *f* (*im Gefängnis*)

war·drobe ['wɔːdrəʊb] Kleiderschrank *m*; Garderobe *f* (*Kleidungsstücke*)

ware [weə] *in Zssgn* (*Glas- etc.*)Waren *pl.*; △ *nicht* (*Einkaufs*)Ware

'**ware·house** Lager(haus) *n*; △ *nicht Warenhaus*

war·fare ['wɔːfeə] Krieg(führung *f*) *m*; '**~head** *mil.* Spreng-. Gefechtskopf *m*; '**~like** kriegerisch; Kriegs...

warm [wɔːm] **1.** *adj.* warm (*a. fig.* Farben, Stimme); warm, herzlich (*Empfang etc.*); *I am ~, I feel ~* mir ist warm; **2.** *v/t. a. ~ up* wärmen, sich *die Hände etc.* wärmen; *Motor* warmlaufen lassen; *v/i. a. ~ up* warm *od.* wärmer werden, sich erwärmen; **3.** *come into the ~ bsd. Brt.* komm in die Warme!; **~th** [wɔːmθ] Wärme *f*; '**~-up** *Sport:* Aufwärmen *n*

warn [wɔːn] warnen (*against, of* vor *dat.*); *j-n* verständigen; '**~ing** Warnung *f* (*of* vor *dat.*); Verwarnung *f*; *~ without ~* ohne Vorwarnung; '**~ing sig·nal** Warnsignal *n*

warp [wɔːp] sich verziehen *od.* werfen (*Holz*)

war·rant ['wɒrənt] **1.** *jur.* (Durchsuchungs-, Haft- *etc.*)Befehl *m*; → *death warrant*; **2.** *et.* rechtfertigen; *~ of ar'rest jur.* Haftbefehl *m*

war·ran·ty *econ.* ['wɒrənti] Garantie(erklärung) *f*; *it's still under ~* darauf ist noch Garantie

war·ri·or ['wɒriə] Krieger *m*

'**war·ship** Kriegsschiff *n*

wart [wɔːt] Warze *f*

war·y ['weəri] (*-ier, -iest*) vorsichtig

was [wɒz, wəz] ich, er, sie, es war; *Passiv:* ich, er, sie, es wurde

wash [wɒʃ] **1.** *v/t.* waschen, sich *die Hände etc.* waschen; *v/i.* sich waschen; sich *gut etc.* waschen (lassen); *~ up v/t. Brt.* abwaschen, (das) Geschirr spülen; *v/t.* anschwemmen, anspülen; **2.** Wäsche *f*; Waschanlage *f*, -straße *f*; *be in the ~* in der Wäsche sein; *give s.th. a ~* et. waschen; *have a ~* sich waschen; '**~·a·ble** (ab)waschbar; **~and-'wear** bügelfrei; pflegeleicht; '**~ba·sin**, '**~bowl** *Am.* Waschbecken *n*; '**~cloth** *Am.* Waschlappen *m*; '**~er** *Am.* Waschmaschine *f*; → *dishwasher*; *tech.* Unterlegscheibe *f*; '**~ing** Wäsche *f*; Wasch...; '**~ing ma·chine** Waschmaschine *f*; '**~ing pow·der** Waschpulver *n*, -mittel *n*; '**~ing-up** *Brt.* Abwasch *m*; *do the ~* den Abwasch machen; '**~rag** *Am.* Waschlappen *m*; '**~room** *Am.* Toilette *f*

wasp *zo.* [wɒsp] Wespe *f*

waste [weɪst] **1.** Verschwendung *f*; Abfall *m*; Müll *m*; *~ of time* Zeitverschwendung *f*; *hazardous ~, special toxic ~* Sondermüll *m*; *special ~ dump* Sondermülldeponie *f*; **2.** *v/t.* verschwenden, -geuden, *j-n* auszehren; *v/i. ~ away* immer schwächer werden (*Person*); **3.** überschüssig; Abfall...; brachliegend, öde (*Land*); *lay ~* verwüsten; '**~ dis·pos·al** Abfall-, Müllbeseitigung *f*; Entsorgung *f*; **~ dis'pos·al ˈsite** Deponie *f*; '**~ful** verschwenderisch; **~ gas** Abgas *n*; '**~·pa·per** Abfallpapier *n*; Altpapier *n*; '**~·pa·per bas·ket** Papierkorb *m*; '**~ pipe** Abflussrohr *n*

watch [wɒtʃ] **1.** *v/i.* zuschauen; *~ for* warten *auf* (*acc.*); *~ out!* pass auf!, Vorsicht!; *~ out for* Ausschau halten nach; sich in Acht nehmen vor (*dat.*); *v/t.* beobachten; zuschauen bei, sich *et.* ansehen; → *television;* **2.** (*Armband-, Taschen*)Uhr *f*; Wache *f*; *be on the ~ for* Ausschau halten nach; auf der Hut sein vor (*dat.*); *keep a ~ careful on, close on et.* genau beobachten, *et.* scharf im Auge behalten; '**~dog** Wachhund *m*; '**~ful** wachsam; '**~mak·er** Uhrmacher(in); '**~man** (*pl. -men*) Wächter *m*, Wächter *m*

wa·ter ['wɔːtə] **1.** Wasser *n*; **2.** Blumen gießen, *Rasen etc.* sprengen; *Vieh* tränken; *~ down* verdünnen, -wässern; *fig.* abschwächen; *v/i.* tränen (*Augen*); *make s.o.'s mouth ~* j-m den Mund wäss(e)rig machen; '**~ bird** *zo.* Wasservogel *m*; '**~·col·o(u)r** Wasser-, Aquarellfarbe *f*; Aquarell(malerei *f*) *n*; '**~course** Wasserlauf *m*; '**~cress** *bot.* Brunnenkresse *f*; '**~fall** Wasser-

waterfront

fall *m*; '~**front** Hafenviertel *n*; *along the* ~ am Wasser entlang; '~**hole** Wasserloch *n*

wa·ter·ing can ['wɔːtərɪŋ-] Gießkanne *f*

'**wa·ter**| **jump** *Sport:* Wassergraben *m*; '~ **lev·el** Wasserstand *m*; '~ **lil·y** *bot.* Seerose *f*; '~**mark** Wasserzeichen *n*; '~**mel·on** *bot.* Wassermelone *f*; '~ **pol·lu·tion** Wasserverschmutzung *f*; '~ **po·lo** *Sport:* Wasserball(spiel *n*) *m*; '~**proof 1.** wasserdicht; **2.** *Brt.* Regenmantel *m*; **3.** imprägnieren; '~**s** *pl.* Gewässer *pl.*; Wasser *pl.* (*e-s Flusses etc.*); '~**shed** *geogr.* Wasserscheide *f*; *fig.* Wendepunkt *m*; '~**side** Ufer *n*; '~ **ski·ing** *Sport:* Wasserskilaufen *n*; '~**tight** wasserdicht, *fig. a.* hieb- u. stichfest; '~**way** Wasserstraße *f*; '~**works** *oft sg.* Wasserwerk *n*; *turn on the* ~ F zu heulen anfangen; ~**y** ['wɔːtərɪ] wäss(e)rig

watt *electr.* [wɒt] Watt *n*

wave [weɪv] **1.** *v/t.* schwenken, winken mit; *Haar* wellen, in Wellen legen; ~ *one's hand* winken; ~ *s.o. aside* j-n beiseite winken; *v/i.* winken; wehen (*Fahne etc.*); sich wellen (*Haar*); ~ *at s.o.,* ~ *to s.o.* j-m zuwinken; **2.** Welle *f* (*a. fig.*); Winken *n*; '~**length** *phys.* Wellenlänge *f* (*a. fig.*)

wa·ver ['weɪvə] flackern; schwanken

wav·y ['weɪvɪ] (*-ier, -iest*) wellig, gewellt

wax[1] [wæks] **1.** Wachs *n*; F (*Ohren-*) Schmalz *n*; **2.** wachsen; bohnern

wax[2] [wæks] zunehmen (*Mond*)

wax|**·en** ['wæksən] wächsern; '~**works** *sg.* Wachsfigurenkabinett *n*; ~**y** ['wæksɪ] (*-ier, -iest*) wächsern

way [weɪ] **1.** Weg *m*; Richtung *f*, Seite *f*; Weg *m*, Entfernung *f*, Strecke *f*; Art *f*, Weise *f*; ~**s and means** *pl.* Mittel u. Wege *pl.*; ~ *back* Rückweg *m*; ~ *home* Heimweg *m*; ~ *in* Eingang *m*; ~ *out* Ausgang *m*; *be on the* ~, *be on one's* ~ *to* unterwegs sein nach; *by* ~ *of* über (*acc.*), via; *bsd. Brt.* statt; *by the* ~ übrigens; *give* ~ nachgeben; *Brt. mot.* die Vorfahrt lassen; *in a* ~ in gewisser Hinsicht; *in no* ~ in keiner Weise; *lead the* ~ vorangehen; *let s.o. have his/her* (*own*) ~ j-m s-n Willen lassen; *lose one's* ~ sich verlaufen *od.* verirren; *make* ~ Platz machen (*for* für); *no* ~! F kommt überhaupt nicht in Frage!; *out*

of the ~ ungewöhnlich; *this* ~ hierher; hier entlang; **2.** *adv.* weit; '~**bill** Frachtbrief *m*; '~**lay** (*-laid*) *j-m* auflauern; *j-n* abfangen, abpassen; '~**ward** ['weɪwəd] eigensinnig, launisch

we [wiː, wɪ] wir *pl.*

weak [wiːk] schwach (*at, in* in *dat.*), (*Kaffee, Tee a.*) dünn; '~**en** *v/t.* schwächen (*a. fig.*); *v/i.* fig. nachgeben; '~**ling** Schwächling *m*; '~**ness** Schwäche *f*

weal [wiːl] Strieme *m*

wealth [welθ] Reichtum *m*; *fig.* Fülle *f* (*of* von); ~**y** (*-ier, -iest*) reich

wean [wiːn] entwöhnen; ~ *s.o. from od. off s.th.* j-m et. abgewöhnen

weap·on ['wepən] Waffe *f* (*a. fig.*)

wear [weə] **1.** (*wore, worn*) *v/t.* Bart, Brille, Schmuck etc. tragen, Mantel etc. *a.* anhaben, Hut etc. *a.* aufhaben; abnutzen, abtragen; ~ *the trousers* (*Am. pants*) F die Hosen anhaben; ~ *an angry expression* verärgert dreinschauen; *v/i.* sich abnutzen, verschleißen; sich *gut etc.* halten; *s.th. to* ~ et. zum Anziehen; ~ *away* (sich) abtragen *od.* abschleifen; ~ *down* (sich) abtreten (*Stufen*), (sich) ablaufen (*Absätze*), (sich) abfahren (*Reifen*); abschleifen; *fig.* j-n etc. zermürben; ~ *off* nachlassen (*Schmerz etc.*); ~ *on* sich hinziehen (*all day* über den ganzen Tag); ~ *out* (sich) abnutzen *od.* abtragen (*Kleidung*); *fig.* j-n erschöpfen; **2.** *oft in Zssgn* Kleidung *f*; *a.* ~ *and tear* Abnutzung *f*, Verschleiß *m*; *the worse for* ~ abgenutzt, verschlissen; F lädiert (*Person*)

wear|**·i·some** ['wɪərɪsəm] ermüdend; langweilig; lästig; ~**y** ['wɪərɪ] (*-ier, -iest*) erschöpft, müde; F ermüdend, anstrengend; *be* ~ *of s.th.* et. satt haben

wea·sel *zo.* ['wiːzl] Wiesel *n*

weath·er ['weðə] **1.** Wetter *n*; Witterung *f*; **2.** *v/t.* dem Wetter aussetzen; *Krise etc.* überstehen; *v/i.* verwittern; '~**beat·en** verwittert (*bsd. Gesicht*); '~**chart** Wetterkarte *f*; '~ **fore·cast** Wettervorhersage *f*; Wetterbericht *m*; '~**man** (*pl. -men*) *Rundfunk, TV:* Wetteransager *m*; '~**proof 1.** wetterfest; **2.** wetterfest machen; '~ **re·port** Wetterbericht *m*; '~ **sta·tion** Wetterwarte *f*; '~ **vane** Wetterfahne *f*

weave [wiːv] (*wove, woven*) weben;

Netz spinnen; *Korb* flechten; (*pret. u. p.p.* **weaved**): ~ **one's way through** sich schlängeln durch; **'weav·er** Weber(in)
web [web] Netz n (a. fig.), Gewebe n; zo. Schwimmhaut f; **'~bing** Gurtband n
wed [wed] (**-dd-**; **wedded** od. selten **wed**) heiraten
Wed(**s**) nur geschr. Abk. für **Wednesday** Mi., Mittwoch m
wed·ding ['wedɪŋ] Hochzeit f; Hochzeits..., Braut..., Ehe..., Trau...; **~ ring** Ehe-, Trauring m
wedge [wedʒ] **1.** Keil m; **2.** verkeilen, mit e-m Keil festklemmen; ~ **in** einkeilen, -zwängen
wed·lock ['wedlɒk]: **born in** (**out of**) ~ ehelich (unehelich) geboren
Wednes·day ['wenzdɪ] (*Abk.* **Wed, Weds**) Mittwoch m; **on** ~ (am) Mittwoch; **on** ~**s** mittwochs
wee[1] F [wiː] klein, winzig; **a** ~ **bit** ein (kleines) bisschen
wee[2] F [wiː] **1.** Pipi machen; **2. do** od. **have a** ~ Pipi machen
weed [wiːd] Unkraut n; **2.** jäten; *a. fig.* aussieben, -sondern (**from** aus); **'~kill·er** Unkrautvertilgungsmittel n; **'~y** (**-ier, -iest**) voll Unkraut; F schmächtig; F rückgratlos
week [wiːk] Woche f; ~ **after** ~ Woche um Woche; **a** ~ **today, today** ~ heute in e-r Woche *od.* in acht Tagen; **every other** ~ jede zweite Woche; **for** ~**s** wochenlang; **four times a** ~ viermal die Woche; **in a** ~('**s time**) in e-r Woche; **'~day** Wochentag m; **~end** [wiːk'end] Wochenende n; **at** (*Am. on*) **the** ~ am Wochenende; **'end·er** Wochenendausflügler(in); **'~ly 1.** Wochen...; wöchentlich; **2.** Wochenblatt n, -(zeit)schrift f, -zeitung f
weep [wiːp] (**wept**) weinen (**for** um j-n; **over** über acc.); nässen (Wunde); **~ing 'wil·low** bot. Trauerweide f; **'~y** F (**-ier, -iest**) weinerlich; rührselig
wee-wee F ['wiːwiː] → **wee**[2]
weigh [weɪ] v/t. (ab)wiegen, fig. abwägen (**against** gegen); ~ **anchor** den Anker lichten; **be ~ed down with** fig. niedergedrückt werden von; v/i. ... *Kilo etc.* wiegen; ~ **on** fig. lasten auf (*dat.*)
weight [weɪt] **1.** Gewicht n; Last f (a. fig.); fig. Bedeutung f; **gain** ~, **put on** ~

zunehmen; **lose** ~ abnehmen; **2.** beschweren; **'~less** schwerlos; **'~less·ness** Schwerelosigkeit f; **'~lift·er** Sport: Gewichtheber m; **'~lift·ing** Sport: Gewichtheben n; **'~y** (**-ier, -iest**) schwer; fig. schwerwiegend
weir [wɪə] Wehr n
weird [wɪəd] unheimlich; F sonderbar, verrückt
wel·come ['welkəm] **1.** int. ~ **back!**, ~ **home!** willkommen zu Hause!, östr., Schweiz: a. willkommen zuhause!; ~ **to England!** willkommen in England!; **2.** v/t. begrüßen (a. fig.), willkommen heißen; **3.** adj. willkommen; **you are ~ to do it** Sie können es gerne tun; **you're ~!** bsd. Am. nichts zu danken!, keine Ursache!, bitte sehr!; **4.** Empfang m, Willkommen n; **outstay** od. **overstay one's** ~ j-s Gastfreundschaft überstrapazieren od. zu lange in Anspruch nehmen
weld tech. [weld] schweißen
wel·fare ['welfeə] Wohl(ergehen) n; *Am.* Sozialhilfe f; **be on** ~ Sozialhilfe beziehen; ~ **state** Wohlfahrtsstaat m; ~ **work** Sozialarbeit f; ~ **work·er** Sozialarbeiter(in)
well[1] [wel] **1.** adv. (**better, best**) gut; gründlich; **as** ~ ebenso, auch; **as** ~ **as** sowohl ... als auch; nicht nur ..., sondern auch; **very** ~ also gut, na gut; ~ **done!** bravo!; ~ **off** 1, 2; int. nun, also; ~, ~! na so was!; **3.** adj. gesund; **feel** ~ sich wohl fühlen
well[2] [wel] **1.** Brunnen m; (Öl)Quelle f; (Aufzugs- etc.)Schacht m; **2. a.** ~ **out** quellen (**from** aus); **tears** ~**ed** (**up**) **in their eyes** die Tränen stiegen ihnen in die Augen
well|**-'bal·anced** ausgeglichen (*Person*); ausgewogen (*Ernährung*); ~**'be·ing** Wohl(befinden) n; ~**'done** durchgebraten (*Fleisch*); ~**'earned** wohlverdient; ~**'found·ed** (wohl)begründet; ~**in'formed** gut unterrichtet; gebildet; ~**'known** (wohl) bekannt; ~**'mean·ing** wohlmeinend (*Person*); gut gemeint; ~**'meant** gut gemeint; ~**'off 1.** (**better-off, best-off**) reich, wohlhabend; **2. the** ~ pl. die Reichen pl.; ~**'read** belesen; ~**'timed** (zeitlich) günstig, im richtigen Augenblick; ~**to-'do** F → **well-off**; ~**'worn** abgetragen; fig. abgedroschen

Welsh [welʃ] 1. walisisch; 2. *ling.* Walisisch *n*; **the ~** *pl.* die Waliser *pl.*; **~ 'rab·bit, ~ 'rare·bit** *gastr.* etwa überbackener Käsetoast

welt [welt] Striemen *m*

wel·ter ['weltə] Wirrwarr *m*, Durcheinander *n*

went [went] *pret.* von **go** 1

wept [wept] *pret. u. p.p.* von **weep**

were [wɜː, wə] *du* warst, *Sie* waren, *wir, sie* waren, *ihr* wart

west [west] 1. West(en *m*); **the** 2 *pol.* der Westen; *Am.* die Weststaaten *pl.* (*der USA*); 2. *adj.* westlich, West...; 3. *adv.* nach Westen, westwärts; **~·er·ly** ['westəlɪ] westlich, West...; **~·ern** ['westən] 1. westlich, West...; 2. Western *m*; **~·ward(s)** ['westwəd(z)] westlich, nach Westen

wet [wet] 1. nass, feucht; 2. Nässe *f*; 3. (**-tt-;** *wet od* **wetted**) nass machen, anfeuchten

weth·er ['weðə] *zo.* Hammel *m*

'wet nurse Amme *f*

whack [wæk] (knallender) Schlag *m*; F (An)Teil *m*; **~ed** fertig, erledigt (*erschöpft*); **'~·ing** 1. F Mords...; 2. (Tracht *f*) Prügel *pl.*

whale [weɪl] *zo.* Wal *m*

wharf [wɔːf] (*pl.* **wharfs, wharves** [wɔːvz]) Kai *m*

what [wɒt] 1. *pron.* was; **~ about ...?** wie wärs mit ...?; **~ for?** wozu?; **so ~?** na und?; **know ~'s** F wissen, was Sache ist; 2. *adj.* was für ein(e), welche(r, -s); alle, die; alles, was; **~·cha·ma·call·it** F ['wɒtʃəməkɔːlɪt] → **whatsit**; **'~·ev·er** 1. *pron.* was (auch immer); alles, was; egal, was; 2. *adj.* welche(r, -s) ... auch (immer); **no ... ~** überhaupt kein(e)

whats·it F ['wɒtsɪt] Dings(bums, -da) *n*

what·so·ev·er → **whatever**

wheat *bot.* [wiːt] Weizen *m*

whee·dle ['wiːdl] beschwatzen; **~ s.th. out of s.o.** j-m et. abschwatzen

wheel [wiːl] 1. Rad *n*; *mot., naut.* Steuer *n*; 2. schieben, rollen; kreisen (*Vogel*); **~ about, ~ (a)round** herumfahren, -wirbeln; **'~·bar·row** Schubkarre(n *m*) *f*; **'~·chair** Rollstuhl *m*; **'~ clamp** *mot.* Parkkralle *f*; **~ed** mit Rädern, fahrbar; *in Zssgn* ...räd(e)rig

wheeze [wiːz] keuchen, pfeifend atmen

whelp *zo.* [welp] Welpe *m*, Junge(s) *n*

when [wen] wann; als; wenn; obwohl; **since ~?** seit wann?

when·'ev·er wann auch (immer); jedesmal, wenn

where [weə] wo; wohin; **~ ... (from)?** woher?; **~ ... (to)?** wohin?; **~·a·bouts** 1. *adv.* ['weərəbaʊts] wo etwa; 2. ['weərəbaʊts] *sg., pl.* Verbleib *m*; Aufenthalt(sort) *m*; **~·as** [weər'æz] während, wohingegen; **~·by** [weə'baɪ] wodurch, womit; wonach; **~·u·pon** [weərə'pɒn] woraufhin)

wher·ev·er [weər'evə] wo(hin) auch (immer); ganz gleich wo(hin)

whet [wet] (**-tt-**) *Messer etc.* schärfen; *fig. Appetit* anregen

wheth·er ['weðə] ob

whey [weɪ] Molke *f*

which [wɪtʃ] welche(r, -s); der, die, das; *auf den vorhergehenden Satz bezüglich:* was; **~ of you?** wer von euch?; **~·ev·er** welche(r, -s) auch (immer); ganz gleich, welche(r, -s)

whiff [wɪf] Luftzug *m*; Hauch *m* (*a. fig. of* von); Duft(wolke *f*) *m*

while [waɪl] 1. Weile *f*; **for a ~** e-e Zeitlang; 2. *cj.* während; obwohl; 3. *mst* **~ away** sich *die Zeit* vertreiben (**by doing s.th.** mit et.)

whim [wɪm] Laune *f*

whim·per ['wɪmpə] 1. wimmern (*Person*); winseln (*Hund*); 2. Wimmern *n*, Winseln *n*; △ *nicht* **Wimper**

whim·si·cal ['wɪmzɪkl] wunderlich; launisch; **~·sy** ['wɪmzɪ] Wunderlichkeit *f*; Spleen *m*

whine [waɪn] 1. jaulen (*Hund*); jammern (**about** über *acc.*); 2. Jaulen *n*; Gejammer *n*

whin·ny ['wɪnɪ] 1. wiehern; 2. Wiehern *n*

whip [wɪp] 1. Peitsche *f*; *gastr.* Creme *f*; 2. (**-pp-**) *v/t.* (aus)peitschen; *Eier, Sahne etc.* schlagen; *v/i.* sausen, flitzen, (*Wind*) fegen; **'~ped cream** Schlagsahne *f*, -rahm *m*; **'~ped eggs** *pl.* Eischnee *m*

whip·ping ['wɪpɪŋ] (Tracht *f*) Prügel *pl.*; **'~ boy** Prügelknabe *m*; **'~ cream** Schlagsahne *f*, -rahm *m*

whir *bsd. Am.* [wɜː] → **whirr**

whirl [wɜːl] 1. wirbeln; **my head is ~ing** mir schwirrt der Kopf; 2. Wirbeln *n*; Wirbel *m* (*a. fig.*); **my head's in a ~** mir schwirrt der Kopf; **'~·pool** Strudel *m*;

Whirlpool m; '~**wind** Wirbelsturm m
whirr [wɜː] (-rr-) schwirren
whisk [wɪsk] **1.** schnelle Bewegung; Wedel m; gastr. Schneebesen; **2.** Eiweiß schlagen; *~ its tail* Pferd etc.: mit dem Schwanz schlagen; ~ *away* Fliegen etc. ver-, wegscheuchen; et. schnell verschwinden lassen od. wegnehmen
whis·ker ['wɪskə] Schnurr- od. Barthaar n; ~s pl. Backenbart m
whis·key ['wɪskɪ] amerikanischer od. irischer Whiskey
whis·ky ['wɪskɪ] bsd. schottischer Whisky
whis·per ['wɪspə] **1.** flüstern; **2.** Flüstern n; *say s.th. in a* ~ et. im Flüsterton sagen
whis·tle ['wɪsl] **1.** Pfeife f; Pfiff m; **2.** pfeifen
white [waɪt] **1.** (~*r*, ~*st*) weiß; **2.** Weiß(e) n; Weiße(r m) f (*Person*); Eiweiß n; ~ '**bread** Weißbrot n; ~ '**cof·fee** Brt. Milchkaffee m, Kaffee m mit Milch; ~'**col·lar work·er** (Büro)Angestellte(r m) f; ~ '**lie** Notlüge f; **whit·en** ['waɪtn] weiß machen od. werden; '~·**wash 1.** Tünche f; **2.** tünchen, anstreichen; weißen; fig. beschönigen
whit·ish ['waɪtɪʃ] weißlich
Whit·sun ['wɪtsn] Pfingstsonntag m; Pfingsten n od. pl.; **Whit Sunday** [wɪt 'sʌndɪ] Pfingstsonntag m; '**Whit·sun·tide** Pfingsten n od. pl.
whit·tle ['wɪtl] (zurecht)schnitzen; ~ *away* Gewinn etc. allmählich aufzehren; ~ *down* et. reduzieren (*to* auf *acc.*)
whiz(z) F [wɪz] **1.** (-zz-): ~ *by* od. *past* vorbeizischen, vorbeidüsen; **2.** F as n, Kanone f (*at* in *dat.*); '~ **kid** F Senkrechtstarter(in)
who [huː] wer; wen; wem; welche(r, -s); der, die, das
WHO [dʌbljuː eɪtʃ 'əʊ] Abk. für **World Health Organization** Weltgesundheitsorganisation f (*der UNO*)
who·dun·(n)it F [huː'dʌnɪt] Krimi m
who·ev·er wer od. wen od. wem auch (immer); egal, wer od. wen od. wem
whole [həʊl] **1.** adj. ganz; **2.** das Ganze; *the* ~ *of London* ganz London; *on the* ~ im Großen (u.) Ganzen; ~'**heart·ed** ungeteilt (*Aufmerksamkeit*), voll (*Unterstützung*), ernsthaft (*Versuch etc.*); ~'**heart·ed·ly** uneingeschränkt, voll

u. ganz; '~·**meal** Vollkorn...; ~ **bread** Vollkornbrot n
'**whole**·**sale** econ. **1.** Großhandel m; **2.** Großhandels...; '~ **mar·ket** econ. Großmarkt m; '**whole·sal·er** econ. Großhändler m
'**whole**|·**some** gesund; '~ **wheat** → **wholemeal**
whol·ly adv. ['həʊllɪ] gänzlich, völlig
whom [huːm] acc. von **who**
whoop [huːp] **1.** schreien, bsd. jauchzen; ~ *it up* F auf den Putz hauen; **2.** (bsd. Freuden)Schrei m
whoop·ee F ['wʊpiː]: *make* ~ auf den Putz hauen
whoop·ing cough med. ['huːpɪŋkɒf] Keuchhusten m
whore [hɔː] Hure f
whose [huːz] gen. von **who**
why [waɪ] warum, weshalb; *that's* ~ deshalb
wick [wɪk] Docht m
wick·ed ['wɪkɪd] gemein, niederträchtig; boshaft
wick·er ['wɪkə] Weiden..., Korb...; '~ **bas·ket** Weidenkorb m; '~·**work** Korbwaren pl.
wick·et ['wɪkɪt] Kricket: Tor n
wide [waɪd] **1.** adj. breit; weit offen, aufgerissen (*Augen*); fig. umfangreich (*Wissen etc.*), vielfältig (*Interessen etc.*); **2.** adv. weit; *go* ~ (*of the goal*) Sport: danebengehen (am Tor vorbeigehen); ~·**a'wake** hellwach; fig. aufgeweckt, wach; ~'**eyed** mit großen od. aufgerissenen Augen; naiv
wid·en ['waɪdn] verbreitern; breiter werden
wide|·'**o·pen** weit offen, aufgerissen (*Augen*); '~·**spread** weit verbreitet
wid·ow ['wɪdəʊ] Witwe f; '~**ed** verwitwet; *be* ~ verwitwet sein; Witwe(r) werden; '~·**er** Witwer m
width [wɪdθ] Breite f; Bahn f (*Stoff*)
wield [wiːld] Einfluss etc. ausüben
wife [waɪf] (pl. **wives** [waɪvz]) (Ehe-) Frau f, Gattin f
wig [wɪɡ] Perücke f
wild [waɪld] **1.** adj. wild; stürmisch (*Wind, Applaus etc.*); außer sich (*with* vor *dat.*); verrückt (*Idee etc.*); *make a* ~ *guess* einfach drauflosraten; *be* ~ *about* (ganz) verrückt sein nach; **2.** adv. *go* ~ ausflippen; *let one's children run*

wildcat

~ s-e Kinder machen lassen, was sie wollen; **3. in the** ~ in freier Wildbahn; **the** ~**s** *pl.* die Wildnis; '~**cat** *zo.* Wildkatze *f*; ~**cat 'strike** wilder Streik

wil·der·ness [wɪldənɪs] Wildnis *f*

'**wild**|**·fire**: *spread like* ~ sich wie ein Lauffeuer verbreiten; '~**life** Tier- u. Pflanzenwelt *f*

wil·ful [wɪlfl] eigensinnig, absichtlich, *bsd. jur.* vorsätzlich

will¹ [wɪl] *v/aux. (pret. would; verneint* ~ *not, won't)* ich, *du* will(st) *etc.*; ich werde ... *etc.*

will² [wɪl] Wille *m*; Testament *n*; *of one's own free* ~ aus freien Stücken

will³ [wɪl] durch Willenskraft erzwingen; *jur.* vermachen

'**will·ful** *Am.* → *wilful*

'**will·ing** bereit (*to do* zu tun); (bereit)willig

will-o'-the-wisp [wɪləðə'wɪsp] Irrlicht *n*

wil·low *bot.* [wɪləʊ] Weide *f*; '~**y** *fig.* gertenschlank

'**will·pow·er** Willenskraft *f*

wil·ly-nil·ly [wɪlɪ'nɪlɪ] wohl od. übel

wilt [wɪlt] verwelken, welk werden

wi·ly [waɪlɪ] (*-ier, -iest*) gerissen, raffiniert

win [wɪn] **1.** (*-nn-; won*) *v/t.* gewinnen; ~ *s.o. over od. round to* j-n gewinnen für; *v/i.* gewinnen, siegen; *OK, you* ~ okay, du hast gewonnen; **2.** *bsd. Sport:* Sieg *m*

wince [wɪns] zusammenzucken (*at* bei)

winch *tech.* [wɪntʃ] Winde *f*

wind¹ [wɪnd] **1.** Wind *m*; Atem *m*, Luft *f*; *med.* Blähungen *pl.*; *the* ~ *sg. od. pl. mus.* die Bläser *pl.*; **2.** *j-m* den Atem nehmen *od.* verschlagen; *hunt.* wittern

wind² [waɪnd] **1.** (*wound*) *v/t.* drehen (**an** *dat.*); *Uhr etc.* aufziehen; wickeln (*round* um); *v/i.* sich winden *od.* schlängeln (*Pfad etc.*); ~ *back Film etc.* zurückspulen; ~ *down Autofenster etc.* herunterdrehen, -kurbeln; *Produktion etc.* reduzieren; *sich entspannen*; ~ *forward Film etc.* weiterspulen; ~ *up v/t. Autofenster etc.* hochdrehen, -kurbeln; *Uhr etc.* aufziehen; *Versammlung etc.* schließen (*with* mit); *Unternehmen* auflösen; *v/i.* F enden, landen; (*bsd.* s-e *Rede*) schließen (*by saying* mit den Worten); **2.** Umdrehung *f*

'**wind**|**·bag** F Schwätzer(in); '~**fall** Fallobst *n*; unverhofftes Geschenk, unverhoffter Gewinn

wind·ing [waɪndɪŋ] gewunden (*Pfad etc.*); '~ **stairs** *pl.* Wendeltreppe *f*

wind in·stru·ment *mus.* [wɪnd ɪnstrəmənt] Blasinstrument *n*

wind·lass *tech.* [wɪndləs] Winde *f*

wind·mill [wɪnmɪl] Windmühle *f*

win·dow [wɪndəʊ] Fenster *n*; Schaufenster *n*; Schalter *m* (*in e-r Bank etc.*); '~ **clean·er** Fensterputzer *m*; '~ **dress·er** Schaufensterdekorateur(in); '~ **dress·ing** Schaufensterdekoration *f*; *fig.* Mache *f*; '~**pane** Fensterscheibe *f*; '~ **seat** Fensterplatz *m*; '~ **shade** *Am.* Rouleau *n*; '~**shop** (*-pp-*): *go* ~*ping* e-n Schaufensterbummel machen; '~**sill** Fensterbank *f*, -brett *n*

wind|**·pipe** *anat.* [wɪndpaɪp] Luftröhre *f*; '~**screen** *Brt. mot.* Windschutzscheibe *f*; '~**screen wip·er** *Brt. mot.* Scheibenwischer *m*; '~**shield** *Am. mot.* Windschutzscheibe *f*; '~**shield wip·er** *Am. mot.* Scheibenwischer *m*; '~**surf·ing** *Sport:* Windsurfing *n*, -surfen *n*

wind·y [wɪndɪ] (*-ier, -iest*) windig; *med.* blähend

wine [waɪn] Wein *m*

wing [wɪŋ] Flügel *m*; Schwinge *f*; *Brt. mot.* Kotflügel *m*; *aviat.* Tragfläche *f*; *aviat.* Geschwader *n*; ~**s** *pl. thea.* Seitenkulisse *f*; '~**er** *Sport:* Außenstürmer(in), Flügelstürmer(in)

wink [wɪŋk] **1.** zwinkern; △ *nicht winken*; ~ *at j-m* zuzwinkern; *et.* geflissentlich übersehen; ~ *one's lights Brt. mot.* blinken; **2.** Zwinkern *n*; *I didn't get a* ~ *of sleep last night, I didn't sleep a* ~ *last night* ich habe letzte Nacht kein Auge zugetan; → *forty 1*

win·ner [wɪnə] Gewinner(in), *bsd. Sport:* Sieger(in); '~**ning 1.** einnehmend, gewinnend; **2.** *pl.* Gewinn *m*

win·ter [wɪntə] **1.** Winter *m*; *in* (*the*) ~ im Winter; **2.** überwintern; den Winter verbringen; '~ **sports** *pl.* Wintersport *m*; '~**time** Winter(zeit *f*) *m*; *in* (*the*) ~ im Winter

win·try [wɪntrɪ] winterlich; *fig.* frostig

wipe [waɪp] (ab-, auf)wischen; ~ *off* ab-, wegwischen; ~ *out* auswischen; auslöschen, -rotten; ~ *up* aufwischen; '**wip·er** *mot.* (*Scheiben*)Wischer *m*

wire ['waɪə] **1.** Draht *m*; *electr.* Leitung *f*; *Am.* Telegramm *n*; **2.** Leitungen verlegen in (*dat.*) (*a.* ~ **up**); *Am.* j-m ein Telegramm schicken; j-m et. telegrafieren; '~·**less** drahtlos, Funk...; ~ **net·ting** [waɪə 'netɪŋ] Maschendraht *m*; '~·**tap** (-*pp*-) j-n, j-s Telefon abhören

wir·y ['waɪərɪ] (-*ier*, -*iest*) drahtig (*Figur etc.*)

wis·dom ['wɪzdəm] Weisheit *f*, Klugheit *f*; '~ **tooth** (*pl.* - **teeth**) Weisheitszahn *m*

wise[1] [waɪz] (~*r*, ~*st*) weise, klug

wise[2] [waɪz] *veraltet*: Weise *f*, Art *f*

'**wise**|·**crack** F **1.** Witzelei *f*; **2.** witzeln; '~ **guy** F Klugscheißer *m*

wish [wɪʃ] **1.** wünschen; wollen; ~ **s.o. well** j-m alles Gute wünschen; **if you** ~ (**to**) wenn du willst; ~ **for s.th.** sich et. wünschen; **2.** Wunsch *m* (*for* nach); (**with**) **best** ~**es** Herzliche Grüße (*Briefschluss*); ~·**ful 'think·ing** Wunschdenken *n*

wish·y-wash·y ['wɪʃɪwɒʃɪ] labb(e)rig, wäss(e)rig; lasch (*Person*); verschwommen (*Vorstellung etc.*)

wisp [wɪsp] (*Gras-, Haar*)Büschel *n*

wist·ful ['wɪstfl] wehmütig

wit [wɪt] Geist *m*, Witz *m*; geistreicher Mensch; *a.* ~**s** *pl.* Verstand *m*; △ *nicht* Witz (→ **joke**); **be at one's** ~**s' end** mit s-r Weisheit am Ende sein; **keep one's** ~**s about one** e-n klaren Kopf behalten

witch [wɪtʃ] Hexe *f*; '~·**craft** Hexerei *f*; '~·**hunt** *pol.* Hexenjagd *f* (**for**, **against** auf *acc.*)

with [wɪð] mit; bei (→ **stay** 1); vor (*dat.*) (→ **tremble** *etc.*)

with·draw [wɪð'drɔː] (-*drew*, -*drawn*) *v/t.* Geld abheben (**from** von); *Angebot etc.* zurückziehen; *Anschuldigung etc.* zurücknehmen; *mil.* Truppen zurück-, abziehen; *v/i.* sich zurückziehen; zurücktreten (**from** von)

with·draw·al [wɪð'drɔːəl] Rücknahme *f*; *bsd. mil.* Ab-, Rückzug *m*; Rücktritt *m* (**from** von), Austritt *m* (**from** aus); *med.* Entziehung *f*, Entzug *m*; **make a** ~ Geld abheben (**from** von); ~ **cure** *med.* Entziehungskur *f*; ~ **symp·toms** *pl. med.* Entzugserscheinungen *pl.*

with·er ['wɪðə] eingehen *od.* verdorren *od.* (ver)welken (lassen)

with'hold (-*held*) zurückhalten; ~ **s.th. from s.o.** j-m et. vorenthalten

with|·**in** [wɪ'ðɪn] innerhalb (*gen.*); ~·**out** [wɪ'ðaʊt] ohne (*acc.*)

with'stand (-*stood*) e-m *Angriff etc.* standhalten; *Beanspruchung etc.* aushalten

wit·ness ['wɪtnɪs] **1.** Zeug|e *m*, -in *f*; ~ **for the defence** (*Am.* **defense**) *jur.* Entlastungszeug|e *m*, -in *f*; ~ **for the prosecution** *jur.* Belastungszeug|e *m*, -in *f*; **2.** Zeuge sein von *et.*; *et.* bezeugen, *Unterschrift* beglaubigen; '~ **box** *Brt.*, '~ **stand** *Am.* Zeugenstand *m*

wit·ti·cis·m ['wɪtɪsɪzəm] geistreiche *od.* witzige Bemerkung; ~·**ty** ['wɪtɪ] (-*ier*, -*iest*) geistreich, witzig

wives [waɪvz] *pl. von* **wife**

wiz·ard ['wɪzəd] Zauberer *m*; *fig.* Genie *n* (**at** in)

wiz·ened ['wɪznd] verhutzelt

wob·ble ['wɒbl] *v/i.* wackeln (*Tisch etc.*), zittern (*Stimme etc.*), schwabbeln (*Pudding etc.*), *mot.* flattern (*Räder*); *v/t.* wackeln an (*dat.*)

woe [wəʊ] Kummer *m*, Leid *n*; '~·**ful** traurig; bedauerlich, beklagenswert

woke [wəʊk] *pret. von* **wake**[1]; **wok·en** ['wəʊkən] *p.p. von* **wake**[1]

wold [wəʊld] hügeliges Land

wolf [wʊlf] **1.** (*pl.* **wolves** [wʊlvz]) *zo.* Wolf *m*; **lone** ~ *fig.* Einzelgänger(in) *f*; **2.** *a.* ~ **down** F Essen hinunterschlingen

wolves [wʊlvz] *pl. von* **wolf** 1

wom·an ['wʊmən] (*pl.* **women** ['wɪmɪn]) Frau *f*; ~ '**doc·tor** Ärztin *f*; ~ '**driv·er** Frau *f* am Steuer; '~·**ish** weibisch; '~·**ly** fraulich; weiblich

womb [wuːm] *anat.* Gebärmutter *f*, Mutterleib *m*

wom·en ['wɪmɪn] *pl. von* **woman**

wom·en's lib F [wɪmɪnz 'lɪb] *veraltet* → **women's movement**; ~ '**lib·ber** F Emanze *f*; ~ **move·ment** Frauenbewegung *f*; ~ '**ref·uge** *Brt.*, ~ '**shel·ter** *Am.* Frauenhaus *n*

won [wʌn] *pret. u. p.p. von* **win** 1

won·der ['wʌndə] **1.** neugierig *od.* gespannt sein, gern wissen mögen; sich fragen, überlegen; sich wundern, erstaunt sein (**about** über *acc.*); **I** ~ **if you could help me** vielleicht können Sie mir helfen; **2.** Staunen *n*, Verwunderung *f*; Wunder *n*; **do** *od.* **work** ~**s** wah-

wonderful 344

re Wunder vollbringen, Wunder wirken (*for* bei); '~**ful** wunderbar, -voll

wont [wəʊnt] **1. be ~** *to do s.th.* et. zu tun pflegen; **2. as was his ~** wie es s-e Gewohnheit war

won't [wəʊnt] *für* will not

woo [wuː] umwerben, werben um

wood [wʊd] Holz *n*; Holzfass *n*; *a.* **~s** *pl.* Wald *m*, Gehölz *n*; **touch ~!** unberufen!, toi, toi, toi!; **he can't see the ~ for the trees** er sieht den Wald vor lauter Bäumen nicht; '~**cut** Holzschnitt *m*; '~**cut·ter** Holzfäller *m*; '~**ed** bewaldet; '~**en** hölzern (*a. fig.*), aus Holz, Holz...; '~**peck·er** *zo.* Specht *m*; '~**wind** *mus.* ['wʊdwɪnd]: **the ~** *sg. od. pl.* die Holzblasinstrumente *pl.*; die Holzbläser *pl.*; '~ **in·stru·ment** Holzblasinstrument *n*; '~**work** Holzarbeit *f*; '~**y** (*-ier, -iest*) waldig; holzig

wool [wʊl] Wolle *f*; '~(**l**)**en** ['wʊlən] **1.** wollen, Woll...; **2. ~s** *pl.* Wollsachen *pl.*, -kleidung *f*; '~(**l**)**y 1.** (*-ier, -iest*) wollig; *fig.* wirr; **2. wool**(**l**)**ies** *pl.* F Wollsachen *pl.*

Worces·ter sauce [wʊstə 'sɔːs] Worcestersoße *f*

word [wɜːd] **1.** Wort *n*; Nachricht *f*; Losung(swort *n*) *f*; Versprechen *n*; Befehl *m*; **~s** *pl.* Text *m* (*e-s Lieds etc.*); **have a ~** *od.* **a few ~s with** mit j-m sprechen; **2.** *et.* ausdrücken, *Text* abfassen, formulieren; '~**ing** Wortlaut *m*; '~ **or·der** *gr.* Wortstellung *f* (*im Satz*); '~ **pro·cess·ing** *Computer*: Textverarbeitung *f*; '~ **pro·ces·sor** *Computer*: Textverarbeitungsgerät *n*

word·y (*-ier, -iest*) wortreich, langatmig

wore [wɔː] *pret. von* wear 1

work [wɜːk] **1.** Arbeit *f*; Werk *n*; **~s** *pl. tech.* Werk *n*, Getriebe *n*; **~s** *sg.* Werk *n*, *k f*: **at ~** bei der Arbeit; **be in ~** haben; **be out of ~** arbeitslos **go** *od.* **set to ~** an die Arbeit ge... **2.** *v/i.* arbeiten (**at, on** *an dat.*); funktionieren (*a. fig.*); wirken; **~ to rule** Dienst nach Vorschrift tun; *v/t.* j-n arbeiten lassen; *Maschine etc.* bedienen, *et.* betätigen; *et.* bearbeiten; bewirken, herbeiführen; **~ one's way** sich durcharbeiten *od.* -kämpfen; **~ off** Schulden abarbeiten; *Wut etc.* abreagieren; **~ out** *v/t.* ausrechnen; *Aufgabe* lösen; *Plan*

etc. ausarbeiten; *fig.* sich *et.* zusammenreimen; *v/i.* klappen; aufgehen (*Rechnung etc.*); F *Sport*: trainieren; **~ up** Zuhörer *etc.* aufpeitschen, -wühlen, *et.* ausarbeiten (**into** zu); **be ~ed up** aufgeregt *od.* nervös sein (**about** wegen)

work·a·ble ['wɜːkəbl] formbar; *fig.* durchführbar; '~**a·day** ['wɜːkədeɪ] Alltags...; '~**a·hol·ic** F [wɜːkə'hɒlɪk] Arbeitssüchtige(r *m*) *f*; '~**bench** *tech.* Werkbank *f*; '~**book** *Schule*: Arbeitsheft *n*; '~**day** Arbeitstag *m*; Werktag *m*; **on ~s** werktags; '~**er** Arbeiter(in); Angestellte(r *m*) *f*; '~ **ex·pe·ri·ence** Erfahrung *f* (*bsd. in e-m bestimmten Bereich*)

'**work·ing** Arbeits...; **~ knowledge** Grundkenntnisse *pl.*; **in ~ order** in betriebsfähigem Zustand; **~ 'class**(**·es** *pl.*) Arbeiterklasse *f*; **~ 'day** → workday; **~ 'hours** *pl.* Arbeitszeit *f*; **fewer ~ hours** Arbeitszeitverkürzung *f*; **reduced ~** *Am.* Kurzarbeit *f*; '~**s** *pl.* Arbeits-, Funktionsweise *f*

'**work·man** (*pl.* -**men**) Handwerker *m*; '~**like** fachmännisch; '~**ship** fachmännische Arbeit

work| **of 'art** (*pl.* **works of art**) Kunstwerk *n*; '~**out** F *Sport*: Training *n*; '~**place** Arbeitsplatz *m*; **at the ~** am Arbeitsplatz; '~**s coun·cil** Betriebsrat *m* (*einzelner* **member of the ~**); '~ **sheet** Arbeitsblatt *n*; '~**shop** Werkstatt *f*; Workshop *m* (*Seminar*); '~**shy** arbeitsscheu; '~**sta·tion** Bildschirmarbeitsplatz *m*; '~**-to-'rule** *Brt.* Dienst *m* nach Vorschrift

world [wɜːld] **1.** Welt *f*; **all over the ~** in der ganzen Welt; **bring into the ~** auf die Welt bringen; **do s.o. a** *od.* **the ~ of good** j-m unwahrscheinlich gut tun; **mean all the ~ to s.o.** j-m alles bedeuten; **they are ~s apart** zwischen ihnen liegen Welten; **think the ~ of** große Stücke halten von; **what in the ~ ...?** was um alles in der Welt ...?; **2.** Welt...; ⚥ **'Cup** Fußballweltmeisterschaft *f*; *Skisport*: Weltcup *m*

'**world·ly** (*-ier, -iest*) weltlich; irdisch; '~**·wise** weltklug

world| '**pow·er** *pol.* Weltmacht *f*; **~**'**wide** [wɜːld-] weltweit; auf der ganzen Welt

worm [wɜːm] **1.** *zo.* Wurm *m*; **2.** Hund

etc. entwurmen; ~ **one's way through** sich schlängeln *od.* zwängen durch; ~ **o.s. into s.o.'s confidence** sich in j-s Vertrauen einschleichen; ~ **s.th. out of s.o.** j-m et. entlocken; '~**eat·en** wurmstichig; '~**'s-eye 'view** Froschperspektive *f*

worn [wɔːn] *p.p. von* **wear** 1; ~**'out** abgenutzt, abgetragen; erschöpft (*Person*)

wor·ried ['wʌrɪd] besorgt, beunruhigt

wor·ry ['wʌrɪ] **1.** beunruhigen, j-m Sorgen machen; **don't ~!** keine Angst!, keine Sorge!; **2.** Sorge *f*

worse [wɜːs] (*comp. von* **bad**) schlechter, schlimmer; ~ **still** was noch schlimmer ist; **to make matters ~** zu allem Übel; **wors·en** ['wɜːsn] schlechter machen *od.* werden, (sich) verschlechtern

wor·ship ['wɜːʃɪp] **1.** Verehrung *f*; Gottesdienst *m*; **2.** (*bsd. Brt.* **-pp-**, *Am.* **-p-**) *v/t.* anbeten, verehren; *v/i.* den Gottesdienst besuchen; '~**(p)er** Anbeter(in), Verehrer(in); Kirchgänger(in)

worst [wɜːst] **1.** *adj.* (*sup. von* **bad**) schlechteste(r, -s), schlimmste(r, -s); **2.** *adv.* (*sup. von* **badly**) am schlechtesten *od.* schlimmsten; **3.** der, die, das Schlechteste *od.* Schlimmste; **at (the)** ~ schlimmstenfalls

wor·sted ['wʊstɪd] Kammgarn *n*

worth [wɜːθ] **1.** wert; ~ **reading** lesenswert; **2.** Wert *m*; '~**less** wertlos; ~**'while** lohnend; **be** ~ sich lohnen; ~**y** ['wɜːðɪ] (**-ier, -iest**) würdig

would [wʊd] *pret. von* **will**¹; ~ **you like ...?** möchten Sie ...?; '~**be** Möchtegern-

wound¹ [waʊnd] *pret. u. p.p. von* **wind**²

wound² [wuːnd] **1.** Wunde *f*, Verletzung *f*; **2.** verwunden, -letzen

wove [wəʊv] *pret. von* **weave**; **wov·en** ['wəʊvən] *p.p. von* **weave**

wow *int.* F [waʊ] wow!, Mensch!, toll!

WP [ˌdʌbljuː'piː] *Abk. für:* **word processing** *Computer:* Textverarbeitung *f*; **word processor** *Computer:* Textverarbeitungsgerät *n*

wran·gle ['ræŋgl] **1.** (sich) streiten; **2.** Streit *m*

wrap [ræp] **1.** (**-pp-**) *v/t. a.* ~ **up** (ein)packen, (-)wickeln (**in** *in dat.*); *et.* wickeln (**[a]round** um); *v/i.* ~ **up** sich warm anziehen; **2.** *bsd. Am.* Umhang *m*; '~**per** (Schutz)Umschlag *m*; '~**ping** Verpackung *f*; '~**ping pa·per** Einwickel-, Pack-, Geschenkpapier *n*

wrath *lit.* [rɒθ] Zorn *m*

wreath [riːθ] (*pl.* **wreaths** [riːðz]) Kranz *m*

wreck [rek] **1.** *naut.* Wrack *n* (*a. Person*); **2.** Pläne *etc.* zunichte machen; **be** ~**ed** *naut.* zerschellen; Schiffbruch erleiden; ~**age** ['rekɪdʒ] Trümmer *pl.* (*a. fig.*), Wrackteile *pl.*; '~**er** *Am. mot.* Abschleppwagen *m*; '~**ing com·pa·ny** *Am.* Abbruchfirma *f*; '~**ing ser·vice** *Am. mot.* Abschleppdienst *m*

wren *zo.* [ren] Zaunkönig *m*

wrench [rentʃ] **1.** *med.* sich *das Knie etc.* verrenken; **~ s.th. from** *od.* **out of s.o.'s hands** j-m et. aus den Händen reißen, j-m et. entwinden; ~ **off** *et.* mit e-m Ruck ab- *od.* wegreißen *etc.*; ~ **open** aufreißen; **2.** Ruck *m*; *med.* Verrenkung *f*; *Brt. tech.* Engländer *m*, Franzose *m*; *Am. tech.* Schraubenschlüssel *m*

wrest [rest]: ~ **s.th. from** *od.* **out of s.o.'s hands** j-m et. aus den Händen reißen, j-m et. entreißen *od.* entwinden

wres·tle ['resl] *v/i.* ringen (**with** mit); *fig.* ringen, kämpfen (**with** mit); *v/t. Sport:* ringen gegen; '~**tler** *Sport:* Ringer *m*; '~**tling** *Sport:* Ringen *n*

wretch [retʃ] *oft humor.* Schuft *m*, Wicht *m*; *a.* **poor** ~ armer Teufel; ~**ed** elend; (tod)unglücklich; scheußlich (*Kopfschmerzen, Wetter*); verdammt, -flixt

wrig·gle ['rɪgl] *v/i.* sich winden; zappeln; ~ **out of** *fig.* F sich herauswinden aus; F sich drücken vor (*dat.*); *v/t.* mit **den Zehen** wackeln

wring [rɪŋ] (**wrung**) j-m die Hand drücken; die Hände ringen; den Hals umdrehen; ~ **out** Wäsche *etc.* auswringen; ~ **s.o.'s heart** j-m zu Herzen gehen

wrin·kle ['rɪŋkl] **1.** Falte *f*, Runzel *f*; **2.** runzeln; Nase kraus ziehen, rümpfen; faltig *od.* runz(e)lig werden

wrist [rɪst] Handgelenk *n*; '~**band** Bündchen *n*, (Hemd)Manschette *f*; Armband *n*; '~**watch** Armbanduhr *f*

writ *jur.* [rɪt] Befehl *m*, Verfügung *f*

write [raɪt] (**wrote, written**) schreiben; ~ **down** auf-, niederschreiben; ~ **off** j-n. *econ. et.* abschreiben; ~ **out** Namen *etc.* ausschreiben; Bericht *etc.* ausarbeiten;

write protection

j-m e-e Quittung etc. ausstellen; **'~ pro·tec·tion** *Computer:* Schreibschutz *m*; **'writ·er** Schreiber(in), Verfasser(in), Autor(in); Schriftsteller(in)
writhe [raɪð] sich krümmen *od.* winden (**in, with** vor *dat.*)
writ·ing ['raɪtɪŋ] Schreiben *n* (*Tätigkeit*); (Hand)Schrift *f*; Schreib...; *in* ~ schriftlich; ~**s** *pl.* Werke *pl.*; **'~ case** Schreibmappe *f*; **'~ desk** Schreibtisch *m*; **'~ pad** Schreibblock *m*; **'~ pa·per** Brief-, Schreibpapier *n*
writ·ten ['rɪtn] **1.** *p.p. von* **write**; **2.** *adj.* schriftlich
wrong [rɒŋ] **1.** *adj.* falsch; unrecht; *be* ~ falsch sein, nicht stimmen; Unrecht haben; falsch gehen (*Uhr*); *be on the* ~ *side of forty* über 40 (Jahre alt) sein; *is anything* ~*?* ist et. nicht in Ordnung?; *what's* ~ *with her?* was ist los mit ihr?, was hat sie?; **2.** *adv.* falsch; *get* ~ *j-n, et.* falsch verstehen; *go* ~ e-n Fehler machen; kaputtgehen; *fig.* schief gehen; **3.** Unrecht *n*; *be in the* ~ im Unrecht sein; **4.** *j-m* unrecht tun; ~**'do·er** Misse-,

Übeltäter(in); ~**'do·ing** Missetat(en *pl.*) *f*; Vergehen *n od. pl.*; **'~·ful** ungerechtfertigt; gesetzwidrig; **'~·way 'driv·er** *mot.* F Geisterfahrer(in)
wrote [rəʊt] *pret. von* **write**
wrought| **'i·ron** Schmiedeeisen *n*; **~·'i·ron** schmiedeeisern
wrung [rʌŋ] *pret. u. p.p. von* **wring**
wry [raɪ] (**-ier, -iest**) süßsauer (*Lächeln*); ironisch, sarkastisch (*Humor etc.*)
wt *nur geschr. Abk. für* **weight** Gew., Gewicht *n*
WTO [dʌblju: ti: 'əʊ] *Abk. für* **World Trade Organization** Welthandelsorganisation *f*
WWF [dʌblju: dʌblju: 'ef] *Abk. für* **World Wide Fund for Nature** WWF *m* (*internationale Umweltstiftung*)
wwoofer ['wuːfə] *Abk. für* **willing workers on organic farms** *etwa:* freiwillige Helfer auf Höfen mit ökologischem Anbau
WYSIWYG ['wɪzɪwɪg] *Abk. für* **what you see is what you get** *Computer:* was du (*auf dem Bildschirm*) siehst, bekommst du (*auch ausgedruckt*)

X

X, x [eks] X, x *n*
xen·o·pho·bi·a [zenə'fəʊbjə] Fremdenhass *m*; Ausländerfeindlichkeit *f*
XL [eks 'el] *Abk. für* **extra large (size)** extragroß
X·mas F ['krɪsməs, 'eksməs] → **Christ-**

mas
X-ray ['eksreɪ] **1.** röntgen; **2.** Röntgenstrahl *m*; Röntgenaufnahme *f*, -bild *n*; Röntgenuntersuchung *f*
xy·lo·phone *mus.* ['zaɪləfəʊn] Xylophon *n*

Y

Y, y [waɪ] Y, y *n*
yacht *naut.* [jɒt] **1.** *Sport:* (Segel)Boot *n*; Jacht *f*; **2.** segeln; *go* ~*ing* segeln gehen; **'~ club** Segel-, Jachtklub *m*; **'~·ing**

Segeln *n*, Segelsport *m*
Yan·kee F ['jæŋkɪ] Yankee *m*, Ami *m*
yap [jæp] (**-pp-**) kläffen; F quasseln
yard[1] [jɑːd] (*Abk.* **yd**) Yard *n* (*91,44 cm*)

yard² [jɑːd] Hof *m*; (*Bau-, Stapel- etc.*)Platz *m*; *Am.* Garten *m*
'yard·stick *fig.* Maßstab *m*
yarn [jɑːn] Garn *n*; **spin s.o. a ~ about** j-m e-e abenteuerliche Geschichte *od.* e-e Lügengeschichte erzählen von
yawn [jɔːn] **1.** gähnen; **2.** Gähnen *n*
yd *nur geschr. Abk. für* **yard**(**s** *pl.*) Yard(s *pl.*) *n*
yeah F [jeə] ja
year [jɪə, jəː] Jahr *n*; **all the ~ round** das ganze Jahr hindurch; **~ after ~** Jahr für Jahr; **~ in ~ out** jahraus, jahrein; **this ~** dieses Jahr, heuer; **this ~'s** diesjährige(r, -s); **'~·ly** jährlich
yearn [jəːn] sich sehnen (**for** nach; **to do** danach, zu tun); **'~·ing 1.** Sehnsucht *f*; **2.** sehnsüchtig
yeast [jiːst] Hefe *f*
yell [jel] **1.** schreien, brüllen (**with** vor *dat.*); **~ at s.o.** j-n anschreien *od.* anbrüllen; **~ (out)** *et.* schreien, brüllen; **2.** Schrei *m*
yel·low ['jeləʊ] **1.** gelb; F feig; **2.** Gelb *n*; **at ~** *Am. mot.* bei Gelb (*Ampel*); **3.** (sich) gelb färben; gelb werden; vergilben; **~ 'fe·ver** *med.* Gelbfieber *n*; **'~·ish** gelblich; ℅ **Pag·es®** *pl. tel.* die Gelben Seiten *pl.*, Branchenverzeichnis *n*; **~ 'press** Sensationspresse *f*
yelp [jelp] **1.** (auf)jaulen (*Hund etc.*); aufschreien; **2.** (Auf)Jaulen *n*; Aufschrei *m*
yes [jes] **1.** ja; doch; **2.** Ja *n*
yes·ter·day ['jestədɪ] gestern; **~ afternoon/morning** gestern Nachmittag/Morgen; **the day before ~** vorgestern
yet [jet] **1.** *adv. fragend:* schon; noch; (doch) noch; doch, aber; **as ~** bis jetzt, bisher; **not ~** noch nicht; **2.** *cj.* aber, doch
yew *bot.* [juː] Eibe *f*
yield [jiːld] **1.** *v/t.* Früchte tragen, Gewinn abwerfen, *Resultat etc.* ergeben, liefern; *v/i.* nachgeben; **~ to** *Am. mot.* j-m die Vorfahrt lassen; **2.** Ertrag *m*
yip·pee *int.* F [jɪ'piː] hurra!
YMCA [waɪ em siː 'eɪ] *Abk. für* **Young Men's Christian Association** *etwa* CVJM, Christlicher Verein junger Menschen
yo·del ['jəʊdl] **1.** (*bsd. Brt.* **-ll-**, *Am.* **-l-**) jodeln; **2.** Jodler *m*
yo·ga ['jəʊgə] Joga *m*, *n*, Yoga *m*, *n*
yog·h(o)urt, yog·urt ['jɒgət] Jog(h)urt *m*, *n*
yoke [jəʊk] Joch *n* (*a. fig.*)
yolk [jəʊk] (Ei)Dotter *m*, *n*, Eigelb *n*
you [juː, jʊ] du, ihr, Sie; (*dat.*) dir, euch, Ihnen; (*acc.*) dich, euch, Sie; man
young [jʌŋ] **1.** jung; **2.** *zo.* Junge *pl.*; **with ~** trächtig; **the ~** die jungen Leute *pl.*, die Jugend; **'~·ster** ['jʌnstə] Junge *m*
your [jɔː] dein(e); *pl.* euer, eure; Ihr(e) (*a. pl.*); **~s** [jɔːz] deine(r, -s); *pl.* euer, eure(s); Ihre(r, -s) (*a. pl.*); **a friend of ~** ein Freund von dir; ℅, **Bill** Dein Bill (*Briefschluss*); **~·self** [jɔː'self] (*pl.* **yourselves** [jɔː'selvz]) selbst; dir, dich, sich; **by ~** allein
youth [juːθ] (*pl.* **~s** [juːðz]) Jugend *f*; Jugendliche(r) *m*; **'~ club** Jugendklub *m*; **'~·ful** jugendlich; **'~ hos·tel** Jugendherberge *f*
yuck·y F *contp.* ['jʌkɪ] (**-ier, -iest**) scheußlich
Yu·go·slav [juːgəʊ'slɑːv] **1.** jugoslawisch; **2.** Jugoslaw|e *m*, -in *f*; **Yu·go·sla·vi·a** [juːgəʊ'slɑːvjə] Jugoslawien *n*
yule·tide *bsd. poet.* ['juːltaɪd] Weihnachten *n*, Weihnachtszeit *f*
yup·pie, yup·py ['jʌpɪ] *aus der Abk. für* **young upwardly-mobile** *od.* **urban professional** junger, aufstrebender *od.* städtischer Karrieremensch, Yuppie *m*
YWCA [waɪ dʌbljuː siː 'eɪ] *Abk. für* **Young Women's Christian Association** *etwa* CVJM, Christlicher Verein junger Menschen

Z

Z, z [zed, *Am.* ziː] Z, z *n*

zap F [zæp] (*-pp-*) *bsd. Computer-, Videospiel*: abknallen, fertigmachen; (*Wagen*) beschleunigen (**from ... to** von ... auf *acc.*); jagen, hetzen; *TV* Fernbedienung bedienen; *TV* zappen, umschalten; **~ off** abzischen; **~ to** düsen *od.* jagen *od.* hetzen nach; **'~·per** *Am.* F *TV* Fernbedienung *f*

zap·py ['zæpɪ] (*-ier, -iest*) voller Pep, schmissig, fetzig

zeal [ziːl] Eifer *m*; **~·ot** ['zelət] Fanatiker(in), Eifer|er, -in *f, m*; **~·ous** ['zeləs] eifrig; **be ~ to do** eifrig darum bemüht sein, zu tun

ze·bra *zo.* ['zebrə, 'ziːbrə] (*pl. -bra, -bras*) Zebra *n*; **~ 'cross·ing** *Brt.* Zebrastreifen *m* (*Fußgängerübergang*)

ze·nith ['zenɪθ] Zenit *m* (*a. fig.*)

ze·ro ['zɪərəʊ] (*pl. -ros, -roes*) Null *f* (*Am. a. tel.*); Nullpunkt *m*; Null...; **20 degrees below ~** 20 Grad unter Null; **~ 'growth** Nullwachstum *n*; **~ 'in·terest: have ~ in s.th.** F null Bock auf et. haben; **~ 'op·tion** *pol.* Nulllösung *f*

zest [zest] *fig.* Würze *f*; Begeisterung *f*; **~ for life** Lebensfreude *f*

zig·zag ['zɪgzæg] **1.** Zickzack *m*; Zickzack...; **2.** (*-gg-*) im Zickzack fahren, laufen *etc.*, zickzackförmig verlaufen (*Weg etc.*)

zinc *chem.* [zɪŋk] Zink *n*

zip¹ [zɪp] **1.** Reißverschluss *m*; **2.** (*-pp-*): **~ the bag open/shut** den Reißverschluss der Tasche aufmachen/zumachen; **~ s.o. up** j-m den Reißverschluss zumachen

zip² [zɪp] **1.** Zischen *n*, Schwirren *n*; F Schwung *m*; **2.** zischen, schwirren (*Kugeln etc.*); **~ by, ~ past** vorbeiflitzen

'zip| code *Am.* Postleitzahl *f*; **~ 'fas·ten·er** *bsd. Brt.*, **'~·per** *bsd. Am.* Reißverschluss *m*

zo·di·ac *astr.* ['zəʊdɪæk] Tierkreis *m*; **signs** *pl.* **of the ~** Tierkreiszeichen *pl.*

zone [zəʊn] Zone *f*

zoo [zuː] (*pl. zoos*) Zoo *m*, Tierpark *m*

zo·o·log·i·cal [zəʊə'lɒdʒɪkl] zoologisch; **~ gar·dens** [zʊlɒdʒɪkl 'gɑːdnz] Tierpark *m*, zoologischer Garten

zo·ol·o·gist [zəʊ'ɒlədʒɪst] Zoolog|e *m*, -in *f*; **~·gy** [zəʊ'ɒlədʒɪ] Zoologie *f*

zoom [zuːm] **1.** surren; F sausen; F in die Höhe schnellen (*Preise*); *phot.* zoomen; **~ by, ~ past** F vorbeisausen; **~ in on** *phot. et.* heranholen; **2.** Surren *n*; *a.* **~ lens** *phot.* Zoom(objektiv) *n*

Deutsch-Englisches Wörterverzeichnis

A

à *prp.:* **5 Karten ~ DM 20** 5 tickets at 20 marks each *od.* a piece

Aal *zo. m* eel; **₂en** *v/refl.:* **sich in der Sonne ~** bask in the sun; **₂glatt** *adj.* (as) slippery as an eel

Aas *n coll.* carrion; *fig.* beast, V bastard; **~geier** *zo. m* vulture (*a. fig.*)

ab *prp. u. adv.:* **München ~ 13.55** departure from Munich (at) 13.55; **~ 7 Uhr** from 7 o'clock (on); **~ morgen (1. März)** starting tomorrow (March 1st); **von jetzt ~** from now on; **~ und zu** now and then; **ein Film ~ 18** an X(-rated) film; **ein Knopf etc. ist ~** has come off

abarbeiten *v/t. Schuld:* work out *od.* off; **sich ~** wear o.s. out

Abart *f* variety; **₂ig** *adj.* abnormal

Abb. *Abk. für Abbildung* fig., illustration

Abbau *m Bergbau:* mining; *fig. Vorurteile etc.:* overcoming; *Maschinen etc.:* dismantling; *Personal, Preise etc.:* reduction; **₂en** *v/t. Bergbau:* mine; *Vorurteile etc.:* overcome*; *Maschinen etc.:* dismantle; *Personal, Preise etc.:* reduce; **sich ~** *biol.* break* down

ab|beißen *v/t.* bite* off; **~beizen** *v/t. Farbe etc.:* remove with corrosives; **~bekommen** *v/t. losbekommen:* get* off; **s-n Teil od. et. ~** get* one's share; **et. ~** *fig.* get* hurt *od.* damaged

abberuf|en *v/t.*, **₂ung** *f* recall

ab|bestellen *v/t. Zeitung (Waren):* cancel one's subscription (order) for; **₂bestellung** *f* cancellation; **~biegen** *v/i.* turn (off); **nach rechts (links) ~** turn right (left)

abbild|en *v/t.* show*, depict; **₂ung** *f* picture, illustration

Abbitte *f:* **j-m ~ leisten wegen** apologize to s.o. for

ab|blasen *v/t. Vorhaben etc.:* call off, cancel; **~blättern** *v/i. Farbe etc.:* flake off; **~blenden 1.** *v/t.* dim; **2.** *v/i. mot.* dip (*Am.* dim) the headlights; **₂blendlicht** *mot. n* dipped (*Am.* dimmed) headlights *pl.*, low beam; **~brechen** *v/t.* break* off (*a. fig.*); *Gebäude etc.:* pull down, demolish; *Zelt, Lager:* strike*; **~bremsen** *v/t.* slow down; **~brennen** *v/t. Gebäude etc.:* burn* down; *Feuerwerk:* let* *od.* set* off; **~bringen** *v/t.:* **j-n von e-r Sache ~** talk s.o. out of (doing) s.th.; **j-n vom Thema ~** get* s.o. off a subject; **~bröckeln** *v/i.* crumble away (*a. fig.*)

Abbruch *m* breaking off; *Gebäude etc.:* demolition; **₂reif** *adj.* derelict, due for demolition

abbuch|en *econ. v/t.* debit (**von** to); **₂ung** *econ. f* debit

abbürsten *v/t. Staub etc.:* brush off; *Mantel etc.:* brush

Abc *n* ABC, alphabet; **~schütze** F *m* school beginner, *Am.* first grader; **~Waffen** *mil. pl.* nuclear, biological and chemical weapons

abdank|en *v/i.* resign; *Herrscher:* abdicate; **₂ung** *f* resignation; abdication

ab|decken *v/t.* uncover; *Dach:* untile; *Gebäude:* unroof; *Tisch:* clear; *zudecken:* cover (up); **~dichten** *v/t.* make* tight, insulate; **~drängen** *v/t.* push aside; **~drehen 1.** *v/t. Gas, Licht etc.:* turn *od.* switch off; **2.** *naut., aviat. v/i.* change one's course

Abdruck *m* print, mark; **₂en** *v/t.* print

abdrücken *v/i. Gewehr etc.:* fire, pull the trigger

Abend *m* evening; **am ~** in the evening, at night; **heute ~** tonight; **morgen (gestern) ~** tomorrow (last) night; → **bunt, essen; ~brot** *n*, **~essen** *n* supper, dinner, *Brt. a.* high tea; **~kasse** *thea. f* box office; **~kleid** *n* evening dress *od.* gown; **~kurs** *m* evening classes *pl.*; **~land** *n* West, Occident; **₂ländisch** *adj.* Western, Occidental; **~mahl** *rel. n the* (Holy) Communion, the Lord's Supper; **das ~ empfangen** receive Communion; **~rot** *n* evening *od.* sunset glow

abends *adv.* in the evening, at night; **dienstags ~** (on) Tuesday evenings

Abendschule

Abendschule f evening classes pl., night school

Abenteu|er n adventure (a. in Zssgn Ferien, Spielplatz); **2erlich** adj. adventurous; fig. risky; unwahrscheinlich: fantastic; **~rer** m adventurer; **~rerin** f adventuress

aber cj. u. adv. but; oder ~ or else; ~, ~! now then!; ~ nein! not at all!

Aber|glaube m superstition; **2gläubisch** adj. superstitious

aberkenn|en v/t.: j-m et. ~ deprive s.o. of s.th. (a. jur.); **2ung** f deprivation (a. jur.)

aber|malig adj. repeated; **~mals** adv. once more od. again; **~tausend**: tausende und ~e thousands upon thousands

abfahren 1. v/i. leave*; förmlicher: start, depart (alle: nach for); F: (voll) ~ auf really go* for; 2. v/t. Schutt etc.: carry od. cart away

Abfahrt f departure (nach for), start (for); Ski: descent; **~slauf** m downhill skiing; Rennen: downhill race; **~szeit** f (time of) departure

Abfall m waste, refuse, rubbish, Am. a. garbage, trash; → a. Müll; **~beseitigung** f waste disposal; **~eimer** m → Mülleimer; **2en** v/i.: fall* (off); Gelände: slope (down); fig. sich abwenden: fall* away (von from); bsd. pol. secede (from); vom Glauben ~ renounce one's faith; ~ gegen compare badly with

abfällig 1. adj. Bemerkung etc.: derogatory; 2. adv.: ~ von j-m sprechen run* s.o. down

Abfallprodukt n waste product

abfälschen v/t. deflect (a. Ball)

ab|fangen v/t. catch*, intercept; mot., aviat. right; **2fangjäger** mil., aviat. m interceptor (plane); **~färben** v/i. Farbe etc.: run*; Stoff: a. bleed*; fig. ~ auf rub off on

abfassen v/t. compose, word, write*

abfertig|en v/t. Ware etc.: dispatch; Zoll: clear; Kunden: serve; Flug-, Hotelgast: check in; j-n kurz ~ be* short with s.o.; **2ung** f dispatch; clearance; check-in

abfeuern v/t. fire (off); Rakete: launch

abfind|en v/t. Gläubiger: pay* off; Teilhaber: buy* out; entschädigen: compensate; sich mit et. ~ put* up with s.th.; **2ung** f satisfaction; compensation (a. ~ssumme)

ab|flachen v/t. u. v/refl. flatten; **~flauen** v/i. Wind etc.: drop (a. fig.); **~fliegen** v/i. leave*, depart; → **starten**; **~fließen** v/i. flow off, drain (off od. away)

Abflug aviat. m departure; → **Start**

Abfluss m flowing off; tech. drain; **~rohr** n wastepipe, drain(pipe)

abfragen v/t. Schule: question s.o. (über about), test s.o. orally

Abfuhr f removal; fig. j-m e-e ~ erteilen rebuff (F besiegen: lick) s.o.

abführ|en v/t. lead* od. take* away; Geld: pay* (over) (an to); **~end** med. adj., **2mittel** n laxative

abfüllen v/t.: in Flaschen: bottle; in Dosen: can

Abgabe f einer Arbeit: handing in; Sport: pass; Gebühr: rate; Zoll: duty; **2nfrei** adj. tax-free; **2npflichtig** adj. Ware: dutiable

Ab|gang m school-leaving, Am. graduation; thea. exit (a. fig.); Reck etc.: dismount; **~gänger(in)** school leaver, Am. graduate; **~gangszeugnis** n → **Abschlusszeugnis**

Abgas n waste gas; ~e pl. emission (pl.); mot. exhaust fumes pl.; **2frei** adj. emission-free; **~untersuchung** mot. f exhaust emission test, Am. emissions test

abgearbeitet adj. worn out

abgeben v/t. Schlüssel etc.: leave* (bei with); Prüfungsarbeit etc.: hand in; Gepäck: deposit, leave*; Geld, Fahrkarte etc.: hand over (an to); Stimme: cast*; Ball: pass; Wärme etc.: give* off, emit; Angebot, Erklärung: make*; j-m et. ~ von et. share s.th. with s.o.; sich ~ mit concern o.s. (mit j-m: associate) with

abge|brannt F fig. adj. broke; **~brüht** fig. adj. hard-boiled; **~droschen** fig. adj. hackneyed; **~fahren** mot. adj. Reifen: worn out; **~griffen** adj. worn; **~hackt** fig. adj. disjointed; **~hangen** adj.: gut ~es Fleisch well-hung meat; **~härtet** adj. hardened (gegen to)

abgehen v/i. Zug etc.: leave*; Post, Ware: get* off; thea. go* off (stage); Knopf etc.: come* off; Weg etc.: branch off; von der Schule ~ leave* school; ~ von e-m Plan etc.: drop; von

Abkommen

s-r Meinung ~ change one's mind od. opinion; *ihm geht ... ab* he lacks ...; *gut* ~ end well, pass off well

abge|hetzt, ~kämpft adj. exhausted, worn out; **~kartet** F adj.: *~e Sache* put-up job; **~legen** adj. remote, distant; **~macht** adj.fixed; *~!* it's a deal!; **~magert** adj. emaciated; **~neigt** adj.: *e-r Sache ~ sein* be* averse to s.th.; *ich wäre e-r Sache (et. zu tun) nicht ~* I wouldn't mind (doing) s.th.; **~nutzt** adj. worn out

Abgeordnete(r) parl. Brt. Member of Parliament (Abk. MP); Am. representative, congress|man (-woman); **~nhaus** parl. n Brt. House of Commons, Am. House of Representatives

abgepackt adj. prepack(ag)ed

abgeschieden adj. secluded; *Leben*: solitary; **2heit** f seclusion

abgeschlossen adj. completed; *~e Wohnung* self-contained flat, Am. apartment

abgesehen adj.: *~ von* apart from, Am. a. aside from; *ganz ~ von* not to mention, let alone

abge|spannt fig. adj. exhausted, weary; **~standen** adj. stale; **~storben** adj. Baum etc.: dead; gefühllos: numb; gänzlich: dead; **~stumpft** fig. adj. insensitive, indifferent (*gegen* to); **~tragen, ~wetzt** adj. worn-out; threadbare, shabby

abgewöhnen v/t.: *j-m et. ~* make* s.o. give* up s.th.; *sich das Rauchen ~* stop od. give* up smoking; *das werde ich dir ~!* I'll cure you of that!

Abgott m idol (a. fig.)

abgöttisch adv.: *j-n ~ lieben* idolize s.o.

ab|grasen v/t. graze; fig. scour; **~grenzen** v/t. mark off; delimit (*gegen* from)

Abgrund m abyss, chasm, gulf (alle a. fig.); *am Rande des ~s* fig. on the brink of disaster; **2tief** adj. abysmal

abgucken F v/t.: *j-m et. ~* learn* s.th. from (watching) s.o.; *Schule:* → *abschreiben*

Abguss m cast; *Nachguss*: recast

ab|haben F v/t.: *et. ~* have* some; **~hacken** v/t. chop od. cut* off; **~haken** v/t. tick (Am. check) off; F forget*; **~halten** v/t. Versammlung, Prüfung etc.: hold*; *j-n von der Arbeit ~* keep* s.o. from his work; *j-n davon ~, et. zu tun* keep* s.o. from doing s.th.; **~handeln** v/t.: *j-m et. ~* make* a deal with s.o. for s.th.

Abhandlung f treatise (*über* on)

Abhang m slope; *steil:* precipice

abhängen 1. v/t. *Bild* etc.: take* down; *rail.* etc. uncouple; *Fleisch:* hang*; F *j-n:* shake* off; **2.** v/i.: *~ von* depend on; *das hängt davon ab* that depends

abhängig adj.: *~ von* dependent on; *Drogen a.:* addicted to; **2keit** f dependence (*von* on); addiction (to)

ab|härten v/t.: *sich ~* harden o.s. (*gegen* to); **~hauen 1.** v/t. cut* off od. chop off; **2.** F v/i. make* off (*mit* with), run* away (with); *hau ab!* sl. beat it!; scram!; **~heben 1.** v/t. lift od. take* off; *tel. Hörer:* pick up; *Geld:* (with)draw*; *Karten:* cut*; *sich ~* stand* out (*von* among, from); fig. a. contrast with; **2.** v/i. *Karten:* cut*; tel. answer the phone; aviat. take*(bsd. Rakete: lift) off; **~heften** v/t. file; **~heilen** v/i. heal (up); **~hetzen** v/refl. wear* o.s. out

Abhilfe f remedy; *~ schaffen* take* remedial measures

Abholdienst m pickup service

ab|holen v/t. pick up, collect; *j-n von der Bahn ~* meet* s.o. at the station; **~holzen** v/t. *Bäume:* fell, cut* down; *Wald:* deforest; **~horchen** med. v/t. auscultate, sound

abhör|en v/t. *Telefongespräch:* listen in on, tap; *mit Mikrofon ~:* F bug; *Schüler:* → *abfragen*; **2gerät** n F bug(ging device)

Abitur n school-leaving examination (qualifying for university entrance)

ab|jagen v/t.: *j-m et. ~* recover s.th. from s.o.; **~kanzeln** F v/t. tell* s.o. off; **~kaufen** v/t.: *j-m et. ~* buy* s.th. from s.o. (a. fig. Geschichte) from s.o.

Abkehr fig. f break (*von* with); **2en** v/refl.: *sich ~ von* turn away from

ab|klingen v/i. *Klang, Schmerz etc.:* ease off; **~klopfen** med. v/t. sound; **~knallen** F v/t. pick off; **~knicken** v/t. snap od. break* off; *verbiegen:* bend*; **~kochen** v/t. boil; **~kommandieren** mil. v/t. detach (*zu* for)

Abkommen n agreement, treaty; *ein ~ schließen* make* an agreement

abkommen

abkommen v/i.: ~ **von** get* off; *Plan etc.*: drop; **vom Thema** ~ stray from the point; → **Weg**

Abkömmling m descendant

ab|koppeln v/t. uncouple (**von** from); *Raumfahrt*: undock; ~**kratzen 1.** v/t. scrape off; **2.** F v/i. *sterben*: kick the bucket; ~**kühlen** v/t. u. v/refl. cool down (*a. fig.*); **Ωkühlung** f cooling

Abkunft f: *deutscher etc.* ~ of German *etc.* descent *od.* origin

abkuppeln v/t. → **abkoppeln**

ab|kürz|en v/t. shorten; *Wort etc.*: abbreviate; **den Weg** ~ take* a short cut; **Ωung** f abbreviation; short cut

abladen v/t. unload; *Müll etc.*: dump

Ablage f *Bord etc.*: shelf; *von Akten*: filing; *für Kleider*: cloakroom; *Schweiz*: → **Zweigstelle**

ab|lager|n 1. v/t. *Holz*: season; *Wein*: let* age; *geol. etc.* deposit; **sich** ~ settle, be* deposited; **2.** v/i. season; age; **Ωlagerung** *chem., geol.* deposit; sediment; ~**lassen 1.** v/t. *Flüssigkeit*: drain off; *Dampf*: let* off (*a. fig.*); *Teich etc.*: drain; **2.** v/i.: **von et.** ~ stop doing s.th.

Ablauf m *Verlauf: etc.*: course, *bsd. Arbeits*£ *etc.*: process; *Programm*£: order of events; *Frist etc.*: expiration; → **Abfluss**; **Ωen 1.** v/i. *Wasser etc.*: run* off; *Vorgang etc.*: go*. proceed; *enden*: come* to an end; *Frist, Pass*: expire; *Zeit, Platte, Band*: run* out; *Uhr*: run* down; **gut** ~ turn out well; **2.** v/t. *Schuhe*: wear* down

ab|lecken v/t. lick (off); ~**legen 1.** v/t. *Kleidung*: take* off; *Akten etc.*: file; *Gewohnheit etc.*: give* up; *Eid, Prüfung*: take*; *abgelegte Kleider* cast-offs *pl.*; **2.** v/i. take* off one's (hat and) coat; *naut.* put* out. sail

Ableger *bot.* m layer; offshoot (*a. fig.*)

ablehn|en v/t. *refuse: Antrag etc.*: turn down; *parl.* reject; *missbilligen*: object to, reject; *stärker*: condemn; ~**end** *adj.* negative; **Ωung** f refusal; rejection; objection (*gen.* to)

ableit|en v/t. *Fluss etc.*: divert; *gr., math.* derive (**aus**, **von** from) (*a. fig.*); **Ωung** f diversion; *gr., math.* derivation

ab|lenken v/t. *Verdacht, Gedanken, Fluss, Ball etc.*: divert (**von** from); *Torschuss*: turn away; *Strahlen etc.*: deflect; *j-n von der Arbeit* ~ distract s.o. from his work; *er lässt sich leicht* ~ he is easily diverted; **Ωlenkung**(smanöver n) f diversion; ~**lesen** v/t. read* (*a. Instrumente*); ~**leugnen** v/t. deny

abliefer|n v/t. deliver (**bei** to, at); hand over (to); **Ωung** f delivery

ablösbar *adj.* detachable

ablös|en v/t. *entfernen*: detach; take* off; *j-n*: take* s.o.'s place, take over from; *bsd. mil. etc.*: relieve; *ersetzen*: replace; **sich** ~ *bei der Arbeit etc.*: take* turns; **Ωesumme** f *Sport*: transfer fee; **Ωung** f relief

abmach|en v/t. remove, take* off; *vereinbaren*: settle, arrange; **Ωung** f arrangement, agreement, deal

abmager|n v/i. get* thin; **Ωung** f emaciation; **Ωungskur** f slimming diet

ab|mähen v/t. mow*; ~**malen** v/t. copy

Abmarsch m start; *mil.* marching off; **Ωieren** v/i. start; *mil.* march off

abmeld|en v/t. *Auto, Radio etc.*: cancel the registration of; *vom Verein*: cancel s.o.'s membership; *von der Schule*: give* notice of s.o.'s withdrawal (from school); **sich** ~ **bei Behörde**: give* notice of change of address; *vom Dienst*: report off duty; *Hotel*: check out; **Ωung** f notice of withdrawal; notice of change of address

abmess|en v/t. measure; **Ωung** f measurement; ~**en** *pl.* dimensions *pl.*

ab|montieren v/t. take* off (*Gerüst etc.*: down); *bsd. Werksanlagen*: dismantle; ~**mühen** v/refl. work very hard; try hard (*to do s.th.*); ~**nagen** v/t. gnaw (at)

Abnahme f *Rückgang*: decrease, reduction; *Verlust*: loss (*a. Gewicht*); *econ.* purchase; *tech.* acceptance

abnehm|bar *adj.* removable; ~**en 1.** v/t. take* off (*a. med.*), remove; *tel. Hörer*: pick up; *tech. Maschine etc.*: accept; *econ.* buy*; *j-m et.* ~ *wegnehmen*: take* s.th. (away) from s.o.; **2.** v/i. decrease, diminish; lose* weight; *tel.* answer the phone; *Mond*: wane; **Ωer** *econ.* m buyer; customer

Abneigung f dislike (**gegen** of, for); *stärker*: aversion (**gegen** to)

abnorm *adj.* abnormal; *außergewöhnlich*: exceptional, unusual; **Ωität** f abnormality, anomaly

ab|nutzen, ~nützen v/t. u. v/refl. wear (and tear) (a. fig.)

Abonn|ement n subscription (**auf** to); **~ent(in)** subscriber; thea. season-ticket holder; **⚙ieren** v/t. subscribe to

Abordnung f delegation

Abort m lavatory, toilet

ab|passen v/t. j-n, Gelegenheit: watch od. wait for; j-n überfallen: waylay* (a. fig.); **~pfeifen** v/t. u. v/i. Sport: blow* the final whistle; unterbrechen: stop the game; **~pflücken** v/t. pick, gather; **~plagen** v/refl. struggle (**mit** with); **~prallen** v/i. rebound, bounce (**off**); Geschoss, östr. Geschoß: ricochet; **~putzen** v/t. wipe off; clean; **~raten** v/i.: **~ von** advise od. warn s.o. against; **~räumen** v/t. clear away; Tisch: clear; **~reagieren** v/t. s-n Ärger etc.: work off (**an** on); **sich ~** F let* off steam

abrechn|en 1. v/t. abziehen: deduct, subtract; Spesen: claim; **2.** v/i.: **mit j-m ~** settle accounts (fig. a. get* even) with s.o.; **⚙ung** f settlement; F fig. showdown

abreib|en v/t. rub off; Körper: rub down; Schuhe etc.: polish; **⚙ung** f rubdown; F fig. beating

Abreise f departure (**nach** for); **⚙n** v/i. depart, leave*, start, set* out (**alle: nach** for)

abreiß|en 1. v/t. tear* od. pull off; Gebäude: pull down; **2.** v/i. Schnur etc.: break*; Knopf etc.: come* off; **⚙kalender** m tear-off calendar

ab|richten v/t. train; Pferd: a. break* (in); **~riegeln** v/t. block (durch Polizei: a. cordon) off

Abriss m outline, summary

ab|rollen v/t. unroll (a. fig. Ereignisse etc.); **~rücken 1.** v/t. move away (**von** from); **2.** v/i. draw* away (**von** from); mil. march off; F **~ abhauen** 2

Abruf m: **auf ~** econ. on call; **⚙en** v/t. call away; Computer: recall, fetch, retrieve

ab|runden v/t. round (off); **~rupfen** v/t. pluck off

abrupt adj. abrupt

ab|rüsten mil. v/i. disarm; **⚙ung** f mil. disarmament

~rutschen v/i. Erde etc.: slide* down; Fuß etc.: slip (off) (**von** from)

ABS mot. anti-lock braking system

Absage f refusal; cancellation; **⚙n 1.** v/t. Veranstaltung etc.: call off, cancel; **2.** v/i. call off; j-m **~** a. cancel one's appointment with s.o.; Einladung a. decline (the invitation)

ab|sägen v/t. saw* off; fig. oust; sack; **~sahnen** F v/i. cash in

Absatz m Abschnitt: paragraph; econ. sales pl.; Schuh⚙: heel; Treppen⚙: landing

abschaben v/t. scrape off

abschaff|en v/t. do* away with, abolish; Gesetz: repeal; Missstände: put* an end to; **⚙ung** f abolition; repeal

abschalten 1. v/t. switch od. turn off; **2.** F v/i. relax, switch off

abschätz|en v/t. estimate; ermessen: assess; eintaxieren: size up; **~ig** adj. contemptuous; Bemerkung: derogatory

Abschaum m scum (a. fig.)

Abscheu m disgust (**vor, gegen** at, for); **e-n ~ haben vor** abhor, detest; **~ erregend** revolting, repulsive; **⚙lich** adj. abominable, despicable (a. Person); Verbrechen: a. atrocious; **~lichkeit** f Untat: atrocity

abschicken v/t. → **absenden**

abschieben fig. v/t. push away; loswerden: get* rid of; Ausländer: deport; **~ auf** shove s.th. off on (to) s.o.

Abschied m parting, farewell; **~ nehmen (von)** say* goodbye (to), take* leave (of); s-n **~ nehmen** resign, retire; **~sfeier** f farewell party; **~skuss** m goodbye kiss

ab|schießen v/t. shoot* off (aviat. down); Rakete: launch; Wild: shoot*, kill; F j-n: pick off; fig. oust; get* rid of; **~schirmen** v/t. shield (**gegen** against, from); fig. protect (**gegen** against, from); **⚙schirmung** f shield, screen; protection; **~schlachten** v/t. slaughter (a. fig.)

Abschlag m Sport: kickout; econ. down payment; **⚙en** v/t. knock off, Kopf: cut* off; Baum: cut* down; Bitte etc.: refuse, turn s.th. down

abschleifen v/t. grind* off; schmirgeln: sand(paper), smooth

Abschlepp|dienst mot. m breakdown (Am. emergency road) service; **⚙en** v/t. (give s.o. a) tow; durch Polizei: tow

Abschleppseil

away; **~seil** n towrope; **~wagen** m breakdown lorry, Am. tow truck
abschließen 1. v/t. lock (up); *beenden*: close, finish; *vollenden*: complete; *Versicherung*: take* out; *Vertrag etc.*: conclude; *e-n Handel ~* strike* a bargain; *sich ~* shut* o.s. off; **2.** v/i. *enden*: close, finish; **~d 1.** *adj.* concluding; *endgültig*: final; **2.** *adv.*: *~ sagte er* he concluded by saying
Abschluss m conclusion, close; **~prüfung** f final examination, finals *pl.*, *bsd. Am. a.* graduation; *s-e ~ machen* graduate (*an* from); **~zeugnis** n school-leaving certificate; *Am.* diploma
abschmecken v/t. *würzen*: season
ab|schmieren *tech.* v/t. lubricate, grease; **~schminken** v/t.: *sich ~* remove one's make-up; **~schnallen** v/t. undo*; *Skier*: take* off; *sich ~ mot.*, *aviat.* unfasten one's seatbelt; **~schneiden 1.** v/t. cut* (off) (*a. fig.*); *j-m das Wort ~* cut* s.o. short; **2.** v/i.: *gut ~* come* off well
Abschnitt m *e-s Buches*: passage, section; *e-r Seite*: paragraph; *math., biol.* segment; *Zeit~*: period, stage, phase; *Kontroll~*: coupon, slip, stub; **~weise** *adv.* section by section
abschrauben v/t. unscrew
abschreck|en v/t. deter (*von* from); *fig. Eier*: douse with cold water; **~end** *adj.* deterrent; **~es Beispiel** warning example; **~ung** f deterrence
abschreiben v/t. copy; *mogeln*: crib; *econ.*, F *fig.* write* off
Abschrift f copy, duplicate
abschürf|en v/t. graze; **~ung** f abrasion
Abschuss m *e-r Rakete*: launch(ing); *aviat.* shooting down, downing; kill; **~basis** *mil.* f launching base
abschüssig *adj.* sloping; *steil*: steep
Abschuss|liste F f: *auf der ~ stehen* be* on the hit list; **~rampe** f launching pad
abschüssig *adj.* sloping; *steil*: steep
ab|schütteln v/t. shake* off; **~schwächen** v/t. lessen, diminish; **~schweifen** *fig.* v/i. digress (*von* from); **~schweifung** f digression
Abschwung m *Turnen*: dismount
abseh|bar *adj.* foreseeable; *in ~er (auf ~e) Zeit* in the (for the) foreseeable future; **~en** v/t. foresee*; *es ist kein Ende abzusehen* there is no end in sight; *es abgesehen haben auf* be* after; *~ von* refrain from
abseilen v/refl. descend by a rope, *Brt. a.* abseil; F make a getaway
abseits *adv. u. prp.* *entfernt von*: away *od.* remote from; **~ stehen** *Fußball*: be* offside; *fig.* be* left out; **2falle** f *Fußball*: offside trap
absend|en v/t. send* (off), dispatch; *post* post, *bsd. Am.* mail; **2er** *post* m sender
absetz|bar *adj.*: *steuerlich ~* deductible from tax; **~en 1.** v/t. *Hut, Brille etc.*: take* off; *Last*: set* down *od.* put* down; *Fahrgast*: drop; *entlassen*: dismiss; *thea., Film* take* off; *steuerlich*: deduct; *König*: depose; *econ.* sell*; *sich ~ → ablagern*; **2.** v/i.: *ohne abzusetzen* without stopping; **2ung** f dismissal; deposition; *thea., Film* withdrawal
Absicht f intention; *mit ~* on purpose; **2lich 1.** *adj.* intentional; **2.** *adv.* on purpose
absitzen 1. v/i. dismount (*von* from); **2.** v/t. *Strafe*: serve; F *Zeit*: sit* out
absolut *adj.* absolute
Absolv|ent(in) graduate; **2ieren** v/t. *Schule, Kurs besuchen*: attend; *abschließen*: complete, graduate from
absonder|n v/t. separate; *med., biol.* secrete; *sich ~* cut* o.s. off (*von* from); **2ung** f separation; *med., biol.* secretion
absorbieren absorb (*a. fig.*)
ab|speichern v/t. *Computer*: store, save; **~spenstig** *adj.*: *j-m die Freundin ~ machen* steal* s.o.'s girlfriend
absperr|en v/t. lock; *Wasser etc.*: turn off; *Straße*: block off; *Polizei*: cordon off; **2ung** f barrier; *Kette*: cordon; *→ Sperre*
ab|spielen v/t. play; *Sport*: pass; *sich ~* happen, take* place; **2sprache** f agreement; **~sprechen** v/t. agree upon; arrange; *j-m die Fähigkeit ~* dispute s.o.'s ability *etc.*; **~springen** v/i. jump off; *aviat.* jump; *Notfall*: bail out; *fig.* back out (*von* of)
Absprung m jump; *Sport*: take-off; *fig. den ~ schaffen* make* it
abspülen v/t. rinse; *Geschirr*: wash up
abstamm|en v/i. be descended

abwechslungsreich

from); *chem., gr.* derive; **≳ung** *f* descent; derivation; **≳ungslehre** *f* theory of the origin of species

Abstand *m* distance (*a. fig.*); *zeitlich:* interval; **~ halten** keep* one's distance; *fig.* **mit ~** by far

ab|statten *v/t.:* **j-m e-n Besuch ~** pay* a visit to s.o.; **~stauben** *v/t.* dust; F *fig.* sponge; swipe; **≳stauber(tor** *n)* **m** F opportunist goal

abstech|en 1. *v/t.* stick*; **2.** *v/i.* contrast (**von** with); **≳er** *m* side-trip; excursion (*a. fig.*)

ab|stecken *v/t.* mark out; **~stehen** *v/i.* stick* out, protrude; → *abgestanden;* **~steigen** *v/i.* get* off; *ins Tal:* climb down; *in e-m Hotel:* stay (**in** at); *Sport:* be* relegated; *Am.* be* moved down to a lower division; **≳steiger** *m Sport: Brt.* relegated club; **~stellen** *v/t.* put* down; *bei j-m:* leave*; *Gas etc.:* turn off; *Auto:* park; *fig. Missstände etc.:* put* an end to; **~stellgleis** *n* rail. siding; **aufs ~ schieben** *fig.* push aside; **≳stellraum** *m* storeroom; **~stempeln** *v/t.* stamp; **~sterben** *v/i.* die off; *Glied:* go* numb; **~stieg** *m* descent; *fig.* decline; *Sport: Brt.* relegation

abstimm|en *v/i.* vote (**über** on); **≳ung** *f* vote; *Radio:* tuning

Abstinenzler *m* teetotal(l)er

Abstoß *m Sport:* goal-kick; **≳en** *v/t.* repel; *med.* reject; *Boot:* push off; F *loswerden:* get* rid of; **≳end** *fig. adj.* repulsive

abstrakt *adj.* abstract

abstreiten *v/t.* deny

Abstrich *m med.* smear; **~e** *pl. econ.* cuts; *fig.* reservations

ab|stufen *v/t.* graduate; *Farben:* gradate; **~stumpfen 1.** *v/t.* blunt, dull (*a. fig.*); **2.** *fig. v/i.* become* unfeeling

Absturz *m* fall; *aviat., Computer:* crash

ab|stürzen *v/i.* fall*; *aviat., Computer:* crash; **~suchen** *v/t.* search (**nach** for)

absurd *adj.* absurd, preposterous

Abszess *med. m* abscess

Abt *rel. m* abbot

ab|tasten *v/t.* feel* (for); *med.* palpate; *nach Waffen:* frisk; *tech., Computer:* scan; **~tauen** *v/t. Kühlschrank etc.:* defrost

Abtei *rel. f* abbey

Ab|teil *rail. n* compartment; **≳teilen** *v/t.* divide; *arch.* partition off; **~teilung** *f* department (*a. econ.*); *e-s Krankenhauses:* ward; *mil.* detachment; **~teilungsleiter** *m* head of (a) department; *im Kaufhaus:* shopwalker, *Am.* floorwalker

Äbtissin *rel. f* abbess

ab|töten *v/t. Bakterien, Nerv etc.:* kill; *fig. Schmerz, Gefühl:* deaden; **~tragen** *v/t. Kleidung:* wear* out; *Geschirr, Erde etc.:* clear away; *Schuld:* pay* off

Abtransport *m* transportation

abtreib|en 1. *v/t. med.* have* an abortion; *naut., aviat.* be* blown off course; **2.** *med. v/t.* abort; **≳ung** *med. f* abortion; **e-e ~ vornehmen** perform an abortion

abtrennen *v/t. Coupon etc.:* detach; *Fläche etc.:* separate; *med.* sever

abtret|en *v/t. Absätze:* wear* down; *Füße:* wipe; *fig. Amt, Platz etc.:* give* up (**an** to); **2.** *v/i. vom Amt:* resign; *thea.* exit; **≳er** *m* doormat

abtrocknen 1. *v/t.* dry (**sich** o.s. off); **2.** *v/i.* dry the dishes, *Brt. a.* dry up

abtrünnig *adj.* unfaithful, disloyal; **≳e(r)** renegade, turncoat

ab|tun *v/t. Vorschlag etc.:* dismiss (**als** as); **~wägen** *v/t.* weigh (**gegen** against); **~wählen** *v/t.* vote out; **~wälzen** *v/t.:* **~ auf** shove s.th. off on (to) s.o.; **~wandeln** *v/t.* vary, modify; **~wandern** *v/i.* migrate (**von** from; **nach** to); **≳wanderung** *f* migration

Ab|wandlung *f* modification, variation; **~wärme** *f* waste heat

Abwart *m Schweiz:* → *Hausmeister*

abwarten 1. *v/t.* wait for, await; **2.** *v/i.* wait; *warten wir ab!* let's wait and see!; *wart nur ab!* just wait!

abwärts *adv.* down, downward(s)

Abwasch *m:* **den ~ machen** do the washing-up; **≳bar** *adj. Tapete etc.:* wipe-clean; **~en 1.** *v/t.* wash off; **2.** *v/i. Geschirr:* do* the dishes, *Brt. a.* wash up; **~wasser** *n* dishwater

Abwasser *n* waste water, sewage; **~aufbereitung** *f* sewage treatment

abwechseln *v/i.* alternate; *sich mit j-m* **~** take* turns (**bei et.** at [doing] s.th.); **~d** *adv.* by turns

Abwechslung *f* change; *zur* **~** for a change; **≳sreich** *adj.* varied; *Programm etc.:* colo(u)rful

Abweg

Abweg *m*: *auf ~e geraten* go* astray; **2ig** *adj*. absurd, unrealistic
Abwehr *f* defen|ce, *Am*. -se (*a. Sport*); *e-s Stoßes etc*.: warding off; *e-s Balles*: save; **2en** *v/t*. ward off; *zurückschlagen*: beat* off; *Sport*: block; **~fehler** *m* defensive error; **~kräfte** *med. pl*. resistance *sg*.; **~schwäche** *med. f: Erworbene ~* AIDS; **~spieler(in)** defender; **~stoffe** *med. pl*. antibodies *pl*.
abweichen *v/i*. deviate (*von* from); *Thema*: digress; **2ung** *f* deviation
abweisen *v/t*. turn away; *schroff*: rebuff; *Bitte etc*.: decline; *stärker*: turn down; **~d** *adj*. unfriendly
ab|wenden *v/t*. turn away (*a. sich ~*) (*von* from); *Unheil etc*.: avert; **~werfen** *v/t*. throw* off; *aviat*. drop; *Laub etc*.: shed*; *Gewinn*: yield
abwert|en *v/t*. *Währung*: devalue; **~end** *adj*. *Bemerkung etc*.: disparaging; **2ung** *f* devaluation
abwesend *adj*. absent; **2heit** *f* absence
ab|wickeln *v/t*. unwind*; *erledigen*: handle; *Geschäft*: transact; **~wiegen** *v/t*. weigh (out); **~wischen** *v/t*. wipe (off); **2wurf** *m* dropping; *Fußball*: throw-out; **~würgen** F *v/t*. *mot*. stall; *Diskussion etc*.: stifle; **~zahlen** *v/t*. *monatlich etc*.: make* payments for; *vollständig*: pay* off; **~zählen** *v/t*. count
Abzahlung *f: et. auf ~ kaufen* buy* s.th. on hire purchase (*Am*. on the instalment plan)
abzapfen *v/t*. tap, draw* off
Abzeichen *n* badge; *Ehren*2: medal
ab|zeichnen *v/t*. copy, draw*; *unterschreiben*: sign, initial; *sich ~* (begin*) to show*; *hervortreten*: stand* out (*gegen* against); **~ziehbild** *n* transfer, *Am*. decal; **~ziehen 1**. *v/t*. take* off, remove; *math*. subtract; *Bett*: strip; *Schlüssel*: take* out; *das Fell ~* skin; **2**. *v/i*. go* away; *mil*. withdraw; *Rauch*: escape; *Gewitter*, *Wolken*: move off
Abzug *m econ*. deduction; *Skonto*: discount; *mil*. withdrawal; *Kopie*: copy; *phot*. print; *Waffe*: trigger; *tech*. vent, outlet; *Küche*: cooker hood
abzüglich *prp*. less, minus
abzweig|en 1. *v/t*. *Geld*: divert (*für* to); **2**. *v/i*. *Weg etc*.: branch off; **2ung** *f Straße etc*.: junction

ach *int*. oh!; *~ je!* oh dear!; *~ so!* I see; *~ was!* überrascht: really?; ärgerlich: of course not!; nonsense!
Achse *f tech*., *mot*. axle; *math. etc*.: axis; *auf ~ sein* be* on the move
Achsel *f* shoulder; *die ~n zucken* shrug one's shoulders; **~höhle** *f* armpit
acht *adj*. eight; *heute in ~ Tagen* a week from today, *bsd*. *Brt*. today week; **(*heute*) vor ~ Tagen** a week ago (today)
Acht *f: ~ geben* be* careful; pay* attention (*auf* to); *auf Kinder etc*.: take* care (*auf* of); *gib ~!* look out. watch out!; be careful!; *außer ~ lassen* disregard; *sich in ~ nehmen* be* careful, look *od*. watch out (*vor* for)
acht|e *adj*. eighth; **~eckig** *adj*. octagonal; **2el** *n* eighth (part)
achten 1. *v/t*. respect; **2**. *v/i*.: *~ auf* pay* attention to; *im Auge behalten*: keep* an eye on; *Verkehr*: watch; *schonend behandeln*: be* careful with; *darauf ~*, *dass* see* to it that
ächten *v/t*. ban, *bsd*. *hist*. outlaw
Achter *m Rudern*: eight; **~bahn** *f* roller coaster
achtfach *adj. u. adv*. eightfold
achtgeben → **Acht**
achtlos *adj*. careless, heedless
Achtung *f* respect (*vor* for); *~!* look out!; *mil*. attention!; *~! ~!* attention please!; *~! Fertig! Los!* On your marks! Get set! Go!; *~ Stufe!* mind the step!, *Am*. caution: step!
achtzehn *adj*. eighteen; **~te** *adj*. eighteenth
achtzig *adj*. eighty; **2erjahre**: *die ~pl* the eighties; **~ste** *adj*. eightieth
ächzen *v/i*. groan (*vor* with)
Acker *m* field; **~bau** *m* agriculture, farming; *~ und Viehzucht* crop and stock farming; **~land** *n* farmland; **2n** *fig. v/i*. F slog (away)
Adapter *tech*., *phys*. *m* adapter
addi|eren *v/t*. add (up); **2tion** *f* addition, adding up
Adel *m* aristocracy; **2n** *v/t*. ennoble (*a. fig*.); *Brt*. knight
Ader *anat. f* blood vessel, vein
adieu *int*. good-by(e)!, F see you (later)
Adjektiv *gr. n* adjective
Adler *zo. m* eagle; **~nase** *f* aquiline nose

adlig *adj.* noble; **2e(r)** noble|woman (-man)
Admiral *naut. m* admiral
adopt|ieren *v/t.* adopt; **2ivkind** *n* adopted child
Adressbuch *n* directory
Adress|e *f* address; **2ieren** *v/t.* address (**an** to)
Advent *rel. m* Advent; Advent Sunday; **~szeit** *f* Christmas season
Adverb *gr. n* adverb
Aerobic *n* aerobics *pl.*
Affäre *f* affair
Affe *zo. m* monkey; *großer:* ape
Affekt *m: im ~* in the heat of passion (*a. jur.*); **2iert** *adj.* affected
affen|artig *adj.:* **mit ~er Geschwindigkeit** like a bat out of hell; **~hitze** F *f: es herrscht e-e ~* it's sizzling hot
Afrika Africa; **~ner(in)**, **2nisch** *adj.* African
After *anat. m* anus
AG *Abk. für* **Aktiengesellschaft** Brt. PLC, public limited company; Am. (stock) corporation
Agent *m* agent; *pol.* (secret) agent; **~ur** *f* agency
Aggress|ion *f* aggression; **2iv** *adj.* aggressive; **~ivität** *f* aggressiveness
Agitator *m* agitator
ah *int.* ah!
äh *int. er;* Abscheu: ugh!
aha *int.* I see!, oh!; **2-Erlebnis** *n* aha-experience
Ahn *m* ancestor; **~en** *pl. a.* forefathers *pl.*
ähneln *v/i.* resemble, look like
ahnen *v/t.* suspect; foresee*, know*
ähnlich *adj.* similar (*dat.* to); *j-m ~ sehen* look like s.o.; **2keit** *f* likeness, resemblance, similarity (**mit** to)
Ahnung *f* presentiment; *böse: a.* foreboding; *Vorstellung:* notion, idea; **ich habe keine ~** I have no idea; **2slos** *adj.* unsuspecting, innocent
Ahorn *bot. m* maple(-tree)
Ähre *bot. f* ear; *Blüten2:* spike
Aids *med. n* AIDS; **~Kranke(r)** AIDS victim *od.* sufferer; **~test** *m* AIDS test
Airbag *m* airbag
Akademi|e *f* academy, college; **~ker(in)** university graduate; **2sch** *adj.* academic
akklimatisieren *v/refl.* acclimatize (**an** to)

Akkord *m mus.* chord; *im ~ econ.* by the piece *od.* job; **~arbeit** *econ. f* piecework; **~arbeiter(in)** *econ.* pieceworker
Akkordeon *n* accordion
Akkordlohn *econ. m* piece wages *pl.*
Akku F *m*, **~mulator** *tech. m* (storage) battery, Brt. *a.* accumulator
Akkusativ *gr. m* accusative (case)
Akne *med. f* acne
Akrobat|(in) acrobat; **2isch** *adj.* acrobatic
Akt *m* act(ion); *thea.* act; *paint., phot.* nude
Akte *f* file; **~n** *pl.* files *pl.*, records *pl.*; *zu den* **~n** *legen* file; **~ndeckel** *m* folder; **~nkoffer** *m* attaché case; **~nordner** *m* file; **~ntasche** *f* briefcase; **~nzeichen** *n* reference (number)
Aktie *econ. f* share, *bsd.* Am. stock; **~ngesellschaft** *f* joint-stock company, Am. corporation
Aktion *f* campaign, drive; *mil.*, *Rettungs2 etc.:* operation; *in ~* in action; **~är(in)** shareholder, *bsd.* Am. stockholder
aktiv *adj.* active
Aktiv *gr. n* active voice; **~ist(in)** *bsd. pol.* activist; **~urlaub** *m* activity holiday
aktua|lisieren *v/t.* update; **~ell** *adj. Bedeutung, Interesse etc.:* topical; *heutig:* current; *modern:* up-to-date; *TV, Funk:* **e-e ~e Sendung** a current affairs *od.* news feature; △ *nicht* **actual**
Akupunktur *f* acupuncture
Akust|ik *f im Raum:* acoustics *pl.* (*Lehre: sg.*); **2isch** *adj.* acoustic
akut *adj. Problem etc.:* urgent; *med.* acute
Akzent *m* accent; *Betonung: a.* stress (*a. fig.*)
akzept|abel *adj.* acceptable; *Preis etc.:* reasonable; **~ieren** *v/t.* accept
Alarm *m* alarm; *~ schlagen* sound the alarm; **~anlage** *f* alarm system; **~bereitschaft** *f: in ~* on standby, on the alert; **2ieren** *v/t. Polizei etc.:* call; *warnen:* alert; **2ierend** *adj.* alarming
albern *adj.* silly, foolish
Alb|druck *m*, **~traum** *m* nightmare
Album *n* album (*a. Langspielplatte*)
Algen *bot. pl.* algae *pl.*; **~pest** *f* plague of algae, algal bloom
Algebra *f* algebra

Alibi *jur. n* alibi
Alimente *jur. pl.* alimony *sg.*
Alkohol *m* alcohol; ≳**frei** *adj.* nonalcoholic, soft; ~**iker(in)** alcoholic; ≳**isch** *adj.* alcoholic; ~**ismus** *m* alcoholism; ≳**süchtig** *adj.* addicted to alcohol; ~**test** *mot. m* breath test
all *indef. pron. u. adj.* all; ~**es** everything; ~**es** (*Beliebige*) anything; ~**e** (*Leute*) everybody; anybody; ~**e beide** both of them; *wir* ~**e** all of us; ~**es in** ~**em** all in all; *auf* ~**e Fälle** in any case; ~**e drei Tage** every three days; → *Art, Gute, vor*
All *n* universe; *Raum:* (outer) space
alle F *adj.:* ~ *sein* be* all gone; *mein Geld ist* ~ I'm out of money
Allee *f* avenue; △ *nicht* **alley**
allein *adj. u. adv.* alone; *einsam:* lonely; *selbst:* by o.s.; *ganz* ~ all alone; *er hat es ganz* ~ *gemacht* he did it all by himself; ~ *Erziehende(r)* single parent; ~ *stehend* single; ≳**gang** *m: im* ~ single-handedly, solo; ~**ig** *adj.* sole; ≳**sein** *n* loneliness
aller|beste *adj.: der (die, das)* ≳**e** the best of all, the very best; ~**dings** *adv.* however, though; ~**! ** certainly!, *bsd. Am.* F sure!; ≳**erste** *adj.* very first
Allerg|ie *med. f* allergy (*gegen* to); ≳**isch** *adj.* allergic (*gegen* to)
aller|hand F *adj.* a good deal (of); *das ist ja* ~! that's a bit much!; ≳**heiligen** *n* All Saints' Day; ~**lei** *adj.* all kinds of, all sorts of; ~**letzte** *adj.* last of all, very last; ~**liebst 1.** *adj.* (most) lovely; **2.** *adv.: am* ~**en mögen** like best of all; ~**meiste** *adj.* (by far the) most; *am* ~**n** most of all; ~**nächste** *adj.* very next; *in* ~**r Zeit** in the very near future; ~**neu(e)ste** *adj.* very latest; ≳**seelen** *n* All Souls' Day; ~**seits** *adv.* F: *Tag* ~! hi, everybody!; ~**wenigst** *adv.: am* ~**en** least of all
allesamt *adv.* all together
allgemein general; *üblich:* common; *umfassend:* universal; ~ *verständlich* intelligible (to all); *im* ≳**en** in general, generally; ≳**bildung** *f* general education; ≳**heit** *f* general public; ≳**wissen** *n* general knowledge
Allheilmittel *n* cure-all (*a. fig.*)
Allianz *f* alliance
Alligator *m* alligator
Alliierte: *die* ~**n** *pl. pol.* the Allies *pl.*
all|jährlich *adv.* every year; ~ *stattfindend* annual; ~**mächtig** *adj.* omnipotent; *bsd. Gott:* almighty; ~**mählich 1.** *adj.* gradual; **2.** *adv.* gradually
All|radantrieb *mot. m* all-wheel drive; ≳**seitig** *adv.:* ~ *interessiert sein* have* all-round interests; ~**tag** *m* everyday life; ≳**täglich** *adj.* everyday; *fig. a.* ordinary; ≳**wissend** *adj.* omniscient; ≳**zu** *adv.* (all) too; ≳**zuviel** *adv.* too much
Alm *f* alpine pasture, alp
Almosen *n* alms *sg. u. pl.*
Alpdruck *m* → *Albdruck*
Alphabet *n* alphabet; ≳**isch** *adj.* alphabetical
alpin *adj.* alpine
Alptraum *m* → *Albtraum*
als *cj. zeitlich:* when; *während:* while; *nach comp.:* than; ~ *ich ankam* when I arrived; ~ *Kind* (*Geschenk*) as a child (present); *älter* ~ older than; ~ *ob* as if *od.* though; *nichts* ~ nothing but
also *cj.* so, therefore; F well, you know; ~ *gut!* very well (then)!, all right (then)!; ~ *doch* so ... after all; *du willst* ~? so you want to ...?
alt *adj.* old; *hist.* ancient; *Sprachen:* classical; *ein 12 Jahre* ~**er Junge** a twelve-year-old boy
Alt *mus. m* alto (*a. in Zssgn*)
Altar *m* altar
Alt|e *m, f: der* ~ the old man (*a. fig.*); *Chef: a.* the boss; *die* ~ the old woman (*a. fig.*); *die* ~**n** *pl.* the old *pl.*; ~**enheim** *n* = *Altersheim*; ~**enpfleger(in)** geriatric nurse
Alter *n* age; *hohes:* old age; *im* ~ *von* at the age of; *er ist in deinem* ~ he's your age
älter *adj.* older; *mein* ~**er Bruder** my elder brother; *ein* ~**er Herr** an elderly gentleman
altern *v/i.* grow* old, age
alternativ *adj.* alternative; *pol.* ecological, green; *Bewegung, Szene etc.: a.* counterculture; ≳**e** *f* alternative; option, choice; ≳**e(r)** *etwa* ecologist, member of the counterculture movement
Alters|grenze *f* age limit; *Rentenalter:* retirement age; ~**heim** *n* old people's home; ≳**los** *adj.* ageless; ~**rente** *f* old-

anbrennen

-age pension; **~schwäche** f infirmity; **an ~ sterben** die of old age; **~versorgung** f old age pension (scheme)
Altertum n antiquity
Alt|glascontainer m bottle bank, Am. glass recycling bin; **♀klug** adj. precocious; **~lasten** pl. residual pollution; **~metall** n scrap (metal); **♀modisch** adj. old-fashioned; **~öl** n waste oil; **~papier** n waste paper; **♀sprachlich** adj.: **~es Gymnasium** etwa classical secondary school; **~stadt** f old town; **~stadtsanierung** f town-cent|re (Am. -er) rehabilitation; **~warenhändler** m second-hand dealer; **~weibersommer** m Indian summer; Fäden: gossamer
Aluminium n alumin(i)um
am prp. räumlich: at the; Abend, Morgen: in the; Anfang, Wochenende: at the; Sonntag: on; **~ 1. Mai** on May 1st; **~ Tage** during the day; **~ Himmel** in the sky; **~ meisten** most; **~ Leben** alive
Amateur m amateur; **~funker** m radio amateur; F radio ham
Amboss m anvil
ambulan|t med. adv.: **~ behandelt werden** get* outpatient treatment; **♀z** f Klinik: outpatients' department; Krankenwagen: ambulance
Ameise zo. f ant; **~nhaufen** m anthill
Amerika America; **~n|er(in)**, **♀isch** adj. American
Amnestie pol. f, **♀ren** v/t. amnesty
Amok m: **~ laufen** run* amok
Ampel mot. f traffic light(s pl.)
Amphibie zo. f amphibian (a. fig. u. in Zssgn)
Ampulle f ampoule
Amputa|tion med. f amputation; **♀ieren** med. v/t. amputate
Amsel zo. f blackbird
Amt n office, department, bsd. Am. bureau; Posten: office, position; Aufgabe: duty, function; tel. exchange; **♀lich** adj. official
Amts|arzt m medical officer (Am. examiner); **~einführung** f inauguration; **~geheimnis** n official secret; **~geschäfte** pl. official duties pl.; **~zeichen** tel. n dialling (Am. dial) tone; **~zeit** f term (of office)
Amulett n amulet, (lucky) charm

amüs|ant adj. amusing, entertaining; **♀ieren** v/t. amuse; **sich ~** enjoy o.s., have* a good time; **sich ~ über** laugh at
an 1. prp. räumlich: **~ der Themse (Küste, Wand)** on the Thames (coast, wall); **~ s-m Schreibtisch** at his desk; **~ der Hand** by the hand; **~ der Arbeit** at work; **~ den Hausaufgaben sitzen** sit* over one's homework; **et. schicken ~** send* s.th. to; **sich lehnen ~** lean* against; **~ die Tür** etc. **klopfen** knock at the door etc.; zeitlich: **~ e-m Sonntagmorgen** on a Sunday morning; **~ dem Tag, ...** on the day ...; **~ Weihnachten** etc. at Christmas etc.; → **Mangel, Stelle, sterben** etc.; **2.** adv. on (a. Licht etc.); **von jetzt (da, heute) ~** from now (that time, today) on; **München ~ 16.45** arrival Munich 16.45
Anabolikum n pharm. anabolic steroid
analog adj. analogous; **♀... in** Zssgn Rechner etc.: analog(ue)
Analphabet m illiterate (person)
Analys|e f analysis; **♀ieren** v/t. analy|se, Am. -ze
Ananas f pineapple
Anarchie f anarchy
Anatom|ie f anatomy; **♀isch** adj. anatomical
anbahnen v/t. pave the way for; **sich ~** be* developing (Unangenehmes: impending)
Anbau m cultivation; arch. annex, extension; **♀en** v/t. cultivate, grow*; arch. add (an to), build* on
anbehalten v/t. keep* on
anbei econ. adv. enclosed
an|beißen 1. v/t. take* a bite of; **2.** v/i. Fisch: bite* (a. fig.); fig. take* the bait; **~bellen** v/t. bark at (a. fig.); **~beten** v/t. adore, worship (a. fig.)
Anbetracht m: **in ~ (dessen, dass)** considering (that)
anbetteln v/t.: **j-n um et. ~** beg s.o. for s.th.
an|biedern v/refl. curry favo(u)r (bei with); **~bieten** v/t. offer; **~binden** v/t. Hund etc.: tie up; **~ an** tie to
Anblick m sight; **♀en** v/t. look at; flüchtig: glance at
an|bohren v/t. Quelle etc.: tap; **~brechen 1.** v/t. Vorräte: break* into; Flasche etc.: open; **2.** v/i. begin*; Tag: break*; Nacht: fall*; **~brennen** v/i.

anbringen

Milch etc.: burn* (*a.* **~ lassen**); **~bringen** *v/t.* fix (**an** to); **2bruch** *m* beginning; **bei ~ der Nacht** at nightfall; **~brüllen** *v/t.* roar at

An|dacht *f* devotion; *Gottesdienst*: service; *kurzer*: prayers *pl.*; **2dächtig** *adj.* devout; *fig.* rapt

an|dauern *v/i.* continue, go* on, last; **~dauernd** *adj. u. adv.* → **dauernd**

Andenken *n* keepsake; *Reise2*: souvenir (*beide*: **an** of); **zum ~ an** in memory of

andere *adj. u. indef. pron.* other; *verschieden*: different; **noch ~ Fragen?** any more questions?; **mit ~n Worten** in other words; **am ~n Morgen** the next morning; **et. (nichts) ~s** s.th. (nothing) else; **nichts ~s als** nothing but; **die ~n** the others; **alle ~n** everybody else; → **anders**

andererseits *adv.* on the other hand

ändern *v/t.* change; *Kleidung etc.*: alter; **ich kann es nicht ~** I can't help it; **sich ~** change

andernfalls *adv.* otherwise

anders *adv.* differently; **j.** ~ somebody else; **~ werden** change; **~ sein (als)** be* different (from); **es geht nicht ~** there is no other way; **~herum 1.** *adv.* the other way round; **2.** F *adj.* queer; **~wo(hin)** *adv.* elsewhere

anderthalb *adj.* one and a half

Änderung *f* change; *bsd. kleinere, a. Kleid etc.*: alteration

andeut|en *v/t.* zu verstehen geben: hint (at); suggest; *erwähnen*: indicate; **j-m ~, daß** give* s.o. a hint that; **2ung** *f* hint, suggestion

An|drang *m* crush; *Nachfrage*: rush (**nach** for), run (**zu, nach** on); **2drehen** *v/t. Licht etc.*: turn on; *j-m et. ~* fob s.th. off on s.o.; **2drohen** *v/t. j-m et. ~* threaten s.o. with s.th.; **2eignen** *v/refl.* acquire; *bsd. jur.* appropriate

aneinander *adv.* binden etc.: together; **~denken** think* of each other; **~geraten** clash; *handgreiflich*: come to blows

Anekdote *f* anecdote

anekeln *v/t.* disgust, sicken; **es ekelt mich an** it makes me sick

anerkannt *adj.* acknowledged, recognized

anerkenn|en *v/t.* acknowledge, recognize; *lobend*: appreciate; **~end** *adj.* appreciative; **2ung** *f* acknowledg(e)ment, recognition; appreciation

anfahr|en 1. *v/i.* start; **2.** *v/t. mot. etc.* hit*; *Auto etc.*: *a.* run* into; *transportieren*: carry (up); *j-n ~ schimpfen*: jump on s.o.; **2t** *f* journey, ride

Anfall *med. m* fit, attack; **2en** *v/t.* attack, assault; *Hund*: go* for

anfällig *adj.* delicate; **~ für** susceptible to

Anfang *m* beginning, start; **am ~** at the beginning; **~ Mai** early in May; **~ nächsten Jahres** early next year; **~ der Neunzigerjahre** in the early nineties; **er ist ~ 20** he is in his early twenties; **von ~ an** from the beginning *od.* start; **2en** *v/t. u. v/i.* begin*, start; *tun*: do*

Anfänger(in) beginner

anfangs *adv.* at first; **2buchstabe** *m* initial (letter); **großer ~** capital (letter); **2stadium** *n*: **im ~** at an early stage

anfassen *v/t.* touch; *ergreifen*: take* (hold of); **sich ~** take* each other by the hands; **F ... zum 2** everyman's ~

anfecht|bar *adj.* contestable; **~en** *v/t.* contest; **2ung** *f* contesting

an|fertigen *v/t.* make*, manufacture; **~feuchten** *v/t.* moisten; **~feuern** *fig. v/t.* cheer; **~flehen** *v/t.* implore; **~fliegen** *aviat. v/t.* approach; *regelmäßig*: fly* (regularly) to; **2flug** *m aviat.* approach; *fig.* touch

anforder|n *v/t.* demand; request; **2ung** *f* demand; request; **~en** *pl.* requirements *pl.*, qualifications *pl.*

Anfrage *f* inquiry; **2n** *v/i.* inquire (**bei** j-m nach et. of s.o. about s.th.)

an|freunden *v/refl.* make* friends (**mit** with); **~fühlen** *v/refl.* feel*; **es fühlt sich weich (wie Leder) an** it feels soft (like leather)

anführ|en *v/t.* lead*; *nennen*: state; *täuschen*: fool; **2er(in)** leader; **2ungszeichen** *pl.* quotation marks *pl.*, inverted commas *pl.*

Angabe *f* Aussage: statement; *Hinweis*: indication; **F** *Aufschneiderei*: big talk; *Tennis*: service; **2t** *f pl.* information *sg.*, data *pl.*; *tech.* specifications *pl.*

angeb|en 1. *v/t.* give*, state; *Zoll*: declare; *zeigen*: indicate; *Preis*: quote; **2.** *v/i.* F *fig.* brag, show* off; *Tennis*: serve; **2er** F *m* braggart, show-off; **2erei** F *f* bragging, showing off; **~lich** *adj.* alleged; **~ist er ...** he is said to be ...

Ankauf

angeboren *adj.* innate, inborn; *med.* congenital
Angebot *n* offer (*a. econ.*); ~ **und Nachfrage** supply and demand
ange|bracht *adj.* appropriate; **~bunden** *adj.*: **kurz ~** curt; **~gossen** F *adj.*: **wie ~ sitzen** fit like a glove; **~heitert** *adj.* tipsy, Brt. *a.* (slightly) merry
angehen 1. *v/i. Licht etc.*: go* on; 2. *v/t.* concern; *das geht dich nichts an* that is none of your business; **~d** *adj.* future; **~er Arzt** doctor-to-be
angehör|en *v/i.* belong to; **2ige(r)** relative; *Mitglied*: member; *die nächsten ~n pl.* the next of kin *pl.*
Angeklagte(r) *jur.* defendant
Angel *f* fishing tackle; *Tür*2: hinge
Angelegenheit *f* matter, affair
ange|lehnt *adj. Tür etc.*: ajar; **~lernt** *adj. Arbeiter*: semi-skilled
Angel|haken *m* fish-hook; **2n** 1. *v/i.* fish (*nach* for), angle (for) (*beide a. fig.*); 2. *v/t.* catch*, hook; **~rute** *f* fishing rod
Angel|sachse *m*, **2sächsisch** *adj.* Anglo-Saxon
Angel|schein *m* fishing permit; **~schnur** *f* fishing line
ange|messen *adj.* proper, suitable; *Strafe*: just; *Preis*: reasonable; **~nehm** *adj.* pleasant, agreeable; **~!** pleased to meet you; **~nommen** *cj.* (let's) suppose, supposing; **~regt** *adj.* animated; *Unterhaltung*: lively; **~schrieben** → *adj.*: **bei j-m gut (schlecht) ~ sein** be in s.o.'s good (bad) books; **~sehen** *adj.* respected; **~sichts** *prp.* in view of
Angestellte(r) employee (*bei* with); *die ~n pl.* the staff *pl.*
ange|tan *adj.* **ganz ~ sein von** be* taken with; **~trunken** *adj.* (slightly) drunk; *in ~em Zustand* under the influence of alcohol; **~wandt** *adj.* applied; **~wiesen** *adj.*: **~ auf** dependent (up)on; **~wöhnen** *v/t.*: **sich (j-m) et. zu tun ~** get* (s.o.) used to doing s.th.; *sich das Rauchen ~* take to smoking; **2wohnheit** *f* habit
Angina *med. f* tonsillitis
angleichen *v/t.* adjust (*an* to)
Angler *m* angler
Anglist(in) student of (*od.* graduate in) English
angreif|en *v/t.* attack (*a. Sport u. fig.*);

Gesundheit: affect; *Vorräte etc.*: touch; **2er** *m* attacker; *Sport*: *a.* offensive player; *bsd. pol.* aggressor
angrenzend *adj.* adjacent (*an* to)
Angriff *m* attack (*a. Sport u. fig.*); *Sturm*2: assault, charge; *in ~ nehmen* set* about; **2slustig** *adj.* aggressive
Angst *f* fear (*vor* of); **~ haben (vor)** be* afraid of, be scared (of); *j-m ~ einjagen* frighten *od.* scare s.o.; **(hab) keine ~!** don't be afraid!; **~hase** F *m* scaredy-cat
ängst|igen *v/t.* frighten, scare; *sich ~* be* afraid (*vor* of); be* worried (*um* about); **~lich** *adj.* timid, fearful; *besorgt*: anxious
an|gurten *v/t.* → **anschnallen**; **~haben** *v/t.* have* on (*a. Licht etc.*); *Kleid etc.*: *a.* wear*, be* wearing; *das kann mir nichts ~* that can't do me any harm
anhalten 1. *v/t.* stop; *den Atem ~* hold* one's breath; 2. *v/i.* stop; *andauern*: continue; *um j-s Hand ~* propose (marriage) to s.o.; **~d** *adj.* continual
Anhalter(in) hitchhiker; *per ~ fahren* hitchhike
Anhaltspunkt *m* clue
anhand *prp.* by means of
Anhang *m Buch*: appendix; *Verwandte*: relations *pl.*
anhäng|en *v/t. hinzufügen*: add; *aufhängen*: hang* up; *rail., mot.* couple (*an* to); **2er** *m* follower, supporter (*a. Sport*); *Schmuck*: pendant; *Koffer*2 *etc.*: label, tag; *mot.* trailer
anhänglich *adj.* affectionate; *contp.* clinging; **2keit** *f* affection
anhäuf|en *v/t. u. v/refl.* heap up, accumulate; **2ung** *f* accumulation
an|heben *v/t.* lift, raise (*a. Preis*); *mot.* jack up; **~heften** *v/t.* attach, tack (*beide*: *an* to)
anheim: *j-m et. ~ stellen* leave* s.th. to s.o.
Anhieb *m*: *auf ~* on the first try
anhimmeln F *v/t.* idolize, worship
Anhöhe *f* rise, hill, elevation
anhör|en *v/t.* listen to; *et. mit ~* overhear* s.th.; *es hört sich ... an* it sounds ...; **2ung** *jur., pol. f* hearing
animieren *v/t.* encourage; stimulate
ankämpfen *v/i.*: **~ gegen** fight* s.th.
Ankauf *m* purchase

Anker *naut. m* anchor; **vor ~ gehen** drop anchor; **2n** *naut. v/i.* anchor

anketten *v/t.* chain up

Anklage *jur. f* accusation, charge (*a. fig.*); **2n** *jur. v/t.* accuse (**wegen** of), charge (with) (*beide a. fig.*)

anklammern *v/t.* clip *s.th.* on; **sich ~ cling*** (*an* to)

Anklang *m*: **~ finden** meet* with approval

an|kleben *v/t.* stick* on (*an* to); **~kleiden** *v/t.* dress; **~klicken** *v/t.* Computer: click; **~klopfen** *v/i.* knock (*an* at); **~knipsen** *electr. v/t.* switch on; **~knüpfen** *v/t. Schnur etc.*: tie (*an* to); *fig.* begin*; *Beziehungen ~* (*zu*) establish contacts (with); **~ an et.** refer to *s.th.*; **~kommen** *v/i.* arrive; **nicht gegen j-n ~** be* no match for *s.o.*; **es kommt (ganz) darauf an** it (all) depends; **es kommt darauf an, dass** what matters is; **darauf kommt es nicht an** that doesn't matter; **es darauf ~ lassen** take* a chance; **gut ~ (bei)** *fig.* go down well (with)

ankündig|en *v/t.* announce; **in der Presse:** advertise; **2ung** *f* announcement; advertisement

Ankunft *f* arrival

an|lächeln, ~lachen *v/t.* smile at

Anlage *f Anordnung:* arrangement; *Einrichtung:* facility; *Fabrik2:* plant; *tech.* system; (stereo *etc.*) set; *Geld2:* investment; *zu e-m Brief:* enclosure; *Talent:* gift; **~n** *pl.* park *sg.*, gardens *pl.*; **sanitäre ~n** *pl.* sanitary facilities *pl.*

Anlass *m* occasion; *Ursache:* cause

anlass|en *v/t. Kleidung:* keep* on, leave* on (*a. Licht etc.*); *tech., mot.* start; **2er** *mot. m* starter

anlässlich *prp.* on the occasion of

Anlauf *m Sport:* run-up; *Am.* approach; *fig.* start; **~stelle** *f* advice centre, *Am.* walk-in center; *Unterkunft:* place to stay; **2en 1.** *v/i.* run* up; *fig.* start; *Metall:* tarnish; *Brille etc.:* steam up; **2.** *naut. v/t.* call *od.* touch at

an|legen 1. *v/t. Kleidung, Schmuck etc.:* put* on; *Garten:* lay* out; *Straße:* build*; *Geld:* invest; *Vorräte:* lay* in; *fig. Verband:* apply; **sich mit j-m ~** pick a quarrel with *s.o.*; **2.** *v/i. naut.* land; moor; **es ~ auf** aim at; **2leger** *m econ.* investor; *naut.* landing stage; **~lehnen** *v/t.* lean* (*an* against); *Tür:* leave* ajar; **sich ~ an** lean* against (*fig.* on)

Anleihe *f* loan

Anleitung *f* guidance, instruction; *schriftliche:* instructions *pl.*

An|liegen *n Bitte:* request; *e-s Buches etc.*: message; **~lieger** *m* resident

an|locken *v/t.* attract; *stärker:* lure; **~machen** *v/t. anzünden:* light*; *Licht, Radio etc.*: turn on; *Salat:* dress; F *j-n ~* chat *s.o.* up; *begeistern:* turn *s.o.* on; **~malen** *v/t.* paint

Anmarsch *m*: **im ~** on the way

anmaßen *v/t.*: **sich ~** *Rolle etc.:* assume; *Recht:* claim; **sich ~ et. zu tun** presume to do *s.th.*; **~d** *adj.* arrogant

anmeld|en *v/t.* announce; *Patent etc.:* announce; *amtlich:* register; *Zollgut:* declare; **sich ~ für Schule etc.:** enrol(l); *im Hotel etc.:* register; **sich ~ bei** *Arzt etc.:* make* an appointment with; **2ung** *f* announcement; registration, enrol(l)ment

anmerk|en *v/t.*: *j-m et.* ~ notice *s.th.* in *s.o.*; **sich et. (nichts) ~ lassen** (not) let* it show; **2ung** *f* note; *erklärend:* annotation; *Fußnote:* a. footnote

Anmut *f* grace; **2ig** *adj.* graceful

annähen *v/t.* sew* on (*an* to)

annähernd *adv.* approximately; **2ung** *f* approach (*an* to); **2ungsversuche** *pl.* advances *pl.*; F pass *sg.*

Annahme *f* acceptance (*a. fig.*); *Vermutung:* assumption

annehm|bar *adj.* acceptable; *Preis:* reasonable; **~en** *v/t.* accept; *vermuten:* suppose; *Kind, Namen:* adopt; *Ball:* take*; *Form etc.:* take* on; **sich e-r Sache** *od.* **j-s ~** take* care of *s.th. od. s.o.*; **2lichkeiten** *pl* comforts *pl.*, amenities *pl.*

Annonce *f* advertisement

annullieren *v/t.* annul; *econ.* cancel

anöden F *v/t.* bore to death

anonym *adj.* anonymous; **2ität** *f* anonymity

Anorak *m* anorak

anordn|en *v/t.* arrange; *befehlen:* give* order(s), order; **2ung** *f* arrangement; direction, order

anorganisch *chem. adj.* inorganic

anpacken F *fig.* **1.** *v/t. Problem etc.:* tackle; **2.** *v/i.*: **mit ~** lend* a hand

anpass|en *v/t.* adapt, adjust (*beide*

auch sich ~ (*dat.*, *an* to); **⸗ung** *f* adaptation, adjustment; **⸗ungsfähig** *adj.* adaptable; **⸗ungsfähigkeit** *f* adaptability

anpflanz|en *v/t.* cultivate, plant; **⸗ung** *f* cultivation

Anpfiff *m Sport*: starting whistle; *fig.* dressing-down

an|pöbeln *v/t.* accost; *beschimpfen*: shout abuse at; **⸗prangern** *v/t.* denounce, point the finger at; **⸗preisen** *v/t.* push; *bsd. Eigenes*: plug; **⸗probieren** *v/t.* try on; **⸗pumpen** F *v/t.* put the touch on *s.o.*

Anrainer *östr. m* → **Anlieger**

an|raten *v/t.* advise; **⸗rechnen** *v/t.* berechnen: charge; gutschreiben: allow; *hoch ~* appreciate very much; *als Fehler ~* count as a mistake

Anrecht *n*: *ein ~ haben auf* be* entitled to

Anrede *f* address; **⸗n** *v/t.* address (*mit Namen* by name)

anreg|en *v/t. beleben*: stimulate; *vorschlagen*: suggest; **⸗end** *adj.* stimulating; **⸗ung** *f* stimulation; suggestion; **⸗ungsmittel** *n* stimulant

Anreiz *m* incentive

anrichten *v/t. Speisen*: prepare, dress; *Schaden*: cause, do*

anrüchig *adj.* disreputable

Anruf *m* call (*a. tel.*); **⸗beantworter** *tel. m* answering machine; **⸗en** *v/t.* call *od.* ring* up, phone

anrühren *v/t.* touch; *mischen*: mix

Ansage *f* announcement; **⸗n** *v/t.* announce; **⸗r(in)** announcer

ansamm|eln *v/t. u. v/refl.* accumulate; **⸗lung** *f* collection, accumulation; *Menschen⸗*: crowd

Ansatz *m Beginn*: start (*zu* of); *Versuch*: attempt (*zu* at); *Methode*: approach; *tech.* attachment; *math.* set-up; *Ansätze pl.* first signs *pl.*

anschaff|en *v/t. allg.* get*; *sich et. ~* buy* *od.* get* (o.s.) s.th.; **⸗ung** *f* purchase, buy

anschau|en *v/t. s. ansehen*; **⸗lich** *adj. Stil etc.*: graphic, plastic

Anschauung *f* view (*von* of), opinion (*von* about, of); **⸗smaterial** *n Schule etc.*: visual aids *pl.*

Anschein *m* appearance; *allem ~ nach* to all appearances; *den ~ erwecken*, *als* (*ob*) give the impression of ...*ing*; **⸗end** *adv.* apparently

anschieben *v/t.* give* a push (*a. mot.*)

Anschlag *m* attack; *Plakat*: poster; *Bekanntmachung*: bill, notice; *Schreibmaschine*: stroke; *mus.*, *Schwimmen*: touch; *e-n ~ auf j-n verüben* make* an attempt on s.o.'s life; **⸗brett** *n* notice (*bsd. Am.* bulletin) board; **⸗en 1.** *v/t. Plakat*: post; *mus.* strike*; *Tasse etc.*: chip; *Waffe*: aim; **2.** *v/i. Hund*: bark; *wirken*: take* (effect) (*a. med.*); *Schwimmen*: touch the wall; **⸗säule** *f* advertising pillar

anschließen *v/t. electr. tech.* connect; *sich ~ folgen*: follow; *e-r Ansicht etc.*: agree with; *sich j-m od. e-r Sache ~* join s.o. *od.* s.th.; **⸗d 1.** *adj.* following; **2.** *adv.* then, afterwards

Anschluss *m* connection; *im ~ an* following; *~ suchen* look for company; *~ finden* (*bei*) make* contact *od.* friends (with); *~ bekommen* tel. get* through

an|schmiegen *v/refl.* snuggle up (*an* to); **⸗schmiegsam** *adj.* affectionate; **⸗schnallen** *v/t.* strap on, put* on (*a. Ski*); *sich ~ aviat., mot.* fasten one's seat belt; **⸗schnauzen** F *v/t.* tell s.o. off, *Am. a.* bawl *s.o.* out; **⸗schneiden** *v/t.* cut*; *Thema*: bring* up

Anschnitt *m* first cut *od.* slice

an|schrauben *v/t.* screw on (*an* to); **⸗schreiben** *v/t.* write* on the (blackboard; *j-n ~* write* to s.o.; (*et.*) *~ lassen* buy* (s.th.) on credit; → *angeschrieben*; **⸗schreien** *v/t.* shout at

Anschrift *f* address

anschuld|igen *v/t.* accuse (*gen., wegen* of), charge (with); **⸗igung** *f* accusation

anschwellen *v/i.* swell* (*a. fig.*)

anschwemmen *v/t.* wash ashore

ansehen *v/t.* look at, have* *od.* take* a look at; watch; see* (*alle auch sich ~*); *~ als* look upon as; *et. mit ~* watch *od.* witness s.th.; *man sieht ihm an, dass ...* one can see that

Ansehen *n* reputation

ansehnlich *adj. beträchtlich*: considerable

an|seilen *mount. v/t. u. v/refl.* rope; **⸗setzen 1.** *v/t.* put* (*an* to); *anfügen*: put* on, add; *Termin*: fix, set*; *Rost*

Ansicht

(*Fett*) ~ put* on rust (weight); **2.** *v/i.*: ~ *zu Landung etc.*: prepare for

Ansicht *f Meinung*: opinion, view; *Anblick*: sight, view; *der ~ sein, dass ...* be* of the opinion that ...; *meiner ~ nach* in my opinion; *zur ~ econ.* on approval; **~skarte** *f* picture postcard; **~ssache** *f* matter of opinion

ansied|eln *v/t. u. v/refl.* → **siedeln**

anspann|en *v/t. Kräfte etc.*: strain; **2ung** strain, exertion

anspiel|en *v/i. Fußball*: kick off; *auf ~* allude to, hint at; **2ung** *f* allusion, hint

anspitzen *v/t. Stift etc.*: sharpen

Ansporn *m* incentive, **2en** *v/t.* encourage, spur *s.o.* on

Ansprache *f* address, speech; *e-e ~ halten* deliver an address

ansprech|en *v/t.* address, speak* to; *fig. gefallen*: appeal to; **~end** *adj.* attractive; **2partner** *m s.o.* to talk to, contact

an|springen 1. *v/i. Motor*: start; **2.** *v/t.* jump (up)on; **~spritzen** *v/t.* spatter

Anspruch *m* claim (*auf* to) (*a. jur.*); *~ haben auf* be* entitled to; *~ erheben auf* claim; *Zeit in ~ nehmen* take* up time; **2slos** *adj.* modest; *Buch, Musik*: light, undemanding; *contp.* trivial; **2svoll** *adj.* demanding (*a. geistig*); *Geschmack*: sophisticated, refined

Anstalt *f* establishment, institution; *Nervenheil2*: mental hospital; **~en machen zu** get* ready for

An|stand *m* decency; *Benehmen*: manners *pl.*; **2ständig** *adj.* decent (*a. fig.*); **2slos** *adv.* unhesitatingly; *mühelos*: without difficulty

anstarren *v/t.* stare at

anstatt *prp. u. cj.* instead of

anstechen *v/t. Fass*: tap

ansteck|en *v/t.* stick* on; *Ring*: put* on; *anzünden*: light*; *Haus etc.*: set* fire to; *med.* infect; *sich bei j-m ~* catch* s.th. from s.o.; **~end** *med. adj.* infectious; *direkt*: contagious, catching (*alle a. fig.*); **2nadel** *f* pin, button; **2ung** *med. f* infection; contagion

an|stehen *v/i.* queue up (*nach* for), *bsd. Am.* stand* in line (for); **~steigen** *v/i.* rise*

anstell|en *v/t. j-n*: engage, employ; *TV etc.*: turn on; *mot.* start; *Verbotenes*: be* up to; *Versuche, Ermittlungen*: make*; *sich ~* queue (up) (*nach* for), *Am.* line up (for); F (make* a) fuss; **2ung** *f* job, position; *e-e ~ finden* find* employment

Anstieg *m* rise, increase

anstift|en *v/t.* incite; **2er** *m* instigator; **2ung** *f* incitement

anstimmen *v/t.* strike* up

Anstoß *m Fußball*: kickoff; *Anregung*: initiative, impulse; *Ärgernis*: offen|ce, *Am.* -se; *~ erregen* give* offence (*bei* to); *~ nehmen an* take* offence at; *den ~ zu et. geben* start s.th., initiate s.th.; **2en 1.** *v/t.* nudge *s.o.*; **2.** *v/i.* knock, bump; *mit Gläsern*: clink glasses; *auf j-n od. et. ~* drink* to s.o. *od.* s.th.

anstößig *adj.* offensive

an|strahlen *v/t. Gebäude etc.*: illuminate; *j-n*: beam at

anstreichen *v/t.* paint; *Fehler, Textstelle*: mark; **2er** *m* (house)painter

anstreng|en *v/refl.* try (hard), make* an effort; **~end** *adj.* strenuous, hard; **2ung** *f* exertion, strain; *Bemühung*: effort

Ansturm *fig. m* rush (*auf* for)

Anteil *m* share (*a. econ.*), portion; *~ nehmen an* take* an interest in; *mitleidig*: sympathize with; **~nahme** *f* sympathy; *Interesse*: interest

Antenne *f* aerial, *bsd. Am.* antenna

Anti|..., 2... *in Zssgn* autoritär, *Militarismus etc.*: anti...; **~alkoholiker** *m* teetotal(l)er; **~babypille** F *f* birth control pill, F the pill; **2biotikum** *pharm.* antibiotic; **~blockiersystem** *mot. n* anti-lock braking system

antik *adj.* antique, *hist. a.* ancient; **2e** *hist. f* ancient world

Antikörper *med. m* antibody

Antilope *zo. f* antelope

Antipathie *f* antipathy

Antiquar|iat *n* second-hand bookshop; **2isch** *adj. u. adv.* second-hand

Antiquitäten *pl.* antiques *pl.*; **~laden** *m* antique shop

Antisemit *m* anti-Semite; **2isch** *adj.* anti-Semitic; **~ismus** *m* anti-Semitism

Antrag *m Gesuch*: application; *parl.* motion; *Heirats2*: proposal; *~ stellen auf* make* an application for; *parl.* move for; **~steller** *m* applicant; *parl.* mover

an|treffen *v/t.* meet*, find*; **~treiben**

Arbeitsgemeinschaft

v/t. tech., *mot.* drive*; *zu et.* ~: urge (on); *Strandgut:* float ashore; **~treten 1.** *v/t. Amt, Erbe:* enter upon; *Position:* take* up; *Reise:* set* out on; **2.** *v/i.* take* one's place; *mil.* line up

Antrieb *m tech.* drive (*a. fig. Schwung*), propulsion; *fig.* motive, impulse; *aus eigenem ~* of one's own accord

antun *v/t.: j-m et. ~* do* s.th. to s.o.; *sich et. ~* lay* hands on o.s.

Antwort *f* answer (*auf* to), reply (to); ** 2en** *v/i.* answer (*j-m* s.o., *auf et.* s.th.), reply (to s.o. s.th.)

an|vertrauen *v/t.: j-m et. ~ Aufgabe etc.:* (en)trust s.o. with s.th.; *Geheimnis etc.:* confide s.th. to s.o.; **~wachsen** *v/i. agr.* take* root; *zunehmen:* grow, increase

Anwalt *m* → *Rechtsanwalt*

Anwärter(in) candidate (*auf* for)

anweis|en *v/t.* instruct; *befehlen:* a. direct, order; **2ung** *f* instruction; order

anwend|en *v/t.* use; *Regel, Arznei:* apply (*auf* to); **2ung** *f* use; application

anwerben *v/t.* recruit (*a. fig.*)

Anwesen *n* estate, property

anwesen|d *adj.* present; **2heit** *f* presence; *Schule:* attendance; *die ~ feststellen* call the roll; **2heitsliste** *f* attendance list (*Am.* record)

anwidern *v/t.* make* s.o. sick

Anzahl *f* number, quantity

anzahl|en *v/t.* pay* on account; **2ung** *f erste Rate:* down payment

anzapfen *v/t.* tap

Anzeichen *n* symptom (*a. med.*), sign

Anzeige *f* advertisement; *Bekanntgabe:* announcement; *jur.* information; *Computer:* display; *tech.* reading; **2n** *v/t. bekannt geben:* notify, announce; *Instrument:* indicate; *j-n ~* report s.o. to the police

anziehen *v/t. Kleidung:* put* on; *Kind etc.:* dress; *reizen, anlocken:* attract, draw*; *Schraube:* tighten; *Bremse, Hebel:* pull; *sich ~* get* dressed; *sich kleiden:* dress; **~d** *adj.* attractive

Anziehung(skraft) *f phys.* attraction; *fig. a.* appeal

Anzug *m* suit

anzüglich *adj. Witz:* suggestive; *Bemerkung:* personal, offensive

an|zünden *v/t.* light*; *Gebäude:* set* on fire; **~zweifeln** *v/t.* doubt

apart *adj.* striking

Apartment *n* studio (flat *od. Am.* apartment)

apathisch *adj.* apathetic

Apfel *m* apple; **~mus** *n* apple sauce; **~sine** *f* orange; **~wein** *m* cider

Apostel *m* apostle

Apostroph *m* apostrophe

Apotheke *f* pharmacy, *Brt.* chemist's, *Am. a.* drugstore; **~r(in)** pharmacist, *Brt.* chemist; *bsd. Am.* druggist

App. *Abk. für Apparat tel.* ext., extension

Apparat *m* apparatus; *Vorrichtung:* device; *tel.* (tele)phone; radio; TV set; camera; *fig. pol. etc.:* machine(ry); *am ~!* *tel.* speaking!; *am ~ bleiben tel.* hold* the line

Appell *m* appeal (*an* to); *mil.* roll call; **2ieren** *v/i.* (make* an) appeal (*an* to)

Appetit *m* appetite (*auf* for); *~ auf et. haben* feel* like s.th.; *guten ~!* enjoy your meal!; **2lich** *adj.* appetizing, savo(u)ry; *fig. a.* inviting; **~losigkeit** *f* lack of appetite

applaudieren *v/i.* applaud

Applaus *m* applause

Aprikose *f* apricot

April *m* April; *~! ~!* April fool!; **~scherz** *m* April fool (joke)

Aquaplaning *mot. n* aquaplaning, *Am.* hydroplaning

Aquarell *n* water-colo(u)r

Aquarium *n* aquarium

Äquator *m* equator

Ära *f* era

Arab|er(in) Arab; **2isch** *adj.* Arabian; *Sprache, Zahl:* Arabic

Arbeit *f* work, *econ.*, *pol. a.* labo(u)r; employment, job; *Klassen*2: test; *schriftliche, wissenschaftliche:* paper; *Ausführung:* workmanship; *bei der ~* at work; *zur ~ gehen od. fahren* go* to work; *gute ~ leisten* make* a good job of it; *sich an die ~ machen* set* to work; **2en** *v/i.* work (*an* at, on); **~er(in)** worker

Arbeit|geber *m* employer; **~nehmer** *m* employee

Arbeits|amt *n Brt.* job centre, *Am.* labor office; **~blatt** *n* worksheet; **~erlaubnis** *f* work permit, *Am.* green card; **~fähig** *adj.* fit for work; **~gang** *m* operation; **~gemeinschaft** *f* work

Arbeitsgericht

od. study group; **~gericht** *n* labo(u)r court, *Brt.* industrial tribunal; **2hose** *f* overalls *pl.*; **~kleidung** *f* working clothes *pl.*; **~kräfte** *pl.* workers *pl.*, labo(u)r *sg.*; **2los** *adj.* unemployed, out of work; **~lose** *m, f: die ~n pl.* the unemployed *pl.*; **~losengeld** *n* unemployment benefit (*Am.* compensation); **~ beziehen** F be* on the dole; **~losigkeit** *f* unemployment; **~markt** *m* labo(u)r market; **~minister** *m Brt.* Minister of Labour, *Am.* Secretary of Labor; **~niederlegung** *f* strike, walkout; **~pause** *f* break, intermission; **~platz** *m* workplace; *Stelle*: job; **2scheu** *adj.* work-shy; **~speicher** *m Computer*: main memory; **~suche** *f*: *er ist auf ~* he is looking for a job; **~süchtige(r)** workaholic; **~tag** *m* workday; **2unfähig** *adj.* unfit for work; **~ständig**: disabled; **~weise** *f* method (of working); **~zeit** *f* (*gleitende* flexible) working hours *pl.*; **~zeitverkürzung** *f* fewer working hours *pl.*; **~zimmer** *n* study

Archäo|loge *m* arch(a)eologist; **~logie** *f* arch(a)eology

Arche *f* ark; *die ~ Noah* Noah's ark

Architekt *m* architect; **2onisch** *adj.* architectural; **~ur** *f* architecture

Archiv *n* archives *pl.*; record office

Arena *f Stierkampf, Zirkus*: ring

Ärger *m* anger (*über* at); *Unannehmlichkeit*: trouble; F: *j-m Ärger machen* cause s.o. trouble; **2lich** *adj.* angry (*über, auf s.th.*: with *s.o.*); *störend*: annoying; **2n** *v/t.* annoy; *sich ~* be* annoyed (*über, an*, about *s.th.*, with *s.o.*); **~nis** *f* nuisance

arglos *adj.* innocent

Arg|wohn *m* suspicion (*gegen* of); **2wöhnen** *v/t.* suspect; **2wöhnisch** *adj.* suspicious

Arie *mus.* f aria

Aristokratie *f* aristocracy

arm *adj.* poor; *die 2en* the poor

Arm *m* arm; *e-s Flusses etc.*: branch; F: *j-n auf den ~ nehmen* pull s.o.'s leg

Armaturen *pl. Bad*: fittings *pl.*; *tech.* instruments *pl.*; **~brett** *mot. n* dashboard

Armband *n* bracelet; **~uhr** *f* wristwatch

Armee *f* armed forces *pl.*; *Heer*: army

Ärmel *m* sleeve

ärmlich *adj.* poor (*a. fig.*); shabby

Armreif(en) *m* bangle

armselig *adj.* wretched, miserable

Armut *f* poverty; **~ an** lack of

Aroma *n* flavo(u)r; *Duft*: aroma

Arrest *m* arrest; *Nachsitzen*: detention; **~ bekommen** be* kept in

arrogant *adj.* arrogant, conceited

Arsch V *m* arse, *Am.* ass; **~loch** V *n* arsehole, *Am.* asshole

Art *f ~ u. Weise*: way, manner; kind, sort; *biol.* species; *auf diese ~* (in) this way; *e-e ~ ...* a sort of ...; *Geräte aller ~* all kinds *od.* sorts of tools; **~enschutz** *m* protection of endangered species

Arterie *anat.* f artery; **~nverkalkung** *med. f* arteriosclerosis

Arthritis *med.* f arthritis

artig *adj.* good, well-behaved; *sei ~!* be good!; be a good boy (*od.* girl)!

Artikel *m* article

Artillerie *mil. f* artillery

Artist(in) acrobat, (circus) performer

Arznei(mittel *n*) *f* medicine, drug

Arzt *m* doctor, *formell*: physician, **~helfer(in)** doctor's assistant

Ärztin *f* (lady) doctor *od.* physician

ärztlich *adj.* medical; *sich ~ behandeln lassen* undergo* treatment

As *n mus.* A flat; → **Ass**

Asbest *m min.* asbestos

Asche *f* ashes *pl.*; **~nbahn** *f* cinder track, *mot.* dirt track; **~nbecher** *m* ashtray; **~rmittwoch** *m* Ash Wednesday

äsen *hunt. v/i.* feed*, browse

Asi|en *n* Asia; **~at(in)** *m* Asian; **2atisch** *adj.* Asian, *Volk etc.* a. Asiatic

Asket *m*, **2isch** *adj.* ascetic

asozial *adj.* antisocial

Asphalt *m* asphalt; **2ieren** *v/t.* (cover with) asphalt

Ass *n Spielkarte*: ace (*a.* Tennis *u. fig.*)

Assistent(in) assistant

Assistenz|arzt *m*, **~ärztin** *f Brt.* houseman, *Am.* intern

Ast *m* branch; **~loch** *n* knot-hole

Astro|naut(in) astronaut; **~nom** *m* astronomer; **~nomie** *f* astronomy

ASU *mot. f Abk. für Abgas-Sonder-Untersuchung* exhaust emission test, *Am.* emissions test

Asyl *n* asylum; **~ant(in)**, **~bewer-**

auffällig

ber(in) asylum seeker, (political) refugee; ~**recht** *n* right of (political) asylum
Atelier *n* studio
Atem *m* breath; *außer* ~ out of breath; (*tief*) ~ **holen** take* a (deep) breath; **2beraubend** *adj.* breathtaking; ~**gerät** *med.* respirator; **2los** *adj.* breathless; ~**pause** *f* F breather; ~**zug** *m* breath
Äther *m chem.* ether; *Funk*: air
Athlet|(in) athlete; **2isch** *adj.* athletic
Atlas *m* atlas
atmen *v/i. u. v/t.* breathe
Atmosphäre *f* atmosphere
Atmung *f* breathing, respiration
Atoll *n* atoll
Atom *n* atom; ~... *in Zssgn* Energie, Forschung, Kraft, Krieg, Rakete, Reaktor, Waffen *etc.*: nuclear ...; **2ar** *adj.* atomic, nuclear; ~**bombe** *f* atom(ic) bomb; ~**gegner** *m* anti-nuclear activist; ~**kern** *m* (atomic) nucleus; ~**müll** *m* nuclear waste; **2waffenfrei** *adj.* nuclear-free
Attentat *n* assassination attempt, attempt on *s.o.'s* life; *Opfer e-s* ~*s werden* be* assassinated; ~**täter** *m* assassin
Attest *n* (doctor's) certificate
Attrakt|ion *f* attraction (*a. fig.*); **2iv** *adj.* attractive
Attrappe *f* dummy
Attribut *gr. n* attribute (*a. fig.*)
ätzend *adj.* corrosive, caustic (*a. fig.*); *sl.* crappy, *Am.* gross; *das ist echt* ~ it's the pits
au *int.* ouch!; ~ *fein!* oh, good!
Aubergine *f* aubergine, *Am.* eggplant
auch *cj.* also, too, as well; *ich* ~ so am (do) I, F me too; ~ *nicht* not ... either; *wenn* ~ even if; *wo* ~ (*immer*) wherever; *ist es* ~ *wahr?* is it really true?
Audienz *f* audience (*bei* with)
auf *prp. u. adv. räumlich*: on; in; at; *offen*: open; *wach, hoch*: up; ~ *Seite 20* on page 20; ~ *der Straße* in (*bsd. Am.* on) the street; on the road; ~ *der Welt* in the world; ~ *See* at sea; ~ *dem Lande* in the country; ~ *dem Bahnhof etc.* at the station *etc.*; ~ *Urlaub* on holiday; *die Uhr stellen* ~ set* the watch to; ~ *Deutsch* in German; ~ *deinen Wunsch* at your request; ~ *die Sekunde genau* to the second; ~ *und ab* up and down; ~ *gehts!* let's go!

auf|arbeiten *v/t.* Rückstände: catch* up on; *Möbel*: refurbish; ~**atmen** *fig. v/i.* heave a sigh of relief
Aufbau *m* building (up); *Gefüge*: structure; **2en** *v/t.* build* (up) (*a. fig.*); set* up; construct
auf|bauschen *v/t.* exaggerate; ~**bekommen** *v/t.* Tür: get* open; *Aufgabe*: be* given; ~**bereiten** *v/t.* process, clean, treat; ~**bessern** *v/t.* Gehalt: raise; ~**bewahren** *v/t.* keep*; ~**bieten** *v/t.* muster; ~**blasen** *v/t.* blow* up; ~**bleiben** *v/i.* stay up; *Tür etc.*: remain open; ~**blenden** *v/i. mot.* turn the headlights up; ~**blicken** *v/i.* look up (*zu* at) (*a. fig.*); ~**blitzen** *v/i.* flash (*a. fig.*)
aufbrausen *v/i.* fly* into a temper; ~**d** *adj.* irascible
auf|brechen 1. *v/t.* break* *od.* force open; **2.** *v/i.* burst* open; *fig.* leave* (*nach* for); ~**bringen** *v/t.* Geld: raise; *Mut*: muster; *Mode*: start; → **aufbekommen**; *aufgebracht*: **2bruch** *m* departure, start
aufbrühen *v/t.* Kaffee *etc.*: make*
auf|bürden *v/t.*: *j-m et.* ~ burden *s.o.* with *s.th.*; ~**decken** *v/t.* uncover; ~**drängen** *v/t.*: *j-m et.* ~ force *s.th.* on *s.o.*; *j-m* ~ impose on *s.o.*; *sich* ~ *fig.*, *Idee etc.*: suggest itself; ~**drehen 1.** *v/t.* turn on; **2.** *fig. v/i.* open up
aufdringlich *adj.* obtrusive
Aufdruck *m* imprint; *auf Briefmarken*: overprint, surcharge
aufeinander *adv.* on top of each other; *nacheinander*: one after another; ~**folgend** successive
Aufenthalt *m* stay; *rail.* stop; ~**sgenehmigung** *f* residence permit; ~**sraum** *m* lounge, recreation room
auferstehen *v/i.* rise* (from the dead); **2ung** *f* resurrection
auf|essen *v/t.* eat* up; ~**fahren** *mot. v/i.* crash (*auf* into); *fig.* start up
Auffahrt *f* Zufahrt: approach; *zu e-m Haus*: drive, *Am.* driveway
Auffahrunfall *mot. m* rear-end collision; *Massen*2: pileup
auf|fallen *v/i.* attract attention; *j-m* ~ strike* *s.o.*; ~**fallend, ~fällig** *adj.*

auffangen 368

striking; conspicuous; *Kleider etc.*: flashy
auffangen v/t. catch* (a. fig.)
auffass|en v/t. understand* (**als** as); **ⵒung** f view; *Deutung*: interpretation
auffinden v/t. find*, discover
auffordern v/t.: j-n ~, et. zu tun ask (*stärker*: tell*) s.o. to do s.th.; **ⵒung** f request; *stärker*: demand
auffrischen v/t. freshen up; *Wissen*: brush up
aufführ|en v/t. perform, present; *nennen*: state; **sich** ~ behave; **ⵒung** f performance; *Film*: showing
Aufgabe f *Arbeit*: task, job; *Pflicht*: duty; *Schulⵒ*: task, assignment; *math.* problem; *Hausⵒ*: homework; *Verzicht*: surrender; **es sich zur ~ machen** make* it one's business
Aufgang m staircase; *astr.* rising
aufgeben 1. v/t. *verzichten*: give* up; *Anzeige*: insert; *Brief etc.*: post, *Am.* mail, send*; *Gepäck*: check; *Hausaufgabe*: set*, give*, assign; *Bestellung*: place; **2.** v/i. sich ergeben: give* up od. in
aufge|bracht adj. furious; **~dreht** adj. excited; **~dunsen** adj. puffed(-up)
aufgehen v/i. *sich öffnen*: open; *Sonne, Teig etc.*: rise*; *Rechnung etc.*: come* out even; **in Flammen** ~ go* up in flames
aufge|hoben *fig.* adj.: **gut ~ sein bei** be* in good hands with; **~legt** adj.: **zu et. ~ sein** feel* like (doing) s.th.; **gut** (**schlecht**) ~ in a good (bad) mood; **~regt** adj. excited; nervous; **~schlossen** *fig.* adj. open-minded; ~ **für** open to; **~weckt** *fig.* adj. bright
aufgreifen v/t. pick up
aufgrund prp. → **Grund**
auf|haben F v/t. *Hut etc.*: have* on, wear*; *Hausaufgabe*: have* to do; **~halten** v/t. stop, hold* up (a. *Verkehr, Dieb etc.*); *Augen, Tür etc.*: keep* open; **sich ~** (**bei j-m**) stay (with s.o.); **~hängen** v/t. hang* (up); **j-n ~** hang s.o.
aufheben v/t. vom Boden: pick up; *aufbewahren*: keep*; *abschaffen*: abolish; *Versammlung*: break* up; **sich gegenseitig ~** cancel each other out; → **aufgehoben**
Aufheben n: **viel ~s machen** make* a fuss (**von** about)

auf|heitern v/t. cheer up; **sich ~** *Wetter*: clear up; **~helfen** v/i. help s.o. up; **~hellen** v/t. u. v/refl. brighten; **~hetzen** v/t.: ~ **gegen** set* s.o. against; **~holen 1.** v/t. *Zeit*: make* up for; **2.** v/i. catch* up (**gegen** with); **~horchen** v/i. prick (up) one's ears; **~lassen** make* s.o. sit up; **~hören** v/i. stop, end, finish, quit*; **mit et. ~** stop (doing) s.th.; **hör(t) auf!** stop it!; **~kaufen** v/t. buy* up
aufklär|en v/t. clear up, *Verbrechen a.* solve; **j-n über** inform s.o. about; **j-n** (*sexuell*) **~** F tell* s.o. the facts of life; **ⵒung** f clearing up, solution; information; sex education; *phil.* enlightenment; *mil.* reconnaissance
auf|kleben v/t. paste od. stick* on; **ⵒkleber** m sticker; **~knöpfen** v/t. unbutton
aufkommen v/i. come* up; *Mode etc.*: come* into fashion od. use; *Zweifel, Gerücht etc.*: arise*; ~ **für** pay* (for)
aufladen v/t. load; *electr.* charge
Auflage f *Buch*: edition; *Zeitung*: circulation
auf|lassen v/t. F *Tür etc.*: leave* open; F *Hut*: keep* on; **~lauern** v/i.: **j-m ~** waylay* s.o.
Auflauf m crowd; *Speise*: soufflé, pudding; **ⵒen** *naut.* v/i. run* aground
auf|leben v/i. feel* up (*again*); (**wieder**) ~ **lassen** revive; **~legen 1.** v/t. put* on, lay* on; **2.** *tel.* v/i. hang* up
auflehnen v/t. u. v/refl. stützen: lean* (**auf** on); **sich ~** rebel, revolt (**gegen** against); **ⵒung** f rebellion, revolt
auf|lesen v/t. pick up (a. *fig.*); **~leuchten** v/i. flash (up); **~listen** v/t. list (a. *Computer*); **~lockern** v/t. loosen up; *Unterricht etc.*: liven up
auflös|en v/t. dissolve; *Rätsel*: solve (a. *math.*); *in s-e Bestandteile*: disintegrate; **ⵒung** f (dis)solution; disintegration
aufmach|en v/t. open; **sich ~** set* out; **ⵒung** f get-up
aufmerksam adj. attentive (**auf** to); *zuvorkommend*: thoughtful; **j-n ~ machen auf** call s.o.'s attention to; **ⵒkeit** f attention; *Geschenk*: token
aufmuntern v/t. *ermuntern*: encourage; *aufheitern*: cheer up
Aufnahme f *e-r Tätigkeit*: taking up; *Empfang*: reception (a. *Klinik etc.*);

aufstacheln

Zulassung: admission; *phot.* photo(-graph); *Ton*²: recording; *Film*: shooting; **~fähig** *adj.* receptive (**für** of); **~gebühr** *f* admission fee; **~prüfung** *f* entrance exam(ination)

aufnehmen *v/t.* take* up (*a. Tätigkeit, Geld*); *aufheben*: pick up; *beherbergen*: put* *s.o.* up; *fassen*: hold*; *geistig*: take* in; *empfangen*: receive; *Schule, Verein*: admit; *phot.* take* a picture of; *Band, Platte*: record; *Ball*: take*; **es ~ mit** be* a match for

auf|passen *v/i. Schule etc.*: pay* attention; *vorsichtig sein*: take* care; **~ auf** take* care of, look after; *im Auge behalten*: keep* an eye on; **pass auf!** look out!; **2prall** *m* impact; **~prallen** *v/i.*: **~ auf** hit*; **~pumpen** *v/t.* pump up; **~putschen** F *v/t.* pep up; **2putschmittel** *n* pep pill; **~raffen** *v/refl.*: **sich ~ zu** bring o.s. to do s.th.; **~räumen** *v/t.* tidy up; *Unfallstelle etc.*: clear

aufrecht *adj. u. adv.* upright (*a. fig.*); **~erhalten** *v/t.* maintain, keep* up

aufreg|en *v/t.* excite, upset*; **sich ~** get* excited od. upset (**über** about); **~end** *adj.* exciting; **2ung** *f* excitement; *Getue*: fuss

auf|reiben *fig. v/t.* wear* down; **~reibend** *adj.* stressful; **~reißen** *v/t.* tear* open; *Tür etc.*: fling* open; *Augen*: open wide; F *j-n*: pick up; **~reizend** *adj.* provocative; **~richten** *v/t.* put* up, raise; **sich ~** straighten up; *im Bett*: sit* up

aufrichtig *adj.* sincere; *offen*: frank; **2keit** *f* sincerity; frankness

Aufriss *arch.* *m* elevation

aufrollen *v/t. u. v/refl.* roll up

Aufruf *m* call; *öffentlicher*: appeal (**zu** for); **~en** *v/t.* call on (*a. Schule*)

Aufruhr *m* Rebellion: revolt; *Krawall*: riot; *seelisch*: turmoil

aufrühr|en *fig. v/t.* stir up; **2er** *m* rebel; rioter; **~erisch** *adj.* rebellious

aufrunden *v/t. Summe*: round off

aufrüst|en *v/t. u. v/i.* (re)arm; **2ung** *f* (re)armament

auf|rütteln *fig. v/t.* shake* up, rouse; **~sagen** *v/t.* say*; *Gedicht*: *a.* recite

aufsässig *adj.* rebellious

Aufsatz *m* essay; *Zeitungs*²: article; *Schul*²: composition, *Am. a.* theme; *Oberteil*: top

auf|saugen *v/t.* absorb (*a. fig.*); **~scheuern** *v/t.* chafe; **~schichten** *v/t.* pile up; **~schieben** *fig. v/t.* put* off, postpone; *verzögern*: delay

Aufschlag *m Aufprall*: impact; *Zuschlag*: extra charge; *Jacke etc.*: lapel; *Hose*: turnup; *Am.* cuff; *Tennis*: service; **2en 1.** *v/t. Buch, Augen etc.*: open; *Zelt*: pitch; *Knie etc.*: cut*; **Seite 3 ~** open at page 3; **2.** *v/i. Tennis*: serve; **auf dem Boden ~** hit* the ground

auf|schließen *v/t.* unlock, open; **~schlitzen** *v/t.* slit* *od.* rip open; **2schluss** *m* information (**über** on); **~schnappen** F *fig. v/t.* pick up; **~schneiden 1.** *v/t.* cut* open; *Fleisch*: cut* up; **2.** F *fig. v/i.* brag, boast, talk big; **2schnitt** *m* (slices *pl.* of) cold meat, *Am.* cold cuts *pl.*; **~schnüren** *v/t.* untie; *Schuh*: unlace; **~schrauben** *v/t.* öffnen: unscrew; **~schrecken 1.** *v/t.* startle; **2.** *v/i.* start (up); **2schrei** *m* yell; *angstvoll*: scream, outcry (*a. fig.*); **~schreiben** *v/t.* write* down; **~schreien** *v/i.* cry out, scream; **2schrift** *f* inscription

Aufschub *m* postponement; *Verzögerung*: delay; *Vertagung*: adjournment; *e-r Frist*: respite

Aufschwung *m Turnen*: swing-up; *fig. bsd. econ.* recovery, upswing; boom

Aufsehen *n*: **~ erregen** attract attention; *stärker*: cause a sensation; **~ erregend** sensational

Aufseher(in) guard

aufsetz|en *v/t.* put* on; *abfassen*: draw* up; *aviat.* touch down; **sich ~** sit* up; **2er** *m Sport*: bounce shot

Aufsicht *f* supervision, control; **~ führen** be* on (break) duty; *bei Prüfungen*: invigilate; *Am.* proctor; **~sbehörde** *f* supervisory board; **~srat** *m* board of directors; supervisory board

auf|sitzen *v/i. Reiter*: mount; **~spannen** *v/t.* stretch; *Schirm*: put* up; *Segel*: spread*; **~sparen** *v/t.* save; **~sperren** *v/t.* unlock; *Mund etc.*: open wide; **~spielen** *v/refl.* show* off; **sich ~ als** play*; **~spießen** *v/t.* spear; *mit Hörnern*: gore; **~springen** *v/i.* jump up; *Tür*: fly* open; *Lippen etc.*: chap; **~spüren** *v/t.* track down; **~stacheln**

aufstampfen 370

fig. v/t. goad (*s.o.* **into** doing *s.th.*) **~stampfen** *v/i.* stamp (one's foot)

Auf|stand *m* revolt, rebellion; **2ständisch** *adj.* rebellious; **2e** *pl.* rebels *pl.*

auf|stapeln *v/t.* pile up; **~stechen** *v/t.* puncture, prick open; *med.* lance; **~stecken** *v/t. Haar etc.:* put* up; F *fig.* give* up; **~stehen** *v/i.* get* up, rise*; **~steigen** *v/i.* rise* (*a. fig.*); *auf Pferd, Rad etc.:* get* on; *Beruf, Sport:* be* promoted; *Am. Sport:* be* moved up to a higher division

aufstellen *v/t.* set* up, put* up; *Wachen:* post; *Falle, Rekord:* set*; *Kandidaten, Spieler:* nominate; *Rechnung:* draw* up; *Liste:* make* up; **2ung** *f* putting up; nomination; *Liste:* list; *Mannschaft:* line-up

Aufstieg *m* ascent; *fig. a.* rise

auf|stöbern *fig. v/t.* ferret out; **~stoßen 1.** *v/t.* push open; **2.** *v/i.* rülpsen: belch

auf|stützen *v/refl.* lean* (**auf** on); **~suchen** *v/t. Ort:* visit; *Arzt:* see*

Auftakt *m mus.* upbeat; *fig.* prelude

auf|tanken *v/t.* fill up; *aviat.* refuel; **~tauchen** *v/i. erscheinen:* appear; *naut.* surface; *v/t. Speisen:* defrost; **~teilen** *v/t.* divide up

Auftrag *m* instructions *pl.*, order (*a. econ.*); *mil.* mission; **im ~ von** on behalf of; **2en** *v/t. Speisen:* serve (up); *Farbe etc.:* apply; *j-m et. ~* ask (*stärker:* tell*) s.o. to do s.th.; F *dick ~* exaggerate; **~geber** *m* principal; *Kunde:* customer

auf|treffen *v/i.* strike*, hit*; **~treiben** F *v/t.* get* hold of; *Geld:* raise; **~trennen** *v/t. Naht etc.:* undo*, cut* open

auftreten *v/i. thea. etc.:* appear (**als** as); *handeln:* behave, act; *vorkommen:* occur

Auftreten *n* appearance; behavio(u)r; *Vorkommen:* occurrence

Auftrieb *m phys.* buoyancy (*a. fig.*); *aviat.* lift; *fig.* impetus

Auftritt *m thea.* entrance; appearance (*a. fig.*); **~sverbot** *n thea.* stage ban

auf|tun *v/refl.* open (*a. fig.*); *Abgrund:* yawn; **~türmen** *v/t.* pile *od.* heap up; *sich ~ Berge etc.:* tower up; *fig.* pile up; **~wachen** *v/i.* wake* up; **~wachsen** *v/i.* grow* up

Auf|wand *m* expenditure (**an** of), *Geld:* *a.* expense; *Prunk:* pomp; **2wändig** *adj. Leben etc.:* expensive, extravagant

aufwärmen *v/t.* warm up; *fig.* bring* up

aufwärts *adv.* upward(s); **~ gehen** *fig.* improve

auf|wecken *v/t.* wake* (up); **~weichen** *v/t.* soften; *Brot etc.:* soak; **~weisen** *v/t.* show*, have*; **~wenden** *v/t.* spend* (**für** on); *Mühe ~* take* pains; **~wendig** → **aufwändig**; **~werfen** *v/t.* raise

aufwert|en *v/t. econ.* revalue; *fig.* increase the value of; **2ung** *econ. f* revaluation

aufwickeln *v/t. u. v/refl.* wind* up, roll up; *Haar:* put* in curlers

aufwiegeln *v/t.* stir up, incite, instigate

aufwiegen *fig. v/t.* make* up for

Aufwiegler *m* agitator; *Anstifter:* instigator; **2isch** *adj.* seditious

Aufwind *m meteor.* upwind; **im ~** *fig.* on the upswing

aufwirbeln *v/t.* whirl up; *fig.* (**viel**) *Staub ~* make* (quite) a stir

aufwischen *v/t.* wipe up

aufwühlen *fig. v/t.* stir, move

aufzähl|en *v/t.* name (one by one), list; **2ung** *f* enumeration, list

aufzeichn|en *v/t. TV, Funk etc.:* record, tape; *zeichnen:* draw*; **2ung** *f* recording; **~en** *pl. Notizen:* notes *pl.*

auf|zeigen *v/t.* show*; *verdeutlichen:* demonstrate; *Fehler etc.:* point out; **~ziehen 1.** *v/t.* draw* *od.* pull up; *öffnen:* (pull) open; *Kind:* bring* up; *Uhr etc.:* wind* (up); *Bild, Reifen:* mount; *j-n ~* tease s.o., F pull s.o.'s leg; **2.** *v/i. Sturm etc.:* come* up

Aufzug *m* lift, *Am.* elevator; *thea.* act; *fig. contp.* get-up

aufzwingen *v/t.: j-m et. ~* force s.th. upon s.o.

Augapfel *m* eyeball

Auge *n* eye; *ein blaues ~* a black eye; *mit bloßem ~* with the naked eye; *mit verbundenen ~n* blindfold; *in meinen ~n* in my view; *mit anderen ~n* in a different light; *aus den ~n verlieren* lose* sight of; *ein ~ zudrücken* turn a blind eye; *unter vier ~n* in private; F *ins ~ gehen* go* wrong

Augen|arzt *m,* **~ärztin** *f* eye specialist, ophthalmologist; **~blick** *m* moment,

Ausfertigung

instant; **äugenblicklich 1.** *adj. gegenwärtig*: present; *sofortig*: immediate; *vorübergehend*: momentary; **2.** *adv.* at present, at the moment; immediately; **~braue** *f* eyebrow; **~licht** *n* eyesight; **~lid** *n* eyelid; **~maß** *n*: *ein gutes ~* a sure eye; *nach dem ~* by the eye; **~merk** *n*: *sein ~ richten auf* turn one's attention to; *fig. a.* have* in view; **~schein** *m* appearance; *in ~ nehmen* examine, view, inspect; **~zeuge** *m* eyewitness

August *m* August

Auktion *f* auction; **~ator** *m* auctioneer

Aula *f* (assembly) hall, *Am.* auditorium

aus 1. *prp. u. adv. räumlich*: *mst* out of, from; *Material*: of; *Grund*: out of; *~geschaltet etc.*: out, off; *zu Ende*: over, finished; *Sport*: out; *~ dem Fenster etc.* out of the window *etc.*; *~ München* from Munich; *~ Holz* (made) of wood; *~ Mitleid* out of pity; *~ Spaß* for fun; *~ Versehen* by mistake; *~ diesem Grunde* for this reason; *von hier ~* from here; F: *von mir ~!* I don't care!; *~ der Mode* out of fashion; *auf et. ~ sein* be* out for s.th.; *j-s Geld ~ sein* be* after; *die Schule (das Spiel) ist ~* school (the game) is over; *ein|~ tech.* on/off; **2.** **~** *n*: *im ~* (*Ball*) out of play

aus|arbeiten *v/t.* work out; *entwerfen*: prepare; **~arten** *v/i.* get* out of hand; **~atmen** *v/t. u. v/i.* breathe out; **~baden** F *v/t.*: *et. ~ müssen* take* the rap for s.th.

Ausbau *m Erweiterung*: extension; *Fertigstellung*: completion; *e-s Motors etc.*: removal; **~en** *v/t.* extend; complete; remove; *verbessern*: improve; **~fähig** *adj.*: *et. ist ~* there is potential for growth *od.* development

ausbesser|n *v/t.* mend, repair, F *a.* fix; **~ung** *f* repair(ing)

Ausbeut|e *f* gain, profit; *Ertrag*: yield; **~en** *v/t.* exploit (*a. contp.*); **~ung** *f* exploitation

ausbild|en *v/t.* train, instruct; *j-n zu* train s.o. to be; **~er(in)** instructor; **~ung** *f* training, instruction

ausbitten *v/t.*: *sich et. ~* request s.th.; *energisch*: insist on s.th.

ausbleiben *v/i.* stay out; *Erhofftes*: fail to materialize; *Brief, Hilfe, Regen etc.*: *... blieb aus* ... didn't come *od.* happen; *es konnte nicht ~* it was inevitable

Ausblick *m* outlook; → **Aussicht**

ausbrech|en *v/i.* break* out (*a. fig.*); *in Tränen ~* burst* into tears; **~er** *m* escaped prisoner

ausbreit|en *v/t.* spread* (out); *sich ~* spread*; **~ung** *f* spreading

ausbrennen *v/t.* burn* out

Ausbruch *m Flucht*: escape, breakout; *Feuer, Krieg, Seuche*: outbreak; *Vulkan*: eruption; *Gefühls2*: (out)burst

aus|brüten *v/t.* hatch (*a. fig.*)

Ausdauer *f* perseverance, stamina; *bsd. Sport*: *a.* staying power; **~nd** *adj.* persevering; *Sport*: tireless

ausdehn|en *v/t. u. v/refl.* stretch; *fig.* expand, extend; **~ung** *f* expansion; extension

aus|denken *v/t.* think* s.th. up; *erfinden*: invent (*a. fig.*); **~drehen** *v/t.* turn off

Ausdruck *m* expression (*a. Gesichts2*); term; *Computer*: print-out; **~en** *v/t.* print out

ausdrück|en *v/t. Zigarette*: stub out; *äußern, zeigen*: express; **~lich** *adj.* express, explicit

ausdrucks|los *adj.* expressionless; *Gesicht*: *a.* blank; **~voll** *adj.* Blick *etc.*: expressive; **~weise** *f* language, style

Ausdünstung *f* exhalation; *Schweiß*: perspiration; *Geruch*: odo(u)r

auseinander *adv.* apart; separate(d); **~bringen** separate; **~ gehen** *Versammlung, Menge*: break* up; *Meinungen*: differ; *sich trennen*: part; *Eheleute*: separate; **~ halten** tell* apart; **~ nehmen** take* apart (*a. fig.*); **~ setzen** explain; *sich ~ setzen mit* tackle s.th.; argue with s.o.; **~setzung** *f Streit*: argument

auserlesen *adj.* choice, exquisite

ausfahr|en 1. *v/i.* go* for a drive *od.* ride; **2.** *v/t.* take* s.o. out; *aviat. Fahrwerk*: lower; **~t** *f* drive, ride; *mot.* exit

Ausfall *m tech., mot., Sport*: failure; *Verlust*: loss; **~en** *v/i.* fall* out; *nicht stattfinden*: not take* place, be* cancelled; *tech., mot.* break* down, fail; *Ergebnis*: turn out, prove; **~ lassen** cancel; *die Schule fällt aus* there is no school

aus|fallend, ~fällig *adj.* insulting

ausfertig|en *v/t. Dokument*: draw* up; *Rechnung etc.*: make* out; **~ung** *f*

ausfindig

drawing up; *Abschrift:* copy; *in doppelter* ~ in two copies
ausfindig *adj.:* ~ *machen* find*
ausflippen F *v/i.* freak out
Ausflüchte *pl.* excuses *pl.*
Ausflug *m* trip, excursion, outing
Ausflügler *m* day-tripper
Ausfluss *m* outlet; *med.* discharge
aus|fragen *v/t.* question (*über* about); *neugierig:* sound out; ~**fransen** *v/i.* fray; ~**fressen** F *v/t.:* **et.** ~ **be*** up to no good
Ausfuhr *econ. f* export(ation)
ausführ|bar *adj.* practicable; ~**en** *v/t. j-n:* take* out; *et.:* carry out; *econ.* export; *darlegen:* explain
ausführlich 1. *adj.* detailed; *umfassend:* comprehensive; **2.** *adv.* in detail; **2keit** *f: in aller* ~ in great detail
Ausführung *f* execution, performance; *Typ:* type, model, design
ausfüllen *v/t. Formular:* fill in (*Am.* out)
Ausgabe *f Verteilung:* distribution; *Buch etc.:* edition; *Geld:* expense; *Zeitschrift:* issue; *Computer:* output
Ausgang *m* exit, way out; *Ende:* end; *Ergebnis:* result, outcome; *tech., electr.* output, outlet; ~**spunkt** *m* starting point; ~**ssperre** *pol. f* curfew
ausgeben *v/t.* give* out; *Geld:* spend*; F *j-m e-n* ~ buy* s.o. a drink; *sich* ~ *als* pass o.s. off as
ausge|beult *adj.* baggy; ~**bildet** *adj.* trained, skilled; ~**bucht** *adj.* booked up; ~**dehnt** *adj.* extensive; ~**dient** *adj.:* ~ *haben* fig. have* had its day; ~**fallen** *adj.* odd, unusual; ~**glichen** *adj.* (well-)balanced
ausgehen *v/i.* go* out; *enden:* end; *Haare:* fall* out; *Geld, Vorräte:* run* out; *leer* ~ get* nothing; ~ *von* start from *od.* at; *herrühren:* come from; *davon* ~, *dass* assume that; *ihm ging das Geld aus* he ran out of money
ausge|kocht *fig. adj.* cunning; *Schwindler etc.:* out-and-out; ~**lassen** *fig. adj.* cheerful; *stärker:* hilarious; ~**macht** *adj. Ort etc.:* agreed(-on); *Unsinn etc.:* downright; ~**nommen** *prp.* with the exception of; ~**prägt** *adj.* marked, pronounced; ~**rechnet** *adv.:* ~ *er* he of all people; ~ *heute* today of all days; ~**schlossen** *adj.* out of the question; ~**storben** *adj.* extinct

ausge|sucht *fig. adj.* select, choice; ~**wachsen** *adj.* full-grown; ~**waschen** *adj.:* ~*e Jeans* faded jeans; ~**wogen** *adj.* (well-)balanced; ~**zeichnet** *adj.* excellent
ausgiebig *adj.* extensive, thorough; *Mahlzeit:* substantial
ausgießen *v/t.* pour out
Ausgleich *m* compensation; *Sport:* equalization, *Am.* even score; *Tennis:* deuce; **2en** *v/t. u. v/i.* equalize (*Brt. a. Sport*); *econ.* balance; *Am. Sport:* make* the score even; *Verlust:* compensate; ~**ssport** *m* remedial exercises *pl.*; ~**stor** *n,* ~**streffer** *m* equalizer, *Am.* tying point
aus|graben *v/t.* dig* out *od.* up (*a. fig.*); **2grabungen** *pl.* excavations *pl.*; ~**grenzen** *v/t.* isolate *s.o.*
Ausguss *m* (kitchen) sink
aus|halten 1. *v/t.* bear*, stand*; *Liebhaber:* keep; *nicht auszuhalten sein* be unbearable; **2.** *v/i.* hold out; ~**händigen** *v/t.* hand over
Aushang *m* notice; *formell:* bulletin
aushänge|n *v/t.* hang* out, put* up; *Tür:* unhinge; **2schild** *fig. n* figurehead
aus|heben *v/t. Graben:* dig*; *Spielhölle etc.:* bust, raid; ~**helfen** *v/i.* help out
Aushilf|e *f* (temporary) help; ~**s...** *in Zssgn Kellner etc.:* temporary
aus|holen *v/i.:* *zum Schlag* ~ swing* (to strike); *mit der Axt* ~ raise the axe; *fig. weit* ~ go* far back; ~**horchen** *v/t.* sound (*über* on); ~**hungern** *v/t.* starve out; ~**kennen** *v/refl.: sich* ~ (*in*) know* one's way (about); *fig.* know* a lot (about), be* at home (in); **2klang** *m* end; ~**klingen** *v/i. Fest:* draw* to a close; ~**klopfen** *v/t. Pfeife:* knock out
auskommen *v/i.* get* by; ~ *mit et.:* manage with; *j-m:* get* along with
Auskommen *n: sein* ~ *haben* make* one's living
auskundschaften *v/t.* explore; *mil.* scout; *fig.* find* out (about)
Auskunft *f* information; *Schalter:* information desk; *tel.* inquiries *pl.*
aus|lachen *v/t.* laugh at (*wegen* for); ~**laden** *v/t.* unload
Auslage *f* window display; ~*n pl.* expenses *pl.*

Aus|land *n*: *das* ~ foreign countries *pl.*; *ins* ~, *im* ~ abroad; ~**länder(in)** foreigner; ~**länderfeindlichkeit** *f*, ~**länderhass** *m* hostility to foreigners, xenophobia; ℒ**ländisch** *adj.* foreign; ℒ**landsgespräch** *n* international call; ~**landskorrespondent(in)** foreign correspondent

auslass|en *v/t.* leave out; *Fett*: melt; *Saum etc.*: let* out; **s-n Zorn an j-m** ~ take* it out on s.o.; *sich* ~ *über* express o.s. on; ℒ**ung** *f* omission; ℒ**ungszeichen** *gr. n* apostrophe

Auslauf *m* room to move about; *Hund*: exercise; ℒ**en** *v/i. naut.* leave* port; *Gefäß*: leak; *Flüssigkeit*: run* out

Ausläufer *m meteor.* Hoch: ridge; *Tief*: trough; *geogr. pl.* foothills *pl.*

Auslaufmodell *econ. n* discontinued *od.* phase-out (*Am.* close-out) model

ausleg|en *v/t.* lay* out; *mit Teppichboden*: carpet; *mit Papier etc.*: line; *Waren*: display; *deuten*: interpret; *Geld*: advance; ℒ**ung** *f* interpretation

aus|leihen *v/t. verleihen*: lend* (out), loan; *sich* ~: borrow; ~**lernen** *v/i.* complete one's training; **man lernt nie aus** we live and learn

Auslese *f* choice, selection; *fig.* pick; ℒ**n** *v/t.* pick out, select; *Buch*: finish

ausliefer|n *v/t.* hand *od.* turn over, deliver (up); *pol.* extradite; ℒ**ung** *f* delivery; extradition

aus|liegen *v/i.* be* laid out; ~**löschen** *v/t.* put* out; *fig.* wipe out; ~**losen** *v/t.* draw* (lots) for

auslös|en *v/t. tech., Alarm etc.*: release; *Gefangene, Pfand*: redeem; *verursachen*: cause, start, trigger *s.th.* off; ; ℒ**er** *m* (*phot.* shutter) release; trigger

aus|machen *v/t. Feuer etc.*: put* out; *Licht etc.*: turn off; *Termin etc.*: arrange; *Preis etc.*: agree on; *Teil*: make* up; *Betrag*: amount to; *Streit*: settle; *sichten*: sight, spot; **macht es Ihnen et. aus (, wenn**...)**?** do you mind (if ...)?; **es macht mir nichts aus** I don't mind; **das macht (gar) nichts aus** that doesn't matter (at all); ~**malen** *v/t.* paint; *sich et.* ~ imagine s.th.

Ausmaß *n* extent; ~**e** *pl.* proportions *pl.*

aus|merzen *v/t.* eliminate; ~**messen** *v/t.* measure

Ausnahm|e *f* exception; ~**ezustand** *pol. m* state of emergency; ℒ**slos** *adv.* without exception; ℒ**sweise** *adv.* by way of exception; just this once

ausnehmen *v/t. Fisch etc.*: clean; *ausschließen*: except; F *finanziell*: fleece; ~**d** *adv.* exceptionally

aus|nutzen *v/t.* use; take* advantage of (*a. contp.*); *ausbeuten*: exploit; ~**packen 1.** *v/t.* unpack; **2.** *v/i.* F *fig.* talk; ~**pfeifen** *v/t.* boo, hiss; ~**plaudern** *v/t.* blab *od.* let* out; ~**plündern** *v/t.* plunder, rob; ~**probieren** *v/t.* try (out), test

Auspuff *mot. m* exhaust; ~**gase** *mot. pl.* exhaust fumes *pl.*; ~**rohr** *mot. n* exhaust pipe; ~**topf** *mot. m* silencer, *bsd. Am.* muffler

aus|quartieren *v/t.* move out; ~**radieren** *v/t.* erase; *fig.* wipe out; ~**rangieren** *v/t.* discard; ~**rauben** *v/t.* rob; ~**räumen** *v/t.* empty; *Zimmer, Möbel*: clear out; *fig. Zweifel etc.*: clear up; ~**rechnen** *v/t.* work out

Ausrede *f* excuse; ℒ**n 1.** *v/i.* finish speaking; ~ *lassen* hear* s.o. out; *lassen Sie mich* ~! don't interrupt me!; **2.** *v/t.*: *j-m et.* ~ talk s.o. out of s.th.

ausreichen *v/t.* be* enough; ~**d** *adj.* sufficient, enough; *Zensur*: (barely) passing, only average, weak, D

Ausreise *f* departure; ℒ**n** *v/i.* leave* (a *od.* one's country); ~**visum** *n* exit visa

ausreiß|en 1. *v/t.* pull *od.* tear* out; **2.** F *v/i.* run* away; ℒ**er(in)** runaway

aus|renken *v/t.* dislocate; ~**richten** *v/t. j-m et.*..: tell* s.o. s.th.; *Botschaft*: deliver; *erreichen*: accomplish; *Fest*: arrange; **richte ihr e-n Gruß von mir aus!** give her my regards!; **kann ich et. ~?** can I take a message?

ausrott|en *v/t.* exterminate; ℒ**ung** *f* extermination; *bsd. Tierart*: extinction

ausrücken *v/i.* F run away; *mil.* march out

Ausruf *m* cry, shout; ℒ**en** *v/t.* cry, shout, exclaim; *Namen etc.*: call out; *pol.* proclaim; ~**ung** *pol. f* proclamation; ~**ungszeichen** *n* exclamation mark

ausruhen *v/i., v/t. u. v/refl.* rest

ausrüst|en *v/t.* equip; ℒ**ung** *f* equipment

ausrutschen *v/i.* slip

Aussage *f* statement; *jur.* evidence; ℒ**n** *v/t.* state, declare; *jur.* testify

aus|schalten v/t. switch off; fig. eliminate; **~schauen** v/i.: **~ nach** be* on the look-out for, watch for

ausscheid|en 1. v/i. be* ruled out; Sport etc.: drop out (**aus** of); Amt: retire (**aus** from); **~ aus Firma**: leave*; **2.** v/t. eliminate; med. etc.: secrete, exude; **2ung** f elimination (a. Sport); med. secretion; **2ungs...** in Zssgn Spiel etc.: qualifying

aus|scheißen v/t. lock out; fig. exclude; **~schimpfen** v/t. scold (**wegen** for); **~schlachten** fig. v/t. Auto etc.: salvage, Brt. a. cannibalize; contp. exploit; **2gebend** adj. decisive

Ausschlag m med. rash; Zeiger: deflection; **den ~ geben** decide it; **2en 1.** v/t. Zahn etc.: knock out; fig. refuse, decline; **2.** v/i. Pferd: kick; bot. bud; Zeiger: deflect; **2gebend** adj. decisive

ausschließ|en v/t. lock out; fig. exclude; ausstoßen: expel; Sport: disqualify; **~lich** adj. exclusive

Ausschluss m exclusion, Schule etc.: expulsion; Sport: disqualification; **unter ~ der Öffentlichkeit** in closed session

aus|schmücken v/t. decorate; fig. embellish; **~schneiden** v/t. cut* out

Ausschnitt m Kleidung: neck; Zeitungs2: cutting, Am. clipping; fig. part; Buch, Rede: extract; **mit tiefem ~** low-necked

ausschreib|en v/t. write* out (a. Scheck etc.); Stelle etc.: advertise; **2ung** f advertisement

Ausschreitungen pl. violence sg.; riots pl.

Ausschuss m committee, board; Abfall: refuse, waste, rejects pl.

aus|schütteln v/t. shake* out; **~schütten** v/t. pour out (a. fig.); verschütten: spill*; econ. pay; **sich vor Lachen ~** split* one's sides

ausschweif|end adj. dissolute; **2ung** f debauchery, excess

aussehen v/i. look; **krank (traurig) ~** look ill (sad); **~ wie** look like; **wie sieht er aus?** what does he look like?

Aussehen n look(s pl.), appearance

aussein → **aus**

außen adv. outside; **nach ~ (hin)** outward(s); fig. outwardly; **von ~** lassen fig. leave* aside; **2bordmotor** m outboard motor

aussenden v/t. send* out

Außen|dienst m field service; **~handel** m foreign trade; **~minister** m Brt. Foreign Secretary, Am. Secretary of State; **~ministerium** n Brt. Foreign Office, Am. State Department; **~politik** f foreign affairs pl.; bestimmte: foreign policy; **2politisch** adj. foreign--policy; **~seite** f outside; **~seiter** m outsider; **~spiegel** mot. m outside rear-view mirror; **~stände** econ. pl. receivables pl.; **~stelle** f branch; **~stürmer** m Sport: winger; **~welt** f outside world

außer 1. prp. out of; neben: beside(s), Am. aside from; ausgenommen: except; **~ sich sein** be beside o.s. (**vor Freude** with joy); **alle ~ e-m** all but one; → **Betrieb, Gefahr** etc.; **2.** cj.: **~ dass** except that; **~ wenn** unless; **~dem** cj. besides, moreover

äußere adj. exterior, outer, outward

Äußere n exterior, outside; Erscheinung: (outward) appearance

außer|gewöhnlich adj. unusual; **~halb** prp. u. adv. outside; out of; jenseits: beyond; **~irdisch** adj. extraterrestrial

äußerlich adj. external, outward; **2keit** f Formalität: formality; minor detail

äußern v/t. utter, express; **sich ~** say s.th.; **sich ~ zu** od. **über** express o.s. on

außer|ordentlich adj. extraordinary; **~planmäßig** adj. unscheduled

äußerst 1. adj. outermost; fig. extreme; **im ~en Fall** at (the) worst; höchstens: at (the) most **2.** adv. extremely

außerstande adj. → **Stand**

Äußerung f utterance, remark

aussetz|en 1. v/t. Kind, Tier: abandon; mit dat.: expose to; Preis etc.: offer; **et. auszusetzen haben an** find* fault with; **2.** v/i. rest, pause; break* off; Motor etc.: fail; Herz: miss a beat

Aussicht f view (**auf** of); fig. prospect (of), chance (**auf Erfolg** of success); **2los** adj. hopeless, desperate; **~spunkt** m vantage point; **2sreich** adj. promising; **~sturm** m lookout tower

Aussiedler m resettler, evacuee

aussitzen v/t. sit s.th. out

aussöhn|en v/refl.: **sich ~ (mit)** become* reconciled (with), F make* up (with); **~ung** f reconciliation

aus|sondern, ~sortieren v/t. sort out; **~spannen 1.** v/t. Zugtier: unharness; F fig. pinch; **2.** fig. v/i. (take* a) rest, relax

aussperr|en v/t. lock out (a. Arbeiter); **~ung** f lock-out

aus|spielen 1. v/t. Karte: play; **j-n gegen j-n ~** play s.o. off against s.o.; **2.** v/i. Kartenspiel: lead*; **er hat ausgespielt** fig. he is done for; **~spionieren** v/t. spy out

Aussprache f pronunciation; discussion; private heart-to-heart (talk)

aussprechen v/t. pronounce; Meinung etc.: express; **sich ~ für (gegen)** speak* for (against); **sich mit j-m gründlich ~** have* a heart-to-heart talk with s.o.; → **ausreden**

Ausspruch m saying; Bemerkung: remark

aus|spucken v/i. u. v/t. spit* out; **~spülen** v/t. rinse

Ausstand m strike, F walkout

ausstatt|en v/t. fit out, equip, furnish; **~ung** f equipment, furnishings pl.; design

aus|stechen v/t. cut* out (a. fig.); Auge: put* out; **~stehen 1.** v/t. Schmerzen etc.: stand*, endure; F **ich kann ihn (es) nicht ~** I can't stand him (it); **2.** v/i. (noch) ~ be* outstanding od. overdue; **~steigen** v/i. get* out (aus of); (a. ~ aus) Zug, Bus: get* off; fig. drop out; **~steiger** F m drop-out

ausstell|en v/t. exhibit, display, show*; Scheck etc.: make* out; Pass etc.: issue; **~er** m exhibitor; issuer; Scheck: drawer; **~ung** f exhibition, show

aussterben v/i. die out, become* extinct (beide a. fig.)

Aussteuer f trousseau; Mitgift: dowry

aussteuer|n v/t. electr. formell: modulate; **~ung** f electr. modulation; level control

Ausstieg m exit; fig. withdrawal (aus from)

ausstopfen v/t. stuff; auspolstern: pad

Ausstoß m tech., phys. discharge, ejection; Leistung: output; **~en** v/t. tech, phys. give* off, eject, emit; econ. turn out; Schrei, Seufzer: give*; ausschließen: expel; **~ung** f expulsion

aus|strahlen v/t. Wärme, Glück etc.: radiate; TV, Funk: broadcast*, transmit; **~strahlung** f radiation; broadcast; fig. magnetism, charisma; **~strecken** v/t. stretch (out); **~streichen** v/t. strike* out; **~strömen** v/i. escape (aus from); **~suchen** v/t. choose*, pick

Austausch m exchange (a. in Zssgn Schüler etc.); **2bar** adj. exchangeable; **2en** v/t. exchange (gegen for)

austeilen v/t. distribute, hand out; Karten, Schläge: deal* (out)

Auster zo. f oyster

austoben v/refl. let* off steam

austrag|en v/t. Briefe etc.: deliver; Streit etc.: settle; Wettkampf etc.: hold*; **das Kind ~** (nicht abtreiben) have* the baby; **2ungsort** m Sport: venue

Austral|ien Australia; **~ier(in), 2isch** adj. Australian

austreib|en v/t. Teufel: exorcise; F **j-m et. ~** cure s.o. of s.th.

aus|treten 1. v/t. Feuer: tread* od. stamp out; Schuhe: wear* in; **2.** v/i. entweichen: escape (aus from); F go* to the toilet (Am. bathroom); **~ aus** Verein etc.: leave*; formell: resign from; **~trinken** v/t. drink* up; leeren: empty; **2tritt** m leaving (a. Schule); resignation; escape; **~trocknen** v/t. u. v/i. dry up

ausüb|en v/t. Beruf, Sport: practi|se, Am. -ce; Amt: hold*; Macht: exercise; Druck: exert; **2ung** f practice; exercise

Ausverkauf econ. m (clearance) sale; **2t** econ., thea. adj. sold out; **vor ~em Haus spielen** play to a full house

Auswahl f choice, selection (beide a. econ.); Sport: representative team

auswählen v/t. choose*, select

Auswander|er m emigrant; **2n** v/i. emigrate; **~ung** f emigration

auswärt|ig adj. out-of-town; pol. foreign; **das Auswärtige Amt** → **Außenministerium**; **~s** adv. out of town; **~ essen** eat* out (ausw.); **2ssieg** m Sport: away victory; **2sspiel** n away game

auswechs|eln v/t. exchange (gegen for); Rad etc.: change; ersetzen: replace; Sport: **A gegen B ~** substitute B for A; **wie ausgewechselt** (like) a different person; **2elspieler(in)** substitute

Ausweg *m* way out; **los** *adj.* hopeless; **losigkeit** *f* hopelessness

ausweichen *v/i.* make* way (*dat.* for); *fig. j-m:* avoid; *e-r Frage:* evade; **d** *adj.* evasive

ausweinen *v/refl.* have* a good cry

Ausweis *m* identification (card); *Mitglieds etc.:* card; **en** *v/t.* expel; *sich* identify o.s.; **papiere** *pl.* documents *pl.*; **ung** *f* expulsion

ausweiten *fig. v/t.* expand

auswendig *adv.* by heart; *et.* *können* know* s.th. by heart; *lernen* memorize; learn* by heart

aus|werfen *v/t.* throw* out (*a.* Daten); *bsd.* Anker: cast*; *tech.* eject; **werten** *v/t.* Daten *etc.:* evaluate, analyze, interpret; *ausnützen:* utilize, exploit; **wertung** *f* evaluation, utilization; **wickeln** *v/t.* unwrap; **wirken** *v/refl.* *sich* *auf* affect; *sich positiv* have* a favo(u)rable effect; **wirkung** *f* effect; **wischen** *v/t.* wipe out; F *j-m eins* do* a number on s.o.; **wringen** *v/t.* wring* out; **wuchs** *m* excess; **wuchten** *tech. v/t.* balance

aus|zahlen *v/t.* pay* (out); *j-n:* pay* off; *sich* pay*; **zählen** *v/t.* count; *Boxer:* count out

Auszahlung *f* payment; paying off

auszeichn|en *v/t.* Ware: price, mark (out); *sich* distinguish o.s.; *j-n mit et.* award s.th. to s.o.; **ung** *f* marking; *fig.* distinction, hono(u)r; *Preis:* award; *Orden:* decoration

auszieh|en 1. *v/t.* Kleidung: take* off; *Tisch, Antenne:* pull out; *sich* undress; **2.** *v/i.* move out

Auszubildende(r) apprentice, trainee

Auszug *m* move, removal; *aus e-m Buch etc.:* extract, excerpt; *Konto:* statement (of account)

authentisch *adj.* authentic, genuine

Autis|mus *psych. m* autism; **tisch** *adj.* autistic

Auto *n* car, *bsd. Am. a.* auto(mobile); *(mit dem)* *fahren* drive*, go* by car

Autobahn *f Brt.* motorway; *Am.* expressway; **dreieck** *n* interchange; **gebühr** *f* toll; **kreuz** *n* interchange

Autobiographie *f* autobiography

Auto|bombe *f* car bomb; **bus** *m* → *Bus*; **fähre** *f* car ferry **fahrer** *m* motorist, driver; **fahrt** *f* drive; **friedhof** F *m* scrapyard, *Am.* auto junkyard

autogen *psych. adj.:* **es Training** relaxation exercises *pl.*

Autogramm *n* autograph; **jäger** *m* autograph hunter

Auto|karte *f* road map; **kino** *n* drive-in cinema (*Am.* theater)

Automat *m* vending (*Brt. a.* slot) machine; *tech.* robot; △ *nicht* **automat**; → *Spielautomat*; **ik** *tech f* automatic (system *od.* control); *mot.* automatic transmission; *Wagen:* automatic; **ion** *f* automation; **isch** *adj.* automatic

Auto|mechaniker *m* car *od.* garage (*Am.* auto) mechanic; **mobil** *n* → *Auto*

autonom *adj.* autonomous

Autonummer *f* licen|ce (*Am.* -se) number

Autor *m* author

Autoreparaturwerkstatt *f* car repair shop, garage

Autorin *f* author(ess)

autori|sieren *v/t.* authorize; **tär** *adj.* authoritarian; **tät** *f* authority

Auto|telefon *n* car phone; **vermietung** *f* car hire (*Am.* rental) service; **waschanlage** *f* car wash

Axt *f* ax(e)

B

Bach *m* brook, stream, *Am. a.* creek
Backblech *n* baking sheet
Backbord *naut. n* port (*a.* in Zssgn)

Backe *f* cheek
backen *v/t. u. v/i.* bake; *südd.* fry
Backenzahn *m* molar (tooth)

Bäcker *m* baker; **beim ~** at the baker's; **~ei** *f* bakery, baker's (shop)

Back|form *f* baking tin; **~hendl** *östr. n* fried chicken; **~obst** *n* dried fruit; **~ofen** *m* oven; **~pflaume** *f* prune; **~pulver** *n* baking powder; **~stein** *m* brick; **~waren** *pl.* breads *pl.* and pastries *pl.*

Bad *n* bath; *im Freien:* swim, *Brt. a.* bathe; bath(room); → **Badeort**; *ein ~ nehmen* → **baden** 1

Bade|anstalt *f* swimming pool, public baths *pl.*; **~anzug** *m* swimsuit; **~hose** *f* bathing-trunks *pl.*; **~kappe** *f* bathing cap; **~mantel** *m* bathrobe; **~meister** *m* pool od. bath attendant

baden 1. *v/i.* take* *od.* have* a bath, *Am. a.* bathe; *im Freien:* swim*, *bsd. Brt. a.* bathe; **~ gehen** go* swimming; **2.** *v/t. Wunde etc.* bathe; *Baby:* Brt. a. bathe

Bade|ort *m* seaside resort; *Kurbad:* health resort; **~tuch** *n* bath towel; **~wanne** *f* bathtub; **~zimmer** *n* bath(room)

baff *adj.*: **F~ sein** be* flabbergasted

Bafög *n*: **~ erhalten** get* a grant

Bagatelle *f* trifle; **~schaden** *m* superficial damage

Bagger *m* excavator; *Schwimm♀:* dredge(r); **♀n** *v/i.* excavate; dredge

Bahn *f* railway, *Am.* railroad; *Zug:* train; *Weg, Kurs:* way, path, course; *Sport:* track; course; *mit der ~* by rail; *~ frei!* make way!; *Zssgn → a.* **Eisenbahn**; **♀brechend** *adj.* epoch-making; **~damm** *m* railway (*Am.* railroad) embankment

bahnen *v/t.*: **den Weg ~** clear the way (*dat.* for *s.o. od. s.th.*); **sich e-n Weg ~** force *od.* work one's way

Bahn|hof *m* (railway, *Am.* railroad) station; **~linie** *f* railway (*Am.* railroad) line; **~steig** *m* platform; **~übergang** *m* level (*Am.* grade) crossing

Bahre *f* stretcher; *Toten♀:* bier

Baisse *econ. f* fall, slump

Bajonett *mil. n* bayonet

Bakterien *pl.* germs *pl.*, bacteria *pl.*

balancieren *v/t. u. v/i.* balance

bald *adv.* soon; **F** *beinahe:* almost, nearly; **so ~ wie möglich** as soon as possible; **~ig** *adj.* speedy; **~e Antwort** *econ.* early reply; **auf (ein) ~es Wiedersehen!** see you again soon!

balgen *v/refl.* scuffle (*um* for)

Balken *m* beam

Balkon *m* balcony; **~tür** *f* French window

Ball *m* ball; *Tanz♀: a.* dance; *am ~ sein Sport* have* the ball; *am ~ bleiben fig.* stick* to it

Ballade *f* ballad

Ballast *m* ballast; *fig. a.* burden; **~stoffe** *pl.* roughage *sg.*, bulk *sg.*

ballen *v/t. Faust:* clench

Ballen *m* bale; *anat.* ball

Ballett *n* ballet

Ballon *m* balloon

Ballungs|raum *m*, **~zentrum** *n* congested area, conurbation

Balsam *m* balm (*a. fig.*)

Bambus *m* bamboo; **~rohr** *n* bamboo (cane)

banal *adj.* banal, trite

Banane *f* banana; **~nrepublik** *f* banana republic

Banause *m* philistine

Band¹ *n Zier♀:* ribbon; *Meß♀, Ton♀, Ziel♀:* tape; *Hut♀:* band; *anat.* ligament; *fig.* tie, link; *auf ~ aufnehmen* tape; *am laufenden ~ fig.* continuously

Band² *m* volume

Bandag|e *f* bandage; **♀ieren** *v/t.* bandage (up)

Bandbreite *f electr.* bandwidth; *fig.* range

Bande *f gang; Billard:* cushions *pl.*; *Eishockey:* boards *pl.*; *Kegeln:* gutter

Bänderriss *med. m* torn ligament

bändigen *v/t. Tier:* tame (*a. fig.*); *Kinder, Zorn etc.:* restrain, control

Bandit *m* bandit, outlaw

Band|maß *n* tape measure; **~säge** *f* band-saw; **~scheibe** *anat. f* (intervertebral) dis|c, *Am.* -k; **~scheibenschaden** *m*, **~scheibenvorfall** *med. m* slipped disc; **~wurm** *zo.* *m* tapeworm

bang(e) *adj.* afraid; *besorgt:* anxious; **♀e** *f*: *keine ~!* (have) no fear!; *j-m ~ machen* frighten *od.* scare s.o.; **~en** *v/i.* be* anxious *od.* worried (*um* about)

Bank¹ *f* bench; *Schul♀:* desk; **F** *durch die ~* without exception; *auf die lange ~ schieben* put* off

Bank² *econ. f* bank; *auf der ~* in the bank; **~angestellte(r)** bank clerk *od.* employee; **~automat** *m* → **Geldautomat**; **~einlage** *f* deposit

Bankett n banquet
Bankgeschäfte econ. pl. banking transactions pl.
Bankier m banker
Bank|konto n bank(ing) account; **~leitzahl** f bank (sorting) code, Am. A.B.A. number; **~note** f (bank) note, Am. a. bill; **~raub** m bank robbery
bankrott adj. bankrupt
Bankrott m bankruptcy; **~ machen** go* bankrupt
Bankverbindung f account(s pl.), account details pl.
Bann m ban; Zauber: spell; **₂en** v/t. ward off; **(wie) gebannt** spellbound
Banner n banner (a. fig.)
bar adj. econ. (in) cash; bloß: bare; rein: pure; **gegen ~** for cash
Bar f bar; nightclub
Bär zo. m bear
Baracke f hut; contp. shack; ⚠ nicht **barrack**
Barbar m barbarian; **₂isch** adj. barbarous; Verbrechen etc.: a. atrocious
Bardame f barmaid
barfuß u. adv. barefoot
Bargeld n cash; **₂los** adj. noncash
Barhocker m bar stool
Bariton mus. m baritone
Barkasse naut. f launch
barmherzig adj. merciful; mild: charitable; **₂keit** f mercy; charity
Barmixer m barman
Barometer n barometer
Baron m baron; **~in** f baroness
Barren m bar, ingot; Gold-, Silber₂ pl.: a. bullion sg.; Sport: parallel bars pl.
Barriere f barrier
Barrikade f barricade
Barsch zo. m perch
barsch adj. rough, gruff, brusque
Barscheck econ. m open cheque, Am. (negotiable) check
Bart m beard; Schlüssel: bit; **sich e-n ~ wachsen lassen** grow* a beard
bärtig adj. bearded
Barzahlung f cash payment
Basar m bazaar
Base f chem. base; Kusine: cousin
basieren v/i.: **~ auf** be* based on
Basis f basis; mil., arch. base
Baskenmütze f beret
Bass mus. m bass (a. in Zssgn)
Bassin n basin; (swimming) pool

Bassist mus. m bass singer od. player
Bast m bast; am Geweih: velvet
Bastard m biol. hybrid; Hund: mongrel; V bastard
bast|eln v/t. **1.** v/i. make* od. repair things o.s.; **2.** build*, make*;**₂ler** m home handyman, do-it-yourselfer
Batik m, f batik
Batist m cambric
Batterie mil., electr. f battery
Bau m Vorgang: building, construction; Körper₂ etc.: build, frame; Gebäude: building; Tier₂: hole; e-s Raubtiers: den; **im ~** under construction; **~arbeiten** pl. construction work sg.; Straße: road works pl.; **~arbeiter** m construction worker; **~art** f style (of construction); Typ: type, model
Bauch m belly (a. fig.); anat. abdomen; F tummy; **₂ig** adj. bulgy; **~landung** f belly landing; **~redner** m ventriloquist; **~schmerzen** pl. stomach-ache sg.; **~tanz** m belly dancing
bauen 1. v/t. build*, construct, Instrument, Möbel etc.: a. make*; **2.** fig. v/i.: **~ auf** rely od. count on
Bauer[1] m farmer; Schach: pawn
Bauer[2] n, m Vogel₂: (bird)cage
Bäuerin f farmer's wife, farmer
bäuerlich adj. rural; Stil: rustic
Bauern|fänger contp. m trickster, con man; **~haus** n farmhouse; **~hof** m farm; **~möbel** pl. rustic furniture sg.
bau|fällig adj. dilapidated; **₂firma** f builders and contractors pl.; **₂genehmigung** f building permit; **₂gerüst** n scaffold(ing); **₂herr** m owner; **₂holz** n timber, Am. a. lumber; **₂ingenieur** m civil engineer; **₂jahr** n year of construction; **~ 1995** 1995 model; **₂kasten** m box of bricks (Am. building blocks); technischer: construction set; Modell₂: kit; **₂leiter** m building supervisor; **~lich** adj. structural
Baum m tree
Baumarkt m do-it-yourself superstore
baumeln v/i. dangle, swing*; **mit den Beinen ~** dangle one's legs
Baum|schule f nursery; **~stamm** m trunk; gefällter: log; **~wolle** f cotton
Bau|plan m architectural drawing; blueprints pl.; **~platz** m building site
Bausch m wad, ball; **in ~ und Bogen** lock, stock and barrel

Bausparkasse f building society, Am. building and loan association
Bau|stein m brick; Spielzeug: (building) block; fig. element; **~stelle** f building site; mot. roadworks pl., Am. construction zone; **~stil** m (architectural) style; **~stoff** m building material; **~techniker** m engineer; **~teil** n component (part), unit, module; **~unternehmer** m building contractor; **~vorschriften** pl. building regulations pl.; **~werk** n building; **~zaun** m hoarding; **~zeichner** m draughtsman, Am. draftsman
Bayern Bavaria
Bay|er(in), **ℨ(e)risch** adj. Bavarian
Bazillus m bacillus, germ
beabsichtigen v/t. intend, plan; *es war beabsichtigt* it was intentional
beacht|en v/t. pay* attention to; *Regel*: observe, follow ; **~ Sie, dass ...** note that ...; *nicht ~* take* no notice of; *Vorschrift etc.*: disregard; **~lich** adj. remarkable; *beträchtlich*: considerable; **ℨung** f attention; *Berücksichtigung*: consideration; *Befolgung*: observance
Beamt|e m, **~in** f official; *Polizei etc.*: officer; *Staats*ℨ: civil servant
beängstigend adj. alarming
beanspruch|en v/t. claim; *Zeit, Raum etc.*: take* up; *tech.* stress; **ℨung** f claim; *tech., nervliche*: stress, strain
bean|standen v/t. complain about; *Einwand erheben*: object to; **~tragen** v/t. apply for; *jur., parl.* move (for); *vorschlagen*: propose
beantwort|en v/t. answer, reply to; **ℨung** f answer, reply
bearbeit|en v/t. work; *agr.* till; *Steine*: hew*; *verarbeiten*: process; *Fall*: be* in charge of; *Thema*: treat; *Buch*: revise; *für Bühne etc.*: adapt (*nach* from); *bsd. mus.* arrange; *j-n ~* work on s.o.; **ℨung** f working; *e-s Buches*: revision; *thea.* adaptation; *bsd. mus.* arrangement; *processing*; *chem.* treatment
beatmen med. v/t. give* artificial respiration to s.o.
beaufsichtig|en v/t. supervise; *Kind*: look after; **ℨung** f supervision; looking after
beauftrag|en v/t. commission; *anweisen*: instruct; **~ mit** put* s.o. in charge

of; **ℨte(r)** agent; *Vertreter*: representative; *amtlicher*: commissioner
bebauen v/t. build* on; *agr.* cultivate
beben v/i. shake*, tremble; *schaudern*: shiver (*alle*: *vor* with); *Erde*: quake
bebildern v/t. illustrate
Becher m cup, *mit Henkel*: a. mug
Becken n basin, bowl; pool; *anat.* pelvis; *mus.* cymbal(s pl.)
bedacht adj.: *darauf ~ sein zu* inf. be* anxious to inf.
bedächtig adj. deliberate; measured
bedanken v/refl.: *sich bei j-m für et. ~* thank s.o. for s.th.
Bedarf m need (*an* of), want (of); *econ.* demand (for); *bei ~* if necessary; **~shaltestelle** f request stop
bedauerlich adj. regrettable; **~erweise** adv. unfortunately
bedauern v/t. *j-n*: feel* od. be* sorry for, pity; *et.*: regret
Bedauern n regret (*über* at); **ℨswert** adj. pitiable, deplorable
bedeck|en v/t. cover; **~t** adj. *Himmel*: overcast
bedenken v/t. consider, think* s.th. over
Bedenken pl. *Zweifel*: doubts pl.; *moralische*: scruples pl.; *Einwände*: objections pl.; **ℨlos** adv. unhesitatingly
bedenklich adj. *zweifelhaft*: doubtful; *ernst*: serious; *stärker*: critical
Bedenkzeit f: *e-e Stunde ~* one hour to think it over
bedeut|en v/t. mean*; **~d** adj. important; *beträchtlich*: considerable; *angesehen*: distinguished
Bedeutung f meaning, sense; *Wichtigkeit*: importance; **ℨslos** adj. insignificant; *ohne Sinn*: meaningless; **~sunterschied** m difference in meaning; **ℨsvoll** adj. significant; *vielsagend*: meaningful
bedien|en 1. v/t. *j-n*: serve, wait on; *tech.* operate, work; *sich ~* help o.s.; **~ Sie sich!** help yourself!; 2. v/i. serve; wait (at table); *Karten*: follow suit; **ℨung** f service; *Kellner(in)*: wait|er (-ress); *Verkäufer(in)*: shop assistant, *bsd.* Am. clerk; *tech.* operation, control; **ℨungsanleitung** f operating instructions pl.
beding|en v/t. *erfordern*: require; *verursachen*: cause; *in sich schließen*: imply,

bedingt 380

bedingt involve; ~**t** *adj*.: ~ **durch** caused by, due to; **♀ung** *f* condition; ~**en** *pl. econ.* terms *pl.*; *Anforderungen*: requirements *pl.*; *Verhältnisse*: conditions *pl.*; **unter einer** ~ on one condition; ~**ungslos** *adj*. unconditional
bedrängen *v/t.* press (hard)
bedroh|en *v/t.* threaten, menace; ~**lich** *adj*. threatening; **♀ung** *f* threat, menace (*gen.* to)
bedrücken *v/t.* depress, sadden
Bedürf|nis *n* need, necessity (**für, nach** for); **sein** ~ **verrichten** relieve o.s.; ~**nisanstalt** *f* public convenience (*od.* toilets *pl.*); *Am.* comfort station; **♀tig** *adj*. needy, poor
beeilen *v/refl.* hurry (up)
beeindrucken *v/t.* impress
beeinfluss|en *v/t.* influence; *nachteilig*: affect; **♀ung** *f* influence
beeinträchtigen *v/t.* affect, impair
beend(ig)en *v/t.* (bring* to an) end, finish, conclude, close
beeng|en *v/t.* make* s.o. (feel) uncomfortable; ~**t** *adj*.: ~ **wohnen** live in cramped quarters
beerben *v/t.*: **j-n** ~ be* s.o.'s heir
beerdig|en *v/t.* bury; **♀ung** *f* burial, funeral; → **Bestattungsinstitut**
Beere *f* berry; *Wein♀*: grape
Beet *agr. n* bed, *Gemüse♀*: *a.* patch
be|fähigen *v/t.* enable; *zu et.*: qualify (**für, zu** for); ~**fähigt** *adj*. (cap)able; **zu et.** ~ fit *od.* qualified for s.th.; **♀fähigung** *f* qualification(s *pl.*), (cap)ability
befahr|bar *adj*. passable, practicable; *naut.* navigable; ~**en** *v/t.* drive* *od.* travel on; *naut.* navigate
befallen *v/t.* attack, seize (*a. fig.*)
befangen *adj*. self-conscious; *voreingenommen*: prejudiced; *jur. a.* bias(s)ed; **♀heit** *f* self-consciousness; *jur.* bias, prejudice
befassen *v/refl.*: **sich** ~ **mit** engage *od.* occupy o.s. with; work on *s.th.*; *Thema, j-m*: deal* with
Befehl *m* order; command (**über** of); **♀en** *v/t.* order; command; **♀erisch** *adj*. imperious, *F* bossy
Befehlshaber *m* commander
befestig|en *v/t.* fasten (**an** to), fix (to), attach (to); *mil.* fortify; **♀ung** *f* fixing, fastening; *mil.* fortification
befeuchten *v/t.* moisten, damp

befinden *v/refl.* be* (situated)
Befinden *n* (state of) health
beflecken *v/t.* stain; *fig. a.* sully
befolg|en *v/t. Rat*: follow, take*; *Vorschrift*: observe; *rel. Gebote*: keep*; **♀ung** *f* following; observance
beförder|n *v/t.* carry, transport; *Güter*: haul, ship; *beruflich*: promote (**zu** to); **♀ung** *f* transport(ation); shipment; promotion
befragen *v/t.* question, interview
befrei|en *v/t.* free, liberate; *retten*: rescue; *von Pflichten*: exempt (**von** from); **♀ung** *f* liberation; exemption
befremd|en *n* irritation, displeasure; **♀et** *adj*. irritated, displeased
befreund|en *v/refl.*: **sich** ~ **mit** make* friends with; *fig.* warm to; ~**et** *adj*. friendly; ~ **sein** be* friends
befriedig|en *v/t.* satisfy; **sich selbst** ~ masturbate; ~**end** *adj*. satisfactory; *Note*: fair, C; ~**t** *adj*. satisfied, pleased; **♀ung** *f* satisfaction
befristet *adj*. limited (**auf** to), temporary
befrucht|en *v/t.* fertilize, inseminate (*a. künstlich*); **♀ung** *f* fertilization, insemination
Befug|nis *f* authority; *bsd. jur.* competence; **♀t** *adj*. authorized; competent
befühlen *v/t.* feel*, touch
Befund *m* finding(s *pl.*) (*a. med., jur.*)
befürcht|en *v/t.* fear, be* afraid of; *vermuten*: suspect; **♀ung** *f* fear, suspicion
befürwort|en *v/t.* advocate, speak* *od.* plead for; **♀er(in)** advocate
begab|t *adj*. gifted, talented; **♀ung** *f* gift, talent(s *pl.*)
begeben *v/refl. lit.* occur; proceed; **sich in Gefahr** ~ expose o.s. to danger; **♀heit** *f* incident, event
begegn|en *v/i.* meet* (*a. fig.* **mit** with); **sich** ~ meet*; **♀ung** *f* meeting, encounter (*a. Sport*)
begehen *v/t.* walk (on); *feiern*: celebrate; *Verbrechen*: commit; *Fehler*: make*; **ein Unrecht** ~ do* wrong
begehr|en *v/t.* desire; ~**enswert** *adj*. desirable; ~**lich** *adj*. desirous, covetous; ~**t** *adj*. (very) popular, (much) in demand
begeister|n *v/t.* fill with enthusiasm; *Publikum: a.* carry away; **sich ~ für** be* enthusiastic about; ~**t** *adj*. enthusiastic; **♀ung** *f* enthusiasm

Begier|de f desire (**nach** for), appetite (for); **2ig** adj. eager (**nach, auf** for), anxious (*to do s.th.*)

begießen v/t. water; *Braten*: baste; F *fig.* celebrate s.th. (with a drink)

Beginn m beginning, start; **zu** ~ at the beginning; **2en** v/t. u. v/i. begin*, start

beglaubig|en v/t. attest, certify; **2ung** f attestation, certification

begleichen econ. v/t. pay*, settle

begleit|en v/t. accompany (a. mus. **auf** on); **j-n nach Hause** (östr., Schweiz: a. **nachhause**) ~ see* s.o. home; **2er(in)** ~ companion; mus. accompanist; **2-schreiben** ~ covering letter; **2ung** f company; bsd. mil. escort; mus. accompaniment

beglückwünschen v/t. congratulate (**zu** on)

begnadig|en v/t. pardon; amnesty; **2ung** f pardon; amnesty

begnügen v/refl.: **sich** ~ **mit** be* satisfied with; *auskommen*: make* do with

begraben v/t. bury (a. fig.)

Begräbnis n burial; *Feier*: funeral

begradigen v/t. straighten

begreif|en v/t. comprehend, understand; **~lich** adj. understandable

be|grenzen fig. v/t. limit, restrict (**auf** to); **~grenzt** adj. limited

Begriff m idea, notion; *Ausdruck*: term (a. math.); **im** ~ **sein zu** be* about to; **2sstutzig** adj. slow on the uptake

begründ|en v/t. → **gründen**; give* reasons for; **~et** adj. well-founded, justified; **2ung** f reasons pl., arguments pl.

begrüß|en v/t. greet, welcome (a. fig.); **2ung** f greeting, welcome

begünstigen v/t. favo(u)r

begutachten v/t. give* an (expert's) opinion on; *prüfen*: examine; ~ **lassen** obtain expert opinion on

be|gütert adj. wealthy; **~haart** adj. hairy; **~häbig** adj. slow; *Gestalt*: portly; **~haftet** adj.: **mit Fehlern** ~ flawed

Behagen n pleasure, enjoyment

behag|en v/i. please od. suit s.o.; **~lich** adj. comfortable; cosy, snug

behalten v/t. keep* (**für sich** to o.s.); *sich merken*: remember

Behälter m container, receptacle

behände adj. nimble, agile

behand|eln v/t. treat (a. med., tech.); **sich (ärztlich) ~ lassen** undergo* (medical) treatment; **schonend** ~ handle with care; **2lung** f treatment; handling

beharr|en v/i. insist (**auf** on); **~lich** adj. persistent

behaupt|en v/t. claim; *fälschlich*: pretend; **2ung** f statement, claim

be|heben v/t. *Schaden etc.*: repair; **~heizen** v/t. heat

behelfen v/refl.: **sich ~ mit** make* do with; **sich ~ ohne** do* without

Behelfs... in Zssgn mst temporary

behende adj. → **behände**

beherbergen v/t. accommodate

beherrsch|en v/t. rule (over), govern; *Lage, Markt etc.*: dominate, control; *Sprache*: have* (a good) command of; **sich ~** control o.s.; **2ung** f command, control

be|herzigen v/t. take* to heart, mind; **~hilflich** adj.: **jm ~ sein** help s.o. (**bei** with, in); **~hindern** v/t. hinder; *Sicht, Verkehr, Sport*: obstruct; **~hindert** adj. handicapped; *schwer*: disabled; **2hinderung** f obstruction; handicap

Behörde f authority, mst the authorities pl.; board; council

behüten v/t. guard (**vor** from)

behutsam adj. careful; *sanft*: gentle

bei prp. *räumlich*: near; at; with; by; *zeitlich*: during; at; ~ **München** near Munich; **wohnen** ~ stay (*ständig*: live) with; ~ **mir (ihr)** at my (her) place; ~ **uns** (**zu Hause**, östr., Schweiz: a. **zuhause**) at home; **arbeiten** ~ work for; **e-e Stelle** ~ a job with; ~ **der Marine** in the navy; ~ **Familie Müller** at the Müllers'; ~ **Müller** *Adresse*: c/o Müller; **ich habe kein Geld ~ mir** I have no money with od. on me; ~ **e-r Tasse Tee** over a cup of tea; **wir haben Englisch ~ Herrn X** we have Mr X for English; ~ **Licht** by light; ~ **Tag** during the day; ~ **Nacht** (*Sonnenaufgang*) at night (sunrise); ~ **s-r Geburt** at his birth; ~ **Regen** (*Gefahr*) in case of rain (danger); ~ **100 Grad** at a hundred degrees; ~ **der Arbeit** at work; ~ **weitem** by far; ~ **Gott** (!) by God (!); → a. **beim**

beibehalten v/t. keep* up, retain

beibringen v/t. teach*; *mitteilen*: tell*; *Niederlage etc.*: inflict (*dat.* on)

Beicht|e f confession; **2en** v/t. u. v/i. confess (a. fig.); **~stuhl** m confessional

beide *adj. u. pron.* both; *m-e* ~*n Brüder* my two brothers; *wir* ~ the two of us; *betont:* both of us; *keiner von* ~*n* neither of them; **30** ~ *Tennis:* 30 all

beiderlei: ~ *Geschlechts* of either sex

beieinander *adv.* together

Beifahrer *m* front(-seat) passenger

Beifall *m* applause; *fig.* approval; ~**ssturm** *m* (standing) ovation

beifügen *v/t. e-m Brief:* enclose

beige *adj.* tan, beige

beigeben 1. *v/t.* add; **2.** F *v/i.: klein* ~ knuckle under

Bei|geschmack *m* smack (*von* of) (*a. fig.*); ~**hilfe** *f* aid, allowance; *jur.* aiding and abetting

Beil *n* hatchet; *großes:* ax(e)

Beilage *f Zeitung:* supplement; *Essen:* side dish; vegetables *pl.*

bei|läufig *adj.* casual; ~**legen** *v/t.* add (*dat.* to); *e-m Brief:* enclose; *Streit:* settle; **♀legung** *f* settlement

Beileid *n* condolence; *herzliches* ~ my deepest sympathy

beiliegen *v/i.* be* enclosed (*dat.* with)

beim *prp.:* ~ *Bäcker* at the baker's; ~ *Sprechen etc.* while speaking *etc.*; ~ *Spielen* at play; → *a.* **bei**

beimessen *v/t. Bedeutung:* attach (*dat.* to)

Bein *n* leg; *Knochen:* bone

beinah(e) *adv.* almost, nearly

Beinbruch *m* fracture of the leg

beipflichten *v/i.* agree (*dat.* with)

beirren *v/t.* confuse

beisammen *adv.* together; **♀sein** *n: geselliges* ~ get-together

Beischlaf *m* sexual intercourse

Bei|sein *n* presence; **♀seite** *adv.* aside; ~ *schaffen* remove; *j-n:* liquidate

beisetz|en *v/t.* bury; **♀ung** *f* funeral

Beispiel *n* example; *zum* ~ for example, for instance; *sich an j-m ein* ~ *nehmen* follow s.o.'s example; **♀haft** *adj.* exemplary; **♀los** *adj.* unprecedented, unparalleled; **♀sweise** *adv.* such as

beißen *v/t. u. v/i.* bite* (*a. fig.*); *sich* ~ *Farben:* clash; ~**d** *adj.* biting, pungent (*beide a. fig.*)

Bei|stand *m* assistance; **♀stehen** *v/i.: j-m* ~ assist *od.* help s.o.; **♀steuern** *v/t.* contribute (*zu* to)

Beitrag *m* contribution; *Mitglieds♀:* subscription; *Am.* dues *pl.*; **♀en** *v/t.* contribute (*zu* to)

bei|treten *v/i.* join; **♀tritt** *m* joining

Beiwagen *m* Motorrad: sidecar

beizeiten *adv.* early, in good time

beizen *v/t. Holz:* stain; *Fleisch:* pickle

bejahen *v/t.* answer in the affirmative, affirm; ~**d** *adj.* affirmative

bekämpfen *v/t.* fight* (against)

bekannt *adj.* (well-)known; *vertraut:* familiar; *et.* ~ *geben* announce s.th.; *j-n mit j-m* ~ *machen* introduce s.o. to s.o.; **♀e(r)** acquaintance, *mst* friend; **♀lich** *adv.* as you know; **♀machung** *f* announcement; **♀schaft** *f* acquaintance

bekehren *v/t.* convert

bekenn|en *v/t.* confess (*a. Sünden*); *zugeben:* admit; *sich schuldig* ~ *jur.* plead guilty; *sich zu Glaube:* profess *s.th.*; *Attentat:* claim responsibility for; **♀erbrief** *m* letter claiming responsibility; **♀tnis** *n* confession, *Religion: a.* denomination

beklag|en *v/t.* deplore; *sich* ~ complain (*über* about); ~**swert** *adj.* deplorable

be|kleben *v/t.* stick* (*Plakat:* paste) on *s.th.*; *mit Etiketten* ~ label *s.th.*; ~**kleckern** F *v/t.* stain; *sich* ~ *mit* spill* *s.th.* over o.s.

Bekleidung *f* clothing, clothes *pl.*

Beklemmung *f* oppression

bekommen 1. *v/t.* get*; *Brief, Geschenk: a.* receive; *Krankheit: a.* catch*; *Kind:* be* having; **2.** *v/i.: j-m (gut)* ~ agree with s.o.; △ *nicht* **become**

bekömmlich *adj.* wholesome

bekräftigen *v/t.* confirm

be|kreuzigen *v/refl.* cross o.s.; ~**kümmert** *adj.* worried; ~**kunden** *v/t. Interesse etc.:* show*, express; ~**laden** *v/t.* load, *fig. a.* burden

Belag *m* covering; *tech.* coat(ing); *Brems♀:* lining; *Straßen♀:* surface; *med. Zungen♀:* fur; *Zahn♀:* plaque; *Brot♀:* topping; *Aufstrich:* spread; (sandwich) filling

belager|n *mil. v/t.* besiege (*a. fig.*); **♀ung** *f* siege; **♀ungszustand** *m* state of siege

belassen *v/t.* leave; *es dabei* ~ leave it at that

belanglos *adj.* irrelevant

belast|bar *adj.* resistant to strain *od.* stress; *tech.* loadable; ~**en** *v/t.* load; *fig.* burden; *beschweren:* weight; incriminate; *Umwelt*: pollute; *Ansehen*: damage; *j-s Konto ~ mit econ.* charge s.th. to s.o.'s account

belästig|en v/t. molest; *ärgern*: annoy; *stören*: disturb, bother; **ƨung** f molestation; annoyance; disturbance

Belastung f load (*a. tech.*); *fig.* burden; *körperliche*: strain; *seelische*: stress; *jur.* incrimination; *Umwelt*: pollution, contamination; **~szeuge** *jur. m* witness for the prosecution

be|laufen v/refl.: *sich ~ auf* amount to; **~lauschen** v/t. eavesdrop on

beleb|en *fig.* v/t. stimulate; **~end** *adj.* stimulating; **~t** *adj.* busy, crowded

Beleg m *Beweis*: proof; *Quittung*: receipt; *Unterlage*: document; **ƨen** v/t. cover; *Platz etc.*: reserve; *beweisen*: prove; *Kurs etc.*: enrol(l) for, take*; *Brote etc.*: put* s.th. on; *den ersten etc. Platz ~* take* first etc. place; **~schaft** f staff; **ƨt** *adj. Platz, Zimmer*: taken, occupied; *Hotel etc.*: full; *tel.* engaged, *Am.* busy; *Stimme*: husky; *Zunge*: coated; **~es Brot** sandwich

belehren v/t. teach*, instruct, inform; *sich ~ lassen* take* advice

beleidig|en v/t. offend (*a. fig.*), *stärker*: insult; **~end** *adj.* offensive, insulting; **ƨung** f offen|ce, *Am.* -se, insult

belesen *adj.* well-read

beleucht|en v/t. light* (up), illuminate (*a. fig.*); *fig.* throw* light on; **ƨung** f light(ing); illumination

Belg|ien Belgium; **~ier(in)**, **ƨisch** *adj.* Belgian

belicht|en *phot.* v/t. expose; **ƨungsmesser** *phot. m* exposure meter

Belieb|en n: *nach ~* at will; **ƨig** *adj.* any; *Zahl*: optional; *jeder* **ƨe** anyone; **ƨt** *adj.* popular (*bei* with); **~theit** f popularity

beliefer|n v/t. supply, furnish (*mit* with); **ƨung** f supply

bellen v/i. bark (*a. fig.*)

belohn|en v/t. reward; **ƨung** f reward; *zur ~* as a reward

belügen v/t.: *j-n ~* lie to s.o.

belustig|en v/t. amuse; **~t** *adj.* amused; **ƨung** f amusement

be|mächtigen v/refl. get* hold of, seize; **~malen** v/t. paint; **~mängeln** v/t. find* fault with; **~mannt** *aviat. adj.* manned

bemerk|bar *adj.* noticeable; *sich ~ machen Person*: draw* attention to o.s.; *Sache*: begin* to show; **~en** v/t. notice; *äußern*: remark, say*; **~enswert** *adj.* remarkable; **ƨung** f remark

bemitleiden v/t. pity, feel* sorry for; **~swert** *adj.* pitiable

bemüh|en v/refl. try (hard); *sich ~ um et.*: try to get; *j-m ~*: try to help; *bitte ~ Sie sich nicht!* please don't bother!; **ƨung** f effort; *danke für Ihre ~en!* thank you for your trouble

bemuttern v/t. mother s.o.

benachbart *adj.* neighbo(u)ring

benachrichtig|en v/t. inform, notify; **ƨung** f information, notification

benachteilig|en v/t. place at a disadvantage, *bsd. sozial*: discriminate against; **~t** *adj.* disadvantaged; *die* **ƨen** the underprivileged; **ƨung** f disadvantage; discrimination

benehmen v/refl. behave (o.s.)

Benehmen n behavio(u)r, conduct; *Manieren*: manners pl.

beneiden v/t.: *j-n um et. ~* envy s.o. s.th.; **~swert** *adj.* enviable

BENELUX *Abk. für* **Belgien, Niederlande, Luxemburg** Belgium, the Netherlands and Luxembourg

benennen v/t. name

Bengel m (little) rascal, urchin

benommen *adj.* dazed, F dopey

benoten v/t. *Schule*: mark, *Am.* grade

benötigen v/t. need, want, require

benutz|en v/t. use; **ƨer** m user; **~erfreundlich** *adj.* user-friendly; **ƨeroberfläche** f user interface; **ƨung** f use

Benzin n petrol, *Am.* gasoline, F gas

beobacht|en v/t. watch; *genau*: observe; **ƨer** m observer; **ƨung** f observation

bepflanzen v/t. plant (*mit* with)

bequem *adj.* comfortable; *leicht*: easy; *faul*: lazy; **~en** v/refl.: *sich ~ zu* bring* o.s. to *do s.th.*; **ƨlichkeit** f comfort, laziness; *alle ~en* all conveniences

berat|en v/t. *j-n*: advise; *et.*: debate, discuss; *sich ~* confer (*mit j-m* with s.o.; *über et.* on s.th.); **ƨer(in)** m adviser, consultant; **ƨung** f advice (*a. med.*); debate; *Besprechung*: consultation, conference; **ƨungsstelle** f counsel(l)ing (*Brt. a.* advice) cent|re, *Am.* -er

be|rauben v/t. rob; **~rauschend** adj. intoxicating; F **nicht gerade ~!** not so hot!; **~rauscht** fig. adj.: **~ von** drunk with

berechn|en v/t. calculate; econ. charge (**zu** at); **~end** adj. calculating; **2ung** f calculation (a. fig.)

berechtig|en v/t.: **j-n ~ zu** entitle s.o. to; ermächtigen: authorize s.o. to; **~t** adj. entitled (**zu** to); authorized (to); begründet: legitimate; **2ung** f right (**zu** to); Vollmacht: authority

Be|redsamkeit f eloquence; **~redt** adj. eloquent (a. fig.)

Bereich m area; Umfang: range; e-r Wissenschaft etc.: field, realm

bereicher|n v/t. enrich; **sich ~** get rich (**an** on); **2ung** f enrichment

Bereifung f (set of) tyres (Am. tires)

bereinigen v/t. settle

bereisen v/t. tour; Vertreter: cover

bereit adj. ready, prepared; willens: willing; **~en** v/t. prepare; verursachen: cause; **~halten** v/t. have* s.th. ready; **sich ~** stand* by; **~s** adv. already; **2schaft** f readiness; **in ~** on standby; **2schaftsdienst** m: **~ haben** Arzt etc.: be* on call; **~stellen** v/t. provide; **~willig** adj. ready, willing

bereuen v/t. repent (of); regret

Berg m mountain; **~e von** F loads of; **die Haare standen ihm zu ~e** his hair stood on end; **~ab** adv. downhill (a. fig.); **~arbeiter** m miner; **~auf** adv. uphill; **~bahn** f mountain rail|way, Am. -road; **~bau** m mining

bergen v/t. rescue, save; Güter: a. salvage; Tote: recover; enthalten: hold*

Berg|führer m mountain guide; **2ig** adj. mountainous; **~kette** f mountain range; **~mann** m miner; **~rutsch** m landslide; **~schuhe** pl. mountain(eer)ing boots pl.; **~spitze** f (mountain) peak; **~steigen** n mountaineering, (mountain) climbing; **~steiger(in)** mountaineer, (mountain) climber

Bergung f recovery; Rettung: rescue; **~sarbeiten** pl. rescue work sg.; salvage operations pl.

Berg|wacht f alpine rescue service; **~werk** n mine

Bericht m report (**über** on), account (of); **2en** v/t. u. v/i. report (**über** on); **j-m et. ~** inform s.o. of s.th.; tell* s.o. about s.th.; **2erstatter(in)** Presse: reporter; auswärtiger: correspondent; **~erstattung** f report(ing)

berichtig|en v/t. correct; **2ung** f correction

berieseln v/t. sprinkle

Bernstein m amber

bersten v/i. burst* (fig. **vor** with)

berüchtigt adj. notorious (**wegen** for)

berücksichtig|en v/t. et.: take* into consideration; nicht **~** disregard; **2ung** f: **unter ~ von** in consideration of

Beruf m job, occupation; Gewerbe: trade; akademischer: profession; **2en** v/t. appoint (**zu** [as] s.o.; **to** s.th.); **sich ~ auf** refer to; **2lich** adj. professional; **~ unterwegs** away on business

Berufs|... in Zssgn Sportler etc.: professional ...; **~ausbildung** f vocational (bsd. akademisch: professional) training; **~berater** m careers advisor; **~beratung** f careers guidance; **~bezeichnung** f job designation od. title; **~kleidung** f work clothes pl.; **~krankheit** f occupational disease; **~schule** f vocational school; **2tätig** adj.: **~ sein** (go to) work, have a job; **2tätige** pl. working people pl.; **~verbot** n ban from one's profession; pol. 'berufsverbot'; **~verkehr** m rush-hour traffic

Berufung f appointment (**zu** to); jur. appeal (**bei** to); **unter ~ auf** with reference to; on the grounds of

beruhen v/i.: **~ auf** be* based on; et. **auf sich ~ lassen** let* s.th. rest

beruhig|en v/t. quiet(en), calm, soothe (a. Nerven); Besorgte: reassure; **sich ~** calm down; **~end** adj. reassuring; med. sedative; **2ung** f calming (down); soothing; Erleichterung: relief; **2ungsmittel** med. n sedative; Pille: tranquil(l)izer

berühmt adj. famous (**wegen** for); **2heit** f fame; Person: celebrity, star

berühr|en v/t. touch (a. fig.); betreffen: concern; **2ung** f touch; **in ~ kommen** come* into contact; **2sangst** f fear of contact; **2spunkt** m point of contact

besänftigen v/t. appease, calm, soothe

Besatzung f naut., aviat. crew; mil. occupation; **~smacht** f occupying power; **~struppen** pl. occupying forces pl.

besaufen F v/refl. get* drunk

beschädig|en v/t. damage; **ung** f damage
beschaffen v/t. provide, get*; *Geld*: raise; **heit** f state, condition
beschäftig|en v/t. employ; *zu tun geben*: keep* busy; *sich * occupy o.s.; → **befassen**; **tigt** adj. busy, occupied; **tigte** pl. employed people pl.; **tigung** f employment; occupation
be|schämen v/t. make* s.o. feel ashamed; **schämend** adj. shameful; *demütigend*: humiliating; **schämt** adj. ashamed (**über** of)
beschatten v/t. fig. shadow, F tail
Bescheid m answer; jur. decision; information (**über** on, about); *sagen Sie mir * let me know; (*gut*) * wissen über* know* all about
bescheiden adj. modest (a. fig.); *ärmlich*: humble; **heit** f modesty
bescheinig|en v/t. certify; *den Empfang * acknowledge receipt; *hiermit wird bescheinigt, dass* this is to certify that; **ung** f certification; *Schein*: certificate; *Quittung*: receipt
bescheißen V v/t. cheat
beschenken v/t.: *j-n (reich) * give* s.o. (shower s.o. with) presents
Bescherung f distribution of (Christmas) presents; F fig. mess
beschicht|en v/t. **ung** f coat
beschießen v/t. fire od. shoot* at; *mit Granaten*: bombard (a. phys.), shell
beschimpf|en v/t. abuse, insult; swear* at; **ung** f abuse, insult
Be|schiss V m → *Betrug*; **schissen** V adj. lousy, rotten, Brt. a. bloody
Beschlag m tech. metal fitting(s pl.); *in nehmen* fig. a. fig.: monopolize; et.: bag; *Raum etc.*: occupy; **en 1.** v/t. cover; tech. fit, mount; *Pferd*: shoe*; **2.** v/i. *Fenster etc.*: steam up; **3.** adj. *Fenster*: steamed-up; fig. well-versed (**auf**, **in** in); **nahme** f jur. confiscation; **nahmen** v/t. confiscate
beschleunig|en v/t. u. v/i. accelerate, speed* up; **ung** f acceleration
beschließen v/t. decide (on); *Gesetz etc.*: pass; *beenden*: conclude
Beschluss m decision
be|schmieren v/t. (be)smear, soil; *Papier etc.*: scrawl all over; *Wand*: a. cover with graffiti; *Brot*: spread*; **schmutzen** v/t. soil (a. fig.), dirty

schneiden v/t. clip, cut* (a. fig.); *Baum*: prune; med. *Vorhaut*: circumcise; **schönigen** v/t. gloss over
beschränk|en v/t. confine, limit, restrict; *sich auf* confine o.s. to; **t** adj. limited; fig. feeble-minded; **ung** f limitation, restriction
beschreib|en v/t. describe; *Papier*: write* on; **ung** f description
beschrift|en v/t. inscribe; *Ware etc.*: mark; **ung** f inscription
beschuldig|en v/t. *Schuld geben*: blame; *j-n e-r Sache * accuse s.o. of s.th. (a. jur.); **ung** f accusation
beschummeln F v/t. cheat
Beschuss mil. m: *unter * under fire
beschütze|n v/t. protect, shelter, guard (**vor** from); **r** m protector
Beschwerde f complaint (**über** about; *bei* to); **n** pl. *Schmerzen*: complaints pl., trouble sg.
beschwer|en v/t. weight s.th.; *sich * complain (**über** about; *bei* to); **lich** adj. hard, arduous
be|schwichtigen v/t. appease (a. pol.), calm; **schwingt** adj. buoyant; *Musik etc.*: lively, swinging; **schwindeln** v/t. tell* a fib od. lie; *betrügen*: cheat; **schwipst** F adj. tipsy; **schwören** v/t. et.: swear* to; *j-n*: implore; *Geister*: conjure up
beseitig|en v/t. remove (a. fig.-*j-n*); *Abfall*: a. dispose of; *Missstand*, *Fehler etc.*: eliminate; pol. liquidate; **ung** f removal; disposal; elimination
Besen m broom; **stiel** m broomstick
besessen adj. obsessed (**von** by, with); *wie * like mad
besetz|en v/t. occupy (a. mil.); *Stelle etc.*: fill; thea. *Rollen*: cast*; *Kleid*: trim; *Haus*: squat in; **t** adj. occupied; *Platz*: taken; *Bus, Zug etc.*: full up; tel. engaged, Am. busy; **tzeichen** tel. n engaged tone, Am. busy signal; **ung** f thea. cast; mil. occupation
besichtig|en v/t. visit, see* the sights of; *prüfend*: inspect; **ung** f sightseeing; visit (to); inspection
besied|eln v/t. settle; colonize; *bevölkern*: populate; **elt** adj.: *dicht (dünn) * densely (sparsely) populated; **lung** f settlement; colonization; population
be|siegeln v/t. seal; **siegen** v/t. defeat, beat*; conquer (a. fig.)

besinn|en v/refl. erinnern: remember; nachdenken: think* (**auf** about); **sich anders ~** change one's mind; **~lich** adj. contemplative
Besinnung f consciousness; **zur ~ kommen (bringen)** come* to one's (bring* s.o. to his) senses; **2slos** adj. unconscious
Besitz m possession; Eigentum: property (a. Land~); **~ ergreifen von** take* possession of; **2anzeige** gr. adj. possessive; **2en** v/t. possess, own; **~er** m possessor, owner; **den ~ wechseln** change hands
besoffen F adj. plastered, stoned
besohlen v/t.: **~ lassen** have* (re)soled
Besoldung f pay; Beamte: salary
besonder|e adj. special, particular; eigentümlich: peculiar; **2heit** f peculiarity
besonders adv. especially, particularly; hauptsächlich: chiefly, mainly
besonnen adj. prudent, level-headed
besorg|en v/t. get*, buy*; → **erledigen**; **2nis** f concern, alarm, anxiety (über about, at); **~ erregend** alarming; **~t** adj. worried, concerned; **2ung** f: **~en machen** go* shopping
bespielen v/t. Tonband etc.: make* a recording on; **bespieltes Band** (pre-)recorded tape
bespitzeln v/t. spy on s.o.
besprech|en v/t. discuss, talk s.th. over; Buch etc.: review; **2ung** f discussion, talk(s pl.); meeting, conference; review
besser adj. u. adv. better; **es ist ~, wir fragen ihn** we had better ask him; **immer ~** better and better; **es geht ihm ~** he is better; **oder ~ gesagt** or rather; **~ wissen** know better; **es ~ machen als** do better than; **~ ist ~** just to be on the safe side
besser|n v/refl. improve, get* better; **2ung** f improvement; **auf dem Wege der ~** on the way to recovery; **gute ~!** get better soon!; **2wisser** m know(-it)-all
Bestand m (continued) existence; Vorrat: stock; **~ haben** last, be* lasting
beständig adj. constant, steady (a. Charakter); Wetter: settled; **~... in** Zssgn beständig: ...-resistant, -proof
Bestand|saufnahme econ. f stocktaking (a. fig.); **~ machen** take* stock

(a. fig.); **~teil** m part, component
bestärken v/t. confirm, strengthen, encourage (**in** in)
bestätig|en v/t. confirm; bescheinigen: certify; Empfang: acknowledge; **sich ~** prove (to be) true; Vorhersage: come* true; **sich bestätigt fühlen** feel* affirmed; **2ung** f confirmation; certificate; acknowledge(e)ment; → **2ungsschreiben** n letter of confirmation
bestatt|en v/t. bury; **2ungsinstitut** n, **2ungsunternehmen** n undertakers pl., Am. funeral home
bestäuben v/t. dust; bot. pollinate
beste adj. u. adv. best; **am ~n** best; **welches gefällt dir am ~n?** which one do you like best?; **am ~n nehmen Sie den Bus** it would be best to take a bus
Beste m, f, n the best; **das ~ geben** do* one's best; **das ~ machen aus** make* the best of; **(nur) zu deinem ~n** for your own good
bestech|en v/t. bribe; fascinate (**durch** by); **~lich** adj. corrupt; **2ung** f bribery, corruption; **2ungsgeld** n bribe
Besteck n (set of) knife, fork and spoon; coll. cutlery
bestehen 1. v/t. Prüfung etc.: pass; **2.** v/i. be*, exist; **~ auf** insist on; **~ aus (in)** consist of (in); **~ bleiben** last, survive
Bestehen n existence
be|stehlen v/t.: **j-n ~** steal s.o.'s money etc.; **~steigen** v/t. Berg: climb; Fahrzeug: get* on; Thron: ascend
bestell|en v/t. order; Zimmer, Karten: book; vor~: reserve; Taxi: call; Gruß etc.: give*, send*; Boden: cultivate; **kann ich et. ~?** can I take a message?; **~ Sie ihm bitte, ...** please tell him ...; **2schein** m order form; **2ung** f order; booking, reservation; **auf ~** to order
besten|falls adv. at best; **~s** adv. very well
Bestie f beast; fig. a. brute
bestimmen v/t. determine, decide; Begriff: define; auswählen: choose*, pick; **zu ~ haben** be* in charge, F be* the boss; **bestimmt für** meant for
bestimmt 1. adj. determined, firm; gr. Artikel: definite; **~e Dinge** certain things; **2.** adv. certainly; **ganz ~** definitely; **er ist ~ ...** he must be ...
Bestimmung f regulation; Schicksal: destiny; **~sort** m destination

Bestleistung f Sport: (personal) record
bestraf|en v/t. punish; **2ung** f punishment
bestrahl|en v/t. irradiate (a. med.); **2ung** f irradiation; med. ray treatment, radiotherapy
be|streichen v/t. spread*; **~streiten** v/t. anfechten: challenge; leugnen: deny; Kosten etc.: pay for, finance; **~streuen** v/t. sprinkle (**mit** with); **~stürmen** v/t. drängen: urge; überschütten: bombard
bestürz|t adj. dismayed (**über** at); **2ung** f consternation, dismay
Besuch m visit (**bei**, in), call; Aufenthalt: stay; Schule, Veranstaltung: attendance; **~ haben** have* company od. guests; **~** visit; call on (go* to) see*; F look up; Schule etc.: attend; Lokal: go* to; **~er(in)** visitor, guest; **~szeit** f visiting hours pl.; **2t** adj.: **gut** (**schlecht**) **~** well (poorly) attended; Lokal, Ort: much (little) frequented
be|tagt adj. aged, **~tasten** v/t. touch, feel*; **~tätigen** v/t. tech. operate; Bremse: apply; **sich ~** be* active; **~tätigung** f activity
betäub|en v/t. stun (a. fig.), daze, make* unconscious; med. an(a)esthetize; **2ung** f med. an(a)esthetization; med. Zustand: an(a)esthesia; fig. daze, stupor; **2ungsmittel** n an(a)esthetic; Droge: narcotic
Bete bot. f: **Rote ~** beetroot, Am. beet
beteil|igen v/t.: **j-n ~** give* s.o. a share (**an** in); **sich ~** take* part (**an**, **bei** in), participate (in) (a. jur.); **~igt** adj. concerned; **~ sein an** Unfall, Verbrechen: be* involved in; Gewinn: have* a share in; **2igung** f participation (a. jur., econ.); involvement; share (a. econ.)
beten v/i. pray (**um** for), say* one's prayers; bei Tisch: say* grace
beteuern v/t. Unschuld: protest
Beton m concrete
betonen v/t. stress; fig. a. emphasize
betonieren v/t. (cover with) concrete
Betonung f stress; fig. emphasis
betören v/t. infatuate, bewitch
Betr. Abk. für **betrifft** (in Briefen) re
Betracht m: **in ~ ziehen** take* into consideration; (**nicht**) **in ~ kommen** (not) come* into question; **2en** v/t. look at,

fig. a. view; **~ als** look upon od. regard as, consider; **2er** m viewer
beträchtlich adj. considerable
Betrachtung f view; **bei näherer ~** on closer inspection
Betrag m amount, sum; **2en 1.** v/t. amount to; **2.** v/refl. behave (o.s.)
Betragen n behavio(u)r, conduct
betrauen v/t. entrust (**mit** with)
betreffen v/t. angehen: concern; **sich beziehen auf**: refer to; **was ... betrifft** as for, as to; **betrifft** (Abk. **Betr.**) re; **~d** adj. concerning; **die ~en Personen** etc. the people etc. concerned
betreiben v/t. Geschäft etc.: operate, run*; Hobby, Sport: go* in for
betreten¹ v/t. step on; eintreten: enter; **2** (**des Rasens**) **verboten!** keep out! (keep off the grass!)
betreten² adj. embarrassed
betreu|en v/t. look after, take* care of; **2ung** f care (gen. of, for)
Betrieb m business, firm, company; Betreiben: operation, running; **im Verkehr**: rush; **in ~ sein** (**setzen**) be* in (put* into) operation; **außer ~** out of order; **im Geschäft war viel ~** the shop was very busy
Betriebs|anleitung f operating instructions pl.; **~berater** m business consultant; **~ferien** pl. company (Brt. a. works) holiday sg.; **„~"** 'closed for holidays', Am. 'on vacation'; **~fest** n annual company fête; **~kapital** n working capital; **~klima** n working atmosphere; **~kosten** pl. operating costs pl.; **~leitung** f management; **~rat** m works council; **2sicher** adj. safe to operate; **~störung** f breakdown; **~system** n Computer: operating system; **~unfall** m industrial accident; **~wirtschaft** f business administration
betrinken v/refl. get* drunk
betroffen adj. affected, concerned; dismayed, shocked; **2heit** f dismay, shock
betrübt adj. sad, grieved (**über** at)
Betrug m cheating; jur. fraud; Täuschung: deceit
betrüge|n v/t. cheat (**beim Kartenspiel** at cards), swindle, trick (**um et.** out of s.th.); Partner: be* unfaithful to; **2r(in)** swindler, trickster
betrunken adj. pred. drunk; attr. a. drunken; **2e(r)** drunk

Bett *n* bed; *am* ~ at the bedside; *ins* ~ *gehen* (*bringen*) go* (put*) to bed; ~**bezug** *m* duvet cover, *Am.* comforter case; ~**decke** *f* blanket; quilt
betteln *v/i.* beg (*um* for)
Bett|**gestell** *n* bedstead; **2lägerig** *adj.* bedridden; ~**laken** *n* sheet
Bettler(in) beggar
Bett|**nässer** *m med.* bed wetter; ~**ruhe** *f* bed rest; *j-m* ~ *verordnen* tell s.o. to stay in bed; ~**vorleger** *m* bedside rug; ~**wäsche** *f* bed linen; ~**zeug** *n* bedding, bedclothes *pl.*
beugen *v/t.* bend*; *gr.* inflect; *sich* ~ *bend** (*vor* to), bow (to)
Beule *f* bump; *im Blech etc.*: dent
be|**unruhigen** *v/t.* alarm, worry; ~**urkunden** *v/t.* certify
beurlaub|**en** *v/t.* give* s.o. leave *od.* time off; *vom Amt*: suspend; *sich* ~ *lassen* ask for leave; ~**t** *adj.* on leave
beurteil|**en** *v/t.* judge (*nach* by); *Leistung, Wert*: rate; **2ung** *f* judg(e)ment; *Bewertung*: evaluation
Beuschel *östr. gastr. n* dish made of finely chopped lung
Beute *f* booty, loot; *e-s Tieres*: prey (*a. fig.*); *hunt.* bag; *fig. a.* victim
Beutel *m* bag; *zo.*, *Tabaks*2: pouch
bevölk|**ern** *v/t.* populate; ~**ert** *adj.* → *besiedelt*; **2erung** *f* population
bevollmächtigen *v/t.* authorize
bevor *cj.* before
bevor|**munden** *v/t.* patronize; ~**stehen** *v/i.* be* approaching; lie* ahead; *Gefahr*: be* imminent; *j-m* ~ be* in store for s.o., await s.o.
bevor|**zugen** *v/t.* prefer; favo(u)r (*a. Schule*); **2zugung** *f* preferential treatment
bewach|**en** *v/t.* guard, watch over; **2er** *m*, **2ung** *f* guard
bewaffn|**en** *v/t.* arm (*a. fig.*); **2ung** *f* armament; *Waffen*: arms *pl.*
be|**wahren** *v/t.* keep*; ~ *vor* keep* (*od.* save) from; ~**währen** *v/refl.* prove successful; *sich* ~ *als* prove to be; ~**wahrheiten** *v/refl.* → *bestätigen*; ~**währt** *adj.* (well-)tried, reliable; *Person*: experienced
Bewährung *jur. f* probation (*zur, auf* on); ~**frist** *f jur.* (period of) probation; ~**helfer(in)** *jur.* probation officer; ~**probe** *f* (acid) test

bewaldet *adj.* wooded, woody
bewältigen *v/t.* manage, cope with; *Strecke*: cover
bewandert *adj.* (well-)versed (*in* in)
bewässer|**n** *v/t. Land etc.*: irrigate; **2ung** *f* irrigation
beweg|**en** *v/t. u. v/refl.* move (*a. fig.*); *sich* ~ *zwischen* range from ... to; *j-n* ~ *zu et.* ~ get s.o. to do s.th.; *nicht* ~*!* don't move!; **2grund** *m* motive; ~**lich** *adj.* movable; *flink*: agile; *flexibel*: flexible; *Teile*: moving; **2lichkeit** *f* mobility; agility; ~**t** *adj. Meer*: rough; *Stimme*: choked; *Leben*: eventful; *fig.* moved, touched; **2ung** *f* movement (*a. pol.*); motion (*a. phys.*); *körperliche*: exercise; *fig.* emotion; *in* ~ *setzen* set* in motion; **2ungsfreiheit** *f* freedom of movement (*fig. a.* of action); ~**ungslos** *adj.* motionless
Beweis *m* proof (*für* of); ~*e* (*pl.*) evidence (*bsd. jur.*); **2en** *v/t.* prove*; *Interesse etc.*: show*; ~**mittel** *n*, ~**stück** *n* (piece of) evidence
bewenden *v/i.*: *es dabei* ~ *lassen* leave* it at that
bewerb|**en** *v/refl.*: *sich* ~ *um* apply for; **2er(in)** applicant; **2ung** *f* application; **2ungsschreiben** *n* (letter of) application
bewert|**en** *v/t. Leistung*: assess; *j-n*: judge; **2ung** *f* assessment
bewilligen *v/t.* grant, allow
bewirken *v/t.* cause; bring* about
bewirt|**en** *v/t.* entertain; ~**schaften** *v/t.* run*; *agr.* farm; ~**schaftet** *adj. Hütte*: open; **2ung** *f* *Versorgung*: catering; *Bedienung* service; *zu Hause*, *östr.*, *Schweiz a.* zuhause: hospitality
bewohn|**en** *v/t.* live in; *Land*: inhabit; **2er** *m* inhabitant; occupant; ~**t** *adj. Land*: inhabited; *Gebäude*: occupied
be|**wölken** *v/refl.* cloud over (*a. fig.*); ~**wölkt** *adj.* cloudy, overcast; **2wölkung** *f* clouds *pl.*
Bewunder|**er** *m* admirer; **2n** *v/t.* admire (*wegen* for); **2nswert** *adj.* admirable; ~**ung** *f* admiration
bewusst *adj.* conscious; *absichtlich*: intentional; *sich e-r Sache* ~ *sein* be* conscious *od.* aware of s.th., realize s.th.; *j-m et.* ~ *machen* make* s.o. realize s.th., open s.o.'s eyes to s.th.; ~**los** *adj.* unconscious; **2sein** *n* conscious-

Bindewort

ness; **bei** ~ conscious
bezahl|en v/t. pay*; *Ware, Leistung etc.*: pay* for (*a. fig.*); **~t** *adj.*: **~er Urlaub** paid leave; **es macht sich** ~ it pays; **2ung** *f* payment; *Lohn*: pay
bezaubern v/t. charm; **~d** *adj.* charming, F sweet, darling
bezeichn|en v/t.: ~ **als** call, describe as; **~end** *adj.* characteristic, typical (**für** of); **2ung** *f* name, term
be|zeugen v/t. *jur.* testify to, bear* witness to (*beide a. fig.*); **~zichtigen** v/t. → *beschuldigen*; **~ziehen** v/t. *Möbel etc.*: cover; *Bett*: change; *Haus etc.*: move into; *erhalten*: receive; *Zeitung*: subscribe to; ~ **auf** relate to; **sich** ~ *Himmel*: cloud over; **sich** ~ **auf** refer to;
Beziehung *f* relation (**zu et.** to s.th.; **zu j-m** with s.o.); connection (**zu** with); *verwandtschaftliche etc.*: relationship; *Hinsicht*: respect; **~en haben** have* connections, know* the right people; **2sweise** *cj.* respectively; *oder*: or; *oder vielmehr*: or rather
Bezirk *m* district, *Am. a.* precinct
Bezug *m* *Überzug*: cover(ing); *case*, *slip*; *econ.* purchase; *e-r Zeitung*: subscription (*gen.* to); *Bezüge pl.* earnings *pl.*; ~ **nehmen auf** refer to; **in** ~ **auf** → *bezüglich*
bezüglich *prp.* regarding, concerning
Bezug|nahme *f*: **unter** ~ **auf** with reference to; **~sperson** *psych. f* person to relate to, role model; **~spunkt** *m* reference point; **~squelle** *f* source of supply
be|zwecken v/t. aim at, intend; **~zweifeln** v/t. doubt, question; **~zwingen** v/t. conquer, defeat (*a.* Sport)
Bibel *f* Bible
Bibeli *n* *in Schweiz*: pimple; chicken
Biber *zo. m* beaver
Biblio|grafie *f* bibliography; **~thek** *f* library; **~thekar(in)** librarian
biblisch *adj.* biblical
bieder *adj.* honest; *spießig*: square
bieg|en v/t. u. v/i. bend* (a. sich ~); *Straße*: *a.* turn; **um die Ecke** ~ turn (round) the corner; **~sam** *adj.* flexible; **2ung** *f* curve
Biene *zo. f* bee; **~königin** *f* queen (bee); **~korb** *m*, **~stock** *m* (bee)hive; **~nwachs** *n* beeswax
Bier *n* beer; ~ **vom Fass** draught (*Am.*

draft) beer; **~deckel** *m* coaster, *Brt. a.* beer mat; **~krug** *m* beer mug, stein
Biest F *fig. n* beast; (*kleines*) ~ brat, little devil, *Am. a.* stinker
bieten 1. v/t. offer; **sich** ~ present itself; **2.** v/i. *Auktion*: (make*) a) bid*
Bigamie *f* bigamy
Bikini *m* bikini
Bilanz *f econ.* balance; *fig.* result; ~ **ziehen aus** *fig.* take* stock of
Bild *n* picture; *gedankliches*: image; **sich ein** ~ **machen von** get* an idea of; **~ausfall** TV *m* blackout; **~bericht** *m* photo(graphic) report (*Am.* essay)
bilden v/t. form (*a.* **sich** ~); *gestalten*: *a.* shape; *fig.* educate (**sich** o.s.); *darstellen, sein*: be*, constitute
Bilderbuch *n* picture book
Bild|fläche *f*: **auf der** ~ **erscheinen** (**von der** ~ **verschwinden**) appear on (disappear from) the scene; **~hauer(in)** sculptor; **2lich** *adj.* graphic; *Ausdruck*: figurative; **~nis** *n* portrait; **~platte** *f* video disc|c, *Am.* -k; **~röhre** *f* picture tube
Bildschirm *m* TV screen; *Computer*: *a.* display, monitor; *Gerät*: VDT, video display terminal; **~arbeitsplatz** *m* workstation; **~schoner** *m* screen saver; **~text** *m* viewdata, *Am.* videotex(t)
bildschön *adj.* most beautiful
Bildung *f* education; *Aus2*: training; *Vorgang*: formation; **~s...** *in Zssgn Reform, Urlaub etc.*: educational ...; **~slücke** *f* gap in one's knowledge
Billard *n* billiards, *Am. a.* pool; **~kugel** *f* billiard ball; **~stock** *m* cue
Billet(t) *n* *in Schweiz*: ticket
billig *adj.* cheap (*a. contp.*), inexpensive; **~en** v/t. approve of; **2ung** *f* approval
Billion *f* trillion
bimmeln F v/i. jingle; *tel.* ring*
binär *adj.* *math., phys. etc.*: binary
Binde *f* bandage; *Armschlinge*: sling; → *Damenbinde*; **~gewebe** *anat. n* connective tissue; **~glied** *n* (connecting) link; **~haut** *anat. f* conjunctiva; **~hautentzündung** *med. f* conjunctivitis
binde|n 1. v/t. bind* (*a. Buch*), tie (**an** to); *Kranz etc.*: make*; *Krawatte*: knot; **sich** ~ *fig.* commit o.s.; **2.** v/i. bind*; **2strich** *m* hyphen; **2wort** *gr. n* conjunction

Bindfaden

Bindfaden *m* string
Bindung *f* tie, link, bond; *Ski*2: binding
Binnen|hafen *m* inland port; **~handel** *m* domestic trade; **~markt** *m*: **Europäischer ~** European single market; **~schiffahrt** *f* inland navigation; **~verkehr** *m* inland traffic *od.* transport
Binse *bot. f* rush; F: *in die ~n gehen* go* up in smoke; **~nweisheit** *f* truism
Bio..., 2... *in Zssgn Chemie, dynamisch, Sphäre, Technik etc.*: bio...
Biografi|e *f* biography; 2**sch** *adj.* biographic(al)
Bioladen *m* health food shop *od.* store
Biolog|e *m* biologist; **~ie** *f* biology; 2**isch** *adj.* biological; *Anbau etc.*: organic; **~ abbaubar** biodegradable
Bio|rhythmus *m* biorhythms *pl.*; **~technik** *f* biotechnology
Biotop *n* biotope
Birke *f* birch (tree)
Birne *f* pear; *electr.* (light) bulb
bis *prp. u. adv. u. cj. zeitlich:* till, until, (up) to; *räumlich:* (up) to, as far as; *von ... ~* from ... to; *~ auf außer:* except; *~ zu* up to; *~ später!* see you later!; *~ jetzt* up to now, so far; *~ Montag* spätestens: by Monday; *zwei ~ drei* two or three; *wie weit ist es ~ ...?* how far is it to ...?
Bischof *m* bishop
Biscuit *f in Schweiz:* → **Keks**
bisexuell *adj.* bisexual
bisher *adv.* up to now, so far; *wie ~* as before; **~ig** *adj.* previous
Biskuit *n* sponge cake (mix)
Biss *m* bite (*a. fig. Schärfe*)
bisschen *adj. u. adv.: ein ~* a little, a (little) bit; *nicht ein ~* not in the least
Bissen *m* bite; *keinen ~* not a thing
bissig *adj. fig.* cutting; *ein ~er Hund* a dog that bites; *Vorsicht, ~er Hund!* beware of the dog!
Bistum *n* bishopric, diocese
bisweilen *adv.* at times, now and then
Bit *n Computer:* bit
Bitte *f* request (*um* for); *ich habe e-e ~ (an dich)* I have a favo(u)r to ask of you
bitte *adv.* please; *~ nicht!* please don't!; *~ (schön)* als Antwort: that's all right, not at all, you're welcome; *beim Überreichen etc.:* here you are; *(wie) ~?* pardon?; *~ sehr?* (*im Geschäft*) can I help you?

390

bitten *v/t.: j-n um et. ~* ask s.o. for s.th.; *um j-s Namen (Erlaubnis) ~* ask s.o.'s name (permission); *darf ich ~?* may I have (the pleasure of) this dance?
bitter *adj.* bitter (*a. fig.*); *Kälte:* a. biting; **~kalt** *adj.* bitterly cold
bläh|en *v/refl.* swell*; 2**ungen** *pl.* flatulence *sg., Brt. a.* F wind
blam|abel *adj.* embarrassing; 2**age** *f* disgrace, shame; 2**ieren** *v/t.: j-n ~* make* s.o. look like a fool; *sich ~* make* a fool of o.s.; △ *nicht blame*
blank *adj.* shining, shiny, bright; *~ geputzt:* polished; F *fig.* broke
Blanko... *econ. in Zssgn* blank ...
Bläschen *med. n* vesicle, small blister
Blase *f* bubble; *anat.* bladder; *med.* blister; **~balg** *m* (pair of) bellows
blasen *v/t.* blow* (*a. mus.*)
Blas|instrument *mus. n* wind instrument; **~kapelle** *f* brass band; **~rohr** *n Waffe:* blowpipe
blass *adj.* pale (*vor* with); *~ werden* turn pale
Blässe *f* paleness, pallor
Blatt *n bot.* leaf; *Papier*2: piece, sheet (*a. mus.*); *(news)paper;* *Karten:* hand
blättern *v/i.: ~ in* leaf through
Blätterteig *m* puff pastry
blau *adj.* blue; F *fig.* loaded, stoned; *~es Auge* black eye; *~er Fleck* bruise; *Fahrt ins* 2**e** jaunt (through the countryside); *organisiert:* mystery tour; **~äugig** *adj.* blue-eyed; *fig.* starry-eyed; 2**beere** *bot. f* bilberry, *Am.* blueberry; **~grau** *adj.* bluish-grey
bläulich *adj.* bluish
Blau|licht *n* flashing light(s *pl.*); **~helme** *pl.* UN soldiers *pl.*; 2**machen** F *v/i.* stay away from work *od.* school; **~säure** *chem. f* prussic acid
Blech *n* sheet metal; *in Zssgn Dach, Löffel etc.:* tin; *Instrument:* brass; 2**en** F *v/i. u. v/t.* shell out; **~büchse,~dose** *f* can, *Brt.* tin; **~schaden** *mot. m* bodywork damage
Blei *n* lead; *aus ~* leaden
Bleibe *f* place to stay
bleiben *v/i.* stay, remain; *~ bei* stick* to; *lass das ~!* stop that!; *du wirst du schön ~ lassen!* you'll do nothing of the sort!; *lass es lieber ~* better leave it; → *Apparat, ruhig etc.;* **~d** *adj.* lasting, permanent

bleich *adj.* pale (**vor** with); **~en** *v/t.* bleach; **2gesicht** F *n* paleface

blei|ern *adj.* lead(en *fig.*); **~frei** *mot. adj.* unleaded; **2stift** *m* pencil; **~stiftspitzer** *m* pencil sharpener

Blende *f* blind; *phot.* aperture; **(bei)** ~ **8** (at) f-8

blend|en *v/t.* blind, dazzle (*beide a. fig.*); **~end** *adj.* dazzling (*a. fig.*); *Leistung*: brilliant; ~ **aussehen** look great; **~frei** *opt. adj.* anti-glare

Blick *m* look (**auf** at); *Aussicht*: view (of); *flüchtiger* ~ glance; **auf den ersten** ~ at first sight; **2en** *v/i.* look, glance (*beide*: **auf, nach** at); **~fang** *m* eye-catcher; **~feld** *n* field of vision

blind *adj.* blind (*a. fig.*: **gegen, für** to; **vor** with); *Spiegel etc.*: dull; **~er Passagier** stowaway; *blinder* **Alarm** false alarm; **auf e-m Auge** ~ blind in one eye; *ein* **2er** a blind man; *e-e* **2e** a blind woman; *die* **2en** the blind

Blinddarm *anat. m* appendix; **~entzündung** *med. f* appendicitis; **~operation** *med. f* appendectomy

Blinden|hund *m* guide dog, *Am. a.* seeing eye dog; **~schrift** *f* braille

Blind|flug *aviat. m* blind flying; **~gänger** *m* dud (*a. fig.*); **~heit** *f* blindness; **~lings** *adv.* blindly; **~schleiche** *zo. f* blindworm

blinke|n *v/i.* sparkle, shine*; *Sterne*: twinkle; *signalisieren*: flash (a signal); *mot.* indicate; **2r** *mot. m* indicator, *Am.* turn signal

blinzeln *v/i.* blink (one's eyes)

Blitz *m* (flash of) lightning; *phot.* flash; **~ableiter** *m* lightning conductor; **2en** *v/i.* flash; **es blitzt** it's lightning; **~gerät** *phot. n* (electronic) flash; **~lampe** *phot. f* flashbulb; *Würfel*: flash cube; **~licht** *n* flash(light); **~schlag** *m* lightning stroke; **~schnell** *adj. u. adv.* like a flash; *attr.* split-second

Block *m* block; *pol., econ.* bloc; *Schreib2*: pad; **~ade** *mil., naut. f* blockade; **~flöte** *f* recorder; **~haus** *n* log cabin; **2ieren** *v/t. u. v/i.* block; *mot.* lock; **~schrift** *f* block letters *pl.*

blöd|(e) F *adj.* silly, stupid; **~eln** F *v/i.* fool *od.* clown around; **2heit** *f* stupidity; **2sinn** *m* rubbish, nonsense; **~sinnig** *adj.* idiotic, foolish

blöken *v/i. Schaf, Kalb*: bleat

blond *adj.* blond, fair; **2ine** *f* blonde

bloß 1. *adj.* bare; *Auge*: naked; *nichts als*: mere; **2.** *adv.* only, just, merely

Blöße *f* nakedness; *sich e-e* ~ **geben** lay* o.s. open to attack *od.* criticism

bloß|legen *v/t.* lay* bare, expose; **~stellen** *v/t.* expose, compromise, unmask; *sich* ~ compromise o.s.

blühen *v/i.* (be* in) bloom; *Bäume, Büsche*: (be* in) blossom; *fig.* flourish

Blume *f* flower; *Wein*: bouquet; *Bier*: froth, head

Blumen|beet *n* flowerbed; **~händler** *m* florist; **~kohl** *m* cauliflower; **~laden** *m* flower shop, florist's; **~strauß** *m* bunch of flowers; bouquet; **~topf** *m* flowerpot; **~vase** *f* vase

Bluse *f* blouse

Blut *n* blood; **2arm** *med. adj.* an(a)emic; **~armut** *med. f* an(a)emia; **~bad** *n* massacre; **~bahn** *anat. f* bloodstream; **~bank** *med. f* blood bank; **2befleckt** *adj.* bloodstained; **~bild** *med. n* blood count; **~blase** *f* blood blister; **~druck** *m* blood pressure

Blüte *f* flower; bloom (*a. fig.*); *bsd. Baum2*: blossom; *fig.* heyday; **in (voller)** ~ in (full) bloom

Blutegel *zo. m* leech

bluten *v/i.* bleed* (**aus** from)

Blüten|blatt *n* petal; **~staub** *m* pollen

Bluter *med. m* h(a)emophiliac

Blutenguss *m* bruise; *med.* h(a)ematoma

Blut|gefäß *n* blood vessel; **~gerinnsel** *n* blood clot; **~gruppe** *f* blood group; **~hund** *m* bloodhound; **2ig** *adj.* bloody; **~er Anfänger** rank beginner, F greenhorn; **~körperchen** *n* blood corpuscle; **~kreislauf** *m* (blood) circulation; **~lache** *f* pool of blood; **2leer** *adj.* bloodless; **~probe** *f* blood test; **2rünstig** *adj.* bloodthirsty, gory; **~schande** *jur. f* incest; **~spender(in)** blood donor; **2stillend** *adj.* styptic; **~sverwandte(r)** blood relation; **~übertragung** *f* blood transfusion; **~ung** *f* bleeding, h(a)emorrhage; **2unterlaufen** *adj.* bloodshot; **~vergießen** *n* bloodshed; **~vergiftung** *f* blood poisoning; **~wurst** *f* black pudding, *Am.* blood sausage

BLZ *Abk. für* **Bankleitzahl** bank (sorting) code, *Am.* A.B.A. number

Bö

Bö f gust, squall
Bob m bob(sled); ~bahn f bob run; ~fahren n bobsledding
Bock m Reh2: buck; Ziegen2: he-goat, billy-goat; Schaf2: ram; Sport: buck; **e-n ~ schießen** (make* a) blunder; **keinen** (od. null) **~ auf et. haben** have zero interest in s.th.; **2en** v/i. buck; schmollen: sulk; **2ig** adj. obstinate; sulky; ~**springen** n Sport: buck vaulting; Spiel: leapfrog; ~**wurst** f hot sausage
Boden m ground; agr. soil; Gefäß, Meeres2: bottom; Fuß2: floor; Dach2: attic; **2los** adj. fig. incredible; ~**personal** aviat. n ground crew; ~**reform** f land reform; ~**schätze** f/pl. mineral resources pl.; ~**station** aviat. f ground control; ~**turnen** n floor exercises pl.
Body m bodysuit
Bogen m bend, curve; math. arc; arch. arch; Eislauf: curve; Ski: turn; Waffe: bow; Papier2: sheet; ~**schießen** n archery; ~**schütze** m archer
Bohle f plank
Bohne f bean; **grüne ~n** green (Brt. a. French) beans; ~**nstange** f beanpole (a. F fig.)
bohner|n v/t. polish, wax; **2wachs** n floor polish
bohren v/t. bore, drill (a: Zahnarzt); ~**d** fig. adj. Blick: piercing; Fragen: insistent
Bohr|**er** tech. m drill; ~**insel** f oil rig; ~**loch** n borehole, Öl2: a. well(head); ~**maschine** f (electric) drill; ~**turm** m derrick; ~**ung** f drilling; Zylinder: bore
Boje naut. f buoy
Bolzen m bolt
bombardieren v/t. bomb; fig. bombard
Bombe f bomb; fig. bombshell; ~**nangriff** m air raid; ~**nanschlag** m bomb attack; ~**nerfolg** F m roaring success; thea. etc. smash hit; ~**ngeschäft** n super deal; ~**nleger** m bomber; **2nsicher** adj. bombproof; ~**r** aviat. m bomber (a. fig.)
Bon m coupon, voucher
Bonbon m, n sweet, Am. candy
Boot n boat; ~**smann** m boatswain
Bord¹ n shelf
Bord² naut., aviat. m: **an ~** on board; **über ~** overboard; **von ~ gehen** disembark

Bordell n brothel, F whorehouse
Bord|**funker** m radio operator; ~**karte** aviat. f boarding pass; ~**stein** m kerb, Am. curb
borgen v/t. borrow; **sich ~ von** borrow s.th. from; **j-m ~ lend*** s.th. to s.o.
Borke f bark
borniert adj. narrow-minded
Börse f econ. f stock exchange
Börsen|**bericht** m market report; ~**kurs** m quotation; ~**makler** m stockbroker; ~**spekulant** m stock-jobber
Borst|**e** f bristle; **2ig** adj. bristly
Borte f border; Besatz2: braid, lace
bösartig adj. vicious; med. malignant
Böschung f slope, bank; Ufer2, rail.: embankment
böse adj. bad, evil, wicked; zornig: angry (**über** about; **auf j-n** with s.o.), bsd. Am. a. mad (**auf** at); **er meint es nicht ~** he means no harm
Böse n (the) evil; ~**wicht** m villain
bos|**haft** adj. malicious; **2heit** f malice
böswillig adj. malicious, jur. a. wil(l)ful
Botani|**k** f botany; ~**ker(in)** botanist; **2sch** adj. botanical
Bote m messenger; ~**ngang** m: **Botengänge machen** run* errands
Botschaft f message; Amt: embassy; ~**er** m ambassador
Bottich m tub, vat
Bouillon f consommé, bouillon, broth
Boulevard|**blatt** n, ~**zeitung** f tabloid
Bowle f (cold) punch; Gefäß: bowl
boxen 1. v/i. box; 2. v/t. punch
Box|**en** n boxing; ~**er** m boxer; ~**handschuh** m boxing glove; ~**kampf** m boxing match, fight; ~**sport** m boxing
Boykott m, **2ieren** v/t. boycott
brachliegen agr. v/i. lie* fallow (a. fig.)
Branche f line (of business); ~**n-verzeichnis** n yellow pages pl.
Brand m fire; **in ~ geraten** catch* fire; **in ~ stecken** set* fire to; ~**blase** f blister; ~**bombe** f incendiary bomb; **2en** v/i. surge (**gegen** against); ~**fleck** m burn; ~**mal** n brand; fig. stigma; **2marken** fig. v/t. brand, stigmatize; ~**mauer** f fire wall; ~**stätte**, ~**stelle** f scene of fire; ~**stifter** m arsonist; ~**stiftung** f arson; ~**ung** f surf, surge, breakers pl.; ~**wunde** f burn; durch Verbrühen: scald
Branntwein m brandy; spirits pl.

braten v/t. roast; *auf dem Rost*: grill, broil; *in der Pfanne*: fry; **am Spieß ~** roast on a spit, barbecue
Braten m roast (meat); **~stück** n joint; **~fett** n dripping; **~soße** f gravy
Brat|fisch m fried fish; **~huhn** n roast chicken; **~kartoffeln** pl. fried potatoes pl.; **~pfanne** f frying-pan; **~röhre** f oven
Bratsche mus. f viola
Bratwurst f grilled sausage
Brauch m custom; *Gewohnheit*: habit, practice; **2bar** adj. useful; **2en** v/t. need; *erfordern*: require; *Zeit*: take*; *ge~*: use; **wie lange wird er ~?** how long will it take him?; **du brauchst es nur zu sagen** just say the word; **ihr braucht es nicht zu tun** you don't have to do it; **er hätte nicht zu kommen ~** he need not have come
brau|en v/t. brew; **2erei** f brewery
braun adj. brown; **~ gebrannt**: (sun-) tanned; **~ werden** get* a tan
Bräune f (sun)tan; **2n 1.** v/t. brown; *Sonne*: tan; **2.** v/i. (get* a) tan
Braunkohle f brown coal, lignite
bräunlich adj. brownish
Brause f shower; → *Limonade*; **2n** v/i. *Wind, Wasser etc.*: roar; *eilen*: rush; → *duschen*; **~pulver** n sherbet
Braut f bride; *Verlobte*: fiancée
Bräutigam m (bride)groom; fiancé
Braut|jungfer f bridesmaid; **~kleid** n wedding-dress; **~leute** pl., **~paar** n bride and (bride)groom; *Verlobte*: engaged couple
brav adj. good; *ehrlich*: honest; **sei(d) ~!** be good!; △ *nicht* **brave**
BRD *Abk. für* **Bundesrepublik Deutschland** FRG, Federal Republic of Germany
brechen v/t. u. v/i. break* (a. fig.); *sich übergeben*: vomit, F throw* up, Brt. a. be* sick; **sich ~** opt. be* refracted; **sich den Arm ~** break* one's arm; **mit j-m ~** break* with s.o; **~d voll** crammed, packed
Brech|reiz m nausea; **~stange** f crowbar; **~ung** opt. f refraction
Brei m *Masse*: pulp, mash; *Kinder*2: pap; *Hafer*2: porridge; *Reis*2 etc.: pudding; **2ig** adj. pulpy, mushy
breit adj. wide; *Schultern, Grinsen*: broad (a. fig.); **sich ~ machen** spread

o.s. out; **~beinig** adj. with legs (wide) apart
Breite f width, breadth; astr., geogr. latitude; **2n** v/t. spread*; **~ngrad** m degree of latitude; **~nkreis** m parallel (of latitude)
breit|schlagen v/t. F: **j-n zu et. ~** talk s.o. into (doing) s.th.; **2seite** f naut. broadside (a. fig.); **2wand** f Film: wide screen
Bremsbelag m brake lining
Bremse f brake; zo. gadfly; **2n 1.** v/i. brake, put* on the brake(s); *ab~*: slow down; **2.** v/t. brake; fig. curb
Brems|kraftverstärker mot. m brake booster; **~licht** mot. n stop light; **~pedal** n brake pedal; **~spur** f skid marks pl.; **~weg** m stopping distance
brenn|bar adj. combustible; *entzündlich*: (in)flammable; **~en 1.** v/t. burn*; *Schnaps*: distil(l); *Ziegel*: bake; **2.** v/i. burn*; *Haus etc.*: be* on fire; *Wunde, Augen*: smart, burn*; F **darauf ~ zu** be* dying to; **es brennt!** fire!
Brenn|er m *Gas*2 etc.: burner; **~glas** n burning glass; **~holz** n firewood; **~material** n fuel; **~nessel** f (stinging) nettle; **~punkt** m focus, focal point; **~spiritus** m methylated spirit; **~stab** m tech. fuel rod; **~stoff** m fuel
brenzlig adj. burnt; fig. hot, Brt. a. dicey
Bresche f breach (a. fig.), gap
Brett n board; → *Anschlagbrett*; **~erbude** f shack; **~erzaun** m wooden fence; **~spiel** n board game
Brezel f pretzel
Brief m letter; **~beschwerer** m paperweight; **~bogen** m sheet of (note)paper; **~freund(in)** pen friend (Am. pal); **~karte** f correspondence card; **~kasten** m letterbox, Am. mailbox; **2lich** adj. u. adv. by letter; **~marke** f (postage) stamp; **~markensammlung** f stamp-collection; **~öffner** m paper knife, Am. letter opener; **~papier** n stationery; **~tasche** f wallet; **~taube** f carrier pigeon; **~träger** m postman, Am. mailman od. -carrier; **~umschlag** m envelope; **~wahl** f postal vote; **~wechsel** m correspondence
Brikett n briquet(te)
Brillant 1. m (cut) diamond; **2.** 2 adj. brilliant; **~ring** m diamond ring

Brille

Brille f (pair of) glasses pl., spectacles pl.; Schutz⩔: goggles pl.; toilet seat; **~netui** n spectacle (Am. eyeglass) case; **~nträger(in): ~ sein** wear* glasses

bringen v/t. bring*; hin~: take*; verursachen: cause; Opfer: make*; Gewinn etc.: yield; **nach Hause** (östr., Schweiz: a. **nachhause**) see* (od. take*) s.o. home; **in Ordnung ~** put* in order; **das bringt mich auf e-e Idee ~** that gives me an idea; **j-n dazu ~, et. zu tun get*** s.o. to do s.th.; **et. mit sich ~** involve s.th.; **j-n um et. ~** deprive s.o. of s.th.; **j-n zum Lachen ~** make* s.o. laugh; **j-n wieder zu sich ~** bring* s.o. round; **es zu et. (nichts) ~** go far (get nowhere); **das bringt nichts** it's no use

Brise f breeze

Brit|e m, **~in** f Briton; **die Briten** pl. the British pl.; **⩔isch** adj. British

bröckeln v/i. crumble

Brocken m piece; Klumpen: lump; Fels~: rock; Fleisch: chunk; Bissen: morsel; **ein paar ~ Englisch** a few scraps of English; F **ein harter ~** a hard nut to crack

Brombeere f blackberry

Bronchi|en pl. bronchi(a) pl.; **~tis** med. f bronchitis

Bronze f bronze (a. in Zssgn Medaille etc.); **~zeit** hist. f Bronze Age

Brosche f brooch, Am. a. pin

brosch|iert adj. paperback; **⩔üre** f pamphlet, Werbe⩔: brochure

Brot n bread; belegtes: sandwich; **ein (Laib) ~** a loaf (of bread); **e-e Scheibe ~** a slice of bread; **sein ~ verdienen** earn one's living; **~aufstrich** m spread

Brötchen n roll

Brot|rinde f crust; **~(schneide)maschine** f bread cutter

Bruch m break; Knochen⩔: fracture; Unterleibs⩔: hernia; math. fraction; geol. fault; e-s Versprechens : breach; e-s Gesetzes: violation; **zu ~ gehen** be* wrecked; **~bude** F f dump, hovel

brüchig adj. brittle; rissig: cracked

Bruch|landung aviat. f crash landing; **~rechnung** f fractional arithmetic, F fractions pl.; **⩔sicher** adj. breakproof; **~strich** math. m fraction bar; **~stück** n fragment; **~teil** m fraction; **im ~ e-r Sekunde** in a split second; **~zahl** f fraction(al) number

Brücke f bridge (a. Sport); Teppich: rug; **~npfeiler** m pier

Bruder m brother (a. rel.); **~krieg** m civil war

brüder|lich 1. adj. brotherly; **2.** adv.: **~teilen** share and share alike; **⩔lichkeit** f brotherhood; **⩔schaft** f: **~ trinken** agree to use the familiar 'du' form of address

Brüh|e f Suppe: broth; Grundsubstanz: stock; F Getränk: dishwater; Schmutzwasser: slops pl.; F Gewässer: filthy water, bilge; **⩔würfel** m beef cube

brüllen v/i. roar (**vor Lachen** with laughter); Rind: bellow; F Kind: bawl; **~d** adj.: **~es Gelächter** roars pl. of laughter

brumm|en v/i. growl; Insekt: hum, buzz (a. Motor etc.); Kopf: be* buzzing; **⩔ig** adj. grumpy

brünett adj. brunette, dark-haired

Brunnen m well; Quelle: spring; Spring⩔: fountain

Brunstzeit zo. f rutting season

Brust f chest; weibliche: breast(s pl.), bosom; **~bein** anat. n breastbone; **~beutel** m money bag, Am. neck pouch

brüsten v/refl. boast, brag (**mit** of)

Brust|kasten, ~korb m chest, anat. thorax; **~schwimmen** n breaststroke

Brüstung f parapet

Brustwarze f nipple

Brut f brooding; brood, hatch; Fisch⩔: fry; fig. brood; contp. scum

brutal adj. brutal; **⩔ität** f brutality

Brutapparat zo. m incubator

brüten v/i. brood, sit* (on eggs); **~ über** fig. brood over

Brutkasten med. m incubator

brutto adv. gross (a. in Zssgn); **⩔sozialprodukt** n gross national product; **⩔verdienst** m gross earnings pl.

Bube m boy, lad; Karte: knave, jack

Buch n book; **~binder** m (book)binder; **~drucker** m printer; **~druckerei** f printing office, Am. print shop

Buche f beech

buchen v/t. book; econ. enter

Bücher|bord n bookshelf; **~ei** f library; **~regal** n bookshelf; **~schrank** m bookcase; **~wurm** fig. m bookworm

Buch|fink zo. m chaffinch; **~halter(in)** bookkeeper; **~haltung** f bookkeeping; **~händler(in)** bookseller; **~hand-

Büroangestellte(r)

lung f bookshop, Am. bookstore; **~macher** m bookmaker
Büchse f tin, Am. can; größere: box; Gewehr: rifle; **~nfleisch** n tinned (Am. canned) meat; **~nöffner** m tin (Am. can) opener
Buchstab|e m letter; **großer (kleiner)** ~ capital (small) letter; **2ieren** v/t. spell*
buchstäblich adv. literally
Buchstütze f bookend
Bucht f bay; kleine: creek, inlet
Buchung f booking; econ. entry
Buckel m hump, bsd. Mensch: humpback, hunchback; **e-n ~ machen** hump od. hunch one's back
bücken v/refl. bend* (down), stoop
bucklig adj. humpbacked, hunchbacked; **2e(r)** humpback, hunchback
Bückling m kipper, Am. smoked herring; F fig. bow
Buddhis|mus m Buddhism; **~t(in), 2tisch** adj. Buddhist
Bude f stall, booth; Hütte: hut; F digs pl., Am. pad; contp. dump, hole
Budget n budget
Büfett n counter, bar, buffet; Möbel: sideboard, cupboard; **kaltes (warmes)** ~ cold (hot) buffet (meal)
Büffel zo. m buffalo
büffeln F v/i. grind*, cram, swot
Bug m naut. bow; aviat. nose; zo., gastr. shoulder
Bügel m hanger; Brillen2 etc.: bow; **~brett** n ironing board; **~eisen** n iron; **~falte** f crease; **2frei** adj. no(n)-iron; **2n** v/t. iron; Hose etc.: press
buh int. boo!; **~en** v/i. boo
Bühne f stage; fig. a. scene; **~nbild** n (stage) set(ting); **~nbildner(in)** stage designer
Buhrufe pl. boos pl.
Bulette f meatball
Bull|auge naut. n porthole; **~dogge** zo. f bulldog
Bulle zo. m bull (a. fig.); contp. Polizist: cop(per)
Bumm|el F m stroll; **~elei** f dawdling; Nachlässigkeit: slackness; **2eln** v/i. stroll, saunter; trödeln: dawdle; econ. go* slow; **~elstreik** m go-slow (strike), Am. slowdown; **~elzug** F m slow train; **~ler** m stroller; dawdler; F slowcoach, Am. slowpoak

bumsen v/i. u. v/t. F → **krachen**; V bang, screw
Bund¹ m union, federation, alliance; Verband: association; Hosen2 etc.: (waist)band; **der ~** pol. the Federal Government; F s. **Bundeswehr**
Bund² n Bündel: bundle; Petersilie etc.: bunch
Bündel n bundle; **2n** v/t. bundle (up)
Bundes|... in Zssgn Federal ...; German ...; **~bahn** f Federal Railway(s pl.); **~genosse** m ally; **~kanzler** m Federal Chancellor; **~land** n etwa (federal) state, Land; **~liga** f Sport: First Division; **~post** f Federal Postal Administration; **~präsident** m Federal President; **~rat** m Bundesrat, Upper House of German Parliament; **~republik** f Federal Republic; **~staat** m einzelner: federal state; Gesamtheit der einzelnen: confederation; **~straße** f Federal Highway **~tag** m Bundestag, Lower House of German Parliament; **~trainer(in)** coach of the (German) national team; **~verfassungsgericht** n Federal Constitutional Court, Am. etwa Supreme Court; **~wehr** f (German Federal) Armed Forces pl.
bündig adj. tech. flush; **kurz und ~** terse(ly); point-blank
Bündnis n alliance
Bunker m air-raid shelter, bunker
bunt adj. colo(u)red; mehrfarbig: multicolo(u)red; farbenfroh: colo(u)rful (a. fig.); Programm etc.: varied; **~er Abend** evening of entertainment; **mir wird's zu ~** that's all I can take; **2stift** m colo(u)red pencil, crayon
Bürde fig. f burden (**für j-n** to s.o.)
Burg f castle
Bürge jur. m guarantor (a. fig.); **2n** v/i.: **für j-n ~** jur. stand* surety for s.o.; **für et. ~** guarantee s.th.
Bürger|(in) citizen; **~initiative** f (citizen's od. local) action group; **~krieg** m civil war
bürgerlich adj. civil; middle-class; bsd. contp. bourgeois; **~e Küche** home cooking; **2e(r)** commoner
Bürger|meister m mayor; **~rechte** pl. civil rights pl.; **~steig** m pavement, Am. sidewalk
Bürgschaft jur. f surety; bail
Büro n office; **~angestellte(r)** clerk,

Büroklammer

office worker; ~**klammer** f (paper) clip; ~**krat** m bureaucrat; ~**kratie** f bureaucracy; contp. red tape; 2**kratisch** adj. bureaucratic; ~**stunden** pl. office hours pl.

Bursche m fellow, guy, Brt. a. lad

burschikos adj. (tom)boyish, pert

Bürste f brush; 2n v/t. brush; ~**nschnitt** m crew cut

Bus m bus; Reise2: a. coach

Busch m bush, shrub

Büschel n bunch; Haar, Gras etc.: tuft

busch|ig adj. bushy; 2**messer** n bushknife, machete

Busen m bosom, breast(s pl.)

Bus|fahrer m bus driver; ~**haltestelle** f bus stop

Bussard zo. m buzzard

Buße f penance; Reue: repentance; Geld2: fine; ~ **tun** do* penance

büßen v/t. pay* od. suffer for s.th.; rel. repent

Buß|geld n fine, penalty; ~**tag** m day of repentance

Büste f bust; ~**nhalter** m bra

Butter f butter; ~**blume** f buttercup; ~**brot** n (slice od. piece of) bread and butter; F: **für ein ~** for a song; ~**brotpapier** n greaseproof paper; ~**dose** f butter dish; ~**milch** f buttermilk

b.w. Abk. für bitte wenden PTO, please turn over

bzw. Abk. für beziehungsweise resp., respectively

C

C Abk. für Celsius C, Celsius, centigrade

ca. Abk. für circa approx., approximately

Café n café, coffee house

camp|en v/i. camp; 2**er** m camper

Camping|... in Zssgn Bett, Tisch etc.: camp ...; ~**bus** m camper (van Brt.); ~**platz** m camp|site, Am. -ground

Catcher m wrestler; △ nicht catcher

CD(-Platte) f CD, compact disc; ~**-ROM** CD-ROM; ~**Spieler** m CD player

Cellist(in) mus. cellist

Cello mus. n cello

Celsius: 5 Grad ~ (Abk. **5° C**) five degrees centigrade od. Celsius

Cembalo mus. n harpsichord

Champagner m champagne

Champignon m mushroom

Chance f chance; **die ~n stehen gut** things look quite hopeful; ~**ngleichheit** f equal opportunities pl.

Chao|s n chaos; ~**t** m chaotic person; pol. anarchist, pl. a. lunatic fringe; 2**tisch** adj. chaotic

Charakter m character, nature; **jemand mit gutem** etc. **~** s.o. of good etc. character; 2**isieren** v/t. characterize, describe (**als** as); ~**istik** f characterization; 2**istisch** adj. characteristic, typical (**für** of); 2**lich** adj. character..., personal; 2**los** adj. of bad character; **schwach**: lacking character; ~**zug** m trait

charm|ant adj. charming; 2**e** m charme

Chassis tech. n chassis

Chauffeur m chauffeur, driver

Chaussee f country road; Stadt: avenue

Chauvi contp. m male chauvinist (pig); 2**nismus** m chauvinism; pol. a. jingoism

Chef m F boss; head, chief (a. in Zssgn); △ nicht chef; ~**arzt** m, ~**ärztin** f senior consultant, Am. medical director; ~**sekretärin** f executive secretary

Chem|ie f chemistry; ~**iefaser** f synthetic fib|re, Am. -er; ~**ikalien** pl. chemicals pl.; ~**iker(in)** (analytical) chemist; 2**isch** adj. chemical; ~**e Reinigung** dry-cleaning; ~**otherapie** med. f chemotherapy

Chicorée m → **Schikoree**

Chiffr|e f code, cipher; in Anzeigen: box (number); 2**ieren** v/t. (en)code

Chin|a China; ~ese *m*, ~esin *f*, 2e-sisch *adj.* Chinese
Chinin *pharm. n* quinine
Chip *m Spielmarke, Computer*: chip; ~s *pl.* crisps *pl.*, *Am.* chips *pl.*
Chirurg *m* surgeon; ~ie *f* surgery; 2isch *adj.* surgical
Chlor *n* chlorine; 2en *v/t.* chlorinate
Cholera *med. f* cholera
cholerisch *adj.* choleric
Cholesterin *n* cholesterol
Chor *m* choir (*a. arch.*); **im ~** in chorus; ~al *m* chorale, hymn
Christ *m* Christian; ~baum *m* Christmas tree; ~enheit: **die ~** Christendom; ~entum *n* Christianity; ~in *f* Christian; ~kind *n* Infant Jesus; Father Christmas, Santa Claus; 2lich *adj.* Christian; ~us *npr. m* Christ; **vor (nach) ~** B.C. (A.D.)
Chrom *n* chrome; *chem. a.* chromium
Chromosom *n* chromosome
Chron|ik *f* chronicle; 2isch *med. adj.* chronic (*a. fig.*); 2ologisch *adj.* chronological
circa *adv.* → *zirka*
City *f* (city) cent|re, *Am.* -er
Clique *f* F group, set; *contp.* clique
Clou F *m* highlight, climax; **der ~** (*Witz*) **daran** the whole point of it
Cod|e *m* code; 2ieren *v/t.* (en)code
Computer *m* computer; ~ausdruck *m* computer printout; ~befehl *m* computer command; 2gesteuert *adj.* computer-controlled; 2gestützt *adj.* computer-aided; ~grafik *f* computer graphics *pl.*; 2isieren *v/t.* computerize; ~spiel *n* computer game; ~virus *m* computer virus
Conférencier *m* compère, F: *Am.* master of ceremonies, F: emcee, MC
Corner *östr. m Sport*: corner (kick)
Couch *f* couch
Coupon *m* voucher, coupon
Cousin *m*, ~e *f* cousin
Creme *f* cream (*a. fig.*)
Curry *m Gewürz*: curry powder
Cursor *m Computer*: cursor

D

da 1. *adv. räumlich*: there; here; *zeitlich*: then, at that time; **~ drüben** (**draußen, hinten**) over (out; back) there; **von ~ aus** from there; **das ... ~** that ... (over there); **~ kommt er** here he comes; **~ sein** be* there; *vorhanden sein*: exist; **ist noch ... da?** is any ... left?; **noch nie dagewesen** unprecedented; **~ bin ich** here I am; **er ist gleich wieder ~** he'll be right back; **von ~ an** *od.* **ab** from then on; 2. *cj.* as, since, because; ~behalten *v/t.* keep* (*j-n*: in)
dabei *adv. anwesend*: there, present; *nahe*: near *od.* close by; *gleichzeitig*: at the same time; **er ist gerade ~ zu gehen** he's just leaving; **es ist nichts ~ leicht**: there's nothing to it; *harmlos*: there's no harm in it; **was ist schon ~?** so what?; **lassen wir es ~!** let's leave it at that!; **~ sein** be* there; take* part; be* in on it; **ich bin ~!** count me in!; ~bleiben *v/i.* stick to it; ~haben *v/t.* have* with (*Geld a.* on) one
dableiben *v/i.* stay
Dach *n* roof; ~boden *m* attic; ~decker *m* roofer; ~fenster *n* dormer window; ~gepäckträger *m* roof(-top luggage *Am.*) rack; ~geschoss *n*, ~geschoß *östr. n* attic; ~kammer *f* garret; ~luke *f* skylight; ~rinne *f* gutter
Dachs *zo. m* badger
Dach|stuhl *m* roof framework; ~terrasse *f* roof terrace
Dackel *m* dachshund
dadurch *adv. u. cj. Art u. Weise*: this *od.* that way; *deshalb*: for this reason, so; **~, dass** due to the fact that
dafür *adv.* for it, for that; *anstatt*: instead; *als Gegenleistung*: in return, in exchange; **~ sein** be* in favo(u)r of it; **er kann nichts ~** it is not his fault; **~ sorgen, dass** see* to it that

dagegen *adv. u. cj.* against it; *jedoch:* however, on the other hand; ~ **sein** be* against (*od.* opposed to it); **haben Sie et.** ~**, dass ich ...?** do you mind if I ...?; **wenn Sie nichts** ~ **haben** if you don't mind; **... ist nichts** ~ ... can't compare

daheim *adv.* at home; ⩬ *n* home

daher *adv. u. cj.* from there; *deshalb:* that's why

dahin *adv.* there, to that place; *vergangen:* gone, past; *bis* ~ *zeitlich:* till then, *örtlich:* up to there

dahinten *adv.* back there

dahinter *adv.* behind it; **es steckt nichts** ~ there is nothing to it; ~ **kommen** find* out (about it)

dalassen *v/t.* leave* behind

damal|ig *adj.* then; *nachgestellt:* at that time; ~**s** *adv.* then, at that time

Dame *f* lady; *Tanzen:* partner; *Karten, Schach:* queen; *Spiel:* draughts, *Am.* checkers ; *m-e* ~**n u. Herren!** ladies and gentlemen!; ~**n...** *in Zssgn* ladies' ...; *Sport:* women's ...; ~**binde** *f* sanitary towel (*Am.* napkin); ⩬**haft** *adj.* lady-like; ~**ntoilette** *f* ladies' toilet (*Am.* room), *the* ladies *sg.*; ~**nwahl** *f* ladies' choice

damit 1. *adv.* with it *od.* that; *mittels:* by it, with it; **was will er** ~ **sagen?** what's he trying to say?; **wie steht es** ~**?** how about it?; ~ **einverstanden sein** have no objections; **2.** *cj.* so that; in order to *inf.*; ~ **nicht** so as not to

Damm *m* Stau⩬: dam; Fluss⩬ *etc.:* embankment

dämmer|ig *adj.* dim; ⩬**licht** *n* twilight; ~**n** *v/i. Morgen:* dawn (*a.* F *fig.: j-m* on s.o.); get* dark *od.* dusky; ⩬**ung** *f* Abend⩬: dusk; Morgen⩬: dawn

Dämon *m* demon; ⩬**isch** *adj.* demoniac(al)

Dampf *m* steam; *phys.* vapo(u)r; ⩬**en** *v/i.* steam

dämpfen *v/t. Schall:* deaden; *Stimme:* muffle; *Licht, Farbe, Schlag:* soften; *gastr.* steam, stew; *Kleidungsstück:* steam-iron; *Stimmung:* put a damper on; *Kosten etc.:* curb

Dampf|er *m* steamer, steamship; ~**kochtopf** *m* pressure cooker; ~**maschine** *f* steam engine; ~**walze** *f* steam-roller

danach *adv.* after it *od.* that; *später:* afterwards; *Ziel:* for it; *entsprechend:* according to it; *am Ziel vorbei:* beside the mark; **ich fragte ihn** ~ I asked him about it; **mir ist nicht** ~ I don't feel like it

Däne *m* Dane

daneben *adv.* next to it, beside it; *außerdem:* besides, as well, at the same time; *am Ziel vorbei:* beside the mark; ~**benehmen** F *v/refl.* misbehave, make* a fool of o.s.; ~**gehen** F *v/i. Kugel etc.:* miss (the target); F *Plan, Spaß:* misfire

Dän|emark Denmark; ~**in** *f* Danish woman *od.* girl; ⩬**isch** *adj.* Danish

Dank *m* thanks *pl.*; **Gott sei** ~**!** thank God!; **vielen** ~**!** many thanks!

dank *prp.* thanks to; ~**bar** *adj.* grateful (*j-m* to s.o.); *lohnend:* rewarding; ⩬**barkeit** *f* gratitude; ~**en** *v/i.* thanks (*j-m für et.* s.o. for s.th.); **danke (schön)** thank you (very much); **(nein,) danke** no, thank you; **nichts zu** ~ not at all

dann *adv.* then; ~ **und wann** (every) now and then

daran *adv. räumlich:* on it; *sterben, denken:* of it; *glauben:* in it; *leiden:* from it; → **liegen**; ~**gehen** *v/i.* get down to it; ~ **zu** get down to ...*ing*

darauf *adv. räumlich:* on (top of) it; *zeitlich:* after (that); *hören, antworten, trinken:* to it; *stolz:* of it; *warten:* for it; **am Tage** ~ the day after; **zwei Jahre** ~ two years later; ~ **kommt es an** that's what matters; ~**hin** *adv.* after that; *als Folge:* as a result

daraus *adv.* from (*od.* out of) it; **was ist** ~ **geworden?** what has become of it?; ~ **wird nichts!** F nothing doing!

Darbietung *f* presentation; performance

darin *adv.* in it; *betont:* in that; **gut** ~ good at it

darlegen *v/t.* explain, set out

Darlehen *n* loan (**geben** grant)

Darm *m* bowel(s *pl.*), intestine(s *pl.*); *Wurst:* skin; ~**grippe** *f* intestinal flu

darstell|en *v/t.* represent, show*, depict; *beschreiben:* describe; *Rolle:* play, do*; *grafisch:* trace, graph; ⩬**er(in)** *thea.* performer, ac|tor (-tress); ⩬**ung** *f* representation; description; account; *Porträt, Rolle:* portrayal

darüber *adv.* over *od.* above it; *quer:*

across it; *zeitlich:* in the meantime; *inhaltlich:* about it; *... und ~ ...* and more; *~ werden Jahre vergehen* that will take years

darum *adv. u. cj. räumlich:* (a)round it; *deshalb:* because of it, that's why; *~ bitten* ask for it; → *gehen*

darunter *adv.* under *od.* below it, underneath; *dazwischen:* among them; *einschließlich:* including; *... und ~ ...* and less; *was verstehst du ~?* what do you understand by it?

das → *der*

dasein *v/i.* → *da*

Dasein *n* life, existence

dass *cj.* that; *damit:* so (that); *es sei denn, ~* unless; *ohne ~* without *ger.*; *nicht ~ ich wüsste* not that I know of

dastehen *v/i.* stand* (there)

Datei *f Computer:* file; **~verwaltung** *f* file management

Daten *pl.* data *pl.* (Computer *a. sg.*), facts *pl.; Personalangaben:* particulars *pl.*; **~bank** *f* data base, data bank; **~schutz** *m* data protection; **~speicher** *m* data memory *od.* storage; **~träger** *m* data medium *od.* carrier; **~übertragung** *f* data transfer; **~verarbeitung** *f* data processing

datieren *v/t. u. v/i.* date

Dativ *gr. m* dative (case)

Dattel *f* date

Datum *n* date; *welches ~ haben wir heute?* what's the date today?

Dauer *f* duration; *Fort2:* continuance; *auf die ~* in the long run; *für die ~ von* for a period *od.* term of; *von ~ sein* last; **~arbeitslosigkeit** *f* long-term unemployment; **~auftrag** *m* standing order; **~geschwindigkeit** *mot. etc. f* cruising speed; **2haft** *adj.* lasting; *Stoff:* durable; **~karte** *f* season ticket; **~lauf** *m* jogging; *im ~* at a jog; **~lutscher** *m* lollipop

dauer|n *v/i.* last, take*; → *lange*; **2welle** *f* perm, *Am.* permanent

Daumen *m* thumb; *j-m den ~ halten* keep* one's fingers crossed (for s.o.); *am ~ lutschen* suck one's thumb

Daunen *pl.* down *sg.*; **~decke** *f* eiderdown

davon *adv.* (away) from it; *dadurch:* by it; *darüber:* about it; *fort:* away; *~... in Zssgn fahren etc.: mst* ... off; *von et.:* of

it *od.* them; *et. ~ haben* get* s.th. out of it; *das kommt ~!* there you are!, that will teach you!; *nur räumlich:* **~kommen** *v/i.* escape, get* away; **~laufen** *v/i.* run* away; **~machen** *v/refl.* make off

davor *adv.* before it; *nur räumlich:* in front of it; *sich fürchten, warnen:* of it

dazu *adv. dafür:* for it, for that purpose; *außerdem:* in addition; *noch ~* into the bargain; *~ ist es da* that's what it's there for; *... Salat ~?* ... a salad with it?; → *kommen, Lust etc.*; **~gehören** *v/i.* belong to it, be* part of it; **~gehörig** *adj.* belonging to it; *passend:* appropriate; **~kommen** *v/i.* join s.o.; *Sache:* be* added

dazwischen *adv. räumlich:* between (them); *zeitlich:* in between; *darunter:* among them; **~kommen** *v/i. Ereignis:* intervene, happen; *wenn nichts dazwischenkommt* if all goes well

DB *Abk. für Deutsche Bahn* German Rail

deal|en F *v/i.* push drugs; **2er** *m* drug dealer, F pusher

Debatt|e *f* debate; **2ieren** *v/i.* debate (*über et.*)

Debüt *n* debut (*geben* make*)

dechiffrieren *v/t.* decipher, decode

Deck *naut. n* deck

Decke *f Woll2:* blanket; *Stepp2:* quilt; *Zimmer2:* ceiling

Deckel *m* lid, cover, top

decken *v/t. u. v/i.* cover (*a. zo.*); *Sport: a.* mark; *sich ~ (mit)* coincide (with); → *Tisch*

Deckung *f* cover; *Boxen:* guard; *in ~ gehen* take* cover

defekt *adj.* defective, faulty; *Lift etc.:* out of order

Defekt *m* defect, fault

defen|siv *adj.*, **2sive** *f* defensive

defin|ieren *v/t.* define; **2ition** *f* definition

Defizit *n* deficit; *Mangel:* deficiency

Degen *m* sword; *Fechten:* épée

degradieren *v/t.* degrade (*a. fig.*)

dehn|bar *adj.* flexible, elastic (*a. fig.*); **~en** *v/t.* stretch (*a. fig.*)

Deich *m* dike; **~bruch** *m* dike breach

Deichsel *f* pole, shaft

dein *poss. pron.* your; **~er**, **~e**, **~(e)s** yours; **~erseits** *adv.* on your part; **~esgleichen** *pron. contp.* the likes of

deinetwegen

you; **⁓etwegen** *adv.* for your sake; *wegen dir*: because of you
Dekan *rel., univ. m* dean
Deklin|ation *gr. f* declension; **⁂ieren** *gr. v/t.* decline
Dekolletee *n* low neckline
Dekor|ateur *m* decorator; *Schaufenster⁂*: window dresser; **⁓ation** *f* decoration; (window) display; *thea.* scenery; **⁂ativ** *adj.* decorative; **⁂ieren** *v/t.* decorate; dress
Delfin *zo. m* dolphin
delikat *adj.* delicious, exquisite; *heikel*: delicate, ticklish; **⁂esse** *f* delicacy (*a. fig.*); **⁂essenladen** *m* delicatessen *sg.*, F deli
Delphin *m* → *Delfin*
Dement|i *n* (official) denial; **⁂ieren** *v/t.* deny (officially)
dem|entsprechend, **⁓gemäß** *adv.* accordingly; **⁓nach** *adv.* according to that; **⁓nächst** *adv.* shortly, before long
Demo F *f* demo
Demokrat *m* democrat; **⁓ie** *f* democracy; **⁂isch** *adj.* democratic
demolieren *v/t.* demolish, wreck
Demonstr|ant(in) demonstrator; **⁓ation** *f* demonstration; **⁂ieren** *v/t. u. v/i.* demonstrate
demontieren *v/t.* dismantle
demoralisieren *v/t.* demoralize
Demoskopie *f* public opinion research
Demut *f* humility, humbleness
demütig *adj.* humble; **⁓en** *v/t.* humiliate; **⁂ung** *f* humiliation
denk|bar 1. *adj.* conceivable; **2.** *adv.*: **⁓ einfach** most simple; **⁓en** *v/t. u. v/i.* think* (*an, über, of, about*); **daran** ~ (**zu**) remember (to); **⁂fabrik** *f* think tank; **⁂mal** *n* monument; *Ehrenmal*: memorial; **⁓würdig** *adj.* memorable; **⁂zettel** *fig. m* lesson
denn *cj. u. adv.* for, because; *es sei* ~, *dass* unless; *mehr* ~ *je* more than ever
dennoch *cj.* yet, still, nevertheless
Denunz|iant *m* informer; **⁂ieren** *v/t.* inform on *od.* against
Deodorant *n* deodorant
Depon|ie *f* dump, waste disposal site, *Brt. a.* tip; → *Mülldeponie*; **⁂ieren** *v/t.* deposit, leave
Depot *n* depot (*a. mil.*); *Schweiz: Pfand*: deposit
Depression *f* depression (*a. econ.*); **⁂iv** *adj.* depressive
deprimier|en *v/t.* depress; **⁓t** *adj.* depressed
der, die, das 1. *art.* the; **2.** *dem. pron.* that, this; he, she, it; *die pl.* these, those, they; **3.** *rel. pron.* who, which, that
derartig 1. *adv.* so (much); like that; **2.** *adj.* such (as this)
derb *adj.* coarse; *strapazierfähig*: tough
dergleichen *dem. pron.*: **nichts** ~ nothing of the kind
der-, die-, dasjenige *dem. pron.* the one; *diejenigen pl.* the ones, those
dermaßen *adv.* so (much), like that
Dermatologe *m* dermatologist
der-, die-, dasselbe *dem. pron.* the same
Desert|eur *m* deserter; **⁂ieren** *v/i.* desert
deshalb *cj. u. adv.* therefore, for that reason, that is why, so
Desin|fektionsmittel *n* disinfectant; **⁂fizieren** *v/t.* disinfect
Desinteress|e *n* indifference; **⁂iert** *adj.* uninterested, indifferent
destillieren *v/t.* distil(l)
desto *cj. u. adv.* → *je*
deswegen *cj. u. adv.* → *deshalb*
Detail *n* detail; **⁂iert** *adj.* detailed
Detektiv *m* detective; → *Privat⁂*
deuten 1. *v/t.* interpret; **2.** *v/i.*: ~ **auf** point at
deutlich *adj.* clear, distinct, plain
deutsch *adj.* German; *auf ⁂* in German; **⁂land** Germany; **⁂e(r)** German
Devise *f* motto
Devisen *pl. econ.* foreign currency *sg.*
Dezember *m* December
dezent *adj.* discreet, unobtrusive; *Kleidung*: conservative; *Musik*: subdued
Dezimal|... *in Zssgn Bruch, System etc.*: decimal ...; **⁓stelle** *f* decimal (place)
DGB *abk. für Deutscher Gewerkschaftsbund* Federation of German Trade Unions
d.h. *Abk. für das heißt* i.e., that is
Dia *phot. n* slide
Diagnose *f* diagnosis
diagonal *adj.*; **⁂e** *f* diagonal
Dialekt *m* dialect
Dialog *m* dialogue, *Am. a.* dialog
Diamant *m* diamond
Diaprojektor *m* slide projector

Diät f diet; *e-e ~ machen* (*~ leben*) be* on (keep* to) a diet
Diäten *parl. pl.* allowance *sg.*
dich *pers. pron.* you; *~ (selbst)* yourself
dicht 1. *adj.* dense, *Nebel. a.:* thick; *Verkehr:* heavy; *Fenster etc.:* closed, shut; **2.** *adv.:* **~ an** *od.* **bei** close to
dicht|en *v/t. u. v/i.* write* (poetry); **2er(in)** poet; writer; **~erisch** *adj.* poetic; **~e Freiheit** poetic licen|ce, *Am.* -se
dichthalten F *v/i.* keep* mum
Dichtung¹ *tech. f* seal(ing)
Dichtung² *f* poetry
dick *adj.* thick; *Person:* fat; *es macht ~* it's fattening; **2e** *f* thickness; fatness; **~fellig** *adj.* thick-skinned; **~flüssig** *adj.* thick; *tech.* viscous; **2icht** *n* thicket; **2kopf** *m* stubborn *od.* pig-headed person; **2milch** *f* soured milk
Dieb|(in) thief; **2isch** *adj.* thievish; *fig. Freude etc.:* malicious; **~stahl** *m* theft; *jur. mst* larceny
Diele *f* *Brett:* board, plank; *Vorraum:* hall, *Am. a.* hallway
dienen *v/i.* serve (*j-m* s.o.; *als* as)
Diener *m* servant; *fig.* bow (*vor* to)
Dienst *m* service; *Arbeit:* work; **~ haben** be* on duty; *im* (*außer*) *~* on (off) duty; *~ tuend* on duty; **~...** *in Zssgn Wagen, Wohnung etc.:* official ..., company ..., business ...
Dienstag *m* Tuesday
Dienst|alter *n* seniority, length of service; **2bereit** *adj.* on duty; **2eifrig** *adj.* (*contp.* over-)eager; **~grad** *m* grade, rank (*a. mil.*); **~leistung** *f* service; **2lich** *adj.* official; **~mädchen** *n* maid, *Am. a.* help; **~reise** *f* business trip; **~stunden** *f.* office hours *pl.*; **~weg** *m* official channels *pl.*
dies(er, -e, -es) *dem. pron.* this; *allein stehend:* this one; *~e pl.* these
diesig *adj.* hazy, misty
diesjährig *adj.* this year's; **~mal** *adv.* this time; **~seits** *prp.* on this side of; **2** *n* this life *od.* world
Dietrich *m* picklock, skeleton key
Differenz *f* difference; *Unstimmigkeit: a.* disagreement; **2ieren** *v/i.* distinguish
Digital... *in Zssgn Anzeige, Uhr etc.:* digital
Diktat *n* dictation; **~or** *m* dictator; **2orisch** *adj.* dictatorial; **~ur** *f* dictatorship

diktier|en *v/t. u. v/i.* dictate (*a. fig.*); **2gerät** *n* Dictaphone®
Dilettant *m* amateur; **2isch** *adj.* amateurish
DIN *Abk. für Deutsches Institut für Normung* German Institute for Standardization
Ding *n* thing; *guter ~e* in good spirits; *vor allen ~en* above all; F: *ein ~ drehen* pull a job
Dings(bums), Dingsda F *n* thingamajig, whatchamacallit
Dinosaurier *m* dinosaur
Diox|id *chem. n* dioxide (*a. in Zssgn*); **~in** *chem. n* dioxin
Diphtherie *med. f* diphtheria
Diplom *n* diploma, degree; **~...** *in Zssgn Ingenieur etc.:* qualified ..., graduate
Diplomat *m* diplomat; **~enkoffer** *m* attaché case; **~ie** *f* diplomacy; **2isch** *adj.* diplomatic (*a. fig.*)
dir *pers. pron.* (to) you; *~ (selbst)* yourself
direkt 1. *adj.* direct; *TV* live; **2.** *adv.* *geradewegs:* direct; *fig. genau, sofort:* directly, right; *TV* live; *~ gegenüber* (*von*) right across; **2ion** *f* management; **2or(in)** director, manager; *Schule:* headmaster (-mistress), *bsd. Am.* principal; **2übertragung** *TV f* live transmission *od.* broadcast
Dirig|ent(in) conductor; **2ieren** *v/t. u. v/i. mus.* conduct; *lenken:* direct
Dirne *f* prostitute, whore
Disharmoni|e *f mus.* dissonance (*a. fig.*); **2sch** *adj.* discordant
Diskette *f* diskette, floppy (disk); **~nlaufwerk** *n* disk drive
Diskont *econ. m* discount (*a. in Zssgn*)
Disko(thek) *f* disco(theque)
diskret *adj.* discreet; **2ion** *f* discretion
diskriminier|en *v/t.* discriminate against; **~ung** *f* discrimination (*von* against)
Diskussion *f* discussion, debate; **~sleiter(in)** (panel) chairman
Diskuswerfen *n* discus throwing
diskutieren *v/t. u. v/i.* discuss
Disqualifi|kation *f* disqualification (*wegen* for); **2zieren** *v/t.* disqualify
Distanz *f* distance (*a. fig.*); **2ieren** *v/refl.:* distance o.s. (*von* from)
Distel *f* thistle
Distrikt *m* district

Disziplin f discipline; *Sport*: event; **⁀iert** adj. disciplined
divers adj. various; several
Divid|ende econ. f dividend; **⁀ieren** v/t. divide (**durch** by)
Division math., mil. f division
DJH Abk. für **Deutsches Jugendherbergswerk** German Youth Hostel Association
DM Abk. für **Deutsche Mark** German mark(s)
doch cj. u. adv. but, however; yet; **kommst du nicht (mit)? - ~!** aren't you coming? - (oh) yes, I am!; **ich war es nicht - ~!** I didn't do it - yes, you did!, Am. a. you did too!; **er kam also ~?** so he did come after all?; **du kommst ~?** you're coming, aren't you?; **kommen Sie ~ herein!** do come in!; **wenn ~ ...!** wünschend: if only ...!
Docht m wick
Dock naut. n dock
Dogge zo. f mastiff; Great Dane
Dogma n dogma; **⁀tisch** adj. dogmatic
Dohle zo. f (jack)daw
Doktor m doctor; Grad: doctor's degree; **~arbeit** f (doctoral od. PhD) thesis
Dokument n document; **~ar... in Zssgn** Film etc.: documentary
Dolch m dagger
Dollar m dollar
Dolmetsch östr. m interpreter; **⁀en** v/i. interpret; **⁀er(in)** interpreter
Dom m cathedral; △ **nicht** dome
dominierend adj. (pre)dominant
Domp|teur m, **~teuse** f animal tamer od. trainer
Donner m thunder; **⁀n** v/i. thunder (a. fig.); **~stag** m Thursday; **~wetter** F n dressing-down; **~!** wow!
doof F adj. stupid, Am. a. dumb
Doppel n duplicate; Tennis etc.: doubles pl.; **~... in Zssgn** Bett, Zimmer etc.: double ...; **~decker** m aviat. biplane; double-decker (bus); **~gänger** m double, look-alike; **~haus** n pair of semis, Am. duplex; **~haushälfte** f semidetached (house), F semi; **~pass** m Fußball: wall pass; **~punkt** m colon; **~stecker** m electr. m two-way adapter
doppelt adj. double; **~ so viel (wie)** twice as much (as)
Doppelverdiener pl. two-income family sg.

Dorf n village; **~bewohner(in)** villager
Dorn m thorn (a. fig.); Schnalle: tongue; Schuh: spike; **⁀ig** adj. thorny (a. fig.)
Dorsch zo. m cod(fish)
dort adv. there; **~ drüben** over there; **~her** adv. from there; **~hin** adv. there; **bis ~** up to there od. that point
Dose f can, Brt. a. tin; **~n... in Zssgn** canned, Brt. a. tinned
dösen F v/i. doze
Dosenöffner m tin (Am. can) opener
Dosis f dose (a. fig.)
Dotter m, n yolk
Double n Film: stunt man (od. woman)
Dozent(in) (university) lecturer, Am. a. assistant professor
Dr. Abk. für **Doktor** Dr., Doctor
Drache m dragon; **~n** m kite; Sport: hang glider; **e-n ~n steigen lassen** fly* a kite; **~nfliegen** n hang gliding
Draht m wire; F: **auf ~ sein** be* on the ball; **⁀ig** fig. adj. wiry; **⁀los** adj. wireless; **~seil** n tech. cable; Zirkus: tightrope; **~seilbahn** f cable railway; **~zieher** F fig. m wirepuller
drall adj. buxom, strapping
Drall m twist, spin (a. Sport)
Drama n drama; **~tiker(in)** dramatist, playwright; **⁀tisch** adj. dramatic
dran F adv. → **daran**; **du bist ~** it's your turn; fig. you're in for it
Drang m urge, drive (**nach** for)
dräng|eln v/t. u. v/i. push, shove; **j-n zu et. ~** pester s.o. to do s.th.; **~en** v/t. u. v/i. push, shove; **j-n zu et. ~**: press, urge; **sich ~** press; Zeit: be* pressing; **durch et. ~**: force one's way
drankommen F v/i. have* one's turn; **als Erster ~** be* first
drastisch adj. drastic
drauf F adv. → **darauf**; **~ und dran sein, et. zu tun** be* just about to do s.th.; **⁀gänger** m daredevil
draus F adv. → **daraus**
draußen adv. outside; outdoors; **da ~** out there; **bleib(t) ~!** keep out!
drechs|eln v/t. turn (on a lathe); **⁀ler** m turner
Dreck F m dirt; stärker: filth (a. fig.); Schlamm: mud; fig. trash; **⁀ig** F adj. dirty; filthy (beide a. fig.)
Dreh|arbeiten pl. shooting sg.; **~bank** tech. f lathe; **⁀bar** adj. revolving, rotating; **~buch** n script; **⁀en** v/t. turn;

Film: shoot*; *Zigarette*: roll; **sich ~** turn, rotate; *schnell*: spin*; **sich ~ um** *fig.* be* about; → *Ding*; **~er** *m* turner; **~kreuz** *n* turnstile; **~orgel** *f* barrel-organ; **~ort** *m* location; **~strom** *electr. m* three-phase current; **~stuhl** *m* swivel chair; **~tür** *f* revolving door; **~ung** *f* turn; *um e-e Achse*: rotation; **~zahl** *tech. f* (number of) revolutions; **~zahlmesser** *mot. m* rev(olution) counter
drei *adj.* three
Drei *f Note*: fair, C
drei|beinig *adj.* three-legged; **~dimensional** *adj.* three-dimensional; **2eck** *n* triangle; **~eckig** *adj.* triangular; **~erlei** *adj.* three kinds of; **~fach** *adj.* threefold, triple; **2gang...** *tech.* in *Zssgn* three-speed ...; **2kampf** *m* triathlon; **2rad** *n* tricycle; **2satz** *math. m* rule of three; **~silbig** *adj.* trisyllabic; **2sprung** *m* triple jump
dreißig *adj.* thirty; **~ste** *adj.* thirtieth
dreist *adj.* brazen (*a. Lüge*), impertinent
dreistufig *adj.* three-stage
dreizehn(te) *adj.* thirteen(th)
dresch|en *v/t. u. v/i.* thresh; *prügeln*: thrash; **2maschine** *f* threshing machine
dress|ieren *v/t.* train; **2man** *m* male model; **2ur** *f* training; *Nummer*: act; **2urreiten** *n* dressage
dribb|eln *v/i.*, **Dribbling** *n* dribble
drillen *mil. v/t.* drill (*a. fig.*)
Drillinge *pl.* triplets *pl.*
drin F *adv.* → *darin*; *das ist nicht ~! fig.* no way!
dringen *v/i.*: **~ auf** insist on; **~ aus** *Geräusch*: come* from; **~ durch** force one's way through, penetrate, pierce; **~ in** penetrate into; **darauf ~, dass** urge that; **~d** *adj.* urgent, pressing; *Verdacht, Rat, Grund*: strong
drinnen F *adv.* inside; indoors
dritte *adj.* third; *wir sind zu dritt* there are three of us; **2l** *n* third; **~ns** *adv.* thirdly; **2 Welt** Third World; **2-Welt-Laden** *m* third world shop
Droge *f* drug
drogen|abhängig *adj.* addicted to drugs; **~ sein** be* a drug addict; **2abhängige(r)** drug addict; **2missbrauch** *m* drug abuse; **~süchtig** *adj.* → *drogenabhängig*; **2tote(r)** drug victim

Drog|erie *f* chemist's (shop), *Am.* drugstore; **~ist** *m* chemist, *Am.* druggist
drohen *v/i.* threaten, menace
dröhnen *v/i. Motor, Stimme etc.*: roar
Drohung *f* threat (*gegen* to), menace
drollig *adj.* funny, droll
Dromedar *zo. n* dromedary
Drossel *zo. f* thrush
drosseln *tech. v/t.* throttle
drüben *adv.* over there (*a. fig.*)
drüber F *adv.* → *darüber*, *drunter*
Druck *m* pressure; *Buch2 etc.*: printing; *Kunst2 etc.*: print; **~buchstabe** *m* block letter
Drückeberger F *m* shirker
drucken *v/t.* print; **~ lassen** have* *s.th.* printed *od.* published
drücken *v/t.* press; *Knopf*: a. push; *Schuh*: pinch; *Preis, Leistung etc.*: force down; *j-m die Hand ~* shake* hands with s.o.; **F sich ~ vor et.** shirk (doing) *s.th.*; *aus Angst*: F chicken out of *s.th.*
drückend *adj.* heavy, oppressive
Drucker *m* printer (*a. Computer*)
Drücker *m Tür*: latch; *Gewehr*: trigger; F *Abonnement-Verkäufer*: hawker
Druckerei *f* printers *pl.*
Druck|fehler *m* misprint; **~kammer** *f* pressurized cabin; **~knopf** *m* press stud, *Am.* snap fastener; *tech.* (push) button; **~luft** *f* compressed air; **~sache** *post f* printed matter, *Am. a.* second-class matter; **~schrift** *f* block letters *pl.*; **~taste** *f* push button
drunter F *adv.* → *darunter*; *es ging ~ und drüber* it was absolutely chaotic
Drüse *anat. f* gland
Dschungel *m* jungle (*a. fig.*)
Dschunke *naut. f* junk
du *pers. pron.* you
Dübel *tech. m*, **2n** *v/t.* dowel
ducken *v/refl.* duck; *fig.* cringe (*vor* before); *zum Sprung*: crouch
Duckmäuser *m* coward; yes-man
Dudelsack *mus. m* bagpipes *pl.*
Duell *n* duel; **2ieren** *v/refl.* fight a duel
Duett *mus. n* duet
Duft *m* scent, fragrance, smell (*nach* of); **2en** *v/i.* smell* (*nach* of); **2end** *adj.* fragrant; **2ig** *adj.* dainty
duld|en *v/t.* tolerate, put* up with; *leiden*: suffer; **~sam** *adj.* tolerant
dumm *adj.* stupid, *Am.* F dumb; **2heit** *f*

Dummkopf

stupidity, *Handlung*: stupid *od.* foolish thing; *Unwissenheit*: ignorance; ⁏**kopf** *m* fool, blockhead

dumpf *adj.* dull; *Ahnung*: vague

Düne *f* (sand) dune

Dung *m* dung, manure

düng|en *v/t.* fertilize; *natürlich*: manure; ⁏**er** *m* fertilizer; manure

dunkel *adj.* dark (*a. fig.*)

Dunkel|heit *f* dark(ness); ⁏**kammer** *phot. f* darkroom; ⁏**ziffer** *f* number of unreported cases

dünn *adj.* thin; *Kaffee etc.*: weak

Dunst *m* haze, mist; *chem.* vapo(u)r

dünsten *v/t.* stew, braise

dunstig *adj.* hazy, misty

Duplikat *n* duplicate; *Kopie*: copy

Dur *mus.* n major (key)

durch *prp. u. adv.* through; *quer* ⁏: across; *math.* divided by; ⁏ *j-n od. et.* by s.o. *od.* s.th.; ⁏ **und** ⁏ through and through; *Fleisch*: (well) done

durcharbeiten 1. *v/t.* study thoroughly; *sich* ⁏ **durch** *Buch etc.*: work (one's way) through; **2.** *v/i.* work without a break

durchaus *adv.* absolutely, quite; ⁏ **nicht** by no means

durch|blättern *v/t. Buch etc.*: leaf *od.* thumb through; ⁏**blick** *fig. m* grasp of *s.th.*; ⁏**blicken** *v/i.* look through; ⁏ **lassen** give* to understand; *ich blicke (da) nicht durch* I don't get it; ⁏**bohren** *v/t.* pierce; *durchlöchern*: perforate; *mit Blicken* ⁏ look daggers at; ⁏**braten** *v/t.* roast thoroughly; ⁏**brechen** *v/t. u. v/i.* break* (in two); *Mauer etc.*: break* through; ⁏**brennen** *v/i. Sicherung*: blow*; *Reaktor*: melt down; F *fig.* run* away; ⁏**bringen** *v/t.* get* (*Kranken*: pull) through; *Geld*: go* through; *Familie*: support; ⁏**bruch** *m* breakthrough (*a. fig.*); ⁏**dacht** *adj.* (well) thought-out; ⁏**drehen 1.** *v/t. Räder*: spin*; *F nervlich*: crack up, flip; **2.** *v/t. Fleisch*: mince, *bsd. Am.* grind*; ⁏**dringend** *adj.* piercing

Durcheinander *n* confusion, mess

durcheinander *adv.* confused; *Dinge*: (in) a mess; ⁏ **bringen** confuse, mix up; *Pläne*: mess up

durchfahr|en *v/t. u. v/i.* go* (*od.* pass, *mot. a.* drive*) through; ⁏**t** *f* passage; ⁏ **verboten** no thoroughfare

Durchfall *m med.* diarrh(o)ea; ⁏**en** *v/i.* fall* through; *Prüfling*: fail, *bsd. Am.* F flunk; *Stück etc.*: be* a flop; *j-n* ⁏ **lassen** fail (*bsd. Am.* F flunk) s.o.

durch|fragen *v/refl.* ask one's way (*nach, zu* to)

durchführ|bar *adj.* practicable, feasible; ⁏**en** *v/t.* carry out, do*

Durchgang *m* passage, *fig.*, *Sport*: round; ⁏**s...** *in Zssgn Verkehr etc.*: through ...; *Lager etc.*: transit ...

durchgebraten *adj.* well done

durchgehen 1. *v/i.* go* through (*a. rail. u. parl.*); *fig. a. Gefühle*: run* away (*mit* with); *Pferd*: bolt; **2.** *v/t. prüfend*: go* *od.* look through; ⁏ **lassen** tolerate; ⁏**d** *adj.* continuous; ⁏**er Zug** through train; ⁏ **geöffnet** open all day

durchgreifen *fig. v/i.* take* drastic measures; ⁏**d** *adj.* drastic; radical

durch|halten *v/t.* keep* up; **2.** *v/i.* hold* out; ⁏**hängen** *v/i.* sag; F *fig.* → ⁏**hänger** F *m*: *e-n* ⁏ **haben** have* a low; ⁏**kämpfen** *v/t.* fight* out; *sich* ⁏ fight* one's way through; ⁏**kommen** *v/i.* come* through (*a. Patient etc.*); *durch Verkehr, Schwierigkeiten, Prüfung etc.*: get* through; *mit Geld, Sprache etc.*: get* along; *mit Lüge etc.*: get* away; ⁏**kreuzen** *v/t. Plan etc.*: cross, thwart; ⁏**lassen** *v/t.* let* pass, let* through; ⁏**lässig** *adj.* permeable (*für* to); *undicht*: leaky

durch|laufen 1. *v/i.* run* through; **2.** *v/t. Schule etc.*: pass through; *Schuhe*: wear* through; **2lauferhitzer** *m* (instant) water heater, *Brt. a.* geyser; ⁏**lesen** *v/t.* read* through; ⁏**leuchten** *v/t. med.* X-ray; *fig.* screen; ⁏**löchern** *v/t.* perforate, make* holes in; ⁏**machen** *v/t.* go* through; *viel* ⁏ suffer a lot; *die Nacht* ⁏ make* a night of it

Durchmesser *m* diameter

durch|nässen *v/t.* soak; ⁏**nehmen** *v/t. a.* deal with; ⁏**pausen** *v/t.* trace; ⁏**queren** *v/t.* cross; **2reiche** *f* hatch

Durch|reise *f*: *ich bin nur auf der* ⁏ I'm only passing through; **2reisen** *v/t.* travel through; ⁏**reisevisum** *n* transit visa

durch|reißen *v/t.* tear* (in two), ⁏**ringen** *v/refl.*: *sich zu et.* ⁏ bring* o.s. to do s.th.; **2sage** *f* announcement; ⁏**schauen** *v/t. fig. j-n etc.*: see* through

durchscheinen v/i. shine* through; ~d adj. transparent
durch|scheuern v/t. Haut: chafe; Stoff: wear* through; ~**schlafen** v/i. sleep* through
Durchschlag m (carbon) copy; 2en **1.** v/t. zerschlagen: cut* in two; Kugel etc.: go* through, pierce; **sich ~ nach** make* one's way to; **2.** v/i. Charakter: come* through; 2end adj. Erfolg etc.: sweeping; wirkungsvoll: effective; ~**papier** n carbon paper
durchschneiden v/t. cut* (through); j-m die Kehle ~ cut* s.o.'s throat
Durchschnitt m average (a. ~**s...** in Zssgn); **im (über, unter dem) ~** on an (above, below) average; **im ~ betragen, verdienen** average; 2lich **1.** adj. average; ordinary; **2.** adv. on an average
Durch|schrift f (carbon) copy; 2**sehen** v/t. look at od. go* through; prüfen: check; ~**setzen** v/t. Plan etc.: put* (mit Gewalt: push) through; **seinen Kopf ~** have* one's way; sich ~ get* one's way; Erfolg haben: be* successful; **sich ~ können** have authority (**bei** over); 2**setzt** adj.: ~ **mit** interspersed with

durchsichtig adj. transparent (a. fig.); klar: clear; Bluse etc.: see-through
durch|sickern v/i. seep through; Nachrichten etc.: leak out; ~**sieben** v/t. sift; mit Kugeln: riddle; ~**sprechen** v/t. discuss, talk over; ~**starten** aviat. v/i. climb and reaccelerate; ~**stechen** v/t. stick* through; Ohrläppchen: pierce; ~**stecken** v/t. stick* through; ~**stehen** v/t. go* through; ~**stoßen** v/t. u. v/i. break* through (a. mil. u. Sport); ~**streichen** v/t. cross out
durchsuch|en v/t. search; nach Waffen: F frisk; 2**ung** f search; 2**ungsbefehl** m search warrant
durchtreten v/t. Schuh: wear* out; Pedal: floor; Starter: kick
durchtrieben adj. cunning, sly

durchwachsen adj. Speck: streaky
Durch|wahl f tel. direct dial(l)ing; 2**wählen** v/i. dial direct; ~**wahlnummer** f direct dial number; extension
durchweg adv. without exception
durch|weicht adj. soaked, drenched; ~**wühlen** v/t. rummage through; ~**zählen** v/t. count up (Am. off); ~**ziehen 1.** v/t. pass through; **2.** v/t. pull s.th. through; fig. carry s.th. through (to the end); ~**zucken** v/t. flash through
Durchzug m draught, Am. draft
durchzwängen v/refl.: **sich ~** squeeze o.s. through

dürfen v/aux. be* allowed od. permitted to; **darf ich?** may I?; **ja (,du darfst)** yes, you may; **du darfst nicht** you must not od. aren't allowed to; **dürfte ich ...?** could I ...?; **das dürfte genügen** that should be enough
dürftig adj. poor; spärlich: scanty
dürr adj. dry; Boden etc.: barren, arid; mager: skinny; 2**e** f Trockenzeit: drought; barrenness
Durst m thirst (**auf** for); **~ haben** be* thirsty; 2**ig** adj. thirsty
Dusche f shower; 2**n** v/refl. u. v/i. have* od. take* a shower
Düse f tech. nozzle; Spritz2: jet; 2**n** v/i. jet; ~**nantrieb** m jet propulsion; **mit ~** jet-propelled; ~**nflugzeug** n jet (plane); ~**njäger** m jet fighter; ~**ntriebwerk** n jet engine
düster adj. dark, gloomy (beide a. fig.); Licht: dim; trostlos: dismal
Dutzend n dozen; **ein ~ Eier** a dozen eggs; 2**weise** adv. by the dozen
Duvet n Schweiz: blanket, quilt
duzen v/t. use the familiar 'du' with s.o.; **sich ~** be* on 'du' terms
Dynami|k phys. f dynamics sg.; fig. dynamism; 2**sch** adj. dynamic
Dynamit n dynamite
Dynamo m dynamo, generator
D-Zug m express train

E

Ebbe f ebb; *Niedrigwasser*: low tide
eben 1. *adj.* even; *flach*: flat; *math.* plane; *zu ~er Erde* on the ground (*Am.* first) floor; **2.** *adv.* just; *an ~ dem Tag* on that very day; *so ist es ~* that's the way it is; *gerade ~ so od. noch* just barely; **2bild** n image; **~bürtig** *adj.*: *j-m ~ sein* be* a match for s.o., be* s.o.'s equal
Ebene f plain; *math.* plane; *fig.* level
eben|erdig *adj. u. adv.* at street level; on the ground (*Am.* first) floor; **~falls** *adv.* as well, too; *danke, ~!* thank you, (the) same to you!; **2holz** n ebony; **2maß** n symmetry; harmony; *der Züge*: regularity; **~mäßig** *adj.* symmetrical; harmonious; regular
ebenso *adv. u. cj.* just as; *ebenfalls*: as well; *~ gern, ~ gut* just as well; *~ sehr, ~ viel* just as much; *~ wenig* just as little *od.* few (*pl.*); *~ wie* in the same way as
Eber zo. m boar
ebnen v/t. even, level; *fig.* smooth
Echo n echo; *fig.* response
echt *adj.* genuine (*a. fig.*), real; *wahr*: true; *rein*: pure; *wirklich*: real; *Farbe*: fast; *Dokument*: authentic; F: *~ gut* real good; **2heit** f genuineness; authenticity
Eck|ball m *Sport*: corner (kick); **~e** f corner (*Sport*: *lange* far; *kurze* near); *Kante*: edge; *s.* **Eckball**; **2ig** *adj.* square, angular; *fig.* awkward; **~stein** m corner-stone; **~zahn** m canine tooth
edel *adj.* noble; *min.* precious; **2metall** n precious metal; **2stahl** m stainless steel; **2stein** m precious stone; *geschnittener*: gem
EDV *Abk. für* **Elektronische Datenverarbeitung** EDP, electronic data processing
Efeu m ivy
Effekt m effect; **~hascherei** f (cheap) showmanship, claptrap; **2iv 1.** *adj.* effective; **2.** *adv.* actually; **~ivität** f effectiveness; **2voll** *adj.* effective, striking
EG *hist. Abk. für* **Europäische Gemeinschaft** EC, European Community
egal F *adj.*: *~ ob* (*warum, wer etc.*) no matter if (why, who, *etc.*); *das ist ~* it doesn't matter; *das ist mir ~* I don't care, it's all the same to me
Egge f, **2n** v/t. harrow
Egois|mus m ego(t)ism; **~t(in)** ego(t)ist; **2tisch** *adj.* selfish, ego(t)istic(al)
ehe *cj.* before; *nicht, ~* not until
Ehe f marriage (*mit* to); **~beratung** f marriage guidance (*Am.* counseling); **~brecher(in)** adulter|er (-ess); **2brecherisch** *adj.* adulterous; **~bruch** m adultery; **~frau** f wife; **~krach** m marital row(s *pl.*); **~leute** *pl.* married couple *sg.*; **2lich** *adj.* conjugal; *Kind*: legitimate
ehemal|ig *adj.* former, ex-...; **~s** *adv.* formerly
Ehe|mann m husband; **~paar** n (married) couple
eher *adv.* earlier, sooner; *je ~, desto lieber* the sooner the better; *nicht ~ als* not until *od.* before
Ehering m wedding ring
ehrbar *adj.* respectable
Ehre f hono(u)r; *zu ~n* (*von*) in hono(u)r of; **2n** v/t. hono(u)r; *achten*: respect
ehren|amtlich *adj.* honorary; **2bürger** m honorary citizen; **2doktor** m honorary doctor; **2gast** m guest of hono(u)r; **2kodex** m code of hono(u)r; **2mann** m man of hono(u)r; **2mitglied** n honorary member; **2platz** m place of hono(u)r; **2rechte** *pl.* civil rights *pl.*; **2rettung** f rehabilitation; **~rührig** *adj.* defamatory; **2runde** f lap of hono(u)r; **2sache** f point of hono(u)r; **2tor** n, **2treffer** m consolation goal; **~wert** *adj.* hono(u)rable; **2wort** n word of hono(u)r; F *~!* cross my heart!
ehr|erbietig *adj.* respectful; **2furcht** f respect (*vor* for); awe (of); **~gebietend** awe-inspiring, awesome; **~fürchtig** *adj.* respectful; **2gefühl** n sense of hono(u)r; **2geiz** m ambition; **~geizig** *adj.* ambitious
ehrlich *adj.* honest; *offen: a.* frank; *Kampf*: fair; F: *~!(?)* honestly!(?); **2keit** f honesty; fairness

Ehr|ung f hono(u)r(ing); **2würdig** adj. venerable
Ei n egg; V **⁓er** *Hoder:* balls
Eich|e f *bot.* f oak(-tree); **⁓el** f *bot.* acorn; *Karten:* club(s *pl.*); *anat.* glans (penis)
eichen v/t. ga(u)ge
Eich|hörnchen n squirrel; **⁓maß** n standard (measure)
Eid m oath (*ablegen* take*)
Eidechse f lizard
eidesstattlich *jur.* adj.: **⁓e Erklärung** statutory declaration
Eidotter m, n (egg) yolk
Eier|becher m eggcup; **⁓kuchen** m pancake; **⁓laufen** n egg-and-spoon race; **⁓likör** m eggnog; **⁓schale** f eggshell; **⁓stock** *anat.* m ovary; **⁓uhr** f egg timer
Eifer m zeal, eagerness; *glühender* **⁓** ardo(u)r; **⁓sucht** f jealousy; **2süchtig** adj. jealous (**auf** of)
eifrig adj. eager, zealous; ardent
Eigelb n (egg) yolk
eigen adj. own, of one's own; **⁓tümlich:** peculiar; (*über*)*genau:* particular, F fussy; **⁓ ⁓** *in Zssgn staats⁓ etc.:* ...-owned; **2art** f peculiarity; **2artig** adj. peculiar; *seltsam:* strange; **⁓artigerweise** adv. strangely enough; **2bedarf** m personal needs *pl.*; **2gewicht** n dead weight; **⁓händig 1.** adj. *Unterschrift etc.:* personal; **2.** adv. personally, with one's own hands; **⁓ geschrieben** in one's own hand; **2heim** n home (of one's own); **2liebe** f self-love; **2lob** n self-praise; **⁓mächtig** adj. arbitrary; **2name** m proper noun; **2nützig** adj. selfish
eigens adv. (e)specially, expressly
Eigenschaft f quality; *tech., phys. chem.* property; *in s-r* **⁓** *als* in his capacity as; **⁓swort** *gr.* n adjective
Eigensinn m stubbornness; **2ig** adj. stubborn, obstinate
eigentlich 1. adj. *wirklich:* actual, true, real; *genau:* exact; **2.** adv. actually, really; *ursprünglich:* originally
Eigentor n own goal (*a. fig.*)
Eigentum n property
Eigentüm|er(in) owner, proprietor (-ress); **2lich** adj. peculiar; *seltsam:* strange, odd; **⁓lichkeit** f peculiarity
Eigentumswohnung f owner-occupied flat, *Am.* condominium, F condo

Einbruch

eigenwillig adj. wil(l)ful; *Stil etc.:* individual, original
eign|en v/refl.: *sich* **⁓** *für* be* suited *od.* fit for; **2ung** f suitability; *Person: a.* aptitude, qualification; **2ungsprüfung** f, **2ungstest** m aptitude test
Eil|bote m: *durch* **⁓n** by special delivery; **⁓brief** m express (*Am.* special delivery) letter
Eil|e f haste, hurry; **2n** v/i. hurry, hasten, rush; *Angelegenheit:* be* urgent; **2ig** adj. hurried, hasty; *dringend:* urgent; *es* **⁓ haben** be* in a hurry; **⁓zug** m semifast train, *Am.* limited
Eimer m bucket, pail
ein 1. adj. one; **2.** *indef. art.* a, an; **3.** adv. „, **⁓/ aus** "on / off"; **⁓ und aus gehen** come and go; *nicht mehr* **⁓** *noch aus wissen* be* at one's wits' end
einander pron. each other, *bsd. mehrere:* one another
ein|arbeiten v/t. train, acquaint *s.o.* with his work, F break *s.o.* in; *sich* **⁓** work o.s. in; **⁓armig** adj. one-armed; **⁓äschern** v/t. *Leiche:* cremate; **2äscherung** f cremation; **⁓atmen** v/t. inhale, breathe; **⁓äugig** adj. one-eyed
Einbahnstraße f one-way street
einbalsamieren v/t. embalm
Einband m binding, cover
Einbau m installation, fitting; **⁓...** *in Zssgn Möbel etc.:* built-in ...; **2en** v/t. build* in, instal(l), fit
einberuf|en v/t. *mil.* call up, *Am.* draft; *Sitzung etc.:* call; **2ung** *mil.* f call-up (orders *pl.*); *Am.* draft (orders *pl.*)
ein|beziehen v/t. include; **⁓biegen** v/i. turn (*in* into)
einbild|en v/refl. imagine; *sich et.* **⁓ auf** be* conceited about; *darauf kannst du dir et.* **⁓** *(brauchst du dir nichts einzubilden)* that's s.th. (nothing) to be proud of; **2ung** f imagination, fancy; *Dünkel:* conceit
einblenden v/t. *TV etc.* fade in
Einblick m insight (*in* into)
ein|brechen v/i. *Dach etc.:* collapse; *Winter:* set* in; **⁓** *in Haus etc.:* break* into, burgle; *auf dem Eis:* fall* through (the ice); **2brecher** m burglar; **⁓bringen** v/t. bring* in; *Gewinn etc.:* yield; **2bruch** m burglary; *bei* **⁓** *der Nacht* at nightfall

einbürger|n *v/t.* naturalize; ***sich ~ fig.*** come* into use; **Ձung** *f* naturalization
Ein|buße *f* loss; **Ձbüßen** *v/t.* lose*
ein|dämmen *v/t.* dam (up) (*a. fig.*); *Fluss*: embank; *fig. a.* get* under control; **~decken** *fig. v/t.* provide (***mit*** with); **~deutig** *adj.* clear; **~drehen** *v/t. Haar*: put* in curlers
E
eindring|en *v/i.*: ***~ in*** enter (*a. Wasser, Keime etc.*); *gewaltsam*: force one's way into; *mil.* invade; **~lich** *adj.* urgent; **Ձling** *m* intruder; *mil.* invader
Eindruck *m* impression
ein|drücken *v/t.* break* *od.* push in; **~drucksvoll** *adj.* impressive; **~eiig** *adj. Zwillinge*: identical; **~einhalb** *adj.* one and a half; **~engen** *v/t.* confine, restrict
ein|er, ~e, ~(e)s *indef. pron.* one
Einer *m math.* unit; *Rudern*: single sculls *pl.*
einerlei *adj.*: ***ganz ~*** all the same; ***~ ob*** no matter if
Einerlei *n*: ***das tägliche ~*** the daily grind *od.* rut
einerseits *adv.* on the one hand
einfach *adj.* simple; *leicht*: *a.* easy; *schlicht*: *a.* plain; *Fahrkarte*: single, *Am.* one-way; **Ձheit** *f* simplicity
einfädeln *v/t.* thread; *fig.* start, set* afoot; *geschickt*: contrive; *mot.* merge
ein|fahren 1. *v/t. Auto*: run* in; *Ernte*: bring* in; **2.** *v/i.* come* in, *rail. a.* pull in; **Ձfahrt** *f* entrance, way in
Einfall *m* idea; *mil.* invasion; **Ձen** *v/i.* fall* in; *einstürzen*: *a.* collapse; *mus.* join in; ***~ in*** *mil.* invade; ***ihm fiel ein, dass*** it came to his mind that; ***mir fällt nichts ein*** I have no ideas; ***es fällt mir nicht ein*** I can't think of it; ***dabei fällt mir ein*** that reminds me; ***was fällt dir ein?*** what's the idea?
einfältig *adj.* simple-minded; stupid
Einfamilienhaus *n* detached house
ein|farbig *adj.* self-coloured, *Am.* solid-colored; **~fassen** *v/t.* border; **~fetten** *v/t.* grease; **~finden** *v/refl.* appear, arrive; **~flechten** *fig. v/t.* work in; **~fliegen** *v/t.* fly* in; **~fließen** *v/i.*: ***et. ~ lassen*** slip s.th. in; **~flößen** *v/t.* pour (***j-m*** into s.o.'s mouth); *Respekt etc.*: fill with
Einfluss *fig. m* influence; **Ձreich** *adj.* influential
ein|förmig *adj.* uniform; **~frieren 1.** *v/i.* freeze* (in); **2.** *v/t.* freeze* (*a. fig.*); **~fügen** *v/t.* put* in; *fig.* insert; ***sich ~*** fit in; *in e-e Gruppe*: adjust (o.s.) (***in*** to); **Ձfügetaste** *f Computer*: insert key; **~fühlsam** *adj.* sympathetic; **Ձfühlungsvermögen** *n* empathy
Einfuhr *econ. f* import(ation)
einführen *v/t.* introduce; *ins Amt*: instal(l); *Gegenstand*: insert; *econ.* import
Einfuhrstopp *econ. m* import ban
Einführung *f* introduction; **~s...** *in Zssgn Kurs, Preis etc.*: introductory
Eingabe *f* petition; *Computer*: input; **~taste** *f Computer*: enter *od.* return key
Eingang *m* entrance; *econ.* arrival; *Brief etc.*: receipt; **Ձs** *adv.* at the beginning
eingeben *v/t. Arznei etc.*: administer (*dat.* to); *Daten etc.*: feed*, enter
einge|bildet *adj.* imaginary; *dünkelhaft*: conceited (***auf*** of); ***~er Kranker*** hypochondriac; **Ձborene(r)** native
Eingebung *f* inspiration; impulse
einge|fallen *adj. Wangen*: sunken, hollow; **~fleischt** *adj. Junggeselle etc.*: confirmed
eingehen 1. *v/i. Post, Waren*: come* in, arrive; *Pflanze, Tier*: die; *Stoff*: shrink*; *Firma*: close down; ***~ auf*** *Vorschlag*: agree to; *Einzelheiten*: go* into; *j-n*: listen to; **2.** *v/t. Vertrag etc.*: enter into; *Wette*: make*; *Risiko*: take*; **~d** *adj.* thorough
einge|macht *adj.* preserved; **~meinden** *v/t.* incorporate (***in*** into)
einge|nommen *adj.* partial (***für*** to); prejudiced (***gegen*** against); ***von sich ~*** full of o.s.; **~schlossen** *adj.* locked in; *Bergleute etc.*: trapped; *Preis*: included; **~schnappt** F *adj.* sulky; **~schrieben** *adj.* registered; **~spielt** *adj.*: (***gut***) ***aufeinander ~ sein*** work well together, be* a good team; **~stellt** *adj.*: ***~ auf*** prepared for; ***~ gegen*** opposed to
Eingeweide *pl.* intestines *pl.*, guts *pl.*
Eingeweihte(r) insider
einge|wöhnen *v/refl.*: ***sich ~ in*** *Ort, Beruf*: get* used to, settle in
ein|gießen *v/t.* pour; **~gleisig** *adj.* single-track (*a. fig.*); **~gliedern** *v/t.* integrate; **~gliederung** *f* integration

ein|graben v/t. bury; **~gravieren** v/t. engrave

eingreifen v/i. step in, interfere

Eingriff m intervention. interference; med. operation

einhaken v/t. hook in; **sich ~** link arms; *bei j-m*: take* s.o.'s arm

Einhalt m: **~ gebieten** put* a stop (dat. to); **2en** v/t. Termin, Regel: keep*

ein|hängen 1. v/t. hang* in (Hörer: up); **sich ~** → **einhaken**; **2.** tel. v/i. hang* up

einheimisch adj. native, local; Industrie, Markt: home, domestic; **2e(r)** local, native

Einheit f Maß2: unit; pol. unity; Ganzes: a. whole; **2lich** adj. uniform; geschlossen: homogeneous; **~s...** in Zssgn Preis etc.: standard

einhellig adj. unanimous

einholen v/t. catch* up with (a. fig.); Zeitverlust: make* up for; Auskünfte: make* (*über* about); Rat: seek* (*bei* from); Erlaubnis: ask for; Segel, Fahne: strike*; 2 **gehen** go* shopping

Einhorn myth. n unicorn

einhüllen v/t. wrap (up); fig. shroud

einig adj.: **sich ~ sein** agree; **sich nicht ~ sein** disagree, differ

einige indef. pron. some, a few, several

einigen v/t.: **sich ~ über** agree on

einigermaßen adv. quite, fairly; Befinden etc.: not too bad

einiges indef. pron. some(thing); viel: quite a lot

Einig|keit f unity; Übereinstimmung: agreement; **2ung** f agreement, settlement; e-s Volkes etc.: unification

einjagen v/t.: **j-m e-n Schrecken ~** give* s.o. a fright, frighten od. scare s.o.

einjährig adj. one-year-old

einkalkulieren v/t. take* into account, allow for

Einkauf m purchase; **Einkäufe machen** → **einkaufen** 2; **2en 1.** v/t. buy*, econ. a. purchase; **2.** v/i. go* shopping

Einkaufs|... in Zssgn shopping ...; **~bummel** m shopping spree; **~preis** econ. m purchase price; **~wagen** m (supermarket) trolley, Am. grocery od. shopping cart; **~zentrum** n shopping centre, Am. großes: (shopping) mall

ein|kehren v/i. stop (*in* at); **~klammern** v/t. put* in brackets

Einklang m mus. unison; fig. harmony

ein|kleiden v/t. clothe (a. fig.); **~klemmen** v/t. squeeze, jam; **eingeklemmt sein** be* stuck od. jammed; **~knöpfbar** adj. button-in; **~kochen 1.** v/t. preserve; **2.** v/i. boil down

Einkommen n income; **~steuererklärung** f income-tax return

einkreisen v/t. encircle, surround

Einkünfte pl. income sg.

einlad|en v/t. invite; Waren: load; **~end** adj. inviting; **2ung** f invitation

Einlage f econ. investment; Schuh2: arch support; thea., mus. interlude

Einlass m admission, admittance

einlassen v/t. let* in; ein Bad: run*; **sich ~ auf** get* involved in; leichtsinnig: let* o.s. in for; zustimmen: agree to; **sich ~ mit j-m** get* involved with s.o.

Ein|lauf m Sport: finish; med. enema; **2laufen 1.** v/i. come* in (a. Sport); Wasser: run* in; naut. enter port; Stoff: shrink*; **2.** v/t. Schuhe: break* in; **sich ~** warm up; **2leben** v/refl. settle in

einlege|n v/t. put* in; Haare: set*; in Essig: pickle; Gang: change into; **2sohle** f insole

einleit|en v/t. start; introduce; Geburt: induce; Abwasser etc.: dump, discharge; **~end** adj. introductory; **2ung** f introduction

ein|lenken v/i. come* round; **~leuchten** v/i. be* evident od. obvious; *das leuchtet mir (nicht) ein* that makes (doesn't make) sense to me; **~liefern** v/t. take* (*ins Gefängnis* to prison; *in die Klinik* to [the] hospital); **~lösen** v/t. Pfand: redeem; Scheck: cash; **~machen** v/t. preserve; Marmelade **~ machen*** jam

einmal adv. once; zukünftig: a. some od. one day, sometime; **auf ~** plötzlich: suddenly; gleichzeitig: at the same time, at once; **noch ~** once more od. again; **noch ~ so ... (wie)** twice as ... (as); **es war ~** (upon a time) there was; **haben Sie schon ~ ...?** have you ever ...?; **es schon ~ getan haben** have* done it before; **schon ~ dort gewesen sein** have* been there before; **nicht ~** not even; **2...** in Zssgn disposable ...; **2eins** n multiplication table; **~ig** adj. single; fig. unique; F fabulous

Einmann... *in Zssgn* one-man ...
Einmarsch *m* entry; *mil.* invasion; **2ieren** *v/i.* march in; **~ in** *mil.* invade
ein|mischen *v/refl.* meddle (**in**, with), interfere (**with**); **2mündung** *f* junction
einmütig *adj.* unanimous; **2keit** *f* unanimity
Ein|nahmen *pl.* takings *pl.*, receipts *pl.*; **2nehmen** *v/t.* Platz, Arznei, Mahlzeit: take* (*a. mil.*); *verdienen:* earn, make*; **2nehmend** *adj.* engaging
ein|nicken *v/i.* doze off; **~nisten** *v/refl.* **sich bei j-m ~** park o.s. on s.o.
Einöde *f* desert, solitude
ein|ordnen *v/t.* put* in its proper place; *Akten etc.:* file; **sich ~** *mot.* get in lane; **~packen** *v/t.* pack (up); *einwickeln:* wrap up; **~parken** *v/t. u. v/i.* park (between two cars); **~pferchen** *v/t.* pen in; *Menschen:* coop up; **~pflanzen** *v/t.* plant; *fig.* implant (*a. med.*); **~planen** *v/t.* allow for; **~prägen** *v/t.* impress; **sich et. ~** keep* s.th. in mind; *auswendig:* memorize s.th.; **~prägsam** *adj.* Melodie, Ausdruck: catchy; **~quartieren** F *v/t. Gäste:* put* s.o. up (**bei j-m** at s.o.'s place); **sich ~ bei** move in with; **~rahmen** *v/t.* frame; **~räumen** *v/t. Dinge:* put* away; *Zimmer:* furnish; *fig.* grant, concede*; **~reden 1.** *v/t.:* **j-m et. ~** talk s.o. into (believing) s.th.; **2.** *v/i.:* **auf j-n ~** keep* on at s.o.; **~reiben** *v/t.* rub; **~reichen** *v/t.* hand *od.* send* in; **~reihen** *v/t.* place (among); **sich ~** take* one's place
einreihig *adj. Anzug:* single-breasted
Einreise *f* entry (*a. in Zssgn*); **2n** *v/i.* enter (**in ein Land** a country)
ein|reißen 1. *v/t.* tear*; *Gebäude:* pull down; **2.** *v/i.* tear*; *Unsitte etc.:* spread*; **~renken** *v/t.* med. set*; *fig.* straighten out
einricht|en *v/t. Zimmer:* furnish; *gründen:* establish; *ermöglichen:* arrange; **sich ~** furnish one's home; **sich ~ auf** prepare for; **2ung** *f* furnishings *pl.*; fittings *pl.*; *tech.* installation(s *pl.*), facilities *pl.*; *öffentliche:* institution, facility
ein|rosten *v/i.* rust (in); *fig.* get* rusty; **~rücken 1.** *mil. v/i.* join the forces; *Truppen:* march in; **2.** *v/t. Zeile:* indent
eins *pron. u. adj.* one; one thing; **es ist alles ~** it's all the same (thing)

Eins *f Note:* excellent, A
einsam *adj.* lonely, lonesome; *Leben:* solitary; **2keit** *f* loneliness; solitude
einsammeln *v/t.* collect
Einsatz *m tech.* inset, insert; *Spiel:* stake(s *pl. a. fig.*); *mus.* entry; *Mühe, Eifer:* effort(s *pl.*), zeal; *Verwendung:* use, employment; *mil.* action, mission; *von Truppen, Waffen:* deployment; **den ~ geben** give* the cue; **im ~** in action; **unter ~ des Lebens** at the risk of one's life; **2bereit** *adj.* ready for action; **2freudig** *adj.* dynamic, zealous
ein|schalten *v/t. electr.* switch *od.* turn on; *j-n:* call in; **sich ~** step in; **2schaltquote** *TV f* rating; **~schärfen** *v/t.* urge (**et.** to do s.th.); **~schätzen** *v/t.* schätzen: estimate; *beurteilen:* judge, rate; *falsch ~* misjudge; **~schenken** *v/t.* pour (out); **~schicken** *v/t.* send* in; **~schieben** *v/t.* slip in; *einfügen:* insert; **~schlafen** *v/i.* fall* asleep, go* to sleep; **~schläfern** *v/t.* töten: put* to sleep
einschl. *Abk. für* **einschließlich** incl., including
Einschlag *m* strike, impact; *Blitz:* stroke; *fig.* touch; **2en 1.** *v/t.* knock in (*Zähne:* out); *zerbrechen:* break* (in), smash (*a. Schädel*); *einwickeln:* wrap up; *Weg, Richtung:* take*; *Rad:* turn; → **Laufbahn; 2.** *v/i. Blitz, Geschoss,* *östr. Geschoß:* strike*; *fig.* be* a success
einschlägig *adj.* relevant
ein|schleichen *v/refl.* steal* *od.* creep* (*bsd. Fehler etc.* slip) in; **~schleppen** *v/t. Krankheit:* import; **~schleusen** *fig. v/t.* infiltrate (**in** into); **~schließen** *v/t.* lock in *od.* up; *umgeben:* enclose; *mil.* surround, encircle; *einbeziehen:* include; **~schließlich** *prp.* including; *nachgestellt:* included; **~schmeicheln** *v/refl.:* **sich ~ bei** ingratiate o.s. with, F butter *s.o.* up; **~schnappen** *v/i.* snap shut; *fig.* → **eingeschnappt; ~schneidend** *fig. adj.* drastic, far-reaching
Einschnitt *m* cut; *Kerbe:* notch; *fig.* break
einschränk|en *v/t.* restrict, reduce (*beide:* **auf** to); *Rauchen etc.:* cut* down on; **sich ~** economize; **2ung** *f* restriction, reduction, cut; **ohne ~** without reservation

Einschreibe|brief m registered letter; **\~n** v/t. enter; *buchen*: book; *als Mitglied, Schüler etc.*: enrol(l) (*a. mil.*); **(sich) \~ lassen (für)** enrol(l) (o.s.) (for)
einschreiten *fig.* v/i. step in, intervene; **\~ (gegen)** take* (*gerichtlich*: legal) measures (against)
ein|schüchtern v/t. intimidate; *brutal*: bully; **Schüchterung** f intimidation; **\~schulen** v/t.: **eingeschult werden** start school; **Schuss** m bullet-hole; **\~schweißen** v/t. shrink-wrap
ein|segnen v/t. consecrate; *Kinder*: confirm; **Segnung** f consecration; confirmation
ein|sehen v/t. see*, realize; **das sehe ich nicht ein!** I don't see why!; **Sehen** n: **ein \~ haben** show* some understanding; **\~seifen** v/t. soap; *Bart*: lather; F *fig.* take* s.o. for a ride
einseitig *adj.* one-sided; *med., pol., jur.* unilateral
einsend|en v/t. send* in; **Ser(in)** sender; *an Zeitungen*: contributor; **Seschluss** m closing date (for entries)
einsetzen 1. v/t. put* in, insert; *ernennen*: appoint; *Mittel*: use, employ; *Maschine etc.*: put* into service; *Geld*: invest, stake; bet*; *Leben*: risk; **sich \~** try hard, make* an effort; **für j-n, et.**: support, stand* up for; **2.** v/i. set* in, start
Einsicht f *Erkenntnis*: insight; *Einsehen*: understanding; **zur \~ kommen** listen to reason; **\~ nehmen in** *Akten etc.*: take* a look at; **Sig** *adj.* understanding; reasonable
Einsiedler m hermit
einsilbig *adj.* monosyllabic; *fig.* taciturn; **Skeit** f taciturnity
Einsitzer *aviat., mot.* m single-seater
ein|spannen v/t. *tech.* harness; *Pferd*: clamp, fix; *fig. j-n*: rope in; **\~sparen** v/t. save, economize on; **\~sperren** v/t. lock (*Tier*: shut*) up; **\~spielen** v/t. *Geld*: bring* in; **sich \~** warm up; *fig. Sache*: get* going; → **eingespielt**; **Sspielergebnisse** pl. Film: box-office returns pl.; **\~springen** v/i.: **für j-n \~** take* s.o.'s place; **Sspritz...** *mot.* in Zssgn fuel-injection
Einspruch m objection (*a. jur.*), protest; *pol.* veto; *Berufung*: appeal
einspurig *adj.* rail. single-track; *mot.* single-lane

einst *adv.* once, at one time
Einstand m start; *Tennis*: deuce
ein|stecken v/t. pocket (*a. fig.*); *electr.* plug in; *Brief*: post, *bsd. Am.* mail; *fig. hinnehmen*: take*; **\~stehen** v/i.: **\~ für** stand* up for; **\~steigen** v/i. get* in; *in Bus, Zug, Flugzeug*: get* on; **alles \~!** *rail.* all aboard!
einstell|en v/t. *Arbeitskräfte etc.*: engage, employ, hire; *aufgeben*: give* up; *beenden*: stop; *Rekord*: tie; *regulieren*: adjust (**auf** to); *Radio*: tune in (to); *opt., phot.* focus (on); **die Arbeit \~** (go* on) strike*, walk out; **das Feuer \~** *mil.* cease fire; **sich \~ auf** adjust to; *vorsorglich*: be* prepared for
einstellig *adj.* single-digit
Einstellung f *Haltung*: attitude (**zu** towards); *Arbeitskräfte*: employment; *Beendigung*: cessation; *tech.* adjustment; *opt., phot.* focus(s)ing; *Film*: take; **\~sgespräch** n interview
Einstieg m entrance, entry (*a. fig. pol., econ.*); **\~sdroge** f gateway drug
einstig *adj.* former, one-time
einstimm|en *mus.* v/i. join in; **\~ig** *adj.* unanimous
einstöckig *adj.* one-storey(ed), *Am.* -storied
ein|studieren *thea.* v/t. rehearse; **\~stufen** v/t. grade, rate; **Sstufungsprüfung** f placement test; **\~stufig** *adj.* single-stage (*a. Rakete*); **Ssturz** m, **\~stürzen** v/i. collapse
einst|weilen *adv.* for the present; **\~weilig** *adj.* temporary
ein|tauschen v/t. exchange (**gegen** for); **\~teilen** v/t. divide (**in** into); *Zeit*: organize; **\~teilig** *adj.* one-piece; **Steilung** f division; organization; *Anordnung*: arrangement
eintönig *adj.* monotonous; **Skeit** f monotony
Eintopf m stew, casserole
Ein|tracht f harmony, unity; **Strächtig** *adj.* harmonious, peaceful
Eintrag m entry (*a. econ.*), registration; *Schule*: black mark; **Sen** v/t. enter (**in** in); *amtlich*: register (**bei** with); *als Mitglied*: enrol(l) (with); *Gewinn, Lob etc.*: earn; **sich \~** register, *Hotel*: a. check in
einträglich *adj.* profitable
ein|treffen v/i. arrive; *geschehen*: hap-

eintreiben

pen; *sich erfüllen*: come* true; **~treiben** *fig. v/t.* collect; **~treten 1.** *v/i.* enter; *geschehen*: happen, take* place; **~ für** stand* up for, support; *in Verein etc.*: join; **2.** *v/t. Tür etc.*: kick in; *sich et. ~ run** s.th. into one's foot

Eintritt *m* entry; *Zutritt, Gebühr*: admission; **~ frei!** admission free!; **~ verboten!** keep out!; **~sgeld** *n* entrance od. admission (fee); *Sport*: gate(-money); **~skarte** *f* (admission) ticket

ein|trocknen *v/i.* dry (up); **~üben** *v/t.* practise; *proben*: rehearse

einver|leiben *v/t. Land*: annex (*dat.* to); **~standen** *adj.*: **~ sein** agree (*mit* to); **~! I** agreed!; **&ständnis** *n* agreement

Einwand *m* objection (*gegen* to)

Einwander|er *m* immigrant; **&n** *v/i.* immigrate; **~ung** *f* immigration

einwandfrei *adj.* perfect, faultless

einwärts *adv.* inward(s)

Einweg... *Rasierer, Spritze etc.*: disposable; **~flasche** *f* non-returnable bottle; **~packung** *f* throwaway pack

einweichen *v/t.* soak

einweih|en *v/t.* inaugurate, *Am.* dedicate; *j-n ~ in F* let* s.o. in on; **&ung** *f* inauguration, *Am.* dedication

einweisen *v/t.*: **~ in** *Heim, Gefängnis etc.*: send* to; *bsd. jur.* commit to; *Arbeit etc.*: instruct in, brief on

einwend|en *v/t.* object (*gegen* to); **&ung** *f* objection

einwerfen *v/t.* throw* in (*a. Bemerkung, Sport a. v/i.*); *Fenster*: break*; *Brief*: post, *Am.* mail; *Münze*: insert

einwickel|n *v/t.* wrap (up); *fig.* take* s.o. in; **&papier** *n* wrapping-paper

einwillig|en *v/i.* consent (*in* to), agree (to); **&ung** *f* consent (*in* to), agreement

einwirk|en *v/i.*: **~ auf** act (up)on; *fig. auf j-n*: work on; **&ung** *f* effect, influence

Einwohner|(in) inhabitant; **~meldeamt** *n* registration office

Einwurf *m Sport*: throw-in; *fig.* objection; *Öffnung*: slot

Einzahl *gr. f* singular; **&en** *v/t.* pay* in; **~ung** *f* payment, deposit

einzäunen *v/t.* fence in

Einzel *n Tennis*: singles *sg.*; **~...** *in Zssgn Bett, Zimmer etc.*: single ...; **~fall** *m* special case; **~gänger** *m* F loner;

~haft *f* solitary confinement; **~handel** retail trade; **~händler** *m* retailer; **~haus** *n* detached house; **~heit** *f* detail

einzeln *adj.* single, *Schuh etc.*: odd; **~e ... pl.* several, some; **~ eintreten** enter one at a time; **~ angeben** specify; *im &en* in detail; *der &e* the individual; *jeder &e* each and every one

einziehen 1. *v/t.* draw* in (*bsd. tech.* retract; *Kopf*: duck; *Segel, Fahne*: strike*; *mil.* call up, *Am.* draft; *beschlagnahmen*: confiscate; *Führerschein*: withdraw*; *Erkundigungen*: make*; **2.** *v/i. in Haus etc.*: move in; *kommen*: come* (*a. Winter*); *geordnet, feierlich*: march in; *in Flüssigkeit*: soak in

einzig *adj.* only; *einzeln*: single; *kein &er ...* not a single ...; *das &e* the only thing; *der &e* the only one; **~artig** *adj.* unique, singular

Einzug *m* moving in; entry

einzwängen *v/t.* squeeze, jam

Eis *n* ice; **~krem**: ice cream; **~bahn** *f* skating rink; **~bär** *zo. m* polar bear; **~becher** *m* sundae; **~bein** *n* (pickled) pork knuckles; **~berg** *m* iceberg; **~brecher** *naut. m* icebreaker; **~diele** *f* ice-cream parlo(u)r

Eisen *n* iron

Eisenbahn *f* railway, *Am.* railroad; *Spielzeug*: train set; *in Zssgn* → **Bahn**...; **~er** *m* railwayman, *Am.* railroad man; **~wagen** *m* coach, *Brt. a.* railway carriage, *Am. a.* railroad car

Eisen|erz *n* iron ore; **~gießerei** *f* iron foundry; **~hütte** *f* ironworks *sg., pl.*; **~waren** *pl.* hardware *sg.*, ironware *sg.*; **~warenhandlung** *f* ironmonger's, *Am.* hardware store

eisern *adj.* iron (*a. fig.*), of iron

eis|gekühlt *adj.* iced; **&hockey** *n* ice hockey, *Am.* hockey; **~ig** *adj.* icy (*a. fig.*); **~kalt** *adj.* ice-cold; **&kunstlauf** *m* figure skating; **&kunstläufer(in)** *f* figure skater; **&meer** *n* polar sea; **&revue** *f* ice show; **&schnellauf** *m* speed skating; **&scholle** *f* ice floe; **&schrank** *m* → **Kühlschrank**; **&verkäufer** *m* iceman; **&würfel** *m* ice cube; **&zapfen** *m* icicle; **&zeit** *geol. f* ice age

eitel *adj.* vain; **&keit** *f* vanity

Eiter *med. m* pus; **~beule** *med. f* abscess, boil; **&n** *med. v/i.* fester

eitrig *med. adj.* purulent, festering

Eiweiß n white of egg; *biol.* protein; **₂arm** *adj.* low in protein, low-protein; **₂reich** *adj.* rich in protein, high-protein

Eizelle f egg cell, ovum

Ekel 1. m disgust (**vor** at), loathing (for); **~ erregend** → **ekelhaft; 2.** F n beast; **₂haft, ₂ig** *adj.* sickening, disgusting, repulsive; **₂n** v/refl. u. v/impers.: *ich ekle mich davor* it makes me sick

Ekstase f ecstasy

Elan m vigo(u)r

elastisch *adj.* elastic, flexible

Elch m elk; *Nordamer.* ~: moose; **~test** *mot.* m moose test

Elefant m elephant; **~enhochzeit** *econ.* F f jumbo merger

elega|nt *adj.* elegant; **₂z** f elegance

Elektri|ker m electrician; **₂sch** *adj.* *allg.* electrical; ~ *betreiben:* electric; **₂sieren** v/t. electrify

Elektrizität f electricity; **~swerk** n (electric) power station

Elektrogerät n electric appliance

Elektron|ik f electronics *sg.*; electronic system; **₂isch** *adj.* electronic

Elektro|rasierer m electric razor; **~technik** f electrical engineering; **~techniker** m electrical engineer

Element n element; **₂ar** *adj.* elementary

Elend n misery

elend *adj.* miserable; **₂sviertel** n slums *pl.*

elf *adj.* eleven; **₂** f *Fußball:* team

Elfe f elf, fairy

Elfenbein n ivory

Elfmeter m penalty; **~punkt** m penalty spot; **~schießen** n penalty shoot-out

elfte *adj.* eleventh

Elite f élite

Ellbogen m elbow

Elsass Alsace

Elsäss|er(in), ₂isch *adj.* Alsatian

Elster f magpie

elterlich *adj.* parental

Eltern *pl.* parents *pl.*; **~haus** n (one's parents') home; **₂los** *adj.* orphan(ed); **~teil** m parent; **~vertretung** f *Schule etwa* Parent-Teacher Association

Email n, **~le** f enamel

Emanz|e F f women's libber; **~ipation** f emancipation; *der Frau:* women's lib(eration); **₂ipieren** v/refl. become* emancipated

Embargo n embargo

Embolie *med.* f embolism

Embryo *biol.* m embryo

Emigra|nt m emigrant, *bsd. pol.* refugee; **~tion** f emigration

Emission f *phy.* emission; *econ.* issue; **~swerte** *pl.* emission level *sg.*

Empfang m reception (a. *Radio, Hotel*), welcome; *Erhalt:* receipt (**nach, bei** on); **₂en** v/t. receive; *freundlich:* a. welcome

Empfäng|er m receiver (a. *Radio*); *post* addressee; **₂lich** *adj.* susceptible (**für** to); **~nis** *med.* f conception; **~nisverhütung** f contraception, birth control

Empfangs|bescheinigung *econ.* f receipt; **~dame** f receptionist

empfehl|en v/t. recommend; **~enswert** *adj.* advisable; **₂ung** f recommendation

empfinden v/t. feel* (**als** ... to be ...)

empfindlich *adj.* sensitive (**für, gegen** to) (a. *phot., chem.*); *zart:* tender, delicate (a. *Gesundheit, Gleichgewicht*); *leicht gekränkt:* touchy; *reizbar:* irritable (a. *Magen*); *Kälte, Strafe:* severe; **~e Stelle** sore spot; **₂keit** f sensitivity; *phot.* speed; delicacy; touchiness

empfindsam *adj.* sensitive; **₂keit** f sensitiveness

Empfindung f sensation; *Wahrnehmung:* perception; *Gefühl:* feeling, emotion; **₂slos** *adj.* insensible; *Körperteil:* numb, dead

empor *adv.* up, upward(s)

empören v/t. outrage; shock; *sich* ~ (**über**) be* outraged *od.* shocked (at); **~d** *adj.* shocking, outrageous

Emporkömmling *contp.* m upstart

empör|t *adj.* indignant (**über** at), shocked (**über** at); **₂ung** f indignation

emsig *adj.* busy; **₂keit** f activity

Ende n end; *Film:* ending; **am** ~ at the end; *schließlich:* in the end, finally; **zu** ~ over; *Zeit:* up; **zu** ~ **gehen** come* to an end; **zu** ~ **lesen** finish reading; *er ist* ~ *zwanzig* he is in his late twenties; ~ *Mai* at the end of May; ~ *der Achtzigerjahre* in the late eighties; ~*!* *Funk etc.:* over!

enden v/i. (come* to an) end; stop, finish; F ~ **als** end up as

Endergebnis n final result

end|gültig *adj.* final, definitive; **₂lage-**

endlich

~rung f final disposal; **~lich** adv. finally, at last; **~los** adj. endless; **₂runde** f, **₂spiel** n Sport: final(s pl.); **₂spurt** m final spurt (a. fig.); **₂station** rail. f terminus, terminal; **₂summe** f (sum) total

Endung ling. f ending

End|verbraucher m end user; **~ziel** n ultimate goal (a. fig.)

Energie f energy; tech., electr. power; **~bewusst** adj. energy-conscious; **~krise** f energy crisis; **₂los** adj. lacking in energy; **~quelle** f source of energy; **~sparen** n energy saving, conservation of energy; **~versorgung** f power supply

energisch adj. energetic, vigorous

eng adj. narrow; Kleidung: tight; Kontakt, Freund(schaft): close; beengt: cramped; **~ beieinander** close(ly) together

Engagement n thea. etc. engagement; fig., pol. commitment

engagier|en v/t. einstellen: engage; **sich ~ für** be* very involved in; **~t** adj. involved, committed

Enge f narrowness; Wohnverhältnisse: cramped conditions pl.; **in die ~ treiben** drive* into a corner

Engel m angel

engl. Abk. für englisch Eng., English

England England; **~länder** m Englishman; **die ~** pl. the English pl.; **~in** f Englishwoman

englisch adj. English; **auf ₂** in English; **₂unterricht** m English lesson(s pl.) od. class(es pl.); teaching of English

Engpass m bottleneck (a. fig.)

engstirnig adj. narrow-minded

Enkel m grandchild; grandson; **~in** f granddaughter

enorm adj. enormous; fig. terrific

Ensemble thea. n company; cast

entart|en v/i., **~et** adj. degenerate; **₂ung** f degeneration

entbehr|en v/t. do* without; erübrigen: spare; vermissen: miss; **~lich** adj. dispensable; überflüssig: superfluous; **₂ung** f want, privation

entbind|en 1. med. v/t. have* the baby, be* confined; **2.** v/t.: **~ von** fig. relieve s.o. of; **entbunden werden von** med. give* birth to; **₂ung** med. f delivery; **₂ungsstation** f maternity ward

entblößen v/t. bare, uncover

entdeck|en v/t. discover; **₂er** m discoverer; **₂ung** f discovery

Ente f zo. duck; F Zeitungs₂: hoax

entehren v/t. dishono(u)r

enteign|en v/t. expropriate; j-n: dispossess; **₂ung** f expropriation; dispossession

enterben v/t. disinherit

entern naut. v/t. board

ent|fachen v/t. kindle; fig. a. rouse; **~fallen** v/i. wegfallen: be* cancelled; **~ auf** fall* to s.o.('s share); **es ist mir ~** it has slipped my memory; **~falten** v/t. unfold; Fähigkeiten: develop; **sich ~** unfold; fig. develop (**zu** into)

entfernen v/t. remove (a. fig.); **sich ~** leave*; **~t** adj. distant (a. fig.); **weit (zehn Meilen) ~** far (10 miles) away; **₂ung** f distance; removal; **₂ungsmesser** phot. m range finder

entflammbar adj. (in)flammable

entfremd|en v/t. estrange (dat. from); **₂ung** f estrangement, alienation

entführ|en v/t. kidnap; Flugzeug etc.: hijack; **₂er** m kidnapper; hijacker; **₂ung** f kidnapping; hijacking

entgegen prp. u. adv. gegen: contrary to; Richtung: toward(s); **~gehen** v/i. go* to meet; **~gesetzt** adj. opposite; **~halten** fig. v/t. point s.th. out; **~kommen** v/i. come* to meet; fig. j-m **~** meet* s.o. halfway; **₂kommen** n obligingness; **~kommend** adj. obliging; **~nehmen** v/t. accept, receive; **~sehen** v/t. await; e-r Sache freudig: look forward to; **~setzen** v/t.: **j-m Widerstand ~** put* up resistance to s.o.; **~treten** v/i. walk towards; feindlich: oppose; Gefahr: face

entgegn|en v/i. reply, answer; schlagfertig, kurz: retort; **₂ung** f reply; retort

ent|gehen v/i. escape; Wort, Fehler, Gelegenheit etc.: miss; **~geistert** adj. aghast

Entgelt n remuneration; Honorar: fee

ent|giften v/t. decontaminate; **~gleisen** v/i. be* derailed; fig. blunder; **~gleiten** fig. v/i. get* out of control; **~gräten** v/t. bone, fillet

enthalt|en v/t. contain, hold*, include; **sich ~** gen. abstain od. refrain from; **~sam** adj. abstinent; maßvoll: moderate; **₂samkeit** f abstinence; modera-

Entsprechung

tion; **2ung** f bsd. Stimm2: abstention
ent|härten v/t. soften; ~haupten v/t. behead, decapitate
enthüll|en v/t. uncover; Denkmal: unveil; fig. reveal, disclose; **2ung** f unveiling; fig. revelation, disclosure
Enthusias|mus m enthusiasm; ~t m enthusiast; Film, Sport: F fan; 2tisch adj. enthusiastic
ent|jungfern v/t. deflower; 2jungferung f defloration; ~kleiden v/t. u. v/refl. undress, strip; ~kommen v/i. escape (dat. from); ~korken v/t. uncork
entkräft|en v/t. weaken (a. fig.); 2ung f weakening, exhaustion
entlad|en v/t. unload; bsd. electr. discharge; sich ~ bsd. electr. discharge; Zorn etc.: explode; 2ung f unloading; bsd. electr. discharge; explosion
entlang prp. u. adv. along; hier ~, bitte! this way, please!; die Straße etc. ~ along the street etc.; ~... in Zssgn fahren, gehen etc.: ... along
entlarven v/t. unmask, expose
entlass|en v/t. dismiss, F fire, give* s.o. the sack; Patient: discharge; Häftling: release; 2ung f dismissal; discharge; release
entlast|en v/t. j-n: relieve s.o. of some of his work; jur. exonerate, clear s.o. of a charge; den Verkehr ~ relieve the traffic congestion; 2ung f relief; jur. exoneration; ~ungszeuge m witness for the defen|ce, Am. -se
ent|laufen v/i. run* away (dat. from); ~ledigen v/refl. j-s, e-r Sache: rid* o.s. of, get* rid of
entlegen adj. remote, distant
ent|lehnen v/t. borrow (dat., aus from); ~locken v/t. draw*, elicit (dat. from); ~lohnen v/t. pay* (off); ~lüften v/t. ventilate; ~machten v/t. deprive s.o. of his power; ~militarisieren v/t. demilitarize; ~mündigen jur. v/t. place under disability; ~mutigen v/t. discourage; ~nehmen v/t. take* (dat. from); ~ aus (with)draw* from; fig. gather od. learn* from; ~nervt adj. enervated; ~puppen v/refl.: sich ~ als turn out to be; ~rahmt adj. skimmed; ~reißen v/t. snatch (away) (dat. from); ~richten v/t. pay*; ~rinnen v/i. escape (dat. from); ~rollen v/t. un-

roll
entrüst|en v/t. fill with indignation; sich ~ become* indignant (über at s.th., with s.o.); ~et adj. indignant (über at s.th., with s.o.); 2ung f indignation
Ent|safter m juice extractor; 2salzen v/t. desalinize
entschädig|en v/t. compensate; 2ung f compensation
entschärfen v/t. defuse (a. Lage)
entscheid|en v/t. u. v/i. u. v/refl. decide; (für on, in favo[u]r of; gegen against); endgültig: a. settle; er kann sich nicht ~ he can't make up his mind; ~end adj. decisive; kritisch: crucial; 2ung f decision
entschieden adj. decided, determined, resolute; ~ dafür strongly in favour of it; 2heit f determination
entschließ|en v/refl. decide, determine, make* up one's mind; 2ung pol. f resolution
entschlossen adj. determined, resolute; 2heit f determination, resoluteness
Entschluss m decision, resolution
entschlüsseln v/t. decipher, decode
entschuldig|en v/t. excuse; sich ~ apologize (bei to; für for); für Abwesenheit: excuse o.s.; ~ Sie! (I'm) sorry!; j-n anredend: excuse me!; 2ung f excuse (a. Schreiben); Verzeihung: apology; um ~ bitten apologize; ~! (I'm) sorry!; beim Vorbeigehen etc.: excuse me!
Entschwefelungsanlage tech. f desulphurization plant
entsetz|en v/t. shock; stärker: horrify
Entsetz|en n horror, terror; 2lich adj. horrible, dreadful, terrible; scheußlich: atrocious; 2t adj. shocked; horrified
ent|sichern v/t. release the safety catch of; ~sinnen v/refl. remember, recall
entsorg|en v/t. Müll etc.: dispose of; 2ung f (waste) disposal
entspann|en v/t. u. v/refl. relax; sich ~ a. take* it easy; Lage: ease (up); ~t adj. relaxed; 2ung f relaxation; pol. détente
entspiegelt opt. adj. non-glare
entsprech|en v/i. correspond to; e-r Beschreibung: answer to; Anforderungen etc.: meet*; ~end adj. corresponding (to); passend: appropriate; 2ung f equivalent

ent|springen v/i. *Fluss:* rise*; **~sprungen** adj. escaped
entstehen v/i. come* into being; *geschehen, eintreten:* arise*; *allmählich:* emerge, develop; **~ aus** originate from; **2ung** f origin
entstellen v/t. disfigure, deform; *verzerren:* distort; **2ung** f disfigurement, deformation, distortion (*a. von Tatsachen*)
entstört electr. adj. interference-free
enttäusch|en v/t. disappoint; **2ung** f disappointment
ent|waffnen v/t. disarm; **2warnung** f all clear (signal)
entwässer|n v/t. drain; **2ung** f drainage; chem. dehydration
entweder cj.: **~ ... oder** either ... or
ent|weichen v/i. escape (**aus** from); **~weihen** v/t. desecrate; **~wenden** v/t. pilfer, steal*; **~werfen** v/t. design; *Schriftstück:* draw* up
entwert|en v/t. *abwerten:* lower the value of (*a. fig.*); *Fahrschein etc.:* cancel; **2ung** f devaluation; cancellation
entwickeln v/t. u. v/refl. develop (*a. phot.*) (**zu** into)
Entwicklung f development, biol. a. evolution; **~salter:** adolescence, age of puberty; **~shelfer(in)** pol. econ. development aid volunteer; *Brt.* VSO worker; *Am.* Peace Corps volunteer; **~shilfe** f development aid; **~sland** pol. n developing country
ent|wirren v/t. disentangle (*a. fig.*); **~wischen** v/i. get* away
entwürdigend adj. degrading
Entwurf m outline, (rough) draft, plan; *Gestaltung:* design; *Skizze:* sketch
ent|wurzeln v/t. uproot; **~ziehen** v/t. take* away (*dat.* from); *Führerschein, Lizenz:* revoke; *Rechte:* deprive of; chem. extract; **sich j-m** od. **e-r Sache ~** evade s.o. od. s.th.; **2ziehungsanstalt** f drug (*Am.* substance) abuse clinic; **2ziehungskur** f detoxi(fi)cation (treatment); *Alkohol2 etc.* A F drying out; **~ziffern** v/t. decipher, make* out
entzücken v/t. charm, delight
Entzück|en n delight; **2end** adj. delightful, charming, F sweet; **2t** adj. delighted (**über**, **von** at, with)
Entzug m withdrawal; *Lizenz etc.:* revocation; **~serscheinung** med. f withdrawal symptom
entzünd|bar adj. (in)flammable; **~en** v/refl. catch* fire; med. become* inflamed; **2ung** med. f inflammation
entzwei adv. in two, to pieces; **~en** v/refl. fall* out, break* (**mit** with); **~gehen** v/i. break*, go* to pieces
Enzyklopädie f encyclop(a)edia
Epidemie med. f epidemic (disease)
Epilog m epilog(ue)
episch adj. epic
Episode f episode
Epoche f epoch, period, era
Epos n epic (poem)
er pers. pron. he; *Sache:* it
erachten v/t. consider, think*
Erachten n: **meines ~s** in my opinion
Erbanlage biol. f genes pl., genetic code
erbarmen v/refl.: **sich j-s ~** take* pity on s.o.
Erbarmen n pity, mercy
erbärmlich adj. pitiful, pitiable; *elend:* miserable; *gemein:* mean
erbarmungslos adj. pitiless, merciless; *Verfolgung etc.:* relentless
erbau|en v/t. build*, construct; **2er** m builder, constructor; **~lich** adj. edifying; **2ung** fig. f edification, uplift
Erbe 1. m heir; **2.** n inheritance, heritage
erbeben v/i. tremble, shake*, quake
erben v/t. inherit
erbeuten v/t. mil. capture; *Dieb:* get* away with
Erbfaktor biol. m gene
Erbin f heir, bsd. reiche: heiress
erbitten v/t. ask for, request
erbittert adj. *Kampf etc.:* fierce, furious
Erbkrankheit med. f hereditary disease
er|blassen, ~bleichen v/i. grow* od. turn pale
Erbschaft f inheritance, heritage
Erbse bot. f pea; (**grüne**) **~n** green peas
erblich adj. hereditary
erblicken v/t. see*, catch* sight of
erblinden v/i. go* blind
Erbrechen med. n vomiting, sickness
Erbschaft f inheritance, heritage
Erbse bot. f pea; (**grüne**) **~n** green peas
Erb|stück n heirloom; **~sünde** f original sin; **~teil** n (share of the) inheritance
Erd|apfel östr. m potato; *Zssgn →* **Kartoffel...**; **~ball** m globe; **~beben** n earthquake; **~beere** bot. f strawberry; **~boden** m earth, ground

Erd|e f earth; *Bodenart:* ground, soil; → *eben;* **~en** *electr. v/t.* earth, ground

erdenklich *adj.* imaginable

Erd|gas *n* natural gas; **~geschoss** *n*, **~geschoß** *östr. n* ground (*Am. a.* first) floor

erdicht|en *v/t.* invent, make* up; **~et** *adj.* invented, made-up

erdig *adj.* earthy

Erd|klumpen *m* clod, lump of earth; **~kruste** *f* earth's crust; **~kugel** *f* globe; **~kunde** *f* geography; **~leitung** *f electr.* earth (*Am.* ground) connection; *Gas etc.:* underground pipe(line); **~nuss** *f* peanut; **~öl** *n* (mineral) oil, petroleum, Zssgn → *Öl...;* **~reich** *n* ground, earth

erdreisten *v/refl.* F have* the nerve

erdrosseln *v/t.* strangle, throttle

erdrücken *v/t.* crush (to death); **~d** *fig. adj.* overwhelming

Erd|rutsch *m* landslide (*a. pol.*); **~teil** *geogr. m* continent

erdulden *v/t.* suffer, endure

Erd|umlaufbahn *f* earth orbit; **~ung** *electr. f* earthing, *Am.* grounding; **~wärme** *geol. f* geothermal energy

ereifern *v/refl.* get* excited

ereign|en *v/refl.* happen, occur; **2nis** *n* event, occurrence; **~nisreich** *adj.* eventful

Erektion *f* erection

Eremit *m* hermit, anchorite

erfahren¹ *v/t.* hear*; learn*; *erleben:* experience

erfahr|en² *adj.* experienced; **2ung** *f* experience; *im Beruf:* work experience

Erfahrungs|austausch *m* exchange of experience; **2gemäß** *adv.* as experience shows

erfassen *v/t.* be-, ergreifen: grasp; *statistisch:* record, register; *umfassen:* cover, include; *Daten:* collect

erfind|en *v/t.* invent; **2er** *m* inventor; **~erisch** *adj.* inventive; **2ung** *f* invention; **2ungskraft** *f* inventiveness

Erfolg *m* success; *Ergebnis:* result; *viel* **~!** good luck!; **~ versprechend** promising; **2en** *v/i.* happen, take* place; **2los** *adj.* unsuccessful; *vergeblich:* futile; **~losigkeit** *f* lack of success; **2reich** *adj.* successful; **~serlebnis** *n* sense of achievement

erforder|lich *adj.* necessary, required; **~n** *v/t.* require, demand; **2nis** *n* requirement, demand

erforsch|en *v/t.* explore; *untersuchen:* investigate, study; **2er** *m* explorer; **2ung** *f* exploration

erfreu|en *v/t.* please; **~lich** *adj.* pleasing, pleasant; *befriedigend:* gratifying; **~t** *adj.* pleased (*über* at, about); *sehr* **~!** pleased to meet you

erfrier|en *v/i.* freeze* to death; **2ung** *f* frost-bite

erfrisch|en *v/t. u. v/refl.* refresh (o.s.); **~end** *adj.* refreshing; **2ung** *f* refreshment

erfroren *adj. Finger etc.:* frostbitten; *Pflanzen:* killed by frost

erfüll|en *fig. v/t. Wunsch, Pflicht, Aufgabe:* fulfil(l); *Versprechen:* keep*; *Zweck:* serve; *Bedingung, Erwartung:* meet*; **~ mit** fill with; *sich* **~** be* fulfilled, come* true; **2ung** *f* fulfil(l)ment; *in* **~** *gehen* come* true

ergänz|en *v/t.* complement (*einander* each other); *nachträglich:* supplement, add; **~end** *adj.* complementary, supplementary; **2ung** *f* completion; supplement, addition

ergattern F *v/t.* (manage to) get* hold of

ergeben 1. *v/t.* amount *od.* come* to; **2.** *v/refl.* surrender; *Schwierigkeiten:* arise*; *sich* **~ aus** result from; *sich* **~ in** resign o.s. to; **2heit** *f* devotion

Ergebnis *n* result, outcome; *Sport:* result, score; **2los** *adj.* fruitless, without result

ergehen *v/i.* get* on, fare; *wie ist es dir ergangen?* how did things go with you?; *so erging es mir auch* the same thing happened to me; *et. über sich* **~** *lassen* (patiently) endure s.th.

ergiebig *adj.* productive, rich; **2keit** *f* (high) yield; productiveness

ergießen *v/refl.:* *sich* **~ über** pour down on; **~grauen** *v/i.* turn grey

ergreifen *v/t.* seize, grasp, take* hold of; *Gelegenheit, Maßnahme:* take*; *Beruf:* take* up; *fig.* move, touch

ergriffen *adj.* moved; **2heit** *f* emotion

ergründen *v/t.* find* out, fathom

erhaben *adj.* raised, elevated; *fig.* sublime; **~ sein über** be* above

erhalten¹ *v/t.* get*, receive; *bewahren:* keep*, preserve; *schützen:* protect; *un-*

erhalten

terstützen: support, maintain
erhalten² *adj.*: **gut ~** in good condition
erhältlich *adj.* obtainable, available
Erhaltung *f* preservation; *von Haus, Familie*: upkeep
er|hängen *v/t.* hang (**sich** o.s.); **~härten** *v/t.* harden; *fig. a.* confirm
erheb|en *v/t.* raise (*a. Stimme*), lift; **sich ~** rise* up (**gegen** against); **~lich** *adj.* considerable; **2ung** *f Statistik*: survey; *Aufstand*: revolt
er|heitern *v/t.* cheer up, amuse; **~hellen** *v/t.* light* up; *fig.* throw* light upon; **~hitzen** *v/t.* heat; **sich ~** get* hot; **~hoffen** *v/t.* hope for
erhöh|en *v/t.* raise; *verstärken*: increase; **2ung** *f* increase
erhol|en *v/refl.* recover; *entspannen*: relax, rest; **~sam** *adj.* restful, relaxing; **2ung** *f* recovery; relaxation; **2ungsheim** *n* rest home
erinner|n *v/t.*: **j-n ~ an** remind s.o. of; **sich ~** remember, recall; **2ung** *f* memory (**an** of); *Andenken*: remembrance, souvenir; *an j-n*: keepsake; **zur ~ an** in memory of
erkalten *v/i.* cool down (*a. fig.*)
erkält|en *v/refl.*: **sich ~** catch* (a) cold; (**stark**) **erkältet sein** have* a (bad) cold; **2ung** *f* cold
erkenn|bar *adj.* recognizable; **~en** *v/t.* recognize (**an** by), know* (**by**); *verstehen*: see*, realize; **~tlich** *adj.*: **sich (j-m) ~ zeigen** show* (s.o.) one's gratitude; **2tnis** *f* realization; *Entdeckung*: discovery; **~se** *pl.* findings *pl.*; **2ungsdienst** *m* (police) records department; **2ungsmelodie** *f* signature tune; **2ungszeichen** *n* badge; *aviat.* markings *pl.*
Erker *m* bay; **~fenster** *n* bay window
erklär|en *v/t.* explain (**j-m** to s.o.); *verkünden*: declare; **j-n (offiziell) für ... ~** pronounce s.o. ...; **~end** *adj. Worte etc.*: explanatory; **~lich** *adj.* explainable; **~t** *adj.* declared; **2ung** *f* explanation; declaration; *Wort²*: definition; **e-e ~ abgeben** make* a statement
erklingen *v/i.* (re)sound, ring* (out)
erkrank|en *v/i.* fall* ill, *Am. a.* get* sick; **~ an** get*; **2ung** *f* illness, sickness
erkunden *v/t.* explore
erkundig|en *v/refl.* inquire (**nach** about *s.th.*; after *s.o.*); *Auskünfte einho-*

418

len: make* inquiries (about); **sich (bei j-m) nach dem Weg ~** ask (s.o.) the way; **2ung** *f* inquiry
Erkundung *f* exploration; *mil.* reconnaissance (*a. in Zssgn*)
Erlagschein *östr. m* money-order form
er|lahmen *fig. v/i.* slacken, wane, flag; **~langen** *v/t.* gain, obtain, reach
Er|lass *m* decree; *Verordnung*: remission; **2lassen** *v/t. Verordnung*: issue; *Gesetz*: enact; *j-m et.*: release from
erlauben *v/t.* allow, permit; **sich et. ~** permit o.s. (*wagen*: dare) to do s.th.; *gönnen*: treat o.s. to s.th.
Erlaubnis *f* permission; *Befugnis*: authority; **~schein** *m* permit
erläuter|n *v/t.* explain, illustrate; *kommentieren*: comment on; **2ung** *f* explanation; comment
Erle *bot. f* alder
erleb|en *v/t.* experience; *Schlimmes*: go* through; *mit ansehen*: see*; *Abenteuer, Überraschung, Freude etc.* have*; **das werden wir nicht mehr ~** we won't live to see that; **2nis** *n* experience; *Abenteuer*: adventure; **~nisreich** *adj.* eventful
erledig|en *v/t. allg.* take* care of, do*, handle; *Angelegenheit, Problem*: settle; F *j-n*: finish (*a. Sport*); *umbringen*: do* (*s.o.*) in; **~t** *adj.* finished, settled; *erschöpft*: worn out; **der ist ~** F he is done for; **2ung** *f* settlement; **~en** *pl.* things *pl.* to do; shopping *sg.*
erlegen *hunt. v/t.* shoot*
erleichter|n *v/t.* ease, relieve; **~t** *adj.* relieved; **2ung** *f* relief (**über** at)
er|leiden *v/t.* suffer; **~lernen** *v/t.* learn*; **~lesen** *adj.* choice, select
erleucht|en *v/t.* illuminate; *fig.* enlighten; **2ung** *f* *fig.* inspiration
erliegen *v/i.* succumb to
Erliegen *n*: **zum ~ kommen (bringen)** come* (bring*) to a standstill
erlogen *adj.* false; **~ sein** be* a lie
Erlös *m* proceeds *pl.*; *Gewinn*: profit(s *pl.*)
erloschen *adj. Vulkan*: extinct
erlöschen *v/i.* go* out; *Gefühle*: die; *jur. auslaufen*: lapse, expire
erlös|en *v/t.* deliver, free (*beide*: **von** from); **2er** *rel. m* Saviour; **2ung** *f* rel. salvation; *Erleichterung*: relief
ermächtig|en *v/t.* authorize; **2ung** *f* authorization; *Befugnis*: authority

ermahn|en v/t. admonish (a. Schule); stärker: reprove, warn (a. Sport); **ℤung** f admonition; warning; bsd. Sport: (first) caution

Ermangelung f: **in ~** for want of

ermäßig|t adj. reduced, cut; **ℤung** f reduction, cut

ermessen v/t. assess; beurteilen: judge

Ermessen n discretion; **nach eigenem ~** at one's own discretion

ermittl|eln 1. v/t. find* out; bestimmen: determine; **2.** v/i. bsd. jur. investigate; **ℤlung** f finding; jur. investigation

ermöglichen v/t. make* possible

ermord|en v/t. murder; bsd. pol. assassinate; **ℤung** f murder; assassination

ermüd|en v/t. u. v/i. tire, fatigue (a. tech.); **ℤung** f fatigue, tiredness

er|muntern v/t. encourage; anregen: stimulate; Anreiz: incentive; **ℤmunterung** f encouragement; **~mutigen** v/t. encourage; **~mutigend** adj. encouraging; **ℤmutigung** f encouragement

ernähr|en v/t. feed*; Familie: support; **sich ~ von** live on; **ℤer** m breadwinner, supporter; **ℤung** f nutrition, food, diet

ernenn|en v/t.: **j-n zu** appoint s.o. (to be); **ℤung** f appointment

erneu|ern v/t. renew; **ℤerung** f renewal; **~t 1.** adj. renewed **2.** adv. once more

erniedrig|en v/t. humiliate; **sich ~** degrade o.s.; **ℤung** f humiliation

ernst adj. serious, earnest; **~ nehmen** take* s.o. od. s.th. seriously

Ernst m seriousness, earnest; **im ~(?)** seriously(?); **ist das dein ~?** are you serious?; **~fall** m (case of) emergency; **ℤhaft, ℤlich** adj. u. adv. serious(ly)

Ernte f harvest; bsd. Ertrag: crop(s pl.); **~dankfest** n harvest festival, Am. Thanksgiving (Day); **ℤn** v/t. harvest, reap (a. fig.)

ernüchter|n v/t. sober; fig. a. disillusion; **ℤung** f sobering up; fig. disillusionment

Erober|er m conqueror; **ℤn** v/t. conquer; **~ung** f conquest (a. fig.)

eröffn|en v/t. open; feierlich: a. inaugurate; disclose s.th. (j-m to s.o.); **ℤung** f opening; inauguration; disclosure

erörter|n v/t. discuss; **ℤung** f discussion

Erot|ik f eroticism; **ℤisch** adj. erotic

erpicht adj.: **~ auf** keen on

erpress|en v/t. blackmail; Geständnis, Geld: extort; **ℤer(in)** blackmailer; **ℤung** f blackmail(ing); extortion

erproben v/t. try, test

er|raten v/t. guess; **~rechnen** v/t. calculate, work s.th. out

erreg|bar adj. excitable; reizbar: irritable; **~en** v/t. excite; sexuell: a. arouse; Gefühle: rouse; verursachen: cause; **sich ~** get* excited; **~end** adj. exciting, thrilling; **ℤer** med. m germ, virus; **ℤung** f excitement

erreich|bar adj. within reach (a. fig.); Person: available; **leicht ~** within easy reach; **nicht ~** out of reach; **~en** v/t. reach; Zug etc.: catch*; **es ~, daß ...** succeed in doing s.th.; **et. ~** get* somewhere; **telefonisch zu ~ sein** be* on the (Am. have*a) phone

errricht|en v/t. put* up, erect; fig. gründen: found, bsd. econ. set* up; **ℤung** f erection; fig. establishment

er|ringen v/t. win*, gain; Erfolg: achieve; **~röten** v/i. blush

Errungenschaft f achievement; **m-e neueste ~** my latest acquisition

Ersatz m replacement; auf Zeit, a. Person: substitute; Mittel: a. surrogate; Ausgleich: compensation; Schaden**ℤ**: damages pl.; **als ~ für** in exchange for; **~dienst** m → Zivildienst; **~mann** m substitute (a. Sport); **~mine** f refill; **~reifen** mot. m spare tyre (Am. tire); **~spieler(in)** substitute; **~teil** tech. n spare part

er|saufen F v/i., **~säufen** v/t. drown

erschaffen v/t. create; **ℤung** f creation

erschallen v/i. (re)sound, ring* (out)

erscheinen 1. v/i. appear, F turn up; Buch: be* published, appear; **2.** **ℤ** n appearance; Buch: a. publication

Erscheinung f appearance; Geister**ℤ**: apparition; Tatsache, Natur**ℤ**: phenomenon

er|schießen v/t. shoot* (dead); **~schlaffen** v/i. go* limp; fig. weaken; **~schlagen** v/t. kill; **~schließen** v/t. open up; Bauland: develop

erschöpf|en v/t. exhaust; **~t** adj. exhausted; **ℤung** f exhaustion

erschrecken 1. v/t. frighten, scare; **2.** v/i. be* frightened (**über** at); **~d** adj. alarming; Anblick: terrible

erschüttern

erschütter|n v/t. shake*; fig. a. shock; bewegen: move; **~ung** f shock (a. seelisch); tech. vibration

erschweren v/t. make* more difficult; verschlimmern: aggravate

erschwing|en v/t. afford; **~lich** adj. within one's means, affordable; Preise: reasonable; **das ist für uns nicht ~** we can't afford that

er|sehen v/t. see*, learn*, gather (alle: aus from); **~sehnen** v/t. long for; **~setzbar** adj. replaceable; Schaden: reparable; **~setzen** v/t. replace (durch by); Schaden, Verlust: compensate for; Auslagen: reimburse

ersichtlich adj. evident, obvious

erspar|en v/t. save; j-m et. ~ spare s.o. s.th.; **~nisse** pl. savings pl.

erst adv. first; anfangs: at first; **~ jetzt (gestern)** only now (yesterday); **~ nächste Woche** not before od. until next week; **es ist ~ neun Uhr** it's only nine o'clock; **eben ~** just (now); **~ recht** all the more; **~ recht nicht** even less; → einmal

erstarr|en v/i. stiffen, fig. freeze*; **~t** adj. stiff; vor Kälte: numb

erstatt|en v/t. refund, reimburse; Bericht ~ (give*) a report (über on); Anzeige ~ report to the police

Erstaufführung f thea. first night od. performance, premiere; Film: a. first run

erstaunen v/t. surprise, astonish

Erstaun|en n surprise, astonishment; **in ~ setzen** astonish; **~lich** adj. surprising, astonishing; **~t** adj. astonished

Erst|ausgabe f first edition; **~beste** adj. first; any old

erste adj. first; **auf den ~n Blick** at first sight; **zum ~n Mal(e)** for the first time; **fürs ~** for the time being; **als ~(r)** first; **am ~n** on the first

erstechen v/t. stab

erst|ens adv. first(ly), in the first place; **~ere: der (die, das) ~** the former

ersticken v/t. u. v/i. choke, suffocate; **~ung** f suffocation

erst|klassig adj. first-class, F a. super; **~malig** adj. first; **~mals** adv. for the first time

erstreben v/t. strive* after; **~swert** adj. desirable

erstrecken v/refl. extend, stretch (bis,

auf to; über over); **sich ~ über** a. cover

Erstschlag m mil. first strike

ersuchen v/t. request

er|tappen v/t. catch*; → **Tat**; **~teilen** v/t. Rat, Erlaubnis etc.: give*; **~tönen** v/i. (re)sound

Ertrag m yield, produce; Bergbau: a. output; Einnahmen: proceeds pl., returns pl.; **~en** v/t. Schmerzen etc.: bear*, endure; Klima, Person: a. stand*

erträglich adj. bearable, tolerable

er|tränken v/t. drown; **~trinken** v/i. drown; **~übrigen** v/t. Zeit etc.: spare; **sich ~** be* unnecessary; **~wachen** v/i. wake* (up); bsd. fig. Gefühle etc.: awake*, awaken

Erw. Abk. für **Erwachsene(r)** adult(s)

erwachsen[1] v/i. arise* (aus from)

erwachsen[2] adj. grown-up, adult; **~e** m, f adult; **nur für ~** adults only!; **~enbildung** f adult education

erwäg|en v/t. consider, think* s.th. over; **~ung** f consideration; **in ~ ziehen** take* into consideration

erwähn|en v/t. mention; **~ung** f mention(ing)

erwärm|en v/t. u. v/refl. warm (up); fig. **sich ~ für** warm to; **~ung** f warming up; **~ der Erdatmosphäre** global warming

erwart|en v/t. expect; Kind: be* expecting; warten auf: wait for, await; **~ung** f expectation, a. freudige: anticipation; **~ungsvoll** adj. u. adv. full of expectation, expectant(ly)

er|wecken fig. v/t. awaken; Verdacht, Gefühle: arouse; → **Anschein**; **~wehren** v/refl. ward off; **~weichen** v/t. fig. soften, mollify; **~weisen** v/t. Dienst, Gefallen: do*; Achtung etc.: show*; **sich ~ als** prove to be

erweiter|n v/t. u. v/refl. extend, enlarge; bsd. econ. expand; **~ung** f extension, enlargement, expansion

Erwerb m acquisition; Kauf: purchase; Einkommen: income; **~en** v/t. acquire (a. Wissen, Ruf etc.); kaufen: purchase

erwerbs|los adj. unemployed; **~tätig** adj. (gainfully) employed, working; **~unfähig** adj. unable to work

Erwerbung f acquisition; purchase

erwider|n v/t. reply, answer; Gruß, Besuch etc.: return; **~ung** f reply, answer; return

erwischen *v/t.* catch*, get*; ***ihn hats erwischt*** he's had it
erwünscht *adj.* desired; *wünschenswert*: desirable; *willkommen*: welcome
erwürgen *v/t.* strangle; ***Tod durch*** ♀ death by strangulation
Erz *n* ore
erzähl|en *v/t.* tell*; *kunstvoll*: narrate; ***man hat mir erzählt*** I was told; **♀er(in)** narrator; **♀ung** *f* (short) story, tale
Erz|bischof *rel. m* archbishop; **~bistum** *rel. n* archbishopric; **~engel** *rel. m* archangel
erzeug|en *v/t.* produce (*a. fig.*); *industriell*: *a.* make*, manufacture; *electr.* generate; *verursachen*: cause, create; **♀er** *econ. m* producer; **♀nis** *n* product (*a. fig.*); **♀ung** *f* production
Erzherzog *m* archduke
erziehe|n *v/t.* bring* up, raise; *geistig*: educate; ***j-n zu et.*** **~** teach* s.o. to be *od.* to do s.th.; **♀r(in)** educator; *Lehrer(in)*: teacher; (qualified) kindergarten teacher; *Hauslehrer*: tutor; *Hauslehrerin*: governess; **~risch** *adj.* educational, pedagogic(al)
Erziehung *f* upbringing; *geistige*: education; **~sanstalt** *f bsd. Brt.* approved school, *bsd. Am.* reform school; **~sberechtigte(r)** parent or guardian; **~swesen** *n* educational system
er|zielen *v/t.* achieve; *Sport*: score; **~zogen** *adj.*: ***gut ~ sein*** be* well-bred; ***schlecht ~ sein*** be* ill-bred; **~zwingen** *v/t.* (en)force
es *pers. pron.* it; *Person, Tier bei bekanntem Geschlecht*: he; she; ***~ gibt*** there is, there are; ***ich bin ~*** it's me; ***ich hoffe ~*** I hope so; ***ich kann ~*** I can (do it)
Escape-Taste *f Computer*: escape key
Esche *bot. f* ash (tree)
Esel *m zo.* donkey, ass (*a. fig. contp.*); *fig.* fool, idiot, F twit; **~sbrücke** *f* mnemonic; **~sohr** *fig. n* dog-ear
Eskorte *f mil.* escort; *naut. a.* convoy
essbar *adj.* eatable; *bsd. Pilz etc.*: edible
essen *v/t. u. v/i.* eat*; ***zu Mittag ~*** (have*) lunch; ***zu Abend ~*** have* supper (*feiner*: dinner); ***~ gehen*** eat* *od.* dine out
Essen *n* food; *Mahlzeit*: meal; *Gericht*: dish; *warmes Abend- od. Mittag♀*: dinner; **~smarke** *f* meal ticket, *Brt. a.* lunch(eon) voucher; **~szeit** *f* lunchtime; dinner *od.* supper time
Essig *m* vinegar; **~gurke** *f* pickled gherkin, *Am. a.* pickle
Ess|löffel *m* tablespoon; **~stäbchen** *pl.* chopsticks *pl.*; **~tisch** *m* dining table; **~zimmer** *n* dining room
Estrich *m arch.* flooring, subfloor; *Schweiz*: loft, attic, garret
etablieren *v/refl.* establish o.s.
Etage *f* floor, stor(e)y; ***auf der ersten ~*** on the first (*Am.* second) floor; **~nbett** *n* bunk bed
Etappe *f* stage, *Sport a.* leg
Etat *m* budget
Eth|ik *f* ethics *pl.*; **♀isch** *adj.* ethical
ethnisch *adj.* ethnic
Etikett *n* label (*a. fig.*); (price) tag; **~e** *f* etiquette; **♀ieren** *v/t.* label
etliche *indef. pron.* several, quite a few
Etui *n* case
etwa *adv.* about, *bsd. Am. a.* around; *in Fragen*: perhaps, by any chance; ***nicht ~, dass*** not that; **~ig** *adj.* any
etwas 1. *indef. pron.* something; *irgend~*: anything; **2.** *adj.* some; any; **3.** *adv.* a little, somewhat
EU *Abk. für* ***Europäische Union*** EU, European Union
euch *pers. pron.* you; ~ (***selbst***) yourselves
euer *poss. pron.* your; ***der*** (***die, das***) ***Eu(e)re*** yours
Eule *zo. f* owl; ***~n nach Athen tragen*** carry coals to Newcastle
euresgleichen *pron.* people like you, F *contp.* the likes of you
Euro... *in Zssgn Scheck etc.*: Euro...
Europa Europe; **~...** *in Zssgn* European
Europä|er(in), ♀isch *adj.* European; ***Europäische Gemeinschaft*** European Community
Euter *n* udder
ev. *Abk. für* ***evangelisch*** Prot., Protestant
evakuieren *v/t.* evacuate
evangeli|sch *rel. adj.* Protestant; ***~lutherisch*** Lutheran; **♀um** *n* Gospel
eventuell 1. *adj.* possible; **2.** *adv.* possibly, perhaps; ⚠ *nicht* ***eventual(ly)***
evtl. *Abk. für* ***eventuell*** poss., possibly
ewig *adj.* eternal; F *dauernd*: constant, endless; ***auf ~*** for ever; **♀keit** *f* eternity; F ***eine ~*** (for) ages

exakt *adj.* exact, precise; **2heit** *f* exactness, precision
Examen *n* exam, examination
Exekutive *pol. f* executive (power)
Exemplar *n* specimen; *Buch*: copy
exerzier|en *mil. v/i.* drill
Exil *n* exile
Existenz *f* existence; *Unterhalt*: living, livelihood; **~kampf** *m* struggle for survival; **~minimum** *n* subsistence level
existieren *v/i.* exist; *leben*: a. live (**von** on)
exklusiv *adj.* exclusive, select
exotisch *adj.* exotic
Expansion *f* expansion
Expedition *f* expedition
Experiment *n*, **2ieren** *v/i.* experiment
Expert|e *m*, **~in** *f* expert (**für** on)

explo|dieren *v/i.* explode (*a. fig.*), burst*; **2sion** *f* explosion (*a. fig.*); **~siv** *adj.* explosive
Export *m* export(ation); *Waren*: exports *pl.*; **2ieren** *v/t.* export
Express *m rail.* express; **per ~** *post* express, *Am.* by special delivery
extra *adv.* extra; *gesondert*: separately; *F absichtlich*: on purpose; **~ für dich** especially for you
Extra *n*, **~blatt** *n* extra
Extrakt *m* extract
extravagant *adj.* flamboyant
Extrem *n*, **2** *adj.* extreme; **~ist(in)**, **2istisch** *adj.* extremist, ultra
Exzellenz *f* Excellency
exzentrisch *adj.* eccentric
Exzess *m* excess

F

Fa. *Abk. für* **Firma** firm; *auf Briefen*: Messrs.
Fabel *f* fable (*a. fig.*); **~haft** *adj.* fantastic, wonderful
Fabrik *f* factory, works *sg.*, *pl.*, *bsd. Am. a.* shop; **~ant** *m Besitzer*: factory owner; *Hersteller*: manufacturer; **~arbeiter(in)** factory worker; **~at** *n* make, brand; *Erzeugnis*: product; **~ation** *f* manufacturing, production; **~ationsfehler** *m* flaw; **~besitzer** *m* factory owner; **~ware** *f* manufactured product(s *pl.*)
Fach *n* compartment; *Brief2*: pigeonhole; *im Regal*: shelf; *Schul-, Studien2*: subject; → **Fachgebiet**; **~arbeiter(in)** skilled worker; **~arzt** *m*, **~ärztin** *f* specialist (**für** in); **~ausbildung** *f* professional training; **~ausdruck** *m* technical term; **~buch** *n* specialist book
Fächer *m* fan
Fach|gebiet *n* line, field; *Branche*: a. trade, business; **~geschäft** *n* dealer (specializing in ...); **~hochschule** *f etwa* (technical) college; *bsd. Brt.* polytechnic; **~kenntnisse** *pl.* specialized knowledge *sg.*; **2kundig** *adj.* competent, expert; **2lich** *adj.* professional, specialized; **~literatur** *f* specialized literature; **~mann** *m*, **2männisch** *adj.* expert; **~schule** *f* technical school *od.* college; **~simpeln** *v/i.* talk shop; **~werk** *arch. n* framework; **~werkhaus** *n* half-timbered house; **~zeitschrift** *f* (professional *od.* specialist) journal
Fackel *f* torch; **~zug** *m* torchlight procession
fad(e) *adj. Essen*: tasteless, flat; *schal*: stale; *langweilig*: dull, boring
Faden *m* thread (*a. fig.*); **2scheinig** *adj.* threadbare; *Ausrede*: flimsy
fähig *adj.* capable (**zu** of [*doing*] *s.th.*), able (to *do s.th.*); **2keit** *f* (cap)ability; *Begabung*: talent, gift
fahl *adj.* pale; *Gesicht*: a. ashen
fahnd|en *v/i.* search (**nach** for); **2ung** *f* search; **2ungsliste** *f* wanted list
Fahne *f* flag; *mst fig.* banner; F: **e-e ~ haben** reek of alcohol
Fahnen|flucht *f* desertion; **~stange** *f* flagpole, flagstaff
Fahr|bahn *f* road(way), *Am. a.* pavement; *Spur*: lane; **2bar** *adj.* mobile

Fähre f ferry(boat)
fahren 1. v/i. allg. go*; verkehren: run*; ab~: leave*, go*; mot. drive*; in od. auf e-m Fahrzeug: ride*; **mit dem Auto (Zug, Bus** etc.**)** ~ go* by car (train, bus etc.); **über e-e Brücke** etc. ~ cross a bridge etc.; **mit der Hand** etc. **über et.** ~ run* one's hand etc. over s.th.; **was ist denn in dich gefahren?** what's got into you?; **2.** v/t. Auto etc.: drive*; (Motor)Rad: ride*; Güter: carry; V **e-n ~ lassen** fart, Brt. a. let* off
Fahrer m driver; **~flucht** f hit-and-run offen|ce, Am. -se; **~in** f driver
Fahr|gast m passenger; **~geld** n fare; **~gelegenheit** f means of transport(ation); **~gemeinschaft** f car pool; **~gestell** n mot. chassis; aviat. → **Fahrwerk**
Fahrkarte f ticket; **~automat** m ticket machine; **~entwerter** m ticket-cancel(l)ing machine; **~nschalter** m ticket window
fahrlässig adj. careless, reckless (a. jur.); **grob** ~ grossly negligent
Fahr|lehrer m driving instructor; **~plan** m timetable, Am. a. schedule; **♀planmäßig 1.** adj. scheduled; **2.** adv. according to schedule; **~preis** m fare; **~prüfung** f driving test; **~rad** n bicycle, F bike; Zssgn → **Rad...**; **~rinne** naut. f shipping lane; **~schein** m ticket; **~schule** f driving school; **~schüler(in)** mot. learner (driver), Am. student driver; Schule: non-local student; **~stuhl** m lift, Am. elevator; **~stunde** f driving lesson
Fahrt f ride; mot. a. drive; Reise: trip (a. Ausflug), journey; naut. voyage, trip, cruise; Geschwindigkeit: speed (a. naut.); **in voller** ~ at full speed
Fährte f track (a. fig.)
Fahrtenschreiber mot. m tachograph
Fahr|wasser naut. n fairway; **~werk** aviat. n landing gear; **~zeug** n vehicle
fairness f fair play
faktor m factor
fakultät univ. f faculty, department
falke zo. m hawk, falcon
fall m fall; gr., jur., med. case; **auf jeden** ~ in any case; **auf keinen** ~ on no account; **für den** ~, **dass** ... in case ...; **gesetzt den** ~, **dass** suppose (that)
falle f trap (a. fig.)

fallen v/i. fall* (a. Regen etc.), drop; mil. be* killed (in action); **et.** ~ **lassen** drop s.th. (a. fig. Plan etc.); **ein Tor fiel** a goal was scored
fällen v/t. Baum: fell, cut* down; jur. Urteil: pass; Entscheidung: make*
fällig adj. due; Geld: a. payable
fallenlassen → **fallen**
Fall|obst n windfall; **~rückzieher** m Fußball: overhead kick
falls cj. if, in case; **~ nicht** unless
Fallschirm m parachute; **~jäger** mil. m paratrooper; **~springen** n parachuting; Sport: sky diving; **~springer(in)** parachutist; skydiver
Falltür f trapdoor
falsch adj. u. adv. wrong; unwahr, unecht: false (a. Freund, Name, Bescheidenheit etc.); gefälscht: forged; **~ gehen** Uhr: be* wrong; **et.** ~ **aussprechen (schreiben, verstehen** etc.**)** mispronounce (misspell*, misunderstand* etc.) s.th.; ~ **verbunden!** tel. sorry, wrong number
fälsche|n v/t. forge, fake; Geld: a. counterfeit; **♀r** m forger
Falsch|geld n counterfeit od. false money; **~münzer** m counterfeiter; **~spieler(in)** cheat
Fälschung f forgery; counterfeit; **♀ssicher** adj. forgery-proof
Falt|... in Zssgn Bett, Boot etc.: folding ...; **~e** f fold; Knitter♀, Runzel: wrinkle; Rock♀: pleat; Bügel♀: crease; **♀en** v/t. fold; **~enrock** m pleated skirt
Falter zo. m butterfly
faltig adj. wrinkled
familiär adj. personal; zwanglos: informal; △ nicht **familiar**; **~e Probleme** family problems
Familie f family (a. zo., bot.)
Familien|angelegenheit f family affair; **~anschluss** m: ~ **haben** live as one of the family; **~name** m family name, surname, Am. a. last name; **~packung** f family size (package); **~planung** f family planning; **~stand** m marital status; **~vater** m family man
Fanati|ker(in), **♀sch** adj. fanatic; **~smus** m fanaticism
Fang m catch (a. fig.); **♀en** v/t. catch* (a. fig.); **sich wieder** ~ fig. get* a grip on o.s. again; **♀ spielen** play catch (Am. tag); **~zahn** m fang

Fantasie

Fantasie f imagination; *Trugbild*: fantasy; ⁀**los** *adj.* unimaginative; ⁀**ren** *v/i.* daydream*; *med.* be* delirious; F talk nonsense; ⁀**voll** *adj.* imaginative
Fantast *m* dreamer; ⁀**isch** *adj.* fantastic; F *a.* great, terrific
Farbband *n* (typewriter) ribbon
Farbe f colo(u)r; *Mal*⁀: paint; *Gesichts*⁀: complexion; *Bräune*: tan; *Kartenspiel*: suit
farbecht *adj.* colo(u)r-fast
färben *v/t.* dye; *bsd. fig.* colo(u)r; *sich rot* ⁀ turn red; → **abfärben**
farben|**blind** *adj.* colo(u)r-blind; ⁀**froh**, ⁀**prächtig** *adj.* colo(u)rful
Farb|**fernsehen** *n* colo(u)r television; ⁀**fernseher** *m* colo(u)r TV set; ⁀**film** *m* colo(u)r film; ⁀**foto** *n* colo(u)r photo *od.* print
farbig *adj.* colo(u)red; *fig.* colo(u)rful
Farbige *m*, *f* → **Schwarze**
Farb|**kasten** *m* paintbox; ⁀**los** *adj.* colo(u)rless (*a. fig.*); ⁀**stift** *m* colo(u)red pencil, crayon; ⁀**stoff** *m* dye; *ohne* ⁀ *Aufschrift*: contains no (artificial) colo(u)ring; ⁀**ton** *m* shade, tint
Färbung *f* colo(u)ring; *Tönung*: hue
Farnkraut *bot.* *n* fern
Fasan *zo.* *m* pheasant
Fasching *m* → **Karneval**
Faschis|**mus** *pol.* *m* fascism; ⁀**t** *m*, ⁀**tisch** *adj.* fascist
faseln *v/i.* drivel
Faser *f* fib|re, *Am.* -er; *Holz*⁀: grain; ⁀**ig** *adj.* fibrous; ⁀**n** *v/i. Stoff etc.*: fray
Fass *n* cask, barrel; *vom* ⁀ on tap
Fassade *arch.* *f* facade, front (*a. fig.*)
Fassbier *n* draught (*Am.* draft) beer
fassen 1. *v/t.* take* hold of, grasp; *packen*: seize; *Verbrecher*: catch*; *enthalten*: hold*, take*; *Schmuck*: set*; *begreifen*: grasp, understand*; *Mut*: pluck up; *Entschluss*: make*; *sich* ⁀ compose o.s.; *sich kurz* ⁀ be* brief; *es ist nicht zu* ⁀ that's incredible 2. *v/i.*: ⁀ *nach* reach for
Fassung *f Schmuck*: setting; *Brillen*⁀: frame; *electr.* socket; *schriftlich*: draft(ing); *Wortlaut*: wording, version; *seelische*: composure; *die* ⁀ *verlieren* lose* one's composure; *aus der* ⁀ *bringen* put* out, F throw; ⁀**slos** *adj.* stunned, speechless; ⁀**svermögen** *n* capacity

fast *adv.* almost, nearly; ⁀ *nie* (**nichts**) hardly ever (anything)
fasten *v/i.* fast; ⁀**zeit** *rel.* *f* Lent
Fastnacht *f* → **Karneval**
fatal *adj.* unfortunate; *peinlich*: awkward; *verhängnisvoll*: disastrous; △ *nicht* **fatal**
fauchen *v/i. Katze etc.*: hiss (*a. fig.*)
faul *adj.* rotten, bad; *Fisch, Fleisch, a.* spoiled; *fig.* lazy; F *verdächtig*: fishy; ⁀**e Ausrede** lame excuse; ⁀**en** *v/i.* rot, go* bad; *verwesen*: decay
faulenze|**n** *v/i.* laze, loaf (about); ⁀**r** *m* lazybones; *contp.* loafer
Faul|**heit** *f* laziness; ⁀**ig** *adj.* rotten
Fäulnis *f* rottenness, decay (*a. fig.*)
Faul|**pelz** F *m* → **Faulenzer**; ⁀**tier** *n zo.* sloth; F *fig.* → **Faulenzer**
Faust *f* fist; *auf eigene* ⁀ on one's own initiative; ⁀**handschuh** *m* mitten; ⁀**regel** *f* (*als* ⁀ as a) rule of thumb; ⁀**schlag** *m* punch
Favorit(in) favo(u)rite
Fax *n* fax; *Gerät*: fax machine; ⁀**en** *v/i. u. v/t.* fax, send* a fax (to); ⁀**gerät** *n* fax machine
FCKW *Abk. für* **Fluorchlorkohlenwasserstoff** chlorofluorocarbon, CFC
Feber *östr.* *m*, **Februar** *m* February
fechten *v/i.* fence; *fig.* fight*
Fechten *n Sport*: fencing
Feder *f* feather; *Schmuck*⁀: *a.* plume; *Schreib*⁀: (pen-)nib; *tech.* spring; ⁀**ball** *m Sport*: badminton; *Ball*: shuttlecock; ⁀**bett** *n* duvet, continental quilt, *Am.* comforter; ⁀**gewicht** *n Sport*: featherweight; ⁀**halter** *m* penholder; ⁀**leicht** *adj.* (as) light as a feather; ⁀**mäppchen** *n* pencil case; ⁀**n** *v/i.* be* springy; *gut gefedert* well-sprung; ⁀**nd** *adj.* springy, elastic; ⁀**strich** *m* stroke of the pen; ⁀**ung** *f* springs *pl.*; *mot.* suspension; ⁀**zeichnung** *f* pen-and-ink drawing
Fee *f* fairy
fegen *v/t. u. v/i.* sweep* (*a. fig.*)
fehl *adj.*: ⁀ *am Platze* out of place; ⁀**betrag** *m* deficit; ⁀**en** *v/i.* be* missing; *Schule etc.*: be* absent; *ihm fehlt (es an)* ... he is lacking; *du fehlst uns* we miss you; *was dir fehlt, ist* what you need is; *was fehlt Ihnen?* what's wrong with you?
Fehler *m* mistake; *Charakter*⁀, *Schuld*,

Mangel: fault; *tech. a.* defect, flaw; *Computer:* error; **⁀frei** *adj.* faultless, flawless; **⁀haft** *adj.* faulty; *Arbeit:* full of mistakes; *tech.* defective; **⁀meldung** *f Computer:* error message
Fehl|ernährung *f* malnutrition; **⁀geburt** *f* miscarriage; **⁀griff** *m* mistake; wrong choice; **⁀konstruktion** *f* failure, F lemon; **⁀schlag** *m* failure; **⁀schlagen** *v/i.* fail; **⁀start** *m* false start; **⁀tritt** *m* slip; *fig.* lapse; **⁀zündung** *mot. f* backfire (a. ~ *haben*)
Feier *f* celebration; party; **⁀abend** *m* end of a day's work; closing time; evening (at home); ~ *machen* finish (work), F knock off; *nach* ~ after work; **⁀lich** *adj.* solemn; *festlich:* festive; **⁀lichkeit** *f* solemnity; *Feier:* ceremony; **⁀n** *v/t. u. v/i.* celebrate; have* a party; **⁀tag** *m* holiday; *gesetzlicher* ~ public (*Brt. a.* bank, *Am. a.* legal) holiday
feig(e) *adj.* cowardly; ~ *sein* be* a coward
Feige *bot. f* fig
Feig|heit *f* cowardice; **⁀ling** *m* coward
Feile *f*, **⁀n** *v/t. u. v/i.* file
feilschen *v/i.* haggle (*um* about, over)
fein *adj.* fine; *Qualität:* a. choice, excellent; *Gehör etc.:* keen; *zart:* delicate; *vornehm:* distinguished, F posh (*a. Restaurant etc.*); ~! good!, okay!
Feind enemy (*a. fig.*); **⁀bild** *n* enemy image; **⁀in** *f* enemy; **⁀lich** *adj.* hostile; *mil. Truppen etc.:* enemy; **⁀schaft** *f* hostility; **⁀selig** *adj.* hostile (*gegen* to); **⁀seligkeit** *f* hostility
fein|fühlig *adj.* sensitive; **⁀gefühl** *n* sensitiveness; **⁀heit** *f* fineness; *des Gehörs etc.:* keenness; *Zartheit:* delicacy; **⁀en** *pl.* niceties *pl.*; **⁀kostgeschäft** *n* delicatessen *sg.*; **⁀mechaniker(in)** precision mechanic; **⁀schmecker(in)** gourmet
feist *adj.* fat, stout
Feld *n* field (*a. fig.*); *Schach:* square; **⁀arbeit** *f* work in the fields; *Forschung:* fieldwork; **⁀bett** *n* camp bed; **⁀flasche** *f* water bottle, canteen; **⁀herr** *m* general; **⁀lerche** *zo. f* skylark; **⁀marschall** *m* field marshal; **⁀stecher** *m* field glasses *pl.*; **⁀webel** *m* sergeant; **⁀weg** *m* (field) path; **⁀zug** *m mil.* campaign (*a. fig*)

Felge *f* rim; *Turnen:* circle; **⁀nbremse** *f* rim brake
Fell *n* coat; *abgezogenes:* skin, fur; *das* ~ *abziehen* skin (*a. fig.*)
Fels *m* rock; **⁀brocken** *m* boulder; **⁀en** *m* rock; **⁀ig** *adj.* rocky; **⁀spalte** *f* crevice; **⁀vorsprung** *m* ledge
femin|in *adj.* feminine (*a. gr.*); *contp.* effeminate **⁀ismus** *m* feminism; **⁀istin** *f*, **⁀istisch** *adj.* feminist
Fenchel *bot. m* fennel
Fenster *n* window; **⁀bank** *f*, **⁀brett** *n* windowsill; **⁀flügel** *m* casement; **⁀laden** *m* shutter; **⁀rahmen** *m* window frame; **⁀scheibe** *f* (window)pane
Ferien *pl.* holiday(s *pl.*), *bsd. Am.* vacation; ~ *haben* be* on holiday; **⁀haus** *n* holiday home, cottage; **⁀lager** *n* holiday camp; *für Kinder, im Sommer:* summer camp; **⁀wohnung** *f* holiday apartment, *Am.* vacation rental
Ferkel *n* piglet; *fig.* pig
fern *adj. u. adv.* far(-away), far-off, distant; *von* ~ from a distance; ~ *halten* keep* away (*von* from); *es liegt mir* ~ *zu* far be it from me to
Fern|amt *n* telephone exchange; **⁀bedienung** *f* remote control
fernbleiben *v/i.* stay away (*dat.* from)
Fern|e *f* distance; *aus der* ~ from a distance; **⁀er** *adv.* further(more); in addition, also; *er rangiert unter "~ liefen"* he is among the also-rans; **⁀fahrer** *m* long-distance lorry driver, *Am.* long-haul truck driver, F trucker; **⁀gespräch** *n* long-distance call; **⁀gesteuert** *adj.* remote-controlled; *Rakete:* guided; **⁀glas** *n* binoculars *pl.*; **⁀heizung** *f* district heating; **⁀kurs** *m* correspondence course; **⁀laster** F *mot. m* long-distance lorry, *Am.* long-haul truck; **⁀lenkung** *f* remote control; **⁀licht** *mot. n* full (*od.* high) beam; **⁀meldesatellit** *m* communications satellite; **⁀meldetechnik** *f*, **⁀meldewesen** *n* telecommunications *sg.*; **⁀rohr** *n* telescope; **⁀schreiben** *n*, **⁀schreiber** *m* telex; → *fern*
Fernseh|en *n* television (*im* on); **⁀en** *v/i.* watch television; **⁀er** *m* TV (set); *Person:* TV viewer; **⁀schirm** *m* (TV) screen; **⁀sendung** *f* TV program(me)
Fernsprechamt *n* telephone exchange; *weitere Zssgn* → *Telefon...*

Fern|steuerung f remote control; **~verkehr** m long-distance traffic

Ferse f heel (a. fig.)

fertig adj. bereit: ready; beendet: finished; (mit et.) ~ sein have* finished (s.th.); **mit** et. ~ **werden** Problem etc.: cope with; F: **völlig** ~ dead beat; ~ **bringen** manage; iro. be* capable of; ~ **machen** finish (a. fig. j-n); für et.: get* s.th. ready; F j-n: give* s.o. hell, do* s.o. in; **sich** ~ **machen** get* ready; **2gericht** n ready(-to-serve) meal; **2haus** n prefab(ricated house); **2keit** f skill; **2stellung** f completion; **2waren** pl. finished products pl.

fesch adj. smart, neat, natty, chic

Fessel f Strick: rope; Ketten: bonds pl., chains pl. (alle a. fig.); anat. ankle; **2n** v/t. bind*, tie (up); fig. fascinate

fest adj. firm (a. fig.); nicht flüssig: solid; ~ **gelegt**: fixed; gut befestigt: fast; Schlaf: sound; Freund(in): steady; ~ **schlafen** be* fast asleep

Fest n celebration; party; rel. festival, feast; Garten2: fête; → **froh**

fest|binden v/t. fasten, tie (**an** to); **2essen** n banquet, feast; **~fahren** v/refl. get* stuck; **2halle** f (festival) hall; **~halten 1.** v/i.: ~ **an** stick* to; **2.** v/t. hold* on to; hold* s.o. od. s.th. tight; **sich** ~ **an** hold* on to; **~igen** v/t. strengthen; **sich** ~ grow* firm od. strong; **2igkeit** f firmness; Haltbarkeit: strength; **2land** n mainland; bsd. europäisches: Continent; **~legen** v/t. fix, set*; **sich auf et.** ~ commit o.s. to s.th.; **~lich** adj. festive; **~machen** v/t. fasten, fix (an to); naut. moor; vereinbaren: fix; **2nahme** f, **~nehmen** v/t. arrest; **2platte** f Computer: hard disk; **~schrauben** v/t. screw (on) tight; **~setzen** v/t. fix; **~sitzen** v/i. be* stuck; Person: a. be* (left) stranded; **2spiele** pl. festival sg.; **~stehen** v/i. be* certain; Plan, Termin: be* fixed; **~stehend** adj. Tatsache etc.: established; Redensart: set; **~stellen** v/t. find* (out); ermitteln: establish; wahrnehmen: see*, notice; erklären: state; tech. lock, arrest; **2stellung** f finding(s pl.); Erkenntnis: realization; Worte: statement; **2tag** m holiday; rel. religious holiday; Glückstag: red-letter day; **2ung** f fortress; **2wertspeicher** m Computer: read-only memory, ROM; **2zug** m procession

Fett n fat; Braten2: dripping; Back2: shortening; tech. grease

fett adj. fat; print. bold; ~ **gedruckt** boldface, in bold face (od. print); **~arm** adj. low-fat, pred. low in fat; **~fleck** m grease spot; **~ig** adj. greasy; **2näpfchen** n: **ins** ~ **treten** put* one's foot in it; **2wanst** F m fatty, fatso

Fetz|en m Stoff2: shred; Lumpen: rag; Papier2: scrap; **2ig** F adj.: **~e Musik** music with a really good beat

feucht adj. moist, damp; Luft: a. humid; **2igkeit** f moisture; e-s Ortes etc.: dampness; Luft2: humidity

feudal adj. pol. feudal; F fig. posh, swish

Feuer n fire (a. fig.); **j-m** ~ **geben** give* s.o. a light; ~ **fangen** catch* fire; fig. fall* for s.o.; **~alarm** m fire alarm; **~bestattung** f cremation; **~eifer** m ardo(u)r; **2fest** adj. fireproof, fire-resistant; **~gefahr** f danger of fire; **2gefährlich** adj. inflammable; **~leiter** f fire escape; **~löscher** m fire extinguisher; **~melder** m fire alarm

feuer|n v/i. u. v/t. fire (a. fig.); **~rot** adj. blazing red; Gesicht etc.: crimson

Feuer|schiff n lightship; **~stein** m flint; **~wache** f fire station; **~waffe** f firearm, gun; **~wehr** f fire brigade (Am. a. department); Löschzug: fire engine (Am. truck); **~wehrmann** m fireman, fire fighter; **~werk** n fireworks pl.; **~werkskörper** m firework, firecracker; **~zeug** n (cigarette) lighter

feurig adj. fiery, ardent

Fiasko n fiasco, (complete) failure

Fibel f primer, first reader

Fiber f fib|re, Am. -er; **~glas** n fibreglass, Am. fiberglass

Fichte bot. f spruce, F mst pine od. fir (tree); **~nnadel** f pine needle

ficken V v/i. u. v/t. fuck

Fieber n temperature, fever (a. fig.); ~ **haben** (**messen**) have* a (take* s.o.'s) temperature; **~senkend** med. antipyretic; **~haft** adj. feverish; **2n** v/i. have* (od. run*) a temperature; ~ **nach** fig. crave for fig.; **~thermometer** n clinical (Am. fever) thermometer

fies F adj. mean, nasty

Figur f figure; → **Schachfigur**

Filet n Lendenstück etc.: fil(l)et

Filiale f branch
Film m film; *Spiel⁓*: a. (motion) picture, bsd. Am. movie; *⁓branche*: the cinema, Am. a. the movies pl.; *e-n ⁓ einlegen phot.* load a camera; **⁓aufnahme** f *Vorgang*: filming, shooting; *Einstellung*: take, shot; **⁓en 1.** v/t. film, shoot*; **2.** v/i. make* a film; **⁓gesellschaft** f film (Am. motion-picture) company; **⁓kamera** f film (Am. motion-picture) camera; **⁓kassette** f film magazine, cartridge; **⁓projektor** m film (Am. a. movie) projector; **⁓regisseur** m film director; **⁓schauspieler(in)** film (od. screen, bsd. Am. movie) act|or (-ress); **⁓studio** n film studio(s pl.); **⁓theater** n → *Kino*; **⁓verleih** m film distributors pl.
Filter m, bsd. tech. n filter; **⁓kaffee** m filter coffee; **⁓en** F v/t. filter; **⁓zigarette** f filter(-tipped) cigarette, filter tip
Filz m felt; F pol. corruption, sleaze; **⁓en** F v/t. frisk; **⁓schreiber** m, **⁓stift** m felt(-tipped) pen
Finale n finale; *Sport*: final(s pl.)
Finanz|amt n allg. tax office; Brt. Inland (Am. Internal) Revenue; **⁓en** pl. finances pl.; **⁓iell** adj. financial; **⁓ieren** v/t. finance; **⁓lage** f financial position; **⁓minister** m allg. minister of finance; Brt. Chancellor of the Exchequer, Am. Secretary of the Treasury; **⁓ministerium** n allg. ministry of finance; Brt. Treasury, Am. Treasury Department; **⁓wesen** n finance
Findelkind n foundling
find|en v/t. find*; *meinen*: think*, believe; *ich finde ihn nett* I think he's nice; *wie ⁓ Sie ...?* how do you like ...?; *⁓ Sie (nicht)?* do (don't) you think so?; *das wird sich ⁓* we'll see; **⁓er(in)** finder; **⁓lohn** m finder's reward; **⁓ig** adj. clever
Finger m finger; **⁓abdruck** m fingerprint; **⁓fertigkeit** f manual skill; **⁓hut** m thimble; bot. foxglove; **⁓spitze** f fingertip; **⁓spitzengefühl** n fig. n sure instinct; tact; **⁓übung** mus. f finger exercise; **⁓zeig** m hint, pointer
fingiert adj. bogus, faked; fictitious
Fink zo. m finch
Finn|e m, **⁓in** f Finn; **⁓isch** adj. Finnish
Finnland Finland
finster adj. dark; *düster*: gloomy; *Miene*: grim; *fragwürdig*: shady; **⁓nis** f darkness, gloom
Finte f trick; *Sport*: feint
Firma econ. f firm, company
firm|en rel. v/t. confirm; **⁓ung** f confirmation
Firn m corn snow
First arch. m ridge
Fisch m fish; *⁓e pl. astr.* Pisces sg.; *er ist (ein) ⁓* he's (a) Pisces; **⁓dampfer** m trawler; **⁓en** v/t. u. v/i. fish; **⁓er** m fisherman; **⁓er...** *in Zssgn Boot, Dorf etc.*: fishing ...; **⁓erei** f, **⁓fang** m fishing; **⁓gräte** f fishbone; **⁓grätenmuster** n herring-bone (pattern); **⁓gründe** pl. fishing grounds pl.; **⁓händler** m bsd. Brt. fishmonger, Am. fish dealer; **⁓kutter** m smack; **⁓laich** m spawn; **⁓stäbchen** n fish finger, bsd. Am. fish stick; **⁓vergiftung** f fish poisoning; **⁓zucht** f fish farming; **⁓zug** m catch od. haul (of fish)
Fisole östr. f string bean
Fistel med. f fistula; **⁓stimme** f falsetto
fit adj. fit; *sich ⁓ halten* keep* fit; **⁓ness** f fitness; **⁓nesscenter** n health club, fitness center, gym
fix adj. *Preis etc.*: fixed; **⁓e Idee** obsession; *flink*: quick; *aufgeweckt*: smart, bright; F *⁓ und fertig sein fig.* be* dead beat; *nervlich*: be* a nervous wreck; **⁓en** sl. v/i. shoot*, fix; be* a junkie; **⁓er(in)** sl. junkie, mainliner; **⁓ieren** v/t. fix (a. phot.); *j-n*: stare at; **⁓stern** astr. m fixed star
FKK *Abk.* f nudism; *in Zssgn Strand etc.*: nudist
flach adj. flat; *eben*: a. level, even, plane; *nicht tief*, *fig. oberflächlich*: shallow
Fläche f *Ober⁓*: surface (a. math.); *Gebiet*: area (a. geom.); *weite ⁓*: expanse, space; **⁓ndeckend** adj. exhaustive; **⁓ninhalt** math. m (surface) area; **⁓nmaß** n square od. surface measure
Flachland n lowland, plain
Flachs bot. m flax
flackern v/i. flicker (a. fig.)
Fladenbrot n round flat bread (od. loaf)
Flagge f flag; **⁓n** v/i. fly* a flag od. flags
Flak mil. f anti-aircraft gun
Flamme f flame (a. Herd u. fig.)
Flanell m flannel
Flank|e f flank, side; *Fußball*: cross; *Turnen*: flank vault; **⁓ieren** v/t. flank

Flasche

Flasche *f* bottle; *Säuglings*⁐: baby's bottle; F *contp.* dead loss; **⁐nbier** *n* bottled beer; **⁐nhals** *m* neck of a bottle; **⁐nöffner** *m* bottle opener; **⁐npfand** *n* (bottle) deposit; **⁐nzug** *tech.* m block and tackle, pulley
flatter|haft *adj.* fickle, flighty; **⁐n** *v/i.* flutter (*a. fig., tech.*); *Räder:* wobble
flau *adj. unwohl:* queasy; *Stimmung, Geschmack:* flat; *Markt:* slack
Flaum *m* down, fluff, fuzz
Flausch *m* fleece; **⁐ig** *adj.* fleecy, fluffy
Flausen F *pl.* (funny) ideas *pl.*
Flaute *f naut.* calm; *econ.* slack period
Flecht|e *f* plait, braid; *bot., med.* lichen; **⁐en** *v/t. Haare:* plait, braid; *Kranz:* bind; *Korb:* weave*
Fleck *m* stain, mark; *kleiner:* speck; *Punkt:* dot; *Klecks:* blot(ch); *Ort, Stelle:* place, spot; *Flicken, Fläche:* patch; **blauer ⁐** bruise; **vom ⁐ weg** on the spot; **nicht vom ⁐ kommen** not get* anywhere; **⁐en** *m* → *Fleck*; *hist.* small (market-)town; **⁐entferner** *m* stain remover; **⁐enlos** *adj.* spotless (*a. fig.*); **⁐ig** *adj.* spotted; *schmutzig:* stained
Fledermaus *zo. f* bat
Flegel *fig. m* lout, boor; **⁐haft** *adj.* loutish; **⁐jahre** *pl.* awkward age *sg.*; **⁐n** *v/refl.* slouch, lounge
flehen *v/i.* beg; pray (*um* for); **⁐tlich** *adj.* imploring, entreating
Fleisch *n Nahrung:* meat; *lebendes:* flesh (*a. fig.*); **⁐ fressend** carnivorous; **⁐brühe** *f* (meat) broth, consommé; **⁐er** *m* butcher; **⁐erei** *f* butcher's (shop); **⁐hauer** *östr. m* butcher; **⁐ig** *adj.* fleshy; **⁐klößchen** *n* meatball; **⁐konserven** *pl.* tinned (*Am.* canned) meat; **⁐lich** *adj. Begierden etc.:* carnal, of the flesh; **⁐los** *adj.* meatless; **⁐tomate** *f* beef tomato; **⁐vergiftung** *f* meat poisoning; **⁐wolf** *m* mincer, *Am.* meat grinder; **⁐wunde** *f* flesh wound
Fleiß *m* diligence, hard work; **⁐ig** *adj.* diligent, hard-working; **⁐ sein** work hard
fletschen *v/t. Zähne:* bare
flexib|el *adj.* flexible; **⁐ilität** *f* flexibility
flicken *v/t.* mend, repair; *notdürftig, a. fig.:* patch (up)
Flick|en *m* patch; **⁐flack** *m* flip-flop; **⁐werk** *n* patchwork (*a. fig.*); **⁐zeug** *n Fahrrad:* repair kit

428

Flieder *bot. m* lilac
Fliege *f zo.* fly; *Krawatte:* bow tie
fliegen *v/i. u. v/t.* fly* (*a. ⁐ lassen*); F *fallen:* fall*; *fig.* be* fired, F get* the sack; *Schule:* be* kicked out; **durchs Examen:** → *durchfallen;* **⁐ auf** really go* for; **in die Luft ⁐** blow* up
Fliegen *n* flying; *Luftfahrt:* aviation
Fliegen|fänger *m* flypaper; **⁐fenster** *n* flyscreen; **⁐gewicht** *n Sport:* flyweight; **⁐gitter** *n* wire mesh (screen); **⁐klatsche** *f* flyswatter; **⁐pilz** *m* fly agaric
Flieger *m mil.* airman; F *Flugzeug:* plane; *Radsport:* sprinter; **⁐alarm** *m* air-raid warning
flieh|en *v/i.* flee*, run* away (*beide:* **vor** from); **⁐kraft** *phys. f* centrifugal force
Fliese *f,* **⁐n** *v/t.* tile; **⁐nleger** *m* tiler
Fließ|band *n* assembly line; *Förderband:* conveyor belt; **⁐en** *v/i.* flow (*a. fig.*); *Leitungswasser, Schweiß, Blut:* run*; **⁐end 1.** *adj.* flowing; *Leitungswasser:* running; *Sprache:* fluent; **2.** *adv.:* **er spricht ⁐ Deutsch** he speaks German fluently *od.* fluent German; **⁐heck** *mot. n* fastback
flimmern *v/i.* shimmer; *Film:* flicker
flink *adj.* quick, nimble; *Zunge:* ready
Flinte *f Schroť:* shotgun; F *allg.* gun
Flipper F *m* pinball machine; △ *nicht* **flipper;** **⁐n** *v/i.* play pinball
Flirt *m* flirtation; **⁐en** *v/i.* flirt
Flittchen F *n* floozie, hussy
Flitter *m* tinsel (*a. fig.*), spangles *pl.*; **⁐kram** *m* cheap finery; **⁐wochen** *pl.* honeymoon *sg.*
flitzen F *v/i.* flit, whizz, shoot*
Flock|e *f* flake; **⁐ig** *adj.* fluffy, flaky
Floh *zo. m* flea; **⁐markt** *m* flea market
Florett *n* foil
florieren *v/i.* flourish, prosper
Floskel *f* empty *od.* cliché(d) phrase
Floß *n* raft, float
Flosse *f fin; Robbe, Schwimm*⁐: flipper
Flöte *mus. f* flute; *Block*⁐: recorder
flott *adj. Tempo:* brisk; *schick:* smart; *Wagen: a.* racy; *naut.* afloat
Flotte *f naut.* fleet; *Marine:* navy; **⁐nstützpunkt** *mil. m* naval base
Fluch *m* curse; *Schimpfwort: a.* swearword; **⁐en** *v/i.* swear*, curse
Flucht *f* flight (**vor** from); *erfolgreiche:* escape, getaway (**aus** from); **⁐artig**

Forelle

adv. hastily; **~auto** *n* getaway car
flüchten *v/i.* flee* (*nach*, *zu* to), run* away; *entkommen*: escape, get* away
Fluchthelfer *m* escape agent, F people smuggler
flücht|ig *adj.* quick; *oberflächlich*: superficial; *nachlässig*: careless; *entflohen*: fugitive, *Verbrecher*: a. on the run, at large; **~er Blick** glance; **~er Eindruck** glimpse; **2igkeitsfehler** *m* slip; **2ling** *m* fugitive; *pol.* refugee; **2lingslager** *n* refugee camp
Flug *m* flight; *im ~(e)* rapidly; quickly; **~abwehrrakete** *f* anti-aircraft missile; **~bahn** *f e-r Rakete etc.*: trajectory; **~ball** *m Tennis*: volley; **~begleiter** *m* flight attendant; **~blatt** *n* handbill, leaflet; **~dienst** *m* air service
Flügel *m* wing (*a. Sport*); *Propeller etc.*: *a.* blade; *Windmühlen*2: sail; *mus.* grand piano; **~mutter** *tech. f* wing nut; **~schraube** *tech. f* thumb screw; **~stürmer** *m* wing forward; **~tür** *f* folding door
Fluggast *m* (air) passenger
flügge *adj.* (full[y]) fledged
Flug|gesellschaft *f* airline; **~hafen** *m* airport; **~körper** *m aviat.* flying object; *mil.* missile; **~linie** *f* air route; → *Fluggesellschaft*; **~lotse** *m* air traffic controller; **~plan** *m* air schedule; **~platz** *m* airfield, *größer*: airport; **~schein** *m* (flight) ticket; **~schreiber** *m* flight recorder, black box; **~sicherung** *f* air traffic control; **~verkehr** *m* air traffic
Flugzeug *n* plane, aircraft, *Brt. a.* aeroplane, *Am. a.* airplane; *mit dem ~* by air *od.* plane; **~absturz** *m* air *od.* plane crash; **~entführung** *f* hijacking, skyjacking; **~halle** *f* hangar; **~träger** *m* aircraft carrier
Flunder *zo. f* flounder
flunkern *v/i.* fib; *aufschneiden*: brag
Fluor *chem. n* fluorine; *als Trinkwasserzusatz*: fluoride; **~chlorkohlenwasserstoff** *m* chlorofluorocarbon, CFC
Flur *m* hall; *Gang*: corridor
Fluss *m* river; *kleiner*: stream; *im ~ fig.* in (a state of) flux; **2abwärts** *adv.* downstream; **2aufwärts** *adv.* upstream; **~bett** *n* river bed
flüssig *adj.* liquid; *geschmolzen*: melted; *Stil*, *Schrift etc.*: flux; *Geld*: available; **2keit** *f* liquid; *Zustand*: liquidity; fluency; **2kristallanzeige** *f* liquid crystal display, LCD
Fluss|lauf *m* course of a river; **~pferd** *zo. n* hippo(potamus); **~schifffahrt** *f* river navigation *od.* traffic; **~ufer** *n* riverbank, riverside
flüstern *v/i. u. v/t.* whisper
Flut *f* flood (*a. fig.*); *Hochwasser*: high tide; *es ist ~* the tide is in; **~licht** *n* floodlights *pl.*; **~welle** *f* tidal wave
Fohlen *zo. n* foal; *männliches*: colt; *weibliches*: filly
Föhn *m* **1.** hairdrier; **2.** *meteor.* foehn, föhn; **2en** *v/t.* blow-dry
folg. *Abk. für folgend*(e) foll., following
Folge *f* result, consequence; *Wirkung*: effect; *Aufeinander*2: succession; *Reihen*2: order; *Serie*: series; *Fortsetzung*: sequel, episode; *negative Auswirkung*: aftermath; *med.* aftereffect
folgen *v/i.* follow; *gehorchen*: obey; *hieraus folgt, dass* from this it follows that; *wie folgt* as follows; **~d** *adj.* following, subsequent; **~dermaßen** *adv.* as follows; **~schwer** *adj.* momentous
folgerichtig *adj.* logical; *konsequent*: consistent
folger|n *v/t.* conclude (*aus* from); **2ung** *f* conclusion (*ziehen* draw*)
folg|lich *cj.* consequently, thus, therefore; **~sam** *adj.* obedient
Folie *f* foil; *Schule etc.*: transparency
Folter *f* torture; *auf die ~ spannen* tantalize; **2n** *v/t.* torture; *fig. a.* torment
Fön® *m* → **Föhn** 1
Fonds *econ. m* fund; *Gelder*: funds *pl.*
fönen *v/t.* → **föhnen**
Fontäne *f* jet, spout; *Blut*: *a.* gush
foppen *v/t.* tease; *narren*: fool
Förder|band *n* conveyor belt; **~korb** *m Bergbau*: cage
fordern *v/t.* demand, *bsd. jur. a.* claim (*a. Tote*); *Preis etc.*: ask, charge
fördern *v/t.* promote; *unterstützen*: support, sponsor; *Schule*: tutor, provide remedial classes for; *Bergbau*: mine
Forderung *f* demand; *Anspruch*: claim (*a. jur.*); *Preis*2: charge
Förderung *f* promotion, advancement; support, sponsorship; *staatliche univ. etc.*: grant; *Schule*: tutoring, remedial classes *pl.*; *Bergbau*: mining
Forelle *zo. f* trout

Form

Form f form, shape; *Sport: a.* condition; *tech.* mo(u)ld; *gut in* ~ in great form; **2al** *adj.* formal; **2alität** f formality

Format n size; *bsd. Buch etc.:* format, *fig.* calib|re, *Am.* -er; **2ieren** v/t. *Computer:* format; **2ierung** f formatting

Form|el f formula; **2ell** *adj.* formal; **2en** v/t. shape, form; *Ton, Charakter etc.:* mo(u)ld; **~fehler** m irregularity; *jur.* formal defect; **2ieren** v/t. u. v/refl. form (up)

förmlich 1. *adj.* formal; *fig. regelrecht:* regular; **2.** *adv.* formally; *fig.* literally

form|los *adj.* shapeless; *fig.* informal; **~schön** *adj.* well-designed

Formular n form, blank

formulier|en v/t. word, phrase; *Regel etc.: a.* formulate; *ausdrücken:* express; *wie soll ich es* **~?** how shall I put it?; **2ung** f wording, phrasing; formulation; *einzelne:* expression, phrase

forsch *adj.* smart, dashing

forsch|en v/i. research, do* research; **~** *nach* search for; **2er** m *Entdecker:* explorer; *Wissenschaftler:* (research) scientist; **2ung** f research (work)

Forst m forest

Förster m forester; *Am. a.* forest ranger

Forstwirtschaft f forestry

Fort *mil.* n fort

fort *adv. davon:* off, away; *weg:* away, gone; *verschwunden:* gone, missing

fort|bestehen v/i. continue; **~bewegen** v/refl. move; **2bewegung** f moving; (loco)motion; **2bildung** f further education *od.* training; **~fahren** v/i. leave*, go* away (*a. verreisen*); *mot. a.* drive* off; *weitermachen:* continue, go* *od.* keep* on (*et. zu tun* doing s.th.); **~führen** v/t. continue, carry on; **~gehen** v/i. go* away, leave*; **~geschritten** *adj.* advanced; **~laufend** *adj.* consecutive, successive; **~pflanzen** v/refl. *biol.* reproduce; *fig.* spread*; **2pflanzung** f *biol.* reproduction; **~schaffen** v/t. remove (*a. fig.*); **~schreiten** v/i. advance, proceed, progress; **~schreitend** *adj.* progressive; **2schritt** m progress; **~schrittlich** *adj.* progressive; **~setzen** v/t. continue, go* on with; **2setzung** f continuation; *Film etc.:* sequel; **~** *folgt* to be continued; **2setzungsroman** m serialized novel; **~während** *adj.* continual, constant

Fossil *geol.* n, **2** *adj.* fossil (*a. fig.* F)

Foto n photo(graph); *ein* **~** *machen (von)* take a photo (of); **~album** n photo album; **~apparat** m camera; **~graf** m photographer; △ *nicht* **photograph**; **~grafie** f photography; *Bild:* photograph, picture; **~grafieren** v/t. u. v/i. take* a photo(graph) *od.* picture (of); *sich* **~** *lassen* have* one's picture taken; **~kopie** f photocopy; **2kopieren** v/t. (photo)copy; **~modell** n model; **~zelle** f photoelectric cell

Fotze V f cunt

Foul n foul (*übles od.* **böses** vicious); **2en** v/t. u. v/i. foul

Foyer n foyer, lobby, lounge

Fr. *Abk. für Frau* Mrs; *bsd. im Berufsleben:* Ms

Fracht f freight, load; *naut., aviat. a.* cargo; *Gebühr:* carriage; *Am.* freight; **~brief** m *rail.* consignment note, *naut.*, *Am.* bill of lading; **~er** m freighter

Frack m tails *pl.*, tailcoat

Frage f question; *Angelegenheit:* matter; *j-m e-e* **~** *stellen* ask s.o. a question; *in* **~** *stellen* question; *gefährden:* jeopardize; *in* **~** *kommen* be* a possibility; **~bogen** m questionn(a)ire; **2n** v/t. u. v/i. ask (*nach* for); *nach dem Weg (der Zeit)* **~** ask the way (time); *sich* **~** wonder; **~wort** *gr.* n interrogative; **~zeichen** n question mark

frag|lich *adj.* doubtful, uncertain; *betreffend:* in question; **~los** *adv.* undoubtedly, unquestionably

Fragment n fragment

fragwürdig *adj.* dubious, F shady

Fraktion *parl.* f (parliamentary) group *od.* party; **~führer** *parl.* m *Brt.* chief whip; *Am.* floor leader

Franc m, **Franken** m franc

frankieren v/t. stamp; *maschinell:* frank

Frankreich France

Fransle f fringe; **2ig** *adj.* frayed

Franz|ose m Frenchman; *die* **~n** *pl.* the French *pl.*; **~ösin** f Frenchwoman; **2ösisch** *adj.* French

Fraß F m muck, swill

Fratze f grimace; **2nhaft** *adj.* distorted

Frau f woman; *Ehe* **2**: wife; **~** X Mrs (*od. bsd. im Berufsleben* Ms) X; **~chen** n *e-s Hundes:* mistress

Frauen|arzt m, **~ärztin** f gyn(a)ecologist; **~bewegung** pol. f: **die ~** women's lib(eration); **♀feindlich** adj. sexist; **~haus** n women's refuge (Am. shelter); **~klinik** f gyn(a)ecological hospital; **~rechtlerin** f feminist

Fräulein n Miss

fraulich adj. womanly, feminine

frech adj. cheeky, bsd. Am. fresh; dreist: brazen; kess: pert, saucy; **♀dachs** F m cheeky (little) monkey; **♀heit** f cheek; brazenness

frei adj. free (**von** from, of); Beruf: independent; Journalist etc.: freelance; nicht besetzt: vacant (a. W.C.); **~mütig**: candid, frank; Sport: unmarked; **ein ~er Tag** a day off; **morgen haben wir ~** there is no school tomorrow; **im Freien** outdoors; → **Fuß**

Frei|bad n open-air swimming-pool; **♀bekommen** v/t. get* a day etc. off; **♀beruflich** adj. freelance, self-employed; **~exemplar** n free copy; **♀gabe** f release; **♀geben 1.** v/t. release; e-n Tag etc. **~** give* a day etc. off; **2.** v/i: j-m **~** give* s.o. time off; **♀gebig** adj. generous; **~gepäck** aviat. n baggage allowance; **♀haben** v/i. have* a holiday; im Büro etc.: have* a day off; **~hafen** m free port; **♀halten** v/t. Platz: keep*, save; j-n: treat; **~handel** m free trade; **~handelszone** f free trade area; **~händig** adv. with no hands; **~heit** f freedom, liberty; **~heitsstrafe** jur. f prison sentence; **~karte** f free ticket; **~körperkultur** f nudism; **♀lassen** v/t. release, set* free; **~lassung** f release; **~lauf** m freewheel (a. im **~ fahren**)

▶**freilich** adv. indeed, of course

Frei|licht... in Zssgn open-air ...; **♀machen** v/t. post stamp; **sich ~** undress; **sich ~ von** free o.s. from; **~maurer** m freemason; **♀mütig** adj. candid, frank; **♀schaffend** adj. freelance; **♀schwimmen** v/refl. pass a 15-minute swimming test; **♀sprechen** v/t. bsd. rel. absolve (**von** from); jur. acquit (of); **~spruch** jur. m acquittal; **~staat** pol. m free state; **♀stehen** v/i. leerstehen: be* unoccupied; Sport: be* unmarked; **es steht dir frei zu** you are free to; **♀stellen** v/t.: j-n exempt s.o. (**von** from) (a. mil.); j-m et. **~** leave* s.th.

(up) to s.o.; **~stil** m freestyle; **~stoß** m Fußball: free kick; **~stunde** f Schule: free period; **~tag** m Friday; **~tod** m suicide; **~treppe** f outdoor stairs pl.; **~übungen** pl. exercises pl.; **~wild** fig. n fair game; **♀willig** adj. voluntary; **sich ~ melden** volunteer (**zu** for); **~willige(r)** volunteer

Freizeit f free od. leisure time; **~gestaltung** f leisure-time activities pl.; **~kleidung** f leisurewear; **~park** m amusement park; **~zentrum** n leisure cent|re, Am. -er

freizügig adj. permissive; Film etc.: explicit

fremd adj. strange; ausländisch: foreign; unbekannt: unknown; **ich bin auch ~ hier** I'm a stranger here myself; **~artig** adj. strange, exotic

Fremde[1] f: **in der ~** abroad

Fremde[2] m, f stranger; Ausländer(in): foreigner

Fremden|führer(in) (tourist) guide; **~hass** m xenophobia; **~legion** f Foreign Legion; **~verkehr** m tourism; **~verkehrsbüro** n tourist office; **~zimmer** n guest room; **~ (zu vermieten)** rooms to let

fremd|gehen F v/i. be* unfaithful (to one's wife od. husband), play around; **♀körper** m med. foreign body; fig. alien element; **~sprache** f foreign language; **~sprachensekretärin** f bilingual secretary; **~sprachig, ~sprachlich** adj. foreign-language; **♀wort** n foreign word; hard word

Frequenz phys. f frequency

Fresse V f big (fat) mouth

fressen v/t. Tier: eat*, feed* on; F Mensch: gobble; verschlingen: devour

Freude f joy, delight; Vergnügen: pleasure; **~ haben an** take* pleasure in

Freuden|geschrei n shouts pl. of joy, cheers pl.; **~haus** n brothel; **~tag** m red-letter day; **~tränen** pl. tears pl. of joy

freud|estrahlend adj. radiant (with joy); **~ig** adj. joyful, cheerful; Ereignis, Erwartung: happy; **~los** adj. joyless, cheerless

freuen v/t.: **es freut mich, dass** I'm glad od. pleased (that); **sich ~ über** be* pleased od. glad about; **sich ~ auf** look forward to

Freund *m* friend; boyfriend; **⁓in** *f* friend; girlfriend; **⁓lich** *adj.* friendly, kind, nice; *Raum, Farben:* cheerful; **⁓licherweise** *adv.* kindly; **⁓lichkeit** *f* friendliness, kindness; **⁓schaft** *f* friendship; **⁓ schließen** make* friends; **⁓schaftlich** *adj.* friendly; **⁓schaftsspiel** *n* friendly (game)

Frevel *m* outrage (**an, gegen** on)

Frieden *m* peace; **im ⁓** in peacetime; **lass mich in ⁓!** leave me alone!

Friedens|bewegung *f* peace movement; **⁓forschung** *f* peace studies *pl.*; **⁓verhandlungen** *pl.* peace negotiations *pl. od.* talks *pl.*; **⁓vertrag** *m* peace treaty

fried|fertig *adj.* peaceable; **⁓hof** *m* cemetery, *um Kirche:* graveyard; **⁓lich** *adj.* peaceful; **⁓liebend** *adj.* peace-loving

frieren *v/i.* freeze*; *ich friere* I am *od.* feel cold; *stärker:* I'm freezing

Fries *arch. m* frieze

Frikadelle *f* meatball

frisch *adj.* fresh; *Wäsche:* clean; **⁓ gestrichen**! wet (*Am. a.* fresh) paint!; **⁓ verheiratet** just married; **⁓e** *f* freshness; **⁓haltebeutel** *m* polythene bag; **⁓haltefolie** *f* cling film, *Am.* plastic wrap

Friseur *m* hairdresser; *Herren⁓:* a. barber; **⁓salon** *m* hairdresser's (shop), *für Herren:* a. barber's shop

Friseuse *f* hairdresser

frisier|en *v/t.* do* *s.o.'s* hair; *F mot.* soup up; **⁓kommode** *f* dressing table

Frisör *etc.* → **Friseur** *etc.*

Frist *f* (fixed) period of time; *Zeitpunkt:* deadline; *Aufschub:* extension (*a. econ.*); **⁓en** *v/t.:* *sein Dasein ⁓* scrape a living; **⁓los** *adj.* without notice

Frisur *f* hairstyle, hairdo

Fritten F *pl.* Brt. chips *pl.*, *Am.* fries *pl.*

frittieren *v/t.* deep-fry

frivol *adj.* frivolous; *unanständig:* suggestive

froh *adj.* glad (**über** about); *fröhlich:* cheerful; *glücklich:* happy; **⁓es Fest!** happy holiday!; Merry Christmas!

fröhlich *adj.* cheerful, happy; *lustig:* a. merry; **⁓keit** *f* cheerfulness, merriment

fromm *adj.* pious, devout; *sanft:* meek; *Pferd:* steady; **⁓er Wunsch** pious hope

Frömmigkeit *f* religiousness, piety

frönen *v/i.* indulge in

Fronleichnam *rel.* Corpus Christi

Front *f arch.* front, face; *mil.* front, line; *fig.* front; *in ⁓ liegen* be* ahead; **⁓al** *mot. adj.* head-on; **⁓alzusammenstoß** *m* head-on collision; **⁓antrieb** *mot. m* front-wheel drive

Frosch *zo. m* frog; **⁓mann** *m* frogman; **⁓perspektive** *f* worm's-eye view; **⁓schenkel** *gastr. pl.* frog's legs *pl.*

Frost *m* frost; **⁓beule** *f* chilblain

frösteln *v/i.* feel* chilly, shiver (*a. fig.*)

frost|ig *adj.* frosty; *fig. a.* chilly; **⁓schutzmittel** *mot. n* antifreeze

Frottee *n, m* terry(cloth); **⁓ieren** *v/t.* rub down

Frucht *f bot.* fruit (*a. fig.*); **⁓bar** *adj. biol.* fertile (*a. fig.*); fruitful (*bsd. fig.*); **⁓barkeit** *f* fertility; fruitfulness; **⁓los** *adj.* fruitless, futile; **⁓saft** *m* fruit juice

früh *adj. u. adv.* early; *zu ⁓ kommen* be* early; *⁓ genug* soon enough; *heute (morgen) ⁓* this (tomorrow) morning; **⁓aufsteher** *m* early riser (F bird)

Frühe *f:* *in aller ⁓* (very) early in the morning; **⁓er 1.** *adj.* ehemalig: former; *vorherig:* previous; **2.** *adv.* in former times, at one time; *⁓ oder später* sooner or later; *ich habe ⁓ (einmal)...* I used to ...; **⁓estens** *adv.* at the earliest; **⁓geburt** *med. f* premature birth; premature baby; **⁓jahr** *n* spring; **⁓jahrsputz** *m* spring cleaning; **⁓morgens** *adv.* early in the morning; **⁓reif** *adj.* precocious; **⁓stück** *n* breakfast (**zum** for); **⁓stücken** *v/i.* (have*) breakfast

Frust F *m sl.* grind; **⁓ration** *f* frustration; **⁓rieren** *v/t.* frustrate

frz. *Abk. für französisch* Fr., French

Fuchs *m zo.* fox (*a. fig.*); *Pferd:* sorrel

Fuchs|jagd *f* foxhunt(ing); **⁓schwanz** *tech. m* handsaw; **⁓teufelswild** F *adj.* hopping mad

fuchteln *v/i.:* *⁓ mit* wave *s.th.* around

Fuge *f tech.* joint; *mus.* fugue

füg|en *v/refl.* submit (**in et., dat.** to *s.th.*); **⁓sam** *adj.* obedient

fühl|bar *fig. adj.* noticeable; *beträchtlich:* considerable; **⁓en** *v/t. u. v/i. u. v/refl.* feel*; *ahnen:* a. sense; *sich wohl ⁓* feel* well; **⁓er** *m* feeler (*a. fig.*)

Fuhre *f* (cart)load; *Taxi:* fare

führen 1. *v/t.* lead*, *herum⁓,* lenken, leiten: guide; *geleiten, bringen:* take*;

Fuß

Betrieb, Haushalt etc.: run*, manage; *Waren*: sell*, deal* in; *Buch, Konto*: keep*; *Gespräch* etc.: have*; *Namen* etc.: bear*; *mil.* command; *j-n ~ durch* show* s.o. round; *sich ~* conduct o.s.; **2.** *v/i.* lead* (*zu* to, *a. fig.*); *Sport*: a. be* leading (*of* ahead), ~**d** *adj.* leading

Führer *m* leader (*a. pol.*); *Fremden*2: guide; *Leiter*: head, chief; *Reise*2: guide(-book); ~**schein** *mot.* driving licence, *Am.* driver's license

Führung *f* leadership, control; *Unternehmen* etc.: management; *Museum* etc.: (guided) tour; **gute ~** good conduct; *in ~ gehen (sein)* take* (be* in) the lead; 2**szeugnis** *n* certificate of (good) conduct

Fuhr|unternehmen *n* haulage contractors *pl.*, *Am.* trucking company; ~**werk** *n* horse-drawn vehicle

Fülle *f Gedränge*: crush; *fig. von Einfällen* etc.: wealth, abundance; *Haar, Wein* etc.: body

füllen *v/t. u. v/refl.* fill (*a. Zahn*); *Kissen, Geflügel* etc.: stuff

Füll|er *m*, ~**federhalter** *m* fountain pen; 2**ig** *adj.* stout, portly; ~**ung** *f* filling (*a. Zahn*2); *Kissen, Braten*: stuffing

fummeln F *v/i.* fiddle; *basteln*: a. tinker (*beide*: ~ *with*); F *j-n betasten*: grope

Fund *m* discovery; *Gefundenes*: find

Fundament *n arch.* foundation(s *pl.*); *fig. a.* basis; ~**alist** *m* fundamentalist

Fund|amt *n*, ~**büro** *n* Brt. lost-property office, *Am.* lost and found (office); ~**gegenstand** *m* found article; ~**grube** *fig. f* treasure trove

Fundi F *pol. m* radical Green

fundiert *adj. Argument*: well-founded; *Wissen*: sound

fünf *adj.* five; *Note*: fail, poor, E, *Am.* F, N; 2**eck** *n* pentagon; ~**fach** *adj.* fivefold; 2**kampf** *m Sport*: pentathlon; 2**linge** *pl.* quintuplets *pl.*; ~**te** *adj.* fifth; 2**tel** *n* fifth; ~**tens** *adv.* fifth(ly), in the fifth place; ~**zehn(te)** *adj.* fifteen(th); ~**zig** *adj.* fifty; ~**zigste** *adj.* fiftieth

fungieren *v/i.*: *~ als* act as, function as

Funk *m* radio (*a. in Zssgn Bild, Taxi* etc.); *über od. durch ~* by radio; ~**amateur** *m* radio ham

Funke *m* spark; *fig. a.* glimmer; 2**ln** *v/i.* sparkle, glitter; *Sterne*: a. twinkle

funk|en *v/t.* radio, transmit; 2**er** *m* radio operator; 2**gerät** *n* radio set; 2**haus** *n* broadcasting cent|re, *Am.* -er; 2**signal** *n* radio signal; 2**spruch** *m* radio message; 2**station** *f* radio station; 2**streife** *f* (radio) patrol car; 2**telefon** *n* cellular phone

Funktion *f* function; ~**är(in)** functionary, official (*a. Sport*); 2**ieren** *v/i.* work; ~**staste** *f* function key

Funk|turm *m* radio tower; ~**verkehr** *m* radio communication

für *prp.* for; *zugunsten*: *a.* in favo(u)r of; *im Namen von*: on behalf of; *~ immer* forever; *Tag ~ Tag* day by day; *Wort ~ Wort* word by word; *jeder ~ sich arbeiten* etc.: everyone by himself; *was ~ ...?* what (kind *od.* sort of) ...?; *das Für und Wider* the pros and cons *pl.*

Furche *f* furrow; *Wagenspur*: rut

Furcht *f* fear, *stärker*: dread (*vor* of); *aus od. vor ~ (dass)* for fear (that); *~ erregend* frightening; 2**bar** *adj.* terrible, awful

fürchten *v/t. u. v/i.* fear, be* afraid of; *stärker*: dread; *~ um* fear for; *sich ~* be* scared; *~* be* afraid (*vor* of); *ich fürchte,* ... I'm afraid ...

fürchterlich *adj.* → *furchtbar*

furcht|los *adj.* fearless; ~**sam** *adj.* timid

füreinander *adv.* for each other

Furnier *n*, 2**en** *v/t.* veneer

Fürsorge *f* care; *öffentliche ~* (public) welfare (work); ~**amt** *n* welfare department; ~**empfänger** *m* social security beneficiary; ~**r(in)** welfare worker

fürsorglich *adj.* considerate

Für|sprache *f* intercession (*für* for, *bei* with); ~**sprech(er)** *m* Schweiz: lawyer; ~**sprecher** *m* advocate (*a. fig.*)

Fürst *m* prince; ~**entum** *n* principality; ~**in** *f* princess; 2**lich** *adj.* princely (*a. fig.*)

Furt *f* ford

Furunkel *med. m* boil, furuncle

Fürwort *gr. n* pronoun

Furz V *m*, 2**en** *v/i.* fart

Fusion *econ. f* merger, amalgamation; 2**ieren** *v/i.* merge, amalgamate

Fuß *m* foot; *Lampe* etc.: stand; *Glas*: stem; *zu ~* on foot; *zu ~ gehen* walk; *gut zu ~ sein* be* a good walker; *~ fassen* become* established; *auf frei-*

Fußabstreifer

em ~ at large; **~abstreifer** *m* doormat; **~angel** *f* mantrap
Fußball *m Brt.* football, *Am.* soccer; *Ball:* football, *Am.* soccer ball; **~er** *m* footballer; **~feld** *n* football field; **~rowdy** *m* (football) hooligan; **~spiel** *n* football match *od.* soccer match; **~spieler** *m* football player, footballer; **~toto** *n* football pools *pl.*
Fuß|boden *m* floor; **~belag:** flooring; **~bodenheizung** *f* underfloor heating; **~bremse** *mot. f* footbrake
Fussel *f, m* piece of fluff (*Am.* lint); **~(n)** *pl.* fluff *sg.*, *Am.* lint *sg.*; **~ig** *adj.* covered in fluff, *Am.* linty; **2n** *v/i.* shed* a lot of fluff, F mo(u)lt
Fuß|gänger(in) pedestrian; **~gängerzone** *f* pedestrian precinct, *Am.* (pedestrian *od.* shopping) mall; **~geher** *östr. m* → *Fußgänger;* **~ge-**

lenk *n* ankle; **~note** *f* footnote; **~pflege** *f* pedicure; *med.* chiropody, *Am. a.* podiatry; **~pilz** *med. m* athlete's foot; **~sohle** *f* sole (of the foot); **~spur** *f* footprint; *Fährte:* track; **~stapfen** *pl.:* **in j-s ~ treten** follow in s.o.'s footsteps; **~tritt** *m* kick; **~weg** *m* footpath; *e-e Stunde ~* an hour's walk
Futter[1] *n agr. allg.* feed; *Heu etc.:* fodder; *Hunde etc.:* food; F *Essen:* eats *pl.*
Futter[2] *Mantel etc., tech.* lining
Futteral *n* case; *Hülle:* cover
futtern F *v/i.* tuck in
füttern[1] *v/t.* feed*
füttern[2] *v/t. Kleid etc.:* line
Futternapf *m* (feeding) bowl
Fütterung *f* feeding (time)
Futur *gr. n* future (tense)

G

Gabe *f* gift, present; *med.* dose; *Begabung:* talent, gift; *milde ~* alms *pl.*
Gabel *f* fork; *tel.* cradle **2n** *v/refl.* fork, branch; **~stapler** *tech. m* fork-lift (truck); **~ung** *f* fork(ing)
gackern *v/i.* cluck, cackle (*a. fig.*)
gaffen F *v/i.* gawk, gawp, *Am.* F rubberneck
Gaffer(in) F nosy parker, *Am.* F rubberneck(er)
Gage *f* fee
gähnen *v/i.* yawn (*a. fig.*)
Gala *f* gala (*a. in Zssgn*)
galant *adj.* gallant, courteous
Galeere *naut. f* galley
Galerie *f* gallery
Galgen *m* gallows; **~frist** *f* reprieve; **~humor** *m* gallows humo(u)r; **~vogel** F *m* crook
Galle *anat. f* gall (*a. fig.*); *Sekret: a.* bile; **~nblase** *anat. f* gall bladder; **~nstein** *med. m* gallstone
Gallert *n,* **~e** *f* jelly
Galopp *m,* **2ieren** *v/i.* gallop
gamm|eln F *fig. v/i.* loaf (about), bum

around; **2ler(in)** loafer, bum
Gämse *zo. f* chamois
Gang *m* walk; **~art:** *a.* gait, way *s.o.* walks; *Durch2:* passage; *Kirche, aviat.* aisle; *Flur:* corridor; *mot.* gear; *gastr.* course; **et. in ~ bringen** get* s.th. going, start s.th.; **in ~ kommen** get* started; **im ~e sein** be* (going) on, be* in progress; **in vollem ~e** in full swing
gang *adj.:* **~ und gäbe** nothing unusual, (quite) usual
gängeln F *v/t.* lead* *s.o.* by the nose
gängig *adj.* current; *econ.* sal(e)able
Gangschaltung *f* gears *pl.*
Ganove F *m* crook
Gans *zo. f* goose
Gänse|blümchen *bot. n* daisy; **~braten** *m* roast goose; **~feder** *f* (goose) quill; **~füßchen** F *pl.* quotation marks *pl.*, inverted commas *pl.*; **~haut** *fig. f* gooseflesh; *dabei kriege ich e-e ~* it gives me the creeps; **~marsch** *m* single *od.* Indian file; **~rich** *zo. m* gander
ganz 1. *adj.* whole; *ungeteilt, vollständig: a.* entire, total; F *heil:* whole, un-

damaged; *Betrag, Stunde:* a. full; **den ~en Tag** all day; **die ~e Zeit** all the time; **auf der ~en Welt** all over the world; **sein ~es Geld** all his money; **2.** *adv.* completely, totally; *sehr:* very; *ziemlich:* quite, rather, fairly; **~ allein** all by oneself; **~ aus Holz** *etc.* all wood *etc.;* **~ und gar** completely, totally; **~ und gar nicht** not at all, by no means; **~ wie du willst** just as you like; **nicht ~** not quite; **im 2en** in all, altogether; **im (Großen und) 2en** on the whole; → **voll**
Ganze *n* whole; **das ~** the whole thing; **aufs ~ gehen** go* all out
Gänze *östr. f: zur ~* → **gänzlich**
gänzlich *adv.* completely, entirely
Ganztags|beschäftigung *f* full-time job; **~schule** *f* all-day school(ing)
gar 1. *adj. Essen:* done; **2.** *adv.:* **~ nicht(s)** not(hing) at all; **~ zu ...** (a bit) too ...
Garage *f* garage
Garantie *f* guarantee, *bsd. econ.* warranty; **2ren** *v/t. u. v/i.* guarantee (**für** *et.* s.th.); **~schein** *m* guarantee (certificate)
Garbe *f* sheaf
Garde *f* guard; *mil.* (the) Guards *pl.*
Garderobe *f* wardrobe, clothes *pl.;* *Kleiderablage:* cloakroom, *Am.* checkroom; *thea.* dressing room; *im Haus:* coat rack; **~nfrau** *f* cloakroom (*Am.* checkroom) attendant, *Am.* F a. hatcheck girl; **~nmarke** *f* cloakroom (*Am.* coatcheck) ticket; **~nständer** *m* coat stand *od.* rack
Gardine *f* curtain; **~nstange** *f* curtain rod
gären *v/i.* ferment, work
Garn *n* yarn; *Faden:* thread; *Baumwoll2:* cotton; **j-m ins ~ gehen** fall* into s.o.'s snare
Garnele *f* shrimp; *große:* prawn
garnieren *v/t.* garnish (*a. fig.*)
Garnison *mil. f* garrison, *Am. a.* post
Garnitur *f* set; *Möbel: a.* suite
garstig *adj.* nasty, F beastly
Gärstoff *m* ferment
Garten *m* garden; **~arbeit** *f* gardening; **~bau** *m* horticulture; **~erde** *f* (garden) mo(u)ld; **~fest** *n* garden party; **~geräte** *pl.* gardening tools *pl.;* **~haus** *n* summerhouse; → **Laube**; **~lokal** *n* beer garden; outdoor restaurant; **~schere** *f* pruning shears *pl., bsd. Brt.* secateurs *pl.;* **~stadt** *f* garden city; **~zwerg** *m* (garden) gnome
Gärtner *m* gardener; **~ei** *f* market garden, *Am.* truck farm
Gärung *f* fermentation
Gas *n* gas; **~ geben** *mot.* accelerate, F step on the gas; **2förmig** *adj.* gaseous; **~hahn** *m* gas tap (*Am.* valve *od.* cock); **~heizung** *f* gas heating; **~herd** *m* gas cooker *od.* stove; **~kammer** *f* gas chamber; **~laterne** *f* gas (street) lamp; **~leitung** *f* gas main; **~maske** *f* gas mask; **~ofen** *m* gas stove; **~pedal** *mot. n* accelerator (pedal), *Am. a.* gas pedal

Gasse *f* lane, alley
Gast *m* guest; *Besucher:* visitor; *im Lokal etc.:* customer; **~arbeiter(in)** foreign worker
Gäste|buch *n* visitors' book; **~zimmer** *n* guest room, spare (bed)room
gast|freundlich *adj.* hospitable; **2freundschaft** *f* hospitality; **2geber** *m* host; **2geberin** *f* hostess; **2haus** *n,* **2hof** *m* restaurant; tavern, *bsd. Brt.* pub; *bsd. Land2:* inn
gast|lich *adj.* hospitable; **2mahl** *hist. lit. n* feast, banquet; **2mannschaft** *f* visiting team, visitors *pl.;* **2rolle** *thea. f* guest part; **2spiel** *thea. n* guest performance; **2stätte** *f* restaurant; **2stube** *f* taproom; restaurant; **2wirt** *m* landlord; **2wirtschaft** *f* restaurant; tavern, *bsd. Brt.* pub
Gas|werk *n* gasworks *sg. u. pl.;* **~zähler** *m* gas meter
Gatte *lit. m* husband
Gatter *n* fence; *Tor:* gate
Gattin *lit. f* wife
Gattung *f* type, class, sort; *biol.* genus; *Art:* species
GAU *Abk. m* maximum credible accident, MCA; *Am.* worst case scenario
Gaul *m* (old) nag
Gaumen *anat. m* palate (*a. fig.*)
Gauner *m* crook, swindler
Gaze *f* gauze
Gazelle *zo. f* gazelle
geb. *Abk. für* **geboren** b., born
Gebäck *n* pastry; *Plätzchen:* biscuits *pl., Am.* cookies *pl.*

Gebälk *n* timberwork, beams *pl.*
Gebärde *f* gesture; **2n** *v/refl.* behave, act (*wie* like)
gebär|en *v/t.* give* birth to; **2mutter** *anat. f* uterus, womb
Gebäude *n* building, structure
Gebeine *pl.* bones *pl.*, mortal remains *pl.*
geben *v/t.* give* (*j-m et.* s.o. s.th.); *reichen: a.* hand, pass; *Karten:* deal*, *er~*: make*; **sich ~ nachlassen:** pass; *besser werden:* get* better; *von sich ~ v/t.* utter, let* out; *chem.* give* off; *j-m die Schuld ~* blame s.o.; *es gibt* there is, *pl.* there are; *was gibt es?* what's up?; *zum Essen:* what's for lunch *etc.?; TV etc.:* what's on?; *das gibts nicht* that can't be true; *verbietend:* that's out
Gebet *n* prayer
Gebiet *n* region, area; *bsd. pol.* territory; *fig.* field; *befehlen:* order; *fig.* call for; **2erisch** *adj.* imperious; **2sweise** *adv.* regionally; **~ Regen** local showers
Gebilde *n* thing, object; **2t** *adj.* educated; *belesen:* well-read
Gebirg|e *n* mountains *pl.*; **2ig** *adj.* mountainous; **~sbewohner** *m* mountain-dweller; **~szug** *m* mountain range
Gebiss *n* (set of) teeth; *künstliches:* (set of) false teeth, denture(s *pl.*)
Gebläse *tech. n* blower, (*mot.* air) fan
ge|blümt *adj.* floral; **~bogen** *adj.* bent, curved; **~boren** *adj.* born; *ein ~er Deutscher* German by birth; **~e Smith** née Smith; *ich bin am ... ~* I was born on the ...
geborgen *adj.* safe, secure; **2heit** *f* safety, security
Gebot *n rel.* commandment; *Vorschrift:* rule; *Erfordernis:* necessity; *Auktion etc.:* bid
Gebrauch *m* use; *Anwendung:* application; **2en** *v/t.* use; *anwenden:* employ; *gut (nicht) zu ~ sein* be* useful (useless); *ich könnte ... ~* I could do with ...
gebräuchlich *adj.* in use; *üblich:* common, usual; *Wort:* a. current
Gebrauchs|anweisung *f* directions *pl. od.* instructions *pl. f.u.;* **2fertig** *adj.* ready for use; *Kaffee etc.:* instant; **~grafiker(in)** commercial artist
gebraucht *adj.* used; *bsd. Waren: a.* second-hand; **2wagen** *mot. m* used *od.* second-hand car; **2wagenhändler** *m* used car dealer
Gebrech|en *n* defect, handicap; **2lich** *adj.* frail; *altersschwach:* infirm; **~lichkeit** *f* frailty, infirmity
Gebrüder *pl.* brothers *pl.*
Gebrüll *n* roar(ing)
Gebühr *f* charge (*a. tel.*), fee; *post* postage; *Abgabe:* due; **2end** *adj.* due; *angemessen:* proper; **2enfrei** *adj.* free of charge; *tel.* nonchargeable, *Am.* tollfree; **2enpflichtig** *adj.* chargeable; **~e Straße** toll road; **~e Verwarnung** fine
gebunden *adj.* bound; *fig. a.* tied
Geburt *f* birth (*von* by); **~enkontrolle, ~enregelung** *f* birth control; **2enschwach** *adj. Jahrgänge:* low-birthrate; **2enstark** *adj.: ~e Jahrgänge* baby boom *sg.*; **~enziffer** *f* birthrate
gebürtig *adj.* by birth
Geburts|anzeige *f* birth announcement; **~datum** *n* date of birth; **~fehler** *m* congenital defect; **~helfer(in)** *Arzt:* obstetrician; **~jahr** *n* year of birth; **~land** *n* native country; **~ort** *m* birthplace; **~tag** *m* birthday; **~tagsfeier** *f* birthday party; **~tagskind** *n* birthday boy (*od.* girl); **~urkunde** *f* birth certificate
Gebüsch *n* bushes *pl.*, shrubbery
Gedächtnis *n* memory; *aus dem ~* from memory; *zum ~ an* in memory of; *im ~ behalten* keep* in mind, remember; **~feier** *f* commemoration; **~lücke** *f* memory lapse; **~schwund** *med. m* amnesia; *vorübergehend:* blackout; **~stütze** *f* memory aid
Gedanke *m* thought; idea; *was für ein ~!* what an idea!; *in ~n* absorbed in thought; *zerstreut:* absent-minded; *sich ~n machen über* think* about; *besorgt:* be* worried *od.* concerned about; *j-s ~n lesen* read* s.o.'s mind
Gedanken|austausch *m* exchange of ideas; **~gang** *m* train of thought; **2los** *adj.* thoughtless; **~strich** *m* dash; **~übertragung** *f* telepathy
Gedärme *pl.* intestines *pl.*
Gedeck *n* cover; *ein ~ auflegen* set* a place
gedeihen *v/i.* thrive*, prosper; *wachsen:* grow*; *blühen:* flourish
gedenk|en *v/i.* think* of; *ehrend:* commemorate; *erwähnen:* mention; *~ zu in-*

Gegenmittel

tend to; **2feier** f commemoration; **2minute** f: **e-e ~** a minute's (Am. moment's) silence; **2stätte** f, **2stein** m memorial; **2tafel** f plaque

Gedicht n poem

gediegen adj. solid; *geschmackvoll:* tasteful; F strange

Gedräng|e n crowd, F crush; **2t** adj. crowded, packed; *Stil:* concise

ge|drückt *fig.* depressed; **~drungen** adj. *Figur:* squat, stocky; thickset; *bsd. tech.* compact

Geduld f patience; **2en** v/refl. wait (patiently); **2ig** adj. patient; **~spiel** n puzzle (a. fig.)

ge|ehrt hono(u)red; *in Briefen:* **Sehr ~er Herr N.!** Dear Mr N.; **~eignet** adj. suitable; *befähigt:* suited, qualified; *passend:* right

Gefahr f danger; *Bedrohung:* threat; *Risiko:* risk; **auf eigene ~** at one's own risk; **außer ~** out of danger, safe

gefährden v/t. endanger; *aufs Spiel setzen:* risk, jeopardize

gefährlich adj. dangerous; *riskant:* risky

gefahrlos adj. without risk, safe

Gefährt|e m, **~in** f companion

Gefälle n fall, slope, descent; *Straße etc.:* gradient (a. phys.)

Gefallen[1] m favo(u)r; *j-n um e-n ~ bitten* ask a favo(u)r of s.o.

Gefallen[2] n: **~ finden an** enjoy, like

gefallen v/i. please; *es gefällt mir (nicht)* I (don't) like it; *wie gefällt dir ...?* how do you like ...?; *sich et. ~ lassen* put* up with s.th.

gefällig adj. *angenehm:* pleasant, agreeable; *entgegenkommend:* obliging, kind; *j-m ~ sein* do* s.o. a favo(u)r; **2keit** f kindness; *Gefallen:* favo(u)r; **~st** F adv.: *sei ~ still!* be quiet, will you!

gefangen adj. captive; imprisoned; **~ halten** keep* s.o. prisoner; **~ nehmen** take* s.o. prisoner; *fig.* captivate; **2e(r)** prisoner; *Sträfling:* convict; **2nahme** f capture (a. mil.); **2schaft** f captivity, imprisonment; *in ~ sein* be* a prisoner of war

Gefängnis n prison, jail, *Brt. a.* gaol; *ins ~ kommen* go* to jail *od.* prison; **~direktor** m governor, *bsd. Am.* warden; **~strafe** f (sentence *od.* term of) imprisonment; **~wärter(in)** prison guard, *Brt. a.* warder (-ress)

Gefäß n vessel (a. anat.), container

gefasst adj. composed; **~ auf** prepared for

Ge|fecht *mil.* n combat, action; **2federt** adj.: *gut ~ sein mot.* have* good suspension; **2feit** adj.: **~ gegen** immune to; **~fieder** n plumage, feathers pl.

Geflügel n poultry; **~salat** m chicken salad; **2t** adj.: **~es Wort** saying

Gefolg|e n entourage, retinue, train; **~schaft** f followers pl.

gefragt adj. in demand, popular

gefräßig adj. greedy, voracious

Gefreiter *mil.* m lance corporal, *Am.* private first class

gefrier|en v/i. freeze*; **2fach** n freezer, freezing compartment; **2fleisch** n frozen meat; **~getrocknet** adj. freeze-dried; **2punkt** m freezing point; **2truhe** f freezer, deep-freeze

Gefrorene *östr.* n ice cream

Gefüge n structure, texture

gefügig adj. pliant; **2keit** f pliancy

Gefühl n feeling; *Sinn, Gespür: a.* sense; *bsd. kurzes:* sensation; *Gemütsbewegung: a.* emotion; **2los** adj. insensible, numb; *herzlos:* unfeeling, heartless; **2sbetont** adj. (highly) emotional; **2voll** adj. (full of) feeling; *zärtlich:* tender; *rührselig:* sentimental

gegebenenfalls adv. if necessary

gegen prp. against; *jur., Sport: a.* versus; *ungefähr:* about, *bsd. Am.* around; *für (Geld etc.):* (in return) for; *Mittel:* for; *verglichen mit:* compared with

Gegen|... *in Zssgn* Aktion, Angriff, Argument, Frage etc. counter-...; **~besuch** m return visit; **~beweis** m *jur.* n counter-evidence

Gegend f region, area; *Landschaft:* countryside; *Wohn2:* neighbo(u)rhood

gegeneinander adv. against one another *od.* each other

Gegen|fahrbahn *mot.* f opposite *od.* oncoming lane; **~gewicht** n counterweight; *ein ~ bilden zu et.* counterbalance s.th.; **~kandidat** m rival candidate; **~leistung** f quid pro quo; *als ~* in return; **~licht** n back light; *im od. bei ~* against the light; **~liebe** *fig.* f approval; **~maßnahme** f countermeasure; **~mittel** n antidote (a. fig.);

Gegenpartei

~**partei** *f* other side; *pol.* opposition; *Sport:* opposite side; ~**probe** *f: die* ~ **machen** cross-check; ~**richtung** *f* opposite direction; ~**satz** *m* contrast; *Gegenteil:* opposite; *im* ~ *zu* in contrast to *od.* with; ⁀**sätzlich** *adj.* contrary, opposite; ~**schlag** *m* counterblow; *bsd. mil. a.* retaliation; ~**seite** *f* opposite side; ~**seitig** *adj.* mutual; ~**seitigkeit** *f: auf* ~ *beruhen* be* mutual; ~**spieler** *m* opponent; ~**sprechanlage** *f* intercom (system); ~**stand** *m* object (*a. fig.*); *Thema:* subject; ⁀**ständlich** *adj. Kunst:* representational; ⁀**standslos** *adj.* ungültig: invalid; *belanglos:* irrelevant; *Kunst:* abstract, nonrepresentational; ~**stimme** *parl. f* vote against, no; *nur 3* ~*n* only 3 noes; ~**stück** *n* counterpart; ~**teil** *n* opposite; *im* ~ *on* the contrary; ⁀**teilig** *adj.* contrary, opposite; ~**über¹** *adv. u. prp.* opposite; *fig. gegen:* to, toward(s); *im Vergleich zu:* compared with; ~**über²** *n* person opposite; neighbo(u)r across the street; ⁀**überstehen** *v/i.* face, be* faced with; ⁀**überstellung** *bsd. jur. f* confrontation; ~**verkehr** *m* oncoming traffic; ~**wart** *f* present (time); *Anwesenheit:* presence; *gr.* present (tense); ⁀**wärtig 1.** *adj.* present, current; **2.** *adv.* at present; ~**wehr** *f* resistance; ~**wert** *m* equivalent (value); ~**wind** *m* head wind; ~**wirkung** *f* counter-effect, reaction; ⁀**zeichnen** *v/t.* countersign; ~**zug** *m* countermove; *rail.* train coming from the opposite direction

Gegner|(in) opponent (*a. Sport*), adversary; *mil.* enemy; ⁀**isch** *adj.* opposing; *mil.* (of the) enemy, hostile; ~**schaft** *f* opposition

Gehacktes *n* → Hackfleisch

Gehalt 1. *m* content; **2.** *n* salary; ~**sempfänger(in)** salaried employee; ~**serhöhung** *f* increase *od.* rise in salary, *Am.* raise; ⁀**voll** *adj.* substantial; *nahrhaft: a.* nutritious

gehässig *adj.* malicious, spiteful; ⁀**keit** *f* malice, spite(fulness)

Ge|häuse *n* case, box; *tech.* casing; *zo.* shell; *Kern*⁀: core; ~**hege** *n* enclosure; *Hühner etc.:* pen

geheim *adj.* secret; ~ *halten* keep* (a) secret; ⁀**agent(in)** secret agent; ⁀**dienst** *m* secret service

Geheimnis *n* secret; *Rätselhaftes:* mystery; ⁀**voll** *adj.* mysterious

Geheim|nummer *tel. f* ex-directory (*Am.* unlisted) number; ~**polizei** *f* secret police; ~**schrift** *f* code, cipher

gehemmt *adj.* inhibited, self-conscious

gehen *v/i.* go*; *zu Fuß:* walk; *weg*~: leave*; *funktionieren (a. fig.):* work; *Ware:* sell*; *dauern:* last; *einkaufen (schwimmen)* ~ go* shopping (swimming); *wir!* let's go!; *wie geht es dir (Ihnen)?* how are you?; *es geht mir gut (schlecht)* I'm fine (not feeling well); ~ *in passen:* go* into; ~ *nach Straße etc.:* lead* to; *Fenster etc.:* face; *urteilen:* go *od.* judge by; *das geht nicht* that's impossible; *das geht schon* that's o.k.; *es geht nichts über* there is nothing like; *worum geht es?* what is it about?; *darum geht es (nicht)* that's (not) the point; *sich* ~ *lassen* let* o.s. go

geheuer *adj.: nicht (ganz)* ~ eerie, creepy; *Sache:* fishy

Geheul *n* howling

Gehilf|e *m*, ~**in** *f* assistant, helper; *fig.* helpmate

Gehirn *n* brain(s *pl.*); ~**erschütterung** *med. f* concussion (of the brain); ~**schlag** *med. m* (cerebral) apoplexy; ~**wäsche** *f* brainwashing

gehoben *adj. Stil:* elevated; *Beruf etc.:* high(er); ~*e Stimmung* high spirits *pl.*

Gehöft *n* farm(stead)

Gehölz *n* wood, coppice, copse

Gehör *n* (sense of) hearing; ear; *nach dem* ~ by ear; *sich* ~ *verschaffen* make* o.s. heard

gehorchen *v/i.* obey; *nicht* ~ disobey

gehör|en *v/i.* belong (*dat. od. zu* to); *gehört dir das?* is this yours?; *es gehört sich (nicht)* it is proper *od.* right (not done); *das gehört nicht hierher* that's not to the point; ~**ig 1.** *adj.* gebührend: due, proper; *nötig:* necessary; *tüchtig:* decent; *zu et.* ~ belonging to s.th.; **2.** *adv.* properly, thoroughly

gehörlos *adj.* deaf; *die* ⁀*en* the deaf

gehorsam *adj.* obedient

Gehorsam *m* obedience

Geh|steig, ~**weg** *m* pavement, *Am.* sidewalk

Geier *zo. m* vulture, *Am. a.* buzzard

Geige *mus. f* violin, F fiddle; (**auf der**) ~ **spielen** play (on) the violin; ~**nbogen** *mus. m* (violin) bow; ~**nkasten** *mus. m* violin case; ~**r(in)** violinist; ~**rzähler** *phys. m* Geiger counter

geil *adj.* V hot, horny; *contp.* lecherous, lewd; *bot.* rank

Geisel *f* hostage; ~**nehmer** *m* kidnap(p)er

Geiß *zo. f* → **Ziege**

Geißel *fig. f* scourge, plague

Geist *m* spirit; *Seele: a.* soul; *Sinn, Gemüt:* mind; *Verstand:* mind, intellect; *Witz:* wit; *Gespenst:* ghost; **der Heilige ~** the Holy Ghost *od.* Spirit

Geister|bahn *f* ghost train, *Am.* tunnel of horror; ~**erscheinung** *f* apparition; ~**fahrer** F *mot. m* wrong-way driver; 2**haft** *adj.* ghostly

geistes|abwesend *adj.* absent-minded; 2**arbeiter** *m* brainworker; 2**blitz** *m* brainwave, *Am.* brainstorm; 2**gegenwart** *f* presence of mind; ~**gegenwärtig** *adj.* alert; *schlagfertig:* quickwitted; ~**gestört** *adj.* mentally disturbed; ~**krank** *adj.* mentally ill; 2**krankheit** *f* mental illness; ~**schwach** *adj.* feeble-minded; 2**wissenschaften** *pl.* the arts *pl.*, the humanities *pl.*; 2**zustand** *m* mental state

geistig *adj.* mental; *Arbeit, Fähigkeiten etc.:* intellectual; *nicht körperlich:* spiritual; **~ behindert** mentally handicapped; **~e Getränke** *pl.* spirits *pl.*

geistlich *adj.* religious; *Lied etc.: a.* spiritual; *kirchlich:* ecclesiastical; 2**e** *betreffend:* clerical; 2**e** *m* clergyman; *bsd. protestantisch:* minister; **die ~n** *pl. coll.* the clergy *pl.*

geist|los *adj.* trivial, inane, silly; ~**reich**, ~**voll** *adj.* witty, clever

Geiz *m* stinginess; ~**hals** *m* miser, niggard; 2**ig** *adj.* stingy, miserly

Ge|jammer *n* wailing, complaining; ~**kläff** *n* yapping; ~**klapper** *n* clatter(ing); ~**klimper** *n* tinkling

ge|konnt *adj.* masterly, skil(l)ful; ~**kränkt** *adj.* hurt, offended

Gekritzel *n* scrawl, scribble

gekünstelt *adj.* affected; artificial

Gelächter *n* laughter

Gelage *n* feast; *Zech*2: carouse

Gelände *n* area, country, ground; *Bau*2 *etc.:* site; **auf dem ~ e-s Betriebs** *etc.:* on the premises; **~...** *in Zssgn Lauf, Ritt, Wagen etc.:* cross-country

Geländer *n Treppen*2: banisters *pl.*; ~**stange**: handrail, rail(ing); *Brücken*2, *Balkon*2: parapet

gelangen *v/i.:* ~ **an** *od.* **nach** reach, arrive at, get* *od.* come* to; ~ **in** get* *od.* come* into; **zu et. ~** gain *od.* win* *od.* achieve s.th.

gelassen *adj.* calm, composed, cool

Gelatine *f* gelatin(e)

ge|läufig *adj.* common, current; *vertraut:* familiar; ~**launt** *adj.:* **schlecht (gut) ~ sein** be* in a bad (good) mood

gelb *adj.* yellow; *Ampel; Brt. a.* amber; ~**lich** *adj.* yellowish; 2**sucht** *med. f* jaundice

Geld *n* money (**um** for); **zu ~ machen** turn into cash; ~**angelegenheiten** *pl.* money matters *pl.* financial matters *pl. od.* affairs *pl.*; ~**anlage** *f* investment; ~**ausgabe** *f* expense; ~**automat** *m* cash dispenser, *Am.* automatic teller machine, ATM, autoteller; ~**beutel** *m*, ~**börse** *f* purse; ~**buße** *f* fine, penalty; ~**geber** *m* financial backer; investor; ~**geschäfte** *pl.* money transactions *pl.*; ~**gierig** *adj.* greedy for money; ~**knappheit** *f*, ~**mangel** *m* lack of money; *econ.* (financial) stringency; ~**mittel** *pl.* funds *pl.*, means *pl.*, resources *pl.*; ~**schein** *m* (bank)note, *Am.* bill; ~**schrank** *m* safe; ~**sendung** *f* remittance; ~**strafe** *f* fine; ~**stück** *n* coin; ~**verlegenheit** *f* financial embarrassment; ~**verschwendung** *f* waste of money; ~**waschanlage** *f* money laundering scheme; ~**wechsel** *m* exchange of money; ~**wechsler** *m* change machine

Gelee *n, m* jelly; *Kosmetik:* gel

gelegen *adj.* situated, *Am. a.* located; *passend:* convenient, opportune; 2**heit** *f Anlass:* occasion; *günstige:* opportunity, chance; **bei ~** on occasion

Gelegenheits|arbeit *f* casual *od.* odd job; ~**arbeiter** *m* casual labo(u)rer, odd-job man; ~**kauf** *m* bargain

gelegentlich *adv.* occasionally

gelehr|ig *adj.* docile; 2**igkeit** *f* docility; 2**samkeit** *f* learning; ~**t** *adj.* learned; 2**te(r)** scholar, learned man *od.* woman

Geleise *n* → **Gleis**

Geleit *n* escort; 2**en** *v/t.* accompany,

Geleitzug conduct; *bsd. schützend*: escort; ~**zug** *naut. m* convoy

Gelenk *anat., tech., bot. n* joint; ⁀**ig** *adj.* flexible (*a. tech.*); *geschmeidig*: lithe, supple

gelernt *adj. Arbeiter*: skilled, trained

geliebt *adj.* (be)loved, dear

Geliebte 1. *m* lover; **2.** *f* mistress

gelinde 1. *adj.* soft, gentle; **2.** *adv.*: ~ *gesagt* to put it mildly

gelingen *v/i.* succeed, manage; *gut geraten*: turn out well; *es gelang mir, et. zu tun* I succeeded in doing (managed to do) s.th.

Gelingen *n* success; *gutes ~!* good luck!

gelten *v/i. u. v/t. wert sein*: be* worth; *fig.* count for; *gültig sein*: be* valid; *Sport*: count; *Preis, Gesetz*: be* effective; ~ *für* apply to; ~ *als* be* regarded *od.* looked upon as, be* considered *od.* supposed to be; ~ *lassen* accept (*als* as); ~**end** *adj.* accepted; ~ *machen Anspruch, Recht*: assert; *s-n Einfluss (bei j-m)* ~ *machen* bring* one's influence to bear (on s.o.); ⁀**ung** *f Ansehen*: prestige; *Gewicht*: weight; *zur* ~ *kommen* show* to advantage; ⁀**ungsbedürfnis** *n* need for recognition

Gelübde *n* vow

gelungen *adj.* successful, a success

gemächlich *adj.* leisurely, easy

Gemälde *n* painting, picture; ~**galerie** *f* art (*od.* picture) gallery

gemäß *prp.* according to; ~**igt** *adj.* moderate; *Klima etc.*: temperate

gemein *adj.* mean; *Witz etc.*: dirty, filthy; *bot., zo.* common; *et. ~ haben (mit)* have* s.th. in common (with)

Gemeinde *f* pol. municipality; *Verwaltung*: *a.* local government; *rel.* parish; *in der Kirche*: congregation; ~**rat** *m* (*Person*: member of the) local (*Am.* city) council; ~**steuern** *pl., Am.* local taxes *pl.*

gemein|gefährlich *adj.*: ~**er Mensch** public enemy; ⁀**heit** *f* meanness; mean thing (to do *od.* say); F dirty trick; ~**nützig** *adj.* non-profit(-making); ⁀**platz** *m* commonplace; ~**sam 1.** *adj.* common, joint; *gegenseitig*: mutual; **2.** *adv.* together

Gemeinschaft *f* community; ~**arbeit** *f* teamwork; ~**skunde** *f* social studies

pl.; ~**sproduktion** *f* co-production; ~**sraum** *m* recreation room, lounge

Gemein|sinn *m* public spirit; (sense of) solidarity; ⁀**verständlich** *adj. Stil etc.*: popular; ~**wohl** *n* public welfare

gemessen *adj.* measured; *förmlich*: formal; *feierlich*: grave

Gemetzel *n* slaughter, massacre

Gemisch *n* mixture (*a. chem.*)

Gemse *zo. f* → **Gämse**

Gemurmel *n* murmur, mutter

Gemüse *n* vegetable(s *pl.*); *grünes*: greens *pl.*; ~**händler** *m* greengrocer('s)

Gemüt *n* mind, soul; *Herz*: heart; ~**sart** *f* nature, mentality; ⁀**lich** *adj.* comfortable, snug, cosy; *ungezwungen, angenehm*: peaceful, pleasant, relaxed; *mach es dir ~* make yourself at home; ~**lichkeit** *f* snugness, cosiness; cosy *od.* relaxed atmosphere

Gemüts|bewegung *f* emotion; ⁀**krank** *adj.* emotionally disturbed; ~**verfassung** *f*, ~**zustand** *m* state of mind

Gen *biol. n* gene

genau 1. *adj.* exact, precise, accurate; *sorgfältig*: careful, close; *streng*: strict; ⁀**eres** further details *pl.*; **2.** *adv.*: ~ *um 10 Uhr* at 10 o'clock sharp; ~ *der* ... that very ...; ~ *zuhören* listen closely; *es ~ nehmen (mit et.)* be* particular (about s.th.); ⁀**igkeit** *f* accuracy, precision, exactness; ~**so** *adv.* → **ebenso**

genehmig|en *v/t.* permit, allow; *bsd. amtlich*: approve; ⁀**ung** *f* permission; approval; ~**sschein** *m* permit; *Zulassung*: *a.* licen|ce, *Am.* -se

geneigt *adj.* inclined (*a. fig.* **zu** to)

General *mil. m* general; ~**direktor** *m* general manager, managing director; ~**konsul** *m* consul general; ~**konsulat** *n* consulate general; ~**probe** *thea. f* dress rehearsal; ~**sekretär** *m* secretary-general; ~**stab** *mil. m* general staff; ~**streik** *m* general strike; ~**versammlung** *f* general meeting; ~**vertreter** *econ. m* general agent

Generation *f* generation; ~**enkonflikt** *m* generation gap

Generator *m* generator

generell *adj.* general, universal

genes|en *v/i.* recover (*von* from), get* well; ⁀**ung** *f* recovery

Genet|ik *biol. f* genetics *sg.*; ⁀**isch** *adj.*

genetic; ~**er Fingerabdruck** genetic fingerprint

genial *adj.* brilliant, of genius; ⚠ *nicht* **genial**; ⚨**ität** *f* genius

Genick *n* (back *od.* nape of the) neck

Genie *n* genius

genieren *v/refl.* be* embarrassed

genieß|en *v/t.* enjoy; ⚨**er** *m* gourmet

Genitiv *gr. m* genitive *od.* possessive (case)

Genmanipulation *f* → **Gentechnik**

genormt *adj.* standardized

Genoss|e *m pol.* comrade; F pal, *Brt.* mate, *Am.* buddy; ~**enschaft** *econ. f* co(-)operative; ~**in** *pol. f* comrade

Gen|technik *f*, ~**technologie** *f* genetic engineering

genug *adj.* enough, sufficient

Genüg|e *f: zur* ~ (well) enough, sufficiently; ⚨**en** *v/i.* be* enough *od.* sufficient; *das genügt* that will do; ⚨**end** *adj.* enough, sufficient; *Zeit: a.* plenty of; ⚨**sam** *adj.* easily satisfied; *im Essen:* frugal; *bescheiden:* modest; ~**samkeit** *f* modesty; frugality

Genugtuung *f* satisfaction

Genus *gr. n* gender

Genuss *m* pleasure; *von Nahrung:* consumption; *ein* ~ a real treat; *Essen: a.* delicious; ~**mittel** *n* (semi-)luxury; *Am.* excise item

Geografl|ie *f* geography; ⚨**isch** *adj.* geographic(al)

Geolog|e *m* geologist; ~**ie** *f* geology; ⚨**isch** *adj.* geologic(al)

Geometr|ie *f* geometry; ⚨**isch** *adj.* geometric(al)

Gepäck *n* luggage, *bsd. Am.* baggage; ~**ablage** *f* luggage rack; ~**aufbewahrung** *f* left-luggage office, *Am.* baggage room; ~**kontrolle** *f* luggage inspection, *Am.* baggage check; ~**schalter** *m* luggage counter; ~**schein** *m* luggage ticket, *Am.* baggage check; ~**träger** *m* porter; *Fahrrad:* carrier; *mot.* roof rack

gepanzert *adj. mot.* armo(u)red

Gepard *zo. m* cheetah

gepflegt *adj.* well-groomed, neat; *fig. Stil etc.:* cultivated

Gepflogenheit *f* habit, custom

Ge|plapper *n* babbling, chatter(ing); ~**plauder** *n* chat(ting); ~**polter** *n* rumble; ~**quassel,** ~**quatsche** *n* blather, blabber

gerade 1. *adj.* straight (*a. fig.*); *Zahl etc.:* even; *direkt:* direct; *Haltung:* upright, erect; **2.** *adv.* just; *nicht* ~ not exactly; *das ist es ja* ~! that's just it!; ~ *deshalb* that's just why; ~ *rechtzeitig* just in time; *warum* ~ *ich?* why me of all people?; *da wir* ~ *von ... sprechen* speaking of ...

Gerade *f math.* (straight) line; *Rennbahn:* straight; *linke (rechte)* ~ *Boxen:* straight left (right); ⚨**aus** *adv.* straight on *od.* ahead; ⚨**heraus** *adv.* straightforward, frank; ⚨**stehen** *v/i.* stand* straight; ~ *für* answer for; ⚨**wegs** *adv.* straight, directly; ⚨**zu** *adv.* simply

Gerät *n* device; *kleines:* F gadget; *Elektro⚨, Haushalts⚨ etc.:* appliance; *Radio⚨, Fernseh⚨:* set; ~**schaften,** *a. Sport, Labor etc.:* equipment; *Handwerks⚨, Garten⚨:* tool; *feinmechanisches, optisches:* instrument; *Küchen⚨:* (kitchen) utensil; *Sport:* apparatus

geraten *v/i. ausfallen:* turn out (*gut* well); *an* ~ come* across; *in* ~ get* into; *in Brand* ~ catch* fire

Geräteturnen *n* apparatus gymnastics *pl.*

Geratewohl *n: aufs* ~ at random

geräumig *adj.* spacious, roomy

Geräusch *n* sound, noise; ~**los 1.** *adj.* noiseless (*a. tech.*); **2.** *adv.* without a sound; ⚨**voll** *adj.* noisy

gerb|en *v/t.* tan; ⚨**erei** *f* tannery

gerecht *adj.* just, fair; ~ *werden* do* justice to; *Wünschen etc.:* meet*; ⚨**igkeit** *f* justice

Gerede *n* talk; *Klatsch:* gossip

gereizt *adj.* irritable; ~**heit** *f* irritability

Gericht *n* dish; *jur.* court; *vor* ~ *stehen (stellen)* stand* (bring*) to trial; *vor* ~ *gehen* go* to court; ⚨**lich** *adj.* judicial, legal

Gerichts|barkeit *f* jurisdiction; ~**gebäude** *n* law court(s *pl.*), *bsd. Am.* courthouse; ~**hof** *m* law court; ~**medizin** *f* forensic medicine; ~**saal** *m* courtroom; ~**verfahren** *n* lawsuit; ~**verhandlung** *f* hearing; *Straf⚨:* trial; ~**vollzieher** *m* bailiff, *Am.* marshal

gering *adj.* little, small; *unbedeutend:* slight, minor; *niedrig:* low; ~ *schätzen* think* little of; ~**fügig** *adj.* slight, minor; *Betrag, Vergehen:* petty; ~**schätzig** *adj.* contemptuous; ~**st** *adj.*

gerinnen

least; *nicht im ≈en* not in the least
gerinnen v/i. coagulate; *bsd. Milch:* a. curdle; *bsd. Blut:* a. clot
Gerippe n skeleton (a. fig.); *tech.* framework
gerissen fig. adj. cunning, smart
germanis|ch adj. Germanic; **≈t(in)** student of (od. graduate in) German
gern(e) adv. willingly, gladly; **~ haben** like, be* fond of; *et.* **(sehr) ~ tun** like (love) to do s.th. *od.* doing s.th.; *ich möchte ~* I'd like (to); **~ geschehen!** not at all, (you're) welcome
Geröll n scree; *großes:* boulders pl.
Gerste bot. f barley; **~nkorn** med. n sty(e)
Gerte f switch, rod, twig
Geruch m smell; *bsd. schlechter:* odo(u)r; *bsd. Duft:* scent; **≈los** adj. odo(u)rless; **~ssinn** m (sense of) smell
Gerücht n rumo(u)r
gerührt adj. touched, moved
Gerümpel n lumber, junk
Gerundium gr. n gerund
Gerüst n frame(work); *Bau≈:* scaffold(ing); *Bühne:* stage
gesamt adj. whole, entire, total, all; **≈...** *in Zssgn Ergebnis, Gewicht etc.:* mst total ...; **~ausgabe** f complete edition; **≈schule** f comprehensive school
Gesandt|e(r) pol. m envoy; **≈schaft** f legation, mission
Gesang m singing; *Lied:* song; *Fach:* voice; **~buch** rel. n hymn-book; **~slehrer(in)** singing-teacher; **~verein** m choral society, *Am.* a. glee club
Gesäß anat. n buttocks pl., bottom
Geschäft n business; *Laden:* shop, *Am.* store; *vorteilhaftes:* bargain; **≈ig** adj. busy, active; **~igkeit** f activity; **≈lich 1.** adj. business ...; commercial; **2.** adv. on business
Geschäfts|brief m business letter; **~frau** f businesswoman; **~freund** m business friend; **~führer** m manager; **~führung** f management; **~inhaber(in)** proprietor (or (-ress)); **~lage** f business situation; **~mann** m businessman; **≈mäßig** adj. businesslike; **~ordnung** f parl. standing orders pl., rules pl. (of procedure); **~partner** m (business) partner; **~räume** pl. (business) premises pl.; **~reise** f business trip; **~schluss** m closing time; *nach ~* a. after business hours; **~stelle** f office; **~straße** f shopping street; **~träger** pol. m chargé d'affaires; **≈tüchtig** adj. efficient, smart; **~verbindung** f business connection; **~viertel** n commercial district; *Am.* a. downtown; **~zeit** f office *od.* business hours pl.; **~zweig** m branch *od.* line (of business)
geschehen v/i. happen, occur, take* place; *getan werden:* be* done; *es geschieht ihm recht* it serves him right
Geschehen n events pl., happenings pl.
gescheit adj. clever, bright, F brainy
Geschenk n present, gift; **~packung** f gift box
Geschicht|e f story; *Wissenschaft:* history; *fig.* business, thing; **≈lich** adj. historical; **~sschreiber**, → **~swissenschaftler** m historian
Geschick n fate, destiny; **→ ~lichkeit** f skill; *bsd. körperliche:* dexterity; **≈t** adj. skil(l)ful, skilled; *gewandt:* dext(e)rous; *geistig:* a. clever
Geschirr n dishes pl.; *Porzellan:* china; *Küchen≈:* kitchen utensils pl., pots and pans pl., crockery; *Pferde≈:* harness; **~spülen** wash *od.* do* the dishes; **~spüler** m dishwasher
Geschlecht n sex; *Gattung:* kind, species; *Abstammung:* family, line(age); *Generation:* generation; *gr.* gender; **≈lich** adj. sexual
Geschlechts|krankheit med. f venereal disease; **~reife** f puberty; **~teile** pl. genitals pl.; **~trieb** m sexual instinct *od.* urge; **~verkehr** m (sexual) intercourse; **~wort** gr. n article
ge|schliffen adj. *Edelstein:* cut; *fig.* polished; **~schlossen** adj. closed; *tech., fig.* compact; **~e Gesellschaft** private party
Geschmack m taste (a. fig.); *Aroma:* flavo(u)r; *~ finden an* take a liking for; **≈los** adj. tasteless; **~losigkeit** f tastelessness; *das war e-e ~* that was in bad taste; **~(s)sache** f matter of taste; **≈voll** adj. tasteful, in good taste
geschmeidig adj. supple, pliant
Geschöpf n creature
Geschoss n, **Geschoß** östr. n projectile, missile; *Stockwerk:* stor(e)y, floor
Geschrei n shouting, yelling; *Angst≈:* screams pl.; *Baby:* crying; *fig. Aufhebens:* fuss

Geschütz mil. n gun, cannon
Geschwader mil. n naut. squadron; aviat. wing, Am. group
Geschwätz n chatter, babble; Klatsch: gossip; fig. Unsinn: nonsense; ≈ig adj. talkative; gossipy
geschweige cj.: ~ (**denn**) let alone
geschwind adj. quick, swift; ≈igkeit f speed; Schnelligkeit: a. fastness, quickness; phys. velocity; **mit e-r ~ von** ... at a speed od. rate of ...; **≈igkeitsbegrenzung** f speed limit; **≈igkeitsüberschreitung** mot. f speeding
Geschwister pl. brother(s pl.) and sister(s pl.)
geschwollen adj. med. swollen; fig. bombastic, pretentious, pompous
Geschworene|(r) member of a jury; **die ~n** pl. the jury sg. od. pl.; **≈ngericht** n ≈ **Schwurgericht**
Geschwulst med. f growth, tumo(u)r
Geschwür med. n abscess, ulcer
Geselchte östr. n smoked meat
Gesell|e m Handwerker: journeyman; **≈en** v/refl.: **sich zu j-m ~** join s.o.; **≈ig** adj. zo. etc.: social; Person: sociable; **~es Beisammensein** social, get-together; **~in** f trained woman hairdresser etc., journeywoman
Gesellschaft f society; Umgang: company; Abend≈ etc.: party; Firma: company, corporation; **j-m ~ leisten** keep* s.o. company; **≈lich** adj. social
Gesellschafts|... in Zssgn Kritik, Ordnung, System etc.: social ...; **~reise** f package od. conducted tour; **~spiel** n parlo(u)r game; **~tanz** m ballroom dance
Gesetz n law; Einzel≈: a. act; **~buch** n code (of law); **~entwurf** m bill; **≈gebend** adj. legislative; **~geber** m legislator; **~gebung** f legislation; **≈lich 1.** adj. legal; legal: a. lawful; **2.** adv.: **~ geschützt** econ. jur. patented, registered; **~los** adj. lawless; **≈mäßig** adj. legal, lawful
gesetzt 1. adj. staid, dignified; Alter: mature; **2.** cj.: **~ den Fall, (daß)** ... supposing (that)
gesetzwidrig adj. illegal, unlawful
Gesicht n face; **zu ~ bekommen** catch* sight (kurz: a glimpse) of; **aus dem ~ verlieren** lose* sight (fig. a. track) of
Gesichts|ausdruck m (facial) expression, look; **~farbe** f complexion; **~punkt** m point of view, aspect, angle; **~zug** m feature
Gesindel n trash, the riff-raff sg., pl.
gesinn|t adj. eingestellt: minded; **j-m feindlich ~ sein** be* ill-disposed towards s.o.; **≈ung** f mind; Haltung: attitude; pol. conviction(s pl.)
gesinnungs|los adj. unprincipled; **~treu** adj. loyal; **≈wechsel** m about-turn (bsd. Am. -face)
gesittet adj. civilized, well-mannered
Gespann n team (a. fig. gutes)
gespannt adj. tense (a. fig.); **~ sein auf** be* anxious to see; **ich bin ~, ob (wie)** I wonder if (how)
Gespenst n ghost, bsd. fig. spect|re, Am. -er; **≈isch** adj. ghostly, F spooky
Gespinst n web, tissue (beide a. fig.)
Gespött n mockery, ridicule; **j-n zum ~ machen** make* a laughingstock of s.o.
Gespräch n talk (a. pol.), conversation; tel. call; **≈ig** adj. talkative
Gespür n flair, F nose, antenna
Gestalt f allg. shape, form; Figur, Person: figure; **≈en** v/t. Fest etc.: arrange; entwerfen: design; **~ung** f arrangement; design; Raum≈: decoration
geständ|ig adj.: **~ sein** confess; **≈nis** n confession (a. fig.)
Gestank m stench, stink
gestatten v/t. allow, permit
Geste f gesture (a. fig.)
gestehen v/t. u. v/i. confess
Gestein n rock, stone
Gestell n Ständer, Sockel: stand, base, pedestal; Regal: shelves pl.; Fassung, Rahmen: frame
gestern adv. yesterday; **~ Abend** last night
gestreift adj. striped
gestrig adj. yesterday's, of yesterday
Gestrüpp n brushwood, undergrowth; fig. jungle, maze
Gestüt n stud farm; Pferde: stud
Gesuch n application, request
gesund adj. healthy; Kost, Leben: a. healthful; fig. a. sound; **~er Menschenverstand** common sense; **(wieder) ~ werden** get* well (again), recover
Gesundheit f auf j-s **~ trinken** drink* to s.o.'s health; **~! beim Niesen:** bless you!; **≈lich 1.** adj.: **~er Zustand**

Gesundheitsamt   444

state of health; *aus ~en Gründen* for health reasons; **2.** *adv.:* **~ geht es ihm gut** he is in good health

Gesundheits|amt *n* Public Health Office (*Am.* Department); **⁀schädlich** *adj.* bad for one's health; **⁀zustand** *m* state of health, physical condition

Getöse *n* din, (deafening) noise

Getränk *n* drink, beverage; **~automat** *m* drinks machine

getrauen *v/refl.* → **trauen**

Getreide *n* grain, cereals *pl.*, *Brt. a.* corn; **~ernte** *f* grain harvest; *Ertrag: a.* grain crop

getreu *adj.* true, faithful

Getriebe *mot. n* transmission

getrost *adv. bedenkenlos:* safely

Ge|tue *n* fuss; **⁀tümmel** *n* turmoil

Gewächs *n* plant; *med.* growth

gewachsen *fig. adj.:* ***j-m ~ sein*** be* a match for s.o.; ***e-r Sache ~ sein*** be* equal to s.th., be* able to cope with s.th.

Gewächshaus *n* greenhouse, hothouse

ge|wagt *adj.* daring (*a. fig. Film*); *fig. Witz etc.:* risqué; **⁀wählt** *adj. Stil:* refined; **⁀wahr** *adj.:* **~ werden** become* aware of

Gewähr *f:* **~ übernehmen (für)** guarantee; **⁀en** *v/t.* grant, allow; **⁀leisten** *v/t.* guarantee

Gewahrsam *m: et. (j-n) in ~ nehmen* take* s.th. in safekeeping (s.o. into custody)

Gewalt *f* force, violence (*a. ~tätigkeit*); *Macht:* power; *Beherrschung:* control; ***mit ~*** by force; ***höhere ~*** act of God; *häusliche ~* (*bsd. gegen Frauen u. Kinder*) domestic violence; ***in s-e ~ bringen*** seize by force; ***die ~ verlieren über*** lose* control over; **⁀herrschaft** *f* tyranny; **⁀ig** *adj.* powerful, mighty; *riesig, ungeheuer:* enormous; **⁀los** *adj.* nonviolent; **⁀losigkeit** *f* nonviolence; **⁀sam 1.** *adj.* violent; **2.** *adv.* by force; **~ öffnen** force open; **⁀tätig** *adj.* violent; **⁀tätigkeit** *f* (act of) violence; **⁀verbrechen** *n* crime of violence

Gewand *n* robe, gown; *rel.* vestment

gewandt *adj.* nimble; *geschickt:* skil(l)ful; *fig.* clever; **⁀heit** *f* nimbleness; skill; *Auftreten:* ease

Ge|wässer *n* body of water; **~** *pl.* waters *pl.*; **~webe** *n* fabric; *biol.* tissue

Gewehr *n allg.* gun; *Büchse:* rifle; *Flinte:* shotgun; **⁀kolben** *m* (rifle) butt; **⁀lauf** *m* (rifle *od.* gun) barrel

Geweih *n* antlers *pl.*, horns *pl.*

Gewerbe *n* trade, business; **⁀schein** *m* trade licen|se, *Am.* -se; **⁀schule** *f* vocational *od.* trade school

gewerb|lich *adj.* commercial, industrial; **⁀smäßig** *adj.* professional

Gewerkschaft *f* (trade) union, *Am.* labor union; **~(l)er(in)** trade (*Am.* labor) unionist; **⁀lich** *adj.*, **~s...** in Zssgn (trade, *Am.* labor) union ...

Gewicht *n* weight; *Bedeutung: a.* importance; **~ legen auf** stress, emphasize

gewillt *adj.* willing, ready

Ge|wimmel *n* throng, **⁀winde** *tech. n* thread; *ein ~ bohren in* tap

Gewinn *m econ.* profit (*a. fig.*); *Ertrag:* gain(s *pl.*); *Lotterie⁀: prize*; *Spiel⁀:* winnings *pl.*; **~ bringend** profitable; **⁀en** *v/t. u. v/i.* win*; *erhalten, zunehmen an:* gain; **⁀end** *adj. Wesen, Lächeln:* winning, engaging; **⁀er** *m* winner; **⁀zahl** *f* winning number

Gewirr *n* tangle; *Straßen⁀:* maze

gewiss 1. *adj.* certain; ***ein ~er Herr N.*** a certain Mr N.; **2.** *adv.* certainly

Gewissen *n* conscience; **⁀haft** *adj.* conscientious; **⁀los** *adj.* unscrupulous; **~sbisse** *pl.* pricks *pl.* (*od.* pangs *pl.*) of conscience; **~sfrage** *f* question of conscience; **~skonflikt** *m* moral conflict

Gewissheit *f* certainty; ***mit ~ sagen, wissen:*** for certain *od.* sure

Gewitter *n* thunderstorm; **~regen** *m* thundershower; **~wolke** *f* thundercloud

gewöhnen *v/t. u. v/refl.:* ***sich (j-n) ~ an*** get* (s.o.) used to

Gewohnheit *f* habit (*et. zu tun* of doing s.th.); **⁀smäßig** *adj.* habitual

gewöhnlich *adj.* common, ordinary, usual; *unfein:* vulgar, F common

gewohnt *adj.* usual; *et.* (*zu tun*) **~ sein** be* used *od.* accustomed to (doing) s.th.

Gewölb|e *n* vault; **⁀t** *adj.* arched

Gewühl *n* milling crowd, throng

gewunden *adj. Weg etc.:* winding

Gewürz *n* spice; **~gurke** *f* pickle(d gherkin)

Ge|zeiten *pl.* tide(s *pl.*); **~zeter** *n*

Gicht *med. f* gout
Giebel *m* gable
Gier *f* greed(iness) (**nach** for); **2ig** *adj.* greedy (**nach, auf** for, after)
gieß|en *v/t. u. v/i.* pour; *tech.* cast*; *Blumen*: water; **2erei** *f* foundry; **2kanne** *f* watering can, *Am.* watering pot
Gift *n* poison; *zo. a.* venom (*a. fig.*); △ *nicht* gift; **2ig** *adj.* poisonous; venomous (*a. fig.*); *vergiftet*: poisoned; *med.* toxic; **~müll** *m* toxic waste; **~mülldeponie** *f* toxic waste dump; **~schlange** *f* poisonous *od.* venomous snake; **~stoff** *m* poisonous *od.* toxic substance; *in der Umwelt*: pollutant; **~zahn** *m* poison fang
Gigant *m* giant; **2isch** *adj.* gigantic
Gipfel *m* top, peak, summit; *fig. a.* height; **~konferenz** *pol. f* summit (meeting *od.* conference); **2n** *v/i.* culminate
Gips *m* plaster (of Paris); *in* ~ *med.* in (a) plaster (cast); **~abdruck, ~abguss** *m* plaster cast; **2en** *v/t.* plaster (*a. F med.*); **~verband** *med. m* plaster cast
Giraffe *zo. f* giraffe
Girlande *f* garland, festoon
Girokonto *n* current (*bsd. Am.* checking) account; *bsd. post* giro (*Am.* postal check) account
Gischt *m, f* (sea) spray, spindrift
Gitarr|e *mus. f* guitar; **~ist(in)** *f* guitarist
Gitter *n* lattice; *vor Fenster etc.*: grating; *F hinter* ~*n* (*sitzen*) (be)* behind bars; **~bett** *n* cot, *Am.* crib; **~fenster** *n* lattice (window)
Glanz *m* shine, gloss (*a. tech.*), lustre, *Am.* -er, brilliance (*a. fig.*); *fig. Pracht*: splendo(u)r, glamo(u)r
glänzen *v/i.* shine*, gleam; *funkeln*: a. glitter, glisten; **2d** *adj.* shining, shiny, bright; *phot.* glossy; *fig.* brilliant, excellent
Glanz|leistung *f* brilliant achievement; **~zeit** *f* heyday
Glas *n* glass; **~er** *m* glazier
gläsern *adj.* (of) glass
Glas|faser, ~fiber *f* glass fib|re, *Am.* -er; **~hütte** *tech. f* glassworks *sg.*

Gleichgültigkeit

glas|ieren *v/t.* glaze; *Kuchen*: ice, frost; **~ig** *adj.* glassy; **~klar** *adj.* crystal-clear (*a. fig.*); **2scheibe** *f* (glass) pane; **2ur** *f* glaze; *Kuchen*: icing
glatt *adj.* smooth (*a. fig.*); *schlüpfrig*: slippery; *fig. Sieg etc.*: clear; ~ *gehen* F work (out well), go* (off) well; ~ *rasiert* cleanshaven
Glätte *f* smoothness (*a. fig.*); slipperiness
Glatteis *n* (black, *Am.* glare) ice; *es herrscht* ~ the roads are icy; F *j-n aufs* ~ *führen* mislead* s.o.
glätten *v/t.* smooth; *Schweiz*: → **bügeln**
Glatze *f* bald head; *e-e* ~ *haben* be* bald
Glaube *m* belief, *bsd. rel.* faith (*beide*: *an* in); **2n** *v/t. u. v/i.* believe; *meinen*: a. think*, *Am. a.* guess; ~ *an* believe in (*a. rel.*)
Glaubens|bekenntnis *n* creed, profession *od.* confession of faith; **~lehre** *f,* **~satz** *m* dogma, doctrine
glaubhaft *adj.* credible, plausible
gläubig *adj.* religious; *fromm*: devout (*bsd. a. attr.*); **die 2en** the faithful *pl.*
Gläubiger *econ. m* creditor
glaubwürdig *adj.* credible; reliable
gleich 1. *adj.* same, *Rechte, Lohn etc.*: equal; *auf die* ~*e Art* (in) the same way; *zur* ~*en Zeit* at the same time; *das ist mir* ~ it's all the same to me; *ganz* ~, *wann etc.* no matter when *etc.*; *das* 2*e* the same; (*ist*) ~ *math.* equals, is; ~ *bleibend* constant, steady; ~ *gesinnt* like-minded; ~ *lautend* identical; **2.** *adv.* equally, alike; *sofort*: at once, right away; *sehr bald*: in a moment *od.* minute; ~ *groß* (*alt*) of the same size (age); ~ *nach* (*neben*) right after (next to); ~ *gegenüber* just opposite *od.* across the street; *es ist* ~ *5* it's almost 5 o'clock; ~ *aussehen* (*gekleidet sein*) look (be)* dressed) alike; *bis* ~*!* see you soon *od.* later!; **~altrig** *adj.* (of) the same age; **~berechtigt** *adj.* equal, having equal rights; **2berechtigung** *f* equal rights *pl.*; **2en** *v/i.* be* *od.* look like
gleichfalls *adv.* also, likewise; *danke,* ~*!* (thanks,) the same to you! **~förmig** *adj.* uniform; **2gewicht** *n* balance (*a. fig.*); **~gültig** *adj.* indifferent (*gegen* to); *leichtfertig*: careless; *das ist mir* ~ I don't care; **2gültigkeit** *f* indiffer-

Gleichheit

ence; ⚶**heit** f equality; ~**kommen** v/i.: **e-r Sache** ~ amount to s.th.; **j-m** ~ equal s.o. (**an** in); ~**mäßig** adj. regelmäßig: regular; gleichbleibend: constant; Verteilung: even; ~**namig** adj. of the same name; ⚶**nis** n parable; ~**sam** adv. as it were, so to speak; ~**seitig** math. adj. equilateral; ~**setzen**, ~**stellen** v/t. equate (dat. to, with); j-n: put* on an equal footing (with); ⚶**strom** electr. m direct current, Abk. DC; ⚶**ung** math. f equation; ~**wertig** adj. equally good; **j-m** ~ **sein** be* a match for s.o. (a. Sport); ~**zeitig** adj. simultaneous; **beide** ~ both at the same time

Gleis rail. n rail(s pl.), track(s pl.), line; Bahnsteig: platform, Am. a. gate

gleit|en v/i. glide, slide*; ~**end** adj.: ~**e Arbeitszeit** flexible working hours pl., Brt. a. flexitime, Am. a. flextime; ⚶**flug** m glide; ⚶**schirmfliegen** n paragliding; ⚶**schirmflieger** m paraglider

Gletscher m glacier; ~**spalte** f crevasse

Glied n anat. limb; männliches: penis; Verbindungs⚶: link; ~**ern** v/t. structure; divide (**in** into); ~**erung** f structure, arrangement; e-s Aufsatzes: outline; ~**maßen** pl. limbs pl., extremities pl.

glimm|en v/i. glow; schwelen: smo(u)lder; ⚶**stängel** F m butt, fag

glimpflich 1. adj. lenient, mild; 2. adv.: ~ **davonkommen** get* off lightly

glitschig adj. slippery

glitzern v/i. glitter, sparkle, glint

glob|al adj. global; ⚶**us** m globe

Glocke f bell; ~**nblume** bot. f bluebell; ~**nspiel** n chimes pl.; ~**nturm** m bell tower, belfry

glorreich adj. glorious

Glotze F TV f goggle box, Am. the tube; ⚶**n** F v/i. goggle, gape, stare

Glück n (good) luck, fortune; Gefühl: happiness; ~ **haben** be* lucky; **zum** ~ fortunately; **viel** ~! good luck!

Glucke zo. f sitting hen; fig. hen

glücken v/i. → **gelingen**

gluckern v/i. gurgle

glücklich adj. happy; ~**er Zufall** lucky chance; ~**erweise** adv. fortunately

Glücks|bringer m lucky charm; ~**fall** m lucky chance; ~**pfennig** m lucky penny; ~**pilz** m lucky fellow; ~**spiel** n game of chance; coll. gambling; ~**spieler(in)** gambler; ~**tag** m lucky day

glück|strahlend adj. radiant; ⚶**wunsch** m congratulations pl.; **herzlichen** ~! congratulations!; zum Geburtstag: happy birthday!

Glüh|birne electr. f light bulb; ⚶**en** v/i. glow (a. fig.); ⚶**end** adj. glowing; Eisen: red-hot; fig. burning; ~ **heiß** blazing hot; ~**wein** m mulled wine

Glut f (glowing) fire; embers pl.; live coals pl.; Hitze: blazing heat; Gefühle: ardo(u)r

Glykol chem. n glycol

GmbH Abk. für Gesellschaft mit beschränkter Haftung private limited liability company

Gnade f mercy, bsd. rel. a. grace; Gunst: favo(u)r; ~**nfrist** f reprieve; ~**ngesuch** jur. n petition for mercy; ⚶**nlos** adj. merciless

gnädig adj. gracious; bsd. rel. merciful

Gnom m gnome

Goal östr. n Sport: goal

Gold n gold; ~**barren** m gold bar od. ingot; coll. bullion; ⚶**en** adj. gold; fig. golden; ~**fisch** m goldfish; ⚶**gelb** adj. golden (yellow); ~**gräber** m gold digger; ~**grube** fig. f goldmine, bonanza; ~**hamster** zo. m golden hamster; ⚶**ig** fig. adj. sweet, lovely, Am. F a. cute; ~**mine** f goldmine; ~**stella** [?]; ~**münze** f gold coin; ~**schmied** m goldsmith; ~**stück** n gold coin; ~**sucher** m gold prospector

Golf¹ geogr. m gulf

Golf² n golf; ~**platz** m golf course; ~**schläger** m golf club; ~**spieler(in)** golfer

Gondel f gondola; Lift⚶: a. cabin

Gong(schlag) m (sound of the) gong

gönn|en v/t.: **j-m et.** ~ not (be)grudge s.o. s.th.; **j-m et. nicht** ~ (be)grudge s.o. s.th.; **sich et.** ~ allow o.s. s.th., treat o.s. to s.th.; ⚶**erhaft** adj. patronizing

Gorilla m gorilla

Gosse f gutter (a. fig.)

Got|ik arch. hist. f Gothic style od. period; ⚶**isch** adj. Gothic

Gott m God, Lord; myth. god; ~ **sei Dank(!)** thank God(!); **um ~es Willen!** for heaven's sake!; ⚶**ergeben** adj. resigned (to the will of God)

Gottes|dienst rel. m (divine) service;

grob

mass; ⚬**fürchtig** *adj.* god-fearing; ⚬**lästerer** *m* blasphemer; ⚬**lästerung** *f* blasphemy
Gottheit *f* deity, divinity
Göttlin *f* goddess; ⚬**lich** *adj.* divine
gott|lob *int.* thank God *od.* goodness!; ⚬**los** *adj.* godless, wicked; ⚬**verlassen** F *adj.* godforsaken; ⚬**vertrauen** *n* trust in God
Götze *m*, ⚬**nbild** *n* idol
Gouverneur *m* governor
Grab *n* grave; *bsd.* ⚬**mal**: tomb
Graben *m* ditch; *mil.* trench
graben *v/t. u. v/i.* dig*; *Tier: a.* burrow
Grab|gewölbe *n* vault, tomb; *mal n Ehrenmal*: monument; tomb, sepulch|re, *Am.* -er; ⚬**rede** *f* funeral address; ⚬**schrift** *f* epitaph; ⚬**stätte** *f* burial place; grave, tomb; ⚬**stein** *m* tombstone, gravestone
Grad *m* degree; *mil. etc.*: rank, grade; **15 ~ Kälte** 15 degrees below zero; ⚬**einteilung** *f* graduation; ⚬**uell** *adj.* *Unterschied etc.*: in degree
Graf *m* count; *Brt.* earl
Graffiti *pl.* graffiti *pl.*
Grafi|k *f coll.* graphic arts *pl.*; *Druck*: print; *math., tech. etc.*: graph, diagram; *Ausgestaltung*: art(work), illustrations *pl.*; *Computer*: graphics *pl.*; ⚬**ker(in)** graphic artist; ⚬**sch** *adj.* graphic
Gräfin *f* countess
Grafologie *f* graphology
Grafschaft *f* county
Gram *lit. m* → *Kummer*, *Trauer*
Gramm *n* gram
Grammati|k *f* grammar; ⚬**sch** *adj.* grammatical
Granat *min. m* garnet; ⚬**e** *f mil.* shell; *fig. Sport*: cannonball; ⚬**splitter** *mil. m* shell splinter; ⚬**werfer** *mil. m* mortar
grandios *adj.* magnificent, grand
Granit *min. m* granite
Graphik *etc.* → *Grafik etc.*
Gras *bot. n* grass; ⚬**en** *v/i.* graze; ⚬**halm** *m* blade of grass
grassieren *v/i.* rage, be* rife
grässlich *adj.* hideous, atrocious
Gräte *f* (fish)bone
Gratifikation *f* gratuity, bonus
gratis *adv.* free (of charge)
Grätsche *f*, ⚬**n** *v/i.* straddle; *Fußball*: slide tackle
Gratul|ant(in) congratulator; ⚬**ation** *f* congratulation; ⚬**ieren** *v/i.* congratulate (*j-m zu et.* s.o. on s.th.); *j-m zum Geburtstag* ~ wish s.o. many happy returns (of the day)
grau *adj.* grey, *bsd. Am.* gray; ⚬**brot** *n* rye bread; ⚬**en**: *mir graut es vor* I dread (the thought of); ⚬**en** *n* horror; ⚬**enhaft**, ⚬**envoll** *adj.* horrible, horrifying
Gräuel *m* horror; ⚬**tat** *f* atrocity
Graupel *meteor. f* sleet, soft hail
grausam *adj.* cruel; ⚬**keit** *f* cruelty
grausig *adj.* → **grauenhaft**
Grauzone *f fig.* grey (*Am.* gray) area
grav|ieren *v/t.* engrave; ⚬**ierend** *adj.* serious; ⚬**ur** *f* engraving
Grazlie *f* grace; ⚬**iös** *adj.* graceful; △ *nicht gracious*
greifen 1. *v/t.* seize, grasp, grab, take* *od.* catch* hold of; 2. *v/i. fig. Maßnahmen*: take* effect; ~ *nach* reach for; ~ *fest*: grasp at
Greis *m* (very) old man; ⚬**enhaft** *adj.* senile (*a. med.*); ⚬**in** *f* (very) old woman
grell *adj.* glaring; *Ton*: shrill
Grenze *f* border; *Linie: a.* boundary; *fig.* limit; ⚬**n** *v/i.*: ~ *an* border on; ⚬**nlos** *adj.* boundless
Grenz|fall *m* borderline case; ⚬**land** *n* borderland, frontier; ⚬**linie** *f* borderline, *pol.* demarcation line; ⚬**stein** *m* boundary stone; ⚬**übergang** *m* frontier crossing (point), checkpoint
Greuel *m* → *Gräuel*
Griech|e *m* Greek; ⚬**enland** Greece; ⚬**in** *f*, ⚬**isch** *adj.* Greek
Grieß *m* semolina
Griff *m* grip, grasp; *Tür*⚬, *Messer*⚬ *etc.*: handle; ⚬**bereit** *adj.* at hand, handy
Grill *m* grill
Grille *zo. f* cricket
grillen *v/t.* grill, barbecue
Grimasse *f* grimace; ~*n schneiden* pull faces
grimmig *adj.* grim
grinsen *v/i.* grin (*über* at); *höhnisch*: sneer (at); ⚬**n** *n* grin; sneer
Grippe *med. f* influenza, F flu
Grips F *m* brains *pl.*
grob 1. *adj.* coarse (*a. fig.*); *Fehler*, *Lüge etc.*: gross; *Benehmen*: crude; *frech*: rude; *Arbeit*, *Fläche*, *Skizze etc.*: rough; 2. *adv.*: ~ *geschätzt* at a rough

Grobheit

estimate; heit f coarseness; roughness; rudeness
grölen F v/t. u. v/i. bawl
Groll m grudge, ill will; en v/i.: *j-m ~ bear* s.o. a grudge*
Groschen m östr. groschen; F ten-pfennig piece, ten pfennigs pl.; *fig.*: *keinen ~ wert* not worth a penny (*Am.* cent)
groß adj. great, bsd. Fläche, Umfang, Zahl: large (a. Familie); hoch(gewachsen): tall; erwachsen: grown-up; F Bruder: big; fig. bedeutend: great (a. Freude, Spaß, Eile, Mühe, Schmerz etc.); Buchstabe: capital; es Geld notes pl., Am. bills pl.; e Ferien summer holiday(s pl.), Am. a. summer vacation sg.; und Klein young and old; im en und Ganzen on the whole; F: ~ in et. sein be* great at (doing) s.th.; *wie ~ ist es?* what size is it?; *wie ~ bist du?* how tall are you?; artig adj. great, F a. terrific; aufnahme f Film: close-up
Größe f size (a. Kleid etc.); Körper: height; bsd. math. quantity; Bedeutung: greatness; Person: celebrity
Großeltern pl. grandparents pl.
großenteils adv. to a large od. great extent, largely
Größenwahn m megalomania (a. *fig.*)
Groß|familie f extended family; handel m wholesale (trade); händler m wholesaler; handlung f wholesale business; industrie f big industry; weitS. big business; industrielle m big industrialist, F tycoon
Groß|macht pol. f great power; markt m hypermarket; wholesale market; maul F n braggart; mut f generosity; mutter f grandmother; raum m: *der ~ München* the Greater Munich area; raumflugzeug n wide-bodied jet; schreibung f capitalization; sprecherisch adj. boastful; spurig adj. arrogant; stadt f big city; städtisch adj. urban
größtenteils adv. mostly, mainly
groß|tun v/i. show* off; *sich mit et. ~* boast of od. brag of od. about s.th.; vater m grandfather; verdiener m big earner; wild n big game; ziehen v/t. raise, rear; Kind: a. bring* up; zügig adj. generous, liberal (a. Erziehung); Planung etc.: a. on a large scale; Räume: spacious; zügigkeit f gene-

rosity, liberality; spaciousness
grotesk adj. grotesque
Grotte f grotto
Grübchen n dimple
Grube f pit (a. Bergbau:); Bergwerk: mine
Grübel|ei f pondering, musing; n v/i. ponder, muse (*über* on, over)
Gruft f tomb, vault
grün adj. green; *~ und blau schlagen* beat* black and blue
Grün n green; *im en* in the country; anlage f park
Grund m reason; Ursache: cause; Boden: ground; agr. a. soil; Meer etc.: bottom; *~ und Boden* property, land; *aus diesem ~(e)* for this reason; *auf ~* gen. because of; *von ~ auf* entirely; *im e (genommen)* actually, basically; *zu e gehen* go* to rack and ruin; *zu e liegen* underlie*; *e-r Sache et. zu e legen* base s.th. on s.th.; *~ richten* ruin; ... in Zssgn Bedeutung, Regel, Wortschatz etc.: mst basic ...; begriffe pl. basics pl., fundamentals pl.; besitz m property, land; besitzer m landowner
gründ|en v/t. found (a. Familie), set* up, establish; *sich ~ auf* be* based od. founded on; er(in) founder
grund|falsch adj. absolutely wrong; fläche f math. base; e-s Zimmers etc.: area; gedanke m basic idea; geschwindigkeit f aviat. f ground speed; gesetz n constitution; lage f foundation; fig. a. basis; n pl. (basic) elements pl.; legend adj. fundamental, basic
gründlich adj. thorough (a. fig.)
Grund|linie f Tennis etc.: base line; los adj. groundless, unfounded; mauer f foundation
Gründonnerstag rel. m Maundy od. Holy Thursday
Grund|rechnungsart math. f basic arithmetical operation; riss arch. m ground plan; satz m principle; sätzlich 1. adj. fundamental; 2. adv.: *ich bin ~ dagegen* I am against it on principle; schule f Brt. primary (od. junior) school; Am. elementary (od. grade) school; stein m arch. foundation stone; fig. foundations pl.; stück n plot (of land), bsd. Am. a. lot; Bau-

platz: (building) site; *Haus nebst Zubehör*: premises *pl.*; **~stücksmakler** *m* (*Am.* real estate agent, *Am. a.* realtor

Gründung *f* foundation, establishment, setting up

grund|verschieden *adj.* totally different; **2wasser** *n* ground water; **2zahl** *f* cardinal number; **2zug** *m* main feature, characteristic

Grüne *pol. m, f* Green; *die* **~n** *pl.* the Greens *pl.*

Grün|fläche *f* green space; **2lich** *adj.* greenish; **~span** *m* verdigris

grunzen *v/i. u. v/t.* grunt

Grupp|e *f* group; **2ieren** *v/t.* group, arrange in groups; *sich* **~** form groups

Grusel|... *in Zssgn Film etc.*: horror ...; **2ig** *adj.* eerie, creepy; *Film etc.*: spine-chilling; **2n** *v/t. u. v/refl.*: *es gruselt mich* F it gives me the creeps

Gruß *m* greeting(s *pl.*); *mil.* salute; *viele Grüße an* ... give my regards (*herzlicher*: love) to ...; *mit freundlichen Grüßen Brief*: yours sincerely; *herzliche Grüße* best wishes; *herzlicher*: love

grüßen *v/t.* greet, F say* hello to; *bsd. mil.* salute; *j-n* **~** *lassen* send* one's regards (*herzlicher*: love) to s.o

Grütze *f* groats *pl.*, *Am.* grits *pl.*

guck|en *v/i.* look; **2loch** *n* peephole

Güggeli *n Schweiz*: chicken

gültig *adj.* valid; *Geld: a.* current; **2keit** *f* validity; *s-e* **~** *verlieren* expire

Gummi *n* rubber; → *Radiergummi*; **~...** *in Zssgn Ball, Handschuh, Sohle, Stiefel etc.*: *mst* rubber ...; **~band** *n* rubber (*bsd. Brt. a.* elastic) band; **~bärchen** *pl.* gummy bears *pl.*; **~baum** *m* rubber tree; *im Haus*: rubber plant; **~bonbon** *m, n* gumdrop; **~boot** *n* rubber dinghy

gummieren *v/t.* gum

Gummi|knüppel *m* truncheon, *Am. a.* billy (club); **~stiefel** *m* wellington (boot), *Am.* rubber boot; **~zug** *m* elastic

Gunst *f* favo(u)r, goodwill; *zu* **~en** *von od. gen.* in favo(u)r of

günst|ig *adj.* favo(u)rable (*für* to); *passend*: convenient; **~e** *Gelegenheit* chance; *im* **~sten** *Fall* at best

Gurgel *f*: *j-m an die* **~** *springen* fly* at s.o.'s throat; **2n** *v/i. med.* gargle; *Wasser*: gurgle

Gurke *f* cucumber; *Gewürz*2: pickle(d gherkin)

gurren *v/i.* coo

Gurt *m* belt (*a. mot. u. aviat.*); *Halte*2, *Trage*2: strap

Gürtel *m* belt; △ *nicht girdle*; **~reifen** *m* radial (tyre, *Am.* tire)

GUS *Abk. für Gemeinschaft Unabhängiger Staaten* CIS, Commonwealth of Independent States

Guss *m Regen etc.*: downpour; *tech.* casting; *Zucker*2: icing; *fig. aus e-m* **~** of a piece; **~eisen** *n* cast iron; **2eisern** *adj.* cast-iron

gut 1. *adj.* good; *Wetter: a.* fine; *ganz* **~** not bad; *also* **~!** all right (then)!; *schon* **~!** never mind!; (*wieder*) **~** *werden* come* right (again), be* all right; **~e** *Reise!* have a nice trip!; *sei bitte so* **~** *und* ... would you be so good as to *od.* good enough to ...; **~** *sein be** good at (doing) s.th.; *in et.* **~** *sein* be* good at (doing) s.th.; **2.** *adv.* well; *aussehen, klingen, riechen, schmecken etc.*: good; *du hast es* **~** you are lucky; *es ist* **~** *möglich* it may well be; *es gefällt mir* **~** I (do) like it; **~** *gemacht!* well done!; *machs* **~!** take care (of yourself)!; **~** *gehen* go* (off) well, work out well *od.* all right; *wenn alles* **~** *geht* if nothing goes wrong; *mir geht es* **~** I'm (*finanziell*: doing) well; **~** *gelaunt* in a good mood

Gut *n Land*2: estate; *Güter pl.* goods *pl.*

Gut|achten *n* (expert) opinion; *Zeugnis*: certificate; **~achter** *m* expert; **2artig** *adj.* good-natured; *med.* benign; **~dünken** *n*: *nach* **~** at one's discretion

Gute *n* good; **~s** *tun* do* good; *alles* **~!** all the best!, good luck!

Güte *f* goodness, kindness; *econ.* quality; F: *meine* **~!** good gracious!

Güter|bahnhof *m* goods station, *Am.* freight depot; **~gemeinschaft** *jur. f* community of property; **~trennung** *jur. f* separation of property; **~verkehr** *m* goods (*Am.* freight) traffic; **~wagen** *m* goods wag(g)on, *Am.* freight car; **~zug** *m* goods (*Am.* freight) train

gut|gebaut *adj.* well-built; **~gemeint** *adj.* well-meant; **~gläubig** *adj.* credulous; **2haben** *econ. n* credit (balance); **~heißen** *v/t.* approve (of); **~herzig** *adj.* kind(-hearted); → *gut*

gütig *adj.* good, kind(ly)
gütlich *adv.:* **sich ~ einigen** come* to an amicable settlement
gut|machen *v/t.* make* up for, repay*; **~mütig** *adj.* good-natured; **2mütigkeit** *f* good nature
Gutsbesitzer(in) estate owner
Gut|schein *m* coupon, *bsd. Brt.* voucher; **2schreiben** *v/t.:* **j-m et. ~** credit s.th. to s.o.'s account; **~schrift** *f* credit

Guts|haus *n* manor house; **~hof** *m* estate, manor; **~verwalter** *m* farm *od.* estate manager
gutwillig *adj.* willing
Gymnasium *n Brt. etwa* grammar school, *Am.* high school; △ *nicht* **gymnasium**
Gymnasti|k *f* exercises *pl.*, *Disziplin:* gymnastics *pl.*; **2sch** *adj.:* **~e Übungen** physical exercises
Gynäkologe *med. m* gyn(a)ecologist

H

Haar *n* hair; **sich die ~e kämmen** comb one's hair; **sich die ~e schneiden lassen** have* one's hair cut; **sich aufs ~ gleichen** look absolutely identical; **um ein ~** by a hair's breadth; **~ausfall** *m* loss of hair; **~bürste** *f* hairbrush; **2en** *v/i. u. v/refl. Tier:* lose* its hair; *Pelz:* shed* hairs; **~esbreite** *f:* **um ~** by a hair's breadth; **2fein** *adj.* (as) fine as a hair; *fig.* subtle; **~festiger** *m* setting lotion; **~gefäß** *anat. n* capillary (vessel); **2genau** F *adv.* precisely; *(stimmt)* **~!** dead right!; **2ig** *adj.* hairy; *in Zssgn:* **...-haired; 2klein** F *adv.* to the last detail; **~klemme** *f* hair clip, *Am.* bobby pin; **~nadel** *f* hairpin; **~nadelkurve** *f* hairpin bend; **~netz** *n* hairnet; **2scharf** F *adv.* by a hair's breadth; **~schnitt** *m* haircut; **~spalterei** *f* hairsplitting; **~spange** *f* (hair) slide, *Am.* barrette; **2sträubend** *adj.* hair-raising, shocking; **~teil** *n* hairpiece; **~trockner** *m* hair dryer; **~wäsche** *f*, **~waschmittel** *n* shampoo; **~wasser** *n* hair tonic; **~wuchs** *m:* **starken ~ haben** have* a lot of hair; **~wuchsmittel** *n* hair restorer
Hab: **~ und Gut** belongings *pl.*
Habe *f* (personal) belongings *pl.*
haben *v/t.* have* (got); *Hunger (Durst)* **~ be*** hungry (thirsty); *Ferien (Urlaub)* **~ be*** on holiday; **er hat Geburtstag** it's his birthday; **welches Datum ~ wir heute?** what's the date today?; **welche**

Farbe hat ...? what colo(u)r is ...?; **zu ~ Ware etc.:** available; F *Mädchen:* to be had; F: **sich ~ make*** a fuss; F: **was hast du?** what's the matter with you?; F: **da ~ wir's!** there we are!
Haben *econ. n* credit
Hab|gier *f* greed(iness); **2ig** *adj.* greedy
Habicht *zo. m* (gos)hawk
Habseligkeiten *pl.* belongings *pl.*
Hacke *f agr.* hoe; *Spitz2:* (pick)axe; *Ferse:* heel
hacken *v/t.* chop; *agr.* hoe; *Vogel:* peck; **2entrick** *m Fußball:* backheeler
Hacker *m Computer:* hacker
Hack|fleisch *n* minced (*Am.* ground) meat; **~ordnung** *f* pecking order
Hafen *m* harbo(u)r, port; **~arbeiter** *m* docker, *Am. a.* longshoreman; **~stadt** *f* (sea)port
Hafer *m* oats *pl.*; **~brei** *m* porridge, *Am.* oatmeal; **~flocken** *pl.* (rolled) oats *pl.*; **~schleim** *m* gruel
Haft *jur. f* confinement, imprisonment; *in ~* under arrest; **2bar** *adj.* responsible, *jur.* liable; **~befehl** *m* warrant of arrest; **2en** *v/i.* stick*, adhere (**an** to); **~ für** *jur.* answer for, be* liable for
Häftling *m* prisoner, convict
Haftpflicht *jur. f* liability; **~versicherung** *f* liability insurance; *mot.* third party insurance
Haftung *f* responsibility, *jur.* liability; **mit beschränkter ~** limited
Hagel *m* hail; *fig. a.* shower, volley;

~korn *n* hailstone; **⁁n** *v/i.* hail (*a. fig.*); **~schauer** *m* hail shower

hager *adj.* lean, gaunt, haggard

Hahn *m zo.* cock; *Haus⁁:* Am. rooster; *Wasser⁁:* (water) tap, Am. a. faucet

Hähnchen *n* chicken

Hahnen|kamm *m* cockscomb; **~schrei** *m fig.:* **mit dem ersten ~** at the crack of dawn

Hai(fisch) *m* shark

häkeln *v/t. u. v/i.* crochet

Haken *m* hook (*a. Boxen*); *Kleider⁁: a.* peg; *Zeichen:* tick, *Am.* check; F snag, catch; **~ und Öse** hook and eye; **~kreuz** *n* swastika

halb *adj. u. adv.* half; **e-e ~e Stunde** half an hour; **ein ~es Pfund** half a pound; **zum ~en Preis** at half-price; **auf ~em Wege (entgegenkommen)** (meet*) halfway; **~ so viel** half as much; F: (**mit j-m**) **~e-~e machen** go* halves *od.* fifty-fifty (with s.o.); **~ gar** underdone; **~ links** inside lest; **~ rechts** inside right; **⁁bruder** *m* half-brother; **⁁dunkel** *n* semi-darkness

Halbe *f* pint (of beer)

halber *prp.* → **wegen, um... willen**

halb|fett *adj. Käse etc.:* medium-fat; *Schrift:* semi-bold; **⁁finale** *n Sport:* semifinal; **~gar** *adj.* underdone; **⁁gott** *m* demigod (*a. fig.*)

halbieren *v/t.* halve; *math.* bisect

Halb|insel *f* peninsula; **~jahr** *n* six months *pl.*; **⁁jährig** *adj.* six-month; **⁁jährlich 1.** *adj.* half-yearly; **2.** *adv.* half-yearly, twice a year; **~kreis** *m* semicircle; **~kugel** *f* hemisphere; **⁁laut 1.** *adj.* low, subdued; **2.** *adv.* in an undertone; **~leiter** *m electr.* semiconductor; **~mond** *m* half-moon, crescent (*a. Form*); **~pension** *f* halfboard; **~schlaf** *m* doze; **~schuh** *m* (low) shoe; **~schwester** *f* half-sister

halbtags *adv.:* **~ arbeiten** work part-time; **⁁arbeit** *f* part-time job; **⁁kraft** *f* part-time worker, part-timer

halb|wegs *adv. fig.* leidlich: reasonably; **⁁wüchsige** *m, f* adolescent

Halbzeit *f Sport:* half (time); **~stand** *m* half-time score

Halde *f* slope; *Bergbau:* dump

Hälfte *f* half; **die ~ von** half of

Halfter 1. *m, n* Zaum: halter; **2.** *n, f Pistolen⁁:* holster

Halle *f* hall; *Hotel⁁: a.* lounge; **in der ~** *Sport etc.* indoors

hallen *v/i.* resound, reverberate

Hallen|bad *n* indoor swimming pool; **~sport** *m* indoor sports *pl.*

Halm *bot. m Gras⁁:* blade; *Getreide⁁:* ha(u)lm, stalk; *Stroh⁁:* straw

Hals *m* neck; *Kehle:* throat; **~ über Kopf** helter-skelter; **sich vom ~ schaffen** get* rid of; **es hängt mir zum ~(e) (he)raus** I'm fed up with it; **bis zum ~** *fig.* up to one's neck; **~band** *n* necklace; *Hunde⁁ etc.:* collar; **~entzündung** *f* sore throat; **~kette** *f* necklace; **~schmerzen** *pl.:* **~ haben** have* a sore throat; **⁁starrig** *adj.* stubborn, obstinate; **~tuch** *n* neckerchief; scarf

Halt *m* hold; *Stütze:* support (*a. fig.*); *Zwischen⁁:* stop; *fig. innerer:* stability; **~ machen** stop; **vor nichts ~ machen** stop at nothing

halt *int.* stop!; *mil.* halt!

haltbar *adj.* durable; *Lebensmittel:* not perishable; *Argument etc.:* tenable; **~ bis ...** best before...; **~keitsdatum** *n* best-by (*od.* best-before) date

halten 1. *v/t.* hold*; *Versprechen, Tier etc.:* keep*; *Rede:* make*; *Vortrag:* give*; *Zeitung:* take* (Brt. *a.* in); *Torwart:* save; **für** regard as; *irrtümlich:* (mis)take* for; **viel (wenig) ~ von** think* highly (little) of; **sich ~** last; *Essen, in Richtung od. Zustand:* keep*; **sich gut ~ in e-r Prüfung:** do* well; **sich ~ an** keep* to; **2.** *v/i.* hold*, last; *an⁁:* stop, halt; *Eis:* bear*; *Seil etc.:* hold*; **~ zu** stand* by, F stick* to

Halter *m* owner; *für Geräte etc.:* holder

Halte|stelle *f* stop; *rail. a.* station; **~verbot** *mot.* **~** no stopping (area)

halt|los *adj.* unsteady; *unbegründet:* baseless; **⁁ung** *f Körper:* posture; *fig.* attitude (**zu** towards)

hämisch *adj.* malicious, sneering

Hammel *m* wether; **~fleisch** *n* mutton

Hammer *m* hammer (*a. Sport*)

hämmern *v/t. u. v/i.* hammer

Hämorrhoiden, Hämorriden *med. pl.* h(a)emorrhoids *pl.*, piles *pl.*

Hampelmann *m* jumping jack

Hamster *zo. m* hamster; **⁁n** *v/t.* hoard

Hand *f* hand; **von ~, mit der ~** by hand; **bei der ~, zur ~** at hand, handy; **aus erster (zweiter) ~** firsthand (second-

Handarbeit 452

hand); *an die ~ nehmen* take* by the hand; *sich die ~ geben* shake* hands; *aus der ~ legen* lay* aside; *Hände hoch (weg)!* hands up (off)!; **~arbeit** *f* manual labo(u)r; *Nadelarbeit:* needlework (*a. Schule*); **es ist ~** it is handmade; **~ball** *m* (European) handball; **~betrieb** *tech. m* manual operation; **~breit** *f* hand's breadth; **~bremse** *mot. f* hand brake; **~buch** *n* manual, handbook

Händedruck *m* handshake

Handel *m* commerce, business; **~sverkehr:** trade; *Markt:* market; *abgeschlossener:* transaction, deal, bargain; **~ treiben** *econ.* trade (*mit* with s.o.); ⚙ *v/i.* act, take* action; *feilschen:* bargain (*um* for), haggle (over); *mit j-m ~* econ. trade with s.o.; *mit Waren ~* econ. trade *od.* deal* in goods; *von* deal* with, be* about; *es handelt sich um* it concerns, it is about; it is a matter of

Handels|abkommen *n* trade agreement; **~bank** *f* commercial bank; **~bilanz** *f* balance of trade; ⚙**einig** *adj.*: *~ werden* come* to terms; **~gesellschaft** *f* (trading) company; **~kammer** *f* chamber of commerce; **~schiff** *n* merchant ship; **~schule** *f* commercial school; **~ware** *f* commodity, merchandise

Hand|feger *m* handbrush; **~fertigkeit** *f* manual skill; ⚙**fest** *fig. adj.* solid; **~fläche** *f* palm; ⚙**gearbeitet** *adj.* handmade; **~gelenk** *n* wrist; **~gepäck** *n* hand luggage (*Am. a.* baggage); **~granate** *mil. f* hand grenade; ⚙**greiflich** *adj.*: *~ werden* turn violent, *Am. a.* get* tough; ⚙**haben** *v/t.* handle, manage; *Maschine etc.:* operate; **~kantenschlag** *m* (backhand) chop

Händler(in) dealer, trader

handlich *adj.* handy, manageable

Handlung *f Film etc.:* story, plot, action; *Tat:* act, action

Handlungs|reisende *m* sales representative, travel(l)ing salesman; **~weise** *f Verhalten:* conduct, behavio(u)r

Hand|rücken *m* back of the hand; **~schellen** *pl.* handcuffs *pl.*; *j-m ~ anlegen* handcuff s.o.; **~schlag** *m* handshake; **~schrift** *f* hand(writing); ⚙**schriftlich** *adj.* handwritten; **~schuh** *m* glove; *in Fußball:* hand ball; **~stand** *m* handstand; **~tasche** *f* handbag, *Am. a.* purse; **~tuch** *n* towel; **~voll** *f* handful; **~wagen** *m* handcart; **~werk** *n* craft, trade; **~werker(in)** crafts(wo)man; *allg.* work(wo)man; **~werkszeug** *n* (kit of) tools *pl.*; **~wurzel** *f* wrist

Handy *n* mobile (telephone *od.* phone)

Hanf *bot. m* hemp; *Indisch ~:* cannabis

Hang *m* slope; *fig.* inclination (*zu* for), tendency (towards)

Hänge|brücke *f* suspension bridge; **~lampe** *f* hanging lamp; **~matte** *f* hammock

hängen *v/i. u. v/t.* hang* (*an Wand etc.:* on; *Decke etc.:* from); *~ an* be* fond of; *stärker:* be* devoted to; *alles, woran ich hänge* everything that is dear to me; **~bleiben** *v/i.* get* stuck (*a. fig.*); *an et. ~* get* caught on s.th.

hänseln *v/t.* tease (*wegen* about)

Hanswurst *m* fool, clown

Hantel *f* dumbbell; **⚙ieren** *v/i.*: *~ mit* handle; *~ an* fiddle about with

Happen *m* morsel, bite; snack

Hardware *f Computer:* hardware

Harfe *mus. f* harp; **~nist(in)** harpist

Harke *f*, ⚙**n** *v/t.* rake

harmlos *adj.* harmless

Harmon|ie *f* harmony (*a. mus.*); ⚙**ieren** *v/i.* harmonize (*mit* with); ⚙**isch** *adj.* harmonious

Harn *m* urine; **~blase** *f* (urinary) bladder; **~röhre** *f* urethra

Harpun|e *f*, ⚙**ieren** *v/t.* harpoon

hart 1. *adj.* hard, *F a.* tough; *Sport:* rough; *streng:* severe; *~ gekocht* hard-boiled; **2.** *adv.* hard; △ *nicht* **hardly**

Härte *f* hardness; toughness; roughness; severity; *bsd. jur.* hardship; **~fall** *m* case of hardship; ⚙**n** *v/t.* harden

Hart|faserplatte *f* hardboard; **~geld** *n* coin(s *pl.*); ⚙**gesotten** *fig. adj.* hard-boiled; ⚙**herzig** *adj.* hard-hearted; ⚙**näckig** *adj.* stubborn (*a. Krankheit*); *beharrlich:* persistent

Harz *n* resin; *Geigen⚙:* rosin, ⚙**ig** *adj.* resinous

Hasch *F n* hash; ⚙**en** *F v/i.* smoke hash; **~isch** *n* hashish, *sl.* pot

Hase *zo. m* hare

Hasel|maus *f* dormouse; **~nuss** *f* hazelnut

Hasen|braten m roast hare; **~fuß** m coward; **~scharte** med. f harelip

Hass m hatred, hate (**auf, gegen** of, for)

hassen v/t. hate

hässlich adj. ugly; fig. a. nasty

Hast f hurry, haste; rush; **2en** v/i. hurry, hasten, rush; **2ig** adj. hasty, hurried

hätscheln v/t. fondle; contp. pamper

Haube f bonnet; Schwestern2: cap; zo. crest; mot. bonnet, Am. hood

Hauch m breath; Duft2: whiff; fig. An-flug: touch, trace; **2en** v/t. breathe

Haue F f hiding, spanking; **2n** v/t. F hit*, beat*, prügeln: thrash, Kind: a. spank; tech. hew*; **sich ~** (have*) a fight*

Haufen m heap, pile (beide a. F fig.); F fig. crowd

häuf|en v/t. heap (up), pile (up); **sich ~** fig. become* more frequent, be* on the increase; **~ig 1.** adj. frequent; **2.** adv. frequently, often

Haupt n head, fig. a. leader; **~bahnhof** m main od. central station; **~beschäftigung** f chief occupation; **~bestandteil** m chief ingredient; **~darsteller(in)** leading act|or (-ress), lead(ing man [lady])

Häuptelsalat östr. m lettuce

Haupt|fach n Studium: main subject, Am. major; **~figur** f main character; **~film** m feature (film); **~gericht** gastr. n main course; **~gewinn** m first prize; **~grund** m main reason

Häuptling m chief(tain)

Haupt|mann mil. m captain; **~menü** n Computer: main menu; **~merkmal** n chief characteristic; **~person** F f cent|re (Am. -er) of attention; **~quartier** n headquarters pl.; **~rolle** thea. f lead(ing part); **~sache** f main thing od. point; **2sächlich** adj. main, chief, principal; **~satz** m main clause; **~sendezeit** f TV peak time, peak viewing hours pl., Am. prime time; **~speicher** m Computer: main memory; **~stadt** f capital; **~straße** f main street; main road; **~verkehrsstraße** f main road; **~verkehrszeit** f rush hour(s pl.), peak hour(s pl.); **~versammlung** f general meeting; **~wohnsitz** m main place of residence; **~wort** n noun

Haus n house; Gebäude: building; **zu ~e** at home, in; **nach ~e kommen** (brin-gen) come* od. get* (take*) home; **~angestellte(r)** domestic (servant); **~apotheke** f medicine cabinet; **~arbeit** f housework; **~arzt** m, **~ärztin** f family doctor; **~aufgaben** pl. homework sg., Am. a. assignment; **s-e ~n machen** a. fig. do one's homework; **~bar** f cocktail cabinet; **~besetzer** m squatter; **~besetzung** f squatting; **~besitzer(in)** house owner; **~einweihung** f house-warming (party)

hausen v/i. live; wüten: play havoc

Haus|flur m (entrance) hall, bsd. Am. hallway; **~frau** f housewife; **~friedensbruch** jur. m trespass; **2gemacht** adj. homemade; **~halt** m household; pol. budget; (j-m) den ~ führen keep* house (for s.o.); **~hälterin** f housekeeper; **~haltsgeld** n housekeeping money; **~haltsplan** parl. m budget; **~haltswaren** pl. household articles pl.; **~herr** m head of the household; Gastgeber: host; **~herrin** f lady of the house; Gastgeberin: hostess; **2hoch** adj. huge; Sieg: smashing

hausiere|n v/i. peddle, hawk (**mit** et. s.th.) (a. fig.); **2r** m pedlar, hawker

häuslich adj. domestic; home-loving

Haus|mädchen n (house)maid; **~mann** m house husband; **~mannskost** f plain fare; **~meister** m caretaker, janitor; **~mittel** n household remedy; **~ordnung** f house rules pl.; **~rat** m household effects pl.; **~schlüssel** m front-door key; **~schuh** m slipper

Hausse econ. f rise, boom

Haus|suchung f house search; **~tier** n domestic animal; pet; **~tür** f front door; **~verwaltung** f property management; **~wirt(in)** land|lord (-lady); **~zelt** n ridge tent

Hauswirtschaft f housekeeping; **~lehre** f domestic science; Am. a. home economics; **~schule** f domestic science (Am. a. home economics) school

Haut f skin; Teint: complexion; **bis auf die ~ durchnässt** soaked to the skin; **~abschürfung** f abrasion; **~arzt** m dermatologist; **~ausschlag** m rash; **2eng** adj. skin-tight; **~farbe** f colo(u)r of the skin; Teint: complexion; **~krankheit** f skin disease; **~pflege** f

Hautschere

skin care; **˷schere** f cuticle scissors pl.
Hbf. Abk. für **Hauptbahnhof** cent. sta., central station
H-Bombe mil. f H-bomb
Hebamme f midwife
Hebebühne mot. f car hoist
Hebel tech. m lever
heben v/t. lift (a. mot., naut., Sport); raise (a. Wrack u. fig.); schwere Last: heave; hochwinden: hoist; fig. a. improve; **sich ˷** rise*, go* up
Hecht m pike; **2en** v/i. dive* (nach for); Turnen: do* a long-fly
Heck n naut. stern; aviat. tail; mot. rear (a. in Zssgn Fenster, Motor etc.)
Hecke agr. f hedge; **˷nrose** bot. f dog-rose; **˷nschütze** m sniper
Heer n mil. army; fig. a. host
Hefe f yeast (a. in Zssgn Teig etc.)
Heft n notebook; Schul2: exercise book; Bändchen: booklet; Ausgabe: issue, number
heft|en v/t. fix, fasten, attach (an to); mit Nadeln: pin (to); Saum etc.: tack, baste; Buch: stitch; **2er** m stapler; Ordner: file
heftig adj. violent, fierce; Regen etc.: heavy
Heft|klammer f staple; **˷pflaster** n (adhesive od. sticking) plaster, Am. bandage, Band Aid®
Hehl n: kein **˷** aus et. machen make* no secret of s.th.
Hehler m receiver of stolen goods, sl. fence; **˷ei** f receiving stolen goods
Heide[1] m heathen
Heide[2] f heath(land); **˷kraut** bot. n heather, heath
Heiden|angst F f: e-e **˷** haben be* scared stiff; **˷geld** F n: ein **˷** a fortune; **˷lärm** F m: ein **˷** a hell of a noise; **˷spaß** F m: e-n **˷** haben have* a ball
Heid|entum n heathenism; **˷in** f, **2nisch** adj. heathen
heikel adj. delicate, tricky; Thema, Punkt: tender; F Person: fussy
heil adj. Person: safe, unhurt; Sache: undamaged, whole, intact
Heil n rel. grace; **sein ˷ versuchen** try one's luck
Heiland rel. m Saviour, Redeemer
Heil|anstalt f sanatorium, Am. a. sanitarium; Nerven2: mental home; **˷bad** n health resort, spa; **2bar** adj. curable;

2en 1. v/t. cure; **2.** v/i. heal (up); **˷gymnastik** f physiotherapy
heilig adj. holy; Gott geweiht: sacred (a. fig.); **˷ sprechen** canonize; **2abend** m Christmas Eve; **2e(r)** saint; **˷en** v/t. sanctify (a. fig.), hallow; **2tum** n sanctuary, shrine
Heil|kraft f healing od. curative power; **2kräftig** adj. curative; **˷kraut** n medicinal herb; **˷los** fig. adj. Durcheinander: utter, hopeless; **˷mittel** n remedy, cure (beide a. fig.); **˷praktiker** m non-medical practitioner; **˷quelle** f (medicinal) mineral spring; **2sam** fig. adj. salutary
Heilsarmee f Salvation Army
Heilung f cure; Wunde: healing
heim adv. home
Heim n home; Jugend2 etc.: hostel
Heim... in Zssgn Computer, Mannschaft, Sieg, Spiel etc.: home
Heimat f home; Land: home country; Ort: home town; **in der (meiner) ˷** at home; **2los** adj. homeless; **˷stadt** f home town; **˷vertriebene(r)** expellee
heimisch adj. Industrie etc.: home, domestic; bot., zo. etc.: native; Gefühl etc.: homelike, bsd. Am. hom(e)y; **sich ˷ fühlen** feel* at home
Heim|kehr f return (home); **2kehren, 2kommen** v/i. return home, come* back
heimlich adj. secret; **2keit** f secrecy; **˷en** pl. secrets pl.
Heim|reise f journey home; **2suchen** v/t. Unheil etc.: strike*; **2tückisch** adj. insidious (a. Krankheit); Mord etc.: treacherous; **2wärts** adv. homeward(s); **˷weg** m way home; **˷weh** n homesickness; **˷ haben** be* homesick; **˷werker** m do-it-yourselfer
Heirat f marriage; **2en** v/t. u. v/i. marry, get* married (to)
Heirats|antrag m proposal (of marriage); j-m e-n **˷ machen** propose to s.o.; **˷schwindler** m marriage impostor; **˷vermittler(in)** marriage broker; **˷vermittlung** f marriage bureau
heiser adj. hoarse, husky; **2keit** f hoarseness, huskiness
heiß adj. hot; fig. a. passionate, ardent; **mir ist ˷** I am od. feel hot
heißen v/i. be called; bedeuten: mean; **wie ˷ Sie?** what's your name?; **wie**

heißt das? what do you call this?; **was heißt ... auf Englisch?** what is ... in English?; **es heißt im Text** it says in the text; **das heißt** that is (*Abk.* **d.h.** i.e.)

heiter *adj.* cheerful; *Film etc.:* humorous; *meteor.* fair; *fig.* **aus ~em Himmel** out of the blue; **⁀keit** *f* cheerfulness; *Belustigung:* amusement

heiz|bar *adj.* Pool, Heckscheibe *etc.:* heated; **~en** *v/t. u. v/i.* heat; **mit Kohlen ~** burn* coal; **⁀er** *naut., rail. m* stoker; **⁀kessel** *m* boiler; **⁀kissen** *n* electric pad; **⁀körper** *m* radiator; **⁀kraftwerk** *n* thermal power station; **⁀material** *n* fuel; **⁀öl** *n* fuel oil; **⁀ung** *f* heating

Held *m* hero

helden|haft *adj.* heroic; **⁀tat** *f* heroic deed; **⁀tod** *m* heroic death; **⁀tum** *n* heroism

Heldin *f* heroine

helfen *v/i.* help, aid; *förmlicher:* assist; **j-m bei et. ~** help s.o. with *od.* in (doing) s.th.; **~ gegen** *Mittel etc.:* be* good for; **er weiß sich zu ~** he can manage (*bsd. Brt.* cope); **es hilft nichts** it's no use

Helfer|(in) helper, assistant; **~shelfer** *m* accomplice

hell *adj. Licht etc.:* bright; *Farbe:* light; *Kleid etc.:* light-colo(u)red; *Klang:* clear; *Bier:* pale; *fig.* intelligent: bright, clever; **es wird schon ~** it's getting light already; **~blau** *adj.* light blue; **~blond** *adj.* very fair; **~hörig** *adj.* quick of hearing; *arch.* poorly soundproofed; **~ werden** prick up one's ears; **⁀seher(in)** clairvoyant(e)

Helm *m* helmet

Hemd *n* shirt; *Unter⁀:* vest; **~bluse** *f* shirt; **~blusenkleid** *n* shirt-waister, *Am.* shirtwaist

Hemisphäre *f* hemisphere

hemm|en *v/t. Bewegung etc.:* check, stop; *behindern:* hamper; **⁀schuh** F *fig. m* obstacle, impediment (**für** *to*); **⁀ung** *psych. f* inhibition; *moralische:* scruple; **~ungslos** *adj.* unrestrained; unscrupulous

Hengst *m* stallion

Henkel *m* handle

Henker *m* hangman, executioner

Henne *f* hen

her *adv. hier~:* here; **das ist lange ~** that was a long time ago

herab *adv.* down; **~lassen** *fig. v/refl.* condescend; **~lassend** *adj.* condescending; **~sehen** *fig. v/i.:* **~ auf** look down upon; **~setzen** *v/t.* reduce; *fig.* disparage

heran *adv.* close, near; **~ an** up *od.* near to; **~gehen** *v/i.:* **~ an** walk up to; *Aufgabe etc.:* set* about; **~kommen** *v/i.* come* near (*a. fig.* **an** Leistung *etc.*); **~wachsen** *v/i.* grow* (up) (**zu** into); **⁀wachsende(r)** adolescent

herauf *adv.* up (here); **die Treppe ~:** upstairs; **~beschwören** *v/t.* call up; *verursachen:* bring* on, provoke

heraus *adv.* out; *fig.* **aus ... ~** out of ...; **zum Fenster ~** out of the window; **~ mit der Sprache!** speak out!, out with it!; **~bekommen** *v/t.* get* out; *Geld:* get* back; *fig. find* out; **~bringen** *v/t.* bring* out; *print.* publish; *thea.* stage; *fig.* find* out; **~finden 1.** *v/t.* find* ; *fig.* find* out, discover; **2.** *v/i.* find* one's way out; **⁀forderer** *m* challenger; **~fordern** *v/t.* challenge; *Tat etc.:* provoke, F ask for it; **⁀forderung** *f* challenge; provocation; **~geben** *v/t.* zurückgeben: give* back; *ausliefern:* give* back; *print.* publish; *Vorschriften:* issue; *Geld:* give* change (**auf** for); **⁀geber** *m* publisher; **~kommen** *v/i.* come* out; *Buch:* be* published; *Briefmarken:* be* issued; **~ aus** get* out of; F: **groß ~** be* a great success; **~nehmen** *v/t.* take* out; *Spieler:* take* off the team; *fig.* **sich et. ~** take* liberties, go* too far; **~putzen** *v/t. u. v/refl.* spruce (o.s.) up; **~reden** *v/refl.* make* excuses; *erfolgreich:* talk one's way out; **~stellen** *v/t.* put* out; *fig.* emphasize; **sich ~ als** turn out *od.* prove* to be; **~strecken** *v/t.* stick* out; **~suchen** *v/t.* pick out; **j-m et. ~** find* s.o. s.th.; **~ziehen** *v/t.* pull out; *Zahn: a.* extract

herb *adj.* tart; *Wein etc.:* dry; *fig.* harsh; *Enttäuschung etc.:* bitter

herbei *adv.* up, over, here; **~eilen** *v/i.* come* running up; **~führen** *fig. v/t.* cause, bring* about

Herberge *f Gasthaus:* inn; *Unterkunft:* lodging, place to stay

Herbst *m* autumn, *Am. a.* fall

Herd *m* cooker, stove; *fig.* cent|re, *Am.* -er; *med.* focus, seat

Herde *f Vieh⁀, Schweine⁀ etc.:* herd (*a.*

herein *fig. contp.*); *Schaf*≳, *Gänse*≳ *etc.*: flock
herein *adv.* in (here); ⁓**!** come in!; ⁓**brechen** *fig. v/i.: Nacht:* fall*; ⁓ **über** *Unglück etc.*: befall*; ⁓**fallen** *fig. v/i.* be* taken in (*auf* by); ⁓**legen** *fig. v/t.* take* in
her|fallen *v/i.:* ⁓ **über** attack (*a. fig.*), assail; F *fig.* pull to pieces; ⁓**gang** *m: j-m den* ⁓ *schildern* tell* s.o. what happened; ⁓**geben** *v/t.* give* up, part with; *sich* ⁓ *zu* lend* o.s. to
Hering *zo. m* herring
her|kommen *v/i.* come* (here); ⁓ *von* come* from; *fig. a.* be* caused by; ⁓**kömmlich** *adj.* conventional (*a. mil.*); ⁓**kunft** *f* origin; *Person: a.* birth, descent
Herr *m* gentleman; *Besitzer, Gebieter:* master; *rel. the* Lord; ⁓ *Brown* Mr Brown; ⁓ *der Lage* master of the situation
Herren|bekleidung *f* men's wear; ⁓**doppel** *n Tennis:* men's doubles *sg.*; ⁓**einzel** *n Tennis:* men's singles *sg.*; ⁓**los** *adj.* abandoned; *Tier:* stray; ⁓**toilette** *f* men's toilet (*od.* lavatory, *Am.* restroom)
herrichten *v/t.* get* ready, F fix
herrisch *adj.* imperious
herrlich *adj.* marvel(l)ous, wonderful, F fantastic; ⁓**keit** *f* glory
Herrschaft *f* rule, power, control (*a. fig.*) (*über* over); *die* ⁓ *verlieren über* lose* control of
herrsch|en *v/i.* rule; *es herrschte ... Freude etc.: mst* there was ...; ⁓**er(in)** ruler; sovereign, monarch; ⁓**süchtig** *adj.* domineering, F bossy
herrühren *v/i.:* ⁓ *von* come* from, be* due to
herstell|en *v/t.* make*, produce; *fig.* establish; ⁓**ung** *f* production; *fig.* establishment; ⁓**ungskosten** *pl.* production cost(*s pl.*)
herüber *adv.* over (here), across
herum *adv.* (a)round; F: *anders* ⁓ the other way round; *führen v/t.: j-n (in der Stadt etc.)* ⁓ show* (a)round (the town *etc.*); ⁓**kommen** *v/i.:* (*weit od. viel*) ⁓ get* (a)round*; *um et.* ⁓ *fig.* get* (a)round s.th.; ⁓**kriegen** F *v/t.: j-n zu et.* ⁓ get* s.o. round to (doing) s.th.; ⁓**lungern** *v/i.* loaf *od.* hang* around; ⁓**reichen** *v/t.* pass *od.* hand round; ⁓**sprechen** *v/refl.* get* around; ⁓**treiben** *v/refl.* F gad *od.* knock about; ⁓**treiber(in)** tramp, loafer
herunter *adv.* down; *die Treppe* ⁓: downstairs; ⁓**gekommen** *adj.* run(-down); *schäbig:* seedy, shabby; ⁓**hauen** F *v/t.: j-m e-e* ⁓ smack *od.* slap s.o.('s face); ⁓**machen** F *fig. v/t.* run* down; ⁓**putzen** F *v/t.* F blow* up, bsd. *Am.* bawl out; ⁓**spielen** F *fig. v/t.* play down
hervor *adv.* out of *od.* from, forth; ⁓**bringen** *v/t.* bring out*, produce (*a. fig.*); *Früchte:* yield; *Wort:* utter; ⁓**gehen** *v/i.:* ⁓ *aus* follow from; *als Sieger* ⁓ come* off victorious; ⁓**heben** *v/t.* stress, emphasize; ⁓**ragend** *fig. adj.* outstanding, excellent, superior; *Bedeutung, Persönlichkeit:* prominent, eminent; ⁓**rufen** *fig. v/t.* cause, bring* about; *Problem etc.: a.* create; ⁓**stechend** *fig. adj.* striking; ⁓**tretend** *adj.* prominent; *Augen etc.:* protruding, bulging; ⁓**tun** *v/refl.* distinguish o.s. (*als* as)
Herz *n anat.* heart (*a. fig.*); *Karten:* heart(*s pl.*); *j-m das* ⁓ *brechen* break* s.o.'s heart; *sich ein* ⁓ *fassen* take* heart; *mit ganzem* ⁓**en** wholeheartedly; *schweren* ⁓**ens** with a heavy heart; *sich et. zu* ⁓**en** *nehmen* take* s.th. to heart; *es nicht übers* ⁓ *bringen zu* not have* the heart to; *et. auf dem* ⁓**en** *haben* have* s.th. on one's mind; *ins* ⁓ *schließen* take* to one's heart; ⁓**anfall** *m* heart attack
Herzens|lust *f: nach* ⁓ to one's heart's content; ⁓**wunsch** *m* heart's desire, dearest wish
Herz|fehler *med. m* cardiac defect; ⁓**haft** *adj.* hearty; *nicht süß:* savo(u)ry; ⁓**ig** *adj.* sweet, lovely, *Am. a.* cute; ⁓**infarkt** *med. m* cardiac infarct(ion), F *mst* heart attack, coronary; ⁓**klopfen** *med. n* palpitation; *er hatte* ⁓ (*vor*) his heart was throbbing (with); ⁓**krank** *adj.* suffering from (a) heart disease; ⁓**lich 1.** *adj.* cordial, hearty; *Empfang, Lächeln etc.: a.* warm, friendly; **2.** *adv.:* ⁓ *gern* with pleasure; ⁓**los** *adj.* heartless
Herzog *m* duke; ⁓**in** *f* duchess
Herz|schlag *m* heartbeat; *Herztod:* heart failure; ⁓**schrittmacher** *med. m* (cardiac) pacemaker; ⁓**verpflanzung**

med. f heart transplant; **⁀zerreißend** *adj.* heart-rending

Hetz|e *f* hurry, rush; *pol. etc.* agitation, campaign(ing) (**gegen** against); **⁀en 1.** *v/t.* rush; *Tiere:* hunt, chase; **e-n Hund auf j-n ⁀** set* a dog on s.o.; **2.** *v/i.* eilen: hurry, rush; *pol. etc.* agitate (**gegen** against); **⁀erisch** *adj.* inflammatory; **⁀jagd** *f* hunt(ing), chase (*a. fig.*); *Eile:* rush; **⁀kampagne** *f* smear campaign

Heu *n* hay; **⁀boden** *m* hayloft

Heuch|elei *f* hypocrisy; **⁀eln 1.** *v/i.* be* hypocritical; **2.** *v/t.* feign; **⁀ler** *m* hypocrite; **⁀lerisch** *adj.* hypocritical

Heuer *naut. f* pay

heuer *südd. u. östr. adv.* this year

heuern *v/t.* hire; *naut. a.* sign on

heulen *v/i.* howl; F *contp. weinen:* bawl; *mot.* roar; *Sirene:* whine

Heu|schnupfen *med. m* hay fever; **⁀schrecke** *zo. f* grasshopper; locust

heut|e *adv.* today; **⁀ Abend** this evening, tonight; **⁀ früh**, **⁀ Morgen** this morning; **⁀ in acht Tagen** a week from now, *Brt. a.* today week; **⁀ vor acht Tagen** a week ago today; **⁀ig** *adj.* today's; *gegenwärtig:* of today, present(-day); **⁀zutage** *adv.* nowadays, these days

Hexe *f* witch (*a. fig.*); *alte* **⁀** (old) hag; **⁀n** *v/i.* practice witchcraft; F *fig.* work miracles; **⁀nkessel** *m* inferno; **⁀nschuss** *med. m* lumbago

Hieb *m* blow, stroke; *Faust⁀:* a. punch; *Peitschen⁀:* a. lash, cut; **⁀e** *pl.* beating *sg.*; thrashing *sg.*

hier *adv.* here, in this place; *anwesend:* present; **⁀ entlang!** this way!

hier|an *adv.* from *od.* in this; **⁀auf** *adv.* on it *od.* this; *zeitlich:* after this, then; **⁀aus** *adv.* from *od.* out of this; **⁀bei** *adv.* here, in this case; *bei dieser Gelegenheit:* on this occasion; **⁀durch** *adv.* by this, hereby, this way; **⁀für** *adv.* for this; **⁀her** *adv.* (over) here, this way; *bis* **⁀** so far (*a. zeitlich*); **⁀in** *adv.* in this; **⁀mit** *adv.* with this; herewith; *lit.* herewith; **⁀nach** *adv.* after this; *demzufolge:* according to this; **⁀über** *adv.* about this (subject); **⁀unter** *adv.* under this; *dazwischen:* among these; *verstehen:* by this *od.* that; **⁀von** *adv.* of *od.* from this; **⁀zu** *adv.* for this; *dazu:* to this

hiesig *adj.* local

Hilfe *f* help; *Beistand:* aid (*a. econ.*), assistance (*a. med.*), relief (**für** to); **erste ⁀** first aid; **um ⁀ rufen** cry for help; **⁀!** help!; **j-m zu ⁀ kommen** come* to s.o.'s assistance; **mit ⁀** *gen.* (*od. von*) with the help of; *fig. a.* by means of; **⁀menü** *n Computer:* help menu; **⁀ruf** *m* call (*od.* cry) for help; **⁀stellung** *f* support

hilf|los *adj.* helpless (**gegenüber** in the face of); **⁀reich** *adj.* helpful

Hilfs|aktion *f* relief action; **⁀arbeiter(in)** unskilled worker; **⁀bedürftig** *adj.* needy; **⁀bereit** *adj.* ready, ready to help; **⁀bereitschaft** *f* readiness to help, helpfulness; **⁀mittel** *n* aid; *tech. a.* device; **⁀organisation** *f* relief organization; **⁀verb** *n* auxiliary (verb)

Himbeere *bot. f* raspberry

Himmel *m* sky; *rel., fig.* heaven; **um ⁀s willen** for Heaven's sake; **⁀ und Hölle** *Kinderspiel:* hopscotch; → **heiter**; **⁀blau** *adj.* sky-blue; **⁀fahrt** *rel. f* Ascension (Day); **⁀fahrtskommando** *n* suicide mission

Himmels|körper *m* celestial body; **⁀richtung** *f* direction; *Kompass:* cardinal point

himmlisch *adj.* heavenly; *fig. a.* marvel(l)ous

hin 1. *adv.* there; **bis ⁀ zu** as far as; **noch lange ⁀** still a long way off; **auf s-e Bitte ⁀ (s-n Rat)** at his request (advice); **⁀ und her** to and fro, back and forth; **⁀ und wieder** now and then; **⁀ und zurück** there and back; *Fahrkarte:* return (ticket), *bsd. Am.* round trip, round-trip ticket; **2.** F *pred. adj.* kaputt: ruined; *erledigt: a.* done for; *weg:* gone

hinab *adv.* → **hinunter**

hinarbeiten *v/i.:* **⁀ auf** work towards

hinauf *adv.* up (there); *die Treppe* **⁀:** upstairs; *die Straße etc.* **⁀** up the street *etc.*; **⁀gehen** *v/i.* go* up; *fig. a.* rise*

hinaus *adv.; aus ...* **⁀** out of ...; **⁀ in** out into ...; **⁀ (mit dir)!** (get) out!, out you go!; **⁀gehen** *v/i.* go* out(side); **⁀ über** go* beyond; **⁀ auf Fenster etc.:** look out onto; **⁀laufen** *v/i.* run* out(side); **⁀ auf** come* to *od.* amount to; **⁀schieben** *v/t.* put* off, postpone; **⁀stellen** *v/t. Sport:* send* off (the field); **⁀werfen** *v/t.* throw* out (**aus** of); *fig. a.* kick out; *entlassen:* a. (give* s.o. the) sack, fire; **⁀wollen** *v/i.:* **auf et.**

Hinblick

~ aim (*bsd. mit Worten*: drive* *od.* get*) at s.th.; **hoch** ~ aim high

Hin|blick *m*: **im** ~ **auf** in view of, with regard to; ⁀**bringen** *v/t.* take* there

hinder|lich *adj.* hindering, impeding; *j-m* ~ **sein** be* in s.o.'s way; ~**n** *v/t.* hinder, hamper; ~ **an** prevent from; ⁀**nis** *n* obstacle (*a. fig.*); ⁀**nisrennen** *n* steeplechase

Hindu *m* Hindu; ~**ismus** *m* hinduism

hindurch *adv.* through; *das ganze Jahr etc.* ~ throughout the year *etc.*

hinein *adv.* in; ~ **mit dir!** in you go!; ~**gehen** *v/i.* go* in; ~ **in** go* into

hin|fallen *v/i.* fall* (down); ~**fällig** *adj. Person*: frail; *ungültig*: invalid; ⁀**gabe** *f* devotion (**an** to); ~**geben** *v/t.* give* (up); *sich* ~ give* o.s. up; *widmen*: devote o.s. to; ~**halten** *v/t. Gegenstand etc.*: hold* out; *j-n*: put* s.o. off

hinken *v/i.* (walk with a) limp

hin|kommen *v/i.* get* there; ~**kriegen** F *v/t.* manage; ~**länglich** *adj.* sufficient; ~**legen** *v/t.* lay* *od.* put* down; *sich* ~ lie* down; ~**nehmen** *v/t. ertragen*: put* up with; ~**reißen** *v/t.* carry away; ~**reißend** *adj.* entrancing; *Schönheit*: breathtaking; ~**richten** *v/t.* execute; ⁀**richtung** *f* execution; ~**setzen** *v/t.* set* *od.* put* down; *sich* ~ sit* down; ⁀**sicht** *f* respect; **in gewisser** ~ in a way; ~**sichtlich** *prp.* with respect *od.* regard to; ⁀**spiel** *n Sport*: first leg; ~**stellen** *v/t. abstellen*: put* (down); *j-n, et.* ~ **als** make* appear to be

hinten *adv.* at the back; *im Auto etc.*: in the back; **von** ~ from behind

hinter *prp.* behind; ⁀**...** *in Zssgn Achse, Eingang, Rad, Reifen*: rear ...; ⁀**bein** *n* hind leg; ⁀**bliebenen** *pl.* the bereaved *pl.*; ~ *bsd. jur.* surviving dependents *pl.*; ~**einander** *adv.* one after the other; *dreimal* ~ three times in a row; ⁀**gedanke** *m* ulterior motive; ~**gehen** *v/t.* deceive; ⁀**grund** *m* background (*a. fig.*); ⁀**halt** *m* ambush; ~**hältig** *adj.* insidious, underhand(ed); ⁀**haus** *n* rear building; ~**her** *adv.* behind, after; *zeitlich*: afterwards; ⁀**hof** *m* backyard; ⁀**kopf** *m* back of the head; ~**lassen** *v/t.* leave* (behind); ⁀**lassenschaft** *f* property (left), estate; ~**legen** *v/t.* deposit (*bei* with); ⁀**list** *f* deceit(fulness); *Trick*: (underhanded) trick; ~**listig**

adj. deceitful; underhand(ed); ⁀**mann** *m* person (*mot.* car *etc.*) behind (one); *fig. mst pl.* person behind the scenes, brain(s *pl.*), mastermind; ⁀**n** F *m* bottom, backside, behind, *bsd.* Brt. *sl.* bum; ~**rücks** *adv.* from behind; ⁀**seite** *f* back; ⁀**teil** *n* F → *Hintern*; ⁀**treppe** *f* back stairs *pl.*; ⁀**tür** *f* back door; ~**ziehen** *jur. Steuern*: evade; ⁀**zimmer** *n* back room

hinüber *adv.* over, across; ~ **sein** F *Kleid*: be* ruined; *Fleisch*: be* spoilt

hinunter *adv.* down; *die Treppe* ~: downstairs; *die Straße* ~ down the road

Hinweg *m* way there

hinweg *adv.*: **über ...** ~ over ...; ~**kommen** *v/i.*: **über** get* over; ~**sehen** *v/i.*: ~ **über** ignore; ~**setzen** *v/refl.*: *sich* ~ **über** ignore, disregard

Hin|weis *m Verweis*: reference (**auf** to); *Wink*: hint, tip (as to, regarding); *Anzeichen*: indication (of), clue (as to); ~**weisen 1.** *v/t.*: *j-n* ~ **auf** draw* *od.* call s.o.'s attention to; **2.** *v/i.*: ~ **auf** point *od.* to, to indicate; *fig.* point out, indicate; *anspielen*: hint at; ~**weisschild** *n*, ~**weistafel** *f* sign, notice; ⁀**werfen** *v/t.* throw* down; ⁀**ziehen** *v/refl. räumlich*: extend (*bis zu* to), stretch (to); *zeitlich*: drag on

hinzu|fügen *v/t.* add (**zu** to) (*a. fig.*); ~**kommen** *v/i. noch* ~: be* added; *hinzu kommt, dass* add to this, ... and what is more, ...; ~**ziehen** *v/t. Arzt, Experten etc.*: call in, consult

Hirn *n anat.* brain; *fig.* brain(s *pl.*), mind; ~**gespinst** *n* fantasy; ⁀**rissig**, ⁀**verbrannt** F *adj.* crazy, cracked

Hirsch *zo.* ~ *m* stag; ~**geweih** *n* antlers *pl.*; ~**kuh** *f* hind

Hirse *bot.* *f* millet

Hirt(e) *m* herdsman; *Schaf*⁀, *fig.*: shepherd

hissen *v/t. Flagge, Segel*: hoist

Histori|ker *m* historian; ⁀**sch** *adj.* historical; *Ereignis etc.*: historic

Hitliste *f* top 40 *etc.*, charts *pl.*

Hitze *f* heat; ~**welle** *f* heat wave

hitz|ig *adj.* hot-tempered; *Debatte*: heated; ⁀**kopf** *m* hothead; ⁀**schlag** *med. m* heatstroke

HIV-negativ *adj.* HIV negative; ~**positiv** *adj.* HIV positive; ~**Positive(r)** HIV carrier

H-Milch f Brt. long-life milk
Hobby n hobby; ~... in Zssgn: amateur ...
Hobel m plane; ~**bank** f carpenter's bench; ⸾n v/t. plane
hoch adj. u. adv. high; Baum, Haus etc.: tall; Strafe: heavy, severe; Gast etc.: distinguished; Alter: great, old; Schnee: deep; math. **10 ~ 4** 10 to the power of 4; **3000 Meter ~ fliegen** etc.: at a height of 3,000 metres; **~ in hohem Maße** highly, greatly; **~ verschuldet** heavily in debt; **das ist mir zu ~** that's above me
Hoch n meteor. high (a. fig.)
Hoch|achtung f (deep) respect (**vor** for); ⸾**achtungsvoll** adv. Brief: Yours sincerely; ~**bau** tech. m: Hoch- und Tiefbau structural and civil engineering; ~**betrieb** m rush; ⸾**deutsch** adj. High od. standard German; ~**druck** m high pressure (a. fig.); ~**ebene** f plateau, tableland; ~**form** f: **in ~** in top form od. shape; ~**frequenz** f electr. high frequency (a. in Zssgn); ~**gebirge** n high mountains pl.; ~**genuss** m real treat; ⸾**gezüchtet** adj. zo., tech. highbred; tech. a. sophisticated; mot. tuned up, F souped up; ⸾**hackig** adj. high-heeled; ~**haus** n high rise, tower block; ~**konjunktur** econ. f boom; ~**land** n highlands pl.; ~**leistungs...** in Zssgn Sport etc.: high-performance ...; ~**mut** m arrogance; ⸾**mütig** adj. arrogant; ~**ofen** tech. m blast furnace; ⸾**prozentig** adj. Schnaps etc.: high-proof; ~**rechnung** f projection; bei Wahl: computer prediction; ~**saison** f peak (od. height of) season; ~**schulabschluss** m degree; ~**schulausbildung** f higher education; ~**schule** f university; college; academy; △ nicht **high school**; ~**seefischerei** f deep-sea fishing; ~**sommer** m midsummer; ~**spannung** f electr. high tension (a. fig.) od. voltage; ~**sprung** m high jump
höchst 1. adj. highest; fig. a. supreme; äußerst: extreme; **2.** adv. highly, most, extremely
Höchst... in Zssgn mst maximum od. top
Hochstapler m impostor, swindler
höchstens adv. at (the) most, at best

Höchst|form f Sport: top form od. shape; ~**geschwindigkeit** f top speed (**mit** at); Begrenzung: speed limit; ~**leistung** f Sport: record (performance); tech. e-r Maschine etc.: maximum output; ~**maß** n maximum (**an** of); ⸾**wahrscheinlich** adv. most likely od. probably
Hoch|technologie f hi(gh) tech(nology); ⸾**trabend** fig. adj. pompous; ~**verrat** m high treason; ⸾**wasser** n high tide; Überschwemmung: flood; ~**wertig** adj. high-grade, high-quality
Hochzeit f wedding; ~**s...** in Zssgn Geschenk, Kleid, Tag etc.: wedding ...; ~**sreise** f honeymoon
Hocke f crouch, squat; ⸾n v/i. squat, crouch; F sit*; ~**r** m stool
Höcker m Kamel⸾ etc.: hump
Hockey n hockey, Am. field hockey
Hoden anat. m testicle
Hof m yard; agr. farm; Innen⸾: court(yard); Fürsten⸾: court; ~**dame** f lady-in-waiting
hoffen v/i. u. v/t. hope (**auf** for); zuversichtlich: trust (in); **das Beste ~** hope for the best; **ich hoffe es** I hope so; **ich hoffe nicht, ich will es nicht ~** I hope not; ~**tlich** adv. I hope, let's hope, hopefully
Hoffnung f hope (**auf** of); **sich ~en machen** have* hopes; **die ~ aufgeben lose*** hope; ⸾**slos** adj. hopeless; ⸾**svoll** adj. hopeful; viel versprechend: promising
Hofhund m watchdog
höflich adj. polite, courteous (**zu** to); ~**keit** f politeness, courtesy
Höhe f height; aviat., math., astr., geogr. altitude: An⸾: hill; Gipfel: peak (a. fig.); e-r Summe, Strafe etc.: amount; Niveau: level; Ausmaß: extent; mus. pitch: **auf gleicher ~ mit** on a level with; **in die ~** up; **ich bin nicht ganz auf der ~** I'm not feeling up to the mark
Hoheit f pol. sovereignty; Titel: Highness; ~**gebiet** n territory; ~**gewässer** pl. territorial waters pl.; ~**szeichen** n national emblem
Höhen|luft f mountain air; ~**messer** m altimeter; ~**ruder** aviat. n elevator; ~**sonne** med. f ultraviolet lamp, sunlamp; ~**zug** m mountain chain
Höhepunkt m climax (a. thea. u. sexu-

hohl

ell), culmination, height, peak; *e-s Abends etc.*: highlight
hohl *adj.* hollow (*a. fig.*)
Höhle *f* cave, cavern; *zo.* hole, burrow; *Lager*: den, lair
Hohl|maß *n* measure of capacity; **~raum** *m* hollow, cavity; **~spiegel** *m* concave mirror; **~weg** *m* defile
Hohn *m* derision, scorn; **~gelächter** *n* jeering laughter, jeers *pl.*
höhnisch *adj.* derisive, scornful; **~es Lächeln** sneer
holen *v/t.* (go* and) get*, fetch, go* for; *Atem*: draw*; *Polizei, ans Telefon*: call; **~ lassen** send* for; *sich ~ Krankheit etc.*: catch*, get*; *Rat etc.*: seek*
Holland Holland, *the* Netherlands
Holländ|er(in) Dutch|man (-woman); **~isch** *adj.* Dutch
Hölle *f* hell; *in die ~ kommen* go* to hell; **~nlärm** *m a* hell of a noise; **~nmaschine** *f* time bomb
Holler *bot. östr. m* elder
höllisch *adj.* infernal (*a. fig.*)
holper|ig *adj.* bumpy (*a. fig.*), rough, uneven; *Sprache*: clumsy; **~n** *v/i. Wagen*: jolt, bump; *fig.* be* bumpy
Holunder *bot. m* elder
Holz *n* wood; *Nutz~*: timber, *Am. a.* lumber; *aus ~* (made) of wood, wooden; *~ hacken* chop wood; **~bearbeitung** *f* woodwork(ing); **~blasinstrument** *mus. n* woodwind (instrument)
hölzern *adj.* wooden; *fig. a.* clumsy
Holz|fäller *m* woodcutter, *Am. a.* lumberjack; **~hammer** *m* mallet; *fig.* sledge-hammer (*a. in Zssgn*); **~ig** *adj.* woody; *Gemüse*: stringy; **~kohle** *f* charcoal; **~schnitt** *m* woodcut; **~schnitzer** *m* wood carver; **~schuh** *m* clog; **~weg** *fig. m: auf dem ~ sein* be* barking up the wrong tree; **~wolle** *f* wood shavings *pl.*, excelsior; **~wurm** *m* woodworm
homöopathisch *adj.* hom(o)eopathic
homosexuell *adj.*, **2e(r)** homosexual, gay; *Frau*: *mst* lesbian
Honig *m* honey; **~wabe** *f* honeycomb
Honor|ar *n* fee; **2ieren** *v/t.* pay* (a fee to); *fig.* appreciate, reward
Hopfen *m bot.* hop; *Brauerei*: hops *pl.*
hoppla *int.* (wh)oops!
hopsen F *v/i.* hop, jump

460

Hör|apparat *m* hearing aid; **2bar** *adj.* audible
horche|n *v/i.* listen (*auf* to); *heimlich*: eavesdrop; **2r** *m* eavesdropper
Horde *f* horde (*a. zo.*); *contp. a.* mob, gang
hör|en *v/i. u. v/t.* hear*; *an~, Radio, Musik etc.*: listen to; *gehorchen*: obey, listen; *~ auf* listen to; *von j-m ~* hear* from (*durch Dritte*: of, about) s.o.; *er hört schwer* his hearing is bad; *hör(t) mal!* listen!; *erklärend: a.* look (here)!; *nun od. also hör(t) mal! Einwand*: wait a minute!, now look od. listen here! **2er** *m* listener; *tel.* receiver; **2erin** *f* listener; **2fehler** *med. m* hearing defect; **2gerät** *n* hearing aid; **~ig** *adj.*: *j-m ~ sein* be* s.o.'s slave
Horizont *m* horizon (*a. fig.*); *s-n ~ erweitern* broaden one's mind; *das geht über meinen ~* that's beyond me; **2al** *adj.* horizontal
Hormon *n* hormone
Horn *n* horn; **~haut** *f* horny skin, callus(es *pl.*); *Auge*: cornea
Hornisse *zo. f* hornet
Horoskop *n* horoscope
Hör|rohr *med. n* stethoscope; **~saal** *m* lecture hall, auditorium; **~spiel** *n* radio play; **~weite** *f*: *in ~* within earshot
Höschen *n* panties *pl.*
Hose *f* (*e-e* a pair of) trousers *pl.*, pants *pl.*, *bsd. sportliche*: slacks *pl.*; *kurze*: shorts *pl.*; **~nanzug** *m* trouser (*Am.* pants) suit; **~nrock** *m* (*ein ~ a* pair of) culottes *pl.*; **~nschlitz** *m* fly; **~ntasche** *f* trouser pocket; **~nträger** *pl.* (a pair of) braces *pl. od. Am.* suspenders *pl.*
Hospital *n* hospital
Hostie *rel. f* host
Hotel *n* hotel; **~direktor** *m* hotel manager; **~fach** *n* hotel business; **~zimmer** *n* hotel room
HP *Abk. für Halbpension* half board
Hr(n). *Abk. für Herrn* Mr
Hubraum *mot. m* cubic capacity
hübsch *adj.* pretty, nice(-looking), *bsd. Am. a.* cute; *Geschenk etc.*: nice, lovely
Hubschrauber *m* helicopter; **~landeplatz** *m* heliport
Huf *m* hoof; **~eisen** *n* horseshoe
Hüft|e *f* hip; **~gelenk** *n* hip joint; **~gürtel** *m* girdle

Hügel *m* hill; **2ig** *adj.* hilly; **land** *n* downs *pl.*

Huhn *n* chicken; *Henne:* hen

Hühnchen *n* chicken; *ein zu rupfen haben* have* a bone to pick

Hühner|auge *med. n* corn; **brühe** *f* chicken broth; **ei** *n* hen's egg; **farm** *f* poultry *od.* chicken farm; **hof** *m* poultry *od.* chicken yard; **hund** *m* pointer, setter; **leiter** *f* chicken ladder; **stall** *m* henhouse

huldigen *v/i.* pay* homage to; *e-m Laster etc.:* indulge in

Hülle *f* cover(ing), wrap(ping); *Schutz2, Buch2, Platten2:* jacket; *Schirm2:* sheath; *in und Fülle* in abundance; **2n** *v/t.: in* wrap (up) in, cover in

Hülse *f* *Schote:* pod; *Getreide2:* husk; *tech.* case (*a. Patronen2*); **nfrüchte** *pl.* pulse *sg.*

human *adj.* humane; **itär** *adj.* humanitarian; **2ität** *f* humanity

Hummel *zo. f* bumblebee

Hummer *zo. m* lobster

Humor *m* humo(u)r; *(keinen) haben* have* a (no) sense of humo(u)r; **ist** *m* humorist; **2istisch**, **2voll** *adj.* humorous

humpeln *v/i.* hobble; *hinken:* limp

Hund *m zo.* dog; *Bergbau:* tub

Hunde|hütte *f* kennel, *Am.* doghouse; **kuchen** *m* dog biscuit; **leine** *f* lead, leash; **2müde** *adj.* dog-tired

hundert *adj.* a *od.* one hundred; *zu en* by the hundreds; **fach** *adj.* hundredfold; **2jahrfeier** *f* centenary, *Am. a.* centennial; **jährig** *adj.* a hundred years old; *Dauer:* a hundred years of; **ste** *adj.* hundredth

Hündi|n *zo. f* bitch; **2sch** *fig. adj.* dog-like, slavish

hunds|miserabel F *adj.* rotten, lousy; **2tage** *pl.* dog days *pl.*

Hüne *m* giant; **ngrab** *n* dolmen

Hunger *m* hunger; * bekommen* get* hungry; * haben* be* hungry; *vor sterben* die of starvation, starve to death; **lohn** *m* starvation wages *pl.*; **2n** *v/i.* go* hungry, *stärker:* starve; **snot** *f* famine; **streik** *m* hunger strike; **tod** *m* (death from) starvation

hungrig *adj.* hungry (**nach, auf** for)

Hupe *mot. f* horn, hoot, honk; **2n** *v/i.* sound one's horn

hüpfen *v/i.* hop, skip; *Ball etc.:* bounce

Hürde *f* hurdle; *fig. a.* obstacle; *Pferch:* fold, pen; **nlauf** *m* hurdle race; *Sportart:* hurdles *pl.*; **nläufer(in)** hurdler

Hure *f* whore, prostitute

huschen *v/i.* flit, dart

hüsteln *v/i.* cough slightly; *iro.* hem

husten *v/i.*, **2** *m* cough; **2bonbon** *m, n* cough drop; **2saft** *m* cough syrup

Hut¹ *m* hat; *den aufsetzen (abnehmen)* put* on (take* off) one's hat

Hut² *f*: *auf der sein* be* on one's guard (**vor** against)

hüten *v/t.* guard, protect, watch over; *Schafe etc.:* herd, mind; *Kind, Haus:* look after; *das Bett * be* confined to (one's) bed; *sich vor* beware of; *sich , et. zu tun* be* careful not to do s.th.

Hutkrempe *f* (hat) brim

hutschen *östr. v/t. u. v/i.* → **schaukeln**

Hütte *f* hut; *schäbige:* shack; *Häuschen:* cottage, cabin; *Berg2:* mountain hut; *tech.* ironworks

Hyäne *zo. f* hy(a)ena

Hyazinthe *bot. f* hyacinth

Hydrant *m* hydrant

hydraulisch *adj.* hydraulic

Hydrokultur *f* hydroponics *sg.*

Hygien|e *f* hygiene; **2isch** *adj.* hygienic

Hymne *f* hymn; → **Nationalhymne**

Hypno|se *f* hypnosis; **tiseur** *m* hypnotist; **tisieren** *v/t.* hypnotize

Hypotenuse *math. f* hypotenuse

Hypothek *f* mortgage; *e-e aufnehmen* take* out a mortgage

Hypothe|se *f* hypothesis, supposition; **2tisch** *adj.* hypothetical

Hysteri|e *f* hysteria; **2sch** *adj.* hysterical

I

i.A. *Abk. für* **im Auftrag** p.p., per procuration

ICE *Abk. für* **Intercity Express** intercity express (train)

ich *pers. pron.* I; ~ **selbst** (I) myself; ~ **bins** it's me

ideal *adj.*, **2** *n* ideal; **2ismus** *m* idealism; **2ist** *m* idealist

Idee *f* idea

identi|fizieren *v/t.* identify; **sich ~ mit** identify with; **~sch** *adj.* identical; **2tätskarte** *östr. f* identity card

Ideolog|e *m* ideologist; **~ie** *f* ideology; **2isch** *adj.* ideological

idiomatisch *ling. adj.* idiomatic; **~er Ausdruck** idiom

Idiot *m* idiot; **~enhügel** F *m* nursery slope, F dope slope; **2ensicher** *adj.* foolproof; **2isch** *adj.* idiotic

Idol *n* idol

Idyll|(e *f)* *n* idyl(l); **2isch** *adj.* idyllic

Igel *m* hedgehog

Iglu *m* igloo

ignorieren *v/t.* ignore, disregard

i.H. *Abk. für* **im Hause** on the premises

ihr *poss. pron.* her; *pl.* their; **Ihr** *sg. u. pl.* your; **~erseits** *adv.* on her (*pl.* their) part; **~esgleichen** *indef. pron.* her (*pl.* their) equals *pl.*, people *pl.* like herself (*pl.* themselves); **~etwegen** *adv.* for her (*pl.* their) sake

Ikone *f* icon (*a. Computer*)

illeg|al *adj.* illegal; **~itim** *adj.* illegitimate

Illus|ion *f* illusion; **2orisch** *adj.* illusory

Illu|stration *f* illustration; **2strieren** *v/t.* illustrate; **2strierte** *f* magazine

im *prep.* in the; **~ Bett** in bed; **~ Kino** *etc.* at the cinema *etc.*; **~ Erdgeschoss**, *östr.* **~ Erdgeschoß** on the ground (*Am.* first) floor; **~ Mai** in May; **~ Jahre 1995** in (the year) 1995; **~ Stehen** *etc.* (while) standing up *etc.*; → **in**

imaginär *adj.* imaginary

Imbiss *m* snack; **~stube** *f* snack bar

imitieren *v/t.* imitate

Imker *m* beekeeper

immatrikulieren *v/t. u. v/refl.* enrol(l), register

immer *adv.* always, all the time; **~ mehr** more and more; **~ wieder** again and again; **für ~** for ever, for good; **2grün** *bot. n* evergreen; **~hin** *adv.* after all; **~zu** *adv.* all the time, constantly

Immigrant(in) immigrant

Immissionen *pl.* (harmful effects *pl.* of) noise, pollutants *pl.*, *etc.*

Immobilien *pl.* real estate *sg.*; **~makler** *m* (*Am.* real) estate agent, *Am. a.* realtor

immun *adj.* immune (**gegen** to, against, from); **~ machen** → **immunisieren** *v/t.* immunize; **2ität** *f* immunity

Imperativ *gr. m* imperative (mood)

Imperfekt *gr. n* past (tense)

Imperialis|mus *m* imperialism; **~t** *m*, **2tisch** *adj.* imperialist

impf|en *med. v/t.* vaccinate; **2pass** *m* vaccination card; **2schein** *m* vaccination certificate; **2stoff** *med. m* vaccine, serum; **2ung** *f* vaccination

imponieren *v/i.*: **j-m ~** impress s.o.

Import *m* import(ation); **~eur** *m* importer; **2ieren** *v/t.* import

imposant *adj.* impressive, imposing

imprägnier|en *v/t.*, **~t** *adj.* waterproof

improvisieren *v/t. u. v/i.* improvise

Impuls *m* impulse; *Anstoß: a.* stimulus; **2iv** *adj.* impulsive

imstande *adj.* → **Stand**

in *prp.* **1.** *räumlich: wo?* in, at; *innerhalb:* within, inside; *wohin?* into, in; **überall ~** all over; **~ der Stadt** in town; **~ der Schule** at school; **~ die Schule** to school; **~s Kino** to the cinema; **~s Bett** to bed; **warst du schon mal ~ ...?** have you ever been to ...?; → **im**; **2.** *zeitlich:* in, at, during; **~ dieser (der nächsten) Woche** this (next) week; **~ diesem Alter (Augenblick)** at this age (moment); **~ der Nacht** at night; **heute ~ acht Tagen** a week from now, *Brt. a.* today week; **heute ~ e-m Jahr** this time next year; → **im**; **3.** *Art u. Weise etc.:* in, at; **gut sein ~** be* good at; **~ Eile** in a hurry; **~ Behandlung (Reparatur)** under treatment (repair); **~s Deutsche** into German; → **im**; **4.** F: **~ sein** be* in

Inbegriff *m* epitome

inbegriffen *adj.* included

indem *cj. während*: while, as; *dadurch, dass*: by *doing s.th.*
Inder(in) Indian
Indian *östr. m* turkey (cock)
Indianer(in) (Red *od.* American) Indian
Ind|ien India
Indikativ *gr. m* indicative (mood)
indirekt *adj.* indirect; *gr. a.* reported
indisch *adj.* Indian
indiskret *adj.* indiscreet; **2ion** *f* indiscretion
indiskutabel *adj.* out of the question
individu|ell *adj.*, **2um** *n* individual
Indiz *n* indication, sign; *Indizien pl. jur.* circumstantial evidence *sg.*
industrialisier|en *v/t.* industrialize; **2ung** *f* industrialization
Industrie *f* industry; **~...** *in Zssgn mst* industrial ...; **~abfälle** *pl.* industrial waste *sg.*; **~gebiet** *n* industrial area
industriell *adj.* industrial; **2e** *m* industrialist
Industriestaat *m* industrial nation
ineinander *adv.* into one another; **~ verliebt** in love with each other; **~ greifen** interlock (*a. fig.*)
Infanter|ie *mil. f* infantry; **~ist** *m* infantryman
Infektion *med.* infection; **~skrankheit** *med. f* infectious disease
Infinitiv *gr. m* infinitive (mood)
infizieren *v/t.* infect
Inflation *f* inflation
infolge *prp.* owing to, due to; **~dessen** *adv.* consequently
Inform|atik *f* computer science; **~atiker(in)** computer scientist; **~ation** *f* information; *die neuesten* **~en** *pl.* the latest information *sg.*; **2ieren** *v/t.* inform; *falsch* **~** misinform
infrage *adv.* → **Frage**
infra|rot *phys. adj.* infrared; **2struktur** *f* infrastructure
Ing. *Abk. für Ingenieur* eng., engineer
Ingenieur *m* engineer
Ingwer *m* ginger
Inhaber *m* owner, proprietor; *e-s Amtes etc.*: holder
Inhalt *m* contents *pl.*; *Raum*2: volume, capacity; *fig. Sinn*: meaning
Inhalts|angabe *f* summary; **~verzeichnis** *n Buch*: table of contents
Initiative *f* initiative; *die* **~** *ergreifen* take* the initiative
inklusive *prp.* including
inkonsequen|t *adj.* inconsistent; **2z** *f* inconsistency
Inland *n* home (country); *Landesinnere*: inland; **~flug** *m* domestic (*od.* internal) flight
inländisch *adj.* domestic, home
Inlett *n* ticking
inmitten *prp.* in the middle of
innen *adv.* inside; *nach* **~** inwards
Innen|architekt(in) interior designer; **~architektur** *f* interior design; **~hof** *m* (inner) courtyard; **~minister** *m* minister of the interior; *Brt.* Home Secretary, *Am.* Secretary of the Interior; **~ministerium** *n* ministry of the interior; *Brt.* Home Office, *Am.* Department of the Interior; **~politik** *f* domestic politics; **2politisch** *adj.* domestic, internal; **~seite** *f: auf der* **~** (on the) inside; **~stadt** *f* (city *od.* town) cent|re, *Am.* -er, *Am. a.* downtown
inner *adj.* inside; *seelisch*: inner; *med., pol.* internal; **2e** *n* interior, inside
Innereien *pl. gastr.* offal *sg.*; *Fisch*: guts *pl.*
inner|halb *prp.* within; **~lich** *adj.* internal (*a. med.*)
innert *prp. Schweiz*: within
innig *adj.* tender, affectionate
Innung *f* guild
inoffiziell *adj.* unofficial
ins *prep.* → **in**
Insasse *m e-s Autos*: passenger; *e-r Anstalt etc.*: inmate; **~nversicherung** *f* passenger insurance
insbesondere *adv.* particularly, (e)specially
Inschrift *f* inscription, legend
Insekt *n* insect, *bsd. Am.* bug; **~enstich** *m* insect bite
Insel *f* island; **~bewohner** *m* islander
Inser|at *n* advertisement, F ad; **2ieren** *v/t. u. v/i.* advertise
insgeheim *adv.* secretly
insgesamt *adv.* altogether, in all
insofern 1. *adv.* as far as that goes; **2.** *cj.*: **~** *als* in so far as
Inspek|tion *f* inspection; *mot.* service; **~or(in)** *f* inspector
inspizieren *v/t.* inspect
Install|ateur *m* plumber; gas fitter; electrician; **2ieren** *v/t.* put* in, fit, instal(l)

instand *adv.* → **Stand**; **≈haltung** *f* maintenance

inständig *adv.*: *j-n* ~ *bitten* implore s.o.

Instandsetzung *f* repair

Instanz *f* authority; *jur.* instance

Instinkt *m* instinct; **≈iv** *adv.* instinctively

Institut *n* institute; **~ion** *f* institution

Instrument *n* instrument

inszenier|en *v/t.* (put* on) stage; *Film:* direct; *fig.* stage; **≈ung** *f* production

intellektuell *adj.*, **≈e(r)** intellectual, F highbrow

intelligen|t *adj.* intelligent; **≈z** *f* intelligence; **≈zquotient** *m* I.Q.

Intendant *thea. m* director

intensiv *adj. gründlich:* intensive; *stark:* intense; **≈kurs** *m* crash course

interessant *adj.* interesting

Interesse *n* interest (*an, für* in); **~los** *adj.* uninterested, indifferent; **~losigkeit** *f* indifference; **~ngebiet** *n* field of interest; **~ngemeinschaft** *f* community of interests; *econ.* combine, pool

Interessent *m* interested person; *econ.* prospective buyer, *bsd. Am.* prospect

interessieren *v/t.* interest (*für* in); *sich ~ für* be* interested in, take* an interest in; *das interessiert mich nicht* I'm not interested in that

intern *adj.* internal

Internat *n* boarding school

international *adj.* international

Internist *med. m* internist

Inter|pretation *f* interpretation; *Literatur:* a. analysis; **≈pretieren** *v/t.* interpret, ana|lyse, *Am.* -lyze; **~punktion** *f* punctuation; **~vall** *n* interval; **≈venieren** *v/i.* intervene; **~view** *n*, **≈viewen** *v/t.* interview

intim *adj.* intimate (*mit* with) (*a. sexuell*); **≈ität** *f* intimacy; **≈sphäre** *f* privacy

intoleran|t *adj.* intolerant (*gegen* of); **≈z** *f* intolerance

intransitiv *gr. adj.* intransitive

Intrig|e *f* intrigue, scheme, plot; **≈ieren** *v/i.* (plot and) scheme

Invalid|e *m* invalid; **~enrente** *f* disability pension; **~ität** *f* disablement, disability

Inventar *n* inventory, stock

Inventur *econ. f* stocktaking; ~ *machen* take* stock

invest|ieren *v/t.* invest (*a. fig.*); **≈ition** *f* investment

inwie|fern *cj. u. adv.* in what respect *od.* way; **~weit** *cj. u. adv.* to what extent

Inzucht *f* inbreeding

inzwischen *adv.* meanwhile, in the meantime; *jetzt:* by now

irdisch *adj.* earthly, worldly

Ire *m* Irishman; *die* **~n** *pl.* the Irish *pl.*

irgend *adv.* in Zssgn: some...; any... (*a. verneint u. fragend*): *wenn ~ möglich* if at all possible; *wenn du ~ kannst* if you possibly can; F *so ein* some; **~etwas** something; anything; **~jemand** someone, somebody; anyone, anybody; **~ein(e)** *indef. pron.* some(one); any(one); **~ein(e)s** *indef. pron.* some; any; **~wann** *adv. unbestimmt:* some(time or other); *beliebig:* (at) any time; **~wie** *adv.* somehow (or other); **~wo** *adv.* somewhere; anywhere

Ir|in *f* Irishwoman; **≈isch** *adj.* Irish; **~land** Ireland

Iron|ie *f* irony; **≈isch** *adj.* ironic(al)

irre *adj.* mad, crazy, insane; *verwirrt:* confused; F *sagenhaft:* super, terrific

Irre *m*, *f* mad|man (-woman), lunatic; *wie ein ~* like mad *od.* a madman

irre|führen *bsd. fig. v/t.* mislead*, lead* astray; **~führend** *adj.* misleading; **~gehen** *v/i.* go* astray; *fig. a.* be* wrong; **~machen** *v/t.* confuse

irren 1. *v/refl.* be* wrong *od.* mistaken; *sich in et. ~* get* s.th. wrong; **2.** *v/i.* wander, stray, err; *Sie ~* you are wrong

Irrenanstalt *f* mental hospital

irritieren *v/t.* irritate; F confuse

Irr|licht *n* will-o'-the-wisp (*a. fig.*); **~sinn** *m* madness; **≈sinnig** *adj.* insane, mad; F *Tempo etc.:* a. terrific; **~tum** *m* error, mistake; *im ~ sein* be* mistaken; **≈tümlich** *adv.* by mistake

Ischias *med. m, n, f* sciatica

Islam *m* Islam

Island Iceland

Island|er(in) Icelander; **≈isch** *adj.* Icelandic

Isolier|band *n* insulating tape; **≈en** *v/t.* isolate; *electr., tech.* insulate; **~haft** *f* solitary confinement; **~station** *med. f* isolation ward; **~ung** *f* isolation; *electr., tech.* insulation

Israel Israel

Israeli *m, f,* **≈sch** *adj.* Israeli

Italien Italy; **~er(in)**, **≈isch** *adj.* Italian

i-Tüpfelchen *n*: *bis aufs* ~ to a T

J

ja *adv.* yes, F *a.* yeah; *naut., parl.* aye, *Am. parl.* yea; **wenn ~** if so; **da ist er ~!** well, there he is!; **ich sagte es Ihnen ~** I told you so; **ich bin ~ (schließlich)** ... after all, I am ...; **tut es '~ nicht!** don't you dare do it!; **sei '~ vorsichtig!** do be careful!; **vergessen Sie es '~ nicht!** be sure not to forget it!; **~, weißt du nicht?** why, don't you know?; **du kommst doch, ~?** you're coming, aren't you?

Jacht *naut. f* yacht

Jacke *f* jacket; *längere, a. Anzug*♀*, Kostüm*♀*:* coat; **~tt** *n* jacket, coat

Jagd *f* hunt(ing) (*a. fig.*); *Verfolgung:* chase; → **Jagdrevier**; **auf (die) ~ gehen** go* hunting *od.* shooting; **~ machen auf** hunt (for); *j-n: a.* chase; **~aufseher** *m* gamekeeper; **~bomber** *mil. m* fighter bomber; **~flieger** *mil. m* fighter pilot; **~flugzeug** *mil. n* fighter (plane); **~hund** *m* hound; **~hütte** *f* (hunting) lodge; **~revier** *n* hunting ground; **~schein** *m* hunting *od.* shooting licen|ce, *Am.* -se

jagen *v/t. u. v/i.* hunt; *mit dem Gewehr: a.* shoot*; *fig.* rasen: race, dash; *fig. verfolgen:* hunt; *aus dem Haus etc. ~* drive* *od.* chase out of the house *etc.*

Jäger *m* hunter, huntsman

Jaguar *zo. m* jaguar

jäh *adj.* sudden; *steil:* steep

Jahr *n* year; **ein halbes ~** six months *pl.*; **einmal im ~** once a year; **im ~ 1998** in (the year) 1998; **ein 20 ~e altes Auto** a twenty-year-old car; **mit 18 ~en, im Alter von 18 ~en** at the age of eighteen; **heute vor e-m ~** a year ago today; **die 80er ~e** the eighties *pl.*; ♀**aus** ♀**:~, jahrein** year in, year out; year after year; **~buch** *n* yearbook, annual

jahrelang 1. *adj.* longstanding, (many) years of; **2.** *adv.* for (many) years

Jahres|... *in Zssgn Bericht, Bilanz, Einkommen etc.:* annual ...; **~anfang** *m* beginning of the year; **~ende** *n* end of the year; **~tag** *m* anniversary; **~wechsel** *m* turn of the year; **~zahl** *f* year; **~zeit** *f* season, time of (the) year

Jahrgang *m Personen:* age group; *Schule:* year, *Am. a.* class (**1995** of '95); *Wein:* vintage

Jahrhundert *n* century; **~wende** *f* turn of the century

jährlich 1. *adj.* annual, yearly; **2.** *adv.* every year, yearly, once a year

Jahr|markt *m* fair; **~tausend** *n* millennium; **~zehnt** *n* decade

Jähzorn *m* violent (*Ausbruch:* fit of) temper; ♀**ig** *adj.* hot-tempered

Jalousie *f* (venetian) blind

Jammer *m* misery; **es ist ein ~** it is a pity

jämmerlich *adj.* miserable, wretched, *Anblick etc.: a.* pitiful, sorry; **~ versagen** fail miserably

jammer|n *v/i.* moan, lament (**über** over, about); *sich beklagen:* complain (*of, about*); **~schade** *adj.*: **es ist ~, dass** it's a crying shame that

Janker *m* jacket

Jänner *östr. m*, **Januar** *m* January

Japan Japan, **~er(in)**, ♀**isch** *adj.* Japanese

Jargon *m* jargon; slang

Jastimme *parl. f* aye, *Am.* yea

jäten *v/t.* weed (*a. Unkraut ~*)

Jauche *f* liquid manure; F *fig.* muck

jauchzen *v/i.* shout for *od.* with joy; *bsd. lit.* exult, rejoice

Jause *östr. f* snack

jawohl *adv.* (that's) right, (yes,) indeed; *mil.*, F yes, sir!

Jawort *n* consent; (*j-m*) **sein ~ geben** say* yes to *s.o.*'s proposal

Je *adv. cj.* ever; each; per; **der beste Film, den ich ~ gesehen habe** the best film I have ever seen; **~ zwei (Pfund)** two (pounds) each; **drei Mark ~ Kilo** three marks per kilo; **~ nach Größe (Geschmack)** according to size (taste); **~ nachdem(, wie)** it depends on (how); **~ ..., desto ...** the ... the ...

Jeans *pl., a. f:* (**e-e ~**) a pair of) jeans; **~jacke** *f* denim jacket

jede(r, -s) *indef. pron.* **~ insgesamt:** every; *Beliebige:* any; *~ Einzelne:* each; *von zweien:* either; **jeder weiß das**

jedenfalls 466

everybody knows; *du kannst jeden fragen* (you can) ask anyone; *jeder von uns (euch)* each of us (you); *jeder, der* whoever; *jeden zweiten Tag* every other day; *jeden Augenblick* any moment now

jed|enfalls *adv.* in any case, anyhow; **⁓ermann** *indef. pron.* everyone, everybody; **⁓erzeit** *adv.* any time, always; **⁓esmal** *adv.* every time; **⁓ wenn** whenever

jedoch *cj.* however

jeher *adv.*: *von ⁓* always

jemals *adv.* ever; → *je*

jemand *indef. pron.* someone, somebody; *fragend, verneint* anyone, anybody

jene(r, -s) *dem. pron.* that (one); *pl.* those *pl.*; *dies und jenes* this and that

jenseitig *adj.* opposite

jenseits *adv. u. prp.* on the other side (of), beyond (*a. fig.*)

Jenseits *n* next world, hereafter

jetzig *adj.* present; existing

jetzt *adv.* now, at present; *bis ⁓* up to now, so far; *erst ⁓* only now; *⁓ gleich* right now *od.* away; *für ⁓* for the present; *von ⁓ an* from now on

jeweil|ig *adj.* respective; **⁓s** *adv. je:* each; *gleichzeitig:* at a time

Jh. *Abk. für Jahrhundert* cent., century

Jochbein *anat. n* cheekbone

Jockei *m* jockey

Jod *chem. n* iodine

jodeln *v/i.* yodel

Joga *m, n* → *Yoga*

jogg|en *v/i.* jog; **⁓er** *m* jogger; **⁓ing** *n* jogging; **⁓inganzug** *m* tracksuit; **⁓inghose** *f* tracksuit trousers *pl.*

Jogurt *m, n* yog(h)urt, yoghourt

Johannisbeere *f*: *Rote ⁓* redcurrant; *Schwarze ⁓* blackcurrant

johlen *v/i.* howl, yell

Jolle *naut. f* dinghy, jolly boat

Jongl|eur *m* juggler; **⁓ieren** *v/t. u. v/i.* juggle

Joule *phys. n* joule

Journal|ismus *m* journalism; **⁓ist(in)** journalist

jr. → *jun.*

Jubel *m* cheering, cheers *pl.*; *Freude:* rejoicing; **⁓n** *v/i.* cheer, shout for joy; *sich freuen:* rejoice

Jubiläum *n* anniversary; *50-jähriges ⁓* fiftieth anniversary, (golden) jubilee

jucken *v/t. u. v/i.* itch; *es juckt mich am ...* my ... itches

Jude *m* Jewish person; *er ist ⁓* he is Jewish

Jüd|in *f* Jewish woman *od.* girl; *sie ist ⁓* she is Jewish; **⁓isch** *adj.* Jewish

Judo *n* judo

Jugend *f* youth; *die ⁓* young people *pl.*; **⁓amt** *n* youth welfare office; **⁓arbeitslosigkeit** *f* youth unemployment; **⁓frei** *adj.:* **⁓er Film** U (*Am.* G) (-rated) film; *nicht ⁓* X-rated; **⁓fürsorge** *f* youth welfare; **⁓gericht** *n* juvenile court; **⁓herberge** *f* youth hostel; **⁓klub** *m* youth club; **⁓kriminalität** *f* juvenile delinquency; **⁓lich** *adj.* youthful, young; **⁓liche(r)** young person, *m. a.* youth, *jur. a.* juvenile; **⁓stil** *m* Art Nouveau; **⁓strafanstalt** *f* detention cent|re, *Am.* -er, *Am. a.* reformatory; **⁓verbot** *n* for adults only; → *jugendfrei*; **⁓zentrum** *n* youth cent|re, *Am.* -er

Juli *m* July

jun. *Abk. für junior* Jun., jun., Jnr., Jr., junior

jung *adj.* young; *⁓ verheiratet* newly married

Jumbojet *m* jumbo (jet)

Junge¹ *m* boy; *junger Mann:* lad; *Kartenspiel:* jack, knave

Junge² *zo. n* young; *Hund: a.* puppy; *Katze: a.* kitten; *Raubtier: a.* cub; *⁓ bekommen od. werfen* have* young; **⁓nhaft** *adj.* boyish; **⁓nstreich** *m* boyish prank

jünger *adj.* younger

Jünger *rel. m* disciple (*a. fig.*)

Jungfer *f:* *alte ⁓* old maid

Jungfern|fahrt *naut. f* maiden voyage; **⁓flug** *aviat. m* maiden flight

Jung|frau *f* virgin; *astr.* Virgo; *er ist ⁓* he's (a) Virgo; **⁓geselle** *m* bachelor, single (man); **⁓gesellin** *f* bachelor girl, single (woman); *bsd. Am.* spinster

Jüngling *lit. iro. m* youth, young man

jüngste *adj.* youngest; *Ereignisse etc.:* latest; *in ⁓r Zeit* lately, recently; *das ⁓ Gericht, der ⁓ Tag* the Last Judg(e)ment, Doomsday

Juni *m* June

junior *adj.*, **⁓** *m* junior (*a. Sport*)

Jupe *m Schweiz:* skirt
Jura: ~ *studieren* study (the) law
juridisch *östr. adj.* → *juristisch*
Jurist(in) lawyer; law student; ⚖**isch** *adj.* legal
Jurorenkomitee *östr. n* → *Jury*
Jury *f* jury
justieren *tech. v/t.* adjust, set*
Justiz *f* (administration of) justice, (the) law; **~beamte** *m* judicial officer; **~irrtum** *m* error of justice; **~minister** *m* minister of justice; *Brt.* Lord Chancellor, *Am.* Attorney General; **~ministerium** *n* ministry of justice; *Am.* Department of Justice
Jute *f* jute; **~tasche** *f* jute bag
Juwel *m, n* jewel, gem (*beide a. fig.*); **~en** *pl.* jewel(le)ry; **~ier** *m* jewel(l)er

K

Kabarett *n* (political) revue
Kabel *n* cable; **~fernsehen** *n* cable TV
Kabeljau *zo. m* cod(fish)
Kabelnetz *n* cable network
Kabine *f* cabin (*Umkleide*⚖, *Dusch*⚖ *etc.*): cubicle; *Sport:* dressing room; *e-r Seilbahn:* car; *tel. etc.:* booth; **~nbahn** *f* cable railway
Kabinett *pol. n* cabinet
Kabis *m Schweiz:* green cabbage
Kabriolett *mot. n* convertible
Kachel *f*, ⚖**n** *v/t.* tile; **~ofen** *m* tiled stove
Kadaver *m* carcass
Kadett *m* cadet
Käfer *m* beetle, *Am. a.* bug
Kaffee *m* coffee (*kochen* make*); ~ *mit (ohne) Milch* white (black) coffee; **~bohne** *f* coffee bean; **~haus** *östr. n* café, coffee house; **~kanne** *f* coffeepot; **~maschine** *f* coffee maker; **~mühle** *f* coffee grinder
Käfig *m* cage (*a. fig.*)
kahl *adj. Mensch:* bald; *Baum, Fels, Wand:* bare; *Landschaft:* barren, bleak
Kahn *m* boat; *Last*⚖: barge
Kai *m* quay, wharf
Kaiser *m* emperor; **~in** *f* empress; **~reich** *n* empire
Kajüte *naut. f* cabin
Kakao *m* cocoa; *Getränk: a.* (hot) chocolate; *kalter:* chocolate milk
Kakt|ee *f*, **~us** *m* cactus
Kalb *n* calf; ⚖**en** *v/i.* calve; **~fleisch** *n* veal; **~sbraten** *m* roast veal; **~sschnitzel** *n* veal cutlet; *paniertes:* escalope (of veal)

Kalender *m* calendar; **~jahr** *n* calendar year
Kali *chem. n* potash
Kaliber *n* calib|re, *Am.* -er (*a. fig.*)
Kalk *m* lime; *geol.* limestone, chalk; *med.* calcium; ⚖**en** *v/t. Wand etc.:* whitewash; *agr.* lime; ⚖**ig** *adj.* limy; **~stein** *m* limestone
Kalorie *f* calorie; ⚖**arm** *adj.*, ⚖**reduziert** *adj.* low-calorie, low in calories; ⚖**nreich** *adj.* high-calorie, high *od.* rich in calories
kalt *adj.* cold; *mir ist ~* I'm cold; *es (mir) wird ~* it's (I'm) getting cold; *~ bleiben fig.* keep* cool; *das lässt mich ~* that leaves me cold; **~blütig 1.** *adj.* cold-blooded (*a. fig.*); **2.** *adv. umbringen etc.:* in cold blood
Kälte *f* cold; *fig. e-r Person, Farbe:* coldness; *vor ~ zittern* shiver with cold; *fünf Grad ~* five degrees below zero; **~einbruch** *m* cold snap; **~grad** *m* degree below zero; **~periode** *f* cold spell
kaltmachen F *v/t.* bump off, *Am. a.* rub out
Kamee *f* cameo
Kamel *n* camel; **~haar** *n* camelhair
Kamera *f* camera
Kamerad *m* companion, F mate, pal, *Am. a.* buddy; *mil. a.* fellow soldier; **~schaft** *f* comradeship; ⚖**schaftlich** *adj. u. adv.* like a good fellow, comradely
Kamera|mann *m* cameraman; **~recorder** *m* camcorder
Kamille *f* camomile (*a. in Zssgn*)

Kamin

Kamin *m* fireplace; *Schornstein:* chimney (*a. mount.*); **am ~** by the fire(side); **~kehrer** *m* chimney sweep; **~sims** *m*, *n* mantelpiece

Kamm *m* comb; *zo. a.* crest (*a. fig.*)

kämmen *v/t.* comb; **sich** (**die Haare**) **~** comb one's hair

Kammer *f* (small) room; *Abstell*~: storeroom, *bsd. Am.* closet; *Dach*~: garret; *pol., econ.* chamber; *jur.* division; **~musik** *f* chamber music

Kammgarn *n* worsted (yarn)

Kampagne *f* campaign

Kampf *m* fight (*a. fig.*); *schwerer:* struggle (*a. fig.*); *bsd. mil.* combat; *Schlacht*~: battle (*a. fig.*); *Wett*~: contest, match; *Box*~: fight, bout; *fig.* conflict; **~bereit** *adj.* ready for battle (*mil.* combat)

kämpfen *v/i.* fight* (**gegen** against; **mit** with; **um** for) (*a. fig.*); struggle (*a. fig.*); *fig.* contend, wrestle

Kampfer *m* camphor

Kämpfer *m* fighter (*a. fig.*); **~isch** *adj.* fighting, aggressive (*a. Sport*)

Kampf|flugzeug *n* combat aircraft; **~kraft** *f* fighting strength; **~richter** *m* judge; → *Schiedsrichter;* **~sportarten** *pl.* Judo, Karate: martial arts *pl.*

Kanad|a *n* Canada; **~ier** *m*, **~ierin** *f*, **~isch** *adj.* Canadian

Kanal *m künstlicher:* canal; *natürlicher:* channel (*a. TV, tech., fig.*); *Abwasser*~: sewer, drain; **der ~** (*Ärmel*~) the (English) Channel; **~isation** *f* sewerage (system); *Fluss:* canalization; **~isieren** *v/t.* sewer; canalize; *fig.* channel; **~tunnel** *m* Channel Tunnel, F Chunnel

Kanarienvogel *m* canary

Kandid|at *m* candidate; **~atur** *f* candidacy, *Brt. a.* candidature; **~ieren** *v/i.* stand* *od.* run* for election; **~ für ...** run for the office of ...

Känguru *n* kangaroo

Kaninchen *n* rabbit

Kanister *m* (fuel) can, *Brt. a.* jerry can

Kanne *f Kaffee*~, *Tee*~: pot; *Milch*~, *Öl*~, *Gieß*~ *etc.*: can

Kannibale *m* cannibal

Kanon *mus. m* canon, round

Kanone *f* gun; cannon; *sl. Revolver:* iron, *Am.* rod; F *Könner:* ace, *bsd. Sport: a.* crack

Kant|e *f* edge; **~en** *m* crust; **2en** *v/t.* set* on edge, tilt; *Skier:* edge; **2ig** *adj.* angular, square(d)

Kantine *f* canteen

Kanton *pol. m* canton

Kanu *n* canoe

Kanüle *med. f* cannula, (drain) tube

Kanzel *f rel.* pulpit; *aviat.* cockpit

Kanzlei *f* office

Kanzler *m* chancellor

Kap *geogr. n* cape, headland

Kapazität *f* capacity; *fig.* authority

Kapell|e *f rel.* chapel; *mus.* band; **~meister** *m* conductor

kapern *naut. v/t.* capture, seize

kapieren F *v/t.* get*; **kapiert?** got it?

Kapital *n* capital, funds *pl.*; **~anlage** *f* investment; **~ismus** *m* capitalism; **~ist** *m*, **2istisch** *adj.* capitalist; **~verbrechen** *n* capital crime

Kapitän *m* captain (*a. Sport*)

Kapitel *n* chapter (*a. fig.*); F *fig.* story

Kapitul|ation *f* capitulation, surrender (*a. fig.*); **2ieren** *v/i.* capitulate, surrender (*a. fig.*)

Kaplan *rel. m* curate

Kappe *f* cap; *tech. a.* top, hood; **2n** *v/t. Tau:* cut*; *Baum:* lop, top

Kapsel *f* capsule; *Hülse:* case, box

kaputt *adj.* broken; *F a.* out of order; *erschöpft:* dead beat; *Ruf, Gesundheit etc.:* ruined; *Ehe etc.:* broken; **~gehen** *v/i.* break*; *mot. etc.* break* down; *Ehe etc.:* break* up; **~machen** *v/t.* break*, wreck (*a. fig.*), ruin (*a. fig.*)

Kapuze *f* hood; *Mönchs*~: cowl

Karabiner *m Gewehr:* carbine; **~haken** *m* karabiner, snaplink

Karaffe *f* decanter, carafe

Karambolage *f* collision, crash

Karat *n* carat

Karate *n* karate

Karawane *f* caravan

Kardinal *rel. m* cardinal

Karfiol *östr. m* cauliflower

Karfreitag *rel. m* Good Friday

karg, kärglich *adj.* meag|re, *Am.* -er, scanty; *Essen, Leben: a.* frugal; *Boden:* poor

kariert *adj.* checked, chequered, *Am.* checkered; *Papier:* squared; F **~es Zeug reden** talk rot

Karies *f med.* (dental) caries

Karik|atur *f mst* cartoon; *bsd. fig.* cari-

Kautschuk

cature; **~aturist(in)** cartoonist; **~ieren** v/t. caricature

Karneval m carnival, Shrovetide

Karo n square, check; Kartenspiel: diamonds pl.

Karosserie mot. f body

Karotte f carrot

Karpfen m carp

Karre f, **~n** m cart; Schub~: wheelbarrow; F Auto: jalopy

Karriere f career; **~ machen** work one's way up, get* to the top

Karte f card; Land~: map; See~: chart; Fahr~, Eintritts~: ticket; Speise~: menu; **gute ~n** a good hand

Kartei f card index; **~karte** f index od. file card; **~kasten** m card index box

Karten|haus n house of cards (a. fig.); naut. chartroom; **~spiel** n card game; Karten: pack (Am. a. deck) of cards; **~telefon** n cardphone; **~vorverkauf** m advance booking; Stelle: box office

Kartoffel f potato; **~brei** m mashed potatoes pl.; **~chips** pl. Brt. crisps pl., Am. (potato) chips pl.; **~kloß, ~knödel** m potato dumpling; **~puffer** m potato fritter; **~schalen** pl. potato peelings pl.; **~schäler** m potato peeler

Karton m Material: cardboard; stärker: pasteboard; Schachtel: cardboard box

Karussell n roundabout, merry-go-round, Am. a. car(r)ousel

Karwoche rel. f Holy Week

Kaschmir m cashmere (a. in Zssgn)

Käse m cheese; **~kuchen** m cheesecake

Kaserne mil. f barracks sg., pl.; **~nhof** m barrack square

käsig adj. cheesy; blass: pasty

Kasino n casino; mil. (officers') mess

Kasperle n, m Punch; **~theater** n Punch and Judy show

Kassa östr. f, **Kasse** f Laden~: till; Registrier~: cash register; Supermarkt: checkout (counter); Kaufhaus etc.: cash desk; Bank: cashier's counter; thea. etc.: box office; F **gut (knapp) bei ~ sein** be* flush (a bit hard up)

Kassen|beleg, ~bon m receipt, Am. sales slip; **~erfolg** m thea. etc. box-office success; **~patient(in)** med. health plan patient; Brt. NHS patient, Am. medicaid patient; **~schlager** m blockbuster; **~wart** m Verein etc.: treasurer

Kassette f allg. box, case; mus., TV, phot. etc. cassette, Schmuck~: a. casket; **~n...** in Zssgn Rekorder etc.: cassette

kassieren v/t. u. v/i. collect, take* (the money); F verdienen: make*; **~r(in)** cashier; Bank~: a. teller; Beiträge etc.: collector

Kastanie f chestnut

Kasten m box (a. fig. Fernseher, Tor, Haus etc.); Behälter, Geigen~: case; Kiste: chest

kastrieren med., vet. v/t. castrate

Kasus gr. m case

Katalog m catalogue, Am. a. catalog

Katalysator m chem. catalyst; mot. catalytic converter

Katapult m, n, **~ieren** v/t. catapult

katastroph|al adj. disastrous (a. fig.); **~e** f catastrophe, disaster (a. fig.); **~engebiet** n disaster area; **~enschutz** m disaster control

Katechismus rel. m catechism

Kategorie f category

Kater m zo. male cat, tomcat; fig. hangover

kath. Abk. für **katholisch** Cath., Catholic

Kathedrale f cathedral

Katho|lik(in), ~lisch adj. (Roman) Catholic

Kätzchen n kitten, pussy (a. bot.)

Katze zo. f cat; junge: kitten

Kauderwelsch n gibberish

kauen v/t. u. v/i. chew

kauern v/i. u. v/refl. crouch, squat

Kauf m purchase (a. econ.), F buy; purchasing, buying; **ein guter ~** a bargain, F a good buy; **zum ~ anbieten** offer for sale; **~en** v/t. buy* (a. fig.), purchase

Käufer m buyer; Kunde: customer

Kauf|haus n department store; **~kraft** econ. f purchasing power

käuflich adj. for sale; fig. venal

Kauf|mann m allg. businessman; Händler: dealer, trader, merchant; Einzelhändler: shopkeeper, Am. mst storekeeper; bsd. Lebensmittelhändler: grocer; **~männisch** adj. commercial, business; **~er Angestellter** clerk; **~vertrag** m contract of sale

Kaugummi m chewing gum

kaum adv. hardly; **~ zu glauben** hard to believe

Kaution f security; jur. bail

Kautschuk m (india) rubber

Kavalier

Kavalier *m* gentleman
Kavallerie *mil. f* cavalry
Kaviar *m* caviar(e)
keck *adj.* cheeky, saucy, pert
Kegel *m für Spiel:* skittle, pin; *math., tech.* cone; **~bahn** *f* skittle (*bsd. Am.* bowling) alley; **2förmig** *adj.* conical; **~kugel** *f* skittle (*bsd. Am.* bowling) ball; **2n** *v/i.* play (at) skittles *od.* ninepins, *bsd. Am.* bowl, go* bowling
Kehl|e *f* throat; **~kopf** *m* larynx
Kehre *f* (sharp) bend; **2n** *v/t.* sweep*; *j-m den Rücken* ~ turn one's back on s.o.
Kehricht *m* sweepings *pl.*; **~schaufel** *f* dustpan
Kehrseite *f* other side, reverse; *die* ~ *der Medaille* the other side of the coin
kehrtmachen *v/i.* turn back
keifen *v/i.* nag, bitch
Keil *m* wedge; *Zwickel:* gusset; **~absatz** *m* wedge heel
Keile F *f* thrashing, hiding
Keiler *zo. m* wild boar
Keilerei F *f* brawl, fight
keil|förmig *adj.* wedge-shaped; **2kissen** *n* wedge-shaped bolster; **2riemen** *mot. m* fan belt
Keim *m biol., med.* germ; *bot.* bud; *bot. Trieb:* sprout; *fig.* seed(s *pl.*); **2en** *v/i. Samen:* germinate; *sprießen:* sprout; *fig.* form, grow*; stir; **2frei** *adj.* sterile; **2tötend** *adj.* germicidal; **~zelle** *f* germ cell
kein *indef. pron.* **1.** *als adj.:* ~(e) no, not any; ~ *anderer* no one else; ~(e) ... *mehr* not any more ...; ~ *Geld* (~*e Zeit*) *mehr* no money (time) left; ~ *Kind mehr* no longer a child; **2.** *als Substantiv:* ~*er*, ~*e*, ~(*e*)*s* none, no one, nobody; ~*er von beiden* neither (of the two); ~*er von uns* none of us; ~*esfalls adv.* by no means, under no circumstances; ~*eswegs adv.* by no means, not in the least; ~*mal adv.* not once, not a single time
Keks *m, n* biscuit, *Am.* cookie
Kelch *m* cup (*a. bot., fig.*); *rel.* chalice
Kelle *f* scoop; *Maurer:* trowel
Keller *m* cellar; *bewohnt:* basement; **~geschoss** *n*, **~geschoß** *östr. n* basement; **~wohnung** *f* basement (flat, *bsd. Am.* apartment)
Kellner *m* waiter; **~in** *f* waitress

keltern *v/t.* press
kennen *v/t.* know*, be* acquainted with; ~ *lernen* get* to know, become* acquainted with; *j-n:* a. meet*; *als ich ihn* ~ *lernte* when I first met him
Kenn|er *m* expert; *Kunst2, Wein2:* connoisseur; **2tlich** *adj.* recognizable (*an* by); **~tnis** *f* knowledge; ~ *nehmen von* take* not(ic)e of; *gute* ~*se in* a good knowledge of; **~wort** *n* password; **~zeichen** *n* mark, sign; (distinguishing) feature, characteristic; *mot.* registration (*Am.* license) number; **2zeichnen** *v/t.* mark; *fig.* characterize
kentern *naut. v/i.* capsize
Kerbe *f* notch
Kerker *m* jail, prison; *Verlies:* dungeon
Kerl F *m* fellow, guy, *bsd. Brt.* bloke; *armer* ~ poor devil; *ein anständiger* ~ a decent sort
Kern *m Obst:* pip, seed; *Kirsch2 etc.:* stone; *Nuss:* kernel; *tech.* core (*a. Reaktor2*); *phys.* nucleus (*a. Atom2*); *fig.* core, heart, bottom; **~...** *in Zssgn* Energie, Forschung, Physik, Reaktor, Technik *etc.:* nuclear ...; **~fach** *n* basic subject, *Brt. etwa* set subject; *pl. coll.* core curriculum; **~gehäuse** *bot. n* core; **2gesund** *adj.* F (as) sound as a bell; **2ig** *adj.* full of pips (*Am.* seeds); *fig.:* robust; *Satz etc.:* pithy; **~kraft** *f* nuclear power; **~kraftgegner** *m* anti nuclear activist; **~kraftwerk** *n* nuclear power station *od.* plant; **2los** *adj.* seedless; **~spaltung** *f* nuclear fission; **~waffe** *f* nuclear weapon; **2waffenfrei** *adj.:* ~*e Zone* nuclear-free zone; **~waffenversuch** *m* nuclear test; **~zeit** *f* core time
Kerze *f* candle; *Turnen:* shoulder stand
kess F *adj.* cheeky, saucy, pert
Kessel *m Tee2:* kettle; *Wasch2, Heiz2, Dampf2:* boiler; *Behälter:* tank
Kette *f* chain (*a. fig.*); *Hals2:* necklace; *e-e* ~ *bilden* form a line; **~n...** *in Zssgn* Antrieb, Raucher, Reaktion: chain ...; **2n** *v/t.* chain (*an* to); **~nladen** *m* chain (*bsd. Brt.* multiple) store, F multiple
Ketzer *m* heretic; **~ei** *f* heresy
keuch|en *v/i.* pant, gasp; **2husten** *med. m* whooping cough
Keule *f* club; *gastr.* leg; *chemische* ~ chemical mace
keusch *adj.* chaste; **2heit** *f* chastity

Kfz *Abk. für* **Kraftfahrzeug** motor vehicle; **~Brief** *m*, **~Schein** *m* vehicle registration document; **~Steuer** *f* road *od.* automobile tax; **~Werkstatt** *f* garage

KG *Abk. für* **Kommanditgesellschaft** limited partnership

kichern *v/i.* giggle

Kiebitz *m zo.* peewit, lapwing; *fig.* kibitzer

Kiefer[1] *m* jaw(bone)

Kiefer[2] *bot. f* pine(tree)

Kiel *naut.* keel; **~flosse** *aviat. f* tail fin; **~raum** *m* bilge; **~wasser** *n* wake (*a. fig.*)

Kieme *zo. f* gill

Kies *m* gravel; *sl. Geld:* dough; **~el** *m* pebble; **~weg** *m* gravel path

Kilo|(gramm) *n* kilogram(me); **~hertz** *n* kilohertz; **~meter** *m* kilomet|re, *Am.* -er; **~watt** *n* kilowatt

Kimme *f* notch; **~ und Korn** sights *pl.*

Kind *n* child; *Klein*♀: baby; *ein ~ erwarten* be* expecting a baby

Kinder|arzt *m*, **~ärztin** *f* p(a)ediatrician; **~garten** *m* kindergarten, nursery school; **~gärtnerin** *f* nursery-school *od.* kindergarten teacher; **~geld** *n* child benefit; **~hort** *m*, **~krippe** *f* day nursery; **~lähmung** *med. f* polio(myelitis); ♀**lieb** *adj.* fond of children; ♀**los** *adj.* childless; **~mädchen** *n* nanny, nurse(maid); **~spiel** *fig. n: ein ~* child's play; **~stube** *fig. f* manners *pl.*, upbringing; **~wagen** *m* pram, *Am.* baby carriage (F buggy); **~zimmer** *n* children's room

Kindes|alter *n* childhood; infancy; **~beine** *pl.: von ~n an* from early childhood; **~entführung** *f* kidnap(p)ing; **~misshandlung** *f* child abuse

Kind|heit *f* childhood; ♀**isch** *adj.* childish; *contp.* babyish; ♀**lich** *adj.* childlike

Kinn *n* chin; **~backe** *f*, **~backen** *m* jaw(bone); **~haken** *m Boxen:* hook (to the chin), uppercut

Kino *n* cinema, *bsd. Am.* motion pictures *pl.*, F the pictures *pl.*, F the movies *pl.*; *Gebäude:* cinema, *bsd. Am.* movie theater; **~besucher(in)**, **~gänger(in)** cinemagoer, filmgoer

Kippe *f* F stub, *bsd. Am.* butt; *Turnen:* upstart; *auf der ~ stehen* be* uncer- tain; *stärker:* be* touch and go; *er steht auf der ~* it's touch and go with him; ♀**n 1.** *v/i.* tip *od.* topple (over); **2.** *v/t.* tilt, tip over *od.* up

Kirche *f* church; *in die ~ gehen* go to church

Kirchen|buch *n* parish register; **~diener** *m* sexton; **~gemeinde** *f* parish; **~jahr** *n* Church *od.* ecclesiastical year; **~lied** *n* hymn; **~musik** *f* sacred *od.* church music; **~schiff** *arch. n* nave; **~steuer** *f* church tax; **~stuhl** *m* pew; **~tag** *m* church congress

Kirch|gang *m* churchgoing; **~gänger** *m* churchgoer; ♀**lich** *adj.* church, ecclesiastical; **~turm** *m* steeple; *Spitze:* spire; *ohne Spitze:* church tower

Kirsche *f* cherry

Kissen *n* pillow; *Sitz*♀, *Luft*♀: cushion; **~bezug** *m*, **~hülle** *f* pillowcase, pillowslip

Kiste *f* box, chest; *Latten*♀: crate

Kitsch *m* kitsch; *Waren:* trash; *sentimentaler:* slush; ♀**ig** *adj.* kitschy; trashy; slushy

Kitt *m* cement; *Glaser*♀: putty

Kittel *m* smock; *Arbeits*♀, **~schürze** *f* overall; *Arzt*♀: (white) coat

kitten *v/t.* cement; *Glaserei:* putty

Kitz|el *m* tickle, *fig. a.* thrill, kick; ♀**eln** *v/i. u. v/t.* tickle; **~ler** *anat. m* clitoris; ♀**lig** *adj.* ticklish (*a. fig.*)

kläffen *v/i.* yap, yelp

klaffend *adj.* gaping; *bsd. Abgrund:* yawning

Klage *f* complaint; *Weh*♀: lament; *jur.* action, (law)suit; ♀**n** *v/i.* complain (*über,* of; about; *bei* to); lament; *jur.* go* to court; *gegen j-n ~* sue s.o

Kläger(in) *jur.* plaintiff

kläglich *adj.* → *jämmerlich*

Klamauk *m* racket; *thea. etc.* slapstick

klamm *adj.* numb; *Raum:* clammy

Klammer *f tech.* cramp, clamp; *Büro*♀, *Haar*♀: clip; *Wäsche*♀: (clothes) peg, *bsd. Am.* clothes pin; *Zahn*♀: brace; *math., print.* bracket(s *pl.*); ♀**n** *v/t.* fasten *od.* clip together; *sich ~ an* cling to*

Klang *m* sound; *Tonqualität:* tone; *Gläser*♀: clink; *Glocken*♀: ringing; ♀**voll** *adj.* sonorous; *fig.* illustrious

Klappe *f* flap; *Klappdeckel:* hinged lid; *am LKW:* tailboard, *Am.* tailgate;

klappen

tech., bot., anat. valve; F *Mund*: trap; ⊆n 1. *v/t.*: **nach oben** ~ lift up, raise; *Sitz etc.* od. **nach unten** ~ lower, put* down; *es lässt sich (nach hinten)* ~ it folds (backward); 2. *v/i.* clap, clack; *fig.* work, work out (well)

Klapper f rattle; ⊆n *v/i.* clatter, rattle (**mit** *et.* s.th.); **~schlange** f rattlesnake

Klapp|fahrrad n folding bicycle; **~fenster** n top-hung window; **~messer** n jack knife, clasp knife; ⊆rig *adj. Auto etc.*: rattly, ramshackle; *Möbel*: rickety; *Person*: shaky; **~sitz** m folding od. tip-up seat; **~stuhl** m folding chair; **~tisch** m folding table

Klaps m slap, pat; *harter*: smack

klar *adj.* clear (a. *fig.*); **ist dir ~, dass ...?** do you realize that ...?; **das ist mir (nicht ganz)** ~ I (don't quite) understand; **(na)** ~! of course!; **alles** ~? everything okay?

Klär|anlage f sewage works sg., pl., ⊆n *v/t. tech.* purify; *Wasser*: a. treat; *fig.* clear up; *endgültig*: settle; *Sport* clear

Klarheit f clearness; *fig. a.* clarity

Klarinette *mus.* f clarinet

Klarsicht... in *Zssgn* transparent

Klasse f class (a. *pol.*); *Schul*~: *Brt.* a. form, *Am.* a. grade; **~nzimmer** n classroom; F *großartig*: super, fantastic

Klassen|arbeit f (classroom) test; **~buch** n (class) register, *Am.* classbook; **~kamerad(in)** classmate; **~lehrer(in)** form teacher, *Brt.* a. form master (mistress), *Am.* homeroom teacher; **~sprecher(in)** class representative; **~zimmer** n classroom

klassifizier|en *v/t.* classify; ⊆ung f classification

Klassi|ker m classic; ⊆sch *adj.* classic(al)

Klatsch F *fig.* m, **~base** f gossip; ⊆en *v/i.* u. *v/t. Beifall* ~ F clap, applaud; F *schlagen, werfen*: slap, bang; *ins Wasser*: splash; F gossip; **in die Hände** ~ clap one's hands; **~maul** F n (old) gossip; ⊆nass *adj.* soaking wet

klauben *östr. v/t.* pick; gather

Klaue f claw; *fig.* clutches pl.

klauen F *v/t.* pinch

Klausel *jur.* f clause; condition

Klausur f test (paper), exam(ination)

Klavier *mus.* n piano; ~ **spielen** play the piano; **~konzert** n *Stück*: piano concerto; *Vortrag*: piano recital

Klebeband n adhesive tape

kleb|en 1. *v/t.* glue, paste (a. *fig. j-m e-e*); **stick***; 2. *v/i.* stick*, cling* (**an** to) (a. *fig.*); **~rig** *adj.* sticky; ⊆stoff m adhesive; *Leim*: glue; ⊆streifen m adhesive tape

kleck|ern F 1. *v/i.* make* a mess; 2. *v/t.* spill*; ⊆s F m (ink)blot; *Farb*~: blob; **~sen** F *v/i.* blot, make* blots

Klee *bot.* m clover; **~blatt** n cloverleaf

Kleid n dress; **~er** *pl. Kleidung*: clothes *pl.*; ⊆en *v/t.* dress, clothe; *j-n gut* ~ suit s.o.; *sich (gut)* ~ dress (well)

Kleider|bügel m (coat) hanger; **~bürste** f clothes brush; **~haken** m coat hook; **~schrank** m wardrobe; **~ständer** m coat stand; **~stoff** m dress material

kleidsam *adj.* becoming

Kleidung f clothes *pl.*, clothing; **~sstück** n article of clothing

Kleie f bran

klein *adj.* small, *bsd.* F little (a. *Finger, Bruder*); *von Wuchs*: short; **von** ~ **auf** from an early age; **ein** ~ **wenig** a little bit; **Groß und** ⊆ young and old; **die** ⊆**en** the little ones; ~ **schneiden** cut* up (into small pieces); ⊆anzeige f small ad, *Am.* want ad; ⊆bildkamera f 35 mm camera; ⊆familie f nuclear family; ⊆geld n (small) change; ⊆holz n matchwood; ⊆igkeit f little thing, trifle; *Geschenk*: little something; *e-e* ~ *leicht*: nothing, child's play; ⊆kind n infant; ⊆kram F m odds and ends *pl.*; **~laut** *adj.* subdued; **~lich** *adj.* small-minded, petty; *geizig*: mean; *pedantisch*: pedantic, fussy; ⊆stadt f small town; **~städtisch** *adj.* small-town, provincial; ⊆wagen m small od. compact car, *Brt.* F runabout

Kleister m paste; ⊆n *v/t.* paste

Klemme f *tech.* clamp; *Haar*~: (hair) clip; F *in der* ~ *sitzen* be* in a fix od. tight spot; ⊆n *v/i. u. v/t.* jam; *stecken*: stick*; *Tür etc.*: be* stuck od. jammed; *sich* ~ jam one's finger od. hand

Klempner m plumber

Klerus m clergy *pl.*

Klette f *bot.* bur(r); *fig.* leech

kletter|n *v/i.* climb; **auf e-n Baum** ~

Knirps

climb (up) a tree; ⁀pflanze *f* climber
Klient(in) client
Klima *n* climate; *fig. a.* atmosphere; ⁀anlage *f* air-conditioning; ⁀tisch *adj.* climatic
klimpern *v/i.* jingle, chink (*mit et.* s.th.); F strum (away) (*auf* on)
Klinge *f* blade
Klingel *f* bell; ⁀knopf *m* bell (push); ⁀n *v/i.* ring* (the bell); *es klingelt* the (door)bell is ringing
klingen *v/i.* sound; *Glocke, Metall etc.*: ring*; *Gläser etc.*: clink
Klini|**k** *f* hospital; clinic; *Privat*⁀: *Brt.* nursing home; ⁀**sch** *adj.* clinical
Klinke *f* (door) handle
Klippe *f* cliff, rock(s *pl.*); *fig.* obstacle
klirren *v/i. Fenster*: rattle; *Scherben*: clink; *Schwerter etc.*: clash; *Münzen, Schlüssel etc.*: jingle
Klischee *n* cliché
klobig *adj.* bulky, clumsy (*a. fig.*)
Klopapier F *n* loo (*Am.* toilet) paper
klopfen **1.** *v/i. Herz, Puls*: beat*; *heftig*: throb; *an die Tür etc.*: knock; *auf die Schulter*: tap; *tätschelnd*: pat; *es klopft* there's a knock at the door; **2.** *v/t.* beat*; *Nagel etc.*: knock, drive*
Klops *m* meat ball
Klosett *n* lavatory, toilet; ⁀brille *f* toilet seat; ⁀papier *n* toilet paper
Kloß *m* clod, lump (*a. fig. in der Kehle*); *Speise*: dumpling
Kloster *n Mönchs*⁀: monastery; *Nonnen*⁀: convent
Klotz *m* block; *Holz*⁀: *a.* log
Klub *m* club; ⁀sessel *m* lounge chair
Kluft *f* gap (*a. fig.*); *Abgrund*: abyss
klug *adj.* intelligent, clever, F bright, smart; *vernünftig*: wise; *daraus* (*aus ihm*) *werde ich nicht* ~ I don't know what to make of it (him); ⁀**heit** *f* intelligence, cleverness, F brains *pl.*; *Vernunft*: good sense; *Wissen*: knowledge
Klump|**en** *m allg.* lump; *Erd*⁀ *etc.*: clod; *Gold*⁀ *etc.*: nugget; *Haufen*: heap; ⁀**fuß** *m* clubfoot; ⁀**ig** *adj.* lumpy; cloddish
knabbern *v/t. u. v/i.* nibble, gnaw
Knabe *m* boy; ⁀**nhaft** *adj.* boyish
Knäckebrot *n* crispbread
knack|**en** *v/t. u. v/i.* crack (*a. fig. u.* F); *Zweig*: snap; *Feuer, Radio*: crackle; *an et. zu* ~ *haben* have* s.th. to chew on; ⁀**s** F *m* crack (*a. Geräusch*); *fig.* defect

Knall *m allg.* bang; *Schuss*: *a.* crack, report; *Peitsche*: crack; *Korken*: pop; F *e-n* ~ *haben* be* nuts; ⁀**bonbon** *m, n* cracker; ⁀**effekt** *fig. m* sensation; ⁀**en** *v/i. u. v/t.* bang; *Tür*: *a.* slam; crack; pop; F *prallen*: crash (*gegen* into); F *j-m e-e* ~ slap s.o.('s face); ⁀**ig** F *adj.* loud, flashy; ⁀**körper** *m* fire cracker; ⁀**rot** F *adj.* glaring red; *Gesicht*: scarlet
knapp *adj. Vorräte etc.*: scarce; *Kost, Lohn*: scanty, meag|re, *Am.* -er; *Stunde, Meile, Mehrheit*: bare; ~ *bemessen*: limited (*a. Zeit*); *Sieg, Entkommen*: narrow, bare; *Kleid etc.*: tight; *Schreiben etc.*: brief; ~ *an Geld* (*Zeit etc.*) short of money (time *etc.*); *mit* ⁀**er Not** only just, barely; *j-n* ~ *halten* keep* s.o. short
Knappe *m Bergbau*: miner
Knappheit *f* shortage
Knarre *f* rattle; F *Gewehr*: gun
knarren *v/i.* creak
Knast F *m* jail; ⁀**bruder** F *m* jailbird
knattern *v/i.* crackle; *mot.* roar
Knäuel *m, n* ball; *wirres*: tangle
Knauf *m* knob; *Degen*⁀: pommel
knaus|**(e)rig** *adj.* stingy
knautsch|**en** *v/t. u. v/i.* crumple (*a. fig.*); ⁀**zone** *mot. f* crumple zone
Knebel *m* *hdl.* gag (*a. fig.*)
Knecht *m* farmhand; *fig.* slave; ⁀**schaft** *f* slavery
kneif|**en** *v/t. u. v/i.* pinch (*j-m in den Arm* s.o.'s arm); F *fig.* chicken out; ⁀**zange** *f* pincers *pl.*
Kneipe F *f* pub, *bsd. Am.* saloon, bar
knet|**en** *v/t.* knead; *formen*: mo(u)ld; ⁀**masse** *f* plasticine, *Am.* pla(y)-dough
Knick *m* fold, crease; *Kurve*: bend; ⁀**en** *v/t.* fold, crease; bend*; *Zweig*: break*; *nicht* ⁀! do not bend!
Knicks *m* curts(e)y; *e-n* ~ *machen* → ⁀**en** *v/i.* curts(e)y (*vor* to)
Knie *n* knee; ⁀**beuge** *f* knee bend; ⁀**kehle** *f* hollow of the knee; ⁀**n** *v/i.* kneel*, be* on one's knees (*vor* before); ⁀**scheibe** *f* kneecap; ⁀**strumpf** *m* knee(-length) sock
Kniff *m* crease, fold; *Zwicken*: pinch; *fig.* trick, knack; ⁀**(e)lig** *adj.* tricky
knipsen *v/t. u. v/i.* F *phot.* take* a picture (of); *lochen*: punch, clip
Knirps *m* little chap (*Am.* guy)

knirschen

knirschen v/i. crunch; *mit den Zähnen* ~ grind* od. gnash one's teeth
knistern v/i. crackle; *Papier*: rustle
knittern v/t. u. v/i. crumple, crease, wrinkle
Knoblauch bot. m garlic
Knöchel m ankle; *Finger*♀: knuckle
Knoch|en m bone; *Fleisch mit (ohne)* ~ meat on (off) the bone; **~enbruch** m fracture; **♀ig** adj. bony
Knödel m dumpling
Knolle bot. f tuber; *Zwiebel*: bulb; **~nnase** f bulbous nose
Knopf m, **knöpfen** v/t. button
Knopfloch n buttonhole
Knorpel m gristle; anat. cartilage
knorrig adj. gnarled, knotted
Knospe bot. f, **♀n** v/i. bud
knoten v/t. knot, make* a knot in
Knoten m knot (a. fig., naut.); **~punkt** m rail. junction; allg. cent|re, Am. -er
knüllen v/t. u. v/i. crumple
Knüller F m smash (hit); *Presse*: scoop
knüpfen v/t. tie; *Teppich*: weave*
Knüppel m stick, cudgel; *Polizei*♀: truncheon, bsd. Am. billy (club); **~schaltung** mot. f floor shift
knurren v/i. growl, snarl; fig. grumble (*über* at); *Magen*: rumble
knusp(e)rig adj. crisp, crunchy
knutschen F v/i. pet, neck, smooch
k.o. adj. knocked out; fig. beat
Kobold m (hob)goblin, imp (a. fig.)
Koch m cook; *im Lokal*: a. chef; **~buch** n cookery book, bsd. Am. cookbook; **♀en 1.** v/t. cook; *Eier, Wasser, Wäsche*: boil; *Kaffee, Tee*: make*; **2.** v/i. cook, do* the cooking; *Flüssiges*: boil (a. fig.); **~gut** be* a good cook; *vor Wut* ~ boil with rage; **~d heiß** boiling hot; **~er** m cooker
Köchin f cook
Koch|löffel m (wooden) spoon; **~nische** f kitchenette; **~platte** f hotplate; **~salz** n common salt; **~topf** m saucepan, pot
Köder m bait (a. fig.), lure; **♀n** v/t. bait, decoy (*beide a. fig.*)
Kodex m code
kodier|en v/t. (en)code; **♀ung** f (en)coding
Koffein chem. n caffeine
Koffer m (suit)case; *großer*: trunk; **~radio** n portable (radio); **~raum** mot. m Brt. boot, Am. trunk
Kognak m (French) brandy, cognac
Kohl bot. m cabbage
Kohle f coal; electr. carbon; F *Geld*: dough; **~hydrat** n carbohydrate
Kohlen|... chem. in Zssgn Dioxid etc.: carbon ...; **~bergwerk** n coalmine, colliery; **~ofen** m coal-burning stove; **~säure** f chem. carbonic acid; *im Getränk*: F fizz; **♀säurehaltig** adj. carbonated, F fizzy; **~stoff** chem. m carbon; **~wasserstoff** m hydrocarbon
Kohle|papier n carbon paper; **~zeichnung** f charcoal drawing
Kohl|kopf bot. m (head of) cabbage; **~rabi** bot. m kohlrabi
Koje naut. f berth, bunk
Kokain n cocaine
kokett adj. coquettish; **~ieren** v/i. flirt; fig. *mit* et.: toy
Kokosnuss bot. f coconut
Koks m coke; F *Geld*: dough; sl. *Kokain*: coke, snow
Kolben m *Gewehr*♀: butt; tech. piston; **~stange** f piston rod
Kolchose f collective farm, kolkhoz
Kolibri zo. m humming bird
Kolleg n univ. course (of lectures); → *Fachschule*; **~e** m, **~in** f colleague; **~ium** n teaching staff, Am. a. faculty
Kollekt|e rel. f collection; **~ion** f econ. collection; *Sortiment*: range; **~iv** n, **♀iv** adj. collective (a. in Zssgn)
Koller F m fit; *Wut*: rage
kolli|dieren v/i. collide (a. fig.); **♀sion** f collision; fig. a. clash, conflict
Kölnischwasser n (eau de) cologne
Kolonialwaren pl. → *Lebensmittel*
Koloni|e f colony; **♀sieren** v/t. colonize; **~sierung** f colonization
Kolonne f column; mil. *Wagen*♀: convoy; *Arbeiter*♀: gang, crew
Koloss m colossus; fig. a. giant (of a man)
kolossal adj. gigantic
Kombi mot. m estate (car), bsd. Am. station wagon; **~nation** f combination; *Kleidung*: set; *Montur*: overalls pl., Am. a. coverall(s pl.); *Flieger*♀: flying suit; *Fußball etc.*: combined move; **♀nieren 1.** v/t. combine; **2.** v/i. reason
Kombüse naut. f galley
Komet astr. m comet
Komfort m *Ausstattung*: (modern) con-

veniences *pl.*; *Luxus*: luxury; ⟨**abel**
adj. comfortable; *Hotel etc.*: a. well-appointed; *luxuriös*: luxurious
Komik *f* humo(u)r; *Wirkung*: comic effect; ⟨**er(in)** comedian; *f Beruf*: comedienne
komisch *adj.* comic(al), funny; *fig.* funny, strange, odd
Komitee *n* committee
Komma *n* comma; *sechs ⟨ vier* six point four
Kommand|ant, ⟨eur *mil. m* commander, commanding officer; ⟨**ieren** *v/i. u. v/t.* (be*) in command (of); ⟨**o** *n* command; *Befehl*: a. order; *mil. Gruppe*: commando; ⟨**obrücke** *naut. f* (navigating) bridge
kommen *v/i.* come*; *an⟨*: arrive; *gelangen*: get*; *reichen*: reach; *zu spät ⟨* be* late; *weit ⟨* get* far; *zur Schule ⟨* start school; *ins Gefängnis ⟨* go* to jail; *⟨ lassen j-n*: send* for, call; *et.*: order; *auf* think* of, hit* upon; remember; *hinter et. ⟨* find* s.th. out; *um et. ⟨* lose* s.th.; *verpassen*: miss s.th.; *zu et. ⟨* come* by s.th.; *wieder zu sich ⟨* come* round to; *wohin kommt ...?* where does ... go?; *daher kommt es, dass* that's why; *wie kommt es, dass ...?* why is it that ...?, F how come ...?
Komment|ar *m* comment(ary); ⟨**ator** *m* commentator; ⟨**ieren** *v/t.* comment (on)
Kommissar *m* commissioner; *Polizei⟨*: superintendent
Kommission *f* commission (*a. econ. in* on); *Ausschuss*: a. committee
Kommode *f* chest (of drawers), *Am.* a. bureau
Kommun|al... *in Zssgn Politik etc.*: local ...; ⟨**e** *f* commune; ⟨**ikation** *f* communication; ⟨**ion** *rel. f* (Holy) Communion; ⟨**ismus** *m* communism; ⟨**ist(in),** ⟨**istisch** *adj.* communist
Komödie *f* comedy; *⟨ spielen* put* on an act, play-act
kompakt *adj.* compact; ⟨**anlage** *f* music cent|re, *Am.* -er, *Am.* stereo system
Kompanie *mil. f* company
Kompass *m* compass
kompatibel *adj.* compatible (*a. Computer*)
komplett *adj.* complete
Komplex *m* complex (*a. psych.*)

Kompliment *n* compliment; *j-m ein ⟨ machen* pay* s.o. a compliment
Komplize *m* accomplice
komplizier|en *v/t.* complicate; ⟨**t** *adj.* complicated, complex; ⟨**er Bruch** *med.* compound fracture
Komplott *n* plot, conspiracy
kompo|nieren *mus. v/t. u. v/i.* compose; *Lied*: a. write*; ⟨**nist** *m* composer; ⟨**sition** *f* composition
Kompott *n* compot(e), stewed fruit
komprimieren *v/t.* compress
Kompromiss *m* compromise; ⟨**los** *adj.* uncompromising
Kondens|ator *m electr.* capacitor; *tech.* condenser; ⟨**ieren** *v/t.* condense; ⟨**milch** *f* condensed milk; ⟨**wasser** *n* condensation water
Kondition *f* condition; *Sport*: a. shape, form; *gute ⟨* (great) stamina
konditional *gr. adj.* conditional
Konditionstraining *n* fitness training
Konditor *m* confectioner, pastrycook; ⟨**ei** *f* cake shop; café, tearoom; ⟨**eiwaren** *pl.* confectionery *sg.*
Kondom *n, m* condom
Kondukteur *m Schweiz*: → **Schaffner**
Konfekt *n* sweets *pl.*, chocolates *pl.*
Konfektion *f* ready-made clothing; ⟨**s...** *in Zssgn* ready-made, off-the-peg
Konferenz *f* conference
Konfession *f* religion, denomination; ⟨**ell** *adj.* confessional, denominational; ⟨**sschule** *f* denominational school
Konfirm|and(in) confirmand; ⟨**ation** *f* confirmation; ⟨**ieren** *v/t.* confirm
konfiszieren *jur. v/t.* confiscate
Konfitüre *f* jam
Konflikt *m* conflict
konfrontieren *v/t.* confront
konfus *adj.* confused, mixed-up
Kongress *m* congress; *bsd. Am.* convention
König *m* king; ⟨**in** *f* queen; ⟨**lich** *adj.* royal; ⟨**reich** *n* kingdom
Konjug|ation *gr. f* conjugation; ⟨**ieren** *v/t.* conjugate
Konjunkt|iv *gr. m* subjunctive (mood); ⟨**ur** *econ. f* economic situation
konkret *adj.* concrete
Konkurr|ent(in) competitor, rival; ⟨**enz** *f* competition; *die ⟨* one's competitors *pl.*; *außer ⟨* not competing; → **konkurrenzlos**; ⟨**enzfähig** *adj.* com-

Konkurrenzpetitive; **~enzkampf** m competition; **&enzlos** adj. without competition, unrival(l)ed; **&ieren** v/i. compete

Konkurs econ., jur. m bankruptcy; **in ~ gehen** go* bankrupt; **~masse** jur. f bankrupt's estate

könn|en v/aux., v/t. u. v/i. can*, be* able to; dürfen: may*, be* allowed to; **kann ich ...?** can od. may I ...?; **du kannst nicht** you cannot od. can't; **ich kann nicht mehr** I can't go on; essen: I can't manage od. eat any more; **es kann sein** it may be; **ich kann nichts dafür** it's not my fault; **e-e Sprache ~** know* od. speak* a language

Könn|en n ability, skill; **~er** m master, expert; bsd. Sport: ace, crack

konsequen|t adj. consistent; **&z** f consistency; Folge: consequence

konservativ adj. conservative

Konserven pl. canned (Brt. a. tinned) foods pl.; **~büchse**, **~dose** f can, Brt. a. tin; **~fabrik** f cannery

konservier|en v/t. preserve; **&ungsstoff** m preservative

Konsonant m consonant

konstruieren v/t. construct; entwerfen: design

Konstruk|teur tech. m designer; **~tion** tech. f construction

Konsul m consul; **~at** n consulate; **&tieren** v/t. consult

Konsum m Verbrauch: consumption; Genossenschaft: cooperative (society), F co-op; Laden: cooperative (store), F co-op; **~ent** m consumer; **~gesellschaft** f consumer society; **&ieren** v/t. consume

Kontakt m contact (a. electr.); **~ aufnehmen** get* in touch; **~ haben** od. **in ~ stehen mit** be* in contact od. touch with; **~ verlieren** lose* touch; **&freudig** adj. sociable; **~ sein** be* a good mixer; **~linsen** opt. pl. contact lenses pl.

Konter m counter (a. in Zssgn); **&n** v/i. counter (a. fig.)

Kontinent m continent

Konto econ. n account; **~auszug** m (bank) statement

Kontor n (branch) office

Kontrast m contrast (a. phot., TV etc.)

Kontroll|e f control; Aufsicht: a. supervision; Prüfung: a. check(up); **~eur** m inspector; rail. a. conductor; **&ieren** v/t. (über)prüfen: check; j-n: check up on s.o.; beherrschen, überwachen: control; **~punkt** m, **~stelle** f check-point

Kontroverse f controversy

konventionell adj. conventional

Konversation f conversation; **~slexikon** n encyclop(a)edia

Konzentration f concentration; **~slager** n concentration camp

konzentrieren v/t. u. v/refl. concentrate; **sich auf et. ~** concentrate on s.th.

Konzept n (rough) draft; Idee: conception; **j-n aus dem ~ bringen** put* s.o. out

Konzern econ. m combine, group

Konzert mus. n concert; Musikstück: concerto; **~halle** f, **~saal** m concert hall, auditorium

Konzession f concession; Genehmigung: licen|ce, Am. -se

Kopf m head (a. fig.); **~ende** n top; Verstand: a. brains pl., mind; **~ hoch!** chin up!; **j-m über den ~ wachsen** outgrow* s.o.; fig. be* too much for s.o.; **sich den ~ zerbrechen (über)** rack one's brains (over); **sich et. aus dem ~ schlagen** put* s.th. out of one's mind; **~ an ~** neck and neck; **~arbeit** f brainwork; **~ball** m header; Tor: headed goal; **~bedeckung** f headgear; **ohne ~** bareheaded

köpfen v/t. behead, decapitate; Fußball: head (**ins Tor** home)

Kopf|ende n head; **~hörer** m, pl. headphones pl.; **~jäger** m headhunter; **~kissen** n pillow; **&los** adj. headless; fig. panicky; **~rechnen** n mental arithmetic; **~salat** m lettuce; **~schmerzen** pl. headache sg.; **~sprung** m header; **~stand** m headstand; **~tuch** n scarf, (head)kerchief; **&über** adv. headfirst (a. fig); **~weh** n → Kopfschmerzen; **~zerbrechen** n: **j-m ~ machen** give* s.o. a headache

Kopie f, **&ren** v/t. copy; **~rgerät** n copier; **~rstift** m indelible pencil

Koppel¹ f Pferde&: paddock

Koppel² mil. n belt

koppeln v/t. couple; Raumfahrt: dock

Koralle f coral

Korb m basket; **j-m e-n ~ geben** turn s.o. down; **~möbel** pl. wicker furniture sg.

Kord *m* corduroy (*a. in Zssgn*); **~el** *f* cord; **~hose** *f* corduroys *pl.*
Korinthe *f* currant
Kork *bot. m* cork; **~eiche** *f* cork oak
Korken *m* cork; **~zieher** *m* corkscrew
Korn¹ *n* grain; *Samen*♀: seed; *Getreide*: grain, *Brt. a.* corn; *am Gewehr*: front sight
Korn² F *m* (grain) schnapps
körnig *adj.* grainy; *in Zssgn*: ...grained
Körper *m* body (*a. phys., chem.*), *geom. a.* solid; **~bau** *m* build, physique; **♀behindert** *adj.* (physically) disabled *od.* handicapped; **~geruch** *m* body odo(u)r, BO; **~größe** *f* height; **~kraft** *f* physical strength; **♀lich** *adj.* physical; **~pflege** *f* personal hygiene; **~schaft** *f* corporation, (corporate) body; **~teil** *m* part of the body; **~verletzung** *jur. f* bodily injury
korrekt *adj.* correct; **♀ur** *f* correction; *Benotung*: marking, *bsd. Am.* grading; **♀urzeichen** *n* correction mark
Korrespond|ent(in) correspondent; **~enz** *f* correspondence; **♀ieren** *v/i.* correspond (*mit* with)
Korridor *m* corridor; *Flur*: hall
korrigieren *v/t.* correct; *benoten*: mark, *bsd. Am.* grade
korrupt *adj.* corrupt(ed); **♀ion** *f* corruption
Korsett *n* corset (*a. fig.*)
Kosename *m* pet name
Kosmetik *f* beauty culture; *Mittel*: cosmetics *pl.*, toiletries *pl.*; **~erin** *f* beautician, cosmetician
Kost *f* food, diet; *Beköstigung*: board; **♀bar** *adj.* precious, valuable; *teuer*: costly; **~barkeit** *f* precious object, treasure (*a. fig.*)
kosten¹ *f* cost*, be*; *Zeit etc. a.* take*; *was od.* wie viel kostet ...? how much is ...?
kosten² *v/t.* taste, try
Kosten *pl.* cost(s *pl.*); price *sg.*; *Un*♀: expenses *pl.*; *Gebühren*: charges *pl.*; *auf j-s* ~ at s.o.'s expense; **♀los 1.** *adj.* free; **2.** *adv.* free of charge
köstlich *adj.* delicious; *fig.* priceless; *sich* ~ *amüsieren* have* great fun, F have* a ball
Kost|probe *f* taste, sample (*a. fig.*); **♀spielig** *adj.* expensive, costly
Kostüm *n* costume, dress; *Damen*♀:

Krankenzimmer

suit; **~fest** *n* fancy-dress ball
Kot *m* excrement; *Tier: a.* droppings *pl.*
Kotelett *n* chop, cutlet; **~en** *pl.* sideburns *pl.*
Kotflügel *mot. m* mudguard, *Am.* fender
kotzen V *v/i.* puke
Krabbe *zo. f* shrimp; *größere*: prawn
krabbeln *v/i.* crawl
Krach *m* crash, bang; *Lärm*: noise; *Streit*: quarrel, fight; **♀en** *v/i.* crack, bang (*beide a. Schuss etc.*), crash (*a. prallen*); **~er** *m* (fire)cracker
krächzen *v/t. u. v/i.* croak
Kraft *f* strength, force (*a. fig., pol.*), power (*a. electr., tech., pol.*); *in* ~ *sein* (*setzen, treten*) be* in (put* into, come* into) force; **~brühe** *f* consommé, clear soup; **~fahrer** *m* driver, motorist; **~fahrzeug** *n* motor vehicle; *Zssgn* → *Auto*
kräftig *adj.* strong (*a. fig.*), powerful; *Essen*: substantial; *tüchtig*: good
kraft|los *adj.* weak, feeble; **♀probe** *f* test of strength; **♀stoff** *mot. m* fuel; **♀verschwendung** *f* waste of energy; **♀werk** *n* power station
Kragen *m* collar
Krähe *zo. f*, **♀n** *v/i.* crow*
Krake *zo. m* octopus
Kralle *f* claw (*a. fig.*); **♀n** *v/refl.* cling* (*an* on), clutch (at)
Kram F *m* stuff, (one's) things *pl.*
Krampf *med. m* cramp; *stärker*: spasm, convulsion; **~ader** *med. f* varicose vein; **♀haft** *fig. adj.* Lachen *etc.*: forced; *Versuch etc.*: desperate
Kran *tech. m* crane
Kranich *zo. m* crane
krank *adj.* ill, *attr.* sick; ~ *sein* (*werden*) be* (fall*) ill (*bsd. Am.* sick); **♀e** *m, f* sick person, patient; *die* **~n** the sick
kränken *v/t.* hurt* (*s.o.'s* feelings), offend
Kranken|bett *n* sickbed; **~geld** *n* sickness benefit; **~gymnastik** *f* physiotherapy; **~haus** *n* hospital; **~kasse** *f* health insurance scheme; *in e-r* ~ *sein* be* a member of a health insurance scheme *od.* plan; **~pflege** *f* nursing; **~pfleger** *m* male nurse; **~schein** *m* health insurance certificate; **~schwester** *f* nurse; **~versicherung** *f* health insurance; **~wagen** *m* ambulance; **~zimmer** *n* sickroom

krankhaft *adj.* morbid (*a. fig.*)
Krankheit *f* illness, sickness; *bestimmte*: disease; **~serreger** *med. m* germ
kränklich *adj.* sickly, ailing
Kränkung *f* insult, offen|ce, *Am.* -se
Kranz *m* wreath; *fig.* ring, circle
krass *adj.* crass, gross; *Worte*: blunt
Krater *m* crater
kratzen *v/t. u. v/refl.* scratch (o.s.); *ab~*: scrape (**von** off)
kraulen 1. *v/t. Tier*: stroke; *j-s Haar*: run* one's fingers through; **2.** *v/i. Sport*: do the crawl
kraus *adj. Haar*: curly; *Stirn, Stoff*: wrinkled; **2e** *f Hals2*: ruff; *Haar2*: friz(z)
kräuseln *v/t. u. v/refl.* Haare: curl, friz(z); *Wasser*: ripple
Kraut *bot. n* herb; *Rüben2 etc.*: tops *pl.*, leaves *pl.*; *Kohl*: cabbage; *Un2*, F *Tabak*: weed
Krawall *m* riot; F *Lärm*: row, racket
Krawatte *f* tie
kreativ *adj.* creative; **2ivität** *f* creativity; **2ur** *f* creature
Krebs *m zo.* crayfish; *med.* cancer; *astr.* Cancer; **sie ist (ein) ~** she's a (a) Cancer; **~ erregend** *med.* carcinogenic
Kredit *econ. m* credit; *Darlehen*: loan; **~hai** *m* loan shark; **~karte** *f* credit card; **~n** *pl. coll.* F plastic money
Kreide *f* chalk; *paint. a.* crayon
Kreis *m* circle (*a. fig.*); *pol.* district, *Am. a.* county; **~bahn** *astr. f* orbit
kreischen *v/i.* screech; *vor Vergnügen*: squeal
Kreisel *m* (spinning) top; *phys.* gyro(scope); **2n** *v/i.* spin* around
kreisen *v/i.* (move in a) circle, revolve, rotate; *Blut*: circulate
kreis|förmig *adj.* circular; **2lauf** *m med., Geld etc.*: circulation; *biol., fig.* cycle; *tech., electr. a.* circuit; **2laufstörungen** *med. pl.* circulatory trouble *sg.*; **~rund** *adj.* circular; **2säge** *tech. f* circular saw; **2verkehr** *m* roundabout, *Am.* traffic circle
Krempe *f* brim
Kren *östr. m* horseradish
krepieren *v/i. Granate*: burst*, explode; *sl. Mensch*: kick the bucket, peg out; *Tier*: die, perish
Krepp *m* crepe (*a. in Zssgn Papier etc.*)
Kreuz *n* cross (*a. fig.*); crucifix; *anat.* (small of the) back; *Kartenspiel*: club(s *pl.*); *mus.* sharp; **über ~** crosswise; **j-n aufs ~ legen** take* s.o. in
kreuzen 1. *v/t. u. v/refl.* cross; *Pläne etc.*: clash; **2.** *naut. v/i.* cruise
Kreuzer *naut. m* cruiser
Kreuz|fahrer *m* crusader, **~fahrt** *naut. f* cruise; **2igen** *v/t.* crucify; **~igung** *f* crucifixion; **~otter** *zo. f* adder; **~schmerzen** *pl.* backache *sg.*; **~ung** *f rail., mot.* crossing, junction; *Straßen2*: *a.* crossroads *sg., bsd. Am.* intersection; *biol.* cross(breed)ing; *Produkt*: cross(breed); *fig.* cross; **~verhör** *jur. n* cross-examination; **ins ~ nehmen** cross-examine; **2weise** *adv.* crosswise, crossways; **~worträtsel** *n* crossword (puzzle); **~zug** *m* crusade
kriech|en *v/i.* creep*, crawl (*fig. vor j-m* to s.o.); **2r** *contp. m* toady; **2spur** *mot. f* slow lane
Krieg *m* war; **~ führen gegen** be* at war with; **~ führend** belligerent
kriegen F *v/t.* get*; *fangen*: catch*
Krieg|er *m* warrior; **~erdenkmal** *n* war memorial; **2erisch** *adj.* warlike, martial; **~führung** *f* warfare
Kriegs|beil *fig. n*: **das ~ ausgraben (begraben)** dig* up (bury) the hatchet; **~bemalung** *f* war paint (*a. fig.*); **~dienstverweigerer** *m* conscientious objector; **~erklärung** *f* declaration of war; **~gefangene** *m* prisoner of war, P.O.W.; **~gefangenschaft** *f* captivity; **~gericht** *n* court martial; **~recht** *jur. n* martial law; **~schauplatz** *m* theat|re (*Am.* -er) of war; **~schiff** *n* warship; **~teilnehmer** *m* ex-serviceman, *Am.* (war) veteran; **~treiber** *pol. m* warmonger; **~verbrechen** *n* war crime; **~verbrecher** *m* war criminal
Krimi F *m* (crime) thriller, *Buch*: *a.* detective novel
Kriminal|beamte *m* detective, plainclothesman, *Brt. a.* C.I.D. officer; **~polizei** *f* criminal investigation department; **~roman** *m* → *Krimi*
kriminell *adj.*; **2e(r)** criminal
Krippe *f* crib, manger (*a. rel.*); *Weihnachts2*: crib, *Am.* crèche
Krise *f* crisis; **~nherd** *m* trouble spot
Kristall *m*, **~(glas)** *n* crystal; **2isieren** *v/i. u. v/refl.* crystallize

Kriterium *n* criterion (**für** of)
Kritik *f* criticism; *thea., mus. etc.*: review, critique; **gute ~en** a good press; **~ üben an** criticize; **~iker(in)** critic; **~iklos** *adj.* uncritical; **~isch** *adj.* critical (*a. fig.*) (**gegenüber** of); **~isieren** *v/t.* criticize
kritzeln *v/t. u. v/i.* scrawl, scribble
Krokodil *zo. n* crocodile
Krone *f* crown; *Adels*²: coronet
krönen *v/t.* crown (**j-n zum König** s.o. king)
Kron|leuchter *m* chandelier; **~prinz** *m* crown prince; **~prinzessin** *f* crown princess
Krönung *f* coronation; *fig.* crowning event, climax, high point
Kropf *m med.* goit|re, *Am.* -er; *zo.* crop
Kröte *zo. f* toad
Krück|e *f* crutch; **~stock** *m* walking stick
Krug *m* jug, pitcher; *Bier*²: mug, stein; *mit Deckel*: tankard
Krümel *m* crumb; **²ig** *adj.* crumbly; **²n** *v/t. u. v/i.* crumble
krumm *adj.* crooked (*a. fig. Geschäft etc.*), bent (*a. Rücken*); **~beinig** *adj.* bow-legged
krümmen *v/t.* bend* (*a. tech.*), crook (*a. Finger*); *sich* **~** *vor Schmerz*: writhe (with pain)
Krümmung *f* bend (*a. Straße, Fluss*), curve (*a. arch.*); *geogr., math., med.* curvature
Krüppel *m* cripple
Kruste *f* crust
Kto. *Abk. für Konto* a/c, account
Kübel *m* bucket, pail; *Wanne*: tub
Kubik|meter *n, m* cubic met|re, *Am.* -er; **~wurzel** *math. f* cube root
Küche *f* kitchen; *Kochkunst*: cooking, cuisine; **kalte (warme) ~** cold (hot) meals *pl.*
Kuchen *m* cake; *Obst*²: tart, pie
Küchen|geräte *pl.* kitchen utensils *pl.* (*Maschinen*: appliances *pl.*); **~geschirr** *n* kitchen crockery, kitchenware; **~herd** *m* cooker; **~maschine** *f* mixer; *weitS.* kitchen appliance; **~schrank** *m* (kitchen) cupboard, *Brt. a.* dresser
Kuckuck *m* cuckoo
Kufe *f* runner; *aviat.* skid
Kugel *f* ball; *Gewehr*² *etc.*: bullet;

math., geogr. sphere; *Sport*: shot; **²förmig** *adj.* ball-shaped; *bsd. astr., math.* spheric(al); **~gelenk** *tech., anat.* n ball (and socket) joint; **~lager** *tech. n* ball bearing; **²n** *v/i. u. v/t.* roll; **~schreiber** *m* ballpoint (pen); **²sicher** *adj.* bulletproof; **~stoßen** *n* shot put(ting); **~stoßer(in)** shot-putter
Kuh *f* cow
kühl *adj.* cool (*a. fig.*); **²box** *f* coolbox; **²e** *f* cool(ness); **~en** *v/t.* cool; *Wein etc.*: chill; *erfrischen*: refresh; **²er** *mot. m* radiator; **²erhaube** *f* bonnet, *Am.* hood; **²mittel** *n* coolant; **²raum** *m* cold-storage room; **²schrank** *m* fridge, refrigerator; **²truhe** *f* → **Gefriertruhe**
kühn *adj.* bold; **²heit** *f* boldness
Kuhstall *m* cowshed
Küken *n* chick (*a. fig.*)
Kukuruz *östr. m* → **Mais**
Kuli F *m* ballpoint
Kulisse *f thea.*: **~n** *pl.* wings *pl.*; *Dekorationsstücke*: scenery; **hinter den ~n** backstage, *bsd. fig.* behind the scenes
Kult *m* cult; *Akt*: rite, ritual (act)
kultivieren *v/t.* cultivate
Kultur *f* culture (*a. biol.*), civilization; *agr.* cultivation; **~beutel** *m* toilet bag; **²ell** *adj.* cultural; **~geschichte** *f* history of civilization; **~volk** *n* civilized people; **~zentrum** *n* cultural cent|re, *Am.* -er
Kultusminister *m* minister of education and cultural affairs
Kummer *m* grief, sorrow; *Verdruss*: trouble, worry; **~ haben mit** have* trouble *od.* problems with
kümmer|lich *adj.* miserable; *dürftig*: poor, scanty; **²n** *v/refl. u. v/t.*: *sich* **~ um** *j-n od. et.*: look after, take* care of, mind; *sich Gedanken machen*: care *od.* worry about, be* interested in; **was kümmert's mich?** what do I care?
Kumpel *m Bergbau*: miner; F mate, *bsd. Am.* buddy
Kunde *m* customer, client; **~ndienst** *m* after-sales service; (customer) service; service department; *Wartung*: servicing
Kundgebung *f* meeting, rally, demonstration
kündig|en *v/i. u. v/t. Vertrag etc.*: cancel; *j-m* **~** give* s.o. his (*dem Hausbesit-*

Kündigung

zer *od.* Arbeitgeber: one's) notice; *entlassen*: dismiss s.o., F sack *od.* fire s.o.; **2ung** *f* (*Frist*: period of) notice; cancel(l)ation
~er *mil. m* scout, spy
Kundschaft *f* customers *pl.*, clients *pl.*; **~er** *mil. m* scout, spy
Kunst *f* art; *Fertigkeit*: *a.* skill; **~... in Zssgn** Herz, Leder, Licht *etc.*: artificial ...; **~akademie** *f* academy of arts; **~ausstellung** *f* art exhibition; **~dünger** *m* artificial fertilizer; **~erziehung** *f* art (education); **~faser** *f* man-made *od.* synthetic fib|re, *Am.* -er; **~fehler** *m* professional blunder; **~fliegen** *aviat. n* stunt flying, aerobatics *pl.*; **~geschichte** *f* history of art; **~gewerbe**, **~handwerk** *n* arts and crafts *pl.*
Künstler|(in) artist; *mus.*, *thea. a.* performer; **2isch** *adj.* artistic
künstlich *adj.* artificial; *unecht*: *a.* false, synthetic; *See etc.*: man-made
Kunst|schütze *m* marksman; **~schwimmen** *n* water ballet; **~seide** *f* rayon; **~springen** *n* springboard diving; **~stoff** *m* plastic (*a.* in Zssgn); **~stück** *n* trick, stunt; *bsd. fig.* feat; **~turnen** *n* gymnastics *sg.*; **~turner(in)** gymnast; **2voll** *adj.* artistic; elaborate; **~werk** *n* work of art
Kupfer *n* copper (**aus** of); **~stich** *m* copperplate (engraving)
Kupon *m* coupon
Kuppe *f* (rounded) hilltop; *Nagel2 etc.*: head
Kuppel *arch. f* dome; *kleine*: cupola; **~ei** *jur. f* procuring; **2n** *mot. v/i.* put* the clutch in *od.* out
Kupplung *f mot.* clutch
Kur *f* course of treatment; *am Kurort*: cure
Kür *f Kunstlauf*: free skating; *Turnen*: free exercises *pl.*
Kurbel *f* crank, handle; **2n** *v/t.* crank; wind* (up *etc.*); **~welle** *tech. f* crankshaft
Kürbis *bot. m* pumpkin, gourd, squash
Kurgast *m* visitor; F tourist
kurieren *med. v/t.* cure (**von** of)
kurios *adj.* curious, odd, strange
Kürlauf *m* free skating
Kur|ort *m* health resort, spa; **~pfuscher** *m* quack (doctor)
Kurs *m naut.*, *aviat.*, *fig.* course; **~us**: *a.* class(es *pl.*); *Wechsel2*: (exchange) rate; *Börsen2*: (stock) price; **~buch** *rail. n* railway (*Am.* railroad) guide
Kürschner *m* furrier
kursieren *v/i.* circulate (*a. fig.*)
Kurve *f* curve (*a. math. u. fig.*); *Straßen2*: *a.* bend, turn; **2nreich** *adj.* winding, full of bends; *fig. Frau*: curvaceous
kurz *adj.* short; *zeitlich*: *a.* brief; **~e Hose** shorts *pl.*; (**bis**) **vor ~em** (until) recently; (**erst**) **seit ~em** (only) for a short time; **~ vorher** (**darauf**) shortly before (after[wards]); **~ vor uns** just ahead of us; **~ nacheinander** in quick succession; **~ fortgehen** *etc.* go* away for a short time *od.* a moment; **sich ~ fassen** be* brief, put* it briefly; **~ gesagt** in short; **zu ~ kommen** go* short; **~ angebunden** curt; **2arbeit** *econ. f* short time; **~arbeiten** *v/i.* work short time; **~atmig** *adj.* short of breath
Kürze *f* shortness; *zeitlich*: *a.* brevity; **in ~** soon, shortly, before long; **2n** *v/t.* Kleid *etc.*: shorten (**um** by); *Buch etc.*: abridge; *Ausgaben etc.*: cut*, reduce (*a. math.*)
kurz|erhand *adv.* without hesitation, on the spot; **~fristig 1.** *adj.* short-term; **2.** *adv.* at short notice; **2geschichte** *f* short story; **~lebig** *adj.* short-lived
kürzlich *adv.* recently, not long ago
Kurz|nachrichten *pl.* news summary *sg.*; **~schluss** *electr. m* short circuit, F short; **~schrift** *f* shorthand; **2sichtig** *adj.* shortsighted, *bsd. Am.* nearsighted; **~strecke** *f* short distance
Kürzung *f* cut, reduction (*a. math.*)
Kurz|waren *pl.* haberdashery *sg.*, *Am. a.* notions *pl.*; **2weilig** *adj.* entertaining; **~welle** *Radio: f* short wave
kuschel|ig *F adj.* cosy, snug; **~n** *v/refl.* snuggle, cuddle (**an** up to; **in** in)
Kusine *f* cousin
Kuss *m* kiss; **2echt** *adj.* kiss-proof
küssen *v/t.* kiss
Küste *f* coast, shore; **an der ~** on the coast; **an die ~** ashore; **~ngewässer** *pl.* coastal waters *pl.*; **~nschifffahrt** *f* coastal shipping; **~nschutz** *m*, **~nwache** *f* coast guard

Landbevölkerung

Küster *rel. m* verger, sexton
Kutsche *f* carriage, coach; **~r** *m* coachman
Kutte *f* (monk's) habit
Kutteln *pl.* tripe *sg.*
Kutter *naut. m* cutter
Kuvert *n* envelope
Kybernetik *f* cybernetics *sg.*

L

labil *adj.* unstable
Labor *n* laboratory, F lab; **~ant(in)** laboratory assistant; **2ieren** *v/i.:* ~ **an** suffer from
Labyrinth *n* labyrinth, maze (*beide a. fig.*)
Lache *f* pool, puddle
lächeln *v/i.*, **2** *n* smile; *höhnisch:* sneer
lachen *v/i.* laugh (*über* at)
Lachen *n* laugh(ter); *j-n zum* ~ *bringen* make* s.o. laugh
lächerlich *adj.* ridiculous, ~ *machen* ridicule, make* fun of; *sich* ~ *machen* make* a fool of o.s.
Lachs *zo. m* salmon
Lack *m* varnish; *Farb*2: lacquer; *mot.* paint(work); **2ieren** *v/t.* varnish; lacquer; *mot.*, *Nägel:* paint; **~schuhe** *pl.* patent-leather shoes *pl.*
Lade|fläche *f* loading space; **~gerät** *electr. n* battery charger; **~hemmung** *mil. f* jam
laden *v/t.* load; *electr.* charge; *Computer:* boot (up); *auf sich* ~ burden o.s. with
Laden *m* shop, *bsd. Am.* store; *Fenster*2: shutter; **~dieb(in)** shoplifter; **~diebstahl** *m* shoplifting; **~inhaber** *m* shopkeeper, *bsd. Am.* storekeeper; **~kasse** *f* till; **~schluss** *m* closing time; *nach* ~ after hours; **~tisch** *m* counter
Lade|rampe *f* loading platform *od.* ramp; **~raum** *m* loading space; *naut.* hold
Ladung *f* load, freight; *naut.*, *aviat.* cargo; *electr.*, *mil.* charge; *e-e* ~ ... a load of ...
Lage *f* situation, position (*beide a. fig.*); *Platz: a.* location; *Schicht:* layer; *Bier etc.:* round; *in schöner (ruhiger)* ~ beautifully (peacefully) situated; *in der* ~ *sein zu* be* able to, be* in a position to
Lager *n* camp (*a. fig. Partei*); *econ.* stock, store; **~stätte:** bed; *geol.* deposit; *tech.* bearing; *et. auf* ~ *haben* have* s.th. in store (*a. fig. für j-n*); **~feuer** *n* campfire; **~haus** *n* warehouse; **2n 1.** *v/i.* camp; *econ.* be* stored; **2.** *v/t.* store, keep*; *kühl* ~ keep* in a cool place; *Kranken etc.:* lay*, rest; **~raum** *m* storeroom; **~ung** *f* storage
Lagune *f* lagoon
lahm *adj.* lame; ~ *legen* → **lähmen**; **~en** *v/i.* be* lame (*auf* in)
lähmen *v/t.* paraly|se, *Am.* -ze; *Verkehr: a.* bring* to a standstill
Lähmung *med. f* paralysis
Laib *m* loaf
Laich *m*, **2en** *v/i.* spawn
Laie *m* layman; amateur; **2nhaft** *adj.* amateurish; **~nspiel** *n* amateur play
Laken *n* sheet; *Bade*2: bath towel
Lakritze *f* liquorice
lallen *v/i. u. v/t.* speak* drunkenly; *Baby:* babble
lamentieren *v/i.* complain (*über* about)
Lamm *n* lamb; **~fell** *n* lambskin
Lampe *f* lamp, light; *Glüh*2: bulb
Lampen|fieber *n* stage fright; **~schirm** *m* lampshade
Lampion *m* Chinese lantern
Land *n* *Fest*2: land (*a. poet.*); *Staat:* country; *Boden:* ground, soil; **~besitz** *m* land, property; *an* ~ *gehen* go* ashore; *auf dem* ~ in the country; *aufs* ~ *fahren* go* into the country; *außer* **~es** *gehen* go* abroad; **~arbeiter** *m* farmhand; **~bevölkerung** *f* country (*od.* rural) population

11 SW Engl II

Landebahn aviat. f runway
landeinwärts adv. up-country, inland
landen v/i. land; fig. ~ in end up in
Landenge f neck of land, isthmus
Landeplatz aviat. m landing field
Länderspiel n international match
Landes|grenze f national border; **~innere** n interior; **~regierung** f Land (östr. Provincial) government; **~sprache** f national language; **2̲üblich** adj. customary; **~verrat** m treason; **~verräter** m traitor (to one's country); **~verteidigung** f national defen|ce, Am. -se
Land|flucht f rural exodus; **~friedensbruch** jur. m breach of the public peace; **~gericht** n etwa regional superior court; **~gewinnung** f reclamation of land; **~haus** n countryhouse, cottage; **~karte** f map; **~kreis** m district; **2̲läufig** adj. customary, current, common
ländlich adj. rural; derb: rustic
Land|rat m etwa District Administrator; **~ratte** naut. F f landlubber
Landschaft f countryside; bsd. schöne: scenery; bsd. paint. landscape; **2̲lich** adj. scenic
Landsmann m (fellow) countryman
Land|straße f country road; nicht Autobahn: ordinary road; **~streicher** m tramp, Am. a. hobo; **~streitkräfte** pl. land forces pl.; **~tag** m Land parliament
Landung f landing, aviat. a. touchdown; **~ssteg** naut. m gangway
Land|vermesser m land surveyor; **~vermessung** f land surveying; **~weg** m: auf dem ~ by land; **~wirt** m farmer; **~wirtschaft** f agriculture, farming; **2̲wirtschaftlich** adj. agricultural; **~e Maschinen** pl. agricultural machinery sg.; **~zunge** f promontory, spit
lang adj. u. adv. long; F Person: tall; drei Jahre (einige Zeit) ~ for three years (some time); den ganzen Tag ~ all day long; seit ~em for a long time; vor ~er Zeit (a) long (time) ago; über kurz oder ~ sooner or later; ~ ersehnt long-hoped-for; ~ erwartet long-awaited; **~atmig** adj. long-winded
lange adv. (for a) long (time); es ist schon ~ her(, seit) it has been a long time (since); (noch) nicht ~ her not long ago; noch ~ hin still a long way off; es dauert nicht ~ it won't take long; ich bleibe nicht ~ fort I won't be long; wie ~ noch? how much longer?
Länge f length; geogr. longitude; der ~ nach (at) full length; (sich) in die ~ ziehen stretch (a. fig.)
langen F v/i. greifen: reach (nach for); genügen: be* enough; mir langt es I've had enough; fig. stärker: a. I'm sick of it
Längen|grad m degree of longitude; **~maß** n linear measure
Langeweile f boredom; ~ haben be* bored; aus ~ to pass the time
lang|fristig adj. long-term; **~jährig** adj. longstanding; **~e Erfahrung** many years pl. of experience; **~lauf** m cross-country (skiing); **~lebig** adj. long-lived (a. fig.)
länglich adj. longish, oblong
längs 1. prp. along(side); **2.** adv. lengthwise
lang|sam adj. slow; **~er werden** od. **fahren** slow down; **2̲schläfer** m late riser, F sleepyhead; **2̲spielplatte** f long-playing record, mst LP
längst adv. long ago od. before; **~ vorbei** long past; ich weiß es ~ I have known it for a long time; **~ens** adv. at (the) most
Lang|strecken... in Zssgn: long-distance ...; aviat., mil. long-range ...; **2̲weilen** v/t. bore; sich ~ be* bored; **2̲weilig** adj. boring, dull; **~e Person** bore; **~welle** f long wave; **2̲wierig** adj. lengthy, protracted (a. med.); **~zeit...** long-term ...
Lanze f lance, spear
Lappalie f trifle
Lapp|en m (piece of) cloth; Fetzen: rag (a. fig.); Staub2̲: duster; **2̲ig** adj. limp
läppisch adj. silly; Summe etc.: ridiculous
Lärche bot. f larch
Lärm m noise; **2̲en** v/i. be* noisy; **2̲end** adj. noisy
Larve f mask; zo. larva
lasch F adj. slack, lax
Lasche f flap, Schuh2̲: a. tongue
Laser phys. m laser; **~drucker** m laser printer; **~strahl** m laser beam; **~technik** f laser technology

lassen v/t. u. v/aux. let*, leave*; *j-n et. tun* ~ let* s.o. do s.th.; allow s.o. to do s.th.; *veran*~ make* s.o. do s.th.; *j-n (et.) zu Hause* (östr., Schweiz: *a. zuhause*) ~ leave* s.o. (s.th.) at home; *j-n allein (in Ruhe)* ~ leave* s.o. alone; *sich die Haare schneiden* ~ have* od. get* one's hair cut; *j-n grüßen* ~ send* one's regards (*herzlicher*: love) to s.o.; *sein Leben* ~ *(für)* lose* (give*) one's life (for); *rufen od. kommen* ~ send* for, call in; *es lässt sich machen* it can be done; *lass alles so, wie (wo) es ist* leave everything as (where) it is; *er kann das Rauchen etc. nicht* ~ he can't stop smoking *etc.*; *lass das!* stop it!
lässig adj. casual; *nach*~: careless
Last f load (*a. fig.*); Bürde: burden (*a. fig.*); Gewicht: weight (*a. fig.*); *j-m zur fallen* be* a burden to s.o.; *j-m et. zur ~ legen* charge s.o. with s.th.; *zu ~en gen. gehen* be* payable by; *fig.* be* at the expense of
lasten v/i.: ~ *auf* weigh od. rest (up)on (*beide a. fig.*); ℒ**aufzug** m goods lift, Am. freight elevator
Laster[1] mot. m → **Lastwagen**
Laster[2] n vice
lästern v/i.: ~ *über* run* down
lästig adj. troublesome, annoying; *(j-m)* ~ *sein* be* a nuisance (to s.o.)
Last|kahn m barge; ~**tier** n pack animal; ~**wagen** m truck, Brt. a. lorry; ~**wagenfahrer** m truck (Brt. a. lorry) driver, Am. a. trucker
Latein n Latin
Lateinamerika Latin America; ~**ner(in)**, ~**nisch** adj. Latin American
lateinisch adj. Latin
Laterne f lantern; *Straßen*ℒ: streetlight; ~**npfahl** m lamppost
Latte f lath; *Zaun*ℒ: pale; *Sport*: bar; ~**nzaun** m paling, Am. a. picket fence
Lätzchen n bib, Brt. a. feeder
Laub n foliage, leaves pl.; ~**baum** m deciduous tree
Laube f arbo(u)r, bower(y)
Laub|frosch zo. m tree frog; ~**säge** f fretsaw
Lauch bot. m leek
Lauer f: *auf der* ~ *liegen od. sein* lie* in wait; ℒ**n** v/i. lurk; ~ *auf* lie* in wait for
Lauf m run; Bahn: course; Gewehrℒ: barrel; *im* ~**(e) der Zeit** in the course of time; ~**bahn** f career; ~**disziplin** f Sport: track event
laufen v/i. u. v/t. run* (*a. tech., mot., econ., fig.*); *gehen*: walk; *funktionieren*: work; Nase: run; *j-n* ~ *lassen* let* s.o. go; *straffrei*: let* s.o. off; ~**d 1.** adj. present, current (*a. econ.*); ständig: continual; *auf dem ℒen sein* be* up to date; **2.** adv. continuously; *regelmäßig*: regularly; *immer*: always
Läufer m runner (*a. Teppich*); Schach: bishop
Lauf|gitter n playpen; ~**masche** f ladder, Am. run; ~**pass** F m: *den ~ geben* give* the sack (*e-m Freund etc.*: the brush-off); ~**schritt** m: *im* ~ on the double; ~**schuhe** pl. walking shoes pl.; Sport: trainers pl.; ~**steg** m Mode: catwalk
Lauge f chem. lye; *Seifen*ℒ: suds pl.
Laun|e f mood, temper; *gute (schlechte)* ~ *haben* be* in a good (bad) mood od. temper; ℒ**enhaft**, ℒ**isch** adj. moody; *mürrisch*: bad-tempered
Laus zo. f louse; ~**bub** m (young) rascal od. scamp
Lausch|angriff m bugging operation; ℒ**en** v/i. listen (*dat.* to); *heimlich*: a. eavesdrop; ℒ**ig** adj. snug, cosy
laut[1] **1.** adj. loud; Straße, Kinder: noisy; **2.** adv. loud(ly); ~ *vorlesen* read* aloud; ~**er, bitte!** speak up, please!
laut[2] prp. according to
Laut m sound, noise; ℒ**en** v/i. read*; *Name*: be*
läuten v/i. u. v/t. ring*; *es läutet (an der Tür)* the (door)bell is ringing
lauter adv. Unsinn etc.: sheer; *nichts als*: nothing but; *viele*: (so) many
laut|los adj. silent, soundless; *Stille*: hushed; ℒ**schrift** f phonetic transcription; ~**sprecher** m (loud)speaker; ~**stärke** f loudness; *electr. a.* (sound) volume; *mit voller* ~ (at) full blast; ℒ**stärkeregler** m volume control
lauwarm adj. lukewarm (*a. fig.*)
Lava geol. f lava
Lavabo n Schweiz: → **Waschbecken**
Lavendel bot. m lavender
Lawine f avalanche (*a. fig.*)
Lazarett n (military) hospital
leben 1. v/i. live; be* alive; *von et.* ~ live on s.th.; **2.** v/t. live
Leben n life; *am* ~ *bleiben* stay alive;

lebend

überleben: survive; **am ~ sein** be* alive; **ums ~ bringen** kill; **sich das ~ nehmen** take* one's (own) life, commit suicide; **ums ~ kommen** lose* one's life, be* killed; **um sein ~ laufen (kämpfen)** run* (fight*) for one's life; **das tägliche ~** everyday life; **mein ~ lang** all my life; **2d** adj. living; **2dig** adj. living, alive; fig. lively

Lebens|abend m old age, the last years pl. of one's life; **~bedingungen** pl. living conditions pl.; **~dauer** f lifespan; tech. (service) life; **~erfahrung** f experience of life; **~erwartung** f life expectancy; **2fähig** adj. med. viable (a. fig.); **2gefahr** f mortal danger; **in (unter) ~** in danger (at the risk of) one's life; **2gefährlich** adj. dangerous (to life), perilous; **~gefährte** m, **~gefährtin** f partner, (lifetime) companion, F lifemate; **2groß** adj. life-size(d); **~größe** f: **e-e Statue in ~ a** life-size(d) statue; **~haltungskosten** pl. cost sg. of living; **2länglich 1.** adj. lifelong; **~e Freiheitsstrafe** life sentence; **2.** adv. for life; **~lauf** m personal record, curriculum vitae; **2lustig** adj. fond of life; **~mittel** n food(stuffs pl.); **Waren**: a. groceries pl.; **~mittelgeschäft** n grocery, grocer's (shop); **2müde** adj. tired of life; **~notwendigkeit** f vital necessity; **~retter** m lifesaver, rescuer; **~standard** m standard of living; **~unterhalt** m livelihood; **s-n ~ verdienen** earn one's living (**als** as; **mit** out of, by); **~versicherung** f life insurance; **~weise** f way of life; **2wichtig** adj. vital, essential; **~e Organe** pl. vitals pl.; **~zeichen** n sign of life; **~zeit** f lifetime; **auf ~** for life

Leber anat. f liver; **~fleck** m mole; **~tran** m cod-liver oil

Lebewesen n living being, creature

leb|haft adj. lively; Verkehr: heavy; **2kuchen** m gingerbread; **~los** adj. lifeless (a. fig.); **2zeiten** pl.: **zu s-n ~** in his lifetime

lechzen v/i.: **~ nach** thirst for

leck adj. leaking, leaky

Leck n leak

lecken[1] v/t. u. v/i. lick (a. **~ an**)

lecken[2] v/i. leak

lecker adj. delicious, tasty, F yummy; **2bissen** m delicacy, treat (a. fig.).

Leder n leather; **2n** adj. leather(n); **~waren** pl. leather goods pl.

ledig adj. single, unmarried; **~lich** adv. only, merely, solely

Lee f lee; **nach ~** leeward

leer 1. adj. empty (a. fig.); unbewohnt: vacant; Seite etc.: blank; Batterie: flat, Am. dead; **~ stehen** be* empty, be* unoccupied; **2.** adv.: **~ laufen** tech. idle; **2e** f emptiness (a. fig.); **~en** v/t. u. v/refl. empty; **2gut** n empties pl.; **2lauf** m tech. idling; Gang: neutral (gear); fig. running on the spot; **2taste** f space bar; **2ung** post f collection

legal adj. legal, lawful; **~isieren** v/t. legalize; **2isierung** f legalization

Legasthen|ie psych. f dyslexia, F word blindness; **~iker(in** f) m dyslexic

legen v/t. u. v/i. lay* (a. Eier); place, put*; Haare: set*; **sich ~** lie* down; fig. calm down; Schmerz: wear* off

Legende f legend

leger adj. casual, informal

Legislative f legislative power

legitim adj. legitimate

Lehm m loam; Ton: clay; **2ig** adj. loamy, F muddy

Lehn|e f back(rest); arm(rest); **2en** v/t. u. v/i. lean* (a. **sich ~**), rest (**an, gegen** against; **auf** on); **sich aus dem Fenster ~** lean* out of the window; **~sessel**, **~stuhl** m armchair, easy chair

Lehrbuch n textbook

Lehre f Kunde: science; Theorie: theory; rel., pol. teachings pl., doctrine; **e-r Geschichte**: moral; **e-s Lehrlings**: apprenticeship; **in der ~ sein** be* apprenticed (**bei** to); **das wird ihm eine ~ sein** that will teach him a lesson; **2n** v/t. teach*, instruct; zeigen: show*

Lehrer m teacher, instructor, Brt. a. master; **~ausbildung** f teacher training; **~in** f (lady) teacher, Brt. a. mistress; **~kollegium** n (teaching) staff; **~zimmer** n staff od. teachers' room

Lehr|gang m course (of instruction od. study); praktischer: (training) course; **~herr** m master; **~jahr** n year (of apprenticeship); **~ling** m apprentice, trainee; **~meister** m master; fig. teacher; **~mittel** pl. teaching aids pl.; **~plan** m curriculum, syllabus; **~probe** f demonstration lesson; **2reich** adj. informative, instructive; **~stelle** f prenticeship; *offene*: vacancy for an apprentice; **~stuhl** *m* professorship; **~tochter** *f Schweiz*: apprentice; **~vertrag** *m* indenture(*s pl*.); **~zeit** *f* apprenticeship

Leib *m* body; *Bauch*: belly, *anat.* abdomen; *Magen*: stomach; **bei lebendigem ~e** alive; **mit ~ und Seele** (with) heart and soul

Leibes|erziehung *f* physical education, *Abk.* PE; **~kräfte** *pl.*: **aus ~n** with all one's might; **~übungen** *pl.* → *Leibeserziehung*

Leib|garde *f* bodyguard; **~gericht** *n* favo(u)rite dish; **2haftig** *adj.*: **der ~e Teufel** the devil incarnate; **~es Ebenbild** living image; **ich sehe ihn noch ~ vor mir** I can see him (before me) now; **2lich** *adj.* physical; **~rente** *f* life annuity; **~wache** *f*, **~wächter** *m* bodyguard; **~wäsche** *f* underwear

Leiche *f* (dead) body, corpse

leichen|blass *adj.* deadly pale; **2halle** *f* mortuary; **~schauhaus** *n* morgue; **2verbrennung** *f* cremation; **2wagen** *m* hearse

leicht *adj.* light (*a. fig.*); *einfach*: easy, simple; *geringfügig*: slight, minor; *tech.* light(weight); **~ möglich** quite possible; **~ gekränkt** easily offended; **das ist ~ gesagt** it's not as easy as that; **es geht ~ kaputt** it breaks easily; **~ verständlich** easy to understand; **es fällt mir (nicht) leicht (zu)** it's (not) easy for me to; **~ nehmen** not worry (about); *Krankheit etc.*: make* light of; **nimm's leicht!** never mind!, don't worry about it!; △ *nicht take it easy!*; **2athlet** *m* (track-and-field) athlete; **2athletik** *f* track-and-field (events *pl*.), athletics *pl.*; **2gewicht** *n* lightweight; **~gläubig** *adj.* credulous; **2igkeit** *fig. f*: **mit ~** easily, with ease; **2lebig** *adj.* happy-go-lucky; **2metall** *n* light metal; **2sinn** *m* carelessness; *stärker*: recklessness; **~sinnig** *adj.* careless; *stärker*: reckless

Leid *n* sorrow, grief; *Schmerz*: pain; **es tut mir ~** I'm sorry (**um** for; **wegen** about; **dass ich so spät komme** for being late); **j-m et. zu ~e tun** harm *od.* hurt* s.o.

leiden *v/t. u. v/i.* suffer (**an, unter** from); **j-n gut ~ können** like s.o.; **ich kann od. mag ... nicht ~** I don't like ...; *stärker*: I can't stand ...

Leiden *n* suffering(*s pl*.); *med.* disease

Leidenschaft *f* passion; **2lich** *adj.* passionate; *heftig*: vehement

Leidensgenoss|e *m*, **~in** *f* fellow sufferer

leid|er *adv.* unfortunately; **~ ja (nein)** I'm afraid so (not); **~lich** *adj.* passable, F so-so; **2tragende** *m*, *f* mourner; **er ist der ~ dabei** he is the one who suffers for it; **2wesen** *n*: **zu meinem ~** to my regret

Leierkasten *m* barrel organ; **~mann** *m* organ grinder

leiern *v/i. u. v/t.* crank (up); *fig.* drone

Leih|bücherei *f* public library; **2en** *v/t.* lend*; *vermieten*: hire (*Am.* rent) out; **sich ~**: borrow (**von** from); *mieten*: rent, hire; **~gebühr** *f* lending fee; **~haus** *n* pawnshop, pawnbroker's (shop); **~mutter** F *f* surrogate mother; **~wagen** *mot. m* hire (*Am.* rented) car; **2weise** *adv.* on loan

Leim *m* glue; **2en** *v/t.* glue

Leine *f* line; *Hund*: lead, leash

Lein|en *n* linen; *Segeltuch*: canvas; **in ~ gebunden** clothbound; **~enschuh** *m* canvas shoe; **~samen** *bot. m* linseed; **~tuch** *n* (linen) sheet; **~wand** *f* (linen) *paint.*, *Zelt*2 *etc.*: canvas; *Kino*: screen

leise *adj.* quiet; *Stimme etc.*: *a.* low, soft (*a. Musik*); *fig.* slight, faint; **~r stellen** turn (the volume) down

Leiste *f* ledge; *anat.* groin

leisten *v/t.* do*; *schaffen*: manage; *vollbringen*: achieve, accomplish; *Eid*: take*; **gute Arbeit ~** do* a good job; **sich et. ~** treat o.s. to s.th.; **ich kann es mir (nicht) ~** I can('t) afford it

Leistung *f* performance; *besondere*: achievement; *Schule*: *a.* (piece of) work, result; *tech. a.* output; *Dienst*2: service; *Sozial*2: benefit; **~sdruck** *m* pressure, stress; **2sfähig** *adj.* efficient; (physically) fit; **~sfähigkeit** *f* efficiency (*a. tech., econ.*); fitness; **~skontrolle** *f* (achievement *od.* proficiency) test; **~skurs** *m etwa* special subject; **~ssport** *m* competitive sport(*s pl*.)

Leitartikel *m* editorial, *bsd. Brt.* leader, leading article

leiten *v/t.* lead*, guide (*a. fig.*), conduct (*a. phys., mus.*); *Amt*, *Geschäft etc.*: run* (*a. Schule*), be* in charge of, man-

leitend

age; *TV etc.* direct; *als Moderator*: host; ~d *adj.* leading; *phys.* conductive; ~e **Stellung** key position; ~er **Angestellter** executive

Leiter¹ *f* ladder (*a. fig.*)

Leiter² *m* leader; conductor (*a. phys., mus.*); *Amt, Firma etc.*: head, manager; *Versammlung etc.*: chairman; → **Schulleiter**; ~in *f* leader; head; manageress; *mus.* conductress; chairwoman

Leit|faden *m* manual, guide; ~**motiv** *mus. n* leitmotiv; ~**planke** *mot. f* crash barrier, *Am.* guardrail; ~**spruch** *m* motto

Leitung *f econ.* management; head office; *Verwaltung*: administration; *Vorsitz*: chairmanship; *e-r Veranstaltung*: organization; *künstlerische etc.*: direction; *tech. Haupt~*: main; *im Haus*: pipe(s); *electr., tel.* line; **die ~ haben** be* in charge; **unter der ~ von** *mus.* conducted by; ~**srohr** *n* pipe; ~**swasser** *n* tap water

Lekt|ion *f* lesson; *fig.* lesson; ~**üre** *f* reading (matter); *Schule*: reader

Lende *zo. m* loin; *Rind*: sirloin

lenk|en *v/t.* steer, drive*; *Kind*: guide; *Verkehr, j-s Aufmerksamkeit*: direct; **~er** *m Fahrrad etc.*: handlebar; ~**rad** *mot. n* steering wheel; **⁀ung** *mot. f* steering (system)

Leopard *zo. m* leopard

Lerche *zo. f* lark

lernen *v/t. u. v/i.* learn*; *für die Schule etc.*: study; **er lernt leicht** he is a quick learner; *schwimmen etc.* ~ learn* (how) to swim *etc.*

Lernmittelfreiheit *f* free books *pl. etc.*

lesbar *adj.* readable; → **leserlich**

Lesb|ierin *f*, **⁀isch** *adj.* lesbian

Lese|buch *n* reader; ~**lampe** *f* reading lamp

lesen *v/t. u. v/i.* read*; *Wein*: harvest; **das liest sich wie** it reads like; ~**swert** *adj.* worth reading

Lese|r *m* reader; ~**ratte** *F f* bookworm; ~**brief** *m* letter to the editor; **⁀rlich** *adj.* legible; ~**stoff** *m* reading matter; ~**zeichen** *n* bookmark

Lesung *f* reading (*a. parl.*)

Letzt *f*: **zu guter ~** in the end

letzte *adj.* last; *neueste*: latest; **zum ~n Mal(e)** for the last time; **in ~r Zeit** recently; *als* **⁀r ankommen** *etc.* arrive *etc.* last; **⁀r sein** be* last (*a. Sport*); **das ist das ⁀!** that's the limit!; ~**ns** *adv.* finally; *erst* ~ just recently; ~**re** *adj.*: **der (die, das) ⁀** the latter

Leucht|anzeige *f* luminous *od.* LED display; **⁀en** *v/i.* shine*; *schwächer*: glow; ~**en** *n* shining; glow; **⁀end** *adj.* shining (*a. fig.*); *Farbe etc.*: bright; ~**er** *m* candlestick; → **Kronleuchter**; ~**farbe** *f* luminous paint; ~**reklame** *f* neon sign(*s pl.*); ~**(stoff)röhre** *electr. f* fluorescent lamp; ~**turm** *m* lighthouse; ~**ziffer** *f* luminous figure

leugnen *v/t. u. v/i.* deny (**et. getan zu haben** having done s.th.)

Leute *pl.* people *pl.*, F folks *pl.*

Leutnant *mil. m* second lieutenant

Lexikon *n* encyclop(a)edia; *Wörterbuch*: dictionary

Libelle *zo. f* dragonfly

liber|al *adj.* liberal; **⁀o** *m* sweeper

licht *adj.* bright; *fig.* lucid

Licht *n* light; *Helle*: brightness; ~ **machen** switch *od.* turn on the light(s); ~**bild** *n* photo(graph); *Dia*: slide; ~**bildervortrag** *m* slide lecture; ~**blick** *fig. m* ray of hope; *Idee*: bright moment; **⁀empfindlich** *adj.* sensitive to light; *phot.* sensitive; ~**empfindlichkeit** *f* (light) sensitivity; *phot.* speed

lichten *v/t. Wald*: clear; **den Anker** ~ *naut.* weigh anchor; **sich** ~ get* thin(ner); *fig.* be* thinning (out)

Licht|geschwindigkeit *f* speed of light; ~**griffel** *m* light pen; ~**hupe** *mot. f* (headlight) flash(er); **die** ~ **betätigen** flash one's lights; ~**jahr** *n* light year; ~**maschine** *mot. f* generator; ~**orgel** *f* colo(u)r organ; ~**pause** *f* blueprint; ~**schacht** *m* well; ~**schalter** *m* (light) switch; ~**scheu** *fig. adj.* shady; ~**schutzfaktor** *m* sun protection factor, SPF; ~**strahl** *m* ray *od.* beam of light (*a. fig.*)

Lichtung *f* clearing

Lid *n* (eye)lid; ~**schatten** *m* eye shadow

lieb *adj.* dear; *liebenswert*: *a.* sweet; *nett, freundlich*: nice, kind; *Kind*: good; *in Briefen*: ~ **e Jeanie** dear Jeanie

Liebe *f* love (**zu** of, for); **aus** ~ **zu** out of love for; ~ **auf den ersten Blick** love at first sight; **⁀n** *v/t.* love; *j-n*: *a.* be* in love with; *sexuell*: make* love to

liebens|wert *adj.* lovable, charming, sweet; **~würdig** *adj.* kind; **2würdigkeit** *f* kindness

lieber *adv.* rather, sooner; **~ haben** prefer, like better; *ich möchte ~ (nicht)* ... I'd much prefer (not) ...; *du solltest ~ (nicht)* ... you had better (not) ...

Liebes|brief *m* love letter; **~erklärung** *f: j-m e-e ~ machen* declare one's love to s.o.; **~kummer** *m: ~ haben* be* lovesick; **~paar** *n* lovers *pl.*

liebevoll *adj.* loving, affectionate

lieb|gewinnen *v/t.* get* fond of; **~haben** *v/t.* love, be* fond of; **2haber** *m* lover (*a. fig.*); **2haber...** *in Zssgn Preis, Stück etc.*: collector's ...; **2haberei** *f* hobby; **~lich** *adj.* lovely, charming, sweet (*a. Wein*)

Liebling *m* darling; *Günstling:* favo(u)rite; *als Anrede:* darling, honey; **~s...** *in Zssgn* mst favo(u)rite

lieblos *adj.* unloving, cold; *Worte:* unkind; *nachlässig:* careless

Lied *n* song; *Melodie:* tune

liederlich *adj.* slovenly, sloppy

Liedermacher *m* singer-songwriter

Lieferant *econ. m* supplier

liefer|bar *adj.* available; **2frist** *f* term of delivery; **~n** *v/t.* deliver; *j-m et. ~* supply s.o. with s.th.; *j-m* **2ung** *f* delivery; *Versorgung:* supply; **2wagen** *m* (delivery) van

Liege *f* couch; (camp) bed

liegen *v/i.* lie*; (*gelegen*) *sein*: *a.* be* (situated); *(krank) im Bett ~* be* (ill) in bed; *nach Osten (der Straße) ~* face east (the street); *daran liegt es(, dass)* that's (the reason) why; *es (er) liegt mir nicht* it (he) is not my cup of tea; *mir liegt viel (wenig) daran* it means a lot (doesn't mean much) to me; **~bleiben** stay in bed; *Tasche etc.:* be* left behind; *et. ~ lassen* leave* s.th. (behind); *et.* **~** *in links ~* ignore s.o., give* s.o. the cold shoulder

Liege|sitz *m* reclining seat; **~stuhl** *m* deckchair; **~stütz** *m bsd. Brt.* press-up, *bsd. Am.* push-up; **~wagen** *m rail.* m couchette

Lift *m* lift, *Am.* elevator; ski lift

Liga *f* league; *Sport: a.* division

Likör *m* liqueur

lila *adj.* purple, violet

Lilie *f* lily

Liliputaner *m* dwarf, midget

Limonade *f* pop; *Zitronen2:* lemonade, *Am.* lemon soda

Limousine *mot. f* saloon car, *Am.* sedan; *Pullman2:* limousine

Linde *f* lime (tree), linden

linder|n *v/t.* relieve, ease, alleviate; **2ung** *f* relief, alleviation

Lineal *n* ruler

Linie *f* line; *auf s-e ~ achten* watch one's weight; **~nflug** *m* scheduled flight; **~nrichter(in)** *(nach* -wom-an); **2ntreu** *pol. adj.: ~ sein* follow the party line

lin(i)ieren *v/t.* rule, line

link|e *adj.* left (*a. pol.*); *auf der* **~n** *Seite* on the left(-hand side); **2e(r)** *pol.* leftist, left-winger; **~isch** *adj.* awkward, clumsy

links *adv.* on the left (*a. pol.*); *verkehrt:* on the wrong side; *nach ~* (to the) left; *~ von* to the left of; **2...** *in Zssgn Verkehr etc.:* left-hand ...; **2außen** *Sport: m* outside left, left wing; **2händer(in)** left-hander; **2radikale** *m, f* left-wing extremist

Linse *f bot.* lentil; *opt.* lens

Lippe *f* lip; **~nstift** *m* lipstick

liquidieren *v/t.* liquidate (*a. pol.*)

lispeln *v/i.* (*have** *a*) lisp

List *f* trick; **~igkeit** *f* cunning

Liste *f* list; *Namens2: a.* roll

listig *adj.* cunning, tricky, sly

Liter *n, m* lit|re, *Am.* -er

literarisch *adj.* literary; **2tur** *f* literature; **2tur...** *in Zssgn Kritik etc.:* mst literary

Litfaßsäule *f* advertising pillar

Lizenz *f* licen|ce, *Am.* -se

LKW, Lkw *Abk. für* **Lastkraftwagen** truck, *Brt. a.* lorry

Lob *n,* **2en** *v/t.* praise; **2enswert** *adj.* praiseworthy, laudable

Loch *n* hole (*a. fig.*); *im Reifen:* puncture; **2en** *v/t. Papier, Karte etc.:* punch (*a. tech.*); **~er** *m* punch; **~karte** *f* punch(ed) card

Locke *f* curl; *Strähne, Büschel:* lock

locken¹ *v/t. u. v/refl.* curl

locken² *v/t.* lure, entice; *fig. a.* attract, tempt (*a. reizen*)

Locken|kopf *m* curly head; **~wickler** *m* curler, roller

locker *adj.* loose; *Seil: a.* slack; *fig.* läs-

lockern

sig: relaxed; ~n v/t. loosen, slacken; Griff: relax (a. fig.); sich ~ loosen, (be)come* loose; Sport: limber up; fig. relax

lockig adj. curly, curled

Lock|mittel n → Köder; **~vogel** m decoy, stoolpigeon (beide a. fig.)

lodern v/i. blaze, flare

Löffel m spoon; Schöpf≈: ladle; **2n** v/t. spoon up; **~voll** m spoonful

Logbuch n log

Loge f thea. box; Bund: lodge

Log|ik f logic; **2isch** adj. logical; **2ischerweise** adv. logically, obviously

Lohn m wages pl., pay(ment) (a.fig.); reward; **~empfänger(in)** wage earner, Am. wageworker; **2en** v/refl. be* worth(while), pay*; es (die Mühe) lohnt sich it's worth it (the trouble); das Buch (der Film) lohnt sich the book (film) is worth reading (seeing); **2end** adj. paying; fig. rewarding; **~erhöhung** f increase in wages, rise, Am. raise; **~steuer** f income tax; **~stopp** m wage freeze; **~tüte** f pay packet

Loipe f (cross-country) course

Lokal n restaurant; Kneipe: bar, bsd. Brt. pub, bsd. Am. saloon; **~...** in Zssgn mst local

Lok|(omotive) f engine; **~führer** m train driver, Am. engineer

Lorbeer bot. m laurel; Gewürz: bay leaf

Lore f Kipp≈: tipcart

Los n lot; fig. a. fate; Lotterie≈: (lottery) ticket, number

los adj. u. adv. ab, fort: off; Hund etc.: loose; ~ sein be* rid of; was ist ~? what's the matter?, F what's up?; geschieht: what's going on (here)?; hier ist nicht viel ~ there's nothing much going on here; F da ist was ~! that's where the action is!; F also ~! okay, let's go!; **~binden** v/t. untie

Lösch|blatt n blotting paper; **2en** v/t. extinguish, put* out; Durst: quench; Tinte: blot; auf der Tafel: wipe off; Zeile, Aufnahme: erase; Computer: erase, delete; Kalk: slake; naut. unload; **~papier** n blotting paper

lose adj. loose (a. fig. Zunge etc.)

Lösegeld n ransom

losen v/i. draw* lots (um for)

lösen v/t. Knoten etc.: undo*; lockern: loosen, relax; Bremse etc.: release; ab~:

488

take* off; Rätsel, Problem, Aufgabe etc.: solve; Konflikt etc.: settle; Karte: buy*, get*; auf≈: dissolve (a. chem.); sich ~ come* loose od. undone; fig. free o.s. (von from)

los|fahren v/i. leave*; selbst: drive* off; **~gehen** v/i. leave*; start, begin*; Schuß etc.: go* off; auf j-n ~ go* for s.o.; ich gehe jetzt los I'm off now, **~kaufen** v/t. ransom; **~ketten** v/t. unchain; **~kommen** v/i. get* away (von from); **~lassen** v/t. let* go; den Hund ~ auf set* the dog on; **~legen** F v/i. get* cracking

löslich chem. adj. soluble

los|lösen, **~machen** v/t → lösen; **~reißen** v/t. tear* off; sich ~ break* away; bsd. fig. tear* o.s. away (beide: von from); **~sagen** v/refl.: sich ~ von break* with; **~schlagen** v/i. strike* (auf j-n out at s.o.); **~schnallen** v/t. unbuckle; sich ~ mot., aviat. unfasten one's seatbelt; **~schrauben** v/t. unscrew, screw off; **~stürzen** v/i.: ~ auf rush at

Losung f mil. password; fig. slogan

Lösung f solution (a. fig.); e-s Konflikts etc.: settlement; **~smittel** n solvent

los|werden v/t. get* rid of; Geld: spend*; lose*; **~ziehen** v/i. set* out, take* off, march away

Lot n plumbline

löten v/t. solder

Lotse naut. m, **2n** v/t. pilot

Lotterie f lottery; **~gewinn** m prize; **~los** n lottery ticket

Lotto n allg. lotto, bingo; Brt. national lottery; deutsches: Lotto; (im) ~ spielen do* Lotto; **~schein** m Lotto coupon; **~ziehung** f Lotto draw

Löw|e m zo. lion; astr. Leo; er ist (ein) ~ he's a) Leo; **~enzahn** bot. m dandelion; **~in** zo. f lioness

loyal adj. loyal, faithful

Luchs zo. m lynx

Lücke f gap (a. fig.); **~nbüßer** m stopgap; **2nhaft** adj. full of gaps; fig. incomplete; **2nlos** adj. without a gap; fig. complete; **~ntest** m completion od. fill-in test

Luft f air; an der frischen ~ (out) in the fresh air; (frische) ~ schöpfen get* a breath of fresh air; die ~ anhalten catch* (bsd. fig. a. hold*) one's breath;

machen

tief ~ *holen* take* a deep breath; *in die* ~ *fliegen* (*sprengen*) blow* up
Luft|angriff *m* air raid; ~**aufnahme** *f* → *Luftbild*; ~**ballon** *m* balloon; ~**bild** *n* aerial photograph *od.* view; ~**blase** *f* air bubble; ~**brücke** *f* airlift
Lüftchen *n* (gentle) breeze
luft|dicht *adj.* airtight; 2**druck** *phys.*, *tech. m* air pressure
lüften *v/t. u. v/i.* air, ventilate; *Geheimnis etc.*: reveal
Luft|fahrt *f* aviation, aeronautics; ~**feuchtigkeit** *f* (atmospheric) humidity; ~**gewehr** *n* airgun; 2**ig** *adj.* airy; *Plätzchen*: breezy; *Kleid etc.*: light; ~**kissen** *n* air cushion; ~**kissenfahrzeug** *n* hovercraft; ~**krankheit** *f* airsickness; ~**krieg** *m* air warfare; ~**kurort** *m* (climatic) health resort; 2**leer** *adj.*: ~*er Raum* vacuum; ~**linie** *f*: *50 km* ~ 50 km as the crow flies; ~**post** *f* air mail; ~**pumpe** *f* air pump; bicycle pump; ~**röhre** *anat. f* windpipe, trachea; ~**schlange** *f* streamer; ~**schloss** *n* castle in the air; ~**sprünge** *pl.*: ~ *machen vor Freude* jump for joy
Lüftung *f* airing; *tech.* ventilation
Luft|veränderung *f* change of air; ~**verkehr** *m* air traffic; ~**verschmutzung** *f* air pollution; ~**waffe** *mil. f* air force; ~**weg** *m*: *auf dem* ~ by air; ~**zug** *m* draught, *Am.* draft
Lüge *f* lie; 2**n** *v/i.* lie, tell* a lie *od.* lies; *das ist gelogen* that's a lie
Lügner(in) liar; 2**isch** *adj.* false
Luke *f* hatch; *Dach*2: skylight
Lümmel *m* rascal; 2**n** *v/refl.* slouch
lumpen F *v/t.*: *sich nicht* ~ *lassen* be* generous
Lump|en *m* rag; *in* ~ in rags *pl.*; ~**enpack** F *n sl.* bastards *pl.*; 2**ig** *fig. adj.*: *für* ~*e zwei Mark* for a paltry two marks
Lunge *anat. f* lungs *pl.*; (*auf*) ~ *rauchen* inhale; ~**nentzündung** *med. f* pneumonia; ~**nflügel** *anat. m* lung; ~**nzug** *m*: *e-n* ~ *machen* inhale
lungern *v/i.* → *herumlungern*
Lupe *f* magnifying glass; *unter die* ~ *nehmen* scrutinize (closely)
Lust *f* desire, interest; *sinnliche*: lust; *Vergnügen*: pleasure, delight; ~ *haben auf et.* (*et. zu tun*) feel* like (doing) s.th.; *hättest du* ~ *auszugehen?* would you like to go out?, how about going out?; *ich habe keine* ~ I don't feel like it, I'm not in the mood for it; *die* ~ *an et. verlieren* (*j-m die* ~ *an et. nehmen*) (make*) s.o.) lose* all interest in s.th.
lüstern *adj.* greedy (*nach et.* for s.th.)
lustig *adj.* funny; *fröhlich*: cheerful; *er ist sehr* ~ he is full of fun; *es war sehr* ~ it was great fun; *sich* ~ *machen über* make* fun of
lust|los *adj.* listless, indifferent; 2**mord** *m* sex murder; 2**spiel** *n* comedy
lutschen *v/i. u. v/t.* suck
Luv *naut. f* windward, weather side
luxuriös *adj.* luxurious
Luxus *m* luxury; ~**artikel** *m* luxury (article); ~**ausführung** *f* de-luxe (*bsd. Am.* deluxe) version; ~**hotel** *n* five-star (*od.* luxury) hotel
Lymphdrüse *anat. f* lymph gland
lynchen *v/t.* lynch
Lyr|ik *f* poetry; ~**iker(in)** (lyric) poet(ess); 2**isch** *adj.* lyrical (*a. fig.*)

M

machbar *adj.* feasible
machen *v/t. tun*: do*; *herstellen, verursachen*: make*; *Essen etc.*: make*, prepare; *in Ordnung bringen, reparieren*: fix (*a. fig.*); *ausmachen, betragen*: be*, come* to, amount to; *Prüfung*: take*, erfolgreich: pass; *Reise, Ausflug*: make*, go* on; *Hausaufgaben* ~ do* one's homework; *da*(*gegen*) *kann man nichts* ~ it can't be helped; *mach, was du willst!* do as you please!; (*nun*) *mach mal od. schon!* hurry up!, come on *od.* along now!; *mach's gut!* take care (of yourself)!, good luck!; (*das*)

Machenschaften

macht nichts it doesn't matter; *mach dir nichts d(a)raus!* never mind!, don't worry!; *das macht mir nichts aus* I don't mind *od.* care; *was od. wieviel macht das?* how much is it?; *sich et. (nichts) ~ aus* für (un)wichtig halten: (not) care about; (nicht) mögen: (not) care for

Machenschaften *pl.* machinations *pl.*; *unsaubere ~* sleaze *sg.* (*bsd. pol.*)

Macher *m* man of action, doer

Macho *m* macho

Macht *f* power (*über* of); *an der ~* in power; *mit aller ~* with all one's might; **~haber** *m* ruler

mächtig *adj.* powerful, mighty (*a. fig.*); riesig: enormous, huge; F: *~ klug (stolz)* mighty clever (proud)

Macht|kampf *m* struggle for power; **2los** *adj.* powerless; **~missbrauch** *m* abuse of power; **~politik** *f* power politics *sg., pl.*; **~übernahme** *f* takeover; **~wechsel** *m* transition of power

Mädchen *n* girl; *Dienst2:* maid; **2haft** *adj.* girlish; **~name** *m* girl's name; *e-r Frau:* maiden name; **~schule** *f* girls' school

Made *f* maggot; *Obst2:* worm

Mädel *n* girl, *Brt. a.* lass, *Am.* F chick

madig *adj.* maggoty, *Obst a.:* worm-eaten; F *j-m et. ~ machen* spoil s.th. for s.o.

Magazin *n Zeitschrift, e-r Waffe:* magazine; *Lager:* store(room), warehouse, *bsd. mil.* magazine, depot; *TV, Rundfunk:* magazine, review

Magd *f* (female) farmhand

Magen *m* stomach, F tummy; **~beschwerden** *f/pl.* stomach trouble *sg.*; **~Darm-Infektion** *med. f* gastroenteritis; **~geschwür** *med. n* (stomach) ulcer; **~schmerzen** *pl.* stomachache *sg.*

mager *adj. Körper(teil):* lean, thin, skinny; *Käse etc.:* low-fat; *Fleisch:* lean; *Milch:* skim; *fig. Gewinn, Ernte etc.:* meag(re, *Am. a.* -er

Magi|e *f* magic; **2sch** *adj.* magic(al)

Magister *m univ.* Master of Arts *od.* Science; *östr.* → **Apotheker**

Magistrat *m* municipal council

Magnet *m* magnet (*a. fig.*); **~...** in Zssgn Band, Feld, Nadel etc.: magnetic ...; **2isch** *adj.* magnetic (*a. fig.*); **2isieren** *v/t.* magnetize

Mahagoni *n* mahogany

mäh|en *v/t. Rasen:* mow*; *Gras:* cut*; *bsd. Getreide:* reap; **2drescher** *agr. m* combine (harvester)

mahlen *v/t. meal:* grind*

Mahlzeit *f* meal; *Baby:* feed(ing)

Mähne *f* mane

mahn|en *v/t.* remind; *Schuldner:* send* s.o. a reminder; → **ermahnen**; **2gebühr** *f* reminder fee; **2mal** *n* memorial; **2ung** *f Brief:* reminder

Mai *m* May; *der Erste ~* May Day; **~baum** *m* maypole; **~glöckchen** *n* lily of the valley; **~käfer** *m* cockchafer

Mais *bot. m* maize, *Am.* corn

Majestät *f: Seine (Ihre, Eure) ~* His (Her, Your) Majesty; **2isch** *adj.* majestic

Major *mil. m* major

makaber *adj.* macabre

Makel *m* blemish (*a. fig.*)

mäkelig F *adj.* fussy, choos(e)y, *bsd. Am.* picky

makellos *adj.* immaculate (*a. fig.*)

mäkeln F *v/i.* carp, pick, nag (*an* at)

Makler *econ. m Grundstücks2, Wohnungs2:* (*Am.* real) estate agent; *Börsen2:* broker; **~gebühr** *econ. f* fee, commission

mal *adv. math.* times, multiplied by; *Maße:* by; F → *einmal;* **12 ~ 5 ist (gleich) 60** 12 times *od.* multiplied by 5 is *od.* equals 60; *ein 7~4 Meter großes Zimmer* a room 7 metres by 4

Mal¹ *n* time; *zum ersten (letzten) ~(e)* for the first (last) time; *mit e-m ~(e) plötzlich:* all of a sudden; *ein für alle ~(e)* once and for all

Mal² *n Zeichen:* mark; → **Mutter2**

malen *v/t.* paint (*a. streichen*)

Maler *m* painter; **~ei** *f* painting; **~in** *f* (woman) painter; **2isch** *fig. adj.* picturesque

Malkasten *m* paintbox

malnehmen *math. v/t.* multiply (*mit* by)

Malz *n* malt; **~bier** *n* malt beer

Mama F *f* mum(my), *Am.* mom(my)

Mammut *zo. n* mammoth (*a. in Zssgn*)

man *indef. pron.* you, *förmlicher:* one; they, people; *wie schreibt ~ das?* how do you spell it?; *~ sagt, dass* they *od.* people say (that); *~ hat mir gesagt* I was told

Manager *m* executive; *Sport*: manager
manch|(er, -e, -es) *indef. pron.* (*mst pl.*) einige: some; viele: quite a few, many; **~mal** *adv.* sometimes
Mandant(in) *jur.* client
Mandarine *bot. f* tangerine
Mandat *pol. n* mandate; *Sitz*: seat
Mandatar *östr. m* → **Abgeordnete(r)**
Mandel *f bot.* almond; *anat.* tonsil; **~entzündung** *med. f* tonsillitis
Manege *f* (circus) ring
Mangel[1] *m* Fehlen: lack (**an** of); Knappheit: shortage; *tech.* defect, fault; *e-r* Leistung (*a. Schule*): shortcoming; *aus* ~ *an* for lack of
Mangel[2] *f Wäsche*L: mangle
mangelhaft *adj.* Qualität: poor; *Arbeit, Ware*: defective; *Schulleistung, -note*: poor, unsatisfactory, failing
mangeln *v/t.* Wäsche: mangle
mangels *prp.* for lack *od.* want of
Mangelware *f:* ~ *sein* be* scarce
Manie *f* mania (*a. fig.*)
Manier|en *pl.* manners *pl.*; **Llich** *adv.*: *sich* ~ *betragen* behave (decently)
Manifest *n* manifesto
manipulieren *v/t.* manipulate
Mann *m* man; *Ehe*L: husband
Männchen *zo. n* male
Manndeckung *f Sport*: man-to-man marking
Mannequin *n* model
mannig|fach, ~faltig *adj.* many and various *pl.*
männlich *adj. biol.* male; *Aussehen, Eigenschaften, gr.*: masculine (*a. fig.*)
Mannschaft *f Sport*: team (*a. fig.*), *naut., aviat.* crew
Manöv|er *n*, **Lrieren** *v/i.* manoeuvre, *Am.* maneuver
Mansarde *f* room in the attic; **~nfenster** *n* dormer (window)
Manschette *f* cuff; *tech. Dichtungs*L: gasket; *Zier*L: frill; **~nknopf** *m* cufflink
Mantel *m* coat; *Reifen*: casing, *Am.* tyre (*Am.* tire) cover; *tech.* jacket, shell
Manuskript *n* manuscript; *druckreifes*: copy
Mäppchen *n Feder*L: pencil case
Mappe *f Aktentasche*: briefcase; *Schul*L: school bag; *Ranzen*: satchel; *Aktendeckel*: folder; △ *nicht* **map**
Märchen *n* fairytale (*a. fig.*); ~ *erzählen* *fig.* tell* (tall) stories *od.* fibs; **~land** *n* fairyland (*a. fig.*)
Marder *zo. m* marten
Margarine *f* margarine
Margerite *bot. f* marguerite
Marienkäfer *zo. m* ladybird, *Am.* ladybug
Marihuana *n* marijuana, *sl.* grass; **~zigarette** *f sl.* reefer, joint
Marille *östr. f* apricot
Marine *mil. f* navy; △ *nicht* **marine;** **Lblau** *adj.* navy blue
Marionette *f* puppet (*a. fig.*); **~ntheater** *n* puppet show
Mark[1] *f Währung, Münze*: mark
Mark[2] *n Knochen*L: marrow; *Frucht*L: pulp
Marke *f Lebensmittel etc.*: brand; *Fahrzeug, Gerät*: make; **~nzeichen** *n* trademark (*a. fig.*); *Brief*L *etc.*: stamp; *Erkennungs*L: badge, tag; *Zeichen*: mark
markier|en *v/t.* mark (*a. Sport*); F *fig.* act; **Lung** *f* marking
Markise *f* awning, sun blind
Markt *econ. m* market; *auf den* ~ *bringen econ.* put* on the market; **~platz** *m* market place; **~wirtschaft** *f freie* ~: free enterprise (economy); *soziale* ~: social (market) economy
Marmelade *f* jam; *Orangen*L: marmalade
Marmor *m* marble (*a. aus* ~)
Marsch[1] *m* march (*a. mus.*)
Marsch[2] *f* marsh, fen
Marschall *m* marshal
Marsch|befehl *mil. m* marching orders *pl.*; **Lieren** *v/i.* march
Marsmensch *m* Martian
Marter *f* torture; **Ln** *v/t.* torture; **~pfahl** *m* stake
Martinshorn *n* (police *etc.*) siren
Märtyrer *m* martyr (*a. fig.*)
Marxis|mus *pol. m* Marxism; **~t(in)** *pol.* Marxist; **Ltisch** *pol. adj.* Marxist
März *m* March
Marzipan *n* marzipan
Masche *f Strick*L: stitch; *Netz*L: mesh; F *fig.* trick; *Mode*: fad, craze; **~ndraht** *m* wire netting
Maschine *f* machine; *Motor*: engine; *Flugzeug*: plane; *Motorrad*: motorcycle, machine; ~ *schreiben* type
Maschinen|bau *tech. m* mechanical engineering; **~gewehr** *n* machinegun;

maschinenlesbar

~lesbar *adj. Computer*: machine-readable; ~öl *n* engine oil; ~pistole *f* submachine gun, machine pistol; ~schaden *m* engine trouble *od.* failure; ~schlosser *m* (engine) fitter

Masern *med. pl.* measles *pl.*

Maserung *f Holz etc.*: grain

Mask|e *f* mask (*a. Computer u. fig.*); ~enball *m* fancy-dress ball; ~enbildner(in) make-up artist; ²ieren *v/t.* mask; **sich ~** put* on a mask; → **verkleiden**

maskulin *adj.* masculine (*a. gr.*)

Maß¹ *n* ~einheit: measure (**für** of); *e-s Raumes etc.*: dimensions *pl.*, measurements *pl.*, size; *fig.* extent, degree; ~e **und Gewichte** weights and measures; **nach ~ (gemacht)** made to measure; **in gewissem (hohem) ~e** to a certain (high) degree; **in zunehmendem ~e** increasingly; **~ halten** be* moderate (**in** in)

Maß² *f Bier*: lit|re (*Am.* -er) of beer

Massage *f* massage

Massaker *n* massacre

Masse *f* mass; *Substanz*: substance; *Menschen~*: crowd(s *pl.*); F: **e-e ~ Geld** *etc.*: loads *od.* heaps of; **die (breite) ~**, *pol.* **die ~n** *pl.* the masses *pl.*

Maßeinheit *f* unit of measure(ment)

Massen|... *in Zssgn* Medien, Mörder *etc.*: mass ...; ~andrang *m* crush; ²haft F *adv.* masses *od.* loads of; ~karambolage *mot. f* pileup; ~medien *pl* mass media *pl.*; ~produktion *f* mass production

Masseu|r *m* masseur; ~se *f* masseuse

maß|gebend, ~geblich *adj.* verbindlich: authoritative; *beträchtlich*: substantial, considerable

massieren *v/t.* massage

massig *adj.* massive, bulky

mäßig *adj.* moderate; *dürftig*: poor; ~en *v/t. u. v/refl.* moderate; ²ung *f* moderation; restraint

massiv *adj.* solid

Massiv *n Berg²*: massif

Maß|krug *m* beer mug, *aus Steingut*: stein; ²los *adj.* Essen, Trinken *etc.*: immoderate; *Übertreibung*: gross; ~nahme *f* measure, step; ~regel *f* rule; ²regeln *v/t.* tadeln: reprimand; *strafen*: discipline; ~stab *m* scale; *fig.* standard; **im ~ 1:50000** on the scale of 1:50000; ²stabgetreu *adj.* true to scale; ²voll *adj.* moderate

Mast¹ *m* mast

Mast² *agr. f Schweine²* *etc.*: fattening; ~futter: mast; ~darm *anat. m* rectum

mästen *v/t.* fatten; F *j-n*: stuff

masturbieren *v/i.* masturbate

Match *östr. n* match, *Am.* game; ~ball *m Tennis*: match point

Material *n* material (*a. fig.*); *Arbeits²*: materials *pl.*; ~ismus *phil. m* materialism; ~ist *m* materialist; ²istisch *adj.* materialistic

Materie *f* matter (*a. fig.*); *Thema*: subject (matter); ²ll *adj.* material

Mathemati|k *f* mathematics *sg.*; ~ker *m* mathematician; ²sch *adj.* mathematical

Matinee *thea., mus. f* morning performance; △ *nicht* matinee

Matratze *f* mattress

Matrize *f* stencil; **auf ~ schreiben** stencil

Matrose *naut. m* sailor, seaman

Matsch *m* mud, *bsd. Schnee²*: slush; F *Brei*: mush; ²ig *adj.* muddy, slushy; *Frucht*: squashy, mushy

matt *adj. schwach*: weak; *erschöpft*: exhausted, worn out; *Farbe*: dull, pale; *Fotooberfläche*: mat(t); *Glas, Glühbirne*: frosted; *Schach*(t): checkmate

Matte *f* mat

Mattigkeit *f* exhaustion, weakness

Mattscheibe *f phot.* focus(s)ing screen; *Bildschirm*: screen; F *Fernseher*: Brt. telly, box, *Am.* (boob) tube

Matura *f östr., Schweiz*: → **Abitur**

Mauer *f* wall; ~blümchen *fig. n* wallflower; ~werk *n* masonry, brickwork; ²n *v/i.* lay* bricks

Maul *n* mouth; *sl.*: **halt's ~!** shut up!; ²en F *v/i.* grumble, sulk, pout; ~korb *m* muzzle (*a. fig.*); ~tier *n* mule; ~wurf *m* mole; ~wurfshaufen, ~wurfshügel *m* molehill

Maurer *m* bricklayer; ~kelle *f* trowel; ~meister *m* master bricklayer; ~polier *m* foreman bricklayer

Maus *f* mouse (*a. Computer*); ~efalle *f* mousetrap

Mauser *f* mo(u)lt(ing); **in der ~ sein** be* mo(u)lting

Maut *östr. f* toll; ~straße *f* toll road, *Am. a.* turnpike

maxi|mal 1. adj. maximum; **2.** adv. at (the) most; **₂mum** n maximum
Mayonnaise f mayonnaise
Mäzen m Kunst: patron; Sport: sponsor
Mechani|k f phys. mechanics mst sg.; tech. mechanism; **~ker** m mechanic; **₂sch** adj. mechanical; **₂sieren** v/t. mechanize; **~sierung** f mechanization; **~smus** tech. m mechanism; Triebwerk, Uhrwerk: works pl.
meckern v/i. Ziege: bleat; fig. grumble, grouch, Am. a. bitch (**über** at, about)
Medaill|e f medal; **~engewinner(in)** medal(l)ist; **~on** n locket
Medien pl. Massen₂: mass media pl.; Unterricht: teaching aids pl.; technische **~**: audio-visual aids pl.
Medikament n drug; bsd. zum Einnehmen: medicine
meditieren v/i. meditate (**über** on)
Medizin f (science of) medicine; Arznei: medicine, remedy (**gegen** for); **~er(in)** Arzt: (medical) doctor; Student: medical student; **₂isch** adj. medical; **₂isch-technische(r) Assistent(in)** (Abk. **MTA**) medical technologist; **~mann** m witchdoctor; Indianer: medicine man
Meer n sea (a. fig.), ocean; **~busen** m gulf, bay; **~enge** f straits pl.; **~esboden** m seabed; **~esfrüchte** pl. seafood sg.; **~esspiegel** m sea level; **~rettich** m horseradish; **~schweinchen** n guinea pig
Megabyte n Computer: megabyte
Mehl n flour; grobes: meal; **₂ig** adj. mealy; **~speis(e)** östr. f sweet (dish)
mehr indef. pron. u. adv. more; **immer ~** more and more; **nicht ~** zeitlich: no longer, not any longer (od. more); **noch ~** even more; **es ist kein ... ~ da** there isn't any ... left; **~deutig** adj. ambiguous; **~ere** adj. u. indef. pron. several; **₂heit** f majority; **₂kosten** pl. extra costs pl.; **~mals** adv. several times; **₂wegflasche** f returnable (od. deposit) bottle; **₂wertsteuer** econ. f value-added tax (Abk. **VAT**); **₂zahl** f Mehrheit: majority; gr. plural (form); **₂zweck...** in Zssgn Fahrzeug etc.: multi-purpose
meiden v/t. avoid
Meile f mile; **₂nweit** adv. (for) miles
mein poss. pron. u. adj. my; **das ist ~er**

(**-e, -[e]s**) **gehört mir**: that's mine
Meineid jur. m perjury
meinen v/t. glauben, e-r Ansicht sein: think*, believe; sagen wollen, beabsichtigen, sprechen von: mean*; sagen: say*; **~ Sie (wirklich)?** do you (really) think so?; **wie ~ Sie das?** what do you mean by that?; **sie ~ es gut** they mean well; **ich habe es nicht so gemeint** I didn't mean it; **wie ~ Sie?** I (beg your) pardon?
meinetwegen adv. von mir aus: I don't mind od. care!; **für mich**: for my sake; **wegen mir**: because of me
Meinung f opinion (**über, von** about, of); △ nicht meaning: **meiner ~ nach** in my opinion; **der ~ sein, dass** be* of the opinion that; Meinung feel* od. believe that; **s-e ~ äußern** express one's opinion; **s-e ~ ändern** change one's mind; **ich bin Ihrer (anderen) ~** I (don't) agree with you; **j-m die ~ sagen** give* s.o. a piece of one's mind; **~saustausch** m exchange of views (**über** on); **~sforscher** m pollster; **~sfreiheit** f freedom of speech od. opinion; **~sumfrage** f opinion poll; **~sverschiedenheit** f disagreement (**über** about)
Meise f titmouse
Meißel m chisel; **₂n** v/t. u. v/i. chisel, carve
meist 1. adj. most; **das ~e (davon)** most of it; **die ~en (von ihnen)** most of them; **die ~en Leute** most people; **die ~e Zeit** most of the time; **2.** adv.: **~** meistens; **am ~en** (the) most; gearbeitet etc.: most (of all); **~ens** adv. usually; **die meiste Zeit**: most of the time
Meister m Handwerk, Kunst, a. fig.: master; Sport: champion, F champ; **₂haft 1.** adj. masterly; **2.** adv. in a masterly manner od. way; **~in** f → **Meister**; **₂n** v/t. master; **~schaft** f Können: mastery; Sport: championship, cup; Titel: title; **~stück, ~werk** n masterpiece
Melancholi|e f melancholy; **₂sch** adj. melancholy; **~ sein** feel* depressed, F have* the blues
Melange f östr. f coffee with milk
meld|en 1. v/t. et. od. j-n: report s.th. od. s.o. (**bei** to); Presse, Funk etc.: announce, report; amtlich: notify s.o. (of

Meldung 494

s.th.); **2.** v/refl.: sich ~ report (**bei** to, **für, zu** for); polizeilich an~: register (**bei** with); Schule etc.: put* up one's hand; Telefon: answer the phone; Prüfung, Wettbewerb: enter (**für, zu** for); freiwillig: volunteer (**für, zu** for); ~ung f Presse, Funk etc.: report, news, announcement; Mitteilung: information, notice; amtlich: notification, report; polizeiliche An~: registration (**bei** with); Prüfung, Wettbewerb: entry (**für, zu** for)

melken v/t. milk

Melodi|e mus. f melody, tune; 2sch adj. melodious, melodic

Melone f bot. melon; F Hut: bowler (hat), Am. derby

Memoiren pl. memoirs pl.

Menge f Anzahl: quantity; amount; Menschen2: crowd; math. set; F: e-e Geld plenty of money, lots pl. of money; 2n v/t. → mischen; ~nlehre math. f set theory; Schule: new math(ematics sg.)

Mensa f refectory, canteen, Am. cafeteria

Mensch m human being; als Gattung: man; einzelner: person, individual; **die** ~**en** pl. people pl.; alle: mankind sg.; **kein** ~ nobody; ~**!** bewundernd: wow!

Menschen|affe m ape; ~**fresser** m cannibal; Tier: man-eater; ~**freund** m philanthropist; ~**handel** m slave trade; ~**kenntnis** f: ~ haben know* human nature; ~**leben** n human life; 2**leer** adj. deserted; ~**menge** f crowd; ~**rechte** pl. human rights pl.; ~**seele** f: keine ~ not a (living) soul; 2**unwürdig** adj. degrading; Unterkunft etc.: unfit for human beings; ~**verstand** m: ~ gesunder ~ common sense; ~**würde** f human dignity

Mensch|heit f: **die** ~ mankind, the human race; 2**lich** adj. den Menschen betreffend: human; humane; 2**lichkeit** f humanity

Menstruation med. f menstruation

Mentalität f mentality

Menü n set meal, mittags a.: set lunch; Computer: menu

Meridian geogr., astr. m meridian

merk|bar adj. deutlich: marked, distinct; wahrnehmbar: noticeable; 2**blatt** n leaflet; ~**en** v/t. wahrnehmen: notice;

spüren: feel*; entdecken: find* (out), discover; **sich et.** ~ remember s.th., keep* od. bear* s.th. in mind; ~**lich** adj. → merkbar; 2**mal** n sichtbares: sign; Eigenart: feature, trait

merkwürdig adj. strange, odd, curious; ~**erweise** adv. strangely enough

mess|bar adj. measurable, 2**becher** m Haushalt: measuring cup

Messe f econ. fair; rel. mass; mil., naut. mess

messen v/t. measure; Temperatur, Blutdruck etc.: take*; **sich nicht mit j-m ~ können** be* no match for s.o.; **gemessen an** compared with

Messer n knife; **bis aufs** ~ to the knife; **auf des** ~**s Schneide stehen** be* on a razor edge; ~**stecherei** f knife fight; ~**stich** m stab (with a knife)

Messing n brass

Messinstrument n measuring instrument

Messung f measuring; Ablesung: reading

Metall n metal (a. aus ~); ~**bearbeitung** f metalwork (a. Schulfach); 2**en**, 2**isch** adj. metallic; ~**waren** pl. hardware sg.

Meta|morphose f metamorphosis; ~**stase** med. f metastasis

Meteor astr. m meteor; ~**it** m meteorite

Meteorolog|e m meteorologist; ~**ie** f meteorology

Meter n, m met|re, Am. -er; ~**maß** n tape measure

Method|e f method; tech. a. technique; 2**isch** adj. methodical

metrisch adj. metric; ~**es Maßsystem** metric system

Metropole f metropolis

Metzger m butcher; ~**ei** f butcher's (shop)

Meute f pack (of hounds); fig. mob, pack; ~**rei** f mutiny; ~**rer** m mutineer; 2**rn** v/i. mutiny (**gegen** against)

MEZ Abk. für **Mitteleuropäische Zeit** CET, Central European Time

miau int. me(o)w, miaow; ~**en** v/i. me(o)w

mich pers. pron. me; ~ (**selbst**) myself

Mieder n Korsett: corset(s pl.); am Kleid: bodice; ~**höschen** n pantie girdle; ~**waren** pl. foundation garments pl., corsetry sg.

Miene f expression, look, air; *gute ~ zum bösen Spiel machen* grin and bear* it

mies F adj. rotten, lousy

Miet|e f rent; *für bewegliche Sachen*: hire charge; *zur ~ wohnen* be* a tenant; lodge (*bei* with); **2en** v/t. rent; *Auto etc.*: hire, bsd. Am. rent; *pachten*: (take* on) lease; *naut., aviat.* charter; **~er** m tenant, *Unter2*: lodger; **~shaus** n block of flats, F tenement house, Am. apartment building od. house; **~vertrag** m lease (contract); **~wohnung** f (rented) flat, Am. apartment

Migräne med. f migraine

Mikro... in Zssgn Chip, Computer, Elektronik, Film, Prozessor etc.: micro

Mikrofon n microphone, F mike

Mikroskop n microscope; **2isch** adj. microscopic(al)

Mikrowelle F f, **~nherd** m microwave oven

Milbe zo. f mite

Milch f milk; **~geschäft** n dairy, creamery; **~glas** n frosted glass; **2ig** adj. milky; **~kaffee** m white coffee; **~kännchen** n (milk) jug; **~kanne** f milk can; **~mann** F m milkman; **~mixgetränk** n milk shake; **~produkte** pl. dairy products pl.; **~pulver** n powdered milk; **~reis** m rice pudding, **~straße** astr. f Milky Way, Galaxy; **~tüte** f milk carton; **~wirtschaft** f dairy farming; **~zahn** m milk tooth

mild adj. mild, soft; *Lächeln*: gentle

milde adv. mildly; *~ ausgedrückt* to put it mildly

Milde f mildness, gentleness; *Nachsicht*: leniency, mercy; *~ walten lassen* be* merciful

mildern v/t. lessen, soften; **~d** adj.: *~e Umstände* jur. mitigating circumstances

mildtätig adj. charitable

Milieu n *Umwelt*: environment; *Herkunft*: social background

Militär n the military, armed forces pl.; *Heer*: army; **~dienst** m military service; **~diktatur** f military dictatorship; **~gericht** n court martial; **2isch** adj. military

Militarismus m militarism

Militärregierung f military government

Milliarde f billion, Brt. a. a thousand million(s)

Millimeter n, m millimet|re, Am. -er; **~papier** n graph paper

Million f million; **~är(in)** millionaire(ss)

Milz anat. f spleen

Mimik f facial expression; △ *nicht* mimic

minder 1. adj. → **geringer, weniger**; **2.** adv. less; *nicht ~* no less; **2heit** f minority; **2jährig** adj.: *~ sein* be* under age od. a minor; **2jährige(r)** minor; **2jährigkeit** f minority

minderwertig adj. inferior, of inferior quality; **2keit** f inferiority; *econ.* inferior quality; **2keitskomplex** m inferiority complex

mindest adj. least; *das 2e* the (very) least; *nicht im 2en* not in the least, not at all; **2...** in Zssgn Alter, Einkommen, Lohn etc.: minimum ...; **~ens** adv. at least; **2haltbarkeitsdatum** n best-before (od. best-by, sell-by) date, Am. pull date; **2maß** n minimum; *auf ein ~ herabsetzen* reduce to a minimum

Mine f *Bergbau*:, *mil.*, *naut.* mine; *Bleistift2*: lead; *Kugelschreiber2*: cartridge; *Ersatz2*: refill

Mineral n mineral; **~ogie** f mineralogy; **~öl** n mineral oil; **~wasser** n mineral water

Miniatur f miniature

Minigolf n crazy (Am. miniature) golf

mini|mal adj., adv. *geringfügig*: minimal; *mindest*: minimum (bsd. in Zssgn); *wenigstens*: at least; **2mum** n minimum

Minirock m miniskirt

Minister m minister, Brt. a. secretary (of state), Am. secretary; **2ium** n ministry, Brt. a. office, Am. department; **~präsident** m *e-s Bundeslandes*: prime minister

minus adv. math. minus; *bei 10 Grad ~* at 10 degrees below zero

Minute f minute; **~nzeiger** m minute hand

Mio Abk. für Million(en) m, million

mir pers. pron. (to) me

Misch|batterie f *Waschbecken etc.*: mixer tap, Am. mixing faucet; **~brot** n wheat and rye bread; **2en** v/t. mix; *Tabak, Tee etc.*: blend; *Karten*: shuffle;

Mischling

sich *unters Volk* ~ mingle with the crowd; ~**ling** *m bsd. contp.* half-caste; *bot., zo.* hybrid; *Hund:* mongrel; ~**masch** F *m* hotchpotch, jumble; ~**maschine** *tech. f* mixer; ~**pult** *n Rundfunk, TV:* mixer, mixing console; ~**ung** *f* mixture; blend; *Pralinen*Ձ *etc.:* assortment; ~**wald** *m* mixed forest
miserabel F *adj.* lousy, rotten
miss|achten *v/t. nicht beachten:* disregard, ignore; *verachten:* despise; Ձ**achtung** *f* disregard; *Verachtung:* contempt; *Vernachlässigung:* neglect; Ձ**bildung** *f* deformity, malformation; ~**billigen** *v/t.* disapprove of; Ձ**brauch** *m* abuse (*a. jur.* Frau, Kind); *falsche Anwendung:* misuse; ~**brauchen** *v/t.* abuse; misuse; ~**deuten** *v/t.* misinterpret
missen *v/t.* miss; *ich möchte das nicht* ~ I wouldn't (like to) miss it
Miss|erfolg *m* failure; F flop; ~**ernte** *f* bad harvest, crop failure
Misse|tat *iro., poet. f* misdeed; ~**täter** *m* wrongdoer, culprit
miss|fallen *v/i.: j-m* ~ displease s.o.; Ձ**fallen** *n* displeasure, dislike; ~**gebildet** *adj.* deformed, malformed; Ձ**geburt** *f* deformed child *od.* animal; *extreme:* freak; Ձ**geschick** *n Panne etc.:* mishap; ~**glücken** *v/i.* fail; ~**gönnen** *v/t.: j-m et.* ~ envy s.o. s.th.; Ձ**griff** *m* mistake; ~**handeln** *v/t.* ill-treat, maltreat (*a. fig.*); *Ehefrau, Kind:* batter; Ձ**handlung** *f* ill-treatment, maltreatment; *bsd. jur.* assault and battery
Mission *f* mission (*a. pol. u. fig.*); ~**ar(in)** missionary
Miss|klang *m* dissonance, discord (*beide a. fig.*); ~**kredit** *m* discredit; Ձ**lingen** *v/i.* fail; *das ist mir misslungen* I've bungled it; Ձ**mutig** *adj.* bad-tempered, F grumpy; *unzufrieden:* discontented; Ձ**raten 1.** *v/i.* fail; turn out badly; **2.** *adj. Kind:* wayward; Ձ**trauen** *v/i.* distrust; ~**trauen** *n* distrust, suspicion (*beide: gegenüber of*); ~**trauensantrag (-votum)** *parl. m (n)* motion (vote) of no confidence; Ձ**trauisch** *adj.* distrustful, suspicious; ~**verhältnis** *n* disproportion; ~**verständnis** *n* misunderstanding; Ձ**verstehen** *v/t.* misunderstand*; ~**wahl** *f* beauty contest *od.* competition

496

Mist *m* dung, manure; F *fig.* trash, rubbish; ~**beet** *n* hotbed
Mistel *bot. f* mistletoe
Mist|gabel *f* dung fork; ~**haufen** *m* manure heap
mit *prp. u. adv.* with; ~ **Gewalt** by force; ~ **Absicht** on purpose; ~ **dem Auto (der Bahn etc.)** by car (train *etc.*); ~ **20 Jahren** at (the age of) 20; ~ **100 Stundenkilometern** at 100 kilometres per hour; ~ **einem Mal** *plötzlich:* all of a sudden; ~ **lauter Stimme** in a loud voice; ~ **anderen Worten** in other words; *ein Mann* ~ **dem Namen** a man by the name of; *j-n* ~ **Namen kennen** know* s.o. by name; ~ **der Grund dafür, dass** one of the reasons why; ~ **der Beste** one of the best
Mit|arbeit *f Zusammen*Ձ: cooperation; *Hilfe:* assistance; *Schule:* activity, class participation; ~**arbeiter(in)** *f Kollege:* colleague; *Angestellter:* employee; *untergeordnet:* assistant; *freier* ~ freelance; Ձ**bekommen** F *fig. v/t.* verstehen: get*; hören: catch*; Ձ**benutzen** *v/t.* share; ~**bestimmungsrecht** *n* (right of) codetermination, *im Betrieb a.* worker participation; ~**bewerber** *m* (rival) competitor; *Stelle:* applicant; ~**bewohner(in)** *e-r Wohnung:* flatmate, *Am.* roommate; Ձ**bringen** *v/t. bring* s.th. *od.* s.o. with one; *j-m et.* ~ bring* s.o. s.th.; ~**bringsel** *f n* little present; *Reise*Ձ: souvenir; ~**bürger** *m* fellow citizen; Ձ**einander** *adv.* with each other, with one another; *zusammen:* together, jointly; Ձ**erleben** *v/t.* live to see; ~**esser** *med. m* blackhead; Ձ**fahren** *v/i.: mit j-m* ~ drive* *od.* go* with s.o.; *j-n* ~ **lassen** give* s.o. a lift; ~**fahrgelegenheit** *f* lift; ~**fahrzentrale** *f* car pool(ing) service; Ձ**fühlend** *adj.* sympathetic; Ձ**geben** *v/t.: j-m et.* ~ give* s.o. s.th. (to take* along); ~**gefühl** *n* sympathy; Ձ**gehen** *v/i.: mit j-m* ~ go* *od.* come* along with s.o.; F *et.* ~ **lassen** walk off with s.th.; ~**gift** *f* dowry
Mitglied *n* member (*bei* of); ~**sbeitrag** *m* subscription; ~**schaft** *f* membership
mithaben *v/t.: ich habe kein Geld mit* I haven't got any money with (*od.* on) me
Mithilfe *f* assistance, help, cooperation

mithilfe *prp.* → **Hilfe**
mit|hören *v/t. belauschen:* listen in to; *zufällig:* overhear*; **2inhaber** *m* joint owner; **~kommen** *v/i.* come* along (**mit** with); *fig. Schritt halten:* keep* pace (**mit** with), *verstehen:* follow; *Schule:* get* on, keep* up (with the class); **2laut** *m* consonant
Mitleid *n* pity (**mit** for); **aus ~** out of pity; **~ haben mit** feel* sorry for; **~erregend** pitiful; **~ig** *adj.* compassionate, sympathetic; **2slos** *adj.* pitiless
mit|machen 1. *v/i.* join in; **2.** *v/t.* take* part in; *die Mode:* follow; *erleben:* go* through; **2menschen** *pl.: die ~* one's fellow human beings *pl.*; people *pl.*; **~nehmen** *v/t.* take* s.th. *od.* s.o. with one; *j-n (im Auto) ~* give* s.o. a lift; **~reden** *v/t.: et. (nichts) mitzureden haben (bei)* have* a say (no say) (in); **~reißen** *v/t.* drag along; *fig. begeistern:* carry away (*mst pass.*); **~reißend** *adj.* Rede, Musik *etc.*: electrifying; **~schneiden** *v/t. Rundfunk, TV:* record, tape(-record); **~schreiben 1.** *v/t.* take* down; *(Prüfungs)Arbeit:* take*, do*; **2.** *v/i.* take* notes
Mitschuld *f* partial responsibility; **2ig** *adj.:* **~ sein** be* partly to blame (**an** for)
Mitschüler(in) classmate; schoolmate, fellow student
mitspiele|n *v/i. Sport, Orchester etc.:* play; *Spiel etc.:* join in; *in e-m Film etc.* *~ be** *od.* appear in a film *etc.*; **2r(in)** partner, *Sport: a.* team-mate
Mittag *m* noon, midday; *heute 2 at* noon today; *zu ~ essen* have* lunch, lunch; **~essen** *n* lunch; *was gibt es zum ~?* what's for lunch?; **2s** *adv.* at noon; *12 Uhr ~* 12 o'clock noon
Mittags|pause *f* lunch break; **~ruhe** *f* midday rest; **~schlaf** *m* after-dinner nap; **~zeit** *f* lunchtime
Mitte *f* middle; *Mittelpunkt:* cent|re, *Am.* -er (*a. pol.*); **~ Juli** in the middle of July; **~ dreißig** in one's mid thirties
mitteile|n *v/t. j-m et. ~* inform s.o. of s.th.; **~sam** *adj.* communicative; *gesprächig:* talkative; **2ung** *f* report, information, message
Mittel *n* means, way; *Maßnahme:* measure; *Heil2:* remedy (**gegen** for) (*a. fig.*); *Durchschnitt:* average; *math.* mean; *phys.* medium; *~ pl.* means *pl.*,

money; **~alter** *n* Middle Ages *pl.*; **2alterlich** *adj.* medi(a)eval; **~ding** *n* cross (**zwischen** between); **~feld** *n Sport:* midfield; **~feldspieler** *m* midfield player, midfielder; **~finger** *m* middle finger; **2fristig** *adj.* medium-term; **~gewicht** *n Sport:* middleweight (class); **2groß** *adj.* of medium height; *Sache:* medium-sized; **~klasse** *f* middle class (*a. mot.*); **~linie** *f Sport:* halfway line; **2los** *adj.* without means; **2mäßig** *adj.* average; **~punkt** *m* cent|re, *Am.* -er; **2s** *prp.* by (means of), through; **~schule** *f* → **Realschule**; **~strecke** *f Sport:* middle distance; **~streckenrakete** *f mil.* medium-range missile; **~streifen** *m Autobahn:* central reservation, *Am.* median strip; **~stufe** *f* intermediate stage; *Schule: Brt.* middle school; *Am.* junior highschool; **~stürmer(in)** *Sport:* cent|re (*Am.* -er) forward; **~weg** *fig. m* middle course; **~welle** *f Radio:* medium wave (*Abk.* AM); **~wort** *gr. n* participle
mitten *adv.:* **~ in** in the midst *od.* middle of; **~drin** F *adv.* right in the middle; **~durch** F *adv.* right through (the middle); *entzwei:* right in two
Mitternacht *f* midnight
mittler|e *adj.* middle, central; *durchschnittlich:* average, medium; **~e Reife** *f Brt. etwa* General Certificate of Education O-Level; **~weile** *adv.* meanwhile, (in the) meantime
Mittwoch *m* Wednesday
mit|unter *adv.* now and then; **2verantwortung** *f* share of the responsibility
mitwirk|en *v/i.* take* part (**bei** in); **2ende** *m, f thea., mus.* performer; *die ~n pl. thea.* the cast *sg., pl.*; **2ung** *f* participation
mix|en *v/t.* mix; **2becher** *m* shaker; **2er** *m* mixer; **2getränk** *n* mixed drink, cocktail, shake
Möbel *pl.* furniture *sg.*; **~spedition** *f* removal firm; **~stück** *n* piece of furniture; **~wagen** *m* furniture (*Am.* moving) van
mobil *adj.* mobile; **~ machen** *mil.* mobilize
Mobiliar *n* furniture
Mobiltelefon *n* mobile phone
möblieren *v/t.* furnish

Mode

Mode f fashion; **in ~** in fashion; **~ sein** be* in fashion, F be* in; **die neueste ~** the latest fashion; **mit der ~ gehen** follow the fashion; **in (aus der) ~ kommen** come* into (go* out of) fashion

Modell n model; **j-m ~ stehen** od. **sitzen** pose od. sit* for s.o.; **~bau** m model construction; **~baukasten** m model construction kit; **~eisenbahn** f model railway; **2ieren** v/t. model

Modem m, n Computer: modem

Modenschau f fashion show

Moderator(in) TV etc. presenter, host, anchor(wo)man

Modergeruch m musty odo(u)r

moderieren TV etc. v/t. present, host

moderig adj. musty, mo(u)ldy

modern[1] v/i. mo(u)ld, rot, decay

modern[2] adj. modern; modisch: modern, fashionable; **2isieren** v/t. modernize, bring* up to date

Mode|schmuck m costume jewel(le)ry; **~schöpfer(in)** fashion designer, couturier(e), stylist; **~waren** pl. fashionwear sg.; **~wort** n vogue word, in word; **~zeichner(in)** fashion designer; **~zeitschrift** f fashion magazine

modisch adj. fashionable, stylish

Modul electr., arch. n module (a. Computer); **~bauweise** f modular design

Mofa n (small) moped, motorized bicycle

mogeln F v/i. cheat; abschreiben: crib

mögen v/t. u. v/aux. like; **er mag sie (nicht)** he likes (doesn't like) her; lieber **~** like better, prefer; **nicht ~** dislike; **was möchten Sie?** what would you like?; **ich möchte, dass du es weißt** I'd like you to know (it); **ich möchte lieber bleiben** I'd rather stay; **es mag sein, (dass)** it may be (that)

möglich 1. adj. possible; **alle ~en** all sorts of; **sein 2stes tun** do* what one can*; **stärker**: do* one's utmost; **nicht ~!** you don't say (so)!; **so bald (schnell, oft) wie ~** as soon (quickly, often) as possible; **2.** adv.: **~st bald** etc. as soon etc. as possible; **~erweise** adv. possibly; **2keit** f possibility; Gelegenheit: opportunity; Aussicht: chance; **nach ~** if possible

Mohammedan|er(in) Muslim; **2isch** adj. Muslim

Mohn m poppy

Möhre, Mohrrübe f carrot

Molch zo. m salamander

Mole naut. f mole, jetty

Molekül n molecule

Molkerei f dairy

Moll mus. n minor (key); **a-Moll** A minor

mollig adj. behaglich, warm: snug, cosy; dicklich: plump, chubby

Molotowcocktail m Molotov cocktail

Moment m moment; **(e-n) ~ bitte!** just a moment please!; **im ~** at the moment

Monarch m monarch; **~ie** f monarchy; **~in** f monarch; **2ist** m monarchist

Monat m month; **zweimal im (pro) ~** twice a month; **2elang** adv. for months; **2lich** adj. u. adv. monthly

Monats|binde f sanitary towel (Am. napkin); **~karte** f (monthly) season ticket, Am. commuter ticket

Mönch m monk; Bettel2: friar

Mond m moon; **~finsternis** f lunar eclipse; **2hell** adj. moonlit; **~landefähre** f lunar module; **~landung** f moon landing; **~oberfläche** f moon surface, lunar soil; **~schein** m moonlight; **~sichel** f crescent; **2süchtig** adj.: **~ sein** be* a sleepwalker od. somnambulist; **~umkreisung, ~umlaufbahn** f lunar orbit

Monitor TV etc.: m monitor

Mono|log m monologue, Am. a. monolog; **~pol** econ. f monopoly; **2ton** adj. monotonous; **~tonie** f monotony

Monoxid chem. n monoxide

Monster n monster (a. fig. u. in Zssgn)

Montag m Monday

Montage tech. f Zusammenbau: assembly; e-r Anlage: installation; **auf ~ sein** be* away on a field job; **~band** n assembly line; **~halle** f assembly shop

Monteur m tech. fitter; bsd. mot., aviat. mechanic; **2ieren** v/t. zusammensetzen: assemble; anbringen: fit, attach; Anlage: instal(l)

Moor n bog, moor(land); **2ig** adj. boggy

Moos bot. n moss; **2ig** adj. mossy

Moped n moped

Mops zo. m pug(dog)

Moral f Sittlichkeit: morals pl., moral standards pl.; e-r Geschichte etc.: moral; mil. etc.: morale; **2isch** adj. moral; **2isieren** v/i. moralize

Morast m morass; Schlamm: mire, mud

Mord m murder (**an** of); **e-n ~ begehen** commit murder; **~anschlag** m bsd. pol. assassination attempt

Mörder m murderer; ⚠ nicht **murder**; bezahlter: (hired) killer; bsd. pol. assassin

Mord|kommission f Brt. murder squad, Am. homicide division; **~prozess** jur. m murder trial

Mords|angst F f: **e-e ~ haben** be* scared stiff; **~glück** F n stupendous luck; **~kerl** F m devil of a fellow; **~wut** F f: **e-e ~ haben** be* in a hell of a rage

Mord|verdacht m suspicion of murder; **~versuch** m attempted murder

morgen adv. tomorrow; **~ Abend (früh)** tomorrow night (morning); **~ Mittag** at noon tomorrow; **~ in e-r Woche** a week from tomorrow; **~ um diese Zeit** this time tomorrow; **heute 2** this morning

Morgen m morning; Landmaß: acre; **am (frühen) ~** (early) in the morning; **am nächsten ~** the next morning; **~essen** n Schweiz: breakfast; **~grauen** n dawn (**im, bei** at); **~gymnastik** f: **s-e ~ machen** do* one's morning exercises; **~land** n Orient; **~mantel** m, **~rock** m dressing gown

morgens adv. in the morning; **von ~ bis abends** from morning till night

morgig adj.: **die ~en Ereignisse** tomorrow's events

Morphium pharm. n morphine

morsch adj. rotten; **~ werden** rot

Morsealphabet tel. n Morse code

Mörser m mortar (a. mil.)

Morsezeichen tel. n Morse signal

Mörtel m mortar

Mosaik n mosaic; **~stein** m piece

Moschee f mosque

Moskito zo. m mosquito

Moslem m, **2isch** adj. Muslim

Most m grape juice; Apfel2: cider

Motiv n motive; paint., mus. motif; **~ation** f motivation; **2ieren** v/t. motivate

Motor m motor, engine; **~boot** n motor boat; **~haube** f bonnet, Am. hood; **2isieren** v/t. motorize; **~leistung** f (engine) performance; **~rad** n motorcycle, F motorbike; **~ fahren** ride* a motorcycle; **~radfahrer(in)** motorcyclist, biker; **~roller** m (motor) scooter; **~säge** f power saw; **~schaden** m engine trouble (od. failure)

Motte zo. f moth; **~nkugel** f mothball; **2nzerfressen** adj. moth-eaten

Motto n motto

motzen F v/i. → **meckern** fig.

Möwe zo. f (sea)gull

Mücke zo. f gnat, midge, mosquito; **aus e-r ~ e-n Elefanten machen** make* a mountain out of a molehill; **~nstich** m gnat bite

müd|e adj. tired; matt: weary; schläfrig: sleepy; **~ sein (werden)** be* (get*) tired (fig. **e-r Sache** of s.th.); **2igkeit** f tiredness

Muff m muff; ⊕ tech. f sleeve, socket; **~el** F m Griesgram: sourpuss; **2e(lig), 2ig** adj. Geruch, Luft etc.: musty; fig. sulky, sullen

Mühe f trouble; Anstrengung: effort; Schwierigkeit(en): trouble, difficulty (**mit** with s.th.); (**nicht**) **der ~ wert** (not) worth the trouble; **j-m ~ machen** give* s.o. trouble; **sich ~ geben** try hard; **sich die ~ sparen** save o.s. the trouble; **mit ~ und Not** (just) barely; **2los** adv. without difficulty; **2n** v/refl. struggle, work hard; **2voll** adj. laborious

Mühle f mill; Spiel: morris

Müh|sal f toil; **2sam, 2selig 1.** adj. laborious; **2.** adv. with difficulty

Mulat|te m, **~tin** f mulatto

Mulde f hollow; Container: skip

Muli n Maultier: mule

Mull m bsd. med. gauze; Gewebe: muslin

Müll m refuse, rubbish, Am. a. garbage, trash; **~abfuhr** f refuse (Am. garbage) collection; **~beseitigung** f waste disposal; **~beutel** m dustbin liner, Am. garbage bag

Mullbinde f gauze bandage

Müll|container m rubbish (Am. garbage) skip; **~deponie** f dump; **~eimer** m dustbin, Am. garbage can; **~fahrer** m dustman, Am. garbage man; **~halde** f dump; **~haufen** m rubbish (Am. garbage) heap; **~kippe** f dump; **~schlucker** m refuse (Am. garbage) chute; **~tonne** f → **Mülleimer**; **~verbrennungsanlage** f (waste) incineration plant; **~wagen** m dustcart, Am. garbage truck

Multipli|kation math. f multiplication; **2zieren** math. v/t. multiply (**mit** by)

Mumie f mummy

Mumps med. m, F f mumps

Mund

Mund *m* mouth; *den ~ voll nehmen* talk big; *halt den ~!* shut up!; **~art** *f* dialect; **~dusche** *f* water pic®

münden *v/i.: ~ in Fluss etc.:* flow into; *Straße etc.:* lead* into

Mund|geruch *m* bad breath; **~harmonika** *mus. f* mouthorgan, harmonica

mündig *adj. Bürger etc.:* emancipated; *~ (werden) adj.* (come*) of age

mündlich *adj. Prüfung etc.:* oral; *Vertrag etc.:* verbal

Mundstück *n* mouthpiece; *Zigarette:* tip

Mündung *f* mouth; *e-r Feuerwaffe:* muzzle

Mund|voll *m: ein paar ~* a few mouthfuls (of); **~wasser** *n* mouthwash; **~werk** *fig. n: ein gutes ~* the gift of the gab; *ein loses ~* a loose tongue; **~winkel** *m* corner of the mouth; **~zu-~Beatmung** *med. f* mouth-to-mouth resuscitation, F kiss of life

Munition *f* ammunition

munkeln F *v/t.: man munkelt, dass* rumo(u)r has it that

Münster *n* cathedral, minster

munter *adj. wach:* awake; *lebhaft:* lively; *fröhlich:* merry

Münz|e *f* coin; *Gedenk~:* medal; **~einwurf** *m Schlitz:* (coin) slot; **~ensammler** *m* collector of coins, numismatist; **~fernsprecher** *tel. m* pay phone; **~tank(automat)** *m* coin-operated (petrol, *Am.* gas) pump; **~wechsler** *m* change machine

mürb|e *adj. zart:* tender; *Gebäck:* crisp; *brüchig:* brittle; **~(e)teig** *m* short pastry; *Kuchen aus ~:* shortcake

Murmel *f* marble; **~n** *v/t. u. v/i.* murmur; **~tier** *zo. n* marmot

murren *v/i.* complain (*über* about)

mürrisch *adj.* sullen; grumpy

Mus *n* mush; *Frucht~:* stewed fruit

Muschel *f zo.* mussel; *~schale:* shell

Museum *n* museum

Musik *f* music; **~alisch** *adj.* musical; **~anlage** *f* hi-fi *od.* stereo set; **~automat** *m*, **~box** *f* juke box; **~er(in)** musician; **~instrument** *n* musical instrument; **~kapelle** *f* band; **~kassette** *f* music cassette; **~lehrer(in)** music teacher; **~stunde** *f* music lesson

musisch *adv.: ~ interessiert (begabt)* fond of (gifted for) fine arts and music

500

musizieren *v/i.* make* music

Muskat *m*, **~nuss** *bot. f* nutmeg

Muskel *m* muscle; **~kater** F *m* aching muscles *pl.;* **~zerrung** *med. f* pulled muscle

muskulös *adj.* muscular, brawny

Müsli *n* muesli, *Am.* granola

Muss *n* necessity; *es ist ein ~* it is a must

Muße *f* leisure; *Freizeit:* spare time

müssen *v/i. u. v/aux.* must*, have* (got) to; *du musst den Film sehen!* you must see the film!; *ich muss jetzt (meine) Hausaufgaben machen* I have (got) to do my homework now; *sie muss krank sein* she must be ill; *du musst es nicht tun* you need not do it; △ *nicht must not; das müsstest du (doch) wissen* you ought to know (that); *sie müsste zu Hause (östr., Schweiz: a. zuhause) sein* she should (ought to) be (at) home; *das müsste schön sein!* that would be nice!

müßig *adj. untätig:* idle; *unnütz:* useless

Muster *n* pattern; *Probestück:* sample; *Vorbild:* model; **~gültig**, **~haft** *adj.* exemplary; *sich ~ benehmen* behave perfectly; **~haus** *arch. m* showhouse; **~n** *v/t. neugierig:* eye s.o.; *abschätzend:* size s.o. up; **~ung** *mil. f* medical (examination for military service)

Mut *m* courage; *~ machen* encourage s.o.; *den ~ verlieren* lose* courage; *mir ist ... zu ~e* I feel ...; *mir ist nicht danach zu ~e* I'm not in the mood; **~ig** *adj.* courageous, brave; **~los** *adj.* discouraged

mut|maßen *v/t.* speculate; **~maßlich** *adj.* presumed; **~maßung** *f: bloße ~en* mere guesswork

Mutprobe *f* test of courage

Mutter *f* mother; *tech. Schrauben~:* nut; **~boden** *agr. m*, **~erde** *agr. f* topsoil

mütterlich *adj.* motherly; **~erseits** *adv.: Onkel etc. ~* maternal uncle etc.

Mutter|liebe *f* motherly love; **~los** *adj.* motherless; **~mal** *n* birthmark, mole; **~milch** *f* mother's milk; **~schaftsurlaub** *m* maternity leave; **~schutz** *jur. m* legal protection of expectant and nursing mothers; **~söhnchen** *contp. n* sissy; **~sprache** *f* mother tongue; **~sprachler(in)** native speaker; **~tag** *m* Mother's Day

Mutti F *f* mum(my), *bsd. Am.* mom(my)

mutwillig adj. wanton
Mütze f cap
MwSt Abk. für **Mehrwertsteuer** VAT, value-added tax

mysteriös adj. mysterious
mystisch adj. mystic(al)
myth|isch adj. mythical; **♀ologie** f mythology; **♀os** m myth

N

N Abk. für **Nord(en)** N, north
na int. well; **~ und?** so what?; **~ gut!** all right then; **~ ja** (oh) well; **~, (~)!** come on!, come now!; **~ so (et)was!** bsd. Brt. I say!, bsd. Am. what do you know!; **~, dann nicht!** oh, forget it!; **~ also!** there you are!; **~, warte!** just you wait!
Nabe f hub
Nabel anat. m navel; **~schnur** f umbilical chord
nach prp. u. adv. örtlich: to, toward(s), for; hinter: after; zeitlich: after, past; gemäß: according to, by; **~ Hause** home; **abfahren ~** leave* for; **~ rechts (Süden)** to the right (south); **~ oben up**(stairs); **~ unten down**(stairs); **~ vorn (hinten)** to the front (back); **der Reihe ~** one after the other; **s-e Uhr ~ dem Radio stellen** set* one's watch by the radio; **~ m-r Uhr** by my watch; **suchen (fragen) ~** look (ask) for; **~ Gewicht (Zeit)** by weight (the hour); **riechen (schmecken) ~** smell (taste) of; **~ und ~** gradually; **~ wie vor** as before, still
nachäffen v/t. j-n u. et.: ape
nachahm|en v/t. imitate, copy; parodieren: take* off; fälschen: counterfeit; **♀ung** f imitation; counterfeit
Nachbar|(in) neighbo(u)r; **~schaft** f neighbo(u)rhood, vicinity
Nachbau tech. m reproduction; **♀en** v/t. copy, reproduce
Nachbildung f copy, imitation; genaue: replica; Attrappe: dummy
nachblicken v/i. look after
nachdem cj. after, when; **je ~ wie** depending on how
nachdenk|en v/i. think*; **~ über** think* about, think* s.th. over; **Zeit zum ♀** time to think (about s.th.); **~lich** adj.
thoughtful; **es macht e-n ~** it makes you think
Nachdruck m emphasis, stress; print. reprint; **♀en** v/t. reprint
nachdrücklich adj. emphatic; Forderung etc.: forceful; **~ raten (empfehlen)** advise (recommend) strongly
nacheifern v/i. emulate
nacheinander adv. one after the other
nacherzähl|en v/t. retell*; **♀ung** f Schule: reproduction
Nachfolge f succession; **j-s ~ antreten** succeed s.o.; **♀n** v/i. follow; j-m: succeed; **~r(in)** successor
nachforsch|en v/i. investigate; **♀ung** f investigation, inquiry
Nachfrage f inquiry; econ. demand; **♀n** v/i. inquire, ask
nach|fühlen v/t.: **j-m et. ~** understand* how s.o. feels; **~füllen** v/t. refill; **~geben** v/i. give* (way); fig. give* in; **♀gebühr** f post f surcharge; **~gehen** v/i. follow (a. fig.); Uhr: be* slow; e-m Vorfall etc.: investigate; **s-r Arbeit ~** go* about one's work; **♀geschmack** m aftertaste (a. fig.)
nachgiebig adj. yielding, soft (beide a. fig.); **♀keit** f yieldingness, softness
nachhaltig adj. lasting, enduring
nachhause östr. adv. home
nachher adv. afterwards; **bis ~!** see you later!, so long!
Nachhilfe f help, assistance; **~stunden** pl., **~unterricht** m private lesson(s pl.), coaching
nachholen v/t. make* up for, catch* up on
Nachkomme m descendant; **~n** pl. bsd. jur. issue sg.; **♀n** v/i. follow, come* later; e-m Wunsch etc.: comply with
Nachkriegs... in Zssgn postwar ...

Nachlass *m econ.* reduction, discount; *jur. Erbschaft:* estate

nachlassen *v/i.* decrease, diminish, go* down; *Schmerz, Wirkung etc.:* wear* off; *Schüler etc.:* slacken one's effort; *leistungsmäßig:* go* off

nachlässig *adj.* careless, negligent

nach|laufen *v/i.* run* after; **~lesen** *v/t.* look up; **~machen** *v/t.* imitate, copy; *fälschen:* counterfeit, forge

Nachmittag *m* afternoon; *heute* ~ this afternoon; **2s** *adv.* in the afternoon

Nach|nahme *f* cash on delivery; *per* ~ *schicken* send* C.O.D.; **~name** *m* surname, last *(Am. a.* family) name; **~porto** *n* surcharge

nach|prüfen *v/t.* check (up), make* sure (of); **~rechnen** *v/t.* check

Nachrede *f:* **üble** ~ malicious gossip; *jur.* defamation (of character), *mündlich a.* slander

Nachricht *f* news *sg.; Botschaft:* message; *Bericht:* report; *Mitteilung:* information, notice; *e-e gute (schlechte)* ~ good (bad) news *sg.;* **~en** *pl.* news *sg.,* news report *sg.,* newscast *sg.; Sie hören* ~ here is the news; **~endienst** *m* news service; *mil.* intelligence service; **~ensatellit** *m* communications satellite; **~ensprecher(in)** newscaster, *bsd. Brt.* newsreader; **~entechnik** *f* telecommunications *pl.*

Nach|ruf *m* obituary; **2rüsten** *pol. mil. v/i.* close the armament gap; **2sagen** *v/t.: j-m Schlechtes* ~ speak* badly of s.o.; *man sagt ihm nach, dass er* he is said to *inf.;* **~saison** *f* off-peak season; *in der* ~ out of season

nachschlage|n 1. *v/t.* look up; **2.** *v/i.: ~ in* consult; **2werk** *n* reference book

Nach|schlüssel *m* duplicate key; *Dietrich:* skeleton key; **~schrift** *f* postscript; *Diktat:* dictation; **~schub** *bsd. mil. m* supplies *pl.*

nach|sehen 1. *v/i.* follow with one's eyes; (have* a) look; ~ *ob* (go* and) see* whether; **2.** *v/t.* look od. go* over *od.* through; *Hefte: a.* correct, mark; *prüfen:* check *(a. tech.);* **~senden** *v/t.* send* on, forward; *bitte ~! post* please forward!

Nach|silbe *gr. f* suffix; **2sitzen** *v/i.* stay in (after school), be* kept in; ~ *lassen* keep* in, detain; **~spiel** *fig. n* sequel, consequences *pl.;* **2spielen** *v/i. Sport:* **5 Minuten ~ lassen** allow 5 minutes for injury time; **~spielzeit** *f bsd. Fußball:* injury time; **2spionieren** *v/i.* spy (up)on; **2sprechen** *v/t.: j-m et.* ~ say* *od.* repeat s.th. after s.o.

nächst|beste *adj. beliebig:* first, F any old; *qualitativ:* next-best, second-best; **~e** *adj. in der Reihenfolge, zeitlich:* next; *nächstliegend:* nearest *(a. Angehörige);* **in den ~n Tagen (Jahren)** in the next few days (years); *in ~r Zeit* in the near future; *was kommt als 2s?* what comes next?; *der 2 bitte!* next please!

nachstehen *v/i.: j-m in nichts* ~ be* in no way inferior to s.o.

nachstell|en 1. *v/t. Uhr:* put* back; *tech.* (re)adjust; **2.** *v/i.: j-m* ~ be* after s.o.; **2ung** *f* persecution

Nächstenliebe *f* charity

Nacht *f* night; *Tag und* ~ night and day; *die ganze* ~ all night (long); *heute* ~ *letzte:* last night; *kommende:* tonight; **~dienst** *m* night duty

Nachteil *m* disadvantage, drawback; *im* ~ *sein* be* at a disadvantage *(gegenüber* compared with); **2ig** *adj.* disadvantageous

Nacht|essen *n Schweiz:* → *Abendbrot,* **~falter** *zo. m* moth; **~hemd** *n* nightdress, *bsd. Am.* nightgown, F nightie; *Männer2:* nightshirt

Nachtigall *f* nightingale

Nachtisch *m* dessert; sweet

nächtlich *adj. all~:* nightly; *Straßen etc.:* at *od.* by night

Nachtlokal *n* nightclub

Nachtrag *m* supplement; **2en** *fig. v/t.: j-m et.* ~ bear* s.o. a grudge; **2end** *adj.* unforgiving

nachträglich *adj. zusätzlich:* additional; *später:* later; *Wünsche etc.:* belated

nachts *adv.* at night, in the night(time)

Nacht|schicht *f* night shift; ~ *haben* be* on night shift; **2schlafend** *adj.: zu ~er Zeit* in the middle of the night; **~tisch** *m* bedside table; **~topf** *m* chamber pot; **~wächter** *m* night watchman

nach|wachsen *v/i.* grow* again; **2wahl** *parl. f* by-election; *Am.* special election

Nachweis *m* proof, evidence; **2bar** *adj.* demonstrable; *bsd. chem. etc.* detect-

able; 2en v/t. prove; bsd. chem. etc. detect; 2lich adv. as can be proved
Nach|welt f posterity; ~wirkung f aftereffect(s pl.); ~en pl. a. aftermath sg.; ~wort n epilog(ue); ~wuchs m Beruf, Sport etc.: young talent, F new blood; ~wuchs... in Zssgn Autor, Schauspieler etc.: talented od. promising young ..., up-and-coming
nach|zahlen v/t. pay* extra; ~zählen v/t. count over (again), check; 2zahlung f additional od. extra payment
Nachzügler m straggler, latecomer
Nacken m (back od. nape of the) neck; ~stütze f headrest
nackt adj. naked; bsd. paint., phot. nude; bloß: bare (a. Wand etc.); Wahrheit: plain; völlig ~ stark naked; sich ~ ausziehen strip; ~ baden swim* in the nude; j-n ~ malen paint s.o. in the nude
Nadel f needle; Steck2, Haar2 etc.: pin; Brosche: brooch; ~baum bot. m conifer(ous tree); ~öhr n eye of a needle; ~stich m pinprick (a. fig)
Nagel m nail; an den Nägeln kauen bite* one's nails; ~lack m nail varnish od. polish; 2n v/t. nail (an, auf to); 2neu F adj. brand-new; ~pflege f manicure
nage|n 1. v/i. gnaw (an at); an e-m Knochen ~ pick a bone; **2.** v/t. gnaw; 2tier n rodent
nah adj. → nahe
Nahaufnahme f close-up
nahe adj. near, close (bei to); ~ gehen affect deeply; ~ kommen come* close to; ~ legen suggest; ~ liegen seem likely; stärker: be* obvious; ~ liegend likely, obvious; ~ gelegen nearby
Nähe f nearness; Umgebung: neighbo(u)rhood, vicinity; in der ~ des Bahnhofs etc. near the station etc.; ganz in der ~ quite near, close by; in deiner ~ near you
nahen v/i. approach
nähen v/t. u. v/i. sew*; Kleid: make*
Näheres n details pl., particulars pl.
nähern v/refl. approach, get* near(er) od. close(r) (dat. to)
nahezu adv. nearly, almost
Nähgarn n (sewing) cotton
Nahkampf mil. m close combat
Näh|maschine f sewing machine; ~nadel f (sewing) needle

nähren v/t. feed*; fig. nurture
nahrhaft adj. nutritious, nourishing
Nährstoff m nutrient
Nahrung f food, nourishment; Futter: feed; Kost: diet; ~smittel pl. food sg. (a. in Zssgn Chemie etc.), foodstuffs pl.
Nährwert m nutritional value
Naht f seam; med. suture
Nahverkehr m local traffic; ~szug m local od. commuter train
Nähzeug n sewing kit
naiv adj. naive; 2ität f naivety
Name m name; im ~n von on behalf of; nur dem ~n nach in name only
namen|los adj. nameless (a. fig.); fig. a. unspeakable; ~s adv. by (the) name of, named, called
Namens|tag m name day; ~vetter m namesake; ~zug m signature
namentlich adv. u. adj. by name
nämlich adv. das heißt: that is (to say), namely; begründend: you see od. know
Napf m bowl, basin
Narb|e f scar; 2ig adj. scarred
Narkose f an(a)esthesia; in ~ under an an(a)esthetic
Narr m fool; zum ~en halten fool
narrensicher adj. foolproof
närrisch adj. foolish; ~ vor mad with
Narzisse f daffodil
nasal adj. nasal
nasch|en v/i. u. v/t. nibble (an at); gern ~ have* a sweet tooth; 2ereien pl. dainties pl., goodies pl., sweets pl.; ~haft adj. sweet-toothed
Nase f nose (a. fig.); sich die ~ putzen blow* one's nose; in der ~ bohren pick one's nose; die ~ voll haben (von) be* fed up (with)
Nasen|bluten n nosebleed; ~loch n nostril; ~spitze f tip of the nose
Nashorn zo. m rhinoceros, F rhino
nass adj. wet; triefend ~ soaking (wet)
Nässe f wet(ness); 2n **1.** v/t. wet; **2.** v/i. Wunde: weep
nasskalt adj. damp and cold, raw
Nation f nation
national adj. national; ~feiertag m national holiday; 2hymne f national anthem; 2ismus m nationalism; 2ität f nationality; 2mannschaft f national team; 2park m national park; 2sozialismus m National Socialism, contp. Nazism; 2sozialist m, ~sozialis-

Natter

tisch *adj.* National Socialist, Nazi
Natter *f zo.* adder, viper (*a. fig.*)
Natur *f* nature; **von ~ (aus)** by nature
Naturalismus *m* naturalism
Natur|ereignis *n*, **~erscheinung** *f* natural phenomenon; **~forscher** *m* naturalist; **~geschichte** *f* natural history; **~gesetz** *n* law of nature; **~getreu** *adj.* true to life; lifelike; **~katastrophe** *f* (natural) catastrophe *od.* disaster, act of God
natürlich 1. *adj.* natural; **2.** *adv.* naturally, of course
Natur|schätze *pl.* natural resources *pl.*; **~schutz** *m* nature conservation; **unter ~** protected; **~schützer** *m* conservationist; **~schutzgebiet** *n* nature reserve; **großes ~:** national park; **~volk** *n* primitive race; **~wissenschaft** *f* (natural) science
n. Chr. *Abk. für nach Christus* AD, anno domini
Nebel *m* fog; *leichter*: mist; *Dunst*: haze; *Künstlicher*: smoke; **~horn** *n* foghorn; **~leuchte** *mot. f* fog lamp
neben *prp.* beside, *direkt ~:* next to; *außer*: besides, apart from; *verglichen mit*: compared with; **~ anderem** among other things; **setz dich ~ mich** sit by me *od.* by my side
neben|an *adv.* next door; **bedeutung** *f* secondary meaning; *ling.* connotation; **~bei** *adv.* in addition, at the same time; **~ (gesagt)** by the way; **beruf** *m* second job, sideline; **~beruflich** *adv.* as a sideline; **buhler(in)** rival; **~einander** *adv.* side by side; next (*wohnen*: door) to each other; **~ bestehen** coexist; **einkünfte**, **einnahmen** *pl.* extra money *sg.*; **fach** *n* subsidiary subject, *Am.* minor (subject); **fluss** *m* tributary; **gebäude** *n* next-door *od.* adjoining building; *Anbau*: annex(e); **haus** *n* house next door; **kosten** *pl.* extras *pl.*; **mann** *m:* **dein ~** the person next to you; **produkt** *n* by-product; **rolle** *thea. f* supporting role, minor part (*a. fig.*); *kleine, für bekannte Schauspieler*: cameo (role); **sache** *f* minor matter; **das ist ~** that's of little *od.* no importance; **~sächlich** *adj.* unimportant; **satz** *gr. m* subordinate clause; **stelle** *tel. f* extension;

straße *f* side street; *Landstraße*: minor road; **strecke** *rail. f* branch line; **tisch** *m* next table; **verdienst** *m* extra earnings *pl.*; **wirkung** *f* side effect; **zimmer** *n* adjoining room
neblig *adj.* foggy; misty; hazy
neck|en *v/t.* tease, F kid; **erei** *f* teasing, F kidding; **~isch** *adj.* saucy, cheeky
Neffe *m* nephew
negativ *adj.* negative
Negativ *n* negative (*a.* in Zssgn)
Neger(in) → *Schwarze(r)*
nehmen *v/t.* take* (*a.* **sich ~**); **j-m et. ~** take* s.th. (away) from s.o. (*a. fig.*); **et. zu sich ~** have* s.th. to eat; **sich e-n Tag etc. frei ~** take* a day etc. off; **an die Hand ~** take* by the hand
Neid *m* envy; *reiner*: sheer envy; **isch** *adj.* envious (**auf** of); → *beneiden*
Neige *f:* **zur ~ gehen** draw* to its close; *Vorräte etc.*: run* out; **n 1.** *v/t. u. v/refl.* bend*, incline; **2.** *v/i.* **zu et. ~** tend to (do) s.th.
Neigung *f* inclination (*a. fig.*), slope, incline; *fig.* a. tendency
nein *adv.* no
Nektar *m* nectar
Nelke *bot. f* carnation; *Gewürz*: clove
nennen *v/t.* name, call; *erwähnen*: mention; **sich ~** call o.s., be* called; **man nennt ihn (es)** he (it) is called; **man nenne ich ...!** that's what I call ...!; **~swert** *adj.* worth mentioning
Nenn|er *math. m* denominator; **~wert** *econ. m* nominal *od.* face value; **zum ~** at par
Neo..., neo... *in Zssgn* Faschist *etc.*: neo-
Neon *chem. n* neon; **~röhre** *f* neon tube
Nepp F *m* rip-off; **en** *v/t.* fleece, rip off; **~lokal** *n* clip joint
Nerv *m* nerve; **j-m auf die ~en fallen** *od.* **gehen** get* on s.o.'s nerves; **die ~en behalten (verlieren)** keep* (lose*) one's head; **en** F *v/t. u. v/i.* be* a pain in the neck (to *s.o.*)
Nerven|arzt *m* neurologist; **aufreibend** *adj.* nerve-racking; **belastung** *f* nervous strain; **heilanstalt** *f* mental hospital; **kitzel** *m* thrill, F kick(s *pl.*); **krank** *adj.* mentally ill; **säge** *f* pain in the neck; **~system** *n* nervous

niedrig

system; ~**zusammenbruch** m nervous breakdown

nerv|ös adj. nervous; **2osität** f nervousness

Nerz zo. m mink (a. Mantel)

Nessel bot. f nettle

Nest n nest; F Kaff: one-horse town; elendes: dump

nett adj. nice; freundlich: a. kind; **so ~ sein und et.** (od. et. zu) **tun** be* so kind as to do s.th.

netto econ. adv. net (a. in Zssgn)

Netz n net; rail., tel., Computer: network; electr. mains pl.; **am ~ sein** Computer: be* in (the network); ~**haut** anat. f retina; ~**karte** rail. f area season ticket

neu adj. new; frisch, erneut: a. fresh; ~zeitlich: modern; ~**ere Sprachen** modern languages; ~**este Nachrichten** (Mode) latest news sg. (fashion); **von ~em** anew, afresh; **seit ~(st)em** since (very) recently; **viel 2es** a lot of new things; **was gibt es 2es?** what's the news?, what's new?

neu|artig adj. novel; **2bau** m new building; **2baugebiet** n new housing estate; ~**erdings** adv. lately, recently; **2erer** m innovator; **2erung** f innovation; **2gestaltung** f reorganization, reformation; **2gier(de)** f curiosity; ~**gierig** adj. curious (**auf** about); F contp. nos(e)y; **ich bin ~, ob** I wonder if; **2gierige** contp. pl. Gaffer: rubbernecks pl.; **2heit** f novelty; **2igkeit** f (piece of) news; **2jahr** n New Year's Day); **Prost ~!** Happy New Year!; ~**lich** adv. the other day; **2ling** m newcomer, F greenhorn; ~**modisch** contp. adj. newfangled; **2mond** m new moon

neun adj. nine; ~**te** adj. ninth; **2tel** n ninth (part); ~**tens** adv. ninthly; ~**zehn** adj. nineteen; ~**zehnte** adj. nineteenth; ~**zig** adj. ninety; ~**zigste** adj. ninetieth

Neuro|se f neurosis; **2tisch** adj. neurotic

neusprachlich adj. modern-language

neutr|al adj. neutral; **2alität** f neutrality; **2onen...** phys. in Zssgn Bombe etc.: neutron ...; **2um** gr. n neuter

Neu|verfilmung f remake; **2wertig** adj. as good as new; **2zeit** f modern times pl.

nicht adv. not; **überhaupt ~** not at all; ~**(ein)mal, gar ~ erst** not even; ~ **mehr** not any more od. longer; **sie ist nett (wohnt hier), ~ (wahr)?** she's nice (lives here), isn't (doesn't) she?; ~ **so ... wie** not as ... as; **noch ~** not yet; ~ **besser** etc. (**als**) no (od. not any) better etc. (than); **ich (auch) ~** I don't od. I'm not (either); (**bitte**) ~**!** (please) don't!

Nicht|... in Zssgn Mitglied, Schwimmer etc.: mst non-...; ~**beachtung** f disregard; Vorschrift etc.: a. non-observance

Nichte f niece

nichtig adj. trivial; jur. void, invalid

Nichtraucher m non-smoker

nichts indef. pron. nothing, not anything; ~ (**anderes**) **als** nothing but; **gar ~** nothing at all; F: **das ist ~** that's no good; ~ **sagend** meaningless; Antwort: vague; farblos: colo(u)rless, dull

Nichts n nothing(ness); **aus dem ~ erscheinen**: from nowhere; aufbauen: from nothing

nichts|destoweniger adv. nevertheless; **2könner** m bungler, F botcher; ~**nutzig** adj. good-for-nothing, worthless; **2tuer** m do-nothing, F bum

nicken v/i. nod (one's head)

nie adv. never, at no time; **fast ~** hardly ever; ~ **und nimmer** never ever

nieder 1. adj. low; **2.** adv. down

Nieder|gang m decline; **2geschlagen** adj. depressed, (feeling) down; ~**kunft** f confinement; ~**lage** f defeat, F beating; **2lassen** v/refl. settle (down); econ. set* up (**als** as); ~**lassung** f establishment; Filiale: branch; **2legen** v/t. lay* down (a. Waffen, Amt etc.); **die Arbeit ~** (go* on) strike, down tools, F walk out; **sich ~** lie* down; go* to bed; **2metzeln** v/t. massacre, butcher; ~**schlag** m meteor. rain(fall) (nur sg.); radioaktiver: fallout; chem. precipitate; Boxen: knock-down; **2schlagen** v/t. knock down; Augen: cast* down; Aufstand: put* down; jur. Verfahren: quash; **sich ~** chem. precipitate; **2schmettern** fig. v/t. shatter, crush; **2trächtig** adj. base, mean; ~**ung** f lowland(s pl.)

niedlich adj. pretty, sweet, cute

niedrig adj. low (a. fig.); Strafe: light; ~ **fliegen** fly* low

niemals adv. → nie
niemand indef. pron. nobody, no one, not anybody; ~ **von ihnen** none of them; **~sland** n no-man's-land
Niere f kidney
nieseln v/i. drizzle; **~regen** m drizzle
nies|en v/i. sneeze; **~pulver** n sneezing powder
Niet tech. m , **Niete¹** f rivet
Niete² f Los: blank; fig. failure
Nikolaustag m St. Nicholas' Day
Nikotin chem. n nicotine
Nilpferd zo. n hippopotamus, F hippo
Nippel m nipple
nippen v/i. sip (**an** at)
nirgends adv. nowhere
Nische f niche, recess
nist|en v/i. nest; **~platz** m nesting place
Niveau n level; fig. a. standard
Nixe f water nymph, mermaid
noch adv. still; ~ **nicht** not yet; ~ **nie** never before; **er hat nur ~ 5 Mark (Minuten)** he has only 5 marks (minutes) left; (**sonst**) ~ **et.?** anything else?; **ich möchte ~ et.** (**Tee**) I'd like some more (tea); ~ **ein**(**e**, **-n**)**..., bitte** another ..., please; ~ **einmal** once more od. again; ~ **zwei Stunden** another two hours, two hours to go; ~ **besser** (**schlimmer**) even better (worse); ~ **gestern** only yesterday; **und wenn es** (**auch**) **~ so ... ist** however (od. no matter how) ... it may be; **~malig** adj. (re)new(ed); **~mals** adv. once more od. again
Nockerl östr. n small dumpling
Nomade m nomad
Nominativ gr. m nominative (case)
nominieren v/t. nominate
Nonne f nun; **~nkloster** n convent
Norden m north; **nach ~** north(wards); **~isch** adj. northern; **~e Kombination** Nordic Combined
nördlich 1. adj. north(ern); Kurs, Wind: northerly; **2.** adv. ~ **von** north of
Nord|licht n northern lights pl.; F Person: Northerner; **~osten** m northeast; **~östlich** adj. northeast(ern), Wind: northeasterly; **~pol** m North Pole; **~westen** m northwest; **~westlich** adj. northwest(ern); Wind: northwesterly; **~wind** m north wind
nörg|eln v/i. nag (**an** at), carp (at); **~er**(**in**) nagger, carper, faultfinder
Norm f standard, norm

normal adj. normal; F: **nicht ganz ~** not quite right in the head
Normal|... bsd. tech. in Zssgn Maß, Zeit etc.: standard ...; **~benzin** n regular (petrol, Am. gas); **~erweise** adv. normally, usually; **~isieren** v/refl. return to normal
normen v/t. standardize
Norweg|en n, **~er** m, **~erin** f, **~isch** adj. Norwegian
Not f allg. need; Mangel: a. want; Armut: poverty; Elend: hardship, misery; Bedrängnis: difficulty; ~**fall**: emergency; bsd. seelische: distress; **in ~ sein** be* in trouble; **zur ~** if need be, if necessary; **~leidend** needy
Notar m notary (public)
Not|aufnahme f casualty, Am. emergency room; **~ausgang** m emergency exit; **~behelf** m makeshift, expedient; **~bremse** f emergency brake; **~dienst** m emergency duty; **~durft** f: **s-e ~ verrichten** relieve o.s.; **~dürftig** adj. scanty; behelfsmäßig: temporary
Note f note (a. mus. u. pol.); Bank**~**: (bank)note, bsd. Am. bill; Schule: mark, bsd. Am. grade; **~n** pl. mus. (sheet) music sg.; **~n lesen** read* music
Notebook n Computer: notebook
Noten|durchschnitt m average; **~ständer** m music stand
Not|fall m emergency; **~falls** adv. if necessary; **~gedrungen** adv.: **et. ~ tun** be* forced to do s.th.
notieren v/t. make* a note of, note (down); econ. quote
nötig adj. necessary; ~ **haben** need; ~ **brauchen** need badly; **das ~ste** (**bare**) necessities pl. od. essentials pl.; **~en** v/t. force, compel; drängen: press, urge; **~enfalls** adv. if necessary; **~ung** f coercion; jur. intimidation
Notiz f note; **keine ~ nehmen von** take* no notice of, ignore; **sich ~ en machen** take* notes; **~block** m notepad, bsd. Am. memo pad; **~buch** n notebook
Not|lage f predicament; awkward (od. difficult) situation; **~landen** aviat. v/i. make* an emergency landing; **~landung** aviat. f emergency landing; **~lösung** f provisional od. temporary solution; **~lüge** f white lie
notorisch adj. notorious
Not|ruf tel. m emergency call; **~rufsäu-**

le f emergency phone; **~signal** n emergency od. distress signal; **~stand** pol. m state of (national) emergency; **~standsgebiet** n econ. depressed area; bei Katastrophen: disaster area; **~standsgesetze** pl. emergency laws pl.; **~verband** m emergency dressing; **~wehr** f self-defen|ce, Am. -se; ♀**wendig** adj. necessary; **~wendigkeit** f necessity; **~zucht** f rape

Novelle f novella; parl. amendment
November m November
Nr. Abk. für **Nummer** No., no., number
Nu m: **im ~** in no time
Nuance f shade
nüchtern adj. sober (a. fig.); sachlich: matter-of-fact; **auf ~en Magen** on an empty stomach; **~ werden (machen)** sober up; ♀**heit** f sobriety
Nudel f noodle
nuklear adj. nuclear; Zssgn s. → **Atom**
null adj. nought, bsd. Am. zero; tel. O (Aussprache: əʊ); Sport: nil, nothing; Tennis: love; **~ Grad** zero degrees; **~ Fehler** no mistakes; **gleich** ♀ **sein** Chancen: be* nil; **♀diät** f no-calorie (od. F starvation) diet; **♀punkt** m zero; fig. rock bottom; **♀tarif** m: **zum ~** free
Numerus clausus univ. m restricted admission(s pl.)
Nummer f number; Zeitung etc.: a. issue; Größe: size; **♀ieren** v/t. number; **~nschild** n number (Am. license) plate
nun adv. now; also, na: well; → **jetzt, na**
nur adv. only, just; bloß: merely; nichts

als: nothing but; **er tut ~ so** he's just pretending; **~ so (zum Spaß)** just for fun; **warte ~!** just you wait!; **mach ~!, ~ zu!** go ahead!; **~ für Erwachsene** (for) adults only
Nuss f nut; **~baum** m walnut (tree), Holz: walnut; **~knacker** m nutcracker; **~schale** f nutshell
Nüstern pl. nostrils pl.
Nutte F f tart, Am. sl. a. hooker
Nutz|anwendung f practical application; ♀**bar** adj. usable; **~ machen** utilize, exploit; Boden: cultivate; ♀**bringend** adj. profitable, useful
Nutze: sich et. zu ~ machen make* (good) use of s.th.; ausnutzen: take* advantage of s.th
nütze adj. useless; **zu nichts ~ sein** be* (of) no use; bsd. Person: a. be* good for nothing
Nutzen m use; Gewinn: profit, gain; Vorteil: advantage; **~ ziehen aus** benefit from; **zum ~ von** for the benefit of
nutzen, nützen 1. v/i.: **j-m ~** be* of use to s.o.; **es nützt nichts (es zu tun)** it's no use (doing it); **2.** v/t. use, make* use of; Gelegenheit: take* advantage of
nützlich adj. useful, helpful; vorteilhaft: advantageous; **sich ~ machen** make* o.s. useful
nutzlos adj. useless, (of) no use
Nutzung f use (a. ♀), utilization
Nylon n nylon; **~strümpfe** pl. nylons pl., nylon stockings pl.
Nymphe f nymph

O

O Abk. für **Osten** E, east
o int. oh!; **~ weh!** oh dear!
o.Ä. Abk. für **oder Ähnliche(s)** or the like
Oase f oasis (a. fig.)
ob cj. whether, if; als = as if, as though; **und ~!** and how!, you bet!
Obacht f: **~ geben auf** pay* attention to; **(gib) ~!** look od. watch out!
Obdach n shelter; ♀**los** adj. homeless,

without shelter; **~lose** m, f homeless person; **~losenasyl** n shelter for the homeless
Obdu|ktion med. f autopsy; ♀**zieren** med. v/t. perform an autopsy on
oben adv. above; in der Höhe: up; **~auf:** on (the) top; an Gegenstand: at the top (a. fig. Stellung); an der Oberfläche: on the surface; im Haus: upstairs; **da ~** up there; **von ~ bis unten** from top to

obenan

bottom (*Person:* toe); **links ~** (at the) top left; *siehe* **~** see above; F **~ ohne** topless; *von* **~** *herab fig.* patronizing(ly), condescending(ly); **~ erwähnt, ~ genannt** *adj.* above-mentioned; **~an** *adv.* at the top; **~auf** *adv.* on the top; *auf der Oberfläche:* on the surface; F *fig.* feeling great; **~drauf** *adv.* on top; **~drein** *adv.* besides, *nachgestellt:* into the bargain, at that; **~hin** *adv.* superficially

Ober|**~arm** *m* upper arm; **~arzt** *m*, **~ärztin** *f* assistant medical director; **~befehl** *mil. m* supreme command; **~begriff** *m* generic term; **~bürgermeister** *m* mayor, Brt. Lord Mayor

ober|**e** *adj.* upper, top; *fig. a.* superior; **⁓fläche** *f* surface (*a. fig.*) (**an** on); **⁓flächlich** *adj.* superficial; **⁓halb** *prp.* above; **⁓hand** *fig. f:* **die ~ gewinnen** (*über*) get* the upper hand (of); **⁓haupt** *n* head, chief; **⁓haus** *Brt. parl. n* House of Lords; **⁓hemd** *n* shirt; **⁓herrschaft** *f* supremacy

Oberin *f rel.* Mother Superior

ober|**irdisch** *adj.* above ground; *electr.* overhead; **⁓kellner** *m* head waiter; **⁓kiefer** *m* upper jaw; **⁓körper** *m* upper part of the body; **den ~freimachen** strip to the waist; **⁓leder** *n* uppers *pl.*; **⁓leitung** *f* chief management; *electr.* overhead contact line; **⁓lippe** *f* upper lip

Obers *östr. n* cream

Ober|**schenkel** *m* thigh; **~schule** *f* grammar school, *Am. etwa* highschool

Oberst *mil. m* colonel

oberste *adj.* up(per)most, top(most); *höchste: a.* highest; *wichtigste:* chief, first

Ober|**stufe** *f Brt. etwa* senior classes *pl.*, *Am. etwa* senior highschool; **~teil** *n* top

obgleich *cj.* (al)though

Obhut *f* care, charge; *in s-e* **~ nehmen** take* care *od.* charge of

obig *adj.* (al)though-mentioned

Objekt *n* object (*a. gr.*); *Immobilie:* property

objektiv *adj.* objective; *unparteiisch: a.* impartial, unbias(s)ed

Objektiv *phot. n* (object) lens

Objektivität *f* objectivity, impartiality

Oblate *f* wafer; *rel.* host

obligatorisch *adj.* compulsory

Obo|**e** *mus. f* oboe; **~ist(in)** oboist

Obrigkeit *f* authorities *pl.*; government

Observatorium *astr. n* observatory

Obst *n* fruit; **~garten** *m* orchard; **~konserven** *pl.* canned fruit *sg.*; **~laden** *m bsd. Brt.* fruiterer's (shop), *Am.* fruit store; **~torte** *f* fruit flan (*Am.* pie)

obszön *adj.* obscene, filthy

obwohl *cj.* (al)though

Occasion *f Schweiz:* bargain, good buy

Ochse *m zo.* ox, bullock; *fig.* blockhead; **~nschwanzsuppe** *f* oxtail soup

od. *Abk. für* oder or

öde *adj.* deserted, desolate; *unbebaut:* waste; *fig.* dull, dreary, tedious

oder *cj.* or; *sonst:* or else, otherwise; **~ vielmehr** or rather; **~ so** or so; *er kommt doch,* **~?** he's coming, isn't he?; *du kennst ihn ja nicht,* **~ doch?** you don't know him, or do you?

Ofen *m* stove; *Back2:* oven; *tech.* furnace; **~heizung** *f* stove heating; **~rohr** *n* stovepipe

offen 1. *adj.* open (*a. fig.*); *Stelle:* vacant; *ehrlich: a.* frank; **2.** *adv.:* **~ gesagt** frankly (speaking); **~ s-e Meinung sagen** speak* one's mind (freely)

offenbar *adj.* obvious, evident; *anscheinend:* apparent; **~en** *v/t.* reveal, disclose, show*; **2ung** *f* revelation

Offenheit *fig. f* openness, frankness

offen|**herzig** *adj.* openhearted, frank, candid; *Kleid etc.:* revealing; **~sichtlich** *adj.* → **offenbar**

offensiv *adj.*, **2e** *f* offensive

offenstehen *v/i.* be* open (*fig. j-m* to s.o.); *Rechnung:* be* outstanding; *es steht Ihnen offen zu* you are free to

öffentlich *adj.* public; **~e Verkehrsmittel** *pl.* public transport *sg.*; **~e Schulen** *pl.* state (*Am.* public) schools *pl.*; **~ auftreten** appear in public; **2keit** *f* the public; *in aller* **~** in public, openly; *an die* **~ bringen** make* public

offiziell *adj.* official

Offizier *m* (commissioned) officer

öffn|**en** *v/t. u. v/refl.* open; **2er** *m* opener; **2ung** *f* opening; **2ungszeiten** *pl.* business *od.* office hours *pl.*

oft *adv.* often, frequently

oh *int.* o(h)!

ohne *prp. u. cj.* without; **~ mich!** count

Ordner

me out!; ~ *ein Wort* (*zu sagen*) without (saying) a word; **~gleichen** *adv.* unequal(l)ed, unparalleled; **~hin** *adv.* anyhow, anyway

Ohn|macht *f* unconsciousness; *Hilflosigkeit:* helplessness; *in ~ fallen* faint, F pass out; **2mächtig** *adj.* unconscious, helpless; *~ werden* faint, F pass out

Ohr *n* ear; F *j-n übers ~ hauen* cheat s.o.; *bis über die ~en verliebt* (*verschuldet*) head over heels in love (debt)

Öhr *n* eye

Ohren|arzt *m* ear specialist; **2betäubend** *adj.* deafening; **~leiden** *n* ear trouble; **~schmerzen** *pl.* earache *sg.*; **~schützer** *pl.* earmuffs *pl.*; **~zeuge** *m* earwitness

Ohr|feige *f* slap in the face (*a. fig.*); **2feigen** *v/t.: j-n ~* slap s.o.'s face; **~läppchen** *n* earlobe; **~ring** *m* earring

oje *int.* oh dear!, dear me!

Öko|loge *m* ecologist; **~logie** *f* ecology; **2logisch** *adj.* ecological; **~nomie** *f Sparsamkeit:* economy; *econ.* economics *pl.*; **2nomisch** *adj. sparsam:* economical; *econ.* economic; **~system** *n* ecosystem

Oktave *mus. f* octave

Oktober *m* October

ökumenisch *rel. adj.* ecumenical

Öl *n* oil; *Erd~: a.* petroleum; *nach ~ suchen* (*bohren*) search (drill) for oil; *auf ~ stoßen* strike* oil; **~baum** *bot. m* olive (tree)

Oldtimer *mot. m* veteran car

ölen *v/t.* oil; *tech. a.* lubricate

Öl|farbe *f* oil (paint); **~förderung** *f* oil production; **~gemälde** *n* oil painting; **~heizung** *f* oil heating; **2ig** *adj.* oily, greasy (*beide a. fig.*)

oliv *adj.*, **2e** *f bot.* olive

Öl|leitung *f* (oil) pipeline; **~malerei** *f* oil painting; **~messstab** *m* dipstick; **~pest** *f* oil pollution; **~quelle** *f* oil well; **~sardine** *f* canned (*Brt. a.* tinned) sardine; **~tanker** *m* oil tanker; **~teppich** *m* oil slick; **~stand** *m* oil level; **~ung** *f* oiling; *tech. a.* lubrication; *Letzte ~ rel.* extreme unction; **~vorkommen** *n* oil resources *pl.*; *Ölfeld:* oilfield; **~wanne** *mot. f* (oil) sump; **~wechsel** *m* oil change

Olympia|... *in Zssgn Mannschaft, Medaille etc.:* Olympic ...; **~de** *f* Olympic Games *pl.*, Olympics *pl.*

Om|a F *f* grandma; **~i** F *f* granny

Omnibus *m* → *Bus*

onanieren *v/i.* masturbate

Onkel *m* uncle

Online *f Computer:* online

Opa F *m* grandpa

Oper *f mus.* opera; opera (house)

Operation *f* operation (*vornehmen* perform); **~ssaal** *med. m* operating theatre (*Am.* room)

Operette *mus. f* operetta

operieren 1. *v/t. j-n ~* operate on s.o. (*wegen* for); *operiert werden* be* operated on, have* an operation; *sich ~ lassen* undergo* an operation; **2.** *med., mil. v/i.* operate; *vorgehen:* proceed

Opernsänger(in) opera singer

Opfer *n* sacrifice; *Gabe: a.* offering; *Mensch, Tier:* victim; *ein ~ bringen* make* a sacrifice; *zum ~ fallen* fall* victim to; **2n** *v/t. u. v/i.* sacrifice (*a. fig.*)

Opium *n* opium

Opposition *f* opposition (*a. parl.*)

Optik *f* optics *sg.*; *phot.* optical system; **~er** *m* optician

opti|mal *adj.* optimum, best; **2mismus** *m* optimism; **2mist(in)** optimist; **~mistisch** *adj.* optimistic

Option *f* option

optisch *adj.* optical

Orange *f* orange (*a. Farbe*)

Orchester *mus. n* orchestra

Orchidee *bot. f* orchid

Orden *m Auszeichnung:* medal, decoration; *bsd. mil.* order; **~sschwester** *rel. f* sister, nun

ordentlich 1. *adj. Person, Zimmer, Haushalt etc.:* tidy, neat, orderly; *richtig, sorgfältig:* proper; *gründlich:* thorough; *anständig:* decent (*a. fig.*); *Leute: a.* respectable; *Mitglied, Professor:* full; *Gericht:* ordinary; *Leistung:* reasonable; F *tüchtig, kräftig:* good, sound; **2.** *adv.: s-e Sache ~ machen* do* a good job; *sich ~ benehmen* (*anziehen*) behave (dress) properly *od.* decently

ordinär *adj.* vulgar; *alltäglich:* common

ordn|en *v/t.* put* in order; *an~:* arrange, sort (out); *Akten:* file; *Angelegenheiten:* settle; **2er** *m Akten2 etc.:* file; *Akten-*

Ordnung 510

deckel: folder; Fest≈: attendant, guard; ≈ung f allg. order; Ordentlichkeit: order(liness), tidiness; Vorschriften: rules pl., regulations pl.; An≈: arrangement; System: system, set-up; Rang: class; **in** ~ all right; tech. etc. in (good) order; **in** ~ **bringen** put* right (a. fig.); Zimmer etc.: tidy up; reparieren: repair, F fix (a. fig.); **(in)** ~ **halten** keep* (in) order; **et. ist nicht in** ~ **(mit)** there is s.th. wrong (with)

ordnungs|gemäß, ~**mäßig 1.** adj. correct, regular; **2.** adv. duly, properly; ≈**strafe** f fine, penalty; ≈**zahl** f ordinal number

Organ n organ; ~**empfänger** m organ recipient; ~**handel** m sale of (transplant) organs

Organ|isation f organization; ~**isator** m organizer; ≈**isatorisch** adj. organizational

organisch adj. organic

organisier|en v/t. organize; F beschaffen: get* (hold of); **sich** ~ organize; gewerkschaftlich: a. unionize; ~**t** adj. organized; unionized

Organ|ismus m organism; ~**ist(in)** mus. organist; ~**spender** med. m (organ) donor

Orgasmus m orgasm

Orgel mus. f organ; ~**pfeife** f organ pipe

Orgie f orgy

Orientale m, ≈**isch** adj. oriental

orientier|en v/t. j-n: inform (**über** about), brief (on); **sich** ~ orientate o.s. (a. fig.) (**nach** by); erkundigen: inform o.s.; ≈**ung** f orientation; fig. a. information; **die** ~ **verlieren** lose* one's bearings; ≈**ungssinn** m sense of direction

original adj. original; echt: real, genuine; TV live

Original n original; fig. real (od. quite a) character; ~**...** in Zssgn Aufnahme, Ausgabe etc.: original ...; ~**übertragung** f live broadcast od. program(me)

originell adj. original; einfallsreich: a. ingenious; komisch: witty

Orkan m hurricane; ≈**artig** adj. Sturm: violent; fig. thunderous

Ort m allg. place; ~**schaft** f a. village, (small) town; Stelle, Fleck: a. spot, point; Schauplatz: a. scene; **vor** ~ Bergbau: at the (pit) face; fig. in the field, on the spot; ≈**en** v/t. locate, F spot

ortho|dox adj. orthodox; ≈**grafie** f orthography; ≈**päde** med. m ortho-p(a)edic specialist

örtlich adj. local; ≈**keiten** pl. scene sg.

Ortsbestimmung f location

Ortschaft f → **Ort**

Orts|gespräch tel. n local call; ~**kenntnis** f: ~ **besitzen** know* a place; ~**netz** tel. n local exchange; ~**zeit** f local time

Öse f eye; Schuh≈ etc.: eyelet

Ost|block pol. m East(ern) Bloc; ~**en** m east; pol. the East; **nach** ~ east(wards)

Oster|ei n Easter egg; ~**hase** m Easter bunny od. rabbit; ~**n** n Easter (**zu**, **an** at); **frohe** ~**!** Happy Easter!

Österreich Austria; ~**er(in)**, ≈**isch** adj. Austrian

östlich 1. adj. east(ern); Wind etc.: easterly; **2.** adv.: ~ **von** (to the) east of

ost|wärts adv. east(wards); ≈**wind** m east wind

Otter zo. **1.** m otter; **2.** f adder, viper

outen v/t. Intimes preisgeben: F out

Ouvertüre mus. f overture

oval adj., ≈ n oval

Oxyd chem. n oxide; ≈**ieren** v/t. u. v/i. oxidize

Ozean m ocean, sea

ozon|freundlich adj. ozone-friendly; ≈**loch** n ozone hole; ≈**schicht** f ozone layer; ≈**schild** m ozone shield; ≈**werte** pl. ozone levels pl.

P

paar *indef. pron.*: **ein ~** a few, some, F a couple of

Paar *n* pair; *Mann u. Frau*: couple; *ein ~ (neue) Schuhe* a (new) pair of shoes; **2en** *v/t. u. v/refl. Tiere*: mate; *fig.* combine; **~lauf** *m Sport*: pair skating; **2mal** *adv.*: *ein ~* a few times; **~ung** *f* mating, copulation; *Sport*: matching; **2weise** *adv.* in pairs *od.* twos

Pacht *f* lease; **~zins** *m* rent; **2en** *v/t.* (take* on) lease

Pächter(in) leaseholder; *agr.* tenant

Pacht|vertrag *m* lease; **~zins** *m* rent

Pack[1] *m* → **Packen**

Pack[2] *contp. n* rabble

Päckchen *n* small parcel; *Packung*: packet, *bsd. Am.* pack (*a. Zigaretten*)

packen *v/t. u. v/i.* pack; *Paket*: make* up; *ergreifen*: grab, seize (**an** by); *fig. mitreißen*: grip

Pack|en *m* pack, *Haufen*: pile (*a. fig.*); **~er(in)** packer; *Möbel2*: removal man; **~papier** *n* packing *od.* brown paper; **~ung** *f* package, box; *kleinere, a. Zigaretten2 etc.*: packet, *bsd. Am.* pack

Pädagog|e *m* teacher; education(al)ist; **~ik** *f* pedagogics *sg.*; **2isch** *adj.* educational; **~e Hochschule** college of education

Paddel *n* paddle; **~boot** *n* canoe; **2n** *v/i.* paddle, canoe

Page *m* page(boy)

Paket *n* package, *bsd. post* parcel; **~annahme** *f post f* parcel counter; **~karte** *f post f* parcel mailing form, *Am.* parcel post slip; **~post** *f* parcel post; **~zustellung** *f post f* parcel delivery

Pakt *pol. m* pact

Palast *m* palace

Palm|e *f* palm (tree); **~sonntag** *rel. m* Palm Sunday

Pampelmuse *bot. f* grapefruit

paniert *adj.* breaded

Pani|k *f* panic; *in ~ geraten (versetzen)* panic; *in ~* panic-stricken, F panicky; **2sch** *adj.*: **~e Angst** mortal terror

Panne *f* breakdown, *mot. a.* engine trouble; *fig.* mishap; **~nhilfe** *mot. f* breakdown service

Panter *zo. m* panther

Pantoffel *m* slipper; *unter dem ~ stehen* be* henpecked; **~held** F *m* henpecked husband

Pantomim|e *thea.* **1.** *f* mime, dumb show; **2.** *m* mime (artist); **2isch** *adv.*: **~ darstellen** mime

Panzer *m* armo(u)r (*a. fig.*); *mil.* tank; *zo.* shell; **~glas** *n* bulletproof glass; **2n** *v/t.* armo(u)r; **~platte** *f* armo(u)r plate; **~schrank** *m* safe; **~ung** *f* armo(u)r plating; **~wagen** *m* armo(u)red car

Papa F *m* dad(dy), pa

Papagei *m* parrot

Papeterie *f Schweiz*: stationer('s shop)

Papier *n* paper; **~e** *pl.* papers *pl.*, documents *pl.*; *Ausweis2e*: identification (paper); **~...** *in Zssgn Geld, Handtuch, Serviette, Tüte etc.*: *mst* paper ...; **~korb** *m* wastepaper basket; **~krieg** *fig. m* red tape; **~schnitzel** *pl.* scraps *pl.* of paper; **~waren** *pl.* stationery *sg.*; **~warenhandlung** *f* stationer('s shop, *Am.* store)

Pappe *f* cardboard, pasteboard

Pappel *f* poplar

Papp|karton *m* cardboard box, carton; **~maschee** *n* papier mâché; **~teller** *m* paper plate

Paprika *bot. m* **~schote**: sweet pepper; *Gewürz*: paprika; **gefüllter ~** stuffed peppers *pl.*

Papst *m* pope

päpstlich *adj.* papal

Parade *f* parade; *Fußball etc.*: save; *Boxen, Fechten*: parry

Paradeiser *öström. m* tomato

Paradies *n* paradise; **2isch** *fig. adj.* heavenly, delightful

paradox *adj.* paradoxical

Paragraf *m jur.* article, section; *Absatz*: paragraph

parallel *adj.*, **2e** *f* parallel (*a. in Zssgn*)

Parasit *m* parasite

Parfüm *n* perfume, *Brt.* a. scent; **~erie** *f* perfumery; **2ieren** *v/t.* perfume, scent; *sich ~* put* on perfume

parieren *v/t. u. v/i. Schlag etc.*: parry; *fig. a.* counter (**mit** with); *Pferd*: pull up; *gehorchen*: obey

Park

Park m park; **⁓en** v/i. u. v/t. park; **⁓ verboten!** no parking!
Parkett n parquet (floor); *thea.* stalls pl., *Am.* orchestra; *Tanz⁓:* dance floor
Park|gebühr f parking fee; **⁓(hoch)haus** n multi-storey car park, *Am.* parking garage; **⁓ieren** v/t. u. v/i. *Schweiz:* → **parken**; **⁓kralle** f wheel clamp; **⁓lücke** f parking space; **⁓platz** m car park, *Am.* parking lot; → **Parklücke**; **e-n ⁓ suchen (finden)** look for (find*) somewhere to park the car; **⁓scheibe** f parking disc (*Am.* disk); **⁓sünder** m parking offender; **⁓uhr** *mot.* f parking meter; **⁓wächter** m park keeper; *mot.* car park (*Am.* parking lot) attendant
Parlament n parliament; **⁓arisch** adj. parliamentary
Parodie f parody, takeoff (*auf* of); **⁓ren** v/t. parody, take* off
Parole f *mil.* password; *fig.* watchword, *pol. a.* slogan
Partei f party (*a. pol.*); **j-s ⁓ ergreifen** take* sides with s.o., side with s.o.; **⁓isch** adj. partial (*für* to); prejudiced (*gegen* against); **⁓los** adj. independent; **⁓mitglied** *pol.* n party member; **⁓programm** *pol.* n platform; **⁓tag** *pol.* m convention; **⁓zugehörigkeit** *pol.* f party membership
Parterre n ground floor, *Am.* first floor
Partie f *Spiel:* game; *Sport:* match; *Teil:* part, passage (*a. mus.*); F *Heirat:* match
Partisan m partisan, guerilla
Partitur *mus.* f score
Partizip *gr.* n participle
Partner(in) partner; **⁓schaft** f partnership; **⁓stadt** f twin town
paschen östr., v/t. u. v/i. smuggle
Pascher östr. m smuggler
Pass m passport; *Sport, Gebirgs⁓:* pass; *langer ⁓ Sport:* long ball
Passage f passage
Passagier m passenger; **⁓flugzeug** n passenger plane; *großes:* a. airliner
Passah, ⁓fest n Passover
Passant(in) passerby
Passbild n passport photo(graph)
passen 1. v/i. fit (*j-m* s.o.; *auf od. für od. zu et.* s.th.); *zusagen:* suit (*j-m* s.o.), be* convenient; *Kartenspiel, Sport:* pass; *⁓ zu farblich etc.:* go* with, match (with);

sie ⁓ gut zueinander they are well suited to each other; **passt es Ihnen morgen?** would tomorrow suit you *od.* be all right (with you)?; **das (er) passt mir gar nicht** I don't like that (him) at all; **das passt (nicht) zu ihm** that's just like him (not like him, not his style); **⁓d** adj. fitting (*a. Kleidung*); *farblich etc.:* matching; *geeignet:* suitable, right
passier|bar adj. passable; **⁓en 1.** v/i. happen; **2.** v/t. pass (through); **⁓schein** m pass, permit
Passion f passion; *rel.* Passion
passiv adj. passive
Passiv *gr.* n passive (voice)
Paste f paste
Pastell n pastel
Pastete f pie
Pate m godfather; godchild; **⁓nkind** n godchild; **⁓nschaft** f sponsorship
Patent n patent; *mil. Offiziers⁓:* commission; **⁓amt** n patent office; **⁓anwalt** m patent agent; **⁓ieren** v/t. patent; *et. ⁓ lassen* take* out a patent for s.th.; **⁓inhaber** m patentee
Pater *rel.* m father, padre
pathetisch adj. pompous; △ *nicht* **pathetic**
Patient(in) patient
Patin f godmother
Patriot|(in) patriot; **⁓isch** adj. patriotic; **⁓ismus** m patriotism
Patrone f cartridge
Patrouille f, **⁓ieren** v/i. patrol
Patsch|e F f: *in der ⁓ sitzen* be* in a fix *od.* jam; **⁓en** F v/i. (s)plash; **⁓nass** adj. soaking wet
patzen F v/i., **⁓er** m blunder
Pauke *mus.* f bass drum; *Kessel⁓:* kettledrum; **⁓n** F *fig.* v/i. u. v/t. cram
Pauschal|e f lump sum; **⁓gebühr** f flat rate; **⁓reise** f package tour; **⁓urteil** n sweeping judg(e)ment
Pause¹ f *Arbeits⁓, Schul⁓:* break, *Am.* recess; *bsd. thea., Sport:* interval, *Am.* intermission; *Sprech⁓:* pause; *Ruhe⁓:* rest (*a. mus.*)
Pause² *tech.* f tracing; **⁓n** v/t. trace
pausen|los adj. uninterrupted, nonstop; **⁓zeichen** n *Radio:* interval signal; *Schule:* bell
pausieren v/i. pause, rest
Pavian m baboon
Pavillon m pavilion

Pazifis|mus *m* pacifism; **~t(in)**, **⚢tisch** *adj.* pacifist
PC *m* PC (*Abk. für* **p**ersonal **c**omputer); **~-Benutzer** *m* PC user
Pech *n* pitch; F *fig.* bad luck; **~strähne** F *f* run of bad luck; **~vogel** F *m* unlucky fellow
pedantisch *adj.* pedantic, fussy
Pegel *m* level (*a. fig.*)
peilen *v/t.* Tiefe: sound
peinige|n *v/t.* torment; **⚢r** *m* tormentor
peinlich *adj.* embarrassing; **~ genau** meticulous (**bei**, in in); **es war mir ~** I was *od.* felt embarrassed
Peitsche *f*, **⚢n** *v/t.* whip; **~nhieb** *m* lash
Pell|e *f* skin; Schale: peel; **⚢en** *v/t.* peel; **~kartoffeln** *pl.* potatoes *pl.* (boiled) in their jackets
Pelz *m* fur; *abgezogener*: skin; **⚢gefüttert** *adj.* fur-lined; **~geschäft** *n* fur(rier's) shop (*Am. store*); **⚢ig** *adj.* furry; *med. Zunge*: furred; **~mantel** *m* fur coat; **~tiere** *pl.* furred animals *pl.*, furs *pl.*
Pend|el *n* pendulum; **⚢eln** *v/i.* swing*; *rail. etc.* shuttle; *Person*: commute; **~eltür** *f* swing door; **~elverkehr** *rail. etc. m* shuttle service; commuter traffic; **~ler** *m* commuter
Penis *m* penis
Penner F *m* tramp, *Brt. a.* dosser, *Am. a.* hobo, bum
Pension *f* (old age) pension; boarding-house, private hotel; *in ~ sein* be* retired; **~är(in)** (old age) pensioner; *Pensionsgast*: boarder; **~at** *n* boarding school; **⚢ieren** *v/t.* pension (off); *sich ~ lassen* retire; **~ierung** *f* retirement; **~ist(in)** *östr., Schweiz*: (old age) pensioner; **~sgast** *m* boarder
Pensum *n* (work) quota, stint
per *prp.* pro: per; durch, mit: by
perfekt *adj.* perfect; **~ machen** settle
Perfekt *gr. n* present perfect
Pergament *n* parchment
Period|e *f* period; *med. a.* menstruation; **⚢isch** *adj.* periodic(al)
Peripherie *f* periphery, *e-r Stadt a.*: outskirts *pl.*; **~geräte** *pl.* Computer: peripheral equipment *sg.*
Perle *f* pearl; Glas⚢ *etc.*: bead; **⚢n** *v/i.* Sekt *etc.*: sparkle, bubble; **~nkette** *f* pearl necklace

Pfarrkirche

Perl|muschel *zo. f* pearl oyster; **~mutt** *n* mother-of-pearl
Perron *m Schweiz*: platform
Pers|er *m* Persian; Persian carpet; **~erin** *f* Persian (woman); **~ien** Persia; **⚢isch** *adj.* Persian
Person *f* person; *thea. etc. a.* character; *ein Tisch für drei ~en* a table for three
Personal *n* staff, personnel; *zu wenig ~ haben* be* understaffed; **~abbau** *m* staff reduction; **~abteilung** *f* personnel department; **~ausweis** *m* identity card; **~chef** *m* staff manager; **~ien** *pl.* particulars *pl.*, personal data *pl.*; **~pronomen** *gr. n* personal pronoun
Personen|(kraft)wagen (*Abk. PKW*) *m* (*Brt. a.* motor)car, *bsd. Am. a.* auto(mobile); **~zug** *rail.* passenger train; local *od.* commuter train
personifizieren *v/t.* personify
persönlich *adj.* personal; **⚢keit** *f* personality
Perücke *f* wig
pervers *adj.* perverted; *ein ⚢er* a pervert
Pessimis|mus *m* pessimism; **~t(in)** pessimist; **⚢tisch** *adj.* pessimistic
Pest *med. f* plague; △ *nicht* **pest**
Pestizid *n* pesticide
Petersilie *f* parsley
Petroleum *n* paraffin, *Am.* kerosene; **~lampe** *f* paraffin (*Am.* kerosene) lamp
petzen F *v/i.* tell* tales, *Brt. a.* sneak
Pfad *m* path, track; **~finder** *m* boyscout; **~finderin** *f* girl guide, *Am.* girl scout
Pfahl *m* stake; *Pfosten*: post; *Mast*: pole
Pfand *n* security; *Gegenstand*: pawn, pledge; *Flaschen⚢ etc.*: deposit; *im Spiel*: forfeit; **~brief** *econ. m* mortgage bond
pfänden *jur. v/t. et.*: seize, distrain (upon)
Pfand|haus *n* → **Leihhaus**; **~leiher** *m* pawnbroker; **~schein** *m* pawn ticket
Pfändung *jur. f* seizure, distraint
Pfann|e *f* pan; **~kuchen** *m* pancake
Pfarr|bezirk *m* parish; **~er** *m* *anglikanisch*: vicar; *evangelisch*: pastor; *katholisch*: (parish) priest; **~gemeinde** *f* parish; **~haus** *n* parsonage; *anglikanisch*: rectory, vicarage; **~kirche** *f* parish church

Pfau *m* peacock
Pfeffer *m* pepper; ~**kuchen** *m* gingerbread; ~**minze** *bot. f* peppermint; 2**n** *v/t.* pepper; ~**streuer** *m* pepper caster
Pfeife *f* whistle; *Orgel etc.*: pipe; *Tabaks*2: pipe; 2**n** *v/i. u. v/t.* whistle (*j-m* to s.o.); F: ~ **auf** not give* a damn about; ~**nkopf** *m* pipe bowl
Pfeil *m* arrow
Pfeiler *m* pillar; *Brücken*2: pier
Pfennig *m* pfennig, *fig.* penny
Pferch *m* fold, pen; 2**en** *v/t.* cram (**in** into)
Pferd *n* horse (*a. Turnen*); **zu** ~**e** on horseback; **aufs** ~ **steigen** mount a horse
Pferde|**geschirr** *n* harness; ~**koppel** *f* paddock; ~**rennen** *n* horserace; ~**stall** *m* stable; ~**stärke** *tech. f* horsepower; ~**wagen** *m* (horse-drawn) carriage
Pfiff *m* whistle; 2**ig** *adj.* smart
Pfingst|**en** *n* Whitsun (**zu, an** at), *Am.* Pentecost; ~**montag** *m* Whit Monday; ~**rose** *bot. f* peony; ~**sonntag** *m* Whit Sunday, *bsd. Am.* Pentecost
Pfirsich *m* peach
Pflanz|**e** *f* plant; ~**n fressend** herbivorous; 2**en** *v/t.* plant; ~**enfett** *n* vegetable fat; ~**lich** *adj.* vegetable; ~**ung** *f* plantation
Pflaster *n med.* plaster, *bsd. Am.* Band-Aid®; *Straßen*2: pavement; 2**n** *v/t.* pave; ~**stein** *m* paving stone
Pflaume *f* plum; *Back*2: prune
Pflege *f* care; *med.* nursing; *e-s Gartens, von Beziehungen*: cultivation; *tech.* maintenance; **in** ~ **nehmen** take* s.o. into one's care; ~... **in** *Zssgn* Eltern, Kind, Sohn etc.: foster ...; Heim, Kosten, Personal etc.: nursing ...; 2**bedürftig** *adj.* needing care; ~**fall** *m* constant-care patient; ~**heim** *med. n* nursing home; 2**leicht** *adj.* wash-and-wear, easy-care
pflege|**n** *v/t.* care for, look after; *bsd. Kind, Kranke: a.* nurse; *tech.* maintain; *fig. Beziehungen etc.*: cultivate; *Brauch etc.*: keep* up; **sie pflegte zu sagen** she used to *od.* would say; 2**r** *m* male nurse; 2**rin** *f* nurse; 2**stelle** *f* nursing place
Pflicht *f* duty (**gegen** to); *Sport*: compulsory events *pl.*; 2**bewusst** *adj.* conscientious; ~**bewusstsein** *n* sense of duty; ~**erfüllung** *f* performance of one's duty; 2**fach** *n* compulsory subject; 2**gemäß**, 2**getreu** *adj.* dutiful; ~**teil** *jur. m, n* legal portion *od.* share, *Am.* statutory share; 2**vergessen** *adv.*: ~ **handeln** neglect one's duty; ~**versicherung** *f* compulsory insurance

Pflock *m* peg, pin; *Stöpsel*: plug
pflücken *v/t.* pick, gather
Pflug *m*, **pflügen** *v/t. u. v/i.* plough, *Am.* plow
Pforte *f* gate, door, entrance
Pförtner *m* doorman, porter
Pfosten *m* post (*a. Fußball etc.*)
Pfote *f* paw (*a. fig.*)
Pfropfen *m* stopper; *Kork*2: cork; *Watte*2, *Stöpsel*: plug; *med.* clot
pfropfen *v/t.* stopper; cork; plug; *agr.* graft; *fig.* cram, stuff
pfui *int.* ugh!; *Zuschauer*: boo!
Pfund *n* pound; **10** ~ ten pounds; 2**weise** *adv.* by the pound
pfusch|**en** F *v/i.*, 2**erei** *f* bungle, botch
Pfütze *f* puddle, pool
Phänomen *n* phenomenon; 2**al** *adj.* phenomenal
Phantasie *etc.* → **Fantasie** *etc.*
Phantom *n* phantom; ~**bild** *n* identi-kit® (*od.* photofit) picture; ~**schmerzen** *pl.* phantom limb pain *sg.*
Pharisäer *m fig.* hypocrite
pharmazeutisch *adj.* pharmaceutical
Phase *f* phase (*a. electr.*), stage
Philosoph *m* philosopher; ~**ie** *f* philosophy; 2**ieren** *v/i.* philosophize (**über** on); 2**isch** *adj.* philosophical
phlegmatisch *adj.* phlegmatic
Phon|**etik** *f* phonetics *sg.*; 2**etisch** *adj.* phonetic; ~**stärke** *f* decibel level
Phosphor *chem. m* phosphorus
Photo *etc.* → **Foto** *etc.*
Phrase *contp. f* cliché (phrase)
Physik *f* physics *sg.*; 2**alisch** *adj.* physical; ~**er(in)** physicist
physisch *adj.* physical
Pianist(in) pianist
Piano *n* piano
Picke *tech. f* pick(axe)
Pickel[1] *m* pick(axe)
Pickel[2] *med. m* pimple; 2**ig** *med. adj.* pimpled, pimply
picken *v/i. u. v/t.* peck, pick

Picknick n picnic; **⁓en** v/i. (have*) a) picnic

piep(s)en v/i. chirp, cheep; *electr.* bleep

Pietät f reverence; *Frömmigkeit:* piety; **⁓los** adj. irreverent; **⁓voll** adj. reverent

Pik n *Karten:* spade(s *pl.*)

pikant adj. piquant, spicy (*beide a. fig.*); *Witz etc.: a.* risqué

Pilger|(in) pilgrim; **⁓fahrt** f pilgrimage; **⁓n** v/i. (go*) on a) pilgrimage

Pille f pill; F: *die ⁓ nehmen* be* on the pill

Pilot m pilot (*a. fig. u. in Zssgn*)

Pilz *bot.* m mushroom (*a. fig.*); *giftiger:* toadstool; *med.* fungus; **⁓e suchen (gehen)** go* mushrooming

Pinguin *zo.* m penguin

pinkeln v/i. (have*) a) pee, piddle

Pinsel m (paint)brush; **⁓strich** m brushstroke

Pinzette f tweezers *pl.; med.* forceps

Pionier m pioneer; *mil. a.* engineer

Pirat m pirate (*a. in Zssgn*)

Pisse V f, **⁓n** v/i. piss

Piste f course; *aviat.* runway

Pistole f pistol, gun

Pkw, PKW *Abk. für Personenkraftwagen* (motor)car, *bsd. Am.* automobile

Plache östr. f awning, tarpaulin

placier|en v/t. → **platzieren**

plädieren v/i. plead (**für** for)

Plädoyer *jur.* n final speech, pleading

Plage f *Mühsal:* trouble, misery; *Insekten etc.:* plague; *Ärgernis:* nuisance, F pest; **⁓n** v/t. trouble; *belästigen:* bother; *stärker:* pester; *sich ⁓* toil, drudge

Plakat n poster, placard; bill

Plakette f *Abzeichen:* plaque, badge

Plan m plan; *Absicht:* intention

Plane f awning, tarpaulin

planen v/t. plan, make* plans for

Planet m planet

planieren *tech.* v/t. level, plane, grade

Planke f plank, (thick) board

plänkeln v/i. skirmish

plan|los adj. without plan; *ziellos:* aimless; **⁓mäßig 1.** adj. *Ankunft etc.:* scheduled; **2.** adv. according to plan

Plan(t)sch|becken n paddling pool; **⁓en** v/i. splash

Plantage f plantation

Plapper|maul F n chatterbox; **⁓n** F v/i. chatter, prattle, babble

plärren F v/i. u. v/t. blubber; *schreien:* bawl; *Radio:* blare

Plastik[1] f *Skulptur:* sculpture

Plasti|k[2] n plastic; **⁓k...** in *Zssgn Besteck etc.:* plastic ...; **⁓sch** adj. plastic; *Sehen:* three-dimensional; *fig.* graphic

Platin n platinum

plätschern v/i. ripple (*a. fig.*), splash

platt adj. flat, level, even; *fig.* trite; F *fig.* flabbergasted

Platte f *Metall, Glas:* sheet, plate; *Stein:* slab; *Holz:* board; *Paneel:* panel; *Schall⁓:* record, disc, *Am.* disk; *Computer:* disk; *Teller:* dish; F *Glatze:* bald pate; **kalte ⁓** cold cuts *pl.*

plätten v/t. iron, press

Platten: F e-n **⁓ haben** have* a flat tyre (*Am.* tire), F have* a flat

Platten|spieler m record player; **⁓teller** m turntable

Platt|form f platform; **⁓fuß** m *med.* flat foot; F *mot.:* → **Platten; ⁓heit** *fig.* f triviality; *Floskel:* platitude

Plättli n *Schweiz:* tile

Platz m *Ort, Stelle:* place, spot; *Lage, Bau⁓ etc.:* site; *Raum:* room, space; *öffentlicher:* square; *runder:* circus; *Sitz⁓:* seat; **es ist (nicht) genug ⁓** there's (there isn't) enough room; **⁓ machen für** make* room for; *vorbeilassen:* make* way for; **⁓ nehmen** take* a seat, sit* down; △ *nicht* take place; **ist dieser ⁓ noch frei?** is this seat taken?; *j-n* **vom ⁓ stellen** send* s.o. off; **auf eigenem ⁓** at home; **auf die Plätze, fertig, los!** on your marks, get set, go!; **⁓anweiser(in)** usher(ette)

Plätzchen n (little) place, spot; *Gebäck:* biscuit, *Am.* cookie

platzen v/i. burst* (*a. fig.*); *reißen:* crack, split*; *explodieren* (*a. fig.*): *a.* explode (**vor** with), blow* up; *fig. scheitern:* come* to grief *od.* nothing, fall* through, blow* up, *sl.* go* phut; *Freundschaft etc.:* break* up

platzier|en v/t. place; **sich ⁓** *Sport:* be* placed; **⁓ung** f place, placing

Platzkarte f reservation (ticket)

Plätzli n *Schweiz:* cutlet

Platz|patrone f blank (cartridge); **⁓regen** m cloudburst, downpour; **⁓reservierung** f seat reservation; **⁓verweis** m: *e-n ⁓* **erhalten** be* sent off; **⁓wart** m *Sport:* grounds|man, *Am.* -keeper; **⁓wunde** f cut, laceration

Plauderei 516

Plauder|ei f chat; **₂n** v/i. (have* a) chat
plauschen östr. v/i. → **plaudern**
Pleite F f bankruptcy; fig. flop; **~gehen** go* broke
pleite F adj. broke
Plomb|e f seal; Zahn₂: filling; **₂ieren** v/t. seal; fill
plötzlich 1. adj. sudden; **2.** adv. suddenly, all of a sudden
plump adj. clumsy; **~s** int. thud, plop; **~sen** v/i. thud, plop, flop
Plunder F m trash, junk
Plünder|er m looter, plunderer; **₂n** v/i. u. v/t. plunder, loot
Plural gr. m plural
plus adv. plus
Plusquamperfekt gr. n past perfect
Pneu m Schweiz: tyre, Am. tire
Po F m bottom, behind
Pöbel m mob, rabble
pochen v/i. knock, rap (beide: an at)
Pocken med. pl. smallpox sg.; **~impfung** med. f smallpox vaccination
Podest n, m platform; fig. pedestal
Podium n podium, platform; **~sdiskussion** f panel discussion
Poesie f poetry
Poet m poet; **₂isch** adj. poetic(al)
Pointe f point, e-s Witzes a. punch line
Pokal m goblet; Sport: cup; **~endspiel** n cup final; **~spiel** n cup tie
pökeln v/t. salt
Pol m pole; **~ar** adj. polar (a. electr.)
Pole m Pole
Polemi|k f polemic(s); **₂sch** adj. polemic(al); **₂sieren** v/i. polemize
Polen Poland
Police f policy
Polier tech. m foreman; **₂en** v/t. polish
Polin f Pole, Polish woman
Politi|k f allg. politics sg. u. pl.; bestimmte, fig. Taktik: policy; **~ker(in)** politician; **₂sch** adj. political; **₂sieren** v/i. talk politics
Polizei f police pl.; **~auto** n police car; **~beamte** m police officer; **₂lich** adj. (of od. by the) police; **~präsidium** n police headquarters pl.; **~revier** n police station; Bezirk: district, Am. a. precinct; **~schutz** m: unter **~** under police guard; **~streife** f police patrol; **~stunde** f closing time; **~wache** f police station
Polizist m policeman; **~in** f policewoman
polnisch adj. Polish
Polster n Sessel₂: upholstery; Kissen: cushion; in Kleidung: pad(ding); fig. finanzielles etc.: bolster; **~garnitur** f three-piece suite; **~möbel** pl. upholstered furniture sg.; **₂n** v/t. upholster; Kleidung: pad; **~sessel** m easy chair, armchair; **~stuhl** m upholstered chair; **~ung** f upholstery; Kleidung: padding
poltern v/i. rumble; fig. bluster
Pommes frites pl. Brt. chips pl., Am. French fries pl., French fried potatoes pl.
Pomp m pomp; **₂ös** adj. showy
Pony¹ zo. n pony
Pony² m fringe, bangs pl.
Pop|gruppe f pop group; **~musik** f pop music
popul|är adj. popular; **₂arität** f popularity
Pore f pore
Porno|(film) m porn (film), blue movie; **~heft** n porn magazine
porös adj. porous
Portier m doorman, porter
Portion f portion, share; bei Tisch: helping, serving
Portmonee n purse
Porto n postage
Porträt n portrait; **₂ieren** v/t. portray
Portugal Portugal; **~iese** m, **~iesin** f, **₂iesisch** adj. Portuguese
Porzellan n china (a. Geschirr), porcelain
Posaune f mus. trombone; fig. trumpet
Pose f pose, attitude
Position f position (a. fig.)
positiv adj. positive
possessiv gr. adj. possessive; **₂pronomen** n possessive pronoun
possierlich adj. droll, funny
Post f post, bsd. Am. mail; **~sachen** pl.: mail, letters pl.; mit der **~** by post od. mail; **~amt** n post office; **~anweisung** f money order; **~beamte** m, **~beamtin** f post office clerk; **~bote** m postman, Am. mailman
Posten m post; Anstellung: a. job, position; mil. sentry; Rechnungs₂: item; Waren: lot, parcel
Postfach n (PO) box
postieren v/t. post, station, place; sich **~** station o.s.
Post|karte f postcard; **~kutsche** f

stagecoach; **lagernd** adj. poste restante, Am. (in care of) general delivery; **leitzahl** f post(al) code, Am. zip code; **minister** m Postmaster General; **scheck** m postal cheque (Am. check); **sparbuch** n post-office savings book; **stempel** m postmark; **wendend** adv. by return (of post), Am. by return mail; **wertzeichen** n (postage) stamp; **zustellung** f postal od. mail delivery

Potenz f med. potency; math. power

Pracht f splendo(u)r, magnificence

prächtig adj. splendid, magnificent; fig. a. great, super

Prädikat gr. n predicate

prägen v/t. stamp, coin (a. fig.)

prahlen v/i. brag, boast (beide: **mit** of), talk big, show* off

Prahler m boaster, braggart; **ei** f boasting, bragging; **isch** adj. boastful; prunkend: showy

Praktikant|en pl. trainee; **ken** pl. practices pl.; **kum** n practical training; **sch 1.** adj. practical; nützlich: a. useful, handy; **er Arzt** general practitioner; **2.** adv. practically; so gut wie: a. virtually; **zieren** med., jur. v/i. practi|se, Am. -ce medicine od. law

Prälat rel. m prelate

Praline f chocolate

prall adj. tight; Brieftasche, Muskeln etc.: bulging; Busen etc.: well-rounded; Sonne: blazing; **en** v/i.: ** gegen** (od. **auf**) crash against, bump into

Prämie f premium; Preis: prize; Leistungs: bonus; **(i)eren** v/t. award a prize to

Pranke f paw

Präpa|rat n preparation; **rieren** v/t. prepare; med., bot., zo. dissect

Präposition gr. f preposition

Prärie f prairie

Präsens gr. n present (tense)

präsentieren v/t. present; offer

Präservativ n condom

Präsi|dent m president; Vorsitzender: a. chairman; **dieren** v/i. preside (**in** over); **dium** n presidency

prasseln v/i. Regen etc.: patter; Feuer: crackle

Präteritum gr. n past (tense)

Praxis f practice (a. med., jur.); med. **räume**: Brt. surgery, Am. doctor's office

Präzedenzfall m precedent

präzis|(e) adj. precise; **ion** f precision

predig|en v/i. u. v/t. preach; **er** m preacher; **t** f sermon

Preis m price (a. fig.); im Wettbewerb: prize; Film etc.: award; Belohnung: reward; **um jeden ** at all costs; **ausschreiben** n competition

Preiselbeere bot. f cranberry

preisen v/t. praise

Preis|erhöhung f rise od. increase in price(s); **geben** v/t. abandon; Geheimnis: reveal, give* away; **gekrönt** adj. prizewinning; Film etc.: award-winning; **gericht** n jury; **lage** f price range; **liste** f price list; **nachlass** m discount; **rätsel** n competition; **richter** m judge; **schild** n price tag; **stopp** m price freeze; **träger(in)** prizewinner; **wert** adj. cheap; ** sein** a. be* good value

prell|en v/t. fig. cheat (**um** out of); **sich et. ** bruise s.th.; **ung** med. f contusion, bruise

Premier|e thea. etc. f first night, première; **minister** m prime minister

Presse f press; Saft: squeezer; **...** in Zssgn Agentur, Konferenz, Fotograf etc.: press ...; **freiheit** f freedom of the press; **meldung** f news item; **n** v/t. press; squeeze; **tribüne** f press box; **vertreter** m reporter

Pressluft f compressed air; **...** in Zssgn Bohrer, Hammer etc.: pneumatic

Prestige n prestige; **verlust** m loss of prestige od. face

Preuß|e m, **isch** adj. Prussian

prickeln v/i. prickle; Finger etc.: tingle

Priester|(in) priest(ess); **lich** adj. priestly

prima F adj. great, super; **är** adj. primary (a. in Zssgn)

Primar|arzt östr. m → **Oberarzt**; **schule** f Schweiz: → **Grundschule**

Primel bot. f primrose

primitiv adj. primitive

Prinz m prince; **essin** f princess; **gemahl** m prince consort

Prinzip n principle (**aus** on; **im** in); **iell** adv. as a matter of principle

Prise f: **e-e Salz** etc. a pinch of salt etc.

Prisma n prism

Pritsche f plank bed; mot. platform; **nwagen** m pick-up (truck)

privat *adj.* private; *persönlich:* personal; **2...** *in Zssgn Leben, Schule, Detektiv etc.:* private ...; **2angelegenheit** *f* personal matter *od.* affair; **das ist m-e ~** that's my own business

Privileg *n* privilege

pro *prp.* per; **2 Mark ~ Stück** 2 marks each

Pro *n:* **das ~ und Kontra** the pros and cons *pl.*

Probe *f Erprobung:* trial, test; *Muster, Beispiel:* sample; *thea.* rehearsal; *math.* proof; **auf ~** on probation; **auf die ~ stellen** put* to the test; **~alarm** *m* test alarm, fire drill; **~aufnahmen** *pl. Film:* screen test *sg.;* **~fahrt** *f* test drive; **~flug** *m* test flight; **2n** *Thea.* v/i. *u.* v/t. rehearse; **2weise** *adv.* on trial; *Person: a.* on probation; **~zeit** *f* (time of) probation

probieren v/t. try; *kosten: a.* taste

Problem *n* problem; **2atisch** *adj.* problematic(al)

Produkt *n* product (*a. math.*); *Ergebnis:* result; **~ion** *f* production; **~smenge:** *a.* output; **~ionsmittel** *pl.* means *pl.* of production; **2iv** *adj.* productive

Produz|ent *m* producer; **2ieren** v/t. produce

professionell *adj.* professional

Profess|or(in) professor; **~ur** *f* professorship, chair (**für** of)

Profi F *m* pro; **~...** *in Zssgn Boxer, Fußballer etc.:* professional

Profil *n* profile; *Reifen2:* tread; **2ieren** v/refl. distinguish o.s.

Profit *m* profit; **2ieren** v/i. profit (**von** *od.* **bei et.** from *od.* by s.th.)

Prognose *f* prediction; *bsd. Wetter: a.* forecast; *med.* prognosis

Programm *n* program(me); *TV Kanal: a.* channel; *Computer:* program; **~fehler** *m Computer:* program error, bug; **2ieren** v/t. program; **~ierer(in)** programmer

Projekt *n* project; **~ion** *f* projection; **~or** *m* projector

proklamieren v/t. proclaim

Prokurist *m* authorized signatory

Proletari|er *m,* **2sch** *adj.* proletarian

Prolog *m* prologue

Promillegrenze *f* (blood) alcohol limit

prominen|t *adj.* prominent; **2z** *f* notables *pl.;* high society

Promo|tion *univ. f* doctorate; **2vieren** v/i. do* one's doctorate

prompt *adj.* prompt; *Antwort: a.* quick

Pronomen *gr. n* pronoun

Propeller *m* propeller

Prophe|t *m* prophet; **2tisch** *adj.* prophetic; **2zeien** v/t. prophesy, predict; **~zeiung** *f* prophecy, prediction

Proportion *f* proportion

Proporz *m* proportional representation

Prosa *f* prose

Prospekt *m* prospectus; *Reise2 etc.:* brochure, pamphlet; △ *nicht* prospect

prost *int.* cheers!

Prostituierte *f* prostitute

Protest *m* protest; **aus ~** in (*od.* as a) protest

Protestant|(in), 2isch *adj.* Protestant

protestieren v/i. protest

Prothese *med. f* artificial limb; *Zahn2:* denture

Protokoll *n* record, minutes *pl.; Diplomatie:* protocol; **~führer** *m* keeper of the minutes; **2ieren** v/t. *u.* v/i. take* the minutes (of)

protz|en F v/i. show* off (**mit** *et.* s.th.); **~ig** *adj.* showy, flashy

Proviant *m* provisions *pl.,* food

Provinz *f* province; *fig.* country; **2iell** *adj.* provincial (*a. fig. contp.*)

Provis|ion *econ. f* commission; **2orisch** *adj.* provisional, temporary

provozieren v/t. provoke

Prozent *n* per cent; F **~e** *pl.* discount *sg.;* **~satz** *m* percentage; **2ual** *adj.* proportional; **~er Anteil** percentage

Prozess *m Vorgang:* process (*a. tech., chem. etc.*); *jur. Klage:* action; *jur. Rechtsstreit:* lawsuit, case; *Straf2:* trial; **j-m den ~ machen** take* s.o. to court; **e-n ~ gewinnen (verlieren)** win* (lose*) a case

prozessieren v/i. go* to court; **gegen j-n ~** bring* an action against s.o., take* s.o. to court

Prozession *f* procession

Prozessor *m Computer:* processor

prüde *adj.* prudish; **~ sein** be* a prude

prüf|en v/t. *Schüler etc.:* examine, test; *nach~:* check; *über~:* inspect (*a. tech.*); *erproben:* test; *Vorschlag etc.:* consider; **~end** *adj. Blick:* searching; **2er** *m* examiner; *bsd. tech.* tester; **2ling** *m* candidate; **2stein** *m* touchstone; **2ung** *f*

Pyramide

examination, F exam; test; check(ing), inspection; *e-e ~ machen* (**bestehen**, **nicht bestehen**) take* (pass, fail) an exam(ination); **~ungsarbeit** f examination *od.* test paper

Prügel F pl.: (*e-e Tracht*) **~ bekommen** get* a (good) beating *od.* hiding *od.* thrashing; **~ei** F f fight; **2n** F v/t. beat*, clobber; *Schüler:* flog, cane; *sich ~* (have* a) fight*; **~strafe** f corporal punishment; *Schule:* a. caning

Prunk m splendo(u)r, pomp; **2voll** adj. splendid, magnificent

PS *Abkürzung für Pferdestärke* horsepower, HP

Psalm *rel.* m psalm

Pseudonym n pseudonym

pst *int.* still!; sh!, ssh!; *hallo:* psst!

Psych|e f mind, psyche; **~iater** m psychiatrist; **2iatrisch** adj. psychiatric; **2isch** adj. mental, *med. a.* psychic

Psycho|analyse f psychoanalysis; **~loge** m psychologist (*a. fig.*); **~logie** f psychology; **2logisch** adj. psychological; **~se** f psychosis; **2somatisch** adj. psychosomatic

Pubertät f puberty

Publikum n audience; *TV a.* viewers pl.; *Radio: a.* listeners pl.; *Sport:* crowd, spectators pl.; *Lokal etc.:* customers pl.; *Öffentlichkeit:* public; **~sgeschmack** m public taste

publizieren v/t. publish

Pudding m pudding, *bsd. Brt.* blancmange

Pudel *zo.* m poodle; *Kegeln:* miss

Puder m powder; **~dose** f powder compact; **2n** v/t. powder; *sich ~* powder one's face; **~zucker** m icing (*Am.* confectioner's) sugar

Puff¹ F m *Bordell:* brothel

Puff² *Stoß:* thump; *in die Rippen:* poke

Puffer *rail. etc.* m buffer (*a. fig.*)

Puff|mais m popcorn; **~reis** m puffed rice

Pull|i m (light) sweater, *Brt. a.* jumper; **~over** m sweater, pullover

Puls *med.* m pulse; **~zahl:** pulse rate; **~ader** *anat.* f artery; **2ieren** v/i. pulsate (*a. fig.*)

Pult n desk

Pulv|er n powder; F *fig.* cash, *sl.* dough; **2(e)rig** adj. powdery; **~erisieren** v/t. pulverize; **~erkaffee** m instant coffee; **~erschnee** m powder snow

pumm(e)lig F adj. chubby, plump, tubby

Pumpe f pump; **2n** v/i. u. v/t. tech. pump; F *verleihen:* lend*; *entleihen:* borrow

Punker F m punk

Punkt m point (*a. fig.*); *Tupfen:* dot; *Satzzeichen:* full stop, period; *Stelle:* spot, place; *um ~ zehn* (*Uhr*) at ten (o'clock) sharp; *nach ~en gewinnen etc.:* on points; **2ieren** v/t. dot; *med.* puncture

pünktlich adj. punctual; *~ sein* be* on time; **2keit** f punctuality

Punkt|sieger(in) winner on points; **~spiel** n league game

Pupille *anat.* f pupil

Puppe f doll; F *Mädchen: a.* bird, *Am. a.* chick; *thea., fig.* puppet; *für Crashtests:* dummy; *zo.* chrysalis, pupa; **~nspiel** n puppet show; **~nstube** f doll's house; **~nwagen** m doll's pram, *Am.* doll carriage

pur adj. pure (*a. fig.*); *Whisky etc.:* neat, *Am.* straight

Purpur m *Farbe:* crimson; **2rot** adj. crimson

Purzel|baum m somersault; *e-n ~ schlagen* turn a somersault; **2n** v/i. tumble

Puste F f breath; *aus der ~* puffed; **2n** F v/i. blow*; *keuchen:* puff

Pute *zo.* f turkey (hen); **~r** *zo.* m turkey (cock)

Putsch m putsch, coup (d'état); **2en** v/i. revolt, make* a putsch

Putz *arch.* m plaster(ing); *unter ~* *electr.* concealed; **2en** 1. v/t. clean; *Schuhe*, *Metall: a.* polish; *wischen:* wipe; *sich die Nase* (*Zähne*) *~* blow* one's nose (brush one's teeth); 2. v/i. do* the cleaning; *~* (*gehen*) work as a cleaner; **~frau** f cleaner, cleaning woman *od.* lady; **2ig** adj. droll, funny, *Am. a.* cute; **~lappen** m cleaning rag; **~mittel** n clean(s)er; polish

Puzzle n jigsaw (puzzle)

Pyjama m pyjamas pl., *Am.* pajamas pl.

Pyramide f pyramid (*a. math.*)

Q

Quacksalber m quack (doctor)
Quadrat n square; **ins ~ erheben** square; **....** in Zssgn Meile, Meter, Wurzel, Zahl etc.: square ...; **²isch** adj. square; math. Gleichung: quadratic
quaken v/i. Ente: quack; Frosch: croak
quäken v/i. squeak
Qual f pain, torment, agony; seelische: a. anguish
quälen v/t. torment (a. fig.); foltern: torture; fig. pester, plague; **sich ~ abmühen**: struggle (**mit** with)
Qualifi|kation f qualification; **~kations...** in Zssgn Spiel etc.: qualifying ...; **²zieren** v/t. u. v/refl. qualify
Qualit|ät f quality; **²ativ** adj. u. adv. in quality
Qualitäts... in Zssgn Arbeit, Waren etc.: high-quality
Qualm m (thick) smoke; **²en** v/i. smoke; F be* a heavy smoker
qualvoll adj. very painful; Schmerz: agonizing (a. seelisch)
Quantit|ät f quantity; **²ativ** adj. u. adv. in quantity
Quantum n amount; fig. a. share
Quarantäne f quarantine; **unter ~ stellen** put* in quarantine
Quark m curd, cottage cheese
Quartal n quarter (of a year)
Quartett mus. n quartet(te)
Quartier n accommodation; Schweiz Viertel: quarter
Quarz min. m quartz (a. in Zssgn)
Quatsch F m nonsense, rubbish, sl. rot, crap, bullshit; **~ machen** fool around; scherzen: joke, F kid; **²en** F v/i. talk rubbish; plaudern: chat
Quecksilber n mercury, quicksilver
Quelle f spring, source (a. fig.); ÖlR: well; fig. a. origin; **²n** v/i. pour (**aus** from); **~nangabe** f reference
quengel|n F v/i. whine; **~ig** adj. pestering
quer adv. across; legen etc.: a. crosswise; **kreuz und ~ durcheinander**: all over the place; **kreuz und ~ durch Deutschland** etc. **fahren** travel all over Germany etc.
Quer|e f: F **m in die ~ kommen** get* in s.o.'s way; **~feldeinlauf** m cross-country race; **~latte** f Sport: crossbar; **~schläger** mil. m ricochet; **~schnitt** m cross-section (a. fig.); **²schnitt(s)gelähmt** med. adj. paraplegic; **~straße** f intersecting road; **zweite ~ rechts** second turning on the right
Querulant m querulous person
quetsch|en v/t. u. v/refl. squeeze; med. bruise (o.s.); **²ung** med. f bruise
quiek(s)en v/i. squeak, squeal
quietschen v/i. squeal; Bremsen, Reifen: a. screech; Tür, Bett etc.: squeak, creak
quitt adj.: **mit j-m ~ sein** be* quits od. even with s.o. (a. fig.); **~ieren** v/t. econ. give* a receipt for; **den Dienst ~** resign; **²ung** f receipt; fig. answer
Quote f quota; Anteil: share; Rate: rate; **~nregelung** f quota system
Quotient math. m quotient

R

Rabatt econ. m discount, rebate
Rabe m raven
rabiat adj. rough, tough
Rache f revenge
Rachen anat. m throat
rächen v/t. u. v/refl.: avenge; bsd. j-n: revenge; **sich an j-m für et. ~** revenge o.s. od. take* revenge on s.o. for s.th.
Rächer(in) avenger
rachsüchtig adj. revengeful
Rad n wheel; Fahr²: bicycle, F bike; **~ fahren** cycle, ride* a bicycle, F bike; **ein**

~ schlagen *Pfau:* spread* its tail; *Sport:* turn a (cart)wheel
Radar *m,* n radar; **~falle** f speed trap; **~kontrolle** f radar speed check; **~schirm** m radar screen; **~station** f radar station
Radau F *m* row, racket
radeln F *v/i.* → **Rad fahren**
Rädelsführer *m* ringleader
Räderwerk *tech. n* gearing
rad|fahren *v/i.* → **Rad**; **2fahrer(in)** cyclist
radier|en *v/t.* erase, rub out; *Kunst:* etch; **2gummi** m eraser, *Brt. a.* rubber; **2ung** f etching
Radieschen *bot. n* (red) radish
radikal *adj.,* **2e(r)** radical; **2ismus** *m* radicalism
Radio n radio; **im ~** on the radio; **~ hören** listen to the radio; **2aktiv** *phys. adj.* radioactive; **~er Niederschlag** fallout; **~aktivität** f radioactivity; **~wecker** m clock radio
Radius *math. m* radius
Rad|kappe f hubcap; **~rennbahn** f cycling track; **~rennen** n cycle race; **~sport** m cycling; **~sportler(in)** cyclist; **~weg** m cycle track *od.* path, *Am. a.* bikeway
raffen *v/t.* gather up; **an sich ~** grab
Raffi|nerie *chem.* f refinery; **~nesse** f *Ausstattung:* refinement; Schlauheit: shrewdness; **2niert** *adj.* refined (*a. fig. verfeinert*); *schlau:* shrewd, clever
ragen *v/i.* tower (up), rise* (high)
Ragout n ragout, stew
Rahe *naut.* f yard
Rahm *m* cream
rahmen *v/t.* frame; *Dias:* mount
Rahmen *m* frame; *Gefüge:* framework; *Hintergrund:* setting; *Bereich:* scope; **aus dem ~ fallen** be* out of the ordinary
Rakete f rocket, *mil. a.* missile; **ferngelenkte ~** guided missile; **e-e ~ abfeuern (starten)** launch a rocket *od.* missile; **dreistufige ~** three-stage rocket; **~nantrieb** m rocket propulsion; **mit ~** rocket-propelled; **~nbasis** *mil.* f rocket *od.* missile base *od.* site
rammen *v/t.* ram; *mot. etc.* hit*, collide with
Rampe f (loading) ramp; **~nlicht** n footlights *pl.*; *fig.* limelight

Ramsch *m* junk, trash
Rand *m* edge, border; *Abgrund etc.:* brink (*a. fig.*); *Teller, Brille:* rim; *Hut, Glas:* brim; *Seite:* margin; **(e-n) ~ lassen** leave* a margin; **am ~(e) des Ruins** (*Krieges etc.*) on the brink of ruin (war *etc.*); **zu ~e kommen mit** j-m: get* on with; *et.:* come to grips with
randalier|en *v/i.* kick up a racket; **2er** *m* rowdy, hooligan
Rand|bemerkung f marginal note; *fig.* comment; **~gruppe** f *soziale:* fringe group; **2los** *adj. Brille:* rimless; **~streifen** *mot. m* shoulder
Rang *m* position, rank (*a. mil.*); *thea.* circle, *Am.* balcony; **Ränge** *pl. Stadion:* terraces *pl.*; **ersten ~es** first-rate
rangieren 1. *rail. v/t.* shunt, *Am.* switch; 2. *fig. v/i.* rank (**vor** before)
Rangordnung f hierarchy
Ranke *bot.* f tendril; **2n** *v/refl.* creep*, climb
Ranzen *m* knapsack; *Schul2:* satchel
ranzig *adj.* rancid, rank
Rappe *zo. m* black horse
rar *adj.* rare, scarce; **2ität** f *Sache:* curiosity; *Seltenheit:* rarity
rasch *adj.* quick, swift; *sofortig:* prompt
rascheln *v/i.* rustle
Rasen *m* lawn, grass
rasen *v/i.* race, tear*, speed*; *vor Wut, Sturm:* rage; **~ vor Begeisterung** roar with enthusiasm; **~d** *adj. Tempo:* breakneck; *wütend:* raging; *Schmerz:* agonizing; *Kopfschmerz:* splitting; *Beifall:* thunderous; **~ werden (machen)** go* (drive*) mad
Rasen|mäher *m* lawn mower; **~platz** *m* lawn; *Tennis:* grass court
Raserei f frenzied rage; *Wahnsinn:* frenzy, madness; F *mot.* reckless driving; **j-n zur ~ bringen** drive* s.o. mad
Rasier|apparat *m* (safety) razor; electric razor *od.* shaver; **~creme** f shaving cream; **2en** *v/t. u. v/refl.* shave; **~klinge** f razor blade; **~messer** n (straight) razor; **~pinsel** m shaving brush; **~seife** f shaving soap; **~wasser** n aftershave (lotion)
Rasse f race; *zo.* breed; **~hund** m pedigree dog
Rassel f, **2n** *v/i.* rattle
Rassen|... *in Zssgn Diskriminierung, Konflikt, Probleme etc.:* mst racial ...;

Rassentrennung

~**trennung** *pol. f* (racial) segregation; *Südafrika hist.:* apartheid; ~**unruhen** *pl.* race riots *pl.*

rass|ig *adj.* classy; ⁀**ismus** *m* racism; ⁀**ist** *m*, ~**istisch** *adj.* racist

Rast *f* rest; *Pause: a.* break; ⁀**en** *v/i.* (take* a) rest; ~**los** *adj.* restless; ~**platz** *m* resting place; *mot.* lay-by, *Am.* rest area; ~**stätte** *mot. f* service area

Rasur *f* shave

Rat *m* advice; ~**schlag:** piece of advice; *e-r Stadt etc.:* council; *j-n um* ~ *fragen (j-s* ~ *befolgen)* ask (take*) s.o.'s advice; *j-n zu* ~**e ziehen** consult s.o.

Rate *f econ.* instal(l)ment; *Geburten*⁀ *etc.:* rate; *auf* ~**n** by instal(l)ments

raten *v/t. u. v/i.* advise; *er*~: guess; *Rätsel:* solve; *j-m zu et.* ~ advise s.o. to do s.th.; *rate mal!* (have a) guess!

Ratenzahlung *econ. f* → *Abzahlung*

Ratespiel *TV etc. n* panel game

Rat|geber *m* adviser, counsel(l)or; *Buch:* guide (*über* to); ~**haus** *n* town (*Am.* city) hall

ratifizieren *v/t.* ratify

Ration *f* ration; ⁀**al** *adj.* rational; ⁀**ell** *adj.* efficient; *sparsam:* economical; ⁀**ieren** *v/t.* ration

rat|los *adj.* at a loss; ~**sam** *adj.* advisable, wise; ⁀**schlag** *m* piece of advice; *ein paar gute Ratschläge* some good advice *sg.*

Rätsel *n* puzzle; ~**frage:** riddle (*beide a. fig.*); *Geheimnis:* mystery; ⁀**haft** *adj.* puzzling; mysterious

Ratte *f* rat (*a. fig. contp.*)

rattern *v/i.* rattle, clatter

rau *adj.* rough (*beide a. fig.*), rugged (*beide a. fig.*); *Klima, Stimme: a.* harsh; *Hände etc.:* chapped; *Hals:* sore

Raub *m* robbery; *Menschen*⁀: kidnap(p)ing; *Beute:* loot, booty; *Opfer:* prey; ~**bau** *m* overexploitation (*an* of); ~ *mit s-r Gesundheit treiben* ruin one's health; ⁀**en** *v/t.* rob, steal*; kidnap; *j-m et.* ~ rob s.o. of s.th. (*a. fig.*)

Räuber *m* robber; *Straßen*⁀: highwayman

Raub|fisch *m* predatory fish; ~**mord** *m* murder with robbery; ~**mörder** *m* murderer and robber; ~**tier** *n* beast of prey; ~**überfall** *m* holdup, (armed) robbery; *auf der Straße a.:* mugging; ~**vogel** *m* bird of prey; ~**zug** *m* raid

Rauch *m* smoke; *chem. etc.* fume; ⁀**en** *v/i. u. v/t.* smoke; *chem. etc.* fume; ⁀ *verboten* no smoking; *Pfeife* ~ smoke a pipe; ~**er** *m* smoker (*a. rail.*); *starker* ~ heavy smoker

Räucher|... *in Zssgn Aal, Speck etc.:* smoked ...; ⁀**n** *v/t.* smoke; ~**stäbchen** *n* joss stick

Rauch|fahne *f* trail of smoke; ⁀**ig** *adj.* smoky; ~**waren** *pl.* tobacco products *pl.*; *Pelze:* furs *pl.*; ~**zeichen** *n* smoke signal

Räud|e *vet. f* mange, scabies; ⁀**ig** *adj.* mangy, scabby

Raufasertapete *f* woodchip paper

rauf|en 1. *v/t.: sich die Haare* ~ tear* one's hair; **2.** *v/i.* fight*, scuffle; ⁀**erei** *f* fight, scuffle

rauh *etc.*→ *rau etc.*

Rauhaardackel *m* wire-haired dachshund

Raum *m* room; *Platz: a.* space; *Gebiet:* area; *Welt*⁀: (outer) space; ~**anzug** *m* spacesuit; ~**deckung** *f Sport:* zone marking

räumen *v/t. Wohnung:* leave*, move out of; *Hotelzimmer:* check out of; *Straße, Saal, Lager etc.:* clear (*von* of); *bei Gefahr:* evacuate (*a. mil.*); *s-e Sachen in ...* ~ put* one's things (away) in

Raum|fahrt *f* space travel *od.* flight; *Wissenschaft:* astronautics; ~**fahrt...** *in Zssgn Technik etc.:* space ...; ~**fähre** *f* space shuttle; ~**flug** *m* space flight; ~**inhalt** *m* volume; ~**kapsel** *f* space capsule

räumlich *adj.* three-dimensional

Raum|schiff *n* spacecraft; *bsd. bemanntes: a.* spaceship; ~**sonde** *f* space probe; ~**station** *f* space station

Räumung *f* clearance; *bei Gefahr:* evacuation (*a. mil.*); *jur.* eviction; ~**sverkauf** *econ. m* clearance sale

raunen *v/i.* whisper, murmur

Raupe *f zo.,* tech. caterpillar, *tech. a.* track; ~**nschlepper** *m* Caterpillar tractor®

Raureif *m* hoarfrost

raus *int.* get out (of here)!

Rausch *m* drunkenness, intoxication; *Drogen*⁀: F high; *fig.* ecstasy; *e-n haben* (*bekommen*) be* (get*) drunk; *s-n* ~ *ausschlafen* sleep* it off; ⁀**en** *v/i. Wasser:* rush; *Bach:* murmur; *Sturm:*

roar; *fig. eilen:* sweep*; ⁓**end** *adj. Applaus:* thunderous; ⁓**es Fest** lavish celebration

Rauschgift *n* drug(s *pl. coll.*), narcotic(s *pl. coll.*), F dope; ⁓**dezernat** *n* narcotics *od.* drugs squad; ⁓**handel** *m* drug traffic(king); ⁓**händler** *m* drug trafficker, *sl.* pusher

räuspern *v/refl.* clear one's throat

Razzia *f* raid, roundup

rd. *Abk. für rund* roughly

Reagenzglas *n* test tube

reagieren *v/i. med., chem.* react (*auf* to); *fig. a.* respond (to)

Reaktion *f chem., med., phys.* reaction (*auf* to) (*a. pol.*); *fig. a.* response (to)

Reaktor *phys. m* (nuclear *od.* atomic) reactor

real *adj.* real; *konkret:* concrete; ⁓**isieren** *v/t.* realize; ⁓**ismus** *m* realism; ⁓**istisch** *adj.* realistic; ⁓**ität** *f* reality; ⁓**schule** *f etwa Brt.* secondary (modern) school, *Am.* (junior) highschool

Rebe *bot. f* vine

Rebell *m* rebel; ⁓**ieren** *v/i.* rebel, revolt, rise* (*alle:* **gegen** against); ⁓**isch** *adj.* rebellious

Reb|huhn *zo. n* partridge; ⁓**laus** *zo. f* phylloxera; ⁓**stock** *bot. m* vine

Rechen *m,* ⁓ *v/t.* rake

Rechen|aufgabe *f* (arithmetical) problem; ⁓**n lösen** F do* sums; ⁓**fehler** *m* arithmetical error, miscalculation; ⁓**maschine** *f* calculator; computer; ⁓**schaft** *f:* ⁓ **ablegen über** account for; **zur** ⁓ **ziehen** call to account (*wegen* for); ⁓**schieber** *math. m* slide rule; ⁓**werk** *n Computer:* arithmetic unit; ⁓**zentrum** *n* computer cent|re, *Am.* -er

Rechnen *n* arithmetic

rechnen *v/i. u. v/t.* calculate, reckon; *Aufgabe etc.:* work out, do*; *zählen:* count; ⁓ **mit** expect; *bauen auf:* count on; **mit mir kannst du nicht** ⁓**!** count me out!

Rechner *m* calculator; computer; ⁓**abhängig** *adj. Computer:* online; ⁓**isch** *adj.* arithmetical; ⁓**unabhängig** *adj. Computer:* offline

Rechnung *f* calculation; *Aufgabe:* problem, sum; *econ.* invoice, *Am. a.* bill; *im Lokal:* bill, *Am. a.* check; **die** ⁓**, bitte!** can I have the bill, please?; **das geht auf m-e** ⁓ that's on me

recht 1. *adj. Hand, Winkel etc.:* right; *richtig: a.* correct; *pol.* right-wing; **auf der** ⁓**en Seite** on the right(-hand side); **mir ist es** ⁓ I don't mind; **2.** *adv.* right(ly), correctly; *ziemlich:* rather, quite; **ich weiß nicht** ⁓ I don't really know; **es geschieht ihm** ⁓ it serves him right; **erst** ⁓ all the more; **erst** ⁓ **nicht** even less; **du kommst gerade** ⁓ **(zu)** you're just in time (for)

Recht *n* right; *Anspruch: a.* claim (*beide: auf* to); *jur. Gesetz:* law; *Gerechtigkeit:* justice; **gleiches** ⁓ equal rights *pl.*; **im** ⁓ **sein** be* in the right; **j-m** ⁓ **geben** agree with s.o.; **er hat es mit (vollem)** ⁓ **getan** he was (perfectly) right to do so; ⁓ **haben** be* right; **ein** ⁓ **auf et. haben** be* entitled to s.th.

Rechteck *n* rectangle; ⁓**ig** *adj.* rectangular

recht|fertigen *v/t.* justify; ⁓**fertigung** *f* justification; ⁓**haber** F *m* know-all; ⁓**lich** *adj.* legal; ⁓**los** *adj.* without rights; *ausgestoßen:* outcast; ⁓**lose(r)** outcast; ⁓**mäßig** *adj.* lawful; *berechtigt:* legitimate; *gesetzmäßig:* legal; ⁓**mäßigkeit** *f* lawfulness, legitimacy

rechts *adv.* on the right(-hand side); **nach** ⁓ to the right; ⁓**...** *in Zssgn pol.* right-wing ...

Rechts|anspruch *m* legal claim (*auf* to); ⁓**anwalt** *m,* ⁓**anwältin** *f* lawyer; ⁓**ausleger** *m Boxen:* southpaw; ⁓**außen** *Fußball:* outside right

recht|schaffen *adj.* honest; *gesetzestreu:* law-abiding; ⁓**schreibfehler** *m* spelling mistake; ⁓**schreibung** *f* spelling, orthography

rechts|extrem(istisch) *adj.* extreme right; ⁓**fall** *m* (law) case; ⁓**händer(in)** right-handed person; **er (sie) ist** ⁓ he (she) is right-handed

Rechtsprechung *f* jurisdiction

rechts|radikal *pol. adj.* extreme right-wing; ⁓**schutz** *m* legal protection; *Versicherung:* legal costs insurance; ⁓**widrig** *adj.* illegal, unlawful

recht|wink(e)lig *adj.* rectangular; ⁓**zeitig 1.** *adj.* punctual; **2.** *adv.* in time (*zu* for)

Reck *n* horizontal bar

recken *v/t.* stretch; **sich** ⁓ stretch o.s.

recyceln 524

recyc|eln v/t. recycle; ♀**ingpapier** n recycled paper

Redakt|eur m editor; **~ion** f Tätigkeit: editing; Personen: editorial staff sg., pl., editors pl.; Büro: editorial office (od. department); ♀**ionell** adj. editorial

Rede f speech, address; Ge♀: talk (**von** of); **e-e ~ halten** make* a speech; **direkte** (**indirekte**) **~ gr.** direct (reported od. indirect) speech; **zur ~ stellen** take* to task; **nicht der ~ wert** not worth mentioning; ♀**gewandt** adj. eloquent

reden v/i. u. v/t. talk, speak* (beide: **mit** to; **über** about, of); **ich möchte mit dir ~** I'd like to talk to you; **die Leute ~** people talk; **j-n zum ♀ bringen** make* s.o. talk

Redensart f saying, phrase

redlich adj. upright, honest; **sich ~(e) Mühe geben** do* one's best

Red|ner(in) speaker; **~erpult** n speaker's desk; ♀**selig** adj. talkative

reduzieren v/t. reduce (**auf** to)

Reeder m shipowner; **~ei** f shipping company

reell adj. Preis etc.: reasonable, fair; Chance: real; Firma: solid

Refer|at n paper; Bericht: report; Vortrag: lecture; **ein ~ halten** read* a paper; **~endar** m Schule: etwa trainee teacher; **~ent(in)** speaker; **~enz** f reference; ♀**ieren** v/i. (give*) a report (Vortrag: lecture) (**über** on)

reflektieren v/t. u. v/i. reflect (fig. **über** [up]on); **~ auf** be* interested in

Reflex m reflex (a. in Zssgn); ♀**iv** gr. adj. reflexive

Reform f reform; **~ator** m, **~er** m reformer; **~haus** n health food shop (Am. store); ♀**ieren** v/t. reform

Refrain m refrain, chorus

Regal n shelf (unit), shelves pl.

rege adj. lively; Verkehr etc.: busy; geistig, körperlich: active

Regel f rule; med. period, menstruation; **in der ~** as a rule; ♀**mäßig** adj. regular; ♀**n** v/t. regulate; tech. a. adjust; Angelegenheit etc.: settle; ♀**recht** adj. regular (a. F fig.); **~technik** f control engineering; **~ung** f regulation; adjustment; settlement; Steuerung: control; ♀**widrig** adj. against the rule(s); Sport: unfair; **~es Spiel** foul play

regen v/t. u. v/refl. move, stir

Regen m rain; **starker ~** heavy rain(fall); **~bogen** m rainbow; **~bogenhaut** anat. f iris; **~guss** m (heavy) shower, downpour; **~mantel** m raincoat; **~schauer** m shower; **~schirm** m umbrella; **~tag** m rainy day; **~tropfen** m raindrop; **~wald** m rain forest; **~wasser** n rainwater; **~wetter** n rainy weather; **~wurm** zo. m earthworm; **~zeit** f rainy season; Tropen a.: the rains pl.

Regie f thea., Film: direction; **unter der ~ von** directed by; **~anweisung** f stage direction

regier|en 1. v/i. reign; **2.** v/t. govern (a. gr.), rule; ♀**ung** f government, Am. a. administration; e-s Monarchen: reign

Regierungs|bezirk m administrative district; **~chef** m head of government; **~wechsel** m change of government

Regime pol. n regime; **~kritiker** m dissident

Regiment n rule (a. fig.); mil. regiment

Regisseur m director, thea. Brt. a. producer

Regist|er n register (a. mus.), record; in Büchern: index; ♀**rieren** v/t. register, record; fig. note; **~rierkasse** f cash register

Reglement n Schweiz: regulation, order, rule

Regler tech. m control

regne|n v/i. rain (a. fig.); **es regnet in Strömen** it's pouring with rain; **~risch** adj. rainy

regulär adj. regular; üblich: normal

regulier|bar adj. adjustable; steuerbar: controllable; **~en** v/t. regulate, adjust; steuern: control

Regung f movement, motion; Gefühls♀: emotion; Eingebung: impulse; ♀**slos** adj. motionless

Reh n deer, roe; weiblich: doe; gastr.: venison

rehabilitieren v/t. rehabilitate

Reh|bock zo. m (roe)buck; **~keule** gastr. f leg of venison; **~kitz** zo. n fawn

Reib|e f, **~eisen** n grater, rasp

reib|en v/t. u. v/i. rub; zerkleinern: grate, grind*; **sich die Augen (Hände) ~** rub one's eyes (hands); ♀**ung** tech. etc. f friction; **~ungslos** adj. frictionless; fig. smooth

reich *adj.* rich (**an** in), wealthy; *Ernte, Vorräte:* rich, abundant

Reich *n* empire, kingdom (*a. rel., bot., zo.*); *fig.* world

reichen 1. *v/t.* reach; *zu~: a.* hand, pass; *s-e Hand:* give*, hold out; **2.** *v/i. aus~:* last, do*; ~ **bis** reach *od.* come* up to; ~ **nach** reach (out) for; *das reicht* that will do; *mir reicht's!* I've had enough

reich|haltig *adj.* rich; plentiful; *Zeit, Geld etc.:* plenty of; **2.** *adv. ziemlich:* rather; *großzügig:* generously; **2tum** *m* wealth (**an** of) (*a. fig.*); **2weite** *f* reach; *aviat., mil., Funk etc.:* range; **in (außer) (j-s) ~** within (out of) (s.o.'s) reach

reif *adj.* ripe; *bsd. Mensch:* mature

Reif *m* white frost, hoarfrost

Reife *f* ripeness, *bsd. fig.* maturity

reifen *v/i.* ripen, mature (*beide a. fig.*)

Reifen *m* hoop; *mot. etc.* tyre, *Am.* tire; **~panne** *mot. f* flat tyre (*Am.* tire), puncture, F flat

Reifeprüfung *f* → *Abitur*

reiflich *adj.* careful

Reihe *f* line, row (*a. Sitz2*); *Anzahl:* number; *Serie:* series; **der ~ nach** in turn; **ich bin an der ~** it's my turn

Reihen|folge *f* order; **~haus** *n* Brt. terraced house, *Am.* row house; **2weise** *adv.* in rows; F *fig.* by the dozen

Reiher *m zo. m* heron

Reim *m* rhyme; **2en** *v/t. u. v/refl.* rhyme (**auf** with)

rein *adj.* pure (*a. fig.*); *sauber:* clean; *Gewissen:* clear; *Wahrheit:* plain; *nichts als:* mere, sheer, nothing but; **2fall** F *m* flop; *Enttäuschung:* let-down; **2gewinn** F *m* net profit; **2heit** *f* purity (*a. fig.*); cleanness

reinig|en *v/t.* clean; gründlich: *a.* cleanse (*a. med.*); *chemisch:* dry-clean; *fig.* purify; **2ung** *f* clean(s)ing; *fig.* purification; **~sanstalt:** (dry) cleaners; *chemische* **~ Vorgang:** dry cleaning; **2ungsmittel** *n* cleaning agent, household cleaner, detergent

rein|lich *adj.* clean; *als Eigenschaft:* cleanly; **2machefrau** *f* → *Putzfrau*; **~rassig** *adj.* purebred, *bsd. Hund:* pedigree; *bsd. Pferd:* thoroughbred; **2schrift** *f* fair copy

Reis *m* rice

Reise *f allg.* trip; *längere:* journey; *naut.* voyage; *Rund2:* tour; **auf ~n sein** be* travel(l)ing; **e-e ~ machen** take* a trip; **gute ~!** have a nice trip!; **~andenken** *n* souvenir; **~büro** *n* travel agency *od.* bureau; **~führer** *m* guide(book); **~gesellschaft** *f* tourist party; tour operator; **~kosten** *pl.* travel(l)ing expenses *pl.*; **~krankheit** *f* travel sickness; **~leiter** *m* courier, *Am.* tour guide *od.* manager; **2n** *v/i.* travel; *durch Frankreich* **~** tour France; *ins Ausland* **~** go* abroad; **~nde(r)** travel(l)er; tourist; *Fahrgast:* passenger; **~pass** *m* passport; **~scheck** *m* travel(l)er's cheque (*Am.* check); **~tasche** *f* travel(l)ing bag, holdall

Reisig *n* brushwood

Reißbrett *n* drawing board

reißen *v/t. u. v/i.* tear* (**in Stücke** to pieces), rip (up *od.* open); *zerren:* pull, drag; *Kette, Faden:* break*; *töten:* kill; F *Witze:* crack; *Latte etc.:* knock down; *Gewichtheben:* snatch; **an sich ~** seize, snatch, grab; **sich um et. ~** scramble for (*od.* to get) s.th.; **~d** *adj.* torrential; **~en Absatz finden** sell* like hot cakes

Reißer F *m* thriller; *Erfolg:* hit; **2isch** *adj.* sensational, loud

Reiß|verschluss *m* zipper; **den ~ an et. öffnen (schließen)** unzip (zip up) s.th.; **~zwecke** *f* drawing pin, *Am.* thumbtack

reiten 1. *v/i.* ride*, go* on horseback; **2.** *v/t.* ride*

Reit|en *n* (*bsd. Am.* horseback) riding; **~er(in)** rider, horse|man (-woman); **~pferd** *n* saddle *od.* riding horse

Reiz *m* charm, attraction, appeal; *Kitzel:* thrill; *med., psych.* stimulus; **(für j-n) den ~ verlieren** lose* one's appeal (for s.o.); **2bar** *adj.* irritable, excitable; **2en 1.** *v/t.* irritate (*a. med.*); *ärgern: a.* annoy; *bsd. Tier:* bait; *herausfordern:* provoke; *anziehen:* appeal to, attract; (*ver*)*locken:* tempt; *Aufgabe etc.:* challenge; **2.** *v/i. Kartenspiel:* bid*; **~end** *adj.* charming, delightful; *hübsch:* lovely, sweet, *Am.* cute; **2los** *adj.* unattractive; **2überflutung** *f* overstimulation; **~ung** *f* irritation; **2voll** *adj.* attractive; *Aufgabe etc.:* challenging; **~wäsche** F *f* sexy underwear; **~wort** *n* emotive word

rekeln F *v/refl.* loll, lounge
Reklamation *f* complaint
Reklame *f* advertising, publicity; *Anzeige*: advertisement, F ad; **~ machen für** advertise, promote; → **Werbung**
reklamieren *v/i.* complain (**wegen** about), protest (against)
Rekord *m* record; **e-n ~ aufstellen** set* *od.* establish a record
Rekrut *mil. m*, **2ieren** *mil. v/t.* recruit
Rektor(in) head|master (-mistress), *Am.* principal; *univ.* rector, *Am.* president
relativ *adj.* relative (*a. in Zssgn*)
Relief *n* relief
Religi|on *f* religion; *Schulfach*: religious instruction *od.* education, R.I., R.E.; **2ös** *adj.* religious
Reling *naut. f* rail
Reliquie *f* relic
Rempel|ei F *f*, **2n** *v/t.* jostle
Renn|bahn *f* racecourse, racetrack; *Rad2*: cycling track; **~boot** *n* racing boat; *mit Motor*: speedboat
rennen *v/i. u. v/t.* run*
Rennen *n* race (*a. fig.*); *Einzel2*: heat
Renn|fahrer *m mot.* racing driver; *Rad2*: racing cyclist; **~läufer(in)** ski racer; **~pferd** *n* racehorse, racer; **~rad** *n* racing bicycle, racer; **~sport** *m* racing; **~stall** *m* racing stable; **~wagen** *m* racing car, racer
renommiert *adj.* renowned
renovieren *v/t.* renovate, F do* up; *Innenraum*: redecorate
rentabel *adj.* profitable, paying
Rente *f* (old age) pension; **in ~ gehen** retire; **~nalter** *n* retirement age; **~nversicherung** *f* pension scheme
Rentier *zo. n* reindeer
rentieren *v/refl.* pay*; *fig.* be* worth it
Rentner(in) (old age) pensioner
Reparatur *f* repair; **~werkstatt** *f* repair shop; *mot.* garage
reparieren *v/t.* repair, mend, F fix
Report|age *f* report; **~er** *m* reporter
Repräsent|ant *m* representative; **~antenhaus** *Am. parl. n* House of Representatives; **2ieren** *v/t.* represent
Repressalie *f* reprisal
Reprodu|ktion *f* reproduction, print; **2zieren** *v/t.* reproduce
Reptil *zo. n* reptile
Republik *f* republic; **~aner(in)** *pol.*, **2anisch** *adj.* republican

Reserv|at *n Wild2*: (p)reserve; *Indianer2*: reservation; **~e** *f* reserve (*a. mil.*); **~e...** *in Zssgn* Kanister, Rad *etc.*: spare ...; **2ieren** *v/t.* reserve (*a. ~ lassen*); **j-m e-n Platz ~** keep* *od.* save a seat for s.o.; **2iert** *adj.* reserved (*a. fig.*)
Residenz *f* residence
Resign|ation *f* resignation, **2ieren** *v/i.* give* up; **2iert** *adj.* resigned
Resozialisierung *f* rehabilitation
Respekt *m* respect (**vor** for); **2ieren** *v/t.* respect; **2los** *adj.* irreverent, disrespectful; **2voll** *adj.* respectful
Ressort *n* department, province
Rest *m* rest; **~e** *pl.* Überreste: remains *pl.*, remnants *pl.*; *Essen*: leftovers *pl.*; **das gab ihm den ~** that finished him (off)
Restaurant *n* restaurant
restaurieren *v/t.* restore
Rest|betrag *m* remainder, **2lich** *adj.* remaining; **2los** *adv.* completely
Resultat *n* result (*a. Sport*), outcome
Retorte *f* retort; **~nbaby** *n* test-tube baby
rett|en *v/t.* save, rescue (*beide*: **aus, vor** from); **2er(in)** rescuer
Rettich *bot. m* radish
Rettung *f* rescue (**aus, vor** from); **das war s-e ~** that saved him
Rettungs|boot *n* lifeboat; **~mannschaft** *f* rescue party; **~ring** *m* life belt, life buoy; **~schwimmer** *m* lifeguard
Reu|e *f* remorse, repentance (*beide*: **über** for); **2mütig** *adj.* repentant
Revanche *f* revenge
revanchieren *v/refl. sich rächen*: have* one's revenge (**bei, an** on); *et. gutmachen*: make* it up (**bei** to)
Revers *n, m* lapel
revidieren *v/t.* revise; *econ.* audit
Revier *n allg.* district; *zo., fig.* territory; → **Polizeirevier**
Revision *f econ.* audit; *jur.* appeal; *Änderung*: revision
Revolt|e *f*, **2ieren** *v/i.* revolt
Revolution *f* revolution; **2är** *adj.*, **~är(in)** revolutionary
Revolver *m* revolver, F gun
Revue *f thea.* (musical) show
Rezept *n med.* prescription; *Koch2*: recipe (*a. fig. Mittel*)
Rezession *f* recession
Rhabarber *bot. m* rhubarb

rhetorisch *adj.* rhetorical
Rheuma *med. n* rheumatism
rhythm|isch *adj.* rhythmic(al); **⁀us** *m* rhythm
Ribisel *östr. f* → **Johannisbeere**
richten *v/t. allg.* fix; (*vor*)*bereiten*: a. get* s.th. ready, prepare; *Zimmer, Haar etc.*: a. do*; (*sich*) ~ **an** address (o.s.) to; *Frage*: put* to; ~ **auf** (*gegen*) direct *od.* turn to (against); *Waffe, Kamera etc.*: point *od.* aim at; *sich* ~ **nach** go* by, act according to; *Mode, Beispiel*: follow; *abhängen von*: depend on; *ich richte mich ganz nach dir* I leave it to you
Richter *m* judge; **⁀lich** *adj.* judicial
Richtgeschwindigkeit *mot. f* recommended speed
richtig 1. *adj. allg.* right; *korrekt*: a. correct, proper; *wahr*: true; *echt, wirklich, typisch*: real; 2. *adv.*: ~ **nett** (**böse**) really nice (angry); *et.* ~ **machen** do* s.th. right; *m-e Uhr geht* ~ my watch is right; *et.* ~ **stellen** set* s.th. right, correct s.th.; **⁀keit** *f* correctness; truth
Richt|linien *pl.* guidelines *pl.*; **~preis** *econ. m* recommended price; **~schnur** *fig. f* guiding principle
Richtung *f* direction; *pol.* leaning; *paint.* etc. style; **⁀slos** *adj.* aimless, disorient(at)ed; **⁀weisend** *fig. adj.* pioneering
riechen *v/i. u. v/t.* smell* (*nach* of; *an* at)
Riegel *m* bolt, bar (*a. Schokolade*)
Riemen *m* strap; *Gürtel, tech.*: belt; *naut.* oar
Riese *m* giant (*a. fig.*)
rieseln *v/i. Wasser, Sand*: trickle; *Regen*: drizzle; *Schnee*: fall* gently
Riesen|... *in Zssgn mst* giant ..., gigantic ..., enormous ...; **~erfolg** *m* huge success; *Film etc.*: a. smash hit; **⁀groß**, **⁀haft** *adj.* → **riesig**; **~kräfte** *pl.* incredible strength *sg.*; **~rad** *n* Ferris wheel; **~welle** *f Turnen*: giant swing
riesig *adj.* enormous, gigantic, giant
Riff *n* reef
Rill|e *f* groove; **⁀ig** *adj.* grooved
Rind *zo. n* cow; *gastr.* beef; **~er** *pl.* cattle *pl.*
Rinde *f bot.* bark; *Käse⁀*: rind; *Brot⁀*: crust
Rinder|braten *m* roast beef; **~herde** *f* herd of cattle; **~wahn(sinn)** *vet. f* mad cow disease
Rind|fleisch *n* beef; **~(s)leder** *n* cowhide; **~vieh** *n* cattle *pl.*
Ring *m* ring (*a. fig.*); *mot.* ring road; *U-Bahn etc.*: circle (line); **~buch** *n* loose-leaf *od.* ring binder
ringe|ln *v/refl.* curl, coil (*a. Schlange*); **⁀natter** *zo. f* grass snake; **⁀spiel** *östr. n* → **Karussell**
ringen 1. *v/i.* wrestle (*mit* with); *fig.* a. struggle (against, with); *um* for); *nach Atem* ~ gasp for breath; 2. *v/t. Hände*: wring*
Ring|en *n* wrestling; **~er** *m* wrestler
ring|förmig *adj.* circular; **⁀kampf** *m* wrestling match; **⁀richter** *m* referee
rings *adv.*: ~ **um** around; **~herum**, ~ **um**, **~umher** *adv.* all around; everywhere
Rinn|e *f* groove, channel; *Dach⁀*: gutter; **⁀en** *v/i.* run* (*a. Schweiß etc.*); *strömen*: flow, stream; **~sal** *n* streamlet; *von Blut, Farbe etc.*: trickle; **~stein** *m* gutter
Rippe *f* rib; **~nfell** *anat. n* pleura; **~nfellentzündung** *med. f* pleurisy
Risiko *n* risk; *ein* (*kein*) ~ **eingehen** take* a risk (no risks); *auf eigenes* ~ at one's own risk
risk|ant *adj.* risky; **~ieren** *v/t.* risk
Riss *m* tear, rip, split (*a. fig.*); *Sprung*: crack; *in der Haut*: chap; **~wunde** *f* laceration
rissig *adj. Haut etc.*: chapped; *brüchig*: cracky, cracked
Rist *m* instep; back of the hand
Ritt *m* ride (on horseback)
Ritter *m* knight; *zum* ~ **schlagen** knight; **⁀lich** *fig. adj.* chivalrous
Ritz *m*, **~e** *f* crack, chink; *Schramme*: scratch; *Lücke*: gap; **⁀en** *v/t.* scratch; *ein*~ carve, cut*
Rival|e *m*, **~in** *f* rival; **⁀isieren** *v/i.* compete; **~ität** *f* rivalry
rk., r.-k. *Abk. für* **römisch-katholisch** RC, Roman Catholic
Robbe *zo. f* seal
Robe *f* robe, gown
Roboter *m* robot
robust *adj.* robust, strong, tough
röcheln 1. *v/i. Kranker*: moan; 2. *v/t. Worte*: gasp
Rock *m* skirt
Rodel|bahn *f* toboggan run; **⁀n** *v/i.*

Rodelschlitten

sled(ge), *Am. a.* coast; *Sport*: toboggan; ~**schlitten** *m* sled(ge); toboggan
roden *v/t.* clear; *Wurzeln*: stub
Rogen *zo. m* (hard) roe
Roggen *bot. m* rye
roh *adj.* raw; *unbearbeitet*: rough; *Handlung*: brutal; *mit ~er Gewalt* with brute force; **2bau** *m* carcass; **2eisen** *n* pigiron; **2kost** *f* raw vegetables and fruit, F rabbit food; **2ling** *m* brute; *metall.* blank; **2material** *n* raw material; **2öl** *n* crude (oil)
Rohr *n* pipe, tube; *Kanal2*: duct; *bot. Schilf2*: reed; *Bambus2 etc.*: cane
Röhre *f* pipe, tube (*a. Am. TV*); *TV etc.* valve
Rohr|leitung *f* duct, pipe(s *pl.*); *im Haus*: plumbing; *Fernleitung*: pipeline; ~**stock** *m* cane; ~**zucker** *m* cane sugar
Rohstoff *m* raw material
Rolladen *m* → **Rollladen**
Rollbahn *aviat. f* taxiway, taxi strip
Rolle *f* roll (*a. Turnen*); *tech. a.* roller; *Tau2 etc.*: coil; *unter Möbeln*: cast|or, -er; *thea.* part, role (*beide a. fig.*); ~ *Garn* reel of cotton, *Am.* spool of thread; *das spielt keine ~* that doesn't matter, that makes no difference; *aus der ~ fallen* forget* o.s.
rollen *v/i. u. v/t.* roll
Roller *m* (*mot.* motor) scooter
Roll|film *phot. m* roll film; ~**kragen** *m* polo neck, *bsd. Am.* turtleneck (*a. in Zssgn*); ~**laden** *m* rolling shutter
Rollo *n* (roller) blind, *Am.* shades *pl.*
Rollschuh *m* roller skate; ~ *laufen* roller-skate; ~**bahn** *f* roller-skating rink; ~**läufer(in)** roller skater
Roll|stuhl *m* wheelchair; ~**treppe** *f* escalator
Roman *m* novel
Roman|ik *arch. f* Romanesque (style *od.* period); **2isch** *adj. ling.* Romance; *arch.* Romanesque; ~**ist(in)** Student(in): student of Romance languages
Romanschriftsteller *m* novelist
Romanti|k *f* romance; *hist.* Romanticism; **2sch** *adj.* romantic
Röm|er *m* Roman; *Glas*: rummer; **2isch** *adj.* Roman
Rommee *n* rummy
röntgen *v/t.* X-ray; **2apparat** *m* X-ray apparatus; **2aufnahme** *f*, **2bild** *n* X-ray; **2strahlen** *pl.* X-rays *pl.*
rosa *adj.* pink; *fig.* rose-coloured
Rose *f* rose; ~**nkohl** *m* Brussels sprouts *pl.*; ~**nkranz** *rel. m* rosary
rosig *adj.* rosy (*a. fig.*)
Rosine *f* raisin
Roß *n* horse; ~**haar** *n* horsehair
Rost *m* rust; *tech.* grate; *Brat2*: grid(iron), grill; **2en** *v/i.* rust
rösten *v/t.* roast (*a. F fig.*); *Brot*: toast; *Kartoffeln*: fry
Rost|fleck *m* rust stain; **2frei** *adj.* rustproof, stainless; **2ig** *adj.* rusty (*a. fig.*)
rot *adj.* red (*a. pol.*); ~ *glühend* red-hot; ~ *werden* blush; *in den ~en Zahlen* in the red
Rot *n* red; *die Ampel steht auf ~* the lights are red; *bei ~* at red; **2blond** *adj.* sandy(-haired)
Röte *f* redness, red (colo[u]r); *Scham2*: blush
Röteln *med. pl.* German measles *pl.*
röten *v/refl.* redden; *Gesicht*: *a.* flush
rot|haarig *adj.* red-haired; **2haarige(r)** redhead; **2haut** *f* redskin
rotieren *v/i.* rotate, revolve
Rot|kehlchen *zo. n* robin; ~**kohl** *m* red cabbage
rötlich *adj.* reddish
Rot|stift *m* red crayon *od.* pencil; ~**wein** *m* red wine; ~**wild** *zo. n* (red) deer
Rotz V *m* snot; ~**nase** F *f* snotty nose
Route *f* route
Routin|e *f* routine; *Erfahrung*: experience; **2esache** *f* routine (matter); **2iert** *adj.* experienced
Rübe *bot. f* turnip; *Zucker2*: (sugar) beet
Rubin *m* ruby
Rübli *n Schweiz*: carrot
Rubrik *f* heading; *Spalte*: column
Ruck *m* jerk, jolt, start; *fig. pol.* swing
Rückantwortschein *m* reply coupon
ruckartig *adj.* jerky, abrupt
rück|bezüglich *gr. adj.* reflexive; **2blende** *f* flashback (*auf* to); **2blick** *m* review (*auf* of); *im ~* in retrospect
rücken 1. *v/t.* move, shift, push; **2.** *v/i.* move; *Platz machen*: move over; *näher ~* approach
Rücken *m* back; ~**deckung** *fig. f* backing, support; ~**lehne** *f* back (rest); ~**mark** *n* spinal cord; ~**schmerzen** *pl.* backache *sg.*; ~**schwimmen**

rück|wirkend adj. retroactive; **₂wirkung** f reaction (*auf* upon); **₂zahlung** f repayment; **₂zieher** m Fußball: overhead kick; F: **e-n ~ machen** back (*aus Angst*: chicken) out (*von* of); **₂zug** m retreat

Rüde zo. m male (dog etc.)

Rudel n pack; Rehe: herd

Ruder n naut. Steuer₂, aviat. Seiten₂: rudder; Riemen: oar; **am ~** at the helm (*a. fig.*); **~boot** n rowing boat, rowboat; **~er** m rower, oarsman; **₂n** v/i. u. v/t. row; **~regatta** f (rowing) regatta, boat race; **~sport** m rowing

Ruf m call (*a. fig.*); Schrei: cry, shout; Ansehen: reputation; **₂en** v/i. u. v/t. call (*a. Arzt etc.*); cry, shout; **~ nach** call for (*a. fig.*); **~ lassen** send* for; **um Hilfe ~** call od. cry for help

Ruf|nummer f telephone number; **~weite** f: **in** (*außer*) **~** within (out of) call(ing distance)

Rüge f reproof, reproach (*beide:* **wegen** for); **₂n** v/t. reprove, reproach

Ruhe f Stille: quiet, calm; Schweigen: silence; Erholung, Stillstand, a. phys.: rest; Frieden: peace; Gemüts₂: calm(ness); **zur ~ kommen** come* to rest; **j-n in ~ lassen** leave* s.o. in peace; **lass mich in ~!** leave me alone!; **et. in ~ tun** take* one's time (doing s.th.); **die ~ behalten** F keep* (one's) cool, play it cool; **sich zur ~ setzen** retire; **~, bitte!** (be) quiet, please!; **₂los** adj. restless; **₂n** v/i. rest (*auf* on); **~pause** f break; **~stand** m retirement; **~stätte** f: **letzte ~** last resting place; **~störer** m bsd. jur. disturber of the peace; **~störung** f disturbance of the peace; **~tag** m a day's rest; **Montag ~ haben** be* closed on Mondays

ruhig adj. quiet; leise, schweigsam: a. silent; unbewegt: calm; Mensch: a. cool; tech. smooth; **~ bleiben** F keep* (one's) cool, play it cool

Ruhm m fame; bsd. pol., mil. etc. glory

rühm|en v/t. praise (*wegen* for); **sich e-r Sache ~** boast of s.th.; **~lich** adj. laudable, praiseworthy

ruhm|los adj. inglorious; **~reich, ~voll** adj. glorious

Ruhr med. f dysentery

Rühr|eier pl. scrambled eggs pl.; **₂en** v/t. stir; (*sich*) *bewegen: a.* move; fig.

---

backstroke; **~wind** m following wind, tailwind; **~wirbel** m dorsal vertebra

Rück|erstattung f refund; **~fahrkarte** f return (ticket), Am. a. round-trip ticket; **~fahrt** f return trip; **auf der ~ on** the way back; **~fall** m relapse; **₂fällig** adj.: **~ werden** relapse; **~flug** m return flight; **~gabe** f return; **~gang** m fig. m drop, fall; econ. recession; **₂gängig** adj.: **~ machen** cancel; **~gewinnung** f recovery; **~grat** n anat. spine, backbone (*beide a. fig.*); **~halt** m support; **~hand** f, **~handschlag** m Tennis: backhand; **~kauf** m repurchase; **~kehr** f return; **~kopplung** electr. f feedback (*a. fig.*); **~lage** f reserve(s pl.); Ersparnisse: savings pl.; **~lauf** m Rekorder: rewind; **₂läufig** adj. falling, downward; **~licht** mot. n rear light, taillight; **₂lings** adv. backward(s); von hinten: from behind; **~porto** n return postage; **~reise** f → Rückfahrt

Rucksack m rucksack, großer: Am. a. backpack; **~tourismus** m backpacking; **~tourist(in)** backpacker

Rück|schlag m Sport: return; fig. setback; **~schluss** m conclusion; **~schritt** m step back(ward); **~seite** f back; Münze: reverse; Platte: flip side; **~sendung** f return; **~sicht** f consideration, regard; **aus** (*ohne*) **~ auf** out of (without any) consideration od. regard for; **~ nehmen auf** show* consideration for; **~sichtslos** adj. inconsiderate (*gegen* of), thoughtless (of); skrupellos: ruthless; Fahren etc.: reckless; **₂sichtsvoll** adj. considerate (*gegen* of), thoughtful; **~sitz** mot. m back seat; **~spiegel** m rear-view mirror; **~spiel** n return match; **₂spulen** v/t. rewind*; **~stand** m chem. residue; **mit der Arbeit (e-m Tor) im ~ sein** be* behind with one's work (down by one goal); **₂ständig** adj. fig. backward; Land: a. underdeveloped; **~e Miete** arrears pl. of rent; **~stau** mot. m tailback; **~stelltaste** f backspace key; **~tritt** m resignation; vom Vertrag: withdrawal; **~trittbremse** f back-pedal (Am. coaster) brake; **₂wärts** adv. backward(s); **~ aus ... (in ...) fahren** back out of ... (into ...); **~wärtsgang** mot. m reverse (gear); **~weg** m way back

ruckweise adv. jerkily, in jerks

rührend *innerlich*: move, touch, affect; *das rührt mich gar nicht* that leaves me cold; *rührt euch!* mil. (stand) at ease!; ⁓end *adj.* touching, moving; *liebevoll*: very kind; ⁓ig *adj.* active, busy; ⁓selig *adj.* sentimental; ⁓ung *f* emotion

Ruin *m* ruin
Ruine *f* ruin
ruinieren *v/t.* ruin
rülps|en *v/i.*, ⁓er *m* belch
Rumän|e *m* Romanian; ⁓ien Romania; ⁓in *f*, ⁓isch *adj.* Romanian
Rummel F *m Geschäftigkeit*: (hustle and) bustle; *Reklame*⁓: F ballyhoo: *großen ⁓ machen um* make* a big fuss *od.* to-do about; ⁓**platz** F *m* amusement park, fairground
rumoren *v/i.* rumble (*a. Magen*)
Rumpel|kammer F *f* lumber room; ⁓**n** F *v/i.* rumble
Rumpf *m anat.* trunk; *naut.* hull; *aviat.* fuselage
rümpfen *v/t.*: *die Nase ⁓* turn up one's nose (*über* at), sneer (at)
rund 1. *adj.* round (*a. fig.*); **2.** *adv. ungefähr*: about; *⁓ um* (a)round; ⁓**blick** *m* panorama (*a. fig.*); *Rennsport*: lap; *die ⁓ machen* go* the round(s *pl.*); ⁓**fahrt** *f* tour (*durch* round)
Rundfunk *m* radio; *Gesellschaft*: broadcasting corporation; *im ⁓* on the radio; *im ⁓ übertragen od. senden* broadcast*; ⁓**hörer** *m* listener; *⁓ pl. a.* (radio) audience *sg.*; ⁓**sender** *m* broadcasting *od.* radio station

Rund|gang *m* tour (*durch* of); ⁓**heraus** *adv.* frankly, plainly; ⁓**herum** *adv.* all around; ⁓**lich** *adj.* plump, chubby; ⁓**reise** *f* tour (*durch* of); ⁓**schau** *f* review; ⁓**schreiben** *n* circular (letter); ⁓**spruch** *m Schweiz*: → *Rundfunk*; ⁓**ung** *f* curve; ⁓**weg** *adv.* flatly, plainly
runter F *adv.* → *herunter*
Runz|el *f* wrinkle; ⁓(e)**lig** *adj.* wrinkled; ⁓**eln** *v/t.*: *die Stirn ⁓* frown (*über* at)
Rüpel *m* lout; ⁓**haft** *adj.* rude
rupfen *v/t.* pluck (*a. fig.*)
Rüsche *f* frill, ruffle
Ruß *m* soot
Russe *m* Russian
Rüssel *m* trunk; *Schweins*⁓: snout
ruß|en *v/i.* smoke; ⁓**ig** *adj.* sooty
Russ|in *f*, ⁓**isch** *adj.* Russian
Russland Russia
rüsten 1. *v/t. mil.* arm; **2.** *v/refl.* get* ready, prepare (*zu; für* for); arm o.s. (*gegen* for)
rüstig *adj.* vigorous, sprightly
rustikal *adj.* rustic
Rüstung *f mil.* armament; *Ritter*⁓: armo(u)r; ⁓**sindustrie** *f* armament industry; ⁓**swettlauf** *m* arms race
Rüstzeug *fig. n* equipment
Rute *f* rod (*a. fig.*), switch
Rutsch|bahn *f*, ⁓**e** *f* slide, chute; ⁓**en** *v/i.* slide*, slip (*a. aus*⁓); *gleiten*: glide; *mot. etc.* skid; ⁓**ig** *adj.* slippery; ⁓**sicher** *adj.* non-skid
rütteln 1. *v/t.* shake*; **2.** *v/i.* jolt; *an der Tür ⁓* rattle at the door

S

S *Abk. für Süd(en)* S, south
S. *Abk. für Seite* p., page
s. *Abk. für siehe* see
Saal *m* hall
Saat *agr.* (*f Säen*: sowing; ⁓**gut**: seed(s *pl.*) (*a. fig.*); *junge ⁓*: crop(s *pl.*)
Sabbat *m* sabbath (day)
sabbern F *v/i.* slobber, slaver
Säbel *m* sab|re, *Am.* -er (*a. Sport*), sword; ⁓**n** F *v/t.* cut*, hack
Sabot|age *f* sabotage; ⁓**eur** *m* saboteur; ⁓**ieren** *v/t.* sabotage
Sach|bearbeiter *m* official in charge; ⁓**beschädigung** *f* damage to property; ⁓**buch** *n* specialized book; *pl. coll.* nonfiction *sg.*; ⁓**dienlich** *adj.*: *⁓e Hinweise* relevant information *sg.*
Sache *f* thing; *Angelegenheit*: matter,

business; (*Streit*)*Frage*: issue, problem, question; *Anliegen*: cause; *jur.* matter, case; ~*n pl. allg.* things *pl.*; *Kleidung*: a. clothes *pl.*; **zur ~ kommen** (**bei der ~ bleiben**) come* (keep*) to the point; **nicht zur ~ gehören** be* irrelevant
sach|gerecht *adj.* proper; **2kenntnis** *f* expert knowledge; **~kundig** *adj.* expert; **2lage** *f* state of affairs, situation; **~lich** *adj. nüchtern*: matter-of-fact, businesslike; *unparteiisch*: unbias(s)ed, objective; *Gründe etc.*: practical, technical; **~ richtig** factually correct
sächlich *gr. adj.* neuter
Sach|register *n* (subject) index; **~schaden** *m* damage to property
sacht *adj.* soft, gentle; slow; F: (*immer*) **~e!** (take it) easy!
Sach|verhalt *m* facts *pl.* (of the case); **~verstand** *m* know-how; **~verständige(r)** *jur.* expert witness; **~wert** *m* real value; **~zwänge** *f/pl.* inherent necessities *pl.*
Sack *m* sack, bag; V *Hoden*: balls *pl.*; **2en** F *v/i.* sink*; **~gasse** *f* blind alley (*a. fig.*), cul-de-sac, impasse (*a. fig.*), dead end (street) (*a. fig.*); *fig. a.* deadlock; **~hüpfen** *n* sack race
Sadis|mus *m* sadism; **~t(in)** sadist; **2tisch** *adj.* sadistic
säen *v/t. u. v/i.* sow* (*a. fig.*)
Safari *f* safari; **~park** *m* wildlife reserve, safari park
Saft *m* juice; *Baum*2: sap (*beide a. fig.*); **2ig** *adj.* juicy (*a. Witz*); *Wiese*: lush; *Preis*: fancy
Sage *f* legend, myth (*a. fig.*)
Säge *f* saw; **~bock** *m* sawhorse, *Am. a.* sawbuck; **~mehl** *n* sawdust
sagen *v/t. u. v/t.* say*; *j-m et.* ~ tell* s.o. s.th.; **die Wahrheit ~** tell* the truth; **er lässt die ~** he asked me to tell you; **~ wir** (let's) say; **man sagt, er sei** he is said to be; **er lässt sich nichts ~** he will not listen to reason; **das hat nichts zu ~** it doesn't matter; *et.* (**nichts**) **zu ~ haben** (*bei*) have* a say (no say) (in); **~ wollen mit** mean* by; **das sagt mir nichts** it doesn't mean anything to me; **unter uns gesagt** between you and me
sägen *v/t. u. v/i.* saw*
sagenhaft *adj.* legendary; F *fig.* fabulous, incredible, fantastic

Säge|späne *pl.* sawdust *sg.*; **~werk** *n* sawmill
Sahne *f* cream; **~torte** *f* cream gateau
Saison *f* season; **in der ~** in season; **2bedingt** *adj.* seasonal
Saite *f* string, chord (*a. fig.*); **~ninstrument** *n* string(ed) instrument
Sakko *m, n* (sports) jacket, *Am. a.* sport(s) coat
Sakristei *f* vestry, sacristy
Salat *m* lettuce; *angemachter*: salad; **~sauce** *f* salad dressing
Salb|e *f* ointment; **~ung** *f* unction; **2ungsvoll** *fig. adj.* unctuous
Saldo *econ. m* balance
Salmiak *chem. m, n* ammonium chloride; **~geist** *m* liquid ammonia; **~pastillen** *pl.* ammoniac pastilles *pl.*
Salon *m* *Mode*2, *Friseur*2 *etc.*: salon; *mar.* saloon; *bsd. hist.* drawing room
salopp *adj.* casual; *contp.* sloppy
Salpeter *chem. m* saltpet|re, *Am.* -er, nit|re, *Am.* -er
Salto *m* somersault (*a. fig.*)
Salut *m* salute; **~ schießen** fire a salute; **2ieren** *v/i.* (give*) a) salute
Salve *f* volley (*a. fig.*); *Ehren*2: salute
Salz *n* salt; **~bergwerk** *n* salt mine; **2en** *v/t.* salt; **~hering** *m* pickled herring; **2ig** *adj.* salty; **~kartoffeln** *pl.* boiled potatoes *pl.*; **~korn** *n* grain of salt; **~säure** *chem. f* hydrochloric acid; **~stange** *f* salt (*Am.* pretzel) stick; **~streuer** *m* saltcellar, *Am.* salt shaker; **~wasser** *n* salt water
Same *m*, **~n** *m bot.* seed (*a. fig.*); *biol.* sperm, semen; **~nbank** *f* sperm bank; **~nerguss** *m* ejaculation; **~nfaden** *m* spermatozoon; **~nflüssigkeit** *f* semen; **~nkorn** *bot. n* seedcorn; **~nspender** *m* sperm donor; **~nstrang** *m* spermatic chord
Sammel... *in Zssgn* Begriff, Bestellung, Konto *etc.*: collective ~; **~büchse** *f* collecting box; **~mappe** *f* folder, file; **2n** *v/t.* collect; *Pilze etc.*: gather, *anhäufen*: accumulate; **sich ~** assemble; *fig.* compose o.s.; **~platz** *m* meeting place
Sammler(in) collector; **~ung** *f* collection
Samstag *m* Saturday
samt *prp.* together *od.* along with
Samt *m* velvet

sämtlich

sämtlich *adj.*: ~e *pl. alle*: all the; *Werke etc.*: the complete
Sanatorium *n* sanatorium, *Am. a.* sanitarium
Sand *m* sand
Sandal|e *f* sandal; **~ette** *f* high-heeled sandal
Sand|bahn *f Sport*: dirt track; **~bank** *f* sandbank; **~boden** *m* sandy soil; **~burg** *f* sandcastle; **2ig** *adj.* sandy; **~korn** *n* grain of sand; **~mann** *m*, **~männchen** *n* sandman; **~papier** *n* sandpaper; **~sack** *m* sand bag; **~stein** *m* sandstone; **~strand** *m* sandy beach; **~uhr** *f* hourglass
sanft *adj.* gentle, soft; *mild*: mild; *Tod*: easy; **~mütig** *adj.* gentle, mild
Sänger(in) singer
sanier|en *v/t.* redevelop (*a. econ.*), rehabilitate (*a. Haus*); **2ung** *f* redevelopment, rehabilitation; **2ungsgebiet** *n* redevelopment area
sani|tär *adj.* sanitary; **2täter** *m* first-aid man, ambulance man, *Am.* paramedic; *mil.* medical orderly, *Am.* medic; **2tätswagen** *m* ambulance
Sankt Saint, *Abk.* St.
Sard|elle *f* anchovy; **~ine** *f* sardine
Sarg *m* coffin, *Am. a.* casket
Sarkas|mus *m* sarcasm; **2tisch** *adj.* sarcastic
Satan *m* Satan; *fig.* devil
Satellit *m* satellite (*a. fig.*); **über ~** by *od.* via satellite; **~en...** *in Zssgn* Bild, Staat, Stadt, TV: satellite ...
Satin *m* satin; *Baumwoll*2: sateen
Satir|e *f* satire (*auf* upon); **~iker** *m* satirist; **2isch** *adj.* satiric(al)
satt *adj.* F full (up) (*a. fig.*); **ich bin ~** I've had enough, F I'm full (up); **sich ~ essen** eat* one's fill (*an* of); **~ zu essen haben** have* enough to eat; *et. od. j-n ~ haben* (*bekommen*) be* (get*) tired *od.* F sick of, be* (get*) fed up with
Sattel *m* saddle; **~gurt** *m* girth; **2n** *v/t.* saddle; **~schlepper** *mot. m* articulated lorry, *Am.* semi-trailer truck
sättig|en 1. *v/t.* satisfy; *ernähren*: feed*; *chem., phys.* saturate; **2.** *v/i. Essen*: be* substantial *od.* filling; **2ung** *f* satiety; *chem., econ., fig.* saturation
Sattler *m* saddler; **~ei** *f* saddlery
Satz *m gr.* sentence; *Sprung*: leap; *Tennis, zs.-gehörige Dinge*: set; *econ.* rate; *mus.* movement; **~aussage** *gr. f* predicate; **~bau** *gr. m* syntax; *e-s Satzes*: construction; **~gegenstand** *gr. m* subject; **~teil** *gr. m* part of a sentence
Satzung *f* statute
Satzzeichen *n* punctuation mark
Sau *f zo.* sow; *hunt.* wild sow; V *fig.* pig; **2...** F *in Zssgn kalt etc.*: damned
sauber *adj.* clean (*a. F fig.*); *Luft etc.*: pure; *ordentlich*: neat (*a. fig.*), tidy; *anständig*: decent; *iro.* fine, nice; **~ halten** keep* clean (*sich o.s.*); **~ machen** clean (up); **2keit** *f* clean(li)ness, tidiness, neatness, purity; decency
säuber|n *v/t.* clean (up); *gründlich*: cleanse (*a. med.*); **~ von** clear (*pol. fig. a.* purge) of; **2ung(saktion)** *pol. f* purge
sauer *adj.* sour (*a. fig. Gesicht*), acid (*a. chem.*); *Gurke*: pickled; *wütend*: mad (*auf* at), cross (with); **~ werden** turn sour; *fig.* get* mad; *saurer Regen* acid rain; **2kraut** *n* sauerkraut
säuerlich *adj.* sharp, F *fig.* wry
Sauerstoff *chem. m* oxygen; **~gerät** *med. n* oxygen apparatus; **~mangel** *m* oxygen starvation; **~maske** *f* oxygen mask; **~zelt** *n* oxygen tent
Sauerteig *m* leaven
saufen *v/t. u. v/i.* drink*; F *Mensch*: booze
Säufer F *m* drunkard, F boozer
saugen *v/i. u. v/t.* suck (**an et.** [at] s.th.)
säuge|n *v/t.* suckle (*a. Tier*), nurse, breastfeed*; **2tier** *n* mammal
saugfähig *adj.* absorbent
Säugling *m* baby, infant; **~sheim** *n* (baby) nursery; **~spflege** *f* infant care; **~sschwester** *f* baby nurse; **~sstation** *f* neonatal care unit; **~ssterblichkeit** *f* infant mortality
Säule *f* column; *Pfeiler*: pillar (*a. fig.*); **~ngang** *m* colonnade
Saum *m* hem(line); *Naht*: seam
säum|en *v/t.* hem; *umranden*: border, edge; *die Straßen*: line
Sauna *f* sauna
Säure *chem. f*, **2haltig** *adj.* acid
sausen *v/i.* F rush; dash; *Ohren*: buzz; *Wind*: howl
Saustall *m* pigsty (*a. fig.*)
Saxofon *mus. n* saxophone, F sax
S-Bahn *f* suburban train, *Am.* rapid transit
Schabe *zo. f* cockroach

schaben v/t. scrape (**von** from)
Schabernack m prank, practical joke
schäbig adj. shabby; fig. a. mean
Schablone f stencil; fig. stereotype
Schach n chess; **~!** check!; **~ und matt!** checkmate!; **in ~ halten** keep* s.o. in check; **~brett** n chessboard; **~feld** n square; **~figur** f chessman, piece; **2matt** adj. fig. all worn out, F dead beat; **~setzen** checkmate s.o.; **~spiel** n (game of) chess; chessboard and men
Schacht m shaft; Bergbau: a. pit
Schachtel f box; Papp2: a. carton; **~ Zigaretten** packet (bsd. Am. pack) of cigarettes
Schachzug m move (a. fig.)
schade pred. adj.: **es ist ~** it's a pity; **wie ~!** what a pity od. shame!; **zu ~ für** too good for
Schädel m skull, F head; **~bruch** med. m fracture of the skull
schaden v/i. damage, do* damage to, harm, hurt*; **der Gesundheit ~ be*** bad for one's health; **das schadet nichts** it doesn't matter; **es könnte ihm nicht ~** it wouldn't hurt him
Schaden m damage (**an** to); bsd. tech. trouble, defect (a. med.); Nachteil: disadvantage; econ. loss; **j-m ~ zufügen** do* s.o. harm; **~ersatz** m damages pl.; **~ leisten** pay* damages; **~freude** f: **~ empfinden über** gloat over; **2froh** adv. gloatingly
schadhaft adj. damaged; mangelhaft: defective, faulty; Haus etc.: out of repair; Rohr etc.: leaking; Zähne: decayed
schädigen v/t. damage, harm
schädlich adj. harmful, injurious; gesundheits~: a. bad (for your health)
Schädling m pest; **~sbekämpfung** f pest control; **~sbekämpfungsmittel** n pesticide
Schadstoff m harmful substance; bsd. Umwelt: a. pollutant; **2arm** adj. Treibstoff: low-emission
Schaf n sheep; **~bock** m ram
Schäfer m shepherd; **~hund** m sheepdog; **deutscher ~** bsd. Brt. Alsatian, bsd. Am. German shepherd
Schaffell n sheepskin; **am Schaf** fleece
schaffen 1. v/t. er~: create; bewirken, bereiten: cause; bring* about; bewältigen: manage, get* s.th. done; bringen:

take*; **es ~** make* it; **Erfolg haben:** a. succeed; **das wäre geschafft** we've done od. made it; **2.** v/i. work; **j-m zu ~ machen** cause s.o. trouble; **sich zu ~ machen an** unbefugt: tamper with
Schaffner(in) conduct|or (-ress); Brt. rail. guard
Schafhirt(e) m shepherd
Schafott n scaffold
Schaft m shaft; Gewehr2: stock; Werkzeug2, Schlüssel2: shank; Stiefel2: leg; **~stiefel** m high boot
Schaf|wolle f sheep's wool; **~zucht** f sheep breeding
schäkern v/i. joke; flirt
schal adj. stale, flat; fig. a. empty
Schal m scarf
Schale f bowl, dish; Eier2, Nuss2 etc.: shell; Obst2, Kartoffel2: peel, skin; **Kartoffel2n** pl. peelings pl.
schälen v/t. peel, pare; **sich ~** Haut: peel od. come* off
Schall m sound; **~dämpfer** m silencer, mot. Am. muffler; **2dicht** adj. soundproof; **2en** v/i. sound; klingen, dröhnen: ring* (out); **2end** adj.: **~es Gelächter** roars pl. of laughter; **~geschwindigkeit** f speed of sound; **~mauer** f sound barrier; **~platte** f record, disc; **~welle** f sound wave
schalten v/i. u. v/t. switch, turn; mot. change (bsd. Am. shift) gear; verstehen: get* it; reagieren: react
Schalter¹ m rail. ticket window; Post2, Bank2 etc.: counter; aviat. desk
Schalter² electr. switch
Schalt|hebel m mot. gear lever; tech., aviat. control lever; electr. switch lever; **~jahr** n leap year; **2tafel** electr. f switchboard, control panel; **2uhr** f time switch; **2ung** f mot. gearshift; electr. circuit
Scham f shame (**vor** in, **for**)
schämen v/refl. be* od. feel* ashamed (gen., wegen of); **du solltest dich (was) ~!** you ought to be ashamed of yourself!
Scham|gefühl n sense of shame; **~ haare** pl. pubic hair sg.; **2haft** adj. bashful; **2los** adj. shameless; unanständig: indecent; **~losigkeit** f shamelessness; indecency
Schande f shame, disgrace
schänden v/t. disgrace; entweihen: desecrate; vergewaltigen: rape

Schandfleck *m* stain, taint; *Schande:* disgrace; *Anblick:* eyesore
schändlich *adj.* disgraceful
Schandtat *f* atrocity
Schanze *f Sport:* ski jump
Schar *f* troop, band; F horde; *Menge:* crowd; *Gänse₂ etc.:* flock; *agr. Pflug₂:* ploughshare, *Am.* plowshare; **2en** *v/refl.: sich ~ um* gather round
scharf *adj.* sharp (*a. fig.*); *phot. a.* in focus; *deutlich:* clear; *Hund:* savage, fierce; *Munition:* live; *Bombe etc.:* armed; *~ gewürzt:* hot; *erregt:* hot, *aufreizend: a.* sexy; *~ sein auf* be* keen on (*bsd. sexuell:* hot for); *~* **(ein)stellen** *phot.* focus; F *~e Sachen* hard liquor *sg.*
Schärfe *f* sharpness (*a. phot.*); *Härte:* severity, fierceness; **2n** *v/t.* sharpen
Scharf|richter *m* executioner; *~* **schütze** *m* sharpshooter; sniper; **2sichtig** *adj.* sharp-sighted; *fig.* clear-sighted; **~sinn** *m* acumen; **2sinnig** *adj.* sharp-witted, shrewd
Scharlach *m* scarlet; *med.* scarlet fever; **2rot** *adj.* scarlet
Scharlatan *m* charlatan, fraud
Scharnier *tech. n* hinge
Schärpe *f* sash
scharren *v/i.* scrape, scratch
Schart|e *f* notch, nick; **2ig** *adj.* jagged, notchy
Schaschlik *m, n* shish kebab
Schatten *m* shadow (*a. fig.*); *nicht Licht od. Sonne:* shade; *im ~* in the shade; **2haft** *adj.* shadowy
Schattierung *f* shade; *fig.* colo(u)r
schattig *adj.* shady
Schatz *m* treasure; *fig.* darling; **~amt** *pol. n* Treasury, *Am.* Treasury Department
schätzen *v/t.* estimate; *Wert: a.* value (*beide: auf* at); *zu ~ wissen:* appreciate; *hoch~:* think* highly of; F *vermuten:* reckon, *Am. a.* guess
Schatz|kammer *f* treasury (*a. fig.*); **~kanzler** *m* Chancellor of the Exchequer; **~meister** *m* treasurer
Schätzung *f* estimate; valuation
Schau *f* show, exhibition; *zur ~ stellen* exhibit, display
Schauder *m* shudder; **2haft** *adj.* horrible, dreadful; **2n** *v/i.* shudder, shiver (*beide: vor* with)

schauen *v/i.* look (*auf* at); → *sehen*
Schauer *m Regen₂ etc.:* shower; *Schauder:* shudder, shiver; **~geschichte** *f* horror story (*a. fig.*); **2lich** *adj.* dreadful, horrible
Schaufel *f* shovel; *Kehr₂:* dustpan; **2n** *v/t.* shovel; *graben:* dig*
Schaufenster *n* shop window; **~auslage** *f* window display; **~bummel** *m: e-n ~ machen* go* window-shopping; **~dekoration** *f* window dressing
Schaukel *f* swing; **2n 1.** *v/i.* swing*; *Boot etc.:* rock; **2.** *v/t.* rock; **~pferd** *n* rocking horse; **~stuhl** *m* rocking chair, rocker
Schaulustige *pl.* (curious) onlookers *pl.,* *Am.* F rubbernecks *pl.*
Schaum *m* foam; *Bier₂:* froth, head; *Seifen₂:* lather; *Gischt:* spray
schäumen *v/i.* foam (*a. fig.*), froth; *Seife:* lather; *Gischt:* spray
Schaum|gummi *m* foam rubber; **2ig** *adj.* foamy, frothy; **~löscher** *m* foam extinguisher
Schau|platz *m* scene; **~prozess** *jur. m* show trial
schaurig *adj.* creepy; horrible
Schau|spiel *n thea.* play; *fig.* spectacle; **~spieler(in)** actor (-ress); **~spielschule** *f* drama school; **~steller** *m* showman
Scheck *econ. m* cheque, *Am.* check; **~heft** *n* chequebook, *Am.* checkbook
scheckig *adj.* spotty
Scheckkarte *f* cheque (*Am.* check cashing) card
scheffeln *v/t. Geld etc.:* rake in
Scheibe *f* disc, disk; *Brot₂ etc.:* slice; *Fenster₂:* pane; *Schieß₂:* target; **~nbremse** *mot. f* disc brake; **~nwischer** *mot. m* windscreen (*Am.* windshield) wiper
Scheide *f* sheath; *Degen₂ etc.: a.* scabbard; *anat.* vagina; **2n 1.** *v/t.* separate, part (*beide: von* from); *Ehe:* divorce; *sich ~ lassen* get* a divorce; *von j-m:* divorce *s.o.;* **2.** *v/i.: ~ aus Amt etc.:* retire from; *aus dem Leben ~* take* one's life; **~weg** *fig. m* crossroads *sg.*
Scheidung *f* divorce; **~sklage** *jur. f* divorce suit
Schein¹ *m Bescheinigung:* certificate; *Formular:* form, *Am.* blank; *Geld₂:* note, *Am. a.* bill

Schein² *m* Licht♀: light; *fig.* appearance; **et. (nur) zum ~ tun** (only) pretend to do s.th.; **♀bar** *adj.* seeming, apparent; **♀en** *v/i.* shine*; *fig.* seem, appear, look; **♀heilig** *adj.* hypocritical; **F ~ tun** act (the) innocent; **~welt** *f* world of illusion; **~werfer** *m* Such♀: searchlight; *mot.* headlight; *thea.* spotlight

Scheiß|... V *in Zssgn* damn ..., *bsd.* Brt. bloody ..., *bsd. Am.* fucking ...; **~e** V *f*, **♀en** V *v/i.* shit*, crap

Scheit *n* piece of wood

Scheitel *m* parting; **♀n** *v/t.* Haar: part

Scheiterhaufen *m* pyre; *hist.* stake

scheitern *fig. v/i.* fail, go* wrong

Schelle *f* (little) bell; *tech.* clamp, clip

Schellfisch *m* haddock

Schelm *fig. m* rascal; **♀isch** *adj.* impish

Schema *n* pattern, system; **♀tisch** *adj.* schematic; *Arbeit etc.:* mechanical

Schemel *m* stool

schemenhaft *adj.* shadowy

Schenkel *m* Ober♀: thigh; Unter♀: shank; *math.* leg

schenk|en *v/t.* give* (as a present) (**zu** for); **♀ung** *jur. f* donation

Scherbe *f*, **~n** *m* (broken) piece, fragment

Schere *f* scissors *pl.* (*a. fig.*); *zo.* Krebs♀ *etc.:* claw

scheren¹ *v/t.* Schaf: shear*; Hecke: clip; Haare: cut*

scheren² *v/refl.:* **sich ~ um** bother about

scheren³ *v/refl.:* **scher dich zum Teufel!** go to hell!

Scherereien *pl.* trouble *sg.*, bother *sg.*

Schermaus *zo. östr. f* mole

Scherz *m* joke; **im (zum) ~** for fun; **♀en** *v/i.* joke (**über** at); **♀haft** *adj.* joking; **~ gemeint** meant as a joke

scheu *adj.* shy (**vor** at); *Pferd:* bashful; **~ machen** frighten

Scheu *f* shyness; Ehrfurcht: awe

scheuen 1. *v/i.* shy (**vor** at), take* fright (at); **2.** *v/t.* shun, avoid; **sich ~, et. zu tun** be* afraid of doing s.th.

scheuer|n *v/t. u. v/i.* scrub, scour; *wund-:* chafe; **♀tuch** *n* floor cloth

Scheuklappen *pl.* blinkers *pl.*, Am. *a.* blinders *pl.* (*beide a. fig.*)

Scheune *f* barn

Scheusal *n* monster (*a. fig.*); F Ekel: beast

scheußlich *adj.* horrible (*a.* F Wetter *etc.*); Verbrechen *etc.: a.* atrocious

Schicht *f* layer; Farb♀ *etc.:* coat; dünne **~:** film; Arbeits♀: shift; Gesellschafts♀: class; **♀en** *v/t.* arrange in layers, pile up; **~weise** *adv.* in layers

schick *adj.* smart, chic, stylish

Schick *m* smartness, chic, style

schicken *v/t.* send* (**nach, zu** to); **das schickt sich nicht** that isn't done

Schickeria *F f* smart set, beautiful people *pl.*, trendies *pl.*

Schickimicki F *contp. m* trendy

Schicksal *n* fate, destiny; Los: lot

Schiebe|dach *mot. n* sliding roof, sunroof; **~fenster** *n* sliding window; *vertikal:* sash window

schieben *v/t.* push

Schieber *tech. m* slide; Riegel: bolt

Schiebetür *f* sliding door

Schiebung F *f* swindle, fix (*a.* Sport)

Schiedsrichter *m* Fußball: referee; Tennis: umpire; *bei Wettbewerb:* judge, *bsd. pl. a.* jury *sg.*

schief *adj.* crooked, not straight; *schräg:* sloping, oblique (*a.* math.); Turm *etc.:* leaning; *fig.* Bild, Vergleich: false

Schiefer *geol. m* slate; **~tafel** *f* slate

schiefgehen *v/i.* go* wrong

schielen *v/i.* squint, be* cross-eyed

Schienbein *n* shin(bone)

Schiene *f* rail *etc.:* rail; *med.* splint; **♀n** *med. v/t.* splint

Schieß|bude *f* shooting gallery; **♀en** *v/i. u. v/t.* shoot* (*a. fig.*), fire (*beide:* **auf** at); Tor: score; **~erei** *f* shooting; Kampf: gunfight; **~pulver** *n* gunpowder; **~scharte** *mil. f* loophole, embrasure; **~scheibe** *f* target; **~stand** *m* shooting range

Schiff *n* ship, boat; *arch.* Kirchen♀: nave; **~ mit dem ~** by boat

Schiffahrt *f* → **Schifffahrt**

schiff|bar *adj.* navigable; **♀bau** *m* shipbuilding; **~bruch** *m* shipwreck (*a. fig.*); **~ erleiden** be* shipwrecked; **♀er** *m* sailor; Kapitän: skipper; **~fahrt** *f* shipping, navigation, by boat; **♀schaukel** *f* swing boat(s *pl.*)

Schiffs|junge *m* ship's boy; **~ladung** *f* shipload; Fracht: cargo; **~schraube** *f* (ship's) propeller; **~werft** *f* shipyard

Schikan|e *f*, *a.* **~n** *pl.* harassment; **aus reiner ~** out of sheer spite; F **mit allen**

schikanieren 536

~n with all the trimmings; **2ieren** v/t. harass; Mitschüler etc.: a. bully
Schikoree m chicory, Am. endive
Schild¹ n allg. sign (a. mot.); Namens2, Firmen2 etc.: plate
Schild² mil. etc. m shield
Schilddrüse anat. f thyroid (gland)
schilder|n v/t. describe; anschaulich: a. depict, portray; **2ung** f description, portrayal; sachliche: account
Schildkröte zo. f Land2: tortoise; See2: turtle
Schilf bot. n reed(s pl.)
schillern v/i. be* iridescent; **~d** adj. iridescent; fig. dubious
Schimm|el m zo. white horse; bot. mo(u)ld; **2eln** v/i. go* mo(u)ldy; **2lig** adj. mo(u)ldy, musty
Schimmer m glimmer (a. fig.), gleam; fig. a. trace, touch; **2n** v/i. shimmer, glimmer, gleam
Schimpanse zo. m chimpanzee
schimpf|en v/i. u. v/t. scold (mit j-m s.o.); F tell* s.o. off, bawl s.o. out; ~ über complain about, grumble at; **2wort** n swearword
Schindel f shingle
schind|en v/t. maltreat; Arbeiter etc.: a. slave-drive*; sich ~ drudge, slave away; **2er** fig. m slave driver; **2erei** f slavery, drudgery
Schinken m ham
Schippe f shovel
Schirm m Regen2: umbrella; Sonnen2: sunshade; Fernseh2, Schutz2 etc.: screen; Lampen2: shade; Mützen2: peak, visor; **~herr** m patron, sponsor; **~herrschaft** f patronage, sponsorship; unter der ~ von under the auspices of; **~mütze** f peaked cap; **~ständer** m umbrella stand
Schlacht mil. f battle (bei of); **2en** v/t. slaughter, kill; **~er** m → Fleischer
Schlacht|feld mil. n battlefield, battleground; **~haus**, **~hof** m slaughterhouse; **~plan** m mil. plan of action (a. fig.); **~schiff** n battleship
Schlacke f cinders pl.; geol., metall. slag
Schlaf m sleep; e-n leichten (festen) ~ haben be* a light (sound) sleeper; F fig. im ~ blindfold; **~anzug** m pyjamas pl., Am. pajamas pl.
Schläfe f temple

schlafen v/i. sleep* (a. fig.); ~ gehen, sich ~ legen go* to bed; fest ~ be* fast asleep; j-n ~ legen put* to bed od. sleep
schlaff adj. slack (a. fig.); Haut, Muskeln etc.: flabby; kraftlos: limp
Schlaf|gelegenheit f sleeping accommodation; **~krankheit** med. f sleeping sickness; **~lied** n lullaby; **~los** adj. sleepless; **~losigkeit** f sleeplessness, med. insomnia; **~mittel** med. n sleeping pill(s pl.); **~mütze** fig. f sleepyhead; slowcoach, Am. slowpoke
schläfrig adj. sleepy, drowsy
Schlaf|saal m dormitory; **~sack** m sleeping bag; **~tablette** f sleeping pill; **2trunken** adj. (very) drowsy; **~wagen** rail. m sleeping car, sleeper; **~wandler** m sleepwalker, somnambulist; **~zimmer** n bedroom
Schlag m allg. blow (a. fig.); mit der Hand: slap; Faust2: punch; leichter: pat, tap; Uhr2, Blitz2, Tennis: stroke; electr. shock (a. fig.); Herz, Puls: beat; med. anfall: stroke; **Schläge** pl. beating sg.; **~ader** anat. f artery; **~anfall** med. m (apoplectic) stroke; **2artig** 1. adj. sudden, abrupt; 2. adv. all of a sudden, abruptly; **~baum** m barrier; **~bohrer** m percussion drill
schlagen 1. v/t. hit*, beat* (a. besiegen, Sahne etc.), strike* (a. Uhrzeit), knock; Baum: fell, cut* (down); sich ~ fight* (um over); sich geschlagen geben admit defeat; 2. v/i. hit*, beat* (a. Herz etc.), strike* (a. Uhr, Blitz), knock; an od. gegen et. ~ hit* s.th., bump od. crash into s.th.
Schlager m hit (a. fig.), (pop) song
Schläger m Tennis etc.: racket; Tischtennis, Kricket, Baseball: bat; Golf: club; Hockey: stick; Person: thug; **~ei** f fight, brawl
schlag|fertig fig. adj. quick-witted; **~e Antwort** (witty) repartee; **2instrument** n percussion instrument; **2kraft** f striking power (a. mil.); **2loch** n pothole; **2obers** östr. n → Schlagsahne; **2ring** m knuckleduster, Am. a. brass knuckles pl.; **2sahne** f whipped cream; **2seite** naut. f list; ~ haben naut. be* listing; F Betrunkener: be* a bit unsteady on one's feet; **2stock** m baton, truncheon, Am. a. billy (club); **2wort** n catchword, slogan; **2zeile**

Schloss

headline; ~zeug *mus. n* drums *pl.*; ~zeuger *mus. m* drummer
schlaksig *adj.* lanky, gangling
Schlamm *m* mud; ~ig *adj.* muddy
Schlamp|e *f* slut; ~ig *adj.* sloppy
Schlange *f zo.* snake, *bsd.* große: serpent (*a. fig.*); Menschen~, Auto~: queue, *bsd. Am.* line; **~ stehen** queue (up), *bsd. Am.* line up, stand* in line (**nach** for)
schlängeln *v/refl.* wind* *od.* snake (one's way); *Person:* worm one's way
Schlangenlinie *f* serpentine line; *in ~n fahren* weave*
schlank *adj.* slim, slender; **~ machen** *Kleid etc.:* make* s.o. look slim; **~e Unternehmensstruktur** *econ.* lean management; **~heitskur** *f:* **e-e ~ machen** be* *od.* go* on a diet
schlapp F *adj.* worn out; *schwach:* weak
Schlappe F *f* setback; *stärker:* beating
schlapp|machen F *v/i.* flake out; ~schwanz F *m* weakling, wimp
schlau *adj. klug:* clever, smart, bright; *listig:* sly, cunning, crafty
Schlauch *m* tube; *zum Spritzen:* hose; ~boot *f n* inflatable *od.* rubber) dinghy
Schlaufe *f* loop
schlecht *adj.* bad; *Qualität, Leistung etc.: a.* poor; **mir ist (wird)** ~ I feel (I'm getting) sick (*Am.* to my stomach); *(krank) aussehen* look ill; **sich ~ fühlen** feel* not well; **es geht ihm sehr ~** he is in a bad way; **~ gelaunt** in a bad temper *od.* mood, bad-tempered; **~ machen** run* s.o. down, backbite*; **~ werden** *Fleisch etc.:* go* bad
schleich|en *v/i.* creep* (*a. fig.*), sneak; ~weg *m* secret path; ~werbung *f* plugging; **für et. ~ machen** plug s.th.
Schleier *m* veil (*a. fig.*); *Dunst:* a haze; ~haft *fig.:* **es ist mir (völlig) ~** it's a (complete) mystery to me
Schleife *f* bow; *Zier~:* ribbon; *Fluss~, aviat., Computer, electr.:* loop
schleifen¹ *v/t. u. v/i.* drag (along); *reiben:* rub
schleif|en² *v/t.* grind* (*a. tech.*), sharpen; *Holz:* sand(paper); *Glas, Edelsteine:* cut*; F *fig. j-n:* drill hard; ~er *m tech. m*, ~maschine *f* grinder; ~papier *n* sandpaper; ~stein *m großer:* grindstone; *bsd. für Messer:* whetstone
Schleim *m* slime; *med.* mucus; ~haut

anat. f mucous membrane; ~ig *adj.* slimy (*a. fig.*); mucous
schlemme|n *v/i.* feast; ~r *m* gourmet; ~rei *f* feasting
schlendern *v/i.* stroll, saunter, amble
schlenkern *v/i. u. v/t.* dangle, swing* (**mit den Armen** one's arms)
schlepp|en *v/t.* drag (*a. fig.*); *mot., naut.* tow; **sich ~** drag (on); ~end *adj.* dragging; *Redeweise:* drawling; ~er *m naut.* tug; *mot.* tractor; ~lift *m* T-bar (lift), drag lift, ski tow; ~tau *n* tow-rope; **im (ins) ~** in tow (*a. fig.*)
Schleuder *f* catapult (*a. aviat.*), *Am. a.* slingshot; *Trocken~:* spin drier; ~n **1.** *v/t.* fling*, hurl (*beide a. fig.*); *Wäsche:* spin-dry; **2.** *mot. v/i.* skid; ~sitz *aviat. m* ejection (*seat bsd. Am.* ejection) seat
schleunigst *adv.* immediately
Schleuse *f* sluice; *Kanal~:* lock
schlicht *adj.* plain, simple; ~en *v/t.* settle; ~ung *f* settlement
schließ|en *v/t. u. v/i.* shut*, close (**für immer:** down); *beenden:* close, finish; **~ aus** conclude from; **nach ... zu ~** judging by ...; ~fach *n rail. etc.:* (left luggage) locker; *Bank~:* safe-deposit box; ~lich *adv.* finally; *am Ende:* eventually, in the end; *immerhin:* after all
Schliff *m von Edelsteinen, Glas:* cut; *Glätte:* polish (*a. fig.*)
schlimm *adj.* bad; *furchtbar:* awful; **das ist nicht od. halb so ~** it's not as bad as that; **das ≈e daran** the bad thing about it; ~stenfalls *adv.* at (the) worst
Schlinge *f* loop; *zs.-ziehbare:* noose; *hunt.* snare (*a. fig.*); *med.* sling
Schlingel *m* rascal
schlingen *v/t.* wind*, twist; *binden:* tie; *Arme, Schal:* wrap (**um** [a]round); **sich um et. ~** wind* (a)round
schlingern *bsd. naut. v/i.* roll
Schlingpflanze *bot. f* creeper, climber
Schlips *m* tie, *bsd. Am.* necktie
schlitt|eln *v/i. Schweiz:* go* sledging *od.* tobogganing; ~en *m* sledge, *Am.* sled; *Pferde~:* sleigh; *Sport:* toboggan; ~ **fahren** go* sledging *od.* tobogganing
Schlittschuh *m* ice-skate (*a.* **~ laufen**); ~läufer(in) ice-skater
Schlitz *m* slit; *Hosen~:* fly; *Einwurf~:* slot; ~augen *pl.:* **~ haben** be* slit-eyed; ~en *v/t.* slit*, slash
Schloss *n* lock; *Bau:* castle, palace; *ins*

Schlosser 538

fallen Tür: slam shut; *hinter ~ und Riegel* locked up, under lock and key
Schlosser *m* mechanic, fitter; *Schlossmacher:* locksmith; **⸗ei** *f* metalwork shop
schlottern *v/i.* shake*, tremble (*beide: vor* with); F *Hose etc.:* bag
Schlucht *f* gorge, ravine, *Am.* canyon
schluchz|en *v/i.,* **⸗er** *m* sob
Schluck *m* draught, swallow; *kleiner:* sip; *großer:* gulp; **⸗auf** *m* hiccups *pl.;* (*e-n*) **~ haben** have* (the) hiccups; **⸗en** *v/t. u. v/i.* swallow (*a. fig.*); **⸗impfung** *f* oral vaccination
Schlummer *m* slumber; **⸗n** *v/i.* lie* asleep; *poet.: fig.* slumber
schlüpfe|n *v/i.* slip, slide*; *zo. Vögel:* hatch (out); *in die* (*aus der*) *Kleidung ~* slip on (off *od.* out of) one's clothes; **⸗r** *m* briefs *pl.,* panties *pl.*
schlüpfrig *adj.* slippery; *fig. Witz:* risqué, off-colo(u)r
Schlupfwinkel *m* hiding place
schlurfen *v/i.* shuffle (along)
schlürfen *v/t. u. v/i.* F slurp
Schluss *m* end; *Ab⸗, folgerung:* conclusion; *e-s Films etc.:* ending; *~ machen* finish; *sich trennen:* break* up; *~ machen mit et.* stop, put* an end to; *zum ~* finally; (*ganz*) *bis zum ~* to the (very) end; *~ für heute!* that's all for today!
Schlüssel *m* key (*a. fig. u.* in Zssgn) (*für, zu* to); **⸗bein** *anat. n* collarbone; **⸗blume** *f* cowslip, primrose; **⸗bund** *m, n* bunch of keys; **⸗kind** F *n* latchkey child; **⸗loch** *n* keyhole; **⸗wort** *n* keyword; *Computer: a.* password
Schlussfolgerung *f* conclusion
schlüssig *adj. Beweis etc.:* conclusive; *sich ~ werden* make* up one's mind (*über* about)
Schluss|licht *n mot. etc.:* tail-light; **⸗pfiff** *m* final whistle; **⸗phase** *f* final stage(s *pl.*); **⸗verkauf** *econ. m* (end-of--season) sale
Schmach *f* disgrace, shame
schmachten *v/i.* languish (*nach* for), pine (for); *vor Hitze:* swelter
schmächtig *adj.* slight, thin, frail
schmackhaft *adj.* tasty
schmal *adj.* narrow; *Figur:* thin, slender
schmälern *v/t.* detract from
Schmal|film *m* cine-film; **⸗spur** *rail. f* narrow ga(u)ge; **⸗spur...** *fig. in Zssgn* small-time
Schmalz *n* grease; *Schweine⸗:* lard; *fig.* mush, schmal(t)z; **⸗ig** *fig. adj.* mushy, soapy
schmarotze|n F *v/i.* sponge (*bei* on); **⸗r** *m bot., zo.* parasite; *fig. a.* sponger
schmatzen *v/i.* smack (one's lips), eat* noisily
Schmaus *m* feast; **⸗en** *v/i.* feast
schmecken *v/i. u. v/t.* taste (*nach* of); *gut (schlecht) ~* taste good (bad); (*wie*) *schmeckt dir ...?* (how) do you like ...? (*a. fig.*); *es schmeckt süß (nach nichts)* it has a sweet (no) taste
Schmeich|elei *f* flattery; **⸗elhaft** *adj.* flattering; **⸗eln** *v/i.* flatter *s.o.;* **⸗ler(in)** flatterer; **⸗lerisch** *adj.* flattering
schmeiß|en F *v/t. u. v/i.* throw*, chuck; *Tür etc.:* slam; *mit Geld um sich ~* throw* one's money about; **⸗fliege** *f* blowfly, bluebottle
schmelz|en *v/i. u. v/t.* melt*; *Schnee: a.* thaw; *metall.* smelt; **⸗ofen** *m* (s)melting furnace; **⸗tiegel** *m* melting pot (*a. fig.*)
Schmerz *m* pain (*a. fig.*), *anhaltender:* ache; *fig.* grief, sorrow; **⸗en** *v/t.* hurt* (*a. fig.*), ache; *bsd. fig. n* pain; **⸗frei** *adj.* without pain; **⸗haft** *adj.* painful; **⸗lich** *adj.* painful, sad; **⸗los** *adj.* painless; **⸗mittel** *n* painkiller; **⸗stillend** *adj.* painkilling
Schmetterling *m* butterfly
schmettern 1. *v/t.* smash (*a. Tennis*) (*in Stücke* to pieces); F *Lied:* belt out **2.** *v/i.* crash, slam; *Trompete etc.:* blare
Schmied *m* (black)smith; **⸗e** *f* forge, smithy; **⸗eeisen** *n* wrought iron; **⸗en** *v/t.* forge; *Pläne etc.:* make*
schmiegen *v/refl.: sich ~ an* snuggle up to; *den Körper etc.:* cling* to
Schmier|e *f* grease; **⸗en** *v/t. tech.* grease, oil, lubricate; *Butter etc.:* spread*; *unsauber schreiben:* scribble, scrawl; **⸗erei** *f* scrawl; *Wand⸗:* graffiti *pl.;* **⸗ig** *adj.* greasy; *schmutzig:* dirty; *unanständig:* filthy; F *kriecherisch:* slimy; **⸗mittel** *tech. n* lubricant
Schminke *f* make-up (*a. thea.*); **⸗n** *v/t.* make* *s.o.* up; *sich ~* make* o.s. *od.* one's face up
Schmirgelpapier *n* emery paper

schmollen v/i. sulk, be* sulky, pout
Schmor|braten m pot roast; **2en** v/t. u. v/i. braise, stew (a. fig.), pot-roast
Schmuck m jewel(le)ry, jewels pl.; Zierde: decoration(s pl.), ornament(s pl.)
schmücken v/t. decorate
schmuck|los adj. unadorned; schlicht: plain; **2stück** n piece of jewel(le)ry; fig. gem
Schmuggel m, **~ei** f smuggling; **2n** v/t. u. v/i. smuggle; **~ware** f smuggled goods pl.
Schmuggler m smuggler
schmunzeln v/i. smile (amusedly)
schmusen v/i. cuddle; Liebespaar: a. kiss and cuddle, F smooch
Schmutz m dirt, stärker: filth; fig. a. smut; **~fink** m, F pig; **~fleck** m smudge, stain; **2ig** adj. dirty (a. fig.); stärker: filthy (a. fig.); **~ werden**, **sich ~ machen** get* dirty; **~wasser** n waste water, sewage
Schnabel m bill, bsd. Krumm**2**: beak
Schnalle f buckle; **2n** v/t. buckle; et. **~ an** strap s.th. to
schnalzen v/i. snap one's fingers; click one's tongue
schnapp|en 1. v/i. snap, snatch (beide: nach at); nach Luft **~** gasp for breath; 2. F v/t. fangen: catch*; **2schloss** n spring lock; **2schuss** phot. m snapshot
Schnaps m spirits pl., schnapps, F booze
schnarchen v/i. snore
schnarren v/i. rattle; Stimme: rasp
schnattern v/i. cackle; Affen, F fig.: chatter
schnauben v/i. u. v/t. snort; **sich die Nase ~** blow* one's nose
schnaufen v/i. breathe hard, pant, puff
Schnauz|bart m m(o)ustache; **~e** f zo. snout, mouth; bsd. Hunde**2**: muzzle; F aviat., mot. nose; e-r Kanne: spout; V Mund: trap, kisser; **die ~ halten** keep* one's trap shut; **~er** zo. m schnauzer
Schnecke f snail; Nackt**2**: slug; **~nhaus** n snail shell; **~ntempo** n: **im ~** at a snail's pace
Schnee m snow; sl. Kokain: snow; **~ räumen** remove snow; **~ball** m snowball (a. fig. in Zssgn System etc.); **~ballschlacht** f snowball fight; **2bedeckt** adj. snow-covered, Bergspitze:

a. snow-capped; **~fall** m snowfall; **~flocke** f snowflake; **~gestöber** n snow flurry; **~glöckchen** bot. n snowdrop; **~grenze** f snow line; **~mann** m snowman; **~matsch** m slush; **~mobil** n snowmobile; **~pflug** m snowplough, Am. snowplow; **~regen** m sleet; **~sturm** m snowstorm, blizzard; **~verwehung** f snowdrift; **2weiß** adj. snow-white
Schneid F m grit, guts pl.
Schneid|brenner tech. m cutting torch; **~e** f edge; **2en** v/t. u. v/i. cut* (a. fig.); Film etc.: a. edit; schnitzen: carve; **~er** m tailor; **~erei** f tailoring, dressmaking; Werkstatt: tailor's od. dressmaker's shop; **~erin** f dressmaker; einfache: seamstress; **2ern** v/i. u. v/t. als Hobby: do* dressmaking; Kleid etc.: make*, sew*; **~ezahn** m incisor; **2ig** adj. dashing; schick: a. smart
schneien v/i. snow
schnell adj. fast, quick; Handeln, Antwort etc.: a. prompt; Puls, Anstieg etc.: a. rapid; **es geht ~** it won't take long; **(mach[t])** ~! hurry up!; **2... in** Zssgn Dienst, Paket, Zug etc.: mst express ...; **2boot** naut. n speedboat; **~en** v/t. u. v/i. shoot*, spring*; **~gefrieren** v/t. quickfreeze, Am. flashfreeze; **2hefter** m folder; **2igkeit** f speed; im Handeln, Arbeiten etc.: a. quickness, rapidity; **2imbiss** m snack bar; **2straße** mot. f motorway, Am. expressway, thruway
schnetzeln gastr. v/t. bsd. Schweiz: chop up
Schnipp|chen n: F j-m ein **~ schlagen** outwit s.o.; **2isch** adj. pert, saucy, Am. a. sassy
schnipsen v/i. snap one's fingers
Schnitt m cut (a. fig.); Durch**2**: average; **~blumen** pl. cut flowers pl.; **~e** f slice; belegte: open sandwich; **~fläche** f (surface of the) intersection od. tech. cut; **2ig** adj. stylish; Boot: a. rakish; **~lauch** m chives pl.; **~muster** n pattern; **~punkt** m (point of) intersection; **~stelle** f Film etc.: cut; Computer: interface; **~wunde** f cut
Schnitzel[1] n cutlet; Wiener **~**
Schnitzel[2] n, m Holz: chip; Papier**2**: scrap
schnitz|en v/t. carve, cut* (in wood); **2er** m (wood) carver; **2erei** f (wood) carving

Schnorchel *m*, ∼**n** *v/i.* snorkel
Schnörkel *m* flourish; *arch.* scroll
schnorr|en F *v/t.* cadge; **2er** *m* cadger
schnüff|eln *v/i.* sniff (**an** at); F *fig.* snoop (about *od.* around); **2ler** F *fig. m* snoop(er); *Detektiv:* sleuth
Schnuller *m* dummy, *Am.* pacifier
Schnulz|e F *f* schmal(t)zy song; *Film, Roman etc.:* tearjerker; ∼**ensänger** *m* crooner; **2ig** *adj.* schmal(t)zy, soapy
Schnupf|en *m* cold; **e-n** ∼ **haben** (**bekommen**) have* a (catch* [a]) cold; ∼**tabak** *m* snuff
schnuppe *adj.:* **das ist mir** ∼ I don't care (F a damn)
schnuppern *v/i.* sniff (**an et.** [at] s.th.)
Schnur *f* string, cord; *electr.* flex
Schnür|chen *n:* **wie am** ∼ like clockwork; **2en** *v/t.* lace (up); *ver∼:* tie up
schnur|gerade *adv.* dead straight; ∼**los** *adj.:* ∼**es Telefon** cordless phone
Schnürlsamt *m östr.* corduroy
Schnurr|bart *m* m(o)ustache; **2en** *v/i. Katze, Motor:* purr
Schnür|schuh *m* laced shoe; ∼**senkel** *m* shoelace, *bsd. Am.* shoestring
schnurstracks *adv.* direct(ly), straight; *sofort:* straight away
Schober *m* haystack, hayrick; barn
Schock *med. m* shock; **unter** ∼ **stehen** be* in (a state of) shock; **2en, 2ieren** *v/t.* shock
Schokolade *f* chocolate; **e-e Tafel** ∼ a bar of chocolate
Scholle *f Erd2:* clod; *Eis2:* (ice)floe; *zo.* plaice, *Am.* flounder
schon *adv.* already; *jemals:* ever; (*sogar*) ∼: even; ∼ **damals** even then; ∼ **1968** as early as 1968; ∼ **der Gedanke** the very idea; *ist sie* ∼ *da* (*zurück*)**?** has she come (is she back) yet?; **habt** (**seid**) **ihr** ∼ **...?** have you ... yet?; **hast** (**bist**) **du** ∼ **einmal ...?** have you ever ...?; **ich wohne hier** ∼ **seit zwei Jahren** I've been living here for two years now; **ich kenne ihn** ∼, **aber** I do know him, but; **er macht das** ∼ he'll do it all right; ∼ **gut!** never mind!, all right!
schön 1. *adj.* beautiful, lovely; *Wetter: a.* fine, fair; *gut, angenehm, nett:* fine, nice (*beide a. iro.*); (**na,**) ∼ all right; **2.** *adv.:* ∼ **warm** (**kühl**) nice and warm (cool); **ganz** ∼ **teuer** (**schnell**) pretty expensive (fast); **j-n ganz** ∼ **erschre-**

cken (**überraschen**) give* s.o. quite a start (surprise)
schonen *v/t.* take* care of, go* easy on (*a. tech.*); **j-n, j-s Leben:** spare; **sich** ∼ take* it easy; **für et.:** save o.s. *od.* one's strength; ∼**d 1.** *adj.* gentle; *Mittel etc.: a.* mild; **2.** *adv.:* ∼ **umgehen mit** take* (good) care of; *Glas etc.:* handle with care; *sparsam:* go* easy on
Schönheit *f* beauty; ∼**pflege** *f* beauty care
Schonung *f* (good) care; *Ruhe:* rest; *Erhaltung:* preservation; *Bäume:* tree nursery; **2slos** *adj.* relentless, brutal
schöpf|en *v/t.* scoop, ladle; *aus e-m Brunnen:* draw*; → **Luft, Verdacht**; **2er** *m* creator; ∼**erisch** *adj.* creative; **2ung** *f* creation
Schorf *med. m* scab
Schornstein *m* chimney; *naut., rail.* funnel; ∼**feger** *m* chimneysweep
Schoß *m* lap; *Mutterleib:* womb
Schote *bot. f* pod, husk
Schotte *m* Scot(sman); **die** ∼**n** *pl.* the Scots *pl.*, the Scottish (people) *pl.*
Schotter *m* gravel, road metal
Schott|in *f* Scotswoman; **2isch** *adj.* Scots, Scottish; *typische Produkte:* Scotch; ∼**land** Scotland
schräg 1. *adj.* slanting, sloping, oblique; *Linie etc.:* diagonal; **2.** *adv.:* ∼ **gegenüber** diagonally opposite
Schramme *f*, **2n** *v/t. u. v/i.* scratch
Schrank *m* cupboard; *Am. Wand2:* closet; *Kleider2:* wardrobe
Schranke *f* barrier (*a. fig.*); *rail.* gate; *jur.* bar; ∼**n** *pl.* Grenzen: limits *pl.*, bounds *pl.*; **2nlos** *fig. adj.* boundless; *zügellos:* unbridled; ∼**nwärter** *m* gatekeeper
Schrank|koffer *m* wardrobe trunk; ∼**wand** *f* wall units *pl.*
Schraube *f*, **2n** *v/t.* screw
Schrauben|schlüssel *m* spanner, wrench; ∼**zieher** *m* screwdriver
Schraubstock *m* vice, *Am.* vise
Schrebergarten *m Brt.* allotment (garden), *Am.* garden plot
Schreck *m* fright, shock; **j-m e-n** ∼ **einjagen** give* s.o. a fright, scare s.o.; ∼**en** *m* terror, fright; *Greuel:* horror(s *pl.*); ∼**ensnachricht** *f* dreadful news *sg.*; **2haft** *adj.* jumpy; *bsd. Pferd:* skittish; **2lich** *adj.* awful, terrible; *stärker:* hor-

Schrei m cry; *lauter:* shout, yell; *Angst*2: scream *(alle:* **um, nach** for)

Schreib|arbeit f desk work, *bsd. contp.* paperwork; **~büro** n typing pool

schreiben v/t. u. v/i. write* (*j-m* to s.o.); *tippen:* type; *recht~:* spell*; *groß ~* capitalize; *falsch ~* misspell* *s.th.*; *wie schreibt man ...?* how do you spell ...?

Schreib|en n letter; **2faul** adj.: *~ sein* be* a bad correspondent; **~fehler** m spelling mistake; **~heft** n exercise book; **~kraft** f typist; **~maschine** f typewriter; **~material** n writing materials *pl.*, stationery; **~schutz** m *Computer:* write *od.* file protection; **~tisch** m desk; **~ung** f spelling; **~unterlage** f desk mat, blotter; **~waren** *pl.* stationery *sg.*; **~warengeschäft** n stationer's, stationery shop; **~zentrale** f typing pool

schreien v/i. u. v/t. cry; *lauter:* shout, yell; *kreischend:* scream *(alle:* **um, nach** [out] for); **~ vor Schmerz (Angst)** cry out with pain (in terror); *es war zum ~* it was a scream; **~d** adj. *Farben:* loud; *Unrecht etc.:* flagrant

Schreiner m → *Tischler*

schreiten v/i. stride*

Schrift f (hand)writing, hand; *print.* type; **~zeichen:** character, letter; *~en pl. Werke:* works *pl.*, writings *pl.*; *die Heilige ~ rel.* the Scriptures *pl.*; **~art** f script; *print.* typeface; **~deutsch** n standard German; **2lich** adj. written; *~ übersetzen etc.* translate *etc.* in writing; **~steller(in)** author(ess), writer; **~verkehr, ~wechsel** m correspondence; **~zeichen** n character, letter

schrill adj. shrill *(a. fig.)*, piercing

Schritt m step *(a. fig.)*; *Einzel~:* pace; **~e unternehmen** take* steps; **~ fahren!** *mot.* dead slow; **~macher** m pacemaker *(a. med.)*, *Am. a.* pacesetter; **2weise** adv. step by step, gradually

schroff adj. steep; *zerklüftet:* jagged; *fig.* gruff; *krass:* sharp, glaring

Schrot m, n coarse meal; *hunt.* (small) shot; **~korn** m pellet; **~flinte** f shotgun

Schrott m scrap (metal); **~haufen** m scrap heap *(a. fig.)*; **~platz** m scrapyard

schrubben v/t. scrub, scour

schrumpfen v/i. shrink*

Schub m → *Schubkraft*; **~fach** n drawer; **~karren** m wheelbarrow; **~kasten** m drawer; **~kraft** f *phys., tech.* thrust; **~lade** f drawer

Schubs F m, **2en** F v/t. push

schüchtern adj. shy, bashful; **2heit** f shyness, bashfulness

Schuft m *sl. contp.* bastard; *thea. etc.* villain; **2en** F v/i. work like a dog

Schuh m shoe; *j-m et. in die ~e schieben* put* the blame for s.th. on s.o.; **~anzieher** m shoehorn; **~creme** f shoe polish; **~geschäft** n shoe shop *(Am.* store); **~macher** m shoemaker; **~putzer** m shoeshine boy

Schul|abgänger m school leaver; *Abbrecher:* dropout; **~amt** n education authority, *Am.* school board; **~arbeit** f schoolwork; *pl. Hausaufgaben:* homework *sg.*; **~besuch** m (school) attendance; **~bildung** f education; **~buch** n textbook, school book

Schuld f *jur., ~gefühl:* guilt; *bsd. rel.* sin; *Geld*2: debt; *j-m die ~ (an et.) geben* blame s.o. (for s.th.); *es ist (nicht) deine ~* it is(n't) your fault; *~en haben (machen)* be* in (run*) into debt; *sich et. (nichts) ~ kommen lassen* do* s.th. (nothing) wrong; **2bewusst** adj.: *~e Miene* guilty look; **2en** v/t.: *j-m et. ~* owe s.o. s.th.

schuldig adj. *bsd. jur.* guilty (**an** of); *verantwortlich:* responsible *od.* to blame (for); *j-m et. ~ sein* owe s.o. s.th.; **2e** m, f culprit; *jur.* guilty person, offender; **2keit** f duty

schuld|los adj. innocent; **2ner** m debtor; **2schein** m promissory note, IOU (= I owe you)

Schule f school *(a. fig.)*; *höhere ~* secondary school, *Am.* etwa (senior) high school; *auf od. in der ~* at school; *in die od. zur ~ gehen (kommen)* go* to (start) school; *die ~ fängt an um* school begins at; **2n** v/t. train, school

Schüler m *jüngerer:* schoolboy, *bsd. Brt. a.* pupil; *älterer, Am. allg.:* student; **~austausch** m student exchange (program[me]); **~in** f schoolgirl, *bsd. Brt. a.* pupil; *älterer, Am. allg.:* student; **~vertretung** f etwa student council *(Am.* government)

Schul|ferien *pl.* holidays *pl.*, *Am.* vacation *sg.*; **~fernsehen** n educational

Schulfunk 542

TV; **~funk** m schools programmes pl.; **~gebäude** n school (building); **~geld** n school fee(s pl.), tuition; **~heft** n exercise book; **~hof** m school yard, playground; **~kamerad(in)** schoolfellow; **~leiter(in)** head|master (-mistress), head teacher, Am. principal; **~mappe** f schoolbag; Ranzen: a. satchel; **~ordnung** f school regulations pl.; ⚰**pflichtig** adj.: **~es Kind** school-age child; **~schiff** n training ship; **~schluss** m end of school; vor den Ferien: end of term; nach ~ after school; **~schwänzer** m truant; **~stunde** f lesson, class, period; **~tasche** f schoolbag
Schulter f shoulder; **~blatt** n shoulder-blade; ⚰**frei** adj. strapless; ⚰**n** v/t. shoulder; **~tasche** f shoulder bag
Schulwesen n education(al system)
schummeln F v/i. cheat
Schund m trash, rubbish, junk
Schuppe f scale; **~n** pl. Kopf⚰: dandruff sg.
Schuppen m shed, bsd. fig. shack
schuppig adj. scaly
schüren v/t. stir up (a. fig.)
schürf|en Bergbau: v/i. prospect (nach for); ⚰**wunde** f graze, abrasion
Schurke m bsd. thea. etc.: villain
Schurwolle f virgin wool
Schürze f apron
Schuss m shot; Spritzer: dash; Sport: shot, Fußball a. strike; Ski: schuss (a. **~fahren**); sl. Droge: shot, fix; **gut in ~ sein** be* in good shape
Schüssel f bowl, dish; Wasser⚰: basin; Suppen⚰: tureen
Schuss|waffe f firearm; **~wunde** f gunshot od. bullet wound
Schuster m shoemaker
Schutt m rubble, debris
Schüttel|frost med. m shivering fit, the shivers pl.; ⚰**n** v/t. shake*; **den Kopf ~** shake* one's head
schütten v/t. pour; werfen: throw*
Schutz m protection (gegen, vor against, from), defen|ce, Am. -se (against, from); Zuflucht: shelter (from); Vorsichtsmaßnahme: safeguard (against); Deckung: cover; **~blech** n mudguard, Am. fender; **~brille** f goggles pl.
Schütze m mil. rifleman; Jäger: hunter; Tor⚰: scorer; astr. Sagittarius; **er ist (ein)** ~ he's (a) Sagittarius; **ein guter ~ a**

good shot; ⚰**n** v/t. protect (**gegen, vor** against, from), defend (against, from), guard (against, from); gegen Wetter: shelter (from); sichern: safeguard
Schutzengel m guardian angel
Schützen|graben mil. m trench; **~könig** m champion marksman
Schutzgeld n protection money; **~erpressung** f protection racket
Schutz|haft jur. f protective custody; **~heilige** m, f patron (saint); **~impfung** med. f protective inoculation; Pocken⚰: vaccination
Schützling m protégé(e f)
schutz|los adj. unprotected; wehrlos: defen|celess, Am. -seless; ⚰**maßnahme** f safety measure; ⚰**patron(in)** patron (saint); ⚰**umschlag** m dust cover
schwach adj. weak (a. fig.); Leistung, Augen, Gesundheit etc.: a. poor; Ton, Hoffnung, Erinnerung etc.: faint; zart: delicate, frail; **schwächer werden** grow* weak; nachlassen: decline
Schwäch|e f weakness (a. fig.); bsd. Alters⚰: infirmity; Nachteil, Mangel: drawback, shortcoming; **e-e ~ haben für** be* partial to; ⚰**en** v/t. weaken (a. fig.); vermindern: lessen; ⚰**lich** adj. weakly, feeble; zart: delicate, frail; **~ling** m weakling (a. fig.), softy, sissy
schwach|sinnig adj. feeble-minded; ⚰**strom** electr. m low-voltage current
Schwager m brother-in-law
Schwägerin f sister-in-law
Schwalbe f zo. swallow; Fußball: dive
Schwall m gush, bsd. fig. a. torrent
Schwamm m sponge; bot. fungus; bot. Haus⚰: dry rot; **~erl** bot. östr. n → Pilz; ⚰**ig** adj. spongy; Gesicht etc.: puffy; vage: hazy, misty
Schwan m swan
schwanger adj. pregnant
Schwangerschaft f pregnancy; **~sabbruch** m abortion
schwank|en v/i. sway, roll (a. Schiff u. Betrunkener); wanken, torkeln: stagger; fig. ~ **zwischen ... und ...** unschlüssig sein: waver between ... and ...; Preise etc.: range from ... to ...; ⚰**ung** f change, variation (a. econ.)
Schwanz m tail (a. aviat., astr.); F Penis: cock
schwänzen v/i. u. v/t.: **(die Schule) ~** play truant (bsd. Am. F hooky), skip school

Schwarm *m* swarm; *Menschen*≈: *a.* crowd, F bunch; *Fisch*≈: shoal, school; F *Wunsch*: dream; *Idol*: idol; *du bist ihr* ~ she's got a crush on you

schwärmen *v/i. Bienen etc.*: swarm; *für* be* mad about; *sich wünschen*: dream* of; *j-n: a.* adore, worship; *verliebt sein*: have* a crush on; ~ *von* erzählen: rave about

Schwarte *f* rind; F *fig.* (old) tome

schwarz *adj.* black (*a. fig.*); ~*es Brett* notice board, *bsd. Am.* bulletin board; ~ *auf weiß* in black and white; ≈*arbeit* *f* illicit work; ≈*brot* *n* rye bread

Schwarze *m*, *f* black (man *od.* woman); *die* ~*n pl.* the Blacks *pl.*

schwärzen *v/t.* blacken

Schwarz|fahrer(in) fare dodger; ~*händler* *m* black marketeer; ~*markt* *m* black market; ~*seher* *m* pessimist; (TV) licen|ce (*Am.* -se) dodger; ≈*weiß...* in *Zssgn* Film, Fernseher *etc.*: black-and-white ...

schwatzen, **schwätzen** *v/i.* chatter; *Schule*: talk; *plaudern*: chat

Schwätzer *m* loudmouth, big mouth

schwatzhaft *adj.* chatty

Schwebe|bahn *f* cableway, ropeway; ~*balken* *m* beam; ≈*n v/i.* be* suspended; *Vogel, aviat.*: hover (*a. fig.*); *gleiten*: glide; *bsd. jur.* be* pending; *in Gefahr* ~ be* in danger

Schwed|e *m* Swede; ≈*en* Sweden; ~*in* *f* Swede; ≈*isch adj.* Swedish

Schwefel *chem. m* sulphur, *Am.* sulfur; ~*säure* *chem. f* sulphuric (*Am.* sulfuric) acid

Schweif *m* tail (*a. astr.*); ≈*en v/i.* wander (*a. fig.*), roam

Schweigen *n* silence

schweig|en *v/i.* be* silent; *ganz zu* ~ *von* let alone; ~*end adj.* silent; ~*sam adj.* quiet, reticent

Schwein *n* pig, hog; *gastr.* pork; *fig. contp.* (filthy) pig; F *contp. Schuft*: swine, bastard; F ~ *haben* be* lucky

Schweine|braten *m* roast pork; ~*fleisch* *n* pork; ~*rei* *f* mess; *Gemeinheit*: dirty trick; *Schande*: dirty *od.* crying shame; *Unanständigkeit*: filth(y story *od.* joke); ~*stall* *m* pigsty (*a. fig.*)

schweinisch *fig. adj.* filthy, obscene

Schweinsleder *n* pigskin

Schweiß *m* sweat, perspiration; ≈*en tech. v/t.* weld; ~*er tech. m* welder; ≈*gebadet adj.* soaked in sweat; ~*geruch* *m* body odo(u)r

Schweiz Switzerland; ~*er m, adj.* Swiss; ~*erin f* Swiss woman *od.* girl; ≈*erisch adj.* Swiss

schwelen *v/i.* smo(u)lder (*a. fig.*)

schwelgen *v/i.*: ~ *in* revel in

Schwell|e *f Tür*≈: threshold (*a. fig.*); *rail.* sleeper, *Am.* tie; ≈*en v/i. u. v/t.* swell*; ~*ung* *f* swelling

Schwemm|e *f econ.* glut, oversupply; ≈*en v/t.*: *an Land* ~ wash ashore

Schwengel *m Glocken*≈: clapper; *Pumpen*≈: handle

schwenken *v/t. u. v/i.* swing* (*a. tech.*); *Fahne etc.*: wave; *tech. a.* swivel

schwer 1. *adj.* heavy; *schwierig*: difficult, hard (*a. Arbeit*); *Wein, Zigarre etc.*: strong; *Essen*: rich; *Krankheit, Fehler, Unfall, Schaden etc.*: serious; *Strafe etc.*: severe; *heftig*: heavy, violent; ~*e Zeiten* hard times; ~ *haben* have* a bad time; *100 Pfund* ~ *sein* weigh a hundred pounds; **2.** *adv.*: ~ *arbeiten* work hard; ~ *beschädigt* (seriously) disabled; ~ *fallen* be* difficult (*dat.* for); *es fällt ihm* ~ *zu* ... he finds it difficult to ...; ~ *verdaulich* indigestible, heavy (*beide a. fig.*); ~ *verständlich* difficult *od.* hard to understand; ~ *verwundet* seriously wounded; → *hören*; ≈*e f* weight (*a. fig.*); *fig.* seriousness; ~*fällig adj.* awkward, clumsy; ≈*gewicht* *n* heavyweight; *fig.* (main) emphasis; ~*hörig adj.* hard of hearing, deaf; ~*industrie* *f* heavy industry; ≈*kraft* *phys. f* gravity; ≈*metall* *n* heavy metal; ~*mütig adj.* melancholy; ~ *sein* have* the blues; ≈*punkt* *m* cent|re (*Am.* -er) of gravity; *fig.* (main) emphasis

Schwert *n* sword

Schwer|verbrecher *m* dangerous criminal, *jur.* felon; ≈*wiegend fig. adj.* weighty, serious

Schwester *f* sister; *Ordens*≈: *a.* nun; *Kranken*≈: nurse

Schwieger... in *Zssgn* Eltern, Mutter, Sohn *etc.*: ...-in-law

Schwiel|e *f* callus; ≈*ig adj.* horny

schwierig *adj.* difficult, hard; ≈*keit f* difficulty, trouble; *in* ~*en geraten* get*

Schwimmbad 544

od. run* into trouble; **~en haben,** *et.* **zu tun** have* difficulty in doing s.th.

Schwimm|bad *n* (*Hallen*2: indoor) swimming pool; **2en** *v/i.* swim*; *Gegenstand:* float; **~ gehen** go* swimming; **~flosse** *f* flipper, *Am.* swimfin; **~gürtel** *m* swimming belt; **~haut** *f* web; **~lehrer** *m* swimming instructor; **~weste** *f* life jacket

Schwindel *m med.* giddiness, dizziness; *fig.* swindle, fraud; **~ erregend** dizzy; **~anfall** *m* attack of dizziness; **2n** *v/i.* fib, tell* fibs

schwinden *v/i.* dwindle, decline

Schwindl|er *m* swindler, cheat; *Lügner:* liar; **2ig** *med. adj.* dizzy, giddy; *mir ist ~* I feel dizzy

Schwinge *f* wing; **2en** *v/i. u. v/t.* swing*; *Fahne etc.:* wave; *tech.* oscillate; vibrate; **~ung** *f* oscillation; vibration

Schwips F *m:* **e-n ~ haben** be* tipsy

schwirren *v/i.* whirr, whizz; *bsd. Insekt:* buzz (*a. fig.*); *mir schwirrt der Kopf* my head is buzzing

schwitz|en *v/i.* sweat (*stark* profusely; *vor Angst* with fear), perspire; **2kasten** *m:* **j-n in den ~ nehmen** put* a headlock on s.o.

schwören *v/t. u. v/i.* swear*; *jur.* take* an *od.* the oath; *fig. ~ auf* swear by

schwul F *adj.* gay; *contp.* queer

schwül *adj.* sultry (*a. fig.*), close

schwülstig *adj.* bombastic, pompous

Schwung *m* swing; *fig.* verve, zest, F vim, pep; *Energie:* drive; *in ~ kommen* (*bringen*) get* (*s.th.*) going; **2haft** *adj. Handel:* brisk, flourishing; **~rad** *tech. n* flywheel; **2voll** *adj.* full of energy *od.* verve; *Melodie:* swinging, catchy

Schwur *m* oath; **~gericht** *jur. n etwa* jury court

sechs *adj.* six; *Note:* F, *Brt. a.* poor; **2eck** *n* hexagon; **~eckig** *adj.* hexagonal; **~fach** *adj.* sixfold; **~mal** *adv.* six times; **2tagerennen** *n* six-day race; **~tägig** *adj.* lasting *od.* of six days

sechste *adj.* sixth; **2I** *n* sixth (part); **~ns** *adv.* sixthly, in the sixth place

sech|zehn(te) *adj.* sixteen(th); **~zig** *adj.* sixty; **~zigste** *adj.* sixtieth

See¹ *f* lake

See² *f*/sea, ocean; *auf ~* at sea; *auf hoher ~* on the high seas; *an der ~* at the seaside; *zur ~ gehen* (*fahren*) go* to sea (be* a sailor); *in ~ stechen* put* to sea; **~bad** *n* seaside resort; **~fahrt** *f* navigation; → *Seereise*; **~gang** *m:* *hoher ~* heavy sea; **~hafen** *m* seaport; **~hund** *m* seal; **~jungfrau** *f myth. f* mermaid; **~karte** *f* nautical chart; **2krank** *adj.* seasick; **~krankheit** *f* seasickness

Seel|e *f* soul (*a. fig.*); **2enlos** *adj.* soulless; **~enruhe** *f* peace of mind; *in aller ~* as cool as you please; **~enwanderung** *f* reincarnation; **2isch** *adj.* mental; *~ krank* mentally ill; **~sorge** *f* pastoral care; **~sorger** *m* pastor

See|macht *f* sea power; **~mann** *m* seaman, sailor; **~meile** *f* nautical mile; **~not** *f* distress (at sea); **~notkreuzer** *m* rescue cruiser; **~räuber** *m* pirate; **~reise** *f* voyage, cruise; **~rose** *f* water lily; **~sack** *m* kit bag, duffle bag; **~schlacht** *f* naval battle; **~streitkräfte** *pl.* naval forces *pl.*, navy *sg.*; **2tüchtig** *adj. Zustand:* seaworthy; **~warte** *f* naval observatory; **~weg** *m* sea route; *auf dem ~* by sea; **~zeichen** *naut. n* seamark; **~zunge** *zo. f* sole

Segel *n* sail; **~boot** *n* sailing boat, *Am.* sailboat; **~fliegen** *n* gliding; **~flugzeug** *n* glider; **2n** *v/i.* sail; *Sport: a.* yacht; **~schiff** *n* sailing ship; sailing vessel; **~sport** *m* sailing, yachting; **~tuch** *n* canvas, sailcloth

Segen *m* blessing (*a. fig.*)

Segler(in) yachts|man (-woman)

segn|en *v/t.* bless; **2ung** *f* blessing

Sehbeteiligung *f* (TV) ratings *pl.*

sehen *v/i. u. v/t.* see*; *Sendung, Spiel etc.: a.* watch; *bemerken:* notice; *~ nach* sich kümmern um: look after; *suchen:* look for; *sich ~ lassen können:* show* up; *das sieht man* (*kaum*) it (hardly) shows; *siehst du erklärend:* (you) see; *vorwurfsvoll:* I told you; *siehe oben* (*unten, Seite ...*) see above (below, page ...); **~swert** *adj.* worth seeing; **2swürdigkeit** *f* place *etc.* worth seeing, sight; **~en** *pl.* sights *pl.*

Sehkraft *f* eyesight, vision

Sehne *f anat.* sinew; *Bogen*2: string

sehnen *v/refl.* long (*nach* for); *stärker:* yearn (for); *sich danach ~ zu inf.* be* longing to *inf.*

Sehnerv *m* optic nerve

sehnig *adj.* sinewy; *Fleisch: a.* stringy

sehn|lichst *adj. Wunsch:* dearest; ⁓**sucht** *f,* ⁓**süchtig,** ⁓**suchtsvoll** *adj.* longing; *stärker:* yearning

sehr *adv. vor adj. u. adv.:* very; *mit vb.:* very much, greatly

Seh|rohr *naut. n* periscope; ⁓**schwäche** *f* weak sight; ⁓**test** *m* sight test; ⁓**weite** *f* range of vision

seicht *adj.* shallow (*a. fig.*)

Seid|e *f,* ⁓**en** *adj.* silk; ⁓**enpapier** *n* tissue paper; ⁓**enraupe** *zo. f* silkworm; ⁓**ig** *adj.* silky

Seif|e *f* soap; ⁓**enblase** *f* soap bubble; ⁓**enlauge** *f* (soap)suds *pl.*; ⁓**enoper** *f* TV soap opera; ⁓**enschale** *f* soap dish; ⁓**enschaum** *m* lather; ⁓**ig** *adj.* soapy

seihen *v/t.* strain, filter

Seil *n* rope; ⁓**bahn** *f* cable railway; ⁓**hüpfen** *n* skipping

Sein *n* being; existence

sein¹ *v/i.* be*; *bestehen, existieren: a.* exist; *et.* ⁓ *lassen* stop (*bsd. Am. a.* quit*) (doing) s.th.

sein² *poss. pron.* his; *Mädchen:* her; *Sache:* its; ⁓**er,** ⁓**e,** ⁓**(e)s** his; hers;

seiner|seits *adv.* for his part; ⁓**zeit** *adv.* then, in those days

seinesgleichen *pron.* his equals *pl.*; *j-n wie* ⁓ *behandeln* treat s.o. as one's equal

seinetwegen *adv. vgl.* **meinetwegen**

seit *prp. u. cj.* since; ⁓ *1982* since 1982; ⁓ *drei Jahren* for three years (now); ⁓ *langem (kurzem)* for a long (short) time; ⁓ *dem 1. adv.* since then, since that time, ever since; **2.** *cj.* since

Seite *f* side (*a. fig.*); *Buch*⁓: page; *auf der linken* ⁓ on the left(-hand side); *fig. auf die e-n (anderen)* ⁓ on the one (other) hand

Seiten|ansicht *f* side view, profile; ⁓**blick** *m* sidelong glance; ⁓**hieb** *fig. m* sideswipe; ⁓**linie** *f bsd. Fußball:* touchline; ⁓**s** *prp.* on the part of, by; ⁓**sprung** F *m:* **e-n** ⁓ *machen* cheat (on one's wife *od.* husband); ⁓**stechen** *n* stitches *pl.*

seither *adv.* → **seitdem** 1

seit|lich *adj.* side ..., at the side(s); ⁓**wärts** *adv.* sideways, to the side

Sekret|är *m* secretary; *Schreibtisch:* bureau; ⁓**ariat** *n* (secretary's) office; ⁓**ärin** *f* secretary

Sekt *m* sparkling wine, champagne

Sekt|e *f* sect; ⁓**ion** *f* section; *med.* dissection; *Obduktion:* autopsy; ⁓**or** *m* sector; *fig.* field

Sekunde *f* second; *auf die* ⁓ to the second; ⁓**nzeiger** *m* second(s) hand

selbe *adj.* same; ⁓**r** *pron.* → **selbst** 1

selbst 1. *pron.: ich (du etc.)* ⁓ I (you *etc.*) myself (yourself *etc.*); *gemacht* homemade; *mach es* ⁓ do it yourself; *et.* ⁓ *(ohne Hilfe) tun* do s.th. by oneself; *von* ⁓ by itself; **2.** *adv.* even

selbständig *adj.* → **selbstständig**

Selbst|bedienung(sladen *m) f* self-service (shop, *Am.* store); ⁓**befriedigung** *f* masturbation; ⁓**beherrschung** *f* self-control; ⁓**bestimmung** *f* self-determination; ⁓**bewusst** *adj.* self-confident; △ *nicht self-conscious;* ⁓**bewusstsein** *n* self-confidence; △ *nicht self-consciousness;* ⁓**bildnis** *n* self-portrait; ⁓**erhaltungstrieb** *m* survival instinct; ⁓**erkenntnis** *f* self-knowledge; ⁓**gemacht** *adj.* homemade; ⁓**gerecht** *adj.* self-righteous; ⁓**gespräch** *n:* ⁓**e führen** talk to o.s.; ⁓**herrlich** *adj.* overbearing; *unbefugt:* unauthorized; ⁓**hilfe** *f* self-help; ⁓**hilfegruppe** *f* self-help group; ⁓**kostenpreis** *econ. m: zum* ⁓ at cost (price); ⁓**kritisch** *adj.* self-critical; ⁓**laut** *gr. m* vowel; ⁓**los** *adj.* unselfish; ⁓**mord,** ⁓**mörder(in)** suicide; ⁓**mörderisch** *adj.* suicidal; ⁓**sicher** *adj.* self-confident, self-assured; ⁓**ständig** *adj.* independent; *beruflich:* a. self-employed; ⁓**ständigkeit** *f* independence; ⁓**süchtig** *adj.* selfish, ego(t)istic(al); ⁓**tätig** *adj.* automatic; ⁓**täuschung** *f* self-deception; ⁓**unterricht** *m* self-instruction; ⁓**versorger** *m* self-supporter; ⁓**verständlich 1.** *adj.* natural; *das ist* ⁓ that's a matter of course; **2.** *adv.* of course, naturally; ⁓*! a.* by all means!; ⁓**verständlichkeit** *f* matter of course; ⁓**verteidigung** *f* self-defen|ce, *Am.* -se; ⁓**vertrauen** *n* self-confidence, self-reliance; ⁓**verwaltung** *f* self-government, autonomy; ⁓**wähldienst** *tel. m* automatic long-distance dial(l)ing service; ⁓**zufrieden** *adj.* self-satisfied; ⁓**zweck** *m* end in itself

selchen *östr. v/t.* → **räuchern**

selig *adj. rel.* blessed; *verstorben:* late; *fig.* overjoyed

Sellerie *m, f* celeriac; *Stauden≈:* celery

selten 1. *adj.* rare; **~ sein** be* rare *od.* scarce; **2.** *adv.* rarely, seldom; **≈heit** *f* rarity

seltsam *adj.* strange, odd, F funny

Semester *univ. n* term, *Am. a.* semester

Semikolon *n* semicolon

Seminar *n univ.* department; *Kurs:* seminar; *Priester≈:* seminary; *Lehrer≈:* teacher training college

sen. *Abk. für senior* sen., Sen.,Sr, Snr, senior

Senat *m* senate; **~or** *m* senator

sende|n *v/t.* send* (*mit der Post* by post, *Am.* by mail); *ausstrahlen:* broadcast*, transmit (*a. Funk*); TV *a.* televise; **≈r** *m* radio station; television station; *tech. Anlage:* transmitter; **≈reihe** *f* TV *od.* radio series; **≈schluss** *m* closedown, sign-off; **≈zeichen** *n* call-sign

Sendung *f* broadcast, program(me); TV *a.* telecast; *Waren≈:* consignment, shipment; **auf ~ sein** be* on the air

Senf *m* mustard (*a. bot.*)

senil *adj.* senile; **≈ität** *f* senility

Senior 1. *m* senior (*a. Sport*); **~en** *pl.* senior citizens *pl.*; **2.** *adj. nach Namen:* senior; **~enheim** *n* old people's home

Senk|e *geogr. f* depression, hollow; **≈en** *v/t.* lower (*a. Stimme*); *Kopf: a.* bow; *Kosten, Preise etc.: a.* reduce, cut*; **sich ~** drop, go* *od.* come* down; **≈recht** *adj.* vertical; **~ nach oben** (*unten*) straight up (down)

Sensation *f* sensation; **≈ell** *adj.*, **~s...** *in Zssgn Blatt etc.:* sensational (...); **~smache** *contp. f* sensationalism

Sense *f* scythe

sensib|el *adj.* sensitive; *empfindlich: a.* touchy; △ *nicht sensible*; **~ilisieren** *v/t.* sensitize (**für** to)

sentimental *adj.* sentimental; **≈ität** *f* sentimentality

September *m* September

Serenade *mus. f* serenade

Serie *f* series; *TV etc. a.* serial; *Satz:* set; *in ~ bauen etc.:* in series; **≈nmäßig** *adj.* series(-produced); *Ausstattung etc.:* standard; **~nnummer** *f* serial number; **~nwagen** *mot. m* standard-type car

seriös *adj.* respectable; *ehrlich:* honest; *Zeitung:* serious

Serum *n* serum

Service¹ *n* set; *Tee≈ etc.: a.* service

Service² *m, n* service

servier|en *v/t.* serve; **≈erin** *f* waitress; **≈tochter** *f Schweiz:* waitress

Serviette *f bsd. Brt.* serviette, *bsd. Am.* napkin

Servo|bremse *mot. f* servo *od.* power brake; **~lenkung** *mot. f* servo(-assisted) *od.* power steering

Sessel *m* armchair, easy chair; **~lift** *m* chair lift

sesshaft *adj.:* **~ werden** settle (down)

Set *n, m* Platzdeckchen: place mat

setzen *v/t. u. v/i.* put*, set* (*a. print., agr., Segel*), place; *j-n: a.* seat; *agr. a.* plant; **~ über** jump over; *Fluss:* cross; **~ auf** *wetten:* bet* on, back; **sich ~** sit* down; *tech. etc.* settle; **sich ~ auf** *Pferd, Rad etc.:* get* on, mount; **sich ~ in** *Auto etc.:* get* into; **sich zu j-m ~** sit* beside *od.* with s.o.; **~ Sie sich bitte!** take *od.* have a seat!

Setz|er *print. m* compositor, typesetter; **~erei** *print. f* composing room; **~kasten** *print. m* typecase

Seuche *f* epidemic (disease)

seufze|n *v/i.*, **≈r** *m* sigh

Sexis|mus *m* sexism; **~t(in)**, **≈isch** *adj.* sexist

Sexual... *in Zssgn* Erziehung, Leben, Trieb *etc.:* sex(ual) ...; **~verbrechen** *n* sex crime

sex|uell *adj.* sexual; **~e Belästigung** (sexual) harassment; **~y** *adj.* sexy

sezieren *v/t.* dissect (*a. fig.*); *Leiche:* perform an autopsy on

sich *refl. pron.* oneself; *sg.* himself, herself, itself; *pl.* themselves; *sg.* yourself, *pl.* yourselves; **~ ansehen im Spiegel** *etc.:* look at o.s.; *einander:* look at each other

Sichel *f* sickle; *Mond, fig.:* crescent

sicher 1. *adj.* safe (**vor** from), secure (from); *bsd. tech.* proof (**gegen** against); *in Zssgn* ...proof; *gewiss, überzeugt:* certain; *zuverlässig:* reliable; (**sich**) **~ sein** be* sure (*e-r Sache* of s.th.; *dass* that); **2.** *adv. fahren etc.:* safely; *gewiss:* certainly; *wahrscheinlich:* probably; **~!** of course!, *Am.* sure!

Sicherheit *f* security (*a. mil., pol.,*

sitzen

econ.); *bsd. körperliche*: safety (*a. tech.*); *Gewissheit*: certainty; *Können*: skill; (**sich**) **in ~ bringen** get* to safety; **~s... *bsd. tech.* in Zssgn Glas, Schloss etc.*: safety ...; **~sgurt** *m* seatbelt, safety belt; **~smaßnahme** *f* safety measure; *pol.* security measure; **~snadel** *f* safety pin
sicher|lich *adv.* → sicher 2; **~n** *v/t.* secure (*a. mil., tech.*); *schützen*: protect, safeguard; *Computer*: save; **sich ~** secure o.s. (**gegen, vor** against, from); **~stellen** *v/t.* secure, guarantee
Sicherung *f* securing; safeguard(ing); *tech.* safety device; *electr.* fuse; **~skasten** *electr. m* fuse box; **~skopie** *f* *Computer*: backup; **e-e ~ machen** (**von**) back up
Sicht *f* visibility; *Aus~*: view; **in ~ kommen** come* into sight *od.* view; **auf lange ~** in the long run; **~bar** *adj.* visible; **~en** *v/t.* sight; *fig.* sort (through *od.* out); **~karte** *f* season ticket; **~lich** *adv.* visibly; **~weite** *f*: **in** (**außer**) **~** within (out of) sight
sickern *v/i.* trickle, ooze, seep
sie *pers. pron.* she (*a. Schiff, Staat*); *Sache*: it; *pl.* they; **Sie** *sg. u. pl.* you
Sieb *n* sieve; *Tee~ etc.*: strainer
sieben[1] *v/t.* sieve, sift; *fig.* weed out
sieben[2] *v/t. u. v/i.* seven; **~meter** *m* penalty shot *od.* throw
sieb|te *adj.*, **~tel** *n* seventh; **~zehn**(**te**) *adj.* seventeen(th); **~zig** *adj.* seventy; **~zigste** *adj.* seventieth
siedeln *v/i.* settle
siede|n *v/t. u. v/i.* boil, simmer; **~punkt** *m* boiling point (*a. fig.*)
Siedl|er *m* settler; **~ung** *f* settlement; *Wohn~*: housing development
Sieg *m* victory; *Sport*: *a.* win
Siegel *n* seal (*a. fig.*); *privates*: signet; **~lack** *m* sealing wax; **~n** *v/t.* seal; **~ring** *m* signet ring
sieg|en *v/i.* win*; **~er**(**in**) *m* winner; **~reich** *adj.* winning; *stärker*: victorious (*a. pol., mil.*)
Signal, **2isieren** *v/t.* signal
signieren *v/t.* sign
Silbe *f* syllable; **~ntrennung** *f* syllabification
Silber *n* silver; *Tafel~*: silverware; **2grau** *adj.* silver-grey (*Am.* -gray); **~hochzeit** *f* silver wedding; **2n** *adj.* silver

Silhouette *f* silhouette; *e-r Stadt*: *a.* skyline
Silikon *chem. n* silicone
Silizium *chem. n* silicon
Silvester *n* New Year's Eve
Sims *m, n* ledge; windowsill
Simul|ant *m* malingerer; **2ieren** *v/t. u. v/i. tech. etc.* simulate; *Krankheit vortäuschen*: sham, malinger
simultan *adj.* simultaneous
Sinfonie *mus. f* symphony
singen *v/t. u. v/i.* sing* (**richtig** [**falsch**]) in [out of] tune)
Singular *gr. m* singular
Singvogel *m* songbird
sinken *v/i.* sink* (*a. fig. Person*), go* down (*a. Preise etc.*); *Sonne*: *a.* set*; *Preise etc.*: fall*, drop
Sinn *m* sense (**für** of); *Verstand etc.*: mind; *Bedeutung*: sense, meaning; *e-r Sache*: point, idea; **im ~ haben** have* in mind; **es hat keinen ~** (**zu warten** *etc.*) it's no use *od.* good (waiting *etc.*); **~bild** *n* symbol
sinnentstellend *adj.* distorting
Sinnes|organ *n* sense organ; **~täuschung** *f* hallucination; **~wandel** *m* change of mind
sinn|lich *adj. die Sinne betreffend*: sensuous; *Wahrnehmung etc.*: sensory; *Begierden etc.*: sensual; **2lichkeit** *f* sensuality; **~los** *adj.* senseless; *zwecklos*: useless; **2losigkeit** *f* senselessness; uselessness; **~verwandt** *adj.* synonymous; **~voll** *adj.* meaningful; *nützlich*: useful; *vernünftig*: wise, sensible
Sintflut *f biblisch: the* Flood
Sippe *f* (extended) family, clan
Sirene *f* siren
Sirup *m Frucht~*: syrup, *Am.* sirup; *Zucker~*: treacle, molasses
Sitte *f* custom, tradition; **~n** *pl.* morals *pl.*; *Benehmen*: manners *pl.*
Sitten|losigkeit *f* immorality; **~polizei** *f* vice squad; **2widrig** *adj.* immoral
Sittlichkeitsverbrechen *n* sex crime
Situation *f* situation; *Lage*: *a.* position
Sitz *m* seat; *e-s Kleides etc.*: fit; **~blockade** *f* sit-down demonstration
sitzen *v/i.* sit* (**an** at; **auf** on); *sich befinden*: be*; *stecken*: be* (stuck); *passen*: fit; F *im Gefängnis*: do* time; **~ bleiben** keep* one's seat; *in der Schule*: have* to repeat a year; F *keinen Mann krie-*

Sitzgelegenheit

gen: be* left on the shelf; ~ **bleiben auf** be* left with; **j-n ~ lassen** leave* s.o. in the lurch; let* s.o. down
Sitz|gelegenheit f seat; **genug ~en** pl. enough seating (room) sg.; **~ordnung** f, **~plan** m seating plan; **~platz** m seat; **~streik** m sit-down strike; **~ung** f session (a. parl.), meeting, conference
Skala f scale; fig. a. range
Skalp m, **2ieren** v/t. scalp
Skandal m scandal; **2ös** adj. scandalous, shocking
Skelett n skeleton (a. tech.)
Skep|sis f scepticism; **~tiker** m sceptic; **2tisch** adj. sceptical
Ski m ski; **~laufen** od. **fahren** ski; **~fahrer(in)** skier; **~fliegen** n ski flying; **~lift** m ski lift; **~piste** f ski run; **~schuh** m ski boot; **~sport** m skiing; **~springen** n ski jumping
Skizz|e f, **2ieren** v/t. sketch
Sklav|e m slave (a. fig.), **~enhandel** m slave trade; **~erei** f slavery; **2isch** adj. slavish (a. fig.)
Skonto econ. m, n (cash) discount
Skorpion m zo. scorpion; astr. Scorpio; **er ist (ein) ~** he's (a) Scorpio
Skrupel m scruple, qualm; **2los** adj. unscrupulous
Skulptur f sculpture
Slalom m slalom
Slaw|e m, **~in** f Slav; **2isch** adj. Slav(ic)
Slip m briefs pl.; **Damen2**: a. panties pl.; △ **nicht slip**; **~einlage** f panty liner; **~per** m slip-on (shoe), bsd. Am. loafer; △ **nicht slipper**
Slowak|e m Slovak; **~ei** f Slovakia; **~in** f, **2isch** adj. Slovak
Smaragd m emerald; **2grün** adj. emerald
Smoking m dinner jacket, Am. a. tuxedo, F tux
Snob m snob; **2istisch** adj. snobbish
so 1. adv. so; auf diese Weise: like this od. that, this od. that way; damit, dadurch: a. thus; solch: such; **~ groß wie** as big as; **~ ein(e)** such a; **~ sehr** so (F that) much; **und ~ weiter** and so on; **oder ~ et.** or s.th. like that; **doppelt ~ viel** twice as much; **~ viel wie möglich** as much as possible; **~ weit sein** be* ready; **es ist ~ weit** it's time; **~ genannt** so-called; **2.** cj. deshalb: so, therefore; **~ dass** so that; **3.** int.: **~!** all right!, o.k.!; **~ fertig**: that's it!; **~, fangen wir an!** well

od. all right, let's begin!; **ach ~!** I see; **~bald** cj. as soon as
s.o. Abk. für **siehe oben** see above
Socke f sock
Sockel m base; Statue: pedestal (a. fig.)
Sodbrennen med. n heartburn
soeben adv. just (now)
Sofa n sofa, Am. a. davenport
sofern cj. if, provided that; **~ nicht** unless
sofort adv. at once, immediately, right away; **2bildkamera** f instant od. Polaroid® camera
Software f Computer: software; **~paket** n software package
Sog m suction, wake (a. fig.)
so|gar adv. even; **~genannt** adj. → **so**; **~gleich** adv. → **sofort**
Sohle f sole; Bergbau: floor
Sohn m son
Sojabohne bot. f soybean (a. in Zssgn)
solange cj. as long as
Solar... in Zssgn Energie etc.: solar ...
solch dem. pron. such, like this od. that
Sold mil. m pay
Soldat m soldier
Söldner m mercenary
Sole f brine, salt water
solidarisch adj.: **sich ~ erklären mit** declare one's solidarity with
solide adj. solid; fig. a. sound; Preise: reasonable; Person: steady
Solist(in) soloist
Soll econ. n debit; Plan2: target, quota; **~ und Haben** debit and credit
sollen v/i. u. v/aux. geplant, bestimmt: be* to; angeblich, verpflichtet: be* supposed to; **(was) soll ich ...?** (what) shall I ...?; **du solltest (nicht) ...** you should(n't) ...; stärker: you ought(n't) to; **was soll das?** what's the idea?
Solo n solo; Sport: solo attempt etc.
somit cj. thus, so, consequently
Sommer m summer; **~ferien** pl. summer holidays pl. (bsd. Am. vacation sg.); **2lich** adj. summery; **~sprosse** f freckle; **2sprossig** adj. freckled; **~zeit** f summertime; vorverlegte: summer od. Am. daylight saving time
Sonate mus. f sonata
Sonde f probe (a. med.)
Sonder|... in Zssgn Angebot, Ausgabe, Flug, Preis, Wunsch, Zug etc.: special ...; **2bar** adj. strange, F funny; **2lich**

sparen

adv.: **nicht ~** not particularly; **~ling** *m* eccentric, F crank, weirdo; **~müll** *m* hazardous (*od.* special toxic) waste; **~mülldeponie** *f* special waste dump

sondern *cj.* but; **nicht nur ..., ~ auch** not only ... but also

Sonderschule *f* special school (for the handicapped *etc.*)

Sonnabend *m* Saturday

Sonne *f* sun; **2n** *v/refl.* sun o.s., bask *od.* lie in the sun

Sonnen|aufgang *m* sunrise; **~bad** *n*: **ein ~ nehmen** → **2baden** *v/i* sunbathe; **~bank** *f* sunbed; **~blume** *bot. f* sunflower; **~brand** *m* sunburn; **~brille** *f* sunglasses *pl.*; **~creme** *f* sun cream; **~energie** *f* solar energy; **~finsternis** *f* solar eclipse; **2klar** *adj.* (as) clear as daylight; **~kollektor** *m* solar panel; **~licht** *n* sunlight; **~öl** *n* suntan oil; **~schein** *m* sunshine; **~schirm** *m* sunshade; **~schutz** *m Mittel:* suntan lotion; **~seite** *f* sunny side (*a. fig.*); **~stich** *m* sunstroke; **~strahl** *m* sunbeam; **~system** *n* solar system; **~uhr** *f* sundial; **~untergang** *m* sunset

sonnig *adj.* sunny (*a. fig.*)

Sonntag *m* Sunday

Sonntags|fahrer *mot. contp. m* Sunday driver; **~rückfahrkarte** *rail. f* weekend ticket

sonst *adv.* außerdem: else; *andernfalls:* otherwise, or (else); *normalerweise:* normally, usually; **~ noch et. (jemand)** anything (anyone) else?; **~ noch Fragen?** any other questions?; **~ nichts** nothing else; **alles wie ~** everything as usual; **nichts ist wie ~** nothing is as it used to be; **~ig** *adj.* other

Sopran *mus. m,* **~istin** *mus. f* soprano

Sorge *f* worry; *Kummer:* sorrow; *Ärger:* trouble; **Für2:** care; **sich ~n machen (um)** worry *od.* be* worried (about); **keine ~!** don't worry!

sorgen 1. *v/i.:* **~ für** care for, take* care of; **dafür ~, dass** see* (to it) that; **2.** *v/refl.:* **sich ~ um** worry *od.* be* worried about; **2kind** *n* problem child

Sorg|falt *f* care; **2fältig** *adj.* careful; **~los** *adj.* carefree; *nachlässig:* careless; **~losigkeit** *f* carelessness

Sort|e *f* sort, kind, type; **2ieren** *v/t.* sort; *ordnen:* arrange; **~iment** *n* assortment

Soße *f* sauce; **Braten2:** gravy

Souffl|eur *m,* **~euse** *f* prompter; **2ieren** *v/i.* prompt (*j-m* s.o.)

souverän *adj. pol.* sovereign; *fig.* superior; **2ität** *f* sovereignty; *fig.* superior style

so|viel *cj.* as far as; → **so;** **~weit** *cj.* as far as; → **so;** **~wie** *cj.* as well as, and ... as well; *zeitlich:* as soon as; **~wieso** *adv.* anyway, anyhow, in any case

Sowjet *m,* **2isch** *adj.* Soviet

sowohl *cj.:* **~ Lehrer als (auch) Schüler** both teachers and students

sozial *adj.* social; **2...** in Zssgn Arbeiter(in), Demokrat, Versicherung *etc.*: social ...; **2abgaben** *pl.* social security contributions *pl.*; **2hilfe** *f* social security, *Am.* welfare; **~ beziehen** be* on social security (*Am.* on welfare); **~isieren** *v/t. econ.* nationalize; **2ismus** *m* socialism; **2ist(in),** **2istisch** *adj.* socialist; **2kunde** *f* social studies *pl.*; **2staat** *m* welfare state; **2versicherung** *f* social security

Soziolog|e *m* sociologist; **~ie** *f* sociology; **2isch** *adj.* sociological

sozusagen *adv.* so to speak

Spagat *m*: **~ machen** do* the splits

Spagetti *pl.* spaghetti *sg.*

spähen *v/i.* look out (**nach** for)

Spalier *n* espalier; *mil. etc.* lane

Spalt *m* crack, gap; **2bar** *adj. phys.* fissile, fissionable; **~e** *f* → **Spalt**; *print.* column; **2en** *v/t.* split* (*a. fig. Haare etc.*); *Staat etc.:* divide; **sich ~** split* (up); **~ung** *f* split(ting); *phys.* fission; *fig.* split; *Staat etc.:* division

Span *m* chip; *tech. etc.* shavings *pl.*

Spange *f* clasp; → **Haarspange**

Spaniel *m* spaniel

Spani|en Spain; **~er(in)** Spaniard; **2sch** *adj.* Spanish

Spann *m* instep

spann|en 1. *v/t.* stretch, tighten; *Leine etc.*: put* up; *Gewehr:* cock; *Bogen:* draw*, bend*; **2.** *v/i.* be* (too) tight; **~end** *adj.* exciting, thrilling, gripping; **2ung** *f* tension (*a. tech., pol., psych.*); *electr.* voltage; *fig.* suspense, excitement; **2weite** *f* span; *fig. a.* range

Spar|buch *n* savings book; **~büchse** *f* money box, F piggy bank; **2en** *v/i. u. v/t.* save; *sich einschränken:* economize;

Sparer 550

~ **für** od. **auf** save up for; **~er** m saver; **~schwein(chen)** n piggy bank

Spargel m asparagus

Spar|kasse f savings bank; **~konto** n savings account

spärlich adj. sparse, scant; Lohn, Wissen etc.: scanty; Besuch etc.: poor

sparsam adj. economical (mit of); ~ **leben** lead* a frugal life; **~ umgehen mit** use sparingly; **2keit** f economy

Spaß m fun; Scherz: joke; **aus (nur zum)** ~ (just) for fun; **j-m den** ~ **verderben** spoil s.o.'s fun; **er macht nur (keinen)** ~ he is only (not) joking (F kidding); **keinen ~ verstehen** have* no sense of humo(u)r; **2en** v/i. joke; **2ig** adj. funny; **~macher, ~vogel** m joker

spät adj. u. adv. late; **am ~en Nachmittag** late in the afternoon; **wie ~ ist es?** what time is it?; **von früh bis** ~ from morning till night; **(fünf Minuten) zu ~ kommen** be* (five minutes) late; **bis ~er!** see you (later)!; → **früher**

Spaten m spade

spätestens adv. at the latest

Spatz m sparrow

spazieren: **~fahren** go* (j-n: take*) for a drive; Baby: take* out; ~ **gehen** go* for a walk

Spazier|fahrt f drive, ride; **~gang** m walk; **e-n ~ machen** go* for a walk; **~gänger** m walker; **~weg** m walk

Specht m woodpecker

Speck m bacon; **2ig** adj. greasy

Spedit|eur m shipping agent; Möbel2: remover; **~ion** f shipping agency; removal (Am. moving) firm

Speer m spear; Sport: javelin

Speiche f spoke

Speichel m spittle, saliva, F spit

Speicher m storehouse; Wasser2: tank, reservoir; Dachboden: attic; Computer: memory, store; **~dichte** f Computer: bit density; **~kapazität** f Computer: memory capacity; **2n** v/t. store (up); **~ung** f storage

speien v/t. spit*; Wasser: spout; Vulkan etc.: belch

Speise f food; Gericht: dish; **~eis** n ice cream; **~kammer** f larder, pantry; **~karte** f menu; **2n 1.** v/i. dine; **2.** v/t. feed* (a. electr. etc.); **~röhre** f anat. gullet; **~saal** m dining hall; **~wagen**

rail. m dining car, bsd. Am. diner

Spekul|ant m speculator; **~ation** f speculation; econ. a. venture; **2ieren** v/i. speculate (**auf** on; **mit** in)

Spende f gift; Beitrag: contribution; für Hilfswerk etc.: donation; **2n** v/t. give* (a. fig. Schatten etc.); Geld, Blut etc.: donate; **~r** m giver; donor (a. Blut2, Organ2)

spendieren v/t.: **j-m et.** ~ treat s.o. to s.th.

Spengler östr. m → Klempner

Sperling m sparrow

Sperr|e f barrier; rail. a. gate; fig. allg. stop; tech. lock(ing device); Straßen2: barricade; Sport: suspension; psych. mental block; econ. embargo; **2en** v/t. close; econ. embargo; Strom etc.: cut* off; Scheck: stop; Sport: suspend; behindern: obstruct; ~ **in** lock (up) in; **~holz** n plywood; **~müllabfuhr** f removal of bulky refuse; **~ung** f closing

Spesen pl. expenses pl.

Spezi östr. m pal, Am. buddy

Spezial|ausbildung f special training; **~gebiet** n special field, special(i)ty; **~geschäft** n specialized shop od. store; **2isieren** v/refl. specialize (**auf** in); **~ist(in)** specialist; **~ität** f special(i)ty

speziell adj. specific, particular

spezifisch adj. specific; **~es Gewicht** specific gravity

Sphäre f sphere (a. fig.)

spicken 1. v/t. lard (a. fig. Rede etc.); **2.** F fig. v/i. crib

Spiegel m mirror (a. fig.); **~bild** n reflection (a. fig.); **~ei** n fried egg; **2glatt** adj. Wasser etc.: glassy; Straße: icy; **2n** v/i. u. v/t. reflect (a. fig.); glänzen: shine*; **sich ~** be* reflected (a. fig.); **~ung** f reflection

Spiel n game; Wett2: a. match; **das ~en, ~weise:** play (a. thea. etc.); Glücks2: gambling; fig. game, gamble; **auf dem ~ stehen** be* at stake; **aufs ~ setzen** risk; **2en** v/t. u. v/i. play (a. fig.) (**um** for); darstellen: a. act; aufführen: perform; Glücksspiel: gamble; Lotto etc.: do*; **Klavier** etc. ~ **play** the piano etc.; **2end** fig. adv. easily; **~er** m player; Glücks2: gambler; **~feld** n (playing) field, pitch; **~film** m feature film; **~halle** f amusement arcade, game room

sprießen

~hölle f gambling den; ~kamerad(in) playmate; ~karte f playing card; ~kasino n casino; ~marke f counter, chip; ~plan m thea. etc.: program(me); ~platz m playground; ~raum fig. m play, scope; ~regel f rule (of the game); ~sachen pl. toys pl.; ~schuld f gambling debt; ~stand m score; ~uhr f musical (Am. music) box; ~verderber(in) spoilsport; ~waren pl. toys pl.; ~zeit f thea., Sport: season; Dauer: playing (Film: running) time; ~zeug n toy(s pl.); ~zeug... in Zssgn Pistole etc.: toy ...

Spieß m spear, pike; Brat≳: spit; Fleisch≳: skewer; ≳en v/t. skewer; ~er contp. m petty bourgeois, philistine; ≳ig adj. petty bourgeois, philistine

Spinat m spinach

Spind n, m locker

Spindel f spindle

Spinn|e f spider; ≳en 1. v/t. spin* (a. fig.); 2. F fig. v/i. be* nuts; talk nonsense; ~er m spinner; F fig. nut, crackpot; Angeber: braggart, big mouth; ~rad n spinning wheel; ~webe f cobweb

Spion m spy; ~age f espionage; ≳ieren v/i. spy; F schnüffeln: snoop

Spiral|e f, ≳förmig adj. spiral

Spirituosen pl. spirits pl.

Spiritus m spirit (a. in Zssgn)

Spital n hospital

spitz adj. pointed (a. fig.); math. Winkel: acute; ~e Zunge sharp tongue; ≳bogen arch. m pointed arch; ≳e f point; Nasen≳, Finger≳: tip; Turm≳: spire; Baum≳, Berg≳: top; Pfeil≳, Unternehmens≳: head; Gewebe: lace; F mot. top speed; F großartig: super, (the) tops; **an der ~** at the top (a. fig.)

Spitzel m informer, F stoolpigeon

spitzen v/t. point, sharpen; Lippen: purse; Ohren: prick up

Spitzen|... Höchst..., Best... etc. in Zssgn top ...; ~technologie f high tech(nology), hi-tech

spitz|findig adj. quibbling; ≳findigkeit f subtlety; ≳hacke F f pickax(e), pick; ~name m nickname

Splitter m, ≳n v/i. splinter; ≳nackt F adj. stark naked

spon|sern v/t., ~sor(in) sponsor

spontan adj. spontaneous

Sporen pl. spurs pl. (a. zo.); biol. spores pl.

Sport m sport(s pl. coll.); Fach: physical education; ~ **treiben** do* sports

Sport|... in Zssgn Ereignis, Geschäft, Hemd, Verein, Zentrum etc.: mst sports ...; ~kleidung f sportswear; ~ler(in) athlete; ≳lich adj. athletic; Kleidung: casual, sporty; ~nachrichten pl. sports news sg.; ~platz m sports grounds pl.; ~tauchen n scuba diving; ~wagen m sports car; für Kinder: pushchair, Am. stroller

Spott m mockery; Hohn: derision; verächtlicher: scorn; ≳billig F adj. dirt cheap

spotten v/i. mock (**über** at), scoff (at); sich lustig machen: make* fun (of)

Spött|er m mocker, scoffer, ≳isch adj. mocking, derisive

Spottpreis m: **für e-n ~** dirt cheap

Sprache f language (a. fig.); das Sprechen, Sprechweise: speech; **zur ~ kommen (bringen)** come* (bring* s.th.) up

Sprach|fehler m speech defect; ~gebrauch m usage; ~labor n language laboratory (F lab); ~lehre f grammar; ~lehrer(in) language teacher; ≳lich 1. adj. language (attr.); 2. adv.: **~ richtig** grammatically correct; ≳los adj. speechless; ~rohr n mouthpiece; ~unterricht m language teaching; ~wissenschaft f linguistics sg.

Spraydose f spray can, aerosol (can)

Sprechanlage f intercom

sprech|en v/t. u. v/i. speak* (j-n, mit j-m to s.o.); reden, sich unterhalten: talk (to) (beide: **über, von** about, of); **nicht zu ~ sein** be* busy; ≳er m speaker; Ansager: announcer; Wortführer: spokesman; ≳stunde f office hours pl.; med. consulting (od. surgery, Am. office) hours pl.; ≳zimmer n consulting room, Am. a. office

spreizen v/t. spread*

spreng|en v/t. blow* up; Fels: blast; Wasser: sprinkle; Rasen: water; Versammlung: break* up; ≳kopf mil. m warhead; ≳körper, ≳stoff m explosive; ≳ung f blasting; blowing up

sprenkeln v/t. speck(le), spot, dot

Spreu f chaff (a. fig.)

Sprich|wort n proverb, saying; ≳wörtlich adj. proverbial (a. fig.)

sprießen v/i. sprout; fig. burgeon

Spring|brunnen m fountain; ⁀**en** v/i. jump, leap*; *Ball etc.*: bounce; *Schwimmen*: dive*; *Glas etc.*: crack; *zer*⁀: break*; *platzen*: burst*; **in die Höhe (zur Seite)** ⁀ jump up (aside); ⁀**er** m jumper; *Schwimmen*: diver; *Schach*: knight; ⁀**flut** f spring tide; ⁀**reiten** n show jumping

Spritze f *med.* injection, F jab, *Am.* shot; *Instrument*: syringe; ⁀**n** v/i. u. v/t. splash; *sprühen*: spray (a. *tech., agr.*); *med.* inject; *j-m et.*: give* s.o. an injection of; *Fett*: spatter; *Blut*: gush (*aus* from); ⁀**r** m splash; *kleine Menge*: dash

Spritz|pistole *tech.* f spray gun; ⁀**tour** F *mot.* f spin

spröde *adj.* brittle (a. *fig.*); *Haut*: rough

Sprosse f rung

Spruch m saying; *Entscheidung*: decision; ⁀**band** n banner

Sprudel m mineral water; ⁀**n** v/i. bubble (a. *fig.*)

Sprüh|dose f spray can, aerosol (can); ⁀**en** v/t. u. v/i. spray; *Funken*: throw* out; ⁀**regen** m drizzle

Sprung m jump, leap; *Schwimmen*: dive; *Riss*: crack, fissure; ⁀**brett** n diving board; *Turnen*: springboard; *fig.* stepping stone; ⁀**schanze** f ski jump

Spucke F f sp(it)tle; ⁀**n** v/i. u. v/t. spit*; F *sich übergeben*: throw* up

Spuk m apparition, ghost; ⁀**en** v/i.: **in** ⁀ haunt; **hier spukt es** this place is haunted

Spule f spool, reel; *Garn*⁀: bobbin; *electr.* coil; ⁀**n** v/t. spool, wind*, reel

spül|en v/t. u. v/i. wash up, do* the dishes; *ab*⁀: rinse; *W.C.*: flush the toilet; ⁀**maschine** f dishwasher

Spur f *Fuß*⁀en, *Wagen*⁀en: track(s *pl.*); *Blut*⁀ *etc.*: trail; *Abdruck*: print; *Fahr*⁀: lane; *Tonband*⁀: track; *kleine Menge*: trace (a. *fig.*); *j-m auf der* ⁀ *sein* be* on s.o.'s trail

spüren v/t. *allg.* feel*; *instinktiv*: a. sense; *wahrnehmen*: notice

spur|los *adv.* without leaving a trace; ⁀**weite** f rail. ga(u)ge; *mot.* track

St. *Abk. für **Sankt*** St, Saint

Staat m state; *Regierung*: government; ⁀**enbund** m confederacy, confederation; ⁀**enlos** *adj.* stateless; ⁀**lich 1.** *adj.* state; *Einrichtung*: a. public, national; **2.** *adv.*: ⁀ **geprüft** qualified, registered

Staats|angehörige(r) national, citizen, *bsd. Brt.* subject; ⁀**angehörigkeit** f nationality; ⁀**anwalt** *jur.* m (public) prosecutor, *Am.* district attorney; ⁀**besuch** m official od. state visit; ⁀**bürger** m citizen; ⁀**chef** m head of state; ⁀**dienst** m civil (*Am. a.* public) service; ⁀**eigen** *adj.* state-owned; ⁀**feind** m public enemy; ⁀**feindlich** *adj.* subversive; ⁀**haushalt** m budget; ⁀**kasse** f treasury; ⁀**mann** m statesman; ⁀**oberhaupt** n head of (the) state; ⁀**sekretär** m undersecretary of state; ⁀**streich** m coup d'état; ⁀**vertrag** m treaty; ⁀**wissenschaft** f political science

Stab m staff (a. *fig.*); *Metall*⁀, *Holz*⁀: bar; *Staffel*⁀, *mus. Dirigenten*⁀: baton; ⁀**hochsprung** m pole

Stäbchen *pl. Ess*⁀: chopsticks *pl.*

Stabhochsprung m pole vault

stabil *adj.* stable (a. *econ., pol.*); *robust*: solid, strong; *gesund*: sound; ⁀**isieren** v/t. stabilize; ⁀**ität** f stability

Stachel m *bot., zo.* spine, prick; *Insekt*: sting; ⁀**beere** f gooseberry; ⁀**draht** m barbed wire; ⁀**ig** *adj.* prickly; ⁀**schwein** n porcupine

Stad(e)l *östr.* m barn

Stadi|on n stadium; ⁀**um** n stage, phase

Stadt f town, *bsd. Groß*⁀: city; **die** ⁀ **Berlin** the city of Berlin; **in die** ⁀ **fahren** go* (in)to town, *bsd. Am. a.* go* downtown; ⁀**bahn** f urban railway

Städter m city dweller, *Brt.* F townie, city slicker (*oft contp.*)

Stadt|gebiet n urban area; ⁀**gespräch** *fig.* n talk of the town

städtisch *adj.* urban; *pol.* municipal

Stadt|mensch m → *Städter*; ⁀**plan** m city map; ⁀**rand** m outskirts *pl.*; ⁀**rat** m town council; *Person*: town council(l)or, *Am.* city council|man (-woman); ⁀**rundfahrt** f sightseeing tour; ⁀**streicher(in)** city vagrant; ⁀**teil** m, ⁀**viertel** n quarter

Staffel f relay race *od.* team; *mil. aviat.* squadron; ⁀**ei** *paint.* f easel; ⁀**n** v/t. grade, scale

Stahl m steel (a. *in Zssgn* Helm, Wolle *etc.*); ⁀**kammer** f strongroom; ⁀**werk** n steelworks *pl.*

Stall m stable; → *Kuh*⁀, *Schweine*⁀; ⁀**knecht** m stableman

Stamm *m bot.* stem (*a. gr.*), trunk; *Volks*≳: tribe; *Geschlecht*: stock; *fig. Kern e-r Firma, Mannschaft etc.*: regulars *pl.*; ~... *in Zssgn Gast, Kunde, Spieler etc.*: regular ...; ~**baum** *m* family tree; *zo.* pedigree; ~**eln** *v/t.* stammer; ~**en** *v/i.*: ~ *aus* (*von*) *allg.* come* from; *zeitlich*: date from; ~**formen** *gr. pl.* principal parts *pl.*, *mst* tenses *pl.*

stämmig *adj.* sturdy; *dicklich*: stout

Stammkneipe F *f* local

stampfen 1. *v/t.* mash; **2.** *v/i.* stamp (*mit dem Fuß* one's foot)

Stand *m* standing position; *Halt*: footing, foothold; *fig.* stand; *Verkaufs*≳: stall, stand; *astr.* position; *Wasser*≳ *etc.*: height, level; *des Thermometers*: reading; *fig. Niveau, Höhe*: level; *soziale Stellung*: social standing, status; *Klasse*: class; *Beruf*: profession; *Sport*: score; *Lage*: state; *Zustand*: *a.* condition; *auf den neuesten ~ bringen* bring* up to date; *e-n schweren ~ haben* have* a hard time (of it); *außer ~ sein* be* unable; *außer ~ setzen* put* out of action; *im ~e sein zu* be* capable of; *in ~ halten* keep* in good condition *od.* repair; *in ~ setzen* repair; *zu ~e bringen* bring* about, manage; *zu ~e kommen* come* about; *es kam nicht zu ~e* it didn't come off

Standard *m* standard (*a. in Zssgn*)

Standbild *n* statue

Ständer *m* stand; *Kleider*≳ *etc.*: rack

Standes|amt *n* registry office, *Am.* marriage license bureau; ~**amtlich** *adj.*: ~*e Trauung* civil marriage; ~**beamte** *m* registrar, *Am.* civil magistrate

standhaft *adj.* steadfast, firm; ~ *bleiben* resist temptation

standhalten *v/i.* withstand*, resist

ständig *adj.* constant; *Adresse etc.*: permanent; *Einkommen*: fixed

Stand|licht *mot. n* parking light; ~**ort** *m* position; *Betrieb etc.*: location; ~**pauke** *f*: *j-m e-e ~ halten* give s.o. a talking-to; ~**punkt** *m* (point of) view, standpoint; ~**recht** *mil. n* martial law; ~**spur** *mot. f* hard shoulder, *Am.* shoulder; ~**uhr** *f* grandfather clock

Stange *f* pole; *Fahnen*≳: *a.* staff; *Metall*≳: rod, bar; *Zigaretten*: carton

Stängel *m* stalk, stem

Stanniol *n* tin foil

Stanze *tech. f*, ~**n** *v/t.* punch

Stapel *m* pile, stack; *Haufen*: heap; *vom ~ lassen naut.* launch (*a. fig.*); *vom ~ laufen naut.* be* launched; ~**lauf** *naut. m* launch; ~**n** *v/t.* pile (up), stack

stapfen *v/i.* trudge, plod

Star *m zo.* starling; *thea. etc.*: star; *med.* cataract

stark 1. *adj.* strong (*a. fig. Kaffee etc.*); *mächtig, kraftvoll*: *a.* powerful; *Raucher, Erkältung, Verkehr etc.*: heavy; F *toll*: super, great; **2.** *adv. sehr*: strongly, very much; ~ *beschädigt etc.* badly damaged *etc.*

Stärke *f* strength, power; *Intensität*: intensity; *Maß*: degree; *chem.* starch; ~**n** *v/t.* strengthen (*a. fig.*); *Wäsche etc.*: starch; *sich* ~ take* some refreshment

Starkstrom *electr. m* high-voltage (*od.* heavy) current

Stärkung *f* strengthening; *Imbiss*: refreshment; ~**smittel** *n* tonic

starr *adj.* stiff; *unbeweglich*: rigid (*a. tech.*); *Gesicht etc.*: *a.* frozen; ~**er Blick** (fixed) stare; ~ *vor Kälte* (*Entsetzen*) frozen (scared) stiff; ~**en** *v/i.* stare (*auf* at); ~**köpfig** *adj.* stubborn, obstinate; ~**sinn** *m* stubbornness, obstinacy

Start *m* start (*a. fig.*); *aviat.* take-off; *Rakete*: lift-off; ~**bahn** *aviat. f* runway; ~**bereit** *adj.* ready to start; *aviat.* ready for take-off; ~**en** *v/i. u. v/t.* start (*a. F fig.*); *aviat.* take* off; *Raumfahrt*: lift off; *e-e Rakete*: launch (*a. fig. Unternehmen etc.*)

Statist *m thea., Film*: extra; ~**ik** *f* statistics *pl.*; ~**isch** *adj.* statistical

Stativ *n* tripod

statt *prp.* instead of; ~ *zu arbeiten* instead of working; ~**dessen** instead (*mst nachgestellt*)

Stätte *f* place; *e-s Unglücks etc.*: scene

statt|finden *v/i.* take* place; *geschehen*: happen; ~**lich** *adj.* imposing; *Summe etc.*: handsome

Statue *f* statue

Statur *f* build, stature; (*a. fig.*)

Status *m* state; *sozialer*: status; ~**symbol** *n* status symbol; ~**zeile** *f* Computer: status line

Stau *mot. m* (traffic) jam, congestion
Staub *m* dust (*a.* ~ wischen)
Staubecken *n* reservoir
staub|en *v/i.* give* off *od.* make* dust; **Ωfänger** F *m* dust trap; **~ig** *adj.* dusty; **~saugen** *v/t. u. v/i.* vacuum, F *Brt.* hoover, **Ωsauger** *m* vacuum cleaner, F *Brt.* hoover; **Ωtuch** *n* duster
Staudamm *m* dam
Staude *bot. f* herbacious plant
stauen *v/t. Fluss etc.:* dam up; **sich ~** *mot. etc.* be* stacked up
staunen *v/i.* be* astonished *od.* surprised (**über** at)
Staunen *n* astonishment, amazement
Staupe *vet. f* distemper
Stausee *m* reservoir
stech|en *v/t. u. v/i. Nadel, Dorn etc.:* prick; *Biene etc.:* sting*; *Mücke etc.:* bite*; *mit Messer etc.:* stab; *durch~,* pierce; **mit et. ~ in** stick* *et.* in(to); **sich ~** prick o.s.; **~end** *adj.* Blick: piercing; Schmerz: stabbing; **Ωuhr** *f* time clock
Steck|brief *jur. m* "wanted" poster; **Ωbrieflich** *jur. adv.:* **er wird ~ gesucht** a warrant is out against him; **~dose** *electr. f* (wall) socket; **Ωen 1.** *v/t.* stick*; *wohin tun:* put*; *bsd. tech.* insert (in into); *an~:* pin (an to, on); *agr. set*, plant; **2.** *v/i. sich befinden:* be*; *festsitzen:* stick*, be* stuck; **tief in Schulden ~** be* deeply in debt; **bleiben** get* stuck (*a. fig.*); **~enpferd** *n* Spielzeug: hobby horse; *fig.* hobby; **~er** *electr. m* plug; **~kontakt** *electr. m* plug (connection); **~nadel** *f* pin; **~platz** *m* Computer: slot
Steg *m* footbridge; *Brett:* plank
Stegreif *m:* **aus dem ~** extempore, F ad lib; **aus dem ~ sprechen, spielen** *etc.* extemporize, F ad-lib
stehen *v/i.* stand*; *sich befinden, sein:* be*; *aufrecht ~:* stand* up; **es steht ihr** it suits (*od.* looks well on) her; **wie steht es** (*od.* **das Spiel**)? what's the score?; **hier steht, dass** it says here that; **wo steht das?** where does it say so *od.* that?; **sich gut** (**schlecht**) **~** be* well (badly) off; **sich ~ mit** *j-m:* get* along with; **wie steht es mit ...?** what about ...?; F: **darauf stehe ich** it turns me on; **~ bleiben** stop; *bsd. tech., Entwicklung etc.:* come* to a standstill; **~ lassen** leave* (*Essen etc.:* untouched); *Schirm etc.:* leave* behind; **alles ~ und liegen lassen** drop everything; **sich e-n Bart ~ lassen** grow* a beard
Steh|kragen *m* stand-up collar; **~lampe** *f* standard (*Am.* floor) lamp; **~leiter** *f* step ladder
stehlen *v/t. u. v/i.* steal* (*a. fig. sich ~*)
Stehplatz *m* standing ticket; *pl.:* standing room
steif *adj.* stiff (*a. fig.*) (**vor** with)
Steigbügel *m* stirrup
steigen *v/i. sich begeben:* go*, step; *klettern:* climb; *hoch~, zunehmen:* rise*, go* up, climb (*a. aviat.*); **~ in** (**auf**) *Fahrzeug:* get* on; **~ aus** (**von**) get* off (*Bett:* out of)
steiger|n *v/t.* raise, increase; *verstärken:* heighten; *verbessern:* improve; *gr.* compare; **sich ~** *Person:* improve, get* better; **Ωung** *f* rise, increase; heightening; improvement; *gr.* comparison
Steigung *f* gradient; *Hang:* slope
steil *adj.* steep (*a. fig. u. in Zssgn*)
Stein *m* stone (*a. bot., med.,* *Am. a.* rock; → *Edel*Ω; **~bock** *m zo.* rock goat; *astr.* Capricorn; **er ist** (**ein**) **~** he's (a) Capricorn; **~bruch** *m* quarry; **Ωern** *adj.* (of) stone; *fig.* stony; **~gut** *n* earthenware; **~ig** *adj.* stony; **~igen** *v/t.* stone; **~kohle** *f* (hard) coal; **~metz** *m* stonemason; **~wurf** *fig. m* stone's throw; **~zeit** *f* Stone Age
Stellage *östr. f* stand, rack, shelf
Stelle *f* place; *genauer:* spot; *Punkt:* point; *Arbeits*Ω: job; *Behörde:* authority; *math.* figure; **freie ~** vacancy, opening; **auf der** (**zur**) **~** on the spot; **an erster ~ stehen** (**kommen**) be* (come*) first; **an j-s ~** in s.o.'s place; **ich an deiner ~** if I were you
stellen *v/t. allg.* put*; *Uhr, Aufgabe, Falle etc.:* set*; *ein, aus, leiser etc.:* turn; *Frage:* ask; *zur Verfügung ~:* provide; *Verbrecher etc.:* corner, hunt down; **sich ~** give* o.s. up, turn o.s. in; **sich gegen** (**hinter**) **~** *fig.* oppose (back); **sich schlafend** *etc.* **~** pretend to be asleep *etc.*; **stell dich dorthin!** (go and) stand over there!
Stellen|angebot *n* vacancy; **ich habe ein ~** I was offered a job; **~anzeige** *f* job ad(vertisement), employment ad; **~gesuch** *n* application for a job;

Stilleben

⚬**weise** *adv.* partly, in places
Stellung *f* position; *Arbeitsplatz:* a. post, job; ~ **nehmen zu** comment on, give* one's opinion of; ⁓**nahme** *f* comment, opinion (*beide:* **zu** on); ⚬**slos** *adj.* unemployed, jobless
stellvertrete|nd *adj. amtlich:* acting, deputy, vice-...; ⚬**r** *m* representative; *amtlich:* deputy
Stelze *f* stilt; ⚬**n** *v/i.* stalk
stemmen *v/t. Gewicht:* lift; **sich ~ gegen** press o.s. against; *fig.* resist *od.* oppose s.th.
Stempel *m* stamp; *Post⚬:* postmark; *auf Silber etc.:* hallmark; *bot.* pistil; ⁓**kissen** *n* ink pad; ⚬**n 1.** *v/t.* stamp; *entwerten:* cancel; *Gold, Silber:* hallmark; **2.** *v/i.* F: ~ **gehen** be* on the dole
Stengel *m* → **Stängel**
Steno|gramm *n* shorthand notes *pl.*; ⁓**graphie** *f* shorthand; ⚬**graphieren** *v/t.* take* down in shorthand; ⁓**typistin** *f* shorthand typist
Stepp|decke *f* quilt; ⚬**en 1.** *v/t.* quilt; *Naht:* stitch; **2.** *v/i.* tap dance; ⁓**tanz** *m* tap dancing
Sterbe|bett *n* deathbed; ⁓**klinik** *f* hospice
sterben *v/i.* die (**an** of) (*a. fig.*); **im** ⚬ **liegen** be* dying
sterblich *adj.* mortal; ⚬**keit** *f* mortality
Stereo *n* stereo (*a. in Zssgn*)
steril *adj.* sterile; ⚬**isation** *f* sterilization; ⁓**isieren** *v/t.* sterilize
Stern *m* star (*a. fig.*); ⚬**bild** *n astr.* in constellation; *des Tierkreises:* sign of the zodiac; ⁓**chen** *print.* n asterisk; ⁓**enbanner** *n* Star-Spangled Banner, Stars and Stripes *pl.*; ⁓**enhimmel** *m* starry sky; ⚬**klar** *adj.* starry; ⁓**kunde** *f* astronomy; ⁓**schnuppe** *f* shooting *od.* falling star; ⁓**warte** *f* observatory
stet(ig) *adj.* continual, continuous; *gleichmäßig:* steady; ⁓**s** *adv.* always
Steuer¹ *n mot.* (steering) wheel; *naut.* helm, rudder
Steuer² *f* tax (**auf** on); ⁓**beamte** *m* revenue officer; ⁓**berater** *m* tax adviser; ⁓**bord** *naut. n* starboard; ⁓**erklärung** *f* tax return; ⁓**ermäßigung** *f* tax allowance; ⚬**frei** *adj.* tax-free; *Waren:* duty-free; ⁓**hinterziehung** *f* tax-evasion; ⁓**knüppel** *aviat. m* control column *od.* stick; ⁓**mann** *m naut.* helmsman; *Boots⚬:* coxswain; ⚬**n** *v/t. u. v/i. allg.* steer; *naut., aviat.* a. navigate, pilot; *mot.* a. drive*; *tech.* control; *fig.* direct, control; ⚬**pflichtig** *adj.* taxable; *Waren:* dutiable; ⁓**rad** *n* steering wheel; ⁓**ruder** *n* helm, rudder; ⁓**senkung** *f* tax reduction; ⁓**ung** *f* steering (system); *electr., tech.* control (*a. fig*); ⁓**zahler** *m* taxpayer
Stich *m Nadel⚬:* prick; *Bienen⚬ etc.:* sting; *Mücken⚬:* bite; *Messer⚬:* stab; *Nähen:* stitch; *Kartenspiel:* trick; *Kupfer⚬ etc.:* engraving; **im ~ lassen** let* s.o. down; *verlassen:* abandon, desert
Stichel|ei *fig. f* dig, gibe; ⚬**n** *fig. v/i.* **make*** digs, gibe (**gegen** at)
Stich|flamme *f* jet of flame; ⚬**haltig** *adj.* valid, sound; *unwiderlegbar:* watertight; *nicht ~ sein* F not hold* water; ⁓**probe** *f* spot check; ⁓**n machen** spotcheck (*bei et.* s.th.); ⁓**tag** *m* cutoff date; *letzter Termin:* deadline; ⁓**wahl** *f* runoff; ⁓**wort** *n thea.* cue; *im Lexikon:* headword; ⁓**e** *pl. Notizen:* notes *pl.*; *das Wichtigste in* ⚬ an outline of the main points; ⁓**wortverzeichnis** *n* index; ⁓**wunde** *f* stab
stick|en *v/t. u. v/i.* embroider; ⚬**erei** *f* embroidery
stick|ig *adj.* stuffy; ⚬**stoff** *chem. m* nitrogen
Stief... *in Zssgn Mutter etc.:* step ...
Stiefel *m* boot
Stiefmütterchen *n* pansy
Stiege *östr. f* → **Treppe**
Stiel *m* handle; *Besen⚬:* stick; *Glas, Pfeife, Blume etc.:* stem; *bot.* stalk
Stier *m* bull; *astr.* Taurus; **er ist (ein) ~** he's (a) Taurus; ⚬**en** *v/i.* stare (**auf** at); ⁓**kampf** *m* bullfight
Stift *m* pen; *Blei⚬:* pencil; *Farb⚬:* a. crayon; *tech.* pin; *Holz⚬:* peg
stift|en *v/t. spenden:* donate; *verursachen:* cause; ⚬**ung** *f* donation
Stil *m* style (*a. fig.*); *in großem ~* in (grand) style; *fig.* on a large scale; ⚬**istisch** *adj.* stylistic
still *adj.* quiet, silent; *bsd. unbewegt:* still; *sei(d)* ⚬**!** be quiet!; *halt* ⚬**!** keep still!; *sich ~ verhalten* keep* quiet (*körperlich:* still); ⚬**e** *f* silence (*a. Schweigen*), quiet(ness); *in aller* ⚬ quietly; *heimlich:* secretly
Stilleben *n* → **Stillleben**

stillen v/t. *Baby*: nurse, breastfeed*; *Schmerz*: relieve; *Hunger, Neugier etc.*: satisfy; *Durst*: quench

still|halten v/i. keep* still; **⁂leben** *paint.* n still life; **⁂legen** v/t. close down

stillos adj. lacking style, tasteless

still|schweigend *fig. adj.* tacit; **~sitzen** v/i. sit* still; **⁂stand** m standstill, stop; *fig. a.* stagnation (*a. econ.*); *von Verhandlungen*: deadlock; **~stehen** v/i. (have*) stop(ped), (have*) come* to a standstill

Stil|möbel pl. period furniture sg.; **⁂voll** adj. stylish; **~ sein** have* style

Stimm|band n vocal cord; **⁂berechtigt** adj. entitled to vote

Stimm|e f voice; *pol.* vote; *sich der ~ enthalten* abstain; **⁂n 1.** v/i. be* right *od.* true *od.* correct (*a. Rechnung etc.*); *pol.* vote (*für* for; *gegen* against); *es stimmt et. nicht* (*damit od. mit ihm*) there's s.th. wrong (with it *od.* him); **2.** v/t. *mus.* tune; *fig. j-n traurig etc.*: make*; **~enthaltung** f abstention; **~gabel** *mus.* f tuning fork; **~recht** n right to vote; **~ung** f mood, *Atmosphäre: a.* atmosphere; *allgemeine*: feeling; *alle waren in ~* everybody was having fun; **⁂ungsvoll** adj. atmospheric; **~zettel** m ballot

stinken v/i. stink* (*a. fig.*) (*nach* of); F: *das* (*er etc.*) *stinkt mir* I'm sick of (*od.* fed up with) it (him *etc.*)

Stipendium n scholarship

stipp|en v/t. dip; **⁂visite** F f flying visit

Stirn f forehead; *die ~ runzeln* frown; **~runzeln** n frown

stöbern F v/i. rummage (about)

stochern v/i.: *im Feuer ~* poke the fire; *im Essen ~* pick at one's food; *in den Zähnen ~* pick one's teeth

Stock m stick; *Rohr⁂*: cane; **~werk** n stor(e)y, floor; *im ersten ~* on the first floor, Am. on the second floor; **⁂dunkel** F adj. pitch dark

stocken v/i. stop (short); *unsicher werden*: falter; *Verkehr*: be* jammed; **~d 1.** adj. *Stimme, Verkehr etc.*: halting; **2.** adv. *~ lesen* stumble through a text; *~ sprechen* speak* haltingly

stock|finster F adj. pitch dark; **⁂fleck** m mo(u)ld stain; **⁂ung** f holdup, delay (*beide a. Verkehr*); **⁂werk** n stor(e)y, floor

Stoff m material, stuff (*a. sl. fig.*); *Gewebe*: fabric, textile; *Tuch*: cloth; *chem., phys. etc.*: substance; *fig. Thema*: subject (matter); **~ sammeln** collect material; **~tier** n soft toy animal; **~wechsel** *physiol.* m metabolism

stöhnen v/i. groan, moan (*a. fig.*)

Stollen m *Bergbau*: tunnel, gallery

stolpern v/i. stumble (*über* over), trip (over) (*beide a. fig.*)

stolz adj. proud (*auf* of)

Stolz m pride (*auf* in); **⁂ieren** v/i. strut, stalk

stopfen v/t. *Socken, Loch*: darn, mend; *pressen, füllen*: stuff, fill (*a. Pfeife*)

Stoppel f stubble; **~bart** F m stubbly beard; **⁂ig** adj. stubbly

stopp|en v/i. u. v/t. stop (*a. fig.*); *mit der Uhr*: time; **⁂licht** *mot.* n stop light; **⁂schild** n stop sign; **⁂uhr** f stopwatch

Stöpsel m stopper; *Badewanne*: plug

Storch m stork

stör|en v/t. u. v/i. disturb; *bemühen*: trouble; *ärgern, belästigen*: bother, annoy; *im Weg sein*: be* in the way; *lassen Sie sich nicht ~!* don't let me disturb you!; *darf ich Sie kurz ~?* may I trouble you for a minute?; *es* (*er*) *stört mich nicht* it (he) doesn't bother me, I don't mind (him); *stört es Sie* (*wenn ich rauche*)? do you mind (my smoking *od.* if I smoke?); **⁂enfried** m troublemaker; *Eindringling*: intruder; **⁂fall** m *Kernkraftwerk*: accident

störrisch adj. stubborn, obstinate

Störung f disturbance; trouble (*a. tech.*); *Betriebs⁂*: breakdown (*mot.* holdup, delay; *TV, Radio*: interference

Stoß m push, shove; *mit e-r Waffe*: thrust; *Fuß⁂*: kick; *Kopf⁂*: butt; *Schlag*: blow, knock; *Erschütterung*: shock; *e-s Wagens*: jolt; *Anprall*: bump, *bsd. tech., phys.* impact; *Stapel*: pile, stack; **~dämpfer** *mot.* m shock absorber; **⁂en** v/t. u. v/i. push, shove; thrust*; kick; butt; knock, strike*; *zer~*: pound; *~ gegen od. an* bump *od.* run* into *od.* against; *sich den Kopf ~* (*an*) knock one's head (against); *~ auf fig. zufällig*: come* across; *Schwierigkeiten etc.*: meet* with; *Öl etc.*: strike*; **⁂gesichert** adj. shockproof, shock-

Streikposten

-resistant; ~stange *mot. f* bumper; ~zahn *m* tusk; ~zeit *f* rush hour, peak hours *pl.*
stottern *v/i. u. v/t.* stutter
Str. *Abk. für Straße* St, Street; Rd, Road
Straf|anstalt *f Gefängnis etc.:* prison, *Am. a.* penitentiary; ⚹bar *adj.* punishable, penal; sich ~ machen commit an offen|ce, *Am.* -se; ~e *f* punishment; *jur., econ., Sport, fig.:* penalty; *Geld*⚹: fine; **20 Mark ~ zahlen müssen** be* fined 20 marks; **zur ~** as a punishment; ⚹en *v/t.* punish
straff *adj.* tight; *fig.* strict
straf|frei *adj.:* ~ ausgehen go* unpunished; ⚹gefangene(r) prisoner, convict; ⚹gesetz *n* criminal law
sträf|lich **1.** *adj.* inexcusable; **2.** *adv.:* ~ vernachlässigen neglect badly; ⚹ling *m* convict
Straf|minute *f Sport:* penalty minute; ~prozess *m* criminal action, trial; ~raum *m Sport:* penalty area *od.* F box; ~stoß *m* penalty kick; ~tat *jur.:* criminal offen|ce, *Am.* -se; *schwere:* crime; ~zettel *m* ticket
Strahl *m* ray (*a. fig.*); *Licht*⚹, *Funk*⚹ *etc.: a.* beam; *Blitz*⚹ *etc.:* flash; *Wasser*⚹ *etc.:* jet; ⚹en *v/i.* radiate; *Sonne:* shine* (brightly); *fig.* beam (*vor* with); ~en... *phys. in Zssgn Schutz etc.:* radiation ...; ~er *m* spotlight; ~ung *f* radiation
Strähne *f* strand; *weiße etc.:* streak
stramm *adj.* tight; ~stehen *mil. v/i.* stand* to attention
strampeln *v/i.* kick; F *fig. Rad:* pedal
Strand *m* beach; **am ~** on the beach; ⚹en *v/i. naut.* strand; *fig.* fail; ~gut *n* flotsam and jetsam (*a. fig.*); ~korb *m* roofed wicker beach chair
Strang *m* rope; *bsd. anat.* cord
Strapaz|e *f* strain, hardship; ⚹ieren *v/t.* wear* *s.o. od. s.th.* out, be* hard on; ⚹ierfähig *adj.* hardwearing, *Am.* longwearing; ⚹iös *adj.* exhausting, strenuous
Straße *f* road; *e-r Stadt etc.:* street; *Meerenge:* strait; **auf der ~** on the road; **in** (*Am. a.* **on**) **der ~** in the street
Straßen|arbeiten *pl.* roadworks *pl.*; ~bahn *f* tram, *Am.* streetcar; ~café *n* pavement (*Am.* sidewalk) café; ~junge *m* street urchin; ~kehrer *m* street sweeper; ~kreuzung *f* crossroads *sg.*; intersection; ~lage *mot. f* roadholding; ~rand *m* roadside; ~reinigung *f* street cleaning; ~sperre *f* road block
strategisch *adj.* strategic
sträuben *v/t. u. v/refl. Federn:* ruffle (up); *Haare:* bristle (up); **sich ~ gegen** struggle against
Strauch *m* shrub, bush
straucheln *v/i.* stumble; *fig.* go* astray
Strauß *m zo.* ostrich; *Blumen*⚹: bunch, bouquet
Strebe *f* prop, stay (*a. aviat., naut.*)
streben *v/i.* strive* (**nach** for, after)
Streb|en *n* striving; ~ **nach Glück** *etc.:* pursuit of happiness *etc.*; ~er(in) pusher; *Schule etc.:* Brt. swot, *Am.* grind; ⚹sam *adj.* ambitious
Strecke *f* distance (*a. Sport, math.*), way; *Route:* route; *rail.* line; *Renn*⚹: course; *Abschnitt, Fläche:* stretch; **zur ~ bringen** kill; *bsd. fig.* hunt down; ⚹n *v/t.* stretch (out), extend; *in der Schule, Finger, Hand:* put* up
Streich *fig. m* trick, prank, practical joke; **j-m e-n ~ spielen** play a trick *od.* joke on s.o.; **auf e-n ~** F in one go
streicheln *v/t.* stroke, caress
streich|en *v/t. u. v/i. an~:* paint; *schmieren:* spread*; *aus~:* cross out; *Auftrag etc.:* cancel; *naut.* strike*; *mus.* bow; **mit der Hand ~ über** run* one's hand over; **~ durch** roam *acc.*; ⚹holz *n* match; ⚹instrument *n* string instrument; **die ~e** *pl.* the strings *pl.*; ⚹orchester *n* string orchestra; ⚹ung *f* cancellation; *Kürzung:* cut
Streife *f* patrol (*a. Mannschaft*); **auf ~ gehen** go* on patrol; *Polizist:* be* on one's beat
streif|en *v/t. u. v/i.* berühren: touch, brush (against); *Auto:* scrape against; *Kugel:* graze; *ab~:* slip (**von** off); *Thema:* touch on; **~ durch** roam *acc.*, wander through
Streif|en *m* stripe; *Papier*⚹ *etc.:* strip; ~enwagen *m* patrol (*Am.* squad) car; ~schuss *m* graze; ~zug *m* tour (**durch** of)
Streik *m* strike, walkout; **wilder ~** wildcat strike; ~brecher *m* strikebreaker, F blackleg; ⚹en *v/i.* (go* *od.* be* on) strike*; F *fig.* refuse (to work *etc.*); ~ende *m, f* striker; ~posten *m* picket

Streit *m* quarrel; *Wort*≳: *a.* argument; *Ehe*≳: *a.* fight; *pol. etc.:* dispute; ~**anfangen** pick a fight *od.* quarrel; ~**suchen** be* looking for trouble; ≳**en** *v/i. u. v/refl.* quarrel, argue, fight* (*alle:* **wegen, über** about, over); *sich* ~ **um** fight* for; ~**frage** *f* (point at) issue; ≳**ig** *adj.:* **j-m et.** ~ **machen** dispute s.o.'s right to s.th.; ~**kräfte** *mil. pl.* (armed) forces *pl.;* ≳**süchtig** *adj.* quarrelsome

streng 1. *adj.* strict; *Kälte, Kritik, Strafe etc.:* severe; *hart:* harsh; *unnachgiebig:* rigid; **2.** *adv.* ~ **genommen** strictly speaking; ~ **verboten (vertraulich)** strictly prohibited (confidential); ≳**e** *f* strictness; severity; harshness; rigidity; ~**gläubig** *adj.* orthodox

Stress *m* stress; *im* ~ under stress

Streu *f* litter; ≳**en** *v/t. u. v/i.* scatter (*a. phys.*); *Sand etc.:* a. spread*; *Salz etc.:* sprinkle; *Gehweg etc.:* grit

streunen *v/i.,* ~**d** *adj.* stray

Strich *m* Linie: line; *Pinsel*≳: stroke; F red-light district; F **auf den** ~ **gehen** walk the streets; ~**code** *m* bar code; ~**junge** F *m* male prostitute; ~**mädchen** F *n* streetwalker; ≳**weise** *adv.* in parts; ~ **Regen** scattered showers

Strick *m* cord; *dicker:* rope (*a. des Henkers*); ~**...** *in Zssgn Nadel etc.:* knitting ...; ≳**en** *v/t. u. v/i.* knit*; ~**jacke** *f* cardigan; ~**leiter** *f* rope ladder; ~**waren** *pl.* knitwear *sg.;* ~**zeug** *n* knitting (things *pl.*)

Striemen *m* welt, weal

strittig *adj.* controversial; ~**er Punkt** point at issue

Stroh *n* straw; *Dach*≳: thatch; ~**dach** *n* thatch(ed) roof; ~**halm** *m* straw; ~**hut** *m* straw hat; ~**witwe(r)** F grass widow(er)

Strom *m* (large) river; *Strömung f, electr.:* current; *ein* ~ **von** a stream of (*a. fig.*); *es gießt in Strömen* it's pouring (with rain); ~**ab(wärts)** *adv.* downstream; ~**auf(wärts)** *adv.* upstream; ~**ausfall** *electr. m* power failure; *allgemeiner:* blackout

strömen *v/i.* stream (*a. fig.*), flow, run*; *Regen:* pour (*a. fig. Menschen etc.*)

Strom|kreis *electr. m* circuit; ≳**linienförmig** *adj.* streamlined; ~**schnelle** *f* rapid; ~**stärke** *electr. f* amperage

Strömung *f* current; *fig. a.* trend

Strophe *f* stanza, verse

strotzen *v/i.:* ~ **von** be* full of, abound with; ~ **vor** be* bursting with

Strudel *m* whirlpool (*a. fig.*), eddy

Struktur *f* structure, pattern

Strumpf *m* stocking; ~**hose** *f* tights *pl., bsd. Am.* panty hose

struppig *adj.* shaggy; *Bart:* bristly

Stück *n* piece; *Teil: a.* part; *Zucker:* lump; *Vieh:* head (*a. pl.*); *thea.* play; **2 Mark das** ~ 2 marks each; *im od. am* ~ *Käse etc.:* in one piece; **in** ~**e schlagen (reißen)** smash (tear*) to pieces; ≳**weise** *adv.* bit by bit (*a. fig.*); *econ.* by the piece; ~**werk** *fig. n* patchwork

Student(in) *m* student

Studie *f* study (*über* of); ~**nplatz** *univ. m* university *od.* college place; ≳**ren** *v/t. u. v/i.* study, be* a student (*of*) (*an* at)

Studium *n* studies *pl.;* **das** ~ **der Medizin** *etc.* the study of medicine *etc.*

Stufe *f* step; *Niveau:* level; *Stadium, Raketen*≳: stage; ~**nbarren** *m* uneven parallel bars *pl.*

Stuhl *m* chair; *med.* stool; ~**gang** *med. m* (bowel) movement; ~**lehne** *f* back of a chair

stülpen *v/t.* put* (*auf, über* over, on)

stumm *adj.* dumb, mute; *fig.* silent

Stummel *m* stub, stump, butt

Stummfilm *m* silent film

Stümper F *m* bungler

Stumpf *m* stump, stub

stumpf *adj.* blunt, dull (*a. fig.*); ~**sinnig** *adj.* dull; *Arbeit: a.* monotonous

Stunde *f* hour; *Unterrichts*≳: class, lesson; *erste etc.:* period

Stunden|kilometer *m* kilomet|re (*Am.* -er) per hour; ≳**lang 1.** *adj.:* *nach* ~ *Warten* after hours of waiting; **2.** *adv.* for hours (and hours); ~**lohn** *m* hourly wage; *im* ~ by the hour; ~**plan** *m* timetable, *Am.* schedule; ≳**weise** *adv.* by the hour; ~**zeiger** *m* hour hand

stündlich 1. *adj.* hourly; **2.** *adv.* hourly, every hour

Stupsnase F *f* snub nose

stur F *adj.* pigheaded

Sturm *m* storm (*a. fig.*)

stürm|en *v/t. u. v/i.* storm; *Sport:* attack; *rennen:* rush; ≳**er** *m Sport:* forward; *bsd. Fußball:* striker; ~**isch** *adj.* stormy; *fig.* wild, vehement

Sturz m fall (a. fig.); e-r Regierung etc.: overthrow

stürzen 1. v/i. fall*; laut: crash; rennen: rush, dash; schwer ~ have* a bad fall; **2.** v/t. throw*; Regierung etc.: overthrow*; **j-n ins Unglück** ~ ruin s.o.; **sich stürzen aus (auf** etc.) throw* o.s. out of (at etc.)

Sturz|flug aviat. m nosedive; **~helm** m crash helmet

Stute f mare

Stütze f support, prop; fig. a. aid

stutzen 1. v/t. trim, clip (a. Flügel); **2.** v/i. stop short; (begin* to) wonder

stützen v/t. support (a. fig.); **sich ~ auf** lean* on; fig. be* based on

stutzig adj.: **j-n ~ machen** make* s.o. wonder (argwöhnisch: suspicious)

Stütz|pfeiler arch. m supporting column; **~punkt** mil. m base (a. fig.)

Styropor® n polystyrene, Am. Styrofoam®

s.u. Abk. für **siehe unten** see below

Subjekt n gr. subject; contp. character; **2iv** adj. subjective

Sub|stantiv gr. n noun; **~stanz** f substance (a. fig.); **2trahieren** math. v/t. subtract; **~traktion** math. f subtraction; **2ventionieren** v/t. subsidize

Suche f search (**nach** for); **auf der ~ nach** in search of; **2n** v/t. u. v/i. allg. look for; stärker: search for; **gesucht**: ... wanted: ...; **was hat er hier zu ~?** what's he doing here?; **er hat hier nichts zu ~** he has no business to be here; **~r** m phot. viewfinder

Sucht f addiction (a. in Zssgn) (**nach** to); Besessenheit: mania (for);

süchtig adj.: **~ sein** be* addicted to drugs etc., be* a drug etc. addict; **2e(r)** addict

Süden m south; **nach ~** south(wards); **~früchte** pl. tropical od. southern fruits pl.; **2lich 1.** adj. south(ern); Wind etc.: southerly; **2.** adv.: **~ von** (to the) south of; **~osten** m southeast; **2östlich** adj. southeasterly; **~pol** m South Pole; **2wärts** adv. southward(s); **~westen** m southwest; **2westlich** adj. southwest(ern); Wind: southwesterly; **~wind** m south wind

Sühne f atonement (**für** of); Strafe: punishment (for); **2n** v/t. atone for; Tat etc.: a. pay* for

Sülze f jellied meat

Summe f sum (a. fig.); bsd. Geld2: a. amount; Gesamt2: (sum) total

summen v/i. u. v/t. buzz, hum (a. Lied etc.)

summieren v/refl. add up (**auf** to)

Sumpf m swamp, bog; **~...** in Zssgn Pflanze etc.: mst marsh ...; **2ig** adj. swampy, marshy

Sünd|e f sin (a. fig.); **~enbock** F m scapegoat; **~er(in)** sinner; **2ig** adj. sinful; **2igen** v/i. (commit a) sin

Surf|brett n sail board; Wellenreiten: surfboard; **2en** v/i. go* surfing

surren v/i. whirr; Insekten: buzz

süß adj. sweet (a. fig.); **2e** f sweetness; **~en** v/t. sweeten; **2igkeiten** pl. sweets pl., bsd. Am. a. candy sg.; **~lich** adj. sweetish; fig. mawkish; **~sauer** adj. sweet-and-sour; **~stoff** m sweetener; **2wasser** n fresh water; in Zssgn: freshwater ...

Symbol n symbol; **~ik** f symbolism; **2isch** adj. symbolic(al)

Symmetri|e f symmetry; **2sch** adj. symmetric(al)

Sympathi|e f liking (**für** for); Mitgefühl: sympathy; **~sant** m sympathizer; **2sch** adj. nice, likable; △ **nicht sympathetic**; **er ist mir ~** I like him

Symphonie mus. f symphony; **~orchester** n symphony orchestra

Symptom n symptom

Synagoge f synagogue

synchron tech. adj. synchronous (a. in Zssgn); **~isieren** v/t. synchronize; Film etc.: dub

synonym adj. synonymous

Synonym n synonym

Synthe|se f synthesis; **~tik** tech. f synthetic(s pl.); **2tisch** adj. synthetic

System n system; **2atisch** adj. systematic, methodical; **~fehler** m Computer: system error

Szene f scene (a. fig.); (j-m) e-e ~ **machen** make* a scene; **~rie** f scenery; Schauplatz: setting

T

Tabak *m* tobacco; **~geschäft** *n* tobacconist's; **~waren** *pl.* tobacco products *pl.*, F smokes *pl.*
Tabelle *f* table (*a.* math., Sport); **~nkalkulation** *f* Computer: spreadsheet; **~nplatz** *m* position
Tablett *n* tray
Tablette *f* tablet
Tabu *n*, 2 *adj.* taboo
Tabulator *m* tabulator
Tachometer *mot. m, n* speedometer
Tadel *m* blame; *förmlich*: censure, reproof, rebuke; 2**los** *adj.* faultless; *Leben etc.*: blameless; *ausgezeichnet*: excellent; *Sitz, Funktionieren etc.*: perfect; 2**n** *v/t.* criticize; *förmlich*: censure, reprove, rebuke (*alle*: **wegen** for)
Tafel *f* Schule etc.: blackboard; *Anschlag*2 *etc.*: (bulletin, *bsd.* Brt. notice) board; *Schild*: sign; *Gedenk*2 *etc.*: tablet, plaque; *Schokoladen*2: bar; *die ~ putzen* wipe *od.* clean the board; *an die ~ schreiben* write* on the board; **~dienst** *m*: *~ haben* be* in charge of the board; **~lappen** *m* duster
täfel|n *v/t.* panel; 2**ung** *f* panel(l)ing
Taft *m* taffeta
Tag *m* day; *~eslicht*: daylight; *welchen ~ haben wir heute?* what day is it today?; *alle zwei (paar) ~e* every other day (few days); *heute (morgen) in 14 ~en* two weeks from today (tomorrow); *e-s ~es* one day; *den ganzen ~* all day; *am ~e* during the day; *~ und Nacht* night and day; *am helllichten ~* in broad daylight; *ein freier ~* a day off; *guten ~!* hello!, hi!; *beim Vorstellen*: how do you do?; *(j-m) guten ~ sagen* say* hello (to s.o.); F *sie hat ihre ~e* she has her period; *unter ~e Bergbau*: underground; *zu ~ bringen (kommen)* bring* (come*) to light
Tage|bau *Bergbau*: *m* opencast mining; **~buch** *n* diary; **~führen** keep* a diary; 2**lang** *adv.* for days
tagen *v/i.* meet*, hold* a meeting; *jur.* be* in session
Tages|anbruch *m*: *bei ~* at daybreak *od.* dawn; **~gespräch** *n* talk of the day; **~karte** *f* day ticket; *gastr.* menu for the day; **~licht** *n* daylight; **~mutter** *f* childminder; **~ordnung** *f* agenda; **~presse** *f* daily press; **~rückfahrkarte** *f* day return (ticket); **~stätte** *f* day care cent|re, *Am.* -er; **~tour** *f* day trip; **~zeit** *f* time of day; *zu jeder ~* at any hour; **~zeitung** *f* daily (paper)
tageweise *adv.* by the day
täglich *adj. u. adv.* daily
Tagschicht *f* day shift
tagsüber *adv.* during the day
Tagung *f* conference
Taill|e *f* waist; *am Kleid: a.* waistline; 2**iert** *adj.* waisted, *Hemd a.*: tapered
Takelage *naut. f* rigging
Takt *m mus.* time, measure, beat; *ein ~*: bar; *mot.* stroke; *Feingefühl*: tact; *den ~ halten* keep* time; *den ~ schlagen* beat* time; **~ik** *f mil.* tactics *sg., pl.* (*a. fig.*); 2**isch** *adj.* tactical; 2**los** *adj.* tactless; **~stock** *m* baton; **~strich** *m* bar; 2**voll** *adj.* tactful
Tal *n* valley
Talar *m* robe, gown
Talent *n* talent (*a.* Person), gift; 2**iert** *adj.* talented, gifted
Talg *m* suet; *ausgelassener*: tallow
Talisman *m* talisman, charm
Talk|master *m* chat-show (*bsd.* Am. talk-show) host; **~show** *f* chat (*Am.* talk) show
Talsperre *f* dam, barrage
Tampon *m* tampon
Tandler *östr.* m second-hand dealer
Tang *bot. m* seaweed
Tank *m* tank; 2**en** *v/t.* get* some petrol (*Am.* gasoline), fill up; **~er** *naut. m* tanker; **~stelle** *f* filling (*od.* petrol, *Am.* gas) station; **~wart** *m* petrol pump (*Am.* gas station) attendant
Tanne *f* fir (tree); **~nbaum** *m* Christmas tree; **~nzapfen** *m* fir cone
Tante *f* aunt; *~ Lindy* Aunt Lindy; **~-Emma-Laden** F *m* corner shop, *Am.* mom-and-pop store
Tantiemen *pl.* royalties *pl.*
Tanz *m*, 2**en** *v/i. u. v/t.* dance
Tänzer(in) dancer
Tanz|fläche *f* dance floor; **~kurs** *m* dancing lessons *pl.*; **~musik** *f* dance

Tape|te f, **⁂zieren** v/t. wallpaper
tapfer adj. brave; *mutig*: courageous; **⁂keit** f bravery; courage
Tarif m rate(s pl.), tariff; *Lohn⁂*: (wage) scale; **~lohn** m standard wage(s pl.); **~verhandlungen** pl. wage negotiations pl., collective bargaining sg.
tarn|en v/t. camouflage; *fig*. disguise; **⁂ung** f camouflage
Tasche f bag; *Hosen⁂ etc*.: pocket
Taschen|buch n paperback; **~dieb** m pickpocket; **~geld** n pocket money, Am. allowance; **~lampe** f torch, Am. mst flashlight; **~messer** n penknife, pocketknife; *großes*: jack knife; **~rechner** m pocket calculator; **~schirm** m telescopic umbrella; **~tuch** n handkerchief, F hankie; **~uhr** f pocket watch
Tasse f cup (*Tee etc*. of tea *etc*.)
Tastatur f keyboard, keys pl.
Tast|e f key; **⁂en 1.** v/i. grope (*nach* for), feel* (for); *ungeschickt*: fumble (for); **2.** v/t. touch, feel*; *sich ~* feel* od. grope (*a. fig*.) one's way; **~entelefon** n push-button phone; **~sinn** m sense of touch
Tat f act, deed (*a. Groß⁂*); *Handeln*: action; *Straf⁂*: offen|ce, *Am*. -se; *j-n auf frischer ~ ertappen* catch* s.o. in the act; **⁂enlos** adj. inactive, passive
Täter(in) culprit; *jur*. offender
tätig adj. active; *geschäftig*: busy; *~ sein bei* be* employed with; *~ werden* act, take* action; **⁂keit** f activity; *Arbeit*: work; *Beruf, Beschäftigung*: occupation, job; *in ~* in action
Tat|kraft f energy; **⁂kräftig** adj. energetic, active
tätlich adj. violent; *~ werden* assault, **⁂keiten** pl. (acts pl. of) violence; *jur*. assault (and battery)
Tatort m *jur*. scene of the crime
tätowier|en v/t., **⁂ung** f tattoo
Tat|sache f fact; **⁂sächlich 1.** adj. actual, real; **2.** adv. actually, in fact; *wirklich*: really
tätscheln v/t. pat, pet
Tatze f paw (*a. fig*.)
Tau¹ m rope
Tau² n dew
taub adj. deaf (*fig*.: *gegen* to) (*a. Nuss*); *Finger etc*.: (be)numb(ed)

Taube *zo*. f pigeon; *bsd. poet., fig., pol.* dove; **~nschlag** m pigeonhouse
Taub|heit f deafness; numbness; **⁂stumm** adj. deaf and dumb; **~stumme(r)** deaf mute
tauch|en 1. v/i. dive* (*nach* for); *Sport*: skin-dive; *U-Boot*: *a*. submerge; *unter Wasser bleiben*: stay underwater; **2.** v/t. *ein~*: dip (*in* into); *j-n*: duck; **⁂er(in)** (*Sport*: skin) diver; **⁂erzug** m skin diving
tauen v/i. u. v/t. thaw, melt*
Taufe f baptism, christening; **⁂n** v/t. baptize, christen
Tauf|pate m godfather; **~patin** f godmother; **~schein** m certificate of baptism
taug|en v/i. be* good *od*. fit *od*. of use *od*. suited (*alle*: *zu, für* for); *nichts ~* be* no good; F *taugt es was?* is it any good?; **⁂enichts** m good-for-nothing; **~lich** *bsd. mil*. adj. fit (for service)
Taumel m *Schwindel*: dizziness; *Verzückung*: rapture, ecstasy; **⁂ig** adj. dizzy; **⁂n** v/i. stagger, reel
Tausch m exchange, F swap; **⁂en** v/t. exchange, F swap (*beide*: *gegen* for); *Rollen, Plätze etc*.: *a*. switch; *wechseln*: change (*a. Geld*); *ich möchte nicht mit ihm ~* I wouldn't like to be in his shoes
täuschen v/t. deceive, fool; delude; *betrügen*: cheat; *Sport etc*.: feint; *sich ~* deceive o.s.; *sich irren*: be* mistaken; *sich ~ lassen von* be* taken in by; **~d** adj. *Ähnlichkeit*: striking
Täuschung f deception; *jur*. deceit; *Schule etc*.: cheating; *Selbst⁂*: delusion
tausend adj. a thousand; **⁂st** adj. thousandth; **⁂stel** n thousandth (part)
Tau|tropfen m dewdrop; **~wetter** n thaw; **~ziehen** n tug-of-war (*a. fig*.)
Taxi n taxi(cab), cab
taxieren v/t. rate, estimate (*auf* at)
Taxistand m taxi rank, *bsd. Am*. cabstand
Technik f technology; *angewandte*: *a*. engineering; *Verfahren*: technique (*a. Sport, Kunst*); *mus*. execution; **~er(in)** engineer; technician (*a. Sport, Kunst*)
technisch adj. technical (*a. Gründe, Daten, Zeichnen etc*.); **~wissenschaftlich**: technological (*a. Fortschritt, Zeitalter etc*.); **~e Hochschule** school *etc*. of technology

Technologie

Technolog|ie f technology; **~isch** adj. technological

Tee m tea; **(e-n) ~ trinken** have* some tea; **(e-n) ~ machen** od. **kochen** make* some tea; **~beutel** m teabag; **~kanne** f teapot; **~löffel** m teaspoon

Teer m, **~en** v/t. tar

Tee|sieb n tea strainer; **~tasse** f teacup

Teich m pool, pond

Teig m dough, paste; **~ig** adj. doughy, pasty; **~waren** pl. pasta sg.

Teil m, n part; An~: portion, share; Bestand~: component; **zum ~** partly, in part; **~...** in Zssgn Erfolg etc.: partial ...; **~bar** adj. divisible; **~chen** n particle; **~en** v/t. divide; **mit anderen, sich ~**: share; **~haben** v/i.: **~ an** (have* a) share in; **~haber** m econ. partner; **~nahme** f participation (**an** in); fig. interest (in); Mitgefühl: sympathy (for); **~nahmslos** adj. indifferent; bsd. med. apathetic; **~nahmslosigkeit** f indifference; apathy; **~nehmen** v/i.: **~ an** take* part od. participate in; Freude etc.: share (in); **~nehmer(in)** participant; univ. student; Sport: competitor; **~s** adv. partly; **~strecke** f Reise, Rennen: stage, leg; **~ung** f division; **~weise** adv. partly, in part; **~zahlung** f → **Abzahlung, Rate**

Teint m complexion

Tel. Abk. für **Telefon** tel., telephone

Telefon n telephone, F phone; **am ~** on the (tele)phone; **~ haben** be* on the (Am. have* a) (tele)phone; **ans ~ gehen** answer the (tele)phone; **~anruf** m (tele)phone call; **~anschluss** m telephone connection; **~apparat** m (tele)phone; **~at** n → **~gespräch**; **~buch** n telephone directory, phone book; **~gebühr** f telephone charge; **~gespräch** n (tele)phone call; **~ieren** v/i. (tele)phone; gerade: be* on the phone; **mit j-m ~** talk to s.o. on the phone; **~isch 1.** adj. telephonic, telephone; **2.** adv. by (tele)phone, over the (tele)phone; **~ist(in)** (telephone) operator; **~karte** f phonecard; **~leitung** f telephone line; **~netz** n telephone network; **~nummer** f (tele)phone number; **~zelle** f bsd. Brt. (tele)phone box, Brt. call box, Am. (tele)phone booth; **~zentrale** f im Betrieb: switchboard

telegraf|ieren v/t. u. v/i. telegraph, wire; Übersee: cable; **~isch** adj. u. adv. by telegraph od. wire; by cable

Telegramm n telegram, bsd. Am. a. wire; Übersee: cable(gram)

Teleobjektiv phot. n telephoto lens

Tele|phon n → **Telefon**; **~text** m teletext

Teller m plate; **~voll** m plateful; **~wäscher** m dishwasher

Tempel m temple

Temperament n temper(ament); Schwung: life, F pep; **~los** adj. lifeless, dull; **~voll** adj. full of life od. F pep

Temperatur f temperature; **j-s ~ messen** take* s.o.'s temperature

Tempo n speed; mus. time; **mit ~ ...** at a speed of ... an hour; **in rasendem ~** at breakneck speed

Tendenz f tendency, trend; Neigung: a. leaning; **~iös** adj. tendentious

tendieren v/i. tend (**zu** towards; **dazu, et. zu tun** to do s.th.)

Tennis n tennis; **~platz** m tennis court; **~schläger** m tennis racket; **~spieler(in)** tennis player

Tenor mus. m tenor

Teppich m carpet; **~boden** m fitted carpet, wall-to-wall carpeting

Termin m date; letzter: deadline; Geschäfts~ etc.: engagement; **e-n ~ vereinbaren** (**einhalten, absagen**) make* (keep*, cancel) an appointment

Terminal aviat. m, Computer: n terminal

Terrasse f terrace; **~nförmig** adj. terraced, in terraces

Terrine f tureen

Territorium n territory

Terror m terror; **~isieren** v/t. terrorize; **~ismus** m terrorism; **~ist(in)**, **~istisch** adj. terrorist

Testament n (last) will; jur. last will and testament; **~arisch** adv. by will; **~svollstrecker** m executor

Test|bild n TV: test card; **~en** v/t. test; **~pilot** m test pilot

Tetanus med. m tetanus

teuer adj. expensive; bsd. Brt. a. dear; **wie ~ ist es?** how much is it?

Teufel m devil (a. fig.); **wer** (**wo, was**) **zum ~ ...?** who (where, what) the hell ...?; **~skerl** F m devil of a fellow; **~skreis** m vicious circle

teuflisch *adj.* devilish, diabolic(al)
Text *m* text; *unter Bild*: caption; *Lied*⚯: words *pl.*, lyrics *pl.*; ~**aufgabe** *f* comprehension test; *math.* problem; ~**er(in)** *mus.* songwriter
Textil|... *in Zssgn* textile ...; ~**ien** *pl.* textiles *pl.*
Textverarbeitung *f Computer*: word processing; ~**sgerät** *n* word processor
Theater *n* theat|re, *Am.* -er; F *fig.* ~ **machen (um)** make* a fuss (about); ~**besucher** *m* theatregoer; ~**karte** *f* theatre ticket; ~**kasse** *f* box office; ~**stück** *n* play
Thema *n* subject, topic; *bsd. Leitgedanke, mus.*: theme; **das** ~ **wechseln** change the subject
Theolog|e *m* theologian; ~**ie** *f* theology; ⚯**isch** *adj.* theological
Theo|retiker *m* theorist, ⚯**retisch** *adj.* theoretical; ~**rie** *f* theory
Thera|peut *m* therapist, ~**pie** *f* therapy
Thermometer *n* thermometer
Thermosflasche® *f* thermos flask® (*Am.* bottle®)
These *f* thesis
Thon *m Schweiz*: tuna (fish)
Thrombose *med. f* thrombosis
Thron *m* throne; ~**folger(in)** successor to the throne
Thunfisch *m* → *Tunfisch*
Tick F *m* quirk; ⚯**en** *v/i.* tick
Tie-Break *m*, *n Tennis*: tiebreak(er)
tief 1. *adj.* deep (*a. fig.*); *niedrig*: low (*a. Ausschnitt*); **2.** *adv.*: ~ **schlafen** be* fast asleep
Tief *n meteor.* depression (*a. psych.*), low (*a. econ.*); ~**e** *f* depth (*a. fig.*); ~**ebene** *f* lowland(s *pl.*); ~**flug** *m* low-level flight; ~**gang** *m naut.* draught, *Am.* draft; *fig.* depth; ~**garage** *f* underground car park, *Am.* parking *od.* underground garage; ⚯**gekühlt** *adj.* deep-frozen; ~**kühlfach** *n* freezing compartment; ~**kühlschrank** *m*, ⚯**kühltruhe** *f* freezer, deep-freeze; ~**kühlkost** *f* frozen foods *pl.*
Tier *n* animal; F **hohes** ~ bigwig, big shot; ~**arzt** *m Brt.* vet(erinary surgeon), *Am.* vet(erinarian); ~**freund** *m* animal lover; ~**garten** *m* → *Zoo*; ~**heim** *n* animal home; ⚯**isch** *adj.* animal; *fig.* bestial, brutish; ~**kreis** *astr. m* zodiac; ~**kreiszeichen** *n* sign of the zodiac; ~**medizin** *f* veterinary medicine; ~**quälerei** *f* cruelty to animals; ~**reich** *n* animal kingdom; ~**schutz** *m* protection of animals; ~**schutzverein** *m* society for the prevention of cruelty to animals; ~**versuch** *med. m* experiment with animals
Tiger *m* tiger; ~**in** *zo. f* tigress
tilgen *v/t. econ.* pay* off; *fig.* wipe out
Tinte *f* ink; ~**nfisch** *m* squid; ~**nfleck** *m* ink stain; ~**nkiller** *m* ink killer
Tipp *m* hint, *bsd. Wett*⚯: tip; *vertraulich: a.* tip-off; *j-m e-n* ~ *geben vertraulich*: tip s.o. off; ⚯**en** *v/i. u. v/t.* berühren: tap; *schreiben*: type; *raten*: guess; *im Lotto etc.*: do* Lotto *etc.*
Tisch *m* table; *am* ~ *sitzen* sit* at the table; *bei* ~ at table; **den** ~ **decken (abräumen)** lay* (clear) the table; ~**decke** *f* tablecloth; ~**gebet** *n*: *das* ~ *sprechen* say* grace
Tischler *m* joiner; *Kunst*⚯: cabinet-maker
Tisch|platte *f* tabletop; ~**rechner** *m* desktop computer; ~**tennis** *n* table tennis; ~**tuch** *n* tablecloth
Titel *m* title; ~**bild** *n* cover picture; ~**blatt** *n*, ~**seite** *f Buch*: title page; *Zeitung*: cover, front page
Toast *m*, ~**en** *v/t.* toast
tob|en *v/i. rasen*: rage (*a. fig.*); *Kinder*: romp; ~**süchtig** *adj.* raving mad; ⚯**suchtsanfall** *m* tantrum
Tochter *f* daughter; ~**gesellschaft** *econ. f* subsidiary (company)
Tod *m* death (*a. fig.*) (**durch** from); ⚯**...** *in Zssgn ernst, müde, sicher*: dead ...
Todes|ängste *fig. pl.*: ~ *ausstehen* be* scared to death; ~**anzeige** *f* obituary (notice); ~**fall** *m* (case of) death; ~**kampf** *m* agony; ~**opfer** *n* casualty; ~**strafe** *jur. f* capital punishment; death penalty; ~**ursache** *f* cause of death; ~**urteil** *jur. n* death sentence
Tod|feind *m* deadly enemy; ⚯**krank** *adj.* mortally ill
tödlich *adj.* fatal; *bsd. todbringend:* deadly; *bsd. fig.* mortal
Todsünde *f* mortal *od.* deadly sin
Toilette *f* toilet, lavatory, *Am.* bathroom; ~**n** *pl.* ladies' *od.* men's rooms, *Am.* rest rooms *pl.*; ~**n...** *in Zssgn Papier, Seife etc.*: toilet ...
toler|ant *adj.* tolerant (**gegen** of, to-

Toleranz 564

wards); **2anz** *f* tolerance (*a. tech.*); **~ieren** *v/t.* tolerate
toll *adj. wild*: wild; F *großartig*: great, fantastic; *ein ~er Kerl* (*Wagen etc.*) a hell of a fellow (good car *etc.*); **~kühn** *adj.* daredevil; **2patsch** F *m* clumsy oaf; **~ig** F *adj.* clumsy, oafish; **2wut** *vet. f* rabies; **~wütig** *vet. adj.* rabid
Tolpatsch F *m* → *Tollpatsch*
Tomate *f* tomato
Ton[1] *m* clay
Ton[2] *m* tone (*a. mus., paint., fig., Stimme*); *Klang, Geräusch*: sound (*a. TV, Film*); *Note*: note; *Betonung*: stress; *Farb*2.: *a.* shade; *der gute ~* good form; *kein ~* not a word; **~abnehmer** *electr. m* pick-up; *art mus. f* key; **~band** *n* (recording) tape; **~bandgerät** *n* tape recorder
tönen 1. *v/i.* sound, ring*; **2.** *v/t.* tinge, tint (*a. Haar*); *dunkel*: shade
Ton|fall *m* tone (of voice); *Akzent*: accent; **~film** *m* sound film; **~kopf** *electr. m* (magnetic) head; **~lage** *f* pitch; **~leiter** *mus. f* scale
Tonne *f Faß*: barrel; *Gewichtseinheit*: (metric) ton
Tontechniker *m* sound engineer
Tönung *f* tint (*a. Haar*), tinge, shade
Topf *m* pot; *Koch*2.: a. saucepan
Topfen *östr. m* curd(s *pl.*)
Töpfer *m* potter; **~ei** *f* pottery; **~scheibe** *f* potter's wheel; **~ware** *f* pottery, earthenware, crockery
Tor *n* gate (*a. Ski*); *Fußball etc.*: goal; *ein ~ schießen* score (a goal); *im ~ stehen* keep* goal
Torf *m* peat; **~mull** *m* peat dust
Torhüter *m* → *Torwart*
torkeln *v/i.* reel, stagger
Tor|latte *f Sport*: crossbar; **~linie** *f* goal line
torpedieren *v/t.* torpedo (*a. fig.*)
Tor|pfosten *m* goalpost; **~raum** *m* goalmouth; **~schuss** *m* shot at goal; **~schütze** *m* scorer
Torte *f Obst*2.: flan, *bsd. Am.* pie; *Sahne*2. *etc.*: cream cake, gateau
Torwart *m* goalkeeper, F goalie
tosen *v/i.* roar; *stärker*: thunder; **~d** *adj. Applaus*: thunderous
tot *adj.* dead (*a. fig.*); *verstorben*: late; *~ umfallen* drop dead
total *adj.* total, complete; **~itär** *pol. adj.* totalitarian

totarbeiten F *v/refl.* work o.s. to death
Tote *m, f* dead man *od.* woman; *Leiche*: (dead) body, corpse; *Todesopfer mst pl.*: casualty; *die ~n pl.* the dead *pl.*
töten *v/t.* kill
Toten|bett *n* deathbed; **2blass** *adj.* deadly pale; **~gräber** *m* grave digger; **~kopf** *m* skull; *Symbol*: skull and crossbones; **~maske** *f* death mask; **~messe** *rel. f* mass for the dead, requiem (*a. mus.*); **~schädel** *m* skull; **~schein** *m* death certificate; **2still** *adj.* deathly still; **~stille** *f* dead(ly) silence
Tot|geburt *f* stillbirth; **2lachen** *v/refl.* kill o.s. laughing
Toto *m, F n* football pools *pl.*
tot|schießen *v/t.* shoot* dead, shoot* and kill; **2schlag** *jur. m* manslaughter; **~schlagen** *v/t.* kill (*fig. die Zeit* time), beat* to death; **~schweigen** *v/t.* hush up; **~stellen** *v/refl.* play dead
Toup|et *n* toupee; **2ieren** *v/t.* back-comb
Tour *f* tour (*durch* of), trip; *Ausflug*: *a.* excursion; *tech.* turn, revolution; *auf ~en kommen mot.* pick up speed; *krumme ~en* underhand methods; **~en...** *in Zssgn Rad etc.*: touring ...
Tourismus *m* tourism; **~geschäft** *n* tourist industry
Touris|t(in) tourist; **2tisch** *adj.* touristic
Tournee *f* tour; *auf ~ gehen* go* on tour
Trab *m* trot; *auf ~ fig.* on the move
Trabant *m* satellite; **~enstadt** *f* satellite town
trab|en *v/i.* trot; **2er** *m* Pferd: trotter; **2rennen** *n* trotting race
Tracht *f* costume; *Schwestern*2. *etc.*: uniform; *Amts*2.: dress; *e-e gehörige ~ Prügel* a good hiding
trächtig *adj.* with young, pregnant
Tradition *f* tradition; **2ell** *adj.* traditional
Trafik *östr. f* → *Tabakgeschäft*; **~ant** *östr. m* tobacconist
Trag|bahre *f* stretcher; **2bar** *adj.* portable; *Kleidung*: wearable; *fig.* bearable; *Person*: acceptable; **~e** *f* stretcher
träge *adj.* lazy, indolent; *phys.* inert
tragen 1. *v/t.* carry (*a. Waffe etc.*); *Kleidung, Schmuck, Brille, Haar etc.*: wear*; *er~, a. Früchte, Folgen, Verant-*

treiben

wortung, Namen etc.: bear*; **sich gut ~ Stoff** etc.: wear* well; **2.** v/i. bear* fruit; *tragfähig sein*: hold*; **~d** adj. arch. supporting; thea. leading

Träger m carrier; Gepäck&: porter; *am Kleid*: (shoulder) strap; tech. support; arch. girder; fig. *eines Namens etc.*: bearer; **&los** adj. *Kleid etc.*: strapless

Tragetasche f carrier bag; *für Babys*: carrycot

Trag|fähigkeit f load(-carrying) capacity; naut. tonnage; **~fläche** aviat. f wing

Trägheit f laziness, indolence; phys. inertia

Trag|ik f tragedy; **&isch** adj. tragic; **~ödie** thea. f tragedy (a. fig.)

Trag|riemen m strap; *am Gewehr*: sling; **~weite** f range; fig. significance

Train|er m trainer, coach; **&ieren** v/i. u. v/t. allg. train; j-n, e-e *Mannschaft*: s. coach; **~ing** n training; **~ingsanzug** m track suit

Traktor tech. m tractor

trällern v/t. u. v/i. warble, trill

Tram östr. f, *Schweiz* n tram, *Am.* streetcar

trampel|n v/i. trample, stamp; **&pfad** m beaten track

tramp|en v/i. hitchhike; **&er(in)** hitchhiker

Träne f tear; **in ~n ausbrechen** burst* into tears; **&n** v/i. water; **~ngas** n tear gas

Tränke f watering place; **&n** v/t. water; *Material*: soak, drench

Trans|fer m transfer (a. Sport); **~formator** electr. m transformer; **~fusion** med. f transfusion

Transistor electr. m transistor (a. in Zssgn)

Transit m transit (a. in Zssgn); **&iv** gr. adj. transitive

transparent adj. transparent

Transparent n banner

Transplant|ation med. f, **&ieren** med. v/t. transplant

Transport m transport (a. in Zssgn); *bsd. Sendung: a.* shipment; **&abel, &fähig** adj. transportable; **&ieren** v/t. transport, ship, carry; *bsd. mit LKW: a.* haul; **~mittel** n (means sg. of) transport(ation); **~unternehmen** n haulier, *Am.* hauler

Trapez n math. trapezium, *Am.* trapezoid; *Turnen*: trapeze

trappeln v/i. clatter; *Kind*: patter

Traube f bunch of grapes; *Beere*: grape; fig. cluster; **~n** pl. grapes pl.; **~nsaft** m grape juice; **~nzucker** m glucose, dextrose (a. **~drops**)

trauen 1. v/t. marry; **sich ~ lassen** get* married; **2.** v/i. trust (j-m s.o.); **sich ~, et. zu tun** dare (to) do s.th.; **ich traute meinen Ohren (Augen) nicht** I couldn't believe my ears (eyes)

Trauer f grief, sorrow; *um j-n*: mourning; **in ~** in mourning (a. *Kleidung*); **~fall** m death; **~feier** f funeral ceremonies pl.; *kirchliche*: funeral service; **~marsch** m funeral march; **&n** v/i. mourn (*um* for); **~zug** m funeral procession

träufeln v/t. drip, trickle

Traum m dream (a. fig.); **~..., ... in Zssgn** *Beruf, Mann etc.*: dream ..., ... of one's dreams; **~deutung** f interpretation of dreams

träum|en v/i. u. v/t. dream* (a. fig.) (*von* about, of); **schlecht ~** have* bad dreams; **&er** m dreamer (a. fig.); **&erei** fig. f (day)dream(s pl.), reverie (a. mus.); **~erisch** adj. dreamy

traurig adj. sad (*über, wegen* about); **&keit** f sadness

Trau|ring m wedding ring; **~schein** m marriage certificate; **~ung** f marriage, wedding; **~zeuge** m, **~zeugin** f witness to a marriage

Trecker tech. m tractor

Treff F m meeting place

treffen v/t. u. v/i. hit* (a. fig.); kränken: hurt*; begegnen: meet* (a. Sport); *Maßnahmen etc.*: take*; **nicht ~** miss; **sich ~ (mit j-m)** meet* (s.o.); **gut ~** phot. etc.: capture well

Treffen n meeting; **&d 1.** adj. *Bemerkung etc.*: apt; **2.** adv.: **~ gesagt** well put

Treff|er m hit (a. fig.); *Tor*: goal; *Gewinn*: win; **~punkt** m meeting place

Treibeis n drift ice

treiben 1. v/t. drive* (a. tech. u. fig.); *Sport etc.*: do*; *j-n*: push, press; *Blüten etc.*: put* forth; F allg. machen, tun: do*, be* up to; F **es (mit j-m) ~** have* sex (with s.o.), make* love (to s.o.); **2.** v/i. drift (a. fig.), float; bot.

Treiben

shoot* (up); *sich ~ lassen* drift along (*a. fig.*)

Treiben *n* Tun: doings *pl.*; Vorgänge: goings-on *pl.*; **geschäftiges ~** bustle; **2d** *adj.*: **~e Kraft** driving force

Treib|haus *n* hothouse; **~hauseffekt** *m* greenhouse effect; **~holz** *n* driftwood; **~jagd** *f* battue; *fig.* hunt; **~riemen** *m* driving belt; **~sand** *m* quicksand; **~stoff** *m* fuel

trenn|en *v/t.* separate; *ab-*: sever; *Kämpfer etc.*: part; *Länder, Gruppen, Wort*: divide; *Rassen*: segregate; *tel.* disconnect; *sich ~* separate (*von* from), *auseinandergehen*: part (*a. fig.*); *sich ~ von et.*: part with; *j-m*: leave*; **2schärfe** *f Radio*: selectivity; **2ung** *f* separation; *Aufteilung*: division; *Rassen2*: segregation; **2wand** *f* partition.

Treppe *f* staircase, stairs *pl.*

Treppen|absatz *m* landing; **~geländer** *n* banisters *pl.*; **~haus** *n* staircase; *Flur*: hall

Tresor *m* safe; *Bank2*: strongroom, vault

treten *v/i. u. v/t.* kick; *gehen*: step (*aus* out of; *in* into; *auf* on[to]); *Rad fahren*: pedal (away); *~ auf* step on (*a. Gas, Bremse*); tread on; *~ in* enter (*a. fig.*)

treu *adj.* faithful (*a. fig.*); *Anhänger, Diener etc.*: *a.* loyal; *ergeben*: devoted; **2e** *f* fidelity, faithfulness, loyalty; **2händer** *m* trustee; **2handgesellschaft** *f* trust company; **~herzig** *adj.* innocent, trusting; **~los** *adj.* faithless, disloyal, unfaithful (*alle: gegen* to)

Tribüne *f Redner2*: platform; *Zuschauer2*: stand

Trichter *m* funnel; *Erd2*: crater

Trick *m* trick (*a. in Zssgn*); **~aufnahme** *f* trick shot; **~betrüger** *m* confidence trickster

Trieb *m bot.* (young) shoot, sprout; *An2*: impulse, drive; *Geschlechts2*: sex drive; **~feder** *f* mainspring (*a. fig.*); **~kraft** *fig. f* driving force; **~wagen** *m* rail. *m* railcar; **~werk** *tech. n* engine

triefen *v/i.* drip, be* dripping (*von* with)

triftig *adj.* weighty; *Grund*: *a.* good

Trikot *n Sport*: shirt, jersey; *Tanz2 etc.*: leotard

Triller *mus. m* trill; **2n** *mus. v/i. u. v/t.* trill*; *Vogel*: warble

trimm|en *v/refl.* keep* fit; **2pfad** *m* fitness trail

566

trink|bar *adj.* drinkable; **~en** *v/t. u. v/i.* drink* (*auf* to); *Tee etc.*: *a.* have*; *et. zu ~* a drink; **2er(in)** drinker, alcoholic; **2geld** *n* tip; *j-m* (*e-e Mark*) *~ geben* tip s.o. (one mark); **2spruch** *m* toast; **2wasser** *n* drinking water

Trio *n* trio

trippeln *v/i.* mince

Tripper *med. m* gonorrh(o)ea

Tritt *m Fuß2*: kick; *Schritt*: step; **~brett** *n* step; *mot.* running board; **~leiter** *f* stepladder

Triumph *m* triumph; **2al** *adj.* triumphant; **2ieren** *v/i.* triumph (*über* over)

trocken *adj.* dry (*a. fig.*); **2...** *in Zssgn*: *getrocknet*: dried ...; *zum Trocknen*: drying ...; **~haube** *f* hairdryer; **2heit** *f* dryness; *Dürre*: drought; **~legen** *v/t.* drain; *Baby*: change

trockn|en *v/t. u. v/i.* dry; **2er** *m* dryer

Troddel *f* tassel

Tröd|el *m* junk; **~eln** *v/i.* dawdle; **~ler** *m* junk dealer; dawdler

Trog *m* trough

Trommel *f* drum (*a. tech.*); **~fell** *anat. n* eardrum; **2n** *v/i. u. v/t.* drum

Trommler *m* drummer

Trompete *f* trumpet; **2n** *v/i. u. v/t.* trumpet (*a. zo.*); **~r** *m* trumpeter

Tropen: *die ~ pl.* the tropics *pl.*; **~...** *in Zssgn* tropical ...

Tropf *med. m*: *am ~ hängen* be* on the drip

Tröpf|chen *n* droplet; **2eln** *v/i. u. v/t.* drip; *es tröpfelt* it's spitting

tropfen *v/i. u. v/t.* drip (*a. Hahn*), drop

Tropfen *m* drop (*a. fig.*); *ein ~ auf den heißen Stein* a drop in the bucket; **2weise** *adv.* in drops, drop by drop

Trophäe *f* trophy (*a. fig.*)

tropisch *adj.* tropical

Trosse *f* cable; *naut. a.* hawser

Trost *m* comfort, consolation; *ein schwacher ~* cold comfort; *du bist wohl nicht (recht) bei ~!* F you must be out of your mind!

tröst|en *v/t.* comfort, console; *sich ~* console o.s. (*mit* with); **~lich** *adj.* comforting

trost|los *adj.* miserable; *Gegend etc.*: desolate; **2losigkeit** *f* misery; desolation; **2preis** *m* consolation prize; **~reich** *adj.* consoling; *Worte etc.*: *a.* of comfort

Trott *m* trot; F: *der alte* ~ the old routine
Trottel F *m* dope; **2ig** *adj.* F dopey
trotten *v/i.* trot
Trottinett *n Schweiz:* scooter
Trottoir *n Schweiz:* pavement, *Am.* sidewalk
Trotz *m* defiance; *aus reinem* ~ out of sheer spite; *j-m zum* ~ to spite s.o.
trotz *prp.* in spite of, despite; **~dem** *adv.* in spite of it, nevertheless, F anyhow, anyway; **~en** *v/i.* defy; *schmollen:* sulk; **~ig** *adj.* defiant; *sulky*
trüb(e) *adj.* cloudy; *Wasser: a.* muddy; *Licht etc.:* dim; *Himmel, Farben:* dull; *Stimmung, Tag etc.: a.* gloomy
Trubel *m* (hustle and) bustle
trüben *fig. v/t. Glück, Freude etc.:* spoil*, mar
Trüb|sal *f:* ~ *blasen* mope; **2selig** *adj.* sad, gloomy; *Tag etc.: a.* dreary; **~sinn** *m* melancholy, gloom, low spirits *pl.*; **2sinnig** *adj.* melancholy, gloomy
Trugbild *n* illusion, hallucination
trüg|en 1. *v/t.* deceive; **2.** *v/i.* be* deceptive; **~erisch** *adj.* deceptive
Trugschluss *m* fallacy
Truhe *f* chest
Trümmer *pl.* ruins *pl.*; *Schutt:* debris *sg.*; *Stücke:* pieces *pl.*, bits *pl.*
Trumpf *m* trump (card) (*a. fig.*); ~ *sein* be* trumps *pl.*; *fig. s-n* ~ *ausspielen* play one's trump card
Trunk|enheit *bsd. jur. f:* ~ *am Steuer* drink (*Am.* drunk) driving; **~sucht** *f* alcoholism; **2süchtig** *adj.* alcoholic
Trupp *m* band, party; *weitS.* group
Truppe *f mil.* troop; *thea.* company, troupe; **~n** *pl. mil.* troops *pl.*, forces *pl.*; **~nübungsplatz** *mil. m* training area
Truthahn *m* turkey
Tschech|e *m Czech;* **~ien** Czech Republic; **~in** *f* Czech; **2isch** *adj.* Czech; **2e Republik** *f* Czech Republic
Tube *f* tube
Tuberkulose *med. f* tuberculosis
Tuch *n* cloth; *Hals2, Kopf2:* scarf; *Staub2:* duster; **~fühlung** *fig. f: in* ~ in close contact
tüchtig *adj.* (cap)able, competent; *geschickt:* skil(l)ful; *leistungsfähig:* efficient; F *fig. ordentlich:* good; **2keit** *f* (cap)ability, qualities *pl.*; skill; efficiency
tückisch *adj.* malicious; *Krankheit etc.:* insidious; *gefährlich:* treacherous

tüfteln F *v/i.* puzzle (*an* over)
Tugend *f* virtue (*a. fig.*)
Tulpe *f* tulip
tummeln *v/refl.* romp; *fig.* hurry
Tumor *med. m* tumo(u)r
Tümpel *m* pool
Tumult *m* tumult, uproar
tun *v/t. u. v/i.* do*; *Schritt:* take*; F *legen etc.:* put*; F: *j-m et.* ~ do* s.th. to s.o.; *zu* ~ *haben* have* work to do; *beschäftigt sein:* be* busy; *ich weiß (nicht), was ich* ~ *soll od. muss* I (don't) know what to do; *so* ~, *als ob* pretend to *be etc.*; *ah, das tut gut!* ah, that's better!
Tünche *f,* **2n** *v/t.* whitewash
Tunfisch *m* tuna (fish)
Tunke *f* sauce; **2n** *v/t.* dip
Tunnel *m* tunnel
Tüpfelchen *n fig.: das* ~ *auf dem i* the icing on the cake
tupfen *v/t.* dab
Tupf|en *m* dot, spot; **~er** *med. m* swab
Tür *f* door (*a. fig.*); *die (~en) knallen* slam the door(s); *vor die* ~ *setzen* throw* out; *Tag der offenen* ~ open day (*Am.* house)
Turban *m* turban
Turb|ine *tech. f* turbine; **~olader** *mot. m* turbo(charger)
Tür|griff *m* door handle; → **~knauf**
Türk|e *m* Turk; **~ei** *f* Turkey; **~in** *f* Turk(ish woman); **2isch** *adj.* Turkish
Tür|klingel *f* doorbell; **~klinke** *f* door handle; **~knauf** *m* doorknob
Turm *m* tower; *Kirch2: a.* steeple; *Schach:* castle, rook
türmen 1. *v/t.* pile up (*a. sich* ~); **2.** F *v/i.* bolt, do* a bunk
Turm|spitze *f* spire; **~springen** *n* platform diving
turnen *v/i.* do* gymnastics; ~ *an* do* exercises *od.* work on
Turnen *n* gymnastics *pl.*; *Fach:* physical education, *Abk.* PE
Turn|er(in) gymnast; **~gerät** *n* gymnastic apparatus; **~halle** *f* gym(nasium); **~hemd** *n* gym shirt; **~hose** *f* gym shorts *pl.*
Turnier *n* tournament; **~tanz** *m* ballroom dancing
Turn|lehrer(in) gym(nastics *od.* PE teacher; **~schuh** *m Brt.* trainer, *Am.* sneaker; **~verein** *m* gym(nastics) club; **~zeug** F *n* gym things *pl.*

Tür|öffner *m* door opener; **~pfosten** *m* doorpost; **~rahmen** *m* door-case *od.* -frame; **~schild** *n* doorplate; **~sprechanlage** *f* entryphone
Tusch|e *f* Indian ink; *Wasserfarbe*: watercolo(u)r; **~kasten** *m* paintbox
Tüte *f* (paper *od.* plastic) bag; **e-e ~ ...** a bag of ...
tuten *v/i.* toot, honk, blow one's horn
TÜV *Abk. für Technischer Überwachungs-Verein Brt. etwa* MOT (test), compulsory car inspection; **(nicht) durch den ~ kommen** pass (fail) its *od.* one's MOT
Typ *m* type; *Modell*: model; F fellow, guy, *Brt. a.* chap; **~e** *f tech.* type; F *fig.* character
Typhus *med. m* typhoid (fever)
typisch *adj.* typical (**für** of)
Tyrann *m* tyrant; **~ei** *f* tyranny; **2isch** *adj.* tyrannical; **2isieren** *v/t.* tyrannize; *fig. a.* bully

U

u.a. *Abk. für unter anderem* among other things; *und andere* and others
U-Bahn *f* underground; *Londoner*: mst tube; *Am.* subway
übel *adj.* bad; *mir ist (wird)* **~** I feel (I'm getting) sick; **et. ~ nehmen** take* s.th. amiss, take* offen|ce (*Am.* -se) at s.th.; **~ riechend** foul-smelling; *Atem*: foul
Übel *n* notwendiges, kleineres *etc.*: evil; **~keit** *med. f* nausea; **~täter** *m bsd. iro.* culprit
üben *v/t. u. v/i.* practi|se, *Am.* -ce; *Klavier etc.* **~** practise the piano *etc.*
über *prp.* over; *oberhalb: a.* above (*a. fig.*); *mehr als: a.* more than; *quer* **~**: across (*a. Straße, Fluss etc.*); *Thema*: about, of; *Vortrag, Buch etc.: a.* on; **sprechen (nachdenken etc.) ~** talk (think* *etc.*) about; **~ Nacht bleiben** stay overnight; **~ München nach Rom** to Rome via Munich; **froh (traurig) ~** glad (sad) about; **sich ärgern ~** be* angry about; **lachen ~** laugh at
überall *adv.* everywhere; **~ in ... a.** throughout, all over ...
über|anstrengen *v/t. u. v/refl.* overstrain (o.s.); **~arbeiten** *v/t. Buch etc.*: revise; **sich ~** overwork o.s.
überaus *adv.* most, extremely
über|belichten *phot. v/t.* overexpose; **~bieten** *v/t. bsd. Auktion*: outbid* (**um** by); *fig.* beat*; *j-n*: a. outdo*; **2bleibsel** *n* remains *pl.*; *Essen: a.* leftovers *pl.*; **2blick** *m* view; *fig.* overall view (**über** of); *Vorstellung*: general idea; **~blicken** *v/t.* overlook; *fig. Auswirkungen etc.*: be* able to calculate; **~bringen** *v/t.* deliver; **~brücken** *v/t.* bridge (*a. fig.*); **~dacht** *adj.* roofed, covered; **~dauern** *v/t.* outlast, survive; **~denken** *v/t.* think* s.th. over; **~dies** *adv.* besides, moreover; **~dimensional** *adj.* oversized; **2dosis** *med. f* overdose; **2druck** *m tech.* overpressure; *post* overprint; **2druss** *m* weariness; **~drüssig** *adj.* disgusted with, weary *od.* sick of; **~durchschnittlich** *adj.* above-average; **~eifrig** *adj.* overzealous; **~eilen** *v/t.* rush; **nichts ~!** don't rush things!; **~eilt** *adj.* rash, overhasty
übereinander *adv.* on top of each other; *sprechen etc.*: about one another; **die Beine ~ schlagen** cross one's legs
überein|kommen *v/i.* agree; **2kunft** *f* agreement; **~stimmen** *v/i. Angaben*: tally, correspond (with); **mit j-m ~** agree with s.o. (**in** on); **2stimmung** *f* agreement; correspondence; **in ~ mit** in accordance with
überfahr|en *v/t.* run* s.o. over, knock s.o. down; *Ampel etc.*: drive* through; **2fahrt** *naut. f* crossing
Überfall *m* assault (**auf** on); *Raub*: hold-up (on, of); *Straßenraub: a.* mugging (of); *mil.* raid (on); invasion (of); **2en** *v/t.* attack, assault; hold* *s.o.* up; mug; *mil.* raid; invade

überfällig adj. overdue
überfliegen v/t. fly* over od. across; fig. glance over, skim (through)
über|fließen v/i. overflow; **~flügeln** v/t. outstrip, surpass; **♀fluss** m abundance (**an** of); Wohlstand: affluence; im ~ haben abound in; **~flüssig** adj. superfluous; unnötig: unnecessary; **~fluten** v/t. flood (a. fig.); **~fordern** v/t. Kräfte, Geduld etc.: overtax; j-n: expect too much of; **~fragt** adj.: F: **da bin ich** ~ you've got me there
überführ|en v/t. transport; jur. convict (**e-r Tat** of a crime); **♀ung** f transfer; jur. conviction; mot. flyover, Am. overpass; Fußgänger♀: footbridge
Überfüll|e f (super)abundance (**an** of); **♀t** adj. overcrowded, packed
überfüttern v/t. overfeed* (a. fig.)
Übergang m crossing; fig. transition (a. mus.); **~sstadium** n transition(al) stage
über|geben v/t. hand over; mil. surrender; **sich** ~ vomit, bsd. Brt. a. be* sick; **~gehen 1.** v/i. pass (**zu** on to); ~ **in** change od. turn (in)to; **2.** v/t. pass over; j-n, Bemerkung: a. ignore; auslassen: a. skip
Übergewicht n (~ **haben** be*) overweight; fig. predominance
überglücklich adj. overjoyed
über|greifen fig. v/i.: ~ **auf** spread* to; ineinander ~ overlap; **♀griff** m infringement (**auf** of); Gewaltakt: (act of) violence; **♀größe** f: **in** ~**n** outsized, oversize(d)
überhand: ~ **nehmen** become* rampant
überhäufen v/t. mit Arbeit etc.: swamp; mit Geschenken etc.: shower
überhaupt adv. at all (nachgestellt); sowieso, eigentlich: anyway; ~ **nicht(s)** not(hing) at all
überheblich adj. arrogant; **♀keit** f arrogance
über|hitzen v/t. overheat (a. fig.); **~höht** adj. excessive; **~holen** v/t. pass, overtake* (a. Sport); tech. overhaul, service; **~holt** adj. outdated, antiquated; **~hören** v/t. miss, not catch* od. get*; absichtlich: ignore; △ **nicht overhear**
überirdisch adj. supernatural
überkleben v/t. paste up, cover

überkochen v/i. boil over
über|kommen v/t.: ... **überkam ihn** he was seized with od. overcome by ...; **~laden** v/t. overload (a. electr.); fig. clutter
über|lassen v/t.: j-m et. ~ let* s.o. have s.th., leave* s.th. to s.o. (a. fig.); j-n **sich selbst** ~ leave* s.o. to himself; **j-n s-m Schicksal** ~ leave* s.o. to his fate; **~lasten** v/t. overload; fig. overburden
überlaufen¹ 1. v/i. run* od. flow over; mil. desert; **2.** v/t.: **es überlief mich heiß und kalt** I went hot and cold
über|laufen² adj. overcrowded; **♀läufer** m mil. deserter; pol. defector
überleben v/t. u. v/i. survive (a. fig.); et.: a. live through; **♀de(r)** survivor; **~sgroß** adj. larger than life
überlegen¹ v/t. u. v/i. think* about s.th., think* s.th. over; erwägen: a. consider; **lassen Sie mich** ~ let me think; **ich habe es mir (anders) überlegt** I've made up (changed) my mind
überleg|en² adj. superior (**j-m** to s.o.); **♀enheit** f superiority; **~t** adj. deliberate; klug: prudent; **♀ung** f consideration, reflection
über|leiten v/i.: ~ **zu** lead* up od. over to; **♀leitung** f transition (a. mus.); **~liefern** v/t. hand down, pass on; **♀lieferung** f tradition; **~listen** v/t. outwit
Über|macht f superiority; bsd. mil. superior forces pl.; **in der** ~ **sein** be* superior in numbers; **♀mächtig** adj. superior; fig. Gefühl etc.: overpowering
Über|maß n excess (**an** of); **♀mäßig** adj. excessive; **♀menschlich** adj. superhuman
übermittel|n v/t. transmit; **♀ung** f transmission
übermorgen adv. the day after tomorrow
übermüd|et adj. overtired; **♀ung** f overtiredness
Über|mut m (**aus** out of) overenthusiasm; **♀mütig** adj. overenthusiastic
übernächst adj. the next but one; **~e Woche** the week after next
übernacht|en v/i. stay overnight (**bei j-m** at s.o.'s [house], with s.o.), spend* the night (at, with); **♀ung** f night; **e-e** ~ one overnight stay; ~ **und Frühstück** bed and breakfast

Übernahme

Übernahme f taking (over); *e-r Idee etc.*: a. adoption
übernatürlich *adj.* supernatural
übernehmen *v/t.* take* over; *Idee, Brauch, Namen etc.*: a. adopt; *Führung, Risiko, Verantwortung, Auftrag etc.*: take*; *erledigen*: take* care of
überprüf|en *v/t.* check, examine; *Aussage etc.*: verify; *bsd. pol.* screen; **2ung** *f* check, examination; verification; screening
über|queren *v/t.* cross; **⁓ragen** *v/t.* tower above (*a. fig.*); **⁓ragend** *adj.* outstanding
überrasch|en *v/t.* surprise; *j-n bei et.* ⁓ a. catch* s.o. doing s.th.; **2ung** *f* surprise
überred|en *v/t.* persuade (**et.** *zu tun* to do s.th.); *j-n zu et.* ⁓ talk s.o. into (doing) s.th.; **2ung** *f* persuasion
überregional *adj. Presse etc.*: national
überreich|en *v/t.* present, hand *s.th.* over (*dat.* to); **2ung** *f* presentation
überreiz|en *v/t.* overexcite; **⁓t** *adj.* overwrought, F on edge
Überrest *m* remains *pl.*; **⁓e** *pl. e-r Kultur*: relics *pl.*; *e-r Mahlzeit*: leftovers *pl.*
überrumpeln *v/t.* (take*) by surprise
überrunden *v/t. Sport*: lap; *fig.* outstrip
übersät *adj.*: ⁓ *mit Abfall etc.*: strewn with; *Sternen etc.*: studded with
übersättigt *adj.* oversaturated; *Markt*: glutted; *Person*: sated, surfeited
Überschall... *in Zssgn*: supersonic ...
über|schatten *v/t.* overshadow (*a. fig.*); **⁓schätzen** *v/t.* overrate, overestimate
Überschlag *m Turnen*: somersault; *aviat.* loop; *electr.* flashover; *Schätzung*: estimate, rough calculation
überschlagen 1. *v/t. Beine*: cross; *Kosten*: make* a rough estimate of; *auslassen*: skip; **2.** *fig. v/i.*: ⁓ *in* turn into; **3.** *v/refl.* turn (right) over; *Person*: go* head over heels; *Stimme*: break*
über|schnappen F *v/i.* crack up; **⁓schneiden** *v/refl.* overlap (*a. fig.*); *Linien*: intersect; **⁓schreiben** *v/t. Besitz*: make* *s.th.* over (*dat.* to); **⁓schreiten** *v/t.* cross; *fig.* go* beyond; *Höhepunkt*: pass; *Höchstgeschwindigkeit*: break*
Überschrift *f* heading, title; *Schlagzeile*: headline

Über|schuss *m*, **2schüssig** *adj.* surplus
überschütten *v/t.*: ⁓ *mit* cover with; *Geschenken*: shower with; *Lob etc.*: heap *s.th.* on
überschwänglich *adj.* effusive
überschwemm|en *v/t.*, **2ung** *f* flood
Übersee: *in* (*nach*) ⁓ overseas; **⁓handel** *m* overseas trade
über|sehen *v/t.* overlook; *absichtlich, bsd. j-n*: a. ignore; *sich et.* ⁓ get* tired of (seeing) s.th.
übersetzen¹ *v/t.* translate (*in* into)
übersetzen² **1.** *v/i.* cross (*über e-n Fluss* a river); **2.** *v/t.* take* over
Übersetz|er(in) translator; **2ung** *f* translation (*aus* from; *in* into); *tech.* transmission ratio
Übersicht *f* general idea *od.* view (*über* of); *Zusammenfassung*: outline, summary; **2lich** *adj.* clear(ly arranged)
über|siedeln *v/i.* move (*nach* to); **2sied(e)lung** *f* move
übersinnlich *adj.* supernatural
überspann|en *v/t.* (over)strain; *Tal etc.*: span; **⁓t** *adj. Person*: eccentric; *übertrieben*: exaggerated
überspielen *v/t.* record; *auf Band*: a. tape; *fig.* cover up
überspitzt *adj.* exaggerated
überspringen *v/t.* jump (over); *bsd. Sport*: a. clear; *auslassen*: skip
überstehen 1. *v/t.* get* over; *überleben*: survive (*a. fig.*), live through; **2.** *v/i.* jut out
über|steigen *v/t.* exceed; **⁓stimmen** *v/t.* outvote, vote down
über|streifen *v/t.* slip *s.th.* on; **⁓strömen** *v/i.* overflow (*vor* with)
Überstunden *pl.* overtime *sg.*; ⁓ *machen* work overtime
überstürz|en *v/t.*: *et.* ⁓ rush things; *sich* ⁓ *Ereignisse*: follow in rapid succession; **⁓t** *adj.* (over)hasty; *Entscheidung etc.*: rash
über|teuert *adj.* overpriced; **⁓tönen** *v/t.* drown (out)
übertragbar *adj.* transferable; *med.* contagious
übertragen¹ *adj. Bedeutung*: figurative
übertrag|en² *v/t. senden*: broadcast*; *TV* a. televise; *übersetzen*: translate; *Krankheit, tech. Kraft*: transmit; *Blut*: transfuse; *Organ etc.*: transplant; *jur.,*

econ., *Zeichnung etc.*, *Gelerntes:* transfer; **&ung** *f Radio, TV:* broadcast; transmission; translation; transfusion; transfer

übertreffen *v/t.* outdo*, be* better *etc.* than, surpass, F beat*

übertreib|en *v/i. u. v/t.* exaggerate; *Tätigkeit:* overdo*; **&ung** *f* exaggeration

übertret|en 1. *v/i.* ~ **zu** go* over *(eccl.* convert) to; *Sport:* foul (a jump *od.* throw); **2.** *v/t.* break*, violate; **&ung** *f* violation; *jur. a.* offen|ce, *Am.* -se

Übertritt *m* change (**zu** to); *rel., pol.* conversion (to)

übervölkert *adj.* overpopulated

übervorteilen *v/t.* cheat, F do*

überwach|en *v/t.* supervise, oversee*; *leiten:* control; *polizeilich:* keep* under observance *od.* surveillance, shadow; **&ung** *f* supervision, control; observance, surveillance

überwältigen *v/t.* overwhelm, overpower; *fig. a.* overcome*; **~d** *fig. adj.* overwhelming, F smashing

überweis|en *v/t. Geld:* transfer (**an** *j-m* to s.o.'s account); *per Post:* remit; *Patienten:* refer (**an** to); **&ung** *f econ.* transfer; remittance; referral

überwerfen *v/t.* slip *s.th.* on; **sich ~** (**mit** *j-m*) fall* out with each other (with s.o.)

über|wiegen *v/i.* predominate, **~wiegend** *adj.* predominant; *Mehrheit:* vast; **~winden** *v/t.* overcome* (*a. fig.*); *Gegner:* defeat; **sich ~ zu** *inf.* bring* o.s. to *inf.*; **~wintern** *v/i.* spend* the winter (**in** in); **~wuchern** *v/t.* overgrow*

Über|wurf *m* wrap; **~zahl** *f* majority; **in der ~ sein** outnumber *s.o.*

überzeug|en *v/t.* convince (**von** of), persuade; **sich ~ von** (**, dass**) make* sure of (that); **sich selbst ~** (go* and) see* for o.s.; **~t** *adj.* convinced; **~ sein a.** be* *od.* feel* (quite) sure; **&ung** *f* conviction

überzieh|en *v/t.* put* *s.th.* on; *tech. etc.* cover; *Bett:* change; *Konto:* overdraw*; **sich ~** *Himmel:* become* overcast

Überzug *m* cover; *Schicht:* coat(ing)

üblich *adj.* usual, normal; **es ist ~** *Brauch:* it's the custom; **wie ~** as usual

U-Boot *n* submarine

übrig *adj.* remaining; **die &n** *pl.* the others *pl.*, the rest; **~ sein** (**haben**) be* (have*) left; **~ bleiben** be* left, remain; **es blieb mir nichts anderes ~** (**als zu**) I had no choice (but to *do s.th.*); **~ lassen** leave* (s.o.) *s.th.*; **~ens** *adv.* by the way

Übung *f* exercise; *das Üben, Erfahrung:* practice; **in** (**aus der**) **~** (out of) practice

Ufer *n* shore; *Fluss&:* bank; **ans ~** ashore

Uhr *f* clock; *Armband& etc.:* watch; **um vier ~** at four o'clock; **~armband** *n* watchstrap; **~macher** *m* watchmaker; **~werk** *n* clockwork; **~zeiger** *m* hand; **~zeigersinn** *m:* **im ~** clockwise; **entgegen dem ~** anti-clockwise, *Am.* counterclockwise

Uhu *zo. m* eagle owl

UKW *Abk. für* **Ultrakurzwelle** VHF, very high frequency

Ulk *m* joke; hoax; **&ig** *adj.* funny

Ulme *f* elm

Ultimatum *n* ultimatum; *j-m* **ein ~ stellen** deliver an ultimatum to s.o.

um 1. *prp. u. cj. räumlich:* (a)round; *zeitlich:* at; *ungefähr:* about, around; **bitten ~** ask for; **sich Sorgen machen ~** worry about; **~ Geld** for money; **~ e-e Stunde** (**10 cm**) by an hour (10 cm); **... willen** for s.o.'s sake, for the sake of ...; **~ zu** (in order) to; **2. ~ sein** F be* over; **die Zeit ist ~** time's up

umarm|en *v/t.* embrace (*a.* **sich ~**), hug; **&ung** *f* embrace, hug

Umbau *m* rebuilding, reconstruction; **&en** *v/t.* rebuild*, reconstruct

um|binden *v/t.* put* *s.th.* on; **~blättern** *v/i.* turn (over) the page; **~bringen** *v/t.* kill; **sich ~** kill o.s. (*a. fig.*); **~denken** *v/i.* change one's way of thinking; **~disponieren** *v/i.* change one's plans

umdreh|en *v/t.* turn (round); **sich ~** turn round; **&ung** *f* turn; *phys., tech.* rotation, revolution

um|einander *adv. kümmern etc.:* about *od.* for each other; **~fahren** *v/t.* run* down; drive* (*naut.* sail) round; **~fallen** *v/i.* fall* down (*od.* over); *zs.-brechen:* collapse; *tot ~* drop dead

Umfang *m* circumference; *Buch etc.:* size; *Ausmaß:* extent; **in großem ~** on a large scale; **&reich** *adj.* extensive; *massig:* voluminous

umfassen *fig. v/t.* cover; *enthalten: a.* include; **~d** *adj.* comprehensive; *vollständig:* complete

umforme|n *v/t. allg.* turn, change; *electr., gr., math. a.* transform, convert (*alle:* **in** [in]to); **~r** *electr. m* converter

Umfrage *f Meinungs~:* opinion poll

Umgang *m* company; **~ haben mit** associate with; *beim* **~ mit** when dealing with

umgänglich *adj.* sociable

Umgangs|formen *pl.* manners *pl.*; **~sprache** *f* colloquial speech; *die englische* **~** colloquial English

umgeb|en *v/t.* surround (*mit* with); **~ung** *f* surroundings *pl.*; *Milieu:* environment

umgeh|en 1. *v/i.:* **~ mit** deal* with, handle; **~ können mit** have* a way with, be* good with; **2.** *v/t.* avoid, F get* round; *Stadt etc.: a.* bypass; **~end** *adv.* immediately; **~ungsstraße** *f* bypass; *Ringstraße:* ring road, *Am.* beltway

umgekehrt 1. *adj.* reverse; opposite; (*genau*) **~** (just) the other way round; **2.** *adv.* the other way round; *und* **~** and vice versa

umgraben *v/t.* dig* (up), break* up

um|haben F *v/t.* have* *s.th.* on; **~hang** *m* cape; **~hängen** *v/t.* put* around *od.* over *s.o.*'s shoulders *etc.*; *Bilder:* rehang*; **~hauen** *v/t.* fell, cut* down; F *fig.* knock out

umher *adv.* (a)round, about; **~streifen** *v/i.* roam *od.* wander around

umkehr|en 1. *v/i.* turn back; **2.** *v/t. Reihenfolge etc.:* reverse; → *umdrehen;* **~ung** *f* reversal (*a. fig.*)

umkippen 1. *v/t.* tip over, upset; **2.** *v/i.* → *umfallen*

umklammer|n *v/t.,* **~ung** *f* clasp, clutch, clench

umkleide|n *v/refl.* change (one's clothes); **~kabine** *f* changing cubicle; **~raum** *m bsd. Sport:* changing *od.* locker room; *thea.* dressing room

umkommen *v/i.* be* killed (*bei* in), die (in); F: **~ vor** be* dying with

Umkreis *m: im* **~ von** within a radius of; **~en** *v/t.* circle; *astr.* revolve around; *Satellit etc.:* orbit

umkrempeln *v/t.* roll up

Umlauf *m* circulation; *phys., tech.* rotation; *Schreiben:* circular; *im* (*in*) **~ sein** (*bringen*) be* in (put*) into circulation, circulate; **~bahn** *f* orbit; **~en** *v/i.* circulate

umlegen *v/t. Schal etc.:* put* on; *verlegen:* move; *Kosten:* share; *Hebel etc.:* pull; *sl. töten:* do* *s.o.* in, bump *s.o.* off

umleit|en *v/t.* divert; **~ung** *f* diversion, *Am.* detour

umliegend *adj.* surrounding

umnachtet *adj.: geistig* **~** mentally deranged

um|packen *v/t.* repack; **~pflanzen** *v/t. Topfblumen etc.:* repot

umrahmen *v/t.* frame; *musikalisch* **~** put* into a musical setting

umrand|en *v/t.,* **~ung** *f* edge, border

umräumen *v/t.* rearrange

umrechn|en *v/t.* convert (*in* into); **~ung** *f* conversion; **~ungskurs** *m* exchange rate

um|reißen *v/t.* tear* (*j-n:* knock) down; **~ringen** *v/t.* surround

Um|riss *m* outline (*a. fig.*), contour; **~rühren** *v/t.* stir; **~rüsten** *tech. v/t.* convert (*auf* to); **~satteln** F *fig. v/i.:* **~ von ... auf** switch from ... to; **~satz** *econ. m* sales *pl.*

umschalten *v/t. u. v/i.* switch (over) (*auf* to) (*a. fig.*)

umschauen *v/refl.* → *umsehen*

Umschlag *m Brief~:* envelope; *Hülle:* cover, wrapper; *Buch~:* jacket; *an der Hose:* turn-up, *Am. a.* cuff; *med.* compress; *econ.* handling; **~en 1.** *v/t. Baum:* cut* down, fell; *Ärmel:* turn up; *Kragen:* turn down; *econ.* handle; **2.** *v/i. Boot etc.:* turn over, (be*) upset; *sich ändern:* change (suddenly); **~platz** *m* trading cent|re (*Am.* -er)

um|schlungen *adj.: eng* **~** clasped in a firm embrace; **~schnallen** *v/t.* buckle on

umschreib|en *v/t.* rewrite*; *Begriff etc.:* paraphrase; **~ung** *f* paraphrase

Umschrift *f Lautung:* transcription

um|schulen *v/t.* retrain; *Schüler:* transfer to another school; **~schütten** *v/t.* spill*; **~schwärmt** *adj.* idolized

Um|schweife *pl.: ohne* **~ sagen:** straight out; *tun:* straight away *od.* off; **~schwung** *m* (drastic) change; *bsd. pol. a.* swing

umsegeln *v/t.* sail round; *Erde:* circumnavigate; ⁀(e)lung *f* sailing round; circumnavigation

um|sehen *v/refl.* look around (**in e-m Laden** a shop; **nach** for); *zurückblicken*: look back (**nach** at); **sich ~ nach suchen**: be* looking for; **~setzen** *v/t.* move (*a. Schüler*); *econ.* sell*; **~** in convert (in)to; **in die Tat ~** put* into action; *sich ~* change places

umsied|eln *v/i. u. v/t.* resettle; → *umziehen*; **⁀er** *m* resettler; **⁀(e)lung** *f* resettlement

umso: **~ besser** so much the better; **~ mehr** all the more; **~ weniger** (all) the less

umsonst *adv.* free (of charge), for nothing; F for free; *vergebens*: in vain

umspannen *v/t.* span (*a. fig.*); *electr.* transform; **⁀er** *electr. m* transformer

umspringen *v/i.* shift, change (suddenly) (*a. fig.*); **~ mit** treat (badly)

Umstand *m* circumstance; *Tatsache*: fact; *Einzelheit*: detail; **unter diesen (keinen) Umständen** under the (no) circumstances; **unter Umständen** possibly; **keine Umstände machen** *j-m*: not cause any trouble; *sich*: not go* to any trouble, not put* o.s. out; **in anderen Umständen sein** be* expecting

umständlich *adj.* awkward; *kompliziert*: complicated; *Stil etc.*: long-winded; **das ist (mir) viel zu ~** that's far too much trouble (for me)

Umstands|kleid *n* maternity dress; **~wort** *gr. n* adverb

Umstehenden *pl.* the bystanders *pl.*

umsteigen *v/i.* change (**nach** for); *rail. a.* change trains (for)

umstell|en *v/t. allg.* change (**auf** to), make* a change *od.* changes in; *bsd. tech. a.* switch (over) (to), convert (to); *anpassen*: adjust (to); *neu ordnen*: rearrange (*a. Möbel*), reorganize; *Uhr*: reset*; *umzingeln*: surround; **sich ~ auf** change *od.* switch (over) to; *anpassen*: adjust (o.s.) to; get* used to; **⁀ung** *f* change; switch, conversion; adjustment; rearrangement, reorganization

um|stimmen *v/t.*: **j-n ~** change s.o.'s mind; **~stoßen** *v/t.* knock over; *Dinge: a.* upset* (*a. fig. Pläne*)

umstritten *adj.* controversial

Um|sturz *m* overthrow; **⁀stürzen** *v/i.* overturn, fall* over

Umtausch *m*, **⁀en** *v/t.* exchange (**gegen** for)

umwälz|end *adj.* revolutionary; **⁀ung** *fig. f* radical change

umwand|eln *v/t. allg.* turn (**in** into), transform (into); *bsd. chem., electr., phys. a.* convert (in)to; **⁀ler** *m* converter; **⁀lung** *f* transformation, conversion

Umweg *m* roundabout route *od.* way (*a. fig.*); *bsd. mot. a.* detour; **ein ~ von 10 Minuten** ten minutes out of the way; *fig.* **auf ~en** in a roundabout way

Umwelt *f* environment; **~... in Zssgn** *mst* environmental ...; **~forscher** *m* ecologist; **~forschung** *f* ecology; **⁀freundlich** *adj.* environment-friendly, non-polluting; **⁀schädlich** *adj.* harmful, noxious, polluting; **~schutz** *m* conservation, environmental protection, pollution control; **~schützer** *m* environmentalist, conservationist; **~schutzpapier** *n* recycled paper; **~sünder** *m* (environmental) polluter; **~verschmutzer** *m* polluter; **~verschmutzung** *f* (environmental) pollution; **~zerstörung** *f* ecocide

umwerfen *v/t.* knock over *od.* down (F *fig.* out); *Dinge: a.* upset*

umziehen 1. *v/i.* move (**nach** to); 2. *v/refl.* change (one's clothes)

umzingeln *v/t.* surround, encircle

Umzug *m* move (**nach** to), removal (to); *Festzug*: parade

unab|hängig *adj.* independent (**von** of); **~ davon, ob** regardless of whether; **⁀hängigkeit** *f* independence (**von** from); **~sichtlich** *adj.* unintentional; **~wendbar** *adj.* inevitable

unachtsam *adj.* careless, negligent; **⁀keit** *f* carelessness, negligence

unan|fechtbar *adj.* indisputable; **~gebracht** *adj.* inappropriate; **~ sein** be* out of place; **~gemessen** *adj.* unreasonable; *unzureichend*: inadequate; **~genehm** *adj.* unpleasant; *peinlich*: embarrassing; **~nehmbar** *adj.* unacceptable; **⁀nehmlichkeiten** *pl.* trouble *sg.*, difficulties *pl.*; **~sehnlich** *adj.* unsightly; **~ständig** *adj.* indecent, *stärker*: obscene; **~tastbar** *adj.* unimpeachable

unappetitlich *adj.* unappetizing, F. nasty (*a. fig.*)

Unart f bad habit; ⁓ig adj. naughty, bad
unauf|dringlich adj. unobtrusive; ⁓fällig adj. inconspicuous, unobtrusive; ⁓findbar adj. undiscoverable, untraceable; ⁓gefordert adv. without being asked, of one's own accord; ⁓hörlich adj. continuous; ⁓merksam adj. inattentive; ⁒merksamkeit f inattention, inattentiveness; ⁓richtig adj. insincere
unaus|löschlich adj. indelible; ⁓stehlich adj. unbearable
unbarmherzig adj. merciless
unbe|absichtigt adj. unintentional; ⁓achtet adj. unnoticed; ⁓aufsichtigt adj. unattended; ⁓baut adj. undeveloped; ⁓dacht adj. thoughtless; ⁓denklich 1. adj. safe; 2. adv. without hesitation; ⁓deutend adj. insignificant; geringfügig: a. minor; ⁓dingt 1. adj. unconditional, absolute; 2. adv. by all means, absolutely; brauchen: badly; ⁓fahrbar adj. impassable; ⁓fangen adj. unparteiisch: unprejudiced, unbias(s)ed; ohne Hemmung: unembarrassed; ⁓friedigend adj. unsatisfactory; ⁓friedigt adj. dissatisfied; enttäuscht: disappointed; ⁓gabt adj. untalented; ⁓greiflich adj. inconceivable, incomprehensible; ⁓grenzt adj. unlimited, boundless; ⁓gründet adj. unfounded; ⁓hagen n uneasiness, discomfort; ⁓haglich adj. uneasy, uncomfortable; ⁓helligt adj. unmolested; ⁓herrscht adj. uncontrolled, lacking self-control; ⁓holfen adj. clumsy, awkward; ⁓irrt adj. unwavering; ⁓kannt adj. unknown; ⁓kannte math. f unknown quantity; ⁓kümmert adj. light-hearted, cheerful; ⁓lehrbar adj.: er ist ⁓ he'll never learn; ⁓liebt adj. unpopular; er ist überall ⁓ nobody likes him; ⁓mannt adj. unmanned; ⁓merkt adj. unnoticed; ⁓nutzt adj. unused; ⁓quem adj. uncomfortable; lästig: inconvenient; ⁓rechenbar adj. unpredictable; ⁓rechtigt adj. unauthorized; ungerechtfertigt: unjustified; ⁓schädigt adj. undamaged; ⁓scheiden adj. immodest; ⁓schränkt adj. unlimited, Macht etc.: a. absolute; ⁓schreiblich adj. indescribable; ⁓sehen adv. unseen; ⁓siegbar adj. invincible; ⁓sonnen adj. thoughtless, imprudent; überstürzt: rash; ⁓ständig adj. unstable; Wetter: changeable, unsettled; ⁓stätigt adj. unconfirmed; ⁓stechlich adj. incorruptible; fig. unerring; ⁓stimmt adj. indefinite (a. gr.); unsicher: uncertain; Gefühl etc.: vague; ⁓streitbar adj. indisputable; ⁓stritten adj. undisputed; ⁓teiligt adj. nicht verwickelt: not involved; gleichgültig: indifferent; ⁓tont adj. unstressed

unbeugsam adj. inflexible
unbe|wacht adj. unwatched, unguarded (a. fig.); ⁓waffnet adj. unarmed; ⁓weglich adj. immovable; bewegungslos: motionless; ⁓wohnbar adj. uninhabitable; ⁓wohnt adj. uninhabited; Gebäude: unoccupied, vacant; ⁓wusst adj. unconscious; ⁓zahlbar fig. adj. invaluable, priceless (a. komisch)
un|blutig 1. adj. bloodless; 2. adv. without bloodshed; ⁓brauchbar adj. useless
und cj. and; F: na ⁓? so what?
undankbar adj. ungrateful (gegen to); Aufgabe: thankless; ⁒keit f ingratitude, ungratefulness
un|definierbar adj. nondescript; ⁓denkbar adj. unthinkable; ⁓deutlich adj. indistinct; Sprache: a. inarticulate; fig. vague; ⁓dicht adj. leaky
unduldsam adj. intolerant; ⁒keit f intolerance
undurch|dringlich adj. impenetrable; ⁓führbar adj. impracticable; ⁓lässig adj. impervious, impermeable; ⁓sichtig adj. opaque; fig. mysterious
uneben adj. uneven; ⁒heit f unevenness; Stelle: bump
un|echt adj. false; künstlich: artificial; imitiert: imitation; F contp. vorgetäuscht: fake, phon(e)y; ⁓ehelich adj. illegitimate; ⁓ehrenhaft adj. dishono(u)rable; ⁓ehrlich adj. dishonest; ⁓eigennützig adj. unselfish
uneinig adj.: (sich) ⁓ sein disagree (über on); ⁒keit f disagreement
un|einnehmbar adj. impregnable; ⁓empfänglich adj. insusceptible (für to); ⁓empfindlich adj. insensitive (gegen to); haltbar: durable
unendlich adj. infinite; endlos: endless, never-ending; ⁒keit f infinity (a. fig.)
unent|behrlich adj. indispensable; ⁓geltlich adj. u. adv. free (of charge);

~schieden *adj.* undecided; **~ enden** end in a draw *od.* tie; *es steht* **~** the score is even; **♀schieden** *n* draw, tie; **~schlossen** *adj.* irresolute; **~schuldbar** *adj.* inexcusable; **~wegt** *adv.* untiringly; *unaufhörlich:* continuously
unerǀfahren *adj.* inexperienced; **~freulich** *adj.* unpleasant; **~füllt** *adj.* unfulfilled; **~giebig** *adj.* unproductive; **~heblich** *adj.* irrelevant (*für* to); *geringfügig:* insignificant; **~hört** *adj.* outrageous; **~kannt** *adj.* unrecognized; **~klärlich** *adj.* inexplicable; **~lässlich** *adj.* essential; **~laubt** *adj.* unallowed; *unbefugt:* unauthorized; **~ledigt** *adj.* unsettled (*a. econ.*); **~messlich** *adj.* immeasurable, immense; **~müdlich** *adj. Person:* indefatigable; *Anstrengungen:* untiring; **~reichbar** *adj.* inaccessible; *bsd. fig.* unattainable; **~reicht** *adj.* unequal(l)ed; **~sättlich** *adj.* insatiable; **~schlossen** *adj.* undeveloped; **~schöpflich** *adj.* inexhaustible; **~schütterlich** *adj.* unshakable; **~schwinglich** *adj. Preise:* exorbitant; *für j-n* **~** *sein* be* beyond s.o.'s means; **~setzlich** *adj.* irreplaceable; *Schaden etc.:* irreparable; **~träglich** *adj.* unbearable; **~wartet** *adj.* unexpected; **~wünscht** *adj.* unwanted
unfähig *adj.* incapable (*zu tun* of doing), incompetent (*a. beruflich*); *außerstande:* unable (*to inf.*); **♀keit** *f* incapacity, incompetence; inability
Unfall *m* accident; *Verkehrs♀: a.* crash; **~stelle** *f* scene of the accident
unǀfehlbar *adj.* infallible (*a. rel.*); *Instinkt etc.:* unfailing; **~förmig** *adj.* shapeless; *missgestaltet:* misshapen; *stärker:* monstrous; **~frankiert** *adj.* unstamped; **~frei** *adj.* unfree; *post ♀:* unpaid; **~freiwillig** *adj.* involuntary; *Humor:* unconscious; **~freundlich** *adj.* unfriendly (*zu* to), unkind (to); *Zimmer, Tag:* cheerless; **♀frieden** *m* discord; **~** *stiften* make* mischief
unfruchtbar *adj.* infertile; **♀keit** *f* infertility
Unfug *m* nonsense; **~** *treiben* be* up to mischief, fool around
Ungarǀ(in), **♀isch** *adj.* Hungarian; **~n** Hungary
ungastlich *adj.* inhospitable
ungeǀachtet *prp.* regardless of; *trotz:* despite; **~ahnt** *adj.* unthought-of; **~beten** *adj.* uninvited, unasked; **~er** *Gast* intruder; **~bildet** *adj.* uneducated; **~boren** *adj.* unborn; **~bräuchlich** *adj.* uncommon, unusual; **~bührlich** *adj.* unseemly; **~bunden** *fig. adj.* free, independent; *frei und* **~** footloose and fancy-free; **~deckt** *adj. Scheck:* uncovered; *Sport:* unmarked
Ungeduld *f* impatience; **♀ig** *adj.* impatient
ungeeignet *adj.* unfit; *Person: a.* unqualified
ungefähr 1. *adj.* approximate; *Vorstellung etc.: a.* rough; **2.** *adv.* approximately, roughly, about, around, ... or so; *so* **~** something like that
ungefährlich *adj.* harmless; *sicher:* safe
Ungeheuer *n* monster (*a. fig.*)
ungeheuer 1. *adj.* enormous (*a. fig.*), huge, vast; **2.** *adv.:* **~** *reich etc.* enormously rich *etc.*; **~lich** *adj.* monstrous
ungeǀhindert *adj. u. adv.* unhindered; **~hobelt** *fig. adj.* uncouth, rough; **~hörig** *adj.* improper, unseemly
ungehorsam *adj.* disobedient
Ungehorsam *m* disobedience
ungeǀkocht *adj.* uncooked; **~künstelt** *adj.* unaffected; **~kürzt** *adj.* unabridged
ungelegen *adj.* inconvenient; *j-m* **~** *kommen* be* inconvenient for s.o.
ungeǀlenk *adj.* awkward, clumsy; **~lernt** *adj.* unskilled; **~mütlich** *adj.* uncomfortable; F: **~** *werden* get* nasty
ungenau *adj.* inaccurate; *fig.* vague; **♀igkeit** *f* inaccuracy
ungeniert *adj.* uninhibited
ungeǀnießbar *adj.* uneatable; undrinkable; F *Person:* unbearable; **~nügend** *adj.* insufficient; *Leistung: a.* poor, unsatisfactory; *Note: a.* F; **~pflegt** *adj.* neglected; *Person:* untidy, unkempt; **~rade** *adj.* uneven; *Zahl:* odd
ungerecht *adj.* unfair, unjust; **♀igkeit** *f* injustice, unfairness
unǀgern *adv. widerwillig:* unwillingly; *et.* **~** *tun* hate *od.* not like to do s.th.; **~geschehen** *adj.:* **~** *machen* undo*
ungeǀschickt *adj.* awkward, clumsy; **~schliffen** *adj. Diamant etc.:* uncut; *Marmor etc., Benehmen etc.:* unpolished; **~schminkt** *adj.* without make-

ungesetzlich 576

-up; *fig.* unvarnished, plain; **~setzlich** *adj.* illegal, unlawful; **~stört** *adj.* undisturbed, uninterrupted; **~straft** *adj.*: **~ davonkommen** get* off unpunished (F scot-free); **~sund** *adj.* unhealthy (*a. fig.*); **~teilt** *adj.* undivided (*a. fig.*); **2tüm** *n* monster; *fig. a.* monstrosity
ungewiss *adj.* uncertain; *j-n im* **2en lassen** keep* s.o. in the dark (*über* about); **2heit** *f* uncertainty
unge|wöhnlich *adj.* unusual; **~wohnt** *adj.* strange, unfamiliar; *unüblich:* unusual; **2ziefer** *n* vermin; **~zogen** *adj.* naughty, bad; *verzogen:* spoilt; **~zwungen** *adj.* relaxed, informal; *Person: a.* easygoing
ungläubig *adj.* incredulous, unbelieving (*a. rel.*)
unglaub|lich *adj.* incredible, unbelievable; **~würdig** *adj.* untrustworthy; *bsd. pol. a.* not credible; *Geschichte, Entschuldigung:* incredible
ungleich *adj.* unequal, different; *unähnlich:* unlike; **~mäßig** *adj.* uneven; *unregelmäßig:* irregular
Unglück *n* bad luck, misfortune; *Unfall:* accident; *stärker:* disaster; *Elend:* misery; **2lich** *adj.* unhappy; *bedauernswert:* unfortunate (*a. Umstände etc.*); **2licherweise** *adv.* unfortunately
ungültig *adj.* invalid, F no good; *für* **~ erklären** invalidate; *bsd. jur.* nullify
Un|gunst *f: zu j-s* **~en** to s.o.'s disadvantage; **2günstig** *adj.* unfavo(u)rable; *nachteilig:* disadvantageous
un|gut *adj.*: **~es Gefühl** misgivings *pl.* (*bei et.* about s.th.); *nichts für* **~!** no offen|ce (*Am.* -se) meant!; **~haltbar** *fig. Argument etc:* untenable; *Zustände:* intolerable; *Torschuss:* unstoppable; **~handlich** *adj.* unwieldy
Unheil *n* mischief; *Übel:* evil; *Unglück:* disaster; **2bar** *adj.* incurable; **2voll** *adj.* disastrous; *Blick etc.:* sinister
unheimlich 1. *adj.* creepy, spooky, eerie; F *fig.* tremendous; **2.** F *adv.*: **~ gut** terrific, fantastic
unhöflich *adj.* impolite; *stärker:* rude; **2keit** *f* impoliteness; rudeness
un|hörbar *adj.* inaudible; **~hygienisch** *adj.* insanitary
Uniform *f* uniform
uninteress|ant *adj.* uninteresting; **~iert** *adj.* uninterested (*an* in)

Universität *f* university
Universum *n* universe
Unke *f zo.* toad; F *fig.* croaker; **2n** F *v/i.* croak
unkennt|lich *adj.* unrecognizable; **2nis** *f* ignorance
unklar *adj.* unclear; *ungewiss:* uncertain; *verworren:* confused, muddled; *im* **2en sein (lassen)** be* (leave* *s.o.*) in the dark; **2heit** *f* unclarity; uncertainty
unklug *adj.* imprudent, unwise
Unkosten *pl.* expenses *pl.*, costs *pl.*
Unkraut *n* weed; *coll.* weeds *pl.*; **~ jäten** weed (the garden)
un|kündbar *adj. Stellung:* permanent; **~längst** *adv.* lately, recently; **~leserlich** *adj.* illegible; **~logisch** *adj.* illogical; **~lösbar** *adj.* insoluble; **~männlich** *adj.* unmanly, effeminate; **~mäßig** *adj.* excessive; **2menge** *f* vast quantity *od.* number(s *pl.*) (*von* of), F loads *pl.* (of), tons *pl.* (of)
Unmensch *m* monster, brute; **2lich** *adj.* inhuman, cruel; **~lichkeit** *f* inhumanity, cruelty
un|merklich *adj.* imperceptible; **~missverständlich** *adj.* unmistakable; **~mittelbar 1.** *adj.* immediate, direct; **2.** *adv.*: **~ nach (hinter)** right after (behind); **~möbliert** *adj.* unfurnished; **~modern** *adj.* out of fashion *od.* style; **~möglich 1.** *adj.* impossible. **2.** *adv.*: *ich kann es* **~ tun** I can't possibly do it; **~moralisch** *adj.* immoral; **~mündig** *adj.* under age; **~musikalisch** *adj.* unmusical; **~nachahmlich** *adj.* inimitable; **~nachgiebig** *adj.* unyielding; **~nachsichtig** *adj.* strict, severe; **~nahbar** *adj.* standoffish, cold; **~natürlich** *adj.* unnatural (*a. fig.*); *geziert:* affected; **~nötig** *adj.* unnecessary, needless; **~nütz** *adj.* useless; **~ordentlich** *adj.* untidy; **~ sein** *Zimmer etc.*: be* (in) a mess; **2ordnung** *f* disorder, mess; **~parteiisch** *adj.* impartial, unbias(s)ed; **2parteiische** *m Sport:* referee; **~passend** *adj.* unsuitable; *unschicklich:* improper; *unangebracht:* inappropriate; **~passierbar** *adj.* impassable; **~pässlich** *adj.* indisposed, unwell; **~persönlich** *adj.* impersonal (*a. gr.*); **~politisch** *adj.* unpolitical; **~praktisch** *adj.* impractical; **~pünktlich** *adj.* unpunctual

unrecht *adj.* wrong; **zur ~en Zeit** at the wrong time; **~ sein** be* wrong; **j-m ~ tun** do* s.o. an injustice; **~** n.o. wrong

Unrecht *n* injustice, wrong; **im ~ sein, ~ haben** be* (in the) wrong; **j-m ein ~ antun** do* s.o. an injustice; **zu ~** wrong(ful)ly; **2mäßig** *adj.* unlawful

unregelmäßig *adj.* irregular (*a. gr.*); **2keit** *f* irregularity

unreif *adj.* unripe; *fig.* immature; **2e** *f* immaturity

unrein *adj.* unclean; *bsd. Wasser etc.*: a. impure (*a. rel.*); **2heit** *f* impurity

unrichtig *adj.* incorrect, wrong

Unruh|e *f* restlessness, unrest (*a. pol.*); *Besorgnis*: anxiety, alarm; **~n** *pl.* disturbances *pl.*; *stärker*: riots *pl.*; **2ig** *adj.* restless; *innerlich*: a. uneasy; *besorgt*: worried, alarmed; *See*: rough

uns *pers. pron.* (to) us; *einander*: each other; **~ (selbst)** (to) ourselves; **ein Freund von ~** a friend of ours

un|sachgemäß *adj.* improper; **~sachlich** *adj.* unobjective, unfair; **~sanft** *adj.* ungentle; *grob*: rude, rough; **~sauber** *adj.* unclean; *bsd. fig. a.* impure; *Sport*: unfair; *Methoden*: underhand; **~schädlich** *adj.* harmless; **~ machen** *fig.* eliminate; **~scharf** *adj.* Foto: blurred, out of focus; **~schätzbar** *adj.* inestimable, invaluable; **~scheinbar** *adj.* inconspicuous; *einfach*: plain; **~schicklich** *adj.* indecent; **~schlüssig** *adj.* undecided; **~schön** *adj.* unsightly; *fig.* unpleasant

Unschuld *f* innocence; *fig.* virginity; **2ig** *adj.* innocent (**an** of); **(noch) ~ sein** be* (still) a virgin

unselbstständig *adj.* dependent on others; **2keit** *f* lack of independence, dependence on others

unser *poss. pron.* our; **~er, ~e, ~es** ours

unsicher *adj.* unsafe, insecure; *ungewiss*: uncertain; *Person*: insecure, unsure of o.s.; **2heit** *f* insecurity, unsafeness; uncertainty; *Person*: insecurity

unsichtbar *adj.* invisible

Unsinn *m* nonsense; **2ig** *adj.* nonsensical, stupid; *absurd*: absurd

Unsitt|e *f* bad habit; *Missstand*: nuisance; **2lich** *adj.* immoral, indecent

un|sozial *adj.* unsocial; **~sportlich** *adj.* unfair; *Mensch*: unathletic

unsterblich 1. *adj.* immortal (*a. fig.*); **2.** *adv.*: **~ verliebt** madly in love (*in* with); **2keit** *f* immortality

Un|stimmigkeit *f* discrepancy; **~en** *pl.* disagreements *pl.*; **2sympathisch** *adj.* disagreeable; **er (es) ist mir ~** I don't like him (it); **2tätig** *adj.* inactive; *müßig*: idle; **~tätigkeit** *f* inactivity; **2tauglich** *adj.* unfit (*a. mil.*); *Person*: a. incompetent; **2teilbar** *adj.* indivisible

unten *adv.* below; *im Haus*: downstairs (*a. nach ~*); **da ~** down there; **~ auf der Seite** *etc.*: at the bottom of; **siehe ~** see below; **von oben bis ~** from top to bottom

unter *prp.* under; *örtlich, rangmäßig*: a. below; *weniger als*: a. less than; *zwischen*: among; **~ anderem** among other things; **~ uns (gesagt)** between you and me; **~ Wasser** underwater

Unter|arm *m* forearm; **2belichtet** *phot. adj.* underexposed; **2besetzt** *adj.* understaffed; **~bewusstsein** *n* subconscious; **im ~** subconsciously

unter|bieten *v/t.* underbid*; *Preis*: undercut; *Rekord*: beat*; **~binden** *fig. v/t.* put* a stop to; *verhindern*: prevent

unterbrech|en *v/t.* interrupt; **2ung** *f* interruption

unterbring|en *v/t. j-n*: accommodate, put* s.o. up; *Dinge*: stow (away), put* (*in* into); **2ung** *f* accommodation

unterdessen *adv.* in the meantime, meanwhile

unterdrück|en *v/t. Volk etc.*: oppress; *Gefühl etc.*: suppress; **2er** *m* oppressor; **2ung** *f* oppression; suppression

untere *adj.* lower (*a. fig.*)

unter|entwickelt *adj.* underdeveloped; **~ernährt** *adj.* undernourished, underfed; **2ernährung** *f* undernourishment, malnutrition

Unter|führung *f* underpass, *Brt. a.* subway; **~gang** *m* Sonne *etc.*: setting; *naut.* sinking; *fig.* downfall; *allmählicher*: decline; *e-s Reiches etc.*: fall; **2gehen** *v/i.* go* down (*a. fig.*); Sonne *etc.*: a. set*; *naut.* a. sink*

untergeordnet *adj.* subordinate; *zweitrangig*: secondary

untergraben *fig. v/t.* undermine

Untergrund *m* subsoil; *pol.* underground (*a. in Zssgn*); **in den ~ gehen** go underground; **~bahn** *f* → **U-Bahn**

unterhalb *prp.* below, under

Unterhalt m support, maintenance (a. jur.); ⁓en v/t. Publikum etc.: entertain; Familie etc.: support; sich ⁓ (mit) talk (to, with); sich (gut) ⁓ enjoy o.s., have a good time; ⁓sam adj. entertaining; ⁓ung f talk, conversation; Vergnügen: entertainment (a. TV etc.); ⁓ungsbranche f show business

Unter|händler m negotiator; ⁓haus Brt. parl. n House of Commons; ⁓hemd n vest, Am. undershirt; ⁓holz n undergrowth; ⁓hose f underpants pl., bsd. Am. shorts pl.; Damen⁓: pants pl., Am. panties pl.; (e-e) lange ⁓ (a pair of) longjohns pl.; ⁓irdisch adj. underground; ⁓kiefer m lower jaw; ⁓kleid n slip

unterkommen v/i. find* accommodation; find* work od. a job (bei with)

Unter|kunft f accommodation, lodging(s pl.); mil. quarters pl.; ⁓ und Verpflegung board and lodging; ⁓lage f tech. base; Schreib⁓: pad; ⁓n pl. documents pl.; Angaben: data pl.

unterlass|en v/t. fail to do s.th.; aufhören mit: stop od. quit* doing s.th.; ⁓ung f omission (a. jur.).

unterlegen¹ v/t. underlay*

unterlegen² adj. inferior (dat. to); ⁓e m, f loser; Schwächere: underdog; ⁓heit f inferiority

Unter|leib m abdomen, belly; ⁓liegen v/i. be* defeated (j-m by s.o.), lose* (to s.o.); fig. be* subject to; ⁓lippe f lower lip; ⁓mieter(in) lodger, subtenant, Am. a. roomer

unternehmen v/t. Reise etc.: make*, take*, go* on; et. ⁓ do* s.th. (gegen about s.th.), take* action (against s.o.)

Unternehm|en n firm, business; Vorhaben: undertaking, enterprise; mil. operation; gewagtes ⁓ venture, risky undertaking; ⁓ensberater m management consultant; ⁓er m businessman, entrepreneur; Arbeitgeber: employer; ⁓ungslustig adj. active, dynamic; abenteuerlustig adventurous

Unter|offizier mil. m non-commissioned officer; ⁓ordnen v/t. u. v/refl. subordinate (o.s.) (dat. to)

Unterredung f talk (pl.)

Unterricht m instruction, teaching; Schul⁓: school, classes pl., lessons pl.; ⁓en v/i. u. v/t. teach*; Stunden geben: give* lessons; informieren: inform (über of); ⁓sstunde f lesson, Schule: a. class, period

Unterrock m slip

untersagen v/t. prohibit

Untersatz m → Untersetzer

unter|schätzen v/t. underestimate; Können etc.: a. underrate; ⁓scheiden v/t. u. v/i. distinguish (zwischen between; von from); auseinanderhalten: a. tell* apart; sich ⁓ differ (von from; in in; durch by); ⁓scheidung f distinction

Unterschied m difference; im ⁓ zu unlike, as opposed to; ⁓lich adj. different; schwankend: varying

unterschlag|en v/t. Geld: embezzle; fig. hold* back; ⁓ung f embezzlement

Unterschlupf m hiding place

unter|schreiben v/t. u. v/i. sign; ⁓schrift f signature; Bild⁓: caption

Unterseeboot n → U-Boot

Untersetzer m für Gläser: coaster; für Blumentopf: saucer

untersetzt adj. thickset, stocky

Unterstand m shelter, mil. a. dugout

unter|stehen 1. v/i. be* under (the control of); **2.** v/refl. dare; ⁓ Sie sich (et. zu tun)! don't you dare ([to] do s.th.)!; ⁓stellen v/t. put* s.th. in; lagern: store; annehmen: assume; sich ⁓ take* shelter; j-m ⁓, dass er ... insinuate that s.o. ...; ⁓stellung f insinuation; ⁓streichen v/t. underline (a. fig.)

unterstütz|en v/t. support; bsd. ideell: a. back (up); ⁓ung f support; bsd. soziale, staatliche: a. aid; Fürsorge: welfare (payments pl.)

untersuch|en v/t. examine (a. med.), investigate (a. jur.); Gepäck etc.: search; chem. analyze; ⁓ung f examination (a. med.), investigation (a. jur.); med. a. (medical) checkup; chem. analysis

Untersuchungs|gefangene m prisoner on remand; ⁓gefängnis n remand prison; ⁓haft f: in ⁓ sein be* on remand; ⁓richter m examining magistrate

Unter|tan m subject; ⁓tasse f saucer; ⁓tauchen v/i. u. v/t. dive*, submerge (a. U-Boot); j-n: duck; fig. disappear; bsd. pol. go* underground; ⁓teil n, m lower part, bottom

unterteil|en v/t. subdivide; **₂ung** f subdivision

Unter|titel m subtitle; **~ton** m undertone; **~treibung** f understatement; **₂vermieten** v/t. sublet*; **₂wandern** v/t. infiltrate; **~wäsche** f underwear; **~wasser...** in Zssgn underwater...; **₂wegs** adv. on the od. one's way (**nach** to); **viel ~ sein** be* away a lot

unterweis|en v/t. instruct; **₂ung** f instruction

Unterwelt f underworld (a. fig.)

unterwerf|en v/t. subject (dat. to); **sich ~** submit (to); **₂ung** f subjection; submission (**unter** to)

unterwürfig adj. servile; **₂keit** f servility

unterzeichn|en v/t. sign; **₂ete(r)** the undersigned; **₂ung** f signing

unterzieh|en v/t. Kleidung: put* s.th. on underneath; **sich ~** e-r Behandlung etc.: undergo*; e-r Prüfung: take*

Untiefe f shallow, shoal

un|tragbar adj. unbearable, intolerable; **~trennbar** adj. inseparable; **~treu** adj. unfaithful (dat. to); **~tröstlich** adj. inconsolable; **~trüglich** adj. unmistakable

Untugend f vice, bad habit

unüber|legt adj. thoughtless; **~sichtlich** adj. Kurve etc.: blind; komplex: intricate; **~trefflich** adj. unsurpassable, matchless; **~windlich** adj. Schwierigkeiten etc.: insuperable

unum|gänglich adj. inevitable; **~schränkt** adj. unlimited; pol. absolute; **~stritten** adj. undisputed; **~wunden** adj. straight out, frankly

ununterbrochen adj. uninterrupted; ständig: continuous

unver|änderlich adj. unchanging; **~antwortlich** adj. irresponsible; **~besserlich** adj. incorrigible; **~bindlich** adj. Angebot etc.: not binding; Art etc.: noncommittal; **~daulich** adj. indigestible (a. fig.); **~dient** adj. undeserved; **~dorben** adj. unspoiled; fig.: a. uncorrupted; rein: pure, innocent; **~dünnt** adj. undiluted; Drink: neat, Am. straight; **~einbar** adj. incompatible; **~fälscht** adj. unadulterated; fig. genuine; **~fänglich** adj. harmless; **~froren** adj. brazen, impertinent; **~gänglich** adj. immortal, eternal; **~gesslich** adj. unforgettable; **~gleichlich** adj. incomparable; **~hältnismäßig** adv. disproportionately; **~hoch** excessive; **~heiratet** adj. unmarried, single; **~hofft** adj. unhoped-for; unerwartet: unexpected; **~hohlen** adj. unconcealed; **~käuflich** adj. not for sale; nicht gefragt: unsal(e)able; **~kennbar** adj. unmistakable; **~letzt** adj. unhurt; **~meidlich** adj. inevitable; **~mindert** adj. undiminished; **~mittelt** adj. abrupt

Unvermögen n inability, incapacity; **₂d** without means

unver|mutet adj. unexpected; **~nünftig** adj. unreasonable; töricht: foolish; **~richtet**: **~er Dinge** without having achieved anything

unverschämt adj. rude, impertinent; Preis etc.: outrageous; **~ werden** a. zudringlich: get* fresh; **₂heit** f impertinence (a. Bemerkung); **die ~ haben zu** have* the nerve to

unver|schuldet adj. through no fault of one's own; **~sehens** adv. unexpectedly, all of a sudden; **~sehrt** adj. unhurt; Sache: undamaged; **~söhnlich** adj. irreconcilable (a. fig.); **~sorgt** adj. unprovided for; **~standen** adj. (sich fühlen feel*) misunderstood; **~ständlich** adj. unintelligible; **es ist mir ~** I can't see how od. why, F it beats me; **~sucht**: **nichts ~ lassen** leave* nothing undone; **~wundbar** adj. invulnerable; **~wüstlich** adj. indestructible; **~zeihlich** adj. inexcusable; **~züglich** **1.** adj. immediate, prompt; **2.** adv. immediately, without delay

unvollendet adj. unfinished

unvollkommen adj. imperfect; **₂heit** f imperfection

unvollständig adj. incomplete

unvor|bereitet adj. unprepared; **~eingenommen** adj. unbias(s)ed, unprejudiced; **~hergesehen** adj. unforeseen; **~hersehbar** adj. unforeseeable; **~sichtig** adj. careless; **₂sichtigkeit** f carelessness; **~stellbar** adj. inconceivable; undenkbar: unthinkable; **~teilhaft** adj. unprofitable; Kleid etc.: unbecoming

unwahr adj. untrue; **₂heit** f untruth; **~scheinlich** adj. improbable, unlikely; F toll: fantastic

un|wegsam adj. Gelände: difficult, rough; **~weigerlich** adv. inevitably; **~weit** prp. not far from; **~wesentlich** adj. irrelevant; geringfügig: negligible; **2wetter** n disastrous (thunder)storm; **~wichtig** adj. unimportant
unwider|legbar adj. irrefutable; **~ruflich** adj. irrevocable; **~stehlich** adj. irresistible
Unwill|e(n) m indignation (*über* at); **2ig** adj. indignant (*über* at); **widerwillig**: unwilling, reluctant
unwillkürlich adv. involuntarily
unwirk|lich adj. unreal; **~sam** adj. ineffective; jur. etc. inoperative
unwirsch adj. surly, gruff, unfriendly
unwirt|lich adj. inhospitable; **~schaftlich** adj. uneconomic(al)
unwissen|d adj. ignorant; **2heit** f ignorance
un|wohl adj. unwell; unbehaglich: uneasy; **~würdig** adj. unworthy (gen. of); **~zählig** adj. innumerable, countless; **~zeitgemäß** adj. old-fashioned
unzer|brechlich adj. unbreakable; **~reißbar** adj. untearable; **~störbar** adj. indestructible; **~trennlich** adj. inseparable
Un|zucht jur. f sexual offen|ce, Am. -se; **2züchtig** adj. indecent; Literatur etc.: obscene
unzufrieden adj. discontent(ed) (*mit* with), dissatisfied (with); **2heit** f discontent, dissatisfaction
unzu|gänglich adj. inaccessible; **~länglich** adj. inadequate; **~lässig** adj. inadmissible; **~mutbar** adj. unacceptable
unzurechnungsfähig adj. irresponsible; **2keit** f irresponsibility
unzu|reichend adj. insufficient; **~sammenhängend** adj. incoherent; **~verlässig** adj. unreliable; Methode etc.: uncertain

üppig adj. luxuriant, lush (*beide a. fig. Leben etc.*); Figur: a. voluptuous, luscious; Mahl: opulent; gehaltvoll: rich
uralt adj. ancient (*a. fig. iro.*)
Uran n uranium
Ur|aufführung f première, first performance (*Film*: showing); **2bar** adj. arable; **~ machen** cultivate; Wüste etc.: reclaim; **~bevölkerung** f, **~einwohner** pl. aboriginal inhabitants pl.; Australiens: Aborigines pl.; **~enkel(in)** great-grand|son (-daughter); **~groß...** in Zssgn Eltern, Mutter, Vater: great-grand...; **~heberrechte** pl. copyright sg. (*an* on, *for*)
Urin m urine; **2ieren** v/i. urinate
Urkunde f document; Zeugnis, Ehren2: diploma; **~nfälschung** f forgery of documents
Urlaub m Ferien: holiday(s pl.), bsd. Am. vacation; bsd. amtlich, mil.: leave; *in od. im ~ sein* (*auf ~ gehen*) be* (go*) on holiday (Am. a. vacation); *e-n Tag* (*ein paar Tage*) *~ nehmen* take* a day (a few days) off; **~er** m holidaymaker, bsd. Am. vacationist, vacationer
Urne f urn; Wahl2: ballot box
Ur|sache f cause; Grund: reason; *keine ~!* not at all, you're welcome; **~sprung** m origin; *germanischen ~s* of Germanic origin; **2sprünglich** adj. original; natürlich: natural, unspoilt
Urteil n judg(e)ment (*a. ~svermögen*); jur. Strafmaß: sentence; *sich ein ~ bilden* form a judg(e)ment (*über* about); **2en** v/i. judge (*über j-n, et.* s.o., s.th.; *nach* by)
Ur|wald m primeval forest; Dschungel: jungle; **2wüchsig** adj. coarse, earthy; **~zeit** f prehistoric times pl.
usw. *Abk. für* und so weiter etc., and so on
Utensilien pl. utensils pl.
Utop|ie f illusion; **2isch** adj. utopian; Plan etc.: fantastic

V

Vagabund *m* vagabond, tramp, *Am. sl.* hobo, bum
vage *adj.* vague
Vakuum *n* vacuum (*a. in Zssgn*)
Vampir *zo. m* vampire (*a. fig.*)
Vanille *f* vanilla (*a. in Zssgn*)
variabel *adj.* variable
Varia|nte *f* variant; **₂tion** *f* variation
Varietee *n* variety theatre, music hall, *Am.* vaudeville theater
variieren *v/i. u. v/t.* vary
Vase *f* vase
Vater *m* father; **~land** *n* native country; **~landsliebe** *f* patriotism
väterlich *adj.* fatherly, paternal
Vaterunser *rel. n* Lord's Prayer
v. Chr. *Abk. für* **vor Christus** BC, before Christ
V-Ausschnitt *m* V-neck
Veget|arier(in), **₂arisch** *adj.* vegetarian; **~ation** *f* vegetation; **₂ieren** *v/i.* vegetate
Veilchen *n* violet
Velo *n Schweiz:* bicycle, F bike
Ventil *n* valve; *fig.* vent, outlet; **~ation** *f* ventilation; **~ator** *m* fan
verab|reden *v/t.* agree (up)on, arrange; *Ort, Zeit: a.* appoint; *bsd. sich* ~ make* a date (*bsd. geschäftlich:* an appointment) (**mit** with); **₂redung** *f* appointment; *bsd. private:* date; **~reichen** *v/t.* give*; *med.* administer; **~scheuen** *v/t.* loathe, detest; **~schieden** *v/t.* say* goodbye to (*a. sich* ~ **von**); *entlassen:* dismiss; *Gesetz:* pass; **₂schiedung** *f* dismissal; passing
ver|achten *v/t.* despise; **~ächtlich** *adj.* contemptuous; **₂achtung** *f* contempt; **~allgemeinern** *v/t.* generalize; **~altet** *adj.* antiquated, out of date
Veranda *f* veranda(h), *Am.* porch
veränder|lich *adj.* changeable (*a. Wetter*), variable (*a. math., gr.*); **~n** *v/t. u. v/refl.*, **₂ung** *f* change
verängstigt *adj.* frightened, scared
veranlag|en *v/t.* assess; **~t** *adj.* inclined (**zu**, **für** to); *künstlerisch (musikalisch)* ~ **sein** have* a gift *od.* bent for art (music); **₂ung** *f* (pre)disposition (*a. med.*); talent, gift; *steuerliche:* assessment
veranlass|en *v/t. et.*: make* arrangements (*od.* arrange) for; *j-n zu et.* ~ make* s.o. do s.th.; **₂ung** *f* cause (**zu** for)
veranschaulichen *v/t.* illustrate; **~anschlagen** *v/t.* estimate (**auf** at)
veranstalt|en *v/t.* arrange, organize; *Konzert etc.:* give*; **₂ung** *f* event; *Sport: a.* meeting, *Am.* meet
verantwort|en *v/t.* take* the responsibility for; **~lich** *adj.* responsible; *j-n* ~ **machen für** hold* s.o. responsible for
Verantwortung *f* responsibility; *auf eigene* ~ at one's own risk; *zur* ~ *ziehen* call to account; **~sbewusstsein**, **~sgefühl** *n* sense of responsibility; **₂slos** *adj.* irresponsible
ver|arbeiten *v/t.* process, *fig.* digest; *et.* ~ **zu** manufacture (*od.* make*) s.th. into; **~ärgern** *v/t.* make* *s.o.* angry, annoy; **~armt** *adj.* impoverished; **~arschen** *sl. v/t.: j-n* ~ take the mickey out of s.o.; **~ausgaben** *v/refl.* overspend*; *fig.* exhaust o.s.
Verb *gr. n* verb
Verband *m med.* dressing, bandage; *Vereinigung:* association; *mil.* formation, unit; **~(s)kasten** *m* first-aid kit *od.* box; **~(s)zeug** *n* dressing material
verbannen *v/t.* banish (*a. fig.*), exile; **₂ung** *f* banishment, exile
ver|barrikadieren *v/t.* barricade; *Straße etc.:* block; **~bergen** *v/t.* hide* (*a. sich* ~), conceal
verbessern *v/t.* improve; *berichtigen:* correct; **₂ung** *f* improvement, correction
verbeug|en *v/refl.*, **₂ung** *f* bow (**vor** to)
ver|biegen *v/t.* twist; **~bieten** *v/t.* forbid*; *amtlich:* prohibit; **~billigen** *v/t.* reduce in price; **~billigt** *adj.* reduced, at reduced prices
verbind|en *v/t. med. Wunde:* dress, bandage; *j-n:* bandage s.o. up; *mit et., a. tech.:* connect, join, link (up); *tel.* put* s.o. through (**mit** to); *kombinieren:* combine (*a. chem. sich* ~); *vereinen:* unite; *Vorstellung etc.:* associ-

verbindlich

ate; *j-m die Augen ~* blindfold s.o.; *damit sind beträchtliche Kosten verbunden* that involves considerable cost; *falsch verbunden!* wrong number!; **~lich** *adj.* obligatory, compulsory (*a. Schulfach*); *gefällig:* obliging; **2lichkeit** *f* obligingness; *pl. econ.* liabilities *pl.*

Verbindung *f allg.* connection; *Kombination:* combination; *chem.* compound; *univ.* society, *Am.* fraternity; *sich in ~ setzen mit* get* in touch with; *in ~ stehen* (*bleiben*) be* (keep*) in touch

ver|bissen *adj.* dogged; **~bitten** *v/t.: das verbitte ich mir!* I won't stand for that!

verbitter|t *adj.* bitter, embittered; **2ung** *f* embitterment, bitterness

verblassen *v/i.* fade (*a. fig.*)

Verbleib *m* whereabouts *pl.*; **2en** *v/i.* remain

verbleit *adj. Benzin:* leaded

verblend|et *fig. adj.* blind; **2ung** *fig. f* blindness

verblichen *adj. Farbe:* faded

verblüff|en *v/t.* amaze, baffle, F flabbergast; **2ung** *f* amazement, bafflement

verblühen *v/i.* fade, wither (*beide a. fig.*); **~bluten** *v/i.* bleed* to death

verborgen *adj.* hidden, concealed; *im* **2en** in secret

Verbot *n* prohibition, ban (on *s.th.*); **2en** *adj.: Rauchen ~* no smoking

Verbrauch *m* consumption (*an* of); **2en** *v/t.* consume, use up; **~er** *m* consumer; **~erschutz** *m* consumer protection; **2t** *adj.* used up (*a. fig.*)

Verbrech|en *n* crime; *ein ~ begehen* commit a crime; **~er(in)**, **2erisch** *adj.* criminal

verbreit|en *v/t. u. v/refl.* spread* (*in, über* over, through); *Nachricht etc.:* circulate; **~ern** *v/t. u. v/refl.* widen, broaden; **2ung** *f* spread(ing); circulation

verbrenn|en *v/i. u. v/t.* burn* (up); *Leiche:* cremate; **2ung** *f* burning; *bsd. tech.* combustion; cremation; *Wunde:* burn

verbringen *v/t.* spend*, pass

verbrüder|n *v/refl.* fraternize; **2ung** *f* fraternization

ver|brühen *v/t.* scald; *sich ~* scald o.s.; **~buchen** *v/t.* book

verbünde|n *v/refl.* ally o.s. (*mit* to, with); **2te** *m, f* ally (*a. fig.*)

ver|bürgen *v/refl.: sich ~ für* vouch for, guarantee; **~büßen** *v/t.: e-e Strafe ~* serve a sentence, serve time; **~chromt** *adj.* chromium-plated

Verdacht *m* suspicion; *~ schöpfen* become* suspicious; *im ~ stehen, et. zu tun* be* under suspicion of doing s.th.

verdächtig *adj.* suspicious, suspect; **2e** *m, f* suspect; **~en** *v/t.* suspect (*j-n e-r Tat* s.o. of [doing] s.th.); **2ung** *f* suspicion; *Unterstellung:* insinuation

verdamm|en *v/t.* condemn (*zu* to), damn (*a. rel.*); **2nis** *f* damnation; **~t 1.** *adj.* damned, F *a.* darn, darn(ed), *Brt. sl. a.* bloody; F: *~ (noch mal)!* damn (it)!; **2.** *adv.: ~ gut etc.* damn (*Brt. sl. a.* bloody) good *etc.*; **2ung** *f* condemnation, damnation

ver|dampfen *v/t. u. v/i.* evaporate; **~danken** *v/t.: j-m (e-m Umstand etc.) et. ~* owe s.th. to s.o. (s.th.)

verdau|en *v/t.* digest (*a. fig.*); **~lich** *adj.* digestible; *leicht* (*schwer*) *~* easy (hard) to digest; **2ung** *f* digestion; **2ungsstörungen** *pl. Verstopfung:* constipation *sg.*

Verdeck *n* top; **2en** *v/t.* cover (up) (*a. fig.*)

verdenken *v/t.: ich kann es ihm nicht ~(, dass er ...)* I can't blame him (for ...ing)

verderb|en 1. *v/i.* spoil* (*a. fig.*); *Fleisch etc.:* go* bad; **2.** *v/t.* spoil* (*a. Spaß, Appetit etc.*), ruin; *sich den Magen ~* upset* one's stomach; **2en** *n* ruin; **~lich** *adj.* perishable; *fig.* pernicious; **~e Waren** perishables *pl.*

ver|deutlichen *v/t.* make* *s.th.* clear; **~dichten** *v/t.* compress, condense; *sich ~* condense; *fig.* grow* stronger; **~dienen** *v/t. Geld:* earn, make*; *Lob, Strafe etc.:* deserve

Verdienst¹ *m* earnings *pl.*; *Lohn:* wages *pl.*; *Gehalt:* salary; *Gewinn:* gain, profit

Verdienst² *n* merit; *es ist sein ~, dass* it is thanks to him that

ver|dient *adj. Strafe etc.:* (well-)deserved; **~doppeln** *v/t. u. v/refl.* double

verdorben *adj.* spoilt (*a. fig.*); *Charakter, Lebensmittel:* bad; *Magen:* upset

ver|dorren v/i. wither, dry up; **~drängen** v/t. j-n: supplant, supersede (a. Methode etc.); ersetzen: replace; phys. displace; psych. repress; bewusst: suppress; **~drehen** v/t. twist; fig. a. distort; Augen: roll; **j-m den Kopf ~** turn s.o.'s head; **~dreht** F fig. adj. mixed up; **~dreifachen** v/t. u. v/refl. treble, triple

ver|drießlich, ~drossen adj. glum, morose, sullen

Verdruss m displeasure; Ärger: trouble

verdummen 1. v/t. make* stupid, stultify; **2.** v/i. become* stultified

verdunk|eln v/t. darken; völlig: black out; fig. obscure; **2(e)lung** f darkening; black-out; jur. collusion; **2(e)lungsgefahr** jur. f danger of collusion

ver|dünnen v/t. thin (down), dilute (a. chem.); **~dunsten** v/i. evaporate; **~dursten** v/i. die of thirst; **~dutzt** adj. puzzled

vered|eln v/t. bot. graft; tech. process; Öl, Stahl: refine; **2(e)lung** f bot. grafting; tech. processing, refinement

verehr|en v/t. bewundern: admire; anbeten, a. fig.: adore, worship; bsd. rel. a. revere, venerate; **2er(in)** admirer (a. e-r Frau etc.); bsd. e-s Stars: a. fan; **2ung** f admiration; adoration, worship; reverence, veneration

vereidigen v/t. swear* s.o. in; jur. Zeugen: put* s.o. under an oath

Verein m club (a. Sport2); bsd. eingetragener: a. society, association

vereinbar adj. compatible (mit with); **~en** v/t. agree (up)on, arrange; **2ung** f agreement, arrangement

vereinen v/t. → vereinigen

vereinfach|en v/t. simplify; **2ung** f simplification

vereinheitlichen v/t. standardize

vereinig|en v/t. u. v/refl. unite (zu into); (sich) verbinden: a. combine, join; **2ung** f union; combination; Bündnis: alliance

verein|samen v/i. become* lonely od. isolated; **~zelt** adj. occasional, odd; **~ Regen** scattered showers

ver|eiteln v/t. prevent; Plan etc.: a. frustrate; **~enden** v/i. die, perish; **~enge(r)n** v/t. u. v/refl. narrow

vererb|en v/t.: **j-m et. ~** leave* (med. transmit) s.th. to s.o.; **sich ~ (auf)** be* passed on od. down (to) (a. med. u. fig.); **2ung** biol. f heredity; **2ungslehre** f genetics sg.

verewigen v/t. immortalize

verfahr|en 1. v/i. proceed; **~ mit** deal* with; **2.** v/refl. get* lost

Verfahren n procedure, method; bsd. tech. a. technique, way; jur. (legal) proceedings pl. (**gegen** against)

Verfall m decay (a. fig.); e-s Hauses etc.: a. dilapidation; Niedergang: decline; econ. etc. expiry

verfall|en 1. v/i. decay (a. fig.); bsd. fig. a. decline; Haus etc.: a. dilapidate; ablaufen: expire; Kranker: waste away; e-m Laster etc.: become* addicted to; (**wieder**) **~ in** fall* (back) into; **~ auf** hit* (up)on; **2.** adj. decayed; Haus: a. dilapidated; **j-m ~ sein** be* s.o.'s slave; **2sdatum** n expiry date; Lebensmittel: best-before (od. best-by) date, Am. pull date; Medikamente: sell-by date

ver|fälschen v/t. falsify; Bericht etc.: a. distort; Speisen etc.: adulterate; **~fänglich** adj. delicate, tricky; peinlich: embarrassing, compromising; **~färben** v/refl. discolo(u)r

verfass|en v/t. write*; **2er(in)** author(ess)

Verfassung f state (gesundheitlich: of health; seelisch: of mind), condition; pol. constitution; **2smäßig** adj. constitutional; **2swidrig** adj. unconstitutional

ver|faulen v/i. rot, decay; **~fechten** v/t., **~fechter(in)** advocate

verfehl|en v/t. miss (**sich** each other); **2ung** f offen|ce, Am. -se

ver|feinden v/refl. become* enemies; **~feindet** adj. hostile; **~feinern** v/t. u. v/refl. refine

verfilm|en v/t. film; **2ung** f filming; Film: film version

ver|flechten v/t. intertwine (a. **sich ~**); econ. interlock; **2flechtung** f intertwinement; econ. interlocking; **~ in** involvement in; **~flossen** adj. Zeit: past; F: **mein 2er** my ex-husband

verfluch|en v/t. curse; **~t** adj. → **verdammt**

verfolg|en v/t. pursue (a. fig.); jagen, a. fig.: chase, hunt; pol., rel. persecute; Spuren: follow; Gedanken, Traum:

Verfolger

haunt; *gerichtlich* ~ prosecute; **2er** *m* pursuer; persecutor; **2ung** *f* pursuit (*a. Radsport*); chase, hunt; persecution; *gerichtliche* ~ prosecution; **2ungswahn** *psych. m* persecution mania

ver|frachten *v/t.* freight, ship; F *j-n. etw.*: bundle (*in* into); **~fremden** *v/t. Kunst etc.*: alienate; **2fremdungseffekt** *bsd. thea. m* alienation effect; **~früht** *adj.* premature

verfüg|bar *adj.* available; **~en 1.** *v/t.* decree, order; **2.** *v/i.:* ~ *über* have* (at one's disposal; **2ung** *f* decreee, order; disposal; *j-m zur* ~ *stehen* (*stellen*) be* (place) at s.o.'s disposal

verführ|en *v/t.* seduce (*et. zu tun* into doing s.th.); **2er** *m* seducer; **2erin** *f* seductress; **~erisch** *adj.* seductive; *verlockend*: tempting; **2ung** *f* seduction

vergangen *adj.* gone, past; *im* ~*en Jahr* last year; **2heit** *f* past; *gr.* past tense

vergänglich *adj.* transitory

vergas|en *v/t. chem.* gasify; *töten:* gas; **2er** *mot. m* carburet(t)or

vergeb|en *v/t.* give* away (*a. Chance*); *Preis etc.:* award; *verzeihen:* forgive*; **~ens** *adv.* in vain; **~lich 1.** *adj.* futile; **2.** *adv.* in vain; **2ung** *f* forgiveness, pardon

vergegenwärtigen *v/t.* visualize

vergehen 1. *v/i. Zeit etc.:* go* by, pass; *nachlassen:* wear* off; ~ *vor* be* dying with; *wie die Zeit vergeht!* how time flies!; **2.** *v/refl.: sich* ~ *an* violate; *vergewaltigen: a.* rape

Vergehen *jur. n* offen|ce, *Am.* -se

vergelt|en *v/t.* repay*; *belohnen: a.* reward; *für Rache:* retaliation (*a. mil.*); **2ungsmaßnahme** *f* retaliatory measure

vergessen *v/t.* forget*; *liegen lassen:* leave*; **2heit** *f: in* ~ *geraten* fall* into oblivion

vergesslich *adj.* forgetful

vergeud|en *v/t.*, **2ung** *f* waste

vergewaltig|en *v/t.* rape, violate (*a. fig.*); **2ung** *f* rape, violation

ver|gewissern *v/refl.* make* sure (*e-r Sache* of s.th.; *ob* whether; *dass* that); **~gießen** *v/t.* shed*; *verschütten:* spill*

vergift|en *v/t.* poison (*a. fig.*); *Umwelt:* contaminate; **2ung** *f* poisoning; contamination

vergittert *adj. Fenster etc.:* barred

Vergleich *m* comparison; *jur.* compromise; **2bar** *adj.* comparable (*mit* to, with); **2en** *v/t.* compare (*mit* with; *gleichstellend:* to); *ist nicht zu* ~ *mit* cannot be compared to; *an Wert etc.:* cannot compare with; *verglichen mit* compared to *od.* with; **2sweise** *adv.* comparatively

verglühen *v/i.* burn* out (*Rakete etc.:* up)

Vergnügen *n* pleasure, enjoyment, *Spaß:* fun; *mit* ~ with pleasure; *viel* ~*!* have fun! have a good time!

vergnüg|en *v/refl.* enjoy o.s. (*mit et.* doing s.th.); **~t** *adj.* cheerful; **2ung** *f* pleasure, amusement, entertainment; **2ungspark** *m* amusement park, *bsd. Brt.* a. fun fair; **~ungssüchtig** *adj.* pleasure-seeking; **2ungsviertel** *n* night-life district

ver|golden *v/t.* gild*; **~göttern** *v/t.* idolize, adore; **~graben** *v/t.* bury (*a. fig.*); **~greifen** *v/refl.: sich* ~ *in* bury o.s. in (*one's work etc.*); **~greifen** *v/refl.: sich* ~ *an* lay* hands on; **~griffen** *adj. Buch:* out of print

vergrößer|n *v/t.* enlarge (*a. phot.*); *vermehren:* increase; *opt.* magnify; *sich* ~ increase, grow*, expand; **2ung** *f phot.* enlargement; *opt.* magnification; increase; **2ungsglas** *n* magnifying glass

Vergünstigung *f* privilege

vergüt|en *v/t.* reimburse, pay* (for); **2ung** *f* reimbursement

verhaft|en *v/t.*, **2ung** *f* arrest

verhalten¹ *v/refl.* behave; *Person: a.* conduct o.s., act; *sich ruhig* ~ keep* quiet

verhalten² *adj.* restrained; *Ton:* subdued

Verhalten *n* behavio(u)r, conduct; **~sforschung** *psych. f* behavio(u)ral science; **2sgestört** *adj.* disturbed, maladjusted

Verhältnis *n Beziehung, a. pol. etc.:* relationship, relations *pl.*; *Einstellung:* attitude; *zahlenmäßig etc.:* proportion, relation, *bsd. math.* ratio; F *Liebes2:* affair; **~se** *pl.* circumstances *pl.*, conditions *pl.* (*a. soziale*); *über j-s* ~*se* beyond s.o.'s means; **2mäßig** *adv.* comparatively, relatively; **~wort** *gr. n* preposition

verhand|eln 1. v/i. negotiate; **2.** v/t. jur. Fall: hear*; **℈ung** f negotiation, talk; jur. hearing; Strafrecht: trial; **~lungsbasis** econ. f asking price

verhäng|en v/t. cover (mit with); Strafe etc.: impose (über on); **℈nis** n fate; Unheil: disaster; **~nisvoll** adj. fatal, disastrous

ver|harmlosen v/t. play s.th. down; **~härmt** adj. careworn; **~hasst** adj. hated; Sache: a. hateful; **~hätscheln** v/t. coddle, pamper, spoil*; **~hauen** v/t. beat* s.o. up; bsd. Kind: spank

verheerend adj. disastrous

ver|hehlen v/t. → **verheimlichen**; **~heilen** v/i. heal (up)

verheimlich|en v/t. hide*, conceal; **℈ung** f concealment

verheirat|en v/t. marry (s.o. off) (mit to); **sich ~** get* married; **~et** adj. married; F: **frisch ~** just married

verheißungsvoll adj. promising

verhelfen v/i.: j-m zu et. ~ help s.o. to get s.th.

verherrlich|en v/t. glorify; contp. a. idolize; **℈ung** f glorification

verhexen v/t. bewitch; **es ist wie verhext** there's a jinx on it

verhinder|n v/t. prevent (dass j. et. tut s.o. from doing s.th.); **~t** adj. unable to come; **ein ~er Künstler** a would-be artist; **℈ung** f prevention

verhöhn|en v/t. deride, mock (at), jeer (at); **℈ung** f derision

Verhör jur. n interrogation; **℈en 1.** v/t. interrogate, question; **2.** v/refl. get* it wrong

ver|hüll|en v/t. cover, veil (a. fig.); **~hungern** v/i. die of hunger, starve (to death); **℈hungern** n starvation

verhüt|en v/t. prevent; **℈ungsmittel** n contraceptive

verirr|en v/refl. get* lost, lose* one's way, go* astray (a. fig.); **℈ung** fig. f aberration

verjagen v/t. chase od. drive* away

verjähr|en v/i. come* under the statute of limitation; **~t** jur. adj. statute-barred

verjüngen v/t. make* s.o. (look) younger, rejuvenate; **sich ~** arch. etc.: taper (off)

verkabeln electr. v/t. cable

Verkauf m sale; **℈en** v/t. sell*; **zu ~** for sale; **sich gut ~** sell* well

Verkäuf|er m shop assistant, Am. (sales)clerk, econ. seller; Auto℈: salesman; **~erin** f shop assistant, saleslady, Am. (sales)clerk; **℈lich** adj. for sale; **schwer ~** hard to sell

Verkehr m traffic; öffentlicher: transport(ation Am.); Umgang: contact, dealings pl.; Geschlechts℈: intercourse; Umlauf: circulation; **starker (schwacher) ~** heavy (light) traffic; **℈en 1.** v/i. Bus etc.: run*; **~ in Lokal** etc.: frequent; **~ mit** associate od. mix with; sexuell: have* intercourse with; **2.** v/t. turn (in into); **ins Gegenteil ~** reverse

Verkehrs|ader f arterial road; **~ampel** f traffic light(s pl.); **~behinderung** f holdup, delay; jur. obstruction of traffic; **~delikt** n traffic offen|ce, Am. -se; **~flugzeug** n airliner; **~funk** m traffic bulletin; **~insel** f traffic island; **~meldung** f traffic announcement, flash; **~minister** m minister of transport; **~ministerium** n ministry of transport; **~mittel** n means of transport(ation); **öffentliche ~** pl. public transport(ation Am.) sg.; **~opfer** n road casualty; **~polizei** f traffic police pl.; **~rowdy** m F road hog; **℈sicher** mot. adj. roadworthy; **~sicherheit** f road safety; e-s Autos etc.: roadworthiness; **~stau** m traffic jam; **~sünder** F m traffic offender; **~teilnehmer** m road user; **~unfall** m traffic accident; schwerer: (car) crash; **~unterricht** m traffic instruction; **~zeichen** n traffic sign

ver|kehrt adj. u. adv. falsch: wrong; **~ herum**: upside down; Pulli etc.: inside out; **~kennen** v/t. mistake*, misjudge

Verkettung f: **unglücklicher Umstände** concatenation of misfortunes

ver|klagen jur. v/t. sue (auf, wegen for); **~klappen** v/t. dump (into the sea); **~kleben** v/t. glue (together)

verkleid|en v/t. disguise (als as), dress s.o. up (as); tech. cover, (en)case; täfeln: panel; **sich ~** disguise o.s., dress (o.s.) up; **℈ung** f disguise; tech. cover, encasement; panel(l)ing; mot. fairing

verkleiner|n v/t. make* smaller, reduce, diminish; **℈ung** f reduction, diminution

ver|klingen v/i. die away; **~knallt** F

Verknappung

adj.: ~ **sein in** be* madly in love with, have* a crush on; **2knappung** *f* shortage (**an** of); **~knoten** *v/t.* knot; **~knüpfen** *v/t.* knot together; *fig.* connect, combine; **~kohlen 1.** *v/t.* carbonize, char; *f: j-n ~* pull s.o.'s leg; **2.** *v/i.* char; **~kommen 1.** *v/i. Haus etc.*: become* run-down *od.* dilapidated; *Person*: go* to the dogs; *Speisen etc.*: go* bad; **2.** *adj.* run-down, dilapidated, *verwahrlost*: neglected; *Person*: depraved, rotten (to the core); **~korken** *v/t.* cork (up)

verkörper|n *v/t.* personify; *bsd. Sache*: embody; *bsd. thea.* impersonate; **2ung** *f* personification, embodiment; *thea.* impersonation

ver|krachen F *v/refl.* fall* out (**mit** with); **~kriechen** *v/refl.* hide*; **~krümmt** *adj.* crooked, curved (*a. med.*); **~krüppelt** *adj.* crippled; **~kühlen** *v/refl.* catch* a chill

verkümmer|n *v/i.* become* stunted; **~t** *adj.* stunted

verkünd|en *v/t.* announce; *bsd. öffentlich*: proclaim; *Urteil*: pronounce; *rel. predigen*: preach; **2ung** *f* announcement, proclamation; pronouncement; *rel.* preaching

ver|kürzen *v/t.* shorten; (*Arbeits*)*Zeit: a.* reduce; **~laden** *v/t.* load (**auf** onto; **in** into)

Verlag *m* publishing house *od.* company, publisher(s *pl.*)

verlagern *v/t. u. v/refl.* shift (**auf** to)

verlangen *v/t.* ask for; *fordern*: demand; *beanspruchen*: claim; *Preis*: charge; *erfordern*: take*, call for

Verlangen *n* desire (**nach** for); *Sehnen*: longing (for), yearning (for); **auf ~** by request; *econ.* on demand

verlänger|n *v/t.* lengthen, make* longer; *zeitlich*: prolong (*a. Leben*), extend (*a. econ.*); **2ung** *f* lengthening; prolongation, extension; *Sport*: extra time, *Am.* overtime

verlangsamen *v/t. u. v/refl.* slacken, slow down (*beide a. fig.*)

verlassen 1. *v/t.* leave*; *im Stich lassen*: *a.* abandon, desert; **2.** *v/refl.*: **sich ~ auf** rely *od.* depend on

verlässlich *adj.* reliable, dependable

Verlauf *m* course; **2en 1.** *v/i.* run*; *ablaufen*: go*; *enden*: end (up); **2.**

v/refl. get* lost, lose* one's way

verlauten *v/i.*: **~ lassen** give* to understand; **wie verlautet** as reported

verleben *v/t.* spend*; *Zeit etc.*: *a.* have*

verleg|en¹ *v/t. Ort etc.*: move; *Brille etc.*: mislay*; *tech.* lay*; *zeitlich*: put* off, postpone; *Buch*: publish

verlegen² *adj.* embarrassed; **2heit** *f* embarrassment; *Lage*: embarrassing situation, F fix

Verleger *m* publisher

verleiden *v/t.* spoil* (*j-m et.* s.th. for s.o.)

Verleih *m* hire, rental; *Film*2: distributor(s *pl.*); **2en** *v/t.* lend*, *Am. a.* loan; *Autos etc.*: hire (*Am.* rent) out; *Preis etc.*: award; *Recht etc.*: grant; **~ung** *f* award(ing), presentation; grant(ing)

ver|leiten *v/t.*: *j-n zu et. ~* make* s.o. do s.th., lead* s.o. to do s.th.; **~lernen** *v/t.* forget*; **~lesen 1.** *v/t.* read* (*Namen: a.* call) out; **2.** *v/refl.* make* a slip (in reading); *in, bei et.*: misread* s.th.

verletz|en *v/t.* hurt*, injure; *fig. a.* offend; *sich ~* hurt* o.s., get* hurt; **~end** *adj.* offensive; **2te** *m, f* injured person; **die ~n** *pl.* the injured *pl.*; **2ung** *f* injury, *bsd. pl. a.* hurt; *fig., jur.* violation

verleugnen *v/t.* deny; *Glauben etc.*: *a.* renounce

verleumd|en *v/t.* defame; *jur. mündlich*: slander; *schriftlich*: libel; **~erisch** *adj.* slanderous, libel(l)ous; **2ung** *f jur.* slander; libel

verlieb|en *v/refl.* fall* in love (**in** with); **~t** *adj.* in love (**in** with); *Blick etc.*: amorous; **2te** *pl.* lovers *pl.*

verlier|en *v/t. u. v/i.* lose*; **2er(in)** loser

verlob|en *v/refl.* get* engaged (**mit** to); **2te(r)** fiancé(e *f*); **2ung** *f* engagement

verlock|en *v/t.* tempt; **~end** *adj.* tempting; **2ung** *f* temptation

verlogen *adj.* untruthful, lying; **2heit** *f* untruthfulness, dishonesty

verloren *adj.* lost; *Zeit etc.*: *a.* wasted; **~ gehen** get* lost

verlos|en *v/t.* raffle (off); **2ung** *f* raffle

Verlust *m* loss (*a. fig.*); **~e** *pl. bsd. mil.* casualties *pl.*

vermachen *v/t.* leave*, will

Vermächtnis *n* legacy (*a. fig.*)

vermarkt|en *v/t.* market; *bsd. contp.* commercialize; **2ung** *f* marketing; commercialization

vermehr|en v/t. u. v/refl. increase (**um** by), multiply (by) (a. biol.); biol. reproduce, bsd. zo. a. breed*; ⲋung f increase; biol. reproduction

vermeid|bar adj. avoidable; ⲋen v/t. avoid

ver|meintlich adj. supposed; ⲋmengen v/t. mix, mingle, blend

Vermerk m note; ⲋen v/t. make* a note of

vermess|en¹ v/t. measure; Land: survey

vermessen² adj. presumptuous; ⲋenheit f presumption

Vermessung f measuring; survey(ing)

vermiete|n v/t. let*, rent, lease (out); Autos etc.: hire (Am. rent) out; **zu ~** to let; Autos etc.: for hire; beide: bsd. Am. for rent; ⲋr(in) land|lord (-lady); ⲋung f letting, renting; → Verleih

vermindern v/t. → verringern

vermisch|en v/t. u. v/refl. mix, mingle, blend (**mit** with); **~t** adj. mixed; ⲋes Überschrift: miscellaneous

vermiss|en v/t. miss; **~t** adj. missing; **die ⲋen** pl. the missing pl.

vermitt|eln 1. v/t. arrange; Eindruck etc.: give*, convey; **j-m et. ~** get*od. find* s.o. s.th.; **2.** v/i. mediate (**zwischen** between); ⲋler m mediator, go-between; econ. agent, broker; ⲋlung f mediation; Herbeiführung: arrangement; Stelle: agency, office; tel. (telephone) exchange; Mensch: operator

vermodern v/i. mo(u)lder, rot

Vermögen n fortune (a. F fig.); Besitz: property, possessions pl.; econ. assets pl.; ⲋd adj. well-to-do, well-off

vermummen v/refl. mask o.s., disguise o.s.

vermut|en v/t. suppose, expect, think*, Am. a. guess; **~lich** adv. probably; ⲋung f supposition; bloße: speculation

vernachlässig|en v/t. neglect, ⲋung f neglect

vernarben v/i. scar over; fig. heal

vernarrt adj.: **~ in** mad od. crazy about; → verknallt

vernehm|en v/t. hear*; jur. question, interrogate; **~lich** adj. clear, distinct; ⲋung jur. f interrogation, examination

verneig|en v/refl., ⲋung f bow (**vor** to) (a. fig.)

vernein|en 1. v/t. deny; **2.** v/i. say* no, answer in the negative; **~end** adj. negative; ⲋung f denial, negative (a. gr.)

vernicht|en v/t. destroy; **~end** adj. devastating (a. fig.); Antwort, Niederlage: crushing; ⲋung f destruction; bsd. mil. a. annihilation; Ausrottung: extermination

Vernunft f reason; **~ annehmen** listen to reason; **j-n zur ~ bringen** bring* s.o. to reason

vernünftig adj. sensible, reasonable (a. Preis etc.); F ordentlich: decent

veröden v/i. become* deserted

veröffentlich|en v/t. publish; ⲋung f publication

verordn|en v/t. order; med. a. prescribe (**gegen** for); ⲋung f order; Rezept: prescription

ver|pachten v/t. lease; ⲋpächter m lessor

verpack|en v/t. pack (up); tech. package; einwickeln: wrap up; ⲋung f pack(ag)ing; Papierⲋ: wrapping; ⲋungsmüll m superfluous packaging

ver|passen v/t. miss; **~patzen** F v/t. mess up, spoil*; **~pesten** v/t. pollute, foul, contaminate; F stink* out; **~petzen** F v/t.: **j-n ~** tell* on s.o. (**bei** to); **~pfänden** v/t. pawn; fig. pledge

verpflanz|en v/t., ⲋung f transplant (a. med.)

verpfleg|en v/t. feed*; ⲋung f food

verpflicht|en v/t. oblige; engagieren: engage; **sich ~, et. zu tun** undertake* (econ. agree) to do s.th.; **~et** adj.: **~ sein** (**sich ~ fühlen**) **zu et.** be* (feel*) obliged to do s.th.; ⲋung f obligation; Pflicht: duty; econ. jur. liability; übernommene: engagement, commitment

ver|pfuschen F v/t. bungle, botch; **~plappern** v/refl. blab; **~pönt** adj. taboo; **~prügeln** v/t. beat* s.o. up; **~puffen** fig. v/i. fizzle out

Verputz arch. m, ⲋen v/t. plaster

ver|quollen adj. Holz: warped; Gesicht etc.: puffy, swollen; **~rammeln** v/t. barricade, block

Verrat m betrayal (**an** of); Treulosigkeit: treachery (to); jur. Landesⲋ: treason (to); ⲋen v/t. betray, give* away (beide a. fig.); **sich ~** betray o.s., give* o.s. away

Verräter m traitor; ⲋisch adj. treacherous; fig. revealing, telltale

verrechn|en 1. v/t. set* off (**mit**

against); **2.** v/refl. miscalculate, make* a mistake (a. fig.); **sich um e-e Mark ~ be*** one mark out; ⟨ung f setting off; ⟨ungsscheck m crossed cheque, Am. voucher check

verregnet adj. rainy

verreis|en v/i. go* away (geschäftlich: on business); **~t** adj. away (geschäftlich: on business)

verrenk|en v/t. med. dislocate, luxate; **sich et. ~** med. dislocate s.th.; **sich den Hals ~** crane one's neck; ⟨ung med. f dislocation, luxation

ver|richten v/t. do*, perform, carry out; **~riegeln** v/t. bolt, bar

verringer|n v/t. decrease, lessen (beide a. sich ~), reduce, cut* down; ⟨ung f reduction, decrease

ver|rosten v/i. rust, get* rusty (a. fig.); **~rotten** v/i. rot; **~rottet** adj. rotten

verrück|en v/t. move, shift; **~t** adj. mad, crazy (beide a. fig.: **nach** about); **wie ~** like mad; **~ werden** go* mad od. crazy; **j-n ~ machen** drive* s.o. mad; ⟨te(r) mad|man (-woman), lunatic, maniac (alle a. F fig.); ⟨theit f madness, craziness; Tat etc.: crazy thing

Verruf m: **in ~ bringen** bring* discredit (up)on; **in ~ kommen** get* into discredit; ⟨en adj. notorious

verrutschen v/i. slip, get* out of place

Vers m verse; Zeile: a. line

versag|en 1. v/i. allg. fail (a. med.); mot. etc. a. break* down; Waffe: misfire; **2.** v/t. deny, refuse

Versagen n failure; **~er** m failure

versalzen v/t. oversalt; F fig. spoil

versamm|eln v/t. gather, assemble; **sich ~** a. meet*; ⟨lung f assembly, meeting

Versand m dispatch, shipment; **~... in** Zssgn Haus, Katalog etc.: mail-order ...

versäum|en v/t. miss; **et. zu tun ~** fail to do s.th.; ⟨nis n Unterlassung: omission; Schule, Arbeit: absence (from work od. school)

ver|schaffen v/t. get*, find*; **sich ~ a.** obtain; **~schämt** adj. bashful; **~schanzen** v/refl. entrench o.s. (a. fig. **hinter** behind); **~schärfen** v/t. **~schlimmern**: aggravate; Kontrollen etc.: tighten up; erhöhen: increase; **sich ~ schlimmer werden**: get* worse; **~schenken** v/t. give* away (a. fig.); **~scherzen** v/t. forfeit; **~scheuchen** v/t. scare off, chase away (a. fig.); **~schicken** v/t. send* off; bsd. econ. a. dispatch

verschieb|en v/t. move, shift (a. sich ~); zeitlich: postpone, put* off; ⟨ung f shift(ing); postponement

verschieden adj. different (**von** from); **~e** pl. mehrere: various, several; **~artig** adj. different; mannigfaltig: various; ⟨heit f difference; **~tlich** adv. repeatedly

verschiff|en v/t. ship; ⟨ung f shipment

verschimmeln v/i. get* mo(u)ldy

verschlaf|en 1. v/i. oversleep*; **2.** v/t.: sleep* through; **2.** sleepy (a. fig.)

Verschlag m shed

verschlagen¹ v/t. **j-m den Atem ~** take* s.o.'s breath away; **j-m die Sprache ~** leave* s.o. speechless; **es hat ihn nach X ~** he ended up in X

verschlagen² adj. sly, cunning

verschlechter|n v/t. u. v/refl. make* (refl. get*) worse, worsen, deteriorate; ⟨ung f deterioration; e-s Zustands: a. change for the worse

verschleiern v/t. veil; fig. a. cover up

Verschleiß m wear (and tear); ⟨en v/t. wear* out

ver|schleppen v/t. carry off; pol. displace; in die Länge ziehen: draw* out, delay; Krankheit: neglect; **~schleudern** v/t. waste; econ. sell* dirt cheap; **~schließen** v/t. close (a. fig. die Augen); absperren: lock (up)

verschlimmern v/t. u. v/refl. → **verschlechtern**

verschlingen v/t. devour (a. fig.); bsd. Essen: gulp (down)

verschlossen adj. closed; fig. aloof, reserved; ⟨heit f aloofness

verschluck|en 1. v/t. swallow (fig. up); **2.** v/refl. choke; **ich habe mich verschluckt** it went down the wrong way

Verschluss m fastener; aus Metall: a. clasp; Schnapp⟨: catch; Schloss: lock; Deckel: cover, lid; a. Schraub⟨: cap, top; phot. shutter; **unter ~** under lock and key

ver|schlüsseln v/t. (en)code, (en)cipher; ⟨schlusszeit phot. f shutter speed; **~schmähen** v/t. disdain, scorn

verschmelz|en v/i. u. v/t. merge, fuse

(beide a. econ., pol. etc.), melt*; ⸗ung f fusion (a. fig.)

ver|schmerzen v/t. get* over s.th.; **~schmieren** v/t. smear, smudge; **~schmitzt** adj. mischievous; **~schmutzen 1.** v/t. soil, dirty; Umwelt: pollute; **2.** v/i. get* dirty; get* polluted; **~schnaufen** F v/i. u. v/refl. stop for breath; **~schneit** adj. snow-covered, snowy

Verschnitt m blend; Abfall: waste

verschnupft adj.: **~ sein** med. have* a cold; F fig. be* peeved

ver|schnüren v/t. tie up; **~schollen** adj. missing; jur. presumed dead; **~schonen** v/t. spare; **j-n mit et. ~** spare s.o. s.th.

verschöne|(r)n v/t. embellish; ⸗rung f embellishment

ver|schossen adj. Farbe: faded; F: **~ sein in** have* a crush on; **~schränken** v/t. fold; Beine: cross

verschreib|en 1. v/t. med. prescribe (**gegen** for); **2.** v/refl. make* a slip of the pen; **sich e-r Sache ~** devote o.s. to s.th.; **~ungspflichtig** pharm. adj. available on prescription only

ver|schroben adj. eccentric, odd; **~schrotten** v/t. scrap; **~schüchtert** adj. intimidated

verschulde|n v/t. be* responsible for, cause, be* the cause of; **sich ~** get* into debt; **~t** adj. in debt

ver|schütten v/t. Flüssigkeit: spill*; j-n: bury (alive); **~schwägert** adj. related by marriage; **~schweigen** v/t. keep* s.th. a secret, hide*

verschwend|en v/t. waste; ⸗er(in) spendthrift; **~erisch** adj. wasteful, extravagant; üppig: lavish; ⸗ung f waste

verschwiegen adj. discreet; verborgen: hidden, secret; ⸗heit f secrecy, discretion

ver|schwimmen v/i. become* blurred; **~schwinden** v/i. disappear, vanish; F: **verschwinde!** beat it!; ⸗schwinden n disappearance; **~schwommen** adj. blurred (a. phot.); fig. a. vague, hazy

verschwör|en v/refl. conspire, plot; ⸗er m conspirator; ⸗ung f conspiracy, plot

verschwunden adj. missing

versehen 1. v/t. Haushalt etc.: take* care of; **~ mit** provide with; **2.** v/refl. make* a mistake

Versehen n mistake, error; **aus ~, ⸗tlich** adv. by mistake, unintentionally

Versehrte(r) disabled person

versenden v/t. → **verschicken**

ver|sengen v/t. singe, scorch; **~senken** v/t. sink*; **sich ~ in** become* absorbed in; **~sessen** adj.: **~ auf** mad od. crazy about

versetz|en 1. v/t. move, shift; dienstlich: transfer; Schüler: move s.o. up, Am. promote; Schlag etc.: give*; verpfänden: pawn; agr. transplant; F **j-n ~** stand* s.o. up; **in die Lage ~, zu** put* in a position to, enable to; **sich in j-s Lage ~** put* o.s. in s.o.'s place; ⸗ung f transfer; Schule: remove, Am. promotion

verseuch|en v/t. contaminate; ⸗ung f contamination

versicher|n v/t. econ. insure (**bei** with); behaupten: assure (**j-m et.** s.o. of s.th.), assert; **sich ~** insure o.s.; sichergehen: make* sure (**dass** that); ⸗te(r) the insured; ⸗ung f insurance; assurance, assertion

Versicherungs|gesellschaft f insurance company; **~police** f, **~schein** m insurance policy

ver|sickern v/i. trickle away; **~siegeln** v/t. seal; **~siegen** v/i. dry up, run* dry; **~silbern** v/t. silver-plate; F fig. turn into cash; **~sinken** v/i. sink*; → **versunken**; **~sinnbildlichen** v/t. symbolize

Version f version

versklaven v/t. enslave (a. fig.)

Versmaß n met|re, Am. -er

versöhn|en v/refl. reconcile; **sich (wieder) ~** make* it up (**mit** with); **~lich** adj. conciliatory; ⸗ung f reconciliation; bsd. pol. appeasement

versorg|en v/t. provide (**mit** with), supply (with); Familie etc.: support; **sich kümmern um:** take* care of, look after; ⸗ung f supply (**mit** with); Unterhalt: support; Betreuung: care

verspät|en v/refl. be* late; **~et** adj. belated, late, Am. a. tardy; Zug etc.: a. delayed; ⸗ung f being od. coming late; Am. a. tardiness; Schule: Am. tardy; Zug etc.: delay; **20 Minuten ~ haben** be* 20 minutes late

ver|speisen v/t. eat* (up); **~sperren** v/t. bar, block (up), obstruct (a. Sicht);

verspielen

zuschließen: lock; **~spielen** v/t. lose*; **~spielt** adj. playful; **~spotten** v/t. make* fun of, ridicule; **~sprechen** 1. v/t. promise (a. fig.); *sich zu viel ~ (von)* expect too much (of); 2. v/refl. make* a mistake od. slip; **≈sprechen** n promise; *ein ~ geben (halten, brechen)* make* (keep*, break*) a promise; **~sprecher** F m slip (of the tongue)

verstaatlich|en v/t. nationalize; **≈ung** f nationalization

Verstädterung f urbanization

Verstand m mind, intellect; *Vernunft*: reason, (common) sense; *Intelligenz*: intelligence, brains pl.; *nicht bei ~ sein* out of one's mind, not in one's right mind; *den ~ verlieren* go* out of one's mind; **≈esmäßig** adj. rational

verständ|ig adj. reasonable, sensible; **~igen** v/t. inform (*von* of), notify (of); *Arzt, Polizei*: a. call; *sich ~ einigen*: come* to an agreement (*über* on); **≈igung** f communication (a. tel.); *Einigung*: agreement; **~lich** (a. tel.): intelligible; *begreiflich*: comprehensible; *Verhalten*: understandable; *hörbar*: audible; *schwer (leicht) ~* difficult (easy) to understand; *j-m et. ~ machen* make* s.th. clear to s.o.; *sich ~ machen* make* o.s. understood

Verständnis n comprehension, understanding (a. *menschliches*); *Mitgefühl*: a. sympathy; *(viel) ~ haben be** (very) understanding; *~ haben für* understand*; *appreciate*; **≈los** adj. unappreciative; *Blick etc.*: blank; **≈voll** adj. understanding, sympathetic; *Blick etc.*: knowing

verstärk|en v/t. reinforce (a. tech., mil.); *zahlenmäßig*: strengthen (a. tech.); *Radio, phys.*: amplify; *steigern*: intensify; **≈er** m amplifier; **≈ung** f strengthening; reinforcement(s pl. mil.); amplification; intensification

verstauben v/i. get* dusty

verstauch|en med. v/t., **≈ung** med. f sprain

verstauen v/t. stow away

Versteck n hiding place, F hideout, hideaway; **≈en** 1. v/t. u. v/refl. hide* (a. fig.); **~en** sp.: *~ spielen* play (at) hide-and-seek

verstehen v/t. understand*, F get*; *akustisch*: a. catch*; *einsehen*: see*; *sich im klaren sein*: realize; *können*: know*; *es ~ zu* know* how to; *zu ~ geben* give* s.o. to understand, suggest; *Sie (?) erklärend*: you know od. see; *fragend*: you see?; *ich verstehe!* I see!; *falsch ~* misunderstand*; *was ~ Sie unter ...?* what do you mean od. understand by ...?; *sich (gut) ~* get* along (well) (*mit* with); *es versteht sich von selbst* it goes without saying

versteif|en 1. v/t. stiffen (a. *sich ~*); *tech.* strut, brace; 2. v/refl.: *sich auf et. ~* insist on (doing) s.th.

versteiger|n v/t. (sell* by) auction; **≈ung** f auction (sale)

versteinern v/i. petrify (a. fig.)

verstell|bar adj. adjustable; **~en** v/t. *versperren*: block; *umstellen*: move; *falsch einstellen*: set* s.th. wrong od. the wrong way; *tech.* adjust, regulate; *Stimme etc.*: disguise; *sich ~* pretend, put* on an act; *s-e Gefühle verbergen*: hide* one's feelings; **≈ung** fig. f disguise, make-believe, (false) show

ver|steuern v/t. pay* duty od. tax on; **~stiegen** fig. adj. high-flown

verstimm|en v/t. put* out of tune; fig. annoy; **~t** adj. out of tune; *Magen*: upset; *verärgert*: annoyed, F cross; **≈ung** f annoyance

verstockt adj. stubborn, obstinate

verstohlen adj. furtive, stealthy

verstopf|en v/t. plug (up); *versperren*: block, jam; *med.* constipate; **~t** adj. *Nase*: stuffed; *med.* constipated; **≈ung** f block(age); *med.* constipation

verstorben adj. late, deceased; **≈e** m, f the deceased; *die ~n pl.* the deceased pl.

verstört adj. upset; *erschreckt*: dismayed; *Blick etc.*: a. wild

Verstoß m offen|ce, *Am.* -se (*gegen* against), violation (of); **≈en** 1. v/t. expel (*aus* from); *Frau, Kind etc.*: repudiate, disown; 2. v/i.: *~ gegen* offend against, violate

verstrahlt adj. (radioactively) contaminated

ver|streichen 1. v/i. *Zeit*: pass, go* by; *Frist*: expire; 2. v/t. spread*; **~streuen** v/t. scatter

verstümmel|n v/t. mutilate; *Text etc.*: a. garble; **≈ung** f mutilation

verstummen v/i. grow* silent; *Gespräch etc.*: stop; *langsam*: die down

vervollständigen

Versuch m attempt, try; *Probe*: trial, test; *phys.* experiment; **mit et. (j-m) e-n ~ machen** give* s.th. (s.o.) a trial; **2en** v/t. try, attempt; *kosten*: try, taste; *rel. j-n*: tempt; **es ~ have*** a try (at it)
Versuchs|... *in Zssgn Bohrung etc.*: test *od.* trial ...; **~kaninchen** *fig.* n guinea pig; **~stadium** n experimental stage; **~tier** n laboratory *od.* test animal; **2weise** adv. by way of trial; **auf Probe**: on a trial basis
Versuchung f temptation; **j-n in ~ führen** tempt s.o.
ver|sunken *fig. adj.*: **~ in** absorbed *od.* lost in; **~süßen** v/t. sweeten
vertag|en v/t. u. v/refl. adjourn; **2ung** f adjournment
vertauschen v/t. exchange (**mit** for)
verteidig|en v/t. defend (**sich** o.s.); **2er** m defender; *Sport*: a. back; *fig.* advocate; **2ung** f defen|ce, *Am.* -se
Verteidigungs|... *in Zssgn Politik etc.*: *mst* defen|ce, *Am.* -se ...; **~minister** m Minister of Defence, *Am.* Secretary of Defense; **~ministerium** n Ministry of Defence, *Am.* Department of Defense
verteil|en v/t. distribute; *austeilen*: hand out; **2er** m distributor; **2ung** f distribution
vertief|en v/t. u. v/refl. deepen (a. *fig.*); **sich ~ in** become* absorbed in; **2ung** f hollow, depression, *kleine*: dent; *fig. von Wissen etc.*: reinforcement
vertikal adj., **2e** f vertical
vertilg|en v/t. exterminate; F consume; **2ung** f extermination
vertonen *mus.* v/t. set* to music
Vertrag m contract; *pol.* treaty; **2en** v/t. endure, bear*, stand*; **ich kann ... nicht ~** *Essen, Alkohol etc.*: ... doesn't agree with me; *j-n, Lärm etc.*: I can't stand ...; **er kann viel ~** he can take a lot (*Spaß*: a joke); *Alkohol*: a. he can hold his drink; **ich (es) könnte ... ~** I (it) could do with ~; **sich (gut) ~** get* along (well) (**mit** with); **sich wieder ~** make* it up; **2lich** adv. by contract
verträglich adj. easy to get on with; *Essen*: (easily) digestible
vertrauen v/i. trust (**auf** in)
Vertrauen n confidence, trust, faith; **im ~ (gesagt)** between you and me; **(wenig) ~ erweckend sein** *od.* **aussehen** inspire (little) confidence

Vertrauens|frage *parl. f*: **die ~ stellen** ask for a vote of confidence; **~sache** f: **das ist ~** that is a matter of confidence; **~stellung** f position of trust; **2voll** adj. trustful, trusting; **~votum** *parl.* n vote of confidence; **2würdig** adj. trustworthy
vertraulich adj. confidential; *plump~*: familiar
vertraut adj. familiar; *Freund etc.*: close; **2e(r)** intimate; **2heit** f familiarity
vertreib|en v/t. drive* *od.* chase away (a. *fig.*); *Zeit*: pass; *econ.* sell*; **~ aus** drive* out of; **2ung** f expulsion (**aus** from)
vertret|en v/t. substitute for, replace, stand* in for (*alle a. Schule*); *pol., econ.* represent; *parl. a.* sit* for; *jur. j-n*: act for; **j-s Sache ~** *jur.* plead s.o.'s cause; **die Ansicht ~, daß** argue that; **sich den Fuß ~** sprain one's ankle; F: **sich die Beine ~** stretch one's legs; **2er** m substitute, deputy; *pol., econ.* representative; *econ.* a. agent; **Handels2**: sales representative, *bsd. Am.* (travel[l]ing) salesman; *e-s Arztes*: locum; **2ung** f substitution, replacement; *Person*: substitute, stand-in (*alle a. Schule*); *Lehrer*: a. supply teacher; *econ., pol.* representation
Vertrieb *econ.* m sale, distribution; **~ene(r)** expellee, refugee
ver|trocknen v/i. dry up; **~trödeln** F v/t. dawdle away, waste; **~trösten** F v/t. put* off; **~tuschen** F v/t. cover up; **~übeln** v/t. take* amiss; **ich kann es ihr nicht ~** I can't blame her for it; **~üben** v/t. commit
verunglücken v/i. have* (*tödlich*: die in) an accident; *fig.* go* wrong
verun|reinigen v/t. → **verschmutzen** 1; **~stalten** v/t. disfigure
veruntreuen v/t. embezzle
verursachen v/t. cause, bring* about
verurteil|en v/t. condemn (**zu** to) (a. *fig.*), sentence (to), convict (**wegen** of); **2ung** f condemnation (a. *fig.*)
verviel|fachen v/t. multiply; **~fältigen** v/t. copy, duplicate; **2fältigung** f duplication; *Abzug*: copy
vervoll|kommnen v/t. perfect; *verbessern*: improve; **~ständigen** v/t. complete

ver|wachsen adj. deformed, crippled; fig. ~ **mit** deeply rooted in, bound up with; **~wackelt** adj. Foto: blurred

verwahr|en v/t. keep* (in a safe place); **sich ~ gegen** protest against; **~lost** adj. uncared-for, neglected; **2ung** f custody (a. jur.)

verwaist adj. orphan(ed); fig. deserted

verwalt|en v/t. manage; bsd. pol. a. administer; **2er** m manager; administrator; **2ung** f administration (a. öffentliche), management; **2ungs...** in Zssgn Gericht, Kosten etc.: administrative ...

verwand|eln v/t. change, turn (beide a. sich ~); bsd. phys., chem. a. transform, convert (alle: **in** into); **2lung** f change, transformation; Umwandlung: a. conversion

verwandt adj. related (**mit** to); **2e** m, f relative; (**alle**) **m-e ~n** (all) my relatives od. relations od. F folks; **der nächste ~** the next of kin; **2schaft** f relationship; Verwandte: relations pl., F folks pl.

verwarn|en v/t. caution; Sport: F book; **2ung** f caution; Sport: F booking

ver|waschen adj. washed-out; **~wässern** v/t. water down (a. fig.)

verwechs|eln v/t. confuse (**mit** with), mix up (with), mistake* (for); **2(e)lung** f mistake; confusion

verwegen adj. daring, bold; **2heit** f boldness, daring, audacity

ver|wehren v/t. et.: refuse; et. zu tun: keep* from doing s.th.; **~weichlicht** adj. soft

verweiger|n v/t. refuse; Befehl: disobey; **2ung** f denial, refusal

verweilen v/i. stay; fig. Blick: rest

Verweis m reprimand, reproof; reference (**auf** to); **2en** v/t. refer (**auf, an** to); hinauswerfen: expel (gen. from)

verwelken v/i. wither; fig. a. fade

verwend|en v/t. use; Zeit etc.: spend* (**auf** on); **2ung** f use; **keine ~ haben für** have* no use for

verwerf|en v/t. drop, give* up; ablehnen: reject; **~lich** adj. abject

verwerten v/t. use, make* use of

verwes|en v/i. rot, decay; **2ung** f decay

verwick|eln fig. v/t. involve; **sich ~ in** get* caught in; **~elt** adj. complicated; **~ sein (werden) in** be* (get*) involved in; **2lung** fig. f involvement; complication

verwilder|n v/i. grow* (Kinder: run*) wild; **~t** adj. Garten etc.: wild (a. fig.), overgrown

verwinden v/t. get* over s.th.

verwirklich|en v/t. realize; **sich ~** come* true; **sich selbst ~** fulfil(l) o.s.; **2ung** f realization

verwirr|en v/t. confuse; **~t** fig. adj. confused; **2ung** fig. f confusion

verwischen v/t. blur (a. fig.); Spuren: cover

verwitter|n geol. v/i. weather; **~t** adj. geol. weather-beaten (a. fig.)

verwitwet adj. widowed

verwöhn|en v/t. spoil*; **~t** adj. spoilt

verworren adj. confused, muddled; Situation: complicated

verwund|bar adj. vulnerable (a. fig.); **~en** v/t. wound

verwunder|lich adj. surprising; **2ung** f surprise

Verwund|ete(r) wounded (person), casualty; **~ung** f wound, injury

verwünsch|en v/t., **2ung** f curse

verwüst|en v/t. lay* waste, devastate, ravage; **2ung** f devastation, ravage

ver|zählen v/refl. count wrong; **~zärteln** v/t. coddle, pamper; **~zaubern** v/t. enchant; fig. a. charm; **~ in** turn into; **~zehren** v/t. consume (a. fig.)

verzeichn|en v/t. record, keep* a record of; list; fig. erzielen: achieve; erleiden: suffer; **2is** n list, catalog(ue); record, register; Stichwort2: index

verzeih|en v/t. forgive*; bsd. et.: pardon, excuse; **~lich** adj. pardonable; **2ung** f pardon; (**j-n**) **um ~ bitten** apologize (to s.o.); **~! (**I'm) sorry!; vor Bitten etc.: excuse me!

verzerr|en v/t. distort (a. fig.); **sich ~** become* distorted; **2ung** f distortion

verzetteln v/refl. fritter away one's time

Verzicht m förmlich: renunciation (**auf** of); mst giving up, doing without etc.; **2en** v/i. **~ auf** do* without; aufgeben: give* up; förmlich: renounce (a. jur.)

verziehen 1. v/i. move (**nach** to); **2.** v/t. Kind: spoil*; **das Gesicht ~** make* a face; **sich ~** Holz: warp; Gewitter etc.: pass (over); F verschwinden: disappear

verzier|en v/t. decorate; **2ung** f decoration, ornament

verzins|en v/t. pay* interest on; **sich ~** yield interest; **2ung** f interest

verzöger|n v/t. delay; *sich ~* be* delayed; **♀ung** f delay
verzollen v/t. pay* duty on; *et. (nichts) zu ~* s.th. (nothing) to declare
verzück|t adj. ecstatic; **♀ung** f ecstasy; *in ~ geraten* go* into ecstasies od. raptures (*wegen, über* over)
Verzug m delay; *im ~ sein* (*in ~ geraten*) econ. be* (come*) in default
verzweif|eln v/i. despair (*an* of); **~elt** adj. desperate; **♀lung** f despair; *j-n zur ~ bringen* drive* s.o. to despair
verzweig|en v/refl. branch (out); **♀ung** f ramification (a. fig.)
verzwickt adj. intricate, tricky
Veteran m mil. veteran (a. fig.)
Veterinär m veterinary surgeon, Am. veterinarian, F vet
Veto n veto (a. *~ einlegen gegen*)
Vetter m cousin; **~nwirtschaft** f nepotism
vgl. Abk. für *vergleiche* cf., confer
VHS Abk. für *Volkshochschule* Institution: adult education program(me); Kurse: adult evening classes pl.
Vibr|ation f vibration; **♀ieren** v/i. vibrate
Video n video (a. in Zssgn *Aufnahme, Clip, Kamera, Kassette, Rekorder* etc.); *auf ~ aufnehmen* video(tape), bsd. Am. tape; **~band** n videotape; **~text** m teletext; **~thek** f video(tape) library, video shop (Am. store)
Vieh n cattle pl.; *20 Stück ~* 20 head of cattle; **~bestand** m livestock; **~händler** m cattle dealer; **♀isch** adj. bestial, brutal; **~zucht** f cattle breeding, stockbreeding; **~züchter** m cattle breeder, stockbreeder
viel adj. u. adv. a lot (of), plenty (of), F lots of; **~e** many; *nicht ~* not much; *nicht ~e* not many; *sehr ~e* a great deal (of); *sehr ~e* very many, a lot (of); *ziemlich ~* quite a lot (of); *ziemlich ~e* quite a few; *~ besser* much better; *~ teurer* much more expensive; *~ zu viel* far too much; *~ zu wenig* not nearly enough; *~ lieber* much rather; *~ beschäftigt* very busy; *~ sagend* meaningful; *~ versprechend* promising
viel|deutig adj. ambiguous; **~erlei** adj. all kinds od. sorts of; **~fach 1.** adj. multiple; **2.** adv. in many cases, (very) often; **♀falt** f (great) variety (gen. of); **~farbig** adj. multicolo(u)red; **~leicht** adv. perhaps, maybe; *~ ist er ...* he may od. might be ...; **~mals** adv.: *(ich) danke (Ihnen) ~* thank you very much; *entschuldigen Sie ~* I'm very sorry, I do apologize; **~mehr** cj. rather; **~sagend** adj. → viel; **~seitig** adj. versatile; **~versprechend** adj. → viel

vier adj. four; *zu ~t sein* be* four; *auf allen ~en* on all fours; *unter ~ Augen* in private, privately; *~ Mal* betont: four times; **♀beiner** m quadruped, four-legged animal; **~beinig** adj. four-legged; **♀eck** n quadrangle; **~eckig** adj. quadrangular; rechteckig: rectangular; quadratisch: square; **♀er** m Rudern: four; **~erlei** adj. four (different) kinds od. sorts of; **~fach** adj. fourfold; *~e Ausfertigung* four copies pl.; **~füßig** adj. four-footed; **♀füßler** zo. m quadruped; **~händig** mus. adj. four-handed; **~jährig** adj. four-year-old, of four; **♀linge** pl. quadruplets pl.; **~mal** adv. four times; **♀radantrieb** m four-wheel drive; **~seitig** adj. four-sided; math. quadrilateral; **♀sitzer** mot. m four-seater; **~spurig** adj. four-lane; **~stöckig** adj. four-sto|reyed, Am. -ried; **♀taktmotor** mot. m four-stroke engine; **~te** adj. fourth
Viertel n fourth (part) Stadt♀: quarter; *(ein) ~ vor (nach)* (a) quarter to (past); **~finale** n Sport: quarter finals pl.; **~jahr** n three months pl.; **♀jährlich 1.** adj. quarterly; **2.** adv. every three months, quarterly; **♀n** v/t. quarter; **~note** mus. f crotchet, Am. a. quarter note; **~pfund** n quarter of a pound; **~stunde** f quarter of an hour
vier|tens adv. fourthly; **♀vierteltakt** mus. m four-four od. common time
vierzehn adj. fourteen; *~ Tage* pl. two weeks pl., bsd. Brt. a. a fortnight sg.; **~te** adj. fourteenth
vierzig adj. forty; **~ste** adj. fortieth
Villa f villa
violett adj. violet, purple
Violine mus. f violin
Virtuelle Realität f Computer: virtual reality, Cyberspace
virtuos adj. masterly; **♀e** m, **♀in** f virtuoso; **♀ität** f virtuosity
Virus med. n u. m virus
Visier n am Gewehr: sights pl.; am Helm: visor

Vision *f* vision
Visite *med. f* round; **~nkarte** *f* (visiting) card
Visum *n* visa (*a. mit e-m ~ versehen*)
vital *adj.* vigorous; **♀ität** *f* vigo(u)r
Vitamin *n* vitamin
Vitrine *f* (glass) cabinet; *Schaukasten:* showcase
Vize... *in Zssgn Präsident etc.:* vice(-)...
Vogel *m* bird (*a. F Flugzeug*); F **e-n ~ haben** be* off one's rocker; **den ~ abschießen** take* the cake; **~bauer** *n* birdcage; **♀frei** *adj.* outlawed; **~futter** *n* birdseed; **~kunde** *f* ornithology; **~käfig** *m* birdcage
vögeln V *v/t. u. v/i.* screw
Vogel|nest *n* bird's nest; **~perspektive** *f* bird's-eye view; **~scheuche** *f* scarecrow (*a. fig.*); **~schutzgebiet** *n* bird sanctuary; **~warte** *f* ornithological station; **~zug** *m* bird migration
Vokab|el *f* word; **~n** *pl.* → **~ular** *n* vocabulary *sg.*
Vokal *ling. m* vowel
Volant *östr. m* → **Lenkrad**
Volk *n* people, nation; *Leute: the* people *pl.*; *Bienen♀:* swarm; *ein Mann aus dem ~e* a man of the people
Völker|kunde *f* ethnology; **~mord** *m* genocide; **~recht** *n* international law; **~wanderung** *f* migration of peoples; *fig.* exodus
Volks|abstimmung *pol. f* referendum; **~fest** *n* funfair; **~hochschule** *f* adult evening classes *pl.*; **~lied** *n* folk song; **~mund** *m: im ~* in the vernacular; **~musik** *f* folk music; **~republik** *f* people's republic; **~schule** *hist. f* → *Grundschule*; **~sport** *m* popular sport; **~sprache** *f* vernacular; **~stamm** *m* tribe, race; **~tanz** *m* folk dance; **~tracht** *f* national costume; **♀tümlich** *adj.* popular, folk ...; *herkömmlich:* traditional; **~versammlung** *f* public meeting; **~wirt** *m* economist; **~wirtschaft** *f* (national) economy; → **~wirtschaftslehre** *f* economics *sg.*; **~zählung** *f* census
voll 1. *adj.* full (*a. fig.*); besetzt, F satt: a. full up; F *betrunken:* a. plastered; *Haar:* thick, rich; **~er** full of, filled with; *Schmutz, Flecken etc.:* a. covered with; **2.** *adv.* fully; *vollkommen:* **~ und ganz:** a. completely, totally, wholly; *zahlen etc.:* in full, the full price; *direkt, genau:* full, straight, right; **~ füllen, ~ gießen** fill (up); **~ machen** fill (up); F *soil, dirty:* **um das Unglück ~ zu machen** to crown it all; (*nicht*) **für ~ nehmen** (not) take* seriously; **~ packen** load (*mit* with) (*a. fig*); **~ schlagen** *Uhr:* strike the whole hour; **~ stopfen** *stuff; fig. a.* cram, pack (*alle: mit* with); *bitte* **~ tanken** fill her up, please; *in die ♀en gehen* F go to the whole hog
voll|auf *adv.* perfectly, quite; **~automatisch** *adj.* fully automatic; **♀bart** *m* (full) beard; **♀beschäftigung** *f* full employment; **♀blut...** *in Zssgn* full-blooded (*a. fig.*); **♀blut(pferd)** *n* thoroughbred (horse); **~bringen** *v/t.* accomplish, achieve; *Wunder:* perform; **♀dampf** *m* full steam; F: *mit ~* (at) full blast; **~enden** *v/t.* finish, complete; **~endet** *adj.* completed; *fig.* perfect; **~ends** *adv.* completely; **♀endung** *f* finishing, completion; *fig.* perfection; **~entwickelt** *adj.* fully developed
Völlerei *f* gluttony
voll|führen *v/t.* perform; **♀gas** *mot. f* full throttle; *~ geben* F step on it
völlig 1. *adj.* complete, absolute, total; **2.** *adv.* completely; *~ unmöglich* absolutely impossible
volljährig *adj.*: *~ sein (werden)* be* (come*) of age; *noch nicht ~* under age; **♀keit** *f* majority
vollkommen *adj.* perfect; *fig.* → *völlig*; **♀heit** *f* perfection
Voll|kornbrot *n* wholemeal bread; **~macht** *f* full power(s *pl.*), authority; *jur.* power of attorney; **~ haben** be* authorized; **~milch** *f* full-cream milk; **~mond** *m* full moon; **~pension** *f* full board; **~schlank** *adj.* plump, on the plump side; **♀ständig** *adj.* complete; *fig.* → *völlig*; **♀strecken** *v/t.* execute; **~streckung** *f* execution; **~transistorisiert** *electr. adj.* solid-state; **~treffer** *m* direct hit; *Schießen:* bull's eye (*a. fig.*); **~versammlung** *f* plenary session; **♀wertig** *adj.* full; **~wertkost** *f* wholefoods *pl.*; **♀zählig** *adj.* complete; **♀ziehen** *v/t.* execute; *Trauung:* perform; *sich ~* take* place; **~ziehung** *f*, **~zug** *m* execution
Volontär(in) unpaid trainee
Volt *electr. n* volt; **~zahl** *f* voltage

Volumen *n* volume; *Größe*: *a.* size
von *prp. räumlich, zeitlich*: from; *für Genitiv*: of; *Urheberschaft, a. beim Passiv*: by; *über j-n od. et.*: about; **südlich ~** south of; **weit ~** far from; **~ Hamburg** from Hamburg; **~ nun an** from now on; **ein Freund ~ mir** a friend of mine; **die Freunde ~ Alice** Alice's friends; **ein Brief (Geschenk) ~ Tom** a letter (gift) from Tom; **ein Buch (Bild) ~ Orwell (Picasso)** a book (painting) by Orwell (Picasso); **der König (Bürgermeister etc.) ~** the King (Mayor *etc.*) of; **ein Kind ~ 10 Jahren** a child of ten; **müde ~ der Arbeit** tired from work; **es war nett (gemein) ~ dir** it was nice (mean) of you; **reden (hören) ~** talk (hear*) about *od.* of; **~ Beruf (Geburt)** by profession (birth); **~ selbst** by itself; **von mir aus!** I don't mind *od.* care; **~statten** *adv.*: **~ gehen** go*, come* off
vor *prp. räumlich*: in front of; *außerhalb*: outside (*a. der Tür, dem Haus etc.*); *zeitlich, Reihenfolge*: before; *e-m Jahr etc.*: ago (*nachgestellt*); *infolge*: with, for; **~ der Klasse** in front of *od.* outside the class; **~ der Schule** in front of *od.* outside the school; *zeitlich*: before school; **~ kurzem (e-r Stunde)** a short time (an hour) ago; **5 Minuten ~ 12** five (minutes) to twelve; **~ j-m liegen** be* *od.* lie* ahead of s.o. (*a. fig. u. Sport*); **~ sich hin** lächeln *etc.*: to o.s.; **sicher ~** safe from; **~ Kälte (Angst)** with cold (for fear); **~ allem** above all; **~ sich gehen** go* on, happen
Vor|abend *m* eve (*a. fig.*); **~ahnung** *f* presentiment, foreboding
voran *adv.* at the head (*dat.* of), in front (of), before; **Kopf ~** head first; **~gehen** *v/i.* go* in front *od.* first; *bsd. fig.* lead* the way; **~kommen** *v/i.* get* on *od.* along (*a. fig.*)
Voranzeige *f* preannouncement; *Film*: trailer
vorarbeite|n *v/i.* work in advance; *fig.* pave the way; **2r** *m* foreman
voraus *adv.* ahead (*dat.* of); **im ~** in advance; **~gehen** *v/i. zeitlich*: precede; → **vorangehen; ~gesetzt** *cj.*: **~, daß** provided that; **2sage** *f* prediction; *Wetter*: forecast; **~sagen** *v/t.* predict; *Wetter*: forecast; **~schicken** *v/t.* send* on ahead; *lassen Sie mich ~, daß* let me begin by mentioning that; **~sehen** *v/t.* foresee*, see* s.th. coming; **~setzen** *v/t.* assume; *selbstverständlich*: take* s.th. for granted; **2setzung** *f* Vorbedingung: condition, prerequisite; *Annahme*: assumption; **die ~en erfüllen** meet* the requirements; **2sicht** *f* foresight; **aller ~ nach** in all probability; **~sichtlich** *adv.* probably; **er kommt ~ morgen** he is expected to arrive tomorrow; **2zahlung** *f* advance payment
Vorbe|deutung *f* omen; **~dingung** *f* prerequisite; **~halt** *m* reservation; **2halten** 1. *v/t.*: **sich (das Recht), zu** reserve the right to; 2. *adj.* reserved; **2haltlos** 1. *adj.* unconditional; 2. *adv.* without reservation
vorbei *adv. zeitlich*: over; *Winter, Woche etc.*: *a.* past; *aus, beendet*: finished; *vergangen*: gone; *räumlich*: past; by; **jetzt ist alles ~** it's all over now; **~!** *daneben*: missed!; **~fahren** *v/i.* go* (*mot.* drive*) past (**an** *s.o. od. s.th.*), pass (*s.o. od. s.th.*); **~gehen** *v/i.* walk past; *a. fig.*: go* by, pass; *nicht treffen*: miss; **~kommen** *v/i.* pass (**an** *et.* s.th.); **an e-m Hindernis**: get* past; F *besuchen*: drop in (**bei** *j-m* on s.o.); *fig. an et.*: **~lassen** *v/t.* let* *s.o.* pass
Vorbemerkung *f* preliminary remark
vorbereit|en *v/t. u. v/refl.* prepare (**auf** for); **2ung** *f* preparation (**auf** for)
vorbestell|en *v/t.* book (*Waren*: order) in advance; *Tisch, Platz, Zimmer etc.*: *a.* reserve; **2ung** *f* advance booking, reservation
vorbestraft *adj.*: **~ sein** have* a police record
vorbeug|en 1. *v/i.* prevent (*e-r Sache* s.th.); 2. *v/refl.* bend* forward; **~end** *adj.* preventive; *med. a.* prophylactic; **2ung** *f* prevention
Vorbild *n* model, pattern; **(j-m) ein ~ sein** set* an example (to s.o.); **sich j-n zum ~ nehmen** follow s.o.'s example; **2lich** *adj.* exemplary; **~ung** *f* education(al background)
vor|bringen *v/t. Angelegenheit, Beweis etc.*: bring* forward; *sagen*: say*, state; **~datieren** *v/t. zurück*: antedate; *voraus*: postdate
Vorder... *in Zssgn Achse, Ansicht, Rad, Sitz, Tür, Zahn etc.*: front ...; **2e** *adj.* front; **~grund** *m* foreground (*a. fig.*);

Vorderlader

~lader m muzzle-loader; **~mann** m: *mein ~* the man *od.* boy in front of me; **~seite** f front (side); *Münze*: head
vor|dränge(l)n v/refl. Brt. jump the queue, Am. cut* into line, butt in;
~dringen v/i. advance; **~ (bis) zu** work one's way through to (a. fig.); **~dringlich 1.** adj. (most) urgent; **2.** adv. **~ behandeln** give* s.th. priority; **⁀druck** m form, Am. a. blank
voreilig adj. hasty, rash, precipitate; **~e Schlüsse ziehen** jump to conclusions
voreingenommen adj. prejudiced, bias(s)ed; **⁀heit** f prejudice, bias
vor|enthalten v/t. keep* back, withhold* (*beide*: **j-m et.** s.th. from s.o.);
⁀entscheidung f preliminary decision; **~erst** adv. for the present, for the time being
Vorfahr m ancestor
vorfahr|en v/i. drive* up (*weiter*: on); **⁀t(srecht** n) f right of way, priority
Vorfall m incident, occurrence, event; **⁀en** v/i. happen, occur
vorfinden v/t. find*
Vorfreude f anticipation
vorführ|en v/t. show*, present; *Kunststück etc.*: perform; *Gerät etc.*: demonstrate; *jur. Angeklagten*: bring* (**j-m** before s.o.); **⁀er** m *Kino*: projectionist; **⁀ung** f presentation, show(ing); performance (*a. Vorstellung*); demonstration; *jur.* production; **⁀wagen** *mot.* m demonstration car, *Am.* demonstrator
Vor|gabe f handicap; **~gang** m event, occurrence, happening; *Akte*: file, record(s pl.); *biol.*, *tech.* process; **e-n ~ schildern** give* an account of what happened; **~gänger(in)** f predecessor; **~garten** m front garden (*Am.* a. yard)
vorgeben v/t. *Sport*: give*; *fig.* use s.th. as a pretext
Vorgebirge n foothills pl.
vorgefertigt adj. prefabricated; *Meinung*: preconceived
Vorgefühl n presentiment
vorgehen v/i. *geschehen*: go* on; *wichtiger sein*: come* first; *handeln*: act; *gerichtlich*: sue (**gegen j-n** s.o.); *verfahren*: proceed; *Uhr*: be* fast
Vorgehen n procedure
vorgeschichtlich adj. prehistoric
Vorgeschmack m foretaste (**auf** of)
Vorgesetzte(r) superior, F boss

596

vorgestern adv. the day before yesterday
vorgreifen v/i. anticipate s.o. *od.* s.th.
vorhaben v/t. plan, intend; **haben Sie heute abend et. vor?** have you anything on tonight?; **was hat er jetzt wieder vor?** what is he up to now?
Vorhaben n plan(s pl.), intention; *tech.*, *econ. a.* project
Vorhalle f (entrance) hall, lobby
vorhalt|en 1. v/t.: **j-m et. ~** hold* s.th. in front of s.o.; *fig.* blame s.o. for (doing) s.th.; **2.** v/i. last; **⁀ungen** pl. reproaches pl.; **j-m ~ machen (für et.)** reproach s.o. (with s.th., for being ...)
Vorhand f *Tennis*: forehand
vorhanden adj. *verfügbar*: available; *bestehend*: in existence; **~ sein** exist; **es ist nichts mehr ~** there's nothing left; **⁀sein** n existence
Vor|hang m curtain; **~hängeschloss** n padlock
vorher adv. before, earlier; **im Voraus**: in advance, beforehand
vorher|bestimmen v/t. predetermine; **⁀bestimmung** f predetermination; **~gehen** v/i. precede; **~ig** adj. preceding, previous
Vorherr|schaft f predominance; **⁀schen** v/i. predominate, prevail; **⁀schend** adj. predominant, prevailing
Vorher|sage f → **Voraussage**; **⁀sagen** v/t. → **voraussagen**; **⁀sehbar** adj. foreseeable
vorhin adv. a (little) while ago; **~ein** adv.: **im ⁀** beforehand
Vorhut *mil.* f vanguard
vor|ig adj. last; *früher*: former, previous; **~jährig** adj. of last year, last year's
Vor|kämpfer(in) champion, pioneer; **~kehrungen** pl.: **~ treffen** take* precautions; **~kenntnisse** pl. previous knowledge sg. *od.* experience sg. (*of* in)
vorkommen v/i. be* found; *geschehen*: happen; **es kommt mir ... vor** it seems to ...
Vorkomm|en n *Bergbau*: deposit(s pl.); *Ereignis*: → **~nis** n occurrence, incident, event
Vorkriegs-... in *Zssgn* prewar ...
vorlad|en *jur.* v/t. summon; **⁀ung** *jur.* f summons
Vorlage f model; *Muster*: pattern; *Zei-*

chen̰ *etc.*: copy; *Unterbreitung*: presentation; *parl.* bill; *Fußball etc.*: pass

vorlassen *v/t.* let* *s.o.* go* first; *vorbei*: let* *s.o.* pass; **vorgelassen werden** be* admitted (**bei** to)

Vorlauf *m Rekorder*: fast-forward; *Sport*: (preliminary) heat

Vorläuf|er(in) forerunner, precursor; ⚙**ig 1.** *adj.* provisional, temporary; **2.** *adv.* for the present, for the time being

vorlaut *adj.* pert, cheeky

Vorleben *n* former life, past

vorlege|n *v/t.* present; *Dokument etc.*: produce; *zeigen*: show*; **j-m e-e Frage ~** put* a question to s.o.; ⚙**r** *m* rug; *Matte*: mat

vorles|en *v/t.* read* out (aloud); **j-m et. ~** read* to s.o.; ⚙**ung** *f* lecture (**über** on; **vor** to); **e-e ~ halten** (give*) a lecture

vorletzte *adj.* last but one; **~ Nacht (Woche)** the night (week) before last

vorlieb: **~ nehmen mit** make* do with

Vorliebe *f* preference, special liking

vorliegen *v/i.*: **es liegen (keine) ... vor** there are (no) ...; **was liegt gegen ihn vor?** what is he charged with?; **~d** *adj.* present, in question

vor|lügen *v/t.*: **j-m et. ~** tell* s.o. lies; **~machen** *v/t.*: **j-m et. ~** show* s.th. to s.o., show* s.o. how to do s.th.; *fig.* fool s.o.; ⚙**machtstellung** *f* supremacy; ⚙**marsch** *mil.* m advance (*a. fig.*); **~merken** *v/t.* put* (*j-n*: s.o.'s name) down

Vormittag *m* morning; **heute ~** this morning; ⚙**s** *adv.* in the morning; **sonntags ~** on Sunday mornings

Vormund *m* guardian; **~schaft** *f* guardianship

vorn *adv.* in front; **nach ~** forward; **von ~** from the front; *zeitlich*: from the beginning; **j-n von ~(e) sehen** see* s.o.'s face; **noch einmal von ~(e) (anfangen)** (start) all over again

Vorname *m* first *od.* Christian name, *bsd. amtlich*: *a.* forename

vornehm *adj.* distinguished; *edel, adlig*: noble; F fein, teuer *etc.*: smart, fashionable, exclusive, F posh; **die ~e Gesellschaft** (high) society, the upper crust; **~ tun** put* on airs; **~en** *v/t.* carry out, do*; *Änderungen etc.*: make*; **sich et. ~** decide *od.* resolve to do s.th.; *planen*: make* plans for s.th.; **sich fest**

vorgenommen haben, zu have* the firm intention to, be* determined to; **sich j-n ~** take* s.o. to task (**wegen** about, for)

vornherein *adv.*: **von ~** from the start *od.* beginning

Vorort *m* suburb; **~(s)zug** *m* suburban *od.* local *od.* commuter train

Vor|posten *m* outpost (*a. mil.*); ⚙**programmieren** *v/t.* (pre)program(me); *fig.* **das war vorprogrammiert** that was bound to happen; **~rang** *m* precedence (**vor** over), priority (over); **~rat** *m* store, stock, supply (*alle*: **an** of); *bsd. Lebensmittel*: *a.* provisions *pl.*; *bsd. Rohstoffe etc.*: resources *pl.*, reserves *pl.*; **e-n ~ anlegen** stockpile; ⚙**rätig** *adj.* available; *econ.* in stock; **~recht** *n* privilege; **~redner** *m* previous speaker; **~richtung** *tech. f* device; ⚙**rücken 1.** *v/t.* move forward; **2.** *v/i.* advance; **~runde** *f Sport*: preliminary round; ⚙**sagen** *v/t.*: **j-m ~** prompt s.o.; **~saison** *f* off-peak season; **~satz** *m* resolution; *Absicht*: intention; *jur.* intent; ⚙**sätzlich** *adj.* intentional; *bsd. jur.* wil(l)ful; **~schau** *f* preview (**auf** of); *Film, TV*: *a.* trailer; **~schein** *m*: **zum ~ bringen** produce; *fig.* bring* out; **zum ~ kommen** appear, come* out; ⚙**schieben** *v/t.* push forward; *Riegel*: slip; *fig.* use as a pretext; ⚙**schießen** *v/t. Geldbetrag*: advance

Vorschlag *m* suggestion, proposal (*a. parl. etc.*); **den ~ machen → ⚙en** *v/t.* suggest, propose

Vor|schlussrunde *f Sport*: semifinal; **~schnell** *adj.* hasty, rash; **~schreiben** *fig. v/t.* prescribe; *anordnen*: tell*; **ich lasse mir nichts ~** I won't be dictated to

Vorschrift *f* rule, regulation; *Anweisung*: instruction, direction; **Dienst nach ~ machen** work to rule; ⚙**smäßig** *adj.* correct, proper; ⚙**swidrig** *adj. u. adv.* contrary to regulations

Vor|schub *m*: **~ leisten** encourage; *jur.* aid and abet; **~schul...** *in Zssgn* pre--school ...; **~schule** *f Brt.* nursery (*od.* infant) school, *Am.* preschool, kindergarten; **~schuss** *m* advance; ⚙**schützen** *v/t.* use *s.th.* as a pretext; ⚙**schweben** *v/i.*: **mir schwebt et. vor** I have s.th. in mind

vorseh|en 1. v/t. plan; jur. provide; ~ **für** intend (ein Amt: designate) for; **2.** v/refl. be* careful, take* care, watch out (vor for); **2ung** f providence

vorsetzen v/t.: j-m et. ~ put* s.th. before s.o.; anbieten: offer s.o. s.th.; fig. dish up s.th. to s.o.

Vorsicht f caution, care; ~! look od. watch out!, (be) careful!; ~ **Glas!** Glass, with care!; ~ **Stufe!** mind the step!; **2ig** adj. careful, cautious; ~! careful!

vorsichts|halber adv. to be on the safe side; **2maßnahme** f precaution(ary measure); ~**n treffen** take* precautions

Vorsilbe gr. f prefix

vorsingen v/t. u. v/i.: j-m et. ~ sing* s.th. to s.o.; zur Probe: (have*) an audition

Vorsitz m chair(manship), presidency; **den ~ haben (übernehmen)** be* in (take*) the chair, preside (bei over, at); ~**ende** m, f chairman (chairwoman), president

Vorsorge f precaution; ~ **treffen** take* precautions; ~**untersuchung** f preventive checkup

vorsorglich 1. adj. precautionary; **2.** adv. as a precaution

Vor|spann m Film etc.: credits pl.; ~**speise** f hors d'œuvre; F starter; **als ~ for starters**

vorspiegeln v/t. pretend; **2(e)lung** f preten|ce, Am. -se

Vorspiel n mus. prelude (a. fig.); sexuelles: foreplay; **2en** v/t.: j-m et. ~ play s.th. to s.o.

vor|sprechen 1. v/t. pronounce (j-m for s.o.); **2.** v/i. call (bei at); thea. (have*) an audition; ~**springen** fig. v/i. project, protrude (beide a. arch.); **2sprung** m arch. projection; Sport: lead; **e-n ~ haben** be* leading (von by); bsd. fig. a. be* (von 2 Jahren two years) ahead; **2stadt** f suburb; **2stand** m board (of directors); e-s Klubs etc.: managing committee

vorsteh|en v/i. project, protrude; fig. leiten: manage, be* the head of, be* in charge of

vorstell|en v/t. introduce (sich o.s.; j-n j-m s.o. to s.o.); Uhr: put* forward (um by); bedeuten: mean*; **sich et.** (j-n als ...) **~** imagine s.th. (s.o. as ...); **so stelle ich mir ... vor** that's my idea of ...; **sich ~ bei Firma etc.:** have* an interview with; **2ung** f thea. performance; Kinoð etc.: a. show; Gedanke etc.: idea; Erwartung: expectation; von j-m od. Er-: introduction; ~**sgespräch**: interview; **2ungsvermögen** n imagination

Vor|stopper m cent|re (Am. -er) back; ~**stoß** m mil. advance; Versuch: attempt; ~**strafe** f previous conviction; ~**strecken** v/t. Geld: advance; ~**stufe** f preliminary stage; **2täuschen** v/t. feign, fake

Vorteil m advantage (a. Sport); Nutzen: benefit, profit; **die ~ e und Nachteile** the pros and cons; ~**haft** adj. advantageous, profitable; ~**sregel** f Sport: advantage rule

Vortrag m talk; bsd. akademischer: lecture; mus., Gedichtð: recital; **e-n ~ halten** give* a talk od. lecture (vor to); **2en** v/t. äußern: express, state; mus. etc.: perform, play; Gedicht etc.: recite

vor|trefflich adj. splendid; ~**treten** v/i. step forward; fig. protrude (a. Augen etc.), stick* out; **2tritt** m precedence; **j-m den ~ lassen** let* s.o. go first

vorüber adv.: **~ sein** be* over; ~**gehen** v/i. pass, go* by; ~**gehend** adj. temporary

Vor|übung f preparatory exercise; ~**untersuchung** jur., med. f preliminary examination

Vorurteil n prejudice; **2slos** adj. unprejudiced, unbias(s)ed

Vor|verkauf thea. m advance booking; **2verlegen** v/t. advance; ~**wahl** f tel. STD (od. dial[l]ing, Am. area) code; pol. preliminary election, Am. primary; ~**wand** m pretext, excuse

vorwärts adv. forward, on(ward), ahead; **~! come on!**, let's go!; **~ kommen** make* headway (a. fig.); fig. get* on (Am. along)

vorweg adv. beforehand; ~**nehmen** v/t. anticipate

vor|weisen v/t. produce, show*; **et. ~ können** boast of s.th.; ~**werfen** fig. v/t.: **j-m et. ~** reproach s.o. with s.th.; ~**wiegend** adv. predominantly, chiefly, mainly, mostly; ~**witzig** adj. cheeky, pert

Vor|wort n foreword; bsd. des Autors: preface; ~**wurf** m reproach; **j-m Vorwürfe machen** (wegen) reproach s.o.

(for); ⁓wurfsvoll *adj.* reproachful; ⁓zeichen *n* omen, sign (*a. math.*); ⁓zeigen *v/t.* show*; *Karte etc.*: *a.* produce

vorzeitig *adj.* premature, early

vor|ziehen *v/t. Vorhänge*: draw*; *fig.* prefer; ⁓zimmer *n* anteroom; *Büro*: outer office; *östr.* → *Hausflur*; ⁓zug *m Vorteil*: advantage; *gute Eigenschaft*:

merit; *den* ⁓ *geben* give preference to; ⁓züglich *adj.* excellent, exquisite; ⁓zugsweise *adv.* preferably

Votum *n* vote

VP *Abk. für* **Vollpension** full board; (full) board and lodging

vulgär *adj.* vulgar

Vulkan *m* volcano; ⁓ausbruch *m* volcanic eruption; ⁓isch *adj.* volcanic

W

W *Abk. für*: **West(en)** W, west; **Watt** W, watt(s)

Waag|e *f* scale(s *pl. Brt.*); *Fein*⁓: balance; *astr.* Libra; *sich die* ⁓ *halten* balance each other; *er ist (e-e)* ⁓ he's (a) Libra; ⁓**recht** *adj.* horizontal; ⁓**schale** *f* scale

Wabe *f* honeycomb (*a. fig. tech.*)

wach *adj.* awake; ⁓ *werden* wake* (up); *bsd. fig.* awake*; ⁓**ablösung** *f* changing of the guard; ⁓**e** *f* guard (*a. mil.*); *Posten*: *a.* sentry; *naut., Kranken*⁓ *etc.*: watch; *Polizei*⁓: police station; ⁓ *haben* be* on guard (*naut.* watch); ⁓ *halten* keep* watch; ⁓**en** *v/i.* (keep*) watch (*über* over); ⁓**hund** *m* watch-dog (*a. fig.*); ⁓**mann** *m* watchman; *östr.* → *Polizist*

Wacholder *bot. m* juniper

wach|rufen *v/t.* call up, evoke; ⁓**rütteln** *v/t.* rouse; *fig. a.* shake* up

Wachs *n* wax (*a. in Zssgn: Kerze etc.*)

wachsam *adj.* watchful, vigilant; ⁓**keit** *f* watchfulness, vigilance

wachsen¹ *v/i.* grow* (*a. sich* ⁓ *lassen*); *fig. a.* increase

wachsen² *v/t.* wax

Wachs|figurenkabinett *n* waxworks *pl.*; ⁓**tuch** *n* oilcloth

Wachstum *n* growth; *fig. a.* increase

Wachtel *zo. f* quail

Wächter *m* guard

Wachtmeister *m* (police) constable, *Am.* patrolman; *Anrede*: officer

Wach(t)turm *m* watchtower

wackel|ig *adj.* shaky (*a. fig.*); *Zahn*:

loose; ⁓**kontakt** *electr. m* loose contact; ⁓**n** *v/i.* shake*; *Tisch etc.*: wobble; *Zahn*: be* loose; *phot.* move; ⁓ *mit bsd. Körperteil*: wag; *mit den Hüften* ⁓ wiggle

Wade *f* calf

Waffe *f* weapon (*a. fig.*); ⁓**n** *pl. a.* arms *pl.*

Waffel *f* waffle; *bsd. Eis*⁓: wafer

Waffen|gattung *f* arm; ⁓**gewalt** *f*: *mit* ⁓ by force of arms; ⁓**schein** *m* gun licen|ce, *Am.* -se; ⁓**stillstand** *m* armistice (*a. fig.*); *zeitweiliger*: truce

wagen *v/t.* dare; *riskieren*: risk; *sich aus dem Haus etc.* ⁓ venture out of doors *etc.*

Wagen *m Auto*: car; *rail. Brt.* carriage, *Am.* car; ⁓**heber** *m* jack; ⁓**ladung** *f* carload; *fig.* cartload; ⁓**rad** *n* cartwheel; ⁓**spur** *f* (wheel) track

Waggon *rail. m Brt.* (railway) carriage, *Am.* (railroad) car; *Güter*⁓: *Brt.* goods waggon, *Am.* freight car

wag|halsig *adj.* daring; ⁓**nis** *n* venture, risk

Wagon *m* → **Waggon**

Wahl *f* choice; *andere*: alternative; *Auslese*: selection; *pol.* election; ⁓**vorgang**: voting, poll; *Abstimmung*: vote; *die* ⁓ *haben (s-e* ⁓ *treffen)* have* the (make* one's) choice; *keine (andere)* ⁓ *haben* have* no choice *od.* alternative; ⁓**berechtigt** *adj.* entitled to vote; ⁓**beteiligung** *f* (voter) turnout; *hohe (niedrige)* ⁓ heavy (light) poll; ⁓**bezirk** *m* → *Wahlkreis*

wählen

wählen v/t. u. v/i. choose*, aus~: a. pick, select; pol. Stimme abgeben: vote (j-n, et.: for); in ein Amt etc.: elect; tel. dial
Wähler m voter
Wahlergebnis n election returns pl.
wähler|isch adj. choos(e)y, F picky (in about); **2schaft** f electorate, voters pl.
Wahl|fach n optional subject, Am. a. elective; **~kabine** f polling (od. voting) booth; **~kampf** m election campaign; **~kreis** m constituency, Am. electoral district; **~lokal** n polling station (Am. place); **2los** adj. indiscriminate; **~programm** n election platform; **~recht** n (right to) vote, suffrage, franchise; **~rede** f election speech
Wahlscheibe tel. f dial
Wahl|spruch m motto; **~urne** f ballot box; **~versammlung** f election rally; **~zettel** m ballot, voting paper
Wahn m delusion; Besessenheit: mania; **~sinn** m madness (a. fig.), insanity; **2sinnig 1.** adj. mad (a. fig.), insane; F fig. a. crazy; Angst, Schmerz etc.: awful, terrible; **2.** F fig. adv. sehr: terribly, awfully; verliebt: madly; **~sinnige(r)** mad|man (-woman), lunatic; wie ein ~ like a maniac; **~vorstellung** f delusion, hallucination
wahr adj. true; wirklich: a. real; echt: genuine; **~en** v/t. Interessen, Rechte: protect; den Schein ~ keep* up appearances
während 1. prp. during; **2.** cj. while; Gegensatz: a. whereas
wahrhaft(ig) adv. really, truly
Wahrheit f truth; **2gemäß, 2getreu** adj. true, truthful; **~liebe** f truthfulness, love of truth; **2liebend** adj. truthful
wahr|nehmbar adj. noticeable, perceptible; **~nehmen** v/t. perceive, notice; Gelegenheit, Vorteil: seize, take*; Interessen, Rechte: look after; **2nehmung** f perception; **~sagen** v/i.: j-m ~ tell* s.o. his fortune; sich ~ lassen have* one's fortune told; **2sager(in)** fortune-teller; **~scheinlich 1.** adj. probable, likely; **2.** adv. probably, (very od. most) likely; ~ gewinnt er (nicht) he is (not) likely to win; **2scheinlichkeit** f probability, likelihood; aller ~ nach in all probability od. likelihood

Währung f currency; **~s...** in Zssgn Politik, Reform etc.: monetary ...
Wahrzeichen n landmark
Waise f orphan; **~nhaus** n orphanage
Wal zo. m whale
Wald m wood(s pl.), forest; **~brand** m forest fire; **2reich** adj. wooded; **~sterben** n dying of forests, forest deaths pl. (od. dieback)
Wal|fang m whaling; **~fänger** m whaler
Walkman® m personal stereo, Walkman®
Wall m mound; mil. rampart
Wallach m gelding
wallen v/i. Haar, Gewand: flow
Wallfahr|er(in) m pilgrim; **~t** f pilgrimage
Wal|nuss f walnut; **~ross** zo. n walrus
walten v/i.: ~ lassen Gnade etc.: show*
Walze f roller (a. Straßen2, print.); cylinder (a. print.); tech., mus. barrel; **2n** v/t. roll (a. tech.)
wälzen v/t. roll (a. sich ~); Problem: turn over in one's mind
Walzer mus. m waltz (a. ~ tanzen)
Wand f wall; fig. a. barrier
Vandal|e m vandal; **~ismus** m vandalism
Wandel m, **2n** v/t. u. v/refl. change
Wander|er m hiker; **2n** v/i. hike; umherstreifen: ramble (about); fig. Blick etc.: roam, wander; **~pokal** m challenge cup; **~preis** m challenge trophy; **~schuhe** pl. walking shoes pl.; **~tag** m (school) outing od. excursion; **~ung** f walking tour, hike; von Tieren, Völkern etc.: migration
Wand|gemälde n mural (painting); **~kalender** m wall calendar; **~karte** f wallchart
Wandlung f change, transformation; rel. transubstantiation
Wand|schrank m built-in cupboard, Am. closet; **~tafel** f blackboard; **~teppich** m tapestry; **~uhr** f wall clock
Wange f cheek
Wankelmotor m rotary piston od. Wankel engine
wankelmütig adj. fickle, inconstant
wanken v/i. stagger, reel; fig. rock
wann interr. adv. when, (at) what time; seit ~? (for) how long?, since when?
Wanne f tub; bath(tub), F tub

Wanze zo. f bug (a. F fig. Abhörgerät)
Wapitihirsch m elk
Wappen n (coat of) arms pl.; **~kunde** f heraldry; **~tier** n heraldic animal
wappnen fig. v/refl. arm o.s.
Ware f coll. mst goods pl.; Artikel: article; Produkt: product
Waren|haus n department store; △ nicht warehouse; **~lager** n stock; **~probe** f sample; **~zeichen** n trade mark
warm adj. warm (a. fig.); Essen: hot; schön ~ nice and warm; ~ halten (stellen) keep* warm; ~ machen warm (up)
Wärm|e f warmth; phys. heat; **~eisolierung** f heat insulation; **2en** v/t. warm; sich die Füße ~ warm one's feet; **~flasche** f hot-water bottle
warmherzig adj. warmhearted
Warmwasser|bereiter m water heater; **~versorgung** f hot-water supply
Warn|blinkanlage mot. f warning flasher; **~dreieck** mot. n warning triangle; **2en** v/t. warn (vor of, against); j-n davor ~, et. zu tun warn s.o. not to do s.th.; **~schild** n danger sign; **~signal** n warning signal; **~streik** m token strike; **~ung** f warning
warten¹ v/i. wait (auf for); ~ auf a. await (beide a. fig. bevorstehen); j-n ~ lassen keep* s.o. waiting
warten² tech. v/t. service, maintain
Wärter(in) Museum etc.: attendant; Zoo etc.: keeper; → Gefängniswärter
Warte|liste f waiting list; **~saal** m, **~zimmer** n waiting room
Wartung tech. f maintenance
warum adv. why
Warze f wart
was 1. interr. pron. what; ~? überrascht etc.: what?; wie bitte?: pardon?, F what?; ~ gibts? what is it?, F what's up?; zu essen: what's for lunch etc.?; ~ solls? so what?; ~ machen Sie? gerade: what are you doing?; beruflich: what do you do?; ~ kostet ...? how much is ...?; ~ für ...? what kind (or sort of ...)?; ~ für eine Farbe (Größe)? what colo(u)r (size)?; ~ für ein Unsinn (e-e gute Idee)! what nonsense (a good idea)!; **2.** rel. pron. what; ~ (auch) immer whatever; alles, ~ ich habe (brauche) all I have (need); ich weiß nicht, ~ ich tun (sagen) soll I don't know what to do (say); ..., ~ mich ärgerte ..., which made me angry; **3.** F indef. pron. → etwas

wasch|bar adj. washable; **2becken** n washbasin, bsd. Am. washbowl
Wäsche f washing, laundry; Bett2, Tisch2: linen; Unter2: underwear; in der ~ in the wash; fig. schmutzige ~ waschen wash one's dirty linen in public
waschecht adj. washable; Farben: fast; fig. trueborn, genuine
Wäsche|klammer f clothes peg, Am. clothespin; **~leine** f clothesline
waschen v/t. u. v/refl. wash (sich die Haare [Hände] one's hair [hands])
Wäscherei f laundry; → Waschsalon
Wasch|küche f washing room; fig. Nebel: pea souper; **~lappen** m flannel, facecloth, Am. washcloth; **~maschine** f washing machine, Am. washer; **2maschinenfest** adj. machine-washable; **~mittel**, **~pulver** n washing powder; **~raum** m lavatory, Am. a. washroom; **~salon** m Brt. launderette, Am. laundromat; **~straße** mot. f car wash
Wasser n water; **~ball** m beach ball; Sport: water polo; **~bett** n water bed; **~dampf** m steam; **2dicht** adj. waterproof; bsd. naut. watertight (a. fig.); **~fall** m waterfall; großer: falls pl.; **~farbe** f water colo(u)r; **~flugzeug** n seaplane; **~graben** m ditch; **~hahn** m tap, Am. a. faucet
wässerig adj. watery; j-m den Mund ~ machen make* s.o.'s mouth water
Wasser|kessel m kettle; **~klosett** n water closet, W.C.; **~kraft** f water power; **~kraftwerk** n hydroelectric power station od. plant; **~lauf** m watercourse; **~leitung** f waterpipe(s pl.); **~mangel** m water shortage; **~mann** astr. m Aquarius; er ist (ein) ~ he's (an) Aquarius; **2n** v/i. touch down on water; Raumfahrzeug: splash down
wässern v/t. water; Felder etc.: irrigate; gastr. soak; phot. rinse
Wasser|pflanze f aquatic plant; **~rohr** n water pipe; **2scheu** adj. afraid of water; **~ski 1.** m water ski; **2.** n water skiing; ~ fahren water-ski; **~spiegel** m water level; **~sport** m water (od. aquatic) sports pl., aquatics pl.;

Wasserspülung

~spülung f tech. flushing cistern; **Toilette mit ~** (flush) toilet, W.C.; **~stand** m water level; **~standsanzeiger** m water ga(u)ge; **~stiefel** pl. waders pl.; **~stoff** chem. m hydrogen, **~stoffbombe** f hydrogen bomb, H-bomb; **~strahl** m jet of water; **~straße** f waterway; **~tier** n aquatic animal; **~verdrängung** f displacement; **~verschmutzung** f water pollution; **~versorgung** f water supply; **~waage** f spirit level, Am. level; **~weg** m waterway; **auf dem ~** by water; **~welle** f water wave; **~werk(e** pl) n waterworks sg., pl.; **~zeichen** n watermark

waten v/i. wade

watscheln v/i. waddle

Watt[1] electr. n watt

Watt[2] geogr. n mud flats pl.

Watt|e f cotton wool; **~ebausch** m cotton-wool pad; **~iert** adj. padded; **Jacke** etc.: quilted

web|en v/t. u. v/i. weave*; **2er** m weaver; **2erei** f weaving mill; **2stuhl** m loom

Wechsel m change; Geld: exchange; Bank2: bill of exchange; Monats2: allowance; **~beziehung** f correlation; **~geld** n (small) change; **~haft** adj. changeable; **~jahre** pl. menopause sg.; **~kurs** m exchange rate; **2n** v/t. u. v/i. allg. change; austauschen: exchange; variieren: vary; ab~: alternate; **2nd** adj. varying; **2seitig** adj. mutual, reciprocal; **~strom** m electr. alternating current, Abk. A.C.; **~stube** f exchange office; **2weise** adv. alternately; **~wirkung** f interaction

wecke|n v/t. wake* (up), F call; fig. Erinnerung etc.: awaken; fig. Neugier etc.: rouse; **2r** m alarm (clock)

wedeln v/i. wave (**mit** s.th.); Ski: wedel; **mit dem Schwanz ~** Hund: wag its tail

weder cj.: **~ ... noch** neither ... nor

Weg m way (a. fig.); Straße: road (a. fig.); Pfad: path; Reise2: route; Fuß2: walk; **auf friedlichem (legalem) ~e** by peaceful (legal) means; **j-m aus dem ~ gehen** get* (fig. keep*) out of s.o.'s way; **aus dem ~ räumen** put* s.o. out of the way; **vom ~ abkommen** lose* one's way; **et. zu ~e bringen** manage to do s.th., succeed in doing s.th.; → **halb**

weg adv. entfernt, fort, verreist etc.: away; verschwunden, verloren etc.: gone; los, ab: off; F begeistert: thrilled to bits; **Finger ~!** (keep your) hands off!; **nichts wie ~!** let's get out of here!; F **~ sein** bewusstlos: be out; **bleiben** F v/i. stay away; ausgelassen werden: be* left out; **~bringen** v/t. take* away; **~ von** get* s.o. away from

wegen prp. because of; **um ... willen**: for s.o.'s od. s.th.'s sake, for the sake of; infolge: due od. owing to; **~ Mordes** etc.: for

weg|fahren 1. v/i. leave*; **2.** v/t. take* away, remove; **~fallen** v/i. be* dropped; aufhören: stop, be* stopped; **die ... werden ~** there will be no more ...; **2gang** m leaving; **~gehen** v/i. go* away (a. fig. Schmerz etc.), leave*; Fleck etc.: come* off; Ware: sell*; **~jagen** v/t. drive* off, chase away; **~kommen** F v/i. get* away; verloren gehen: get* lost; **gut ~** come* off well; **mach, dass du wegkommst!** get out of here!, sl. get lost!; **~lassen** v/t. let* s.o. go; bsd. et.: leave* out; **~laufen** v/i. run* away ([vor] j-m from s.o.) (a. fig.); **~legen** v/t. put* away; **~machen** F v/t. get* off; Kind: get* rid of; **~müssen** F v/i. have* to go; **ich muss weg** I must be off od. going; **~nehmen** v/t. take* away (**von** from); Platz, Zeit: take* up; stehlen (a. fig. Frau etc.): steal*; **j-m et. ~** take* s.th. (away) from s.o.

Wegrand m (**am** by the) wayside

weg|räumen v/t. clear away, remove; **~schaffen** v/t. remove; **~schicken** v/t. send* away od. off; **~sehen** v/i. look away; **~setzen** v/t. move (a. j-n); **~tun** F v/t. put* away

Wegweiser m signpost; fig. guide

Wegwerf|... in Zssgn Geschirr, Besteck, Rasierer etc.: throwaway ..., disposable ...; Flasche etc.: non-returnable ...; **2en** v/t. throw* away (a. fig.)

weg|wischen v/t. wipe off; fig. Einwand etc.: brush aside; **~ziehen 1.** v/i. move away; **2.** v/t. pull away

weh adv.: **~ tun** hurt* (j-m s.o.; fig. a. s.o.'s feelings); Kopf etc.: a. be* aching; **sich ~ tun** hurt* o.s.

Wehen med. pl. labo(u)r sg.

wehen v/i. blow*; Haare, Fahne etc.: wave

weh|leidig *adj.* hypochondriac; *Stimme:* whining; **⁊mut** *f* melancholy; **⁊mütig** *adj. Gefühl:* melancholy; *Lächeln etc.:* wistful

Wehr¹ *n* weir

Wehr² *f:* **sich zur ⁊ setzen** → **wehren**; **⁊dienst** *mil. m* military service; **⁊dienstverweigerer** *mil. m* conscientious objector; **⁊en** *v/refl.* defend o.s. (**gegen** against), fight* (*a. fig. gegen et.* s.th.); **⁊los** *adj.* defenceless; *Am.* defenseless; *fig.* helpless; **⁊pflicht** *mil. f* compulsory military service; **⁊pflichtig** *mil. adj.* liable to military service; **⁊pflichtiger** *m* Soldat: conscript, *Am.* draftee

Weib *n bsd. iro., contp.* woman; *böses:* bitch; **⁊chen** *zo. n* female; **⁊isch** *adj.* effeminate, F sissy (*a.* **⁊er Junge**); **⁊lich** *adj.* female; *gr., Art, Stimme etc.:* feminine

weich *adj.* soft (*a. fig.*) *zart:* tender; *gar:* done; *Ei:* soft-boiled; **⁊ werden** soften, *fig.* give* in

Weiche *rail. f* switch, points *pl.*

weichen *v/i.* give* way (*dat.* to), yield (to); *verschwinden:* go* (away)

weich|lich *adj.* soft, effeminate, F sissy; **⁊ling** *m* weakling, F softy, sissy; **⁊macher** F *fig. v/t.* soften s.o. up; **⁊macher** *tech. m* softener, softening agent; **⁊spüler** *m* fabric softener; **⁊tier** *zo. n* mollus|c, *Am.* -k

Weide¹ *bot. f* willow

Weide² *agr. f* pasture; **auf die (der) ⁊** (at) pasture; **⁊land** *n* pasture(land), *Am. a.* range; **⁊n** *v/t. u. v/i.* graze, pasture; **sich ⁊ an** feast on; *contp.* gloat over

Weidenkorb *m* wicker basket

weiger|n *v/refl.* refuse; **⁊ung** *f* refusal

Weihe *rel. f* consecration; *Priester⁊:* ordination; **⁊n** *rel. v/t.* consecrate; **j-n zum Priester ⁊** ordain s.o. priest

Weiher *m* pond

Weihnachten *n* Christmas, F Xmas

Weihnachts|abend *m* Christmas Eve; **⁊baum** *m* Christmas tree; **⁊einkäufe** *pl.* Christmas shopping *sg.*; **⁊geschenk** *n* Christmas present; **⁊lied** *n* (Christmas) carol; **⁊mann** *m* Father Christmas, Santa Claus; **⁊markt** *m* Christmas fair; **⁊tag** *m* Christmas Day; **zweiter ⁊** day after Christmas, *bsd. Brt.* Boxing Day; **⁊zeit** *f* Christmas season

Weih|rauch *m* incense; **⁊wasser** *rel. n* holy water

weil *cj.* because; *da:* since, as

Weil|chen *n:* **ein ⁊** a little while; **⁊e** *f:* **e-e ⁊** a while

Wein *m* wine; *Rebe:* vine; **⁊(an)bau** *m* wine growing; **⁊beere** *f* grape; **⁊berg** *m* vineyard; **⁊brand** *m* brandy

weine|n *v/i.* cry (*vor* with; *nach* for; *wegen* about, over); *bsd. lit.* weep* (*um* for, over; *über* at; *vor* for, with); **⁊rlich** *adj.* tearful; *Stimme:* whining

Wein|ernte *f* vintage; **⁊fass** *n* wine cask *od.* barrel; **⁊flasche** *f* wine bottle; **⁊gut** *n* wine-growing estate, *bsd. Am.* winery; **⁊händler** *m* wine merchant; **⁊hauer** *östr. m* → **Winzer**; **⁊karte** *f* wine list; **⁊keller** *m* wine cellar *od.* vault, vaults *pl.*; **⁊kellerei** *f* winery; **⁊kenner** *m* connoisseur; **⁊lese** *f* vintage; **⁊presse** *f* wine press; **⁊probe** *f* wine tasting; **⁊rebe** *f* vine; **⁊rot** *adj.* claret; **⁊stock** *m* vine; **⁊traube** *f* → **Traube**

weise *adj.* wise

Weise *f* Art *u.* **⁊:** way; *mus.* tune; **auf diese (die gleiche) ⁊** this (the same) way; **auf m-e (s-e) ⁊** my (his) way

weisen *v/t. u. v/i. zeigen:* show*; *j-n von der Schule etc.* **⁊** expel s.o. from, F kick s.o. out of; **⁊ auf** point to *od.* at; **von sich ⁊** reject; *Verdacht etc:* repudiate

Weis|heit *f* wisdom; **mit s-r ⁊ am Ende** at one's wit's end; **⁊heitszahn** *m* wisdom tooth; **⁊machen** F *v/t.:* **j-m ⁊, daß** make* s.o. believe that; **du kannst mir nichts ⁊** you can't fool me

weiß *adj.* white; *glühend* white-hot; **⁊brot** *n* white bread; **⁊e** *m, f* white, **⁊e** *m* white man (woman); **die ⁊n** *pl.* the whites *pl.*; **⁊en** *v/t.* whitewash; **⁊glut** *f* white heat; **⁊kohl** *m* (white, *Am.* green) cabbage; **⁊lich** *adj.* whitish; **⁊wein** *m* white wine

Weisung *f* instruction, directive

weit 1. *adj.* wide; *Kleidung: a.* big; *Reise, Weg:* long; 2. *adv.* far, a long way (*von* from); *von ⁊em* from a distance; **⁊ und breit** far and wide; **bei ⁊em** by far; **bei ⁊em nicht so** not nearly as; **⁊ über** well

weitab

over; **~ besser** far od. much better; **zu ~ gehen** go* too far; **es ~ bringen** go* far, F go* places; **wir haben es ~ gebracht** we have come a long way; **~reichend** far-reaching; **~ verbreitet** widespread

weit|ab adv. far away (**von** from); **~aus** adv. (by) far, much; **2blick** m farsightedness; **2e** f width; *weite Fläche*: vastness, expanse; *bsd. Sport*: distance; **~en** v/t. u. v/refl. widen

weiter adv. on, further; (**mach**)**~!** go on!; (**geh**)**~!** move on!; **und so ~** and so on od. forth, et cetera; **nichts ~** nothing else; **~arbeiten** v/i. go* on working; **~bilden** v/refl. improve one's knowledge; *schulisch, beruflich*: continue one's education od. training; **2bildung** f further education od. training

weitere adj. further, additional; **alles ~** the rest; **bis auf ~s** until further notice; **ohne ~s** easily; **2s** n more, (further) details pl.

weiter|geben v/t. pass (*dat.*, **an** to) (a. fig.); **~gehen** v/i. move on, fig. continue, go* on; **~hin** adv. ferner: further(more); *et. ~ tun* go* on doing s.th., continue to do s.th.; **~kommen** v/i. get* on (fig. in life); **~können** v/i. be* able to go on; **~leben** v/i. live on; fig. a. survive; **2leben** n life after death; **~machen** v/t. u. v/i. go* on, carry on, continue; **2verkauf** m resale

weit|gehend 1. adj. considerable; **2.** adv. largely; **~läufig** adj. Haus etc.: spacious; *Verwandter*: distant; **~sichtig** med. adj. longsighted, bsd. Am. u. fig. farsighted; **2sprung** m long jump, Am. broad jump; **2winkelobjektiv** phot. n wide-angle lens

Weizen m wheat

welche|(r), ~s 1. interr. pron. what, *auswählend*: which; **welcher?** which one?; **welcher von beiden?** which of the two?; **2.** rel. pron. who, that; *bei Sachen*: which, that; **3.** F indef. pron. some, any

welk adj. faded, withered; *Haut*: flabby; **~en** v/i. fade, wither

Wellblech n corrugated iron

Welle f wave (a. phys., fig.); tech. shaft

wellen v/t. u. v/refl. wave; **2bereich** electr. m wave range; **2länge** electr. f wavelength; **2linie** f wavy line

Wellensittich m budgerigar, F budgie
wellig adj. wavy
Wellpappe f corrugated cardboard
Welt f world; *die ganze ~* the whole world; *auf der ganzen ~* all over od. throughout the world; *das Beste etc. ... der ~* the best etc. ... in the world, the world's best etc. ...; *zur ~ kommen* be* born; *zur ~ bringen* give* birth to

Welt|all n universe; **~anschauung** f philosophy (of life); **~ausstellung** f world fair; **2berühmt** adj. world-famous

Weltergewicht n, **~ler** m welterweight
welt|fremd adj. naive, unrealistic; **2friede(n)** m world peace; **2geschichte** f world history; **2krieg** m world war; *der Zweite ~* World War II; **2kugel** f globe; **2lage** f international situation; **~lich** adj. worldly; **2literatur** f world literature; **2macht** f world power; **2markt** m world market; **2meer** n ocean; **2meister(in)** f world champion; **2meisterschaft** f world championship; *bsd. Fußball2*: World Cup; **2raum** m (outer) space; **2raum...** *in Zssgn* → **Raum...**; **2reich** n empire; **2reise** f world trip; **2rekord** m world record; **2ruf** m worldwide reputation; **2stadt** f metropolis; **2untergang** m end of the world; **~weit** adj. worldwide; **2wirtschaft** f world economy; **2wirtschaftskrise** f worldwide economic crisis; **2wunder** n wonder of the world

Wende f turn (a. Schwimmen); *Änderung*: change; **~hals** F pol. m (political) turncoat; **~kreis** m astr., geogr. tropic; *mot.* turning circle; *der ~ des Krebses* the tropic of Cancer

Wendeltreppe f spiral staircase

wende|n v/t. u. v/i. u. v/refl. turn (**nach** to; **gegen** against; *an j-n um Hilfe* to s.o. for help); *Auto etc.*: turn (round); *Braten etc.*: turn over; *bitte ~* please turn over, pto; **2punkt** m turning point

wendig adj. *mot., naut.* manoeuvrable, *Am.* maneuverable; *fig.* nimble; **2ung** f turn (a. fig.); fig. a. change; *Ausdruck*: expression, phrase

wenig indef. pron. u. adv. little; **~(e)** pl. few; *nur ~e* only few; *ein paar*: only a few; (**in**) **~er als** (in) less than; *am ~sten* least of all; *er spricht ~* he doesn't talk much; **(nur) ein (klein)** ~ (just) a little (bit); → **bisschen**; ~**stens** *adv.* at least

wenn *cj.* when; *falls*: if; ~ ... **nicht** if ... not, unless; ~ **auch** (al)though, even though; **wie** *od.* **als** ~ as though, as if; ~ **ich nur** ... **wäre!** if only I were ...!; ~ **auch noch so** ... no matter how ...; **und** ~ **nun** ...? what if ...?

wer 1. *interr. pron.* who, *auswählend*: which; ~ **von euch?** which of you?; **2.** *rel. pron.* who; ~ **auch (immer)** who(so)ever; **3.** F *indef. pron.* somebody, anybody

Werbe|abteilung *f* publicity department; ~**agentur** *f* advertising agency; ~**feldzug** *m* advertising campaign; ~**fernsehen** *n* commercial television; *Werbung*: TV adverts *pl.*, *Am.* (TV) commercials *pl.*; ~**film** *m* promotion(al) film; ~**funk** *m* radio adverts *pl.* (*Am.* commercials *pl.*); ~**n 1.** *v/i.* advertise (**für et.** s.th.), promote (s.th.), push* *s.th. od. s.o.*, publicity; *bsd. fig.* make* propaganda (**für** for), canvass (for); ~ **um Frau, Beliebtheit** *etc.*: court; **2.** *v/t. an*~: recruit; *Stimmen, Kunden*: canvass, solicit; ~**sendung** *f*, ~**spot** *m* TV advert, *Am.* (TV) commercial

Werbung *f* advertising, (sales) promotion; *a. pol. etc.*: publicity, propaganda; *An*~: recruitment; ~ **machen für et.** advertise s.th

Werdegang *m beruflicher*: career

werden *v/i. u. v/aux.* become*, get*; *sich wandeln*: turn, go*; *bsd. allmählich*: grow*; *ausfallen*: turn out; *Futur*: **wir** ~ we will (*lit.* shall), we are going to; *Passiv*: **geliebt** ~ be* loved (**von** by); **was willst du** ~? what do you want to be?; *unwohl*: **mir wird schlecht** I'm going to be sick; F: **es wird schon wieder** (~) it'll be all right

werfen *v/i. u. v/t.* throw* (*a. zo.*) ([**mit**] **et.** *nach* s.th. at); *aviat. Bomben*: drop; *Schatten*: cast*; **sich** ~ throw* o.s.; *Torwart*: dive* (**nach** for)

Werft *naut. f* shipyard, dockyard

Werk *n* work; *gutes*: *a.* deed; *tech.* mechanism; *Fabrik*: works *sg. od. pl.*, factory; **ans** ~ **gehen** set* *go** to work; ~**bank** *tech. f* workbench; ~**meister** *m* foreman; ~**statt** *f* workshop; *Auto*~: garage; ~**tag** *m* workday;

~**tätig** *adj.* working; ~**zeug** *n* tool (*a. fig.*); *coll.* tools *pl.*; *feines*: instrument; ~**zeugmacher** *m* toolmaker

wert *adj.* worth; *in Zssgn sehens*~ *etc.*: worth *seeing etc.*; **die Mühe (e-n Versuch)** ~ worth the trouble (a try); *fig.* **nichts** ~ no good

Wert *m allg.* value; *bsd. fig. u. in Zssgn*: *a.* worth; *Sinn, Nutzen*: use; ~**e** *pl. Daten*: data *sg. od. pl.*, figures *pl.*; ... **im** ~(**e**) **von e-m Pfund** a pound's worth of ...; **großen (wenig, keinen, nicht viel)** ~ **legen auf** set* great (little, no, not much) store by

wert|en *v/t.* value; *beurteilen, a. Sport*: rate, judge; ~**gegenstand** *m* article of value; ~**los** *adj.* worthless; ~**papiere** *pl.* securities *pl.*; ~**sachen** *pl.* valuables *pl.*; ~**ung** *f* valuation; *a. Sport*: rating, judging; *Punktzahl etc.*: score, points *pl.*; ~**voll** *adj.* valuable

Wesen *n Lebe*~: being, creature; ~**skern** *m* essence; *Natur*: nature, character; **viel** ~**s machen um** make* a fuss about

wesentlich *adj.* essential; *beträchtlich*: considerable; **im** ~**en** on the whole

weshalb *interr. adv.* → **warum**

Wespe *f* wasp

Weste *f* waistcoat, *Am.* vest

West|en *m* west; *pol.* West; **der Wilde** ~ the Wild West; ~**lich 1.** *adj.* western; *Kurs, Wind*: westerly; *pol.* West(ern); **2.** *adv.*: ~ **von** (to the) west of; ~**wind** *m* west(erly) wind

Wett|bewerb *m* competition (*a. econ.*), contest; ~**büro** *n* betting office; ~**e** *f* bet; *e-e* ~ **schließen** make* a bet; *um* **die** ~ **laufen** *etc.* race (**mit j-m** s.o.); ~**eifern** *v/i.* compete (**mit** with; **um** for); *Sport*: ~**en** *v/t. u. v/i.* bet*; **mit j-m um 10 Pfund** ~ bet* s.o. ten pounds; ~ **auf** bet* on, back

Wetter *n* weather; ~**bericht** *m* weather report; ~**fest** *adj.* weatherproof; ~**karte** *f* weather chart; ~**lage** *f* weather situation; ~**leuchten** *n* sheet lightning; ~**vorhersage** *f* weather forecast; ~**warte** *f* weather station

Wett|kampf *m* competition, contest; ~**kämpfer(in)** contestant, competitor; ~**lauf** *m* race (*a. fig. mit* against); ~**läufer(in)** runner; ~**machen** *v/t.* make* up for; ~**rennen** *n* race; ~**rüs-**

Wettstreitten *n* arms race; ⁓**streit** *m* contest, competition

wetzen *v/t.* whet, sharpen

wichtig *adj.* important; *et.* ⁓ **nehmen** take* s.th. seriously; ⁓**keit** *f* importance; ⁓**tuer** *m* pompous ass

Wickel *med. m* compress; ⁓**kommode** *f* changing unit; ⁓**n** *v/t. Baby:* change; ⁓ **in (um)** wrap in (['a]round)

Widder *m zo.* ram; *astr.* Aries; *er ist (ein)* ⁓ he's (an) Aries

wider *prp.:* ⁓ **Willen** against one's will; ⁓ **Erwarten** contrary to expectation; ⁓**haken** *m* barb; ⁓**hallen** *v/i.* resound **(von** with); ⁓**legen** *v/t.* refute, disprove; ⁓**lich** *adj.* sickening, disgusting; ⁓**rechtlich** *adj.* illegal, unlawful; ⁓**rede** *f* contradiction; *keine* ⁓! no arguing!, don't talk back!; ⁓**ruf** *m jur.* revocation; *e-r Erklärung:* withdrawal; ⁓**rufen** *v/t.* revoke; withdraw*; ⁓**sacher(in)** adversary, rival; ⁓**schein** *m* reflection; *v/refl.* oppose, resist (*e-r Sache* s.th.); ⁓**sinnig** *adj.* absurd; ⁓**spenstig** *adj.* unruly (a. *Haar etc.*), stubborn; ⁓**spiegeln** *v/t.* reflect (a. *fig.*); *sich* ⁓ **in** be* reflected in; ⁓**sprechen** *v/i.* contradict; ⁓**spruch** *m* contradiction; ⁓**sprüchlich** *adj.* contradictory; ⁓**spruchslos** *adv.* without contradiction; ⁓**stand** *m* resistance (a. *electr.*), opposition; ⁓ **leisten** offer resistance (*dat.* to); ⁓**standsfähig** *adj.* resistant (a. *tech.*); ⁓**stehen** *v/i.* resist; ⁓**streben** *v/i.: es widerstrebt mir, dies zu tun* I hate doing *od.* to do that; ⁓**strebend** *adv.* reluctantly; ⁓**wärtig** *adj.* disgusting; ⁓**wille** *m* aversion (*gegen* to), dislike (of, for); *Ekel:* disgust (at); ⁓**willig** *adj.* reluctant, unwilling

widm|en *v/t.* dedicate; ⁓**ung** *f* dedication

wie 1. *interr. adv.* how; ⁓ **geht es Gordon?** how is Gordon?; ⁓ **ist er?** what's he like?; ⁓ **ist das Wetter?** what's the weather like?; ⁓ **heißen Sie?** what's your name?; ⁓ **nennt man …?** what do you call …?; ⁓ **wäre (ist, steht) es mit …?** what *od.* how about …?; ⁓ **viel …?** how much …?; *pl.* how many …?; ⁓ **viele …?** how many …?; **2.** *cj.* like; as; ⁓ **neu (verrückt)** like new (mad); **doppelt so** ⁓ ⁓ twice as … as; ⁓ **(zum Beispiel)** such as, like; ⁓ **üblich** as usual; ⁓ **er sagte** as he said; *ich zeige (sage) dir,* ⁓ **(…)** I'll show (tell) you how (…)

wieder *adv.* again; ⁓**… in Zssgn oft** re…; **immer** ⁓ again and again; ⁓**aufbauen** reconstruct; ⁓ **aufnehmen** resume (a. *fig.*); ⁓**beleben** resuscitate, revive (a. *fig.*); ⁓**erkennen** recognize (**an** by); ⁓**finden** find* again; *fig.* regain; ⁓**gutmachen** make* up for; ⁓ **sehen** see* *od.* meet* again; ⁓**verwerten** *tech.* recycle; ⁓**aufbau** *m* reconstruction, rebuilding; ⁓**aufbereitung** *tech. f* recycling, reprocessing (a. *nukleare*); ⁓**aufbereitungsanlage** *f* reprocessing plant; ⁓**aufleben** *n* revival; ⁓**aufnahme** *f* resumption; ⁓**bekommen** *v/t.* get* back; ⁓**belebung** *f* resuscitation; ⁓**belebungsversuch** *m* attempt at resuscitation; ⁓**bewaffnung** *f* rearmament; ⁓**bringen** *v/t.* bring* back; *zurückgeben:* return; ⁓**einführung** *f* reintroduction; ⁓**entdeckung** *f* rediscovery; ⁓**gabe** *tech. f* reproduction, play-back; ⁓**geben** *v/t.* give* back, return; *schildern:* describe; *tech.* play back, reproduce; ⁓**gutmachung** *f* reparation; ⁓**herstellen** *v/t.* restore; ⁓**holen** *v/t.* repeat; *Lernstoff:* revise, review; *Szene etc.:* replay; *zurückholen:* (go* and) get* s.th. *od.* s.o. back; *sich* ⁓ repeat o.s. (a. *fig. Geschichte etc.*); ⁓**holt** *adv.* repeatedly, several times; ⁓**holung** *f* repetition; *von Lernstoff:* revision, review; *TV etc.:* rerun; *e-r Szene:* replay; ⁓**kehr** *f* return; *periodische:* a. recurrence; ⁓**kehren** *v/i.* return; recur; ⁓**kommen** *v/i.* come* back, return; ⁓**sehen** *n* seeing s.o. again; *Treffen:* reunion; **auf** ⁓! goodbye!; **um** ⁓ again; on the other hand; ⁓**vereinigung** *f* reunion; *bsd. pol.* a. reunification; ⁓**verwendbar** *adj.* reusable; ⁓**verwendung** *f* reuse; ⁓**verwertung** *tech. f* recycling; ⁓**wahl** *f* re-election

Wiege *f* cradle

wiegen¹ *v/t. u. v/i.* weigh

wiegen² *v/t.* rock (**in den Schlaf** to sleep); ⁓**lied** *n* lullaby

wiehern *v/i.* neigh; F *fig.* guffaw

Wiese *f* meadow

Wiesel *n zo.* weasel

wieso *interr. adv.* → **warum**

Wievielte *adv.*: **den ~n haben wir heute?** what's the date today?

wild *adj.* wild (*a. fig.*) (F **auf** about); *heftig*: violent; **~er Streik** wildcat strike

Wild *n hunt.* game; *Braten*: mst venison; **~bach** *m* torrent; **~e(r)** savage; F: **wie ein Wilder** like mad; **~erer** *m* poacher; **~ern** *v/i.* poach; **~hüter** *m* gamekeeper; **~leder** *n* suede; **~nis** *f* wilderness; **~park** *m*, **~reservat** *n* game park *od.* reserve; **~schwein** *n* wild boar; **~wasserfahren** *n* white-water canoeing; **~westfilm**, **~westroman** *m* western

Wille *m* will; *Absicht*: *a.* intention; **s-n ~n durchsetzen** have* *od.* get* one's own way; **j-m s-n ~n lassen** let* s.o. have his (own) way

willen *prp.*: **um Bs ~** for B.'s sake, for the sake of B.

willenlos *adj.* weak(-willed)

Willens|freiheit *f* freedom of will; **~kraft** *f* willpower; **⁀stark** *adj.* strong-willed

will|ig *adj.* willing; **~kommen** *adj.* welcome (*a.* **heißen** *v/t.* (*in* to); **~kürlich** *adj.* arbitrary; *Auswahl etc.*: *a.* random

wimm|eln *v/i.*: **~ von** be* teeming (with); **~ern** *v/i.* whimper

Wimpel *m* pennant

Wimper *f* eyelash; **~ntusche** *f* mascara

Wind *m* wind

Winde *f* winch, windlass, hoist

Windel *f* nappy, *Am.* diaper

winden *v/t.* wind*; *tech. a.* hoist; **sich ~** wind* (one's way); *vor Schmerz*: writhe

Windhund *zo. m* greyhound

wind|ig *adj.* windy; **~jacke** *f* windcheater; **⁀mühle** *f* windmill; **⁀pocken** *med. pl.* chickenpox *sg.*; **⁀richtung** *f* direction of the wind; **⁀schutzscheibe** *f* windscreen, *Am.* windshield; **⁀stärke** *f* wind force; **⁀still** *adj.*, **⁀stille** *f* calm; **⁀stoß** *m* gust; **⁀surfen** *n* windsurfing

Windung *f* bend, turn (*a. tech.*)

Wink *m* sign; *fig.* hint

Winkel *m math.* angle; *Ecke*: corner; **⁀ig** *adj.* angular; *Straße*: crooked

winken *v/i.* wave (one's hand *etc.*), signal; *Taxi*: hail; **her~**: beckon

winseln *v/i.* whimper, whine

Winter *m* winter; **~ausrüstung** *mot. f* winter equipment; **⁀lich** *adj.* wintry; **~reifen** *mot. m* snow tyre (*Am.* tire); **~schlaf** *m* hibernation; **~spiele** *pl.*: **Olympische ~** Winter Olympics *pl.*; **~sport** *m* winter sports *pl.*

Winzer *m* winegrower

winzig *adj.* tiny, diminutive

Wipfel *m* (tree)top

Wippe *f*, **⁀n** *v/i.* seesaw

wir *pers. pron.* we; **~ drei** the three of us; F: **~ sind's!** it's us!

Wirbel *m* whirl (*a. fig.*); *anat.* vertebra; *im Haar*: crown, *bsd. Am.* cowlick; **⁀n** *v/i.* whirl; **⁀säule** *anat. f* spinal column, spine; **~sturm** *m* cyclone, tornado; **~tier** *n* vertebrate; **~wind** *m* whirlwind (*a. fig.*)

wirk|en 1. *v/i.* work; be* effective (**gegen** against); (*er*)*scheinen*, *aussehen*: look; *anregend etc.* **~** have* a stimulating *etc.* effect (**auf** [up]on); **~ als** act as; **2.** *v/t.* weave*; *Wunder*: work; **~lich** *adj.* real, actual; *echt*: true, genuine; **⁀lichkeit** *f* reality; **in ~** in reality, actually; **~sam** *adj.* effective; **⁀ung** *f* effect

Wirkungs|grad *tech. m* efficiency; **⁀los** *adj.* ineffective; **⁀voll** *adj.* effective

wirr *adj.* confused, mixed-up; *Haar*: tousled; **⁀en** *pl.* disorder *sg.*, confusion *sg.*; **⁀warr** *m* confusion, mess, chaos

Wirt(in) land|lord (-lady)

Wirtschaft *f econ. pol.* economy; *Geschäftswelt*: business; → **Gastwirtschaft**; **⁀en** *v/i.* keep* house; *bsd. finanziell*: manage one's money *od.* affairs *od.* business; **sparen**: economize; **gut (schlecht) ~** be* a good (bad) manager; **⁀erin** *f* housekeeper; **⁀lich** *adj.* economic; *sparsam*: economical; **~s...** *econ.* in Zssgn Gemeinschaft, Krise, System, Wunder *etc.*: economic ...

Wirtshaus *n* → **Gastwirtschaft**

wischen *v/t.* wipe; *Staub*: dust

wispern *v/t. u. v/i.* whisper

wissbegierig *adj.* curious

wissen *v/t. u. v/i.* know*; **ich möchte ~** I'd like to know, I wonder; **soviel ich weiß** as far as I know; **weißt du** you know; **weißt du noch?** (do you) remember?; **woher weißt du das?** how do you know?; **man kann nie ~** you never know; **ich will davon (von ihm) nichts ~** I don't want anything to do with it (him)

Wissen n knowledge; *praktisches:* a. know-how; *m-s ~s* as far as I know
Wissenschaft f science; **~ler(in)** scientist; **2lich** adj. scientific
wissenswert adj. worth knowing; **2es** useful facts pl.; *alles* **2e (über)** all you need to know (about)
wittern v/t. scent, smell* (*beide a. fig.*)
Witwe f widow; **~r** m widower
Witz m joke; **~e reißen** crack jokes; **2ig** adj. funny; *geistreich:* witty
wo adv. where; **~ ... doch** when, although; **~bei** adv.: **~ bist du?** what are you at?; **~ mir einfällt** which reminds me
Woche f week; **~n...** in Zssgn Lohn, Markt, Zeitung etc.: weekly ...; **~nende** n weekend; *am ~ at (Am. on) the weekend;* **2nlang 1.** adj.: **~es Warten** (many) weeks of waiting; **2.** adv. for weeks; **~nschau** f newsreel; **~ntag** m weekday
wöchentlich 1. adj. weekly; **2.** adv. weekly, every week; *einmal ~* once a week
wo|durch adv. how; *durch was:* through which; **~für** adv. *für was:* for which; **~?** what (...) for?
Woge f wave; *bsd. fig. a.* surge; *Brecher:* breaker; **2n** v/i. surge (a. fig.), heave (a. fig. Busen)
wo|her adv. where ... from; **~ weißt du (das)?** how do you know?; **~hin** adv. where (... to)
wohl adv. u. cj. well; *vermutlich:* probably, I suppose; **sich ~ fühlen** be* well; *seelisch:* feel* good; *in e-m Haus, bei j-m etc.:* feel* at home (**bei** with); **ich fühle mich nicht ~** I don't feel well; **~ tun** do* good; **~ od. übel** willy-nilly, whether I etc. like it or not; **~ kaum** hardly
Wohl n well-being; *auf j-s ~ trinken* drink* to s.o.('s health); *zum ~!* to your health!; F cheers!; **~behalten** adv. safely; **~fahrts...** in Zssgn Staat etc.: welfare ...; **2gemerkt** adv. mind you; **2genährt** adj. well-fed; **2gesinnt** adj.: *j-m ~ sein* be* well-disposed towards s.o.; **2habend** adj. well-off, well-to-do; **2ig** adj. cosy, snug; **~stand** m prosperity, affluence; **~standsgesellschaft** f affluent society; **~tat** f *Erleichterung:* relief; *Segen:* blessing; **~täter** m benefactor; **2tätig** adj. charitable; *für ~e Zwecke* for charity; **~tätigkeits...** in Zssgn Ball, Konzert etc.: charity ...; **2verdient** adj. well-deserved; **2wollend** adj. benevolent

wohn|en v/i. live (**in** in; *bei j-m* with s.o.); *vorübergehend:* stay (**in** in; *bei* with); **~gebiet** n residential area; **~gemeinschaft** f: (*mit j-m*) *in e-r ~ leben* share a flat (Am. an apartment) od. a house (with s.o.); **~lich** adj. comfortable, cosy, snug; **~mobil** n camper, Brt. a. motor caravan, Am. a. motor home; **~siedlung** f housing estate (Am. development); **~sitz** m residence; *ohne festen ~* of no fixed abode; **~ung** f flat, Am. apartment; *m-e etc. ~* my etc. place
Wohnungs|amt n housing office; **~bau** m house building; **~not** f housing shortage
Wohn|wagen m caravan, Am. trailer; *großer:* mobile home; **~zimmer** n sitting od. living room
wölb|en v/refl., **2ung** f vault, arch
Wolf m wolf
Wolke f cloud; **~nbruch** m cloudburst; **~nkratzer** m skyscraper; **2nlos** adj. cloudless; **2ig** adj. cloudy, clouded
Woll|... in Zssgn Schal, Socken etc.: wool(l)en ...; **~decke** f (wool[l]en) blanket; **~e** f wool
wollen v/t. u. v/i. u. v/aux. want (to); *lieber ~* prefer; **~ wir (gehen etc.)?** shall we (go etc.)?; **~ Sie bitte ...** will od. would you please ...; *wie (was, wann) du willst* as (whatever, whenever) you like; *sie will, daß ich komme* she wants me to come; *ich wollte, ich wäre (hätte) ...* I wish I were (had) ...
Wolljacke f cardigan
wo|mit adv. *mit dem:* with which; **~?** what ... with?
Wonne f joy, delight
wor|an adv. **~ denkst du?** what are you thinking of?; **~ liegt es, dass ...?** how is it that ...?; **~auf** adv. *zeitlich:* after which; *örtlich:* on which; **~?** what ... on?; **~ wartest du?** what are you waiting for?; **~aus** adv. *von dem:* from which; **~ ist es?** what's it made of?; **~in** adv. *in dem:* in which; **~?** where?

Wort *n* word; *mit anderen ~en* in other words; *sein ~ geben (halten, brechen)* give* (keep*, break*) one's word; *j-n beim ~ nehmen* take* s.o. at his word; *ein gutes ~ einlegen für* put* in a good word for; *j-m ins ~ fallen* cut* s.o. short; **~art** *gr. f* part of speech

Wörter|buch *n* dictionary; **~verzeichnis** *n* vocabulary, list of words

Wort|führer *m* spokesman; **♀karg** *adj.* taciturn

wörtlich *adj.* literal; *~e Rede* direct speech

Wort|schatz *m* vocabulary; **~spiel** *n* play on words; *witziges:* pun; **~stellung** *gr. f* word order

wo|rüber *adv. über was:* about which; *~ lachen Sie?* what are you laughing at *od.* about?; **~rum** *adv. um was:* about which; *~ handelt es sich?* what is it about?; **~runter** *adv. unter denen:* among which; *~?* what ... under?; **~von** *adv.* about which; *~ redest du?* what are you talking about?; **~vor** *adv.* of which; *~ hast du Angst?* what are you afraid of?; **~zu** *adv.:* *~ er mir rät* what he advised me to do; *~?* what (...) for?; *warum?: a.* why?

Wrack *n naut.* wreck (*a. fig.*)

wringen *v/t.* wring*

Wucher *f force; e-s Aufpralls etc.:* impact; **♀ig** *adj.* massive; *kraftvoll:* powerful

wühlen *v/i.* dig*; *Schwein:* root; *suchen:* rummage (**in** in, through)

Wulst *m, f* bulge; *von Fett:* roll; **♀ig** *adj.* bulging; *Lippen:* thick

wund *adj.* sore; *~e Stelle* sore; *~er Punkt* sore point; **♀e** *f* wound

Wunder *n* miracle; *fig. a.* wonder, marvel (*beide:* **an** of); *~ wirken* work wonders; *(es ist) kein ~, dass du müde bist* no wonder you are tired; **♀bar** *adj.* wonderful, marvel(l)ous; *wie ein Wunder:* miraculous; **~kind** *n* infant prodigy; **♀lich** *adj.* funny, odd; *alter Mensch: a.* senile; **♀n** *v/refl.* be* surprised *od.* astonished (**über** at); **♀schön** *adj.* lovely; **♀voll** *adj.* wonderful; **~werk** *n* marvel, wonder

Wundstarrkrampf *med. m* tetanus

Wunsch *m* wish (*a. Glück♀*); *Bitte:* request; *auf j-s (eigenen) ~* at s.o.'s (own) request; *(je) nach ~* as desired

wünschen *v/t.* wish; *sich et. (zu Weihnachten etc.) ~* want s.th. (for Christmas *etc.*); *das habe ich mir (schon immer) gewünscht* that's what I (always) wanted; *alles, was man sich nur ~ kann* everything one could wish for; *ich wünschte, ich wäre (hätte)* I wish I were (had); **~swert** *adj.* desirable

Würde *f* dignity; **~los** *adj.* undignified; **♀voll** *adj.* dignified

würdig *adj.* worthy (*gen.* of); *würdevoll:* dignified; **~en** *v/t.:* *j-n keines Blickes ~* ignore s.o. completely; **♀ung** *f* appreciation

Wurf *m* throw; *zo.* litter

Würfel *m* cube (*a. math.*); *Spiel♀:* dice; **♀n** *v/i.* throw dice (**um** for); *spielen:* play dice; *e-e Sechs ~* throw* a six; **~spiel** *n* dice game; *einzelne Partie:* game of dice; **~zucker** *m* lump sugar

Wurfgeschoss *n*, **Wurfgeschoß** *östr. n* projectile

würgen *v/i. u. v/t.* throttle; *j-n: a.* throttle

Wurm *m* worm; **♀en** *F v/t.* gall; **♀stichig** *adj.* worm-eaten

Wurst *f* sausage

Würstchen *n* small sausage, frankfurter, wiener; *im Brötchen:* hot dog; **~bude** *f* sausage stand

Würze *f* spice (*a. fig.*)

Wurzel *f* root (*a. math.*); *zweite (dritte) ~* square (cubic) root; *~ schlagen* take* root (*a. fig.*); **♀n** *v/i.:* *~ in* be* rooted in (*a. fig.*)

würz|en *v/t.* spice, season, flavo(u)r; **~ig** *adj.* spicy, well-seasoned

Wust *F m* tangled mass

wüst *adj.* waste; *wirr:* confused; *liederlich:* wild, dissolute

Wüste *f* desert

Wut *f* rage, fury; *e-e ~ haben* be* furious (**auf** with); **~anfall** *m* fit of rage

wüten *v/i.* rage (*a. fig.*); **~d** *adj.* furious (**auf** with; **über** at), F mad (at)

wutschnaubend *adj.* fuming

X, Y

X-Beine pl. knock-knees pl.; **x-beinig** adj. knock-kneed

x-beliebig adj.: **jede(r, -s) ~e ...** any ... you like, F any old ...

x-mal F adv. umpteen times

x-te adj.: **zum ~n Male** for the umpteenth time

Xylophon mus. n xylophone

Yacht naut. f yacht

Yoga m, n yoga

Z

Zack|e f, **~en** m (sharp) point; Säge, Kamm, Briefmarke: tooth; **2ig** adj. pointed; gezahnt: serrated; Linie, Blitz, Felsen: jagged; fig. smart

zaghaft adj. timid; **2igkeit** f timidity

zäh adj. tough (a. fig.); **~ fließender Verkehr** slow-moving traffic; **~flüssig** adj. thick, viscous; Verkehr: slow-moving; **2igkeit** f toughness; fig. a. stamina

Zahl f number; Ziffer: figure; **2bar** adj. payable (**an** to; **bei** at)

zahlbar adj. countable

zahlen v/i. u. v/t. pay*; **~, bitte!** the bill (Am. a. check), please!

zählen v/t. u. v/i. count (**bis** up to); fig. **auf** on); **~ zu den Besten** etc.: rank with

zahlenmäßig 1. adj. numerical; **2.** adv.: **j-m ~ überlegen sein** outnumber s.o.

Zähler m counter (a. tech.); math. numerator; Gas2, electr. etc.: meter

Zahl|karte post f paying-in (Am. deposit) slip; **2los** adj. countless; **~meister** m mil. paymaster; naut. purser; **2reich 1.** adj. numerous; **2.** adv. in great number; **~tag** m payday; **~ung** f payment

Zählung f count; Volks2: census

Zahlungs|aufforderung f request for payment; **~bedingungen** pl. terms pl. of payment; **~befehl** m order to pay; **~bilanz** f balance of payments; **2fähig** adj. solvent; **~frist** f term of payment; **~mittel** n currency; **gesetzliches ~** legal tender; **~schwierigkeiten** pl. financial difficulties pl.; **~termin** m date of payment; **2unfähig** adj. insolvent

Zählwerk tech. n counter

Zahlwort gr. n numeral

zahm adj. tame (a. fig.)

zähm|en v/t. tame (a. fig.); **2ung** f taming (a. fig.)

Zahn m tooth; tech. a. cog; **~arzt** m, **~ärztin** f dentist, dental surgeon; **~bürste** f toothbrush; **~creme** f toothpaste; **2en** v/i. cut* one's teeth, teethe; **~fleisch** n gums pl.; **2los** adj. toothless; **~lücke** f gap between the teeth; **~medizin** f dentistry; **~pasta**, **~paste** f toothpaste; **~rad** tech. n gearwheel, cogwheel; **~radbahn** f rack (od. cog) railway; **~schmerzen** pl. toothache sg.; **~spange** f brace; **~stein** m tartar; **~stocher** m toothpick

Zange f tech. pliers pl.; Kneif2: pincers pl.; Greif2, Zucker2 etc.: tongs pl.; med. forceps pl.; zo. pincer

zanken v/refl. quarrel (**wegen** about; **um** over), fight*, argue (about; over)

zänkisch adj. quarrelsome

Zäpfchen n anat. uvula; pharm. suppository

Zapf|en m am Fass: tap, Am. faucet; Pflock: peg, pin; Spund: bung; Verbindungs2: tenon; Dreh2: pivot; bot. cone; **2en** v/t. Bier etc.: tap; **~enstreich** mil. m tattoo, Am. a. taps; **~hahn** m tap, Am. faucet; mot. nozzle; **~säule** mot. f petrol (Am. gasoline) pump

zappel|ig *adj.* fidgety; **~n** *v/i.* fidget, wriggle (*a. Fisch etc.*)
zappen *TV v/i.* zap
zart *adj.* tender; *sanft:* gentle; **~fühlend** sensitive; **2gefühl** *n* delicacy (of feeling), sensitivity
zärtlich *adj.* tender, affectionate (*zu* with); **2keit** *f* tenderness, affection; *Liebkosung:* caress
Zauber *m* magic, spell, charm (*alle a. fig.*); **~ei** *f* magic, witchcraft; **~er** *m* magician, sorcerer, wizard (*a. fig.*); → **~künstler; ~formel** *f* spell; *fig.* magic formula; **2haft** *fig. adj.* enchanting, charming; **~in** *f* sorceress; **~kraft** *f* magic power; **~künstler** *m* magician, conjurer; **~kunststück** *n* conjuring trick; **2n 1.** *v/i.* practise magic; *im Zirkus etc.:* do* conjuring tricks; **2.** *v/t.* conjure (up); **~spruch** *m* spell; **~stab** *m* (magic) wand; **~wort** *n* magic word, spell
zaudern *v/i.* hesitate
Zaum *m* bridle; *im* **~** *halten* control (*sich* o.s.), keep* in check
zäumen *v/t.* bridle
Zaumzeug *n* bridle
Zaun *m* fence; **~gast** *m* onlooker; **~pfahl** *m* pale
z.B. *Abk. für zum Beispiel* e.g., for example, for instance
Zebrastreifen *m* zebra crossing
Zeche *f* bill, *Am.* check; *Bergbau:* (coal) mine, pit; *die* **~** *zahlen* pay* (*F u. fig.* foot) the bill
Zeh *m,* **~e** *f* toe; *große (kleine)* **~** big (little) toe; **~ennagel** *m* toenail; **~enspitze** *f* tip of the toe; *auf* **~n** *gehen* (walk on) tiptoe
zehn *adj.* ten; **~fach** *adj.* tenfold; **~jährig** *adj. Kind:* ten-year-old; *Jubiläum etc.:* ten-year ...; *Abwesenheit etc.:* of ten years; **2kampf** *m* decathlon; **~mal** *adv.* ten times; **~te** *adj.* tenth; **2tel** *n* tenth; **~tens** *adv.* tenthly
Zeichen *n* sign; *Merk2.:* mark; *Signal:* signal; *zum* **~** as a token of; **~block** *m* sketch pad; **~brett** *n* drawing board; **~dreieck** *math. n* set square; **~folge** *f Computer:* string; **~lehrer(in)** art teacher; **~papier** *n* drawing paper; **~setzung** *gr. f* punctuation; **~sprache** *f* sign language; **~trickfilm** *m* (animated) cartoon

zeichnen *v/i. u. v/t.* draw*; *kennz.:* mark; *unter~:* sign; *fig.* mark, leave* its mark on s.o.
Zeichn|en *n* drawing; *Schulfach:* art; **~er(in)** *mst* graphic artist; *genauer:* draughts|man (-woman), *Am.* drafts|man (-woman); **~ung** *f* drawing; *Grafik:* diagram; *zo.* marking
Zeige|finger *m* forefinger, index finger; **2n 1.** *v/t.* show* (*a. sich* **~**); **2.** *v/i.:* **~** *auf (nach)* point to; *(mit dem Finger)* **~** *auf* point (one's finger) at; **~r** *m Uhr2:* hand; *tech.* pointer, needle; **~stock** *m* pointer
Zeile *f* line (*a. TV*); *j-m ein paar* **~n** *schreiben* drop s.o. a line
Zeit *f* time; **~alter:** *a.* age, era; *gr.* tense; *vor einiger* **~** some time (*od.* a while) ago; *zur* **~** at the moment, at present; *in letzter* **~** lately, recently; *in der (od. zur)* **~** *gen.* in the days of; *... aller* **~en** ... of all time; *die* **~** *ist um* time's up; *sich* **~** *lassen* take* one's time; *es wird* **~***, dass ...* it's time to *inf.*; *das waren noch* **~en** those were the days
Zeit|abschnitt *m* period (of time); **~alter** *n* age; **~bombe** *f* time bomb (*a. fig.*); **~druck** *m:* *unter* **~** *stehen* be* pressed for time; **~fahren** *n* time trials *pl.;* **2gemäß** *adj.* modern, up-to-date; **~genosse** *m,* **2genössisch** *adj.* contemporary; **~geschichte** *f* contemporary history; **~gewinn** *m* gain of time; **~karte** *f* season ticket; **~lang** *f:* *e-e* **~** for some time, for a while; **2lebens** *adv.* all one's life; **2lich 1.** *adj.* time ...; **2.** *adv.:* **et.** **~** *planen od. abstimmen* time s.th.; **2los** *adj.* timeless; *a. Stil, Kleidung etc.:* classic; **~lupe** *f* (in) slow motion; **~not** *f:* *in* **~** *sein* → *Zeitdruck;* **~punkt** *m* moment; **~raffer** *m:* *im* **~** in quick motion; **2raubend** *adj.* time-consuming; **~raum** *m* period (of time); **~rechnung** *f:* *unser* **~** our time; **~schrift** *f* magazine
Zeitung *f* (news)paper
Zeitungs|abonnement *n* subscription to a paper; **~artikel** *m* newspaper article; **~ausschnitt** *m* (newspaper) cutting (*Am.* clipping); **~junge** *m* paper boy; **~kiosk** *m* newspaper kiosk; **~notiz** *f* press item; **~papier** *n* newspaper; **~stand** *m* newsstand; **~verkäufer** *m* news vendor, *Am.* newsdealer

Zeitverlust

Zeit|verlust *m* loss of time; **~verschiebung** *f aviat.* time lag; **~verschwendung** *f* waste of time; **~vertreib** *m* pastime; **zum ~** to pass the time; **2weilig** *adj.* temporary; **2weise** *adv.* at times, occasionally; **~wort** *gr. n* verb; **~zeichen** *n Radio:* time signal; **~zünder** *m* time fuse

Zelle *f* cell

Zell|stoff *m*, **~ulose** *tech. f* cellulose

Zelt *n* tent; **2en** *v/i.* camp; **~lager** *n* camp; **~platz** *m* campsite

Zement *m*, **2ieren** *v/t.* cement

Zenit *m* zenith (*a. fig.*)

zens|ieren *v/t.* censor; *Schule:* mark, grade; **2or** *m* censor; **2ur** *f* censorship; mark, grade

Zentimeter *n, m* centime|tre, *Am.* -er

Zentner *m* 50 kilograms, metric hundredweight

zentral *adj.* central; **2e** *f* head office; *Polizei etc.:* headquarters *pl.* (*a. Taxi* 2); *tel. in Firma:* switchboard; *tech.* control room; **~heizung** *f* central heating; **2verriegelung** *mot. f* central locking

Zentrum *n* cent|re, *Am.* -er

Zepter *n* scept|re, *Am.* -er

zerbeißen *v/t.* bite* to pieces

zerbrech|en *v/i. u. v/t.* break* ; → *Kopf;* **~lich** *adj.* fragile

zer|bröckeln *v/t. u. v/i.* crumble; **~drücken** *v/t.* crush

Zeremon|ie *f* ceremony; **2iell** *adj.*, **~iell** *n* ceremonial

Zerfall *m* disintegration, decay; **2en** *v/i.* disintegrate, decay; **~ in** break* up into

zer|fetzen *v/t.* tear* to pieces; **~fleischen** *v/t.* tear* to pieces; **~fressen** *v/t.* eat* (holes in); *chem.* corrode; **~gehen** *v/i.* melt*, dissolve; **~hacken** *v/t.* cut* up; chop up; *electr.* chop; **~kauen** *v/t.* chew; **~kleinern** *v/t.* cut* *od.* chop up; *zermahlen:* grind*

zerknirsch|t *adj.* remorseful; **2ung** *f* remorse

zer|knittern *v/t.* (c)rumple, crease; **~knüllen** *v/t.* crumple up; **~kratzen** *v/t.* scratch; **~krümeln** *v/t.* crumble; **~lassen** *v/t.* melt*; **~legen** *v/t.* take* apart *od.* to pieces; *tech.* dismantle; *Fleisch:* carve; *chem., gr., fig.* analy|se, *Am.* -ze; **~lumpt** *adj.* ragged, tattered; **~mahlen** *v/t.* grind*; **~malmen** *v/t.* crush; **~mürben** *v/t.* wear* down; **~platzen** *v/i.* burst*; explode; **~quetschen** *v/t.* crush

Zerrbild *n* caricature

zer|reiben *v/t.* rub to powder, pulverize; **~reißen 1.** *v/t.* tear* up *od.* to pieces; *sich die Hose etc.* **~** tear* *od.* rip one's trousers *etc.;* **2.** *v/i.* tear*; *Seil etc.:* break*

zerren 1. *v/t.* drag, pull (*a. Muskel etc.*); **2.** *v/i.:* **~ an** tug (*stärker:* strain) at

zerrinnen *v/i.* melt* away (*a. fig.*)

Zerrung *med. f* pulled muscle

zer|rütten *v/t.* ruin; **~rüttet** *adj.:* **~e Ehe** (**Verhältnisse**) broken marriage (home); **~sägen** *v/t.* saw* up; **~schellen** *v/i.* be* smashed; *aviat. a.* crash; **~schlagen 1.** *v/t.* smash (to pieces); *fig. Spionagering etc.:* smash; *sich* **~** come* to nothing; **2.** *adj. sich* **~ fühlen** be* (all) worn out *od.* F dead beat; **~schmettern** *v/t.* smash (to pieces), shatter (*a. fig.*); **~schneiden** *v/t.* cut* (up)

zersetz|en *v/t. chem.* decompose (*a. sich*); *fig.* corrupt, undermine; **2ung** *f* decomposition; corruption

zer|splittern *v/t. u. v/i.* split* (up), splinter; *Glas:* shatter; **~springen** *v/i. Glas:* crack; *völlig:* shatter; **~stampfen** *v/t.* pound; *Kartoffeln:* mash

zerstäub|en *v/t.* spray; **2er** *m* atomizer, sprayer

zerstör|en *v/t.* destroy, ruin (*beide a. fig.*); **2er** *m* destroyer (*a. naut.*); **~erisch** *adj.* destructive; **2ung** *f* destruction

zerstreu|en *v/t. u. v/refl.* scatter, disperse; *Menge: a.* break* up; *fig.* take* s.o.'s (*refl.* one's) mind off things; **~t** *fig. adj.* absent-minded; **2theit** *f* absent-mindedness; **2ung** *fig. f* diversion, distraction

zer|stückeln *v/t.* cut* up *od.* (in)to pieces; *Leiche etc.:* dismember; **~teilen** *v/t. u. v/refl.* divide (**in** into)

Zertifikat *n* certificate

zer|treten *v/t.* crush (*a. fig.*); **~trümmern** *v/t.* smash; **~zaust** *adj.* tousled, dishevel(l)ed

Zettel *m* slip (of paper); *Nachricht:* note; *Klebe* 2: label, sticker

Zeug *n* stuff (*a. fig. contp.*); *Sachen:* things *pl.* (*a. in Zssgn Schwimm* 2 *etc.*).

er hat das ~ dazu he's got what it takes; **dummes ~** nonsense, *sl.* bullshit

Zeuge *m* witness; **₂n¹** *v/i. jur.* give* evidence (**für** for); *fig.* **~ von** testify to; **₂n²** *v/t. biol.* procreate; *Kinder:* father

Zeugen|aussage *jur. f* testimony, evidence; **~bank** *f* witness box (*Am.* stand)

Zeugin *f* (female) witness

Zeugnis *n* (school) report, *Am.* report card; *Prüfungs₂:* certificate, diploma; *vom Arbeitgeber:* reference; **~se** *pl.* credentials *pl.*

Zeugung *biol. f* procreation

z. H(d). *Abk. für* **zu Händen** attn, attention

Zickzack *m* zigzag; **im ~ fahren** *etc.* (go* in a) zigzag

Ziege *f zo.* (nanny) goat; F *contp.:* (**blöde**) **~** (silly old) cow

Ziegel *m* brick; *Dach₂:* tile; **~dach** *n* tiled roof; **~ei** *f* brickyard; **~stein** *m* brick

Ziegen|bock *zo. m* billy goat; **~leder** *n* kid (leather); **~peter** *med. m* mumps

ziehen 1. *v/t.* pull (*a. Bremse etc.*), draw* (*a. Waffe, Karte, Lose, Linie*); *Hut:* take* off (**vor** to) (*a. fig.*); *Blumen:* grow*; *heraus~:* pull *od.* take* out (**aus** of); **j-n an** pull s.o. by; **auf sich ~** *Aufmerksamkeit, Augen:* attract; **sich ~** run*; *dehnen:* stretch; **sich ~** *Länge, Erwägung:* pull; **2.** *v/i.* pull (**an** at); *sich bewegen, um~:* move; *Vögel, Volk:* migrate; *gehen:* go*; *reisen:* travel; *ziellos:* wander, roam; **es zieht** there's a draught (*Am.* draft)

Zieh|harmonika *mus. f* accordion; **~ung** *f Lotto etc.:* draw

Ziel *n* aim, **~scheibe:** target, mark (*alle a. fig.*); *fig. a.* goal, objective; *Sport:* finish; **sich ein ~ setzen (sein ~ erreichen)** set* o.s. a (reach one's) goal; **sich zum ~ gesetzt haben, et. zu tun** aim to do *od.* at doing s.th.; **~band** *n* tape; **₂en** *v/i.* (take*) aim (**auf** at); **~fernrohr** *n* telescopic sight; **~linie** *f* finishing line; **~los** *adj.* aimless; **~scheibe** *f* target; *fig. a.* object; **₂strebig** *adj.* purposeful, determined

ziemlich 1. *adj.* quite a; **2.** *adv.* rather, fairly, quite, F pretty; **~ viele** quite a few

Zivil

Zier|de *f* (**zur** as a) decoration; **₂en** *v/t.* decorate; **sich ~** be* coy; make* a fuss; **₂lich** *adj.* dainty; *Frau: a.* petite; **~pflanze** *f* ornamental plant

Ziffer *f* figure; **~blatt** *n* dial, face

Zigarette *f* cigarette; **~nautomat** *m* cigarette machine; **~nstummel** *m* cigarette end, stub, butt

Zigarre *f* cigar

Zigeuner(in) gipsy, *bsd. Am.* gypsy

Zimmer *n* room; apartment; **~einrichtung** *f* furniture; **~mädchen** *n* (chamber)maid; **~mann** *m* carpenter; **₂n** *v/t. allg.* build*, make*; *Dach etc.:* carpenter; **~nachweis** *od.* accommodation office; **~pflanze** *f* indoor plant; **~service** *m* room service; **~suche** *f:* **auf ~ sein** be* looking (*od.* hunting) for a room; **~vermittlung** *f* accommodation agency *od.* service

zimperlich *adj.* prudish; *weichlich:* soft, F sissy; **nicht gerade ~ behandeln** *etc.:* none too gently

Zimt *m* cinnamon

Zink *chem. n* zinc

Zinke *f* tooth; *Gabel:* prong

Zinn *n chem.* tin; *legiertes:* pewter (*a.* **~geschirr**)

Zins *econ. m* interest (*a.* **~en** *pl.*); **3% ~en bringen** bear* interest at 3%; **~los** *adj.* interest-free; **~satz** *m* interest rate

Zipfel *m Tuch etc.:* corner; *Hemd:* tail; *Wurst:* end; **~mütze** *f* pointed cap

zirka *adv.* about, approximately

Zirkel *m math.* compasses *pl.*, dividers *pl.*; *Kreis:* circle (*a. fig.*)

zirkulieren *v/i.* circulate

Zirkus *m* circus

zirpen *v/i.* chirp

zischen *v/i. u. v/t.* hiss; *Fett etc.:* sizzle; *fig. durch die Luft etc.:* whiz(z)

ziselieren *v/t.* chase

Zit|at *n* quotation, F quote; **₂ieren** *v/t.* quote, cite; *vorladen:* summon, cite

Zitrone *f* lemon; **~nlimonade** *f* (fizzy) lemonade, *Am.* lemon soda *od.* pop; **~nsaft** *m* lemon juice; **~npresse** *f* lemon squeezer; **~nschale** *f* lemon peel

zitt|erig *adj.* shaky; **~ern** *v/i.* tremble, shake* (*beide:* **vor** with)

zivil *adj.* civil, civilian; *Preis:* reasonable

Zivil *n* civilian clothes *pl.*; **Polizist in ~**

Zivilbevölkerung

plainclothes policeman; **~bevölkerung** f civilians pl.; **~dienst** m alternative (od. community) service; **~isation** f civilization; **2isieren** v/t. civilize; **~ist** m civilian; **~recht** jur. n civil law; **~schutz** m civil defen|ce, Am. -se

Znüni m, n Schweiz: mid-morning snack, tea (od. coffee) break

zögern v/i. hesitate

Zögern n hesitation

Zoll m Behörde: customs sg.; Abgabe: duty; Maß: inch; **~abfertigung** f customs clearance; **~beamter** m customs officer; **~erklärung** f customs declaration; **2frei** adj. duty-free; **~kontrolle** f customs examination; **2pflichtig** adj. liable to duty; **~stock** m (folding) rule

Zone f zone

Zoo m zoo; **~handlung** f pet shop

Zoolog|e m zoologist; **~ie** f zoology; **2isch** adj. zoological

Zopf m plait; bsd. Kind: pigtail

Zorn m anger; **2ig** adj. angry

Zote f filthy joke, obscenity

zott(el)ig adj. shaggy

z.T. Abk. für **zum Teil** partly

zu 1. prp. Richtung: to, toward(s); Ort, Zeit: at, Zweck, Anlass: for; **~ Fuß (Pferd)** on foot (horseback); **~ Hause (Ostern etc.)** at home (Easter etc.); **~ Weihnachten schenken** etc.: for Christmas; **Tür (Schlüssel) ~** ...door (key) to ...; **~ m-r Überraschung** to my surprise; **wir sind ~ dritt** there are three of us; **~ zweien** two by two; **~ e-r Mark** at od. for one mark; Sport: **1 ~ 1** one all; **2 ~ 1 gewinnen** win* two to one, win by two goals etc. to one; → **zum, zur; 2. adv.** too; F geschlossen: closed, shut; **ein ~ großes Risiko** too much of a risk; **~ viel** too much; vor pl.: too many; **e-r ~ viel** one too many; **~ wenig** too little; vor pl.: too few; **3.** cj. to; **es ist ~ erwarten** it is to be expected

Zubehör n accessories pl.

zubereit|en v/t. prepare; **2ung** f preparation

zu|binden v/t. tie (up); **~bleiben** v/i. stay shut; **~blinzeln** v/i. wink at; **~bringen** v/t. spend*; **2bringer** mot. m, **2bringerstraße** f feeder (road), access road

Zucht f zo. breeding; bot. cultivation;

Rasse: breed

züchten v/t. zo. breed*; bot. grow*, cultivate; **2er** m breeder; grower

Zucht|haus n prison, Am. a. penitentiary; Strafe: imprisonment, confinement; **~perle** f culture(d) pearl

zucken v/i. jerk; krampfhaft: twitch (**mit et.** s.th.); vor Schmerz: wince; Blitz: flash

zücken v/t. Waffe: draw*; F fig. pull out

Zucker m sugar; **~dose** f sugar bowl; **~guss** m icing, frosting; **2krank** adj., **~kranke(r)** diabetic; **~krankheit** f diabetes; **~mais** m sweet corn; **2n** v/t. sugar; **~rohr** n sugarcane; **~rübe** f sugar beet; **2süß** adj. (as) sweet as sugar; **~wasser** n sugared water; **~watte** f candy floss; **~zange** f sugar tongs pl.

zuckrig adj. sugary

Zuckung f twitch(ing); Tick: tic; Krampf: convulsion, spasm

zudecken v/t. cover (up)

zudem adv. besides, moreover

zu|drehen v/t. turn off; **j-m den Rücken ~** turn one's back on s.o.; **~dringlich** adj.: **~ werden** F get* fresh (**zu** with); **~drücken** v/t. close, push s.th. shut; → **Auge**

zuerst adv. first; anfangs: at first; zunächst: first (of all), to begin with

zufahr|en v/i. drive* on; **~ auf** drive* toward/s), head for; **2t** f approach; zum Haus: drive(way); **2tsstraße** f access road

Zufall m chance; **durch ~** by chance, by accident; **2en** v/i. Tür etc.: slam (shut); j-m: fall* to; **mir fallen die Augen zu** I can't keep my eyes open

zufällig 1. adj. accidental; attr. a. chance; **2. adv.** by accident, by chance; **~ et. tun** happen to do s.th.

Zuflucht f: **~ suchen (finden)** look for (find*) refuge od. shelter (**vor** from; **bei** with); **(s-e) ~ nehmen zu** resort to

zufolge prp. according to

zufrieden adj. content(ed), satisfied; **sich ~ geben mit** content o.s. with; **j-n ~ lassen** leave* s.o. alone; **j-n ~ stellen** satisfy s.o.; **~ stellend** satisfactory; **2heit** f contentment, satisfaction;

zu|frieren v/i. freeze* up od. over; **~fügen** v/t. do*, cause; **j-m Schaden ~ a.** harm s.o.; **~fuhr** f supply

Zug *m rail.* train; *Menschen, Wagen etc.*: procession, line; *Fest♀*: parade; *Gesichts♀*: feature; *Charakter♀*: trait; *Hang*: tendency; *Schach etc.*: move (*a. fig.*); *Schwimm♀*: stroke; *Ziehen*: pull (*a. tech. Griff etc.*); *phys.* tension; *Rauchen*: *a.* puff, *Schluck*: *a.* draught, *Am.* draft; *Schwimm♀*: *a.* draught, *Am.* draft; *Schule*: stream; **im ~e** *gen.* in the course of; **in e-m ~** at one go; **~ um** step by step; **in groben Zügen** in broad outlines

Zu|gabe *f* addition; *thea.* encore; **~gang** *m* access (*a. fig.*); **♀gänglich** *adj.* accessible (**für** to) (*a. fig.*)

Zugbrücke *f* drawbridge

zugeben *v/t.* add; *fig.* admit

zugehen *v/i. Tür etc.*: close, shut*; *geschehen*: happen; **~ auf** walk up to, approach (*a. fig.*); **es geht auf 8 zu** it's getting on for 8; **es ging lustig zu** we had a lot of fun

Zugehörigkeit *f* membership

Zügel *m* rein (*a. fig.*); **♀n 1.** *v/t. fig.* curb, control, bridle; **2.** *v/i. Schweiz*: move

Zuge|ständnis *n* concession; **♀stehen** *v/t.* concede, grant

zugetan *adj.* attached (*dat.* to)

Zugführer *rail. m* guard, *Am.* conductor

zug|ig *adj.* draughty, *Am.* drafty; **♀kraft** *f tech.* traction; *fig.* attraction, draw, appeal; **~kräftig** *adj.*: **~ sein** be* a draw

zugleich *adv.* at the same time

Zug|luft *f* draught, *Am.* draft; **~maschine** *f* tractor

zugreifen *v/i.* grab (at) it; *fig.* grab the opportunity; **greifen Sie zu!** *bei Tisch*: help yourself!; *Werbung*: buy now!; **mit ~ lend a hand**; F chip in

Zugriffs|code *m* access code; **~zeit** *f Computer*: access time

zu|grunde *adv.* → **Grund**; **~gunsten** *prp.* → **Gunst**; **~gute** *adv.*: **j-m et. ~ halten** give* s.o. credit for s.th.; make* allowances for s.o.'s ...; **j-m ~ kommen** be* for the benefit of s.o.

Zugvogel *m* bird of passage

zu|haben F *Geschäft*: be* closed; **~halten** *v/t.* keep* shut; **sich die Ohren (Augen) ~** cover one's ears (eyes) with one's hands; **sich die Nase ~** hold* one's nose; **♀hälter** *m* pimp

Zuhause *n* home

zuhause *östr. adv.* at home

zuhör|en *v/i.* listen (*dat.* to *s.o. od. s.th.*); **~er(in)** listener; **die ~** *pl. a.* the audience *sg., pl.*

zu|jubeln *v/i.* cheer; **~kleben** *v/t. Umschlag*: seal; **~knallen** *v/t.* slam (shut); **~knöpfen** *v/t.* button (up); **~kommen** *v/i.*: **~ auf** come* up to; *fig.* be ahead of; **die Dinge auf sich ~ lassen** wait and see

Zu|kunft *f* future (*a. gr.*); **♀künftig 1.** *adj.* future; **~er Vater** father-to-be; **2.** *adv.* in future; **~kunftsforschung** *f* futurology

zu|lächeln *v/i.* smile at; **~lage** *f* bonus; **~lassen** *v/t.* keep* s.th. closed; *erlauben*: allow; *beruflich, mot.*: licen|se, *Am.* -ce, register; **j-n zu et. ~** admit s.o. to s.th.; **♀lässig** *adj.* permissible; *amtlich*: authorized; **~ sein** be* allowed; **♀lassung** *f* permission; *mot. etc.*: licen|ce, *Am.* -se

zulegen *v/t.* add; F: **sich ~** get* o.s. s.th.; *Namen*: adopt

zuleide *adv.* → **Leid**

zu|letzt *adv.* in the end; *kommen etc.*: last; *schließlich*: finally; **wann hast du ihn ~ gesehen?** when did you last see him?; **~liebe** *adv.*: **dir etc. ~** for your *etc.* sake

zum *prp. zu dem*: → **zu**; **~ ersten Mal** for the first time; *et.* **~ Kaffee** s.th. with one's coffee; **~ Schwimmen etc. gehen** go* swimming etc.

zumachen 1. *v/t.* close, shut*; *zuknöpfen*: button (up); **2.** *v/i. Geschäft*: close; **für immer**: close down

zumal *cj.* especially since

zumauern *v/t.* brick *od.* wall up

zumut|bar *adj.* reasonable; **~e** *adv.* → **Mut**; **~en** *v/t.*: **j-m et. ~** expect s.th. of s.o.; **sich zu viel ~** overtax o.s.; **♀ung** *f*: **das ist e-e ~** that's asking *od.* expecting a bit much

zunächst *adv.* → **zuerst**

zu|nageln *v/t.* nail up; **~nähen** sew* up; **♀nahme** *f* increase

zünd|en *v/i.* kindle; *electr., mot.* ignite, fire; **~end** *adj.* stirring; **♀er** *m mil.* fuse; *pl. östr.* matches *pl.*; **♀holz** *n* match; **♀kerze** *mot. f* spark plug; **~schlüssel** *mot. m* ignition key; **♀schnur** *f* fuse; **♀ung** *f* ignition

zunehmen

zunehmen v/i. increase (**an** in); *Person*: put* on weight; *Mond*: wax; *Tage*: grow* longer
zuneig|en v/refl.: **sich dem Ende ~** draw* to a close; **⁀ung** f affection
Zunft hist. f guild
Zunge f tongue; **es liegt mir auf der ~** it's on the tip of my tongue
züngeln v/i. *Flamme*: lick, flicker
Zungen|brecher m tongue twister; **~spitze** f tip of the tongue
zunicken v/t. nod at
zunutze adv.: → *Nutze*
zupfen v/t. u. v/i. pull (**an** at), pick, pluck (at) (a. mus.)
zur prp. *zu der*: → **zu**; **~ Schule (Kirche) gehen** go* to school (church); **~ Hälfte** half (of it od. them); **~ Belohnung** etc. as a reward *etc.*
zurechnungsfähig jur. adj. responsible; **⁀keit** jur. f responsibility
zurecht|finden v/refl. find* one's way; fig. cope, manage; **~kommen** v/i. get* along (**mit** with); bsd. *mit* et.: a. cope (with); **~legen** v/t. arrange; fig. **sich et. ~** think* s.th. out; **~machen** F v/t. get* ready, prepare, *Am. a.* fix; **sich ~ Frau:** do* o.s. up; **~rücken** v/t. straighten s.th. (out); fig. put* s.th. straight; **~weisen** v/t., **⁀weisung** f reprimand
zu|reden v/i.: **j-m ~** encourage s.o.; **~reiten** v/t. break* in; **~richten** F fig. v/t.: **übel ~** batter; **j-n**: a. beat* up badly; *et*.: a. make* a mess of, ruin
zurück adv. back; *hinten*: behind (a. fig.); **~... in Zssgn bringen, fahren, gehen, werfen** etc.: ... back; **~behalten** v/t. keep* back, retain; **~bekommen** v/t. get* back; **~bleiben** v/i. stay behind, be* left behind; *nicht mithalten*: fall* behind (a. schulisch etc.); **~blicken** v/i. look back (*auf* at; fig. on); **~bringen** v/t. bring* od. take* back, return; **~datieren** v/t. backdate (*auf* to); **~fallen** fig. v/i. fall* behind; *Sport*: a. drop back; **~finden** v/i. find* one's way back (*nach, zu* to); fig. return (to); **~fordern** v/t. reclaim; **~führen** v/t. lead* back; **~ auf** attribute to; **~geben** v/t. give* back, return; **~geblieben** fig. adj. backward; *geistig*: retarded; **~gehen** v/i. go* back, return; fig. decrease; *fallen*: a. go* down, drop; **~gezogen** adj. secluded; **~greifen** fig. v/i.: **~ auf** fall* back (up)on; **~halten 1.** v/t. hold* back; **2.** v/refl. control o.s.; *im Essen, Reden etc.*: be* careful; **~haltend** adj. reserved; **⁀haltung** f reserve; **~kehren** v/i. return; **~kommen** v/i. come* back, return (*beide* fig. *auf* to); **~lassen** v/t. leave* (behind); **~legen** v/t. put* back; *Geld*: put* aside, save; *Strecke*: cover, do*; **~nehmen** v/t. take* back (a. fig. *Worte* etc.); **~rufen 1.** v/t. call back (a. teleph.); *Autos in die Werkstatt* etc.: recall; **ins Gedächtnis ~** recall; **2.** v/i. tel. call back; **~schlagen 1.** *Angriff* etc.: beat* off; *Tennisball*: return; *Decke, Verdeck* etc.: fold back; **2.** v/i. hit* back; fig., mil. retaliate; **~schrecken** v/i.: **~ vor** shrink* from; **vor nichts ~** stop at nothing; **~setzen** v/t. *Auto*: back (up); fig. *j-n*: neglect; **~stehen** fig. v/i. stand* aside; **~stellen** v/t. put* back (a. *Uhr*); fig. put* aside; mil. defer; **~strahlen** v/t. reflect; **~treten** v/i. step od. stand* back; resign (*von e-m Amt [Posten]* one's office [post]); econ., jur. withdraw* (*von* from); **~weichen** v/i. fall* back (a. mil.); **~weisen** v/t. turn down; jur. dismiss; **~zahlen** v/t. pay* back (a. fig.); **~ziehen** v/t. draw* back; fig. withdraw*; *Zusage*: go* back on; **sich ~** retire, withdraw*; mil. a. retreat
Zuruf m shout; **⁀en** v/t.: **j-m et. ~** shout s.th. to s.o.
Zusage f promise; *Annahme*: acceptance; *Einwilligung*: assent; **⁀n** v/i. u. v/t. accept (an invitation); *einwilligen*: agree; *gefallen*: appeal to; **s-e Hilfe ~** promise to help
zusammen adv. together; **alles ~** (all) in all; **das macht ~ ...** that makes ... altogether; **⁀arbeit** f cooperation; **in ~ mit** in collaboration with; **~arbeiten** v/i. cooperate, collaborate; **~beißen** v/t.: **die Zähne ~** clench one's teeth; **~brechen** v/i. break* down, collapse (*beide a.* fig.); **⁀bruch** m breakdown, collapse; **~fallen** v/i. collapse; *zeitlich*: coincide; **~falten** v/t. fold up; **~fassen** v/t. summarize, sum up; **⁀fassung** f summary; **~fügen** v/t. join (together); **~gesetzt** adj. compound; **~halten** v/i. u. v/t. hold* together (a.

Zutrauen

fig.); F fig. stick* together; **2hang** m Beziehung: connection; e-s Textes etc.: context; **im ~ stehen (mit)** be connected (with); **~hängen** v/i. be* connected; **~hängend** adj. coherent; **~hang(s)los** adj. incoherent, disconnected; **~klappen** v/i. u. v/t. tech. fold up; F fig. break* down; **~kommen** v/i. meet*; v/t. vereinigen: combine; falten: fold up; **2.** v/i. Geld: club together; **~nehmen** fig. v/t. Mut, Kraft: muster (up); **sich ~** pull o.s. together; **~packen** v/t. pack up; **~passen** v/i. allg. harmonize; Dinge, Farben: a. match; **~rechnen** v/t. add up; **~reißen** F v/refl. pull o.s. together; **~rollen** v/t. roll up; **sich ~** coil up; v/refl. band together; **~rücken 1.** v/t. move closer together; **2.** v/i. move up; **~schlagen** v/t. clap; Hacken: click; j-n: beat* up; et.: smash (up); **~schließen** v/refl. join, unite; **2schluss** m union; **~schreiben** v/t. write* in one word; **~schrumpfen** v/i. shrivel (up), shrink*; **~setzen** v/t. put* together; tech. assemble; **sich ~ aus** consist of, be* composed of; **2setzung** f composition; chem., ling. compound; tech. assembly; **~stellen** v/t. put* together; anordnen: arrange; **~stoß** m collision (a. fig.), crash; Aufprall: impact; fig. clash; **~stoßen** v/i. collide (a. fig.); fig. clash; **~ mit** run* od. bump into; fig. have* a clash with; **~stürzen** v/i. collapse, fall* in; **~tragen** v/t. collect; **~treffen** v/i. meet*; zeitlich: coincide; **2treffen** n meeting; coincidence; besonderes: encounter; **~treten** v/i. meet*; **~tun** v/refl. join (forces), F team up; **~wirken** v/i. combine; **2wirken** n combination; **~zählen** v/t. add up; **~ziehen** v/t. u. v/refl. contract; **~zucken** v/i. wince, flinch

Zusatz m addition; chemischer etc.: additive; **~... in Zssgn** mst additional ..., supplementary ...; Hilfs...: auxiliary ...; **~gerät** tech. n attachment; Adapter: adapter, add-on

zusätzlich 1. adj. additional, extra; **2.** adv. in addition

zuschau|en v/i. look on (**bei et.** at s.th.); **j-m ~** watch s.o. (**bei et.** doing s.th.); **2er(in)** spectator; TV viewer; **die ~ pl. a.** the audience sg., pl.; **2erraum** m auditorium; **2errekord** m record attendance

Zuschlag m extra charge; rail. etc.: excess fare; Gehalts2: bonus; Auktion: knocking down; **2en** v/i. u. v/t. Tür etc.: slam od. bang shut; Boxer etc.: hit*, strike* (a blow); fig. act; **j-m et. ~** knock s.th. down to s.o.

zu|schließen v/t. lock (up); **~schnallen** v/t. buckle (up); **~schnappen** v/i. Hund: snap; Tür etc.: snap shut; **~schneiden** v/t. Kleid etc.: cut* out; Holz etc.: cut* (to size); **~schnüren** v/t. tie (Schuh a. lace) up; **~schrauben** v/t. screw shut; **~schreiben** v/t. ascribe od. attribute (dat. to); **2schrift** f letter

zuschulden adv.: → **Schuld**

Zu|schuss m allowance; staatlich: subsidy; **2schütten** v/t. fill up; F add; **2sehen** v/i. → **zuschauen**; **~, dass** see* (to it) that, take* care to inf.; **2sehends** adv. noticeably; schnell: rapidly; **2setzen 1.** v/t. add; Geld: lose*; **2.** v/i. lose* money; **j-m ~** press s.o. (hard)

zusicher|n v/t.; **2ung** f promise

zu|spielen v/t. Ball: pass; **~spitzen** v/t. point; **sich ~** become* critical; **~spruch** m encouragement; Trost: words pl. of comfort; **2stand** m condition, state, F shape

zustande adv.: → **Stand**

zuständig adj. responsible (**für** for), in charge (of)

zustehen v/i.: **j-m steht et. (zu tun) zu** s.o. is entitled to (do) s.th.

zustell|en v/t. deliver; **2ung** f delivery

zustimm|en v/i. agree (dat. to s.th.; **with** s.o.); **2ung** f approval, consent; **(j-s) ~ finden** meet* with (s.o.'s) approval

zustoßen v/i.: **j-m ~** happen to s.o.

zutage adv. → **Tag**

Zutaten pl. ingredients pl.

zuteil|en v/t. assign, allot; **2ung** f allotment; Ration: ration

zutragen v/t.: **j-m et. ~** inform s.o. of s.th.; **sich ~** happen

zutrauen v/t.: **j-m et. ~** believe s.o. (to be) capable of (doing) s.th., credit s.o. with s.th.; **sich zu viel ~** overrate o.s.

Zutrauen n confidence (**zu** in)

zutraulich *adj.* trusting; *Tier:* friendly
zutreffen *v/i.* be* true; ~ **auf** apply to, go* for; **~d** *adj.* true, correct
zutrinken *v/i.: j-m* ~ drink* to s.o.
Zutritt *m* admission; *Zugang:* access; ~ *verboten!* no admittance!
zuverlässig *adj.* reliable, dependable; *sicher:* safe; **2keit** *f* reliability, dependability
Zuversicht *f* confidence; **2lich** *adj.* confident, optimistic
zuviel *adv.* → **zu**
zuvor *adv.* before, previously; *zunächst:* first; **~kommen** *v/i.* anticipate; *verhindern:* prevent; *j-m* ~ *a.* F beat* s.o. to it; **~kommend** *adj.* obliging; *höflich:* polite
Zuwachs *m* increase, growth; **2en** *v/i.* become* overgrown; *Wunde:* close
zu|wege *adv.* → **Weg**; **~weilen** *adv.* occasionally, now and then; **~weisen** *v/t.* assign
zuwend|en *v/t. u. v/refl.* turn to (*a. fig. e-m Thema etc.*); **2ung** *f* payment; *fig.* attention; *Kind etc.:* a. (loving) care, love, affection
zuwenig *adv.* → **zu**
zuwerfen *v/t. Tür:* slam (shut); *j-m et.* ~ throw* s.o. s.th.; *j-m e-n Blick* ~ cast* a glance at s.o.
zuwider *adj.: ... ist mir* ~ I hate *od.* detest ...; **~handeln** *v/i.* act contrary to; *Vorschriften etc.:* violate
zu|winken *v/i.* wave to; signal to; **~zahlen** *v/t.* pay* extra; **~ziehen 1.** *v/t. Vorhänge:* draw*; *Schlinge etc.:* pull tight; *Arzt etc.:* consult; *sich* ~ *med.* catch*; **2.** *v/i.* move in; **~züglich** *prp.* plus
Zvieri *m, n Schweiz:* afternoon snack, tea *od.* coffee break
Zwang *m* compulsion (*a. innerer*), constraint (*a. moralischer*); *sozialer:* restraint (*a. Nötigung, Unterdrückung*): coercion; *Gewalt:* force; ~ *sein* be* compulsory
zwängen *v/t.* press, squeeze, force
zwanghaft *adj.* compulsive, obsessive
zwanglos *adj.* informal; *bsd. Kleidung: a.* casual; **2igkeit** *f* informality
Zwangs|arbeit *jur. f* hard labo(u)r; **2ernähren** *v/t.* force-feed*; **~herrschaft** *f* despotism, tyranny; **~jacke** *f* straitjacket (*a. fig.*); **~lage** *f* predicament; **2läufig** *adv.* inevitably; **~maßnahme** *f* sanction; **~vollstreckung** *jur. f* compulsory execution; **~vorstellung** *psych. f* obsession; **2weise** *adv.* by force

zwanzig *adj.* twenty; **~ste** *adj.* twentieth
zwar *adv.: ich kenne ihn* ~, *aber ...* I do know him, but ..., I know him all right, but ...; *und* ~ that is (to say), namely
Zweck *m* purpose, aim; *s-n* ~ *erfüllen* serve its purpose; *es hat keinen* ~ (*zu warten etc.*) it's no use (waiting etc.); **2los** *adj.* useless; **2mäßig** *adj.* practical; *angebracht:* wise; *tech., arch.* functional; **~mäßigkeit** *f* practicality, functionality; **2s** *prp.* for the purpose of
zwei *adj.* two; **~beinig** *adj.* two-legged; **2bettzimmer** *n* twin-bedded room; **~deutig** *adj.* ambiguous; *Witz:* off-colo(u)r; **2er** *m Rudern:* (*mit* coxed) pair; **~erlei** *adj.* two kinds of; **~fach** *adj.* double, twofold; **2familienhaus** *n* two-family-house, *Am.* duplex (house)
Zweifel *m* doubt; **2haft** *adj.* doubtful, dubious; **2los** *adv.* undoubtedly, no *od.* without doubt; **2n** *v/i.:* ~ *an* doubt s.th., have* one's doubts about
Zweig *m* branch (*a. fig.*); *kleiner:* twig; **~geschäft** *n*, **~niederlassung** *f*, **~stelle** *f* branch
zwei|jährig *adj.* two-year-old, of two (years); **2kampf** *m* duel; **~mal** *adv.* twice; **~malig** *adj.* (twice) repeated; **~motorig** *adj.* twin-engined; **~reihig** *adj. Anzug:* double-breasted; **~schneidig** *adj.* double- *od.* two-edged (*beide a. fig.*); **~seitig** *adj.* two-sided; *Vertrag etc.:* bilateral; *Stoff:* reversible; *beschriebene Diskette:* double-sided; **2sitzer** *bsd. mot. m* two-seater; **~sprachig** *adj.* bilingual; **~stimmig** *adj.* for two voices; **~stöckig** *adj.* two-stor|ey(ed), *Am.* -ied; **~stufig** *tech. adj.* two-stage; **~stündig** *adj.* two-hour
zweit *adj.* second; *eine* ~*e Tasse Tee* another cup of tea; *jeder* **2e** every other person; *aus* ~*er Hand* second-hand; *sie waren zu* ~ there were two of them
zweitbeste *adj.* second-best
zweiteilig *adj. Anzug etc.:* two-piece

zweit|ens adv. secondly; **~klassig** adj., **~rangig** adj. second-class od. -rate
Zwerchfell anat. n diaphragm
Zwerg m dwarf; myth. a. gnome (a. Figur); Mensch: midget; **~... in Zssgn** bot. dwarf ...; zo. pygmy ...
Zwetsch(g)e f plum
Zwick|el m gusset; **2en** v/t. u. v/i. pinch, nip; **~mühle** fig. f fix
Zwieback m rusk, Am. a. zwieback
Zwiebel f onion; Blumen2: bulb
Zwie|gespräch n dialog(ue); **~licht** n twilight; **~spalt** m conflict; **2spältig** adj. conflicting; **~tracht** f discord
Zwilling m twin; pl. astr. Gemini pl.; **er ist (ein)** ~ he's (a) Gemini; **~sbruder** m twin brother; **~sschwester** f twin sister
Zwinge tech. f clamp, vi|ce, Am. -se
zwingen v/t. force; **~d** adj. cogent, compelling
Zwinger m Hunde2: kennels sg.
zwinkern v/i. wink, blink
Zwirn m thread, yarn, twist
zwischen prp. between; unter: among; **2deck** naut. n 'tween deck; **~durch** adv. in between; **2ergebnis** n intermediate result; **2fall** m incident; **2händler** econ. m middleman; **2landung** aviat. f stopover; **(Flug) ohne** ~ nonstop (flight); **~menschlich** adj. interpersonal, interhuman; **2pause** f break, intermission; **2raum** m space, interval; **2ruf** m (loud) interruption; **~e** pl. heckling sg.; **2rufer** m heckler; **2spiel** n interlude; **2station** f stop(over); ~ **machen (in)** stop over (in); **2stecker** electr. m adapter; **2stück** n connection; **2stufe** f intermediate stage; **2wand** f partition (wall); **2zeit f: in der** ~ in the meantime, meanwhile
Zwist m, **~igkeiten** pl. discord sg.
zwitschern v/i. twitter, chirp
Zwitter biol. m hermaphrodite
zwölf adj. twelve; **um** ~ **(Uhr)** at twelve (o'clock); mittags: a. at noon; nachts: a. at midnight; **~te** adj. twelfth
Zyankali n potassium cyanide
Zyklus m cycle; Reihe: series, course
Zylind|er m top hat; math., tech. cylinder; **2risch** adj. cylindrical
Zyni|ker m cynic; **2sch** adj. cynical; **~smus** m cynicism
Zypresse bot. f cypress
Zyste med. f cyst
z.Z(t). Abk. für **zur Zeit** at the moment, at present

Unregelmäßige Verben

Die an erster Stelle stehende Form bezeichnet das Präsens (present tense), nach dem ersten Gedankenstrich steht das Präteritum (past tense), nach dem zweiten das Partizip Perfekt (past participle).

alight – alighted, alit – alighted, alit
arise – arose – arisen
awake – awoke, awaked – awoke, awaked, awoken
be (am, is, are) – was (were) – been
bear – bore – borne *getragen*, born *geboren*
beat – beat – beaten, beat
become – became – become
beget – begot – begotten
begin – began – begun
bend – bent – bent
bereave – bereaved, bereft – bereaved, bereft
beseech – besought, beseeched – besought, beseeched
bet – bet, betted – bet, betted
bid – bade, bid – bidden, bid, *a.* bade
bind – bound – bound
bite – bit – bitten
bleed – bled – bled
bless – blessed, *a.* blest – blessed, *a.* blest
blow – blew – blown
break – broke – broken
breed – bred – bred
bring – brought – brought
broadcast – broadcast – broadcast
build – built – built
burn – burnt, burned – burnt, burned
burst – burst – burst
bust – bust(ed) – bust(ed)
buy – bought – bought
can – could
cast – cast – cast
catch – caught – caught
choose – chose – chosen
cleave – cleft, cleaved, clove – cleft, cleaved, cloven
cling – clung – clung
clothe – clothed, clad – clothed, clad
come – came – come
cost – cost – cost
creep – crept – crept
crow – crowed, crew – crowed
cut – cut – cut
deal – dealt – dealt
dig – dug – dug
do – did – done
draw – drew – drawn
dream – dreamt, dreamed – dreamt, dreamed
drink – drank – drunk
drive – drove – driven
dwell – dwelt, dwelled – dwelt, dwelled
eat – ate – eaten
fall – fell – fallen
feed – fed – fed
feel – felt – felt
fight – fought – fought
find – found – found
flee – fled – fled
fling – flung – flung
fly – flew – flown
forbid – forbad(e) – forbid(den)
forecast – forecast – forecast(ed)
forget – forgot – forgotten
forsake – forsook – forsaken
freeze – froze – frozen
geld – gelded, gelt – gelded, gelt
get – got – got, *Am. a.* gotten
give – gave – given
gnaw – gnawed – gnawed, gnawn
go – went – gone
grind – ground – ground
grip – gripped, *Am. a.* gript – gripped, *Am. a.* gript
grow – grew – grown
hang – hung – hung
have (has) – had – had
hear – heard – heard
heave – heaved, *bsd. naut.* hove – heaved, *bsd. naut.* hove
hew – hewed – hewed, hewn
hide – hid – hidden, hid
hit – hit – hit
hold – held – held
hurt – hurt – hurt
keep – kept – kept
kneel – knelt, kneeled – knelt, kneeled
knit – knitted, knit – knitted, knit
know – knew – known
lay – laid – laid
lead – led – led

lean – leaned, *bsd. Br.* leant – leaned, *bsd. Br.* leant
leap – leaped, leapt – leaped, leapt
learn – learned, learnt – learned, learnt
leave – left – left
lend – lent – lent
let – let – let
lie – lay – lain
light – lighted, lit – lighted, lit
lose – lost – lost
make – made – made
may – might
mean – meant – meant
meet – met – met
melt – melted – melted, molten
mow – mowed – mowed, mown
pay – paid – paid
pen – penned, pent – penned, pent
plead – pleaded, *bsd. schott. u. Am.* pled – pleaded, *bsd. schott. u. Am.* pled
prove – proved – proved, *a.* proven
put – put – put
quit – quit(ted) – quit(ted)
read – read – read
rid – rid, *a.* ridded – rid, *a.* ridded
ride – rode – ridden
ring – rang – rung
rise – rose – risen
run – ran – run
saw – sawed – sawn, sawed
say – said – said
see – saw – seen
seek – sought – sought
sell – sold – sold
send – sent – sent
set – set – set
sew – sewed – sewed, sewn
shake – shook – shaken
shall – should
shear – sheared – sheared, shorn
shed – shed – shed
shine – shone – shone
shit – shit(ted), shat – shit(ted), shat
shoe – shod, *a.* shoed – shod, *a.* shoed
shoot – shot – shot
show – showed – shown, showed
shred – shredded, *a.* shred – shredded, *a.* shred
shrink – shrank, shrunk – shrunk
shut – shut – shut
sing – sang – sung
sink – sank, sunk – sunk
sit – sat – sat
slay – slew – slain

sleep – slept – slept
slide – slid – slid
sling – slung – slung
slink – slunk – slunk
slit – slit – slit
smell – smelt, smelled – smelt, smelled
smite – smote – smitten
sow – sowed – sown, sowed
speak – spoke – spoken
speed – sped, speeded – sped, speeded
spell – spelt, spelled – spelt, spelled
spend – spent – spent
spill – spilt, spilled – spilt, spilled
spin – spun – spun
spit – spat – spat
split – split – split
spoil – spoiled, spoilt – spoiled, spoilt
spread – spread – spread
spring – sprang, *Am. a.* sprung – sprung
stand – stood – stood
steal – stole – stolen
stick – stuck – stuck
sting – stung – stung
stink – stank, stunk – stunk
stride – strode – stridden
strike – struck – struck
string – strung – strung
swear – swore – sworn
sweat – sweated, *Am. a.* sweat – sweated, *Am. a.* sweat
sweep – swept – swept
swell – swelled – swollen, swelled
swim – swam – swum
swing – swung – swung
take – took – taken
teach – taught – taught
tear – tore – torn
telecast – telecast(ed) – telecast(ed)
tell – told – told
think – thought – thought
thrive – thrived, throve – thrived
throw – threw – thrown
thrust – thrust – thrust
tread – trod – trodden
wake – woke – woken
wear – wore – worn
weave – wove, weaved – woven, weaved
wed – wed(ded) – wed(ded)
weep – wept – wept
wet – wetted, wet – wetted, wet
win – won – won
wind – wound – wound
wring – wrung – wrung
write – wrote – written

Zahlwörter

Grundzahlen

- **0** zero, nought [nɔːt]
- **1** one *eins*
- **2** two *zwei*
- **3** three *drei*
- **4** four *vier*
- **5** five *fünf*
- **6** six *sechs*
- **7** seven *sieben*
- **8** eight *acht*
- **9** nine *neun*
- **10** ten *zehn*
- **11** eleven *elf*
- **12** twelve *zwölf*
- **13** thirteen *dreizehn*
- **14** fourteen *vierzehn*
- **15** fifteen *fünfzehn*
- **16** sixteen *sechzehn*
- **17** seventeen *siebzehn*
- **18** eighteen *achtzehn*
- **19** nineteen *neunzehn*
- **20** twenty *zwanzig*
- **21** twenty-one *einundzwanzig*
- **22** twenty-two *zweiundzwanzig* etc.
- **100** a *od.* one hundred *(ein)hundert*
- **200** two hundred *zweihundert*
- **572** five hundred and seventy-two *fünfhundert(und)zweiundsiebzig*
- **1000** a *od.* one thousand *(ein)tausend*
- **1998** nineteen (hundred and) ninety-eight *neunzehnhundertachtundneunzig*
- **2000** two thousand *zweitausend*
- **5044** *tel.* five 0 [əʊ] (*Am. a.* zero) double four *fünfzig vierundvierzig*
- **1,000,000** one million *eine Million*
- **2,000,000** two million *zwei Millionen*

Ordnungszahlen

- **1st** first *erste*
- **2nd** second *zweite*
- **3rd** third *dritte*
- **4th** fourth *vierte*
- **5th** fifth *fünfte*
- **6th** sixth *sechste*
- **7th** seventh *siebente*
- **8th** eighth *achte*
- **9th** ninth *neunte*
- **10th** tenth *zehnte*
- **11th** eleventh *elfte*
- **12th** twelfth *zwölfte*
- **13th** thirteenth *dreizehnte*
- **14th** fourteenth *vierzehnte*
- **15th** fifteenth *fünfzehnte*
- **16th** sixteenth *sechzehnte*
- **17th** seventeenth *siebzehnte*
- **18th** eighteenth *achtzehnte*
- **19th** nineteenth *neunzehnte*
- **20th** twentieth *zwanzigste*
- **21st** twenty-first *einundzwanzigste*
- **22nd** twenty-second *zweiundzwanzigste*
- **23rd** twenty-third *dreiundzwanzigste*
- **100th** (one) hundredth *hundertste* etc.

Bruchzahlen und andere Zahlenwerte

- $1/2$ one *od.* a half *ein halb*
- $1\,1/2$ one and a half *anderthalb*
- $1/3$ one *od.* a third *ein Drittel*
- $2/3$ two thirds *zwei Drittel*
- $1/4$ a quarter, one *od.* a fourth *ein Viertel*
- $3/4$ three quarters, three fourths *drei Viertel*
- $5/8$ five eighths *fünf Achtel*
- 0.45 (nought [nɔːt]) point four five *null Komma vier fünf*
- 2.5 two point five *zwei Komma fünf*
- once *einmal* – twice *zweimal*
- three (four) times *drei-(vier)mal*
- 2 × 3 = 6 twice three is six *zweimal drei ist sechs*

Abkürzungen

a.	*also*, auch
Abk.	Abkürzung, *abbreviation*
acc.	*accusative (case)*, Akkusativ
adj.	*adjective*, Adjektiv
adv.	*adverb*, Adverb
agr.	*agriculture*, Landwirtschaft
allg.	allgemein, *commonly*
Am.	*American English*, amerikanisches Englisch
amer.	amerikanisch, *American*
anat.	*anatomy*, Anatomie
arch.	*architecture*, Architektur
art.	*article*, Artikel
astr.	*astrology*, Astrologie
	astronomy, Astronomie
attr.	*attributive*, attributiv
aviat.	*aviation*, Luftfahrt
biol.	*biology*, Biologie
bot.	*botany*, Botanik
brit.	britisch, *British*
Brt.	*British English*, britisches Englisch
bsd.	besonders, *especially*
chem.	*chemistry*, Chemie
cj.	*conjunction*, Konjunktion
coll.	*collectively*, als Sammelwort
comp.	*comparative*, Komparativ
contp.	*contemptuously*, verächtlich
dat.	*dative (case)*, Dativ
dem.	*demonstrative*, hinweisend
econ.	*economics*, Volkswirtschaft
electr.	*electrical engineering*, Elektrotechnik
et., et.	etwas, *something*
etc.	*et cetera, and so on*, und so weiter
euphem.	*euphemistic*, euphemistisch, verhüllend
F	umgangssprachlich, *colloquial*
f	*feminine*, weiblich
fig.	*figuratively*, übertragen
gastr.	*gastronomy*, Kochkunst
gen.	*genitive (case)*, Genitiv
geogr.	*geography*, Geografie
geol.	*geology*, Geologie
geom.	*geometry*, Geometrie
ger.	*gerund*, Gerundium
geschr.	geschrieben, *written*
gr.	*grammar*, Grammatik